中国城市建设年鉴

ZHONG GUO CHENG SHI JIAN SHE NIAN JIAN

1986
—
1987

中国建筑工业出版社

《中国城市建设年鉴》(1986～1987)编委会

毛泽东、周恩来和其他中央负责同志审查天安门广场远景规划方案(1958 年)

新华社稿

刘少奇同志在全国群英大会上与环卫工人时传祥亲切握手(1959 年)

新华社稿

朱德、邓小平、彭真同志参加北京地下铁道破土动工典礼(1965年)

新华社稿

邓小平同志视察天津市中环线工程

赵紫阳等中央负责同志观看引滦工程模型

李先念同志视察天津市纪庄子污水处理厂

万里同志视察天津住宅小区绿化建设

李鹏同志参观全国城市建设成就展览会

编 辑 说 明

这本年鉴名为《中国城市建设年鉴(1986～1987)》,实际内容包括自1949年到1986年三十几年城市建设的总成果。资料引用到1986年年底为限,以党的十一届三中全会以后的城市建设为重点。

《重要文献》按文献内容性质分为:特载、综合、城市规划、城市住宅及房地产、市政公用事业、重要讲话等。

《政策法规》按技术政策、城市规划、城市住宅及房地产、市政公用事业、财政税收等顺序排列。

《地方概况》分别由各省市撰写,统一编辑。因西藏自治区、河南省、宁夏省及沈阳市未能按时供稿,我们根据1986年全国城市建设成就展览会资料摘编改写。

台湾省及港澳地区,因资料收集不全,本卷暂缺。

《体制改革》,只谈已经付诸实施,取得实际效果的部分,不谈计划展望部分。

《统计资料》统计年限基本按:1949、1952、1957、1962、1965、1970、1975、1978、1980、1985、1986等几个阶段。各篇文章中所用的数字如有不一致者,以《统计资料》数字为准。全国综合数字内均未包括台湾省部分。

《纪事》,由于年限较长。行业较多,虽然尽力搜集、核查,广泛征求各方意见,仍难免有不全、不准之处,读者发现时请告知我部。

《企事业名录》绝大部分由省市组织有关单位及时提供资料,这对反映我国城市建设企事业的发展面貌和规模,各地方、各企业之间交流信息,将起到积极作用。为了反映全貌,对少数未及时提供资料的省市,我们亦尽力搜集了一些主要企事业单位的情况,列入名录,一并介绍,但仍不免有所遗漏。企事业单位依其所在地点划分,按省、直辖市分节排列。省级以下的市,原则上按1986年统计的城市人口数的多少顺序排列。隶属中央、省级各部门的企事业单位,于所在省的居前位置排列;市属单位在各市栏目下,大体按以下行业顺序排列:城市管理,城市规划,房地产,住宅建设,市政工程(包括道路、桥梁、城市照明、排水、防洪),公用设施(包括城市供水、公共交通、燃气、热力),园林绿化,市容环卫。行业不便区别的。列在最后。设计、施工、科研单位归入行业中,不另单列。

《中国城市建设年鉴》编辑部

前　言

首卷《中国城市建设年鉴(1986～1987)》的出版，是城市建设系统一件值得庆贺的事，也是我国从事城市建设工作的广大职工和关心城市建设事业的各方面人士渴望已久的事情。

城市，作为地区政治、经济、文化、科学技术中心的地位和作用，不论在国内还是在国外，都已为实践所证明。城市的物质、技术基础、政治、文化、科学的支配地位，交通、商业、金融的主导作用，都对周围地区产生强大的辐射作用，统领着整个地区的发展和进步。可以说，城市建设的成败与整个国家的社会经济发展有着举足轻重的关系。建国三十多年来，我国城市建设取得了伟大的成就，但也走过一段曲折道路，我们对城市建设的地位、作用经历了一个从不认识到逐步认识的过程。特别是在党的十一届三中全会以后，制定了实事求是的思想路线，随着思想上的解放、认识上的加深以及整个国民经济因改革而取得巨大的发展，带来了今天城市建设蓬勃发展的大好局面。

城市建设与城市经济发展是互为依存、互相制约的关系，城市建设与城市经济必须同步发展，有些还必须适当超前发展。《中国城市建设年鉴》所反映的大量事实和数据，反映了这一客观规律。

城市建设包括城市规划、城市住宅及房地产、市政工程、公用事业、市容环境、园林绿化、城市防灾等各个方面，范围很广；同时城市建设的好坏几乎是与生活于城市中的每一个人息息相关。城市建设需要全社会的共同努力。我国城市建设所以能取得今天这样巨大的成绩，除了城建系统150多万职工的辛勤劳动外，更重要的是与全社会各个部门的大力支持和广大人民群众积极热情直接参与分不开的。"人民城市人民建，人民城市人民管"的方针已深入人心，不少城市积极开展"城市建设为人民，我为城市作贡献"的活动，无数动人事迹震人心弦，关心和参加城市建设已成为改善党和政府与人民群众关系的一项重要活动，也是城市两个文明建设的一项重要内容。《中国城市建设年鉴》真实地把这一历史事实记录下来，提供给广大热爱城市建设事业的读者参阅，这也是我们的一项义不容辞的责任。

城市建设过去长期受"左"的思想影响，囿于陈规旧制，甚至一度削弱了对于城市建设的投入。各种具体政策也不尽合理，使许多公用企业缺乏活力，不能最大限度地调动广大职工的积极性，城市建设的"欠帐"越积越多，有些行业甚至逐渐萎缩，严重地影响了城市生产发展和人民的生活环境。党中央决定进行城市经济体制改革，这给城市建设事业带来了新的生机。许多城市根据中央总的方针，结合本地的实际情况，在城市规划、市政公用建设、城市房地产业等各个领域进行了卓有成效的改革，使困惑多年的城市建设工作，走出了新的路子，开创了一个新局面。从这本《年鉴》中，人们可以看到，城市建设必须走改革的道路，否则就难以承担赋予它的使命。

《中国城市建设年鉴》是一本具有实用价值的史录性的工具书，它为广大从事城市建设工作的各级管理人员和全体职工提供学习、工作的参考资料，随着我国城市建设事业的蓬勃发展，今后将会有越来越多的同志投身于城市建设工作。他们需要了解我国城市建设的过去，需要从历史中吸取经验和教训，不论对他们做好本职工作或制定今后的城市建设发展战略和规划等等都是不无裨益的。对于城市建设科研和城建专业的大中专院校也是一本比较有实用价值的参考书和工具书。

《年鉴》的编辑出版是一项很重要工作。但又是一项难度较大的复杂工作。在编辑过程中，得到各省市和有关部门的大力支持和通力协作，使这本《年鉴》终于能按原计划顺利出版，在此谨向他们表示衷心感谢。《年鉴》首卷，包容的历史时期较长，由于资料很难搜集齐全，加上我们经验不足，错误和不妥之处肯定是不少的。我们热诚欢迎大家提出批评。今后要努力做到每隔两年出版一卷，希望有关方面继续积极支持，不断提出改进意见，使《城市建设年鉴》能办得更好。

《中国城市建设年鉴》编委会

目　录

6　地方概况

1

重 要 文 献

特 载

国 务 院

关于加强城市建设工作的通知

(1987年)

党的十一届三中全会以来，我国城市建设进入了一个新的发展阶段。随着改革、开放和城乡经济的迅速发展，城镇数量大幅度增加，开始进入依照城市规划进行建设的科学轨道，城市建设出现了建国以来从未有过的好形势。各级政府加强了对城市建设工作的领导，建成了一大批住宅和城市基础设施骨干工程，不同程度地改善了投资环境和生活环境，城市面貌有了较大改善。同时也必须看到，目前城市建设中仍然存在着很多突出问题，与发展经济和不断改善人民生活的要求不相适应。城市建设工作必须按照建设具有中国特色的社会主义的要求和对内搞活经济、对外实行开放的方针，努力同我国经济、社会发展和整个经济体制改革的进程相适应，保持一个稳定、合理的发展速度。为此，特作如下通知。

一、提高对城市和城市建设重要性的认识，坚持城市建设与经济建设协调发展

城市是我国经济、政治、科学、技术、文化、教育的中心，在社会主义现代化建设中起着主导作用。城市建设是形成和完善城市多种功能、发挥城市中心作用的基础性工作。实践证明，城市建设与经济建设相辅相成，互相促进又互相制约。没有经济的发展，就没有城市的发展；而把城市建设好，对生产力的发展，对经济、文化、科技、教育的发展又会起到巨大的推动作用。各级领导同志，特别是负责经济工作的同志，必须充分认识城市和城市建设在社会主义现代化建设中的重要作用。在制订经济、社会发展计划时，既要有生产和流通观点，又要有城市和环境观点，做到经济建设、城市建设、环境建设三者统一规划、协调发展，取得经济效益、社会效益和环境效益的统一，以保证社会主义现代化建设事业稳步前进。

二、建立合理的城镇体系，走有计划发展的道路

随着我国社会主义有计划的商品经济的发展，特别是农村经济的繁荣，城市化水平的提高和新城市的出现将是必然趋势。为此，必须继续认真贯彻“控制大城市规模，合理发展中等城市，积极发展小城市”和“十分珍惜、合理利用每寸土地”的基本方针，对城市生产力进行合理布局，有计划地逐步推进城市发展，形成与经济发展相适应的城镇体系。

“七五”期间，要有重点地建设好一批城市，

包括三大直辖市、省会城市、沿海开放城市、风景游览城市等，使之逐步发展成为规划比较科学，设施比较完善，环境清洁优美，有利生产、方便生活并能适应人们日益增长的物质和文化需要的社会主义新型城市。同时，要坚决防止大城市人口特别是市区人口过度膨胀。鉴于我国一些大城市的人口密度和建筑密度过大，已经造成水源、能源不足，交通、住房紧张，环境污染等许多突出问题，为避免导致“大城市病”的恶化，必须在继续控制人口自然增长的同时，严格控制人口的机械增长，特别要严格控制企业事业单位成建制地进入市区。大城市的建设重点应放在完善城市基础设施，增强城市功能，改善环境质量，提高现代化水平上。要充分考虑流动人口大量增加的因素，在城市规划、建设、管理上采取相应的对策。城市政府有权根据城市人口发展规划，对城市所有党、政、军、群和企业事业单位人口的迁入实行统一管理。

要着重发展中等城市和小城镇。有计划地建设一批条件较好的中等城市，使之尽快形成具有相当规模与功能，生产专业化程度较高，并在一定区域内发挥中心作用的城市。对于条件较好的小城市和未设市建制的各类小城镇，应采取积极措施，引导大、中城市向这些小城镇扩散商品生产，增强其经济实力。同时，扶持它们加快各项基础设施和生活服务设施的建设，增强吸引力。各级政府和有关部门要注意研究制定一些促进小城镇发展的政策。

三、搞好城市规划，加强规划管理

城市规划是城市建设发展的蓝图。各级政府要充分发挥城市规划对城市各项建设进行综合指导的作用，使之成为城市建设和管理的重要依据和手段。城市规划工作必须面对现实、面向未来，适应社会主义有计划的商品经济的发展和对外开放、对内搞活经济的需要。既能指导城市的长远发展，又能指导当前的各项建设。既有一定阶段内相对稳定的目标，又要根据经济、社会的发展进程适时进行调整和补充。

要大力加强城市规划的实施管理。经过批准的城市规划具有法律效力，要严格实施。规划管理权必须集中在城市政府，不能下放。城市内各项建设的布局、定点和选址都要以城市规划为依据；城市规划区范围内所有单位(包括中央和部队所属单位)和居民的建设活动，都必须服从城市规划安排，不允许各自为政和自行其是。城市规划的实施管理要同城市土地管理紧密结合起来，重点解决好合理用地、节约用地，严格进行各项建设用地的规划与审查，坚决制止违法用地和违章建设。

四、改革城市建设体制，增强活力，提高效益

为了适应社会主义有计划商品经济的发展，充分发挥城市对经济发展的组织功能，必须在经济体制改革的过程中，逐步克服城市建设管理体制上的条块分割，分散建设，市政、公用设施建设与工业、住宅建设不配套等问题，把城市作为一个整体进行规划、建设和管理，提高城市建设的活力和综合效益。

城市规划与城市的国民经济和社会发展计划互为依据，相辅相成，要切实搞好两者的衔接。与城市有关的建设项目，其项目建议书、设计任务书的审查，建设地址的选择，要有城市规划部门参加。根据城市规划确定的城市基础设施等建设项目，要纳入城市中长期或年度计划。城市供水、排水、污水处理设施、道路、桥梁、公共交通、煤气、集中供热、环境卫生、园林等建设项目，从制订计划到组织实施，逐步实行由城市建设部门统一管理。

城市建设要实行“统一规划、合理布局、综合开发、配套建设”。城市新区的建设和旧城区的改造，都要在城市总体规划的指导下，由城市政府根据《土地管理法》的有关规定统一征地，并组织综合开发单位按照经批准的开发方案和“先地下，后地上”的原则，配套进行房屋、各项市政公用和生活服务设施的建设。所有在城市内进行建设的企业事业单位，其市政、公用等配套工程和职工住宅所需投资和材料指标应逐步由建设单位全额划交给城市政府，由城市政府统筹安排开发建设，最大限度地发挥投资效益。各级城市建设主管部门要加强对城市建设综合开发事业的归口管理，综合开发的收益主要用于城市的开发建设。

五、加强城市基础设施建设，创造良好的投资环境和生活环境

城市的供水、排水、道路、桥梁、公共交通、热力、供电、通讯、防洪等设施，是城市生产、生活必不可少的物质基础，是搞活城市经济和实行对外开放的基本条件。这些设施要作为城市建设的重点，使之与生产和各项建设事业的发展相适应。

要集中力量解决好城市供水问题，根据财力、物力的可能，加快城市排水和城市污水处理设施的建设。同时，要努力改善城市的交通拥挤状况，大力发展公共交通，有条件的大城市应逐步发展大容量的轻轨交通。要开辟多种气源、热源，积极发展城市煤气和集中供热。直辖市、省会城市、沿海开放城市、风景游览城市、重点环境保护城市以及气源条件好的城市，煤气建设要先行一步。要重视城市供

电，城市电网改造、建设要纳入城市总体规划，要与市政建设、通讯、热网等地上、地下建筑、设施、管线统一规划布局。

要采取综合治理措施，使城市普遍存在的大气、水、噪声和垃圾污染逐步得到控制和改善，重点城市的环境质量有所提高。要重视城市的抗震、防洪、防火和防滑坡工作，提高城市的防灾能力。

要有计划地搞好旧城改造，重点是基础设施的改善和棚户区、危房区的改建。城市政府应该根据当地情况制订合理的拆迁补偿标准和管理办法。

要努力提高城市园林绿化水平。国家重点风景游览城市和历史文化名城的城市政府，要用一定的精力抓好风景、名胜、古迹的保护和风景区的开发建设，提高城市基础设施水平和环境质量。

六、管好用好城市建设资金
充分发挥投资效益

城市建设要配套安排，特别是供水、排水、供电、道路等基础设施的建设要统一考虑。建设资金主要靠地方财力解决，国家给予必要支持。为了促进市政、公用设施同生产设施配套建设，各级计划、经济部门在制订基本建设和技术改造计划时，对工业项目和相应的城市基础设施项目要配套安排。

市政设施要逐步实行有偿使用。对于用贷款建设的大型桥梁、隧道、渡口，可采取征收车辆通过费的办法来偿还贷款。要以经济手段促进用水单位节约用水，减少污水排放量，城市建设部门要会同有关部门制订排水设施有偿使用办法。实行市政设施有偿使用，涉及面广，需要慎重行事。为了提高公用事业维持简单再生产的能力，城市政府要根据国家的物价政策和收费政策，按照物价管理权限和审批程序，合理调整其产品价格的服务收费。为了加强城市道路的建设，除按原有规定外，今后干线公路穿过县级市和县城的，由交通部门负责修建。

城市维护建设税，是国家预算内资金，各城市都要将这项资金纳入预算，由财政部门会同城建部门负责筹集、分配。在财政部门确定资金分配预算后，由城建部门负责制订使用计划，组织实施，财政部门和审计机关负责监督。要把有限的城市建设资金用到人民最急需的、与生产和人民生活关系密切的方面，绝不允许去搞那些高级宾馆、招待所、纪念馆(碑、亭)、“一条街”、各种“中心”等非急需的建设。有关全国城市维护建设资金的使用和管理办法，由建设部会同财政部商订、颁发执行。

七、城市政府要集中力量搞好
城市的规划、建设和管理

随着经济体制改革的深入进行，政府对企业的生产经营活动将由直接管理变为间接管理。城市政府的主要职责是把城市规划好、建设好、管理好，市长要把主要精力转到这方面来。这是新的历史时期对城市政府职能的新要求，必须努力实现。要根据国家的有关规定，相应地扩大城市政府的自主权。城市政府有权根据国家的有关法规和政策，制订本市需要的具体管理规章。

要正确执行“人民城市人民建”的方针。对于确系生产、生活特别急需而城市政府一时又难以解决的市政公用设施，可以在受益单位自愿的前提下，适当组织必要的人力、物力、财力进行建设。但对这类建设项目必须严格控制。城市建设要贯彻执行量力而行的原则，一定要注意城市建设的速度和规模与本城市经济发展的水平相适应，不能全面开花，不要急于去办超越地方财力、物力可能的事，不能向企业搞摊派，防止互相攀比。

各省、自治区、直辖市人民政府要进一步改善和加强对城市建设工作的领导，国务院各部门都要关心和支持城市建设工作，为城市建设和发展创造必要的条件。

中共中央、国务院

关于当前城市工作若干问题的指示

（节　录）

（1962年10月6日）

十一、逐步改善大中城市的市政建设

今后大中城市的工商业附加税、公用事业附加税和房地产税，统一划为市财政，由市人民委员会掌握，保证使用于城市的公用事业、公共设施以及房屋等的维修和保养，不要上交，也不能移作他用。这些维修和保养所需要的材料，要列入国家计划。

为了逐步改善城市人民的居住条件，城市房屋的租金，应当贯彻实行专款专用，以租养房的原则，保证使用于房屋的经常维修和改建、扩建；同时，国家应当根据可能的条件，在统一计划的安排下，逐步新建一些居民住宅。对于过去被拆除房屋的居民，凡是没有妥善安置的，都应当尽可能利用这次"精兵简政"后多余的房屋，或者利用一些中途停建而适合于居住的房屋，加以安置。今后，所有城市，在建设中应当尽可能地不拆除民房，凡是必须拆除民房的，都要事先把居民安置好，否则一律不许拆除。

城市中的企业、机关、学校的房屋及其附属的服务性的机构和设施，都应当有计划地、逐步地交给市人民委员会统一经营和管理，并由这些单位缴纳一定的房租和市政经费。在这方面，各大中城市可以先行试点，以便取得经验，逐步推广。

中共中央、国务院

批准第二次城市工作会议纪要的指示

（1963年10月22日）

中央和国务院批准第二次城市工作会议纪要，现在将这个纪要发给你们研究执行。各中央局，各省、市、自治区党委和人民委员会，在接到会议纪要之后，应当组织有关方面认真加以讨论，并提出贯彻执行的具体措施，于今年年底以前报告中央和国务院。

全国大中城市是现代工业的基地，也是商业和文化教育等事业最集中的地方。只有认真地做好城市工作，才能保证社会主义建设事业的顺利进行。各级党委和人民委员会，在继续努力做好农村工作的同时，必须进一步地加强对城市工作的领导，不断改进工作，把城市管理好，充分发挥城市在社会主义建设中的作用。

各中央局，各省、市、自治区党委和人民委员会，要定期讨论大中城市的工作；大中城市较多的省、自治区，每年应当至少召开一次城市工作会议，系统地研究和解决城市工作中的问题。

在大中城市建设中，必须认真贯彻执行勤俭建国、勤俭办企业、勤俭办一切事业的方针。这次会议议定拨给各大中城市自己支配使用的经费，数量是不小的，各大中城市必须精打细算，节约开支，使用得当，充分发挥这些资金的作用。

国务院各有关部门，对于这次城市工作会议上议定的若干事项，要及早做出具体安排；需要修改的规章制度，应当迅速加以修订，或者重新拟定，经过批准手续下达，以利执行。

第二次城市工作会议纪要

(节录)

五、加强房屋和其他市政设施的维修,逐步进行填平补齐。

去年城市工作会议以后,许多城市加强了市政设施的维修和管理工作,市政设施的状况,开始有所好转。但是由于过去几年"欠帐"过多,市政建设不能适应生产发展和人民生活基本需要的矛盾仍然比较突出,住宅、中、小学校舍,以及其他市政设施破漏不足的情况,还相当严重。城市的废水、废气、废渣,也没有得到适当的处理。解决这些问题,需要用较长的时间,并且要适当照顾城乡关系,本着勤俭办一切事业的精神,采取较低的标准。在最近两三年内,应当以加强现有设施的维修和经营管理为主,根据可能条件,有计划地、有重点地进行补缺配套,填平补齐。

为了进一步加强住宅、中、小学校舍和其他市政设施的维修,必须确定和增辟经常的固定的资金来源;同时,也要适当地增拨一些城市维修和建设费用。会议议定,采取以下的措施:

① 房地产税划归市财政的规定,今年已有六十六个大中城市实行,明年扩大到全国所有设市的城市实行;② 把公用事业大修理基金的提取率,由今年全国平均的百分之二点四提高到百分之三;③ 公用事业附加税,某些城市,开征项目过少,可以增开一些项目;个别项目附加率过低的,可以适当提高。具体办法由财政部另行规定;④ 贯彻实行"以租养房"的原则,调整住宅的租金标准,在有条件的城市,试行机关、学校等公用房屋收租的办法;⑤ 城市在完成国家规定的地方预算收入任务以后,对于超收的部分,除按原定的收入分成比例提成以外,再增加提成百分之五到百分之十;⑥ 为了解决某些城市房屋、市政设施的维护和防洪供水,公共卫生等方面的急切需要,经有关方面批准,这次会议还安排了七千二百万元的城市建设费用。以上各项资金,均应当规定使用范围,由市掌握,专款专用。

对于市政设施补缺配套、填平补齐的大中型项目,应当在国家年度的或者长期的基本建设计划中,加以安排。过去几年,在基本建设投资当中,市政建设的投资,特别是建设住宅和中、小学校舍的投资,占的比重低了,今后要适当加以调整。

今后新建、扩建的企业、事业单位,在编制设计任务书的时候,就要把住宅、校舍以及生活服务和有关的市政设施包括进去。

各个城市对于废水、废气、废渣的处理和合理利用,应当经过调查研究,订出具体规划,由国家计委和有关部门,有重点地分期分批地安排解决。新建的工业企业,在工厂设计和建设中,就要解决废水、废气、废渣的处理和利用问题。

住宅、中、小学校舍和其他市政设施维修和建设所需要的材料、设备,应当列入国家物资分配计划,由物资部门按计划供应;维修所需要的建筑施工力量,在劳动计划内适当调整。

市政企业、事业单位,必须努力改善经营管理,提高服务质量,更好地利用现有设施为生产和人民生活服务。目前不少单位的经营管理工作,漏洞很多,浪费很大,有的还有亏损,必须切实改进。

城市的公有住宅、中、小学校舍和机关、事业单位的房屋,应当逐步由市人民委员会统一经营管理。第一步可以先把市属的公用房屋,由市人民委员会统一经营管理起来,统一规章制度,统一租金标准,统一调剂和分配,统一组织维修,统一建设。考虑到房屋统一经营管理的问题比较复杂,需要经过试点,逐步推广。目前城市公有房屋,不少是由使用单位分散经营管理的,这些单位,应当执行市人民委员会有关房屋管理的规定,并且在房屋管理的业务上接受市房产管理部门的指导和监督。所有城市都要继续抓紧进行房屋的调剂工作,尽可能调剂出一些房屋改作中、小学校舍。

城市私有房屋的管理急须改进。应当督促房主维修房屋。在已经进行了私房社会主义改造的地方,要认真处理改造工作中遗留的问题。改造起点定得不合理的,应当加以调整。对于改造起点以下的小量出租房屋,可以宣布属于个人所有,允许出租和买卖,以调动房主维修房屋的积极性。具体办法,由国务院有关部门规定。

为了有计划地进行市政建设,各大、中城市应当根据我国的实际情况,结合第三个五年计划的编制工作,编制城市的近期建设计划,并且修改现有的总体规划。在进行这项工作的时候,必须总结过去的经验教训,防止和克服把城市规划搞得过大,占地过多,建设标准定得过高,不合勤俭建国方针的偏向。

中共中央

批转《关于加强城市建设工作的意见》的通知

(1978年4月4日)

国务院于一九七八年三月六日至八日在北京召开了第三次全国城市工作会议。中央认为这次会议开得很好，同意会议制定的《关于加强城市建设工作的意见》，现发给你们，请认真研究执行。

根据这次会议的决定，全国城市的维护和建设资金都将有不同程度的增加。各省、市、自治区及各城市，一定要坚持艰苦奋斗、勤俭建国、勤俭办一切事业的方针，严格按照国家有关规定，精打细算，管好用好这些资金，把城市维护、建设好。今后，一律不准再搞任何形式的摊派，不准擅自兴建楼堂馆所及其他高标准建筑，不准再乱拉资金材料冲击国家计划，坚决反对铺张浪费。对此，各级建委、建设银行要认真负责地进行监督。

城市工作历来是我党和政府工作的一个重要组成部分。伟大领袖毛主席和敬爱的周总理生前，一直非常重视城市工作，并作过一系列重要指示。切实抓好城市工作，积极解决城市中长期积累下来的问题，彻底清除林彪、"四人帮"干扰破坏所造成的恶果，对于如期实现四个现代化、都具有重大意义。各省、市、自治区及各城市党委和革命委员会，国务院各有关部委，一定要以党的十一大路线为指针，认真贯彻落实这次城市工作会议的精神和《关于加强城市建设工作的意见》，抓纲治市，把城市建设和管理工作全面抓起来，抓紧抓好，力争尽快取得成效，并且要坚持下去，为逐步把全国城市建设成为适应四个现代化需要的社会主义的现代化城市而努力。

一九七八年四月四日

关于加强城市建设工作的意见

(节　录)

伟大领袖毛主席对城市工作非常重视，早在党的七届二中全会上就向全党指出："必须用极大的努力去学会管理城市和建设城市"。全国解放后，又作过一系列重要指示，为社会主义城市的建设和管理工作指明了方向。敬爱的周总理也非常重视城市工作，先后在一九六二年和六三年，亲自主持召开了两次城市工作会议，研究制定了建设和管理城市的具体政策与措施，有力地推动了城市各项工作的发展。

在毛主席的无产阶级革命路线指引下，二十八年来，我国城市工作取得了巨大成就。旧中国遗留下来的消费城市已被改造为生产城市。沿海老城市大步前进，在发展现代化工业，支援农业，支援内地等方面发挥了积极作用。许多地区、特别是三线地区建起了一批新的工业城镇，出现了一些象大庆那样的"工农结合、城乡结合、有利生产、方便生活"的新型工矿区，为我国的城镇建设提供了新鲜经验。随着生产的发展，城市的市政建设和服务事业也有很大进步，人民群众的生活福利得到逐步的改善。

但是，十几年来，城市工作受到林彪、"四人帮"反党集团的干扰破坏，加之我们对城市工作抓得不力，致使毛主席、周总理为城市工作制定的方针政策没有得到全面的贯彻。特别是"四人帮"反党集团的倒行逆施，给城市各方面工作造成了极为严重的损失，城市建设和管理中积累的问题已经成了堆：城市规划长期废弛，城市建设和管理工作薄弱、混乱，大城市规模控制不住，小城镇的方针贯彻不力，"骨头"与"肉"的关系很不协调，城市职工住宅和市政公用设施失修失养、欠账很多，市容不整，环境卫生很差，大气、水源受到严重污染，园林、绿地、文物、古迹遭到破坏，交通秩序紊乱，副食品供应紧张。这些问题的存在，严重地影响生产，影响人民生活，影响工农联盟，影响安定团结。无论从现实或发展上看，都已经到了非解决不可的时候了。

全国的大、中、小城市，是发展现代工业的基地，是一个地区政治、经济和文化的中心，是巩固和发展工农联盟、实行无产阶级专政的重要阵地。城市工作必须适应高速度发展国民经济的需要，为实现新时期的总任务作出贡献。多年积累下来的问题必须积极而有步骤地加以解决。否则，必然会拖四个现代化的后腿。当前城市工作的紧迫任务是：高举毛主席的伟大旗帜，在党的十一大路线指引下，全面贯彻执行毛主席关于城市工作的一系列重要指示，充分发挥中央和地方两个积极性，依靠广大人民群众，把城市整顿好、规划好、建设好、管理好。在城市建设和管理工作上，一定要发扬自力更生、艰苦奋斗、勤俭建国、勤俭办一切事业的精神，贯彻执行鼓足干劲、力争上游，多快好省地建设社会主义的总路线和为生产、为城市群众服务的方针，正确处理"骨头"和"肉"的关系，为逐步把全国城市建设成为适应四个现代化需要的社会主义的现代化城市而奋斗。

为此，必须认真抓好下列一些问题。

一、(略)

二、切实做好城市的整顿工作

"四人帮"的干扰破坏，在城市中造成了许多混乱现象，急需加以整顿，这是广大人民的迫切要求。各城市都要从实际情况出发，发动群众，大力整顿社会治安，整顿交通秩序，整顿市容卫生，整顿市场管理，整顿户籍管理及消防工作，等等。特别要下功夫整顿好各级领导班子，解决好由于"四人帮"干扰破坏造成的思想不纯、组织不纯、作风不纯的问题。要通过整顿，打击歪风邪气，恢复和发扬社会主义好风尚，为人民群众创造良好的生产、工作和生活环境，使城市各方面的工作井井有条，城市面貌欣欣向荣。

现在，许多城市和工矿区，都有相当数量的按政策留城和回城的待业知识青年，长期没有得到安置。还有一批不在户籍的"黑人黑户"，其中有些人有工作，但没有粮票，要吃高价粮；有的孩子已大，不能入学。这些问题解决不好，势必影响安定团结。有关部门和地方，应加强调查研究，区别不同情况，采取相应的政策和措施，尽快解决待业知识青年的劳动就业问题；并根据公安部户籍管理的规定把"黑人黑户"的问题解决好。在地广人稀的边远地区，对从沿海或内地来的没有户籍的职工或家属，应鼓励他们在当地安家落户，但应参照原来户籍，分别落为农业和非农业户口，避免增加非农业人口。

三、控制大城市规模，多搞小城镇

毛主席曾明确指示："城市太大了不好"，要"多搞小城镇"。这是毛主席为我国社会主义城市建设制定的一项战略性的方针。执行这一方针，不仅可以更好地建设城市和管理城市，而且对于改善工业布局，加快国民经济的发展速度，加强战备，缩小三大差别，都具有重大意义。

控制大城市规模，主要是控制市区的人口和用地，而绝不是控制生产和各项事业的发展。大城市、尤其是特大城市，都是工业、高等学校和科研机构集中的地方。一定要充分发挥这些大城市的作用，使之为全国提供优秀人材和先进的技术、装备。但是，大城市的发展，特别是工业生产的发展，主要应靠"挖潜、革新、改造"和加强经营管理。同时，要按照专业化协作的原则改组工业，合理地调整布局。要做到既能够大幅度增产，又能够不增人，做得好还可以减人。上海市的纺织工业，在解放初期共有工厂四、五千家，职工五、六十万人，而年产值只有十八亿元。现在，年产值已达九十八亿元，增长了四倍多，而工厂已减少到四百九十家，职工也减少到三十九万人。其它大城市也有类似的经验，很值得总结推广。因此，不能一谈到要发展城市的工业生产，就想要建新厂多增人。

有些同志总想把新建工业项目摆到大城市，理由是大城市条件好，水、电、道路现成，投资省，收效快。这种想法是很不全面的。因为它只算了一个企业的小帐，没有算一个城市以至整个工业发展的大帐，只顾眼前，不计后果。现在已经有不少城市，是"三十年代的马路、下水道，七十年代的人口、运输量"。增加项目、增加人口，就要增加交通运输设备，拓宽马路，翻建下水道，增建住宅、商店、供水、供电设施和各项服务机构。其结果往往是想省钱更费钱，图一时方便反造成更大的不方便，甚至影响生产的高速度发展。恩格斯指出："大城市工业人口的集中只是工农业发展水平还不够高的表现，它是进一步发展的阻碍。"我们现在应当有这个觉悟了。何况把大项目摆到小城市去，建设速度也不一定就慢。例如引进成套设备的大化肥装置，建在沧州的一套，尽管受到供电不足和设备未及时运到等等不利影响，还是按期合格建成投产，全部工期只有三年零一个月。建在大庆的一套，则只用了两年零四个月的时间就合格建成投产。这两个典型，充分说明事在人为，中小城市同样可以上得很快。

大城市的规模一定要控制。今后，各城市都要有人口和用地规模的控制指标。百万以上人口的特大城市，今后不要再在市区和近郊安排新的建设项目和大的扩建项目。进行必要的扩建和生产调整，应当做到企业有增有减，人口有进有出，从全市来讲不扩大人口和用地规模。要把那些易燃易爆、污染严重和直接为农业服务的企业、事业单位，有计划地迁出市区和近郊。在远郊建设新项目、小城镇，要严格防止与市区及近郊连成一片。五十万以上人口的大城市也要严格控制，切实防止膨胀成新的特大城市。中等城市要避免发展成大城市。各省、市、自治区革命委员会和国务院有关部委都要认真把好这一关。

工业的布点决定城市的发展。控制大城市规模，发展小城镇，都应同工业的改组、工业布局的改善结合起来。今后二十三年行将建设的上万个大中型项目，都应按照大分散、小集中和多搞小城镇的方针进行合理分布，摆到中小城市去，大部分尽可能摆到小城镇去。建设小城镇，要结合选厂定点，做好统一规划，合理布置工厂和居民点，做到"工农结合、城乡结合、有利生产、方便生活"。

新建的工矿小城镇，一定要遵照毛主席"生产生活同时抓"的教导，"骨头"和"肉"一起抓，实行配套建设。市政、公用、文教、卫生和商业服务等设施，应在工(矿)业建设项目的总投资内一并安排，列入计划，同时兴建。水、电、交通建设应提前列入计划，预拨投资和材料，以便先行一步。要充分发挥大、中城市对小城镇建设的支援作用。

国家采取鼓励企事业单位到小城镇定点、职工到小城镇安家落户的政策。企事业单位按计划由大城市迁往小城镇，其职工工资一般不予降低，职工和家属的粮、油、肉定量不变。小城镇招收职工，应该优先招收支援小城镇职工家居城镇的子女和当地符合招工条件的被征了土地的农民。还要注意安排男女职工的适当比例，以利职工就地生产，就地安家。

四、认真抓好城市规划工作

毛主席指示："城市要有全面规划"。只有做好城市规划并认真实施，才能发挥社会主义计划经济的优越性，使社会主义城市真正区别于盲目发展的资本主义城市。全国各城市，包括新建城镇，都要根据国民经济发展计划和各地区的具体条件，认真编制和修订城市的总体规划、近期规划和详细规划。大中城市和重点建设的小城镇，二、三年内都要做出城市规划。

城市规划是一定时期内城市发展的计划，是城市各项建设工程设计和管理的依据。编制城市规划，要立足本市，放眼全国，从全局出发，认真贯彻党的路线、方针和政策，正确处理城市与农村、工业与农业、生产与生活、需要与可能、近期与远期、新建与改造、局部与整体的关系，考虑到战争和自然灾害等因素，统筹兼顾，合理安排，努力做到经济上合理，技术上先进，并注意节约用地，使城市的各项事业有计划、按比例、高速度地发展。

搞城市规划，一定要认真贯彻"以农业为基础、工业为主导"的发展国民经济总方针。发展工业生产始终是城市工作的重点，但工业和城市的发展都必须以农业的发展为基础，农业上不去，工业和城市也不可能有高速度的发展。所有城市，包括新建工矿城镇，在规划和建设中都必须认真注意发展农业的问题，要尽一切可能支援农业，为加快农业机械化的步伐作出贡献。大中城市应按照国家政策和当地条件，有计划地把一部分加工工业、特别是直接为农业服务的工业扩散到农村公社去，以利于加强县社工业，改善工业和城镇的布局，更好地支援农业，加快农业的发展。对于扩散到县社的工业，必须加强管理，保证正常生产和产品质量。

在有地震中期预报的城市，要抓好防震抗震工作，地震基本烈度在七度以上的城市，要编制抗震规划，并纳入城市规划，统一组织实施。要确保城市要害系统的安全，防止次生灾害。对不符合抗震要求的房屋建筑、工程设施和设备，要分期分批进行加固处理。务必"预作准备，减少损失"。

城市规划，要有严格的审批手续。中央直辖市、省会及五十万人口以上大城市的总体规划，报国务院审批；其它城市和工矿区的总体规划，由省、市、自治区革命委员会审批，报国务院备案。城市的详细规划，由市革命委员会审批。城市规划一经批准，必须认真执行，不得随意改变；执行中如有原则性变动，必须经原审批机关批准。责成各级建委监督实施。

为了搞好工业的合理布局，落实国民经济的长远规划，使城市规划有充分的依据，必须积极开展区域规划工作。区域规划，可以先从重点建设地区和重要工业基地做起。要根据各省区发展国民经济的任务，在一定区域范围内搞好生产力的合理配置，安排好各部门之间的协作关系。这一工作由国家计委牵头，协同各省、市、自治区和国务院有关部门认真抓好。

五、加强城市的人防和城防建设

当前和今后城市的规划和建设，都应从加强战备出发，搞好人民防空和城市防卫建设。这是反侵略战争准备的重要战略措施，是城市建设的一项重要内容，必须遵照毛主席关于人防、城防建设的一系列重要指示，抓紧抓好。

所有城市，特别是大中城市，都要按照平战结合、军民结合和人防工程与基建、城建相结合的方针，认真把人防工程建设好。所建工事，不仅战时能防备敌人的空中袭击，而且平时要使其能为生产和人民生活服务。各大中城市，还要根据战时需要和城市的具体情况，在平时就要做好战时人口疏散计划，有步骤地组织训练好对空射击、工程抢险、医疗救护、运输、消防、治安等专业队伍，建立起战时通信警报系统。

各城市、各部门都要根据上述原则，按照中央军委和全国人民防空领导小组的有关规定，以及全国人民防空领导小组、国家计委、国家建委、财政部一九七六年二月《关于在基本建设和城市建设中加强人防战备建设的几点意见》，制定人防、城防规划，并纳入城市规划和相关的基本建设计划，统一组织实施。

六、狠抓现有设施的维修养护和旧城区的改造

各城市对现有的居民住宅、市政工程和公用事业等各项设施，都要加强维修养护工作。要动员群众，在专业队伍的带动和指导下，打几场维修养护的人民战争，在二、三年内把失修失养的被动局面扭转过来；尔后要经常抓下去，使各项设施充分发挥其作用，更好地为生产和群众生活服务。

对旧城区，要采取充分利用、加强维修、逐步改造的方针。改造的重点应当是房屋破旧、交通堵塞以及市政公用设施很差的区段。沿街的棚户、危房应尽先处理。影响交通的堵头、卡口要尽快打通。要结合必要的拆迁，统一安排住宅、公用设施和绿地，合理调整居住密度和商业服务网点的分布。

开放城市和边境口岸城镇的维护和改造工作更要优先大力抓好。

城市维护费(即城市三项费用)是城市的专项维修资金，一定要按照国家有关规定使用，不得挪作他用。城市维护所需的材料设备，要列入计划，由各省、市、自治区拨交城建部门掌握使用。为了进一步建设好小城镇，加强现有小城镇的维护管理，自一九七九年起，城市维护费的开征范围可以扩大到一些工业比较集中的县镇和工矿区。具体开征办法，由国家建委会同财政部商各省、市、自治区革命委员会决定。

七、加速住宅及市政公用设施的建设

目前，城市职工住宅及市政公用设施严重不足，必须在加强维修养护的同时，迅速新建一批住宅及市政公用设施，才能适应生产发展和人民生活的需要。

第一、城市住宅的“缺口”要抓紧补上。目前，全国城市缺住宅约一亿平米，需投资约八十亿到一百亿元。要由国家、地方、企业共同努力，有计划地逐步加以解决。鉴于目前住房“缺口”大，需要投资多，除动员地方、企业财力(由财政部会同国家计委、建委作出具体规定)约可解决三分之二外，尚需国家补助三分之一，用于解决各地城市文教、卫生、商业、服务行业、机关、团体等单位职工缺房问题，以及棚户、危房的改造。一九七八年国家补助城市住宅建设投资二亿元，约可解决五万户的住房问题。今后几年内，国家准备平均每年拿出投资四亿元，用于城市职工住宅建设，由国家建委归口分配。

第二、沈阳、广州两市，过去曾经中央批准，从工商利润中提成百分之五作为城市维护和建设资金。考虑到目前城市维护、建设任务很重，需要资金较多，决定从一九七九年起，在所有省会城市和城市人口在五十万以上的大城市(不含三大直辖市)，以及对外接待和旧城改造任务大、环境污染严重的城市(暂定遵义、延安、桂林、洛阳、苏州、无锡等六个城市)，共计四十七个城市，试行每年从上年工商利润中提成百分之五，作为城市维护和建设资金，其中要拿出一定的比例用于治理这些城市的“三废”，大搞综合利用，发展新型建筑材料。

为了协调安排好“骨头”与“肉”的关系，今后在国家基本建设计划中，要专列“城市住宅建设”和“市政公用设施建设”(包括给水、排水、公共交通、煤气、道路、桥梁、防洪、园林绿化等)户头，以利加强管理，加快建设。

八、调整商业服务网点，办好文教、卫生事业

随着生产的发展，城市商业服务网点的分布要合理调整。新建区网点少的要适当增设。工厂、街道可根据需要，组织家属和闲散人员办食堂、澡塘、理发店、修理店、代销店等服务网点。

城市的医疗、防疫和妇幼保健工作要进一步加强。要统一规划，合理布局，尽可能地改善群众的医疗条件。大型工矿企业和中小厂矿集中区，均应建立相应规模的医疗卫生机构。街道可普遍建立红医站，并实行分级分工的医疗制度。要大力兴办托儿所和幼儿园。

所有大、中、小城市，以及新建城镇和工矿区，都要认真抓好计划生育工作，严格控制人口自然增长率。

要抓紧解决中小学校舍不足的问题。危房、旧房要迅速维修。要尽快采取措施改半日制为全日制，保证适龄儿童入学，保证中小学教学质量。

普通中小学校应由城市统一领导和管理。目前由企业自办的，应逐步由城市教育部门接过来，这一工作，由教育部商同有关方面研究拟定实施办法，明年起可先选择二、三个城市进行试点。

要办好市、区、街道的三级文化网，增设影剧院，开辟青少年和儿童活动场所。目前要尽量利用机关和企、事业单位的礼堂，公开售票，为群众服务。

所有城市的各项服务事业，都要面向群众，面向生产，努力提高服务质量，改进服务态度。

九、民用建筑要逐步实行“六统一”

一九六三年第二次全国城市工作会议确定：“今后，在大中城市新建和扩建的企业、事业单位，要把住宅、校舍以及其他生活服务和有关市政设施

方面的投资，拨交所在城市实行统一建设，统一管理。”十四年来，各地在统建、统管民用建筑方面做了很多工作，取得了不少经验。实践证明，这个方针是正确的。今后应当积极创造条件，有步骤地推行民用建筑“六统一”，即：统一规划，统一投资，统一设计，统一施工，统一分配，统一管理。

房屋统建的方法，一是把国家、地方、企业投资都交给城市房管部门，实行统一建设；二是把国家、地方投资捏在一起，实行局部统建和组织企业集资统建。各城市可根据具体情况积极试行和推广。

城市公有住宅、中小学校舍和机关、事业单位、文化、卫生、商业、服务行业的房屋，以及企业厂区以外的公用房屋，也应由城市逐步实行统一管理。

十、大力开展综合利用，防治污染，保护环境

目前，大中城市环境污染，正日益严重地影响工农业生产和人民身体健康。防治污染，保护环境，已经到了刻不容缓的时候了。

城市环境的污染，主要是工业“三废”造成的。防治工业污染，首先要搞好工业布局。不要把有害环境的工厂建在城市居民稠密区及其水源上游和上风向；已经有的要积极采取措施，限期进行治理或调整。新建企业要坚决贯彻执行污染治理工程和主体工程同时设计、同时施工、同时投产的规定，各省、市、自治区革命委员会及各级建委要严格把关。所有工业企业、都要把消除污染，实现清洁工厂作为考核和评比大庆式企业的条件之一。清洁工厂的标准由环境保护部门制定。

“三废”治理，要按照谁污染谁治理的原则，由各地区、各部门统筹安排，各企业负责实施。要区别不同情况，规定治理期限，务求尽快取得成效。要把“三废”治理和综合利用结合起来，变废为宝，化害为利。要实行综合利用奖励政策。凡“三废”治理好，综合利用好的企业，要给予表扬和奖励。具体办法由主管部门商有关方面拟定。凡不积极治理“三废”，超过规定期限继续污染环境的，要追究责任，严肃处理。

城市噪音、医疗废水和生活污水的污染也不容忽视。有关部门要认真采取措施加以治理。

保护环境要有全面规划。各城市环保部门要在市委统一领导下，会同卫生部门及其它有关方面编制消除污染、保护环境、实现清洁城市的规划，报上级批准后，纳入地方建设计划。环保和卫生部门要监督、检查执行情况。

各城市要切实搞好环境卫生。要发动群众开展爱国卫生运动，除四害，讲卫生，经常保持城市的清洁。要加强城市清洁队，改进清扫工具，适当增加运输车辆和船只。

十一、搞好园林绿化和文物保护，积极开展旅游工作

各城市都要搞好园林绿化工作。每年春秋两季，要开展群众性的绿化运动。一切宅旁、村旁、路旁、水旁，只要是可能的，都要有计划地种起树来。新建城镇要有计划地搞好绿化。旧城区要适当扩大绿地面积。要发展苗圃，尽快做到苗木自给，逐步实现城市园林化。城市园林要结合生产，因地制宜种植各种果树和油料、香料、药用植物等。充分利用水面养鱼、种藕。把园林绿地搞得既好看，又实惠，对子孙后代有好处。

对现有的园林、绿地、名胜、古迹和风景区，要加强管理。被非法侵占的，要一律限期退出。破坏文物、古迹的，要追究责任，严肃处理。

各城市的革命文物和历史文物，都是宝贵的文化遗产。要认真贯彻执行国务院颁布的《文物保护管理暂行条例》，做好保护工作。由于“四人帮”的干扰而遭受破坏的文物，要有计划地进行修复。修复时，要注意保持文物的原貌。对重点保护的革命旧址和历史性建筑，要划出必要的保护区，禁止在保护区范围内修建其它新的建筑。宣传革命文物和历史文物，要特别强调准确性，凡被篡改、歪曲了的都要恢复其本来面目。

旅游事业是党的工作的一部分，是外事工作和城市工作的一个重要方面。各开放城市都要按照中共中央[1978]8号文件精神抓好旅游工作。要认真搞好现有参观游览点的维修养护，并有计划地增辟一些新点。要特别注意搞好卫生及服务工作。充分发挥现有人力和物力的作用，积极完成接待外国旅行者的任务。已经列入计划的建设项目，要保证质量如期完成。投资、材料确实不足的，国家有关部门要大力支持和解决。今后计划开放的城市，也应早作准备，为进一步发展旅游事业创造条件。

十二、搞好郊区的农副业生产

所有城市，特别是大中城市，都必须搞好郊区的农、林、牧、副、渔业生产，把副食品生产基地建立起来。城市郊区的农副业生产要明确为城市服务的方针。

首先要搞好蔬菜生产，尽快做到蔬菜自给，并且要增加蔬菜品种，组织好均衡生产和供应，保证一年四季都有菜吃。要积极发展国营和社队集体经营的机械化养猪、养鸡等事业，同时也要鼓励社员自养猪、鸭、鸡、兔，争取尽快做到城市供应肉、蛋、禽自给或基本自给。要划出一定地块，并充分利用房前屋后等一切空地，种植油料作物，逐步增加食

油的自给量。有条件的城市，还要积极发展鱼类和水果生产，大力增加副食的品种和数量。政策上要注意调动郊区农民为城市生产副食品的积极性。

工业城镇和工矿企业，凡有条件的，都应象大庆那样，组织职工家属、待业青年走“五七”道路。可以根据条件开荒种田，从事农、林、牧、副、渔业生产；也可以因地制宜，兴办集体所有制的加工生产和生活服务事业。玉门油矿的职工和家属，在党委领导下，经过十几年的艰苦奋斗，在戈壁滩上开荒种田三万九千亩，累计生产粮食九千八百五十多万斤和大量的副食品。目前已经实现了家属所需粮、油、肉、菜自给，职工生活普遍得到改善，还解决了部分职工与家属长期分居两地的问题，玉门油矿能够做到，其他有条件的城镇和工矿企业也应当努力做到。

十三、加强城建队伍的建设

为了把城市建设迅速搞上去，必须加强城建队伍的建设。要通过揭批“四人帮”和工业学大庆运动，整顿好各级领导班子，建立健全各项基本制度，搞好政治思想工作和技术培训工作，尽快地把城建队伍建设成为一支思想红、作风硬、装备好、技术精的又红又专的队伍。要深入持久地开展工业学大庆、普及大庆式企业的群众运动，一九八〇年以前要有三分之一的企业建成为大庆式企业。

当前城市建设队伍缺额较多，应按照国家规定，有计划地配齐补足，并进行更新。还要大力提高城建队伍的技术装备水平，广泛开展技术革新和技术革命，努力实现机械化、自动化，以适应建设需要。

十四、加强城建专业的科学研究和教育工作

建设和管理现代化城市，必须加强科学研究。在城市规划、设计、建设、管理各方面，都要积极利用科学技术的最新成就，有计划、有步骤地赶超世界先进水平。

要建立、健全城市规划设计、城市建设和环境保护的科学研究机构。国家要设立综合性研究机构。各省、自治区和大中城市可根据当地的实际情况，设立不同规模的专业的研究所、院。科研课题要有重点。建筑工程和市政工程要努力实现施工机械化，大量采用新工艺、新结构和新材料。建筑材料，要研究充分利用地方资源和工业废渣，发展砌块、大板和轻质、高强的新型墙体、屋面材料。要大力开展“三废”治理和综合利用的科研工作。城市的给排水、交通道路、煤气设施，要适应现代化城市的需要，技术上要有新的发展。城市的各项管理、城市经济和规划布局等问题，也要在科研上有所创见。各城市要把科研单位、高等院校、企业的力量组织起来，大搞协作，攻克难关。

要大力培养城建专业科研设计人员。有关高等院校要积极恢复或增设城市建设所需的各项专业，包括城市规划、建筑学、给水排水、道路桥梁、城市煤气、园林绿化、公共交通、环境保护、城市经济以及工业与民用建筑等专业，国家在适当的时候要设立城市建设学院。

十五、加强城市管理

各城市革命委员会要真正把城市的各项管理、建设工作抓起来，要有强有力的城市管理机构，把城市规划、房产、市政工程、公用事业、园林绿化等等都管起来。城市各管理部门都要建立健全规章制度，并认真贯彻执行，迅速改变无章可循和有章不循的状况。

城市中的各项建设，都应按照城市总体规划进行安排，服从城市有关部门的统一管理。无论新建、扩建、改建和翻修，都应在城市建设部门办理手续，不得随意开工，乱拆、乱占、乱挖、乱建。对违章建筑，城市管理部门有权检查制止，进行处理，直至拆除。

要严格管理用地。城市各项建设，都要按照国家建设征用土地办法办理用地手续，领取施工执照。各项建设都要精打细算，节约用地，防止多征少用或早征晚用；要尽量利用荒地、山地、劣地，不占良田，有条件的还要尽可能改土造田。对于征而未用、多征少用的土地，超过规定时间，城市规划部门有权收回，按照城市规划的要求，统一调整，合理安排使用。工厂设计要把节约用地作为一项指标。

城市管理，必须走群众路线。要发动和依靠广大街道干部和居民群众，搞好社会治安、青少年教育、环境卫生、绿化植树、计划生育等工作，办好各项为生产、为生活服务的事业。

各城市应当自找对手，开展管理和建设好城市的革命竞赛。

十六、加强党对城市工作的领导

城市工作，关系着国民经济和人民生活的各个方面，涉及面广，政策性强，必须加强党的领导。各省、市、自治区党委要把城市工作列入议事日程，定期讨论城市工作，研究和解决重大问题。

城市党委和市革命委员会对于城市的各项工作，要统筹兼顾，全面安排，按照党的方针、政策，认真抓好。不论部属、省属、或外地派驻机构，党政机关和军事单位，都要自觉遵守所在城市的各项制度和规定。工业、农业、交通、财贸、政法、文教、卫生、

体育、人防等各部门，都要树立全局观念，在市委领导下，同心协力，密切配合，有重点、有步骤地把城市建设好，管理好。

要加强城市的街道办事处和居民委员会等基层组织的建设，以保证城市工作各项方针、政策落实到基层。

国务院
关于加强新工业区和新工业城市建设工作几个问题的决定

(1956年5月8日国务院常务会议通过)

随着社会主义工业建设的迅速发展，在我国广大土地上将要出现许多新工业区和新工业城市。为使这些新工业区、新工业城市的规划和建设工作能够适应工业建设的需要，作如下的决定。

(一)

社会主义建设，要求正确地配置国家的生产力。积极开展区域规划，合理地布置第二个和第三个五年计划时期内新建的工业企业和居民点，是正确地配置生产力的一个重要步骤。区域规划就是在将要开辟成为新工业区和将要建设新工业城市的地区，根据当地的自然条件、经济条件和国民经济的长远发展计划，对工业、动力、交通运输、邮电设施、水利、农业、林业、居民点、建筑基地等建设和各项工程设施，进行全面规划；使一定区域内国民经济的各个组成部分之间和各个工业企业之间有良好的协作配合，居民点的布置更加合理，各项工程的建设更有秩序，以保证新工业区和新工业城市建设的顺利发展。

进行区域规划、布置工业和新工业城市时，必须贯彻经济和安全兼顾的原则，既要便利工业的协作，缩短原料、燃料和产品的运输距离，力求经济合理；又应该十分注意安全问题，加以适当的分散，避免在一个工业区内集中过多的重要工厂。重要的工厂同工厂之间要保持必要的距离，工业区与工业区之间要保持更大的距离。根据工业不宜过分集中的情况，城市发展的规模也不宜过大。今后新建城市的规模，一般地可以控制在几万至十几万人口的范围内；在条件适合的地方，可以建设二、三十万人口的城市；因特殊需要，个别地方可考虑建设三十万人口以上的城市；有特殊要求的厂矿或因限于地形条件，可以建设单独的工人镇。

为了避免工业的过分集中，在规模已经比较大的工业城市中应该适当地限制再增建新的重大工业企业。如果必须增建时，也应该同原来的城区保持必要的距离。

为了使区域规划能够有计划、有组织地进行，国家建设委员会应该会同国家计划委员会、国家经济委员会和城市建设部在1956年内提出进行区域规划的具体办法。国家计划委员会应该及早提出第二、第三个五年计划工业建设项目分布的资料，作为区域规划的根据。

区域规划工作的步骤，应该是普遍准备，重点进行。根据我国工业建设的情况，应该从1956年开始进行十个地区的区域规划。

各省(市)、自治区人民委员会应负责领导所属地区的区域规划工作，并且负责解决工作中的协作问题。

(二)

加强城市和工人镇的规划工作，是保证工业建设顺利进行的重要条件。在新建的工业城市和工人镇选择工厂企业厂址的时候，应该同时确定住宅区的位置，及早进行规划。在进行城市规划时，对工业企业的厂址、住宅、公共建筑、交通运输、邮电、道路、绿化、供水、排水和其它工程管线应该作合理的布置，以便有计划地进行建设。

在城市规划中，必须把远期规划和近期规划很好地结合起来，只注重远期规划而忽视近期规划的做法是不对的。正确的做法应该是，在初步规划的轮廓大致确定的基础上，着重编制近期建设计划和即将修建地区的详细规划。必须注意规划的综合性和合理性，避免过分注意城市的美化，而忽视适用和经济偏向。应该采取分期分区、成街成片集中建设的办法，克服城市建设中的紊乱现象。凡扩建的旧城市，必须充分利用现有建筑物和设备，避免拆迁过早和过多的现象。

为了使城市规划工作能够适应工业建设的需要，城市建设部应该组织有关省(市)、自治区迅速完成第一个五年计划时期内新建工业城市的初步规划。将要在第二个五年计划时期内建设的新工业城市，也应该积极进行准备，以便及早完成初步规划。

对于已有初步规划和新建扩建的工业城市，应该逐步地有重点地进行总体规划的编制工作。

为了有计划地逐步地把我国原有的大中城市，加以必要的和可能的改造，城市建设部应该积极协助有关省(市)、自治区，对原有各大城市、省会、自治区首府以及其它重要城市开始初步规划的编制工作。对于建设任务大的城市，应该编制近期修建地区的详细规划。

在加强新工业城市规划工作的同时，还应该有计划地开展为一、两个企业(如工厂、矿区、水电站、国营农场、林业采伐区等)服务的各种类型的工人镇的规划工作。工人镇的规划确定由主要建设部门所属的或委托的建筑设计机构编制，由城市建设部和省(市)、自治区的城市建设部门给予必要的协助。

为了便于城市规划工作的进行，国家计划委员会应该根据国民经济长远发展计划和各个城市的实际情况，提出城市发展的技术经济依据和城市人口发展规模的资料，作为城市规划的依据。

为了保证城市建设能够切实按照城市规划的要求进行，克服建筑中的混乱和不合理现象，必须加强城市建筑的监督管理工作。城市建设部应该在1956年10月底前提出城市建筑管理和监督办法，送国家建设委员会审查后报国务院批准。

为了使城市和工人镇的规划工作有所依据，国家建设委员会应该在1956年9月底以前完成城市规划的编制和审批办法，完成城市规划定额和规程的编制工作。城市建设部组织有关部门在1956年10月底以前拟出工人镇规划的编制办法并完成工人镇规划定额的编制工作。

(三)

厂外工程和公用事业工程的建设，对于保证工业企业的建设和开工生产关系极大，而厂外工程和公用事业工程在建设中的协作配合问题，又是一个很复杂的工作。因此，各有关部门都应该在全面规划、分工合作的原则下，共同完成此项任务。

为了统一组织厂外工程协作，在各个新工业区内应该由国家建设委员会指定一个主要的建设单位担任总甲方，总甲方和其它建设单位的职权分工，由国家建设委员会予以规定。各总甲方的主管部应该切实加强对这一工作的领导。

为了进一步明确划分各项工程的投资办法，为组织厂外工程协作创造便利条件，国家计划委员会应该在1956年9月底前提出改进厂外工程投资划分办法。

为了明确各项厂外工程和公用事业工程中各部门的责任，决定厂外工程和公用事业工程的综合工作由各该地区的负责城市规划或工人镇规划的设计部门负责。施工时期的全面规划由国家建设委员会指定各该地区的一个主要施工部门负责。各单项厂外工程的设计、施工，一般应该专业系统分工，即供水(包括水源工程)、排水、道路、桥梁、防洪、厂区以外的绿化、电车道等由城市建设部和当地省(市)、自治区的城市建设部门负责，热力管道、输电变电工程由电力工业部负责，铁路专用线由铁道部负责，电话由邮电部负责，工业供水的水库工程由水利部负责，水用码头和航道由交通部负责。

为了保证厂外工程和公用事业的建设能够有秩序地进行，第一，必须编好厂外工程总体设计计划任务书，将各项工程的设计委托、建设进度和平面布置的轮廓，作一个全面安排，以便各有关建设部门均能据此进行工作。第二，进入设计阶段以后，抓紧进行厂外工程的设计综合工作，以便进一步发现并解决各项设计之间的矛盾问题，使各项工程的布置更加合理。第三，在施工准备阶段，应该把同一地区内各项工程的施工场地、施工次序、地方材料和共同性的加工预制厂等，加以全面布置，避免在施工过程中互相干扰和返工浪费的情况发生。

(四)

在城市和工人镇的建设中，必须加强民用建筑的管理工作，提高民用建筑质量。

为了使新工业城市和工人镇的住宅和商店、学校、邮电支局、托儿所、门诊部、影剧院等文化福利设施建设得更加合理，克服某些混乱现象，应该逐步地实行统一规划、统一投资、统一设计、统一施工、统一分配和统一管理的方针。今后除新建工人镇的住宅和文化福利设施由主要建设部门统一建设和管理外，新工业城市和其它重要城市，应该由当地人民委员会负责建设和管理。

为了在民用建筑中正确地贯彻"适用、经济、并在可能条件下注意美观"的方针，应该大力提高设计水平，改善施工管理，并对永久性和临时性建筑的标准重新加以审定。凡永久性的建筑，必须在规定的造价指标以内保证坚固和适用，注意隔音、防寒、防热和必要的卫生设备，并且在可能条件下尽量做得美观。对临时性的建筑，则应该以节约为主，降低设备标准、降低建筑造价。

为实现以上方针，城市建设部应该在1956年内会同有关部门拟出民用建筑统一建设的实施办法和使用定额，送国家经济委员会会同国家建设委员会核定。国家经济委员会会同国家建设委员会应在1956年7月底以前，对各个地区的民用建筑造价指标提出调整方案，供编制标准设计之用。城市

国　务　院

批转全国城市规划工作会议纪要

1980年12月9日

国务院同意《全国城市规划工作会议纪要》，现转发给你们，请研究执行。

国务院认为，这次全国城市规划工作会议提出的“控制大城市规模，合理发展中等城市，积极发展小城市”的方针，是好的，各地区、各有关部门应当认真执行。关于实行城市建设用地的综合开发和征收城镇土地使用费问题，国家建委和国家城建总局要继续调查研究，对这次会议提出的两个草案进行修订，报经国务院批准实施。关于城镇建设用地综合开发，有条件的城市可先行试点。

全国城市规划工作会议纪要

经国务院批准，十月五日至十五日，国家建委在北京召开了全国城市规划工作会议。参加会议的有各省、市、自治区建委和城市规划、城市建设部门的负责同志，部分城市的副市长，城市规划专家，国务院有关部门和有关高等院校、设计科研单位的代表，共二百九十多人。会议遵照党的十一届三中全会以来的路线、方针、政策和五届人大三次会议精神，总结交流了经验，讨论制订了《中华人民共和国城市规划法(草案)》，研究了城市规划工作的方针、政策和措施。谷牧同志出席了会议，并讲了话。

会议回顾了我国城市规划工作发展的历史。建国以来，随着大规模的基本建设，新建了一大批工业城镇，对原有城市也进行了扩建和改造。到一九七九年底，我国共有三千四百四十四个城镇，其中设市建制的二百一十六个。与此同时，我国的城市规划工作从无到有发展起来，取得了一定的成绩。但是，发展的道路是不平坦的。第一个五年计划期间，城市规划工作开展得比较顺利，在发展经济和文化等方面，发挥了积极作用。五十年代末期，虽经广大规划工作人员作了不懈努力，但由于受国民经济中左倾思想的影响，城市规划工作大上大下。在“文化大革命”中，遭到林彪、“四人帮”的罪恶破坏，致使城市规划机构被撤销，队伍被解散，资料被销毁，城市规划工作实际上被取消了。粉碎“四人帮”以来，特别是党的十一届三中全会以来，城市规划工作才重新受到重视，得到恢复。

我国城市规划长期被废弛，造成了严重后果：大城市规模失去控制，小城镇没有得到应有的发展；许多城市和工矿区的建设，布局不合理，工厂随意定点，建设资金和土地浪费严重；乱占乱建成风，市容杂乱无章；“骨头”与“肉”比例失调，城市住宅和服务设施严重不足；废水、废气、废渣和噪声污染严重，不少园林、绿地和风景区被侵占，文物古迹受到破坏。所有这些，不仅影响了人民生活的改善，也影响了生产的合理发展。同时，不少地方和部门的领导同志，对城市规划在社会主义建设中的地位和作用一直缺乏认识；城市规划和建设计划互不衔接；规划的实施缺乏法律保障；城市规划技术人

建设部在1956年内编出民用建筑的质量标准、设计规范和定额，送国家建设委员会审核。

勘察测量是新工业城市建设中一个重要工作，目前在这方面存在的主要问题是技术力量不足，组织协作也不够好。为了迅速改变这种情况，在统一的勘察测量办法未定前，关于区域规划、城市规划和工人镇规划所需的地形测量和工程地质资料，除尽量利用统一勘测所得的资料外，不足部分均由各建设部门自行解决。

在同一地区内必须使用统一的水准基点及座标系统，该项水准基点及座标系统，都由当地城市建设部门统一规定。

为了使各项资料能够充分利用，各建设单位所汇集的资料，都应该送交当地城市建设部门统一管理。

为了贯彻这些措施，国务院责成国家建设委员会对本决定的执行情况，负责进行检查和监督，并协助有关部门和省(市)、自治区解决工作中所发生的问题。中央各有关部对本决定所指定的任务，应该及时完成。各省(市)、自治区人民委员会，应该对新工业区和新工业城市的建设工作加强领导，加强督促检查，并及时解决各建设部门之间的协作问题。各省(市)、自治区人民委员会应该加强所属的城市建设机构，并充实其干部。

员严重不足，机构也不健全，这种状况亟需改变。

会议认为，当前应抓紧调整国民经济的时机，尽快把城市规划工作搞上去，需要认真吸取历史经验，端正指导思想，下功夫解决好以下几个方面的问题：

一、正确认识城市规划的地位和作用

城市规划是一定时期内城市发展的蓝图，是建设城市和管理城市的依据。要建设好城市，必须有科学的城市规划，并严格按照规划进行建设。城市规划工作是一项科学性、综合性很强的工作。它要预见并合理确定城市发展方向、规模和布局，作好环境的预断和评价，协调各方面在发展中的矛盾，统筹安排各项建设，使整个城市的建设和发展，达到技术先进、经济合理、"骨肉"协调、环境优美的综合效果，为城市人民的居住、劳动、学习、交通、休息以及各种社会活动创造良好的条件。要清除极左思想的影响，纠正那种不顾生产力水平、急于缩小和消灭城乡差别，只抓生产，不抓生活，不要城市规划，不讲环境保护的错误作法，正确认识城市规划在社会主义建设中的重要地位和作用，尊重客观规律，自觉地以规划指导城市的建设和发展。

二、明确城市发展的指导方针

控制大城市规模，合理发展中等城市，积极发展小城市，是我国城市发展的基本方针。国内外经验证明，城市规模过大，带来许多难以解决的弊端。我们一定要严格控制大城市的人口和用地规模。今后，大城市和特大城市，原则上不再安排新建大中型工业项目。发展经济，主要应靠挖潜、革新、改造，或组织跨省、跨市公司，以及举办联合企业。

要合理发展中等城市，我国的中等城市数量较多，分布较均衡，在协作条件、技术力量、交通运输以及市政公用设施等方面，都具有一定的基础。利用这些城市的现有条件，有选择地摆一些工业项目，有利于争取建设时间，提高经济效果。但要注意，一般不要使其发展成为新的大城市。

要积极发展小城市。我国现有三千三百多个小城镇，其中设市建制的有一百零五个。依托小城镇发展经济，有利于生产力的合理布局，有利于就地吸收农业剩余劳动力，有利于支援农业和促进当地经济文化的发展，有利于控制大城市的规模。从长远看，对逐步缩小城乡差别和工农差别，也有重要的意义。今后，应当通过经济建设发展小城市。国家安排新建项目，应优先在设市建制的小城市和资源、地理、交通、协作条件好的小城镇选厂定点。在特大城市和大城市周围有计划地建设卫星城。把少数确需安排在大城市的新建项目和需从市区迁出的工厂放到卫星城去。建设小城市和卫星城，规模要适当，人口一般以一二十万为宜。发展经济，要注意适当安排男女职工的比例，便于更多的人就业、定居。对其它城镇的建设和发展，也要加强指导，搞好规划。

与会同志建议，国家应制定鼓励发展小城镇的政策，改变多年来政策与方针矛盾，以利小城镇的发展。

为了在全国各地区科学地、合理地分布生产力和城市，使经济、文化协调地发展，为城市规划提供依据，要按照中共中央[1978]13号文件的要求，尽快把区域规划工作开展起来。区域规划的区域划分不应受行政区划的限制，而应按经济联系划分，划规的内容可以先粗后细。各省、自治区，可先在本省、区内，进行区域规划试点。

三、根据城市特点确定城市性质

城市的性质，一般来讲，是指一个城市在全国与某一地区的主要功能和作用。根据城市的特点，正确地确定城市的性质，是规划和建设好城市的重要前提。中央书记处对北京建设方针的建议，提倡根据首都的特点办事，不仅为北京的规划和建设指明了方向，而且对全国各城市的规划和建设都有普遍指导意义。各个城市都应当从实际出发，根据当地的资源、交通、自然环境、发展历史和现实基础，科学地确定城市的性质和发展方向。在规划和建设中，注意扬长避短，发挥优势，保持民族风格和地方特色，体现时代精神。反对那种不问具体条件，在城市盲目发展工业，搞完整工业体系的错误作法。

四、尽快建立我国的城市规划法制

为了彻底改变多年来形成的"只有人治，没有法治"的局面，国家有必要制定专门的法律，来保证城市规划稳定地、连续地、有效地实施。会议认真讨论了国家建委和国家城建总局起草的《中华人民共和国城市规划法(草案)》，认为这个"草案"是好的、可行的，建议根据会议提出的意见尽快修改，报请国家批准实行。

五、加强城市规划的编制审批和管理工作

中共中央[1978]13号文件规定，全国各城市，包括新建城镇，都要认真编制和修订城市总体规划和详细规划。这项工作要力争在一九八二年底以前完成。京、津、沪三市要尽快完成城市总体规划的修订编制任务。各省、自治区要首先抓好省会和有重点建设任务的城市规划编审工作。在规划编审工作中，要加强调查研究，坚持群众路线，广泛听取人民群众和有关方面的意见，充分发挥专家和技术人员的作用，进行多方案比选，以保证规划的质量。

要加强城市规划的管理，保证规划的实施。当前，各个城市都应采取有力措施，制止一切乱占乱建现象，防治环境污染。在近期规划中，要积极为调整国民经济服务。要与计划部门和工业部门密切协作。做好现有工业的调整、改组工作。对于工业项目的改建和搬迁，城市集体所有制生产单位的兴办，商业服务网点的分布，城市农贸市场的开放，都要在规划布局和城市用地上，作出合理安排。对于城市郊区兴办的农工商联合企业和工农联营企业的建设用地，也要加强规划管理，不能放任自流。有风景文物资源的城市，要抓紧做好风景区规划和重点文物保护区规划，妥善安排旅游服务设施的建设，促进旅游事业的发展。

六、搞好居住区规划，加快住宅建设

目前，有关部门和各省、市、自治区，正在多方设法，进一步加快城市住宅建设。这就要求城市规划工作先行一步，提前做好居住区和小区规划，安排好住宅建设用地。新建住宅要成组成片布局，保证住宅的合理间距，使之有良好的日照、采光、通风条件，并符合抗震、防火要求；居住区要留有足够的绿地，注意防止污染。住宅设计，既要标准化，又要多样化；风格、色彩、层数、单元组合，切忌千篇一律。既要做到经济适用，又要注意美观。要搞好市政公用和生活服务设施的配套建设，做到与住宅同时投入使用。

七、城市各项建设应根据城市规划统一安排

长期以来，城市规划难以实施，城市建设相当混乱，重要原因之一，是计划与规划脱节，条条与块块矛盾。改革的方向是扩大地方和城市的权力，充分发挥城市规划的综合指导作用。今后，凡是在城市新建或扩建的项目，无论工业、民用或市政公用设施，无论部属、省属，无论中央投资、地方投资还是利用外资，其选址、用地，必须经过所在城市规划部门的统一安排，按照城市规划的要求，分年列入相应的建设计划，逐步实施。城市的各项服务事业应逐步走向社会化，住宅和食堂、商店、学校、幼儿园、俱乐部、卫生所等，均应由城市统一布点、建设和经营管理，各地应根据具体情况积极试办。

八、关于综合开发和征收土地使用费的问题

实行综合开发和征收城镇土地使用费的政策，是用经济办法管理城市建设的一项重要改革。它有利于按照城市规划配套地进行建设，节约用地，充分发挥投资效果；有利于控制大城市规模，鼓励建设单位到小城镇去；有利于合理解决城市建设和维护资金的来源。

对新建小城市、卫星城，现有城市的新建区、段和旧城成片改造地区，都应考虑组织开发公司，实行综合开发。开发内容，包括开发区的勘测、规划、设计、征地、拆迁、安置、土地平整和所需道路、给水、排水、供电、供气、供热、通讯等工程建设。有条件的地方，还可以包建住宅、生活服务设施、公共建筑、通用厂房等等。建成后成套出售建筑物，并按土地面积和设施水平向使用单位收取开发费。开发公司实行企业化经营。开发基金，即开发公司的周转资金，可以从国家和地方基本建设投资中预拨，或由建设银行贷款，也可向用户预收定金。开发所需统配材料、设备，应列入国家和地方物资分配计划，能够在市场采购的，就在市场选购。

征收城镇土地使用费，是城镇建设和维护的一个固定资金来源。在城镇规划区范围内，对占用土地的单位和个人，均应按当年实际占地面积交纳土地使用费。收费标准应根据不同地段，分等分级确定。对于不同的使用单位，收费标准也应有所不同。

会议认真讨论了国家建委和国家城建总局草拟的《关于城镇建设用地综合开发的试行办法》和《关于征收城镇土地使用费的意见》两个草案。鉴于这两项改革涉及面广，政策性强，建议由国家建委与有关部门协商一致，对草案作进一步修订后，报国务院批准实行。关于城镇建设用地的综合开发，有条件的城市可先进行试点。

在上述改革全面实行之前，提取工商利润百分之五和城市维护费，仍然是城市建设和维护的主要资金来源。这两笔钱，各城市一定要坚持专款专用，不准挪用。

九、大力加强队伍建设和人才培养

在五十年代，我国城市规划技术人员曾达到四千余人。由于多年来不断削弱，目前仅剩一千余人，多数城市没有规划力量，许多紧迫的规划设计科研任务无人承担。加之，现有规划技术人员平均年龄较大，规划事业后继乏人。因此，必须切实加强队伍建设和人才培养。

各省、市、自治区及各城市，应参照国家建委(79)建发城字第74号文件的规定，尽快把城市规划设计、科研和管理人员配置起来。国家城建总局要抓紧组建城市规划建设研究院。一些改了行而现在又使用不当的原城市规划专业技术人员，应当归队。还应调集一些有关专业的技术力量，充实城市规划队伍。各级人民政府和有关部门应给予大力支持。

要认真办好大专院校现有的城市规划专业，力争扩大招生和招收研究生。其它有条件的理工科及社会科学院校，也应逐步开设城市规划专业。国家城建总局要加快筹建城市建设学院。城镇较多的省、市、自治区，应建立城市建设中等专业学校，主要培养城镇和工矿区所需的规划设计管理人员。要加强对在职规划人员的培训工作，不断提高他们的技术业务水平。

要大力开展城市规划科学研究工作，探讨社会主义城市规划的基本理论，研究城市规划中的重大科研课题，不断提高城市规划的质量和管理水平。

十、加强对城市规划工作的领导

城市规划工作关系到城市的全局的长远发展，是城市工作的一个极重要的组成部分。会议希望各省、市、自治区及各城市人民政府，都能认真重视城市规划工作。要很好解决有关城市的性质、规模、发展方向等重大方针政策问题，切实抓好城市规划的编审和实施。城市市长的主要职责，是把城市规划、建设和管理好。各级政府在决定涉及城市规划问题的事项时，吸收城市规划部门参加，听取他们的意见，支持他们的工作，使他们有职有权。各级建委和城建、规划部门，要认真负责，做好城市规划工作。国务院有关部门，都要大力支持城市规划工作。尊重城市规划对各类建设项目的合理要求。

会议强调，城市是社会经济、文化发展的产物，它的发展又推动社会经济、文化的发展。建设社会主义现代化的强国，不能设想没有现代化的城市。四化建设要求城市规划工作有一个新的发展。各有关方面，一定要同心协力，团结合作，搞好城市规划工作，为把我国城市逐步建设成为具有高度文明的社会主义现代化城市而奋斗。

城乡建设环境保护部

关于印发《关于加强县镇规划工作的意见》的通知

(1983年7月18日)

县镇是一定区域内政治、经济、文化的中心，是联系大、中城市和农村集镇的纽带，是我国城镇体系的重要组成部分。

近几年来，随着城乡经济的蓬勃发展，县镇的建设任务日趋繁重。把县镇规划好，建设好，管理好是我们的一项重要任务。为了适应我国经济建设的新形势，我部制订了《关于加强县镇规划工作的意见》，现印发给你们，请结合实际情况，进一步做好县镇规划的编制、审批和管理工作。

农村集镇的规划工作，也可以参照这个意见执行。

关于加强县镇规划工作的意见

解放以来，我国县城和建制镇(以下简称县镇)的建设有很大发展。一九八二年末，全国有2133个县级行政单位，除59个县政府驻在市里以外，有县城2074个，还有建制镇1122个。

党的十一届三中全会以来，随着国民经济的调整和党在农村一系列经济政策的落实，农业生产发展迅速，广大农民积极开展农副产品生产和多种经营，使城乡工农业产品交换规模不断扩大，商品经济、集市贸易日趋活跃，县镇工业、建筑业、交通运输业以及各种服务业正在兴起。随着县镇居民生活水平的不断提高，对住宅、市政公用和社会服务以及文教卫生等设施的建设提出了新的要求。县镇不仅是一定区域的政治、经济中心，也是文化、教育、科学技术事业的中心。城乡经济的蓬勃发展是县镇建设的基础，县镇的发展又将为城乡两个文明的建设创造更为有利的条件。

但是，由于长期以来"左"的思想影响，许多县镇没有规划，忽视县镇的建设和管理，造成了布局混乱、环境污染、房屋破烂简陋，市政公用设施不足的现象，和当前城乡经济发展的形势不相适应。多年的城市建设实践证明，合理的规划是建设好城镇的不可缺少的前提和基本依据。不仅经济比较发达地区的县镇迫切需要规划，即使是经济尚不发达地区的县镇，也需要用科学的规划指导建设和管理，才能避免乱占乱建，盲目发展的现象。加强县镇规划、建设和管理，统筹安排以中心城市为依托的城镇体系，对于控制大城市规模，调整城市的布局，密切城乡关系。促进城乡发展，都具有重大的现实意义。无论从县镇本身的建设发展看，还是从以城市为中心的经济区发展的总体来看，把县镇规划好、建设好、管理好已经是摆在我们面前的一项紧迫的重要任务。近年来，县镇规划正在开展，目前，全国有三分之一的县城编制了总体规划，但大多数县城的这项工作尚未完成，建制镇的总体规划工作才刚刚开始。一九八二年，我部曾提出全国县镇规划的编审工作在一九八五年底以前完成。为了更好地开展县镇规划编制工作，现提出以下意见：

一、调查研究县镇特点，从实际出发，编制好县镇规划

县镇是我国城镇体系的重要组成部分，属于城市范畴。它是一定地域内政治、经济、文化的中心，是联系大、中城市和农村集镇的纽带。县镇具有城市的一般特性，同时又有不同于大、中城市的以下特点：

1.县城和建制镇人口构成的基础是非农业人口，此外有相当部分常住农业人口(其中有较多的工农户)，还有不少来自农村社队的合同工，临时工。县镇是农贸的主要场所，流动人口较多。

2.县镇工业多数是为农业生产服务的工业企业和农副产品加工企业；生产规模小，厂房、设备较差，缺少保护环境的措施。县镇交通主要是为县镇工业生产和城乡物资中转、储运服务，也有的县城是一定区域的交通枢纽。镇内道路功能混杂，过境交通穿越城镇，不能适应工业发展和城乡交通的需要。

3.县镇所设的中学、医院、文化馆、影剧院、图书馆、体育场、公园、商业网点、集市等公共设施不仅要为县镇本身常住居民服务，还要为周围地区广大农民服务。

要编制好县镇规划，必须认真贯彻党的有关城市建设的方针、政策，遵循城市规划的一般原则方法。但是我国幅员辽阔，地区差异很大，经济发展很不平衡，城镇现状也不相同，因此还必须认真研究县镇本身的特点，实事求是地进行。

1.要从实际出发，确定县镇的发展目标。

县镇因所处地理环境、经济资源、发展历史和现状等条件不同，各有其特点。有的是工业原料产地。交通枢纽；有的是历史名城、旅游胜地；有的是大城市卫星城镇等等。所以县镇发展目标的确定要从全县，甚至更大区域范围着眼，考虑省、地和所处经济区和中心城市的影响，分析本地特点，扬长避短，发挥优势，经过统筹安排，研究确定。

2.要合理估算人口规模。

县镇规模一般不大，人口计算不宜过繁，应区别情况，采用适当的计算方法。如不具备按劳动平衡法计算的条件，可根据国家规定的计划生育指标、自然增长率，并按正常情况历年机械增长率，推算规划期内人口增长率，以此计算县镇总人口规模。在估计人口规模时，应该考虑县镇人口构成特点。

3.因地制宜，留有余地，搞好县城布局结构。

县镇的布局结构，一经确定，影响深远，正确拟定布局结构是县镇规划的关键。要认真研究县镇发展的经济依据、用地条件、自然条件、历史发展和现状布局(现有建筑，交通干线，名胜古迹，森林树木，高产农田等)影响城镇布局的制约性因素，经过多方案比较，慎重确定，使县镇规划的布局结构功能合理，符合实际，能创造良好的还境条件，并适应县镇发展可变性较大的特点，具有一定的发展弹性。

县镇在没有大型骨干企业的情况下，不一定设置专业性工业区。但应考虑把生产上没有矛盾的企业，尽可能紧凑布置在综合性的工业用地内，以节约基础设施的投资。有污染的工业要摆在县镇的下风、下游；易燃、易爆的企业，应按安全要求，布置在独立地段；仓库用地一般应放在县镇边缘，交通方便的地段；铁路和过境公路要布置在城镇边缘，避免在过境干道两侧建设城镇。

县镇道路布置，要注意结合地形和建设现状，按不同功能要求合理组织路网，要特别注意解决好过境交通和集市布局的矛盾。在旧城中心地区、旧有商业集中地段，安排新建筑或拓宽中心街道要慎重，必须作出改造或保留中心区的不同方案比较，同时认真研究保持地方特色和风貌，切忌脱离实际，盲目大拆大迁。县镇私人建房、农贸市场、集体经济和个体经济所需场地，都要统一规划，妥善安排。严禁见缝插针，乱建乱占。对城墙、古遗址、名胜古迹和古建筑物，应与文物保护部门取得联系，作出鉴定，分别情况，纳入规划。要充分利用不宜建设的土地开辟公园，搞好绿化，美化环境。

4.要勤俭建设、量力而行，搞好近期建设规划。

近期建设规划是县镇规划的重点，要处理好需要与可能的关系，立足于本县和本地区的经济水平和人民生活水平，要着重安排生产和人民生活最感迫切的项目，量力而行。县镇各项规划指标的拟定要与所在地区经济社会发展水平相适应。县城的商业、服务业、文教卫生等设施，还必须认真考虑为全县服务的特点。县镇建设要十分注意节约用地，坚决反对任何浪费土地的现象。要尽可能把县镇各部门的建设计划纳入近期规划，使各项建设按照规划有秩序地进行，要提倡综合开发，统一建设，讲求经济效益。防止各自为政，各搞一套，造成土地和人力、财力、物力的浪费。

5.编制县镇规划，要突出重点，简化作法。

县镇规划应按照城市规划的程序进行。但其内容和要求，则从县镇布局结构简单和规划管理力量的具体情况出发，突出重点，简化作法。简化了的县镇总体规划要求具备以下内容：

(1)县域城镇分布图(1:25000或1:50000)

(2)城镇现状图(1:5000)

(3)城镇总体规划图(1:5000)

(4)城镇工程设施综合规划图(1:5000)

(5)城镇近期建设规划图(1:5000)

(6)城镇规划说明书及基础资料汇编

县镇规划图纸可根据实际需要酌情增减。根据建设管理的具体需要和可能，近期规划，或其一部分，或某一专项工程可与详细规划结合起来进行。对县镇规划的具体要求，各省(市、自治区)城市规划主管部门可根据实际需要予以确定。

二、加强对县镇规划工作的领导

县镇是领导农村的重要基地。县镇的发展，对于促进农业的现代化，对于城乡工业和其他各项事业的布局，合理安排农村剩余劳动力，对于繁荣城乡经济、科学、技术、文化、教育，对于缩小城乡差别、工农差别，都有重要战略意义。因此把县镇规划好、建设好、管理好是各级城建部门的一项重要任务。希望各地认真加强对县镇规划工作的领导，各级政府都要研究和解决存在的问题。当前应着重抓好以下几项工作：

1.认真总结县镇规划工作的经验。

县镇规划编制工作比较快的省(市、自治区)，要认真总结经验，推动工作深入开展，提高规划工作水平，并注意研究新情况，解决新问题。县镇规划工作处于开始阶段的省(市、自治区)，要选择几个不同类型的县镇，进行试点，以点带面，推动县镇规划的全面开展。

2.作好县镇规划的编制和审批工作。

县镇总体规划由所在县人民政府负责制定。规划文件的具体编制可由县镇组织有关专业人员，在省(市、自治区)规划设计院(所)的具体指导下进行，或委托省(市、自治区)的规划设计机构去作。大专院校也可结合教学、科研任务给予协助。县镇的详细规划，可委托城市规划设计院(所)，或其他专业设计机构编制。无论是总体规划，还是详细规划，县镇都可组织规划设计力量自行编制，但要保证规划设计质量。

按规定县镇的总体规划，由省、市、自治区人民政府审批，市属县可授权市人民政府审批，但均须报送省城市建设管理部门备案。县镇的详细规划，由县人民政府审批，报地区行政公署(或市人民政府)和省城市建设管理部门备案。

3.加强县镇的建设管理，积极培训规划技术力量。

长期以来，全国绝大多数县、镇没有设置城镇建设的专业管理机构，十分缺乏城镇规划、建设、管理技术力量，使许多县城的规划工作难以开展，要采取措施，尽快改变这种状况。

建议县政府加强领导，并设立精干的班子，负责安排规划区内各项建设用地，颁发土地许可证；办理建筑施工手续；检查建设单位执行规划情况；制止违章建筑和一切违反规划的行为。规划批准后即具有法律效力，必须认真执行。按照规划进行建设，防止乱占、乱拆、乱建。为使管理工作有法可依，有章可循，各省、市、自治区城乡建设部门可以制定一些必要的地方性规划和管理暂行规定，报省、市、自治区人民政府颁布执行。

要采取多种渠道培训规划技术力量。除由大专院校培养和在中等专业学校开办规划专业外，还要积极举办各种类型的县镇规划人员培训班，可由省(市、自治区)规划部门自办，也可委托大专院校代办，以应急需。各县应积极选送学员参加。经过培训的干部，要让他们从事县镇规划管理工作，逐步形成一支比较稳定的规划、建设、管理队伍。

4.要切实解决开展规划工作所需经费。

县镇规划工作是城市建设的重要组成部分，开展县镇规划工作所必需的费用(包括调查研究、勘察测量、图纸的设计、绘制，设备、仪器的购置等)，应从城市建设和维护费用中开支，或由省和县从地方财政中统一安排解决。县镇规划所需地形图纸资料，请国家和地方测绘部门积极协助，以满足规划进度的需要。

国务院

批转城乡建设环境保护部关于重点项目建设中城市规划和前期工作意见报告的通知

(1983年11月5日)

国务院同意城乡建设环境保护部《关于重点项目建设中城市规划和前期工作意见的报告》。现转发给你们，请研究执行。

重点建设工程，与城市发展有着密切的关系。重点项目建设的前期工作与城市规划工作相结合，是保证重点项目建设顺利进行，并取得良好的经济效益、社会效益和环境效益的重要条件。因此，各部门、各地区，都要认真抓好重点建设前期工作与城市规划的结合，使重点项目建设和城市统一规划，协调发展。

城乡建设环境保护部

关于重点项目建设中城市规划和前期工作意见的报告

遵照国务院领导同志的指示，我们研究了重点项目建设中加强城市规划和前期工作，保障重点项目建设顺利进行的问题。现将意见报告如下：

重点项目建设和城市规划建设有着紧密的关系。在新区，一个工业点的出现，往往就是一个城市的雏形。建设一个大型骨干项目或联合企业，一般都会形成一个几万、十几万人口的城市。在现有城市新建、扩建重点项目，不仅需要城市提供基础设施及生活服务设施，而且将对城市的性质、规模、布局发生重大影响。无论在城市或新区建设重点项目，都必须认真贯彻"控制大城市规模，合理发展中等城市，积极发展小城市"的方针，都必须认真搞好城市规划和工矿区规划，都必须认真搞好基础设施建设。这是保证重点项目建设的顺利进行并取得良好综合效益的必要条件，这也是三十多年来，我国基本建设工作的一条宝贵经验。

重点项目建设的前期工作，应当包括城市规划、工矿区规划、城市基础设施建设和环境保护等有关内容。特别要解决好重点建设项目与城市的合理布局问题。在重点项目建设的可行性研究中，要处理好重点项目与城市规划的关系，防止失误，造成难以挽回的严重后果。在重点项目建设的前期工作中既要考虑建设项目本身建设期间的效益，也要考虑建设项目的全局和长远的综合效益；既要研究项目的总体设计，也要根据所在城市和地区的条件，统一规划相应的城市基础设施的建设。通过城市规划与重点建设项目前期工作的结合，使重点项目建设与城市统一规划，协调发展。

根据国务院对各部门的主要任务和职责规定中提出的关于城乡建设环境保护部会同国家计委负责作好城市总体规划与国民经济发展计划的衔接工作，参与区域规划和国家重大建设项目的选址的要求，提出如下意见。

1.基本建设前期工作应补充和增加城市方面的有关内容。

在项目可行性研究和厂址选择的工作中，负责进行可行性研究的单位，要分析论证建设项目对城市经济、社会和环境等方面的影响，充分研究城市对建设项目的要求与制约，提出全面规划以及与建设项目有关的城市基础设施和生活服务设施的安排建议。

2.统一规划城市基础设施的建设。

为保证重点项目建设，在安排项目建设的同时，应当合理安排城市布局，根据地区和城市的水文、地质、气象等自然条件和城市的现状，城建及有关部门应妥善规划相应的城市供水、排水、道路、桥梁、公共交通、通讯、防洪、供电、热力、煤气等城市基础设施的建设。

3.凡与城镇有关的建设项目的选址和可行性研究工作，应分别有各级城市规划部门以及环境保护部门参加；建设项目可行性研究报告的审批，应分别征求各级城市规划和环境保护部门的意见。

4.对重点项目实行联合选址。

为了在一定地域范围内，对国家重点建设项目进行统筹安排，保证合理布局，建议采取"一五"时期的作法，由国家计委牵头，中央和地方有关部门(包括城市规划和环境保护部门)参加，对工业、交通等重点建设项目进行联合选址。

凡在原有城市进行建设或将形成新城镇的工程项目，各级计委审批其设计任务书和初步设计文件时，应征求同级城市规划管理部门和环境保护部门的意见。

5.各类建设项目的选址工作要同城市规划工作密切结合，保证城市的合理布局。

凡准备在现有城市新建、扩建、改建的项目，应依据已批准的城市规划，研究是否适宜在该市建设；对确定可以建设的项目，应按城市规划安排其用地位置。凡在新区建设的项目，在选址的同时要考虑新工矿城市(镇)的建设条件，同时应由有关方面组织提出新工矿城市(镇)的总体布局方案。审批项目具体建设地址时，亦应同时审查新工矿城市(镇)总体布局方案。

6.各级城市规划管理部门要认真研究、积极参加所在地区的区域规划工作。

建议我部参与上海经济区规划、山西能源基地规划、东北能源交通规划以及其它重要经济区规划的有关工作。

今后凡开展区域规划的地区，应吸收有关地区的城市规划管理部门参加。

城市规划管理部门参与区域规划，主要是从区域生产力合理布局和城镇合理分工出发，参与制定区域内建设项目的布局规划，制定城镇居民点分布和发展规划。

7.各级城市规划管理部门要把支援重点建设项目作为一项重要任务，加强领导，做好工作。各省、市、自治区城市规划部门，要系统研究本地区国家重点建设项目情况，抓紧有关城市总体规划的编审工作。

为适应配合重点项目建设开展城市规划工作的需要，各省、市、自治区要大力加强城市规划设计研究力量，形成技术基地，把本地区的城市规划技术工作全面开展起来。力量不够的，应象“一五”时期那样，从有关设计科研单位中调集力量，以适应工作需要。

以上报告如无不妥，请批转有关部门和各地区研究执行。

国家计划委员会、城乡建设环境保护部

关于加强重点项目建设中城市规划和前期工作的通知

(1985年8月30日)

一九八三年，国务院以国发[1983]176号文批转了城乡建设环境保护部《关于重点项目建设中城市规划和前期工作意见的报告》。在执行过程中，重点项目建设和城市规划不协调的情况仍时有发生。为了进一步贯彻落实176号文件精神，使重点项目建设和城市规划密切结合，保证重点工程建设顺利进行，取得良好的经济效益、社会效益和环境效益，特通知如下：

一、各级人民政府批准的城市总体规划，是保证城市各项建设协调发展的基本依据。凡在城市规划区范围内建设项目的选址都必须符合城市规划要求，既要满足建设项目的使用和经营需要，又不得破坏城市环境，影响城市合理布局和长远发展。由于工程建设需要对城市总体规划进行重大修改时，必须报请原规划审批单位批准。

二、凡与城镇有关的建设项目，应按照《城市规划条例》的有关规定，在当地城市规划部门的参与下共同选址。各级计委在审批建设项目的项目建议书和设计任务书时，应征求同级城市规划主管部门的意见。

三、各级城市规划部门要积极配合国家重点工程建设，提供有关规划资料，作好工程区位与城市规划的衔接工作。有关部门和地方政府要按照城市规划的统一部署，安排好与工程项目配套的基础设施和服务设施的建设。

城乡建设环境保护部、国家计划委员会

关于加强城市规划工作的几点意见

(1986年6月6日)

从一九八〇年全国城市规划工作会议以来，我国城市规划工作取得很大成绩。至一九八五年底，全国98%的设市城市、85%的县城已编制完成城市总体规划。建制镇规划的编制工作也有很大进展。城市规划管理工作不断加强，一九八四年颁布了《城市规划条例》，城市规划工作开始进入法治阶段。城市规划科研和人才培养工作取得进展，城市规划队伍不断成长壮大。我国城市已经进入有规划，并基本上按照规划进行建设和发展的新阶段。

但是，必须看到，我国城市规划工作在认识、体制、管理等方面还存在不少问题。条块分割，统一规划和分散建设的矛盾仍未很好解决；城市规划机构不健全，不能适应城市规划工作综合职能的要求；

规划技术力量严重不足，规划方法、技术水平亟待改进、提高。这种状况，很不适应我国现代化城市发展建设的需要，很不适应以城市为重点的整个经济体制改革的需要。因此，必须进一步加强城市规划工作，把城市规划工作提高到一个新的水平。

一、进一步提高对城市规划的地位和作用的认识

城市规划是一定时期内城市发展的综合部署，是建设城市和管理城市的依据。城市规划的任务主要是确定城市的性质，规模和布局，它既要指导城市的长远发展，又要具体布置城市当前的各项建设，直接关系到城市的经济效益、社会效益和环境效益。城市规划是一项科学性、综合性很强的工作。要把城市建设好、管理好，首先必须有科学的、合理的城市规划。城市规划是城市建设的龙头，抓住了城市规划，就抓住了城市建设和管理的根本。

《中共中央关于经济体制改革的决定》中指出："城市政府应该集中力量做好城市的规划、建设和管理，加强各种公用设施的建设，进行环境的综合整治，……"。在当前以城市为重点的整个经济体制改革过程中，各级城市政府要充分认识城市规划在国家经济建设和社会发展中的重要地位和作用，发挥城市规划组织城市各项建设的综合职能。城市市长要把搞好城市规划作为一项重要职责，以城市规划为依据，把城市建设成为经济繁荣、布局合理、环境宜人的现代化城市。

在城市的发展和建设中，城市规划部门作为政府的综合职能机构，担负着繁重的任务。但是，当前许多城市的规划机构不健全，人员力量严重不足，无法适应当前工作的需要。各级政府要切实采取措施，充实城市规划力量，建立健全城市规划机构。大中城市都要设城市规划局，小城市和县城必要时可在城建局(建委)内设城市规划专门机构，负责城市规划的编制和规划管理工作。各级政府和有关部门要支持他们的工作，要把城市规划部门作为城市政府规划好、建设好、管理好城市的主要参谋和职能机构。

二、继续贯彻"控制大城市规模，合理发展中等城市，积极发展小城市"的方针

一九八〇年国务院批转的《全国城市规划工作会议纪要》中指出："控制大城市规模，合理发展中等城市，积极发展小城市，是我国城市发展的基本方针"。几年来的实践证明，这条方针是正确的，要继续贯彻执行。去年《中共中央关于制定国民经济和社会发展第七个五年计划的建议》又指出："应当根据我国实际情况，对城市发展的结构和布局进行合理规划。坚决防止大城市过度膨胀，重点发展中小城市和城镇。

但是，我国的大城市规模仍在继续膨胀，小城市没有得到应有的发展。据50个大城市统计，从一九七九年到一九八四年的六年中，城市人口净增1，244万，增长23%。大城市人口净增数为同期中小城市(不包括新设城市)人口净增数的两倍多。由于大城市发展过快，城市规模太大，工业和人口过于集中，造成这些城市建设用地紧缺，水源不足，交通拥挤，住房紧张，环境质量下降等一系列难以解决的问题。

为了进一步贯彻我国城市发展的基本方针，根据国务院关于开展国土规划的要求，各省、自治区、直辖市人民政府要组织力量，开展区域城镇布局规划，作为本省(区、市)国土规划的重要组成部分。通过开展区域城镇布局规划，合理分布生产力，统筹安排重点建设项目和区域性基础设施，合理利用土地和各种自然资源，以大城市为中心，形成规模不等、分布合理、各具特色的城镇体系。今后，大城市市区原则上不应再安排新建扩建的大中型项目，主要应当走"内涵"道路，对现有工业实行技术改造。必须在大城市新建的大中型项目，要根据区域城镇布局规划，安排到郊区卫星城镇去建设。

根据中央关于"七五"计划的建设，要重点发展中小城市和城镇。我国中等城市的工业、技术力量、交通运输以及城市基础设施等都具有一定基础。有重点地选择一批现有条件较好的中等城市，安排国家的一些重点建设项目，既可以争取时间，提高经济效益，又能够避免大城市的一些弊病。随着社会生产力的发展，特别是农村经济的繁荣，必然有大量的农业人口脱离农业生产，转化为非农业人口。发展小城市和城镇，可以容纳大量非农业人口，防止非农业人口盲目流入大中城市。

当前，由于小城市和城镇缺少建设资金，城市基础设施和服务设施较差，加之某些政策不利于小城市和城镇的发展，造成小城市和城镇没有得到应有的发展。为鼓励企事业单位到小城市去建设，各级政府要在税收、信贷、能源供应、土地使用等方面给予优惠。从大中城市迁往小城市的职工工资、住房和福利标准，应略高于或至少相当于大中城市水平，并解决好他们的子女升学和就业问题。同时，要贯彻"人民城市人民建"的方针，调动各方面的积极性，广开城市建设资金渠道，以利小城市和城镇的发展。

三、改革体制，促进城市规划同国民经济社会发展计划紧密结合

促进城市规划和国民经济社会发展计划相结合，发挥城市规划部门的职能作用，是城市经济体制改革应当解决的一个重要问题。

长期以来，由于体制上的问题没有解决，国民经济计划和城市规划不衔接，许多城市的规划部门未被吸收参加建设项目的布局和选址。不少建设项目不按规划进行建设，造成失误。

解决这个矛盾，首先要在管理体制上进行改革。要认真贯彻国务院1983年176号文件的规定，凡与城市有关的一切建设项目，其项目建议书和设计任务书的编制和审批，都应有城市规划部门参加。各城市在编制城市经济和社会发展计划时，要征求城市规划部门的意见；在编制城市规划时，要有计划部门参加。近期建设规划与国民经济和社会发展计划要密切结合，使计划和规划的实施都能得到保证。

四、城市规划工作要适应国民经济与社会发展的需要，适应对内搞活经济、对外实行开放以及经济体制改革的需要，不断提高规划设计水平。

城市规划工作要从两个方面来进行改革和提高：一是要在城市政府的统一组织下，由计划部门、国土规划部门、城市规划部门紧密配合，共同开展市域规划，即城市行政辖区范围内的区域规划。城市规划部门要从宏观的、区域的、综合的角度研究市域内城镇经济的发展，分析不同等级城镇发展的区域条件和经济发展方向，市域内工业、农业、交通运输以及基础设施等各项建设，发挥各级中心城镇的多功能作用，使城市规划同经济和社会发展计划紧密结合，促进市域经济的发展。

二是要根据充分发挥城市的多功能作用，调整产业结构，发展第三产业等新形势和改革的要求，对已经制订的城市总体规划进行必要的调整和补充，并在总体规划指导下，抓紧编制近期建设规划和详细规划。此外，对现行的城市规划编制程序、方法，要进行必要的改革，加以修订。

五、加强法制建设，建立健全城市规划法规体系，依法管理城市。

为使城市规划切实地担负起对城市建设实施统一规划管理的综合职能，必须进一步加强法制建设，树立必要的法制权威。我国的城市规划工作至今还没有一部由国家立法机关制定的基本法律。国务院一九八四年颁布的《城市规划条例》，几年来对保证规划的实施起了重要的作用，但它是一部行政法规，法治作用有很大的局限性。而且，随着城市经济体制改革的逐步深入，小城镇的迅猛发展，以及市带县、土地统一管理等新体制的实行，现行的《城市规划条例》也需作必要的补充和修改。全国人大六届四次会议的代表，已提出建议尽快制定《城市规划法》的正式议案。因此，必须将《城市规划条例》升格为《城市规划法》，抓紧新法的起草工作，争取尽早上报国务院和全国人大常委会审议。

《城市规划条例》规定，按照国家批准的城市规划，对规划区内的土地实施统一的规划管理。是城市规划部门的重要职责，也是保证城市规划得以实施的基本条件。在国家土地管理机关对全国土地实行统一管理的新体制下，城市规划部门要根据国家关于土地管理和城市规划有关法规的规定，切实加强城市规划区内的土地的规划管理，对建设用地的性质、位置、规模进行严格的审定，对违反城市规划，随意改变土地使用性质，违章占地、违章建设的行为要坚决制止，并依法严肃处理。

按照城市规划对城市建设实行综合开发，是城市建设管理体制上的一项重要改革。几年来的实践表明，这项改革对实施城市规划，节约城市土地，提高综合效益有重要的意义，必须积极推广。值得注意的问题是，一些城市的开发公司，没有执行国务院国发[1984]123号文件中关于“综合开发公司要按照城市总体规划，制定开发区的建设规划”的规定，脱离城市总体规划，片面追求提高开发区的房屋的商品率和经济效益，不合理地提高建筑密度，削减居住区服务设施和基础设施的配套建设，严重影响了开发区的环境质量和使用要求。今后，城市的综合开发，在前期工作中，必须按照城市总体规划编制开发区的详细规划，经城市规划主管部门审查并报城市人民政府批准后，严格按规划进行开发建设。

六、加强城市规划的队伍建设和人才培养。

当前，规划人员数量不足、业务素质不高，已严重影响城镇规划和建设事业的发展。大力加强队伍建设和人才培养，充实规划力量，提高规划人员的业务水平，已成为当务之急。各省、自治区、直辖市和各城市，应按照国家建委(79)建发城字第74号文件的规定，配齐城市规划设计、科研和管理人员。

要大力加强规划技术人员的培养工作。大专院校现有的城市规划专业，要继续办好。有条件设置城市规划专业的院校，应尽快设置。各地要积极举办中等专业学校，培养城市规划中级人才。在大力加强正规院校城镇规划专业培养的同时，还必须大力开展在职干部的专业再教育。有关大专院校和科研设计机构，要积极挖掘潜力，采取委托代培、定向招生等多种培训办法，举办各种形式的在职干部培训班或进修班。

为适应国家科技体制改革的需要，更好地调动规划科技人员的积极性，提高规划设计的质量和效率，城市规划设计单位要逐步实行技术经济责任制。

实行技术经济责任制的规划设计单位，由上级主管部门将事业费折算为规划设计的产值，各项指令性的规划设计、科研任务，要带经费下达，并逐项考核其技术经济责任。指令性任务以外承包委托的规划设计、咨询任务，要实行收费的办法。规划设计费的来源：新建工矿区和建设单位(包括开发公司)委托的规划设计任务，由建设项目的前期费用中安排；城镇总体规划、分区规划、专业规划和没有前期费用来源的详细计划，除列入指令性任务由原有的事业费开支以外，不足部分可由城市维护建设资金中补助解决。

城市规划队伍要注意加强精神文明建设。当前，要结合整顿党风，着重抓好规划队伍作风的建设。强调城市规划的综合职能和权威性是完全必要的，但从根本上来说，规划工作是一项服务性工作。管理就是服务。必须牢固地树立全心全意为人民服务的观点。地方城镇规划管理部门必须从服务的观点出发，把规划管理权使用好，既要坚持原则，维护法制，又要注意工作态度，讲究工作方法，更要杜绝以权谋私的一切不正之风。

国务院

批转国家基本建设委员会等部门关于保护我国历史文化名城的请示的通知

(1982年2月8日)

国务院同意国家基本建设委员会、国家文物事业管理局、国家城市建设总局《关于保护我国历史文化名城的请示》，现发给你们，请研究执行。

我国是一个历史悠久的文明古国。保护一批历史文化名城，对于继承悠久的文化遗产。发扬光荣革命传统，进行爱国主义教育，建设社会主义精神文明，扩大我国的国际影响，都有着积极的意义。各级人民政府要切实加强领导，采取有效措施，并在财力、物力、人力等方面给予应有的支持，进一步做好这些城市的保护和管理工作。

国家基本建设委员会、国家文物事业管理局、国家城市建设总局

关于保护我国历史文化名城的请示

(1981年12月28日)

我国是一个历史悠久的文明古国，许多历史文化名城是我国古代政治、经济、文化的中心，或者是近代革命运动和发生重大历史事件的重要城市。在这些历史文化名城的地面和地下，保存了大量历史文物与革命文物，体现了中华民族的悠久历史、光荣的革命传统与光辉灿烂的文化。做好这些历史文化名城的保护和管理工作，对建设社会主义精神文明和发展我国的旅游事业都起着重要的作用。但是随着经济建设的发展，城市规模一再扩大，在城市规划和建设过程中又不注意保护历史文化古迹，致使一些古建筑、遗址、墓葬、碑碣、名胜遭到了不同程度的破坏。近几年来，在基本建设和发展旅游事业的过程中，又出现了一些新情况和新问题。有的城市，新建了一些与城市原有格局很不协调的建筑，特别是大工厂和高楼大厦，使城市和文物古迹的环境风貌进一步受到损害。如听任这种状况继续发展下去，这些城市长期积累起来的宝贵的历史文化遗产，不久就会被断送，其后果是不堪设想的。

世界上许多国家都十分注意保护历史名城。意大利的威尼斯完全保存了原来的风貌。法国巴黎旧

城区基本保存了原有的布局。美国按照独立战争前的样子，恢复和保护了威廉斯堡十八世纪风光的古城镇。日本在一九七一年专门发布了《关于古都历史风土保存的特别措施法》。苏联在一九四九年公布了历史名城名单，把这些城市置于建筑纪念物管理总局的特殊监督之下。

经过商议和征求有关省市自治区建委、文物局、文化局、城建局的意见，我们选择了二十四个有重大历史价值和革命意义的城市(名单附后)，作为国家第一批历史文化名城(台湾省的历史文化名城待台湾回归祖国后另行公布)，加强管理和保护。对于这些城市，我们的意见是：

一、城市的性质和发展方向，要根据其历史特点和在国民经济中的地位与作用加以确定。今后的建设，既要考虑如何有利于逐步实现城市的现代化，又必须充分考虑如何保存和发扬其固有的历史文化特点，力求把两者有机结合起来。搞现代化，并不等于所有的城市都要建设很多工厂、大马路和高层建筑。特别是对集中反映历史文化的老城区、古城遗址、文物古迹、名人故居、古建筑、风景名胜、古树名木等，更要采取有效措施，严加保护，绝不能因进行新的建设使其受到损害或任意迁动位置。要在这些历史遗迹周围划出一定的保护地带。对这个范围内的新建、扩建、改建工程应采取必要的限制措施。

二、过去在市区已经建成的工矿企业或其他单位，凡三废污染严重的，要限期治理，危害特别严重的，要结合经济调整，实行关停并转或搬迁；正在建设的工程，凡是有损于这些名城保护的，要妥善处理。今后在这些城市安排较大的基本建设项目，事先应征得当地城建、文物部门同意。

三、认真执行一九八〇年五月《国务院关于加强历史文物保护工作的通知》和《国务院批转国家文物事业管理局、国家基本建设委员会关于加强古建筑和文物古迹保护管理工作的请示报告》。在城市的规划和建设中，要切实做好历史和革命文物以及名胜古迹的保护，禁止乱占、乱拆、乱挖、乱建。对非法占用文物古迹、风景园林，不利于文物安全和妨碍旅游开放的，不论涉及哪个部门、单位，都应限期迁出。

四、各有关省、市、自治区的城建部门和文物、文化部门应即组织力量，对所在地区的历史文化名城进行调查研究，提出保护规划。在接到本通知后一年左右的时间内，将历史名城的保护规划说明和图纸(万分之一比例尺)以及城市的重点文物、名胜古迹的保护规划说明和图纸(千分之一或五百分之一比例尺)报国家城市建设总局和国家文物事业管理局审查。

五、考虑到历史文化名城目前维护建设的任务较重，经征得财政部同意，从一九八二年起，对扬州、景德镇、绍兴三个城市分别实行每年从上年工商利润中提成百分之五的办法，以增加其维护、建设资金的来源(其余城市已先后实行这个办法或已另有规定)。

以上报告当否，请批示。

附：第一批国家历史文化名城名单(二十四个)

北京　承德　大同　南京　苏州　扬州　杭州　绍兴　泉州　景德镇　曲阜　洛阳　开封　江陵　长沙　广州　桂林　成都　遵义　昆明　大理　拉萨　西安　延安

城乡建设环境保护部

关于加强历史文化名城规划工作的通知

(1983年3月9日)

一九八二年二月八日，国务院批转原国家建委等部门《关于保护我国历史文化名城的报告》，并公布了国家第一批历史文化名城名单。一九八二年七月二十八日，中央领导同志在萨空了等八位政协委员关于历史文化名城保护问题的调查报告上又作了重要批示。

最近，我部城市规划局会同文化部文物局在西安召开了“历史文化名城规划与保护座谈会”，研究了当前历史文化名城规划与保护工作面临的形势和存在的问题，交流了经验，提高了认识。为了进一步统一思想，推动历史文化名城规划与保护工作的开展，我们拟定了《关于加强历史文化名城规划工作的几点意见》，现随文印发，请各地在历史文化名城规划工作中参照执行。

关于加强历史文化名城规划工作的几点意见

(1983年2月20日)

(一)

为了做好历史文化名城的保护工作，国务院一九八二年二月八日批转了国家建委、国家文物局、国家城建总局《关于保护我国历史文化名城的报告》。国务院在批语中指出："保护一批历史文化名城，对于继承悠久的文化遗产，发扬光荣的革命传统，进行爱国主义教育，建设社会主义精神文明，扩大我国的国际影响，都有着积极的意义。"历史文化名城集中体现了中华民族的悠久历史、灿烂文化和光荣革命传统，是全国人民极其宝贵的物质和精神财富。把历史文化名城保护好、规划好、建设好，是城市规划工作的一项重要任务。

党和国家十分重视历史文化名城和文物的保护工作。国务院多次公布了有关文物保护和管理的指示和条例，一九六一年和一九八二年两次公布了全国重点文物保护单位，一九八二年人大常委会公布了《中华人民共和国文物保护法》。一九八二年二月，国务院又公布了国家第一批历史文化名城名单，引起了各级领导的重视和各界人士的热烈反响，不少历史文化名城的有关部门协同配合，做了许多有益的工作。他们广泛宣传和组织群众，有计划、有步骤地开展调查研究工作；通过多种途径，采取了一系列保护文物古迹的具体措施；有的对历史文化名城规划的原则和方法进行了多方面的探索，有的编制了专门的历史文化名城保护规划。最近在西安召开的历史文化名城规划与保护座谈会上，交流了经验，明确了开展历史文化名城规划工作的方向。在党的十二大精神鼓舞下，开创历史文化名城规划工作新局面有了一个良好的开端。

(二)

当前，历史文化名城保护和规划建设中存在的主要问题是：

一、有些建设项目不当，影响了城市的环境和布局。一方面是不顾历史文化名城的特定性质和要求，在市区建设了一些不该建设的项目；另一方面是项目选址不当，打乱了城市的合理布局。有些历史文化名城被工业、仓库或其他城市设施包围、分割，城市环境受到污染，城市的自然景观、人文景观和传统风貌受到损害。

二、城市的文物古迹、风景名胜遭受到不同程度的自然和人为的破坏。许多具有重大历史价值的名胜古迹被一些工厂、仓库、机关、部队、学校、社队甚至私人长期占用，使一些珍贵的历史文物建筑得不到应有的维修、保护。有的常年失修、破烂不堪；有的则辟为禁区，不向群众开放。不少名山大川、河湖水面，不按规划要求，任意开山取石、乱搭乱建、修路架桥、筑坝取水、围湖造田、开渠垦植、开掘矿藏，古树名木和大面积植被被毁，古城、古墓被乱平乱挖，文物古迹受到摧残，自然面貌、生态平衡受到破坏。

三、历史文化名城的保护与建设和旅游事业的发展不相适应。由于城市行政管理和投资体制的影响，一些城市丰富的自然风景资源和文物古迹得不到应有的保护和开发，降低了旅游价值。

四、历史文化名城，特别是经济基础比较薄弱的中小城镇，对文物古迹、风景名胜的保护与开发，缺乏必要的资金、材料和技术队伍，管理机构不健全，有关部门分工不明、职责不清，缺少必要的条法和规章制度。

造成以上问题的原因是多方面的，从根本上来说是长期以来"左"倾思想影响，否定历史文化传统思潮的冲击，特别是十年动乱，造成了我国历史文化遗产的一场浩劫，教训是深刻的。从认识上分析，主要有几方面原因：一是片面强调发展生产，较多地考虑建设项目本身的建设条件和经济效益，较少考虑城市的性质和特点，忽视整个城市的经济效益、社会效益和环境效益的统一；二是城市规划工作长期废弛，城市管理不善，不按规划办事；三是对保护历史文化名城的重要性认识不足，措施不力。

(三)

对历史文化名城规划的原则、内容和方法有以下几点意见：

一、历史文化名城规划的概念和基本内容

历史文化名城这一基本概念，反映了城市的特定性质，作为一种总的指导思想和原则，应当在城市规划中体现出来，并对整个城市形态、布局、土地利用、环境规划设计等方面产生重要的影响。历史文化名城规划首先应注意继承和发扬本城市的历史优秀传统，其目的就是要使城市的发展和建设，既符合现代生产、生活要求，又保持其特有的历史文化传统风貌。历史文化名城保护规划就是以保护城市地区文物古迹、风景名胜及其环境为重点的专项规划，是城市总体规划的重要组成部分，广义的说也包含有保护城市的优秀历史传统和合理布局的内容。编制保护规划时，一般应根据保护对象的历史价值、艺术价值，确定保护项目的等级及其重点，对单独的文物古迹、古建筑或建筑群连片地段和街区、古城遗址、古墓葬区、山川水系等，按重要程度不同，以点、线、面的形式划定保护区和一定范围的建设控制地带，制定保护和控制的具体要求和措施。

二、深入调查研究、突出名城特点

历史文化名城的规划必须建立在对城市历史和现状深入调查研究的基础上。调查的内容包括从“横的”方面摸清文物古迹、风景名胜在地域和空间的分布；从“纵的”方面掌握城市发展不同历史阶段文物古迹的完整体系。我国的历史文化名城丰富多彩，各有特色。有的是革命圣地，以光荣的革命斗争传统著称；有的是历代王朝的都城，以丰富的历史文化遗产取胜；有的是风景胜地，以山川河湖和文物古迹结合见长。调查的目的在于逐步摸清文物古迹的数量和分布，并对其历史价值、艺术价值和科学价值作出评价，以便准确地把握城市的特点，形成完整的规划构思，力求反映城市历史优秀传统发展的连续性以及城市特有的自然和传统风貌，保持与发展古城的合理的规划格局。注意实事求是和科学性，避免牵强附会或追求形式。

三、协调几方面的关系

1.发展生产和保护历史文化名城的关系

从理论上讲，在社会主义制度下，生产发展和生产力的布局是由国民经济计划和区域经济发展规划决定的，生产的发展促进整个城市的发展，城市则通过合理的规划为生产发展提供必要的条件，二者应该是协调一致的。但是由于国民经济计划体制和某些具体环节上的缺陷，长期以来又没有区域规划为城市发展提供必要的依据，在一些历史文化名城(包括在著名的都城遗址上)建设了许多严重破坏地下埋藏的文物遗迹、污染环境、外观上又很不协调的工厂企业，发展生产和保护历史文化名城存在着某些现实的矛盾。今后如不通过全面规划加以必要的引导和控制，这种矛盾将进一步加剧。因此。在历史文化名城的规划中，对新建工业项目应有严格的选择，对有害于环境和城市面貌的工业项目必须严加控制，非建不可的也要尽可能安排到远离市区的特定地段。对现有混杂在市区的工厂企业或单位要认真调查研究，分别情况、妥善处理；乱占乱建、污染严重，至今仍造成对重要文物古迹、风景名胜严重破坏的，要采取转产、搬迁等措施，加以解决；影响环境协调、有一般污染，近期又没有条件搬迁的，应严格控制其发展，并通过改革工艺、治理污染、逐步改善其环境质量，同时在规划中考虑远期搬迁的可能性；没有污染危害、又不影响保护文物和环境协调的可予以保留。

2.城市现代化建设特别是旧城改造和保护古城风貌的关系

随着国家经济和社会的发展，旧城市要逐步改造，城市设施和社会生活要逐步现代化，历史文化名城也将不断充实、发展并赋予新的生命力，这是一种必然的发展趋势。但是，历史文化名城的建设和发展应特别注意整个空间环境的协调。《文物保护法》明确规定各级文物保护单位都应划定必要的保护范围，并根据保护文物的实际需要，可以在文物保护单位的周围划出一定的建设控制地带。在文物保护单位的保护范围内一般不得进行其它工程建设，在建设控制地带既要求对新建工程的高度、体量进行必要的控制，又要求建筑的形式、风格和古城环境相协调。建筑形式和风格既没有固定的模式可以遵循，又不能用行政命令加以规定，需要规划、设计部门密切配合，通过多方案比较，在实践中不断探索、创新；有条件的地方可采取规划设计竞赛、开展学术讨论和交流的办法，求得规划设计水平的共同提高。在历史文化名城保护规划中，确定保护项目，划定保护范围和建设控制地带都要十分慎重，必须通过调查研究和科学鉴定，按不同情况区别对待。

3.发展旅游事业和保护历史文化名城的关系

历史文化名城一般都以其悠久的历史文化传统和美丽的自然风光而驰名，吸引着国内外旅游者。我国历史文化名城今后的旅游事业将会有很大发展，这对社会主义物质文明和精神文明建设、扩大我国的国际影响都是十分必要的。当前，一些历史文化名城为了解决接待国外旅游者的困难，在重要的风景名胜区或文物古迹保护区内和周围大兴土木，建设现代化的高层宾馆、饭店，甚至无科学根据地随意复原古建筑，破坏了考古学遗址和整个环境的协调；有的名胜古迹对外开放，由于管理不善，也造成了一些人为的破坏。因此，有必要强调一切旅游设施的建设都要纳入城市的统一规划，遵照城建、文物、园林等部门的有关规定进行管理。历史文化名城的规划建设也要为旅游事业的发展创造必要的条件，按照本城市的具体条件开发建设新的旅游点，扩大旅游环境容量。

4.工作关系的协调

历史文化名城的保护规划建设，涉及到计划、规划、设计、文物、园林、宗教等许多部门，需要密切协作配合。实际上，文物古迹、宗教寺院和园林风景区常常是融为一体的，是一种相互依存、相互补充的关系，它们都需要通过规划，有机地组织到城市的整体环境中去，并得到妥善的保护和管理。建筑工程和市政工程设计是城市规划构思的具体化，也是实施规划过程的重要环节，对形成历史文化名城的面貌有重要影响。规划、文物、园林以及有关设计部门都要密切配合，协调行动。历史文化名城的保护和建设，需要有必要的资金，因此还必须取得计划部门的支持。

四、历史文化名城规划的编制与审批

国务院公布的历史文化名城都要编制保护规划，并按审批权限，随同城市总体规划一并上报审批，没有做的要补做，没有报的要补报。在编制总体规划的基础上，还应根据需要编制重要保护项目地段、街区、风景名胜区等的详细规划，提出保护和建设的具体实施方案。

(四)

随着对保护祖国历史文化遗产的认识不断深化，保护历史文化名城的工作已提上了议事日程，并取得了进展。但是工作才刚刚开始，发展还很不平衡，有待进一步统一认识，加深理解，不断提高规划质量和管理水平。实践证明，历史文化名城急需有一个统一规划，通过规划，对城市有个全面系统的认识，并从整体出发，在大轮廓上进行控制。但是，规划的实施必然会受到许多现实条件的制约，需要进一步加强领导，充分依靠群众，加强管理和法制建设，积极培养人材，建立一支比较稳定的规划、设计、考古勘探和文物古建维修保护技术队伍。要开辟投资渠道，保证各项保护、维修经费专款专用，在全面规划的基础上，逐步实现。

国务院

批转建设部、文化部关于请公布第二批国家历史文化名城名单报告的通知

(1986年12月8日)

国务院同意建设部、文化部《关于请公布第二批国家历史文化名城名单的报告》，现转发给你们，请研究执行。

各地区、各部门要按照《中华人民共和国文物保护法》、《国务院批转国家建委等部门<关于保护我国历史文化名城的请示>的通知》(国发[1982]26号)的要求，切实做好历史文化名城的保护、建设和管理工作。

关于请公布第二批国家历史文化名城名单的报告

(1986年4月24日)

一九八二年二月，国务院批转原国家建委等部门《关于保护我国历史文化名城的请示》，公布了第一批国家历史文化名城的名单，对保护我国历史文化名城、优秀历史文化遗产的工作起了重要的推动作用。几年来，各历史文化名城都积极开展工作，进行调查研究，编制保护规划，采取保护措施，加强维护管理，处理好保护与开发建设的关系，取得了较大成绩。国家历史文化名城名单的公布，也带动了其他城市在发展建设中注意保护历史文化遗产和城市特色。当前，城乡经济十分活跃，各项建设和旅游事业发展很快，为使保护历史文化名城的工作进一步深入，适时公布第二批国家历史文化名

城名单，强调在现代化建设中切实保护好优秀的历史文化遗产，加强精神文明建设，发展旅游事业，是十分必要的。

经请示国务院办公厅同意，依据《中华人民共和国文物保护法》的有关规定，我们于一九八四年四月着手第二批国家历史文化名城名单的准备工作。考虑到由国家公布的历史文化名城对国内外的影响甚大，为慎重起见，我们采取了自下而上推荐，广泛征求意见的办法。各省、自治区、直辖市先后推荐了八十个城市，我们就这些城市征求了各有关方面和专家的意见，并重点作了实地调查。全国政协文化组和经济建设组曾专门召集政协委员和专家对第二批国家历史文化名城的名单进行了讨论，提出了建议。此后，我们邀请全国历史、文物、考古、革命史、建筑、城市规划、地理等各界的知名专家、教授开会，对第二批国家历史文化名城名单进行了审议。我们在各省、自治区、直辖市推荐的名单基础上，综合各方面的意见，这次，确定三十八个城市(名单及简介附后)作为第二批国家历史文化名城，报请国务院核定公布(台湾省的历史文化名城待以后公布)。

为了切实保护和管理好历史文化名城，我们提出以下建议：

一、我国是一个有悠久历史和灿烂文化的国家，值得保护的古城很多，但考虑到作为国家公布的历史文化名城在国内外均有重要影响，为数不宜过多，建议根据具体城市的历史、科学、艺术价值分为两级，即国务院公布国家历史文化名城，各省、自治区、直辖市人民政府公布省、自治区、直辖市一级的历史文化名城。

二、关于历史文化名城的标准，根据《中华人民共和国文物保护法》的规定，历史文化名城应是“保存文物特别丰富，具有重大历史价值和革命意义的城市”。在具体审定工作中要掌握以下几点原则：

第一，不但要看城市的历史，还要着重看当前是否保存有较为丰富、完好的文物古迹和具有重大的历史、科学、艺术价值。

第二，历史文化名城和文物保护单位是有区别的。作为历史文化名城的现状格局和风貌应保留着历史特色，并具有一定的代表城市传统风貌的街区。

第三，文物古迹主要分布在城市市区或郊区，保护和合理使用这些历史文化遗产对该城市的性质、布局、建设方针有重要影响。

三、做好历史文化名城保护规划。要保护文物古迹及具有历史传统特色的街区，保护城市的传统格局和风貌，保护传统的文化、艺术、民族风情的精华和著名的传统产品。保护规划要纳入城市总体规划，按《城市规划条例》规定的程序上报审批。各历史文化名城要制定保护、管理的地方法规，明确保护对象及其保护范围和建设控制地带，分别采取相应的保护措施。

四、对一些文物古迹比较集中，或能较完整地体现出某一历史时期的传统风貌和民族地方特色的街区、建筑群、小镇、村寨等，也应予以保护。各省、自治区、直辖市或市、县人民政府可根据它们的历史、科学、艺术价值，核定公布为当地各级“历史文化保护区”。对“历史文化保护区”的保护措施可参照文物保护单位的作法，着重保护整体风貌、特色。

五、继续加强宣传，提高广大干部和群众对保护历史文化名城、历史文化保护区重要意义的认识。开展科学研究，为历史文化名城的保护、建设及其社会、经济、文化的发展提供科学依据。同时，加强对保护历史文化遗产专门人才的培养工作。

六、保护历史文化名城和历史文化保护区需要一定的资金，中央有关部门及各级地方政府在财力可能的条件下，应给予支持；同时可依靠社会力量，开辟多种资金来源。

以上报告如无不妥，请批转各地区、各部门研究执行。

附：第二批国家历史文化名城名单(三十八个)

上海　天津　沈阳　武汉　南昌　重庆　保定　平遥　呼和浩特　镇江　常熟　徐州　淮安　宁波　歙县　寿县　亳州　福州　漳州　济南　安阳　南阳　商丘(县)　襄樊　潮州　阆中　宜宾　自贡　镇远　丽江　日喀则　韩城　榆林　武威　张掖　敦煌　银川　喀什

国务院

批转国家建委关于加快城市住宅建设的报告

(1978年10月19日)

国务院同意国家建委一九七八年九月二十日《关于加快城市住宅建设的报告》，现转发给你们参照执行。

华主席、党中央对改善人民的居住条件问题非常重视。加快城市住宅建设，迅速解决职工住房紧张的问题，是关系到发展生产、改善人民生活、发展安定团结大好政治形势的一件大事。《报告》提出，到一九八五年，城市平均每人居住面积要达到五平方米。这个目标，一定要力争实现。各地区、各部门要结合具体情况，参照《报告》中提出的各项措施意见，认真落实投资、材料，尽快把住宅建设的专业队伍建立起来，把住宅建设搞上去，为迅速改变城市住宅的紧张状况而奋斗。

关于加快城市住宅建设的报告

(1978年9月25日)

遵照中央十三号文件精神和中央领导同志有关指示，近几个月来，我们对全国城市住宅的情况，进一步做了调查。九月七日至十三日，召开了城市住宅建设工作会议，邀集各省、市、自治区建委及一些城市建委和房管部门的负责同志，国务院各部委主管这方面工作的负责同志，就如何加快城市住宅建设问题，共同进行了认真的研究，提出了初步的规划设想和实施意见，现报告如下。

一、城市住宅的基本情况

全国现有城镇三千四百个，人口一亿一千万。其中设市城市一百九十个，人口七千六百万。建国以来，在毛主席革命路线指引下，全国城镇新建住宅建筑面积四亿九千三百多万平方米，千百万群众住进了新房。但是，绝大多数城镇，包括一些新建工矿区，目前住房仍然很紧张。特别是人口集中、工业发展较快的大、中城市，住房紧张情况更为突出。

(一)平均居住水平低。据一九七七年底统计，全国一百九十个城市平均每人居住面积仅为三点六平方米，比解放初期的四点五平方米下降零点九平方米。同国外相比，我们的居住水平就显得更低了。

(二)缺房户的数量多。据不完全统计，目前全国城市中，缺房户共三百二十三万户，占居民总户数的百分之十七。其中：夫妇不能同居，或住教室、车间、仓库、办公室等的无房户达一百零四万户；三户同室、三代同室、大儿大女与父母同室居住的不方便户达一百三十万户；平均每人居住面积不足两平方米的拥挤户达八十九万户。

(三)危房棚户改造慢。各城市都有一批危房急待维修，许多城市还有旧社会遗留下来的棚户没有得到改造。上海市至今还有棚户五百万平方米，住着一百多万人。广州市还有三千多户“水上居民”没有上岸。哈尔滨的“三十六棚”、“十八拐”，青岛的“菜市场”，西安的“豫民巷”，北京的“南营房”、“北营房”等等地方，居住条件十分恶劣，广大群众迫切要求改造。

城市住房的紧张状况，主要是林彪、“四人帮”干扰破坏造成的。多年来，他们倒行逆施，破坏革命，破坏生产，搞得国民经济一度濒于崩溃的边缘。他们不顾人民死活，穷奢极欲，到处大造“行宫”，霸占庭院，搞专项工程。林彪在杭州搞的“行宫”，耗费资金两千多万元，比杭州市房管部门二十二年住宅建设投资的总和还多。他们疯狂反对党对城市工作的一系列方针政策，煽动无政府主义，撤销了房产机构，分散了管理人员，削弱了施工和维修队伍，搞乱了规章制度，破坏了住宅建设和管理工作，造成了极为严重的后果。

其次，有的地方和单位，无视中央三令五申，大搞楼堂馆所成风，挤占了不少资金材料，影响了住宅建设，也严重脱离了群众。

从我们工作上看，也存在不少问题。一方面，这些年住宅建设投资较少，材料缺口大，加之管理工作混乱，劳动生产率下降，建筑造价普遍提高，新建的房子确实少了一些；另一方面，原有房屋维修较差，每年都要倒毁一部分，加上有些住房被街道工厂和机关挤占，以致住房"欠帐"越来越多，远远不能适应经济发展和城市人口增长的需要。

现在，城市住房的紧张状况，已经严重影响职工正常的工作、学习、生活和休息，影响生产，影响安定团结，影响党和群众关系。职工意见很大。呼声很高。有些工人说："解放以来，我们在政治上、经济上都翻了身，就是住房没有翻身。"迅速改善居住条件，已经成为广大群众的迫切要求。如果我们对这个问题再不重视，再不抓紧，继续拖下去，矛盾会越来越突出，势必妨碍新时期总任务的贯彻落实。总之，城市住房问题，现在已经到了非解决不可的时候了。

二、七年规划和两年设想

毛主席、党中央历来十分关心群众生活、重视改善人民的居住条件。毛主席曾经指出："在发展生产的基础上，改善工人和劳动人民的生活"，"我们的重点必须放在发展生产上，但发展生产和改善人民生活二者必须兼顾"。要我们正确处理"骨头"和"肉"的关系。周总理曾经指出：盖机关一定要和宿舍、商店配合起来。光投资在机关办公楼、工厂上，不管宿舍、商店，结果是不行。近两年来，华主席多次指示我们，要"改善城乡人民居住条件"，"有步骤地解决职工宿舍问题"。这都为我们搞好城市住宅建设指明了方向。

最近，邓副主席指出：到一九八五年，城市平均每人居住面积要达到五平方米。为我们明确提出了今后七年住宅建设的目标，我们一定要实现这个目标，而且要力争多搞一些。

为了实现这个目标，我们必须遵照党中央的一系列方针、政策、充分调动国家、地方、企业和群众的积极性，力争把住宅建设搞得快一些、好一些。同时，也要看到，我国人口众多，经济和技术都还比较落后，人民住房问题只能随着生产的发展，根据国家财力、物力的可能，逐步加以解决，我们要坚持艰苦奋斗、勤俭建国的方针，反对铺张浪费，反对盲目追求高标准，力求做到少花钱，多办事。

据初步匡算，一百九十个城市要实现平均每人居住面积五平方米的目标，今后七年共需建房四亿三千四百万平方米(建筑面积)，其中包括补还"欠帐"、旧房拆迁面积补偿、七年城市净增人口及居住区内配套建设(指新建住宅区内的基层商业服务网点、托儿所、红医站和人防工程等)的建筑面积。造价平均按每平方米一百元计算，需投资四百三十四亿元。居住区内的道路、给水、排水、供暖、供电等设施，建设费用按住宅及配套建设投资总额的百分之十计算，需投资四十三亿元。总计七年共需投资四百七十七亿元，平均每年六十八亿元。(人防工程投资未完全包括在内，待全国人防会议制定标准后，另行计算。)

在具体安排上，头两年步子可以小一些，后五年随着生产的发展再逐步加快步伐。建议一九七九年建房四千三百万平方米，投资四十八亿元；一九八〇年建房五千二百万平方米，投资五十七亿元。这两年的住宅建设投资，分别占七年总投资的百分之十和十二。着重用于解决无房户、居住面积在二平方米以下的拥挤户的住房问题，以及改造危房、棚户。

以上投资数字看来较大，但是，只要我们能够充分发挥国家、地方、企业和群众的积极性，问题是可以得到解决的。比如，一九七九年需建房四千三百万平方米，投资四十八亿元，即可考虑从以下几个方面解决：① 明年工业及非工业建设项目中，用于住宅建设的投资，大体上有二十亿左右。② 根据中央十三号文件规定，明年国家专门补助城市住宅建设四个亿。③ 地方自筹资金，平均每年约七八十个亿，拿出八分之一左右用于建房，明年约有十个亿。④ 企业自筹资金，全民所有制企业，从企业基金和职工宿舍的更新改造资金中可安排七、八个亿；集体所有制企业，从"税后积累"中可安排三、四个亿。以上四项共计四十四到四十六亿元。建议在各级计划上予以落实。同时，要采取措施，降低造价百分之五，节约二亿元。确有困难的城市，请国家给予照顾。

最近，李副主席指示，地方财力除了搞农田基本建设和支农工业外，应主要用于建设职工住宅。根据这一指示精神，各地应积极筹措更多的资金，投入城市住宅建设。此外，有些地方可以组织华侨用侨汇建设私人住宅，有条件的城市和工矿区，还可以试行"自建公助"、"分期付款"的办法，鼓励和组织个人集资建房。

执行上述规划设想，对一百九十个城市，要统筹安排、区别对待。近期重点是大力抓好唐山重建，百万人口以上城市和省会城市，革命圣地延安、遵义，以及对外接待任务特别繁重的开放城市。北京、天津、上海、广州四个市，更要尽快抓出成效来。

县镇和工矿区的职工住房问题，各省、市、自治区和各部门也要予以足够的重视。县镇由地、县两级负责，工矿区由其直属上级单位负责，有计划有步骤地安排解决。

明年，我们一定要在住宅建设上真正抓出一些成绩来，迎接建国三十周年和三年大治的实现。

三、加快住宅建设的措施

加快城市住宅建设，实现一九八五年平均每人五平方米居住面积的目标，必须以揭批“四人帮”为纲，认真贯彻中央十三号文件的精神，切实做好以下几项工作：

(一)要抓紧制定住宅建设规划

各地区、各城市，要立即着手制定城市住宅建设的七年规划，对住宅建设的规模、步骤、用地、投资、材料和施工力量等，进行全面安排。国务院各部门，也应制定规划，商同有关地方，统一安排直属直供企事业单位的职工住宅建设。

各地区、各城市、各部门的住宅建设规划，要纳入国民经济计划，做到投资有渠道、材料有保证。要抓紧先把一九七九年、一九八〇年的住宅建设计划编制出来，纳入当年基本建设计划，以利执行。

住宅建设规划要和城市规划结合起来，住宅建设必须严格按照城市规划进行，不得各行其是，乱拆乱建。要结合住宅建设逐步改造旧城区，首先要抓好危房和棚户区的改造。有条件的城市，要有计划地成街成片地进行改造和建设。

目前，城市用地特别紧张，郊区农田越来越少，兴建住宅要十分注意节约土地，尽量不占或少占良田。

(二)要切实保证建筑材料的供应

目前，住宅建设所需材料不能保证供应，是一个很突出的矛盾。今后，应按不同渠道，妥善安排解决。国家投资建设住宅所需材料，随投资一并下达，保证供应。地方自筹资金建设住宅所需材料，由地方负责安排。企业自筹资金建设住宅所需材料，按隶属关系，分别由有关部门和地方安排。对少数困难较多的省、自治区，请国家补助一部分钢材和木材。

建筑材料供应不足，是当前基本建设中普遍存在的问题。华主席、党中央十分重视，多次指示要把建筑材料摆在先行地位，加快发展。我们一定要认真执行这一指示，努力把建筑材料工业搞上去，适应国民经济建设的发展。这样，住宅建设需要的材料才有可靠的保证。

各地区各城市要积极建设砖、瓦、灰、砂、石等建筑材料生产基地。要因地制宜，充分利用工业废料和当地资源，发展多种建筑材料。要固定若干工厂，专门生产住宅所需的水、暖、电、卫生设备和小五金。大规模的住宅建设必须走建筑工业化的道路。混凝土预制构件和门窗加工等，要尽可能实行工厂化生产。要大力发展各种新型建筑材料，积极实行墙体改革。制造新型墙体材料所需的设备，请国家给予安排。另正同计委研究，准备从国外引进几套房屋工厂设备，放在重点城市使用，然后翻版推广。

(三)要建立一支住宅建设的专业队伍

最近邓副主席指示，要建立一支住宅建设的专业队伍。我们要认真贯彻执行。各省、市、自治区要从现有的施工队伍中，固定一部分力量，专门搞住宅建设。城市要组建专业的住宅建设公司。这支力量，要装备必要的施工机械，以适应大规模住宅建设的需要。

各城市的区、街道和郊区县的建筑工程队，要更多地承担住宅的维修和建设任务。

要发动群众参加住宅建设。各城市在改造危房棚户过程中，可依靠区、街组织、吸收群众参加，各企业单位在不影响生产的前提下，可以抽调部分劳动力参加住宅建设，也可以组织职工义务劳动。

(四)要认真搞好住宅设计

城市住宅设计，要贯彻“适用、经济、在可能条件下注意美观”的原则。住宅设计标准，按国家建委《关于厂矿企业职工住宅、宿舍建筑标准的几点意见》，每户平均建筑面积一般不超过四十二平方米。如采用大板、大模等新型结构，可按四十五平方米设计。省直以上机关、大专院校和科研、设计单位的住宅，标准可以略高，但每户平均建筑面积不得超过五十平方米(特殊需要，另行报批)。各城市应根据各自情况确定住宅层数，一般以四、五层和五、六层为宜，大、中城市可视具体条件，在临街或繁华地段建造一些高层住宅。

各省、市、自治区要指定一些设计单位，专门承担住宅设计任务。要大力推广住宅标准设计。标准设计也要多样化，多搞几种方案，以供选用。

(五)要积极推行“六统一”

根据中央十三号文件规定，各城市“应当积极创造条件，有步骤地推行民用建筑‘六统一’，即：统一规划，统一投资，统一设计，统一施工，统一分配，统一管理。”“房屋统建的方法，一是把国家、地方、企业投资都交给城市房管部门，实行统一建设；二是把国家、地方投资捏在一起，实行局部统建和组织企业集资统建。”今后住宅建设必须贯彻这一原则。在一个城市的范围内，对住宅建设实行“六统一”，有利于改造旧街区，有利于统筹安排市政服务设施，也是加快城市住宅建设的有力措施。部属、省属的机关、学校、企业、事业单位的住宅建设，及私人集资建房，都应纳入所在城市的“六统一”。各城市可根据具体情况，积极试点，逐步推广。

在住宅建设中，对住宅和服务设施、地面建筑和地下设施等，要同时规划、同时设计、同时建设、同时交付使用，做到住宅建成，一次实现水通、电通、路通，配套工程全面竣工。

四、关键在于加强领导

住宅建设是城市工作的一个重要方面，是关系人民群众生活的一件大事，各省、市、自治区党委及各城市党委都要认真重视，加强领导。

中央十三号文件规定：“城市党委和市革命委员会对于城市的各项工作，要统筹兼顾，全面安排”。当前，住宅建设是城市工作中一个突出的薄弱环节，更要花大力气，切实抓好。城市的计划、基建、物资、房管等部门，要在市委的统一领导下，大力协同，各尽职责，努力把住宅建设搞上去。

各省、市、自治区建委及各城市建委，要大张旗鼓地宣传中央加快住宅建设的精神，抓好住宅建设的规划、设计和施工，检查执行情况，及时解决存在的问题。

今后国家用于住宅建设的财力、物力，将逐年增加，我们一定要切实管好、用好，充分发挥投资效果。为此，必须认真搞好整顿，按照经济规律办事，要整顿住宅建设的设计施工队伍，整顿计划、技术、材料、财务等各方面的管理工作，整顿规章制度，整顿劳动纪律，坚决执行按劳分配的原则，加强经济核算，全面考核各项技术经济指标，保证工程质量，努力提高劳动生产率，降低住宅造价，明年要降低造价百分之五，各地要千方百计实现这个要求。

要加强房产管理工作。大力抓好现有住房的维修，打几场维修养护的人民战争，在二、三年内把失修失养的被动局面扭转过来，延长房屋的使用年限，要通过维修改造，尽可能改善居住条件，增加居住面积。要抓好住房的分配和调剂工作，在现有的条件下，力争尽多尽快地解决一些缺房户的问题。要坚决反对房产管理和分配中的一切不正之风。

与会同志一致认为，实现上述规划设想，虽然存在不少困难，但是，只要各方协力做好工作，是完全可以办得到的。上海市委决定，今后几年内，每年要建造住宅一百万平方米，一九八五年要争取达到每人平均居住面积五点五平方米。江苏省要争取达到六平方米。山东省要争取达到五点二平方米。黑龙江、浙江、湖北、天津等省市，已经订出规划，并采取有效措施，增拨了钢材、木材、水泥等主要材料，以保证城市住宅建设的需要。大家决心尽一切努力，把城市住宅建设迅速搞上去，以不负党中央和人民群众的殷切希望。

国家城市建设总局

印发《关于加强城市公房管理工作的意见》的通知

(1980年7月19日)

近几年来，城市房产管理工作，在省、市、自治区和城市人民政府的领导下，通过深入揭批“四人帮”，贯彻党的十一届三中全会精神，拨乱反正，在恢复和整顿房产管理方面取得了一定的成绩。但是，当前存在的问题仍然不少。

为了加强城市公有房屋的管理，逐步扩大房屋的统管面，实行专业化经营，更好地为人民居住生活服务，为四化建设服务，我们根据“调整、改革、整顿、提高”的方针和中央、国务院对城市公房管理工作的有关指示，草拟了《关于加强城市公房管理工作的意见》(讨论稿)，并在今年三月召开的全国城市房产住宅工作会议上进行了讨论。现将修改后的《关于加强城市公房管理工作的意见》印发给你们，请结合本地区的具体情况，研究试行。并可参照《意见》，制订适合你们情况的具体办法或条例。在试行中有何问题和意见，望及时告诉我们。

附：《关于加强城市公房管理工作的意见》

关于加强城市公房管理工作的意见

(1980年7月19日)

全国城市现有公有房屋约十二亿平方米，其中，由市房管部门统一经营管理的约二亿五千万平方米，这是国家一项巨大的物质财富。把它们管理好，维修好，使用好，具有重大意义。但是，由于林彪、“四人帮”极左路线的干扰破坏，加上我们工作中的缺点，城市房产管理工作存在很多问题，机构不健全，体制不适应，统一管理和以租养房的方针不落实，房屋失修失养严重，影响了城市房产经营管理工作的进一步开展。

为了贯彻国民经济“调整、改革、整顿、提高”的方针和落实中共中央[1978]13号文件关于“城市公有住宅、中小学校舍和机关、事业单位、文化、卫生、商业、服务行业的房屋，以及企业厂区以外的公有房屋，应由城市逐步实行统一管理”的要求，把城市公房管理好，维修好，使用好，更好地为人民居住生活服务，为四个现代化建设服务。现就加强房产管理工作提出如下意见。

一、建立健全房产管理机构

城市房产管理部门担负公私房产管理和组织住宅建设的双重任务。它是人民政府行使房地产管理权和组织住宅建设的职能机构，又是经营房地产业务的领导机关。任务十分繁重，现有机构、体制远不能适应要求，必须切实予以调整和加强。为此，建议各省、市、自治区城市建设局(建委城建处)，可根据任务大小，设立房产住宅处或房产住宅科；各城市设房产住宅局或房地产管理局，统一管理人、财、物的使用和调配。地、县也要设立相应的管理机构。

为了加强对直管公房的专业经营，大城市的局可根据需要情况，设立房产经营、房屋修缮、住宅建设、材料生产供应等公司；中小城市可酌情建立必要的专业机构，按企业办法经营。房管所(站)作为房产经营公司的基层服务单位，实行管养合一。

城市房管部门的编制，行政、企业、事业应当分开，人员配备要精干。行政管理人员，列入行政编制。企、事业管理人员，由经营费用开支。

二、坚持统一管理的方针

城市公有通用房屋实行统一管理，是党中央、国务院早就确定了的方针。贯彻执行这一方针，可以从根本上克服目前存在的各自为政的现象，充分发挥现有房屋的作用，合理地使用有限的财力、物力和人力，把房屋管理好，维修好。同时，有利于各单位集中精力搞好自己的生产和工作。因此，房管部门要积极创造条件，有计划、有步骤地扩大统一经营管理面，把中小学校舍和机关、事业单位的办公用房，以及文化、卫生、商业、服务行业的营业用房统一经营管理起来，对单位自管的住宅，也要根据不同情况，逐步实行统一经营管理。国家和地方投资新建的住宅一律由房管部门统一经营管理。已经统一经营管理的房屋，不得再分散各单位自管。目前尚未纳入统一经营管理的房屋，使用单位要执行当地政府有关房产管理的规定，在业务上接受房管部门的指导和监督，并按时向房管部门填报各种产权产籍变更和新建住宅情况等表报。

由市房管部门统一经营管理的房屋，使用单位和个人不得自行转让、拆除、改装和变更用途。如需要转让、拆除、改装和变更用途的，必须经房管部门同意。空闲不用的，要交回房管部门统一调配。

房产管理工作要贯彻群众路线。街道居民委员会和单位，要建立健全群众管房组织，协助搞好房屋的管理、维修、调配、拆迁等工作。

三、贯彻“以租养房”的原则

目前，城市现有中小学校舍、机关、事业单位、文化、卫生、商业、服务行业以及企业厂区以外的公有房屋，有的实行租金制，有的实行预算制，个别的不收取房租。住宅的租金标准和补贴办法也不统一，职工负担苦乐不均。特别是现行住宅租金标准很低，租金不够“以租养房”。

“以租养房”，系指租金收入除去其他必要的开支外，不仅能够保证房屋的正常保养修缮，而且在房屋使用年限终了时，能够收回投资，重建房屋。因此，成本租金构成应该包括折旧费、维修费、管理费、税金和利息。鉴于房租制度的改革是件大事，特别是住宅租金的调整，与职工工资收入有密切联系，不应轻易变动。需要在调查研究的基础上，提出方案上报审批。

从当前实际情况出发，建议采取如下过渡办法：

(一)住宅租金标准不统一的城市，要在不降低房租总收入的前提下，制定统一的租金标准，报市人民政府批准执行。各单位自管房屋，也必须执行统一的租金标准。

(二)文教、卫生和行政机关用房，实行预算制的，可改为租金制，按折旧费、维修费三项因素计租。

(三)商业、服务行业生产、营业用房，原则上要按成本租金计租。

要按时收取房租，做到应收尽收。要积极清理和追收陈欠租金。用户不得借故拒交房租，对无理拒交，经教育无效者，处以适当的罚款，并由所在单位扣交。

每年收入的租金，要用于房屋维修和管理，不准挪作别用。

四、加强房屋维修保养

目前，城市房屋失修失养十分严重，各地房管部门必须切实采取有效措施，把现有房屋及其附属设施，维修保养好，尽快扭转失修失养的被动局面，确保正常使用与居住安全。要在查清房屋损坏状况的基础上，制订规划，有计划地推行成街成片轮修的经验。同时，要重视经常性的小修养护，不断改善服务态度，做到及时方便。对不同类型的房屋，要按不同的修缮标准，经常保持完好，要十分重视中小学校舍和商业、服务行业等非住宅房屋的维修，切实把它们维修好。

按照我国目前的房屋状况，自然淘汰率一般年平均为百分之一至二。到了淘汰年限，需要翻建时，在租金不含折旧费的情况下，所需资金应列入地方基本建设计划。

房屋修缮公司与房产经营公司要明确承发包关系，实行合同制，要改变修缮工程不搞核算，不计成本，"吃大锅饭"的状况，加强企业管理，全面考核各项技术经济指标，不断提高劳动生产率。要保证房屋修缮质量，建立验收、回修制度，要注意安全，杜绝重大工伤事故。对管修服务工作确有成效者，要给予表扬和奖励。对玩忽职守造成塌房伤人或住户财产损失事故者，要给予批评或处分。

根据测算，维修每万平方米房屋，全国平均每年约需钢材一点七吨，木材九立方米，水泥十二吨，玻璃七十平方米。各地应根据实际需要，纳入地方物资分配计划，要注意节约原材料，充分利用旧料，对节约材料、使用旧料成绩卓著者，应予以适当奖励。

房屋维修费(不包括管理费)每万平方米全国平均每年约为二万一千元。房管部门直管公房的房租收入不敷支出者，不足部分按规定由城市维护费拨付。

五、要合理分配房屋

城市住房供需矛盾非常突出，根本原因在于房源缺乏，但分配上的不合理，也加剧了住房的紧张，因此必须加强对住房分配工作的领导和管理。各地可根据职工家庭人口数量、性别、辈份、职务及有利于计划生育等因素，制定暂行分配标准和实施办法。分配的原则，要首先解决无房户和严重拥挤户。分房要走群众路线，严禁徇私舞弊、走后门等不正之风。住宅分配渠道要与住宅建设投资渠道一致起来，凡国家补助和地方投资建设的住宅，由市房产住宅局编制分配方案，报市人民政府批准，统一分配。各单位自筹资金建设的住宅，由单位自行分配。企、事业职工缺房，应向各自的单位申请，不能直接找房管部门。

各级政府制定了住房分配标准，就要严格执行。对现已超过住宅分配标准过多的住户，要做好思想工作，动员他们把多余的房屋调剂出来，分配给无房、缺房户居住。任何单位不得挤占住宅作其他用房，挤占了的，原则上要退还。严禁抢占公房，抢占者经教育仍不退还的，要提请司法机关强制其迁出或依法处理。

各城市房管部门要加强经常性的调配工作，设置换房机构，搞好换房业务，帮助群众解决居住困难，有利生产，方便职工生活。

六、搞好房屋修建材料生产

城市房屋修建材料，主要依靠物资部门按计划供应。鉴于当前材料供不应求，凡有条件的地方，房管部门要积极建设一些水泥、砖、瓦、灰、砂、石等建筑材料生产企业，以弥补计划供应不足。

目前房屋修建队伍的机械化水平很低，各省、市、自治区建委在分配施工机具时，要优先安排，房管部门要积极创造条件，自制一部分专用机械设备。装备费用，维修工程从城市维护费中支出，新建工程按规定从预算成本中提取。

房管部门所属工厂企业的生产，要列入各地工业生产计划，所需的原材料、燃料、动力、设备等，纳入现行物资供应体制供应。

七、大力培训专业人才，积极开展科学研究

目前城市房产专业技术力量严重不足，科学研究工作十分落后，不抓紧解决这个问题，必将阻碍房产事业的发展和住宅建设技术水平的提高。各级房管部门要下力气把这项工作抓好。

培训房产管理专业干部和技术人才，要两条腿走路。有条件的城市，要兴办中等专业学校、技工学校；所有城市都要有计划地加强在职干部和工人的业务培训，领导干部要带头学科学、学技术、学管理。

房产专业的科学研究，要有房产经济理论、管

国务院

关于大力开展城市节约用水的通知

(1984年6月19日)

目前,我国许多城市水资源缺乏,供水能力不足,用水非常紧张,严重地影响了人民生活和工业生产。缺水的原因,除了供水设施建设跟不上,用水量日益增加外,水资源管理不统一,开发不合理,水源污染严重;生产工艺、设备落后,耗水量大、重复利用率低,水的浪费严重是主要原因。经测算,到本世纪末,工农业总产值翻两番,工业生产和人民生活需要增加供水能力一倍半。这样大的供水量,如果光靠国家投资建水厂,不仅资金困难,而且水资源也会发生危机。因此解决今后城市用水问题,必须坚持"开源节流并重"的方针,在加快供水设施建设的同时,大力开展城市节约用水工作。为此,特作如下通知:

一、加强对节约用水工作的领导。

各级人民政府和领导干部,要充分认识节约用水是我国经济建设中必须长期坚持的一项重要方针,是一项长期性、经常性的工作。各城市人民政府要加强对节水工作的领导,城市自来水公司要设置节约用水办事机构负责具体工作,其职责是:贯彻执行国家关于节约用水的方针、政策和法令;考核用水单位用水定额,审批下达用水计划;会同有关部门审批节水措施,并督促检查落实情况;制订城市节约用水管理办法;组织交流节约用水的先进经验,推动开展节约用水工作。

二、加强工业用水管理,实行计划供水。

1. 工业节约用水是城市节约用水的关键,首先要把供水紧张的城市各工业单位用水(包括自备水源)逐步纳入供水计划,实行计划供水,并和经济责任制联系起来,实行节奖超罚。对节水效果好的单位和个人可从企业奖励基金中给予奖励。对超计划用水要累进加价收费,乃至减少或停止供水。超计划用水加价的水费,应从用水单位税后留利中开支。超计划用水所收的水费,用于开展节约用水工作和补助城市供水工程建设等开支。

2. 各用水单位、生产车间和主要耗水设备,都要装表计量,根据用水定额核定用水计划。凡高于用水定额的,要结合企业技术改造,调整生产工艺流程,改革用水设备,增建节约用水设施,将用水计划降到用水定额以内。新建、扩建的企事业单位,要选用节水型的生产工艺、设备,把节约用水措施与主体工程,同时设计,同时施工,同时投产,并作为工程项目竣工验收的条件之一。所需投资,凡基本建设项目,由基本建设投资安排,凡更新改造措施项目,由更新改造措施资金安排。

3. 工业用水要采取循环用水,一水多用,废水处理综合利用等措施,提高工业用水的重复利用率。缺淡水资源的沿海城市,要积极采取海水作冷却水,今后凡工业用水重复利用率较低的城市,首先应挖掘潜力,一般不得新建工业供水工程。

4. 城市自来水企业、房产管理部门和各用水

理科学和技术科学三个方面。今后要在继续抓好房产技术科学研究的同时,重点应该放在房产经济理论和管理科学的研究上,逐步实现技术现代化,管理科学化。为此,城市房管部门要建立和充实必要的科研机构,积极开展技术研究和情报交流活动。

八、加强政治思想工作,搞好队伍建设

房产管理工作任务很重,问题很多,关系到千家万户的切身利益,要做好这项工作。必须有一支热心房管事业和为住户、用户服务的队伍。因此,希望各地人民政府加强对房产管理工作的领导,重视领导班子的建设。组建一支坚持社会主义道路的具有专业知识和工作能力的干部队伍,并保持相对稳定。要把基层房管所(站)、队和班组建设好。房管部门的各级领导干部要以身作则,不开后门,不徇私情,把作风搞正。在职工中要进行坚持社会主义道路,坚持无产阶级专政,坚持党的领导,坚持马列主义、毛泽东思想的教育。同时要加强社会主义法制观念,严格组织纪律性,同违法乱纪的行为作斗争,维护安定团结的政治局面。要动员全体职工鼓足干劲,力争上游,努力做好本职工作,为实现四化做出应有的贡献。

单位，要加强供水、用水设备、设施的管理、维修、保养，堵塞跑、冒、滴、漏，消灭长流水，将城市管网漏失率降到6%以下。

5.各用水单位开展节约用水所需资金，应由企业更新改造资金和生产发展基金中解决，不足时可向银行申请贷款。

6.使用城市自来水的单位需要增加用水量时，应首先采取节约用水措施解决，不足时需申明理由，取得城市自来水公司的同意，报请主管部门和节约用水管理部门审核批准；需要由城市供应自来水的新建、扩建、改建工业企业，应将其相应的投资交城建部门统一建设供水工程，所需水量纳入城市自来水的供水计划。

三、取消生活用水"包费制"，实行装表计量，按量收费。

在一九八五年底以前，大中城市要彻底取消生活用水"包费制"，实行装表计量，按量收费。新建住宅要一户一表，旧有住宅要根据旧有用水设施条件，因地制宜按楼门、按宅院或按户装表。装表费用，新建住宅列入设计概算；旧有住宅由产权所有单位负责解决(产权属房产部门的，由城建资金中支出)；楼门、宅院总表，由城市自来水公司负责解决。到一九八六年元月一日仍实行生活用水"包费制"的单位，人均用水量超过生活用水定额的部分，按现行水价累进加倍收费。

四、要以经济手段促进用水单位节约用水，减少污水排放量，城市建设部门必须尽快会同有关部门制订排水设施有偿使用办法。

五、水是一种有限的无可代替的宝贵资源，是工业生产的重要物质基础和原料，又是人民生活中不可缺少的生活资料。自来水价格的制定与调整，既要有利于水资源的合理开发、利用和节约，也要考虑到目前用水单位的负担能力及人民群众的切身利益。目前自来水价格确实偏低的地区，可由主管部门提出具体调整意见，按物价分工管理权限，报物价部门批准后执行。

六、城市自来水企业要一手抓供水，一手抓节水，克服重售水、轻节水、重利润、忽视服务的倾向。为了解决好节水和利润的矛盾，今后对城市自来水企业不仅要考核供水水质、水压、漏失率、制水成本、服务质量等，还要把节约用水工作作为一项重要的考核指标。对节水工作做得好的，因节水减少售水量而影响企业留利的，财政部门可根据具体情况给予适当照顾，具体办法由各地自行规定。

七、新闻单位、报刊和宣传部门，要大力宣传节约用水和保护水资源的重要意义及其经济效益，经常报道节约用水的好人好事，推广节约用水的先进经验。各有关科研单位、大专院校、用水单位要研制节水型设备、器具和部件，提供节约用水的先进技术。要研究海水和污水处理利用技术。

八、军队的节约用水，可根据本通知的精神，具体制定实施办法。

国家城市建设总局

《关于加强市政工程工作的意见》

(1979年12月30日)

现将全国市政工程工作会议讨论通过的《关于加强市政工程工作的意见》发给你们，请结合你省、市、区的实际情况研究试行。并将试行中有关情况、问题和意见，及时告诉我们。

关于加强市政工程工作的意见

市政工程是城市建设的一个重要组成部分，是城市生产和人民生活不可缺少的公共设施。建国以来，各城市的道路、桥梁、排水、防洪堤坝和路灯等市政工程建设有了很大的发展，取得了很大成绩。但是，由于种种原因，特别是林彪、"四人帮"的干扰破坏，造成基本建设"骨头"与"肉"的比例关系严重失调，使市政工程建设的"缺口"越来越大，失修失养严重，管理水平下降，成为城市建设中一个非常薄弱的环节。为了搞好国民经济的调整、改革、整顿、提高，适应党的工作着重点转移到社会主义现代化建设方面来的需要，必须认真贯彻中央[1978]十三号文件的精神，进一步加强市政工程建设、维修和管理工作。为此，提出以下意见：

一、市政工程工作的方针和任务。市政工程必须坚持为生产、为人民生活服务的方针。它的基本任务是：按照国民经济有计划、按比例发展的要求，切实搞好现有市政设施的管理和养护维修，延长各项设施的使用年限；同时，根据城市规划的布置，有计划、有步骤地进行建设。在国民经济调整期间，要认真贯彻中央关于"调整、改革、整顿、提高"的方针，搞好市政工程的建设和管理。当前要根据城市的不同情况，特别要有重点地加强城市排水、污水处理工程和交通干道的建设，注意加固防洪堵坝，提高抗洪能力。

二、市政工程的管理体制。市政工程按业务性质可分为基建施工和养护维修管理两部分。为了保证养护维修工作的正常进行，不使新建挤掉维修，要逐步地把市政工程的新建和维修业务分开，分别设市政工程公司(处)和市政工程管理处(所、站)。市政工程公司(处)属于企业单位，主要承担市政工程基本建设的施工任务，在不影响完成市政工程建设的情况下，可以对外接受代办业务。市政工程管理处属于事业单位，要加强经济核算，逐步实行企业管理。

从事市政工程施工和养护维修任务的集体所有制单位，要按照国家的各项规定，独立经营，自负盈亏。城建主管部门要加强对它们的领导，不断提高企业的经营管理和生产技术水平，并在机械设备上给予适当支持。

三、按定员标准，充实市政工程建设和维修力量。目前市政工程队伍力量薄弱，平均年龄较大，应在加强劳动管理，提高劳动生产率的基础上，按照国家规定的定员标准，逐年予以补充和更新。市政工程施工企业的定员按全员劳动生产率核定。目前北京、天津、上海三市市政工程施工全员劳动生产率按五千元计算；市政工程施工队伍的动力装备率每人在四马力以上的城市按四千元计算，其它城市按三千元计算。

市政工程养护维修(不包括大中修)的定员，按照工程设施的标准、数量、养护要求等因素核定。高级路面每一万五千平方米配备一人，低级路面每一万平方米配备一人，桥梁每一千平方米配备一人，下水道每二公里配备一人，防洪堤每公里(单侧)配备二人，排水泵站每座配备六人，城市路灯外线维修工每二百五十盏配备一人。

四、加强市政工程队伍建设。要加强市政工程队伍的政治思想工作，组织职工学习马列主义、毛泽东思想，不断提高政治觉悟，增强为人民服务的光荣责任感，使他们安心于工作岗位，发挥生产积极性，搞好市政工程建设和养护维修，为四化建设作出贡献。

当前市政工程队伍的许多工种力量不足，后继乏人，各级领导要做出规划，加强班组建设和技术培训。要鼓励和组织职工学政治、学业务、学技术、学文化。提倡尊师爱徒，充分发挥技工的作用。企业要定期进行业务技术考核，作为职工升级的依据，对业务技术提高快、贡献大的职工，可根据劳动部门的规定破格升级，学徒工可提前转正，破格定级。要充分发挥技术人员的作用，使他们有职、有权。市政工程公司(处)要设总工程师或主任工程师，施工队设技术负责人，对生产、质量、安全等技术工作全面负责。

五、搞好各项市政工程设施的管理工作。市政工程要有完整的技术资料。各城市要对原有的工程设施进行一次普查，弄清设施的分布、质量、结构等情况，逐项鉴定登记，建立技术档案。市政工程设施的管理工作由城建部门负责，城市的河道、堤坝、道路要严禁乱堆乱挖。有腐蚀、剧毒、容易造成淤堵的污水，要经过处理，达到国家排放标准后，方可排入城市下水管道。要限制超载车辆通过桥梁。一般不许占用道路堆放物品，十分必须的、短时间的占用城市道路堆放物品要经过批准，并收取费用。收取的占路费、破路费，归市政工程部门用于市政工程建设和维修。要和公安、环保、市容管理等部门配合，对有碍市政工程设施的违章建筑和堆放物，切实采取措施予以制止和拆除。要处理好新建地下管道和原有管道的关系，处理的原则是：局部服从整体，临时性管道服从永久性管道。可弯的管道服从不可弯的管道，有压力的管道服从无压力的管道，各城市要结合具体情况，制定城市道路、桥涵、排水管道、河湖、防洪等市政工程设施管理办法。

要严格执行奖惩制度。对乱占乱挖、破坏市政工程设施的单位和个人，视其情节轻重，给予批评教育或罚款，直至依法惩处。对保护市政工程设施成绩显著的单位和个人，应给予表扬和奖励。

六、加强养护维修，充分发挥现有设施的效能。目前，市政工程设施失修失养情况十分严重，各级领导要首先从思想上克服"重新建、轻维修"的倾向，下决心在二、三年内把现有设施养护维修好。养护维修的资金、材料，应按国家规定，纳入计划，不准挪用。

要加强对市政工程设施的巡回检查，发现问题及时解决。要按照大、中、小修的养护维修周期，安排好计划，定期进行维修，确保各项设施的完好，有些应急的维修工程和群众迫切要求解决而又有条件解决的工程，应在计划、设计、施工中统盘考虑，优先安排。城市要建立一支与任务相适应的专业维修队伍，负责市政工程设施的养护、维修和管理工作。

七、加强市政工程基本建设工作。为了扭转市政工程"欠帐多"、"缺口大"、问题成堆的被动局面，必须在搞好养护维修的同时，加强基本建设工作。要适当提高市政工程的投资比例，按照城市总体规划和近期建设计划，积极进行市政工程的建设。市政工程的大中型项目，应在国家和地方的年度建设计划中妥善安排。新建、扩建的大中型企事业单位，要把有关市政工程设施方面的投资和三大材料指标拨交所在城市，实行统建、统管，或在统一规划下，实行分建统管。住房建设要同时建设相应的市政配套工程。市政工程基本建设所需三大材料以及沥青、柴油等物资，要纳入计划，按照定额，予以供应。

八、市政工程建设要打歼灭战。城市道路、桥涵、排水、防洪等市政工程基本建设，对城市交通和群众生活影响较大，因此，在进行建设时，必须充分作好施工前期的准备工作，集中兵力打歼灭战，缩短建设周期，并干净利落地做好回填、清理现场等收尾工作。

市政工程应当成为城市各项基本建设的先行。要贯彻"先地下、后地上"的原则，统一计划、统一建设，把地下各项管道工程建在地面工程前面，避免建了挖、挖了建，或者盖了房子再搞市政工程配套，造成不应有的损失和浪费。

要因地制宜，采取民办公助，专业队伍与发动群众相结合的办法，分期分批整治和管理好小街小巷的道路和下水道，逐步改善群众的居住环境。

九、保证市政工程设计、施工和维修质量。市政工程建设要贯彻"百年大计、质量第一"的方针，严格遵守各项技术管理制度和操作规程，精心设计、精心施工，确保工程质量达到施工验收规范和设计要求。要严格验收制度。工程质量不合标准的不予验收，返工费由施工单位负责。发生重大质量事故要追究责任，情节严重者要给予处罚。

要实行设计会审和交底制度。设计单位要保证质量，使设计符合工程要求。施工单位要坚持按图施工，不得片面强调降低工程成本，随意修改设计，危害工程质量。如发现设计错误或严重不合理时，可提请建设单位和设计单位修改设计，经技术负责人签字后，方可施工。

要实行工程质量检查制度，贯彻与专业机构为主，专业检查和群众自检、互检相结合的原则。检查机构对危害工程质量的行为，有权制止施工，有权追究责任，各级领导要对他们的工作给予支持。

养护维修要严格按照操作规程进行，使新修部分和原有工程紧密结合，确保工程质量，延长使用年限。

十、提高市政工程企业的管理水平。市政工程企业管理要按经济规律办事，改善经营管理，加强经济核算，不断提高劳动生产率。要建立健全岗位责任、质量检验、安全生产、设备维修保养、技术操作规程、班组经济核算和考勤等管理制度。要广泛深入地开展社会主义劳动竞赛，把工程量，质量、原材料、燃料和动力消耗，劳动生产率，安全生产成本和利润，流动资金和占用量，机械完好率和利用率等八项技术经济指标认真抓好，尽快改变工程无计划、消耗无定额，经济不核算的混乱状况。全员劳动生产率还没有达到本企业历史最好水平的，要争取在一九八〇年内，达到本企业的历史最好水平。

为了鼓励市政施工企业加强经济核算，按照国家建委、财政部(78)建发施字599号、(78)财建字849号文件规定提取和使用企业基金。鉴于目前市政工程企业没有法定利润，因此仍按工资总额计取。凡是全面完成国家下达的(包括代办工程)八项技术经济指标和施工合同的市政施工企业，可按职工全年工资金额的百分之五提取企业基金；没有全面完成计划指标，但完成工程量、质量、安全生产、降低成本和利润等四项指标和施工合同的，可按工资总额的百分之三提取企业基金；在完成上述四项指标和施工合同的前提下，其他指标每多完成一项，按工资总额增提百分之零点五的企业基金；没有完成上述四项指标和施工合同的，不能提取企业基金。市政工程管理处可根据任务完成情况，经主管局批准，按职工全年工资总额的百分之三至百分之五提取企业基金。企业基金主要用于举办职工集体福利事业。

十一、改革市政工程企业经营方式。为了加强企业的经营管理，调动企业和广大职工的社会主义积极性，今后要逐步改变盈利和亏损与企业无关的状况，凡有条件的市政工程建设项目，可以试行合同制和或按预算包干，也可试行投资包干，包工、包料、包工期、包质量，进行独立核算，盈利实行利润的分成，超支的由企业负责。因任务不足、队伍调动等原因的亏损，由企业主管部门负责。城建主管部门要在征地拆迁、设计图纸、材料供应等方面为施工单位创造投资包干的条件。市政工程企业试行合同制还是一项新的工作，各省、市、区可选择一、二个公司或工区进行试点，取得经验，再逐步推广。

十二、编制市政工程标准、规范。要以设计部门为主，组织劳动、材料、施工、科教等单位参加，编制城市道路、桥涵、防洪工程的设计规范和各项工程的概算定额(包括劳动定额、材料消耗定额、机械台班定额等)为企业实行经济核算创造条件。要经常调查研究，考核定额准确性，做好各项定额修订工作。城建部门要逐步建立健全从设计、施工到养护维修的一整套规章制度。各市政工程企业单位。要根据当地具体情况，制订操作规程、质量验收标准、财务管理、机械管理等办法，做到责任明确，有章可循。

市政工程设计规范编制工作，北京、天津、上海三市可先走一步。全国统一的设计规范编制工作，由国家城建总局负责组织，劳动定额和施工预算定额，先以省、市、区为单位，组织力量编制。

十三、逐步提高机械化水平。要加快市政工程建设速度，必须不断改善劳动条件，提高机械化水平。当前，重点解决"挖、吊、运、摊、破(路)"和疏通下水道等机械装备，注意成龙配套。大中城市要逐步实现道路、桥涵、地下管线施工机械化，基本实现道路、下水道养护机械化，努力实现混凝土制品和沥青混凝土生产"一条龙"。

实现机械化要坚持大中小并举，坚持"挖潜、革新、改造"。国家定型的通用机械，如汽车、吊车、压路机、推土机、翻斗车、装载机、挖掘机等，由国家统一分配。市政工程施工和养护所需大型专用机械设备，如下水道疏通车、沥青搅拌机、沥青摊铺机、沥青洒布机等，由国家城建总局分配。中小型施工和养护维修机械，各地要自力更生加工制造一部分。机械设备购置可列入地方城建投资计划。市政工程管理处的设备购置费，从城市维护费中解决。

市政工程企业的机械设备，要实行大型集中，小型分散，统一调度，分级管理，提高现有机械的利用率。有条件的大城市，可以设置机械化施工公司或机具租赁站，承担本市机械化施工任务。大中城市要设置机修厂，机修单位要为施工着想，主动服务，提高修理质量，缩短修理工时。各单位要建立健全并严格执行机械设备的管、用、养、修责任制，开展红旗设备竞赛，不断提高机械设备完好率。

十四、加强市政工程后方基地建设。各地城建部门要从当地实际情况出发，认真做出计划，逐步建立起与前方生产相适应的后方基地，所需资金要列入城市建设基建计划。

砂石料是市政工程用量最大的地方材料，城市要有自己的砂石场，有条件的城市还应建设小水泥厂、石灰厂、水泥制品厂和混凝土预制构件厂等，以满足市政工程的需要。

要搞好沥青接卸站的建设。根据集中接卸、分散使用的原则，每个省、区要规划一、二个城市作为沥青接卸点，争取在一、二年内建设起来。在尚未建设好以前，要找好代卸单位，签订好代卸合同。大中城市要建设与任务相适应的沥青搅拌站，改变在施工现场炒拌沥青的做法，以免污染城市环境。要注意搞好沥青和其他材料的节约工作。

十五、搞好市政工程科研、设计、教育工作。要改变市政工程建设的落后面貌，科研工作必须走在前面。大城市设市政工程研究所，中小城市设市政工程科研室或组，要努力研究市政工程的新技术、新结构、新材料，赶超世界先进水平。要把生产建设中迫切需要解决的技术关键，列为主要课题，组织攻关。要积极开展市政工程学术活动，及时交流国内外科技经验和技术资料，搞好技术情报工作。

要加强市政工程设计工作。长春、武汉、兰州、成都、天津、上海等给排水和市政设计院，承担全国的市政工程大中型项目的设计任务。大中城市可以有自己的市政工程设计力量，承担本市的市政工程建设和维修设计任务。

抓好教育工作，加速培养技术人材。要商请有关部门和院校，扩大现有大专院校的城市道路、桥梁、给排水、水工等专业的招生名额。有条件的省、市、区要办中等专业学校和技工学校，要加强职工业余教育。不断提高职工的文化技术水平。

十六、注意搞好劳动保护。对于沥青加工，沥青筑路的职工，要配备防烫伤、防烟气等劳保用品。对于清挖下水道和污水处理厂的职工，要配备防毒等劳保用品，并按规定发给保健费。要搞好施工现场防寒防署措施。要加强职工的安全生产教育，注意安全检查，要定期对职工进行健康检查，做好女工特殊保护工作，有些不适宜女工劳动的工种，不要分配女工去做。

十七、搞好职工的工资奖励和福利事业。市政工程队伍可执行全国统一的建筑级工资标准。对接触有毒有害物体的工种，以及桥梁基础施工中和高空作业、坑道施工人员，应发给岗位津贴。少数笨重体力劳动和手工操作的工种，可以实行计件工资制。要正确贯彻社会主义按劳分配的原则，改进奖励办法，使奖励同企业的盈亏和职工个人贡献大小结合起来，克服平均主义，变评奖为计奖，要加强政治思想工作，防止单纯追求数量、忽视质量的倾向。要开展评先进、选模范的活动，及时表彰在生产建设中有突出成绩的职工，推动各项工作不断前进。

要在发展生产的基础上逐步改善职工生活，办好职工食堂、托儿所、幼儿园、医疗卫生等集体福利事业。对在现场施工的职工，要解决好他们的饮水、吃饭、洗澡理发、工伤救护等问题。要有计划地逐步解决市政工程职工的住房问题。

十八、加强对市政工程工作的领导。市政工程建设涉及面较广，政策性强，市政工程部门要经常主动地向地方党政领导汇报情况，请示工作，争取党政加强市政工程工作的领导和支持。要健全市政工程管理机构，充实必要的管理人员。要在地方党政领导下，团结战斗，努力工作，把市政工程工作提高到一个新水平。

国务院

批转城乡建设环境保护部《关于改革城市公共交通工作的报告》的通知

(1985年4月19日)

国务院原则同意城乡建设环境保护部《关于改革城市公共交通工作的报告》，现转发给你们，请结合本地情况贯彻执行。

城市交通是关系到城市人民生活和生产的重要问题。长期以来，由于客流增长超过交通车辆的增长，在一些城市特别是大城市，群众“乘车难”的问题非常突出。解决城市交通拥挤问题，必须综合治理，对各种车辆严格管理，大力发展公共交通，增加客运车辆。同时，要加快道路网的改造和建设，修通必要的环路，形成流畅的干道系统。从长远看，在一些大城市要考虑发展快速轨道交通和地下交通，以缓和地面交通的紧张状况。对城市出入口堵塞严重的城市道路，交通部门和城建部门要密切配合，有计划地打通拓宽，可用公路养路费适当给予补助。

关于调整城市公共交通票价的问题，由于牵涉面很广，今年不作变动。

各地要结合城市经济体制改革，贯彻多家经营、统一管理的方针，从人力、物力、财力上给予必要的支持，搞好搞活城市客运交通，使群众“乘车难”的问题逐步得到缓解。

关于改革城市公共交通工作的报告

(1985年4月1日)

多年来，城市公共交通处于紧张状态，“乘车难”的问题长期没有解决。特别是随着城乡经济的繁荣，人民生活水平的提高，城市流动人口的不断增加，公共交通拥挤的情况在大城市尤为突出。

为了逐步改变这一状况，我们根据党的十二届三中全会的精神，结合一年多来进行改革的实践，认为必须根据公共交通的实际情况，加快改革步伐，把城市公共交通搞活。去年七月、十二月，中央和国务院领导同志指出城市公共交通问题影响极大，需要有关部门采取切实措施，凡属关系广大群众的问题，万勿大意。要解决城市乘车难问题必须实行多家经营，调动各方面办交通的积极性。为了贯彻中央、国务院领导同志指示精神，我们邀请北京、天津、上海、重庆等十个城市的公用局长，开了一个座谈会，总结了经验，研究了改革方案和贯彻落实措施，并征得了国家计委、国家经委、财政部、中国人民银行、交通部、公安部、国家物价局、国家工商行政管理局的同意。

为了解决城市群众“乘车难”的问题，拟采取以下改进措施：

一、改变城市公共交通独家经营的体制，实行多家经营，统一管理。以国营为主，发展集体和个体经营。在国营企业内部实行多种形式的经营承包责任制。在对外开放的十四个城市和经济特区以及有条件的城市，要积极引进外资和技术装备，搞活城市公共交通。

大力发展出租汽车，增加各种车辆，扩大经营范围，方便群众租车。企业经营完全实行独立核算，自负盈亏，全面实行承包责任制，可以实行全民所有制下的个人承包。运价采取优质优价，价格可以根据季节不同在一定的范围内浮动。

充分调动和组织社会上车辆(包括机关、企事业单位客车)投入节假日和上下班高峰时间的营运。并给这些单位一定的经济利益。

城市客运交通实行多家经营后，城市公共交通主管部门要实行统一规划，统一管理，使各种交通工具密切配合，协调发展，开展合理的竞争，互相促进，搞活客运。非城建单位、集体和个人在城市经营客运交通时，要做好人身保险。车辆和驾驶员需经当地公安或交通车辆管理部门检验和考试，向当地工商行政管理部门申请并领取营业执照，由城建部门会同工商行政管理部门确定运营范围。

二、要大力扶植城市公共交通的发展。公共交通是服务性的生产部门，要实行独立核算、自负盈亏。要按价值规律办事，对不合理的运价要做适当调整。按国务院《物价管理暂行条例》的规定，市内汽车、电车票价管理权限属省、自治区、直辖市物价部门以及业务主管部门。如需要调整，各地公共交通主管部门应与物价部门协商，提出意见，报当地政府批准。当前月票制度流弊很多，发售量和发售范围越来越大，必须进行改革。在保证职工上下班的前提下，应适当限制月票发售量。有条件的城市也可逐步把月票制改为本票制(乘一次车撕一张票)。在市区干道上新开辟的线路和主要为旅游服务的线路，可以配备质量好的车辆，实行优质优价，不出售月票。为加速城市公共交通车辆的更新和技术改造，可按照《国营企业固定资产折旧试行条例》适当提高折旧率。

由于城市公共交通企业的利润水平较低，建议地方政府在财政上予以照顾，按规定交纳所得税或调节税有困难的，可报经批准，给予优惠。

三、城市公共交通要实行综合治理。

(一)错开上下班时间，以降低高峰客流，有利于均衡运载，准时行驶。这项工作要在市政府统一领导下进行。

(二)减少不必要的交通流量。要搞好住宅区和商业中心的合理布局，缩短居民出行路程，支持交换住房和调换性质相同的工作单位，使职工居住地点接近工作单位。

(三)搞好公共交通的场站建设，对城市大型客运枢纽站公共交通的起终点站、停车场(库)、回车环和出租汽车站点要全面考虑，合理布局，加快建设。从方便换车出发，要把各种交通工具组合衔接好，同时要组织联运。

(四)加快道路工程设施的改造。目前城市交通堵塞，车速过低，根本原因是交通工程设施落后，道路少，卡口、堵头多，形不成流畅的道路网。所以，要加快干道和交通工程的建设，打通卡口堵头，修通环路，拓宽道口，建必要的立体交叉道(包括简易立交)和重要路口的人行过街天桥(或地道)。

许多城市对外交通不畅，主要是大城市的城市道路没有形成环路，主要干线和公路结合部路窄、卡口多。要有计划地将这些路段联通、拓宽，建议公路交通部门从养路费中给予适当补助。要逐步把城市道路和公路干线有机地联系起来。

(五)加强交通管理。提高现代化交通管理手段和技术，逐步采取优先放行公共交通车辆或开辟专用车道的措施。大城市要控制自行车和私人摩托车的发展，首先要停止对发展自行车的鼓励政策，并逐步开征车辆牌照税。对自行车的行驶路线和停车地点要进行合理的规划和安排。

四、大城市的客运交通，应采取逐步发展轨道交通为主的方针。目前，大城市靠现有公共汽车、电车和有限的路面难于根本解决"乘车难"问题，必须"上天入地"，实行多层次、多结构的立体化交通。把发展大容量的快速轨道交通(包括地铁)提到日程上来，有计划地进行建设，以适应大客流量的需要。要采用先进通讯调度设施，提高运营管理水平。

五、城市公共交通企业要认真整顿，加强精神文明建设，不断提高服务质量，努力为城乡人民提供方便、安全、迅速、准点、舒适的乘车条件。要教育城乡广大群众尊重公共交通职工的劳动，共同为搞好公共交通而努力。

以上意见如无不妥，请批转各地根据实际情况参照执行。

国务院办公厅

转发城乡建设环境保护部《关于加快发展城市煤气事业的报告》的通知

(1985年7月8日)

国务院原则同意城乡建设环境保护部《关于加快发展城市煤气事业的报告》，现转发给你们，请结合本地实际情况，认真贯彻执行。

城市煤气，是城市建设的重要设施之一。发展城市煤气，既可方便群众生活，促进生产，又能减少污染，节约能源，是解决今后城市能源的一个主要途径，要把城市煤气建设提到城市建设的议事日程上来，作为一个方针性的重大技术政策问题对待。

发展城市煤气，要贯彻多种气源，因地制宜和合理利用能源的方针，各地区和各有关部门，要共同努力，加快发展我国的城市煤气事业。

关于加快发展城市煤气事业的报告

(1985年6月7日)

城市煤气是现代城市生活的一种主要能源。几年来，在各级领导和各有关部门的支持下，我国城市煤气建设取得了可喜的成绩。

但是，我国城市煤气事业的发展，还不适应国民经济发展和人民生活的需要。

为了推动我国城市煤气的迅速发展，需要解决好以下几个问题：

一、进一步明确发展方针。我国幅员辽阔，能源分布不均，各地能源结构、数量不一。因此，我国城市煤气建设，要贯彻多种气源、多种途径、因地制宜和合理利用能源的发展方针。各地要根据当地财力、物力和资源情况，编制煤气发展规划纳入“七五”经济和社会发展计划，分年实施。近期发展的重点要放在直辖市、省会城市、沿海开放城市、风景旅游城市、重点环境保护城市以及煤气资源条件好的城市。

“七五”期间煤气建设的原则是，利用工矿余气和新建煤气厂并重；对于煤气行业的气源厂和工矿余气的气源厂进行挖潜改造，扩大供气能力；对天然气、液化石油气的不合理使用部分进行调整，把炉窑燃烧用气顶替出来供给民用；新开发的天然气和增产的液化石油气，优先供应民用。

二、改革煤气企业的经营管理体制，增强企业的活力。城市煤气是城市的重要基础设施，煤气企业是服务性的生产企业，属于第三产业。但长期以来，人们一直把城市煤气当作福利事业来办，不按经济规律办事，煤气价格偏低，税收负担过重，致使城市煤气企业缺乏发展的活力。因此，城市煤气企业的经营管理体制亟待改革，要在提高社会效益、搞好优质服务的前提下，兼顾企业的经济效益。一是煤气企业应实行独立核算，自负盈亏，内部推行各种承包责任制，打破“大锅饭”，使企业成为充满活力的经济实体。各级人民政府和主管部门，应从社会、环境、经济三方面的效益上对煤气企业进行全面考核。二是用经济杠杆来调动办煤气的积极性，实行优质优价。制定煤气价格应以保本微利为原则，使民用煤气费用略高于烧煤费用，公共福利用气价格高于民用煤气价格，工业用气价格高于公共福利用气价格。高价购入的气源，可实行高来高去，但价格应以消费者能接受为原则。新搞煤气的城市在开始时就要按上述订价原则制定合理的价格。由于煤气企业是薄利企业，国家在税收上要给予优惠。企业留成资金应主要用于技术改造，提高装备水平，使之更快发展。

三、开辟多种气源，因地制宜搞煤气。一个城市采用哪种气源，要根据当地的具体情况确定。天然气、液化气、工矿企业余气，有什么用什么；有煤的可以搞煤制气；也可以多种气源，多种制气技术并存。我国目前有相当大一部分天然气、液化石油气直接用于工业炉窑燃烧，应尽快以煤顶气替换出来供给民用。我国煤炭资源丰富，要采用多种制气技术，建设煤制气厂。特大城市和缺能的重点城市，要适当发展油制气，作为调峰和增热气源，天然气、液化石油气和原料煤(油)的供应，要纳入国家和地方的物资分配计划，保证供应。

四、搞好现有气源厂的挖潜改造，提高技术水平，扩大供气能力。现有气源厂大都设备陈旧，能耗高，工艺不配套，生产能力不能充分发挥。因此，在“七五”期间，要本着投资少、见效快、经济效益好的原则，大力进行企业挖潜改造，采用新技术、新工艺、新材料、新设备，提高煤气的回收率。同时要顶替出焦炉自用气，更新高能耗设备，回收余气余热，增加外供气量；小型焦炉要逐步提高装备水平，有条件的城市，要结合压缩土焦，使其大型化，以增加城市供气。

五、采取多种渠道，解决城市煤气建设的资金来源。要调动各方面的积极性，多方筹集资金，大家来办煤气。地方、企业在生产发展，财政收入增加的基础上，要多拿出一点钱来办煤气，也可以在不影响财政收入的原则下，遵循自愿和合理负担的原则，由直接受益单位集资办煤气，还可以发动受益群众参加义务劳动。总之，要本着人民城市人民建的方针，大家动手，加快城市煤气的发展。

六、大力开发制气、输配、应用新技术。要开发适合于不同原料的制气技术、净化技术和防止环境污染的技术。研制输送煤气的新型塑料管材，提高钢管和铸铁管的耐腐、抗压性能，改进接口方式，采用新的施工机具和工艺。开发干式罐储气技术、地下储气技术和高效、节能、耐用的各种新型煤气用具，以利于扩大煤气的应用。要推广电子计算机、微电脑技术在煤气生产、输配、调度、经营管理方面的应用。重点关键技术；要纳入国家科研计划，组织全国有关方面的技术力量联合攻关，并引进一些国外成熟的先进技术和设备。有条件的城市，要先行一步，抓好新技术的开发引进工作，尽快把国外八十年代的煤气新技术应用到我国的煤气行业中来。

七、加快培养煤气专业人才。要采取多渠道、多层次、多种形式，大力培养煤气专业人才。有煤气专业的院校要挖掘潜力，扩大招生名额。有条件的院校要增设煤气专业，组织代培或开办短训班，为煤气行业培养技术和管理干部。煤气企业应根据可能向学校提供一些必要的条件，以提高学校办学的积极性。

八、各有关部门要大力支持兴办煤气事业，积极提供气源和制气原料，为发展煤气事业作贡献。各省、自治区、直辖市人民政府，要加强对城市煤气建设的领导，协调好各方面的工作，以城市总体规划为依据，对煤气的建设和供应进行统一规划、建设和管理。

以上报告如无不当，建议批转各省、自治区、直辖市和有关部门参照执行。

国务院
批转城乡建设环境保护部、国家计划委员会关于加强城市集中供热管理工作报告的通知

(1986年2月6日)

国务院同意建设部、国家计委《关于加强城市集中供热管理工作的报告》，现转发给你们，请结合本地区、本部门的具体情况贯彻执行。

城市集中供热设施是现代化城市的基础设施之一。在城市经济体制改革中，各地要加强对这项工作的组织领导和管理，不断地摸索和总结经验，推动城市集中供热工作的开展。

关于加强城市集中供热管理工作的报告

(1985年12月18日)

我国城市集中供热是解放后发展起来的。在第一个五年计划期间建设了一批热电厂，初步奠定了我国城市集中供热的基础。党的十一届三中全会以来，国家用节能资金又扶植了一批集中供热项目的建设，使这项工作有了进一步的发展，不仅节约了能源，改善了环境，而且促进了工业生产，方便了群众生活。但总的来看，城市集中供热在我国仍然发展较慢。据一九八五年统计，在北方一百零八个城市中，仅有三十个城市建立了集中供热设施，供热面积四千九百万平方米，只占这些城市房屋总建筑面积的5.7%，城市居民基本上仍用分散的小锅炉和小煤炉采暖。

城市集中供热发展较慢的主要原因是：缺乏明确的政策；建设资金缺少稳定来源；管理体制不健全，一些热力公司供热管理水平较低；出厂热力价格不够合理。为了适应城市现代化建设和提高人民生活水平的需要，应进一步加强城市集中供热管理工作。为此，提出以下意见：

一、明确发展城市集中供热的方针

城市供热应该明确集中供热的方针。要因地制宜，广开热源，并且力求技术先进，经济合理。今后，集中供热要根据工业用热和生活用热的需要，采取热电联产，建设集中供热的锅炉房，充分利用工业余热和开发地热等多种方式，在城市总体规划的指

导下，有计划、有步骤地分期实施。凡是新建住宅、公用设施和工厂用热，在技术经济合理的条件下，都应采取集中供热，一般不再建分散的供热锅炉房。

二、健全城市集中供热管理体制

城市供热设施，是城市建设的基础设施之一。按照国务院关于各部委业务分工的规定，由建设部归口管理，负责拟定城市供热工作的方针、政策和法规，指导城市供热的管理工作。

凡生活用热规模较大的城市可以设立热力公司，负责城市热网、集中锅炉房的建设和管理工作。各单位建设各类供热锅炉房，应由计划部门组织规划、环保、供热管理、劳动、煤炭供应等部门审查批准。各城市人民政府要加强对集中供热工作的领导，协调各方面的工作。

以工业用热为主的蒸汽供热设施的管理工作，可采取企业自管、电力部门管理和地方管理等多种形式。

为有利于城市集中供热的发展，建议现归水电部管理的以供热为主的小型热电厂，其供电对电网影响不大的。经双方协商后，可下放地方管理或改为企业的自备电厂，并同时划转财政、燃料指标和人员。所发电量可由电网采取代售办法处理。电价可参照国家经委《关于小火电电价的规定》(经生字[1985]371号)执行。

各部门管理的热电厂向热网供热，供需双方应签订合同，并各自纳入计划。热网管理部门要按照热源的供热能力发展用户，避免盲目扩大。供热所需的煤炭指标，由地方按计划调拨给供热电厂。

三、采取多种渠道解决城市集中供热的建设资金

为推动城市集中供热的发展，热源厂和热网的建设要紧密配合，同步进行。城市集中供热的建设资金，可采取多种渠道解决，一是地方自筹；二是向受益单位集资，受益单位也可根据具体情况，从自有的更新改造资金和生产发展基金中，适当拿出一部分用于供热建设；三是从城市维护建设税中适当拿出部分资金补助城市民用集中供热热网的建设；四是国家根据情况，可给予部分节能投资，以补助热力建设。

四、对城市集中供热采取优惠政策和合理的价格政策

城市集中供热是公用事业，社会效益好。城市供热企业，是服务性的生产企业，利润甚微，因此，国家要采取优惠政策。个别城市的供热企业纳税确有困难的，按照国家税法规定，可根据具体情况酌情减免调节税，以加强城市供热企业热力设施的维修和更新改造。热力价格要按照热源生产单位、热力公司和用户三兼顾的原则，根据实际成本和效益，合理确定。

五、加强城市集中供热的立法和管理工作

为了适应城市集中供热发展的需要，应及早制定城市集中供热规范、技术标准、管理条例等法规。

城市供热企业要实行经营承包责任制，独立核算，自负盈亏。要大力加强企业管理，减少能耗，防止跑、冒、滴、漏，千方百计降低成本，提高管理水平。

以上报告如无不妥，请批转各省、自治区、直辖市和国务院有关部门执行。

国家基本建设委员会　中央爱国卫生运动委员会
国家劳动总局　国家城市建设总局
发送《关于加强城市环境卫生工作的报告》的通知

(1980年3月1日)

《关于加强城市环境卫生工作的报告》已经国务院批准，现发给你们，请参照执行。

中央爱国卫生运动委员会　国家城市建设总局

关于加强城市环境卫生工作的报告

(1979年10月19日)

粉碎"四人帮"三年多来，各城市的环境卫生部门做了大量工作，取得了一定成绩。但目前存在的问题仍然相当严重，城市环境卫生管理工作落后，脏、乱、臭的状况还没有根本改变，环卫专业队伍后继乏人。

为了加强城市环境卫生工作，迅速改变市容卫生面貌，经我们研究，并同国家计委、国家劳动总局商妥，提出以下意见：

(一)明确方针和任务，提高对环境卫生工作的认识。

环境卫生事业是城市建设和管理工作不可缺少的组成部分。一个城市的环境卫生工作搞得好不好，直接影响到居民的生活和生产，也反映着人们的精神面貌。因此，各级环卫部门必须坚持为社会主义建设服务，为劳动人民生活服务的方针，按照"全面规划，合理布局，依靠群众，清洁城市，化害为利，造福人民"的原则，加强环卫事业的建设。其具体任务是：① 统一管理城市环境卫生工作。各设市城市的环卫局(处、所)要配备相应的人员，严格监督执行当地政府颁布的有关环境卫生管理的法规，行使自己的管理职能；② 组织专业队伍清扫街道，清运垃圾和粪便，修造和维护公共卫生设施，逐步实现垃圾、粪便的无害化处理；③ 对现有的"群众保洁员"和近郊社队负责的市区卫生，进行检查、监督和指导。

(二)统一归口，加强对环境卫生事业的领导。

城市环境卫生工作实行归口领导。根据国发(1979)70号通知，国家城市建设总局已经成立，其业务范围包括管理城市环境卫生工作。据此，各省、市、自治区建委或城市建设局要把城市环境卫生工作归口管理起来。各设市城市建委或城市建设局和卫生局要抓紧办理交接工作，原属环境卫生部门的人员、编制、固定资产、专项资金、流动资金等均应全部移交。

环境卫生部门为事业单位，其日常经费实行"预算包干、差额补助"的办法，差额部分在城市维护费中列支。基本建设、物资分配、劳动工资等，应纳入国家和地方的国民经济计划。环卫部门要加强经济核算，努力增产节约，以减轻国家的财政负担。

城市规划和设计部门，要把环卫设施(包括楼内垃圾道、楼外化粪池、垃圾站、公厕、小区环卫专业车辆停放场地和工人休息室等)列入规划，积极支持环卫设施的建设。

(三)加强队伍建设，提高环卫工人的经济待遇和社会地位。

环卫专业队伍力量薄弱的城市，可结合安排城市待业人员就业，在劳动计划指标内予以补充。根据多年来的实践，环卫专业队伍占城市人口的比例大致为：大、中城市千分之三到四，小城市千分之二到三。

各城市环卫部门都要加强思想政治工作，开展以提高服务质量、改善服务态度、扩大服务范围为中心的增产节约运动，切实抓好思想教育和业务培训工作。要注意提高环卫职工的政治地位，在推选各级人民代表和评选先进模范人物时，要有环卫职工的一定比例，培养时传祥式的劳动模范。宣传部门应加强对环卫事业的宣传报道。

要逐步提高环卫工人的经济待遇。环卫工人劳动强度大，作业条件差，应发给环卫津贴，并保证按标准供应个人防护用品。集体所有制的职工应参照全民所有制的待遇，结合当地具体情况确定。环卫工人住房等其他福利，也应给予重视。

(四)采取有效措施，逐步实现环卫机械化

要减轻劳动强度，改善作业条件，必须提高环卫机械化水平，逐步实现机械化作业。为此，环卫机械的生产要列入计划，逐年安排解决。各地要充分利用现有的机械加工能力，积极装配和制造环卫机械。所需汽车底盘和物资，主要由各省、市、自治区解决。同时，国家对大、中型环卫机械生产所需的汽车底盘、材料及配套件，应给以必要的补助。为了不断提高环卫机械的产品性能，有利于专业化协作生产，加速实现环卫机械化，大、中型环卫专用机械列为国家城建总局归口管理的产品，实行统一规划发展，抓好产品的选型、定型和"三化"工作，负责国家补助的环卫机械的生产和分配。

各城市环卫部门应大力加强环卫机械的维修保养，提高车辆的完好率和利用率。

(五)加强环境卫生的科学研究工作

我国环卫科学研究仍是一个空白，需要迎头赶上。要加强环境卫生科学研究工作，积极搜集国内外城市环卫的科技情报，研究环卫机械、设施和垃圾、粪便无害化处理与综合利用。条件较好的城市，应逐步建立自己的科学研究机构。

以上报告当否，请批示。

国务院办公厅

转发城乡建设环境保护部、中央爱国卫生运动委员会关于处理城市垃圾改善环境卫生面貌报告的通知

(1986年7月30日)

城乡建设环境保护部、中央爱国卫生运动委员会《关于处理城市垃圾改善环境卫生面貌的报告》，已经国务院同意，现转发给你们，请结合各地情况贯彻执行。

随着我国城市经济的发展和人民生活水平的提高，城市的垃圾问题越来越突出，市郊农村环境和农田污染日趋严重，若不及早引起重视，势必成为社会公害。解决好城市垃圾问题，是建设清洁优美的城市，保护人民基本生活环境的重要条件。各级人民政府和各有关部门应予高度重视，着手采取有效措施，解决城市垃圾问题。要把这项工作纳入城市建设总体规划，并作为建设"两个文明"和综合整治城市环境的重要内容来抓。要使垃圾从产生、收集、运输、处理到回收利用，都能衔接配套，落到实处。

当前，各城市应采用卫生填埋、高温堆肥等科学方法处理垃圾，明令禁止各单位和个人乱堆乱放垃圾。同时，要大力加强垃圾、粪便无害化处理等科学研究。在实行垃圾分类收集的基础上，逐步开展资源再生、综合利用工作，变害为利，使城市垃圾问题得到妥善解决，进一步改善环境卫生面貌。

关于处理城市垃圾改善环境卫生面貌的报告

(1986年4月7日)

近几年来，我国城市垃圾量平均每年以10%的速度增长，城市垃圾问题越来越突出。据统计，去年全国三百多个城市年产垃圾五千一百八十八万吨，粪便三千四百五十三万吨。而且，由于城市废品收购点减少，废旧物资得不到充分回收利用，增加了垃圾量及处理、消纳的困难。

目前，城市的环境卫生面貌虽有一定改善，但离建设清洁、文明的现代化城市的要求仍有很大差距。这方面，除了法制不健全，科研工作较落后，有关政策不配套等原因外，存在三个主要问题：一是环卫专用车辆不足，垃圾不能日产日清。据统计，每年全国约有一千多万吨城市垃圾、粪便无法及时清运。二是垃圾的消纳和处理问题非常突出。过去，城市的垃圾、粪便很大部分用作农田肥料，现在农民主要改施化肥。用未经处理的垃圾和粪便作农肥，造成污染和疾病传播，危害城乡人民健康，群众反映强烈。三是城市环卫设施严重不足。大多数城市没有象样的垃圾中转站，垃圾和粪便的收集、清运设施也普遍满足不了需要。

目前，城市垃圾已成为保护城市及近郊区人民基本生活环境的突出问题，各级政府应充分重视，切实予以解决。为此，提出如下意见：

一、制订城市环境卫生发展规划。凡城市总体规划中缺少这项内容的，要抓紧补订。各城市要对垃圾、粪便的收集、运输、堆放、处理、消纳等方面工作，结合城市基础设施建设，做出全面规划，逐步实施。要有步骤地改进和建设垃圾转运站、公共厕所、垃圾粪便处理厂、垃圾填埋场以及环卫专用车辆维

修保养场、停车场等环卫设施。有条件的城市要逐步实现垃圾分类收集容器化、运输作业机械化、废物处理无害化。城市环卫设施建设的资金来源，按现有渠道，由地方政府解决。独立的工矿区、开发区及其它独立区的环卫设施，由当地主管部门或经营单位负责解决。

二、减少垃圾来源。要根据各城市的具体条件，积极发展城市煤气、石油液化气和集中供热，逐步改变以烧煤为主的燃料结构，减少煤渣清运量。农业、商业部门要逐步发展净菜进城，使菜根、残叶在农村就地得到处理。在搞好垃圾分类收集、运输的基础上，进一步开展垃圾制砖、制水泥以及煤渣的综合利用等工作。要加强废旧物资的回收利用，把废品回收网点、加工场等设施纳入城市规划。

三、采用适合我国国情的垃圾处理技术。目前，我国城市垃圾可燃成份仅占4.9%(美国城市垃圾可燃成份平均为40%，日本东京为60%)。根据这个情况，城市垃圾的处理应在逐步分类收集的基础上，以卫生填埋和高温堆肥为主要方向。可吸收国外先进经验，对垃圾采用多种处理技术。垃圾填埋处理后，要加盖土层，进行绿化。医院的垃圾及其它单位的有毒、有害废弃物，须单独收运，焚烧处理。城市的粪便，应随着下水道的普及，逐步排入污水处理厂统一处理。近期内不能排入污水处理厂的粪便，要单独收运，因地制宜地加以卫生处理后再作农肥使用。

四、增加环卫专用车辆和机械设备。据测算，一万城市人口应配备两台大中型环卫车辆(包括密封式垃圾运输车、洒水车、吸粪车、清扫车等)，才能基本解决城市垃圾的清扫、运输问题。这样，全国共需环卫专用车辆约二万台，目前只有一半左右，且大部分是破旧车，吨位小、油耗高。根据我国城市垃圾年递增量，以及车辆需逐年更新等情况，全国每年需增加环卫专用车辆二千五百台。目前，每年分配给建设部的环卫专用车辆只有五百台左右，远远满足不了实际需要。为此，除请国家今后逐年增加环卫专用车辆的底盘分配数量外，请各省、自治区、直辖市和计划单列城市，将环卫专用车辆纳入汽车分配计划，统筹安排，逐年解决。

五、搞好城市垃圾的管理。保持城市环境卫生应是三分清扫，七分管理。目前，全国已有百余城市建立了一支拥有两万多人的市容环境卫生监察队伍，对维护市容和环境卫生起着很大作用。各地要加强集中领导，同时实行分级管理，发挥市、区、街道、居委会的积极性，实行专业队伍与群众相结合的办法，继续搞好“门前三包”(包卫生、包绿化、包秩序)，加强对集贸市场的管理。各地应结合本地实际情况，制订有关垃圾管理的条例。各级爱国卫生运动委员会要积极组织有关方面的力量，协同城建等部门，搞好城市垃圾、粪便无害化处理工作，坚持做好经常性卫生管理工作，控制“四害”(苍蝇、蚊子、老鼠、臭虫)孳生，因地制宜地开展群众性的城市卫生活动。

六、加强环卫科研、教育工作。我国环卫行业的科研基础薄弱，亟需加强。要有计划地建立环境卫生科研机构，充实力量，组织抓好粪便、垃圾无害化及综合利用等重点课题的研究，协调全国的环卫科研工作，推动环卫机械设备的设计、制造系列化和标准化，开发新型的垃圾处理技术和设备。要有选择地引进国外技术和专业设备样机。当前，环卫技术人员十分缺乏，与环卫工作的需要极不适应。为加速人才培养，除在武汉城建学院办好城市环境卫生专业的大专班外，建议有关大专院校应视条件开设城市环境卫生专业。有条件的地方可开办环卫中专、技工学校，举办环卫干部培训班，以提高环卫职工的素质。

七、改进环卫行业的经费管理办法。要改变原来实行的事业经费统收统支，以收抵支的办法，实行按任务量计算经费、预算包干、超支不补、增收节支留用的办法。这样有利于改变社会上的垃圾清运由环卫部门统包的做法。各地可逐步试点，总结经验。

八、改善环卫职工的生活福利待遇和工作条件。环卫工人常年与尘土、垃圾、粪便打交道，他们的辛勤劳动应得到社会的尊重。随着生产的发展和国家财力的可能，应逐步提高环卫职工及废旧物资回收、加工职工的工资和生活福利待遇。地方政府要有计划地解决环卫职工的住房等实际问题，解除他们的后顾之忧。鉴于环卫工作是以环境效益和社会效益为主，各级政府可考虑对环卫部门给予一些特殊照顾。环卫部门所增加的收入，应用于发展环卫事业，改善职工的集体福利及生活、工作条件，以利于职工队伍的稳定和发展。同时要加强思想政治工作，不断提高环卫职工作为“城市美容师”的光荣感和责任感，为“两个文明”建设多做贡献。

以上报告如无不妥，请批转各地区、各部门贯彻执行。

国家城市建设总局

关于大力开展城市绿化工作的通知

(1981年2月10日)

一九八〇年各地积极贯彻中共中央、国务院《关于大力开展植树造林的指示》和中央书记处对北京市城市工作四条建议的精神，广泛发动群众，加强城市绿化建设，取得了不少成绩。据18个省、市、自治区的不完全统计，一九八〇年城市植树量比一九七九年增加28%，其中辽宁省、上海市增加80%，天津市增加一倍以上。在大力植树的同时，一些城市及工厂、学校还抓了种草栽花。北京市去年栽植草坪70万平方米。沈阳、旅大、哈尔滨等城市的一些广场和街道两旁，铺上了草坪或种植了花卉。湖南省湘潭纺织印染厂、四川省自贡硬质合金厂的厂区绿化覆盖率已达30%。一些城市园林绿化的管理工作也在逐步加强。但是，各地的发展很不平衡。有些地方对城市绿化的重要意义认识不足，城市绿化用地和维护建设经费没有保障。有的园林部门，还没有把普遍绿化作为自己工作的重点，忽视苗圃建设，尤其对组织机关、企事业单位和发动街道居民搞好环境绿化抓得不够。此外，还有一些城市把规划的公共绿地改作房屋建筑用地，个别单位侵占道旁绿地堆放建筑材料，甚至砍伐树木，严重危害城市绿化工作的开展。

一九八一年的植树季节即将来临，望各地城建、园林部门在总结一九八〇年绿化工作的基础上，发扬成绩，克服缺点，采取措施，立即行动起来，大力开展城市绿化工作，使今年的城市绿化工作有更大的进展。现对一九八一年城市绿化工作提出以下意见。

一、继续宣传、贯彻一九八〇年中共中央、国务院《关于大力开展植树造林的指示》和中央书记处对北京市城市工作四条建议的精神。各地园林部门应编写有关宣传材料，利用报刊、广播、电视等各种形式，广泛宣传种植树木花草对于改善人民生活、生产环境，保持生态平衡，建设优美、清洁的现代化城市的重要意义。要在群众中特别是青少年中，逐步形成积极参加绿化活动，爱护树木花草的良好风尚。

二、必须把普遍绿化作为城市园林部门的工作重点。园林部门抓好公园、动物园、植物园等方面的建设管理工作是必要的，但是目前城市绿化覆盖率很低的情况下，大力抓好城市的普遍绿化更为重要和迫切。在普遍绿化方面，除了搞好公共绿地的绿化之外，更重要的是抓好工厂、机关、学校、部队等单位以及居民区的环境绿化。要加强树木花草的养护管理，提高成活率和保存率。在公园和风景名胜区建设中，也要更多地运用植物材料，增加自然景色，而不能把有限的资金都拿去搞建筑。

三、制订好城市绿化建设的近期规划和一九八一年的实施计划。今年的计划要具体、切合实际、留有余地。不要脱离苗木供应的实际可能追求数量指标。制定绿化建设计划，要同时考虑种树、种草、种花和各种适合的地被植物，尽可能把城市中裸露的土地覆盖起来。近期规划可粗一些，以后随着年度计划的实施不断加以修订和充实。规划和计划必须报市人民政府批准，向人民群众公布，把它变为广大人民群众的行动。各城市要按规划要求，保障园林绿化用地和维护建设的资金，严格执行中共中央(1978)13号文件和国务院批转的全国城市规划工作会议纪要，制止占用城市园林绿地的现象。

四、搞好普遍绿化，更重要的是要发动广大职工、学生、解放军指战员以及居民群众。各地城建、园林部门要在当地人民政府的领导下，配合各群众团体和居民委员会，深入机关、学校、工厂、街道，发动和组织广大群众开展好植树节的群众绿化活动，同时还要组织群众讨论，制订公约，划分地区，包干负责，使群众绿化工作经常化、制度化。根据中央工作会议精神，在这次国民经济调整中，有些停工或半停工企业的职工，可轮流从事一些植树造林、市政建设等生产劳动。对此，城建、园林部门应积极与有关工厂、单位联系，了解情况，做好准备工作，以便及时安排和更好地发挥他们的作用。

五、做好普遍绿化的技术指导和苗木供应工作。各园林部门可根据条件，举办一些技术讲座，向各单位有关人员讲授树木花草的栽培管理知识；或编印一些绿化植树的小册子，向广大群众进行科普教育。在群众性的绿化活动中，园林部门的技术人员，要经常深入现场，帮助解决技术问题。对于城市绿化所需的树苗、草种、花籽，园林部门应及早准备，挖掘内部潜力，同兄弟省区和生产队协作，搞好供应。

各地城市绿化的部署情况、经验及问题，望及时报告总局。

国　务　院

批转水利部、国家城市建设总局关于城市防洪问题的报告的通知

(1981年8月12日)

国务院同意水利部和国家城市建设总局《关于城市防洪问题的报告》，现转发给你们，请研究执行。

城市防洪，事关全局，各地务必要高度重视。除了每年汛期要做好防汛工作外，特别要注意从长远考虑，结合江河规划和城市的总体建设，做好城市防洪规划、防洪建设、河道清障和日常管理工作。各地要根据当前存在的问题，分别轻重缓急，作出妥善安排，认真抓好。

关于城市防洪问题的报告

(1981年7月11日)

水利部和国家城市建设总局于六月四日至九日在武汉市联合召开了城市防洪工作座谈会。会议认为，城市是各地政治、经济、文化和交通的中心，城市安危，关系全局。做好城市防洪工作，是非常重要的。

从历史上看，我国是一个水灾频繁的国家，城市常受洪水侵害。一九三一年长江大水，长江中下游沿江城市全部被淹，汉口市被洪水淹没百日之久，七十八万人受灾，三万人死亡。一九三二年松花江大水，哈尔滨市沦为泽国，全市三十八万人口中有二十四万人受灾。一九三九年天津市被淹，全市有四分之三的面积水深一、二米，八十万人受灾。广州市也曾于一九一五年被淹。建国以来，在各级党委和人民政府的领导下，各地进行了大规模的水利建设，加强了城市防洪工作，大大提高了抗洪能力。我们相继战胜了一九五四、一九八〇年的长江洪水，一九五七年的松花江洪水和一九六三年的海河洪水，保障了武汉、哈尔滨、天津等城市的安全。成绩是很大的。但是，近十余年来，由于受"左"的错误的干扰和影响，城市防洪工作受到了很大削弱，积累了许多问题有待解决。会议认为，当前急需要抓好以下两项工作：

1.抓紧做好城市防洪规划。许多城市，多年来市政工程建设缺口很大，城市防洪、排涝工程长期得不到应有的安排，城市防洪建设极为薄弱。例如，哈尔滨市防洪标准不足五十年一遇；本溪市现在只能抗御二、三十年一遇的洪水；合肥市市区南淝河的防洪标准尚不足十年一遇。在城市排涝方面，武汉市一九八〇年内涝积水八十九处，二十一平方公里，有的地方水深达一米以上，积水时间最长的达两个月之久。天津市区还有近二分之一的地区没有雨水管道，三分之一的地区没有污水管道；天津市海河已成为蓄水池，每遇下雨，不排则市区严重积水，排放则污染水源，矛盾十分尖锐。类似问题，在各城市中多有存在。这些问题，都必须在城市防洪规划中予以解决。城市防洪规划是江河流域治理规划的组成部分，又是城市总体规划的组成部分。城市防洪规划必须服从江河流域治理规划和城市建设总体规划的要求，城市建设总体规划应该认真考虑城市的防洪与排水问题。城市建设总体规划中缺防洪专业规划的，应该补做。关于城市防洪标准问题，应该根据城市的重要性和现有防洪工程的实际情况，因地制宜，选定一个切实可行的标准。

2.改进城市防洪的日常管理工作，确保行洪安全。城市防洪工作中最突出、最严重的问题是重重设障阻水，严重影响行洪安全。武汉市江滩，七十年代以来被抢占了一百八十四万平方米，大量建筑物阻水，抬高了长江水位，以致一九八〇比一九六九年流量减少二千九百秒立米，而最高水位都比一九六九年高零点五七米，严重威胁武汉安全。本溪市每年工矿企业向太子河倾倒矿碴、粉煤灰、煤矸石达二百万吨，以致使一段自然河床由原来的六百

米宽，压缩到目前只有二百八十八米。有的企业厂房，油库修在河滩上，不仅阻水，而且本身也直接处于洪水威胁之下。黑龙江省鸡西矿每天向穆棱河倾倒煤矸石一千二百吨；江西省南昌电厂每天向赣江排放粉煤灰八百吨，都严重影响河道行洪。还有一些单位在河道中乱采砂石，堆石成坝，堵截洪水。有的还在河道滩地大量种树，影响行洪。由于这些情况，近几年中，一些城市遭到了不应有的灾害。象一九七九年河南省南阳市被淹，一九八〇年河南省信阳市被淹，安徽省合肥市被淹，直接损失均在一千万元以上。同年江苏省有六个城市被淹，仅无锡市就有九千余户受灾。

会议认为，对这些问题，各地必须认真予以研究解决。要切实改变当前一些城市防汛管理松弛的状况。防汛任务大的城市，要建立常设防汛指挥机构(编制由水利和城建部门调剂解决)。各级防汛指挥部和河道管理机构，必须对河道、滩地、堤防管理负起全部责任，做到统一管理，有职、有权、有责。在河道，滩地、堤防作业的各个部门的工作与防洪防汛有矛盾时，必须服从防汛指挥部和河道管理机构的统一指挥。在河道、滩地和堤防护脚地内建设或开采砂石，需经防汛河道管理机构及其上级主管部门的同意，并按照其要求进行；在大江大河的河道，滩地和堤防护脚地内进行建设，必须报经省市区水利部门直至水利部审批。必须严格禁止填堵行洪河道，强占江河滩地进行违章建筑；严格禁止向河道中排放矿碴、粉煤灰、煤矸石、垃圾，以及乱采砂石等一切危及防汛行洪安全的行为。如果继续发生上述违章违法行为，防洪、防汛和河道管理机构有权予以制止，并按照"谁设障谁清除"的原则，责成设障单位限期清除。几经劝阻无效或拒不执行的，防洪、防汛和河道管理部门要配合公安、司法部门，予以经济制裁，直至追究法律责任。最近，一些省、市、区的大、中型水利工程管理单位经过上级批准，建立了公安派出所，发挥了很好作用。有些市的河道管理机构，也可根据需要，报请上级批准，建立公安派出所或增设经济民警。

关于城市河道管理经费，可继续执行国家计委一九六三年四月《关于基本建设计划草案编制办法》中的规定："城市和新工业区的防洪、排渍工程，主要为工业和城市服务者，由城建部门投资；主要为江河流域整治以及为农业服务的防洪、排渍工程，由水利部门投资；专为保护某一个企业和单独的企业的防洪、排渍工程，由该企业投资"。

与会同志希望，各省、市、自治区人民政府都能十分重视城市防洪工作，对于防洪工作中确需进行的工程建设，应该给予妥善安排，所需经费务请落实。

以上报告，如无不当，拟请批转各省、市、自治区。

邓 小 平 同 志

关于建筑业和住宅问题的谈话

(1980年4月2日)

中共中央文献研究室按：这是邓小平同志在1980年4月2日同中央负责同志谈话的一部分，对长期规划中建筑业的地位问题和住宅政策问题提出了指导性的意见，经征得本人同意予以发表。

关于建筑业，小平同志说，从多数资本主义国家看，建筑业是国民经济的三大支柱之一，这不是没有道理的。过去我们很不重视建筑业，只把它看成是消费领域的问题。建设起来的住宅，当然是为人民生活服务的。但是这种生产消费资料的部门，也是发展生产，增加收入的重要产业部门。要改变一个观念，就是认为建筑业是赔钱的。应该看到，建筑业是可以赚钱的，是可以为国家增加收入、增加积累的一个重要产业部门。要不然，就不能说明为什么资本主义国家把它当作经济的三大支柱之一。所以在长期规划中，必须把建筑业放在重要地位。与此相联系，建筑业发展起来，就可以解决大量人口的就业问题，就可以多盖房，更好地满足城乡人民的需要。随着建筑业的发展，也就带动了建材工业的发展。

关于住宅问题，小平同志说，要考虑城市建筑住宅、分配房屋的一系列政策。城镇居民个人可以购买房屋，也可以自己盖。不但新房子可以出售，老房子也可以出售。可以一次付款，也可以分期付款，十年、十五年付清。住宅出售以后，房租恐怕要调整。要联系房价调整房租，使人们考虑到买房合算。因此要研究逐步提高房租。房租太低，人们就不买房子了。繁华的市中心和偏辟地方的房子，交通方便地区和不方便地区的房子，城区和郊区的房子，租金应该有所不同。将来房租提高了，对低工资的职工要给予补贴。这些政策要联系起来考虑。建房还可以鼓励公私合营或民建公助，也可以私人自己想办法。农村盖房要有新设计，不要老是小四合院，要发展楼房。平房改楼房，能节约耕地。盖什么样的楼房，要适合不同地区、不同居民的需要。

搞好城市改革 发挥城市功能*

赵紫阳

(1985年4月22日)

一、充分发挥城市的功能

城市是各种经济活动的中心，是城乡经济网络的枢纽。城市改革不仅仅是改革工业管理体制，而且涉及到整个社会经济生活的全面改革。因此，不能就城市论城市，城市改革的意义远远超出城市本身的范围。这是由城市的地位、任务和功能所决定的。我国的经济体制改革是从农村开始的。现在城市改革已经成为整个经济体制改革的中心环节。只有抓住这个中心环节，才能把包括农村在内的整个经济体制改革的链条带动起来。整个经济体制改革能不能成功，关键在于城市的改革。抓好城市的改革，也会进一步带动农村改革。

城市的功能是什么？任务是什么？城市工作应当搞些什么？我们在指导思想上必须明确。过去我们对城市功能的理解比较狭窄。一提到城市，往往只想到它是工业基地。这种认识是不全面的。城市是商品经济发展的产物，它的功能是多方面的。它不仅是工业生产的基地，而且应当是贸易中心、金融中心、交通枢纽、信息中心，有些城市还是科学、教育的中心。城市的工作和各项经济活动，不应该局限于为本城市服务，更重要的是为它所辐射的整个经济区服务。城市的规模不同，辐射的范围不同，服务的范围也就不同。比如上海是全国的经济中心，应该为全国服务。武汉地处中原，首先是为华中地区服务，进而影响到西南、西北。城市改革的一个主要任务，就是要把城市的多种功能发挥出来，推动社会主义的有计划的商品经济的发展。

对城市工作的考核办法要改进。城市作用的大小和作用发挥的程度，主要是看它辐射面的大小和吸引力的强弱。因此，考核大城市(也包括一些中等城市)的工作，不能单纯看工农业总产值，而应当看国民生产总值。只讲工农业总产值而忽视其它方面，就会限制城市功能的发挥。

我们要重新认识城市的功能和城市经济体制改革的内容、意义。城市改革就是要进一步发挥城市的多种功能，把城市首先是大城市，改变成为开放型的、多功能的、社会化的、现代化的经济活动中心。要紧紧地把握这样一个指导思想，打开思路，进一步解决城市改革中出现的新问题。

二、简政放权，敞开大门，搞活企业

当前城市改革中要抓些什么呢？概括地说，就是这么三个要点：简政放权，敞开大门，搞活企业。

搞活企业是改革的出发点和落脚点，增强企业活力是经济体制改革的中心环节。我们的各项改革措施，都要从搞活企业出发来考虑，改革的结果要使企业能真正活起来，具有中国特色的社会主义经济，首先应该是企业充满生机和活力的社会主义经济。企业的活力问题，许多社会主义国家都没有解决好。我们要通过改革，解决好这个问题。

简政放权，敞开大门，这是搞活企业的前提条件。简政放权，才有可能使企业不再成为行政机构的附属物，真正成为独立核算、自负盈亏、自主经营的经济实体。敞开大门，打破封锁，才有可能使企业从条块分割中解放出来。没有这两条，企业就活不了。

发展商品经济必须敞开大门，对外省、外市、外地实行开放。开放才有竞争，才能进步，才能发展。武汉市在改革中提出“敞开三镇大门”，“让企业见市场的世面，经竞争的风雨”，敢于把大门打开，不怕外地商品冲进来，不怕个别企业在竞争中被淘汰。这体现了一种积极进取的精神，是一个有胆略的决定。这样做的结果，不仅带来了商业繁荣，而且促进了工业和其它行业的进步，增强了企业的活力。怕在竞争中失败，采取封闭的政策，只能是保护落后，助长守旧依赖思想，越封闭越落后，最后只能被淘汰。

我们要实行对外开放，更要实行对内开放。前一阶段，我们对实行对外开放讲得比较多，对内开放讲得不够，抓得不狠。发展商品经济，离不开开放。对外开放是发展国际范围内的商品交换，对内开放是发展国内的商品交换，都是发展商品经济的必要条件。我们今天的城市与过去的“城堡”不同，城堡是封闭式的，城市则是商品交换的中心。城市的这一功能决定了它不能封闭，只能开放。先进的城市要开放，后进的城市同样也要开放。搞封闭是没有出路的。搞封闭，搞条块分割，只能人为地切断城市之间和地区之间的经济联系，既不能扬长，也不能避短，更不能带来落后变先进的转化。多年来条块分割的体制，阻碍了城市的发展，使城市没有真正起到经济中心的作用。这个问题必须在改革中认真地解决。

简政放权，政企分开，要有步骤地进行。中央各部和省除少数部门和行业外，所属企业原则上应下放到所在城市管理，首先打破中央部门这些条条和省这些块块。企业下放到城市以后，要避免城市变成新的块块。城市一定要简政放权，政企分开，改变多年来政企不分，干涉企业内部事务过多的现象。市政府的职能同城市的功能是有区别的。随着企业下放，市政府管理经济的部门应进行相应的改革，可以先改变职能，后改革机构。形象地说，就是先撤“香火”，后拆“庙”，可能比较有效。改变职能，就是要多用经济杠杆去引导企业，多用经济法规去管理企业，少用行政手段干预企业，更好地为企业服务。改变机构，就是要加强综合经济部门和经济监督部门，裁减专业行政管理部门。

当前要着重解决好局以下行政性公司的问题。这种公司上面有局，下面有企业，把权放给企业，它没有多少事可干了，总是要截留一些权在自己手里，使规定下放的权力无法落实到企业。因此，这类公司有的可以撤销，有的应改为服务性的公司，方式方法可以多种多样。但规定下放给企业的权力，一定要全部下放给企业，使企业真正成为有活力的、相对独立的经济实体。

三、开辟多种市场

城市与市场是不可分的，大城市是大市场，中小城市是中小市场。要逐步开辟多种市场，不仅有消费品市场，而且应当开辟生产资料市场、金融市场、技术市场、劳务市场等。各种市场配起套来，经济杠杆的威力才能显示出来，城市的多功能作用才能落到实处。

过去认为生产资料不是商品，不能进入市场流通领域。实践表明，这是违背客观规律的、有害的。现在，我们把生产资料分为两部分：一部分属于指令性计划，按计划价格进行内部调拨；另一部分是计划内允许自销和指令性计划以外的，可以进行市场调节。随着生产的发展和流通体制的改革，前一部分所占的比重会逐步缩少，后一部分会逐步扩大。我国生产资料价格的改革，主要不是通过统一调价来解决，而是通过逐步扩大进入市场调节这一部分的比重来解决。我国农副产品价格的改革就是走了这样一条路，事实表明这样做是成功的。这是中国独特的做法。我国粮、棉等农副产品在六十年代、七十年代统购派购占绝大部分，后来逐步加大超购、议购部分，最后形成了比例价。既调整了价格，又没有引起大的震动。许多生产资料也要走这条路。石家庄市采取了一种变通办法，把计划调拨给企业的那一部分生产资料不直接拨给企业，改由城市组织进入市场，按市场价格销售，市场价同调拨价的价差按计划指标返回企业，也取得了较好的效果。

开辟金融市场要提到议事日程上来。商品生产要求发展横向联系，而目前我国的金融则是纵向联系，各方面的资金难以互相融通。这是一个矛盾。开辟金融市场，首先要解决横向融通问题。要鼓励跨地区、跨部门、跨行业投资，通过融通，把资金引导到社会需要和宏观效益较好的方面来，以避免盲目建设和重复建设。

要积极发展技术市场。技术市场是科研和生产的媒介，它能够沟通科研部门和生产单位的联系，使科研成果迅速转化为生产力，既推动了生产，也促进了科研。有了这种场所，就可以把科研部门和生产企业的潜力释放出来。许多城市都有一定的技术力量，有条件建立技术市场，把它搞好。

劳务市场和劳动力市场不同。在社会主义条件下，劳动力不是商品。但是，劳务市场实际上已经存在。劳务方面的招标、承包正在发展，很多第三产业也是搞劳务的。我们应当有领导有步骤地把劳务市场搞好。

搞好市场，搞好流通，必须相应地解决交通问题。武汉市提出搞活两通”(流通和交通)，这是对的。没有交通，当然就很难流通。我们现在交通紧张，运输结构不合理，运输效率很低。城市是交通枢纽，水、陆、空运大都在城市里交叉。要更好地在中心城市建立综合运输体系，组织联运，提高运输效率，并且根据不同的情况，改革运输的管理体制。

四、调整产业结构

农村改革中有个调整产业结构的问题，城市改革中也同样要把这个问题放到重要的位置。每个城市都要根据自己的特点，确定自己的产业结构，把优势发挥出来。要形成以大城市为中心的、包括周围中小城市群和集镇在内的经济网络。不要每个城市都搞“小而全”、“大而全”，城市的产业结构要各具特点，城市之间要相互补充。每个城市、每个经济区都要研究自己发展的方向和重点。

城市要注意合理地分配和使用资金。过去，城市有了钱就去上项目、办工厂。今后，城市特别是大城市，应当更好地发挥自己的功能，首先要把有限的资金用于建设基础设施和发展第三产业，加强智力投资，改善城市的投资环境，增强城市为本经济区服务的能力。

我国的第三产业很不发达。每个城市都要把发展第三产业，提高第三产业在国民经济中的比重，作为一个重要任务。第三产业不仅包括为生活服务的行业，也包括为生产服务的行业。一个国家的经济效益和效率如何，与第三产业发展的程度是有很大关系的。我国第三产业比重低、发展慢，影响了企业的经济效益。把第三产业搞好，把为生产、为生活服务的行业搞好，在现有的条件下，企业的经济效益就会提高，人们的生活质量也会提高。第三产业要为整个经济区服务，不只是为本城市服务。发展第三产业，要国家、集体、个人一起上、逐步解决好价格问题，使第三产业企业具有活力，使办第三产业的单位和个人有积极性。

住宅建筑业应当成为我国经济发展的一大支柱，要积极进行城市房租改革和住宅商品化的试点。温饱问题解决后，人民迫切需要解决的是住房问题。把城市住房改革搞好，可以满足人民的迫切要求，改善居住条件；可以大量地吸收人们的消费资金，回笼货币，使消费结构趋于合理；可以大大促进建筑行业的发展；可以克服在分配住房中的不正之风。住宅商品化涉及到房租问题，要研究出具体办法，既不增加人民的负担，国家又能承受得了。

五、增强企业活力

现在，许多小型企业、集体企业和乡镇企业搞得比较活，而担负指令性计划任务较重的国营大中型企业却搞得不够活。大中型骨干企业在发展中遇到了一些困难，但它们拥有的固定资产多、技术力量强、计划供应的原材料比重大，具有自己的优势。只要认真加以改革，提高管理水平，一定能够改变效益低、浪费大的状况，使巨大的潜力较快地挖掘出来。

大企业必须加强企业内部的改革。现在有些大企业主要不是想方设法在企业内部挖潜力，而是要求上级减税让利。这种精神状态是不对的。简政放权，打开大门，适当调减某些负担过重的大中型骨干企业的调节税和指令性计划指标，这是搞活企业的外部条件。但要把大企业的巨大潜力挖掘出来，关键是要眼睛向内，搞好企业内部的改革。除了适当划小内部核算单位，搞好内部的经济责任制，积极抓好技术改造和技术进步，以及开展多种经营、综合利用等以外，要把企业变成开拓型、经营型的企业，关键在于改革企业的人事制度，把优秀人才选拔到领导岗位上来。企业可以采取考察任命、民主选举、自荐推荐、招聘任聘等形式选拔干部。人才选准以后委以重任，常常在短时期内就可以使工厂发生显著的变化。

我们要重视调动企业广大职工的积极性，同时还必须重视调动企业经营者的积极性，加强他们的责任感。这个问题很多企业没有解决好。因此，在实行利改税，解决国家和企业关系的基础上，还可以实行企业的厂长、经营者的经营责任制。就是说，主管部门与他们签订明确的经营责任合同，包括厂长、经理的责任、任务、职权和奖惩办法等内容，严格执行。加强厂长、经营者的责任感，调动他们的积极性，就可能把企业办得更好。

企业之间要加强横向联系，广泛开展各种形式的联合和协作。提倡跨地区、跨行业、跨城乡和不同所有制企业之间的协作和联合。以骨干企业和名牌优质产品为龙头的专业化协作和联合，富有生命力，应当推广。有的大城市提出，企业的技术改造原则上不搞土建，是一个好办法，有利于产品向小城市和乡镇企业扩散，减少大城市过于拥挤的现象。城市要在组织各种形式的经济联合方面，多作协调和组织工作，把社会生产力更好地组织起来。

六、搞好价格体系的改革

对搞好价格体系改革的意义，我们一定要有足够的认识。价格是有力的经济杠杆，开放、搞活，理顺经济关系，发挥城市的功能，都离不开价格的改革，离不开发挥价值规律的作用。党的十二届三中全会的《决定》指出，价格体系的改革是整个经济体制改革成败的关键，当然也是城市经济体制改革成败的关键。在城市经济体制改革和经济工作中，我们要牵“牛鼻子”，就要抓好价格体系的改革。

我们当前的价格体系改革，是在物资比较丰富的基础上进行的，是一种结构性的价格调整，这和通货膨胀引起的物价全面上涨根本不同。进行结构性的调整，就是物价有升有降，使各种商品的比价趋于合理。在价格调整和放开以后，在一段时间内，物价的总水平会上涨一些，但由于生产发展，工资提高，特别是家庭就业人口增多，加上国家对某些生活必需品实行必要的补贴，因此，对绝大多数消费者来说，实际生活水平不致下降，生活质量能够提高，人们会感到更加方便，在经济上能得到实惠。武汉市和其它一些城市的经验都证明了这一点。武汉市蔬菜、肉、鱼等副食品价格放开以后，总的情况是好的。食堂管理员对我说，放开以前买进的菜，能吃的只有六、七成，三、四成要扔掉；现在，从集市上买的可吃到九成，从国营菜场买的，也能吃到八、九成，可食用的部分增加了。过去吃菜是老、粗、蔫，现在吃菜是嫩、细、鲜；过去吃冻猪肉，现在能吃到鲜肉；过去吃死鱼，现在能吃到活鱼。而且品种增加，节令提前，营业时间延长，服务态度改善，随要随买，任意选购，群众称便，商品走后门等不正之风也大为减少。我们的物价改革，完全可以做到既能促进和调动生产者的积极性，又能保障消费者的利益。旧社会通货恶性膨胀，“金元券”成为一张废纸，人们现在余悸犹存，形成一种对物价变动的紧张心理。长期以来，我们习惯于冻结物价，不懂得合理调价的积极作用。事实上长期冻结物价，造成商品匮乏，甚至有价无市，价格看起来便宜，买不到东西，或者只能买到质量差的商品，对广大消费者来说，并没有什么实惠。

我国人民的生活水平低，根本原因是生产不发达。价格不合理，既不反映价值，又不反映供求关系，必然影响生产的发展，阻碍产业结构和产品结构的调整，提高人民生活就会遇到很大困难。如不改革不合理的价格体系，理顺经济关系，搞活经济，都会成为空谈。当然，也要看到，价格放开以后，在一段时间内某些商品的价格会上涨，增加消费者的支出，但东西多了以后，价格也就会趋于平稳。价格体系的合理化，带来的必然是社会生产的发展，产品的丰富，社会服务质量的改善，人民生活水平和生活质量的提高。农产品价格的改革已给我们以启示。长期以来，我国粮、棉价格过低，严重地影响了农民生产的积极性；调价以后，加上其它措施，出现了生产大发展的新局面，棉花自给有余并能出口，粮食从六千亿斤很快上升到八千多亿斤，农民生活也有明显的改善。所以，改革物价体系，是进一步发展生产、改善人民生活的迫切需要，是符合国家和人民的根本利益的。

价格体系的改革牵动全局。既要把价格关系理顺，使之符合价值规律的要求，又要避免大的震动。这是必须掌握的一条原则。考虑到社会的承受能力和宏观综合平衡的需要，当前在价格改革上要采取放调结合、小步前进的方针。把改革的步子走稳一些，工作做细一些，比较稳妥。要在加强宏观经济管理的条件下，有计划有步骤地进行价格改革。一定要制止乱涨价。应该改的，要坚决改；该管的，要严格地管；不允许涨价的，坚决不准涨价。要做好群众性的监督检查工作。国营商业要参与市场调节，平抑物价。这几条抓好了，我们的改革就可能达到预期的效果。

改革价格，要做好宣传教育工作。要围绕价格体系的改革，有针对性、有说服力地进行教育，改变那些旧的观念和习惯。各个城市、各个单位、都要通过一些生动具体的事例，来进行宣传解释，消除群众的担心和顾虑，这是当前思想工作的一项重要内容。在改革过程中，有大量的思想问题，我们的思想政治工作、宣传工作应该结合改革的实际去进行。

我国的物价改革，这几年小商品已经放开了，市场供应趋于缓和的消费品正在逐步放开，市场活跃，花色品种增多，过去很多买不到的东西能买到了，价格上涨的幅度也不大。一九八五年我们放开了农副产品和鲜活产品的价格，步子也迈得不小。生产资料实行计划调拨和市场调节两种价格，市场调节部分将逐步扩大。今后在条件具备的时候，还要逐步放开和调整第三产业的价格，解决房租和住房商品化的问题。解决了这些问题后，就可以说，我国的价格问题已初步摆脱了旧的体系，而纳入了新的轨道。沿着这个轨道，再经过五年左右的时间，不断调整，不断完善，不断采取渐进的方式，由量的积累到质的变化，这样就有可能在没有大的震动的情况下，基本上完成价格体系改革这个最关键、最困难的任务。那时，我们的城市和整个经济生活的面貌都将大为改观。

一九八四年十月党的十二届三中全会的《决定》，已为城市改革指出了明确的方向，现在武汉以及其它城市改革经验使我们看到，城市改革的路子已经更加明晰地展现出来。我们应该对改革具有充分的信心。

---

① 本文系赵紫阳同志1985年4月22日在武汉的一次谈话。

国务院万里、谷牧副总理接见全国城建局长座谈会代表时的讲话

（摘　要）

(1981年6月23日)

1981年6月23日上午，国务院副总理万里同志、谷牧同志接见了参加全国城建局长座谈会的代表，并作了重要讲话。

万里同志指出：我国城市建设多年来注意不够，"骨头"与"肉"的比例关系失调，给人民生活带来很多困难。因此，在当前的经济调整中，城市建设工作不能放松，而要加强。现在城市建设工作到了加强的时候了，不然，人民对我们不满，后代也要骂我们。万里同志说，要加强城市建设工作，除了思想上重视外，要从组织上加强，还要解决钱和物资的问题。省辖市以上的城市，可考虑成立城市建设委员会，是个权威机关，吸收各方面人参加讨论，提出规划、政策、计划，从规划、设计、建设、管理等各个方面把城市统一管起来(当然，要经市委、市人民代表会议批准)。各省、市、自治区的党委和政府，要加强对城市建设工作的领导。小城市一开始就要注意城市建设工作。发展小城镇，是个趋势。农村的多种经营发展很快，不能都搞到大城市去加工，必然要搞联合点。因此，小城镇要根据当地多种经营、文化教育的发展情况，搞好规划、建设工作。

在经济调整中，要逐步解决比例失调问题。要保证国家规定用于城市维护的资金及大中城市从工商利润中提取的5%资金，真正用到城市维护和建设中去，不能挪用。这要作为一条纪律，拿出去搞别的不行。

万里同志提出，要总结过去城市建设工作的经验教训，要讲究科学，少办蠢事，不要重犯过去的错误。要认真搞科学知识的普及宣传，搞立法和条例。在讲到住宅建设、公用设施、美化环境等问题时，强调搞城市建设要从我国的国情出发，实事求是，量力而行，厉行节约。但总应该使我们的城市美一些，让人们生活得舒适一些，决不是越窝囊越好，越脏越好。

谷牧同志在讲话中指出：现在，党中央和国务院对城市建设工作是重视的，方针是明确的，重要性也讲了，现在是认真贯彻执行的问题。谷牧同志再次肯定了去年召开的全国城市规划工作会议是有成效的。重申市长的主要职责是规划、建设和管理好城市。他说，中央书记处对北京市的四条建议精神，对全国都是适用的；但具体条文不能每条都照搬，要看城市的特点和条件，有的就是要搞重工业城市，有的搞旅游城市。现在城市建设问题甚多，要根据国家的财力、物力、分期分批地解决。地方财政在完成上缴任务后，要把决心下得大一点，多拿点钱来搞城市建设。无论如何不能再走大城市的路子了。谷牧同志再次强调，城市维护费坚决不能挪用。工商利润提成5%的办法，就是为了搞城市建设维护的，不准挪用。挪用了的，要通报批评。如果坚持不改的，就取消提取5%的资格。

谷牧同志强调指出，在建设中的城市，不准破坏文物古迹。有的古建筑、古城、应该保存下来；有名的庭园要维护好；还要美化风景区。要大声疾呼，不准乱占乱建，不准破坏文化古迹，不要以为我国古物多，就可以随便破坏。

谷牧同志还说，新搞的建筑，能不能多保存一些中国的特点，发扬民族建筑艺术的风格。要少花钱，又要体现中国的色彩。这个问题怎么解决好，建筑专家们可研究研究。谷牧同志要求：各有关方面的领导，都来重视城市建设工作，共同努力把我国的城市建设好。

万里同志在全国城市建设工作会议开幕时的讲话

(1986年11月25日)

党中央、国务院对城市建设是十分关心的,中央开的会议经常讨论到城市问题。这次会议,是一九七八年第三次全国城市工作会议以来,国务院召开的专门研究城市建设问题的又一次会议。我就城市建设与发展问题讲几点意见,供同志们研究参考。

第一个问题,要总结经验,提高认识

当前,城乡建设环境保护工作的形势是非常好的,可以说是建国以来最好的历史时期。召开这样一次会议,系统地总结一下我国城市建设的经验教训,对于加快城市建设与发展,更好地适应改革、开放、搞活的需要,是很有必要的。大家知道我们城市建设的历史。我们的城市建设是随着"一五"时期大规模经济建设而展开的。当时搞"156"项建设项目,在苏联专家的指导下,研究建设项目怎么摆,城市规划才作为一门科学提到日程上来,才有了城市规划机构,有了给排水等设计机构。第一个五年计划期间,搞了西安、兰州、洛阳、富拉尔基、长春等城市的规划。后来,城建部和一些专家想把其他一些城市的规划也都搞一搞,先把北京、上海、杭州这些大的城市的规划搞好,好按规划进行建设。但没几年就遇上了"文化大革命"。"文化大革命"给国家和人民带来很大危害,也给城市建设带来很大危害。城市遭受了很大灾难,城市建设、文化古迹、园林绿化都遭到了很大破坏。城市建设本来底子就很薄,这一下把我们许多好东西都破坏了。这是历史的教训,应该注意记取。

党的十一届三中全会以后,城市建设方面也来了个拨乱反正。近几年,党中央、国务院对城市建设和环境保护工作作过许多指示,也制订了一些政策。所以这几年的城市建设,取得了很大成绩,形势是非常好的。经过"六五"期间的努力,全国300多个市和2000多个县,大体上都有了建设总体规划,一些重要城市的规划都是经过专家评议和国务院批准的,有的是中央书记处讨论批准的。如北京,就是中央书记处、国务院专门讨论批准的。这样就把城市建设纳入了科学的轨道。这是我们这几年拨乱反正的一个重大成绩。再就是加强了城市管理。在城市绿化方面,环境管理方面,大家都重视起来了,取得了不少成绩。有好多城市面貌一新,特别象天津、合肥、兰州这些城市变化很大,北京的变化也很大。据说沈阳最脏的铁西区,现在也干净多了,有了很大的进步。那么,是不是说我们的工作已经完全做好了呢? 没有,还需要继续做更大的努力。这几年随着改革、开放,许多同志都出国看了看,感受很深,感到许多国家在城市管理与建设上有很多值得我们学习的地方,特别是在环境保护和基础设施方面,我们确实是落后了,需要大力加强这方面的工作。所以,这次会议,大家需认真总结一下经验,制订个文件,指导"七五"期间的城市建设工作。总之,要共同努力把我们的城乡建设环境保护搞好。

第二个问题,要充分认识和发挥城市的多种功能

这次会议要系统地总结一下我国城市建设的经验教训。我认为最重要的一个教训,就是对城市的重要性还缺乏应有的认识。造成这个问题原因是多方面的,有历史上的原因,也有"左"的思想的干扰。大家知道,在民主革命时期,我们党的工作重心长期在农村,当时是以农村包围城市。在这样的历史条件下,我们的许多同志对农村的一套工作比较熟悉,而对城市有什么作用,怎么去建设,怎么去管理,就不那么熟悉。这是历史造成的。在全国胜利前夕召开的七届二中全会上,党中央针对要进入城市这样一个新的形势,号召全党必须以极大的努力去学会管理和建设城市。应该说,我们党在很早就已经认识到城市工作的重要性了,就已经向全党打了招呼了。事实上,我们在建国初期也确实是下了功夫要把城市建设好的。在第一个五年计划期间,我们的一些重点城市,就规划和建设得很不错。但是,后来就出现毛病了。

一个是认识上产生了片面性,把城市单纯地看作是工业基地。许多城市都是按照工业基地来进行建设的,而没有认识到城市应该具有多种功能。特别是在"三线"建设中,更是忽视了以城市为依托来组织工业生产。那时是不要城市,搞"山、散、洞"、"羊拉屎"。一个工厂被分散到许多山沟里,车间之间要靠汽车来联系。这么分散,怎么搞得好生产,怎么提高效益呢? 这就是我们认识上的片面性造成的。这个浪费和损失的教训是很深刻的。

另一个是“左”的思想干扰。这个干扰是非常厉害的，在建设的理论上和实践上，造成了一系列混乱和失误。那时的生产力本来还很低，却急于提出消灭城乡差别。而解决这个问题，又不是去积极发展城市，以城市带动农村，提高乡村的水平，而是抑制城市的发展，人为地拉平城乡差距。这样一来，城市得不到充分发展，不具备多种功能，经济发展也受到了限制。特别是十年动乱中，“左”的干扰就更厉害了，把城市规划、城市建设作为修正主义来批判。似乎把城市建设好了，城里人就会变“修”，我们的国家就会变成资本主义社会。这个理论是极端荒谬的，对经济发展的破坏也是很严重的。还有，长期以来否定在社会主义条件下有商品经济，不讲市场机制，不讲价值规律，只把城市看作是工业生产基地，而没有看到城市还具有贸易中心、金融中心、交通枢纽、信息中心和科技、文化、教育中心等多种功能。结果，城市只是一个劲地发展工业，而不去提高它的多种功能。城市还怎么能够有生气、有活力呀!

现在我们提出，对内要搞活经济，对外要实行开放，这需要进行一系列的改革。而首先要在我们的认识上、观念上来一个变革。对于城市来说，就是要有一个现代城市的观念，要有一个多功能的观念。这个观念不牢固的树立起来，就不是一般的问题了，而是关系改革能不能成功，实现“四化”的步伐能不能加快，能不能在本世纪末达到小康水平这样一些根本性的问题。我们常说城市在社会主义现代化建设中起着主导作用。为什么它能起主导作用呢？很重要的一条就是城市具有多种功能，能够对经济起到组织作用，对经济的发展起到保证和促进作用。它不仅能够保证城市区域范围内的经济的繁荣，而且能够从物质上、技术上、信息上支援周围的广大农村地区，带动乡村的经济和社会的发展，从而促进整个国民经济的繁荣。对这一点，现在越来越看得清楚了。现在许多城市不是实行了“市带县”吗？“市带县”搞得好的地方，对县的建设和发展就有很大推动。另外，城市和乡村的经济联合不是也在蓬勃发展吗？城市向农村扩散产品生产，象北京的“白兰道路”就很有名嘛!这种经济联合对农村经济发展的推动作用将越来越大。所以，城市的主导作用必须有城市的多种功能来做保证，对这一点我们要有清晰的认识。

城市的多种功能不是天然就有的，它需要我们对城市进行科学的规划，配套的建设和严密的管理。城市的每一种功能的形成并得到充分发挥，需要有一定的设施来作物质基础。比如，城市是交通枢纽，要充分发挥这个功能，就必须把城市道路建设好。再比如，城市是贸易中心，这就不仅要有商业街、还要有发达的集市贸易，当然还要有发达的交通和通讯，这些设施都要建设好。而这些设施又不是可以随便摆放的，需要有一个科学的规划。我们的一些城市也有了一些功能设施，但是还不完善，更重要的是布局不合理，这就影响了多种功能的发挥。所以，城市的规划、建设、管理，这三者是相辅相成、缺一不可的。哪一方面搞不好，都会影响城市多种功能的发挥。我们的市政府要把这三个方面的工作都高度地重视起来，集中力量把它做好。

第三个问题，城市的规划和建设要面对现实，面向未来

“七五”期间，是我国经济、社会发展的重要时期，也必将是我国城市和城市建设蓬勃发展的时期。既要大力加强城市建设，又要考虑到我们财力、物力的可能，不能盲目发展。就一个城市而言，不能搞“百废俱兴”，只能根据可能条件，先把生产、生活急需的项目搞好；就全国城市来讲，也不要全面铺开发展，我们还没有那个实力。当前，首先要抓大城市、沿海开放城市、重点旅游城市，先把这三种类型城市的建设抓紧。这些城市规划都有了，要按照规划加速建设，给外商创造一个好的投资环境，给人民群众创造一个好的生产、生活环境，给旅游者创造一个优美的游览环境，适应对外开放、对内搞活的要求。还有个必须注意的问题，就是搞建设不能破坏景观，不能污染环境。前不久，桂林要盖个高层大楼，把一个风景点给挡了，这就是破坏景观。我制止了。“桂林山水甲天下”，如果把山山水水污染了，还怎么甲天下？所以，工厂该搬的要赶快搬，污染要赶快治理。现在外宾来了，第一到北京，第二到西安，第三到桂林、杭州。搞好这些城市的建设，对内对外都有重大影响。杭州的钱塘江大桥已经到期了，要建新桥。最后确定不在原来地方建，建在远离城区的地方。为什么这样做呢？“上有天堂，下有苏杭”嘛！杭州的风景确实很美的，是世界闻名的风景旅游城市。不要说外国人，将来中国人富了，也可能要到杭州看看。如果有百分之一的人要去，杭州就受不了。所以，不仅铁路、公路和停车场的问题要早考虑早解决，电厂、火葬场也要逐步迁移出去。这就提出一个问题，城市的规划和建设都必须面对现实、面向未来。首都机场的道路问题，我很早就讲了，不能搞这么窄的路面，否则，将来非要修第二条路不行。我做过调查的，当时就是通不过，不考虑未来。随着开放、搞活方针的进一步贯彻执行，国内人民的富裕程度逐年提高，来北京的国内外旅客必然逐年增多。下个世纪，一年的旅客可能达到1000万人次，一天就来两三万人。所以现在决定把道路加宽，改成单行线，再修一条路。这就是面对现实，面向未来。搞城市建设必须有这样一个眼光才行。大城市、旅游城市的发展，尤其要有这个眼光。这几年，城市建设是有进步的，沿海城市的建设进步更大。但是还不适应。城市供水问题，排水问题，燃料构成问题，环境问题，绿化问题，通讯问题，交通运输问题，公共交通问题，各种服务设施问题，都欠了一大堆债，这需要大家都来重视和解决。不然，长此下去，会影响我们的经济发展，影响对外开放、对内搞活方针的实施。

第四个问题，城市建设要国家带头，大家来办

搞城市建设需要大量资金，钱从哪儿来呢？无非是国家、地方、集体、个人一齐来。这是一个很大的事情，只要市政府、市委真正替人民办好事，取得人民的拥护，人民是会出钱、出力的。当然，做好事也一定要量力而行，不能操之过急，不能给企业增加过重的负担，否则就会适得其反。天津市外环线工程量相当大，530万方土，50米宽的路，30米宽的河，还有一个绿带，但组织得好，进展顺利，通过义务劳动，20多天的时间就完成了土方工程。连外国专家也认为参加义务劳动是光荣的。看我们社会主义的优越性。看党和群众联系密切不密切，就从这里看。天津市委、市政府走了群众路线，代表了群众的心愿。政府出钱，单位也出点钱，大家出力，事情就办成了。这在资本主义国家是不容易办到的，在我们国家却可以走得通，而且可以做到大家高兴、大家满意。当然，中央也不是一点不管了，投资项目都不列也不行，实际上中央对城市建设是给了政策，也给了钱的，问题是城建资金不够用。城建资金完全靠国家包下来是不现实的。可行的办法，就是千方百计地动员群众，实行人民城市人民建。城市建设是人民的事情，应该交给大家来办。国家带头，大家来办，这个方针是行得通的。兰州的山头绿化就是省委、省政府带头绿化的。北京前天下雪，李锡铭、陈希同带头清理二环线，群众也就跟着干起来了。乡村建设也要走群众路线。农村最大的问题是饮用水的水质怎么改善，地方病与饮用水不卫生有密切关系。农村里搞自来水、搞水利建设，可以组织群众集资，国家也出点钱，也要充分发挥国家、地方、集体和个人几方面的积极性。

第五个问题，大中城市和小城镇结合的问题

在新的历史时期，要把城市建设工作搞好，就要很好地研究城市的发展战略。而且，要特别注意结合我国的国情、国力来进行研究，走中国式的城市化道路。其中很重要的一条，就是要搞好大中城市和小城镇的结合。

现在的关键是要解决大、中、小各类城市如何合理发展的问题。大城市要不要发展？当然要发展，而且要使它逐步地成为一个地区内的中心城市，成为整个城市体系中的骨干。我们说的大城市要发展，主要是指要发展大城市的经济、文化和科学技术，要提高它的多种功能，要进一步发挥它在社会主义建设中的主导作用。提出控制大城市规模，决不是说大城市不要发展，而是要防止大城市人口的过度膨胀。如果大城市急剧地膨胀起来，都挤在一个小范围的空间内，我们目前又没有那么多的钱去搞城市基础设施，这样一来，水也不够喝了，房子也不够住了，车子也开不动了，空气、水也都被污染了，这个城市的多种功能还怎么发挥呢？经济效益、社会效益、环境效益还怎么提高呢？所以，大城市的人口规模还是要讲控制，不能任其急剧膨胀。中等城市要合理地发展，因为它还有很大的潜力，其中最主要的是资源上的潜力。应该让它发挥更大的作用。

当前，我们要以更大的注意力来发展小城镇。把小城镇发展起来，最大的好处是可以改善我国生产力的布局，我们不是说要缩小和消灭城乡差别吗？要缩小和消灭城乡差别，一方面要把大中城市建设好；另一方面更要用力气促进小城镇迅速地发展起来。现在我们有7511个建制镇，真可以说是星罗棋布。这些小城镇介于大中城市和农村之间，是城与乡联结的纽带，大中城市的经济要向农村辐射，小城镇是个重要的中间环节。而且小城镇比大中城市能更直接地组织农村的经济活动，推动农村的经济和各项建设的发展。从这个意义上说，把小城镇建设好，对于逐步缩小城乡差别作用是很大的。同时，发展小城镇，对于减轻大中城市人口膨胀的压力，也是有很直接的关系的。现在，农村剩余劳动力大量增加，而且趋势是一天比一天多。怎么安排？出路在哪儿？不能都让他们到大中城市去，真去了怎么招架得了？首先一条，有那么多的地皮盖房子给他们住吗？因为不是成千上万人，而是一个亿、两个亿，都涌进大城市，怎么得了？所以，还是要就地就近安排。大部分农村剩余劳力要靠小城镇来容纳、消化。七千多个建制镇，再加上五、六万个农村集镇，如果都建设发展起来，就能够解决这个问题了。什么叫有中国特色的城市化道路？就是把大中城市的建设发展和小城镇的建设发展很好地结合起来。这是一个重要的战略问题。

第六个问题，城市要支援农村搞好建设

实行市带县的体制以后，许多市都或多或少带了几个县，市政府要关心和支援农村搞好建设。这几年，农村经济有了很大的发展，农民有了钱，温饱问题解决了，第一就是盖房子，改善居住条件；第二是改善环境条件，改善交通条件。这些事情，有的城市抓了，有的抓好了，有的还没有给予足够的重视。如何把城乡建设统一规划、建设好，是保证城乡经济、社会协调发展的一大课题。城市要支援农村，组

李鹏同志在全国城市建设工作会议结束时的讲话

（1986年11月30日）

全国城市建设工作会议开了六天，今天就结束了。前一段我因为和赵总理到外地考察，没有能够参加会议。回来以后，听了汇报，我感到这次会议开得很好，开得成功，通过这次会议，对城市建设工作肯定了成绩，交流了经验，提高了认识，明确了方向，增强了信心。会议开始的时候，万里同志讲了话。对这个讲话我完全赞成。叶如棠同志作了工作报告，比较全面地总结了党的十一届三中全会以来城市建设的成绩和经验，提出了“七五”的奋斗目标和有关政策措施。我认为这个报告也是很好的。我相信这次会议对于进一步搞好我国的城市建设工作一定能够起到良好的推动作用。会议讨论和研究了有关城市建设的方针、政策。这对于“七五”时期的经济建设，对于进一步搞好改革、开放，都具有重要的意义。

下面，我想就五个问题发表一点意见。

第一，如何估价十一届三中全会以来城市建设工作的成绩和经验

正如会上大家所一致肯定的，党的十一届三中全会以来，随着经济体制改革的不断深入，城乡经济的蓬勃发展，我国的城市建设工作出现了很好的形势。首先表现在绝大部分设市城市和县镇，都制定了总体规划，许多城市还开展了详细规划、专业规划的编制工作，使我国的城镇走上了有规划、能够按照规划进行建设和管理的新阶段。这件事是一个大成绩，是一件了不起的事情，是大家辛勤劳动和不懈努力的成果。其次，在城市基础设施方面也有了较大的发展。在“六五”期间，全国城市自来水、污水处理、煤气、道路、公共交通、园林绿化、环境卫生都有了不同程度的发展。基础设施也有了很大的增长，特别是城镇住宅建设，规模之大是建国以来所没有过的。“六五”期间，全国城镇总共兴建了六亿四千多万平方米的住宅（当然，这里面带有一定的还“欠帐”性质），相当于建国三十六年来城镇住宅建设总量的二分之一。这些成绩的取得，是同全国城乡建设战线广大职工的积极努力分不开的，也是同城市各行各业、全体居民的支持和共同努力分不开的。这几年，各地城市，包括大城市、小城市和比较偏僻的山区小县城的面貌，确实有了比较明显的改观，城市的投资环境和生活环境有了不同程度的改善。我们现在一个讲生活环境，一个讲投资环境。你没有基础设施，人家就不愿意到你这儿来投资。交通条件、通讯条件、供水条件、电力条件等等，构成的投资环境，都有了不同程度的改善。因此，城市的多种功能和城市在经济生活中的中心作用得到了增强。应该说，十一届三中全会以来的城市建设工作，对经济的发展，对改革和开放，对提高人民生活水平是做出了贡献的。成绩应该予以充分的肯定。

还有很重要的一条，就是近几年来，我们城市建设工作中做了许多探索，在改革上走出了一些新的路子，积累了宝贵的经验。大家一致认为，天津市

织科技人员下乡，帮助农村搞规划、搞设计、搞施工、培训人才，支援农村建设。农村建设也必须有规划，乱来不行。农民富裕起来以后，还要加强社会主义精神文明建设。温州地区有些农民富了以后，把老祖坟修得富丽堂皇。一到温州地区，令人振奋的新事物很多，但是封建迷信的现象也很突出。要解决这些问题，光靠行政措施不行，最根本的要靠大力发展社会生产力，大力普及教育，传播科学文化知识，提高农民思想道德素质和科学文化素质。所以，城市必须从科学、技术、教育、文化等方面支援农村，把农村建设好。市政府不能只考虑城市问题，必须在搞好城市建设的同时，安排一定的力量，在教育、科技、设计、规划、环境、用水、排洪等方面，支援乡村建设。把城市和乡村一道建设好，中国的面貌才会有更大的变化。北京市有个蹂河新村，他们按规划盖房子，不仅节约了耕地，居住也比较方便、舒适。有规划和没有规划大不一样。北京郊县面积很大，如何搞好，是个值得注意的问题。北京这么多设计机构，大家动员起来，把北京的农村建设好，是完全可能的，并费不了多少钱。关键在于市政府重视，善于引导大家来搞。环境保护问题也要注意。乡镇企业带来的环境污染问题，不注意不行了。要加强领导，健全法制，切实管住、管好。

这几年城市建设搞得比较好，城市面貌发生了比较大的变化。一个重要的原因就是他们在城市建设管理体制方面做了一些切合实际的改革。对于天津市的经验，希望你们结合具体情况，加以贯彻。合肥市也是搞得不错的，他们的主要经验是实行“统一规划、合理布局，综合开发、配套建设”。还有许多城市按照社会主义有计划商品经济的原则，对市政设施的薄弱环节，如排水、桥梁，逐步有选择地实行了有偿使用；对公共交通、供水等公用事业给予了扶植和照顾，增强了市政公用事业发展的活力。这些经验都是好的，希望各地结合自己的实际情况，贯彻实施，量力而行。

十二届六中全会通过了《中共中央关于社会主义精神文明建设指导方针的决议》，这个文件最主要的核心是要坚持搞好改革、开放，坚持社会主义的道路，坚持搞好社会主义有计划的商品经济。明年改革的重点，是要把企业搞活。我们已经给企业创造了一些必要的外部条件。现在，企业内部还蕴藏着巨大的生产潜力。这方面潜力的挖掘，要靠企业内部管理体制的改革。这不光包括生产企业，也包括我们的建筑企业，都要通过进一步搞活，提高劳动生产率，提高质量，降低消耗。总之，重点是在企业内部的经济体制上下功夫，在增强企业的内部活力上下功夫。以上是我讲的第一个问题。

第二，关于对城市和城市建设重要性的认识

怎样才能把我国的城市进一步规划好、建设好、管理好呢？这里有个认识问题。对于城市在经济建设中、在政治生活中起什么作用，紫阳同志讲了一个观点，就是城市应该发挥多功能的作用。我非常拥护这个观点。如果说要提高认识，首先就是要提高这个认识。城市是商品经济发展的产物，它的功能是多方面的。一般地说，它不仅是政治中心、工业生产基地，而且它也是贸易中心、金融中心、交通枢纽、信息中心，或者是科技、文化、教育中心。我们的大大小小的城市，都或多或少地具有这样、那样的功能。只不过是由于各个城市原有的基础不同，经济发展水平不同，地理位置不同，在多种功能当中发挥的重点也不同。比如，内地城市和沿海城市功能的重点就不同，以工业为重点的城市和以旅游业为重点的城市功能的重点也不同。所以，要充分发挥城市的多种功能，使其在促进商品经济发展，提高生产，改善人民生活方面发挥更大的作用。

城市要更好地发挥多种功能的作用，就要逐步地走向现代化。一个现代化的城市，必须具有一定的物质基础，除了必要的生产设施以外，还必须有城市供水、排水、道路、公共交通、煤气、热力、供电、通讯等城市的基础设施。这些城市的基础设施既是城市居民生活的基本条件，也是城市发挥多功能作用的必要条件。从城市的设施来看，大体可以分为三类，一类是生产和流通方面的设施；一类是生活的服务设施；还有一类是生产和生活共同需要的设施。这三类设施，要按比例地发展，配套安排，不可偏废。在安排建设项目的时候，要把城市建设和工业项目配套安排。在压缩基本建设规模时，也不能只压缩城市建设这个方面。应该看到城市建设有些是直接生产，有些是生活、生产所必需的。不能认为都是非生产性建设。尤其各级计划部门要注意，要区别对待。

要搞好城市建设，充分发挥城市的多种功能和中心作用，必须首先搞好城市规划。城市规划是城市建设和发展的蓝图，是一个总体的部署，是城市建设管理工作的“龙头”。没有一个好的城市规划，就不能把城市建设好，就会出现建了又拆、拆了又建的问题；有了规划不去严格实施，城市也建设不好。这是三十多年来正反两方面的经验教训所证明了的。目前，全国绝大多数城市已经完成了城市规划，现在的问题就是执行了。我的看法是这样的，制订规划，经过论证，报请批准了以后，就应该认真贯彻执行。规划如何实施，要看自己的经济力量。力量大的时候多干一点，力量小的时候少干一点。但必须都要按照规划来执行。当然，在执行过程中，发现新的问题，可以按照程序进行必要的修改、补充、订正。这样经过长期不懈的努力，就会形成一个比较理想的城市了。在中国和外国都一样，一个城市的形成要经过几代人的努力。现在一个城市里，往往有许多单位，分属不同的条条。有军队系统的、政府系统的、党的系统的。在地方还有中央系统的单位。但不管是哪个系统的单位，都要严格地执行城市规划，维护规划的严肃性，绝不能自行其是。

城市的规划、建设和管理，是一项综合性很强的工作，牵涉到城市的各行各业、千家万户。由谁来综合管理这件事情呢？理所当然，只能由城市政府来抓总。《中共中央关于经济体制改革的决定》对此做了明确的规定：“城市政府应该集中力量做好城市的规划、建设和管理，加强各种公用设施的建设，进行环境的综合整治”。中央的一些领导同志也多次强调过，市长的主要职责是规划好、建设好、管理好城市。对这一点，我们的市长、市政府，在认识上有了提高，比过去明确多了。这是新的历史时期对城市政府职能的新的要求，希望大家能够做好。现在我们正在进行改革，改革的一个方针就是政企职责分开。今后的市政府将不直接去管理和干预企业的生产经营和内部事务了；企业要成为法人，要有自主权。而城市政府主要是为企业创造必要的、好的生产经营条件和投资环境。但这并不是说市长就不过问经济工作了。根据我们中国现在的情况，市长、市政府对经济发展还不能不管，也不可能不管。问题是怎么个管法。不是直接的干预，而是组织横向联系，创造外部条件，组织协作，制定必要的规章制度，保证企业的自主权，有的时候还要用行政手段、法律手段和经济杠杆来保证城市经济的顺利发展。总的方向是逐步从直接干预变为间接干预。今后有更多的企业要下放到中心城市，市政府责任就更大了，要在改革中间逐步地摸索积累经验，把这件工作做好。

第三，关于城市建设和经济发展的关系

城市建设与经济发展是相辅相成、互相促进的辩证关系。城市是经济发展到一定程度的产物。经济发展产生了城市，而且为城市建设提供了必要的物质技术基础。有了一定的经济实力，才能去修路、建住宅，才能不断提高城市的基础设施水平；没有经济的发展，没有财政收入，城市怎么发展？从农民那里是拿不到多少财政收入的，市管县以后还是服务多。农民的绝大部分收入是归他们自己消耗，或投入农业再生产。农村讲"无农不稳，无商不活，无工不富"。其实不仅是农村，在一个省的范围，一个市的范围没有工业，要想富也是不可能的，财政收入的绝大部分来自工商业。所以，首先要发展经济，增加财政收入，才能为城市建设提供条件。而城市建设搞好了，对生产的发展，经济的发展，文化教育事业的发展，也是一个巨大的推动。也就是反过来又对经济起着促进作用。现在，许多城市由于城市基础设施短缺和落后，电力不足，供水不足，环境污染，交通拥挤，电讯不畅，等等，都不同程度地制约了经济的发展，影响了现有经济能力的发挥。所以我们讲城市建设与经济发展是互为基础，互为条件，相互制约，相互促进。我们必须从经济、社会发展的全局来认识城市建设的重要作用。

在几年前，就提出了一个"三同步"的方针，即经济建设、城市建设、环境建设三者必须同步规划，同步实施，同步发展，以取得经济效益、社会效益、环境效益的统一。这是我们城市发展的一个重要的战略方针。"三同时"、"三同步"的方针是正确的，但做起来就比较困难，有时候就顾此失彼，今后应该注意避免。

下面，我想讲一讲速度的问题。大家都希望自己的城市发展快一些，基础设施搞得好一些。过去欠帐比较多，还一点帐，为生产发展和人民生活创造更好的条件。这个想法是可以理解的。但是，我想讲这样一个观点，城市建设的快慢受到经济发展水平的制约。我们的国家还不富裕，经济力量有限，不可能搞得太快。应该有一个合适的速度。"七五"期间工农业发展速度大体保持在百分之六、七、八这样一个水平。"六五"期间，从东到西，从南到北，从城市到乡村，出现了历史上所没有的建设规模。城市住宅每年是一亿多平方米，农村是六、七亿平方米。这样一个速度不仅是建国以来所没有过的，世界上也是罕见的。与我们的经济力量相比，这样的建设速度是难以持久的。今年增长速度大体上可以达到百分之八，速度就不低了。能够保持现在这样一个速度，长期稳定地坚持下去，到本世纪末，面貌就大不一样了，这就是一个很大的成就。

另外一点就是不要盲目攀比。城市之间、地区之间的经济发展水平是不一样的。既然城市建设是以经济发展为基础的，反过来它又促进经济发展，为经济发展提供投资环境，各个城市的城市建设速度和规模，也必然是不一样的。要实事求是，有多大的财力就办多大的事，量力而行嘛！而互相攀比，危害很大。不要不顾自己的财力、物力可能，争相建高层建筑，更不要耗费大量物力、财力，盲目地建造高级饭店、会堂、游乐场和纪念馆。建设要突出重点，先解决那些生产和生活迫切需要解决的问题。在财力有限的情况下，先解决什么，后解决什么，各城市要排一个队。一般地讲，首先要解决供水和排水的问题，其次是道路、交通的问题，再次是煤气、集中供热设施的问题。就全国来讲，重点应解决这些。当然，还有电力供应和通讯，这些与城市建设也有关系。万里同志在开幕时讲，城市建设要面对现实、面向未来。面对现实，就是说有多少钱办多少事，要解决迫切需要解决的问题；面向未来，就是要有一个长远的规划。现在办不到的，把它规划进去。这样，城市的发展就是健康的、协调的。会上大家提出，城市基础设施建设要有适当的提前量。否则，就会造成建了又拆、拆了又建，埋了又挖、挖了又埋的现象。基础设施有一定的提前量是合理的，比如把"七五"的需要作为整体来考虑，就应该予以支持。但要一下子把2000年以后要用的东西都准备好，那也是不现实的。

关于城市规模的问题，大家的意见是一致的，要坚持"控制大城市规模，合理发展中等城市，积极发展小城市"的城市发展基本方针。城市是应该有一定的规模，城市达到一定规模时，才能发挥多种功能。但城市规模发展过大，就会带来很多难以治理的毛病。如环境污染、供水不足、住房紧张、交通拥挤等等。因此，控制城市规模要坚定不移。现在，由于农村经济的发展，劳动生产率的提高，农村出现了大量的剩余劳动力。我们的方针是不鼓励他们进城，而是按照"离土不离乡"的原则，就地进行安排，发展乡镇企业，发展第三产业，积极发展小城镇。小城镇不仅是生产中心，基层政权中心，也是文化、科学、教育的中心。小城镇的发展，不仅能够促进农村经济的发展，同时能进一步缩小城乡之间的差别。现在，在中国大地上出现的星罗棋布的小城镇，许多外国经济界、政治界的朋友都认为是一件很了不起的事情。资本主义国家农民破产以后流进大城市，造成城市畸型发展，带来一系列的城市"综合症"。就是有些社会主义国家也没有解决好这个问题。现在我们中国走的这一条道路，是一条崭新的、正确的道路。另外一个就是要在大城市的周围发展卫星城镇，以扩散大城市的产业和人口。

目前，大多数城市都实行了市带县的体制，实践证明，这个体制是好的。但是究竟怎么个带法，带多少？要因地制宜，要看你的经济实力怎么样。一般地说，经济实力多的可以多带几个，经济发展水平低的就少带。有的就带一个，然后逐步扩大，要实事求是。

第四，关于城市建设资金渠道问题

这是大家所关心的一个问题。首先应该承认，城市建设要有钱，没有钱就什么事也办不成。大家提出这个问题是很自然的。

关于城市建设资金，国家已经开了一些渠道。一是城市维护建设税。从1985年起，国家给所有的设市城市、建制镇和农村集镇开征了不同税率的城市维护建设税，1985年大体上收了40多亿元，这些钱都留给地方了。大概这个钱在市里不一定是交给城建部门来掌握，有的可能是由市财政部门来掌握。第一，这个钱在市里，没有平调；第二，这个钱今后是不是就交给城建部门来管？市里有自主权。本来，城市维护建设资金就少得可怜，"欠帐"也不少，有些设施还要超前建设，既然是城市维护建设费，就应该用于城市建设，不要去搞别的。城市建设资金必须专款专用，不能以调剂为名，挪作它用。而且，要把这笔钱用于人民最急需的那些方面，与生产、与人民生活关系最密切的方面，用到少花钱就能多见效的那些设施上去。现在有些城市采取切块交给城建部门使用、管理的办法，效果比较好。建议各地城市也考虑这样做。计划和财政部门要密切配合，审计部门要加强监督。总之，希望你们切实把这个钱收好、管好、用好，这是市长的权力。二是公用事业附加，全国一年有10多个亿，这些钱也是用于补贴城市建设的。三是国家预算内的基本建设投资补助和地方统筹基本建设投资。四是地方机动财力和其它的一些自筹资金，许多城市每年也从财政收入中拿一部分钱兴办城市建设事业。总之，城市建设的资金，渠道是有的，水还不多就是了。这次会上大家希望再开一点口子，抱着很大的希望。但是财政部、国家计委、国家经委各有各的困难。经过协调，想了一点办法。

一是，大家提出要搞好配套建设，我认为是合理的。工业、住宅建设需要配套设施，如上下水、污水处理、供电、供热等。如果不配套，工厂、住宅建起来也不能发挥作用，不能产生经济效益。北京市许多住宅建好了住不进去，就是因为设施不配套。所以，搞好配套建设这样一个观点，我们认为是正确的。问题是要不要征收配套建设费。有些工程，在安排基本建设投资时就安排了配套建设投资，投资本身就是配套的，这就没有问题了。如建一个大工厂，解决水源、供电、职工宿舍问题，都是配了套的。有一些则没有配套，只安排了一个主体工程，对这样的项目，我认为，宁可在建筑面积上少一点，也要配套完整一点。比如，建设一万平方米住宅，可是设施不配套，建起来也住不进去，那就宁肯建九千、八千平方米，也要把配套设施的钱交上，由城建部门统一建设。这样做，总的投资规模没有增加，综合效益却高了，因此是合理的。类似这样一些不配套的建设工程，我认为就应该收配套建设费。对此，国家计委、财政部、城乡建设环境保护部，都认为是合理的。但是，怎么个收法，按什么比例，是个比较复杂的问题。所以，我们决定，由国家计委牵头，城乡建设环境保护部、国家经委、财政部和有关单位参加，在调查研究的基础上，制定一个具体的实施办法，提交国务院讨论、批准后执行。

二是，部分市政设施要实行有偿使用。如用贷款建设的大型桥梁、隧道、渡口，收取车辆通过费用是合理的。否则，它怎样去偿还贷款呢？没有贷款，桥又建设不起来。在这种情况下，是允许收取有偿使用费的。城市的排水设施非常落后，是一个突出的薄弱环节，可以适当收取一些使用费。这在1984年国务院80号文件中作了规定，许多城市也已经这样做了，看来是可行的。

三是，城市道路问题。大家希望交通部门能把养路费切一块给城市，解决城市道路的失修失养问题。因为对城市车辆也收了养路费，车又在城市马路上行走，养路费分点给城市也是有道理的。但是，现在公路建设也非常落后，全国90万公里道路，三级以上沥青路面只有18万公里，大部分是砂石路，车辆平均速度只有30公里。公路交通不畅，大大制约了商品经济的发展。因此，我们想在"七五"期间好好把公路抓一下。现在确实有这样一种现象，叫做"汽车跳，城市到"。进城以前，道路是不错的；一进城，一进镇，这条道路就乌七八糟了。我自己也有这样的体会。我和交通部商定，除了按国务院规定，用养路费帮助打通城市出入口以外，这次先解决一个问题，就是公路通过县城、建制镇和县级市的，这段路由他们来修。

四是，某些公用事业产品价格和服务收费确实偏低的，经市政府批准，可以适当提高价格和收费标准。这要有个范围，如电费就不能提高。所以，必须在市政府权限范围之内合情合理地提高。(叶如棠同志插话：有些城市水费，公共汽车票价、公园的票价低了，市政府应该统一考虑一下。)因为提高了收费标准以后，就影响到企业的成本。企业成本增高以后，利润就降低，城市税收就减少。有些还关系到人民生活，要事先做好宣传教育工作。在这个问题上，我相信大家会很慎重的。有些过份低的可以调整，但要一视同仁，可不能专门提高中央企业的。地方企业是我的，我不提高收费标准，这就不好了。中央财政现在很困难，实际上中央这点财政，除了养活中央这些机关而外，还不是拿来搞地方建设吗。同时，对公用事业的发展应该实行一些优惠政策。比如许多城市已经实行的减免税收、税费返还、以水养水等等，实践证明，这对于促进市政公用事业的发展是有好处的。

这次大体上就是这样四条，稍微开这么一点口子，增加一点城市建设的费用。但是，最根本的还是发展生产，提高经济效益，增加财政收入。生产发展了，城市维护建设费也就相应提高了，机动财力也就相应增加了，那就可以相应多搞点城市建设。总之是要量力而行，不断地有所改善，而不要互相攀比。

有个口号叫"人民城市人民建"，我们认为这个口号是好的。许多地方执行的得当，已经收到了明显的成效，应该加以肯定。但是我们说"人民城市人民建"，主要是指组织人民群众参加市政建设或公益设施的义务劳动，来建设城市，或直接受益单位对城市建设给以人力、物力、财力的支持。要注意恰当使用这个口号，不要在这个口号下搞乱摊派。特别是不能用摊派的办法搞楼、堂、馆、所，搞游乐场，建这个宫那个宫，这个中心那个中心。我们还是个发展中的国家，经济不那么富裕，还是要提倡艰苦奋斗，应当把合理的集资用来解决群众最关心的问题。现在企业的负担已经很重了，而且企业正面临一个改造问题。好多企业设备老旧，现在还在使用，没有得到更新和改造。所以，企业有了一点钱以后，我们要鼓励企业拿这些钱去更新改造自己的企业，更换现代化的设备。进行技术改造以后，企业就增强了活力，经济效益就提高了，城市建设也就有了稳固的财源。如果把企业压得干干的，最后就失去了城市建设的基础。市长、搞城市建设的同志，要有一个比较长远的、全局的观点。

总之，我们赞成"人民城市人民建"这个口号，使用得当就会促进生产，促进建设。

第五，讲一讲城市环境的综合治理问题

我们提城市建设不能不考虑环境保护。去年在洛阳召开的城市环境保护工作会议上已经明确，全国环境保护的重点在城市。城市是生产力集中的地方，人口集中的地方，因而也是污染集中的地方。所以，把城市作为环境保护的重点，是完全正确的。在城市建设过程中要搞好环境的综合治理，搞好"三个同步"，实现三个效益。一个是在规划过程中搞好建设布局，一个是搞好功能分区，在哪些地方摆重工业，哪些地方摆轻工业，哪些地方是文化区。环境保护也是要从基础设施开始。现在城市环境保护最大的是四个问题，一是空气污染，二是水体污染，三是噪音，四是垃圾。这四个问题都与城市基础设施有关系。所以，进行城市基础设施建设，要考虑到环境问题。治理水污染，比较有效的办法是污水处理。搞污水处理不仅能治理污染，而且能提高水的再生能力，实现水的重复利用，达到节约水的目的。由于污水处理花钱太多，只能逐步实现。但是，在城市建设排队的时候，应该把污水处理往前排。我们治理污染要达到发达国家的水平是不可能的，因为我们经济条件还有限。治理的水平要合乎我们的国情，总不能把一个项目的三分之一、四分之一的钱用于治理污染吧！但我们也不赞成先污染、后治理，把工业发展起来再治理。我们的方针，还是"三同时"，新建项目要实行环境影响评价和坚持治理污染的设施与建设项目同时设计、同时施工、同时投入使用。对老企业来说，就是谁污染谁治理。要结合企业的技术改造和技术革新，提高资源、能源的利用率，减少"三废"排放量。另外，城市在防治污染方面要每年为人民群众办几件实事。环境管得严一点，执法严一点，治理就快一点。防治环境污染，要一靠科学，二靠政策，三靠管理，就是说，要把加强环境管理作为环境保护的重要手段。江苏、吉林、甘肃等省试行环境监察员的制度，效果很好。辽宁、河北两省有几个城市也已开始试行。这是环境管理工作的一个必要措施。有了一支执法队伍，环境保护法规才能得到更好的实施。我们要为城市的投资环境、人民的生活环境，创造一个好的条件。

我就讲这样五条意见。这次会议上，大家都迫切希望国务院能发一个加强城市建设工作的文件。这个文件已经起草了，并且在会议上进行了讨论。会议结束以后，把这个文件修改后提交国务院讨论。如果条件成熟，通过以后发下去，作为"七五"期间城市建设工作的一个指导性文件。1978 年第三次全国城市工作会议后，中共中央曾经发了一个 13 号文件，对指导和推动"六五"期间城市的规划、建设和管理工作起到了很大的作用。我们支持这次再搞一个文件，但要经过国务院。在文件下达之前，根据会议精神能够办的可以先办着。城市建设不是城建部门一家的事情，而是各个部门、各行各业的事情。我们希望各个部门、各行各业，以至全社会都要重视、关心和支持城市建设工作，积极地

李锡铭同志在全国城乡建设环境保护工作会议上的讲话

（节 录）

（1982年6月15日）

这次全国城乡建设环境保护工作会议，是经国务院批准召开的，是我们城乡建设环境保护部成立后的第一次全国工作会议。参加会议的有各省、市、自治区建委主任、城建局长，环保局长，建工局长，测绘局长，以及直属企事业单位的负责同志。这次会议的任务，主要是通报机构改革情况，建立联系，沟通思想，统一认识，明确奋斗目标，制订工作方针，动员全国城乡建设、环境保护、建筑业和测绘系统的力量，进一步贯彻调整、改革、整顿、提高的方针，做好各项工作，为实现党和国家交给我们的各项任务而奋斗。

下面，我就四个问题讲些意见，供同志们研究参考。

（一）我部机构改革的情况

城乡建设环境保护部是根据党中央、国务院有关机构改革的决定，由原国家建委（一部分）、国家城建总局、国家建工总局、国家测绘总局、国务院环境保护领导小组办公室合并组成的。整个组建工作，从酝酿方案到组建完成，大体上用了三个月的时间。今年二月初，国务院领导同志召集原建委口各单位的领导同志开会，开始研究机构改革方案。三月四日，国务院指定了组建城乡建设环境保护部的筹备小组。三月二十九日，筹备小组向中央书记处汇报了组建方案，并得到原则批准。四月份进行具体的组建工作。五月四日，五届人大常委会第二十三次会议作出决议，正式宣布成立城乡建设环境保护部。

这次建委口的机构改革，机构和人员组成的变化都比较大。原来的五个部门合并组成一个新部，这是一个很大的变化。人员，除归并到国家计委和经委的以外，部一级干部，由过去14人减为7人；司局级机构，由46个减为19个；司局级干部，由139人减为60人。全机关工作人员，由原编制1177人减为795人，减少了32.5%。在这次改革中，有160多名久经锻炼、为革命和建设作出过贡献、但年事已高的老同志退出了第一线，有一批年富力强、具有专业知识的干部被选拔到领导岗位上来。司局一级领导班子的平均年龄，由过去的60.7岁，下降为52.7岁；具有大专以上文化程度的干部，由过去占39.8%，上升为56%。

这次机构改革，确如中央所指出的，是一场深刻的革命。我部所以能够在较短时间里完成组建任务，其主要原因，一是中央方针正确、决心很大，二是老干部发挥了带头和骨干作用，三是得到了广大干部和群众的热烈拥护和支持。整个国家机关机构改革的顺利完成，充分证明这场革命顺乎潮流，合乎民意。这场革命的目的，在于克服官僚主义，提高工作效率，使上层建筑更好地为经济基础服务。从这个意义上来说，我们只完成了部的组建任务，还必须继续前进，认真改进工作作风和工作方法，为全面实现这场革命的目的而努力。

根据中央批准的方案，城乡建设环境保护部是国务院主管城市和乡村建设、环境保护、建筑业和测绘工作的职能部门。主要任务是，根据党中央、国务院的有关方针政策和国家的经济、社会发展计划，组织指导全国城市、乡村的规划和建设，防治环境的污染和破坏，适应社会主义现代化建设的需要，为城乡人民创造良好的工作和生活环境。中央规定的这些主要任务表明，我部的业务范围相当广泛，综合性、地方性和群众性都很强。根据中央的有关指示精神，今后凡能够由地方或企事业单位办的事，要坚决交给地方或企事业单位去办；我部主要应当发挥政府的职能，把上述几个方面的工作统一管起来，着重抓方针、政策，抓立法、执法，抓规划、计划，抓调查研究和总结交流经验，真正起到综合

为加快我国的城市建设做出应有的贡献。我们相信，通过这次会议，我国的城市建设工作在“七五”期间将走向一个新的阶段，将会更加健康协调地发展，使城市建设在社会主义四个现代化建设中发挥更大的作用。

指导、组织协调的作用。这样，才有利于发挥各方面的积极性，特别是地方和企事业单位的积极性，把各项工作做好；有利于城乡建设、环境保护和经济建设的有机结合；有利于规划、建筑、环境的相互协调；有利于发挥建筑业在国民经济中的作用；有利于测绘事业更紧密地为社会主义现代化建设服务。总之，有利于从宏观上全局上整体上综合考虑问题，促进这几个方面的工作协调发展。这应当说是国家设立城乡建设环境保护部的重要意义所在，同时也是对我们工作的要求。

(二)我们面临的形势

建国以来，我国城市建设成绩显著。近几年，一批大、中、小城市编制或修订了城市规划，并经国务院或省、市、自治区政府批准施行。城镇住宅建设，1979年到1981年三年建房2.5亿多平方米，等于前二十九年的一半，解决了404万户、1700万人的居住问题。市政公用设施有所增加，园林绿化和市容卫生也有所改善。农村房屋建设发展很快，近几年来全国农村建房约15亿平方米，出现了一批规划较好、节约用地的新村。在环境保护方面，大中型建设项目执行"三同时"的情况逐步好转。渤海、黄海的石油污染初步得到控制，北京官厅水库、桂林漓江、杭州西湖的水质有了改善。鞍钢、首钢等一些工业企业，结合技术改造狠抓"三废"治理，摸索出一些好的经验。国营建工企业1981年比1978年竣工面积增长24.5%，全员劳动生产率增长16.9%，工程质量优良品率由51%提高到66.3%，实现利润也逐年有所增加。三年来承担对外经援成套项目146项。同时初步打开了对外承包局面，三年累计签订设计、施工和劳务合同227项，承包工程总面积47万平方米，提供劳务6800多人，成交额达2.4亿美元。全国集体建筑企业也有较快的发展和明显的提高。测绘方面，在辽阔的国土上，除台湾和远海岛屿外，都已布设起精密的大地测量基本控制网，全国第一期十万分之一、五万分之一比例尺测图已经完成。万分之一等大比例尺图已施测100多万平方公里，完成了十几个省区31万平方公里的粮糖基地、农田水利、工业和交通建设，以及部分大中城市建设所需的测图任务。科研、教育、勘察、设计、机械制造、抗震、人防、出版等方面的工作，也都取得了可喜的成绩。

与此同时，在三中全会路线的指引下，大家逐步解放了思想，敢于实事求是地正视矛盾、探讨问题；越来越深刻地认识到，在过去的很长时间内，或由于认识不足，或由于工作失误，或由于左倾错误思想的影响，再加上林彪，"四人帮"的干扰破坏，在我部主管的各个业务领域，造成了许多严重的问题，有些问题积重难返，至今没有得到很好解决，有的问题甚至还有发展。

一、有些政策与城市发展方针相矛盾。第三次全国城市工作会议以来，逐步明确了"控制大城市规模，合理发展中等城市，积极发展小城市"这一城市发展的正确方针。但在实行中，缺乏与此相适应的具体政策，甚至有些具体政策还有同这个方针相矛盾的情况。许多因素都促成工业和人口继续向大城市集中、大城市继续膨胀，中等城市向大城市发展，而小城市却很难发展起来。

二、城市规划与计划脱节。近几年，城市规划工作有了比较迅速的开展，但城市规划仍缺乏应有的权威性。许多城市有了规划，不按规划进行建设和管理。经过批准的城市规划，其建设内容长期未能列入国家与地方的经济和社会发展计划。计划安排的工业交通建设、住房及市政公用设施建设，也由于不尊重规划的指导而顾此失彼。加之，城市建设资金长期缺乏稳定的来源，城市三项费用收入和5%的工商利润留成又经常被挪用，城市基础设施的维护和建设缺乏物质保证，困难很大。

三、城镇住宅建设压力仍然很大。邓小平同志1978年提出要加快解决城镇住宅问题，这几年城镇住宅建造量大幅度增加。据去年223个城市统计，人均居住面积为4.12平方米，比1978年的3.6平方米增加了0.52平方米；但缺房户仍有775万户，仅比1980年的789万户减少了1.8%。由于1963年开始的人口生育高峰期所出生的3亿多人，将陆续达到结婚年龄，预计今后八年每年将约有210万对城镇青年结婚要房，仅此一项即比近几年每年建造160～180万套的住宅要多。在整个八十年代，城镇住宅问题将始终是一个重大社会问题。从住宅建设和分配制度上看，我国对城镇全民所有制职工住宅，采取由国家投资建造、无偿分配的办法，问题很多。一是租金过低，不仅不能回收投资，而且不敷维修之用，建房越多国家负担越重。二是苦乐不均，特别是集体所有制职工和一般居民，没有投资和分配渠道，住房问题很难解决。三是公房分配没有标准，制度不健全，助长了不正之风，矛盾越来越突出。

四、市政公用设施严重不足。许多城市水源短缺，供水设施能力差，远远不能满足城市用水需要。据对190个城市的调查，每日缺水约800多万吨。有些城市，由于高峰供水不足，一些工业企业不得不减产或停产，居民不得不排队等水。全国城市建成区约有一半没有排水管网，而且污水处理能力过低。城市每日排出的工业废水和生活污水共约5000多万吨，日处理能力仅为82.5万吨，只占排放总量的1.7%。多数城市道路狭窄、干道少、堵头卡口多，交通拥挤，公共交通车辆普遍不足。一些为河道、铁路分割的地方缺乏必要的桥梁和立交设施，交通时被阻塞。城市煤气和集中供热能力过低。全国目前仅有63个城市建有煤气设施，用气人口仅占城市人口总数的18%。东北、华北、西北地区城市民用建筑集中供热面积平均只有2%，尚有一半民用建筑靠煤炉取暖，既浪费能源，又污染环境。许多城市绿化覆盖率不到10%，市区裸露地面多，经常尘土飞扬。现有绿地被大量挤占，据22个省、市、自治区不完全统计，城市公共绿地被占用达11000多公顷。苗圃不足，苗木供应远不适应城市绿化的需要。环境卫生设施严重短缺、落后。全国城市每日清运粪便、垃圾19万吨，清扫道路2.4亿平方米，大都靠手工操作，实有清运车辆仅为需要量的40%。大量粪便、垃圾基本不能进行无害处理，污染相当严重。

五、乡村建设还没有全面管起来。(略)

六、环境质量继续恶化。(略)

七、建筑业没有受到应有的重视。(略)

八、发展旅游事业给城市和风景区管理带来一些新的矛盾。城市园林和风景名胜区的保护和建设，市政公用设施和副食品供应基地的建设，本来都是发展旅游事业所必不可少的条件。我们现在的情况是：(1)只有建设旅游宾馆和购置车辆的投资，却没有建设这些条件的投资。(2)有些旅游设施的建设，妨碍甚至破坏园林和风景区的景观。比如在古典园林旁边建造高层西式宾馆等等。(3)旅游事业的收入，在分配上照顾风景名胜所在城市很不够。这些城市感到服务和供应压力增大，而受益甚微，因之积极性不高。这种情况如不能迅速改变，不仅不利于园林风景名胜的保护，也很不利于旅游事业的发展。

当然，我们必须看到，过去32年中，成绩是巨大的、主要的，广大干部和职工群众的辛勤劳动是必须肯定的。同时也应当清醒地看到，我们面临的问题是严重的，而且大都是多年积累下来的。集中表现为"骨头"与"肉"比例失调，经济管理体制与经济、社会发展的要求不相适应。要解决这些问题，既需要相当的物质条件，也需要进行必要的改革。目前，我国正处于经济调整时期，国家财力、物力有限，暂时还难以满足我们的需要。整个经济体制的全面改革工作，也要到"七五"期间才能进行。因此，我们必须从调查研究入手，按照"量力而行"的方针，循序渐进，有计划有步骤地解决存在的问题，用有限的财力、物力办更多的事情，尽我们之所能去争取各项工作的尽快发展。

(三)我们的任务和工作方针

建设社会主义物质文明和精神文明，实现四个现代化的伟大事业，要求我们加快步伐，搞好城乡建设和环境保护工作，为全国人民创造良好的工作和生活环境。这是人民的心愿、历史的要求，也是我部工作的总的奋斗目标。由于我部业务范围广，综合性强，历史上积累下来的问题又较多，情况错综复杂，有些问题不是我部所能独自解决的，我们深感任务艰巨，责任重大。根据中央给我部规定的职责和主要任务，我们必须同有关部门加强协作，做好工作，把城乡建设、环境保护以及建筑业和测绘事业的发展，同经济建设有机地结合起来，协调城镇建设和乡村建设的发展，妥善处理规划、建筑、环境的相互关系，以取得经济效益、社会效益、环境效益三者的统一。我们必须一切从实际出发，坚决贯彻中央的方针政策，加强调查研究，实事求是地分析矛盾，积极主动地解决矛盾，逐步改进，促成改革，勇于实践，克服困难，在管理和执法上下功夫，推动各项工作不断前进。这些，应是我们的基本指导思想和工作方针。

当前，我们必须坚持调整，促进改革，积极整顿，使各方面工作尽快有所提高，力争城乡建设和环境面貌在"六五"期间有个显著的改善。为此，我们必须抓紧时间，做好以下几项工作。

一、抓紧搞好城市规划，按照规划建设和管理城市

全国城市的规划、建设和管理工作，都必须继续认真地贯彻中共中央[1978]13号文件，以及1980年国务院批准的全国城市规划工作会议纪要的要求。当前，城市规划工作中需要解决的问题是：

(1)进一步提高对城市规划工作重要性的认识，加强对城市规划工作的领导。提高认识，加强领导，是搞好城市规划工作的关键。目前，城市规划工作的重要性还远没有为有关方面所认识，甚至在我们城建系统内部，这个问题也没有完全解决。城市规划工作如不及时抓上去，城市建设和经济建设都会受到严重影响，造成长期的被动和损失。要通过各种方式，特别是通过总结正反两方面的经验，不断提高大家、特别是一些有关的领导同志对城市规划工作重要性的认识。这样，在城市规划问题上，大家才能有共同的语言，才能真正加强领导，做好城市规划工作。

(2)研究有效措施，使城市规划和国家计划紧密地结合起来。长期以来，我国城市规划和计划相互脱节，规划起不了指导建设的作用，这是城市建设混乱的重要原因。从现在开始，我们要抓紧调查研究，探讨必要的改革措施，通过各有关方面的共同努力，使城市规划同国家经济和社会发展中长期计划有机地、紧密地结合起来。同时，我们要注意提高城市规划的科学性，保证规划质量，使之能够更好地指导城市发展。

(3)加快城市规划的编审工作。近年来，各地城市规划的编审工作陆续开展，但总的看进度还比较慢。目前，经国务院批准的城市总体规划有8个，经省、市、自治区批准的有51个，合计占现有城市总数的25%。县城规划进度则再慢。能否争取全国设市城市总体规划的编审工作，在1983年底全部完成；县、镇规划的编审工作，在1985年底以前完成。已经批准了城市总体规划的城市，要抓紧编制详细规划。

(4)切实加强规划管理，保证规划的实施。首先是抓好城市用地的管理，这是城市规划管理工作的重要内容。城市规划部门要按照城市规划，认真管好建设项目的选址、建设用地规模和范围的确定、土地划拨、检验核实用地等一系列工作。同时，要大力加强建筑管理，取缔各种违章建筑，使各项设施建设坚持按照"先地下、后地上"的程序施工，改变挖了填、填了又挖的不合理现象，使城市有秩序地建设发展。

二、继续抓好城市住宅建设，采取多种办法解决住宅紧张问题

解决城市住宅紧张这一重大社会问题，需要充分发挥国家、地方、企业和个人的积极性。我们大家一定要解放思想，开动脑筋，探讨多种办法，力求把这一问题解决得快一些、好一些。

首先，要继续加快城市住宅建设的步伐。在调整期间，地方机动财力和企业的自有资金，要尽可能多地用来建造住宅。原由国家计划拨给、财政包干后交给地方政府安排的城市住宅建设补助投资，一定要如数打足给够；所建住宅应主要分配给无资金来源的单位和个人(比如中小学教师、商业服务业和街道企业职工、清洁工人、个体劳动者等)居住。大中城市可考虑盖一些青年公寓，搞好配套设施，以适应青年结婚用房的需要。

其次，要继续推行集资统建、集资合建、私建公助等办法，尤其要研究公私两利的多种集资形式，如开办建房储蓄、购房储蓄，按储蓄额多少确定分配住房顺序等办法，把个人和集体的资金尽可能地集中起来，多建住宅。

第三，要积极搞好住宅出售的试点工作，并适时地做好思想教育和宣传工作，消除和防止职工和居民群众可能产生的误解和顾虑，使住宅出售工作能够顺利进行。

第四，要积极研究制定住宅分配标准和分配政策，建立健全管理制度，有步骤地改变多年来所采用的由国家投资建造住宅、无偿分配的办法，尤其要改变职工住房苦乐不均的状况，纠正不正之风，消除潜伏的事端，使我国城市住宅的建造和分配走上合理而有法制的轨道。

这四点，是我们正在做的或即将开始做的。还有什么更好的办法，希望大家继续探讨。此外，关于私房、外侨产、华侨产，包括过去遗留的问题和近期出现的新情况，都需要制定相应的政策，也希望大家积极参与研究。

三、加强市政公用设施的维护和建设，抓好市容卫生和园林绿化的管理

近年来，已先后召开过市政、公用、园林绿化方面的专业工作会议，提出了有关的方针政策和奋斗目标，下达了文件，各地要结合实际情况，继续贯彻执行。当前应着重解决以下几个问题:

(1)市政公用设施要建设与维护并重。城市市政公用设施过去欠帐太多，不是短期能够完全解决的。在调整期间，我们一方面要力争增加一些投资，多搞一点建设，补上一部分缺口，尤其在新建区，一定要搞好配套建设，不要再欠新帐；另一方面，必须加强现有设施的维修养护和管理，力争在"六五"期间基本上解决各项设施严重失修失养的问题。拿道路来说，一条新建的沥青路，如果养护得好，至少能用20年。但现在有的地方由于放弃养护，实际上只用5年就坏了。据初步估算，仅道路一项，因维护不善，寿命缩短，全国每年就要多花2亿元。因此，我们必须下大功夫抓好养护维修，对现有设施规定使用年限，建立健全责任制度，尽可能延长各种设施的寿命，以缓和目前市政公用设施的紧张状况。

(2)抓好市容卫生管理和城市绿化，搞好风景名胜的保护工作。为了改变目前许多城市脏、乱、破的状况，为人民提供清洁、优美的工作和生活环境，首先应当加强市容管理、搞好环境卫生和城市绿化。这是花钱不多、易办而效果显著的事，应当尽快办好。要争取在三、五年内使我国城市卫生状况和环境面貌有个明显的改善，大城市和风景旅游城市应当更快的改善。要切实贯彻五届人大四次会议关于开展全民义务植树的决议，积极做好全国城市义务植树的组织和管理工作，大力提高城市绿化水平。与此同时，要认真贯彻国务院有关文件，切实抓好历史文化名城、风景名胜区、以及园林古迹、古树奇石的保护和管理工作。还要做好调查研究，妥善处理保护风景名胜与各项建设、发展旅游的关系，注意防止新的破坏。对此，我们将召开专门座谈会，研究制定有关的措施，希望有关部门的同志预先作好准备。

(3)管好用好城市维护资金。城市维护费的使用范围，国家早有明确的规定。问题是这些规定没有得到严格执行，城市维护费被挪用的事不断发生。从现在起，一定要坚持按照国家规定办事，城市维护费只能用于城市各项设施的维护，由城建部门统筹安排，坚持专款专用，任何部门不得克扣挪用。最近，我们还同财政部商定，"六五"期间，所有设市城市均陆续实行5%的工商利润留成。这笔经费也必须用于城市建设。我们将同财政部共同进行监督、检查，违者必究。

四、乡村建设要搞好规划，节约用地，坚决刹住乱占耕地的歪风(略)

五、抓好环境保护，制止环境污染和生态破坏的发展(略)

六、努力把建筑业搞活，全面提高经济效益(略)

七、测绘工作要加快速度、增加品种，扩大服务面(略)

八、加强科学研究，提高勘察设计水平

城建、环保、建工、测绘等几个方面的科研工作，基础虽不尽相同，起步也有先后，但总的看，经过多年的努力，都已取得一批重要的科技成果，初步建立和发展了一支由部门和省市所属企事业单位组成的专业科学研究队伍。当前存在的主要问题是，科学技术在生产建设中的作用发挥得不够；对专业科技项目抓得多，对"软"科学抓得少；对高水平、高难度的科技项目比较重视，对量大面广的应用技术重视不够；对引进国外先进技术比较重视，对消化和创新抓得不力。

科技工作应当突出重点，选好课题，尽快把科研成果变为生产力。"六五"期间，除应继续加强量大面广的生产应用技术的研究之外，要着重抓好城市规划、市政公用事业、住宅建设和房产管理、建筑工业化、农村建设和环境保护的技术经济政策、科学管理等"软"科学的研究，搞好旧城市改建、企业技术改造、工业废渣和地方资源综合利用的研究，以及传统砖混住宅建筑体系和农村简易给水等应用技术的研究。要按照国家批准的科学技术发展纲要，组织好有关专业的重大科研项目的攻关。对于已经取得的科研成果，要进行一次清理，选择一批技术成熟、经济效果显著的科研成果在生产中推广。要逐步形成以专业研究队伍为骨干的，由部门、地方、高校和企事业单位的科研力量相结合的科学研究体系。部要加强建筑科学研究院、城市规划设计研究院、市政公用事业研究院、环境科学研究院和经济研究所的建设，各省、市、自治区也要重视和加强城建、环保、建筑等方面的科研机构的建设，要注意与现有大学、科研单位搞好协作，争取在"六五"期间使科研队伍和科研工作都有新的发展。

我国宏伟的城乡建设事业，无论在规模上、内容上和形式上，都对勘测设计工作提出了许多新的要求。勘察测量工作，不仅要为城乡各项建设提供准确的水文地质和工程地质资料，而且要提供大比例尺地形图和水资源的合理开发利用方案。设计工作，不仅要在建筑物的功能上满足人们物质和精神方面各种各样的需要，而且要处理好人、建筑、环境三位一体的关系。不仅要在工业和民用建筑上做出更多的优秀设计，而且要对蓬勃发展的广大农村建筑提供技术支援和指导。要认真做好设计的前期工作，不搞"三边"。要按照国家规定的要求，搞好抗震和人防设计。在各类建筑设计中，要注意正确处理继承和创新的关系，学习和借鉴国外的先进经验，讲究建筑艺术，充分利用现代科学技术成果，创造出富有我国民族特色的新建筑、新风格。所有设计部门，特别是地、县一级的设计单位，要面向农村，因地制宜，从实际出发，搞好村镇建设规划和农村房屋建筑设计，为建设社会主义新农村作出自己的贡献。

为了发展科学，繁荣创作，我们必须坚决贯彻执行"百花齐放、百家争鸣"的方针，落实党的知识分子政策，从政治上关怀他们的进步，生活上帮助他们解决实际困难，进一步把技术干部的积极性调动起来。要注意加强新老技术干部之间的团结协作，老同志要搞好传、帮、带，年轻同志要虚心学习老一代专家的经验和学识，做到互相尊重，取长补短，共同提高。

九、搞好企业整顿，加强队伍建设

党中央和国务院决定，要在两、三年内，有计划、有步骤地对现有企业进行全面整顿。通过整顿，使企业更好地坚持社会主义方向，逐步实现社会主义现代化的目标，充分发挥内部潜力，提高经济效益，促进国民经济的根本好转。所有建筑、市政、公用、房管、测绘、机械制造等企业，都要把整顿工作作为一项重要任务抓紧抓好。事业单位，也要根据这个精神，搞好自身的整顿和建设。

整顿企业的主要内容：一是要着重整顿好企业的领导班子，克服某些领导班子存在的涣散、软弱、臃肿、老化等现象，同时把中青年干部和技术业务干部提拔到领导岗位上来，实现领导班子的革命化、年轻化、知识化、专业化。要健全党委领导下的经理负责制和职工代表大会制，解决好职工在企业当家作主的问题。要加强以经理为首的生产、技术、经营管理指挥系统。对于退居二、三线的老同志，一定要按照中央规定，给以妥善安置。二是整顿和完善经济责任制，按照正确处理国家、集体、个人三者利益的原则，明确企业对国家、职工对企业承担的责任，并给予企业和职工以应得的经济利益，使责、权、利结合起来，发挥企业和职工的积极性，解决好平均主义和吃大锅饭的问题。三是整顿劳动组织和劳动纪律。通过调整劳动组织，使工种比例、队伍结构、技术装备同担负的任务相适应，坚决克服人浮于事、工作散漫的现象。同时，要加强劳动纪律，严格执行奖惩制度。要象“邯二”那样，“奖励干的，帮助看的，批评和处分调皮捣蛋的”，做到扶正压邪，打击歪风，严肃法纪。四是整顿财经纪律，健全财务会计制度，加强企业经济核算工作。对于营私舞弊，偷税漏税，截留上交利润，违犯财经纪律的有关人员，要追究责任，并且要把这项工作同打击经济领域严重犯罪活动结合起来，抓紧抓好。

整顿工作，要在今年内抓好规划，抓好试点，为明后年全面展开积累经验，打好基础。对大批集体所有制企业，也必须加强领导和管理，分期分批进行整顿，进一步巩固和发挥集体经济在城乡建设中的积极作用。

企业整顿和队伍建设，是一个有机的整体。在进行企业整顿的同时，必须相应地抓好队伍的建设工作。目前，我部系统的职工总数达六百五十万人，其中，建筑队伍为四百五十一万人，城建队伍为一百九十二万人，环保、测绘队伍近五万人。在这支队伍中，全民所有制职工为三百六十九万人，集体所有制职工为二百八十一万人。如果把三百五十万农村建筑队伍计算在内，就是上千万人了。去年九月，国家建委在唐山召开的全国施工企业政治工作会议，对于如何把现有队伍建设成为一支思想先进、技术熟练、纪律严明、团结奋斗搞四化的建设大军，作出了安排，提出了倡议，规定了具体措施。这次会议的精神，不仅适用于施工企业，而且对市政、公用、房管、机械制造和测绘企业也同样是适用的。要继续贯彻这次会议精神，大力加强思想政治工作，克服涣散软弱状态，把思想政治工作贯串到生产建设中去，针对职工在生产、分配、生活中出现的各种思想问题，有的放矢地进行有成效的工作。所有企业都要教育职工端正经营思想，树立良好的服务态度，坚决纠正“吃、拿、卡、要”等不正之风。

当前职工队伍中一个十分突出的问题，是正确认识和对待年轻一代的问题。生在新社会、长在红旗下的新一代工人，已经或即将成为生产的主力，而且在五至十年内将基本上替代老一代工人。这一代，同在旧社会政治上受压迫，经济上受剥削，革命胜利后得到翻身解放，在社会主义建设中打先锋的老一代工人，在社会经历、阶级意识、精神面貌和生活要求上都有很大的不同。必须明确，我们党在企业中依靠的对象，已经由主要依靠老一代工人，变为主要依靠新一代工人。因此，正确估计这个新的一代，已经成为我们在工人阶级中进行一切工作和活动的基本出发点。党的思想建设、组织建设和思想政治工作，只有适应这个新的情况，才能解决脱离实际的问题。我们的具体政策、思想政治工作、管理办法，都必须随之加以改变。我们要正确地认识年轻一代，大胆地依靠年轻一代，使他们在新时期充分发挥作用，大显身手。

要十分重视智力开发和人才培养。我们不但要重视物质生产，也要重视造就人才。城建、建筑、环保、测绘和勘察设计、科研教育等方面，都要根据自己的实际情况，制订规划，抓紧训练急需的各种人才，包括专业技术和管理人才。要抓好青壮年职工的文化技术补课。部系统的高等学校、中专和技工学校，都要积极考虑增设短缺专业，开设短训班，扩大招生能力，各地也要积极办好中等专业学校和技工学校，大家共同努力，尽可能多地为城乡建设、特别是边疆和少数民族地区，培养和输送专业技术人才和管理人才。

十、加强立法和执法工作

为了有效地发挥部和地方各级城乡建设环境保护部门的政府职能，避免瞎指挥，克服官僚主义和事务主义，我们必须下很大功夫，逐步建立和完善城乡建设、环境保护、建筑和测绘等方面的行政法规和经济法规，确立各方面的行为准则，使各项工作有法可依，有章可循。我部今后工作的一个重要方面，就是要增强法制观念，加强立法和执法工作，学会运用法制这个武器，推动工作，加强管理。这件事部里要抓，同时也要靠大家动手，分工协作，共同完成。

我们计划从一九八二年至一九八六年制定重要法规约20项，报请国务院和人大常委会批准颁布。其中已送审的有《城市规划条例》、《海洋环境保护法》；明年送审的有《市政工程设施管理条例》、《水污染防治法》、《大气污染防治法》、《职工住房分配办法》(包括分配标准)等，还准备修订《环境保护法》。其余如《村镇规划建设管理条例》、《城市园林绿化管理条例》、《风景名胜区保护管理条例》、《建筑设计管理条例》、《建筑营业管理条例》、《测绘法》、《抗震防灾法》等，将陆续上报审批。在此期间，还要有计划地补充和修订一批规范、规程、标准、定额和各种专业管理章程，以部的名义颁发执行。希望各地各有关部门结合当地情况，主动开展地方性立法工作。我们还要积极承担起执法的责任，对已批准的法规必须严格执行。要在加强宣传教育的基础上，对有法不依、明知故犯者，会同有关部门认真追究，依法制裁。

(四)思想作风和工作作风

正确的思想作风和工作作风，是我们做好各项工作、完成繁重任务的保证。从部机关来说，我们正在按照党和国家的要求，改进思想作风和工作作风，讲究工作方法，努力提高办事效率和质量。从我们这个系统的工作性质和特点考虑，是否应在全体干部和职工中强调树立以下四个观点：

第一、要树立为人民服务、对人民负责的观点。我们工作的一个显著特点，是直接关系到广大人民的切身利益。人民群众的生产条件和生活环境，包括工作、学习和娱乐场所，住房、用水、走路、乘车等等，无一不同我们的工作紧密相关。我们的工作做得好，就能把党的温暖送到千家万户；反之，人民的困难长期得不到解决，甚至在公害中生活，就会损害党和政府的威信。正如赵紫阳同志讲的那样："从根本上说，不断满足人民吃、穿、住、用、行以及文化生活等方面日益增长的需要，是社会主义生产的目的，也是人民政府应尽的职责。"我们必须时刻想着十亿人民，在各项工作中都要体现为人民服务、对人民负责的精神，急群众之所急，为群众排难解忧。这是党对我们的委托，人民对我们的希望。我们的全体干部、职工和技术专家，应当共同担负起这一艰巨而光荣的责任。

第二、要树立为发展生产服务、为各行各业服务的观点。我们工作的又一个显著特点，是领域十分广阔。我们是面向十亿人民，面向广大城市和乡村，既涉及大自然的生态平衡，又涉及整个社会的物质文化生活，既有生产活动，又有公用事业。就是说，无论城乡建设、环境保护、建筑业和测绘工作，都是发展我国社会生产力，推动社会主义建设事业不断前进的重要因素，都是为各行各业服务、促进国民经济全面发展的重要条件。因此，我们不仅要把自己所管的生产业务搞好，还必须从全局出发，树立为各行各业服务的思想，要有良好的服务精神和高尚的职业道德，切实防止和纠正不正之风，要经常注意倾听来自各方面的意见和要求，自觉地找差距，主动地改进工作，努力为他们提供最佳服务。

第三、要树立百年大计的观点。我们的工作，包括搞规划、做设计、组织施工等等，不仅要接受现实的检验，而且要经受几十年、甚至上百年的考验。城乡建设一经定局，很难改变；房屋一经建成使用，很难改造；环境一旦受到污染和破坏，难以补救。这一特点要求我们不论办什么事情，想什么问题，都要有长远的战略观点，既要考虑当前的需要，又要考虑未来的发展，决不能给子孙后代遗留后患。我们要学会高瞻远瞩，把眼光放得远一些，正确处理需要与可能、长远与当前、局部与整体、保护与建设的关系，精心规划，精心设计，精心施工，坚决克服目光短浅、马虎凑合的偏向，或者不问具体条件、盲目追求过高标准的偏向。

第四、要树立经济效益、社会效益和环境效益统一的观点。这一条，也是由我部工作的性质和特点所决定的。我们的建筑安装、机械制造等生产单位，必须注意全面提高经济效益，同时也要注意社会效益和环境效益。城市公用事业、市政工程和环境保护，是直接为生产、为人民生活服务的，这些部门显然应当首先注意社会效益和环境效益，同时也要注意经济效益。总之，无论生产单位或非生产单位，都要注意实现经济效益、社会效益、环境效益三者的统一。

在我们面前，有许许多多的新情况、新问题需要去研究，不少"老大难"问题急待去解决。我们一定要按照党的十一届三中全会的思想路线，实事求是地总结经验，深入细致地开展调查研究，把问题一个一个地搞清楚，抓住症结，研究制定符合实际、能够解决问题的政策和措施。要积极进行试点工作，注意总结、交流和推广典型经验。比如，对学"邯二"、学"东风"的活动，就要继续抓住不放，大力推广，务必取得显著成效。要坚持辩证唯物的观点，反对唯心论和形而上学。克服盲目性，增强自觉性。发扬艰苦朴素、实事求是的优良传统，脚踏实地，扎扎实实地做好各项工作。

同志们：我们这次会议，要充分发扬民主，力求开得活泼一些。希望大家集中精力，把会议开好。所有与会同志，要畅所欲言，各抒己见，以便集思广益，把问题研究得透一些、解决得好一些。我们期望这次会议能够对我们的各项工作有个强有力的推动，经过几年的努力，使城乡建设、环境保护、建筑业和测绘事业都有一个新的提高和发展，在国家经济和社会发展中，在四化建设中，作出应有的贡献。

芮杏文同志在全国旧城改建经验交流会上的讲话

（根据记录整理）

（1984年12月27日）

这次会议今天就要结束了。这次会议主要是贯彻赵紫阳总理的指示精神，总结推广合肥市旧城改建的经验，是一次经验交流会，也是一次现场会，大家听了、看了，都觉得很受启发，对合肥的经验是充分肯定的。天津、沈阳、沙市、常州、银川、保定、襄樊、衡阳、潍坊、大理等市和山东益都县，也在会上介绍了经验，这些经验都很好，可以互相补充。可以说，这次会议开得是很有益的。

合肥市旧城改建的经验，是紫阳同志来安徽视察工作时发现的。紫阳同志主要肯定了两条：第一是利用经营方式吸引社会资金，加快旧城的改造与建设。合肥市这样做了，效益显著，这是一种新的发展。第二是按照城市规划成街成片地进行改造。就是在城市规划的指导下，进行综合开发建设，一片一片地搞，一条街一条街地搞，这不仅是旧城改建方面的一大突破，在整个城市建设方面也展示了广阔的前景。综合开发这个问题，紫阳同志提的很早，并提过多次了，今年五月在六届人大二次会议政府工作报告中又提出了综合开发问题。合肥市所以取得重大成效，就是实现了紫阳同志的要求，也进一步证实了城市实行综合开发是大有作为的。合肥市的经验同志们都听了，现场也看了，回去以后可以根据自己的具体情况推广。下面我想讲几个问题，供同志们参考。

一、如何认识城市建设在经济和社会发展中的地位与作用

在这个问题上，我们的认识远没有跟上形势的发展。城市历来就是先进生产力聚集的地方，是创造社会财富最多的地方，在我国是建设社会主义物质文明和精神文明的重要阵地。十二届三中全会通过的《中共中央关于经济体制改革的决定》指出："城市是我国经济、政治、科学技术、文化教育的中心，是现代工业和工人阶级集中的地方，在社会主义现代化建设中起着主导作用"。据1983年对我国266个设市城市的统计，这些城市的人口占全国总人口的10％，而固定资产原值占全国的70％，工业总产值和上缴利润、税金占全国的83％，高等院校在校学生人数占全国的95％，社会商品零售总额占全国的63％，加上广大的县城和建制镇，占的比重还要大。所以说，城市建设的好坏，城市管理的好坏，对国计民生的关系是很大的。

十二届三中全会提出的整个经济体制的改革，它的核心，也就是最根本的东西，就是要建立起一个充满生机和活力的社会主义经济体制。《决定》明确提出，要建立一个以社会主义公有制为基础的有计划的商品经济。这是一个极大的变化。建国以来，我们国家的经济体制是产品计划经济模式，不承认商品经济，不尊重价值规律，对市场的作用也不那么重视，一切根据计划来安排，产品按计划生产，国家统一收购、分配，这是我国经济发展缓慢的一个重要原因。商品经济是社会生产力发展的一个阶段，不是资本主义社会所固有的，实际上原始社会后期就有了，只是到了资本主义社会它占了统治地位。在私有制情况下，商品生产是无政府状态的，社会主义是公有制，可以有计划地发展商品生产，避免资本主义的盲目性。中央正是总结了这种历史的经验教训，认识到在生产力低下的情况下，我们的社会财富还不那么丰富，过早地否定商品经济，否定价值规律，对发展我国社会生产力很不利。十一届三中全会以后，首先在农村进行了经济体制的改革，把那种"一大二公"的老模式冲破了，实行了联产计酬经济承包责任制，生产力得到了解放，农村经济有了迅猛的发展，开始了由自然经济向商品经济的转变。在农村经济体制改革取得巨大成功的基础上，十二届三中全会做出了以城市为重点的整个经济体制改革的总部署，一个主要的变革，就是要建立起以公有制为基础的、有计划的商品经济。

我们的商品经济同西方国家的商品经济有原则区别。我们是社会主义公有制，土地和森林、矿山等等是全民所有，劳动力有它的价值，但不是商品。而资本主义是私有制，资本主义商品经济是无政府主义的，自发的，完全由市场来调节，靠价值规律自发地起作用。我们是有计划地发展商品经济，是自觉地承认价值规律，运用价值规律。资本主义社会存在着周期性的经济危机，而我们可以通过计划和其它手段自觉地进行调节。我们有计划的商品经济的计划性主要表现在三方面：第一，对一些关系到国计民生的问题从宏观上实行计划控制。如重点建设项目、生产力的布局、生产力的结构、生产力发展的速度等，可以用计划加以控制。资本主义商品经济是盲目发展的，哪里有钱赚就往哪里发展，最后大家都走到那里去了，整个社会经济出现失调；我们通过计划来控制投资方向、投资规模，是可以避免那种失调的。第二，稳定市场。国家对市场有调节能力，重要的物资有一定的储备，可以向市场投放，也可以从市场收购，防止出现大的起伏。第三，自觉地利用经济杠杆。社会主义商品经济与资本主义商品经济也有相同的地方，就是都承认价值规律，承认通过商品的流通和竞争，可以调动商品生产者的积极性，促进生产的发展。

建国三十多年来，由于我们搞的是产品计划经济，产品按计划生产，按计划收购，按计划分配，市场的机制基本上消亡了，市场规律的作用、城市围绕商品生产的一些功能都削弱了。现在，我们要发展商品经济，城市的功能、市场的机制就突出了。发展商品经济很重要的一条就是经营。原来生产型的企业、生产型的干部，现在要变为经营型的企业、开拓型的干部了。经营型、开拓型的特点是什么呢？就在于你要学会经营，你要懂得商品交换的关系，要了解市场的机制、市场的作用。几十年来，由于市场机制、市场的功能没有起作用，城市里的各项设施欠帐很多，不配套，远远不适应商品经济发展的需要。我们实行对外开放，外国人一来，第一条意见就是交通不便。第二条意见就是信息不灵。人家讲时间就是金钱，而我们没有什么时间观念，电报、电话落后，咨询机构也没搞起来，想了解一下行情也搞不准。城市各项服务设施也很差，第三产业不能满足需要。总之，我们城市的各项功能都远远跟不上改革形势的发展，我们的城市建设者、城市工作者，要看到这些变化，要看到在这样一个大的变革当中我们所肩负的责任。实行对外开放是个总政策，一个是对国外开放，一个是对省外、市外开放，为了适应对外开放的需要，有的要建机场，有的要修高速公路，有的要解决市内交通，还有个电讯问题，电话、电报都是五十年代的水平，适应不了现代经济发展的需要。搞一项交易，电话打了半天还打不通，这个交易怎么谈？城市的一项功能就是做买卖，做买卖就要有个活动场所。国外的旅游胜地、大旅馆都有做买卖的谈判场所。一边听音乐，一边喝点饮料，或者吃吃饭，买卖就谈了。外国人到中国来和我们谈判，是对面坐在桌子两旁，桌上插上两国国旗，郑重其事地谈。如果搞商品经济都这么干恐怕是不行的，应该有一些活动场所、交易场所。当然，我们不搞西方的那种靡靡之音，我们要搞一些健康的交易场所，这也是适应商品经济发展的要求。另外，过去用不着企业谈生意，现在企业有了自主权，计划外超产的部分要投放到市场上去，要搞活经营没有流通渠道也不行。现在好些城市都在筹划建立生产资料贸易中心。总之，经济体制的全面改革对城市的功能提出了新的要求，这是我们城市建设工作者必须认真研究和对待的第一个新情况、新变化，如果我们忽视了这个因素，就会延缓甚至阻碍改革的顺利进展。

第二个新情况、新变化，就是“七五”计划建设方针重点放在老企业的改造、改建、扩建和老工业基地的改造上。这就给城市带来了新的情况。因为老工业企业基本上都在城市，它的改造扩建必然涉及城市的建设与发展如何与之协调的问题。如果光改造和扩建老企业，而城市不相应地进行改造，不配套地增建城市的基础设施，就必然会出现更大的不适应，会加剧城市设施不足的矛盾。老企业老基地改造问题比较复杂，涉及到供水、排水、供气、供热、交通运输等城市基础设施问题，这些根本条件上不去，老企业的改造就发挥不了作用。所以与老企业技术改造相适应的配套设施建设问题一定要解决好。以上海为例，1983年上海工业总产值占全国的11%，财政收入占16.4%，外贸出口总额占16.3%，上海是全国最大的经济中心。但上海市的城市基础设施长期以来超负荷运行，拖了经济发展的后腿，再也过不下去了，要求它多做贡献，就困难了。最近，赵总理到上海，指示要有重点地解决上海的基础设施问题，再不改造就发展不了啦！前一时期，中央领导同志到东北视察，提出了东北的工业基地怎样焕发青春的问题，东北的贡献很大，但城市欠账也很多，使经济发展受到限制。天津、武汉、重庆、沈阳、包头等许多大城市都有这个问题，其他很多中小城市也有类似问题，城市基础设施不足的矛盾十分突出，是到了非解决不可的时候了。

第三个新情况、新特点是，我们的经济搞活了，生产发展了，人民生活水平也不断提高，城市建设的内容也在不断发展变化。比如，高层建筑的出现就是个例子，许多城市搞起了二十几层的楼房，如果用做住宅的话，燃料怎么办？要是烧煤球的话，怎么才能送到顶层？这就必然要求改变燃料结构。供水条件也要改变，一般的供水条件不行了，要加压才能把水送上去。还有环境保护问题。经济发展了，工业生产不注意这个问题，必然要污染环境。伦敦曾经发生过“烟雾事件”，一次死亡达4000多人。前些年，沈阳、兰州也产生过类似的险情。五十年代没出现过这样的问题，那时工业生产规模还没有这么大，城市人口还没有这么多。过去北京也是一家一个小煤炉，人口少，问题不那么突出，现在人口多了，如果还是一家一个小煤炉，煤烟的污染就不得了。来合肥前，我曾到天津、蓟县、遵化解决引滦入津的滦河水质问题。为什么会出现水质问题？就是因为过去没有想到要吃滦河的水，沿滦河摆了许多工厂，污水排放到河里造成了水质污染，现在就成了问题了，有的厂子污染相当严重，不解决不行了。这类问题都是随着生产的发展和人民生活的提高带来的，城市建设就是要不断满足物质文明和精神文明建设的需要。

第四个新情况、新变化是，随着农村商品经济的发展，引起了社会劳动力的重新分配。许多土地集中到种植能手的手里，不少人离开了土地，到城镇来做工经商，开店设坊，搞第三产业和建筑业、运输业，这就加剧了城市化的进程。现在，城市人口大体占全国人口总数的20%，据测算，到二〇〇〇年，我国城镇人口将增加到40%，或者还要多一点。这么多人拥到城镇里边来怎么办？一个办法是走老路子，让大城市继续膨胀，像纽约、东京那样。另一种就是发展中小城市，特别是加快小城镇的发展，就地吸收劳动力，还可以繁荣城乡经济，这也是城市建设的一个新课题。

随着这些新情况、新变化的出现，城市的地位和作用越来越突出了。但是，这个问题还没有被大多数同志所注视，大家还没有觉得这是个问题。我相信，随着改革过程的加速和国民经济的发展，这个问题会越来越被大家所认识，所接受。城市在国民经济和社会发展中的地位，应该引起我们全党的重视，应该引起全国各地区、各部门领导的重视。事实摆在那里嘛，上海就拖不下去了，不给它改善条件，它就发展不了啦！北京城市建设也是每年补充几个亿嘛！开放城市，要搞一些基础设施开发工程，否则经济就上不去。内地城市也会遇到这个问题。有人认为，抓生产才能拿到钱，一个厂子扩建一下，钱就有了。这固然是事实，但是，没有城市基础设施为你服务，你那个厂子就不能正常生产，也就没钱可赚了。所以城市改建好了，整个经济效益、社会效益和环境效益才能提高。合肥市就是个证明嘛！长江路西段搞了一下，半年时间总营业额就提高了174%，这不就是经济效益吗！不能只看见城市建设要花钱，还要看到城市建设对发展国民经济的巨大作用。实行市带县的领导体制，形成市领导县、县领导镇、镇领导村的格局，以城市为中心，城市领导农村，城市的地位与作用就更加突出了。大家应该认识这个问题。会上，同志们反映的关于城市建设方面的一些问题，我们将向中央反映，这里不多讲了。

二、城市政府主要应当抓什么

这个问题十二届三中全会通过的决定已经明确了。《决定》指出："城市政府应该集中力量做好城市的规划、建设和管理，加强各种公用设施的建设，进行环境的综合整治，指导和促进企业的专业化协作、改组联合、技术改造和经营管理现代化，指导和促进物资和商品的合理流通，搞好文教、卫生、社会福利事业和各项服务事业，促进精神文明的建设和创造良好的社会风气，搞好社会治安。"这说明了市政府的职责和工作重点。市政府的工作当然要全面抓，但力量摆法是不一样的，中央《决定》中的这段话，对市政府的要求也是不同的，有的要求"集中力量做好"，有的要求"加强"、"搞好"，也有的是"指导和促进"，市政府的工作重点在哪里是很明确的。这样提有没有根据呢？有，根据就是政企要分开，要简政放权，这是中央的方针。过去政企本分弊端很多。政府和企业分开了，企业的权力加大了，政府不能干涉企业的经营权，只是从政策上、立法上起作用，或组织经验交流，促其提高，但不是直接干预经营管理。我们应该按照十二届三中全会精神办。大家对合肥的经验十分赞赏，最主要的是他们市政府按照十二届三中全会精神，抓了城市建设，抓了服务工作。实践证明这样做对经济发展是有好处的，可以形成良性循环。把条件搞上去了，生产发展了，地方财富就增多了，也就有能力再去建设、去为经济发展提供更好的服务。国外都讲究投资环境，关键看环境条件好不好，条件好就能多挣钱，用我们的话说就是经济效益好。他要到你这里来投资办厂，你这个城市条件差，他就不来了嘛。国内也是如此，现在企业自主权扩大了，你把条件搞好了，外省、外市的企业也愿意到你那里投资。所以说，搞好城市建设是实行对外开放的需要。

大家很赞赏合肥市在财力安排上的原则，就是"工业建设靠贷款，房屋建设靠吸引社会资金，城市财力主要用于基础设施建设"。今年市政府拿出50%的机动财力投到城市建设上，解决城市急需解决的问题，我赞赏这种做法。搞工业建设实行贷款好，有了贷款才有时间观念，才有投入产出的观念。过去搞工业建设靠国家拔款，与单位和个人利益不发生联系，建个厂子就要用十几年的时间；如果用的是贷款，要还本付息，进度就会加快，资金就会节省。过去我们用拔款的办法搞工业建设，多花了钱还养了一批懒汉，不改变不行。合肥市把城市财力投向城市急需的建设项目上的做法，得到了紫阳同志的充分肯定。紫阳同志说：合肥的工业发展和城市改造，所需资金另辟新的途径，而地方财政收入主要用于社会和公用设施，资金使用的重点非常明确，每年搞几件事来改善城市条件，几年后就很可观，这个做法很好。我完全拥护紫阳同志的意见。同志们说，过去是"市长管生产、厂长管社会"，现在是"厂长管生产，市长管城市"，这是符合十二届三中全会精神的。当然，市长不是不过问生产了，但在人力、财力的使用上要有所侧重。有的同志讲，这个转变是历史性的转变，从经济体制改革的要求来看，城市工作应该是这样的。

三、城市建设应该采取什么样的方针

城市建设总的方针应该是：为发展生产，繁荣经济，改善人民生活服务。也可以说是为建设社会主义物质文明和精神文明服务。具体地说，城市建设应当因地制宜，统一规划，完备功能，合理布局，新老结合，综合开发，量力而行，逐步实施。

因地制宜就是根据自己的情况、特点来进行建设。城市有共性，大的功能多数是一致的；也有个性，有它的不同点。如旅游城市、工业城市、省会城市以及一般的城市，等等，各个城市要根据自己的特点，因地制宜地进行规划和建设，不应该一个模式，而应该各具特色。世界上的城市是多种多样的，西德的波恩和美国的华盛顿就不同，现代化的城市有几种模式？标准是什么？我们的城市与世界上一些现代化城市有什么差距？应该弄明白。我们的城市如何建设，大家要去研究，如工业城市该如何布局，旅游城市该如何发展，要很好地研究。城市的金融中心在国外是建高层建筑，这样相关方面集中在一起，联系密切，有利于高度发展的商品经济活动。国外的旅游城市是不让搞工业的。随着社会主义商品经济的发展，我们要研究国外城市建设的经验，根据各自的情况，把我们的城市规划好，建设好。

旧城改建和新区开发的办法、规模、速度、步骤，都需要根据各地的具体条件和财力、物力情况，因地制宜，不能搞一刀切。合肥旧城区建筑密度和人口密度都比较小，破旧房屋比较多，所以这两年集中力量抓了旧城改建，同时也兼顾到新区连片，这是结合自己特点的。如果天津市照搬这个经验恐怕就不行。天津市结合工业改造、调整工业布局进行旧城改建的经验很好，既符合天津市的具体情况，对其它城市也很有启发。要搞好城市的合理布局。我到蓟县等几个县城看了看，他们把有污染的工厂都放在城市的上风向，放在水源上头了，一污染就是一片，治理起来很难，所以城镇建设必须注意合理布局。还有个合理开发的问题，合肥的经验就是在城市规划指导下，实行综合开发，逐步实施，一片一片地搞。各地也有自己的特点。过去实行分散投资，分散建设，街道挖了填，填了挖，既浪费了投资，规划也很难实施。实行成街成片的综合开发，这个矛盾就好解决一些。大城市也好，小城市也好，新区也好，旧区也好，都应这么做，不然的话，我们的城市建设就不可能出现新的面貌。有的同志问，现在是不是城市建设的重点都要放在旧城改建上？当然不是这样。我们推广合肥的经验，是学习他们搞统一规划，综合开发，用经营的方式吸引社会资金等基本经验，至于每个城市如何搞，那要根据自己的具体情况。常州市是先抓了新区开发，五年来一片一片地搞，规在旧城松动了，可以再回过头来搞旧城改建了。有些开放城市，可能先搞新区、经济技术开发区。所以，不能笼统地讲以旧城改建为主、还是以新区开发为主，必须因地制宜，使新区开发和旧城改建结合进行。

四、城市规划工作如何适应形势的发展

城市规划的重要性同志们都清楚，我不多讲了。搞好城市建设首先要搞好规划，旧城改建也好，新区开发也好，城市功能的调整也好，都要通过城市规划来安排，都离不开城市规划的指导。城市的布局问题首先是规划问题，不把规划搞好，不按规划建设，建设布局搞乱了，再调整就很困难了。要维护城市规划的严肃性，规划一经批准就有法律效力，就要求大家都来遵守，不能随意改动，不能谁都可以改动，要由城市规划部门统一掌管起来。规划部门的工作是很重要的，我们在研究部里机构改革时，说到有些机构要调整，但城市规划局要单独设置。有人讲，城市规划可以和建设放在一块，既规划又建设。我们认为，规划部门的工作不一定要搞到具体事务堆里去，能够超脱一点好，把城市规划搞的科学、合理，城市规划机构要单设。

城市规划部门的工作困难很多，确实需要支持。过去有人说："规划规划，纸上画画，墙上挂挂，没人理它"。规划部门没有实权，腰杆不硬，许多问题顶不住，再不去支持它，规划就很难实现，工作就很难做好。合肥市的经验应该传播，其中很重要的一条是市政府给规划部门撑腰。张大为同志讲了，城市的上上下下，包括市政府、市长，都要守规矩，要"就范"，这个规矩，就是城市规划。他是大力为城市规划部门撑腰的。各地应该学习这一点，领导同志首先要重视，要支持。再就是讲科学，不能乱批乱改。规划蓝图上的每一条线都不是随意画上去的，都是经过统筹考虑，认真研究的，不是可以任意改动的。当然，形势发展了，情况变化了，规划也需要修订，事情没有一成不变的嘛，但不能随意改，要由规划部门统一进行。去年以来，中央领导同志强调，城市的规划建设管理必须高度集中统一。万里同志最近讲，企业要下放，要"松绑"，但城市管理要高度集中，不能"松绑"，有些还要绑紧，城市管理松不得。有人批评规划部门卡得太死，我们应该把道理向大家讲清楚，这是一方面；另一方面，规划一定要有利生产，方便生活，规划方案要科学、合理、可行，自然大家就信服了，一时可能有些意见，实现以后会皆大欢喜。工作中困难总是有的，规划部门的同志不要气馁。

有的同志反映，搞规划不如搞设计，设计可以计算工作量，多劳多得，工资多，而规划不是商品，不能卖，也不收费。这个问题可以研究解决，可以改革。我赞成开展规划方案的竞争，可以由几家来竞争，经过评比审定，谁的好用谁的，可以给钱嘛！我今天讲的没有经过研究，提出来大家可以讨论，这样的事省市自己就可以研究办理。这个问题要通过改革来解决。

五、如何解决城市建设的资金和材料问题

大家认为，搞好城市建设当前最大的问题是资金和材料问题。城市建设资金全部靠一个渠道解决，不太容易。合肥市运用经营方式，吸引社会资金，其他一些城市也介绍了各自的经验，一句话，就是要通过多种渠道解决资金问题。我们要总结推广这些经验，切实把城建资金的路子放开，搞活。

要通过税收建立一个稳定的、正常的城市建设资金渠道。国务院已经决定从明年元月起，开征城市维护建设税。土地使用税先在个别城市试点，也将在适当时候开征。这些钱，基本上都应该用于城市设施的建设与维护。房屋和公用设施的建设，资金问题可以通过经营方式或集资、贷款等形式解决。有些同志提出，应当从老企业改造费中适当提取一定比例做为城市基础设施配套费，我们将向中央反映，努力争取解决。有些港口城市、煤矿城市，财政收入少，而基础设施建设投资需要量大，可以采取一些特殊的集资办法，如按货物吞吐量或吨煤价格适当提取城建资金，国务院领导同志原则上同意这些做法。我们已草拟了一个《关于城市建设若干经济政策的意见》，准备再进一步征求各部门、各地区的意见，然后报经中央同意再下达。有的同志提出，有些特大型市政公用设施建设项目，投资需要量大，应列入国家计划，由中央和地方财政解决，我赞成这个意见。如青岛市搞的“引黄济青”供水项目，需要十几个亿的投资，靠城市自身财力解决有困难。引滦入津工程也是特殊安排的。总之，城市维护建设资金要多渠道解决。国家有一个基本的稳定的城市维护建设资金渠道，同时要广泛吸收社会资金，基建投资也要做些安排，有些特殊项目要特殊解决。老、少、边区和贫困地区的城市，国家和地方要给予适当支持。

再就是材料问题。大家认为现在最大的问题是材料问题。材料有两个市场，一个是计划市场，一个是调节市场，我们要设法把材料市场搞活。比如钢材，需要4000万吨，国家计划分配只有1700—1800万吨，其余要靠企业超产部分通过市场调节来解决。市场调节的材料价格可以在一定范围浮动，可以高一些，这样，反过来也可以起到抑制基建规模的作用。农村一年建七亿多平方米房屋，材料需要量很大，没有列入国家计划，就要靠市场买高价材解决。我赞成多种方式、多种渠道解决材料问题，有的地方采取联合或补偿贸易的办法，发展钢材、水泥生产，都是可行的。

同志们要我讲的问题很多，我就不一一具体讲了。这次全国旧城改建经验交流会，得到了安徽省委、省政府和合肥市委、市政府的大力支持，使得会议取得了圆满的成功。我代表城乡建设环境保护部和会议全体代表，表示衷心的感谢！

提高认识坚持改革 加快我国城市建设的步伐*

叶如棠

(1986年11月25日)

大家盼望已久的城市建设工作会议今天召开了。这是继一九七八年第三次全国城市工作会议以来，国务院召开的专门研究城市建设问题的又一次重要会议。召开这次会议，是我国社会主义现代化建设发展新形势的需要，是改革、开放、搞活的新形势的需要。对我们广大城市建设工作者来说，既是鼓舞，又是鞭策。参加这次会议的有各省、自治区、直辖市人民政府主管城市建设工作的负责同志，建设厅、建委的负责同志，计划单列城市、省会城市和部分中小城市的市长，国务院各部委的有关负责同志，新闻单位的同志。

按照国务院领导同志的指示精神，这次会议准备着重研究在改革、开放、搞活的新形势下，如何充分发挥城市的多种功能和中心作用，如何把城市规划、建设、管理工作进一步搞好，并研究解决城市建设发展的有关战略、方针、政策和体制问题。通过这次会议，提高对城市和城市建设重要性的认识，坚持改革的正确方向，在"七五"期间，不断开创城市建设的新局面，为保证和促进我国经济、社会的发展做出应有的贡献。

下面，我代表城乡建设环境保护部党组，就第三次全国城市工作会议以来的城市建设发展情况，城市建设工作中取得的基本经验，"七五"期间城市建设发展的设想，以及一些主要的政策措施等问题作一个介绍，供大家讨论研究。

一、我国城市和城市建设的新发展

一九七八年三月，国务院召开第三次全国城市工作会议，对城市工作的指导思想进行了拨乱反正，着手整顿和解决由于十年动乱造成的规划废驰、建设混乱等问题，制定了加强城市规划、建设和管理的若干方针政策，为"六五"期间城市建设的蓬勃发展作了准备。党的十一届三中全会以来，我们党重新确立了马克思主义的实事求是的思想路线，坚决地把党和国家的工作重点转到了经济建设上来，提出了建立具有中国特色的、充满生机和活力的经济体制的战略目标；并相继在农村和城市开展了经济体制改革，制定了开放、搞活的一系列政策措施，使我国的经济发展进入了建国以来生机最旺盛的时期，人民生活水平提高的幅度也是建国以来从未有过的。这样一个非常好的政治、经济形势，为我国城市和城市建设的发展提供了必要的保证条件。同时，我国经济、社会的发展，也对城市的建设提出了许多迫切的、战略性的要求。党中央、国务院领导同志多次指出，城市在组织区域经济活动中具有突出的经济中心作用和多种功能。十二届三中全会通过的《中共中央关于经济体制改革的决定》又一次明确指出，"要充分发挥城市的中心作用，逐步形成以城市特别是大、中城市为依托的，不同规模的，开放式、网络型的经济区"。这些指示，科学地阐明了城市在我国经济、社会发展中的重要作用和城市建设的发展方向。"六五"期间，通过各方面的共同努力，我国城市的建设发展出现了前所未有的好形势。

1．各地城市特别是小城镇得到了较快的发展，城市化水平稳步提高。

"六五"期间，我国设市建制的城市由一九八〇年的二百二十三个增加到一九八五年的三百二十四个，建制镇由二千多个增加到七千五百多个，是建国以来城镇数量增长最快的时期。我国城市化的水平也稳步地提高到了百分之二十左右。由于资源开发、生产力合理布局和对外开放的需要，许多原来不显眼的小镇迅速地以崭新的面貌跻身到我国城市的行列中来。其中，深圳的崛起就是一个最典型的例子。五年前，深圳只是我国边陲的一个小镇，范围不过三平方公里，最大的建筑物只是一座五层楼房；经过五年的建设，城区扩大到四十平方公里，道路增加到一百六十多公里，二千多幢楼房拔地而起，去年全市国民生产总值达到了二十九亿元。随着农村商品经济的繁荣，我国小城镇的迅速

---

* 城乡建设环境保护部部长叶如棠同志在全国城市建设工作会议的报告。

发展，使城市布局得到了改善，正朝着建立与生产力布局相协调的多层次的城镇体系的方向前进。

2.城市在我国经济、社会发展中的主导作用和中心作用有了进一步的发挥。

据一九八五年的统计，全国三百二十四个设市城市(不含市辖县)聚集着占全国总数百分之三十一点八的工业企业，比一九八〇年的百分之二十四提高了百分之六点九；工业总产值为六千亿元，比一九八〇年增长百分之六十八点五，占全国工业总产值的比重已达到百分之六十四点八；全民所有制工业企业实现利税一千零六十亿元，占全国的百分之七十九点五；零售商业网点数比一九八〇年增加一百四十二万多个，达一百六十五点七万个，占全国总数的百分之二十一点三；社会商品零售总额达一千八百四十七亿元，比一九八〇年增长一千一百四十二亿元，占全国的百分之四十二点九。一九八五年城市高校在校学生总数为一百六十二万四千人，占全国高校学生总数的百分之九十五点四；医院、门诊所达八万三千个，医院床位共九十五万八千张，卫生技术人员一百六十六万九千人，分别占全国的百分之四十一点四、百分之四十三和百分之四十八点九。实行市管县体制、加强横向联系，以及城市工业向农村扩散以后，城市对周围地区的辐射面大大扩展，城市作为经济、政治和人民精神生活中心的作用和多种功能正在进一步地发挥出来。

3.城市规划工作得到了迅速的恢复和发展。

粉碎四人帮以后不久召开的第三次全国城市工作会议，及时提出了“认真搞好城市规划工作”的任务。一九八〇年七月，国家建委又专门召开了全国城市规划工作会议，系统地总结了历史经验，端正了指导思想，制定了城市规划工作的方针和政策。一九八三年七月，中共中央和国务院批准了北京市的城市建设总体规划方案，并决定成立首都规划建设委员会。中央指出，“为从根本上解决北京市城市建设上存在的问题，必须有一个统一的规划，一套保证统一规划得以实施的法规，一个合理的建设体制，一个协调各方面关系的、具有高度权威的统一领导”。从而，再次明确了城市规划管理的重要意义，对全国各地城市规划机构的建设和规划工作的开展起到了很大的推动作用。

“六五”期间，全国城市规划工作的进展超过了以往三十年。截至一九八五年底，全国三百二十四个设市城市中有三百一十九个城市完成了总体规划的编制工作，占百分之九十八。其中，二百四十七个城市的总体规划已经国务院或省、自治区人民政府批准。全国二千零一十四个县城中有一千七百一十个县城完成了总体规划的编制工作，占百分之八十五；建制镇的规划编制工作也取得了很大进展。许多城市还开展了分区规划、详细规划和各项专业规划的编制工作。城市规划设计的水平也有新的提高。与此同时，各地城市规划部门积极参与国土规划和区域规划的编制，开展区域城镇布局规划的研究。有关城市结合历史文化名城保护规划的编制工作，积极探讨城市规划和建设如何发扬民族传统、保持地方特色的问题，取得了一定成绩。有关城市还组织开展了经济特区和经济技术开发区的规划设计工作，为我国对外开放政策的实施作出了贡献。

随着我国法制工作的加强，城市规划工作也开始走上了法制的轨道。一九八〇年，国家建委颁布了《城市规划编制审批暂行办法》和《城市规划定额指标暂行规定》。一九八四年，国务院颁布了《城市规划条例》，这是城市规划法制建设的一项重大成果。许多省、市也制定了管理办法和实施细则。通过加强规划管理，许多城市在治乱治散、制止违章用地和违章建设等方面，取得了显著成效。“六五”期间建设的大量城镇住宅和各类设施，以及一大批新建工业项目和老企业技术改造项目，大都是按照城市总体规划的布局进行的。可以说，经过“六五”期间的持续努力，我国城市已进入了有规划、按规划进行建设和管理的新阶段。

4.市政、公用设施等城市基础设施有了一定的发展。

近几年来，城市基础设施在发展经济、改善人民生活、发挥城市多种功能等方面的重要作用，已逐步为人们所重视。为了改变城市建设落后于经济发展和人民生活水平提高的状况，国家拿出比以往任何时期都多的资金，投入城市建设，并开征了城市维护建设税，初步有了比较稳定的资金渠道。许多城市政府坚持每年办几件与改善人民生产、生活环境密切相关的城市建设方面的实事，用于城市基础设施建设的自筹资金逐年增长。同时，还实行了一些有利于组织各方面力量加快城市建设的经济政策。

通过全社会的共同努力，“六五”期间建成了一批市政、公用设施大中型项目。同“五五”期末相比，全国城市水厂生产能力增长了百分之三十五，污水处理能力增长了百分之一百二十，煤气生产能力增长了百分之四十六，城市道路长度增长了百分之三十，公共交通车辆增长了百分之四十，园林绿化、环境卫生事业也有了较大的发展。五年间，城市建设共完成固定资产投资一百八十多亿元，是建国以来投资水平最高、建设速度最快的时期。

5.城镇住宅建设有了较大幅度的增长。

“六五”期间，通过坚持发挥国家、地方、企业、职工个人四个方面的积极性，全国城镇共新建住宅六亿四千多万平方米，相当于建国三十六年来住宅建设总面积的百分之四十七点七；建设投资共一千零七亿元，占三十六年住宅建设投资总额的百分之六十三点六。城市人均居住面积由一九八〇年的三点九平方米，提高到五点二平方米，城镇居民的居住条件得到一定改善。一些城市还进行了住房制度改革的试点。

6.城市科学研究工作出现了欣欣向荣的局面。

“六五”期间，我国城市经历了一系列重大变革的挑战。例如，城市化速度加快，迫切要求解决城市的发展战略问题；开放、搞活政策的实施，使得建立良好的城市投资环境的问题迫在眉睫；有计划的商品经济的发展，带来了城市市政设施有偿使用、公用事业产品和服务合理计价、城镇住宅商品化等一系列新课题；实行政企职责分开、简政放权，要求城市政府的职能随之发生根本性的转变，等等。在这样的形势下，我们的城市科学研究工作迅速地发展了起来。一九八四年一月，中国城市科学研究会成立，至今已有十个省、十六个省会城市和十个设市城市成立了城市科学研究会，还有许多地区正在积极筹建之中。同时，我部还和中组部、全国科协、中央党校联合举办了五期市长研究班，培训了三百零八名市长和副市长。各方面的理论和实际工作者，就中国城市化道路、重点旅游城市建设和智力密集区建设、大城市人口与对策、城市生态、城市基础设施等课题，进行研究和探讨，取得了许多可喜的成果，丰富了城市科学理论，解决了一些实际问题，为城市政府的决策提供了咨询服务。

总之，“六五”期间，我国城市和城市建设从观念到实践都进入了一个新的阶段，取得了令人鼓舞的进展。但是，由于长期以来城市建设方面积累的欠帐很多，过去的五年才刚刚开始着手解决城市建设与经济、社会发展之间的已经十分突出的矛盾，我国城市的现状还远远不能适应改革、开放形势发展的要求。首先是城市中为生产、生活服务的各项基础设施还非常落后。其中，第一大问题是供水不足。全国有一百八十多个城市缺水(严重缺水的有四十多个城市)，日缺水量达一千二百多万吨，其中工业缺水八百多万吨。与此相连带的是，排水和污水处理设施严重不足。污水直接排入江河、渗入地下，使水源受到污染，更加剧了缺水的矛盾，造成恶性循环。第二大问题是大、中城市的道路落后，交通拥挤阻塞，生产受影响，生活不方便。第三大问题是煤气与集中供热普及率低，垃圾粪便无处消纳，使城市环境质量日趋下降。这三个大问题不解决，城市的功能就难以正常发挥。其次是住房问题虽有一定改善，但远未从根本上解决，无房户和拥挤户仍然是量大面广。再次是城市规划、建设和管理的体制上还存在诸多缺陷，城乡分割、条块分割、分散建设、“吃大锅饭”的现象亟待解决。以上问题的存在，对全面提高经济效益，增强经济发展后劲，实现翻两番和小康生活水平，都是很不利的。我们要认真总结经验教训，争取在“七五”期间有一个较大的转变。

二、“六五”期间城市建设的基本经验

“六五”期间，我国的城市建设事业，一方面是出现了蓬勃的生机，另一方面许多落后的、不适应的环节也更为明显地暴露出来。正如万里同志所指出的，我国的城市建设从来没有碰到过象现在这么好的形势，也从来没有碰到过象现在这么大的困难。在各地城市建设的丰富的实践活动中，有很多经验教训值得我们认真总结。这里，我着重总结以下四个方面的基本经验教训。

1.有计划的城市化是我国城市发展的必由之路。

我们的党和政府历来把随着生产力的发展、城市化水平将不断提高，作为一种必然规律来对待。党的十一届三中全会以后，又进一步强调发挥城市在经济、社会发展中的主导作用和中心作用，推动城市的迅速发展。与此同时，党和政府又充分意识到城市太大了不好，要发挥社会主义制度的优越性，走有计划的城市化的道路，建立起合理的城镇体系。一九八〇年，全国城市规划工作会议提出了“控制大城市规模，合理发展中等城市，积极发展小城市”的城市发展基本方针。几年来的实践证明，这一方针是符合我国国情的，执行的效果是好的。从总体上看，大城市的人口没有出现过分膨胀，中、小城市和建制镇的数量和人口的比重都有了较大幅度的增长，城镇体系正朝着合理化的方向发展。但这并不等于说就不存在问题了。

首先，我们的认识问题还没有完全解决。对于大城市的规模(主要是人口规模和用地规模)要不要控制，还存在着不同的意见。有的同志认为，城市越大经济效益越高，没有必要去控制；还有的同志认为，城市的膨胀是现阶段经济发展的必然结果，是控制不了的。对这些问题，应当有一个全面的正确的认识。实践经验告诉我们，大城市的规模必须加以控制。我国的一些大城市，由于人口密度和建筑密度过高，已经造成了水源缺乏、能源不足、环境污染、交通拥挤、住房紧张、征地困难等诸多弊端，如果再不加控制地任其急剧膨胀，势必会导致“大城市病”恶化，经济、社会、环境效益下降。同时，实践也证明，大城市的规模是可以做到有控制地发展的。这几年，各大城市在这方面都作了很大努力，制

定一些政策来控制人口的自然增长和机械增长，取得了很大成效。当然，城市人口控制在多大规模为合适？这个问题比较复杂。恐怕要因城而异，不能搞“一刀切”。还有，究竟达到多少人口算作大城市？也还值得探讨。我相信，随着城市发展战略的研究，人们认识的深化，是可以得到一个科学结论的。但是，大城市规模必须加以控制，要实行有计划的城市化，对这一点我们不能动摇。因为实践已经证明，城市规模是“大控制、小膨胀，小控制、大膨胀，不控制就会乱膨胀”。我们都不希望出现乱膨胀的局面。

其次一个问题是“积极发展小城镇”的方针虽然已提出来了，但还缺乏相应的政策措施作保证。随着农村商品经济的发展，我国小城镇的数量增长是相当快的。一九八五年全国已有小城市一百七十八个；建制镇七千五百一十一个；分别比一九八〇年增加了七十个和四千六百三十七个。但是，看小城镇是否得到发展，主要不是看其是否设置了市或镇的建制，而主要应当看其经济、社会发展水平，看它的各项设施特别是基础设施的水平，看它的吸引力和辐射面。用这个标准来衡量，许多小城镇还名不副实，相当一部分小城镇至今还很难起到联结城乡经济“纽带”的作用。即使是条件比较好的小城镇，也还缺乏与其所处地位相当的吸引力，难以起到疏散大城市人口的作用。其中一个重要原因是，一些现行政策还不利于小城镇的发展。例如，小城镇的工资、福利待遇低于大、中城市，这就不利于人才的合理流动；由于小城镇建设资金不足，各项基础设施和文化、卫生设施缺乏，生产和生活环境条件差等。这些，都有待于解决。

2.经济建设、城市建设、环境建设必须同步协调地发展。

过去相当长的时间里，由于受“左”的思想干扰，在发展经济的过程中，往往只有工业的观念，而缺乏城市的观念。在进行生产力布局时，主要想的是向城市摆放工业项目，很少考虑城市供水、排水、能源、交通、邮电等基础设施的配套建设。甚至把城市建设看成单纯消费性的建设。结果造成城市建设落后于经济建设，经济发展受制约，人民生活不方便，城市环境质量下降。“六五”期间，这种城市建设、环境建设与经济建设的进程不相适应的矛盾更加突出了。为此，党中央、国务院领导同志多次指出：为了适应改革、开放、搞活的需要，发挥城市的多种功能和中心作用，必须搞好城市中为生产、生活服务的各项设施的建设，改善投资环境和生活环境；城市政府和市长的主要职责是把城市规划好、建设好、管理好，使城市的各项工作逐步走上科学的轨道。这几年来，各个城市根据自己的实际情况，加快了城市建设和城市环境综合整治的步伐，取得了好的效果。例如，天津市解决供水问题后，一年可以增加几十亿的产值；打通中环线以后，一年可以获得上亿元的经济效益。

正反两方面的经验告诉我们，城市建设、环境建设应该与经济建设同步规划、同步实施、同步发展，实现经济效益、社会效益、环境效益的统一。而“三个同步”的焦点，则是各项基础设施的建设能否跟得上去。过去，常常把城市基础设施建设作为“非生产性建设”来对待，似乎它完全是为城市的生活活动服务的，与生产活动无关。这是一种误解。城市基础设施很大一部分是直接参与物质生产的。例如，自来水的百分之七十左右是工业生产用的；煤气的百分之五十是用于工业生产的。有一部分城市基础设施虽然不是以产品的形式参与工业生产过程，但却是直接为工业生产服务的。例如，大量的工业废水要排到城市的下水道；城市道路、桥梁上行驶的车辆中有百分之七十是生产用车辆；城市公共交通和防洪设施等，也是保证工业生产正常进行的重要条件。所以，不能把城市基础设施作为“非生产性建设”来对待。应当看到，城市基础设施是城市形成和发展的前提条件，是社会再生产的基础，在促进社会化大生产、发展现代经济方面有着举足轻重的作用。目前，我们的许多城市由于缺水而不得不定时、限量供应，工厂被迫停产、限产，造成的工业产值损失是相当可观的；由于城市道路卡口、堵头多，交通拥挤，机动车时速下降，造成的经济损失也是相当惊人的。事实上，城市的煤气和集中供热同石油、煤炭等能源一样，都是发展国民经济的基础物质条件；城市道路和公路一样，也担负着客货运输的任务，并且是全国公路交通系统的枢纽和结点。因此，这些方面的建设项目应该和国家能源、交通重点建设项目同等对待，作为“基础性建设”列入国家基本建设计划，并保证其超前、至少是与经济建设同步协调地发展。当然，城市基础设施确有相当部分是直接为人民生活服务的。但按照马克思主义经济学的观点，满足人民的生活需要本身就是一种生产力的再生产，不能因其“非生产性”而在安排计划时被忽视。

3.加强城市建设工作的出路在于改革。

多年来，我国城市建设管理体制上存在着两个问题：一是规划与计划脱节，规划的实施得不到保证；二是条块分割、分散建设，市政、公用设施建设与工业和住宅建设不能配套进行。其结果是影响了城市建设的综合效益。许多城市反映，一些建设工程的选址定点往往是“条条强作主，块块难当家”，布局失当的问题屡有发生；一些宿舍、大楼建成后，由于水、电等设施配不上套，长期不能投入使用；城市马路挖了填、填了挖的现象更是普遍存在，群众称为“拉链马路”；旧城改造零敲碎打，见缝插针，缺乏通盘考虑；一些单位筑围墙、圈大院，生活服务和文化卫生设施自成体系，形成了“企业办社会”，“开放的城市、封闭的大院”，影响了投资效益，居民生活也不方便。要解决这些问题，唯一的出路就是改革城市建设的管理体制。

根据各地的经验，要做到规划与计划相结合，关键是要充分发挥城市总体规划对城市各项建设的综合指导作用，建设计划应以经过批准的城市规划为依据。在这方面，“六五”期间已作了一些改革。一九八三年，国务院批转了建设部《关于重点项目建设中城市规划和前期工作意见的报告》；一九八五年，国家计委和建设部又联合发出了《关于加强重点项目建设中城市规划和前期工作的通知》。在这些文件中，对于基本建设计划以及项目的前期工作的各个阶段如何同城市规划相结合的问题作了明确的规定。国务院还批准建设部城市规划局由国家计委和建设部双重领导，从组织上为规划同计划的结合创造了条件。各地在解决规划与计划“两张皮”问题的过程中，也创造了许多好的经验。例如，沙市、抚顺等城市实行规划部门参与编制计划的办法，使城市建设的五年计划和年度计划同城市的近期规划和详细规划密切衔接，保证了城市规划的实施；天津市改变了过去由计委列项目、建委管施工，计划同规划脱节的建设管理体制，改由建委对城市建设项目的计划、规划、设计、施工、材料进行统一管理，较好地解决了规划同计划相结合的问题。

“六五”期间对城市建设管理体制的另一项重大改革是实行“统一规划、合理布局、综合开发、配套建设”。包括把过去由单位自建的一些生产、生活服务设施的建设资金集中起来，统一进行开发建设。合肥市采取综合开发的办法，对旧城区进行统一规划、拆迁、施工和开发经营，使城市面貌得到了较大改善。许多城市在新区建设，特别是沿海开放城市的经济开发区建设中，对工业区、住宅区实行了综合开发，提高了建设速度和综合效益。这项改革虽然还仅仅是开始，但实践证明方向是对的，效果是好的，必将对提高城市建设的科学性、尽快改变城市的面貌起到积极的作用。

4.实行“人民城市人民建”是保证城市建设能够逐步适应经济、社会发展需要的重要方针。

我国城市基础设施欠帐很多，国家又不可能一下子拿出很多资金来解决这个问题。在这样的情况下，为了改变城市市政、公用设施不足和市容脏乱差的落后状况，许多城市本着人民城市人民建、人民城市人民管、为民之举靠人民的指导思想，动员社会力量，加快了城市建设的步伐。党中央、国务院领导同志多次肯定和赞扬了“人民城市人民建”的办法。胡耀邦同志在视察城市建设时曾指出：要钱、国家很困难，没有那么多钱；要政策，有，就是要发动群众。自己动手谋福利，要成为城市建设的基本方针。李先念同志视察天津市的城市建设以后，亲笔作了“人民城市人民建”的题词。

从各地的实践经验来看，“人民城市人民建”的内涵很丰富。大体上有这样两个方面，一是按照自愿、受益、合理负担、政府批准的原则，用多种方式吸引社会闲散资金；二是组织单位和居民参加公益劳动。各地城市政府运用这些办法，已经收到明显成效，增强了城市建设的活力，加快了城市基础设施建设的步伐，改善了城市的投资环境和生活环境。重庆市通过社会集资建成了长江大桥，使生产单位节约了大量运输费用，缩短了运距，加快了生产和流通的节奏，获得了巨大的经济效益。目前他们正在集资建设石门大桥，建成后将打通城市道路外环，缓解城市交通拥挤、堵塞的状况。天津市近年来较快地建成了一批城市基础设施骨干项目。他们在解决城市建设资金问题时坚持靠两头，大头是国家和地方投资，小头是各受益企事业单位集资。北京、南京、重庆、福州、济南、沈阳、银川等城市征收了市政设施配套费或增容费；甘肃等省在全部设市城市里普遍征收了配套费。沈阳、湘潭、长春、广州、佛山、柳州等城市开征了市政设施有偿使用费。北京市在整治北护城河、整修水碓公园时，组织几万人参加义务劳动。南京市修建建宁路时，组织沿路受益单位无条件拆除有碍道路的建筑物，当年建成投入使用，节省了二千万元投资。天津市整治海河，沈阳市整治南运河，也都组织了义务劳动。各城市由于坚持取之于民，用之于民，为人民造福，为生产开路，受到了各有关单位和广大居民的拥护和积极支持。

各城市在依靠群众管理城市方面，也摸索了许多好的办法。如天津市，从东站到北站一条街建成后，对新开辟的七千三百多平方米花坛、绿地实行了群养、群管；住宅小区的庭院绿化也采取了由街道办事处包片、居委会包块、居民小组包段的办法，收到了很好的效果。

实践证明，贯彻“人民城市人民建，人民城市人民管”的方针，不仅使广大城市居民认识到自己既有享受城市文明的权利，也有直接参加城市建设和管理的不容推辞的义务和责任。同时，还能促进城市精神文明的建设，有利于培养全体市民良好的公共道德和社会风尚，是建设新型的社会主义文明城市的正确途径。

以上这四条基本经验，不仅在“六五”期间的城市建设中起到了重要的作用，而且也是今后城市建设必须长期坚持的一些基本的指导思想和工作路子。

三、“七五”期间的展望和工作目标

“七五”期间，是我国经济发展战略和经济体制进一步由旧模式向新模式转换的关键时期，是为九十年代经济与社会更好地发展准备后续能力的重要时期，也必将是我国城市和城市建设蓬勃发展的一个新的时期。正如中共中央关于“七五”计划的建议所指出的那样，“随着社会生产力的发展，特别是农村经济的繁荣，城市化程度的提高和新城市的出现将是必然的趋势。”可以预见到的情况是：

第一，“七五”期间，我国城镇数量和城市人口将继续增加。随着农村产业结构的调整和乡镇工业的崛起，大批农村剩余劳动力将转向农业以外的其他各业，转向城镇；随着能源、原材料等重点项目和港口、铁路枢纽、边境口岸等的建设发展，也有可能形成新的城市。这就势必会加快我国城市化的进程。“七五”计划设想：到一九九〇年，我国设市城市将由一九八五年的三百二十四个增加到四百多个。建制镇将由七千五百十一个增加到一万多个。城镇非农业人口亦将由一亿七千五百万人增加到二亿二千万人。据有关部门预测，到二〇〇〇年，大约有一亿七千万农业人口进入城镇落户，加上自然增长，全国城镇人口可能达到三亿六千万人到四亿人。由于国家重点工程中大约百分之六十左右依托于现有大、中城市，百分之三十左右需建到小城镇或其它的地方去，从而到二〇〇〇年设市城市将增加到五百四十个到六百个，建制镇可能达到一万五千个到二万个。虽然这只是一种预测，但这种城市化的趋势是必然的，是不以人们的意志为转移的，我们应当未雨绸缪，预作谋划。

第二，各项生产和建设事业的发展将需要城市提供日益增多的物质技术保证。“七五”计划规定：今后五年内，全民所有制单位固定资产投资总额达八千九百六十亿元，将比“六五”期间增长近百分之七十；国家将改建、扩建和新建一批重点工程，改造一批重点企业；国际经济合作将进一步发展，进出口贸易总额五年内增加百分之四十，利用外资和引进先进技术的规模将相应有所扩大。这些，都离不开城市的依托和支持。中央还特别指出，“七五”期间，要提高更新改造投资在固定资产投资总额中的比重，把更多的资金用于现有企业的技术改造和改建、扩建上。这一点，尤其需要引起我们的重视。因为现有工业企业基本上都在城市，它的技术改造和改建、扩建必然要求城市大量增加基础设施的负荷能力。如果城市不相应地进行改造，不配套地增建城市基础设施，就不仅会加剧城市基础设施不足的矛盾，而且必然要拖生产发展的后腿，投资效益就难以发挥。对一些老的工业城市来说，企业技术改造的工作量更大，这个问题也将更为突出。

第三，社会主义商品经济的发展，也将不断地对城市建设提出新的要求。城市是社会经济发展到一定阶段的产物。随着近代商品经济的发展，城市数量不断增多，规模不断扩大，设施不断完善；反过来又进一步促进了商品经济的繁荣。马克思曾经指出，“商业依赖于城市的发展，而城市的发展以商业为条件”。这就深刻阐明了城市与商品经济互为依存，互相促进的关系。建国三十多年来，由于实行了一套产品计划经济模式，产品按计划生产、收购和分配，由国家统购包销，市场机制基本上消亡了，城市为商品经济服务的一些功能也大大削弱了。十二届三中全会通过的《中共中央关于经济体制改革的决定》，明确了我国的社会主义经济是建立在公有制基础上的有计划的商品经济。这就要求改革旧的经济管理体制，打破条块分割和地区封锁，积极发展城乡之间、地区之间、城市之间的横向联系，在国家政策和计划指导上逐步建立起社会主义的统一市场。大批农民将进入城镇做工经商，开店设坊，从事各项服务事业；城市的流动人口也将急剧增加。这就要求城镇的规划和建设适应这种发展变化，发挥城市的多种功能，完善服务设施，为发展社会主义商品经济提供更好的服务。

第四，“七五”期间，随着生产发展，城乡人民的实际消费水平将增长百分之二十七左右，人民的生活质量和生活环境也要求进一步改善。中央已明确指出，要把改善生活环境作为提高城乡人民生活水平和生活质量的一项重要内容，进一步加强供水、排水、供电、供热、供气、道路，交通和电话等公用设施的建设，使人民生活更加便利。要加强对空气、水域、土壤污染和噪音等公害的监测和防治。大力发展园林、绿化，逐步为人民创造清洁、舒适的生活和劳动环境。这方面，我们有大量的工作要做。

从以上讲的几个方面我们可以充分看出，城市建设是我国社会主义现代化建设的一个重要组成部分。加强城市建设，提高城市的多种功能和中心作用，对于顺利实现“七五”计划，促进九十年代的经济振兴，实现本世纪末工农业年总产值翻两番、人民生活达到小康水平的战略目标，都具有极为重要的意义。

为了使城市建设同“七五”期间的经济建设规模和人民生活提高的实际需要相适应，并考虑到财力、物力条件的可能，我们设想，首先要有重点地

建设好一批城市，包括三大直辖市、省会城市、沿海开放城市、沿江河铁路交通线的重要城市，风景旅游城市和边远地区的重要城市等等，使它们成为规划比较科学、设施比较完善，环境清洁优美，有利生产，方便生活的社会主义新型城市。同时，要使全国大、中、小城市的面貌从总体上有所改观，并初步形成合理的、多层次的城镇体系。我们对“七五”期间的规划设想是：

1.大力进行城市供水设施的建设。新增日供水能力一千六百七十万吨，改造供水管道六千公里，建成引黄济青、西安黑河引水工程、上海黄浦江上游引水工程等三十项大型供水项目，缓和省会城市、主要工业城市、沿海开放城市、重点旅游城市供水紧张的状况。基本解决全国县城居民饮水问题。

2.努力加强城市交通和道路、桥梁建设。新建一万四千公里、面积一亿六千万平方米城市道路，人均道路面积由一九八五年的三平方米增加到四平方米；新增公共交通车三万辆，建设有轨电车线路一百公里，无轨电车线路二百公里；特大城市建设地下铁道，试建轻轨交通系统；城市每万人拥有车辆由一九八五年的四辆增加到五辆。

3.积极发展城市煤气和集中供热。建设大中型煤气工程十四项，增加日供煤气能力九百万立方米。同时，充分利用工矿企业余气，合理利用天然气、液化石油气，以及通过节能措施等多种途径增加供气能力。城市居民用气普及率由百分之二十二点四提高到百分之四十以上。京、津、沪、沈阳、太原、大连等城市基本实现煤气化。城市集中供热面积增加五千万平方米，普及率由百分之四提高到百分之十。

4.尽快把邮电通讯建设搞上去。按照“七五”计划的要求，五年内全国增加市内电话二百五十万门至三百万门，实现省会城市、经济中心城市、沿海开放城市及东部经济发达地区地市以上城市长途电话自动或半自动接续。同时，要积极发展国际通信和邮政通信。

5.加快城市排水管道和污水处理设施建设。建成排水管道一万四千公里，排水普及率达到百分之七十左右；建成二十三项大型污水处理工程，增加污水日处理能力四百七十万吨，污水处理率由百分之二点八提高到百分之八。

6.努力搞好城市园林绿化和环境卫生事业。城市绿化覆盖率达到百分之三十，人均公共绿地面积达到五平方米，建设国家级风景名胜区五十处，为发展旅游事业创造条件。环卫机械化程度达到百分之七十，做到垃圾日产日清，无害化处理率由百分之二点六提高到百分之五。

7.继续抓好城镇住宅建设。新建住宅六亿五千万平方米，与“六五”期间基本持平。一九九〇年城市人均居住面积比一九八五年增加一平方米。

我们感到，上述任务是适应我国经济、社会的发展需要必须完成的，同时又是要经过艰苦努力才能完成的。我们各级城乡建设环境保护部门一定要树立信心，克服困难，积极进取，做好工作。我们相信，有中央的正确领导，有全社会的支持，这些目标是有可能达到的。

四、主要的方针和政策措施

“七五”期间，我们总的想法是：遵照中央关于建设具有中国特色的社会主义的总要求和对内搞活经济、对外实行开放的总方针，以改革为动力，积极探索符合我国国情的、具有中国特色的城市建设发展的新路子，把我国城市规划、建设和管理工作提高到一个新的水平。

(一)进一步提高对城市和城市建设重要性的认识。

《中共中央关于经济体制改革的决定》指出，“城市是我国经济、政治、科学技术、文化教育中心，是现代工业和工人阶级集中的地方，在社会主义现代化建设中起着主导作用。”这就从本质上阐明了城市在经济与社会发展中的重要作用。大家知道，城市作为一定地域的中心，一般都具有产业集中、商业繁荣、交通便利、信息灵通、科技力量雄厚，生产方式先进等优越条件，因而能够以较低的消耗、较少的费用、较短的时间组织大规模的商品生产和流通，创造出较高的社会经济效益；并发挥其多种功能，带动周围地区经济的发展，促进整个国民经济的繁荣。国家对外开放政策也是依托城市进行的。继深圳等四个特区的建立和沿海十四个城市实行开放以后，中央又决定长江三角洲、珠江三角洲和闽南三角地区也要对外开放。而这三个地区的开放还是集中地表现在这些地区的城市首先对外开放，使这些城市成为我国对外经济联系的窗口和基地，带动沿海和内地经济的发展。总之，我国的城市是建设高度社会主义物质文明和精神文明的主要基地。

赵紫阳同志指示我们要重新认识城市的功能。他在一九八五年四月视察武汉时指出：“过去我们对城市功能的理解比较狭窄。一提到城市，往往只想到它是工业基地。这种认识是不全面的。城市是商品经济发展的产物，它的功能是多方面的。它不仅是工业生产基地，而且应当是贸易中心，金融中心、交通枢纽、信息中心，有些城市还是科学、教育中心。”我们要认真地学习领会紫阳同志的这一重要指示，树立起新的城市观念。目前，对城市的认识正在不断深化。有的同志讲，城市，尤其是现代大城市，是以人为主体，以空间和环境利用为特点，以聚集经济效益为目的一个集约人口、集约经济、集约科学文化的空间地域系统；还有的同志讲，城市是一定空间内组织生产力，实现社会分工联系，推动生产力向前发展的空间存在(或组织)形式。当然这只是关于城市本质问题的一部分表述。但无论如何，那种单纯把城市看成是工业生产基地的观点是不全面的。而且即使是由工业生产基地形成的城市，从本质上讲，它依然会成为一定地域的经济、政治、文化、科技中心。必须看到，城市既是社会生产力的高度集聚；而又通过其形成的巨大系统和多种功能，对所集聚的生产力起着不可忽视的“放大”作用。如果我们只是孤立地研究企业问题，而不去认真提高城市的功能，完善各项基础设施，为企业生产提供外部的物质保证，那么，就不可能最大限度地提高企业的经济效益。上海是我国最大的经济中心。但上海市的城市基础设施长期以来超负荷运行，已经拖了经济发展的后腿。辽宁是我国的老工业基地，也由于城市基础设施严重不足，限制了经济的发展。这恐怕是全国城市普遍存在的一个问题。至于如何为人民群众创造一个方便、舒适、清洁、优美的生活、劳动环境，这更是我们进行社会主义现代化建设、发展生产力的根本目的所在。

城市的功能和作用发挥得如何，体现着一个国家的经济、社会发展水平和文明程度。而城市的功能和作用又是通过经济建设、特别是城市建设形成的。搞好城市的规划、建设和管理，是使城市能够发挥多种功能和中心作用的重要物质保证和前提条件。它不仅关系到当前的生产建设，而且关系到长远经济发展的后劲。在新的形势下，我们一定要对城市和城市建设的重要性有一个明确的认识。在研究城市发展战略和布局生产力的时候，既要有生产和流通观点，又要有城市和环境观点，加强统筹安排，做到经济建设、城市建设、环境建设三者同步规划、同步实施、同步发展，以取得经济效益、社会效益和环境效益的统一，把我们的城市尽快建设成为开放型的、多功能的、社会化的、现代化的经济、文化、科技中心。对这个问题，我们要经常地、反复地进行宣传，把它变为全社会的共同认识。

(二)更好地执行城市发展的基本方针，建立与生产力布局相适应的城镇体系。

为了贯彻中共中央“七五”建议关于“应当根据我国实际情况，对城市发展的结构和布局进行合理规划。坚决防止大城市过度膨胀，重点发展中小城市和城镇”的战略决策，我们必须继续认真执行“控制大城市规模、合理发展中等城市，积极发展小城市”的城市发展基本方针，逐步建立起与生产力布局相适应的、具有中国特色的城镇体系。在执行这个方针的时候，要注意抓好两头。

一头是控制大城市规模，重点在于控制人口规模，特别是市区的人口规模。在控制好人口规模的前提下，合理确定建设用地。“七五”期间，大城市的城市建设重点应放在完善城市基础设施，增强城市功能，改善环境质量，提高现代化水平上。这里我要特别强调一下，我们讲控制大城市的规模，决不意味着要限制大城市的经济发展。恰恰相反，正是为了创造更好的生产、生活环境，保证和促进城市经济的发展。根据中央的精神，“七五”期间要坚决地把建设重点切实转到现有企业的技术改造和改建扩建上来，走内涵型扩大再生产的路子。对于大城市来说，还应该利用原有的基础，发挥技术力量雄厚的优势，把高技术、新技术产业和第三产业作为发展方向，而不再去发展劳动力密集型的工业。同时，不断向周围地区和中小城市输送先进技术和专业人才，带动周围地区和邻近城镇共同发展。这样一条路子，就既能保证城市经济的发展，又不致引起人口膨胀。大城市要在继续控制人口自然增长的同时，严格控制人口的迁移增长，特别是严格控制企业事业单位成建制地迁入市区。目前，城市户口多头审批的现象比较普遍，不利于城市人口的控制。我们认为，还是应该由城市政府根据城市人口发展规划“一枝笔”审批为好。有条件的城市还可以逐步实行指标控制的办法，即根据城市的人口发展规划，对中央、军队、地方等各系统的户口迁入实行高限指标控制，做到有进有出。随着城市开放和人民生活水平的提高，流动人口必然大量增加，必须在城市规划、建设、管理上采取相应的对策。在确定城市用地、基础设施和公共服务设施建设规模时，应充分考虑城市流动人口的因素。

另一头是加快发展小城市和县城、建制镇等小城镇。这是走具有中国特色的城市化道路的一个重要实践。中国人口这样多，不能都涌进大城市。发展小城镇，不仅可以减轻大城市人口增长的压力，更重要的是，有利于促进生产力和人口的合理布局，有利于促进城乡协调发展，缩小城乡差别。小城镇建设和发展的基础在于经济的充分发展，在于增强经济实力。要发展经济，又必须加强基础设施的建设，创造一个好的投资环境；同时，也就提高了小城镇的生活环境质量，增强了吸引力。我们感到，应该从政策上给予一些扶植。包括在发展经济上给予优惠，创造良好的就业、就学、医疗卫生和文化娱乐条件等等。这些问题，希望有关部门认真加以考虑。

(三)革新城市规划工作的观念和方法，充分发挥城市规划综合指导城市各项建设的职能。

城市规划是一定时期内城市发展的总体部署，是城市建设和管理工作的依据。要把城市建设好，首先要抓好城市规划的制订和实施。我们的城市规划工作正面临着新形势、新要求。从根本上说，就是要努力适应社会主义有计划的商品经济的发展和对外开放、对内搞活经济的需要。为此，一是要冲破传统的封闭型的城市空间观念，从市域、省域和大经济区域等更为广阔的空间来研究城市经济和社会发展的趋势，把城市规划和城市的发展战略紧密地结合起来。二是要改变那种一定二十年的理想的静态的规划模式，使城市规划成为一种既有长远的战略设想，又有分阶段的实施目标，并根据城市和所在区域经济、社会发展的进程，适时进行调整和补充的适应性强的动态规划模式。这样，才能更好地体现宏观与微观的结合、战略和战术的统一，适应改革、开放过程中城市的发展变化，真正对城市的各项建设起到综合指导作用，成为城市政府建设和管理城市的重要依据。现在，许多城市的总体规划都已经搞出来了，但城市规划工作的任务丝毫没有减轻。一方面要做好总体规划的补充和调整，编制详细规划和近期建设规划；另一方面，要抓好规划的实施和管理。因此，规划力量只能加强，不能削弱。并要适当选调一些有关社会科学和自然科学的专业人才来充实规划队伍。

为了保证城市规划的实施，一个重要的问题是要搞好国民经济、社会发展计划与城市规划的衔接，改变长期以来计划和规划"两张皮"的现象。这个问题，需要同有关部门一道来解决，多联系，多通气，紧密地合作。在制定城市总体规划的时候，一定要请城市的计划部门参加。城市规划部门也要积极地参加城市国民经济和社会发展计划的编制工作，及时地沟通情况和意见。特别是基本建设项目和重大技术改造项目的选址定点，城市规划部门应积极参与决策。为了保证规划的实施，对于城市基础设施等基本上由城建部门来组织建设的项目，最好能象天津市那样，由城市建设主管部门对其计划、规划、设计、施工、材料进行统一管理。这一点，要请各城市政府认真考虑。

要大力加强规划管理工作。根据国务院领导同志多次指示的精神，规划管理权必须集中在城市政府，不能下放。我们体会，之所以要这样强调，是因为城市是一个整体，必须从整体上来进行规划，规划权分散了不好。经过批准的城市规划就具有法律效力，一定要严格实行。城市内各项建设的布局、定点，都要以城市规划为依据；城市规划区范围内所有单位和居民的建设活动，都应该服从城市规划的安排，不能允许抛开城市规划各自为政和自行其是。这一点要反复强调，务必取得各有关方面的支持和协助。市长要带头抓规划的实施，经常检查规划的执行情况，及时解决规划执行中的问题。城市规划部门要进一步树立服务观点，搞好为城市政府决策的服务，搞好为建设单位的服务，寓管理于服务之中。既要敢于坚持原则，维护规划的权威性和严肃性；又要对经济、社会发展的新特点、新要求十分敏感，很好地适应。要把搞好服务作为城市规划工作改革的一项重要内容。

(四)加快城市基础设施建设，创造良好的投资环境和生活环境。

供水、排水、道路、交通、煤气、热力、供电、通信、防洪等城市基础设施，应当作为城市各项建设的重点，纳入国民经济和社会发展计划，保持适当的投资比例，使之与生产和各项建设事业协调发展，并逐步做到超前建设。

首先要集中力量解决城市供水问题。如果要对各项城市基础设施建设排个队的话，解决供水问题应该放在第一位。解决的办法，一条是节流，狠抓节约用水；另一条是开源，建设一批骨干供水工程。同时，要特别注意城市的水源保护。如果水源都污染了，我们就会无源可开。在许多城市，这个问题已相当突出了，要加快城市排水和城市污水处理设施的建设。我国的城市污水处理事业现在十分落后，三百多个设市城市一共才有五十多个城市污水处理厂，而且多数又是一级处理。国外城市像马德里，一个城市就有七座污水处理厂，城市污水全部得到了二级处理。实践证明，城市污水的综合治理，比各单位分散治理更有效、更省钱。应该把工厂技术改造资金里用于治理污水的钱集中起来，建设综合性的城市污水处理厂。这样既可以加快城市污水处理事业的发展，又减轻了工厂污水处理装置日常运转、维护费用的负担。

其次是要下功夫改善城市交通拥挤的状况，加快城市道路的改造和建设，逐步形成合理的城市交通网络。城市客运交通应以发展公共交通为主，除汽车、无轨电车以外，在大城市还应有计划地发展大容量的轻轨交通。

再次是要利用多种气源、热源，积极发展城市煤气和城市集中供热。这样既可提高城市基础设施的现代化水平，又能有效地节省能源和减轻城市的大气污染。直辖市、省会城市、沿海开放城市、风景旅游的城市、重点环境保护城市以及气源条件较好的城市，煤气建设要先行一步。东北、西北、华北地区的城市，应加快城市集中供热设施的建设。

要解决好城市建设资金问题。除争取国家财政给予必要的支持以外，城市政府要集中更多的财力、物力用于市政、公用等城市基础设施的建设与维护。合肥市在财力安排上按照"工业建设靠贷款，房屋建设靠吸引社会资金，城市财力主要用于基础设施建设"的原则，为我们提供了一条很好的经验，值得各地借鉴。但是，在目前的情况下，城市建设资金完全靠政府解决是不现实的，还必须采取多种办法，增加资金来源。这些年来，各地实行的办法归结起来大体有这样几条：一是对市政设施实行有偿使用，如排水收费，贷款建桥、收费偿还，对因新建、改建、扩建和技术改造而增加城市基础设施负荷量的企事业单位收取增容费或配套费等等；二是对公用事业的发展给予扶植照顾，如减免税收，税费返回，给公共交通的政策性亏损以补贴等等；三是合理调整公用事业的产品价格和服务收费；四是适当进行社会集资，如集资修路、兴办城市煤气等等。实践证明，这些办法都是行之有效的，坚持实行下去，对于保证城市建设与经济建设同步协调发展是会起到积极作用的。这里，我想对集资的问题多讲几句。在目前政府还不可能拿出更多的资金用于城市建设的情况下，适当地进行一些社会集资应该是允许的，是符合“人民城市人民建”的精神的。但是，一定要坚持自愿、受益、合理负担、政府批准的原则；要充分考虑到不同企业的承受能力，加以区别对待；要用于兴办一些真正急需解决的市政、公用等城市基础设施，不搞形式主义的东西。我想，只要把这些问题处理好，适当地集一点资，是会得到各方面的拥护和支持的。

要管好、用好城市建设资金。现在一方面是城市建设资金不足，另一方面从审计结果来看，又存在着挪用现象。因此，必须加强对城市维护建设税和公用事业附加等城市维护建设资金的管理。一些城市已经实行由税务部门按照规定的征收范围全额征收，城建部门归口管理；城建部门会同计划、财政部门按年度编制出城市维护建设资金使用计划，经市人民政府批准后执行；财政部门、审计部门加强监督的办法，有效地保证了专款专用。这项改革应该在各城市普遍推广。

(五)改革城镇住房制度，积极推行住宅商品化。

长期以来，我国对城镇职工住宅实行低租金分配制度，产生了很多弊病。住宅完全由国家包下来，影响了职工个人投资买房和建房的积极性，造成城镇居民消费结构不合理；国家财政每年投入大量住宅建设资金，负担很重，还满足不了需要。同时，也不利于搞活建筑业和建材工业。因此，需要下决心、有步骤地进行改革。

住房制度改革的目标是，把住宅的生产、分配、交换、消费逐步纳入有计划的商品经济的轨道，实行住宅商品化，做到基本上按价值规律办事，促进住宅建设的良性循环和消费结构的合理化，改变目前由于无偿分配引起的住宅使用与占有的苦乐不均，并使城镇居民的住宅条件进一步得到改善。为此，既要坚定地对不合理的低租金分配制度进行改革，又要考虑国家、企业、职工的经济承受能力；既要有全国统一的目标和原则，又允许各地根据实际情况组织实施。我们准备先在几个城市试点，争取在“七五”期间或更长一些时间内全面铺开。

要按照有计划的商品经济的原则，加强对城镇房产市场的管理。对房产经营单位要实行资质审查、合格发照制度，并加强行业归口管理。保护正当的房产经营、交易活动；严禁无照经营房产、私下交易、倒买倒卖、瞒价不报，公房转租、牟取暴利等违法活动，取缔房产交易的“地下”经纪人和“二房东”。各类房屋的维修服务，也要逐步实行社会化和企业化经营。

要开辟住宅建设多种资金渠道，包括建立住宅发展基金，开办住房储蓄和发放低息购房贷款等，积极为住宅商品化提供资金保证。

(六)实行综合开发、配套建设的体制，加快旧城改造的步伐。

各地的实践证明，城市建设(包括房屋和市政公用、生活服务等设施的建设)实行综合开发，较之过去分散建设的习惯做法，有着很大的优越性。它有利于克服长期以来建设计划与城市规划脱节的弊端；有利于按社会化大生产的方式组织城市建设，提高建设速度和投资效益；有利于把有限的城市建设投资集中起来，统筹安排，建成设施配套、功能齐全的生产、生活环境；也有利于推行建筑产品商品化，促进建筑业的发展。今后城市新区的建设和旧城区的改造，都要逐步实行“统一规划、合理布局、综合开发、配套建设”的体制。即在城市总体规划的指导下，由城市政府负责统一征地，组织承担综合开发业务的单位按照经批准的开发方案和“先地下、后地上”的原则，配套地进行房屋和各项设施的建设。按照这个体制，就必然要求把在城市内建设的企业事业单位的市政、公用配套工程和职工住宅的投资和材料指标，从现在的按“条条”下达给建设单位改为直接划拨给城市，或由建设单位全额划交给城市。我们要朝着这个改革方向努力。

实行城市建设综合开发、配套建设的体制，关键是搞好组织和管理，特别是加强对综合开发单位的管理。因为综合开发是一项新的事业，需要不断地摸索和总结经验，逐步地加以完善。我们设想，在一个城市里，综合开发单位不宜搞得很多。像武汉市是市里办一个，各区分别办一个。这样就比较合适，比较便于进行组织和管理。综合开发单位的主要职能是：在有关法规、政策的指导下，根据政府的城市综合开发计划，接受政府主管部门的开发项目委托，具体地组织实施。也可以说，它是协助城市政府组织综合开发的一种机构。综合开发的经济收益也应上交给城市政府，由城建主管部门掌握，用于城市的开发建设。各级城市建设主管部门要加强对城市建设综合开发的归口管理，抓好对综合开发单位的资质审查和业务监督。这样考虑是否妥当，请大家进一步研究。

建国以来，各城市的新区开发取得了很大成绩，相对来说，旧城区变化不大，基础设施的矛盾更为突出，今后，应在继续搞好新区开发的同时，有计划地搞好旧城区的改造，使其与城市基础设施建设和环境综合整治的计划相协调。旧城改造要有计划、分步骤地进行。近期的改造重点是旧城区基础设施的改善和棚户区、危房区的改建；充分利用现有设施和旧房，通过维修改造或就地翻建，提高生产、生活环境的质量。各城市要根据实际情况，制订合理的拆迁补偿标准和管理办法，注意发挥地方、单位、住户三个方面的积极性。要全面规划，成街成片地进行综合开发、配套建设，决不能再搞"见缝插针"。并特别注意文物古迹和体现地方特色的建筑物和景观的保护。争取经过"七五"期间的努力，使我国城市总体面貌有一个明显的改观。

(七)开展城市环境综合整治，提高城市环境质量。

良好的城市环境，是我国现代化建设的重要保证条件。"七五"期间，要针对城市普遍存在的大气、水、噪声污染和垃圾处理等四大环境问题，积极开展综合整治，争取多数城市的污染物排放总量开始回降。根据北京、天津等城市的经验，环境综合整治工作要坚持两个结合，一是同工业的调整改组和技术改造相结合，二是同城市的规划、建设、管理相结合。各城市特别是工业城市，都要尽快编制环境综合整治计划，打破条块分割，进行统筹安排，加快治理步伐。要加强环境监测和环境管理工作，使由于管理不善而造成的污染明显下降。要努力提高垃圾清运机械化和无害化处理水平。大城市尤其要下功夫解决好垃圾处理问题。这里我要强调一下，城市不仅不能向农村扩散有污染的工业，而且还要帮助农村防治污染，提供技术指导。否则，把农村都污染了，城市也不可能洁净。

城市园林绿化的建设和风景名胜古迹的保护，是环境综合整治的重要组成部分，必须给予足够的重视。各城市都要制订绿化规划，深入、持久地开展群众义务植树活动，加快城市林带、公共绿地、街道和小区绿化的建设。城市公园的建设和经营应该首先保证社会效益和环境效益。在不影响园林景观和功能的前提下，可以适当开展一些为旅游服务的多种经营。国家重点风景旅游城市和历史文化名城，应该用更多的精力抓好风景名胜古迹的保护，搞好风景区的开发建设。大家知道，旅游事业要求有高标准的城市基础设施和环境质量。风景旅游城市在制订城市发展战略和旅游发展规划的时候必须充分考虑这一因素。旅游建设资金和旅游事业收入，应适当用于风景名胜古迹和旅游资源的维护、建设，以实现旅游开发和资源保护的良性循环。

(八)切实加强社会主义精神文明建设。

党的十二届六中全会通过的《中共中央关于社会主义精神文明建设指导方针的决议》指出："社会主义精神文明建设，是关系社会主义兴衰成败的大事"。同时还指出，经济建设、经济体制改革、政治体制改革、精神文明建设，这几个方面要互相配合，互相促进。我们一定要按照这个现代化建设的总体布局，切实加强城市的社会主义精神文明建设。这里我想强调两点：

一是各个城市都要把社会主义精神文明建设放到城市发展战略的重要位置。研究城市发展战略的时候，要把精神文明建设的发展作为重要内容，通过它来为城市的物质文明的发展提供精神动力和智力支持，为物质文明的正确发展方向提供有力的思想保证。要按照《决议》的要求，用共同理想来动员和团结全体城市居民，立志建设、立志改革，艰苦奋斗，加快城市的发展；教育全体城市居民爱祖国、爱人民、爱劳动、爱科学、爱社会主义，讲文明礼貌，讲社会道德，大力发扬社会主义人道主义精神，开展移风易俗活动，树立和发扬社会主义的良好风尚；加强社会主义民主、法制、纪律的教育；普及和提高教育科学文化。从而，培育起有理想、有道德、有文化、有纪律的社会主义公民，提高整个城市居民的思想道德素质和科学文化素质，以适应社会主义现代化建设的需要。

二是各级城市建设部门要自觉地、主动地、热情地为加强城市的社会主义精神文明建设作贡献。一方面，要结合我们的主管业务，积极搞好加强精神文明建设所必须的各项设施的规划、设计和建筑施工，提供市政、公用设施方面的配套服务。另一方面，要大力加强我们城市建设部门自身的精神文明建设。尤其要牢固树立起"对人民负责、为人民办实事"的行业精神，讲究职业道德，改善服务态度，提高服务质量，纠正行业的不正之风。要使我们的全体职工都有这样一种雄心壮志，都有这样一种责任感和荣誉感，即通过我们坚持不懈的努力，为城市的经济、社会发展提供第一流的服务。

(九)加强对城市规划、建设和管理工作的领导。

十一届三中全会以来，中央领导同志多次指出，市长的主要职责，是规划、建设、管理好城市。《中共中央关于经济体制改革的决定》进一步规定："城市政府应该集中力量做好城市的规划、建设和管理，加强各种公用设施的建设，进行环境的综合整治"。这是新的历史时期党中央对城市政府职能的新要求，城市政府的工作重心要切实地转移到这方面来。由于城市规划、建设和管理工作的综合性很强，根据一些城市的经验，必须市长直接抓。这次会上要作介绍的天津、沙市等城市的经验，就深刻地说明了这个道理。我们希望所有的市长同志都能这样做。加强对城市规划、建设和管理工作的领导，除了上面讲到的八个方面以外，还有几件事情要很好抓。

一是要下功夫抓好城市的法制建设，改变许多方面无法可依的状况。城市政府要依据国家和省、自治区的有关法规，结合本城市的实际情况，制定若干地方性规章，强化城市政府对城市的统一管理。

二是要大力加强城市科学研究和城建人才培养。不久前，万里同志指出，政治体制改革的重要课题是实行决策民主化、科学化。我们要实现城市建设决策的民主化与科学化，就必须切实抓好城市科学研究工作。我认为目前的关键是加强综合研究，逐步改变就经济论经济、就规划论规划、就设计论设计，彼此割裂，缺乏共同语言的状况，形成比较系统的、具有实践指导意义的城市科学。各个城市科学研究会都要积极地有针对性地开展研究活动，多出成果，快出成果。同时，要通过多种途径，发展城建教育事业，加强培养城建专业人才，适应城市建设发展的迫切需要。

三是要搞好城市建设档案工作。这是一项重要的基础性工作。“七五”期间，全国大、中城市要全部建立和完善城建档案馆，小城市要有三分之二左右建立起档案馆；有条件的县镇也要开展城建档案工作。初步形成为城乡规划、建设、管理全面提供城建档案信息的管理体系。

四是要加强城乡的互相支援，尤其是实行市带县的体制以后，各地城市既要把城市本身建设好，又要指导和帮助农村的规划、建设和管理工作，把农村建设好，促进城乡协调发展。

还有一个很重要的问题，想借这个机会说一下。就是随着城市政府工作重心的转移，对城市政府在规划、建设、管理城市方面的要求高了，责任重了，因而必须相应地扩大城市政府的权限，以至于一定的立法权，使他们真正能够担负起规划、建设、管理城市的责任。许多城市的同志向我们提出了这个问题，我们认为值得认真研究解决。

同志们，新的历史时期对城市建设工作提出了新的更高的要求，同时也提供了多方面的有利条件。我们要在提高对城市建设重要性认识的基础上，坚持改革的方向，积极努力，开拓前进，加快城市建设的步伐，为我国社会主义现代化建设作出新的贡献。

2

政 策 法 规

［技术政策］

城市建设技术政策要点

(报 批 稿)

建国以来，我国城市有了很大发展，到1983年底，全国共有289个市、2819个建制镇，还有377个未设镇建制的县城。城市的发展对繁荣城乡经济、促进社会主义物质文明和精神文明建设发挥着越来越重要的作用。

但是，长期以来由于对城市发展的规律以及城市在国家经济社会发展中的地位和作用认识不足，城市建设落后于城市的发展；管理体制不当，致使城市建设产生了许多问题。主要是城市布局混乱，住宅紧张，交通拥挤，环境污染加剧，公共服务设施短缺，特别是供水、排水、道路等工程设施严重不足，直接影响生产发展和人民生活的改善。历史经验证明：要建设现代化的国家必须建设现代化的城市，而建设现代化的城市又必须有科学的城市规划和与城市现代化相适应的基础设施。因此，在“四化”建设中，把城市的规划、建设和管理工作摆到重要位置上，并使之纳入科学轨道，已经成为一项十分紧迫的任务。

到本世纪末，为实现我国工农业总产值翻两番和人民生活达到小康水平的需要，应根据不同地区的发展条件，建设一大批与国家经济社会发展水平相协调的现代化城市。这就需要努力实现以下主要目标：

——初步建立起城乡发展比较协调、各类城镇分布比较合理的城镇体系；

——城市有比较科学合理的规划布局，有较好的经济、社会和环境效益；

——具有同社会经济发展相适应的、比较完备的工程设施；

——科学技术、文化教育、体育卫生、金融贸易、商业服务和旅游娱乐事业设施比较完善；

——居住水平较高，基本上每户有一套经济实用、舒适方便的住宅，并有良好的居住环境；

——城市绿化良好、生态平衡、有较高的环境质量；

——具有反映社会主义精神文明、体现民族传统和地方特色的城市风貌；

——采用先进的科学技术成果和现代化的管理手段，使城市交通便捷、信息通畅、防灾应变能力强，适应各项事业的发展需要。

为实现上述目标，必须采取以下的技术政策：

一、逐步完善合理的城镇体系，依托城市带动周围地区的发展

——在国土规划与区域规划的基础上，逐步完善我国大城市、中等城市、小城市和建制镇的城镇体系，充分发挥城市的中心作用，促进地区经济和社会的协调发展。

——城市规划部门要参与国家有关重点建设工程的选址和基本建设前期工作；凡是要建在城市的新建项目应尽量依托现有的中小城市。

——新建城市要考虑各类产业的合理配置。力求男女人口平衡，就业门路广阔，形成合理的社会结构，发挥城市的综合功能。

——沿海地区和经济发达地区的城市，要发挥优势，并结合产业结构的合理调整，向经济不发达地区有计划地进行工业、技术和智力转移，通过合理的人口流动，促进不发达地区和少数民族地区的经济开发和城市发展。

——沿海的开放城市通过采取特殊的政策，并充分利用自己的优势，尽快地把城市建设成为引进技术、引进资金、引进人才、掌握信息、吸收管理经验、扩大对外贸易和对内联合的基地。

——经济不发达地区要注意集中力量发展中心城市，并以这些城市为依托，带动周围地区小城市和工矿城市以及广大县镇的发展。

二、控制大城市规模，合理发展中等城市，积极发展小城市

——到本世纪末，我国城镇人口必将要有大幅度的增长。要科学地预测城市人口发展规律，力求使规划人口规模与实际发展大体符合。

——要根据各地的自然环境、建设条件、发展历史和现实基础以及区域经济的合理分工，科学地确定城市性质和发展目标。历史文化名城和风景旅游城市，更应慎重地确定其产业结构及主导的工业门类和发展规模。

——大城市的人口发展规模要加以控制，特别要严格控制百万人口以上的大城市市区的人口增长。新建大型工业项目不能再安排在市区，对大量用地以及大量增加用水量、运输量、耗能量或者严重污染环境等不适当的扩建项目，应严格加以控制。同时，要有组织、有步骤地向乡村扩散某些工业项目，与乡镇企业结合，既有助于发展农业、发展小城镇，又可减少城市人口、改善城市环境。

——要根据合理布局和控制大城市市区人口的需要，有计划有重点地建设卫星城镇，卫星城镇与市区要有便捷的交通和通信联系，其公共服务设施应达到甚至超过市区的水平。对从市区迁到卫星城镇的职工，应在工资、住房、子女升学、就业方面给予优惠待遇。人口由大中城市向小城市流动，也应给予优惠的待遇。

——要充分利用现有的中等城市。需要依托城市的新建项目应优先安排在资源丰富、交通便利、具有一定基础设施的中等城市，使新建项目投资少、受益早。国家和地方要加强这些城市各项设施的配套建设，使其更好地发挥中心城市的作用。

——积极发展小城市，使其成为吸收新增加的城镇人口的聚集地。重点建设一批条件较好的小城市，使之成为一个地区的政治、经济、科技、教育、文化中心，或发展成具有专门职能的中等城市。

——要创造条件，使达到设镇标准的农村集镇及时设镇建制；达到设市标准的县城和镇，及时设市建制。

——鼓励企事业单位到小城市去建设，在税收、信贷、能源供应、土地征用和经营管理费用等方面给予优惠。

三、城市各项建设要统一规划、合理布局

——城市选址应注意到充足的水源、便捷的交通和良好的自然条件，并要尽可能避开地下矿藏、地震断裂带和地下文物古迹。要注意选择有利于防洪、防震与工程地质良好的地方。

——城市规划布局要因地制宜，合理分区。建筑应力求集中紧凑，便于成片建设以节约用地和缩短工程管网，提高运行效率。

——城市的布局结构要保持一定的弹性，要为城市的经济、科技、文教等各项建设的发展留有必要的余地。

——工业建设尤其是大中型工业建设项目，应尽量成组布置，形成不同性质和规模的工业区、工业小区或工业街坊，以利生产协作和提高经济效益；工业(特别是有污染的工业)必须避开城市的上风向和水源上游及旅游价值高的风景文物区。

——生活居住用地应优先安排在自然环境条件较好的地段，沿河、沿海城市应留出一定的生活岸线，为居民游憩提供方便。

——铁路货运干线、大型货场、编组站和过境公路不应穿越和分割城市，影响城市各项正常活动，已经影响城市活动的应逐步加以解决；机场、电台和重要军事设施应避开城市人口密集地区，避免相互干扰。

——合理开辟和综合利用城市地下空间，充分发挥人防工程的效能。

——要讲究建筑艺术，搞好城市设计，充分利用山川河湖等自然环境条件，组织好城市的空间构图，使城市景观优美协调。严禁任意侵占、填埋城市区域内的江河湖泊水面，破坏生态平衡。

——要搞好城市郊区的土地利用规划，对农村的住房、道路和各种管网建设，要统一规划、加强管理。要处理好城市近郊与市区联接地带的关系，使各项建设项目协调发展。

四、合理用地、节约用地、保证用地

——要根据城市规划，合理安排城市开发建设程序，科学地制定近期建设规划，有计划地扩充城市用地。城市规划部门要加强对规划区范围内的土地管理。要改变城市实际存在的“土地单位所有制”的状况，对现有的不合理用地和闲置土地要统

一调整。

——城市用地要集中成片紧凑发展。应根据城市规划统一安排城市的蔬菜、肉禽蛋等副食和饲料工业基地。有计划地调整插花农田、菜地和其他用地。

——居住区规划必须保证住宅的日照、通风、防火、防震等要求，必须防止为提高居住密度和建筑面积密度，牺牲必要的安全、卫生条件，片面强调节约用地的错误作法；要尽快地按各地情况订出科学的建筑密度、人口密度指标和城市各项用地指标。

——城市建筑应适当提高平均层数，扩大生活居住用地；凡条件许可的工业、仓库等，也应向多层方向发展。要提倡建设综合性建筑，尽量节约用地。

——城市建设要充分利用劣地、荒地和坡地。有条件的地方要在保证生态平衡前提下围海造地。

——国家建设用地必须予以保证，征地要精打细算，用多少征多少。必须杜绝征地中的不正之风。

五、逐步改造旧城区

——对旧城区要“加强维护、合理利用、适当调整、逐步改造”，并把旧区改造和新区开发结合起来，统筹安排。

——旧城区改造的重点是棚户、危房集中地段，市政公用设施严重不足、交通阻塞和环境污染严重地段，以及机场、车站、码头等人流集中地区。要积极创造条件，采取统一规划、综合开发、分步进行的办法在有条件的城区实行成街成片改造；旧城区的零星新建、改建工程项目要按照规划建设，防止乱拆、乱插和乱建。

——旧城改造要同城市工业的技术改造、土地利用的调整以及改善交通、改善各种基础设施相结合；结合老企业改造，采用先进技术有计划地迁出那些必须迁出的项目，发展生产，消除污染，改善环境，扩大居住用地。

——在旧城区的改造中，要注意保护文物古迹与风景名胜。对历史文化名城还要编制专门的保护规划。对有历史意义、革命意义和地方特色的典型街区、重要建筑物均要划定范围，妥加保护。要审慎地保持老城的风貌和规划结构。

六、综合开发、统一建设，保证基础设施先行

——在新工矿城镇、卫星城镇、城市新开发地区和旧城成片改造地段，要按照城市规划逐步实行综合开发、统一建设，以加快建设速度，发挥投资效益。

——对市政工程建设和各种地下管网要统筹规划，统一施工。要做到先埋设地下管网，后修路建房；要采用先进的施工机械、施工方法和科学管理，缩短施工周期，尽量减少对城市交通和环境的影响。

——对承担综合开发任务的部门，在土地征用、材料供应、建设资金和税收等方面给予支持。

七、加强保护、统一管理和全面利用水资源，提高城市供水和污水处理能力

——加强水资源的管理，保护好城市水源。要以流域为单位，全面规划，合理开发，统一管理。成立水资源管理的专门机构，规划、调度与分配城市各项用水。要划定水源保护范围，制订严格的保护措施，保护好城市水源。严禁超量开采地下水，要做到采补平衡、人工回灌，防止地面沉降。

——按照卫生标准慎重选用水源和从水源到水厂的输水方式；创造条件，逐步采取分质供水，优水优用，保证居民的饮用水符合国家卫生标准。

——大力开展节约用水。对生产用水要实行计划用水，定额供水，超量加价，节约奖励。对水源不足地区或枯水季节的生活用水，必要时也要采取限制措施。发展循环用水、一水多用和废水回收再用等措施，提高城市工业用水重复利用率。郊区农业用水量很大，是城市节约用水的重点。沿海城市要积极利用海水。

——进一步完善城市排水系统，普及排水管网，积极进行污水处理。城市工业污水要进行预处理，搞好污水集中处理。在大城市和重点环境保护城市要积极采用二级生化处理方法，采取污水再利用措施。

——积极采用非金属管，发展离心球墨铸铁管。有计划地改造不适应城市建设的、陈旧的上下水管道及设备，减少跑冒滴漏现象。

——做好城市水文分析工作，加强防洪、护岸设施的建设和维护，研究采用城市防洪堤坝的新材料、新结构，提高防洪设施的抗洪能力。

八、改变城市燃料结构，优质燃料优先供应民用，大力发展城市集中供热

——城市的燃气、电力等能源，要从本地区的资源条件出发，充分考虑到经济、社会、环境效益和人民生活的需要，综合平衡，合理利用。优质燃料优先供应民用。不断改善能源结构，逐步实现城市的燃气化和电气化。

——因地制宜地发展城市燃气。要积极发展煤制气，优先使用天然气，合理利用液化气，大力回收工业余气。包括利用低热值煤气顶替出高热值煤气供应民用。优质燃气优先供应城市。有计划地改造

和新建气源厂，提高供气能力。

——积极引进和应用制气、输配以及科学管理的新技术，提高城市气化、净化技术水平和现代化管理水平。

——积极发展城市集中供热，因地制宜地开发多种热源。城市中的电厂在扩建、改造和新建时要积极发展热电合产。充分利用工矿企业的余热供应城市；有步骤地开发地热、核能、太阳能等新热源。

——新建住宅小区要统一建设热源，对现行分散供热的地区要进行改造，逐步实现联片集中供热。

九、加强城市道路、交通设施和邮电通信建设，办好公共交通事业

——根据城市总体规划的要求，进行道路网络和交通设施的优化设计，科学地确定道路交通结构，路网和公交线网要合理布局。

——在有条件的大城市要逐步建设快速轨道交通。要提高道路的通行能力，拓宽路面，推广应用快慢分行的道路；有计划地开辟货运、自行车、步行专用道路。

——大城市应以公共交通为主，各种交通工具协调发展。增加公交车辆，改进车型，发展大中小型多样化的公共汽车，积极发展出租汽车。建立长、短途公共汽车、市郊铁路、水陆联运等综合客运交通系统。限制社会团体车、公务车的发展。发展多平面的道路交通。大城市对自行车应适当控制发展，要实行自行车与机动车交通分离。对高能耗及污染严重的摩托车等交通工具，要控制其发展。

——组织城市货运交通的联运，充分发挥专业运输车辆的优势，控制非专业运输车辆的发展。货运车辆和道路应发展集装箱运输。

——充分利用地面、地下和楼层空间开辟城市各种车辆的停车场。大型公共建筑设施和集中居民区要设置专用停车场和公交出租汽车站点。

——提高城市交通管理水平，因地制宜地建立点、线、面信号控制系统和交通控制中心。科学地设置交通标志、标线等交通指示系统，建立和健全交通法规。

——加快邮电通信建设。改造现有邮电通信设施，采用先进技术和设备。逐步普及公用电话，发展住宅电话。提高邮政信箱网点密度。积极发展长途电话，扩大电报、电传等业务。提高城市信息的传递能力。

十、加快城市环境卫生设施建设，加强环境卫生管理

——环境卫生设施建设是城市建设总体规划的重要组成部分。要有计划地改进和建设楼房垃圾道、垃圾转运站、公共厕所、化粪池、垃圾粪便处理场、垃圾处理站和填埋场及环境卫生专用车辆保养场等环境卫生设施。

——逐步实现垃圾分类收集容器化、运输作业机械化。积极发展适用于不同城市的清扫及粪便收集、处理设备，努力提高装备水平。

——城市生活垃圾的处理，近期内应着重发展卫生填埋和高温堆肥处理技术，医院垃圾应专门收集并采取焚烧处理技术。城市粪便要先行处理，然后用作农家肥料。

——加强环境卫生管理，健全管理法规，改善城市废旧物资回收工作，化害为利。

十一、大力发展城市绿化、建设城市公园

——要根据维持生态平衡、改进环境质量、美化城市景观及方便群众游憩等多种功能的需要，对城市绿地进行系统规划，合理布局。

——要千方百计地增加绿地面积，规划的绿地不得改作他用。现有绿地不得侵占，侵占的要限期迁出。规划的城市绿化覆被率和人均绿地面积要力争在规划期内实现；城市的新建、扩建、改造都要按指标规定建设足够的绿地。

——调动国家、集体和个人积极性，加快绿化建设。重点搞好街道、广场和居住区的绿地，也要搞好工厂、机关、医院、学校、部队等单位的环境绿化。要采用先进技术，提高种植、养护、管理水平，发展以生物防治为主的园林植物病虫害综合防治技术。

——大力植树、种草、栽花，积极发展各种地被植物和攀缘植物，使一切可以绿化的地方尽快绿化起来，逐步做到市区没有裸露的地面。

——搞好园林植物规划和种苗生产规划，加强引种育种工作，规定的苗圃面积要有保证，尽早基本实现苗木本地自给。花草树木以乡土树种为主，引进外地树种应经过试验，不要盲目推广。

——继承、发展我国园林艺术的优良传统，认真研究并吸取外国的先进的园林艺术成就；积极发展以自然景观和植物造景为主体的、适应现代生活需要的、具有中国特色的城市公园。

——切实保护具有历史、文化和艺术价值的古典园林。加强管理和控制游人量，建立古树名木档案，并要加强养护管理。

十二、保护风景资源，加强风景名胜区的规划、建设和管理

——开展全国风景名胜资源的综合考察、评价、鉴定，建立和健全管理体制及相应的管理机构。

——加速编制风景名胜区保护、建设规划，加强管理工作；确定风景名胜区的范围和外围保护地带，风景名胜区内各项事业要实行统一管理。要根据合理的环境容量，有计划地组织游览活动。

——要保护风景名胜区自然环境，积极恢复自然植被；严格保持自然和人文景观的原有风貌；维护生态平衡，防止污染，制止各种破坏活动。

——风景名胜区内的一切建设活动都要按规划进行。主要风景线上不得修建架空索道和大型工程设施，建设游览道路不得破坏自然景观。宾馆、招待所、休(疗)养机构等不得占据公共游览区，应按规划在风景名胜区外围或景观价值较低地区建设；其建筑风格、造型均应与风景区相协调。风景名胜区内不得设置有污染或危及景观、影响环境质量和游览活动的单位，已在风景名胜区内的上述单位，应区别不同情况进行处理。

——加强风景名胜区的科学研究，应用现代科学技术的新成就，使风景名胜区成为进行爱国主义教育、科普教育和建设社会主义精神文明的课堂。

十三、城市规划与环保规划要同步进行，进行环境污染的综合防治，提高环境质量

——根据城市的性质，确定各阶段的具体环境目标，实行环境质量的分区管理。

——调整工业布局，减少污染源。对处于城市上风向、水源上游的污染严重又无法治理的工业企业，要限期关、停、并、转、迁；不得在生活居住区建设扰民和污染的企业。

——大力搞好绿化，保护好水源并提高饮水质量，处理好垃圾和粪便，不断提高城市环境质量。

——推广污染源排放总量控制技术和综合防治技术，分阶段削减污染负荷。

——发展城市物理污染控制技术，积极防治噪声、电磁辐射污染。

——研究和建立城市环境信息系统，重点城市应逐步建立环境自动连续监测、及警报系统、显示牌、数据库等。

城乡住宅建设技术政策要点

(报　批　稿)

当前，在人民的基本生活需要中，住房的问题相当突出。主要问题是：城镇缺房比较严重，许多住宅长期失修，居住环境差；乡村与集镇住宅建设缺乏技术人员和技术指导，缺乏统一规划设计，乱占滥用耕地，工程质量低；建筑材料，特别是水泥、钢材、木材、玻璃等主要建筑用材缺口很大。

到本世纪末，我国人民的生活要达到小康水平，城乡人民居住状况的相应改善应是主要内容之一。根据我国国情，到2000年，争取基本上实现城镇居民每户有一套经济实惠的住宅，全国居民人均居住面积达到8平方米；乡村居民每户有一所适用、卫生、紧凑的宅院，人均居住面积比城镇居民略大一些，能基本适应生活与生产需要。今后十七年，城镇约需建造25.6亿平方米住宅，乡村约需建造102亿平方米住宅。

按照我国当前的经济条件和社会状况，实现上述目标要分两步走。第一步，在1990年前着重解决严重困难户的住房问题；第二部，到2000年实现上述的小康水平。

为了实现上述目标，必须认真总结经验教训，坚决贯彻适用、经济、美观的方针，要讲究社会效益、经济效益和环境效益，合理使用投资、材料、土地，创造较为方便、舒适的居住条件。因此，除了制订住宅建设的经济政策外，还必须制订科学的城乡住宅建设技术政策，确定技术发展方向。

1.严格控制新建住宅标准和用地标准

——城镇住宅以“套”和建筑面积为主要计量单位和建设控制标准，以使用面积为主要分配标准。

——国家和集体投资的城镇职工住宅，八十年代全国平均每套建筑面积要严格控制在50平方米以内，设备装修标准和投资标准也要制订相应的控制指标。九十年代标准可适当提高。在国家总的控制面积标准的要求下，各省、市、自治区可根据当地的财力、物力和住房需求情况，制订各种套型的具体控制标准。

——为加速解决城镇住宅供需矛盾，适应青年婚育高峰的需要和家庭小型化的趋势，近期城镇新建住宅要以中小套型为主，推行功能好、用地少、一户一套的住宅。

——鼓励设计人员在不降低居住面积和居住质量的条件下，尽可能压缩建筑面积，以节约原材料、劳动力和投资。

——城乡建设都要十分注意节约土地。当前，乡村建设要通过加强规划与管理，切实制止乱占滥用耕地；城镇住宅建设要实行合理的高密度，节约用地。各地要因地制宜地制订合理的密度指标。

——乡村住宅要提倡紧凑、合理、适用、卫生和安全，满足生活和生产的需要，不能追求宽敞。每户的宅基地要严格控制，宅基地指标由各省、市、自治区制订。

2.提高规划设计水平，保证居住环境质量

——城镇住宅区的规划布局和住宅型式要多样化，改变千篇一律的状况。通过规划和单体设计的多种技术手段，获得高密度的效果和良好的居住环境质量，包括必要的日照、通风、绿地和室外活动空间等。

——城乡住宅设计要从近期的经济条件出发，考虑远期建筑标准提高时易于改造的可能性；要积极地吸收人民群众参与住宅的规划、设计与建造活动。要重视住宅的民族传统和地方特点。建设与施工应当服从规划设计的要求。

——城镇住宅以建多层为主。要控制高层住宅的建造。在大城市的特定地点，当建造高层住宅节约用地效果显著，而且具备相应的技术条件、设备条件和经济条件时，可以建造适量的高层住宅。要重视研究各种层数合理的高密度的规划设计方法。

——新建乡村住宅提倡盖二层楼房，集镇提倡盖二、三层，有条件的可建多层住宅，发展综合性的文化和服务性建筑。

3.实行住宅区综合开发和配套建设

——住宅区建设要根据城市总体规划，实行统一计划，统一规划，统一开发建设，统一管理。要合理配套建设上水、下水、供电、供气、供暖、道路、绿地、电话等基础设施和商业服务、文教卫生、行政管理等配套项目。坚持基本建设程序，实行基础设施先行，配套项目同步建设。零星分散建设的住宅，也要服从城市总体规划，合理配置基础设施。

——村镇住宅建设要实行综合规划，配套建设，先规划后建设。大力发展净水、供水设施，大力发展沼气和太阳能利用，大力提倡绿化，修建排水管沟，逐步改善道路网。

4.加速现有住宅的改造

——住宅建设要开发新住宅区与加速改造旧住宅区相结合。

——制订房屋质量等级评定标准，根据不同的质量等级，有计划地对现有住宅和住宅区分别采取保留、改建和拆建的措施。对有长期保留价值的住房（包括体现我国优秀传统建筑艺术的古民居），要加强维修，合理使用；对尚须利用的老、旧住房，要通过适当地改建来保证安全和正常使用，并尽可能改善居住水平和卫生条件；对危、陋住房，要有计划地拆建。

——逐步改善旧住宅区的基础设施和环境。

——提高城乡现有住宅抗震、抗风和其他抗灾性能。

——改善村镇旧房的通风、采光、防潮、卫生条件。

——加强旧房改造、维修、保养的研究工作。

5.因地制宜选用综合经济效益好的住宅建筑体系，提高建筑工业化的水平

——必须紧密结合当地的社会、经济、环境、材料资源、技术水平和建设规模等具体条件，进行可行性分析，确定选用综合经济效益好的住宅建筑体系，坚持推广使用，并不断完善提高。

——多层住宅除采用砖混建筑外，有条件的地方，应积极采用砌块建筑体系和“内浇外砌”体系；高层住宅宜采用“内浇外板”体系、全现浇体系或框架体系；在建设规模大、任务持续稳定、有条件的大中城市，可采用装配式大板建筑体系。

——积极研究发展大开间的建筑结构体系，以适应住宅空间的灵活布置及底层综合利用的需要，并为今后住宅的改造创造条件。

——对砖混建筑应进行综合性的技术改造。除改革粘土砖、多用清水墙外，应广泛采用标准建筑构配件和制品，改革施工工艺，完善配套机具，逐步提高其工业化水平。

——建筑施工装备应当与建筑体系的发展互相适应，实行机械化、半机械化、改良工具与传统技术相结合的多层次技术结构，积极采用手持电动工具。

——村镇住宅建设要因地制宜，就地取材，提倡山区多用石材、竹材；黄土高原等土源丰富的地区可修窑洞和生土建筑；充分利用植物纤维制作建筑材料。在利用传统材料和技术的同时，要大力普及现代建筑科学技术，逐步改进不适应现代生活要求的习惯做法。

6.发展建筑构配件和制品的专业化、社会化生产和商品化供应

——大力发展城镇住宅通用的混凝土构配件及制品，提高质量，保证规格尺寸。其中外墙构配件应逐步做到多功能、带饰面。

——积极发展乡村住宅和公共建筑的钢筋混凝土立柱、小梁、楼板、檩条、屋面等通用性构件，以

节约木材。

——积极推广应用商品混凝土、定型组合模板和钢筋制品，以满足现浇混凝土的需要。

——发展质量优良的门窗、水暖电卫与厨房设备，以及能提高建筑面积和空间使用效率的组合家具的专业化生产。灯具、卫生器具和小五金等产品要更新换代。提倡以钢或塑料代替木材制作建筑配件。

——必须对商品混凝土和现有的混凝土构件厂按专业化原则进行调整和技术改造，应打破部门界限，按城市和大型建设基地进行统筹规划合理布局。

7.加强建筑标准化，积极实现多样化

——制订建筑模数协调体系及参数系列，用以指导各种住宅建筑体系的标准设计，促进各类建筑和各种建筑体系间的互相协调和构配件通用化，并带动建筑设备、家具的尺寸协调，以适应社会化大生产的需要。

——推行以功能单元定型和构配件通用为基本内容的标准设计方法，达到标准化与多样化的统一和住宅使用面积最有效的利用。

——采用标准设计时，要在不变动标准配件的前提下，力求立面处理有所变化，克服千篇一律的倾向，达到灵活多样。住宅区的建设，应强调利用地形，加强布局规划设计，并配合绿化、建筑小品等方法，充分反映各住宅区的特色，努力创造丰富多采的居住环境。

——制订建筑制品尺寸和形状的选择原则、连接做法、公差与配合的标准系列，促进构配件的通用化。

——制订各种建筑制品的性能标准，以保证制品的使用性能、耐久性能和维修更新的可能性。

——加速编制地方性的乡村住宅建筑通用设计和构配件标准设计。

8.降低住宅建筑的能源消耗

——制订住宅建筑隔热保温标准。根据建筑功能需要和当地日照等气候条件，合理确定建筑物的平面、体形、朝向、间距、结构、墙体、屋面、门窗、层高，搞好节能设计。

——提高墙体和门窗的保温隔热性能是住宅建筑节能的重点。采用保温性能好的墙体材料和复合墙体。选用合理的窗墙比，改进门窗构造设计，提高密闭性能，寒冷地区的城镇住宅推广双层玻璃窗。

——研究改进采暖、电器照明、动力、供水排水和卫生系统等设备，采用节能型的设备。

——积极推广集中供热，注意废热、余热回收利用。

——开发利用建筑用的自然和再生能源，如太阳能、地热、沼气等。积极推广太阳能热水器，加强研究并逐步推广被动式太阳屋。

——积极研究开发省能住宅。

9.重点发展以钢筋混凝土为主的结构材料

——发展钢筋混凝土结构材料是节约木材、钢材、能源和加速城乡住宅建设的重要途径。必须增加水泥产量，提高质量，提高标号，保证供应。以适应预制构件厂技术改造和商品混凝土、预应力混凝土的发展。

——必须十分重视砂石骨料的生产，积极开发与建立砂石、轻骨料的生产基地，按质量标准供应合格产品，禁止不合格砂石的采掘供应。

——采用多种技术途径节约水泥、改善混凝土性能与扩大其应用范围。积极采用各种经济、有效的混凝土外加剂。把充分利用粉煤灰、自燃煤矸石等掺合料作为节约水泥的重要手段。

——推广与发展预应力和部分预应力技术。对中小构件要发展高延伸率的中强度钢丝，逐步替代冷拔低碳钢丝；注意保证冷拔低碳钢丝构件的质量。提高Ⅳ级钢筋质量，积极发展热处理钢筋、高强钢丝与钢绞线。发展锚夹具的集中生产和配套供应。

——对普通钢筋混凝土，要发展应用新Ⅲ级钢筋，逐步取代Ⅲ级钢筋。

——居住区公共建筑要适当发展轻钢结构和网架结构，相应研究发展保温轻屋面，并增加供应建筑结构用型钢、冷弯薄壁型钢、钢管和压型钢板。

10.采用多种途径改革和发展墙体材料及各种配套材料

——禁止毁田烧砖，提倡制砖造田，用多种途径扩大粘土砖的原料来源。

——大力改革粘土砖。要围绕提高产品质量和增加花色品种进行技术改造。结合地区特点，制订产品系列。当前重点发展粘土承重多孔砖，在大中城市积极发展空洞率45%以上的非承重空心砖和带饰面的粘土砖。

——充分利用工业废渣和合理利用火山渣等天然资源，积极发展墙体材料与制品，坚决贯彻利用工业废料不能收费的政策，重点发展粉煤灰、自然煤矸石烧结制品；进一步改进与提高粉煤灰、煤矸石砌块和墙板性能与质量，积极推广应用。就地取材增加灰砂制品、加气混凝土、石膏砌块及板材

等产品的生产。

——积极发展普通混凝土和各种轻骨料混凝土小型空心砌块，逐步形成系列，向承重、保温隔热、装饰等多功能多品种方向发展。

——大力发展轻隔墙材料，满足住宅扩大开间、灵活隔断的要求。

——积极生产与采用高效能的保温材料、防水材料和嵌缝材料。改革与提高建筑陶瓷制品，积极发展彩色水泥和其它装饰材料。

——大力发展应用高分子化学建材，积极研制采用各种塑料制品和内外墙、地板等的建筑涂料以及合成木材制品。

11.加强城乡住宅建设的综合研究和科学预测

——中央和有条件的省、市、自治区要建立城乡住宅建设的专门研究机构，开展住宅建设的综合研究。

——加强人口发展、家庭结构变化趋势和住宅社会需求的预测，开展住宅普查、取样调查和家计调查等基础工作。

——开展住宅经济学、社会学、环境生态学等多学科综合研究。重视住宅建设技术政策、经济政策(包括房租政策)、管理体制及其他各种规范、标准、定额等的研究，建立和健全各项有关法规。

——积极开展节约城乡住宅用地和住宅商品化以及土地价格等研究。

——重视现代管理技术和电子计算机技术在住宅建设和管理中的应用。

国务院
关于颁发《城市规划条例》的通知

(1984年1月5日)

现将《城市规划条例》发给你们,望认真贯彻执行。

城市规划条例

第一章 总 则

第一条 根据中华人民共和国宪法关于国家领导和管理城市建设的规定,为了合理地、科学地制定和实施城市规划,把我国的城市建设成为现代化的、高度文明的社会主义城市,不断改善城市的生活条件和生产条件,促进城乡经济和社会发展,特制定本条例。

第二条 本条例所称城市,是指国家行政区域划分设立的直辖市、市、镇,以及未设镇的县城。

城市按照其市区和郊区的非农业人口总数,划分为三级:

大城市,是指人口五十万以上的城市。

中等城市,是指人口二十万以上不足五十万的城市。

小城市,是指人口不足二十万的城市。

第三条 本条例适用于中华人民共和国的一切城市。

中华人民共和国的一切城市,都必须依照本条例的规定,制定城市规划,按照规划实施管理。

任何组织和个人,在城市规划区内进行与城市规划管理有关的活动,必须遵守本条例,并服从城市规划和管理。

第四条 城市的规划任务是:根据国家城市发展和建设的方针、经济技术政策,国民经济和社会发展长远计划,区域规划,以及城市所在地区的自然条件、历史情况、现状特点和建设条件,布置城镇体系,合理地确定城市在规划期内经济和社会发展的目标,确定城市的性质、规模和布局,统一规划、合理利用城市的土地,综合部署城市经济、文化、公共事业及战备等各项建设,保证城市有秩序地、协调地发展。

第五条 城市规划必须从实际出发,正确处理城市与乡村、生产与生活、局部与整体、近期与远期、平时与战时、经济建设与国防建设、需要与可能的关系,并且考虑治安的需要以及地震、洪涝等自然灾害因素,统筹兼顾,综合部署。

第六条 城市规划必须合理地、科学地安排城市各项建设用地。城市建设应当节约土地,尽量利用荒地、劣地,少占耕地、菜地、园地和林地。

第七条 城市规划必须切实保护和改善城市生态环境,防止污染和其他公害,保护城市绿地,搞好绿化建设。

第八条 城市规划应当切实保护文物古迹、保持与发扬民族风格和地方特色。

第九条 城市规划必须因地制宜。确定城市规划的各项定额指标和建设标准,应当考虑城市的长远发展,并同国家和地方的经济技术发展水平和人民生活水平相适应。

第十条 城市的规划建设必须集中领导,统一管理。市长、县长、镇长领导城市规划的编制和实施。

第十一条 国家城市规划主管部门负责全国城市规划管理工作。

省、自治区、直辖市和市、县、镇人民政府的城市规划主管部门,负责本行政区域的城市规划管理工作。

第二章 城市规划的制定

第十二条 城市规划分为总体规划和详细规划两个阶段。

第十三条 城市总体规划在城市人民政府领导下,由城市规划主管部门会同经济、文化、军事等有关部门编制。

第十四条　城市总体规划的规划期，一般为二十年。

城市总体规划的内容应当包括：确定城市的性质、规模；选定有关建设标准和定额指标；确定城市区域的土地利用和各项建设的总体布局；编制各项工程规划和专业规划；进行必要的综合经济技术论证；拟定实施规划的步骤和措施，并与国民经济和社会发展计划相衔接，编制城市近期建设规划，确定城市近期建设的目标、内容和具体部署。

第十五条　直辖市和市的总体规划，应当把市的行政区域作为统一的整体，合理部署城镇体系。

第十六条　历史文化名城的规划，应当继承与发扬其优秀的历史文化特点和传统风貌，并根据确定的保护对象的历史意义、文化艺术和科学价值，划定保护区和一定范围的建设控制地带，制定保护规划和保护措施，作为城市总体规划的重要内容。

民族自治地区的城市规划应当保持和发扬民族特点。

第十七条　城市人民政府在编制城市总体规划时，应当广泛征求有关部门和人民群众的意见，并组织多方案的比较论证。

第十八条　城市人民政府编制的城市总体规划，在上报审批之前，必须提交该市人民代表大会或其常务委员会审议。

第十九条　城市总体规划实行分级审批：

直辖市的城市总体规划，由直辖市人民政府报国务院审批；

省和自治区人民政府所在地的城市、其他人口在一百万以上的城市的总体规划，由所在省、自治区人民政府审查同意后，报国务院审批；

其他城市的总体规划，报省、自治区、直辖市人民政府审批；

市管辖的县城、镇的总体规划，报市人民政府审批。

第二十条　城市总体规划批准后，必须严格执行，任何组织和个人不得擅自改变。城市人民政府认为确需修改时，必须提交该城市人民代表大会或其常务委员会审议后，报经原批准机关同意。

城市人民政府应当定期检查城市总体规划的实施情况，每五年向该城市人民代表大会或其常务委员会和批准机关作出报告。

第二十一条　直辖市、市、县、镇的城市规划主管部门，应当根据批准的城市总体规划组织编制详细规划。

第二十二条　城市详细规划应当对城市近期建设区域内，新建或改建地段的各项建设作出具体布置和安排，作为修建设计的依据。

第二十三条　城市详细规划由该城市人民政府审批。

第二十四条　各级城市规划主管部门应当建立城市规划档案制度。

直辖市、市的城市总体规划文件的副本，报送国家城市规划主管部门存档。

市、县城、镇的城市总体规划文件的副本，报送省、自治区、直辖市的城市规划主管部门存档。

第三章　旧城区的改建

第二十五条　旧城区的改建，应当从城市的实际情况出发，遵循加强维护、合理利用、适当调整、逐步改造的原则，统一规划，有计划有步骤地实施。

第二十六条　旧城区的改建，重点是城市的危房区，棚户区，市政公用设施简陋、交通阻塞、环境污染严重的地区。有条件的城市应当尽量实行成片改建。

第二十七条　旧城区的改建，要同工业的调整和技术改造相结合，改善工业布局和工业结构。对人口过分密集地区，应当进行用地的调整，扩大绿地和文化体育活动场地，改善居住条件和供排水、供电、供热以及交通、市政公用设施的状况，提高环境质量。

第二十八条　旧城区的改建，必须采取有效措施，切实保护具有重要历史意义、革命纪念意义、文化艺术和科学价值的文物古迹和风景名胜。要有计划、有选择地保护一定数量的代表城市传统风貌的街区和建筑物、构筑物。

第四章　城市土地使用的规划管理

第二十九条　城市人民政府编制城市规划时，应当按照合理布局和有利于规划管理的原则，划定城市规划区的范围。

城市规划区，是指城市建成区和城市发展需要实施规划控制的区域。

第三十条　城市规划区内的土地由城市规划主管部门按照国家批准的城市规划，实施统一的规划管理。在城市规划区内进行建设，需要使用土地的，必须服从城市规划和规划管理。

第三十一条　任何组织和个人在城市规划区内进行各项建设，需要使用属于国家所有的土地或者征用属于集体所有的土地，都必须持经国家规定程序批准的建设计划、设计任务书或者其他有关证明文件，向城市规划主管部门提出建设用地的申请。

申请建设用地的组织和个人，经城市规划主管部门审查批准其用地位置、用地面积和范围，并划拨土地，发给建设用地许可证后，方可使用土地。

第三十二条　任何组织和个人在城市规划区

内需要临时使用国家所有的土地或者征用集体所有的土地，必须向城市规划主管部门提出临时使用土地的申请，经审查批准，发给临时用地许可证后，方可使用土地。

临时使用土地的期限，一般不得超过两年。

第三十三条　在城市规划区内，需要征用属于集体所有的土地进行建设的，由城市人民政府按照国家关于建设征用土地的规定，统一向农村人民公社和农业合作社征地。农村人民公社和农业生产合作社应当服从国家建设征用土地的需要，不得阻挠。

第三十四条　获准使用土地的组织和个人，从取得建设用地许可证或者临时用地许可证之日起，闲置超过两年又未经批准延期使用的土地，城市规划主管部门有权收回，另行安排。属于征用集体所有的土地，按国家建设征用土地的有关规定处理。

第三十五条　位于城市规划区内的农村人民公社和农业生产合作社，新建或扩大农村居民点和企业、事业单位，其用地位置和范围，应当报经城市规划主管部门审查批准。

第三十六条　禁止任何组织和个人未经城市规划主管部门批准，擅自侵占城市规划区内的土地进行建设。

第三十七条　禁止任何组织和个人买卖、出租或者以其他形式非法转让城市规划区内的土地。

第三十八条　禁止获得用地许可证的组织和个人任意转让土地使用权、改变土地的使用性质，或者任意扩大土地使用面积和范围。

第三十九条　禁止获得临时用地许可证的组织和个人，在临时使用的土地上，建设永久性的或者半永久性的建筑物或者构筑物。

第四十条　禁止任何组织和个人侵占风景名胜区、文物古迹、公共绿地和公共体育场地进行建设，或者改变其使用性质。

第四十一条　禁止任何组织和个人在城市规划区内的国有山岭、荒地、空地、水面、行洪河道、滩地及其他城市建设保留地上，擅自经营挖取砂石、土方，设置废渣、垃圾堆场，或者进行围填水面等改变地形、地貌的活动。确需进行上述活动的，必须经城市规划主管部门批准。

第五章　城市各项建设的规划管理

第四十二条　城市规划区内的各项建设活动，由城市规划主管部门实施统一的规划管理。在城市规划区内进行建设，必须服从城市规划和规划管理。

第四十三条　根据城市规划确定的城市建设项目，应当纳入中长期的和年度的城市建设计划，并按照合理的建设程序组织实施。城市成片建设的地区，应当按照城市规划，实行综合开发，统一建设。

第四十四条　在城市规划区内国家所有的土地和征用集体所有的土地上，需要新建、扩建、改建任何建筑物、构筑物，敷设道路和管线的，都必须向城市规划主管部门提出建设申请。国家法律另有规定的，按法律规定办。

申请进行建设的组织和个人，经城市规划主管部门确定其建设位置，提出地面控制标高、建筑密度、建筑层数、建筑立面以及与环境协调等设计要求，并审查其有关设计文件和图纸，发给建设许可证后方可施工。

第四十五条　获得建设许可证的组织和个人，必须按照建设许可证规定的内容进行建设活动。

第四十六条　在城市规划区内设置集市贸易市场，由城市规划主管部门会同工商行政管理和公安、卫生部门，本着方便群众购销和不影响交通、市容和环境要求的原则，确定地点和范围。

第四十七条　在城市人民政府根据国家建设需要确定改建的街区和地段，不得修建与改修目的不符的建筑物和构筑物，需要动迁的组织和个人，必须服从城市人民政府的改建规划和拆迁决定，不得阻拦改建拆迁工作。

第四十八条　在城市规划区内的建设项目，建成竣工后，必须编制竣工图，并在建设项目竣工验收后六个月内，将竣工图报送城市规划主管部门，作为城市规划档案保存。

第四十九条　城市规划主管部门的工作人员，可以进入城市规划区内的建设工程现场，对建设用地和建设活动进行检查；受检查者应当如实提供情况和必要的资料；检查人员应当遵守国家的保密制度。

第四十八条和第四十九条，涉及重要军事机密工程的，按国家有关规定执行。

第六章　处　　罚

第五十条　城市规划主管部门对本行政区域内违反本条例的组织和个人，可以分别给予以下行政处罚：

(一)对违反本条例规定侵占土地的，应当责令其退出违章占用的土地，或者吊销其用地许可证，并可给予警告或者罚款。

(二)对违反本条例规定进行建设的，责令停止违章建设行为，吊销其建设许可证，或者责令其拆除违章的建筑物、构筑物，并可给予警告或者罚款。

第五十一条　当事人对城市规划主管部门给予的责令退出违章占地，拆除违章建筑物和构筑

[城市住宅及房地产]

国 务 院
关于中外合营企业建设用地的暂行规定

(1980年7月26日)

根据《中华人民共和国中外合资经营企业法》和中共中央中发[1980]14号文件批转外国投资管理委员会党组《关于中外合营企业几个问题的请示报告》的精神，现对中外合营企业建设用地问题作如下规定。

(一)中外合营企业用地，不论新征用土地，还是利用原有企业的场地，都应计收场地使用费。

场地使用费的计算，应该包括征用土地的补偿费用，原有建筑物的拆迁费用，人员安置费用，以及为中外合营企业直接配套的厂外道路、管线等公共设施应分摊的投资等因素。

中外合营企业特殊需要的厂外工程的投资，不包括在场地使用费内，由双方根据具体情况协商，由合营企业负担部分或全部投资，具体内容和投资数应在合同中订明。

(二)中外合营企业场地使用费总的水平，每年每平方米最低不少于五元，最高不超过三百元。其中大中城市的市区和近郊区最低不少于十元，以后随着经济的发展，可以逐步调增。

资金利润率过低，而产品又确属急需的中外合营企业，还可以经过批准，适当降低场地使用费。

(三)场地使用费的具体标准，应根据不同条件分等合理确定。原则上沿海地区应高于内地，大中城市应高于中小城镇，城市中心、繁华地段应高于其他地段和郊区，在原有工业区设厂应高于新开辟的工业区，利用原有企业进行改造应高于新建工厂等。

场地使用费具体标准，先由各省、市、自治区根据上述原则，结合本地区的具体情况研究制订，报国家建委、外国投资管理委员会审查。北京、上海、天津、广东、福建、浙江、江苏、山东、辽宁、四川十个省、市，请在本规定批准后二个月内报送。经过一段时期的实践，在总结经验的基础上，再制定全国的场地使用费标准。

(四)场地使用费，可以作为中国合营者投资的股本，也可以由中外合营企业按年向当地政府交纳。由合营双方根据实际情况协商确定。

场地使用费作为中外合营企业中国合营者投资的，凡合同规定经营期限的，按合同规定的合营期限一次预收计算；凡合同未规定经营期限的，按十五年一次预收计算。

分年向当地政府交纳场地使用费的，计算方法也可以采取多种形式，如按规定的标准交纳，按营业收入的比例提取等。

场地使用费从规定的时间开始计收。

(五)场地使用费收入，应作为中外合营企业征

物、吊销许可证和罚款的处罚决定不服，可以在收到决定书之日起十五日内，向人民法院起诉；逾期不起诉又不履行的，由城市规划主管部门申请人民法院强制执行。

第五十二条　城市规划主管部门的工作人员违反本条例的，视情节轻重，给予纪律处分。

第七章　附　　则

第五十三条　省、自治区、直辖市人民政府确定单独编制城市规划的工矿区、城镇型居民点，参照本条例执行。

第五十四条　省、自治区、直辖市人民政府可以根据本条例，结合本行政区域的实际情况，制定实施办法。

第五十五条　本条例自公布之日起施行。

用土地的补偿、拆迁、安置费用和建设厂外公共设施投资的专项资金，交当地建设银行专户储存。场地使用费作为中国合营者投资的应每年从中外合营企业利润分成中按规定的额度保证划交。场地使用费收入由所在地方的城建部门会同建委、计委统筹安排使用，需要建设的厂外公共设施应按中外合营企业建设进度的要求，列入省、市、自治区的年度计划，按期建成。

年度之间，场地使用费收入不足以支付上述费用和投资时，可向建设银行申请贷款解决。

征用土地拆迁、安置，以及建设厂外公共设施所需的物资，由省、市、自治区列入年度物资分配计划，保证供应。对少数部管项目所需的统配、部管物资，省、市、自治区解决确有困难时，主管部应予支持，协助解决。

(六)中外合营企业用地，应由合营企业向所在省、市、自治区人民政府指定的县、市一级建设用地主管部门申请。由建设用地主管部门根据企业主管部门批准的有关文件按国家规定程序审批核拨，并由合营企业和建设用地主管部门签订用地合同，订明用地数量、具体地点、提供土地的时间、使用期限、使用费标准等有关事项，明确双方的经济责任。用地合同条款内容和格式，由省、市、自治区自行制定。

中外合营企业建设用地，应由建设用地主管部门统一办理征地和安置工作，向合营企业提供场地使用权，合营企业不得自行与被征地社队或原使用场地单位直接洽谈用地条件和确定建设用地。

(七)各级建设用地主管部门，在审查核拨中外合营企业建设用地时，应事先与城市规划部门联系，严格按照城市规划进行，并取得城市规划部门的同意，做到城市建设合理布局。新建工业城镇和出口加工特区，必须提前作出城镇或加工区规划。

中外合营企业用地的申请和审批，都要十分注意节约土地。

(八)建设用地主管部门为中外合营企业征用土地时，其征地办法、审批权限、补偿标准、安置工作等，一律按《国家建设征用土地办法》办理。

(九)中外合营企业对批准核拨的建设用地，只有使用权，没有所有权。严禁买卖和变相买卖土地，违者应受法律制裁。

中外合营企业用地合同期满，或因其他原因经批准终止经营的，企业使用的土地，须交回中国政府，不得自行转让。

(十)本规定和中外合营企业场地使用费标准不对外公布，作为同外国合营者谈判的依据。

本规定适用于中外合资经营的工业、旅游业、商业服务业、农牧业和合资建设的住宅公寓等所需的建设用地。与国外华侨、港澳同胞合资经营或外商、国外华侨、港澳同胞在我国单独投资建设的企业和工程，也应参照本规定的有关条款办理。

各省、市、自治区可以根据本规定结合当地的具体情况，制订补充规定或实施细则，并抄送国家建委、外国投资管理委员会。

国 务 院

关于严格控制城镇住宅标准的规定

(1983年12月15日)

党的十一届三中全会以来，全国城镇建设了大批住宅，住房紧张状况有所缓和。但近两年来，许多地区和部门擅自制订住宅标准，任意突破国家有关规定，为领导干部新建的住宅面积越来越大，标准越来越高，脱离了我国国情，脱离了群众。为了加强对住宅标准的管理，特作如下规定：

一、严格控制住宅建筑面积标准。要认真贯彻"一要吃饭，二要建设"和在发展生产的基础上逐步改善人民生活的方针。从我国经济能力和严重缺房的实际情况出发，在近期内，我国城镇住房只能是低标准的。全国城镇和各工矿区住宅均应以中小型户(一至二居室一套)为主，平均每套建筑面积应控制在50平方米以内。一类住宅，平均每套建筑面积42～45平方米；二类住宅，平均每套建筑面积45～50平方米，这两类住宅适用于一般职工。三类住宅，平均每套建筑面积60～70平方米，适用于县、处级干部及相当于这一级的知识分子。四类住宅，平均每套建筑面积80～90平方米，适用于厅、局、地委一级干部和相当于这一级的高级知识分子。以建一、二类住宅为主。在住宅紧张的城市和单位，应暂缓建设三、四类住宅。在全国住房分配标准未颁发之前，上述标准可暂作为分配控制标准。

二、为了能够以相同数量的住宅建设投资，适当解决较多群众的住房问题，各地区、各部门、各单位都要严格执行国家统一标准，不得另行制订超过国家统一规定的住宅建筑面积标准。今后，凡发现任意突破住宅建筑面积标准的，要及时纠正。情节严重的，要严肃处理，并追究批准者的责任。要严格控制住宅装修和设备标准，防止提高建筑造价。

三、今后衡量住宅建设量，既要以建筑面积为计量单位，又要以住宅套数为计量单位。各单位申请建造住宅和有关部门审批住宅建设计划，都要填报和审核建筑面积和套数，两者缺一不可。这是一项改革，各级计划、统计、计量、城建部门要紧密配合、协调一致，把这项工作做好。

四、各地计划和城建部门要加强城市住宅建设的管理，建立审批制度，严格把关。今后，各单位需要建造三、四类住宅的，要报当地计委(建委)和城建部门批准。对近几年住宅建设较多的机关、单位要从严掌握。凡超过标准或未按规定程序报批的住宅一律不准建设。

五、各级人民政府要加强对住宅建设的领导，坚决纠正任意提高住宅建筑面积标准的现象。各地要对一九八一年以来住宅建筑面积标准进行一次检查，并将检查结果报国家计委和城乡建设环境保护部。

各级领导机关要带头严格执行国家住宅建筑面积标准和设备标准，不准搞特殊化。要严格控制县、处级和地、厅级干部住宅建设。要把解决无房户、严重拥挤户的住房问题放在首位，作出规划，分期分批解决。

过去，各地区、各部门制定的住宅设计、分配标准与本规定不符的，一律停止执行。

国　务　院

关于《城镇个人建造住宅管理办法》的批复

(1983年5月25日)

国务院批准《城镇个人建造住宅管理办法》，由你部发布施行。

城乡建设环境保护部

关于发布《城镇个人建造住宅管理办法》的通知

(1983年6月4日)

《城镇个人建造住宅管理办法》业经国务院批准，现发布施行。

城镇个人建造住宅管理办法

第一条　为了鼓励城镇个人建造住宅，防止个人建造住宅中的违法乱纪行为，特制定本办法。

第二条　本办法适用于市、镇和未设镇建制的县城、工矿区。

本办法所说的城镇个人建造住宅，包括以下几种形式。

(一)自筹自建：城镇居民或职工自己投资、投料、投工、新建或扩建住宅；

(二)民建公助：以城镇居民或职工自己投资、投料、投工为主，人民政府或职工所在单位在征地、资金、材料、运输、施工等方面给予适当帮助，新建或扩建住宅；

(三)互助自建：城镇居民或职工互相帮助，共同投资、投料、投工，新建或扩建住宅；

(四)所在地人民政府同意的其他形式。

第三条　凡在城镇有正式户口、住房确有困难的居民或职工，都可以申请建造住宅；但夫妇一方户口在农村的，一般不得申请在城镇建造住宅。

城镇个人建造住宅，须由建造人所在单位或所在地居民委员会开具证明，向所在地房地产管理机关提出申请，经审核同意后，才准建造住宅。

第四条 城镇个人建造住宅，必须十分珍惜和合理利用土地。要与改造旧城相结合，充分利用原有的宅基地和空闲地，提倡建造两层以上的住宅。禁止占用良田、菜田、道路和城市绿地建造住宅。有条件的城镇，应当由人民政府统一解决用地，统一规划。

城镇个人建造住宅需要征用土地的，必须按照国家有关规定，办理征地手续，禁止任何单位和个人未经批准擅自占地建造住宅。

第五条 城镇个人建造住宅的建筑面积，由各省、自治区、直辖市人民政府根据实际情况确定，但按城镇正式户口平均，每人建筑面积一般不得超过二十平方米(包括在本城的异地住宅)。禁止用围墙筑院的方式扩大宅基地。

第六条 城镇个人建造住宅，必须符合城市规划的要求，不得妨碍交通、消防、市容、环境卫生和毗邻建筑的采光、通风。

城镇个人建造住宅，必须经城市规划管理机关审查批准，发给建设许可证后，方可施工。

第七条 城镇个人建造住宅的资金、材料、施工力量的来源必须正当，不得利用职权侵占国家、集体资财和平调劳动力、运输力。

城镇个人建造住宅所需要的主要建筑材料，应当列入地方物资供应计划。有条件的单位，应当在资金、材料、运输等方面给职工以支持和帮助，但补贴金额一般不得超过住宅造价的百分之二十。补贴应当从本单位自有资金中解决，不得列入生产成本或挤占行政、事业费。

第八条 城镇个人建造的住宅，属于本办法第二条第二款第(一)、(二)、(三)项的，所有权归个人；属于本办法第二条第二款第(四)项的，所有权根据具体情况确定。

住宅竣工一个月内，建造人须持建筑许可证和建筑图纸，向房地产管理机关申请验查，经审查批准后，领取房屋所有权证。

第九条 违反本办法规定的，应视其情节轻重，给予行政处分、罚款。对违法建筑的住宅，予以拆除或没收。造成经济损失的，责令赔偿。触犯刑律的，依法追究刑事责任。

第十条 各省、自治区、直辖市人民政府可根据本办法制定实施细则。

第十一条 本办法自发布之日起施行。

国　务　院

关于发布《城市私有房屋管理条例》的通知

(1983年12月17日)

现将《城市私有房屋管理条例》发给你们，望遵照执行。

城市私有房屋管理条例

第一章　总　　则

第一条　为了加强对城市私有房屋的管理，保护房屋所有人和使用人的合法权益，发挥私有房屋的作用，以适应社会主义现代化建设和人民生活的需要，特制定本条例。

第二条　本条例适用于直辖市、市、镇和未设镇建制的县城、工矿区内的一切私有房屋。

前款私有房屋是指个人所有、数人共有的自用或出租的住宅和非住宅用房。

第三条　国家依法保护公民城市私有房屋的所有权。任何单位或个人都不得侵占、毁坏城市私有房屋。

城市私有房屋所有人必须在国家规定的范围内行使所有权，不得利用房屋危害公共利益、损害他人合法权益。

第四条　城市私有房屋因国家建设需要征用拆迁时，建设单位应当给予房屋所有人合理的补偿，并按房屋所在地人民政府的规定对使用人予以妥善安置。

被征用拆迁房屋的所有人或使用人应当服从国家建设的需要，按期搬迁，不得借故拖延。

第五条　城市私有房屋由房屋所在地人民政府房地产管理机关(以下简称房管机关)依照本条例管理。

第二章　所有权登记

第六条　城市私有房屋的所有人，须到房屋所在地房管机关办理所有权登记手续，经审查核实后，领取房屋所有权证；房屋所有权转移或房屋现状变更时，须到房屋所在地房管机关办理所有权转移或房屋现状变更登记手续。

数人共有的城市私有房屋，房屋所有人应当领取共同共有或按份共有的房屋所有权证。

第七条　办理城市私有房屋所有权登记或转移、变更登记手续时，须按下列要求提交证件：

(一)新建、翻建和扩建的房屋，须提交房屋所在地规划管理部门批准的建设许可证和建筑图纸；

(二)购买的房屋，须提交原房屋所有权证、买卖合同和契证；

(三)受赠的房屋，须提交原房屋所有权证、赠与书和契证；

(四)交换的房屋，须提交双方的房屋所有权证、双方签订的协议书和契证；

(五)继承的房屋，须提交原房屋所有权证、遗产继承证件和契证；

(六)分家析产、分割的房屋，须提交原房屋所有权证、分家析产单或分割单和契证；

(七)获准拆除的房屋，须提交原房屋所有权证和批准拆除证件。

证件不全或房屋所有权不清楚的，暂缓登记，待条件成熟后办理。

第八条　严禁涂改、伪造城市私有房屋所有权证。

遗失城市私有房屋所有权证，应当及时向房屋所在地房管机关报告，申请补发。

第三章　买　卖

第九条　买卖城市私有房屋，卖方须持房屋所有权证和身份证明，买方须持购买房屋证明信和身份证明，到房屋所在地房管机关办理手续。

任何单位或个人都不得私买私卖城市私有房屋。严禁以城市私有房屋进行投机倒把活动。

第十条　房屋所有人出卖共有房屋，须提交共有人同意的证明书。在同等条件下，共有人有优先购买权。

第十一条　房屋所有人出卖租出房屋，须提前三个月通知承租人。在同等条件下，承租人有优先购买权。

第十二条　买卖城市私有房屋，双方应当本着按质论价的原则，参照房屋所在地人民政府规定的私房评价标准议定价格，经房屋所在地房管机关同意后才能成交。

第十三条　机关、团体、部队、企业事业单位不得购买或变相购买城市私有房屋。如因特殊需要必须购买，须经县以上人民政府批准。

第十四条　凡享受国家或企业事业单位补贴，廉价购买或建造的城市私有房屋，需要出卖时，只准卖给原补贴单位或房管机关。

第四章　租　赁

第十五条　租赁城市私有房屋，须由出租人和承租人签订租赁合同，明确双方的权利和义务，并报房屋所在地房管机关备案。

第十六条　房屋租金，由租赁双方按照房屋所在地人民政府规定的私有房屋租金标准，协商议定；没有规定标准的，由租赁双方根据公平合理的原则，参照房屋所在地租金的实际水平协商议定，不得任意抬高。

出租人除收取租金外，不得收取押租或其他额外费用。承租人应当按照合同规定交租，不得拒交或拖欠。

第十七条　承租人需要与第三者互换住房时，应当事先征得出租人同意；出租人应当支持承租人的合理要求。换房后，原租赁合同即行终止，新承租人与出租人应当另行签订租赁合同。

第十八条　出租人、承租人共同使用的房屋及其设备，使用人应当本着互谅互让、照顾公共利益的原则，共同合理使用和维护。

第十九条　修缮出租房屋是出租人的责任。出租人对房屋及其设备，应当及时、认真地检查、修缮，保障住房安全。

房屋出租人对出租房屋确实无力修缮的，可以和承租人合修。承租人付出的修缮费用可以折抵租金或由出租人分期偿还。

第二十条　租赁合同终止时，承租人应当将房屋退还出租人。如承租人到期确实无法找到房屋，出租人应当酌情延长租赁期限。

第二十一条　承租人有下列行为之一的，出租人有权解除租赁合同：

(一)承租人擅自将承租的房屋转租、转让或转借的；

(二)承租人利用承租的房屋进行非法活动，损害公共利益的；

(三)承租人累计六个月不交租金的。

第二十二条　机关、团体、部队、企业事业单位不得租用或变相租用城市私有房屋。如因特殊需要必须租用，须经县以上人民政府批准。

第五章　代　　管

第二十三条　城市私有房屋所有人因不在房屋所在地或其他原因不能管理其房屋时，可出具委托书委托代理人代为管理。代理人须按照代理权限行使代理权并履行应尽的义务。

第二十四条　所有人下落不明又无合法代理人或所有权不清楚的城市私有房屋，由房屋所在地房管机关代管。

前款代管房屋因天灾或其他不可抗力遭受损失的，房管机关不负赔偿责任。

第二十五条　城市私有房屋所有人申请发还由房管机关代管的房屋，必须证件齐备、无所有权纠纷，经审查核实后，才能发还。

第六章　附　　则

第二十六条　各省、自治区、直辖市人民政府可根据本条例，结合本地区具体情况，制定实施细则。

第二十七条　本条例由城乡建设环境保护部负责解释。

第二十八条　本条例自发布之日起施行。

城乡建设环境保护部、国家经济委员会、财政部

关于颁发

《城市节约用水奖励暂行办法》的通知

(1986年8月22日)

现将《城市节约用水奖励暂行办法》发给你们，请认真贯彻执行。在执行过程中如遇到问题，望及时告诉我们。

城市节约用水奖励暂行办法

根据国发[1984]80号《国务院关于大力开展城市节约用水的通知》和国发[1986]4号关于发布《节约能源管理暂行条例》通知精神，为进一步促进城市节约用水，合理开发利用水资源，特制定本办法。

一、凡对城市节约用水工作有成绩的单位、集体和个人均按本办法实行节水奖励。

二、用水单位实行节水奖励，必须具备如下条件：

1.完成国家和上级下达的主要生产指标和工作任务。

2.执行城市节水管理部门下达的用水计划；有健全的用水规章制度，有准确的用水计量手段，有节水措施，并有完整的用水记录，可以考核节约水量。

三、城市节约用水管理部门，应根据国家和地方颁发的有关用水定额，结合当地供水情况，制定年度(季、月)用水计划指标，经同级人民政府批准后，下达执行。

四、根据节水量、当地水价和奖金提取比率计算节水奖励金额。

年度(季、月)实际用水量低于计划指标的差额为节水量。节水奖在节水金额(节水量×当地水价)的百分之十至三十的幅度内提取。各地可根据水资源和供水情况，按照水价的不同，由节约用水管理部门会同财政等有关部门共同研究，在上述制定的幅度内提出奖金提取比率，报同级人民政府批准后执行。

五、企业节水奖由节约的水费中开支，计入成本；行政、事业单位在行政、事业费中开支。此项奖金，不征收奖金税。

六、城市节水管理部门对节水成绩突出的先进单位、集体和个人，可以在年度评比的基础上给予适当奖励。奖励费用由超计划用水加价收费或水资源费中开支。

对开展节约用水、水资源综合利用有重大贡献的单位、集体和个人，还可按有关规定，向国家经委申报综合利用奖。

七、节水奖励只发给直接从事节约用水工作的有关人员。

八、用水单位由于生产任务增减或生产工艺变动，需要调整用水量计划时，应向节水管理部门提出报告，经审批同意，按新规定的计划用水指标考核。没及时提出报告以及无故停用已有节水设施的单位，不得给予节水奖励。

九、城市供水企业也是节约用水的执行单位。如因用水单位开展节约用水减少了供水企业售水量，影响企业的留利，应将节水量视为售水量，按规定提取企业留利。

十、实行节水奖励的单位必须严格执行本办法，切实加强节水奖励的管理。各主管部门和财政部门，在审核实行节水奖励单位的年度决算时，要严格审查列支的节水奖是否符合本规定。对弄虚作假的，除追回多提取的节水奖外，要追究有关领导的责任。

十一、各地可根据本办法制定具体实施细则。

县、镇也可以参照本办法实行节水奖励。

十二、本办法由城乡建设环境保护部和财政部负责解释。

十三、本办法自颁发之日起执行。

城乡建设环境保护部

关于颁发《市政工程设施管理条例》的通知

(1982年8月21日)

现颁发《市政工程设施管理条例》,请结合各地实际情况研究执行。

市政工程设施管理条例

第一章 总 则

第一条 为充分发挥市政工程设施的效益,以保持市容整洁,便利交通运输,有利生产,方便生活,特制定本条例。

第二条 下列市政工程设施均属本条例管理范围,包括:

(一)城市道路:机动车、非机动车道、人行道、广场、街头空地、路肩等。

(二)城市桥涵:桥梁、涵洞、立体交叉桥、过街人行桥、城市道路与铁路两用桥等。

(三)城市排水设施:雨水管道、污水管道、雨水污水合流管道、明渠、泵站、污水处理厂及其附属设施等。

(四)城市防洪设施:城市防洪堤岸、河坝、防洪墙、排涝泵站、排洪道及其附属设施等。

(五)城市道路照明设施:城市道路、桥梁、广场,不售票的公共绿地等处的照明设施。

第三条 市政工程设施是社会主义的公共财产。各级市政工程管理部门应按照统一管理、加强养护、积极改善、逐步提高的方针,建立健全具体的管理、养护、维修实施办法,全面完成各项技术经济指标,保证所管理的工程设施经常处于完好状态。

城市维护费的使用,要保证市政工程设施养护维修的需要;现有设施失修失养严重的,要有计划、有步骤地抓紧解决,以发挥其最大效能。

第四条 市政工程管理部门应参加新建市政工程的竣工验收;并将施工单位移交的有关工程图纸、文件、技术资料装订成册,存档备查。

第五条 市政工程建设应严格按照基本建设程序办事,遵循先地下,后地上的原则,实行统一规划、统一建设。市政、公用、电力、电讯工程项目,应由城市建设部门统一协调施工组织计划,组织有关单位,先建地下各项管道工程,后建地面工程。新的市政工程设施,竣工后两年内不得开挖。因特殊情况必须开挖者,须经市政工程管理部门批准,并缴纳赔偿费。

第六条 大城市和特大城市的市政工程设施,可以实行市、区两级管理,应依靠专业队伍,并动员组织群众,切实管好。

第七条 本条例适用于城市、县城、镇、工矿区。

第二章 城市道路管理

第八条 城市的主干道、次干道、区间道路及街巷道路,必须经常保持畅通。任何单位和个人,不准任意开挖或占用,更不准用做货物堆场或作业场地。

第九条 凡在道路上新建或改建管线,埋设各种标志、杆件,搭设棚、亭、画廊、存车处等设施者,应报经市政工程管理部门同意,并由城市规划部门发照后,方准施工。经批准占用、开挖道路者,须预缴赔偿费和占用费,并在作业范围内设置安全防护设施,确保行人、车辆安全。

第十条 铁路与道路平面交叉道口,应与城市道路接平,各种管线或检查窨井,应与路面衔接好。如因设施损坏而影响路面使用者,应由设施主管部门及时维修。

第十一条 机动车和非机动车均应按规定路线行驶,不准在人行道行驶;机动车试刹车应在规定的路线上进行。铁轮车、履带车不准在有结构的路面上行驶。超重车、铁轮行、履带车因特殊情况,必须通过城市道路时,应报经市政工程管理部门批准,并经公安部门会签同意后,在不损坏路面的前提下，于指定时间通行。

第三章　城市桥涵管理

第十二条　城市桥涵管理，应包括桥涵前后左右及上下游各30～60米范围内的设施及构筑物。

第十三条　车船、行人过桥，不准损伤桥梁设施。机动车不准在桥上试车、超车、停车。车辆过桥，必须遵守限载、限速规定。如装载超重大件或易燃、易爆物的车辆过桥时，应事先向桥涵管理部门办理申报手续，采取安全防范措施，并按规定要求在指定时间和路线过桥。

第十四条　任何单位和个人不准在桥涵构筑物上和管辖范围内，任意挖土取土，进行各种作业、堆放物料、装置任何设施。

第十五条　市政工程管理部门应经常观测、检查桥涵内部结构变化情况，随时记录、积累资料，及时向主管部门反映桥涵使用情况。防止发生意外事故。

第四章　城市排水设施管理

第十六条　市政工程管理部门对城市排水设施，应建立经常的管理、养护、维修和疏浚制度，经常保持管渠畅通，不得污染城市环境。

第十七条　任何单位和个人不准任意损坏排水设施。不得在排水管道上，圈占用地或兴建构筑物，不得向排水明沟、检查井、雨水口内倾倒垃圾、粪便、渣土等杂物。不准任意在检查井、排水道口及排水明沟内，设闸憋水或安泵抽升。排水系统采取分流制的，不准将雨水管和污水管混接。

第十八条　凡因工作需要，临时占压、开挖排水管道者，应事先报经市政工程管理部门批准，并设置安全防护措施后，方可占压、开挖。

第十九条　企业、事业单位的雨水、污水需排入城市排水管网者，应向市政工程管理部门申请批准，按规定位置及技术要求接入管网。有毒、有害、含有易燃、易暴物质的污水，必须经过自行处理，达到排入城市排水道标准后，方可排入。对于超过排放标准而损坏城市排水管道者，应由排放单位赔偿经济损失；对危害养护工人身体健康，造成伤亡事故者，应追究责任。

第二十条　城市污水处理厂建成后，必须及时投入运转使用。处理厂应经常检测污水水质，监督有毒污水的排放。发现污水有损处理厂设施，影响处理效率者，处理厂有权向排放单位索赔损失。

第五章　城市防洪设施管理

第二十一条　城市防洪设施是确保城市人民生命、财产的重要设施，主管部门和有关单位都要积极维护河岸、堤坝、排洪道和泵站的完好。在防洪设施防护带内，不准乱挖、乱填、搭盖、堆放物料，不准进行有损防洪设施的任何作业。凡因工程需要，在管理范围内立杆、架线、埋设管道者，必须事先报请市政工程管理部门批准，并按防洪要求施工。

第二十二条　在防洪设施的防护带内，禁止在非码头区装卸或堆放货物。机械装卸设备需要装设在护岸、防水墙或排洪道上时，应报经市政工程管理部门批准，并采取相应的安全措施。

第六章　城市道路照明设施管理

第二十三条　严禁任何单位和个人损坏城市路灯灯具。严禁在公共照明线路上拉线、接灯或安装其它电器设备。凡因建设需要迁移路灯设施者，应报经路灯管理部门批准。凡损坏路灯设施影响照明线路畅通者，应赔偿经济损失。

第二十四条　路灯管理应实行专业管理与群众管理相结合的办法，依靠人民群众管好路灯设施。应经常教育儿童，不要攀登路灯杆线，不要损坏灯具。

第七章　附　　则

第二十五条　各城市可结合当地实际情况，制订本市市政工程设施管理细则，并规定相应的奖惩制度。对于保护市政工程设施有显著成绩的单位和个人，要给予表扬或奖励；对于阻挠执行管理任务或殴打谩骂管理人员造成严重后果者，要依法追究刑事责任。

市政工程设施管理人员，要积极向广大群众宣传本条例精神，管理人员违犯本条例者，要加重处罚。

第二十六条　占压、挖掘、损坏市政工程设施的收费标准，由各省、市、自治区结合当地情况自行制定。所得款项，应用于市政工程设施的养护、维修和更新改造，不得挪作它用。

第二十七条　本条例自颁发之日起施行。

城乡建设环境保护部

关于颁发《城市人工煤气安全管理暂行规定》的通知

(1982年12月15日)

为确保城市人工煤气的安全生产和供应，不断地加强企业管理。现颁发《城市人工煤气安全管理暂行规定》，自一九八三年一月一日起执行。在执行中有何问题和意见。请及时告诉部市政公用事业局。

经营城市使用的天然气、油田伴生气、矿井气的企事业单位，也请参照《城市人工煤气安全管理暂行规定》，制定自己的具体实施办法。

城市人工煤气安全管理暂行规定

第一章　总　　则

第一条　为了贯彻国家的安全生产方针，加强城市人工煤气的安全管理，确保煤气生产供应，保护国家和人民生命财产的安全，适应城市煤气化的需要，特制定本暂行规定。

第二条　本暂行规定是以国家颁发的有关标准、规范和规定为依据，结合城市人工煤气的特点而制订的，适用于经营城市人工煤气的企业。

第三条　城市人工煤气是一种易燃、易爆、有毒的气体燃料。企业的各级领导必须充分重视城市人工煤气的安全管理工作，要尊重科学，实事求是，正确地处理好煤气生产、供应与安全的关系。

第四条　新建、扩建或改建城市煤气工程(包括煤气生产、输配设备和用户的煤气设施)必须严格执行基本建设程序，遵守国家颁发的《城市煤气设计规范》、《建筑设计防火规范》、《工业“三废”排放试行标准》、《工业企业设计卫生标准》等有关标准、规范和规定。竣工后，基建、设计、施工单位应向经营城市人工煤气的企业提交完整的技术资料，并经验收合格后，方可交付使用。

第二章　气　　源

第五条　制气厂应制订操作运行规程、设备管理规定、安全防火制、岗位责任制和工艺指标等技术文件，经企业总工程师或技术负责人批准后严格贯彻执行。

第六条　制气使用的原料和贮存的原料、产品应遵守的规定：

一、制气厂应设立质量检验机构，负责对原料、产品(包括中间产品)进行检验和分析。

二、制气炉使用的原料(如煤、焦、重油等)进厂时应按批进行质量分析，并应符合规定的质量指标。当原料品种变化时，应进行分析试验，如不符合原料质量规定，并危及安全生产时不得使用。

三、煤气净化和副产品加工中使用的化工原料，进厂时必须按照规定的质量指标进行化验分析和验收。

四、不同品种的制气、化工原料和产品应按有关规定分别贮存，并注明牌号，防止误用。易自燃的物品(如石油系原料、煤、苯类产品、再生的干法脱硫剂等)应有防火的安全措施。

五、易燃和可燃液体贮槽不得任意互相调用。易燃液体贮槽应定期清理呼吸阀和槽体。

第七条　制气厂环境保护工作应遵守的规定：

一、制气厂总工程师或技术负责人，必须全面负责本单位的环境保护工作，并应设立专职或兼职的环境保护机构，指定专职人员负责检查、督促所管辖范围内的环境保护。

二、应确保制气厂三废治理设备的正常运行，严格控制三废(废水、废气、废渣)的排放，对达不到《工业“三废”排放试行标准》的应限期解决。

第八条　应定期对制气厂内工业卫生和劳动保护条件进行检查，并不断完善保护措施。对达不到规定标准的车间(或工段)应制定专项计划进行改进，保障职工的安全和健康。

第九条　应严格按制气设备的额定生产能力组织生产。如需挖掘现有制气设备的生产潜力，必须经科学分析和技术验证，保证安全，制定实施方案，经企业总工程师或技术负责人批准后，方可调整设备的工艺参数和生产能力。

第十条　根据煤气供应连续性、负荷不均衡性和安全可靠性的特点，制气厂应有一定的备用设备和备品备件，并应配备抢修人员。

第十一条　制气设备运行中应遵守的安全规定：

一、各种制气炉必须保持正压或微正压操作。

二、应制定制气炉加热火焰突然熄灭时的安全措施。

三、采取复热式煤干馏炉，在使用其中一种气源加热时，另一种加热气源的设备、管道和阀门必须保持完好。

四、制气设备上各种联锁装置和主要工艺参数的控制显示仪表必须处于完好状态。

五、应定期检查制气设备上各类防爆设施，凡发现不符合要求时应及时更换。

第十二条　凡采用电捕焦油器脱除煤气中焦油雾时，煤气中含氧量应控制在1%以内，焦油排出液封筒应保持规定深度，确保安全运行。

第十三条　高温油槽或蒸馏釜运行时，严禁发生溢油、喷油和进水，以防止槽(釜)内引起爆沸、着火等事故。

第十四条　制气厂对下列设施必须制定定期检查制度，并应严格执行。

一、易腐蚀的厂房、地坪和设备应定期检查和修理，并采取防腐措施。

二、蒸汽锅炉和各类压力容器应按劳动人事部颁发的《蒸汽锅炉安全监察规程》和《压力容器安全监察规程》的规定进行定期检查，不合格的必须停止使用。

三、各类介质的阀门和管道应定期检查，保持完好，防止介质的窜漏。

四、设备的接地电阻应每年检测一次，不合格的应及时处理。

第十五条　制气厂应制定主要工段的停电、停水(包括喷淋冷却氨水)和各类突然事故发生时的应急措施。并应定期检查，确保设备和人身的安全。

第十六条　制气厂可燃气体和易燃、可燃液体的设备投产和检修前应遵守的安全规定：

一、应制定投产和检修方案，根据分级管理规定经审批后方可实施。

二、属于甲类防火区内的动火必须由厂长、总工程师或上级部门批准后，方可实施；乙类防火区内的动火应由厂安全保卫部门批准，报厂长或总工程师备案后，方可实施；丙类以下防火区内的动火应由车间负责人批准，报厂安全保卫部门备案后，方可实施。

三、可燃气体和易燃、可燃液体设备动火检修前，必须切断气源、油源，并应检测设备，接地电阻、清除设备及连接管道内的气体、液体，经检验分析确证该设备没有爆炸可能，按规定批准后动火。当需进入设备内部检修时，必须充分通风，采取切实有效的安全措施。

四、恢复投产时，设备周围必须杜绝火种，并不得擅自二次进场动火。

五、室外煤气设备带气焊补时，必须严格做到设备内呈正压和煤气中含氧量在规定安全范围指标内，并应做好设备壁厚和接地电阻的检测、火星飞溅的防护、施焊地点空气流通或采取强制通风、派员监护等安全措施。

第十七条　制气厂防火安全应遵守的规定：

一、应根据可燃气体和易燃、可燃液体的不同火灾危险性划分车间或工段的防火区域，制定防火、动火制度，并采取防止伤害人体的技术措施。

二、根据防火区域的划分，设立禁火标志和安全要点规定。

三、重点防火部位应制定多种的消防施救方案。

四、各工段楼梯、通道和厂区道路应保持畅通，不得随意堆物占用。

五、散发可燃气体或蒸气的甲类厂房(或车间)应保持防护围墙的完整。

六、易燃、易爆工段应保持防爆照明设施的完好，严禁用高温灯(如碘钨灯)。

七、在雷电暴雨时，严禁灌装苯类产品。

八、应设专职或兼职消防人员，负责消防工作，对职工普及消防知识，并定期检查、更新、添置必要的有针对性的消防器材。有条件的工厂应设置消防队。

第十八条　制气厂应根据所在地区的自然条件，定期检查防震、防汛、防台风、防冻的设施，并保持完好。

第十九条　制气厂煤(焦)仓采用人工捣煤(焦)、高空作业、带气作业等主要岗位的操作必须有人监护。

第三章　输　　配

第二十条　输配单位应制订操作运行规程、设备管理规定、安全防火制和岗位责任制等技术文件，经企业总工程师或技术负责人批准后严格贯彻执行。并应建立完整的原始记录和技术档案。

第二十一条　煤气输配管理中应遵守的安全规定：

一、输配单位必须制订本地区《城市煤气设施管理办法》报请当地人民政府批准后颁发实施。

二、严禁在煤气输配系统的管道和设备(如调压器室、阀门、集水井等)上面建造建筑物或堆物。煤气管道的阀门、集水井应有明显的标志。

三、输配单位应制订停气、降压的管理制度，并指定输配技术部门负责。凡需停气降压的工程应经有关部门批准后方可施工。影响居民用户范围较广的停气、降压工程，不宜在夜间恢复供气。

四、输配单位应制订各类突然事故发生时的应急措施，并应定期检查。

五、应定期巡回检查调压器的额定运行压力，调压器的关闭压力不得超过额定压力的1.2倍。

六、煤气输配系统储配站内防火区域、压送机房和调压器室严禁明火，并应保持通道畅通。

第二十二条 煤气管道和阀门的管理应遵守的安全规定：

一、各类煤气管道必须有定期巡回检查制度，加强监护；对煤气管道的检漏严禁采用明火；煤气管道不得作电器设备的接地导体。

二、严禁煤气用户在煤气管道上设置抽气设备。

三、输配管网应定期抽水、检查抽水设施、更换抽水管；抽出废水，应由制气厂集中处理，不准排入农田、水源等处。

四、输配系统的阀门应统一编号有专职人员负责操作、检修和保养；阀门上应标明转向和转数，储配站内的阀门还应标明启闭状态。

第二十三条 贮气柜的管理应遵守的安全规定：

一、应制订贮气柜大、中修和日常检测巡查规定。

二、开顶修理气柜的工程方案应经上级批准后方可实施。

三、新建和开顶修理的气柜，宜用惰性气体(如氮气、烟气等)置换柜内的空气或煤气。

四、低压储气柜带气焊补时，应遵守本暂行规定第二章第十六条第(五)款的规定，并尽可能降低浮塔，使施焊处降至离水面1米左右。

五、寒冷地区，湿式贮气柜的水封应有防冻措施，如采用蒸汽防冻，蒸汽管道上的逆止阀应定期检查。

六、高压气柜应按劳动人事部颁发的《压力容器安全监察规程》的规定，定期检查，不合格的必须停止使用。

第二十四条 煤气输配系统日常维修和抢修应遵守的安全规定：

一、检修严重漏气的管道，应采取切断气源或降低煤气压力、配备防毒面具、配员监护等安全措施，夜间施工照明不得使用高温灯(如碘钨灯)。

二、对已着火的煤气管道，应采取积极有效的消防措施，并对现场隔离警戒。

三、检修地下调压器、地下阀门井内阀门和室内阀门时，必须有切断气源、杜绝火种、加强通风、配员监护等安全措施。

四、煤气输配系统的施工和抽水现场，应设有明显标志，夜间应有指示红灯。

五、输配单位必须设置昼夜值班的急修组，负责抢修，急修组应配备报警电话、急修车和急修工具，有条件的可配备无线电通讯设备。

第四章 用 气

第二十五条 城市煤气营业单位应根据季节特点采取各种宣传形式(如宣传画、册，宣传车、报刊、广播、电视等)，对用户进行安全用气教育，做到家喻户晓。

第二十六条 城市煤气营业单位必须制订安全使用煤气的章程，报上级主管部门批准后执行。对私自迁移、改装煤气设施和其它严重违反章程者照章处理，并限期采取有效的纠正措施，直至暂停供应煤气。

第二十七条 城市煤气营业单位应建立工业、公共福利事业用户的档案和居民用户卡片。并定期对各类用户煤气设施进行检查或检修，保证用气安全。

第五章 安 全 组 织

第二十八条 城市人工煤气的企业，各级领导必须重视和加强安全工作，并指定一名具有专业知识的企业负责人主管全面的安全管理工作。

第二十九条 制气和输配单位，应设立安全管理部门，配备专职人员，车间和工段应有专职或兼职的安全员，生产小组设置不脱产的安全员，形成安全网。

第三十条 担任安全员的人员要政治责任心强，认真负责，热心安全工作，有丰富的实践经验，并经培训掌握一定的专业知识，熟悉本部门的生产和业务。

第三十一条 安全员应负责所管辖范围内的安全。有权检查本部门贯彻执行安全管理规定的情况，对违反规定的应予制止，并向有关部门反映；有权向有关人员调查和询问安全问题；有权参加制定安全方案和事故分析会，提出个人的意见。安全员必须正确行使自己的职权，不得玩忽职守。

第三十二条 安全教育部门要在企业负责人领导下，应对职工进行安全技术教育和培训，并定期检查和考核。对新工人必须进行三级安全教育。

第三十三条 制气和输配单位主要工段的操作运行人员、用户维修人员，必须经过技术培训和考核，按工种定岗位，未经考核或考核不合格者，不得独立操作。

第六章　附　　则

第三十四条　经营城市人工煤气的企业必须认真贯彻执行本暂行规定，由当地政府主管局负责检查。对认真执行本暂行规定，安全工作有成绩的单位和职工，应给予奖励；凡违反本规定者，要给予批评教育，情节严重者，要严肃处理，直至追究法律责任。

第三十五条　经营城市人工煤气的企业应根据本暂行规定和本单位实际情况，拟订实施细则，报主管部门批准后贯彻执行。

第三十六条　本暂行规定自一九八三年一月一日起执行。

城乡建设环境保护部

关于颁发《城市市容环境卫生管理条例(试行)》的通知

(1982年12月11日)

为了贯彻落实党的十二大精神，开创城市市容环境卫生工作的新局面，从根本上改变“脏、乱、差”的状况，逐步形成讲卫生、爱清洁的良好社会风尚，现颁发《城市市容环境卫生管理条例(试行)》。请结合各地情况组织试行，并将试行情况和问题请及时函告我部。

城市市容环境卫生管理条例(试行)

第一章　总　　则

第一条　根据《中华人民共和国宪法》和《中华人民共和国环境保护法(试行)》的有关规定，为建设优美、清洁、文明的社会主义现代化城市，制定本条例。

第二条　本条例适用于设市的城市。县城、镇、独立工矿区可参照本条例精神，制定适合当地实际情况的环境卫生管理办法。

第三条　城市市容环境卫生管理工作的任务是：保证在城市建设和管理中，美化市容，妥善处理废弃物，防止环境污染，创造文明整洁的生活环境，保护人民健康，促进国家现代化建设的发展。

第四条　城市所有单位和个人，都有享受良好卫生环境的权利，同时也有维护和改善市容环境卫生的义务。

第五条　各城市都要把市容环境卫生事业的建设，纳入城市规划，以及各级人民政府的经济和社会发展计划。

第六条　各城市和有关部门，应当结合开展“五讲四美”活动，利用各种宣传工具，大力宣传市容环境卫生的科学知识和管理法规，提倡共产主义的思想道德，培养爱清洁、讲卫生的优良风俗习惯。

第二章　市　容　环　境　管　理

第七条　沿街单位和居民，应当保持建筑物的整洁，对残墙断壁要及时进行修整，不得在阳台、窗外和街道两侧堆放有碍观瞻的物品。

第八条　城市所有的广告、标语、画廊、招牌、橱窗等，要定期维修和油饰，经常保持整洁、美观；设置大型广告应当经过市容环境卫生部门批准，其他广告必须张贴在指定地点。

第九条　各主管部门应当保持沿街市政、公用、供电、通讯、防空、交通等设施的经常完好和整洁。

第十条　园林绿化部门及有关单位，应当保持沿街树木、绿篱、花坛、草坪的整洁和美观。栽培整修作业遗留的渣土和枝叶，应及时清除。

第十一条　施工单位应当坚持文明作业，材料、机具应当堆放整齐，建筑工地应当设置护栏挡板，残土废渣应当及时清运，竣工时应当清理和平整现场。

第十二条　对城市居民和近郊农村饲养家禽家畜，各城市可根据具体情况，制定管理办法，以维护市容环境卫生。

第十三条　各城市规划部门应当取缔违章建筑；影响市容观瞻者必须限期拆除。城市居民不得任意改装阳台。

第十四条 城市繁华地区和主干道，严禁堆放物料、生产加工、摆摊设点；占用其他街道须经市容环境卫生管理部门和公安部门批准，并负责维护现场周围的环境卫生。

第十五条 各种交通工具应当经常保持整洁、美观，并分别做到：

(一)客运列车进入市区应当关闭车内厕所。

(二)公共汽车、电车内要设置废票箱，不得沿街抛散废弃物。

(三)货运车辆运输各种物资，要装载适量，捆扎盖好，封闭严密；不得沿途遗撒和扩散。

(四)畜力车进入市区，应当配带粪兜和清洁工具，遗撒的粪便和饲料应当及时清除。

(五)航运船只不得把废弃物排入市区水域。

第三章 清扫与保洁

第十六条 大、中城市的主、次干道和广场，一般应由专业队伍清扫、冲洗和保洁。

第十七条 生活居住区的道路和空场(包括院落)，一般应由街道办事处组织民办清洁员清扫和保洁。

第十八条 机场、车站(包括公共交通始末站)、停车场、码头、影剧院、博物馆、展览馆、体育馆(场)、公园等公共场所应由本单位设专人清扫和保洁。

第十九条 机关、团体、部队、企业、事业单位，应按街道办事处划分的卫生责任区域承担清扫任务。

第二十条 城市各种贸易市场，应由工商行政部门设专人清扫和保洁。

第二十一条 城市港口应由港务部门负责搞好水上卫生。

第二十二条 城市各单位和居民，都应按照街道办事处划分的范围，及时清除冰雪、积水；并参加环境卫生的突击活动。

第二十三条 每个公民都要自觉遵守公共卫生秩序，尊重社会公德，不随地吐痰，不乱扔果皮、纸屑、烟头，不随地便溺，不在建筑物上乱写乱画，不乱倒垃圾、粪便和污水。

第四章 废弃物的收运和处理

第二十四条 城市生活垃圾和粪便的收集、运输、处理，由市容环境卫生部门实行统一管理，努力做到垃圾日产日清，粪便及时清运。

第二十五条 城市居民和有关单位，应当按照规定的时间、地点倾倒垃圾和粪便，并保持专用车辆经过道路的畅通。

第二十六条 各医院、屠宰场、生物制品厂等单位产生的含有病毒、病菌或放射性物质的垃圾，应当采取封闭措施单独存放，自行消毒处理。

第二十七条 各种动物的尸体应当实行深埋、高温或火化处理，不得任意遗弃。

第二十八条 工业、建筑、市政、商业、服务业和科研单位产生的工业废渣、工程渣土和经营性垃圾等固体废弃物，应当自行收集，并运往指定地点处理。

第二十九条 城市垃圾、粪便无害化处理场，应当采取先进技术和科学管理办法，消灭垃圾和粪便中的病毒，病菌、寄生虫卵，综合利用其中的废旧物资、有机肥料和能源。

第三十条 城郊农村设置的积肥场，应当远离生活居住区、公共场所、交通要道；水源地、食品厂等，并采取封闭措施。

第三十一条 废弃物的填埋场地，应当远离水源防护地，并采取必要的措施，防止污染环境。

第五章 环境卫生设施

第三十二条 在城市总体规划中，应当安排环境卫生专用车辆场、废弃物转运设施、无害化处理场和填埋用地。在详细规划中，应当根据《城市规划定额指标暂行规定》建设公共厕所、垃圾站、市容环境卫生工作用房。

第三十三条 新建公共、民用建筑，应当设置厕所，粪便直接排入下水道或化粪池，多层或高层建筑应当设置封闭式垃圾道，并修建清运车辆通道。原有建筑，也应当按此要求，逐步进行改造。

第三十四条 各城市都要根据实际需要，采用附属式、独立式、地下式等形式，修建一定数量的，外型与周围环境协调，通风排臭良好，内外设备完善，符合卫生要求的公共厕所。

第三十五条 各城市都要做好公共厕所的维修和保洁工作，经常保持清洁卫生和附属设备完好。

第三十六条 各城市应在生活居住区，设置足够数量的封闭式垃圾容器，在繁华地区和主、次干道两侧设置果皮箱，并经常保持整洁、美观。

第三十七条 环境卫生设施是国家财产，损坏者应照价赔偿；拆迁环境卫生设施须经当地环境卫生管理部门批准，并实行先建后拆的办法。

第六章 管理机构

第三十八条 城乡建设环境保护部主管全国城市市容环境卫生工作，负责制订城市市容环境卫生的方针、政策、法规，并检查和监督其执行；指导和组织全国城市环境卫生事业的建设；协调专用机械生产和科学研究工作。

第三十九条 各省、自治区城市建设部门统一归口管理城市市容环境卫生工作。其职责是：组织和领导本地区各城市市容环境卫生事业的建设；编制长远发展规划和年度计划；检查、监督城市市容环境卫生方针、政策、法规的执行；组织检查评比，总结交流工作经验。

第四十条 各城市市容环境卫生管理局(处)是当地政府管理城市市容环境卫生的职能机构，其职责是：

(一)严格执行国家和地方政府颁布的城市市容环境卫生管理法规，组织市容管理队伍，行使管理职能；

(二)参与制定城市规划和环境卫生专业规划及审批公共、民用建筑中卫生设施的设计；

(三)组织和领导专业队伍清扫街道；清运垃圾和粪便，修造和维护环境卫生设施；

(四)对街道民办清洁员和近郊社队负责的市区环境卫生工作，实行检查、监督和指导；

(五)开展科学研究，逐步实现生活废弃物无害化处理和综合利用。

第七章 奖励与惩罚

第四十一条 对认真贯彻执行本条例，保护和改善城市市容环境卫生有显著成绩的单位、集体和个人，应当给予表彰和奖励。

第四十二条 对违反本条例的单位和个人，应当进行教育，责令改正或处以罚款。对不服从教育、态度恶劣、阻挠执行任务或谩骂、殴打管理人员造成严重后果者，由公安部门依法处理，直至追究刑事责任。

第八章 附 则

第四十三条 各省、自治区和各城市，可根据本条例，结合当地实际情况，制订城市市容环境卫生管理实施细则及奖惩办法，严格贯彻执行。

第四十四条 本条例自一九八三年一月一日起试行。

城乡建设环境保护部

关于颁发《城市园林绿化管理暂行条例》的通知

(1982年12月3日)

现将《城市园林绿化管理暂行条例》发给你们，望结合当地实际情况，认真执行。

搞好城市园林绿化，对于保持生态平衡，改善和美化城市人民生活环境，有着重要的作用。城市园林绿化水平的高低，也是反映文明程度的标志之一。各地要采取有力措施，切实加强城市园林绿化的建设和管理，巩固和发展全民义务植树运动的成果，努力把城市建设得更加美好。

请把执行情况及出现的问题，及时函告我部。

城市园林绿化管理暂行条例

第一章 总 则

第一条 为建设优美、清洁、文明的社会主义现代化城市，搞好城市园林绿化的建设和管理，根据国家的有关法律，特制定本条例。

第二条 本条例的适用范围，包括城市、县镇、工矿区的园林绿地、树木花草和园林设施。

第三条 本条例所指的城市园林绿地，包括以下五类：

(一)公共绿地：指供群众游憩观赏的各种公园、动物园、植物园、陵园以及小游园、街道广场的绿地。

(二)专用绿地：指工厂、机关、学校、医院、部队等单位和居住区内的绿地。

(三)生产绿地：指为城市园林绿化提供苗木、花草、种子的苗圃、花圃、草圃等。

(四)防护绿地：指城市中用于隔离、卫生、安全等防护目的的林带和绿地。

(五)城市郊区风景名胜区。

第四条 城市园林绿化工作的基本任务是：通过城市园林专业队伍的工作和开展全民义务植树运动，搞好城市园林绿化建设，不断改善经营管理，充分发挥园林绿化的作用，为城市人民创造良好的工作和生活环境，丰富群众的文化生活。

第五条 绿化城市，人人有责。城市居民要履行植树绿化义务，积极植树、种草、栽花。城市中所有单位都要搞好本单位的环境绿化，积极参加城市绿化活动。各城市要加强园林绿化的科学普及和宣传工作，逐步形成人人参加植树绿化、爱护树木花草和园林设施的社会风尚。

第二章　园林绿化的规划和建设

第六条　城市园林绿化规划是城市总体规划的组成部分，由城市规划部门会同园林部门共同编制，园林部门组织实施。凡规划确定的绿地，不得改作他用。如确需变动时，应报经原审批部门批准。

第七条　城市园林绿化规划要根据当地特点和条件，合理布局，远、近期结合，点、线、面结合，构成完整的绿地系统。每个城市都要有与人口相应的绿地面积，不断提高绿化覆盖率。近期内凡有条件的城市，要把绿化覆盖率提高到30%；公共绿地面积达到每人3～5平方米。本世纪末，城市中一切可以绿化的地方都要绿化起来，做到"黄土不露天"；公共绿地面积达到每人7～11平方米。

城市新建区的绿化用地，应不低于总用地面积的30%；旧城改建区的绿化用地，应不低于总用地面积的25%。

第八条　城市园林绿化建设，必须按规划有计划地进行。各类绿地在施工前要做出设计，并按基本建设程序经过审查批准。绿化建设所需投资应纳入基本建设计划。各单位新建、扩建项目和统建居住小区的投资中，应包括绿化费用。城市给水规划和建设计划中，应包括绿化用水的管网和计入绿化用水量。

第九条　园林建设要继承和发扬我国优秀园林艺术传统，注意吸收国外先进经验，努力创造适应现代生活的新型园林风格。要从实际出发，按照园林的性质、要求和当地条件，精心设计，精心施工。要提倡主要以植物材料造园，园林建筑和其他设施应安排适度，不要过多。园林建设既要讲求艺术，又要经济合理，做到投资省，效果好。

第十条　动物园的建设要严格控制。新建或扩建动物园必须具备饲养、医疗、卫生防疫等物质设备和技术条件，不可盲目发展，不要片面追求动物品种数量。笼舍建设要朴素自然，尽量适应动物的生活习性，不要华而不实。

第十一条　有条件的城市应建设和发展植物园，作为园林植物科学研究和科普教育的基地，也可开放供观赏游览。要大力收集植物品种，搞好引种驯化，培育适宜本地生长的优良品种，丰富园林绿化的植物材料。

第十二条　苗木是园林绿化建设的物质基础，要重视城市园林苗圃建设，逐步做到苗木自给。园林苗圃用地面积应为城市建成区面积的2～3%。园林部门在搞好专业苗圃建设的同时，还应支持和帮助有条件的工厂、机关、部队、学校等单位开展群众育苗。

第十三条　绿化工程要加强技术管理，严格按技术规程施工，保证栽植质量，提高树木花草的成活率的保存率。

第三章　园林绿地的管理

第十四条　城市的公共绿地、生产绿地、防护绿地、风景名胜区由城市园林部门经营管理。专用绿地和其他单位营造、管理的防护林带，由各单位自行管理，园林部门在业务上进行指导、检查和督促。绿化任务大的单位，应有专业队伍或专职人员负责专用绿地的养护管理工作。

第十五条　城市园林绿地，不准任何单位及个人占用。已被占用的绿地，要限期退还。

第十六条　城市公共绿地是广大群众观赏游憩的场所，必须保持树木花草繁茂，园容整洁美观，设施完好，并不断充实植物品种，提高园艺水平。为保证公共绿地有良好的秩序，确保游人及园林设施的安全，园林部门要建立健全各项管理办法和游览制度，并严格执行。

第十七条　公共绿地内的饮食、照相、小卖等服务业，由园林部门经营管理，业务上接受商业服务部门的指导。

园林部门可以根据自己的业务特点，在园林绿地内举办一些有利于发挥园林功能的生产事业，增加收入，促进园林绿化事业的发展。

第十八条　园林绿地内的文物古迹，要认真加以保护。要保持其历史特点，维持其原有面貌，不得随意改建、拆迁。文物古迹及古典园林的周围，不准建设高度、体量、色彩、风格不协调的建筑物及其他设施。

第四章　园林植物的养护和管理

第十九条　园林绿地内的植物应妥善保护。任何个人和单位都不许在园林绿地内毁损花木、倾倒污物、堆置物品、挖砂采石、割草取土、放牧捕猎、开荒垦殖。为保证园林植物生长繁茂，要切实搞好养护管理，适时松土、灌溉、施肥、修剪和防治病虫害。

第二十条　百年以上的大树和稀有、名贵树种以及具有历史价值和纪念意义的树木，统称古树名木。古树名木是活的文物，是国家的宝贵财富，树权均为国有。要建立档案和标志，进行重点保护，严禁砍伐破坏。城市中的古树名木，由园林部门负责管理。散生于各单位范围内的，由各单位负责养护，园林部门负责监督和技术指导。

第二十一条　城市园林部门管辖范围内的树木，归园林部门所有。各单位在其管界内自行种植养护的树木，树权和收益归单位所有。居住区内的树木，树权和收益归负责此居住区绿化的部门所有。私有庭院个人种植养护的树木，树权和收益归个人所有。

第二十二条　城市植树的主要目的是维护生态平衡、改善环境、美化城市，所有树木都要加以保护。无论公有或私有树木的砍伐，均需报园林部门审查批准；未经园林部门许可，任何单位和个人都不得砍伐。

第二十三条　行道树及干道上的绿化带，由园林部门负责管理。行道树与架空线路、地下管线发生矛盾需要修剪时，由线路管理单位与园林部门协商进行修剪。

第二十四条　建设单位经申请批准砍伐非本单位所有的树木时，应按园林部门规定的标准补偿绿化费。申请伐树单位，须按规定补植树木。

第二十五条　引进种苗必须进行检疫，不符合检疫标准的种苗不准引进。珍稀和濒于灭绝的苗木及其种质资源的交换、引进，须按国家有关规定办理。

第五章　机构设置与队伍建设

第二十六条　城乡建设环境保护部主管全国的城市园林绿化工作。各省、市、自治区的城市建设部门主管本省、市、自治区的园林绿化工作。各城市的园林局(处)管理本市的园林绿化工作。

第二十七条　园林部门要加强职工的思想政治工作，关心和改善园林职工的工作和生活条件。要加强业务培训，发挥科技人员作用，提高园林职工队伍的文化、技术水平。要建立健全各项规章制度和责任制，不断提高工作效率和服务质量。

第六章　奖励和惩罚

第二十八条　对于在城市园林绿化保护和建设方面做出优异成绩的单位和个人，按其贡献大小给予不同的奖励。

第二十九条　对于违反本条例，破坏城市园林绿化的单位和个人，视其情节轻重，给予批评教育，或处以赔偿、罚款。赔偿及罚款标准由各地规定。对拒不交纳赔款、罚款的单位，其应交款数可由银行直接划拨。对情节严重，给国家造成重大损失者，要依法追究刑事责任。

第七章　附　则

第三十条　各城市可根据本条例制定具体管理办法或实施细则。

第三十一条　本条例自颁发之日起施行。以往颁发的城市园林绿化管理的规定、办法，如有与本条例相抵触的，以本条例为准。

国务院
关于发布《风景名胜区管理暂行条例》的通知

(1985年6月7日)

现将《风景名胜区管理暂行条例》发给你们，请遵照执行。

风景名胜区管理暂行条例

第一条　为了加强对风景名胜区的管理，更好地保护、利用和开发风景名胜资源，特制定本条例。

第二条　凡具有观赏、文化或科学价值，自然景物、人文景物比较集中，环境优美，具有一定规模和范围，可供人们游览、休息或进行科学、文化活动的地区，应当划为风景名胜区。

第三条　风景名胜区按其景物的观赏、文化、科学价值和环境质量、规模大小、游览条件等，划分为三级：

(一)市、县级风景名胜区，由市、县主管部门组织有关部门提出风景名胜资源调查评价报告，报市、县人民政府审定公布，并报省级主管部门备案；

(二)省级风景名胜区，由市、县人民政府提出风景名胜资源调查评价报告，报省、自治区、直辖市人民政府审定公布，并报城乡建设环境保护部备案；

(三)国家重点风景名胜区，由省、自治区、直辖市人民政府提出风景名胜资源调查评价报告，报国务院审定公布。

第四条 城乡建设环境保护部主管全国风景名胜区工作。地方各级人民政府城乡建设部门主管本地区的风景名胜区工作。

第五条 风景名胜区依法设立人民政府，全面负责风景名胜区的保护、利用、规划和建设。

风景名胜区没有设立人民政府的，应当设立管理机构，在所属人民政府领导下，主持风景名胜区的管理工作。设在风景名胜区内的所有单位，除各自业务受上级主管部门领导外，都必须服从管理机构对风景名胜区的统一规划和管理。

第六条 各级风景名胜区都应当制定包括下列内容的规划。

(一)确定风景名胜区性质；

(二)划定风景名胜区范围及其外围保护地带；

(三)划分景区和其他功能区；

(四)确定保护和开发利用风景名胜资源的措施；

(五)确定游览接待容量和游览活动的组织管理措施；

(六)统筹安排公用、服务及其他设施；

(七)估算投资和效益；

(八)其他需要规划的事项。

第七条 风景名胜区规划，在所属人民政府领导下，由主管部门会同有关部门组织编制。

编制规划应当广泛征求有关部门、专家和人民群众的意见，进行多方案的比较和论证。

风景名胜区规划经主管部门审查后，报审定该风景名胜区的人民政府审批，并报上级主管部门备案。

第八条 风景名胜区的土地，任何单位和个人都不得侵占。

风景名胜区内的一切景物和自然环境，必须严格保护，不得破坏或随意改变。

在风景名胜区及其外围保护地带内的各项建设，都应当与景观相协调，不得建设破坏景观、污染环境、妨碍游览的设施。

在游人集中的游览区内，不得建设宾馆、招待所以及休养、疗养机构。

在珍贵景物周围和重要景点上，除必须的保护和附属设施外，不得增建其他工程设施。

第九条 风景名胜区应当做好封山育林、植树绿化、护林防火和防治病虫害工作，切实保护好林木植被和动、植物种的生长、栖息条件。

风景名胜区及其外围保护地带内的林木，不分权属都应当按照规划进行抚育管理，不得砍伐，确需进行更新抚育性采伐的，须经地方主管部门批准。

古树名木，严禁砍伐。

在风景名胜区内采集标本、野生药材和其他林副产品，必须经管理机构同意，并应限定数量，在指定的范围内进行。

第十条 对风景名胜区内的重要景物、文物古迹、古树名木，都应当进行调查、鉴定，并制定保护措施，组织实施。

第十一条 风景名胜区应当根据规划，积极开发风景名胜资源，改善交通、服务设施和游览条件；按照规划确定的游览接待容量，有计划地组织游览活动，不得无限制地超量接纳游览者。

第十二条 风景名胜区应当充分利用风景名胜资源的特点，开展健康、有益的游览和文化娱乐活动，宣传社会主义和爱国主义，普及历史、文化和科学知识。

第十三条 风景名胜区应当加强安全管理，保障游览者的安全和景物的完好。

风景名胜区内的居民和游览者，应当爱护风景名胜区的景物、林木植被、野生动物和各项设施，遵守有关的规章制度。

第十四条 对于保护风景名胜区有显著成绩或重要贡献的单位和个人，有关的人民政府或主管部门应当给予奖励。

第十五条 违反本条例，有下列行为的，给予行政或经济处罚：

(一)侵占风景名胜区土地，进行违章建设的，由有关部门或管理机构责令退出所占土地，拆除违章建筑，并可根据情节，处以罚款；

(二)损毁景物、林木植被、捕杀野生动物或污染、破坏环境的，由有关部门或管理机构责令停止破坏活动，赔偿经济损失，并可根据情节，处以罚款；

(三)破坏风景名胜区游览秩序和安全制度，不听劝阻的，由有关部门或管理机构给予警告或罚款；属于违反有关治安管理规定的，由公安机关依法处罚。

前款行为，情节严重，触犯刑律或违反国家有关森林、环境保护和文物保护法律的，依法惩处。

第十六条 本条例由城乡建设环境保护部负责解释；实施细则由城乡建设环境保护部制定。

第十七条 本条例自发布之日起施行。

城乡建设环境保护部

关于贯彻执行《风景名胜区管理暂行条例》的通知

(1985年7月1日)

国务院最近发布了《风景名胜区管理暂行条例》，为便于学习、宣传和贯彻执行条例的各项规定，切实搞好风景名胜区工作，现将有关事项通知如下：

一、各地城建主管部门要会同有关部门，继续对本地区风景名胜资源进行调查、评价，做好省级和市(县)级风景名胜区的审定工作，有计划地建立风景名胜区管理体系。目前还没有审定风景名胜区的地方，更要抓紧进行这项工作。

二、各风景名胜区，要尽快组织编制保护和开发建设规划，请各省、自治区、直辖市城建部门，加强业务指导，督促和检查规划编制和呈报工作。

三、按照条例有关规定，抓紧解决风景名胜区的管理体制，健全管理机构，落实管理措施。国家重点风景名胜区要尽快实施统一的规划和管理。各地要根据条例规定的原则，结合当地实际，制定和完善风景名胜区的各项规定。

四、各省、自治区、直辖市城建部门，接本通知后，请按条例规定和有关文件精神，对风景名胜区的工作进行一次检查，并将检查情况及时报告我部。

财　政　部

关于征收城市公用事业附加的几项规定

(1964年6月26日)

为了进一步加强城市维护工作，合理地安排和使用这方面的资金，根据一九六三年第二次全国城市工作会议的决定，现在对调整城市公用事业附加的有关问题，作如下规定：

一、目前各城市征收公用事业附加的情况是不平衡的，附加的项目有多有少，附加率有高有低，附加收入也有大有小，需要逐步地作一些调整。由于各个城市的条件不同，需要也不尽相同，并且要照顾历史上的征收习惯。因此，今后调整公用事业附加，在城市之间，不应当也不可能全部拉平，更不能都向高的看齐。调整的原则应当是：根据当前国家财力和人民负担能力，进行局部的调整，即某些城市公用事业附加过少的，可以适当增加一些项目；个别项目附加率过低的，可以适当提高附加率，以改变目前城市之间高低过分悬殊的情况。

二、按照上述调整原则，征收城市公用事业附加的项目和附加率，分别规定为：

(一)工业用电、工业用水附加，原则上全国各城市都可以开征。这两项附加率：东北地区各城市因电费、水费较低，定为百分之十；其他地区的城市，参照现在多数地区的执行情况，定为百分之五到百分之八。在这个幅度内，由各省、自治区、直辖市人民委员会具体规定，并报财政部备案。一九六三年年底以前已经开征这两项附加的城市，附加率低于这个幅度的，可以适当提高；高于这个幅度的，可以暂时维持现状，但不得再行提高。一九六四年新开征这两项附加的城市，附加率一律不得超过上述规定的幅度。

沈阳市因继续实行从企业利润中提成百分之五作为城市建设资金，不得开征这两项附加。

(二)公共汽车、公共电车、民用自来水、民用照明用电、电话、煤气、轮渡等七项附加，主要是对城市居民征收的(是采取提高票价或者对用水用电加成收费等办法征收的)。这些附加涉及到人民的负担问题，而且目前各城市也只是开征其中的部分项目，并不是七个项目一齐开征的，为了避免过分加重人民负担，今后对开征这些附加应当从严控制。一九六三年年底以前已经开征这些附加的城市，可以继续征收，但是不得随意增加项目和提高附加率。现在没有开征这些附加的城市，今后如果确有必要开征其中某些项目的，须提出开征方案，报经省、自治区、直辖市人民委员会批准，并报财政部备案。附加率应当从低，最高的不得超过百分之十。

(三)除了上述附加项目以外，其它如货物运输附加、城市房地产税附加、砂石附加等项目，由于不利于城乡物资交流，不利于企业经济核算，并且与上述各项附加有重复征收的情况，为了避免过多地增加企业的成本开支，一律不得再行开征。目前已经开征了这些附加的，应当从一九六五年停止征收。

三、征收公用事业附加的城市，只限于经国务院批准设市的城市，县镇一律不准征收。批准设市的城市所属县镇，已经发展成为工业区的可以征收，非工业区一律不准征收。已经征收公用事业附加的县镇，应当从一九六五年停止征收。

征收工业用电、工业用水附加的对象，只限于城市的工业生产企业和非工业部门所属的生产、加工企业。但是，属于下列情况的，应当给予免征照顾：

(一)农业机电排灌用电；

(二)企业自备发电设备供电，自备水源供水；

(三)……企业用电、用水；

(四)基本建设工地在施工期间的用电、用水；

(五)各省、自治区、直辖市认为有必要给予免征照顾的其它项目。

征收公共汽车、公共电车、民用自来水、民用照明用电、电话、煤气和轮渡等附加的对象和免征范围，由各省、自治区、直辖市人民委员会具体规定。

四、城市公用事业附加资金，必须坚持先收后支的原则，统筹安排，合理使用。此项资金应当切实用来解决城市维护当中的急迫需要，非经国务院批准，一律不准用于兴建“楼、堂、馆、所”。各城市向企业征收了公用事业附加以后，对于企业驻地的道路、下水道和路灯等市政设施和卫生公益事业，应当在城市维护费中统筹安排解决。

五、各城市征收城市公用事业附加，必须按照本规定办理。在规定的附加项目、附加率和征收范围以外，任何城市都不得自行增加附加项目、提高附加率或者扩大征收范围，更不得巧立其他名目，向企业或者个人摊派各项费用。各部门、各企业如果发现有违反本规定的情况，应当拒绝执行。

六、本规定自一九六四年起执行。

国家计委、国家建委、财政部

关于加强城市维护费管理工作的通知

(1973年12月22日)

为了加强城市维护工作，中共中央和国务院曾经在《关于当前城市工作若干问题的指示》中规定，从一九六三年起，将工商业附加税、公用事业附加和城市房地产税，作为城市维护的固定资金来源。这项规定实施之后，市政设施失修状况有所改善。但是，近几年，这项资金被大量挪用，有的用于地方工业、郊区水利等基本建设，有的甚至搞了楼、馆、堂、所。同时城市维护所需要的材料设备安排也不落实。目前，城市房屋，市政设施和公用事业设备普遍失修，危房增多，水、气漏损率上升，车辆完好率下降。

为了进一步加强城市维护费的管理工作，特作如下通知：

(一)严格贯彻执行中共中央和国务院关于城市维护费要保证使用于城市的公用事业、公共设施以及房屋等的维修和保养，不能挪作他用的指示，所需材料设备，要按照现行物资管理体制，由省、市、自治区纳入计划，统筹安排，保证供应。

(二)贯彻工商税制改革后城市维护费执行办法。根据国发(1972)24号文件《国务院批转财政部关于扩大改革工商税制试点的报告》的指示，从一九七三年开始全面试行税制改革方案。为此，对城市维护费来源作了相应的调整。税制改革后没有减少城市维护所需的专用资金。今后城市维护费来源是：(1)城市公用事业附加；(2)从“工商税”收入中提取的百分之一和随同“工商所得税”征收的百分之一的附加；(3)国家预算拨款(原由城市房地产税解决的城市维护费，税制改革后改为纳入国家预算支出，即在国家预算内相应增列一笔城市维护费。今后继续征收的城市房地产税，作为国家预算收入统一上交财政，不再专项留给地方)。有的小城市维护费，因专用资金较少，可由省、自治区在“国家预算拨款”项内统筹安排解决。

(三)加强城市维护费的计划、财务管理工作。城市维护费的安排和使用，由城市建设部门统一归口，计划、财政、城建等部门要密切合作。认真贯彻“勤俭建国”和“自力更生”的方针，少花钱多办事。建立健全必要的计划、财务管理制度，使有限的资金发挥更大的效益，进一步发挥市政设施等在社会主义建设中的积极作用。

国家计委、国家建委、财政部

关于颁发工业比较集中的县镇开征公用事业附加的几项规定的通知

(1978年12月5日)

为了贯彻中共中央(1978)13号文件批转第三次全国城市工作会议《关于加强城市建设工作的意见》中规定“为了进一步建设好小城镇，加强现有小城镇的维护管理，自一九七九年起，城市维护费的开征范围可以扩大到一些工业比较集中的县镇和工矿区”。特制定《关于工业比较集中的县镇开征公用事业附加的几项规定》，现发给你们，请自一九七九年一月一日起执行。

附：关于工业比较集中的县镇开征公用事业附加的几项规定。

关于工业比较集中的县镇开征公用事业附加的几项规定

根据中共中央(1978)13号文件批转第三次全国城市工作会议"关于加强城市建设工作的意见"中规定:"为了进一步建设好小城镇,加强现有小城镇的维护管理,自一九七九年起,城市维护费的开征范围可以扩大到一些工业比较集中的县镇和工矿区"的精神,现对有关开征事项,作如下规定:

一、开征范围。主要是一些工业比较集中的县镇和工矿区,凡符合以下条件之一者,可以开征:

1.全县或相当于县的镇、工矿区、工业产值(包括中央、省、市、地区在本县境内的工矿企业,下同)在五千万元以上的;

2.少数民族地区,全县(旗)或相当于县(旗)的镇、工矿区,工业产值在二千万元以上的;

3.地区所在地(包括自治州、盟)及经国家正式批准对外开放的县镇。

二、开征项目和附加率。开征项目主要是工业用电和工业用水附加。附加率,东北地区因电费、水费较低,定为百分之十,其它地区定为百分五至之百分之八,在这个幅度范围内,由各省、市、自治区根据具体情况批准执行。

凡是涉及增加人民群众负担的项目,如公共汽车、电车、民用自来水、民用照明用电、电话、煤气、轮渡等,如开征附加,应从严控制,个别项目如确需开征,可由省、市、自治区审查批准,报财政部、国家建委备案。

凡是过去规定应予免征和停征的项目,如农业生产用电、企业自备水电、关停企业用电、用水,基建施工期间用电用水以及货物运输、砂石等,均一律不得开征附加。

三、征收办法。公用事业附加是由使用(消耗)单位(户)负担,由生产(销售)单位代征代交,不得由正常营业收入中提取。征收手续和计算方法应力求简化。统一由大电网供电的工矿企业,企业在那个县范围内,对其征收的工业用电附加,应交那个县使用。

四、对尚未达到开征条件的县镇,国家每年拟适当增加一定数额的城市维护费预算拨款,作为对没有开征但又确属急需的一些县镇的维护资金补助专款,此项专款由各省、市、自治区财政局、建委根据具体情况掌握分配。

五、县、镇开征的公用事业附加和过去批准征收的工商税附加等,都属于城镇维护资金,要保证用于城镇现有各项公共设施的维护。包括:城镇给水、排水、公共交通、煤气、道路、桥涵、防洪、污水处理、园林绿化、环境卫生、公共消防、交通标志,路灯等设施的维护以及城镇房屋维修(包括中小学校房屋修缮补助)等,不得挪作它用。所需材料设备,由省、市、自治区纳入计划,保证供应。

六、为了管好用好此项资金,要求各县镇城建部门和财政部门都要有专人管理,并建立、健全计划管理和预决算制度。

此规定自一九七九年一月起实行。请各省、市、自治区根据上述规定对各县镇进行审查批准。并将开征的县镇及有关情况报财政部和国家建委备案见(附表)。凡不符合开征条件而过去已经开征的应即停止。虽符合开征条件,但开征项目和附加率不符合规定的,应即纠正过来。对过去某些县镇采取摊派或其它手段乱拉资金,乱立收费规定搞城镇建设和维护的都必须制止。

今后,凡符合开征条件的县镇,亦按此规定办理。

国家计划委员会、国家基本建设委员会、财政部

关于颁发四十七个城市试行从工商利润中提取百分之五作为城市维护和建设资金的有关规定的通知

(1978年12月28日)

为了贯彻中共中央[1978]13号文件批转第三次全国城市工作会议《关于加强城市建设工作的意见》中规定：自一九七九年起，在全国四十七个城市，试行从上年工商利润中提取百分之五，作为城市维护和建设资金。特制定《关于四十七个城市试行从工商利润中提取百分之五作为城市维护和建设资金的有关规定》，现发给你们，请自一九七九年一月一日起执行。

关于四十七个城市试行从工商利润中提取百分之五作为城市维护和建设资金的有关规定

(1978年12月28日)

中共中央[1978]13号文件批转国务院第三次全国城市工作会议《关于加强城市建设工作的意见》中规定：自一九七九年起，在全国四十七个城市，试行从上年工商利润中提取百分之五，作为城市维护和建设资金。为了贯彻中央的决定，兹参照沈阳、广州两市过去试行的经验，结合当前实际情况，对有关问题作如下规定：

一、关于提取范围

凡在城市范围内的国营工业(包括中央和地方各工业部门的工业企业和非工业部的附属工业企业)、零售商业(包括商业部门和供销社的零售商店、三级批发站)、城市公用企业，都按其实现利润计提百分之五，作为城市维护和建设资金。铁路、交通、邮电、民航营运收入，石油管道运输、外贸购销、粮食购销、物资供销、商业一、二级批发站以及其他非工商性质的企业、事业单位的利润，均不包括在计提范围之内。

对城市区或相当于区以上集体企业，可以从其税后积累中提取百分之五。

二、关于提取办法

1.对国营工业、零售商业和城市公用企业利润的提取，采取列入国家预算支出，由国家财政拨款的办法，城市不得从企业利润中坐支。每年由省、自治区根据提取范围，按上年企业预计实现利润(盈亏相抵后的净额)计提百分之五，列入省、自治区支出预算，经财政部审核后汇入当年国家支出预算。待企业决算编成后，城市财政部门再编报详细结算报告，经省、自治区财政部门审核后，随同年度财政总决算报财政部(附提取范围内的工商企业名单、实现利润数等资料)审查结算，多退少补，调整当年支出预算。

2.对城市区以上集体工商企业税后积累，由城市财税部门按百分之五的比例直接向企业提取，不列入国家预算支出。具体办法，由省、自治区根据具体情况规定。

三、关于使用范围

此项资金，要保证使用于城市的给水、排水、道路、桥梁、防洪、市内公共交通、煤气、环境卫生、园林绿化以及直接为城市维护和建设服务的城建企业。城市的工业“三废”治理，应根据“谁污染，谁治理”的原则，按照规定的资金渠道解决，但城市中公共“三废”(如市内臭水沟、渠、湖、坑，城市生活污水等)的治理和城建部门利用城市废渣等制作新型建筑材料所需投资，可以从中开支。同时为了尽快改变目前职工住宅十分紧张的状况，也可拿出一部分用于城市住宅建设。

本项资金是城市维护和建设的专项资金，要坚持专款专用，不得挪作它用。

四、关于计划体制和材料、设备供应

各城市使用本项资金进行城市维修时，要列入

城市维修计划，维修材料由省市组织供应；用于基本建设时，建设项目要按照基本建设程序办理，经批准后列入基建计划。并由建设银行监督拨款。所需建设材料原则上由省市自筹解决，对个别困难的地区，国家给予适当补助，由物资总局统一下达，所需设备由地方组织供应。

五、关于资金管理

本项资金统一纳入国家预算进行管理。资金的安排和使用由各城市建设部门归口，在安排计划时，要会同财政、计划部门共同研究，统筹兼顾，并注意留有余地。计划和预算经市革委会同意后，上报省(区)建委会同计委、财政局审查批准，下达执行。在执行中，要贯彻勤俭建国、勤俭办一切事业的方针，严格按照国家有关规定，精打细算，注意节约，反对铺张浪费。年终有节余时，可结转下年度继续使用。

各级城市建设部门要建立健全计划、财务制度，充实专业人员，加强计划、财务管理。一切开支都要做到年初有计划、有预算，执行中有检查、有报告，年终有总结、有决算。各级财政部门要加强监督检查，凡没有计划和预算的项目，一律不得开支。

六、本规定从一九七九年一月一日起执行。今后凡实行从工商利润中提取百分之五作为城市维护和建设资金的城市，过去自行制定的一些收费办法(如向企业、事业、机关、团体、学校收取清洁卫生费等)，根据“开前门，堵后门”的原则，应一律停止。

国务院

发布《中华人民共和国城市维护建设税暂行条例》的通知

(1985年2月8日)

现将《中华人民共和国城市维护建设税暂行条例》发给你们，请遵照执行。

中华人民共和国城市维护建设税暂行条例

第一条　为了加强城市的维护建设，扩大和稳定城市维护建设资金的来源，特制定本条例。

第二条　凡缴纳产品税、增值税、营业税的单位和个人，都是城市维护建设税的纳税义务人(以下简称纳税人)，都应当依照本条例的规定缴纳城市维护建设税。

第三条　城市维护建设税，以纳税人实际缴纳的产品税、增值税、营业税税额为计税依据，分别与产品税、增值税、营业税同时缴纳。

第四条　城市维护建设税税率如下：

纳税人所在地在市区的，税率为百分之七；

纳税人所在地在县城、镇的，税率为百分之五；

纳税人所在地不在市区、县城或镇的，税率为百分之一；

第五条　城市维护建设税的征收、管理、纳税环节、奖罚等事项，比照产品税、增值税、营业税的有关规定办理。

第六条　城市维护建设税应当保证用于城市的公用事业和公共设施的维护建设，具体安排由地方人民政府确定。

第七条　按照本条例第四条第三项规定缴纳的税款，应当专用于乡镇的维护和建设。

第八条　开征城市维护建设税后，任何地区和部门，都不得再向纳税人摊派资金或物资。遇到摊派情况，纳税人有权拒绝执行。

第九条　省、自治区、直辖市人民政府可以根据本条例，制定实施细则，并送财政部备案。

第十条　本条例自一九八五年度起施行。

3

城 市 规 划

城市规划综合简况

赵士绮 李秉仁

［**城市与城市规模划分**］ 城市是指国家行政区域划分设立的直辖市、市、镇，以及未设镇的县城。

城市按照其市区和郊区的非农业人口总数，划分为三级：

大城市，是指人口五十万以上的城市；中等城市，是指人口二十万以上不足五十万的城市；小城市，是指人口不足二十万的城市。

［**设市与设镇标准**］ 中国现行的设市标准是1986年4月《国务院批转民政部关于调整设市标准和市领导县条件报告的通知》中确定的。

1.非农业人口(含县属企事业单位聘用的农民合同工、长年临时工，经工商行政管理部门批准登记的有固定经营场所的镇、街、村和农民集资或独资兴办的第二、三产业从业人员，城镇中等以上学校招收的农村学生，以及驻镇部队等单位的人员，下同)六万以上，年国民生产总值二亿元以上，已成为该地经济中心的镇，可以设置市的建制。少数民族地区和边远地区的重要城镇，重要工矿科研基地，著名风景名胜区，交通枢纽，边境口岸，虽然非农业人口不足六万、年国民生产总值不足二亿元，如确有必要，也可设置市的建制。

2.总人口五十万以下的县，县人民政府驻地所在镇的非农业人口十万以上、常住人口中农业人口不超过40％、年国民生产总值三亿元以上，可以设市撤县。设市撤县后，原由县管辖的乡、镇由市管辖。

总人口五十万以上的县，县人民政府驻地所在镇的非农业人口一般在十二万以上、年国民生产总值四亿元以上，可以设市撤县。

自治州人民政府或地区(盟)行政公署驻地所在镇，非农业人口虽然不足十万、年国民生产总值不足三亿元，如确有必要，，也可以设市撤县。

3.市区非农业人口二十五万以上、年国民生产总值十亿元以上的中等城市(即设区的市)，已成为该地区政治、经济和科学、文化中心，并对周围各县有较强的辐射力和吸引力，可实行市领导县的体制。一个市领导多少县，要从实际出发，主要应根据城乡之间的经济联系状况，以及城市经济实力大小决定。

4.有关设市的审批手续，仍按《国务院关于行政区划管理的规定》(国发［1985］8号)办理。

中国现行的设镇标准是1984年11月《国务院批转民政部关于调整建镇标准的报告的通知》中确定的。

1.凡县级地方国家机关所在地，均应设置镇的建制。

2.总人口在二万以下的乡，乡政府驻地非农业人口超过二千的，可以建镇；总人口在二万以上的乡，乡政府驻地非农业人口占全乡人口10％以上的，也可以建镇。

3.少数民族地区、人口稀少的边远地区、山区和小型工矿区、小港口、风景旅游、边境口岸等地，非农业人口虽不足二千，如确有必要，也可设置镇的建制。

4.凡具备建镇条件的乡，撤乡建镇后，实行镇管村的体制；暂时不具备设镇条件的集镇，应在乡人民政府中配备专人加以管理。

［**城市数量和城市人口的增长**］ 建国以后，我国的城市发展进入了一个新的历史时期。据统

计,1949年底,我国设市城市135个(未包括台湾省,下同),其中100万人口以上的大城市5个,它们是上海、天津、北京、广州、沈阳。城镇人口(指市、镇非农业人口)5765万人。城镇人口占全国总人口的比重为10.6%。

截止1986年底的统计,我国设市城市353个。大城市54个,其中100万人口以上的23个,它们是上海、北京、天津、沈阳、武汉、广州、哈尔滨、重庆、南京、西安、成都、长春、太原、大连、济南、青岛、抚顺、鞍山、昆明、兰州、杭州、郑州、长沙。中等城市96个。小城市203个。建制镇9755个。城镇人口18191万人,城镇人口占全国总人口的比重为17.3%。

[**城市发展方针**] 1956年5月,《国务院关于加强新工业区和新工业城市建设工作几个问题的决定》中指出:"根据工业不宜过分集中的情况,城市发展的规模也不宜过大。今后新建城市的规模,一般地可以控制在几万至十几万人口的范围内;在条件适合的地方,可以建设二、三十万人口的城市;因特殊需要,个别地方可考虑建设三十万人口以上的城市;有特殊要求的厂矿或因限于地形条件,可以建设单独的工人镇。"

1978年3月,党中央批准的《关于加强城市建设工作的意见》中提出了"控制大城市规模,多搞小城镇"方针。指出"控制大城市规模,主要是控制市区的人口和用地,而绝不是控制生产和各项事业的发展。""国家采取鼓励企事业单位到小城镇定点、职工到小城镇安家落户的政策"。

1980年12月,国务院批转的《全国城市规划工作会议纪要》提出了"控制大城市规模,合理发展中等城市,积极发展小城市"的方针。这条城市发展的基本方针是在总结了建国以来我国城市发展的经验的基础上提出的。

[**城市规划的概念**] 城市规划是城市人民政府为了确立和实现一定的经济、社会发展目标,指导和控制城市土地利用、空间布局和各项建设的综合部署。

[**城市规划的任务**] 1984年国务院颁布的《城市规划条例》第四条规定:"城市规划的任务是:根据国家城市发展和建设的方针、经济技术政策,国民经济和社会发展长远计划,区域规划,以及城市所在地区的自然条件、历史情况、现状特点和建设条件,布置城镇体系,合理地确定城市在规划期内经济和社会发展的目标,确定城市的性质、规模和布局,统一规划、合理利用城市的土地,综合部署城市经济、文化、公共事业及战备等各项建设,保证城市有秩序地、协调地发展。"

[**城市规划管理机构**] 国家城市规划主管部门是城乡建设环境保护部城市规划局。主要职责是:根据党和国家的有关方针政策,研究拟订全国城市发展的方针政策和城市分布规划;参与区域规划和重大建设项目的选址和可行性研究工作;参与大中型建设项目的厂址和设计任务书的审查工作;组织指导全国城市(包括市、县城、镇、工矿区)总体规划和详细规划的编制和规划实施管理工作;负责办理由国务院交办的城市总体规划的审查工作;负责城市规划区范围内的土地规划管理;组织开展城市规划立法、科技和人才培养等工作。

各省、自治区,在城乡建设环境保护厅(或城乡建设委员会)内设城市规划处(或城市建设处),负责本省区的城市规划管理工作。北京、上海、天津三个直辖市设有城市规划管理局。

许多大中城市,设有城市规划局。其他城市在城市建设局(或建委)内,设城市规划处或城市规划科,负责该市的城市规划工作。

[**建设部城市规划局实行双重领导**] 1984年7月,城乡建设环境保护部、国家计划委员会联合发出了《关于建设部城市规划局改由建设部、国家计委双重领导的通知》。通知指出:

为了加强对城市规划工作的领导,使城市规划与国民经济计划紧密结合,经国务院领导同志批准,决定将建设部城市规划局改由建设部、国家计委双重领导(以建设部为主)。

该机构对外有两个名称,即:国家计划委员会城市规划局、城乡建设环境保护部城市规划局。

[**建国初期至1978年的城市规划**] 建国初期至1978年,中国的城市规划经历了以下历程:

1.社会主义城市规划事业的创建。新中国的建立,开创了中国历史的新纪元。中国人民在党和政府的领导下,开展了大规模的经济建设,许多城市开始了恢复建设。1949年5月成立了北京都市计划委员会,研究北京的城市规划和发展问题。在解放较早的地区,一些城市开始了恢复和建设。1951年2月,中共中央在《政治局扩大会议决议要点》中提出"在城市建设计划中,应贯彻为生产、为工人服务的观点"。这是中央最早为规划和建设城市提出的方针。1952年9月,政务院召开全国城市建设座谈会,会议提出"加强规划设计工作,加强统一领导,克服盲目性……。""要配合工业建设进行城市建设"。并对城市规划建设的机构和任务作出规定。为配合国家大规模经济建设,在思想上、政策上、组织上和技术上作了准备。从此,社会主义的城市规划事业进入了创建时期。

2."一五"时期的城市规划。1953年9月中央发出《关于城市建设中几个问题的指示》,提出要在重点工业城市及工业区加强城市规划工作。

我国的城市规划事业，在第一个五年计划(1953～1957年)时期，配合重点工程建设，得到迅速发展。中央政府对城市规划工作给予很大重视，从中央到地方建立了城市规划设计和管理机构，调集一批技术人员从事城市规划工作。在此期间，重点建设项目由单独选厂到联合选厂，到组成各有关专业部门参加的专家组，制订综合性的城市总体规划。为适应国民经济迅速发展的需要，配合国家重点工程建设，完成了150多个城市的规划编制工作，其中新建城市39个，大规模扩建城市54个。国家计委、建委审查批准了西安、兰州、太原、武汉、富拉尔基、哈尔滨、株洲、包头、成都、大同、洛阳、石家庄、郑州等15个城市的初步规划。城市建设部审批了抚顺、吉林、葫芦岛等3个城市的规划方案。这些城市的规划配合国家重点工程建设，在指导城市建设和发展中发挥了重要作用。1956年5月，国务院颁发了《关于加强新工业区和新工业城市建设工作几个问题的决定》，再次提出加强城市规划工作的要求，并提出积极开展区域规划和合理布置"二五"、"三五"计划期间的新建工业企业和居民点的新任务。第一次提出在城市民用建筑中逐步实行"六统一"的方针。1956年7月国家建委颁发了《城市规划编制暂行办法》，这是在总结建国以来我国规划和建设的实践经验的基础上提出的，是新中国成立后颁发的第一部城市规划编制法规。

3.1958～1960年的城市规划工作。各地广泛开展了城市规划工作，但由于整个国民经济指导思想上违背了客观规律，出现了"高指标"、"瞎指挥"、"浮夸风"的错误，在某些城市的规划和建设中也出现了违背客观规律，缺乏调查研究，发展依据缺乏科学性，甚至脱离实际，追求高指标，盲目扩大城市规模等问题。

4.1961～1966年的城市规划工作。第二个五年计划后三年，我国国民经济发展进入困难时期。中央提出"调整、巩固、充实、提高"的八字方针。1960年11月全国计划会议上宣布"三年不搞城市规划"的决定，造成许多城市规划机构被削弱，规划人员被精简下放，使城市规划事业大伤元气。

5.十年动乱期间的城市规划。十年动乱期间，城市规划一度被废驰，许多城市的规划机构被撤销，使我国城市规划遭受了严重挫折。

6.唐山震后重建规划。1976年7月28日，河北省唐山市发生了里氏7.8级大地震，这座80多万人口的工业城市遭到毁灭性破坏。国务院指示，尽快组织技术力量，作出城市重建规划。国家建委立即组织上海、沈阳两市规划院的技术骨干帮助制订唐山市重建规划。参加规划的还有中国科学院地理研究所和清华大学等单位的专业人员。1977年9月14日经中共中央、国务院批准。为落实唐山重建规划，1978年3月国家建委又组织了14省市城市规划、市政工程和建筑设计专家100余人，对批准的唐山市重建规划加深加细。震后唐山的规划设计，得到了全国支援，也促进了全国城市规划工作的开展。

［**第三次全国城市工作会议提出认真抓好城市规划工作**］ 1978年3月，国务院召开了第三次全国城市工作会议。党中央批准了这次会议制定的《关于加强城市建设工作的意见》。这个文件指出，全国各城市，包括新建城镇，都要根据国民经济发展计划和各地区的具体条件，认真编制和修订城市的总体规划、近期规划和详细规划。大中城市和重点建设的小城镇，二、三年内都要作出城市规划。文件还指出，为了搞好工业的合理布局，落实国民经济的长远规划，使城市规划有充分的依据，必须积极开展区域规划工作。区域规划，可以先从重点建设地区和重要工业基地做起。要根据各省区发展国民经济的任务，在一定区域范围内搞好生产力的合理配置，安排好各部门之间的协作关系。这一工作由国家计委牵头，协同各省、市、自治区和国务院有关部门认真抓好。

这个文件的下达，是我国城市规划工作屡经挫折后，得到恢复和发展的重要标志。从此，我国的城市规划事业进入了新的发展时期。

［**国家建委召开全国城市规划工作会议，国务院批转会议纪要**］ 1980年12月，国务院批转了《全国城市规划工作会议纪要》。纪要指出，这次全国城市规划工作会议提出的"控制大城市规模，合理发展中等城市，积极发展小城市"的方针，是好的，各地区、各有关部门应当认真执行。关于实行城市建设用地的综合开发和征收城镇土地使用费问题，国家建委和国家城建总局要继续调查研究，对这次会议提出的两个草案进行修订，报经国务院批准实施。关于城镇建设用地综合开发，有条件的城市可先行试点。

全国城市规划工作会议于1980年10月5日至15日在北京召开。会议遵照党的十一届三中全会以来的路线、方针、政策和五届人大三次会议精神，总结交流了经验，讨论制订了《中华人民共和国城市规划法(草案)》，研究了城市规划工作的方针、政策和措施。谷牧同志出席会议并讲了话。

这次会议系统地总结了建国以来城市规划工作的历史经验，特别是五十年代末期以后，城市规划工作历经挫折，十年动乱期间遭到严重破坏的历史教训。明确了城市规划在指导城市建设和发展中的重要作用，提出了市长的主要职责是把城市规划好、建设好、管理好。这次会议，是我国城市规划历史上的一次重要会议，为"六五"期间大规模开展城市规划编制审批工作，迎接新时期我国现代化建设的伟大任务，作了必要的思想准备和组织准备。

［**重点项目建设与城市规划相结合**］ 1985年8月，国家计划委员会和城乡建设环境保护部联合发出《关于加强重点项目建设中城市规划和前期工作的通知》。通知指出：

1983年，国务院以国发[1983]176号文批转了城乡建设环境保护部《关于重点项目建设中城市规划和前期工作意见的报告》。在执行过程中、重点项目建设和城市规划不协调的情况仍时有发生。为了进一步贯彻落实176号文件精神，使重点项目建设和城市规划密切结合，保证重点工程建设顺利进行，取得良好的经济效益、社会效益和环境效益，特通知如下：

1.各级人民政府批准的城市总体规划，是保证城市各项建设协调发展的基本依据。凡在城市规划区范围内建设项目的选址都必须符合城市规划要求，既要满足建设项目的使用和经营需要，又不得破坏城市环境，影响城市合理布局和长远发展。由于工程建设需要对城市总体规划进行重大修改时，必须报请原规划审批单位批准。

2.凡与城镇有关的建设项目，应按照《城市规划条例》的有关规定，在当地城市规划部门的参与下共同选址。各级计委在审批建设项目的项目建议书和设计任务书时，应征求同级城市规划主管部门的意见。

3.各级城市规划部门要积极配合国家重点工程建设，提供有关规划资料，作好工程区位与城市规划的衔接工作。有关部门和地方政府要按照城市规划的统一部署，安排好与工程项目配套的基础设施和服务设施的建设。

［**国务院公布两批历史文化名城**］ 根据《中华人民共和国文物保护法》第八条规定："保存文物特别丰富、具有重大历史价值和革命意义的城市，由国家文化行政管理部门会同城乡建设环境保护部门报国务院核定公布为历史文化名城。"

1.国务院公布第一批历史文化名城。1982年2月8日，国务院批转国家建委、国家文物事业管理局、国家城市建设总局《关于保护我国历史文化名城的请示》，公布了国家第一批历史文化名城名单(24个)。这些城市是：北京、承德，大同、南京、苏州、扬州、杭州、绍兴、泉州、景德镇、曲阜.洛阳、开封、江陵、长沙、广州、桂林、成都、遵义、昆明、大理、拉萨、西安、延安。

国务院的通知指出，我国是一个历史悠久的文明古国。保护一批历史文化名城，对于继承悠久的文化遗产，发扬光荣的革命传统，进行爱国主义教育，建设社会主义精神文明，扩大我国的国际影响，都有着积极的意义。各级人民政府要切实加强领导，采取有效措施，并有财力、物力、人力等方面给予应有的支持，进一步做好这些城市的保护和管理工作。

2.国务院公布第二批历史文化名城。1986年12月8日，国务院批转建设部、文化部《关于请公布第二批历史文化名城名单的报告》，公布了国家第二批历史文化名城名单(38个)。这些城市是：上海、天津、沈阳、武汉、南昌、重庆、保定、平遥、呼和浩特、镇江、常熟、徐州、淮安、宁波、歙县、寿县、亳州、福州、漳州、济南、安阳、南阳、商丘(县)、襄樊、潮州、阆中、宜宾、自贡、镇远、丽江、日喀则、韩城、榆林、武威、张掖、敦煌、银川、喀什。

报告中建议根据具体城市的历史、科学、艺术价值分为两级，即国务院公布国家历史文化名城，各省、自治区、直辖市人民政府公布省、自治区、直辖市一级的历史文化名城。

报告指出，要做好历史文化名城保护规划。保护文物古迹及具有历史传统特色的街区，保护城市的传统格局和风貌，保护传统的文化、艺术、民族风情的精华和著名的传统产品。保护规划要纳入城市总体规划，按规定程序上报审批。对一些文物古迹比较集中，或能够较完整地体现出某一历史时期的传统风貌和民族地方特色的街区、建筑群、小镇、村寨等，各省、自治区、直辖市或市、县人民政府可根据它们的历史、科学、艺术价值，核定公布为当地各级"历史文化保护区"，予以保护。

［**建设部召开全国城市规划工作座谈会**］ 1986年4月，城乡建设环境保护部在长沙召开了全国城市规划工作座谈会。这次会议，回顾总结了"六五"期间城市规划工作取得的成绩，交流了各地城市规划工作和有关体制改革的经验；研究了"七五"期间的工作方针和任务，特别是对如何搞好城市规划的改革进行了比较全面、深入的探讨。

会议认为，"六五"期间，全国的城市规划工作不仅得到了恢复，而且取得了很大进展。城市规划的编制审批工作取得了显著成效，从根本上改变了长期以来我国大多数城镇的建设缺乏规划指导的落后局面。我国的城市已经进入了按照规划进行建设和发展的新阶段。

会议指出，要使城市规划工作能够适应"七五"期间形势发展的需要，必须进行改革，以改革促进规划工作的发展。首先是编制规划的指导思想要有所创新，使规划真正发挥宏观控制和综合指导作用，成为市长建设好、管理好城市的重要手段；要开阔视野，拓宽领域，认真研究城市的经济问题、社会问题，把城市规划和城市的发展战略紧密结合起来。其次是规划的实施管理工作要进一步改革，围绕着解决规划和计划脱节的问题，改革城市规划的决策体系和管理体制，大力推行统一规划，综合开发，配套建设，改革城市建设的计划管理体制；切实加强城市规划的法制建设，抓紧建立包括行政法规和技术法规的城市规划法规体系；在实施规划管理中，规划部门要进一步树立服务观点，为政府决策服务，为建设单位服务，寓管理于服务之中。

会议还就改革规划设计研究单位的管理体制，逐步实行技术经济责任制进行了深入的讨论。对城市总体规划的补充、调整和修改的审查、报批程序问题提出了意见。

[**建设部和国家计委要求加强城市规划工作**] 1986年6月，城乡建设环境保护部、国家计划委员会联合发出《关于加强城市规划工作的几点意见》。这个文件指出，我国城市规划工作在认识、体制、管理等方面还存在不少问题。条块分割，统一规划和分散建设的矛盾仍未很好解决；城市规划机构不健全，不能适应城市规划工作综合职能的要求；规划技术力量严重不足，规划方法、技术水平亟待改进、提高。这种状况，很不适应我国现代化城市发展建设的需要，很不适应以城市为重点的整个经济体制改革的需要。因此，必须进一步加强城市规划工作，把城市规划工作提高到一个新的水平。

文件强调指出，要进一步提高对城市规划的地位和作用的认识；继续贯彻"控制大城市规模，合理发展中等城市，积极发展小城市"的方针；改革体制，促进城市规划同国民经济社会发展计划紧密结合；城市规划工作要适应国民经济与社会发展的需要，适应对内搞活经济、对外实行开放以及经济体制改革的需要，不断提高规划设计水平；加强法制建设，建立健全城市规划法规体系，依法管理城市；加强城市规划的队伍建设和人才培养。

[**全国城市规划设计经验交流会在兰州召开**] 1986年8月15日至19日，城乡建设环境保护部城市规划局在兰州召开了全国城市规划设计经验交流会。出席会议的有各省、自治区、直辖市和部属规划设计、规划管理、规划研究部门以及部分有关高等院校的代表共156人。会议交流了近几年来为适应城市经济建设和城市改革迅速发展的需要，各地城市规划设计工作积累的新鲜经验，并讨论了城市规划编制办法的修订问题。经验交流涉及市域城镇布局规划、总体规划、分区规划、详细规划以及旧城改造、古城保护规划等广泛领域。

会议认为，近几年来，随着城市改革的不断深入发展，各地城市规划设计、研究部门以及有关高等院校，对城市经济社会发展进程中出现的新形势、新要求、新问题，进行了多方面的研究探索，通过规划设计实践，取得了比较丰富的经验。会议还认为，我国的城市规划设计工作正处于一个在实践中改革、探索、创新的阶段。各地要善于学习和运用新鲜经验，结合当地的具体情况和特点，实事求是，因地制宜，讲究实效，量力而行，坚决不要搞形式主义的东西。会议强调要加强城市规划设计的队伍建设和人才培养，以适应新时期城市规划设计工作发展的需要。会后，建设部转发了《全国城市规划设计经验交流会纪要》。

城市规划设计

汪德华　顾文选

[**区域规划和城镇体系规划**] 新中国的区域规划工作始于第一个五年计划后期。1956年3月，国家建委通过了关于开展区域规划工作的决议；同年5月，国务院发布《关于加强新工业区和新工业城市建设工作几个问题的决定》，决定指出："积极开展区域规划，合理地布置第二个和第三个五年计划时期内新建的工业企业和居民点，是正确地配置生产力的一个重要步骤。"决定发布后，国家建委城市建设局区域规划处扩编成立区域规划局。1956年7月，国家建委制订了《区域规划编制和审批暂行办法(草案)》。从1956年起，在苏联专家帮助下，在茂名、个旧、兰州、湘中、包头、昆明、大冶等地区开展了以工业布局为主的区域规划。1957年在贵州、成都等地区开展过工农业结合的综合区域规划。1958年部分大城市实行市辖县管理体制，在上海、沈阳等市开展了城市辖区的区域规划。这些规划对指导生产力配置，解决条块矛盾，组织生产协作，引导城市合理布局，调整行政区划等都曾起过一定作用。1958年建筑工程出版社出版了《区域规划编制理论与方法的初步研究》专论。1959年6月，建筑工程部城市建设局出版过《区域规划文集》。

六十年代初期，由于国民经济全面调整，宣布“三年不搞规划”，区域规划机构撤消，工作停顿、资料逐渐散失。直到1978年以后党的工作重心转移到经济建设上来，区域规划工作才逐渐恢复。1978年经党中央批准的《关于加强城市建设工作的意见》中提出，要在全面开展城市规划的同时开展区域规划；1980年国务院批转的《全国城市规划工作会议纪要》中要求尽快把区域规划工作开展起来。1980年在国家城市建设总局城市规划局内设区域规划处。同年，城市规划学术委员会设区域规划和城市经济学组。1981年9月，国家建委内成立国土局，全面负责区域规划工作。为配合国土规划，并适应我国城市发展的需要，1986年4月全国人大六届四次会议通过的《中华人民共和国国民经济和社会发展第七个五年计划》中规定，在“七五”期间全国各省、市、县都要编制区域城镇布局规划。1986年6月，国家计委和建设部联合发文，要求各省、自治区、直辖市人民政府要组织力量，开展区域城镇布局规划。

［**2000年全国城镇布局发展战略要点**］ 根据国务院关于开展全国国土总体规划的要求，由建设部、国家计委城市规划局主持编制的《2000年全国城镇布局发展战略要点》于1985年底完成。《战略要点》总结了建国以来中国城镇文化发展历程及影响城镇化进程的若干因素，分析了中国城镇人口分布和城镇布局的现状、特点及存在的主要问题，对本世纪末中国城镇化水平、市镇数量进行了预测，对全国的城市体系和沿海、中部、西部三个地带的城市分布进行了规划，并提出实施规划的政策和措施。

《战略要点》提出全国城镇人口(按市镇非农业人口计)到本世纪末将发展到3.6亿至4亿，设市城市将发展到600个以上，建制镇发展到1.5万至2万个。关于城市布局，提出4条原则：(1)城镇布局与生产力布局，特别是与工业和交通建设项目的布局紧密结合、同步协调进行；(2)认真贯彻城市发展方针和对城市企业实行技术改造为主的内涵建设方针，正确处理城乡关系，逐步实现城乡结合；(3)正确处理沿海、中部、西部三个地带的关系，依靠沿海地带城市的经济、技术优势，发挥中西部地带的资源优势，推动中西部地带城市的发展，逐步建立合理的城镇体系；(4)有利于发挥城市的多功能作用，促进城市之间的联系与分工。

根据上述原则，《战略要点》对全国城市布局设想如下：

1.以各级中心城市为核心，大中小城市相结合，组成以五级中心城市为依托，遍及全国的城镇体系。

2.沿海地带城市发展着重搞好技术引进，技术改造，外引内联，内涵发展。在一、二级中心城市和四块城市密集地区，要严格控制老市区，积极向远郊发展新城镇。促进沿海港口城市和沿内陆江河城市带的发展。

3.中部地带城市发展配合能源和矿产资源的开发和中度加工，积极发展一批新城市和地方性中心城市；重点发展沿铁路干线一批城市，使其具有较大的吸引力；充分利用水能、水运资源大力发展沿江河的城市。

4.西部地带城市发展，要根据资源开发和交通运输等条件，相对集中地发展一批中心城市和少量新城市；合理调整三线地区工矿企事业单位及其居民点，适当集中建设一定规模的城镇，引导三线企业就近调整或搬迁，防止涌入现有大城市；加强少数民族地区和边境口岸地带的城市发展。

5.继续贯彻“控制大城市规模，合理发展中等城市，积极发展小城市”的方针，结合各地具体条件，将全国城市划分为严格控制类、有控制发展类、促进发展类和重点保护类，施以不同的政策。

为实现上述规划设想，《战略要点》提出了相应的政策与措施建议。

［**上海经济区城镇布局规划纲要**］ 1982年12月，国务院决定建立上海经济区。1984年3月和12月，国务院上海经济规划办公室和建设部两次联合发文，决定开展上海经济区城镇布局规划。

《上海经济区城镇布局规划纲要》(未包括福建省)同时包括了经济区城市间交通网络规划和风景旅游区建设布局规划。城镇发展和布局规划，从经济区生产力与人口的合理分布出发，着重就经济区的城镇人口发展趋势、城镇规模等级、城镇空间分布和职能分工，分别提出了规划意见。《纲要》对依托中心城市划分省辖经济区提出了初步设想。

《纲要》提出，全区四省一市总人口到2000年将发展到22900万人，城镇人口将从1984年的3000多万人发展到7400～7600多万人。

上海经济区的城镇按其功能、规模、服务范围可划分为六个等级：经济区中心城市(上海)；省域中心城市(南京、合肥、南昌、杭州和宁波)；省辖一级经济区(18个)中心城市；省辖二级经济区(34个)中心城市；县域中心城市(230个)；县属镇(2000个)。

《纲要》提出，上海经济区城镇布局以上海市为中心，通过长江、沿海和沪宁、沪杭、津浦、浙赣等几条交通动脉向外辐射，形成沪宁杭三角城镇密集地区和几条城镇密集带。依托这些城镇，发展星罗棋布的小城镇，逐步实现全经济区城镇化。

《纲要》按中心城市划分了城市影响区，并将全区划分为18个省辖一级经济区。对各一级区的范围、人口、主要特点和优势、中心城市的性质、发展方向与规模等均提出了规划意见。

《纲要》的交通网布局规划，重点在经济区城镇港口、水运交通的发展及综合交通网的合理配置。风景旅游区规划主要是根据区内旅游资源和区内城镇居民的休息旅游活动，并预测来自区外、国外旅游人数的增长情况，对风景旅游区开发建设的布局提出了规划意见。

《纲要》是在国家计委国土局支持下，由建设部城市规划局组织四省一市城乡规划院共同进行编制，于1986年上半年完成。

[长江沿江地区城镇发展和布局规划要点] 长江沿江地区城镇发展和布局规划是根据国家计委的要求，配合水电部长江流域规划办公室修订补充长江综合治理开发规划而编制的。1986年由建设部城市规划局主持，沿江各省市城市规划部门、中国城市规划设计研究院、南京大学、清华大学等单位共同协作完成的。

沿江地区是指上海至四川渡口3590多公里的沿江带状地区，包括云南、四川、湖南、湖北、江西、安徽、上海等七省一市有长江干流的地、市行政辖区范围，总面积约49万平方公里，1984年底人口1.53亿，占全国的14.7%，工农业总产值占全国的23.3%。沿江地区有39个设市城市，744个建制镇，城镇人口2820万人。

《规划要点》在分析了沿江地区的经济发展、资源条件及城镇分布的现状和存在问题的基础上，预测了本世纪末的城镇化水平，规划了沿江上、中、下游地区城市的发展和空间分布以及主要城市的发展方向、规模和用地布局，并提出了实施规划的六点建议。

《规划要点》指出，到本世纪末区内总人口将达到1.8～1.9亿人，城镇人口将达到6000～6300万人(按现统计口径的市镇非农业人口)，设市城市发展到90个以上。沿江地区城市发展的战略是在综合开发利用长江水能、航运、沿江各省农矿资源和旅游资源的基础上，形成长江综合经济走廊和多种运输方式相协调的运输走廊，同时建设沿江城镇带。沿江城镇带的发展，下游以上海、南京为中心，着重发展技术、智力密集型产业，面向国内外市场，借助江海运输之便，发展滨海、滨江大运量大耗水工业。设市城市由15个增加到32个，三角洲地区，依托乡镇企业的发展，积极发展小城镇；中游以武汉为中心，重点加强从九江到宜昌的大耗能、大耗水、大运量的工业带和城市带建设，设市城市由14个增加到33个，积极发展两湖平原地区小城镇；上游以重庆为中心，结合攀西工业基地和川南的开发，重点发展以冶金、水电、机械、造纸、化工为主的工业带和城镇带。《规划要点》还提出沿江地区本世纪内可重点发展的城市17个。

[城市规划编制办法] 1952年9月，在政务院财政经济委员会召开的全国城市建设座谈会上提出讨论的《中华人民共和国编制城市规划设计程序草案》，是建国后最早的城市规划编制办法。草案规定城市规划编制过程分城市规划、第一期建设规划、详细规划、修建设计四个步骤。

1956年7月，国家建委颁发了《城市规划编制暂行办法》，该办法分总则、规划设计基础资料、规划设计阶段、初步规划、总体规划、详细规划、规划设计文件的编订、协议、审查和批准、勘测设计机构和城市规划设计委托机关的责任等10章。其中规定："城市规划设计应按三个阶段进行，即：(1)初步规划；(2)总体规划；(3)详细规划。"初步规划的主要内容是：(1)确定城市性质；(2)拟定近期和远期人口发展规模；(3)选择城市发展用地，合理地布置功能分区；(4)拟定城市各项用地的技术经济指标。总体规划是在初步规划基础上更为详尽的规划，应足以成为编制详细规划和各种专业设计的依据。详细规划的主要任务是对城市近期修建地区范围内的住宅、公共建筑和公用事业设施等进行合理地综合布置，作为修建设计的依据。

1980年12月，国家建委颁发了《城市规划编制审批暂行办法》，分总则、城市规划的基础资料、总体规划、详细规划、城市规划的审批、规划设计的综合和协议、附则等7章。办法规定，城市规划按其内容和深度的不同，分为总体规划和详细规划两个设计阶段。

总体规划的主要任务是：确定城市性质、发展方向和规模，安排城市用地的功能分区和各项建设的总体布局，选定规划定额指标，制定实施规划的步骤和措施。总体规划的期限一般为二十年。

详细规划是总体规划的深化和具体化，它的主要任务是：对近期建设规划范围内的工厂、住宅、交通、市政工程、公共事业、园林绿化、文教卫生、商业网点和其它公共设施做出具体布置，确定道路红线、道路断面和控制点的座标、标高，选定技术经济指标，提出建筑艺术形式要求。

[定额指标] 城市规划定额指标，在"一五"期间，只有几个单项规定。如1955年8月，国家建委在《关于在基本建设中贯彻中共中央和国务院节约方针的措施》中规定，城市近期平均每人居住面积规划指标为4.5m²，远期每人6m²。1958年1月，国家建委和城市建设部发出《关于城市规划几项控制指标的通知》，将平均每人居住面积的规划指标，近期由4.5m²改为4m²以下，远期由6m²改为5m²以下。同时还规定了生活居住用

地的规划指标：近期平均每人18～28m²，远期35m²以下。

1980年12月，国家建委颁发了《城市规划定额指标暂行规定》，分总则、总体规划定额指标，详细规划定额指标共3章13条。

总体规划定额指标，分为城市人口规模划分、规划期人口计算、城市生活居住用地、城市公共建筑用地、城市道路广场用地、城市公共绿地等六部分。其中生活居住用地，平均每居民近期为24～35m²，远期为40～58m²。

详细规划定额指标，分为居住区定额指标和小区定额指标两部分。居住区平均每居民用地为19.5～29m²，居住区级公共建筑每居民占建筑面积0.61～0.73m²；小区平均每居民用地为14.5～22m²，平均每人居住面积5m²，居住建筑密度：四层一般可按26％左右，五层一般可按23％，六层不低于20％。小区级公共建筑定额按人口平均，每居民占建筑面积1.0～1.45m²。

［城市总体规划的编制和审批］ “一五”期间，全国有150多个城市完成了初步规划的编制工作。由国家建委等中央部门审批的较重要城市的初步规划，有西安、兰州、太原、包头、成都、大同、洛阳、郑州、哈尔滨、吉林、抚顺等城市。如兰州市总体规划，于1954年12月经国家建委批准。兰州是“一五”期间以石油、化工、机械制造工业为主的重点建设城市。规划将兰州分成安宁、七里河、西固定几个组团成带状布置，大型骨干工业放在西固区。在各个组团内，根据生产和生活的需要，进行了合理的功能分区。

从1977年开始截止1986年底，全国353个设市城市，已有339个完成了总体规划的编制工作，占设市城市总数的96％，其中已被批准的282个，占总数的80％。在1980个县城中，已编制完成总体规划的1695个，占县城总数的85.6％，其中已被批准的1293个，占总数的65.3％。

［国务院审批的城市总体规划］ 根据国务院规定，全国的省会、自治区首府、城市人口在100万以上的大城市，以及唐山、桂林、苏州、宁波等38个市的城市总体规划由国务院审批。截止1986年12月20日，这38个市的城市总体规划已经全部审批完毕。名单及批复时间如下：

城市名称	批复日期
1.唐　山	1977年5月14日
2.呼和浩特	1979年10月29日
3.兰　州	1979年10月29日
4.长　沙	1981年5月29日
5.沈　阳	1981年6月13日
6.合　肥	1982年6月5日
7.南　宁	1982年6月5日
8.武　汉	1982年6月5日
9.西　宁	1983年4月9日
10.拉　萨	1983年4月13日
11.杭　州	1983年5月16日
12.太　原	1983年5月19日
13.重　庆	1983年6月6日
14.石家庄	1983年6月10日
15.济　南	1983年6月10日
16.北　京	1983年7月14日
17.银　川	1983年10月24日
18.抚　顺	1983年10月24日
19.南　京	1983年11月8日
20.西　安	1983年11月8日
21.鞍　山	1983年12月26日
22.青　岛	1984年1月5日
23.昆　明	1984年1月10日
24.成　都	1984年1月11日
25.郑　州	1984年1月11日
26.广　州	1984年9月18日
27.福　州	1984年9月18日
28.长　春	1985年5月4日
29.大　连	1985年5月4日
30.南　昌	1985年6月22日
31.乌鲁木齐	1985年10月16日
32.桂　林	1985年10月23日
33.苏　州	1986年6月13日
34.天　津	1986年8月4日
35.上　海	1986年10月13日
36.贵　阳	1986年11月10日
37.宁　波	1986年11月10日
38.哈尔滨	1986年12月20日

这是10年动乱之后，在党中央、国务院的领导下，经过各地城市规划部门和广大城市规划工作者近10年的努力，我国城市规划工作取得的重要成就。我国城市已经进入按照城市规划进行建设和发展的新阶段。

［北京城市建设总体规划］ 首都北京，曾于1953年和1958年先后编制过两个总体规划方案，上报中央审查，但未经审批。1983年7月14日经中共中央、国际院批准的《北京城市建设总体规划方案》是北京第一个正式批准施行的规划。该规划以中央书记处对北京市工作方针的四条建议为指导思想。这四条建议是：(1)在社会治安、社会秩序和道德风尚方面，北京要成为全国的模范，在全世界也应当是最好的；(2)改造北京市的环境，搞好绿化、卫生，利用有山有水有文物古迹的条件，把它建设成为优美、清洁、具有第一流水平的现代化城

市；(3)要使我们的首都成为全国文化科学技术最发达、教育程度最高的城市；(4)经济要不断繁荣，人民生活要安定方便。总体规划贯彻了中央要求，将北京建设成为全国的政治中心和文化中心，严格控制人口规模和工业建设规模，按照"旧城逐步改建、近郊调整配套、远郊积极发展"的方针，继承和发扬北京历史文化城市的传统，合理调整城市布局，逐步扭转建设过分集中在市区的状况，继续保持城市分散集团式布局。对于旧城的保护，是北京总体规划的核心内容，规划规定了旧城保护的概念和主要内容是：(1)作为城市整体的保护，即保护原有的格局和特色；(2)重点文物保护单位的保护，包括它们周围环境的保护以及在建筑高度、体量的控制；(3)旧城改建要在体现首都城市政治中心和文化中心功能，保护历史文化名城的前提下，调整土地使用，并使其现代化，更加庄严、美丽。规划还规定，在改建旧城同时，大力增加绿化用地，搞好道路交通设施建设，增辟各级商业服务中心，建设近郊新生活居民区，发展远郊卫星城镇，形成大、中、小相结合的星罗棋布的城镇网。规划的道路系统，总布局为棋盘状、环状与放射状相结合的道路网形式。

［**分区规划的编制**］ 分区规划是总体规划的补充和深化。其内容是在总体规划的基础上，进一步具体确定不同地段的土地使用性质、容量(建筑密度、高度、容积率)控制，确定各项基础设施、公共服务设施的用地布局界线。分区规划使用1:2000或1:5000图纸。总体规划批准时间较早的大城市，如长沙、南京、北京、太原、鞍山等，自1984年开始，先后完成了分区规划的编制工作。如南京市分区规划于1985年6月开始编制，1986年底完成。规划范围147.2平方公里，分14个分区进行。主要内容是土地利用规划的充实和加深，解决土地的具体合理利用、环境容量的控制和对建筑形态的控制。分区规划着重"五线"的控制，即：道路红线、河湖蓝线、园林绿化绿线、文物古迹紫线、供电高压线走廊黑线。

［**历史文化名城保护规划**］ 1982年2月8日，国务院批准第一批国家历史文化名城24个，国务院在批复的文件中指出："各有关省、市、自治区的城建部门和文物、文化部门应即组织力量，对所在地区的历史文化名城进行调查研究，提出保护规划"。1983年3月9日，建设部在《关于加强历史文化名城规划工作的通知》中指出："历史文化名城保护规划就是以保护城市地区文物古迹、风景名胜及其环境为重点的专项规划，是城市总体规划的重要组成部分。""编制保护规划时，一般应根据保护对象的历史价值、艺术价值，确定保护项目的等级及其重点，对单独的文物古迹、古建筑或建筑群连片地段和街区、古城遗址、古墓葬区、山川水系等，按重要程度不同，以点、线、面的形式划定保护区和一定范围的建设控制地带，制定保护和控制的具体要求和措施"。1986年12月，国务院又批准第二批国家历史文化名城38个。至1986年底，第一批历史文化名城的保护规划大部分已编制完毕。第二批历史文化名城的保护规划陆续开始编制。

西安古城保护规划的主导思想是保护明代遗留下来的城池风貌的完整格局，显示唐代长安城的宏大规模，保护周、秦、汉代城市的遗迹，组成一个层次分明的保护系统。在布局上着重合理地分配城市用地，使园林绿地与文物古迹相结合，以扩大城市绿地来保护文物古迹。在大雁塔、小雁塔、明城墙及四城门、兴善寺、兴庆宫和大明宫遗址等周围，都规划为城市公园或苗圃。城市干道系统沿用唐长安井字形结构，并突出钟楼、鼓楼、城门楼等古城精华建筑，作为古城的标记。综合考虑城墙保护、市政交通、绿化休息各项要求，将城墙、环城绿带、护城河、内外环路合而组成"四位一体"的绿色项链，充分发挥我国目前保存得最大最完整的古城墙的特色。对于古城内新建筑，制定了城内和城墙四周的建筑高度控制规定。

［**1984年优秀规划设计评选**］ 1984年8月，全国城建系统优秀设计评选中，有18个城市规划设计获奖，其中获部级一等奖(一级)2项，一等奖(二级)2项，部二等奖5项，表扬奖9项。一、二等奖名单如下：

部一等奖(一级)，并推荐为国家优秀设计：

上海嘉定城厢镇规划(上海规划院)；

辽阳石化总公司居住区规划(中国东北建筑设计院)。

部一等奖(二级)，并推荐为国家优秀设计：

济南大纬二路展宽工程规划与市政设计(济南市规划处)；

苏州市彩香村居住区规划(苏州市建筑设计院)。

部二等奖：

合肥市总体规划(合肥市规划院)；

天津市丁字沽住宅区园林绿化规划(天津市红桥区城建局)；

常州市清潭新村规划(常州市规划处)；

太原市迎泽大街规划(太原市规划处)；

天津市西清道一条街规划设计(天津市规划局)。

［**1986年优秀规划设计评选**］ 1986年全国优秀城市规划设计评选有36项获奖，其中一等奖2项，二等奖4项，三等奖14项，表扬奖16项。一、

二、三等奖名单如下：

一　等　奖

项目名称	规划设计单位
山东省东营市孤岛新镇规划设计	同济大学孤岛新镇工程规划设计组
深圳经济特区总体规划(包括交通规划)	中国城市规划设计研究院深圳市城市规划局

二　等　奖

项目名称	规划设计单位
合肥市城隍庙步进商业中心规划设计	合肥工业大学建筑工程系
南京市夫子庙文化商业中心规划设计	南京市城市规划局　南京市城市规划设计研究院
北京市什刹海历史地段保护整治与更新规划	清华大学建筑系城市规划教研室　北京西城区什刹海管理处
徽州屯溪市老街历史地段的保护与更新规划	清华大学建筑系城市规划教研室　屯溪市人民政府

三　等　奖

项目名称	规划设计单位
湄州湾港口城市总体规划	中国城市规划设计研究院
芜湖市总体规划	芜湖市规划设计院　北京大学
珠海市城区总体规划	湖北省城市规划设计研究院
邯郸市市区城市总体规划	原邯郸市城市规划管理局
深圳市科技工业园规划	中国城市规划设计研究院
绍兴市府河商业步行街规划	浙江大学土木系　绍兴市城市建设局
上海市虹桥新区规划	上海市城市规划院设计院
上海市铁路客站及天目路恒丰路地区综合改建规划	上海市城市规划设计院
上海市漕溪路地区综合改建规划	上海市城市规划设计院
杭州市采荷新村二期工程规划	杭州市城市规划设计院
南宁市大麻村居住小区规划	广西自治区城市规划设计院
太原市老军营居住小区规划	太原市城市规划局、规划院、开发公司
黄龙——九寨沟风景名胜区总体规划	四川省城乡规划设计研究院
汉口黄孝河综合开发规划	武汉市城市规划设计研究院

〔**规划设计管理体制的改革**〕　1984年8月城乡建设环境保护部城市规划局在辽宁省丹东市召开部分省、市城市规划主管部门及规划设计院负责人座谈会，讨论了规划设计单位为适应改革开放的需要，实行技术经济责任制及规划收费的有关问题。会后有的省市规划设计单位开始试行收费。

1986年10月16日，建设部、国家计委、财政部联合发出《关于城市规划设计单位按工程勘察设计单位办法试行技术经济责任制的通知》((86)城规字485号)。通知指出："我国城市规划设计单位，长期沿用按人头费领取事业费的管理体制，结果是承担任务越多，经费就越困难，严重影响了规划设计单位和规划设计人员的积极性，不利于城市规划和建设事业的发展，必须进行改革。""城市规划设计单位试行技术经济责任制，经济上实行独立核算，承担规划设计任务按国家规定标准收费。"

城市规划管理

任致远

〔**城市规划管理的概念**〕　城市规划管理，就是按照已经批准的城市规划，依据国家和各级政府颁布的有关法规和管理方法，运用行政的、法律的、经济的手段和科学方法，对城市建设用地和各项建设活动进行统一集中的安排和控制，引导和调节城市的各项建设事业有计划有秩序地协调发展，保证按城市规划实施。

城市规划主管部门是行使规划管理权、实施城市规划的政府职能部门。国家一级和省、自治区一级的城市规划主管部门负责宏观指导和监督、检查、管理；各城市的规划主管部门进行直接的具体管理。根据《城市规划条例》规定，各城市规划管理的工作范畴，包括城市规划的编制报批管理，城市土地利用的规划管理，城市各项建设的规划管理，以及对违章用地和违章建设的检查处理等。

城市规划管理工作贯穿于整个城市建设活动

的全过程中，是保证城市建设严格按照城市规划进行的重要环节。

［**城市规划的法制建设**］ 必须运用法制手段对城市建设进行管理。1949年6月20日太原市公布了解放以来的第一个《太原市建设管理办法》。1956年5月国务院在《关于加强新工业区和新工业城市建设工作几个问题的决定》中强调："为了保证城市建设能够切实按照城市规划的要求进行，克服建筑中的混乱和不合理现象，必须加强城市建筑的监督管理工作。城市建设部应该在1956年10月底前提出城市建筑管理和监督办法"。党的十一届三中全会以后，法制建设受到高度重视。1980年开始制定《城市规划法》初稿。1982年建设部成立后又补充修改，于1983年报国务院。1984年1月国务院决定先以《城市规划条例》颁布实施。

《城市规划条例》包括总则、城市规划的制定、旧城区的改建、城市土地使用的规划管理、城市各项建设的规划管理、处罚、附则等共七章五十五条。

随着我国城市改革的深化，城市在国民经济和社会发展中的地位和作用的加强，城市结构和功能日趋多样化，对城市规划工作提出许多新的课题，要求《城市规划条例》必须进一步充实、完善。1986年第六届全国人民代表大会第四次会议期间，王维珍等三十五位代表分别提出关于制定《城市规划法》的一项议案和两项建议，人大常委会法工委和国务院法制局同意由建设部牵头起草《城市规划法》。1986年9月开始工作，同年底提出《城市规划法》(讨论稿)。

自《城市规划条例》颁布以来，各省、自治区、直辖市和不少城市相继制定了一系列的有关法规、规定和办法，加强了地方立法工作。从1984年至1986年底，北京市先后制定了《北京市城市建设规划管理暂行办法》、《关于北京市区建筑高度控制方案的决定》等11项法规。如果从1977年算起，北京市已颁布的有关城市规划、建设和管理的法规共达110多项。

［**城市规划的组织管理**］ 根据《城市规划条例》规定，城市总体规划在城市人民政府领导下，由城市规划主管部门会同经济、文化、军事等有关部门组织编制。直辖市的城市总体规划，由直辖市人民政府国务院审批；省和自治区人民政府所在地的城市、其他人口在一百万以上的城市的总体规划，由所在省、自治区人民政府审查同意后，报国务院审批；其他城市的总体规划，报省、自治区、直辖市人民政府审批；市管辖的县城、镇的总体规划，报市人民政府审批；城市详细规划，由直辖市、市、县、镇的城市规划主管部门根据批准的城市总体规划进行组织编制，由该城市人民政府审批。

为从组织上保证城市规划的实施，不少城市建立了集中统一下的分级管理体制，即建立了市、区、街道基层三级规划管理网。以温州市为例，市规划局履行全市的规划管理职能，负责按照城市规划和有关政策、法规对全市城市建设用地和各项建设的审批管理；各区的规划管理所是市规划局的派出机构，负责个人建房和一切建设项目的批后管理，负责检查处理违章用地和违章建设工作；各街道管理委员会设有分管规划管理工作的副主任和专门人员，负责了解并及时报告违章建筑情况，调解个人建房中的纠纷等，并发动街道基层组织和居民群众，监督城市规划的实施，积极参与规划管理。几年来，收到了很好的效果。

［**城市规划的实施管理**］ 城市规划的实施管理工作，根据《城市规划条例》规定，主要包括城市建设用地的规划管理和各项建设的规划管理两个方面。

城市规划区内的土地利用必须符合城市规划。各项建设用地由城市规划主管部门按照批准的城市规划，实行统一的规划管理。任何单位和个人使用城市规划区内的土地进行建设，必须持国家规定程序批准的建设计划或其他批准文件，向城市规划主管部门申请选址。城市规划主管部门根据城市规划所确定的原则和布局要求审查建设项目是否适合在本城市选址，组织进行建设项目选址方案的比较论证和审定，确定项目建设用地的位置和范围，并提出规划设计条件，核发建设用地许可证。建设单位和个人持建设用地许可证后，方可办理土地征用、划拨手续。

城市规划区内的各项建设活动，由城市规划主管部门实行统一的规划管理。任何单位和个人在城市规划区内新建、扩建、改建，包括原地翻建建筑物、构筑物，道路和其它各项工程设施，都必须向城市规划主管部门提出建设申请。城市规划主管部门根据城市规划进行审批，包括提出规划设计要求，审定设计方案，现场踏勘，有的项目尚需环保、公安消防、卫生防疫等有关部门会签，以及审查施工设计图纸、核发建设许可证。建设单位和个人持建设许多证后，方可施工，这是一项重要而量大的管理工作。以天津市为例，1985核发建设许可证2700件，1986年为2500件。

建设工程竣工验收后，建设单位和个人必须向城市规划主管部门报送竣工图纸资料。

［**违章用地和违章建设的检查处理**］ 根据《城市规划条例》规定，凡是不按国家基本建设程序办理手续，违背《城市规划条例》及其有关

法规规定，以及不按城市规划要求所进行的用地和建设活动，都属于违章用地和违章建设。城市规划主管部门必须及时检查处理城市中的各种违章用地和违章建设活动，刹住城市建设中的歪风，保证城市规划的实施。为及时制止违章行为，太原市颁布了《太原市制止和处理违章建筑的规定》，到1986年底，共查处违章用地154126平方米，查处违章建筑105421平方米。基本上清除了城市干道、规划道路和缓洪区内的违章建筑。1984年至1986年，北京市共查处违章用地292起，占地面积达3963亩，违章建设8259起，建筑面积达95万平方米。杭州1986年检查处理违章建筑1100多起，建筑面积达5万多平方米。

在我国法制还不够健全，法制观念比较薄弱的情况下，违章用地和违章建设是一个顽症。1982年以来，兰州市共查处违章建筑7238起，建筑面积达223万平方米。但1986年仅上达年检查统计，又出现新的违章建筑6万多平方米。对违章用地和违章建设进行及时的检查处理，已成为我国各个城市规划管理工作中必不可少的组成部分，并且已日见成效。

4

城市住宅及房地产

城镇住宅建设

沈建忠　陈懋锡　钱卫忠

［**住房投资、住房水平**］　建国以来到1987年的38年间，全国城镇全民所有制、集体所有制单位以及城镇居民个人用于城镇住宅建设的投资累计为2100亿元，共兴建住宅16.4亿平方米(其中1987年为快报数)，有1亿多居民居住在解放后新建的住宅中。

在住宅建设总投资中，国家用于城镇住宅建设的基建投资1286.4亿元，占68.7%。为同期基本建设投资总额的10.75%。

我国城镇住宅建设，大体上经历了三个阶段。一是“恢复时期”和“一、五”时期。住房发展重点是恢复生产的工矿区和与国家建设项目配套建设的工人新村。住宅建设投资占基本建设投资总额的10%左右，每年新建住宅约二千万平方米，与当时城市规模、经济承受能力和经济发展速度基本相适应。在此期间集中维修、改造了一批破旧危房和棚户区，广大城市贫民的居住条件有较大改善。二是五十年代后期至七十年代中期，由于自然灾害及“左”的影响，住房决策有些失误，住房标准忽高忽低，竣工住宅面积下降，用于住宅建设的投资下降到仅占基本建设投资总额的4～5%。1962年全国仅有762万平方米住宅竣工，为历史最低水平。低水平的投入，加上城镇人口急增，低租分配，维修费不足等原因。城镇住房困难户和危房大幅度增加，城市居民的居住水平由解放初期的4.5平方米下降到3.6平方米，使住房不足成为一个严重的社会问题。但在此期间还是建设了一批有代表性的住宅，如北京的装配式壁板试验住宅，龙须沟旧区改造工程、上海曹扬新村续建工程等。三是粉碎“四人帮”以后，尤其是党的十一届三中全会以来，中央调整了基本建设投资比例关系，在增加住宅建设投资比例的同时，又提出发挥中央、地方、企业、个人四个方面建设住宅积极性的方针，住宅建设规模迅速扩大。住宅建设投资占基本建设投资总额的比例逐年上升，1978年为7.8%，1979年为14.8%，1980年达20%。“六五”期间平均每年为21%，1982年达到创记录的25.4%。住宅竣工面积1980年开始突破一亿平方米大关，1985年达到创记录的1.53亿平方米。1979年至1986年的八年间，用于城镇住宅建设的投资为1494亿元，占建国三十七年住宅投资总额的80%，城镇新建住宅9.73亿平方米，占建国三十七年建成住宅总面积64.6%。这一时期建成的住宅大部分是成套的，平均每套建筑面积在50平方米，新建成的住宅小区，大部分环境较好，服务设施和基础设施配套较齐全。住房质量和室内设施水平均有较大提高。住宅建设进入一个与经济和社会发展相适应的持续稳定的时期。

根据我国1985年全国城镇房屋第一次普查统计，全国城镇住房(西藏除外)已达22.91亿平方米，人均住房居住面积为6.36平方米。1986年城市统计年报统计，我国设市的348个城市，人均住宅使用面积达到8.77平方米。

［**住宅建设技术政策**］　1985年，由国家科委、国家计委、国家经委共同组织制定了我国第一个比较系统的《城乡住宅建设技术政策》，并经国务院批准颁布实施。住宅建设技术政策提出了到2000年“争取基本上实现城镇居民每户有一套经济、实惠的住宅，全国居民人均居住面积达到8平

方米的战略目标。据此，对宏观的技术问题作出了政策规定：1.严格控制新建住宅标准和用地标准，推行户型小、功能好、一户一套的住宅。住宅设计和建造要贯彻适用、经济、美观的方针，注意标准化和多样化的统一，重视住宅的民族传统和地方特点。1990年前所建住宅的设备和装修标准，以满足居民最低限度的生活需要为准，但住户个人愿意承但费用的，可超出规定的设备和装修标准。城镇居民个人建住宅，平均每人建筑面积一般不得超过20平方米。2.住宅区建设实行合理的高密度，保证居住环境质量。大中城市以建五、六层住宅为主，小城市、县镇以建五层住宅为主，在大城市的特定地点，且具备相应的技术条件、设备条件和经济条件时，为节约城市用地，可以建造适量的高层住宅。保证居民的基本生活环境质量，包括必要的日照、绿地和室外生活活动空间。3.实行体地综合开发、住宅区配套建设，成片成区建设住宅。按照城市总体规划，实行统一计划、统一规划、设计、统一开发建设。上下水、供电、供气、供暖、道路、绿地等基础设施、商业服务、文教卫生、行政管理等配套项目坚持基本建设程序，实行基础设施先行，配套项目同步建设。零星或分散建设的住宅，也要服从城市总体规划，合理配置基础设施和配套项目。4.加速现有住宅的改造。根据不同的房屋等级质量，有计划地对现有住宅和住宅区分别采取保留、改建和拆建的措施。对有长期保留价值的住房，实施加强维修，合理使用。对尚须利用的老旧住宅，实行通过适当改建来保证安全和正常使用，并尽可能改善旧居住区的基础设施和环境条件。有计划地进行住宅维修，逐步增加维修预制构件和采用干作业。5.因地制宜地选用综合效益好的住宅建筑体系，包括砖泥建筑体系、砌块建筑体系、"内浇外砌"体系、"内浇外板"体系、框架体系、大板建筑体系等。积极研究开发大开间的建筑结构体系，以适应住宅空间的灵活布置及底层综合利用的需要。6.发展住宅建筑构配件和制品的专业化、社会化生产和商品化供应。7.提高住宅标准化水平。推行以功能单元定型和构配件通用为基本内容的标准设计方法，达到标准化与多样化的统一及住宅使用面积的最有效利用。8.降低住宅建筑的能源消耗，推行以节能为目的的各种技术措施，积极研究开发节能住宅。9.采用多种途径改革和发展墙体材料及各种配套材料。10.加强住宅建设的综合研究和科学预测。

［企业建房］ 我国城镇住宅建设投资在很长一段时间内，一直采取由国家包下来的办法。1978年以后，这种投资模式开始改变，国家采取了一系列鼓励企业自筹资金建造住宅的措施，企业建房逐渐成为住宅建设的主体。国家在制定年度计划时，对住宅自筹基建投资指标给予了较多照顾。1981年和1982年，国家在压缩基本建设规模，缩短基本建设战线的情况下，给各地区、各部门适当追加了住宅自筹基建投资指标，仅1982年就追加了两次。从1979年至1986年，国家每年拿出5万吨钢材，作为给企业自筹资金建造职工住宅的专项补助钢材。同时允许企业在完成认购国库券和财政借款任务后，剩余资金、材料可以拿去多建住宅。1985年又进一步采取了对老企业利用自有资金建造住宅放宽管理的办法，不占基建自筹资金指标，不纳入基本建设计划规模。在这些优惠政策的鼓励下，企业建房的积极性大大调动起来。1979年以来，全国城镇企业自筹资金建设住宅的投资约占住宅建设总投资的60%。有的地方达到70%甚至80%以上。许多城市把组织企业建造住宅作为重点，积极挖掘潜力筹集资金、疏通计划渠道，安排建设用地和施工力量，协助解决建筑材料，采取多种形式组织建设。如组织资金少、材料缺、自建有困难的中小型企业集资统建；由政府统一征地组织若干企业定点联建或由企业分头建设；组织企业参加旧居住区改造；组建各种开发公司，通过政府拨款、向银行贷款和预收建房资金等办法，成片开发、配套建设商品房向企业单位出售，为企业建房提供各种服务。原国家城建总局、全国总工会曾于1982年在福州联合开会，总结交流了这方面的经验。

［城镇居民私人建房买房］ 鼓励城镇居民自己买房建房是加快解决城镇住房问题的一个有力措施。五十年代中期，我国针对工业生产迅速发展，城镇人口急剧增加，住房供需矛盾突出的情况，鼓励城镇和工矿区职工、居民个人建房。1957年曾对铁路、煤炭、纺织部门作过统计：几年间，采用自建公助办法修建的住房达230多万平方米。但以后大多数城镇的个人建房处于自发、零星建设的状态。1978年后，中央提出了住宅建设要发挥四个方面积极性的方针，中央领导多次指示：要把解决住房问题的路子走宽些，要允许私人建房、或者私建公助，允许私人拥有自己的住宅，充分调动个人建造住房积极性，积极开发个人资金渠道，将个人消费支出中的一部分引导到住房消费上来，改变过去住房全部由国家包下来的办法。1983年5月，国务院颁发了《城镇个人建造住宅管理办法》，明确规定：凡在城镇有正式户口，住宅确有困难的职工、居民都可以申请建造住宅，可采取自筹自建，民建公助，互助自建以及所在地人民政府同意的其他形式进行建造。极大地推动了个人建房的发展。1979年城镇个人建造住宅250万平方米，占当年城镇新建住宅总面积的3·3%。1986年已上升到2780万平方米，占当年新建住宅总面积的18.7%。其中有

13个省、区超过了20%，最高的江西省达到43.1%。广东省1979年个人建房42万平方米，1986年上升到305.9万平方米，增长了六倍多，在数量上居全国之首。1979年至1987年的九年间，城镇个人建造住宅累计已达1.52亿平方米(1987年初步统计数为3000万平方米)，占同期城镇新建住宅总面积的9.2%。这几年个人建房保持了较快增长势头的原因，一是有计划、有组织地组织个人成小区的建造住房；二是征地新建和改造旧居住区相结合；三是注意节约耕地、好地，充分利用空闲地、低洼地和荒坡地组织个人建房；四是组织郊区农民在城镇建房，向城镇职工、居民出租、出售；五是组织个人集资合作建房。1983年六月，建设部在南阳市召开了"全国市镇组织个人建造住宅现场交流会"。推广了南阳市统一规划、统一征地、统一设计、统一安排、统一管理组织群众集资自建住房的经验，这一经验曾被联合国人居中心向第三世界推荐介绍。

与此同时，个人购买公有住宅也越来越多。1982年对19个省、市、自治区统计，职工购买住宅12万平方米，每平方米价格为120～150元。1985年，已有27个省、市、自治区的160多个市、300多个县镇开展了住宅出售业务。1986年全国城镇个人买房达314万平方米、4.9万套，国家共收回资金9.53亿元。其中广东省向个人售出住宅96万平方米。在向个人出售的住宅中，按商品住宅价格售出共208万平方米，占66.3%。平均每平方米售价458.89元。一些地方还进行了旧住房出售给职工的工作。1986年全国城镇共出售旧住宅113.6万平方米，有近3万户职工购买了旧住宅。在沿海一些城市，还积极开展了组织侨汇购建住宅和引进外资建住宅业务。广州市现有各类华侨房屋已达150万平方米。占全市私房总数的20%多，引进外资建成的住宅达12万平方米。深圳市房地产公司依靠外资，已开发建设了东湖丽苑、湖滨新村、翠竹苑等多个住宅小区。

[**住宅设计**]　建国初期，我国住宅设计的主要对象是三层以下楼房，以后逐步以多层单元式住宅设计为主。针对不同时期的经济状况，国家对住宅设计面积标准作出了不同的规定。1954年，规定每户按三口人计，平均每人居住面积4.5平方米；1955年改为人均4平方米。1956年，具体规定了不同户型每套使用面积设计标准，如规定一室户为14平方米，五室户为80平方米。1973年，我国将过去一直沿用的以使用面积作为住宅设计标准的方法改为以建筑面积为单位。规定平均每户建筑面积为34～39平方米，1977年又提高到45平方米，1978年再次提高到50平方米。此后，这一标准作为城镇住宅面积控制标准。

在住宅小区规划设计中，主要贯彻了"为居民着想"的指导思想，在一定的经济条件下，做到配套项目齐全，尽可能满足居民的各种基本生活要求，使他们感到居住方便、安静、安全、环境良好，邻里交往自如。住宅设计体现了住得下，分得开的原则，注意了标准化和多样化的统一。1954年，东北地区首先编制了职工住宅标准设计图集，尔后逐步在全国推广。1957年，中国建筑学会组织了厂矿职工住宅设计竞赛，参赛方案达1200个，661个方案中选。1959年，原建筑工程部在上海召开了住宅标准会议，提出了分等分区远近结合的设计原则。

进入八十年代，住宅不但在数量上达到了历史最高水平，在设计质量上也发生了重大变化。体现在：1.住宅设计观念的更新，从社会、经济、环境、技术等方面综合考虑住宅设计问题，努力克服片面追求大面积、大空间、高标准的倾向。2.规划设计上改变了行列式的呆板布局，采用群体组合，组团布置，形成错落有致，立面丰富的居住环境。3.设计体制上改变了长期形成的靠完成计划任务的旧模式，引入了商品经济竞争观念，以适应我国住房制度改革和住宅商品化的发展要求，向社会提供选择余地更大的多品种、多类型、多档次的住宅设计方案。4.重视了室内设计，提高室内空间利用率。注意了门厅、小厅、壁柜、吊柜、阳台、电源插座、室内装修等特殊部位的设计。5.提高了住宅建筑工业化水平。采用套型定型法、开间定型法、基本间定型法等设计手法。出现了从设计、结构体系到施工工艺、施工机具相配套的成套技术生产的工业化住宅群。北京市、常州市综合开发的小区中，工业化住宅体系建筑已在70%以上。6.住宅设计地位提高。1983年，国家开始把住宅区工程纳入国家工程质量奖评比范围，并把规划设计水平作为主要考核内容。无锡市清扬新村、上海市上南新村一、二街坊、常州市清潭三村、苏州市彩香新村、天津市体院北三、十区等先后获得了国家优质工程银质奖。这些工程集中地代表了我国八十年代住宅设计及建设水平。1985年起，建设部在优秀设计评选中特设了住宅项目奖和创新奖，以鼓励设计人员大胆进行住宅的设计创新和探索。

[**"七五"城镇住宅设计竞赛**]　1987年，为纪念国际住房年，建设部设计局、房地产业管理局发起了"七五"城镇住宅设计竞赛活动。主要针对当前住宅建设在居住功能、环境质量、节地、节能、外部造型等方面存在的不足进行更新设计创作。随着科学科术的发展，文化水平的提高，居住模式的演变，要求住宅设计赋予新的概念，增添新的内容，以满足"七五"计划期间社会发展和人民物质文

化生活的提高。

这次活动是建国以来规模最大的一次。吸引了全国近万名建筑师、专家参加。设计方案近五千个。这些方案更多地考虑了现代居住行为。大厅小卧室的设计得到了重视和应用。几乎所有的方案均在室内设计上作了探索，利用有限的面积制造了丰富的实用空间。特别是对厨房、卫生间——常被人们称作住宅心脏的部分，设计者们给予了特别的关注。较以往更多的考虑了必要设备的设计，并探讨了定型设计。为今后住宅部件、产品的开发打下了基础。不少方案还从传统民居和地方风格中吸取营养，延伸了传统居民形式，有街坊式、跌落式四合院、凹口天井式、台阶花园式、蝶式等。

1987年10月，建设部在北京召开了“七五”城镇住宅设计经验交流会。经过省、地区两级评选出的70个方案和60多篇论文在大会上交流。国际住房年中国组织委员会对在这次活动中产生的优秀方案作者给予了表彰。这次会议对提高住宅设计的社会地位起到了积极作用，为保证“七五”期间住宅建设质量，打下了基础。

[旧居住区改造] 解放以后，我国对旧住宅采取了“充分利用，逐步改造、加强维修”的方针。五十年代，国家拨出专款，改造了一大批劳动人民比较集中，居住条件极差，环境十分恶劣的棚户区和贫民窟。以后，一些城市继续有计划、分期分批改造了大量的旧居住区。在新建的全部住宅中，约有30%是在旧区拆迁改建的。1963年，上海市投资500万元，对有名的棚户区番瓜弄进行彻底改造，拆除全部棚户简屋2.7万平方米，近万名居民的居住条件得到了根本的改善。五十年代到七十年代，我国旧居住区改造步伐总的来说比较缓慢。加上建国以后又盖了一批简易住宅，有相当一部分已严重破损，因此需要改造的旧住宅反而有增无减。七十年代末，各地逐步加快对旧居住区的改造，采取新区建设与旧城区改造相结合的方针。据统计1977年至1986年，设市城市共改造了7800多万平方米旧住宅。其中仅1986年改造的旧住宅数量就达1932万平方米，为1977年的10倍多。进入八十年代，许多城市对旧居住区改造采取了一些改革措施。把过去靠行政办法，国家投资，居民坐等拆迁安置的单一改造模式改为多层次、多种形式，多渠道集资改造建设。主要采取的方法有：综合开发建设、成街成片的拆建、改建、维修及基础设施增容等综合治理，临街拓路改造及零星分散局部改造等。拆迁安置也采取经济办法，鼓励居民投亲靠友，节省周转房投资。通过立法制定安置标准，防止漫天要价。投资采取国家补贴一点、地方拿一点、单位集资、个人集资办法。工程建设引入竞争机制，采取投资包干，工期包干等办法。对旧居住区改造规划设计方案，从经济、技术、社会发展等方面进行综合论证，分析比较，选择较佳方案。同时从宏观上加强了对旧居住区技术经济和方针政策的软科学研究，从而获得了较好的经济效益，环境效益和社会效益。

哈尔滨市自1978年以来，已改造了多片旧居住区，并形成了一套成熟的办法，如在改造该市最大的棚户区——新发小区时，市政府根据统一规划、配套开发、集中建设、国家不投资、自求平衡的原则，把动迁安置权、施工招标权、现场管理权下放到小区所在地的区政府。区政府采取优惠政策，吸引社会资金，使小区改造需要的上亿元资金有了保证。小区总建筑面积为70万平方米，共有1.2万套住房。建成后将有3万多人受益，人均住房居住面积将从1.8平方米提高到7平方米。杭州市政府组织旧居住区改造，分别让全市十多家房屋建设开发公司分片包干，成片改造，共100多万平方米。1986年该市旧居住区改造已竣工住宅20万平方米，占该市住宅竣工面积的17.4%。沈阳市在旧城区改造中，借助社会财力，谁投资、谁受益，多家开发、促进竞争，旧区改造有很大的进展。仅沈河区房地局从1984年4月到7月到集中社会资金3亿元，可新建楼房89万多平方米，相当于这个区局现直管公房数量的45%。在财政不拿钱的情况下，用集资联建和包建商品房的办法，既改造了旧区又为国家积累一定资金。安徽省合肥市按城市规划统筹管理、协调旧居住区改造工作，利用沿街单位和居民集资联建，仅用了短短80天的时间就完成了长江路西段的改造任务。使破旧的小平房，面貌焕然一新。接着又对金寨路北段和城隍庙地区进行改造。金寨路北段位于市中心繁华地区，拆迁旧房面积四万二千多平方米，新建房屋总面积十五万八千多平方米。创造了工期短、效益好的新经验。赵紫阳等中央领导同志在视察合肥市旧居住区改造工程项目后，给予了赞扬和肯定。还有许多城市旧居住区改造均取得了显著成绩。如北京市的青年湖、北营房、金鱼池、陶然亭等旧居住区；天津的和平里、南市东兴街居住区；南京的管家桥地段；上海的明园新村；昆明的正义路北段；成都的华风路、新一、二村；济南市的陈家楼住宅区、趵突泉南路等均各有特色。

[城市建设综合开发] 综合开发是在住宅统建的基础上发展起来的新型城市建设方式。这一建设方式的出现，不仅有力地推动了商品住宅的建设，而且为加快城市规划、建设、管理体制的改革和发展创造了条件。

城市建设综合开发从酝酿、脱胎到迅速发展，经历了三个阶段：

第一个阶段是酝酿阶段。早在1963年，中共中央、国务院在第二次城市工作会议纪要中，就提出了在大中城市实行统一建设、统一管理的原则。1978年国务院在加强城市建设工作的意见中，肯定了这一建设方针。这一阶段综合开发实际上是房屋统建的形式，大体上是两种办法，一是把国家、地方、企业投资都交给城市房管部门，实行统一建设；二是把国家、地方投资捏在一起，实行局部统建和组织企业集资统建。

第二个阶段是党的十一届三中全会以后，综合开发连同土地有偿使用，作为一个统一的政策，被明确提了出来。国务院批转的《全国城市规划工作会议纪要》指出：实行综合开发和征收城镇土地使用费的政策，是用经济办法管理城市建设一项重要改革。它有利于按照城市规划配套地进行建设，节约用地，充分发挥投资效果；有利于控制大城市规模，鼓励建设单位到小城镇去；有利于合理解决城市建设和维护资金的来源”。《纪要》还明确规定了综合开发的应用范围和工作内容，实施综合开发的组织即开发公司的建立，收取开发费用以及资金来源等重大原则内容。在这一政策推动下，各地“统建”单位相继开始转为综合开发机构，成立综合开发公司，开发业务也逐步扩大到开发区的勘测、规划、设计、征地、拆迁、安置、土地平整和所需道路、给水、排水、供电、供气、供热、通风等工程建设。有的开发公司还包括承建或发包住宅、生活服务设施、公共建筑、通用厂房等等。建成后成套成批出售给使用单位，并安土地面积和设施水平向使用单位收取配套设施费。

第三阶段是以建筑体制改革为契机而引发的迅速发展阶段。1984年5月，在总结各地综合开发经验的基础上，赵紫阳总理在六届人大二次会议政府工作报告中提出：“要着手组建多种形式的工程承包公司和综合开发公司”。“城市住宅区、新建工矿区及其公共设施工程的建设，由开发公司承包，按照城镇总体规划，统一办理土地征用事宜，进行设计和配套建设。”赵总理的讲话，使全国各地的综合开发机构有了更快的发展。据1986年的不完全统计，全国已有不同所有制形式的各类开发公司2000家左右，而1981年为12家。除地方组建开发公司外，国家的一些部门：单位和银行系统，也成立了若干跨地区联合进行开发的全国性公司。1986年，综合开发的房屋施工面积达6464万平方米，其中住宅5200万平方米。竣工房屋面积3436万平方米，其中住宅2849万平方米，占全国城镇住宅总竣工面积的17.6%。综合开发新征用土地面积4000公顷，改造旧城的土地面积1315公顷；开发工作量达100多亿元，开发从业人员4.22万人。各地综合开发的方式多种多样，归纳起来大致有：第一是开发经营土地，变生地为熟地，有偿转让给用地者，开发公司的大部分收益，由市政府统一安排作为城市建设资金。中国房屋建设开发公司，1986年以这种方式收入7866万元补城市建设资金之不足，占经营收入的4%。1987年上半年，全国综合开发公司转售开发的土地259公顷，占开发土地总量的20.7%，收入1.24亿元。第二是出售或代建房屋获得一定的收益。即由政府行政划拨土地获得开发权，然后在市政府的指导下，由开发公司建设一部分本该由政府出资的公共服务设施、城市基础设施。即开发公司的收益以实物形式返还给政府。如广州城市开发总公司就为市政府铺设了道路。第三是市政府用行政方法，规定向所有建设单位收取城市建设配套费。由开发公司代收，将这笔收入统筹使用于城市建设方面。有的按土地使用面积收，有的按工程项目建设面积收，有的按投资收。1986年广州市的这项收入达6901万元，重庆为1800万元。

城市综合开发的发展，从多方面推动了经济体制改革的发展，适应了加强城市规划、建设、管理和搞活房地产业的需要。有利于建筑业真正成为组织商品生产的现代产业。银行也可以使用流动资金来促进商品房的建设与出售。有利于城市物质基础的有机发展及配套建设，使城市建设真正走上科学的轨道。同时也有利于多渠道筹集城市建设资金，调动国家、企业、事业、集体与个人的积极性，缓解城市建设资金不足的状况。天津市的综合开发收入，已为重大市政建设项目提供了2亿元的资金，为拆迁提供周转房29万平方米，教育用房9万平方米，还有利于城市土地资源的合理配置，保证城市规划的实施，使客观存在着的土地级差收益在一定程度上得到回收、利用。不难看出，综合开发的优势是很明显的。

但是，综合开发还存在着一些问题，主要是经营管理水平普遍较低，开发单位的业务活动范围尤其是财务活动范围不明确，开发的商品房价格不尽合理，开发单位的归口管理、性质、资质审定工作没有相应管起来。

针对上述情况，1987年，国务院在加强城市建设工作的通知中，进一步肯定了综合开发的成绩。对综合开发在城市中的地位和作用，综合开发的工作范围与工作程序，综合开发的归口管理部门以及综合开发收益用于何处等重大问题都作了比较明确的规定。可以肯定，在这一政策的引导下，城市建设综合开发已形成的良好势头将能够稳定、持久地发展下去。

建国以来城镇住宅建设投资、竣工面积　表1

	住宅建设投资(亿元)		住宅基建投资占基建投资总额%	住宅竣工面积(万 m²)
	合　计	其中:基建投资		
合　计	1873.89	1286.4		164444.2
1950~1952年	8.3	8.3	10.6	1462
"一五"时期	53.79	53.79	9.1	9454
"二五"时期	49.56	49.56	4.1	11012
1963~1965年	29.09	29.09	6.9	4271
"三五"时期	39.32	39.32	4	5400
"四五"时期	100.74	100.74	5.7	12573
"五五"时期	294.49	277.29	11.8	26688
其中:1979年	78.33	77.28	14.8	7476.6
1980年	127.36	111.66	20	10210.9
"六五"时期	1007.5	728.34	21	64845.9
其中:1981年	145.1	111.19	25.1	11068.7
1982年	187.65	141.05	25.4	13151.5
1983年	188	125.1	21.1	12949
1984年	195.9	135.8	18.3	12354.3
1985年	290.9	215.2	20	15322.4
"七五":1986年	291.09	189.4	16.1	14841.8
1987年				13896.2

注:1.1979年以前住宅建设投资未按投资结构分别统计;
　2.1987年为统计快报数。

城镇个人建房投资、竣工面积　表2

	个人建房投资(亿元)	个人建房竣工面积(万 m²)	占当年城镇住宅竣工总面积比重%
1950~1978年			
1979年	1.5	250	3.3
1980年	4.0	650	6.4
1981年	7.5	1300	11.7
1982年	8.6	1362	10.4
1983年	10.0	1380.1	10.7
1984年	13.6	1672	13.5
1985年	25.5	2840.2	18.5
1986年	29.4	2774.6	18.7
1987年	35	3000	21.6
合　计	135.1	15228.9	

注:1.1987年为估计数;
　2.1978年以前个人建房数量较小,未予单独统计。

城市房地产

沈建忠　郑秀娟　吴惠琴　郑吉荣

［**城市房地产业发展情况**］　房地产业包括:房地产的开发与再开发建设,房地产的买卖、租赁、转让、抵押和相应的管理、运营、维修、服务以及由此而形成的房地产市场。我国房地产业是随着资本主义的发展在19世纪末、20世纪初才开始形成的。在解放前一直作为行业存在着。解放以后,我国在接管、没收敌伪不动产业,大规模开发建设的基础上,开始了社会主义房地产业的创建。1956年以后,随着私有房产社会主义改造和城市土地宣布国有化,并受产品经济指导思想的影响,实行非商品化的房地产政策,城市土地无期无偿使用,城市房屋采取低租分配及行政调拨办法,并限制私人房产的发展和交易,使房地产这一重要生产要素未能在国民经济中发挥应有的作用。1978年以后,房地产业开始复兴。全国的房地产经营开发企业已达7000多个,职工队伍240万人。根据赵紫阳总理提出的"城市住宅要进一步推行商品化试点,开展房地产经营业务"的精神,许多城市的住房制度改革取得了突破性进展。100多个城市全面或部分开征了土地使用费,深圳、福州、上海等城市已开始试行土地招标、拍卖等土地使用权有偿租让的实践,房地产业出现了前所未有活力和生机。全国城镇已形成的房地产总值不少于15000亿元,成为我国固定资产最为雄厚的产业之一。

［**城市公房管理**］　我国城市公房已达40多亿平方米,占城市全部房产的85%,是城市房产的主要组成部分。我国公房管理的方针是"以租养房、统一管理"。在具体管理形式上采取两种方法,一是公房的一部分,如机关、团体、居民住宅等,由地方政府房地产管理部门设专门机构进行统一经营和管理。对这些房屋实行统一租金标准、统一调剂和分配,统一组织维修,统一建造。这部分直管公房约占公房总数的10%。二是其余的公房,如军事、有固定设备的企业用房等,按照统一的公房管理政策,分别由各部门自行管理,房地产管理部门对其进行业务指导和监督。内容包括房屋保养修缮、租金标准、使用情况、注册登记、鉴证以及业务培训等方面。这一部分由单位自管的公房共35亿多平方米,约占全部公房的90%。这种集中与分散相结合的公房管理体系,是我国公房管理的重要特点。八十年代以来,单位自管公房管理体制开始向社会化转变,即委托专业机构来经营管理房产。天

津市房地局为适应这种趋势，成立了房产信托公司，开展委托经营各单位自管房产业务。1983年接受35家单位委托，代理经营房产15.5万平方米，到1987年已扩大到200多万平方米，经营收入每年达2000多万元。企业单位因此也减轻了负担，可以专心致志地搞好本部门的业务生产工作。

“以租养房”是公房管理的重要方针。解放初，全国按照这一方针确定为公房租金每平方米每月约为0.3元。但1955年以后，受福利思想的影响，房租逐渐降低，全国平均降到每平方米每月0.10元左右。1957年，周恩来总理曾在《关于劳动工资和劳保福利的报告》中提出适当提高职工住房租金标准的意见，即按折旧、维护、管理三项因素计租，房租一般应占职工收入的6～10%，平均8%左右，并且还拟定了具体调整办法和步骤。但这一意见未能真正得到实施。七十年代末，各地在调查、测算的基础上，开始对公房租金进行调整。全国已有九个省、市及其他的40多个市、县按成本租金或商品租金调整了工商企事业用房租金。有的还加收地段差价和特殊用户(腐蚀因素)附加率费。对微利和政策性亏损及公共福利用房，则采取减免缓措施。上海市调整前的工商企事业用房租金月租平均为0.417元/平方米，1986年调整后，当年就增收近1亿元。房屋的失修失养状况开始得到缓解，同时也增加了公房管理的活力。对居住用房租金的调整，各地进行了试点探索。采取的形式包括：实行超面积累进计租；改善居住条件相应提租；换户收取承租补偿费或保证金及预押金；新分配住房按成本计租或收取补偿费、保证金；拆迁户扩大面积按基本造价收费；提高住房租金标准相应补发一定数额的住房券等。这些办法的实施，为我国公房管理逐步纳入有计划商品经济运行轨道，创造了条件。

［**房地产经营·房地产市场**］　长期以来，我国房地产业以低房租、高补贴、福利制为特征，成为“捧着金饭碗讨饭吃”的三吃(吃房租、吃补贴、吃产业)部门。经营失去活力，成为国家经济包袱。七十年代后期，深圳特区等沿海开放城市，率先在房地产方面，引进市场机制，采取经济办法经营，逐步影响到全国，使沉寂多年的房地产市场开始活跃起来，房地产交易额大幅度增长。沈阳市1984年成交额到1385万元，1986年已上升到5081万元。私房交易也出现了全面跃升的趋势。天津市1987年上半年私房交易2300多起，成交额近2千万元，比1986年同期增加了一倍。房地产市场业务范围也不断扩大，目前已建立房地产交易所或交易中心的达167个城市。交易业务由过去单纯的私房买卖登记向多项综合业务发展。交易范围扩大到不同所有制之间、城乡之间和地区之间。重庆市房屋交易中心可以为客户提供旧房买卖和租赁、商品房出售和预售、集资建房、修缮、法律咨询、房屋互换、代办等12类业务。一些城市还出现了固定的房地产业交易市场。武汉市房地产业交易市场，1987年开办的头两个月内，成交额就达1900万元。另外，房屋交换、装饰、劳务、信托、抵押等业务也开始步入房地产市场。

国家对开放房地产市场，搞活房地产经营十分重视。赵紫阳总理多次提到：一个房屋商品化，一个房地产经营，都是大政策”。在党的十三大报告中又明确提出：“社会主义市场体系，不仅包括消费品和生产资料等商品市场，而且应当包括资金、劳务、技术、信息和房地产生产要素市场”。从而正在逐步确立它在国家整个市场体系中的地位。房地产市场的逐步形成和兴旺态势，对房地产业的改革和发展产生了积极作用：

一是促进了房地产管理体制的逐步理顺，房地产管理部门的政府职能作用得到了加强。跳出了过去直管公房的小天地。房地产管理工作纳入了面向行业、面向市场、面向社会的轨道。许多城市贯彻房地统一的原则，应用物价、税收、信贷等经济杠杆，加强对房地产市场的调控。如牡丹江市从抓全市房地产产权产籍登记发证入手，与工商部门批准核发营业执照、银行立户，物价部门的价格监督检查、税务部门对各种收费票据的管理结合起来，形成了比较完整的房地产市场管理体制。南京、重庆、上海等城市，对房地产交易价格采取“两个放开，一个控制”的措施。即私人对私人、单位对单位的交易价格适当放开；单位购私人房产价格适当控制。许多城市针对当前“地价隐于房价”的实际情况，采取征收累进超价费、环境率费或配套补偿费等方法，把级差地租产生的收益合法的收归地方政府，抑制了市场交易中高租高价及不合理的资金流向。如沈阳市依据房屋坐落地点，按成交价征收最高至200%的环境率费，使房屋交易价从收费前的293元/平方米下降到207元。各地还制定了大量有关房地产市场的法规，把市场管理工作纳入法制管理轨道。

二是出现了房地产经营蓬勃发展的好势态。主要有：1.开辟第三产业用房，搞活房地产经营。很多城市将沿街居民住房改造成工商用房，提供给企业或个体户或与之联合开办工商服务业，从提高营业用房的租金收入或营业收入获得房地产经营收入。营口市采用形式多样的经营服务手段，使房管局在很短时间内发生了巨大变化，从每年国家补贴150万元变为向市政府上交100多万元，不仅国家增加了税收，解决了第三产业用房，为社会增加就业机会，房地产管理部门的经济实力也大大增强。

而且有了经营收入，可以拿来用在直管公房的房屋改造和修缮，国有房产得到了更好的利用和保护。2.利用房地本身优势拓展房地产经营业务。使房地产部门从单一的收租、养房、维修、管理逐步向社会化经营、开发、服务发展。如利用维修条件开展扩产经营，就是为急需用房的企业单位，扩建生产经营用房，集资改造居住危房；利用房地产部门的技术、人才优势，对社会开放，实行有偿服务；利用多余劳力和空闲房地，搞多种经营。天津市房屋公司开展多种经营，已建网点71个，安排职工和家属1893人，年经营额4000万元，盈利300万元，其中40%补充了房屋修缮资金的不足。3.开展"外引内联"，筹集国内外资金搞房地产经营。深圳特区房地产公司1980年成立后的五年多时间里，共引进直接用于房地产的投资达1.56亿美元，占特区全部引进外资的25.2%；提供商品房屋60万平方米，上交国家税利1.7亿人民币和1.5亿港币。该公司现已发展成为既搞房地产开发经营，又从事建筑、安装、设计、装修、商业贸易、宾馆旅游、综合服务、产品制造的多元化企业集团。国内的银行系统，利用资金和信息的优势，也积极参与房地产经营业务。1986年，中国建设银行提供的商品房贷款达36亿元，发行住宅债券6.1亿元，代收购房定金79.3亿元。中国工商银行在100多个城市开办了与房地产有关的存贷款业务。随着"外引、内联"的发展，出现了银行与房地产经营部门联合、内地与沿海联合等许多横向联系的房地产经济实体，冲破了原来部门、地区条块分割的封闭格局。4.利用房管条件，开展居住区综合服务。许多城市在搞活房地产经营，取得经济效益的同时，注意提高社会效益。广州东华实业公司对本公司开发建设的住宅小区住户提供多层次的综合服务，以提高对居民的吸引力和对其他经营房地产企业的竞争能力。他们从社会上招聘待业青年，组成综合性服务队伍，向住户提供从清扫楼梯、道路、花园、为住户家庭清倒垃圾、治安、代收房租、水、电费等一系列经常性服务。还可提供预约上海清理室内卫生、收洗衣服被褥、委托代管房屋和设备，上门修理电器，代保管车辆、代雇保姆、出租车，代购粮、煤，代接送小孩入托、上学等特殊服务。方便了居民，使家务劳动走向社会化。沿海和内地许多城市正计划效仿。

[**房屋维修·修缮技术标准**]　我国房屋维修的方针是：确保安全，正常使用，在可能条件下进行改善。1979年以来，针对房租低，不够维修支出的情况，国家每年从城市维护费中拨出专款，补贴城市的直管公房维修，平均每年3亿多元，相当于房管部门房租收入的65%。目前我国已形成了以房管员为核心，修缮和养护相结合的基层维修服务网络。

1984年10月，城乡建设环境保护部颁发了《房屋修缮技术管理规定》、《房屋完损等级评定标准》、《房屋修缮范围和标准》、《房屋修缮工程施工管理规定》、《房屋修缮工程质量检验评定标准》等五个房修标准，并批准自1985年起试行，从而结束了我国长期以来房屋修缮无章可循，历来参照新建工程技术标准的传统做法。

《房屋修缮技术管理规定》对屋房修缮的查勘鉴定、房屋维护、修缮设计、工程监督、工程验收、技术档案和技术责任制等七个方面做了具体规定。

《房屋完损等级评定标准》规定了各类房屋依据结构、装修、设备等组成部分的完好与损坏程度的划分标准，分为：完好房、基本完好房、一般损坏房、严重损坏房和危险房五类。并且对评定方法，计算公式等作了详细规定。

《房屋修缮范围和标准》把房屋修缮工程分为翻修、大修、中修、小修和综合维修五类。并分别对各类修缮工程的定义、修缮范围、标准、质量以及费用分摊等均作了统一规定。

《房屋修缮工程施工管理规定》对修缮施工单位承接任务与施工计划、施工组织与准备、施工调度与现场管理、技术交底和材料、构件检试、质量管理和安全生产、基层管理、竣工交验和技术责任制等八个方面作了具体规定。

《房屋修缮工程质量检验评定标准》对土建、电气和暖卫三部分的修缮工程的施工质量检验与评定方法、范围、责任制、质量事故处理等作了较具体的规定。

1986年4月，建设部为进一步确保房屋的住用安全，搞好危险房屋的抢险解危工作，制定颁发了《危险房政鉴定标准》。《标准》规定了"危险构件"和"危险房屋"的定义、分类、鉴定计量单位、方法和危险房屋的判定。并明确：经鉴定已经确认是危险房屋的，应按房屋的危险程度，影响范围和具体情况，分别轻、重、缓、急，及时采取抢险解危措施。此外，建设部还专门发出通知，要求各地加强汛期房屋安全检查和抢修工作，严防房屋倒塌，保证抢险危房的资金、材料。督促、检查各自管单位和私人房屋的修缮、解危工作，建立安全生产责任制。

由于国家采取了一些特殊政策和措施，严格了各项技术标准和规章制度，房屋修缮工作得到了一定的加强，对发挥维修资金效益，延长房屋使用年限，提高修缮企业的经营管理水平和竞争意识，起到了积极作用。塌房伤人事故下降，房屋完好率上升，危房逐年减少。1986年全国城市危险住房占全部住房的比重为2.23%，比1978年的6.7%下降

4.47%，危房率降低了三分之二。

［**城市房屋互换**］　城市房屋互换工作是房地产管理部门的一项重要管理服务内容。房屋互换对解决职工上班路远、减轻交通流量，方便居民家庭的聚合与分散、促进邻里关系的调整以及促进人才流动等方面，都有重要意义，是深受居民欢迎的一项工作。早在五十年代中期，北京、上海、武汉等城市的房管部门便已开展了这一工作，建立了换房站、房屋互换所等组织机构，举办了换房赶集会等活动，为换房居民义务提供各种服务。摸索出一套对换、多角串换的换房经验。

七十年代后期，城市经济进一步发展，住房难、交通难的矛盾日益突出，换房工作的重要性也更突出了。因此这项工作越来越为各级政府和群众所重视。天津、北京、上海等许多城市人民政府，把换房工作列人政府为居民办好事、办实事的重要内容。天津市市长李瑞环等直接抓换房工作。工会、妇联、街道等组织也积极配合协助，换房工作在全国大、中城市普遍开展起来。1984年9月，19个大中城市在哈尔滨协商成立了全国大中城市换房工作指导中心，以协调城市间的换房工作政策，交流换房信息和经验。“中心”挂靠建设部房地产业管理局。地点设在北京，中心委员会主任由李信担任，副主任是李智、郑吉荣。几年来，“中心”的成员单位已扩大到39个大、中城市，组织了多种形式的换房活动，涌现出一大批热心换房事业的积极分子。天津市市场李瑞环被“中心”全票推选为全国名誉换房状元，以表彰他在支持搞好天津市的换房工作中的特殊贡献。优秀共产党员李国英、岳蕴芬、林剑青等一批同志被评选为全国换房状元，以彰他们一心为住户、不怕麻烦、不畏困难，在换房工作中的突出贡献。据对31个大中城市的不完全统计，在1984年～1986年的三年中，共为50.5万户居民调换了住房，使100多万人解决了上班路远、家人团聚、邻里纠纷等住房困难。天津等一些大城市通过互换住房为群众解决居住困难的几达城区总户数的四分之一。它在一定程度上缓和了住房矛盾，为国家节省了大量资金。

进入八十年代，换房工作有了新的突破。一是突破了产权界线，扩大了换房范围。无锡市13个自管房较多的局属单位中，向外开放换房的已占95%以上。南京铁路分局共有1260户职工与路外系统的职工互换了住房。天津、上海、福州、成都、丹东等城市改变了过去由专业部门包办换房的局面，变为多家、等层次的换房，换房的成功率大幅度提高。二是突破了单一的换房形式，把换房纳入房地产市场的范畴，用经济办法促进换房业务。三是采用现代化手段，上海、北京、天津等几十个城市采用电脑换房，为居民提供换房信息和咨询服务，换房效率成倍提高。

［**第一次全国城镇房屋普查**］　第一次全国城镇房屋普查由城乡建设环境保护部和国家统计局联合组织进行。从1984年7月开始，历时两年整。全国28个省、市、自治区(西藏暂缓)对323个城市、5270个县城、建制镇和工矿区的房屋和1.5亿人口的住房情况进行了调查登记。同时，上述范围内的部队、武警、军工企业等也进行了普查。这次普查的项目包括：房屋的建筑面积、住宅套数、房屋结构、建成年份、房屋层数、房屋用途、使用情况、土地面积、房屋质量、直管房屋现实价值等10个方面，其中前七项为必须普查的项目，后三项为观察(参考)项目。这次普查分四个阶段进行。

第一阶段为普查工作准备阶段。各级政府用一年时间进行部署，建立普查机构；筹措经费和物资；培训普查人员(这次普查共动员了73万多人，其中经过培训的普查人员就有62万多)；组织普查试点和宣传活动等。

第二阶段为全民普查阶段，耗时半年。28个省、自治区、直辖市全面展开普查，这一阶段主要抓了普查工作的进度和质量二个关键环节，提出了“高质量、高标准、高水平”的严格要求，组织开展了各种形式的质量检查活动。

第三阶段是数据复核校正阶段。各地用一个月时间，按照普查标准时间——1985年12月31日，校正复核各类普查数据。

第四阶段为各地汇总上报普查成果阶段。各地对普查资料进行了手工汇总统计和严密的逐级验收。并请专家、学者对普查成果进行了科学论证，建设部组织对各地上报的普查数据进行了予审和最终审查。经过有关部门组织论证，基本评价是：这次房屋普查工作组织严密，方法科学、措施得力，数据比较全面、真实，具有十分宝贵的实用和研究价值。

这次普查共获得各种基础数据15.5亿个，市辖区、县以上汇总数据840多万个。查清了我国城镇46亿多平方米的基本状况和居面的居住水平。普查成果主要是：

1.房屋状况

28个省、自治区、直辖市普查范围内共有房屋建筑面积46.76亿平方米。其中323个设市城市(不包括市属县)有房屋28.33亿平方米。占60.6%；县城房屋18.43亿平方米，占39.4%。

(1)按产权划分。单位自管公房35.16亿平方米，占75.2%；房管部门直管公房4.22亿平方米，占9%；私人房屋7.38亿平方米，占15.8%(其中县镇私人房屋的比重为24%)。

(2)按结构划分。钢、钢筋混凝土结构2.89亿平方米，占6.2%；混合结构21.1亿平方米，占45.1%；砖木结构17.69亿平方米，占37.8%；其它结构5.08亿平方米，占10.9%。

(3)按房屋层数划分。楼房23.28亿平方米，占49.8%；平房23.48亿平方米，占50.2%。

(4)按建成年代划分。建国前建成的房屋4.41亿平方米，占9.4%；五十年代建成的4.24亿平方米，占9.1%；六十年代建成的6.02亿平方米，占12.9%；七十年代建成的15.08亿平方米，占32.2%；八十年代建成的17.01亿平方米，占36.4%。

(5)按房屋用途划分。住宅22.91亿平方米，占总建筑面积的49%；工业交通、仓库用房13.53亿平方米，占28.9%；商业服务用房3.83亿平方米，占8.3%；教育医疗科研用房3.38亿平方米，占7.2%；文化体育用房0.5亿平方米，占1.1%；办公用房1.96亿平方米，占4.2%；其它用房0.6亿平方米，占1.3%。

2.居住状况

(1)居住水平。普查范围内的住户共有3977万户、15034万人，住宅使用面积15.09亿平方米，户均37.94平方米，人均10.04平方米；居住面积9.56亿平方米，户均24.04平方米，人均6.36平方米，其中城市为6.1平方米，县镇为6.84平方米。

(2)缺房情况。缺房户占调查总户数的26.5%，为1054万户。其中无房户占3.2%；不便户占10.5%；拥挤户占12.8%。

(3)设备状况。城镇住宅中，设备齐全的成套住宅有966万套，5.52亿平方米，占住宅总面积的24.1%。住宅中有独用厨房的占62.6%，合用厨房的占6.5%，没有正式厨房的占30.9%；有独用厕所的占24.2%，合用厕所的占9.9%，无厕所的占65.9%；独用自来水的占57.4%，共用自来水的占15.9%；无自来水的占26.7%；有电灯的占96.7%；无电灯的占3.3%。

以上数据均不包括部队、军工、保密单位的用房。

这次普查是在国家规定的统一时间内，按照统一的项目和填写方法进行的。普查成果为国家制订国民经济和社会发展计划、为城镇规划、房屋管理、住宅建设以及住房制度改革提供了准确可靠的依据，普查数据填补了我国统计资料库的空白。反映这次房屋普查成果的大型资料集《第一次全国城镇房屋普查手工汇总资料汇编》也已编印出版。

[城市私房管理] 城市私房是我国城镇房屋的重要组成部分。为了推行住宅商品化和房地产业的开放、搞活，国家采取鼓励私人建房、买房的方针。在政策上给予一定的优惠，同时重视和加强对城市私方的管理。城市私房正在发挥越来越大的作用。

1.制定和健全城市私房管理法规。国务院于1983年制定颁发了《城市私有房屋管理条例》，1984年建设部制定了《关于外国人私有房屋管理的若干规定》。各地在此基础上，结合实际情况，制定了实施细则和具体办法。这些法规共同的特点是对私有房产的合法权利和义务作了明确规定。明确了各级房地产管理部门管理私房的职责范围，使私房管理工作逐步纳入法制管理的轨道。

2.组织专门力量进行私房的清查、登记和发证工作。各地本着认真负责的态度，严肃做好私房的确权工作，为私人房产提供法律保障。天津市从1983年开始对城镇私房进行清查换证工作，到1986年底已基本完成。

3.引导和推动私房交易工作。一些城市成立了私房交易所，制定了新的价格标准和私房交易管理办法。据22个省的不完全统计，目前已建立私房交易机构的有167个城市。私房交易管理体现了宏观控制、微观放开的原则，使这几年的私房交易市场日趋活跃，成交额成倍增加。

4.加强对私房租赁的管理工作。一些城市相继制定了私房租赁的管理办法，并对私房租金标准作了适当调整，规定了租赁私房的原则，既调动了私房主出租房屋的积极性，也维护了各方的经济利益、牡丹江这几年私房出租平均以25%的速度递增，私房出租户已占私房户总数的10%。

5.开展了对私房纠纷的仲裁工作。一些城市先后成立了房产仲裁机构，以及时处理分割遗产，确认产权、租赁、交易、转让等方面的私房纠纷案件。

6.督促推动私房修缮工作。许多城市积极动员、督促私房修房。并从资金、材料、工力安排等方面给予解决和照顾，保障私房住用安全。

1986年12月，建设部在株洲市首次召开了“全国城市私房管理工作经验交流会”。总结了我国三十多年来在私房管理的经验和教训，提出了进一步加强私房管理的若干意见。

[落实城镇私房政策] 落实城镇私房政策工作，是根据宪法保护私人房屋所有权的精神，按照中央、国务院有关政策规定，把在“文革”期间和“文革”以前，由于受“左”的思想影响而非法挤占没收和错误改造接管的私人房产清退给房产主。

这项工作主要包括三个方面：一是落实“文革”期间挤占没收的私房政策；二是妥善处理私房社会主义改造遗留问题；三是清查和处理解放初期的代管房产。据统计，全国城镇落实私房政策应退还产权的房屋总数为6982万平方米，其中应腾退原自住房的1728万平方米。

党中央、国务院对落实私房政策工作十分重视，先后发了一系列有关文件，明确提出要抓紧落实。总的要求是：区别不同房产，采取不同对策，分期分批，统筹兼顾、重点解决。首先要集中力量落实“文革”期间挤占没收的私房政策，第二步是处理私改遗留问题，而对于代管房产的处理，则是具体问题具体解决。其中对于华侨、港澳台胞和国民党军政人员的房产均列为优先落实对象。

1.落实“文革”期间挤占没收的私房政策。

据统计，“文革”期间，全国城镇被挤占没收的私人自住房和出租房有3242万平方米，其中自住房为1095万平方米。其处理原则是：首先确认原房主的所有权。凡属原房主自住房，应发还产权并腾退原房；凡属原房主出租的房屋，发还产权，转移租赁关系。腾退房屋采取了谁占谁退的办法。截止1987年3月，全国已落实房屋产权占应落实总数的95%，其中已腾退自住房占应腾退总数的87%。“文革”期间挤占没收的私房中，华侨和港澳台胞的房产为337万平方米，其中自住房为111万平方米，已落实产权的占90%；已腾退自住房的占96%。

2.处理私房社会主义改造遗留问题。我国城市的私有房屋社会主义改造工作，作为社会主义改造的组成部分是完全必要的，正确的。但其中有一部分由于各种原因，遗留下一些问题需要解决。全国纳入改造的私房共11800万平方米，其中20%左右有遗留问题需要解决。处理的原则主要是：凡是不符合私改政策规定而错改了的房屋，应按政策实事求是地给予纠正；纳入改造的私房定租不足五年的，予以补发；私房改造时，房主原住本地应留而未留自住房的，按当时人口和参照当地住房的一般水平，补留自住房。几年来，各地根据上述原则，积极主动采取各种措施和办法，解决问题。据统计，全国错改房屋有二千多万平方米，截止1987年三月底，已清退房屋产权占错改总数的44%，应腾退或补留自住房的有三千多万平方米，已腾退房屋占应腾退总数的24%。

3.清查和处理代管房产。解放初期，全国城镇共代管各类私人房产一千多万平方米，其中私人自住房为二百多万平方米。根据中央精神，这一部分的房产重点是清理，处理范围是国民党军政人员出走弃留的代管房产和华侨、港澳台胞以及外籍华人的代管房产。据统计，到1987年3月，已退还产权100多万平方米，其中腾退住房40多万平方米。

由于各地城建、房管部门以及侨务、统战等有关部门的共同努力，在落实私房政策工作方面取得了较大成绩，在国内外均产生了很好的影响。

［城市地产管理和开发］ 解放后，我国对城市土地，分阶段采取接管或没收敌伪地产、赎买私营企业地产，征用农业用地、宣布国有等措施，逐步实现了城市土地国有化。城市土地制度也随着城市土地所有制的变革，发生了根本性的改变。解放初，城市土地允许买卖、出租、入股、典当、赠与或交换。后来规定私人土地只能自用，不准买卖、出租。1954年起，规定使用国有土地的国营企、事业单位均不再交付地租。1982年12月4月，经全国人大五届五次会议通过的《宪法》，规定：“城市的土地属于国家所有”。根据这一规定，各城市建设部门陆续对集体和个人所有的土地进行了清理、登记和接管。据1986年348个城市统计，城市建成区土地使用面积为10127平方公里，其中工业、交通、仓库用地3708平方公里，生活居住用地3783平方公里，其他城建用地1710平方公里。

十一届三中全会以来，为适应改革、开放、搞活的新形势，各地城建部门重识和加强了对城市土地的管理工作。1984年5月，建设部发出通知：要求城市房地管理部门应当担负起城市土地地政管理的职责。负责进行土地清查、登记、发放权属证书，建立地籍档案；收取土地使用费，办理建设用地、征用、拆迁、安置、补偿等，并对买卖、出租土地等违法行为进行监督处理。依据这一精神和国家《土地管理法》的有关规定，各地从城市规划入手，强化政府管理职能，地产管理工作取得了一定的成效，提高了土地使用效益。

1.清查、登记，逐步建立健全地籍档案。许多城市房地产管理部门在当地政府的领导下，配合房屋普查和房屋产权的发放，组织专门力量，对城市土地进行清查、丈量测绘，建立地籍资料档案，发放国有土地使用证书。

2.对涉外企业用地进行管理。不少城市根据国务院《关于中外合资经营企业法实施条例》等有关规定，制定了相应的具体办法，对涉外用地进行了大量的调查、论证、测算工作，取得了第一手资料，为合理利用土地资源，创造良好的投资环境，确定合理的土地收费标准，提供了可靠依据。

3.对城市土地实行经济管理。一些城市积极开展有偿使用城市土地的探索和实践，把商品经济运行机制引进城市土地管理体制中来。目前全国已有100多个城市全面或部分征收了土地使用费。抚顺市1984年开始进行征收土地使用费的试点，当年收入1300万元，1985年收入1500万元，调整了13个企业的用地，收回征而未用土地65万平方米，用地单位主动退出土地10.5万平方米，初步扭转了多占地、乱占地、滥用土地的局面。1987年7月国务院常务会议在听取建设部工作汇报时，赵紫阳总理肯定了城市土地实行有偿使用改革的方向，指示："土地有偿使用是个很重要的问题，这条路必须走。搞房地产业，不走这条路城市建设这套关系就不能理顺"。得到了各地积极反应。沿海一些城市以土地有限期使用作为资金参与合资经营及合作开发。广州市已部分地实行土地开发招标投标。深圳市1987年通过定向议标、公开招标及公开拍卖等方式，有偿批租了三块土地，每平方米土地价格分别为200元、368元和611元，共收回资金达5千多万元。实行土地批租，形成了对旧体制、旧观念的巨大冲击，它启动了房地产的改革与振兴，并且将对金融业、建设业等的发展带来积极影响。引起了国内外的密切关注。香港报纸评论为"开创了内地房地产业的新纪元"。土地有偿使用实践所产生的重要作用主要是：(1)使城市土地的管理体制从单一行政管理，过渡到的经济手段为主、辅之以法律、行政手段的综合管理；即以合同形式确定了土地所有权和使用权人的权利和义务以及经济关系，有利于吸引外资。(2)有利于政府收回由城市建设投资形成的级差土地收益，实现城市建设资金的良性循环。(3)有利于调整产业结构，实现生产要素的合理重组。(4)有利于房地产市场的健康发展。(5)有利于用地管理从人治走向法制。(6)有利于企业之间在平等条件下进行竞争。

全国城镇房屋基本情况

项　目	数量(万 m^2)	项　目	数量(万 m^2)
全国总计	467662.4	四、按建成年份分：	
一、按产权分：		一九四九年以前	44133.3
房管部门直管房产	42178.4	五十年代	42444.2
全民单位直管房产	308337.8	六十年代	60214.1
集体单位自管房产	42060.3	七十年代	150796.4
私有房产	73869.6	八十年代	170074.1
中外合资房产	307.3	五、按用途分：	
外国房产	40.8	住宅	229117.5
二、按结构分：		工交仓库用房	135324.6
钢结构	1699.5	商业服务用房	38782.0
钢、钢筋砼结构	3583.1	教育医疗科研用房	33818.4
钢筋砼结构	23627.5	文化体育娱乐用房	5017.7
混合结构	211056.1	办公用房	19559.3
砖木结构	176906.8	其它用房	6042.7
其它结构	50789.3	住宅其中：	
三、按层数分：		成套住宅	55205.7
平　房	234857.2	平均每套住宅	57.14 m^2/套
二～三层楼房	132952.7	集体宿舍	17149.0
四～六层楼房	92429.5		
七～十层楼房	6374.4		
十一层以上楼房	1048.5		

注：此表数据根据全国城镇房屋普查资料，不包括西藏、部队、军工、保密单位用房。

5

市政公用事业

城市煤气事业发展概况

刘贺明

城市煤气是城市的重要基础设施，是城市能源供应的重要组成部分。实现城市煤气化是实现城市现代化的重要组成部分，也是合理利用能源、提高能源利用率、节约能耗、减少环境污染、方便人民生活、提高工业产品质量的重要措施。新中国建国后，城市煤气迅速发展，目前已形成了一个独立的能源工业体系。城市煤气气源也由建国初期的单一气源发展到多种气源。制气、输配和应用技术不断提高，煤气的生产和供应也具有了一定的规模，经营管理方面积累了宝贵的经验，形成了一支具有一定水平的教学、科研、设计、施工和管理专业队伍。在国民经济和社会发展中发挥了重要作用，取得了明显的社会综合效益。

一、城市煤气事业发展历程与成就

城市煤气在中国是一个发展比较早的行业。1862年英商在上海苏州河的泥城桥畔建设了一个水平炉煤气厂，1865年开始供应煤气，用作市政照明。这是中国国土上的第一个煤气厂。旧中国从1865年至1943年先后由英商和日商投资建立的煤气企业有上海、大连、鞍山、抚顺、沈阳、丹东、长春、锦州、哈尔滨九个煤气厂，供气规模均很小，主要是为官僚资本家等少数人服务。到1949年全国城市煤气全年供气仅有0.39亿立方米，用气人口26.8万人，城市人口气化率仅0.67%，煤气管道总长度只有967公里。

1949年建国以后，人民接管了旧中国遗留下来的煤气厂，迅速恢复正常生产，扩大供气能力，1953年供气量达1.19亿立方米，用气人口59.6万人。

1958年后，在冶金工业的带动下，一些城市兴建大中小型焦化厂，并向城市供应一部分焦炉煤气。在1959年后的几年中自贡、泸州、成都、重庆、安达、鞍山、盘山、天津等市都先后供应了一部分天然气。到1963年城市煤气供气能力达5.47亿立方米，用气人口达179万人。使用焦炉煤气和天然气是我国发展城市煤气的第一阶段。

1965年以后，随着石油工业的发展，天然气、石油产量大幅度增加，城市煤气出现了第二个发展高潮。北京、上海、沈阳、大连、长春等市建设了油制气厂向城市供应煤气。从此我国城市煤气走上了多种气源的道路。到1978年已有64个城市有煤气设施，年供人工煤气17亿立方米，天然气12亿立方米，液化石油气18.6万吨，用气居民约1162万人。

党的十一届三中全会以来，党中央、国务院的领导同志非常关心城市煤气事业的发展。1980年国家增设了节能专项资金，积极支持各地回收利用工矿企业的可燃气体发展城市煤气。同时增加了城市煤气基本建设投资，建设了一些新的气源厂。

1983年3月国务院成立了全国煤的转化和利用专项规划小组，加强了对城市煤气化的领导。

1984年12月，城乡建设环境保护部在北京召开了《全国城市煤气工作会议》。

1985年国务院办公厅以“国办发[1985]50号”文，向各地转发了城乡建设环境保护部“关于加快发展城市煤气事业的报告”，指出：“城市煤气是城市建设的重要设施之一。发展城市煤气，既可方便群众生活，促进生产，又能减少污染，节约能源，是今后解决城市能源的一个主要途径。要把城市煤气建设提到城市建设的议事日程上来，作为一个方针性的重大技术政策问题对待。发展城市煤气，要贯彻多种气源，因地制宜地合理利用能源的方针，各地区和有关部门，要共同努力，加快发展城市煤气事业”。这个期间，全国城市煤气事业在国家节能资金的引导下，在冶金、煤炭、石油、化工等部门的大力支持下，到1986年，共批准节能项目76项，总投资为15亿元，日供气规模804.2万立方米，可发展居民煤气用户279.6万户。到1986年底已有36个项目的主体工程全部按原批准的规模建成，246.4万人用上了煤气。每年节约的标准煤达72.5万吨。

在这期间，国家还批准了19项新建煤气工程，日供气规模799.4万立方米，总投资27亿元。可发展296万户居民及部分工业用气。到1986年已有北京751重油制气厂、太原焦化制气厂、昆明煤气厂、郑州天然气工程等投产送气。上海浦东煤气厂为全国建设的最大煤气厂，日供气能力200万立方米，其中一期工程规模日供气100万立方米，于1986年12月投产送气。这些煤气厂的建成，成为城市煤气行业的一批骨干厂。到1986年底，已有146个城市设有煤气设施，年供人工煤气24.75亿立方米，为解放初的63倍；天然气14.96亿立方米；液化石油气53.76万吨；总用气居民707.2万户，为建国初的105倍；共有管道长度一万余公里，为建国初的10倍。

二、城市煤气的效益

发展城市煤气取得了良好的社会效益、经济效益和环境效益。据测算居民用煤气后，每户每年可节约标准煤138公斤，全国有707.2万户居民用煤气，每年可为国家节约煤炭合标准煤97.6万吨。本溪市利用本钢的余气后，每年仅垃圾运输费就节省了203万元，每年的煤补贴费也节减50万元。马鞍山市气化率由1979年的36%提高到1986年的71%，据马鞍山环保局测定，以1979年与1986年相比较，大气中的二氧化硫平均沉度由每立方米0.066毫克降到0.01毫克，下降了76%；降尘量由每日每平方公里40.06吨下降到35.38吨，年减城市垃圾3.75万吨，而且垃圾中含炉灰量由原来的70%下降到15～20%。

城市煤气用于工业生产，效益也十分显著。上海市城市煤气供应中，工业与民用的比例为46.7%与54.3%，每日供工业用气141.9万立方米，成为上海市工业不可缺少的能源。济宁市某合成洗涤剂厂由烧油改为用城市煤气后，洗衣粉白度由82提高到85，并且每班可多生产9吨洗衣粉，日增经济效益4800元。一些棉纺、毛纺、电子、玻璃行业用城市煤气后，产品的质量提高、数量增加，取得了良好的效益。

三、城市煤气技术进步

我国的煤制气技术，已实现了从单一的平馏煤气向多种煤制气技术发展的过渡。1985年沈阳加压气化厂建成，利用褐煤进行气化，日供气规模54万立方米。这是我国自己设计、建造的第一座加压气化厂，为我国建设加压气化厂在设计、施工、运行等方面积累了经验。1984年国家计委批准了哈尔滨伊兰煤气工程设计任务书。该工程日供气规模160万立方米，总投资38578万元，引进民主德国鲁奇炉制气工艺，这是我国正在准备建设的最大坑口煤气厂。阜新市煤气工程1985年开工建设，从波兰引进3台直径为3.3米的水煤气型两段炉，日供气规模24万立方米，这种炉型采用长烟煤进行造气，具有工艺流程短、占地面积小、灵活性大等特点，适用于中小城市使用。1985年，吉林计经委批准了吉林市煤气工程计划任务书。该工程供气规模为日产28万立方米，从日本引进喷流型流动床煤气发生装置(简称“JSW装置”)，该装置可采用褐煤、次烟煤、无烟煤、粉煤进行气化，有热效率高，适应煤种广等特点。这些煤制技术的引进，为我国利用褐煤、长烟煤、无烟煤等煤资源制取城市煤气提供了更多的手段，提高了中国煤制气技术水平。

目前全国城市煤气1万公里输配管网，大多数采用中、低压两级系统。对中、低压两段系统，在设计、施工、运行管理上都已积累了许多经验。城市煤气的输配正在向多级系统发展。

在管道材料方面，主要采用钢管和铸铁管。由于近几年研制成功n型胶圈抗震柔性接口，铸铁管受到欢迎。铸铁管不仅用于低压系统，也用于中压系统。目前正在试制煤气用聚乙烯管材和管件。

在储气方面，低压湿式贮罐的设计、施工的技术均已成熟，基本系列化，并朝着大型化方向发展。上海市建成了全国最大的低压贮气罐，储气能力20万立方米。高压球罐用于贮存液化石油气和天然气也得到了广泛应用。1984年9月，由北京钢铁设计研究总院设计，上海中华造船厂组装建造的第一座干式煤气罐在大连市建成投产，贮存能力为2万立方米。这标志着我国城市煤气贮存技术的新发展。

随着城市煤气的发展，城乡人民生活水平的提高，煤气灶具向高档次、多功能方向发展。近几年来生产的煤气灶，改变了过去只有铸铁灶的情况，使用材料有不锈钢板、铝合金板，造型美观，工艺复杂。有些灶具增加了自动点火、熄火保护装置，与家用烤箱组合等，扩大了灶具的使用功能和安全性。燃具品种不断增多，燃气快速热水器、燃气红外线采暖器，采暖烹调两用炉等也已进入居民家庭，扩大了煤气的应用范围，方便了群众生活。煤气用具还在宾馆、食堂及工业生产中得到了广泛应用。重庆建筑工程学院研制的平面燃烧器用于搪瓷厂，得到了很好的节能效果。燃气用具正向多样化、系列化、标准化、高效率的方向发展。

四、煤气行业的改革

［**理顺能源供应政策**］　党的十一届三中全会以来，煤气行业积极进行改革。首先是理顺能源供应政策，明确优质燃料要优先供应城市民用。李鹏同志在1984年全国城市煤气工作会议上指出“煤气是今后城市生活能源的一种主要形式。要成为我们的一个战略方针”。天然气用于城市民用，首先在四川省有了突破性发展。1986年，四川省政府做出决定，城市可以使用天然气。成都、重庆、泸州、自贡、涪陵等市把天然气用于民用。北京、天津、郑州、沈阳等市也搞了天然气工程。到1986年底，全国天然气居民用户达到129.7万户，比1978年4.4万户增长了29倍。居民液化石油气用量稳步增长，平均每年增加4万多吨。人工煤气平均每年增加1亿立方米。1986年全国城市煤气总用户达到730万户为1978年265万户的2.7倍。

［**制定发展城市煤气的经济政策**］　制定煤气发展的经济政策，增强煤气企业自我发展的活力。过去很长一个时期，把煤气行业当成福利事业来办，价格背离价值，售价低于成本，煤气行业长期亏损，依靠政府的财政补贴过日子，煤气企业完全丧失了自我发展的能力。1984年，全国城市煤气工作会议提出了城市煤气是城市的重要基础设施，煤气企业是服务性的生产企业，属于第三产业。同时明期了煤气行业的性质，城市煤气是商品，应当按质论价，优质优价；民用煤气价格应略高于烧煤价格，公共福利用气价格高于民用煤气价格，工业用气价格高于公共福利用气价格，高价购入的气源，实行高来高走等煤气价格改革的原则。据此，一些城市对煤气价格进行了调整。如：上海市民用管道煤气每立方米由0.07元提为0.10元，工业、商业用管道煤气每立方米由0.187元提为0.275元；民用液化石油气每千克由0.20元提为0.30元；机关团体用液化石油气每千克由0.45元提为0.66元；工业用液化石油气每千克由0.51元提为0.75元。北京、沈阳、西安、丹东等城市也调整了煤气价格，煤气行业的亏损状况有所改善。

［**工程建设采取多种承包方式**］　煤气工程建设采取多种方式承包，加快了工程进度，保证了工程质量，还节约了工程投资。上海市浦东煤气厂工程筹建处自1984年与公用事业管理局、市煤气公司签订了一期工程投资包干的经济责任制协议，调动了广大职工抓质量、促进度、重节约的积极性，到1986年节约工程投资371万元。常州市煤气工程，5.4万立方米贮罐采用单项招标承包方法，1984年1月开工，6月份建成。合肥市煤气工程5.4万立方米贮罐采用招标、议标的办法，经过调查摸底选择施工单位，采取核算包干，一次包死的办法，仅投资147万元，这是“六五”期间同类型贮罐中投资最少的工程。

［**企业内部管理体制改革**］　煤气企业内部也进行了一系列改革。首先是领导体制改革，实行了经理负责制，改变了过去党委包揽一切的传统领导方式，确立了经理是企业法人代表的地位，明确了企业经理的权力和职责，并且实行经理任期目标责任制。上海市煤气公司为深化企业改革，逐步完善经理负责制，1986年实施了经理任期目标责任制，公司经理还与基层厂(所)长签订了厂(所)长任期目标责任制。公司党委及厂(所)党组织也把工作重心放到积极支持经理、厂(所)长实现任期目标责任制上，起到保证监督作用。

二是干部制度改革，对行政干部实行聘任制。抚顺市煤气公司对行政干部一律实行聘任制，采取了组织考核，群众评议，民主推荐，业务考试答辩四种方式。聘任了40名中层干部和80名一般干部，提高了企业素质，转变了干部作用。

三是分配制度改革。对基层实行经济承包，保安全生产，保安全供气，保完成各项经济指标，千立方米煤气量工资含量包干，对煤气企业内的工程队实行百元产值工资含量包干等办法，调动了职工的积极性。

四是管理制度改革。主要的是坚持集体领导和加强职业道德教育。如锦州市煤气公司对发展用户，煤气开栓等问题坚持领导班子集体研究讨论，废除了公司领导个人批条子的做法，按照交集资费和申请安装的顺序决定。并制定了一系列加强领导班子职业道德建设的规章制度，坚持用过硬的领导班子带动过硬的职工队伍。做到把住“三关”(房子关、孩子关、票子关)，执行“三不”(送礼不收，请吃不到，私情不徇)。同时发动广大用户这个“职业道德法庭”来监督检查煤气公司的职业道德状况。1986年公司通过召开用户代表座谈会，发征求意见信，走访用户、设立用户公用电话和经理公开信箱等各种形式征求意见，依靠群众监督，来提高职业道德水平。

城市集中供热事业概况

郑立均　王松

城市集中供热是城市的基础设施，是发展生产和提高人民生活水平的物质条件。积极发展集中供热，对节约能源、保护环境、建设现代化城市具有重要意义。

一、城市集中供热的发展

在旧中国，只有少数大城市的建筑中有供暖设施。当时供热规模很小，设备陈旧。

新中国成立后，城市集中供热事业得到了重视和发展。从第一个五年计划开始，随着经济建设和电力工业的发展，国家在北京、保定、兰州、包头、太原、吉林、哈尔滨等城市建设了一批热电厂，集中向工厂、公共建筑和住宅供应生产、生活用热。这些热电厂的建设，奠定了我国城市集中供热发展的基础，但进展比较缓慢。

党的十一届三中全会以后，党和政府积极鼓励发展集中供热事业。1981年8月，赵紫阳总理在关于发展热电联产、集中供热的建议上批示："六五计划的技术改造，设备更新，也要有重点，集中抓几件大事。改造锅炉，设备更新就应当作为重点之一。此事应考虑列入六五计划中的重大措施，应组织班子研究，规划"。为了发展城市集中供热，国家先后制定了一系列有力措施'有关部委和各级人民政府对集中供热工作给予了重视和支持，加快了城市集中供热事业向前发展的步伐。1980年至1986年的7年时间里，国家共批准城市集中供热建设项目48项，总投资68500万元，供热规模4280万平方米。

二、1986年城市集中供热建设成就与效益

［建设的成就］　截止1986年底，全国有54个城市有了集中供热设施，建设供热管道1000公里，集中供热面积7100万平方米，比1978年增长7.7倍。城市集中供热普及率达到5.7%；比1978年提高3.4倍(详见1978～1986年集中供热发展情况表)。

城市集中供热发展情况　　表1

项目 \ 年份	1978	1981	1982	1983	1984	1985	1986
供热面积(万平方米)	811.5	2250	2700	3000	4900	5500	7100
普及率(%)	1.3	3.57	3.7	3.61	5.7	6.4	5.7

北京，是我国目前集中供热规模最大的城市，1958年开始发展集中供热，现已建设了两个热电厂和两个供热厂，1986年供应工业蒸气544万吨，集中供热面积1600万平方米。

"六五"期间，东北城市集中供热有了较快发展。辽宁省积极发展集中供热，总供热面积达到2000万平方米。沈阳市从1980年至1986年的7年时间里，发展集中供热360万平方米。唐山市地震后在恢复建设中，把集中供热纳入了建设计划，实现集中供热面积460万平方米。18个城市集中供热量、供热面积及普及率见1986年18个城市集中供热情况表。

集中供热不仅在一些大城市有了发展，而且，在一些中、小城镇也得到了较快发展，为我国城镇集中供热的建设积累了经验。随着节能工作的深入开展和人民生活水平的逐步提高，黄河以南的西安、郑州、济南、南京、上海等城市也在积极发展集中供热。"六五"期间32个城市集中供热建设项目见"六五"期间城市集中供热建设项目表。

［城市集中供热效益］　一是节约了能源。集中供热与分散供热相比，热效率可提高20～30%。据统计。1986年，城市集中供热节约标准煤165万吨。二是减少了污染。由于集中供热节省燃料，减少污染物排放。据测算，1986年城市集中供热减少二氧化硫49000吨，减少烟尘72000吨。三是减少了大量小锅炉，节省占地和劳动力。"六五"期间，辽宁省发展集中供热，共停用分散锅炉3276台，节约锅炉房占地24.8万平方米，节省司炉工5000人。四是提高了供热质量。分散供热，室内温度一般只有15°C左右。采用集中供热，室内温度可达18°C左右，改善了采暖条件，深受群众欢迎。

三、发展集中供热的主要经验

党的十一届三中全会以来，城市集中供热有了较大发展，其主要经验是：

［领导重视，方向明确］　各省、自治区、直辖市认真贯彻国务院指示，把发展集中供热作为节约能源、保护环境，为民造福的一件大事来抓。沈阳、抚顺、阜新、长春、吉林、哈尔滨、佳木斯等市人民政府专门召开市长办公会议，研究集中供热的发展和建设，并由市政府主要负责人挂帅，成立供热工程指挥部，加强组织领导，保证了工程建设的顺利进行。

［因地制宜，广开热源］　许多城市根据本地

1986年18个城市集中供热情况　　表2

城市名称	供热面积(万平方米)	普及率(%)	城市名称	供热面积(万平方米)	普及率(%)
合　计	5277.4	16			
北　京	1600	16	唐　山	463	24
赤　峰	80	15.3	邯　郸	88	9.7
廊　坊	50	25	沈　阳	360	5.8
阜　新	4135.5	19.3	大　连	310	12
鞍　山	402	32.3	抚　顺	297	17
哈尔滨	200	6	佳木斯	150	16
鸡　西	121	9	长　春	539	19.8
吉　林	302	17	白　城	41.5	12
辽　源	60	29.7	大　庆	78.4	5.3

“六五”期间城市集中供热建设项目　　表3

项目名称	建设年限	总投资(万元)	建设规模			年节约标准煤(万吨)
			工业蒸气(吨/小时)	民用采暖(百万千卡/小时)	供热面积(万平方米)	
北京市左家庄供热工程	83—87	6,302		250	400	4
北京市热电厂供热工程	83	70		4	13	0.5
天津市地热供热工程	82—83	100		2.7	5	0.2
天津市电厂改造供热工程	84—87	7,955	650	170	300	10
唐山市电厂改造供热工程	80—85	6,000		180	300	9.2
赤峰市电厂改造供热工程	82	593		22	40	1.4
呼和浩特市电厂改造供热工程	85—87	3,474		205	300	12.5
沈阳市电厂改造供热工程	80—84	2,786		180	326	10
抚顺市电厂改造供热工程	80—84	1,623		97	24	8
鞍山市电厂改造供热工程	80—81	955		28	50	1.8
鞍山市鞍钢余热利用供热工程	81—83	1500		50	100	4.5
大连市电厂改造供热工程	80—84	1,895		54	100	2.06
锦州市余热利用供热工程	80—82	70		2.8	6	0.5
阜新市电厂改造供热工程	81—82	1,470.5		27.5	50	4.7
本溪市供热工程	81—82	1,940		106	193	8
长春市电厂改造供热工程	80—81	1,200		30	55	2
吉林市热电厂供热工程	81—82	1,176.8		60	100	32
辽源市电厂改造供热工程	83—85	1,085	119	30	55	3.8
白城市电厂改造供热工程	82—84	795	73	22	40	2.8
哈尔滨市电厂改造供热工程	84—87	5,867	220	165	300	37.8
齐齐哈尔市富拉尔基供热工程	82—83	606	220	22	40	1.7
佳木斯市电厂改造供热工程	83—85	2,770		90	150	5.4
牡丹江市新华区锅炉房供热工程	84—86	390		24	40	1
鸡西市电厂改造供热工程	85—86	2,371		90	150	6
七台河市供热工程	84—86	280		12	20	1.1
枣庄市供热工程	83—85	182	35			0.75
西安市供热工程	83—86	469	20	22	40	0.8
兰州市热电厂供热工程	82—85	420	50			1.5
嘉峪关余热利用供热工程	85	140		10	14	1.1
银川市锅炉房供热工程	83	30		2.2	4	0.02
西宁市锅炉房供热工程	83—84	530		8	15	0.4
乌鲁木齐市锅炉房供热工程	83—86	1,230		47	85	49

区的具体情况，充分利用现有资源，大力发展集中供热。一是积极发挥现有热电厂的供热作用，结合老电厂改造，挖掘潜力，扩大供热能力。目前，利用热电联产，实现集中供热面积达4644万平方米。二是结合城市综合开发，建设不同规模的集中供热锅炉房，供热面积1717万平方米。三是综合利用工业余热。北京、鞍山、本溪等市利用高炉冲渣水、泡渣水、煤气冷却水余热，发展供热面积686万平方米。四是开发利用地热。北京、天津等市利用地下热水发展集中供热面积55万平方米；福州市积极开发地热资源，将地下热水应用于科研、医疗、水产养殖和城市热水供应，目前，全市共有用热单位135个，每年有1300万人次利用地热水淋浴。1986年，福州市已建成一座日供热能力为5000吨的地热水厂，向城市供应热水。

［**合理集资，扩大财源**］ 集中供热工程建设投资大，不能完全靠国家，要采取多种渠道的办法来解决。这些年来，城市集中供热的建设资金，主要采取了国家节能资金补助、地方自筹和受益单位集资的办法，充分发挥了国家、地方、和受益单位三个方面的积极性，促进了集中供热事业的发展。例如，鞍山市余热利用供热工程总投资5467万元，其中：国家贷款1900万元、地方贷款200万元、地方财力和受益单位集资3367万元，解决了供热的建设资金。

［**依靠群众，通力协作**］ 城市集中供热属于公用事业，涉及到千家万户的切身利益。沈阳、阜新、吉林等市的市委、市政府充分发动群众，发扬人民城市人民建的精神，集中力量搞工程建设。沈阳市建设集中供热，先后有20多万人次参加义务劳动，节省了投资，加快了建设进度。在热源建设方面，电力、冶金、化工等部门密切配合，为发展城市集中供热创造了良好条件，作出了积极贡献。

四、集中供热科学技术研究

发展城市集中供热，一靠政策，二靠技术。“六五”期间，国家重视集中供热的技术发展，拨出专款，组织国内有关科研单位、大专院校和供热企业开展供热的科学技术研究。这方面的研究课题主要有：

［**城市供热规划、设计优化研究**］ 以数学规划为基础的优化规划设计，是近些年来迅速发展的一门新型学科。清华大学于1984年开始进行“优化规划设计的研究”，编制了供热方式和供热参数的设计程序，从多参数、多目标的优化设计中，选择最佳的规划设计方案。与此同时，清华大学还研究了“热网运行调节技术”，运用电子计算机进行热网工况的动态模拟分析。这两项科研课题于1985年12月通过鉴定，并开始运用于北京、大同、赤峰等市的供热工程，取得了良好的经济效果。

［**城市供热途径的研究**］ 1984年，中国建筑科学研究院、哈尔滨建筑工程学院等单位对我国城市供热进行了广泛调查、综合分析研究了我国城市供热的现状及其发展方向，提出了发展集中供热的实施途径，为制定城市集中供热技术政策提供了重要依据。该课题于1985年通过鉴定，并荣获城乡建设环境保护部科技进步三等奖。

［**直埋保温管道的研究**］ 为了提高热网设计和施工技术，改进热力管道的敷设方式，北京市煤气热力设计院等单位从1974年起对直埋敷设的设计理论、保温材料性能及有关设计理论、设计数据进行了研究试验，研制出了以沥青膨胀珍珠岩为保温材料的无补偿直埋敷设方法。热力管道直埋敷设技术在北京已试验应用十余年。实践表明，直埋敷设可使热网投资下降30%左右，施工周期缩短50%。

［**低温核供热的研究**］ “六五”期间，清华大学核能研究所承担并完成了低温核供热的科研攻关任务。1983年利用核试验反应堆改造为核供热试验堆，实现了16200平方米建筑的集中供热。通过实验运行，证明核供热安全可靠。这项科研成果为全国大型核供热反应堆的设计提供了重要依据，开拓了集中供热热源的新途径。

近些年来，国家积极开展集中供热的研究。促进了集中供热事业的发展。“六五”期间，各种学会、协会举行了多次集中供热讨论研究会。讨论的内容广泛，有集中供热与我国能源和环境保护；集中供热在城市基础设施中的地位和作用，集中供热技术经济政策等等。同时，一些省、市也都根据各自的特点，研究本地区集中供热的发展途径。

五、城市供热行业改革

［**企业管理改革**］ 供热企业经过改革和整顿，使改革后的企业具有综合、指导、服务等综合功能，责权分明，大大地提高了工作效率。沈阳市热力供暖公司根据“统一、精简、高效、协调”的原则，改革了公司管理体制，实现了专业化管理。吉林市煤气热力公司在改革中，将过去的17个部门和科室，精减合并为党委、行政、生产技术、财务经营四个部门，压缩科室人员27人，加强了生产第一线力量，对基层工作的开展起了积极作用。

［**经营方式改革**］ 城市供热，季节性强。冬季供热，任务繁忙；夏季停热，只进行设备维护和检修，工作任务不饱满，企业经济效益差。从1984年开始，城市供热企业实行了经营方式的改革，提高了经济效益。具体做法是，冬季确保城市安全、可靠供热，夏季，认真维护和检修供热设备。在完成上述任务的前提下，组织职工承担外部供热工程的施工

和检修任务。根据城市供热季节性特点，供热企业在同时进行了用工制度改革，推广和采用固定工、合同工和临时工相结合的用工制度。经营方式的改革，给供热企业注入了新的活力。沈阳市热力供暖公司确立了“立足供暖，余力开发”的指导方针，从设计、安装到运行管理形成了“一条龙”经营体制，解决了冬忙夏闲问题，1986年实现利润360万元。

［**实行经济责任承包制**］ 过去，国家下达给供热企业的各项技术经济指标的责任，都在公司一级，科室和班组不承担具体的经济责任，企业经济效益难以提高。实行经济承包责任制后，公司把有关的技术经济指标分解到科室和班组，公司、科室、班组各自承担的责任和义务都作了明确规定，克服了企业吃国家“大锅饭”，职工吃企业“大锅饭”的弊病，调动了职工的积极性，提高了企业经济效益。吉林市煤气热力公司实行经济承包责任制后，1985年采暖期技术经济指标达到了历史最好水平，热网失水率控制在1.53%以下，供热设备完好率达到98%，供热质量合格率为99%，实现利润120万元。

［**实行供热设施有偿使用**］ 城市供热设施历来是由国家投资建设和维护，无偿使用。由于城市供热不断发展，资金短缺的问题日益突出。一些城市的供热设施长期得不到发展，供需矛盾较大。在城市经济体制改革的推动下，有的城市开始实行供热设施有偿使用。1986年国务院批准《北京市人民政府关于在规划市区内征收城市基础设施“四源费”的暂行规定》，凡是接用城市公用热力设施的用户，每百万千卡热量征收建设费35万元。沈阳、长春、哈尔滨等城市也根据各自情况，按照自愿互利的原则，制定了合理的集资方案，促进了城市集中供热建设的发展。

六、城市集中供热行业精神文明和职工队伍建设

［**职工建设队伍**］ 城市集中供热是一个新兴行业。随着这项事业的发展，供热行业职工队伍也逐渐壮大、在教育方面，全国有20多所大专院校、中等专业学校设置了热能、采暖通风和空气调节工程专业，每年为国家培养一定数量的专业技术人才。在科研方面，国内有关大专院校、科研部门和供热企业组成了横向科研联合体，积极开展供热科研工作。城市供热设计、施工队伍从无到有，由小到大。目前，对不同规模的供热工程，已具备了成熟的设计和施工经验。现在，全国城建系统已有2个研究院和5个设计院承担城市供热的研究和设计任务。在供热管理和企业经营方面，全国已建立了一支城市供热企业经营管理队伍。据1986年底统计，城市供热企业拥有职工2万余人。

近年来城市供热企业积极开发智力，培养人才，在提高职工素质方面取得了实效。北京、沈阳、大连等市供热企业，制定人才培养规划，搞好在职职工的全员培训。唐山市热力公司自1979年成立以来，抓紧干部、职工的文化学习和技术培训，先后开办仪表、调度、运行和维修等专业训练班，培训人员344人次，使企业素质有了较大提高。

为适应城市集中供热发展的需要，全国有38个城市54个供热企业，自愿组成技术协作组织，以企业服务为宗旨，加强行业管理，开展技术咨询服务，采取多种形式为供热企业培训技术和管理人才，发挥了积极作用。

［**行业精神文明建设**］ 城市供热涉及面较广，同社会生产、人民生活息息相关。近几年来，供热企业进一步加强了职工队伍的思想建设、组织建设和作风建设，坚持两个文明一起抓，强调要树立为人民服务，对人民负责的思想，树立良好的职业道德，提高了广大职工的主人翁责任感，促进了城市供热工作。

1.开展“两个文明”建设。在“两个文明”一起抓的方针指引下，城市供热企业积极开展创建文明单位、文明班组和先进个人的活动，涌现了一批文明单位和先进个人。大连市供热公司加强对职工的思想政治工作，抵制行业的不正之风，开展创建文明红旗的竞赛，使分散在各个供热区域的热力点和值班员都能自觉地坚守岗位。1985年，全公司有四个热力点受到市政府嘉奖，荣获“红旗热力点”的光荣称号。

2.改进服务作风。安全、可靠地供热，为用户服务，是城市供热工作的宗旨。几年来，阜新供热公司坚持领导走访用户的工作制度，主动征求用户意见，改进供热工作。1985年至1986年采暖期间，邀请了130个单位召开了7次座谈会，走访用户11636户，主动登门为25个单位解决供热问题。大连市供热公司坚持采暖期每月对用户选点测温，积极采取运行调节措施，用户室内温度合格率达98.5%，受到用户欢迎。

3.密切供需双方的联系。城市供热，由热源、热网和热用户三部分组成，任何一个环节出问题，都将直接影响城市供热。沈阳市热力供暖公司主动与电厂协同配合，努力作好城市供热工作。1983年以来，同电厂组成联合技术小组，研究解决了热源和热网的技术改造，热网水质处理稳定性运行等重大技术问题。为保证城市供热，电厂明确提出，在发电与供热发生矛盾时，以热定电。同时，供需双方签定经济合同，互相信守，电厂和城市供热都收到了良好效益。

七、城市集中供热行业立法情况

随着城市集中供热的逐步普及，建设任务和管理工作越来越繁重，面临的各种问题也日趋复杂。因此，加强行业立法，是城市供热工作的一项紧迫任务。1983年，城乡建设环境保护部制定了供热技术法规规划，编制了《城市供热标准体系表》。从1984年开始，城乡建设环境保护部组织有关单位编制《城市供热设计规范》、《热力管网施工及验收规范》、《城市供热管道设备维修技术规程》。为了加强行业管理，制定了《城市集中供热管理暂行条例》，《集中供热技术政策》。同时供热企业大力加强基础工作，逐步建立起企业标准化系统。

城市供水事业概况

刘维城

一、建国前城市供水事业概况

中国远在4000余年前的帝尧时代，就已经“凿井而饮”。河南省登封县告成镇古称阳城，是我国著名古都之一，经考古发掘出的陶土管道、贮水池、澄滤净水池和闸坑等设施证明，距今2400多年前的战国时代，我国城镇就已兴建了供水设施。

中国现代化城市供水始于1879年(清光绪5年)。当时清朝政府为了渤海湾的防务，在旅顺地区兴建龙引泉水源，开山凿洞，铺设铸铁管道6.18公里，把水引入旅顺口，为20000多驻军和居民供水。截止1911年，全国只有11个城市建有供水设施。1949年前，全国有72个城镇建有自来水厂，供水管道总长6589公里，综合生产能力为每日240.6万立方米。城市供水设施多集中于沿海。广大西南地区只有几个水厂，而西北地区则为空白。除个别较大的城市有少量供工业生产用水外，绝大部分的供水设施是为达官富贵和外商服务的。而平民百姓多直接取用井水、河水。当时，城市供水技术落后，净化构筑物简陋，多采用土沉淀池、慢砂滤池等。后期逐步采用混凝——池淀——快滤——消毒净水工艺。全国也没有统一的城市供水水质卫生标准。

二、建国后城市供水事业的发展

建国以来，城市供水事业有了很大发展，已从根本上改变了旧中国城市供水的落后面貌。

[城市供水能力不断增长] 在国民经济3年恢复时期(1950年～1952年)，对城市供水设施进行了全面检修、改造，逐步提高了供水能力。到1952年城市供水能力达到每日266.6万立方米。“一五”时期进一步发展，到1957年底城市日供水能力较建国初期增长约一倍，达到每日450.2万立方米，1960年以后，城市供水仅作为服务性的配套设施对待，列为非生产性建设，大幅度削减了建设投资，致使城市供水事业发展缓慢。城市供水能力从“一五”、“二五”期间平均每年递增14%，降低到“三五”、“四五”期间平均每年递增8.5%。这期间，自备供水设施能力从1960年的每日1187万立方米，发展到1979年的每日4680万立方米。20年间平均每年递增7.6%。但城市工业生产还经常因缺水而减产、停产。城市生活用水也受到较大的影响。党的十一届三中全会以后，随着国民经济的发展以及对城市基础设施地位、作用认识的提高，城市供水事业被摆到了城市建设首要地位，国家进行了大量投资，使供水事业得到了迅速发展。截止1986年，城市供水管道总长度72557公里，全国有自来水厂862座，每日综合供水能力为4162万立方米，年供水量达到133.6亿立方米。供水人口约为一亿人，供水普及率达到86.3%，人均生活用水量约每日154公斤。另外，企事业单位自备供水设施能力为每日6246万立方米。全国城市总供水能力为每日1.04亿立方米。

[城市供水的水资源及其开发利用] 中国每年平均降水量约630毫米，人均占有水资源量仅2750立方米，相当于世界人均占有水资源量的四分之一，居世界第17位。由于水资源量不足，加上时空分布的不均衡性，更增加了水资源的短缺。城市供水水源以地表水为主，地下水为辅。据1985年对全国309个城市的统计，取地表水的城市有136个，占44.01%；取地下水的城市有121个，占39.16%；地表水、地下水兼用的城市有52个，占16.83%。建国初期，新建的城市供水工程，其水源选择多受苏联的规范影响，片面强调“优先考虑地下水”，以致各地长期以来过量开采地下水，使一些地下水储量不足，经济发展较快的城市地下水位普遍下降，甚至出现水质硬度增高、地面下沉的恶果。由于城市经济和社会的发展以及城市水源的上游地区大量兴建农林水利设施，扩大农田灌溉面积，加之水质污染的原因，使许多城市面临水资源不足的问题。因此，党的十一届三中全会以后，加强

了城市水源工程建设，建成了一批骨干工程，缓解了部分城市的严重缺水问题。

如天津市，从1982年起利用3年时间兴建了引滦入津(天津)、入塘(塘沽)工程。该项工程不仅缓解了天津用水的紧张状况，结束了全市人民长期喝苦咸水的历史，而且促进了工业发展，提高了工业产品质量。大连市利用2年时间，于1983年底建成了引碧入连一期工程。每日从碧流河水库引水30万立方米，缓和了大连市长达半个世纪“水荒”的紧张局面。近年来，一些城市还进行了用微污染水专供工业用的城市分质供水系统的探索。北方一些缺水城市，还进行了净化污水再用于工业的试验，如太原、北京、大连、秦皇岛和天津市等。

为了加强城市水资源的保护和建设管理，近年来一些城市开征了城市水资源费。据统计，1986年全国有118个城市征收了1.68亿元水资源费。这些资金主要用于水资源的保护和建设。同时，这一措施也有效地控制了滥采地下水带来的一系列恶果。

［**城市供水水处理**］ 近半个世纪以来，由于工业的发展，尤其是化工、农药、电子和医药等行业的发展，在生产过程中排放的化合物种类越来越多，有些难于净化。这些物质排入水体，造成水体污染，使城市可用水资源量减少，也给城市水的净化带来一定困难。建国后，中国水处理技术不断发展，已初步形成了各种水质检测方法和净水工艺流程。饮用水卫生标准的检测项目已由1976年的23项增加到1986年的35项。城市供水的净化工艺多采用物理——化学法。即：地下水源的水厂多只经消毒处理。地表水源的水厂多采用预投氯调整PH值——混凝——沉淀——过滤——消毒的工艺。净水效果一般都较好，能够达到饮用水卫生标准的要求。在净水工艺方面，除采用上述常规水处理工艺，并对低温、低浊度水，对黄河高浓度水，对含锰、铁较多的水以及对低氟水、高氟水还采用了多种特殊处理工艺。

［**城市供水工程建设**］ 建国近四十年来，由于城市供水在城市经济发展和改善人民生活方面的重要性，城市供水工程建设资金在全国基本建设投资中一直保持着一定比例(详见表1)。

1986年城市供水工程主要建设项目见表2。

［**城市供水综合概况**］ 截止到1986年，全国城市自来水行业和自备水设施及全社会综合情况见表3。

全国城市自来水行业1986年底拥有的固定资产净值45.80亿元，其中用于生产的为37.47亿元。年提折旧费1.69亿元(其中企业留成1.33亿元，上缴0.36亿元)。工业总产值为15.40亿元。工业净产值为7.68亿元。利润总额为5.05亿元。上缴利润、营业税、所得税和调节税合计3.85亿元。年全员劳动生产率为11087元。年末职工人数为14.4万人。

［**城市节约用水**］ 我国城市供水事业虽有较快发展，但仍不能适应经济建设发展和人民生活改善的需要。解决城市用水紧张问题已成为四化建设中的重要课题。为此，国家提出必须坚持“开源节流并重”的方针。同时指出，节约用水是我国经济建设中必须长期坚持的一项重要方针。并制定了一系列的政策和规定。还先后三次召开全国节约用水工作会议：1981年国家经委、国家建委、国家城建总局先后召开了北方15个城市和南方10个城市用水会议；1983年10月，经国务院批准，由城乡建设环境保护部、国家经委、全国总工会联合召开了全国城市节约用水会议，并表彰了节水先进单位和个人，会后国务院发出了《关于大力开展城市节约用水的通知》；1986年4月，由城乡建设环境保护部和中国城镇供水协会召开了节水工作经验交流会。全国各城市大力开展节约用水工作，从70年代初大连等几十个缺水城市先后成立了节约用水办公室。到1986年底，全国已有160个城市建立了全国性节约用水管理机构。据1985年对全国112个城市统计，全年节约用水量达10.6亿立方米。其中自来水用户节水量为6.23亿立方米，占全社会节水量的62%。

［**城市供水行业改革**］ 在进一步深化经济体制改革过程中，中国城市供水行业针对老企业多(投产20年及以上的企业有204个，占68.23%)、小企业多(每日产水能力10万立方米及以下的企业有223个，占71.7%)等不利因素和售水价格偏低，企业无自我发展能力的问题，广州、湖南、江苏、山东等一些省市采取“以水养水”的办法筹措建设资金。主要有三种形式：

1. 城市供水企业已具有一定规模，又有合理的水价，且需水增长率不过大(如，年增长率小于5%)，将利润留作改建、扩建资金。广州市就是这样做的。

2. 部分城市和省采取供水企业利润上缴地方财政后，再根据供水设施建设需要返还60～80%，用作扩大供水能力建设资金。这种方式在较多城市中采用。

3. 为建设较大规模的城市供水设施，采取适当调整水价的方式增加利润，并用作水厂建设资金。如济南市的“引黄保泉”工程等。

城市供水企业的经营管理从党的十一届三中全会以后就逐步进行改革，已普遍实行经理承包责任制和车间、班组、个人的层层分解任务承包，运转

城市供水工程建设资金在全国基建投资中所占比例情况表　　表1

年份	全国基建投资 总额	其中：城市公用事业		城市公用事业中给水基建投资	
	(亿元)	(万元)	(%)	(万元)	(%)
1950	11.34				
1952	43.56	16,400	3.76		
1953—58"一五"	588.47	142,753	2.43	29,016	20.3
1959—62"二五"	1,206.09	256,268	2.12	59,815	23.2
1966—70"三五"	976.03		1.35		
1971—75"四五"		1973—75		1973—75	1973—75
	1,763.95	144,426	1,09	40,118	27,8
1976—80"五五"	2,342.17	457,848	1,95	120,878	26,4
1981—85"六五"	3,410.12	1,218.396	3.57	231.397	19.0

1986年城市供水工程主要建设项目表　　表2

	建设项目名称	建设性质	开工年月	投产年月	投资(万元) 计划	投资(万元) 累计完成	建设规模 总计	建设规模 当年施工
	北京供水工程	扩建	1981.5	1986.12	12,965	11,233	6.2	6.2
大	北京水源九厂	新建	1986.5		40,800	11,875	100	500
	天津新开河水厂	″	1982.6	1986.7	18,500	15,622	50	50
中	沈阳石佛寺水源	″	1985.10		—	7,571	20	20
型	营口辽河水源工程	″	1985.5		5,674	1,155	12	12
	大连引碧工程	″	1986		19,975	78	23	23
基	长春二水源二期	扩建	1984.6		6,496	3,354	18	18
本	牡丹江市供水	新建	1984.5		3,200	2,234	20	10
	上海黄浦江上游引水	″	1985.2		71,189	29,101	—	—
建	杭州祥符水源保护	扩建	1986.8		6,354	383	14.5	14.5
	济南引黄保泉	新建	1984.9		11,000	2,478	40	20
设	山东引黄济青	″	1986.4		80,000	11,500	30	30
	成都六水厂	″	—		10,744	652	40	—
	西安四期供水	″	1983.9		4,857	3,779	15	3
更	洛阳李楼水源	扩建	1983.10		3,509		—	—
新	广州新塘水二期		″	1982.7		1,818	287	16.8
改	广州石门水厂一期	″	1982.12		3,814	687	20	
造								

1986年全国城市供水综合情况　　表3

项目	综合生产能力		售水量 合计		生产用水		生活用水		未计量及其他		用水人口		普及率	人均日用水量
	万立方米/日	%	万立方米	%	万立方米	%	万立方米	%	万立方米	%	万人	%	%	升/人·日
城市自来水	4162.1	40	1229425	45.89	648332	52.73	566.755	46.10	14338	1.17	10095	85.86	86.58	153.81
单位自备水	6245.8	60.0	1449412.8	54.11	1287781.9	88.85	141214.3	9.74	20416	1.41	1662.975	14.14		232.65
全社会	10407.9	100.00	2678837.8	100.00	1936113.9	72.27	707969.3	26.43	34754	1.30	11757.975	100.00		164.96

班组实行千立方米水工资含量包干，施工、维修班组实行百元产值工资含量包干。企业内部实行独立经济核算的承包责任制，解决了企业内部的分配问题，也调动了职个的积极性，服务更及时、完善，受到社会公众的好评。

城市排水事业概况

李光素

城市排水设施，是保障城市生产和人民生活的物质条件，是防治城市水污染，并使城市水资源保持良性循环的重要基础设施。它具有明显的市政设施和环境设施的双重性，已成为现代化城市文明发展的标志。

一、建国前城市排水事业概况

排水工程，在中国已有4000多年的悠久历史。河南省淮阳县平粮台在发掘龙山文化时期的古城时，就已发现埋有陶质排水管道，管头榫口可以套接。在西周时期(公元前1066～771年)也曾有石砌的小型下水道。秦代(公元前221～206年)在修建阿房宫时，所建的下水道是五边型陶土管。西汉时期长安城用陶管修建了下水道，有的在下水道末端排水口处还设有渗井。到公元700～900年，唐都长安大小沟渠纵横交织，形成了较完整的排水系统。北京在明代(1368～1644年)建设的砖砌下水道，总计长达275公里。到建国初期，北京市遗留下来的明、清时期的旧砖沟尚有220公里。有的城市还把城市排水管道和城市河道、沟渠、湖塘结合起来，形成了自然和人工相结合的防洪、排水体系。中国城市排水工程建设虽有很久的历史，但到了近代，发展相当缓慢。截止1949年，全国103个城市建有排水设施，下水道总长为6034.8公里。很多城市无完整的排水系统，多为雨水、污水合流制的陶土管、陶瓷管、石棉水泥管和砖、石拱沟等。材质差，管径小，污水就近排入水体，排泄能力很低。截至1949年底止，全国只有上海、南京两市有4座城市污水处理厂，日处理能力为4万立方米。实际上能勉强坚持正常运行的，只有上海西区污水处理厂，日处理能力为1.6万立方米。

二、建国后城市排水事业发展概况

［发展概况］ 建国以来，在党和人民政府的关怀重视下，城市排水事业才逐步有了发展。

1950年至1952年恢复时期，为了尽快改变城市里脏、乱、差局面，把城市排水工程的建设重点放在了对旧有排水沟、臭水河的整治和改造上。例如整治了北京的“龙须沟”、上海的肇家浜、南京的秦淮河、天津的墙子河等十几处排水工程和排泄地区雨水的河湖水系，同时新铺设排水管渠近1000公里，使数百万城市居民居住环境得到了改善，深受群众赞扬。北京市的“龙须沟”是一条全长8.41公里的排污水沟，暴雨时污水横溢，泡塌居民房屋。夏天蚊蝇孳生，疾病流行，居住在附近的人民怨声载道。1950年5月，北京市人民政府发动群众，自力更生，进行彻底整治，于当年年底完成了明沟改暗渠第一期工程；第二年又相继建成了二期工程。臭水沟变成了排水畅通的暗渠和宽畅的大道。工程建成后，北京市人民敲锣打鼓，感激人民政府为民造福。

1953年至1957年的“一五”计划时期，国家共投资2.2亿元用于城市排水工程的建设。用于排水工程投资额占全国基本建设总投资的0.37%，占城市建设总投资的15.20%。城市下水道总长，从1952年的7027公里增加到1957年的10108公里。“一五”时期建成的城市污水处理厂有：上海市东昌、曹阳和彭浦污水处理厂，日处理能力共计2.9万立方米。

1958年至1962年的“二五”计划时期，国家用于排水工程建设的总投资为2.09亿元，占全国基本建设总投资的0.17%，占城市建设总投资的8.15%。在此时期城市排水管道新增2195公里。“二五”期间建设了污水处理厂的城市有北京、西安、兰州、包头、太原、成都等市，共增加日处理污水能力33.91万立方米。其中较大规模的是北京高碑店一级污水处理厂，于1958年建成，日处理污水设计能力为16.66万立方米，出水用于农田罐溉。太原、西安等市污水处理厂还建了污泥消化池，是全国最早建成的污泥处理设施。“二五”期间，大力提倡了“因地制宜，土洋并举，变有害为无害，充分利用”的污水处理方针，曾分别在济南、北京、武汉和长沙召开了污水养鱼、污水灌溉农田的现场经验交流会和学术讨论会。也有个别地方，由于污灌水质控制不当，造成农作物和地下水的污染。

1963年至1978年期间，城市排水事业的发展缓慢。排水投资占全国基本建设投资比例逐年下降，到70年代中期年投资比例下降到0.10%左右。在这15年中，增加排水管道7253公里，增加日处理污水能力为22.9万立方米。

党的十一届三中全会以后，城市排水事业的发展达到了建国以来的最好水平，在1979年至1986年的8年中，用于城市排水工程的基本建设投资为17.63亿元，占全国基本建设投资的0.31%。8年来，共增加城市排水管道14796公里，年均增加1850公里，是1952～1978年年均增加量的3.8倍，净增率达到9.5%；新增加污水日处理能力110万立方米。平均每年增加日处理污水能力15万吨，是1952～1978年年均增加量的7倍，净增率达到了8%。这期间，全国建有排水设施的城市，已由1978年的179个发展到1986年的346个，城市下水道普及率由40%左右提高到了54%以上。此间建设的排水大中型项目有20多项，其中，新开工并建成或部分建成项目17项，它们是上海、天津、杭州、苏州、桂林、长沙、西安、太原等市的污水处理工程；黄石、沙市、武汉等市的排渍工程；齐齐哈尔、开封、哈尔滨等市的排水管道工程，天津、杭州、沈阳等市的河道整治工程等等。

此外，技术革新和挖潜改造的效果也较显著。1981年以来，平均每年用于排水的技改投资达1500万元，新增挖潜污水日处理能力为5.6万立方米，排水管渠300多公里。更新改造在1000万元以上的大项目达20多项，其中有排水能力由原来的每秒4.5立方米提高到每秒6.4立方米的上海市南干渠改造工程；北京市土城污水截流工程和护城河治理工程等等。

［基本成绩］ 据对全国348个城市统计，有346个城市建有排水设施，全国共有排水管道34352公里，是建国初的5.7倍，汇水区服务面积占城市建成区面积的54%；有35个城市建有64座城市污水处理厂，日处理能力共计177万立方米，是解放前的44倍，其中二级生化处理厂31座，日处理能力为73万立方米。城市污水处理占城市污水总排放量的2.8%。除上述排水设施外，沿江河城市还建有相当规模的雨水排渍泵站，大量河道得到了拓宽、疏竣，为城市雨污水畅流排放创造了良好的条件。

［拟建工程项目］ 1986年批准了初步设计的排水工程大中型项目有：

上海市合流污水治理第一期工程。排水总服务面积70.57平方公里，服务人口为225万人，排放污水能力为每天140万立方米。该工程将充分利用老市区现有的合流排水管道系统，埋设截流总管，截取目前排入苏州河的污水，经简易处理后，采用水下扩散管排入长江，利用大水体进行稀释，达到经济、合理治理城市污水的目的。该项工程总投资为16亿元，部分利用世界银行贷款，这项工程也是目前全国规模最大的一项市政建设。

南京市城内秦淮河整治工程。该工程主要内容为：疏竣、护砌河道和改建桥涵闸站；引水冲洗河道，改善水质；治理流域范围内工业有害废水、医院污水，控制污染源；埋设污水截流管和建设江心洲日处理能力为26万立方米的一级污水处理厂。达到“死水变活水，污水变清水，暴雨不淹水，局部可游船”的整治目标。全工程总投资1.93亿元。

北京高碑店二级污水处理厂。北京高碑店二级污水处理厂，近期日处理能力为50万立方米，总投资为4.06亿元(包括部分远期工程设施。远期日处理能力为100万立方米。一期工程采用空气曝气活性污泥二级处理工艺，即在一级处理中采用曝气沉砂，二级处理中采用空气曝气；在污泥处理中采用中温消化，出水水质达到五日生化需氧量 ≤20毫克/升；悬浮物 ≤30毫克/升的标准。

三、排水设施的效益

［武汉市黄孝河整治一期工程］ 武汉市汉口地区位于长江、汉口交汇处，地势平坦低洼，城区地面标高较两江高水位低6至8米，70%的雨量是在汛期关闸期间降落，全靠泵站抽排入江。流经汉口中间洼地的黄孝河，其汇水面积达86.4平方公里，占汉口市区面积的75%，接纳116万人口的生活污水和411家工厂的废水。黄孝河自然坡度不到万分之一，老市区排水管道管径普遍偏小，设计标准低，新市区排水系统不完善，有20%地段无排水系统，所以在汛期经常小雨小渍，大雨大渍，暴雨成灾。1982年6月20日，日降雨量为305毫米，全市渍水面积达87平方公里，其中人口密集的汉口城区渍水面积占建成区面积的68.5%。渍水深度普遍在1米以上，低洼地区超过2米；渍水时间一般为2至3天，个别地区长达5至7天。造成工厂停产，学校停课，交通中断。全市直接、间接经济损失达2.4亿多元。1983年7月4日，城区日降雨304毫米，全市又造成经济损失2.5亿元。黄孝河整治一期工程(机场河分流工程)于1983年11月动工，1984年5月建成。总头资2900万元。分流工程全长11.4公里，其中预制钢筋混凝土单孔和双孔箱涵5.6公里，排水能力由原来的每秒5立方米提高到每秒37立方米，同时还建成了一座当前我国最大的，排水能力为每秒50立方米的常青泵站。工程建成后，经受住了当年汛期暴雨的考验，在设计排水汇流面积24平方公里内，基本上消除了渍水内涝，避免了重大的经济损失。

［天津市纪庄子污水处理厂］ 该厂是全国目前最大的一座污水二级生化处理厂，日处理能力为26万立方米。该工程于1982年4月开工，1984

年4月完工，总投资8879万元。处理厂投入运行后，有机污染物质和悬浮物去除率均达到90%以上，化学耗氧量去除率达到了86.7%，出水水质符合农业灌溉要求，从而减轻了对排污河沿线农灌区和渤海湾的污染。天津是严重缺水城市之一，处理后的污水有70%回用于农田罐溉，全年可节约6600万立方米优质水供工业生产用。该厂还利用了沼气发电，全年可发电500万度左右，不仅节能，还可减少运转费用。经济、环境效益十分突出。

四、城市排水技术进步

建国以来，污水处理技术得到了较大的提高。目前，已广泛采用了曝气沉砂池，辐射式、竖流式、斜板式沉淀池。生化处理采用高效节能的表面加速曝气、纯氧曝气、深层曝气先进技术。近年来又发展了生物接触氧化法、射流曝气、深井曝气、氧化沟、厌氧生化处理、污水深度处理再用等新技术。建国前污泥处理是空白，现在大多采用了重力浓缩、厌氧中温消化、机械脱水以及沼气发电等污泥处理先进技术。

在施工工艺方面，广泛采用了顶管、盾构和激光导向等管道施工先进工艺。北京市南城污水干线顶管工程，直径1950毫米，长2公里，曾荣获国家优质工程奖。在天津市污水处理厂建设中，采用“爆破扩孔垂直抗浮锚杆”，“预制吊装”，“倒模法”等先进技术，缩短了工期，节省了投资，荣获天津市科技成果一等奖。

在排水管道制作工艺上，从过去采用的震动法和离心法，改为了挤压法和辊压法，不仅结构简单，成型快，还可制作大口径管道。在管材选用上，过去主要用陶土管，石棉水泥管和普通混凝土管，目前已发展采用了自应力管和大口径(2.2米)预应力钢筋混凝土管，有一些地段还采用了铸铁管和耐腐蚀的管道，并在黑龙江和福建省使用了硬聚氯乙烯管。

在对排水设施的维护管理方面，机械化和自动程度有了显著提高。如自控遥测的下水道电视检测仪及钻杆通沟机、高压水冲车和蟹斗清捞车、真空吸泥车、机械格栅清捞机等专用机具设备均已研制成功。污水处理厂还应用了电子计算机集中控制和污水泵站调速微机控制。

近年来，排水行业软科学研究也取得较大进展。如列入国家“六五”科研攻关项目“发展我国城市污处理厂的技术经济政策研究”，已于1986年通过鉴定。该项目通过大量的实例调查研究和分析，写出了80万字的研究报告，对城市排水规划建设方针、基建投资来源及比例，实行有偿使用等方面，为政府领导机关决策提供了较高水平的参考依据。

四、城市排水行业的改革

[排水设施有偿使用] 过去，全国排水设施长期实行无偿使用。一方面资金十分短缺，另一方面建设和维修资金又要国家统统包下来，这种体制很不利于对城市排水设施的发展，同时也是造成排水设施投资不足，欠帐过多，设施失修失养的主要因素，还不利于节约用水，甚至一些超标排放的有毒有害废水直接威胁维护工人的生命安全。针对这些问题，1984年5月11日第六届全国人民代表大会常务委员会第五次会议通过了《中华人民共和国水污染防治法》。“水污染防治法”第十五条规定：“企业事业单位向水体排放污染物的，按照国家规定缴纳排污费；超过国家或者地方规定的污染物排放标准的，按照国家规定缴纳超标准排污费，并负责治理”。国务院国发[1984]80号文《国务院关于大力开展城市节约用水的通知》第四条中指出：“要以经济手段促进用水单位节约用水，减少污水排放量，城市建设部门必须尽快会同有关部门制定排水设施有偿使用办法”；1985年国务院办公厅[1985]108号在《沈阳市经济体制综合改革试点方案》中也指出：“市政公用事业单位实行企业化管理，市政设施逐步实行有偿使用制”。几年来，各地结合当地具体情况，制定了适合本地区的排水设施有偿使用办法。到1986年底止，实行排水设施有偿使用的城市有北京、天津、上海、太原、沈阳、长春、哈尔滨、南京、杭州、长沙、成都、西安、济南等53个城市。实行有偿使用的城市，在加强排水设施维护管理，促进节约用水等方面取得了显著成效。保定市以前每年的排水维护费只能维持机泵运转和管理人员经费开支的最低需要，根本无力进行正常维护和更新，排水设施多年失修失养，管渠严重渗漏，1977年至1984年排水设施跑水淹没农田、鱼塘33起，赔偿损失8万余元。1985年该市开征排水有偿使用费，到1986年底，共征收400万元，全部用于排水设施的维护和更新，共维修、改建下水道13余公里，避免了对地下水源的污染。由于排水管渠得到了合理改造，减少了一级提升泵站，每年为国家节省提升电费15万元，改造21台套机泵，每年节电37万度，节省资金3万余元。沈阳市将排水设施有偿使用费集中用于淤积严重、臭气熏人、长达14公里的市区南运河的综合整治上，一举改变了过去“脏、乱、差”的局面。实行排水设施有偿使用政策还有力地促进了城市节约用水。北京市1986年实行排水设施收费后，首钢立即采取循环用水措施，全年节水17.5万吨，成本降低了3.5万余元。

[精神文明建设] 城市排水行业工人整天和污泥、臭水打交道，工作十分艰苦，思想情绪容易

波动。为了提高工人积极性，稳定职工队伍，各地排水管理部门根据党的十二届六中全会《关于加强精神文明建设的指导方针的决议》精神，结合排水行业的特点，狠抓了行业精神文明建设，职工的思想道德素质有了普遍提高。如天津市排水管理处在改革的热潮中，不限于有求必应，而是主动上门，把过去的封闭型服务变为开放型服务，单项服务变为多项服务，纵向服务变为横向服务，由过去的“百家登门”变成了“登门百家”。为了更好地为民排扰解难，他们向用户公布了各班组的电话、地址和负责人姓名，广泛征求意见和宣传排水设施的管理办法。

［**排水行业法制建设**］ 历年来，国家及主管部门陆续颁发的有关标准、规范和条例有：《室内给水排水和热水供应设计规范》；《室外排水设计规范》；《市政工程工人技术等级标准》(试行)；《关于加强城市污水处理厂管理工作的暂行规定》；《市政工程质量检验评定暂行标准》(排水管渠工程)；《市政工程设施管理条例》；《排水管道维护安全技术规程》；《污水排入城市下水道水质标准》等等。为了有效地防治水污染，六届人大五次会议通过并颁发了《中华人民共和国水污染防治法》。该法第十条中明确指出：国务院有关部门和地方各级人民政府必须把保护城市水源和防治城市水污染纳入城市建设规划，建设和完善城市排水管网和污水处理设施。第十五条又规定：排放污水要收排污费，超过排放标准的，要收超标排污费。等等。

［**职工队伍状况**］ 据统计，截止1986年底，全国市政工程管理人员为13.3万人，其中排水管理职工约有4.5万人。为了提高职工队伍的文化技术素质，天津、上海、哈尔滨等市的排水管理主管部门均成立了职工学校，配备了专职教师，有计划有步骤地对青年干部、工人进行文化补习和技术培训，定期考核业绩，收到较好的效果。排水工作是一项劳动条件比较差、比较艰苦的工作，改善排水工人劳动、生活条件也引起各级有关领导的重视。

城市道路建设概况

果有刚

城市道路是城市的骨架，是城市中组织生产，安排生活所必需的交通设施。是构成现代化城市面貌的重要因素。城市道路是连接城市各个组成部分的基础设施。它在城市经济发展中，起着“先行官”的作用。

新中国建国前，城市道路设施是极其落后的。解放时，全国城市道路只有1.1万公里，面积8431.6万平方米。而且路面狭窄，标准低，质量差。铺装路面很少，而且普遍没有排水设施。路面坑坑洼洼，坎坷不平。“无风三尺土，有雨一街泥”是旧中国城市道路状况真实写照。

新中国成立后，本着为城市生产服务、为人民生活服务的方针，随着城市经济的发展，城市道路也得到了迅速发展，全国新建和改建了一大批宽阔、整洁、壮观的道路工程，为城市发展生产、提高人民生活提供了良好的交通条件。据1986年底统计，我国城市道路总长达37517公里(其中高级、次高级道路为28990公里)，面积36297万平方米(其中高级、次高级为30199万平方米)。城市道路的铺装长度和面积分别比1949年增长3.4倍和4.3倍。目前，全国大中城市道路的铺装已基本实现了高级和次高级化。

一、建国后城市道路主要发展历程

建国后各个时期城市道路的发展水平是不平衡的。

在经济恢复时期和第一个五年计划时期，城市道路建设的重点是修复遭战争毁坏的交通干道。同时围绕国家156项重点工程建设任务，对城市道路进行较大规模的新建和扩建。在这个时期，国家对城市道路的投资比例是适当的。不仅使原有的道路迅速得到恢复，而且还新建了一批改善城市交通和人民生活环境的道路工程。如天津市在这期间加宽了六纬路和黄纬路，在市区初步形成四条东西向和南北向的交通干线，新建道路217公里。北京市在“一五”时期道路增长586.5公里，面积423.8万平方米，主要工程有朝内大街、珠市大街，东直门大街等。1957年还修建了三里河路，这是北京市第一条将机动车与非机动车分行“三块板”路。为配合工业区建设，北京市还修建了东酒路，东北郊放射路等。上海市建国后，首先组织力理对遭受战争破坏和长期失修的道路进行抢修；1953年到1955年系统地整治拓宽了连接杨浦、普陀两个老工业区的道路，打通了西郊北路等8条干道工程。1954年到1957年进行肇嘉浜填浜埋管工程，把全长3公里号称“上海龙须沟”的臭水浜填没，并在浜基上筑成宽阔美丽的林荫大道。重庆市建国后，抓紧整修了朝天门和解放碑地区道路，接通了北区干道，拓宽了中区南区干道。长沙市从1950年起到“一五”期末，陆续建成“五一”西路、沿江大道、书院路、劳动西路等六项重点工程。武汉市改造了汉口解放大道、利济北路、武胜路、和平大道等9条主要干道。在全国18个重点建设的工业城市，如齐齐哈尔、兰州、西安、长春等市工业区，都新建了大量工业区道路。第一个五年计划后，全国各大中城市的道路网骨架已基本形成，为国家重点工程建设提供了良好交通条件。

据1957年底统计，全国城市道路总长已达18258.9公里(其中高级、次高级为4514.5公里)，面积14421.3万平方米(其中高级、次高级为4140万平方米)。长度和面积分别比解放初期增长64%和71%。

第二个五年计划时期和调整时期。由于1958年的“大跃进”，新开辟了不少工业区、工业点。为配合工业区建设和建国十周年的庆祝活动，一些城市修筑一批连接工业区的道路和广场。北京市为迎接国庆十周年活动，从1958年起大规模地扩建和改造了东西长安街，同时建成了可容纳40万人集合，东西宽500米，南北长860米的气势磅礴、气象壮观的天安门广场。为配合工业区建设，修建了昌平路、东南三环等道路工程。上海市为配合工业区建设，从1958年起改造和拓宽了通往彭浦、漕河泾、闵行、安亭等新工业区的交通干道。天津市改造了和平路、京塘路、解放南路等重要干线；修建了中心广场和一些工业区道路。兰州市为确保工业建设，先后拓宽了西固东西路、西津东西路、东岗西路、白银路、安宁东西路等市区主要干道。济南市为配合工业建设，修建了11公里长的工业南路和12公里长的工业北路。

“十年动乱”期间。城市道路的建设和管理受到很大影响，道路设施的投资降到最低点，工程项目排不上队，道路失修失养相当严重，道路设施的“缺口”和欠帐越来越大。

这个时期内，因为城市生产和生活的急需，也建设了一些重点工程。如上海市完成全长2793米的打浦路越江(黄浦江)隧道工程；北京市建成我国第一条地铁的一期工程；天津市修建宽50米南京路；长沙市完成“五一路”全线贯通工程等。

党的十一届三中全会以后，国民经济状况迅速好转，我国城市道路进入了一个空前繁荣时期。从1978年到1986年的8年间，全国城市按照总体规划，新建和改建了一大批重要道路工程，城市面貌有了较大改观。据1986年底统计，1978年以来的这个时期，城市道路长度增长39%，其中高级、次高级道路增长82%；道路面积增长61%，其中高级、次高级路面积增长102%。主要工程有：

天津中环线道路工程，这条环线全长34.49公里，由10条路组成，沿线与14条放射线相交，道路面积140.78万平方米，路面宽50米，设计车速每小时60公里，全线修筑桥梁7座，立交桥8座，排水管线69.5公里和泵站9座。继中环线后，1987年又开工建设外环线道路工程，这条环线全长71.44公里，路基宽50米，路面共150万平方米，跨越6条铁路、14条干线公路和4条大河。中环线和外环线道路工程是天津市建国以来建设规模最大的道路工程，它的建成，对加快天津市经济建设，综合治理城市交通，改善投资环境，改善人民生活都有重大意义。

北京市在8年中，新建、改建道路813.9公里，相当于建国初期道路长度的3.8倍，建设速度之快，规模之大是空前的。根据首都城市建设总体规划的安排，道路建设已由过去的棋盘式格局，逐步发展为以天安门广场为中心，放射干线与环线干道交织在一起的蛛网式新型道路系统。近几年，北京先后建成或打通了二环路、三环路以及四环路的部分路段，与此同时还新建扩建了10多条放射干线，其中主要工程有：京顺路、昌平路、学院路、京开路以及京石路等，道路象一条条丝线将散落在北京市周围的城镇联系在一起，形成了一个四通八达的交通网。上海市为配合宝钢钢铁基地建设和第五届全国运动会召开，辟通和拓宽了目济路、宝山路、四平路、虹桥路、中山环路等。穿越黄浦江全长2261米的延安东路隧道正在抓紧施工中。广州市自开放以来，交通运输量大幅度增长，为解决广州市交通问题，广州市建设了目前我国第一条高架路即人民路高架路，长为5.2公里，高7米，宽11米，它的建成对缓和广州市交通紧张状况发挥了重要作用。到1985年底，广州市道路总长达415公里，面积447万平方米，分别比1949年增长82%和142%。“六五”期间广州市道路交通建设投资是过去30年投资的总和。

济南市8年中共铺装城市道路58.39公里，面积91.86万平方米，拓宽改造道路57项，主要工程有：纬二路、英雄山路、七里山路、解放路等。

武汉市“六五”期间先后共新建和改建城市道路有30条，新增城市道路长29.8公里，新增道路面积60万平方米。新增道路95%是高级、次高级路面。太原市至1986年底，道路已达473公里。如今的太原市道路，以雄伟的迎泽大街为主轴线，东西向有7条大街与之平行，南北向有5条大道与这些大街相交，形成了棋盘式街道布局。

此外，中小城市道路设施也有迅速发展，如地震后，唐山市经8年建设，面貌已焕然一新。截止1985年底，修建城市道路285公里，相当于震前近30年道路总长的1.5倍。道路铺装面积455万平方米，为震前道路面积的3.2倍。新建主干道如新华路、建设路、北新路、新城路等主干道路宽都有40米以上，一般道路宽20米至30米，这些主要干道大大改善了唐山市交通情况。如山东省淄博市，到1986年，市政建设投资6357万元，全市共新建道路长47公里，面积为61万平方米。改造小巷道路6万平方米，把穿越城区的车辆引到市外。

二、城市道路对国民经济和社会发展的促进作用

城市道路的发展，促进了国民经济和社会的发展，保证了城市生产和人民生活的正常进行，美化了城市面貌，从而取得明显的经济效益、社会效益和环境效益。例如天津市中环线通车后，市区交通拥挤状况迅速缓解，许多路口的通行能力大大提高，据调查论证，车辆因缩短绕行距离所获得的年经济效益为168.92万元；由车速提高，车辆周转加快获得的年效益为6803.23万元。由于道路技术条件的改善，节约燃料费、轮胎磨损费、车辆保修费为每年1321.15万元。中环线通车后，第一年的综合经济益为15333.61万元，三年时间即可全部收回建设投资。

北京市二环路1980年通车后，原来市区交通压力较大的西单、西四、东单、东四等几个主要路口的交通量平均下降20%，缓和了这些路口的阻车现象。过境车辆不仅提高行车速度，而且缩短运输距离。据初步统计，现在二环路每天行驶机动车10万辆，每年可节约燃料油600万公升，节省运费700万元。

重庆市投资768.91万元建成两路口人行地道和中山支路，两项工程建成后大大提高道路通行能力，车流量平均由原来的每小时1285辆增到每小时1673辆，提高30%；平均车速由原来的每小时6.2公里提增到每小时16.14公里，提高160%。由于减少堵车时间，提高车速，节约运输成本总额每年112.05万元，减少车辆的机械磨损费每年为76.33万元。据市公交公司反映，工程没有建成前，该公司每年车辆脱班3994车次，减少行车里程72368公里，直接经济损失近百万元。工程建成后，基本做到了正点行车。

据1985年统计，全国城市道路共担负货运量10亿吨，担负公共交通运量250亿人次。城市道路在国民经济建设中发挥了巨大作用。

三、城市道路施工企业和队伍的发展

随着城市道路的发展，成长起一支市政工程建设和维修养护队伍。到1986年底，全国已有市政工程施工和养护队伍近30万人。这支队伍承担国内城市道路工程建设任务，同时还承担国外一些道路工程。现已能完成技术复杂、大规模的道路施工任务。

近几年经过改革，施工企业普遍建立起以项目责任制为中心的承包制。招标投标制正在施工企业逐步推行。施工企业的用工制度也正在发生变革，固定工的比例不断减少，合同工的比例不断增大。一些城市在改革中还调整了管理体制。将施工企业和养护单位划开，对施工单位实行企业化管理，独立核算、自负盈亏；对养护单位实行养护费用包干，超支不补的办法。市政施工企业普遍推行万元产值工资含量包干办法，使工资总额随生产和经济效益好坏进行浮动，内部分配以劳动定额为基础，坚持多劳多得。为保证工程质量，各地建立质量监督机构，负责按照国家和部颁标准对竣工工程进行检查验收。改革已取得初步成效，实行投资包干的工程，有效地节约了建设资金，一般工程都达到缩短工期、降低造价、提高工程质量的目的。用工制度的改革，缓解了生产第一线工人年龄偏高和工种比例严重失调的状况，减轻了企业负担。

四、城市道路建设的技术进步

建国以来，城市道路的路面结构也发生很大变化。建国初期，仅有少量石板路和碎石路，大部分没有铺装层。50年代期间，路层结构厚度一般都在30厘米以下，仅有不足10厘米的表面处治层，重要道路只有沥青贯入式路面。60年代期间，开始建设沥青混凝土路面，由于开始时铺装层薄，基层处理厚度小，春融时常出现“翻浆”等问题。从70代起，各地考虑加厚砂砾底层，作了石灰土稳定土壤基层，路面结构增加到40厘米左右。进入80年代以后，路面结构又有很大改进，首先要求对路基进行重型击实，提高路基的密实度，增大石灰土底层厚度，推广应用工业废渣筑路，利用粉煤灰，砂砾混合料作基层，同时改善沥青混凝土面层材料等。

根据我国城市交通的特点，为方便车辆运行，减少交通事故发生，城市道路横断面也由早期的“一块板”发展为近年来修建的“二块板”和“三块板”型式道路。原来只有一、二十米宽的破旧街道，现在已拓宽到40至50米。没有设置“二块板”的路段，大部分设置中央线和隔离墩等。

30多年来，城市道路施工和维修养护的机具设备也有了很大发展。50年代初期，市政施工企业除蒸汽压路机，抽水机以外，没有任何施工机械，全部工序都是人工操作。到50年代中期，才有了手压喷油机，代替了人工大勺泼油。到50年代后期，沥青洒布车代替了手压喷油机。进入70年代以后，沥青混凝土摊铺机代替了人工摊铺。党的十一届三中全会以后，市政筑路机械有较快发展，各地研制生产了各种型号的筑路机械。如振动式压路机、沥青摊铺机、切削机、灰土搅拌机等。许多城市陆续建立固定沥青混凝土搅拌厂，也开始步入工厂化和自动化。

为了便于道路维修，许多城市还研制生产了一些小型机具。如北京、天津市政部门研制出振动夯板；福州市政部门研制出电烙熨边器；上海市政部门试制成功适于城市道路养护施工用沥青喷布车；成都市政部门研制出小型沥青混合料搅拌机等。使养护维修逐步向专业化、小型机械化发展。

随着城市大中小型机械的配套，目前施工作业从搅拌、运输、摊铺到碾压，已基本形成机械化一条龙。机械化的发展，大大降低了工人的劳动强度，加快了施工速度，提高了工程质量。

城市道路建设材料的品种开发，也取得可喜成绩，路基建设积极利用工业废料，如钢渣、煤渣、粉煤灰等。现在每年有数百万吨工业废料用于筑路，既提高了道路强度，又减少了环境污染。路面建筑主要材料沥青一直供应比较紧张，70年代初推广了沥青渣油处治路面，但由于渣油技术指标低，影响路面质量，随着我国石油工业的发展，渣油在城市道路建设中被淘汰了。到了80年代，随着交通运输的迅速发展，对道路沥青提出更高的要求，各地组织力量对国产沥青进行改性试验，提高沥青技术指标。同时，积极学习国外先进技术，研究生产了阳离子乳化沥青，现已在部分城市中推广应用。废旧沥青再生利用已取得较好成果，目前已在全国城市推广，取得明显的经济效益。在水泥混凝土路面施工中研究加入外渗剂，进行了薄膜养生，提高路面早期强度，达到了较好水平。

建国以来，城市道路建设虽然取得很大成绩，但是，由于城市经济的发展，人口的增加，车辆的增长，现有道路仍然满足不了交通发展的需要，很多城市还存在“行路难”、“乘车难”的问题，道路交通拥挤堵塞情况还是相当严重的。如何研究加快城市道路建设速度，完善道路系统，使之与经济建设，社会发展相协调，以满足交通日益发展的需要，这是今后一项艰巨的任务。

城市桥梁建设概况

沈 波

一、城市桥梁发展概况

我国历史久远，在造桥的技术、艺术和学术方面都具有光辉的传统风格。

“赵州桥”“洛阳桥”古今中外负有盛名。颐和园“玉带桥”蛋形石拱、北京“芦沟桥”石狮栏柱、广西“程阳桥”上的五座亭阁，各有特色。更特别的是把桥身也造成异样形式，如杨州“五亭桥”、太原“鱼沼飞梁”、杭州西湖“九曲桥”等等，把技术和艺术融成一体，是中国文化宝库中的明珠。

在著名桥梁专家茅以升主持下，仅用了2年5个月时间，于1937年建成了举世闻名的钱塘江大桥，大桥全长1453米，这是第一座飞架钱塘江的城市道路和铁路两用桥梁，规模之大，技术之复杂均为前所未有。

建国以来，城市桥梁建设取得了巨大成就。到1986年末，全国共有城市桥梁8005座。如上海市苏州河，市区河上共有桥梁21座，其中9座系解放后改建或新建的；广州市珠江上共有桥梁4座，其中1座系解放后改建拓宽的，2座系新建；天津海河市区一段共有桥梁12座，其中7座系解放后所建；武汉市已有桥梁74座，其中解放后修建的61座；重庆市跨越嘉陵江和长江新建3座大桥，改变了自古以来靠船摆渡过江的方式。

城市桥梁除数量增加以外，质量方面发生了更大变化。过去修桥多以木桥或半永久性桥梁为主，解放后改建或新建的绝大部份均为永久性桥梁。建国以来，建桥技术水平从设计理论到施工方面都有了很大提高。城市预应力混凝土桥在中国起步较早，50年代中期即取得了较多实践经验，以后大力推广，现已成为城市桥梁中最广泛采用的类型，城市桥梁预应力技术达到了国际先进水平。

城市桥梁跨径是衡量一个国家建设水平的重要标志之一。中国城市桥梁跨径也正在向长大化方向发展，开始只有10米、30米，以后100米至200米，现在向400米进军，有些方面达到和接近国际水平。回顾50年代初期修建跨径30多米的钢筋混凝土桥时，设计和施工均缺乏经验，难度很大。上海长寿路桥和蕴藻浜桥主跨均为33米左右，设计参考了很多资料才得以完成。其后到1964年建成主跨55米的南宁邕江大桥，则已属大跨径钢筋混凝土桥了。广西柳州市柳江穿越市区，多年来迫切希望在柳江上修建桥梁，由于桥位处墩高，水深、流急、地质复杂等因素，非修建百米以上大跨桥梁不可，但在当时技术条件下，除采用钢结构外，别无他策，以致拖延多年，未能起步。1964年市政工程设计和施工单位通力协作，在既无经验又缺乏资料情况下，以求实精神努力探索，终于在1968年以新的悬臂施工法建成了主跨为124米预应力桥梁，使中国城市桥梁技术跨入一个新的发展阶段。

党的十一届三中全会以后，城市桥梁建设呈现了一派蓬蓬勃勃的气象，全国共建桥梁2600多座，预应力结构日益推广。1968年建成兰州黄河大桥；1980年建成重庆长江大桥；1982年建成上海泖港大桥；1986年基本建成的天津永和桥在斜拉桥跨径方面属亚洲第一位，具有国际先进水平的单塔斜拉悬臂跨径为226米的重庆石门大桥正在施工中。同时，城市交通日益繁忙，要求改善交叉口交通。近年来立交桥、人行天桥和地道发展很快，据不完全统计已修建人行天桥和地道近百座，上海西藏中路"大世界"人行天桥全长186.4米，是国内最长的人行天桥。同时高架路已在我国的广州等市建成，交通效果较好。

二、城市桥梁的技术进步

［**斜拉桥**］ 20余年来各国修建斜拉桥的经验证明，混凝土斜拉桥优于悬索桥之处在于：刚度较大、活载挠度小，不需要巨大锚固基础，而且所有钢缆索用钢量少，风动稳定性好等。目前混凝土斜拉可以说是大跨径桥梁之首选，各国竞相修建，发展迅猛。据不完全统计近30年间，如果把钢斜拉桥也包括在内的斜拉桥总数，全世界共建造了130座，遍及29个国家。中国修建14座，占总数10.8%，斜拉桥总数占世界第三位。斜拉桥在中国虽然只有八、九年时间，却是大跨度桥型中修建最多、发展最快、推广最好的桥型。现在已建成11座，正在施工的有3座桥，其中100米以下的有5座，100～176米的有5座，200米以上有3座。从1975～1985年间跨径增长145米。

斜拉桥钢索防护技术是保证斜拉桥质量的关键所在，现在重庆研制的用氯磺化聚乙烯橡胶直接包复式方法已获得成功。

［**连续梁桥**］ 近年来，由于连续梁桥抗震性能好、变形和缓、伸缩缝少、刚度大、耐久性好、通车匀顺、养护简单、造型美等特点，以及顶推技术的应用和发展，所以连续梁桥已成为大中跨径桥梁的主要型式之一。中国近几年来，已成功地设计和修建了各种类型施工方法的连续梁桥。施工方法有：悬拼、悬浇、分段顶进等；全国已建成大跨连续梁桥：兰州黄河桥(L＝70米)；广西桂林净瓶山漓江桥(L＝60米)；广州第三海珠桥(L＝110米)。

［**预应力混凝土T型刚构桥**］ 预应力混凝土T型刚构桥是在悬臂施工法和预应力混凝土技术发展以后才应运而生的一种拱型结构。T型刚构桥不但节约钢材，而且施工方便，外型美观。

这种结构有中间带挂孔和带铰两种型式，城市桥梁多采用中间带挂孔型式。因为在设计、施工方面较易为人们掌握。中国发展T构桥较早，始于60年代中期，已建成20多座桥，主跨74～174米有11座，其中100米以上占45.5%。其中较大的有广西柳州大桥和重庆长江大桥，主跨已发展到174米。

在发展这种桥型中，国内已取得较为成熟的设计和施工经验，比较熟练地掌握了预应力混凝土悬臂浇筑和吊装的施工工艺，工程质量良好。

［**钢桥**］ 城市解放后没有建过较大的钢桥，几个大城市对解放前修建的大型钢桥如上海外白渡桥、金刚桥，已经或正在进行加固、整修和提高承载能力和通行能力的工作。仅在最近几年，天津市建成二座钢桥。一是跨子牙河的新桥，系87.5＋72.5米两跨连续。另一座是塘沽区跨越海河的大桥，系五孔简支梁下承式钢桁架桥，正桥长260米，桥面宽20.4米。中孔跨64米，能垂直提升27米，可通行3000吨的海轮。

［**立交桥**］ 中国城市立交桥发展很快，已陆续兴建了50余座规模较大的立交桥，其中北京市二环路9处立交桥和天津市中环路8处立交桥最具有代表性，成为全国城市立交桥大规模发展的象征。立交的基本型式分为平行匝道式立交(即长条苜蓿叶形立交)和环形立交两种。从功能来说可分：(1)互通式：北京建国门立交、西直门立交等。(2)分离式：天津十一经路高架桥。从交通组织来说又分为汽车与自行车混行和分行两种。北京阜成门和复兴门道路立交，是机动车与非机动车混行的平行匝道式立交。建国门立交、西直门立交是机动车与非机动车分行的环形立交。广州市1966年建成大北立交桥后，又在广州市区建成区庄立体交叉，这是国内第一座四层式新型立体交叉，它的交通组织将能达到机动车、非机动车与行人交通分行，各行其道，互不干扰，该桥占地仅3.2公顷。

［**桥梁设计**］ 计算正走向推广电子计算机技术，上海市政工程设计院的"斜张桥的电算程序"和采用空间壳体法计算船撞力对墩壁的局部作用，以及把卡尔曼滤波理论应用于T构悬臂梁挠度控制等的设计计算，可代表中国目前的水平。

在测试分析方面，由同济大学等单位对上海泖港桥及天津永和桥的动力及风动试验分析。以及由河北工学院、天津市市政工程研究所等对天津解放桥(旧钢桥)进行的上部结构桁梁桥及墩台基础的动力测试验定工作中，在梁节点及基础上安放振动传感器，用磁带收录信号并由电子微型信号处理机进行多点动力响应和错向分析均代表了中国桥梁测试及理论分析水平。

［**桥梁施工**］ 桥梁施工技术发展很快，如预应力混凝土T型刚构采用悬臂拼装或悬臂浇筑。预应力混凝土连续梁采用顶推施工，目前正向顶推跨径大于30米及长联方向发展，而且正在研究顶推坡桥、弯桥工艺，柳州二桥是9孔60米一联的预应力钢筋混凝土箱形连续梁桥，采用顶推法施工。箱梁分上下游两个独立的单室矩形梁，分别预制顶推。每组箱梁长541.6米，重9000吨，顶推最大距离为660米。

中小桥施工方面在上海、北京、天津等地基本做到预制化、机械化。

下部结构墩、台施工已采用滑模法就地浇筑。

灌筑桩在中国也获得很大发展，目前很多城市桥梁的墩台基础大多使用灌筑桩。灌筑桩有钻孔和冲孔两种形式，根据土质条件采用不同钻头形式。灌筑桩直径已做到1.2米。少数城市使用沉井基础。广州市海珠桥扩宽工程就采用了壁厚25厘米的钢筋混凝土沉井，沉井总高16.3米，分三节浮运下沉，基底做5颗冲孔灌筑桩，桩径1米。

上海泖港桥采用卡尔曼滤波法进行施工阶段位移与索力控制。该法能在施工过程中预报出最优的拉索张拉吨位；使结构的变位和索力尽可能处于优化状态。泖港桥由于采用此法进行施工控制，在悬壁施工最后一节时，实际挠度与设计标高仅差2厘米。

三、城市桥梁效益分析

［**经济效益**］ 减少车辆绕道行驶，节省跨越江河障碍时间，提高运输效率。重庆长江大桥总投资6468万元，1980年7月建成通车后，1982年通过大桥货运量200多万吨，客运量1700多万人次。据统计，因缩短运距，提高运效，每年节省1094万元。兰州黄河大桥总投资1109万元，按1983年实际交通量计算，节省汽车绕道费133.72万元，8年即可收回全部投资。天津市中环路(西半段)拓宽了道路，改建桥梁6座、新建立交桥3座，人行天桥2座，从而提高了车速，每年经济效益7000万元，2年即可收回全部投资。北京西单商场人行天桥建成前机动车高峰小时通行量1000辆，自行车7000辆，人流量1000人左右。据统计，有43.4%的机动车要减速行车，有50%的机动车要停5—20秒才可通过。人行天桥建成后，车速由每小时16.6公里提高到19.6公里，每年经济效益7.3万元，5年即可收回投资。上海延安东路人行天桥总投资85.6万元，每年经济效益27万元。

［**社会效益**］ 城市桥梁为生产为生活服务有些不能用经济数字显示，而是通过社会效益和环境效益反映出来。主要社会效益：

1. 方便群众，节省时间。如重庆长江大桥建桥前渡口每年因雾停航19天次，每次3—4小时，枯水季节亮出河滩200—300米，有的渡口达500米，上下高差30—40米，要攀登200—300级石梯。大桥建成后，可以乘车过江到达目的地，节约了时间和体力上的消耗，目前有17条客运线路，日均客运量达4.2万人次，按每人次节约1小时计算，每天可节约5250个工日。兰州黄河大桥建成后，乘公共汽车上下班，每人每天节省路途时间46.3分钟。

2. 避免交通事故，保证人身安全。兰州黄河大桥通车前，南北交通主要靠中山桥承担，由于桥面窄交通挤，几乎每天都有交通事故发生，1977—1979年交通事故死亡8人，其它重大事故39起，黄河大桥通车后未发生事故；上海延安东路外滩天桥建桥前，三年中死亡5人，通行后无死亡事故。

3. 保证防洪抢险交通运输。1981年7月中旬，重庆市遭受百年一遇特大洪水，沿江所有码头全部淹没，渡江船只全部停航，唯有重庆长江大桥保证了南北交通畅通。在洪讯期间，运送了救灾物质20万箱。包储公司通过大桥抢运转移了价值588万元江边堆存物质。南岸烟厂通过大桥抢运烟叶1350吨。

4. 使城市布局趋向合理。广州珠江三桥通车，使过境车流不穿越市区；重庆长江大桥建成，使南坪地区得到了开发，南坪人口由5400人猛增到38000多人，疏散了市区人口。

［**环境效益**］ 城市桥梁不仅是一项交通设施，而且是瑰伟的建筑艺术品，对加强城市环境建设有重要作用。北京的建国门立交桥、南宁邕江桥、天津中山门立交桥、重庆长江大桥都是城市的象征，给城市增添了新的景观。大桥的建成还极大地减少了污染和噪音。如北京市西单人行天桥处，建桥前为83分贝，建桥后为76.8分贝。

四、城市桥梁建设经济政策

城市桥梁长期以来都是依靠国家投资，无偿使用，由于建设资金少，有些城市桥梁长期建不起来，造成了生产和生活极大不便和经济上的损失。

为了克服城市交通运输浪费现象，有些城市建桥梁，采用了向银行贷款，以收取过桥费偿还的办法。这样做有以下几点好处：不增加财政开支；不增加企业负担；使用单位虽然要交过桥费，但可以从车辆减少绕道费和轮渡费中得到补偿；可以避免盲目建桥，如用收过桥费办法偿还建设资金，建桥单位就要考虑建桥的经济效益，可以避免乱上项目。

对于实行收过桥(隧)费办法，国外已广泛应用，国内上海黄浦江隧道从1971年6月通车开始收费，收费标准比轮渡低1/6，这样不但没有给企事业单位增加负担，而且使企业节支增收，到1983年底，向国家财政上缴3193万元。

目前，广州、佛山、柳州三市实行过桥收费，效果很好。

广州市于1985年6月建成了广州大桥(是珠江上第三座大桥)，共投资7000万元，包括连接该桥的两座立交桥，其中银行贷款5154万元，按合同规定五年内还清本息，连本带利共需偿还6000万元。为了偿还大桥投资及为新建桥梁、立交桥、隧道积累资金，经市政府批准，除消防、巡回警车、医院救护车、环卫粪便、垃圾运输车外，征收机动车辆过桥费。为了避免运输费用上涨，增加群众负担，市政府规定过桥费不准摊入成本，要求各单位内部消化，并授权广州市市政管理局负责过桥收费工作。根据市区跨江桥所处位置和交通条件，避免过桥收费影响交通，以及便于收费管理，采取购买期票(即月票、季票、半年票、全年票)和次票(过一次买一次)相结合的方式。本市车辆以购期票为主，外地车辆以买次票为主，对期票采取优惠价格，鼓励购买半年票和全年票。为了做好收费工作，成立市政设施收费所，预计每年能收入500万元，广州市由于实行了过桥收费方法，开辟资金渠道，具备了贷款偿还的条件。佛山市佛山大桥位于市区西侧，与广州市相接的出入口部位，全部工程包括一座大桥、三个立交和2.34公里的道路，总投资为2500万元。大桥1982年12月开工，1985年2月12日竣工，未建大桥前只有一条小路和一座仅7米宽的小桥，交通十分拥挤，车辆堵塞严重，车辆进出平均要堵塞1～2小时，最严重时，堵一次就是半天，新桥建成后几分钟就能通过。这项工程原来是市城建局投资，后因资金不足，改由佛山市国际信托投资公司投资，城建局投入的资金全部追回。信托投资公司采用发行股票的形式，以高息吸引民间资金(个人购买年息为12厘，单位购买年息为9厘)。大桥建成后，由信托投资公司所属管理处收过桥费，实行过一次收一次，每天通过大小车辆1万辆左右，平均收入约17000～18000元，年收入约650万元。信托投资公司为大桥投资2500万元，准备用五年左右的时间还本付息。目前，收费处工作人员50多人。

柳州市河东大桥(柳江上第二座大桥)。1984年6月建成，总投资为2000万元。为了解决城市建设投资不足和筹集柳江三桥建设资金，经市政府批准，从去年10月1日以来实行过桥收费。目前全市两座大桥，其中柳州大桥在市中心，交通已经超饱和，而新建河东大桥离市区较远。为了减轻柳州大桥的压力，避免河东大桥收费，把车辆吸引到柳州大桥上去，因而严格控制货车在柳州大桥上行驶，对允许通过的货车也实行收费。柳州市收费办法与广州、佛山略有不同，收费车辆范围仅限于营业性货运车辆，全市约13000辆；对非营业性的小汽车、面包车、军车、摩托车都免交过桥费。河东大桥收费方法实行期票和次票相结合办法，次票在桥头购买。柳州大桥由公安局交通大队管理，只卖期票，不卖次票，收费也由交通大队代收，收后统一上交市财政，为城建专项资金。河东大桥有大桥管理处穿标志服收费管理。柳州市两座大桥收费预计一年可收250万元左右。柳州市城市总体规划中要建五座大桥。过去由于缺乏投资，二十年才能建一座桥，他们叫二十年一遇。现在有了资金渠道，他们认为五年左右时间就可建一座桥，加快了城市建设步伐。目前柳州正计划兴建柳江三桥。

广州等三市实实过桥收费的主要经验有以下几点：

一、市委主要领导支持是实行过桥收费的关键。过桥收费是一件新事物，一方面大家不习惯，另一方面也出于各自所处的地位，提出不同意见，有的甚至提反对意见。在这种情况下，省(区)、市主要领导起着关键作用，态度要坚决，要做好工作，讲清道理，在市的领导班子内首先要统一思想，只要领导下了决心，事情就好办了。广州市实行过桥收费得到了省长梁灵光和市委书记、市长的积极支持。市委为过桥收费召开了三次常委会，统一思想和讨论具体收费办法，收费前还召开了全市主要企事业单位领导干部大会，由市长作报告宣传过桥收费的作用和意义，实行收费后省、市委机关车辆带头购买过桥期票，起了很好稳定作用，佛山市也是得到市里主要领导大力支持，市长任信托投资公司董事长，市财政局长任副董事长，计委、经委主任任董事。柳州市也是得到市委书记、市长的全力支持。

二、做好舆论宣传，争取大多数支持，减少过桥收费工作的阻力。过桥收费涉及面大，开始为了让大家知道此事，除了开大会市里领导作报告外，还印发了大量宣传材料，讲明过桥收费重要意义，广泛宣传，做到家喻户晓。广州市市政管理局开始想花800元钱在报纸上登一幅广告，但广州日报、羊城晚报、南方日报均因思想不通不接受，后来开了记者座谈会，做了宣传解释工作，各家报纸积极配合大力宣传，这样就不用登广告了，广告费也省下来了，对车辆大户也开了座谈会，经过宣传出乎意料没有一个表示反对。

三、要同公安交通部门密切配合，才能做好过桥收费工作。过桥收费绝大多数单位是遵守规定的，但开始时确实也有少数司机和单位不按规定办，漏票现象比较严重，有的甚至成群结队反对收费，不服从管理，还有的打电话进行威胁等等。为此三个市的公安交通部门都在不同程度上配合过桥

广州、佛山、柳州三市征费标准表　　单位：元(人民币、兑换券同)　表1

城市名称	征费类别	车辆种类别	次票	月票	季票	半年票	年票	备注
广州市	1	摩托车、三轮机动车、一切简易车。	1	10	20	30	50	次票每车过桥往返一次收一票
	2	小卧车、吉普车、十九座以下的旅行车、客车、二吨以下(不含二吨)的工具车、小货车	2	35	90	150	250	
	3	二十座以上四十九座以下的客车、二至五吨(不含五吨)的载重车、拖挂车、特种车	4	70	180	300	500	
	4	五十座以上的客车、五至八吨(不含八吨)的载重车、拖挂车、特种车	6	120	300	500	850	
	5	八至二十吨(不含二十吨)的载重车、拖挂车、特种车	10	180	500	850	1400	
	6	一切集装箱车、二十吨以上的载重车辆(超过桥梁设计载重量的不准通行)	15	250	700	1200	2000	
佛山市	1	各种三轮机动车、各种简易机动车、手扶拖拉机	0.5					次票每车过桥一次收一票
	2	小卧车、小吉普车、十九座以下的旅游车、客车、两吨以下的工具车(不含两吨)、小货车、大中型胶轮拖拉机、悬挂军用号牌的车辆(包括武装警察总队使用的专用号牌车辆)	1.0					
	3	二十座以上(含二十吨)四十九座以下的客车、两吨至五吨的载重车(含两吨、不含五吨)、拖挂车、半拖挂车、特种车。	2.0					
	4	五十座以上的客车(含五十吨)、五吨至八吨的载重车(含五吨及八吨)、拖挂车、半拖挂车、特种车	3.0					
	5	八吨以上、二十吨以下(含二十吨)的载重车、拖挂车、半拖挂车、特种车。	5.0					
	6	一切集装箱车、二十吨以上的车辆(超过桥梁设计载重标准的车辆不准通过)	8.0					
	7	执行任务的警车、消防、救护、环卫及殡葬车	免费					
柳州市	1	二点五吨以下	5	30				次票每车过桥一次收一票
	2	三吨至五吨	5	50				
	3	六吨以上	8	80				

收费工作。广州、柳州市在几个主要收费站口都有民警值勤，随时处理违章纠纷。佛山也是如此。这三个市的交通队都抽出一定力量进行配合，广州市抽出30名交警，柳州大桥收费和管理全由交通警包下来了，市里也从收费中拿出一定比例给他们作为管理费，广州和佛山公安交通部门均提取1.5%管理费，罚款按30%提取。柳州大桥提取20%管理费。

四、合理确定免征范围。这几个市过桥收费工作上得比较快，刚一开始考虑不了那么全，难免出现一些不够合理的地方。经过一段时间实施后，根据各方面反映，实事求是地减免了一部分车辆过桥费，如囚车、殡葬车、邮政车辆等，其他均不免征，即使城建部门自己车辆，该交的一律都交。

五、贷款建桥可以采取多种形式，除了向银行贷款以外，在有条件的地方可采取发行股票集资。佛山信托投资公司发行股票8000万元，今年由发行股票改为发行债券，利息要比银行高，吸引了大量民间游资，为城市建设提供了建设资金。

城市公共交通事业的发展和改革

左德钫　张奎福　兰荣

一、发展概况

城市客运公共交通是经济建设和人民生活所必需的重要公用事业。也是城市发展的主要基础设施之一。旧中国的城市公共交通基础很差，发展缓慢。自从1906年比利时人在天津投资建成第一条有轨电车线路后，我国开始有了城市公共交通。1914年，上海出现了无轨电车。10年后上海、天津又相继发展了公共汽车。但到建国初期为止，在全国72个城市中，只有26个城市有一些破旧不堪的公共汽车、电车在勉强运行，总数为2292辆。

新中国成立后，随着经济建设的迅速发展和城市规模的不断扩大，城市公共交通事业也相应发展起来。"一五"期间，国家对沈阳、长春、哈尔滨等城市的有轨电车设施进行了改造和扩建，到1957年，这3个城市有轨电车数量已占公共交通车辆总数的50%；客运量占57%。同时，在北京、上海、天津等大城市开始采用无轨电车代替有轨电车。"一五"期间各地公共交通部门还兴建了一些车辆保养、修配厂等重要的后方设施。

第二个五年计划后，国家增加了对公共交通的投资。由于国产解放牌汽车的出厂为我国客车生产创造了条件，并从国外进口了一批公共汽车，公共交通客运能力明显提高。1960年在南京、武汉、广州、西安、重庆、太原、青岛、齐齐哈尔等城市建成了第二期无轨电车工程，北京、天津、上海、沈阳等城市也相继完成了无轨电车扩建工程。一些沿江河的城市积极发挥水运优势，发展了水上航线和轮渡事业。

十年动乱时期，城市公共交通事业的发展受到了严重影响，发展十分缓慢。党的十一届三中全会以后，由于城市开放搞活政策的逐步贯彻和城乡经济的日益繁荣，城市客运量猛增，虽然公共交通事业取得了迅速的发展，"乘车难"问题仍很突出。到1986年底，在全国353个设市城市中，已有289个城市有了公共交通设施，配备公共汽车、电车45，445辆，比1978年增长了1.76倍；运营线路长度106189公里，比1978年增长了2.23倍；运客总量为261亿人次，比1978年增长了1.9倍，按人次计算，比全国铁路、民航和水运客运量的总和还要多。除公路汽、电车外，还有160多个城市有出租汽车5万多辆，为城乡居民和旅游事业提供服务。

地铁是发展大城市客运交通的重要设施。目前，北京、天津已建成地下铁道40公里，1986年客运量1.64亿人次。上海、广州等城市的地下铁道也正在筹建中。

轮渡是城市公共交通的一个组成部分。我国目前有30个城市有轮渡设施，拥有船只450艘，年客运量8亿多人次，为沿江城市人民的生产和生活提供了方便，同时对沟通市区与郊区联系，促进城乡交流等方面起着十分重要的作用。

我国山城重庆，根据地形特点在1981年建成了一条横跨嘉陵江的双线往复式架空客运索道，全长740米，这是中国第一条城市客运索道。此外重庆还建成了具有城市特点的垂直电梯和缆车等公共交通设施。

目前，我国已基本形成了以公共汽、电车为主体，以出租汽车、地下铁道、城市轮渡等为辅的城市客运公共交通体系和多家经营、协调发展、统一管理的格局，为发展生产、繁荣经济作出了重要的贡献。

二、经营管理体制和企业内部的改革

长期以来，由于城市公共交通全部由国营企业承担，企业的性质又没有为国家和社会确认，低票价政策和投资渠道不落实等诸多因素导致多数企业连年亏损，不能保持持续稳定的发展。由于税费负担重，职工福利待遇偏低，经济责任制很难落实。职工的积极性也受到了很大影响。在大多数企业处于困难的时刻，1985年4月1日国务院以国发[1985]59号文批转了城乡建设环境保护部《关于改革城市公共交通工作的报告》。这个文件是经过赵紫阳、李鹏、万里、田纪云、姚依林等国务院领导同志亲自批阅修改，并征得国家计委、经委、财政部、中国人民银行、交通部、公安部、国家物价局、国家工商行政管理局等主管部门同意后颁发的，也是建国30多年来国务院为城市公共交通发展颁发的第一个文件。文件明确指出了以下几个重要政策：

一是明确了公共交通在城市经济发展中的作用和地位。指出发展城市交通是关系到城市人民生活和生产发展的重要问题。

二是明确了城市公共交通企业是服务性的生产部门，要实行独立核算，自负盈亏，按价值规律办事，对不合理的运价要作适当调整，对月票要进行改革。强调公共交通企业是利润水平较低的企业，建议地方政府在财政上予以照顾，从人力、物力、财力上给予必要的支持。

三是提出了解决城市特别是大城市的“乘车难”问题必须采取综合治理措施。各地应采取错时上下班，减少不必要的交通流量、改善交通管理等项综合措施，缓解公共交通的紧张状况；

四是明确提出要大力发展公共交通，增加客运车辆。从长远计，在一些大城市要考虑发展快速轨道交通和地铁，以缓和地面道路交通的拥挤；

五是在经营管理政策上提出实行多家经营、统一管理的方针。城市客运交通实行多家经营后，城市公共交通主管部门要实行统一规划、统一管理，各种交通工具应密切配合，协调发展，开展合理的竞争，互相促进，搞活客运。

近两年来，我国城市公共交通的改革工作取得了显著的社会效益和经济效益，主要表现在以下几个方面：

［**城市公共交通的综合治理取得进展，收效显著**］ 北京、上海、天津、沈阳、西安、大连等许多城市的人民政府通盘考虑城市交通问题，远近结合，标本兼治，采取了不少行之有效的措施，组织动员全社会治理城市交通。在增拨资金购置车船，给予公交企业一些优惠政策的同时，采取了全市调整公休日、错时上下班、强化道路管理、分片包干清整路面等一系列措施。为解决职工上下班“乘车难”问题，许多城市组织了大规模的、经常性的换房活动。天津市1981年至1985年为18万多户职工换房22万多间，减少了职工上下班交通流量，受到了普遍的赞扬。

［**加快了企业内部改革的步伐，全面推行了不同形式的经济承包责任制**］ 近年来，公共交通企业领导班子逐步实现了年轻化、知识化，先后推行了经理(厂长)负责制。实行党政分开。经理(厂长)行使充分的行政指挥权，是推动公共交通企业改革取得显著成绩最重要的保证。许多城市公共交通企业的经验表明，管理机制的变革和企业活力的不断增强，有赖于一个坚强、团结的领导班子，有赖于企业思想政治工作的加强和领导成员的自身建设。

由于各地公共交通企业推行了不同形式的经济承包责任制，长期以来分配问题的弊端正在逐步得到解决，从而调动了车队和职工的积极性。各地公交企业在这方面大胆实践，认真总结出了许多行之有效的方案，目前实行的主要方式有：(1)工资总额与营运收入和行驶公里双挂钩；(2)百元营收工资含量包干；(3)超收提成或工资总额双浮动；(4)车队承包或单车承包；(5)租赁经营，等等。如成都公交公司在总结了“百元营收工资含量包干”的利弊以后，1986年11月经市政府批准试行了“工资总额与营收、公里双挂钩”方案，突出了社会效益和经济效益相结合的分配原则，三级管理，层层考核，效果较好。一年来总行驶公里、营收劳动生产率和班次率等诸项指标全面完成并有较大幅度的增长，故障、服务批评信明显下降，职工收入也有所增加。沈阳、杭州、武汉、广州等市的公交企业也分别结合本地情况实行了不同形式的承包经营责任制，取得了显著成绩。一些出租汽车企业本着国家、集体、个人三受益的原则，在不要国家投资的基点上，依靠贷款购车，在企业内部加强管理，通过承包、租赁等多种经营形式使企业稳步发展，服务范围不断扩大。沈阳出租汽车公司自1984年起实行“国家所有，个人租赁，自主经营”，三年迈出三大步，1986年与1984年相比，总收入提高94.8%，利润提高83.3%。服务质量也有明显提高，两年多来收到表扬信4,100多封。

［**城市客运交通市场管理和行业管理有所加强**］ 城市经济搞活后，独家经营的局面已被突破，出现了国营、集体、个体一起上，多家经营客运交通的新局面。为了加强城市客运交通的统一管理。至1986年底已有近20个城市成立了公共交通主管部门领导下的客运交通管理机构，对加强行业管理和市场管理，制定章法，作好规划、协调、指导、

监督和服务等方面作了大量工作。较早成立的哈尔滨市客运管理处，在市公用局的指导下转变工作职能，突出行业管理，管理覆盖面已遍及全市道路、水上客运，并组织社会通勤车和闲散车辆参加联运、捎脚，填补公共交通缺口，有力地促进了全市乘车难、乘船难、租车难的缓解。为了加强对出租汽车的管理，维护乘客的利益，各地客运管理机构还分别制定了出租汽车管理办法和有关的规章制度，并建立稽查队伍，加强了监督检查工作。

［**对公共交通实行优惠政策，改革票制，调整票价**］ 国务院1985年59号文件发布后，许多省、自治区、直辖市十分重视公交企业发展中存在的问题和困难，通过多项经济政策给予扶植，实行了一些优惠政策。主要有：减免税费，免缴或返还折旧费，优先供用平价油，给予财政补贴，增加公共交通基本建设投资等等。据不完全统计，至1986年底已有80余个城市在不同程度上对公共交通实行了优惠和扶植政策。但就全国范围和全行业而言，公共交通企业负担过重，缺少投资渠道、车船设备无力更新和后方设施严重缺乏等问题仍然比较突出。

公共交通长期以来实行的低票价政策，造成价值与价格的严重背离，有些城市的公交票价还是50年代制定的，30多年来未作调整，随着运营成本的不断提高，使企业入不敷出，难以维持。近年来一些城市通过改革票制，简化票种，适当调整票价等措施，部分地解决了公交价格与运营成本倒挂问题。至1986年底，已有20多个城市调整了零票和月票价格，缩小月票发售范围或简化了票种。长春、哈尔滨、烟台等城市还实行了本票制，为全国的公交票制改革积累了有益经验。

三、职工队伍的壮大成长和精神文明建设

公共交通是城市精神文明建设的重要窗口，公共交通的服务质量直接影响着城市的精神风貌、国家的信誉和社会道德风尚。我国公共交通职工目前已逾50万人，其中青年和妇女占了很大的比重。他们在十分艰苦的条件下长年工作在运营一线，尽力为广大乘客提供“安全、准点、方便、舒适”的乘坐条件做出贡献。近年来许多城市的公交职工在两个文明建设的过程中，开展了多种形式的优质服务竞赛活动，如北京的“文明礼貌车”，上海的“新风车”等等，都取得了较好的成绩，在社会上引起了广泛的反响。自1983年以来，建设部、共青团中央和中国建筑工会连续三年在城市公共交通系统组织开展了全国性的优质服务竞赛活动，对全系统职工队伍的建设、提高职工队伍的政治素质和业务素质起到了有力的推动作用。

1985年12月，建设部、中华全国总工会建筑工会在北京联合召开了全国公共交通系统先进企业、先进集体、劳动模范表彰大会。大会认真总结了三年来开展优质服务竞赛的经验，评选出10个先进企业、30个先进集体、70个劳动模范。国务院副总理李鹏同志出席了会议并作了重要讲话，接见了与会全体代表。这次会议对于推动公共交通系统的优质服务，提高公交职工的社会地位起到了积极作用。

近年来的实践表明，精神文明建设是公共交通提高服务质量的基础。各地公交企业创造的经验表明，思想政治工作和职业道德教育工作的不断改革，使公共交通的服务工作不断向制度化、规范化、科学化迈进。一些公交企业开展的“爱行业、爱企业、爱职业”理想教育活动、成立的“服务规律研究组”、“乘客心理研究组”等等，都有力地推动了公交服务质量的提高。

四、技术进步和标准化工作

60年代中期，在公共交通车辆制造方面，已由解放初期只能进行简单的车辆拆修和改装发展到具有自行设计、装配生产大型公共汽、电车的能力。建设部系统及其联营企业目前已有30多家生产60多种城市客车产品，1985年生产城市客车11,000辆，产品设计和工艺质量不断提向，已经拥有一批省优、部优产品，较好地满足了城市公共交通的需要。

在公共汽车方面，国产通道式(铰接)大型客车已经成为我国大中城市主要的公共交通工具，1986年占全部客车的46%左右。200马力以上的大型客车和各种新型客车在载客量、动力性能、可靠性和舒适性方面均有较大的发展和改进。在无轨电车方面，新型的斩波器调速装置已逐步取代了电阻调速方式，节约用电消耗约15～20%。

在场站建设、调度通讯系统和现代化企业管理方面，近年来许多公交企业也取得了迅速的发展。如上海公交公司目前已拥有公交场站61座，可同时容纳客车4,400多辆；有无线电对讲机近700台，中心台监控频道24个覆盖全上海市区，与其它设施共同组成了现场调度网络；在企业管理中拥有计算机近60台，应用于营运数据处理、计划调度、财务票务管理、车辆定检编制等方面。

北京地铁为了提高运营效率，方便市民乘车，决定将全长23.6公里的一期工程(苹果园至北京站)与全长16.1公里的二期工程(复兴门至北京站)按通成环线，为此，与1986年8月开始动工修建复兴门折返线，竣工后预计能吸引地面100多万乘客乘坐地铁，部分缓解地面客流量。该工程由铁道部隧道局承担，采用先进的浅埋暗挖法施工，既不干扰长安街干道的交通，又节约了大量资金。

为使城市公共交通的管理逐步实现标准化、规范化，1983年建设部城市建设管理局在北京召开了城市公共交通标准协调工作会议，布置了公交系统的标准制订工作，会议决定成立24个国家标准起草小组。经各地专家和技术人员的共同努力，到1986年止已完成了《城市公共汽车系列型谱》、《城市公共交通常用名词术语》、《城市公共交通标志》等国家标准20项，部颁标准11项。这些标准的颁发不仅促进了城市公共交通事业的技术进步，而且对发展生产和方便人民生活提供了方便。如北京、广州等一些城市按照国家标准安装了新站牌，受到广大乘客的普遍好评。

1986年7月，国家科委、建设部、公安部在广州联合召开了《全国部分大城市交通发展政策与管理讨论会》。会议在分析了当前城市交通状况日趋紧张的原因后，提出了以大城市交通决策的民主性和科学性为中心的相应政策，即：(1)科学地进行交通规划，把完善城市道路交通网作为综合治理城市交通的首要对策；(2)确立以发展公共交通为主的方针，使交通结构合理化，逐步发展快速轨道交通；(3)调整经济政策，建立稳定的城市交通建设资金渠道；(4)强化交通立法，提高城市交通管理水平。

城市轨道交通发展概况

方向

城市轨道交通，是随着交通运输发展而出现的一种特殊类型的城市公共交通系统。它是以轮轨电动运转方式为特征的客运工具，在技术经济上具有运量大、速度快、寿命长、低成本的特点。

一、城市轨道交通的发展情况

我国使用的轨道客运交通方式主要有：有轨电车交通、轻轨交通和地铁交通。此外还有轨道缆车等辅助交通工具。从各种轨道交通方式的平均运行速度、准时性、乘坐舒适性、以及单位时间输运能力等因素综合分析、地下铁道系统优于轻轨系统，轻轨系统优于有轨电车，因此轻轨交通和地铁交通被称为快速轨道系统。逐步发展成为我国现代城市主要交通工具，方兴未艾。

［**有轨电车交通**］　本世纪初叶，我国城市交通受外来文化的影响，天津、上海和大连分别在1906年、1908年和1909年建成了有轨电车。20年代中、后期，北京、沈阳、哈尔滨也相继出现了有轨电车。其中沈阳市有轨电车是在1908年建成的畜力轨道客车基础上改造而成的。之后长春也在1941年开始了有轨电车的运营。

有轨电车的出现，改善了城市居民的出行方式，迅速成为城市公共交通的主要方式。大连市有轨电车通车的第一年，日平均客运量就超过8000人次。然而，旧中国经济落后，这种主要客运方式的发展十分缓慢。以天津有轨电车为例，从1927年至1949年的22年间，运营线路里程仅增加了8%，车辆总数仅增长了12%。

新中国成立以后，城市轨道交通迅速发展，取得了引人瞩目的成就。

50年代，城市有轨电车得到了较大发展，其营运线路里程，车辆拥有数及全年载客人次都出现了大幅度上升的趋势。1955年新建了鞍山市有轨电车系统。到1959年上海已拥有72.4公里有轨电车线路、360辆有轨电车，承担了全市23%以上的客运量。年客运总数达2.7亿人次。北京市1956年的有轨电车客运量比1949年增加了4.34倍，年载客总量达到1.5亿人次。有轨电车的发展势头，一直持续到50年代后期。

进入60年代，随着我国汽车工业的发展和国内石油实现自给，公共汽车和无轨电车等新兴公共客运交通方式迅猛发展起来。与无轨电车、公共汽车相比，老式有轨电车在方便、灵活、速度、舒适等方面大为逊色，从而逐步趋于衰落。到70年代中期，国内除大连、长春、鞍山和哈尔滨等4个城市外，其余各城市有轨电车先后被淘汰，由公共汽车无轨电车承担客运任务。

建国以来有轨电车发展变化表　　**表1**

项目 年份	城市数 (个)	营运线路长度 (公里)	拥有车辆数 (辆)	年客运总量 (万人次)
1949	7	339	866	22,753
1957	7	392	1224	93,821
1972	4	111	533	53,647
1983	4	69	321	44,823

［**地下铁道交通**］　早在1956年10月，北京成立了地下铁道筹建处，开始了我国第一条城市地下铁道的筹建工作。1965年7月1日，北京地下铁道第一期工程破土动工，1969年10月1日试运行，1973年4月北京火车站至苹果园全线贯通，1981年9月通过国家验收并正式运营。该线全长

23.6公里，设17个车站，工程采用浅埋明挖工艺，总投资6.4亿元。1970年，北京地铁环线工程开工。环线全长23.1公里(含一期通车里程6.4公里在内)，设18个车站，(含一期通车6个车站在内)。该项工程1984年5月1日试运行，同年10月1日正式通车运营。至此，北京市已有二条地下铁路，总长40.3公里、29个车站投入运营。考虑到与远期轨道交通的衔接，环线在复兴门等五座站设立了双层立体换乘车站，同时建成了行车指挥电子计算机自动化系统。

在北京地铁修建的同时，天津从1970年4月开始，在改造墙子河工程的基础上修建了地下铁路，1976年7月因唐山地震影响而暂缓建设。1980年1月曾对部分地段实行维护性试通车。1982年重新开工，1984年12月底完成西站工程，次年元月1日正式运营。天津地铁全长7.4公里，设8个车站。

为进一步提高快速有轨交通在北京城市交通中的骨干作用，提高北京地铁环形线路的服务水平，1986年8月，北京地铁复兴门至苹果园段的东端折返线路工程开工。该线段设计长度约360米，并首次采用浅埋暗挖法施工。该项工程不仅使北京地铁环线实现环式运行(复兴门站实现立体换乘)，而且能够充分发挥环线与全市40%的公交线路衔接发生的社会效益，缓解穿越城区中心地段公共交通线路拥挤状况，并起到调节市内交通的作用；将市区公共交通网络运送频率提高50%以上。

［**轻轨交通**］ 快速有轨系统的出现，改变了我国特大城市公共交通的结构。建立一个既吸取地铁系统的车辆，信号控制等新技术，又发挥原有有轨电车方便灵活等特点的新体系——轻轨交通系统是发展我国快速轨道交通的途径之一。

1981年，原国家城建总局在长春召开了第一次轻轨交通会议，会议提出了在现有基础上，选择条件适当的有轨交通加以改造，使成为发展我国现代化轻轨交通的起点。

1983年，建设部城建局在湘潭召开了轻轨技术研讨会，分别就车辆、工程等方面提出技术参数草案。1984年建设部、机械部联合发文就尽快落实轻轨线路作了部署。

至此建设轻轨系统的各种准备工作在国内广泛展开。一类是利用原有有轨电车进行改造。长春、大连、鞍山等城市提出了改造方案，其中长春市改造有轨电车为轻轨系统的可行性报告通过专家评审，并在1985年列入该市计划委员会计划之中。另一类是筹划新建轻轨交通系统。广州、杭州、上海、北京、天津、兰州等城市相继提出该市轻轨交通建设方案可行性报告。

［**轨道缆车交通**］ 除城市快速有轨系统外，我国公共交通系统中增加了一个特殊的辅助公共交通系统——轨道缆车体系。这一体系主要用于地形复杂的山区城市重庆。在地形高差陡度的阶梯上，修建沿轨道运行的运送体系。

二、城市轨道交通技术装备和技术进步

［**综合配套能力**］ 建国后，轨道交通技术装备综合配套能力不断提高，并初步形成体系，已能为我国轨道交通事业的发展提供成套设备。如大连电车工厂，自1951年自行设计生产第一代有轨电车以来，已生产近250台各型号有轨电动车辆。1984年10月，对研制的DL—621型绞接式有轨电车通过技术鉴定，为我国城市轨道交通工具大型化发展迈出了可喜的一步。国内地下铁道车辆生产厂家已有两家，其中铁道部长春客车厂是我国铁路客车主要生产厂家。我国第一台地铁车辆就诞生在该厂。1969年以来，该厂已向国内外提供地铁电动客车400余辆。1982年以来，研制的各类载波调速地铁电动车的性能，已达到世界80年代初的技术水平。湘潭电机厂，是国内地铁电动客车的另一生产厂家。1982年该厂生产出第一台地铁客车，使该厂跨入生产城市轨道车辆的行列。1985年，该厂曾与国外合作，一起参加了香港地区轻轨车辆的投标。

［**设计科研队伍状况**］ 我国城市轨道交通系统的专业设计、研究力量正在稳步发展。北京市城市建设工程设计院，是国内最早建立的城市轨道交通工程设计、研究专业机构。该院成立于1958年，前身为中国人民解放军铁道兵，基建工程兵地铁设计机关，1983年，转业地方。目前拥有各类技术人员400人，其中高级工程技术人员80余人。该院承担了北京地铁一、二期工程的科研、规划和总体方案设计，并参与了上海市轨道交通的可行性研究和初步设计。该院设有地下铁道专业设计机构和轻轨设计研究所。城乡建设环境保护部城市建设研究院是国内最高层次的城市市政设施科研部门。该院始建于1985年，拥有各类工程技术研究人员67名，其中高级研究人员12名。目前该院已展开全国城市公共交通及轻轨交通系统的各项研究工作。在承担国家科委下达“轻轨交通方式”研究中，就工程结构、环境工程、供电系统经济评价和车辆研制等方面，组织了国内10余个研究机构，近百名科研工程技术人员协同攻关。除此以外，天津市，铁道部科学院、长春客车厂、湘潭电机厂等单位，近几年也相继成立了城市轨道系统分专业的研究机构，对城市轨道交通车辆、线路等专项技术进行研究。

三、中国城市轨道交通发展动向与特点

城市轨道交通作为大城市一种新型的高效的交通工具，正在被人们所认识和重视，轨道交通发

展前景是乐观的。当前，我国城市轨道交通事业发展表现出以下特点：一是城市有轨交通在大城市公共交通运输中，正在继续发挥其特有的技术经济优势；二是具有现代技术装备的轻轨交通特别是地铁正在北京、天津、上海等特大城市积极扩建或筹建。

1986年，国内仅有6个城市拥有轨道交通。其中北京、天津拥有三条总长47.67公里的地铁线路，长春、哈尔滨、大连和鞍山4市，拥有8条总长45公里的有轨电车线路。城市轨道交通系统全年运送54,215万人次。城市轨道交通在城市客运交通中所占的比例见表2。

表2

	营运总里程（%）	总客运量（%）
公共电、汽车	98.59	90.84
轨道交通	1.41	9.16

显而易见，仅占营运总里程1.4%的轨道交通系统，承担了相应城市总客运量的9.16%，充分发挥了轨道交通对于缓解大城市公共交通运输紧张状况的骨干作用。

1986年，城市客运轨道交通在技术装备工作方面迈进了一大步。国家科学技术委员会，第一次把城市公共交通新装备、技术的科学研究纳入国家科技攻关项目。1986年10月，城乡建设环境保护部城市建设研究院提交了“大城市公共交通系统和轻轨交通研究”的专题报告，经过有关专家的论证，展开了研究工作，并提出发展城市轻轨交通的实施方案等。

1986年全国积极开展了快速轨道交通建设可行性研究。上海市正在积极、慎重地寻求在软地质条件下，建设地铁交通的途径。并提出了市内繁华地区实现地下铁路交通，外围地区采用轻轨交通的综合方案。现已向国家提出了一条14.4公里地铁的报批方案。北京正在考虑利用复兴门折返线暗挖施工的成功经验，实现该线东进的目标。即，从复兴门东进经西单、天安门、东单等直至八王坟的线路实施方案。北京同时积极探讨利用外资建设西直门至颐和园的轻轨系统的可行性。国内天津、广州、杭州等城市也都提出了建设快速轨道系统的各种方案。

城市市容环境卫生事业概况

刘京援　郝忠良

环境卫生是城市一个重要的精神文明窗口，它还直接关系到城市的市容和人民群众的身体健康，是城市建设中一项十分重要的工作。

旧中国城市环境卫生工作相当落后，只有在一些大城市，在一些主要地区雇有少数人清扫街道，收运垃圾、粪便。从事这项职业的工人受社会歧视，被称为“清道夫”。较长时间，清扫、收运队伍属城市警察部门管辖，有的城市，曾在短时间内，转到卫生部门管理。

1949年中华人民共和国成立后，党和政府十分重视市容环境卫生事业的发展，建国初期就向全国人民发出了“动员起来，讲究卫生，减少疾病、提高健康水平”的号召，有力地推动了城市市容环境卫生事业的发展。环卫职工在政治上也得到了翻身，环卫工人代表时传祥受到过国家主席刘少奇的接见，环卫队伍中许多先进人物被选为各级人大代表，并被人们称颂为“城市美容师”。随着城市建设的发展，城市市容环境卫生事业已成为城市建设与管理的一个重要组成部分。

一、市容环境卫生管理机构沿革及职工队伍概况

［管理机构沿革］　建国初期，各城市的清洁队分别被所在城市的公安或卫生部门接管。不久又将隶属公安部门的清洁队伍转交城市卫生部门管辖。50年代初期，私营的“粪业”队伍与清洁队合并，组成了城市环境卫生专业队伍，城市环境卫生管理机构也相继建立。“十年动乱”期间，管理机构受到极大破坏，直到党的十一届三中全会后，才得以恢复并逐渐健全。1979年，城市环境卫生工作正式由卫生部门转交城建部门。目前城市市容环卫工作已形成了市、区、街道三级管理的网络，并实行了条块结合，专群结合的管理方法。

［职工队伍素质改观］　城市环境卫生专业队伍人员素质也有很大变化。过去环卫职工主要来自城市贫民和流入城市的农民。现在主要来自城市初中、高中毕业生。据1986年统计，全国城市环卫工人数已达24万多人，民办保洁员10万多人。近几年发展起来的城市市容监察员队伍，主要是转业军人和高中毕业生。招来的队员首先进行法律、政策及职工道德方面的知识培训，以提高素质。据不

完全统计，全国已有100多个大、中城市及许多建制镇都建立起市容监察队伍，专业监察管理人员已达2万多人。

二、市容环境卫生事业的发展

［基本政策］ 党的十一届三中全会后，城市市容环境卫生管理工作，被各级政府列为重要的议事日程，从而得到了迅速发展，各项政策逐步明确并趋向完善。1983年，建设部颁布了《城市市容环境卫生管理条例(试行)》，对城市生活垃圾管理与处理提出了要求。1984年10月，在成都召开了《全国城市环境卫生工作经验交流会》，重点对城市垃圾处理及行业改革进行了研究和探讨，并要求有关部门加强废旧物资回收，净菜进城工作，逐步做到城市垃圾分类收集，因地制宜地开展以卫生填埋和高温堆肥为主的城市垃圾处理工作。1986年和城建建材工会共同在牡丹江召开了环卫行业改革座谈会，除了继续贯彻成都会议精神，还决定为环卫工人办几件实事：(1)环卫津贴按工种由过去一天2、3、4角提高到6、7、8角；(2)对从事环卫工作25年以上的老工人颁发荣誉证；(3)从事15年以上的环卫工人可以休假；(4)建议当地政府对环卫工人的家属子女的农村户口转为城市户口；(5)优先照顾环卫工人的住房。以上几条正在逐渐落实。

1986年，建设部正式向全国颁布《城市容貌标准》，为城市市容管理提供了依据。

1986年7月，国务院办公厅转发了城乡建设环境保护部、中央爱国卫生运动委员会关于《处理城市垃圾、改善环境卫生面貌的报告》，并明确指出城市垃圾问题已经成为影响到投资环境和人民基本生活环境的重要因素之一，要求各地把城市垃圾处理工作纳入城市建设总体规划，并要作为建设“两个文明”和综合整治城市环境的重要内容来抓；要大力加强城市垃圾、粪便无害化处理等科学研究工作；在实行垃圾分类收集的基础上，逐步开展资源再生、综合利用工作，变害为利。

1986年，根据我国城市垃圾成份煤灰多(75%左右)，有机垃圾相对较少(15—20%)的特点，在中国技术政策蓝皮书中，对城市垃圾处理制订了以卫生填埋和高温堆肥为主的技术政策，并提出了减少城市垃圾量的五项对策：适当控制大城市规模及人口增长；改变民用炊事燃料结构，提高炊事气化率；发展疏菜加工工业，实行净菜进城；大力开展废旧物资收购工作和扩大城市绿地面积与道路铺装，减少黄土暴露。

［工程建设成就］ 近年来，环境卫生事业发展较快，取得很好的成绩。城市环境卫生业务工作已经从以前单纯的清运垃圾、粪便转到围绕着城市垃圾、粪便的清、运处理、利用的系统上来，并把城市垃圾处理工作作为一个重点来抓。全国大中城市各类垃圾站(点)已普遍建立。已有53个城市清运机械化程度已达80%以上，其中上海、天津等26个城市已达100%。全国清运能力达4000多万吨。修建公共厕所82700多座，基本上解决了“上厕难”的问题；已建垃圾、粪便处理厂23个，年处理量为70万吨。天津市、吉安市垃圾处理率达17%，湛江市、茂名市已达40%，佛山市和深圳市垃圾处理率已达90%以上。国家用于城市环境卫生事业的投资也在逐年增加。据统计，用于这方面的投资从1979年的2.6亿元上升到1985年的10.7亿元(包括自收部分)，7年中增加了3倍多。1985年，上海市建成一座日处理300吨垃圾的堆肥厂。这是国内目前最大的一个垃圾堆肥处理厂。天津、武汉、包头、北海等城市也在建设利用堆肥方式处理城市垃圾的工厂。

引进国外成熟的城市垃圾处理技术与关键设备是城市垃圾处理工作的重要补充。1985年，深圳市根据本地城市垃圾发热量高的特点，现已从日本引进一套日处理300吨垃圾的固定床式焚烧装置，设备安装和土建作业已完成，计划1987年投产使用。这是国内第一座垃圾焚烧处理厂。好氧消化处理城市粪便的工作也在一些城市开展起来。如广州市与国外合作建起了一座日处理400吨粪便的综合处理厂，粪便中的液体部分通过二级滴滤池处理而达标排放，残余物进行压氧发酵产生沼气，计划1987年建成投产。

三、城市环境卫生事业的科研、教育

［科学技术进步］ 党的十一届三中全会以后，城市市容环境卫生科学研究，有了较快的发展。继1979年北京市成立环卫科研所以来，全国城市环境卫生科研所已经发展到20多所，形成了一支近千人的科研队伍。不少科研所已经具备了承担城市环境卫生综合研究项目的能力。如北京市环卫科研所于1985年较圆满地完成了城市垃圾综合利用的研究；上海市环卫科研所研制的水面清扫船填补了我国水面机械清扫的空白。根据我国城市垃圾平均热值较低的特点，许多研究所正在开展环卫填埋和高温堆肥技术的研究。由于各城市基础设施发展水平不平衡，有的城市民用煤气普及率较高，垃圾热值已达一定水平，可以考虑垃圾的综合利用。如深圳市垃圾低位发热量已达每公斤800千卡以上，上海市居民用煤气区，夏季垃圾发热量为每公斤1150—1450千卡。作为技术储备，有些单位已开始着手研究城市垃圾的热解与气化，开发城市垃圾中的能源。

1985年，城乡建设环境保护部组织同济大学和无锡市，就利用高温堆肥技术处理城市垃圾进行联合攻关，年底通过了工艺鉴定并建成一座日处理20吨的静态高温堆肥装置。这项成果在无锡市区被转化成日处理100吨能力的试验工厂。

投资省、见效快的卫生填埋技术及其应用的研究工作正在许多城市中进行。如北京、上海、杭州、广州等城市利用卫生填埋方法处理城市垃圾的前期工作正在进行。天津、沙市等地还在进行利用卫生填埋技术堆山造景研究。

目前，城市粪便处理在许多城市均采用三格化粪池的形式，有的城市则利用厌氧消化的方法。如青岛市建起了厌氧消化城市粪便处理厂，生产沼气并处理粪便。近年来，同时具有消纳与处理城市粪便功能的“沼气公厕”脱颖而出，并引起重视。宜宾市是建这种“沼气公厕”较多的城市之一。这种“沼气公厕”是在原公厕基础上，把储粪池改换成沼气池，并粪便的消纳、处理与利用于一体，使用效果良好。

［**教育与学术交流**］ 1984年，武汉城建学院增设了“环境卫生工程专业”，成为全国第一所培养从事城市垃圾处理的高级专门人材的大专院校，1985年正式招收大专生；上海、江苏、河南三省(市)相继开办了城市环境卫生中等专业学校，培养从事城市环境卫生工作的中级专业人材，填补了全国环卫中等专业教育的空白。

1984年成立了“全国环卫科技情报网中心站”，各大区、省、自治区相继成立了情报交流机构，加强了环卫科技情报交流工作。近几年来，为了加快了解国外城市垃圾处理情况，开拓视野，采取“派出去、请进来”的办法，吸取国外先进技术，促进技术进步。从1981年开始，城乡建设环境保护部先后组织代表团去日本、西德和印度等国考察城市垃圾处理技术与管理。这些国家在机械化堆肥、卫生填埋和焚烧厂的技术上都有成熟的经验，在城市垃圾的管理方面制订了许多行之有效的办法，值得借鉴和学习，此外还与有关部门合作，邀请世界卫生组织的专家来华举办了几期城市垃圾处理讲习班。

［**技术装备**］ 城市环境卫生机械的发展，正在改变城市环境卫生工人手拿扫帚，肩扛粪勺的落后状态。道路冲洗车、道路清扫车已研制成功并投入应用。在许多城市，特别是大城市，已由道路水洗、机械化清扫替代原来的手工清扫作业。大部分清扫工人由原来的路面清扫转变为现在的路面保洁，减轻了劳动强度，改善了劳动条件。1985年，全国城市环境卫生部门拥有的大、中型扫路车394台，大、中型道路冲洗车946台。一批小型扫地车正在保洁工作中发挥作用。城市垃圾、粪便绝大部分采用密封式垃圾运输车，真空吸粪车运输，城市垃圾基本做到日产日清。据1985年统计，全国设市城市垃圾运输车9352辆。

［**工程设施的发展**］ 目前全国各类城市垃圾收集站(点)，转运站设施已普遍建立。新建的高层或多层建筑物中，附设了垃圾道和垃圾容器存放间，绝大部分新建楼房都配套建设了化粪池。城市的主次干道，繁华地段、车站、码头都设立了果皮箱。公共厕所历来是城市卫生工程设施较薄弱的环节，数量少，卫生条件差。随着改革开放以来，“上厕难”的问题变得更为突出。近年来，各级政府认识到城市环境卫生设施也是保证城市居民正常生活、生产的条件之一，应予以足够重视。各地把解决“上厕难”问题作为改变城市面貌的一项重要内容，拨出专款，组织实施。据1986年统计，全国城市公共厕所82746座，以独立式为主，比1979年增加了28000多座。使城市中“上厕难”的矛盾得到缓解。目前，经改建、新建的公厕外观和内部卫生条件均有较明显的改善，许多城市还设置了公厕指示牌，为外地客人提供方便，提高了现有公厕的使用率。

四、城市环境卫生行业改革

1982年以来，许多城市的环境卫生部门相继试行了多种形式的经济承包责任制，既调动了广大职工的积极性，也取得了一定的经济效益。在行使对社会的管理职能上除了加强法制观念，组建执法队伍外，还采取了专群结合的手段和“门前三包”的办法，提高了工作效率和服务质量。

一些城市对本地的市、区、街道环境卫生业务范围进行研究和调整。在完善环境卫生的市、区、街道的三级管理体制的基础上，充分发挥区、街道的积极性。

过去，环境卫生事业经费是按单位注册人数核拨，被称之为“人头费”。这种拨款方式不能把劳动者的工作质量与任务数量所得挂钩，不利于调动广大职工的积极性。目前不少城市已开始在环境卫生事业经费上采取了按量计费，预算包干、超支不补、增收节支留用的作法。这种作法推动了承包责任制的施行，已取得了明显的效益。

随着经济体制改革的深入，城市环境卫生部门开展为企、事业单位代运垃圾、清运粪便等业务，实行有偿服务，并在此基础上，不断扩展服务面，各种专业服务公司应运而生。这类服务公司实行企业管理，独立核算、自负盈亏，改变了过去城市环境卫生工作全由政府包下来的做法，并把简单的代运服务转变为面向全社会，从清运垃圾到园林绿化、除害灭虫服务项目齐全的社会化服务。据1986年统计，深圳市清洁服务公司已发展到16家，有偿服务人民币收入450万元，港币收入168万元，从事有偿服务工作的职工达1146人。

实践证明，城市市容环境卫生工作的特点是“三分清扫，七分管理”。搞好城市市容环境卫生工作的关键在于加强管理。随着城市建设的发展，迫切要求城市环境卫生部门担负起对社会市容环境卫生的管理责任，各城市市容监察机构相继设立。1985年，城乡建设环境保护部在广西桂林市召开了全国部分城市市容管理工作座谈会议，对城市市容管理工作进行了探讨。这次会议对全国城市市容管理工作起了推动作用。

五、市容管理工作

市容管理是随着城市的发展和社会的进步而形成的一门新兴科学。是城市规划、建设、管理的综合反映。其主要任务是认真贯彻中央和地方政府的有关方针、政策、法规和指示。对市容进行科学管理，对环境进行综合治理。其管理范围主要以高度人工化的环境为主，把构成城市环境的各个侧面视为一个整体，实行统一管理。

市容本身是随着城市的诞生而存在，随着城市的发展而发展。一个城市的物质文明程度越高，市容水平也越高。因此，它是反映整个城市政治、经济、文化的缩影。两个文明建设的综合体现。

但是，由于历史的原因，经济水平的原因，过去对市容管理工作并没有引起各级领导的重视，一直到60年代初，城市政府才开始抓这项工作。

［**市容管理发展概况**］ 北京市早在1962年成立环卫处时，就从规划和统计部门调来二人抓市容管理工作。1964年9月5日，北京市环卫处改为环卫局，正式设市容管理处，对外是市容办公室，一套人马，两块牌子，市政府直接领导，建委副主任亲自抓市容工作。1966年文化大革命开始，机构全部瘫痪。1968年10月环卫局撤销，市容管理人员和其他人员一道下放，1969年元月，由军代表组建市政公用局，内设环卫处，恢复了环卫和市容管理工作。1971年部分下放人员回到原单位，恢复了市容管理处，各区也相继成立市容机构。1978年环卫从市政公用局分出来，正式成立环卫局，内设市容处，并开始组建了市容环卫民警——今天市容监察队伍的前身。对市容的监督和管理，在工作的深度和广度上都有了进一步发展。

上海市的市容管理工作，早在文革前期的60年代就开始抓，当时是上海市城市建设局建筑管理处内设市容管理科，但是对市容管理工作的重要性，在长时期内不被各级领导所重视，认为可有可无，没有摆在应有的位置上，一直到十二届三中全会以后，学习中央领导同志关于城市建设、管理方针、政策和“十年内乱”法制破坏的教训，才认识到市容管理工作职能不是搞单纯的突击，而必须长期坚持。并随着城市经济体制改革的决定，对市政府的职能有了明确规定。市容管理工作作为城市管理工作重要的一环开始列入市管工作日程。进入适当改革、健全组织、摆正位置的新阶段，并建立了跨行业联合管理的“三整顿办公室”。

天津市1981年6月，正式成立市容管理办公室，这是天津市市容管理工作的一个转折。仅三年时间，天津市面貌发生了很大变化，基本消除了地震留下的痕迹，脏、乱、差得到了治理，并有一定程度的改造、更新。天津是个老城市，解放前由于旧政府的腐败无能，屡遭帝国主义侵略，天津长期沦为殖民地半殖民地的消费城市，英、法、德、意、俄、日、比、奥几国分割统治，租界林立，城市建设杂乱无章，布局极不合理，管理各自为政，市政设施陈旧落后，给天津市的城市建设和城市管理带来了很大的困难。再加上1976年强烈地震的严重破坏，给城市人民生产、生活和市容管理工作带来了巨大灾难，到处脏乱不堪，严重影响了天津市的市容。广大人民和外宾意见很大，中央领导同志也提出过批评，认为天津市是沿海城市最脏、最乱、最差的城市，并提出了要求。市领导按中央领导同志的指示，下决心整顿天津市。1984年1月，在原有市容办公室的基础上正式组建了市容管理委员会，和建委平行、作为市政府管理市容的职能部门和权力机构。

机构成立后，对市容管理的性质、任务、业务范围等指导思想作了探讨，逐渐明确“一个目标、两个服务、三个过渡”。

一个目标，把天津市建成一个文明、整洁、美丽的新型城市。

两个服务：一是为群众生活服务，为人民创造一个优美、舒适的生活环境；二是为生产服务，为广大职工创造一良好的生产、工作环境。

三个过渡：一是机构过渡，由临时性的市容管理办公室向政府的职能部门正式机构过渡。二是任务范围由小及大的过渡，由单纯整顿向综合治理方式发展，由单纯治理脏、乱、差向负责组织推动开展“五讲四美三热爱”活动的创文明单位、文明街、文明城市方向发展。三是管理方式过渡，市容管理工作由搞突击活动向科学管理轨道过渡。根据有关的政策、法规、标准的要求，逐步向以法治城，人民城市人民管的方向发展。

不少省会城市、开放城市，计划单列城市的市容管理工作，也都有不同历史时期的变革，各具特色。许多中、小城市随着自身的发展，市容管理工作也逐渐纳入市长的工作日程，但总的来说，都是从不同角度和侧面仿效北京、天津、上海的管理方式和办法。

从国家来说，一直到1982年园林局和环卫局合并为市容园林局后，才开始明确抓市容管理工作。局内设市容环卫处，具体主管全国市容环卫工作，环卫工作作为市容管理的基本范围。1985年1月，在广西桂林召开了第一次全国部分城市的市容管理工作座谈会，探讨了市容管理工作的任务和职责范围，从此，各地市容管理机构纷纷建立，促进了国家对市容管理工作的重视。1985年5月，市政公用局和市容园林局合并为城市建设管理局，内设市容环卫处，主管城市市容环卫工作。随着城市经济的发展，人们对所依赖生存的生活环境有了更高的要求，希望有一个文明、整洁、优美的生活和工作环境，市容管理工作被推向一个新的高度。

［**市容管理工作的任务和内容**］ 经过几年来工作实践的探索，初步认为市容管理工作的任务应是：

1.合理地组织社会各种活动。

2.监督和防止对市容的污染。

3.教管人们改变有损市容的不文明的传统习惯。

4.创造一个文明、整洁、优美的秩序良好的城市市容环境。

5.服务人民，保护健康，为社会主义现代化城市服务。

市容管理工作涉及到许多方面，具体内容包括市容统计，道路街巷河道、园林绿化、公用设施、工程修建、建筑立面、橱窗广告、市场贸易、环境卫生等以及建筑红线外和沿街两侧建筑红线内直接影响市容观瞻的各种违章和脏乱现象。但由于各地区、各城市发展水平和经济条件不一样，管理的范围和内容也因市而异。

在全国统一建制、统一管理内容的条件还不具备的现阶段，为了解决暂时的盲目性，除了1982年由建设部颁发的“城市市容环境卫生管理条例”(试行)有市容管理一章外，又于1983年编制了“城市容貌标准”，作为市容管理的依据。该标准内容，来自不同类型的城市调查，将其共性的东西归纳为六个方面：建筑景观、公共设施、环境卫生、园林绿化、广告标志、公共场所。

通过有关专家论证，认为适合当前城市管理工作的需要，于1986年6月21日，正式由建设部颁发。1987年1月1日开始实施，从此，市容管理工作向基本规范化迈开了第一步。

对于一些特大城市和有条件的城市，可以根据自己的需要进行管理。如首都北京市，他们认为规划建设是市容管理的根本。如果不按规划随意盖高楼，就会破坏市容观瞻。这些大的原则问题，市容管理部门参与协商，进行前期管理。

天津市把市容管理工作归纳为八个字：整顿、治理、充实、管理。他们和其他城市不一样的是治理严重影响市容观瞻的重点项目和城市污染，对居民庭院的绿化、美化、小品建筑进行充实，使之一院一景别具特色，与街景连成一片互相映衬，要求层次更高了一些。

上海市根据规划是市容的构思者、设计者，是美化城市市容的基础，是市容的精神体现这一精神，对市容进行了综合治理，为了改变市容面貌，在大的项目一时上不去的情况下，着眼于小改小建，进行了“拆瓶颈、通峰腰、建天桥、通地道、建立交”试行快慢车道分开、人车分开等措施，改善了经常堵塞地段的交通。这是上海市与其它城市不一样的地方。

总之，市容管理是社会主义精神文明建设的重要内容，它涉及的点多、面广、线长、分散，不同城市又有不同城市的特点。

［**市容管理的机构体制**］ 随着城市功能的加强和人民生活水平的提高，对市容管理有了迫切要求，在市长的职责转入规划、建设、管理的今天，市容管理已跻身于城市管理的行列，纳入了市长的工作日程。地方各级政府都很重视，纷纷成立市容管理机构。如江苏省的“城市管理委员会”；北京市的“市政管理委员会”；福建、浙江、广西、黑龙江等省的“城市建设管理委员会”；天津市的“市容管理委员会”；上海市的“三整顿办公室”；据不完全统计，全国已有300多个市、县建立了管理机构。但管理内容和职责范围、权限大小不尽相同。

［**市容管理的方式和手段**］ 目前采取的几种方式和手段：

1.条块结合。市容是城市“窗口”。通过它可以透视整个城市的内涵。反映了城市容貌的整体。因此，在管理方式上相对集中，注意统一领导的权限。以块为主，发挥市、区、街道三级网络的作用。

2.专群结合。因为专业队伍为数很少，只能分布在城市的主次干道和繁华地区的点和线上，面上还得依靠广大群众来加强管理。北京市的“门前三包”(包卫生、包秩序、包绿化)，就是群众创造的管理城市的好经验，调动了广大人民群众管理城市的积极性，显示了它的环境效益、社会效益和经济效益，已在全国各城市推广。

3.加强了法制管理。自从1982年“城市市容环境卫生管理条例(试行)”颁发以来，各城市根据自己的实际情况制订了有关法规条例和实施细则。如“城市市容管理办法”、“市容管理暂行条例”、“市容管理实施细则”、“市容市貌标准”等，但绝大部分城市是制订的“城市市容环境卫生管理办法”，把市容和环境卫生揉在一起进行管理。

4.配备了一定数量的执法队伍。近几年随着城市发展的需要，各城市自发地组建了各种管理队伍。1985年在桂林召开的市容管理工作会议上，初步对管理队伍的人数规定按城市人口的2%配备。但由于城市的经济条件和文明水平的不同，发展是不平衡的，目前全国有支4万多人的执法队伍。统一着标志服的达2万多人。北京市的执法队伍，在贯彻执行市政府的“两禁”规定中(禁止随地吐痰的规定和禁止随地乱扔乱倒乱泼的规定)贡献了力量，陈希同市长和金锐副书记在他们的经验交流会上，给予了高度评价，称他们是首都清洁卫生的卫士。是执法的生力军。并希望他们发挥宣传功能、信息功能，认真严格执法。

5.寓有益活动于宣传教管之中，也是一种管理方法，而且是一种行之有效的、富有刺激性的管理方式。可以激励人们去争取集体的荣誉和担负集体的责任。当前各地开展的“城市容貌”达标活动所涌现出来的“市容环卫杯”、“金陵市容杯”、“羊城市容环卫杯”等竞赛活动，都大大促进了市容管理工作的开展、市容面貌的改观。

城市园林绿化事业概况

杨雪芝　李如生

城市园林绿化是一项造福于人民的公益事业，是现代化城市建设的重要组成部分。它有净化空气、防风、固沙、调节温度、滞尘、减噪、杀菌消毒等多方面的功能；又能美化市容，为居民提供空气清新、环境优美、舒适宜人的游憩园地和户外活动场所，还能丰富群众的业余文化生活，对社会主义精神文明建设起着重要作用。

一、解放前城市园林绿化概况

1949年新中国成立以前，国民经济十分落后，民不聊生，根本谈不上什么园林绿化建设。当时，只有少数达官贵人建造的宅邸花园以及历史遗留下来的一些残破失修的古典园林。例如上海市，自鸦片战争后，帝国主义列强为追求享乐，开始建造一些娱乐场、跑马厅、“公花园”，至1949年的近百年中，上海市仅建公园14处，总面积为66公顷。这些公园多数建在帝国主义的租界内，由巡捕看守，不向群众开放。广州市解放前夕只有极其简陋的公园4个，总面积25公顷，行道树5200株，按当时的人口统计，人均占有公共绿地0.34平方米，城市绿化覆盖率只有1.5%，北京刚解放时只有公园7处，小绿地5处，总面积772公顷。著名的皇家园林颐和园于1914年由清皇室售票开放，1924皇室迁出后成为公园。但门票昂贵，每人一块大洋，相当于当时一袋白面的价钱，广大群众是不可能进去欣赏的。南京市解放前除了“总统府”、“行政院”以及官僚买办的住宅区和重点道路如中山东路有些行道树外，一般街道很少绿化，全市总共只有2000多株行道树。旧中国的园林工人，为数很少，如济南市的园林职工，仅有9名。

二、解放以来城市园林绿化的发展

中华人民共和国成立后，城市园林绿化成了为广大人民服务的公益事业。37年来在中国共产党和人民政府的领导下，城市园林绿化建设取得了很大的成绩，特别是党的十一届三中全会之后，城市园林绿化建设更是蓬勃发展。解放以来，城市园林绿化建设的发展，大致可分成4个阶段。

［**恢复建设阶段**(1949—1959)］　新中国成立后，各城市先后成立了园林绿化建设管理部门，着手进行恢复、改造和规划建设工作。一是将原来专供洋人、官僚买办享用的娱乐场所和花园改造成为供广大人民游览、休息和活动的园地。如北京整修了颐和园、北海等一批皇家园林和香山、碧云寺、八大处、潭柘寺等风景区及寺庙园林，向群众开放；上海将原来的跑马厅改建成人民公园，将高尔夫球场扩建为西郊公园；广州将抗战时期的西堤灾区建成文化公园，在革命烈士献身地建广州起义烈士陵园。苏州、无锡、扬州、南京等市对遗存的古典园林也都进行大量维修，供广大人民参观游览。二是随着国民经济的恢复和第一个五年计划的开始，各城市在搞城市规划的同时，进行绿地系统规划，并开始有计划有步骤的建设。许多城市开始辟绿地、建公园、建苗圃，同时开展街道、工厂、机关、学校、医院和居住区的绿化，使城市面貌发生了明显变化。如第一个五年计划期间，天津市先后恢复和新建公园26处，总面积达332公顷，比解放前增加3.2倍。为迎接国庆十周年，一些城市还搞了园林绿化重点建设工程，如北京市完成了人民大会堂、民族文化宫、农展馆等十大建筑和国宾馆、天安门广场、机场路等的绿化任务，栽了油松、落叶乔木各千株，铺草坪9万平方米，种花26万株。

到1959年，全国城市园林绿地总面积达到128212公顷，其中公园509个，面积16581公顷，园林苗圃面积9182公顷。

［**调整建设阶段**(1960—1965)］ 随着国民经济建设转入调整时期，园林绿化建设也转入调整的阶段，国家对园林建设的投资减少了，园林绿地面积也缩小了。上海市的园林绿化投资比第一个五年计划时期大幅度下降，使原计划逐步建成风景区的淀山湖苗圃的1504亩土地交给了农民耕种，全市苗圃面积减少了2/3。在一些园林中，为了种蔬菜和其它经济作物而挖掉花木、草坪、偏离了“以园养园”和“园林结合生产”作为发展城市园林绿化的方针，有的城市，片面强调结合生产，而将冠大荫浓的行道树改种果树，结果多数因环境不适而生长不好，未能发挥行道树的功能；有的公园减少游人的活动面积，增加封闭式的果园；有的花坛种上蔬菜、麦子或稻谷；有的苗圃改种粮食、油料作物。这些都使园林绿化的各项功能受到很大影响，降低了园林绿化的环境效益和社会效益。

［**摧残后退阶段**(1966—1976)］ “十年动乱”时期是园林绿化遭到严重摧残的十年。在此期间，大量园林绿地被占，作为它用。如广州市园林绿地被占用900多公顷，苗圃地减少了一半，以竹子公园称著的晓港公园的竹子几乎被砍光，东山湖公园被分割，黄埔公园土地被开垦，建筑物被拆除，树木被砍光。各种观赏花卉、观赏鱼鸟被洗劫殆尽，濒于绝迹。到1975年，全国城市园林绿地总面积下降到62015公顷，相当于1959年的1/2；园林苗圃面积下降至6943公顷，相当于1959年的2/3，公园面积减为14661公顷，相当于1959年的88%。

［**振兴发展阶段**(1976—1986)］ 党的十一届三中全会以后，党和国家各级政府更加重视园林绿化工作，制定了一系列的方针、政策，大大推动了城市园林绿化事业的发展。据1986年底统计，全国城市园林绿地总面积达164772公顷，是1975年的2.6倍；园林苗圃面积达12025公顷，是1975年的1.7倍；公园(包括动物园、植物园)1091个，面积25854公顷，是1975年的2.1倍。在全国300多个城市中，绿化覆盖率达20%以上的城市，从1981年的28个发展到近百个；全国城市人均占有公共绿地为2.8平方米。

三、城市园林绿化建设成就

［**全民义务种树**］ 全民义务植树蓬勃兴起，城市绿化面貌发生了变化。1981年12月13日第五届全国人民代表大会第四次会议通过了《关于开展全民义务植树运动的决议》，把参加义务植树以法律的形式确定下来。随后各城市成立了绿化委员会，制定了义务植树的检查和奖惩制度。近几年来，全国城市每年植树均在1亿株以上。与此同时，还大量种草栽花，美化城市，如北京市，到1986年底已铺草坪700万平方米，居全国之首。全国还有100多个城市先后确定自己的市树市花，推动了各地绿化事业的发展，祥见“全国城市市树、市花统计表”。

全国城市市树、市花统计表 表1

城市	市树	市花	城市	市树	市花
北京	国槐、侧栢	菊花、月季	丹江口	女贞	梅花
天津	白蜡树	月季	老河口		桂花
上海		白玉兰	郑州		月季
包头	云杉	小丽花	洛阳		牡丹
济南	柳树	荷花			
威海		月季	开封		菊花
佳木斯	樟子松	刺梅花	安阳		紫薇
长春		君子兰	新乡		石榴
丹东		杜鹃	许昌		荷花
大连		月季	三门峡	国槐	月季
西安		月季	焦作		月季
武汉		梅花	商丘		月季
宜昌		月季	平顶山		月季
黄石	樟树	石榴	驻马店		月季
沙市		广玉兰	温州	榕树	茶花
鹤壁	国槐	迎春花	绍兴		兰花
南阳		桂花	长沙	樟树	杜鹃花
南京	雪松	梅花	衡阳	樟树	月季
苏州	樟树	桂花	株洲	樟树	红株本
无锡	樟树	梅花 杜鹃花	湘潭	樟树	荷花
常州	广玉兰	月季	岳阳	杜英	栀子花
镇江	广玉兰	腊梅	郴州	樟树	月季
扬州	垂柳 银杏	芍药 琼花	邵阳	樟树	月季

全国城市市树、市花统计表　　　　续表

城　市	市树	市花	城市	市树	市花
南　通	广玉兰	菊花	常德	樟树	栀子花
徐　州	女贞	紫薇	南昌	樟树	月季 金边瑞香
淮　阴	雪松	月季	新余	樟树	桂花 玉兰 月季
连云港	白腊	花石榴	上饶	樟树	山茶花
杭　州	樟树	桂花	赣州	榕树	山茶花 金边瑞香
宁　波	樟树	茶花	昆明		山茶花
抚　州	樟树	山茶花	大理		杜鹃花
宜　春	樟树	山茶花	兰州	国槐	玫瑰
景德镇	樟树	山茶花	银川	国槐	玫瑰
广　州		红棉	西宁	柳树	丁香
汕　头		金凤花	乌鲁木齐		玫瑰
湛　江		红花紫荆	高雄		红棉
佛　山		玫瑰	泉州		刺桐
珠　海		杜鹃	漳州		水仙花
桂　林		桂花	三明		杜鹃花
福　州		茉莉花	成都		芙蓉花

[**扩大绿地面积**]　编制并实施园林绿化规划，有计划地扩大绿地面积。1978年后，重新制定或修改城市园林绿化规划，用于指导园林绿化建设，取得了可喜的成绩。如近几年，兰州市，新建南湖、水上、西周、儿童、小西湖五个公园和盆景园。广东省新建扩建公园47处，面积1329公顷。江苏省仅1986年的公园建设，相当于全省城镇人均增加公共绿地面积0.14平方米。包头市还利用大厂矿资金多的优势建园，已有4个厂办公园向社会开放，其面积占全市公园面积的一半。此外，动物园和植物园也有较大的发展和提高，目前全国已有动物园39个，公园设动物展区132个。北京动物园由1975年的56公顷扩大到90公顷，饲养动物600多种。不少城市正在积极筹建植物园。当前规模较大的有杭州、上海、北京、厦门等市的植物园。杭州植物园面积230公顷，展出植物达4000多种。

[**大面积建设公园**]　结合旧城区改造和综合治理，建设公园绿地。如沈阳市，结合治理淤塞脏乱的南运河，在河两岸植树9万多株，铺草坪20万平方米，种花20多万株，使总长度14.5公里，面积314公顷的南运河两岸树茂花繁，绿草如茵。天津市结合改造海河，修建了长20公里、面积23公顷的海河带状公园。济南市疏浚旧护城河，修复泉池，沿河绿化，建成一个绿树成荫泉水涌的环城公园。合肥市经过多年的努力，在旧城墙基址上建成长8.7公里、面积137公顷的环城公园。这些都改善了城市的生态环境。

[**发展街道绿化和专用绿地**]　街道绿化和工厂、机关、学校、医院、居民区等的绿化迅速发展。在全国的城市绿化中，街道绿化发展最快，基本上做到边修路边绿化，绿化质量和水平也在逐年提高。近几年来，各城市根据不同的气候条件和自然环境，采用不同树种配置。在街道两旁栽花铺草，景色宜人，受到广大群众的好评和外国朋友的称赞。南京中山东路、北京三里河路、长春斯大林大街、南宁江南路、郑州金水河大道等道路绿化均达到较高的水平。

近几年来，工厂、机关、学校、医院、居民区的绿化发展也较快。如上海石化总厂，在建厂的同时，绿化列入统一规划，同步建设，用地、经费、人力均有保证，到1984年已建成各类绿地170公顷，占全厂总面积的17.5%，还辟建100多亩苗圃，育苗100多种，存苗20万株。从1983年起，天津市十分重视居住区绿化，每年都抓一批重点小区的绿化配套工程，到1985年已建成质量较高的居住区绿化工程79片，新辟绿地62公顷，为群众创造了安静、宜人的生活环境。一些原来总想搬走的居民也舍不得离开。如河东区常州道居住区，过去是脏、乱、差的典型，乱搭乱建严重，群众意见很大，在小区绿化中，拆除了违章建筑100多间，种树、栽花、铺草，建设起了小游园，环境面貌焕然一新。有的住宅区内还种植了攀缘植物，进行了屋顶绿化，收到良好效果。

[**加强苗圃建设**]　苗木是绿化的物质基础。近几年来，各地相当重视苗木生产，为城市绿地提供大量的苗木、花卉、草皮。武汉、兰州、青岛等城市的园林苗圃面积均增加1000多亩。河南省政府拨出专款建设园林苗圃，搞快速育苗；湖南省采取了国家、集体、个人一齐上的方法，仅园林部门的专业苗圃就由2000多亩扩大到7890亩，增加了2倍多。

花圃和草圃近几年来也有较大的发展，如北京的花圃自1984年起，每年均为节日提供上百万盆鲜花。

四、园林经济体制改革

［集资建园］ 随着中国对外开放和对内经济搞活，园林经济体制内部的矛盾愈发突出，因此园林系统也发生了一系列变革。1982年以来，天津、沈阳、合肥、济南、西安等市，根据人民城市人民建的原则，在受益范围内集资、集物、集力进行园林重点工程建设，较好地解决了园林建设资金不足的困难。广东省绿化资金安排，提出"七个一点"，即国家投一点、银行贷一点、市县财政拿一点、乡镇筹一点、部门挤一点、群众集一点和以钱代劳筹集一点。江苏省有关文件明确了绿化集资的十个渠道，最近两年全省城市绿地新增1096公顷，城市人均公共绿地由2.9平方米提高到3.5平方米。

［多种经营］ 北京、沈阳、南京、广州、兰州等市的园林部门，在搞好园林主业的前提下，利用自身优势，开展多种形式的生产经营活动，使一些公园、苗圃等基层单位开始独立核算，有的已达到自给有余。还有的单位如北京颐和园、杭州花港观鱼、长沙桔州公园等，在改革、承包的同时，重视公园的生态效益和社会效益，多次被评为文明单位、绿化先进、甲级园林养护单位。

园林系统通过几年的改革，初步积累了一些经验，也出现了不少新问题，还有很多工作，如机构人员调整，各种承包、责任、分配制度的落实，门票价格的改革等，都有待进一步深化。

［园林科技取得可喜成果］ 1984年到1986年，在国家、部级科技进步和优秀设计评选中，有77项园林科研成果获科技进步奖，有20个园林设计项目获优秀设计奖。"城市古松柏生长衰弱原因及复壮措施的研究与应用"，对抢救濒于死亡的古树名木，保护古典园林的风貌起到显著效果；"天津市盐碱地区绿化技术的研究"，为在恶劣条件下进行绿化，提供一套可行的办法。"南京园林药物花园设计"，根据功能要求，寓知识性、艺术性、实用性于游览之中，具有较高的科研、科普、药用和观赏价值，近几年，园林工程技术出口也取得较大成绩，1983年慕尼黑园艺博览会和1984年利物浦国际园林节，广州承建的芳华园、北京承建的燕秀园分别获得最高荣誉金质奖。现在全国园林系统已有科研单位35个，专职科研人员由1980年的200人增加到10000多人，园林专业甲级设计单位有7个，此外园林施工、管理技术也有所加强。

［加强精神文明建设］ 城市园林绿化既是物质文明建设，又是精神文明建设。城乡建设环境保护部和中国建筑工会联合召开了"全国城市环卫、园林系统表彰先进大会"。各级政府、园林部门、绿化委员会等单位，也采取多种形式，表彰先进、宣传绿化。许多地方的群众在生日、入学、毕业、入团、参军、就业、结婚时栽植纪念树，移旧俗、树新风。一些厂矿企业、机关、学校、居住区，经过绿化，面貌为之一新，成为"卫生红旗"、"文明单位"。各级领导每年亲自参加植树活动，为群众树立了榜样，并密切了干群关系。

园林建设在提高城市环境质量的同时，也改变着人们的精神面貌。开展居民区绿化和阳台绿化检查评比和竞赛活动，大大推动了精神文明建设。提高了公民的道德情操。首都钢铁公司认为，工厂绿化的意义，不仅在于使工厂外貌改变，也体现了国家对职工的关怀，反映了工厂的管理水平和精神面貌。近几年，中国的绿化工作赢得了国际上的声誉，英国林学家理查德·贝克尔曾称赞全民义务植树运动是"光辉的榜样"；澳大利亚植树协会号召本国人民向中国学习。

［健全法制建设］ 1981年12月，全国五届人大四次会议通过了《关于开展全民义务植树运动的决议》，将植树作为公民的一项义务。1982年2月，国务院颁布了《关于开展全民义务植树运动的实施办法》，对义务植树进行了具体规定。各地也起草了有关园林绿化的地方性条例、规定、办法。1982年12月，城乡建设环境保护部颁布了《城市园林绿化管理暂行条例》，使城市园林绿化的规划、建设、管理有法可依，有章可循。国家城建部门已开始制定园林绿化专业技术标准。1986年，城乡建设环境保护部分别颁布了《动物园动物管理技术规程》、《城市园林苗圃育苗技术规范》。《全国园林工程预算定额》、《城市绿化工程技术规范》、《城市园林设计规范》等正在编制之中。几年来，城市园林绿化立法工作，取得了可喜的进展。

［壮大职工队伍］ 到1986年底止，全国城市园林绿化职工已达16.5万人，比1980年增加3.5万人。全国大部分城市都具有园林绿化、施工、管理和养护队伍，园林工种也比较齐全。许多部队、工厂、机关、学校等单位都设有专职人员负责单位绿化。为了提高现有职工的业务水平和素质，各级园林部门和其他系统单位做了不少工作。1982年至1984年，城乡建设环境保护部市容园林局举办了三期园林系统领导干部技术培训班。大连市园林部门也建立了业务培训制度，对园林职工、干部，定期、分批地进行培训。北京、天津、广西、湖北、浙江、江苏、陕西等地，利用当地的专业学校、技术力量，为园林系统培养了一大批人才。现在有近20所高等院校设有园林专业，还有园林中专学校和技工学校。

风景名胜区概况

马纪群　赵健溶

中国山河壮丽，历史悠久，文化灿烂，拥有丰富的风景名胜资源。这是中国国土风貌的象征，是中华民族乃至全人类所共有的珍贵的自然历史和文化历史遗产。

目前，风景名胜区事业正在振兴，保护和利用好珍贵的风景名胜资源，建设中国独具特色的风景名胜区，为人们提供游览观光、度假休息、陶冶情操的场所，使之成为改善生态环境、传授科学文化知识、进行爱国主义教育的园地。这对振兴地区经济和文化的发展、加强国际间的友好交往、促进社会主义物质文明和精神文明的建设具有重要的现实意义和深远的历史意义。

一、风景名胜区发展概况

中国风景名胜区的产生和发展具有悠久的历史。自古以来，劳动人民在改造自然、征服自然的过程中，创造了悠久的历史文化，装点了富饶的锦绣河山。风景名胜区正是这种灿烂文化与秀丽山川渗透融合的历史产物。万里长城、桂林山水、杭州西湖、敦煌石窟、秦陵兵马俑、泰山、井岗山、都江堰等著名的奇山秀水、名山圣地、石窟陵墓、古代工程、革命历史纪念胜地以及各民族的传统文化、风俗民情、无不闪耀着祖国文明的光辉。

建国前，由于帝国主义侵略和旧中国政府的腐败，长年战乱，使我美好国土满目疮痍，许多风景名胜景象残败荒芜。

建国后，在党和人民政府的领导下，国家采取了一系列政策措施保护风景名胜，使许多风景名胜区得以修复，重放异彩。1950年5月政务院发布了《古迹、珍贵文物、图书及稀有生物保护办法》；1953年10月，政务院发布了《在基本建设工程中保护历史及革命文物的指示》；1956年4月，国务院发出了《关于在农业生产建设中保护文物的通知》。1961年3月国务院发布了《文物保护管理暂行条例》并审定公布了第一批全国重点文物保护单位(共计180处)。

建国初期，国家财政十分困难，各级人民政府仍花费了许多财力、人力和物力，保护和恢复风景名胜区。如对北京八达岭长城和明十三陵、杭州西湖、桂林漓江、临潼骊山华清池、泰山、黄山、鞍山千山等风景名胜区，进行了历史古迹的维修，疏浚了湖泊、航道、绿化了荒山荒坡，开辟了新景点并修复了游览道路。

1953年到1965年，为发展社会生产力，国家进行了兴修水利、植树造林、国土资源普察勘探、考古发掘等大规模的建设活动，与此同时，开发建设了一批新的风景名胜区。以人工湖泊景观为主的风景名胜区有：新安江水库、北京的密云水库、抚顺的大伙房水库以及肇庆的七星岩等。通过植树造林、美化环境，而形成的以森林为主的城郊风景名胜区有：北京的西山、南京的中山陵园、广州的白云山、郴州的苏仙岭等。新辟开放游览的风景名胜区有：九寨沟、黄龙寺、五大连池、镜泊湖、井岗山、西双版纳、天山天池等风景名胜区。以考古发掘发现的文物古迹为主的名胜区有：北京明十三陵定陵的地下宫殿和临潼秦始皇陵兵马俑等。另外，随着休疗养事业的发展，而开辟的休疗养风景名胜区有：太湖、庐山、青岛、鸡公山、五大连池、临潼、北戴河等地。

“十年动乱”期间，许多地方风景名胜资源被破坏、环境被污染。景区内毁林垦荒、开山炸石、围湖造田、乱占乱建，一些珍贵景观资源已不复存在，给国家造成巨大的损失。

二、风景名胜区的新发展

党的十一届三中全会以来，随着改革、开放政策的深入贯彻，国家经济文化事业迅速发展，人民生活水平显著提高，全国风景名胜区事业出现了蓬勃发展的新局面。

1978年国务院召开第三次全国城市工作会议，中共中央在批转这个会议的文件时指出：要加强名胜、古迹和风景区的管理。1978年底，原国家建委召开了全国城市园林绿化工作会议。1979年春，又在杭州召开了风景区工作座谈会，讨论研究风景区的保护和规划工作。

1979年3月，国务院对原国家城建总局的职责范围规定了风景名胜区的维护和建设，由城市建设部门归口管理，明确了风景名胜区的管理体制。

1985年6月，国务院发布《风景名胜区管理暂行条例》，进一步明确规定：“城乡建设环境保护部主管全国风景名胜区工作。地方各级人民政府城乡建设部门主管本地区的风景名胜区工作。”

根据国务院的有关规定，各地普遍开展了风景名胜资源的调查评价工作，加强风景名胜资源的保护和管理。

三、风景名胜区管理体系

［**分级管理体制**］　国务院颁布的《风景名胜区管理暂行条例》规定：“风景名胜区按其景物的观赏、文化、科学价值和环境质量、规模大小、

游览条件等，划分为三级，”即国家重点风景名胜区、省级风景名胜区和市、县级风景名胜区。根据国务院这个条例的规定和要求，全国开展了风景名胜资源调查评价和各级风景名胜区审定列级工作。

国务院于1982年审定公布了第一批共44个国家重点风景名胜区，这些景区分布在22个省、自治区、直辖市，总面积约1300平方公里，它们是：八达岭—十三陵、承德避暑山庄外八庙、秦皇岛北戴河、五台山、恒山、鞍山千山、镜泊湖、五大连池、太湖、南京钟山、杭州西湖、富春江—新安江、雁荡山、普陀山、黄山、九华山、天柱山、武夷山、庐山、井岗山、泰山、青岛崂山、鸡公山、洛阳龙门、嵩山、武汉东湖、武当山、衡山、肇庆星湖、桂林漓江、峨眉山、长江三峡、黄龙寺—九寨沟、重庆缙云山、青城山—都江堰、剑门蜀道、黄果树、路南石林、大理、西双版纳、华山、临潼骊山、麦积山、天山天池。

截止1986年底，各省人民政府审定公布的省级风景名胜区(49处)：

辽宁省的凤凰山、医巫闾山，吉林省的长泰净月潭；甘肃省的崆峒山；山东省的成山头、蓬莱—长岛、博山溶洞、青州云门山、水泊梁山；江苏省的扬州瘦西湖、云台山、镇江南郊风景区、徐州云龙山、南通狼山、镇江三山(金山、焦山、北固山)、常熟虞山、茅山；浙江省的天台山、南雁荡山、仙都、莫干山、溪口雪窦山、东钱湖、中雁荡山、大若岩—楠溪江、仙岩、南北湖、大佛寺、五泄、北山双龙、六洞山、方岩、南明山—东西岩、石门洞、嵊泗列岛；江西省的三清山、龙虎山；四川省的自流井—恐龙、大足石刻、螺髻山—邛海、通江诺水河、金佛山、贡嘎山、蜀南竹海、兴文石海洞乡、黑龙潭、莹华山、蒙顶山、朝阳洞。

［**专门管理机构**］ 按照《风景名胜区管理暂行条例》，许多风景名胜区建立了专门的管理机构。目前，国家重点风景名胜区中，成立市人民政府的有：黄山、五大连池、井岗山；成立区人民政府的有：衡山、北戴河；由城市园林部门管理城郊风景名胜区的有：杭州西湖、桂林漓江、洛阳龙门；太湖风景名胜区成立了江苏省太湖风景区建设委员会并设置办公室负责具体业务工作；泰山风景名胜区由泰安市人民政府成立了泰山风景名胜区管理委员会；八达岭—十三陵风景名胜区分别由延庆、昌平县人民政府成立了特区办事处；其余风景名胜区大都由所在市、县人民政府设立了风景名胜区管理局或管理处。目前，国家、省(自治区、直辖市)、市(县)三级风景名胜区管理体系正在逐步形成。

［**法制建设**］ 党和国家非常重视风景名胜区事业的法制建设，制定发布了一系列政策法规和文件。

1981年3月，国务院批转了原国家城建总局、国务院环境保护领导小组、国家文物局和国家旅游总局《关于加强风景名胜区保护管理工作的报告》，该报告系统地阐明了有关风景名胜区的方针政策。为了切实贯彻文件的有关规定，原国家城建总局于1981年颁发了《风景名胜资源调查提纲》、《风景名胜区规划内容及审批办法》、《申请列为国家重点风景名胜区的有关事项》；1982年还颁发了《关于加强城市和风景名胜区古树名木保护管理的意见》等文件。

1982年11月国务院批转了城乡建设环境保护部、文化部和国家旅游局《关于审定第一批国家重点风景名胜区的请示》报告，报告对切实做好风景名胜的保护和管理工作作了说明。

1985年6月国务院发布了《风景名胜区管理暂行条例》，根据这个条例的规定，城乡建设环境保护部于1987年6月颁发了《风景名胜区管理暂行条例实施办法》。

根据国家关于风景名胜事业的政策、法规，各地人民代表大会和人民政府结合本地实际情况也制定了相应的风景区保护法规。1982年6月，江苏经省人大常委会批准，省政府颁发了《江苏省风景名胜区保护暂行条例》；1984年1月，辽宁经省人大常委会通过，省人民政府颁发了《辽宁省风景名胜保护管理暂行条例》；1983年12月，浙江省人大常委会通过颁布了《杭州西湖风景名胜区保护管理条例》；1981年5月，江西省人民政府发布《关于维护庐山风景名胜区的布告》；1981年6月，安徽省人民政府发布《关于加强黄山风景区保护管理的布告》。

四、风景名胜区规划和建设

［**规划**］ 自国务院公布第一批国家重点风景名胜区以来，按照国务院《风景名胜区管理暂行条例》及国家有关规定，各省陆续开展了编制风景名胜区规划工作。截止1986年底，国家重点风景名胜区中，由省人民政府上报国务院审批的风景名胜区规划有江苏省太湖、福建省武夷山、云南省路南石林、江西省井岗山、湖南省衡山、四川省黄龙—九寨沟、安徽省黄山、九华山、陕西省骊山、河南省嵩山等10处风景名胜区，其中经国务院同意，由城乡建设环境保护部批准实施的风景名胜区规划有太湖、武夷山、路南石林、井岗山、衡山、黄龙—九寨沟等6处风景名胜区。

已经编制规划并进行评议论证、准备上报审批的国家重点风景名胜区有：秦皇岛北戴河、五台山、恒山、鞍山千山、镜泊湖、五大连池、富春江—新安江、雁荡山、普陀山、天柱山、青岛崂山、武当山、肇庆星湖、大理、西双版纳、麦积山、天山天池等17处风景名胜区。正组织编制规划的有：承德避暑山庄外八庙、泰山、南京钟山、杭州西湖、庐山、鸡公山、洛阳龙门、武汉东湖、桂林漓江、峨眉山、长江三峡、重庆缙云山、青城山—都江堰、剑门蜀道、黄果树、华山等16处风景名胜区。尚未开展规划工作的只有：八达岭—十三陵风景名胜区。

为了加强风景名胜区的保护，以规划为依据，合理进行开发建设，针对杭州西湖、庐山、临潼骊山建设中出现的问题，中共中央和国务院于1983年至1984年多次发布重要文件，提出要制止侵占风景区和在风景区内乱搞违章建设的不法行为。各地按照中央和国务院的部署，抓紧处理风景名胜区内的乱占乱建的问题，并取得了显著的成效。

［**建设**］　近几年，风景名胜区进行了大量的维护完善老景区和开辟新景区新景点工作，建设了一批交通设施、旅游服务设施及公用工程设施，以适应风景名胜区保护和风景游览事业发展的需要。

其中有：庐山锦绣谷、杭州西湖曲院风荷、阮公墩、武夷山九曲溪、井岗山龙潭、富春江—新安江严子陵钓台、瑶琳仙境、灵栖洞、千岛湖、天柱山神秘谷、长江三峡的大宁河小三峡、黄龙寺—九寨沟、剑门蜀道翠云廊、合川钓鱼城、路南石林的黑松岩新石林、黄果树、龙宫、五大连池老黑山、镜泊湖火山口森林等18处都是新开发的景区。

天柱山、普陀山、雁荡山、嵩山、武当山、天山天池等6处风景名胜区修建了外部交通设施，方便了游览。

黄山、峨眉山、九华山、嵩山、黄龙寺、华山、剑门蜀道等7处风景名胜区恢复整修了游览道路。

武夷山、黄龙寺—九寨沟、天柱山、富春江—新安江等4处风景名胜区建设了生活服务区及其它服务设施。

五、风景名胜科技和教育事业

随着风景名胜区事业的迅速发展，风景名胜区的科研教育工作逐步得到加强，一大批专家、学者和广大群众投身到风景名胜区事业的规划、建设和管理的科研教育工作中，取得了较大的成效。

［**科技成果**］　1983年，浙江省9个分科学会和有关部门组织了对普陀山风景名胜区风景名胜资源的多学科综合考察，编写了考察报告。

1984年1月国家科委、计委、经委在北京召开了城市建设技术政策论证会，专门对风景名胜区规划、建设技术政策作了论证。

1986年，已被国家批准的《井岗山风景名胜区规划》荣获江西省第三次优秀工程设计一等奖。1985年，《庐山风景名胜区风景名胜资源评价资料汇编》荣获城乡建设环境保护部科学技术进步三等奖。

近几年来，一些高等院校、科研部门承担了风景名胜区多学科的科学研究工作，取得一批科研成果。如北京大学的“泰山风景名胜区资源综合调查研究”，南京工学院的“风景名胜区建筑与环境的研究”，清华大学的“风景名胜区环境和建设规划及建筑设计的关系的研究”，同济大学的“风景名胜区合理环境容量的研究”。

［**教育事业**］　在风景名胜区高等教育事业中，目前有武汉城建学院和苏州城建环保学院设有风景园林系，北京林业大学设有园林系，同济大学建筑城市规划学院设有风景园林专业，这些院校已培养出一批从事风景名胜区建设和管理的专业技术人员，并在风景园林教学方面取得了较好的成果。

1984年和1986年受城乡建设环境保护部委托，同济大学举办了两期全国风景名胜区领导干部研习班，近百名来自全国各风景名胜区的领导干部参加了学习研讨。1985年苏州城建环保学院举办了风景园林技术干部培训班，来自全国一些风景名胜区和部分城市园林管理及设计部门的技术干部参加了学习。四川省建设委员会已经举办了两期风景名胜区业务培训班。这种对在职干部的定向培训，提高了风景区管理和专业干部素质，收到较好的效果。千山、九寨沟、黄龙寺等风景名胜区，利用工作淡季，坚持对职工进行文化、专业知识培训，也取得一定成效。

［**宣传工作**］　为科学、形象地介绍我国风景名胜区，普及风景名胜区科学知识和保护意义，1986年，城乡建设环境保护部城市建设管理局与北京科学电影制片厂商定合作拍摄科教影片《瑰丽的风景名胜》，预计于1988年初完成摄制工作。1981年国家文物事业管理局编辑出版了《中国名胜辞典》；1984年青年出版社出版了介绍44处国家重点风景名胜区的新书《美哉中华》。城乡建设环境保护部和北京旅游出版社联合编辑《国家重点风景名胜区》一书的工作正在进行，除拍摄电影外，风景名胜区还广泛利用广播、电视、报刊杂志等宣传阵地，广泛宣传风景名胜区事业。

根据1985年全国人大常委会批准的《保护世界文化和自然遗产公约》的要求，通过联合国教科文组织中国委员会，城乡建设环境保护部将泰山风景名胜区上报联合国教科文组织申请列入上述《公约》的“世界遗产目录”。(联合国教科文组织世界遗产委员会已于1987年12月7日批准)

［**职工队伍**］　在加强风景名胜区保护、建设、规划和管理的同时，风景名胜区职工队伍正在逐步壮大，素质得到提高。许多风景名胜区组织力量，认真搞好风景名胜区旅游服务、游览安全和环

境卫生等工作，使风景名胜区环境优美，秩序良好，成为有益于人民群众身心健康、进行科普教育、激发爱国热情、建设社会主义精神文明的游览胜地。据不完全统计，目前国家重点风景名胜区职工人数已达2.9万多人，拥有接待床位12.97万张，拥有各种旅游车2700辆。每年接待国内外游人约1.54亿人次，其中包括国外游人430万人次。

结合城市建设修建的人防工程

王素卿

人民防空建设是国防建设的组成部分。建国以来，党和国家从未来反侵略战争的战略高度出发，一直把人民防空事业放在重要位置上，予以高度重视。

我国的人民防空建设包括：战备思想教育，防空袭预案编制、演练，防空专业队伍组织、训练，防空科学研究，防空设施建设和战时医疗救护，物资和水电供应等。

1949年以来，我国人防工程建设大体经历了以下三个发展阶段。

［**第一阶段**(1950—1966)］ 建国前城市人民防空设施寥寥无几，一旦遭到空袭，人民的生命，财产毫无保障。

建国后，作为战略性的设防措施，结合城市建设，基本建设和民用建筑修建的人防工程(简称“结建”人防工程)在建筑形式上以附建式人防工程为主。结建人防工程是战争时期人员就地、就近掩蔽以防空袭的重要设施，也是和平时期开发利用地下空间的主要部分。结建人防工程建设，不仅可以增强城市的防空抗毁能力，而且有利于城市建设的地上地下统一规划和建设，节省城市用地。它是现代化城市建设不可缺少的内容。

1951年成立了中央人民防空筹备委员会，由周恩来总理兼委员会主任。1953年正式成立中央人民防空委员会并召开了第一次全国人民防空工作会议。会议确定了“长期准备重点建设”的人民防空方针，决定在国民经济建设的第一个五年计划期间，在重点城市和新建，扩建，改建的重要工矿企业，结合民用建筑修建防空地下室。1955年国务院的对结合民用建筑修建的人防工程作出具体的规定。重点城市5层和5层以上或超过标准造价，结构坚固的5层以下楼房，都必须结合基本建设修建防空地下室，其掩蔽定额为本建筑物最大容纳人数的30％—40％，其他类型的建筑也要视其容纳人数修建适当面积的人防工程；其总投资保持稍多于整个民用建筑基建投资5％。为了使这一规定得以落实，使人防工程与城市建设紧密结合，逐步解决居民战时掩蔽的问题，从1956年起，在城市建设部门设立了兼职人民防空机构，负责这部分工作的管理。1965年国家建委、公安部、中央人防委又作出规定，人防面积应按占全市民用建筑总面积5％考虑，1966年以前基本按以上标准执行。结建人防工程建设，主要是借鉴苏联的经验，多参考苏联有关规范，标准设计，主要是以防御常规武器在附近爆炸后引起的气浪和弹片袭击为准则，同时对小型燃烧弹的直接命中、毒气侵害以及火灾等也有具一定的防御作用，但还达不到防御核武器的要求。当时结合基建有计划地建设了一批人掩蔽工程和指挥所，工程质量较好，但大部分没有利用，也没有建立相应的维护管理制度。这一时期还考虑了经济防护，但没有得到落实。

中央在这阶段确定的指导思想和工作方针是正确的，为我国人防工作进一步开展，培养了骨干，积累了经验，取得了一定成绩。其间共建设了结建人防工程455万平方米。

［**第二阶段**(1966—1978)］ 1966年“文化大革命”开始，结建人防工程建设受到干扰，几乎处于停顿状态。

1969年三月，珍宝岛事件之后，因形势需要，全国持续开展了一个全党动员、全民动手大搞“深挖洞”的群众运动。

1971年7月，中央召开了第二次全国人防工作会议，确定了“帝修不灭，挖洞不止，战备不停”的方针，调整增加了全国人防重点城市，进一强调了人防战备的全民性。这一时期，由于左的思想影响，在人防工程建设中，不尊重科学技术，不尊重科技人员，不按工程建设程序办事的情况比较严重。以致在相当一段时间内，城市基本建设与结建人防工程建设缺乏统一规划。一些新建的重要项目没有相应考虑防空要求。这一时期，全国建设了数千万平方米的人防工程，大多是坑道、地道单建式非永久性工程，标准低、质量较差、布局也不合理，给国家在人力物力上造成很大浪费，遗留问题很多。

针对上述情况，1976年全国人防领导小组、国家计委、国家建委、财政部在《关于在基本建设和城市建设中加强人防战备工程建设的几点意见》中，重新规定并进一步明确：人防建设要与基本建设密切结合，要求地上地下统一规划，统一设计，统一建设。提出城市建设要根据平战结合的原则，充分考虑战时防空的要求，人防工程建设要考虑城市现有地下管网与地上建筑物现状，以及城市的总体规划，作出合理安排。但因缺少具体办法和措施，这些要求基本没有落实。

［**第三阶段(1978年以来)**］ 1977年4月党中央决定叶剑英同志担任全国人防领导小组组长。1978年10月中共中央召开第三次全国人防工作会议，总结了建国以来人防工作的经验教训。在这次会议上，确定了"全面规划，突出重点，平战结合，质量第一"的方针，并规定城市按民用建筑总投资的6%修建防空地下室。同时，国务院、中央军委发文要求大、中城市以上的各级建委、城市建设规划部门成立人防机构，负责人防工程建设的统一规划和管理。1979年国家建委和国家城市建设总局成立人防办公室，负责全国结建人防工程建设的归口管理。同年，全国人防领导小组发出通知，结建人防工程建设要贯彻"调整，整顿，提高"的方针，单建式坑、地道工程不再开新工程，人防工程建设转人对已建工程加固改造、口部处理、维护管理和平时利用的轨道。同时，重申按民用建筑总投资6%修建防空地下室，是城市人防工程建设的主要方向和内容。此后，全国结建人防工程管理工作，主要是督促各地机构的建立和结建人防工程专项资金落实，工作重点放在东北、华北、西北和沿海地区。天津、山西、内蒙古、辽宁。吉林、江苏、山东、广东、云南、甘肃、青海、新疆等12个省、自治区、直辖市建委(城建局)曾先后成立了人防机构，部分省市指定有关部门专人管理。据统计，当时省、自治区、直辖市一级共配备人防管理干部78人。人防机构的建立，推动了结建人防工作的开展。辽宁省规定按民用建筑总投资的6%提取资金，统一修建人防工程，1980年至1982年共提取结建人防资金5,594.29万元，安排项目129项，设防面积达14万平方米。北京市每年结建人防工程竣工面积约12万平方米。上海市每年竣工面积约为6万平方米。各地贯彻落实："6%规定"主要作法有三种：一是人防重点城市采取集资统一建设，如辽宁、吉林、江苏等省。二是城市计划部门按基建投资比例划出专款予以补贴，由建委按排项目，如上海、新疆。三是单位自建，资金材料随项目一起由建设单位自行解决，如北京、山东、山西等省、市。据16个省市不完全统计，每年约建附建式人防工程50—60万平方米，投资约占民用建筑投资的2%，大大低于6%的要求。

1981年中共中央、国务院、中央军委对我国人防组织体制进行了调整，将全国各级人民防空领导小组均改为人民防空委员会。1982年5月国家机关机构改革，国家建委、国家城市建设总局人防办公室并人城乡建设环境保护部，改为城乡建设环境保护部人防办公室，仍统管全国结建人防工程建设管理工作。1984年6月根据国民经济调整方针和国务院《关于解决企业社会负担过重问题的若干规定》，城乡建设环境保护部在北京召开第一次全国附建式人防工程建设工作会议。会议本着缩小规模、突出重点、注重实效的原则，提出了结合民用建筑修建防空地下室的改革办法。会后城乡建设环境保护部与国家人防委员会，国家计划委员会联合制定并颁发了《关于改变结合民用建筑修建防空地下室的通知》，在新办法中规定：我国结合民用建筑修建防空地下室主要范围是在一、二类人防重点城市，三类城市除10层以上高层建筑和9层以下基础开挖深度达3米以上的民用建筑要修防空地下室外，其他建筑原则不建，一、二类城市新建的住宅、旅馆、招待所、商店、大专院校教学楼和办公、科研、医疗等民用建筑要按照国家规定的比例修建防空地下室。1984年7月，国务院、中央军委发布人民防空条例中规定"人民防空重点城市修建民用建筑时，必须按照国家有关规定修建防空地下室，由城市建设部门制定计划，标准，并负责监督检查。

1985年6月城乡建设环境保护部在武汉市召开第二次全国防空地下室会议，讨论如何贯彻"人防条例"有关规定，并对改革后"新办法"的实施进行了研究。会后，辽宁、四川、广东、云南、贵州、湖北、陕西、上海、浙江、吉林、山东、青海、山西、河北、安徽、北京、黑龙江、新疆、福建、天津、广西、甘肃、江苏等23个省、自治区、直辖市相继结合本地区的实际情况，制定了本地区的实施细则和贯彻意见，其中云南、天津、青海等省、市工作进展较快。如天津市计划在"七五"期间安排17万平方米，到1986年落实近5万平方米；青海省西宁市1985年以来已安排项目15个，面积13.864平方米。这一时期结建人防工程建设健康发展是建国以来这类工程建设总面积50%，工程利用率占同类工程总数的35%，上海、北京、成都及汕头等城市平时利用率已达到60—70%。湛江家用电器八厂利用防空地下室做热处理车间，减轻了工人的劳动强度，减少了环境污染。苏州市彩香新村街道办公楼地下室，用做自行车库，可停放自行车400辆，解决了附近高层楼房存车困难，受到群众欢迎。西安市红旗机械厂职工住房紧张，该厂把10栋地下室改造为居室，解决了260户人家住房问题。这个时期除结合民用建筑建设一些平战结合的防空地下室外，各地还建设了一批经济效益、社会效益、环境效益和战备效益显著的人防工程。如吉林市中心的地下街商场、沈阳联营百货公司的地下营业部、武汉市解放公园的夜明珠地宫、广州南方大厦的洞天商场和北京长城饭店地下车库等工程。这些工程平时利用，为城市开发利用地下空间创造了条件，增强了城市战时防护能力和平时防灾抗震能力。使人防建设开始走上与城市建设协调发展的轨道。

1986年12月经国务院、中央军委批准，由国家人民防空委员会和城乡建设环境保护部联合召开“全国人防建设与城市建设相结合工作座谈会”，这是建国以来第一次专门研究人防建设与城市建设结合工作的座谈会。国务院副总理田纪云到会并作了重要讲话。他提出了新时期人防、城建工作的新路子：要进一步更新观念，在指导思想和实际工作上来一个大的转变；要从随时准备打仗的临战状态转到长期准备、稳步发展的路子上来；要从只注重工程建设，转到各项人防工作协调发展的基点上来；要从只强调战备效益转到坚持平战结合，既强调战备效益，又强调社会效益和经济效益上来；要从人防部门单独组织建设，转到与经济建设，城市建设结合进行，各有关部门共同建设，以提高城市整体防卫能力。这次会议研究了新时期结建人防建设的方向和指导思想的转变，进一步论证了人防建设与城市建设相结合的必要性和可能性及实施措施。会议总结和肯定了目前我国可以进一步发展的平战结合的六种类型工程：一、结合民用建筑修建防空地下室；二、在城市交通枢纽和商业中心修建较大型的地下综合服务设施；三、修建地下停车场；四、把城市市政建设的地下管线与结建人防工程干道、通道结合起来统一规划、统一建设；五、利用已建的人防干道解决城市交通问题；六、把适宜在地下环境工作的建设项目尽量建在地下。

城市防洪工程建设概况

卢英方

在我国广阔的土地上，分布着众多的江河湖泊，千百年来繁衍着中华民族。在960万平方公里的土地上，流域面积超过100平方公里的河流有5800多条，流域面超过1000平方公里的河流有1500多条，其中较大的为长江、黄河、淮河、海河、珠江、辽河及松花江等7大江河。还有洞庭湖、鄱阳湖、太湖、微山湖等大小湖泊。

城市是我国政治、经济、文化的中心。在7大江河的中、下游地区和东部沿海地区有着丰富的自然资源和良好的气候、交通条件。在北京、天津、上海、广州、武汉、哈尔滨等几十座大城市，集中了我国80%以上的城市人口和工业总产值和利税。但是，这里也是洪、潮灾害严重的地区。做好城市防洪工作，对保障城市生产、人民生活的正常进行，发展国民经济有着重要意义。

一、建国前城市洪灾历史概况

自古以来，我国广大人民就与洪水进行了不懈的斗争。从消极的“择丘陵而处之”，到大禹的“疏川导滞”，几千年来，我国劳动人民总结出许多防御洪水的经验。

新中国建国前，不少江河堤防没有得到建设和维修，而且由于连年战争，有的遭到破坏。城市经常被洪水侵害，水灾不断。在1949年以前的2155年间，我国发生过较大的洪水灾害1029次。平均每2年发生1次；台风、暴潮平均每年发生7次，洪、潮灾害严重地破坏了城市的安全。20世纪以来，发生多次重大洪灾，给中国人民生命、财产造成了很大损失。

1915年，珠江的西、北江同时发水，广州市陆地可行舟，损失数十亿元。

1922年，强大的台风引起汕头地区风暴潮，平地水深一米多，城市村镇被海涛吞噬，死亡7万多人。

1931年，长江洪水，西起沙市，东至上海，沿江的武汉、南京、镇江、苏州等市全被淹。汉口被淹百日之久。

1932年，松花江洪水，哈尔滨市堤防决口20余处，道里、道外一片汪洋，全市24万人受灾。

1935年，汉江洪水，死亡14万人。同年，长江也同时发水，湖南、湖北31个县镇被淹，苏州全城民宅灭顶。

1938年，国民党扒开花园口黄河大堤，豫、皖、苏1350万人受灾，死亡89万人。

1939年，海河洪水，天津被淹达2个月之久。

在旧中国，灾害连年不断，人民处于水深火热之中。千百年来，洪水给人民生命财产造成的危害不胜枚举。

二、建国后城市防洪工程建设概况

新中国的成立，标志着城市防洪有了一个新的局面。建国以来，在党中央、国务院和地方各级政府的领导下，许多城市发动群众，进行了大规模的水利建设，加强了城市防洪能力。在短短几年里就初步改变了旧中国遗留下来的城市防洪设施残缺不全的状况。由于迅速广泛地进行了治河、复堤、加固工程，有效地战胜了多次洪水。

1954年，长江洪水，由于采取有效设防措施，保证了武汉、南京、九江、安徽、苏州、上海等沿江大中城市的安全。同年，淮河洪水，新建的蓄洪工程发挥了巨大的作用，保护了沿淮主要城镇和工矿。

1958年，黄河洪水，花园口站出现了每秒22300立方米的洪峰流量。超过堤防设计流量达每秒5300立方米。许多堤段洪水位与黄河大堤堤顶相平。河南、山东两省出动200万军民抗洪。周恩来总理亲赴黄河大堤进行部署、指挥。经过10天的紧张战斗，保住了郑州、济南等城市，使洪水顺利人海。

在1953年到1958年第一个五年计划期间，城市防洪总投资为12188万元，平均每年2440万元，占城市公用事业基本建设投资的8.54%，到1959年，全国城市防洪堤长度达到1781.3公里，到1978年底，全国城市防洪堤长度为3443.1公里。初步形成了抗御洪水的防洪工程体系。

1958年以后，国民经济计划比例严重失调，作为城市基础设施之一的城市防洪工程投资被大大缩减。防洪工程的建设速度显著放慢。此后，经过"十年动乱"，防洪工程设施的失修失养比较严重。

党的十一届三中全会以来，党中央、国务院对城市防洪工作极为重视。国务院在在1981年批转了《关于城市防洪问题的报告》。同年，原水利部、国家城建总局发出了《关于加强城市防洪工作的联合通知》。随着江河的整治，城市防洪建设也有了很大发展，城市防洪能力得到很大的改善和提高。许多重要城市赢得了多次抗洪斗争的重大胜利。如武汉市战胜了1980年、1981年和1983年的三次较大洪水；哈尔滨市战胜了1986年松花江大洪水；广州市战胜了1983年珠江大洪水等。

改革8年来，我国的城市防洪标准逐年提高，许多城市加强了防洪设施的建设。到1986年底，据城建系统统计资料，城市防洪堤总长已达5200公里，有效地保证了城市人民生命财产的安全和国民经济的正常发展。

1978年以来，有防洪任务的城市，在城市建设总体规划中都考虑了城市防洪，大部分均编制了城市的防洪规划，同时，加强了城市防洪工程设施的建设和管理。黑龙江省防洪堤八年来增加了127公里，特别是哈尔滨市1987年建设的沿江一条线工程，西起顾乡大队，东至化工堤，全长26公里。全市10万军民参加义务劳动，建成了外能御洪，内可排涝，道路贯通，绿荫成带的多功能城堤，取得了良好的经济效益、社会效益和环境效益。河北省的防洪堤长度从1978年的229.3公里增加到1986年的434公里，防洪标准也有所提高。湖北省武汉市，1980年，武汉长江洪峰水位高达27.76米，高出市区地面3到5米，超过1931年武汉溃堤水位0.82米。1979年前，对现有防洪大堤进行了整治和加固工程建设，抵御了洪水，使全市人民安全渡过了汛期。到1986年底，已建成堤防284公里，涵闸24座，通道口298处。这一工程的建成，将有效地保卫这个中南重镇的安全。

1985年，城乡建设环境保护部制定颁发了《市政工程质量检验评定标准(城市防洪工程)》，对城市防洪设施的建设质量提出了部颁标准。各地依据这个标准进行城市防洪工程建设，有效地保证了防洪工程的施工质量。

近年来，针对在河道内乱建乱占严重影响防洪的问题，各地在国务院和中央防汛总指挥部的部署下，开展了大规模的河道清障工作，取得了较大成效。

1958年，辽宁省盘锦市遭到洪水袭击后，辽宁省认真清障，清除河滩套堤100多公里，和阻水林木12000余亩，改种矮杆作物近10万亩，整治辽河堤防工程，清除障洪土石方1600万立方米。1986年，辽河发生10年一遇洪水，流量比1985年多30%，但洪峰水位都比1985年下降了0.3米，清障工作收到了明显的效果。

城市防洪工作虽然已取得了很大成绩，战胜了多次洪水，但还不能适应国民经济和社会的发展。一些城市的防洪标准还比较低，遇到较大洪水时仍会造成一定的损失。因此，今后城市防洪工程建设、管理的任务还是相当重的。

中国抗震防灾概况

刘志刚

城市抗震防灾就是从城市组成的各个方面，提出提高抗震防灾的决策；通过抗震防灾规划及其实施，以提高整个城市的综合抗震能力；最大的限度地减轻城市地震灾害。

一、中国抗震防灾工作发展概况

中国是一个多地震的国家，有历史记录的8级以上的大地震最早是1303年9月17日发生在山西省洪洞县；1556年1月23日，陕西省华县又发生了8级地震，死亡83万多人；1920年12月16日，宁夏海源地震造成了20多万人死亡。建国以前地震灾害没有预防措施，我国祖先只给我们留下了地震记录。新中国建立以来，抗震防灾工作白手起家，并得到迅速发展。大体上可分为三个发展阶段。

［第一发展阶段］ 1949——1966年，这个阶段是中国抗震防灾工作的开创阶段。抗震防灾工作主要是配合第一个五年计划中156项重点建设项目，对位于地震区的项目的场址选择而进行的先后三批核批了298个城镇的地震基本烈度。这些工作为国家重点建设项目顺利进行和为编制我国地震烈度区划图奠定了基础。

［第二发展阶段］ 从1966——1976这个阶段的抗震防灾工作，由局部地区逐步地发展到全国。主要工作是通过总结邢台、阳江、甘孜、通海、溧阳、海城等几次地震的震害经验，确定了地震工作以预防为主的方针和为保卫大城市、大水库、电力枢纽、铁路干线的指导思想，开始筹建抗震办事机构和组织编制抗震设计规范。1967年3月27日，河北河间地震以后，在国家建委设立了"京津地区抗震办公室"，在国家科委成立了"京津地区地震办公室"分别主管京津地区的抗震和预报工作。作出了对新建工程进行抗震设防和对京津地区现有工程进行抗震加固的决策。1974年12月，颁发了中国第一部《工业与民用建筑抗震设计规范》，之后，不少专业部门制定颁发了部门抗震设计规范，如水工建筑、水运工程、公路、铁路、煤炭建筑、市政设施等抗震设计规范；国家地震部门颁布了"中国烈度区划图"。从此，奠定了中国抗震防灾的基础，抗震防灾工作从局部发展到全国。

［第三发展阶段］ 1976年以来。1976年唐山地震之后，中国抗震防灾工作转入了全面发展阶段。在这个阶段中，建立和健全了各级抗震防灾管理机构；解决了抗震防灾工作的经费和材料问题；制定了一系列有关抗震防灾工作的行政和技术法规；加强了地震工程的科学研究；扩大了设防范围，以对单体工程的抗震发展到对系统工程和设备的抗震；开展了城市和工矿区的抗震防灾工作；进行了抗震防灾技术队伍的培训和抗震防灾知识的宣传普及工作；建立了同国际间的地震工程的科技合作和学术交流。

二、中国抗震防灾工作的基本方针和对策

总结建国以来历次大地震的经验教训，地震所造成的灾害主要是由于建筑物的倒塌引起的直接灾害和城市生命线系统(城市交通、通讯、供电、供水、煤气、热力、医疗、消防等)的破坏导致的次生灾害。根据中国的国情，采取了从预防为主的基本对策。把抗震防灾工作做在地震发生之前，以达到减轻地震灾害的目的。

［以预防为主的基本方针］ 1970年，周恩来总理接出："地震工作，从预测到预防，以预防为主"。目前，世界上对地震预报尚处在研究阶段。中国的地震预报水平在世界上居领先地位，但对于短临预报的地震发生的时间、地点和强度三要素，还不能准确的报出。因此，尚不能最有效的减轻地震灾害。在抓紧地震预报研究的同时，中国在房屋、工程设施和设备上采取抗震措施，包括采取对抗性的硬件措施，如增加抗侧力构件的抗震能力等，也包括消能、减轻、隔震和控震等软件措施。历次的地震震害经验证明，这些措施都是有效的。如1985年四川自贡市地震按7度设防的建筑物遭受7度地震时，据全市统计，完好率达94%以上。自贡市纺织厂7栋近900平方米民用建筑，震后完好率100%。

［地震防灾重点城市和地区］ 地震灾害主要发生在城市及其临近地区的地震。城市规模越大，可能产生的灾害也就越大。建国以来，在中国大陆地区29次7级以上地震中，仅有3次(其中唐山同一天有2次、海城1次)发生在城市。唐山地震伤亡40多万人，约占总伤亡人数的85%。唐山、海城地震造成的经济损失占总经济损失的80%以上。如果考虑由于城市的瘫痪、工矿企业的停产等造成的间接损失就更大了。

周恩来总理生前指出，抗震防灾工作要为保卫大城市、大水库、电力枢纽、铁路干线做出贡献。据此，我国抗震防灾工作确定了12个重点地区和52个重点抗震城市。12个重点地区有：京津唐地区，晋冀豫交界地区；苏鲁皖交界地区和扬州——铜陵地震带；滇东、滇南、滇西北——川西——藏东地区；陕甘宁交界地区；祁连山地区；东南沿海泉州、汕头地区；海南岛北部和雷州半岛北部地区；辽东半岛地区；鄂尔多斯块体的西南和西北缘地区和东北松辽平原两侧等12个重点地区。52个重点城市是：北京、天津、唐山、石家庄、秦皇岛、邯郸、太原、大同、呼和浩特、包头、大连、丹东、锦州、长春、吉林、南京、连云港、徐州、合肥、蚌埠、淮南、烟台、德州、枣庄、九江、厦门、泉州、漳州、安阳、三门峡、焦作、湛江、海口、汕头、成都、自贡、渡口、西昌、昆明、下关、东川、西安、宝鸡、咸阳、兰州、天水、嘉峪关、西宁、银川、石咀山、乌鲁木齐、喀什等。此外，还确定了142项国家重点抗震加固项目，包括大型水库、输油管线、主要铁路干线上的主要桥梁和五所一室(调度、通讯、变电、给水、电话所和行车调运室)、主要电力枢纽的电厂、变电所、城市生命线工程和易发生次生灾害的工程等。

［抗震防灾的主要决策］

1.关于新建工程抗震设防的决策。建国初期，对一般工业与民用建筑不考虑抗震设防。50年代，国家规定："8度及以下地震区的一般民用建筑与建筑物，如办公楼、宿舍、车站、码头、学校、研究所、图书馆、博物馆、俱乐部、剧院及商店等，均暂不设防。在9度及以上地震区，则用降低建筑高度和改善建筑物的平面布置来达到减轻地震灾害"。这是根据建国初期的技术、经济条件制定的。1966年邢台地震，特别是在1970年云南通海地震后，鉴于这两次地震造成了大量人员伤亡(仅通海地震伤4万多人)房屋倒塌(仅通海地震倒塌房屋近34万间)，在认真总结震害经验的基础上，1974年做出了"位于7度及以上地震区的基本建设工程都要进行抗震设防"的决定，并于1974年12月颁发了《工业与民用建筑抗震设计规范》，在1986年第8次全国抗震工作会议上，进一步明确提出了从6度及以上地震区开始进行抗震设防的决策，并在新修订的《建筑抗震设计规范》中作了相应规定。

2.关于现有工程进行抗震加固的决策。由于解放前遗留下来的旧建筑以及1974年以前未设防的新建筑，没有考虑抗震设防，抗震能力很差。为了提高原有建筑物和工程设施设备的抗御地震灾害的能力，于1976年唐山地震以后做出了对现有建筑物和设备进行抗震加固的决策，并于1977年颁布了《工业与民用建筑抗震鉴定标准》、《工业设备抗震鉴定标准》以及其他的一些抗震鉴定标准。

3.关于城市和工矿区抗震防灾的决策。新建工程的抗震设防和现有工程的抗震加固，只能提高单体工程的抗震能力。要减轻地震灾害，必须从提高城市和工矿区的综合抗震能力着手。1979年在第三次全国抗震工作会议上，明确提出了编制城市抗震防灾规划，并决定先在烟台、徐州市进行试点。1984年召开了第一次全国城市抗震防灾工作会议，总结了城市抗震防灾工作的经验，研究了减轻城市地震灾害的措施，讨论了编制城市抗震防灾规划的规定。会后颁布了《城市抗震防灾规划编制工作暂行规定》。同时，对工矿区的抗震防灾规划编制工作，也开始进行了试点。先后用了7年时间完成了城市和工矿区开展抗震防灾工作的决策，并编制和实施了城市和工矿区的抗震防灾规划。

4.指导农村提高建筑抗震能力的对策。中国农村有3亿多人口生活在地震区，由于自然条件、经济能力、风俗习惯的不同，农村的建筑特点也不同，而且多为私有，因此，当前，对农村抗震的对策是：提出简易可行的抗震措施，采取引导的方法，依靠农民的自己力量来提高房屋的抗震能力。国家着重通过宣传普及抗震知识，因地制宜地推荐典型房屋抗震设计图纸及通过示范性抗震房屋，逐步引导达到农村房屋抗震的目的。

三、中国抗震防灾工作的主要成就

［管理工作成就］

1.目前基本上形成了能全面开展抗震防灾工作的管理体制。从1967年京津地区抗震办公室成立开始到唐山地震后全国逐步建立了各级抗震管理机构，国家成立了抗震办公室，归口管理全国的抗震防灾工作。至今，在28个省、自治区和直辖市，国务院40多个部、委、局和总公司，52个国家重点抗震城市以及一些抗震工作的重点县、镇和大型工矿企业，都先后设立了抗震防灾管理机构，从组织上保证了抗震防灾工作的全面开展。

2.制定了比较完整的抗震防灾工作的行政法规和技术标准。中国抗震防灾行政法规的制定是从1957年5月颁布部分城镇的基本烈度及有关抗震设防规定开始的。之后，又陆续颁发了一系列的有关抗震防灾工作的规定、条例的细则。其中包括计划管理、经费管理、技术管理、抗震设防烈度的鉴定和审批；城市和工矿企业抗震防灾规划编制的规定；抗震防灾重点地区、重点城市和重点县、镇的有关规定；设备抗震加固的规定；地震工程科技攻关项目的管理等等。由各级抗震防灾主管部门颁发或正在拟定的行政法规和规定有60多项。

1974年以来，由国家、国务院各部委和各省、自治区和直辖市颁布的和正在编制的国家、部门和地方标准，已初步形成了技术标准系列，其中包括新建工程的抗震设计；现有工程的抗震鉴定、加固，生产和生活设备、设施的抗震加固等。全国已有建筑物、水工、港工、铁路、公路、石油、化工、矿山、冶金、电力、通信、市政工程等方面的抗震防灾技术标准、规范、规程等50多本。

3.制定了符合中国国情的抗震防灾标准。在吸取历次大地震震害教训的基础上，通过技术、经济、社会和环境效益的综合分析，制定了从6度开始抗震设防，重要、一般和次要工程以及新建和现有工程区别对待的抗震设防标准。这个设防标准，要求一般工程设施达到“小震不坏、中震可修和大震不倒”，实践证明这是符合中国国情的。

[抗震设防成就]

1.完成了一批城市和工矿区的抗震防灾规划。1980年以来，已有十几个城市编制了抗震防灾规划并已经审批。近200个城市正在编制抗震防灾规划。工矿区的抗震防灾规划编制工作也由试点向面上发展，目前石油、化工、冶金等企业已完成了40多个工矿区的抗震防灾规划，并正在组织实施。

2.各项新建工程、设施全面进行了抗震设防。自1974年底颁布了《工业与民用建筑抗震设计规范》之后，各级抗震防灾管理部门、设计和施工部门都逐步开展了新建工程的抗震设防，在确定设防标准、场址选择、方案设计、施工和竣工验收等过程中，分别进行审查把关和监督检查，从而提高了新建工程的抗震能力。

3.完成了一批设施的抗震加固任务。大量的抗震加固工作是1978年开始的。据全国粗略的统计，6度及以上地区需要加固的工程约7亿多平方米(其中7度及以上地区约6.4亿平方米)。据不完全统计，截至1986年底，全国抗震加固共完成了各类建筑物2亿多平方米；大、中型水库150多座；各种桥梁4000多座；各种烟囱3500多座；各种电厂(站)100多个；14条主要铁路干线上的调度、通信信号、变电、给水、电话所和行车室等设施；主要输油管线的泵房；主要省级长途通信枢纽楼、国际电台1和2级干线上的增音、微波站等。此外，还完成了一批工业交通构筑物和机械部门的一批设备以及“六五”期间确定的142项国家重点抗震加固工程。这些加固项目在近几年的地震中都经受了考验。

4.建立了一支地震工程的专业队伍。促进了国内外的学术交流。自唐山地震以来，中国地震工程专业队伍迅速发展。除了中国建筑科学研究院工程抗震所和国家地震局工程力学所两个全国性研究机构外，各主要工业部门，多地震区的省、自治区、直辖市的研究设计单位以及同济、清华大学等10多所高等院校都相继建立了抗震研究机构。目前研究机构总数已达50多个，研究人员1000余人。这些研究机构中，大都配备了近代化试验研究设备，包括各种类型的激振设备、动力试验装置、大型模拟地震振动台、自动检测和数据处理装置、强震观测分析处理系统等等。

几年来，国内外地震工程学术交流取得了很大成绩。仅中国建筑学会地震工程学术委员会举办了8次全国性学术活动。目前已同美国、罗马尼亚、南斯拉夫、日本等近10个国家或民间有关学术组织建立了技术合作关系，进行了学术交流。

[科研工作成就]

1.制定了全国地震烈度区划图。50年代编制了《中国地震区划分图》，70年代经修改、补充又编制了《中国地震烈度区划图》，目前正在编制的新的地震区划图。这是中国各类工程建设抗震设防的基本依据。在新的地震区划图中，将在中、长期地震预报的基础上，对未来一定年限内，在一定超越概率下给出某一地区在一般场地条件下可能发生的最大地震烈度或地震动参数，使工程抗震设计依据更符合实际。

2.强震观测有了很大的发展，并取得了一批强震记录。我国强震观测始于1961年新丰江水坝。近20年来，发展很快，完善了全国性强震观测台网，更新了一批观测仪器。北京地区强震观测遥测台网已经建成。中美强震观测合作计划顺利进行。目前已有20多个单位开展了强震观测，主要有国家地震局工程力学所和城乡建设环境保护部中国建筑科学研究院工程抗震所等单位。国家地震局工程力学所同美国加州工学院、地质调查局和南加州大学合作观测，目前已取得中、小地震记录1000余条，最大为0.23g。联合国计划开发署援助的北京地区强震观测遥测台网取得了近场中、小地震记录1300多条。到目前为止，全国已取得具有使用价值的强震记录2000多条，最大为0.3g。

3.取得一批有实用价值的科研成果，促进了抗震防灾技术标准的发展和结构动力分析在抗震设计中的应用。近10年来，为提高抗震设计的水平，进行了各方面科学研究工作，取得不少成果，主要有：“小震不坏、大震不倒”原则的具体化；基本烈度不确定性和“小震”、“大震”的划分；场地条件和设计反应谱的划分；饱和土液化的两步判别法和液化等级划分及处理方法；考虑扭转、竖向地面运动、结构和地基相互作用的计算方法；基于概率可靠度的多系数截面设计的表达式；结构变形抗震验算方法和薄弱层变形的计算；多层砖房设置构造柱的原则和方法；钢筋混凝土结构抗震等级的划分与措施；单层厂房空间作用、高振型屋盖刚度和扭转影响的分析方法；提高单层厂房的支撑、牛腿连接性能的措施；底层框架砖房和多层内框架房屋地震内力的分配和抗震构造；各类烟囱简化计算和构造措施等等。

结构的动力分析，特别是弹塑性反应的动力分析，从模型、计算程序到工程应用取得了不少成果。如：爆破地震反应分析，各类建筑结构弹塑性地震反应分析，高柔构筑物地震反应分析，桥梁、水坝、核电站、近海结构等动力反应分析；结构动力学中的系统识别等。

4.为抗震防灾规划提供了基本理论和方法。主要包括：地震危险性分析方法和烈度区划；地震影响小区划理论和区划方法；各类结构的震害预测方法；非人造工程(土体稳定、土液化、震陷等)的震害预测；地下管道等生命线工程的震害预测；城市规划、土地利用规划同减轻地震灾害的关系；地震灾害的经济损失、人员伤亡的综合估计；地震保险和地震的社会问题等。

5.研制和引进了多种地震工程的研究设施。这些设施主要包括：模拟地震振动台、同步起震机、振动三轴仪、火箭推力筒、大型测力台座、强震仪、地震防灾无线电报警装置、地基加固的振冲器等。这些设施在抗震试验中发挥了作用。目前，水利电力科学研究院、同济大学、工程力学研究所和中国建筑科学研究院都已具备进行房屋、构筑物、工程设施和设备的原型及模型模拟地震动的试验条件。

6

地方概况

北京市城市建设概况

吕来泉　陈燕秋　李小明

北京市座落在华北平原北部的北京平原，西邻黄土高原，北接内蒙古高原，处于平原与山地、高原的汇交地带。北京的地势西北高，东南低。西部和北部是连绵的燕山山脉和太行山脉，东南部是缓缓倾向渤海的平原。北京市区海拔43.71米；境内最高峰灵山，达2303米，一般山峰在1,000米至1,500米之间。主要的河流有潮白河、永定河和北运河。

北京位于暖温带，半湿润季风气候区，属温带大陆性季风气候，春季干旱多风，夏季炎热多雨，秋季凉爽湿润，冬季寒冷干燥。由于山地与平原交接的地理特点，使北京具有明显的风变现象，南风和北风昼夜交替出现。

北京地区矿产资源丰富，泉流广布，土壤肥沃，具有发展多种经营的优越条件。

北京市现辖十九个区、县。其中，四个城区，六个近郊区，九个远郊县。土地总面积16,807.8平方公里，其中山地面积10,417.5平方公里，平原面积6,309.3平方公里。城区规划面积750平方公里，建成区面积375平方公里。城市的总人口1,032.4万。非农业人口586.8万，常住人口971.2万。

1986年，北京市社会总产值525.9亿元，国民收入206亿元，人均创造国民收入2,137元，居全国第二位。粮食产量达21.6亿公斤，工业产值达到371.2亿元。

一、建国前城市建设概况

［北京城市的历史变迁］　北京城市形成的历史，始自3000多年前的商代。商朝的北方属国——燕国的城址，即在今房山县璃琉河董家林。这是北京地区最早出现的城市。

周代继商代之后，武王分封诸候到燕与蓟。周朝燕国为商代燕国旧地，周朝蓟国在今京西南部。后燕灭蓟，迁都蓟城。蓟城是北京见于记载的最早的名称。

春秋战国时，燕都蓟城已是“富冠天下”的战国名城之一。秦始皇于公元前226年发兵攻燕，占领蓟城。自此以后至隋唐时期，蓟城成为统一的中原王朝的北方重镇。

公元936年，东北契丹族吞并燕云十六州，建立辽朝，将今北京升为陪都，又称“南京”，城址即在今广安门一带。

辽代末年，东北女真族建立全国。1126年金攻占“南京”城。1153年，金陵海王完颜亮由金上京南迁中原，正式将今北京改称中都。成为统治北半个中国的首都。

1215年，蒙古军兵破金中都城。改中都为燕京。1264年，忽必烈迁都燕京，颁诏以燕京为中都。

1267年，元世祖忽必烈在中都城东北择地另建新城，定名为大都。从此，开始了北京成为统一的多民族封建国家的政治中心的历史。

元大都城依“前朝后市，左祖右社”规划修建，有人口数十万之众，是当时世界上最大的城市之一，成为今日北京的雏形。

1368年，朱元璋建立明王朝，定都南京。同年攻占元大都，改称北平。1403年明成祖朱棣改北平为北京。“北京”自此而始。1406年诏示，次年营建北京。1421年正式迁都北京。

明都北京城，在中国封建时代的都城中，城市建设取得了很高的成就。在城市建设的格局上，比元大都更能体现帝王的尊严，在世界封建都城中，达到了登峰造极的程度。

1664年，清兵入关，进占北京。北京成为清朝统治的首都。城市建设也多有建树。

1911年中华民国成立后，除对原有道路作些改造外，城市建设方面没有什么大的作为，临北京解放前，整个城市已变成残破凋零之态了。

［**城市建设概况**］ 古老的北京，历经沧桑，到解放时，已是凄零凋敝，满目疮痍了。城中虽有一些新式建筑和市政设施，但劳动人民集中的地区垃圾成堆，疾病流行。城市呈现衰败景象。

1949年北京解放时，城市市政公用设施极为落后：全市只有一个自来水厂，29口水源井，364公里的自来水管道，日供水能力8.6万吨，饮用自来水的人不足全市的三分之一，人均日用水才20多公升；城市排水设施简陋，通水的下水道仅有22公里；市区道路总长215公里，可以行驶的公共汽车5辆，老式有轨电车49辆；公路总长398公里，6条对外干线总长280公里，且多为土路；全市可开动的清洁车辆仅有3辆；开放的公园仅有7处，人均绿地3.6平方米；居民照明主要靠煤油灯；劳动人民居住环境恶劣。

二、北京的城市规划

1949年10月1日中华人民共和国成立，北京成为中华人民共和国的首都。从此，古老的历史名城，焕发了青春。

［**北京城市建设总体规划**］ 1949年5月成立了北京都市计划委员会，着手进行首都规划工作。1953年北京正式提出了城市建设总体规划，以后虽然随着政治、经济形势的变化，作了几次重大修改，但北京的城市建设基本上是按照总体规划进行的。总的看来，总体规划中所规定的若干主要原则，如从历史形成的城市基础出发，进行改建和扩建；控制城市发展规模；建设卫星城镇和市区组成“子母城”等，都是正确的。但是，由于在较长一段时期中对首都的特殊地位认识不够，对建设现代化大城市缺乏经验，城市建设指导思想上又受到“左”的影响，出现过一些失误。尤其是在“文化大革命”期间，总体规划被停止执行，城市规划局一度被撤消，城市建设中无政府主义泛滥，本位主义盛行，使首都建设受到很大的影响。

1980年4月，中共中央书记处分析了首都的特点，总结了首都建设的历史经验，作出了关于首都建设方针的四点重要指示：

1、要把首都建设成为全中国、全世界社会秩序、社会治安、社会风气和道德风尚最好的城市。

2.要把首都变成全国环境最清洁、最卫生、最优美的第一流的城市。

3.要把北京建成全国科学、文化、技术最发达、教育程度最高的第一流的城市。

4.要使北京经济上不断繁荣，人民生活方便、安全。要着重发展旅游事业，服务行业、食品工业，高精尖的轻型工业和电子工业。

据此，在过去工作的基础上，经多次讨论，于1982年提出了新的《北京城市建设总体规划方案(草案)》。1983年7月，中共中央、国务院原则批准了这个方案，并作了重要批复。《批复》的主要内容为：

1.北京是我们伟大社会主义祖国的首都，是全国的政治中心和文化中心。北京的城市建设和各项事业的发展，都必须服从和充分体现这一城市性质的要求，要为党中央、国务院领导全国工作和开展国际交往，为全市人民的工作和生活，创造日益良好的条件。

2.采取强有力的行政、经济和立法的措施严格控制城市人口规模。北京市委和市人民政府要认真搞好计划生育工作，并会同中央党、政、军、群各有关部门，严格控制人口的机械增长。为了控制进京人口，首先要严格控制在北京新建和扩建企、事业单位。少数确实需要在北京新建的，要报经首都规划建设委员会批准。要有计划地疏散市区人口。同时，应着重发展卫星城镇。抓紧制定一整套鼓励卫星城镇发展的方针政策，创造良好的工作、生活、居住、就业、就学条件。

3.北京城乡经济繁荣与发展，要服从和服务于北京作为全国的政治中心和文化中心的要求。

工业建设的规模，要严格控制。工业发展主要应当依靠技术进步。要制定全面的工业技术改造规划，用二十世纪七十、八十年代成熟的现代化技术逐步地改造和装备北京的工业。今后北京不要再发展重工业，特别是不能再发展那些耗能多、用水多、运输量大、占地多、污染扰民的工业，而应着重发展高精尖的、技术密集型的工业。当前，尤其要迅速发展食品加工工业、电子工业和适合首都特点的其他轻工业，以满足人民生活和旅游事业的发展。

商业和服务业在短期内要有一个较大的发展。要加强商业网点的建设，在扩大市区各商业中心的容量的同时，尽快地在近郊各新建区和卫星城镇建设起相当规模的商业中心，完善各居住区、工厂区的商业布局。要迅速发展各种服务业，提高服务质量，方便居民生活。

农业的发展，应以面向首都市场，适应首都需要为基本方针。要促进农业多种经营和商品经济的迅速发展，努力把蔬菜、牛奶、禽蛋、水产、干鲜果品等生产搞上去，把郊区尽快建设成为首都服务的、稳定的副食品基地。

北京的经济发展，应当同天津、唐山两市以及保定、廊房、承德、张家口等地区的经济发展综合规划，紧密合作，协调进行。

4.北京的规划和建设，要反映出中华民族的历史文化、革命传统和社会主义国家首都的独特风貌。对珍贵的革命史迹，历史文物、古建筑和具有重要意义的古建筑遗址，要妥善保护。在其周围地区内，建筑物的体量、风格必须与之相协调。要逐步地、成片地改造北京旧城。通过改造，既要提高旧城区各项基础设施的现代化水平，又要继承和发扬北京的历史文化城市的传统，并力求有所创新。

5.大力加快城市基础设施的建设，继续兴建住宅和文化、生活服务设施。

城市的各项基础设施是建设现代化城市的基本条件。要集中力量，加快建设。国务院有关部委，要积极协助北京市落实好“六五”和“七五”期间城市基础设施骨干项目的建设计划，使北京城市各项基础设施的状况有一个明显的改善。

要继承抓好住宅建设，充分注意住宅设计的多样化，克服千篇一律的状况。建筑标准既要适应目前的经济水平，又要给将来改善居住条件留有余地。

要大力加强各项生活服务设施和文化、教育、体育、卫生设施的配套建设，不断为首都人民创造良好的生活条件。

6.搞好郊县的村镇建设。为了适应农业现代化和农村经济的发展，认真组织编制村镇建设规划，逐步建设起一批农工商综合发展的，具有一定现代化水平设施的农村集镇，使之成为周围农村的经济、文化中心，城乡经济交流的纽带，吸收和安排农业剩余劳动力的场所，以带动周围农村社会主义的物质文明和精神文明建设。

7.大力加强城市的环境建设。要认真搞好环境保护，抓紧治理工业“三废”和生活废弃物的污染，首先是解决好大气、水的污染和噪声扰民的问题。对于污染严重、短期又难治理的工厂企业，要坚决实行关停并转或迁移。要努力提高城市的建筑艺术水平。体现民族文化的传统特色。要继续提高绿化和环境卫生水平，开发整治城市水源，加强风景游览区和自然保护区的建设和管理。

8.积极改革城市建设的管理体制，解决条块分割、分散建设、计划与规划脱节等问题。北京城市规划范围内的土地要统一由城市规划部门进行管理，并对用地单位征收土地使用费。五年计划和年度建设计划一定要充分体现城市总体规划的要求。要坚决地、有步骤地实行由北京市统一规划、统一开发、统一建设的体制。

9.安排好城市建设资金。为了保证北京城市建设总体规划的顺利实施，北京市要筹集本市的财力，增加用于城市建设的资金；并调动各方面的积极性，大家动手，为建设首都作出贡献。同时，国家要在财力、物力上支持首都建设，并拨给一定数额的城市开发建设周转资金。

10.切实加强对首都规划建设的领导。城市建设总体规划具有法律性质。北京市委和市人民政府要认真抓好规划的实施，严格按照规划办事，把首都建设好，管理好。要抓紧制定城市规划、城市建设和管理的各项法规，建立法规体系，做到各项工作都有法可依。

中共中央和国务院的这个《批复》，深刻总结了首都建设三十多年正反两方面的经验，明确指出了首都今后一个时期城乡建设和其他各项工的方向，进一步充实和发展了中央书记处关于首都建设方针的四项指示，对开创首都建设的新局面具有十分重大的意义。

为了从根本上解决北京城市建设上存在的问题，中央在对《北京城市建设总体规划方案》批复的同时，还决定成立首都规划建设委员会，负责审定实施北京城市建设总体规划的近期计划和年度计划，组织制定城市建设和管理的法规，协调解决各方面的关系。委员会由北京市人民政府、国家计委、国家经委、城乡建设环境保护部、财政部、国务院办公厅、中央军委办公厅、解放军总后勤部、中直机关事务管理局、国家机关事务管理局等单位的负责人组成，北京市市长任主任。中共中央书记处、国务院指定万里同志分管首都规划建设委员会的工作。

［《北京城市建设总体规划方案》要点］ 1985年修订的《北京城市建设总体规划方案》共分城市性质、城市规模、城市环境、城市布局、开发和建设卫星城镇、旧城改建、住宅和生活服务设施、城市交通和对外交通、水源和城市供水、城市污水的排放和处理、城市防洪及河湖整治、城市能源、邮电通讯、城市园林绿化、备战与抗震、近期

建设、总体规划的实施17个部分。其大致轮廓是：

1.城市规模。在市区，集中了全部中央和市级机关，近80%的工业以及绝大部分经济、科研机构、高等院校等企事业单位。城区的用地，从解放初的109平方公里，扩大到1986年底的380平方公里，市区总人口实际已超过500万人。预计到2000年，扩大到440平方公里。

2.城市环境。提高绿化覆盖率，实现大地园林化，城市园林化，维护和改善生态环境，为人民造福，为子孙造福。大力保护水源，严格控制和治理污染源。将难以治理"三废"的工厂迁出市区或停产、转产。不得再在北京新建污染严重的工厂。对工业垃圾实行综合治理。防治城市噪声和电磁波污染。城市垃圾实现清运机械化。

3.旧城改造与城市布局。在以旧城为中心形成的"分散集团式"布局以及同卫星城镇组成"子母城"形式的基础上，按照"旧城逐步改建、近郊调整配套，远郊积极发展"的方针进行建设，逐步扭转建设过分集中在市区的状况，合理调整城市布局。

4.城市基础设施。一是逐步建设有4条环路、9条主要放射路、14条次要放射路以及贯通城区东西方向六条干道，南北方向6条干道，并辅以次干道和支路的市区道路系统。二是修建完善的公路系统，除放射路外要形成沟通各区、县的3个公路环。三是扩建北京跌路枢纽和首都机场。四是加快城市供水和排水设施建设。开源节流，增加城市供水能力，2000年全市自来水和自备井的日供水能力将达到420万立方米。

5.加快城市能源建设。

6.加快邮电通讯设备的建设。

7.住宅和生活服务设施。住宅和生活服务设施要实行均匀分布的原则。新居住区尽量安排靠近各工业区以及机关、大学、科研单位集中的地区，便于职工就近居住。

在城区和三环路以内地区，兴建具有现代水平的国家图书馆、国家剧场、音乐厅、青少年宫等大型文化设施，并在北郊、西郊、南郊各新建一个大型体育场，城区、近郊各片和远郊城镇都要逐步增设图书馆、文化馆、剧场、青少年活动站和体育设施，建设起地区性文化、体育活动中心。

医疗卫生设施的设置，要有利于贯彻以预防为主，方便群众，就近治疗的方针，逐步扭转城区医院过分集中、郊区欠缺医疗设施的状况，增建综合医院和某些专科医院以及必要的防疫、急救机构。

三、城市房屋的建设

解放后，北京进行了大规模的房屋建设。到1986年底，新建各类房屋建筑面积达1.3亿平方米，相当于旧北京城的全部建筑面积的6.3倍。其中住宅6357万平方米，相当于旧北京全部住宅面积的4.7倍。

［为全国政治中心服务的房屋建设］ 北京是中国的首都，这就决定了北京的房屋建设必须为全国政治中心服务，保证各种行政办公用房、政治活动、国际交往和外事用房的需要。

1.天安门广场建筑群。天安门广场，是首都的中心广场。经过3次较大规模的扩建，现状面积为50公顷。

天安门广场的北面是雄伟壮丽的天安门，广场的正中是人民英雄纪念碑，西侧是人民大会堂，东侧是中国革命博物馆和中国历史博物馆，正南方是毛主席纪念堂。这一组规模巨大的建筑群，构成了气势雄伟的天安门广场。

2.办公用房。新中国诞生后，首都党、政、军、民各机关陆续建立，迫切需要办公用房。以后，随着各项事业的发展，各种文化、科学、经济等机构增加，又陆续修建了大批办公楼。据统计，三十多年来共建各种办公楼730多万平方米，基本上满足了各部门工作的需要。其中建造最多的是第一个五年计划时期，共247.2万平方米，平均每年建造49万平方米。六十年代以后，压缩"楼、堂、馆、所"建设，平均每年建造16.8万平方米。进入八十年代以后，随着开放、搞活政策的广泛推行，各项事业有了一个很大发展，办公楼建设又有上升趋势，1986年达到56.5万平方米。

3.外事建筑。北京三十多年来，共修建了各种外事用房近70多万平方米。

1949年，一些国家使用解放前留下的使馆，主要集中在东交民巷和南河沿一带，数量很少。随着与我国建交的国家越来越多，原有的使馆建筑远远不能满足需要。1955年开始在建国门外日坛一带着手筹建使馆区。1962年又开始在全国农业展览馆以西的三里屯地区开辟了第二个使馆区。目前，按北京的总体规划，在东三环路亮马桥一带又开辟了第三个使馆区。

为了适应各国使馆和外事机构驻华人员的需要，三十多年来，陆续修建了外交公寓40余幢，建筑面积达30多万平方米，还修建了友谊商店、国际俱乐部等设施。这些设施与使馆区相配套，为各国驻华人员提供了工作、生活、交往、娱乐的条件。

4.广播、电视、通讯设施的建设。1949年以来，为了满足中央指挥全国的工作，宣传中国共产党和政府的方针、政策，适应日益发展的国内国际交往，迅速传递信息的需要，先后建起了电报大楼、广播大厦、长途电话大楼、卫星地面站、国际电信局大楼、彩色电视中心以及新华通讯社、人民日报社、光明日报社办公楼和业务用房等。北京已经成为具有一定现代化水平的全国通讯联络枢纽和我国对外通讯联络的中心。

［**文化、教育、科学研究等事业用房**］ 1949年至1986年，北京新建扩建的高等院校共74所，校舍290万平方米。在西北郊的学院路两侧，集中建设了矿业、钢铁、石油、航空等八大学院。在西北郊新建的高等院校还有中国人民大学，中央民族学院、马列主义学院、外国语学院、师范学院、农业大学等。在这个地区原有的北京大学、清华大学、师范大学等也有很大的扩展。西北郊的中关村又是中国科学院所属科学研究机构集中的地方。这个地区还是北京风景游览的胜地，颐和园、圆明园、香山等名胜古迹都在这里。如今环境优美的西北郊地区，已成为北京教育和科学单位最集中的地区。

北京的其他地区也新建了一些高等院件，如东南郊的工业大学、东郊的经济学院、西城的音乐学院、昌平的政法大学等。

1949年解放时，中小学校舍总面积仅90万平方米。为了发展中小学教育，从1950年开始修建中小学校舍，并由建平房逐步发展为建楼房。到1986年，中学为850多所，小学近4000所。托幼园所由原来的21所，增加到5391所。

到1986年，北京新建各类科学研究用房232万多平方米，形成了以中国科学院、中国社会科学院和各部、委专业科学研究机构组成的全国科学研究中心。

三十多年来，北京公共图书馆已发展到23个，7.2万多平方米。

三十多年来，在北京先后建成永久性展览馆建筑，主要有16项工程18个馆，包括中国历史博物馆、中国革命博物馆、中国人民军事博物馆、民族文化宫、全国农业展览馆、北京展览馆、国际展览中心、鲁迅博物馆、美术馆、天文馆等。

三十多年来，随着文化艺术事业的蓬勃发展，北京新建了一批电影院和剧院。现在已有专业电影院19个，影剧院52个，专业剧场37个，对外开放的机关礼堂53个，各种俱乐部1154个。

［**医疗卫生、体育设施建设**］ 解放后，经过三十多年的建设，到1986年底，全市城乡医院有372个，病床4.1万多张。党的十一届三中全会以后，医疗卫生建筑建设形成高潮，1979年到1986年，八年间新建医疗卫生建筑85万多平方米，共增加病床11328张。为了开展医疗卫生科学研究，新建神经外科研究所、职业病防治研究所及卫生防疫和卫生学校。

解放后，第一个五年计划期间，修建了北京体育馆和陶然亭游泳场，扩建了先农坛体育场。第二个五年计划期间，为迎接建国十周年和第一届全运会以及26届世界乒乓球锦标赛，在东郊兴建了工人体育场和工人体育馆。工人体育场建筑面积7万多平方米，看台可容观众8万人。1966年为迎接第二届新兴力量运动会，在动物园西侧修建了首都体育馆。

1949年至1986年，国家体委、市体委和市总工会3个系统体育用地达320公顷，各种体育建筑面积60多万平方米。

［**工业建筑**］ 解放以后，北京进行了大规模的工业建设，在第一个五年计划期间，北京的工业建设已有相当规模。到1957年底，北京的工业面貌发生了很大的变化。工业的布局基本上是按照城市规划分布的，也比较合理。

1958年到1960年三年“大跃进”期间，北京的工业发展规模过大，工业建设与整个城市建设的过程不协调。

经过1961到1965年国民经济的调整，北京城市房屋的建设放缓了速度，工业建设除完成在“大跃进”中未完的工程以外，很少有新的工业项目。在“文化大革命”的十年里，城市规划工作遭到严重破坏，许多工程项目的安排缺乏可行性研究，上了一些用水多、耗能高、占地大、污染严重的重工业项目。在此期间，大批街道工厂再次涌现，搞乱了城市的合理布局，污染了环境，干扰了居民正常生活。

党的十一届三中全会以后，北京的工业调整取得很大成绩，工业建设逐步向适合首都转点的方向发展。轻纺工业和其他生活消费品的工业发展较快。同时，对一批污染扰民严重的工厂，进行了治理、转产、停产或搬迁。在此期间，郊区的乡镇工业有了较大的发展。

［**住宅与商业服务设施的建设**］ 1949年北京解放时，全市住宅的建筑面积共有1350多万平方米，其中1160万平方米集中在旧城区以内。这些房屋主要是明、清时代遗留下来的，绝大部分是四合院或大杂院的平房。

1949年北京解放以后，为了改善人民生活，适应人口增长的需要，在大力修缮旧房、危房的同时，还大规模地建设新住宅。1949到1986年，新建的住宅面积为6357万平方米，相当于解放初期1350万平方米的4.7倍。特别是党的十一届三中全会以后，北京住宅建设有了新的发展。从1979年到1986年，共建成新住宅3600万平方米，相当于北京解放初期城市住宅的2.7倍，比1949年到1978年三十年间新建住宅的总数还多。

解放后，首都商业服务业获得很大发展。到1986年，新建商业服务业用房的面积已达415.2万平方米，相当于旧北京同类建筑的3.8倍，活跃了首都市场，方便了人民生活。

［**旅馆建设**］ 解放后，北京的旅馆很少，全市旅馆总建筑面积只有5.3万平方米。解放后共修建了各种旅馆133万平方米，相当于解放前的25.1倍，建筑标准也有很大提高。

四、城市市政公用事业

解放前的北京，城市的市政公用事业非常落后，1949年解放以来，在“为中央服务，为生产服务，为劳动人民服务”的方针指引下，北京的城市市政公用事业有了飞速的发展，为党中央指挥全国的工作，为北京城市经济的发展和城市人民的生活，创造了较为方便的条件，为首都的现代化建设奠定了基础。

［**城市供水**］ 北京的城市供水设施的建设最早是1908年筹备，1910年2月10日开始的。以后的发展则非常缓慢。到1949年时，北京仅有一座自来水厂，饮用自来水的人仅60万人，自来水的普及率仅为29.5%。市民的饮用水大多是又苦又涩的浅井水或混浊发臭的河水、苇塘水和窑坑水。水体污染严重，影响了人民群众的身体健康。

新中国成立以来，党和政府十分关心北京市民“吃水难”的问题。三十多年来，投入了大量的资金、人力、物力，开辟水源，修建水厂，普及和发展自来水，使人民的饮用水条件有了根本的改善。1986年，北京市的水源厂达到22个，其中城近郊区13个，自来水的管道长度5,079公里，供水面积530.5平方公里，人均日用水155.4公升，城区达到167公升。城市供水事业取得了巨大的成就。

1.兴修水厂，开辟水源。1949年解放时，首先恢复了自来水水源二厂的建设，增加了城市供水量。1950年，开辟水源，为门头沟老革命根据地人民解决了吃苦水、矿排废水的问题。1954年，建设了城子水厂，解决了京西部分群众的吃水难问题。

随着首都各项事业的发展，城市用水量迅速增加。1954年，开始兴建水源四厂。以后，该厂经多次扩建成为城市供水的主力水厂之一，1978年该厂日供水能力达到24万吨。

1956年，建设了水源三厂，该厂一投产就承担了市区供水量的三分之一，以后经扩建、改建，该厂的日供水能力达到45万吨。

“一五”期间，本市的水源已达5座，水源井67口，供水管道1192公里，相当于解放时的3.2倍，饮用自来水的人数达到282万人，占当时城市人口的67%，是解放时饮用自来水人数的4.7倍。

1958年，修建了专供东郊工业用水的水源六厂，日供水3.85万吨，以后经扩建，1981年该水厂日供水量达到17万吨。1959年，建设了水源五厂，日供水2万吨。1963年建设了水源七厂，城市生产和生活用水的紧张状况基本得到缓解。70年代初，城市用水日趋紧张，开始修建水源八厂，但由于“文化大革命”的干扰，直到1979年才建成通水，每日向市区送水13万吨。

“文革”结束”之后，城市供水事业又走了正常发展的轨道。1985年，日供水能力17万吨的田村山水厂建成投产，1986年，动工开始建设日供水能力100万吨的水源九厂。

2.水源开发。解放后，北京市不仅抓紧城市供水，水源开发工作也相继展开。“一五”期间，开工兴建了座落在永定河上游的官厅水库，库容达到22.7亿立方米；1958年初，开工建设十三陵水库和怀柔水库；1958年9月，开始修建了密云水库，总库容达到43.8亿立方米，并先后修建了永定河引水渠和京密引水渠等输水管道。

3.普及自来水。为解决群众吃水问题，除采取开源增加供水措施外，还组织动员单位和群众建设公共吸水站，方便群众用水。1960年，全市建起公用水站2300多处。以后随着经济形势的好转，又逐步采取措施撤消了公用水站，把用水口安装到院，进一步方便了群众用水。

4.保护水源和水质。北京城市供水部门，贯彻执行市政府让全市人民饮用清洁、价廉的自来水而奋斗的号召，坚持对水质、水源采取严格的检验和监测措施，加强水质化验工作。1983年，北京市自来水公司的检测项目达到72项，远远地超过了国家规定的要求，居于国内先进水平。保证了群众饮水的清洁卫生。

此外，近年来，城市节水工作也普遍地开展起来，这对缓解北京城市供水紧张的状况，起了积极的促进作用。

1986年，北京城市日供水量达到134万吨，年销售水量46,695万吨。

［**城市燃气**］ 解放前，北京的民用炊事能源以直接燃煤为主。建国以后，随着北京城市建设的发展和人口的增加，北京的煤耗量迅速增长。1955年时达到799万吨，烧煤排出的大量煤烟、煤渣，严重污染城市的环境。

1.煤气。1955年，北京都市规划委员会编制了煤气发展规划。1958年初，开始在石景山古城地区进行了民用煤气试点工程，敷设煤气管道5.2公里，供应522户居民家庭用气。从此，开始了北京城市煤气事业发展的历史。

1959年，建于北京东郊的北京第一焦化厂的第一座焦炉投产运营供气。首先向人民大会堂等大型公共建筑送气。1960年1月，开始为100多个食堂和4家工厂供气。1973年该厂的日供气能力达到80万立方米。

北京市城市自来水情况表(1980—1986年)　　表1

项目	单位　年份	1980	1981	1982	1983	1984	1985	1986
水厂数	个	10	10	14	15	19	22	22
年末水厂生产能力	万吨/日	163	167	161.2	165.9	167.4	175.7	187.2
年末管线长度	公里	3272	3435	4216	4452	4621	4937	5079
年末供水面积	平方公里	385	385	388.9	391.6	517.2	530.5	
全年售水量	万吨	38933	41634	43355	44876	45706	45600	46695
其中生活用水	万吨	21988	24248	25068	26564	25876	27793	29431
人均生活用水/日	公升	141	153	151	151	142	147.4	155.4

1969年，建设了北京的第二个气源——北京煤制气厂。最高日供气能力曾达到30万立方米。

但是，此后由于十年动乱，滞缓了北京燃气事业的建设，所以在这十年中没有什么大的发展。

党的十一届三中全会以后，北京城市煤气建设发展很快。在积极进行天然气进京工程建设的同时，加快了首钢煤气进京工程的建设进度。1984年7月2日，首钢煤气进京一期工程建成投产。日供气8万立方米，当年发展管道煤气用户50,508户。

2.液化石油气。1963，周总理指示：要大力发展油气资源的综合利用。1964年，首先选择了8户居民进行了液化石油气的民用试验。1965年，开工兴建了北京第一个液化气灌瓶厂——西郊五路居灌瓶厂，由辽宁省锦州和抚顺拉气供应市民。当年发展了近0.5万民用户，全年供应液化石油气163吨。

1969年，北京东方红炼油厂等一批工厂相继建成投产，气源成为本地供应。为了适应用户发展的需要，先后建成了南郊灌瓶厂和北郊灌瓶厂等储气设施及近百个供应站。

1986年，北京的焦炉煤气供应总量为4.5亿立方米，液化石油气销售量达18.2万吨，城市居民炊事气化率达到89.2%。

［**城市供热**］　建国前的北京，只有少数楼房有供暖设备，供热面积约有100万平方米左右。

解放后，随着城市建设的发展，在东郊初步形成了一个综合工业区。1955年，北京的民用建筑由解放初的2050万平方米增长到3100万方米，其中有供暖设备的共829万平方米，约占民用建筑的26%。分散各处的小锅炉达20000多台，造成了全市烟囱林立，且多为铸铁锅炉，热效低，耗煤量大，对环境的污染十分严重。发展城市集中供热已经成为城市建设的一个十分迫切的问题。

1955年，北京市都市规划委员会编制的集中供热规划，确定以热电厂供热为主，区域锅炉为辅的供热方式。同时，对热网系统、运行参数和调节方式、规划期内的供热规模、热电厂分布等一系列问题，提出了原则的意见。现在看，这些原则基本是正确的，并继续指导着北京城市集中供热事业的发展。

为迅速发展首都的供热事业，北京第一热电厂被列为“一五”计划重点工程之一。该厂1957年开动，1958年一期工程——两台2.5万千瓦供热机组和两台蒸气管线，向9家工厂供气和2.8万平方米的建筑供应热水，供热总面积达到2.75万平方米。国庆十周年时，又建成热电厂至民族饭店长达十公里的长安线，给人民大会堂等公共建筑供热。经过将近三年的发展，供热管线已达23公里以上。

1966年，为解决东郊地区工业用户的需要，增建一座高峰锅炉，这个锅炉投产后，热电厂的供热系数降低、供热量增加。七十年代，几经改造、扩建，第一热电厂装机容量达到34万千瓦，供热能力为蒸汽每小时700吨，可替代70台中型工业锅炉；采暖热水每小时200百万大卡，可以满足350万平方米建筑面积的采暖。

1974年，北京第二热电厂开始建设，设计规模为第一期每小时供热能力360百万大卡，供热面积500万平方米。1978年，开始向市区供热，全市集中供热面积已有443万平方米。党的十一届三中全会以来，首都城市的集中供热加快了发展进度，新建的居住小区，如团结湖、劲松、左家庄等都实现了集中供热。1986年底左家庄供热厂初步完工，新增每小时供热能力175百万大卡，供热面积达300万平方米，改善了近四万余户居民的供热状况。八年来，北京的集中供热面积增加了532.2万平方米，与此同时，供热量也有较大的发展，八年热力销售总量达到1003.4万百万大卡，相当于1958年至1978年销售总量的1.3倍。除此以外，合并小锅炉房，发展联片供热面积618万平方米，城市供热总面积达到2000万平方米。

［**城市道路桥梁建设**］ 1949年北京解放时，市区道路总长度仅215公里，大多没有铺装，路面狭窄。胡同土路更是坎坷不平，雨后泥泞难行。跨河桥梁102座，多数为临时性或半永久性的小型木桥和砖石桥。建国以后，城市道路桥梁迅速发展。

1.市区道路建设。在解放后的三年经济恢复时期，主要是有计划有重点的恢复和改建原有道路。如为了迎接中华人民共和国成立一周年，便于群众游行队伍通过，1950年修建了长安街林荫大道。

当时南城劳动人民聚居地区，道路不畅，铺装路面很少，交通十分不便。1950年修建了广安门至菜市口和东珠市口至蒜市口两段混凝土路，还整修和改建了宣武门外大街、崇文门外大街和南新华街等几条大街。在这几年内，还用"以工代赈"方式整修了大量胡同土路。

在近郊区，修建了颐和园至香山，玉泉山至五棵松，建国门至大北窑，呼家楼至双井等道路。

1953年以后，配合天安门广场的扩建，重点改建了东西长安街等东西干道和重点街区干路。至1966年全部建成西起石景山，东至通县，全长40公里的东西轴线，成为横贯市区的宽阔大道。同时，为了加强市中心同远郊和周围各省、市之间的联系，开始分段新建和改建多条放射道路。此外，结合住宅区、科研单位和高等院校的建设，还修建了一批地区性道路，在农村地区还大量改善了郊区土路。

"十年动乱"期间，道路建设处于无计划状态，建设速度十分缓慢。

"十年动乱"结束后，道路建设有了新的开端。西二环首先于1978年建成通车，1980年二环路北半环全线完工。缓和了北半城一些干道和北三环的交通拥挤情况，效益十分显著。另外还展宽了骡马市大街和体育馆路，缓解了南城的交通。

仝长48公里的三环路，于1981年全部建成，对分流二环与三环之间的交通起到显著作用。

到1986年，全市道路总长度达3038公里，为解放初期的14.1倍，其中高级、次高级路面占66%，现在市区道路在原有棋盘式道路格局的基础上，已初步形成一个由环路加放射路组成的道路系统。

2.市区桥梁和过街设施的建设。桥梁建设，在三年恢复时期，北京桥梁建设的重点放在城区内外的旧桥改造上，并配合开辟城墙豁口，在护城河上修建若干新桥。

第一个五年计划期间，结合农村道路和农田水利建设，建了一些桥梁，不少桥梁仍以木桥为主。

1956年在改建朝阳门至阜成门干道的同时，改建了北海大桥。这时期还结合开挖永定河引水渠，在渠上先后建成桥梁27座。1960年至1965年兴建京密引水工程后，在市区也建设了不少桥梁，其中引水渠经过公园的桥梁，都注意与风景区相协调。此外，在新建和扩建公园的同时，新建了公园桥19座。

到1986年，全市桥梁共有479多座，其车行道宽度，排洪标准和载重等级都大大提高，结构形式多种多样，方便了交通，也增添了城市景观。

立交和过街设施建设。随着城市交通量的不断增长，重要路口和铁路道口的交通阻塞，以及繁华地段的行人过街难的问题日益突出。因此，建设立体交叉和过街设施提上了议事日程。到1986年，市区建成大型立体交叉14座，人行天桥9座，地下过街道10处32座。

［**城市排水**］ 北京的城市排水，至今已有几百年的历史。明朝，北京城内的排水设施已是沟渠纵错，明暗相间，形成了比较完整的排水系统。但到

北京市供汽供热情况表(1980—1986年) 表2

项目	单位　年份	1980	1981	1982	1983	1984	1985	1986
一、供热								
采暖单位	户	518	596	626	666	730	777	815
年末管线长度	公里	92	96	98	104	104	104	104
全年售销量	百万大卡	981952	1144700	1111000	1213000	1452000	157.3	1678782
采暖面积	万平方米	518	596	626	666	730	777	975.3
二、供汽								
用气单位个	83	88	90	90	91	92	96	
蒸汽销售量	万立方米	581	585	571	567	572	549	545

解放时，城内排水设施淤塌弃毁，仅剩221公里，能用作排水的仅22公里。

解放后，排水设施建设采取改造和建设结合的方针，彻底整治旧沟221公里，清掏淤泥达1.6万立方米；消灭了8条"龙须沟"，解决了近百处严重积水区的排水问题，为大规模的城市建设提供了排水条件。

1953年，第一条雨、污水分流制污水干管——西北郊文教区污水干管建成。以后，陆续建成了东郊污水排放系统，西郊行政区污水排放系统等一大批污水排放管线，城市污水排放状况有了较大的改善。

1985年以后，市政排水设施的建设速度加快，兴建了一大批污水排放系统，扭转了很长一段时间中的排水设施发展缓慢的状况，先后修建了西郊、南城污排干线，永定河引水渠污水截流干管、万泉河污水截流管等项工程。1981年建成了规模为2000吨/日的污水处理中间试验厂，污水利用技术有了进展。

目前，北京市有污水处理厂2座，日处理能力达到26万吨，城市下水道总长度2344公里。城市污水排放设施建设的巨大成就，对改变城市环境面貌起了重要作用。

[**公共交通**] 解放时的北京城市交通，主要依靠人力三轮车，全市可以运营的公共汽车仅有4辆，老式有轨电车49辆，城市交通十分困难。

新中国成立以后，北京的城市交通结构发生了深刻的变化。截止1986年，全市的公共汽车3.831辆，营业线路181条，线路长度达到2420公里；无轨电车540辆，营业线路13条，线路长度为143公里；公共电、汽车的客运量达到312,990万人次；地下铁路运营线路两条，线路长度40公里，地铁机车205辆，年客运量14387万人次。目前，北京已经形成了相当规模的现代化公共交通系统，为首都各项事业的发展和人民生活提供了较为方便的交通条件。

[**城市的交通管理**] 城市道路的交通管理，是城市现代化的重要内容和组成部分。解放三十七年来，北京城市交通管量在保证交通安全等方面做了大量的工作，取得了很大的成绩。最近八年来，随着社会主义建设事业的发展，北京的交通车辆猛增，城市人口发展过快，1985年机动车由1949年的2000多辆猛增到32万辆，城市人口达521万，城市道路总长度由1949年的613公里增加到11866公里。为了适应城市道路、车辆和人口迅速增长，北京市成立了交通工程科学研究所。这是我国第一个以交通工程应用科学为研究对象的科研机构。同时，加强了交通设施的现代化建设。党的十一届三中全会以后，八年时间增加交通标线2165公里，交通标志12732公里，分别为1978年以前29年新增数量的2倍和3.5倍。新设交通岗417个，至1986年底，各类信号灯达279座。近两年，在城市主要街道粘贴了反光材料，施划了反光标线。仅1986年，对二环路内178个路口进行了渠化通行，单行线路达101条，禁左路口达到38个。新装信号灯28处，增划、重划交通标志线3590公里，增设更换交通标志4200多面，安装反光道钉和反光片135000块，根据标准化，系列化的要求，增设了一批反光标志、大型悬臂标志和跨街式标志。同时，中国与英国，中国与南斯拉夫合作的交通装置，也正在加紧建设。1986年，全市的交通事故次数比1978年下降了1.8%，交通秩序有了好转。

[**城市防洪**] 北京地区河系纵横，水域宽阔。但由于北京地处定河水下游，常常受到洪水威胁。永定河床三家店及卢沟桥一带，高出北京城区中心区60米和20米。由于种种原因，解放前永定河洪水并未得到有效控制。

解放后，防治永定河洪水灾害的工作，有了巨大进展。1951年兴建的官厅水库，总库容达22.7亿立方米，防洪库容达0.7亿立方米，抵御了七次每秒洪峰流量大于1000立方米的洪水，三十年来，发挥了很好的防洪效益。

此外，还在永定河及周围水系中兴建了许多小型水库，防灾治灾，变灾为益，收到很好的效果。

1967年和1984年，按每秒7000立方米和最大洪流量，先后两次加固提高了卢沟桥以上左堤等关键地段。确保了首都的安全。

同时，加紧城区各水系流经地段的治理工作，不仅提高了防洪能力，而且还开辟出了环境优美的景观供人观赏。

经过治理，北京地区防洪能力有较大提高，使首都的安全有了一定保障，为人民生活的安全创造了条件。

此外，八年来，北京市按照国家统一要求，共完成了654万平方米的房屋抗震加固，提高了这些房屋的抗震能力，对防地震灾害起到了一定作用。

五、城市园林及环境卫生

[**市容环境卫生**] 解放前，北京的环境卫生事业非常落后。解放时，全市可以开动的清洁车辆仅有3台，手推车600辆，城市垃圾成山，蚊蝇孳生，疾病流行，露天的粪坑、粪场占地1000多亩，人民身受其害，苦不堪言。

1.爱国卫生运动。新中国成立以后，党和政府首先致力于人民卫生事业，动员了数十万群众，走上街头，清理旧社会陈留垃圾。疏浚河道，整修旧沟，增辟公园绿地，改善人们的生活环境。1952年，开展了以除害灭病为中心的群众性爱国卫生运动。经过十余年的努力，人民生活环境，发生了根本的变化，逐渐形成了以讲卫生为光荣，以不讲卫生为耻辱的社会风尚，使北京成为世界最清洁的成市之一。“十年动乱”结束以后，贯彻中央书记处的“四项指示”及中共中央，国务院《十条批复》，全市人民开展以清洁卫生为突破口的爱国卫生运动，集中治理脏、乱、差；为了加强对环境的管理，北京市人政府颁布了《北京市市容卫生管理的规定》等法规；为使人们改掉随地吐痰的陋习，颁布了《关于禁止随地吐痰的规定》等等法规；为经常保持市容环境卫生，逐步推行了以负责承包各自门前卫生，栽种和维护花草树木，维护门前秩序为主要内容的“门前三包”制度，全市实行门前三包的单位29355个，占全市单位个数的97%，巩固了治理成果，使城市市容环境出现了新的气象。

2.环卫设施建设。解放37年来，党和国家投入大量资金，加强环卫设施的建设。1961年，本市基本实现用汽车运粪；1965年，全市基本实现了汽车抽粪，结束了百年来人工背粪、掏粪的历史。1964年，开始使用扫路车清扫路面，改善了工人的劳动条件，推动了环卫机械化自动化的发展。经过三十年的努力，城市生活垃圾的收集、清运，基本实现了容器化和机械化，粪便清运工作基本实现了机械化和专业化。到1986年末，全市拥有环卫清洁车辆大中型扫路车60辆，小型131辆，大中型洒水车67辆；大中型垃圾车1253辆，真空吸粪车320辆，环卫垃圾台336座，垃圾桶53499个，果皮箱7971个，公共厕所6805个。1986年，街道日清扫面积达到2595万平方米，全年清运垃圾274万吨，清运粪便168万吨。日前，全市共有8个垃圾转运站，已建成和正在建设的垃圾堆放场及处理厂10余个，新式密闭集装箱垃圾站2座。提高了垃圾消纳、转运能力。乱倒垃圾现象明显减少，首都市容环境卫生面貌正在发生深刻变化。

［**环境保护**］ 解放后，特别是党的十一届三中全会以来，我市的环境保护事业有了飞速发展。

在一段时间里，对城市工业“三废”没有引起重视。七十年代初，根据周恩来总理的指示，成立了环保机构，颁发了有关法规，加强“三废治理”。1973年，在全市第一次环保工作会议上，确定了消烟除尘和保护水源的两大任务。

党的十一届三中全会以后，环保事业进入了一个新的发展时期。几年来，贯彻全面规划、合理布局、综合利用、化害为利、依靠群众、大家动手、保护环境，造福人民的方针，环保工作由单项治理转入对环境的综合整治。重点治理了官厅、密云、怀柔等三大水库及7条河流。

1.大气治理。防治大气污染的工作取得进展，“六五”期间，治理了3000多个污染源，撤消了467个电镀厂点，城区的锻造车间、厂已全部迁出；全市16657台锅炉改造达百分之九十以上，四个城区的锅炉全部改造完毕。

2.环境保护的法制建设。党的十一届三中全会以来，北京市环境保护的法制建设有了很大发展。依照国家的有关法律，通过立法程序，先后制定，颁布实施了十多个环境保护方面的地方法规，利用法规，纠正违章，保证了国家有关法律的贯彻实施，使环境保护工作纳入了法制的轨道。

［**城市园林绿化**］ 北京古典园林，在中国园林史上占有重要位置。新中国成立以来，北京的园林绿化工作贯彻“普遍绿化，重点提高”和“以园养园”的方针，经过三十七年的建设，园林绿化事业有了很大的发展。1986年，公园总数达到59个，游园人数达到10803万人次；公共绿地面积达到3678公顷，人均公共绿地面积达5.07平方米，城市绿化覆盖率达22.86%，道路绿化总长度2102公里，树木2036万株，苗圃面积560公顷，草坪面积达722万平方米，基本建成了点、线、面相结合的城市绿化系统。

古典园林的修复。解放后，百废待兴，在国家财力不充裕的情况下，仍以大量资金投入古典园林的修复工作。

经过修复，古老的建筑重放异彩，发扬了中华文化，保护了文物古迹，同时，为人民提供了休息、娱乐、游憩的场所。随着公园、绿地的逐步增加，河岸与道路绿化也发展起来。

六、城市建设管理体制改革和经济政策的调整

［**城市管理体制改革**］ 1983年，中共中央、国务院在对北京城市建设总体规划方案的重要批复中决定，成立首都规划建设委员会。在突出城市规划在城市建设中“龙头”作用的同时，针对过去建管合一、重建轻管的倾向，实行建、管的分离，进行了城市建设管理体制的改革。

为改进城市管理工作，于1983年城立了北京市市政管理委员会，作为市政府管理全市市政工作的办事机构，协助主管副市长协调市政管理工作，并在各区、县成立了相应的机构。逐步建立起了适应北京城市发展客观需要的市政管理体制。

强化政府管理职能。通过对主管局工作的协调，使市政管理工作由部门管理向社会管理、行业管理的方向过渡。发挥区、县、街道办事处的政府职能作用；在全市的环境卫生、市容园林等方面，建立了市、区、街道办事处三级管理体制，有利于城市的绿化美化。并先后对出租汽车、汽车修理业等行业实现了间接控制，使行业秩序明显好转。

北京市城市园林绿化情况表(1980—1986年)　　表3

项目	单位　时期	1980	1981	1982	1983	1984	1985	1986	备注 1949
年末公共绿地面积	公顷	2735	2762	2824	2820	2878	3284	3678	772
人均公共绿地面积	平方米/人								
包括水面	平方米/人	5.14	5.14	5.14	5.14	5.14	4.94	5.07	3.6
不包括水面	平方米/人	3.95	3.95	3.95	3.95	3.95	3.78	3.91	1.94
城市绿化覆盖率	%	20.1	20.1	20.1	20.1	20.1	22.1	22.86	
道路绿化长度	公里	1787	1797	1888	2007	2040	2098	2101.5	87
草坪面积	万平方米	152.9	220	303	380	447	599	722	
公园数	个	29	30	33	33	37	43	59	7
公园总面积	公顷	1227	1230	1264	1251	1338	1517	2827.4	772
游园人数	万人次	5341	5909	6756	6756	7221	9396	10803	

［**城市建设综合开发**］　综合开发，统一建设，是城市建设日益社会化和现代化提出的客观要求。北京城市建设综合开发和统一建设，从新中国成立后就开始了。到1986年，北京统一开发建设各类房屋1203万平方米，其中住宅约940万平方米，建成的住宅区共100多片，住宅18.8万套，解决了65.8万人的居住问题。

党的十一届三中全会以后，北京的综合开发事业发展加快，成立了30多家开发公司，每年统一开发建设的房屋约200万平方米，竣工近100万平方米。

城市的综合开发，成街成片地改造旧城，建设新区，使古老的北京增添了新的光彩。

［**城市建设的经济政策**］　党的十一届三中全会以来，城市建设管理工作，从改革、开放的新形势出发，贯彻国家、集体、个人一齐上的原则，改变市政设施单纯依靠财政拨款和单一经营的传统方式，采取多种形式，筹集建设资金，加快了城市建设的步伐，为城市市政公用设施的建设注入了新的活力。近几年通过多种渠道，改革单一经营结构的主要形式有：通过受益单位集资发展城市煤气18.5万户，供热面积532.8万平方米；以社会投资的形式发展首都的交通事业，目前，北京市个体长途客运汽车达451辆；以技术贸易的方式，引进了美国苗圃大棚技术和从日本引进城市园景；北京市房管局利用技术优势，在国外承揽中国古代建筑业务，以横向联合方式，与20个省市开展了62条线路的零担汽车运输业务。

利用北京文物古迹多的优势，扩大业务范围，增强了园林事业发展的活力；以产品出口形式，公共汽车首次打入国际市场；推行市政设施有偿使用，颁布实施了征收机动车辆过桥收费，市政排水设施收费和征收城市基础设施“四源”(自来水厂、煤气厂、供热厂和污水处理厂)建设费等法规。

［**经营管理制度的改革**］　近年来，北京市城建管理系统的企事业单位，紧密结合行业特点，推进经营体制的改革，积极地完善各种形式的经营承包责任制，妥善处理国家、个人对集体的责、权、利关系，用经济手段组织市政设施建设，有效地提高了市政公用设施的社会效益，经济效益和环境效益。市大件运输公司实行了《起重搬运吨工资含量》；客车总厂实行了《浮动工资经济承包责任制》；自来水公司实行了《千吨水工资含量，节水视同售水》；公交总公司实行了《双目标责任制》的责任制；市园林局与市财政局签定了“三定一包”服务经济承包责任制；道路工程中实行五包：包设计、包施工、包质量、包投资、包工期；市房管局在公房的经营管理中，进行了个人经营试点；地铁总公司实行《内部承包责任制》；煤气用具厂实行了上缴税利与工资总额挂钩；公用局管件厂实行“销售合格产品金额计件工资制”等等。

七、城市建设管理法制工作

党的十一届三中全会以后的几年里，北京城市管理方面的法制工作机构和执法队伍逐步建立起来。依照国家法律、规定，按照立法程序，颁布实施了一大批城市管理建设方面的法规。在市政管理方面经市人大、市政府批准颁布实施的法规共43项。这些规定和办法的制定实施，使城市的建设管理中的无法可依的状况有所改善，对城市管理和建设纳入法制的轨道起到了积极的促进作用。

八、城市建设与管理的科技进步

党的十一届三中全会以来，北京城市建设与管理的理论研究和科技事业的进步，取得了突破性的进展，有效地推进了城市建设和管理的科学化现代化建设。

［**城市管理科学的研究**］ 八十年代以来，北京城市人口急剧增加，城市经济飞速发展，城市供水、交通、能源、环境等方面不适应城市发展的矛盾日益突出。1983年，北京市委、市政府组织了各方面专家，学者和实际管理工作人员数千人，对城市管理进行了大规模的调查研究。对城市基础设施的建设作了历史的回顾和未来的展望；就城市交通、能源、邮电、通讯、电力、环境卫生与环境保护等多方面的建设管理问题，对投资体制和效益、科技、管理、法制建设、人才管理等各方面进行了科学论证；初步形成了比较完整、系统、有特色的城市基础设施管理与建设的理论体系，培养和造就了一批理论和干部人才。并委托北京经济学院开设了《城市基础设施管理》专业课程。

［**城市管理工程科技**］ 北京市贯彻《中共中央关于科技体制改革的决定》和"经济建设必须依靠科学技术，科技工作必须面向经济建设"的方针，推进城市管理的科技进步。1983年至1986年，城市管理工程的科技成果近500项。其中，获得国家、建设部、市三等以上奖励的近百项。这些成果，行业特点突出、效果显著、宜于推广，推动了城市管理的现代化建设，取得了很好的社会效益，经济效益和环境效益。

1．环境工程技术。《大气环境自动监测系统》，通过无线电通讯和计算机收集整理、自动记录各环境监测点、站的气象参数和空气质量的71个参数，为环境治理工作提供可靠依据并节省了大量的人力、物力。《城市污水水解(酸化)——好氧生物处理研究》及"六、五"期间承担国家下达的科技攻关项目《垃圾、粪便无害化处理》、《高碑店污水系统污染综合防治研究》、《北京市城市生态系统特点及环境规划的研究》、《北京市燃煤污染综合防治的研究》等23个课题，为本市环境污染的控制与治理，为垃圾、粪便的处理消纳，提供了重要技术依据。

2．交通工程。《WXX—1型无线电缆线控制信号机》、《东长安街、前三门大街交通灯控制系统》等，对提高城市交通管理水平，调节车辆流量，改善交通管理发挥了很好作用。《公交线路查询机》研究项目，利用微机技术，在三十秒钟内可查找公共交通线网中任意两点间的最优换乘路线，对调节城市公共交通流量、方便乘客出行，提高服务质量具有显著效果，目前已在本市繁华地区的部分集中换乘站、点安装使用。

3．园林养护工程技术。《古松柏长势衰弱原因及复壮措施的研究》、《槐尺蠖生物防治的研究》，为开展树木的病虫害防治，养树护木，提供了有效方法。《名木古树图象/文字计算机管理系统》，利用计算机贮存、管理古树、名木的文字档案及各个时期的长势图象，直观对比各时期的长势，提高了我市对300年以上古树名木的管理水平，为园林管理科学化、现代化开辟了新的途径。

4．城市公用事业工程技术。《供水管网测压点计算机监测系统》，利用计算机监测供水管网的供水压力，并进行自动记录和处理全部数据。通过系统监测，随时掌握供水管网中的供水压力，为合理进行供水调度，预防事故提供了重要依据。《热力站微机自动调节控制系统》根据热力点、站供热面积的大小，利用计算机控制在室外不同温度下应由热网分配的热量，并在热力点供热范围内进行合理调度，收到了改善运行状况，合理供热、节约能源的效果。《微机房屋交换系统》利用微机进行房屋多角联换，对城市换房的自动化管理具有推广价值。

5．生产安全技术。市运输部门建成了汽车性能综合检测站，改变了传统的车辆路试和强制解体检修的落后方法，实现了车辆不解体检测，为改革保修制度提供了科学手段。《上水管道闸门开关机》，提高了维修大口径上水管道关闭闸门时的工作效率，提高了安全供水的可靠性，对保证城市安全供水起了重要作用。《微电脑齿轮检测仪》在性能、精度方面均超过了进口的同类产品，具有国际水平，对清洁车辆和清洁机具生产有重要作用。《大视野动态体视投影技术》具有国际水平，引起国内外同行重视，目前已开始在工程中推广使用。

6．节水、节能技术。日处理量120吨生活污水回用"中水道"装置，取代了自来水冲洗厕所，用于浇灌绿地，冲洗车辆，取得了较明显的节水效果，节水效率在百分之五十左右。"节水型红外线自动洗手器"及"蹲坑自动冲洗器"，节水效果明显；"节水型水龙头皮钱"每个芯子只几分钱，但节水效果显著，目前已在本市推广使用，预计年节水100万吨以上。此外，园林系统试用滴灌技术，节水效果较明显，也在园林系统中推广使用。《应力检测式涡街流量变送器》适用气体蒸汽和液体三种介质的计量，对节约能源有独特作用；"汽车油箱蒸汽回收装置"每辆解放车每天回收汽油一公斤，有较高的经济效益和社会效益。

［**科技体制改革**］ 贯彻中共中央关于科技体制改革的决定，北京城市管理的科研单位根据城市管理"公益性"的特点，在拨款制度方面采取了多种形式的改革，主要形式有"技术合同制"，"经

费包干制”“一所两制”等。通过改革，提高了科技人员的积极性，科研成果有了较大幅度增长，质量有所提高。

北京市固定资产投资与基础设施投资统计表 单位：万元 表4

项目 时期	全市固定资产投资合计	城市基础设施投资合计	城市基础设施投资占全市投资%	邮政电信投资	民航投资	交通运输投资	地铁投资	铁路投资	电力工业投资	城市公用事业投资	管道投资
恢复时期	22020	10544	47.9	1064		1		5444	41	3994	
1953—1957	345982	82721	23.9	6061		3639		43305	5169	24547	
1958—1962	564012	142031	25.2	9349	2771	2505		54048	35251	33107	
1963—1965	172083	27939	16.2	981	381	3733	8731	3119	6219	4765	
1966—1970	290783	141430	48.6	4374	3305	14632	62935	33839	15995	6350	
1971—1975	581443	185410	31.9	12907	4619	10732	44383	61242	34516	17011	
1976—1980	1129396	235390	20.8	18334	24774	18017	44517	28919	31188	66774	2867
1981—1985	2344136	405676	17.3	52008	16635	54616	25196	39497	54366	163314	44
1986	945387	145037	15.3	35181	5764	15386	5468	9801	23267	50170	

北京城市公用事业投资一览表 单位：万元 表5

时期	投资额	自来水	下水道	道路桥梁	河湖	电车	汽车	供热	煤气	绿化	环保	环卫	其它
1949—1952	3994	721	1849	782	—	283	340	—	—	19			
1953—1957	24547	3581	5639	5657	3289	1971	2499	—	—	1211			700
1958—1962	33107	4004	2089	7809	585	4378	2580	2167	2855	1147			5493
1963—1965	4765	1109	329	851	—	287	416	73	1005	145			550
1966—1970	6350	403	868	2856	—	152	437	13	1199	47			375
1971—1975	17011	1339	476	4583	—	778	5503	570	3094	223			445
1976—1980	6674	16706	9951	18894	1524	751	5989	2845	4271	1437			4406
1981—1985	163314	20822	9983	35838	290	3807	16079	5048	11826	4227			55394
1986	50170	13800	1973	2856	—	3846	3846	1096	9109	1686	404	4825	9975

北京市房屋建设投资统计表 单位：万元 表6

时期	房屋投资	其中住宅
1949—1952	18283	3132
1953—1957	244508	53535
1958—1962	360143	33141
1963—1965	113916	21404
1966—1970	197489	7715
1971—1975	359427	30880
1976—1980	756744	169592
1981—1985	1769042	517485
“七五”时期：		
1986	662499	175805
总计	4482051	1012689
1949	49	9
1965	49329	7715

天津市城市建设概况

天津市建委

天津市地处华北平原东部，海河流域下游，北依燕山，东临渤海，毗邻北京，与河北省接壤，总面积11305平方公里，海岸线长152.8公里。全市行政管辖区为13个区、5个县。1986年全市常住人口814.97万。

天津是我国三个直辖市之一。从解放初至1986年底，工业生产增长39倍多，商业、贸易、交通、能源、科技、教育、文化、卫生等也得到很大发展。特别是近年来城市建设取得的成就，改变了城市面貌，提高了城市功能，初步改善了人民生活居住环境。

天津自宋金时期设直沽寨起，已有近八百年历史。元朝称海津镇，1400年明朝燕王朱棣改名天津。明永乐二年(1404年)筑城设戍，称天津卫。由于旧中国城市没有规划，建设畸形发展。布局支离破碎，市容景观杂乱无章。

一、新中国建立前城市建设概况

1949年市区建成区面积仅61平方公里，市政设施相当落后。

当时，市区道路全长275公里，总面积245万平方米，其中高级和次高级路面占55%，道路网密度为每平方公里4.5公里，各种桥梁72座。由于帝国主义的租界割据，各自为政，遗留下来的道路、桥梁，数量少、质量差、路面狭窄，道路断头多，且大多集中在租界地内。桥梁则集中分布在原英、法租界地的墙子河上。而贯穿市区段长达27公里的海河、子牙河、北运河上仅有桥梁6座。经由市区长达百余公里的铁路仅有9座地道交口。

供水设施长期发展缓慢，1949年日产水能力6.33万立方米(其中河水厂产水能力5.93万立方米)管网总长度245公里，供水面积29平方公里，直接取用自来水的人口占城市人口40%。

全市下水道仅236公里，排水泵站13座，排水能力每秒12立方米，按排水面积计算的下水道普及率为25%，仅集中分布在原租界内。

市公共交通有17条电、汽车路线，客运路线总长60.78公里，运营车辆200余部。

旧天津的环境卫生状况恶劣，尤其劳动人民居住区，垃圾成堆，蚊蝇成群，瘟疫流行。

住宅建设受当时政治、经济条件的制约，带有较明显的半封建、半殖民地色彩，租界地的洋楼，各自呈现出不同国度、不同风格和特点。非租界地内，则是四合深宅大院或半中半洋的楼房及大量的简易平房、窝铺。据1949年初统计，市区住宅建筑面积为1080万平方米，居住面积为714万平方米，当时的人口为186.5万，人均居住面积为3.77平方米。

园林绿化方面，当时仅有大小公园7处，面积49.9公顷，人均绿地0.28平方米。全市树木不足2万株，平均百人1株树。全市绿化覆盖率为0.3%。

二、新中国建立以来城市建设事业的发展

建国后，天津市的城建事业得到很大发展。国民经济恢复时期和“一五”期间，天津的城建事业协调、全面地展开。1951年8月，天津港开始了我国第一个人工港的扩建工程，将原有的3000吨级码头扩建为万吨级，并相应完成了防洪堤、铁路、港池、仓库及航道疏浚等建设工程，扩大自来水产、送水能力，对赤龙河、金钟河、南开蓄水池等环境卫生恶劣区域，进行了改善；建成一批工人住宅新村，8年共建住宅334万平方米。

“二五”期间，建设了土城、北仓、西营门等新工业区。为控制原有城区发展，自1958年以后，开始建设杨柳青、咸水沽、军粮城等卫星城(工业城镇)和塘沽、汉沽等滨海地区。1958—1962年，天津城市建设中出现比例不协调，集中表现在市区向外延伸，而道路和商业等基础和配套设施及文化、教育等方面建设跟不上，造成“骨头”与“肉”比例的失调。1963—1965年期间，情况有所好转。

“文化大革命”的10年动乱期间(含“三五”“四五”)城建事业也出现了大的混乱。城市规划废弃，无政府主义泛滥，城建失控。盲目扩大城市规模。在市区周围搞了几十个工业点，加剧了城市基础设施欠帐的矛盾；市区内违章占地严重，10年中市内违章占地20多万亩，违章建筑2300多起，面积达40多万平方米，市内各区乱堆乱占，影响市容、交通的现象较为普遍，城市房屋、园林古迹均遭不同程度的破坏。10年间，全市住宅建设仅288万平方米，由于人口增长，人均居住面积下降幅度增大，此期间城市建设处于停滞状态。从1970年4月

开始，采取专业队伍与人民群众义务劳动相结合的办法，着手建设天津地下铁路工程，铺轨5公里，并试运行。1976年，天津遭受强烈地震破坏，直接经济损失39亿元，震损房屋6000多万平方米，其中住宅1680多万平方米，占全市住宅总面积的70%。1977～1980年的抗震救灾，以恢复生产为重点，完成工厂企业恢复、重建项目的投资3.72亿元，修复新建工业项目164个，竣工面积73万平方米，恢复、新增了一批工业生产能力。建成部分建材工业项目，使本市建材自给水平得到提高。

党的十一届三中全会以来，天津的城建事业进入新的发展时期。1981年，党中央、国务院批准《关于天津市地震后住宅及配套设施恢复重建三年规划》。三年间，全市用于震灾恢复重建投资25.4亿多元，3年累计完成的投资额，占规划总投资的10.3%。经过分年实施，基本上实现规划目标。建成住宅1100多万平方米，为299519户修复住房448280间，计676.5万平方米，住宅配套率平均达到85%以上，保证了居民进住。三年共安置震灾住临建棚的居民11.2万多户，安置各类住房困难的达4.13万多户，将5.1万间临建棚全部拆除；新增了一批市政公用设施，提高了城市功能；建成各类生活配套设施1018单项，建筑面积达65.6万平方米。市委、市政府还结合实际情况，调整城市建设投资结构，狠抓企业已有的技术改造，完成了震灾恢复、重建任务，加强了城市基础设施的建设和管理，使城市功能有较大提高。

“六五”期间和1986年，天津城建事业取得明显成绩，为国内外所瞩目。其主要成绩为如下几个方面。

市政、公用基础设施建设速度快、效益好。市区道路、桥梁建设至1986年共铺装道路1091公里，面积1210万平方米。新建一批道路，使市区道路系统初步形成。打通一批道卡口，疏通一些路段，新建、扩建一批桥梁。从1985至1986两个年度，共用10个月时间，建成34.5公里，路宽50米、三块板式结构为主的中环线。此工程总投资5亿元，共修筑道路140.78万平方米，铺设排水管道69.5公里，建泵站9座、桥梁7座、立交桥8座，其中八里台立交桥雄伟、壮观；中山门蝶式立交桥新颖、别致。附带完成了电力、电信、路灯、煤气、自来水、交通信号、园林绿化等配套工程。中环线沿线共拆迁386个企事业单位、3893户居民住房，拆迁面积达20余万平方米。中环线兼有客货运输的承载功能，连接和疏理了市区各区域之间的交通，沟通了对外的客货运输。建成后，车流量比以前增加60%，车速提高了近一倍，缓解了市中心交通拥挤的状况，初步框算，每年可为国家节省7000万元的交通费。在中环线两侧整修了沿线的楼、平房，美化、绿化了小区，交通岛、路灯点缀其中，全线景观宏伟。

延伸了地下铁道。1983年采用了顶进法，将116米地铁箱涵穿过津浦铁路18股轨道，完成地铁面段工程。1984年当年建成西北角至西站段长1.2公里的洞体，完善沿线设施，实现7.2公里全线通车。

城市供水设施发展快。“六五”期间，用1年零4个月的时间，提前两年完成引滦入津工程。此工程全长234公里，开凿十几公里长的隧洞，修建穿越12条河道的倒虹吸和4座大的提升泵站。建成通水后，年供水能力为10亿立方米，为天津提供了一个稳定可靠的水源和完整的输水系统。在进一步解决水源的同时，扩建了芥园水厂，建成凌庄水厂、塘沽水厂、马庄水厂。1983年9月开始建设新开河水厂，使全市日产水能力达到114万立方米(其中河水102万立方米)。至1986年，全市供水总量39063万吨。市区供水普及率达100%。市区最高日供水量109.8万吨，平均每人每日生活用水达125.6升。供水管道长达2901公里。

城市排水设施至1986年底，下水管道长达1963公里，其中污水管占30%，雨水管占32%，雨污合流管占38%。泵站128座，排水能力比1949年增长35倍。“六五”期间，天津建成纪庄子污水处理厂，日处理污水能力26万吨，服务面积3770公顷，服务人口108万，服务工厂621个，是目前我国规模最大工艺配套比较齐全的城市污水二级处理厂。

城市民用气化建设进展快。1984年当年建成第一煤气厂，日产煤气28万立方米，从1985年开始，经过23个月零9天的时间，铺设中低压、庭院管道2000多公里，着手建设第二个煤气厂。

城市公共交通至1986年底，电、汽车路线139条(无轨电车线8条，汽车线131条)，客运路线总长7535公里，运营车辆1739辆，年运送乘客达7.9亿人次。出租汽车，至1986年底已达421部，年运送乘客159万人次。全市设立12处站点，开展接送、就诊、游览、办公、参观、结婚服务等多种营业项目，并开辟了一些旅游专线。长途客运到1986年底，运营车辆269辆，线路142条，运营范围，东至唐山、迁西、遵化，西至保定，南到山东、邢台、邯郸，北到北京。市内设有3个始发站，1986年运送乘客779万人次。市属各县从1980年以后也积极发展长途客运业务。在沟通城乡交流上起到重要作用。

环境保护专门工作机构于1964年组建，并于1980年9月正式成立市环境保护局。市属18个区县分别建立环保办或环保局及监测站，市区建立环保科研所、监测中心。开展了防治污染工作。“六五”期间治理污染实施项目303个，投资5000万元，治理废水5400万吨，废渣2.7万吨，粉尘3.7万吨。改造锅炉5500台，占全市锅炉总数78%，天津上空的“黑龙”、“黄龙”、“白龙”基本消灭。排尘量减少了18.8万吨，二氧化硫1.2万吨，节煤50万吨。对200个噪声扰民点进行限期治理，对4000辆噪声超标的车辆，更新了新型消声器。

环境卫生方面，至1986年底，全市市管公厕2046座，比1949年增长44倍。年清运垃圾量181.2万吨，比1949年增长4倍。清扫面积2194万平方米，比1949年增长7.1倍。环卫职工10600多人，比1949年增加四倍多。环卫系统拥有各种汽车、专用车辆839辆，建成垃圾转运站131座，垃圾清运密封率达12%，公厕水冲普及率34%。垃圾和粪便的无害化处理分别达到45%和36%。1983年市政府颁发《天津市城市街道清洁卫生管理暂行办法》，环卫专业管理员500多人，加强环卫的管理和监督。

住宅建设方面，1981年至1986年新建住宅2032万平方米，比1949～1980年33年新建住宅总数多520万平方米。住宅建设总投资45亿元，占同期固定资产投资的22%。在市区人口比1949年增长85.3%，居民家庭户数增长一倍多的情况下，市区人均居住面积由1980年的3.6平方米，提高到5.7平方米。完善、建成9个新辟居住区(丁字沽、密云路、建昌道、天拖南、体院北、长江道、小海淀、真理道、北仓)。正在建设的有王顶堤、万新庄、新立村等三个居住区，配套设置了副食、粮、煤、百货等商业网点，建成中、小学、幼儿园以及文化、娱乐、卫生等设施，公用、园林等建设也相应配套进行。对旧住宅区，结合震灾恢复重建和城市道路拓宽进行房屋改造。低洼简陋或危险房屋也进行修整翻盖。市区建成面积在一万平方米以上的大片改造区约50多处。1985年改造的“三级跳坑”(胡同比马路低、院子比胡同低、屋子比院子低)房屋共18821间，计252153平方米，使13946户居民住房得到改善。1981～1986年，全市共成立各类建设开发公司28家、职工1282人，共建成商品住宅达323.6万平方米，累计出售商品房269.1万平方米。

在园林绿化上，到1986年，全市开放公园50处，其中大公园6处，小公园44处，市区树木677万株。公共绿地1432.8公顷，绿化覆盖率达8.97%。1984～1986年，全市建成120片绿化小区，500多座园林小品，在居民区进行庭院式绿化，市区兴建391户小街景，小游园、小绿地，面积达121.8公顷。1982年至1983年修建全长19.8公里的海河公园，1985年开辟海河文娱体育活动场所，当年部分项目开放营业。恢复建设名胜风景园——桃柳堤等小公园。

在城市防洪方面，解放前，市区行洪河道岸线长71公里，上有护岸14.2公里，约占河岸线20%。其中永久性护岸8.3公里，临时性护岸5.9公里，外围堤防洪长133公里。由于防洪设施不足，且年久失修，汛期险工地段迭出，加之只能通过屈家店闸、九宣闸、耳闸分洪800秒立方米，故不断遭受洪水灾害

解放30多年来，市区共修建永久性和半永久性护岸27.2公里，加固堤埝64公里，新建和加固防水墙6公里。这些设施主要修于50至60年代初。以后还对河防险工地段、第二道防线的西南大围堤、西横堤等进行了加固。特别是自从开挖独流减河、子牙河、永定新河等3条河后，使海河下游的导洪入海能力提高了十多倍。

在城市抗震方面，天津市位于张家口—渤海地震活动带和河北平原地震活动带的交汇部，是国家地震重点监视区。据1668年以来历史资料的记载，天津市区遭到5度以上的地震破坏14次，其中建国后占了7次。尤其是1976年7月28日唐山地震，给天津造成严重的破坏和损失，市区烈度高达8度。

建国38年来，天津抗震防灾工作从无到有逐步发展起来，大致分为三个阶段：

第一阶段，从新中国成立到1966年邢台地震前。这个阶段主要是配合国家重点建设，摸索抗震工作的路子，锻炼和培养技术人材，为全面开展抗震防灾工作创造了一定的条件。

第二阶段，以1966年邢台地震到1976年唐山地震前。根据周总理的指示，“地震工作要为保卫大城市、大水库、电力枢纽、铁路干线做出贡献”，开展了抗震工作，建立了机构，明确了方向，为抗震工作的全面发展奠定了基础。1967年4月成立了天津市防震办公室(先后并入科技局、地震队、地震局)。此间，通过调查研究，总结了邢台等地震区抗震防灾的经验教训。从1974年起，按国家规定，对市区新建工程按7度进行抗震设防，制定了部分区域性的抗震鉴定标准，逐步开展了对未来设防工程的抗震鉴定和抗震加固，宣传、普及抗震防灾知识，制定了《天津市震害初步估计和防震抗震工作方案》。

第三阶段，从1976年唐山地震至今，是天津市抗震工作全面发展，抗震防灾工作取得明显成绩阶段。建立了全市抗震工作管理体制，成立了市抗震防灾工作领导小组。1979年9月恢复天津市抗震办公室，各区、县、局设立相应的兼营机构。对3600万平方米的新建工业与民用建筑，城市市政公用设施按要求进行抗震设防。对2313万平方米的工业

与民用建筑和一批烟筒、水塔、栈桥、油罐、管道等重要工程设施进行抗震加固。其中国家补助经费5630万元，实际加固费用6.4亿元。完成国家和市级76项重点抗震工程130万平方米的建筑物和构筑物的抗震加固任务。积极开展抗震科研和国内外学术交流活动，培训技术骨干5000多人。组织编制市区、城市抗震防灾规划。使天津市城市抗御地震灾害、抗震自救能力有了很大提高。

三、城市建设体制改革和经济政策调整

中共中央十一届三中全会以来，为改变城市建设管理体制上存在的分割条块、职责不清、责权不一致的状况，以及某些经济政策不适应城市发展要求的情况，市政府本着统一领导，分级管理，简政放权，责权一致的原则，进行了城市建设的体制改革和有步骤的经济政策调整。

［城建计划管理］ 改革城市建设计划管理体制。多年来城市建设从立项、投资到材料都由市计委管，市建委主要组织施工，因而造成计划与规划的脱节。从1982年起，市政府决定，由市建委统管住宅建设、震后住宅的生活配套设施、市政公用园林设施建设，重点工厂企业恢复重建和建材工业。1983年，市政府又决定，将上述范围内的基本建设年度计划工作，统一划归市建委管理负责年度计划的制定和实施。此外，为充分发挥区政府的作用，把部分城建工作下放到区，把大城市变成小城市管。在投资渠道上，采取人民城市人民建，大家的事情大家办。在筹集建设资金上，有国家投资、地方投资、单位投资、区局投资、区办市助、区办公助、区局合资、单位合资、区厂合资、募捐集资、单位资助等多种渠道。

［城市规划和配套建设］ 城市规划管理改变分散各区管理，实行统一建设规划，统一建设法规，统一管理机构，将规划建筑审批权全部集中到市。以各区城建局规划科为基础组建管理处，作为市规划局的派出机构。设在各区的规划管理处实行市局和区的双重领导，以市局为主的体制。人员编制、业务领导归市规划局，党团关系在区。区规划管理处人员保持相对稳定，主要负责搞好所在区的规划和建筑管理工作。为解决市政公用和公共服务设施建设投资不足和城市建设中的不配套问题，市建委成立了配套管理处，统管城市配套建设。住宅建设由每平方米缴纳配套费50元提高到70元，1986年又提高到75元。配套费的统一管理和使用，使城市规划和建设形成了较完整的体系，促进了城市规划的统一。

［市政养管和园林绿化］ 改变了养护管理体制，实行政、事、企分设，按各项技术经济指标考核，推行企业化管理。

1.道路管理。进一步明确分工加强市区协作，实行分级管理。干线道路、市内桥梁和立体交叉公路的管、养、修，支线道路的大、中修，仍由市政工程局负责；支线道路的养护管理，胡同里巷，楼群甬道的管、养、修由区负责，相应的经费、材料下放给区。

2.排水设施的管理。实行市、区两级管理。排水干管、泵站、市内河道仍由市政工程局管理；排水支管、胡同里巷、楼群甬路下水道，化粪井以及以里的排水管道由区管理。

3.园林绿化。改变了由市园林局统管的状况，实行了条块结合，以区为主的管理体制。市级大公园，花园的建设管理仍由市园林局负责，其它统归各区管理，人、财、物相应下放各区，归口市容委领导，业务上受园林局指导。

近年来随着改革承包的深入，市政园林养管费用的使用也相应进行了一系列的改革和调整，在保证维修养护质量及周期前提下，试行了费用切块包干。城市建设的道桥、排管、绿化等维修、养护单位，实行了费用与工作量、质量指标挂钩，试行各种形式的包干。如养护费包干、节约分成；差额单位试行降差分成等形式，调动了职工的积极性，兼顾了国家、单位和职工利益。

4.市政施工单位，实行了政、事、企分设，普遍实行了百元产值工资含量包干和市政建设投资包干，市政施工企业内部也进行了相应的改革。近几年随着改革的不断深入，施工企业引入竞争机制，管理水平得到了提高，企业内部的承包经营促进了天津市政建设的发展，几年来建成通车的中环线、外环线和污水处理厂等工程，质量好、进度快、造价低，为国内外所关注，为天津市城市建设做出了贡献。

［城市公用企业］

1.公共交通。为解决因实行低价政策造成的公共电汽车经营单位的经济亏损问题，扶植城市公共交通的发展，经市政府同意，市财政从1979年开始对公共电、汽车实行月票补贴，补贴标准为每张月票2.71元，1979年全年共补贴787.7万元，1980年共补贴923万元。1981年补贴标准调整为每张月票2.82元，1981年共补贴964.8万元，1982年共补贴931万元。1982年还实行了开线亏损补贴，全年共补贴84.2万元。从1983年起，月票补贴改为按公里补贴，每公里补贴标准，公共汽车公司为0.14元，电车公司为0.27元。1983年共补贴1376.5万元，1984年共补贴1420.6万元。1985年补贴标准再次做了调整，公共汽车调至每公里补贴0.20元，电车补贴调至每公里为0.44元，1985年共补贴2105.4万元，1986年共补贴2120.3万元。从1985年开始，公共汽车公司每公里增加补贴

0.04元作为购车款，每年可补贴300万元。在市政府的支持下，公用事业有了较大的发展，到1986年底，全市公共电、汽车运营车辆达到1739辆，比1978年底增加31%；运营路线达到139条，比1978年底增加了47.9%，基本满足了城市发展的需要。此外，为使市区公共交通线网布局合理，做到统一调度、统一管理，逐步实现公共交通的行业管理，1986年经市建委批准，撤消了原公共汽车公司和电车公司，组建了公共交通公司。

2.煤制气。第一煤气厂1984年底投产，供气成本为每立方米0.187元，市里将民用价格定为每立方米0.09元，1986年下调为每立方米0.08元。市财政每立方米差价补贴0.11元，1985年共补贴了60.3万元。1986年共补贴246.2万元。同时市财政还对第一煤气厂实行亏损补贴，1985年补贴了503万元，1986年补贴了820万元。

3.城市供水。"引滦入津"后，水利局每吨水收取源水水费0.12元，因此，产水成本上升、工业用水价格提高到每吨0.50元，1985年年市决定工业水费下调至每吨0.35元，差额部分由市财政补贴，每吨水补贴0.135元，1985年共补贴2403.5万元，1986年共补贴2689.5万元。

［**房屋管理**］ 党的十一届三中全会以来，全市对房地产管理机构进行了一系列改革。1982年在红桥区房管部门试行了政、事、企分设的试点，从区房管局内部划分出区修建公司和区房产公司。1983年，根据市政府85次常务会议的决定，市内其它五个区房管部门推行了红桥区房管部门机构体制改革的经验，从区局内部划分出区修建公司，并设立了区房产公司。与此相适应，市房管局成立了修建工程处和市房产公司，分别负责对区修建公司和区房产公司业务管理工作，初步实现了政企职责分开和专业化管理。在机构体制改革过程中，房屋修建施工和房产经营的经济管理机制也进行了初步调整。在修建施工企业中，全部实行了百元产值工资含量包干，企业内部实行两级核算，三级管理，并广泛推行了经营承包，劳动承包等多种承包形式，使企业真正成为独立核算，自负盈亏的经济实体。对房产经营单位，实行了事业单位企业化管理，形成了以房管站为基础的三级管理、两级承包的经营承包体制，并结合各房管站具体情况，分别实行定额上缴、定额补贴、自收自支、超收节支留成的经济责任制。

市、区房管部门政企分设以后，房地产行政管理部门的职能作用得到了加强。在近几年中，完成了全市房屋普查任务，为城市建设和管理提供了可靠的依据；开展了全市房地产清查换证工作，建立健全了产权产籍管理资料；更换了公产和单位产权的租赁合同，进一步加强了房屋的使用管理；开展了拆房审批工作，充分发挥了现有房屋的使用功能；初步建立了房地产管理法规体系；加强了私产和单位产的管理，使房地产管理逐步走上了轨道。

［**城市建设开发**］ 为加强城市建设的综合开发，经市政府批准，天津市建设开发公司于1981年8月成立。至1986年底共开发14个住宅区，建成住宅550万平方米，各类公共建筑68万平方米，合资建成建筑面积4.13万平方米，累计完成投资额12.12万元。

天津市建设开发公司成立以来，遵照规划要求，基本做到了住宅配套同步建设。六年建成的住宅相当于天津解放初期住宅总数1080万平方米一半以上，可使11万户42万居民居住条件得到改善。几年来除为拆除抗震棚安排新建住宅33.38万平方米，为中环线工程，国际商场、旅馆街等重点工程提供定居以及拆迁周转用房23.5万平方米外，还累计向1169户企事业单位出售商品住宅178.4万平方米。通过综合开发和商品房经营，保证了城市规划的具体实施；节省了人、财、物力；减轻了国家投资负担；为城市建设积累了部分资金。

四、城市建设行业精神文明建设

贯彻中共中央第十二次全国代表大会和中共中央《关于社会主义精神文明建设指导方针的决议》提出的在建设物质文明的同时，努力建设社会主义精神文明的战略决策，1986年，天津市城建系统各行业不断加强精神文明建设，发展了天津市城乡建设的大好形势，提高了城市管理和服务水平。

［**双优竞赛**］ 广泛开展创优秀工程、优质服务竞赛活动。从年初开始，全系统上下广泛地开展了创优质工程、优质服务竞赛的活动。在全市各施工企业单位开展了反浪费，提高工程质量为内容的创全优工程为主要内容的创建文明施工班组、工地、工区的竞赛活动。在城建管理服务单位，从4月11日开始，在全市九个区、八个局的公共交通、煤气、自来水供应、排水管理、道路养护、房屋管理、公园绿化、环卫管理、规划管理、建材供应的十大窗口行业单位开展了双文明优质服务竞赛，全年分"5.1""7.1""10.1"三个阶段，不断掀起了优质服务的高潮。在5月25日、9月10日、10月下旬继续了三次全市规模的便民服务活动日，12万职工走上街头，摆摊设点，深入住户、工厂、学校为群众解决了房屋修缮、供气、供水、排水等急难问题，全市共为群众办好事、办实事33万件。共组织服务小分队2千多个，出动流动服务车1.8万多辆次，入户访问82.4万户次。房管职工为居民修房2.6万间，改造地下室4091间，换房5万多户。市政职工为群

众解决污水外溢4074处，通挖下水管道46.1万米，疏通污水井、化粪井1100多座，修复煤气破路25.27万米，环卫职工消灭卫生死角1873处，清运垃圾废土55.3万吨。园林职工新辟绿地21.2万多平方米。煤气职工送气入户3.24万多瓶，维修灶具4.4万多台。供水职工为解决低压供水问题，更换供水管1.5万米。公共交通新辟电汽车、长途、旅游出租和小公共汽车线路86条，新增汽车260辆，使群众乘车难的问题大为缓解。

广大职工在竞赛中表现出的扎扎实实为群众办实事的精神，和全心全意为人民服务的高尚道德情操得到了市领导和人民群众的普遍好评。收到表扬信2.2万余件。

[创建文明单位] 加强文明建设的另一项重要工作是开展"五讲四美三热爱"和创建文明单位的活动。这项工作，从1984年开始，至1986年已广泛，深入地开展起来，不断取得新成效。在前两年开展创建文明单位的基础上，1986年，各单位坚持两个文明一起抓的方针，以提高三个效益(社会、经济、环境)治理脏、乱、差，创三优(优质服务、优良秩序、优美环境和实现党风、社会风气的根本好转为目标)，大力开展创文明城市、文明单位，做文明职工的活动。1986年共创出市级文明单位62个，局级文明单位248个，推动了城建系统各项工作的开展。

[职业道德建设] 为提高职业道德建设和服务水平，全市城建系统从施工企业到各管理服务单位的五百多个工作岗位，普遍制订了职业道德规范，并以此为基础，广泛地开展了多层次，多形式，大范围地政治培训和岗位培训。一年中，全系统参加各种政治理论、普法教育、专业技术培训的职工达16万人次。市政局在中环线工程建设中开展了争最佳、当能手、立足本岗成才的活动。为保证职业道德规范的普遍落实，一年中，各单位共聘请了各级群众义务监督员千名，和610个单位建立了联谊共建关系，多次组织群众评议城建服务管理工作，征求群众意见，并逐步走向制度化。仅在9月下旬，各窗口服务单位发出了20多万张征询意见书，组织了400多个征询意见小分队，并做到件件有着落，事事有答复，和群众形成了新型服务关系。为保证职业道德规范落在实处，一年中，各级领导到基层检查工作形成了制度，局以上领导干部到基层检查工作现场服务达九百多人次，解决了1200多个问题。

五、城市建设法制建设情况

自1980年以来，经市人民代表大会、人大常委会和市政府颁布的城市建设类法规、政令规定、决议、条例、办法等文件，计131件，涉及改善人民生活、兴办公益事业、土地、建设拆迁、建筑、管线、环保、环卫、市容、道路桥涵、排水、河道防洪、道路照明、园林绿化、公共交通、供水等项。

市人大、市政府对城市建设立法工作十分重视，在立法规划和每年的立法计划中，都将此作为重要部分列入。

1981年6月，市人大9届11次会议通过了《关于尽快解决震灾居民住房今年内拆除临建棚的决议》，原则批准了《天津市城市建设拆迁安置办法》、《天津市城市建设拆除城镇私有房屋补偿办法》、《天津市安置震灾无房居民及拆除临建棚实施办法》、《天津市整顿市容暂行规定》等法规文件。1981年9月，市政府颁发《关于安置震灾无房居民住房，拆除临建棚的若干规定》。为加强城市基础设施的管理，相继颁发《关于收取住宅配套建设费的规定》(1981年)、《天津市市区排水设施管理暂行办法》(1981年)、《天津市天然气地下管道管理暂行办法》(1981年)、《天津市市区道路桥梁管理暂行办法》(1981年)、《天津市城市供水管道及其附属设施管理暂行办法》(1983年)等法规文件。

为加强城市市容卫生的综合治理，1981年市人大颁布《天津市整顿市容暂行规定》、市政府发布《市容管理整顿十五条标准和要求》(1982年)、《天津市城市街道清洁卫生管理暂行办法》(1983年)、《天津市各行业容貌标准(试行)》(1983年)。

为加强环境保护工作，1981年市人大颁发《天津市境内海河水系水源保护暂行条例》、《天津市噪声管制暂行条例》。1982年市政府发布《关于贯彻执行国务院[征收排污费暂行办法]的通告》，1983年批转环保局《关于贯彻[海洋环境保护法]的报告》等法规文件。

城市建设执法队伍近年来有很大发展，市和区分别建立城管监察大队和中队，专业执法队伍达500人，专业环卫管理员500人。业余队伍，1985年建立10万名市容卫生监督员。

六、城市建设科技进步

随着天津市城市建设的飞速发展，我市城建科技取得了迅速的发展，科研队伍更为壮大，科研机构从原有的五所，发展到目前的七所，基本上各个行业都成立了专门研究机构。共有科研人员420余人。科研体制改革取得了进展，大部分研究单位已做到自收自支。科研与生产紧密结合，取得了丰硕的成果，据统计，获得全国科学大会奖的有7项；历年来取得部、市级技术进步奖的累计有48项。

主要的科技进步表现在以下几个方面：

1. 利用工业废料生产新型建材有了突破。在

"六五"期间我市有一座年产20万立方米的粉煤灰加气混凝土厂投入生产，现在我市实际年产粉煤灰加气混凝土砌块近10万立方米，广泛用于各类建筑，居同类产品的全国之首。粉煤灰陶粒的生产不断扩大，1986年已年产9万立方米，通过系统研究，已可配制300号陶粒混凝土，形成了设计、施工的成套技术，已在抗震地区的框架、高层建筑、桥梁等各类结构上应用。粉煤灰陶粒的产量、陶粒混凝土的研究和应用方面都属于国内先进水平。

在碱渣利用方面，取得了突破性的进展。碱渣水泥、非烧结碱渣制品中试线即将建成，低温锻烧的碱渣胶泥也已取得小试成果。

2. 对天津地区软土地基的认识更趋完善，基础加固技术更加有效。唐山大地震以后，地基基础造价猛增，这促进了地基基础科研的发展，经过组织全市有关单位的研究，取得了显著成果，现在对我市地基土液化判别已有了行之有效的判别方法；大部分地基土的承载力可提高10%左右；桩的计算承载力提高10%。强夯、振动夯、大面积堆载预压、水泥拌合、加筋灌注桩等各种地基加固方法已得到应用，节约了大量基建投资。

3. 城市市政建设跨入了一个新的水平。随着中环线、外环线的建设，道路设计和施工技术有了很大的发展。根据城市快速交通干线的要求，已从单纯的道路设计发展成一套比较完整的交通设计；掌握了适合地形、交通功能要求的各种立交桥的设计施工技术；筑路基本实现了机械化，并已大量采用钢渣和粉煤灰等工业废料作为路基材料。1986年建成260米跨度的钢筋混凝土斜拉桥——天津永和大桥。1985年建成全国最大的城市污水二级处理厂，采用了沼气发电、拉锚抗浮等新技术，获得国家优质工程二等奖。自来水公司研制的管式集水同向流沉淀池技术，比平流沉淀池淀效率提高30倍，获国家发明三等奖，已应用于水厂。在全市三年煤气化工程中，采用了新型有效的管道防腐技术，并采用国外先进技术铺设了一个塑料煤气管道的试验小区，这在国内尚属首次。

七、城市建设职工队伍及职工教育情况

中共中央十一届三中全会以来，在改革开放、搞活经济政策的指引下，全市城市建设飞跃发展。在市委、市政府的直接关怀下，和人民生活息息相关的各项城市公用事业都发生了明显的变化。

市政工程局是市政工程设计、施工生产和养护管理的综合单位。承担着本市和部分外省市的市政工程设计、施工任务。1978年市政工程局职工总数是27636人，其中，专业技术人员1053人，工程技术人员883人，现在全局共有职工32513人，决心在中标的京津塘高速公路的施工中，培养锻炼出一批高水平的科技管理人才，为早日实现打入国际建筑市场建立一个适应各种复杂环境的施工队伍。

1978年城市公交车辆有1568部，几年来，为满足各区建设的需要和方便居民乘车，开设新线数十条，车辆增加近千部。目前拥有车辆2429部，比1978年增长了54.9%。初步形成了城市公共交通系统。职工队伍由1978年的13961人发展为24118人。形成了一支公交运营管理、正常运行、维护保养的配套队伍。

城市煤气事业近几年来发展很快，市政府提出三年内实现天津市煤气化的口号后，全市动员，大搞气化，使城市煤气改变了多年停滞不前的状况。现在，民用煤气用户已由1978年的20万户发展到80多万户，跃居全国城市气化率第一位。新建了第一煤制气厂和外网配套工程。煤气行业的职工队伍由1978年的3380人发展到现在的10059人，增长近三倍。

城市供水事业自中共中央十一届三中全会以来发展很快，为解决民用水的供需矛盾，扩建了凌庄和介园水厂，新建了新开河水厂。实现了与引滦配套输供水系统。使日供水量与1978年相比，提高了一倍。职工队伍由1978年的3449人增至4932人。近年来又组建了热力公司。在体院北规划区试办地热采暖，计划在全市逐步扩大。

城市房管队伍承担着全市几百万居民住宅和企事业单位用房的管理、维修任务。职工队伍已由建国初期的五百多人，发展成了42000余人的专业队伍。设备上实现了机械化，在建筑设计、施工工艺、建材制品等方面，广泛应用了新技术。1949年至1977年总共完成基建任务不过110多万平方米，而1986年一年就完成120万平方米的基建任务。

我市园林事业伴随着城区建设的巨大变化，园林系统的职工队伍逐步壮大和提高，已从1978年的2459人发展到8169人。1979年成立了天津市园林管理局之后，又相继成立了园林学校、园林绿化研究所等教育、科研机构、创办了《大众花卉》杂志，为培养造就园林管理、科技人才建立了基地。现在全市已有公园50个，绿地300万平方米。

职工教育，天津城建系统的职工教育，是在新中国成立以后才受到重视和发展起来的。1949年市建设委员会成立后，于1950年借用河西区徽州道中学校舍，兴办了天津工学校。1952年经调整，与高等工业学校土木科合并，在北洋大学旧址成立土木工程学校，学制为三年，设有工业民用建筑、卫生设备、城市道路桥梁三个专业，1954年该校更名为天津市城市建设工程学校。1952年建筑工程局兴办天津市建筑工程业余学校，为三年制中等技工

河北省城市建设概况

关思齐　应益樵

河北省位于太行、燕山之东南，黄河以北，中环京津，东临渤海，北与辽宁、内蒙，西与山西，南与河南、山东接壤，具有得天独厚的地理环境。

河北省现有省辖市9个，地辖市8个，这些城市经过新中国建国30多年的建设、发展，城市建成区面积达到546.5平方公里，人口548.5万人，其中城市非农业人口473.0万人。大城市有3个：唐山市、石家庄市、邯郸市；中等城6个：张家口市、保定市、秦皇岛市、邢台市、承德市、沧州市；小城市8个：廊坊、衡水、泊头、任丘、定州、辛集、南宫、涿州市。大、中、小城市的比例为1:2:3。

从城市空间布局形态看，省辖市可分两类，一类为单核心集中型的单体城市，有石家庄、邢台、保定、沧州市；另一类为多核心组团型的群体城市，有邯郸、唐山、秦皇岛、张家口、承德市。全省人口平均密度为每平方公里300人，其中城市人口密度平均为每平方公里931人。

河北省城市沿交通干线分布的格局明显，有15个城市分别位于京广、京山、津浦、京包、京承、石德等铁路沿线。此外，任丘、南宫位于公路干线上。全省大中城市各具特色，石家庄是省会、铁路交通枢纽，秦皇岛是海港城市，承德是历史文化名城，唐山、邯郸是重工业城市，张家口、保定、邢台、沧州为地区中心城市。

城市集中了全省主要工业企业，布局基本合理，已形成钢铁、煤炭、电力、纺织、机械、化工、石油、建材、制药、轻工、电子等门类齐全、大中小相结合的具有一定技术水平的工业体系。许多产品在全国占有重要地位。1986年全省城市工业总产值235.9亿元，占全省工业总产值的53.2%；上缴利税12.6亿元，占全省上缴利税的71.9%，城市的商业金融、文教卫生、科学技术兴旺发达。

一、建国前城市发展概况

河北省历史悠久，古属冀州，春秋战国时分属诸国，以“燕赵”著称。自秦开始在河北地区正式设置郡、县起，至1928年改直隶为河北省。两千多年来随着地方行政中心作用和生产、流通的发展，形成许多古老城镇。近百年来，由于兴办铁路、矿山、港口，也兴起一些新城镇。建国前城市建制历经变迁，城市个数、名称、规模变化很大，到1949年，城市市区面积达到129平方公里，市区人口96万人。在帝国主义、封建主义、官僚资本主义的残酷掠夺下，加上长期战争破坏，城市经济衰败萧条，工业基础十分薄弱，现代工业寥寥无几。1949年全民所有制企业职工仅17万人，工业总产值1.98亿元。城市残垣断壁，市政设施极其简陋，全省仅保定、石家庄、唐山、张家口、承德市有简单供水设施，日供水量1.1万吨，居民以饮用河水、浅井水为主。城市铺装道路总长度274公里，多为碎石路，没有排水和城市防洪设施。城市街道狭窄，住宅矮小破旧，垃

学校，面向全市基建系统职工招生。这两所学校是天津城建系统早期培养中等技术人才的主要基地。

1966年“文化大革命”开始后，城建系统的学校全部停课，随后解散，职工教育陷于全部停顿，进入建国以来的最低潮。党的十一届三中全会以后，城建系统职工教育工作进入振兴时期。市政工程局成立了市政职工大学，为三年制脱产大专学校。建筑工程学校等中级学校陆续复校。

截至1986年底，天津市城建系统已拥有正规学校76所。还有电视大学、电视中专收看辅导班，大中专学校在校生达7411人，初步建立起职业技术教育体系和学校网络。恢复建校以来，向城建系统输送大中专毕业生5187人。其中大专的毕业生2256人，占现有系统内大中专学历职工的40%。

此外，按人才需求预测，借助社会办学的力量进行有偿代培，及时补充了企业急需的短线人才；对7200余名已具有技术或专业职称的人员分期分批进行了继续工程教育；对大中型企业经理(厂长)组织了培训，现岗人员的70.8%已经过国家统考；一般干部初中文化补课完成80%，中青年工人初级文化补课完成64.2%，初级工技术补课完成84%，为进行中专、中级工培训的展开奠定了基础；近几年来，技工学校累计毕业30多个专业，7500余名青年技术工人(另外为系统外培养千余人)，充实了生产工作中的骨干力量。

圾遍地，城市面貌破烂不堪。全省仅有3所高等院校，9所中等技校，在校生共3739人，文化教育医疗卫生等事业都非常落后。

二、建国后城市建制的变迁

1949年8月1日，河北省人民政府成立，设保定市为省会。全省设省辖市4个，即保定、石家庄、唐山、秦皇岛市。

1952年将辽西省的山海关市划归河北省，同年撤销察哈尔省，将张家口市和宣化市划归河北省。

1956年撤销热河省，将承德市划归河北省。同年将峰峰市划归邯郸市。当年全省设省辖市6个，即保定、石家庄、唐山、秦皇岛、邯郸、张家口市。同时设地辖市5个，即邢台、承德、泊头、汉沽、通州市。

1958年将天津市划归河北省，省会由保定市迁往天津市。当年全省设8个市，即天津、保定、石家庄、唐山、秦皇岛、邯郸、张家口、承德市。

1962年设天津市为省辖市。同时设专辖市10个，即保定、石家庄、唐山、秦皇岛、邯郸、邢台、张家口、宣化、承德、沧州市。

1963年撤销宣化市，将其所辖区域划归张家口市。

1966年将天津市改划为中央直辖市，省会迁回保定市。

1968年省会设在石家庄市。当年全省设专辖市9个，即石家庄、保定、、唐山、秦皇岛、邯郸、邢台、张家口、承德、沧州市。

1978年将石家庄、唐山市改为省辖市。同时设7个专辖市，即保定、邯郸、邢台、张家口、承德、秦皇岛、沧州市。

1981年将廊坊镇改为廊坊市，由廊坊地区管辖。

1982年将泊头镇恢复为泊头市，由沧州地区管辖；同年将衡水镇改为衡水市，由衡水地区管辖。

1983年撤销唐山地区，实行市管县新体制，将丰润、丰南、滦县、滦南、迁安、迁西、乐亭、遵化、玉田、唐海县划归唐山市管辖。同时将秦皇岛市改为省辖市，将抚宁、昌黎、卢龙、青龙县划归秦皇岛市管辖。同年将6个专辖市改为省辖市，即邯郸、邢台、保定、张家口、承德、沧州市。同时设3个专辖市，即廊坊、泊头、衡水市。

1986年将任丘县、定县、束鹿县、南宫县、涿县改为任丘市、定州市、辛集市、南宫市、涿州市，均为专辖市。

三、建国后城市建设与发展

建国后，城市规划、建设取得了很大成就，城市面貌发生了巨大变化。

［**城市规划**］　河北省是国家重点建设地区，"一五"期间，为统筹安排城市各项建设，开展了城市总体规划编制工作。石家庄市有优越的交通和资源条件，是联系南北、通往东西的重要铁路枢纽、战略要地。"一五"计划国家安排了棉纺一、二、三、四、五厂，印染厂、热电厂、华北制药厂、煤矿机械厂、水泵厂等10余个重点工业项目。保定市有优质的地下水资源，"二五"期间有电影胶片厂、变压器厂、化纤厂、棉纺厂、造币厂、热电厂、铸机厂等重点项目选址建设。邯郸市具有煤厚、铁多、棉质好的特点，素有"两黑一白"的资源条件。"一五"期间兴建棉纺一、二、三、四厂、钢铁厂、发电厂。宣化、峰峰两地因有煤铁资源，新建和扩建了煤矿、钢铁厂、机械厂、电厂等。这些城市根据国家重点基本建设发展需要，结合当地自然、历史、资源、交通等条件，编制了城市总体规划，确定了城市性质、规模、总体布局和发展方向，选择了城市建设用地，确定了功能分区、道路系统，统筹安排了工业、商业、住宅、文教、卫生、体育以及市政公用设施等各项建设。1955年国家建委审批了石家庄市第一期总体规划；保定、邯郸市的总体规划也都在六十年代先后经当地党政领导机关和省政府基本同意，并按规划执行。唐山市于1953年编制了市区总体规划，对调整旧有工业、安排新建地方工业做了部署，后又经1957年、1958年两次修改；秦皇岛、张家口、承德市"一五"期间建设项目很少；沧州、邢台设市较晚，这些城市的总体规划多是"二五"期间开始编制的。秦皇岛市于1958年做了海港区市中心和旧城改造规划。张家口市1958年开始编制市区总体规划，后几经修改，定案较晚。承德市1958年对市区和外围地区进行了工业布局规划。并对居住用地作了规划安排。邢台市1956年开始搜集资料，1959年制定城区总体规划。沧州市1958年编制了粗略的城市规划。这些规划在指导城市建设中都发挥了一定的作用。

"文化大革命"动乱期间，城市规划受到严重冲击，城市规划工作基本中断。第三次全国城市工作会议后，尤其是党的十一届三中全会和1980年全国城市规划工作会议以后，省委、省政府加强了城市规划工作的领导，健全了机构，1979年省政府设置了城市建设局，1981年建立省城市规划设计研究院。各市大力恢复城市规划设计管理机构，充实人员，召请城市规划技术人员归队。根据党的十二大确定的经济建设总目标并针对城市存在的问题，改善环境质量，安排好近期建设，各城市都又重新修订了或编制了城市总体规划。唐山震后恢复建设规划，石家庄市第二期(1981—2000年)城市总体规划已由国务院批准。邯郸、沧州、张家口、承德、保定、邢台、秦皇岛7个省辖市和廊坊、衡水、泊头3个地辖市的总体规划已由省政府审批。1986年省建委组织编制了“河北省二〇〇〇年城镇发展布局规划”，部分市编制了市域规划，多数城市正在编制分区规划、详细规划和专业规划。

［城市住宅］ 建国后，党和政府十分重视住宅建设。1949年至1986年安排城市住宅建设投资48.9亿元，新建住宅4539.3万平方米，城市居民居住状况得到很大改善。“一五”期间在开展大规模工业建设的同时，重视职工住宅与之配套建设，这一时期住宅建设投资占基建总投资的10.2%。六十年代初，三年国民经济调整时期以及十年浩劫中，强调“先生产、后生活”、“先治坡、后治窝”，住宅建设受到很大影响，其间住宅建设投资4.45亿元，占同期基建总投资的5.3%。党的十一届三中全会后，党和政府把加快城市住宅建设看作是关系社会主义安定团结的大事来抓，充分发挥国家、地方、个人建房的积极性，住宅建设出现建国以来前所未有的大好形势。自1979年以来全省城市住宅建设投资39.3亿元，建成住宅3070.1万平方米，为前29年住宅建设投资总和的4.1倍，竣工面积的2.1倍，城市人均居住面积达到6.2平方米。各市建成供水、排水、道路、绿化及公用设施基本配套的居住小区，新建住宅如雨后春笋、鳞次栉比，城市面貌发生崭新的变化。

［城市市政公用设施］

1.供水工程。随着“一五”、“二五”期间大规模经济建设的展开，为保证工业生产和人民生活用水，保定市一亩泉水源引水工程、石家庄水厂、邯郸、沧州河水厂、张家口清水河东、西沟取水工程相继建成，以后又兴建了沧州市地下水源、石家庄西北新水源工程。1979年以后又新建了张家口吉家房、邯郸羊角铺、承德武烈河水源和供水工程，秦皇岛石河水库引水工程，唐山震后新建供水工程。至1986年底，城市供水工程共投资2.75亿元，建成供水管网2794公里，日供水能力达到156.6万吨，加上企事业自建水源日供水349万吨，全省城市日供水能力已达505.6万吨，城市居民生活用水普及率达到84%，人均日生活用水量为168升。

2.排水工程。建国后，各市治理了常年积水的坑塘、沟渠，修建了雨水、污水管道。至1986年，排水工程共计投资1.99亿元，修建排水管道2132公里，市区54%的面积修建了排水管道。唐山、秦皇岛建成生化污水处理厂两座，日处理污水分别为3.6万吨和4万吨，目前在建的污水处理厂3座，日处理能力15万吨。

3.防洪工程。河北省地势由西北向东南倾斜，河流由山地发源，绝大多数城市都有河流通过，雨季江水迅猛，危害大。建国后，各市建视城市防洪工程建设，共计投资2429万元，修筑拦河坝、溢洪道，建滞洪区，疏竣河道，砌筑护岸，并修建防洪堤岸416公里。加上水利部门兴修水库，根治海河，上蓄下泄，更加有利于防洪。除1963年特大洪水年外，其他年份未发生过严重水害，保障了城市安全。

4.道路工程。随着经济发展，城市范围扩大，为适应物资运转和生产、生活需要，各市在城市规划指导下，开辟新区道路，拓宽铺装了旧城区街道，综合治理与居民生活息息相关的小街小巷，逐步建成畅通的城市道路网。建国以来修筑城市道路共投资3.5亿元，兴建道路2350公里，铺装路面2253万平方米。现在大中城市道路宽阔整洁，路灯新颖明亮，两侧绿树成荫，构成城市的骨架。在修筑道路的同时，建筑桥梁投资9976万元，建成桥梁523座，其中跨越铁路的立交桥69座，对于沟通被铁路分割的城市交通发挥了重要作用。

5.公共交通。建国初期仅张家口市有公共汽车，1955年石家庄、1963年保定、唐山、邯郸先后建立了公共汽车公司，1969年承德、沧州、邢台，1973年秦皇岛相继开辟了城市公共交通。至1986年上述9市发展公共交通投资8992万元，建设了必要的站场，车容车貌有了很大改善。现拥有公共汽车1438辆，营运线路长度2631公里，年客运量达到3.9亿人次，发挥了城市社会经济活动的动脉作用。

6.城市燃气。河北省石油工业的发展，为城市燃料提供了新能源。从1976年以来，保定、沧州、石家庄、秦皇岛、唐山、张家口、承德、邯郸、邢台9市先后建立了不同规模的液化石油气设施，连同唐山、石家庄的焦炉煤气，现用气人口达到94.9万人。城市气化率为20.1%。目前，在建的煤气工程有唐山炼焦制气厂、石家庄和张家口市宣化区焦炉煤气工程，投产后可增加日供气能力65万立方米。

7.园林绿化。建国后，各市利用名胜古迹，改造坑塘、空地、河道、山丘建设公园，开发培育苗圃，广植树木，城市园林绿化事业有很大发展，近几年来，各市政府十分重视城市绿化美化工作，把搞好城市绿化美化作为精神文明建设的重要内容。石家庄市新建了西郊动物园，邯郸市发动机关、厂矿在市区沁河两岸修建游园，保定市修建了沿河绿化带，承德、张家口、邢台等城市建设了大量的街头花坛绿地，为城市居民开辟了新的游憩场地。机关、厂矿、学校、部队的庭院绿化年年有新的发展，出现了许多花园式的工厂和单位。现全省城市拥有公共绿地1472公顷，公园、动物园33个，面积1083公顷，园艺水平也有较大提高。各城市开展街道绿化、美化、净化和门前三包，大量植树栽花种草，街道绿化呈现出新水平。城市建成区绿化覆盖率达到9.6%，人均公共绿地面积2.9平方米。

8.环境卫生。城市环境卫生工作1979年后交由城市建设部门管理，环卫队伍有很大发展，担负着打扫街道，清运垃圾、粪便，整修厕所等"城市美容师"的光荣职责。有垃圾清运车、粪便掏运车、扫路机、洒水车等各种环卫机械1105辆。近几年来，改造公厕、增设果皮箱、垃圾筒，建立垃圾粪便无害化处理场，环境卫生工作成绩显著。

四、城市建设经济政策的调整

城市住宅以改革公房租金，实行住宅商品化为突破口，筹资提租，解决长期以来存在低房租、高补贴，把住房做为单纯福利事业的弊端。经国务院住房制度改革领导小组确定，唐山市已作为国家指导的第一批住房改革试点城市，进入正式实施前的整体模拟运转阶段；邢台、石家庄市作为国家指导的第二批试点城市，正抓紧调查研究，制定住房改革试点方案。

对城市建设行业的经济体制改革，按照社会主义有计划商品经济规律和马克思关于价值补偿的一般原理，实行城市基础设施有偿使用。保定、唐山、廊坊市颁发实行了"征收排水设施有偿使用费"，对排水单位按排水量收费，它对促进用户经济核算、节约用水、缓和城市排水设施超负荷压力及降低企业经营成本有积极作用。1986年三市共计征收402万元，全部用于排水设施的维护。石家庄、邯郸、张家口、沧州等11个城市实行了征收"市政公用设施配套费"或"旧城改造费"，对使用城市市政公用设施增加负荷部分，按合理负担的原则，向城市交纳增容费、配套费，1986年全省这笔费用共计收入3889万元。

经国务院批准，秦皇岛市从1984年起按港口吞吐量，每吨征收1元的城市建设配套费，1986年累计收入约1亿元。

全省城市加强了城市水资源管理，对工矿企业和经营性用水单位实行计划用水并收取水资源费，1986年全省征收4083万元。

五、城市建设行业精神文明建设

十一届三整中全会以后，随着城市物质文明建设的发展，社会主义精神文明建设取得了重大进展。城建系统广大职工在两个文明建设中，涌现出许多先进集体和先进代表人物。

石家庄市公共汽车公司一队188车组荣获全国公共交通系统先进集体，邯郸市公共汽车公司司机宋光明，张家口市公共汽车公司乘务员赵中朝被命名为全国城市公共交通系统劳动模范；有26个路队荣获全国公共交通系统职工优质服务竞赛先进集体；还有27名司机、乘务员荣获全国城市公共交通系统职工优质服务竞赛先进个人。

秦皇岛市海港城肥管理所，秦皇岛市园林管理处汤河苗圃荣获全国城市环境卫生、园林绿化先进集体；石家庄市桥西区卫生二队掏粪工张振盘，石家庄市园林管理局苗圃花工刘书发被命名为全国城市环境卫生、园林绿化劳动模范；有7名工作人员荣获全国环境卫生、园林绿化先进个人。

1986年河北省张振盘、宋光明、赵中朝荣获全国城市建设系统"五一劳动奖章"。

六、城市建设法规建设情况

为了强化城市规划、建设、管理工作，1982年经省人大通过并颁发了《河北省城市规划条例》、《河北省城市建设管理条例》。各城市据此制定了相应的实施细则、管理办法，这些法规的制定和实行，使城市的发展建设逐步纳人了城市规划指导和依照法制进行管理的科学道路。基本扭转了长期形成的乱征、乱占、滥批、滥建，自由发展的混乱局面，为城市按照科学布局、合理发展和增强、完善城市功能奠定了基础。

1981年由省人民政府颁发了《河北省城市地下水资源管理暂行办法》、《河北省城市计划和节约用水暂行规定》；1985年经省人大通过并颁发了《河北省水资源管理条例》。通过上述法规的贯彻执行，全省城市的水资源管理和节水工作取得较大成绩。各市设置了水资源管理和节水管理机构，制定了管理细则，基本扭转了随意凿井开采地下水的混乱局面，工业用水量的80%实行了计划用水，万元产值取水量由1981年的674立方米降到400立方米，工业用水重复利用率由1981年的21%提高到45%以上。

七、城市建设职工队伍情况

建国初期，全省城建职工仅有几百人，到1986年，城建系统职工人数达到130526人，其中固定职工为89684人。在全部职工中，房管部门职工14489人，自来水企业职工5979人，公交企业职工12828人，煤气、液化石油气企业职工2239人，集中供热企业职工1756人，市政工程企事业职工12357人，园林绿化事业职工6383人，环境卫生事业职工10924人。

城市建设系统专门人才共有4408人，按技术职称分：高级工程师21人，工程师778人，助理工程师1082人，技术员1100人，有学历尚无职称者1427人。

八、主要城市介绍

石家庄市

石家庄是河北省省会，地处本省中南部，西倚太行山、东、南、北三面为广阔的河北平原，京广、石太、石德铁路在石交汇，公路运输四通八达，是联系南北通往东西的重要枢纽。石家庄是全国解放最早的城市，曾为中共中央和人民解放军总部驻地。1968年河北省省会迁此。现辖井陉、获鹿、栾城、正定4县，市建成区面积67.9平方公里，城市人口86.2万人，是全省政治、经济、文化和科学教育中心。

1947年11月12日解放，当时市区面积15平方公里，人口9万，全市仅有工业企业27家，万余职工，只能生产少量煤炭、平纹布、肥皂等商品。历经39年建设，现市区拥有工业企业669个，职工38万人，形成了以轻纺、医药、化工、机械为主的工业体系，1986年工业产值56.1亿元。石家庄是全国重要纺织工业基地，棉纱、棉布产量仅次于上海、天津，居全国第三位。还是全国抗生素和化学原料药品重要产地，多种抗生素产量占全国一半以上。

石家庄市是"一五"期间国家点建设的城市之一。1955年国家建委批准石家庄市第一期城市总体规划(1955—1975年)，经过认真实施，建成的工业、居住、仓库、铁路、公共建筑布局科学合理，功能明确，道路主次分明，畅通便捷的城市骨架，奠定了城市合理发展建设的基础。1978年着手编制第二期城市总体规划(1980—2000年)，1983年经国务院审查批准。在城市规划指导下，1980年以来各项建设成就显著，城市面貌发生很大变化。

新建成的大型长途汽车站，连同改建的火车站构成对外交通中心。拓宽了石邯、石获、石正、和平东路等对外交通干道，加宽7座大桥，市区新建6个长途客运分站和停车场。开设飞往北京、上海、广州、秦皇岛的班机。新建城市干道10条，打通、拓宽道路20条，城市道路总长度达到361公里，铺装路面348万平方米。新建桥梁26座(其中跨越铁路立交桥5座、环形立交桥1座)，全市拥有桥梁114座。新建水厂2座，日增加供水7万吨，完善了城市供水系统。现市区有供水管网740公里，日供水能力达到35.4万吨，居民生活用水普及率达到100%。建成排水管渠343公里，排水泵站11座。改善了民用燃料结构，居民使用液化石油气的10.4万户，焦炉煤气1.1万户，燃料气化率达到40%。目前正在进行由华北油田引入天然气的可行性研究论证工作，民用燃料气化前景广阔。公共汽车增加165部，现有运营车辆353部，运营线路472公里，年运客1.5亿人次。新建动物园、石津渠带状公园、军民友谊林带、裕华路、长安路、维明路等绿化样板街、街心公园。现市区拥有园林绿地700公顷(其中公共绿地154.3公顷)，各种树木300万株，城市绿化覆盖率达到24%。配套建设了平安、高柱、义堂等16个居住小区，5年新建住宅375万平方米，5年改造破旧房屋30万平方米。建国后经39年建设，石家庄发生了巨大变化，经济繁荣，城市建设日新月异，文教卫生、科学技术发展迅速。这个新兴的城市越来越充分地发挥着中心城市功能。

唐 山 市

唐山是伴随煤炭资源开发而发展起来的城市。解放前，工业基础薄弱，经济落后，市容破旧。1948年12月12日解放，当时仅有开滦煤矿、启新水泥厂、华新纺织厂、铁路工厂、钢厂、陶瓷、发电等8个厂矿及一些私人小企业。建成区面积9平方公里，人口14.4万人。建国后城市经济发展迅速，震前已成为以煤炭、钢铁、电力、机械、水泥、陶瓷等为主的重工业城市，1975年工业产值达到27.97亿元。城市各项基础设施也有相应发展，建成区面积(含东矿区)51.4平方公里，人口69.8万。

1976年7月28日，唐山、丰南一带发生7.8级强烈地震，唐山市遭受毁灭性破坏。市区房屋倒坍、震坏1868万平方米，占全市房罢总数87%，地震中心区工业建筑破坏90%，铁路、公路、地下管道、电力、电讯设施也严重损坏。全市伤亡33万余人，好好一座工业城市，瞬息之间化为一片废墟。

在党中央、国务院关怀下，组织全国各行各业专家、工程技术人员、工程兵部队和各地施工队伍共10万余人，与唐山人民一道迅速展开恢复重建工作。1977年7月党中央和国务院原则批准唐山恢复重建规划。为控制老市区规模，使布局和功能合理，有利抗震，确定新唐山在原市区、丰润新区、东矿区三大片恢复重建。其间由京山、京秦、唐遵铁路和唐丰、唐古、丰古公路连通，形成一个城市群体。

经过10年恢复建设，市区建成区面积达到57平方公里，城市人口50.7万人，改变了震前功能分区混乱，工厂住宅混杂的局面。现钢铁、陶瓷工业区建在陡河以东，居住区主要建在市区西部、西北部，其间有大城山、凤凰山作为天然屏障。党政机关办公楼集中在凤凰山西侧、西山道北侧建设。新华道南侧是布有花坛、绿地的中心广场，中央矗立着庄严肃穆的唐山抗震纪念碑和地震展览馆。新华道和建设路两侧，一幢幢新颖别致、风格各异的商业、银行、邮电、饭店、旅馆等公共建筑把城市点缀得更加壮丽。新区依托丰润县城关镇向东发展建设，建成区面积9平方公里，城市人口4.9万。这里主要是由老市区迁来地震破坏严重、地下压煤的工业企业，现形成以机械、纺织、建材为核心的工业区，较好地发挥了疏散城市工业和人口的作用。东矿区建成以开滦矿务局所属赵各庄、唐家庄、林西、吕家坨、范各庄煤矿，古冶矾体矿为主，城乡结合型工矿区。建成区面积33平方公里，城镇人口28.1万人。

唐山市自1977年至1986年共完成基建投资67.3亿元，其中恢复建设投资50亿元，建成工业和民用建筑1800万平方米。工业建设形成固定资产59.3亿元，不仅调整了原有工业结构，而且新建了一批现代化大型骨干企业，引进吸收了先进技术装备，进一步发展了以能源、建材工业为主导的工业体系。1986年工业产值达到37.4亿元，为震前的1.4倍。

10年新建住宅1125万平方米，22.5万户居民迁入新居。住宅区按照规划综合配套建设，水暖、煤气设施齐全，环境优美整洁，人均建筑面积15平方米，大大改善了居住条件。

城市市政、公用设施建设完成投资2.33亿元，新建道路505公里，铺装路面427万平方米，安装路灯1.4万盏，新建桥梁29座，改变了震前不合理的道路系统；城市供水设施有很大发展，恢复原有水厂4座、新建4座，铺设供水管道562公里，日供水量由震前的10.7万吨增加到26万吨；修建排水管道441公里，污水泵站8座，建成生化污水处理厂1座，日处理污水3.6万吨；全市建成集中供热能力330百万大卡，供热面积589万平方米；新建炼焦制气厂1座(日供煤气42万立方米，尚未全供)，连同矿井煤气、液化石油气，可供8.4万户，民用燃料气化率达到35.8%，改善了居民燃料结构；公共交通建设投资554万元，客运车辆增加到315部，营运线路长度317公里，年客运9600万人次，相当震前4.6倍；城市绿化有突出的发展，全市76条道路，132个居民小区进行了绿化美化，凤凰山公园、人民公园、工人文化宫、烈士陵园修葺一新，建成小游园、小绿地38个，全市拥有树木453.7万株，市区绿化覆盖率达到16.4%。

其他如邮电通讯、商业服务、文化教育、医疗卫生、科学技术事业也都有相应发展。

恢复重建的唐山，工业基础更加雄厚，经济繁荣，城市基础设施良好，市容雄伟整洁，一个新唐山屹立在河北大地。

秦皇岛市

秦皇岛具东北、京津唐、环渤海三大经济区之间，依山傍海、腹地广阔、交通便利、地理位置优越，是国内外闻名的港口旅游城市。市区面积363.2平方公里，人口44.8万，由海港区、北戴河区、山海关区组成。以海港区为中心，东西各距山海关、北戴河18公里，是既相互独立，又密切联系的城市群体。

秦皇岛是我国最古老的海港之一。宋代以前碣石海港就有较大的发展，其航线远达日本、朝鲜。1898年清政府辟秦为商阜。建国后，国家十分重视港口建设，自“一五”至“六五”期间，先后投资12.9亿元，建成大庆—秦皇岛输油管道和输油罐群，进行机械化煤码头建设，现已建成22个泊位，年吞吐能力达到6055万吨，仅次于上海，跃居为全国第二大港。“七五”期间与大秦铁路配套的年输煤能力3000万吨煤三期码头、350万吨杂货码头建成后，年吞吐能力将达到近亿吨。秦皇岛港阔水深，风稳潮平，不淤不冻，为天然良港，是河北、山西、内蒙煤炭、大庆石油的能源输出港。

秦市铁路有京山、沈山、京秦和在建的大秦4条，公路纵横成网，空中客运已开通沈阳、北京、石家庄、南京、上海的航线，成为北方重要的海、陆、空交通枢纽。

秦皇岛历史悠久，山海壮丽，既揽关山之胜，又具海滨之美，集秀丽的自然风光和举世闻名的古迹于一城，是著名的游览避暑胜地。

北戴河，西临渤海湾，背倚联峰山，东西海岸长10公里，海滩宽阔，沙软潮平，是闻名遐迩的天然浴场，1954年被确定为国家领导人暑期办公用地。1982年北戴河经国务院批准为国家风景名胜区。

山海关，世称“天下第一关”。山海关长城为明长城的东起点，这段长城关隘，雄居山海之间，城关雄伟。近几年集资500万元，修复了入海的老龙头，复建了澄海楼，重建了靖边楼、临闾楼。

近几年，秦市大力建设旅游设施，现拥有旅馆、饭店、宾馆803家，床位6万余张，有出租汽车500辆，游艇42艘，每年接待游人四五百万。

秦皇岛是因港兴市。为使港口建设和城市建设协调发展，改善投资环境，自1981年至1986年国家拨付为港口，铁路建设配套专项资金和按吞吐量征收配套费共约2.2亿元，用于市政、公用设施建设。翻修、拓宽文化路、建设路等10余条道路，增加道路长度114公里，铺装路面90万平方米；新建桥梁33座，其中跨越铁路的立交桥14座，形成主次分明，通达便捷的道路系统；建成石河水库引水工程、王岭水厂、北戴河、山海关供水工程，连同在建的柳江水源及输水工程，新建供水管道165公里，日增加供水能力10万吨；新建排水管道240公里，生化污水处理厂1座，日处理污水4万吨；建成液化石油气储罐站，有6.3万人使用了液化石油气，民用燃料气化率达到19.7%；公共交通增加营运车50辆，增加营运线路40公里。同时增建住宅197万平方米，建成经济技术开发区0.62平方公里。

1984年国家将秦皇岛市列为对外开放的14个沿海城市之一，以而揭开了秦皇岛发展史上新的一页。三年来与百余个国家和地区建立了贸易关系。随着进一步改革开放，秦皇岛势将建成繁荣的现代化港口城市。

承 德 市

承德市位于河北省东北部，东距北京250公里，京承、锦承、承隆3条铁路在此相汇，是首都通向东北、内蒙的交通要道。

承德市山川环绕，群峰突兀，层峦叠嶂，风景优美。市区有全国最大的清代皇家园林——雄奇秀丽的避暑山庄。山庄占地560多公顷，造园艺术精湛，集中国建筑和园林艺术之大成，既有江南景色，又有北国风光，兼有“南秀北雄”之美，举世无双。山庄北面和东面依次排列着宏伟壮观的外八庙古建筑群，其建筑、绘画、雕塑把汉、满、蒙、藏、维等民族艺术、风格熔为一炉，成为我国珍贵的文化瑰宝。

承德市拥有国家和省级重点文物多处，新中国成立后为保护和抢救园林古建，政府设置了避暑山庄、外八庙管理处，组建古建筑维修队伍，进行保护和修缮工作，大规模整修是从1976年开始，国务院批准《承德避暑山庄、外八庙整修工程十年规划》，前后拨付资金2148.3万元，整修和复建古建筑5万多平方米，假山叠石27处，整修恢复苑景36处，保护古松1000余株。普宁寺、普乐寺等7座庙宇修整后对外开放，成为文物荟萃的旅游资源。1982年国务院确定承德市为历史文化名城，避暑山庄和外八庙为国家重点风景名胜区。近年来，避暑山庄又被评为我国十大名胜之一。

解放前，承德市工业生产落后，只能生产农具和简单的日用品，城市建设更是杂乱无章，街道狭窄，房屋简陋。建国后，积极开发附近的煤、铁、铜、铝、钛、磷等资源，迅速发展工业，工业产值达到7.95亿元。

建国37年来，城市规划、建设事业也有很大发展，全市面积发展到651平方公里，人口33.7万人，其中城区面积18平方公里，人口19.3万人。尤其是“六五”期间，为适应旅游事业的需要，国家和省积极扶持，市政公用事业发展建设较快。改建了火车站和站前广场，新建和展宽城市干道11条，铺装路面30万平方米，新建桥梁9座，建设了新水源和供水设施，综合治理小街小巷200条，绿化城市的同时，还装点了景亭、雕塑、假山、花坛、水池，美化了市容市貌；建设鹿棚子沟口、南兴隆等8处住宅小区，全市8年来新建住宅54万平方米；城市公共汽车有60余辆，营运线路7条，出租汽车120辆；旅游宾馆的高、中、低档床位达19000余张。

邯 郸 市

邯郸市地处晋冀鲁豫四省交界，是一个具有2000多年历史的古城。春秋时代就有邯郸建制，战国时期为赵国都城。当时邯郸，经济昌盛，市井繁荣，曾与长安、洛阳、开封、成都同称五大都城。东汉后期逐渐衰落。解放前夕，全市除有几座煤窑和一些手工业作坊外，没有大工业企业，城市满目凋零，败落不堪。

邯郸1945年10月5日解放，邯郸人民充分利用煤厚、铁多、棉质好的资源优势，迅速建设和发展了冶金、煤炭和纺织工业。1986年全市工业总产值达到35.1亿元。

邯郸市解放前城区面积仅1平方公里，人口不足3万。现在发展为以市区为中心，包括马头、峰峰、彭城等14个卫星城镇为烘托的大城市，建成区面积已达59.1平方公里，城市人口76.7万人。

建国后，邯郸市政府十分重视城市建设，加强了对城市规划、建设工作的领导，尤其是近几年来，贯彻“人民城市人民建”的方针，广开资金渠道，加快了城市基础设施建设。1979年至1986年用于市政、公用事业建设投资达1.53亿元，相当于前29年的2.5倍。现全市拥有住宅655万平方米。建成自来水厂5座，铺设供水管道316公里，日供水能力达到31.9万吨。为解决市区严重水荒，投资3600万元，从1981年10月开始，634天建成从峰峰到市区的引水工程，新建羊角铺水源和三堤配水厂2座，日增加供水15万吨。供水普及率达到79.5%。建成道路230公里，铺装路面248万平方米。新建桥梁43座(其中跨越铁路立交桥4座)。市区建成主干道9条，次干道8条，对外公路7条。建成排水管道243公里，东污水处理厂一期工程正在兴建。运营公共汽车227辆，运营线路长度344公里，年客运量2950万人次，开展了出租汽车业务。城市煤气和供热设施从无到有，新建液化石油气储罐站，年供气1500吨，供应1.5万户烧气，改善了民用燃料结构，供热一期工程已建热力站13个，铺设管道26公里，供热面积48万平方米。邯郸市园林绿化建设成绩卓著。植树217万株，建街景绿地28.5万平方米，现有公共绿地82公顷，公园3个(面积43.4公顷)。1984年发动厂矿、机关群众建成长2.3公里、面积为15.4万平方米的沁河带状公园，一改过去“龙须沟”的旧貌，成为两岸居民休息、游玩的场所。全市绿化覆盖率达到17.5%，人均公共绿地2.1平方米。邯郸市连续三年获全省城市绿化竞赛第一名，并被评为全国绿化先进城市。

近几年来，邯郸市对旧城区改造做了大量工作，共拆除旧房新建各类建筑64.3万平方米。

山西省城市建设概况

高 正 介德义

山西省位于华北平原以西，黄河中游地区，因其大部分地区在春秋时期为晋国领地，故简称“晋”。山西北面是内蒙古自治区，西邻陕西，东界河北，南与河南接壤，是我国开发最早的地区之一。山西总面积15.63万平方公里，占全国总面积的1.6%，人口2627万人，占全国总人口的2.5%，是首都北京的重要战略后方。

山西素以“煤铁之乡”著称，是全国能源重化工基地。建国以来，山西人民在党和政府的领导下，特别是在党的十一届三中全会路线指引下，克服了前进中的种种困难，取得了国民经济的巨大成就。从1952年到1985年全省社会总产值由21.3亿元增加到430.8亿元，平均每年增长7.9%，工农业总产值由18亿元增加到299.7亿元，平均每年增长7.6%。

随着工业建设的迅速发展，山西城市如雨后春笋般地发展了起来，至1986年底，全省城镇共508个(其中设市城市10个、县城96个、建制镇402个)，比1949年的107个(设市城市4个、县城92个，建制镇11个)增长3.7倍；比1978年的133个(设市城市7个、县城101个、建制镇25个)增长2.8倍。

一、建国前城市发展与历史沿革

［城市发展历史沿革］ 山西城市发展历史悠久。早在原始社会末期，山西南部就有了古城的雏型，“尧都平阳”、“舜都蒲坂”、“禹都安邑”。春秋时期建起了晋阳(今太原市)、平阳(今临汾市)、绛邑(今新绛县)等城市。秦汉以后，又建起重镇平城(今大同市)。到明末，山西的太原、平阳、蒲州已列为全国33个较大城市之中，许多中小县城已初具规模。清末民初，随着现代工业和交通运输的兴起，山西的城市布局发生了较大变化，阳泉、辛置、口泉、轩岗等一些新兴工矿城镇应运而生。那时山西城乡对立，城市发展缓慢。

［城市发展基本状况］ 到1949年解放时为止，山西城市总的面貌是，布局混乱，破坏严重，市政公用设施寥寥无几。据统计，当时全省有4个城市，92个县城和11个工矿镇，共有城镇人口102.6万人，占全省总人口的8.1%。其中太原、大同、阳泉、长治4个市的城市人口39.9万人。人口最多的太原市仅有21万人。

到二十世纪中期，为适应现代大机器生产和生活需要，在一些大中城市开始兴建了给水排水设施，铺装水泥路面，架设桥梁。但发展速度十分缓慢，简陋落后。当时全省只有6个城市有自来水厂，供水管道69.9公里，供水能力仅1.24万吨/日；有3个城市有下水道13.9公里，而且大都是砖砌窄小的明水沟，一遇暴雨街道成河；有3个城市铺装道路79.41公里，共有桥梁13座；城市仅有树木1.3万株，全省只有太原海子边一个公园。城市有房屋居住面积173.78万平方米，而且大都是破旧简陋的平房。人们形容当时的城市状况是：马路不平，污水横流，电灯不明，电话不灵。

二、建国后城市建设事业发展和成就

新中国成立后，山西人民在党和政府的领导下，经过对旧城的改造，新区的建设，特别是一批新型工矿城镇的建成，山西的城市规模不断扩大，城市布局日趋合理，城市体系发生了很大变化。到1986年底，全省有太原、大同、阳泉、长治、晋城5个省辖地级市，临汾、榆次、运城、忻州、侯马5个县级市，还有县城96个，独立建制镇402个，城镇人口达到552.2万人，占到全省总人口的21.02%。其中，10个设市城市人口为348.8万人，比1949年增长5.9倍；市区面积达到351.8平方公里，比1949年扩大了5.6倍。伴随着城市工业、商业、科学教育、医疗卫生、文化艺术等事业的发展，城市的基础设施和市政公用设施亦得到了迅速发展。

1949年至1952年恢复时期，山西城市在恢复原有一点设施的基础上，又新建城市道路57公里，下水道18.9公里，新增供水能力0.62万吨/日。太原市把原来断垣残壁的“首义门”改建成了“五一广场”和“五一小游园”；太原、大同两市设立了城市公共汽车。1953年到1957年的“一五”期间，全省城市新建道路179.2公里，桥梁36座，下水道73.7公里；新建防洪堤62.8公里；新增供水能力4.8万吨/日，新增公共汽车71辆，新增绿地面积139.3万平方米。太原市还将原来的沼泽地和污浊腐臭的黑龙潭，分别建成了供群众游览的

"迎泽公园"和太原动物园。1960年以后，片面强调生产建设，忽略了非生产性建设，城市建设管理机构被撤消，人员下放，城市乱占乱建成风，市政公用设施失修失养，园林绿地大量侵占。特别是"文化大革命"期间，城市规划废止，城市发展失去控制，城市建设和管理工作遭到严重破坏。直到1978年，山西成市发展缓慢，城市面貌变化不大。

城市建设既是经济建设的中心，也是经济体制改革的重点。1979年到1986年的八年中，各城市政府和有关部门都把城市建设列入了议事日程，同心协力，共同努力，使全省城市建设出现了建国以来从未有过的大好形势。这八年，是建国以来投资最多、城市发展最快、基础设施建设最多、城市面貌变化最大的八年。八年来，全省城镇非农业人口由393.8万增加到552.2万人，比1978年增长40.2%；设市城市由7个增加到10个；县城和建制镇由126个增加到498个。10个设市城市非农业人口达348.8万人，占全省非农业人口的67.14%；建成区面积达到351.8平方公里。其中太原市已成为全国22个百万以上人口的特大城市之一。

［**城市规划**］　三中全会以来的八年，山西10个市、96个县城和古交、河津、平朔三个工矿区，以及五台山、恒山2个国家风景名胜区均已编制了城镇区总体规划。太原、晋城、榆次、侯马等4市，汾阳、左权、洪洞、交城、平顺等72个县城和古交工矿区的总体规划业已批准实施，逐步克服了城市建设和管理工作上的盲目状态。

随着城市规划工作的编制、批准，规划管理也得到了加强。有60多个市、县，都先后制定颁发了城市规划管理、建筑管理等方面的实施办法，还有不少城市举办规划人员培训班，从而保证了城市建设的健康发展。

［**房地产业**］　三中全会以来的八年，国家对城镇住宅建设投资达31.8亿元，新建住宅建筑面积1860.9万平方米，为建国后前29年新建住宅1734万平方米的107.3%，约有150多万职工群众住进了新居。这批新建住宅，多数都注意了远近期结合，配套建设，功能合理，使用方便。在新建住宅的同时，对原有住宅进行了维修改造，增设辅助设施，扩大了居住面积。到1986年底，10个市住宅居住面积有2157.9万平方米，人均居住面积6.3平方米。96个县有居住面积1480.3万平方米，人均居住面积7平方米。

在住宅建设经营方式上，有公家建房、个人集资建房、私建公助及统建等形式。此外，商品住宅建设也开始起步。1982年以来，太原、大同、榆次等47个市县，先后组建城镇开发公司67家，实行统一开发，配套建设，先后建成住宅小区46个，面积达239万平方米，约4.8万套，全部出售给单位和个人。

住宅建设标准也由过去的简易化，提高到"三表到户"(水、电、煤气)。到1986年，全省城镇和工矿区已拥有套住宅27.7万套，绝大多数住宅都是一户一套，少数住宅还配备了太阳能供热水装置及闭路电视。

全省城市房地产管理机构日趋加强，从省到市县初步形成了房地产管理体系。各城市还先后制定了城市房地产管理、房租收缴、住房分配和私房管理等办法，进一步加强了房地产管理。同时，为了加快城镇住宅建设步伐，根据中央有关规定，又制定颁发了《关于城镇私人投资和私建公助建设住宅的暂行规定》、《关于制定公有住宅租金标准暂行办法》、《关于城镇私建公助建设住宅贷款办法》等，进一步调动了各方面建设住宅的积极性，加快了住宅建设步伐，强化了房地产的管理工作。

［**市政公用设施**］　1979年到1986年的八年中，全省用于城市市政公用事业的投资达8.43亿元，占全省基本建设投资总额的比重由过去的1.8%上升到3.46%，为建国后前29年总投资的1.43倍。

1.城市供水。十一届三中全会后八年，全省10个市新增供水能力40.7万吨/日，新增供水管道650公里，新增用水人口101万人。1986年底，10个市共有自来水厂22座，供水能力达到86.8万吨/日(不含各单位自备水源供水能力59.5万吨/日)，比1978年增长41.83%；供水管道长度1525公里，比1978年增长82.63%；用水人口由214万人增加到315万人，增长47.19%。全省96个县城，共建自来水厂97座，供水能力16.1万吨/日(不含各单位自备水厂生产能力33.5万吨/日)，供水管道长度2367公里，用水人口144.7万人，占县城人口212.6万人的68.1%。

城市节约用水成效显著。近年来城市在建设新水源、改造原有供水设施的同时，大抓了节约用水工作，推行工业用水重复利用；普遍实行装表计量，取销包费制；加强管网运营管理，减少了漏失，节约了大量用水。据初步统计，1984到1986年共节水2.43亿吨，如太原市工业万元产值耗水量由1985年的366吨，下降为343吨，降低6.7%。

2.城市排水。1979—1986年，全省10个市新建下水道667公里，新增污水处理能力16.4万吨/日。到1986年底，10个市实有下水道1012.4公里，防洪堤250公里，比1978年分别增长93.9%，58.2%；有污水处理厂4座，日处理能力22.3万吨/日，比1978年增长2.78倍。96个县城有下水道556公里，防洪堤275公里，这些排水设施大都是党的十一届三中全会以来新建的。

3.煤气与供热。山西城市煤气供热建设，在十一届三中全会前还是空白。从1979年开始，太原市开始了煤气建设，先后建成石油液化气和人工煤气。到1986年底，液化石油气储气能力110吨/日，有液化气钢瓶8060个，用气人口0.2万人；人工煤气日产能力达到33万立方米，储气能力18.4万立方米，供气管道总长255公里，用气人口达50万人，大大改善了职工群众的生活条件。大同、阳泉两市的煤气工程正在建设之中。

城市集中供热是从1981年起步的。到1986年底，太原、大同、长治、榆次、忻州等城市，都发展了集中供热，先后更新淘汰旧式锅炉3000多台。据对供热能力进行统计，供应蒸气440吨/小时，供应热水59.6百万千卡/小时，集中供热面积达249.7万平方米。

4.城市道路桥梁。1979年以来，随着城市经济的发展，各城市都十分注意了城市的道路和桥梁建设，新建道路680多公里，桥梁27座，建成还有铁路、公路立交桥5座。到1986年底，全省10个市实有道路1580公里、桥梁124座，比1978年分别增长199.49%、127.83%；城市路灯28870盏，比1978年增长101.1%。96个县城实有道路897公里、桥梁241座、路灯14556盏。

5.城市公共交通。八年来，全省10个市新增公共汽车、电车、出租汽车685辆(不包括其他部门的公共汽车、出租车471辆)。到1986年底，10个市拥有公共汽车、电车885辆，其中电车96辆，营运线路长度达3232公里，比1978年公共汽车、电车分别增长174.6%、184.9%。此外，还有大小出租汽车226辆。在创建文明城市活动中，各公交企业开展优质服务竞赛活动，服务质量不断提高，为解决“乘车难”的问题作出了贡献。96个县城，有18个县城设有公共汽车公司，拥有公共汽车73辆，年平均运客150余万人次，方便了群众乘车，促进了城乡物资交流。

6.城市环境卫生。1978年前，城市环境卫生工作归卫生部门管理，1979年移交城建部门管理后，发展迅速。到1986年底，全省10个市拥有垃圾车、洒水车、真空吸粪车、清扫车等环卫专用机械车辆478辆(台)，总功率为41331马力。太原、阳泉等6市垃圾清运机械化程度达到50%以上。实有公共厕所1235座，80%是十一届三中全会以后新建的。96个县城拥有环卫专用车辆150辆，公共厕所478座。环卫工人的辛勤劳动，使城市环境卫生大大改观，初步给人民群众创造了一个比较整洁，舒适的生活环境。

［**城市园林绿化**］ 八年来，各城市为提高环境质量，改善生态平衡，给城市人民提供良好的游览休息场所，进行了大量的园林绿化建设。到1986年底，全省10个市园林绿地面积达到6600.8公顷，比1978年增长42.23%；公园26个(包括太原动物园)，比1978年增长1倍。临汾市自1979年以来，根据城市自然条件，在街道两旁栽植梨、柿子、红果、石榴、樱桃等多种经济林木及各种风景树、花卉，实现了“春有花、夏有荫、秋有果、冬有青”，受到中央绿化委员会的表彰，被誉为黄土高原上的“花果城”。太原市、临汾市，连续被评为全国绿化先进城市。96个县城，实有园林绿地面积1505公顷，公园14个，县城绿化覆盖率达11.6%。

［**风景名胜**］ 1982年国务院审定公布了第一批国家重点风景名胜区44处，山西五台山和恒山被列入第一批国家重点风景名胜区。为了开发建设风景名胜区，省人民政府多次召开有关部门会议，研究部署五台山和恒山两个风景名胜区规划建设问题，并组织有关专家学者、规划人员进行考察、论证，经过两年的努力，已编制出两个风景名胜区的规划建设方案。五台山风景名胜区面积为44平方公里；恒山风景名胜区为16.5平方公里。1986年游人达40.5万人，其中外国游人1万人。山西风景名胜资源相当丰富，为了加快建设开发步伐，山西省建设厅组织省文物、旅游、环保、林业、交通等部门，对全省风景名胜资源进行了调整、评价、鉴定、论证，又确立了太原晋祠——天龙山、吉县壶口瀑布、方山县北武当山、介休县绵山、灵石县石膏山、临汾市姑射山等6处为省级风景名胜区。

综上所述，经过37年的建设，山西城市正朝着开放型、多功能、现代化的方向迈进，城市的吸引力、辐射力和承载能力正在日益增强，城市的地位和作用发生了显著变化。

山西设市城市状况、城镇市政公用设施建设投资情况、城市住宅建设情况、设市城市主要城建项目一览，分别见表1、表2、表3、表4。

山西省设市城市状况 表1

城市	设市时间	1949年		1986年	
		市区面积(平方公里)	城市人口(万人)	市区面积(平方公里)	城市人口(万人)
太原市	1927年	30.0	21.0	168	148.3
大同市	1949年	7.0	8.9	43.7	72.4
阳泉市	1947年	1.0	6.0	29.2	33.0
长治市	1945年	4.0	4.0	32.0	28.5
晋城市	1983年	1.5	1.3	12.3	10.0
临汾市	1971年	3.0	1.5	17.2	16.4
榆次市	1954年	2.8	3.4	17.0	17.5
运城市	1983年	2.0	2.8	15.0	8.5
忻州市	1983年	2.0	1.3	9.0	7.5
侯马市	1956年	0.12	0.2	8.4	6.7
合　计		53.12	50.4	351.8	348.8

注:城市人口指非农业人口。

市政公用设施建设投资情况 表2

	恢复时期	一五时期	二五时期	三年调整时期	三五时期	四五时期	五五时期	六五时期	一九八六年	合计
市政公用设施建设投资总额 (万元)	529	7587	6698	3076	3734	5057	19694	49633	23201	
基本建设投资额中市政公用设施建设投资比重(%)	2.4	3.5	1.3	2.4	1.3	0.9	2.7	3.54	4.3	

城镇住宅建设情况 表3

	恢复时期	一五时期	二五时期	三年调整时期	三五时期	四五时期	五五时期	六五时期	一九八六年	合计
住宅建设投资总额(万元)	3417	22872	20060	8492	8140	34821	70145	217774	55647	
基本建设总投资额中住宅投资 比重(%)	15.3	10.7	4.0	6.6	2.8	6.1	9.5	7.12	10.9	
住宅竣工面积(万平方米)	61.26	455.19	361.32	109.05	163.37	375.82	524.44	1205.0	329	

城市建设主要项目一览

表 4

工程分类	建设项目	建设周期	建设规模	实际投资(万元)	单位投资
供水	太原兰村水源	1956～1958	20万吨/日	1875	94元/吨
	太原西张水源	1970～1977	13万吨/日	934	72元/吨
	阳泉娘子关水源	1975～1979	13万吨/日	3259	251元/吨
	大同西郊水源	1973～1980	5万吨/日	1350	270元/吨
	长治漳泽水源	1965～1982	6万吨/日	983	163元/吨
	临汾北郊水源	1959～1962	2.4万吨/日	610	254元/吨
	侯马下裴庄水源	1959～1966	1.1万吨/日	1074	976元/吨
	太原兰村输水管道	1956～1959	41公里	784	119220元/公里
	太原西张输水管道	1973～1978	18.5公里	436	235676元/公里
污水处理	太原北郊污水处理厂	1956～1958	2万吨/日	135	68元/吨
	大同东郊污水处理厂	1974～1982	3万吨/日	403	134元/吨
排水	太原迎泽大街排水干管	1979～1980	直径1250m/m 2.15公里	99	462元/米
	太原新建路排水干管	1980～1981	直径1390～1500m/m 31.7公里	262	828元/米
	太原南郊排水干管	1978～1981	1.8×1.8米 3.4公里	398	1172元/米
防洪	太原汾河坝	1951～1982	51公里	2684	526元/米
	阳泉桃河坝	1957～1961	24.6公里	1500	608元/米
道路	太原迎泽东大街	1956～1977	4.1公里	548	25元/平米
	太原迎泽西大街	1959～	2公里	143	20.5元/平米
	太原并州路	1957～1958	1.9公里	120	20.2元/平米
	太原晋祠路	1957	11.8公里	224	15.8元/平米
	太原府东街开通	1980～1982	0.95公里	640	168.4元/平米
	大同云岗路	1979～1981	12公里	1356	37.7元/平米
	长治太行路	1974～1982	7.2公里	120	9元/平米
	太原小东门立交路	1980～1981	1.2公里	323	145元/平米
桥梁	太原迎泽桥	1953	480.5×15米	352	488.7元/平米
	太原胜利桥	1969～1970	486.7×16米	462	593元/平米
	太原汾河地下桥	1971～1974	长961.2宽6.5米高4.5米	800	8323元/平米
	大同十里河桥	1955～1956	216×12.68米	258	942元/平米
	大同御河桥	1956～1966	467×13米	230	379元/平米
	阳泉华盛桥	1976～1980	175.6×10米	80	455元/平米
公共交通	太原公汽保养厂	1954～1955	高保60辆/年	227	37850元/辆
	太原公交大修厂	1963～1965	保养500辆/年	310	6200元/辆
	太原电车北保养厂	1960～1962	保养500辆/年	69.9	1392元/辆
	大同公汽修理厂	1966	修保625辆/年	31	625元/辆
	太原电车一路	1959～1960	7公里	64.2	91714元/公里
	太原电车三路	1963～1964	7.8公里	68	87179元/公里
	太原电车四路	1963～1964	7.25公里	114.8	158345元/公里
园林	太原迎泽公园	1954～1981	陆地66.6公顷 水面20公顷	511.4	59053元/公顷
	太原晋祠公园	1955～1981	陆地43.8公顷 水面10.4公顷	191.8	35355元/公顷
	太原动物园	1956～1981	陆地50公顷 水面18.3公顷	215	31479元/公顷
	太原儿童公园	1957～1981	陆地12公顷 水面4公顷	137.6	86000元/公顷
	大同人民公园	1953	陆地24.7公顷	500	207700元/公顷
	阳泉桃河公园	1965～1974	陆地8.67公顷	103	118900元/公顷

三、城市建设体制改革

作为城市建设管理部门来说，主要任务就是如何加强对城市有效的、科学的管理，为城市人民创造一个整洁、优美、方便的生活环境和良好的工作条件。1984年以来，山西各城建主管部门，遵循中央经济体制改革的方针和省委、省政府有关经济体制改革的实施细则、办法，对城市建设经济体制进行了初步改革，取得了一定成效。

一是逐步实行政企、政事分开，给企事业单位放权。各级城建主管部门正逐步变直接管企事业单位为间接的行业管理过渡，加强了政府部门在城市建设中的规划、指导、协调、服务和监督作用。许多企业根据自身业务，加速了企业向经营型改变。

二是太原等大中城市给城区放权，实行了市、区、街道三级管理，调动了城区和街道办事处的积极性，改变了长期以来，由于资金不足而办不成事的局面，促进了城市小街小巷的改造、维护和管理，使许多小街小巷旧貌变新颜。

三是根据城建企事业单位的特点，实行了各种形式的经济承包责任制和经理、院长负责制。市政企业实行了百元产值工资含量包干；公交企业推行了百元营运收人工资含量包干；勘察设计单位实行技术经济承包责任制，收入抵经费的包干办法；园林、环卫等事业单位实行经费包干，等等，初步搞活了城建企事业单位。

四是一些单位住房租金改革开始起步。一些城市对非住宅用房租金进行了调整，为探索住房制度改革迈出了一步。如临汾地建公司等企业单位，对职工住房实行了商品化，给改革企业职工住房制度走出了一条新路。

五是改变机关作风，树立为基层服务的观点。如太原市城建委根据业务性质，建立了城市管理的反馈系统。城建委机关设立了总值班室，负责处理城市建设管理中关系人民群众的大事、急事、要事，深受群众欢迎。群众反映说，“这是城建机关转变作风的一大改革”。

四、城建系统精神文明建设

近年来，山西城建部门根据行业特点，在城市精神文明建设中，开展了多种活动。具体作法如下。

一是深入广泛地开展了文明服务竞赛活动。城市公交、自来水、煤气等行业开展了“假如我是一个乘客”、“假如我是一个住户”等活动，服务质量大有提高，出现了许多主动走访用户、上门服务，扶老携幼，处处为乘客，为群众服务的好风尚。

二是在全体职工中，广泛开展理想教育和为人民服务、对人民负责的职业道德和职业纪律教育，举办“为人民服务演讲会”、“英模报告会”、“新风报告会”等，激励广大职工热爱本职工作，争当优秀服务员的积极性和主动性。

三是从方便群众出发，建立了监督检查制度，不定期召开用户，乘客座谈会，征求意见，献计献策，从而保证了服务质量的不断提高。

五、城建法制建设

近年来，山西各级城市建设部门，根据中央有关城市建设的法规、政策、规定，结合山西的实际情况，加强了法制建设。1978年以来，先后制定颁发了《山西省城市建设管理暂行规定》、《山西省城市节约用水奖励办法》、《山西省排水设施有偿使用办法》、《山西省城市园林绿化管理暂行办法》、《山西省城市市容管理暂行规定》、《山西省城市铺面房屋管理暂行办法》、《山西省房屋所有权登记实施办法》等。同时，各城市也先后制定和颁发了建设用地管理、拆迁安置管理、道路桥梁管理、排水设施管理、河道防洪管理、水资源管理、公房私房管理、公共交通违章处理办法、园林绿化管理、环境卫生管理等实施细则、规定、办法，初步做到了有章可循，有法可依。太原、大同、阳泉、长治、侯马等城市还组建了城市管理监察队伍，加强了城市建设的督促检查，促进了城市建设工作的健康发展。

加强城建资金管理。针对城市建设资金不足和仅有的城建资金也不能按规定用于城市的维护和建设方面问题，省建设厅会同省计委、财政厅等有关部门制定颁发了《山西省城市维护费使用管理暂行规定》、《关于开征公用事业附加县城市维护费使用管理办法》等规定办法，使城建资金挪作它用的现象逐步扭转。

六、主要城市介绍

太 原 市

太原市是山西省省会，是全省政治、经济、文化和科学技术中心，也是山西煤炭能源重化工基地的中心城市，华北地区新兴的重要工业基地。

太原市位于山西省中部。全市辖区总面积6988平方公里。分南城、北城、河西三个城区，南郊、北郊、古交三个郊区和清徐、阳曲、娄烦三个郊县。全市地形由北向南倾斜，其中平川占1/5，丘陵和山地占4/5。平川海拔在800米左右。太原市属暖温带大陆性气候，年平均气温为9.3°C，年平均降雨量为486.4毫米。太原地区矿藏丰富，品类繁多，其中煤、铁储量尤为丰富，素有煤乡之称。

太原市是一座历史悠久的古城，创建于春秋末期，至今已有2400余年的历史，北宋宋太宗火烧晋阳后，宰相潘美易地新筑太原城至今，也已有一千余年。在慢长的历史岁月中，太原城屡遭战乱蹂躏，发展十分缓慢。到1949年太原解放时，城市人口为21万人，建成区面积为30平方公里，各类企业47个，工业总产值仅0.42亿元。全市各种房屋面积不过300万平方米，其中住宅建筑面积164万平方米。房屋建筑绝大部分是砖木结构的古老平房，楼房建筑不到百分之一。

城市道路只有38.2公里，桥梁只有1座宽5.5米的混凝土桥及4座小型沙河桥。

城市下水道长度不足5公里。自来水供应能力每日仅0.69万吨，供水管道40.4公里，城市机动车辆也只有30辆。

1949年4月24日，太原市获得解放。解放初期，为了尽快医治战争创伤，太原市成立了建设局，市政府颁布了《太原市都市建设大纲》等城市建设办法，发动群众，恢复和发展了城市基础设施。

从1953年起，太原市的城市建设进入了大规模的发展时期。"一五"时期，太原市被列为国家第一批重点建设城市之一，全国156项大型骨干工业建设项目中，在太原选址建厂的就有11项。为了配合重点工程建设，1954年在国家计委、建委的直接领导下，编制了为期20年的城市总体规划，1955年经国家建委正式批准，并向国务院备案。这是太原市的第一个城市总体规划，三十多年的实践证明，这个总体规划基本上起到了配合工业发展，指导城市建设的作用。

太原市按照规划改造了旧城不合理的布局，形成了按功能分区的城市布局和城市道路骨架的基本轮廓。

1958年以来，由于"左"的思想干扰，城市规划工作受到冲击，加大了城市建设"骨"、"肉"比例失调的状况。1949年到1965年的16年中，全市新建各类房屋建筑面积1068万平方米，是解放前遗留下的房屋建筑面积的3.6倍。公共交通车辆从无到有，发展到153辆。自来水厂由1座发展到15座；日供水能力由0.69万吨，增加到25.05万吨；供水普及率由26.2%，增加到91%。城市道路延伸到305公里，比解放前增长6.9倍；桥梁由5座增加到45座，增长8倍。

1966至1976年，城市建设管理受到严重的干扰和破坏，基础设施欠帐严重，居民住宅日益紧张，环境日益恶化。

1976年后，特别是党的十一届三中全会以来的八年中，太原市城市建设进入了一个新的振兴阶段。

一是城市规划不断加强。1979年9月，太原市开始编制1981年至2000年的城市总体规划，1983年5月19日被国务院正式批准。

为了认真贯彻国务院的批复精神，按照总体规划的布局统筹安排各项建设事业，成立了太原市规划研究院，及时抓紧了分区规划，详细规划、专业规划的编制工作。

与此同时，市政府又颁布了第一部容量大、综合性强适应改革、开放形势发展的《太原市城市建设管理办法(试行)》，组建了太原市城市管理监察大队，使城市建设和管理逐步走上了法制化、规范化的轨道。

二是基础设施迅速发展。八年中，太原市用于城市建设的资金达6.2亿元，相当于1978年前三十年城市建设投资额的近3倍。新增供水能力13万吨，1986年底，日供水量达到36.1万吨。新建日处理污水16.64万吨的污水厂1座，一级处理已投入运行。新建人工煤气厂3座，日供气能力33万立方米。1986年底，全市已有12.5万户居民用上了煤气。

新建道路81公里，1986年底，全市道路总长度达到499公里，新增公共汽车263辆，公交车辆已发展到541辆。

三是居住水平日益提高。八年中，住宅投资达17.12亿元，相当于1978年前三十年的2.4倍，新建住宅建筑面积893.4万平方米，有14.89万户居民迁入新居。1986年底，全市住宅建筑面积达1673万平方米，人均居住面积由1978年的3.97平方米，提高到6.2平方米。

四是环境面貌显著变化。"六五"期间，全市企事业单位用于治理污染的资金达1.23亿元，完成废气、废水、废渣和噪声污染治理工程768项。大力开展了全民义务植树活动，1986年底，城市绿化面积达到2659公顷，绿化覆盖率为19.3%。新建、改造公厕577座，公厕总数达到661座，群众"上厕难"问题初步得到解决，市区垃圾清运基本上实现了机械化。

党的十一届三中全会以来的八年，太原市城市建设事业以前所未有的速度向前发展。1986年底，建成区面积已发展到168平方公里，是解放初的5.6倍；城市人口发展到139万人，是解放初的6.6倍。先后建成北郊、城北、河西、北部、中部、南部、东山、西山、城南、北营等9个工业区，工矿企业发展到1634个，工业总产值达68.9亿元。太原市已成为全国22个百万以上人口的特大城市之一。

内蒙古自治区城市建设概况

纪洪文　花树春

内蒙古自治区位于祖国北部边疆，北与蒙古人民共和国、苏联接壤，边境线长达4221公里。东、西、南三面与黑龙江、辽宁、吉林、河北、山西、陕西、宁夏、甘肃等八个省区相连。内蒙古是蒙古高原的一部分，大部地区在海拔1000米以上，属大陆性气候。

内蒙古自治区是我国北方少数民族生息繁衍的地方，居住着蒙、汉、满、回、达斡尔、朝鲜、鄂温克、鄂伦春等44个民族。是以蒙古族为主体，汉族居多数的一个少数民族自治区。设市城市16个，首府市为呼和浩特。城市建成区面积为423.9平方公里。城市人口322.5万人。

截止1986年底，自治区境内铁路总长4354公里，公路通车里程达40380公里，铁路线和公路网连接全区所有城市。呼和浩特、包头、赤峰、通辽、海拉尔、锡林浩特有民航班机通航。黄河乌海段可通水运。

全区的煤炭、电力、冶金、机械、电子、森工、建材、毛纺、皮革、乳品、制糖、造纸、化工等工业，已形成了门类基本齐全、原料生产和加工制造基本配套、比较完整的生产体系。工业总产值达到107.68亿元，占全区工农业总产值的60%以上。

一、建国前城市建设概况

早在战国、秦汉以至辽金元明清各代，为了军事上或政治上的需要，在内蒙古地区修筑一些古城。随着历史的发展，大都已经湮没了，保留下来的已寥寥无几。建国前仅有四座城市是归绥、包头、海拉尔、满州里，都是明清两代和民国初期建筑的。最早的为原绥远省省会归绥市(今呼和浩特市)，有400多年的历史。包头也是在清代末年，推行移民实边政策时期建立的，周围农业的发展，促进了商业的发展。到1923年(民国12年)京绥铁路(即今京包铁路)通车后，逐渐成为一座商业城镇。1948年解放前夕，包头城市人口只有7.9万人，城区面积4.3平方公里。解放前的城市和城市建设有以下几个特点。

1.城市分布极不平衡。绝大多数城市都在铁路沿线，北部西部广大牧区，连小城镇也极为稀少。

2.城市规模很小。四个城市总面积为16.8平方公里，人口23.2万。人口在10万以上的只有一个，满州里市的人口不到1万人。

3.城市经济结构，基本上处于封建、半封建状态。一般只有一些适应王公贵族、官僚军阀特殊需要的服务性行业。妓院、赌场、大烟馆充斥街头巷尾，生产性建设极少。当时最大的归绥市，城区面积也只有9平方公里，人口不足12万人，工业只有面粉厂、酒厂、毛纺厂、铁工厂、甘草膏厂、酱油厂、砖瓦厂等九家小厂，工人总数670人，工业总产值141.5万元。包头仅有发电厂、皮革厂、米面加工厂等和一些手工业作坊。

4.城市建设极为落后。全区除原归绥和包头有一点简陋的基础设施外，其他城市的市政公用设施几乎等于零。原归绥市市内只有三条混凝土路，全长2.3公里。有两辆公共汽车，行驶在新旧城之间。没有供水设施，居民都是饮用大口井和手压井水。排水只有一条0.46公里的雨水污水合流的砖砌暗沟和17.1公里的雨水明沟。包头只有3.5公里长的水泥路面，43盏路灯，63株行道树。基本没有排水和防洪设施，平时污水漫地、雨季洪水横流。有一座自来水厂，日供水4200吨，是全区唯一的供水设施。总之，解放前的城市处于破落、衰败、原始的状态。

二、建国以来城市建设事业的发展

建国以来，特别是在十一届三中全会以后，城市建设事业获得了巨大成就。原有的城市旧貌变新颜，发生了翻天复地的变化。新兴城市不断崛起，城市规模扩大，城市分布逐渐合理，在落后的草原上，在荒凉的沙漠里，在浩翰的林海中，涌现出一些崭新的城市。

［城市的发展］　建国初，内蒙古自治区只有四个设市城市，到1986年已发展到16个城市，即：呼和浩特市、包头、乌海、集宁、赤峰、通辽、扎兰屯、牙克石、海拉尔、满州里、乌兰浩特、二连浩特、锡林浩特、东胜、临河、霍林郭勒。其中有7个是在1980年后建市的。10万人口以上的城市由建国初期的一个增加到十一个，20—50万人口的中等城市两个(乌海市、赤峰市)，50万人口以上的大城市两个(呼和浩特、包头市)。锡林郭勒草原上的锡林浩特

市，解放前夕，只有居民107户，人口750人。1949年建镇以来，到1986年城区面积已扩大到12平方公里，人口增加到6.38万人，成为锡林郭勒盟的政治、经济、文化中心。乌海市在50年代初还是一片荒无人烟的沙漠，随着煤炭等矿藏资源的开发，建材、机械、化学、冶金等工业有了飞速的发展，现已成为一个拥有26.67万人的新兴工业城市。

［**城市建设事业的发展**］ 随着城市的发展，人口的增加，城市建设各项事业也相应地有了迅速的发展。

1.城市规划。内蒙古自治区城市规划工作，是1954年在国家建设部门的具体帮助下，从编制包头市城市总体规划开始的。包头市总体规划于1955年11月经中共中央正式批准。之后，天津大学实习队编制了呼和浩特市总体规划方案，1956年建筑工程部城市设计院正式承担编制呼和浩特总体规划任务。后经1959年、1964年和1974年几次修订编制，1979年10月经国务院正式批准。包头、呼市两个城市编制总体规划工作的开展，不仅对两个城市的城市建设和城市长远发展起着指导作用，对全区规划机构的组建和各城镇规划工作的开展也起到了积极推动作用。

1956年自治区成立城市规划设计室，1959年成立城市勘察设计院，先后对海拉尔、满洲里、牙克石、扎兰屯、乌兰浩特、通辽、赤峰、锡林浩特、二连浩特、集宁、临河，东胜及巴彦浩特等城市(镇)编制了总体规划方案。这些50年代编制的规划方案，对指导各城市(镇)的建设和发展，起到了积极作用。截止到1986年底，16个设市城市的总体规划全部完成，并完成了旗县城镇总体规划58个，占旗县城镇总数的80%。这些规划的建立，对各城市(镇)的建设、合理布局、节约用地、控制人口、长远发展等都起着积极指导作用。

2.房屋住宅。截止到1986年底，全区16个设市城市，共有各类房屋建筑面积7522万平方米(解放前各类房屋建筑面积只占4.19%)，其中住宅面积3670万平方米。1980年以来，各城市认真贯彻执行中央提出的“发挥国家、地方、企业和个人四个方面积极性”的方针，调动各方面的力量，共同解决住房问题。1979年底到1986年底，新增住宅1004.6万平方米。人均居住面积由3.4平方米提高到5.5平方米，是建国以来住宅建筑发展最快最好的时期。(各城市房屋建筑面积表附后)

内蒙古自治区各城市房屋建筑面积表

城市 \ 房屋面积 \ 期间	截至1979年房屋建筑面积(万平方米)		截至1986年底房屋建筑面积(万平方米)		人均住宅面积(平方米)	
	建禁总面积	其中住宅面积	建筑总面积	其中住宅面积	1979年	1986年
全　区	3155	1440	7522	3670	3.4	5.5
呼和浩特	727	335	1430	702	4.1	6.6
包　头	1271	584	2028	963	3.3	5.3
乌　海	237	125	474	249	3.3	5.3
赤　峰	237	82	766	348	2.9	5.8
海拉尔	177	78	363	200	3.3	4.5
通　辽	174	80	414	187	2.9	5.1
集　宁	191	80	471	162	3.8	5.8
临　河	/	/	241	136	/	6.5
东　胜	/	/	172	87	/	6.6
锡林浩特	/	/	150	50	/	4.6
乌兰浩特	/	/	273	151	/	5.5
满洲里	125	70	245	152	3.3	4.8
二连浩特	16	6	22	9	4.0	6.7
牙克石	/	/	171	104	/	4.2
扎兰屯	/	/	233	142	/	5.1
霍林郭勒	/	/	69	28	/	5.0

3.城市供水。建国前全区仅包头有一个日供水4200吨的自来水厂，居民用水大都是井水或河水。建国以来，随着经济的发展，以及生产、生活的需要，供水建设发展较快。截止到1986年底，全区有12个城市有了供水设施，建成了28个水厂。供水管道2049公里，日供水能力达到56.8万吨，用水人口192.2万人，用水普及率为64%，平均每人每日生活用水量为106升。其中有66%的供水设施是1980年至1986年七年期间建设的。地处荒漠的乌海市，鄂尔多斯高原上的东胜市，草原城市锡林浩特都建成了供水工程。特别是地处干旱草原的口岸城市二连浩特市，经多年勘探资料证实，城市周围缺乏地下水资源，为保证口岸城市建设发展的需要，在56公里以外的齐哈日格图找到水源地，建设了输水管道工程，于1981年解决了这个边境城市的用水问题。

为解决旗县城镇吃水难的问题，从1983年开始积极组织人力、物力、财力支援小城镇供水建设。在财力上，到1986年自治区投资8600万元，为解决水质中的高氟、高铁、高盐等技术问题，举办了各种不同专业技术培训班，组织专业施工安装队伍进行建设。使全区有72个城镇吃上了符合标准的自来水。

4.排水。建国初期基本上没有排水设施。到1986年底，已有呼和浩特、包头、赤峰、通辽、海拉尔、临河、锡林浩特、集宁、乌兰浩特、东胜、满洲里、二连浩特等14个城市初步建成了排水系统。建成排水管道797公里。服务面积198平方公里，日排放量为77万立方米，其中生活污水占35%。在城市污水处理方面，“一五”期间，包头青山区建成一座日处理1.5万吨污水处理厂。在70年代末期，呼和浩特、包头(南郊)、通辽分别兴建了日处理5万吨、4.5万吨、2万吨的一级污水处理厂。

5.燃气。目前只有赤峰、呼和浩特、包头三个市约有6.5万户用上了煤气。最早的是赤峰市，从1975年开始使用石油液化气，现已建成588吨的贮气加压站。呼和浩特是从1980年初开始兴建城市煤气设施。利用焦化厂余气为气源，设计能力为日产煤气9.6万立方米，供应3万户。现已建成两个4.8万立方米的储气加压系统，输配干管56公里，调压站13座，气源厂的焦炉正在施工。包头市于1979年利用包钢焦炉煤气，在昆都仑区兴建煤气工程。第一期工程已在1982年投产，建成5万立方米储气罐一座，干管14公里，年供气量210万立方米，用气居民1万户。1986年又在青山区扩建了二期工程，建成5.4万立方米储罐，输配干管21公里，用气居民5000户，年供气25万立方米。随着经济的发展，今后城市煤气将加快建设，有较大发展。

6.供热。自治区的城市集中供热起步较晚。在80年代初，仅有赤峰、牙克石两市，配合电厂改造，实现集中供热近91万平方米，总投资600万元，建成规模为：供热(水)5600万大卡/时。呼和浩特市已从1984年利用电厂余热，开始建设集中供热工程。第一期供热工程总投资3474万元，供热面积300万平方米。至1986年底已完成管道工程7.2公里，完成投资1969万元。

7.道路。建国初全区只有归绥(今呼市)、包头有水泥路5.8公里，40600平方米。到1986年底全区16个设市城市修筑城市道路1159公里，面积1200万平方米。其中高级道路总长度达到779公里，面积774万平方米。从1980年到1986年底七年期间，建筑高级路面694公里，面积756万平方米，相当于建国以来修建道路总数的59%。为了改善交通条件，近年呼和浩特还在呼伦北路、赛罕路上修建了与铁路相交的两座立体交叉工程，其它城市根据需要也修建了各种小型立交工程。呼和浩特、包头、赤峰、临河、通辽等市修建了中心广场、车站广场、交通广场和停车站。由于机动车的增加，各城市都在修建设有分车带的“三块板”道路，机动车、人力车、自行车混杂的状况有了改善。

8.路灯。到1986年，全区共有路灯20389盏，不但数量增多，而且灯具灯型多种多样，在光源选择上除白炽灯、日光灯外，还安装了黄色的纳灯、绿色的汞灯。

9.桥梁。全区城市桥梁77座。较大的桥梁有包头昆都仑河北桥和中桥，呼和浩特新华大桥，海拉尔伊敏河大桥。其中1980年至1986年期间建桥44座。伊河大桥于1984年建成后，大大解决了海拉尔市长期存在车辆拥挤、交通阻塞问题。

10.公共交通。截止1986年底，全区已有13个城市有了公共汽车，共有营运汽车757辆。营运线路1824公里。年客运总量14446万人次。有6个城市有出租汽车146辆。城市公交企业职工已发展到5269人。呼和浩特，包头两市的车辆维修，从原来只能低级保养，发展到可小修中修和大修。公共交通服务质量不断提高，包头公共交通服务质量已经跨入全国先进行列。

11.环境卫生。建国初期，全区有环境卫生职工185人，畜力清运车135辆，公共厕所25座。到1978年，环卫职工发展到一千九百余人，清运垃圾机动车辆119辆，畜力车31辆，公共厕所515座。到1986年底环卫职工队伍发展到五千多人，公共厕所4422座。呼市，包头等城市还建造了一些造型美观，卫生适用的水冲厕所。各种清运垃圾机动车辆增至729辆，还新增了一批吸粪车，密封式垃圾车，叉车、装载机等机械设备。使环卫清运机械化水平有了很大提高，服务质量不断提高。包头市还兴建了一座垃圾粪便无害化处理厂，现已初具规模。自治区政府为了改善环卫职工的生活条件和工作条件，投资600万元建设职工住宅。拨专款140万元，建设职工浴池17座。

12.园林绿化。内蒙古自治区大部城市气候干燥少雨，绿化困难较大。解放前城市树木寥寥无几，绿化基础很差。建国以后，自治区党和政府特别重视城市园林绿化工作，各城市年年坚持植树造林，对城市进行普遍绿化，使城市的园林绿化事业有了很大发展。到1986年全区15个城市有城市绿地总面积4741.6公顷，其中公共绿地995.7公顷，人均公共绿地2.4平方米，绿化覆盖率达到14.5%，公园30个。现在全区城市园林苗木基地基本形成，东起满洲里，西至乌兰布和大沙漠，相继建设城市苗圃23处，1069公顷，年出圃苗木近200万株。街道绿化水平大大提高，道路两旁的行道树，隔离带的花灌和绿篱，草坪等多层次的植物景观，以及具有民族特色的园林小品到处可见和丰富多彩。使城市面貌得到改观。各城市公园建设步伐加快，工厂、部队、机关环境绿化效果显著、包头建华工业公司受到中央绿化委员会的表彰。包头市和通辽市被评为全国绿化先进单位。

13.防洪。建国后，对城市防洪进行了全面规划，分期修建。呼和浩特市修建了哈拉沁、乌素图等防洪堤，整治了河道。包头市修建了北郊防洪工程，东河防洪工程，治理了昆都仑河。其它受到洪水威胁的城市，也程度不同地修筑了防洪沟渠、堤坝。到1986年底，全区已修筑防洪堤坝工程256.8公里。呼和浩特和包头两市，还由国家投资，人民群众出力，修建了乌素图水库、昆都仑水库、刘堡窑子水库，既起到了城市防洪作用，又扩大了农田灌溉面积，也为了城市开辟了新水源(各城市市政公用设施现状表附后)。

内蒙古自治区1986年市政公用设施现状表

项目 / 地区	城市规模		给水			排水	道路		桥	城市	城市
	建成面积(平方公里)	城市人口(万人)	生产能力(万吨/日)	管道长度(公里)	用水人口(万人)	管道长度(公里)	长度(公里)	面积(万平方米)	梁(座)	防洪堤长度(公里)	路灯(盏)
全区	423.9	322.5	56.8	2049	192.2	797	1159	1200	77	256.8	20389
呼和浩特	56.3	58.9	17.4	224	45.7	247	171	205	14	80.0	6396
包头	117.4	84.3	22.9	906	82.5	220	264	233	13	79.4	4644
乌海	45.5	24.3	3.7	54	13.0	15	83	73	6	9.0	1008
赤峰	31.0	28.1	2.3	99	8.1	103	101	93	11	20.0	2025
通辽	22.3	20.1	4.0	178	12.0	43	93	88	3		1128
海拉尔	24.0	15.4	0.3	22	3.0	12	65	64	5	12.1	881
集宁	18.4	15.1	1.6	164	12.8	59	56	53	7	18.5	813
乌兰浩特	13.7	13.4	0.8	65	3.0	19	55	61	3	19.1	1221
满洲里	21.6	11.9	0.9	33	3.0	26	62	62	1	0.5	676
扎兰屯	13.8	10.8					48	48	4	10.0	286
牙克石	11.0	11.5		2			39	42		6.1	268
临河	11.2	11.0	1.0	12	2.7	15	46	45	4		473
锡林浩特	12.1	7.6	1.0	41	6.0	12	39	47	4	2.1	197
东胜	8.1	6.2	0.7	187		16	29	78	1		343
霍林郭勒	15.2	3.3				3					
二连浩特	2.3	0.7	0.2	62	0.4	7	9	8			124

内蒙古自治区1986年市政公用设施现状表（续） 年 月 日 制

项目 地区	公共交通		园林绿化			生活垃圾粪便清运量（万吨/年）	燃气		热力	
	实有公共汽车（辆）	营运线路（公里）	公共绿地面积（公顷）	绿化覆盖率%	公园（个）		人工煤气生产能力（万 m³）	液化气贮量（吨）	集中供热能力（百万/时）	集中供热面积（万平方米）
全　区	757	1824	995.7	14.5	30	271.8	9.6	588	56	91
呼和浩特	176	308	82.6	22.8	2	34.9	9.6			
包　头	273	305	443.2	19.4	7	77.7				
乌　海	103	157	60.0	6.0	2	26.4				
赤　峰	55	464	46.6	15.9	2	20.6		588	48	80
通　辽	19	29	52.2	20.1	2	10.0				
海拉尔	37	36	34.0	8.4	1	17.9				
集　宁	16	29	32.0	9.5	3	19.5				
乌兰浩特	19	130	70.0	17.8	2	19.5				
满洲里	8	31	44.9	8.8	4	6.8				
扎兰屯	13	243	91.0	16.0	1	5.7				
牙克石	12	52	0.2	2.9		13.0			8	11
临　河	17	5	18.2	14.9	1	13.4				
锡林浩特	9	39	6.0	4.6	1	0.5				
东　胜			13.8	7.8	1	4.1				
霍林郭勒				0.6		0.4				
二连浩特		1.0	8.1	1	1.6					

三、城市建设事业对城市经济和社会发展的促进

［**城市数量与分布**］ 城市数量的增加和分布日趋合理，使城市已经成为广大农村牧区和林区的政治、经济、文化中心。城市的发展，促进了民族经济的繁荣和各项事业的蓬勃发展。1986年16个城市的工业总产值达79.9亿元，占全区工业总产值的75%。商品零售总额47.25亿元，占全区商品零售总额的51%。全区19所大专院校均设在城市，科学研究和开发机构74%设在城市，城市的中心作用越来越明显。有的成为门类比较齐全的综合性工业城市，有的成为大中型厂矿企业集中的重工业城市，有的成为国家重要的能源基地，有的成为以林产品综合加工，畜产品加工和民族用品工业为主的轻工业城市。城市的发展，还带动了周围地区的经济活力，推动了科技文化的交流和乡镇企业的发展。

［**城市基础设施**］ 城市各项基础设施的不断完善，促进了城市经济的发展。全区有几十万机动车辆行驶在各城市1159公里的城市道路上，而且道路越宽越平，车辆行驶越快，车辆损耗越小，经济效益也就越高。例如包头市建设路复线建成通车后，车速由每小时20公里提高到40公里，每天相当于增加500个台班，一年可增加产值1500万元。由于车辆刹车次数减少，每年可节省140万元。仅这两项，三年内可将全部建设投资收回。呼和浩特市呼伦路、赛罕路两个公路与铁路交叉路口，在建立交桥前每天过往机动车辆12789辆，每辆车与火车相遇需停车13分钟，每天浪费2744个小时。两个立交桥建成后每天减少的停车时间，相当于增加347个台班，一年可增多产值1000万元。两个立交桥建设的总投资1244万元，一年多就可收回。如算上火车减少过路口减速时间损失和机动车辆减少刹车油耗，经济效益就更高了。又如呼和浩特市集中供热工程，利用发电厂余热，集中供暖58万平方米，可代替417台供暖锅炉，一年可节煤14.4万吨、节电1087万度、节油28.6万公斤，并减少城市烟尘污染。经济效益、社会效益、环境效益都十分明显。

四、城市建设体制改革和经济政策的调整

［**管理体制改革**］ “一五”期间为了适应包头工业基地建设和东部地区森林、煤炭资源的开

发，加强对城市建设的统一管理，于1955年9月1日将原蒙绥联合建筑工程局改为内蒙城市建设局，分管城市建设计划的编报和审批、城市规划与设计、园林绿化、房产管理、市政工程建设与管理等。1956年8月成立内蒙建设委员会。1958年3月根据国家精简机构精神，内蒙建设委员会与内蒙城建局合并组建内蒙古自治区建设厅。1959年以后，机构几经变动。党的十一届三中全会以后，城市建设蓬勃发展，1979年12月重新组建内蒙古自治区城市建设局。1983年机构改革时与建委、人防、环保办合并，成立内蒙城乡建设环境保护厅。设城市规划、市政(包括公共交通、园林绿化、环境卫生)、房产管理等业务处。

［城市住宅建设及管理体制改革］ 解放初期没有单独管理机构，由政府清产办负责接收管理官僚、资本家的房屋。1958年私房改造期间，由内蒙服务厅承办。1963年开始在内蒙建设厅及后来的基建委、城市建设局内设业务处，管理这一部分公产房。行政办公用房及全民所有制企事业公产房没有实行统管。对地政管理，全区没有统一起来。

从1984年开始实行政事企分开，建管修合一，推行修缮经营责任制，小区建设综合开发。房建施工单位实行平方米造价包干、工资含量包干。

关于住宅商品化，全区仍处于探索阶段，有的城市试行旧房出售、新房新租和全价出售等试验性办法。

［市政公用设施经营管理体制改革］ 建国以来，基本上延续国家投资建设为全民服务的宗旨。除供水、公共交通收取一定的成本外，都是无偿服务，国家包建、包管、包修。进入80年代以来，随着商品经济的发展，城市市政设施经营管理的"大锅饭"亦有所突破，城市企事业单位逐步由服务型向经营服务型过渡。包头市对新建项目，按征用土地面积，征收配套费；呼市、包头、赤峰、通辽、集宁等城市，采取超量加价的办法，征收水资源费；通辽市征收排污费。关于环境卫生清运垃圾，对工矿企事业，建设单位的自有垃圾，采取有偿服务。

［经济政策的调整］ 第一个五年计划期间，由于包头钢铁工业和军工工业的建设，包头市的城市建设，特别是给水、排水、道路等基础设施建设，是按照城市规划要求，由国家列入基本建设计划配套建设的。呼和浩特、集宁、赤峰、通辽、海拉尔等城市新建了为数不多的几条道路，资金主要靠城市维护费兴建的。在很长一段时间，市政建设缺乏资金渠道。

十一届三中全会以后，纠正了"先生产，后生活"左的错误，城市建设开始了一个新的阶段。在调整投资结构时，增加了城建资金，新增了城建资金渠道。城市建设的大、中型项目重新列入国家和自治区的基本建设计划。从1976～1986年先后建成了呼和浩特给水，包头东河区给水工程，海拉尔伊敏河大桥，呼市赛罕路、呼伦路立交桥。据统计，"五五"期间城建基建投资为17119.67万元，"六五"期间为25879万元；"七五"前二年为10835万元。

增加了新的资金渠道，除基本建设投资和预算内城市维护费外，1979年国务院决定从工商利润中提取5%作为城建和维护资金。最先开征的城市有呼和浩特市、包头市。1983年开征的有满州里市。1984年开征的有赤峰市、牙克石市。

1985年国务院决定开征城市建设税，取消了5%工商利润城建资金和工商税附加与预算内城市维护和建设费。由于各级领导的重视，开征城建税后，自治区和地方每年还从机动财力中安排部分城市维护建设资金。自1976年以来，我区城市维护和建设资金增加速度之快，为我区各行业之冠。1978年至1986年城市维护建设资金增长情况见表1。

1978年至1986年城市维护建设资金增长情况表

年度＼项目	城市建设维护建设资金(万元)	比上年增长比例(%)
1978	2656.9	
1979	3631	36.6
1980	3661	0.8
1981	3822	4.4
1982	4268	11.7
1983	4221	—1.1
1984	8860	109.9
1985	19887	124.4
1986	29042	46.0

五、城市建设行业精神文明建设

城市建设各行业多数是服务性的，是城市的对外窗口。近几年，全区城市建设行业普遍开展了精神文明建设活动。公共交通、环境卫生、园林绿化部门是开展精神文明建设的重点部门。在公交企业中开展了以优质服务为主要内容的竞赛活动；在城市环境卫生行业开展了"阿吉奈"竞赛评比活动；在园林绿化行业中开展先进城市绿化评比竞赛。1986年以来，围绕迎接内蒙古自治区成立40周年的庆祝活动，把精神文明建设又推进了一步。全区城市建设行业服务质量有明显改善，经济效益、社会效益和环境效益取得了显著成果，涌现出许多文明单位、先进集体和英雄模范人物。

包头、呼和浩特、乌海市公共汽车公司，乌兰浩特市公共汽车公司080车组，包头市公共汽车公司第四车队等五个单位被评为先进集体。包头市公共汽车公司乘务员赵卫平、呼和浩特市公共汽车公司乘务员李华、赤峰市公共汽车公司乘务员朱丽娜、乌海市公共汽车公司乘务员梅玉苹等11名乘务员、驾驶员和职工被评为自治区城建行业劳动模范。赵卫平、李华同志被评为全国公交系统优质服务员。1986年赵卫平荣获全国总工会颁发的“五一”劳动奖章。

满洲里市，乌兰浩特市环境卫生管理处、呼和浩特市玉泉区环卫所等6个单位被评为先进集体，14名环卫职工被评为劳动模范。

包头市绿化成绩显著，1986年被评为全国先进绿化城市。包头、通辽两市为自治区先进绿化城市。包头、通辽园林处等四个单位被评为区先进集体，7名园林工作者被授予区劳动模范称号。

在供水、排水、市政工程和房产管理等行业中，也涌现出不少先进集体和个人。1986年12月自治区总工会、内蒙建设厅召开全区城乡建设环境保护系统劳动模范、先进单位表彰大会，其中有城市建设行业在社会主义精神文明建设中，作出贡献的38个先进集体，64名劳动模范受到表彰和奖励。

六、城市建设的法制建设

建国以来，内蒙古自治区城市建设事业虽有发展，但法制建设不够健全，许多城市在管理上无章可循或有章不循的现象较为突出。特别是在十年动乱期间，城市管理机构瘫痪，失去了城市管理的效力，更谈不上法制建设。各城市程度不同的出现了乱拆、乱建、乱砍、乱伐的现象，城市规划不能实施，市政设施被破坏，市容呈现脏、乱、差的局面。十一届三中全会以后，不仅城市建设发展迅速，城市管理工作也大大加强，法制建设逐步完善。

内蒙古自治区人民政府，从1980年起，先后颁发了全区性的城市规划、城镇房屋住宅、市政设施管理、环境保护等管理办法、规定和条例等七项法规。即：1980年印发的《内蒙古自治区市镇公房管理试行办法》；1980年颁发的《内蒙古自治区执行”三同时“规定的具体办法(试行)》；1981年颁发的《内蒙古自治区市政工程设施管理办法》；1982年公布的《内蒙古自治区环境保护条例(试行)》；1984年印发的《内蒙古自治区国家建设征用土地实施办法》；1984年公布的《关于全区城市(镇)总体规划审批工作的规定》；1984年公布的《关于城镇住宅试行补贴出售办法》。从而进一步健全了城市建设的法制建设。1982年，自治区人民政府召开全区城市建设工作会议，提出要进一步把城市规划好、建设好、管理好。这次会议还对《内蒙古自治区城市建设管理条例试行草案》、《关于加强城镇节约用水管理的规定》、《内蒙古自治区城市(镇)拆迁安置暂行规定》等立法文稿进行了研究讨论。各城市依据本市情况，都制定颁发了各项加强城市建设和城市管理方面的法制性文件。

七、城市建设科技进步

建国后，随着城市建设事业的发展，城市建设各行业的科学技术研究都有一定的发展。十一届三中全会以来，随着党对知识分子政策的落实，调动了广大工程技术人员的积极性、创造性，城市建设的实用技术和理论研究有了进步。呼和浩特和包头两市，开展了污水在低温条件下，进行二级生物处理的研究试验，经过几冬测试，获得成功。呼和浩特市城建局与内蒙电子计算中心共同设计编写了《城市建设规划管理软件系统》。在城市规划管理工作上应用计算机，可使海量数据压缩成四级小范围处理，而且便于档案管理。

包头和呼和浩特市都成立了园林科学研究所，1986年正在开展的科研项目有：三北地区城市草坪育种的研究；园林植物病虫害普查；管道直埋技术浅埋保温的研究；垃圾无害化处理等。

八、城建职工队伍的发展

截至1986年底统计，全区城建职工为24940人，是解放初的10倍。职工队伍的技术水平和文化水平也有很大的提高。呼和浩特市在六千多名城建职工中，有高级工程师3名，工程师89名，助理工程师152名，技术员108名。各类技术人员占职工总数的5.4%。包头市有大专以上的182人，占职工总数4%；中专和高中以上的1575人，占职工总数的27%；乌海市有大专以上的78人，中专和高中的358人，占职工总数的38%。全区城建职工发展情况见表2。

九、主要城市介绍

呼 和 浩 特 市

呼和浩特(蒙古语，意为青色的城)是1572年(明万历年间)由蒙古族土默特部首领阿拉坦汗建在大青山之阳、土默川平原上，已有400多年历史。开始，明廷赐名归化城(今旧城区)。清朝政府为巩固其在西北的统治，于1735年又在归化城的东北2.5公里处，兴建一座满洲八旗军驿防城，名为绥远城(今新城区)。

1949年9月19日绥远省和平解放，1950年1月20日成立归绥市人民政府。当时的归绥市由旧城、新城、火车站三部份组成，总面积约9平方公里，人口11.8万人。全市有9家小工厂，年工业产值仅141.5万元。1954年4月25日中央决定撤销绥远省建制，划归内蒙古自治区，同时取消归绥市旧称，恢复原名呼和浩特，并定为内蒙古自治区首府。从那时起，呼和浩特成为内蒙古各族人民与首都北京联结的纽带，成为自治区各民族团结、繁荣、昌盛的象征。

现在，呼和浩特市已扩展到56.3平方公里，人口58.9万。工业企业发展到700多家，已初步形成包括毛纺、电力、电子、机械、冶金、建材、轻工、食品、民族用品等较为完整的工业体系。1986年工业总产值达16.63亿元，为1978年工业总产值7.95亿元的2倍多。随着对外经济贸易的发展，呼和浩特的工业产品已远销五大洲九十七个国家和地区。

呼和浩特市的城市建设有了飞速发展。城市建设颇具规模，市区道路宽阔整齐，城市面貌焕然一新。昔日狭窄不堪的旧城南北街已经拓宽，建起一栋栋新楼。清朝屯驻旗兵的新城，已拆除矮小破旧的“营房”，建造着高楼大厦。以新华广场为中心的建筑群，展示了呼和浩特的新姿。给水、排水以及道路桥梁建设逐步完善配套。点面线相结合的园林绿化，使呼和浩特成为名副其实的草原青城。公共汽车运输部门，由于增加线路，缩短行车间距，提高服务质量，受到好评。环境卫生工作大大加强，清运机具、设备增加、效率提高，垃圾日产日清，为全市人民的生产和生活创造了良好的环境。城市煤气、热力工程正在加紧建设。

包 头 市

包头是内蒙古自治区直辖市，全国钢铁工业基地之一，被称为“草原钢城”。

包头，系蒙古语“包克图”的谐音，意为有鹿的地方。清朝初年，在今包头东河区一带有几处分散的居民村落，总称包头村。因靠近黄河，有舟楫之利，商业也随之兴起，于1809年(嘉庆14年)设包头镇，1923年(民国12年)京绥铁路(今京包线)修至包头，宁夏、甘肃、青海以及新疆的皮毛和内地的日用商品，经过铁路、水运和驼运，在这里集散、中转，因此，又有“西北通衢”称呼。

内蒙古自治区城市建设各类职工发展情况表 表2

年度 各行业职工 城市	截至1979年各类职工数							
	合计	房产	自来水	公共共通	市政	园林	环卫	煤气
全　区	16742	4721	1817	3242	3428	1558	1920	63
呼和浩特	5570	2184	581	543	1114	531	617	
包　头	6233	1246	684	1732	1380	563	628	
乌　海	772	43	119	310	117	153	30	
赤　峰	1382	431	78	259	312	69	170	63
通　辽	1009	136	215	74	332	112	140	
海拉尔	914	436		212	39	49	182	
集　宁	570	147	110	91	97	62	63	
乌兰浩特								
满洲里	279	95	30	21	32	17	84	
扎兰屯								
牙克石								
临　河								
锡林浩特								
东　胜								
霍林郭勒								
二连浩特	13	3			5	2	6	

续表

年度 各行业职工 城市	截至1986年各类职工数										
	合计	房产	自来水	公共交通	市政	园林	环卫	煤气	供热	轮渡	出租汽车
全　区	24940	2574	3292	5269	3230	3665	5797	519	424	24	146
呼和浩特	6486	356	710	1497	706	883	1937	286	58		53
包　头	7754	1167	1170	2301	856	951	1113	125			71
乌　海	1566	55	231	495	125	465	194			24	11
赤　峰	1690	235	156	327	162	91	419	108	168		
通　辽	1588	188	286	99	480	276	254				5
海拉尔	713	99	56	198	44	96	220				
集　宁	1268	48	296	86	222	240	376				
乌兰浩特	804	134	95	59	211	118	183				4
满州里	420	79	70	27	68	46	130				
扎兰屯	296	57		42	9	50	138				
牙克石	655	50	11	61	80	11	242		198		2
临　河	880	12	40	54	136	290	348				
锡林浩特	269	19	53	23	43	34	97				
东　胜	389	56	89		50	72	122				
霍林郭勒	50	15			10	16	9				
二连浩特	112	4	29		28	26	25				

解放前包头只有7.9万人，城区面积4.3平方公里。有几家规模很小的工厂和一些手工业作坊，工业产值900多万元。市政设施极为简陋，有3公里长的水泥马路，43盏路灯，63株行道树，一座日产4200吨的给水厂。

解放以后，党和国家十分重视包头地区的资源开发建设。从第一个五年计划开始，全国156项重点建设工程，内蒙的5项全部建在包头。来自北京、天津、鞍山、本溪、长春等城市的建设大军云集包头、大规模的基本建设全面铺开。围绕包头钢铁公司的建设，机械、电力、煤炭、建筑材料工业和轻纺、食品工业蓬勃发展起来。进入60年代后半期，包头轨梁厂、无缝钢管厂陆续建成，稀土工业也飞速发展。包头市已形成三个自成格局的市区，以包钢为主的昆都仑区，以一、二机为主的青山区，以地方工业为主的东河区(包头旧市区)。经过六个五年计划的建设，截止1986年统计，包头市累计完成基本建设投资58.5亿元，形成固定资产46.7亿元，建成厂矿888个，工业总产值30.94亿元。包头市的经济建设，带动了自治区的经济发展。

包头市的城市建设事业发展迅速，各项城市基础设施不断完善配套，城市面貌日新月异。在供水建设方面，现有黄河净水厂，磴口水厂、青山水厂等五处，日供水能力23万吨。铺设排水管道220公里，日排放污水34万吨。铺装道路303条，233万平方米，修建永久性桥梁12座，安装路灯5993盏。19条公共汽车线路分布在市区，营运汽车273辆，营运线路305公里。在园林绿化方面，有各种行道树7.5万株，公共绿地443.2公顷，公园、小游园总面积174公顷，绿化覆盖率达19.4%，全市有苗圃6000亩，成片林地2600亩，果园330亩，草坪6000亩，花卉温室3032平方米。今天的包头，已经不是过去黄沙蔽日，一片荒凉，而是树木成林，花草成坪，郁郁葱葱，景色宜人的工业城市。

辽宁省城市建设概况

蒋盛礼　衣明千　王殿武

辽宁省位于我国东北地区南部，全省面积14.57万平方公里。约占全国总面积的1.5%。人口3726万人，约占全国总人口的3.6%。辽宁地势自北向南、由东西向中部倾斜。东西两侧多山，山地约占全省总面积的三分之二，平原和水面约三分之一。全省有大小河流360多条，较大的有辽河、浑河、太子河、鸭绿江。海岸较曲折，多港湾、岛屿。全省海岸线总长约2800公里，约占全国海岸线总长的12%。大小岛屿计506个，约占全国岛屿总数的8%。

辽宁铁路、公路、民航交通比较发达。每平方公里铁路网密度居全国各省、区首位。公路通车里程35362公里。有人工港18个，自然港44个，大连港为全国第二大港，水深港阔，不淤不冻。民航通航里程41021公里。输油管道在辽宁境内有1432公里。

辽宁省有省辖市13个，其中百万人口以上的特大城市4个:沈阳、大连、鞍山、抚顺。50～100万人口的大城市3个:本溪、锦州、阜新。20～50万人口的中等城市6个:丹东、营口、辽阳、铁岭、朝阳、盘锦。有市辖县级市6个:锦西、北票、海城、瓦房店、铁法、兴城。有建制镇422个，其中县政府所在镇35个。全省城市城区面积1841.2平方公里，其中建成区面积896.3平方公里。1986年底，全省城区人口1181.1万人(城区非农业人口1077.8万人)，占全省总人口的31.7%，是全国城市人口比例最高的省。

省内城市的分布，大体上划分为三个地带。

中部城市群地带。以沈阳为中心，包括鞍山、抚顺、本溪、辽阳市，形成中部城市密集、工业集中的核心地带。五个城市所辖市区面积仅占全省总面积的45%，却集中了全省51%的城市人口，48%的工业总产值。

沿海城市地带。以大连为中心，包括丹东、营口、锦州、盘锦市，现有优良的港口。是东北地区对外贸易的前沿地带。

“三辽”地区。即辽东山区，辽西贫困地区和辽北产粮区。这一地区资源比较丰富，但开放不够，比较贫困落后。城市只有阜新、朝阳、铁岭等，数量和规模均较小。

辽宁是中国的重工业基地，其主要特点是工业城市多。1986年底，全省工农业总产值884.3亿元，其中工业总产值790.8亿元;全省工业总产值中，城市工业产值占78.6%;城市工业利税额占全省工业利税总额的89.6%。

一.解放前城市建设概况

辽宁的城市大多数是在俄、日帝国主义的殖民统治下发展起来的。为了适应掠夺资源和生产、生活的需要，日本帝国主义者在掠夺资源的同时，也建设了一些城市基础设施。但发展速度极为缓慢，而且带有浓厚的殖民色彩。

国民党统治时期又遭到严重的破坏。

[**城市规划**]　辽宁近代的城市规划，始于19世纪末。1898年沙俄侵略者制定了“达尔尼(大连)港和市街建设规划”，是辽宁第一个城市规划。其后，日本侵占东北期间，编制了沈阳、鞍山、抚顺、本溪、营口、丹东等城市的“都邑建设计划”。这些规划都是为适应日本人的占领需要制定的，把城市分为有天壤之别的两部分，造成了城市建设的畸形发展。日本人居住区，街道整齐，建筑美观，给水、排水、煤气、供暖设施和园林设施齐全，自然环境好，交通方便。而中国人居住区建设杂乱无章，环境恶劣。

[**公用设施**]

1.城市供水。辽宁的城市供水设施始创于十九世纪七十年代。1879年，清政府李鸿章在旅顺修建军港的同时，修建旅顺龙引泉水井，日产水1,500吨，开创辽宁，也是东北最早的供水事业。此后，1900年于辽阳，1908年于抚顺、1909年于营口、1911年于沈阳、1912年于本溪、1916年于鞍山，陆续建立了自来水厂。较晚的是阜新也于1935年、锦州于1937年建立自来水厂。70年中，供水事业发展缓慢，到1949年辽宁全省解放时，日供水能力只有53.1万吨，供水管道总长2,994·4公里。

2，城市煤气。辽宁的煤气始于二十世纪初。1907年，日本人在大连兴建煤气厂，1910年投产供气。这是在中国土地上继上海之后建起的第二个煤气厂。嗣后，1913年在抚顺，1919年在鞍山，1923年在沈阳、丹东，1938年在锦州相继兴建了煤气厂。在中国日商和英商投资建立的煤气厂共9个，辽宁就有6个。日本投降后，纷纷倒闭。1949年末，恢复生产后，沈阳、大连、丹东、锦州四市日产煤气能力为4.6万立方米，管道总长度940公里，用气普及率仅为1.6%。

3.公共交通。辽宁最早创办城市公共交通事业的是沈阳市。1908年沈阳出现马拉有轨车，不久，大连又建成一条有轨电车线路。1925～1931年间，沈阳、大连、鞍山、锦州等城市先后开辟了公共汽车线路。到1949年，城市公共汽车线路只集中于城市中心区，数量也很少。全省只有公共汽车250台。

［市政园林设施］

1.道路桥梁。解放前，辽宁城市道路没有完整的体系。1949年，全省城市道路总长度只有1,491公里，面积1,260万平方米，路面的铺装率很低。城市桥梁也很少，大部分是砖木结构，而且年久失修，标准低，质量差。

2.排水。城市排水设施主要集中于上层人居住区。1949年仅有下水管道1,362公里，而且管径小，流速慢，经常堵塞。

3.园林绿化。到1949年，全省仅有城市绿地2,315公顷，占城市面积的4.4%，人均占有公共绿地面积为0.94平方米。

［城市住宅］ 解放前，辽宁城市中日本人、敌伪官吏和买办阶层住的大部分是高级小洋楼，独楼独院；城市下层人民住的是泥草房、油毡纸棚，低矮窄小、阴暗潮湿。1949年，全省城市住宅面积只有2.477万平方米。

二.解放后城市建设的成就与发展。

1948年11月，辽宁解放，建国后，全省各城市的基础设施建设有了较大的发展。特别是党的十一届三中全会以后，城市规划、建设有了长足的进展，偿还了部分历史欠帐，城市管理开始走上"法治"的轨道。

［城市规划］ 建国后，城市总体规划的编制工作是从1953年开始的。根据"全面规划、分期建设、由内向外、填空补缺、充分利用、逐步改造"的旧城规划方针，沈阳、鞍山、抚顺等城市先后编制了《城市总体规划方案》。1957年国家批准了抚顺、沈阳市的城市总体规划。1960年以后，由于"左"的错误影响，城市规划工作被严重削弱。直到党的十一届三全会以后，才在拨乱反正中得到重视和发展。1986年底，13个省辖市及6个县级市的总体规划已分别经国务院或省、市政府批准实施。35个县镇的总体规划分别经省政府或市政府批准实施。90%的建制镇和村镇的完成并经批准实施了总体规划。鞍山、辽阳等市开始进行了分区规划和详细规划。从而，改变了多来在城市中盲目建设，各自为政的状态，走上了按规划进行建设的轨道。

［城市住宅］ 解放后，党和政府十分重视解决城市人民居住问题。建国不久，首先对大量贫民窟、棚户区进行了改造，并陆续兴建了一批工人住宅区。特别是党的十一届三中全会以来，城市住宅建设发展很快。1949年到1986年，全省城市住宅建设累计投资114.38亿元，占全省同期基本建设投资总额的15.9%。共建成住宅近一亿平方米，相当于旧中国全省城市住宅面积的4倍。仅1979年至1986年的8年中，新建住宅即达5,382万平方米。全省城市人均居住面积已达5.1平方米。"六五"时期以来的住宅建设，基本改变了零星插建和配套建设跟不上的状况，实行了成区、成片地综合开发。全省共有300片，2,500万平方米的住宅实行了联建、统建和综合开发，占全部新建住宅的70%左右。

［市政设施］ 建国后，为适应和促进生产的发展，以改建、扩建和新建主干道为重点，对城市道路网进行了有计划的改造和建设，建成了一大批骨干道路。"六五"期间，道路建设的步伐加快。到1986年，全省城市道路总长度达4,015公里，面积3,836万平方米。桥梁557座。1981年以后，各城市按照"全面规划、统筹安排、综合治理、同步建设"的方针，使道路的主体建设和地下管网、地上绿化配套同步进行，先后改造建成了沈阳文化路、崇山东路、中环路，大连沙周路，抚顺丹东路，营口三干线，丹东山下路等高级道路。同时，建设了沈阳文化路四层互通式大型立交桥。大连周水子立交桥、鞍山解放路地道桥等几十座大型桥梁。这些道路、桥梁的建成，使许多"卡脖路"、"颈口路"和拥挤堵塞路段得以打通或拓宽，提高了道路通行能力。如沈阳的中环路，长29.5公里，是连接市内四个区的

辽宁省城市市政设施情况　　表1

年度	道路长度(公里)	高级道路面积(万平方米)	桥梁数(座)	下水道长度(公里)	防洪堤长度(公里)	路灯盏数(盏)
1949年	1491.8	714.6	—	1362.4	96.1	—
1952年	1546.6	763.2	—	1372.3	96.1	—
1957年	1982.1	917.8	—	1676.6	138.2	—
1962年	2392.7	1218.5	—	1835.8	175.1	—
1965年	2395.2	—	—	1974.3	240.6	—
1971年	3260.0	—	—	2148.4	250.0	—
1975年	4099.89	2275.36	727	2695.2	331.1	—
1978年	3648	2117.0	504	2855.0	263.0	—
1980年	3827	2773.0	502	2998.0	268.0	66246
1985年	3855	3035	539	3384	354.0	86658
1986年	4733.8	3731	557	4022	411.5	94087

交通动脉，建成后，由过去小汽车绕行一周需2小时缩短为1小时。

在加强道桥建设的同时，还加强了城市排水、防洪工程的建设。1986年全省有排水管道3,523公里，服务面积占城市建成区面积52%。大部分地区的内涝积水得到治理。大连新建成日处理6万吨的污水处理厂，一些大排污沟得到改造。沈阳结合南运河、卫工明渠的治理，锦州结合五里河明沟的治理，朝阳结合南北大沟的治理等，进行排污、道路、绿化等设施的建设，即改善了环境，又美化了城市。

［公用事业］

1.城市供水。辽宁是全国水资源比较贫乏的地区，大部分城市都缺水。建国后，党和政府把解决城市供水问题摆在突出位置，扩建和新建了一大批供水工程，使城市供水能力稳步增长。其中包括：沈阳的李官堡、新南塔、苏家屯、丁香、芳土、李巴彦、尹家水源；大连的北三线、沙河口、三道沟水源；鞍山的首山，海城河水源；抚顺的永安、河北净水厂、南部上水工程；本溪的大峪；锦州的绥丰；营口的团甸；辽阳的汤河，阜新的凌河；丹东的燕窝水源等。党的十一届三中全会以后，加速了供水工程建设步伐，使城市供水紧张状况逐步缓和。大连市1985年建成碧流河水库及第一期输水配套工程，实现了引碧入连，结束了半个世纪以来水荒的历史。沈阳市正在建设的日供水20万吨的石佛寺水源，1986年已完成了一期主体工程，建成了全国最大的除铁除锰水处理厂，形成了4万吨的日供水能力。锦州市新建的日供水10万吨的博字供水工程接近尾声。1986年末，全省城市有供水水厂59个，日供水能力达366万吨（另有企业自备水源能力410万吨）。自来水管道总长度11.198公里。用水人口已达969.3万人，用水普及率为84%。在积极扩大供水能力的同时，狠抓了计划用水和节约用水，特别是工业用水的循环利用，已形成日节水能力60万吨。仅1986年，全省就采取了1,000多项节水措施，年节水近一亿吨。

2.城市供气。辽宁重工业多，工业基础雄厚，发展城市煤气有着得天独厚的条件。建国后，除对原有煤气设施进行技术改造和革新挖潜外，还充分利用冶金、化工、煤炭、石油企业的可燃余气及天然气、石油液化气、矿井瓦斯等气源丰富的优势，因地制宜地大力发展多种气源。现在，全省使用天然气的有4个城市（沈阳、鞍山、抚顺、盘锦）；使用人工煤气的有6个城市（沈阳、大连、鞍山、本溪、丹东、锦州），其中，鞍山、本溪系利用鞍钢、本钢焦炉余气；使用石油液化气的有10个城市（沈阳、大连、鞍山、抚顺、锦州、阜新、营口、辽阳、朝阳、锦西）。此外，阜新市引进波兰的GI两段炉，新建了人工煤气工程，目前已埋设输气管道18公里。铁岭市建成了3.5万立方米的煤气罐，铺设管道近20公里。

3.城市供热。辽宁最早实行集中供热的城市是抚顺，于1966年开始到1969年末完成两期热网工程。鞍山市于1970年开始建设利用鞍钢冲渣水余热工程。到七十年代末，沈阳、鞍山、抚顺、锦州、营口、辽阳6个城市都发展了集中供热工程，供热面积298.4万平方米。“六五”以来把发展城市集中供热作为城市建设的一个重要方面，采用了利用工业余热，热电合产和建设区域性锅炉房等措施，供热面积大幅度增长。1980年以来，先后改造、建设了沈阳、鞍山、大连、抚顺、阜新、本溪等发电厂冷凝气机组供热工程，鞍钢冲渣水、本钢和沈阳煤气冷却水余热利用工程，新建了大连市、阜新、沈阳、锦州、丹东等热电工程。新建住宅小区都实现了集中供热或连片取暖。1986年末，集中供热面积已达1,157万平方米，约占城市总供热面积11%。此外，有15个县镇也发展了集中供热，受益面积160万平方米。

4.公共交通。1951年11月，沈阳市建成了第一条无轨电车线路。接着大连、鞍山、本溪也发展了无轨电车。从1958年起沈阳公共交通部门利用解放车底盘装配了无轨电车始，到目前已形成了以沈阳为主的电、汽车生产、修配基地。1986年底，全省拥有公共汽车2,994辆，无轨电车790辆，有轨电车176辆，出租汽车516辆，年客运总量26.2亿人次，车均服务人口2,956人。1984年，沈阳客车装配厂试制成功了长22米、载350名乘客的双铰接大型公共汽车，荣获全国技术革新一等奖；大连交通公司试制成铰接有轨电车。

［环境卫生］ 解放后，为提高人民健康水平，改善城市环境，采取了组建专业队伍、设置专管机构，增加设施投资、发动群众搞好卫生等措施，使城市环境卫生面貌发生了很大变化。到1986年，全省清扫面积已达7,180万平方米，拥有环卫机械车辆1,910辆。生活垃圾年清运608.7万吨。机械化清运率在50%以上的有10个城市，其中大连达90%，丹东达95%；年清运粪便175.1万吨。本溪市还建了一座垃圾无害化处理厂，年处理垃圾、粪便2万吨。“六五”期间，各城市都把建设公厕做为每年为群众办好事的重要措施之一，五年改造建设厕所2,836座。到1986年，全省公厕已达3,961座，上厕所难的问题大大缓解，除了专业队伍外，全省尚有民办清扫队伍11,554人。环卫职工社会地位日益提高，被称为“城市美容师”。

［园林绿化］ 建国后，园林绿化事业发展很快。各城市初步形成了点、线、面结合的城市绿化体

系。1986年全省城市绿地总面积已达26,260公顷,城建系统外的绿地面积2,400余公顷,人均占有公共绿地面积4,4平方米,建成区绿化履盖率达15.3%,鞍山市达24.3%,居全省首位,沈阳市结合改造南运河,不到两年时间就新辟滨河绿地270公顷,建成小游园18个,把昔日臭气冲天的污水沟变成了流水潺潺、绿树成荫,绵延15公里的带状公园。"六五"时期全省建立了街巷花坛、游园、绿地1.3万个。花园式的工厂、机关、学校336个。还出现了沈阳文化路、大连中山路、鞍山解放路、阜新人民路等美化街道的绿色"走廊"。城市公园也有较大发展。1986年全省有城市公园82个,面积2,076公顷;动物园3个,面积74公顷。各大公园普遍增加了游乐设施,年游人量已达7,000万人次。园林花卉栽培技术也有一定发展。沈阳市杜鹃花高冠嫁接。在一颗杜鹃植株上接十几个品种,开出上千朵不同形状,不同色彩的杜鹃花。在全国堪称一绝。辽宁的大丽花、丹东的杜鹃花和新近崛起的树根盆景、木化石盆景也颇有特色。

［**风景名胜**］ 辽宁省历史悠久。文物古迹众多,风景资源丰富。历代文化古迹,如故宫、陵寝、庙宇、古战场、古建筑等与秀丽的自然景观交相辉映。成为辽宁风景名胜的一大特色。素有"东北名珠"之称的国家级风景名胜区——千山,峰峦秀丽、林壑幽深,苍松竣石,古刹相间,具有集寺庙、山石、园林于一山的独特风格。隋、唐五大镇山之一的医巫闾山、和以雄、险、奇、秀著称的凤凰山,已定为省级风景区。被誉为天下奇观的本溪钟乳石水洞,水光相映,千姿百态,令人叹为观止。以古战场命名的萨尔浒风景区,经过多年建设现已成为总面积268平方公里,游览面积120平方公里,蓄水能力达20亿立方米的水库风景区。此外,还有大连、兴城海滨风景区,大连金山区满家滩地质风景区,以及沈阳辉山、丹东大孤山、铁岭龙首山、抚顺高尔山、本溪关门山和辽阳汤河、沈阳棋盘山、铁岭清河水库等。湖光山色,令人陶醉。辽宁温泉较多,著名的有鞍山汤岗子、兴城、熊岳、本溪温泉寺,丹东五龙背、辽阳汤河等温泉风景区,成为疗养胜地。全省风景资源面积约1,400平方公里,占全省总面积的1%。与自然景观相辉映的是人文景观。素有"关外三陵"之称的沈阳北陵、东陵和抚顺新宾县的永陵,以及沈阳故宫,融汇了汉、满、蒙各族建筑特色,是劳动人民绝妙的艺术创造。目前,全国唯一保存最完整的古城——兴城,为明代所建,四门雄踞,鼓楼高耸。1986年底,全省已建成13个不同级别的风景区,年游人1,800万人次。

［**城市防灾**］ 城市防洪受到重视,到1986年底,全省已有防洪堤411.5公里(其中系统外31.5公里)。防洪工程经受了洪水灾害的考验,在1985年特大洪水的侵袭下,各城市安然无恙。

抗震工作取得新进展,辽宁处于地震多发区。1975年2月4日19时30分,营口、海城一带发生了7.3级强烈地震,是辽宁地震记录以来最大的一次地震。这次震灾后,国家拨款3,270万元,帮助灾区恢复生产,重建家园,共新建楼、瓦房28万多平方米,5,465户灾民住上了新房;新建、改建下水管道1,100米,供水管道2,400米,道路1,233米,并结合旧城改造建了新干线——新兴大街。其他城

辽宁省城市公用事业、市容园林情况 表2

项目/年度	供水			供气		集中供热	公共交通		园林绿化				清洁卫生	
	管道长度(公里)	供水总量(万吨/年)	普及率(%)	用气人口(万人)	普及率(%)	供热总面积(万平方米)	车辆总数(辆)	车均服务人口(人/车)	绿地总面积(公顷)	公园数(个)	人均公共绿地面积(平方米)	建成区绿化覆盖率(%)	清扫面积(万平方米)	环卫机械(辆)
1949	2994.9	9322	47.7	4.67	1.6	—	245	9995.9	2315.4	—	—	4.4	—	—
1952	3280.8	11782	55.7	33.9	7.2	—	453	7822	3531.6	—	—	6.5	—	—
1957	4181.6	23278	60.7	62.9	7.8	—	715	9312	9304	—	—	15.8	—	—
1962	4603.9	49813	73.3	80.4	10.9	—	1024	6388	2265.7	—	—	3.5	—	—
1965	—	50718	81.4	96.6	—	—	1243	6106	—	—	—	—	—	—
1971	—	64864	—	—	—	—	1637	4214	—	—	—	—	—	—
1975	—	74614	—	—	—	—	2076	3481	8894	50	—	—	—	—
1978	7902.2	94895	—	255.5	34.1	—	2387	3194	11613	50	—	—	—	—
1980	8469.0	98565	80.1	321	37.5	—	3212	2749.4	13768	57	3	12.7	3571	642
1985	10752	118021	81.3	470	42.0	1048.9	3969	2833	17514	76	2.4	15.3	5655.1	1008
1986	11198	215913	84	545.3	46	2619.3	3995	2956	28740	89	4.4	15.3	7180	1910

注:1986年数字含城建系统外的。

市也都采取有效措施加强抗震工作。1975年到1986年，国家、省和企业投资5,900多万元，用于抗震加固。全省共加固工业和民用建筑670万平方米，加固公路和城市桥梁335座20,610米，烟囱199座，码头888米，大型机械设备250台。

三.城市建设资金和城市建设效益

[城建资金] 建国后一个很长时期，由于对城市建设在城市经济和社会发展中的重要地位、作用认识不足，城建投资比例一直都比较低。“一五”时期，市政公用设施投资1.97亿元，占同期基本建设总投资的3%；“二五”时期投资3.23亿元，占3.9%；调整时期投资1.2亿元，占5.3%；“三五”时期投资1亿元，占3%；“四五”时期投资2.8亿元，占2.5%；“五五”时期投资5.5亿元，占3.9%。由于投资比例低，以致城建欠帐多。“六五”期间，由于注意了国民经济各部门的投资比例关系，提高了城建投资比例。用于市政公用设施建设的投资为13.8亿元，占全省同期固定资产总投资的4.5%，偿还了一部分欠帐，使城市居民吃水难、做饭难、行路难的状况普遍有所缓和。1986年市政公用设施固定资产总投资为6.79亿元，占1986年全省固定资产总投资的5.18%。城市建设速度进一步加快。

[城市建设的效益] 城市建设的发展，对提高人民生活水平，促进经济发展，改善投资环境，提高城市的吸引力、凝聚力发挥了重要作用。1986年全省年售水10.5亿吨，其中用于生产的就达6.18亿吨，占58.7%。全省人工煤气有24%用于工业生产，由于发展了城市集中供热和联片取暖，全省一个采暖期可节约标准煤75万吨，减少烟尘排放量3.7万吨，减少二氧化硫2.2万吨。仅阜新市一个取暖期，就可节省原煤8万吨。全省城市大气质量也得到改善，平均每立方米空气中烟尘含量由0.52毫克下降到0.42毫克。城市道路建设也带来了良好的效益。沈阳市文化路改造后，仅货运汽车提高车速、减少停车次数，每天可节约汽油一万余公升；无轨电车日节电1,180多度，这两项每年就可为国家节省开支260万元。

城市防洪工程的经济效益也很明显。1986年全省洪水灾情与1985年相似，但由于城市防洪工程加强，受灾损失却由上年1.4亿元下降到1.600多万元。

四.城市建设体制改革和经济政策调整。

辽宁城市建设管理体制的改革是从1980年开始的。1981年，住宅建设实行了“统建”，其它行业则在企业内部推行了经济责任制，以解决吃“大锅饭”问题。1984年，以建筑业改革为突破口，开始实行以综合开发、统一建设为主要内容的城市建设管理体制的改革。同时在企业内部，改革经营机制，普遍推行各种形式的经营承包责任制；部分事业单位试行企业化管理。1986年又把深化企业内部改革，突破外部政策性问题和建立间接控制为主的客观管理体制三个方面结合起来，进一步推动改革的深化。

[城市建设管理体制改革] 辽宁城建管理体制改革的主要内容是对城市土地、房屋实行统一规划，合理布局，综合开发，配套建设。1984年首先在大城市开始实行综合开发、统一建设，开始逐步改变千家投资、分散插建、多头管理的建设管理体制，初步解决了“地下地上乱打架”，配套工程无人管和建设工期长、资金消耗大等弊端。现在这项改革已经在全省13个城市和部分县镇全面铺开。据初步统计，三年来全省共筹集开发资金大约三十三亿元左右，累计开发三百多片、建筑面积近二千万平方米。通过综合开发建设的住宅已占新建住宅的百分之六十左右。鞍山市综合开发形成了开发动迁、配套设计、建筑施工3个联合体，加快了建设的步伐。有10万平方米建筑面积的湖南二号小区只用26个月就全部完成，工期比过去同类工程至少缩短一年。

其次是积极推行住宅商品化，促进房地产业由单纯管理型向经营管理型发展。住宅商品化包括两个方面。一是对新建住宅实行补贴出售或全额出售；二是对公有旧房实行折价出售。经过沈阳、营口等地试点，目前住宅商品化不仅在大中城市推开。而且扩展到小城市和县镇。同时，各地在改革住房租金制度方面进行了积极探索。除全省统一调整了工商业用房租金标准外，目前有些城市试行了抵押成本租，混合租、协议租、公寓成本租等办法。

[城市建设企事业经营管理改革] 1984年以来，城市建设企事业单位以改革经营机制为主要内容，实行了各种形式的经济承包制。公用事业近几年在价格没有完全理顺的情况下，结合经营和服务的不同特点，采取不同形式的经济承包，开始改变分配上的“大锅饭”。公共交通企业普遍试行了线路承包。沈阳市出租汽车实行了单车租赁办法，沈阳市电、汽车分别进行了带有租赁性质的线路承包、单车核算、本溪市公共汽车三场和丹东汽车公司的各场、站试行了招标租赁制。经营体制的改革带来了明显的经济效益和社会效益。沈阳市出租汽车公司自1984年实行单人单车租赁以来，当年实现利润91万元，1985年利润192万元，1986年利润209万元。单车承包两年上缴的租金和折旧费就可再买一台新车。1986年本溪汽车三场租赁经营四个月来，服务合格率达到95%，收入比去年同期增长90%以上。

城建行业的园林绿化、环卫部门推行经济承包也收到同样的效果。沈阳、鞍山、丹东等市一些公园在"以园为主"，以副补园"的方针指导下，因地制宜地开展多种经营，所得收入不仅弥补了事业费不足，还增加了服务设施和服务项目，改善了园容园貌。丹东鸭绿江公园改革前，每年国家补贴10万元，改革三年共创收160万元，不但不要国家补贴，还以创收所得，增加园林设施。

环卫部门在实行承包后，把节省的人力组织起来，开展有偿服务，为工商企业清运垃圾，既搞活了环卫事业，又能够为社会各单位服务。沈阳市环卫部门开展有偿服务两年就创收1,000万元。过去，难以解决的城市粪便清运，实行清粪队或专业户承包以后，解决了部分公厕满溢问题。

房产行业在房产经营上实行以房入股兴办第三产业、扩产经营、多种经营等改革。营口市房产局1984年以前每年房租收入只有200万元，靠国家补贴150万元过日子。三年来，通过搞活房地产经营，各种收入达到1,000万元，用这笔钱扩大了房产修缮面积，使房屋状况有了较大好转，好房比重由30%上升到70%。在房产维修管理上，各市普遍推广沈阳市站、所或个人承包的办法，不仅为国家节约维修养护费用，而且提高了维修质量，受到人民群众的欢迎。

规划、勘察设计和一些科研单位实行企业化管理或有偿服务，使原来封闭型的设计市场逐步转变为开放型设计市场，形成了一个以全民所有制为主体，集体、个体为补充的设计体系。单位内部实行设计项目或科研课题承包责任制，使完成任务量成倍增长。全省14个市级以上建筑设计院已全部实现了企业化管理。三年来不但不要国家一分钱，还上缴利税1.400多万元。

[城市建设经济政策调整] 1986年3月省城市建设工作会后，各城市相继研究制定、调整了一系列城建经济政策。主要实行了:征收城市建设配套费、市政排水设施有偿使用等14项经济政策。抚顺市经过国务院批准，从1984年起收取土地使用费，这在国内用地管理体制改革上，是个重大突破。现已收取3,000多万元。其中70%用于城市基础设施建设。由于土地收费，抚顺市一些单位退回超占或闲置未用的土地15万平方米，相当于节约投资760余万元。1986年全省还收取排水设施有偿使用费2,055万元，水资源费736万元，自来水、煤气等设施增容费693万元。有些城市对公共交通、煤气、自来水的价格做了部分调整或实行补贴，并适当提高了固定资产折旧率和大修理基金提取率。对环境卫生、园林绿化，房产维修和市政养护等事业单位试行了按任务量及劳动定额核拨经费包干使用，超支不补，增收节支留用的办法。这些经济政策的调整，为深化企业内部的改革，创造了比较宽松的环境。

与此同时，根据省政府的要求，实行了简政放权，转变政府职能。省城市建设主管部门先后下放了小城镇建设补助资金的管理与分配权，施工企业资质审查和定级权，外地施工队伍入省审批权，公用事业价格调整审查权，各市定的公用、市政工程项目审批和设计方案审查权，并扩大了各市城镇规划范围内建设用地审批权。各市建委及有关主管各局也分别把一些属于企业的权限下放给企业，增强了企事业单位的经营管理自主权。

五.城市建设行业精神文明建设

1982年以来，辽宁省城乡建设系统普遍把精神文明建设作为重点工作来抓。从省厅到各市建委、局普遍开展了建文明城市、创文明单位、做文明市民的活动。通过街企共建、军民共建、警民共建等形式，创造了一批"三优一条街"和文明单位，加速了城市的绿化、美化、净化。

在建设文明城市的同时，加强了行业的精神文明建设。各城市普遍抓了"三职"、"四有"教育，开展了以改进服务作风，提高服务质量为主要内容的创建文明单位，争当文明职工竞赛活动。参加竞赛的行业由公共交通一个"窗口"发展到建筑、公用、园林、环卫、规划等十个"窗口"，参加竞赛的单位由基层队、站扩展到公司(厂)、局，1986年以来，着重抓了加强职业道德教育和纠正行业不正之风的工作，组织编写了煤气、自来水、公共交通、市政、房产、园林、环卫、建工等八个行业的职业道德教育教材。由省建设厅和省总工会联合组织了包括先进乘务员、查表员、房管员、下水清洁工等模范人物组成的全省城乡建设系统理想道德教育演讲团到各市巡回演讲，引进起了强烈反响。同时还组织了各市建委、局、公司领导同志廉洁奉公，模范遵守职业道德的先进事迹典型介绍，推动各级领导干部带头搞好精神文明建设，为广泛争取社会监督，1986年11月省建设厅发出18万封致城市居民和用户的公开信，征求群众对供水、供气、供热、环卫、公共交通、房产维修等6个"窗口"行业服务的意见。经过几年的努力，全省城建"窗口"行业的服务作风已有较大转变，行业风气明显好转。几年来，全系统涌现出264个省级文明单位，549名城乡建设系统文明服务标兵。许多市长反映:通过抓城建系统的精神文明建设，出现了"三多一少"的可喜现象，即群众批评意见少了，人代会、政协会的批评提案少了。向市长告状的电话少了，表扬信多了。

六.城市建设法制建设

辽宁在建国后，曾制定了一些城市建设规章，对建立良好的城市建设秩序发挥了作用，但在“文化大革命”中受到严重破坏。党的十一届三中全会后，省和各市都加强了城市建设法制建设工作。1980年以来，省人大和省政府先后颁分了《辽宁省城市建设管理条例》、《辽宁省风景名胜保护管理暂行条例》、《关于坚决制止违章乱建房屋的紧急通知》、《辽宁省城镇房产管理暂行条例》、《辽宁小城镇建设若干政策问题的规定》、《辽宁省城市建设年维护税暂行条例实施细则》、《辽宁省地名管理实施办法》等一些重要法规。省建设厅(包括原省城建局)及省直有关部门也相应联合颁发了有关规章、办法，如《城市节约用水奖励暂行办法》、《商品住宅建设和管理暂行规定》、《村镇规划编制审批试行办法》等。各城市依据国家和省颁发的基本法规，制定了许多具体的管理办法或实施细则，从而基本扭转了十年动乱中造成的城市建设无章可循、无法可依、乱占乱建，管理混乱的局面，使城市建设开始走上“法治”轨道。

为了加强执法工作，13个省辖市都建立了城市管理监察队伍，全省已达2,000多人，有力地推动了依法治城。1986年通过加强城市管理监督，全省共清除违章占道1万多处、近30万平方米；清除违章建筑1万多处，近20万平方米。

七.科技进步

党的十一届三中全会以后，城建科技工作得到加强。1986年全省有城建科研机构9个，职工总人数962人，其中工程技术人员409人。1979年5月成立了辽宁省城市建设研究院。

近几年，全省城市建设系统广泛应用了新技术、新设备。沈阳市第一住宅建筑公司研究的“热水供暖自动间歇质调节技术”对供暖系统可进行自动运行调节。经国际联机检索表明，填补了供暖技术的一项空白，1985年获全国房产供暖协作网科技成果一等奖。1986年由国家专利局授予专利权。大连市政设施管修处研制的阳离子乳化沥青，是新型筑路材料，用这种材料筑路较热拌沥青混凝土节约沥青10～15%，节省能源30%。提高工效30%，并能消除污染，获国家经委“飞龙奖”。

全省城建系统科研工作取得了可喜的成果。“六五”期间，完成主要科研项目60余项，其中有10项分别获得国家、部和省的科技进步奖。沈阳市园林科研所在国内首创研制的ZS型松毛虫杀灭涂棒，在防治松毛虫等森林、果园及家庭卫生虫害方面有显著效果，获国家的科技进步三等奖。辽宁省城市建设研究院的“现代海港城市规划和港区合理布局的研究”，获建设部科技进步二等奖。沈阳市热力供暖公司的“低温水热化系统供热调节技术的研究和应用”和沈阳市政设计研究院的“利用工业废料筑路的研究”获得建设部科技进步三等奖。抚顺市自来水公司与湖南大学共同研制成国内首创的微滤机除藻新工艺，1985年6月通过国家级技术鉴定、获省科技进步三等奖。在1986年建设部召开的科技大会上，辽宁省建筑科学研究所煤矸石综合利用研究组、沈阳市工业安装工程公司球罐工程处九镍球罐焊接攻关组，抚顺市城乡规划设计院、大连建筑构件工程公司挤压机研制小组、大连市政设施管修处技术研究室、大连动物园东北虎繁殖小组等十个所、室、组被评为全国城乡建设系统科技工作先进集体；丹东市市政工程管理处总工程师赵树藩、沈阳市房产水泥厂副总工程师林复元被评为全国城乡建设系统科技工作劳动模范；鞍山市规划处副总工程师宋兆庆等33人被评为全国城乡建设系统先进科技工作者；沈阳市第一住宅建筑公司研制的“热水供暖自动间歇质调节度的研究与应用”成果获得部科学技术进步奖。

八.职工队伍和职工教育

［**职工队伍**］ 1986年末，辽宁城建系统共有职工249,347人，其中，城市(不包括铁法、兴城)265,081人，县镇29,266人。按城市行业分，房产70.108人，自来水22,745人，公共交通57.052人，煤气19,070人，供热6,648人，市政30,789人，园林绿化19,025人，清洁卫生28,955人，其他10,689人。

［**职工教育**］ 刚建国时，城建职工中有80%以上是文盲、半文盲。通过扫盲和脱产培训，到1965年，职工队伍的文化、技术素质有了很大提高。“文化大革命”中职工教育工作一度停顿，青壮年职工实际文化和技术水平下降。1979年至1985年，通过开展文化和技术补课教育，使132,315名青壮年职工基本达到初中文化水平，占应补课人数的79.62%；有82,087名青壮年职工达到初级技术水平，占应补课人数的70.12%。并扫除新出现的文盲924人。全系统自办了职工大学3所，电大班120个，业大班3个，中专13所、技校26所，职工学校19所。培养大专生1,305人，中专生6,858人，技工5,931人。1985年全省城乡建设系统共有各类专门人才17,357人，其中研究生7人，本科生2,449人，专科生4,179人，中专生7,657人，有职称无学历的3,065人。按职称划分，高级工程师及相应职称32人。工程师及相应职称2,446人，助理工程师及相应职称3,073人，技术员及相应职称4,009人，有学历无职称的7,977人。

沈阳市城市建设概况

沈阳市城乡规划建设协调委员会

沈阳市是辽宁省的省会，是国家在“一五”期间建设起来的重要工业基地之一。1986年末市区人口428.5万人，其中城区人口289.7万人，市区面积3495平方公里，城区规划面积185平方公里。沈阳不仅是辽宁中部城市群的中心，而且是东北地区的交通枢纽和联结关内外的咽喉。1984年7月国务院批准为实行计划单列，进行城市经济体制综合改革的试点城市。

沈阳历史悠久，西汉时期就已初具规模，为“倏城县”；辽金为“沈州”；元明为“沈阳”；清时为一代都城，誉为“盛京”。近代沈阳饱经忧患，历经封建统治、军阀盘踞，日伪占领。城市建设各成一体，发展畸形，设施落后，既明显反映出殖民地的特点，同时也保留封建帝制的色彩。抗日战争胜利后，国民党对城市不仅没有建设，反而恣意破坏，市容残破不堪。

解放后，沈阳市回到了人民的怀抱。党和政府领导全市人民逐步洗刷了旧中国留下的污迹，在发展经济的同时抓紧了城市建设。特别是党的十一届三中全会以后，认真贯彻执行国务院《关于沈阳市总体规划的批复》，沈阳城市建设走上了有领导、有规划、有步骤发展的轨道，城市面貌发生了较大的变化。

一.合理规划、调整城市布局

解放前，整个城市生产、居住和商业相互分割，布局零乱。1956年编制第一个总体规划方案，经国家建委批准实施。在规划指导下，有计划地改造了铁西工业区，扩建了大东工业区，开辟了沈河、北陵两个新的工业区，把芦苇丛生的“长沼湖”，建设成为高等院校和科研机构比较集中的文化区。城区面积由解放前的83.7平方公里。扩大到164平方公里。并逐步开发虎石台，新城子等七个卫星城镇。1981年6月重新编制的总体规划方案得到了国务院批准，按照社会主义现代化新型城市的要求，结合旧区改造，进一步调整了城市布局，在对原商业区进行改造的基础上，新开辟长江街，兴顺街等36条商业街，市内五个区分别形成了商业服务中心，同时建设一批大型公共设施，大大提高了城市综合功能。

二.改造和新建大批住宅，市民居住条件有了明显改善

沈阳市是一个老城市，破旧住宅较多，不少是清末时期住宅和日伪时期棚户房，墙体酥裂，低洼下窖，基础设施极不完善。“一五”时期建了一批住宅，但都在市区边缘，旧城区长期未得到改造。特别是十年动乱期间，住宅建设停滞不前。到了“六五”期间，采取了改造和新建相结合，以改造旧区为主的方针，成片改造了朱剪炉、东顺城、小津桥等34片棚户区，新建32处住宅小区，人均居住水平由1978年的3.51平方米提高到1986年的5.11平方米，经改造的住宅小区，布局合理、配套齐全、不仅改善了市民居住条件，而且也美化了市容。

三.大力改造市内道路，改变了南北堵塞、东西不畅的局面

解放初，沈阳市区铺装道路只有209公里，市区又被两条铁路干线分割，造成南北堵塞、东西不畅，而且道路质量低劣，四分之三是土路，“无风三尺土，下雨满街泥”。解放后，对原有道路进行一系列改造和建设，特别是在“六五”期间，改造和新建主要干道28条，并采取统一规划、综合改造的办法，完成了中环路改造工程。到1985年，全市共有铺装道路1087公里，1036万平方米，路网密度由解放初每平方公里2.5公里，增加到5.62公里，“六五”期间与此配套新建保工、南八两座铁路立交桥，拓宽了南湖、黄河、北塔等十座桥梁，一个以中环路为主，联结全市道路的新网络已基本形成。

四.城市供水事业大发展，自来水基本普及

沈阳市在1917年开始有自来水，解放前夕只有10处小型水源，日供水能力5.3万吨，供水人口7.9万人。解放后供水事业发展较快，特别是“六五”期间，作为重点项目来抓，新建了苏家屯、尹家、李官卜等大型水源，目前已有水源26处，日供水能力为116万吨，自来水基本普及，自来水进户率达90%。郊区农村有47个村屯也吃上了自来水。

五.煤气生产成倍增长，普及率逐年提高

沈阳城市供气是我国最早出现的企业之一。解放前夕遭到严重破坏，日产煤气只有2900立方米，用气户只有1492户。解放后，沈阳煤气事业得到蓬勃发展，已成为全国大型煤气企业之一。在"六五"期间先后扩建了油制气、炼焦煤气气源厂，新建加压气化厂，引进天然气，使之成为全国唯一气种俱全的城市，五年铺设改造输气管网480公里，发展煤气用户14.5万户(全市共41.6万户)，到1986年末，城市人口煤气综合生产能力达日供气49.2万立方米，天然气储气能力13.4万立方米，液化石油气储气能力1065吨，城市用气人口达171.6万人，气化率达53.2%。

六.发展公共交通事业，城市客运能力不断提高

解放前，残存23辆公共汽车，只有4辆勉强行驶，有轨电车60辆，能出车只有28辆。解放后，特别是十一届三中全会以后，大力发展公共交通事业，现在拥有电汽车1148辆，比解放初期增长13.5倍；营运线路69条，增长6.3倍，出租汽车从无到有，发展到238辆，已经形成了以无轨电车、公共汽车为主，出租汽车为辅，比较方便的城市公共交通系统。

七.改造环境，扩大绿化面积，美化市客

解放前，沈阳市政设施十分落后，特别是旧城区，每到雨季臭水满溢，蚊蝇滋生，树木稀少、垃圾成山，特别是日伪时期建的铁西工业区，环境污染非常严重。解放后特别是十一届三中全会以后，国家对城区环境有计划进行综合治理，城市环境质量和绿化水平有较大提高。

"六五"期间，新建了崇山、滂江、重工、莲花等69公里排水干线，改造了肇工明渠，并着手卫工明渠的治理，目前全市已形成6条排雨排污系统，同时加强了对污染源的整顿和改造。全市有116个企业进行了治理和搬迁。排污量大大下降；充分利用电厂余热供居民采暖，改造锅炉357座，联片采暖和集中供热面积近600万平方米；新建公厕近800座，街道垃圾做到了日产日清；为了美化城市，给人民群众提供更丰富的游览场所，在改造和扩建原有公园的同时，对故宫、北陵、东陵十三处重点文物保护单位进行修缮，并着手在近郊棋盘山水库开发辉山风景区。1984年，动员全市机关、学校、厂矿、部队上百万人次义务劳动治理南运河，把大东、万泉、青年、鲁迅南湖等六处大型公园联为一体，形成了一个贯穿市区南部，长达14.5公里清水长流、景点相连的带状公园，同时所有街院实现绿化，其中有20条街道布置装饰性绿地，开辟小型游园。目前市区公共园林绿化面积达2527公顷，绿地覆盖率由解放初期的1.4%，提高到15%。

沈阳的城市建设取得了很大的成绩，但也存在一些问题，城市基础设施缺口大、欠帐多，不仅不能满足城市经济发展和人民生活水平提高的需要，就是当前需要也不适应。这些问题已经引起高度重视，将随着城市经济体制的改革和国民经济的发展而逐步解决。

大连市城市建设概况

大连市当代城建编委会

大连市地处辽东半岛南端，东濒黄海，西临渤海，南与山东半岛隔海相望，北连东北大陆。大连属大陆性气候，同时具有海洋性气候特征，四季分明，温和湿润，冬无严寒，夏无酷暑，气候宜人。

大连市辖一市四县五区，全市总面积12574平方公里，建成区面积89.5平方公里。全市总人口491.58万人，其中非农业人口203.55万人。1986年全市社会总产值为213.4亿元，比1985年增长14.9%。

大连是个港口城市。大连港港阔水深，不冻不淤，拥有75个泊位，与140多个国家和地区通航。1986年吞吐量达4429万吨，旅客发送量354万人次。大连又是一个综合性的工业城市。有机械、冶金、石油、化工、轻纺和电子工业，1986年全市工业总产值115.6亿元。

大连旅游资源丰富，市区东南部沿海是海滨风景区，市区西南部有闻名中外的旅顺口，市区北部有被誉为鬼斧神工之杰作的金石滩旅游区，市区东北部有景色秀丽的冰浴沟风景区。1986年全市接待外国朋友及港澳同胞43085人。

大连市交通便捷。通信网络比较发达。海上有抵达青岛、天津、上海、广州等地8条航线；铁路、公路与华北、东北干线相连；空中有通往北京、上海、广州、青岛、沈阳、哈尔滨、南京等7条航线和飞往日本、香港的包机航线。新扩建的周水子机场跑道长3200米，能起降波音747大型飞机。邮电通信事业也比较发达。

一、建国前城市建设概况

大连是一座年轻的城市，约有80多年的历史。1898年大连被帝俄强租。1899年开始建设。到1903年已成拥有4万多人口，4.25平方公里，初具规模的港口城市。1904年日俄战争爆发，沙俄战败，大连从此由日本帝国主义统治了41年。1945年8月大连解放。由于近半个世纪帝国主义的侵占，大连的城市建设带有浓厚的殖民地特点。解放后，全市人民通过恢复和改造，到建国前，大连市建成区面积45平方公里，人口55.9万人。全市实有房屋建筑面积737.43万平方米，其中住宅面积238.11万平方米。城市实有铺装道路382.7公里，面积301.5万平方米，路灯1000盏。大小桥梁95座。公共交通实有车辆150辆，年客运量5894.3万人次。有煤气厂一座，日制气能力2.3万立方米，气化率11.1%。市区年供水量2471万吨，居民用水普及率73%。市内有公园5处。游园2处，公共绿地面积66.4公顷。

二.建国后城市建设成就

新中国成立后，特别是党的十一届三中全会后，大连的城市建设得到迅速发展。1950年至1986年全市用于城市建设投资9.13亿元，占这个时期全市固定资产投资的6.7%。其中1979年至1986年用于城市建设投资7.53亿元，为前28年城市建设投资总和的4.7倍。占这个时期全市固定资产投资的8%。

［城市规划］ 建国后，为适应城市建设发展需要，大连市从1955年开始城市规划工作，编制成大连市初步规划。1957年在初步规划的基础上，经过修改、补充，形成了大连市城市的第一部总体规划，对指导城市建设起到了积极的作用。1979年开始编制新的总体规划，1982年完成，1985年5月国务院批准了大连市城市总体规划。规划期限为20年，即1981年到2000年。确定城市性质是："港口、工业、旅游城市"。规划确定大连市城市人口到2000年控制在140万人，城市用地发展到118万平方公里。确定居住区采用组团式的布置，到本世纪末，市区将形成1个中心，2个副中心，8个组团(新村)，中心区即老市区，在规划期内结合旧区改造，人口适当疏散，规划居住人口84万人。北市区即金南路两侧及三道沟一带，属新开发区，规划居住人口25万人。旅顺口区规划居住人口8万人。8个组团(新村)是：转山屯、石道街、孙家沟、由家村、台山村、西山村、南山村、炮崖村。本世纪末平均每人居住面积可达8平方米。规划确定开辟、打通、拓宽40条主次干道，建设9座立交桥，兴建2座热电厂，1座煤气厂，8座污水处理厂或处理装置。3座净水厂，4座高位配水池，铺设5条供水干管，辟建4个大型公园，建设南部海滨风景区的64个景点和10所大型旅游宾馆。规划到本世纪末城市绿化覆盖率达到50%，平均每人有公共绿地7平方米。总体规

划科学地展示了大连市到本世纪末发展建设的宏伟蓝图。

［**住宅建设**］ 建国后，到1986年全市共建成各种房屋面积2276万平方米，相当于建国前房屋面积的3倍。用于住宅建设的投资21亿元，占全部非生产性建设投资的53％。特别是1979年以后，全市住宅建设步伐加快，新建住宅848万平方米，相当于前30年建设住宅总面积的2.1倍。先后建成了一批崭新的住宅区，住宅群。如春柳住宅区，建筑面积13万平方米，是辽宁省样板住宅区之一。石道街住宅区，建筑面积55万平方米，是一个环境优美、别具风格的新型住宅区，被评为辽宁省二级优秀小区。建成的还有金南路大型住宅区，建筑面积99万平方米，以及白云新村、西山村、孙家沟、香炉礁、转山屯等住宅区。住宅建设规模逐年扩大，标准日益提高。新建的住宅区设计新颖、造型优美、结构坚固，设施齐全，到1986年末，全市住宅面积达1424万平方米，人均居住面积5.24平方米。

［**道路桥梁建设**］ 解放前，大连市的道路大部分分布在市中心和豪绅居住区，道路级别低，布局不合理。建国后，重点对工业区及贫民区道路进行改造、拓宽和新建。到1978年全市铺装的高级道路长523公里，面积439万平方米，铺装人行步道46.1万平方米，全市有永久性桥梁118座，路灯14580盏。党的十一届三中全会以后，随着国民经济和城市建设的发展，城市道路、桥梁建设发展很快。近几年来新建了金南路、光明路，拓宽、扩建了华北路、甘西路，东北路南段、中山路西段等9条主干道，面积89.3万平方米。打通了东北路南端的白云隧洞。拓宽和整顿了转山路等24条迎宾路线，新建各种立交桥，公路桥5座，人行天桥5座。1981年投资950.58万元兴建的周水子南桥，是大连解放以来新建的第一座大型铁路、公路立体交叉桥，长29.1米，宽35.42米，1982年9月建成通车，成为大连市区连结旅顺北路干线的交通枢纽。1982年投资1600万元兴建一座上跨式立交桥——周水子北桥，长302米，宽26米，高6.5米，横跨2条铁路线，1986年竣工。周水子北桥的建成和沙周路的拓宽，使大连市区道路与沈大公路贯通一体，缓和了大连市北出口的交通拥挤状况。大连香炉礁高架立交桥正在筹建之中，这座桥是大连市“七五”期间重点建设项目，桥身全长2023米，横跨2个广场，2条铁路线，桥面宽17.5米至26.5米。高架桥与8条匝道连接，匝道桥面宽8至10米。桥梁最大跨度43米，全部工程将于1988年8月竣工。截止1986年，全市道路总长616公里，面积647.8万平方米，其中高级路面积605.1公里，面积623.8万平方米，桥梁131座。1984年以来，主街道两侧开始使用第三代光源纳灯，次干道使用第二代光源水银灯，现有路灯14929盏。

［**城市公共交通**］ 建国后，公共交通事业有了很大发展。1949年到1978年期间，市内重点发展公共汽车交通，拆除了部分有轨电车线路，开辟了2条无轨电车线路，自行制造和装配各种客运车辆646辆。

1978年以后，对全市客运线路进行了调整，开辟了环路等8条新线路，方便了群众。1983年大连交通公司电车工厂制造出7000型新式有轨电车，同年4月又试制成功DL－621型国内最大的双铰接有轨电车，车身长21米，载客量350人。截止1986年底，全市共有公共交通营运线路27条，比1978年增加42％。营运线路长度216公里，比1978年增加63％。营运车辆814辆，比1978年增加84％。自1979年成立市汽车出租公司以来，汽车出租业务迅速发展，到1986年底，全市共有出租汽车1247辆。

［**城市燃气**］ 建国后的大连煤气事业，在恢复改造原有设备的同时，进行了大规模的建设，在市区西部新建煤气二厂。

党的十一届三中全后后，随着生产的发展和大批住宅的建设，全市燃气事业加快了基本建设和技术改造的步伐。先后改造了煤气一厂的伍德式直立炉1座，重油蓄热裂解炉4座，日制气量由12万立方米提高到23.5万立方米。煤气二厂续建了24孔焦炉，新建了煤气发生炉，日增加产气量7万立方米。同时，相应地新建和改造了煤气输送、贮存和管网设施。1981年。投资713万元，自行设计建成了一座年灌装能力1.5万吨的液化气贮配站，以后又陆续建成11个分布于市内各区的液化气供应站，形成了一个完整的液化气供应系统。1986年，人工煤气日制气能力达44万立方米，比1978年增加47％，居民用人工煤气户19.4万户，比1978年增加110％。液化气销售量14721吨，居民液化气用户8.4万户。全市气化率达72.4％。

大连市自1981年开始在部分地区利用电厂余热集中供热。1986年供热能力达到每小时123.9百万大卡，供热面积296万平方米。1985年投资1.23亿元兴建北海头热电厂，占地面积13公顷，整个工程将于1987年底完成。投产后，除发电外，年供热量118万百万大卡，供35家工厂生产、采暖用气和40万平方米住宅采暖。

［**城市供水**］ 大连市自来水事业有着悠久的历史，早在1879年我国第一个现代化自来水工程在旅顺口建成供水。建国后，对供水设施进行了恢复，改造和建设，全市供水事业有很大发展。到1978年全市供水量达9650万吨，比1949年2471

万吨增加2.9倍，供水普及率达93.34%，比1949年提高24.34%。大连市属贫水地区，城市水资源不足，直接影响了工业生产和人民生活。为从根本上解决大连市供水水源，1975年在碧流河上游的新金县、庄河县和盖县交界处，开工建设碧流河水库，1985年竣工。水库工程造价进2.35亿元。水库控制流域面积2085平方公里，总蓄水量9.3亿立方米，正常库容量7.14亿立方米，每年调节水量5亿立方米。1981年引碧入连一期工程动工兴建，1983年竣工通水，日供水量15万吨，缓解了大连市长达半个世纪的用水难问题。引碧入连一期工程全长166.92公里，造价9854万元。工程包括：直径900－1200毫米管道176.8公里(双管总长度)，输水隧洞9.72公里，加压站8座，送水机泵48台，变电所7座，总装机容量7.21千伏安，土石方量116.9万立方米，扩建沙河口、三道沟两座净水场，日净水能力15万立方米。在加强水源和引水工程建设的同时，有计划地改造城市供水设施，解决城市边缘地区及高地区的供水问题。截止1986年，全市有水厂7个，水厂综合生产能力36.1吨，供水管道总长2815公里，年供水总量12495万吨，比1978年提高31.5%，供人口152万人，供水普及率达98.8%。

［**园林绿化**］　建国后，全市人民积极植树造林，大搞绿化活动，恢复和新建公园12处，游园、广场40余处，到1966年，公共绿地达到179.4公顷。十年动乱期间遭到破坏，党的十一届三中全会以后，园林绿化事业得以迅速发展，修复了原有的公园绿地，增建了游乐、休息、服务设施，铺装了道路。新建付家庄、鸟笼山、白云山庄公园和50余处游园广场。专用绿地在普遍绿化的同时，进行了重点提高，新建住宅小区和有绿化条件的厂矿企业已逐步实现花园化。20余条主次干道的行道树由刺槐、杨树更新为法国梧桐、银杏等。1986年，全市园林绿地面积5337公顷，其中公共绿地面积300公顷，每人平均占有公共绿地面积2.1平方米。城市绿化覆盖率30.8%。

［**风景名胜**］　大连自然条件优越。是一座风景优美的海滨城市。党的十一届三中全会后，随着旅游事业的兴起，大连风景名胜区的建设蓬勃发展。先后恢复开放、兴建了大连南部海滨风景区、旅顺风景名胜区、金石滩风景区、仙人洞风景区。位于市区南部的海滨风景区，规划东起棒棰岛景区，西至黑石礁景区，面积64平方公里，内设10大景区，64个景点。现已充实了老虎滩、星海湾2个景区，初步建设了付家庄、白云山、金沙坪、燕窝岭4个景区，修筑了菱角湾拦海大坝，北大友谊桥和自由桥，开辟建成了长28.6公里的海滨游览路，使整个南部海滨风景区连成一片。

［**环境卫生**］　建国后，大连市的环境卫生事业迅速发展。首先，建立了环卫专业队伍，加强环卫、市容的管理，采取群专结合的方法，大搞爱国卫生运动，使全市环境卫生清洁率大幅度提高。到1978年，全市有环卫机械设备90台，公厕40座，果皮箱、痰盂各100个。党的十一届三中全会后，城市环卫工作加快了发展步伐，1979年至1986年8年用于环卫工作的投资是前29年的3.7倍。全市基本实现生活垃圾、粪便清运机械化。市中心地带大量居民的旱厕改为水厕，极大地改善了居民卫生条件。特别是1980年以来，新建了60余处造型雅观，装饰精美的水冲式公厕，似漂亮的建筑小品，点缀在市内繁华区、公园、海水浴场和风景区，既方便了群众，又美化了城市。1986年，全市环卫机械总数304辆，年清运垃圾61.1万吨，清运粪便17.7万吨。

［**排水防洪设施**］　建国后，大连市对原有下水管道进行了系统改造和大规模建设，新埋设下水管线190公里，疏通了马拦河、春柳河、自由河等，将部分明沟改建成暗渠，在部分河沟地段砌筑、加固、抬高了石壁，提高了防洪能力。1982年，在春柳河新建了一座污水处理厂，日处理能力为6万吨，现已基本建成。1986年全市下水道长度529公里，日污水排放量105万吨。拥有防洪堤长96公里。

［**城市抗震**］　大连市抗震工作自1977年全面展开。1978年成立市抗震加固办公室，1982年开始编制城市抗震防灾规划。1977年至在1986年共完成抗震加固面积25.5万平方米。占需加固总面积的54.98%，全市要害系统的重要工程加固任务基本完成。

［**经济技术开发区建设**］　大连经济技术开发区位于金县金州镇东南马桥子村一馆，距大连市区中心33公里，距金州镇8公里，距铁路干线和沈大一级公路及大连周水子机场较近，与鲇鱼湾大型油港南北相连，与兴建中的大窑湾新港、和尚岛煤码头毗邻，交通便利，自然条件优越。开发区规划用地20平方公里，近期用地3平方公里。自1984年10月动工兴建至1986年末，已完成投资总额3.9亿元，累计新增固定资产2.1亿元。其中1986年完成投资额1.8亿元，比上年增长8.1%，新增固定资产2亿元。目前，“七通一平”的各项基础设施工程已基本完成，并形成配套能力，具备了投资建厂和生产经营的条件。截止1986年底，连接开发区的6条干道和17条支线道路共计27公里，已形成通车能力；东西两条排洪沟已经竣工；全区敷设下水管路75公里，并已交付使用；净水场已具备日净水5万吨的使用能力；液化气站全部完工，年供气5200吨；东北住宅小区、综合工业区的临时供热工程完

吉林省城市建设概况

霍昭荣

吉林省位于我国东北地区的中部，东部与苏联接壤，东南以图们江、鸭绿江为界与朝鲜隔江相望，南邻辽宁省，西接内蒙古自治区，北靠黑龙江省。全省总土地面积18.74万平方公里。1986年全省总人口2315.3万人。

1986年底全省共有十二个城市，其中大城市两个，中等城市四个，小城市六个。城市土地面积28860平方公里，其中建成区面积446平方公里。城市总人口740.4万人，其中非农业人口487.5万人。全省工农业总产值321.9亿元。其中城市工业总产值172.6亿元。

吉林省的历史久远，以省建制始于1907年(光绪三十三年)，因省会设在吉林市而得名。现在的行政区域是1954年8月，东北行政区划调整时形成的，同年9月27日吉林省会由吉林市迁至长春市。

一.城市规划工作

［**城市历史沿革**］ 新中国建立前，吉林省有四个城市(按当时的行政区域)，即长春市、吉林市、延吉市、图们市。长春市历史悠久，旧石器时代就有人类活动。春秋战国以前已有氏族部落定居。清朝以前，虽沃野千里但少有人烟。1925年(民国十四年)，长春旧城设“长春市政公所”，发布自治制，实行市治。1931年9月19日。日军侵占长春，成立地方自治委员会，设置长春市政府。1932年3月1日，伪满洲国宣布成立，定长春为“国都”，并改名为“新京”。1933年，长春实行特别市制，由伪满洲国国务院直辖。1945年8月17日，苏联红军进驻长春。9月中共长春市委成立，组建东北人民自卫军，11月19日撤出长春，1946年4月14日东北民主联军解放长春，建立了人民政府。5月国民党军再度占领长春。1948年10月19长春解放。1949年3月10日，长春特别市政府改为长春市政府，归东北行政委员会直辖。

吉林市原名为“吉林乌拉”，满语“沿江”之意，早在五、六千年前，就有人类劳动生息。1929年(民国十八年)设吉林市政筹备处。1936年成立伪吉林市公署。这是吉林建市制的开始。日本投降后，成立吉林市政府。1945年10月成立吉林省政府，吉林市为省会所在地。1946年5月28日东北民主联军实行战略转移，撤出吉林市。19448年3月9日，吉林市再次解放，省会仍设于此。

延吉市有文字记载已有两千多年的历史，正式开发百余年。日本侵略者侵占东北后，于1934年把延吉改为伪间岛省直辖市间岛市。1945年8月15日解放后，于1946年至1948年间，中共吉林省委曾设在这里。

据史料记载图们始于唐虞夏商时代。1934年6月1日(伪康德元年)设图们市。1936年(伪康德三年)图们市改为图们街。1945年11月，图们街改为延吉县辖图们市。

1949年10月1日，中华人民共和国成立时，吉林省仍有四个城市。1953年8月，长春市划为中央直辖市，由东北行政委员会代管。1954年8月，划归吉林省，为省辖市。同年9月27日，中共吉林省委和省人民政府由吉林市迁至长春，长春市为省会所在地。吉林市为省辖市。1952年9月3日延边朝鲜族自治州成立，延吉市为自治州首府州辖市。图门市仍为延吉县辖市。

1954年东北行政区调整时，四平市、辽源市、通化市划归吉林省管辖。1956年10月12日设立公主岭市。1958年4月撤销延吉县辖图们市，改为图们镇。1958年10月设立白城市。1959年3月撤销公主岭市。1960年1月7日设立浑江市。1965年5月1日设立图们市。1985年2月4日，设立梅

工，生活小区开始供热，综合工业区开工铺设一次热网；全长32公里的架空输电线路和6.6万千伏安的中心变电所工程全部竣工通电；邮电综合大楼装修工程基本完工，正在组装调试4000门程控交换机。同时，开发区还建立了两个生活服务中心。与香港合资兴建的庄港大酒店一期工程竣工，高达19层拥有796张床位的银帆宾馆主体工程已完工。为中外客商兴建的28层、3万平方米的办公大楼，用户可按层构买或租用。东山居民小区已建成9万平方米的商品住宅楼，以优惠价格出售。为了向中小客商办厂提供方便，还建了2座2万平方米的标准厂房。

河口市、公主岭市、敦化市。到1986年底，全省共有城市十二个。

［**城市规划工作简况**］ 城市规划是城市建设和城市管理的依据，是一定时期内城市发展的蓝图。是各项城市建设的综合部署。城市规划一经批准，就必须按规划执行。

建国三十多年来，吉林省的城市规划工作，取得了一定的成绩。特别是党的十一届三中全会以来，全省的城市规划编制，审批工作进展较快，落实的较好。到1986年底，全省十二个城市中，除1985年新设市的梅河口市、公主岭市、敦化市的总体规划上报待批外，其余九个城市的总体规划，都已经过国家或省人民政府批准实施。

长春市的城市规划，有一定的基础。日伪时期编制了一个较为详细的城市规划，确定城区面积为100平方公里，城市人口为80万人。长春市现有的很大一部分地上建筑和地下设施，是按照这个规划实施的。建国后，为适应社会主义经济建设的需要，长春市先后三次编制总体规划。第一、二次分别于1953年和1959年进行的，并经省人民政府审议后，上报当时的东北行政区人民政府。1979年开始第三次编制城市总体规划。广泛征求专家，学者和群众的意见。省委常委三次例会审查。在此基本上，又进行多次修改。1982年3月26日经长春市第七届人大常委会第十七次会议审议通过，上报省人民政府。于1983年10月28日上报国务院。1985年5月4日国务院以(85)国函字62号文批准长春市的总体规划。这个规划确定长春市的城市性质为:吉林省的省会，全省政治、经济、文化中心、是汽车、机械制造和轻工业为主的工业城市，也是科学教育城市。

吉林市的总体规划。是从1953年开始编制的。1956年经省人民政府审查后，上报国家。同年由当时的国家城市建设部批准实施。1979年，为适应新时期经济建设的需要，吉林市又重新编制了城市总体规划。经市委、市政府、市人大、市政协多次讨论。并两次向当时的国家城市建设总局汇报，取得了原则同意。1984年3月31日，由吉林省人民政府以吉政函［1984］64号文批准执行。这个规划考虑了吉林市现有的工业基础和今后发展方向，确定吉林市的城市性质为:以化学工业为主的工业城市。

四平市是战略要地和交通枢纽城市。1959年就编制了城市总体规划，因受当时“左”的思想影响，搞了个“大、洋、全”的规划。未能实施。粉碎“四人帮”后，四平市又重新编制城市总体规划，经过市人民政府审查同意后，上报省人民政府。省人民政府于1982年3月4日，以吉政函［1982］53号文批准实施。确定城市性质为以轻纺工业为主的中等工业城市。

辽源市的城市总体规划，是1956年编制的。1959年又进行了修改。这两次规划，都没有经过正式批准。但在二十多年里，对辽源市的建设，起到了指导作用。中共中央十一届三中全会以后，根据党和国家工作重心的转移。编制了第三次城市总体规划，并于1982年3月2日，由省人民政府以吉政函［1982］51号文批准实施。考虑到辽源市现有工业结构和将来发展方向，确定城市性质时，2000年以前以轻工、煤炭为主;2000年以后以轻工、矿山机械设备制造，建材为主的工业城市。

通化市的城市总体规划，从1958年开始编制，但一直没有定稿。1974年—1979年，在市政府的主持下，重新编制了城市总体规划，并经过市人大常委会审议通过。1982年3月4日，由省人民政府以吉政函［1982］55号文批准实施。这次规划确定的城市性质为以轻纺、钢铁工业为主的工业城市。

浑江市的城市总体规划，于1959年、1964年、1974年、1979年，先后编制了四次。前三次均未报批，也未按其执行。第四次总体规划，经市人大常委会审议通过，报省人民政府。1982年3月4日，由省人民政府以吉政函［1982］54号文批准实施。确定的城市性质为以煤炭、电力工业为主，相应发展造纸、木材综合加工利用、纺织等的工业城市。

白城市、延吉市、图们市都重新编制了城市总体规划。经省人民政府批准实施。1985年新设市的梅河口市、公主岭市、敦化市的总体规划，也已编制完成，报省待批。

各市还编制了详细规划，小区开发建设规划、道路拓宽改造规划等，有力地指导了城市建设和管理。到1986年底，共开发建设14个小区，拓宽改造15条道路，城市面貌发生了明显的变化。

［**规划机构设置状况**］ 1954年吉林省建设厅城建处内设规划科。以后科改处、处改科，多次变动。到1979年省城市建设局设置规划处以来，未再变动过。同年成立了吉林省城乡规划设计研究院。承担全省城乡规划设计任务。各市的规划管理机构也都相应建立和加强。长春市、吉林市、四平市、通化市、浑江市、白城市、图们市、敦化市、公主岭市成立和加强了城市规划管理处。辽源市称城市规划办公室。延吉市、梅河口市为城市规划管理科。长春市、吉林市、辽源市、通化市、延吉市、图们市、敦化市还成立了城市规划勘测设计研究院(室)，承担本市的城市规划勘测设计任务。

［**规划管理工作**］ 城市规划管理，我省主要抓了以下几个方面的工作:

1.加强宣传工作，提高各级领导和全社会对城市规划重要性的认识，把按城市规划办事变成群众的自觉行动。

2.认真贯彻执行国务院颁发的《城市规划条例》和省人大颁布的《吉林省城市建设管理条例》，召开学习《条例》座谈会。提高广大城市规划工作人员的政策水平和业务能力。

3.1980－1986年，先后举办了十一次各种层次的城市规划培训班。有五百多人次受到了培训，初步缓解了规划人员不足，业务素质太差的问题。

4.为了总结经验，保证城市规划顺利执行，我省于1983年和1986年，组织了全省性的城市总体规划实施情况检查，省政府和省建设厅分别发了文件和简报。1984年和1985年，开展了两次详细规划竞赛，评选出了六了获奖方案。有力地推动了城市规划工作的开展和实施。

二.城市房地产业管理和住宅建设

建国三十七年来，吉林省的城市房地产业管理工作不断加强，住宅建筑面积逐年增加，居住条件逐步改善。特别是中共中央十一届三中全会以来，充分发挥国家、地方、企业、个人四个积极性，多方筹集住宅建设资金，八年来新建城市住宅建筑面积2,404万平方米。到1986年底，全省城市住宅建筑面积为4539万平方米，人均居住水平4.9平方米。

［**房地产业管理**］ 1962年以前，吉林省的城市房地产管理机构几经周折，多次变动。最先由省民政厅管理，以后依次移交省财政厅、省城市服务局、省合作总社、省第二商业局、省商业厅管理。从1962年起，交给省建设厅管理。在建设厅设置了房产处，各市建立了房地产管理局。

机构理顺后，根据1950年3月和8月东北人民政府先后颁发的《东北城市房屋管理暂行条例》和《东北区城市公有房产管理暂行条例》，重新进行了产权登记，注册、分配、拨用、维修、养护等工作。

1957年6月，中共中央书记处发布了关于目前城市私有房产基本情况和进行社会主义改造的意见。全省从1958年7月开始对城市私有出租房产进行社会主义改造。这项工作一直延续到1966年"文化大革命"开始时，还没有完全搞完。

"文化大革命"期间，全省房地产管理机构被破坏，干部下放农村，房地产管理呈现一片混乱状态。抢房、占房、拆房、赶房主下乡，私搭乱建等成风，给城市房地产管理工作，造成极大困难。

中共中央十一届三中全会以后，对全省城市房地产管理工作进行了全面的拨乱反正。恢复和加强了城市房地产管理机构，建立健全各项管理规章制度。在四平市等城市进行住宅商品化的试点工作。到1986年底，全省出售住宅14150套，69万平方米，回收资金2760万元。同时对老旧房也出售，共出售17321户，51.5万平方米，回收资金1500万元。1985年全省对工、商用房租金进行了调整，调整后每年增收租金1030万元。1985年—1986年，用两年的时间，对全省城镇房屋进行了普查，查清了全省现有房屋状况和数量。为今后制定国民经济发展计划和住房制度改革，提供了可靠的依据。

［**住宅建设**］ 建国初期，全省共有城市住宅建筑面积不到1000万平方米，而且多数是古老的砖平房、土平房、土草房、简易房等，居住条件十分简陋。1949～1952年，为解决城市住房紧张问题，国家投资2733万元用于城市住宅建设和维修，占同期基本建设年投资的9.4%。解决了一些机关、企业事业单位和进城就业职工的住房问题。

"一五"期间，城市建设发展较快。全省建成房屋建筑面积657万平方米。其中住宅建筑面积271万平方米，占41%。到1957年底，全省实有城市住宅建设面积1149万平方米，而人均居住水平却由1952年的3.91平方米下降到3.08平方米。

"二五"期间，全省用于城市住宅建设的投资1.9亿元，占同其基本建设投资的6.1%，建成住宅面积355万平方米。到1962年底，全省实有城市住宅建筑面积1252万平方米。但是城市人口增加速度超过住宅建设速度，至使人均居住水平继续下降到2.47平方米。三年经济调整时期和"文化大革命"时期，城市住宅建设几乎处于停顿状态。

中共中央十一届三中全会以后，全省城市住宅建设进入了新时期。特别是"六五"期间，用于全民所有制住宅建设投资19.17亿元，占建国后住宅建设投资总和的22.6%，建成城市住宅建筑面积892万平方米，占建国后新建住宅建筑面积总和的31%。到1985年底，全省实有城市住宅建筑面积3961万平方米，人均居住水平达到4.6平方米。1986年全省城市全民所有制住宅建设投资5.69亿元，建成城市住宅建筑面积262万平方米。到1986年底全省实有住宅建筑面积4539万平方米，人均居住水平达到4.9平方米。而且住房条件得到了明显的改善。新建的城市住宅，造型美观、经济适用、功能齐全、生活方便、环境优美，深受住户的好评。与此同时，私人建房也得到了发展，八年来私人建房面积达1000万平方米。在住宅建设指导思想上，采取改造旧区与开发新区相结合的作法。八年来，全省全民所有制单位共用于住宅建设投资30.76亿元，建成住宅面积1529万平方米。改造和新开发小区建设14个。

［**房地产业改革**］ 根据中央《关于城市经济体制改革的决定》精神，全省从1984年对房地产业进行一些政策调整和改革试点工作。1984年9月省人民政府颁发了《吉林省房地产改革方案》。

1985年3月省人民政府批转了《全省住宅商品化试点工作会议纪要》。成立了吉林省房地产经济研究会，研究房地产业改革问题。在充分调查研究的基础上，进行了一些改革试点，例如新房补贴出售、旧房折价出售、青年公寓计租、协议租金、工商有房调整租金等，收到了较好的效果，对搞活房地产业和住宅制度改革，提供了经验。

1979年首先在四平市开始进行新房补贴出售试点。筹集资金160万元，建成住宅10700平方米，216套，出售给个人。用收回的个人买房现款，又建成住宅2523平方米，多解决56户居民住宅，提高了资金利有率。到1986年底，四平市共补贴出售住宅1315套，64221平方米，占全市同期住宅建筑面积的25.4%。继新房补贴出售之后，对老旧房屋进行折价出售，全省共出售老旧房屋900万平方米，回收资金2443万元。老旧房屋出售后，绝大多数得到翻修，解决了一部分居民的住房困难，也为国家减轻了负担。

在租金改革方面，全省采取先易后难、分层次解决的方法。首先对工、商用户租金进行了调整，1985年4月省人民政府下发了《调整统一工商用房租金标准的通知》，仅用一年多的时间，就收到了良好的成效。

实行城市住宅综合开发，加快住宅建设速度，逐步走向住宅商品化的道路。住宅建设资金的来源，各市普遍采用集资统建的办法。无论改造旧区或开发新区，都要作到六个统一：统一规划、统一拆迁、统一设计、统一组织、统一建设、统一管理。这样不仅加快了建设速度，提高了建筑质量，改变了城市面貌，同时节约了建设资金，节省了用地。为适应这种形式的需要，全省各市普遍成立房屋建设开发公司，房地产部门也开展了房屋综合开发和商品房经营业务。

根据《城镇个人建房管理办法》的规定，我省积极鼓励个人建房，有关部门给予支持。采取"自筹自建"、"自建公助"、"公建民助"、"群众互助"等多种形式，取得了一定的效果。

全省的房地产业改革，仅仅是开始迈出了一小共步，大量的工作还需作深入地调查研究，加快改革，深化改革，把房地产业搞活。

三.市政公用设施

市政公用设施是保证城市各项功能正常运转和城市居民生活、生产的物质基础。建国三十七年来，特别是中共中央十一届三中全会以来，全省市政公用设施的建设和发展较快，取得了成绩。

［**城市供水**］ 建国前，全省的城市供水事业落后，供水量少，普及率低。

1949年—1952年，随着国民经济的恢复和发展，城市供水事业也得到了恢复和发展。到1952年底，全省有4座自来水厂，供水生产能力为13万吨/日，全年供水总量为2176万吨。

"一五"时期，全省自来水厂增加到11座，供水生产能力达到17.86万吨/日，全年供水总量3972万吨，其中生活用水量2393万吨。

"二五"时期，全省有自来水厂10座，供水生产能力达到23.01万吨/日。全年供水总量为7521万吨，其中生活用水量4551万吨。

从1963年—1978年这16年间，城市供水事业发展缓慢，到1978年底，全省有自来水厂16座，供水生产能力46.8万吨/日，全年供水总量为1.65亿吨，其中生活用水量6551万吨。

中共中央十一届三中全会以后，全省的城市供水事业有了很大发展，取得了显著成就。到1986年底，全省自来水厂发展到25座，供水生产能力达到76.5万吨/日，比1978年增加63.5%；全年供水总量为2.59亿吨，比1978年增加57%；其中生活用水量为1.18亿吨，比1978年增加80%。用水人口达到325.5万人，供水管道长度1927公里。使一些城市长期供水紧张的局面，得到了缓解。这一时期先后建成了长春市第二水厂第一期工程、吉林市第三水厂、四平市下三台供水工程、图们市枫梧水库供水工程、浑江市供水工程、白城市第二水厂等。在抓城市供水的同时，特别注意抓了城市节约用水工作。贯彻"开源节流"并举的方针。到1986年底，全省工业用水重复利用率达到23.9%。单位用户装表率达到92.9%，居民用户装表率达到75.8%，日用水量30吨以上的企事业单位，全部实行计划用水，全年节水量4927.5万吨，相当于一座日产13.5万吨水的水厂的供水量。为缓解城市"吃水难"的问题，做出了贡献。

［**城市交通**］ 建国前，全省城市交通十分落后，只长春、吉林两个城市有少量的公共交通车辆，城市道路大部为土路。

1949—1952年三年国民经济恢复时期，城市交通状况稍有好转。到1952年底，全省有公共交通车辆102辆，城市道路也有一定的发展。

"一五"时期，随着经济建设的发展，城市交通事业也获得了相应的发展。到1957年底，全省有公共交通车辆163辆，城市道路长度625.5公里。

"二五"时期，城市交通事业略有发展。到1962年底，全省有公共交通车辆287辆，城市道路长度711.3公里。

从1963年到1978年，全省城市交通事业在曲折中发展。到1978年底，全省有公共交通车辆881辆。城市道路长度1317公里。其中高级道路823.6公里。桥梁140座，其中永久性桥梁130座。

中共中央十一届三中全会以后，全省的城市交通事业获得了生机，取得了成绩和经验。特别是“六五”期间，全省增加公共交通车辆257辆，新建，扩建拓宽道路15条。新建、扩建展宽桥梁12座，有九个城市开展了出租车业务。到1985年底，全省有公共交通车辆1226辆，营运线路长度1342公里。城市道路长度1575公里。其中高级道路1152公里。桥梁189座，其中永久性桥梁169座。尽管如此，由于城市交通的发展速度落后于客流增加速度，加上管理上的问题，因此“行路难”“乘车难”的问题，仍然十分突出。1986年对全省的城市交通状况，进行了认真地调查研究，对城市交通分别采取了一些特殊政策。例如:免交税费、提高折旧率、财政补贴、改革票制，实行单车承包等，收到了良好的效果，取得了明显的社会效益，“乘车难”的问题，初步得到了缓解。到1986年底，全省有公共交通车辆1236辆，营运线路长度1375公里，客运总数6.19亿人次。城市道路长度1636公里。其中高级道路1206公里。桥梁171座。出租汽车201辆(系统内)。

［**城市煤气**］ 建国前，吉林省只长春市有煤气设施，始建于1925年。到1949年，煤气的日生产能力仅为1.72万立方米，储气能力1.4万立方米，用气总人口2.5万人。经济恢复时期，煤气事业得到了恢复。到1952年底，煤气日生产能力为4万立方米，储气能力2.8万立方米，销售总量1581万立方米，管道长度为140公里，用气人数7.4万人。

“一五”时期，煤气事业有了新的发展。到1957年底，煤气日生产能力12.2万立方米，储气能力5万立方米，销售总量2165立方米，用气人数12.2万人。“二五”时期，煤气事业没有发展，仍停留在“一五”时期水平上。

从1963年～1978年的16年间，城市煤气事业发展缓慢。到1978年底，煤气日生产能力为23万立方米，储气能为10.5万立方米，销售总量6915万立方米，用气人数30.5万人。从1975年开始，长春、吉林、白城、公主岭市，陆续兴建液化石油气设施。到1978年底，液化气供应总量7109吨，储气能力1500吨，销售总量为7743吨，用气人数37.8万人。总用气人数68.3万人。

中共中央十一届三中全会以后，全省的城市煤气事业有了很大的发展。煤气供应量和用气人数，成倍增长。到1986年底，煤气日生产能力达到30.3万立方米，比1978年增加31.7%；储气能了达到19.8万立方米，比1978年增加88.6%；销售总量达到8013万立方米，比1978年增加15.9%；用气人数达41万人，比1978年增加34%。液化石油气总供应量达到16705吨，比1978年增加135%，用气人数77.9万人，比1978年增加106%。总用气人数达到118.9万人，比1978年增加74%。城市燃料结构的改变，减轻了城市污染，方便人民生活，深受群众拥护。

［**城市排水**］ 全省的城市排水设施简陋，很不适应城市发展的需要。从1949年—1978年的29年间，仅铺设城市下水道长度288.5公里，平均每年不足10公里。到1978年底，全省实有城市下水道总长度850.7公里。1979年以后，城市排水设施发展较快，到1986年底，全省实有下水道长度达到1350公里，比1978年增加58.7%。有简易污水处理厂一座，日处理污水能力3.2万吨。市区内的污水，雨水淤积的问题，初步得到解决。

［**城市集中供热**］ 城市集中供热，可以充分利用热能，节约能源，改善环境卫生，减轻大气污染，是城市采暖的发展方向。全省从1980年开始，利用城市发电厂余热，先后在长春、吉林、白城、辽源市，兴建集中供热设施。到1986年底，供热能力：蒸气69吨/小时，热水196百万大卡/小时；供热总量：蒸气为386714吨/年；热水516961百万大卡/年；供热面积290万平方米，管道长度90公里。

［**城市路灯**］ 建国前，全省只有少数城市的主要街道有路灯，而广大群众居住的棚户区，却是漆黑一片。建国后，全省城市路灯发展迅速，各市建成区的主要街道，巷道、胡同都安装了路灯，而且路灯的样式越来越美观。到1986年底，全省路灯盏数35307盏，路灯线路长度一千二百多公里，比建国前增加了十四倍。

［**城市防洪**］ 全省的城市防洪设施简陋、基础差。特别是东部山区城市，如通化、浑江、辽源、延吉、图们市等，每逢雨季，山洪夹杂泥沙灌入市区，严重影响城市生产、生活的正常进行。但由于城市建设资金不足，防洪设施建设缓慢。1978年全省有防洪堤长度118.1公里，1985年增加到181公里，1986年达到199.7公里。远远满足不了城市防洪的需要。

四.城市的园林绿化工作

全省的城市园林绿化事业，发展很不平衡。长春市在建国前，就有较好的绿化基础，建国后又逐年补充，基本上形成了大街小巷绿树成荫的城市。但在“文化大革命”中遭到了严重的破坏，公园被侵占，成片绿地被毁坏，树木被砍伐，原来那种郁郁葱葱的森林城市，改变了模样。其它各市只有少数主要街道上植树绿化，大多数街道则是光秃秃的，公园破烂不堪。

1949年全省城市绿地总面积为1067.2公顷，绿地覆盖率不足5%。1978年全省城市园林绿地面积5457公顷，绿化覆盖率14.9%，每人平均占有公共绿地面积17.2平方米。公园数18个。

中共中央十一届三中全会以后，全省的城市园林绿化建设得到了很大发展。各级人民政府充分发动群众，美化城市，贯彻"人民城市人民建，人民城市人民管"的方针，每年春、秋两季，开展全民性的义务植树造林活动，绿化吉林土地，美化城市。街道植树，种植草坪，街心游园，雕塑等数量逐年增加，市容面貌大为改观。到1986年底，全省城市园林绿地总面积19271公顷。建成区园林绿地面积6548公顷，建成区道路绿化覆盖面积439.8公顷。公园数27个，面积共420公顷。动物园数1个，面积65公顷。苗圃面积701.2公顷。

园林部门的工程技术人员，经过多年研究培育，先后研究培育成功十多种名贵花卉。多次举办君子兰花、人参花、大丽花、菊花、月季花展，吸引了大批国内外游人。从1978—1986年，每年接待国内外游人1300多万人次。赵紫阳总理来吉林省视察工作时，曾参观了君子兰花展，并为之题词。1985年1月13日，长春市人大和市政府作出决定，命名君子兰为长春市市花。

五.市容管理和环境卫生

［市容管理］　建国以来，各级人民政府对市容管理工作十分重视。把整顿市容作为一项重要工作来抓，每逢节假日和春、夏、秋三个季节，经常发动全市人民开展整顿市容活动。各市成立了市容整顿办事机构，加强对市容管理工作的领导。各市的主要街道基本上达到了"三无"：无违章建筑，无占道、挖掘，无乱倒垃圾、残土等，做到市容整洁美观。

"文化大革命"期间，市容管理工作遭到严重破坏，机构被解散，工作无人管。私搭乱建、挖掘道路、乱倒垃圾残土，随便张贴悬挂等到处可见，城市面貌一片混乱。

中共中央十一届三中全会以后，全省各市市容面貌有了很大的改观。根据建设部颁发的《城市市容环境卫生管理条例》的规定，各省分别成立了市容整顿办公室或市容管理办公室。长春、吉林、通化、浑江、延吉、图们、白城、辽源、四平、公主岭等市，先后成立了城市管理监察大队，组成了一支具有500多人的市容管理专职队伍。各市普遍实行单位"门前三包"，即：包卫生、包秩序、包树木养护，收到了良好的效果。从1983年开始，长春、吉林、四平、辽源、延吉等市，成立了"三整顿"领导小组，对影响市容、交通、消防、观瞻的摊床、棚厦、围墙等，进行了全面的整顿、拆除。全省共处理违章建筑9500件，拆除违章棚厦、围墙316处，调整摊床2255个，整顿建筑工地34处，全省各市基本上达到了整洁、美观、获得了广大人民群众的赞誉。

［环境卫生］　"文化大革命"期间，城市环境卫生工作瘫痪，城市卫生工作无人管，垃圾成山、污水满街的"脏、乱、差"局面，到处可见。严重的影响人民的身体健康和城市美观。

中共中央十一届三中全会以后，全省对城市环境卫生工作，进行了全面的整顿，制定了《吉林省城镇卫生管理暂行条例》，恢复了城市卫生管理机构，增加了城市清洁工人数量，主要街道配备了专职监督人员，各街道办事处配备了管理人员。清洁工人实行包片责任制，奖勤罚懒，收到了良好的效果。城市环境卫生面貌很快得到了改观。清洁工人的劳动条件和劳保待遇有了很大的改善。垃圾清运和粪便清掏有百分之四十由繁重的手工操作变为机械化自动化作业。到1986年底，全省共有垃圾容器四千一百多个，各种大马力环卫机械817辆。清扫街路面积2987万平方米，清运生活垃圾总量271.1万吨，粪便清运总量79.1万吨。无害化处理厂一座，日处理能力50吨。昔日那种"脏、乱、差"的局面，基本得到了治理，一座座整洁美观的城市，展现在人们面前。

六.城市抗震防灾工作

全省的抗震防灾工作，起步较晚，到1981年才建立省抗震防灾管理机构。全省有七个设防城市也先后建立了抗震防灾机构。1985年省政府下发了《关于做好抗震防灾规划工作的通知》，接着成立了吉林省抗震防灾领导小组，从而在组织上加强了抗震防灾工作的领导。并积极开展工作。

到1986年底，全省用于抗震加固的经费达847万元，共加固43万平方米的厂房、住宅、公用建筑等。各设防地区，在抓好原有建筑物加固的同时，认真抓好新建工程的抗震设防措施，使新建工程均能达到抗震设防标准，为今后我省抗御地震灾害打下了良好的基础。

七.城市建设档案工作

全省城市建设档案工作开展的较晚，到1983年省建设厅和各市才陆续建立城建档案管理机构和城建档案馆。省人民政府对这项工作很重视，1984年2月以吉政发［1984］22号文件颁发了《吉林省城市建设档案管理规定》。全省的城建档案工作人员，边接收整理，边提供利用，积极的开展各项工作。到1986年底，全省的12个城市中已有11个城市建立了城建档案馆，建成库房3300平方米，馆藏各种城市建设档案31498卷。

八.城市人口情况

到1986年底，全省12个城市，城市总人口为740.4万人，其中非农业人口487.5万人。各市人口情况：长春市总人口190.9万人，其中非农业人口151.15万人；吉林市总人口116.92万人，其中非农业人口94.05万人;四平市总人口36.54万人,其中非农业人口28.73万人;辽源市总人口37.82万人,其中非农业人口32.03万人;通化市总人口37.27万人,其中非农业人口29.60万人;浑江市总人口69.36万人,其中非农业人口45.38万人;延吉市总人口22.82万人,其中非农业人口18.56万人;图们市总人口10.15万人,其中非农业人口7.98万人;梅河口市总人口54.08万人,其中非农业人口18.77万人。公主岭市总人口90.97万人,其中非农业人口19.22万人;敦化市总人口44.99万人,其中非农业人口21.97万人。

附:城市建设事业发展情况表和城市建设投资占基本建设总投资比例表。

城市建设事业发展情况表　　表1

项　目	单位	1949年	1952年	1957年	1962年	1978年	1980年	1985年	1986年	备注
一、实有住宅建筑面积	万平方米	—	896	1,149	1,252	2,135	2,519	3,961	4,539	
其中:居住面积	万平方米	—	473	610	685	1,053	1,300	2,025	2,308	
每人平均居住面积	平方米/人	—	3.91	3.08	2.47	2.90	3.50	4.60	4.90	
二、年底自来水厂个数	个	—	4	11	—	16	14	23	25	
生产能力	万吨/日	—	13	17.86	23.01	46.8	54	73	76.5	
全年供水总量	万吨	—	2,176	3,972	7,521	16,549	18,327	24,880	25,946	
其中:生活用量	万吨	—	—	2,393	4,551	6,551	7,462	11,283	11,843	
供水管道长度	公里	—	—	—	—	1,495	1,548	1,891	1,927	
用水人口	万人	—	—	—	—	216.7	245	310	325.5	
工业用水重复利用率	%	—	—	—	—	—	—	—	23.9	
三、年底营运车辆数	辆	—	102	163	287	881	996	1,226	1,236	
其中:汽车	辆	—	54	96	176	673	764	946	955	
电车	辆	—	48	67	111	208	232	280	281	
营运线路长度	公里	—	—	—	—	1,051	990	1,342	1,375.3	
客运总数	万人次	—	—	5,395	9,891	51,970	68,936	77,386	61,851	
四、煤气生产能力	万立方米/日	1.72	4	12.2	12.2	23	22	29.6	30.3	
储气能力	万立方米/个	1.4	2.8	—	—	10.5/5	10.5/5	19.8/6	19.8/6	
煤气管道长度	公里	—	140	—	—	—	354	578	597	
销售总量	万立方米	—	1,581	2,165	3,415	6,915	6,742	7,452	8,013	
其中:家庭用量	万立方米	—	—	1,585	3,163	3,557	3,553	4,675	5,529	
用气人口	万人	2.5	7.4	12.2	15.7	30.5	32.0	40.6	41.0	
五、液化石油气储气能力	吨	—	—	—	—	1,500	868	950	2,052	
销售总量	吨	—	—	—	—	774.3	7,477	15,772	16,705	
其中:家庭用量	吨	—	—	—	—	6,017	7,397	15,745	16,681	
用气人口	万人	—	—	—	—	37.8	40.0	77.3	77.9	
六、集中供热 供蒸气总量	吨/年	—	—	—	—	—	—	—	386,714	
集中供热 供热水总量	百万大卡/年	—	—	—	—	—	—	387,689	516,961	

续表

项目	单位	1949年	1952年	1957年	1962年	1978年	1980年	1985年	1986年	备注
供热面积	万平方米	—	—	—	—	—	—	220	290	
供热管道长度	公里	—	—	—	—	—	—	55	90	
七、实有道路长度	公里	—	771	625.5	711.3	1,317	1,340	1,575	1,636	
其中:高级道路长度	公里	—	339	305.6	359.7	823.6	885	1,152	1,206	
桥梁数	座	—	—	—	—	140	139	189	171	
其中:永久性桥梁数	座	—	—	—	—	130	129	169	—	
下水道长度	公里	—	644	681.2	697.6	850.7	929	1,278	1,350	
防洪堤长度	公里	—	—	—	—	118.1	122	181	199.7	
路灯盏数	盏	—	—	—	—	—	26,380	33,478	35,307	
八、园林绿地面积	公顷	1,067.2	—	—	—	5,457	4,590	19,996	19,271	
市区绿化覆盖率	%	5	—	—	—	14.9	11	17.4	15.7	
每人平均占有公共绿地面积	平方米/人	—	—	—	—	17.2	14.2	5.1	5.0	
公园数	个	—	—	—	—	18	21	27	27	
九、环境卫生清扫面积	万平方米	—	—	—	—	—	1,847	2,148.5	2,987	
全年清运垃圾、粪便总量	万吨	—	—	—	—	—	231	331.5	350.2	
环卫机械数量	辆	—	—	—	—	—	310	460	817	
无害化处理厂日处理能力	吨/座	—	—	—	—	—	—	40/1	50/1	
十、城市建设档案馆藏数	卷	—	—	—	—	—	—	—	31,498	

城市建设投资占基本建设总投资比例表 表2

时期	基本建设投资总款(万元)	城市建设投资额(万元)	城市建设投资占基本建设投资总额的比例(%)	备注
恢复时期	28,897	1,127	3.9	
一五时期	238,368	4,529	1.9	
二五时期	314,000	8,164	2.6	
1963年—1965年	148,451	4,602	3.1	
三五时期	192,785	2,699	1.4	
四五时期	417,500	5,845	1.4	
五五时期	585,555	21,080	3.6	
六五时期	713,848	38,678	5.4	

黑龙江省城市建设概况

张大义

黑龙江省地处祖国的东北边疆，与苏联相邻，面积45万平方公里。其中山地占53.2%，水面占4.7%，平原占42.1%，耕地面积13.127万亩。交通运输比较发达，全省铁路经营里程4956公里，公路通车里程45,659公里，内河通航里程4,776公里，民航通航里程783公里。

黑龙江省是个资源型省份，1986年年产原煤6,572万吨，木材1,774万立方米，原油5,555万吨，粮食354.1亿斤。全省国民经济发展较快，1986年与1978年相比，国民生产总值增长1.3倍，社会总产值增长75.4%，工农业总产值增长67.5%，国民收入增长66.7%。全省总人口为3,332万，其中城镇人口1,205.1万，占总人口的36.6%。

黑龙江省现有17个城市，其中，有省会计划单列市哈尔滨；有省属城市(地级市)齐齐哈尔，牡丹江、佳木斯、大庆、伊春、鸡西、鹤岗、双鸭山、七台河9个市；有县级城市绥化，北安、安达、黑河、绥芬河、五大连池、肇东7个市。市区面积为66,511平方公里，其中城区面积为993.3平方公里。现有城市人口1,157万，其中非农业人口801.8万。全省现有建制镇353人，人口881万，其中非农业人口403万。

一.建国前城市建设概况

建国前，全省只有哈尔滨、齐齐哈尔、佳木斯、牡丹江、鹤岗5个城市，人口105.4万。当时的城市基础设施情况是：有自来水厂7座，日供水能力3.57万吨，年供水总量766.5万吨，供水管道354公里；人工煤气厂1座，日生产煤气3,300立方米，年供气总量120万立方米，供气管道22.4公里；公共交通运营车辆76台，其中，公共汽车37台，有轨电车39台；城市道路长度769.6公里，面积798.8万平方米，其中高级、次高级公路143.2万平方米；桥梁65座。其中永久性桥梁9座；防洪堤91.8公里；排水管道278.4公里；路灯1,321盏；城市绿地面积702公顷，人均公共绿地1.2平方米，公园4个，面积173公顷，苗圃41.6公顷；公共厕所903座。城市住宅面积为860.5平方米，人均居住面积4.09平方米。

二.建国以来城市建设的发展

[城市市政公用事业] 到1986年底的统计数字是：

城市供水：日供水能力已达到460.2万吨，比1949年增加127倍，比1978年增加4.2位；供水管道2,516公里。比1949年增加6.1倍，比1978年增加1.2倍。

人工煤气：日供气能力达到8.7万立方米，比1949年增加25.3倍，比1978年增加8.8%。

液化石油气：储气能力达到9,769吨，比1978年增加80倍。

集中供热：供热面积达到1,169.7万平方米，比1985年增加7.9倍，每共时供应热水21,015百万大卡，比1985年增加232.5倍。

公共交通：运营车辆达到2,086台，比1949年增加26.4倍，比1978年增加99.2%，其中，汽车1,787台，比1949年增加47.2倍，比1978年增加1.1倍；无轨电车287台，比1978年增加81.6%；出租汽车3,115台，比1978年增加31.7倍；轮渡船只120艘，比1978年增加9倍。

道路桥梁：道路总长度4,956.6公里，比1949年增加5.4倍，比1978年增加1.9倍；面积3862.2万平方米，比1949年增加3.8倍，比1978年增加1.6倍，其中高级、次高级道路2,403.4万平方米，比1949年增加15.7倍，比1978年增加2.9倍；桥梁214座，比1949年增加2.2倍，比1978年增加91.1%；路灯54,033盏，比1949年增加39.9倍，比1978年增加1.5倍。

排水及防洪堤：排水管道2,276.1公里，比1949年增加7.1倍，比1978年增加2.6倍；防洪堤407.3公里，比1949年增加3.4倍，比1978年增加73.5%。

[市容园林事业]

城市绿地总面积18,484.6公顷，比1949年增加25.3倍，比1978年增加2.6倍；人均公共绿地2.9平方米，比1949年增加1.4倍，比1978年增加25%；绿地覆盖率13.1%。比1978年提高62.5%；公园57个，比1949年增加13.2倍，比1978年增加2倍；苗圃1,187.9公顷，比1949年增加27.5倍，比1978年增加45.2%；年植树量达到907.2万株，比1949年增加443.7倍，比1978年增加11.6倍。

环境卫生：各种环卫机械1,129台，比1979年增加2.6倍；公共厕所14,949座，比1949年增加15.5倍，比1978年增加2.9倍。

［**风景名胜事业**］ 黑龙江省有镜泊湖和五大连池两个国家级重点风景名胜区。其中，镜泊湖风景区是高山堰塞湖，清沏如镜，山水相依，瀑布奇特，火山口森林及原始松林是风景区的重要景观；五大连池则以新期和旧期火山地貌而闻名于世，由14座火山及火山岩浆构成了美丽无比的石海、石雕等大量景观，素有“火山博物馆”之称。中苏边境上的兴凯湖，哈尔滨市的太阳岛，齐齐哈尔市的明月岛，佳木期市的晨星岛，以及宾县的二龙山等一批风景区也正在开发兴建，游人日益增多。

冰雪园林，是黑龙江人冬季游憩活动的主要内容，通过冰雕雪塑，建造起一座座丰富多彩的冰雪园林，供人们观赏，游览和游玩，深受群众欢迎。哈尔滨市已发展为一年一度的冰雪节，齐齐哈尔市一年一届冰景游览会，已搞了13届，届时国内外人游人蜂拥而至，冬季园林活动十分活跃。

［**城市住宅建设**］ 到1986年末，全省城市住宅建筑面积已达到8,052万平方米，比1949年增加8.3倍，比1978年增加1.3倍；人均居住面积达到4.9平方米，比1949年增0.81平方米，比1978年增加1.9平方米。

［**建国以来各个时期城市建设投资情况**］ 从“一五”到“六五”(含1963～1965)的33年中，黑龙江省基本建设总投资为519.92亿元，其中，住宅建设投资为72.7亿元，占总投资的13.9%。公用事业投资为13.58亿元，占总投资2.6%。具体情况如表1:

各个时期城市建设投资情况表 (单位:亿元)

时期	基本建设投资	住宅投资		公用事业投资	
		投资额	占总投资%	投资额	占总投资%
一五	35.82	3.44	9.6	0.54	1.5
二五	66.31	4.00	6	1.69	2.55
1963～1965	29.04	2.41	8.3	0.57	1.96
三五	41.18	2.72	6.6	0.49	1.19
四五	69.96	7.65	10.9	1.19	2.89
五五	101.50	15.83	15.6	3.24	3.19
六五	176.11	36.65	20.8	5.86	3.33
合计	519.92	72.7	13.9	13.58	2.6

［**重点工程**］

1.哈尔滨市松花江公路大桥。全长1,656米，其中，主桥1,198米，引桥458米，主桥宽24米，1983年5月10日动工，1986年9月20日竣工，总投资2.4亿元。该桥是通往大庆、齐齐哈尔、大兴安岭、黑河、伊春等地市的交通要道，据1986年统计，平均每天从桥上通过1.1万台车辆，该桥收取过桥费，每天平均收费1万元左右。

2.齐齐哈尔市南浦立交桥。全长970米，其中主桥70米，西侧盘道式引桥长336米，东引桥长464米，桥面宽21.6米，1985年6月2日开工，1986年9月27日建成通车，总投资1,325万元。该桥的建成彻底解决了齐齐哈尔市东部长期因铁路与公路交叉形成的交通堵塞。

3.牡丹江市牡丹江大桥。主桥长520米，宽20米。南北引桥1,585米，总投资1.696万元。1981年5月1日开工，1984年9月25日完工。该桥是通向国家重点风景区镜泊湖和自然保护区牡丹峰的必经之路。

4.哈尔滨市和平立交桥。由三座桥梁组成，分别为长36.6米、宽21.5米；长37米，宽18.5米；长37.01米，宽7.5米。总投资885万元。1984年5月3日开工，当年10月30日竣工。这是滨绥铁路与城市道路相交的三座桥。滨绥铁路十分繁忙，平均不到10分钟就通过一列火车，原每昼夜堵车7小时以上，每天在这里通过的车辆平均为6.7万辆，其中机动车1.7万辆，非机动车五万辆，立交桥通车后则畅通无阻，解决了多年来动力之乡到市中心的交通严重阻塞问题。

5.齐齐哈尔市大排水工程。共建地下排水管道18,434米，泵站6座，总投资2,505万元。1981年4月5日开工，1986年末基本建成，这项工程使齐齐哈尔市的排水设施普及率由12%增加到40%，使城市内涝得到了很大缓解。

6.佳木斯市杏林路道路工程。全长3,700米，建筑红线80米，其中车行道宽度24米。铺筑沥青混凝土11.5万平方米，中间为23米宽的街心公园，铺人行道板6,920平方米，植树2,997株。绿篱6,000米，草坪12万平方米，建筑小品25座，路灯570盏，同时，将地下排水管道，热力管道，通信和动力电缆一次建完，总投资1,070万元。1985年4月20日开工，10月25日竣工。该路是利用市区一条旧河道改建的，不仅配套齐全，标准较高，而且建设的速度快，质量好，又是全市人民自已动手建起来的，因此被人民誉为“杏林路精神”。

7.大庆市萨大路。是大庆油田的主干线，全长86.7公里，宽21米，其中上下行机动车道宽16米，人行道宽5米，路面为水泥混凝土。该路始建于1961年，1982年改建。根据1986年测算每小时车流量为782辆。

8.大庆市儿童公园。1980年9月动工，1982年7月建成。面积23公顷，其中绿地13.6公顷，水域3.1公顷，道路3.9公顷，建筑0.9公顷。园内分为科普、游乐、山水游览、花木观赏和西园五个区。整个公园内设施齐全，丰富多彩，对游人很有吸引力。连几百里以外的哈尔滨人和齐齐哈尔人都利用假日专程前往游览，每年接待游人150万。1980年9月动工，1982年夏建成。

三.城市建设对城市经济和社会发展的促进。

建国以来，全省城市建设事业发展很快，据对12项主要设施统计，设施拥有量1986年比1949年平均增长19.7倍，比1978年平均增长3.4倍。城市建设事业的发展，为城市经济、社会的发展打下了较好的基础，有力地促进了城市生产和各项事业的发展，改善了人民年生活的环境，提高了人民的生活水平。

国民生产总值、社会总产值、工农业总产值、国民收入1979到1986年每年平均增长的幅度，分别为11%、7.3%、6.7%、6.6%。

佳木斯中药厂由于门前通市区的路排水不通，道路泥泞不堪，车辆无法通行，工厂车辆必须绕5公里的路才能到市区，每年需多跑3万车公里。职工不能正常上班，出勤率仅70%左右，生产不景气，企业也亏损。市政府通过"四自一联"的办法，组织十几家受益单位于1979年修建了一条地下排水管道，1980年修了6公里柏油路，工厂还组织职工栽花植树搞环境建设，企业从而面貌大变，职工精神振奋，生产迅速发展。该厂出勤率由70%提高到90%。1981年与1980年相比，产量增加33.3%，产值增长40%。1979年亏损15.9万元，1980年盈利32万元。并创制省优产品2项。

齐齐哈尔市富拉尔基油粉厂由于道路破坏严重，又无排水设施，一遇大雨工厂就受淹。1981年被淹，工厂损失5万多元。在政府的协助下，联合几家共同修路，建立排水设施，彻底解决了内涝问题。

城市节约用水工作的开展，促使企业大量节约用水，为企业增加了较大的经济收益。工业用水重复率大幅度增加，1986年与1983年相比，几个市的工业用水重复利用率见表2:

工业水重复利用率表 表2

市　别	1983年(%)	1986年(%)	
		系统内	系统外
哈尔滨	40.5	40.5	56
齐齐哈尔	11	41.5	41.2
牡丹江	27	42	62.4

城市供水能力的提高，逐步增加了居民生活用水量，全省城市每人每日平均用水量，已由1978年的34升，提高到94.5升，约增加1.8倍。

四.城市建设体制改革

随着城市经济体制改革的深入发展，城市建设体制改革也在不断深化，进取得了较大的效益。

[城市建设经济政策的调整] 一是实行了市政设施有偿使用的政策，为市政设施的维修养护和更新改造开辟了新的黄金渠道，也为商品经营探索了路子，全省1986年仅4个城市的排水收费就达到1,232万元。二是部分城市对公用事业实行了一些优惠政策，哈尔滨、牡丹江、佳木斯三市的公共交通企业免缴营业税，每年可少缴140万元税金。公用事业附加费留给企业，每年约340万元左右。哈尔滨、齐齐哈尔、大庆三市公交企业每年财政给予政策性亏损补贴约900万元左右，在价格政策上开了一些口子，因而对水价、票价、气价略加调整，全省调整的幅度不一，自来水调了工业用水价，平均调高三分之一左右。通过票制改革，对公共交通的票价也上调了三分之一左右(个别市一直未调)，但由于调价后客流减少和增加新车等因素，调价后只能增收20%。人工煤气售价每立方米增加了5分钱，尽管公用事业价格体系仍未理顺，但迈出了可喜的第一步。

[实行了经理、厂长负责制和各种形式的承包责任制] 鸡西市汽车公司过去是一个连续亏损17年，靠贷款过日子的企业，1982年以来，先后进行了一系列改革，实行了经理负责制，从上到下搞了承包，在发配实行"百元票款工资含量包干"，改革了用工制度等等，使企业有了新的活力，因而由亏变盈，1986年盈利102万元。该公司从1983年起先后获得了市的"先进企业"、"文明单位"，省"六好企业"、"文明单位标兵"，全国公交系统"先进企业"等光荣称号。哈尔滨市第一市政工程公司是全省推行经理负责制较好的单位之一，党政工青协调一致，层层实行经济承包责任制，签定责任状，充分发挥了干部和职工的积极性，把企业搞得很有活力。1986年该公司的产值达到3,032万元，比上年增加36.4%，实现利润318万元，比上年增加38.2%，成本降低11%，全员劳动生产率达到12,371元。该公司1984年包建的和平立交桥工程，由于承包搞得好，工程提前了14个月，原定1984年5月开工，1985年12月底通车，实际上只用了6个月，在当年的10月底就完工了，总投资节约了14.8%(158万元)。佳木斯市房地局全面推行经济承包责任制，开展多种经营为房产的维修养护扩大资金来源，成效十分显著，所属的四个房管处均被评为省的"六好企业"。

[城市建设管理体制的改革] 一是实行政

企、政事分开，使政府职能得到了进一步的发挥，从而加强了宏观控制，同时又把企业搞活了。牡丹江市环卫局把两个公司(粪肥、清运)分出之后，机关干部精减54.4%。但工作效率却提高了，他们狠抓了立法、规划、科研和检查指导工作，工作更主动更有成效了。两个公司也进行了一系列改革，实行了干部聘任制，用工合同制，层层承包等办法，承担的任务量更大了，开支节约了，职工的工资增加了(平均工资增加92.8%)。二是权力下放。充分发挥市、区、街的作用。

五.城市建设行业精神文明建设

全省城建行业根据《中共中央关于社会主义精神文明建设指导方针》的有关规定，认真抓了行业的精神文明建设，取得了较好的效果。

[**"四有"和职业道德教育**] 通过"四有"和职业道德教育，提高了城建职工的主人翁责任感和优质服务观念。据齐齐哈尔市调查、测试，主人翁意识强的职工由1985年的40%，提高到89%。提出合理化建议，1,999条。公用、市政、环卫三个系统1986年召开用户座谈会35次，帮助用户排忧解难2,110人次，为群众做好事16,945件。

[**端正行业风气**] 通过党的建设，使城市系统党风有明显好转。在端正党风过程中，批判与纠正了以房谋私，以气谋私，以水谋私等"以权谋私"的问题，城建行业的形象有了变化。许多单位都制定了"文明公约"和"职业道德规范"。据双鸭山市统计，94%的职工都订了文明公约或文明守则。城建职工中奉公守法和热心服务的风气上升了，文明单位也越来越多。全省城建系统已有省级文明单位标兵1个，文明单位19个，文明县镇7个。

[**优质服务竞赛**] 近年来，全省采取各种方式组织了优质服务竞赛，公共交通企业除参加全国和省统一组织的行业优质服务竞赛之外，还做为"窗口"行业年年参加本市组织的竞赛。这些竞赛对优质服务起了很大推动作用。据统计，全省公交系统1982年到1985年的四年中，获省级以上优质服务先进单位和个人称号的共有1,341个，其中先进集体475个，先进个人866个，属于家国建设部和全国建筑工会授予的先进集体100个，先进个人96个。

六.城市管理与法制建设

黑龙江省城市管理自党的十一届三中全会以来有很大加强，从70年代的整顿开始，到80年代的建设，逐渐向法制化、科学化、经常化发展。城市环境、城市秩序及城市面貌都发生很大的变化。

[**法制建设**] 到1986年末，全省城市共制定颁布了186项城市管理法规和行政规章。其中1978年底以前颁布的26项，占14%，1979年以来颁布的160项占86%。省颁布的18项，市颁布的168项。从分类情况看，属于规划管理的11项，市容环卫管理的58项，城建管理的27项，园林绿化管理的8项，市政管理的18项，房地产管理的35项，公用事业管理的29项。黑龙江省城建法规建设的特点，一是由综合性立法向专业性立法发展，越来越深化;二是由独立性立法向系统性立法发展。

[**执法工作**] 1978年以来，全省城市管理的执法队伍逐渐壮大。据7个市的统计，到1986年底，各种城市管理队伍已有1928人，其中属于1978年以前的有446人，占23.1%。1979年以后增加1482人，占76.9%。从性质上看，属于城市管理监察大队的有728人，市容环卫的400人，市政管理的337人，园林绿化的129人，规划管理260人。群众参加城市管理的队伍也在不断扩大，全省城市参加"门前三包"的单位已超过4万个，仅哈尔滨市就有一万多个。

七.城市建设科技进步

近两年全省城建系统获得省以上科技进步奖的项目有2项:

哈尔滨市自来水公司研制成功的"CL82-2型给水余氯连续测定仪"，1985年度获城乡建设环境保护部科技进步三等奖。

哈尔滨建工学院与哈尔滨市自来水公司合作研制成功的"气压脉冲法冲洗给水管道及管内水质研究"，1985年度获省政府科技进步三等奖。

全省现有城市建设科研单位18个，其中属于城市科研的2个，规划研究的5个，市政工程研究的2个，园林绿化研究的2个，环卫研究的4个，住宅建设研究的1个，公用事业研究的2个。这些科研单位共有职工842人，其中工程技术人员578人。

全省从事城市建设工程设计的单位共有38个，职工1093人，其中工程技术人员740人。

八.城建职工队伍发展及素质情况

全省城建系统的职工队伍不断壮大，尤其是1979年以来发展速度更快，到1986年末，全省城建职工已发展为99.741人，比1978年增加了40,494人，增长幅度为68.3%。其分布情况如表3。

据齐齐哈尔、牡丹江、佳木斯等16个市的统计，1986年城建职工的素质情况如表4。

城建系统的职工教育正在开展，全省已有3所城建职工大学，在校学生454人，已毕业692人;职工中专10所，在校学生1,574人，已毕业781人;技工学校2所，在校学生68人。职工的业余教育和专业培训也普遍展开。哈尔滨市房地局举办各种专业学习班55个，轮训干部2,000多人数，办政治轮训班78个，轮训干部3,000多人次，全局有三分之一

1978－1986年城建职工发展情况　　表3

行业	1978年数	1986年数	增长％
市　　政	7,478	12,754	71
园　　林	2,451	4,685	91.1
市容环卫	6,960	11,567	66.2
供　　水	4,383	10,335	135.8
排　　水	2,481	3,304	33.2
燃　　气	1,220	2,408	97.4
热　　力		3,286	—
公共交通	12,587	26,836	113.2
房　　地	21,322	23,068	0.8
城市管理	365	1,498	310.4
合　　计	59,247	99,741	68.3

一九八六年职工素质情况　　表4

人数 素质 市别	文化程度				高级工程师	工程师	经济师	统计会计师	技师	助工技术员	工人平均技术等级
	小学以下	初中	高中中专	大专以上							
齐齐哈尔市	782	7,103	5,057	398	1	94	4	9	16	578	3.56
牡丹江市	437	1,652	1,471	145	—	48	6	7	1	123	4.5
佳木斯市	766	6,967	867	301	—	42	—	12	3	211	4.6
鸡西市	705	2,579	664	66	—	17	1	3	1	68	4.6
大庆市	953	8,431	3,660	338	1	135	4	8	7	356	5
七台河市	893	1,377	54	11	—	4	—	1	—	10	3.8
双鸭山市	86	194	217	39	—	9	—	—	—	41	3.26
伊春市	25	439	238	27	—	11	—	—	—	48	4
鹤岗市	860	920	709	10	—	17	—	—	—	48	—
绥芬河市	17	161	24	2	—	1	—	—	—	6	—
肇东市	119	160	34	10	—	2	—	—	1	14	4
安达市	5％	60％	30％	5％	2	15	9	9	3	30	4
绥化市	131	524	86	16	—	1	—	—	3	31	48
黑河市	256	508	216	10	—	2	—	—	1	22	—
北安市	363	1,244	629	35	—	12	—	1	—	28	3.2
五大连池市	—	43	55	9	—	2	—	1	—	11	—

黑龙江省城建职工学校情况　　表5

学校名称	开办时间	专业设置	教职员工情况			学员情况	
			总数	专职教师	兼职教师	在校生	毕业生
哈尔滨市政工程学院	1981.7	道路、给排水	81	37	35	110	253
哈尔滨房地职工大学	1981.7	暖通、工民建	32	16	13	96	215
佳木斯市建委职工大学	1981.7	规划、工民建	37	19	49	248	224
小计			150	72	97	454	692
黑龙江省城市建设学校	1981.2	给排水、规划	88	41	3	167	312
哈尔滨市测绘职工中专	1983.4	测绘	30	18	4	135	106
哈尔滨市房地局职工中专	1984.2	经营管理	22	7	12	196	96
哈尔滨市园林处职工中专	1983.9	园林绿化	15	8	12	41	46
哈尔滨市公用局职工中专	1985.5	给排水、电汽车	13	3	10	180	
哈尔滨市政局职工中专	1983.6	企业管理	81	37	35	112	71
齐齐哈尔市房地局职工中专	1983.6	建筑、维修	22	12	5	106	36
齐齐哈尔市城建局职工中专	1983.4	道桥、给排水	47	28	15	247	114

续表

学校名称	开办时间	专业设置	教职员工情况			学员情况	
			总数	专职教师	兼职教师	在校生	毕业生
牡丹江市房地局职工中专	1984.3	工民建、企业管理	17	10	10	123	
佳木斯市房地局职工中专	1984.2	房产经营	26	12	34	267	
小计			361	176	140	1574	781
哈尔滨市园林处技校	1983.9	园林	36	11	25	28	
齐齐哈尔市城建局技校	1979.6	园林、道桥水	33	10	12	40	
小计			69	21	37	68	
总计			580	269	274	2096	1473

的干部(577人)参加大、中专班学习。

九.主要城市介绍

哈尔滨市

哈尔滨市是黑龙江省省会，国家的计划单列城市，是全省政治、经济、文化中心和交通枢纽，也是东北北部的经济中心。城区面积156平方公里，城市人口229万。历史上，哈尔滨曾是一座活跃的国际贸易城市，在东方国际贸易中占有重要地位。建国后，是国家重点建设的城市之一，“一五”期间有13项国家重点工程在哈尔滨市兴建，该市现已成为门类齐全，基础雄厚，科研、文教、财贸、交通都比较发达的综合性工业城市。近几年城市建设发展较快。基础设施不断增加，城市面貌有较大改观。

齐齐哈尔市

齐齐哈尔市是黑龙江省西部地区的政治、经济、文化中心，城区面积101.9平方公里，城市人口99.8万。该市已有300多年历史，建国以来，经过大规模建设，已经发展成为以一批大型国家重点企业为骨干的，门类比较齐全的新兴工业城市。近年来，城市建设有较大发展，尤其是环境建设成绩突出，素有“鹤乡”之称扎龙自然保护区和嫩江之滨的的明月岛风景区吸引着国内外的大量游客，该市也因此而得名“鹤城”。

牡丹江市

牡丹江市是黑龙江省东南部的中心城市，城区面积53平方公里，城市人口51.3万。该市的经济发展很快，成为一座新兴的综合性工业城市。它四周环山，清沏的牡丹江穿市而过，美丽的镜泊湖风景区距城区仅百余公里，城市环境整洁，素有“清洁城市”之称，先后曾多次获得省和国家授予的“卫生先进城市”称号。

佳木斯市

佳木斯市是三江平原的中心城市，城区面积46.2平方公里，城市人口43.8万。该市1945年解放，被人称为“东北的延安”，在解放战争中是主要后方城市之一。建国以来，随着经济建设的发展，已成为一座以轻纺和机械工业为主，交通发达，通信方便，经济繁荣，市场活跃的综合性新兴工业城市。这个城市座落在松花江畔，风景资源比较丰富，加之城市建设的不断发展，因此，城市环境比较好。

大庆市

大庆市是松嫩平原上的一座现代化的石油城，总面积5,500平方公里。城区面积97.3平方公里，城市人口55.9万。从1959年我国建国10周年大庆开始到现在，经过27年的建设，大庆已经成为以石油和石油化工为主，地方工业和农牧业综合发展的“工农结同，城乡结合”工矿型城市。该市为我国经济发展做出了重大贡献，累计上缴利税已相当于国家给大庆总投资的20多倍。城市建设发展十分迅速，城市集中供热普及率达到93%。气化率96%，自来水普及率90%，人均住房居住面积6.7平方米，污水、废气、废渣处理率分别达到93.3%，96.5%、99%，已经初步达到住房舒适方便，城市基础设施比较完善，环境整洁优美的程度。

伊春市

伊春市是建国后新兴的林业城市，城区面积154.6平方公里，城市人口76.5万。她是全国重要的木材生产基地之一，素有“林业之都”“红松之乡”的誉称，全市由分布在密林深处的15个区和4个林业局所组成。近年来，城市建设发展较快，城市的给水、排水、供热、道路、防洪及公共交通设施逐渐完善，通过综合开发新建了一大批居民住宅，城市环境面貌正发生变化。

鸡西市

鸡西市是我国重要煤炭生产基地之一，也是黑龙江东南部、牡丹江以东地区生产，流通、技术、教育、金融、信息、服务中心。城区面积74.6平方公里，城市人口64.3万，该市是由12个统配煤矿组成的大型矿区。随着城市经济、社会的发展，城市的道路、桥梁、给水排水、煤气、热力等基础设施已初具规模，城市的“住房难”、“吃水难”、“行路难”等有很大缓和，“黑、脏、乱”的状况基本改观。

鹤岗市

鹤岗市是黑龙江省建市最早的煤炭城市，城区面积108平方公里，城市人口48.5万，从解放战争开始至今，40多年来为国家生产了大量煤炭，已成为我国主要煤炭生产基地之一。城市建设也有很大发展，尤其在供水健设，园林绿化和街道整治上均取得了好成绩。

双鸭山市

双鸭山市是一座新兴的煤炭工业城市，是黑龙江省的一个重要煤炭基地，煤质优良、重点供应钢都鞍山，城区面积53.5平方公里，城市人口35.7万。该市的城市建设近几年有很大发展，重点解决了排水问题和道路交通问题，并组织全市人民自已动手新建了一座规模较大，内容丰富的“北秀公园”。

七台河市

七台河市是全国主要焦煤生产基地之一，也是黑龙江省四大煤城建市最晚的一个城市，1965年成立特区，1970年改为市，城区面积37.5平方公里，城市人口17.3万。由于建市较晚，相对的城市建设速度较其他煤城慢一些，建市后，城市建设相应地得以快速发展，一座新的煤城正在加速建设中。

黑河、绥芬河两市

黑河、绥芬河二市，是座落在中苏边境上的口岸城市，其中：

黑河市位于黑龙江南岸，与苏联阿穆尔洲首府布拉格维申斯克(海兰泡)市隔江相对，是黑龙江省对外活动的重要门户。城区面积8.8平方公里，城市人口7.9万。

绥芬河市是黑龙江省东南部的一座边境城市，与苏联滨海边区接壤。是我国的陆路口岸，滨绥铁路在此与苏联相接。城市面积3.6平方公里，城市人口1.4万。

五大连池市

五大连池市是旅游疗养城市，也是国家的重点风景名胜区，具有独特的火山地貌风景资源。地下蕴藏着丰富的、疗养价值较高的低温重碳酸盐矿泉水，是一处重要的旅游疗养胜地，每年有近50万人前来疗养旅游。城区面积15平方公里，景区面积720平方公里，城市人口6,000人。

北安市

北安市地处黑龙江省北部，历史上曾是北安省和黑龙江省的省会，是一座新兴的区域性中心城市，城区面积16.6平方公里，城市人口20万。

绥化市

绥化市是黑龙江省中部松嫩经济区的中心城市，是绥化行政公署所在地，该市是有125年历史的一座老城，经过解放40多年来的改造与建设，已经成为一座以轻纺和食品工业为主的，正在发展中的新兴工业城市。城区面积24.7平方公里，城市人口20.5万。

安达市

安达市位于松嫩平原，与大庆市相邻，周围地区畜牧业比较发达，因而该市的乳品工业具有相当规模，是一座正在发展中的新兴工业城市。城区面积21平方公里，城市人口13万。

肇东市

肇东市位于松嫩平原中部，北靠安达南靠哈尔滨，工业比较发达，有十几种产品出口美、日、英、法、联邦德国、苏联与东南亚地区，是一个以轻化工、建材、食品工业为主的小型新兴工业城市。城区面积24平方公里，城市人口16.3万。

哈尔滨市城市建设概况

华文润

哈尔滨市是黑龙江省省会，是全省的政治、经济、科技、文化中心。是东北北部最大的城市。黑龙江省的版图犹如一只展翅翱翔的天鹅，哈尔滨则被人们誉为天鹅项下的一颗珍珠。

哈尔滨市地处黑江省南部，松花江中游、松嫩平原东端。地貌多呈波状起伏平原，市区地形特点是南高北低。

哈以尔滨市地处中温带，距海较远，风向随季节变化，属中温带大陆性季风气候，冬长夏短，四季分明，结冰期190天左右，素有“冰城”之称。

哈尔滨地处东北北部中心，已形成一有个内水、陆、空立体交通组成的综合运输体系，是全国重要交通枢纽之一。

哈尔滨市辖七个区和阿城市、呼兰县，土地面积6929平方公里，其中市区面积1637平方公里，城区面积156平方公里。1986年来，全市总人口386.07万人，其中市区人口266.85万人，非农业人口257.4万人。

哈尔滨解放四十年来，在党和人民政府的领导下，勤劳智慧的哈尔滨人民展开了大规模的经济建设，使哈尔滨发生了天翻地覆的变化，现在已成为以机电工业为主体的、门类比较齐全的重要工业基地和商业贸易、科学文化比较发达的综合性中心城市。1986年，全市实现社会总产值147.94亿元，比上年增长9.4%。全年工业总产值98.62亿元，比上年增长9.1%，全市农业总产值5.80亿元，比上年增长30.3%。

一.解放前城市建设概况

1881年，哈市修建了第一条土砂道路，即道外太古街道路，1898年开始建设第一松花江铁路大桥，1901年竣工，1923年5月，在道里中国大街(即中央大街)铺修石块路，1927年8月太平桥木桥重修竣工。日伪统治时期哈尔滨市修建道路625公里，面积608万平方米；桥梁27座，其中：永久性桥梁6座，木桥21座，哈尔滨新松花江桥包括公路、铁路两层，于有1934年7月竣工。

哈尔滨的排水设施，从1904年至1946年，共建排水管道204公里。修建6座排水泵站，在当时的政府机关所在地及商业中心区基本形成了排水系统。在居民区无排水管网，仍是大雨大涝，中雨中涝、小雨小涝，造成严重的环境污染。

城市设施也十分简陋。到1949年末，全市有4个水厂，全年供水总量仅642万吨，供水普及率17.8%。城市煤气仅有一个瓦斯试验厂，供气管道长度22.43公里，供应户数1211户，普及率为0.7%。城市公共交通仅有客运有车辆66台，营运线路11条。

哈尔滨市园林建设始于1898年，到1949年有兆麟公园和道外公园有，全市绿化总面积34公顷，市区绿地覆盖率0.25%。有树木8.5万株。

二.解放以来城市建设事业发展概况

解放以来，哈尔滨市城市建设事业得到加强，城市面貌发生了巨大的变化。

［城市规划］ 哈尔滨市的城市总体规划编制工作开始于有1953年。城市初步规划于1956年经原国家建委批准。1980年城市总体规划的编制工作重新开始，1986年城市总体规划经国务院批准。哈尔滨市的详细规划编制工作是在1953年以后，随着城市总体规划方案的编制开展起来的。“一五”、“二五”计划期间，围绕落实国家重点工程完成了一批详细规划方案，确定了工业区、市中心区、文教科研区，并确定了道里、道外等六个行政区的详细规划方案。“文革”期间，城市规划工作陷于瘫痪。党的十一届三中全会以后，城市规划工作重新开始，先后编制了配合松花江公路大桥建设的大桥住宅小区规划，改造危倒房、棚户区的详细规划，提出了旧城区成街成坊改造的详细规划方案。开发新区的详细规划也相继付诸实施。太阳岛风景区，马家沟机场地区改造等专项规划的修改工作也有了新的进展。同时还编制了道里市场、金融大夏、省社会科学院等一批公共建筑的详细规划。这些详细规划的编制和实施，逐步解决了城市建设中存在的“见缝插针”的问题，较好地体现了社会、环境、经济效益的统一。王兆新村详细规划的编制和实施，标志着哈尔滨市的新区开发，配套建设达到了一个新水平。这项规划设计曾于1985年获城乡建设环境保护部颁发的小区优秀规划设计表扬奖。

哈市的规划工作立足于科学、合理，着眼于需要和可能。按照国家规定的城市规划定额指标，努力实现超前期，逐步提高了城市规划方案的编制质量。为城市的新区开发、旧城改造、工业技术改造和基础设施建设提供了依据，为保证城市建设按照总体规划确定的的城市性质、规模、功能分区的实施发挥了重要作用。

［**房地产业**］ 解放以来，哈尔滨市土地开发和房屋建筑发展迅速。到1986年末，城区土地面积比解初期扩大了73％；已有各类房屋建筑面积4661万平方米；其中，住宅为2310万平方米，是解放初期的5.4倍。

哈尔滨市城市住宅建设的发展，经历了几个阶段。1950年～1965年，城区竣工住宅413.42万平方米，平均每年25.84万平方米，人均居住面积由1949年的3.62平方米下降到2.6平方米。1966～1976年，住宅建设事业发展缓慢，十年间竣工住宅115.13万平方米，平均每年竣工10.47万平方米。1977年～1978年，竣工住宅66.89万平方米，年竣工面积上升到到33.45万平方米。1979～1985年，竣工755.9万平方米，年平均竣工面积达107.99万平方米。7年(1979～1985年)比30年(1949～1979年(竣工面积的总和还多27％。人均居住面积上升到4.76平方米，长期存在的“住房难”问题稍有缓解。

住宅建设在质量、设计水平和设备标准上也有显著提高。从50～60年代的建房造型单一、设备简陋、低层低标准(公用厨房和厕所、火墙取暖)向70～80年代的高层混合结构、讲究造型格调、设备比较齐全、方便舒适实用的方面发展。

住宅建设重点项目的王兆新村住宅小区，就是党的十一届三中全会以来，哈尔滨市采取“新建与改造相结合”的方针，实行综合开发兴建起来的规模较大、配套较为完善的第一个新型住宅小区。

王兆新村的全面规划、综合开发工作始于1980年，同年10月破土动工，截止1985年末，新建住宅楼43栋，15万平方米，公共建筑及配套设施19栋，11000平方米，居民2774户，总投资达5000万元。

王兆新村的配套设施工程采取了区内外设施配套相结合，大配套与小配套相结合的方法，既考虑小区的配套，又兼际了毗邻的需要，做到全面规划、统筹安排、填缺补短、不留缺口。配套设施有道路网、排水管网、供热管网、供电、通讯系统，附设了一所能容3000多学生的小学校，以及商店、粮店、卫生所、托儿所等。街道两侧安装了样式较新颖的路灯。绿地、树木映衬，小区容貌令人心旷神怡。

棚户区改造重点项目的三十六棚棚户区改造，到1986年末，改造工程已近收尾。这个棚户区由三个街坊组成，占地6.8公顷，是1903年修筑中东铁路时，中国工人建的临时施工窝棚，以三十六个窝棚而得名。改造前，有建筑面积2.3万平方米，平时阴暗潮湿，雨天几乎家家积水；夏季污水横流，冬季污冰成山。1978年，市政府决定分三期进行改造。到1986年9月末，已新建住宅楼15栋，建筑面积8.5万平方米，有1624户居民先后迁入新居。还有两栋楼8527平方米正在施工中，最后一平98户居民将于1987年末搬入。改造后的住宅，建筑布局采用行列和自由混合相结合的方式，使每个街坊的墙面质感、色彩及装饰等项的处理都保持一定的特色。小区内建筑全部实行集中供热，并建有上下水设施。小区内设有附属商场，饭店，综合修理服务网点和托儿所，基本上满足了居民日常生活需要。

［**市政工程建设**］ 目前，哈尔滨市城区道路系统基本形成了网络，永久性桥梁的数量不断增多，到1986年末，全市拥有道路2274条，面积997万平方米(其中:高级或次高级路922条，面积544.9万平方米)。桥梁37座(其中，永久性桥梁27座，木桥10座)。全市排水管道总长度为530公里，排水泵站17座，抽排能力达每秒88.93立方米，排水设施普及率达53％。

建国以后到1964年底，全市共有道路长710.7公里，比解放前增加85.7公里；面积805.2万平方米，比解放前增加197.2万平方米。全市共有桥梁31座(其中，永久性桥梁11座，一般木桥20座)。到1965年底，共有排水管道242公里，比解放前增加38公里，有排水泵站10座，比解放前增加4座，排水设施服务率为52.1％，比解放前提高4.5％。“文化大革命”期间，哈市道路、桥梁、排水事业处于停滞获态，建设工作进展缓慢。

党的十一届三中全会以后，哈市道桥、排水事业有较大的发展。建成了一大批重点市政工程建设项目，有效地促进了全市经济和社会的发展。建成的主要工程有埃德蒙顿路工程。是哈尔滨市和加拿大埃德蒙顿市结为友好城市的象征，是城区通往国际机场的一条要道，1986年4月29日动工，同年9月20日建成通车。该路位于哈市道里区。道路全长1718米，宽40米，总面积68720米，中间机动车道宽15米，两侧非机动车道各宽5米，人行道各宽5米，机动车道和非机动车道间设各2.5米的隔离带。设计单位是哈尔滨市市政工程设计研究院，由哈尔滨市城乡规划建设委员会投资。埃德蒙顿路的建成对哈市乡村农副产品进城，城区物资下乡起了重要作用。

进乡街立交桥于1986年4月20日动工，同年9月27日提前27天建成。该桥位于哈市动力区进乡街连接阿城公路零公里处，是哈市通往阿城、牡丹江市方向的铁路线与哈市通往阿城的公路交通要道。由拉滨线桥和林业机械厂专用线桥组成。拉滨线桥长40.5米。林业机械厂专用线桥长7.22米。桥中孔宽16米，净高5.2米。桥是筋混凝土结构。该工程由铁道部第一勘测设计院设计，由哈尔滨市城乡规划建设委员会投资3353万元修建。进乡立交桥的建成，解决了公路与铁路平交的矛盾，使火车、汽车安全行驶，畅通无阻，对加强城乡工农业产品和其他物资交流都起着重要的作用。

红旗立交桥是拉滨、滨绥铁路的咽喉要道，1986年4月20日动工，同年9月30日提前61天建成。该桥位于哈市香坊区红旗大街与动力区通乡街相交处。由拉滨、滨绥两线和专用线组成。拉滨线桥长19.88米，滨绥线桥长12.37米，专用线桥长7.61米，桥中孔宽16米，净高5.2米，道孔各宽9米，净高4米，引道全长772米，该项工程由铁道部第一勘测设计院设计，哈市城乡规划建设委员会投资3937万元建成。该桥的建成，不仅解决了铁路与公路平交的矛盾，同时对城市、农村的经济发展起着重要作用。

［**公用事业**］ 哈尔滨市的公共交通已形成网络，日供水、供气能力不断增加，联片集中供热面积逐年扩大。

1.城市公共交通，1949年到1957年公共交通客运车辆发展到230辆，营运线路19条。1958年到1965年，哈市的公共交通有了新的发展，这期间，新组建了出租汽车公司和轮渡公司，共有公共交通客运车船414辆(艘)。党的十一届三中全会以来，哈市的公共交通业有较大的发展。共有客运车船939辆(艘)。其中公共汽车549辆，无轨、有轨电车254辆，出租汽车117辆，轮渡船19艘。营运线路44条，总长度811.4公里。

1986年末，全市有各种车船1076辆(艘)。其中，公共汽车637辆，无轨电车249辆，有轨电车12辆，出租车117台，各种客运船只41艘。运营线路总长度736.9公里，市区每平方公里线网密度4.72公里，每辆车平均负载城市人口1572人，年客运总量达50035.8万人次。同时，为缓解客运紧张状况，还动员社会车辆733辆参加运营。

2.城市供水及燃气、供热。解放初期(1949年)，全市共有水厂4个，管道长度167公里，全年供水总量仅642万吨，普及率17.8%，供气事业仅有一个瓦斯试验厂，供气管道长度22.43公里，供应户数1211户，普及率为0.7%。

经过“一五”、“二五”到三年调整时期(1965年)，水厂发展到5个，日供水能力15.5万吨，供水管道407公里。普及率70%。供气方面，煤制气日生产能力2.6万立方米，供气户数6869户，普及率为17%。在供热方面，哈市动力区起集中供热是我国最早实行集中供热的地区之一，1964年动工建设，1966年建成投产。供热能力每小时146.8百万大卡，供应面积203.6万平方米，解决了动力区20多个工厂用蒸气和居民采暖用热。

1986年，全市有8个水厂，供水管网总长度628.4公里，日供水能力达到33万吨。供气有66型焦炉50孔，供气管道总长度128.4公里。三中全会以后，(煤制气、增热煤气、液空煤气)供应量为3165万立方米，液化气年供应12795吨，全市用气人口达到69.4万人，普及率为30.6%。全市供热有20个区域和单位实现了区域和联片供热，主要设备165台，全市供热能力每小时为915.32百万大卡，供热面积542.04万平方米，热化率16.6%。

［**市容、环卫、园林、绿化**］ 哈尔滨市的市容、环境卫生工作逐年加强，园林、绿化水平不断提高，市区环境质量得到明显改善。1986年末，全市拥有环境卫生专业车辆383辆，清扫保洁员3107人，担负全市2050万平方米清扫任务。人均清扫面积6700平方米，1986年全市年产垃圾81万吨，年产粪便35万吨。街路清扫合格率达到80%以上，38条主要城市干道基本达到“四净、五无”。

哈尔滨市素有“榆都、“丁香城”之称。加之受欧洲文化影响，在园林艺术形式上明显地表现出俄罗斯风格。整个城市园林建筑结构井然有序，造园景观简洁明朗。冬季，盛大的冰灯游园会也给北方的园林增添了色彩。1986年，全市树木总数为374万株，人均树1.6株，各种绿地面积3513公顷，人均公共绿地2.14平方米，公园顷12个，面积281.4公顷，街道绿化率为76%。人均公共绿地面积和城市绿化覆盖率在全国10大城市中均居第五位。

建国以后，园林绿化发展很快，先后建成了斯大林公园、动物园、儿童公园和文化公园。到1967年已形成大小公共绿地几十处，街头绿地130处，同时绿化市区街道500条，并对市属公园进行了树木调整和园内设施的充实。

党的十一届三中全会以后，全民义务植树活动深入开展，城市绿化覆盖率不断提高，公园、苗园数量不断增加，园林设施进一步完善，园容、园貌大有改观，冰灯游园会得到恢复，五色草花坛迅速发展，新建了九站公园，学府公园等。在太阳岛公园、动物园、斯大林公园、北麟公园，新建了“水阁云天”、“银河水榭”、“河马馆”、“露天剧场”等一大批游乐设施。深受人们欢迎的五色草花坛遍布于哈尔滨的公园、广场、车站以及一些机关、学校、工厂、医院等地。哈市的园林冰雪艺术从规模上逐渐扩大，内容更加丰富，冰灯游园会吸引了大批国内外游客。

三.城市建设体制改革和经济政策调整

[城市管理体制改革] 哈尔滨市城市管理工作逐年有所加强。目前已初步形成了以市为主导，以区为基础的条块结合，分工合作的两级城市管理体制。

解放后，党和政府十分重视城市规划建设管理工作，在进行大规模经济建设的同时，把城市建设管理工作纳入重要议程。"一五"期间和"二五"前期，国民经济比例协调，城市规划得以实施。基础设施建设有了较大发展，城市管理明显加强。成立了哈尔滨市城市建设委员会、市房地局、市建设局、市建工局等管理职能机构。制定颁发了市政、市容、房地产、公用事业等方面的管理法规。编制了城市总体规划并经国务院批准实施。按照城市规划和管理法规，进一步加强了城市各方面的管理，道路整洁，环境优美，庭院式绿化大量出现，城市建筑风格别具特色。1958年，国务院授予哈尔滨市"卫星城"的光荣称号。"文化大革命"期间，城市管理遭到严重破坏，管理机构撤销，管理制度废止，哈尔滨变成了"黑、脏、乱"的城市。

党的十一届三中全会以后，城市管理经过拨乱反正，逐步走向依法出严治城，实施综合整治的健康轨道，城市建设管理开始成现生机和活力，城市面貌发生了很大变化。

一是改革管理体制，理顺关系。为了提高规划的地位，发挥城市规划的"龙头"作用，市委、市政府将原市城市规划管理局和城乡建设委员会合并，组建为市城乡规划建设委员会。主管城市规划、城市建设计划、城市建设综合开发和勘察设计等。对城建各局行使综合、协调、指导职能。将原城建管理局、园林局、环卫局并为市政建设管理局，加强了市政、市容的综合管理。各区也相应设立了城市管理部门，在城市管理上发挥了主要作用。

二是简政放权，充分发挥区政府综合治理城市的作用。过去，城市建设管理条块分割，权力过分集中，区政府有责无权，出现了"管得着的看不见，看得见的管不着"的状况，严重束缚了区、街道建设管理城市的积极性。按"市、区分工、分级负责；条块结合、以块为主"的原则，市政府决定简政放权，扩大城区自主权，增强城区活力，先后将环卫清扫、垃圾清运、道路、园林绿化的管理，小型建筑规划审批等7个方面，28条权限全部下放到区，使区政府在城市建设管理方面有职有权有钱，初步形成了市区街三级城市管理体制。

三是进一步完善城市建设管理法规体系。1979年至1985年七年间，集中力量清理、整顿了法规，先后以市政府名义颁布了市政、市容、园林、房地、公用、环保等方面城市建设管理法规32部，初步做到了有法可依，有章可循。

四是建立了城市管理队伍。为了加强城市管理和监察，1980年成立了市政、公用、环保、园林四支有专业民警队伍，编制250人，由市公安局和各业务主管局实行双重领导。1983年，根据公安部有关规定撤销。1984年成立了市政、市容、公共交通专业管理队伍，分别对违反本行业管理法规的行为进行检查处理，发挥了较好的作用。

[城市建设经济政策调整]

1.调整了政策性收费标准。一是提高占挖道收费标准。为了控制长期占道及开挖道路，将道路分成几类，执行不同的挖、占路收费标准。二是提高地下水资源收费标准。根据国家规定，将地下水资源费由过去每吨5分，提高到每吨1角钱。三个提高市政排水设施收费标准。为加强对排水设管理。保证现有设施正常维修养护，将排水设施收费由过去每吨4分调整为每吨1角2分。四是提高居民卫生费收费标准。为保证街道办事处清扫工人的工资收入，提高居民庭院的卫生保洁，根据"取之于民，用之于民"的原则，对城市居民卫生收费标准进行了调整。居民庭院清扫费由每月每户4角调整为6角。

2.调整了部分公用事业价格。一是改革公共电汽车、轮渡票制，调整车船票价格。取消公用月票和通用月票，保留市区专线月票，按公里计价。实行本票，取代板式月票，本票每本60张。售价7元7角，当月有效，零售票计程取价。同时，将轮渡票价由1角调为1角5分。二是调整民用管道煤气价格。由每立方米5分调到1角；工业管道煤气由每立方米9分调为1角6分5厘。

对改造危倒房、棚户区，实行超面积集资，动迁比超过50%部分由政府补贴，适当减免税费。

3.收取城市基础设施配套费。哈尔滨市基础设施欠帐很多，在一定程度上制约了生产的发展，影响了人民生活水平的提高。为了实施城市建设的综合开发，配套建设，使城市基础设施不再欠新帐，并逐步偿还旧帐，加快城市建设步伐，根据国务院颁发的《城市规划定额指标暂行规定》中住宅小区配套项目计算标准的千人指标和我市住宅小区实际测算，经省政府同意，开始收取城市基础设施配套费。

上海市城市建设概况

黄健之

上海简称沪，别称申。解放后，在中国共产党和人民政府的领导下，经过不断的改造和建设，城市面貌发生了深刻的变化。今日的上海，是全国的经济中心，最大的港口城市和重要的工业基地，也是全国重要的贸易、金融、科技、文化中心。

上海地处长江三角洲的东缘，位于我国南北海岸线的中点，东濒东海、南依杭州湾，西接江、浙两省、北界长江，交通便利，腹地广阔。全境除西南部有少数残丘外，全为坦荡低平的长江三角州冲积平原，平均高度为海拔4米左右。河流纵横如网，主要有黄浦江，苏州河，均发源于太湖流域。黄浦江流经上海市区，由吴淞口入长江，可航行万吨轮；苏州河在市区同黄浦江汇合，是上海同苏南地区密切联系的通道。上海交通发达，通讯便捷。有国际、国内民用航空线几十条，铁路和公路交通线几百条。上海地区属亚热带季风气候，四季分明，温和湿润，日照充分，盛产粮、棉、油以及蔬菜和水果。

上海的全市面积6340.5平方公里，其中陆地面积6218.65平方公里，水面面积121.85平方公里。城区面积375.44平方公里。有黄浦、南市、卢湾、徐汇、长宁、静安、普陀、闸北、虹口、杨浦、吴淞、闵行12个区；效区总面积5965.06平方公里。有上海、嘉定、宝山、川沙、南汇、奉贤、松江、金山、青浦、崇明10个县。全市总人口1232.33万人，其中城区710.16万人，郊区522.17万人。此外，约有流动人口200万人。

一.建国前上海城市建设概况

上海考古发现了距今约6000年的马家浜文化；距今约5000年的崧泽文化；距今约4000年的良渚文化。从这些遗址出土的石斧、骨镞和石犁、石镰等生产工具，众多的陶罐、陶壶等生活用具和玉环、玉镯等饰件，证实我们的祖先五、六千年前已在上海劳动生息。

上海原是一个渔村。春秋时属吴。战国时，先属越后属楚。楚考烈王以黄歇为相，封为春申君，上海是他封邑的一部分，后传黄歇开浦。黄浦江因而又名春申江，故上海别称"申"。东晋咸和年间和隆安年间，曾经修筑"沪渎垒"，以防海盗，所以上海又简称为"沪"。以后，宋代设镇，元代建县，明代筑城，清代康熙年间设立海关，乾隆、嘉庆年间逐步成为全国的贸易大港和漕粮运输中心，被称为"江海之通津，东南之都会"。1810年(嘉庆15年)，上海人口已发展到52万。

1840年爆发了鸦片战争，战后清王朝同英国签订了丧权辱国的《南京条约》，规定上海为对外开放的五个通商口岸之一。1843年11月17日正式开埠。从此，各帝国主义列强侵人上海，割地建立租界，兴办工厂，开设洋行，操纵贸易，输入资本。上海的城市建设插入了一个特殊的因素。1845年，英国首先在黄浦江西岸的北京路至延安路一带地区设立第一租界，接着其他国家也相继设立租界。有美租界、法租界、日租界等。1963年英、美两个租界合并，称为公共租界，其周界长度约为5公里，故名"十里洋场"。租界是"国中之国"，有独立的司法权。租界的发展，到二十世纪初期进入了兴盛时期。一大批高楼大厦陆续在外滩租界内动工兴建，到1937年，"十里洋场"已经基本建成，其它租界也已建成相当的规模。在租界地区按照西方城市格局建设的同时，以旧城区为代表的华界地区则基本上按照中国传统的城镇格局进行建设。随着民族工商业的兴起和发展，华界地区也有了相当的变化。大批石库门住宅的新建和商店的开设，在二、三十年代达到了高峰。至抗日战争前夕，上海已经成为当时全国重要的工业基地和金融、贸易中心，也是远东地区重要的金融和国际贸易中心。抗战爆发后，城市建设一落千丈；抗战胜利后，"租界"回归祖国，一度出现过高级住宅建设热。但很快由于经济恶化而衰落。到解放前夕，上海基本上是一个布局混乱、设施破碎、贫富悬殊，环境肮脏的畸型发展的工商城市。

［城市规划］ 国民党政府曾于1927年成立设计委员会负责编制城市规划，制定过《1930年上海市全市分区及交通计划图》、《1930年上海市市中心区域分区计划图》，即所谓"大上海都市计划"。这个规划把中国古代城市及建筑群的传统手法与近代功能主义凑合在一起。在不触及"租界"的情况下另建传统式样的新市区。总体布局缺乏整体性。1946年到1949年，上海当时的都市计

划委员会先后制定了1946年的《大上海区域计划总图初稿》和《上海市土地使用总图初稿》，1947年的《上海市土地使用及干路系统总图贰稿》1949年的《上海都市计划三稿初期草稿》。计划在四市区约80余平方公里内居住300万人，在外围开辟新计划区居住600万人；新计划区考虑安排就地工作就地居住，建立吴淞经市区外围至闵行的高速干道，在何家湾设新的编组站，使铁路与港口工业区直接联系等等。国民党市政府当局曾把这些规划方案提交"市参议会"讨论。但他们并没有实施规划的决心和措施，也不具备相当的经济能力。

［**房地产**］ 最早的管理机构，是1927年成立的上海特别市土地局，业务包括土地清查、分配、估价、测量、制图以及登记移转等。租界内的土地为外国人占有，房地产的管理权，操纵在英、美、法总领事控制下的工部局、公董局手里。1945年抗战胜利后，土地局改为地政局，相应制订了有关的规章法令，开展权权的清理和地藉的整理。英、美、法等国归还租界。有关地政档案等，也由该局管理。但是约100万平方米的敌产和逆产，由中央信托局管理；大部分房产仍由私人业主本人或委托给房产经租商管理。至解放前夕，上海市建成区约82平方公里，各类房屋建筑面积4679万平方米。

［**市政公用**］ 1856年上海建成第一条现代马路"法外滩"(现中山东二路)；苏州河上第一座现代化桥梁外白渡桥建于1906年；随着现代卫生设备的使用，下水道、污水管开始铺设，1921年建成第一座污水处理厂。上海第一座煤气厂由英商煤气公司于1865年建成；1883年杨树浦水厂开始供水；1908年英商电车公司在"公共租界"内开辟了第一条有轨电车路线。到1949年，经过近100年的缓慢发展，上海共有道路约900公里，路面面积近800万平方米；雨污水管道649公里，防汛泵站11座，排水能力每秒16万立方米；污水处理厂4座，日处理污水能力4万吨；煤气日生产能力20.4万立方米，家庭用户1.7万户；自来水日制水能力79万吨；公共交通车辆899辆，线路44条。日平均运客66万人次。整个市政公用设施由于没有统一的建设规划，造成道路互不贯通，管道系统紊乱，布局极不合理。特别是租界与租界之间，租界与华界之间，各自为政，深深地烙上了半殖民地畸形发展的印迹。

［**市容环境卫生**］ 总的是差别悬殊。租界内多现代马路，华界多小街小巷，道路弯曲狭窄；租界一边是高楼大厦，花园洋房，华界一边是低矮的砖木结构房屋，并伴有成片的破棚、简屋。在市区内，还有不少的臭水沟，周围环境十分肮脏。这一切，给上海解放后的城市建设和改造带来了极大的困难。

二.解放后上海城市建设发展

1949年5月上海解放后，随着经济和社会的不断发展，上海城区进行了大规模的改造和建设，城市建设事业迅速发展，城市面貌和功能显著变化。

［**合理调整城市布局**］ 解放初期，上海全市面积676平方公里，其中建成区面积82.6平方公里，工厂与住宅相互交错，布局混乱，结构极不合理。当时，在财力、物力有限的情况下，市人民政府主要抓了恢复经济和安定人民生活。在城市建设方面，提出了"一般养护，重点改善，量力而行，稳步前进"的原则，把资金集中用于全市市政设施系统的维修养护上。

1953年开始实行第一五年计划，工业生产迅速发展。1956年全市进行了第一次工业大改组。结合工业布局的调整，城市建设进行了填空补实，边缘发展。市区结合工业企业的并迁，形成沪东、沪西、沪南、沪北四个市内工业区和若干工业小区；同时根据工业发展和改善市区生活居住环境的需要。结合工厂的新建和部分污染严重工厂的外迁，先后规划群建了桃浦、彭浦、漕河泾、北新泾、五角场、长桥、周家渡、庆宁寺、吴淞、高桥、东沟等11个近郊工业区，对发展工业生产，改善市区环境起了较大作用。使城区面积有了扩大，达到116.6平方公里，城区人口由解放初的418.9万人增加到609.8万人。

面对工业要进一步发展，而城市膨胀又带来不少问题的矛盾，1957年提出了"逐步改造旧市区，严格控制近郊工业区的发展规模，有计划地建设卫星城镇"的城市发展方针。1958年全市工业进行了第二次大改组，同年1月至11月，江苏省的10个县先后归上海管辖，使上海有条件在郊区建设卫星城。1958年，首先在闵行开辟了本市第一个卫星城。这是一个以机电和重型机械制造为主的工业卫星城镇，滨临黄浦江、傍倚老镇。一条80米宽，两侧植满树木花北卉的大道由东至西，把工厂区和居住区联结在一起，色彩丰富，型式多样的三、四层住宅向大道两侧纵深展开。这种"一条街"式的布局对当时全国各地的城镇建设产生了很大影响。紧接着，又建设了以煤化学工业为主的吴泾卫星城，以科研和轻纺工业为主的嘉定卫星城，以汽车和仪表为主的安亭卫星城，以轻工业为主的淞江卫星城。五个卫星城的建设，使上海城市结构发生了质的变化，奠定了新的组合城市的框架。

七十年代初期，为发展石油化工工业，经国家批准，通过围海造地。在杭州湾北岸地区新辟建了一个石油化工城——金山卫。这个卫星城在建设过程中虽然受到"四人帮"的干扰，但由于总结了前5个卫星城建设的经验，生产设施与生活设施同步建设，生活区按照城镇的标准配建了公用服务设施和公共活动中心，较有吸引力，对当时全国的城镇建设起了积极的促进作用。

党的十一届三中全会以来，上海向开放型、多功能方向发展。城市建设进入了新的发展时期。根据国务院决定，在黄浦江西侧、长江口南岸的滨江地区，引进国外技术设备，建设了宝山钢铁总厂，并以宝钢为中心，规划建设了又一个新的卫星城——吴淞卫星城。从1979年开始，经过7年的努力奋战，1985年占地13.2平方公里的吴淞卫星城基本建成，包括一个年产300万吨铁、300万吨钢的现代化钢铁厂，一个2平方公里的生活区。生活区内有住宅77万平方米，宾馆、医院、学校、文化宫、少年宫以及商业服务中心等公共建筑18万平方米。金山卫卫星城在此同时完成了二期工程建设，扩建了一个滨海居住新区和一批文化、商业设施。其它5个卫星城在也得到新的充实、完善。1986年，7个卫星城人口由1978年的21.6万人增加到52万人，增加了1.5倍。

近郊工业区和远郊卫星城的建设，为上海旧城改造制造了条件，混杂在住宅区的工厂被逐步调整和搬迁，初步改变了厂房与住宅相互交错的状况；大批棚户区有计划地得到了改造，城市面貌有了改善。市中心有了进一步的扩大，70年代末扩大到141平方公里。1984年又扩大到230平方公里，使建筑和人口过分密集的状况有所改善。

至此，上海在城市发展形态上，初步形成了中心城、卫星城、郊县小城镇和农村集镇四个层次组成的层次分明、协调发展的城镇体系。

［**市政设施建设**］ 针对解放前遗留下来的道路互不贯通，雨、污水管道系统紊乱，棚户区环境恶劣的状况，人民政府立即着手改善市政设施。首先抢修因战争遭到破坏的市政设施，随即改善劳动人们居住集中的棚户、简屋区的环境。从1950年至1958年，填没了全长3公里、号称“上海龙须沟”的臭水浜——肇嘉浜，埋设了排水管，并在浜基上筑成林荫大道；在227处棚户区开辟大巷；新建改建道路326公里，面积71万平方米；埋设下水道192公里；新建污水处理厂5座，处理能力每天1.7万吨。从而使雨、污水管道和道路基本上形成了一个统一的系统，劳动人民的生活环境有所改善，受益人口约100万人。如1953年至1955年间，拓宽了从沪东平凉路、周家嘴路及经天目路通沪西的长寿路等道路，新建了武宁路桥和长寿路桥，沟通了杨浦区与普陀区这东西两个工业之间的交通联系；同期修建了北新泾、桃浦两个新工业区的道路、下水道设施，促进了新工业区的开发。1956年农业合作化高潮中，新建郊区公路94公里。桥梁69座，为上海郊区农村实现电力灌溉和农业机械化创造了有利的条件。

从1958年开始，市政建设重点放在近郊工业区、卫星城镇和市区通往郊县的主要公路上，先后为彭浦、漕河泾、吴泾、闵行、蕴藻浜、安亭、嘉定、松江等地区的开发配套进行了市政设施的建设；改造和新建了共和新路、龙吴路、新沪闵路、曹安公路、外青松公路、沪宜公路等道路，并结合改建、拓宽中山环路，其本形成一个市区对外交通的环形与放射相交织的道路网络。1958年至1959年，集中力量填没了蒲汇塘、法华浜、虹镇老街浜等严重污染的臭水沟浜162公里，疏捞河浜238公里，埋管193公里，筑路16公里。1957年至1966年，新建防汛泵站55座，排水能力每秒达137立方米，改善了肇嘉浜、日晖港、昌平路、宜昌路等地区的积水状况。1963年至1965年，新建、改建沿苏州河、黄浦江两岸的驳岸11公里，加固、加高防洪墙49公里。修建虹口港、虬江等外闸门，防洪能力有了提高。从1965年开始，在黄浦江底开始建设第一条越江隧道。

1979年至1986年的8年，市政工程建设取得了显著绩。8年共完成投资16亿余元，是1979年前29年总投资的2.6倍。新建改建市区道路总长117公里，其中包括引人注目的虹桥路拓宽工程，全长4.3公里，敷设各种管线47公里，并配套进行了沿途绿化建设。同时，还新建、改建郊区公路220多公里，其中包括沪闵路、逸仙路、川南路、交通路、沪南路等市、郊主要马路，以及乡场公路100多公里，使上海郊区所有的乡镇农场都有公路和汽车直通。8年中，新建了160座城市桥梁，其中包括本市第一座竖琴式大跨径预应力混凝土斜拉桥——泖港大桥，桥体全长392.8米，主跨200米，桥面双车道宽12米，气势雄伟，荣获上海市优质工程一等奖。这一时期还新建了龙关路、交通路、大连西路等5座车引立交桥和南京路、石门路、延安路、徐家汇等23座人引立交桥，这些人行立交桥造型别致，风格各异，既为行人提供了安全、方便的过路条件，又美化了市容。如椭圆形的南京东路西藏路人行立交桥，“Y”形的武宁路人行立交桥、“S”形的南京西路石门路人行立交桥、高脚酒杯形的延安东路西藏路人行立交桥，构思新颖，受到人们的赞誉。8年中，还新建和改建了288公里的排水管道，20座防汛泵站，排水能力提高63.5%；新建和扩建了曲阳、天山、龙华等5个污水处理厂，增加日污水处理能力12万吨，对改善环境卫生和黄浦江水质，起了积极作用。

经过37年的建设，市政设施服务能力有了大幅度提高。1986年与1949年末设施拥有量相比，道路、公路长度增长1.95倍。面积增长1.55倍；桥梁增长3.74倍;而污水管道长度增长1.3倍;防汛泵站增长9.5倍;出口泵站排水能力增长25.5倍。

［**公用事业**］ 城市公用事业与经济发展和人民生活密切相关。解放初期，为克服经济封锁造成的汽油供应困难，公用技术人员和工人千方百计地试制成了各种代用燃料，从1950年起大量改装成以白煤为燃料的汽车，保证了全市公共交通的畅通。广大工人修复了吴淞、杨树浦煤气厂的残破设备，迅速地恢复了生产。自来水从1952年起拟订和实施了全市环流水管计划，把各水厂管网接通，打破了供水分割的局面，合理调整了供水区域，改善了供水服务能力。经过一段时间的发展，1956年全市已拥有公共汽车、电车1295辆，比解放初期增长51.1%;线路总长度583公里，比解放初增长了65.6%;日平均运客207.5万人次。比解放初增长2.14倍。随着公交事业的发展，人力车逐渐退出了客运交通行列。同时，全市建设了1800多个给水站，解决了近90万人的用水困难问题。煤气家庭用户达到2.98万户，比解放初期增长54.4%。

1957年至1966年的10年中，全市经济和人口有了较大增长，与之相适应，公用事业通过自力更生，对老企业挖潜、革新、改造、并适当扩建、新建一批新企业，大大增加了供应能力。公共交通方面，新建和扩建了9个保养场和3个停车场，改变了原来公交线路集中于市中心的不合理布局，沟通了市区与新建工业区、工人新村的交通。1958年，在原已形成的公交全日线路网的基础上，开辟了全市第一条通宵线路，以后逐步发展形成了市区、居住新村与车站、码头之间的通宵行驶公交网。出租汽车有了发展。1962年有200多辆车，比解放初增长1.6倍，自来水方面，通过对5个老厂的扩建、改造，日供水能力由原来的59万吨提高到250万吨左右;同时新建了闵行、吴淞、长桥、桃浦水厂。煤气方面，杨树浦煤气厂1957年和1966年两次进行了扩建，日制气能力从10万立方米提高到45万立方米;并扩建了吴淞煤气厂，新建了吴淞焦化厂，利用制焦余气发展城市煤气。在此期间，3次提高煤气热值，由1949年的3200大卡提高到1965年的3800大卡。

1978年以来，公用事业迅速发展，用于这方面的投资达19亿元，相当于1978年前29年的3倍。公共交通新购车辆3076辆，相当于1977年底运行车辆的1.03倍;1986年平均每天运送乘客1420万人次，相当于1979年的4.66倍;新辟线路154条，延伸线路78条，调整线路178条，1986年全市公交线路比1978年增长80%，线路总长度14146公里，比1978年增长近3倍;针对近年来乘车拥挤的状况，从1983年以来，对全市190个经常阻塞的站点进行了调整，设立了数百个人流观察点，在29个机动点上配备了近200辆机动车，并采取大站快车、区间调头车、跨线联运车、定时定点车等措施，及时疏散大客流，提高营运效率。出租汽车打破了长期来国营企业独家经营的局面，出现了以国营企业为骨干，以集体、个体经营者为辅助，国营、集体、个体一起上的新格局，全部淘汰了1200多辆低效、高耗、污染严重的机动三轮车，代之以一批新型车辆，至1986年底，车辆总数达7493余辆，营业单位和个体经营者628家。自来水以增加水量、提高水质为重点，新建了杨思、居家桥、闵行第二水厂，扩建了长桥和杨树浦水厂，新增日供水能力70万吨;上海还着力改善自来水水质，花费巨额投资，建设黄浦江上游引水工程，第一期工程将于1987年完成，受益人口约400万人;在大力增加水量、提高水质的同时，千方百计改善居民用水条件，如在供水低压区建造增压设施，使全市供水低压区面积减少到0.11平方公里，拆除公共水站2912个，为居民接水进户，受益居民约100万人。城市煤气扩建了吴淞煤气厂，新增日供气能力24万立方米;改造了上海焦化厂，新增日供气能力39万立方米，1983年动工兴建目前我国最大的日产煤气达200万立方米的浦东煤气厂，一期工程已于1986年底部分投产，日供气30万立方米，1987年竣工后可形成100万立方米的日生产能力，这个时期还新建了10万立方米、20万立方米煤气柜各一座，储配站3个，敷设各种口径的煤气管道447公里，使全市管道煤气的最高日供应量达到395万立方米，比1978年增长45%;建设了石油气灌装站，增加了液化气的储备能力;8年中，发展煤气用户48万户，其中管道煤气36万户，液化石油气用户12万户。到1986年底，上海民用煤气和液化石油气用户已达107万户，民用煤气普及率达到51.7%。

上海公用事业经过37年的建设发展，与解放初期相比，公交线路和总长度分别增长6.52倍和39.18倍;全年客运总量增长20.52倍;出租汽车年运客人次增长38.06倍;自来水年售水量增长6.75倍;煤气售气量增长37.59倍;民用煤气用户数增长58.58倍。

［**环境保护及市容卫生**］ 旧上海是藏污纳垢之所，三教九流、封建帮派、流氓把头麇集。解放后，在大力铲除欺压人民的地方恶势力和黑社会组织的同时，取缔了淫乐场所，积极开展社会环境改造工作。根据为生产、为人民服务的方针，首先是把专供洋人和达官贵人享受和赌博的场所改建为劳动人民休息娱乐的园地。1952年，将原市中心占地500余亩的“跑马厅”改建为人民广场和人民公园;将陕西路复兴路口的跑狗场“逸园”改建为文化广场;1954年，将西郊的高尔夫球场改建成西郊

公园(现为上海动物园);同时还结合码头调整和臭水浜治理,辟建了外滩浜江绿地和肇嘉浜绿带。其次是开展民主改革,取缔了一批私商粪霸,把全市的清洁、清厕工人组织起来,成立了市区清洁管理所,统一进行环境卫生工作。

1957年以后,随着工业经济的发展,生产迅速增长,人口也不断增加,黄浦江开始受到污染,并不断发展;苏州河污染范围逐渐向西伸展。工业废渣量不断增加,60年代初期已达每年300万吨。随着对环境保护工作的重要性认识的不断提高,环保工作也列入了重要议事日程。1960年。成立市废水综合利用办公室,以化工、纺织、轻工、冶金为重点,对废水进行综合利用和处理,从1964年开始,对造纸、化工、染料、毛麻、化纤、纺织、医药和皮革等8个行业的有机污水进行治理;1973年后的几年,通过综合利用,工艺改革、技术革新,有重点地对造纸,化纤、印染、皮革、化工、染料、医药、电镀、食品、蔬菜、禽蛋等12个行业147个工厂的废水进行处理,推广无氰电镀和对含酚、镉、铬、铜、镍等重金属的污水进行处理,都取得了一定效果。同时建设了南区、西区两条污水排放管道,每天有70多万吨废水通过管道排入长江和东海,使黄浦江、苏州河污染有所改善。对上海地面沉降问题,1964年召开了专家会议进行研究,制订方案,限制地下水开采量,调整开采深度,采取地下水人工回灌等措施来控制地面沉降;到1973年,除个别地区尚有沉降外,市区地面沉降基本得到了控制,年平均沉降量减少到0.9毫米,一些地区还出现微量回弹。对工业废渣的处理和综合利用,从七十年代开始也逐步开展。

1978年以来,重视城市环境建设,加快建设步伐,相继恢复和建立了专职机构,使生态环境、生产环境和生活环境有了较大的改善。

1.环境保护取得进展。一是控制各种污染物的排放,工业废水处理量从七十年代末的每45.4万吨增加到1986年的每天106.4万吨,使全市工业废水处理率提高到26.7%;总排尘量从1981年的41.2万吨下降到1986年的29.8万吨,降低27.7%;废渣处理利用率从1981年的71.9%。上升到1986年的90%,在全国处于领先地位。二是开展了《黄浦江污染综合防治规划研究》并于1986年通过国家验收鉴定,据此实施了黄浦江上游引水工程计划,制订了市区合流污水工程方案,加强了黄浦江上游地区排污总量控制的科学管理。三是建设“基本无黑烟区”。七十年代末,上海市区一度大气污染严重,影响市容和居民身体健康,经过三年多的努力,市内20000余台(眼)炉、窑、灶,95%得到了改造,至1985年底,市内12个区全部实现了“基本无黑烟区”。这样,不仅大幅度地减少了大气污染,而且可节煤15~20%。取得了良好的环境效益和经济效益。四是建设安静小区,抓紧治理固定源噪声,现已整治了11个小区,面积10.53平方公里,受益人口54万余人。

2.环境卫生水平提高。1986年投资7429万元,比1979年增长2.5倍;全面更新环卫车辆,基本实现了垃圾粪便的机动运输,建筑、生活垃圾的机械装车率分别达到80%和30%;清扫马路的中、小扫路车达480多辆,大型洒水车31辆,配合人工清扫,保持了市区路面的整洁;平均每天产生的6200吨生活垃圾、2800吨建筑垃圾、7200吨粪便,基本做到日产日清。建设了一批垃圾、粪便处理场,正在逐步实现垃圾粪便的无害化处理和综合利用。

3.园林绿化建设取得成绩。全市公园数由1978年的42个增加到1986年的67个。公园面积由308.6公顷增加到596.4公顷。建设了规模大、有特色的共青森林公园和淀山湖大观园游览区。在新居住区内辟建了彭浦、松鹤、宜川等公园,为市民提供了新的游览和休憩场所。专用绿地从1980年的970.4公顷增加到1986年的1632.2公顷,园林绿化总面积从1738.1公顷增加到2718.9公顷,从而使市区人均公共绿地面积从1978年的0.47平方米增加到1986年的0.9平方米,增长近一倍。市区绿化覆盖率达到10.2%。全市各企事业单垃“找缝插绿”,精心植树、栽花、种草,进行墙面、屋顶、棚架绿化,仅1986年,市区就种植各种乔、灌木164万余株。1986年10月,市人大八届二十四次会议正式通过“白玉兰”为上海市市花的决定,现正抓紧培养,不断扩大种植面积。郊县在1980年至1985年间,植树3867万株,营造沿江、沿海防护林8800亩,郊区森林覆盖率由1980年的2.7%提高到3.96%。上海花木行业形成了生产和经营两大体系,1986年完成育苗17.9万株,花卉生13.1万盆,供应苗木8.6万株。在上海县梅陇乡、宝山县彭浦乡、崇明县合兴、堡镇乡建立鲜花生产基地,年产鲜花52万束。1986年花木等商品经营总额达到1078万元,创历史最高水平,其中出口总额达319.6万元,约占年营业额的30%。

[住宅建设] 解放前的上海住房,有一个显著特点,就是花园洋房与滚地弄同时并存。在全市2359万平方米的住房中,标准低,质量差的占52.6%,另有棚户323万平方米,以及几十万水上居民和无房户。解放后,初期由于资金有限,住宅建设的重点是改造旧社会遗留下来的环境极差,房室破烂、棚户区,把原来的棚屋全部拆除,改建成两层砖木结构的住房,并按装水、电,开辟通道,使居住条件有所改善。从1950年至1952年的三年间,全市改造棚户约100万平方米。从1952年起,由国家

投资规划建设居住新村。先是建设了著名的曹杨新村，分配给劳动模范和居住特别困难户，体现了国家对劳动人民的关怀，得到了人民的好评。以后，又在普陀、闸北、杨浦等工业集中的9个地段建造了20000套住宅。“一五”期间，加强住宅建设，完成投资1.8亿元，建成住宅294.12万平方米，先后辟建了天山、凤城等12个新村，为居民提供了较好的居住条件。

1958年起，随着卫星城镇的辟建，住宅建设也有了新的发展。1958年6月开发闵行卫星城，仅用了三个月时间，就建成长达一公里的“闵行一条街”。两旁商业、服务楼林立。同时还建设了“张庙一条街”、“天山一条街”等。1958年至1960年3年间，共新建住宅300.04万平方米。调整时期，上海注意了旧城改造，利用旧城区的零星空地，结合棚户简屋区改建和道路截弯取直等，建造了准海东路的桃园新村，西藏北路、新肇周路沿线住宅。1964年，开始对大型棚户区蕃瓜弄进行改建，折迁居民2000多户，经过3年奋战，把这个昔日有名的“滚地弄”棚户区，建成了布局合理，建筑新颖、环境优美的居住街坊。

“文化大革命”期间上海住宅发展很慢，以致到1976年粉碎“四人帮”时，住宅紧张成为上海一个突出矛盾，为了解决这个问题，从1979年起，对住宅建设体制进行了全面改革，大规模地开始了城市住宅的建设。从1979年至1986年的8年间，新建住宅3036万平方米，是1950年至1978年29年住宅建设总和的1.73倍，相当于旧上海全部住宅的1.28倍。这个期间高层住宅开始兴建并不断发展，8年中，有481300余户城市居民，搬进了舒适的新居，其中252700余户原是居住特别拥挤，结婚无房和其它各类困难户。到1986年底，城区居住房屋已达7347万平方米，人均居住面积6平方米，比解放初的3.9平方米增长53.8%。

由于老市区建筑和人口密度过高，大规模住宅建设主要在市区边缘展开，通过开发新的大型居住区来解决。这样，既使城市人口有所疏解，又使城市面貌发生新的变化。1979年至1986年的8年中，上海已经有12个新居住区初具规模，还有31个新居住区正在开发建设中。如曲阳新村，占地1243亩，可建造600多幢高层和多层结构住宅，包括3所中学、5所小学，1个医院、一批幼儿园、托儿所，以及文化娱乐场所。总建筑面积99.7万平方米，可容纳8万人，现已建成80多万平方米。新建居住区分布在距离市中心10公里左右的市区边缘地带，规模有大有小，住宅设计新颖，房屋高低错落，公共建筑配套齐全，有的居住区还建设了假山，水池和小树林，环境优美整洁。

旧城改造进一步加快，从1984年起，近郊征地新建的比重有所下降，旧区拆迁改建比重逐步加大。规模逐步向整体综合改造发展，以几个街坊或一大片地区作为一个整体，把住宅，市政设施、第三产业等，通过统一规划，实行综合开发。目前已经起步建设的有虹口区四平路地区，闸北区天目路一恒丰路地区，此外还有南市区的西凌家宅，普陀区的药水弄、虹口区的久耕里、徐汇区的市民村等千户以上大型棚户简屋区，采取政府支持、单位集资的办法进行全面改建。

三.城市建设管理

上海解放以来，为了加强对城市建设的管理，从50年代起，逐步建立起以行政手段为主的城建管理体制，这在当时的环境下，起了一定的积极作用，但是也存在不少问题。1978年后，随着改革和开放的不断深化，上述这种传统管理体制越来越不适应，所以从1984年开始，进行了体制改革，从单纯依靠行政手段管理过渡到用行政立法、经济等手段来管理。从1979年至1986年，上海市建设委员会颁发各种部门规章、规范性文件和提交市人大、市政府批转的行政法规，共达187件。同时，开始探索加强行业管理的新形式，建设系统陆续成立10多个行业协会，以加强行业管理。

［**规划管理**］ 1953年在苏联专家的帮助下，草拟了《上海城市规划示意图》。该方案以市区550万人、550平方公里为目标，规划为一个单一的集中城市，并对旧市区进行彻底改造，突出以福州路为城市中轴线，人民广场与各分区中心采取放射对称的建筑布局与道路布局。这个强调建筑艺术构图的总体布局方案，脱离了当时国民经济发展水平和城市现状条件，很快被实际所否定。1955年4月。上海成立了城市规划建筑管理局。1956年5月和1957年3月，先后编制了《上海市总图规划示意图》、《上海市初步规划示意图》。1953年11月，在原建筑工程部城市规划组的协助下，编制了《上海市总体规划草图》。这一规划草图，按照“逐步改造旧市区，严格控制近郊工业区的发展规模，有计划地建设卫星城镇”的方针，把原来的单一城市发展为组合城市。这个规划方案对指导郊区城镇建设以及控制旧城区的盲目发展起了一定作用，但也出现如“新外滩”等一些不切实际的设想。十年动乱中，城市总体规划的实施处于停顿、半停顿状态，粉碎“四人帮”后，城市规划工作逐步恢复、进入了一个新的发展阶段。1982年6月，市人民政府原则审定了1979年至1982年间编制的《上海市城市总体规划纲要》，并着手编制《上海市城市总体规划方案》，在深入调查研究，广泛听取意见，反复论证的基础上，1984年2月由中共

上海市委、市政府将《上海市城市总体规划方案》上报中共中央和国务院，1986年4月，中央书记处专门讨论《上海市城市总体规划方案》。同年10月，国务院对“方案”作了批复。至此，上海有了第一个经中央政府批准的城市总体规划，它将成为上海城市发展和各项建设的主要依据。上海城市总体规划的布局结构可以概括为：建设和改造中心城，积极开发浦东地区；充实和发展卫星城，有步骤地重点向杭州湾北岸和长江口南岸两翼展开；有计划地建设郊县小城镇；加快崇明岛的开发和建设。把上海建成一个经济繁荣、科技先进、文化发达、布局合理、交通便捷、信息灵敏、环境整洁的社会主义现代化城市。

在城市总体规划没有批准前，上海的规划管理主要是进行用地管理。如在“二五”计划期间，大量征用近郊土地和卫星城镇土地，通过核拨各项建设用地，保证了基本建设用地的需要，促进了工业生产和城市经济、社会的发展，其次是进行修建管理，通过审核建筑执照，控制建筑物间距和人口密度，节约用地；并结合市容整顿；三是进行管线管理，主要是执行管线工程执照审批制度，整理和编制地下工程管线资料和图纸等。

近几年来，根据城市总体规划纲要做了大量工作，主要的工作：一是编制了53个居住区规划，可建住宅3070万平方米，公共建筑424万平方米，约可容纳263万人，同时规划编制了中心城内23个重点改造地区，可改建住宅800万平方米，可供15万户居民居住。这些规划都已经开始实施。二是编制了全市地下铁道网和1号线站点选线规划、上海铁路枢纽规划方案以及高速公路和一级公路规划，这些规划程度不同地都已开始实施。三是规划改建和完善旧城区道路系统，四平路、天目路等道路拓宽改建已经完成并发挥效益，中山北路立交桥已经建成，延安东路越江隧道正在建设中，还有一批道路拓宽工程将要开工建设。四是规划了污水治理系统。提出了东干管线污水出海口的住置，明确了新建、扩建曲阳、龙华、天山、曹杨等污水处理厂的选址规划。五是为不断扩大电源和煤制气能力进行厂址及管线规划，包括配合新建宝钢电厂、石洞口电厂和扩建闵行、崇明电厂工程进行厂址选择和管线规划及100个多变电站选址；根据综合利用能源的方针，规划了浦东煤气厂厂址，通过调整岸线的规划论证，使煤气厂就近上煤。六是制订严重积水地区改善规划，并据规划改造了其昌栈、周家嘴路、五角场等12个地区的排水系统，受益面积18.7平方公里。使数十万居民在汛期和暴雨时免受水淹之苦。七是完成了上海新港区选址可行性研究，包括罗泾、外高桥、金山嘴3个港区方案总体布置，拟定优选次序。报经国务院批准。八是规划了淀山湖、佘山风景区，为丰富全市人民文化生活创造了条件。

［**土地管理**］ 上海解放后，市人民政府十分重视土地管理工作，根据国家政策和法令，统一管理全市城乡土地。37年来，主要做了以下几项工作：

1.完成了市郊的土地改革。1951年，根据《中华人民共和国土地改革法》、《城市郊区土地改革条例》，制定了《上海市郊区土地改革实施办法》完成了郊区的土地改革，把没收的土地连同接收的部分公地，按排给当地农民耕种，并统一颁发《上海市国有土地使用证》，规定了使用人的责任。

2.建立新的地籍管理制度。由于市区没有进行土地改革，私有土地大量存在。土地管理部门参照接管的地籍资料，办理土地登记，审查土地的所有权、使用权。按户建立土地卡片。对业主所有的私有土地颁发新的《上海市土地所有权状》；对使用国有土地的单位与个人，建立土地租赁关系。这些地籍资料，在处理国家建设征用私有土地或划拨国有土地时，起了重要的作用。此外，还编绘了新的地籍图。

3.制定城市地价，征收地租、地价税。为适应对城市私有土地开征地价税和征收公地地租的需要，首先制定了内部标准地价，然后明确了地租的标准，并进行征收。1956年房地产税制改革对全民所有制单位使用公地免租；对一部分使用原公私合营土地的单位和个人征收合营地租。1982年12月新宪法规定城市土地属国家所有。1984年起，由房地部门按原税额征收临时土地使用费；原私人出租土地也由房地部门根据转承租关系，按原租额向承租户征收临时土地使用费。

4.对私有土地的限制和清理接管。对私有土地的管理，采取了限制私地买卖，出租；对私房的买卖、转移不准将土地作价买卖。只允许土地使用权转移等办法。1963年实行了对市区内私有空地的租用改为征用。通过这些措施，私有土地逐步减少。

5.城乡建设用地管理。1955年8月和1980年10月，发布了《上海市国家建设用土地实施办法》、《上海市基本建设征用土地管理办法》，规定了国家建设用地的申请程序、选址、审批、拆迁、劳力安置、青苗补偿、土地补偿等具体办法。1982年5月市人民政府发出《关于征用城镇菜地收取建设费等问题的通知》规定征用菜地，除其他各项补偿外，每亩须交付菜地建设费7千元。同年10月发布《上海市蔬菜生产保护区的暂行规定》，规定每亩须交付征用费2万元。在加强建设用地的管理中，实行了统一征用、划拨土地，对合理安排全市建设用地，保护耕地，起了重要作用。

6.围滩造地。上海地少人多，为了使因建设而减少的耕地得到补偿，沿海的宝山、川沙、南汇、奉贤、金山及崇明县，利用泥沙冲积淤涨的滩涂，进行围海造地。1950年至1985年间，全市共圈围滩地面积85.36万亩，相当于同期全市建设用的61%。

7.清理违法占用耕地。1982年市政府发布了《关于严格控制征用郊县土地的紧急通知》，1984年7月批转了市农业局《关于本市郊县买卖、租赁土地的清理情况和处理意见的报告》，1985年5月发布了《关于认真地切实地制止乱占滥用和私租土地的紧急通知》。在这期间，土地管理部门根据文件规定精神，对违法占地进行了3次清理，共查出违法用地案件3500多起，占地18300多亩。并区别情况，依据政策，分别作出了处理，使乱占滥用土地的歪风有所收敛。

［**房产管理**］ 1949年底，上海市人民政府就建立公共房屋管理处，接管了敌伪产业300万平方米，通过清理债务，处理了外国人房产760万平方米；并代管无主房产30万平方米。1952年成立了市房地产管理局，统一管理经营公产房室。1955年，市房地产管理局经营管理的房屋达到584.7万平方米。1956年，上海对出租面积在1000平方米以上的房产通过公私合营的方式实行社会主义改造，共计有800万平方米。1958年又对业主出租面积在150平方米以上的房产，以国家经租方式(即原私房业主的房产归国家统一经营出租，业主按房租额领取一定比例的租金)实行了社会主义改造，共计有600万平方米住房。至此，全市房产管理发生了根本变化。除小部分不属改造范围的私房外，房产管理部门直接经营管理的居住房屋达到1950万平方米，占全市住房的59%，改变了租赁关系紊乱，业主对房屋损坏不维修、危及住户生命财产安全等状况。房产管理在"十年内乱"中曾受到严重破坏，有100多万平方米私房被无故侵占。这种状况在党的十一届三中全会后得到了纠正，政府将这些房产归还了房主。1986年，全市私房面积已达1904万平方米。目前，市区共有房屋约14677万平方米，其中住宅7347万平方米；由房管部门管理的房屋面积5498万平方米，其中住宅4711万平方米；由各单位自管的房屋面积7275万平方米，主要是非居住房屋，其中住宅只有745万平方米。

房租的情况。解放后针对租金标准紊乱的问题，制定了《上海市公共房屋租金标准》，凡由房管部门经营的公房，一律与居民和使用单位直接建立租赁关系，消除旧社会遗留下来的"二房东"的中间剥削。同时，把租金标准分为"居住用房租金标准"和"非居住用房租金标准"两类。《非居住用房租金标准》规定办公用房每平方米使用面积月租金最高为1.53元，最低为0.48元；商业用房每平方米建筑面积最高为2.30元，最低为0.47元。这个标准沿用至今。《居住用房租金标准》规定：每平方米居住面积为0.32元；以后空房分配按七折计租，这样使月房租水平下降至每平方米0.22元。1976年，颁布了《关于统一居民房租标准的通知》，规定实际租金高于这个标准的降下来，低于这个标准的暂时不动，使月租金标准又下降10%，为每平方米0.20元。

市房屋管理部门除直接经营管理公房外，还按照政府颁布的法规和房屋管理办法，对各系统单位自管公房和私房实行行政管理。在每年的梅雨季节、台风到来之前，由房管部门组织力量，对全市所有房屋逐幢进行检查，限期督修危险房屋和危险点，防止了重大塌房事故的发生，保障了人民群众的生命和财产安全。

［**市容管理**］ 党的十一届三中全会以来，上海市加强了市容环境卫生的管理，着重做了以下几方面的工作：

1.治理城市脏、乱、差。1984年1月，市政府颁布了《上海市市容环境卫生管理规定(试行)》，并从同年3月1日起实施。首先，在各级政府的重视下，建立了一支由专业队伍和群众相结合的执勤管理队伍，目前全市陆上市容环卫管理共有专职监督员1700多名，群众执勤人员4500多名。二是抓住市区116条闹市路(段)作为突破口，进行整顿管理。以后又选择24条影响大的重要路段，如南京路、淮海路、四川路等，开展创建"市容卫生好"、"市容设施好、交通秩序整顿好、监督管理好"的"文明街"竞赛活动。三是加强了对在港船舶的粪便污水管理以及江面漂浮垃圾的清除，取得了明显的效果。

2.加强环境保护法制建设。这个工作始于1977年，从1983年起进入一个新的发展阶段。先后制定和颁布了《上海市防止环境新污染暂行办法》，《上海市排污收费和罚款管理办法》，《关于控制、降低市区内河机动船舶噪声的通告》，《黄浦江上游水源保护条例》等，并对一批环保法规进行了起草、补充和修改。上述法规实施后，加强了环境管理，改善了环境质量。

3.保护古树名木。1983年以来，对全市古树名木进行统一编号、登记、造册，建立了档案，并竖起明显标志。据统计，上海地区古树名木，在300年以上的221株，300年以下100年以上的有1068株，共计1289株，分54个品种。这些树木都属文物保护范围，配有专人负责管理。

四.城市建设体制改革

1979年以来，上海市对城市建设体制进行了多方面的改革，取得了显著成效。

［**住宅建设体制**］ 长期来，上海的住宅建设从资金、基地到材料，全由政府统建统分。为了缓解住房紧缺的矛盾，加快住宅建设步伐，中共上海市委和市政府提出了“国家统建与企业自建相结合”的住宅建设方针，改变由国家统包的做法，调动各方面的积极性，多渠道、多层次地进行住宅建设。首先是明确各方面解决居住困难户的职责。困难户属于哪个单位，原则上由这个单位或系统负责解决。政府机关、群众团体和确实没有建房能力的单位，仍由市政府安排解决。既减轻了国家的压力，又照顾到了各方面的需要。其次是将不同用途住宅的建设计划分别编制和报批。把用于解决居住困难，市政工程动迁和落实政策等不同用途住宅的建设计划单列开来，谁报计划，谁分配使用，实行“先分后建”，明确了各方面的职责和利益，调动了各方面的积极性。三是以建房基地、资金和材料等方面，大力支持企业单位自建住宅。通过这些措施，大大加快了住宅建设步伐，“六五”计划期间，上海建成住宅2024万平方米，其中市政府投资建造的仅占27%。其余都是企事业单位投资建造的。

从1983年起，上海住宅建设开始纠正“住宅突出，配套滞后”的状况，逐步转向综合开发。一是推行住宅新区的建设包干。就是由施工单位总承包规划红线内住宅小区的全部工程内部，包装土建及水电安装，供电外线，街坊水管等。如潍坊新村二期一街坊10万平方米，由市居住区开发公司与市第三建筑工程公司签订小区包干合同，现已全部完成，做到了高层与多层住宅同步，住宅与公建配套同步建设，工程质量优良，成街成坊地交付使用，住户感到方便，各方面反映良好。二是实行住宅建设投资包干责任制。如1984年，市居住区开发公司实行年度竣工交付面积指标、平方米造价“双包”，超额完成有奖，缺额要罚，节余提成，超支赔偿。当年居住区的施工面积就达到254万平方米，竣工交付121万平方米，分别比上一年增长16.5%和9.9%。降低成本4%以上，节约投资八百多万元，1985年又将“双包”责任制推广到各区住宅建设单位，全年实行“双包”的住宅竣工面积达到140多万平方米，进一步提高了投资效益。

［**住宅商品化试点**］ 上海自1979年开始进行住宅商化的试点，当年在市政府投资统建的住宅中拨出20套、991平方米建筑面积的住宅，作为侨汇房出售。以后，住宅商品化的试点面不断扩大，1984年国务院批准上海扩大住宅商品化的试点，进一步推动了试点工作，仅1986年出售商品住宅即达到二十八万多平方米。

随着商品房出售的扩大，商品住宅开发经营专业公司逐步增多。1979年上海只有1家经营商品住宅的单位，业务单一。以后为鼓励竞争，多渠道地发展商品房，各种类型、不同层次的商品住宅开发经营单位逐渐增多，目前已有40多家。不仅有市的专业公司，也有区、县级的经营单位。商品住宅开发经营公司的业务不断扩大，管理水平也不断提高，已成为推进上海住宅商品化的一支重要力量。

为了筹集建设商品住宅的资金，并推动群众购买商品住宅，上海市办了“购房储蓄”和“商品有奖储蓄”。“购房储蓄”是由市有关部门提供一部分房源给工商银行、银行则以“先存后贷、存贷结合”的方式，向需要购房者吸收存款，发放贷款，购房者在个人承担的购房价款中，只要先存足三分之一的购房款，就可申请三分之二的购房贷款，优先购买商品住宅。“房屋有奖储蓄”，则是以开奖的方式吸收社会游资，中奖者可得到作为奖品的住宅，或得到相当于房价的奖金。到1986年，全市吸收的房屋储蓄数额已超过1亿元。

［**改革市政建设管理体制**］ 长期来，由于上海市政公用设施薄弱，加上建设和管理的事权大多集中在市里，因而出现市有关部门顾此失彼，疲于应付，而各区则有心出力但却有力难使的状况。为调动市、区两个积极性，共同做好市政建设和管理工作，适应经济和社会发展的需要，上海从1985年10月先进行试点，于年底正式在全市推开事权下放，市、区分工的改革。事权下放的主要内容是：房产管理方面，将区房产经营公司，修建公司、建材公司下放各区，按照政企分开的原则，各自成为经济实体，独立经营，自负盈亏等。市政工程方面，将街坊内的支路、下水道(均占市区道路、下水道的三分之一左右)下放各区，由区管理、维修、养护；同时明确区管范围内市政设施的改建、扩建和限额以下的市政工程措施项目，由各区组织实施。环境卫生方面，明确各区负责管理区环卫所的人、财物，并负责环卫专用设施的维护；同时，承担本区环卫管理和垃圾粪便的清扫、清运(短途运输)、清厕、清管。园林绿化方面，由各区负责管理区园林所和区内行道树、街道绿化和市管12个公园外的50多个公园。这项改革经过一年来的实践、取得了一些可喜的变化。

［**开发经济技术**］ 改善投资环境，吸引外资，引进先进技术。1982年10月上海市政府决定设立闵行和虹桥经济技术开发区。1983年初筹建工作开始，10月由闵行、虹桥开发公司和中国银行上海分行、香港中银集团签订合营合同，成立上海闵行联合发展有限公司和上海虹桥联合发展有限公司，并于1984年12月底经经贸部批准。

闵行经济技术开发区位于重工业卫星城闵行的西部，占地213公顷，距市中心30公里。区内工业用地占50%，绿化用地占24%，仓库占地5.5%，管理、培训服务中心等占5.7%，服务设施占6%，道路占5%。整个开发区主要是兴办中外合资、合作或外商独资的中小型电子、仪表、玩具、服装、食品、钟表等现代化工厂。从1983年4月开始征地动迁，至1985年底已完成"七通一平"。到目前，建造综合办公楼、餐厅、仓库、商品厂房、商品住宅等10万余平方米。领取营业执照的企业已有16家，总投资2.2亿人民币，其中外资2100多万美元。

虹桥经济技术开发区位于上海市区西部，距市中心6.5公里，占地65.2公顷，其中建筑开发用地占46.6%，游憩、公园、绿带用地占29.7%，道路23.7%。该区主要是用作建设高层办公楼、旅馆、公寓建筑群、外国驻沪领事馆以及商业、体育、娱乐、文教卫生、游憩等服务设施。目前，基础设施已经完成，区内中外合资项目8个，自营项目2个，总投资4.8亿美元，其中外商投资2.01亿美元。

闵行和虹桥经济技术开发区已成为上海对外开放的重要窗口之一。

在改革城市建设管理体制中，上海还试行了城市基础设施的有偿使用。主要是1986年，开始征收黄浦江大桥过桥费，排水设施使用费，提高过黄浦江隧道费等，并准备收取住宅建设配套费等。

通过37年的建设实践，上海城建行业有了很大的发展，拥有职工约30万人，并形成了门类较为齐全，技术较为精湛的科研、设计系统。近几年来，实行了一系列搞活企业的改革，城建企、事业单位的活力大大增加，队伍水平日益提高。同时，大力加强精神文明建设，使广大职工的精神风貌更加奋发。

江苏省城市建设概况

赵华中

江苏是我国人口众多、经济繁荣、文化发达的省份之一，也是我国城市兴起较早、城市较多、城市化程度较高的省份。早在春秋战国时期就初具城邑规模的彭城(今徐州)、吴(今苏州)、邗(今扬州)和金陵(今南京)。三国、两晋、南北朝时期，建康(南京)曾盛极一时，成为六朝的政治、经济、文化中心。隋唐以后，漕运兴起，大运河沿线的苏州、常州、润州(今镇江)、扬州、山阴(今淮安)、淮阴日趋繁荣，成为著名的漕粮转运口岸和商业都会，其中扬州最为繁荣，较长时期成为我国重要的通商口岸。直到本世纪初，随着沪宁、津浦铁路的通车，运河沿线的扬州和两淮才日渐衰落。鸦片战争以后，随着民族资本的发展，苏州、无锡、常州、南通、镇江迅速发展成为重要的轻纺工业城市。抗日战争前夕，连云港开港以后，连云港市发展产为港口城市。中华人民共和国的建立，使我省城市获得新生，人民政府对老城市进行了大规模的改造和建设。随着经济的发展，泰州、常熟、盐城、仪征、张家港先后设市。

1986年底，江苏全省有城市15个(城市建成区面积456.2平方公里)，建制镇384个，乡属集镇1749个。按全省陆地面积计算，平均39.7平方公里就有一个城市或城镇、集镇。在全省总人口6270万人中，城市和建制镇共有2059.5万人(其中城市为1117.3万人)占32.8%。全省1143万的非农业人口中，城市和县镇共有896.94万人(城市535.4万人)，占78.5%。1986年，全省实现工业总产值和国民生产总值分别为1210.75亿元和751.99亿元。一个城乡基本协调发展、多层次的城镇体系和社会经济网络已基本形成。党的十一届三中全会以来，江苏各市从实际出发，因地制宜地进行城市的规划、建设和管理，住宅建设持续发展。基础设施建设速度加快，市容环境有所改善。城市建设事业的发展为增强城市的幅射能力、促进生产流通、方便居民生活，做出了积极的贡献。

一.城市规划

解放前，我省除南京、无锡在1929年做过规划外，大多数城市没有规划。建国以来，除南京市在1953年完成城市道路网初步规划外，全省城市规划工作从1956年开始起步。到1960年，南京、无锡、苏州、常州、镇江、徐州、扬州、连云港8市完成初步规划或总体规划的修改、补充。六十年代初期，镇江、徐州专区进行了区域规划试点。但三年调整时期城市规划停顿下来，六化革命的十年动乱更使规划废驰。1978年全国第三次城市工作会议提出要“认真抓好城市规划工作”后，我省各市县开始了以编制总体规划为主的城市规划工作。为加强对这一工作的领导，江苏省人民政府于1980年成立了由已故建筑学家、原副省长杨廷宝教授任主任的“江苏省城市规划审议鉴定委员会”，负责对城市规划进行鉴定审批(杨廷宝教授逝世后，由原省委书记包厚昌同志任主任)。1983年国务院批准南京市城市总体规划后，为实施总体规划、加强南京的规划、建设和管理，同年由省人民政府决定，成立了“南京规划建设委员会”。从1981年省人民政府批准南通市的总体规划起到1986年6月国务院批准苏州市的总体规划止，全省用六年的时间全面完成了城市和县属建制镇城市总体规划的编制及审批工作。我省城镇初步纳入了按批准的规划进行建设、管理的轨道。

为适应对外开放的需要，各对外开放城市和对外开放地区城镇对总体规划进行了适当调整和修改。连云港市、南通市经济开发区总体规划已经省人民政府批准实施。对连云港、南通、无锡市的城市总体规划调整方案进行技术论证。各市还对新建住宅区、旧城改造地区等近期建设地区编制了详细规划。

为适应市管县的体制，完善我省城镇布局，充分发挥城市在区域经济中的中心作用，贯彻中共江苏省委提出的“以大、中城市为中心，以小城镇为纽带，以广大农村为基础，发展城乡和区域之间经济、文化、科技联系，组织合理网络，把城乡经济联结为一体，实现同步发展”的战略设想，1985年以来各市陆续开展了以城镇布局区域基础设施发展为主要内容的市域、县域规划。1985年完成了如皋、昆山县的县域规划试点。1986年南京、徐州市域(含县)规划编制完成，全省城镇体系的研究已形成初稿。

为配合上海经济区规划，还开展经济区范围内我省城镇布局及交通、风景旅游规划的编制(初稿)。

为保证总体规划的实施,各市县城市规划部门参与了基本建设项目的可行性研究,注意了基本建设项目选址定点和城市规划的结合。徐州市针对郊区建筑工程管理的薄弱环节,充实管理人员,制定了管理办法。

二.住宅建设、房地产管理

50年代,党和政府以比较大的财力、物力投入城市职工住宅建设,并对旧社会遗留下来的棚户区进行改造,不同程度地改善了职工群众的居住条件。但在以后一个相当长的时期内,由于在经济建设中重生产轻生活,住宅建设长期“欠帐”,城市住房普遍紧张。据统计,1978年全省11市平均每人居住面积仅4.28平方米,缺房户达24.4万户。全国第三次城市工作会议以后,中共江苏省委制定了“多种渠道、多种办法建设职工住宅”的方针,调动各种积极因素进行住宅建设。1979~1986年,全省城市和建制镇,全民所有制基本建设,全民所有制技术改造措施、城镇集体投资累计建设住宅5051.06万平方米,城市私人建房423.11万平方米,减去因城市改造等原因拆除的住宅建筑面积,同期净增住宅建筑面积5037.26万平方米,按每人建筑面积14平方米计算,大约解决了359.8万人的居住问题。全省城镇住宅和建设年开工建筑面积从1980年起已连续七年超过500万平方米,如保持这一水平,到“七五”计划末期,城市住宅紧张的局面将会明显好转。

1986年底,全省15个城市实有住宅建筑面积8592万平方米,按市区非农业人口计算的人均住宅使用面积人均居住面积分别为9.8和6.4平方米。

1985年,根据建设部和国家统计局统一部署,进行了建国以来我省第一次城市房屋普查。普查结果表明,截止1985年底,全省城市和建制镇房屋总面积为2.71亿平方米,为1949年的9倍。其中,1980年~1985年新建的为1.08亿平方米,占总面积的39.85%;住宅为1.29亿平方米,占房屋总面积的47.6%;人均居住面积为7.11平方米。这次房屋普查,基本摸清了我省城镇房屋的数量、质量、所有权、使用情况和城镇职工的居住状况,为制订国民经济和社会发展规划提供了可靠的依据。

1982年以来,我省各市做了大量的落实房产政策的工作。到1986年底,对“文革”期间冲击、挤占的私房和低价收购下放户的私房已基本处理结束,对国民党军政人员弃留的房产进行了清查核实,对出租私房改造的遗留问题也进行了清查工作。

十一届三中全会以来,各市县房管部门广泛开展了房屋的交换工作。据不完全统计,1986年南京、徐州、无锡、泰州、镇江、苏州、淮阴、南通、连云港等9市共成交住宅9378套。开展房屋的交换,既方便了市民就近居住,工作,也促进了城市房屋在合理使用,普遍受到群众欢迎。

三.市政公用事业

[城镇供水事业] 解放初,全省只有南京、镇江、常州、连云港和徐州市有自来水厂,1949年底全省自来水厂每日生产能力仅7.35万吨。

建国以来,党和政府一直重视自来水厂的建设。党的十一届三中全会以后,各市县把自来水厂的新建与技术改造列为城市建设的重点,兴建了一批自来水厂。连云港茅口水厂,南京城南水厂、浦口水厂、镇江市三水厂、常州市长江引水工程、泰州市二水厂、无锡市梅园水厂扩建工程相继投产,对保证城市居民生活用水、缓和城市工业用水的紧张局面起了一定的作用。据统计,1986年底,全省15个城市共有水厂50座,供水管道总长度6186公里,日综合生产能力242.3万吨,全年售水总量7.89亿吨,其中,生产用水4.5亿吨、,生活用水3.35亿吨。用水总人口627万人,其中:非农业人口563万人,用水普及率95.4%,城市人均每日生活用水量158升。与1978年相比,自来水综合生产能力增长111.9%,平均生活用水量增长66.8%。

1986年底,全省城市工矿企业自备水厂日综合生产能力为360.6万吨(其中:南京市为130万吨),全年供水总量9.08亿吨,其中:生产用水8.3亿吨、生活用水0.61亿吨,用水人口64.4万人,其中:非农业人口46.73万人。全省工业用水(含城市自来水、工矿企业自备水厂)重复利用率为46.3%。

全省县镇给水事业发展较快,水厂建设采取以县投资为主。用水量较大的单位适当集资、省酌情补助的办法筹集资金。1986年完成投资2447.2万元,新建成水厂24个,新增日综合生产能力19.2万吨,扩大用水人口42万人,是建国以来县镇水厂建成投产最多的一年。同年底,全省县镇共有水厂164个,日综合生产能力100.6万吨,用水人口313.9万人。

各市、县贯彻“开源节流并重”的方针,在扩大供水能力的同时,狠抓了节约用水工作。到1986年底,全省对85%的自来水工业用户实行了计划用水,95%的单位取消了生活用水包费制。同时,水资源保护工作也取得一定成效。

[**城市公共交通事业**] 解放初期,全省只有南京市经营城市客运业务,1949年只有营运汽车20辆。建国以来,我省城市公共交通事业发展较快,服务面逐年扩大。1978年以来,各市抓了公交站点,保修设施的建设与车辆购置更新,开辟新的运

行线路，促进了新建居住区和市郊工业的发展，方便了群众生活。1986年，全省12个城市(未含常熟、仪征、张家港市)有公共汽(电)车营运车辆2539辆(合2862标准台)。营运线路217条，营运线路总长度3042公里，全年运客总数14.47亿人次。与1978年相比，营运车辆(标台)增长69%，路线总长度增长71.7%。运客总数增长80.8%，另外，城市公共交通系统外经营公交业务的营运车辆有103辆，营运路线343公里，年运客719.6万人次。全省城市每万人拥有公共汽(电)车4.5标准台。

全省11个城市经营城市客车出租业务，1986年底有营运车辆614辆，其中大型客车160辆，出租次数44.58万次，总行驶里程1954万公里。除此以外，还有社会企事业单位经营的出租汽车2313辆。开展汽车出租业务，对方便市民生活，促进旅游观光事业起了积极作用。

南京、连云港有城市轮渡业。1986年实有营运船34艘，运客2572.2万人次。

城市客运的行政管理已引起许多城市的重视。为保护出租车辆的合法经营者和消费者的权益，南京市还制定了城市客运管理的实施办法。

［**城市燃气事业**］ 江苏城市燃气事业是从"五五"计划初期开始兴办的。1973年南京供应人工煤气，是全省燃气事业的开端。1986年底发展到镇江、常州、无锡、苏州、杨州、南通、淮阴和徐州等市。我省城市人工煤气是结合工业项目节能技术改造进行建设的，规模比较小。就城市公用系统而言、仅常州、南通有人工煤气生产厂，1986年底日生产能力9.2万立方米。全系统储气能力28.6万立方米，管道总长587公里，供气总量1.6亿立方米(其中，生产用量0.85亿立方米，家庭用量0.54亿立方米)，用气人口51.3万人。

南京、徐州、苏州、常州、南通、镇江市供应液化石油气，1986年全市供气总量4.11万吨(其中:生产用量0.11万吨，家庭用量3.79万吨)，用气人口70万人。

城市工业系统的炼焦制气厂，炼油厂也直接向一部分工矿企业、城市居民供气。1986年用气人数为51.4万人。

1986年底，全省使用人工煤气和液化石油气的总人数为172.7万人，占15个市城市非农业人口的27%。现在，江苏人工煤气事业仍处于初创阶段，液化石油气气源紧张，城市燃气事业还远远不能适应人民生活的需要。

［**市政设施**］ 城市道路是城市的骨架。江苏省老城市较多(近几年新设立的市也是由古老的县城发展起来的)。城市道路布局不合理，路面峡窄，等级较低。

1979年以来，各市在城市道路建设方面打通了一批严重影响交通的堵头，卡口，改建了一批桥梁。南京、徐州、镇江、无锡、苏州等市建设了城市外环路和过境道路。1986年南京建成全省第一座大型立交桥——中央门立交桥。各市局部地区的交通拥挤状况有了改善。

1986年底，全省15个市实有道路长度4144.2公里(其中，高级、次高级道路2250.9公里)，道路面积3867万平方米(其中，高级、次高级道路面积2201.9万平方米)，人行道面积274万平方米，桥梁1095座，城市下水道总长2675.6公里，路灯的8.5万盏。

江苏地处长江、淮河下游，城市防洪、排水极为重要。1979年以来，南通对濠河、徐州对废黄河市区段，常州对京杭运河常州段进行了治理。

［**市容及环境卫生**］ 1979年以来，各市抓了环境卫生设施的建设。1986年底，全省15个城市由环卫部门清扫的面积为1372万平方米，有公共厕所5448座，各种环卫机械920辆，全年清运生活垃圾189.8万吨，清运粪便201.8万吨。

四.风景园林事业

江苏省风景资源丰富，园林和风景名胜众多。全省现有太湖、钟山两个国家级风景名胜区和镇江南山、三山、常熟虞山(又是太湖风景区的景区之一)、扬州瘦西湖、南通狼山、徐州云龙山、连云港云台山、句容金坛茅山等8个省级风景名胜区，总面积1068.19平方公里，保护地带面积2310.25平方公里。1978年以来，有关各市重点抓了风景名胜区的保护和规划。据调查，1982年以来，上述风景区(不含茅山风景区)停止开山采石49处，减少开山采石面积一百多公顷，退田还湖946.7公顷，维护抢修景点62处，新开辟景点36处，抢救古树名木365株。镇江市人民政府为保护南山风景资源，坚决关停风景区规划范围内的采石宕口，受到人民赞扬。现在，这些风景区已封山育林45平方公里，植树造林189万株，有林地面积308.6平方公里。1986年，国务院、省人民政府分别批准了太湖风景名胜区和镇江南山风景名胜区的总体规划。省建设委员会对扬州瘦西湖风景名胜区和南通狼山风景名胜区的总体规划进行了技术鉴定。

全省各市城市总体规划中城市园林绿地系统规划已付诸实施，并正在作进一步的深化、完善，到1986年底，12个市完成了园林绿地树种规划。各市、县、镇绿化实行专业队伍和群众相结合的方针，广大军民积极参加义务植树运动，15个市每年参加植树的约有300万人次。为美化城市，充分体现城市绿化的地方特色，南京、常州、苏州、无锡、徐州、扬州等市区确定了市树和市花。

1986年，全省15个城市共有园林绿地总面积15650.8公顷，其中，公共绿地面积2395.4公顷，公园122个，动物园7个，园林系统苗圃682.2公顷，全市接待游客7904.9万人次，上述数据中，属宗教、文化等非园林系统管理的园林绿地面积有6649.1公顷，其中，公共绿地162.5公顷，公园32个，游人量1150.3万人次。全省城市建成区绿化覆盖率平均为18.3%(其中，南京为36.8%)，按城市非农业人口计算，平均每人占有公共绿地面积3.7平方米。

五.城市管理

1979年以后，全省各市陆续建立了城市管理委员会，有的市还配备专职城管干部，公安、工商行政、卫生等部门与城建部门相互配合，处理城市管理中的问题，城市管理工作得到加强。1981年抓了整顿环境卫生、整顿交通秩序和整顿市容的“三整顿”工作。1983年起，城市管理工主以治理环境卫生为突破口，治理脏、乱、差，并逐步发展到与“五讲四美三热爱”活动、爱国卫生运动、义务植树运动相结合，形成综合治理，取得了比较好的效果。据不完全统计，1984年，全省13个市(不含仪征、张家港)拆除违章建筑21000多处，清理违章占用道路35000多处，整修各种标牌四千多个，新建街巷花坛29000余个，创建文明街巷1026条。1985年，全省各市又展开了以创“优美环境、优良秩序、优质服务”(简称“创三优”)的活动，继续治理脏、乱、差，并在城市间开展“创三优”竞赛。市容和环境卫生有所好转，交通秩序、市场秩序的管理有所加强。城市面貌有所改善，涌现了一批文明单位和文明标兵。1986年，常州、扬州、徐州被省人民政府命名为创“三优”竞赛优胜城市，城市管理工作的开展还带动了小城镇管理水平的提高，苏南、苏北都涌现了一批文明整洁的小城镇。

六、江苏省城市建设特点

党的十一届三中全会以来的8年，是建国以来江苏城市建设发展最快的时期，这一时期的城市建设有以下特点。

[城市建设指导思想的转变] 1979年，省委、省人民政府根据中央关于国民经济调整的方针，调整了生产和非生产性建设的比例关系。在住宅建设方面，贯彻“多种渠道、多种办法”的方针，调动各方面建设职工住宅的积极性，城市住房紧张的状况有所缓解。

省委、省人民政府针对全省城市建设工作缺乏系统研究、长远发展方向不明确、存在一定盲目性及管理水平低等问题，于1982年5月召开全省第二次城市工作会议，研究城市的建设和管理，提出了要正确处理生产建设和其他各项建设的关系，正确处理发展工业生产和保持城市特点的关系，正确处理建设现代化城市和保持城市传统特色的关系，正确处理物质文明建设和精神文明建设的关系，把我省城市逐步建设成为高度文明、高度民主、经济繁荣、文化发达、技术先进、布局合理、优美整洁、生活方便以及经济、社会和科学技术协调发展的各具特色的社会主义现代化城市。指导思想的转变，使城市建设工作呈现出蓬勃发展的新局面。

[城市建设法规与政策] 城市建设工作涉及面广、政策性强。1979年以来，省、市人大常委会、人民政府及城市建设主管部门制定了一批有关的行政法规和政策。经省人大常委会审议由省政府公布的地方法规有:《江苏省城市建设用地管理和房屋拆迁安置试行办法》、《江苏省〈国家建设征用土地条例〉实施办法》、《江苏省城市绿化保护暂行条例》、《江苏省风景名胜保护暂行条例》、《江苏省城镇供水资源管理暂行办法》、《江省省山石资源管理办法》和《江苏城镇房地产管理暂行办法》。南京、徐州、无锡、镇江、南通、泰州等市还制定了一批旨在加强城市基础设施建设的经济政策。

[城市建设管理体制改革] “六五”计划期间，根据中共中央、国务院《关于国营工业企业进行全面整顿的决定》，全省建设系统的企业及设计、市政、园林、环卫、房管等事业单位全面进行了整顿。1984年起，省、市城建主管部门把推行适合行业特点的经济承包责任制作为城建企事业单位改革的重点，并积极探索城建管理体制的改革。现在，各市城市建设项目正试行推行招标承包;市政、住宅施工、古典园林施工企业试行百元产值工资含量包干，初步收到降低造价，缩短工期的效果。城市环卫行业改变过去按城市人口比例配备环卫职工、按人头拨经费的老办法，实行按承担的任务量结合劳动定员定额核定经费，改变环卫经费“统收统支、差额补贴”的办法，实行“收入包干、差额补助”的办法，并对环卫工人的环卫津贴和奖金与清扫、清运的质量和服务态度挂勾，奖优罚劣，城市环卫清扫面积增加，卫生质量有所提高，城市公交、自来水、煤气、房修、园林等行业做到了单位对主管局、单位内部个人、班组和场队对上一级的逐级承包，并把经营收入，服务质量等结合起来，促进了管理，提高了经济效益、社会效益和环境效益。

为了调动市、区两级政府积极性，加强城市建设管理，搞好城市的规划建设和管理的指示，南京、无锡、苏州、徐州、连云港等市对城建管理体制进行了调整，将市政设施进行分级管理，以加强市区政府城建工作的领导。1984年，南京市在建宁路的拓宽改建中实行“以块(区政府)为主，条(市主管局)块结合”的指挥体制，由区政府向市(主管局)承包，使区政府在征地拆迁中由“局外人”变成了“主事人”，改变了以往拆迁中“要价过高”的局面，节省投资500万元，比计划工期提前5个月竣工，为市区政府对城建工作的领导提供了经验。

［**住宅及城市基础设施的建设**］ 据统计，1979年～1986年全省全民所有制单位完成住宅建设投资49.52亿元，占建国以来全民所有制单位完成住宅投资总额(缺“三五”资料)的88.2%。为增强城市的功能和发挥其中心作用，各市加强了基础设施，尤其是道路的建设。道路建设又带动了城市住宅、交通、通讯、供水、供气和绿化建设，1979年～1986年全省完成城市建设投资16.51亿元(其中1985、1986年分别为5.01亿元和5.34亿元，占建国以来完成城建投资总额的81.1%)。

城市建设还实行了综合开发，配套建设的新体制。全省从1981年开始试行综合开发，到1986年底，累计完成开发工作量22.23亿元、完成房屋建筑面积1118.5万平方米(其中1986年完产开发工作量10.77亿元，完成房屋建筑面积372.2万平方米)。兴建了一批基础设施配套较全的住宅小区。1985年起在城市郊区征地兴建住宅区的势头开始减弱，逐步转向旧城区的改造。实行综合开发、配套建设后，城市环境质量有所提高。

［**小城镇建设**］ 全省乡镇企业发展较快，地方经济(尤其是苏南)比较活跃，带动了小城镇的发展。1979年以来有236个乡属集镇升格为建制镇。全省城镇都兴建了一批城市基础设施，对活跃地方经济起了促进作用。

七.城市建设行业职工教育和精神文明建设

［**城市建设行业职工教育**］ 为提高城市建设系统职工的技术业务素质和管理水平，省市城建主管部门把职工培训和教学基地建设作为一项重要工作来抓。党的十一届三中全会以前，全省城建系统没有一所学校。现在，无锡、南京、苏州、徐州、淮阴等市分别建立了城建职工大学、城建职工中专和技工学校。淮阴市城乡建设局出1985年起着手筹建淮阴市城建职工中等专业学校。在资金比较紧张的情况下，1986年安排200多万元用于校舍建设。他们一手抓学校基建，一手抓教职员工队伍的组建，经过努力，保证了当年建校，当年招生。江苏省城市建设学校的筹建工作进展顺利，1986年已开办3个专业，招收了120多名学生。现在，全省共有城建(房产)职工大学2所，城建(房产)职工中专5所，技工学校4所及省城市建设学校1所，共开办各类专业14个，具备3年培养1700名高、中级专门人才的能力。

1984年～1986年，省建设委员会和中共江苏省委组织部联合举办了3期县长研究班，学习城市规划和建设的理论，研究和探讨加强城市建设、城市管理的方法和途径。先后有164位县级干部进行了培训。这一期间，省、市建委还结合工作实际举办各种培训班，培训管理干部。

［**城市建设行业的精神文明建设**］ 1982年以来，各市结合城市建设各行业特点开展了文明施工、文明服务活动，并逐步把城市管理和精神文明建设结合起来。苏州市城乡建设局在1983年还制订了各行业的职业道德标准。

根据《中共中央关于社会主义精神文明建设指导方针决议》，各市抓了城乡建设行业(主要是公用事业等窗口行业)的行业作风建设。各企事业单位广泛进行了职业道德的教育。

1986年，省建设委员会和省产业工会在全省城市公共交通系统开展了创文明车、新风车的活动，组织优秀乘务员42人在全省11个市进行示范演讲，召开了优质服务经验交流会。全省公交系统有38个车组、11个班组和59位同志被建设部确定为全国优质服务先进集体和先进个人予以表彰。这一年，城市公共交通企业在端正行业作风、提高服务质量、促进两个文明建设方面迈出了可喜的步伐。

事实表明，党的十一届三中全会以来的八年，是江苏省城市建设历史上最好的时期，取得了巨大的成就，为即将到来的新时期奠定了基础。但我们是在商品经济不发达，社会生产力比落后的条件下从事城市建设的，城市住宅不足，供水不足、交通拥挤、排水不畅、环境质量差等问题仍十分突出，需要随着城市经济的发展逐步加以解决。在实现城市现代化的进程中，需要对城市的地位和作用重新认识，不断探索城市规划、建设和管理的理论与方法，制定切合实际的方针和政策，逐步把城市建设成为高度文明，经济繁荣、文化发达、技术先进、布局合理、优美整洁、生活方便的各具特色的社和主义现代化城市。

南京市城市建设概况

唐善忠

南京，又名金陵，简称宁。是江苏省省会，全省的政治、经济、文化中心。现辖玄武、白下、秦淮、建邺、鼓楼、下关、雨花台、栖霞、浦口、大厂10个区和江宁、江浦、六合、溧水、高淳5个县。辖区面积6515.74平方公里，其中市区面积867.21平方公里。人口471.61万人，其中市区人口228.89万人。

南京具有悠久的历史，是我国著名的四大古都之一，它有5000多年的居民史，2450多年建城史。自公元229年三国吴迁都建业始东晋、宋、齐、梁、陈、五代南唐、明、太平天国、中华民国先后定都南京，因而南京亦有“十朝都会”之誉。

南京地处长江下游，属宁扬丘陵地区，境内山水城林融为一体，石城虎踞，钟山龙蟠，山环水绕，气势雄伟。

解放前，南京古城历经战乱，几经盛衰，城市面貌破旧，基础设施服务功能薄弱，古代建筑遭受了严重的破坏，新中国成立后，南京市在人民政府的领导下，焕发了盎然生机。1986年，全市社会总产值达208.5亿元，比上年增长16.3%；工农业总产值148.6亿元，是解放初的近30倍，是1978年的2.21倍；国民收入77.5亿元，是1980年的两倍多。随着全市经济和社会的发展，城市建设也取得了突破性进展，基础设施的服务能力显著提高，人们生活条件有了较大改善，城市面貌发生了根本变化。1986年全市全社会固定资产投资达32.95亿元。

一.城市建设管理

1950年，南京市财政经济委员会内设基建计划处，对全市的工业建设、城市建设、设计施工进行统一管理。1954年，撤销市财政委员会，成立南京市计划委员会和南京市市政建设委员会，分别负责审批基本建设、城市建设计划任务书、初步设计和技术设计，1956年成立南京市基本建设委员会，管理全地区基本建设和城市建设的勘察设计、建筑施工和竣工验收等工作，并制定完善了一系列条例规章。后又几次撤销并调整。到1985年，南京主管城市建设的归口单位为南京城乡建设委员会。

［**城市建设行业改革**］ 党的十一届三中全会以后，城市建设行业的改革工作不断深入，城市建设出现了生机勃勃的景象。1983年11月，市政府在贯彻实施国务院批准的《南京市城市总体规划》时，提出城市建设要实行改造老城区和开发新城区相结合，以改造老城区为主的原则，划定了40个老城改造片，并把各项建设纳入全市统一开发的轨道。1984年，在城市建设工作方面，扩大区级权力，下放了市政、环卫、园林、房产和综合开发5个方面的权限。尤其是城市综合开发权的下放，充分发挥了区政府在城市城建中的职能作用，使改造老城工作取得明显成效。同时，制定了《关于加快基本建设速度若干问题的暂行规定》，采取30条改革措施，规定征地拆迁由政府承担，实行承包责任制；进一步完善工程设计技术经济责任制，试行设计提前奖和优秀设计奖；推行建筑施工招标承包制，试行提前工期奖和赶工措施费。从而解决了多年来征地拆迁难的问题，缩短了设计周期，加快了工程建设速度、推动了基本建设年和城市建设的迅猛发展。1986年，全市完成固定资产投资额29.3亿元，比上年增长22.4%，全市竣工住宅面积214.44万平方米，是建国以来最多的一年。1985年，城市建设投资1.05亿元，其中新建改建城市道路33公里，创南京建路史上的最高记录；1986年，南京市又新建拓宽道路近4公里，增加道路面积8万平方米。综合开发已由片区转向区域性改造。

［**招标投标**］ 解放后，一直用行政办法分配施工任务。1984年7月起，南京市试行基本建设工程招标承包制，建筑市场由封闭型转为开放型，促进了施工企业之间的竞争。1985年经市政府同意，由市城乡建设委员会，建设银行、建工局等部门派员组成招标办公室，凡建筑面积在200平方米、投资在30万元以上的建筑工程，都在实行招标的范围。年内实行建筑安装招标承包的工程189项，投资达4.1亿元，占全市基本建设工作量的40.5%。经抽查，招标工程工期比定额缩短20%，造价低于原预算的3%。

［**综合开发**］ 1981年10月，南京市成立城镇建设综合开发公司，后又相继成立了市侨汇建设公司、土地开发公司、工程承包公司、城镇基础开发公司和10个区的开发公司。城市建设开始由分散建设走向“六统一”，即统一规划布局、统一征地拆

迁、统一补偿安置、统一委托设计、统一组织施工、统一交付使用，开发范围不断扩大，逐步走上了住宅开发与改善城市基础设施并举的轨道。至1985年，市区各开发单位共建成住宅区31个，建筑面积277万平方米，其中旧城改造片6个，建筑面积11万平方米，1985年，市区开发公司竣工住宅101万平方米，占全地区竣工住宅的一半。1986年，南京的综合开发工作依据城市总体规划，结合各区功能，把点、线、面的开发和改造推向地区性的配套开发和改造，加强了城市的基础设施，提高了城市的综合服务功能。全年市区开发公司竣工住宅面积91万平方米。先后建成了雨花新村、张府园小区、中山东路小区复建房等，完成共建配套27.8万平方米。

［**勘察设计**］ 解放前，由私人设计事务所经营勘察设计，力量单薄。50年代初，在市建筑工程公司内设设计室，后并入省建筑公司设计室，成立省建筑设计院。1954年，南京修建公司成立设计室，1958年改为市城建局设计处，1960年发展为南京市城市设计院。1965年更名为南京市勘察设计院。1984年，测绘与设计分开分别成立市设计院和市测绘院。同年，组建了市第二建筑设计院，将各区的设计室组成联合体。此外，还有市政设计院、住宅设计研究所以及驻宁部队、省属各专业勘察设计等部门。共同承担石油化工、电子、电力、冶金、建材、轻工、纺织、交通、邮电、通讯、建筑、水利等工程设计项目。到1985年底，全市共有勘察设计单位101个，勘察设计人员8122人，全年完成施工图项目4145个，投资17.7万元，设计建筑面积461.14万平方米，工程测量405.6标准平方公里，工程地质436.209标准米。1986年，勘察设计工作又取得了新的成绩，全年驻宁设计单位共完成设计总面积745万平方米，比1985年增长26%。基本上满足了建设的需要。全市共有60项设计项目获国家和省市优秀设计奖。

［**目标管理**］ 随着城市建设任务的日趋繁重，为了推动城市建设任务的完成，自1985年以来，南京市在城市建设中推行目标管理。目标管理是现代企业管理方法，把这一先进的科学方法引人到城市建设是宏观决策和组织实施上，无疑是一种创造，南京市在运用目标管理中，主要抓了四个环节:一是科学确定目标。把城市建设比较突出的薄弱环节和事关城市发展的基础设施确定为重点目标;二是分解落实目标。首先对确定的目标进行分解，再落实到有关实施单位，明确责任人，三是组织协调。及时检查并协调解决目标实施过程中的矛盾;四是考核评比。年终对目标进行按质按量核查评比。该奖的奖，该罚的罚。目标管理有效地保证了城市建设任务的完成。1985年，南京市确定的城市建设10项目标，分解成100个子项进行承包，实际按质按量完成的有98项，占分解后总数的98%;1986年分解后的95项目标，实际完成94项，占99%。其中1985年完成的道桥工程投资比1984年翻了一番;1986年完成的道桥投资额高达1.5亿元，比1985年又翻了一番。

［**城市建设行业管理**］ 近年来，南京城市建设行业管理工作政得重大进展。1985年，南京市成立客运交通管理处，对全市专业经营和兼营客运的外事、旅游等单位及个体经营户共230家(全家企业15家、集体企业35家、个体180家)实行全行业管理。由市有关部门先后颁发了7个管理办法及规定，并进行了核定车型、审批运价、统一票证、代扣税金等工作，有效地保证了正常经营活动，维护了消费者的利益。房乡，建工等行业也都先实行了行业管理。

二.城市规划

解放后，南京市人民政府把城市规划作为建设和管理城市的重要依据，并于1953年在市政建设委员会设规划处，开展城市规划工作。1954年至在1957年，制定了《城市用地配图》、《城市初步规划草图初稿》，确定了市中心区建设由内向外、填空补实、逐步发展的规划。1958至1960年，江宁、江浦、六合三县划归南京市，城市进规划变为城乡规划，拟定了城镇布局的区域规划以及卫星城、工矿区、集镇和新兴的农村人民公社规划。“文化大革命”期间，城市规划机构被撤销，城市规划管理失控。1978年，市规划局成立后，组织力量开始编制《南京城市总体规划》，该规划突出了城市的性质、规模和布局。

［**总体规划**］ 1953年，在市政委员会主持下编制的《城市分区计划初步意见》(草图)，全文分12章，附图表38张。规划以鼓楼为市中心区，沿中山北路、中央路、中山路附近300至500米为中心建筑地带。全市分水西门外滨江地区、中央门及小北门至幕府山东北至燕子矶、笆斗山、乌龙山地区，仙鹤门附近地区，光华门与通济门外沿秦淮河南岸地区。1955年至在1956年，在市建设局主持下，按照“填空补白，由内向外、紧凑发展”的原则，编制了《城市初步规划(草稿)》，城市建成区规模由当时的54平方公里扩展为160平方公里。1958年后，在城建局规划处主持下，面向城乡，深入县社，作了1市3县(江宁、江浦、六合)的区域规划。1978年10月市规划局成立后，开始编制《南京市总体规划》，1981年7月14日经江苏省政府转报国务院。1983年11月8日国务院正式批复，原则同意，指出:“南京是著名古都，江苏省的政治、经济、文化中心，应严格控制城市的人口规模、市区人口近期

应控制在140万人以内，2000年控制在150万人以内，要严格按照批准的城市总体规划进行建设和改造，使南京这座历史文化名城成为经济繁荣，文教科技事业发达、环境优美、有古都特色的社会主义现代化城市。”1983年以来，南京的城市建设正是按照这个总体规划实施的。

［**详细规划**］ 五十年代，南京市曾制定过五老村、汉府新村、冶山道院、宫后山、二板桥等城市棚户区改造规划，随后制定了干道立面街景改造规划、大厂镇南化一条街规划，市内主要干道规划。国庆十周年前夕，还制定了以改善市容为目的的干道规划。1960年后配合南京长江大桥的建设，制定了包括南京站的位置，客站与城市主要道路的衔接；南京大桥公路桥位置，与市区道路的衔接等详细规划，以后又制定了南京港区、水运交通、铁路交通、机场、道路、商业网点、蔬菜基地、园林绿化网、文物古迹保护等单项规划。1984年制定了南京的历史文化名城保护规划，并制定了古建筑风景区本身的用地范围，以及风景区的环境保护范围。1985年，编制了5个县城的总体规划；与南京大学合作编制了市域城镇体系的规划；与南京工学院合作编制了市中心区综合改造规划；完成了市区14个分区规划的1/3工作量。1986年，完成了尧栖地区总体规划和秦淮风光带规划。浦口区城镇总体规划经市政府常务会通过。初步开展了南京沿江地区综合规划研究。

三.市政建设

古代南京的市政建设主要是筑路建桥。1927年起，南京市政当局规划了干道系统，开始拓宽路面。1936年在东水关建成涝油水站，在江苏路建成小型污水处理厂，城区用机械排捞，并开始了污水生化处理。后因连年战争，政治腐败，市政建设停滞不前。

解放初期，市政府建设局迅速组织维修城区道路，改建热河路，铺设中山南路下水道，修复江河堤防201公里，完成土方199.3万立方米。1951年7月，中华门外长干桥改建通车，市长刘伯承亲自题写桥名，以后又陆续开展了城市道桥、河道等市政工程的建设维修和疏浚护砌工作。并制定了若干个管理办法，党的十一届三中全会以后，市政建设开始走上了迅速发展的轨道。按城市规划开辟了城北环形干道，建成梅家塘、方家营、安乐村等抽水站，兴建北京西路大型排水管道，开始综合治理内秦淮河。1985年，南京市政建设由市政公用局主管，下辖市政工程公司、市政工程管理处、市排水管理处、水泥制管厂、干道建设工程处、市政设计院和城建职工中等专业学校等7个单位。各区设市政工程管理所，隶属区城建局。全市市政职工共有6527人，城市道路由1949年的241公里增加到690公里，面积由189万平方米增加到504.08万平方米，其中沥青路面占87.7%；下水道由1949年165公里增加到542公里，其中6个城区下水道长度464.5公里，最大管径为2米。城区有桥梁101座(不包括单位内部桥梁)，其中古代桥梁22座。排涝泵站由1949年的2座，增加到14座，城区排涝能力为每秒79.11立方米。

［**城市道路**］ 1929年，建成南京市第一条柏油路干道—中山路，全长12公里。至在1934年已筑市区干线48条、110.93公里，并形成以中山路为轴线、新街口为中心的道路网，包括中央路、汉中路、中山南路、中华路、雨花路、朱雀路、建康路、升州路、太平路、长江路、珠江路、莫愁路、广州路以及山西路一带新住宅区道路。1937年翻建后御道街(原名中兴路)。成为全市第一条水泥路面。至解放前夕，城区共有道路241公里，面积189万平方米。

1.解放后的道路建设。解放初期，翻修改建各种路面的109万平方米，养护维修城郊道路面积的70%。1953年至1957年，市政经费减少，主要利用以工代赈的工人，采用“工八料二”(即工资占8成，材料等费占2成)的办法，修建了中山北路、中山东路、汉中路的慢车道和人行道，开辟了热河路广场及郊区公路等。至1957年底，共新建和改建道路19.4万平方米，以后又新建扩建了一批城市道路。1978年以后，城市道路建设进入了迅速发展时期，先后开辟了瑞金路、韶山东路、大厂镇的新华路、太子山路、拓宽了和燕路、建宁路。同时，将虎踞路北段、中央路北段、太平北路、中山南路快车道，改建为混凝土路面。1984年，为解决建宁路交通阻塞状况，市政府决定采取“人民城市人民建”的方针，以下关区为主，组成建宁路工程指挥部，实行包拆迁安置、包工程质量、包建设工期、包工程投资的承包责任制，从3月初开工，仅用9多个月时间，完成沥青路面6.59万平方米，人行道2.245万平方米，地下管线6120米，实现当年开工、当年建成通车，被誉为“建宁精神”。

1985年底，南京城区有主干道(宽35—40米)18条，长46.61公里，次干道(宽18—28米)28条。长40.58公里。干道网每平方公里密度1.34公里；城区道路面积率6.38%(含人行道)，人均占有道路面积3.14平方米，机动车车均占有道路64.1平方米。城区环行干道已完成城西虎踞路，城北大桥南路、建宁路，城东的龙蟠路以及北安门、明故宫路、御道街等，共长17.84公里，是规划环行干道长度的一半。

1986年，南京市区又拓宽新建道路4公里，增加道路面积8万平方米，新建了新街口环路和汉中门广场等大型工程。

2.道路维修。50年代初，市建设局所属6个工程队，分地区维修道路、下水道，并在有条件的地方进行维修管理。1957年底，成立市政工程处，统管市政建设和维修管理工作。1965年成立南京市市政养护管理处，负责城区主次干道维修管理。1982年，开展以市政维修管理为主的全优养护片活动，到1985年，全市全优养护片道路面积共43.2万平方米，占全市城镇道路面积的11.4%。1986年，全市共维修道路30万平方米，道路维护率7.1%，比上年增长3.1%。

［**城市桥梁**］ 为迎接孙中山灵柩，1928年9月建造中山桥，此为南京第一座大跨度悬臂桥梁。解放后，1951年至1953年，先后更换逸仙路、石城桥的木桥面，改建长干桥、觅渡桥(今三山桥)为钢筋混凝土永久性桥梁，并采用钢筋混凝土V形槽加固笪桥等桥梁14座。1955年后，相继修建改建七桥瓮、赛虹桥等桥梁37座。1968年开始建南京第一座立交桥——中央门铁路公路立交桥。同年又将双曲拱桥结构形式成功地应用于南京长江大桥公路引桥工程，成为当时国内最大的多孔公路桥。1984年后，又相继建成黄家圩公路立交桥、小市铁路人行地道、淮海路和雨花路等人行天桥，雨花路铁路立交桥、中央门立交桥等，至1986年，全市共有城市桥梁103座，其中保留古代砖石拱桥22座。

［**城市排水**］ 南京城市的排水工程主要包括埋设下水道和疏浚河湖。解放初，南京的下水道不仅管经狭窄，而且管网不配套，城区街坊的雨水、污水大都先排入砖砌的简易暗沟，再就近排入沟塘河道。解放以来，南京市人民政府大力开展排水设施建设，新建、改建了一大批排水管网，尤其是1977年以后在下关区安乐村、四所村、二板桥、张家圩等处建成大型干管和明渠，在丁家桥、水佐岗等处建成管经150至170厘米的大型管道，全长3254米，从而提高了排水能力，到1985年，全市共有管经大于100厘米的下水干管61条，总长38795米。城市排水状况有了很大改善。

南京城内河网纵横，疏浚河湖也是城市排水工程的重要组成部分，解放初，市人民政府在财力十分困难的条件下，组织疏浚内秦淮河，共挖泥9万立方米。之后又组织了对玄武湖的治理，先后挖土200余万立方米，使湖底降低1米，蓄水量达到500万立方米，并先后修建涵闸4座，调节城北水系水位，放水冲洗产城内河道。1958年，组织实施金川河河道改造工程。新开河道2095米，以解决排水不畅问题。1959年以后，又疏浚了莫愁湖、白鹭洲、明御河及南十里长沟等，1979年开始珍珠河砌筑城内河道驳岸，至1985年，全市疏浚河湖共挖土378万立方米，驳岸2.85万米，护坡7.76万平方米。1986年，内秦淮河治理工程又拉开了序幕。这项工程受到了党和国家领导人的重视。国家计委和财政部补助该工程资金5000万元，到年底，河道工程已完1.67公里的疏浚、护砌和驳岸。共挖土方13.5万立方米，砌石2.62万立方米，西水关泵站基本建成，它是南京市最大的一座排涝泵站，排涝能力每秒22.5立方米。

［**城市防洪**］ 南京市滨临长江下游，防洪工作直接关系到城市的安全。1954年七、八月间，南京地区连降暴雨，长江南京段最高水位达10.22米，城区受灾面积达1.6万余亩。为抗洪保堤，市政府先后组织24.9万人次。在原江堤上抢工加高2米的堤段达212公里，并筑二道防线30公里。共挖土75万立方米，用石料4.5万立方米，耗资250多万元。1955年，长江南京段沉排护岸工程创国内治河史上最新纪录。中央特派工作团来现场实地勘查，采取重型沉排护岸工程方案，经国务院批准实施。1956年起，又不断针对险情采取治堤措施。1970年后，国家拨款和企业集资，在七坝、大胜关、梅子洲头、南汉、西坝头、栖霞、龙潭等段抛石护岸29公里，共耗资8258.13万元，才基本稳定了南京地区的江岸。

与此同时，南京市的涵闸、抽水站等防洪设施建设也取得了较大进展。至1985年，全市共有涵洞20个，随着城北引水工程中惠民河底倒虹吸管道、小北门溢洪闸、和平闸等以及金川河泵站的相继建成，使玄武湖水排引自如。此外，全市还有城区抽水站14座，排灌两用站1座，总排水能力为每秒79.11立方米。

四.公用事业

南京的公用事业从无到有，从小到大，37年来有了较大发展。1960年，兴建无轨电车;1966年，供应液化石油气;1971年，建成管道煤气，1986年，全市供水总量达2.9亿吨，夏季最高日供水97.8万吨;市煤气公司全年供应煤气10394万立方米，供应液化气34688吨。至1986年底，全市投入营运的公共汽车、无轨电车1085辆，营运线路75条，线路总长度1173.6公里，职工13724人。在全国10大城市中，南京的公共汽(电)车数占第8位，线路长度、年总行驶里程及客运总量占第6位。

［**城市供水**］ 解放前夕，南京的最高日供水仅有6.7万吨，仅有北河口一座水厂。解放后，陆续建成了大厂镇水厂、中华门水厂、大桥水厂、上元门水厂、“船上水厂”、城南水厂和浦口水厂一期工程等，1985年，市自来水公司各水厂制水能力达到每日74万吨，为1949年的12.3倍。

解放前夕，全市日均供水量4.02万吨，装水表

6800户，水站74处，管线总长度309公里。且管道失修，偷水漏水严重，自来水漏率高达42%以上。1949年至1985年止，全市共埋设各种口径管道1490.9公里。水库由1座增至8座，总容量达5万吨。供水量达2.62亿吨。全市装水表6.62万户，公共售水站586处，城区用水普及率为100%。1986年，市自来水公司完成了代号为“231013”的城市供水工程，即在北河口水厂、上元门水厂新建2座每日10吨的沉淀池，改造中山门、光华门、七里街3个增压站，新埋10条直径500毫米以上管道18公里，调整13处直径500毫米以下的管网4.5公里。使最高日供水能力比1985年增加了14.96万吨，也使全市的每日最高供水量达到了97.8万吨。

［**城市供气**］ 南京城市供气有液化石油气和焦炉煤气(简称煤气)两种。

南京液化石油气筹办于1965年。当年市城市建设局报请省计经委拨外汇1.25万美元，向日本进口钢瓶等器具。同年在南京炼油厂附近兴建筑易灌瓶站。1966年8月开始供气，首批民用2000户，工业用6户。1975年兴建第一储灌场，1978年7月全部建成。1981年2月兴建第二储灌场、二期工程于1985年8月1日建成。至1985年末，全市有液化石油气供气站52个，液化石油气用户17.03万户，其中工业用户78户，民用17.02万户。

南京的煤气事业兴办于1970年。经省、市与上海方面商定，利用南京板桥的上海梅山炼铁厂焦化厂部分焦炉煤气作为气源。同年5月组织煤气工程会战。1971年1月22日正式供气，初有民用1800户，工业用11户。1983年5月30日，南京第二钢铁厂向市区并网供气，1985年，南京煤制气厂加紧建设，到1986年已完成基建投资7400多万元(总投资1.5亿元)，建成后不仅可新增煤气用户10万户，还可向企事业单位每日供气10万立方米。1986年，南京的气化率达到42%，南京煤制气于1987年建成后可使城市气化率达到50%。

［**公共交通**］ 解放后，南京市军管会接管首都汽车公司(1949年9月改名南京公共汽车公司)，大力扶持私营江南公司复业，并帮助原江南公司遣散职工组织汽车合作社。当时全市有破旧公共汽车230余辆，且均为外国老产品，厂牌杂，零件奇缺，多数不能正常运行。1949年底，南京公共汽车公司迁往北京，支援首都建设。1951年8月，汽车合作社并入江南公司，同年10月1日，江南公司实行公私合营，因汽油紧缺，先后改用木炭和煤炭为行车燃料。为了提高公共交通运行能力，从1953年起，先后从上海、新疆、芜湖等地购买40余辆报废军用车，改装成客车。1956年初复用国产汽油作燃料。1958年首次使用国产解放牌客车10辆。1960年筹建无轨电车，于8月1日从新街口到山西路的电车线路通车，从而形成市内汽车、电车并举的公共交通发展趋势。1963年，国家把南京列入旧车改造的8个城市之一，至1965年共改造旧车184辆，占营运车总数的77.97%。1974年，市内公共汽车全部为国产车代替。1982年起相继购置站立式大容量铰接车。至1986年底，全市有公共汽(电)车1085辆，是1951年的近14倍。年客运总量达7.91亿人次，是1951年的45倍之多。

五.住宅建设

南京解放时，人均居住面积为4.83平方米，但宽紧不一，条件悬殊。1952年起，市政府重点投资建设住宅，并组织厂矿企业建设职工住房，首先在城北芦席营建起了第一个工人新村。“一五”期间，相继新建了水上新村、曙光新村、东井新村等多处住宅区，“二五”期间，因贯彻“先生产、后生活”的方针，住宅建设速度下降。1958年，全民大办工业和街道事业时，又将近100万平方米住宅改作工业用房，使人均居住面积下降到3.23平方米。至1978年底，住宅房屋增加到1361.3万平方米，但与解放初期相比仅净增618.3万平方米。党的十一届三中全会以后，除各单位分散建设外，市、区统建了光华东街、瑞金新村、瑞金北村等居住区。1980年，住宅竣工面积达122万平方米。1981年后，又集中资金、材料，开始统一建设工程规模较大、配套设施齐全的后宰门、锁金村等住宅小区以及中山东路、于家巷、绣花巷、扇骨营等旧城新居住区。同时，市政府提出“多种形式，多种渠道”的建房方针，实行统一建设与自建相结合，谁建谁分的原则。改变了房管部门独家分房的做法，调动了各方面建房的积极性。南湖新村是省内规模最大、配套齐全、环境优美、居住舒适的新型住宅区，也是全国主体、配套工程一次性投资、一期建成的较大住宅区。1986年，南京市区新建住宅208.5万平方米，从而使市区人均居住面积由1985年的6.1平方米上升到6.54平方米。

［**维修养护**］ 1979年以来，南京市的住房维修养护工作得到加强。通过实行定期轮修、巡回保养、推车上门及时服务等办法，分期分批有计划地维修养护住房。至1985年，共支出维修费8346.5万元，平均每年用费1192.35万元。解放以来到1985年，全市共支付维修费用2.22亿元。1986年，又维修直管公房32.5平方米，房屋完好率达到59.6%。

［**棚屋改造**］ 1952年，市政府结合爱国卫生运动，首先在五老村棚户区发动群众自己动手改造家园，将原来的破旧杂乱棚屋全部拆除。重新规划，合理布局，利用旧料统筹建设水电齐全的砖木结构

平房。1959年,汉府街、双乐园、宫后山等棚户区相继改造成新村。1960年,又对少量尚未改造的大小棚区继续进行了改造。

[**拆迁安置**] 1950年起,对房屋拆迁安置采取自拆自建、包拆包建、以房换房、估价收购、统筹新建等多种形式。1958年至1973年为单一的估价收购,其拆迁房屋全由市房产交易所估价。1974年,执行南京市革命委员会核定的房屋拆旧价格。1983年,改按市场物价委员会修订的收购价格计算,其中以一级砖木结构为例,每平方米造价,1974年按50元计算,1983年起,提高为98元。

六.园林绿化

南京园林盛于南朝,后经战火,破坏殆尽。民国时期,辟建白鹭洲公园、第一公园(现公园路)和中山陵园,维修玄武湖、莫愁湖公园等。抗战时期间,多为侵华日军所毁。解放前夕,南京可供游览的园林,只有玄武湖、中山陵园、白鹭洲公园、莫愁湖公园的部分景点和栖霞山等处。

1950年始,市政府发动群众在全市荒山空地大量栽植速生快长树木。修复旧公园,建立新公园,至1965年,初步形成布局比较合理的点、线、面结合的绿地体系。城市各类绿地总面积达6183公顷,较1950年增长4210.2公顷;公共绿地405公顷,较1950年增长239.4公顷;公园18个,较1950年增加13个;风景林有钟山、栖霞山、雨花台和江北,计3363公顷,较1950年增加1601公顷;城市绿地总面积占建成区总面积的30%,公共绿地人均面积2.5平方米。"文革"期间,城市绿化事业遭受了严重的干扰和破坏,园林景点失修失养。1976年恢复群众性的绿化植树活动,1977至1981年,平均每年植树100万株以上,1982年,国务院批准设立钟山风景区,并被确定为国家第一批44个重点风景名胜区之一。1982年后,全市开展义务植树运动,大量栽花种草,年植树超过400万株。1986年,南京市共义务栽植乔、灌木446.9万株,种花124.7万株(盆),铺草13.1万平方米,育苗1200万株。据1986年遥感航测资料,全市建成区绿化覆盖率为36.82%,人均分共绿地达6.38平方米,超过国家建设部提出的"七五"计划指标(绿化覆盖率达到30%,人均公共绿地3—5平方米),居全国省会城市前列。城市的绿化水平不断提高,1986年,各城区在绿化的基础上,进一步推行彩化、香化,在中山北路等13条干道共栽植30个品种的花灌木和宿根花卉计11万株。园林景点建设也取得了较好成绩,全市大小公园由解放初的5个发展到32个。1985年中央绿化委员会检查后给予了"浓荫蔽日,功能显著,风格浑厚、朴实无华"的评价。

[**街道广场绿地**] 解放初,全市仅有行道树2111株。1950主1965年,对适宜植载的街道广场逐年栽植树木,建成林荫道15条,长达34909米。"文革"中受到损坏。党的十一届三中全会以后,新建虎踞路、龙蟠路、瑞金路、新华路、解放南路和中央门广场、盐仓桥广场、鼓楼广场、热河路广场、龙蟠路广场绿地,改建了和燕路、建宁路绿地,共培植行道树1.23万株。1984年起,3万青年在干道安全岛建"青年绿岛"320多个,种植草皮13.62万平方米,设护拦3000多米。太平北路等绿带达13至14米,占路幅的29%至33%。

[**专用绿地**] 南京历史上的宫宛与私人花园,都属专用绿地。全国解放后,专用绿地成了机关、学校、工厂等美化生活的象征。解放初,全市仅有专用绿地百余亩。至1985年专用绿地已恢复到928.79公顷,绿化免检单位31个。

[**市树·市花·古树名木**]

1.**市树—雪松**。雪松于1920年从美国引进,首植于南京、上海、北京、青岛等地。雪松适应南京的生态环境、繁殖量大。1982年,全市共有雪松5.37万株,为南京绿化主要树种之一。1982年4月19日,市人大八届二次会议定为市树。

2.市花—梅花。南京梅花自六朝至今不衰,1982年,全市有梅花0.9万株。梅具色、香、姿、韵四佳。外秀内刚。1982年4月19日,与深受市民喜受的雪松同时被定为市花。

3.古树名木。南京首批古树名木,于1978年至1980年全市绿化普查确定,市政府批准,共34科49属62种229株。其中,古树44株,名木185株。南京工学院梅庵有"六朝松"(桧柏)1株,相传为六朝所植:汤泉惠济寺有银杏3株,均有1000多年树龄。

七.古都风貌

古老而美丽的南京城,历史悠久,人文荟萃,名胜古迹遍布全城。文化遗址、古老建筑、古宅民居、古墓古玩、石碑石刻、宗教名胜等不胜枚举。解放前,由于政治腐败,战争破坏,严重地影响了南京的古城风貌。解放后,市人民政府迅速采取措施,调查并保护文物古迹,在恢复和建设古城风貌方面取得了可喜成绩。

1950年,市文物保管委员会同南京博物院进行8次野外调查。先后发现了江宁县湖熟镇等原始社会遗址,并清理了北阴阳营、锁金村、泰岗寺等遗址,发掘了祖堂山南唐二陵。1956年至1959年,省市文管会拨款,整修了六朝陵墓石刻和宋、明陵墓石刻,公布了一批文物保护单位。"文革"期间,一些文物虽遭破坏,但大部分重要文物古迹仍得到妥善保护。党的十一届三中全会以来,南京的古城风貌不断得到完善。1982年,南京被列为国务院公布的24座历史文化名城之一。同年、市政府召开专门会议，制定了保护措施，并陆续开始了古物古迹的恢复建设工作。目前，除已由各博物馆(院)保存的文物外，经各级政府批准公布的市级以上的文物保护单位有142处，其中，全国重点文物保护单位3处，省级63处，市级76处。还有区级数百处，这些遍及全市而又丰富多彩的文物古迹，是南京悠久历史的见证，也是爱国主义教育的重要教材。

［**维修中华门城堡**］　南京城垣据1952年实测。总长度为33.676公里，外廓长60公里，在世界城垣史上也属罕见。中华门城堡是南京城垣的城门之一，明代称聚宝门，1931年改称中华门，为13个城门中保存较好的一个，瓮城内外筑有藏兵洞27个，可藏兵3000人。1981年开始，对历经600余年历史的城堡进行全面整建维修，到1986年共投资191.9万元，于1986年12月25日完工。整修后重现了这一世界城瓮之最的古城堡的雄姿。

［**复建夫子庙古建筑群**］　夫子庙又叫文庙，是古代供奉和祭祀古代思想家、教育家孔子的庙宇，其后是江南学宫所在地。宋代始建时称为府学，宋景祐元年(1034年)改称为文宣王庙，其后几经兴废，清同治8年(1869年)重建后，又在1937年日寇侵占时被焚毁。1984年，夫子庙地区被市政府确定为秦淮风光带规划、建设的核心部分，得以开工建设。经过3年复建，于1986年7月完成，建成大成殿，东、西市场等项目43项；改造建筑设施面积7万多平方米；总投资达3050万元(其中自筹2625万元)，复建后的夫子庙再现了千年古庙风貌。吸引了大批中外游客。

［**修复航空烈士公墓**］　公墓位于紫金山北麓王家湾，系1932年由国民党政府军政部航空署建造。占地50亩，当年主要建有牌坊、碑亭、纪念塔等。葬有抗日战争中历次空战中牺牲的烈士168名。“文革”期间曾遭破坏。修复工作于1985年7月经中共中央统战部批准。整个工程分两期、一期工程于1986年按期完成。修复了牌坊、墓碑、墓道及东西庑。

［**新建雨花台烈士纪念馆、纪念碑**］　雨花台烈士陵是著名的纪念胜地，记述着无数革命先烈的光辉业绩。1984年9月，经江苏省和南京市人民政府批准，成立了雨花台烈士陵园建设委员会。11月，国家计委正式批准了“雨花台烈士陵园建设计划任务书”。邓小平同志为纪念馆、纪念碑题写了馆名、碑名。纪念馆工程于1984年4月破土动工。纪念馆建筑面积为5901平方米，东西长92米，南北长49米，主堡4层高25.8米，小堡3层高20.8米。工程设计为著名建筑专家杨廷宝教授的遗作，由南京工学院、市建筑设计院、市园林研究所的专家共同完成建筑设计。纪念碑于1986年4月开工，占地约1万平方米，建筑面积为2500多平方米，由3层平台、东西碑廊和地下展览厅等部分组成。碑主体高42.3米，寓意革命烈士的牺牲迎来了1949年4月23日的南京解放。到1986年底，雨花台烈士纪念馆主体土建工程和内外装饰完成；纪念碑9月18日揭顶，年底完成了除东碑廊外的全部结构工程。整个工程将于1988年建成，预计投资2000多万元。

浙江省城市建设概况

浙江省建设厅

到1986年底，浙江省有设市城市14个。市区总面积(包括城区和郊区)12080.64平方公里，占全省总面积的11.92%。其中城区面积为961.82平方公里，建成区面积257.83平方公里。城市市区总人口894.24万人，其中非农业人口321.15万人，分别占全省总人口的21.97%和7.89%。按行政区划，有省辖市8个(实行市管县体制)，地辖市6个;按人口规模(市区非农业人口)，有特大城市1个，大城市1个，中等城市3个，小城市9个。全省城市大部分布在东北平原地区，其中有沿海城市4个，铁路沿线城市10个(1个兼沿海)。城市经济比较发达，据1986年统计，14个城市工业总产值294.32亿元，占全省工业总产值的44.84%。

一.建国前城市建设概况

［**城市形成历史**］ 浙江在两千多年前就有杭州、绍兴、嘉兴、湖州等城市。春秋时绍兴为越国的都城，五代吴越和南宋社朝建都于杭州。秦始皇统一全国，推行郡县制度，在浙江省境内设置12个县，县治所在，实际上就是一个小城市。隋唐时期，群城兴起，先后设立杭州、湖州、明州(宁波)、越州(绍兴)、婺州(金华)、衢州、温州、台州、严州(建德)、处州(丽水)等州治。到了明朝洪武十四年(公元1381年)，进一步确立以杭州为省会的11个府治(其中10个为今日城市所在地)，从而奠定了浙江城市的基础。

［**城市的兴衰**］ 浙江的城市，在历史发展中，经历了兴盛和衰落时期。杭州的城池是隋代建筑起来的，唐灭之后，吴越建都杭州，统治86年，重修杭城，周长50余里，到南宋城市进一步扩大，筑有内城外城，城市人口达到76万多人。从北宋到南宋，明州(宁波)、温州成为重要的港口城市，造船业居全国之首。此外，湖州、嘉兴、绍兴等城市人口也大大增加，元代推行民族岐视政策，禁止天下修城，城市开始衰落，曾被意大利旅行家马可.波罗赞为“天城”的杭州，变成了“市井委巷有草深尺余者，城东西僻，有狐兔为群者”，一直到了明代万历年间，才缓慢地复苏过来，再次呈现“民居栉比，鸡犬相闻”的繁华景象。明清时期，江南繁华主要集中在浙江是杭、嘉、湖和江苏的苏、松五府之中，一批市镇相继兴起。鸦片战争以后的一百年间，浙江城市逐步沦为半封建半殖民地的社会，由于内乱外患，战争连绵，城市遭到严重破坏，到解放前夕，全省只剩下唯一的一个建制市——杭州市。

［**城市建设状况**］ 浙江城市在兴衰过程中，建设甚少，屡遭破坏，城市面貌每况愈下。1949年，全省解放后，设市城市恢复到7个，除杭州市外，新增宁波、温州、嘉兴、湖州、绍兴、金华6市，当时，这些城市基础设施的状况是:全省只有杭州有一座2万吨的自来水厂和56辆公共汽车，年供水量303万吨，行车道路115公里。7市排水管总长度174.2公里;铺装道路总长度758.1公里、面积324.9万平方米，其中90%以上的碎石路面，高级道路仅有56.1公里、48万平方米。7市住宅建筑面积1258.79万平方米。被誉为“天堂”的风景城市杭州，人均占有绿地面积仅1.16平方米，城市建筑除屈指可数的几幢官邸、别墅外、大都低矮潮湿，破旧不堪。这就是旧社会留给浙江城市建设的全部家当。

二.建国以来城市建设的发展

解放后，在党和政府领导下，贯彻执行了“控制大城市规模，合理发展中等城市，积极发展小城市”的方针和城市建设为生产服务、为人们生活服务的方针，经过37的改造建设，特别是党的十一届三中全会以来的建设，城市面貌发生了很大的变化，城市建设取得了巨大的成就。

［**城市规划**］ 解放前，浙江省城市基本上处于无规划的自发建设状态。新中国成立后，从1953年起，城市规划从无到有逐步发展起来。1953年8月，在苏联专家直接指导下，编制了浙江省第一个内容比较完整，具有一定深度的城市初步规划示意方案——杭州市城市规划初步示意总图，对全省城市规划工作起到了引路和示范作用。“一五”后期，全省有6个城市编制了不同深度的城市规划。这个时期的城市规划，虽然存在着形式主义的倾向和某些缺陷，但对于合理组织城市各项用地，统筹安排各项建设，改善城市环境，促进经济和文化事业的发展起到了一定的作用。在后来的一段较长时期内，由于左的错误的影响，城市规划受到了严重

挫折。1978年，浙江省召开了城市工作会议，城市规划工作重新提到了议事日程。杭州、绍兴、宁波、温州开展了对城市总体规划的编制和修订工作，嘉兴、湖州、金华、衢州也积极开展编制总体规划的准备工作，1980年，全国城市规划工作会议后，浙江省城市规划工作开始走上健康发展的轨道。1983年，省人民政府和国务院先后批准了绍兴、杭州两市的城市总体规划。到1986年底止，全省14个设市城市，已有12个城市的总体规划分别经国务院和省人民政府批准。城市规划工作的重点开始进入到加深加细和组织实施的新阶段。在总体规划指导下，杭州、宁波、温州等市开展了分区规划工作，各城市还抓紧制订详细规划。温州市城市总体规划确定搬迁的57家工厂，已搬出46家。杭州市根据城市规划要求，处理违章建筑79500平方米。绍兴市对违反城市规划的10万平方米违章建筑分别进行了处理。目前，城市规划在实施管理中虽然还存在一些问题，但是从总体上看，城市各项建设已逐步走上按规划进行的轨道。

［**城市住宅建设**］　改善城市人民的居住条件，是建国以来党和政府十分重视的一大问题。37年来，全省固定资产投资用于城市(镇)住宅建设的投资达33.67亿元，占同期全省固定资产投资的17.19%。特别是党的十一届三中全会以来，贯彻了“发挥国家、地方、企业、个人四个积极性”的方针，扩大了投资渠道，住宅建设出现了大幅度持续增长的势头。从1979年到1986年的八年中，全省各种渠道用于城市(镇)住宅建设的资金达43.4亿元，共建住宅3600万平方米，相当于前29年的3.7倍。人均居住面积从1977年的4.6平方米上升到1986年的7.78平方米，其中设市城市同期人均居住面积由3.9平方米提高到7.58平方米。同时住房质量和居住环境得到较大的改善。近几年来，城市住宅建设从过去的“见缝插针”，分散零建，发展到成片联建，建设住宅群、住宅小区。到1986年底，全省已建和在建的小区、新村达二百多个，规模小的一、二万平方米，大的几十万平方米。如杭州市的朝晖住宅区，下属7个小区，住宅和各种配套设施建筑面积达60多万平方米。在住宅小区内，除了有配套的市政公用设施外，还有相应的公共服务设施，如幼托、学校、医疗、商店、邮局、银行、粮站、菜场、影剧院和园林绿地等，使城市人民有了一个良好的居住和生活环境。

［**城市市政设施**］

1.城市道路。原有城市道路质量差，路面窄、卡口多。解放后的一段时间，以维修、改造为主，改善道路质量，提高通车能力。如杭州市先后打通了东西向的解放路、南北向的延安路，拓宽了环城东路、环城北路，形成内环线，使市内交通有所改善。十一届三中全会后，各城市都改造了一批标准较高、质量较好的城市主干道，部分城市初步吵成了城市道路网。还修建了一批宽四十米、三块板断面快慢车分道的新型城市道路。如杭州市的莫干山路，嘉兴市的中山路、椒江市的解放北路等。截止1986年，全省14个城市道路长度1618.7公里，道路面积1249.35万平方米，其中高级道路长度和面积分别占71.82%和76.66%，人均占有道路面积3.89平方米，其中城区人均占有道路面积2.25平方米。

2.城市桥梁。浙江省城市多河流，解放前过往河道的多为传统的石拱桥。据杭、宁、温、绍、嘉、湖、金七市统计，当时可供机动车通行的桥梁只有103座，其中永久性桥梁85座。五十年代开始，将一部分桥梁改造成为可供通车的临时性木桥、半永久性石台木面桥和永久性钢筋混凝土桥，到1965年，可供通车桥梁数比1949年增长了二倍。七十年代以来，根据城市交通发展的需要，新建和改建了一批设计荷载能力汽——20、挂——100，桥面宽度在四车道以上的大中型桥梁。如宁波市于1970年、1980年和1985年建成的甬江新江桥、姚江解放桥和奉化江大桥，桥宽都在20米以上。同期建成的还有杭州市的解放桥、宝善桥、中山北路桥，湖州市的骆驼桥，绍兴市的城北桥，嘉兴市的中山中路桥、中山西路桥，金华市的婺江桥等。同时，还建了一批越跨铁路、公路的城市立交桥和人行天桥，其中杭州市建成三座立交桥和一座人行天桥，嘉兴建成一座立交桥，这对解决部分地段的交通阻塞状况，提高车辆的通过能力，起了明显的作用。到1986年，全省14个市有城市桥梁1612座。

3.城市防洪。建国以来，全省城市进行了大量的防洪堤设施加固和新建工程，提高了防洪抗灾的能力，全省有10个城市设有防洪堤228.9公里。

4.城市排水。解放前，全省城市大部分地区没有下水道，少量的下水道也多数是条石盖板阴沟或明沟，系统零乱，雨污合流，污水排入河道湖塘。到1986年，14个城市有下水道1387.6公里，约为解放初的八倍。建国以来浙江省城市新建的主要排水设施有:1962年建成的全长13.61公里、日排污水能力18万吨的杭州市1号排污干管工程;1978年兴建的绍兴市南门、偏门、府门桥三个翻水站;全长9公里、最大管径900毫米的杭州西湖环湖污水截流工程;温州西线排污干管。这些排水设施对于改善城市内河水质，解决市区内涝，提高城市环境质量起了良好的作用。

5.城市道路照明。解放初，杭、宁、温三市共有路灯6000盏左右。到1986年底，14个城市有路灯个38955盏。目前，一般道路灯距70～120米，平均照明度为5～10勒克司，主要干道灯距为30～40米，平均照明度为15～22勒克司。而且光源有了改进，高效、节能的高压纳、汞灯约占现有路灯总数的一半。

在浙江的市政建设史上，正在进行着一项特大的工程——杭州市中河、东河综合治理工程。这两条河是纵贯杭州市区的水运和排水河道，开挖于唐代景云年间，由于年久失修，河床淤积，河道日窄，河水严重恶化，被群众称为“杭州的龙须沟”。在国务院领导的关怀下，决定由中央、省、市共同投资2.2亿元，对这两条河进行彻底根治。整个工程包括：埋设直径为1.5—2米的污水干管7公里，敷设污水截流管16公里，建设一座日处理20万吨的一级污水处理厂；辟建近期宽50米(远期65米)的中河路，新建、整修跨河桥27座，清挖河泥9.2万立方米；搬迁沿河单位三百多家，居民七千多户，新建安置用房50多万平方米。工程于1983年动工，将于1987年建成。这项工程对于改善杭州市的交通和环境，改变旧城面貌将产生显著效益。

［城市公用事业］

1.城市供水。浙江省地处沿海，城市供水事业起步较晚。到六十年代初期，7个设市城市地才先后建起了水厂。到1986年底，14个城市有来水厂19座，日供水能力为131万吨，年供水总量达43005万吨，用水普及率达到89.1%。

2.城市公共交通。浙江省城市公共交通开创于1922年冬，到1949年的27年间，仅杭州市有8条线路。从1956年起，宁波、温州等城市的公共交通陆续发展起来，到1986年，全省通行公共交通的城市有9个，拥有营运汽、电车1176辆(标准车台)按城市非农业人口计算，平均每万人有3.66辆公共汽车。营运线路长度1713公里，年运客总数60418万人次。在“以汽为主，汽电并举”方针指导下，开辟和发展了城市无轨电车，到1986年底，已有电车151辆，占公交车辆总数的13%；8个城市开办城市出租汽车业务，目前拥有各类出租车辆1444辆；另外从1971年开始到1986年已累计装配车辆1074.5辆(标准台)。

3.城市燃气。1974年杭州建成全省第一个液化石油气供应站，年供应量仅39.65吨，用气人口2874人。随着镇海石化总厂年生产能力250万吨炼油厂的建成投产，城市煤气供应量和供应范逐步得到扩大。到1986年有煤气设施的城市由杭州发展到宁波、绍兴、嘉兴、湖州五个，储气能力为4760吨，年供应量3.75万吨，其中生活用气3.01万吨，用气人口64.29万人。城市人口气化率由1978年的0.85%，上升到20.02%。

［市容园林与风景名胜］

1.城市环境卫生。解放初期，城市环卫设施简陋，以杭州为例，市区有公用厕所165座，90%为私人设置，市清卫大队的主要清运工具为三轮车33辆，钢丝车13辆，木轮车51辆。解放后党和政府十分关心环卫事业的发展，环卫工人的劳动条件和社会地位得到了改善和提高。特别是十一届三中全会以来，国家投入了较多的资金，大批环卫设施得到改造，环卫作业机械化程度大大提高。据14个城市统计，1986年拥有各类机动车辆541辆，年清扫面积138.19万平方米，清运垃圾120.58万吨，清运粪便125.81万吨。各城市还建造一批规模较大的储粪池、垃圾中转站、填埋场、并开展了垃圾、粪便无害化处理的研究试验工作。

2.城市园林绿化。搞好城市园林绿化，美化城市环境，一开始就引起党和政府的重视。建国三十多来，国家和省、市为西湖的建设投入了大量财力、物力、人力，完成了一系列改造和建设工程。首先，通过封山、护林、育林、造林，使旧中国遗留下的6.5万亩荒山秃岭披上了绿装；西湖湖床经过五十年代和八十年代两次疏浚，使湖水平均深度从解放初期的0.55米加深到目前1.55米；埋设了近十公里长的环湖污水截流管道，使沿湖4万个单位每天排放的7000多吨生产、生活污水不再流入西湖；二是投资1100万元，修建了引钱塘江水入西湖的引水工程，可日引水30万吨，每隔一个多月更换一次湖水，使西湖水体由死变活，由混变清，对30公里长的西湖石勘、堤岸进行整修，建成了一个观赏与科研相结合的植物园；先后完成了花港观鱼、动物园和曲院风荷一期扩建工程，沿湖公园和大部分景点、古迹得到了复修。到1986年，全省14个城市有公园、动物园83个，园林绿地面积达到3329.91公顷，人均占有公共绿地2.63平方米，城市绿化覆盖率为11.36%。

3.风景名胜。浙江省山川秀丽，风景名胜资源十分丰富。现有国家级风景名胜区4个。省级风景区18个，总面积达2200平方公里，占全省国土面积的2.2%；杭州西湖闻名于国内外；普陀山为我国四大佛教名山之一；雁荡山、奇峰怪石、古洞石屋，层峦叠嶂，飞瀑流泉；富春江—新安江，两岸山色清翠秀丽，江水清碧见底，素以水色佳美著称。1986年，四个国家风景区共接待游人4349万人次，其中外宾、华侨78.7万人次。

［城市建设投资］ 建国37年来，浙江省用于城市市政公用设施建设的资金总额为23.02亿元，占同期全省财政总支出的5.36%，其中用于市政公用设施建设的固定资产投资为10.64亿元，占同期固定资产总投资的3.44%。从投资比例看，高于平均数的主要是两个时期，即“一五”以前的八

年和三中全会以后的八年。城市建设资金来源，在1962年以前，主要是中央拨款和省财政统筹安排。从1963年起，7个建制市和21个县分别开征城市维护费和公用事业附加费;1979年以后，除进一步扩大公用事业附加费的开征范围，还先后在杭州、绍兴、宁波、温州、嘉兴等五市试行从上年工商利润中提成5%作为城市维护建设资金;1985年开始，改城市维护费为城市建设税，并继续征收公用事业附加费。从而使城市市政公用设施维护建设的资金，不仅有了固定的渠道，而且在数量上有较大的增长。1986年全省城市维护建设专项资金达到28676万元，其中14个市为19863万元，是建国以来最多的一年。

三.城市建设促进城市经济和社会发展

城市建设为城市经济发展提供了投资环境，创造了必要的发展条件。据1986年统计，14个设市城市的城区，土地面积为全省的0.9%。人口占全省总人口的7.89%，工业总产值占全省的44.84%，社会商品零总额占全省的38.68%。财政收入占全省的51.57%。

城市市政公用基础设施的建设，对于城市经济发展的促进作用是十分明显的。以城市供水为例。万元工业产值用水量为125.7吨(1983年测算)，即每吨水提供工业产值约80元，浙江省杭、宁、温、绍、加、湖、金、衢、椒9市年供水总量由1982年的25598万吨增加到1986年55658万吨，按58%用于工业生产(1984年测算)，四年工业用水量增长了1.17倍。同期工业产值增长了1.16倍。两者增长的比例基本上一致。温州市1980年高峰供水期间，有五分之二供水区为断水区，有二分之一为缺水区，致使市动力机厂、制药厂、肥皂厂损失产品或损坏设备价值达350多万元，引起了该市领导的重视，亲自抓了东向水厂扩建工程和西山水厂改建工程，在两三年内，使供水能力增加了一倍，保证了工业用水的需要。杭州长期以来道路阻塞，交通不畅，运输效率下降，运输成本提高，影响了城市经济的发展。杭州市市区车速，由50年代的每小时35公里下降到80年代的12公里。一年造成经济损失6500万元。该市江城路铁路道口。据1972年实测，每天13小时内，封闭道口达150－200次之多，每次落杆时间2—4分钟，等候车队长达一公里，由于延误时间造成营运损失一年达300万元以上。近几来，杭州市先后建起了江城、艮山、清泰三座立交桥，使交通阻塞状况很大程度地得到了缓解。随着城市规模的不断扩大，各城市都为新建工业区开辟了道路，开设了公交线路，不仅为上下班职工提供了交通方便，而且为工厂企业生产运输创造了必要条件。杭州市“二五”以来，先后在离老城区十几公里的半山地区新建了一批大中型工业企业，形成了一个拥有固定资产近八亿、职工近4万的冶金机械工业区。为了沟通城市与工业区的交通，城市建设部门累计投资302.25万元，先后新建了三条总长度为15.83公里、平均宽度为7.6公尺的高级路面道路和相应的供水管网，对工业区的发展起了重要作用。

党的十一届三中全会以来，浙江省城市住宅得到了较快的发展，加上对城市原有危旧住房的维修改造，城市人民的居住条件得到较大的改善。据对九个市的统计，人均居住面积从1977年的3.9平方米上升到1986年7.58平方米。由于城市供事业的发展，供水普及率的提高，城市人民的饮水卫生条件得到改善，肠道传染病发病率比建国初期下降了50%，全省血吸虫病人由1950年的200多万人次下降到目前的1万人次以下。由于受海潮的影响，杭州市几乎年年在大汛期时喝咸水。据在钱塘江取水口测试，原水氧化物含量一般达每升4000毫克，最高时达6000毫克，严重影响人民生活。七十年代后期至八十年代初期，先后投资近二千万元，建造了日供水能力为15万吨的赤山埠水厂和蓄淡水190万立方米的珊瑚沙调节水库，从此结束了喝咸水的历史。

四.城市建设体制改革和经济政策的调整

［城建管理体制改革］ 杭州、温州为了解决规划与计划“两张皮”的问题，实行了“建设项目联系单”制度，计划部门在下达建设项目计划前。征求规划部门的意见，未经规划部门同意不予立项。供水、公交、煤气等城市公用事业，实行多家经营，统一管理。城市住宅建设发挥国家、地方、单位和个人四个方面积极性，得到了较快的发展，从1979年到1986年的八年，用于住宅的投资和建成房屋面积分别为前29年的9.39倍和3.75倍。城市建设实行综合开发，按照城市规划，由于城市政府统一征地，综合开发单位统一建设，改变了过去分散建设、“见缝插屋”的状况，基本上做到了房屋与市政公用生活服务设施配套建设。

［城建企事业经营管理改革］ 城市规划单位，按建筑设计单位的办法，试行技术经济责任制，实行规划收费;自来水企业试行千吨水工资含量包干;公共交通企业试行百元收入工资含量包干和线路承包、单车承包;煤气公司实行售气量与工资总额挂钩浮动;市政工程企业试行百元产值工资含量包干;房管单位实行政企分开，企业实行定额包干，超额奖励;环境卫生单位实行按任务计算经费，预算包干。超支不补，增收节支留用的办法;园林单位试行预算包干，园林的种植和养殖业，试行集体或个人承包。

[**城建行业经济政策调整**] 为了增强城市建设的活力，多渠道筹建城市建设资金，近几年来，各城市实行了一些有利于搞活城建企业的经济政策。多数城市收取住宅小区市政设施配套费，杭州、金华、温州、嘉兴、绍兴、兰溪等市对非工业建筑分别收取旧城改造费和新区开发费，标准为一平方米12元至80元；温州市从1985年起开征土地使用费。根据国家有关部门的规定，部分城市试行了用经济办法实行计划用水和节约用水，杭州、宁波、嘉兴、绍兴、椒江等城市，分别征收自来水增容费、地下水资源费；杭州市从1984年起实行排污设施有偿使用；全国环卫工作会议后大多城市对环卫行业实行有偿服务。分别收取垃圾粪便清运、处理费；部分城市对工业用水水价、非住宅用房房租进行了适当调整；各城市政府还对城市公用事业在税收上给予优惠，所得税由55%减为15%。杭州市1986年收取的自来水增容费、地下水资源费、排污设施费、车辆管理费、旅馆附加费(财政部特许)等五项费用达1562万元，占城建资金总收入的8.6%。成为城市建设的一条重要资金渠道。许多城市本着人民城市人民建，为民之举靠人民的指导思想，动员社会力量，加快城市建设步伐。舟山市组织受益单位集资150万元，铺设了一条长18公里、直径500毫米的供水管道，将定海虹桥水厂的水输送到普陀，解决了集资单位的用水困难；湖州市1979年至1982年，以社会集资来补充市政经费的不足，四年时间，维修改造小街小巷217条，全长23.67公里，共铺设水泥路面6.19公里，敷设下水管道29.9公里，市区道路为之一新，受到群众称赞。

五.城市建设行业的精神文明建设

城市建设行业作为城市的"窗口"行业，越来越引起城市政府的重视。近几年来，各城市不仅投入了大量资金，使城市的居住条件和基础设施得到很大的改善，而且注意加强城市建设行业的精神文明建设，以更好地发挥城市建设设施的社会效益和环境效益。城建各行业结合自己的特点，开展多种形式的活动，如杭州、宁波、温州三市在公交战线开展争创"文明礼貌车"和争当优秀驾驶员、乘务员的竞赛；杭州市房管系统在千名青年工人中开展"修千家房，帮万家忙"的优良服务活动；在环卫职工中开展争当城市优秀美容师活动。为了纠正行业不正之风，各城市还在城市规划、供水、房管、煤气等部门中进行职业道德的教育，提倡"对人民负责，为人民办实事"的行业精神，对提高职工队伍的思想素质，提高城建事业的服务质量，都起到了积极的推动作用。

六.城市建设立法

"六五"以来，根据国家有关法律、法令和政策规定，浙江省先后制定颁发了一些地方性的城市建设法规和规章。据1986年底统计，省一级城市建设的行政法规、部门规章有57项，其中有省人大常委会颁发的《浙江省城市卫生管理条例》、《杭州市西湖风景名胜区保护管理条例》、省人民政府颁发的《关于城市总体规划审批权限的补充规定》、《城市交通和市政设施管理若干规定》、《关于大力开展城镇节约用水工作的意见》、《浙江省城市自来水厂水源防护管理暂行规定》等。各城市也制订了一些适合当地情况的具体实施办法。这些法规的制订和实施，对于加快城市规划步伐，加强风景区和城建设施的管理，改变城市市容面貌，都起了积极作用，初步改变了长期以来城市建设管理只有人治，没有法治的局面。

七.城市建设科技进步

近几年来，城建科技取得一定进展，一批科研成果获省、市科研成果奖的有：原省城建局完成的"水力循环澄清池水力特性参数方程式推导与应用"的研究，温州工科所、平阳矾矿和温州自来水厂利用矾渣研制成功无机高分子混凝剂——聚合铝，杭州市植物园引种驯化成功夏腊梅等45种城市绿化树种，及园林绿化净化大气作用的研究，宁波市园林处试验研究成功香石竹与中国石竹杂交育种，温州市园林处的五针松快速造型。中国白蚁防治科技中心研制的"灭蚁灵诱饵剂"和杭州植物园的"濒危珍稀植物引种栽培试验研究"还分别获得全国科技进步三等奖和四等奖。

八.城建职工队伍的发展

到1986年底，14个设市城市共有城建职工39000人，占这些城市职工总数的1.82%。其中公交10467人，供水3423人，房管6137人，煤气807人，市政2326人，环卫7591人，园林815人，风景7434人。据以1985年部分城市供水、公交、房修业14853名工人而统计分析，技术等级在四级以上的有10805人，占总数的72.75%。

九.主要城市介绍

杭州市

杭州市历史悠久，湖山秀丽，名胜古迹荟萃，是我国重点风景旅游城市的历史文化名城。

解放前，杭州西湖风景荒芜，"山光湖塞"。许多历史上享有盛名的园林日趋颓败，有的已湮没；城市公用事业落后，市政工程和环境卫生设施简陋，广大劳动人民居住条件低劣。城市面貌破烂不堪。解放后，在城市建设"为生产服务，为劳动人生活服务"方针的指引下，，杭州的城市建设有了较大的发展，党的十一届三中全会以来，杭州市十分重视城市建设工作，大大地加快了城市建设的步伐。

［制订城市发展蓝图，指导城市各项建设］ 解放前，杭州没有可以具体指导建设的城市规划。建国后，从1953年起杭州市开展了城市规划工作，先后四次编制或修订了城市总体规划。其中1957年编制完成的城市总体规划和1981年重新编制并于1983年经国务院批准的城市总体规划，符合风景旅游城市的特点和杭州市的实际情况，综合指导了城市各项建设。实践表明，这两次规划，对于保障城市合理布局，保护西湖风景区和名胜古迹，协调经济建设和城市建设的关系，为城市人民创造方便、优美、整洁、舒适的工作、学习和生活环境都发挥了良好的作用。

［风景园林建设成绩显著］ 建国以来，杭州市对西湖进行了多方面整治。从五十年代初开始前后两次大规模地疏浚了西湖，进行了西湖历史上规模最大的湖岸驳砌工程，长30公里，埋没有10公里环湖污水截流管道，建成了日引水量为30万吨的西湖引水工程。搬迁、停办了西湖风景区内15家污染环境的工厂。还新建、扩建和充实整修了一大批各具特色的公园绿地和风景点，丰富了旅游内容。花港公园已由解放初的一池、一碑、三亩地的小公园，扩建成为“花、港、鱼”传统特色更加突出的面积达20公顷的大公园。解放前成了荒地的“柳浪闻莺”，经过重建已成为以观赏春景为主的占地17公顷的公共绿地。原占地不过半亩的“曲院风荷”，经精心规划，现已扩建完成面积达11公顷的风荷景区和密林景区。按照听泉、观泉、品泉、试泉、寻泉的设计构思，整修、充实了虎跑风景名胜点。长期荒芜的阮公墩，现已建成花木扶疏、竹舍典雅的新西湖十景之一。“三潭印月”、孤山、玉泉等风景点也都进行了充实和整修。此外，还新建了我国城市园林系统第一个植物园，具有山林特色的动物园，遍植桂花的市花公园，建设了融音乐、雕塑、喷泉、绿化于一体的武林广场公园和少年宫绿化广场。普遍绿化也取得了显著成就，对改善城市生态环境起了积极作用。在西湖山区有计划地营造了大片即可观赏，又有经济价值的林木，使65000亩荒山秃岭披上了葱葱郁郁的绿装。开展全民义务植树运动以来，共植树1107万棵，铺草皮28万平方米，建成区的绿化覆盖率已由1980年的10.1%提高到15.3%。三十七年来，园林绿地面积已由1949年的65.1公顷发展到1986年的794.2万公顷，增加了11.2倍。其中公共绿地面积从54.8公顷发展到356.8公顷，增加了5.5倍。目前有苗圃85.2公顷。比1949年的8.1公顷，增加了9.5倍。

［城市公用事业迅速发展］ 从五十年代起，先后扩建了清泰门水厂，新建了祥符桥水厂、南星桥水厂，近几年又建成了日供水能力15万吨的赤山埠水厂，并相应的建设了引水工程、水源保护工程和输配水管网。1986年城市日供水能力达到48.3万吨，比1949年的2万吨增加了23倍；供水管道总长度1011公里，比1949年的76公里增加了7.5倍。用水普及率已由1949年的20.8%提高到98.4%。解放初期杭州市只有公共汽车，从1961年开始发展了无轨电车，以后又发展了出租汽车。1986年全市共有公共汽车、无轨电车691辆，比1949年的56辆增加了11.3倍；年运客总量46398万人次，比1949年的732万人次增加了62倍。营运线路已由1949年的8条、72公里，增加到1986年的51条、425公里。目前已初步形成沟通城乡四通八达的公共交通网络，方便了旅游和职工上下班。城市液化石油气从1974年开始从无到有逐步发展起来，到1986年底，已有储气罐18个，储气能力2170吨，用气人数31.4万人，气化率已达31%。

［市政工程设施和环境卫生设施逐步改善］ 建国以来，新建和拓宽了环城东路、环城北路、延安路、解放路、莫干山路、天目山路、体育场路、环城西路、虎跑路、之江路等一批城市主干道。1986年又建成了宽50米，长5公里多的中河路，次干道和居住区道路也都有了改善。1986年城市道路长度和面积已达到367公里、296万平方米，比1949年的115公里、82万平方米，分别增加了2.2倍和2.5倍。其中高级道路的长度和面积所占的比重，分别由1949年的29%和38%提高到1986年的69%和78%。“六五”期间，还相继建成了艮山门、江城路、清泰门三座铁路立交桥和一座人行天桥，有效地解决了这几处道口的交通阻塞。这些道桥的建成，对缓解交通拥挤发挥了重要作用，取得了良好的社会与经济效益。据有关部门测算、清泰门和江城路两处立交桥建成后，仅过往车辆免除铁路道口封闭而停车、起动一项，每年可节省汽油费600万元，贯穿市区南北主干线中河路建成后，光是缩短运输距离一项，每年个节约运费3000万元。排水设施也有了较大改善，许多低洼积水地区得到了治理。六十年代建成了长13.6公里、日排污能力18万吨的第一排污干管，近年又建成了长6.7公里、日排污能力24万吨的第二排污干管，并完成了日处理20万吨的污水处理厂的土建工程。城市下水道长度已由1949年的37公里发展到目前的407公里，增加了10倍。环境卫生事业已根本的改变了解放前的肩挑、人拉的落后状况，目前环卫职工已发展到3050人，环卫机械增加到201辆。日处理15吨垃圾的无害化处理试验场已投入运转。城市垃圾、粪便实现日产日清，城市环境卫生面貌而大为改善。

宁波市城市建设概况

胡建宏

宁波，简称“甬”。位于东海之滨，长江三角洲的东南角。东临东海，有舟山群岛作天然屏障。南靠三门湾，西接绍兴市，北濒杭州湾。历史上宁波就是我国著名港口城市和对外贸易口岸，是浙东的政治、经济、文化、交通中心。1984年4月，宁波被列为我国进一步对外开放的十四个沿海港口城市之一。1985年，中央决定把宁波市“建设成为华东地区重要的工业城市和对外贸易口岸”、“浙江省的经济中心”。1986年，国家确定宁波市为“七五”期间重点开发和投资地区之一。

春秋时，宁波为越国境地。唐朝设明州，筑“子城”，建城至今有1160多年历史。明洪武十四年改明州为宁波，宁波乃“海定则波宁”之意。

唐宋以来，宁波就是我国对外交通贸易的重要港口。鸦片战争后辟为全国五个对外通商口岸之一。解放后，经过近四十年的建设，特别是1978年开发建设北仑深水良港后，宁波港已建成为一个大中小泊位配套，设施先进，有不同功能的组合型海港。全港由北仑、镇海、宁波三个港区组成。1986年，港口总吞吐能力为3357万吨，货物实际吞吐量1795.2万吨，旅客进出港301万人次。

宁波市1983年实行市带县体制。1985年镇海县划入宁波市区，余姚县改为县级市。宁波今辖海曙、江东、江北、镇海、北仑五个区，鄞县、慈溪、奉化、象山、宁海五县和余姚市。1986年，全市总面积为9365平方公里，总人口492万人，社会总产值187.5亿元，工农业总产值150.3亿元，其中工业总产值133.1亿元。宁波市区面积1033平方公里，人口103万人，其中：建成区36平方公里，非农业人口50.7万人。

一.建国以来城市建设的发展

1949年5月24日，宁波解放。近四十年来，特别是中共中央十一届三中全会以来，宁波实行对外开放，市党委、市政府切实加强对城市规划和建设的领导，加快了城市建设的步伐，市容市貌发生了显著的变化。

1951年至1986年，宁波市用于城市建设的投资为2.6亿元，其中1979年至1986年投资就达2.3亿元。

［**城市规划**］ 建国之后，宁波市先后进行了六次城市总体规划的编制工作。第一次规划是1957年，当时规划确定市区沿甬江往东北方向发展，划分了江东化工区、江北机械工业区、西郊食品工业区等，形成了今天宁波老市区的工业分布格局。第二、三、四次规划由于客观条件的限制，失去了实际的指导意义。第五次规划于1979年开始编制，规划范围仅限于宁波老市区，1982年11月27日上报浙江省人民政府审批。为适应宁波市城市经济体制改革和对外开放的新形势。1985年，浙江省人民政府决定再次修订宁波市城市总体规划。这次规划范围扩大到老市区、镇海、北仑三片，共计630平方公里，于1986年完成。同年11月，国务院批准了宁波市城市总体规划，并将宁波列为第二批国家历史文化名城。总体规划中确定，宁波市的城市结构是以老市区为基础，由老市区、镇海发展区和北仑开发区三大片组成的有机统一体，各片生产、生活相对独立，北仑区为规划重点。总体规划明确宁波市的城市性质是华东地区重要的工业城市、对外贸易口

［**住房紧缺状况趋于缓和**］ 长期以来，城市住宅增长缓慢，远不能适应城市人口增长的需要。党的十一届三中全会以来，发挥国家、地方、单位、个人四方面建房的积极性，大大加快了住宅建设速度。1979年到1986年市区建成住宅小区、新村46个，竣工住宅737万平方米，有近15万户居民乔迁新居。目前城市住宅面积已达1526万平方米，比1949年的391万平方米，增加了2.9倍，人均居住面积已由解放初的4.15平方米，提高到7.6平方米，住房紧缺的状况已趋缓和，居民的住房条件得到了明显的改善和提高。

建国37年来，杭州市的城市建设虽然取得了很大成就，但还存在许多问题和困难。今后要大力改革城市建设体制，进一步加强城市规划和建设工作，逐步把杭州市建设成为布局科学合理，环境优美、洁净，城市基础设施齐全，国际第一流的风景旅游城市和我国东南部的旅游中心。

岸、浙江省的经济中心。

［**城市住宅**］ 解放初期，宁波市木结构和简易建筑占99.6%。解放后市政府筹建财力、物力，抢修危房，新建了住宅新村。1986年末，市区住宅建筑面积达706万平方米，人均居住面积6.86平方米。

党的十一届三中全会以后，实行综合开发，先后新建了高塘、马园等十余个住宅新村。1981年至1986年，新建住宅竣工面积达202万平方米，为前三十年总和的三倍。1986年竣工住宅面积55.16万平方米。

［**城市供水**］ 1956年8月1日，宁波市第一个自来水厂建成投产，日供水能力7200吨，有输水管道25.8公里，人均生活用水13.74升/日，供水普及率仅19.63%。1978年，有水厂4个，日供水能力10.3万吨，输水管道95.4公里，人均生活用水69.7升/日，供水普及率为92%。党的十一届三中全会以后，新建梅村水厂、慈城水厂及庄市水厂，扩建了南郊水厂。至1986年末，共有水厂9个，日供水能力21.14万吨，各单位自备水源供水能力28.74万吨/日，输配水管道406公里，人均生活用水94.0升/日，供水普及率80.3%。1986年，年供水量为7615万吨，其中生活用水1508万吨，占19.8%。

［**城市供气**］ 宁波市煤气公司，随着镇海石油化工总厂的建立，于1977年开始筹建，1979年基本建成供气，现有石油液化气储气球罐15个，总储气能力2180吨，现有用户45262户，其中家庭用户39770户，气化率32.17%。

［**公共交通**］ 1949年，宁波市只有人力车1636辆。1956年2月6日开通公共汽车，有营运车辆16辆，营运线路19公里。年客运量为268.3万人次。党的十一届三中全会以后，新购置公共汽车79辆，新开辟公交线路4条。到1986年末，有营运车辆149辆，比1956年增加了8.3倍；营运线路21条，营运线路长度277.26公里，比1956年增加了13.6倍；客运量8016万人次，比1956年增加了29倍。市汽车出租公司成立于1982年，1986年底有大小出租汽车104辆，其中：包括市政公用系统内48辆。

［**市政工程**］

1.城市道路。1949年，宁波市有高级、次高级道路8.83公里，面积6.5万平方米。1978年，有高级、次高级道路64公里，面积54.5万平方米。党的十一届三中全会以后，先后打通了药行街、拓宽了中山西路、改建鄞奉路、新建江南公路等22条主要道路，新建、改建沥青、水泥路面达68万平方米，新增道路长度116.2公里。1986年末，实有城市道路长度206.3公里，其中高级、次高级道路180.2公里；道路面积135.5万平方米，其中高级、次高级道路122.6万平方米。

1949年，全市有通车桥梁25座，市区三江上只有两座桥梁。解放三十八年，市区内新建了解放桥、兴宁桥、姚江大闸、三江口大道头浮桥、奉化江铁路桥和三市立交桥，改建了新江桥。到1986年末，有通车桥梁共计138座。江南公路和兴宁桥是连接市区和小港的宁波经济技术开发区的交通要道，促进了经济技术开发区的发展，带动了老市区内的江东新区的开发。目前，该道路已成为全市交通最繁忙的道路之一。江南公路全长23.21公里，桥梁33座，涵洞47道，总投资4123.68万元，自1985年3月开始建设，现已基本建成通车。兴宁桥横跨奉化江，长349.5米，宽21.米，总投资819.74万元，自1983年11月开始建设，1985年12月竣工。新江桥和解放桥横跨余姚江，连接江北工业区和海曙区。新江桥长127米，宽19米，总投资106.2万元，1969年8月开始建设，1970年9月竣工。据1985年交通流量测定结果，桥上每天有机动车2600辆、非机动车3200辆、自行车38000辆通过。解放桥长253.2米，宽20米，总投资194万元，1980年8月开始建设，1981年4月竣工。据1985年交通流量测定结果，桥上每天有机动车4000辆、非机动车1200辆、自行车26000辆通过。

2.城市排水。1949年有下水道35.62公里，1978年为126.98公里。党的十一届三中全会以后，敷设污水管道200公里，新建污水泵站4座，新增排污能力3642吨/小时。至1986年末，有下水道327.4公里，全市排水设施普及率为51%。

［**园林绿化**］ 解放初期，市区行道树总数不到100株，市区内仅有一座占地2.14公顷的中山公园。1959年成立市园林管理机构。1978年城市园林绿地面积48.80公顷，其中公共绿地8.50公顷，绿化覆盖率2.60%，人均公共绿地0.34平方米。党的十一届三中全会以后，新建公园4个，扩建公园3个，改造中山公园，兴建了一批环城绿带、江滨绿带及街心花坛。全市有18条道路为四季常青的"香樟路"。1986年末，有园林绿地面积397.2公顷，其中公共绿地42.60公顷；有公园10个，动物园1个，占地35.90公顷；有苗圃30公顷。老市区内绿化覆盖率12%，人均公共绿地面积0.42平方米，有行道树2.87万株。1983年，宁波市被中央绿化委员会评为全国绿化先进城市。

宁波市动物园，于1980年8月动工兴建，1984年6月竣工开放，占地5.18公顷，总投资额为199.57万元，宁波动物园以鸣禽动物为重点，展出的70种动物中，鸣禽占40种，已成为研究浙东鸣禽资源的重要实验基地。

[**环境卫生**] 解放初期，宁波市区内仅有公厕25座，日清运粪便220吨，日清运垃圾76吨。建三十八年来，面貌有了很大的改观。到1986年末，共有公厕239座，各种环卫机械车辆84辆。日清运粪便534吨，机械化程度86.4%；日清运生活垃圾386吨，机械化程度55.8%；清扫路面达102.59万平方米。

为解决老市区日产300多吨，旺季日产多达500吨以上的生活垃圾堆场无出路的问题，通过奉化江截弯取直，利用旧江道，造地534亩，兴建能容纳全市30年生活垃圾的铜盆浦垃圾填埋场，该工程于1985年开始，现已基本建成使用，总投资836万元。由于新航道比原航道缩短1.4公里，以及垃圾运距的缩短，每年可为国家节资100万元。

[**城市防洪**] 宁波市有余姚江、奉化江两大水系，统称甬江流域。在市区范围内，余姚江长5.29公里，奉化江长9.63公里，甬江长25公里。甬江属半日正规潮港，属潮汐动力平衡河道，感潮河段直到余姚江、奉化江几十公里。解放初，宁波市区内防洪堤只有8公里。解放后三十八年，随着城市范围的扩大，防洪堤建设步伐也逐年加快。1986年，宁波市区三江六岸的防洪堤总长68.55公里，其中，石砌防洪堤长26.9公里，土坝防洪堤长41.65公里，宁波市老市区内防洪设施有：直径4300厘米以上的排污下水道出口230道。螺杆闸门45道，排涝闸6座，道口362道。

[**兴建中的经济技术开发区**] 宁波市经济技术开发区选在离市区18公里的小港，1984年开始选址、规划，1985年3月破土动工，进行给水、排水、污水、电力、电讯、道路、山体爆破和土石方调运、江堤修筑等基础设施工程。总面积为3.9平方公里，首期开发西区1.3平方公里，至1986年底，共完成投资8308万元。到目前为止，区内8.02公里道路网建设和上下水管道敷设基本完成。11万伏输变电工程建成运行后，将实行双回路不间断供电。从江东自来水厂日引水3万吨的一期引水工程已建成使用。2000门程控电话装置已正式开通，2.16万平方米第一期标准厂房2900平方米仓库、960平方米宾馆、8477平方米商品住宅、1640平方米宁波中转基地等均已竣工使用，尚有第二期标准厂房2.38万平方米，5571平方米集体宿舍已进入扫尾阶段。开发区的投资环境已初步形成。

二.城市建设体制改革

宁波市对外开放以来，党中央、国务院和浙江省委、省政府十分重视宁波的开发建设。1985年，国务院成立了以谷牧同志为组长的宁波经济开发协调小组，与浙江省政府多次召开协调会议，解决了宁波开发建设中的许多重大问题。

党的十一届三中全会以来，特别是近几年，为了适应对外开放的形势，改善投资环境，宁波市进行了一系列城市建设改革工作，理顺了各方面关系；提高了工作效益。

[**建立定期协调制度**] 城市建设涉及面广，工作难度大，为了及时协调解决城市建设中各种横向关系，建立了城市建设协调会制度。计划、城建、财政、电力电讯、规划、住宅开发及区政府等部门，每月15日、30日召开会议，共同解决城建工作中出现的矛盾和问题，分管副市长会上当场拍板，大大加速了工作进度。

[**综合开发**] 过去由于条块分割，城市建设见缝插针，各自为政的矛盾十分突出。1984年，宁波市组建了住宅建设开发公司，开始对新区实行综合开发。随后，组建了房地产开发公司、住宅建设公司、甬申建房公司等多家住宅公司，实行成片开发建设城市住宅。

对重点的大、中型建设项目，组建了指挥部，如甬江隧道建设指挥部、栎社机场建设指挥部、北仑铁路建设指挥部等。为了开发江东新区，在北仑铁路建设指挥部的基础上组建了城市建设开发指挥部、市城市建设开发公司。指挥部对工程实行总承包。城市建设开发公司对江东新区实行基础设施全面开发、综合配套，加快了建设进度，节约了工程投资，取得了较好的经济效益和社会效益。

[**落实经济责任制**] 宁波市市政工程建设的施工和维护管理，原由市政工程管理处一家承担。1984年10月，分别成立了市政管理处和市政工程公司。市政管理处负责市政设施的维护和管理，为事业单位。市政工程公司负责市政设施的施工，为企业单位，实行独立核算，自负盈亏。市政工程公司成立后，抓内部改革，落实经济责任制，1984年和1985年实行利奖挂钩经济责任制，分别完成基建工作量572.25万元、1114.26万元，1985年，比1984年翻了一番。1986年该公司推行百元产值工资含量包干责任制，完成基建工作量1317.22万元，经济效益更加显著。

公共交通、城市供水、煤气、环卫、园林、市政管理、城建设计等企业单位，分别实行亏损包干、百元营运收入工资含量、千吨售水量工资含量包干、工资与利润挂钩、营业收入与国家补助相结合、利润与奖盒挂钩等形式的经济责任制。

进一步完善岗位责任制，各行各业制定了《职业道德条例》、《规章制度》、《精神文明条例》等，提高服务质量，最大限度地调动了广大职工的积极性。

[**加强城市规划建设管理**] 宁波市城市建

安徽省城市建设概况

徐贤涛

安徽省位于祖国东南部，地跨淮河、长江、新安江三大流域，面积13.96万平方公里。北部为平原，中部和东南部为丘陵，西南部为山区。主要山脉有大别山、黄山和天目山，风景资源在全国占有主要地位。耕地6651万亩，农产品主要有米、麦、棉、茶、油料和菸草。本省经济开发较早，春秋时就修塘开渠，发展农业，汉初沿长江地区有冶铜铸钱；明代有冶铁、造纸和染织等手工作坊；清初芜湖成为江南印染中心和全国四大米市之一。解放前近百年中战争频繁，军阀和日寇相继蹂躏，社会经济遭受很大破坏。1949年5月全省解放，设皖南、皖北两行署。1952年撤销行署成立安徽省人民政府，开始了大规模水利和工业建设，城市随之发展。1952年底全省人口为2966万人，社会总产值34.5亿元，其中工业产值6.5亿元。设省辖市合肥、芜湖、蚌埠、安庆、淮南和专区辖市屯溪，70个县城。6个市人口共65.8万人。1957～1961年随着冶金和煤炭工业的发展，先后建立了马鞍山、铜陵和淮北三个省辖市。1975年徐(州)阜(阳)铁路建成通车，建立专区辖阜阴市。1978年以来，由于旅游事业和乡镇企业蓬勃发展，先后建立了省辖黄山市(县级)和专区辖六安、宿州、滁州、巢湖、亳州等市。1986年底全省5217万人，社会总产值672.2亿元，其中工业产值292亿元，分别为1952年的20倍和45倍。16个市的市区城市人口共387.8万人，社会总产值共276.8亿元，其中工业产值183.1亿元，分别占全省41.2%和62.7%。各市简况如表：

一、建国前城市建设概况

建国前我省只有蚌埠和界首两地设为市，城镇规模小，均以商业为主。生产多为食品、纺织、卷烟和铁木器等手工作坊，很少现代工厂。市政公用设施极为简陋，街巷弯曲，一般街道宽仅5～7米，只有安庆、蚌埠和芜湖有少量沥青和水泥混凝土路面，大多为条块石、弹石和泥结碎石路面，坎坷不平，路灯寥寥。市区跨河交通利用木桥、石桥、浮桥和小木船摆渡。排水只有少数街道有砖石砌暗沟，大多为土明沟。城市供水只有安庆和芜湖各有一座小水厂，日供水能力为0.38万吨，供少数官府富户用水，一般城镇居民挑用河水、井水。市区树木稀少，郊区山丘光秃，只有蚌埠、芜湖和屯溪各有一座小“公园”，市内垃圾乱倒，粪便多由农民进城收运。住宅大多为砖瓦平房和草屋，低矮阴暗。全省设有城市规划，没有城市公共交通和民用煤气事业，没有城市防洪排涝设施。

二.建国后城市建设事业的发展

建国以来，随着城市社会经济发展，各项城市建设事业取得了显著成就。

［城市规划］ 建国初期合肥市5.4万人，定为省会，一些大专院校和工厂相继来合肥选址建设，人口增长很快，城市住宅，公共建筑和市政公用设施急待新建扩建。1952年10月，市建设科绘制了老城区和火车站一片道路建设图和城市发展功能分区和干道系统示意图，我省第一次有了城市规划图纸。1954年，合肥、芜湖、蚌埠市开始市区测量，搜集城市规划资料，绘制规划草图。1955年成立省城建局。5个省辖市着手编制城市建设示意图，合肥市成立规划委员会，1958年，建工部派城市规划组来我省协助合肥、芜湖、安庆、淮南、马鞍

设规划处成立于1978年，1985年成立城市建设规划局，1986年规划局由二级局升级为一级局，代表宁波市人民政府行使城市规划管理的职能，并增设区一级规划管理部门。严格按国务院批准的宁波市城市总体规划进行建设，并已着手制定《宁波市城市建设规划管理实施办法》。

根据国家有关法规，逐步制订完善市政、园林、环卫等管理条例，组建专业的市容监察力量，在老市区落实了二十条主要马路门前三包责任制，形成了公安、市容和群众相结合的城市设施管理网络，确保各项设施正常运行。

三.城建职工队伍

宁波市的城市规划、房地产业、市政公用等城建部门共有职工5653人，其中专业技术人员371人，占职工总人数的6.6%。专业技术人员中有高级工程师、工程师65人，助理工程师66人，分别占职工总人数的1.14%、1.15%。技术力量和技术管理力量比较薄弱。

安徽省城市简况　(1986年底)

市名	位置	隶属	建成区面积(km²)	市区人口(万人) 总人口	其中:非农	社会总产值(亿元)	其中:工业产值(亿元)	主要经济部门
合肥	皖中	省辖	62.0	90.2	64.5	46.28	33.68	见重点城市简介
芜湖	长江南岸	省辖	26.6	50.9	40.3	32.97	25.08	工业以轻纺、机械、冶金、造船和食品为主
蚌埠	淮河两岸	省辖	32.3	62.3	41.0	34.99	25.14	见重点城市简介
安庆	长江北岸	省辖	17.2	44.1	23.0	23.47	16.27	工业以石油化工、轻纺和食品为主
淮南	淮河两岸	省辖	48.0	109.1	63.4	31.68	19.40	工业以煤炭、电力、化工为主,年产原煤近1000万吨
淮北	皖北	省辖	19.4	46.2	27.5	19.05	11.86	工业以煤炭、电力、纺织为主,年产原煤1600万吨
马鞍山	皖东南	省辖	25.3	37.5	27.0	25.53	16.93	见重点城市简介
铜陵	长江南岸	省辖	17.6	23.8	20.0	12.94	8.98	工业以有色冶金、化肥、建材为主
黄山	皖南	省辖(县级)	2.5	15.1	2.2	1.77	0.42	旅游服务、制茶、竹编工艺品
屯溪	皖南	徽州行署	5.5	10.7	6.4	2.96	2.05	见重点城市简介
滁州	皖东	滁县行署	9.5	37.0	10.9	9.24	5.71	工业以家用电器和食品为主
巢湖	皖中	巢湖行署	8.0	74.1	11.2	9.49	3.73	工业以水泥、化纤为主
六安	皖西	六安行署	17.1	17.1	12.8	4.47	3.46	工业以农机、化肥为主
宿州	皖东北	宿县行署	12.1	22.5	12.5	3.22	1.77	工业以农机、棉织和食品为主
阜阳	皖西北	阜阳行署	14.0	20.8	15.8	8.72	5.89	工业以农机、卷烟、皮革为主
亳州	皖北	阜阳行署	8.5	111.2	9.3	10.06	2.70	工业以酿酒、卷烟、中药材加工为主
合计			325.6	772.6	387.8	276.84	183.07	

山、铜陵、屯溪7市和阜阳、六安、宣城、金寨4县城编制初步规划，组成3个规划组分赴芜湖、蚌埠、六安3个专区开展县城规划，并召开现场会议，交流经验，以点带面，推动县城规划工作。“二五”时期，我省各城镇规划普遍开展，由于当时对城市发展的自然、经济和社会等方面的依据调查研究不够，规划力量不足和缺乏经验，多数城市规划中出现城市发展规模贪大，道路网讲究形式等脱离实际现象。1963年各市着手修订总体规划，马鞍山市开始编制小区规划。“文化大革命”期间，省、市规划机构撤销，规划工作几乎停顿，城市中乱占、乱建现象普遍发生。1979年后，各市规划和管理机构先后恢复，合肥等市建立了规划设计院(处)，1984年成立省城市规划设计研究院。目前全省从事城市规划工作的有580人，16个市和66个县城均已编制了总体规划，除黄山市和少数县城外，均已上报获得批准。合肥市总体规划获1984年度全国优秀规划二等奖，芜湖市总体规划获1986年度全国优秀规划三等奖。1982年以来，各市依据总体规划编制住宅小区和旧城改造规划。取得了良好效果，合肥市城隍庙商业街和屯溪市老街详细规划均获1986年度全国优秀规划二等奖。规划管理工作，各市近几年抓了宣传、立法和土地管理三个环节，并结合工程建设拆除一批违章建筑，目前基本上制止了乱占、乱建等违章现象。

1984年，亳州市和歙县、寿县两县城由国务院批准为历史文化名城。1985年，省建设厅和省城市规划院组织有关专家参加编制上海经济区城镇布局规划纲要(安徽省部分)。

［**城市住宅**］　建国初期，我省城市住宅多为私房，草平房占有相当数量。1952年，合肥、淮南、蚌埠、安庆4市统计，共有住宅建筑面积217.6万平方米，人均居住面积2.53平方米(其中合肥4.31平方米、安庆3.65平方米、蚌埠1.56平方米、淮南1.30平方米)。“一五”期间各市共新建住宅约90万平方米。由于城市人口增长，各市人均居住面积略有增减。1958年以后的20年中，全省城市住宅投资占基建总投资比例由“一五”期间年平均6.5%下降到3.6%。城市住房紧张，1977年各市缺房户共达19万户。1979年后，国家增加住宅投资，提倡国家、地方、企业、个人共同努力。加快住宅建设。1986年底，16个市实有住宅建筑面积共4895万平方米，其中近8年新建的1900万平方米，占39%。各市人均居住面积为5.9平方米，住宅紧张状况有所缓解。合肥市现有住宅建筑面积931万平方米，为1978年的2.3倍，1952年的14.4倍，人均居住面积7.25平方米;蚌埠市建国以来完成住宅投资4.03亿元，建成307万平方米，其中76%为近8年所建。马鞍山市自1957年建市以来完成住宅投资2.2亿元，建成住宅209万平方米，其中73%为近8年所建。各市住宅建筑标准亦逐步有所提高，八十年代，各市成立了“统建办公室”，实行

“六统一”建住宅小区，改变过去由建设单位分散自建，市政设施不配套、环境质量差的状况。1982年推行住宅商品化，各市先后成立了房屋开发公司，实行多家经营，收到良好效果。现已建成和在建的规模在3万平方米以上的住宅小区有30多个，其中合肥市西苑新村为23万平方米，蚌埠市张公山小区为40万平方米，芜湖市团结路小区42万平方米。多数小区内市政和服务设施配套建设，有的还建有成片公共绿地和游园，生活方便，环境优美。

在房地产管理方面，1978年以来落实私房政策，全省共退还错改私房3700余户，共2.3万平方米。1985年开展全省城镇房屋普查，为房地产管理提供了可靠数据。近几年多数市房地产管理部门实行全行业管理。加强了房地产市场管理。对直管房屋实行维修责任制。有15个市建立了房地产开发公司，有的兴办“第三产业”，搞活经济，收到一定效益。

［市政公用设施］ 建国以来，全省城市用于市政公用事业建设投资共79852万元。其中“一五”时期2716万元，按期末城市人口平均24元，重点用于合肥市。“二五”时期4016万元，市政公用事业有了明显发展。三年经济调整时期，压缩投资共1757万元。“三五”时期1246万元，人均仅6.6元。市政公用事业缺口渐大。“四五”时期5065万元，人均22.1元。各项设施普遍超载运行，失修失养严重。1978年后投资逐年增长。“五五”时期10871万元，人均38.6元，“六五”时期35629万元，人均达100.4元;1986年18295万元。近6年投资相当于前31年总数的2倍，市政公用事业有较快发展。

1.道路桥梁。1949年全省街道最宽不过10～12米。1952年，5个省辖市共有道路长257公里，面积155.5万平方米，其中高级、次高级路面长6.3公里，面积5.8万平方米。随着工业生产发展，城市客货运量和汽车交通量迅速增长，道桥建设也得到相应的发展。“一五”、“二五”和三年经济调整时期，合肥、蚌埠、芜湖、马鞍山、淮南、安庆、淮北、铜陵等市分别修建、改建了一批道路工程，至1965年八个省辖市共有道路376公里，铺装路面306万平方米，大多沥青表面处治和泥洁碎石路面，有永久性桥70座，各市干道网基本形成。“三五”时期以后道路建设缓慢，管理和维护松驰，路况日渐下降。到1978年底，十个市共有道路670公里，铺装路面523万平方米，其中高级、次高级路面317公里，294万平方米。1979年以来随着交通量增长，市区扩大，道路建设有了较大发展。各市干道网逐步完善，路面等级大有提高。1986年底，16市共有道路930公里，铺装路面883万平方米，其中高级、次高级路面占90%。安装路灯2.3万盏，桥梁119座。比1978年铺装路面增加68.8%。高级、次高级路面增加1.7倍，桥梁增加19座。新建和改建市区主干道的地下管线大多同步施工，路灯选用新型灯具，有的采用组合光源，并在绿化带中栽植各种花木，路景美观。

2.公共交通。合肥市1955年筹办公共汽车公司，次年2月购客车7辆，运行于火车站至农学院一线，我省始有城市公共交通。以后，蚌埠、淮南、芜湖、安庆、马鞍山、铜陵、淮北、阜阳和屯溪等市成立公共汽车公司。1978年底以上10个市共有公共汽车584辆，营运线路937公里，年客运量共2.7亿人次。1979年以来我省公共汽车增长较快，又有宿州、六安、滁州、巢湖4个市成立了公共汽车公司。到1986年底，14个市公司共有营运车1203辆，营运线路1923公里，年客运量6.1亿人次。利润458万元。比1978年车数增加1.1倍，线路增长1.1倍，年客运量增加1.3倍，利润增加17倍。1973年合肥、蚌埠、淮南、马鞍山等市公共汽车公司协作，依靠各公司的维修力量装制客车。到1980年，共装新车321辆，分配省内各市使用，对缓和当时公交拥挤状态起了一定作用。

1982年，合肥等市公交公司开办出租汽车业务。到1986年底，合肥、淮南、芜湖、安庆、阜阳、屯溪和六安等7市共有出租汽车113辆，其中大客车31辆，年出租共7万次，行驶333万公里，盈利25万元。

3.燃气。1974年6月马鞍山市利用马钢公司焦化厂的焦炉余气，动工兴建城市煤气设施，1976年11月29日开始送气点火，我省始有城市燃气事业。蚌埠、安庆、合肥市于1976年至1978年先后建成石油液化气供应站，从外地购气供民用。1978年～1985年铜陵、芜湖、淮北、合肥和淮南等市先后利用当地焦炉余气建成城市煤气设施。1986年底，以上5个市连同马鞍山市共建有煤气柜八座。储气能力共35万立方米，埋设供气管道420公里，年供气量6386万立方米。蚌埠、安庆、合肥等3市共建有石油液化气储罐，储气能力640吨，年供石油液化气3304吨。8个市用气人口共59万人，占全省城市人口总数15.2%。

4.供水。蚌埠市于1952年7月动工兴建水厂，1954年元旦建成送水，日供水能力1.2万吨，这是全省建国后兴建的第一座水厂。以后陆续建成了合肥市一、二水厂;淮南市一水厂;马鞍山市一、二水厂;铜陵市一水厂;蚌埠二水厂;芜湖市二水厂;屯溪市水厂;阜阳市水厂。连同原有芜湖、安庆的两座小水厂，到1978年底，10个市有水厂15座，日供水能力共61.1万吨。1979年后，各市生产生活用水量迅速增长，各市水厂多进行扩建。1980年以后，合肥三水厂、芜湖三水厂等船上水厂先后投产。宿州、六安、滁州、巢湖、黄山和亳州等新设城市也建成水厂。到1986年底，16个市共有水厂25座，日供水能力共122.5万吨，埋有自来水管1518公里。年供水量4.3亿吨，利润共1577万元，比1978年均分别增长1倍左右，平均日用水量166升/人，其中合肥市达191升/人。水厂水源是阜阳、宿州、淮北、亳州4个市取用地下水；合肥和滁州市取用水库水，其余10个市取用江河水。

1986年底，各市企业自备供水能力共487.5万吨/日，年供水量共16.2亿吨。

5.排水。建国初期全省城市排水大多为土明沟，1952年，5个省辖市共有砖石砌暗沟约70公里，“一五”时期各市就重视排水工程建设。到1965年底，8个省辖市共有下水道263.4公里。“文化大革命”期间，各市排水工程建设几乎停顿，大片新建成区没有下水道系统，污水乱流。1978年各市建成区有下水道的面积仅占34.7%。1979年后，各市结合道路工程建设和居住小区建设，修建了一批下水道系统。1986年年底，16个市共有下水道780公里，比建国初增加10倍，比1978年增加1.3倍，提高了汛期排水能力。

［**市容园林**］

1.市容环卫。解放初期，只有少数城市有环境卫生队伍。1955年，5个省辖市都已建立环卫管理机构，共有职工408人，汽车7辆，洒水车3辆。以后各市在开展爱国卫生运动的同时，使环卫工作有了进一步发展，市容逐步整洁。“文化大革命”时期环卫管理松驰，加之市区扩大，垃圾量增多，清运力量不足，不少街后空地，河边路旁堆满垃圾，有些居民区赃乱严重。1978年，各市环卫工作由卫生部门归口城建部门管理。1979年后，各市整顶市容，加强环卫管理，整修大批公厕，在人流集中的闹市区新建了一批卫生条件良好的水冲式公厕，垃圾粪便收集清运力量和机具设备有了较大增长，一些主要街道设置果壳箱和痰盂，管理法规进一步完善，结合建设“文明城市”活动，市区环境卫生面貌有了很大好转。1986年底，16个市共有环卫职工5379人，机械377台，公厕2019座。全年清运垃圾104万吨，粪便31万吨，各居住区有民办保洁员2513人。1986年蚌埠市建成一座日处理能力为25吨的垃圾处理场，采用高温堆肥工艺。各市垃圾目前主要送凹地填埋或空地堆放，粪便低价售给农民作肥料，部分公厕免费包给农民管理和清运。

2.园林绿化。解放初期，在少数城市辟建公园，但数量不多。1955年，5个省辖市成立绿化委员会，市长抓城市绿化工作。1957年底，合肥、蚌埠、安庆、芜湖4市公园面积共118公顷，公共绿地235公顷。1958年，省委提出三年绿化城市，要求市区“厂校有园、路路绿荫”。各市发动群众植树，制定包种、包管制度，组织检查评比，城市绿化进展很快，同时修建了一些新公园。到1962年底，各市共有公园11座，面积420公顷，公共绿地479公顷。“文化大革命”时期，各市绿化工作进展缓慢，有些公园受到破坏。1978年底，10市共有公园16座，面积共386公顷，公共绿地2761公顷。1979年后，城市园林绿化有了新的进展，多数公园增添娱乐服务设施，有些市辟建新公园，1980年，合肥市沿8.7公里长的老城墙基和护城河林带修建环城公园，深得广大群众称赞，并获1986年度全国优秀设计一等奖。同年10月，铜陵市天井湖公园建成开放。1982年，屯溪市修建戴震公园。1983年，蚌埠市修建张公山公园，同时芜湖市北郊农民集资建成汀棠公园。近几年来，各市主要街道建成一批游园绿地，一些厂矿、学校、机关大院基本实现园林化，各市在园林绿地中共修建百余件雕塑作品，增添景色，1986年底，除黄山、宿州和亳州三市外，13市共有公园26座，面积共700公顷。与1978年相比公园增添10座。公共绿地增加1.7倍。近5年中，群众义务植树2486万株。现大部分街道和庭院绿树成荫，郊区山岗郁郁葱葱。

1985年，各市进行古树调查，共查清百年以上树龄的古树近千株。

［**风景名胜区建设**］　1979年以来，我省黄山、九华山、天柱山游客逐年增长。1982年，均被列为第一批国家重点风景名胜区。1986年，黄山游客达60.7万人次，九华山55.9万人次，分别比1980年增长2倍和4倍。三个风景区开发建设和规划概况如下：

1.黄山。位于皖南，以奇松、怪石、云海、温泉闻名于世。景区管理面积127.3平方公里。著名景点有天都峰、莲花峰、始信峰、玉屏楼、北海、西海、温泉等处。主峰莲花峰海拔1804米。黄山自南朝始建观寺庵堂，至解放前，共修建石阶道36.7公里，在温泉、北海、松谷庵等处建有8幢房屋共2850平方米，多为私人别墅。建国以来，完成投资3212万元，整修和延伸原石阶道，开辟登天都峰石阶新道，建成景区公路16公里。1983年，建成跨径50米的石拱大桥——揽胜桥。1986年5月，建成云谷寺至白鹅岭客运索道，长2804米；上下站台高差780米。索道的建成加快了山上游客周转，改善了山上景区饮食品供应，对年老体弱游客带来很大方便。共建成各类房屋9万平方米。国营旅店有4150张床位。供水、供电、通讯和公共卫生设施有相应发展。1979年成立以副省长侯永为组长。各有关部门负责人参加的黄山规划领导小组，总体规划已于1983年上报建设部审批。

2.九华山。位于青阳县境，是我国四大佛山之一。主峰十王峰海拔1342米，盛时寺庙300多座，僧尼四五千人。后来寺庙多毁于太平天国战争，现存约70座，僧尼百余人。主要景区有九华街、中闵园、天台等处，现建有公路10公里，石阶道25公里，各类房屋5万多平方米，旅宿床位约2000张。九华街建有供水设施。九华山总体规划已于1986年上报国务院审批。

3.天柱山。位于皖西南，属大别山脉，主峰天柱峰海拔1490米，诸峰环绕，汉武帝曾封为南岳。山中幽洞曲折，流泉飞瀑，苍松翠竹，云雾缭绕，李白曾赞为"奇峰亦奇云、秀水含秀气"。石牛洞、虎头岩等处留有历代名人摩崖石刻，现可辨认的有200余篇，三祖寺、觉寂塔居高临下，气势雄伟。天柱山总体规划已于1986年上报国务院审批。

4.省级风景名胜区。1982年，省建设厅会同有关部门进行全省风景名胜资源调查，1986年共同研究拟定齐云山等21处为省级风景名胜区，已整理有关资料报省政府审批。

[城市防灾]

1.防洪。1950年，按国家治理淮河要求，开始在沿淮城市修建堤防，1954年，长江和淮河发生特大洪水、江堤溃破、合肥市区受淹10平方公里，房屋倒塌6000多间，受灾2800多户。芜湖市受淹9平方公里，倒房5700多间，安庆市受灾4000余户。1955年起，先后在芜湖、安庆、合肥、马鞍山、蚌埠和淮南市修建各种防洪墙、坝、加高加固堤防，使沿江淮城市有了一定防洪能力。1980年后，长江屡次发生大水，沿江城市一些新建成区屡遭洪灾。1984年6月13日，合肥市降大暴雨，河水陡涨，市区受淹18平方公里，60多家工厂停产，两万多居民受灾，直接经济损失达4000多万元。近3年来，合肥市整治了南淝河，新建块石防洪墙4.4公里，马鞍山市加高加固慈湖河土堤124公里，修建了条石防洪墙；安庆市加高加固块石防洪墙；芜湖市加固青弋江堤防。各市检修了堤身和涵闸，消除隐患。1986年底，各市共有城市堤防83.8公里。

2.抗震。我省处于大华北地震区南缘，境内有50多条断裂带。彼此切割错动。其中郯(城)庐(江)、扬(州)铜(陵)两大断裂带贯穿全省。据全国地震强烈区划。我省七度设防区以上有4.2万平方公里，人口1700多万人。城市处于八度设防区的有阜阳市和五河、泗县、嘉山等3个县城。处于七度设防区的有合肥、蚌埠、淮南、巢湖、六安、宿州、亳州等7市和肖县、灵璧、固镇、凤台、寿县、霍山、肥东、肥西、桐城、庐江、泾县等11县，处于六度区重要设施按七度设防的有马鞍山、芜湖、铜陵、淮北4市。其中，合肥、蚌埠、淮南3市为全省抗震重点城市。1977年后，省和6个省辖市成立抗震办公室，淮北市和各有关行署、专区辖市、县城都有专人管理抗震工作。10年来，全省共支出抗震加固经费23368万元，共加固各类房屋491万平方米，约占需要加固房屋47%；七个省辖市的重要工程设施已基本完成加固设防任务。

3.人防。我省人防重点城市有12个。其中一类人防城市有合肥市。二类有蚌埠市和芜湖市，三类有安庆、淮南、淮北、马鞍山、铜陵、阜阳、六安、宿州、滁州等市。至1986年底，12个市共肆年成人防工程95.3万平方米。其中附建式人防地下室89个，共3.2万平方米。近几年来，各市以提高人防工程完好率为主要目标，抓已建工程加固，改造，处理隐患和防水堵漏，完成续建工程。对已建成的工程设施进行利用，做到平战结合，现已利用13.4万平方米，取得了较好的战备、社会和经济效益。

三.城市建设体制改革和经济政策调整

为了增强城市建设系统各企事业单位活力，加快城市建设步伐，近几年来，省和各市对城市建设的管理体制和经济政策作了如下改革和调整。

[管理体制改革] 1984年8月，省建设厅在蚌埠市召开经验交流会，推动省内城市建设体制改革。目前，合肥、蚌埠、芜湖等市各区成立了城建局(处)，对房地产、环卫、市政工程、园林绿化等分市、区两级管理。市管公房，主干道和公园等，其余下放各区管理。合肥、蚌埠、芜湖、马鞍山、淮南等市的市政工程部门实行企、事分开。有些市的房地产部门分为管理所和修建工程队。各企事业单位实行不同形式经济责任制。如公交公司实行队、组、车层层承包，自来水公司实行联责计奖。园林部门实行服务网点租凭，事业单位实行年度事业费包干等。都取得了一定社会效益和经济效益。蚌埠市公交公司于1984年实行单车承包责任制，当年转亏为盈，做到"高峰不过二、平峰不留客"。

[经济政策调整] 1985年，各市开始征收城市建设税和公用事业附加税。合肥等市收取征地市政设施配套费和自来水增容费以及工业用水附加费。淮北市收取水资源费和排水设施有偿使用费。1986年，16个市城市建设维护资金共有30030万元，为1984年的5.2倍。其中城市维护建设税15750万元，公用事业附加4776万元，1985年2月各市公交月票由3.81元提到6.0元。马鞍山提高工业用水价格50%，1986年，省财政部门将城市公用事业所得税降到27.5%，这些措施增加了公用事业单位的收入，提高其自身建设能力，改善了公用设施的状况。

四.城市建设行业精神文明建设

1983年，各市公交公司连续三年参加全国公交系统优质服务竞赛。1985年，蚌埠市公交公司获全国城市公交系统先进企业称号，芜湖市公共汽车公司334车组获先进集体称号，合肥市公交公司朱兴福(女)和淮南市公交公司王永胜获劳动模范称号，受建设部表彰的有24名先进个人。优质服务竞赛促进了公交行业精神文明建设，提高了服务质量。蚌埠市公交公司驾乘人员经常为乘客做好事，深受群好评。1983年3月，我省环卫和园林绿化部门推选9名代表出席全国城市环境卫生园林绿化先进集体和先进个人代表大会，芜湖市园林处神山苗圃获先进集体称号，合肥市环境卫生管理处王克林获劳动模范称号。供水、供气和房地产管理等部门结合创建"文明市"，发动职工进行"假如我是用户"大讨论，改善了服务态度。

五.城市建设法制建设

1978年以来，我省城建部门除贯彻执行国家有关法规外，省、市区还结合实际情况制订一些地方法规。1986年，省政府颁发"安徽省城镇私有房屋管理实施办法"，建设厅、公安厅联合颁布"城市客运交通管理规定"。各市近几年修订和制订了有关"城市建设管理"、"市容环境卫生管理"、"建筑工程文明施工"、"市政工程设施管理"、"城市供水管理"、"城市公共交通管理、交通噪声管理"、"煤气、石油液化气安全管理"、"堤防、河道管理"、"园林绿化管理"等项办法和规定。合肥、蚌埠等一些市成立城市管理监察队，有些市建立群众监督岗，各市正努力逐步实现依法管理各项城建事业。

六.城市建设科技进步

随着市政公用事业的发展，在施工技术、材料应用及管理手段等各方面，也取得了明显的科技进步。

建国初期我省只能建泥结碎石路面，六十年代修建沥青表面处治或沥青贯入式路面，现大多市能修建沥青混凝土路面。1984年，宿州市推广使用阳离子乳化沥青筑路技术，利用水泥混凝土拌和机研究改装沥青混合料冷拌设备，受到国内同行重视。1986年试铺冷再生路面，取得较好效果。

1979年合肥市自来水公司与科技大学合作利用矾泥(矾厂废渣)制成"聚合羟基氯化铝"用作净水剂，获1980年度全国科学大会奖。1970年，蚌埠市自来水公司与合肥工业大学共同研制"水法一步氯化三氯化铁"用作净水剂成功，获1977年省科学大会奖，近年来滁州市水厂采用气浮滤池处理低浊度水，取得较好效果。

合肥市公交公司开展客流调查，进行路网优化，取得一定效果，1986年采用无线电话调度，提高了车辆营运效率。

1980年来，8个省辖市(除黄山市)先后建立了城建技术档案馆，馆藏技术档案近4万卷，为城市规划，建设和管理提供大量资料。合肥、芜湖、蚌埠、马鞍山、安庆、淮南、淮北等7市共新建馆房1.2万平方米。

七.城市建设职工队伍建设

建国以来，城建系统职工队伍有了很大增长。1957年，各市城建行业职工共4060人，1978年共21257人;1986年底共33333人，比1957年增长7.2倍，比1978年增加57%。近几年来，省市各有关部门对职工文化技术教育做了大量工作，省城建各行业的协会、学会、技术情报网和干校举办城市总体规划，详细规划、公交经理、市政工程施工员、水厂管理、水厂化验员、水厂管道工、路灯管理和园林管理等短期学习班多期。蚌埠等市办了城建职工学校，合肥市办了城建中专班和电视中专学校。以上措施对提高广大青年职工的文化技术水平起了积极作用。有些单位还选派青年职工上职业学校、函授大学、夜大学、培养青年技术骨干。

八.主要城市介绍

合 肥 市

合肥市位于皖中，春秋时为集镇，秦设合肥县、明为庐州府，抗日战争后为省会，1949年1月21日解放，设为省辖市。当时城市人口5.36万人，工业只有几家手工作坊，年工业产值230万元。"一五"时期，矿山机器厂、安徽第一纺织印染厂、针织厂、搪瓷厂、日用化工厂、安徽医学院、安徽农学院等厂校在合肥相继建成，始有现代工业和高等院校。1954年建成建自来水厂，1956年开办公共交通，扩建新建长江路等干道系统。修建下水道。辟建逍遥津和包河公园。5年时间一座古老简陋的旧城变为初具现代市政公用设施的新市。建国37年来，市内工业、商业、交通运输、文化教育事业有了巨大发展，城市规划，住宅和市政公用设施建设取得很大成就。1986年底，城市人口64.5万人，建成区面积62平方公里，皆比建国初大12倍。社会总产值46.3亿元，其中工业产值33.7亿元，工业以机械、纺织、钢铁、化工、电子、仪表和食品为主。对外交通有淮南铁路过境，并有5条公路干线通省内外各地。1977年，在南郊骆岗建成大型机场(国际航线备降场)，现有飞往北京、上海、广州、西安、武汉等地班机。1983年建成电讯大楼，拥有现代通讯设备。有普通高等院校10所，有军事院校2所、成人高等学校12所，中国科学院合肥分院为全国重点科研单位之一。1986年底，已建成的市政公用设施有：自来水厂3座，日供水能力共25万吨，供水管道255公里，年供水量9434万吨；市区燃气化率9.9%；公共汽车323辆，营运线路345公里，年客运量2.6亿人次，城市道路108公里，铺装路面119万平方米，其中高级次高级路面占98%；桥梁22座；路灯5489盏；下水道108公里，排水泵站7座，排水能力共51立方米/秒；公园两座，面积共120.6公顷，市区园林绿地面积1625公顷；住宅建筑面积931万平方米，人均居住面积7.3平方米。该市于1980年和日本久留米市签为友好城市。市树为广玉兰，市花为桂花和石榴。城市总体规划已于1982年经国务院批准。今后合肥市将建成为国家重要科教基地和铁路枢纽，城市人口规模远期(2000年)控制在70万人以内。

蚌埠市

蚌埠市位于淮河南岸，本世纪初为一渔村。1911年津浦铁路建成通过，因水陆交通方便，商贾云集，人口渐增。1947年设市，1949年1月解放，当时城市人口16.23万人，工业只有一家750千瓦的发电厂、两家面粉厂和一些手工作坊，工业产值1266万元。1986年底，城市人口41万人，建成区面积32.3平方公里，社会总产值35亿元，其中工业产值25.14亿元。工业以食品、建材、机械、轻纺为主。建国37年来共完成住宅投资4.03亿元，竣工住宅建筑面积积306.7万平方米，实有住宅达441万平方米年。人均居住面积5.4平方米。共完成市政公用设施建设投资9588万元，已建成：自来水厂2座、日供水能力共14万吨。供水管道162公里，年供水量5573万吨；石油液化气供应站，燃气化率18.3%。公共汽车141辆；营运线路155公里，年客运量1.2亿人次；城市道路167公里，铺装路面148万平方米，其中高级次高级路面占93%；桥梁8座，路灯3240盏；下水道109公里，排水泵站7座，排水能力共13.5立方米/秒；防洪堤12公里；3座公园面积共68公顷，园林绿地面积588公顷，市树为中槐和雪松，市花为月季。1984年与日本大阪府摄津市结为友好城市。城市总体规划于19985年经省政府批准，蚌埠市今后将发展为以食品工业为主体的城市，城市人口远期(2000年)控制在50万人左右。

马鞍山市

马鞍山市位于长江南岸，是我省新兴钢铁工业城市，本世纪初为当涂县金家庄。附近铁矿丰富。1909年开始开采，日寇侵占时，建有日产生铁20吨的小高炉10座，战后损毁。国民党政府设华中矿务局马鞍山分矿。1949年4月解放，当时只有87户人家，长约80米的小街两旁全是草房，矿区只有一条泥结碎石路，1953年修复小高炉，成立炼铁厂。1957年，建立马鞍山市，开始大规模工业建设和城市建设，城市规模了很大发展。1986年底，城市人口27万人，建成区面积25.3平方公里，社会总产值25.5亿元，其中工业产值16.93亿元，市区主体工业——马鞍山钢铁公司是国家重点钢铁企业之一。它拥有采矿、选矿、烧结、炼铁、炼钢、轧钢、焦化、耐火材料等19个厂矿和机修，动力、运输、修建等辅助生产部门，产品中火车轮和轮箍远销日本，东南亚和非洲各国。其它工业有电力、化工、轻纺等。建市以来，共完成住宅投资2.2亿元，建成住宅建筑面积372万平方米，人均居住面积5.8平方米；完成市政公用设施建设投资9393万元。建成：自来水厂2座，日供水能力共11.5万吨，供水管道162公里；民用煤气管道105公里，气化率70.3%；公共汽车104辆。营运线路139公里，年客运量4517万人次；城市道路87公里，铺装路面89万平方米，其中高级次高级路面占94%，桥梁10座，路灯1843盏；下水道47公里，排水泵站2座，排水能力共18立方米/秒；防洪堤21.1公里，市区绿地面积499公顷，4座公园面积共121公顷；环境卫生机械32台，公厕164座。市区“九山环一湖”，自然环境幽美，市容整洁。市树为樟树，市花为桂花。1985年与加拿大哈密尔顿市结为友好城市，城市总体规划于1986年经省政府批准，马鞍山市今后发展以钢铁工业为主体的城市，城市人口远期(2000年)控制在40万人以内。

屯溪市

屯溪市位于皖南新安江畔，历来为皖南山区数县土特产集散地。清代“屯绿”名茶外销，徽商兴起，市面繁荣。抗战期间，苏、浙、沪一些机关、学校、商店迁此，居民一度达20万人。1949年4月解放，当时城市人口3万余人，设为徽州专区辖市。建国后，传统工艺品竹编、漆器和微墨得到恢复和发展。新建了食品、制茶、制药、造纸等中小企业百余家，绿茶和食品罐头远销欧美一些国家。1986年底，城市人口5.6万人，建成区面积5.5平方公里，社会总产值3亿元，其中工业产值2亿元。有住宅89万平方米，人均居住面积5.9平方米，水厂一座，公共汽车和出租汽车20辆，城市道路19公里，桥梁3座，路灯400盏，下水道15公里。市区青山环绕，碧溪穿流，一条老街长1220米，两旁店屋在多为清代所建，尚保持传统经营特色和建筑风貌，门楣上窗

福建省城市建设概况

林锦华 魏克良 陈杨榕 王时雨

福建省位于中国的东南沿海，全省面积12.14万平方公里。地形山岭耸峙，丘陵起伏，河谷与盆地交错分布，素有“东南山国”之称。海岸线长3224公里。海域面积13万平方公里。全省年平均气温17～21℃，降水量在1000毫米以上，但分布不均，内陆多于沿海，春夏季多于秋冬季，属于亚热带湿润季风气候。

福建省简称闽，现有十个城市。其中，福州、厦门、漳州、泉州、莆田、三明为地级市；南平、邵武、永安、龙岩为县级市。省会福州市是历史文化名城、对外开放的港口城市。

解放前福建省仅有福州、厦门二个城市；1951年设立了泉州市、漳州市。1956年设立了南平市。1960年设立三明市:1981年设立龙岩市；1983年设立莆田市、邵武市；1984年设立永安市。至1986年，全省十个城市，市区人口436.8万人，其中非农业人口217万人，市区面积14819.7平方公里，其中城区面积283.1平方公里，而建成区面积158.2平方公里。城市工农业总产值118.09亿元，占全省工农业产值的44.9%；农业产值8.32亿元，占全省农业产值的11.5%。十个城市在全省经济、社会发展中已处于主导地位。

一.新中国建立前城市建设概况

解放前，福建城市基础设施十分落后，少量的公用设施也是残缺不全。福州市大部分是破旧的木房，路况极差，没有下水设施，污水横溢，路灯寥若晨星，环卫设施奇缺。全市仅有19处设备简陋即将倒塌的公共厕所。垃圾常年积压；没有公用电话、没有自来水。厦门市仅有一座小型自来水厂，日供水量不足5000吨，水价昂贵，有“斗水斗米”之喻。临解放时，城市连一辆公共汽车也没有，仅有七处从旧社会留下来的小公园，占地总面积57公顷，而且公园内设施简陋；公共绿地基础差，即使福州素有“榕城”之称，然而榕树也是寥寥无几。市区没有防洪堤，每年洪汛高峰，洪水泛滥成灾。

二.新中国建立以来城市建设事业的发展

解放后，党和政府对城市建设工作十分重视。在各城市相继建立了城市建设管理和实施机构，并制订了一系列城市管理条例，城市基础设施从无到有、从小到大逐步发展，特别是中共中央十一届三中全会以来，加快了城市建设步伐，城市面貌有了较大的变化。十个城市1979年～1986年的八年间城市基础设和建设发展很快，自来水生产能力、管道总长度、道路面积、公共交通营运线路长度、园地绿地总面积、环境卫生清扫面积等，大部分都超过或接近1951年～1978年间28年的总和。

各时期全省城建投资与基本建设投资的比例 表1

时　　期	基本建设投资(亿元)	城建投资(亿元)	占基本建设投资(%)
1950～1952年	0.7989	0.0431	5.4
“一·五”	8.5470	0.1649	1.93
“二·五”	23.5224	0.4634	1.97
1963～1965年	7.2522	0.2341	3.23
文革时期	35.9821	0.5113	1.42
1976～1979年	24.6252	0.733	2.98
“六·五”	73.01	3.6472	5
累　计	173.7376	5.797	3.3

[“六.五”期间城市建设事业的发展]

“六.五”期间，全省城市建设认真贯彻“改革、开放、搞活”的方针，城市建设有了较快的发展，取得了可喜的成绩。全省完成城市建设固定资产投资额36472万元，为1950～1979年三十年总

头上的砖雕木刻，人物栩栩如生，1985年，委托清华大学编制的老街保护规划获1986年度全国优秀规划二等奖，屯溪市北有黄山、九华山、西有齐云山、东南有新安水江水库，附近乡村尚保留一批徽州民居古建筑。1984年，皖赣铁路建成通车；飞机场正在按国家二级机场标准扩建、陆、空交通方便。城市总体规划于1983年经省政府批准，屯溪市今后将建成为皖南风景旅游基地，大力发展旅游商品和服务业，城市人口远期(2000)年控制在10万人以内。

和的1.7倍。1985年与1980年相比，城市供水：自来水厂个数由19个增加到26个；供水能力由112万吨/日增加到134.7万吨/日，增长20.3%；供水管道由792公里增加到1378公里，增长74%；供水普及率由75%提高到82%；全年供水量由24572万吨增加到34561万吨，增长40.7%。

1.道路桥梁。道路长度由441公里增加到616公里，增长39.7%；道路面积由363万平方米增加到610万平方米，增长68%；桥梁数由153座增加到239座，增长56.2%。1985年福州市仅用了八个月的时间就扩建了华林西路、六一中路、南路和江滨路，总长度为5,978公里，道路面积从原来的62940平方米扩建为226078平方米，是原面积的3.6倍。共拆迁1546户，总面积126240平方米，整个工程投资6400万元，这是福州市市政建设史上的规模最大的一项工程。四条道路拓宽后，缓解了福州市"行车难"和福厦路进入福州市交通严重堵塞问题。同年在东街口市中心区又建成了全省第一座环形过街人行天桥。总长144.67米，净高5.4米，桥面宽3.4米，投资172万元，它的建成大大改善商业中心区的交通状况。1984年9月南平市建成了一座悬索桥，该桥为单链式柔性吊桥，全长325米，主跨径200米，是全国同类型中最大的。悬索桥工程质量优良、总体布局合理、工期短、造价低，总投资才98万元。桥建成后，方便了市区交通，改变了城市面貌，荣获"六．五"期间省科技进步三等奖、福建省建设系统科技进步一等奖。

2.公共交通。新增公共汽车283辆；公共交通部门承担的客运量，每年以10%以上的速度递增；公交的营运线路由1735公里增加到4221公里，增长143.3%。为城乡生产建设和方便人民生活作出了积极的贡献。福州市20辆铰接式无轨电车于1983年10月开始营运，架空线路8.5公里，改变了城市公共交通结构单一的状况。

3.园林绿化。园林绿地总面积由558公顷增加到2194公顷，增长近3倍；公共绿地由368公顷增加到412公顷；增长12%；绿地覆盖率由4.2%提高到12.7%；公园增加6个；全年植树量增加5倍。新建的邵武熙春山公园，总面积18.5公顷，投资85万元；南平九峰山公园，总面积26.5公顷，投资95万元，建成后与九峰悬索桥连成一体，给市区群众带来较好的环境效益。福州市政府提出"爱我西湖、修我西湖、美我西湖"的号召，动员全市党、政、军、民踊跃参加整治西湖义务劳动四十多万人次，清除淤泥18万立方。整治后的西湖旧貌变新颜。同时，为了纪念林则徐诞辰二百周年，重建了座落在西湖公园内的林则徐读书处"桂斋"。

园林艺术不断发展，1985年福建、厦门、漳州、泉州、三明、南平六个城市代表全省参加《1985年中国盆景评比展览》，送展品89件，获奖16件，其中泉州杨吉章同志创作的百年榕树"凤舞"荣获特等奖。

1985年12月，福州市动物园受中国野生动物协会的委托，派人送熊猫"青青"和"涛涛"到香港展出四个月，百多万香港市民观看了熊猫表演，深受港澳同胞欢迎。香港海洋公园还捐赠了拯救大熊猫资金62.4万港元。

4.环境卫生。大中型环卫机械由111辆增加到242辆，增长1.18倍；公共厕所由427座增加到579座，增长35.6%；清运垃圾量由42万吨增加到75万吨，增长78.6%；清扫面积由274万平方米增加到547万平方米，增长99%。随着旅游业的发展，福厦公路线上首次新建了两座结构新颖、卫生整洁、内设有人体感应洗手池的旅游厕所。1983年在南平市建成垃圾无害化处理场，日处理垃圾20吨，达到无害化卫生标准。经处理的垃圾送往农村，很受当地农民欢迎。

5.煤气、液化石油气。1985年福州、厦门两个城市已有五千户居民用上液化石油气。三明市近几年利用化工厂、钢铁厂生产的废气制成生活燃气，使本厂职工六千五百多户用上气，用气人口达两万多人，开始改变全省城市燃料结构。

三.1986年城市建设概况

1986年城市建设把坚持改革放在首位，使改革和建设相互适应，相互促进为主导思想，城市建设有了进一步发展。

在城市基础设施建设方面，1986年全省完成城市建设固定资产投资11913万元，十个城市征收维护建设税5948.9万元。

1986年新增自来水生产能力6.7万吨/日，管道117公里；城市公共汽车48辆；液化石油气(福州、厦门二个市)用户11141户；道路长度35公里、面积241万平方米；城市环境卫生清扫面积264万平方米，公厕236座；公共绿地46.6公顷，公园3个，面积15.4公顷。同时省政府还批准了厦门市鼓浪屿万石山、泉州市清源山、福州市鼓山、福鼎县太姥山、泰宁县九龙漈、福清县石竹山、东山县风动石塔屿、连城县冠豸山等十处为省级风景名胜区。1986年4月福州市动物园熊猫"青青"喜添贵仔，取名"榕榕"。这是福州市动物园近十年在有关专家学者的大力支持下，开展大熊猫无干扰生理测试、科学驯化和繁殖研究的一项科技成果。

1986年12月福建省首座立交桥在福州市建成，总投资1650万元。该桥位于福州市主干道六一路南端与闽江大桥桥北相连接处。是通往火车站与飞机场的必经之路，立交桥建成后车辆通行能力为建桥前的1.5倍，大大缓解了省城南大门交通拥挤的状况。福州市1986年7月还完成了东南区水厂第一期工程，供水能力为7.5万吨/日。投产后全市各测压点水压普遍提高0.2公斤，使缺水严重的台江区三保地段4平方公里地区十万居民供水有明显改善，福州市温泉历史悠久，水温高、水量大，水质好，分布面广，为加强地热资源的开发利用，1986年底建成了温泉试验水厂，生产规模为5000吨/日，投资230.5万元，全年可节省6335吨标准煤，同时还节省了大量运输车辆油耗和减少大气污染。用地热水沐浴可防治皮肤病、关节炎、肠胃病等，榕城的地热，也吸引了不少中外旅客，使五四路一带已成为全省第一个为各个宾馆实现区域集中供热的地区。

四.城市建设体制改革和经济政策调整

［**城市建设经济政策改革初见成效**］　近年来，全省各城市在贯彻"人民城市人民建"的方针中，逐步征收了城市基础设施配套费，开始改变有些城市基础设施的无偿使用为有偿使用。加快了城市基础设施的建设步伐。1986年11月省政府在福州、厦门、三明、永安等市开始征收城市基础设施配套费的基础上，颁发了《福建省城市基础设施配套费征收暂行办法》，在全省十市二县(宁德、建阳)实施。为城市配套建设开辟了新的资金渠道。同时也有效地控制建设用地，如福州市1985年全市征地3336.7亩，1986年仅征地2264亩，下降32.2%。

改革城市建设单一依靠国家投资的做法，采用多方面筹集资金的办法，缓解城建资金的困难。具体有以下几种做法:财政拨款、银行贷款、发行证券、单位集资、民办公助、公办民助、义务劳动和农民进城参与城市建设等。如福州市1985年就发行三期城市建设有奖证卷、共筹集资金715万元;在整治西湖和疏浚六条河道两项工程中发动群众参加义务劳动，节省政府投资数百万元:在城区小街巷建设中，结合精神文明建设开展军民共建、厂街共建等活动，近三年共修整了小街巷944条，总面积达19.31万平方米;吸收农民进城兴办第三产业、实行谁投资、谁管理、谁受益的政策。三年来，郊区农民进城集资办了四座公园、一座游乐场、一个温泉健身理疗中心、六座澡堂、六个停车场和一批商业网点等，总投资达1500万元以上，既解决农民土地被征用后的就业问题，又吸收了大量城建资金，促进城市建设的发展。

［**城建行业改革**］　中共中央十一届三中全会以后，城建企事业单位在整顿的基础上，根据行业的各自特点，在内部普遍进行了管理制度、干部制度、分配制度的改革。在经营方式上的改革主要形式有承包、合资、租赁、百元产值工资含量包干、招标投标等。

1986年福建省十个城市市政公用设施基本情况　　　　表2

行业	供水				市政工程					公共交通					园林绿化					环境卫生				
项目 城市名称	水厂个数(个)	生产能力(吨/日)	管道长度(公里)	供水总量(万吨)	道路面积(万平方米)	道路长度(公里)	下水道长度(公里)	污水量(万吨/日)	路灯盏数(盏)	营运车辆(辆)	营运线路长度(公里)	客运总量(万人次)	无轨电车数(辆)	出租汽车数(辆)	绿地总面积(公顷)	其中:公共绿地(公顷)	公园数量(个)	公园面积(公顷)	植树量(万株)	清扫面积(万平方米)	垃圾清运量(万吨)	粪便清运量(万吨)	公共厕所(座)	环卫机械(辆)
合计	26	143.2	1495	38145	824	651	771	193.6	24.734	777	5120	20749	22	134	2271.4	458.6	30	348.7	427.7	811	79.9	68	815	364
福州	7	40	737	13893	418	230	408	61.2	9273	310	473	10848	22	79	643.3	117.8	9	88.9	234	302	25.9	21.7	336	84
厦门	5	19	237	5583	131	139	90	10	4069	145	559	5597		15	493.2	134.3	7	105.6	91.6	149	18.6	26	104	129
漳州	1	3	44	903	45	50	44	11	1275	28	99	120		17	21.4	8.2	1	3.7	0.3	50	4.4	8.2	84	24
泉州	2	3.8	72	1060	31	37	49	5	1661	31	302	266		9	129.6	17.4	—	—	24.2	55	4.6	3.6	85	44
南平	2	3.3	48	844	38	52	23	22	3511	46	346	924		14	511.6	42.6	5	42.6	46.6	24	2.9	0.6	62	15
三明	2	68	167	13664	52	54	63	30.5	1489	71	646	2428			70.3	55	2	44.3	9.9	141	8	0.6	44	20
龙岩	3	1.8	28	753	33	17	18	10	819	31	455	109			49	23	2	17	1.2	30	5	—	11	9
邵武	1	0.8	53	234	7	12	20	10.9	980	33	439	214			110.1	10.6	1	10	19.1	24	3.3	2.6	35	7
莆田	2	1.5	70	438	37	39	26	4	867	35	286	30			45	22.1	1	9	0.3	24	4.7	3.4	33	16
永安	1	2	39	773	32	21	30	29	790	47	1515	213			197.8	27.6	2	27.6	0.5	12	2.5	1.3	21	16

1.供水企业。福州、三明、南平等市自来水公司普遍试行千吨水工资含量包干。认真考核水量、水质、漏水、物耗、利润、维修、服务、安全等指标，使企业的经营管理水平，经济效益、社会效益都有了较大的提高。

2.市政工程企业。福州市市政工程公司，实行“百元产值工资含量包干”的办法，全面推行逐级经济包干责任制，增强了企业活力。1984年以来，每年主要经济指标有了明显的增长，1986年自行完成量1038.93万元、利润总额244.53万元、劳动生产率14159元，比历史最高水平的1983年分别增长267.9%、461.2%和238.1%。

3.公共交通企业。城市公共交通变过去独家经营为统一管理多家经营的体制，缓解了乘车难。在公交企业内部也大力推行和完善多种形式的经营承包责任制，不断提高管理水平和服务质量。在保证社会效益的前堤下，努力提高经济效益。福州市公交公司1984年在企业整顿基础上，坚持责、权、利三者挂钩的原则开始试行“五包五权五考核”的承包责任制，其主要内容是以公司为统一经济核算单位，由分公司同公司签订承包合同，实行“包利润、包成本、包营收、包车公里、包燃料”；承包单位拥有“五权”即营运生产经营权、劳工人事权、工资奖金分配权、职工奖惩权、车辆调配权。公司对承包单位进行“五考核”即考核行车准点率、车容车貌、行车安全率、行车趟次、服务卫生合格率。1985年又进一步划小承包单位，以车队为独立核算单位，实行“双效益承包制”经济效益明显增长，营收、利润、上缴税费比1984年分别增长14.3%、33.5%和19.3%。

4.园林、环境卫生事业单位。普遍实行以承包为中心的经济责任制、岗位责任制，正确处理经济、社会、环境三个效益的关系。福州市东山苗圃试行“三定三查一兑现”的岗位责任制，即定育苗面积到人、定用工用肥、定苗木数量；查是否按季节管理、查苗木长势、查季度评比；工分兑现。1984～1986年开山造圃360余亩，育苗410亩，出圃苗木9.6万株，有各种乔灌木46万株、82个品种，还建了一座160平方米的温室，培育60余种花卉4000多盆，树桩盆景1000多盆，取得了显著的经济效益、社会效益和环境效益。南平市环卫处垃圾处理场，原来经常是垃圾堆积如山，场地污秽，苍蝇成群，群众意见很大。实行个人承包后，承包者以场为家，主动与社队联系销路，送肥上门，解决垃圾出路问题。场地面貌改变，一年可为国家节约开支近两万元，承包个人收入也成倍增加。

五.城市建设行业精神文明建设

搞好城市建设行业的优质服务，是两个文明建设的重要环节，城市建设既是为城市经济建设服务的重要战线，又是直接为人民服务的社会“窗口”。由于城建行业广大职工的奋发进取，全省环卫职工被评为部劳动模范1名，先进个人5名，先进集体1个。1985年城市公交部门有五千多名职工参加全国开展的“优质服务”竞赛活动，评出省级优质服务个人46名，优质服务车(船)组15个，优质服务保修班组5个，线路两条。有16个集体，14名个人荣获建设部和中国建筑工会的表彰。厦门市轮渡公司和福州市公交公司265个车组分别被评为公交系统的先进集体；福州市公交公司乘务员陈旭被评为全国劳动模范。三明市1984年荣获全国文明城市的称号，全国“五四三”工作会议在三明市召开，总结推广了三明的经验。他们主要做法是把城市规划、建设、管理和精神文明建设结合起来，利用各种宣传工具，广泛发动群众，做到党政军民、工农青妇、男女老幼、上下左右开展各种文明活动，如：文明卫生居委会、文明礼貌用语、优质服务、职业道德规范、法制教育等，对精神文明建设起到一定的推动作用。在精神文明建设中，三明市公交公司举办了“为人民服务，对人民负责”、“假如我是一个乘客”专题讨论会和首次公交乘务员知识大奖赛，开展“青年先锋号先进标准示范车”等多种形式的活动。

为了保证城市两个文明建设的顺利进行，1981年自福州市城建管理监察大队成立以来，各市、县相继成立了城市建设管理监察机构。至1986年全省共有10个市43个县有了这支城市建设执法队伍，人数为1300多人。他们在城市两个文明建设中和城市综合治理中，发挥了重要作用。

六.城市规划

早在文化大革命前，全省就比较重视城市规划，1956年进行了南平市总体规划，紧接着其他一些城镇也开展了规划工作，为城镇的发展奠定了良好的基础。但是，六十年代初经济困难时期城市规划工作遭到了很大的削弱，文化大革命期间又被废驰，以致不少城市发展失控，管理混乱，造成城市功能不清、面貌陈旧、基础设施不能配套，酿成了不少损失。

中共中央十一届三中全会后，党和国家加强了对城市规划工作的领导，成立了相应的管理机构，全省城市规划开始了新的腾飞。

［**规划编制**］ 1980年全国城市规划会议后，全省全面展开了规划编制工作。截止1986年底止，全省10个市、58个县城(未含金门)、14个老建制镇均已完成总体规划编制工作。根据城镇总体规划编制已基本完成的实际情况，1986年全省还重点进行了详细规划，道路红线规划、城镇布局规划、省

级风景名胜区规划和部分城镇规划调整工作，使规划工作得到了进一步深化。目前，除泉州、漳州两市和湖头、穆阳两镇总体规划尚在报批过程中外，其余城镇总体规划均已报经国务院或省、市人民政府，地区行署批准。实践证明、城市规划是指导城市建设和发展的重要依据，是整个城市建设和发展的“龙头”，只有抓好城市规划工作，才能保证城市建设在空间上协调进行，在时序上协调发展。福州市在国务院批复总体规划后，举办了“2000年的福州”展览会，并将规划逐步付诸实施。目前，几条主要道路已按规划建成，城市交通和城市面貌有了很大改观。三明市在城市规划的指导下，通过多方努力，形成一个崭新的工业城市，屹立在闽西山区，成为全国的文明城市。湄州湾港口城市的规划，对湄州湾的开发和建设将起到积极的促进作用。

［**规划管理**］　中共中央十一届三中全会以来，全省规划管理得到逐步加强，截止1986年底止，各市均颁布了有关地方法规，成立了相应的管理和监督机构，并正在逐步健全和完善过程中。南平市先后颁布了《南平市规划管理暂行条例》等十个法规文件，成立了南平市规划管理处，通过法律手段、经济手段和行政手段，科学而有效地实行了规划管理。福州市根据颁布的一系列法规，在市规划管理处和市城管监察大队紧密配合下，协调有关单位，严格实行发放“用地许可证”和“建设许可证”制度，使规划管理逐步走上了正轨。目前，八个住宅区建设、五一路、五四路、华林路的沿街建设，以及园林绿地和主次干道开辟等，都是在详细规划编制后，经过严格审批进行的，取得了良好的效果。在加强规划管理中，涌现了一批规划管理比较好的单位。如福州市规划处和将乐县建设局被评为全国规划管理先进单位。

［**技术引进与培训**］　全省近几年来针对城市规划和管理人才不足的现状，采取多种方式，组织各方力量，在完成规划编制任务的同时，锻炼和培养了自已的规划队伍。先后邀请中了中国城市规划设计研究院、同济大学、南京大学、天津大学以及大地设计事务所(国际)、新加坡国际发展与咨询私人有限公司等规划设计单位，协助各城镇规划编制工作，引进了不少先进技术。与此同时，成立了省城乡规划设计研究院和各市规划设计院、室，逐步形成和提高了本省的规划力量。已经完成的湄州湾港口城市规划获得了建设部科技进步三等奖。泉州市历史文化名城保护规划获得了省科技进步二等奖。此外，举办了三期县长研究班和两期镇长研究班，送部分局长到有关大学进修，使各级主管领导对城市规划、建设、管理的认识有了进一步提高。并通过省城市规划学术委员会和省城市规划信息中心，定期举行学术交流会，对提高全省规划和管理水平起了一定的促进作用。

七.城市住宅建设

长期来，全省处在海防前线，并在“左”的指导思想影响下，住宅建设发展速度缓慢。1980年，据全省六个城市的统计，人均居住面积3.9平方米，无房户、紧房户达8.1万户，约占总户数的1/3，危房达16.7万平方米。

中共中央十一届三中全会以来，全省各级政府都把解决住房作为一个重要的社会问题来抓。增加住宅建设投资，城镇住宅有了较大发展。尤其是“六.五”期间，全省住宅建设发展进入历史最快时期，住宅建设走上了改革创新的道路，成片开发住宅小区，推行住宅商品化。福州市在“六.五”期间，住宅竣工面积328万平方米，年平均为65.6万平方米。厦门市“六.五”期间住宅竣工面积158万平方米，相当于前31年住宅竣工面积总和的1.6倍。1978年～1981年省人民政府还先后拨出专款5000万元，作为支持城市住宅建设的周转金(福州市3900万元，其他县、市1100万元)。各地房管部门利用这笔周转金，兴建了商品住宅或拆迁周转过渡房82.01万平方米，居住小区配套公建房屋5.46万平方米。这笔周转金，经过几年的周转，已增至1.04亿元，比原来扩大1.09倍，取得了明显的经济效益和社会效益。为鼓励城镇个人建造住房，1984年8月省人民政府颁发《福建省城镇个人建造住宅管理暂行办法》。并专项拨出50万元，给连城、东山、宁德、龙岩四县(市)作为个人建房宅基开发费，支持城镇个人建房统一组织建设的试点工作。连城、东山二县经过一年多的努力，已开发宅基地(或商品房)240多户。

［**居住新村建设**］　全省住宅建设从过去分散建房，见缝插针，逐步走上“统一规划、合理布局、综合开发、配套建设”、“先地下、后地上”的道路。这是城市建设的重大改革，也是实施规划的重要保证。近年来，全省建成了规模较大、配套较齐全的新村有:福州市的王庄、上海、洋下、浦下、三叉街、杨桥等可供26万居民迁入的新住宅区;厦门市的莲花、振兴;漳州市的延通、东岳;泉州市的红梅、西郊、金山;三明市的东霞、徐碧;南平市的杨真堂、黄金山;龙岩市的梅林;永安市的红头山等新村。随着住宅建设的发展，城市住宅的结构、功能和布局也在不断完善提高，小区的群体景观，道路绿化、建筑小品等环境设计也得到重视，城市面貌发生了很大变化。

1986年全省在国家压缩住宅建设投资的情况下，积极鼓励企业和个人购建住房，多渠道筹集资金进行商品建设，全省的住宅建设仍保持一定的发展速度。10个市全年共完成住宅建设243.6万平

"六.五"期间全社会住宅建设投资表　　　　**表3**

金额:万元

面积:万平方米

名　称	1981年		1982年		1983年		1984年		1985年	
	投资金额	竣工面积	投资金额	竣工面积	投资金额	竣工面积	投资金额	竣工面积	投资金额	竣工面积
全省总计	52006	1478.93	84203	1481.54	83198	1254.18	96160	1324.00	135692	1428.08
一、全民所有制固定资产投资合计	24499	219.94	33489	271.45	35021	276.35	33601	271.98	51796	271.63
1.全民所有制基本建设投资	20388	178.73	29290	210.42	31062	236.20	29539	235.47	48235	242.22
2.全民所有制更新改造措施投资	4111	41.21	4199	61.03	3959	40.15	3394	30.53	2631	22.42
3全民所有制其他固定资产投资							668	5.98	930	6.99
二、集体所有制固定资产投资合计	2920	43.87	4493	157.07	5491	115.87	6904	107.83	9742	69.93
1.城镇集体所有制投资	622	5.57	855	7.18	863	9.87	830	5.80	4093	17.40
2.农村集体所有制投资	2298	38.30	3608	149.89	4628	106.00	6074	102.03	5649	72.53
三、城乡私人投资合计	24.587	1215.12	46221	1033.12	42686	861.98	55655	944.18	74154	1066.52
1.城镇私人建房	5058	68.55	4334	68.03	6792	98.04	15751	201.59	21509	239.52
2.农村私人建房	19529	1146.57	41887	985.09	35894	263.96	39904	742.59	52645	827.00

1986年全省十市住宅建筑面积　　　　**表4**

面积:万平方米

名称	合计	福州	厦门	漳州	泉州	南平	三明	龙岩	邵武	莆田	永安
年末实有住宅面积	3825	1423	628	239	280	222	291	249	150	176	167
年末新建竣工住宅面积	243.6	79.9	65.2	4.4	20.1	12.1	14.9	7.4	9.1	23.9	6.6
与1985年对比增减数	−1.1	+2.3	+7.5	−1.3	+4.4	−1.8	+4.3	−2.6	+1.6	−11.5	−4.0
年内减少住宅面积	33.6	16.4	10.7	0.2	0.3	1.8	0.3	0.8	0.2	1.5	1.4

方米，比1985年少建1.1万平方米，扣除全年因基建等拆除住宅面积33.6万平方米，净增210万平方米，1986年全省城镇按人口计算，平均每人增加建筑面积0.7平方米。

［旧城住宅改造］　1986年福州市结合旧城改造，改建旧房5.2万平方米，建成商品房2.4万平方米;南平市采取旧城改造与新区开发相结合，进行成街成片综合建设，先后改造旧城区和开发杨真堂、三官堂、八一路等住宅达三万多平方米;厦门房管局结合旧城改造，采取灵活的翻建措施，新增住宅8000平方米。

［商品房建设］　为了适应不同的需求，各城市对住宅建设进行了多种形式的尝试，取得了良好效果。

为了解决大龄青年结婚住房难，福州、厦门、南平等城市先后建成一批青年公寓。福州市发动市总工会、共青团，妇联等社会力量共同努力，建成了住房414套;厦门市建了104套;南平建了45套。每套40平方米左右，以优惠价格出售或以成本租金出租给大龄结婚青年。

长汀、东山等县建造半成品住宅出售。按统一规划要求，设计不同类型的规格的商品房，基础按三层楼的要求设计和施工，先建一层或二层的半成品房出售(即内墙面不粉刷、地面不铺砖、门窗不安装、附属设备不配)。购房者可根据自已的财力选购，分期装饰和续建。有的县专门划出一片土地，统一规划，先修道路、排水沟渠、水电，按不同户型出售，内部结构，平面布置，允许购房者自行设计与施工，但要求必须在一年内建成。

泉州市房地产管理局采用公建民助方式，以自有资金和市人民政府拨补资金，再向要求住房的职工筹集资金每平方米50元，合建4幢住宅楼60套，建筑面积3844平方米，优先租给或出售给他们，解决了他们建房难和住房难问题。

福州市仓山区房地产开发公司为福建师范大学建造大学生公寓，专租给该校走读生。公寓为四层砖混结构，建筑面积1520.2平方米，计44套，每套34.55平方米，设有卫生间、贮存小柜，配用家具和生活用品，每套可供六人居住。公寓内有书刊部、接待室、汤水间等服务设施，减轻了学校的后勤工作。该公司与输送走读生的单位签订合同，收取成本租金，得到有关部门的好评。福州市开发总公司为了适应引进人才的需要，专门建造标准较一般住宅高的、适合科技人员住的“求知楼”。每户设备较齐全，专门出售或出租给引进人才的单位和个人。为适应对外开放的需要，福、厦、漳、泉等沿海城市，建造一批标准的华侨公寓和庭院式住宅，专售给华侨、港澳同胞等。

［**房地产业发展迅速**］　随着城市经济体制改革而产生的房地产业，作为第三产业大军崛起，房地市场非常活跃，近几年来各地相继成立了房地产综合开发公司，到1986年止，全省共有大小房地产开发公司102个，对城市开发、旧城改造做出了贡献。由于开发公司多数是组建时间短，缺乏经验，企业资质差，专业人员少，行业归口管理部门不明确等。为此，省人民政府于1986年10月20日以闽政［1986］87号文批转了省建委等六个部门关于《福建省城市房地产综合开发公司管理暂行规定》，指出“房地产市场要严肃认真地进行一次清理、整顿”。

但一般城市都有几家开发公司，开发公司以保本微利为原则，为改善居民居住条件服务，大多数开发公司进行成片开发，从规划、征地、拆迁、设计、施工、售房等一包到底。1986年全省各地的房地产开发公司，施工的商品住宅建筑面积共计158.84万平方米，竣工的商品住宅建筑面积共计112.4万平方米(其中十个市竣工商品住宅建筑面积92.58万平方米)，竣工率为70.7%。出售商品住宅共计73.13万平方米，向单位出售住宅达50.76万平方米(其中十个市达40.99万平方米)；直接向个人出售住宅达22.37万平方米，3129套(其中十个市为13.08万平方米，1866套)，占出售商品住宅总数的30.6%。泉州市高达64.6%，诏安县高达93.1%，向个人出售住宅中，有18.66万平方米，2537套为全价出售，收回资金3733.4万元。商品住宅价格，各地情况不同，高低相差很大。从商品住宅销售情况来看，许多县镇多是全价出售，个人购买住宅逐步增加。

厦门市

厦门市位于福建省东南部。行政区域由厦门岛、鼓浪屿和大陆九龙江北岸的沿海部分组成，北面与泉州市接壤，西南与漳州市相邻，东临大海，港阔水深，素为闽南地区水陆交通枢纽，入闽门户，市辖六区一县，面积1510平方公里，人口106万。

厦门经济特区(包括厦门本岛、鼓浪屿及市辖岛和水域)陆地面积131平方公里，人口35万。

厦门属亚热带海洋性季风气候，冬天寒冷，夏天酷暑，年平均气温21℃，极端最高气温为38.4℃，极端最低气温2℃，无霜期平均364天；全年主导风向为东北风，夏季为东南风，7～9月多台风，降雨受季风控制，6～7月多雨，平均年降雨量1200毫米。

厦门市行政中心所在地的厦门岛，原为四面环海，1956年10月建成高(屿)集(美)海堤后与大陆连接。厦门港地处九龙江出海口，海域面积300多平方公里，行政区内海岸线全长154公里，主航道宽200米，水深12米以上，港区不淤不冻且能避风，为一天然良港。市区自然环境优美，风景名胜具有南国特色，是渡假、避暑、旅游胜地。

至1986年底，城市建成区面积为34平方公里(其中本岛28.09平方公里，鼓浪屿1.77平方公里)，房屋建筑面积1000万平方米(新增建筑面积占50%左右)，人均建筑面积20平方米，使有面积12平方米，现有城市道路138公里，自来水厂五座，污水处理厂一座，公园七处，人均公共绿地4.66平方米，城市绿化覆盖率为25.65%，被评为全国绿化先进城市。全市有工业企业770多家，国民经济生产总值为19.5亿元，工业总产值28亿多元，年货运量1000万吨、客运量480余万人次，港口吞吐量400多万吨。拥有大、中专院校15所、中学39所，小学341所，医院8所，各种科研机构20余所。

厦门是一座海港、风景和有一定工业基础的城市，具有发展外向型经济的优势。按照中央赋予的任务，厦门将建设成以工业为主，兼营旅游、商业、房地产业的综合性、外向型的经济特区。

［**新中国建立前厦门城市建设概况**］　厦门岛，别称鹭岛。公元1378年(明洪武二十年)，江夏侯周德兴到福建设置防倭卫所，在岛上筑“厦门城”，由永宁卫的中、左二所官兵驻扎。此后，逐渐发展为城市。1920年春，地方人士林萩庄，黄奕住等人组织厦门市政会，筹款开辟建设开元路，总长0.7公里，面积0.98平方公里。1927年～1932年，厦门进入现代城市建设的盛期，华侨投资较大的有二十多家房地产公司，投资额达3000余万元，私有楼房

7000多户，进行大规模的城市道路建设，建成思明南路、厦禾路西段、大同路、中山路、水仙路、晨光路、民国路等主，次干道，商业亦有较大发展。但是，由于帝国主义的侵略，厦门只是一个遍布洋行、钱庄、酒楼、舞厅的殖民地消费城市，工业只有小型电力、电池、酿酒、火柴、香烟等几家小工厂，1950年，全市工业总产值仅2503万元。

［新中国建立以来城市建设事业的发展］

中华人民共和国成立后，厦门经济有了较大发展，城市面貌也发生了变化。但是，由于厦门较长时间处于前线，城市建设受到限制。解放后的前三十年，国家投入厦门基本建设的总投资仅7亿多元，用于城市建设的资金就更为有限，城市基础设施十分薄弱。1980年10月，中央确定在厦门湖里区划出2.5平方公里创办经济特区，1983年10月，福建省政府正式批准厦门城市总体规划，城市发展即进入严格按规划进行建设阶段。1984年3月，中央决定将厦门经济特区的范围扩大到全岛。自创办特区后，中央对特区实行的特殊政策和灵活措施给厦门城市发展带来了活力。七年来，基本建设总投资25.4亿元，其中基础设施7.24亿元，特别是中央和省对厦门的基础设施建设极为关心，为厦门城市发展提供了良好条件。尤其近两年，在国内外广大投资者的热情合作下，加快了各项设施的建设速度，已创造了一个较好的投资环境。主要建设工程有如下项目。

1.厦门国际机场。按国际二级机场设计，1982年1月破土动工，1983年10月建成通航。机场占地面积159万平方米，总投资8600万元。通航后已陆续开辟北京、上海、南京、南昌、西安、桂林、广州、成都以及香港、马尼拉、新加坡、日本等航线，每周54个航班，为经济特区的发展及时提供了空中交通。1985年初，全国第一家地方航空公司——“厦门航空公司”成立，目前，按一级国际机场扩建工程正加紧进行，候机楼、停机坪及其它配套设施都将进一步扩充和完善。第二期扩建工程完成后，即可起降国际最大型客机。

2.港口码头。东渡新港一期工程建四个万吨级泊位，总投资1.8亿元，年吞吐量209万吨，1984年12月建成投入使用；第二期扩建工程前期准备工作从1985年9月开始，筹建四个深水泊位和四个千吨级泊位，新增能力550万吨。同时，客运能力为52.8万人次的客运码头改建工程也正在进行。厦门口岸现与113个国家和地区建立了贸易往来，内外幅射正在不断扩大。

3.通讯工程。第一期工程总投资2130万元。1983年4月动工，1984年底投入使用，建成电讯大楼18650平方米。从日本引进万门程控电话和960路微波通讯设备，通讯能力比原来提高1.5倍，使厦门与国内主要城市和美国、日本、港澳地区直接拨号通话。现在，第二期扩建二万门程控电话和铺设厦门至福州、浙江、广东、香港的长途电话电缆工程亦正在进行。

4.城市供水。供水第一期扩建工程投资4243万元，新建水厂一座和改造市区部份供水系统，供水能力由原来日供6万吨提高到12万吨。1986年开始第二期扩建的筹建工作，计划新增供水能力12万吨。

5.电力工程。1985年完成岛内电源与闽西水电站并网工程，新增燃气轮机辅助电站交付，全市发电量增长1.6倍。目前正在筹建从集美进入岛内的海底电缆和220千伏的米兰山变电站工程，扩建东渡变电站，架设总长为100公里的输电线路。同时，国家还拟在厦门嵩屿建一座60万千瓦的发电厂，近期可列项建设，以求从根本上改变厦门、漳州、泉州闽南三角地区的缺电状况。

6.城市道路。兴办经济特区后，除改善旧市区道路外，新建湖滨南路、湖滨北路、湖滨中路、湖滨东路、湖滨西路和金榜路、文塔路等，总长60多公里，相当于解放初期的城市道路总长的6倍。沟通厦门对外陆路交通的三南公路(闽南、赣南、湖南)和鹰(潭)厦(门)铁路电气化改造工程已分别进行前期准备和开始建设。

7.煤气工程。于1983年开始筹建。成立煤气公司筹建处，采用多种气源供气。1986年建成年灌瓶能力为5000吨液化气灌瓶站和两个供气站，已供应液化气11000户居民用气；日产10万标立米增热水煤气厂和煤气输配工程已动工建设，管道煤气主要供应新区。

8.污水处理工程。1984年11月动工。总投资9500万元，在筼筜湖南北两岸、湖里区、杏林区各建污水处理厂一座。同时进行筼筜湖清淤工程。南岸污水处理厂、四个泵站和12个公里截污干管已建成，日处理13.4万立方米污水的工程已投入运转，筼筜湖清淤基本完成。改造后的筼筜湖将建成风景秀丽的湖滨区。

9.厦门大桥。五十年代建成的高(崎)集(美)海堤，交通量已超过设计能力的二倍多，为此决定建设与海堤平行的厦门大桥，总投资9300万元，桥宽23.5米，现已动工，计划30个月建成，以解决车辆进岛难问题。

10.新区开发建设。经济特区的建设，除加强基础设施建设外，重点就是新区开发建设。按厦门城市总体规划布局，目前新区开发主要分三片进行，湖里区：范围2.5平方公里，已竣工房屋面积59.5万平方米，区内有33家三资企业和6家内联企业、已初步形成现代化的工业区；筼筜新区：范围17平方公里，竣工房屋面积47.7万平方米，正在建设的有国际金融大厦、金桥大酒店、振兴大厦等十余幢高层建筑及一百多幢别墅；东区：范围31平方公里，竣工房屋面积26万平方米，富山国际展览城建于这个区内。几年来，在三片开发区内已建成九个配套设施比较完整的居住小区，效果较好，其它为多年零星建筑，效果欠佳。

[**城市建设的法制建设和管理**] 为了适应厦门经济特区建设和管理的需要，市政府和主管部门对立法工作都较重视、先后制定了《厦门市城市建设规划管理暂行办法》、《厦门经济特区土地使用费管理办法》、《厦门市综合开发费标准》、《厦门市环境保护条例》、《设计管理暂行办法》、《厦门市建筑安装工程招标投标暂行办法》、《厦门市外来施工单位管理暂行办法》、《关于外资建筑安装及装饰企业管理暂行规定》等，报请省、市人大批准或由市政府和有关部门颁布执行。城市建设管理、市容管理主要从以下四方面进行。

1.城市规划管理。重点管理城市基本布局、道路骨架、工业布点、码头和交通枢纽的配套；城市中心区和生活性干道沿街建筑的布局；城市主要市政设施的配置；风景区和公共和公共绿地的控制和管理；特色建筑区的管理。

2.城市环境管理。厦门兴办特区后，对自然环境的管理是从无法可依和有法不依到初步有法可依，经过多次反复逐步加强的。如对沙滩、岩石、海域等风景资源，在一度遭到破坏后，即时采取措施制止，使资源得到保护，大气也无恶化的趋势。

3.市容管理。包括卫生、交通、市场、市容、广告等，市政府成立了“城市管理办公室”和“市政监察大队”。同时发挥各区政府和主管局的作用，分工负责，协调配合，以加强市容管理。当前，这项工作还是比较薄弱的环节。

4.建筑市场管理。经济特区开办不久，厦门就开放了建筑市场。1986年，外来勘察设计单位66个，建筑安装(装饰)企业97个，外来施工劳动力5万余人。外来施工企业完成的投资额占全市完成投资额的65.99%。随着建筑市场开放，竞争激烈，建筑市场不正之风也随之产生，从1986年5月进行建筑市场整顿，使之逐步向健康的轨道发展。

厦门城市建设的发展，城市多功能作用日益发挥，使厦门经济特区的投资环境日益完善。现在，全市已形成以机械、电力、纺织、轻工、食品、化工、电子、塑料、橡胶、医药、造船、冶金、建材、工艺品为主，门类比较齐全的工业体系。国民生产总值、社会总产值、工农业总产值、国民收入、预算内财政收入等均比1980年翻了一番多，为引进外资、引进先进技术，进一步发展经济特区创造了良好的条件。

江西省城市建设概况

魏国恩

江西省位于长江中下游南岸、面积16.69万平方公里。东邻浙江、福建，南连广东，西接湖南，北毗湖北、安徽。东西南三面环山，中部丘陵广亘、北部平原坦荡，直控长江，上溯武汉三镇，下通南京、上海。境内赣江等五大水系和鄱阳湖水道密布，浙江、鹰厦、皖赣、南浔诸铁路纵横交叉，公路四通八达，民用航空发展迅速，前景广阔，全省已形成了以南昌为总枢纽的交通运输体系。在经济和社会发展中发挥了重大的作用。

江西省气候温和，雨量充沛，土地肥沃，农业发达；矿产资源丰富，铜、钨、铀钍、钽铌、稀土被誉为江西省的“五朵金花”，其中黑钨储量居全国首位。新中国成立后，随着国民经济的发展，江西省城市和城市建设不断发展，成就显著，为经济建设和人民生活的提高，作出了重要贡献。

江西省现设城市12个，其中南昌市为大城市，九江、景德镇、萍乡三市为中等城市，新余，鹰潭、赣州、吉安、抚州、上饶、宜春、井冈山八市为小城市。

江西省城市建设发展情况(1952～1978年) 表1

项目	单位	经济恢复时期末(1952年)	“一五”时期末(1957年)	“二五”时期末(1962年)	“调整”时期末(1965年)	“三五”时期末(1970年)	“四五”时期末(1975年)	“五五”前期(1978年)
城市个数	个	6	8	10	9	9	9	9
建成区面积	平方公里	31.65	56.71	107.64	107.64			
城市人口	万人	60.38	95.48	133.39	141.63			182.60
城市工业产值	亿元	1.43	5.46		11.69	23.31		
住宅建筑面积	万平方米	452.81	544.24	661.97				1016.00
平均居住面积	平方米/人	4.54	3.41	3.03				3.04
道路长度	公里	144.57	194.89	303.30	346.59			593.70
其中:高级、次高级道路	公里	13.67	36.60	69.35	99.09			326.30
道路面积	万平方米	150.33	186.85	392.81	449.82			476.00
其中:高级、次高级道路	万平方米	13.00	53.20	111.79	140.64			328.60
桥梁座数	座		35					96
其中:永久性桥梁	座		17					78
防洪堤长度	公里				66.32	88.00	102.60	102.60
下水道长度	公里	115.81	158.07	178.79	199.00	258.00	300.15	399.20
自来水生产能力	万吨/日	1.78	2.34	7.91			24.45	39.40
自来水用水普及率	%	46.00	59.20	64.10	67.40		68.40	71.14
平均生活用水量	升/人日							81.00
公共汽(电)车辆数	辆	32	51	94	123		416	444
营运线路长度	公里	43.50	78.12	134.75	375.40		1706.60	2060.00
平均服务人数	人/车	18868	18721	14190	11514			4113
园林绿化面积	公顷							915.20
其中:公共绿地面积	公顷	24.24	171.06	658.00			734.00	
建成区绿化覆盖率	%							4.50

江西城市大都在中部和北部，沿铁路线分布，南部城市稀少。1986年末，全省城市面积1197.2平方公里，其中建成区面积219.0平方公里；城市人口528.8万人，其中非农业人口277.6万人；城市工业产值达93.92亿元，占全省工业总产值的55.6%。

一.城市建设的发展与成就

［建国前城市概况］ 建国前夕，江西省设南昌、九江、景德镇、赣州、吉安、上饶等六个城市，城市人口51.7万人，建成区面积22平方公里，工业总产值不到6000万元。全省城市住宅建筑面积450.85万平方米，危房和棚房比重很大；城市道路总长125.71公里，面积116.07万平方米，基本上是狭窄弯曲、凹凸不平的低级道路；27座城市桥梁中永久性桥梁12座，大都是小桥；路灯寥若晨星，总计才几百盏；城市供水能力很低，仅有自来水厂两座，日生产能力1.66万吨；公共交通十分落后，仅南昌市有以木炭为燃料的旧公共汽车五辆，营运线路1条，长4.5公里；园林绿地稀少，卫生面貌极差。

［城市建设的回顾］ 建国后至党的十一届三中全会前各个时期，江西省城市建设各项事业走过曲折的道路，经过艰难的历程，从小到大逐步发展，见表1。

［城市建设的新时期］ 党的十一届三中全会后，全省城市建设进入了新的发展时期。各级政府对建市建设更加重视，八年来，全省城市维护建设资金累计收入5.19亿元，为建国后到1978年期间投资总额的2.7倍。全省城市建设步伐明显加快，取得了前所未有的成就。

1.城市规划。江西省城市规划起步较早，在五十年代初期和中期就着手进行，但几经波折，在相当长的时期内，未受重视，发展徘徊不前。直到1978年后，城市规划才开始走向正轨，进展迅速。到1985年9月止，全省12个城市已全部完成了总体规划的编制工作，并经省人民政府批准。其中南昌市总体规划于1985年6月经国务院批准。同时，还编制了庐山、井冈山2个属国家重点风景名胜区的总体规划，其中井冈山风景名胜区总体规划，已经省人民政府审查，并报国务院待批。

全省78个县城，已完成了编制总体规划并经省人民政府批准的有77个，尚未完成的仅1个。

2.城市住宅。党和政府十分重视改善人民居住条件。1978年以来，城市住宅建设速度加快，建筑面积大幅度增长。许多城市建成了大片新住宅区，如南昌市上海路、青山湖、鲤洲新住宅区，新余市城北新住宅区，鹰潭市梅园新住宅区。与此同时，对旧住宅区的改造，由过去分散整治、单幢改造，向综合治理、成片改造发展，如赣州市文清路整条街和吉安市后河区整片的旧住宅改造。1978年至1986年，全省城市净增住宅建筑面积2276万平方米，相当于建国后到1978年累计净增建筑面积的5.3倍，人均居住面积由1978年的3平方米，上升到6平方米。

3.城市供水。1978年后，全省城市供水事业发展迅速，新建和扩建了一批规模较大的水厂，如南昌市扩建了朝阳水厂和下正街水厂，九江市建成了河西水厂，景德镇市建成了洋湖水厂，萍乡市建成了五陂下水厂。1986年，全省城市水厂已增加到28个，日生产能力总计97万吨，年供水总量3.15亿吨，其中生活用水量占42.7%。用水人口普及率由1978年71.1%，上升到80.3%。人均生活日用水量增加到159.3升。

全省78个县城中，1978年前建成水厂的只有26个，现在已增加到77个，日生产能力总计29.5万吨，还未通水的仅有一个县城，水厂正在建设之中。

4.市政工程。1978年以来，江西省城市道路增长较快，在改造翻修旧道路的同时，许多城市还开辟了主干道。打通了不少堵头卡口，道路网进一步完善。南昌市新建和扩建了洪都大道和沿江大道，新余市新建和扩建了赣新路和建设路，上饶市扩建了赣东北大道，鹰潭市新建了鹰贵大道，九江市新开辟的长虹大道，即将竣工。1986年，全省城市实有道路长度659公里，面积620万平方米，分别为1978年的1.11倍和1.30倍。其中高级、次高级道路长度和面积所占比重，分别由1978年的55.0%和69.0%，上升到79.7%和90.6%。

这一时期，在各城市的江河上又架起了一座座大型桥梁，主要有景德镇市珠山大桥，抚州市抚北大桥，上饶市信江大桥，宜春市秀江大桥，吉安市白鹭洲大桥。同时，还建成了四座立交桥，其中南昌市三座，新余市一座。1986年，全省城市共有桥梁133座，其中永久性桥梁126座，比1978年增加了48座。

1986年，全省城市共有路灯2.01万盏，比1978年增长了52.4%。

1978年后，江西省城市下水道增长较快，南昌市尤为突出，八年中，全市下水长度翻了一倍多。1986年，全省城市下水道长度达612公里，比1978年增长53.3%。

从1982年起，江西省对九江市长江大堤和南昌市富大有堤进行加高加固，使之达到百年一遇的防洪标准。其它城市的防洪堤的防洪能力逐年也有不同程度的提高。1986年，全省城市防洪堤长度为71公里(属城建部门所管辖)。

5.城市公共交通。1978年后，江西省城市公共交通事业有了新的发展。1986年，全省城市实有公共汽(电)车804辆，营运线路5323公里，比1978年分别增长了81.1%和158.4%。车均服务人数由1978年4114人下降为3453人。近几年，许多城市还开设了汽车出租业务，共有大小出租汽车78辆。

6.城市煤气。江西省煤气事业从1979年开始起步，南昌、九江、景德镇三市先后成立了液化石油气公司，年供气总量约一万吨，十万余户城市居民用上了液化石油气。近几年，南昌、新余、萍乡、赣州等市煤气工程相继开工，其中新余市煤气第一期工程于1985年建成投产，年供气量345万立方米，有7000余户城市居民用上了管道煤气。

7.园林绿化。1978年后，江西省城市绿化和园林建设有新的起色。1986年，全省城市绿化面积5237公顷，比1978年增长4.82倍。其中公共绿地945公顷，人均占有公共绿地面积3.4平方米。建成区绿化覆盖率达20.9%。许多城市还建成了特色不同的新园，如新余市的抱石公园。景德镇市的马鞍山公园，赣州市的儿童公园，南昌市的南浦园以及宜春市的状元洲公园等。全省城市现有公园30个，面积245.4公顷。

近几年，庐山、井冈山2个国家重点风景名胜区的建设加快，修复了一批风景名胜建筑和革命纪念旧址，新开辟了有鲜明特色的风景点，增设了服务设施，以崭新的姿态展现在中外观光者面前。江西省著名的三清山、龙虎山风景区的建设，也已初具规模，慕名而来的海内外旅游者成千上万。

8.城市环卫。1979年后，江西省各城市环卫工作先后划归城建部门管理。在各级政府重视下，城市环卫工作得到加强，城市脏乱状况有了根本性的好转。

1986年，全省城市有各类环卫车辆年332辆，比1978年增长了2.5倍；公共厕所946座，比1978年增长22.7%；清扫街道面积475.0万平方米，比1978年增长1.1倍。此外，许多城市还建成或正在兴建垃圾中转站和垃圾处理场。如景德镇市建成了三座垃圾中转站，赣州市建成了一座垃圾中转站，吉安市建成了也座垃圾处理场，南昌、九江、新余等市也正在兴建垃圾粪便无害化处理场。

城市建设随着国民经济的发展而发展，同时，城市建设的发展对国民经济的发展会产生巨大的反馈作用，集中体现在它的经济效益，环境效益和社会效益之中。如南昌市北京东路立交桥，工程总投资不到600万元，建成通车后，避开了城市交通与铁路运输之间的相互干扰，提高了行车速度，减少了交通事故，每天减少各种经济损失约四万元。据桥东洪都钢厂反映，立交桥通车后，该厂一年就可节省汽油费达二十多万元。

二.城市建设体制改革和经济政策调整

［**城市管理体制改革**］ 1952年11月1日，成立了江西省建筑工程局，主管全省建筑工程和城市建设工作。这是建国后江西省主管城市建设的最早机构。随后，沿着“城市建设局——建设委员会——建筑工程局——基本建设局——建筑工程局——基本建设委员会”多次变革，直至1983年机构改革时，改为省城乡建设环境保护厅，内设城市建设处(含房地产)、城市规划处，乡村建设处等10个职能处室，负责全省城乡建设和环境保护管理工作。

各城市建设管理体制也相应经历多次变更。目前，全省12个城市都建立了城乡建设局。同时，南昌、景德镇等7市设立了房管局；九江、萍乡等5市设立房产公司，隶属城乡建设局。此外，南昌市于1985年还专设了城乡建设委员会，市长兼主任，负责指导与协调工作。

［**城建行业企业管理**］ 目前，全省城建各行业的管理体制，只有公交公司，自来水公司以及少数住宅建设开发公司属企业单位，其它均为事业单位。随着经济体制改革的深入发展，不少事业单位实行了企业化管理。

近几年，城建各企事业单位，都在积极探索经济体制改革，根据各自行业的具体情况，实行了多种形式经济承包责任制。如南昌市市政工程开发公司实行了百元产值工资含量包干经济责任制，南昌市公共交通公司实行了百元营运收人工资含量包干经济责任制，赣州市自来水公司实行了千吨水工资含量包干经济责任制，南昌、赣州等市环卫处对清扫街道，掏运粪便，清运垃圾实行分段分片承包经济责任制等。这些经济承包责任制试行后，大都取得了较好效果，工人的工资收入与工作数量和质量挂钩，破除了工资分配制度上的平均主义，极大地调动了广大职工的积极性，给企业带来了生机，为加速城建事业的发展作出了新贡献。以南昌市市政工程开发公司实行的百元产值工资含量包干经济责任制为例，仅1985年开始试行的那一年，该公司就完成了总产值700.5万元，利润总额33.2万元，比上一年分别增长了110%和45%，而且降低了工程成本，提高了质量，国家、单位和个人都增加了收入，在全省同行业中引起了强烈反响。

［**城建经济政策调整**］ 党的十一届三中全会后，城市建设得到进一步加强，国家逐年增拨投资的同时，还制订和调整了有关经济政策。

1979年，经国务院批准，南昌市实行工商利润5%的提成，用于城市建设。1982年以后，九江，景德镇、萍乡、新余市也经批准提取了这项费用。从1979年起，到停止实行的1984年止，这些城市从工商利润中共提取了6395万元，扩大了城建资金的来源，加快了城市建设的发展。

1979年，根据国家计委、建委、财政部联合发出的有关通知，全省有43个工业比较集中的县镇先后开征了公用事业附加费。从1980年至1986年共征收4586万元，对改变县城基础设施的落后状况起了较大作用。

1983年开始，各市县探索住房制度改革，陆续兴建了一批商品房，推行住宅商品化。仅1986年，全省城镇新建商品房的竣工面积就达35.8万平方米，解决了七千余户的住房问题。

1983年，根据省人民政府批转省建委、经委、水利厅的《关于加强城市用水管理工作的报告》，部分市县供水部门，向要求增供城镇自来水并有基建和技措投资的建设单位，征收供水设施基建配套费。收费标准每吨150元至200元。1984年至1986年，共征收了550万元，用于城镇供水设施的更新改造，扩大了城镇供水能力。

1985年，根据《江西省市镇建设管理条例》第32条规定;部分城镇开征了水资源费，取费标准大都为0.04元～0.05元/吨，个别为0.08元/吨，既保护了水资源，又为城镇供水事业的发展增加了资金。

1985年，遵照国务院有关通知，开征了城市维护建设税，代替原工商利润提成、工商所得税附加和国拨城市维护费后，江西省部分城镇建设资金有所增加，有些城镇建设资金反而减少。因此，采取了一些调剂措施，每年从城市维护建设税中提取10%，由省城建部门会同省财政部门统一安排使用，除部分返回各城市建设工程项目补助外，其余安排补助小城镇的建设工程项目。调余补缺，对稳定小城镇建设资金起了一定作用。

近几年，各城镇正确贯彻"人民城市人民建"的方针，在坚持"自愿、受益、合理、合法"的原则下，采取适当集资的办法，兴办群众和受益单位急需而又列不上国家计划的一些市政公用设施，既解决了城市建设资金的不足，又满足了群众的迫切需要。

目前，江西省城镇建设资金普遍短缺，资金渠道尚不十分畅通，这有赖于经济政策进一步调整和完善。

三、城市建设法制建设和精神文明建设

[**城建法制建设**]　建国后，根据国务院和国家城建主管部门在各个时期制订和颁布的有关城建法规文件，江西省也相应制订了一些管理条例或实施办法，对加强管理，保证城市建设有条不紊地进行，起了重要作用。但在十年动乱中，这些行之有效的法规，几乎全部被废除了，给城建事业造成了难以弥补的损失。党的十一届三中全会后，江西省城建法制建设进入了健康发展的轨道，在认真贯彻国家所颁布的有关城市建设各种法规的同时，针对江西省的实际情况，重新建立了一些迫切需要的管理法规。如1985年1月经省人大常委会批准，由省人民政府颁布了《江西省市镇建设管理条例》，这是建国后江西省城市建设第一个经省政府批准而颁布的法规，同时，全省各城市，城建各行业制定了有关规定办法。这一整套法规的建立，为城市建设依法管理提供了充分的依据。

为了保证城建法规的贯彻执行，各级城建主管部门加强管理，负责督促，有些城市还专设了机构，组建了城管队伍，进行经常性监督检查。如1982年，吉安市成立了城市管理监察队，下设城管小组，共有50人;1984年，南昌市成立了城管大队，下设中队，共有500人;1985年，景德镇市成立了城管大队，下设六个分队，共有80人;萍乡、上饶等市也先后成立了城市管理纠察队。这支执法队伍常年累月巡回在城市的大街小巷，不但有效地保证了城建法规的实施，而且协助公安部门维护社会治安，发挥了很好的作用。

[**城建行业精神文明建设**]　从1985年开始，全省城市和县城广泛开展以创造优美环境，建立优良秩序，提供优质服务为内容的"创三优"活动，每年由省"五讲四美三热爱"办公室组织，城建部门参加检查评比，南昌、赣州两市分别于1985年和1986年名列榜首，被誉为"三优城市"。这项活动的开展，促使城市面貌焕然一新。

对于城建各行业，着重职业道德教育。根据行业特点，重点突出，形式各异。1984年和1985年，组织全省城市公交企业参加了共青团中央、全国总工会、建设部共同发起的"全国城市公交企业优质服务竞赛"活动，南昌市公交公司第一车队荣获1985年度优质服务"先进集体"，受到建设部的表彰。1986年，聘请优秀乘务员到各城市巡回作优质服务示范表演和理想、道德演讲活动，促进了各公交企业服务质量和水平的普遍提高。近几年，部分城市房管部门开办了换房业务，成立机构，组织和帮助群众互换房屋，如南昌市自1978年以来，就解决了近万户居民的换房问题，深受各界群众欢迎。自1982年以来，各城市园林部门，配合绿化委员会，每年开展一次园林绿化评比活动，涌现了一大批先进单位和个人。1986年，还组织各城市参加全国绿化委员会发起的全国城市园林绿化评比，江西省南昌，景德镇、赣州三市被授予"全国绿化先进城市"。

各级城建部门，还经常注重对市政工程的质量，煤气、液化气的安全，自来水的水质，住宅的危房等方面的检查、检验和检修。经常开展坚持四项基本原则和反对行业不正之风的教育，牢固树立为人民服务的思想，不做"行霸"，不以业谋私，推动了城建各行业精神文明建设的健康发展。

四.城市建设科技发展

［**城建科研设计队伍**］ 建国初期，全省没有城建科研设计机构，科研设计人员也寥寥无几。1964年，南昌市曾成立规划设计院；但1968年被撤销。随着城市建设发展的需要，1978年南昌市恢复成立了规划设计院;1979年，成立了省城市规划研究所，1984年改为省城乡规划设计研究院;1984年，九江市成立了城市规划市政设计院。其它城市除井冈山市外也相继成立了规划设计室或规划科。全省城建科研设计单位现有职工453人，其中工程技术人员255人。

［**城建科研设计成果**］ 近几年，城建各行业的科研、设计与施工相结合，在其它部门的协助下，取得了一些可喜的科技成果。

1981年，省城市规划研究所编撰的《庐山风景名胜区风景名胜资源评价资料汇编》，获1985年建设部科技进步三等奖和省优秀科技成果二等奖。

赣州市环卫处在市政工程公司配合下，设计兴建的《密封式机械化垃圾中转站》，具有设计新颖，布局合理，操作简便，占地少等特点，经使用表明，基本上达到无尘、无蝇、无臭的要求。1985年，荣获建设部优秀设计三等奖。

南昌市白蚁防治所撰写的《植物性杀虫剂灭治白蚁试验报告》一文，于1984年8月在联邦德国汉堡召开的第十七届昆虫学大会专题组上宣读，获得国外学者的高度评价。

景德镇市房地产公司与南昌市微机应用研究所合作，选用苹果Ⅱ型微机，于1985年8月编制成一套《微机房产管理系统》，用于房产经营、维修业务管理和技术档案及统计数表处理。程序功能齐全，使用灵活，数值准确，采用汉字打印，直观性强，能提高工效两百多倍。在1986年全国城市建设成就展览会上展出时，引起国内同行的极大兴趣，争相订购这项成果。

由南昌市规划设计院设计，市政工程公司施工的北京东路地道式立交桥，于1986年被评为省建设厅优秀设计和优质工程项目。

［**技术推广应用**］ 为了尽快改变江西省城建系统科技较落后的状况，近几年，从外省和外系统引进了一些新技术，加以应用，初见成效。

1983年，南昌市市政工程开发公司承担北京东路地道式立交桥施工任务时，经过到外省参观学习，对其中的铁路跨线桥，净孔为8+12+8米的三跨连续箱型框架结构，首次采用"斜交正顶"的顶推施工而获得成功。这项技术在1986年解放路立交桥施工中再次应用，技术水平得到进一步提高。

1985年，南昌市市政工程开发公司在沿江路两侧抚河沿岸软地基上修筑了700米加筋土挡土墙，以聚丙稀塑料包装带为加筋条，工程费用比采用重力式挡土墙节省约三分之一。经过一年多的使用，墙体稳定。

1985年，南昌市鲤洲新区建设，在人工新填土地基上，引进强夯法加固处理，缩短了工期，保证了质量。经比较，在4万平方米用地上，强夯法比用桩基加固节约投资280万元以上。

景德镇市房地产公司在闹市区的中华路拆除旧宿舍和在大发电厂内摧毁混凝土旧基座，采用静态爆破获得成功，避免了强烈震动，乱石飞溅和有害气体散发，保证了安全。

五.城市建设职工队伍建设

［**城建职工队伍**］ 建国初期，江西省城建职工总人数不到千人。随着城市建设的发展，职工队伍不断发展壮大，到1978年，职工人数已增加到14603人。以后，由于全党工作重点的转移，国民经济进入新的发展时期，城市建设任务相应加重，加上新行业的产生，城建职工队伍进一步扩大，1986年末，江西省城建各行业职工总人数已达到23620人。其中：房产有职工4791人；供水有职工2752人；市政工程有职工3261人；公共交通有职工5576人；煤气有职工273人；园林有职工2865人；环卫有职工4102人。

目前，江西省县镇也具有一定规模的城建队伍，人数近九千人。

［**城建职工教育**］ 近几年，江西省城建职工中的青工大量增加，他们中的大多数，上岗前未经过专业培训，技术素质较差。自1984年以来，为了提高城建职工的专业水平，进行了多层次，多专业、多渠道以培训青工为主的职工培训教育。每年除选送一批具有高初中文化水平。并有一定实践工作经验的青工到专业对口的大中专院校定向培训外，省市城建主管部门、城建各行业以及一些较大企事业单位，不定期举办了多种形式的职工培训班，期限大都三个月至半年。此外，还有不少职工脱产或者半脱产参加电大、职大学习，有的已取得单科或多科结业证书。自1984年至1986年，全省城建行业已选送了454人至大中专院校学习，其中大专39名，已毕业返回工作单位的30名；中专415名，已毕业返回工作单位的101名。举办了各专业职工培训班共18期，培训职工761人次，其中房产4期，154人次；供水10期，439人次；市政工程1期，48人次；园林3期，120人次。1986年，还举办了一期厂长

(经理)研究班，培训厂长40人次。

1986年，南昌、九江、新余等市还成立了城建职工教育培训中心，对加强职工培训的管理，将起重要作用。

六.主要城市介绍:

南 昌 市

南昌是江西省的省会，是全省政治、经济、文化和信息中心。

南昌又是我国江南一座历史悠久的古城，建于公元前201年，名曰“灌城”，汉代称“豫章”，唐代称“洪都”，宋代称“隆兴”，是历代郡、府、州所在地。

南昌还是一座具有光荣革命历史的英雄城市，“八一”南昌起义诞生了中国共产党领导下的人民军队。

新中国的成立，使经济萧条，满目疮痍的南昌从此获得了新生，经济迅速恢复，日益繁荣，城区不断扩展，各项建设事业随之发展。1986年，市区面积已达297平方公里，其中建成区面积65平方公里;城市人口119.2万人，其中非农业人口94.1万人;全市工业生产值36.36亿元，为1978年的2.2倍。

党的十一届三中全会以后，城市建设得到了进一步重视，城建投资逐年增加，步伐加快，成绩喜人。八年来，城市建设投资累计达3.02亿元，为1949年至1978年的29年间投资总额的2.5倍。

1978年以来，在继续对旧住宅区改造的同时，还开辟了上海路、青山湖、鲤洲新住宅区。八年中，全市净增住宅建筑面积764万平方米，使人均居住面积由3平方米上升到6.3平方米。

1979年，完成了下正街水厂的扩建工程，日生产能力由4万吨增加到10万吨。1980年至1986年，又完成了朝阳水厂扩建工程。日生产能力由10万吨增加到28万吨。目前，全市共有水厂8个，日生产能力总计52.3万吨，自来水用水普及率达到99%。

1982年至1985年，在城东开辟了一条长8.5公里，宽40米的洪都大道，1985年至1986年，又将狭窄弯曲，垃圾成堆的城西沿江大道的中段和北段拓宽到26米，南段也将延伸拓宽，加上早在五十年代开辟的长5公里，宽60米的八一大道，形成了市区南北向的三条交通主干道。同时，改建和扩建了东西向的孺子路、北京路、阳明路和解放路。全市现有道路总长度为283公里，道路总面积260万平方米。1981年至1986年，还建成了北京东路、青山路、解放路与铁路交叉的三座立交桥，解决了城市交通与铁路运输之间的矛盾，方便了城东与市中心的联系。

市区道路网布局日臻完善与合理，为生产建设和公共交通事业的发展创造了有利条件。全市现有公共汽(电)车辆数为361辆，营运线路38条，长度1057公里。近几年，各种出租汽车车辆迅速增长，增设了服务网点，便利了乘客。

1981年修建了青山湖电力排涝站，安装了5台轴流泵，总排流量为40立方米/秒，装机容量4000千瓦。工程投资不到以400万元，而效益显著，据建国后曾发生过的四次较大内涝的统计，其经济损失达6000万元以上。排涝站建成后，其本上消除了市区内涝之威胁。从1982年开始，还对市区防洪的主要屏障，长达13.7公里的富大有堤，进行了加高加固，将提高到百年一遇的防洪标准。工程预算约3000万元，现已完成近900万元的加固工程。待全部工程竣工后，将大大增强市区的安全感。

煤气工程正在兴建，1985年10月，日供气量为17万立方米的第一期工程已破土动工。

碧波荡漾的青山湖，风光旖旎的梅岭，几度兴废的滕王阁，也正在开发和重建之中。

“南昌市城市总体规划”，于1985年6月经国务院正式批准。它展示了南昌市发展的美好前景，是令人振奋的宏伟蓝图，全市人民正为之奋斗。

山东省城市建设概况

吴　英　曲凤阳

山东省地处黄河下游，山东半岛伸入黄海与渤海之中，与辽东半岛遥相对峙。全省土地面积15.3万平方公里，海岸线长达三千多公里，总人口7776.4万人，1986年工业总产值720.5亿元。优越的自然环境和悠久的历史文化，为城市形产和发展提供了得天独厚的条件。

一.综合情况

1986年底，全省设有22个建制市，其中特大城市2个，大城市1个，中等城市5个，小城市14个。市区总人口2068.5万人，其中非农业人口613.4万人，占全省总人口的7.9%。市区总面积29524.6平方公里，建成区面积580.2平方公里。城市工业总产值450.1亿元，占省工业总产值的62.5%。

山东省分时期城市建设投资情况表

时　期	全省基本建设总投资(万元)	用于城市建设	
		投资额(万元)	占基建总投资(%)
总　计	5072793	130227	2.6
1949年	1400	28	2.0
"恢复"时期	23351	1186	5.1
"一五"时期	145717	2859	2.0
"二五"时期	442002	7987	1.8
"调整"时期	140973	4162	3.0
"三五"时期	327916	2886	0.9
"四五"时期	725329	8862	1.2
"五五"时期	1124934	32741	2.9
"六五"时期	1520061	52020	3.4
1986年	621110	17496	2.8

解放以来，特别是党的十一届三中全会以后，在改革、开放、搞活的方针指引下，城市建设有了较快发展。从1949年至1986年，全省用于城市建设的基建投资共13.0亿元，占全省基本建设投资的2.6%。详见山东省分时期城市建设投资情况表。其中，1979年至1986年的八年中用于城市建设的基建投资8.9亿元，相当于前29年的2.2倍。在发展生产的基础上，城市职工住宅、市政公用设施建设等方面取得了很大成绩。

[城市规划]　建国前，除济南、青岛市做过一些规划外，绝大多数城市没有进行过城市规划。到1986年1月，全省22个城市已全部编制了城市总体规划，其中济南、青岛市的总体规划已经国务院批准，其余20个城市已经省政府批准。各城市在编制修订总体规划中，普遍做出了城市发展的分析和评价，编绘了城市的现状图、规划总图、各项专业工程规划图和近期建设规划图。同时，还结合近期建设，编制了部分生活区、主干道、风景区、公园及重要地段详细规划。由于有了规划，并严格按规划办事，有效地制止了违章建设、违章占地的现象，扭转了任意布点、盲目建设的混乱状况。

[城市住宅]　解放初期，城市居民居住的房屋结构多以土坯墙、草屋顶为主，缺水少电、环境恶劣。

近10年大大加快了住宅建设的步伐，从1979年至1986年，城市新建住宅2814万平方米，相当于前29年新建住宅的1.9倍。至在1986年底，全省城市住宅建筑面积达8361万平方米，为解放初期的7.3倍，城市居民平均居住面积从解放初的4平方米提高到6.9平方米。

[城市市政公用事业]

1.城市供水。解放初期，全省只有济南、青岛、淄博市有7个小型自来水厂，日供水能力6.6万吨，全年供水量1292万吨，城市居民每人每日生活用水20升左右。建国以来，山东省在城市建设中一直把供水工程建设作为重点。到1986年底，全省22个城市建有自来水厂62个，日供水能力达到167.8万吨，年供水总量58225万吨，比1949年分别提高24.4倍和44.1倍，城市居民每人每日生活用水达122.4升，比1949年提高5.1倍，供水普及率达到92.5%。

2.城市道路、桥梁。解放初期，山东省城市道路多是土路、碎石路，只有济南、青岛、淄博、烟台、潍坊、德州市有铺装道路454.1公里，面积350.2万平方米，每人平均占有道路约2.4平方米。到1986年底，全省城市市区铺装道路长度达2180公里，其中高级、次高级道路为1829公里，占83.9%；面积2404万平方米，其中高级、次高级道路面积2024万平方米，占84.2%；道路长度和面积比解放初期分别提高3.8倍和5.9倍，如包括市区范围内城建系统外管理的道路，人均道路面积可达13.3平方米，为解放初期的5.5倍。

到1986年底，全省城市建有桥梁571座，主要城市的道路与铁路重要交叉口都建设了立交桥，改善了交通状况。

公共交通。解放初期，全省仅济南、青岛两市有公共汽车，实有车辆50部，营运线路37公里，全年客运总量471万人次。到1986年底，全省已有19个城市有公共汽车，营运车辆1702部，济南、青岛两市有无轨电车205部，营运线路4730公里，全年客运量88032万人次，比1949年分别增长126.8倍和185.9倍。济南、青岛、淄博、烟台、潍坊等12个城市开展了客车出租业务，有营运车辆543部，年出租次数近41万次。

4.城市燃气与供热。山东省城市燃气事业起步较晚，济南、青岛两市分别于1969年、1973年开始供应民用液化石油气。到1986年底，有八个城市使用了液化石油气，储气能力5374吨，全年供气总量2.8万吨，用气人口122.2万人。为节约能源。减少污染，方便群众生活，自1981年起，山东省几个主要城市先后规划建设了一批管道煤气工程，至1986年底，枣庄、济宁、泰安市煤气工程已相继建成投产，用气人口12.2万人，全省城市气化率达到33.4%。

城市集中供热首先在济面市大纬二路地区起步，1984年底竣工使用，至1986年底。集中供热面积达33万平方米。济南明湖热电厂也于1986年底开始试供热，供热面积达10万平方米。

5.城市排水、防洪。解放初期，山东省城市排水设施十分落后，仅济南、青岛、淄博、烟台、潍纺市下水道335.3公里，大部分地段和中小城市采用明渠或路面排水，致使污水横流，环境质量差。城市防洪设施基本没有。建国以来，全省城市逐步建设了一批市政工程，结合修建道路，铺设、更新了下水道，到1986年底，城市下水道总长度达到2220公里，比1949年增加了5.6倍，排水设施普及率接近50%。各城市防洪堤总长度281.6公里，增强了城市的防洪能力。

［**园林绿化和环境卫生**］

1.园林绿化。解放初期。全省仅济南、青岛市建有公园，其他公共绿地基本没有。近四十年来，特别是党的十一届三中全会以来，各城市普遍加强了园林绿化建设，整修了名胜古迹。至1986年底22个城市拥有园林绿地11101公顷，公园、动物园61个，占地1444公顷。城市人均占有公共绿地3.5平方米，城市绿化覆盖率达20.6%。1986年建成的济南环城公园，长达6.2公里，面积40.7公顷，把趵突泉、珍珠泉、黑虎泉、五龙潭四大泉群和大明湖连成一片，形成以亭台楼阁、花窗月门傍依湖山泉水为特色的园林中心。

泰山和青岛崂山被定为国家级风景名胜区，蓬莱、长岛、荣成成山头、青州云门山、博山溶洞、水泊梁山被定为省级风景名胜区，这些各具特色的风景名胜，为中外游人所向往。

2.环境卫生。建国前，山东省城市环境卫生条件十分恶劣，建国后，党和政府非常重视城市环境卫生工作，各市相继成立了环卫机构；建立了环卫队伍，机械化水平不断提高。到1986年底,22个城市拥有各种环卫机械车辆909辆，道路清扫率达77.1%，清运垃圾、粪便机械化程度分别达到73%和57%。有公共厕所2251座，其中水冲式厕所419座。

二.城市市政公用设施基本建设

［**新建、扩建供水工程**］ 建国以来，山东省城市建设一直把供水工程建设作为重点。十一届三中全会以来，针对全省城市普遍存在的供水紧张，加快了供水工程建设步伐。1980年建成投产的济南峨嵋山水厂，新增日供水能力10万吨，总投资为1032万元。1982年开工建设的潍坊市黄旗堡供水工程，日供水能力5万吨，工程总投资1600万元，已于1985年建成投产。德州市第三水厂于水1982年开工建设，日供水能力为5万吨，总投资800万元，于1984年建成投产，为使工程配套，现正在建设调蓄水库工程。济南市为了解决正常供水，恢复泉群喷涌。于1984年9月兴建引黄保泉供水工程。该工程设计规模为日供水40万吨，计划投资1.1亿元，1986年各单项工程均进入施工高潮，至年底累计完成投资2478万元。两个净水厂全面开工，管道工程主干管已铺设7公里，二次净水厂土建主体已竣工，正在交叉进行设备安装。预计，1987年底一期工程可实现向市区日供水20万吨。

［**枣庄、济宁、泰安三市管道煤气工程**］ 省、市政府把发展城市煤气作为治理污染、保护环境、方便人民群众生活的一项重要工作来抓，使城市煤气建设有了较快的发展。到1986年底，三市管道煤气工程相继建成投产，日供气能力20.5万立方米，有三万多户居民用上了管道煤气。

枣庄是一个开发多年的煤城，居民长期靠烧煤做饭，室内烟尘飞扬，环境污染严重。为改变这种状况，枣庄市于1983年1月动工兴建山东省第一个管道煤气工程。该工程利用薛城焦化厂的焦炉余气，输入枣庄市区。到1986年底，两期工程共完成投资1453万元，铺设中、低压主管道115公里，建成了薛城加压站(含1万立方米气柜)、枣庄储配站

(含3万立方米气柜)和17座区域调压站，除供近1.5万户居民用气外，还可供130个福利单位和6个工业单位用气。1987年全部配套后日供气能力可达10万立方米，可供2万户居民用气，年节约标准煤3.15万吨。

济宁市利用焦化厂剩余焦炉煤气建管道煤气工程，于1983年开工，1984年基本完工，1985年全部配套，共完成投资852万元，铺设中、低压管道59公里，建3万立方米气柜1个，实现日供气能力5.5万立方米，供1.4万户居民及部分工业用气，年节标准煤3万吨。1986年，济宁市又在济宁焦化厂扩建的基础上，着手建设管道煤气二期工程。

泰安市利用肥城焦化厂的焦炉余气兴建的管道煤气工程，于1985年底开工，工程的主要内容为1万立方米、3万立方米气柜各1座，30公里主干道及中，低压管网，工程总投资达1320万元。至1986年底，开始向2000户居民供气。1987年工程全部配套后，可实现日供气能力5万立方米，气化居民1.8万户，年节标准煤2.8万吨。

［**建成一批市政工程**］ 山东省为改变城市面貌，结合旧城改造建设了一批道路、广场桥梁等市政工程。1979年以来，山东省用于城市道路、桥梁的建设投资达3.6亿元。济南市大纬二路展宽前仅12米，是市区南北交通的蜂腰地段。展宽工程于1981年5月开工，投资2250万元，1983年建成通车，全长1.5公里，宽50米，设快慢车道和分隔绿带，南北分别与英雄山路和天桥相连接，形成了贯通市中心区的南北交通干线，不仅缓解了对市中心区的交通压力，同时被誉为泉城的文明窗口，成为一条重要的景观大街。淄博市的柳泉路，原名西三路，其南北穿越张店城区中心，是张店城区总体规划的主要交通干线之一。该路始建于1985年，先先后以7次修建，形成基础、结构各异，宽度19米至21米不等的沥青路面。西三路拓宽工程在淄博市委、市政府的领导下，由淄博市城乡现划设计院设计、张店区市政工程公司施工，于1986年2月28日动土，历时200天，至9月30日第一期工程竣工通车，市政府将该路正式命名为柳泉路。新建成的柳泉路宽51米，快慢车分道，人车分行，沿路每隔30米对称安装两座高压钠灯，入夜整个柳泉路灯火辉煌，全路设5个变电室，安装了3种交换装置控制照明，交叉路口增设了交通电磁感应信号装置，不设固定岗哨，车辆安全畅通有序，交通状况大为改善。1986年建成的泰安市东岳大街、枣庄市光明路、威海市昆明路等道路工程，标准高、配套齐全，为缓解城市交通拥挤状况的发挥了重要作用。

城市广场也有了较大发展，尤其是车站广场，这在中、小城市发展较快。潍坊市1982年投资346万元，动工修建了总面积为2.6万平方米的火车站广场。淄博市修建了周村、临淄和张店3个车站广场，面积都在1.5万平方米左右。泰安市于1986年建成了3.3万平方米的火车站广场，为山东省目前最大的车站广场。几个车站广场建设都配有花木、绿带、水面，既满足了交通功能的需要，又美化了环境。

针对道路与道路、道路与铁路平面交叉矛盾日益突成的问题，山东省大中城市相继修建了一批道路立体交叉桥。济南市1975年修建的纬二路与津浦、胶济铁路汇轨点的天桥，系三层立体交叉工程，桥长854.5米，桥宽18.1米，全桥共10孔，是全省第一座大型立体交叉桥。1980年以来，淄博市配合胶济铁路复线的建设，共规划了17座立交桥，已建成10座。其中柳泉路立交桥建成通车，打通了张店柳泉路和张博公路之间的卡口，方便了城市了交通，另外，枣庄、德州、日照等城市也相继建设了立交桥工程，对缓和城市交通紧张状况的以及促进城市经济发展起到了积极作用。

［**山东引黄济青工程**］ 19986年4月15日，列为国家“七五”计划重点项目的引黄济青工程正式动工。

引黄济青工程是我国继引滦入津工程后的又一个大型跨流域城市输水工程，总投资八亿元，要求1989年建成通水。这项工程由黄河调水送往青岛，总土石方量达500万立方米，需要浇注混凝土60万立方米，兴建沉沙池、涵闸、倒虹、泵站等各种构筑物332座，开挖输水明渠248.6公里，其中新开挖渠段占总长度的84.7%。输水渠将穿越大小河流30多条，沿途共设5级抽水泵站。引来的黄河水进入青岛市郊的棘洪滩水库后，经24公里的低压暗渠和14公里的压力管道将水送到自来水厂。工程建成后，将使青岛市增加日供水30万吨，可有效地缓和严重缺水状况，同时还可向沿途高含氟水区年供水1100万吨。

到1986年底，引黄济青工程已完成基本建设投资11500万元，超额完成投资计划，其中涉及面广、政策性强的移民征地工作，已于当年全部完成。

三.城市建设体制改革

党的十一届三中全会以后，山东省积极改革城市建设体制，调整城市建设经济政策，有力地推动了城市规划、建设和管理工作。

［**城市建设实行综合开发**］ 1982年，山东省制定了《山东省城市建设综合开发暂行办法》，并在少数城市试行。1984年12月16日，经山东省第六届人民代表大会常务委员会第十次会议通过，山东省人民政府正式公布了《山东省城市建设综合开发暂行办法》，各市、地、县都认真贯彻执行，

城市建设综合开发逐步全面展开。1985年，全省有19个城市和17个县域实行了综合开发，在建的综合开发区、片75个，共竣工住宅122万平方米，公共建筑22万平方米。1986年，全省城市综合开发范围扩大到22个市和35个县城，在建的开发区、片达182个，共竣工住宅185万平方米，其中旧城改造区竣工住宅68万平方米，占综合开发竣工住宅面积的36%，竣工公共建筑33万平方米。

山东省的城市建设综合开发，是以城市总体规划为依据，在政府统一领导下，调动国家、集体和个人积极性，从计划、设计、土地征用、旧房拆迁，到给水、排水、道路、通讯等基础设施建设与房屋建设，按照先地下、后地上的科学程序，实行统一规划、统一征地、统一拆迁、统一设计、统一施工、统一配套。实行综合开发，有效地改变了城市建设长期存在的千家备料、零星征地、分散建设、布局混乱的局面，使城市规划、建设、管理有机结合起来。

［**烟台市进行住房制度改革试点**］　1986年3月，国务院和山东省政府确定烟台市为全国城镇住房制度改革试点城市。经过反复调查研究和测算论证，到年底初步形成了烟台住房制度改革方案。1986年12月开始，进行了模拟运转，此后，又根据运转情况主了进一步修改和完善，并制定了一系列具体实施细则。1987年7月26日，该方案经国务院正式配准，并于8月1日实施。

烟台市住房制度改革方案的指导思想是：从我个国情和烟台市的实际出发，通过把公房租金标准提高到准成本租金水平，同时发给职工相应数量住房券的办法，将住宅由实物分配转向货币分配，初步改革长期以来低房租、高补贴的分配制度，逐步把住宅的生产、分配、交换、消费纳入有计划的商品经济轨道，使住宅资金能够实现良性循环，形成比较合理的消费结构和产业结构，加快住宅建设和经济建设的步伐。

1．改革的基本原则。一是根据财政经济状况量力而行，把改革的代价控制在国家、地方和企业财力允许的范围内，兼顾各方的利益，使改革的步子能迈得开、走得动；二是充分考虑职工家庭经济承受能力和群众心理承受力，一方面坚定不移地贯彻多住房多拿钱的原则，一方面又保多数家庭不过多地增加支出，使改革能得到大多数人的拥护；三是在有限条件下迈大步，一开始就从根本上冲破旧制度的框架，即以改革公房租金为突破口，由现行低租金一步提高到准成本租金，在质上体现住宅商品的属性。在量上达到住宅商品化的初步要求，调动职工买房的积极性，使租售价格比较接近住宅建设简单再生产的需要，并利用商品原则抑制不合理的需求膨胀，从制度上纠正住房分配上的不正之风。

2．改革方法。改革的基本办法是“提租发券”。即提高房租，同时发给职工相应数量的住房券。各类住宅租金的确定系采取“基本租金加减法”计算，按照每平方米建筑面积造价203.34元计算，准成本资金由折旧费、修缮费、投资利息、管理费、租金等五个因素构成，每平方米使用面积每月准成本租金为1.28元，即基本租金。然后按照住户的居住条件，对超过基本住宅标准的，按项目增加租金，对达不到基本租金住宅标准的，按项目减少租金。按照“基本租金加减法”计算后，烟后市区的实际平均租金为每平方米使用面积1.17元。职工分券系数是按月发券总额等于月提租总额的原理计算的。其公式为：

$$\text{发券系数} = \frac{\text{平均单位面积租金额} \times \text{职工平均使用面积} - \text{原职工平均月负房租额}}{\text{职工平均月计券工资额}} \times 100\%$$

$$= \frac{1.17 \times 16.78 - 1.09}{78.99} \times 100\%$$

$$= 23.5\%$$

即发放住房券的系数为职工平均月计券工资总额的23.5%。每个职工的发券额等于计券工资额乘以23.5%。

烟台市对住房改革方案的运转采取“空转起步”的办法，即对改革前旧房，采取“一手发出去，一手收回来”的空转办法，发券单位只承担一点减免补助开支，并不增加新的大量支出，住房产权单位也没得到好处。而对改革后的新建住房进入实转，职工所发住房券进入企业成本和财务体制，收回的租金除统筹一部分外，其余归产权单位，叫做旧房空转起涉滚动前进，新房全部实转良性循环。对住私房和租赁私人住宅的职工、住集体宿舍的单身职工，暂不列入改革范围。

改革方案还规定了减免补助办法，并对公有住宅出售、住宅基金制度、住宅小区管理等问题作出了具体规定。

［**城市公共交通企业实行里程补贴**］　为积极扶持公共交通事业发展，解决“乘车难”问题，1986年1月25日，山东省城乡建设委员会同山东省财政厅、山东省公安厅、山东省工商管理局、山东省石油公司联合发出《关于贯彻〈国务院批转城乡建设环境保护部关于改革城市公共交通工作报告的通知〉的通知》，明确指出：在当前城市公共交通客运票价低于成本的情况下，各市地可根据保本微利的原则，对亏损的城市公共交通企业采取按实际行车里程补贴的办法，以鼓励企业多开运行班次，延长客运线路，以缓和群众乘车难问题。

1986年，山东省济南、青岛、淄博、烟台、潍坊5个城市开始对公共交通企业实行里程补贴。他们确定里程补贴的原则是：凡行驶在城市范围内定班定线上的公共汽(电)车，因票价低于成本，造成企业亏损的，或留利水平显著低于全市工业企业平均留利水平、无发展活力的公共交通企业，以行车里程实际成本亏损为基数，适当考虑成本增减因素，经过补贴，达到或接近当地工业企业平均留利水平，使公共交通企业得以维持简单再生产。里程补贴的资金由地方财政给予解决。地方财政确有困难的，可用城市维护费给以少量补助。实行里程补贴后，有效地调动了公共交通系统干部职工的积极性。5个城市全年共补贴1078万元，新辟线路8条，延长线路15条，增加了行驶里程和行车班次，延长了营运时间，乘客候车时间缩短，社会效益明显提高。同时，改变了行车里程越多，企业负担越重，亏损越严重的状况，使企业生产消耗得到补偿，开始由恶性循环转向良性循环。

四.城市建设系统精神文明建设

山东省委、省政府以及地方党委和政府围绕提高职工队伍的思想道德素质，端正行业作风，以及企业的改革、开放、搞活和生产经营活动做了大量工作，发挥了城建系统的服务和保证作用，为两个文明建设做出了积极贡献。

在房地产和公共交通、自来水、煤气、环境卫生等单位，主要是纠正经营思想不端正，片面追求企业经济效益，以业谋私，以权谋私，对用户吃、拿、卡、要等问题，以全面端正经营思想，提高服务质量。经过整顿，这些行业的作风和面貌有了很大转变。济南市房管局党委利用生产淡季，根据本单位实际情况，举办职工道德教育培训班，对全局1300多名职工分期分批地进行了轮训。烟台市市政建设局党委发动公用事业各单位制订职业道德和服务工作守则，并印成小册子发到班组，使职工在工作中有所遵循。

坚持两个文明一起抓，积极开展创建文明单位活动。青岛市公共交通公司"共青团号"车组的司乘人员，在服务竞赛中，利用业余时间，跑遍了沿线200多条大街小巷，走访了150家工厂、学校，广泛听取乘客意见，并深入到工厂车间参观学习，体验工人们繁忙劳累一天后挤乘公共汽车的烦恼，从而加深了对乘客的理解，提高了文明服务的自觉性。1986年，城市建设系统的济南趵突泉公园、青岛市第二市政工程公司、淄博市周村环卫所、聊城市自来水公司等四个单位被评为全省文明单位，受到省委、省政府的表彰。还有不少单位被评为市级和区级文明单位。为全省城市建设系统做出了表率。

五.城市建设法制建设

十年动乱期间，城市建设法规废弛，管理混乱，各项建设遭到破坏。党的十一届三中全会以后，山东坚持拨乱反正，以法制城，逐步制定了一些条例、规定，使城市建设开始走上有章可循的健康发展轨道。

《山东省城市建设房屋拆迁安置暂行办法》是1982年8月4日，由山东省人民政府以鲁政发(1982)94号文公布。

《山东省水资源管理暂行办法》是1982年10月10日，由山东省人民政府以鲁政发(1982)134号文公布。

《山东省城市(镇)建设管理暂行条例》是1982年12月15日，由山东省人民政府以鲁政发(1982)156号文公布。《暂行条例》包括总则、规划用地管理、建筑管理、市政公用设施管理、绿化管理、市容管理、人民防空设施管理、附则等。该条例中要求，城市建设和管理必须以城市总体规划为依据，各市人民政府要把城市建设管理作为自己的重要职责，给城市人民生活和生产创造良好的环境，逐步建设高度文明的社会主义现代化城市。

《山东省城市建设综合开发暂行办法》是1984年12月8日，由山东省人民政府以鲁政发(1984)153号文公布。《暂行办法》规定，在城市规划区内，无论改建旧城区或开辟新区，凡可以成片建设的，都应按照统一规划、统一征地、统一拆迁、统一配套的原则实行综合开发，开发工作由市政府批准建立的城市建设综合开发公司负责。

六.领导干部培训

1986年，山东省城乡建设委员会和山东省委组织部联合举办了两期县市(区)长城市建设研究班，共有分管城乡建设的县市(区)长60人参加了学习。计划1987年再举办两期，把全省分管城乡建设的县市(区)长普遍轮训一遍。

研究班每期一个月，着重学习马克思、列宁有关城市建设的理论，学习党中央、国务院关于城市发展和建设的方针政策。全部学习研究的内容分3个单元、22讲，其中有8个重点课题。即:城市建设在国民经济和社会发展中的地位和作用;编制和实施城市规划的重要性和措施;城市基础设施的重要性;城市住宅问题;城市建设计划的制订和资金管理问题;市政工程建设与管理;城市环境质量与对策;城市建设体制改革的方针与政策。

学习期间，还实地考察一些规划、建设和管理搞得好的中小城市和乡镇。

七.主要城市介绍

济南市

济南市南依泰山，北临黄河，是山东省省会，政治、经济、文化中心。市辖历下、市中、天桥、槐荫、历城5个区和章立、长青、平阴3个县，总面积5775

平方公里，总人口383万，其中市区面积483平方公里，建成区面积94.5平方公里，市区人口143万。

济南是一座著名的历史文化名城，为齐鲁文化荟萃之地。这里风景秀丽，环境优美。趵突泉、黑虎泉、珍珠泉等“72名泉”，如散落的珍珠，晶莹跳跃，熠熠生辉；清洌甘美的泉水汇成道道小溪。穿街走巷，给城市注入活力，增添风采；“家家泉水，户户垂杨”的生活环境和“四面荷花三面柳，一城山色半城湖”的自然景观蜚声中外，为广大游人所向往。

济南交通发达，地势冲要，以铁路、公路、水路及航空构成了交通枢纽，连接着全国重要城市，现代化的通讯设施，接通了泉城和国内外的联系。

党的十一届三中全会以后，济南市不断端正城市工作的指导思想，改革城市建设管理体制，实行了规划、设计、拆迁、征地、施工、配套“六统一”的城市综合开发体制，成线连片地改造旧城，克服了乱拆乱建、零星插建的无政府状况；正确处理了当前建设与长远发展的关系。用长远指导当前，当前为实现长远服务。在规划指导下，用有限的资金解决群众最急需、最迫切、要求最强烈的问题；贯彻了“人民城市人民建，人民城市人民管”的方针，依靠各方力量建设和管理城市，从而走出了一条加快城市建设的新路子，城市建设呈现一派生机勃勃、欣欣向荣的景象。从1979年至1986年，全市用于城市建设的投资达59606万元，比前20年投资的总和增加6.7%。先后拓宽改造了大纬二路、经十路、北园路等28条主次个道，打通了济王、济齐、济微、大桥路等4个城市外延交通卡口。修建了13座永久性桥梁和9座铁路立交桥，形成了城市道路交通骨架，交通拥挤问题初步得到解决。同时，根据城市规划，先后综合开发、配套建设和改造了13个住宅新区和15片旧城区，共竣工各类房屋建筑面积1083万平方米，其中住宅面积586万平方米，每年有一万户居民搬进新居，人均居住面积达到7.4平方米，列全国省会城市之首。还建成了13条商业街和1条办公街，为发展第三产业和搞活商品流通创造了条件。另外，修建了融湖山泉水胜景为一体的环城公园，综合治理了被视为“龙须沟”的工商河，使古老的泉城镶上了两条四季常绿、三季见花，清新典雅、晶莹迷人的绿色项链。在供热方面，发展了集中供热，完成10吨位以下的锅炉改造，使城区大气质量得到了明显改善。在与人民生活息息相关的生活服务设施方面，发展迅速，新建各种商业、饮食业、服务业网点2万多个，建成了具有国际标准的齐鲁、舜耕山庄等高级宾馆和一大批文化体育设施，方便了广大群众和中外游客。目前，济南已基本建成具有泉城特色，以机械、纺织工业为重点的工业门类齐全，城市基础设施完善、经济繁荣、市场兴旺、环境优美、秩序良好、幅射面广的开放型、多功能的社会主义现代化中心城市。

烟台市

烟台市位于山东半岛东北部，是我国实行对外开放的港口城市之一。她依山临海，融山、海、城、岛为一体，起伏错落，层次分明，构成美丽的海滨山城风光。1986年城市人口35.5万人。

烟台市近代城市发展始于第二次鸦片战争以后。当时城市建设是在没有统一规划和管理的情况下，靠原有村落和田路自由发展起来的。战前，英日、德等16国曾相继侵入并建立了领事馆，进行经济和文化侵略，把烟台山附近划为集居区，并向东海滨、毓璜顶护展，形成了半殖民地半封建城市的格局。到解放时，城市基础设施极为简陋，处半城半乡的状态。

解放后，烟台市的城市建设贯彻“为生产、为劳动人民服务”的方针，以改造旧城为主，大力进行基础设施建设，城市面貌发生产了很大变化。党的十一届三中全会以后，烟台市的建设，按照山东省政府批准的城市总体规划进行，进入了科学发展的轨道。为了补还“欠帐”，烟台市加强了以住宅为主的生活设施和基础设施的建设。1980年至1986年，共完成城市建设投资3.5亿元，新建住宅200万平方米，人均居住面积达到6平方米；市区道路总面积达到178万平方米，其中高级路面91万平方米；城市绿化覆盖率达到24%，人均占有公共绿地5.2平方米，连续3年被评为山东省绿化先进城市；南山公园、烟台山公园、西炮台山公园、毓璜顶公园等风景点扩建后，为城市增添了新的光彩；全市日供水能力达到17万吨，形成了地下地上水源结合、多水源多水池、分区分压安全可靠的城市供水系统；液化气普及率达到66.1%，总投资1亿元的管道煤气工程正在紧张施工，预计1988年实现部分供气；拥有公共交通车辆140辆，营运线路20条、205公里，并新建了客车出租公司，开展了出租业务。经济技术开发区的建设已初具规模，各项配套设施也基本建成。

全市已有大学5所，中等专业学校12所，中等职业学校20所，科研机构87处，煤炭经济学院、烹饪学院、航空工程学院等正在筹建。

青岛市城市建设概况

李金广

青岛市，位于山东半岛南部，是一座以轻纺工业、外贸港口、海洋科研、风景旅游为主要特色的海滨城市，又是我国14个沿海开放城市、15个经济中心城市、9个计划单列城市之一。1986年，市辖6县、6区，总面积10654平方公里，总人口63.31万，其中市区面积244.4平方公里，人口12.73万。

一、建国前青岛城市建设概况

青岛的城市建设始于19世纪末20世纪初。在今青岛市区处，原有青岛、会前、大鲍岛、小鲍岛等一些散布的村落。1891年，清政府在这里驻兵设衙。1897年，德帝国主义派兵强占了青岛。1914年和1938年，青岛又先后两次为日本帝国主义所占领。抗日战争胜利后，美帝国主义支持国民党军队抢占了青岛。1949年6月，青岛获得了解放。在这半个多世纪里，青岛始终处于殖民地半殖民地的地位，但是，历届统治者出于各自的目的，利用这里得天独厚的自然地理条件，组织进行了规模不同的城市建设，其中德国占领初和日本第二次占领期间还分别编制了城市规划，使青岛从几个沿海渔村逐渐发展成为一个具有一定规模的近代城市。据统计，至1949年，青岛的城市人口有64万，建成区面积为27平方公里，有各类房屋759万平方米，其中住宅355万平方米，道路243公里，桥梁86座，排水管道200公里，防洪河道堤坝41公里，公共汽车32辆，供水管道231公里，年售水量456万吨，园林绿地133公顷。这些房屋和市政公用设施等大部分建于增南、市北西区，因连年战争，失修严重，有的甚至遭到了破坏。

二、建国后青岛城市建设发展与成就

青岛解放以后，全市人民在中国共产党和人民政府的领导下，迅速医治战争创伤，恢复和发展城市生产，经过三十多年的艰苦奋斗，将一个屡遭磨难，畸形发展的殖民地半殖民地的旧城市，建设成了一个结构布局比较合理、城市面貌焕然一新的社会主义新城市。特别是党的十一届三中全会以来，贯彻改革、开放、搞活的方针，城市建设得到了迅速的发展，城市面貌有了显著的变化。

［城市规划］ “一五”计划初期，青岛市建立了城市规划工作机构，开始搜集整理资料，对城市性质、城市规模及功能分区等问题作了初步研究。1956年至1957年间，先后提出了《青岛市发展远景轮廓的估计》，编制了《城市初步规划》和部分详细规划。1960年，又编制了《青岛市城市总体规划》。规划青岛的城市性质为具有国际、工业、对外贸易和疗养的多种功能的城市。市区人口控制在100万人，城市用地98平方公里，规划期限为20年。这些规划的编制，为60年代中期以前青岛的城市建设和管理提供了依据。

1978年，青岛市开始重新编制城市总体规划，于1981年编制完成，1984年1月国务院正式批准。新编制的《青岛市城市总体规划》主要包括城市性质和规模，总体布局，工业发展方向和布局，住宅建设和风貌保护，城市绿化和风景旅游，道路交通，公共服务设施，城市基础工程，海岸线分配和岸滩改造利用，环境保护等十几个部分。城市性质和发展方向确定为：以轻纺工业为主，经济繁荣，环境优美，科研文教事业发达的社会主义现代化的风景旅游和港口城市。城市规模，至2000年前，人口控制在115万人以内，用地为115平方公里。

近年来，根据城市总体规划，加快了详细规划设计工作的进度，先后完成了五个居住区(包括25个居住小区)的详细规划，总用地为427.8公顷，总建筑面积389万平方米；完成旧城改造详细规划175.8万平方米。同时组织编制了经济技术开发区、旅游开发区、崂山风景名胜区域的总体规划，修改、完善、加深了黄岛区总体规划和排水、给水、供热、交通等专业规划。

［住宅建设］ 国民经济恢复时期，为了改善城市居民的居住条件，在财政情况比较紧张的情况下，由企业投资国家补助或国家直接投资，建成住宅24万平方米。人均居住面积，1952年比1949年增加0.16平方米。“一五”计划期间，住宅建设基本上与生产性建设同步发展，全市共建成住宅85.1万平方米。“大跃进”以后，发展比较缓慢。自1958年至1965年，全市建成住宅53.2万平方米，人均居住面积，1965年比1957年减少0.04平方米。“三五”、“四五”两个五年计划期间，住宅建设数量进一步减少，10年间建成68万平方米，只相当

于前两个五年计划期间建成住宅数量的58%。住宅紧张的状况日益严重。党的十一届三中全会以后，住宅建设得到了迅速发展。1979年至1986年共建成737.2万平方米，为前30年建成住宅总数的2.5倍。人均居住面积，1986年比1978年增加1.68平方米。

［市政工程］

1.城市道路桥梁。50年代初期，在加强原有道路养护维修的基础上，先后在台东、四方、沧口等工业区和工人居住区辟建了延安一路、延安二路、李沧路、鞍山路、永平路等道路。1958年，为适应新工业区建设和全市交通运输发展的需要，新建、扩建了小白干路、遵义路、安顺路等。此后10多年间，道路建设发展比较缓慢。党的十一届三中全会以后，道路建设有了新的发展，先后新建山东路、南京路、江西路等主次干道10条和居住小区内的道路80多条，打通旧城区内的威海路、宁夏路、台柳路、延安二路、嘉宝路等处的"卡脖"、堵头18个，全市道路总长度497公里，比1978年增长17.9%，道路总面积达505万平方米，比1978年增长26.9%，其中沥青路面达350万平方米，占道路总面积的69.3%。

70年代以前，青岛市仅建有一些小型桥梁、涵洞。1970年，建成一座钢筋混凝土双曲拱人行天桥，桥长132.24米，宽5.38米。1975年又建成一座大型钢筋混凝土双曲拱桥——胜利桥，桥身14孔，长280.8米，宽21米。1984年开始，在杭州路南端开工兴建青岛市第一座大型立体交叉工程。该工程是青岛港8号码头的配套建设项目，主要由胶济铁路跨线桥、杭州路立交和武林桥异形环交组成，主桥长1071米，整座桥梁于1986年9月底建成，为缓和青岛市的交通紧张状况，提高港口吞吐能力起了重要作用。1985和1986年间，还在宁夏路建成一座长240米、宽24米的高架桥；在商业繁华的中山路和胶州路交叉处建成一座钢结构"Y"型人行天桥。

2.排水和防洪设施。50年代初期和中期，青岛市先后在台东、四方、沧口三区修建了一些排水管道，并在四方的海泊河入海口处建起了一座排水泵站，填补了这些地方排水设施的空白，改善了城市环境和人民群众的生活条件。1965年，建成一座一级污水处理厂，日处理能力为1万吨。党的十一届三中全会以后，排水设施建设发展较快，共计新建雨污水排泄管道169公里，排水泵站三座和日处理能力3000吨的二级污水处理厂一座。至1986年底，全市排水管道总长度达551公里，比1978年增长了44.2%，海岸和河道堤坝等防洪设施长度达78公里，比1978年增长10%。

［公用事业］

1.公共交通。1950年，市交通公司成立，有汽车26辆，营运线路3条。1960年10月，建成市内第一条无轨电车线路。党的十一届三中全会以后，公共交通有了较大发展。1986年底，共有汽、电车633辆，比1978年增长54.8%；营运线路31条，比1978年增长29.2%；线路长度506公里，比1978年增长19.8%；年客运量达5.26亿人次，比1978年增长92.7%。1986年底，全市较大的汽车出租公司有3家，拥有各类出租汽车585部，为1978年的21倍。

2.供水。50年代前期，主要在原有供水设施的基础上进行管网配套建设、增设居民稠密区和港口码头的配水管道、公用水站。1957年，市区自来水普及率由1949年的88.7%提高到92.8%。1960年，在市郊的白沙河中游建成了库容量为5000万立方米的崂山水库，1965年又建成与之配套的净水厂，日供水7.5万吨，成为青岛市的重要水源地之一。自1977年开始，青岛地区连年干旱，1981年又逢百年不遇的大旱，河道源流断绝，水库濒临干涸。自1979年至1983年，在大沽河新辟水源地5处，凿井计253眼。1984年又修建了引用莱西、平度两处水库储水的暗渠90公里。至1986年，全市供水能力达到每日25万吨，市区自来水普及率达到100%。为了进一步解决城市水源不足的问题，1985年，国务院批准进行引黄济青工程，修建长290多公里的渠道及水库、泵站等配套设施，将黄河水引到青岛。该工程已于1986年开工，计划1989年完成，日供水能力为30万吨。

3.供气。青岛市自1975年开始发展城市燃气。至1978年，全市发展液化石油气用户4.2万户，年售气量3246吨。日产气14万立方米的煤制气厂一期工程，于1986年底建成投产，供应2.6万户居民用气。同时，液化石油气用户增加到7.3万户，年售气量达5933吨，分别比1978年增长73.8%和83%，全全市用气普及率达到38.3%。

［园林绿化和风景名胜区］

1.园林绿化。50年代前期，青岛市广泛开展群众性的植树绿化活动，市区海滨、山头基本绿化，并陆续兴建了海泊河公园、沧口公园和多处街头小公园、游园、公共绿地等。城市绿化面积，1957年达到247公顷，1979年至1986年，市区植树304.3万株，铺栽草皮89万平方米，先后建成动物园、植物园各一座，并将小鱼山、观海山等11个山头分别建成各具特色的公园、游园和登高点。1986年，全市绿化面积达1153公顷，比1978年增长1.5倍，人均占有绿化地达4.1平方米，比1978年增长1.3倍，公园总数达19个，比1978年增长2.8倍。

2.风景名胜区。青岛海滨和崂山风景名胜区是国家重点风景名胜区。青岛海滨，以“碧海、蓝天、绿树、红瓦”的特有景色享誉国内外。沿海山势起伏，岸线曲折，浴场岬角相间，庭院别墅散落。崂山，位于青岛市区以东，是我国的一座临海名山，山中奇峰怪石、青泉瀑布、古树名刹甚多，自古即是游览胜地。党的十一届三中全会以后，重点进行了风景区的整顿、恢复和建设，先后在前海海滨重建了第一海水浴场，大修了前海栈桥，在崂山太清宫、太平宫、北九水等处修复庙宇、亭台和游览道路等，并拓宽改建了市区通往崂山的旅游道路。风景名胜区的开发建设，为发展旅游事业创造了条件。据统计，1986年，青岛市共接待中外游客417.5万人次。

［**环境卫生**］ 青岛市自解放初期就十分重设环境卫生工作，依靠专业队伍和发动群众相结合；搞好市容环境卫生。1952年和1958年先后两次被评为全国卫生先进城市。党的十一届三中全会以后，加强了环境卫生治本建设，增置各种专用车辆两百多部，在全市各条街道设置了可用机械装运的垃圾箱、桶，垃圾、粪便清运机械化程度达到83%。在主要交通干道和游览区修建了一批甲、乙级水冲公共厕所。1986年，全市公共厕所和居民院内的厕所总数达2327座。1978年以来，先后建起三座粪便无害化处理厂，将清运的粪便集中进行高温厌氧无害化处理，年处理量为18万吨。市区马路清扫保洁面积达418万平方米，年清运垃圾47万吨。自1980年以来，连年在山东省卫生检查中名列前茅。

三、城市建设体制改革和经济政策的调整

［**加强经营管理**］ 青岛市的城市建设企、事业单位，过去端“铁饭碗”、吃“大锅饭”的现象比较严重，党的十一届三中全会以后，随着改革的深入，企业单位加强了经营管理。如青岛市公共交通公司，建立健全了经理负责制和各项经济责任制，实行两级核算，把社会效益放在首位，经济效益与社会效益相结合，“六五”期间客运辆平均每年递增1.92%，客运收入每年递增7.47%。市政、园林等事业单位普遍推行了企业化管理，结合本行业的实际情况，制定了经济技术指标，严格进行考核，并在单位内部完善了经济责任制，把职工收入同完成工作任务的情况挂起钩来，调动了职工的积极性，促进了生产的发展。据市政工程总公司统计，1986年与1984年相比，职工总数减少17%，完成的工作量增长53%，劳动生产率提高25%。

［**综合开发，配套建设**］ 1981年，青岛市成立住宅配套建设办公室，负责组织新建住宅的市政公用设施和商业服务网点等的配套建设。1983年，住宅配套建设办公室与统建办公室合并组建了城市建设综合开发公司，负责城市的综合开发、配套建设以及商品房的建设。至1986年底，市内已成立市、区城市建设或房屋建设开发公司12个。自1981年以来，市区规划的25个新居住小区，按照“统一规划，合理布局，综合开发，配套建设”的要求，有4个小区已经建成，13个小区正在建设，共建成住宅142.9万平方米及相应道路、给排水、供电、绿化等设施。在旧城区，也逐步实行了综合开发、配套建设，重点对建国前遗留下来的棚户区和危房进行成片成坊的改造、重建、基本上堵住了零星插建的口子。

［**排水设施有偿使用**］ 1986年，青岛市开始对市区排水设施实行有偿使用，规定凡使用城市排水设施排放污水的企业和经营性事业单位，都要缴纳排水设施使用费。征收的费用专款专用，用于排水设施的维护、建设和管理，在一定程度上弥补了城市排水设施建设资金的不足。

四、城市建设行业精神文明精设

党的十一届三中全会以来，青岛市的公共交通、自来水、煤气、市政、园林、环卫、房产等部门，在搞好生产经营的同时，结合本行业实际，狠抓了社会主义精神文明建设，开展了多种形式的优质服务活动。至1986年底，城建各行业普遍制定了文明服务公约或职业道德规范。市交公司在1985年全国公共交通系统优质服务竞赛中被评为先进企业，该公司6路线被评为模范线路，2路电车线乘务员王福红被评为劳动模范。青岛市四方区环境卫生管理站青年职工孟鹏，热爱本职工作，在平凡的工作岗位上做出了优异的成绩，1985年被山东省政府授予“劳动模范”的称号。

五、城市建设法制建设

党的十一届三中全会以来，青岛市颁布的城市建设管理的地方性法规主要有：《城市建设管理办法》、《关于处理违章建筑、违章占地和整顿市容的通令》、《城市市容卫生管理规定》、《关于加强市容环境卫生管理的通告》、《道路交通违章处罚暂行规定》《关于开展“一要三不准”(行人要走人行道，不准随地吐痰，不准乱扔杂物，不准乱设摊点)活动的通告》、《关于落实“门前三包”(包卫生、包绿化、包秩序)责任制的规定》等。

为了保证市容卫生管理有关规定的实施，1984年，青岛市成立了市容监察大队，有市容监察人员215人，负责市容卫生的监督检查。在工作中，以宣传教育为主，罚款处理为辅，注重实际效果，有效地保持了市区，特别是商业繁华区、风景游览区的整洁、卫生。

六、城市建设科技进步

青岛市现有城建科研单位3个：青岛市园林科

河南省城市建设概况

河南省城乡建设环境保护厅

河南，古称中州，地处黄河中下游，是中华民族发祥地之一。《世本》上讲:"鲧筑城以卫君，造廓以守民，此城廓之始也。"据考证鲧所筑之城，就在河南省登封县告城乡。鲧系夏禹之父，说明早在4000多年前河南省已开始修建城市。以后，随着生产的发展，城镇的数量和建造水平逐渐提高。1800多年前的东汉末年，就已形成了都城、郡府、县城和小集镇四级城镇网，奠定了河南省的城镇结构体系。

一千多年来，河南的城镇体系历尽沧桑，几经盛衰，特别是清末民初，外敌入侵，军阀混战;国民党统治时期，"水、旱、蝗、汤"，天灾人祸;生产力的破坏，使城市失去了赖以发展和生存的基础而日渐衰落。到1948年解放前夕，历史上曾有过光耀篇章的宋城开封，虽是当时的省会，而城市人口仅24万人，市区面积不足14平方公里。全市的工业产值1949年仅2018万元，生产力极为低下，完全是一座消费性城市。市内道路狭窄，房屋破旧，仅有17公里长的下水道和800盏昏暗的路灯。当时的第二大城市郑州，仅有城市人口16.4万，市区面积5.23平方公里，全市只有五家小工厂，450名职工，产值仅290万元。九朝古都洛阳，历史上曾是百万人口的大都会，解放时市区面积仅4.5平方公里，人口6.5万人，百业凋零，市容衰败，已完全消失了昔日的繁华景象。南阳市在东汉时曾是全国五大都会之一，解放前已成了一个只有2.3万人的小城。其他如安阳、新乡、信阳、许昌、商丘等市，也都破落不堪。所有县城尤其如此，除了还保持着城镇的名义外，绝大多数和农村集镇已相差无几。

解放以后，河南城市又获得新生。随着经济、文化等各项建设事业的发展，不仅对原有的13座城市进行了改建和扩建，使之由消费性城市变成生产性城市，而且还新建起了平顶山、三门峡、鹤壁、义马等工业城市和上街、午钢、吉利等新工业区，所有县城也得到了不同程度的发展。据全省18个设市城市的统计，1986年底，城市人口已由解放初期的90.6万人发展到534.7万人，增长了4倍。城市建成区面积由原来的63平方公里扩大到440平方公里，增加了5倍多。三十多年来，全省城镇在经济和社会发展中起到了举足轻重的作用。特别是近几年来城市建设的迅速发展，已经和正在为振兴中州，实现四化奠定强大的物质、技术基础。

现在，省会郑州城市人口已逾百万人，成为全省政治、经济、文化、科技中心，全国的重要铁路枢纽，以纺织、机械、炼铝等工业为主的综合性现代城市。古都洛阳已有城市人口65万人，成为以机械工业为主的生产和科研中心，对中外游客具有吸引力的旅游城市。宋城开封，城市面积成倍扩大，人口成倍增加，以发展成近50万人口的以化工、轻纺、电子等工业为主的工业城市。平顶山原是荒山僻壤，

研所、青岛市环境卫生科研所、青岛市白蚁防治所，共有职工183人，其中科研人员46人。

在园林绿化方面，自60年代以来，先后完成了"雪松人工授粉""南茶北引"、"龙柏扦插"、"城市绿化树种调查"、"园林病虫害普查"等科研项目和课题。在环境卫生方面，七十年代中期，试验成功利用便厌氧高温发酵处理法，使城市粪便经处理后，达到国家规定的无害处卫生评价标准，在1978年全国科学大会上获国家科研奖。污水处理方面，自1978年开始进行射流曝气生物氧化处理城市污水的试验，并建成一座采用这种方法处理污水的中型试验站，日处理能力3000吨。1984年，该试验项目通过部级鉴定，并获1985年度建设部科技进步奖。

七、城市建设职工队伍

随着城市建设事业的发展，城建职工队伍迅速扩大。全市城建职工人数1949年为1533人，1978年为18423人，1986年达31707人。

党的十一届三中全会以来，各单位都把提高职工的文化技术素质作为一件大事来抓，取得了明显成效。至1986年，各单位办起各类职工学校、电大班、电视中专班12个，有教职员161人，其中教师116人。据1986年底统计，全市城建单位的职工中，具有中专以上文化程度的有一千六百多人，占职工总数的5%；经过短期专业技术培训的达一万九千多人，占职工总数的60%。

自1956年开始建矿，建设速度很快，现在年产优质煤1500万吨，并建成装机容量近200万千瓦的发电厂，成为重要的能源基地。其他如安阳、新乡、焦作、南阳、三门峡等市，无论是旧城改建或新城建设，也都有巨大的发展。

在河南城市的发展过程中，从第一个五年计划开始，就结合骨干城市的选址，先搞城市总体规划，然后有计划、有步骤地进行各项建设，因而城市功能分区较为合理，道路骨架比较完善，各项建设基本协调。后来，由于“左”的思想影响，特别是文化大革命的十年破坏给城市规划和建设造成极大的不良后果。党的十一届三中全会以来，城市建设经过拨乱反正，普遍修订了总体规划，加强了管理，制止了乱占乱建。同时，提高了城市建设的投资比例，加快了市政公用事业和住宅建设进度，并有效地进行城建法制建设。由于措施有力，各城市在解的决“脏、乱、差”方面都取得了显著成绩。

现代化城市必须有现代化的交通，而现代化的交通首要的条件必须有现代化的道路系统。可是，建国初期，全省13个城市，铺装路面的道路仅33公里，且系砂石或煤渣路面，质量很差。能够称得上高级路面的，只有郑州大同路的一条水泥路，长不过728米，面积仅6004平方米。建国后三十多年，全省18市新铺道路1600多公里，相当于解放初期五十余倍，其中，沥青路面、水泥路面等高级路面为1303公里(十一届三中全会以来新修的为690公里，占53%)，这一长度，足可以郑州为中心，在河南省的版图上从南到北，自东向西构成一个十字纵横座标。新铺路面的宽度平均11米多，其中有不少是快慢车道以花坛分隔的三块板道路，人行道也铺了水泥方砖，特别是十一届三中全会以来，实行人民城市人民建，人民城市人民管，采取民办公助，公办民助的方法，发动群众，自已动手，各修门前路，自栽门前树，目前已有70%以上的背街小巷修了排水沟，铺装了路面，建国前河南省跨河城市，除有极少数木桥外，绝大多数的车马行人要靠木船摆度。当时能称得上永久性桥梁的，只有周口市沙河上的一座水泥桥，宽不足6米，而且还被日本飞机在桥面上炸过一个洞。建国以来，全省共建城市桥梁331座，其中永久性桥梁291座，建国前开封全市路灯不到800盏，郑州只有44盏。现在，全省城市已安装路灯31,795盏，其中郑州就有7175盏，为建国初期的163倍，而且大都是式样新颖，照明高度大的新光源。建国前全省城市排水管道仅有16公里，主要建在开封，其他城市很少，多数城市平时污水漫流，雨季积水成灾。如今各市已埋设雨，污水管道1556公里，其中1/3以上是十一届三中全会以来所建，管道总长度约为建国时16公里的97.3倍。主要城市都已形成排水网，有的还建了污水处理厂，排水问题初步得到解决。

自来水是工业生产的血液，人们日常生活必不可少的物质。但是，建国前全省仅焦作煤矿建有一座简易自来水厂，日供水能力不足1万吨，输水管道不足4公里，只有1万人可吃上自来水，且主要是供当时的英国资本家及其高级职员和家属饮用，穷苦矿工和一般老百姓是不能享用的。由于城市没有自来水，市区的浅层水被污染，水质又咸又苦，不堪饮用，靠河城市还能挑河水吃，不靠河的城市除少数人能买从远处运来推车叫卖的甜井水以外，一般市民只得靠又咸又苦的水为生，因而每年夏季都有肠道病流行，人民的身体健康得不到保障。建国以后，从“一五”开始，国家每年拿出大量投资，兴建城市自来水厂。特别是十一届三中全会来，各城市都把缓和生产、生活用水紧张情况作为重点来抓，积极设法扩大水源。目前，全省已有16个城市建成自来水厂40座，日供水能力达400万吨，不仅基本满足工业生产的用水需要，而且使95%的城市居民吃上了合乎卫生标准的自来水，用水人口已达450多万人，最近几年，各市还注意开源与节流并重，狠抓了水资源的合理开发与利用，开展了城市节约用水和计划用水活动，取得了很大成效。仅1985年通过推广生产用水的循环使用，一水多用以及生活用水以表计量，取消“包费制”等办法，一年即节约用水8500多万吨，相当于一座日供水能力为27万吨的水厂的年供水量，对制止水的浪费及缓和用水紧张状况起到了很好的作用。

城市公共交通，解放后从无到有得到了发展。目前，全省已有17个市有了公共汽车，继郑州市在1981年新建了无轨电车之后，洛阳市无轨电车工程也于1984年通车。1986年底，全省共有公共汽车，电车1200多辆年，按城市人口平均，约合4000人一辆，营运线路长度已达4852公里，年客运量达三亿人次。此外，有10个城市新增出汽车223辆，开展了汽车出租业务。

建国初期，多数群众还是烧木柴，五十年代以煤代柴，十一届三中全会以来，鹤壁、平顶山两市发展了民用煤气，郑州、洛阳、南阳等市则发展了液化石油气，用气人口已达34.2万人。

建国以来，每年都有高楼大夏象雨后春笋般地拔地而起，使城市面貌发生日新月异的变化。三十七年来，全省18个城市新建各类建筑物9000多万平方米，其中新建住宅4000多万平方米。但是，过去由于“左”的思想影响，长期强调“先生产、后生活”，不重视住宅建设，使得住宅建设速度落后于城市人口的增长速度，居住水平不断下降，到1978年城市人均居住面积下降到3.2平方米，比建国初期还低。粉碎“四人帮”后，党中央及时调整积累与消费的比例关系，把加快住宅建设，解决居住困难问题当成大事去抓，充分发挥国家、地方、企业和个人四个方面的积极性，加快了住宅建设的步伐。1979年以来的八年间全省共新建城市住宅2400余万平方米，相当于建国以来新建住宅面积总和的60%。到1986年底，全省城市人均居住面积已提高到6.21平方米。其中郑州等7个市，已超过6.5平方米，提前实现了中央提出的1985年人均居住面积5平方米的要求。

建国前全省城市树木稀少，所有城市竟无一处公园。由于绿化覆盖率低，致使沙丘裸露，风沙为患。古城开封，建国前别名“沙城”，冬春季节。风沙猖獗，群众都说:“住在开封的人一年要吃上一块土坯”，足见风沙之严重。郑州的风沙，也不亚于开封。建国后，党和政府发出“绿化祖国”的伟大号召，各城市年年植树，岁岁造林，不仅城郊营造了纵横交错的防风林带，镇住了“沙龙”，减轻了风沙灾害，市区植树也卓有成效。全省城市现有树木已达两千余万株，市区平均绿化覆盖率已达25.4%。省会郑州、古都洛阳和豫西南历史名城南阳等三市的绿化覆盖率已超过30%。郑州已被誉为“绿色的城市”。城市园林绿地面积已发展到9057公顷，其中公共绿地为1296公顷。已建成公园35个，面积850公顷，除新建的濮阳、义马两市以外，各城市都有公园(动物园)，1986年游园人数达2766万人次。市内的文物古迹、普遍修葺一新，喜迎中外游人。十一届三中全会以来，各市在普遍绿化的基础上，又向美化、香化、彩化的方向发展。洛阳的牡丹、郑州的月季、开封的菊花、新乡的石榴、南阳的桂花等，已被正式选定为市花。

湖北省城市建设概况

吴远荣

湖北省位于长江中游，地处中原，有“千湖之省，鱼米之乡”之称。境内资源丰富，交通便利，是我国经济建设重点地区之一。至1986年的建国37年来，湖北省城市建设取得了很大成就，为促进全省经济的繁荣。为人民生活创造美好舒适环境作出了重要贡献。

一.城市发展概况

湖北省城镇历史悠久，春秋战国时期，黄石已是采铜冶炼中心，江津(即今沙市)为楚都的外港，夷州(即今宜昌)是威镇一方的楚西塞，川鄂交通咽喉要道，襄樊、夏口、石阳(武昌和汉阳)已成为当地的贸易重镇。唐宋时代，这些城镇已逐步发展为商业、手工业城镇。明末清初，汉口即以商业繁荣著称。为全国四大名镇之一。

建国前，湖北省城市发展缓慢，从1926年正式设置城市建制起到1949年，全省只有武汉、沙市两个设市城市，总人口110万，经济萧条，基础设施落后。

新中国成立以后，城市发展进入了新的历史时期，建国初期，省内及时设置了黄石、襄樊、宜昌、丹江口等市(一年后丹江市撤销)，1960年将鄂城县改为市，1962年撤销。1970年，随着第二汽车制造厂的建设，又设置了十堰市。党的十一届三中全会以后，全省陆续恢复和设置了荆门、鄂州、随州、老河口、丹江口、孝感、咸宁、恩施、仙桃、利川、应城、蒲圻、麻城、石首等14市。到1986年底，全省共有20个设市城市，其中省辖市8个，县级市12个。市区总面积43728平方公里，其中城区面积1856平方公里。市区总人口1623.8万人，城市人口644.4万人，其中非农业人口541.1万人。城市分布已初步形成了以武汉为主体的鄂东经济区；以襄樊、十堰为主体的鄂西北经济区；以宜昌为主体的鄂西经济区。改变了过去以武汉为单一经济中心的结构，1986年，全省城市工业企业5965个，占全省企业数的23%；职工313.1万人，占全省职工总数的50%；提供工业总产值374.19亿元，占全省的69.4%；创造利税总额64.1亿元，占全省的79.1%。拥有科技人员22.3万人，占全省的56.2%。每万名城市人口中有科技人员351人，高于全省每万人口中平均81人的水平；有高等院校59所，占全省61所的96.7%，在校学生10.3万人，占全省的92.5%。城市在经济和社会发展中的作用日益突出。

二.建国以来城市建设事业的发展

［**城市规划设计**］ “一五”时期，为配合国家在湖北兴建的一批重点项目，如武汉长江大桥、武汉钢铁公司、武汉重型机床厂、武汉锅炉厂、武汉肉类联合加工厂、青山热电厂、武昌造船厂等，在各地建设部门组织下，先后进行过武汉、黄石等城市的规划设计。“二五”期间，再次组织了武汉、黄石的全面规划，又进行沙市、宜昌、襄樊等城市和一批城镇的规划。六十年代初开始，由于“左”的错误思潮的影响，城市规划历经挫折，特别是在“文化大革命”初期，许多城市的规划机构被撤销，队伍被解散，资料被销毁，城市的建设和发展陷于无政府主义的混乱状态。

粉碎“四人帮”以后，特别是党的十一届三中会全以后，城市规划工作迅速得到恢复和发展，并逐步建立了一支城市规划设计的专业队伍。其中湖北省城市规划设计研究院，是全省规模最大的城市规划设计和科研单位，自1979年组建到现在，已发展到100多人，成为全国甲级规划设计院之一，1980年至1986年，共完成各项规划设计148项，获得科研成果4项，成为湖北省城市规划设计的一支骨干力量。1986年底，全省共有城市规划设计院(所、室)14个，职工631人，其中高级工程师、工程师93人，助理工程师160人，技术员273人。1978年至1986年，共完成总体规划398项，详细规划138项，专业规划97项。1986年底，全省20个设市城市，59个县城总体规划的编制工作已分期分批完成，并分别经国务院和省人民政府批准实施。建制镇的规划，也全部完成。现正在对一些审批较早城市(镇)总体规划进行补充、修订。

［**城市规划管理**］ 党的十一届三中全会以后，城市规划管理工作逐步纳入各级政府工作的议事日程，机构陆续建立、健全。目前，全省有各级城市规划管理机构79个，完成选址定点建设项目达512个，审查批准建设用地1201公顷，节约土地378公顷。各城市制定了城市规划管理条例和暂行

规定，对违章建筑进行查处、搬迁，治理产生污染的工厂，帮助不符合城市规划要求和工业发展方向的企业实行关、停、并、转。1986年，全省城市建成具有一定规模的工业区113个，建成配套齐全生活居住区124个，城市规划管理部门的职能作用了得到充分的发挥，综合指导作用日益加强。

［市政建设］

1.排水工程建设。建国至1986年的三十七年来，按照排水规划，有计划、分步骤的对居民生活区、城市主干道、工业废水严重污染以及雨季积水成灾的地段进行了治理，全省已建的大中型骨干工程有武汉市黄孝河治理工程；黄石、沙市、襄樊市的排水工程；老河口市一、二期与随州市的排水工程；以及宜昌、荆门、鄂州市的局部地区雨污排除工程等。这些工程，有的已建成受益，有的正在建设。到1986年，全省城市共有排水干道1423公里，比1949年增加1363公里，增长23.7倍，泵站64座，抽排能力达每秒290立方米，有排水设施服务面积248平方公里，占城市建成区面积的62%。

2.防洪工程建设。湖北省城市大多临近江河，解放前，防洪设施残缺不全，沿江城市常被洪水侵害。1931年长江大水、武汉、黄石、沙市几乎全部被淹。武汉被淹达百日之久，汉口一片汪洋，3万人死亡，78万人受灾。

新中国成立以后，湖北省致力于防洪工程建设。1952年，国家在百废待兴，经济困难的情况下，投资5576.6万元，兴建了蓄水量达62亿立方米的荆江分流工程，使沙市市防洪有了充分保证。之后，又重点建设了武汉堤防加固工程、宜昌市沿江护岸工程、十堰市防洪工程等。武汉堤防加固工程投资5500万元，已完成竣工，现正在进行第二期加固工程。宜昌市沿江护岸工程于1979年开工，全长3.8公里，土石方近4万立方米，投资1440万元，现已基本竣工。十堰市防洪工程，总投资近 亿元，第一期工程3290万元，目前正在按计划实施之中。37年来，全省共完成防洪工程建设投资9.74亿元(含水利事业专项费用等投资)，建成城市防洪堤570公里，比1952年增加了近20倍。建成防水墙1200米，防洪标准提高到百年一遇。

3.道路桥梁建设。在充分发挥现有道路通行能力的基础上，各城市着重对路网进行改造、拓宽和提高道路等级。建国37年来，共新建道桥骨干工程410项，建成30至60米宽城市主干道416条。如武汉市解放大道、武珞路、汉阳大道、中南路、中山路、和平大道；黄石市黄石大道、滨湖路；沙市市北京路、江津路；宜昌市东山大道、沿江大道；襄樊市大庆路、西大街、南大街；十堰市人民路、东城路；鄂州市武昌大道；荆门市象山大道；丹江口市丹江大道；随州市青年路；老河口市北京路等。到1986年底，全省20个城市实有道路长度6381公里，比1949年增加5924公里，增长4倍。其中高级、次高级道路2794公里，比1980年增加780公里，人均拥有道路面积5.2平方米。永久性桥梁317座，主要桥梁有武汉长江大桥、武汉江汉一桥、武汉江汉二桥、襄樊樊江大桥等。武汉长江大桥，屹立于武汉龟蛇两山之间，全长1670米，总投资1.38亿元，自1957年10月15日建成通车以来，发挥着巨大的经济效益和社会效益，1978年至1986年，平均每8分钟通过一列火车，日均通过汽车3万多辆，为社会主义建设事业立下了丰功伟绩。

4.路灯建设。全省城市现有各种类型的路灯59550盏。其中钠灯39100盏，汞灯18000盏，拥有灯型34种，主干道上基本淘汰了白炽灯，普及了钠灯新光源。全省城市路灯线路总长3514.3公里比1949年增加3476公里。其中地下线缆190余公里。市区路灯明亮率为95%。

城市市政工程建设统计表 表1

建设类别 / 期别	实有道路长度(公里)	城市桥梁数(座)	排水管总长度(公里)	防洪堤总长度(公里)	城市路灯盏数(盏)
恢复时期	591.2	17	58.1	21.2	990
“一五”时期	607.4	21	79.6	45.7	1122
“二五”时期	613.5	28	97.3	53.2	3018
调整时期	132.3	18	66.1	39.8	1017
“三五”时期	621.3	39	148.5	47.2	5712
“四五”时期	785.1	41	189.2	53.7	8271
“五五”时期	851.1	62	222.4	107.4	12140
1980～1986年	2279.1	91	561.8	201.8	27280
总　计	6381	317	1423	570	59550

［公用设施］

1.城市供水。建国以前，全省只有汉口一座日供水能力为10.5万吨的供水设施(建于1906年)，用水人口约51.7万。新中国成立以后，为了保障城市生产和人民生活，党和政府始终把城市供水问题作为全省城市建设中的突出问题来抓。37年来，全省用于城市供水设施建设的投资累计近5亿元，除对原有设施进行改造和扩建外，还配合城市发展建设了一批具有一定规模的水厂。如武汉市琴断口水厂、白沙州水厂、团山水厂、余家头水厂；黄石市凉亭山水厂；沙市市东、西区水厂；襄樊市三水厂；宜昌市一.二水厂；老河口市一.二水厂等。到1986年，全省20个城市共有自来厂49座，其中日产10万吨以上水厂6座。日供水能力达到307.3万吨，比1949年增加296.8万吨。每人每日平均生活用水量289升，全省城市居民用水普及率达到91.7%。近几年来，县城水厂建设也有了较快发展。全省县城水厂已由1984年的20个增加到目前的63个。这些水厂生产能力一般为日产1万吨至1.5万吨，规模最大的现已达到7万吨。日供水量由1984年的30万吨，增加到105万吨。全省县城居民用水普及率已达到76.3%。

2.城市煤气和集中供热。湖北省城市煤气起步虽迟，但发展比较快，1974年武汉市建起全省第一家城市煤气公司至今，全省已有10个城市先后建设了煤气设施。全省20个城市现有液化石油气储气罐59个，贮气能力3252吨，比1975年增加了104.4吨，增长22倍。用气居民17.7万户67.3万人，比1975年增加16.4万户64.7万人。气化率占全省城市人口的20%。在努力发展液化石油气的同时，还积极发展管道煤气。1983年动工的武昌焦化厂煤气工程。总投资110万元，日供气能力4.8万立方米，现主干管道施工已基本结束，约2.5万户居民将告别家用小煤炉。武汉汉口供气工程，沙市、黄石、宜昌等城市煤气工程前期工作也有突破性进展，将大大改善全省城市居民生活燃料结构，达到合理利用能源，节约能耗，减轻城市污染，方便居民生活。此外，全省还有襄樊、沙市、武汉等城市兴建了规模不等的城市集中供热工程。如襄樊樊西工业区的集中供热工程，基本上解决了整个樊西工业区内大部分工业企业的热源供应。

3.城市公共交通。建国前，全省仅武汉市有14辆破烂不堪的公共汽车，营运线路为3.64公里，年客运总数约180万人次。城市轮渡1949年只有八艘;总马力不足百匹，年客运总量只748万人次。

新中国成立后，随着经济的发展和城市规模的扩大，为了满足城市通行、经商、购物等人流交通的需要，各城市都相继发展了城市公共交通事业。到1986年底，全省20个城市拥有公共汽、电车3508标台，客运轮渡51艘，比解放初期分别增长了229.84倍和6.3倍。城市公共汽、电车营运线路197条共3785.4公里，轮渡航线22条共191公里，1986年一年，全省城市公共交通车、轮渡运总量达19亿人次，比1949年增长了700多倍。城市现有三分之一的职工依靠城市公共交通上、下班，仅武汉市一个市，职工、学生月票已发行到60多万张。1975年以来，全省城市在发展公共汽、电车和轮渡船舶的同时，有12个城市还先后创办了出租汽车业务，现拥有大小出租车辆489部。全省城市已基本形成了以公共汽、电车为主体，以出租汽车、轮渡等协调发展的城市公共交通系统。

［城市环境卫生］ 建国前，环境卫生工作十分落后，象武汉这样一个80多万人口的城市，城市每天产生的大量垃圾和废弃物年几乎全靠人力车清运。倒入长江和汉水，农民每天进城挑粪，经常是垃圾满街、粪便遍地，严重危及人民的健康。建国以后，党和政府切实加强了环境卫生工作。到1986年底，全省20个城市共有环卫工人1.34万人，拥有大、中型扫路车11辆，洒水车69辆，真空吸粪车89辆，垃圾车263辆，建有公共厕所3110座，垃圾转运站(台)149个，全省城市年清扫面积2109万平方米，清运垃圾199万吨，粪便53万吨。向城市郊区农村提供粪肥62万吨，基本做到了日产、日运、日清，从根本上改变了全省城市的环境卫生面貌。近几年来，城市废弃物处理工作也提到了议事日程，武汉市环境卫生科研所与武汉城建学院设计的武汉汉口塔子湖垃级无害化处理试验场于1985年开工，该场共占地26.7亩，投资120万元，日处理能力为100吨，现已基本建成，与此同时，沙市市垃圾卫生填埋场可行性研究，宜昌市干溪沟堆肥厂，荆门市垃圾处理厂初步设计等前期工作也有了新的进展。

［园林绿化］ 湖北省位于沿海与内地之间的过渡地带，气候温和，光照充沛，兼有南北之长，具有发展城市园林绿化的有利条件。建国以后，全省城市的园林绿化建设，从改善城市的生态环境，为城市居民提供良好的休息条件出发，重点抓好城市的普遍绿化，自五十年代省委提成“绿化湖北”特别是五届全国人民代表大会作出全民义务植树的决议以后，全省各市深入开展了群众性的绿化活动。见空布绿，见空插绿，提倡“工厂园林化”、“城市园林化”。到1986年，全省城市绿化覆盖率平均为21.9%。其中特大城市武汉市为28%。与此同时，从建国初开始，全省各城市还重视了公共绿地的建设，把过去仅为少数人享用的私家园林改造成为全市市民共同使用的公园绿地。全省相继新建了

武汉市解放公园，黄鹤楼公园；黄石市青山湖公园；宜昌市滨江公园；孝感市董永公园，襄樊市人民公园；十堰市人民公园等。到1986年底，全省20个城市共有公园，动物园48个，总面积1030公顷、人均公共绿地为2.1平方米。武汉动物园，现已发展成为全国八大动物园之一。园内有各种动物82种1000余只，其中有珍贵动物大象、河马、云豹、袋鼠、金丝猴、黑天鹅等。

［风景名胜区建设］　湖北省拥有丰富的风景资源，山川秀丽。林壑幽深，古迹甚多。随着园林绿化事业的发展，风景名胜区也得到开发和建设，全省现有国家级风景名胜区2个，即武当山风景名胜区，东湖风景名胜区。相当于省一级风景名胜区4个：古隆中、西山—东坡赤壁、大洪山、陆水水库。武当山位于湖北省丹江口市境内，山势雄伟，有七十二峰、三十六岩、二十四涧、十一洞。主峰——天柱峰，海拔1612米。古建筑群始建于明代永乐10年到16年，最盛时有方圆800里，拥有八宫二观、三十六庵堂、七十二岩庙，后大部毁于兵火。现主要宫观尚存金殿和太和、南岩、紫霄、五龙、遇真、王虚等六宫，复真、元和二观，磨针井、玄岳门以及各种神像、法器、经籍等。自1982年被列为全国44个风景名胜区之一以后，逐步修复建设，1979年至1986年，共完成投资达1500万元，彻底修复了太子坡、磨针井全部建筑和南岩宫部分建筑，太和宫及附属建筑——太山庙也已整饰一新，金殿上安装了避雷针，金殿上的附属物也进行了翻修，并修建了一条长16.5公里的盘山公路和长约10公里的石阶古“神道”。武当山现已成为中外游客云集之地，1986年游客量达到84万人次。

武汉市东湖风景区位于武汉市东郊，现有面积87平方公里，其中水面33平方公里，风景秀丽，引人入胜。毛泽东、朱德等同志曾到此游览过。湖内现建有“听涛”、“白马”“落雁”“磨山”、“珞洪”、“吹笛”等6个景区；水云乡，行吟阁、听涛轩、长天楼、湖光阁、九女墩、朱碑亭、屈原纪念馆、鲁迅广场、频湖画廊、杜鹃园、盆景区、梨园、桔园等30多个景点。

古隆中在襄樊市襄阳城西18公里隆中山以东，是三国时诸葛亮的故居，著名的《隆中对》故事就发生在这里，现有三顾堂、武侯祠、三义殿、草庐亭、抱膝亭、六角井、野云庵等清代建筑。还有躬耕田、小虹桥、丰月溪、老龙洞、梁文岩、抱膝石等名胜古迹。近年来又新增加了风和半月亭、躬耕亭、草庐、卧龙深处等建筑。为了方便游客还新增了永清餐厅、吟啸山庄、大小停车场等服务设施。年接待游客达50万人次。

西山—东坡赤壁位于鄂州市市区，现有面积165公顷，是魏黄初元年（公元220年）吴王孙权避暑宫和东晋建武元年（公元317年）名僧慧远所在寒溪寺的遗址。历代名人陶侃、李白、刘禹锡、元结、苏轼、苏辙、黄庭坚、吴国伦等曾在此游息过，并留有不少诗赋名篇，著名的《前赤壁赋》、《后赤壁赋》、《念奴桥．赤壁怀古》就写于此地。主要建筑有灵泉寺、避暑宫、三贤亭、积翠门等，还有青龙桥、试剑石、洗剑池等遗址和“涵息”、“滴滴”、“活水”“菩萨”等名泉。近年来，又新建了九曲亭、拥翠亭、抱泉亭、广宴楼、挹江楼、漱玉楼、两明轩等建筑。

大洪山风景区，是我国革命圣地之一，距随州市城区68公里，山清水秀，景色壮观，主峰——宝珠峰海拔1055米，气势磅薄，巍然屹立、素有“苍松翠柏长生地，绿水青山古洞天”的美誉，山内有群洞100多个，泉水70多处，其中著名的有18处。

位于蒲圻市境内的陆水水库风景区，距武汉约150公里，水质明净，岸线曲折，四周山峦重叠，森林密布。水中有岛屿100多个，形状千姿百态，富有诗意，是湖北省以森林景观与湖光为主体的，具有多种旅游和度假休养功能的湖川岛屿风景区。

［住宅建设及房地产］

1.住宅建设。建国三十七年来，全省共完成房屋住宅建设投资78亿元，新建房屋住宅面积6941.64万平方米，相当于1949年房屋住宅总面积的6.8倍。党的十一届三中全会以后，全省城市住宅建设步伐加快，1978年至1986年，全省城市房屋建设总投资达到564503万元，竣工住宅面积3368.4万平方米，全省城市人均居住面积由1978年的3.9平方米提高到1986年6.2平方米。1978年至1986年全省城市房屋住宅竣工面积见表2。

湖北省城市房屋住宅竣工面积(1978－1986年)　　表2

年　份	房屋建设总投资(万元)	房屋竣工面积(万平方米)		人均居住面积(平方米)
		全部面积	住宅面积	
1978	26985	447.6	169.1	3.9
1979	44509	516.5	272.1	3.9
1980	65009	511.8	348.8	4.3
1981	61224	522.5	381.3	4.5
1982	78145	572.6	389.3	4.8
1983	72776	661.0	353.6	4.9
1984	73836	677.8	390.4	5.1
1985	119214	888.0	540.3	5.5
1986	22805	822.7	523.5	6.2

2.综合开发建设。11986年底，全省20个城市共有房屋综合开发公司43个，建设居住小区28个，建筑面积292万平方米，其中商品房建筑面积

212万平方米，完成投资6.8亿元，已建成规模较大的居住小区有：沙市市洪垸小区；武汉市钢花新村、二桥头小区；十堰市朝阳小区；襄樊市幸福小区；黄石市南竹林小区；鄂州市南塔小区，随州市沿河小区等。开发任务最多的一年为1985年，共完成建筑面积149万平方米，投资3.2亿元，沙市市洪垸小区是全省实行综合开发建设建成的第一个居住小区，该小区占地9.4公顷，建筑面积10万平方米，其中住宅9.9万平方米，公共配套项目6000平方米。整个建设采取统一规划、统一征地拆迁、统一组织施工、统一配套建设、统一经营的办法，于1982年12月动工，1983年1月竣工。其建设速度之快，质量之好，市政设施、商业网点配套之齐全，是我省住宅建设史上从未有过的，被省委领导同志誉为，"现代化城市建设的示范"。

三.城市建设行业管理体制改革

湖北省城市建设改革始于1982年，当时主要在沙市市等城市中进行。1982年，省委充分肯定了中国房屋开发公司沙市市分公司实行综合开发，配套建设洪垸小区的经验，各地普遍学习推广该公司经验，并认真贯彻中共中央关于经济体制改革的决定，加速了全省城市建设改革的进程。主要改革内容有：1.改革封闭式的管理体制，试行市政建设工程招标议招。2.对苗圃、公园、环境卫生等事业单位实行企业化管理。3.对工业区实行统一布局，联合征地，统一组织厂外市政设施的建设。4.对市政设施实行有偿服务。5.对公交企业普遍推行"百元营运收入工资含量系数包干"、单车承包、租赁承包责任制。6.对城市住宅实行综合开发，配套建设，经营出售的办法。7.改革城市建设资金单一渠道，实行"人民城市人民建"的多渠道共建的办法。

改革给企业带来活力。1986年全省城市公用企业完成总产值2.41亿元，比1985年增长15%；年实现利润总额为2886万元，比1985年增长26.1%；全省城市自来水企业总产值增长12.7%。利润上升8.9%，成本下降2.4%；公共汽车总产值增长12.7%。利润增加1.52倍；轮渡总产值增长17%，利润增加2.7倍。公用客车装配厂产值增长24%，利润增长2.2倍，全省液化气实现的产值比1985年增长16.3%。

四.城市建设法制建设情况

[地方法规建设] 为了有计划、有秩序地规划、建设、管理好城市，1980年以来，湖北省人民政府共颁发了11个城市建设管理法规性文件。如《湖北省城市建设管理条例》、《湖北省关于开展全民义务植树运动的实施细则》、《湖北省城镇公共卫生管理办法》等，共90多章380多条款，对城市规划管理、房地产管理、市政、公用设施的管理、园林绿化管理、环境卫生管理以及违章处理，奖励与处罚等都作了明确的规定，据统计，到1986年底，全省20个城市共制定颁发地方性法规113个。主要内容涉及城市管理、市容卫生、园林绿化等方面。

[执法队伍建设] 1982年以来，全省陆续建立了城市建设管理专业执法机构，各城市先后成立了"城市建设管理委员会"、"整顿市容卫生交通秩序指挥部"、"市容管理办公室"等。城市建设管理专业队伍不断扩大，1982年为64人，1984年为176人，至1986年已达到771人，五年累计查处各类违章案件38475起，纠正违章率为92.7%。

五.城市建设科技进步

[作业机械化] 五十年代开始，为减轻笨重的体力劳动，广泛开展技术革新，并着手研制施工机械。主要工种逐步实现了施工作业机械化和半机械化。目前，大中城市道路施工从路基土方到路面施工已基本实现了机械化、沥青、混凝土拌合也基本上实现了工厂化和部分自动化，就是历来以手工为主的道路养护维修工程，也逐步向专业机械施工方向发展。到1986年底，全省城市建设系统综合机械化、自动化程度为50%。主要工种作业机械化程度如下；供水自动化控制为86.2%；道路桥梁施工为83.2%；路灯安装为81.9%；液化石油气灌装为100%；环境卫生清运为40.2%；园林喷灌、修剪为39.2%。

全省城市建设系统现拥有机械设备原值12044万元，设备总功率为17.03万马力，每个生产工人技术装备率为3112元/人，动力装备率为7.8马力/人。

[城建专用设备生产] 全省城市建设专用设备生产量小，产品单一的状况从六十年代起开始逐步改变，先后建立了城市建设专用设备生产(修造)厂9个，职工3810人，年生产各种车辆达756台，轮渡10余艘，液化石油气灶具75万架，液化石油气钢瓶80万人。武汉市公用客车厂、襄樊客车厂、武汉市煤气公司灶具厂、武汉市市政机械制配厂等是全省规模较大的市政专用设备生产厂，主要产品有解放640型单车、解放660型铰接车、黄河670型铰接车、560型无轨电车铰接车(硅车)以及机关团体车、排污泥车、下水道冲洗车、沥青混凝土摊铺机、沥青混凝土搅拌机组等。除满足省内需要外，已向全国销售，并试销国际市场。

[科研队伍及成果] 1986年底，全省20个城市共有科研单位7个，职工411千人，其中科研人员246人。1978年至1986年，全省城市建设科研单位，城市规划、市政公用及房地产单位共获得

科研成果109项，其中：给水三层滤料滤池、氯丁橡胶废水处理、金属管道探测仪及检漏仪、池杉、落羽杉优种的选择等7项获全国科学大会奖；给水斜管斜板沉淀装置、钢筋混凝土圆形水池设计等5项获湖北省科学大会奖；防水墙顶推技术研究、电磁控制水力自动虹吸排阀、消除水锤止回阀、园林绿化、净化大气的研究、武汉轮渡《雷达、电视雾天导航》系统、YJ系列净水器、XN—4型真空吸污泥车等14项获湖北省科技成果奖或湖北省首次科学技术进步奖；湖北省中小城镇公共建筑及服务设施规划定额指标研究、荷花品种整理及新品种选育研究等获城乡建设环境保护部科学技术进步奖；汉口主要下水道、黄孝河水质水量调研及黄孝河流域排渍工程可行性研究、汽车发动机节能润滑油的试验研究。武汉市月票乘客流向、流量调查分析、市政工程微机管理系统，直径1200MM摇臂管浮船取水工程研究等科研成果，对推动全省城市建设的技术进步均起到了一定的作用。

［**城建档案**］ 全省共有城市建设档案馆8个，最早建于1981年，现有档案馆面积6800平方米，职工50余人。共接纳、收集、整理档案16194卷(册、盒)，提供利用档案1619卷次，利用率约为11%。

六.城市建设职工队伍的发展和职工素质情况

［**城建队伍**］ 1952年，全省城市建设队伍约3万人，1978年发展到6.1万人，到1986年已达到9.6万人。其中城市规划设计和管理单位92个，职工3200人；市政公用事业单位187个，职工87000人；住宅及房地产企事业单位104个，职工5800人。在全省城市建设队伍中，拥有技术人员2.55万人，经济管理人员1.43万人。这支队伍，经过30多年的锻炼，已能承担城市各项规划设计以及规模较大的、技术较复杂的市政建设工程，是湖北省城市基础设施现代化建设的基本力量。1978年以来，汉口黄孝河综合开发规划、珠海城区总体规划、汉口机场河分流工程设计、沙市市洪垸新村居住小区规划设计等获建设部优秀规划设计奖；汉口青年路道路工程、黄石市凉亭山水厂工程，武汉市余家头水厂工程获湖北省优质工程。1985年，黄石市公共汽车公司、武汉市公共汽车公司四场43路被评为全国城市公共交通系统先进企业和先进集体；4条线路、3个码头、51个车(船)组(班)同时被评为全国城市公共交通系统职工优质服务竞赛先进集体。1986年，市政施工企业共完成工作量9989万元，全员劳动生产率(按施工产值计算)为8000元/人，工程质量优良品率为40%。

［**城建教育**］ 党的十一届三中全会以后，随着工作重点的转移，为适应城市建设的需要，因陋就简地先后兴办了一批培养专门人才的学校。全省现有城市建设学校4所，职工中专4所，技工学校4所，城乡建设刊授大学湖北分校，电大湖北省城市规划班等。教育基地约10万平方米，在校学生3212人，年招生能力1023人。1978年以来，协会、学会、主管部门举办各类专业培训班共74期，培训职工8651人，其中90%以上获得结业证书。1986年底，全省城市建设系统各类专门人才占职工总数的6.92%。

七.主要城市介绍

黄石市

黄石市经过30多年的规划建设已成为本省以采掘、冶炼、建材为主的原材料工业城市，也是全国著名的矿冶基地之一。现有市区面积179平方公里，建成区面积26平方公里，工矿企业639个，其中大、中型骨干企业21个。水陆运输，四通八达，随着工业建设的发展，文教卫生事业不断发展，拥有电影院、剧院26座、医院56所、大中院校13所、中小学704所，科技人员3.8万人。比解放初期增加了30多倍。特别是1979年后，全市40多条干道整饰一新，职工住宅，商业网点和市政公用设施成倍增长。1980年以来6年间，共新建住宅130万平方米，增设商业网点27.2个，流动商业网点1203个，修复和新辟大小公园，绿地1万余平方米，人均绿化面积达3.9平方米，处处绿树成荫，家家花团锦簇，过去的工业污染已经得到基本治理，环境质量有了改善。黄石市将以优越的地理位置，丰富的矿产资源和人才众多的优势，成为开发鄂东南地区经济、科技、文化、商贸、信息的中心，并在开发皖、赣、鄂“三角”经济区和大别山地区中发挥中心城市的作用。

襄樊市

襄樊市是我国中部铁路、公路和水路运输的交通枢纽和我国历史文化名城。37年来，共完成基本建设投资13.33亿元，新建了轻纺、机械、冶金、化工、电子、建材等一批工业企业，形成了5个具有特色的工业区和6个生活居住小区。建成区面积由1981年19.4平方公里扩大到1986年的26.7平方公里。人均占建成区面积99.95平方米。襄樊历史悠久，名胜古迹甚多，古隆中，米公祠是襄樊古老历史的象征，“环城”路、“前进”路是古城新生的缩影。近几年来，大道的两侧，如雨后春笋般地建造了幢幢高楼大厦，宽敞的马路上，公共汽车川流不息，装饰一新的古楼商场商品琳琅满目，西大街、南大街繁华似锦；人民广场绿树扶疏、百花争艳。襄樊市已成为全国生产建设和体制改革的明星城市和全国绿化先进城市。

沙市市

沙市市是湖北省秀丽富饶的水乡城市，37年来，因地制宜发展地方工业，现已成为全省新兴的轻纺工业城市。党的十一届三中会全以后，沙市市被批准为全国第一个经济体制综合改革试点城市，1979年至1986年，共实现利税15.82亿元。相当于前30年的1.14倍，有10多种产品获国家金牌和银牌，130余种产品获部、省优质产品。89种产品远销76个国家和地区。随着工业建设的发展，城市基础设施不断完善。完成总投资6675万元，占37年城市建设总投资的71.5%。建成工业区5个；整治居民住区7个；主次干道26条，总长90多公里；建成排水干管96公里，城市渍水问题基本解决；城市自来水日供水能力为21.5万吨，城区普及用水率为98%；城区人均住房面积达到8平方米，绿化覆盖率为21.6%。人均公共绿地面积为3.87平方米；大气环境质量达到国家二级标准，成为清洁卫生的文明城，是江汉平原的一颗明珠。

宜昌市

宜昌市被誉为“三峡门户”、“川鄂咽喉”，是我国11个旅游城市之一。境内，山、水、峡、洞、坝景色秀丽，举世闻名的万里长江第一坝——葛州坝水利枢纽工程就座落在本市风景如画的西陵峡口。这里工业发达，交通便利，电力、冶金、机械、电子、化工、纺织、轻工、医药、造船、建材已初具规模，水陆空运四通八达，随着经济建设的高速发展和经济体制改革步伐的加快，宜昌市将成为我国最大的水电建设基地，风景旅游胜地和现代化的工业城市。

十堰市

十堰市是我国第二汽车制造厂的所在地，汽车工业的发展，使这座年轻城市充满生机。目前已成为全国闻名的汽车工业城。全市现有工业企业179个，除年产近10万辆载重汽车的第二汽车制造厂外，还有年产100万套轮胎的东风橡胶厂，装机2×7.5万千瓦的黄龙滩水电站，装机10万千瓦热电站等。1986年，全市工业总产值达30多亿元，在全省仅次于武汉市。昔日的穷山沟，如今已成为鄂、豫、川、陕交界地区的最大的工业城市，对周围地区经济的发展发挥着中心城市的作用。

武汉市城市建设概况

王国建

武汉位于长江中游，汉水在此交汇，形成武昌、汉口、汉阳三足鼎立的态势。武昌、汉阳始建于东汉末年(公元223年)，距今一千七百余年;汉口在明清时期为全国四大名镇之一。本市水陆交通便利，号称“九省通衢”，历来为南北货物集散地，是华中经济重镇和湖北省会所在地。

一.建国前城市建设概况

根据《天津条约》，于清咸丰十一年将汉口辟为通商口岸，先后有英、俄、德、日、法、美等17个资本主义国家在汉经商，开办工厂、银行、教会、学校等，1861年开辟租界区，引进西方市政公用事业;1889年至1911年，武汉先后开设近代工业厂家100多个。1906年我国第一条铁路京汉铁路通车;1906年筹建阮济水电股份有限公司，开始了城市自来水和供电事业，1909年武汉港泊碇船只达13470艘次，货物吞吐量达2000万吨。1911年至1936年外贸额仅次于上海、天津、成为我国内地进出口贸易的重要港口城市。

1897年成立汉口邮政总局，1884年设立汉口电报局，1900年开通市内电话。1928年拆除了武昌、汉阳古城墙，扩展了三镇城区，开辟了新的城市干道，修筑江堤、码头、公园等设施。至抗日战争爆发前夕，武汉市人口达80万人，解放前夕(1949年)，武汉三镇建成区面积30平方公里，市区人口102万人。城市道路总长433公里，其中高级路总长59公里，面积47万平方米;砖石、木结构桥梁13座;堤防108公里，下水道长36公里;公共汽车14辆，营运线路1条长3.6公里;渡江轮8艘，航线1条长2.3公里;自来水厂2座，日制水能力10.5万吨;环卫车辆有板车169辆;各类房屋6361766平方米，其中破旧棚屋、板屋19752栋，面积达57万平方米，一般简易居民大都没有市政公用设施，生活条件低劣。解放前，汉口为特别市，直属中央政府管辖，武昌市为湖北省会，汉阳为县治。

二.建国后城市建设的发展

1949年5月16日，武汉三镇获得了解放，统称武汉市，受中南行政委员会领导。大区撤销后，划归湖北省领导。1984年经中共中央、国务院批准为计划单列市和经济体制综合改革试点市，享有省一级经济管理权限。1986年12月国务院公布武汉市为第二批国家历史文化名城。1986年末，本市行政区划辖江岸、江汉、硚口、汉阳、武昌、青山、洪山7个城区，东西湖、汉南2个郊区和武昌、汉昌、黄陂、新洲4县。市域土地面积8400平方公里，其中城区面积182平方公里。城市总人口619.96万人，其中城区人口323.67万人，工业职工120万人，建筑业26万人，房产、市政公用事业10万人。社会总产值254.44亿元，其中工业总产值187亿元，农业总产值17.83亿元。随着工业、交通、商业贸易、科教事业的发展，促进了城市建设各项事业的更快发展，主要表现在如下方面。

［城市总体规划的制订与实施］ 1954年～1956年编制了城市建设总体规划，吸取苏联的规划体制和管理经验。经过60年代至70年代探索，几经修订，至70年代末趋於稳定。1982年国务院正式批准了武汉总体规划。新订总体规划合理调整了三镇的功能分区，即:武昌为行政、科学、教育中心;汉口为商业、金融、贸易、港口运输中心;汉阳为旅游、娱乐、体育中心。全市现已初步建成青山、葛店、关山、唐家墩、鹦鹉洲、白沙洲等13个工业区，其中青山的钢城，葛店化工城，关山机电工业区都具有产业特点和市政公用设施全面配套等特点。较好地发挥了规模经济效益。武昌东湖关山一带集中本市34座高等院校中的绝大部分和几十所科研单位，该地区已成为高度智力密集型小区。各个城区均形成自身的商业中心和沿江的港口作业带。中心城区一带不少古老街道如江汉路、汉正街等具有传统特色的商业街的恢复，为发挥旧城区的功能提供了借鉴。

按照国家国土规划和生产力布局，以武汉为中心的长江中游地区将成为大耗能、大水量、大运量工业的基地，以加速长江经济走廊的开发。武汉近期城市建设规划，将围绕发展外向型经济、改善投资环境，建设一批重点项目，如:长江第二公路桥，天河国际机场，阳逻外贸深水泊位港口，京汉铁路电气化及汉口新火车站外迁，旧铁路路基改为市内轻轨交通，改造主干道交叉口的立体化交通，改造城市进出口公路，增修外环线，邮电通信设施的近代化和增容，河道港口整治等。今后，严格控制中心城区的发展，逐步沿长江两岸开发新兴产业的工业卫星城镇，减少旧城区人口、建筑密度，改善市容及公共环境面貌。正在动工兴建的长航客运港、武汉杂技厅、广播电视大厦、科技馆、国贸大厦以及近期规划中的体育中心，涉外领事馆区等，将为对外开放和多功能经济中心提供方便的服务功能。

［**住宅建设**］　随着经济飞速发展，人口急剧增长，住宅问题至感迫切。“一五”、“二五”期间，新开辟的青山、中北路、易家墩等工业区新建了一批工人村，“一五”期间新建住宅竣工面积303万平方米，“二五”期间仅新建住宅192万平方米，至1960年城区人平均居住面积仅有2.8平方米。住房欠账愈积愈多，从党的十一届三中会全以后，住宅建设加快步伐，“五五”期间竣工面积达563万平方米，“六五”为1053万平方米。据1986年末全市房屋普查登记，城区已有住宅建筑面积34411238平方米，其中1979～1986年新建住宅1700余万平方米，相当于解放前遗留下来的和建国后30年住宅建设面积的总和。进入80年代，每年平均增加200万平方米左右竣工面积。目前全市城区有近50片的小区开发正在进行，新建成的小区注意市政公用设施和商业、文教等服务网点的配套。商品房销售供不应求，不少小区在开发方案批准后即预购一空。一般商品住宅每平方米售价500～600元左右，临近商业区地段的住宅(底层带商店)售价每平方米超过1000元以上。由于近几年商品住宅开发事业蓬勃发展，尽管城市人口急增，人均居住水平仍提高到5.72平方米。为解决职工上下班长距离问题，房地部门开办了“互换服务市场”，仅1986年换房2万多户次。市政府拟定用三年左右时间分批解决人均2平方米以下特困户的住房。

［**市区道路交通建设**］　武汉三镇被江河阻隔，三镇区间交通建国前全靠渡江轮来往联络。建国后于1958年建成我国第一座长江大桥和汉水一公路桥，70年代又建成汉水二公路桥，使三镇得以陆上沟通。随着工业区和城区扩大，50年代开辟武昌和平大道、珞珈山路、中南路、汉口解放大道；80年代，开辟汉口建设大道、青年路、汉阳大道，改造鹦鹉大道，武昌内环北路、东湖磨山环山公路、汉口外环公路等主要干道。至此，武汉市干道网络基本形成。主干道最宽达60～80米，一般为50米，多数为三块板路面，用绿化分隔带形成快慢车道。主要行道树种为法桐，不少区内联通道两侧树冠交叉覆盖、形成茂密的林荫道，在炎夏季节降低了地面温度，改善了小气候环境。50年代开始，在主干道交叉口采用圆盘交通岛(直径50～60米)方式，随着车流量增大，部份交叉口已出现拥挤堵塞状况，进入80年代逐年增建人行立交桥或地道，汉阳工人文化宫车行立交桥正在建设，立体交叉方式逐渐增多。1986年末，市区道路总长1306公里，其中高级路面748.8公里；道路面积866.2万平方米，其中高级路面720万平方米；人行道面积145.5万平方米；路灯44174盏；城区桥梁73座。

公共交通设施从70年代末到80年代，每年增加50～100辆公共汽车，大型客轮2～3艘。城区现有营运公共交通车辆1894辆，其中公共汽车1585辆，电车309辆；营运线路长1379公里，每日客运量约370万人次，其中公共汽车日客运量约296万人次；全市出租汽车单位17家，个体户400户，出租汽车共1370辆，年客运量达5000万人次。渡江客轮37艘，航线15条，总长135.4公里，年客运总量约1.62亿人次。市公用客车厂年装配新车446辆年，大修客车158辆，主导产品WG661型铰接式和WG645型团体客车获省、市优质产品称号，新研制340型大型团体客车和135型公共汽车获建设部新产品金杯奖。并新建一批汽车、电车保养场，使后方基地获得充实和加强。

为减少城区汽车绕道长江大桥，浪费能源，近年来在长江市区段增辟三处汽车轮渡航线。

［**防洪排渍建设**］　武汉是一座地势低洼、多雨多灾的河流城市。有史记载以来，发生过五十多次特大洪水，曾造成毁灭性的天灾。仅1931年大水，城市受淹达百日之久，灾民约70万人。1980年、1983年两次特大渍水灾害，经济损失近5亿元。

武汉堤防建设，关系全市三百多万市民的生命财产安全。建国前留下堤防残缺不全，标准低，大都没有抗御特大洪水的能力。这是导致历史上多次洪灾的原因所在。1954年大水，在中央和全国人民支持下，奋力抢险筑堤，保住了城区的安全。自1954年以来，中央、省和市每年拨给专项资金，共已投资2.1亿元。全市现有堤防308公里，其中城区确保堤189公里。经过近几年改造、扩建、已有87公里达到设防标准，即比历史最高洪水位超高2米的安全要求。从70年代开始，沿江原有土堤逐步更新改造，新建钢筋混凝土防水墙，结合码头驳岸，通道、闸口与票房、沿江干道扩宽等综合治理，使堤防与城市港口交通、环境美化融为一体，获得较好社会效益。中心地段沿江防水墙已建成24公里。从三阳路至江汉关段汉口沿江防水墙向外推移，使这段沿江大道比原有道路扩宽了一倍，改善了市内交通条件。

80年代以来，加快了排渍工程建设的步伐。1983年冬开始，全市各城区开展以排渍工程为主体的群众义务劳动和社会受益单位的集资联建。汉口各城区完成机场河分流工程(长5.8公里，宽13.6米、高2.7米的地下排水箱涵，5.6公里明渠，50立方米/秒泵站1座)，总投资4800万元，其中社会受益单位集资1800多万元。1984年开始整治黄孝河排水工程。主河道整治段全长12.4公里，流经3个城区，汇水面积84.6平方公里。治理工程包括城区内干支流建造排水箱涵，近郊明渠扩宽浚深、增建下游排水泵站(97立方米/秒)，总投资2亿余元，已完成上中段干流及支流地下排水箱涵近15公里，明渠及泵站正在动工兴建，预计1989年主体工程全部建成受益。

武汉城区已建成排水泵站53座，总抽排能力达222立方米/秒，下水道干管总长785公里。正在兴建中的东湖截污工程，截污范围12.8平方公里。该工程包括建设24公里污水管道、2座抽升泵站和1座日处理5万立方米的外沙湖污水处理厂。1986年末处理厂和泵站土建工程接近收尾，已铺设管道4公里。

［**城市供水**］ 武汉城市供水，曾一度处于“长江边上吃水难”的紧张状况，尤其是夏季高峰用水不足，影响生产和生活的正常进行。从70年代起，在建设部的支持下，武汉进行了自来水建设的大会战，至80年代，新建成的一批水厂发挥了效能，使全市供水难的状况得到缓解。到1985年末，市自来水公司共拥有11座水厂，日制水能力达186.9万吨，用水普及率94.7%；社会自备水源、水厂的单位共有116户，日制水能力78.7万吨；输水干管总长1359公里，供水面积扩大到368平方公里。

1986年市自来水公司系统，全年制水总量6亿吨，售水总量5.3亿吨，日人均用水量249升；完成年产值4445.1万元，实现利润2307.4万元，全员劳动生产率13974元。自来水企业开始走上自我发展的良性循环轨道。汉阳琴断口水厂扩建工程于1986年中旬竣工投产，日制水能力由原来6万吨增至18万吨，出而大大缓解了汉阳地区多年来供水紧张的局面。1986年内，郊县还建成39座小型集镇水厂，日制水能力共达10.3万吨，为发展乡镇工业改善了投资环境。

［**城市供气**］ 武汉城市供气起步较晚，1976年成立市煤气公司，年底发展用户仅为1.42万户。1984年建成一、二罐区共10座400立方米立式球罐、1座75立方米卧式球罐、1座30立方米卧式球罐，液化气贮存容量达1693吨。1986年，第三罐区建成投产，液化气贮存能力增至2622吨，居民用气增至14.5万户，全年液化气销售量2.5万吨，户平均年用气量175.3公斤。随后，又建成武昌焦化厂管道煤气(供1.5万户)和青山武钢管道煤气。武昌焦化管道煤气用户已发展到3万户。全市用气普及率为20%左右。

列入国家计划的汉口煤制气工程，于1985年动工兴建。第一期工程为日产28万立方米，可供10万户居民用气，投资1.3亿元，预计1988年可部分投产，第一期工程竣工后将续建二期工程。这项工程建成后，将改善汉口新城区的供气紧张状况，并为中小地方企业提供新能源。

［**园林绿化**］ 建国前，武汉三镇仅有两座公园，建国后，陆续开辟了解放公园、东湖风景区和域区内主要公共绿地。70年代至80年代，重点开发龟山、蛇山体系的景点群和东湖、墨水湖的风景资源，滨河公园等。到1985年末，全市已有20座公园，公共绿地517.6公顷，人均占有绿地面积1.9平方米，城区绿化覆盖率增至28%；绿化街道400多条，行道树16万余株；育苗基地265公顷；各公园游人数增至2400万人次/年。

进人80年代以后，重点兴建了黄鹤楼公园，汉阳墨水湖畔的武汉动物园和东湖风景区的磨山景区。

黄鹤楼始建于三国时期，距今1750余年，是江南三大名楼之一。古楼毁于清光绪33年，1985年5月重建工程竣工开放。该建筑群位于武昌蛇山，北面临江，地势显要，是市区主要园林景观之一。主楼为五层阁式古典建筑，总高51.4米，平面每边长35米，全部用钢筋混凝土浇筑，一期公园工程投资2340万元。1986年，在主楼东南方向建成南楼景区，其中古碑廊有119块留存古碑供游人欣赏。在蛇山南麓，沿长江大桥引道一侧新建成全长436.3米的“黄鹄廊”，总建筑面积3,723.64平方米，廊内各景点建筑，主售花木、字画、工艺品、旅游品、冷饮、快餐等，将改善城市景观与游乐服务融为一体，获得较好的经济、社会、环境效益。

武汉动物园位于汉阳墨水湖畔，山水秀丽，是一座富有自然情趣、分散布局的大型动物园。该园于70年代末动工，1985年一期工程竣工开放。1986年，园内又新建成一座儿童游乐动物园，占地25亩，设有13个游乐项目，主要为儿童服务，突出“小、新、活”的特色。入口处为古堡，园内有嬉鱼池、小猴堡、小羊苑、小兔房、猫狗舍、鸽楼、鱼池、孔雀馆等，还有小矮马、古典式马车等游乐内容。

东湖磨山景区位于东湖以东地区，70年代中期开始建设，80年代初具规模，已先后建成盆景园、杜鹃园、梅园、朱碑亭等景点。1985年开发了磨山环山公路。目前正在兴建中的有东湖度假村、楚天阁等项目。

于1986年9月建成开放的武汉儿童游乐中心位于中山公园内，占地190亩。游乐中心设施有20

项，如球幕电影院、冲浪船、小火车、森林赛车、旋风、太空船、架空游览车、电驱动碰乐车、火箭型轴柱自控升降飞机等等，可同时供600人游乐，中山公园增加这些活动内容后，1986年游园人数增至530万人次，总收入比上年净增135万元，获得较好的经济效益。

［**市容环境卫生**］ 建国后，本市环卫工作分由市公安局、市卫生局归口管理，由于基础差，维护管理经费甚微，环卫建设无正常渠道，设施陈旧，手工作业的状况没有多大改变。1983年划归城建部门管理。1985年成立市环境卫生管理局，使环卫建设和管理走上系统化、正规划化轨道。全市有环卫职工8385人，拥有专用汽车354辆。1986年，又建成市、区、街三级管理机构。全市清扫面积已扩大到1487万平方米，比上年增加360万平方米；全年清除生活培圾120万吨，清除粪便28.15万吨。

全市现有公厕947座，1985年投资300万元，1986年投资500万元进行公厕改造，新建公厕15座，改建108座和化粪池150处，增加蹲位1022个；在各公厕所在地的通道、路口共设置了4301块公厕标牌。少数高标准公厕，实行了专人专责，低额收费的办法。各城区1986年新增环卫车辆100台。还组建了环卫监察中队和分队，配备专职110人，开展宣传和执法管理，全年纠处违章事件5.89万起。

1986年7月，市政府决定：成立市、区两级城市管理办公室，街设城管科。全市有专职监察队员168人，临时监察队员422人，另增市政、园林、环卫等专业监察队伍共430人。年内增加"门前三包"路段40公里，承包单位2767个，承包责任人341人。对893个单位实行错开上下班时间。纠正各种违章66万起，其中处理违章建筑852起，面积2.4万平方米；取缔无证经营摊点7459起；整顿修饰临街门面1641处，增设沿街痰盂、果皮箱达1900个，全年有30位环卫职工荣获"城市美容师"称号。

［**城建经济体制改革**］ 武汉市城建系统于1983年实行政企分开的试点，分别成立市政工程总公司、住宅建设总公司，与市政局、房地局分开。1984年以来，在城建企事业单位逐步推行承包经营责任制，经济效益显著。如市园林局系统实行承包经营后，1986年全局系统总收入比上年增长27%；东湖风景区磨山园艺场长期亏损，实行向社会公开招标承包后，当年扭亏为盈。城建系统1986年与外地开展横向联合，已建立各种联合体57个，与国外合作项目10个。市政工程机械厂参加二汽东风联营集团，新开发4种产品，畅销国内。市政工程总公司通过外地联营，承包广西北海机场以及江西、上海等地工程；该公司系统1986年与改革前的1982年相比，产值和劳动生产率接近翻一番；固定资产增值74%；利润增长58%；人均施工机械马力数增长1.3倍。武汉市勘察院由行政事业单位转向企业化经营，除发展测量钻探业务外，还开设印刷厂，先后承印本市及乌鲁木齐、平顶山、广州、拉萨等市，以及交通部系统的规划图册，该院新增的现代化彩印设备齐全，可独立完成全部工艺流程。各城建企事业单位改革经营体制，面向市场，开拓新途径。1986年11月举办的《全国城市建设成就展览会》，本市城建系统有10项产品荣获"优秀新产品奖"。

湖南省城市建设概况

王　雄

湖南省位于长江中下游南部，大部分地区在洞庭湖之南，故名湖南。因湘江纵贯南北，又简称湘。东邻江西，西接川黔，南毗两广，北连湖北，总面积21万多平方公里。省境东南西三面环山；中北部低落，呈马蹄形状。境内山丘起伏，河网纵横。属亚热带季风湿润气候，具有冬冷夏热，四季分明的特点。京广、湘赣、湘黔、枝柳铁路贯穿省内。全省公路通车里程56,636公里，居全国第三位。水运通航里程10,005公里，居全国第四位。1986年全省社会总产值713.82亿元，国民生产总值387.75亿元，工农业总产值591.56亿元，其中工业总产值368.88亿元。设市城市22个，居全国之首。

一.新中国建立前城市建设概况

建国前，湖南省城市建设十分落后。省会长沙为省内唯一稍成格局的历史文化名城，1938年11月12日毁于国民党"焦土抗战"的大火，一直未曾恢复。全省各城市市政公用设施很差。城市供水仅邵阳市拥有日供水200吨的水厂一座。城市公共交通仅长沙市拥有8辆以木炭为燃料的私营公共汽车，行驶线路4.5公里。过江摆渡为木制小渡船。城市道路除长沙市铺有长8.4公里，面积约5万平方米的混凝土、沥青路面外，其它城市仅闹市区有几段麻石路面，其余均为泥结沙石路面，道路峡窄，坎坷不平。城市排水设施除长沙、衡阳有些不成系统的明暗沟外，大多为自然排水。因无防洪设施，每当雨季洪水泛滥成灾，如1949年6月5日因连日大雨，湘江暴涨，衡阳市街水深8尺，冲毁房屋8737栋，淹死居民两万余人。城市路灯除繁华地段有几盏昏暗的电灯外，一些交通道口照明只是原始的三角煤油罩灯或纸糊灯笼。城市环境卫生极差，垃圾粪便几乎无人管理。城市住宅绝大部分为木架织壁的竹木结构房屋，低矮湖湿阴暗，且大部分为杉皮、稻草盖顶，十室九漏，难以栖身。

二.新中国建立以来城市建设的发展

建国以来，随着国家经济建设的发展，湖南城市建设有了较大的发展，城市面貌显著变化。特别是中共中央十一届三中全会以来，随着全党的工作重心向"四化"建设转移，明确了城市政府要集中力量抓好城市规划、建设和管理，湖南城市建设出现了建国以来从未有过的大好形势。"控制大城市发展，适当发展中等城市，积极发展小城市"的城市发展方针，逐步得到实施。城市规划逐步完善并发挥指导建设的龙头作用。城市住宅，市政工程，公用事业，市容园林、城市防灾等多项建设发展迅速。

[城市发展]　建国初期，湖南设市城市为8个。以后根据国家经济建设及人口发展迁移情况，国家撤销了一些城市建制，新建了工业城市株洲和冷水江，至1978年在重新恢复一些城市建制的基础上全省城市为10个。中共中央十一届三中全会以来，在国家城市发展方针指导下，全省城市发展很快，除继续恢复一批老建制市外，新建了铁路枢纽城市怀化和娄底、瓷城醴陵、能源城市资兴、旅游风景区城市大庸等，1986年又新设了湘乡、耒阳两个建制市，至年底全省共有设市城市22个(其中省辖市6个，地(州)辖市16个)独立的县城76个，其它建制镇500余个，逐步形成了既有大中城市为依托，发挥中心城市的作用，又有小城市连系着众多小城镇和广大农村，布局比较合理的城市网络。1986年全省城市面积20,593.6平方公里，其中市区面积1,038.2平方公里，约占全省总面积的0.5%。城市建成区面积429.1平方公里。城市市区人口1,038.8万人，占全省总人口的18.4%。城市市区非农业人口426.8万人，科技人员33.59万人。城市工业总产值202.45亿元，占全省工业总产值的61.8%。城市的多功能和中心作用日益发挥，为全省经济发展奠定了良好的基础。

[城市规划]　建国以来，湖南城市规划工作经历了迂回曲折的过程，中共中央十一届三中全会以来，城市规划工作得到省委、省政府及各城市党委、政府的高度重视，各城市的规划工作全面开展，至1986年止，全省22个城市，76个独立县城的总体规划已分别经国务院和省人民政府批准实施，有力地指导和促进了城市建设。1986年全省城市规划主要完成了三项工作：一是开展区市(地)域城镇布局规划，合理部署生产力，有计划、有步骤地发展小城镇。长沙、湘潭、株洲、自治州已基本完成，衡阳、岳阳等市正在编制中。岳阳市作为长江沿岸重镇，参与了由国家建设部主持的长江沿岸城镇布局

规划工作。二是以区域和城市群体的观念推进城市总体规划的修编，加强城市的横向联系。省建设委员会先后三次邀请省直有关部门和广州铁路局对“长、潭、株经济区”的三市总体规划的修订进行协调。重点对市际间铁路、公路、航运、航空、电力、电讯等基础设施进行综合研究和统等规划。三是针对实行改革、开放、搞活政策以来，城镇经济和社会发展的步子加大了的新情况，对一些总体规划编审较早的城镇，根据新形势的需要，将原总体规划进行了完善补充和修订。年内有8个城市已基本完成。对一些建设任务较大的卫星城镇、综合开发区、风景名胜区、省及各城市按照近期建设的需要，编制了不同深度的详细规划，以具体指导建设。

[**住宅建设与综合开发**] 党的十一届三中全会以前，湖南城市住宅建设发展缓慢，至1978年全省城市居住面积894万平方米，其中危房面积占30%，城市人均居住面积3.9平方米，缺房户达13.38万户。党的十一届三中全会以来，各城市政府对住房难的社会问题高度重视，在住宅建设上采取国家、地方、企业、个人一齐上的方针，推动了城市住宅建设的迅速发展。仅“六五”期间，全省城镇住宅竣工面积3,150万平方米，相当于建国三十年住宅竣工面积总和的1.2倍。城市人均居住面积由1978年的3.9平方米增加到6平方米，超过了“六五”计划达到5平方米的指标。1986年全省城镇住宅竣工面积646万平方米(其中房管部门直管住宅29万平方米，占总面积的4.5%，单位自管住宅465万平方米，占总面积的72%，私人建房152万平方米，占总面积的23%，比1985年住宅竣工面积增长5.7%，私人建房占总面积比例上升6.8%，全省城镇人均居住面积达6.67平方米。在城市人口增长较快，家庭结构更趋小型化的条件下，危房面积和缺房户相对减少，城镇居民的住房条件明显改善。

随着城市建设的发展，按照城市整体规划，分区域进行综合开发的必要性显露出来。全省城市建设综合开发事业应运而生。为推动住宅商品化、各城市房地产开发亦逐步活跃起来。至1986年底，全省已有城市建设综合开发公司和房地产开发公司52家。1986年开发工作量1.58亿元，开发建设用地面积2,505亩(其中新征地2,279亩，旧城折迁226亩)，房屋施工面积111.7万平方米(其中住宅80.7万平方米)，房屋竣工面积64.6万平方米(其中住宅47.5万平方米)，为1985年房竣工面积的1.6倍(其中住宅1.3倍)。

[**供水建设**] 建国初期(1952年)全省仅有城市水厂两个，至1986年各级城建部门以解决城市人民生活用水为重点，集中财力物力新建了城市水厂41座，其中日供水10万吨至50万吨的大中型水厂5座，城市供水企业拥有固定资产23,996万元。株洲市自来水公司，自1956年以来建设总投资4,227.6万元，达到日供水115万吨规模，实现了全市工业、生活用水按水质要求分系统统一供水。至1986年底，累计向国家上交税利1.83亿元，为国家投资额的4.33倍，并形成固定资产5,112万元。企业8项经济指标居全国同行业先进水平。党的十一届三中全会以来，全省新增城市水厂19座，新增日供水能力102.5万吨，为前29年建设总和的52%。新增供水管道长度1,630公里，为前29年建设总和的1.8倍。

城市供水发展情况简表　　表1

主要指标	单位	1952年	1978年	1986年
水厂个数	个	2	24	43
供水能力	万吨/日	1.52	189.5	292.6
供水管道长度	公里	31	905	2,535
供水总量	万吨	48	46,934	87,551
用水普及率%	/	86	87	
人均日生活用水	升/人·日	/	175	225
创利润	万元	/	2,019	3,634

在发展城市供水建设的同时，全省县镇水厂建设亦有了较大的发展。特别是近几年来，在城建资金缺少的条件下，省每年调剂300至500万元扶助县镇供水建设。至1986年底，全省县镇水厂已达109个，日供水能力共36万吨。用水人口143.9万人，普及率为59%，人均日生活用水140升。1986年全省用于县镇水厂建设投资共计2,858万元。

[**公共交通**] 1952年全省仅长沙、衡阳两市拥有公共汽车26辆，至1986年全省共增加公共汽车1324辆，增加营运线路长度2722公里，增加客运量6.71亿人次。党的十一届三中全会以来，新增公共汽车694辆，为前29年总和的106%。营运线路新增1618公里，为前29年总和的145%。新增轮渡船16艘。发展出租汽车105辆。各城市在努力扩大公交服务的同时，配套建设了一批较为完善的

城市公共交通发展情况简表　　表2

指标名称	单位	1952年	1978年	1986年
营运车辆数	辆	26	656	1350
营运线路	公里	13	1,117.6	2735
客运总量	万人次	612	27,850	67,711
每万人拥有公汽	辆/万人	/	2.8	3.2
机动轮渡	艘	13	28	44
出租汽车	辆	/	20	125

站场设施与车辆维修保养基地。70年代建成投产的湘潭城市客车装配厂，于1985年起逐年进行技术改造，由年装车能力250台扩大到900台。长沙市公用客车厂新建的厂房设施，年装车能力可达600台。1986年全省有20个城市建立了公共汽车公司，5个城市开展了出租汽车业务，共形成固定资产9880万元。城市公共交通行业具备了一定规模，基本形成了生产营运保养修理配套成龙。

［**城市煤气**］ 70年代初全省城市煤气尚为空白，自1974年开始使用城市液化石油气。1986年全省城市民用液化石油气供气总量12,833吨，加上一些城市厂矿利用焦炉余气和化工可燃气用户，用气户数约13.1万户，用气人口约52.58万人，全省城市人口用气普及率达12.32%。其中长沙市用气人口37.6万人，普及率为37.56%。已实行由城建部门统管的长沙市煤气公司，年供民用液化石油气7,518吨，拥有用户55,231户，已建成储气能力为700吨的罐站设施，购置9.5吨的汽车槽车12台，25吨火车槽车6台，基本形成了储运、充装、钢瓶检测、营业服务自成系统。党的十一届三中全会以来，城市煤气化在实现城市现代化中的作用受到普遍重视。全省在积极发展液化石油气的同时积极投入了城市民用煤制气工程建设。

湘潭市第一期工程，日供气4万立方米，总投资3,020万元的焦炉煤气工程于1984年开工建设。

娄底市利用涟源钢铁厂焦炉余气发展城市煤气，1985年开工的煤气节能工程，日供气4万立方米，总投资971万元。

长沙市日供气14万立方米，总投资7,875万元的直立炉煤气工程和株洲市日供气10万立方米，总投资6,898万元的焦炉煤气工程于1986年4月开工。同年7月省人大对两城市煤气工程的煤源、资金、工艺方案提出质询。省计委下文停工，要求对工程进行重新论证。两市政府组织专家对工程进行重新审查后，对原设计作了部分调整，于11月完成，并上报请求批准复工。

邵阳市利用邵东焦化厂焦炉余气，对日供气6万立方米的城市煤气节能工程，委托建设部华北市政设计院完成可行性研究报告，于1986年12月正式经国家计委、建设部组织专家审查批准。

［**市政设施**］ 1952年全省城市道路仅有312公里，至1986年全省各城市新建、改造了大小城市道路数百条，城市道路基本实现网络化。城市大、中、小街道路灯设施齐全。1986年底全省共安装城市路灯24,308盏，其中60%以上为设计新颖的汞灯与钠灯。党的十一届三中全会以来，各城市根据城市整体规划需要，为开辟新区，改造旧城，通畅交通而打通卡口、断头路，拓宽改造路面，共计新增城市道路长度321公里，为前29年道路总长度的42%，新增道路面积424万平方米，为前29年道路总面积的69%，道路等级普遍提高。长沙五一路东起长沙火车新站，跨越湘江，西落风景区岳麓山，全长5.9公里。中、东段路幅55－60米，西段路幅44米，为长沙市东西主干道，于1978年建成后长沙市区交通大为改观。1986年该路按现状制成模型参加全国城市建设成就展览，受到参观各界的关注和好评。为解决全省城市道路用沥青接卸问题，省投资412万元在湘潭新建了年接卸能力为9,000吨的省城建沥青接卸站，工程于1980年10月动工，1982年12月建成投入使用。每年除完成系统内沥青接卸任务外，还承揽系统外业务。

党的十一届三中全会以来，全省新增含立交在内的城市桥梁39座，其中桥长1,408米，宽19米，总投资3,978万元的常德沅水大桥，1984年动工，1986年9月30日建成通车。为解决城市交通，畅通公路干线及开发新区需要，主桥1,024米，宽25米，总投资9,000万元的长沙湘江北大桥；主桥710米，宽20米，总投资3315万元的衡阳湘江二大桥；桥长752米，宽16米，总投资2,250万元的津市澧水大桥等大型城市桥梁工程均于1985.1986两年相继开工建设。

至1986年全省共配套建设城市下水道1,087公里，服务面积200平方公里。长沙污水处理厂每日机械处理6万吨污水，化学处理3万吨污水，于1985年建成投产，运转效果良好。长沙、衡阳、湘潭、株洲等城市已按城市总体规划做好城市排水及污水处理的专业详细规划，结合城市道路改造建设逐步实施。

城市市政设施发展情况简表　表3

指标名称	单位	1952年	1978年	1986年
道路长度	公里	312	763	1,084
其中高级、次高级	公里	9	389	792
道路面积	万平方米	189	616	1,040
其中高级、次高级	万平方米	8.7	387	826
城市桥梁	座	4	83	122
下水道长度	公里	/	576	1,087
污水处理能力	万吨/日	/	0.2	6.3

［**园林绿化**］ 1952年全省仅有城市公园两座。至1986年全省拥有城市公园35座，面积1,230.6公顷。动物园3座，面积9.6公顷。苗圃面积355.3公顷。城市园林绿地总面积4,791.2公顷，其中公共绿地991.9公顷，城市建成区园林绿地面积3366.7公顷。城市建成区道路绿化覆盖

面积361.9公顷，城市园林系统拥有固定资产3,873万元。党的十一届三中全会以来，园林绿化事业得到各级政府的重视和支持。由于采取了专业和群众相结合的办法，积极提倡全民义务植树、绿化、美化城市和工厂，1986年城市中城建系统外管理的园林绿地面积达7,024.7公顷，其中公共绿地240公顷，城市人均公共绿地面积达2.9平方米。城市建成区绿化覆盖率达14%。1978年至1986年全省新增城市公园18个，增加面积951.6公顷，为前29年总数的4.4倍。新增公共绿地面积440.9公顷，为前29年总和的80%，为表达城市人民的理想与意愿，为市容观瞻增色，全省城市雕塑工作逐步开展。省专门成立了城市雕塑规划领导小组，完成了一批纪念性雕塑和湘潭市建设路广场的"君子莲"、邵阳市人民广场的"金梭与银梭"与株洲新华路口等处的大型彩色喷泉。此外，列为国家级风景区的南岳和国家森林公园的张家界，及省内开辟的索溪峪、天子山、猛峒河、九嶷山等旅游风景区，经进一步规划建设，逐步对外开放。

［**环境卫生**］ 1980年城市环境卫生由城建部门管理以来，各城市陆续建立了独立的环卫管理机构，至1986年全省城市共建有公共厕所1,972座，垃圾台站420余座，日清扫街道面积735万平方米，年清运垃圾粪便166.2万吨，各城市相应拥有规模不等的垃圾粪便消纳场地及专用作业车辆机具。1986年用于环卫的专用机械车辆523台，达到国家规定配套标准的65%。在搞好市容服务的同时，各城市注重了环卫后方基地的建设，环卫职工的住房及生活服务设施条件有很大程度的改善。经省批准，从1986年7月1日起城镇环卫职工岗位津贴由过去每人每天0.2－0.4元增加到0.6－0.8元。1984年以来，省投资140万元在风景旅游城市大庸建设了省环卫职工休养所，拥有120床位的休养楼于1986年底竣工。

［**防洪抗震**］ 1982年城市防洪由建委管理以来，各市城建部门逐步加强了城市防洪工程建设和维护管理。至1986年全省已整修建设完好，具有一定抗洪能力的防洪堤达135.4公里。长沙市结合城市污水截留引向及污水处理工程修建的湘江西岸防洪堤绿带，不仅根治了长沙市区水患，每年减少经济损失一千余万元，并给城市人民提供了环境优美的游憩场所。1982年至1985年衡阳、湘潭、株洲、洪江、常德、津市、益阳等城市防洪工程均按城市设防要求完成整体设计，分段投入建设。

全省近三百年未发生破坏性大地震，但历史上曾多次发生较大地震。特别是1556年岳州(今岳阳市)地震及1631年波及全省的常德地震，损失惨重。据国家地震局提供的资料，全省6度以上的震区遍布长沙、湘潭、株洲、岳阳、怀化、常德等十二个地市，48个县，占全省面积的46%。震区人口近3,000万，占全省54.5%。工业产值166亿元，占全省70%。其中7度以上的地区涉及长沙、岳阳、常德、益阳4个地市面积2.6万平方公里。震区人口1,000万，工业产值73亿(1984年)。唐山地震以后，全省抗震工作受到了重视。省人民政府1982年批准成立了"湖南省抗震办公室"，在贯彻党和国家对抗震工作的方针、政策，安排并督促新建工程设防和落实原有工程加固及培训抗震技术力量上做

城市建设在各个时期投资比重　表4

时　期	省全民单位固定资产投资(亿元)	市政公用 投资额(万元)	市政公用 占比重(%)	住宅建设 投资额(亿元)	住宅建设 占比重(%)
恢复时期 1950-1952	1.39	626	4.5	0.12	8.63
"一五"时期 1953-1957	10.41	2,166	2.08	0.93	8.9
"二五"时期 1958-1962	38.95	5,806	1.49	1.3	3.3
调整时期 1963-1965	11.99	2,826	2.35	0.74	6.2
"三五"时期 1965-1970	32.34	2,150	0.62	1.23	3.5
"四五"时期 1971-1975	62.99	4,691	0.71	3.29	4.9
"五五"时期 1976-1980	74.4	17,676	2.37	9.89	13.3
"六五"时期 1981-1985	142.32	41,051	2.88	28.23	19.8
1986年	48.9	17,214	3.52	6.46	13.2
1950-1978	194.59	27,644	1.42	10.1	5.19
1979-1986	229.1	66,562	2.9	42.9	18.73

了一些工作，先后举办了3期抗震技术学习班，培训学员120人。并投资313万元用于原有工程抗震加固，完成工作量18万平方米。

三.城市建设对城市经济和社会发展的促进

城市建设的发展和城市经济及社会发展存在相互制约和促进的关系。1950年至1978年全省城市建设发展缓慢。1978年至1986年全省城市建设投资为前29年总和的2.4倍，由于城市新区的开发，城市各项市政公用设施建设的发展，创造了良好的投资环境。同期全省全民单位固定资产投资为前29年总和是2.6倍。"六五"期间全省国民生产总值以9.4%的速度增长。城市科学技术、文教、卫生等各项事业亦有了明显的发展。

党的十一届三中全会以来，由于城市供水的发展，城市年工业用水量增加22,152万吨，并在水质水量上提供保障，促进了经济发展。长沙市在银盆岭工业区修建日供5万吨的第四水厂，并修通滦银路，解决了工业区供水紧张及与市区交通阻隔的问题。近几年来该工业区工厂企业由2个增加到14个，年工业产值成倍增加。株洲市修建湘江大桥，加速河西区开发，为城市工业发展布局创造了良好的投资环境。长沙、衡阳两市防洪工程的修建，每年减少因洪水造成的经济损失3000余万元，同时，保障了一些企业正常生产，减少了停产损失。各城市煤气工程建成投产后，每年可节约标煤20余万吨，并产生不可估量的社会效益和环境效益。城市房地产管理部门为支持发展城市第三产业，搞活流通，对城市临街公房进行改造和装修，出租或售给单位和个人，繁荣了城市经济。

四.城市建设行业管理与改革

党的十一届三中全会以来，全省城建各行业坚持改革、开放、搞活的方针，逐步推行了内部经济责任制管理。房地产管理部门在下述五个方面实行了新的政策:一是在管理体制上政企分开，按内部分工进行机构调整。二是在房产所有制上突破公产化的束缚，推行住宅商品化，将新建的商品房和不适应国家管理的旧房出售给单位和个人。三是在解决住房问题上实行公建私助，民建公助，鼓励与扶持私人购买和兴建住宅。四是在房地产经营上按价值规律办事，开展竞争，搞活经营，同时加强管理，严肃查处利用公房转租牟利的"二房东"活动。五是在生产经营门路上实行横向联合，广开门路，一业为主，多种经营。株洲、益阳两市公共汽车公司试行了百元营运收入工资含量包干办法，有待进一步研讨完善。

为加强行业管理，在贯彻执行国家有关城市管理政策的同时，省组织制订了若干标准、定额、办法并颁发施行。如《湖南省城市规划设计收费暂行办法》、《湖南省环境卫生工作定额》、《湖南省城镇供水工作暂行规定》、《湖南省市政设施维护完好标准与检查评定办法》及受建设部委托主编"全国土石方工程、运输工程和其它劳动定额"等。并定期或不定期组织对城市维护建设资金收、管、用，城市规划实施，城市环境卫生，园林绿化，市政工程施工质量，供水水质等情况进行检查。全省规划、房地产、供水、公共交通、市政、园林、环卫、路灯等行业协会和情报网相继成立，并积极开展活动，推动了行业管理和经验，信息交流。

五.城市建设经济政策调整

1986年底止，全省实行下述经济政策，对城市建设予以重点扶持。价格政策方面:全省22个城市对房地产管理部门管理的生产营业用公房进行租价调整，年增收租金800余万元。省辖长沙、衡阳、湘潭、株洲、邵阳五个城市对工业用水价格进行调整，年增加收入650余万元。一些城市公共汽车改革了票制，增加了营运收入。财政税收方面:城市政府将机动财力用于城市市政公用设施建设的比例增加，对公交、煤气等公用企业实行财政补贴，对县城和部分城市供水企业实行免征或减征所得税。对城建各行业免征车辆养路费、能源交通基金。对市政公用设施建设免征建筑税。新开渠道方面:规定城市出入口及县级市、县城的过境公路由交通部门投资修建。城市桥梁建设实行贷款，用收取的过桥费偿还。实行市政设施有偿使用与有偿服务，收取排水设施使用费和环卫有偿服务费。实行收取供水增容费和试行收取地下水资源费。至1986年底止，全省有长沙、衡阳、岳阳、郴州、吉首、大庸等城市在一定范围收取市政设施配套建设费。

六.城市建设行业精神文明建设

结合国家关于两个文明建设一起抓，培养良好的职业道德工作的开展，全省城市建设行业在表彰先进、树立典型、开展优质服务竞赛、巡回演讲、普及教育、制定规范、加强规律约束等方面做了一些工作。各城市每年在全系统组织一次评优活动，对评出的先进集体和个人给予表彰和奖励。1985年省人民政府在长沙市召开了"全省首届城市环境卫生工作经验交流及表彰大会"，对全省11个先进集体，32名个人及8名对环卫事业作出积极贡献的特邀代表进行了表彰。全省28名环卫工人被评为省级行业劳动模范。长沙市东区环卫所掏粪工人朱国民荣获全国五一劳动勋章。长沙市公共汽车乘务员及衡阳公共汽车乘务员被授予全国城市公交系统劳动模范。株洲市公共汽车五路线被评为全国行业先进集体。房产系统和公共交通系统组织房管员和司乘人员开展"优质便民"和"优质服务"竞赛活动，并组织优秀工作人员报告团去各城市巡回演讲。供水、煤气、公交、房管等行业均制定了行业职业道德标准，并聘请业余检查员，接受社会的监督检查。

七.城市建设法制建设

1981年以来，全省城建法制建设工作得到加强。省人民政府连续颁发了《批转省建委“关于制订小城镇规划的意见”的通知》、《关于进一步加强城市维护费管理的通知》、《湖南省城市建设管理暂行条例》三个文件。1981年10月中共湖南省委、湖南省人民政府颁发了《关于加强小城镇建设的指示》。1984年省人民政府颁发了《湖南省国家建设征地管理办法》、《湖南省国家建设拆迁安置办法》。省建委颁发了《湖南省国家建设拆迁农村集体和农民个人房屋补偿标准》、《湖南省国家建设拆迁城镇私房收购价格表》。1985年，省人民政府颁发了《关于城镇建设若干问题的规定》，为进一步贯彻落实此文件提出的政策内容，1986年省政府办公厅又颁发了《关于城镇建设若干问题的通知》。近几年来，根据城市建设的发展需要，各城市还结合本市实际，以政府名义，经同级人大常委会审议通过，颁发了有关城市规划、建设、管理的法规办法。成立了城管民警中队，城市管理监察大队等从事城市规划、建设、管理的专职执法机构。

八.城市建设科技进步

党的十一届三中全会以来，随着城市规划工作的加强，各城市规划设计机构逐步建立健全。至1986年，省、地、市共有城市规划设计院(室)26个，拥有专职工程技术人员476人。长沙市城建科研所于1974年正式组建，目前已发展到拥有职工82人。1984年长沙市城建局组织省、市有关大专院校、科研、设计单位的专家，对长沙市公共交通线路优化进行了专题探讨。找出了长沙市交通拥挤的病根，对长沙市公共交通线路的优化改进提供了指导。1986年由省科委、省建委下达给长沙市环卫处和省通用机械研究所联合承担的“城市道路清扫车”科研课题，年底已通过部件结构设计原理的可行性论证，获准进行部件试验和样机试验。

九.城市建设职工队伍的发展

1952年全省城市市政公用行业职工人数为3，200人，1978年全省城建行业职工人数为18，975人，比1952年增长4.93倍。1986年全省城建行业职工人数为37,329人，比1952年增长10.67倍，为1978年的1.97倍。行业拥有工程技术人员增加3.35倍。党的十一届三中全会以来，为提高行业职工的业务素质，各行业每年均举办各种类型的学习班、培训班。1986年全省城建行业参加各类培训的职工达1，024人次。长沙市专门组建成立了公共交通技术学校和园林技术学校，定期向行业输送合格的技术工人。株洲市建立了供水职工培训学校，并面向全省开办供排水电大班。省1984年开始投资140万元，在长沙建立了湖南省城建、房产干部中等专业学校，经省教委确认，于1986年正式开办。为解决全省城建专门技术人材的紧缺问题，经省人民政府批准，1984年开始，利用原益阳基础大学基础扩充建设省城建专科学校(大专)。总投资1650万元，规模为1200人。1986年底在校学生500人，设置了城市规划、供水排水、工业与民用建筑等专业。近几年来全省城建行业工程技术人员逐年增加，职工素质普遍提高。

城市建设职工队伍发展情况简表　　表5

行业名称	1978年		1986年	
	职工人数	其中:工程技术人员	职工人数	其中:工程技术人员
规划设计管理	/	/	812	476
房地产业	4,936	99	4,088	95
综合开发公司	/	/	766	87
供　水	2,385	61	5,083	195
公共汽车	5,107	18	11,329	130
出租汽车	55	2	206	/
轮　渡	441	1	629	/
煤　气	52	/	383	22
市　政	3,532	78	3,831	177
园林绿化	2,467	55	5,376	144
环境卫生	/	/	4,826	38
合　计	18,975	314	37,329	1,365

十.城市建设档案

党的十一届三中全会以来，全省城建档案工作开始恢复，并逐步发展起来。1986年底止，省辖六城市和13个地辖市建立了城建档案馆，共拥有馆舍、库房面积4800多平方米，馆藏城建档案六万余卷，各类图纸五万余张，专职工作人员一百余人，各城市在恢复、组建城建档案机构，充实馆藏的同时，积极开展利用城建档案为城市规划和各项建设服务的工作。1983年至1986年，各城市城建档案馆共接待查阅、利用档案资料人员八万余人次。开展档案服务，促进了城市建设的顺利发展，并直接创造经济效益。如长沙市规划设计院在编制该市分区规划时，市城建档案馆提供档案320卷，节省三百余工日，节省资金四千多元。株洲市建设建宁港排渍站，市城建档案馆提供资料48卷，使工程提前一年建成受益，减少工程投资40余万元。据测算，全省由于利用城建档案创造的经济效益达1500余万元。

十一.城镇房屋普查

全省参加全国第一次城镇房屋普查工作，按国家统一规定的1985年12月31日标准时间和质量要求，在1986年7月期限内完成。在9个地、州，20个城市，84个县城，324个建制镇，123个独立工矿区范围，查清了全省城镇房屋状况和居住水平。普查范围共有房屋建筑面积22,861万平方米，其中城市市区为12,192万平方米，占53.3%；县城、镇和工矿区为10,669万平方米，占46.7%。由房产部门直接管理的房屋1,437万平方米，占6.3%；单位自管房18,449万平方米，占87%；私人房屋2941万平方米，占12.9%；外产和其它房屋34万平方米，占0.1%。房屋构成中，住宅占46.4%(其中成套住宅占23%，集体宿舍占14.7%)。普查范围住户共153.87万户，常住人口544.58万人，居住面积3958.51万平方米，使用面积6609.5万平方米。省辖六市市区人均居住面积7.22平方米；地辖14市人均6.88平方米；县城、镇和工矿区人均7.48平方米。普查范围共有缺房户24.3万户，其中无房户9.3万户，不方便户4.4万户，拥挤户10.6万户。1986年7月，省政府召开专门会议，邀请有关单位专家学者对普查成果进行了审定。

十二.主要城市介绍

长沙市

长沙是湖南省省会，位于湘江下游，湘江和浏阳河两水环绕市区，市广铁路贯穿南北，公路四通八达，水、陆、空运畅通，市区面积352平方公里，其中城区面积72.7平方公里，城市建成区面积82.7平方公里。市区人口119.3万人，其中非农业人口100.1万人，已列入全国特大城市行列。

长沙市历史悠久，春秋、战国时期属楚。公元前221年，秦设长沙郡，为全国36郡之一。公元前202年，汉改郡为长沙国，以后为历代州府郡所在地。公元1664年，清康熙3年定为湖南省首府。1933年10月1日正式建市，当时人口为39万人。

建国以来，长沙各项事业蓬勃发展，逐步由消费城市发展为以轻纺、机械、电子、食品加工为主，门类比较齐全的综合性工业城市。1986年市区有工业企业1560余个，工业总产值38.32亿元。拥有我国南方最大的火车站，旅客一次聚散量可达6,000人。铁路客运量550万人，货运量200万吨；公路客运量1,600万人，货运量490万吨。各类码头84座，港口吞吐量约400万吨。飞机航线12条。邮电局所60余处，开设了国际、港澳地区的电报、电话业务。拥有高等院校21所，中专29所，普通中学90余所。自然科学研究机构80多个，影剧院22个，图书馆3个，电视台两个，医院34个，病床9,000余张，各类体育设施1,546个。市区人均国民收入1,933元。党的十一届三中全会以来，长沙市城市建设成绩显著。新建住宅787.51万平方米，比前29年住宅总和增加1.3倍。新增供水能力17万吨。新建、扩建道路7条，面积30万平方米，新建每日一级处理6万吨、二级处理3万吨污水处理厂一座。新建、改建排水主干管69.5公里，桥梁3座。增加公共汽车100台，出租汽车69辆，客轮三艘。新建公园2个。增加液化石油气用户3.72万户。新建改建公共厕所、垃圾台站194座。1986年全市全民单位固定资产投资85,882万元。其中住宅建设投资16,842万元，占19.6%；市政公用设施建设投资1,589万元，占1.85%。年末有城市道路378公里，面积295万平方米，桥梁19座。供水生产能力44万吨/日，全年供水总量18,219万吨。年末实有公共汽车544标台，行车线路24条，客运总量30,004万人次。有大小出租汽车79辆，轮渡营运船只10艘，航线2条。液化石油气用户10.66万户，家庭用气量8,420吨。城市公园6座，园林绿地面积939公顷，绿化覆盖率22%。

长沙古迹甚多，风景优美。岳麓山林木葱郁，流水潺潺，号称汉魏最初名胜。山间有西晋泰始4年(公元268年)所建的麓山寺。北宋开宝8年(公元975年)所建的为当时全国四大书院之一的岳麓书院。清乾隆57年(公元1792年)修建的爱晚亭，有黄兴、蔡锷等民族、民主革命将士墓，还有历代兴建的一些纪念建筑，已列为中外驰名的古迹。座落在城北新河后的开福寺，是五代楚王在唐昭宗乾宁三年(公元896年)修建的一座独具风格的古代建筑。座落在城中的天心阁是长沙古城仅存的一角，可居高临下，俯瞰全城。白沙古井水清如镜，有长沙沙水水无沙之美称。西汉前期的马王堆汉墓，位于市东郊，出土女尸保存良好，现存放在省博物馆。长沙还是一座具有光荣革命传统的英雄城市，毛泽东、刘少奇、周恩来等许多老一辈无产阶级革命家，曾在这里学习和领导过伟大的革命斗争，留下了许多著名革命纪念地。长沙于1982年正式列为国家24个历史文化名城之一。

广东省城市建设概况

梁永霖

广东省是我国南方的一个省份，毗邻港澳，全省陆地面积21.2万平方公里，地势北高南低。省内河流众多，水运发达，内河通航里程达1129多公里，海域辽阔，大陆海岸线长达4300多公里。广东地处热带，亚热带，气候温暖，雨量充沛，年平均气温随纬度向北逐渐由26℃递减到19℃左右。年平均降雨量在1500毫米以上。广东省工农业生产比较发达。1986年全省工农业总产值达786.86亿元，其中工业总产值为600.23亿元。

党的十一届三中全以来，广东省城市建设进入了一个新的发展阶段，随着改革、开放和社会经济的迅速发展，城镇数量大幅度增加。1986年全省有9个省辖市，9个县级市，93个县城。市区人口1226.78万人，占全省总人口的19.3%，其中非农业人口622.9万人，市区面积16345.5平方公里，城区面积944.7平方公里，建成区面积506.7平方公里。1986年城市工农业总产值389.46亿元(不含村和村以下工业产值)，其中工业总产值363.84亿元，占全省工业总产值的60.6%。广东省的经济发展，使城镇建设进入了一个新的发展时期。

一.解放前广东城市建设情况

解放前，广东省设有2个地级市(汕头、湛江)，5个县级市(佛山、江门、肇庆、海口、韶关)，广州市属直辖市。城市建设落后，1949年广东省城市建设概况见表1：

表1

城市	自来水(万吨/日)	道路(公里)	桥梁(座)	公共汽车(辆)	下水道(公里)
广州市	12	228.1	101	221	309
汕头市	0.7	21.5	5	2	26.59
湛江市		11.49	5		3.1
佛山市		2.52	5		32.
江门市		14.67	4		23.39
肇庆市		13.5	2		2.2
海口市		24.5	10		7.6
韶关市		12.48	2		

二.新中国成立以来城市建设事业的发展

新中国成立以来，经过37年的建设，广东省的城市面貌发生了很大的变化。城市建设事业的迅速的发展，有力地促进了城市的经济和社会各项事业的发展，逐渐为生产和生活创造良好的环境。

［**城市规划**］ 1952年，广州市编制了城市规划方案，并在总体规划的指导下修复了被国民党毁坏了的海珠桥，新建了海珠广场，整修了南方大夏，并建设了文化公园，黄砂码头仓库区，越秀公园和体育场等。

1955年，为了建设祖国南方的港口——湛江市，首先制订了该市的总体规划，对各项建设作了较为合理的安排和布局，并经国务院审查批准，成为我省第一个经国家批准的城市规划。

1956年，中央决定建设茂名石油城。首先编制总体规划，然后一片一区地按规划进行建设，逐步形成生产能力。

1958年，城市规划工作在全国范围迅速展开，广东也以省建筑设计院为主。组织了若干个城市规划轻骑队，分期分批巡回各地，协助市、县、镇、社、渔港等开展城镇规划工作。1960年，片面提出了"三年不搞城市规划"后，使广东的城市规划停滞下来。"文化大革命"期间，把搞城市规划当作"修正主义"批判，城市规划机构被撤，图纸资料被焚，城市里乱占乱建，违章建筑层出不穷，园林绿地被侵占，历史名胜古迹被破坏，风景名胜区的保护和管理被放弃。

1973年，广东城市规划工作逐步恢复。1974年，组织了湛江市城市规划评议会。党的十一届三中全会后，城市规划工作开始受到重视，到1986年，全省18个城市的总体规划已全部编制完毕，并经国务院和省政府批准实施。全省93个县城镇已编制完成城镇规划，经上一级主管理部门审批完毕。城市规划从此开始走上了科学管理的轨道。

近几年，随着社会主义生产力的发展，农村产业结构的改变和乡镇企业的崛起，我省着手试编县城城镇体系规划，使我省逐步形成与生产力布局相适应的，以大城市为中心，以规模不等各具特色的中小城镇为纽带组成的城镇体系。

［**城市供水**］　广东城市供水事业历史较长，广州西村水厂创建于1905年，生产能力达每日14.34万吨，汕头庵埠水厂建于1907年，生产能力每日0.5万吨。建国初期全省仅此两家水厂。解放以后，人民政府重视城镇供水事业的发展，全省城市供水能力平均每年按10％的速度递增。1986年全省18个城市已拥有自来水厂44座，日供水能力达381万吨，为解放前的25.4倍，年供水能力为116691万吨，为解放前的29.1倍。城市供水事业的发展不仅保证了城市居民的用水需求，而且为城市工业生产和经济发展提供了条件。目前全省城市人平日生活用水量为289升，居全国各省城市人平日生活用水量之冠。广州、佛山、湛江、茂名、海口等六个城市人平日生活用水量已超过300升。全省城市自来水普及率达91％，工业年用水达42447万吨，为全年供水量的42％。

［**城市排水与污水处理**］　解放前城市排水设施十分落后。解放后，城市排水工程不断发展，从无到有，从简陋到完善，广州、汕头、深圳、湛江等城市不仅设有排水的管、渠及抽污泵站，而且还设有大型的蓄洪防潮闸和人工湖，广州市在五十年代，发动干部群众，开挖了东湖、流花湖、荔湾湖、麓湖。这四大人工湖可蓄洪250万立方米。

到1986年底，全省18个城市已敷设下水道1986公里

污水处理问题则长期没有引起重视。十一届三中全会以来，污水处理问题才被逐步提到议事日程。深圳市污水处理厂的建设和投产走在全省的前面。1982年投资3300万元动工建设，1984年建成日处理能力2.5万吨的第一期工程，并已投入运转。第二期工程将由原来的日处理2.5万吨提高到5万吨。

珠海市政府拨款2530万元，分别在吉大区和拱北区兴建两座日处理量共4.3万吨的污水净化厂。1986年破土动工，将分别于1987年、1988年竣工投产。广州市1979年经国家计委批准在大坦沙建设日处理能力15万吨污水处理厂，并建设大型暗渠2.76公里。由于投资和征地问题，加上修改原氧化塘一级半处理方案为除磷脱氧二级处理，目前工程仍在进行中。

［**城市道路与桥梁**］　我省的城市道路相当一部分是在解放前建成的。道路两旁建筑大部分设有“骑楼”，适合南方高温多雨的特点，但道路多偏窄，路面质量差。建国三十七年来，至1986年，全省城市共有道路1465公里，道路面积1951万平方米，分别为1949年的3.5倍和5.7倍。人行道面积582万平方米。城市桥梁355座。

党的十一届三中全会以来，广东城市道路扩建和新建的速度是以往所没有的。例如海口市现有道路82公里，其中高级路面55公里，而解放前仅有中山路、博爱路等5条不足5公里长的道路。新建和拓宽了长堤路、人民路、海府路、海秀路等。为开发海淀岛新区，海口市政府投资60万元，在南渡江的支流海口河上建起了300多米长、9米宽的人民大桥，由于正开发的海甸已建成海南大学、医院、金融机构、商场等一批现代化的建筑，1986年，市政府再次拨款140万元扩建人民大桥，将9米桥宽扩加到23米。1985年，为把海口市区和新埠岛沟通，市政府贷款700万元，在南渡江上架起近千米长19米宽的新埠大桥，它是海口市目前最长的大桥。

佛山市根据城市总体规划的安排，在发展住宅区、工业区的同时，迁移过境公路，新建了汾江南路、同济路等十五条主要道路，改造了一批旧市区道路，使中心区高峰时间的交通拥挤得到了缓和。

韶关市由武江、浈江、北江三个区组成，近年来为发展广东北国的经济，市政府广泛发动群众，大搞群众运动，以沟通三区的交通，前后投资944万元，自已勘测、自己设计、自已施工，完成了229米长、12米宽的风采桥和490米长、20米宽以及引道长610米的北江大桥。另外还延伸铺设了1350米长、50米宽的工业大道。

广州市在解决市内交通堵塞的严重问题上，下决心，每年以1.2亿元的资金，投资市政公用设施建设。新建了全国第一座四层立体交叉桥、广州大道、广州大桥、扩建大北立交桥、石围塘立交、洪德路—同福路立交、中山一路—天河的组合立交、大北和小北的高架路、以及中山五路、南方大厦、东风路、惠福路等自行车和人行天桥，南方大厦、花园酒店、广州宾馆等的过路地下遂道，为疏散和缓解广州市的交通提供了条件。

［**城市公共交通**］　党的十一届三中全会以来，我省城市公共交通发展的比较快。据1986年底统计，全省18个城市中，除东莞、三亚、通什外，15个城市设有公共交通设施，共有公共汽车2488辆，其中铰接车630辆，营运线路总长13189公里。行驶里程15257万车公里，客运总量93370万人次。

广州市拥有公共汽车1718辆，客运总量77538万人次。其车辆及客运总量分别占全省的70％和83％。广州市1980年开始发展无轨电车，现有110辆，营运五条线路。为便利管理，将公共交通划分为两个公司。第二公共汽车公司负责市属八县和旅游线路的营运工作，第一公共汽车公司负责市区和郊区线路的营运工作。为进一步解决广州市的“乘车难”问题，又利用银行贷款和发动职工集资入股的办法，添置了大批车辆，创办了优质优价的专线车。

广州1950年有人力三轮车6782辆，为分期分

批淘汰人力三轮，先后购进机动三轮车和微型汽车70辆，至1975年底，全市有机动三轮288辆，人力三轮只剩下624辆。广东实行特殊政策、灵活措施，采取合资、贷款、租赁、自筹等形式购置小汽车发展城市交通事业。1979年至1981年，先后成立了与港商合作经营的白云、穗兴、五羊三家出租小汽车公司，引进了大批先进、美观、舒适的小汽车，逐渐更替了人力三轮车，至1986年拥有出租小汽车1964辆。同年，在广东省人民政府的重视下，对全市各行业的出租小汽车实行归口管理，由广州市公用事业管理局统管。全市共有出租小汽车将近八千余辆，实行流动接客、扬手停车、电话约车、昼夜服务的做法，大大方便了群众。目前广州市的城市公共交通已形成了线路车、专线旅游车、公共小巴、出租小汽车和无轨电车层次多种形式的城市公共交通网络，缓解了广州市客运交通紧张的局面。

深圳市公共汽车也已发展到二百辆以上。珠海、汕头、佛山、湛江、茂名、海口六市都拥有五十辆以上的公共汽车。深圳、珠海、韶关、汕头、佛山、江门、湛江、茂名、海口、中山、肇庆等市都经营有不同数量的出租小汽车。解放初期，仅广州、汕头、湛江设有轮渡，且多为木驳船，共有10艘左右。现在已有较大发展，江门、肇庆也开设了轮渡，全省现有铁驳船88艘。

［**城市住宅建设**］ 1978年以来，我省城市全民所有制单位在基本建设投资中，用于住宅建设的资金达64.22亿元，为全省1949年至1978年三十年住宅建设投资总和的4.1倍。至1986年底，城市实有住宅建筑面积8060万平方米，其中居住面积4433万平方米，人均居住面积为7.7平方米，比一九七八年有较大提高。同时，积极推行住宅商品化工作。1984年以来，全省共出售商品住宅31299套，总面积227万平方米，出售住房之多，居全国各省市之冠。

汕头市是全省推行商品住宅最早的一个城市。1984年起，共建成住宅9800套，除对无房户和住房困难户实行补贴出售外，其他一律全价出售，共回收资金1.55亿元。据以统计，汕头市区每11户居民中，便有1户买了私房。

广州市区房产市场也相当活跃，1986年共向私人出售2000多套住宅，回收资金9000多万元，是解放以来向私人出售住宅最多的一年。

［**城市煤气**］ 煤气建设在广东起步较晚，现在的气源主要是液化石油气。茂名市是我国石油化工城市。1970年开始发展民用液化石油气，目前全市气化率已达83%。广州市的民用液化石油气设施是1974年8月开始筹建的，1976年4月正式开户供气，1986年成立了煤气公司。广州市的气源靠茂名石油化工厂和广州石油化工厂供给，由于气源不足，气化率只达10%，此外，湛江等市也有了煤气设施。据不完全统计，1986年我省已有12万户用上了液化石油气。

［**城市园林绿化和风景区**］ 解放前全省仅有少数几个城市公园。广州市城市绿化覆盖率只1.56%。解放后园林绿化事业发展很快。如广州市到1986年底，城市园林绿化面积达3801公顷，绿化覆盖率达24.6%。公园已由4个发展到20个，新建的越秀公园、烈士陵园、文化公园、东湖公园、荔湾公园、流花湖公园，动物公园更是倍添光彩。其他各市也都建了不少公园，如湛江的西山、海滨公园，佛山的祖庙、中山公园秀丽湖、韶关的韶关公园，海口的人民公园，江门的东湖公园，肇庆的宝月湖公园，汕头的金沙公园等。尤其是广东实行对外开放搞活以来，深圳、珠海、中山、广州等市先后建立了香密湖、西丽湖、珍珠、长江、南湖、东方、太阳岛等大型游乐场。增添了一批游乐设施，丰富了人民群众的文化和娱乐生活。近年来，绿化不断向工厂(矿)区和生活居住区扩展，据一九八六年统计，全省城市绿化总面积12772.8公顷，其中公共绿地2780.4公顷，公园72个(其中动物园2个)，路树468.1万株，苗圃415公顷。

广东风景资源丰富，名胜古迹较多，有著名的鼎湖、西樵、罗浮、丹霞四大名山，还有肇庆七星岩、惠州西湖、潮州西湖、清运飞来峡、湛江湖光岩、广州白云山、从化温泉、坪石金鸡岭以及新开发的阳春凌霄岩、封开石岩、英德宝晶宫、乐昌古佛等一批岩洞型的风景旅游区。1977年发展旅游事业以来，全省重新修建了二十三个风景区(点)，其中肇庆星湖风景名胜区被定为国家级重点风景名胜区。广州市、潮州市分别被国家定为第一批、第二批历史文化名城。海南①三亚的大东海、湛江的特呈岛、台山的上川岛等也都在加紧开发。据不完全统计，1986年广州、汕头、珠海、深圳四个城市接待的外国旅游者和华侨港澳同胞就达251.2万人次，人均停留天数达2.23天，收入外汇券89332万元。

三.城市建设事业对经济和社会发展的促进

实践证明，城市建设的发展，特别是城市基础设施的改善，促进了国民经济的发展。近年来，我省各级党委和政府都总结了长期来，由于重工业生产，轻城市建设，致使城市基础设施“欠账”过多，“缺口”很大，既阻碍城市建设发展，也有碍经济发展的教训。1981年，省委和广州市委专门组织了城市建设工作调查组，对广州市城市建设工作进行了详细的调查，省委常委在听取调查报告后，制发了省委[81]47号文件，作出有关政策，对加快城市建设步伐起到良好的促进作用。1984年，省政府在

《关于改革建筑业和基本建设管理体制若干问题的规定》中再次强调:“要搞好城镇规划与经济计划的衔接,主要城建项目要纳入基建计划”,要求各级政府加强城市建设工作的领导,抓好城市规划、建设和管理。“六五”期间,由于我省重视了城市建设,用于城市基础设施的投资达18亿元,使城市供水、排水、道路、桥梁等基础设施很快地在不同程度上得到了改善,有力地促进了国民经济的发展。1985年全省工业总产值达516.7亿元,“六五”期间平均年增长16.2%,社会总产值、国民生产总值、财政收入平均年递增都超过13%。

佛山市一九七九年以来,先后投资8.7亿元,开辟了九个住宅区,积极解决居民住宅,新建住宅面积185万平方米,按工业功能调整了十一个工业区、迁建、扩建、新建了50个企业,征地2107亩,厂房建筑面积75.5万平方米,城区面积由9.7平方公里扩大到16.7平方公里,各类建筑面积达310多万平方米,相当于增建一个佛山市区。并建成旋宫酒店,南国酒家、兴华商店、科学馆、佛山大学、游泳池、体育馆、佛山乐园等一批大型建筑,共达50万平方米;建成了汾江中路等20多条干道;开辟了澜石外贸港和沙堤军民合用飞机场,整治了市各公路出口,建成佛山大桥;全线开通27600门程控电话;完成日供水12万吨水厂的扩建工程。使佛山市初步建成一个城市布局合理,功能分区明确、内外交通方便、服务设施齐全、基础设施配套、环境整治优美的城市。佛山的城市建设促进了经济和社会的发展,一九八六年佛山市(包括四个县)工业总产值突破了百亿元大关,列入全国经济发达城市的行列。

深圳市在兴办经济特区的初期,十分注意城市基础设施的建设。1979年至1985年完成的基建投资中,城建投资比例最高,占基建投资的31.5%。其次是工业,占24.2%。促使昔日破旧狭窄的边陲小镇,变成如今初具规模的社会主义现代化的新城市。新开发的上埗、罗湖31平方公里的城区,已完成了道路、供水、供电、通讯、排污、排洪、供气等“七通一平”的基础工程,初步形成了住宅、工业、商业、旅游等20多个功能小区,创造一个很好的经济投资环境。

中山市1983年以来,加强了城市基础设施建设,先后完成了中山路、民权路、岐沙路等12条干道的建设,改建、扩建了中山大桥和岐江桥,建设国际、华富、香山楼和长江、温泉等一批服务、娱乐设施,开辟了中山港口和年吞吐量60多万吨的货运泊位,改善了投资环境,促进了内联外引,吸引外资兴建了中山玻璃厂、威力洗衣机厂等一批企业。三年来,旅游事业发展迅速,共接待国内外游客530万人次,营业额4.63亿元,其中1986年营业额达1.4亿元。中山市在加强城市建设和环境综合治理下,推动了经济的发展,从1983年至1986年,工农业总产值每年平均增长27.02%,1986年工农业总产值达29.75亿元,其中工业总产值19.7亿元。

佛山大桥1982年12月开始兴建,1985年2月通车,横跨上沙大街、佛罗公路,广三铁路、电器厂、塑料八厂和汾江,包括引道总长2346米,主桥995米,贷款投资2600万元,现收取过桥费偿还贷款。佛山大桥建成通车后机动车流量每天上万辆,穿流不息,为贯穿深圳、广州、珠海、中山、珠江三角州的交通,打开了佛山出入口大门,搞活城市经济打下基础。

四.城市建设体制改革和经济政策的调整

[**城市建设体制改革**] 广东省城市建设局成立于1954年。1957年全省机构精简,广东省城市建设局改称为广东省建筑工程局,在局本部设城市建设处管理全省城市建设工作。文化大革命开始,取消城市建设处。1972年重新组建广东省基本建设委员会,在委内设置城市建设处。1980年8月,为加强城市建设工作,成立广东省城市建设局。1983年8月,机构体制改革,省城建局与省建委合并,成立了省建设委员会,内设城市建设处。

1981年以来,各市在体制改革方面作了一些探索,先后对管理机构体制、计划管理体制、物价体制、劳动工资制度和干部人事制度等进行了一系列改革,获得良好效果。广州市的管理机构体制改革实行政企分家,市政管理局既是建设又是管理单位。原局属道路工程公司和排水工程公司与局脱钩并合并为广州市市政工程总公司,承包市政工程施工任务。肇庆市实行规划国土一支笔,在市建委领导下成立国土管理城市规划局,解决了土地管理和城市规划用地的矛盾。

深圳市首创市政工程施工招标投标制,提倡竞争,打破垄断,不仅降低了工程的造价,提高工程质量,还有利于缩短施工周期。招标投标制已在全省普遍推开,广州市市政施工企业实行“百元产值工资含量包干”,产值、劳动生产率、利润及职工收入均有大幅度增长,符合“国家得大头,企业得中头,人个得小头”的原则,且工程质量也有明显提高。这种做法已渗入到一部分维修管理企业。广州市自来水公司首先在全国同行业中,改变原有分配制度,推行“千吨售水含量工资分配制”,促进了供水的服务态度,提高水质,发挥了广大职工的生产积极性。

全省普遍实行了“统一规划、合理布局、综合开发、配套建设”的管理体制,成立了城市建设开发公司,实施总体规划指导下,统一征地,按“先地下，后地上”的原则，进行城市基础设施和生活服务设施的配套建设。

［**市政建设费**］ 1981年省委常委听取广州城市建设情况汇报后，颁发了粤发[1981]47号文《省委常委讨论广州城市建设工作的会议纪要》；规定“今后凡在广州市进行建设工程项目，都要从基本建设投资中提取5%的市政建设费，从1982年起执行。”1983年，粤府[1983]150号文《关于清理和整顿向基本建设单位乱收费问题的通知》中指出：省府制定的市政建设费(在广州市和省辖中等城市执行)保留。粤府办[1983]127号文《关于清理和整顿向基本建设单位乱收费问题的补充通知》中，市政建设费适用范围扩大到肇庆、惠州、梅县、潮州四市。粤府[1984]198号文中“关于市政建设费，仍按粤府[1983]150号文和粤府办[1983]127号文办理。”省政府最近又作了规定：“在国务院对市政建设费未作出规定之前，县级(包括县城)以上城市，可从基建投资中提取5%的市政建设费”。

［**“以水养水”**］ 1981年首先在广州实行了“以水养水”的政策。供水企业每年利润除纳税外，全部留成，其中85%用作企业扩大再生产，15%用于集体福利和职工奖金。除新辟水源、新建、扩建大型水厂外，一般不用国家拨款，供水的基本建设资金，原则上由企业自筹。广州市自来水公司实行“以水养水”政策后，从1981年至1984年实现利润8235.1万元，完成基建投资7982.6万元，而国家在这四年中，拨款230万元。现在全省各市和部分县城城镇水事业基本实行了“以水养水”。“以水养水不仅扩大了企业的自主权便于企业主动安排年度基建计划，加速和落实施工进度，同时有利于解决自来水的供求矛盾，促进企业内部实行经济责任制。”

［**市政设施有偿使用**］ 1984年广东省广州大桥、佛山大桥、中山大桥、梅县东山大桥等均以贷款建桥，实行了机动车辆过桥收费有偿使用的经济政策。湛江市人民路以贷款建路，收取机动车辆过路费。广州、肇庆、惠州等市收取排水设施有偿使用费。惠州市排水收费标准按自来水用量的80%计量，每排放1吨水收费9分钱(包括自备水源)。收取的排水设施有偿使用费，专款专用，用于排水设施的建、管、养以及污水处理上。

五.城市建设行业职工的精神文明建设

广东省城市建设行业广大职工在开展两个文明建设中，着重加强城市环境治理，促进生态平衡，努力提高城市三化水平(绿化、美化、净化)。广泛开展了职工的职业道德、职业责任制和职业纪律教育，培养有思想、有道德、有文化、有纪律的社会主义建设队伍。全行业努力提高服务质量和服务水平，改善供需双方关系，克服“以业谋私”的不良倾向，涌现出一批先进单位、集体和个人。被省建设系统评为文明单位的有汕头市政工程建设公司，惠州市政工程公司，江门、佛山、肇庆自来水公司等9个单位，占基建系统文明单位总数的29%。评为文明承包队伍的有广州市市政工程总公司202、203施工队等7个单位，占14%，评为文明班组的有广州市海珠区“三八”清疏班、珠海市市政工程公司维修管理站等13个，占31%。1985年被全国城市公共交通系统评为劳动模范的有广州市第一公共汽车公司乘务员潘永海，司机邵焕缓，广州市第二公共汽车公司司机区帮平，湛江市公共汽车公司司机林青桐；评为先进集体的有广州市电车公司一车队五路线六十一车组。评为全国城市公共交通优质服务先进集体33个，先进个人76个。1985年度被评为广东省先进单位的有广州客车装配厂，江门自来水公司；被评为特级劳动模范的有广州市海珠区环卫局公厕卫生管理队队长卢伯胜；被评为省劳动模范的有汕头市市政工程建设公司经理林秋金，广州市市政工程总公司副总工程师苏泽全，广州市住宅建设公司专业队棚工班班长麦树标，韶关市公共汽车公司经理罗新有等18人。1986年，中华全国总工会授予广州卫生处理厂“五一”劳动奖状和该厂厂长刘发“五一”劳动奖章；同年三月，中共广东省委、省政府作出了全省向广州卫生处理厂学习的决定，号召全省深入持久地开展学先进、超先进的活动，推动全省精神物质文明不断地发展。

六.城市建设的法制建设情况

广东省城市和城市建设的管理工作，从党的十一届三中会全以后，逐渐步入正轨，走上了以法治城、科学管理城市的道路。省政府陆续颁发了《广东省城市建设管理暂行条例》、《广东省城镇园林绿化管理规定》、《城市综合开发公司管理条例》、《公房管理条例》等。

各市结合当地实际情况，因地制宜，分别制定和颁布了许多有关城市建设的详细办法和行政规章，为实施正规化的管理，各市先后组建了城市管理监察大队。组织情况如表2。

城市管理监察大队组建以来，在公安机关的大力支持下，完成了大量整治市容和违章建筑等管理工作。如中山市自1986年10月成立城管监察大队，至同年12月，共处理各种违章建筑3926宗，投诉处理286宗。

七.城市建设科技进步

广东省城市建设科技发展按照“经济建设必须靠科学技术，科学技术必须面向经济建设”的方针，围绕生产、建设的需要，加快研究开发步伐，获

表2

城市	监察大队人数	隶属关系
广州		市城乡建设委员会
深圳	120	市城管办
珠海	45	市建委
汕头	74	市城建局
海口	60	市政管理委员会
肇庆	33	市城管委
湛江	150	市城建局
惠州	35	市建委
韶关	40	市城管委
中山	40	市府办公室
梅县	40	市建委
茂名	60	市城建局
江门	40	市城建局

得一些成绩。道路工程大量采用沥青混合料路面和早强剂水泥混凝土路面，塑料和再生塑料沥青路面在广东的应用研究已获成功，并在佛山市和广州市推广应用。韶关西河桥是全国城市桥梁建设中首次采用的双向预应力梁式桥。大跨度斜拉桥已在广东推广。广州的大桥500吨重大梁用船驳起吊就位，施工一次成功。东莞中堂桥采用顶推施工法。广州市政工程总公司、中山市市政工程公司、佛山市市政工程公司已建立了自动计量混凝土中心搅拌站，推行混凝土商品化。广州客车装配厂生产的GZ—644型大客车、高级空调旅游车和GZ—662型铰接车，造型新颖，结构坚固，宽敞通风，内部陈设豪华，运行舒适平稳，技术性能优良，操纵轻便灵活，是全国城建行业客车制造的拳头产品，畅销全国各地，供不应求，荣获国家经委"新产品开发奖"和全国新装客车"工艺优秀奖"。广州市园林局设计的慕尼黑光华园得到国际大金奖。广东省城市建设行业近年来获省、部技术进步奖的项目见表3:

广东省城市建设获奖项目表　　表3

项目	评为省级技术进步奖		评为部级技术进步奖	
	年度	等级	年度	等级
广州市区庄立体交叉桥			1985	1
广州市中国大酒店屋顶花园			1986	3
深圳市滨河住宅区			1986	住宅设计创作奖
佛山市同济路29-31号楼			1986	住宅设计创作奖
东莞县常平镇			1986	3
深圳市东湖水厂			1986	2
深圳市经济特区总体规划			1986	1
珠海市城区总体规划			1986	3
深圳市科技工业园规划			1986	3
深圳市东湖宾馆庭园绿化			1985	2
广州大桥主桥部分			1986	3
乐昌县自来水厂			1986	3
新安镇步行商业区规划	1986	2		

八.城市建设职工队伍的发展和职工教育情况

广东省城市建设行业职工情况如表4:

广东省城建职工情况表　　表4

行业		职工总数		管理人员数		技术人员数	
		1981年	1986年	1981年	1986年	1981年	1986年
城市规划		/	853	/	330	/	426
公用事业	供水	6409	9047	1090	1628	96	174
	公交	24036	36018	4086	6480	301	604
	煤气	339	792	65	142	15	18
市政工程		11536	15278	2081	2272	287	372
园林绿化		10831	15099	1841	2716	/	32
环境卫生		12707	18670	2287	3172	/	16

广东省18个城市的市政企业中，广州市市政工程总公司为一类企业，汕头、湛江、海口、韶关、深圳、珠海、中山、佛山、江门等市政工程公司为二类企业，其余均为三类企业。近年来职工队伍素质不断提高，如汕头市政工程建设公司1981年有职工649人，人均机械装备1.4马力，1986年已发展到1500人，人均机械装备10.1马力，1986年已发展到1500人，人均机械装备10.1马力，公司在改革、开放、搞活中，勇于开拓，不仅完成了汕头市的施工任务，还抽出力量承包广州、深圳、珠海、海南、上海等地的市政建设工程，其中由他们承包的广州小

① 目前，海南已从广东划出，独立设省。

北高架路工程，在文明施工、建设周期、工程质量上都获得各方好评，被评为广州市的全优样板工程。

广东城市建设职工队伍正在普及初级中学教育，各单位有计划地通过业余大学、电视大学、函授大学以及成人培训、学习班、短训班等多层次方式开展职工教育，提高队伍素质。广东城建系统职工教育办学情况如表5:

1986年广东省城建系统专业学校情况表 表5

学校名称	建校年份	建筑面积(平方米)	专业设置	教员数(人)	学生数(人)
广州市城建职工大学	1981年	2250	工民建、城市规划与建筑设计、给排水、道桥	30	320
广州市交通运输职工大学	1973年	980	汽车专业、汽车运用工程、汽车交运管理工程	15	196
广州市交通运输专业学校	1973年	3210	汽车运用和修理、运输管理、机械制造和设备	50	290
广州市公用事业局职工中专	1985年	460	给水、企业管理、交运管理、交运财会	9	90
广州市政建设中专	1973年	3353	道桥、给排水、市政工程企业管理	32	329
广州市房建中等专业学校	1973年	3130	工民建、房地产经营、水电设计	53	326
广州市园林中等专业学校	1958年	940	园林设计、花卉绿化	16	180

一九八三年来，我省办了三期市长、县长学习班，培训154人次。此外还为全省各企业培训了三年制中专三个班，有自来水、道桥专业共124人。

九.主要城市介绍

深圳市　郑家光

深圳市是我国首先设置经济特区的城市，位于广东省南部，南与香港接壤，距广州市约150公里，是我国进出口岸之一。全市面积为2020.5平方公里。深圳市属亚热带海洋性气候，年平均气温为22.4℃，年平均降雨量1948.4毫米。

深圳市辖经济特区及宝安县。特区总面积327.5平方公里，东西长49公里，南北宽7公里。建成区47.6平方公里。全市总人口51.45万，其中非农业人口26.45万。此外尚有暂住人口42.11万。特区有常住人口25.74万，暂住人口23.13万。

1986年，全市社会总产值74.58亿元，工农业总产值38.15亿元，其中工业总产值35.65亿元，国民收入27.27亿元。

一.建市前城市建设概况

深圳原属宝安县，于1979年3月建市。建市前建成区面积约三平方公里，住宅建筑面积29万平方米，人均居住面积2.74平方米。建筑大多是平房，最高楼房为五层。城市基础设施落后。道路总长仅0.5公里；基本没有下水道；自来水日供水能力0.45万吨；年供电量2,214万度；自动电话500门；公共汽车8辆；垃圾车1辆，环卫工人44人；工业企业216个，年工业总产值六千余万元。

二.建市后城市建设事业的发展

建市八年来，城市建设事业迅速发展。建成区面积扩大了15倍，建成了二十多个具有一定工业、住宅、商业、旅游、仓储等功能的小区，耸立起数以千计高低错落的建筑群。

1979年至1986年，深圳市完成基建投资827657万元，竣工面积1222.43万平方米。其中城建系统完成投资248,498万元，占总投资的30%。重点城市建设项目有：

［高层楼宇］ 18至50层的高层楼宇，已开工137幢，计划总投资290,926万元，总建筑面积322.01万平方米。已竣工交付使用57幢，竣工总投资57,714万元，竣工面积78.32万平方米。

［住宅］ 已竣工533.91万平方米，占全市总竣工面积的43.6%，人均居住面积11.8平方米，比建市前增加3.3倍。

［道路］ 已竣工202.1公里，面积达440万平方米，分别比建市前增长439倍和87倍。全市最宽道路为深南大道，宽50米，设5条绿化带。建成两座跨越铁路的道路立交桥，第三座跨越双线铁路的立交桥，也已开工。全市路灯线路总长105公里，有路灯6858盏。

［电话］ 用户已达25600户，比建市前增长50倍。建成电信大楼一座，拥有现代化通信设施。目前长途电话已能与北京、上海、广州等内地54个城市，美国、加拿大等14个国家和地区的几十个城市直接拨号。

［供水］ 已铺设供水管292.1公里，新建自来水厂两座。日生产能力达23.4万吨，年供水量7320.33万吨，分别比建市前提高51倍和43倍。

［排水及污水处理］ 排水系统采用雨水、污水分流制，已铺设排水管道332公里。其中污水管105公里。1982年投资三千三百多万元，兴建污水处理厂，1984年首期工程建成投产，日处理能力为2.5万吨。

［防洪］ 1981年8月投资3,950万元，动工兴建笋岗滞洪区，整治布吉河和笔架山河，修建深

圳河防洪堤。这些工程1984年建成以来，已解除洪水对深圳的威胁。

［供电］ 已建成大小变电站17座，架设输电线路1591.5公里。年供电量达63,023万度，比建市前提高27.5倍。此外，装机容量120万千瓦的沙角火力发电厂，装机容量180万千瓦的广东核电站正在建设中。

［公共交通］ 公交营运线路从2条增加至24条，公共汽车从8辆增加至210辆，客运人数现达5695万人次。出租汽车现已拥有3076辆。

［燃气］ 液化石油气从无到有，1986年销售10859吨。

［园林绿化］ 城市园林绿化面积已达1593公顷，绿化覆盖率为36％。被评为全国绿化先进市，新建公园4个，均已对外开放。

［环境卫生］ 建成公厕29间。19985年添置垃圾压缩车12台，扫街车3台，洒水车3台，并拥有打蜡机、自动擦玻璃升降机，吸水机等一批先进清洁工具。1986年处理垃圾12.5万吨，清扫马路面积540万平方米。投资4300万元日处理垃圾300吨的垃圾焚烧厂，1985年6月动工，将于1987年建成。

［游览风景区］ 已建成西丽湖度假村，香密湖度假村，银湖旅游中对，深圳湾大酒店游乐场，石岩湖乡村俱乐部，西冲风帆游艇休憩区，小梅沙旅游中心等九个旅游风景区。其中以香密湖度假村规模最大，占地约28平方公里，投资1亿港元，1981年底动工，1983年建成使用。1984年7月动工兴建二期工程“中国娱乐城”，投资5亿港元，1985年8月建成开业。这些风景游览区各具特色，吸引了国内外众多游客，仅1986年接待国际游客就达94.13万人次。

三.城市建设事业对经济和社会发展的促进

随着城市建设的发展，投资环境不断完善，引进外资逐年增加。1979年与1986年相比，利用外资从1.537万美元增加到4.98亿美元，增长32倍；外汇收入以2.45亿美元增加到16.77亿美元，增长6倍；外贸出口总值从930.4万美元增加到7.26亿美元，增长77倍，社会总产值从2.9亿元增加到74.58亿元，增长25倍；国民收入从1.6亿元增加到27.27亿元，增长16倍；工业总产值从6061万元增加到35.65亿元，增长58倍。城市建设事业的发展使深圳从一个基础施设简陋，经济落后的连陲小镇，到基本形成布局合理，结构先进，建筑新颖，设施完善，经济发达，环境优美的现代化中等城市的雏形，在国内外产生一定的影响。

四.城市建设体制改革

1981年7月，深圳市率先在全国实行城建工程项目招标发包制。接着，在工程设计上又推行了招标投标。这一改革得到中央的肯定。深圳市以此作为城市建设管理体制，改革的突破口，相继进行了其它一系列改革。开放了建筑资金市场，劳务市场，技术市场和建材市场，走工程总承包之路；推行地盘管理制度，成立工程质量、合同预算专门监督机构；把城市的格调和风貌作为一种资源来开发利用，大力推行城市建设的综合开发和配套建设；逐步实现建筑产品商品化；实行层层经济大包干等等。

在供水、供电、供气、排水、排污、电讯、道路等“七通一平”工程建设中，于1983年实行统一规划、统一设计、统一征地、统一安排施工、统一使用资金的“五统一”办法，成立了能够协调各有关部门的专门机构、统一指挥、组织建设，保证了地下、地上各种工程的同步、配套建设。1984年7月，深圳市成立了全国第一家清洁服务公司，使清洁卫生走向专业化、社会化。现全市共有清洁公司14家，职工1400人，1984年开始推行清扫马路承包责任制，充分调动了清洁工人的劳动积极性。1986年1月开始推行垃圾袋装化，走上了垃圾管理科学的道路，减少了“二次污染”。

五.城市建设法制建设情况

1982年至1986年，经市政府颁发的有关城市方产面建设的条例、办法，共有68个。主要有：《深圳市城市建设管理暂行办法》、《城市道路交通管理暂行规定》、《城市供水管理暂行规定》、《城市园林绿化管理暂行办法》、《市容卫生管理试行办法》、《工业区管理条例》、《市政设施管理暂行规定》、《市区防洪设施管理暂行办法》、《液化石油气管道供气管理暂行办法》、《路灯管理暂行规定》、《新港区管理暂行规则》、《水源水质保护管理暂行规定》、《公共卫生管理条例》等。

1986年7月，成立“深圳市整顿市容卫生交通指挥部”。先后举办普及城市建设管理法制知识学习班50期，共8万人次参加；并成立了110人的城市管理监察大队，纠正违章2万宗，处罚1.1万人次，拆除违章建筑2100处，共6.6万平方米。经过努力，1984年已摘除市容卫生落后的帽子，跨入省“卫生先进城市的”行列。

1986年9月，为加强城市管理工作，撤销“三整顿”指挥部，成立“深圳市城市管理领导小组”下设城市管理办公室，具体执行城市建设管理工作。

六.城市建设科技进步

深圳市在城市建设过程中，大胆采用新理论、新技术、新工艺、新材料、新结构、新装备、取得了丰硕成果，共有13个项目获部级奖励。东湖宾馆获全国优秀园林设计一等二级奖，深圳特区总体规划获全国优秀规划一等奖，白沙岭住宅区西部获全国优秀勘测二等奖，滨河住宅区获全国城市住宅创作奖，国际贸易中心的设计与施工、深圳特区道路交通规划获建设部科技进步二等奖，市水质净化厂获全国环境优美工厂奖。

七.城市建设行业精神文明建设

近年来通过大抓行业精神文明建设，促进了行业服务水平和服务质量的提高。如清洁公司实行“随叫随到”，煤气公司开展送气上门，自来水公司经常免费为军烈属、五保户、部队、学校安装水管和水龙头，环保处实行定点定时收运垃圾等，都受到用户及服务对象的欢迎。1986年，城建系统涌现出市级先进党组织6个，市级优秀党员29名，省级劳动模范1名，以及大批先进生产(工作)者。市环卫处还被评为省环卫系统的先进单位。市环卫处环卫化工厂周明熔，公共汽车乘务员陈小玲的优秀事迹曾在全市广为宣传。

汕头市

陈淡生

汕头市是沿海开放的海港城市，是潮汕地区的政治、经济、文化、科技教育的中心城市。市区受海洋气候调节，年平均气温21.3℃，四季如春，阳光充足，雨量充沛，平均年降雨量1554.9毫米。

1981年11月，汕头经济特区正式设置。1983年实行市管县新体制。汕头市现辖潮州市、澄海、饶平、南澳、潮阳、普宁、惠来、揭阳、揭西等八个市县以及安平、同平、公园、金砂、达濠、郊区六个县级区，汕头市改称为“汕头市区”。1984年12月，市区成为我国对外开放的沿海城市之一。汕头市区现有面积245.5平方公里，其中城区面积25.7平方公里。据1986年底统计：建成区面积18.5平方公里；市区人口77.41万，其中非农人口50万；城区人口49万，其中非农业人口44.5万。党的十一届三中全会以来，市区各方面发生了巨大的变化，经济发展呈现勃勃生机。1986年，市区社会总产值达25.5亿元，其中工业总产值16.5亿元。汕头市区经济的迅速发展，为带动全市经济的起飞，奠定了良好的基础。

一.建国前汕头市城市建设概况

建国前，汕头市有人口23万，建成区面积3.63平方公里，工业总产值3117万元。市区干道总长21.5公里里，面积38.66万平方米，且大部分年久失修，路面龟裂，崎岖不平；市区堤防均为防潮堤，总长22.9公里，堤防抗御台风能力为8级以下。排水干渠总长26.59公里，经常损坏淤塞；公共交通十分落后，主要是人力，公共汽车时停时驶，到汕头解放时，只有两辆破旧汽车营运；1914年，庵埠水厂正式向市区供水，最高日供水量5000吨，供水管网48.4公里，每天人均生活用水16公升，由于水价昂贵，贫苦居民不敢问津，饮用河水或井水。环卫设施只有24间严重失修、破漏的公厕。市区房屋多数是清代及民国初年建筑的，房至结构质量差，破旧残危的很多。各类房屋建筑面积258万平方米，篷寮、枋屋有一万七千余间，遍布全市。

二.建国后汕头市城市建设事业的发展

建国后，尤其是党的十一届三中全会以来，汕头市区的市政公用建设事业有很大发展。新建、扩建金砂、潮汕等25条主、次干道，总长25公里，面积67.03万平方米，至1986年底统计：市区道路总长157公里，面积107万平方米，其中干道76条，长56公里，面积75万平方米；下水道总长196公里，服务面积18.5平方公里；路灯共达5097盏；公共汽车线路7条，营运线路长67.5公里，营运公共汽车64辆，年运客1,078万人次；有过海轮渡站、码头3座，营运渡轮八艘，营运航线3条，共长10.6公里，年运客672万人次；现有自来水厂2个，日制水能力20万吨，供水管网总长290公里，全年售水量5,449万吨，日人均用水量140公升，市区用水人口普及率81%；市区园林绿地面积383.3公顷，占市区面积的20.7%，覆盖率达21.3%，每人平均占有绿地面积7.82平方米；市区的主要游乐、休憩场所，有中山公园、海滨绿带公园、岩石风景区等和正在建设中的金砂公园；市区环卫设施有公厕54座，其中具有三级化粪池处理设施的公厕14座，大小环卫机械140台，年清运垃圾500万吨，粪便17.2万吨。

1979年至1986年的八年间，市区新建房屋面积457.04万平方米，其中住宅265.9万平方米，人均居住面积4.5平方米，比1978年的2.5平方米，增长80%。

三.城市建设事业对汕头市区经济和社会发展的促进。

1979年以来，汕头市人民政府十分重视抓好城市基础设施建设。市区公用设施建设事业的发展，保证了市区经济发展和人民生活的需要，提高了城市的经济效益，社会效益和环境效益。如1982年，汕头市东墩水厂和庵埠水厂经过挖潜改造发展到日产水10万吨，但供需矛盾仍然十分突出，工业生产和群众生活用水还很紧张。为了解决市区自来水的供需矛盾，市自来水公司投资1250万元，庵埠水厂和东墩水厂扩建日产自来水共10万吨工程先后动工，并于1985年11月和1986年6月竣工，使市区的日供水能力从10万吨增至20万吨，两个水厂扩建工程的竣工，使市区工业生产用水由1985

年的1,919万吨增至1986年的2,288万吨，工业生产用水占年供水量从1985年的38%提高至1986年的42%，基本满足了市区工业生产用水的需要。根据市区工业产值每万元需耗水量390吨的标准计算，扩建后，每天可为增加103万元的工业产值提供用水，直接促进了市区经济的发展，发挥了扩建工程的经济效益，同时，大大方便了群众生活用水，市区的用水人口从1985年的48.9万人增至1986年的62万人。群众生活用水从1985年的2,657万吨提高到1986年3,161万吨，使群众"用水难"的状况，有较大的改善，收到了明显的社会效益。

1984年～1986年，市区在东部新区开辟了飞厦住宅区，建成"三、三、四"(即由国家和单位各补贴房屋造价的三成，个人负责四成；若单位无补贴能力的则由个人负责七成，产权归个人)补贴出售住宅197幢7000套房，建筑面积327,120平方米，为城市开发建设带来三大效益：一是经济效益。如按过去由国家包下来低租分配住房做法，则地方政府每年拨款500万元，最多只能建住宅面积2万平方米，安排居民400户，现在用同样的款项，加上单位、个人的投资，采取建设补贴出售住宅的办法，每年则可解决居们2,330户住房，增加近5倍；三年来收回购买住宅的款项共4,970万元，这部分资金继续投入住宅建设，加速了住宅建设的再生产。二是社会效益。飞厦住宅区的建成，解决了市区住房的困难户、现房户、无房户和严重拥挤户近7000户，解决了过去城市住房"单靠国家包不起，依靠企业负不起，全靠个人买不起"的矛盾，得到了社会的普遍认可和群众的称赞，促进了社会的安定团结。三是环境效益，使原来占住市区马路、街头巷尾的枋、篷屋户及市区建设拓宽、新辟道路所需搬迁的五百多住户得到安置，使道路建设得以顺利施工，既有利于市政建设，也改变了市区脏、乱、差的市容，使城市的功能得到进一步的发挥。

四.城市建设经济政策的调整

[实行收取市政建设费]　汕头市区城市建设长期缺乏资金，市政公用事业建设欠帐过多，市政基础设施超负荷运行，成为制约市区经济、社会发展的一个重要因素，为解决市政建设投资严重不足的问题，1979年，原汕头市革委会汕市革发(1979)121号文《关于基本建设单位合理分担部分市政设施建设费用问题的通知》，规定由城建部门向建设单位按建筑造价的百分之一至三收取市政建设费。但由于各种条件的限制，城建部门从1979年至1981年3年期间才收取市政建设费120.43万元。为了搞好城市市政建设，发展经济特区和为人民生活服务，1981年12月，汕头市人民政府以汕市府(1981)67号文《关于调整收取市政建设费问题的通知》，规定将由城建部门向建设单位收取1～3%的市政建设费，从1982年1月1日起，调整为新老区均按5%收取，城建部门按照此项政策，从1982年至1986年5年期间，共收取市政建设费2,262.66万元。市政建设费的收入，专项用于市政公用事业工程投资，大大加快了城市排水、道路、园林绿化等公用设施建设的步伐，为市区的经济、社会发展直接或间接地起了重要的促进作用。

[试行"以水养水"的财经制度]　1982年8月，自来水公司根据市有关部门的决定开始试行"以水养水"的财经制度，即自来水公司在完成上级下达的各项经济技术指标和前提下，把每月实现利润的87%上交，然后下拨公司，作为公司扩大再生产的专用款项，利润的13%作为企业利润留成资金。从1982年开始，5年来的实践证明，实施"以水养水"财经卸度，有利于有计划地进行供水设施的基本建设，加快建设速度，是一项能积极促进自来水事业发展的措施。1982年自来水公司的日供水能力只有10万吨，5年来主要依靠"以水养水"的建设资金(包括今后准备用"以水养水"的建设资金偿还的贷款)，就把日供水能力提高至20万吨，增加了一倍。

五.城市建设行业精神文明建设

汕头市城建系统各企事业单位在建设好物质文明的同时，努力搞好精神文明建设。城建系统经常在党员、干部、职工中进行理想、职业道德教育、普法教育和遵纪守法教育，开展学习先进模范人物活动，提高了党员、干部和职工的政治素质，增强了职业道德观念，全系统精神面貌有了显著的变化，各行业出现了一心一意为城市建设事业作贡献的新局面。汕头市市政公司在两个文明建设中，搞好文明施工，争创优质工程，同时主动把在汕头市区承建的市政工程管理费收费标准降低百分之五十，仅此一项，1984年～1986年三年间使为汕头市城市建设节省资金218万元，为城市建设作出了贡献。该公司在广州市承建小北高架桥工程时，把文明施工作为一件大事来抓，树立起"为社会着想，为群众着想"的高尚职业道德观念；在施工过程中，做到"三不断、二不准"即不断水，不断电、不断交通和不准现场捣拌，不准现场预制，广州市的领导、群众和有关单位十分满意。由于市政公司文明施工，加上速度快、质量好，小北高架桥工程被评为1986年度广州市全优样板工程，受到了广州市各阶层领导和群众的赞扬。1986年，市政公司被广东省委经济工作部、广东省建设委员会，广东省建筑工会评为广东省建设系统1986年度文明单位。

市公共交通公司从1986年9月开始，从职业道德教育入手，制订和实施了经济承包责任制，开展了文明车活动，使企业发生了三个明显的变化:一是基本制住了以业谋私贪污票款的不正之风，客运收入有了较大幅度增加，日平均票款比以前增加1,300多元。二是缩短了发车的间隔时间，群众乘公共汽车比过去方便很多，群众满意，提高了社会效益。三是司乘人员普遍能做到文明待客，礼貌服务，服务质量比过去有了明显的好转，拾金不昧，助人为乐的好人好事也不断涌现，受到了市区广大群众的赞誉。

六.城市建设法制建设情况

汕头市人民政府为了加强市区的规划、建设管理工作，从健全城市管理法制和各种规章制度，以法治城出发，颁布了有关行政规章，并于1986年5月成立了市综合治理指挥部。市区综合治理指挥部成立后，颁布了有关市区综合治理的一系列文件。

市政府和市区综合治理指挥部有关行政规章制度的颁布实施，有效地加强了市区的规划、建设管理，对美化市区、改变市区面貌具有极其重要的作用。

1986年6月，汕头市委和市政府为了保证市区规划的顺利实施，逐步实现城市管理的制度化、规范化，加强城市的执法队伍力量，决定并成立了汕头市城市建设管理监察大队。城监大队是以法律、行政手段管理城市建设的执法队伍，主要任务是根据有关城市规划、建设和管理的法规，对城市规划、建设、市政公用设施、园林绿化、市容市貌、文明施工等实行管理监察。目前，城监大队有人员74名。城监大队成立一年多来严格执行城市管理法规，以法治城，强化管理，认真查处违章建筑。据统计，城监大队共查处违章建筑、损坏市政设施等2541宗，拆除违章建筑1004宗，总面积18,673平方米，市区的四组主干道基本上杜绝了乱搭乱建的现象，市区面貌更加美丽、整洁。

七.城建职工队伍的发展和职工素质情况

[城建职工队伍的发展] 汕头市城建职工队伍的发展可分为三个阶段。第一阶段从1951年至1966年。1951年城建有职工604人，至1966年发展为1109人，增长83.4%;第二阶段从1967年至1976年，是职工队伍发展的停滞时期，1976年城建有职工1143人，与1966年比较，职工队伍基本没有发展;第三阶段1977年至1986年，是职工队伍的迅速发展时期，1986年城建有职工3185人，比1976年增长了1.8倍。

[职工队伍素质情况] 党的十一届三中全会以来，城建职工奋发上进，为四化而学习的新风日益加强。据统计，1986年城建各单位应参加文化补课的对象是796人，已领到文化补课合格证以及参加中专、业大、电大、职大等学习的共有657人，占应补课人数的82%，正在参加电大、业大、职大、函授学习的共有83人，读中专的有27人，读高中的94人。经过学习，职工的政治，文化素质有了很大的提高。

珠海市

朱厚宏

珠海市位于广东省南部，是联系内地与港澳的一个重要进出口岸。珠海是我国设置经济特区的四座城市之一。全市辖经济特区、香洲区和斗门县，现有人口42万，地域面积7555平方公里，其中陆地面积1266平方公里，海域面积6289平方公里，海岸线长690公里。整座城市依山傍水，海湾优美，风景秀丽，物产丰富。常年平均气温22.4℃。全市有大小145个岛屿星罗棋布，被誉为“百岛之市”。

珠海原一个鲜为人知的边陲小镇，经济基础薄弱。1979年建市，特别是1980年试办经济特区以后，珠海发生了翻天覆地的变化。一个以工业为主，农渔牧、商贸、旅游业综合发展的外向型经济体系正在形成，以电子、轻纺、食品和建材为主的工业体系已初步建立。

一、建市前珠海市的建设概况

珠海原属中山县(原名香山县)。在秦代，中山属南海县，汉代属番禺县，晋至陈属东官郡，隋朝属宝安县，唐代属东莞县。宋朝以后，沿海盐业兴旺，人口骤增，到公元1152年，将原属东莞县的香山寨划出，并将南海、新会、番禺三县的滨海地区划出，合并为香山县。1928年，香山县改名为中山县，县府设在唐家湾。1953年，从中山、宝安、东莞等县划出一部分沿海地区建立了珠海县。珠海建市前，城镇建设十分缓慢。自1953年至1979年26年间，共完成了22万平方米的房屋建筑，唯一的一条市区主要干道凤凰路，长2.7公里，宽24米，其它是一些标准很低的沥青公路和土路;地下地水、排污等管道也杂乱不齐，十分落后。市内既没有公共交通，也极少园林绿化。居民饮水仅靠日产5000吨的香洲自来水厂供应，相当部分的居民还得饮用井水、河水或水库水。

二、建市后城市建设概况

党的十一届三中全会和1980年试办经济特区后，珠海展开了大规模的建设。仅八年多的时间，市区完成基建总投资达24.4亿元，基建竣工面积348万多平方米。珠海的城市面貌已今非昔比了。

[城市基础设施逐步配套] 经过八年多的建设，一个具有高效能的基础设施、科学的城市结构与骨架、合理的经济结构和人口密度、具有特色

的城市风貌的城市建设格局业已形成。

1.市政道路交通设施的建设。八年来，珠海新建、扩建和改建的城市道路42条，总长56.2公里，道路总面积为153万平方米，初步形成了四通八达的道路交通网。路幅宽50米的迎宾大道和九洲大道纵横特区，并成为主要干道和交通网络的中轴。此外，长达7公里的广珠公路翠谷段，经过改造后，宽达26米，质量达到国内一级公路标准。使市区对外陆路交通更加便捷、通畅。

2.城市供水设施建设。为解决特区生产和居民生活用水，扩大对澳供水，珠海市采取财政拨款、银行贷款和向澳门预收水费等形式，总投资人民币和港币各5000万元，先后兴建和扩建了拱北水厂、香洲水厂，并铺设了17.8公里的输水管道。使珠海市的供水设施逐步完善和配套，日供水能力达10.5万吨，比建市前增加了21倍。日供澳门原水及净化水9万吨，基本满足澳门用水需要。

3.防洪、排污设施的建设。除了兴建城市道路时修筑的长各150多公里的雨水、污水管道外，陆续修建了山场冲、白沙河和拱北三条大排洪沟；整治了6条排水渠；建成了拱北0.5平方公里低洼地区的排渍泵站等一些工程，从而逐步解除了珠海市地台低于规划标高而造成老区水浸和新区水土流失的威胁。与此同时，市政府拨款2530万元分别在吉大和拱北兴建两座日处理共4.3万吨污水的水质净化厂。

4.港口码头和机场建设。总投资6300万美元的九洲港码头是特区对外开放的重要港口。该工程通过国际性招标投标承建，于1984年举行奠基典礼，1986年已全面竣工使用。

珠海直升机场是中国民航总局与珠海经济特区合作兴建的，占地面积11万平方米，建筑面积1.8万平方米，基建投资995万元。该工程于1983年动工，1984年建成投入使用。已为南海油田开发提供了空中服务，并开通了珠海至广州的航线。

5.电力和通讯设施建设。220千伏的珠海变电站和110千伏的吉大变电站分别于1983年9月和1985年2月建成，五个与之配套的10千伏变电所相继竣工交付使用；1986年香洲南坑110千伏变电站又建成投入使用。

邮电通讯建设突飞猛进，全市平均每7.5个人拥有一门电话，人均电话拥有率在全国名列前茅。长途电话还可直拨世界各地14个国家的380多个城市。

［**房地产业**］ 珠海的房地产业亦呈现繁荣景象。据统计，从1979年至1985年全市用于住宅建设投资共2.79亿元，建筑总面积240万平方米，竣工总面积195万平方米，比建市前增长近五倍。1986年人均居住面积(不含厅)8.3平方米，高于全国平均水平。八年多来，全市新建了近20个住宅小区。这些住宅区布局合理、环境舒适、设施配套、造型优美，深受住户欢迎。

［**旅游设施建设**］ 建市八年来，珠海充分利用风景资源发展旅游事业，先后投资两亿多元，兴建了珠海宾馆、拱北宾馆、珠海渡假村、步步高大酒店等一批新颖别致、设备先进、管理完善、服务优良的旅游设施。截止1986年底，全市拥有各类宾馆、旅店、招待所161个，建设面积达到28.51万平方米，共有床位16979张。这些宾馆、旅店共接待了368万多人次的海外人士，外汇收入达77604万元外汇人民币，为珠海的城市建设吸收了大量资金。

［**城市环境综合治理**］ 珠海市建市以来，经济建设和环境综合治理同步进行，使市区的生活环境向净化、绿化、美化目标迈进。

1.环境保护。据不完全统计，八年来共有三十多个污染严重的项目不予报建；对20多个不符合环境要求的项目选址提出意见，并进行了调整；帮助26个企业编写了环境报告书，有效地控制了工业生产对城市环境的污染。此外，还加强了对大气、水、土壤和噪音等污染的监测与治理，使城市环境质量基本维持良好状态，各项环境质量指标基本达到国家一级标准。

2.园林绿化。建市以来，仅园林部门完成道路绿化41条，全长38.5公里，建造街心花坛18个，铺植草坪11.5万平方米，风景点植树7.5万株，绿化面积2.65平方公里，初步形成了一个有机的绿化体系，绿化覆盖率达30.3%，全市人均占有绿地17.03平方米，高于广东省的城市绿化平均水平。城市园林雕塑也打开了局面，市政府从1986年开始每年拨出20万元专款用于城市园林雕塑，为珠海园林艺术增色添辉。

3.环境卫生。在香洲区一万多户居民住宅中，推行袋装垃圾收集办法，避免了垃圾的二次污染。对垃圾还进行卫生填埋和无害化处理。环卫处还引进了国外先进的扫街车、洒水车和压缩垃圾车等机械设备，既提高了环卫的机械化水平，又减轻了环卫工人的劳动强度。

三、城市建设事业对经济和社会发展的促进

珠海市逐步完善的城市基础设施和优美的环境吸引了海外大批的投资者，促进了特区经济的迅速发展。至1986年底，珠海已签订利用外资合同2551项，协议投资总额19亿美元，此外还同国内企业联营合作，兴办起内联企业300多家；目前全市现有外商合资、合作、独资企业336家，其中工业185家，占55.1%；商业服务70家，占20.8%，通讯、运输20家，占6%；其他61家，占18.1%。这些企业的建成和投产促进了珠海经济的腾飞，几年来，珠海的经济迅速增长，1986年工业总产值达67565万元，比1985年增长14.4%，外贸出口总值增长23.1%，旅游外汇收入增长62.5%。珠海正以全新的面貌向现代化的海滨城市之列迈进。

四、城市建设改革情况

在城市建设行业改革方面，一是全面推行工程设计和施工招标，降低工程造价。二是加强工程质量管理。根据市政府的规定，凡是6层以上建筑和投资逾100万元以上的单位工程，都必须委托市质检站进行质量监督。三是在企业内部，落实各种形式的经济承包责任制。四是从1986年起，改革领导干部制度，实行民主推荐领导班子。首先在规划局进行了民主推荐领导班子试点工作。试点后，接着又在质量监督检验站、自来水公司、设计院等单位开展民主推荐领导班子试点工作。试点后，接着又在质量监督检验站、自来水公司、设计院等单位开展民主推荐领导班子的工作，取得良好的效果。

五、城市建设法制建设情况

八年来，我市根据国务院、省政府以及国家建设部和省建委的有关文件精神，结合本市实际情况，先后制定并经市政府颁发了《关于加强城市建设管理的若干规定》、《城市建设管理条例实施细则》、《环境保护管理暂行条例》、《园林绿化管理暂行条例》、《关于违章建筑处理的暂行规定》、《关于城市卫生管理的规定》、《关于加强外地进入珠海市建筑安装队伍统一管理暂行规定》、《建筑工程文明施工管理规定》、《城建档案管理规定》、《市容卫生门前三包责任制管理办法》、《环境噪声管理办法》、《城市私有房屋管理规定》、《市政设施管理办法》等二十多个城建行政规章，使城市管理各项工作逐步做到有章可循、有法可依、依法治城。

广州市城市建设概况

刘海腾

广州市是广东省省会，地处珠江三角洲北缘，濒临南海，毗邻港澳，是祖国南方的门户。下辖越秀、东山、海珠、荔湾、黄埔、天河、芳村、白云等八个区和从化、花县、番禺、清远、增城、龙门、佛冈、新丰等八个县，面积16,631.7平方公里，人口716.98万，其中市区面积1,443.6平方公里，人口335.92万，是我国南方最大的城市和华南地区政治、经济、文化中心，交通枢纽以及传统的物资集散地。

广州又是一座有2,800多年的历史文化名城。自秦始皇33年(公元前214年)任嚣在此筑城始，广州就一直是历代郡治、州治和府治之所在。

广州市自然条件得天独厚，地理位置优越。有铁路、公路和内河航运与内地相通，有年吞吐量2,200多万吨的黄埔港和广州港以及国内第三大国际机场白云机场，而且是全国三大金融中心之一。1986年，全市工农业总产值193.83亿元，其中工业产值177.97亿元，分别比1949年增长39.6倍和71.8倍。

一.建国前城市建设概况

建国前，广州市城市建设十分落后，1949年，城市建成区只有36平方公里，道路长度228公里，面积185万平方米，永久性桥梁91座(市区过江桥梁只有海珠桥)，公共汽车211辆，黄包车和三轮车是当时的主要交通工具；全市只有二座自来水厂，年生产能力1270万吨，供水面积仅18.7平方公里，按当时市区人口计算，人均日供水量83公升；下水道长度309公里，没有象样的防洪设施，荔枝湾、东山湖一带每逢雨季经常受水浸；居民居住条件差，有1.5万户、6.8万人以艇为家，3.29万户、13.9万人居住在木屋茅棚区；全市只有占地25公顷的4个小公园。市区许多地方黄土裸露，尘土飞扬；垃圾、污泥经常堆积街头。广州市被称为“马路不平、电灯不明、自来水不清”的城市。

二.建国后城市建设成就显著

从1950年到1986年，广州市城市建设投资17.47亿元，其中1979年至1986年的投资12.16亿元，占全部投资总和的69.6%，城市规划、房地产开发、市政、公用事业、园林绿化、市容环卫等各方面都有了长足发展。

［**城市规划**］　广州市城市建设总体规划于1954年着手制订，到1974年前后共制订了13个方案，这些方案虽不够完善，未能经国务院批准，但都对广州的城市建设起了指导作用。1976年，编制了第十四个方案，经省市组织专家多次论证修改，于1984年9月得到国务院批准。根据总体规划的这个要求和城市建设的需要，1985年新设了天河和芳村两个行政区，将郊区改为白云区，市中心区面积由原来的54平方公里扩大到92平方公里。小区规划和村镇规划的编制和审批也加紧进行，到1986年，已编制完成54个小区规划，占全市小区的73%，其中有46个已得到市政府批准。另外，还全部完成了127个小城镇规划和1566个中心村总体规划；完成了城市道路、公共交通、农贸市场、工业品市场和经济技术开发区等专项规划。

在抓紧编制小区规划、城镇规划的同时，加强了规划管理工作。1984年实行了审批用地联署办公，逐步实现按一张蓝图(总体规划)指导建设，由一支笔审批用地和报建。同时，制订了《广州市城市规划管理办法》，成立了城市管理监察大队，专门负责城市规划、建筑报建等方面的监督。1986年进一步改革了用地管理，变无计划拨地为有计划拨地，变零星拨地为成片成线拨地，变无偿使用土地为有偿使用土地，变单纯用行政办法管理用地为以行政、经济、法律手段并用管理用地。

［**房地产业**］　1950年～1986年，广州市全民所有制单位住宅总投资41.06亿元，占全市固定资产总投资的17.32%，建成住宅2190万平方米，占现有住宅总面积的71.4%，其中党的十一届三中全会以后的8年共投资35.59亿元，建成住宅1435万平方米。为加快住宅建设步伐，广州主要采取了以下四种办法：一是“私建公助”，1965年起到1966年底止，采取这种办法把全市两万多间面积57万多平方米的木屋改建成砖瓦房，并建了一批标准较高的华侨住宅，净增建筑面积10万多平方米。十一届三中全会以后，广州城镇居民自筹资金或在单位帮助下进行住宅建设逐年增加，方式更多样，或是单位帮助贷款，或是参加住宅建设存款。1982年至1986年私人住宅建设共投资3亿元，建

成住宅203万平方米；二是国家投资或地方自筹资金进行建设。1964年，周恩来总理视察了广州珠江河段水上居民以艇为家的情况，指示要让水上居民上岸定居，并批准国家拨款1200万元为水上居民兴建住宅，广州市又自筹部分资金，专门为水上居民先后兴建了28.55万平方米住宅，使1.13万户水上居民结束了浮家泛宅的生活，得以上岸定居。1981年，市政府成立了“四种人”住房办公室，专门解决落实政策回城的无房户、未上岸定居的水上居民、“文革”时被挤占的私有自住房户、高级知识分子和知名人士中的住房困难户。到1986年，政府共投资2.22亿元专门为“四种人”兴建住宅，加上各单位各自安排一部分，基本解决了“四种人”住房困难。1986年市政府又成立了“解决人均两平方米以下住房困难办公室”，决定用三年时间基本解决这些困难户的住房问题，当年就为一千多困难户调整了住房。三是发展商品住宅。广州市商品住宅开展于1956年，当时在华侨新村和江南大道建设了一批较好的低层住宅，卖给港澳同胞、华侨及其亲属。十一届三中全会以后，广州市的商品住宅有了较大发展，但还一直供不应求。据统计，到1986年全市共开发商品住宅344万平方米。四是引进外资。1979年，东山区成立了引进外资住宅建设指挥部(东华实业有限公司前身)，开创了引进外资建设住宅的先例。随后穗华房产开发公司、越秀开发公司等多家公司都引进外资进行住宅建设。先后在东湖新村、晓港新村、昌乐园等地建成一批较为高级的住宅。由于采取了多种办法搞住宅建设，使广州市人均住宅从1978年的3.82平方米，提高到1986年的6.9平方米。

住宅建设的迅速发展是与房地产事业的发展分不开的。1983年以后，广州的房地产开发事业有了迅速发展，到1986年，全市共有房地产开发公司43家，已经开发和正在开发的五万平方米以上的小区达20个，其中较大的广园、江南、五羊等新村已初具规模。共开发建成房屋434万平方米，还建成了大批由各开发公司投资的综合配套设施，仅中、小学就建成六所。为逐步实行土地有偿使用，1986年广州市政府选择了东风街小区作为试点，实行招标开发。

［市政公用事业］

1.道路桥梁建设。1979年以前先后建成了中山一路、中山七路和八路、中山大道、黄埔大道、工业大道、黄沙大道等干道，修复了被国民党炸毁的海珠桥，新建了人民桥。1979年以后，路桥建设有了更快发展。先后拓宽了江南大道、环市路、昌岗路、新港路、先烈路、天河路、南岸公路等，新建了广州大道、广清路、广园路和区庄立交(国内首座四层带双转盘互交式立交)、中山一路立交和天河立交等九座立交，17座人行天桥和四座过街隧道，新建了广州大桥、增步桥等八座永久性桥梁。另外还在国内率先建成了高架路—大北高架路和小北高架路。到1986年市区共有道路474公里、537万平方米，分别比1949年增长1.08倍和1.9倍，永久性桥梁(包立交和天桥)174座，增长0.91倍。

2.公共交通。解放初期广州市的公共交通车辆还属私营，1952年才成立广州市国营公共汽车公司，但只有少量车辆。1958年市公共汽车公司开始统一管理全市公共交通车辆。1960年建成市内第一条无轨电车线路，成立了电车公司。由于各方面的原因，公共交通一直发展缓慢，1978年以后才出现转机。1979年引进第一批出租小汽车，到1986年全市已拥有出租小汽车公司76家，出租小汽车达6100多辆。目前广州市已基本形成有号码线公共汽(电)车、专线车、公共小巴和出租小汽车等多层次的公共客运交通网。1986年，城市拥有公共汽(电)车1316辆，轮渡56艘，分别比1949年增长6.24倍和3.29倍。站场建设从无到有，共建成公共汽(电)车站场26个，面积26万平方米，候车亭(廊)332个。

3.供水排水。广州市政府对城市供水十分重视，特别是党的十一届三中全会以来，一直作为城市建设的大事来抓，到1986年先后新建了九座水厂，扩建了西村水厂并进行了一系列的挖潜改造，建成了六座调节水库，用水普及率100%，人均生活用水量310公升，居全国各大城市之首。排水设施的建设和整治也同步发展。早在解放初期，市政府就拨出200余万元整治了玉带濠，新敷烂马路(现中山七路)干渠，改造应元路、中山六路、德宣西(现东风西路)等干支渠120公里。1957年起用三年时间整治全市最大的长达五公里的臭水沟西关涌。30多年来，全市用于排水工程建设和整治的资金达5,000多万元，1986年，全市下水道总长度712公里，比1949年增加了1.3倍。

4.民用燃气。广州的民用燃气事业起步较晚，1975年5月，广州市才成立煤气筹建处，1976年4月正式向用户供应液化石油气。1986年底储气能力1,200立方米，用气户6.53万户，普及率只有8.78%。

［风景园林事业］ 广州素有花城之称，但大规模的绿化工作是解放后才开展的，1956年，广东省和广州市领导同志带领各界群众七万多人到白云山等地义务植树，从那以后，广州基本上每年都组织群众义务植树。1986年城市建成绿地面积5662公顷，绿化覆盖率29%，分别比1949年增长183倍和24.7倍。

1978年是广州绿化工作打基础的阶段，在这期间，主要是对各马路、荒山和裸露地进行全面绿化。1978年以后，绿化工作进一步加强，全市县以上单位建立绿化机构的有九百多个，配备专(兼)职工作人员两千多人，绿化工作进入了发展和提高的阶段，重点抓了三项工作：一是搞好绿化规划，优选树种，逐步使主干道的绿化带形成高低错落的绿、花、香齐全的植物群落；二是以生活区和厂矿区为重点，逐步实现普遍绿化。据1986年统计，全市90%的工厂都开展了绿化。家庭种花更普遍，家庭盆花常年保持在200万盆以上；三是“见缝抽绿”，在马路两旁、内街、立交等地建起各种花坛、花基、花槽，广种植被，消灭裸露地。1986年，仅市区就种植藤本植物20万株，乔灌木151万株，铺植被15万平方米。

广州市公园种类较为齐全。纪念性的公园有1957年揭幕的面积达26万平方米的广州起义烈士陵园和建于1918年的黄花岗七十二烈士陵园。综合性公园有荔湾湖、东山湖、晓港、越秀等公园。越秀公园是广州最大的综合性公园，面积近一百万平方米，以明代的古迹镇海楼(又名五层楼)和以五羊传说为题材的五羊雕塑而闻名。专业性公园有以兰花为特色的兰圃，以盆景为特色的西苑，以文化活动和展览为特色的文化公园，以栽培各种热带亚热带植物为特色的华南植物园以及广州动物园等。华南植物园是全国四大植物园之一，面积4,500亩，汇集植物4,000多种。广州动物园是全国三大动物园之一，占地35公顷，共有四大纲目的动物200多种，2,000多头。

迎春花会和除夕花市是广州市独有的群众性观花赏花活动。迎春花会于1953年首先在文化公园开展起来，以后各公园纷纷响应，形成了一年一度的百花大会展。除夕花市形成于18世纪的清朝乾隆、嘉庆年间。每年除夕前三天，在市内几处马路临时搭起棚架做为花农摆卖盆栽和插花的集市。买花赏花的人成千上万，除夕晚达到高潮。1965年朱德、董必武等党和国家领导人曾亲临广州，观赏除夕花市。

1986年，广州市共有11个风景旅游区，较大的有白云山、莲花山、南昆山、飞霞山、从化温泉等。白云山座落在广州东北郊，面积28平方公里，1958年市政府成立了白云山管理处，从而开始了白云山风景区的建设，先后修建了一批名胜古迹和园林景观。1986年又建成了长达1,672米的观光索道——白云索道。其它景区的规划、建设和管理也得到了进一步加强。

1985年，广州市通过市民推荐和专家评议，确定红棉花(又名攀枝花)为广州市花，画眉鸟为广州市鸟。1986年，重评了“羊城八景”，经群众推荐和专家学者的广泛评议，最后确定“红陵旭日”、“黄花浩气”、“流花玉宇”、“珠水晴波”、“云山锦绣”、“越秀层楼”、“龙洞琪林”、“黄埔云樯”为羊城新八景。

[市容及环境卫生事业] 1951年，成立了环境卫生机构，到1986年，全市有环卫职工6574人，党的十一届三中全会以后广州的环境卫生事业发展较快，一是环卫设施逐步完善，所有新建改建的公厕都实行三级化粪处理。到1986年全市共有公厕449间，坑位1.24万个，比1978年增长了25.77%和182.14%，基本解决了“上厕难”的问题。垃圾的收运和粪便清运基本上实现了机械化和半机械化。1981年全市使用封闭式垃圾桶实行煤炭垃圾的直收直运，撤消了转运场。1985年在坦尾和老虎窿建成了两个容积73万立方米垃圾填埋场，使垃圾出路紧张的问题得以缓和。二是加强管理。1986年颁布了《广州市市容环境卫生管理规定》，成立了环卫监察大队，同时普遍实行了“门前三包”，使乱丢、乱吐的现象大为减少，市容卫生有了较大改观。三是技术装备水平有了较大提高，仅1980年到1986年新增大型环卫机械232台。

三、成市建设促进了经济的发展

广州市城市建设的大踏步发展，为经济的发展打下良好基础，促进了经济的发展。

[经济效益显著] 广州市的每一项新建市政基础设施工程的建成，都给社会带来了巨大的经济效益。以区庄立交为例，该立交建设前是十字平交口，据1982年7月统计，高峰小时仅机动车流量就为2442辆，处于严重超负荷状态，机动车经过该路口往往要候几十分钟乃至一个多小时。交通中队每天要派20名民警仍难以维持该路口的交通秩序。1983年12月，区庄立交建成通车，据1986年测算，机动车流量增加3.76倍，每天通过六万辆机动车。按最低经济效益计算，一年可减少汽油、机械损耗和人工费损失2.19亿元。

[改善了投资环境] 市政基础设施建设的发展，使广州的投资环境逐年有了改善，有效地吸引了各地的投资者。“六五”期间，全市与外商签订的合资、合作经营、补偿贸易和租赁合同531宗，合同投资总额10.13亿美元。到了1986年，与外商签订的同类合同共117宗，合同规定的投资金额3.62亿。国内各省市与广州的联合协作项目“六五”时期年平均为425项，投资3.37亿元，1986年为1.173项和4.33亿元。

广州经济技术开发区于1984年12月创办后，积极发展基础设施建设，到1986年底建成道路15公里，铺设供排水管道80公里，安装程控电话

1,000门，架设高压输电线路16公里，以及一整套的生活、娱乐、商业服务设施，吸引了国内外投资者，据1986年底统计，区内已办起了各类中外合资合作和内联企业147家，总投资5.13亿元，投资的趋势还在逐年增加。

四、城市建设经济体制改革及经济政策调整

广州城市建设经济体制改革和经济政策调整是从1983年起步的，经过几年的改革，逐步理顺了城建管理体制，实行了一系列促进城市建设事业发展的经济政策，企业管理也得到加强。

［**理顺管理体制**］ 广州市城建体制改革的主要内容有：政企分家，取消建设局，行政管理部分组建为市政管理局，成立了市政设计院，隶属于市政管理局，企业部分组建为市政工程总公司；组建了公用事业局，将原来隶属市交运局的公共汽(电)车公司，原隶属于建设局的自来水公司、煤气公司都划归该局管理；在原来住宅建设办公室的基础上，组建了城建开发总公司；为适应开放形势，更好利用外资，组建了珠江外资建设总公司。从而逐步改变了管理机构交叉重叠和政企不分的状况。

［**经济政策调整**］ 1981年经省批准实行"以水养水"，加上以后实行的"以公交养公交"，"以园养园"和1982年实行的从基本建设投资中提取5％作为市政建设费，统称"一费三养"，这些改革为广州城建资金开辟了比较稳定合理的财源。"以水养水"，就是批准自来水公司所得的利润不上交，留下用于供水设施的维护和建设，财政原则上也不再下拨自来水建设的资金。实行这一政策以来，供水设施有了较大改善，自来水产量平均每年约递增10％。供应紧张状况有所缓和。"以公交养公交"和"以园养园"由于政策性亏损较大，实行以后一直未能实现自养。另外，还先后对贷款建设的桥梁实行收取过桥费；对工商企业收取有偿使用排水设施费；对外资、合资企业和新建工程收取土地使用费；此外，还大胆地引进外资进行城市建设，这样，增加了广州城建资金的来源。"六五"期间，广州市城建投资达8.7亿元，相当于以前五个五年计划总和的166.5％。

五、城市建设科技进步

［**城市建设设计**］ 党的十一届三中全会以来，广州市设计队伍有了较大发展，中级设计院由原来的一个发展到五个。广州市设计院于1985年引进了VAX-11/750型电算机和一批微机，将电子计算机技术应用于工程设计，初步实现了结构计算的自动化，缩短了设计周期，提高了设计质量。该院设计的白天鹅宾馆获国家建筑设计金质奖。1986年，该院被建设部指定为全国旅游宾馆四个指导设计院之一。1985年市住宅科学研究所设计的番禺县沙湾文化中心获建设部文化中心设计评比二等奖，该所运用微机编制的"框架剪力墙计算程序"获广州市应用成果二等奖，该项技术已向全国30多个单位转让。

［**城市建设施工技术**］ 1980年广州市建成了第一个混凝土搅拌站，到1986年，全市已建成永久性混凝土搅拌站三个，商品混凝土开始在许多重点工程建设中使用。1978年以来，先进的科学技术也在施工中的许多方面得到运用，如"统筹法"、"流水网络法"等先进的技术和爬升塔、滑模、混凝土泵运设备等先进设备，已在施工中广泛采用。施工技术的提高，促进了专业公司的发展，目前广州市已有机电安装、冷气安装、自来水安装等多种专业公司，装修公司多达113个。

［**科研成果**］ 党的十一届三中全会以后，各级领导对科研活动普遍重视，科研经费有了较大增加，取得了一系列科研成果。主要有：第六代河床净化过滤大口井，获1986年第二届全国发明银牌奖；广州市政工程设计研究院与华北市政工程设计院联合，于1986年5月成功地完成国内首例100升生物除磷脱氮试验。市园林建筑工程公司建造的"芳华园"获1983年慕尼黑国际博览会的两项金质奖("德意志联邦共和国大金质奖"和"全德园艺家协会大金质奖")；市园林科研所花卉组织培养快速繁殖，1982年获省、市科研成果奖。

广西壮族自治区城市建设概况

郑朝新

广西古称岭南，秦始皇统一中国后设置郡县，广西大部属桂林郡，故有"桂"之简称。秦汉以来由于与中原汉族不断交往，促进了岭南地区的发展繁荣。随着朝代更迭，行政建制屡有变迁，解放初期仍沿为广西省，1958年成立广西壮族自治区。全区聚居着壮、汉、瑶、苗、侗、仫佬、毛难、回、京、彝、水、仡佬等12个民族，其中少数民族有1500多万人，占全区总人口的40%。

广西地处祖国南疆，北回归线横贯中部，属亚热带季风气候，雨量充沛，四季常青，物丰景秀。广西素有"有色金属之乡"的称号，锡、锑及铝土矿已探明贮量分别居全国第一位、第二位、第四位。广西境内河流多，水量大，落差大，可供开发的水利资源蕴藏量居全国第六位。广西是我国著名"喀斯特"地区，岩溶地貌发育完备，风景旅游资源得天独厚，尤其桂林到阳朔一带，"江作青罗带，山如碧玉簪"，峰秀洞奇，山水甲天下。

全区土地面积23.6万平方公里，山多平地少，"八山一水一分田"，南临北部湾，海岸线长约1500公里，西南隅与越南交界，著名的法卡山位于凭祥市境内。

建国前，广西生产凋蔽，"一穷二白"，资源开发利用程度极低。解放初，全省只有4个小城市(南宁、柳州、桂林、梧州)，建成区面积共14.3平方公里，人口45.1万人。

建国近四十年来，在党的民族政策指引下，特别是党的十一届三中全会以来的路线指导下，各族人民共同奋斗，广西城市建设事业有了较大的发展。到1986年底，已有南宁、柳州、桂林、梧州、北海5个自治区辖市和玉林、百色、凭祥、河池、钦州、合山6个地辖市等共11个城市，人口共225.6万人，城市建成区面积233平方公里。1984年中央、国务院确定北海市(含防城港)列为对外开放的沿海城市。

一.建国以来城市建设事业发展和成就

建国前广西城市设施非常落后，市容破烂不堪。建国以来，尤其是"六·五"期间，各级领导积极贯彻中共中央"关于经济体制改革的决定"，普遍增强城市观念，主动调整"骨头"与"肉"的投资比例，城市政府把"规划好、建设好、管理好"城市作为己任，把城市建设列上议事日程，积极为人民办实事，实行目标管理，促使城市面貌有较大变化，并且走上了按规划进行建设和管理的科学轨道。

［**城市规划**］ 至1986年全区11个城市的建设总体规划已全部完成，其中南宁、桂林市业经国务院批准。柳州、梧州、玉林、合山四市已经自治区人民政府批准。在建设中，南宁、柳州、梧州、玉林等市还组织力量对总体规划进行了调整、修订。

桂林市根据总体规划要求，组织编制了市区建筑高度控制规划，开展市区详细规划，为深化和实施城市总体规划，确保人工建筑与自然山水相协调，创造优美景观和良好的居住环境打下了基础。

城市建成区及城市人口情况表

区辖市名称	建成区面积(KM²)		城市人口(万人)		地辖市名称	建成区面积	城市人口(万人)
	1949年	1986年	1949年	1986年		1986年	1986年
合　计	14.3	187.6	45.1	182.1	合　计	45.4	43.2
南　宁	4.5	68.0	9.2	62.8	玉　林	9.3	12.3
柳　州	3.0	64.0	14.6	53.9	百　色	9.2	8.1
桂　林	5.0	33.0	9.5	33.2	凭　祥	5.4	1.5
梧　州	1.8	10.8	11.8	20.0	河　池	9.8	7.7
北　海	/	11.8	/	12.2	钦　州	6.5	9.4
					合　山	5.2	4.2

［城市住宅］ 解放初期，广西城市住宅面积为353万平方米，多为简陋的低层砖木结构，缺乏起码的配套的卫生设施，居住条件相当低劣。1978年至1986年八年间城市住宅建设投资共12.4亿元，约为建国后前三十年建设投资总额的三倍，共建成住宅1136.3万平方米，相当于前三十年新建住宅面积的总和。

城市住宅一般都按居住小区规划进行综合开发配套建设，方便了群众，改善了居住环境。

据1986年统计，全区城市人均居住面积达7.2平方米，为改革前1978年的二倍，较大地改善了城市人民的住房条件，详见下表。

城市住房情况统计表

年　份	1981	1982	1983	1984	1985	1986(普查后)
居住人口(万人)	154	160.2	163.9	199.9	203.8	210.9
住房建筑面积(万 M^2)	1228	1340	1461	2113	2203	3327
居住水平(M^2/人)	3.9	4.2	4.5	5.2	5.3	7.2

在加快住房建设的同时，注意抓紧对私房政策的落实，对"文化大革命"中接管、代管房及在1958年至1966年间进行的"私房改造"所遗留的问题，进行清查摸底工作。全区需落实各类房屋政策的共9039户，到1986年底，已退回房产权、使用权的达5046户，占应退户的55.8%，其中"文革产"已基本落实完毕。

［市政公用设施］

1.城市供水。解放初，广西城市供水设施极其短缺，梧州、南宁、柳州、桂林四市各有一座小型自来水厂，日供水能力总共1.5万吨，供水普及率和保证率都很低，经常出现"一楼稀稀拉拉，二楼滴滴哒哒，三楼干干巴巴。"的用水窘困局面。

解放后，随着城市经济的发展，市区日益扩大，城市供水设施也得到不断完善。1986年广西11个城市拥有22个自来水厂，日供水能力达109.7万吨，人均生活用水量达315.7公升/日。在新建、扩建自来水厂的同时，配套敷设新管道，改造旧管网，提高输水能力，保证安全供水。

2.城市道路与桥梁。解放前广西城市路少质次，路面坎坷不平。所有沿江城市没有一座永久性桥梁，沟通两岸全靠浮桥、渡船。近几年来，许多城市按照总体规划实施，开辟市内环线或新干线，拓宽城市出入口路段和卡脖子地段，疏解城市交通，区别城市生活性干道与交通性干道功能，从根本上解决交通拥挤现状。1986年全区城市拥有道路长度728公里，道路面积744万平方米，其中高级及次高级道路均占80%以上；永久性桥梁99座。大大增强了交通疏导能力，从而取得了较好经济效益和社会效益。解放前，广西省会城市桂林，全市仅有1公里的沥青路面，其余都是泥土"扬灰"路，横跨漓江只有一座浮桥。桂林近几年大抓基础设施的建设，兴建了三座跨越漓江的永久性桥梁，开辟东、西环路，对开发新区疏导市内交通发展旅游业起到了良好作用。

3.城市公共交通。广西城市公交事业是解放后逐步兴起的。历史上广西城市交通工具是以畜力车、人力车为主，经过三十多年的经营建设，基本上形成了以公共汽车为主体，出租汽车、轮渡等协调发展的城市公共交通系统。

据1986年统计，全区城市共有营运车辆637辆，轮渡营运船8艘，年客运量2.57亿人次。

近年来，公交企业坚持以运营服务为中心，采取措施增开车辆，加速运转，开辟"专线车"、"学生车"，扩大服务范围，搞好安全准点运行，努力提高社会效益。在"五讲四美三热爱"和"文明礼貌月"活动中，加强对职工的职业道德教育，提高服务质量，涌现出一批先进集体和个人。1985年广西城市公交企业在全国公交优质服务竞赛中，获全国行业劳动模范称号2人，行业先进集体1个；优质服务竞赛先进集体11个，先进个人19人。

4.城市排水设施。解放前广西城市排水设施尤其落后，除市中心区敷设有少量小管径的污水、雨水管之外，大部分市区没有排水设施，主要依靠自流排放和地面泥土渗透，每逢雨季往往积水致涝。

解放后的近四十年，市改建设部门努力清除下水道淤积，按城市排水专业规划建设沟渠排水系统，至1986年，11个城市的排水管总长度有523公里，其中5个区辖市的排水管道总长度为453公里。城区受涝程度、范围均有缩减。桂林市建成了2座污水处理厂，日处理能力3.9万吨，对改善城市旅游环境作用甚大。

5.防洪设施。建国前广西城市全无防洪设施，沿江城市不同程度遭受洪水灾害，损失严重，尤以南宁、梧州二市为最。

南宁市频受洪水侵袭和危害，当时政府只为保住3平方公里的飞机场，沿机场四周修建了6公里长的壤边堤，置广大市区洪涝于不顾。解放后，党和政府为了彻底解除南宁水患，确保人民生命财产安全，1973年动工兴建邕江防洪堤，并按20年一遇防洪标准进行维修和加高，1975年以来国家投资3400万元，已建成堤防31.42公里，十多年来有效地保障了南宁市安全渡汛，累计减少经济损失3.2亿元。

梧州市位处浔、桂两江汇合处，水位变化幅度大，城市洪害突出。长期以来该市毫不设防，人民群众不得不习惯于“洪水来了住二楼，系舟楼前当车用”。1979年以来国家投资723万元，建成石堤1.64公里，土堤540米，初步发挥效益，目前防洪堤仍在续建之中。

6.城市燃气。广西由于没有大型炼油厂，又无优质煤可供造气，因此城市气源相当缺乏，燃气事业起步晚。全区11市仅南宁、柳州、桂林三市成立了煤气公司，到1986年共计供气4.1万户，平均气化率只有4.4%，远低于全国水平。近几年来各市煤气公司积极扩大气源，扩建储罐站，增加供气贮备能力，柳州市利用柳钢焦炉煤气供应民需，扩大了城区供气户。

［**园林绿化**］ 广西气候炎热多雨，绿化条件十分优越。石灰岩地形发育分布广，构成自然奇异景观，风景旅游资源极为丰富，各城市发展旅游事业条件也很优越。但在解放前，广西园林绿化建设规模小，水平低，设施简陋，很多景区没有得到开发建设，只有个别市区有稀疏行道树，城市周围多是荒山秃岭，貌似“火焰山”，水土流失严重。

解放以后各市大搞绿化建设，植树造林持之以恒，近几年来又把它作为精神文明建设的主要内容来抓，基本形成了点、线、面相结合的城市绿化系统，不少城市掩映在绿树叶中，“半城绿树半成楼”，有效地改善小气候，保持生态平衡，为人们提供游憩的良好场所。1986年广西城市公共园林绿地面积共573.8公顷，人均占有绿地2.7平方米，绿化覆盖率为19.2%。在绿化过程中，注意向彩化、香化、果化发展，积极提倡垂直绿化及屋顶绿化。南宁市把木菠萝、芒果、扁桃等热带果树引种街头，硕果满枝挂，增添一番情趣。桂林市金秋时节桂花飘香，使历史文化名城更添雅兴。

粉碎“四人帮”后，自治区和桂林市贯彻中央领导同志指示，关停并转了一批污染城市环境的工厂企业，积极治理漓江及榕湖、杉湖水体，建起了污水处理厂，搬迁了一部分侵占风景点和公园的单位，有效地保护了自然景观，扩大了绿地面积。1986年桂林市的公共绿地面积恢复到了105公顷，相当于1967年的水平，漓江水体也已变清。几年来桂林市兴建了一批旅游宾馆、饭店，吸引了大量国内外游客，根本上改变了“山水甲天下，游客睡地下”的被动局面，成为我国四大旅游热点城市之一。

西部山城百色市天气酷热，廿多年来领导带头有计划地植树造林，如今荒山披绿装，改变“山城火炉”面貌，多年实测夏季平均气温降低了2度，初步改善了气候环境。

二.管理体制改革

几年来，广西各市在改革中抓了以下几个方面的工作。

［**制订了有关管理条例和办法**］ 自治区和各地城建主管部门，通过大量调查研究，从实际出发，制定了一系列城市建设管理条例和办法，经过自治区人大、政府或当地市人大批准通过，使城市规划建设的管理工作走上了法治轨道。同时全区各市相继成立了城市监察执法队伍，目前共有200多人。

［**建设方针**］ 积极推行“统一规划，合理布局，综合开发，配套建设”方针。全区11个城市已建立房地产综合开发公司29个，配套建设了19个居住小区，积极开展住宅商品化经营，1981年以来通过综合开发，建房面积达340多万平方米，其中商品房100多万平方米，出售给个人9万多平方米。城市房地产按规划成片开发建设，有利于节约城市用地，有利于改善居住环境质量，有利于公共服务设施的社会化，既节省投资又方便群众。

列为我国14个沿海开放城市之一的北海市，1984年以来从抓规划入手，按规划的布局进行综合开发，加快了建设速度，短短的二、三年时间内，建成了6条城市道路干线、水厂、飞机场、万吨级舶位码头、微波站等基础设施和居住小区，为外引内联和技术改造创造了良好的投资环境。

实行以“百元产值(收入)工资含量包干”为主的经济责任制。从1984年起，广西各城市在公共交通、房屋建设、市政工程等行业中，推行了“百元产值(收入)工资含量包干”为主要内容的经济责任承包制。市政行业实行后，1986年全员劳动生产率最高的已达9192元/人，产值和利润均到历史最好水平。公交行业推行这项制度后，1985年利润达400万元，创历史最好水平，比1984年提高33%。

南宁、柳州、北海、桂林四市的5个市政公司先后自愿组成企业横向联合体——广西市政联合公司，在承建北海市政工程和南宁市民族大道西段工程中，实行百元工资含量包干，缩短了工期，提高了质量，赢得了当地政府的好评，企业得利，也为深化改革探索了一条新路。

自治区城乡规划设计院1984年实行经济责任制以来，调动全院职工的生产积极性，年完成的规划设计工作量倍增，院和职工的收入均有增加。

努力贯彻“人民城市人民建”方针。近几年来，各城市政府除了征收国家规定的“城市维护建设税”外，广开渠道，广筹城建资金，取之于民，用之于民。一是全区统一开征城市市政设施配套费；二是部分市政设施实行有偿使用，柳州市柳江二桥每年收取车辆过桥费200多万元，对偿还贷款、发展道桥建设起了重要调节作用。玉林市对新建的外环路收取过路费，南宁市政府作出了收取排水设施使用费的规定；三是组织受益单位和群众参加建设城市道路的义务劳动，如桂林市东环路工程和钦州市道路工程的修建都得到了当地群众的支持。

发挥行业协会作用。城建的行业协会作为政府与企业联系的纽带，在改革中发挥了较好的作用。中国城镇供水协会广西分会成立之后，面向县镇小水厂开展技术咨询服务，论证技术改造，取得了明显效益；广西公交协会协助主管部门推动优质服务竞赛，促进服务质量和社会效益的提高；中国白蚂蚁防治中心广西分中心，不仅能防治家白蚁，而且也防治堤坝白蚁，成绩显著；玉林白蚁防治所研制的防蚂蚁蟑螂药已打入国际市场，在香港、新加坡都有声誉。

三、积极培训人才，提高职工素质

城市规划建设管理是一门综合性、多科性的学科群体，需要一支有相当规模和素质的科技人才队伍。除每年国家分配各类毕业生外，各区各地因地制宜多层次办学。以广西建筑工程学校为主要基地，办好城乡建设中专；在桂林市创办重庆建工学院城规专业大专班教学点(三年制)；1984年区规划院举办了电大城规班，在校学生30人；区建委、区党委组织部、区城市科学研究会于1985年联合举办第一期市长(县级市)县长镇长研究班，参加人数40人，反映较好，1987年12月还举办第二期。

虽然广西"六·五"期间城建工作在改革中迈出了可喜的一步，城建各项事业出现了前所未有的好形势，但由于欠帐太多，基础薄弱，城市建设与经济建设不协调的矛盾依然突出，城建管理工作有待进一步加强，主要表现为如下几个方面。

一是城市建设规划与计划，城市规划管理与土地管理之间的关系还没有很好理顺，"两张皮"的脱节现象还十分突出。

城建行业归口管理问题没有完全解决好，如个别城市市容监察队划归市精神文明办公室领导；有的城市环卫体制下放到区后，如何加强环卫机械设备的维护管理和队伍管理值得研究；有的城市对临时占用马路摆摊设点，交通管理部门和城建部门通气不够，造成妨碍市容景观的现象出现。

二是城市建设资金缺口很大，基础设施水平仍很低，广西城建维护资金人均为30元，低于全国人均水平。由于投资少影响了城建各项事业的发展。据1986年统计，城市人均拥有道路面积仅有4.7平方米；下水道人均长度只有23公分；污水处理量只占排水总量的3%；城市气化率只有4.4%；城市住房分配苦乐不均，仍有缺房户6.4万户。

三是城建科技力量还十分薄弱。全区城建系统现有职工3万多人，而科技与工程技术人员仅占2.5%左右，虽比从前有所增加，但距国家要求到1990年各种专门人才占职工总数的12.6%的指标，相差甚远。

四.主要城市介绍

柳州市

柳州市位于广西中部，汉武帝年间在此建城邑，唐太宗贞观八年(公元634年)定名为柳州，发展至今成为广西最大的工业城市，1986年工业产值约占广西工业总产值的四分之一。柳州是一个以工业为主、综合发展的区域经济中心和交通枢纽城市。经过近四十年的发展建设，如今柳州工业门类比较齐全，结构比较合理，配套能力较强，主要产品有微型汽车、装载机、空压机、水泥、化肥、家用电器、轻化工日用品。这里有年产170万吨全国之最的柳州水泥厂，所生产五羊牌水泥荣获国家金质奖，畅销海外。两面针牙膏、双马电风扇等产品驰名区内外。

十一届三中全会以来，柳州市经济发展很快，"六·五"期间1985年比1980年，全年工业产值翻了一番，达到了30多亿元，有力带动了城市基础设施建设的发展和生活环境的改善。

重视城市规划，加强对规划工作的领导。柳州总体规划自1982年经自治区政府批准后，市政府认真贯彻实施，市长亲自抓，市委、市人大协调一致支持规划工作。主要建设项目按规划布局定点，由市长一支笔审批。城市规划管理、土地管理两部门定期召开联席会，通气协商，减少了扯皮，提高了工作效率。

建立健全法规体系。1985年市人大重新补充修订通过了八个法规性文件：《城市规划管理暂行规定》、《市政工程设施管理暂行规定》、《房地产管理暂行规定》、《园林绿化暂行规定》、《环境保护暂行规定》、《城市建设拆迁安置暂行规定》、《建筑工程施工现场管理暂行规定》。

建立健全城市规划管理工作。1983年机构改革时，市政府决定成立以规划为龙头的城市规划建设管理局，配套成立市规划设计院、城建管理监察大队、房屋拆迁安置办公室。市辖五个区设立城建管理科和监察队。全市96个居委会都设有一个由城市维护费开支工资的专管环卫副主任。这样，全市有一支懂业务、敢管理、事业心强由四百人组成的多层次的规划管理工作队伍，遍布市区，有效地加强了规划的实施管理。

十一届三中全会以来，大力加强基础设施建设和住房建设，柳州城市建设得到了迅速发展，成绩显著。

一是修桥铺路，疏导交通。几年来以市自筹为主，建成了横跨柳江第二桥(长1300米，宽20米)，新建或改建了市区15条干道，总长度22公里，面积36万平方米。还为250条小街小巷铺设了22万平方米水泥路面。全市路况大有改观，基本消除了交通堵塞状况，提高了运行效率。特别是小街小巷路面铺装，居民直接受益，群众反映良好。与此同时，部分调整公交运行线路，新增营运车辆40辆，使"乘车难"得以缓解。

二是积极美化环境市容，造福人民。近几年来国家投资，群众集资，在市区中心修建长达2500米的柳江河堤，使滨江城市展示雄风，景观大为改善。在中心广场建造一座长65米、宽30米的大型彩灯喷泉，委婉动听的乐曲伴随着参观者漫步街头，为城市又增绚丽的一景。广泛发动群众义务植树造林二万多亩，积极发展园林事业，开辟滨江公园，充实完善现有园林设施，增设了五十多处小游园、绿化带和花坛共11万多平方米。1986年全市人均公共绿地面积为3.4平方米，为全区城市之冠。

市政府领导十分重视城市环卫事业，关心环卫职工生活。近三年来拨给环卫投资879万元，新建改建城市公厕56座，增加环卫技术装备，健全环卫后方基地，新建一批环卫职工住宅。目前市环卫处拥有各种机动车110辆，50%以上职工搬进了新居，大大提高了环卫工人的社会地位，在柳州出现了"争当环卫工人"的好气象，环卫工作出现了新局面。在1986年全区"三优一学"精神文明建设和爱国卫生检查评比中，柳州市均获第一名。

四川省城市建设概况

杨启后　王绍增

四川省位于我国西南部，长江上游，横跨四川盆地和青藏高原两大地域单元，总人口1.03亿，是全国人口最多的省份；面积57万平方公里，约占我国总面积的5.9%。四川省西部为高原，东部是相对低下的盆地。山地、高原、丘陵共约占全省土地面积的97.5%。四川是个多民族的省份，共53个民族，少数民族人数占全省总人口的3.71%。四川省处于亚热带纬度范围内，自然条件优越，生物资源十分丰富。四川的旅游资源也很丰富，地景、水景、气景、生景和文景五大类具有，前四类尤为丰富，为全国各省区少见。

四川有着悠久的历史，远古就有原始人类在这里创造了旧石器时代的文化。四川的城市也有很长的历史，大部份建城都在千年以上，成都、重庆、自贡、宜宾等四个市已被国务院定为历史文化名城。

建国以来，四川交通有了很大发展，"蜀道之难、难于上青天"的状况已一去不复返。现在，全省已形成以长江为主干，流经全省126个县市的水运网；基本形成了以成都和重庆为中心，以国家干线为骨架的四通八达的公路网；成都、重庆有直达全国主要大中城市的民用航空，铁路有成渝、成昆、宝成、川黔、襄渝等五条干线及九条支线，初步形成了以成都、重庆为枢纽的铁路网，为今后发展奠定了基础。1955年10月，西康省撤销，加上原西藏的邓柯、石渠、德格、白玉四县并入四川，形成现在的四川行政区域。1986年底，全省共19个市，其中省辖市11个：重庆(计划单列市)、成都(省会)、自贡、攀枝花(原名渡口)、乐山、绵阳、广元、德阳、遂宁、内江、泸州；县级8个：万县、涪陵、宜宾、达县、南充、雅安、西昌、华莹。全省城市市区总人口1572.5万人，其中非农业人口704.3万人，建成区总面积410平方公里。1986年，全省工农业总产值达到821.7亿元，社会总产值达到1158亿元，国民生产总值达到655亿元。

一.建国前城市建设概况

建国前，四川省工业十分薄弱，1949年全省工业总产值仅7.31亿元，占当时全省工农业总产值43.51亿元的16.8%。1949年全省只有成都、重庆、自贡三个市(未计西康省的雅安市)，城市人口196.8万，占全省总人口的3.4%，城市建成区面积62.4平方公里。全省城市自来水总供水能力为2.5万吨，普及率仅15%，人均生活用水量50升/日；城市道路面积136.1万平方米，人均0.7平方米，多为普通路面和土路，高级、次高级路面仅占5%；城市公共汽车只有38辆，且车况差、停开、抛锚频繁；城市下水道长度324.8公里，管网支离破碎，不成系统；环卫设施相当匮乏，臭水横流，垃圾成山，蚊蝇孳生，疾病流行；园林绿化，人平均公共绿地面积重庆仅0.1平方米，成都约0.3平方米。城市房屋破烂、席棚遍地，环境恶劣。

二.建国以来城市建设的发展

［城市发展］　四川地处祖国战略大后方，建国以后作为国家重点建设地区，经过三十多年的建设，全省已形成功能分区明确、行业配套、门类较齐全的五个工业区域：即以成都、绵阳、德阳、广元、乐山等城市组成的以航空、电子、机械为主的川西地区；以钢铁、造船、常规武器制造等为主的重庆地区；以盐化工为主的自贡工业区；以内江、宜宾、泸州等市组成的煤炭、机械、天然气为主的川南工业区；以钢铁及有色金属工业为主的攀西地区。随着大规模的经济建设，城市发展很快。1986年与1949年相比，城市由3个发展到19个；其中100万人口以上的特大城市两个，20～50万人口的中等城市6个，20万人口以下的小城市11个。城市人口年平均增长3.5%，城市人口和城市化水平分别增长了2.6倍和1.7倍。

［城市规划］　1956年组建了四川省城市规划设计院。结合国家156项重点工程上马，先后编制了成都、重庆、内江、泸州、南充等市和德阳、绵阳、中坝等一批重点建设县镇的城市规划。基本上做到了规划先行，统一建设，既上工业，又建城市，互相促进，协调发展。

1958年至1978年间，由于"左"的影响和十年动乱，规划工作受到严重冲击，1971年曾撤销省规划院。

1978年以后，城市规划得到重视，1983年重新组建了城市规划设计研究院，加强了城市规划工作。到1986年末，全省19个城市已全部完成了总体规划的编制，已经国务院和省政府批准实施。同时，还完成了攀西经济区、金沙江上游经济区的区域发展规划。

［**城市住宅**］ 建国以来，完成城市(包括县镇)住宅建设投资94.94亿元，占全省基本建设总投资737.51亿元的12.87%；其中1979年至1986年完成71.8亿元，相当于前29年完成数的3.1倍，占全省基本建设总投资的26.54%。

到1986年底，全省城市住宅达7964万平方米，其中，独门带有厨、厕、厅、阳台的成套住宅占23.2%。产权情况是：单位自管房5701万平方米，占71%；房管部门直管公房1149万平方米，占14.41%；私房1114万平方米，占14%，人均居住面积为5.9平方米。

1979年至1986年新建住宅3253.2万平方米，人均居住面积比1978年增长84.4%，从而使住房增长的速度超过人口增长的速度。不仅居住面积增加，而且住房设施、装修水准和居住环境有很大改善。成套住宅基本上是1978年以后建造的，新建住宅正向统一规划、综合开发、配套建设的方向发展。

［**市政公用设施建设**］ 1949年至1986年，全省(包括县镇)完成城市市政公用设施投资10.6亿元，占全省基本建设总投资737.51亿元的1.44%，其中1979年至1986年的八年间完成5.35亿元，相当于前29年完成数的1.02倍，占同期全省基本建设总投资的2%。四川省各个时期基本建设投资中市政公用事业所占比例见下表。

市政公用事业占基本建设投资比例

(单位：亿元)

时　期	全省基本建设完成投资总计	其中：市政公用事业	
		完成投资	占全省总计的%
恢复时期	4.32	0.28	6.5
“一五”	26.77	0.65	2.4
“二五”	69.04	1.05	1.5
调整时期	31.68	0.80	2.5
“三五”	129.39	0.83	0.6
“四五”	138.63	1.05	0.8
“五五”	125.27	1.59	1.3
“六五”	157.54	3.11	2.0
1986年	54.87	1.22	2.2
三十七年合计	737.51	10.60	1.44

1986**年末城市市政公用设施发展情况**：

1.城市供水。日供水能力为142.4万吨，人均生活用水量每日达到111.5公升，分别为1949年的57倍和2.2倍，分别比1978年增长52.6%和29.7%。建成了一批骨干供水工程。如自贡市引水工程，全长31.4公里，管径1.2米，投资3050万元，1985年1月动工，1986年通水。不仅工期提前一年零三个月，节约投资250万元，而且还增加输水能力近40%。它的建成彻底解决了自贡市水源长期污染严重的问题。

2.城市排水。城市下水道长度达3345公里，为1949年的10.2倍，比1978年增长3.2倍。

3.城市供气。从七十年代开始发展，1978年末，只有成都、自贡两市有民用燃气，用气人口6.8万人。到1986年末，又有重庆、渡口、泸州、内江、绵阳、德阳、乐山、涪陵、宜宾等9个市用上了天然气和人工煤气，用气人口达204.2万人，比1978年增长29倍，按人口计，全省城市气化率平均达到29%。

4.城市道路。城市道路面积达1972万平方米，人均2.8平方米，分别为1949年的14.5倍和4倍，分别比1978年增长1.4倍和0.6倍。成都市蜀都大道(原名东西干道)是成都市建设史上的重大工程之一，是根据赵紫阳同志在川工作时关于“以干道建设带动城市建设”的指示修建的。全长8.65公里，宽50米，总投资9500万元。于1981年3月7日破土动工，1984年10月1日全线正式通行。地下排水、供水、电信、电力、路灯等各种管线总长99.83公里。按照“先地下、后地上”的原则一次全面建成。此外，自贡、德阳、绵阳、广元、泸州、乐山等市都建设了干道。全省城市永久性桥梁达297座。

5.城市公共交通。公共交通车辆达3260辆(其中公共汽车2665辆，电车235辆、出租车370辆)，为1949年的85.8倍，比1978年增长1.3倍；平均每万人拥有4.6辆，比1978年增长58.6%。重庆、成都、自贡等10个市先后成立了出租汽车公司，打破了公共汽车、电车单一运营的方式，交通结构向多类型发展。重庆市嘉陵江上空长740米单跨往复式索道于1983年建成，使市民由过去乘轮渡过江平均需45分钟，缩短到现在平均只需2.5分钟。

6.城市防洪。城市防洪工程基本上是党的十一届三中全会后修建的，遂宁市防洪堤长4460米，堤高在枯水位上10米，顶宽7米，完成投资572万元，于1982年2月开工，1984年9月建成，蔚为壮观，既能抗御百年一遇之大泛，又改善了城市南北交通拥塞的状况。虽然到1986年底，19个城市防洪堤总长达402公里。但是四川城镇大多数沿江河分布，1981年7月，四川发生特大洪水，57个市、县被淹，城乡直接经济损失达25亿元之巨。因此。城市防洪工程建设还有待于进一步加强。

7.城市环卫。六十年代以前，四川省的垃圾、粪便清运主要靠人力，公厕数量少，标准低。1978年以后，发展较快，到1986年，共有环卫车辆742台，垃圾清运机械化程度达到70%左右。

8.城市园林绿化。全省城市有公园72个。建成区内园林绿地面积达5804公顷，占建成区面积的14.19%。人均公共绿地面积为1.5平方米。1984年和1985年分别在成都和重庆举办了两次城市盆景展览，对保护和发展我省盆景艺术起了积极作用。四川传统园林有鲜明的特色，由省建委主持的对四川古典园林风格的研究，于1986年获得初步成果。

9.城市雕塑。解放前，全省仅有5座城市雕塑(不包括民间艺人打造的佛像、狮子等)。1982年以后，城市雕塑才开始发展，已建成大型雕塑(造价10万元以上)20余座，中小型雕塑约300座，其中有不少优秀或比较优秀的作品。

［风景名胜区］ 四川省有六个国家级风景名胜区，数量居全国各省区之首。它们是：峨眉山风景名胜区、长江三峡风景名胜区、黄龙——九寨沟风景名胜区、缙云山风景名胜区、青城山——都江堰风景名胜区、剑门蜀道风景名胜区。6个国家级风景名胜区建立后，到1986年末，已完成黄龙——九寨沟总体规划的编制，经评审后已报国务院审批；完成了青城山一都江堰总体规划大纲；峨眉山总体规划是十一届三中全会后国内率先进行的风景区规划，正在进一步修订完善。

九寨沟、黄龙寺、峨眉山、青城山等地都成立了风景区管理机构。

1985年，开展了全省性风景名胜资源的普查，1986年经四川省人民政府批准，列为省级风景名胜区的有12个：

1.自流井一恐龙风景名胜区。在自贡市，盐业遗址及恐龙化石群窟为主。面积182平方公里。

2.大足石刻风景名胜区。晚唐至宋代石刻为主，并与自然景观相溶合。在重庆市大足县。面积84平方公里。

3.螺髻山一邛海风景名胜区。高山风光与高原湖泊山水交融，文物古迹与彝族风情相融合。在凉山州西昌市。面积1200平方公里。

4.通江诺水河风景名胜区。绮丽的山水，众多的溶洞和红军革命史迹。在达县地区通江县。面积170平方公里。

5.金佛山风景名胜区。众多的物种，成片的珍稀植物，奇峰、怪石、峭壁、峡谷等自然景观。在涪陵地区南川县。面积260平方公里。

6.贡嘎山风景名胜区。海拔7556米的“蜀山之王”——贡嘎山，茂密的原始森林，众多的冰川、海子、温泉，红军长征史迹，藏、彝族风情等。在甘孜藏族州。面积10000平方公里。

7.蜀南竹海风景名胜区。特有的竹海景观和丰富的人文景观，在宜宾地区。面积120平方公里。

8.兴文石海洞乡风景区。地上石峰成林，地下溶洞纵横，世界罕见的喀斯特大漏斗等岩溶景观，以及僰人悬棺。在宜宾地区。面积120平方公里。

9.黑龙潭风景名胜区。在乐山市长寿县，距成都不远，是一个大型人工湖泊，可开展旅游、休养、度假、水上运动等。面积186平方公里。

10.莹华山风景名胜区。佛光、日出、云瀑、圣灯、林海、花山等高山景观。在德阳市什邡县。面积182平方公里。

11.朝阳湖风景名胜区。山环水绕的秀丽风光及若干人文景观。在成都市蒲江县。面积150平方公里。

12.蒙顶山风景名胜区。秀丽奇特的山水、名茶、文物古迹相结合。在雅安地区名山县。面积270平方公里。

三.城市建设对本省城市经济和社会发展的促进

城市建设的迅速发展，有力地促进了城市经济和社会发展。1978年全省工业总产值达222.2亿元，比1949年增加了37.9倍。1986年又在1978年的基础上翻了一番多，其中成都、重庆等十三个城市1986年比1978年增长85.6%(1978年只有十三个市)。1978年全省社会商品零售总额达107.41亿元，比1949年增加了9.4倍，1986年又在1978年的基础上增加1.93倍，其中：成都、重庆等十三个城市1986年比1978年增加1.87倍。

城市建设事业的发展，带来的经济、社会和环境效益是十分明显的。如成都市蜀都大道于1984年10月1日建成通车后，近三年，平均每年获得的经济效益可达4000余万元，两年多时间就可收回该工程9500万元的投资。由于打通了“堵头”、“卡口”，拓宽了道路，减少了曲度，缩短了路程，提高了车速和通行能力。根据实测，近四年，成都市机动车总量分别以17%、30%、32%、18%的速度增长，自行车总量每年以13～20%的速度增长，但蜀都大道与顺城街、北大金街和水碾河等路段的交叉口，机动车时速平均仍比原来提高35%以上，受阻率平均下降53%。此外，以干道带动城市建设，促进了旧城改造，使城市面貌大为改观。

四.城市建设管理体制改革

党的十一届三中全会后，城市工作的重点逐步转移到城市建设上来，树立城市多中心、多功能的观念，城市规划的观念，城市建设综合开发、配套建设的观念，城市基础设施先行的观念，以商品经济的原则经营管理城市基础设施的观念等等。在树立新的城市观念的同时，逐步进行以下一些探索性的改革。

［**城市建设实行综合开发、配套建设**］ 为了改变条块分割，分散建设的落后体制，从八十年代开始，逐步把千家万户的住宅、办公、商业等用房的投资集中起来，实行“统一规划、综合开发、配套建设”，使城市建设逐步走上了按规划建设的路子。到1986年底，全省19个城市成立了45个城市建设综合开发公司，统建和综合开发建房560万平方米，其中，新建小区15个、改造旧城小区23个，共建314万平方米。1986年成都市以综合开发新建的住宅已占全年新建住宅面积的50%以上。新建的成都市木碾河、青羊、抚琴小区，重庆的南坪、鹞子丘、大坪小区，自贡市的钟云山小区，绵阳市的白御营坝小区，德阳市的城南小区等，基本都做到了规划合理、设施配套、生活方便、环境较好。

［**改革城市住宅制度**］ 1980年赵紫阳同志在川主持工作期间就提出改革住房制度，推行住宅商品化。几年来，进行了以下探索：

1.向个人出售住宅。新建住宅，1986年3月以前实行补贴出售，按住宅建筑本身造价，个人出三分之一，单位和国家补贴三分之一；1986年3月以后，实行按住宅建筑本身造价金额出售，有的还加上征地拆迁、配套费。到1986年底，共出售住宅60.01万平方米，10812套，收回资金6270.48万元。与此同时，对一些不影响城市规划和改造的旧公房实行折价出售，共售出18.28万平方米，收回资金746.5万元。

2.鼓励私人建房。一种形式是由城市统一征地、规划、搞好市政公用设施后，划拨给私人建房。一种形式是允许私人在自己的房基地上按照城市规划的要求翻建或改建。建房的形式有多种：自筹自建、互助互建、民建公助、公建民助等。到1986年来，私人建房投资8028.81万元，房建面积117.42万平方米。目前，城市私人建房面积已占同期新建住宅的5%左右。

3.改革住房租金制度。一是实行新房新租。二是一些企事业单位实行超面积加租。三是成都、自贡、泸州等市在拆迁安置中实行混合房租(拆迁时的原面积实行原房租，超原面积部分实行新房租)。四是一些单位实行小步快走，逐步提高房租，改暗贴为明贴。1985年重庆市被列为全国住房制度改革试点城市，目前在作好调查研究的基础上，抓测算，拟方案。

上述改革，仅仅是起步，但已初步显示出优越性：打破了职工住宅长期由国家包下来的作法，逐步建立起住宅商品化概念，有利于统一规划，综合开发，配套建设；有利于房屋保养、延长使用年限；有利于克服住房分配中的不正之风；有利于解决缺房户的困难。

［**多渠道开辟城市建设资金来源**］ 近几年，由于采取了优惠城市建设尤其是城市市政公用设施建设的政策，城市建设资金来源已初步形成了多层次、多渠道的格局，有力地促进了城市建设事业的发展。以1986年为例，城市维护建设资金有以下一些渠道：

1.国家规定征收的城市维护建设税和公用事业附加共2.8亿元。

2.国家基建投资0.2亿元。

3.省市机动财力拨款0.33亿元。

4.根据国务院(84)80和(85)89号文规定，各市逐步实行市政设施有偿使用，成都、自贡收取排水设施使用费共0.11亿元；成都、绵阳、德阳等市收取资源费共0.03亿元；重庆收取过桥费0.2亿元。

5.根据省政府(83)204号文件和各市有关规定，收取市政公用设施配套费共0.86亿元。

6.根据市有关规定，成都、自贡、南充等市收取自来水增用费共0.13亿元。

7.贯彻“人民城市人民建”的方针，按照自愿、受益、合理、资金来源正当、政府批准的原则，适当进行社会集资，或是组织群众参加义务劳动。

8.各市根据各自的实际情况，对公用事业分别实行了一些优惠政策，一是减免所得税和营业税；二是公用事业附加和上交的能源交通基金全部返还；三是提高折旧费，全部归企业；四是财政补贴；五是逐步调整公用事业价格。

五.城市建设管理和法制建设

［**管理体制**］ 1956年，四川省成立建设厅，1962年被撤销；1963年又组建四川省建设局，1971年又被撤销；1973年，在四川省基本建设委员会内成立城建处，归口管理全省城建工作；1983年3月撤委建厅，成立四川省城乡建设环境保护厅；1985年撤厅建委，成立四川省建设委员会。1983年以后各市、地、州、县相继健全和成立了城乡建设环境保护委员会(局)，形成了较完善的城市建设管理系统。

在城市管理上，不少城市按照“统一领导、分级负责、条块结合、综合治理”的原则，建立起市、区、街三级管理体系。从市到街道办事处城市建设管理机构的负责人分别由分管城建的市长、区长、街道办事处主任担任，管理机构分别由城建、财办、规划、公安、工商、公用、环保、园林、卫生、房管等部门的人员组成，从上到下，形成一个强有力的管理网络。

［**法制建设**］ 党的十一届三中全会后，省和

市、地、州、县都根据中央和上级有关城市建设的法规、条例、办法等，结合本地情况制定了一些有关本地的法规和细则，使城市逐步走上了依法管理的轨道。四川省政府制定的地方法规："四川省城市基本建设拆迁安置暂行办法"，"四川省城市住宅统建出售试行办法"，"四川省生活饮用水卫生管理试行办法"，"四川省城镇私有房屋管理实施办法"。四川省建委(包括原省建设厅)制定的规章制度有："四川省城镇房屋产权产籍和产业管理办法"，"四川省城镇公有房屋租赁管理办法"，"四川省职工住宅建筑修订标准"，"四川省近期城市园林绿化标准"，"四川省风景名胜区保护、规划、建设专项资金管理试行办法"。

在立法的基础上，大部分城市先后组建了一支统一着装的城市管理监察队伍。这支队伍宣传城管法规，监察、纠正违反城管法规的行为，维护城市规划、市容、市貌和市政设施的管理，发挥了重要作用。

［**开展"三优一学"，创建文明城市**］ 1984年3月，省五讲四美三热爱活动委员会和省建设厅(现省建委)联合在自贡、内江召开了加强市容环境管理现场会。会上倡议，并经当时的16个城市政府同意，决定从1984年3月到1986年3月开展第一次城市"三优一学"(优良秩序、优美环境、优质服务、学雷锋树新风)的文明礼貌竞赛活动。同年6月，省政府举行了16个城市市长的签字仪式。之后，发展到19个城市，同时全省20个市、地、州，213个县(区)、3510个区、乡也开展了县与县、乡镇与乡镇之间的竞赛活动。1985年5月经过检查评比，自贡、成都、南充、渡口(现攀枝花)，雅安、万县等6个市获前六名。通过竞赛，有效地治理了"脏、乱、差"，市容面貌得到很大改观。

六.城市建设科技成果和职工教育

1978年以来，历年获省重大科学技术成果奖励的共有17项，其中三等奖8项，四等奖9项。其中获三等奖的有：

《大熊猫冷冻精液人工繁殖》，获奖年度：1980年，获奖单位：成都动物园。

《碱式氯化铝、三氯化铁产品质量及净化生活饮用水卫生状况的研究》，获奖年度：1981年，获奖单位：省五交化公司、中国市政工程西南设计院、成都市自来水公司，重庆市自来水公司等。

《四川维尼纶厂废水生化处理试验研究》，获奖年度：1985年，获奖单位：中国市政工程西南设计院等。

《天燃气新型民用灶具研究》，获奖年度：1983年，获奖单位：重庆建工学院。

《小熊猫寄生虫和大熊猫蛔虫的研究》，获奖年度：1985年，获奖单位：省养猪研究所、重庆动物园。

《煤沥青聚氯乙烯胶泥的试验研究》，获奖年度：1985年，获奖单位：渡口市规划设计研究院。

《81型扁盒式平板太阳集热器》，获奖年度：1985年，获奖单位：渡口市规划设计院。

《城镇粪便无害化处理的新途径——常规"厌氧一好氧"发酵》，获奖年度：1986年，获奖单位：宜宾市沼办、环卫处等。

1986年底，全省城建职工队伍的"双补"任务已基本完成，职工素质有了明显提高。1986年9月，省城乡建设管理干部学校正式开学，设中专班和大专班。成都市和重庆市各有一所城建学校(中专)，许多地方还开办了本系统的职工学校。这几年，重庆建工学院等院校受委托举办了数届全省自来水、城市防洪、路灯、市政、规划等方面的培训班。

七、主要城市介绍

成都市

蒋顺序　袁永强　杨万才

成都，四川省省会，我国的历史文化名城之一，重要的科学文化中心。地处四川省中部。平均海拔高度500米。雨量充沛，气候温和。河渠纵横，物产丰富，竹木葱郁，四季长青。素有"天府之国"之称的成都平原，基本属其所辖范围。全市现辖2个城区、3个郊区、12个县。到1986年底，全市总人口为874万，其中，城区人口138万；总面积12600平方公里，其中，建成区69平方公里。

成都历史悠久，据近年出土的文物考证，成都据今已有三千多年的历史。公元前400年前后，蜀王开明九世于"广都樊乡(今双流县境内)，徙治成都"，开始建城。秦灭蜀后，公元前285年在成都设蜀郡，筑"秦城"。汉代，成都为刺史部治所，并在城西南筑锦官城，设锦官，专管织锦，故成都有"锦城"之称。唐朝末年，西川节度使高骈筑"罗城"，奠定了今天城市的基础。成都在历史上是一座重要城市。曾是西汉末年的大成、三国的蜀汉、西晋的成汉、五代的前蜀和后蜀等封建割据政权的都城。北宋的王小波、李顺，明末的张献忠也在此建立过"大蜀"、"大西"政权。其间，成都一直为历代郡、州、府的治所。后蜀主孟昶时，因在城墙上遍植芙蓉树，故成都又称芙蓉城，简称"蓉城"。现芙蓉花和银杏树已分别被定为成都的市花、市树。公元1286年，元朝设四行申书省，曾以成都为首府。明、清两代，成都先后为四川布政使司和四川省、川西道及成都府治所。1922年，成都与华阳县合并为市，设市政公所。1928年建立成都市政府，为省辖市。1949年12月，成都获得解放，为川西行署驻地。1952年开始，成都为四川省省会。

成都自秦、汉以来，就以发达的手工业著称。蜀锦在2000多年前就名扬海外。蜀绣、金、银丝制品、瓷胎、竹编、漆器等传统工艺品具有悠久的历史和很高的艺术价值。

成都由于历经战乱，加之封建、半封建社会制度的束缚，经济发展十分缓慢。1949年，全市工农业总产值仅6.9亿元。解放后，经过三十多年的建设，成都不仅成为我国历史文化名城之一，而且发展成为重要的科学文化中心，以机械、电子、轻工、化工和食品工业为主的工业城市，西南的交通和通讯枢纽，四川省的重要粮油基地。1985年起，跨入了全国17个工业总产值上百亿元的城市行列。1986年，工农业总产值达到140亿元，国民总收入达到65亿元。

成都风景名胜荟萃，文物古迹众多，旅游资源丰富，现有国家级风景名胜区1处，全国重点文物保护单位4处，省级文物保护单位19处，市级文物保护单位94处，郊区、县已开发和待开发的风景区(点)70余处。这些名苑胜迹，与峨嵋山、九寨沟、黄龙寺、乐山大佛等全国著名的风景名胜阡陌相连，吸引着越来越多的中外游客。

[**城市规划**]　1953年，成都开始编制城市总体规划。1956年，国务院批准了成都市第一个城市总体规划。1959年和1969年，分别对总体规划作过局部修改。党的十一届三中全会后，成都市恢复了城市规划管理部门，成立了成都市规划委员会，加强了对城市规划工作的领导。1980年，对城市总体规划进行全面修订，1984年1月11日经国务院正式批准。确定成都市的性质为："省会，历史文化名城，重要的科学文化中心。"到1986年底，全市366个小城镇(包括县城、建制镇和乡集镇)的总体规划已全部编制完毕。随着改革、开放、搞活方针的贯彻，城市社会迅速发展。尤其是1983年成都市与原温江地区合并，实行市领导县体制后，市情发生了很大变化。为适应这一变化，目前正对城市总体规划进行调整、补充和完善。

[**城市建设**]　解放前，成都的城市面貌十分破旧，城市基础设施十分简陋，劳动人民的居住条件十分恶劣。

解放后，随着城市经济建设的发展，城市建设有了相应的进步。"一五"至"五五"时期，先后对市区的干道进行了改建和扩建，打通了人民路、解放路、红星路、东风路，建成一环路和二环路(部分段)，新建了连接城区的7座钢筋混凝土桥梁。"六五"时期，成都市加快了城市建设步伐，坚持以干道建设带动城市建设，取得了可喜的成就。

1.城市干道建设。1980年以来，成都市把干道建设放在城市建设的首位，先后新建、改建了人民东西路、人民南路(部分段)、西干线、新华东路延线、滨江东路等主要干道。改造了火车北站地区道路和市区向外辐射的交通干线。1984年9月建成的人民东西路干道，全长8.6公里，宽50米，全线快、慢车分道，用绿化带隔离，供水、排水、供电、供气、电讯、绿化等公用设施一次配套形成。它的建成，为缓解城市交通拥挤的矛盾，改变城市面貌，发展城市经济，带动城市其它建设起到了积极的作用，收到了费省效宏的效果。到1986年底，城区实有道路总长362公里，为解放初86公里的4.2倍，比1980年增加55公里；道路面积338万平方米，为解放初68万平方米的4.9倍，比1980年增加67万平方米；路灯12000余盏，为解放初的13倍，比1980年增加6600盏。目前，已初步形成了放射状加环状的城市道路系统。

2.城市公用事业。解放前，城市没有公共交通，基本上没有自来水，木柴是城市生活的主要燃料。解放后，城市公共交通、供水、供气等公用事业逐步得到发展。尤其是党的十一届三中全会后，党和政府采取了一系列政策性措施，加快了公用事业建设。先后新建了自来水五厂，扩建了自来水二厂等，新增日供水能力18万吨，1986年，全市日供水能力达到37.3万吨，比1980年增长53%；敷设输水干管158公里，比1980年增长35%；供水人数130万人，比1980年增长44%；自来水普及率达到87%。城市公共交通也有较大的发展。至1986年底，城市拥有公共交通营运车辆735辆，营运线路70余条，线路总长1500多公里，年客运量3.3亿人(次)，分别比1980年增长25.5%、66%、101%、210%。另有出租汽车三百余辆。城市"乘车难"的矛盾有所缓和。城市供气，到1986年底，敷设输气干管496公里，为1980年的2.4倍；发展民用气20余万户，为1980年的2.1倍；城市气化率达到56%，比1980年提高14%。

3.城市住宅建设。1949年，城市人均居住面积仅2.8平方米。解放后，先后兴建了新一村、新二村、曹家巷工人新村等住宅点。1979年以来，通过综合开发，配套建设，改造旧城与建设新区相结合，多种渠道集资建房，推行住宅制度改革等，每年平均修建住宅100万平方米，加快了住宅建设的步伐。在改造旧城的同时，成片改造了新一村、新二村住宅区，新开发建设了公用设施基本配套的水碾河、双桥路、万年场、李家沱、抚琴、青羊、玉林等10多个住宅小区。到1986年底，城区累计新建住宅848万平方米，超过1979年以前29年住宅建设面积的总和。同时，改造危房、旧房30余万平方米。城市人均居住面积由1978年的3.14平方米提高到1986年的6.6平方米。城市人民的居住条件有了初步的改善。

4.城市园林绿化。解放前，全市仅有3个公园，面积300市亩。解放后，1950年至1956年，先后整修、新建了少城公园(现人民公园)、百花潭动物园和塔子山苗圃；1958年和1959年，通过植树运动，在城区种植各种树木640余万株，使城市绿化初具规模。同时，相继扩建、改建了望江楼公园、南郊公园、杜甫草堂、青羊宫花园(现文化公园)，游览面积达到1768亩，为解放初的6倍。1976年，又新迁建了西南最大的动物园——成都动物园。“六五”时期，先后新建了植物园、滨江公园和游乐园、扩建了百花潭公园，改建了塔子山公园等，增设了公园观赏景点和人民南路、后子门、百果园等小游园和街心花坛等40余处，绿化河岸、道路125公顷，城区新植乔、灌木454万株(丛)。到1986年底，城市公共绿地总面积为975公顷，相当于1979年前30年的总和；各类乔、灌木为3100万株(丛)、草坪35万平方米。城市绿化覆盖率由1980年的10.2%提高到1986年的17.9%，人均公共绿地由1980年的1平方米提高到1986年的1.65平方米。市区现有各类公园(动物园)17个，面积150多公顷。其中，成都动物园占地24公顷，有各种动物240多种，2500余只，是我国展出动物种类和数量最多的动物园之一。具有饲养和人工繁殖大熊猫的优越条件。1980年，成功地繁殖了世界上第一胎冷冻精液人工受孕的大熊猫。到1986年底，已人工繁殖大熊猫8胎11只，成活7只，居于世界领先地位。随着群众性绿化活动的深入开展，具有蓉城特色的、多层次的城市绿化体系已基本形成。全市15个区、县已实现绿化达标。成都市1984年和1986年两次被评为全国绿化先进城市。

[**城市管理**]　近几年，成都市把搞好城市管理作为社会主义精神文明建设的一个重要内容来抓。成立了城市管理指挥部，组建了城市管理监察队，先后制定了城市管理的规章40余个，建立了市、区、街道三级管理体制。在实施中，采取“统一领导，分级负责，条块结合，综合治理”的方针，突出“依法制城”，抓好城市的综合治理，推动了文明城市建设。目前，城市市容有明显改善，城市“三废”污染和噪声污染初步得到控制，城市环境质量基本达到国家规定的标准。在1985年和1986年全省19城市“三优一学”创文明城市竞赛中，成都市均获得前二名的好成绩。

重庆市城市建设概况

郭　强

重庆，是我国的重要工业城市，长江上游的经济中心，又是闻名中外的历史文化名城。

重庆位于四川盆地东南一隅，华蓥山等五座山脉平行延伸过境，长江、嘉陵江穿城而过并交汇于朝天门码头浩荡东去。常年平均气温摄氏18度，年均降雨量1100毫米，夏季长而炎热，冬季少见霜雪，秋末至初春多雾，年均有雾日69天，故又有雾重庆之称，属中亚热带温润气候区。境内矿产资源丰富，水资源异常充沛，水运优势得天独厚，能通航的河流80多条。川黔、成渝、襄渝铁路及国道210.212.319线交汇于重庆，有成渝、汉渝、川黔等七条对外公路；民航班机可直飞北京、上海、广州、昆明等十几座城市，水、陆、空交通运输四通八达；重庆工业门类齐全，其中机械、化工、冶金、食品、纺织是重庆市工业的五大支柱。

重庆有3000多年历史。西周时曾是巴国都城。公元前316年，秦灭巴，筑江州城。公元581年，隋元帝时改为渝州，"渝"之简称由此而来。公元1102年，宋徽宗时改为恭州。南宋时，赵惇在此先被封为恭王，旋即帝位(光宗)，自诩为"双重喜庆"遂于1189年开恭州为重庆府。1927年，重庆设市。1937年，抗日战争爆发，国民政府西迁重庆，定重庆为战时首都。1939年，改为直辖市。1940年，又定为陪都，市区范围扩大为164平方公里。1949年11月30日，重庆解放，被列为中央直辖市，并作为西南军政委员会驻地。1954年7月，改为四川省辖市。1980年，辟为对外贸易内河口岸。1983年被党中央、国务院列为经济体制综合改革试点城市，并赋予省级经济管理权限，同时，将四川省永川地区并入重庆市。1986年，被列为全国第二批历史文化名城。

1986年末，重庆市辖9区12县，全市面积23114平方公里，其中，城市建成区84.14平方公里；全市人口1427万人，市区非农业人口212.8万人；全市实现社会总产值253亿元，国民生产总值118.89亿元，国民收入101.33亿元，工农业总产值185.72亿元，其中，工业总产值148.33亿元。

一.建国前城市建设概况

抗日战争时期，国民政府曾作过《陪都十年建设规划》，但未能付诸实施。1949年末，市区面积164平方公里，城市建成区20.43平方公里；城市人口100万；工业总产值3亿元；城市建设底子薄，发展慢。

〔市政工程设施〕 1949年，城市道路总长236公里，其中，洒油路面只有5.7公里，其余多为泥结碎石路面；城市中、小型桥梁20座，长江、嘉陵江上一桥未架；城市隧道3座；下水道总长度63公里，城市建成区排水管网普及率20%；城市路灯1008盏。

〔公共交通〕 解放前，重庆市公共交通设施十分落后，除少量公共汽车、缆车、轮渡外，市民出行的代步及渡江工具主要是人力车、马车、轿子、滑杆和小木船。1933年，一家商办公共汽车公司，购置一辆"朋驰"牌柴油客车，开行了由曾家岩至七星岗的第一条公共汽车线路。1949年末，全市仅有破旧公共汽车11辆，营运线路总长度147公里。客运缆车是山城特有的交通工具，1943年，重庆市缆车特种有限公司在望龙门码头陡坡上着手筹建全市第一条客运缆车，聘请我国著名桥梁专家茅以升和铁路专家欧阳春主持设计，于1944年动工建成通车，营运至今已43年。重庆轮渡是在渡江小木船基础上发展起来的。1834年，出现了全市第一个公共横江木渡——海棠溪义渡。此后，木渡码头曾发展到21个，渡江小木船300余只。1938年，国民政府拨官股5万元，招商股15万元，合股组成"重庆轮渡股份有限公司"；先后开行了储奇门至海棠溪等几条航线。1949年末，全市共有轮渡14艘，航线总长度13公里。

〔城市供水〕 1926年，重庆市自来水公司创办；1932开始售水，当年每日供水量仅322吨。抗日战争时期，供水事业有所发展，日供水量最高时曾达1.3万吨。

〔城市住宅〕 解放前，重庆除市中心繁华地段有少量较好的砖木结构房屋外，大多数是临时搭建的简易木结构、土墙及竹木捆绑的棚房。1949年末，城市住宅建筑面积591.78万平方米，城市人均居住面积只有1.97平方米。

〔园林绿化〕 1949年，全市仅有中央、南区、北碚、江北嘴等四个小公园，总面积6.9公顷；南温泉、北温泉两个风景区，可供人们游览面积17公顷；城市行道树3600余株。

二.建国以来城市建设事业的发展

建国以来，尤其是党的十一届三中全会以来，重庆的城市建设事业有了很大的发展，城市面貌发生了根本性的变化。解放后的三年恢复时期和“一五”时期，是重庆城市建设的“第一个春天”，建成重庆市人民大礼堂、大田湾体育场、劳动人民文化宫等重要建筑及两杨路、大石路等一批重要市政公用设施，初步奠定了城市的基本格局。此后较长的一段时期，城市建设徘徊不定，进展缓慢。党的十一届三中全会以后，城市建设进入了一个崭新的发展时期，迎来了重庆城市建设的“第二个春天”，城市规划、建设、管理逐步走上了正轨、市政公用设施建设受到了重视，城市面貌明显改观。1979年至1986年，城市建设投资为6.84亿元，相当于1979年以前29年城市建设投资总和的2.6倍；用于住宅的投资总额为16.69亿元，相当于1979年以前29年住宅投资总额的3.22倍。城市建成区面积由1980年73.4平方公里发展为1986年84.14平方公里。

［**市政公用设施及住宅投资**］ 各主要时期市政公用设施及住宅投资情况如下表：

1986年，公用事业和市政建设的投资23443万元(其中，用于市政工程建设资金8726.44万元)，比1985年增加8445万元，增加56.3%。住宅投资28117万元。

［**城市规划**］ 1983年6月6日，国务院批准了重庆城市总体规划，明确重庆市的性质“是我国的重要工业城市，是长江上游的经济中心，水陆交通枢纽和对外贸易港口”。1986年，城市总体规划确定的95个近期建设项目，有75个项目已经实施或正在实施，占78.95%。城市总体规划确定的远期项目中的江北民用机场，提前了规划建设年度，已于1985年11月动工建设。

城市总体规划确定了城市的远期规模，城市建成区面积达到102.2平方公里，城市建成区人口170万人，人均用地60平方米。同时，针对山城特殊地理条件，确定母城采用有机分散、分片集中的“多中心、组团式”的布局结构，将母城划分为14个功能不同、相对集中的片区，各片区之间利用江河、绿地、农田隔开，用道路互相串联。

［**房地产业**］ 1986年末，城市实有房屋建筑面积3817万平方米，其中，住宅建筑面积1782万平方米；住宅居住面积891万平方米，人均居住面积4.2平方米。

1978年12月，成立市住宅统建办公室，综合

时　　期	市政公用设施		住　宅	
	投资额(万元)	占固定资产投资比例(%)	投资额(万元)	占固定资产投资比例(%)
三年恢复时期	2012	14.20	2121	14.90
“一五”时期	3399	3.70	11125	12.00
“二五”时期	4515	2.70	3752	2.20
三年调整时期	4365	8.10	4303	7.90
“三五”时期	4133	2.70	6546	4.30
“四五”时期	3562	2.20	11040	6.80
“五五”时期	16325	6.85	31108	13.05
“六五”时期	15270.9	2.55	106112	17.74
合　　计	63860	3.69	197048	11.39

开发建设工作开始起步。1984年2月，在市住宅统建办公室基础上，成立市房屋建设开发公司。1979至1986年，累计完成综合开发投资2.85亿元，竣工房屋面积131.29万平方米。1983至1986年，基本建成南坪二小区、大坪小区、江北鹞子丘小区，总建设规模57.68万平方米。其中，住宅建筑面积为48.35平方米，公共建筑2.98万平方米。小区内，市政公用设施配套齐全，环境优美，生活方便，各类建筑高低错落，具有明显的山城特色。旧城改造有所进展，1979至1986年，对肖家湾兰袁家岗等三条路段和人民村等七个地段的旧房进行了改造。

［市政公用事业］ 1986年末，市区范围内、城市道路514公里，人均拥有道路面积2.17平方米，城市道路面积率4%，路网密度每平方公里3.27公里；城市桥梁71座；城市隧道13座；下水道长度345公里，城市建成区排水设施普及率44%；人行天桥、地道61座；路灯20152盏。

1986年末，全市拥有公共汽、电车1150辆，全年运客总数79591万人次；轮渡36艘，全年运客3944万人次；缆车3条，全年运客2613万人次；索道1条，全年运客368万人次；客运电梯一座，平均每天运客1.38万人次；全市出租汽车1359辆。

1986年末，市自来水公司共有水厂7个，日供水能力57.5万吨，比1985年增长12%；自来水管道总长度1064公里，水质综合合格率99.79%。用水人口176.9万人，城市用水普及率73.5%，人均日用水量115升。全年节约用水量1061万吨，占计划用水量的12%。全市企事业单位自办水厂141个，日供水量208.4万吨。乡镇水厂10个，日供水量1.4万吨。

1986年，全市民用天燃气用量3354万立万米，年末民用气户数33.2万户，城镇民用气化普及率37%。

［环境卫生］ 1986年，清扫街道228.67万平方米，清运粪便15万吨，清运垃圾39.6万吨。各种环卫车辆208辆，公厕779座，垃圾站139座，果皮箱2150个，新辟弃渣场11处，日处理100立方米的垃圾处理试验场动工。1986年6月29日，建成全市第一个半机械化公用洗车场，日均洗车200辆。

［园林绿化及风景名胜］ 1986年末，全市园林绿地总面积1976公顷，其中，公共绿地为137公顷，人均占有公共绿地0.7平方米；绿化覆盖率15.1%；动物园1个，占地41公顷；公园11个，占地82.6公顷；苗圃面积15.2公顷；小游园及绿化点698处。

重庆市山青水秀，风景资源十分丰富，其中，国家级风景名胜区面积47.3平方公里，1986年游人量为250万人次(其中，国外游人为4万人)。歌乐山烈士陵园，既是人们凭吊革命先烈、接受革命传统教育的场所，又是林木苍翠、风景幽雅的胜景。南温泉始建于明代万历年间，以温泉及花溪碧流、瀑布、仙女洞而著称。缙云山素有“山峨嵋”之称，九峰连绵、雄伟壮丽，玉尖峰海拔1030公尺，高度居九峰之首；狮子峰为主峰，似猛狮雄踞；森林面积二万多亩，古庙、碑亭、石刻遍布山间，实为游览避暑胜地。嘉陵江“小三峡”——沥鼻峡、温塘峡、观音峡、雄奇瑰丽秀美，犹如长江三峡的一幅缩影，独具巴山蜀水奇异景观。温塘峡内的北温泉公园，始建于公元四二三年，不仅温泉如涌，而且四大寺殿古朴雄浑，苍松翠柏参天而立。始建于唐朝末年的大足石刻，1961年被定为全国重点文物保护单位，以北山、宝顶山摩崖造像著称于世，现存石刻造像5万多尊，观模宏大，艺术精湛，尤如一幅卷帙浩繁、变幻莫测的宗教画册。江津县四面山，林区面积42万亩，拥有众多罕见的景观和动植物资源，是当今世界同一纬度至今尚存的唯一的亚热带阔叶林区。

［城市防灾］ 重庆既是山城，又是江城，危岩滑坡和洪水是重庆市的两大灾害。经1986年普查，全市共有大型危岩、滑坡59处。据历史资料记载，重庆曾多次发生滑坡垮塌事故，1948年6月2日，市中区沧白路洪崖洞地段滑坡垮塌，砸毁及淹埋民房200多栋，死伤300余人。目前，该地段及市中区王家坡教门厅滑坡地段，正处于活动期，城建部门已采取监测及埋设防滑桩等补救措施，并将上述地段居民安全迁出危险区。洪水灾害也经常袭扰山城。1981年7月16日，长江、嘉陵江发生特大洪水，长江玄坛庙水位高达海拔198.38米，嘉陵江北碚水位高达海拔208.17米，分别超出警戒水位18.38米和9.17米。全市七区三县受灾，66个城镇街道被淹，受灾户33480户，受灾人口13.7万人，死亡28人，伤1200多人，直接经济损失2亿多元。为了吸取教训，市政府决定不准在海拔187米水位线以下兴建永久性或半永久性建筑物，并采取绿化、修建护岸等措施加固堤防。

［城市重要建设工程］ 牛角沱嘉陵江大桥：是重庆市区第一座大型城市桥梁，总投资为1679.67万元，1960年开工，1966年建成(因开工后曾一度停建而延长了建桥时间)。桥长626米，其中，正桥长384米，桥面宽21.5米。正桥上部为钢衔架结构，四墩两台，最大跨径88米。设计能力为每天通行机动车辆2万辆，1986年末实测，每天通行车辆已达2.5万辆。

1.长江大桥。位于市中区石板坡与南岸区南坪之间，是市区内跨越长江的第一座大型城市桥梁，总投资6468万元，1977年底动工，1980年7

月1日建成通车。桥型结构为预应力钢筋混凝土T型钢构，正桥长1120米，七墩两台，主孔跨经174米，是目前国内同类桥型跨度最大的桥梁。桥墩高60米，即使遇上特大洪水，大型江轮仍可从桥下安全通行。桥面宽21米，其中，车行道宽15米，两侧人行道各宽3米。

2.牛角沱立交道。西南地区第一座较大的苜蓿叶型互通式全立交，位于市中区牛角沱地区嘉陵路与四新路错位交叉处。该工程是重庆市第一个实行市政工程投资包干的项目，总投资3539万元(包括配套建设的八一隧道工程投资)，1984年10月25日开工，1985年10月1日建成通车。立交道正中是一座长53.8米、主拱跨16米的钢筋混凝土附孔板梁钢架拱桥，以桥为中心组成上下两层十字大道，沟通上下大道的是四个苜蓿叶形匝道，匝道总长度400米，分别围成四座大"绿岛"。车行道总长度1050米，其中，主干道宽32米(其中，车行道16米，两侧人行道各8米)。立交道东南西北四个道口均建有人行地道，地道净空高2.6米，宽4米，总长度128米，采用封闭式箱形结构。

3.嘉陵江客运架空索道：是我国第一个自己设计自己建造的大型架空过江客运索道，由市中区沧白路横跨嘉陵江到江北区金沙街。总投资381万元。索道于1980年12月15日开工，1981年12月30日竣工投入运行。全长740米，车厢自重2.78吨，往复式对开两个车厢，每个车厢可载客46人。1986年全年运送乘客368万人次。索道全天候运行，不受大雾、洪水影响、解决了嘉陵江南北两岸人民因浓雾、洪水过江难的问题。

4.凯旋路客运电梯。国内第一座用于城市客运交通的电梯。位于市中区上半城与下半城之间的凯旋路陡坡地段。该地段高差35米，原由总长度100米的180多级石梯相连，市民行走市十分不便。电梯总投资178.25万元，于1985年元旦开工，1986年3月30日建成投入运行，总建筑面积3133平方米，外形酷似一艘巨轮昂首挺立，高度为43.5米，顶部建有长48米，宽10米的人行天桥与上半城道路相联。电梯采用直流拖动集选控制，运行速度为每秒2.5米，两个车厢各自独立运行，每个车厢定员21人。1986年实际运行57天，平均每天运送乘客1.38万人次，营运收入6.1万元。

三.城市建设促进了城市经济、社会的发展

城市建设事业的发展，为城市创造了良好的投资环境、生产环境和生活环境。市政公用设施是城市各项经济活动得以正常进行的重要前提和基本条件。重庆长江大桥和中山支路的巨大效益，就是明显的例子。

[长江大桥综合效益] 大桥建成后，过桥车流量和货运量，每年均以20％左右的速度递增。1986年，全年通过大桥的机动车辆为433万辆，货运量410万吨，分别为建桥前通过轮渡过江的机动车辆数和货运量的5.86倍和5.06倍。大桥建成通车之日至1986年底，6年半的时间内，累计通过大桥的车辆达1607.86万辆次，货运量1728.89万吨，客运量13202.61万人次，有力地促进了重庆市及邻近地区的经济、社会发展。

首先，由于大桥通车，长江两岸企业不必再依靠车渡过江，节约了车渡费。建桥前，车辆主要依靠三个车渡过江，平均每个车渡每昼夜渡车500辆，平均每辆车每次过江费1.98元。建桥后，全市企业累计节约车渡过江费3183.56万元。由于大桥通车，缩短了运距2.2公里，减少了运输中转环节，节约了货物装卸费和码头堆存费，提高了运效。建桥前，平均每吨过江物资运费3.69元。建桥后，全市企业累计节约过江物资运费6379.6万元。两项合计，大桥建成6年半已为各类企业创造直接经济效益9563.16万元。扣除建桥投资6468万元及大桥养护管理费162.5万元，长江大桥为各类企业净创直接经济效益2932.66万元。

其次，创造了明显的社会效益。大桥建成后，一是促进了两岸企业的生产发展。长江南岸的长江电工厂每年要运送几万吨物资过江，建桥后该厂运效提高2.5倍，累计节约运费161.47万元；二是方便了两岸人民的生活，人们不再为过江难而深感不便；三是带动了长江南岸地区的经济发展和综合开发，建桥前后相比，南岸地区社队企业由137个发展到418个，南岸社队企业年总收入由160.75万元增至4521万元。南坪综合开发建设速度加快，总人口由5,000人增加到5万多人，工商企事业单位由45个增加到107个；四是改善了城市景观，促进了旅游事业发展。

[中山支路的重要作用] 中山支路位于两路口地区，是一条全长333米的坡桥式架空道路，建成于1985年12月底。中山支路路不长，但作用却十分重要。两路口地区是市中区的一个重要咽喉地区，中山支路建成前，该地区交通堵塞现象十分严重；中山支路建成后，为该地区形成单向循环交通创造了条件，从而疏通了两路口咽喉要道。据市交通管理部门实测，仅对两路口地区主要地段统计，高峰小时车流量由原来的1052辆，提高为1607辆，提高52％；平均车速由6.2公里提高为16.14公里，提高158％；交通安全事故明显减少。

四.城市建设体制改革和经济政策调整

[市政建设工程投资包干] 1986年，市政建设和重点维护工程，全部实行了按工程总概算或审定预算包干的制度，改变了过去市政建设工程"敞

开口子用钱吃大锅饭”的状况。扭转了长期以来市政建设工程投资失控、工期拖延、效益欠佳的局面。牛角沱立交道工程，总投资3539万元，是该公司在全市首先实行市政工程投资包干的项目，规模大、工期紧、施工难、拆迁量大，由于实行了投资包干，不仅工期提前三个月，工程质量优良，而且投资得到控制并节余300多万元。

［**征收城市建设综合配套费**］ 1984年11月20日，重庆市政府颁发了《重庆市收取综合配套费暂行实施办法》，对在城市总体规划区域内统一征地拆迁，按批准的详细规划进行综合开发建设的单位，建住宅和集体宿舍按每平方米建筑面积收取77.06元，相当于当年住宅建筑综合平均造价的42.81%。建生产、业务和营业性公共建筑用房，则按建筑面积每平方米收取市政环卫绿化配套费44.28元，供电、供气、通讯等设施由建房单位自行配套。1986年8月，市政府对上述办法进行了补充完善。

［**建立公用事业发展基金**］ 为了使公用事业具有稳定的、不断增长的财源，促进公用事业的迅速发展，市政府于1986年2月决定建立公用事业发展基金。基金主要包括城市政府对公用事业采取扶持政策返还的税利及能源交通建设基金；城市维护建设费中用于安排公用事业建设的资金；水源设施建设费及超计划用水加价的收入；其他渠道用于公用事业发展的资金。基金主要用于公用事业的技术改造及重点维护工程，专款专用，逐步增殖，并由基金委员会统一负责管理。

［**社会集资新建石门大桥**］ 嘉陵江石门大桥是城市道路形成外环的重要联接枢纽，总投资9805万元。为了筹集社会资金加快新建石门大桥，1986年，市政府决定采取按市区机动车辆吨位数预收石门大桥过桥费，全年共收取2300万元。凡预缴过桥费的车辆，待石门大桥建成后凭优惠证免费三年通过大桥。

［**发行城市道路桥梁建设债券**］ 为了缓解市政设施建设欠帐多而城市建设资金严重短缺的矛盾，摸索一条广泛筹集社会闲散资金、加快城市道路桥梁建设，促进市政设施有偿使用的新路子，1986年12月12日，市财经领导小组决定由市政建设开发公司向社会发行5000万元“城市道路桥梁建设债券”。12月20日，市政建设开发公司发行债券的申请，得到了中国人民银行重庆市分行的批准。债券分集体、个人券两种，集体券1000万元，年息9%，三年还本付息，个人券4000万元，年息11%，两年还本付息。5000万元债券已于1987年1月26日全部售完，并用于长江大桥、嘉陵江大桥改造工程及石门大桥等工程。

贵州省城市建设概况

李尉宜

一.概述

贵州省位于祖国西南云贵高原的东部，面积约17.6万平方公里，是一片隆起于四川盆地和广西丘陵间的亚热带岩溶山地。主要自然地理特征是山地多，地形起伏大，河流深，岭谷相间，喀斯特地貌分布广泛。全省山地面积占总面积的87%，丘陵占10%，河谷盆地及山间平地仅占总面积的3%。

“山川秀丽，气候宜人，资源丰富，人民勤劳”是周总理生前对我省的评价。

贵州省地下矿产资源极其丰富，现已发现的矿产有82种，已探明储量的有64种，已编入全国矿产储量表的有59种，保有储量占全国前五位的有14种，特别是汞、磷、铝、煤、锑五种，在全国具有重要地位。

省内气温年度变化不大，冬无严寒，夏无酷署。七月份平均气温不超过25℃，元月份平均气温在5℃以上，年平均气温15℃左右，无霜期长达270天左右，属典型的温暖湿润亚热带季风山地气候。

贵州省内旅游资源丰富奇特，风景名胜得天独厚。东部旅游线以民旅风情，历史古城为特色，有千岩竞秀的沅阳河“小三峡”。北部旅游线以光荣的革命历史为背景，1934年中国工农红军进入贵州，1935年党中央在遵义召开具有伟大历史意义的遵义会议，强渡乌江，四渡赤水，娄山关大捷等等。西部旅游线以驰名中外的黄果树瀑布风景区为中心，有高原明珠红枫湖，神话般地下世界织金洞和龙宫等等。“东、西、北三线”构成了气象万千的天然公园。

贵州省是一个多民族省份，全省三千余万人口中，少数民族约占四分之一。

解放前，我省工业非常落后，被人议为“天无三日晴，地无三里平，人无三分银”的贫穷落后的边远山区。1949年11月全省解放，11月26日正式成立贵州省人民政府。省会设贵阳市，是全省唯一的建制市。当时，全省总人口1416.4万人，其中非农业人口101.4万人。贵阳市人口45.2万人，非农业人口21.9万人。全省工农业总产值11.25亿元，其中，工业产值为1.66亿元，占总产值的15%；贵阳市的工业产值占全省的32.7%。城市基础设施极为简陋，贵阳市仅有一个规模为日产2000吨的小水厂和21公里长的配水管道，供少数人使用，其余均挑用井水，河水。城市道路狭窄，只在旧省政府前有一段石砌路面为全省唯一的高级路面外，其余均为碎石路面，坎坷不平。市区桥梁年久失修，多属危桥；路灯寥若星晨；公厕寥寥无几；垃圾成堆，蚊蝇成群；住宅低矮破旧；市容一片满目疮痍的景象。防洪排涝，公共交通更是空白。

从1950年到1984年，先后增设了遵义、安顺、都匀、六盘水和凯里五个城市，使贵州发展成拥有6个市(2个省辖市、4个地辖市)、73个县和386个镇的城镇网络系统。到1986年底，全省人口3008.0万人；其中城镇人口364.4万人，其中非农业人口187.0万人；(其中：贵阳市人口140.3万人，非农业人口91.6万人。)城市占地总面积共16436平方公里，建成区面积178平方公里。全省工农业总产值187.40亿元，其中工业总产值为108.09亿元，占总产值58%；6个市的工业产值55.8亿元，占全省工业总产值的59%。经过三十多年的建设，贵州的城市面貌有了很大改变，城市建设已初具规模。在贵州国民经济的发展中，城市发挥着越来越重要的作用。

二.建国以来，城市建设事业的发展

37年来，城市建设随着经济的发展，取得了很大成就。

［**城市规划**］ 全省的城市规划在50年代就曾开始。在1954年，贵阳市曾编制过城市建设初步规划。1958年安顺建市初始也编制城市建设规划。其后一度中断，到六十年代初完全解体。70年代虽然按照国务院“关于城市的改建和扩建，要做好规划”的精神，又重新进行城市建设规划工作，但由于对其重要性认识不足，未能取得有效成果。

党的十一届三中全会以后，城市规划工作才走上正轨。1986年底，全省6个城市和73个县城的总体规划已全部编制完毕。其中5个城市和40个县城总体规划已经批准。在总体规划的指导下，各城市编制了旧城改造和新区建设的详细规划。近几年来，各市根据总体规划和详细规划进行各项基础设施的建设，使城市得到合理发展。

全省城市规划队伍不断壮大，1986年底，从事城镇规划、设计管理的专业技术人员有509人。省成立了城乡规划研究设计院，各市、地区、县也建立了规划机构，人员逐步配备，发展迅速。同时，各地普遍制订了实施规划管理的细则，强化了规划指导城市建设的作用。

［**城镇房产**］ 解放前贵州省因经济十分落后，城镇房屋发展缓慢。除居民住房外，其他房屋很少。解放后随着经济的发展，城镇房屋建设也飞跃发展。尤其是党的十一届三中全会以后，有了更大的突破，五年的建设超过或接近任何一个10年的建设量。到1985年12月31日止，各个年代建房情况是：1949年前全省城镇房屋面积共有656.6万平方米，50年代建成817.2万平方米，60年代建成1499.8万平方米，70年代建成2988.3万平方米，80年代前五年建成量达2958.2万平方米，是解放前的45倍，是五十年代的3.6倍，是六十年代的1.97倍，与七十年代的建设量几乎相等。

全省城镇房屋产别以全民单位自管为主。在总量8920万平方米中，各类房屋产别情况是：全民单位自管房有6900万平方米，占77.3%；私有房产1388万平方米，占15.6%；集体自管房产377万平方米，占4.2%；房管部门直接管房247万平方米，占2.8%；其它房产8万平方米；中外合资产仅有0.14万平方米。

全省各类房屋的用途比例为：住宅4651万平方米，占52.1%；工业交通仓库2378万平方米，占26.7%；商业服务667万平方米，占7.5%；教育医疗科研用房619万平方米，占6.9%；办公用房422万平方米，占4.7%；文化体育娱乐用房94万平方米，占1.1%；其它用房89万平方米，占1%。

全省人均居住水平：(1)按房屋使用面积是11.1平方米；(2)按实际住人面积是7.34平方米，(3)按居住面积是6.97平方米。

全省有缺房户114771户，其中：无房户12371户，不方便户15819户，拥挤户86581户。

省内房屋质量情况：完好房屋4074万平方米，占45.7%；基本完好房屋2876万平方米，占32.2%；一般损坏房屋1439万平方米，占16.1%；严重损坏房屋390.8万平方米，占4.4%；危险房屋141.0万平方米，占1.6%。

1986年城镇房屋增减情况：城市增加248万平方米，其中：非住宅增加185.1万平方米，减少28.4万平方米；住宅增加108万平方米，减少16.7万平方米。

县镇实际增加住宅面积110万平方米。

贵阳、六盘水、遵义、安顺、都匀、凯里六市均有房管局，1986年底共有职工1333人。

［**城市市政公用设施**］

1.供水。解放初全省仅贵阳市有一个自来水厂，日供水能力2000吨，配水管总长21公里，年供水73.7万吨，用水人口4.5万人，供水普及率为21.3%，人均日用水量21升。

建国以后，为适应工业生产，城市供水有了一定发展。到1978年底全省共有水厂6座，日供水能力14万吨，配水管总长230公里，年供水量5389万吨，用水人口96万人，供水普及率84%，人均日用水量47升。

党的十一届三中全会以后，城市供水发展较快，新建和扩建了一批规模较大的水厂，如贵阳的南郊水厂、中曹水厂、河滨水厂、遵义的北郊水厂、雷台山水厂、安顺的水对沉水厂、都匀的钓鱼台水厂等。到1986年底，全省共有城市水厂18个，日供水能力41.6万吨，配水管总长735公里，年供水量13628万吨。分别为1978年的3倍，3倍，3.2倍、2.5倍。用水人口增至128.5万人；人均生活用水提高到137升，是1978年的2.9倍。缓解了城市用水难问题。

县城自来水也有较大发展。我省73个县，县城人口175万人。由于地方经济落后，贫困面大，解放三十多年来，县城人民生活饮水没有得到很好解决。仅有少数县城靠小型水利资金、少数民族补助经费建设了简易供水系统，没有净化设施，供水管径小而陈旧，水质差且供水能力小，一般供水能力500吨左右，多数居民还靠背水、挑水或兽车拖水，饮用水十分困难。从1984年至1986年三年中，在国家的关怀下，全省对34个县城进行自来水工程建设，现已有20个县城基本建成，新增供水能力日产7万吨，解决了四十多万人的生活饮用水问题。

随着城镇供水事业的发展，建立了有一定素质的建设和经营管理队伍。到1986年底，城市供水职工1212人，实现利润总额39.2万元，制定了一整套管理规章制度，运用科学的管理方法和管理技术，组织企业的生产经营，提高了企业的经济效益和社会效益。近年来的城建改革，还给供水企业带来优惠政策，如贵阳市自来水公司免交所得税，实行利润全留给企业；(1986年实现利润252万元，除还基建贷款60万元外，均用于以水养水)。遵义的所得税返回三年，用于筹建南郊水厂以扩大再生产等等。

2.排水防洪。解放前全省基本没有城市排水、防洪设施。解放后从50年代起，结合城市排水，在城区河流上游修建水库，修筑防洪堤，进行河道整治，河床清淤，河岸修建污水截流沟，同时配合道路建设，修建排水设施，改变了城市的环境卫生，保护了人民的身体健康。到1978年，全省城市防洪堤总长12.4公里；城市下水道总长214公里，服务面积率56%。

党的十一届三中全会以后，党和政府更加重视城市防洪、排水，进一步加强了建设措施。各级政府动员各方面的力量，对河道进行较彻底的治理。如贵阳市采取民办公助的办法，治理城区南明河与市西河，1986年共清理河床长度约8公里；遵义市治理湘江河，先后组织过三期义务劳动，达11万人次，节约资金89万元，同时还集资62万元用于河道治理；都匀市治理了剑江河。都取得了很好的经济、社会、环境效益。到1986年，城市防洪堤总长49.5公里，是1978年的4倍；城市下水道总长450公里，是1978年的2.1倍。

3.公共交通。解放前。我省市内交通全靠人力车和马车。1951年贵阳市建立了公共汽车管理处，用仅有的6辆老式木炭车开始营运，线路长3公里。到1978年，城市公共汽车营运车辆有326辆，营运线路长1002公里，年客运总量7053万人次，职工总数2912人，年利润总额25万元。党的十一届三中全会以后，城市公共交通事业发展更为迅速，1979年还增设了出租汽车。到1986年底，城市公共汽车、出租车营运车辆共有698辆，营运线总长2195公里，年客运总数3.27亿人次；分别是1978年的2.4、2.2倍和4.6倍。与此同时，企业本身也发展得较快，职工总数6261人，年利润总额360万元，分别是1978年的2.2倍和14.4倍。

县城公共交通也从无到有，逐渐开发，现有5个县城有公交车辆共33辆，营运路线长1484公里，年客运总量238万人次。城镇公共交通事业的发展，促进了生产，繁荣了经济，方便了人民生活。

近几年来，城市建设改革中，公交企业实行免征所得税，实现利润企业全留，使企业自身建设有了活力。1986年还调整了票价，贵阳市由四级票制(0.13、0.07、0.10、0.04元)调为两级票制(0.07、0.10)，成人月票由3.30元调为6.00元，遵义市由九级票制调为五级票制，使经济效益上升30%左右。

4.城市道路桥梁。解放前，我省城市道路极为落后，到解放初期，全省贵阳、遵义、安顺、都匀道路总长仅78.6公里，除2%为块石路面外，其余均为泥结碎石和泥土路面。而且路幅狭窄，路面坑洼，晴天尘埃飞扬，雨天泥泞难行。

解放后，随着城市经济、生产发展的需要，城市道路得到了迅速发展。三年经济恢复时期和“一五”时期，贵阳市用“以工代赈”的办法，大兴市政工程建设，新建了城市干道总长70多公里，改建6公里多，共建成70余条主次干道。遵义、安顺和都匀3个市，也用“民办公助”等办法，新建扩建了城市道路。到1978年，全省4个市共有道路总长211公里，道路面积共167万平方米，其中高级、次高级路面占70%；城市桥梁94座；城市路灯6196盏。

党的十一届三中全会以后，在“人民城市人民建”的方针指引下，充分调动了社会各方面的积极性，新建的配套城市干道如：贵阳市的延安东路、六盘水市的振兴路、遵义市的万里路、工农路等，并采取“公助民办”等办法，铺装城市小街小巷的路面，目前已有80%的小街小巷铺上了混凝土或柏油路面。到1986年底，全省城市主干道总长303公里，面积总和297万平方米(其中高级、次高级路面占82%)，有城市桥梁118座，城市路灯15265盏。分别为1978年的1.44倍、1.05倍、1.26倍、2.46倍。

5.环境卫生。解放前，全省仅贵阳市有所谓“清道夫”64人。年清扫面积不过二万平方米，垃圾、牛马粪遍地，城市街道肮脏。解放后，各市都设有环卫工作管理部门，加强了垃圾、粪便的清运和道路清扫保洁工作。1979年，全省贵阳、遵义、安顺、都匀四个市共有环卫工人957人，年清扫街道108万平方米。建成公厕229座，每个公厕服务面积为0.65平方公里。共拥有环卫机械36辆，基本做到垃圾日产日清。

党的十一届三中全会以后，政府更加重视环卫工作，明确由城建部门统一归口管理，并充实了各级机构。随着“五讲、四美、三热爱”活动的开展，更进一步促进了环卫工作的发展和完善。到1986年，全省6个市的环卫职工已达2919人，清扫面积为310万平方米，公厕428座，(平均服务面积0.4平方公里)，环卫机械240辆，分别为1978年的3.05倍、2.87倍、1.87倍、6.7倍。使城市环境面貌有了较大的改观。

各市为确实抓好城市环境卫生，根据建设部的《市容环境卫生管理办法》，结合实际情况，制定了实施细则，并通过市人民代表大会审批发布，逐步达到以法治城。

6.城市园林绿化。全省在解放前仅贵阳市有2个小公园，面积共14.7公顷，街道没有绿化。解放后，党和政府很重视城市园林绿化。到1978年，全省新建扩建公园7个，面积916公顷(贵阳5个，合894公顷，遵义和都匀各1个)。成市园林绿地面积1037公顷，人均占有公共绿地1.03平方米，全省城市建成区绿化覆盖率约为5.5%。

党的十一届三中全会以后，政府为进一步改善城市生态环境，美化市容，为农民提供游览休息场所，更加重视城市园林绿化的建设，一是安排一定的园林绿化建设投资，二是发动群众义务植树与

“门前三包”等活动，使城市园林绿化面貌有显著的改变。到1986年，全省公园增至16个，面积1254公顷，城市园林绿地面积2660公顷，人均占有公共绿地面积2.60平方米，全省城市建成区绿化覆盖率平均为13%，分别为1978年的2.29倍、1.37倍、3.53倍、2.52倍、2.33倍。1986年全省公园接待游人880万人次。

在1985年，我省首次参加全国盆景艺术展览，参展10盆，获一、二、三等奖各一盆。1986年省建设厅组织全省六个市、七个地区举办贵州省第一届盆景艺术展览，在贵阳市黔灵公园展出，共计展出各种盆景一千余盆。

［**风景区建设**］ 贵州省复杂多样的地形地貌使自然风光显得格外奇特，温暖湿润的气候使其丰富的风景资源充满生机。多年来由于各种原因，许多风景资源遭到了不同程度的破坏。党的十一届三中全会以后，各地才先后成立了风景区管理机构，并开始部分景区游览设施的建设。1986年省政府邀请了14名全国知名的建筑规划专家亲赴各风景区考察论证。为形成我省风景区体系，作了大量的资源评价工作。1986年有织金洞、龙宫、红枫湖、㵲阳河、六洞河、百里杜鹃、九龙洞、安龙招堤、百花湖、马岭河峡谷风光十个风景区申报为我省第一批省级风景区。并制定了《贵州省风景名胜区管理办法》(草案)和《风景区建设管理暂行办法》。

1.黄果树瀑布风景区。黄果树风景名胜区因黄果树大瀑布而得名，于1980年列为第一批国家级风景区。大瀑布位于镇宁县境白水河上，高74米，宽81米，波涛奔涌，直泻而下，气势磅礴。还有十多个千姿百态，风格各异的瀑布群分布在大瀑布周围。山水层次丰富，峰峦叠翠，伏流、溶洞、石林、峡谷比比皆是；文物古迹丰富多彩；民族风情独特。

1986年7月在景区内召开了总体规划论证会。从1977年成立筹建处，1978年改为管理处到1986年，总共投资1024.5万元，已建成旅游公路11.2公里，园林小路11公里，总建筑面积8100平方米，已具备一定接待能力。1986年接待游人44.7万人次。

2.红枫湖风景名胜区。红枫湖被誉为我省的“高原明珠”，是一个在喀斯特地区以湖泊山水风光为特色的风景区。湖面宽阔清澈，湖水随山势曲折，溶洞丰富奇特，气候温和凉爽，具有洞、秀、奇、爽四大特点。湖内有170多个岛屿，形成山里有湖，湖上有岛，岛内有洞，洞中有湖，湖洞相连，别有洞天的景色。湖内岛中种类繁多的走兽飞禽，更使湖区充满自然野趣。

红枫湖水面面积57.2平方公里，库容6亿立方米。景区规划235平方公里。从1983年成立风景管理处以来，共投资1124万元，现已初具接待规模，1986年接待游人50万人次。

3.织金洞风景名胜区。织金洞属高位旱溶洞，规模宏伟，初勘全长十多公里，面积三十多万平方米。洞内两壁最宽173米，最高达150米，空间开阔，地形起伏，岩溶堆积物格局多，层次多、类型多，有40多种形态，几乎包括了世界溶洞所有的形态类别，且各具特色，巍巍壮观。可称为“岩溶博物馆”，“举世罕见”。

织金洞风景区从1984年开始筹建以来，总体规划即将完成。现已投资260万元，1986年接待游人8.2万人次。

4.龙宫风景名胜区。龙宫是以水溶洞、洞穴瀑布和旱溶洞为主体的风景区。既有秀丽的田园风光，又有粗犷雄伟的山野峰峦，更兼嶙峋石林，翠竹簇拥，河流蜿蜒曲折，时而地面时而地下，组成独特的景观。地下暗河全长达15公里。溶洞瀑布——龙门瀑布则被称为“绝景”。已探明可供旅游的4公里水旱道，分五进五出。堪称“奇景”的一进龙宫，是长达840米的水溶洞，洞内全年气温在16℃左右，是座具有神话色彩的“水晶宫”。

龙宫从1984年建立管理处以来，到1986年共投资920万元。其中1986年投资200万元，当年接待游人50万人次。

5.㵲阳河风景名胜区。

㵲阳河在我省东部的镇远县和施秉县境内，总面积400平方公里，由㵲阳河三峡景区、云台山景区、铁溪景区和历史文化古镇镇远四部份组成，是贵州东线的游览胜地。境内名胜古迹众多，历史文物丰富，古建筑别具风格，自然风光优美，民族风情多姿多彩，是一个综合性风景区。

阳河风景由镇远县和施秉县各自管辖区内景点。1986年两县都成立了风景管理机构，共投资38.6万元，接待游人10万人次。

6.百里杜鹃风景区。该区位于黔西和大方县境内，在绵延50余公里、纵深2.5公里的丘陵地带，或密或疏地分布着天然杜鹃林带。每年三至四月满山遍野盛开着红、黄、白等各色的杜鹃花，形成一片花的海洋。有很高的观赏和科研价值。1985年成立管理处以来共投资3.28万元，现初具接待能力，1985和1986两年在开花期接待游人6万人次。

7.百花湖风景名胜区。距贵阳市区22公里，湖面总面积13.5平方公里，湖上岛屿共110个，水面10.5平方公里。湖水清澈碧透，地形起伏有致，山石嶙峋，植被茂密，形成特有的秀丽的自然景观。同时又有溶洞、温泉以及洪武庙，朱昌古堡等历史文物。

该区从1984年建立管理机构以来，经过规划建设，到1986年已投资160万元。规划分为12个景区，20个景点，已初具接待规模，1986年接待游人15万人次。

三.主要城市介绍

贵阳

是贵州省的省会。市行政区划总面积2436平方公里，其中城区面积170平方公里，建成区面积83.4平方公里。1986年城市人口140.3万人，其中非农业人口91.6万人，占全省城市人口的49%。贵阳市的经济实力在全省具有举足轻重的地位，市级财政收入占全省的39%，工业产值占全省的32%，商品年售总额占全省的21%。工程技术人员占全省的87.5%。省级大专院校大多设在贵阳，此外，还有成人高等学校，如广播电视大学、职工业余大学以及各系统的各类干部学校，贵阳已初步形成我省培养人才的基地。贵阳市是全省的交通中心，也是西南铁路枢纽。1959年黔桂铁路正式通车，结束了贵阳不通火车的历史。60年代，川黔、贵昆、湘黔三条铁路干线相继通车。1959年磊庄机场建成，可起降较大型客机，与国内主要大城市直接通航。使贵阳交通闭塞状况得到根本改变。

1949年11月15日，贵阳解放，并成立了市人民政府。1954年编制了贵阳市城市建设总体初步规划。在经济十分困难的50年代，用“以工代赈”的办法进行道路改扩，新建了环城、延安等城市干道70多公里；治理了洪灾威胁、污水为患的贯城河等；修建了黔灵湖、小关水库，解决了城市饮用水源；兴办了城市公共交通事业等等，使一个破败没落的旧城迅速改观。

三十多年来，特别是党的十一届三中全会以来，贵阳市的城市建设取得很大成绩。

［**城市住宅**］ 1986年房屋建筑面积达1115万平方米，为1978年294万平方米的3.8倍，为1950年98万平方米的11.4倍。解放初期到党的十一届三中全会以前的建设速度是平均每年不到10万平方米，而十一届三中全会以后到1986年平均每年提高到100万平方米，人民的居住条件得到较好的改善。

［**城市道路桥梁**］ 解放初期，全城区道路总长35公里，路面狭窄，有一段不到1公里的石砌路面是全市唯一的高级路面。50年代兴建了城市干道70多公里，60年代到70年代几乎停顿。党的三中全会后，开始新建了延安东路，改建出口公路，改造道路叉口等，使城市干道骨架基本形成。到1986年底，城市道路总长141公里，面积124万平方米，高级路面占90%。城市桥梁49座，几乎全是重建的永久性桥梁。城市路灯达到8224盏。

［**城市供水**］ 解放前仅有一个日供水能力为2000吨的简易水厂。解放初期进行扩建、新建了延安、河滨、中曹水厂。党的十一届三中全会后，又新建了日供15万吨的南郊水厂。到1986年，日供水总能力30.8万吨，是1978年11万吨的2.8倍；人均日生活用水138升，是1978年46升的3倍；用水普及率为85%。1986年又进行中曹水厂扩建，日供水能力10万吨。

［**城市排水防洪**］ 解放前没有排水设施，洪水对贵阳市的威胁非常严重。50年代治理了贯城河，在河底修建污水截流沟，用河面排泄山洪和雨水，对改变城市面环境卫生取得良好效果。在市西河上游修建水库，解除了山洪暴发对市区的威胁。党的十一届三中全会以后，市政府动员了各方面力量，清除南明、贯城、市西三条穿城河的淤泥，并继续进行污水截流沟的修建工程，改善了城市环境和城市排水防洪状况。1986年进行了解放以来最大规模的河床清理，参加劳动的达23万人次，车辆5万多台，清挖运淤泥25万立方米，共清河床8公里。

［**城市公共交通**］ 解放前市内交通全靠人力车和马车，解放初期只有6辆木炭车。1956年后逐步发展。到1986年营运车辆394辆，是1978年196辆的2倍；营运里程940公里，为1978年的544公里的1.73倍。1986年新增车辆36辆，新辟营运线5条。并于1979年开展了出租汽车业务，到1986年营运车辆47辆。

［**园林绿化**］ 解放后，新建了黔灵、森林、南郊公园。十一届三中全会后，修复了黔灵山的弘福寺，增建了一些园林设施。到1986年共有6个公园，总面积1119公顷，年接待游人625万人。1986年扩大绿化面积1.2万平方米，公共绿地达1181公顷，建成区道路绿化覆盖面积62.7公顷；举办了盆景、月季、兰花、菊花、茶花等展览。

［**城市环境卫生**］ 解放前仅有道路清扫工64人，没有其他环卫设施。1986年，从事环卫工作的职工发展到1988人，拥有大中型环卫车辆145辆，垃圾机械化清运程度81%，容器化程度94%。新建、改造公厕共293座，同时建立健全了管理机构，还设立了环卫科研所。1986年，垃圾无害化处理厂化验室仪器设备安装基本完成；城区环卫站还实行了经济责任承包制，调动了职工的积极性，扩大服务面积30万平方米。

今日贵阳，正在发挥着全省的中心城市和能源基地、工业基地的作用。

遵义市

遵义市是我国首批24个历史文化名城之一。

遵义城廓形成始于唐贞观16年(公元642年)。宋孝宗淳熙三年(公元1176年)成为黔北重镇。之后逐步形成黔北的政治、经济、文化中心。

解放前夕，遵义人口仅4.3万人，城区面积3平方公里，狭窄的道路总长仅11公里，城市破烂肮脏，交通闭塞，生产落后，人民贫困。工农业总产值102万元，其中工业产值1.2万元，占总产值的1.2%。

建国37年来，遵义市发生了根本的变化。到1986年底，城区面积已扩大到148平方公里，市区占地面积31.1平方公里。全市总人口35.4万人，其中非农业人口24.3万人。工农业总产值12.78亿元，其中工业产值10.31亿元，占总产值的80.7%。特别是党的十一届三中全会以来，遵义市政府非常重视城市建设，采取了公建民助、军民共建、义务劳动、任务包干等办法，动员全市人民共同出力治理脏、乱、差，建设美化家园。今日遵义已呈现一派欣欣向荣的景象，新建的干道贯穿70余条大街小巷，新老城区沿湘江河延伸，幢幢高楼拔地而起。到处可见绿地园林，经过治理的湘江河，碧波荡漾，令人心旷神怡。

1986年完成了中华路等13个工程，新建、改造、维修公厕37座。基本上做到当年投资，当年收益的效果。其中市政府宣布1986年要为人民办的五件事，也是当年城市建设的重点，即：工农路改建工程；天秀桥新工程；住宅建设，全年新开工18万平方米，竣工10万平方米；市医住院楼主体工程；十九频道电视台工程。

1986年义务植树3.6万人次，植树86.6万株；植行道树5441株，铺草坪1.7万平方米，绿篱5150株。

六盘水

六盘水位于贵州西部，与云南省相邻。市区占地面积9914平方公里，建成区面积17.2平方公里，全市总人口224.7万人，非农业人口35.3万人。它是以能源、钢铁等工业为主进行开发而逐步发展起来的新城市。

六盘水市煤炭资源丰富，已探明保有储量150亿吨，是全国十大煤炭基地之一，江南最大的炼焦煤基地。铁矿保有储量4亿吨，铅锌矿保有储量7万吨。水城钢铁厂到本世纪末将发展成为西南重要的钢铁基地之一。1986年完成投资4955万元，从计划、资金到管理等方面都确保重点工程的建设。如市中心干道振兴路长9.2公里，宽24米，总投资2157万元，1984年动工，1986年10月竣工，有明显的社会效益和环境效益。此外在省内首先建设的民用煤气工程，年产一万吨的市啤酒厂，宽22米的城市干道民族北路和建设西路，均已在1986年竣工。

六盘水市70年代末还是一片荒芜的黄土坡，今日已变为道路纵横，绿树成荫，高楼耸立，交通繁忙，市场兴旺的新城市。

云南省城市建设概况

赵廷汉

云南省位于我国西南边疆，地域辽阔，山川壮丽，有丰富的自然资源，被誉为"有色金属王国"、"植物王国"、"动物王国"，是边疆多民族省份。远在秦汉时期，经云南出境著名的西南"丝绸之路"成为我国和东南亚各国友好交往、通商贸易的陆上交通要道。云南东部与贵州、广西接壤，北面与西藏、四川相连，南部、西部与越南、老挝、缅甸三国毗邻。全省总面积39.4万平方公里，与邻国陆地边界线长3,207公里。1986年，全省总人口3,455.64万人，其中：城镇人口1,000.5万人。省内有24种少数民族，少数民族人口1,110.96万人，占全省总人口的32.15%。

云南省现有设市城市11个，即：昆明市、东川市、个旧市、大理市、开远市、昭通市、曲靖市、保山市、楚雄市、玉溪市，畹町市。昆明市是云南省省会，全国20个特大城市之一。其他城市均为城市人口在20万人以下的小城市。1986年，11个城市人口共计548.1万人，其中非农业人口198.5万人；城市市区面积25.499.8平方公里，其中城区面积213.6平方公里，建成区面积146.1平方公里。1982年2月8日昆明、大理列为国家第一批历史文化名城；1986年12月8日丽江列为国家第二批历史文化名城。1982年11月8日，石林风景名胜区、大理风景名胜区、西双版纳风景名胜区列为第一批国家重点风景名胜区。

云南为山地、高原地形，在全省总面积中，山地占84%，高原占10%，坝子(盆地、河谷，又称坝区)占6%。城市沿主要交通干线分布在坝区。昆明市位于滇池北岸，是全省公路、铁路、民航交汇的枢纽；滇池南部沿昆洛公路分布着玉溪市；在滇东、滇东北地区，沿贵昆铁路和东川铁路支线分布着曲靖市、东川市，昭通市与四川宜宾地区邻近、在滇南地区，沿昆河铁路及个碧石铁路分布着开远市、个旧市；在滇西地区，沿昆畹公路分布着楚雄市、大理市、保山市、畹町市，保山市有省内民航。

云南属高原季风气候，地形复杂，垂直高差大，立体气候明显，气候类型多样，"一山分四季，十里不同天"，使云南同时具有寒、温、热三带气候。由于城市都分布在坝区，多数处于"四季无寒暑、一雨变成冬"的四季如春的温暖气候，年平均气温在14℃至16℃之间，只有昭通市气温较低，年平均气温11.5℃，东川市、开远市、畹町市气温较高，年平均气温分别为20.2℃、19.7℃、19.7℃。

云南丰富多彩的自然资源，为城市经济发展和建设提供了良好的条件。省内矿种资源全，分布广，伴生矿多，利用价值高。目前，世界上已知的140多种有用矿产中，云南已找到112种，有50个矿种保有储量居全国前十位。其中：铅、锌、锗居全国首位；锡、铟、铂、锆、岩盐、钾盐居全国第二位；铜、镍、芒硝、砷、蓝石棉居全国第三位。个旧的锡、东川的铜早已成为闻名遐迩的城市发展的主要经济支柱产业。

云南是全国植物种类最多的省份，仅高等植物就达1.8万多种，占全国高等植物总数的一半以上。森林面积占全国的8.3%，林木蓄积量占全国的9.6%，森林覆盖率为24.2%，经济林木、药用植物、食用植物、香料植物及观赏植物，品种纷繁。

云南的野生动物也为全国所瞩目，仅脊椎动物种数达1638种，占全国的54.9%，还保存了不少古老的孑遗物种，形成珍贵的物种基因库。这些种类繁多的动植物为发展多种经营提供了广泛的资源，为科研、科普、观赏提供了良好的条件，也为云南的城市发展建设增添了特色。

云南境内有大小河流600余条，主要的有180多条，分别属于伊洛瓦底江、怒江、澜沧江、金沙江、元江、珠江六大水系，水力资源可开发量为0.71亿千瓦。地热资源分布很广，有各种温泉706处，每年溢流热水3.6亿立方米。高原湖泊有40余个，湖泊面积1,100平方公里，总蓄水量290亿立方米。云南丰富的水力、地热资源是解决城市能源的重要条件。由于河湖遍布，又兼有山原地貌，构成了许多高山深谷、雪峰草地、湖光山色的壮观绚丽的自然景观。著名的昆明滇池、大理洱海等为城市凭添了如诗如画的美好环境，金沙江、澜沧江、怒江三江并流地区，五百里怒江峡谷以及很多岩溶地貌区域蕴藏了大量的风景旅游资源。

云南的城市具备了良好的发展条件。现在，城市经济、城市建设正处在发展的阶段。1986年，云南省工农业总产值2,137,606万元，其中：城市工农业总产值852,291万元，占全省工农业总产值的39.9%。云南省工业总产值1,363,650万元，城市工业总产值765,907万元，占全省工业总产值的56.2%。在全省11个城市中，昆明市工农业总产值占11个市工农业总产值的55%；昆明市工业总产值占11个市工业总产值的59.6%。

一.建国前城市建设概况

建国前昆明市是云南省唯一的设市城市。昆明有悠久的文化历史，是云南开发最早的地区之一。昆明古称拓东城，城池始筑于唐代。公元765年(唐永泰元年)南诏筑拓东城，为云南地方政权南诏的东部重镇，这个时期给昆明城市发展奠定了重要基础。宋代大理国时期，在拓东城设鄯阐府，发展商业，营造宫苑，兴修水利，鄯阐府成为当时“商工颇众”的古代繁华城市。元代云南行中书省建立后，改置昆明县，全省行政中心从大理迁至昆明，昆明从此成为云南省的政治、经济、文化中心。因此，也采取了一些发展城市经济、改善城市建设的措施，如：“开云南驿路”、“弛道路之禁，通民往来”，控海口河，疏螳螂川，排除昆明城市水患，扩大农田面积等。公元1382年(明洪武十五年)，将城池改筑砖城，“高二丈九尺二寸，周九里三分”，设六座城门及护城河，城内“列肆纵横”，昆明成为“商阜之地”。公元1885年(清光绪十一年)中法战争结束后，法、英帝国主义势力侵入云南。公元1911年(清宣统三年)滇越铁路通车，昆明“以丛山辟远之省，一变而为国际交通路线”，舶来品充塞于市，大量倾销。公元1922年(民国十一年)设昆明市，公元1928年(民国十七年)成立昆明市政府。

建国前的昆明市是在半封建、半殖民的社会经济条件下，在落后的农业、手工业生产力的基础上形成和发展起来的，它具有中国古代城市的功能。但是，由于城市建设局限性很大，城市狭小，面貌破旧。

1949年，昆明市市区人口19.27万人，建成区面积7.8平方公里，住宅面积129万平方米，城市主要街道11条，铺装高级路面9.97公里，公共汽车18辆，营运路线6公里，自来水厂1座，日供水约1,000吨，排水设施标准很低，多数是箱形沟或明沟，城市基础设施处于古旧城市的落后状态。

二.建国以来城市建设事业的发展

云南的城市除昆明市外都是在建国以后发展起来的，现在，共有11个设市城市。其中省辖市有昆明市、东川市；川辖市有个旧市、大理市、畹町市；县辖市有开远市、昭通市、曲靖市、保山市、楚雄市及玉溪市等。

随着城市建设事业的发展，城市建设投资保持了增长的趋势，特别是开征城市建设维护税后，城市建设投资有较大的增长。建国以来至1986年底，云南省城市建设投资共计82.131万元，占全省基本建设投资总数2,886,428万元的2.85%。1986年，全省城市建设投资18,449万元，占全省基本建设投资199004万元的9.27%。建国后各个时期云南省城市建设投资比重见表1。

建国后各个时期云南省
城市建设投资一览表　　表1

年代	全省基本建设投资(万元)	全省城市建设投资 合计(万元)	占全省基本建设投资比例(%)
总　计	2,886,428	82,131	2.85
恢复时期	8,765	—	—
“一五”时期	102,129	210	0.21
“二五”时期	332,060	3,636	1.09
调整时期	146,453	1,495	1.02
“三五”时期	391,190	1,232	0.31
“四五”时期	461,812	3,733	0.81
“五五”时期	552,664	9,752	1.76
“六五”时期	692,351	43,624	6.30
“七五”时期	—	—	—
1986	199,004	18,449	9.27

[**城市规划**]　1952年昆明市组建了城市规划工作班子，培训规划人员，调查收集规划资料。1955年编制了昆明市初步规划，这是建国以后云南省编制的第一个城市规划。1956年个旧市编制了城市建设初步规划。当时，城市规划人才奇缺，云南省城市建设局于1956年举办了第一期城市规划培训班，为云南省培养了第一批城市规划初步人才。1958年12月，召开了云南省第一次城市规划工作会议，会议之后，先后编制了昆明、东川、个旧、下关等城市总体规划及开远、宜良、富源、思茅、普洱等17个县城的初步规划及部份详细规划，对城市建设曾经起到重要的指导作用。

全面开展城市规划工作是在党的十一届三中全会以后。1978年成立了云南省城市建设局，相继又组建了云南省城乡规划设计研究院，举办了9期城市规划、管理培训班，为各市县培养了一批城市规划、管理干部，在各市、县全面开展了城市总体规划工作。至1986年，完成了全省11个市、115个县的城镇总体规划，完成了11个市及76个县的规划审批工作。在总体规划的基础上，全省又完成详细规划47项，规划面积430公顷。

［**市政公用设施**］ 第一个五年计划期间，有昆明、个旧、下关三个设市城市，城市维护建设投资仅有210万元，这个时期还没有力量来改善市政公用设施。第二个五年计划开始以后的20年，设市城市增加了东川市，这个时期开征了城市维护三项费用，安排了一定的城市建设投资，城市市政公用设施的落后面貌有了明显改观。1978年以来，城市增至11个，在城乡经济体制改革中，城市经济的迅速发展，促进了城市基础设施建设。这个时期主要进行了城市道路改建、新建、改善城市交通；在交通密集地段修建了人行天桥、人行地道；改建、新建自来水厂，增加城市供水；改造城市排水管道，逐步向系统管网发展；增加城市公共车辆，发展城市公共交通；逐步改革城市建设管理体制，实行城市建设综合开发。从而，较快地改善了城市市政公用设施，改变了城市市容面貌。昆明城市煤气的建成供气，使云南的城市开始有了煤气。

云南城市供水事业发展的过程，也是云南城市市政公用设施建设发展过程的缩影。云南自来水股份有限公司于1916年9月动工新建昆明自来水厂，官商合办，法商承建，1918年5月完工，日供水约1 000吨。1922年个旧自来水厂投产供水，昭通等地也相继修建了简易供水设施，自来水日供水能力共计1 400吨。这些供水设施主要由法商承建，零配件不全，供水不正常。而且，只供少数人享用。建国初期，为了尽快解决城市供水问题，昆明、个旧对原有供水设施进行了改造，日供水能力增加到6 300吨。1958年至1978年，昆明市新建了一水厂、二水厂、三水厂、日供水达到7.26万吨；个旧、东川、下关三个市也新建了3个自来水厂，缓解了城市供水的需要。1978年以来，城市供水事业取得了突破性进展，全省11个市建成自来水厂累计达到25个，日供水能力为38.9万吨；全省115个县共建成自来水厂112个，日供水能力为24.19万吨，极大地改善了城市及县镇供水状况，为发展生产、改善生活提供了良好条件。

昆明市城市煤气工程是利用焦化制气厂供气，是充分利用焦煤热量、节约能源，改进城市燃料结构，减少污染、改善环境，有利生产、方便生活的重点工程。该工程从1983年6月15日破土到1986年8月联动试车成功并开始供气，已供应昆明市居民2.8万户用气。

至1986年，城市市政公用设施状况见表2。

［**城市住宅**］ 建国以来，虽逐年都安排了一定的投资建设职工住宅，但远远满足不了需要。随着城市经济体制改革的深入发展，改变了过去由单位自建自管、分散建设的状况，逐步实行集资联建、集资统建，银行组织建房储蓄，吸收社会资金，以及

1986年城市市政公用设施一览表

表2

城市名称	供水		公共交通		市政工程						园林绿化				环卫	
	水厂个数	综合生产能力	营运车数	营运线路长度	道路		下水道		路灯	防洪堤	园林绿地	公园	动物园	苗圃	环卫机械	清运生活垃圾
					长度	其中:高级次高级道路	长度	排污量								
	(个)	(万吨/日)	(辆)	(公里)	(公里)	(公里)	(公里)	(万吨/日)	(盏)	(公里)	(公顷)	(个)	(个)	(公顷)	(辆)	(万吨)
全省	25	38.9	739	4,837	460	410	516	71.1	13,844	63.5	2,683.6	24	1	116.8	300	43.1
昆明	6	26.0	512	1,220	227	226	257	20.8	7,485	16.0	1,928.9	7	1	25.6	188	20.8
个旧	4	1.5	84	2,531	34	30	46	12.0	1,538	1.0	72.8	1		7.6	24	4.6
曲靖	3	2.7	68	700	34	27	41	6.0	556	2.0	44.6	3		2.0	13	2.0
大理	2	1.9	26	88	47	39	46	5.0	759	8.4	149.0	4		30.0	20	3.6
开远	1	1.4	16	42	17	17	26	22.0	485	4.0	139.0	1		6.0	13	1.9
昭通	1	1.1	6	110	24	16	25	1.2	822		34.3	2		33.4	15	3.8
东川	2	1.4	10	78	13	10	13	1.7	408	18.5	38.0	1		5.8	6	1.0
楚雄	1	0.4			23	18	18	0.3	734	6.0	97.0	2		1.9	6	2.9
保山	2	1.0			19	13	19	1.0	310	8.0	108.0	1		4.5	6	1.1
玉溪	1	1.4	17	68	17	14	23	1.0	734		50.0	2			8	0.7
畹町	1	0.1			5		2	0.1	13		22.0				1	0.7

贷款统建，推行住宅商品化等，把城市住宅建设逐步纳入城市综合开发的体制。因而，使城市住房水平有显著提高，主要表现在三个方面。

1.城市住宅面积大幅度增加。据全省城镇房屋普查资料，各个年代建成城镇房屋见表3。至1985年城市房屋面积累计5,056.7万平方米。其中：住宅面积2,376.2万平方米，占城市房屋总面积的47%；城市住宅面积为1949年城市全部房屋总面积532.5万平方米4.5倍。1986年又建成城市住宅140万平方米。

2.城市人均居住面积大幅度提高。1979年至1986年城市人均居住面积见表4。1979年城市人均居住面积3.5平方米，1986年城市人均居住面积6.3平方米，比1979年增加1.8倍。

3.城市住宅设备有较大改善。50年代城市住房一般都不安排独户使用厨房、厕所等设备。60年代后住房设备稍有改善。据1985年全省城镇房屋普查结果：城市住户中，有独户用厨房的占60.8%，独户用厕所的占16.8%，自来水普及率72.3%，约有4万户居民使用煤气。

云南省各个时期建成城市、县镇房层一览表　　单位：万平方米　**表3**

名称	城镇房屋		1949年前	50年代	60年代	70年代	80年代(至1985年)
	合计	其中住宅					
全省城镇	11,701.0	5,761.7	1,420.7	963.7	1,471.0	3,709.9	4,135.7
十一个城市	5,056.7	2,376.2	532.5	580.9	646.2	1,565.4	1,731.8
昆明市	2,673.4	1,248.1	290.2	328.1	322.9	804.1	928.0
盘龙区	694.1	405.7	122.6	80.3	74.6	141.7	274.9
五华区	640.6	341.8	130.7	91.2	48.8	148.4	221.5
官渡区	779.6	282.6	20.3	69.8	115.0	302.2	272.4
西山区	559.0	218.0	16.6	86.9	84.5	211.9	159.2
个旧市	492.6	237.6	34.3	88.4	76.6	137.3	156.0
曲靖市	467.6	221.3	37.0	27.9	49.6	180.6	172.5
大理市	288.6	136.9	46.6	27.4	27.6	110.1	76.9
开远市	221.6	95.3	10.8	21.3	44.8	69.8	75.0
昭通市	201.1	104.1	56.4	19.1	19.8	40.6	65.2
东川市	138.7	64.0	0.4	19.7	35.2	43.4	39.9
楚雄市	219.8	108.9	18.0	22.0	32.3	68.9	78.6
保山市	171.8	80.2	20.4	10.0	21.6	63.2	56.6
玉溪市	167.8	72.8	18.4	16.3	14.3	44.1	74.8
畹町市	13.7	6.9	0.03	0.56	1.4	3.3	8.4

云南省城市人均居住面积　　**表4**

成市名称	人均居住面积（平方米）							
	1979	1980	1981	1982	1983	1984	1985	1986
昆明市	3.5	4.3	4.5	5.5	5.9	6.2	6.6	6.7
个旧市	3.9	4.1	4.3	4.4	4.3	4.8	5.2	6.0
曲靖市					2.5	2.7	6.6	5.2
大理市	3.1	3.6	4	4.5	5.1	5.9	6.6	7.0
开远市			3.8	5.7	6.1	5.3	5.2	5.1
昭通市			2.9	3.2	6.9	5.8	5.1	5.7
东川市	2.7	3.1	3.5	3.8	4.7	4.7	5.2	4.4
楚雄市					2.6	2.4	5.7	6.6
保山市					5.1	4.8	4.7	4.5
玉溪市					5.5	5.5	6.4	5.8
畹町市							15.0	15.0

1986年城市综合开发情况表　　表5

城市名称	开发公司数(个)	本年开发建设土地 新征土地面积(亩)	旧区折迁面积(亩)	本年房屋建筑面积 施工 合计(万米²)	施工 其中住宅(万米²)	竣工 合计(万米²)	竣工 其中住宅(万米²)	历年累计房屋竣工面积 合计(万米²)	其中住宅(万米²)	本年开发工作量(万元)	本年出售房屋 合计(米²)	其中向单位出售住宅(米²)	其中向个人出售住宅(米²)
全省总计	50	2,181	162	85.57	68.58	35.94	31.53	105.82	95.28	13,195	240,029	174,443	57,275
城市合计	17	1,089	98	63.45	50.75	23.67	21.72	82.51	78.44	9.792	135,151	120,516	8.527
昆明市	7	717	65	43.25	33.05	12.30	11.50	54.7	53.4	6,475	36,969	34,201	2,768
个旧市	2	105	19	6.2	6.1	2.75	2.65	1.65	1.65	974	27,577	21,880	197
大理市	1	65		5.07	3.97	2.73	2.63	15.00	13.50	477	16,800	14,900	1,950
开远市	1	51		1.20	1.05	0.81	0.62	1.87	1.50	360	4,200	4,200	
昭通市	1	6	13	1.26	1.16	0.87	0.78	2.09	2.00	195	8,770	8,048	64
东川市	1	47	1	1.29	1.29	1.12	1.12	1.32	1.32	394	9,100	9,035	65
楚雄市	2	17		0.54	0.54	0.38	0.38	1.23	1.23	100	3,432	2,832	599
保山市	1	11		1.20	0.72	0.80	0.70	2.42	2.18	163	14,753	13,300	1453
玉溪市	1	70		3.44	2.87	1.91	1.34	2.23	1.66	654	13,550	12,120	1430

［**城市综合开发**］　城市综合开发建设是城市建设管理的一项重要改革，从1983年在省内进行城市综合开发建设以来，在吸收社会资金实行统一配套建设，推行商品住宅，实施城市规划，改变市容面貌等方面取得了明显成效。至1986年，全省共有综合开发公司50个，开发工作量13，195万元。其中城市综合开发公司17个，职工550人，开发土地1，187亩，新区开发占91.7％，开发工作量9，792万元，施工房屋建筑面积63.45万平方米，出售商品房12.9万平方米，直接向个人出售8，527平方米，占商品房总数的6.6％。

各城市综合开发建设情况见表5。

［**城建法制建设**］　为了使城市规划、建设、管理纳入法制轨道，把云南的城市建设成为布局合理、环境优美、有利生产、方便生活、经济繁荣、安定文明、各具特色的社会主义现代化城市，1984年4月9日，经云南省第六届人民代表大会常务委员会第十次会议原则批准，于1985年1月3日省政府颁发了《云南省城市建设管理条例》。根据这个条例，各市、县制定了城市建设管理的实施细则或规定，使城市建设管理有法可依，有章可循。

三.主要城市介绍

昆明市

昆明市是云南省省会，历史文化名城。现辖四区八县，全市总面积15，561平方公里，总人口336.3万人，气候四季如春，自然景色绮丽多姿，被誉为春城。

昆明是云南对内对外交通枢纽，战略地位十分重要。是成昆、贵昆、昆河三条铁路的交汇点，国家四条公路干道，即北京—昆明、成都—打洛、上海—畹町、福州—昆明四条公路干道都通过昆明；昆明机场已成为国际机场，是西南地区主要的进出航空港。昆明丰富的自然资源是发展经济的重要基础。经济以工业为主体，主要有机械、冶金、食品、化工、纺织、建材等工业。1986年，昆明市工农业总产值61.45亿元，占全省工农业总产值213.76亿元的28.8％。其中昆明市工业总产值56.32亿元，占全省工业总产值136.37亿元的41.3％。昆明城乡经济联系紧密，商业繁盛，教育、科技、文卫等集全省的精华，是云南实现工业化的重要基地。

昆明市城市建设重点是加强城市基础设施建设，改善环境条件，改变市容面貌，创造投资环境，以适应现代城市经济社会发展的需要。昆明市区建成4个自来水厂后，年供水量从1950年的44.39万吨上升到1986年的8,742万吨，自来水普及率达到99%；城市道路从1950年的86公里增加到1986年的227公里，改造及新建了东风路等6条城市干道，新建了4座人行天桥、1座地下环形人行通道，改善了市区交通状况，近400条小街小巷实现了平坦化；1950年昆明只有200盏15瓦白炽路灯，现在发展到6,063盏高压汞灯及钠灯。近几年来，城市建筑发展很快，高层建筑拔地而起，城市绿化多姿多采，出现了一片欣欣向荣的景象。昆明座落在滇池湖畔，市区有8个公园，革命遗址、革命纪念建筑物11处，远郊有石林风景名胜区、郑和公园、金沙江红军渡口及众多的文物古迹。昆明是正在发展中的多功能中心城市，也是旅游的开放城市。

东川市

东川市位于云南省东北部，是省辖市，以盛产铜著称，被誉为高原铜城。全市人口27.7万，总面积1858.79平方公里。常璩《华阳国志》记载："堂螂出银铅白铜"，东川即汉代堂螂，当时就已经产铜了。公元1328年(元天历元年)的岁课表中，只有云南一省课铜。可见，元代云南的铜已成为全国的特产。1946年至1949年东川年平均产粗铜仅40吨，铜矿濒临停产绝境。建国以后，1951年东川铜矿列为全国重点建设项目，重点开发落雪、因民、汤丹等矿，兴建落雪、因民、滥泥坪、汤丹、新坛五个选厂。1981年核定东川矿务局生产能力为日采选9,800吨，年产精矿含铜19,180吨。据探明东川铜矿资源居全国第三位。另外还有铁、煤等矿藏。东川先后建立了化工、建材、森工、食品、电子、制粉、造纸、皮革、陶瓷、制药等地方工业，修建了东川铁路支线与贵昆铁路接线，修建了矿区公路507公里。

1959年编制了东川市城市总体规划，城市建设按照城市总体规划进行，规划布局井井有条，市政公用设施部署合理，有效地提高了城市的功能。东川是在石滩上建设起来的新城市，1976年以来，积极抓了防治泥石流，改造沙滩，建设苗圃、公园、广植林木花草，是一座新兴的花园城市。

个旧市

个旧市是中外闻名的"锡都"，地处云南省南部，距昆明320公里，为红河哈尼族，彝族自治州州府所在地，全市人口34.9万人，总面积1,587平方公里。

个旧锡矿发现于汉代，明代以后开采规模日益扩大，1889年，个旧锡首次出口。建国以后，1953年个旧矿业被列为国家重点建设项目，个旧市开始了以锡为主的工业建设。党的十一届三中全会以来，个旧工业的发展特别令人瞩目，第六个五年计划期间，全市工业企业完成技术改造项目407项，开发了新产品72个，精锡、焊锡条及丝、锡工艺品、黄磷、电铅、粗铅等先后获国家、部、省优质产品称号；矿产金属由单一的锡发展为以锡为主，综合生产铅、铜、锌、钨、铋、银、铟等十多个品种，1985年，矿产精矿含金属总量34,133吨。个旧市已经发展成为全国最大的锡金属工业基地，拥有居世界先进水平的锡采、选、冶技术。同时，以有色金属为依托，建成了化工、轻纺、食品、陶瓷、建材等工业。

个旧市的城市建设体现了城市为工矿服务，工矿促进城市繁荣的特点，逐步形成了以锡业为主的有色冶金工矿城市。1952年，全市城市房屋总面积仅有82.6万平方米，日供自来水300吨，用自来水人数不足3000人。1956年编制了城市规划，修建了一批工人住宅，并开始进行城市基础设施建设。至1986年，城市房屋建筑面积为496万平方米，为1952年城市房屋面积的6倍。其中住宅面积241万平方米，人均居住面积从1979年的3.9平方米增加到6.0平方米，改善了城市及工矿区住房条件。自来水已基本普及，发展了城市及工矿区的公共交通，建成了宝华公园等文化娱乐设施，加强了个旧湖的环境绿化，使山环地狭、工矿密集的个旧市市容面貌大为改观，1984年被评为全国绿化先进城市。个旧市的建设正在向着经济繁荣、文化发达、生活富裕、环境优美、具有民族特色的工矿城市发展。

大理市

大理市位于云南省西部山水竟秀的苍山洱海之间，全市人口39.9万人，白族人口占64%，总面积1,468平方公里，是历史文化名城，大理风景名胜多，是旅游开放城市。

早在秦汉时期，著名的"西南丝绸之路"就经过大理通往东南亚各国，成为我国古代对外通商贸易、友好交往的交通要道。现在，昆畹公路、滇藏公路两条干线在这里交汇，是滇西的交通枢纽及物资集散地。大理有比较充裕的电力资源，建国以后建成了25万千瓦的西洱河四级电站，发展了纺织、造纸、制茶、化工、建材、农机等工业。特别是纺织工业，有人造纤维、棉纺、毛纺、针织、印染等，门类比较齐全。这里是享有盛名的大理石原产地，大理石制品早已蜚声中外。大理加工的"云南沱茶"工艺精湛，造型别致，饮用效果好，荣获第九届世界汉白

西藏自治区城市建设概况

西藏自治区城乡建设环境保护厅

一、三十年城镇建设概况

西藏，位于我们伟大祖国的西南边陲。面积122.8万平方公里，国境线长约3500多公里。西藏素以“世界屋脊”之称，是地球的“第三极”。境内山脉连绵、雪峰重叠、高峰林立，七千米以上的山峰达五十多座，超过八千米的十座。世界第一高峰——珠穆朗玛峰高为8848.13米，屹立于中尼边境上。西藏战略地位十分重要，是我国西南边疆的门户。全区人口为196.68万人，其中藏族187万人，占95%。还有汉、蒙古、回、纳西、怒族、门巴、登巴和夏尔巴人等，是以藏族为主体的民族自治区。全区共分六个地区及一个市，1959年3月在人民解放军驻藏部队的大力支持下，西藏各族人民平息了反动上层发动的武装叛乱，进行了民主改革，西藏人民获得了真正的解放。经过近三十年的建设，城镇建设发生了翻天覆地的变化。目前设市的有拉萨市、日喀则市，建制镇有八一、昌都、泽当、狮泉河、亚东、江孜、那曲等镇，成镇人口近23万人。

二、拉萨古城换新貌

西藏自治区首府拉萨，宛如一颗璀璨的明珠镶嵌在雅鲁藏布江支流——拉萨河中游北岸。海拔高度为3646.5米，年日照时间在3000小时以上，素有“日光城”之称。拉萨古城已有1300多年历史。很久以来就是西藏政治、经济和文化中心。勤劳勇敢的藏族人民在这里繁衍生息，创造了光辉灿烂的文化。

在公元7世纪初，西藏历史上伟大的英雄人物松赞干布统一了全藏。建立了强大的吐蕃奴隶制王朝，建都于曲吉河谷吉雪卧塘(今拉萨大昭寺一带)，后称“逻婆”。唐朝文成公主于公元641年入藏与吐蕃联姻，亲自设计建成大昭寺，后来拉萨以大昭寺为中心向四面延伸。随着经济实力的加强，于1645年扩建布达拉宫，直到1695年才初步形成现在的宫堡群。

西藏由于特殊的地理环境和封建农奴制度的统治，以及19世纪中叶英帝国主义侵略西藏，在解放前，拉萨的经济发展十分缓慢，市政设施水平很低，市区面积仅3平方公里，人口不到3万。市内仅有几家地毯、氆氇、宗教用品和人民生活用品的手工业作坊。市内建筑除寺庙、衙门、领主的高楼宅院外，八角街周围全是光线昏暗的藏式碉房，乞丐遍布街头，没有给水、排水市政设施，到处是贫民窟、臭水沟和垃圾堆。

和平解放后，党中央和国务院先后派来了数以万计的干部、工人、工程技术人员同西藏各族人民一道建设新拉萨。随着川藏青藏公路于1954年12月25日通车拉萨，中央拨专款修建600千瓦夺底水电站，罗布林卡到大昭寺3.2公里泥结碎石路面，及1.4公里的条石护坡拉萨河堤。于1953年由西北、西南和中央民族卫生工作队为基础建立了自治区人民医院，为藏族人民治病。1956年建成了拉萨中学，广大藏族同胞的子女有了入学机会。1959年3月人民解放军迅速平定了西藏地方政府少数坏人发动的武装叛乱。西藏人民真正得到了解放，

玉金冠奖。一年一度的“大理三月街”是跨省区的物资交流集市，赶街人数多达60余万人次，省内外数百家工商企业参加物资交流。大理农业科技的发展令人欢欣鼓舞，新培育的“滇榆一号”水稻品种最高单产达2,028斤，创全国粳稻之冠，“风麦13号”小麦新品种最高单产1,459斤，“中单二号”杂交包谷最高单产1,757斤，工农业呈现了一片繁荣兴旺的景象。

大理市区分为两片，即：下关(包括风仪)及大理古城。下关是大理白族自治州州政府及市政府驻地，工业企业、商业贸易，文化教育等主要集中在下关。党的十一届三中全会以来，结合城市建设的发展，开展了小区建设，实行综合开发，新建了建设路、苍山东路、苍山中路、苍山西路等城市干道，建成了具有民族特色的民族博物馆、图书馆、洱海公园等文化娱乐设施，加强了市政建设，使古老的“龙尾关”一展新颜，成为新兴的边疆城市。大理古城依然保持了它“内秀外雄”的风采，这是大理古城规划建设的主体格局。古城周围分布着“大理三塔”等唐、宋以来珍贵的文化遗存，成为大理古老历史文化的见证。大理市是得天独厚的美丽城市，它正在继承和发展中前进。

迎来了城市建设新开端。

1960年起西藏民主改革的胜利，各族人民迫切要求改变城市极端落后面貌，首先修建了长536米钢筋混凝土的拉萨大桥。它象一条彩虹横跨在拉萨河上，沟通了南北交通。1965年建设了贡嘎机场。开辟了拉萨至成都的航线。因拉萨河洪水位高出城市地面1米左右，从1961年起开始翻修20公里长的拉萨河堤，于1966年后基本上解除了洪水威胁。1965年为迎接西藏自治区成立，由自治区和拉萨市领导组成指挥部，调集施工队伍，铺筑了人民路(现宇拓路)、沿河东路(金珠路)、解放南路(娘热南路)、北京西路、青年路(朵森格路)等柏油路面10多万平方米，及人民路由钢筋混凝土圆管和石砌暗沟铺设的下水道约2公里。建设了日供水500吨的药王山水厂，城市首次开办了城市公共交通。新建文化宫、西藏广播电台大楼、拉萨影剧院、银行、邮电、百货商店、新华书店等一批公共建筑，建成了两条新的商业街。城区面积比老城面积扩大3倍，城市人口由3万人发展到5万人。一批新型工业如纳金电厂、水泥厂、汽车修配厂、皮革厂等象雨后春笋般建立，原有的民族工业也进一步发展，如拉萨地毯厂等。城市面貌发生了显著变化。

十年动乱期间，城市建设基本处于半停顿和失控的境地，但区市两级政府仍然克服困难建设了一些设施，如为解决拉萨能源紧张问题，先后建立了西郊梯级电站，装机4000千瓦，献多尾水电站2400千瓦，城西火电厂装机1.2千瓦。在市区建设了娘热北路、金珠西路等五条沥青路面，拉萨城市骨架初步形成。由周总理亲自决定的格尔木至拉萨的输送管道1000多公里在1975年修建。解决了拉萨民用燃料和汽车用油困难。1975年在机关干部、职工、战士和市民群众的共同努力下完成了流砂河的改道工程。设计每秒流量为25立方米，使高出地面4米左右、宽约100米的害河，变害为利。

1976年后，特别是三中全会后，拉萨城市建设突飞猛进。区市两级政府把拉萨城市建设列为重要议事日程。1979年自治区建委和拉萨市政府成立了拉萨市城市规划办公室，历时三年编制完成了拉萨市城市总体规划。国务院于1983年4月13日批准了拉萨城市总体规划，从此拉萨各项建设遵循总体规划进行。在这期间打通了北京东路、青年路(朵森格路)、文化路(林吉路)、团结北路，几年来城市共修柏油路总面积达55.9万平米。国家干道青藏路面加铺工程，拉萨至贡嘎二.三级标准沥青路面改建工程于1985年相继竣工，改善了拉萨对外交通。药王山水厂扩建成日供水1.5万吨，给水干管铺设了24公里，现供水管总长约40公里，使城市供水普及率达30%以上。

在保护古城风貌的前提下开始了旧城区的改造。铺筑花岗石地面街坊道路19827平方米，修建钢筋混凝土下水管3170米，给水管网3060米，使昔日破旧的小街深巷变得清洁整齐。市民直接受益，群众称赞说："中央花钱花到我们家门口了，看得见，摸得着"。为彻底改变大昭寺门前的脏乱差局面，拨款900万元修建了具有民族风格和地方特色的大昭寺广场和建筑群，约2.2公顷，如今已是绿树成荫的游览圣地。从1984年起在高原上架起水泥电杆瓢型自控式路灯200多盏，当夜幕降临，五彩缤纷的路灯，把拉萨主要街头装点得绚丽多彩。

党和政府认真保护历史文化遗产、名胜古迹和传统的园林绿地，先后拨款，对布达拉宫、大昭寺、小昭寺、传昭台、甘丹寺等寺庙和古建筑进行修葺与修复。为发展旅游业打下了基础。

城市绿化有较大发展，全市绿地总面积达568公顷(其中公园56公顷，林卡为336公顷，草坪花坛为163公顷，苗圃13公顷，行道树39960株)，绿化面积占城市建成区面积18.5%。其中公共绿地面积107.5公顷，按城市人口计算平均每人10平方米，名列全国省会城市前五名之内。几年来城市累计植树297万株，建花坛草坪近30万平方米，先后建设龙王潭公园、文化公园和青年林卡(青年公园)。有的单位大院已向绿化、美化、香化方向发展，各种常绿树如高山松、云杉、侧柏、大叶黄杨、月季引种成功，拉萨正朝着空气清洁，风景宜人的城市前进。

昔日拉萨是环境卫生较差的城市，1979年后组建了从事城市保洁的专业队伍——拉萨环卫局。日清扫街道41万平方米，有洒水车4辆，真空吸粪车4辆，垃圾车3辆。这些现代化环卫设备，减轻了工人劳动强度。建起了公共厕所18座，已改变过去大街小巷随地大小便的陋习。

1976年以来党和政府十分关心改善城市职工、居民住房条件。截止1985年底基本上甩掉了干打垒式土坯铁皮顶平房，混合结构的多层住宅拔地而起；国家拨款1700多万元改建旧城区藏式楼房7万多平方米，近千户居民搬进新居。1985年底城市共建新住宅115.64万平方米，集中开发了具有民族风格、卫生设备齐全的团结新村，城市人均住房已接近5.5平方米。

为了适应对外开放、发展生产、便利居民生活，城市公共交通得到发展。拉萨市公共汽车公司现有车52辆，营运车34辆，营运线路13条，营运线路159公里，运客总数199万人次。1985年开始组建了两个集体出租汽车公司，有车34辆，营运车28辆。除在市内行驶外还把游客运送到格尔木市和中尼边界的樟木口岸。

为给拉萨的城市建设打下物质基础，在四川水泥制品厂的援助下，建起了现代化的水泥制品厂，用悬辊法生产钢筋混凝土圆管及机制电杆。

1984年春，中央在北京召开第二次西藏工作座谈会上决定，分别由北京、天津、上海、江苏、浙江、四川、福建、山东、广东九省市援建43项工程。其中拉萨市区就有18项。拉萨市上下水工程是援建重点工程之一。一年半时间内敷设水管12公里，修钢筋混凝土管沟22公里，干沟宽2.2米，深1.8米，设计秒流量为7立方米，形成了拉萨市区排水系统，排水管总长达32.3公里，排水服务面积30.74平方公里。同时加速了羊八井地热电站配套工程，该工程装机容量近1万千瓦，是目前国内最大的地热试验电站。

一批具有浓郁民族风格和强烈地方特色的现代化建筑如拉萨饭店、西藏宾馆、拉萨剧院、西藏体育馆、拉萨群艺馆、少年活动中心、电教馆、西藏大学教学楼、客运站、货运站、商场和区人民医院等奇迹般耸立在拉萨河谷平原上，一幢幢新的建筑使拉萨古城焕然一新。

到1986年底止共有房屋建筑260多万平方米，为旧市区的12倍以上。建成区面积已达34平方公里。执行对外开放后，1986年底城市人口(包括常住临时人口在内)已达14万之多，流动人口约4万余人。

为了适应城市规划、管理工作需要，于1984年8月成立了拉萨市城市测绘工作领导小组。在西藏测绘人员和兄弟省市和成都军区测绘大队辛勤工作下，经过三年的努力，投资400万元，共完成平面控制1200平方公里，三等三角点53个，四等三角点81个，三、四等水准500公里，千分之一测图110平方公里，二千分之一测图170平方公里，图幅总数650张，可满足20年内拉萨城市规划建设需要。

拉萨是西藏的窗口，拉萨建设是全西藏的缩影。由于拉萨的建设突飞猛进，归国藏胞回到拉萨已辨认不出自己过去的家门，这样更唤起了他们无限思乡眷恋之情。

三、高原上蓬勃发展的中小城镇

西藏在漫长的封建农奴制社会，生产极端落后，商品经济很不发达。和平解放前根本谈不到城镇建设。解放后驱逐了帝国主义残余势力，一跃进入了社会主义社会。中小城镇迅速发展。

日喀则——西藏的第二大城市，位于雅鲁藏布江及其支流年楚河西南，海拔3900米。解放前，日喀则为班禅额尔德尼的驻锡地，是后藏的政教中心，现是日喀则地区所在地；民改前城区不到1平方公里，人口不足1.5万人。有卡垫、藏娃、木碗、酿酒等工业作坊。目前城区面积发展到6平方公里，人口3万人，办起了电力、交通、轻工、森工、建筑、机械、汽车修配，皮革等现代工业和卫星地面站。日喀则是中尼路上的重镇，著名的扎什伦布寺萨迦寺作为通往珠峰必经之路而闻名中外。近年来建设了藏式新楼房1.5万平方米，由山东援建的现代化的日喀则饭店，建筑面积9513平方米，拥有130间房250张床位，接待中外游人。

昌都，是西藏东部门户和军事重地，从明朝末年昌都就是藏东政教合一统治中心，现是昌都地区所在地。解放初城区0.3平方公里，人口不足0.5万人。经过20多年建设，昌都现有人口近3万，将要发展到5万人。有电力、水泥、汽车修配、木材加工等现代工业，建成区面积近12平方公里，其中居民区占3平方公里。市政设施有日供水2000吨的水厂，水泥路长5276米，面积4.27万平方米；三座横跨两江的钢筋混凝土拱桥。桥梁净跨60、75、80米；各长93、95、140米。新建楼房30万平方米。由四川援建的昌都饭店，建筑面积10338平方米，有303张床位已接待客人。

泽当是西藏南部新兴城镇，地处雅鲁藏布江中游，乃东县境内。它是山南地区行政公署所在地。解放初期，城区面积不到0.3平方公里，人口不足3000人；解放后先后盖起办公楼、百货商店、银行、藏医院、卫星地面接收站、中学等新建筑、架起了路灯，铺筑了柏油路面。20周年大庆期间，由广东援建的泽当饭店总建筑面积7623平方米，客房128间，250张床位。还有新建的泽当群艺馆、人民医院门诊楼等新建筑，给这个藏南小镇增添了新貌，现城镇面积已发展到近4平方公里。人口近2万人。

那曲是藏北重镇，地处羌塘高原南部，海拔4500米，是青藏公路通车后发展起来的新城镇，现那曲行署所在地。1985年底城区面积8.5平方公里，人口1.3万人，是藏北畜牧产品集散地，最近几年建设起楼房。四川和天津中建六局援建的那曲饭店、人民医院住院部、是用地热取暖的现代化建筑。

狮泉河镇，海拔高度4300米，是阿里地区行署所在地，也是近几年发展起来的新镇，城区面积为1平方公里，各种工交、文卫、商业、住宅、机关等建筑约15万平方米，人口0.4万人。由江苏援建的狮泉河饭店建筑面积6863平方米、250张床位。

八一镇，地处尼羊河下游，川藏公路通车后建设起来的新城镇。海拔高度3100米，城镇面积3.6平方公里，人口1.7万人左右、现有建筑面积15万平方米。著名的西藏林芝毛纺厂和西藏农牧学院座落在这里，是林芝地区行署所在地。这里森林密布、气候温和，有西藏江南的美誉之称。英雄城市江孜，位于西藏南部年楚河中游，海拔高度4020米。

英雄历史名城——江孜镇，藏语意为"胜利堡

陕西省城市建设概况

吕之邦

陕西是人类祖先的发源地之一，中华民族灿烂的古代文化摇篮，我国生产活动和对外交往最早的地区之一。地理环境优越，自然资源丰富。建国以来已经建立起门类比较齐全的工业体系，成为内地新兴的重要工业基地，农业生产水平也有了较大提高。

一、概况

陕西地处我国内陆腹地，居于黄河中游。面积20.56万平方公里，占全国总面积的2.14%。1986年末全省总人口3043万人，其中非农业人口541万人，占全省总人口的18.1%。

全省设西安、宝鸡、咸阳、铜川4个省辖市和渭南、汉中、安康、商洛、延安、榆林6个地区；地区以下又设延安、渭南、汉中、韩城4个县级市，13个市辖县级区和89个县；347个建制镇和2260个乡。城镇人口492.3万人，占全省总人口的16.2%。

陕西与山西、内蒙、宁夏、甘肃、四川、湖北、河南7个省区毗邻，是联结西北、西南和其它省区的纽带。地势南北高而中间低，西北高而东南低，由西向东呈倾斜状。地形复杂多样，北部为黄土广布，沟壑纵横的黄土高原，中部是号称"八百里秦川"的关中平原，南部是"鱼米之乡"的汉中盆地和山青水秀、森林密布的秦巴山区。全省年平均气温7.5℃～15.3℃，年平均降水量400～1000毫米，但南北差异较大。

陕西建国以来经济建设取得了巨大成就。1986年，全省社会总产值380.6亿元，工农业总产值282.37亿元，其中工业产值210.89亿元，分别比1949年增长了十几到二十几倍。全民所有制企业2400多个，其中独立核算工业企业拥有固定资产(原值)212.85亿元，相当于解放前全部工业固定资产的275倍。集体所有制企业九千多个。

到目前，陕西已形成独具特色的经济优势和实力。机械工业实力雄厚，成为陕西第一大行业；纺织工业成龙配套，品种齐全；煤炭储量大、质量好，除自给外，已大量供应十多个省市；建筑业技术设备基础较强，水平较高；旅游业得天独厚，已在高速度发展。

二、城镇发展简史

距今约65万年至80万年前，"兰田猿人"就在关中平原的坝河上游繁衍生息。距今三、四万年关中平原的原始人类进入氏族公社时期，仍活动在渭河流域。"半坡遗址"、"姜寨遗址"是六、七千年前母系氏族社会的一座村落。这个村落遗址表明当时的人类已开始按需要来布置各项建筑和设施。

传说中的炎帝、黄帝氏族活动在姜、姬水流域，即现在的陕西渭河上游及北部黄土高原一带。奴隶社会时期，周人活动中心由旬邑迁居歧山南的周原，并建都城"京"，形成初具规模的周国。周文王时，在沣河西岸修建了丰京。公元前1121年周武王灭商，建立周王朝，又在沣河东岸修建了镐京。丰、镐作为周王朝首都历时363年，成为当时的政治、文化中心，史称西周。丰、镐二京，隔河相望，近在咫尺，实为一个城市的两个部分。《周礼·考工记》载："匠人营国，方九里旁三门。国中九经九纬，经涂九轨。左祖右社，面朝后市，市朝一夫"。这是我国最早的城制记载。

公元前770年，周东迁以后，秦部落很快发展起来，几经迁徒，秦穆公定都于雍、即今凤翔城南，雍城建都时间较长，"益国十二，开地千里"，遂成五霸之一。公元前383年秦献公又迁都栎阳(临潼县境内)。公元前350年秦孝公又迁都咸阳(今长陵车站附近)。秦始皇统一中国后，建立了我国历史上第一个统一的中央集权制封建王朝，咸阳便发展成为全国最大的都城，人口约五、六十万，约占当时全国人口的3.3%。除咸阳外，还在陕西设了三郡55个县。

西汉定都长安(今西安市西北郊)，刘邦令萧河

垒之顶"。1904年英帝侵略军入侵江孜，当地军民坚持战斗三天三夜，敌人受重创，最后因敌众我寡，勇士们宁死不屈跳崖殉国，维护了祖国尊严，光照千秋。城镇人口由解放初期300余人发展到0.84万人，城区由不到1平方公里发展到2.1平方公里。江孜卡垫及地毯在西藏享有盛名，江孜历史上和现在都是发展对外贸易的商业重镇。

大兴土木，建筑了未央宫、长乐宫、建章宫等庞大的宫殿群体，当时的长安面积约35平方公里，人口约50万，规模宏大，气派非凡，是当时世界东方最大都城，比当时西方名城罗马大三倍多。著名的“丝绸之路”就始于此。汉长安不仅是政治、商业中心，而且是具有世界影响的大城市。

西汉以后，历东汉、魏晋南北朝时期，城市衰落，曾有户不盈百的境况。这一时期匈奴族的赫连勃勃，在今陕西靖边县的白城子建立了大夏国的国都统万城。到隋复归统一，仍建都长安(今西安市)，建大兴城。

唐代建都长安，与西汉同名异地，当时长安人口超过百万，面积约84平方公里，是我国封建社会全盛时的政治、经济、文化中心，也是当时世界上最大的城市，规模宏大，布局严整，道路平直。气势雄伟，计有里坊108坊，“百千家似围棋局，十二街如种菜畦”。朱雀大街为全城中轴线，宽达155米。唐长安供水由洨、滈河水通过管渠引入城区，形成了完整的供水系统。其它排水、防洪等设施也较齐全。唐长安城市建设形成了我国完整的风格和特点，在我国城市规划和建设史上写下了光辉的一页。唐代陕西境内设有2道、3府、19洲、114个县。

自唐以后，我国政治经济中心东移，沿海一带相继发展，陕西城镇发展缓慢。解放前，由于陕西经济落后，城镇调敝，仅设西安1市及91个县。城镇几乎没有什么近代工业，商业萧条，城镇面貌与农村无异。仅有90万平方米道路，17辆公共汽车、营运线路7公里，26公里下水道，22公顷的3个小公园。城市供水等设施全部是空白。

但是1936～1948年的延安，作为中共中央和陕甘宁边区政府驻地，却是另一派景象，1937年设立了延安市，按照自力更生，艰苦奋斗的方针发展城镇建设，拓宽道路、绿化城区、兴建边区政府、银行、学校、住宅、剧院和公园，在南门外设立了新市场，使延安市形成了适应当时革命形势的政治、经济、文化中心，成为中国革命圣地。

三、建国后城镇发展

1949年底陕西全境获解放后，陕西城镇才有了迅速发展。1950年12月10日陕西省人民政府成立，省会设在西安。当时西安市为中央直辖市，另有宝鸡、南郑两个县级市，9个专区，1个直辖县。1954年西安改为省辖市。1980年设西安、宝鸡、铜川三个省辖市、咸阳、延安、汉中三个地辖市，89个县城，21个建制镇。

1984年增加了渭南、韩城两个地辖市，建制镇达到344个，其中县人民政府驻地的镇89个。到1986年底建制镇已达到347个。

陕西省8个建制市，省会西安属特大城市，宝鸡、咸阳、铜川属中等城市，汉中、延安、渭南、韩城属小城市。此外还有一批工业重点城镇。8个城市各具特色，构成了全省的经济枢纽和不同层次的经济中心。

西安市

辖7区6县，1986年末总人口564万人，其中市区非农业人口177.7万人，工农业总产值107.3亿元，占全省的38%。是国内重要科教基地，机械、纺织、航空工业具有较大优势。同时也是历史文化名城和重要旅游城市。1984年国务院批准西安市实行计划单列，赋于相当于省一级经济管理权限。

宝鸡市

位于关中平原的西端，市区跨越渭河南北两岸。全市辖2区10县，总人口310万人，其中市区非农业人口29.2万人，1986年工农业总产值38.27亿元，占全省的13.6%。宝鸡是陕西重要工业交通城市，是全国东西交通咽喉，宝成、陇海铁路在市区相交，是我国电气化铁路中心站。宝鸡市工业门类齐全，产品质量较高，形成了机械、电子、食品、纺织、化工、建材等工业基地。

咸阳市

位于关中平原中部的渭河北岸。全区辖2区11县，总人口397万人，其中市区非农业人口29.5万人，1986年工农业总产值40.45亿元，占全省的14.33%。咸阳是闻名全国的纺织、电子工业城，纺织从棉毛纺纱，织布、针织、印染到纺织机械成龙配套；陕西彩色显像管总厂1982年建成投产后，改变了我国彩电生产长期依赖进口的局面。咸阳市1983年以每个职工平均创造利税3000元，被评为全国14个中等明星城市之一。

铜川市

位于渭北高原，是一座煤炭城市和建材工业基地。辖2区2县，总人口74万人，其中市区非农业人口28.1万人。1986年工农业总产值7.5亿元，占全省的2.7%，原煤生产占全省近40%，水泥生产占全省43%，陶瓷生产占全省61%。

汉中市

位于汉中盆地，汉水北侧，是地辖市。全市总人口42万人，其中市区非农业人口15.1万人。工农业总产值占全省2%，目前已建起机械、医药、化工、手表、建材、食品和造纸等工业部门。

延安市

位于陕北高原，是著名的中国革命圣地和历史文化名城。建国后，有了新的发展，全市总人口26.8万人，其中市区非农业人口9.3万人，1986年工农业总产值占全省的0.72%，并初步建成了煤炭、化工、机械、建材、食品、纺织、皮革、造纸等工业部门。

渭南市

位于关中平原东部，渭河南岸，属地辖市。总人口70.9万人，其中市区非农业人口11.3万人。是一座新兴工业城市，1986年全市工农业总产值占全省1.9%。已建立化工、机械、纺织、建材、造纸、食品等工业部门。

韩城市

位于关中平原东北角，黄河西岸，属渭南地区辖市，是秦晋两省交通要塞。总人口30.7万人，其中市区非农业人口6.6万人。1986年工农业总产值占全省1.4%。韩城市是陕西重要能源工业城市，煤炭和电力分别占全市工业总产值的55.6%和42.8%。

四、城市规划

建国后，随着全省经济建设和城镇的发展，按照党和国家的方针政策，配合工业建设，陕西省的城市规划工作从1952年开始起步，重点规划了西安、宝鸡、铜川、咸阳等城市和蔡家坡、虢镇、兴平、余下、阎良等一批城镇。

从省到市建立规划机构，组织规划队伍，培养规划人材。“二五”初期组织各方面规划力量，对未编制过总体规划的县城，全面进行了粗线条规划。

“二五”以后，由于经济建设的方向脱离了正确轨道，城市规划机构被撤消，队伍被拆散，人员被下放，资料被烧毁。尤其是“文革”期间，省属的63名规划专业人员全部被下放改行；西安市一百多名规划和管理人员，一度曾剩7名，其余全部改行；宝鸡市30名规划人员全部下放。

由于长达10年之久的“文革”动乱，城市规划被废驰，乱建、乱占的问题十分严重。尤其是“三线”建设期间，全省新、迁建项目五百多个，其中大中型项目260个，总建筑面积三千多万平方米，建设投资约百亿元，新增职工40万人，全部分散在8个地区、400多个点上，给生产和职工生活带来很大困难，给国家造成巨大浪费，使城市形不成统一的整体，严重影响了陕西省中、小城市的发展。

党的十一届三中全会以后，陕西省城市规划事业得到了迅速恢复和发展。省人民政府于1980年召开了全省城市规划工作会议，省建设厅分别于1984年召开了全省城市规划工作座谈会，1986年召开了全省城市规划经验交流会。在这期间，从省到地市到县逐步恢复并重新组建、发展了城市规划的机构和队伍；组织了对县建设局长和技术人员培训；开展了城镇规划的编制和审批工作。到1986年末，全省8个地市设立了规划机构，城市规划专业人员已发展到218人，规划管理人员170人。培训了159人。全省8个城市已全部完成总体规划的编制工作，其中经国务院、省政府批准的7个；89个县和2个独立区镇，已有78个完成了总体规划的编制。与此同时，规划的实施管理工作也得到了加强，规划建设和管理工作开始走上法制轨道。1986年全省组织评选优秀规划方案，黄陵、大荔、宁强县城总体规划和宝鸡市火车站广场规划方案被评为二等奖，白水、城固县城总体规划被评分三等奖，其中黄陵、大荔县城总体规划和宝鸡市火车站广场规划在全国评比中，获建设部表扬奖。

五、住宅建设与房产管理

1949年，全省城市住宅建筑面积339万平方米，1978年末为1923万平方米，到1986年末已发展为3349万平方米，较1949年增长9.88倍，1978年以来的8年间，增加住宅建筑面积1426万平方米，占建国以来新增加面积的47.4%。

1949年～1986年末，城镇住宅建设累计投资45.27亿元，占全省固定资产投资的8.95%，其中1979年～1986年，住宅建设投资为37.26亿元，占同期全省固定资产投资的18.74%。

从1979年以来，虽然增加住宅面积较多，但由于城镇住宅欠账过多，城镇人口不断增加，到目前仍有缺房户20.3万户，其中城市的缺房户数为18.2万户。此外尚有危险房屋99.9万平方米急待改造。

党的十一届三中全会以后，改变了城镇住宅实行单一由国家投资和作为固定资产投资安排中的附属项目，与生产性项目投资一起安排下达的局面，取消了对私人建房的限制，提出了住宅建设要发挥中央、地方、企业、个人四个方面积极性的方针，大大促进了全省住宅建设的发展。到1986年全省城镇居民自建住房面积已占全省城镇住宅竣工面积的18%。

1984年，国务院《关于改革建筑业和基本建设管理体制若干问题暂行规定》提出对城市土地、房屋实行综合开发和推行住宅商品化改革后，近几年各城市组建了商品住宅开发机构，城镇靠综合开发建成的房屋面积已占到全省住宅竣工面积的五分之一。建成了西安兴庆、宝鸡金陵、咸阳沈家几个小区；积累了新区开发、旧区改造、集资统建、合资改造、入股经营、住宅出售、公建民助和民建公助等一系列经验。

1986年末，全省城镇实有住宅面积5451.5万平方米，人均居住面积5.4平方米，其中城市人均为5.65平方米，较1978年人均3.35平方米增加了2.05平方米，县镇人均为5.01平方米。

1985年以来，按照全国统一安排，组织了全省房屋普查工作，到目前已全部结束。全省普查了4个省辖市，13个市辖市、89个县城、147个建制镇和180个独立工矿区的房屋情况。普查房屋面积为14615.15万平方米，其中城市（不含市属县）7993.67万平方米，占54.69%；县城6621.48万平方米，占45.31%。按所有制性质来分，全民单位自管房11220.15万平方米，占76.77%；集体的964.70万平方米，占6.6%；房管部门直管公房587.12万平方米，占4.02%；私人的1827.99万平方米，占4.18%；建国后至七十年代末建成房8941.98万平方米，占61.18%；八十年代以后建成房5062.76万平方米，占34.64%。住宅建筑面积6394.98万平方米，占房屋建筑面积的43.8%，其中成套住宅300157套，168.45万平方米，占住宅建筑面积的25.3%。全民单位自管住宅4033万平方米，占63.1%；房管部门直管住宅441万平方米，占6.9%；集体的150万平方米，占2.3%；私人的1769万平方米，占27.7%；其它2万平方米。全省住宅使用面积3436.26万平方米。全省缺房231754户，占普查户数的23.76%。在普查的基础上进行房产登记和发证的准备工作。

六、城市市政公用事业建设

建国初期，全省城市人口52万人，城市建成区面积26平方公里，工业产值1.23亿元。城市市政公用设施十分简陋，除90万平方米道路，17辆公共汽车营运7公里线路外，其它设施全部空白。

经过38年的建设，到1986年末，城市市区人口发展到552.4万人，其中非农业人口306.8万人。从1979年～1986年的8年间、全省城镇人口（不含农业人口）平均增长率为6.2%，比建国后到1978年的平均增长率提高了3.7%。全省城镇人口（含县镇人口，不含农业人口）492.3万人，占全省总人口的16.2%，其中城市人口306.8万人，占全省总人口的10.1%，县镇人口185.5万人，占全省总人口的6.1%。与1978年相比，城镇人口增加了188.3万人，比重提高了5.3%。

1986年末，市区面积235.7平方公里。在占地面积不到全省总面积的0.29%的城区里，集中着34.4%的工业企业，工业产值124.3亿元，占全省工业总产值的58.9%；地方财政收入占全省52.4%；全民所有制企业实现利税占全省的59.7%；社会商品零售总额较1978年增长了2.4倍，占全省的44.7%；在城市的高校学生占全省的98.8%，科技人员占29.2%，卫生技术人员占45%，病床占32.6%。

与此同时，城市建设的各项设施也有了发展。城市供水从无到有，建国后首先迅速筹建西安市供水工程，从1951年6月开始建设，于1952年国庆正式供水，开创了陕西城市供水新的历史。为了适应经济建设的需要，“一五”期间进行了西安一期供水和宝鸡供水工程建设，“二五”期间进行了西安二期供水，咸阳、铜川市供水工程建设。从1972年～1978年建设了西安三期供水工程。“二五”以后，城市供水工程虽然年年在建，但发展缓慢。1978年以后，进行了西安四期供水工程，宝鸡下马营供水工程，铜川耀县取水工程的建设和黑河引水工程的筹备工作。

从1979年～1986年日供水能力增加16.7万吨，管网增加619公里，占建国以来增加供水管网的40.7%；城市供水人口增加50多万人。厂矿企业自备水源日供水能力从1981年～1985年增加了22万吨。

城市道路和排水工程建设是在基础十分薄弱的情况下发展的。城市道路的建设除在扩大的城区新建外，有相当一部分是在旧城的原有道路基础上新开、拓宽、改造，因而搬迁量大、需用资金多、建设周期长。城市道路长度和面积虽有较大增长，但到1986年末人均道路面积仅3.7平方米，道路网密度每平方公里仅0.1公里，设施水平仍然很低，同时城市广场，停车场严重不足，所有交叉路口均无立交。

城市排水管网年年增加，到1986年末已达812公里，城市排水管道服务面积130.3平方公里，占建成区面积55.3%。西安污水处理厂“一五”期末开始按一级处理日规模4万吨建设，1961年投入运转，1972年扩建为日处理6万吨，1978年开始按日处理能力为12万吨二级处理规模扩建，1984年污水处理系统投入运转。

1978年城市公交车辆已发展到638辆，拥有城市公共交通设施的由西安一个城市，发展为4个城市。营运线路1008公里。党的十一届三中全会以来，到1986年末，城市公共交通设施有了较大的发展，8个城市都有了城市公共交通设施，拥有城市公交车辆1010辆，营运线路1738公里，较1979年增长730公里，1986年营运量3.97亿人次。

西安市无轨电车1958年开始筹建，1959年通车，1978年发展为102辆，1986年末发展为163辆。

城市出租车是1978年以后，随着开放搞活和城市旅游事业的发展而发展起来的，到1986年末，已有4个城市经营出租车，拥有出租车398辆，出车次数25.9万次。

西安市城市公交公司大修厂，宝鸡市公共汽车公司修配厂和汉中地区运输公司大修厂，于1969年～1979年装配城市客车400多辆，解决了这个时期全省和西北地区城市公交车辆的需要，填补了陕西生产城市客车的空白。

1984年西安市公交公司大修厂恢复生产城市客车，其生产的西安143A型单机公共汽车在1986年全国城展会上获"新产品优秀奖"和建设部"技术进步奖"。

在全国1985年城市公交优质服务竞赛中，西安市公共交通公司荣获全国城市公共交通系统先进企业；西安市公共交通公司汽车一场10路车队荣获全国城市公共交通系统先进集体；乘务员秦宝英、李苗、驾驶员马赛英荣获全国城市公共交通系统劳动模范称号。

城市煤气和热力基本上是1979年以后逐步开始发展的。到1986年末，西安已建成人工煤气日供气能力15万立方米，储气能力6万立方米，煤气管道长度131公里，年供气量1304万立方米，其中生产用气294万立方米，生活用气948万立方米，用气人口14.4万人。使用液化石油气的有西安、咸阳、延安等3个城市，用气户数2.01万户，8.1万人。

西安供热是近几年发展的，到1986年末，供热能力(热水)每小时900万千卡，集中供热面积3万平方米，供热管道2公里。

建国初期，除西安市的有总面积达22公顷的3个公园外，几乎没有什么城市绿化设施，1958年开始采取群众义务劳动的办法在唐兴宫遗址上建设了兴庆公园，公园面积由22公顷增加到73公顷。

1978年，城市绿化面积才发展到488公顷，公园增到10个，公园面积发展到198公顷。1986年末，城市绿地面积1935.7公顷；建成区园林绿地面积1585.1公顷，绿化覆盖面积628.3公顷；公园19个，公园面积215.9公顷；新建动物园2个，动物园面积31.6公顷；城市植树337.6万株；苗圃面积225.7公顷，游人量1380万人次。

从1979年以来，全省城市绿化虽然有了很大发展，但是人均公共绿地面积仅1.7平方米，建城区的绿地覆盖率23%，水平仍然很低。

城市环卫事业从建国初期发展到1979年，全省城市环卫机械车辆只有86辆，公厕381座，垃圾台27座，职工1190人，清运垃圾33万吨，粪便12万吨。1986年末，环卫职工已发展到3987人，增加2.35倍，此外还有民办保洁队伍2337人；环卫机械409辆，增加3.76倍；公厕618座，增加0.79倍；年清垃圾91.7万吨，增加1.78倍，年清运粪便17.9万吨，增加0.49倍。1983年建设部和全国建筑工会召开的全国城市环卫园林表彰先进大会上，西安市环卫局三站和平路清扫班、西安市丈八沟苗圃被评为全国环卫、园林系统先进集体；铜川市环卫工人柳素连被评为全国环卫系统先进个人，同时被评为全国环卫职工先进集体1个、先进个人3人。

1979年城市路灯5080盏，到1986年末21180盏，增加3.17倍。道路照明密度为每公里24盏。

全省8个城市全部沿江靠河，防洪任务较重。1977年城市防洪堤63公里，1978年防洪堤84公里，1980年91公里，1982年109公里，1986年末118公里。防洪堤建设速度较慢，标准过低，加上维修养护没有跟上，很难保证城市安全。

1977年7月6日，延河发生特大洪水，洪峰流量每秒8580立方米，为延河泄洪能力的2.86倍，是1917年以来延安8次水灾流量最大的一次，淹没市区面积2.8平方公里，倒塌房屋4132间，造成危房3339间，受灾群众1000多户，死亡84人，经济损失2700万元。

1981年七、八两月汉中、宝鸡市连降暴雨。8月22日汉江出现了每秒8320立方米的洪峰流量，远远超过了汉中市河段的安全行洪流量，造成段家营河堤决口，淹没汉中飞机场和城区南关6平方公里，倒塌房屋2386间，受灾群众765户，经济损失343万户，与此同时，穿越宝鸡市区的渭河也出现了每秒3500立方米的洪水流量，造成河堤多处决口，毁堤1.56公里，经济损失162万元。

1983年8月1日凌晨，流经安康的汉江发生特大洪水，洪峰流量每秒31000立方米，洪水水位超过城堤，破堤入城，造成了800余人死亡，老城区三分之二的房屋被夷为废墟，整个城市遭到毁灭性破坏，经济损失达5亿多元。

此外，1981年嘉陵江上游发生特大洪水，淹没了凤县和略阳县城；1983年与安康同时受到汉江特大洪水灾害的还有石泉、白河、紫阳等县；1984年嘉陵江洪水再一次淹没略阳县城。

为了适应城市防洪的需要，1984年成立了省城市防汛办公室，从1986年起，陕西省每年用机动财力安排一些资金补助城市和县城防洪紧急工程措施的修建。

近几年来，咸阳、宝鸡、汉中三市贯彻人民城市人民建的方针，动员群众修建了43.6公里河堤，效果显著。

近几年来，为了搞活城市建设，采取了一些改革措施，从1982年由咸阳市开始对城市地下水资源实行统管，到1986年末已发展到7个城市和2个县城，为了合理开采利用城市地下水资源，节约用水、对地下水使用实行有效控制，征收水资源费共808万元，从1985年宝鸡和西安开始实行了征收排水设施有偿使用费。同时还在少数城市实行了对大量增加城市基础建设负荷的经营性建设项目征收基础设施配套费或市政公用设施增容补助费。为有效控制用地规模还开征了土地开发费。

七、县镇建设

全省89个县和1个独立工矿区的城镇建设主要是从1978年以后发展起来的。到1986年末，县城共有水厂83个，日供水能力14.8万吨，供水管网长度1008.5公里，年供水量3696万吨，其中生产用水979万吨，生活用水2197万吨；用水人口119.6万人，占城镇人口的68.5%；平均生活用水量50.3升/人、日。

县城道路817.1公里、893万平方米，其中高级路面613.1公里。484万平方米；桥梁265座；防洪堤169公里；下水道480.6公里。路灯11777盏。

县城绿地面积869.9公顷，公共绿地387公顷；公园9座，面积135.8公顷；苗圃面积62.2公顷。环卫职工1467人，年清扫面积441.6万平方米，年清运垃圾61.2万吨，年清运粪便13.9万吨，环卫机械车辆92辆，公厕616座。

安康等8个县城建立了公共汽车公司，有公共汽车78辆，营运线路1971公里。

1978年以前，县城供水问题比较严重，处在秦巴山区、渭北高原和陕北的县城绝大部分缺水，其中严重缺水的69个县城，占全省县城的77.5%，水源性地方病较为普遍。从1978年以来开始解决这个问题，首先制定了全省县城供水规划，从1983年到1986年的4年时间，全省共筹集资金3943万元(其中国家补助580万元)，安排了县城供水建设项目56个，建成日供水能力12.4万吨，大大缓解了群众吃水的困难。

从1986年开始，采用解决县城供水的办法着手解决县城排水问题。

近几年陕西省县城城市建设事业发展很快，如安康县，该县是安康地区政治、经济、文化和交通中心，1983年水灾后，万里付总理代表中央和国务院赴灾区慰问，并对安康的重建作了指示。1984年省政府批准安康重建规划，国务院拨了1亿元的专款，省政府补助1000万元。到1986年末，安康重建取得了显著成效。建城城堤4.3公里，可防御百年一遇的特大洪水。修建道路46条，39.58公里，41.25万平方米，道路长度和面积较灾前分别增加了1.08倍和2.62倍。修建排水管道21.2公里，较灾前增加3.27公里。新建住宅26.86万平方米。安康县城灾后恢复建设成效显著，是1978年以来，全省县城建设的一个特殊典型。其它县城的建设从改革、开放、搞活以来，都有不同程度的变化。

八、风景名胜区和城市景观

1982年国务院批准华山和骊山列为国家重点风景名胜区。1985年～1986年编制了骊山风景名胜区总体规划，近几年又编制了华山风景名胜区总体规划。

1984年，国家拨款150万，省拨专款60万，共210万元重新修建了华山登山道路，改变了沿用一千多年的自然形成和人工构筑的人行登山道路，解决了上山的安全问题。

1986年末，这两处国家重点风景名胜区可供游人游览面积483平方公里，年游人366万人次，其中外国游人20万人次，最高日游人量11万人次，经营收入952万元，其中门票一项508万元；现有接待住宿床位4480张。

陕西是中华民族先祖长期活动地区之一，所以城市景观极为丰富。

被称为“膏腴天府”、“陆海丰饶”，以历代帝王筑城建宫称著天下的西安，除有终南山诸多自然观景点外，遍及市区内的大量的，先民遗迹，城阙遗址，帝王陵墓，名寺古塔，文化艺术遗产和革命纪念地，闻名于中外。1978年以后，逐步开发建设了曲江池风景区和修复了明代城墙。尤其值得一提的是西安环城建设工程。这项工程是城墙和环城河、环城林、环城路四位一体的浩大工程，1983年开始建设采用国家补助、地方自筹和群众义务劳动相结合的办法进行建设，到1986年末大部工程完成，基本可使用开放。

宝鸡市古为陈仓，是战国时期秦王朝发祥地，西汉、三国时期军事活动频繁地区，有姜子牙隐居垂钓的钓鱼台，周公庙、五丈原诸葛亮庙，建于东汉的法门寺，唐代的石窟慈善寺，宋代的大平寺，秦穆公墓，随文帝墓，班固，马援墓和新石器时代的北首岭遗址，先周政治、经济、文化中心地周原遗址，先秦宇宙建筑群雍成遗址，隋唐帝王避暑行宫九成宫遗址，我国发现最早的刻石文字和刻石诗歌出土地石鼓山遗址。有“关中八景”之首的太白山，久负“西府园林”盛名的风翔东湖，始于周秦，历代增筑改修的为世界筑路史所罕见的太白、风县栈道网。

咸阳市辖区是天然历史博物馆，历史文物遍及全区，全市共有各类文物1585处，其中古迹85处，古墓葬644处，古建筑77处，石刻624处。目前以茂陵、昭陵和乾陵最为著称。

铜川市的耀州窑遗址，仰韶、龙山、商周等各时期文化遗存的炭料沟遗址，玉华宫遗址和药王庙等著名的景观区。

延安是驰名中外的革命圣地，有革命纪念地140多处。三十年代以来，曾接待过来自100多个国家和地区的旅游者，是一个重要旅游城市。

汉中市背依秦岭，面对巴山，地腴民饶，地形险要，不仅自然风景秀丽，气候温和，而且是秦末楚汉相争时，刘邦据守要地"用韩信之计，明修栈道，暗渡陈仓、攻定三秦，劫取五国"之地。三国时期，诸葛亮六出岐山，兵伐曹魏以汉中为屯兵筹粮基地，历史名人在汉中地区活动频繁，遗留文物名胜很多。

韩城市是汉代史学家司马迁的故乡，晋永嘉四年建有司马迁祠墓，极为壮观。此外还有魏长城遗址，元明建筑群文庙学宫，元代建筑普照寺等。

此外，还有许多县城具有丰富的自然和人文景观。

九、城市建设投资和城建专用资金

从1950年～1986年末全省城市建设投资10.01亿元，占同期全省基本建设投资的2.56%。各个时期城市建设投资情况见表1。

城市建设投资情况表 表1

年份	城市建设投资（万元）	占基本建设投资比例（%）
1950年至1952年恢复时期	963	5.32
1953年至1957年一五时期	7376	3.40
1958年至1962年二五时期	5955	1.66
1963年至1965年调整时期	3564	3.13
1966年至1970年三五时期	3609	0.89
1971年至1975年四五时期	7038	0.82
1976年至1980年五五时期	19207	2.55
1981年至1985年六五时期	44828	4.96
1986年	8060	2.77
总计	100650	2.56

长期以来在全省基本建设投资中所占比例偏低，与住宅建设的比例也偏小，因而城市市政公用设施欠帐多、缺口大的问题至今仍然比较突出。1979年以来，城建投资虽有较大幅度增长，但与城市经济和社会发展仍不协调。

1985年开征城市维护建设税后，全省城市建设资金收入情况见表2。

1986年城建资金21474万元，用于：基本建设8060万元；占37.5%；维修养护13241万元，占62.5%。

1986年全省城市维护建设税和公用事业附加两项收入共有13208万元，城镇人口平均26.83元。其中城市为10740万元，占81.3%，人均35元；县镇为2468万元，占18.7%，人均13.3元。

十.城市建设职工队伍

1986年末，全省城建职工人数42207人，其中固定职工29873人，合同制职工4221人，其它职工8113人。职工总人数较解放初期的810人，增加了51.1倍；较1978年的17918人，增加了1.36倍。

从职工队伍构成情况看，工程技术人员所占比重偏小，有的行业不足1%；学徒工比重也偏小，一般只占1%左右。女职工占职工总数的31.2%。

经过30多年的发展，各个城市基本上都有了自己的城市规划、勘察、设计、测量、施工以及维修养护、管理的技术力量，可以承担城市供水、排水、公交、道桥、防洪、园林等工程设施的规划设计建设、管理和科研任务。

近年来，污水射流瀑气、无轨电车的可控硅研究，微电子计算机在城市供水管理上的运用等科研项目也取得可喜的成果。

全省建设资金收入情况表 表2

项目	1985年城建资金（万元）			1986年城建资金(万元)		
	城市部分	县镇部分	合计	城市部分	县镇部分	合计
一.城市维护建设资金收入	7939	1795	11534	10740	2468	13208
其中城市维护建设税	6193	866	7059	7861	1556	9417
二.国家预算内投资	2872	763	3635	1915	750	2665
中央财政拨款	—	—	—	2600	288	2888
三.地方机动财力	514	534	1048	2178	851	3029
四.公用企业自有资金	1437	156	1593	—	—	—
五.市政建设配套费收入	155	5	160	200	11	211
六.市政设施有偿使用收入	33	17	50	—	—	—
七.水资源费收入	430	39	469	808	30	838
八.其它收入	2320	568	2888	3033	771	3814
合计	17500	3877	21377	21474	5179	26653

西安市城市建设概况

西安市建设委员会

一.概况

西安，古称长安。她是中华民族灿烂文化的发祥地之一，也是世界上伟大的古都之一。从奴隶社会到封建社会，先后有十二个王朝在西安建都，历时十一个世纪。

建国后，西安成为陕西省省会。经过至1986年的三十七年的社会主义建设，今天的西安，已经成为我国西北地区最大的现代化工业城市和贸易中心，成为全国重要的科学教育基地和旅游城市。

西安现辖碑林、新城、莲湖、雁塔、未央、坝桥、阎良七个区和长安、兰田、临潼、户县、周至、高陵六个县。全市土地面积9983平方公里，人口561万；市区土地面积881平方公里，人口238.7万。其中非农业人口178万，建成区面积133.3平方公里。

西安位于渭河平原，关中中部偏南，城区平均海拔400米。

西安群山环抱，南屏地势磅礴的秦岭，东近险拔竣秀的华山，西临冬夏积雪的太白山，北连逶迤连绵的北山。四山亭亭，沃琅广野居中，宜林宜牧，宜粮宜棉，宜瓜宜果，有高山避署，有风光览胜，故古有“膏腴天府”、“陆海丰饶”之称。境内河流密集，诸川环绕，素有“八水绕长安”之说。

西安属暖温带气候，四季分明。年平均气温摄氏13.3度，最冷的一月份平均气温摄氏零下1.3度，极端低温摄氏零下20度；最热的七月份平均气温摄氏26.7度，极端高温摄氏45度。无霜期207天。年平均降水量604.2毫米。

西安自然资源丰富。全市有林地面积407万亩。待开发利用的荒山、荒坡和“八水”的大片滩涂近百万亩。以周至县和其邻县太白、眉县所组成的自然保护区，有植物千余种，鸟类230余种，并有金丝猴、大熊猫、羚牛等珍贵动物。秦岭北坡有油松、华山松、牛皮桦、纸皮桦、山杨、冷杉、落叶松等森林资源。已探明的矿产资源有十七种，主要有铁矿、铜矿、石墨岩矿、石英矿等。西安的地热资源也比较多，不少地方都有中、低温矿泉、除骊山、汤峪温泉外，目前已探明地热浅层、中深层矿泉10多处，最高水温达摄氏99.6度。

西安自古就是交通要道，是中国东部通往西北、西南以及西亚各国的咽喉。“丝绸之路”的起点就在这里。西安是西北交通枢纽和通讯中心，现在铁路、公路、航空四通八达。陇海铁路横贯全市，西去，接宝成、兰新、包兰、甘青线；东往，连同蒲、焦枝、京干、京沪线；北有西铜、西辅线；南有西余线。以西安为中心，将陕西同全国连成一片。1986年，铁路旅客发送量1879万人次，铁路货物发送量350万吨。

西安是陕西公路网的中心。现有公路4072公里，通过西万(县)、西包(头)、西兰(州)、西临(关)等十多条公路干线，沟通了与陕西各地、市和邻省的密切联系。1986年，完成公路客运量1842万人次，公路货运量2812万吨。

西安也是我国重要的航空枢纽之一。航线连结全国各主要城市，长达2.35万公里。1984年，开通了直通香港的航线，可与国际航线相接。西安机场客运旺季每天平均有四十多架次飞机起落，飞行活动仅次于北京、广州，居全国第三。1986年民航客运量121万人次，货邮运量2.3万余吨。

西安是陕西省的通讯中心，也是首都北京通往西北、西南的通讯枢纽。1986年，全市有邮电局、所240个，长途电话线路1400多条，有480路长途电话自动交换设备，可与全国二十五个省会和陕西省内各地、市、县开避自动电话。有国际电话挂号单机，可与世界各地直接通话。有电报电路154条，其中微波电路31条。市内电话交换机总量3.91万门。具有国际水平的万门程控交换机投入了使用。1986年，全市完成邮电业务总量2500万元。

西安对于陕西省国民经济的发展举足轻重，曾是中共中央西北局、西北军政委员会及西北行政委员会所在地。1953年改为省辖市，1984年10月国务院决定计划单列，赋予省级经济管理权力。1986年，全市国民经济生产总值达129.92亿元，工业总产值96.01亿元。

二.建国以来西安城市建设的发展

解放前的西安城，破烂不堪。“马路不平，电灯不明，晴天三寸土，下雨满街泥”，城市基础设施极为简陋。城市建成区面积13.2平方公里，人口39.6万人；各种房屋347万平方米；其中住宅231.7万平方米，城内楼房屈指可数，人均居住面积仅有3.32平方米；道路总长95公里，面积77万平方米；雨污合流排水管道25.7公里；无自来水设施，居民全靠浅井取水饮用。由于排放污水的渗透，地下水污染严重，硬度极高，又苦又涩，难以饮用；全市公园三个，占地共计323亩；全市仅有17辆共交车辆；市内电话装机不到一千门；全市发电机装机容量4千千瓦，年发电量一千万度，是一座破旧落后的消费城市。

1949年5月20日，西安解放。在中国共产党领导下，特别是在党的十一届三中全会以来各项方针政策的指导下，古都面貌发生了根本性变化，到1986年，市区固定资产投资累计达一百亿元。

1950年，西安市人民政府着手编制当时称为“都市发展计划”的西安市城市总体规划。同年末成立了西安市建设计划委员会，下设计划室，开始进行西安市都市计划工作。

1951年，经中央同意，先按都市发展计划开通西郊的阿房路、劳动路、未央东路等几条主要道路。西郊开始发展，并按此规划建设了新西北印染厂、西安制药厂、六〇三厂、六〇四厂、六〇六厂等大中型工业企业。

1952年9月，中央财政经济委员会召开了全国第一次城市规划座谈会。

1954年11月，原国家建委正式批准《西安市一九五三年至一九七二年城市总体规划》。

建国初年到第一个五年计划期间，由于西安地处我国的内地，又是西北地区的门户，地理位置、自然条件、交通条件优越，所以被国家列为第一个五年计划期间重点建设的八大城市之一。全国141项重点建设项目在西安地区就安排了24项。

从1950年～1957年是西安城市建设的一个十分重要的时期，是西安市城市建设的第一个高潮。

在此期间，西安的基本建设和城市基础设施的建设完全是在总体规划的指导下进行的。城市基础设施的建设先行一步，有力地配合了城市基本建设项目，因此大大方便了工业、文教以及其它建设项目的选址定点和建设工作；缩短了建设项目的周期，使其早日发挥了效益。这对促进生产，方便生活均产生了积极地影响，也为以后三十年西安的城市建设奠定了良好和坚实的基础。

到1957年，西郊的电工城，东郊的纺织城和机械工业区，南郊的文教区都已基本形成。城市建成区面积由建国初的13.2平方公里扩展到了近百平方公里；全市工业总产值由1亿元增加到7.1亿元；道路长度增加到316公里，完成了连接规划区东西郊、旧城区向南郊延伸的主干道路和工厂生活区的主要道路，基本形成了道路骨架网，为城市建设按照规划发展起到了保证作用。公共交通车辆增加到97辆；下水道建成长度增加到143.4公里；市内电话装机容量增加到7300门；邮电局(所)由34所增加到239所，高等学校由2所增加到11所，中等专业学校由9所增加到28所，普通中小学在校学生人数由5.7万人增加到20.3万人；医院病床由748床增加到5841床；幼儿园由5所增加到241所；影剧院座位由5232位增加到28823位；公共体育场由一个增加到4个，还建起了游泳池、溜冰场、跳伞塔、航模及摩托车俱乐部等；在唐兴庆宫遗址建成了西安市最大的兴庆公园，苗圃由105亩增加到2506亩；1952年，建成了第一个自来水厂，至1957年，日供水能力达到5.16万吨；1952年，1900多户居民离别了居住多年的城墙穴洞和低洼潮湿的地区，住进了政府新建的工人新村，到1957年，新建住宅建筑面积达310.7万平方米。

从1958年到1978年的二十年间，西安市城市建设经历了第二个五年计划，三年经济调整时期和“文化大革命”时期。特别是1966年开始的“文化大革命”，使西安市的城市建设事业受到了前所未有的干扰和影响。城市功能分区、绿化系统、市容美化、住宅建设、建筑标准等等均受到不同程度的破坏。1968年，处于瘫痪状态的城市规划管理部门被彻底解体，机构被撤销，干部被下放。城市建设处于无政府主义的状态。一些文物保护单位遭受了不同程度的损坏，八仙庵、荐福寺、广仁寺、四门瓮城等处被工厂、机关、居民所占据，破坏了文物风貌，至今尚未完全退出。

1978年党的十一届三中全会以后，西安市的城市建设出现了历史性的转折和变化，出现了“一五”以后的第二次城市建设高潮。1978年，西安市在总结过去二十余年经验教训的基础上，全面开展了第二次城市总体规划工作。

新编制的城市总体规划以西安市现有的经济基础和本世纪末国民经济翻两番的目标为依据，本着“控制大城市，合理发展中等城市，积极发展小城市”和“保护环境，造福人民”，“有利生产，方便生活”的方针，按照“严格控制，保护改造，充实提高，发展远郊”的原则进行编制。规划期限从1980～2000年。

新的1980年～2000年西安市城市总体规划1983年11月8日经国务院正式批准执行。国务院的批复下达后，1984年4月，中共西安市委，西安市人民政府决定成立西安市规划建设委员会，并在全市范围内大张旗鼓地进行国务院《批复》的宣传落实工作，西安市人大常委会第十六次会议通过了市人民政府贯彻国务院《批复》、实施城市总体规划报告的决议。

国务院对西安城市总体规划的批复，明确地规定了城市性质。明确指示："西安是陕西省省会，是我国历史文化名城。今后，应在保持古都风貌的基础上，逐步把西安建成为以轻工、机械工业为主，科研、文教、旅游事业发达，经济繁荣、环境优美、文明整洁的社会主义现代化城市"。它既考虑了西安的历史特点，又考虑了西安的建设现状，既从当前的现实出发，又照顾到将来的发展，是指导今后西安市城市发展和建设的依据，是西安市迈向2000年的建设蓝图。

党的十一届三中全会以来提出的各项城市改革方针，使城市建设工作充满了新的生机，改革八年来，城市建设取得了前所未有的成绩。城市基础设施以城市道路、排水、公共交通、城市给水、园林绿化为重点，全面加快了建设速度，八年完成这方面的建设投资是"文革"十年的9.4倍，是1978年以前的二十九年全部投资的2.1倍。在道路建设方面，先后开通了劳动南路、东关正街、环东路中段；拓宽了南大街、兴庆路、咸宁路东段、大兴路东段、太华路、长安南路、三兆路、西华门大街等卡脖子地段；新建了体育路、友谊路等上百条道路，总长400多公里。还修建了钟楼和南大街地下人行通道，以及北大街、五路口人行过街天桥。此外，打通城市一环路的火车站广场地道工程，星火路立交桥工程将于1987年全部完成，投入使用。共建成道路长度550公里，588.6万平方米，人均拥有道路面积4.6平方米，道路网密度每平方公里为0.9公里。建成城市桥梁25座，涵洞132个。

排水管道1986年比1978年增长了79.3%，共建成下水道长度563.4公里，日排放污水85万吨，建成污水二级处理厂一座，日处理能力为12万吨。旧城区内的排水系统正逐年由雨、污合流改造为雨、污分流，旧城区外已按规划要求全部建成雨、污分流的体系。

城市公共交通事业八年来新增营运公共交通车辆345辆，共计拥有805辆，折标准车台980台。营运线路长度528公里，线路41条。建成了3个公共汽车保养场，2个电车保养场。出租汽车从无到有，1986年已发展到721辆。

城市煤气事业从无到有，发展很快，1986年全市用气人口23万人，城市气化率达12.9%。建成煤气管道131公里。

城市供水1986年已达到日供水57万吨的能力，各企业、单位自备水源供水能力为日供水31万吨，工业用水的重复利用率达到65%。建成水厂5座，供水管长达1024公里。

从1983年4月起，为了保持古都特有的风貌，开始对明代的古城进行整修和建设。西安明城城墙是我国保护比较完整、面积较大的古城堡之一。明城呈长方形，周长13.7公里，东西长，南北短。城墙高12米～14米。城底宽16～18米，城顶宽12～14米。城上共有垛口5984个，敌楼98座，敌楼上有卡房3间。角楼4个，城门4个，每门各有城楼、箭楼和闸楼。城楼高32米。城楼巍峨凌空、气势雄伟。城墙厚重坚实、宛延古朴。但由于历年来管理不善和当时解决交通问题的需要，城墙遭受了不同程度的破坏，四门的瓮城均被占用，城墙内、外破坏性洞、豁近二千处；一公里多的城墙砌砖被削落，城墙一圈开了11处缺口。环城河堤岸倒坍，污水横流，蚊蝇孳生，破烂淤积，经常遇雨成灾，严重影响市容和环境卫生。环城林带也是杂草丛生，到处被违章占用，乱搭乱盖。绕城一圈的城市一环路有近半圈不通。经过四年多的努力，维修城墙、整治城河、改造环城林、打通一环路等四项工程基本完成。共整修城墙13.7公里，治理环城河14.6公里，开辟环城绿地80公顷，开通了32公里的由大峪水库到城河的引水渠和5公里的退水渠，打通了环城东路，建成了星火路立交桥和火车站广场隧道。打通了城市一环路，形成了墙、河、路、林四位一体的环城公园的骨架。这是西安市最大的一项依据城市总体规划进行的市政基础设施建设和文物维修工程。工程做到了保护古城和建设现代化城市较为完善的结合，取得了保护文物、调蓄雨洪、消除污染、改善环境、合理疏导车流、提高防洪能力、丰富城市人民生活等各方面的综合效益。

甘肃省城市建设概况

张　耀

甘肃省以古甘州、肃州首字得名，简称甘。因大部在陇山以西，故又称陇。位居我国地理中心。东接陕西，南邻四川、青海，西连新疆，北与宁夏、内蒙和蒙古人民共和国接壤。地处内蒙、黄土、青藏三大高原的交汇地带，分属长江、黄河、内陆河三大流域。甘肃总面积45.5万平方公里，南高北低、西高东低，海拔在1000～3000米之间。地貌复杂，气候多样，从陇南亚热带湿润区逐渐过渡到温带半干旱；干旱区。酿成陇塬、林海、绿洲、草原、冰峰、戈壁及沙漠等景象，自然保护区17处之多，风景名胜遍布全省。

甘肃历史悠久，三千年前，在泾河、渭河流域有了我国最早的农业，形成黄河流域文化的开端。境内古遗址110多处，秦安大地湾遗址，比仰韶文化要早一千多年；汉、唐以来，中西文化、贸易交往的“丝绸之路”，贯穿全境；甘肃还称“石窟艺术之乡”，莫高窟、麦积山、炳灵寺的壁画、雕塑，为世界艺术奇葩；她又有秦、汉、明三代古长城。这一切，使甘肃自成一个庞大的古文化艺术博览馆。

甘肃又是多民族省区之一，有汉、回、藏、东乡、土、裕固、满、保安、蒙古、撒拉、哈萨克等。少数民族占总人口的7.95%，民族自治地域确占38.4%。全省共有五个省辖市：兰州、天水、白银、金昌、嘉峪关；六个地区：武威、张掖、酒泉、平凉、庆阳、陇南；两个自治州：甘南藏族自治州，临夏回族自治州。计有特大城市1个，兰州市；中等城市1个，天水市；小城市10个，白银、金昌、嘉峪关、武威、张掖、酒泉、玉门、平凉、西峰、临夏。另有县城68个，系统内独立镇14个。设市市区总面积1.78万平方公里，城区面积502.6平方公里，占市区面积的2.8%；建成区面积321平方公里，占城区面积的63.8%。全省总人口2071.08万人，城镇人口813.6万人，占全省总人口的39%；设市的市区人口505.10万人，其中非农业人口220.50万人，占全省总人口的10.7%；城区人口245万人，其中非农业人口203.1万人，占全省总人口的9.8%。全省工业总产值122.68亿元。设市城市工业总产值，含县103.17亿元，占全省的84.1%；不含县99.43亿元，占全省的81.1%。

一.建国前城市发展概况

古老多姿的甘肃，各民族在历史上创造过灿烂的文化。成长起诸多历史名城。秦、汉以后，陆续设立了敦煌、酒泉、张掖、武威、金城、陇西、天水、安定、平凉、武都诸郡。多系“丝绸之路”古道上之重镇，对促进中西文化、贸易交往和促进我国政治、经济、文化的发展曾起过重要作用。玉门是油田的发祥地，为发展我国石油工业做出过贡献。但旧社会甘肃的城市由于经历了封建社会的长期统治，特别是近代海运畅通后，地处西部的甘肃城市，生产力得不到发展，经济显得十分凋零，城市建设十分落后。至解放初，城镇人口91.66万人，占全省总人口的9.4%，其中非农业人口82万人，占8.4%。工业总产值仅1.3亿元。设市城市只有兰州市，城市人口19.5万人，城区面积16平方公里，市容简陋，市政设施十分落后，没有抗御自然灾害的能力，道路是坎坷不平的沙土路，黄河上只有一座五米宽、荷载3吨的中山铁桥，修建于1908年，称“黄河第一桥”。羊皮筏子是主要的摆渡工具，冬季黄河冰封赖以通车；饮用天然的黄河水，人挑、车拉、驴驮；排水系明沟、渗井，街泼巷溺；市内交通还是马车时代，只有一辆停开无常的私营搭客卡车。1949年8月26日兰州解放，当时工业只有柴油机小发电厂、小机器厂、小毛纺厂、小面粉厂、小煤窑以及汽车修理厂等寥寥16家，职工3900人，工业产值1135万元。全市房屋建筑面积256万平方米，大部是砧木土坯平房，显赫一时的“西北大厦”，只不过是一座砖木结构的二层楼房。解放前夕，兰州市是极其落后的消费城市

二.建国后城市建设事业发展和成就

甘肃城市的发展，与交通、能源、矿产资源的开发和国家重点工业的布局环环相扣，是伴随着工业的发展进程而发展的。

十一届三中全会以后，甘肃城市发展的进程又有了新的起步，兰州在发挥中心城市作用方面，开始向开放型、多功能、综合开发方面转变。

建国以来城市建设取得了巨大成就，截至1986年底，全省城市维护建设资金(含城市基建)总计12.97亿元，兰州市为10.94亿元，占全省的84%。

十一届三中全会以后，全省城市维护建设资金总计10.06亿元，为以前的3.45倍，兰州市为7.68亿元，占76%，为以前的2.35倍。与此同时，大抓了城市管理、城市规划、城市住宅、城市市政公用事业，城市市容园林、城市防灾等。

［**城市规划**］ 甘肃省城市规划开展的比较早，1957年甘肃省建筑设计院改为甘肃省城市规划勘察设计院，对全省重点市、县进行过粗线条的初步规划，但大都未经过审批。经过审批的有：1954年12月国家第一批批准的《1949～1974年兰州市城市总体规划》。1955年国家批准的《1955～1975年白银市城市总体规划》。1956年省政府批准过《金川工人镇的初步规划》。在经济困难时期以后，甘肃的城市规划工作陷于停顿，1960年并将甘肃省城市规划勘察设计院撤销。随着政治形势的好转，兰州市及个别重点县、市的城市规划又开始恢复。1975年7月，甘肃省成立了甘肃省兰州市修改城市总体规划领导小组，编制了《1978～2000年兰州市城市修改总体规划》，并于1979年10月经国务院批准执行。1977年以后，中国市政工程西北设计院相继进行了天水、张掖、敦煌城市规划。1981～1982年，甘肃省城建局又办了三期城市规划培训班，并申请了规划经费累计255万元。从此，在甘肃省内的有关中央、地方设计单位及大学积极承担规划任务，有些县城也自行开展了规划。1986年底，全省12个市、68个县城、9个建制镇的城市总体规划工作全部编制完成。同时，兰州、张掖、永昌、成县均编制出一批专业规划、详细规划或小区规划。兰州市于1984年评审了城市交通规划，于1986年评标了市中心广场、东岗飞机场的小区规划及城市基础设施研究报告。

［**房地产业**］ 到1986年底实有房屋建筑面积6382万平方米(兰州3143、天水584、白银445、金昌306、嘉峪关229)；实有住宅建筑面积2732万平方米，占房屋建筑面积的42%(兰州1475、占47%，天水276、占47%，白银187、占42%，金昌129、占42%，嘉峪关82、占36%)；住宅面积中私人自营房304万平方米，占11%(兰州169、占11%，天水57、占21%，白银3、占2%，金昌15、占11%)。全省人均居住面积6.3平方米，比十一届三中全会以前人均增长了2.5平方米。

［**市政公用事业**］

1.道路、桥梁。到1986年底，道路总长度815.1公里(兰州430、天水63、白银35.6、金昌70、嘉峪关40)、道路面积898、6万平方米(兰州451、天水77、白银37、金昌128、嘉峪关43)。其中高级及次高级道路长度658.8公里，占总长度的80%(兰州351、占兰州道路总长82%，天水46、占73%，白银35.6、占100%，金昌56、占80%，嘉峪关37，占93%)，高级及次高级路面面积765.5万平方米，占总面积的85%(兰州393，占兰州道路面积的87%，天水61、占79%，白银37、占100%，金昌10%、占85%，嘉峪关35、占81%)、人行道面积139.4万平方米(兰州77、天水8、白银7.7、金昌3.嘉峪关5)。桥梁129座(兰州74、天水22、金昌4、嘉峪关3)。路灯17199盏、道路照明密度每公里21盏(兰州10170、密度23、，天水1794、密度22，白银601、密度12，金昌512、

主要干道一览表 表1

道路名称	长 度 (公 里)	主路幅(米)/ 主车道(米)	备 注
兰州西津路	11.40	74/5－24－5	1959年沥青混凝土
兰州白银路	4.67	33/6－21－6	1971年混凝土
兰州东岗路	7.87	74/6－24－6	1971～1972年混凝土
兰州天水路	2.28	48/37	1971年混凝土(此段)。 1983年沥青混凝土(南段)
兰州滨河路东段	4.44	48/14	1971年混凝土
兰州滨河路中段	5.20	60/5－18－5	1980—1982年完工
兰州皋兰路	0.90	36/21	1979年拓建，沥青混凝土
兰州中山路	1.02	40/34	1958－1959年拓建，沥青混凝土
兰州西固主干道	8.02	2×(28/5－9)	轻重车道双行线， 1983－1984年翻建，沥青混凝土
兰州安宁主干道	3.47	52/5－18－5	1983－1984翻建，沥青混凝土
兰州定西北路	1.36	40/5.5－14－5.5	1978－1979翻建，沥青混凝土
天水东西主干道	5.66	30～40/5－13－5	1984－1986年旧路扩建
金昌市新华路	3.90	60/4.5－18－4.5	1985－1986全线扩成

重点大型桥梁一览表 表2

桥梁名称	桥　　型	备　注
兰州雷坛河桥	单孔混凝土刚构，净孔22米	1952年修建一座，当时国内最大的刚构桥。1956年修建一座，每座造价15万元
兰州七里河黄河大桥	四孔混凝土双悬臂梁桥，全长276米，桥宽3.2—12—3.2	1958年开工，1959年建成，总投资540万元
兰州新城黄河大桥	六孔预应力混凝土吊拱桥，全长240米，桥宽7米	1959年开工，1960年建成，总投资313万元
兰州沙井驿黄河大桥	十三孔混凝土钢梁桥，全长320米，桥宽：1.25—9—1.25米	1972年开工，1974年建成，总投资486万元
兰州城关黄河大桥	五孔预应力混凝土连续梁桥，全长304米，桥宽3—15—3米	1977年开工，1979年建成，总投资1097万元
天水籍河南大桥	五孔双曲拱混凝土桥，全长226米，桥宽2—13—2米	1975年开工，1977年建成，总投资164万元
天水北道谓河大桥	十五孔梁式混凝土板桥，全长375米，桥宽2—12—2米	1983年开工，1985年建成，总投资670万元
天水北道牛头河桥	梁混凝土板桥，全长238米，桥宽12.4米	1983年开工，1985年建成，集资266万元

密度7，嘉峪关密度28）。

2.公共交通。到1986年底营运车数：公共汽车562辆（兰州412、天水60、白银21、金昌14、玉门24、平凉31）、电车79辆（兰州）；营运线路长度1609公里（兰州783、天水47、白银29、金昌218、玉门36、平凉496）；营运线路网长度，汽车774公里（兰州114、天水94、白银17、金昌190、玉门36、平凉323），电车18公里（兰州）。另外出租汽车96辆（兰州64、天水27、平凉5）。

3.燃气、热力。日产54万立方米的兰州煤制气厂是于1984年选定河口厂址，1986年与捷克斯洛伐克签订兰州煤气生产装置合同，现在正在积极进行建设。目前，兰州、嘉峪关、玉门、西峰等城供气均为系统外气源。嘉峪关自行建设了储气、输配气工程。兰州第二热电站、一期工程装机容量15万千瓦，每小时可供热300万大卡，目前，兰州供热组织小区联片集中供热点41处，供热面积260万平方米，均系系统外工程。全省系统内供热管道24公里（金昌15、酒泉1、武威8）、小区联片供热面积22万平方米（金昌8、酒泉7、武威7）。

4.供水、排水。自来水厂12个（兰州4、天水4、酒泉1、张掖1、武威1、平凉1）；水厂日综合生产能力124.6万吨（兰州118、天水4、酒泉1、张掖1、武威0.3、平凉0.3）；自来水管长度641公里（兰州345、天水81、酒泉21、张掖47、武威21、平凉21、西峰64、临夏41）；另外白银、金昌、嘉峪关、玉门等市自来水源及管路均系系统外工程。污水处理厂2个，日处理污水3.9万吨（兰州2.9、武威1），均系机械处理。兰州西固污水处理厂是1959年建成的，日生化处理5万吨。兰州雁儿湾污水处理厂，于1985年动工建设，一期日机械处理2.9万吨，生化处理7.9万吨。下水道总长度613.5公里（兰州387、天水72、白银19.4、金昌10、嘉峪关1、玉门18.2、酒泉22.1、张掖19.6、武威29、平凉8、西峰17.4、临夏9.8）。

［**城市市容园林**］

1.市容、环卫。目前全省环境卫生，清扫面积达814.2万平方米，省辖市占76％（兰州456、天水38、白银36.3、金昌59、嘉峪关26），生活垃圾清运机械化程度50％（兰州80％、天水5％、白银15％、金昌100％、嘉峪关30％）、容量化程度38％（兰州98％、天水3％、白银15％、金昌50％），粪便清运机械化程度34％（兰州60％、金昌40％、嘉峪关10％）、公厕807座（兰州222、其中水厕22、天水35、白银18、金昌164、嘉峪关105）。

2.园林绿化。园林绿地总面积1775.3公顷，其中公共绿地531.7公顷，人均公共绿地2.4平方米（兰州公共绿地166.3、人均1.7，天水24.2、人均1.1，白银147.5、人均8，金昌31.2、人均3.2，嘉峪关25、人均2.0），建成区园林绿地面积1050.5公顷，绿化覆盖率3.8％（兰州282.8、18％，天水164.7、9.5％，白银270、8.4％，金昌116、9.6％，嘉峪关15、6%)，建成区道路绿化覆盖面积158.2公顷(兰州51.9、天水8.6、白银11.6、金昌5.2、嘉峪关10)。公园19个，总面积419.9公顷(兰州5个、103.1公顷，天水4个、22.9公顷，白银2个、43.3公顷，武威2个、78.6公顷，其它均一个。苗圃总面积260.47公顷(兰州151.3、天水14.5、白银7、金昌16.67、嘉峪关2)。

此外，在兰州南北的皋兰山、仁寿山已初步建起山林式公园。在兰州滨河风致路，已建成全长10公里的带状绿地与小游园相结合的休息园地。

3.风景名胜区。距天水火车站28公里的麦积山风景名胜区，是一个以石窟艺术为特色，兼有丹崖、秀峰、茂林、曲水的国家重点风景名胜区。共包括"麦积山"、"仙人崖"、"石门"、"曲溪"四大景区和街亭古镇。有18个主要游览点，10个外围风景点。这里蕴育着我国南北兼备的野生观赏及药用植物八百余种。1981年对这个风景区资源进行了调查及评价，国家于1982年第一批批准为国家重点风景名胜区。1985年完成总体规划大纲，1986年完成总体规划。

崆峒山风景名胜区，位于平凉市西15公里，相传为广成子修炼得道之所，被誉为"道家第一名山"。崆峒山主景点有12处，大小山峰数十个，最高峰名翠屏山，皇城、雷声峰最负盛名，奇峰、异洞、怪石、苍松、云流是崆峒奇景，加以真、观、寺、院、楼、阁、塔、亭，更显出山景的壮丽。1984年，甘肃省批准为省级风景名胜区。

[**城市防灾**]

1.防洪。实有防洪堤276.6公里(兰州159、天水50、白银18、金昌5.7、嘉峪关2)。城市防洪，由于资金困难，是一薄弱环节。

2.抗震。1977年省抗震办公室成立以来，全省已完成抗震加固房屋643万平方米，为需要加固房屋的36%。兰州、嘉峪关为国家重点抗震城市，已开始编制城市抗震防灾规划。甘谷、清水和武山已编完。1983年和1986年完成了构造加固多层砖房和村镇土平房的抗震试验。获得省级科技二等奖。

3.人防。兰州为一类人防城市，天水、嘉峪关、金昌、白银为三类，从1981年起，已完成附建人防工程4.5万平方米。

三.城市经济体制改革

[经济政策]　从1985～1986年间，设市城市按国家新规定，开征城市维护建设税、城市公用设施增容费。城市建设投资，每年按全省地方统筹预算内基建投资总额的2.5%比例安排。另兰州市已执行：自来水公司"以水养水"；市政公司"以利养路"；公交公司"折旧大修基金返回，用于更新补亏"。武威市征收了土地使用费。

[**体制改革**]　兰州为经济体制改革试点。天水为市带县的试点。武威为县级综合体制改革试点。

[**立法建制**]　甘肃省批准颁发了《甘肃省城市规划实施管理暂行办法》，各市均制定了一些城市管理方面的条例。

[**人民城市人民建**]　在"受益、自愿、量力而行"的原则下，通过群众性集资、公办民助、义务劳动、军民共建等多种形式，各个城市在绿化、市政公用工程、旧城改造等方面，做出了不少成绩。

[**城市住宅建设和房产改革**]　发挥了国家、地方、企业、个人四个方面的积极性，广开资金渠道，推行工程招标，综合开发，统一建设。兰州市共建住宅小区7处，占地428亩，建筑面积31万平方米。其它城市都进行了小区配套建设。兰州、平凉、酒泉、临夏开展了住宅向个人出售的试点。从1984年起，全省共建成商品住宅2325套，135,659平方米。

四.主要城市介绍

兰 州 市

兰州市是甘肃省会，地处全国地理中心，西北的交通枢纽。她处于东经102°36′～104°39′，北纬35°34′～37°07′，市中心海拔1520米，属温带草原气候类型，年平均气温9.3℃，冬无严寒，夏无酷暑。兰州市是一个南北两山环抱，黄河纵贯其间的带状城市，辖城关、七里河、安宁、西固、红古等五区，永登、榆中、皋兰等三县。市区总面积1631.6平方公里，城区面积198.7平方公里，建成区面积160.1平方公里；市区人口139.1万人，其中非农业人口109.3万人，城区人口128.3万人，占全省城区人口的52%，其中非农业人口103.9万人。全市年工业总产值(不含村及村以下企业)61.6亿元，占全省工业总产值的50%，占全省设市城市工业总产值的60%，其中市属工业总产值占市工业总产值的21%。

兰州市的城市建设是在国家批准的城市总体规划的指导下进行的。原来基础很差，经过37年的建设，现已进入到特大城市行列中，被誉为"第二次世界大战后，世界上发展最快的城市之一"。她比较合理地安排了国家重点工业、铁路枢纽和城市功能分区：西固是石油、化工综合基地；七里河以机械、轻纺、铁路交通枢纽为主；安宁是文教区，并布署了机械、精密仪表工业；城关旧城区以行政经济机构为主；在盐场、东岗又布署了工业，其外围建起了连城、窑街、海石湾、河口、新城、阿干等各具特色的工业点。兰州实质是一个长蔓结瓜式的城市群。其建设的特点，很注意城市空间环境的规划，利用原有古建、寺庙、果园、滩、坪、河、湖、山岳地形等风景点修建公园、滨河风致路、市中心广场及城市主轴线和绿化系统。发挥了高原城市、山水城市、田园城市、瓜果城市、历史古城的独特风貌。登上六百米高度的皋兰山顶峰上的三台阁，朝看黄河日出，日览金城画卷，夜观银河落地，中外宾朋赞誉不绝。

天水市

天水是甘肃的东大门。位于东经104°35′～106°44′、北纬34°06′～35°11′，海拔1100～1250米，气候温和湿润，年平均气温10.9℃年降雨量550～700毫米，植物资源丰富，自然条件优越，耕河、渭河从中穿过，亦是一个具有田园风貌的河谷带状城市。辖秦城、北道二区、甘谷、武山、秦安、清水、张家川回族自治县五县。市区面积955.1平方公里，城区面积40.3平方公里，建成区面积23.1平方公里；市区人口96.5万人，含非农业人口21.9万人，城区人口31.4万人，含非农业人口19万人。年工业总产值(含县)9.92亿元，(不含县)7.2亿元。她既是一个新兴的工业城市，又是一个具有风景、旅游、历史文化特色的古城风貌。除有麦积山国家重点风景名胜区外，市内保留有伏羲庙、南廓寺、玉泉观、文庙、纪信祠、李广墓、宋代民居——南北宅子及众多的千年以上古树名木等。以天水市为中心，麦积山为重点的甘肃东部旅游线已开通，可观光秦安大地湾、甘谷大象山、武山水帘洞、清水温泉浴、西和仇池山、成县鸡山、康县阳坝，武都万象洞、文县天池等。由文县可达九寨沟。天水市的城市建设，在十一届三中全会以后，突飞猛进，旧城改造取得了显著成绩。

白银市

白银市距兰州东北90公里，位于东经104°01′～104°25′、北纬36°23′～36°40′，海拔1400～2140米，全市四面环山，为一山间盆地。白银金矿的开发历史甚为悠久，始于汉朝或更早。白银有色金属公司进行开发后，被誉为“铜城”。白银市辖白银、平川二区，靖远、会宁、景太三县。市区面积3430.3平方公里，城区面积88平方公里，建成区面积32.1平方公里；市区人口32.5万人，含非农业人口17.9万人，城区人口18.7万人，含非农业人口17.9万人。全市年工业总产值(含县)10.16亿元，(不含县)9.39亿元。白银不仅是铜、铝、铅、锌和稀有金属冶炼加工基地；平川区又是大型靖远煤矿所在地，现正在建设装机80万千瓦的靖远火电厂，是一个很有发展前途的工业基地，靠近黄河，土地潜力很大，白宝铁路穿越市区。建市两年来，大抓了城市环境绿化和扩大市区的前期规划工作，全市已有金鱼、西山、银光、铜花及森林公园五处，湖水碧波，绿树成荫，给白银增添了不少景色，面貌焕然一新。

金昌市

金昌市地处河西走廊东部，位于东经102°9′～102°14′、北纬38°33′～38°36′，海拔1500～1600米，她是在金川镇、河西堡工业点、永昌县建制基础上成立起来的一个小城市群。市政府在金川镇。市区面积892平方公里，城区面积42平方公里，建成区面积25平方公里；市区人口14.2万人，含非农业人口9.7万人，城区人口9.3万人，均系非农业人口。年工业总产值(含县)6.78亿元，(不含县)6.53亿元。金昌是一个以金川有色金属公司为主的工矿城市，被誉为“镍都”。建市六年时间，一个具有“镍都”特色，布局合理、市容整洁、道路宽敞的现代化新兴工业城市的雏型已初步形成。

嘉峪关市

嘉峪关市，地处酒泉绿洲的西缘，位于东经98°15′、北纬39°45′，海拔为1500～1800米，因酒泉钢铁公司而建制，因位于嘉峪关脚下而得名，誉为“钢城”。境内榆树沟山、文殊山与祁连山南北对峙，形成狭窄的东西孔道，嘉峪关是孔道的咽喉，被誉为“天下雄关”。市区面积1260平方公里，城区面积60平方公里，建成区面积20平方公里；市区人口10万人，含非农业人口8万人，城区人口8万人，含非农业人口7万人。年工业总产值2.37亿元。该市既是一个重工业城市，又是一个旅游城市。以嘉峪关酒泉为中心的旅游区，可观光天下雄关、东晋壁画墓、黑山石刻、酒泉钟鼓楼、泉湖公园、文殊石窟寺等。登关楼远眺，可见长城似游龙戏水于戈壁瀚海。大晴之日，能看到“海市蜃楼”式的塞上风光。

青海省城市建设概况

李群

青海地处青藏高原，全省土地面积72.12万平方公里，现有2市和56个小城镇，城镇总人口1986年为150万人，城镇平均间距126公里，平均海拔3000米以上。

省会西宁市座落在青海省东部农业区中西部，年平均气温5.9℃，年降水量340毫米左右，海拔2275米。格尔木，是青海第二大城市，地处青海西部柴达木盆地南缘，昆仑山北麓，年平均气温4.9℃，年降水量50毫米左右，海拔2807米，与西宁公路、铁路相通，距离约800公里。1986年两市的城市人口分别达到61.35万人和6.19万人，其中非农业人口分别为51.88万人和5.51万人，合计占全省总人口的13.9%，市区工业总产值分别达到13.53亿元和0.33亿元，合计占全省工业总产值的65.1%。

青海省城市的发展有着悠久的历史。据史料记载，早在公元前121年，汉骠骑将军霍去病率军西进湟水，即在今西宁筑军事据点西平亭。东汉末建安年间，曹操在西宁设西平郡，辖周围六县，曾一时成为西北边陲重镇。但上千年的封建农奴制的统治，使青海的城市发展饱受磨难，历尽沧桑，到1949年青海解放时，全省除有一个西宁市之外仅有十余个破烂不堪、与农村差不多的小城镇。西宁市全市人口不到5万，城区面积4平方公里，全城没有自来水，没有公共汽车，没有砖砌的居民住宅楼，全市仅有的三幢楼房之一的"湟中大厦"仅是一幢带塔楼的、砖木结构的两层楼。

青海，就是在这样一个近乎空白的基础上开始进行城市建设的。

一.建国以来城市建设事业的发展

解放以来，在全省各族人民的艰苦努力下，青海的城市建设出现了巨大的发展和变化。西宁市在1953年全国第一次人口普查时市区人口才仅有9.37万人，然而到1985年西宁市的非农业人口已发展到50.40万人，三十余年城市的人口规模扩大了近十倍。格尔木，解放初除了河流、荒滩、雪山之外，只能见到一个八百余人的牧区定居点，随着青海全省工业和矿业生产的发展，格尔木1960年由一个小工业区升格为市，与此同时全省还设置了冷湖、大柴旦两个工矿型城市。1965年三个市撤市改县。1980年6月格尔木经国务院批准又恢复了市建制，目前的人口已是解放初的一百余倍，一座崭新的城市在荒漠中拔地而起。

［**城市建设投资**］ 从1950年～1986年，青海用于城市建设的投资3.01亿元，占全省同期基本建设投资总额的2.15%；其中1979年～1986年七年投资1.89亿元，为前二十九年的1.7倍，占全省同期基本建设投资总额的2.62%。据西宁市城建部门的不完全统计，从1949年～1986年城市建设投资累计约为2.15亿元，占西宁市同期基本建设投资总额的6.8%，占全省城市建设投资的71.4%，其中1980年～1986年投资8076万元。

［**城市规划**］ 1983年4月，国务院批准了西宁市新的总体规划，并在批复中指出，西宁市作为全省政治、经济、文化的中心，将发展成为一个以机械、轻纺工业为主的，具有地方、民族特色，文明整洁的社会主义现代化城市；城市的远期人口规模控制在60万人。格尔木是在1979年筹建市的过程中开始城市规划的准备工作的。1986年6月格尔木市的城市总体规划编制完成。规划确定，格尔木市将逐步发展成为青海省西部的经济、文化、科技中心，交通枢纽和物资集散地，以发展石化、盐化工业为主的新兴高原城市，城市的远期人口规模控制在30万人以内。近年来随着城市建设的迅速发展，城市规划部门已开始根据城市新的发展要求着手总体规划的修改工作、分区规划的准备工作。

［**城市住宅**］ 建国三十七年来，青海用于住宅建设的基本建设投资累计为15.41亿元，占全省同期基本建设投资总额的11.01%，其中1979年～1986年住宅投资9.83亿元，为前三十年的1.76倍，占全省同期基本建设投资总额的13.60%。1986年两市新增住宅59.6万平方米，年末实有住宅677万平方米，人均居住面积分别达到5.9和4.7平方米。在住宅建设上，西宁市注意新建与旧房改造相结合的方针，1981年利用国家统筹投资一次建成6.02万平方米住宅，1985年开始建设城市的第一个居住小区"康乐新村"，规划居住人口1.07万人，2670户，投资6000万元，一期

1476户，建筑面积8.16万平方米，计划1987年建成。与此同时，西宁市的旧城危旧房屋改造也有很大进展，1985年～1986年两年间翻建旧区住宅3.35万平方米，投资百余万元。格尔木市在住宅建设上根据自身资金短缺、城市中大单位多的特点，采取按规划分片由单位统建的办法取得了一定实效。近年来随着一些大型厂矿和铁路建设的上马，格尔木市内一片片整齐有序的生活居住区已一个接一个地开始建设。

［**城市市政公用设施**］ 到1986年底，西宁市已建成道路110余条，长175公里，建起桥梁35座。其中1982年竣工的位于西宁市东郊的“团结桥”是青海第一座预应力钢筋混凝土桥，桥长105米。1986年7月，“团结桥”的姐妹桥“五一桥”又在市内建成。西宁市多年来一直注重城市的供水建设，现已有4个城市水厂，日供水能力达到14.5万吨，城市供水普及率达到99%。1985年底，西宁市在北郊西纳川开辟城市第五水源，日供水8万吨，供水系统计划投资1800万元，1987年10月建成。

格尔木市在七十年代时全城最繁华的地方仅有一条十多米宽的过境公路“金峰路”，进入八十年代以后，格尔木市在国家投资很少的情况下，努力发掘自己在地理、交通和用地上的优势，充分调动各单位和群众建设自己家园的积极性，集资建设了城市道路、广场等市政公用设施，在建市后短短的几年中，建起十几条50～80米宽的城市道路，长度达28公里，面积38万平方米。格尔木市过去长期没有城市的统一供水系统，各单位供水建设各自为政，一个十余万人的城市，各单位打了112眼机井，建了84座水塔，被人称为戈壁上的“水塔城”。为了改变这种落后的管理状况，格尔木市已着手在城南兴建一个日供水3万吨的水厂，计划投资1532万元，1988年建成。在城市公共交通、燃气、集中供热、城市防灾、防洪等方面近年来两个市也有较大进展。西宁市已于1986年完成了城市无轨电车、煤气工程和石油液化气工程的可行性研究工作，在城西古城台小区进行了集中供热的试点，全部工程计划供热42万平方米，1986年底已供热4.2万平方米。格尔木市在1983年前后城市出现大范围的地下水上升现象，损毁城市房屋5万多平方米，农田2万亩、草原30万亩，并严重损毁了城西哈萨克民族的居住区。为了制服地下水造成的灾害，在国家专款的资助下，格尔木市于1984年开始治理市区积水和漫流的格尔木河，工程计划总投资2300万元，1988年竣工。

［**城市环境卫生和园林绿化**］ 到1986年末，两市年清运生活垃圾总量27万吨，机械化程度为87%。两市现有园林绿地565.2公顷，其中公共绿地112公顷，并建起了3个市级公园，5个区级公园和小游园，绿化覆盖率分别达到7.9%和14%。为了丰富城市人民的文化生活，近年来西宁市与郊区县一道，将距市区三十余公里的老爷山风景区修葺一新，修缮了南、北山等市区景点，开辟了多条直达省内各著名风景名胜区的公交旅游线路。

［**城市建设的发展与问题**］ 1986年，青海两个城市城区每平方公里土地上的单位工业产值为848万元，为全省平均水平的二千余倍，人均工业产值二千余元，为全省人均水平的3.8倍，比城镇平均水平高出17%。近年来，一些国家和省内的重点工程，如青海铝厂，全国最大的青海钾肥厂以及百万吨炼油厂，已先后在西宁和格尔木市破土动工。同时，青海高寒缺氧，有90%的城镇海拔在2000米以上，其中有30个城镇的海拔在2000米～3000米，有22个在3000米～4000余米，空气中的含氧量仅为海平面的64～80%，很多城镇和地区连树都栽不活。在这种情况下，两个城市容纳和吸引了占全省25.1%的人口，人口总数达到103.47万。但城市建设和发展的问题还很多，归纳起来当前主要有以下四点。一是在思想上人们对城市建设尚缺乏进一步的共同认识，城市中心作用有待进一步发挥；二是资金短缺，城市的发展建设缺乏后劲，1986年两市人均拥有的城市建设维护资金仅66元，在客观上影响了城市建设发展的速度；三是城市基础设施仍然不足，在一定程度上拖了经济建设的后腿，西宁市三十余年来车辆增加了1500倍，而道路仅增加了67倍，人均道路3.4平方米，格尔木市至今尚无城市的上下水系统；四是人材匮乏，面对着日益增多，愈加繁重和要求越来越高的城市建设任务，现有队伍已不很适应。

二.城市建设的改革情况

青海省城市建设改革的内容主要集中在三个方面。第一，按经济规律办事，在城市建设中引入了商品经济的机制。西宁市1984年以来建造商品住宅累计已达16万平方米，在住房制度上试行了住房超标议价房租，公有住宅有偿分配、新房新租，对部分工商用房实行了议价房租，1986年市城建部门还开征了自来水增容费与土地使用费，一年收费134万元，为城市建设增加了部分资金来源。第二，加强了城市建设的法治管理。西宁市1986年集中力量对原有的城市管理法规进行了修订工作。格尔木市近年来根据城市自身的特点，也制订了一系列的城市管理法规，使城市建设管理逐步走向规范化、系统化、制度化。第三，加强了城建系统内部的管理工作。西宁市近年来注重城市的精神文明建设，在城建服务行业中大力开展“十大窗口”竞赛活动，西宁市公共交通公司在全市的“窗口竞赛”中积极开展优质服务，不少站场车组受到了群众的赞扬，1985年度受到建设部的表彰。西宁市1984年在自来水、市政公司等企业中实行百元产值工资系数包干，1985年又把经理负责制、聘任制和目标管理引入了企业经营管理中，为企业增添了活力。西宁市房地产管理部门多年来坚持改革，注意强化内部的经营管理，先后增设了地政、户籍、落实私房政策办公室等新的房管机构，充实加强了基层房管队伍，在市属范围内成立了两个房产开发公司，使城市的房屋建设和管理工作逐年有所发展。在环卫园林管理上，西宁市实行分级管理、分片包干、落实任务、责任到人等办法，将一批小公园、街区绿化、公厕和环境卫生任务层层分解下放到各区和街道包干负责，改变了以往责任不清的现象。近年来，两市政府对城市建设工作加强了重视和指导，注意为人民办好事、办实事，收到了实效。西宁市和格尔木市政府每年年初定下几件年底必须完成的大事，不仅把城市建设列入了政府工作的重要议程，而且制定了例会制度，每月甚至每旬定期听取城建工作的汇报，研究解决问题。

三.城市建设职工队伍情况

到1986年末，两市的城建职工队伍总数为0.55万人。在全部职工当中，按行业分，自来水占9%，市政管理占7%，公共交通占39%，房产管理占17%，环卫园林占13%，其他占15%。但队伍中专业人材少、管理人员奇缺、职工素质水平较差的问题相当突出。在劳动制度上近年来两城市做了一些改革的尝试，如压缩和控制在编的固定职工数量比例，招收合同制工人，在环卫绿化等行业中选用一定数量的农民工、季节工等等，节约了开支，提高了劳动效率。

四.城市建设科技工作的发展

近年来，随着青海城市建设的发展，城建科技工作也取得了一定的进展。西宁市人民公园动物园在野生动物饲养繁殖研究上取得成果。人民公园副主任廖炎发同志从七十年代后期开始进行多种野生珍稀动物在人工饲养条件下的繁殖研究工作，目前他已成功地繁殖成活了2只黑颈鹤、6只东北虎、4只雪豹、2只荒漠猫和数只藏野驴。其中他从1977年开始进行黑颈鹤与丹顶鹤杂交繁殖研究和黑颈鹤人工饲养繁殖技术研究，在1985年7月9日首创世界人工饲养繁殖黑颈鹤的记录，1986年夏又成功地繁殖成活了2只小鹤。1986年廖炎发获全国城市建设系统劳动模范称号。

在城市的污水处理技术方面，1975年青海省建筑勘察设计院等单位的技术人员探索“低温污水生化处理”技术和规律取得成果，找到了北方城市冬季污水在水温6～8℃的条件下进行污水处理的技术方法。另外，近年来在城市住宅设计、太阳能建筑、花卉养植等方面也有一些成果。

五.主要城市介绍

西宁市

西宁是一座高原古城，位于青海东部农业区，历史上为羌戎之地，汉称“西平亭”、“西平郡”，北魏称“鄯州”，唐称“青唐城”，宋称“西宁州”，明称“西宁卫”，清代称“西宁府”，“西宁”之称沿用至今已882年的历史，为西陲安宁之意。西宁1944年建市，四围有湟中、平安、互助、门源4县，现为青海省会，是全省政治、经济、文化的中心。全市现有土地3350平方公里，总人口97.3万人，其中市区面积350平方公里，建成区52.8平方公里，市区人口61.4万，非农业人口51.9万，藏、回、土等30个少数民族占总人口的23%。

西宁市地处三川一水、南北两山谷地之间，平均海拔2275米，呈东西条状分布，其核心区东西长约7公里，宽约2公里。解放以来，西宁市的经济有了很大的发展，先后建起了机床、冶炼、毛纺、汽车、酿酒等工业，使一个消费性的小城镇发展成为一个工业城市。

西宁市七月平均气温17℃，一月月平均气温－8℃，有“西宁无夏日”之说。西宁城内不乏名胜古迹，有西山下的汉墓，古道上的烽火台，南禅寺、北山寺以及魏晋时期的壁画。解放后新建了人民公园。

西宁也是全省的旅游中心。它的周围有闻名于世的青海湖、黄教圣地塔尔寺、互助北山森林风景区、大通老爷山风景区、东峡林场、贵德温泉等风景胜地和著名的龙羊峡水电站。目前，为了发展青海的经济和旅游事业，西宁市正在城东兴建一个乙级机场。

格尔木市

格尔木，蒙古语的含意为“河流密集的地方”，它地处柴达木盆地南缘和我国最大的察尔汗盐湖南岸，位于青藏、青新、敦格公路的交汇处，有“盐湖城”、“汽车城”、“西藏门户”之称。解放初，格尔木地区仅有870余人，1953年建镇，1960年和1980年两度设市，现为县级市，全市土地面积为12.35万平方公里，建成区面积15.9平方公里，1986年总人口约14万人，其中非农业人口5.51万人，藏、蒙、回、哈萨克等民族的人数占全部人口的8.7%。

1986年青海城市设施水平 表1

项　目	单　位	合　计	西宁市	格尔木市	备　注
一.市区人口密度	人/平方公里	5	1749	0.5	格市区面积为12.35万平方公里
城区人口密度	〃	4016	7271	811	
二.城市建设维护资金	元/人	66	61	111	
其中两项资金	〃	25.3	27.5	4.6	
三.住宅使用面积	平方米/人	9.3	9.2	9.7	
住宅居住面积	〃	6	6	5.9	
四.自来水生活用水量	升/人、日	119	123	(78)	格市现为分散供水
普及率	%	99	99	(98)	
五.公共车辆	标台/万人	4.2	4.5	1.6	
营运线路网密度	公里/平方公里	0.76	0.9	0.1	
六.道路面积	平方米/人	4	3.5	8.7	
路网密度	公里/平方公里	0.5	0.5	0.5	
七.道路照明密度	盏/公里	19	20	11	
八.公共绿地	平方米/人	2.3	1.2	12.6	
建成区绿化覆盖率	%	9.4	7.9	14.3	

1986年青海城市建设基本情况 表2

项　目	单　位	合　计	西宁市	格尔木市	备　注
一.市区人口	万人	67.4	61.2	6.2	
其中非农业人口	〃	57.4	51.9	5.5	
二.城区人口	〃	56.8	51.0	5.8	
其中非农业人口	〃	56.1	50.7	5.4	
三.市区面积	平方公里	123850	350	123500	
其中:城区面积	〃	141.4	70.2	71.2	
建成区面积	〃	68.7	52.8	15.9	
四.房屋面积	万平方米	1543	1408	135	
其中私房	〃	85	82	3	
五.住宅面积	〃	700	641	59	
其中私房	〃	66	65	1	
六.自来水综合生产能力	万吨/日	14.6	14.5	0.1	
管道长度	公里	263	255	8	
七.公共交通车辆	台	228	219	9	
营运线路长度	公里	480	473	7	
八.城市道路	公里	203	175	28	
其中高级次高级	〃	189	174	15	
九.下水道	〃	92	86	6	
十.防洪堤	〃	10	8	2	
十一.园林绿地	公顷	565	463	102	
其中公共绿地	〃	112	64	48	
十二.生活垃圾清运	万吨/年	27	24	3	

宁夏回族自治区城市建设概况

宁夏回族自治区城乡建设厅

宁夏回族自治区，是我国回族的主要聚居地之一，位于黄河上游，有黄河灌溉之利，南部有六盘山，资源丰富，土特产"五宝"(枸杞、甘草、贺兰石、滩羊毛皮、发菜)驰名中外。历史文物、名胜古迹遍布全区，谚谓"天下黄河富宁夏"，素有塞上江南之美称，自古以来就是西北战略要地。

宁夏土地面积为6.64万平方公里，人口414.6万人，其中回民133.8万人，还有汉、蒙、满等民族。辖2地、4市、15个县，7个市辖区，自治区首府驻银川市。

宁夏有丰富的煤炭和非金属矿产等资源。煤炭总储量1.914亿吨，居全国第五位，煤质优良，品种齐全。"太西"煤远销比、英、法、日等国。水力发电装机容量达200多万千瓦。石油、煤成气也有一定的开发前景。具有发展煤炭、电力、冶金，化工等工业的优越条件。石膏储量12.7亿吨，居全国前列。玻璃砂岩、石炭岩等非金属矿的储量也很可观，适宜发展建筑材料工业。但是，解放前的宁夏，在长期的反动统治下，百业凋零，满目疮痍，谈不到什么建设，经济十分落后。城市破败不堪，街道狭窄，土房破旧，银川只有一个慈禧太后宫庭用过的80千瓦发电机的电灯公司供电，马路不平，电灯不明，邮电通讯仅银川市有一台一百容量磁石交换机，市政公用设施一无所有。解放后，特别是1958年10月25日自治区成立以来，在党中央和国务院亲切关怀和兄弟省、市、区的大力支持下，充分运用本地区农牧业及能源、矿产资源的优势，进行了大规模的经济建设，发生了巨大的变化。农业抗灾能力大大增强，生产条件改善，已经建立起具有一定规模的煤炭、电力、冶金、轻纺、化工、机械、建材等现代工业，初步形成了宁夏的工业体系。人均工农业总产值已由解放初期的163元提高到1986年的800多元。三十多年来，全区用于城市建设的投资共2.7亿元，占基本建设投资总额的3.6%，城市各项建设取得了显著成效，为发展生产和提高人民生活水平创造了有利条件。

一.城市发展较快

建国以来，宁夏的城市化进程较快，解放初期仅有2.76万人口的银川市，到1986年底，初步形成了4市、15个县城组成的城镇体系，城镇人口达76万多人，比解放初期增加了约12倍。

自治区首府银川市是我国的历史文化名城，位于宁夏平原中部，贺兰山和黄河之间，古西夏国曾在此建都，现已成为新兴工业城市之一。有机械、电子、化工、纺织、轻工、建材等现代工业，为自治区政治、经济、文化、交通与科技中心。

新兴的工矿城市石嘴山市，位于宁夏平原北端，屹立在贺兰山麓，黄河之滨，发展历史较短，但发展速度较快。是以煤炭、电力等能源工业为主体的塞上煤城，也是自治区北部农牧业产品的集散中心。

在商业小城基础上发展起来的吴忠市，位于宁夏平原中部，农业水利发达，交通便利，曾是宁夏最大的皮毛市场。工业以机械、电子、化工、轻工、纺织、食品加工为主，特产地毯，为宁夏平原中部地区的经济贸易中心。

以发展高能耗工业为方向的重工业城市青铜峡市，位于宁夏平原西部，是重要的商品粮基地，现已成为以电力、有色金属、造纸、建材、制糖为主要产业的新兴工业城市。

小城镇中卫，以成功治理沙漠和绿化沙漠而驰名，设有联合国和中国科学院的治沙科研所，吸引

解放初，格尔木仅是个交通驿站和进藏的物资集散地。随着全省经济建设的发展，格尔木市不仅逐步发展起自己的盐化、建材、皮毛加工、食品等地方工业，近年来在格尔木建成了全国最大的钾肥厂。在建市以来的七年中，格尔木市旧貌换新颜，被誉为"昆仑山下的一颗明珠"。

格尔木市城区地势平坦，棋盘布局，市内街区方正，市郊有可起降大型飞机的一级机场。四周地理地貌奇特，有在盐湖上用盐铺成的"万丈盐桥"路，有河流冲刷而成的"一步天险"，有巍峨的雪山、高山温泉以及著名的江河源头，旅游资源丰富。近年来，随着西藏、甘肃、新疆等地旅游事业的发展，格尔木市已逐步成为中国西北部旅游的一个"热点"。

大批中外专家、学者前来考察。现在已经开始兴建的中(卫)宝(鸡)铁路，在中卫同包(头)兰(州)铁路接轨，中卫将发展成为重要的交通枢纽城市。

小城镇固原，历史上曾是军事重镇，现已成为宁夏南部山区六县，回族聚居的中心城镇，也是宁夏重要林业、牧业基地。

二.编制了城市规划，有力地指导了城市建设

党的十一届三中全会以来，我区大大加强了城市规划工作，确立了规划的“龙头”地位，发挥规划综合指导城市建设的作用。自治区党委和人民政府非常重视城镇的规划、建设和管理工作，成立了银川城市规划建设委员会。1984年，自治区人大常委会第五次会议对城市建设专门做出决议。此后，城市规划编制工作有了突飞猛进的发展，截至1986年底，全区19个市、县城中已有16个完成了总体规划编制工作，9个市、县城的总体规划已经国务院或自治区人民政府批准。建制镇的规划编制工作也取得了很大进展。与此同时，为了更好地指导当前的建设，各市、县城还开展了分区规划、详细规划和各项专业规划的编制工作。

银川市在规划的指导下，进行统一征地、统一拆迁、统一施工建设、统一配套基础设施，住宅小区进行综合开发、建设和经营商品房，有力地加快了城市改造和建设步伐。1985年安排给排水工程15项，占城建总项目的44%；使银川市旧城区的给水能力达到3万吨/日，比原水厂能力提高3.6倍；排水能力每秒达6立方米，从而使银川市长期存在的“供水不足，排水不畅”的局面有了根本的好转；拓宽和修通了解放东街等13条城市道路，总长度为8642米，总面积为11.3万平方米。特别是解放东街道路的拓宽，使解放东、西大街联成一体，是横贯旧城东西的交通大动脉；东有绚丽的西门喷泉和“民族团结碑”，碑顶凤凰展翅飞翔。还有古色古香的小吃街与南门交相辉映，互为一体，构成了一幅完整的古建筑群体画卷，为古老的凤凰城锦上添花。

三.城市住宅和城市基础设施大幅度增长

［城市住宅］ 1986年，全区城市住宅总建筑面积达752万平方米，城市人均使用面积9.33平方米，人均居住面积6.93平方米。城市住宅总建筑面积比1978年增长70%，人均居住面积增长86%，现在全区城镇到处新房成片，高楼林立，整个面貌已经和正在发生深刻变化。

［城市基础设施］

1.供水。到1986年全区铺设供水管道500余公里，新建自来水厂13座，日供水能力20.63万吨，另有各单位自备水源日供水能力达84.25万吨，银川市供水普及率达90%，初步解决了高层楼房上不去水的问题。石嘴山市新开辟五万吨水源地，新建水厂一座，日供水能力由0.97万吨增加到1.52万吨。吴忠市自来水厂扩建后，日供水能力可由现在的3500吨增加到2万吨。全区15个县城，已有11个县城新建扩建了自来水厂，日供水能力增加了4.96万吨，还有4个县城的水厂正在建设。

2.排水。到1986年底全区排水管道总长度为230公里，部分解决了雨水、废水、污水、排放和处理。

3.道桥。全区共建成城市道路380公里，道路面积550万平方米。其中，高级、次高级250万平方米。城市桥梁68座，银川市修建了铁路和公路立交桥。

4.城市煤气和集中供热。我区仅银川市使用液化石油气，年供气能力为476立方米，用气人数4万人，城市人口气化率为16%。我区城市集中供热近几年开始发展，敷设供热干管38.74公里，集中供热建筑面积44.59万平方米。

5.公共交通。解放初期，我区城市没有公共汽车，到1986年，全区有城市公共汽车300多辆，运营线路总长度1500余公里，年客运总量为8000万人次。

6.园林绿化。到1986年底，全区城市园林绿地总面积达1000公顷，其中公园7个，面积为90.92公顷，人均绿地面积为2.9平方米，绿化覆盖率为14%，在城市绿化中，街道绿化发展较快，道路绿化总长度为230公里，占城市道路总长度的61%。

7.环境卫生。全区现有环卫队伍1800余人，环卫车辆110辆，公共厕所3304座，年清运垃圾30万吨，年清运粪便14万吨，清扫面积375万平方米。

8.道路照明。解放初，我区各城镇基本上没有路灯。现在全区共有路灯6619盏，线路总长为288公里，并部分采用了新光源，在6619盏路灯中，有汞灯3460盏，钠灯2785盏。基本做到道路修到哪里，路灯就装到哪里。

四.保护了名胜古迹，建设了风景区

历代劳动人民在宁夏留下了丰富的文化和众多的名胜古迹，具有独特的民族风貌，成为我区的宝贵财富。我区已发现并开辟的文化遗迹及名胜有42处，其中列入全国重点文物保护单位的有2处(银川的海宝塔，固原的须弥山石窟)，自治区重点文物保护单位16处(其中革命遗迹2处，石窟寺2处，古建筑9处，古遗迹及其它3处)。海宝塔的外形线条明朗，层次丰富，棱角分明，塔身呈“亚”字型，造型古朴，壮丽，具有独特的艺术风格，为我国古塔中所罕见，登塔第九层，极目远眺，巍巍贺兰山，绵

新疆维吾尔自治区城市建设概况

王德新

新疆维吾尔自治区位居我国西北部，面积160多万平方公里，占全国总面积的六分之一，是我国面积最大的省区。新疆东面和南面与甘肃、青海、西藏相邻。从东北到西南，与蒙古、苏联、阿富汗、巴基斯坦、印度接壤，边界线长达五千多公里，是我国边界线最长的省区。

新疆于1949年9月25日和平解放。1955年10月1日成立新疆维吾尔自治区，实现了民族区域自治。全自治区共有5个民族自治州，8个地区，16个设市城市(1个地级市，15个县级市)，71个县，115个建制镇。16个城市的面积为182559平方公里，约占全区总面积的11.4%，其中建成区面积为269平方公里。到1986年底，城市人口为442万人，占全自治区总人口1384万人的32%，城区人口为225万人。

新疆地域辽阔，，自然资源丰富，有发展农业、林业、牧业、工业的优越条件，是我国一块尚待开发的宝地。近四十年来，新疆在政治、经济、文化各方面，都取得了辉煌成就，各族人民的物质文化生活水平有了很大提高。特别是党的十一届三中全会以来，自治区政治安定，民族团结，经济繁荣，文化发展，人民生活改善，到处呈现一派蒸蒸日上的景象，成为自治区历史上最好的时期之一。

1986年，自治区工农业总产值136.89亿元，比1978年增长129%；其中工业产值82.69亿元，比1978年增长148.5%；工业产值占工农业总产值的比重已由1978年的55.7%提高到60.4%。

新疆的交通运输事业发生了显著的变化。除兰新铁路外，南疆铁路已通到库尔勒，北疆铁路已修到乌苏。公路通车里程2万多公里，主要干线公路实现了路面柏油化。民航事业发展迅速，不仅自治区主要城市都可通航，还有乌鲁木齐通往北京、上海、广州、成都、西安、兰州、天津等城市的直达班机。有8条国际航线经由乌鲁木齐通往西亚、欧洲、非洲等地。乌鲁木齐机场已经成为沟通国际航线的重要航空港。

一.建国前城市建设概况

建国前，新疆只有迪化(今乌鲁木齐)一个设市的城市。市区总面积不到10平方公里，人口只有10万多人。城市破烂不堪，市政公用设施十分简陋，市区只有3公里沥青路面，其余均为土路和砂石路；全市无一座永久性桥梁。城市公共交通除3辆“老羊毛”(嘎斯51)汽车外，主要靠“六根棍”马车和毛驴车。城市居民饮用的是土井水、河渠水和“涝坝”水，吃水全靠人挑驴驮。全市只有少量的行道树，公共绿地稀少。城市建筑以土木结构草泥屋面的简易平房为主，楼房寥寥无几。“无风三尺土，有雨满街泥；电灯不明，马路不平；污水靠蒸发，垃圾靠风刮”。便是当时新疆城市建设面貌的真实写照。

二.建国后城市建设事业的发展和成就

［**城市规划**］　在50年代，自治区的一些主要城市曾作过城市建设的总体规划，对确定城市规模，安排建设项目，改造旧城市起到了一定的指导作用。后由于极“左”思潮的影响，城市规划工作几起几落，直到党的十一届三中全会以后，各级城

绵黄河水，塞上江南景色，尽收眼底。固原地区的须弥山石窟始建于北朝，迄唐乃成，是古代劳动人民以匠心独具的构思，吸取了印度佛教艺术的精华，运用我国传统的技艺，而创造的艺术珍品。反映了不同的时代风格，始建于明代万历年间的同心清真大寺，是宁夏现存规模较大，历史较久远的一处伊斯兰教建筑。1936年8月，中国工农红军西征时，曾在此召开各界代表大会，成立了中国第一个民族区域自治政府—豫海回民自治政府。中卫境内腾格里沙漠东南边沿的沙坡头，过去是“风起黄沙弥漫天，十步开外看不见；沙丘移动埋村庄，平沙万里无人烟”的一片风沙戈壁，现在已经改造成为中外驰名的苍翠绿洲。在晴朗的天气，登上坡顶，人坐在黄沙上往下滑，坡面发出“嗡嗡声”，如撞钟的声音，故有“沙坡鸣钟”之称。吸引中外游客，是我区的旅游胜地。

六盘山，古代盘道六重始达山顶，故名。1935年10月7日，毛泽东主席率中国工农红军长征途经六盘山，写下了气壮山河的诗篇《清平乐，六盘山》。

建部门逐步恢复，城市规划工作才逐步走上正轨。各级城乡建设部门先后设置了规划管理机构或配备专人负责规划管理工作。自治区人民政府于1984年2月批准成立自治区城乡规划设计室，1986年4月批准改为自治区城乡规划设计院。到1986年底，自治区16个设市城市中已有14个编制完成了总体规划，其中6个已报经国务院或自治区人民政府批准；69个县城中，已有41个编制完成总体规划；建制镇的规划编制工作也有了新的进展。自治区大多数城镇长期缺乏规划的落后局面已经改变，开始走上按规划进行建设和管理的轨道。为满足建设发展的需要，乌鲁木齐、石河子等城市还开展了详细规划和各项专业规划的编制工作。

［**房地产业**］ 到1986年底，全区16个城市拥有各类房屋5526万平方米。其中住宅居住面积为1456万平方米，人均居住面积达到6.6平方米。为加强房产管理，已有15个城市设置了房产管理机构。从1982年开始，历时近5年，对全区城镇居民住房情况进行了普查工作，为制订自治区国民经济和社会发展计划，为城镇规划，房屋管理，住宅建设以及住房制度改革，提供了可靠的依据。并在1986年下半年开始进行了各城镇换发房屋产权证和国有土地使用证的工作。

1982年开始进行落实私房政策的工作，自治区党委办公厅批准颁发了《新疆维吾尔自治区关于落实私房政策的若干规定》，自治区和各地、州、市相继成立落实私房政策办公室。到1986年底，自治区拨专款1500万元，已落实4900户，其中"文革"遗留房产问题的落实政策工作已基本完成，"私改产"已落实60%。

至1986年，自治区城镇全民、集体所有制单位共投资36.74亿元，用于城市住宅建设，建成住宅3942万平方米。其中1979年到1986年城镇住宅建设共投资248449万元，占建国37年自治区住宅建设总投资的67.6%；建成住宅1499万平方米，占自治区37年所建住宅总面积的38%，约有112万人迁入新居。

自治区有10个城市成立了12家开发公司。开发建设用地771亩；完成开发工作量10448万元；房屋竣工面积37.71万平方米，其中商品住宅竣工面积29.12万平方米；出售住宅面积19.1万平方米，其中直接出售给个人的住宅面积4.26万平方米。

虽然近年来兴建了大量住宅，但由于原有居住水平低、目前住房仍然十分紧张。到1986年底，全区16个城市仍有缺房户70358户，约占城市居民总户数的14.3%。

［**市政公用设施**］ 新疆的市政公用设施是建国之后在十分落后的基础上发展起来的。党的十一届三中全会以来，各城市实行了一些有利于增强城市建设活力的经济政策和措施，按照"人民城市人民建"的方针，动员和组织社会各方面的力量，加

城镇住宅建设投资占全区基本建设总投资比重表 **表1**

年份	基建投资总额(万元)	住宅建设投资 投资额(万元)	住宅建设投资 占基建投资总额(%)	年份	基建投资总额(万元)	住宅建设投资 投资额(万元)	住宅建设投资 占基建投资总额(%)
总计	2,731,263	367,378	13.5	1978	129,577	8,524	6.6
恢复时期	33,015	2,480	7.5	1979	137,257	16,321	11.9
"一五"时期	146,450	16,401	11.2	1980	172,316	26.409	15.3
"二五"时期	314,243	17,907	5.7	六五时期	856,802	167,390	19.5
调整时期	104,262	7,776	7.5	1981	114.779	23,871	20.8
"三五"时期	188,244	17,919	9.5	1982	132,219	29,496	22.3
"四五"时期	247,248	30,980	12.5	1983	155,723	32,258	20.7
"五五"时期	597,498	68,196	11.4	1984	188,255	34,269	18.2
1976	71,410	8,869	12.4	1985	265,826	47,496	17.9
1977	86,938	8,073	9.3	1986	243,501	38,329	15.7

注：表列住宅建设投资含城镇，工矿区职工住宅建设投资。

快了市政公用设施建设的步伐。从1979至1986年的八年间，自治区用于市政公用设施建设的投资29001万元，相当自治区1978年以前29年市政公用设施建设总投资的2.6倍，城市建设和经济建设比例失调的状况有了改善。全区城市市政公用设施在质量上和数量上都有较大的提高。

1.城市供水。1958年在乌鲁木齐兴建第一座设计能力为7000吨/日的水厂。尔后，克拉玛依、喀什、伊宁等市相继修建了水厂。到1986年底，全区16个城市，已建成水厂20个，水厂综合生产能力达到33.1万吨/日，比1978年增加54%；自来水管道总长度918.2公里，比1978年增加2倍；年供水总量9743万吨，比1978年增加1.7倍；人均每日生活用水量95升，比1978年增加76%；城市供水普及率为72.1%。

2.城市排水。到1986年底，全区有15个城市建成污水排放管道403公里，比1978年增加2.6倍；污水处理设施从无到有，塔城、克拉玛依、昌吉、喀什、库尔勒等城市相继建成污水处理厂，日处理能力达到3.9万吨，日处理污水量占城市污水总量的13.1%。

3.城市公共交通。新疆的城市公共交通事业是从乌鲁木齐的3辆嘎斯车逐步发展起来的。到1986年底，全区有13个城市成立了公共汽车公司，拥有各种营运车辆629辆，比1978年增加76%；营运线路长度2527公里，比1978年增加1.8倍；运客总量50916万人次，比1978年增加3.3倍。全区有11个城市拥有各种型号的出租汽车223辆，年行驶里程650万公里。

4.城市燃气。随着新疆石油工业的发展，城市居民的燃料构成有了新的突破。自1975年克拉玛依市开始使用液化石油气以来，到1986年底，全区有5个城市先后建设了液化石油气储气设施，储气能力达到2508吨，为1978年的119倍；全年供气总量达到23142吨，为1978年的9.9倍；用气人口75.5万人，比1978年增加4.8倍；气化率达到34.6%。

5.城市集中供热。近年来，乌鲁木齐、克拉玛依、石河子等城市先后建设了集中成片供热的锅炉房，供热能力为964百万大卡/小时(热水)，到1986年底，供热面积达到145万平方米，占全区城市房屋建筑面积的2.6%。

6.城市道路桥梁。到1986年底，全区各城市已建成道路863公里、1017万平方米，比1978年分别增加1.5倍、2倍；其中高级、次高级道路472公里、609万平方米，比1978年分别增加1.2倍、1.6倍。城市人均拥有道路面积5.4平方米，比1978年增加3.1平方米。全区共有城市桥梁116座，比1978年增加1.3倍。乌鲁木齐市人民路互通式立交桥和西出口下穿式环形公路立交桥于1985年9月建成通车；喀什市吐曼桥、库尔勒市孔雀桥也相继建成，缓解了这些城市的行车难状况。

城市公用事业基本建设投资占全区基本建设总投资比重表 表2

年份	基建投资总额(万元)	城市公用事业投资 投资额(万元)	城市公用事业投资 占基建投资总额(%)	年份	基建投资总额(万元)	城市公用事业投资 投资额(万元)	城市公用事业投资 占基建投资总额(%)
总计	2,731,263	40,005	1.46	1978	129,577	769	0.59
恢复时期	33,015	429	1.3	1979	137,257	1.054	0.77
“一五”时期	146,450	639	0.44	1980	172,316	2.687	1.56
“二五”时期	314,243	2.675	0.85	六五时期	856,802	18.825	2.2
调整时期	104,262	1,742	1.67	1981	114.779	1,786	1.56
“三五”时期	188,244	849	0.45	1982	132,219	2,086	1.58
“四五”时期	247,248	2,486	1.0	1983	155,723	2,740	1.76
“五五”时期	597,498	9,641	1.6	1984	188,255	4,050	2.15
1976	71,410	719	1.01	1985	265,826	8,163	3.07
1977	86,938	696	0.8	1986	243,501	6,435	2.64

注：表列城市公用事业投资系用于市政公用设施建设的基本建设投资。

［城市市容园林］ 建国以来新疆的市容环卫和园林绿化工作，取得了显著成绩。

1.市容环卫。新疆的城市市容环境卫生工作基础差，起步晚。经过八年的改革和建设，有了长足的进步。到1986年底，全区拥有各种环卫机械206辆，比1979年增加1倍；公共厕所561座，比1979年增加3.5倍；全年清扫街道面积593万平方米，占应清扫面积的61%；全年清运垃圾64.7万吨，比1979年增加3倍；清运垃圾和清运粪便的机械化程度分别达到67.3%、46.3%。各城市开展了以治理“脏、乱、差”为中心的综合治理工作，建立了一支精干的市容管理队伍，实行“门前三包”和清扫、清运承包责任制，基本做到了垃圾日产日清，城市卫生状况有了明显改善。

2园林绿化。新疆干旱缺水，原有城市园林绿化水平较低。近年来，各城市认真开展全民义务植树运动，园林绿化事业发展快、效果好。据1986年统计，全区城市园林绿地总面积为5321公顷，其中公共绿地1027公顷，人均占有公共绿地3.9平方米。建成区绿化覆盖率为18.6%。全区有14个城市建成公园20个，面积473公顷；乌鲁木齐还建成面积为30公顷的动物园一个。年游人量达到720万人次。

3.天池风景区。新疆天山天池为国务院公布的第一批国家重点风景名胜区之一。风景区以群山环抱的高山湖泊—天池为中心；东南有海拔5445米、冰川绵延的博格达峰；周围有东、西小天池、石峡等天然景观和富有神奇传说色彩的王母庙、铁瓦寺、八卦亭等遗迹。这里雪山、森林、碧水、草坪、奇花异卉等美景浑然一体，是夏季避暑胜地。冬季是开展滑冰滑雪的理想场地。由于海拔高度的不同，游人在这里还可领略冰川、积雪带、高山、亚高山带、山地针叶带和低山带所特有的垂直自然景观。自治区人民政府对天池风景区规划、建设和管理十分重视。1984年成立天池风景区管理局，从人力、财力和物力的安排上，为风景区的规划建设创造了必要条件。现在天池风景区总体规划已经完成。风景区范围初步规划为30平方公里，目前可供游览面积15平方公里。近年来，到天池旅游的中外游客逐年增加，1986年游人量达28万人次。

4.城市雕塑。近年来，乌鲁木齐、克拉玛依、石河子、伊宁、和田、阿图什等城市，相继在公园、街头绿地、游憩广场、街心花坛、居住小区和单位庭院建成一批具有时代精神和地方特色的雕塑，不但美化了环境，还以其艺术形象和无声的语言，给各族人民以美的享受。乌鲁木齐火车南站站前广场矗立的《民族团结》，北京路街心花坛的《新疆歌舞》，以及自治区展览馆门前的《手捧瓜果迎客人》等，具有浓郁的新疆民族风格和地方特色。石河子市游憩广场的大型组雕，以《屯垦戎边》、《清泉》、《绿风》组成。其中《屯垦戎边》以夸张的手法，表现了军垦战士在党的领导下艰苦创业的革命精神。用人拉犁的形象，反映出军垦戎边的第一犁，造型生动逼真。

［城市防灾］

1.城市防洪。新疆的城市大多位于山前冲积扇或河道两旁，所以城市防洪至关重要。全区有9个城市修筑防洪堤61公里，具备了一定的抗洪能力。三十多年来未发生大的水患灾害。乌鲁木齐市于60年代初在城市上游建起了库容4000万立方米的乌拉泊水库。尔后，又建起二道湾水库和32公里长的青年渠。近几年，乌拉泊水库正在进行加固，贯穿市区的河床泄洪道，已规划建设防洪堤。市区内10多公里的防洪渠道已改直加宽，并将其中一段建成加盖板的暗渠和管径1.5米的混凝土管道；增强了抗御春季山洪的能力。

2.城市抗震。新疆的抗震防灾工作早在建国初期即已开始。“文化大革命”期间，抗震工作陷于停顿。1976年唐山地震后，国家将乌鲁木齐列为全国38个重点抗震城市之一。不久，自治区人民政府批准成立了抗震办公室，有计划、有步骤地在全区开展了抗震工作。从1978年至1986年，通过国家补助、自治区拨款和单位自筹等渠道，共支出抗震加固经费2391万元，完成了192万平方米的工业与民用建筑的加固任务。与此同时，抓了重点抗震城市的抗震防灾规划的编制工作。

1985年8月23日，新疆乌恰县发生一次7.4级大地震。县城基本毁坏，损失近亿元。中央领导同志到乌恰地震灾区慰问灾区人民，研究部署抗震抢险工作。重建计划也已批准。1987年即全面开工建设，整个新城建设计划1988年可完成。

1986年，自治区境内地震活动增强，南北疆共发生5级以上地震5次，其中乌鲁木齐市于6月13日发生了5.1级地震。1986年9月15日成立了以自治区副主席毛德华为组长的自治区地震工作领导小组，研究部署了地震监测和抗震防灾工作，伊犁地区和喀什市分别设置了抗震办公室。

三.城市建设事业对城市经济和社会发展的促进

“六五”期间，新疆城市建设事业的发展，为国民经济持续、稳定、协调发展和人民生活的改善创造了必不可少的物质条件。以乌鲁木齐市为例，由于城建投资比例有所提高，城市维护资金逐年增长，有力地推动了城市经济、文化、科技、教育事业的发展。与1980年相比，这个市的城市人口增长8.5%；工业企业总数增长29.5%，工业总产值增长156.7%；财政收入增长162.9%；普通高等学校在校学生数增长84.2%；五年累计完成的固定资产投资总额比“五五”时期增长155%。

四.城市建设体制改革和经济政策调整

[**城建管理体制改革**]

1.城市维护建设资金必须实行由城建部门归口管理，建立城建、计划、财政部门密切合作的管理体制。这是较好地解决计划与规划脱节，保证专款专用，充分发挥资金效益的一条重要措施。从1981年开始，自治区财政部门就将全区的预算内城市维护费金额划拨给城建主管部门安排使用，同时制定了《新疆维吾尔自治区城市维护费使用管理暂行规定》，从此改变了长期以来城建主管部门不能直接管理城市维护费以及城市维护费的管理和使用无章可循的局面。实践证明，城建部门归口管理，有以下几条好处：一是扭转了重新建轻维修的局面，城市市政公用设施失修失养的状况有了明显改善；二是有计划有重点地解决了一些城镇人民反映强烈、久拖未决的吃水难、行路难等突出问题；三是通过计划调节，解决了城市间的苦乐不均问题。由于自治区在前几年的改革实践中，形成了一套符合城市建设客观规律的资金管理体制。税制改革后，各城市征收的维护建设税和公用事业附加税，仍由各地城建部门归口管理。自治区财政集中的一部分城市维护建设资金，仍由自治区建设厅归口安排使用。

2.城市建设实行综合开发、配套建设，是实现城市规划，提高投资效益，加快城市建设步伐的有效途径。乌鲁木齐、石河子、奎屯、伊宁、喀什、昌吉等城市，按照“统一规划、合理布局、综合开发、配套建设”的管理体制，通过银行贷款、预收购房资金、集资统建等办法筹集资金，对城区进行统一规划、拆迁、施工和开发经营，取得了良好经济效益和社会效益，城市面貌有了较大的变化。从1979年到1986年，全区共开发建设11个住宅小区，建筑面积69.5万平方米；建成8个住宅小区，建筑面积58万平方米。其中石河子市的14号小区(占地25.5公顷，建筑面积12万平方米，其中住宅9.7万平方米，住户2000户，总投资3254万元)。以进度快、质量好、设施配套、环境优美的特点，为自治区各城市实行综合开发、配套建设提供了有益的经验。

3.扩大区、街管理城市权限，建立市、区、街三级管理体制。这样做调动了基层的积极性。乌鲁木齐市三个老城区发动单位、群众集资出力，共筹措资金497万元，出动劳力10多万人次，将多年没有得到治理的总面积为71万平方米的595条“泥巴巷道”和总面积为82万平方米的2536个“泥巴院落”分别铺上了砖、石、水泥混凝土和沥青混凝土。

[**城建行业企业管理**] 市政施工企业改革了用工制度，推行了百元产值工资含量包干、单位工程包干和以施工队为单位的利润包干责任制，初步改变了企业吃国家大锅饭和职工吃企业大锅饭的状况。城市公共交通、自来水、煤气、供热等公用企业，分别实行了单车核算制和各种形式的岗位责任制，制定了相应的保证措施和奖惩办法。园林绿化、环境卫生、市政养护等事业单位，普遍推行了事业单位企业管理和经费包干承包责任制，提高了城市维护资金的使用效果，增强了城建企事业单位自我改造和自我发展的能力。

[**城建经济政策调整**] 多年来实践证明，城市建设资金完全靠政府解决是不现实的，必须从政策上找出路，采取多种办法，增加资金来源。这些年来，自治区各城市实行的办法归结起来有以下几条：一是按照“自愿、合理、受益”的原则，组织城市居民和单位参加义务劳动和合理集资，兴办了一些急需的市政公用设施。据1985年和1986两年统计，全区各城市共集资1241万元。二是对市政设施实行有偿使用，对因新建、扩建、改建和技术改造而增加城市基础设施负荷量的工矿企业收取增容费或配套费等。乌鲁木齐市从1986年7月开始征收排水设施有偿使用费，当年征收14万元。1986年乌鲁木齐、伊宁、奎屯、喀什等城市征收增容费和配套费190万元。三是征收水资源费和土地使用费。据乌鲁木齐、石河子‘昌吉、奎屯、吐鲁番、阿克苏、喀什等城市不完全统计，1986年共征收161万元。四是对公用事业的发展给予扶植照顾。1986年，自治区人民政府决定对乌鲁木齐市公共汽车公司执行月票亏损财政补贴，缩短公共汽车折旧年限，免缴能源交通基金和养路费，投资解决公共交通车辆更新和职工住宅建设等七项优惠政策。促进了公共交通事业的发展。

五.城市建设行业精神文明建设

城市建设行业是城市的窗口。近年来，自治区各级城建部门，紧密结合区内16城市一年一度的“三优一学”评比活动，在干部职工中开展了“对人民负责，为人民办实事”的行业精神和职业道德教育，开展了优质服务和“当文明市民，创文明单位、建文明边城”活动，城建行业的服务水平和服务质量有了进一步提高。1985年，自治区建设厅和自治区总工会组织全区12个城市公共交通企业约6000名职工开展了优质服务竞赛活动。竞赛中涌现出28个先进集体和46个先进个人。其中16个先进集体、21名先进个人受到城乡建设环境保护部和中国建筑工会的表彰。石河子市的液化气公司，开展优质文明服务，制定文明公约，岗位挂牌接受群众监督，还利用业余时间为离退休干部、伤残人、教师、五保户义务送气上门，修灶到家，赢得了群众的赞扬。

六.城市建设法制建设

1979年以来，自治区城建主管部门和各城市政府坚持一手抓建设，一手抓法制，改变了城市管理长期无法可依的局面。自治区人民政府于1982年8月颁发了《新疆维吾尔自治区城市建设管理条例》；各城市政府依据国家和自治区的有关法规，结合本城市的实际，先后制定和颁发了《城市规划管理实施办法》、《征迁安置补偿规定》、《市容卫生管理条例》、《水源管理保护条例》、《树木花草管理办法》等地方性法规，城市规划、建设和管理工作逐步走上法制的轨道。

各城市在加强法制建设的同时，深入持久地开展了以整顿"脏、乱、差"为中心的城市综合治理。在城市管理的广度上；实行规划、市容、交通、市场、绿化、治安等各项管理工作全面强化，通力协作，打总体战；在管理方法上实行经济手段、行政手段、法律手段相结合，思想动员、批评教育、奖优罚劣相结合。城市的各项管理水平有了较大提高。在自治区成立三十周年和1986年全国第三届少数民族传统体育运动会等大型活动中，乌鲁木齐、石河子等城市以其清洁、美丽和具有地方特色的市容市貌，博得国内外客人的好评。全区的市容管理队伍已经发展到3000多人，保证了各城市的卫生、绿化和秩序管理工作经常化、制度化。

七.城市建设科技进步

［**城建科研、设计队伍**］ 为适应自治区城市建设事业发展的需要，自治区及各地、州、市建立和健全了城市规划及勘察设计机构，充实和加强了科技设计队伍，初步形成了一支能够承担规模较大、技术较复杂的城市规划和市政工程设计任务的专业技术队伍。近几年完成的乌鲁木齐市总体规划、石墩子山供水工程、库尔勒孔雀河桥、昌吉、喀什污水处理厂等工程项目的规划设计任务都是自治区内的规划设计单位组织完成的。石河子市规划设计室编制的石河子市总体规划获城乡建设环境保护部1986年度优秀设计表扬奖。

到1986年底，自治区城建科研设计队伍已经发展到873人，比1980年增加了1.8倍。基本形成了高、中、初级科技人员配套，专业配套的较为完整的体系。

［**城市建设软科学研究**］ 自治区城市科学研究会会同自治区土木建筑学会、地质学会，对乌鲁木齐地区水资源利用问题进行了研究。乌鲁木齐市位于乌鲁木齐河流域中上游的乌鲁木齐河谷段，优先合理开发利用乌鲁木齐河流域水资源是解决城市用水供需矛盾的有效途径。参与研究的专家以大量的基础数据，分析了供水供需矛盾的主要原因，提出了解决城市供水的四条途径：一是确立"水资源是有限的"的新观念；二是必须坚持"开源节流并重"的方针，明确提出第三水源(柴窝堡水源)尽可能置于储备地位，为二十一世纪经济大发展保证必要的水资源；三是制定颁布乌鲁木齐河流域水资源管理法，强化管理；四是合理利用流域水资源。采取上述方针的措施后，可基本解决2000年前的供水问题。这项研究成果，为领导决策提供了科学依据，得到自治区领导和有关部门重视。

［**城市建设档案**］ 城市建设档案是城市规划、建设、管理和灾后恢复的重要依据。自治区人民政府于1982年相继发出新政发(1982)218号、292号文件，要求各城市建立基本建设档案馆，集中统一管理城市基本建设档案。1984年5月，自治区批准成立"新疆维吾尔自治区城市建设档案馆"。1986年，全区16个城市中，已有乌鲁木齐、石河子、喀什、伊宁、克拉玛依、哈密、昌吉、库尔勒、吐鲁番、奎屯等10个城市建立了城市建设档案馆。先后制定了预收竣工档案保证金制度和城市建设档案管理暂行规定，保证了新建工程竣工档案的形成、积累和按时归档。截至1986年底，各馆共收集保管城建档案5910卷(合)，图书资料约7000册，地形图650张，照片575张。

八.城建职工队伍的发展

到1986年底，自治区城市建设系统全民所有制单位职工人数达到24162人，比1980年增加124%；其中自来水企业增加2.8倍；煤气、热力企业增加4.2倍；公共交通企业增加1.1倍；市政施工与养护增加64%；园林绿化业增加55%；清洁卫生业增加47%。各级城建部门通过委托代培、举办培训班、文化补习班等多种形式、提高了职工的文化水平和业务技术素质。

九.主要城市介绍

乌鲁木齐市

乌鲁木齐是新疆维吾尔自治区的首府。位于天山北麓、准噶尔盆地东南缘。市区面积835平方公里，建成区面积50平方公里。是自治区政治、经济、文化、科技和信息中心，是联结天山南北、沟通新疆与祖国内地的交通枢扭。

乌鲁木齐市是多民族聚居的城市。1986年末全市总人口103.7万人，其中非农业人口95.8万人，占总人口的92%。全市有维吾尔、汉、回、哈萨克、满、蒙古、锡伯、俄罗斯等13个主要民族，其中汉族81万人，占人口总数的78%。少数民族占

22%。

建国以来，乌鲁木齐的城市面貌发生了巨大变化。1985年10月16日国务院批准了乌鲁木齐市的总体规划。到1986年末，全市拥有各类房屋建筑面积2513万平方米，其中住宅1239万平方米；建成七个住宅小区，统一开发建设住宅30多万平方米。人均居住面积6.5平方米。自来水普及率90%，人均生活用水122升；气化率65%；人均拥有道路面积4.5平方米；每万人拥有5.5标台公共交通车辆；绿化覆盖率16.2%。在加快住宅和市政公用设施建设的同时，卓有成效地开展了对城市的综合治理。近年来，在市区主要街道相继落成的人民会堂、科技馆、华侨宾馆、昆仑宾馆北配楼、博格达宾馆、自治区人大联合办公楼、青少年宫等一批融现代风格与民族特色为一体的新建筑，使乌鲁木齐这个环境优美的城市增添了瑰丽的风姿。

喀什市

喀什市位于南疆准噶尔绿洲的中心，是一个具有一千多年历史的古城，古“丝绸之路”的要地。是历代维吾尔族人民政治、经济、文化活动的中心，是边境地区历史古迹和地方民族建筑精华比较集中的地方。解放前是个仅有3万多人的小城镇，道路狭窄弯曲，住房破旧不堪，没有市政公用设施。

喀什系1952年批准设市。1959年进行总体规划，1936年7月自治区人民政府批准喀什市总体规划。经过30多年的建设，喀什市的经济、教育、科技事业有了很大的发展，城市建设取得显著成绩。城市人口已经发展到20万人，其中非农业人口15万人；在人口总数中维吾尔族占75%。市区面积96平方公里，其中建成区面积10平方公里。人均居住面积6平方米；自来水普及率82.7%；人均拥有道路面积4.8平方米；绿化覆盖率28%。近两年，国家和自治区拨专款对居民集中的旧城区进行了改造，改善了居民的生活环境。

喀什市有历代遗留下来的名胜古迹十多处。其中有全国重点文物保护单位玉素甫，哈斯哈吉甫麻扎，自治区重点文物保护单位阿帕霍加麻扎(又名香妃墓)、艾提尕尔礼拜寺等。

1984年2月，国务院批准喀什市为对外开放城市，1986年12月经国务院批准为历史文化名城。

伊宁市

伊宁市位于伊犁河畔，伊犁河谷的中心，土地肥沃，物产丰富，气候宜人。市区道路两旁绿树成荫，流水潺潺，果园成片，环境优美，被誉为“花园城市”。

伊宁是1944年至1949年反对国民党统治的伊(犁)、塔(城)、阿(勒泰)三区革命的根据地。1952年设市，现为伊犁哈萨克自治洲领导机关和伊犁地区行署所在地。城市人口23.7万人，其中非农业人口15.7万人。市区面积575平方公里，其中建成区面积17.8平方公里。

解放后，伊宁市新建了电厂和毛纺、皮革、机械、食品等工业，并生产少数民族特需用品，成为伊犁哈萨克自治洲的工业中心和主要物资集散地。1954年，伊犁哈萨克自治州成立，伊宁市成为自治州的首府，开始了规划建设。到1986年底，全市有房屋建筑面积330万平方米，人均居住面积5.9平方米；人均生活用水量90升，自来水普及率83%；人均拥有道路面积4.4平方米，铺设排水管道40公里。人均占有公共绿地9.2平方米，居新疆城市之冠；绿化覆盖率35.1%，仅次于石河子市，成为我区跃入全国城市绿化先进行列的第二个城市。

石河子市

被誉为“戈壁明珠”的石河子市，是1950年王震同志率领人民解放军“屯垦戍边”在万古荒原上建设起来的一座新型城市。1976年1月经国务院批准设市。经过三十多年的建设，石河子市已经发展成为一个以现代化农业为中心，以轻纺、机械、发电、建材为主的综合性工业城市。城市人口54.6万人，其中非农业人口22.9万人。市区面积460平方公里，其中建成区面积22.9平方公里。

石河子是在规划指导下建设起来的城市。早在1950年就作了石河子总体规划，以后又在发展中不断修改和完善。各项建设始终在严格的规划指导下进行，保证了城市的布局合理，整齐美观。

绿荫覆盖，树多花多，是石河子的一大特点。石河子市有面积近千亩、用园林艺术美化起来的公园；有大型喷泉和大片园林绿地组成的游憩广场；还有众多的街心花坛、沿街花带，广泛而均匀地遍布市区。行道树和绿化带、多树种、多层次地装饰着所有道路。在小区范围、单位内部、住宅之间广植花草、树木。这样的市区园林体系，使城市所有道路和房屋建筑都处于树木的浓荫覆盖下和花卉掩映中。在闹市东西，各有宽度为157.5米、长度分别为3235米和3325米的防护林带；既区划开东、西工业区与市中心的界限，又起到防风、防污染的作用。城市南北，沿现有市区边界全线营造林带，整个城市处于森林环卫之中。

1983年，石河子市被中央绿化委员会评为

"全国绿化先进城市";1986年,在中央第六次绿化会议上评为"全国绿化先进单位"。

克拉玛依市

克拉玛依是1955年勘探开发的我国第一个大油田。1958年5月经国务院批准设立克拉玛依市,为自治区直辖市。经过30多年的艰苦创业,戈壁滩上建成一个具有勘探、钻井、采油、炼油、输油、科研、后勤等成龙配套的现代化石油联合企业和新型石油工业城市。

克拉玛依市位于准噶尔盆地西北边缘。城市人口18.9万人,其中非农业人口17.4万人。市区面积9500平方公里,其中建成区面积15平方公里。新疆石油管理局设在克拉玛依市,石油管理局与克拉玛依市实行一个党委领导,政、企领导机关分设的管理体制。

党的十一届三中全会以来,局、市领导班子坚持以经济建设为中心,把城市建设摆在政府工作的突出位置,集中财力、物力进行了职工住宅和市政公用设施的配套建设。到1986年底,人均居住面积6平方米;自来水普及率80.5%,人均生活用水96升;气化率90.2%;人均拥有道路面积3.3平方米;新建公园2个;新增排水管道28公里,新建污水处理厂2座。已经成为自治区第一个基础设施比较完善、生活服务和文化设施比较齐全、有利生产、方便生活、环境优美的现代化城市。

7

体 制 改 革

城市建设管理体制改革综述

林选才

在党的十一届三中全会以来的路线、方针、政策的指引下，改革、开放的强劲东风吹遍了全国351个城市。党中央、国务院领导同志对城市建设改革作了许多重要指示，各级人民政府和广大城建战线干部职工勇于探索，开拓前进，对我国城市建设管理体制实行了一系列的改革，从微观到宏观，从局部到全局，从单项到配套改革都取得了进展，使城市建设事业在困境中得到发展，有效地推动了城市基础设施的建设。

改革八年来，城市各项建设事业取得了令人鼓舞的成就。从1979年到1986年，国家和地方各级人民政府用于城市基础设施建设的投资达287.4亿元，相当于前28年投资总额的1.8倍。建成了一大批与城市生产和人民生活密切相关的城市供水排水、煤气热力、道路桥梁、公共交通、园林绿化、环境卫生和城市防灾等市政基础设施，使城市面貌日新月异，城市居民的工作、生活环境得到了较大的改善，城市的功能和作用日益增强，为我国经济、社会发展和对外开放作出了贡献。

到1986年底，我国城市年供水总量达到133.6亿吨，比1978年增长70%，相继建成了引滦入津，引碧流河水入大连、上海黄浦江上游引水等大型供水工程和一批中小水厂，八年中日供水能力净增1600万吨，使4000多万城市居民喝上了洁净的自来水，天津、上海市居民喝咸水的历史已成过去。全国城市用水人口已有10095万人，供水普及率达到87.2%，人均生活用水量由1978年的121升/日提高到161升/日。

城市煤气供热迅速发展，建成了北京、天津、上海、南京、唐山、太原、成都、郑州等70多项煤制气和天然气工程，有煤气设施的城市从1978年的70多个发展到140多个，年供煤制气24.8亿立方米，天然气14.9亿立方米，液化石油气53.8万吨，矿井气0.68亿立方米，用气人口达3068万人，用气人口比1978年增长了1.5倍。八年来有430万户居民甩掉了煤球炉，烧上了清洁方便的煤气。“三北”地区城市集中供热面积达7100万平方米，比1978年增长两倍多，不仅改善了居民的供热质量，而且每年要为国家节约标准煤165万吨，减少二氧化硫4.9万吨，烟尘7.2万吨。

城市道路、交通实行了综合治理的方针，“行路难”“乘车难”的矛盾在一些城市开始有所缓和。许多城市以建设城市主干道和环路为重点，拓宽卡口、堵头、兴建立交桥、快速路和高架路，使部分大中城市形成了多种功能的道路网络。如北京、天津、广州等城市现代化道路交通体系已初具规模。全国城市道路长度达3.8万公里，比1978年增长39%，道路面积增长61%，达3.63亿平方米，城市桥梁增长49%，达8005座。城市客运交通线路增长80%交通车辆增长77.5%，达4.58万辆，客运总量达261亿人次，增长97%。北京地铁二期工程和天津地铁已投入运营，大容量快速交通设施的建设在我国一些大城市已开始修建。

城市环境质量有较大改善。城市排水管道增长76%，达3.44万公里，污水处理能力为176万吨/日。城市园林绿地总面积比八年前增长102%，达16.5万公顷。城市公园增长80%，达1043个，年接待游客8.7亿人次。年植树总量增长323%。城市绿化覆盖率达20%以上的城市有100多个。城市环卫车辆达1.98万辆，增长2.7倍。年清扫面积4.5亿平方米，清运垃圾5008万吨。城市公厕达8.3万座。城市防洪堤长度增长51%，达5188公里。许多城市获得了文明城市、花园城市的美称。正如天津市居民所说的那样，“房变新了，水变甜了，地变绿了，天变蓝了，路变宽了”。这是对城市建设成就的综合评价。

加强了自然遗产的保护管理工作。经国家批准，我国首次建立了第一批共44个国家级重点风景名胜区，并制定了保护利用规划，已建立了105个省级风景区，为改革、开放和发展旅游事业创造了良好的条件。

回顾我国建国后到1986年城市建设发展的三十七年历史，党的十一届三中全会以前走过的是一条曲折的路，城市建设几起几落，各项基础设施严重欠帐。改革后的八年来，在党中央的正确领导下，我国城市建设拨乱反正，端正了指导思想，更新观念，在改革中前进，逐步走上了健康发展的正确轨道。八年来，主要推行了以下几方面的改革。

一.提高认识，更新观念，拨乱反正，端正城市建设的指导思想，转变城市政府的工作职能。

过去，我们对城市建设的重要性缺乏应有的认识，对城市在国民经济和社会发展的地位、作用以及城市的多种功能认识不足，加上“十年动乱”受“左”的思想干扰，在城市建设的理论和实践上造成了一系列混乱和失误。过去片面强调城市是工业的基地，而没有认识到城市应该具有多种功能的作用。只考虑建工业项目，不重视城市经济、社会的协调发展；用消极的抑制城市的发展来达到消灭城乡差别的目的，而不是积极地去发展城市，以城市带动农村的发展；把城市各项基础设施建设当作“非生产性”建设，认为它仅是为城市的生活服务的，与生产活动无关，因此在建设上重生产、轻生活，市政基础设施排不上队，造成城市建设与经济建设严重比例失调；把市政公用事业当作“福利事业”来办，没有按商品经济、价值规律办事，无偿使用，低价政策，造成企业亏损，丧失了自我发展的活力，国家负担也越来越重。

1978年，国务院召开了第三次全国城市工作会议，对城市建设工作的指导思想进行了拨乱反正，重新认识城市的功能和作用，开始整顿和解决十年动乱造成的规划、建设混乱，管理体制不适应等问题，制定了一系列加强城市规划、建设和管理的改革政策措施，使城市建设出现了建国以来最好的发展形势。1986年底，国务院又召开了第四次全国城市建设工作会议，总结和充分肯定了这几年改革的成绩和经验，并发布了关于加强城市建设工作的重要文件。为深化改革指明了方向。八年来，我们在城市建设指导思想上逐步树立了以下几个正确的观点。

首先，我们对城市的性质、作用和地位的认识更加明确，树立了多种功能的观念，现代化城市的观念。《中共中央关于城市经济体制改革的决定》指出，“城市是我国经济、政治、科学技术、文化教育中心，是现代工业和工人阶级集中的地方，在社会主义现代化建设中起着主导作用”。赵紫阳同志在1985年视察武汉市时指出：“过去我们对城市功能的理解比较狭窄。一提到城市，往往只想到它是工业基地，这种认识是不全面的，它不仅是工业生产基地，而且应当是贸易中心、金融中心、交通枢扭、信息中心，有些城市还是科学教育中心。”党中央的一系列重要指示，阐明了城市在经济与社会发展中的重要作用，要做到经济建设、城市建设、环境建设同步协调地发展，实现经济效益、社会效益和环境效益的统一。

第二是树立商品经济的观念，用价值规律的原则经营管理城市基础设施。随着党和国家把工作重点转到以经济建设为中心的轨道上来和经济体制改革的深入，我们逐步认识到要发挥好城市的多种功能作用，就必须建设完善的、现代化的城市基础设施，为城乡经济和社会的发展创造良好的城市环境。因此，我们认识到城市基础设施建设是城市经济社会发展的必要条件，要把它作为生产性建设安排计划。对城市基础设施的经营必须逐步实行有偿使用，合理计价(或收费)。这样才能实现良性循环。

第三是把城市规划、建设和管理作为城市政府的重要工作职能。中央领导同志多次指出，市长的主要职责是规划、建设、管理好城市。中央关于城市经济体制改革的决定明确规定：“城市政府应该集中力量做好城市的规划、建设和管理，加强各种公用设施的建设、进行环境的综合整治。”这是政治体制改革、经济体制改革对城市政府职能转变的新要求。为适应这一转轨的需要，建设部和中组部举办了市长研究班，系统地学习城市建设的理论、政策和经验，收到了很好的效果，加强了市长管理城市的意识，使长期不受重视的城市规划、住宅建设、城市基础设施建设纳入了各级政府的重要议事日程。如天津、重庆、广州、武汉、沙市等市长亲自抓城市建设，制定了许多改革的政策和措施。各级人民政府把每年为群众办几件实事作为本届政府的施政纲领，有效地加快了城市建设事业的发展。

二.改革城市建设管理体制，使规划与计划、建设与管理互相衔接。

1.改革规划与计划脱节的旧体制，实行统一规划、统一计划、统一建设的新体制。长期以来，城市规划与计划“两张皮”，规划实施得不到保证，计划脱离规划指导，把城市建设搞乱了，产生了许多的弊端。各地政府对此进行了改革，明确了城市规划对城市各项建设的指导作用，计划必须符合城市规划的要求。同时在机构设置、管理职能上进行相应的调整和改革，有的城市实行了由城市建委根据城市规划统筹安排城建计划、设计、施工和材料的一条龙管理体制，计委管宏观“大盘子”，各负其责。解决了长期以来城市规划和建设计划脱节，计委列项目、建委管施工所产生的问题。有利于保证城市规划的实施，尽快改变城市面貌；有利于推行综合开发、配套建设、提高城市建设的投资效益；有利于加强行业管理，提高工作效率，减少扯皮。几年来，许多城市在这项改革中取得了很好的效果，如天津、广州、济南、西安、南京、重庆等城市都有宝贵的经验。天津市1982年实行改革以后，从1983年到1985年间，平均每年完成投资额6.8亿元，比改革前增长78.9%，住宅小区配套建设率由50—60%提高到80%以上，工程建设周期大大缩短，外环路、中环路几年的工期一年多建成投产。合肥市在旧城改造上也取得了显著成绩。

2.改革城市建设条块分割、分散建设、市政不配套、投资效益差的旧办法，实行统一规划、合理布局，综合开发，配套建设的新体制。许多城市总结我国城市建设三十多年来的经验教训，研究了城市建设发展的客观规律，认为我国现行计划体制是以条条为主，而城市各项市政建设又是以块块为主，各部门、各单位每年都要在城市建设一大批工业、住宅和其它工程，造成各自为政，遍地开花，市政设施不配套的混乱状况，建了挖，挖了建，“拉锁马路”的现象普遍存在。这种办法不利于实行统一规划和建设，不能发挥城市的综合经济效益。城市是一个有机的整体，只有按照城市规划要求，由城市政府统一征地，组织建设单位按批准的方案进行先地下、后地上的各项配套建设，才能充分发挥最佳综合效益。按照这个体制，要求凡在城市内建设的企业事业单位，都应当把相应的市政公用配套工程投资和材料指标全额划交给城市政府，由城市政府统一组织实施，保证提供服务。几年来，许多城市从新工矿区的建设、住宅小区建设、旧城改造、道路和管道的建设改造等方面都推行了这项改革，使城市建设井井有条，建成一片、投产一片，缩短了建设周期，提高了投资效益，使城市面貌发生了根本性变化。北京、天津、沈阳、广州、南京、济南、合肥、深圳等城市取得的成就足以证明综合开发改革的成功。

3.改革城市建设由市政府一家管理的体制，实行市、区、街道三级管理，充分发挥各方面的积极性。长期以来，城市建设、管理权主要集中在市政府，大大小小的事情都要由市政府包下来，各区政府、街道办事处等基层组织的作用得不到充分发挥，实践证明，这种管理体制是不利于搞好城市建设工作的。各地对此进行了相应的改革，实行了“统一领导、分级管理、专群结合、社会监督”的管理体制，调动了各方面的积极性，加快了城市建设步伐。北京市简政放权，扩大了石景山区政府对城市建设的自主权，使这个区城市建设迅速发展。天津市政府扩大区级财政管理权，对城市建设除规划、计划和重大项目统一由市里抓以外，其他管理工作实行市区分级管理，大部分权限都下放给区里，城市维护费也切块给区。如环卫工作人、财、物全部下放给区，市里只管规划、计划和监督检查；园林绿化条块结合，以区为主，推行社会化管理，门前三包。对市政道路、排水等设施明确市区分工，实行分级管理。建设任务以承包的方式分给各区，市里帮助解决一些困难。这样，调动了各区的积极性，区政府又将小型市政设施的维护，管理任务交给了街道管理，使许多市里解决不了、包而不办、鞭长莫及的事情各区都办成了。武汉市简政放权、下放一部分财权，扩大各区政府管辖权，明确职责，建立了城市建设三级管理体制。他们把城市维护费和小型单项资金70%以上安排给区县掌握使用。对各种管理费实行市区分成，大头留区等。对市政设施管理实行了“条块结合、以区为主”的管理体制，对环卫设施管理实行了市、区、街道三级管理体制，使环卫工作由单纯的服务型转变为服务管理型。对城市监督执法政出多门、多头管理实行了统一管理，撤消了市容办，调整了“爱卫会”、“五四三委员会”、“门前三包办”等单位的职能，分别成立了市区两级城市管理办公室，并成立城市管理监察队，统一执法，解决了多头管理、互相牵制的混乱状况，城市管理走上了科学轨道。

三.改革城市建设资金全靠国家单一投资，搞供给制的体制，实行多元化，多渠道，稳定的城市建设投资体制。

过去，我国城市建设资金全部由国家包下来，单一投资渠道。随着国家计划体制、财政体制的改革，地方财力增强，企业留利增加，地方、企业用于固定资产投资比重大幅度上升，加剧了城市基础设施供需紧缺的矛盾。因此，城市建设资金光靠国家有限投资远远不能满足生产发展和人民生活提高的需要，也不利于调动地方，企业事业单位和个人的积极性。党的十一届三中全会以来，国家对城市建设投资实行了多渠道政策。

1.国家批准开征城市维护建设税，使城市维护建设有了一笔稳定的资金来源。1985年，经国务院批准，在全国城市开征城市维护建设税，保留了原来的公用事业附加费。城建税税率为：城市7%、县城5%、镇1%，从产品税(增值税、营业税)中提取。这项税制改革，使城市维护建设资金有了一定的增长，并且有了稳定的来源。1978年国家用于城市建设资金仅18亿元，开征城市维护建设税的1985年达53.4亿元，比1978年增加35.4亿元，比1984年增长14%，1986年两项税收达56.5亿元。这笔资金主要解决了城市现有设施的维修养护经费，新建工程仍需要采取别的渠道解决。

2.征收市政建设配套费(增容费)。为了解决城市建设资金的严重不足，逐步理顺条块分割、分散投资的体制，使城市建设不再欠"新帐"，实行征收市政建设配套费(增容费)的办法是一条有效的途径。国务院在转批沈阳市经济体制改革报告和发布的加强城市建设工作的通知中都作了明确的规定，"工业建设项目所需新建的市政公用设施配套工程，列入该工业建设项目计划和概算。由于企业、事业单位进行新建、扩建、改建及技术改造而造成市政公用设施增加负荷的，应向城市缴纳增容补助费。""所有在城市内进行建设的企业事业单位，其市政公用等配套工程和职工住宅所需投资和材料指标应逐步由建设单位全额划交给城市政府，由城市政府统筹安排开发建设，最大限度地发挥投资效益"。国务院还批准了北京市在规划区内征收城市基础设施"四源"建设费的办法。即对非住宅建设项目批准的初步设计按日用量一次计征，每吨自来水830元，每立方米煤气600元，每小时100万千卡热力35万元，每吨污水800元。住宅建设按建筑面积每平方米征收62元。沈阳市1985年经市政府批准征收市政建设配套费，住宅每平方米收费55元，公共建筑每平方米收费32元，工业厂房每平方米收费21元。广州市1985年实行从固定资产投资中征收5%的市政建设费，每年可增加市政建设投资6000多万元。目前，全国已有100多个城市经省、市政府批准征收了市政建设配套费和增容费，收到了显著效果。征收市政配套费是遵循城市建设客观规律的一项改革，有利于控制城市投资规模，调节、补充计划的不足，有利于实施城市规划，提高配套率和投资效益。

3.实行"人民城市人民建"，利用外资、贷款、债券等广泛筹集资金。城市建设事业是人民的事业，要靠大家来办。这几年，各地采取了多种形式集资建设小型市政基础设施。一是由城市人民政府组织城市各企业事业单位参加义务劳动，修建公园，清扫垃圾，修建道路和排水沟渠等。二是组织直接受益单位本着自愿、受益、合理负担的原则集资建设市政设施。三是民办公助。四是企事业单位合股建设。五是军民共建等。这些行之有效的办法，不仅弥补了政府投资的不足，而且解决了群众迫切要求办的市政建设问题。如沈阳市建设了美丽的南运河公园，济南市建成了环湖公园，天津建设的中环线工程等。

目前，不少城市开始利用国内、国外贷款建设市政设施。上海大型排水工程利用了世界银行贷款，长春中日友好水厂是利用一部分日本赠款建设的。还有一些城市的供水、桥梁、公共交通、煤气工程，也在积极地争取国外投资。广州、深圳、厦门等沿海开放城市在利用外资方面取得了很大成绩。

发行城市建设债券，利用社会闲散资金筹集城建资金，为此一些城市进行了卓有成效的探索。如重庆市发行了5000万元城市道路桥梁建设债券，用于嘉陵江大桥、石门大桥的建设，债券为有息有偿有期债券，通过收过桥费偿还，14天时间全部售完，深受群众欢迎。天津市也发行了5000万元外环道路建设债券，都收到了好的效果。群众认为买债券是对城市建设作贡献，于国、于民、于己都有利。

4.地方财政积极开辟地方税费，为城市建设积累资金。随着经济的发展，地方财力用于城市建设的投资逐年上升，到1986年，各地政府用于城市建设的投资达35.2亿元。此外，一些城市还开征了水资源费，用于城市供水设施的建设和水源的保护。有些开放城市开征了旅游附加费，用于市政设施的建设。

目前，已有上海、天津、广州、深圳、抚顺等100多个城市试行了土地有偿使用，通过征收土地使用费，为城市基础设施筹集建设资金。国家已着手制定有关土地有偿使用的政策和办法。

通过实行多种渠道筹集城市建设资金的改革，使城建资金大幅度提高，到1986年底，全国城市维护建设资金达131.4亿元，比1978年增长了6.3倍。其中两项税费占43%，国家预算内拨款占10.6%，地方财政专项拨款占26.8%，国内贷款和利用外资占2.4%，收配套费、集资等其他收入占17.2%。此外，一些城市对城建资金实行了归口管理，保证专款专用。重庆市还建立了"城市建设基金会"，对收好、用好城建资金提供了很好的经验，保障了城市基础设施建设的顺利进行。

四.改革城市市政公用事业的经济政策，纳入有计划的商品经济轨道，逐步走上自我积累、自我改造、自我发展的良性循环。

1.改革市政设施无偿使用、“供给制”的经营观念，逐步实行市政设施有偿使用政策。1984年国务院在批转沈阳市经济体制改革报告中规定：“市政公用事业单位实行企业管理，市政设施逐步实行有偿使用。”国务院关于加强城市建设工作的通知中规定：“市政设施要逐步实行有偿使用，对于贷款建设的大型桥梁、隧道、渡口、可采取征收车辆通过费的办法来偿还贷款。要以经济手段促进用水单位节约用水，减少污水排放量。城市建设部门要会同有关部门制定排水设施有偿使用办法。”这些规定，是我国城市建设三十多年走过曲折道路的经验总结，是按照经济规律办事，用经济政策促进市政公用事业发展的根本出路。市政公用设施无偿使用的严重弊端是：国家每年对城市市政公用设施的大量投资不能回收；对已建成的市政公用设施每年还要拿出几十亿元用于维修养护和政策性亏损补贴，建一项工程背一个包袱；市政公用企业的经济效益、社会效益、环境效益间接地转移到全社会，各企业事业单位的收益利润中包含了市政公用企业创造的价值，而市政公用企业本身没有直接的经济收益，影响了职工的积极性；城市各企事业单位对使用市政公用设施缺乏经济的观念，等价交换的观念，而是无偿占用。只有实行市政设施有偿使用，才能革除上述弊端。

几年来，各地根据国家规定，制定了排水设施有偿使用办法，收取排水设施使用费。全国已有北京、天津、上海、哈尔滨、沈阳、太原、保定、长春、济南、南京、广州、南宁、郑州、成都、昆明等八十多个城市实行了排水设施有偿使用，收费标准均按供水量的80～90％计算污水量，每排放一吨污水收费为0.08～0.12元，对居民排放污水免收排水设施使用费。排水费专项用于城市排水设施及污水处理厂的维护和建设。这些城市实行排水设施有偿使用后，大大加快了排水工程的建设，提高了现有设施的完好状况和服务水平，减少了企事业单位的污水排放量，既节约了水资源，又节约了国家用于供水、排水设施的投资，取得了比较显著的效益。如太原市1985年实行排水收费后每万元产值耗水量由原来的398吨下降到366吨，全年节约开支340多万元，节水1700多万吨。保定市在1985年前市财政每年只能拨给90万元用于排水设施的维护，无力顾及建设。实行排水收费后，每吨水仅收0.09元，每年收200万元，加快了市区排水设施的建设，逐步走上了良性发展的道路。

实行贷款建桥，过桥收费的改革在一些城市进展较好，全国已有广州、佛山、柳州、重庆等十几个城市实行过桥收费办法，一改城市道路、桥梁没有经济效益的旧观念。广州大桥投资7000多万元，其中贷款5500多万元，于1985年建成后实行了征收机动车辆过桥费，收费标准为每辆车每次1～15元不等，当年收费1000多万元。佛山市修建佛山大桥，投资2500万元，由市信托公司发行股票吸引社会资金用于大桥建设，1985年竣工后实行了收费偿还办法，当年收过桥费650万元，五年可全部还本付息。柳州市河东大桥1984年建成后，市政府批准了实行过桥收费办法，对营业性质车辆月票为30～80元，每年可收费250万元左右，全市规划要建五座桥，过去等靠国家拨款的办法，二十年才能建一座桥，实行收费后五年可建一座新桥，该市用所收的过桥费又兴建了柳州三桥，加快了城市桥梁的建设，方便了城市居民，促进了生产发展。

实行城市垃圾有偿清运、有偿服务。这几年来，各地对城市垃圾的收集、清运实行了有偿服务。对居民生活垃圾按每月0.15～0.50元收取服务费；对集市贸易市场的垃圾、固定商业门市部位的垃圾按每月每平方米收服务费0.20～1.00元，对企事业单位的垃圾实行自己保清，委托环卫部门清运收取服务费的办法，按运距远近收取每吨垃圾运费3～10元。如北京市为3～6元/吨，广州市为6～10元/吨。辽宁省1986年收垃圾清运费1390万元，其中40％用于发展环卫事业，30％用于发展集体福利，30％用于职工津贴、奖金、弥补了国家投资的缺口。

2.改革城市公用事业“福利型”的低价政策，实行公用事业产品和服务收费的合理计价政策。城市煤气、热力、自来水和公共交通长期以来当作福利事业来办，实行低价、补贴的办法，使公用事业趋于萎缩。如城市煤气售价低于成本，每发展一户居民用气，企业年亏损50～100元，致使煤气企业全行业亏损。城市公共交通月票价格每张亏损3—5元，靠补贴过日子。自来水成本由于原材料和电价等上涨而大幅度上升，水价仍维持50年代的价格，这种价格政策严重制约了公用事业的发展。党的十一届三中全会以来，随着我国价格政策的调整和改革，国家明确了公用事业要逐步实行合理计价政策。1984年国务院关于大力开展城市节约用水的通知中规定：目前自来水价格偏低的地区，可由主管部门提出意见，按物价分工管理权限，报经物价部门批准后执行。1984年国务院在批转建设部关于改革城市公共交通工作报告的通知中规定：“公共交通企业是服务性的生产企业，要实行独立核算，自负盈亏。要按价值规律办事，对不合理的运价要做适当调整。”1985年国务院在批转建设部关于加快发展城市煤气事业的报告中规定：“要用经济杠杆来调动办煤气的积极性，实行优质优价，制定价格要以保本微利为原则。”国务院这些规定，对公用事业实行合理计价的改革指明了方向，提供了依据。

各地政府根据当地实际，考虑到居民，企事业单位的经济、心理承受能力，有计划、分步骤地调整了公用事业产品和服务收费价格，使公用企业的活力有所增强，价格严重扭曲的状况逐步开始理顺。各地的做法是：采取保本低利、以工养民、财政少补、走小步的原则，即为人民生活服务的部分价格“微调”，财政仍给予少量补贴，为工业生产服务的部分按合理价格定价，保证有一定盈利，以工业补民用，并实行定额供应，超用加价，新气新价、优质优价等办法，使价格的改革减少了阻力，进展顺利。如北京市经国家批准，1985年将煤气价格由每立方米0.04元调整到每立方米0.09元，液化气每瓶由2.70元调整到3.60元。地铁票价由参观券每张0.10元调整到每张0.20—0.30元。上海市调整了工业和民用煤气价格，使面临亏损的煤气公司有了一些活力。全国许多城市对公共汽车票价进行了改革和调整，提高月票售价或票制改革，减少零票档次，按五进制提高面额，增加了公共交通企业的营业收入。大部分城市对工业用水，民用水价格进行了调整，使之逐步趋于合理。煤气事业由于刚刚起步，一些新发展煤气设施的城市，一开始就把价格定到了适当的水平，减少了财政的补贴。

3.改革市政公用事业税费负担过重，实行扶植优惠政策。市政公用事业属服务性生产企业，在推行“有偿使用，合理计价”的改革后，由于居民的承受能力有限，市政公用企业仍属于微利或保本、少亏的企业，它没有能力负担各种税费，再加上长期的欠帐没有得到偿还，企业发展能力脆弱。为了加快市政公用事业的发展，国家和地方各级政府对其实行了一些优惠政策。在建设投资上，给予一定比例的拨款，对于用市政公用设施建设的资金，免交建筑税和减免能源交通基金。一些城市政府批准减免城市公共交通、煤气企业的所得税。还有的城市对自来水企业实行了“以水养水、利税返回”用于企业再发展的政策，对公交企业免交养路费，车辆购置附加费等，使市政公用企业减轻了税费的压力，增强了发展的活力。如北京市公交企业实行利润留成办法。天津市对公交企业实行定额补贴，免交全部税费。郑州市自来水、公共交通公司经省批准免交所得税。辽宁省对公用事业暂不实行利改税。广东、广西等省市对自来水、公共交通、煤气等企业实行以业养业、利税全留的优惠政策。

五.改革城建行业内部“吃大锅饭”、“平均主义”的管理体制，推行各种形式的经营承包责任制，把经济效益、社会效益和职工的收入挂起钩来，将企业引入竞争的机制。

城建行业长期以来存在着全社会吃市政公用设施无偿使用的“大锅饭”，职工吃企业的“大锅饭”，市政公用企业吃国家的“大锅饭”的状况。造成企业向外看得多，向内看得少。宏观改革推动了微观的改革，如何挖掘内部潜力，调动职工的积极性，用较少的投入产生更大的效益，这是企业内部改革的目的所在。各地城建部门对此进行了多方面的尝试，推行内部改革比较成功的办法有以下几种形式。

1.实行企业经济效益、社会效益与职工工资收入挂钩的承包分配办法。城市自来水企业推行了“千吨水工资含量与水质、服务质量、节水挂钩”的办法。如北京、上海、广州、杭州、成都等市自来水公司均实行了这个办法。由自来水公司向主管局签定承包合同，保证完成“四保”考核指标才能提取全额包干的千吨水工资总额，否则要进行相应的扣减。北京市每千吨水的工资含量为10.10元，广州市为12.12元，杭州市为9.12元，上海市为6.12元等。实行这一改革后，调动了供水企业职工的积极性，加强了内部经营管理和成本核算，提高了企业的经济效益和社会效益。如广州市自来水公司1986年水质综合合格率达99.9%，劳动生产率比改革前增长11.2%，电耗下降6.9%，药耗下降15%，利润增长56.4%，职工收入增长15%，取得了显著效果。

城市公共交通企业试行了“百元营运收入工资含量包干的办法，即将企业的营运公里、营运收入、服务质量、安全里程等技术经济指标与职工工资收益挂钩。这种办法的好处，一是较好的解决了城市公共交通企业以社会效益为主，同时也考核了经济效益；二是刺激企业努力增加收入，以减少政府对企业的补贴，同时职工也可以多得；三是解决了企业内部分配上的平均主义，实行多劳多得，职工收入直接与贡献挂钩，从而落实了企业内部的经济责任制，调动了职工劳动积极性。目前，已有上海、武汉、成都、广州、太原等几十个公交企业实行了这一改革，都收到了较好的效果。如成都市公交公司实行工资总额与营运收入、行车里程双挂钩后，运行里程比改革前增长5.14%，营运收入增长7.85%，全员劳动生产率增长6.99%，职工出勤率由95.4%增长到97%，职工收入也有明显提高。

在市政施工企业，普遍推行了“百元产值工资含量与工程质量、安全等挂钩的办法，工资含量基数一般在17～22%左右，实行这项改革后，市政工程建设工期短，质量好，对国家的贡献大了，职工的收入也有较大提高。如天津市政公司施工的中环线道路工程，工期缩短一年，工程质量被评为优质工程，公司的全员劳动生产率达2万多元以上。

2.推行企业经营承包责任制。大部分市政公用企业推行了厂长(经理)责任制,在此基础上实行了经济承包责任制的办法。即由企业向主管部门签定承包合同,包产量(供水量、节水量、供气量、年营运里程等),包产品质量和服务质量,包物质消耗,包利润等,实行"核定经费、比例分成、超支不补、增收节支留用"的办法。企业内部层层落实承包指标,建立"塔型"经济责任制,千斤重担大家挑。这项改革,有利于调动企业经营者、职工的积极性,深化企业内部改革;有利于实行责、权、利相结合;有利于扩大企业自主权,增强企业的发展活力;有利于宏观指导和管理。如公共交通企业实行了车队、场、站承包,出租汽车实行单车承包等形式。

武汉市政工程总公司1983年实行转轨变型、招标承包经营等一系列改革,将一个事业性行政公司办成了经济实体,四年来取得了显著效益。1982年施工产值为3604万元,1986年达7054万元,增长95%;利润由1982年的294万元上升到497万元,增长69%;施工机械设备人均马力由2.5马力增加到5.9马力,增长136%,企业固定资产比1982年增长32%;全员劳动生产率增长92%;职工收入增长78%。

3.对一些小型市政公用企事业单位试行租赁经营。这项改革,就是把企业所有权与经营权分离,承包者承担经营风险,并对租赁期间的税后留利有权支配。沈阳市202路公共汽车1986年实行租赁后,线路营运收入比计划提高12.2%,比上年同期提高25%,总行程里程比上年提高12.2%,油耗下降15.5%,利润由计划亏损6900元转为盈利1.84万元,实现了转亏为盈。武汉市东湖风景区管理处将年亏损4000多元的十二亩花园投标租赁给了本园一位老工人,三年间公园面貌大改变,收入达12万元,承租者获得了合同规定的一万元奖励。一些出租汽车公司也试行了租赁经营办法,有少数自来水企业也在试点。这项改革在城建企业中还处于摸索阶段,刚刚开始。

4.对园林、环卫、市政养护事业单位,推行了企业化管理,加强成本核算,实行按定额核定经费,预算包干,超支不补,节约留用的办法,调动了事业单位的积极性。这种做法打破了过去那种统收统支、敞口花钱,吃大锅饭的办法。此外,一些事业单位逐步向企业发展。深圳市成立了十四家清洁公司,承担着全市环境卫生的清扫、清运任务,为客户开展多种服务。公司实行独立核算,自负盈亏,改变了长期以来环卫工作由政府包下来的做法。1986年服务收入近450万元,港币168万元,完成税后留利121万元,港币35万元。这是环卫事业单位实行企业化经营的重大突破。

六.改革城市建设管理无法可依,执法不严的混乱状况,逐步走上了"以法治城"科学管理的轨道。

1.加强了城市建设管理法制工作,建立完善城市建设管理法规体系。万里副总理多次指出,越是开放搞活,越是权力下放,越要加强城市法制。八年来,国家和各省、市制定了一系列城市建设管理法规条例,国务院和建设部颁发的法规就达十多项。这几年,北京、上海、天津、重庆、辽宁、山东等省市加快了地方法规的建设,有效地加强了城市管理工作,初步形成了城市建设管理的法规体系。

2.成立了城市管理统一执法队伍,扭转了多头管理的状况。为了统一管理,严格执法,全国有200多个城市设置了城市管理监察队伍,由城建部门归口管理,统一负责城市各项法规的监督、检查和执法工作,并加强了城市法规的宣传、收到了很好的效果,使城市市政管理、市容管理、规划管理等开始走上了科学的轨道,城市脏、乱、差的现象大为改观。许多城市被评为精神文明的城市。

城市规划体制改革

李秉仁

一.城市规划与计划的结合

城市规划与国民经济和社会发展计划相结合,是实施城市规划,指导城市按照规划进行建设和发展的重要保证。但在"一五"以后的长时期里,规划与计划相脱离,城市规划的实施难以保证。1980年经国务院批转的《全国城市规划工作会议纪要》中指出:"长期以来,城市规划难以实施,城市建设相当混乱,重要原因之一,是计划与规划脱节,条条与块块矛盾。改革的方向是扩大地方和城市的权力,充分发挥城市规划的综合指导作用。今后,凡是在城市新建或扩建的项目,无论工业、民用或市政公用设施,无论部属、省属,无论中央投资、地方投资还是利用外资，其选址、用地必须经过所在城市规划部门的统一安排，按照城市规划的要求，分年列人相应的建设计划，逐步实施。”总结历史的经验，要解决规划与计划相脱离的问题，必须在建设体制上进行改革。一是城市规划部门对建设项目的选址工作有参与权、审查权和一定情况下(如违反总体规划所确定的城市性质、规模和布局等)的否决权。在城市规划区内，建设项目的选址、定点必须由城市规划部门负责，各项建设活动，由城市规划主管部门实施统一的规划管理以维护城市规划的严肃性和权威性。二是把基础设施、文化和生活服务设施的投资，从各个“条条”中抽出来，通过一条渠道，全部下达给城市，从而真正实行城市建设上的统一规划、统一计划、统一投资、统一建设、统一分配、统一管理的原则，使城市政府切实负起“统一组织专业化生产和社会化服务”的职责。这两项改革的难度尽管很大，但在“六五”期间，改革已开始进行并取得了可喜的进展。

1.1983年11月，国务院批转了城乡建设环境保护部《关于重点项目建设中城市规划和前期工作意见的报告》。国务院的通知中指出：“重点建设工程，与城市发展有着密切的关系。重点项目建设的前期工作与城市规划工作相结合，是保证重点项目建设顺利进行，并取得良好的经济效益、社会效益和环境效益的重要条件。因此，各部门、各地区、都要认真抓好重点建设前期工作与城市规划的结合，使重点项目建设和城市统一规划，协调发展。”为了更好地贯彻国务院的通知精神，1985年8月，国家计委和建设部又联合发出了《关于加强重点项目建设中城市规划和前期工作的通知》。这两个文件，对城市规划部门在重点建设项目前期工作中的作用，以及前期工作各个阶段如何同城市规划相结合，都提出了明确的要求。

2.1984年7月，经国务院领导同志批准，建设部城市规划局实行由建设部和国家计委双重领导的体制，从组织上为规划同计划的结合创造了条件。城市规划局开始对“七五”期间的部分重点项目的选址进行调查研究。规划部门对十多个重点项目的选址方案提出了意见。许多意见已被有关主管部门采纳，从而避免了由于布局不合理而可能造成的重大失误。陕西铝厂的选址问题，经过各级规划部门的努力和有关主管部门的支持，获得了圆满解决。

3.许多城市在城市体制改革中，密切了规划部门同计划部门的关系。湖北省沙市市是我国第一批进行综合经济体制改革的城市，从1978年以来，城市经济有了巨大发展，城市建设取得了很大成绩。八年来，沙市市在处理经济建设和城市建设的关系方面，在城市的规划、建设和管理方面积累了许多宝贵的经验。其中最重要的经验之一就是市政府重视发挥城市规划部门在城市经济和社会发展中的综合职能作用，抓好城市规划的编制和实施。沙市市的城市总体规划不仅是城市建设和管理的依据，而且是指导城市经济、社会发展的总蓝图。即是经济建设、城市建设和社会发展“三位一体”的总体规划。首先在编制规划时，他们以沙市的经济、社会发展战略设想和中长期计划为依据，从实际情况出发编制总体规划，把经济、社会发展和城市建设紧密地结合在一起，使其更具有实际指导意义和实现的可能性。其次，把国民经济和社会发展五年计划与城市近期建设规划有机地结合在一起，市计委在编制五年计划时，城市规划部门同时根据总体规划编制五年的近期建设规划，使城市建设和经济建设紧密结合，把城市建设项目纳入统一规划、统一计划的轨道。第三，把城市建设的年度计划纳入经济和社会发展计划之中。在安排年度基本建设计划时，计划部门和城市规划部门对每一个建设项目的性质、规模、投资、用地等共同进行审查，严格把关。没有规划部门的同意，计划部门不下达计划，没有计划部门下达的计划任务书，规划部门不安排用地。这样既保证了计划的实施，也保证了规划的实现，使整个城市得到了协调发展。

二.城市规划设计的改革

从1980年全国城市规划工作会议以来，我国的城市规划工作取得了很大成绩，到1986年底，全国96%的设市城市、85%的县城以及大多数建制镇都已经编制完成了城市总体规划。我国城市已经进入有规划，并基本上按照规划进行建设和发展的新阶段。在新形势下，城市规划工作如何适应经济体制改革的需要，适应国民经济与社会发展的需要，提高规划设计水平，是城市规划工作面临的新课题。1986年6月，建设部、国家计委联合发出的《关于加强城市规划工作的几点意见》中指出：城市规划工作要从两个方面来进行改革和提高：一是要在城市政府的统一组织下，由计划部门、国土规划部门、城市规划部门紧密配合，共同开展市域规划，即城市行政辖区范围内的区域规划。城市规划部门要从宏观的、区域的、综合的角度研究市域内城镇经济的发展，分析不同等级城镇发展的区域条件和经济发展方向，市域内工业、农业、交通运输以及基础设施等各项建设，发挥各级中心城镇的多功能作用，使城市规划同经济和社会发展计划紧密结合，促进市域经济的发展。二是要根据充分发挥城市的多功能作用，调整产业结构，发展第三产业等新形势和改革的要求，对已经制订的城市总体规划进行必要的调整和补充，并在总体规划指导下，抓紧编制近期建设规划和详细规划。此外，对现行的城市规划编制程序、方法，要进行必要的改革，加以修订。

1986年8月，建设部城市规划局在兰州召开了全国城市规划设计经验交流会。会议交流了近几年来为适应城市经济建设和城市改革迅速发展的需要，各地规划设计工作所积累的经验，讨论了城市规划编制办法的修订问题。会议认为，我国的城市规划设计工作正处于一个在实践中改革、探索、创新的阶段。会议纪要中提出通过规划设计实践，取得的主要经验：一是结合城市经济社会发展战略的研究，开展市域城镇布局规划工作。从总体上对城市发展的目标、方向、对策等提出宏观设想，把城市经济社会发展战略同城市空间布局规划结合起来。二是加强城市土地利用规划工作，使规划设计和管理进一步科学化、法制化。一些大、中城市编制以城市土地利用为中心的“分区规划”，并以此作为指导规划管理和编制详细规划的依据。上海市起草了相应的土地区划管理法规，使城市土地的规划管理进一步法制化。三是改革城市详细规划的内容与方法，使其更加符合城市建设发展的实际需要。四是重视旧城改建规划工作，解决城市更新发展中的实际问题。随着城市经济，特别是第三产业的发展和人民需求水平的提高，各地着眼于旧城整体环境的逐步改造，改善城市面貌，不断完善城市功能。注重与工业技术改造相结合，进行城市工业布局的调整和旧城区的改造，为第三产业的发展创造条件。针对影响旧城发展的主要矛盾，集中力量搞好骨干工程的规划设计与建设，不少城市采取统一规划、综合开发、配套建设的办法进行旧城干道的改造，取得较好的效果。五是做好有关建设规划的可行性研究，把规划设计建立在可靠的现实基础上。几年来的实践表明，各地城市规划工作者经过不懈的努力，对如何提高城市规划设计水平进行了有益的探索，推动和促进了城市规划设计工作的改革与创新。

三.城市规划设计单位管理体制改革

1986年10月16日，城乡建设环境保护部、国家计划委员会、财政部联合发出《关于城市规划设计单位按工程勘察设计单位办法试行技术经济责任制的通知》。通知指出：我国城市规划设计单位，长期沿用按人头领取事业费的管理体制，结果是承担任务越多，经费就越困难，严重影响了规划设计单位和规划设计人员的积极性，不利于城市规划和建设事业的发展，必须进行改革。

经研究决定，城市规划设计单位按工程勘察设计单位的办法试行技术经济责任制。现将有关事项通知如下：

(一)城市规划设计单位试行技术经济责任制，必须政事分开，机构独立，具有承担规划设计任务的能力，经省、自治区、直辖市城市规划主管部门审查批准。并按照国家计委颁发的《全国工程勘察设计单位资格认证管理暂行办法》领有工程勘察、设计证书。

原是政事合一的单位，在进行政事分开时，各级城市规划管理部门必须保留必要的技术力量，以保证政府职能部门规划管理工作的正常进行。不具备条件的，不要勉强分开，以免影响城市规划工作的正常开展。

各省、自治区、直辖市城市规划主管部门要根据本通知的精神，对申请试行技术经济责任制的城市规划设计单位认真进行审查，凡符合条件的要予以支持；凡不符合条件的，仍按原事业单位办法进行管理。

(二)城市规划设计单位试行技术经济责任制，经济上实行独立核算，承担规划设计任务按国家规定标准收费。城市规划设计单位的事业费，由城市规划主管部门掌握，用作下达城市总体规划、分区规划、专业规划和没有前期费用来源的详细规划等指令性规划设计任务的规划设计费。不足时，从城市维护建设资金中补助解决。新建工矿区和其他委托的规划设计任务，其费用由委托单位负责支付。

(三)试行技术经济责任制的规划设计单位仍为事业单位性质。财务制度和职工劳保福利待遇仍按事业单位办法执行。全部收入、支出与盈余上交留成比例等均按国家计委、财政部、劳动人事部“计设[1983]1022号文”的有关规定执行。

(四)试行技术经济责任制的城市规划设计单位要做到：认真贯彻执行党和国家的方针、政策，树立全局观点，维护国家利益，坚持按原则办事，把完成国家和主管部门下达的指令性规划设计任务放在首位，在保证完成指令性任务的前提下，可以承担横向委托的城市规划设计任务；积极采用先进技术，加强质量管理，努力做出质量高、技术先进、综合效益好的城市规划设计。

有能力承担工程勘察设计任务的单位，应按规定申请确认设计资格，并按规定承担工程勘察设计任务。

(五)《城市规划设计收费标准》由城乡建设环境保护部提出方案，由国家计委批准统一颁发。

四.天津市城市建设管理体制的改革

天津市在城市经济体制改革中，以促进社会生产力发展为总目标，对城市管理体制进行了改革探索，收到了很好的效果。几年来天津城市建设进展快、变化大的一个重要原因就是对城市管理体制进行改革，严格按照规划进行建设。在实施规划中，天津市把规划和计划统一起来，计划围绕规划制定，规划通过计划实施。在制定年度计划时，以规划为依据，为符合规划的要求。天津的同志认为，规划与计划的结合，计划与规划的统一，是搞好计划、实现规划的关键所在。他们根据这个原则，改革城市建设计划体制，解决规划和计划“两张皮”的问题。过去在安排计划时，对每个单项工程从立项、投资到材料，都由市计委统管，市建委主要是负责设计和组织施工，这样，由于计委的力量有限，常常陷入日常事务，该管的事管不住、管不好，影响了全局性的工作，削弱了宏观控制。而建委有责无权、责大权小，无法按照规划统筹安排建设项目，更无法集中资金、材料搞一些成气候的工程，在具体的设计施工中也缺乏解决实际困难的手段，不能充分发挥其政府职能作用。对此，1982年天津市政府决定，对城市建设计划体制进行适当改革。在国家确定全市基建计划总盘子之后，把住宅建设和生活配套、市政公用设施以及重点工厂企业的建设，连钱带物带计划，切块给建委管。市建委每年在城市规划指导下，根据国家和市政府下达的计划和切块投资情况，编制年度建设计划，同计委和有关方面协调后，报市政府批准执行。在执行中，建委有权根据具体情况，调剂项目间、行业间所需的建设资金和材料，统筹安排施工力量。这样，建委和计委各负其责，各自发挥其职能作用。在改革后的计划体制的保证下，实行近期建设和长远目标结合，优先安排条件好的、影响面大的、综合效益高的项目，同时考虑配套建设，做到了年年有重点，年年完成几项大工程。几年来，天津市的住宅、水源、交通、港口等城市重大基础设施工程建设速度较快，这是规划与计划紧密结合的结果。

住 房 制 度 改 革

梁 小 青

一.概况

十一届三中全会以后，对现行的住房制度进行改革的问题被提出来了。这是因为这种体制越来越反映出它的弊端，不利于解决城镇居民的住房问题。主要表现在以下的几个方面：

1.住房从生产到分配，以及到使用后的维修都完全由国家包下来，住房资金不能实现良性循环，不仅住房的扩大再生产不能实现，而且住房的简单再生产也不能维持。影响了住宅的建设速度和房地产业的发展。

2.由于住房实行低租金分配的办法，住房需求没有与经济支付能力联系起来，刺激了人们多要房，要好房，助长了住房上的苦乐不均和不正之风。

3.不利于引导个人消费结构合理化。由于住房由国家包下来，个人则把消费资金投向消费品市场，出现了个人消费结构的不合理。

基于以上现行住房制度所表现的弊端，进行住房制度的改革是十分必要的。

中央领导同志非常重视这项改革。早在1980，邓小平同志就提出：要考虑城市建筑住宅，分配房屋的一系列政策。城镇居民个人可以购买房屋，也可以自己盖。不但新房子可以出售，老房子也可以出售。住宅出售后，房租恐怕要调整。要联系房价调整房租，使人们考虑到买房合算。因此要研究逐步提高房租。

赵紫阳同志近几年来也多次讲话，指出住房制度改革在政治上、经济上都有重要意义。并要求把住房制度改革摆到重要位置上来。为了把这项改革搞好，1986年1月，成立了国务院住房制度改革领导小组，专门研究、制定我国住房制度改革的政策。

国务院住房制度改革领导小组多次召开了城镇住房制度改革试点工作座谈会。明确了我国城镇住房制度改革的总目标：按照社会主义有计划的商品经济的要求，实现住房商品化。即将现在的实物分配逐步改变为货币分配，由住户通过商品交换，取得住房的使用权或所有权，使住房这个大商品也进入消费品市场，实现住房资金投入产出的良性循环，从而走出一条具有中国特色的，既有利于解决城镇住房问题，又能够促进房地产业、建材工业和建筑业发展的新路子。

由于住房制度改革涉及财政、金融、工资、物价、计划体制等各个方面，情况比较复杂，因此，自十一届三中全会以后，到1986年，整个住房制度改革还处在摸索、试点的阶段。在这一阶段，国家已确定的第一批试点城市有烟台、蚌埠、沈阳、唐山市。除此之外，面上的一些城市和县镇也开展了不同形式，不同程度的改革。

住房制度改革经过试点城市试行方案的出台

和各地多种形式改革，初步形成了我国住房制度改革的基本路子，即提高房租，同时按租金占工资的一定比例相应地给住公房的职工发放住房补贴，并采取优惠政策促进个人买房、建房。随着改革的深化，住私房的职工将参加改革，住房补贴则进入职工工资，住房逐步实现商品化。

二.几个试点城市情况

1.烟台、蚌埠。烟台、蚌埠市住房制度改革在几年的探索基础上已形成试行方案。方案的主要内容，一是房租提高到按五项因素(折旧、维修、管理、投资利息、房产税)计租(烟台租金每平方米1.28元、蚌埠租金每平方米1.18元)，相应按职工工资的一定比例(烟台23.5%，蚌埠21%)发给职工住房券；二是旧房空转起步，新房进行实转。空转是指提租后所发的住房券，没有资金支出，住房产权单位将交租收回的住房券，返还给发券单位继续用于职工发券。这样空转，不解决产权单位住房良性循环的问题，好处是国家、企业负担小，容易起步；个人多住房要多付钱，初步理顺了个人与公家的经济关系。所谓实转，是指所发的住房券要有资金来源，成为名副其实的有价证券；产权单位所收的住房券可以用于新建和维修，初步实现住房资金的良性循环，初步理顺了国家与企业、产权单位与非产权单位的关系。三是建立住房基金。也就是将企事业单位，原用于住房建设、维修资金，变无序为有序，规范化、合理化、固定化。四是采取优惠政策鼓励个人买房。五是对改革后因过去住房分配制度所造成增支较多的住户，根据不同情况实行租金减免补。六是成立住房储蓄银行，专门办理住房方面的信贷业务。

2.沈阳。沈阳市住房制度改革采取的是从大企业起步的办法，以解决大城市起步难的问题。沈阳新阳机器制造公司，东北制药总厂的住房改革方案出台试行。方案的基本内容是：提高租金(五项因素租金每平方米1.33元)，相应给住公房职工按工资的24%的比例发放补贴。实转起步，建立住房资金。发放补贴资金来源大部分是企业原来用于住房建设、维修、住房暗贴、明贴的住房资金，少部分进成本。

3.唐山。唐山市住房制度改革试行方案的主要内容是“提高租金，发放补贴，劳人(职工)结合，分步实转，建立住房基金。”即租金按五项因素计租为每平方米1.08元，发放住房券的系数为24%。租金和补贴采取三年“三步到位”的办法：第一年租金达到每平方米0.60元，职工按工资的6%的比例发放住房券。第二年租金达到每平方米0.84元，职工按工资的6%的比例发放住房券，累计达到12%，还按4.80元的定额发给每个职工月住房券。第三年租金达到每平方米1.08元，职工住房券发放比例再增加6%。累计住房券发放系数达到24%。为了解决“三步走”中租金偏低，在抑制住房需求和促进买房的作用减弱的情况下，方案中又采取了三项措施：一是按一定标准，超过标准的租金按每平方米1.08元计算，所发补贴比例依然分步实行。二是新要房者按每平方米1.08元租金计算，补贴比例分步发给。三是凡购买住房户所发补贴一次达到24%的比例。唐山方案分步实转的好处是：初步理顺了国家、企业和个人以及住房产权单位与非产权单位之间的关系。个人多住房多拿钱，产权单位可以将住房券留下用作解决住房资金良性循环的问题；分步实施，缓解了财政和企业的经济负担，使改革便于起步；在分步实转中，对职工采取了定比和定额补贴相结合的办法，考虑了大多数低收入职工住房负担问题。

上述改革已初见成效。主要表现在三个方面：一是出现了大房换小房的现象，烟台市要求由大房换小房的有1500多户。有的占有两套住房的，主动交出一套。出现大型户的建房卖不出去，小型户的住房供不应求，据对买房职工的抽样调查，要求买36－45平方米使用面积的占72%，买50平方米以上的只有9%。二是住房出售供不应求，形成买房的“小气候”，由于租金提高，买房政策优惠，人们开始感到买房比租房合算，在烟台、蚌埠、沈阳都出现买房“热潮”。三是改变了一部分家庭的消费结构，改革引起人们消费观念的变化，人们把积蓄投入住房消费市场，特别是新婚青年，把买房作为消费中的首要大事。四是对面上改革产生极大的影响。试点城市房改方案出台以后，不少地区的群众，也纷纷要求加快住房改革的实践。

三.面上的改革

1.组织城镇居民个人自建住宅。

组织城镇居民自建住宅，是我国城镇住房建设上的一项重大改革。党的十一届三中全会以后，在住房投资有限、住房紧张的情况下，国家提出要调动各方面的积极性，特别是个人的积极性解决住房问题。各地政府则采取多种办法，多种形式鼓励个人自建住宅。1983年国家又颁发了《城镇个人建造住宅管理办法》，扶持和保证了个人建房这项改革的健康发展。

个人建房的形式大体上有如下三类：一是自筹资金、材料，自己施工；二是自建公助；即职工所在单位和当地政府帮助解决部分资金、材料、运输、劳动力；三是互助建房，也叫集资联建。即建房个人互相筹借资金、材料、互相帮助施工建房等。个人建房从零星分散建房，发展到有组织的、有规划的成片建设。如河南南阳市采取统一规划、统一征地、统一设计、统一安排、统一配套、统一管理的原则，在1980年—1985年间，先后建成21个居民“自建公助”村，共解决了3650户居民的住房问题，建筑总面积达34万多平方米，相当于全市新建住宅的54%。从全国来看，自1980年以来，平均每年个人建房占整个同期住宅建成的比例达10%以上，1985年、1986年也都达到18%以上。

组织居民自建住宅之所以能够很快的发展，表现出它的生命力，这是由于自建住宅有以下几个方面的特点：一是能尽快解决居住问题。如果完全靠国家投资建房，往往要等好几年，甚至十几年。过去个人建房受到控制，个人有钱也不能用于建房，现在国家提倡个人建房，而且在政策上还给很多帮助，个人可以根据自己的经济能力建房，解决住房问题。二是能为国家节省大量的资金和材料。不少地方实行民建公助，国家或单位只需花少量的资金就可解决一些问题。如南阳市，一个有二百余户，建筑面积为二万多平方米的新村，花费资金约140万元左右，“公助”部分仅10万元就够了。若由国家投资兴建，至少要支出三百万元以上。三是建设速度快，周期短，效果好。个人建房，为了节省资金、材料、人力、能精打细算，抓紧施工，有的只需一、二个月就完工，而且可以根据自己的经济条件和需要建造住宅，较好地改善了居民的居住条件。

2.公建住宅向个人出售

公建住宅向个人出售，属于住房分配办法的一项改革。向个人出售住宅有两种形式：一是补贴出售，也叫有限产权出售；二是全价出售。前一种形式，是1982年就开始的，即按住宅的每平方米工程造价的三分之一向个人出售，另外三分之二由国家负担。根据试行情况看，有两个不利：即对国家不利，由于价格偏低，国家负担太重；不利于促进个人买房，有补贴单位的职工才能买房，补贴不起的单位，职工则买房困难。因此，1986年国家发文要求各地不再实行补贴出售。全价出售住宅多指个人单方工程全部造价购买住宅。虽然全价出售弥补了补贴出售的不足，但由于价格偏高，全面推行也受到限制。从这几年向个人出售住宅的实践看，无论是住宅补贴出售还是全价出售，都是供不应求。据不完全统计，1986年全国有27个省、自治区、直辖市近200个城市、400个县都向个人出售了公建住宅。共出售了住宅427.26万平方米。

3.租金改革

租金改革，也就是提高住房的租金，这也属住房分配办法的改革。归纳起来，大致有以下几种做法：一是改房租的暗贴为明贴。即在不新增加国家负担的情况下，把租金提高到一个新的租金水平。然后相应地按职工平均住房面积、工龄等发放补贴。这种形式多在一个企业，或大专院校、单位内实行，租金多在每平方米0.6元左右。如云南大学就实行这种办法。二是新房新租。即新建成的住房实行新标准房租，这类房租一般高于现有住宅租金的几倍，有的高达每平方米1.20元左右。三是超标准加租。即给职工规定住房面积标准，超过部分交纳新定租金。四是混合房租。即现有的住房面积按现行的低租金交租，新增加的住房面积按新租金交纳，这多在拆迁户中实行。五是经营青年公寓，青年公寓在不少地方都按成本租金收取房租，一套约20平方米的住房月租达20元左右。租金改革的这些形式，不同程度地触动或冲击了住房低租金分配住房的办法。为下一步实行住房的全面改革打下了基础。

城市土地有偿使用改革情况

任勇智

1982年《中华人民共和国宪法》规定，“城市土地属于国家所有”。我国第一次以立法形式宣布了城市土地的所有制性质，从而完成了城市土地国有化的进程。但是，由于长期以来城市土地无期、无偿地划拨给用地单位，形成了在土地使用上“吃大锅饭”的状况。为了改变这一状况，真正实现国家对城市土地的所有权，近几年来在经济体制改革中，国家和各地都做了大量的理论研究和实践探索，在城市土地有偿使用方面迈出了重要的一步。

一.城市土地有偿使用的新进展

目前全国已有100多个城市开征了土地使用费。其中仅抚顺、广州、阳泉、厦门、唐山、绵阳、泰州、大连、哈尔滨等市，一年收费约2600万元。这些城市征收土地使用费，不仅促进了城市土地的节约和合理利用，而且为国家和地方创造了财政收入。此外，全国还有一批城市正在进行城市土地使用收费方案的测算工作，制定收费方案的指导思想也有了新的进展。一些城市认为，收取土地使用费不仅是为了明确土地的权属关系，更重要的是要把土地作为重要生产要素，投入生产、流通领域，使之能够反映并调整各方面的经济关系。特别是要与国家对城市基础设施的投入相联系，收回建设成本和土地增值的合理利润，以此实现城市建设的良性循环。

与此同时，土地的开发经营活动日趋活跃。全国城市开发公司已达2000余家，房屋建筑面积约7000万平方米。城市政府通过综合开发的形式，在新区建设和旧城改造过程中，收回了部分土地投资和土地级差收益，促进了城市基础设施的建设。

全国首次出现了“批租”这一土地有偿使用方式。批租是借鉴香港的一种有偿使用方式。基本做法是，政府对新征的或旧城改造的土地，先行做到几通一平，达到可在其上直接进行建设的程度，尔后出售。目前在全国试行的形式有三种：一是协议形式。即政府对需交由租用者使用的土地，规定使用用途之后，选择用地者并与之协商使用期和地价。如不能成交，则再选协商对象。二是招标形成。即政府对需交由租用者使用的土地，规定使用用途之后，发出招标书，写明对投标人的要求，如必须做好用地规划、建筑物类别、面积、层数、立面形式、每路等项。投标人返回标书，由政府择优确定中标人。三是拍卖形式。前提条件与招标类似，只是由众多的购地人当场竞争出价，售给规划得当、价钱适宜的用地人。

土地批租形式在我国刚刚开始试行，还有许多问题需要进一步研究。但总的来看，这种形式是城市土地有偿使用的重要组成部分，并有助于活跃房地产市场。目前在沿海开放城市和地区也是可行的。

二.城市土地有偿使用中需要解决的问题

1.国家对城市土地有偿使用尚无具体政策、法规，各种方式处于自流状态。这对在改革中出现的新事物一时难免。但必须重视解决由此而产生的以售房屋为名，实收土地级差利润归己的问题。有的房屋每平方米售价上千元，出租房屋每平米月租高达上百元，这实际上已不完全是房屋的价值，而是由政府以土地有偿使用的某种形式，如征收营业税、所得税、契税等形式收回的土地级差收益，流向了单位或个人。同时还出现了私下高价转售转租公有房屋的现象和地下经纪人。

2.土地有偿使用的各种方式的各种标准、价格缺乏客观依据。土地使用费计算依据，上海、北京、广州等城市都做过调查实测，制定过方案，但现在实行收费的绝大多数城市，攀比其他城市制订标准，就不够科学。批租及开发经营的地价、地租如何确定，都是有待深入研究的课题。

3.由土地有偿使用引发的问题。地上物交易注入土地，商品房屋特别是住宅售价的上涨趋势，与住房制度改革提倡个人买房的政策之间有难以解决的矛盾。深圳拍卖后的土地，购地者建成住宅后每平方米要900多元才不亏本，这是个人购买力难以承受的。各城市开发公司的房价也大体如此。土地做为生产要素进入工商成本，商品涨价，欲抑制价格又需财政让税，这种连锁反应，随着土地有偿使用的大面积推行而日益显露；新建项目投资，因增加了购地费而膨涨，与控制投资规模有矛盾；还有城市建设维护资金严重不足，如欲用土地有偿使用收回资金弥补，牵涉到由谁掌握使用的问题等等。这些由土地有偿使用引发出来的相关问题，要依靠相关的配套改革来解决。

地方城市建设管理体制改革的规定、办法

（摘　编）

关于转发国务院批准的《北京市人民政府关于在规划市区内征收城市基础设施“四源”建设费的暂行规定》的通知

京政发[1986]131号

中直机关，国务院各部、委、各直属机构，解放军总后勤部，北京市各区、县人民政府，市政府各委、办、局，各总公司，各高等院校：

经国务院批准，现将《北京市人民政府关于在规划市区内征收城市基础设施“四源”建设费的暂行规定》予以发布，自一九八六年十月一日起开始施行，请依照执行。

为更好地执行这一暂行规定，北京市人民政府将制定征收城市基础设施“四源”建设费的实施细则，另行下达。

国家计划委员会

北京市人民政府

一九八六年九月二十三日

北京市人民政府关于在规划市区内征收城市基础设施“四源”建设费的暂行规定

（一九八六年九月十一日国务院批准）

（一九八六年九月二十三日北京市人民政府发布）

第一条　为加快北京市基础设施建设，适应首都发展和人民生活需要，特制定本规定。

第二条　凡在北京市规划市区内兴建民用、工业建筑工程，并接用城市统一“四源”设施的单位（以下简称建设单位），应当依照本规定，缴纳城市基础设施“四源”建设费。

前款所称城市基础设施“四源”建设费，是指自来水厂、煤气厂、供热厂、污水处理厂建设费（简称“四源”建设费）。“四源”建设费包括在建设项目总投资内。

第三条　“四源”建设费按下列标准征收：

一、非住宅建设项目按批准的初步设计用量一次性计收，自来水厂建设费按日用水量每吨八百三十元，煤气厂建设费按日用气量每立方米六百元，供热厂建设费按每小时供热量每百万大卡三十五万元，污水处理厂建设费按日排污水量每吨八百元。

二、住宅（不包括附属设施）按实际建筑面积一次性计收，自来水厂每平方米收建设费九元，煤气厂每平方米收建设费二十二元，供热厂每平方米收建设费二十三元，污水处理厂每平方米收建设费八元。

上述"四源"建设费中，自来水厂、污水处理厂建设费必须征收；其余两项，用一项收一项，不用不收。

第四条 "四源"建设费征收办法如下：

一、自来水厂、煤气厂和供热厂建设费由北京市公用局征收，污水处理厂建设费由北京市市政工程局征收。上述部门征收"四源"建设费时，核定应收数额，并与建设单位签订提供"四源"设施的协议，由建设单位交存中国人民建设银行北京市分行专户管理。

二、"四源"建设费由建设单位按本规定缴纳。缴纳数额在二十万元以下的一次缴清，二十万元以上(含二十万元)的在接用"四源"之前可以分期缴纳。"四源"建设费如数缴清后方可接用"四源"。

第五条 征收的"四源"建设费，由北京市计划部门统一安排用于自来水厂、煤气厂、供热厂和污水处理厂的建设，专款专用，不得挪用。

征收的"四源"建设费因已纳入有关建设项目的投资计划之内，用这笔资金安排的"四源"设施建设不再计入北京市投资计划规模之内，统计上不要重复计算；北京市每年应当将安排的项目和投资报国家计委备案，并报送国家统计局。

第六条 建设单位缴纳"四源"建设费后，北京市有关市政部门，应当在项目竣工时根据交费范围和协议提供相应的"四源"设施，但从城市市政干管接到建筑工程的支管仍由建设单位投资建设。

第七条 非指定收费单位擅自收取"四源"建设费的，建设单位有权拒绝缴纳，并应当及时向市政主管部门报告，已经非法收取的，除令其退还所收款项外，北京市人民政府应当对直接责任人处以罚款或给予行政处分。

指定收费单位不按本规定收费范围和数额征收"四源"建设费的，除令其退还多收或者追缴少收费款外，北京市人民政府应当对其处以罚款，并对直接责任人酌情给予行政处分。

第八条 按本规定应当缴纳"四源"建设费而拒缴或者欠缴的，不予接用相应的"四源"设施。

建设单位按规定缴纳"四源"建设费后，北京市有关市政公用部门未按交费范围和协议提供相应"四源"的，由该市政公用部门负责赔偿由此造成的经济损失，并应当追究直接责任者的责任。

第九条 本规定自一九八六年十月一日起生效。

一九八六年十月一日前已开工的住宅和已签订合同的统建住宅免收"四源"建设费，其余建筑工程项目，凡需要一九八六年十月一日以后接用"四源"的，均按本规定缴纳。

广州市人民政府

印发《关于从基本建设投资中提取百分之五作为市政建设费的实施办法》的通知

穗府[1981]44号

各区、县人民政府，中央、省、部队驻穗各单位，市委、市府直属各单位：

根据中共广东省粤发[1981]47号文件的精神，制订了我市《关于从基本建设投资中提取百分之五作市政建设费的实施办法》，业经市长办公会议讨论同意，现印发给你们，请认真贯彻执行。

一九八一年十二月三日

关于从基本建设投资中提取百分之五作市政建设费的实施办法

为了加强市政建设，促进城市建设事业的"还帐"与发展，根据中共广东省委粤发[1981]47号文关于"凡在广州市进行建设的工程项目，都要从基本建设投资中提取百分之五的市政建设费，从一九八二年起执行"的决定，结合我市情况，特制订如下实施办法：

(一)提取范围

1.列入国家、中央各部委、省、市基本建设计划的工程项目；

2.列入国家、中央各部委、省、市技术改造属于基本建设的工程项目；

3.中外合作、合资经营或外资独营的工程项目。

以上在广州市(包括市区、郊区、黄埔区)进行建设的工程项目，均应按投资总额提取百分之五作市政建设费。属市政建设工程的基建投资不予提取。国内私人建造自住的住宅工程，暂不提取。

(二)提取办法

1.凡属提取范围的工程项目，按年度拨款数提取百分之五。中外合作、合资经营和外资独营项目，按批准的合同所列的每年投资额提取百分之五。当年拨款(或投资)结转下一年度结转部分不再提取。

2.在中国建设银行广州分行设立市政建设费专户。请市建设银行、人民银行、农业银行、中国银行珠江支行建立办理审核、收缴市政建设费的业务，建设单位向银行缴纳的市政建设费，统一划拨存入市建设银行专户，并由市建设银行发给已提取市政建设费的证明。

3.应提取而不办理提取市政建设费的工程项目，不予安排施工，不给使用市政设施。

(三)资金使用

1.从基建投资中提取百分之五的市政建设费，是城市建设资金来源的一部分，由城建部门统一掌握、专款专用，不准挪作它用。

2.已提取市政建设费的工程项目，其红线外的公共市政设施(包括道路、排水、渠涵、路灯、路树)及居民住宅工程在规划红线外五十米以内。安装4寸以下供水管的建设费用，由市政建设费支付。

重庆市人民政府
颁发重庆市收取城市建设配套费实施办法的通知

重府发〔1986〕191号

各区、县人民政府，市政府各部门，县级以上企事业单位：

市政府一九八四年十一月二十日重府发〔1984〕257号文印发的《重庆市收取城市综合配套费暂行实施办法》，根据一年多来的实践，业经修订，现予颁发，请照此执行。

重庆市收取城市建设配套费实施办法

一、总　　则

第一条　根据统一规划、综合开发、配套建设的城市建设方针，为了实施本市城市总体规划，加快经济中心城市的建设和开发，按照中共中央《关于加强城市建设工作的意见》和国务院批转《全国城市规划工作会议纪要》的有关规定，特制定本办法。

第二条　城市建设配套费在核发建筑施工许可证时收取。建设单位按发证部门核定的建筑面积向市城市建设配套费管理办公室缴费，凭缴费收据领取施工许可证。

凡未缴纳城市建设配套费的，一律不发给施工许可证。

二、配套费收取范围和标准

第三条　凡在本市城镇新建、改建房屋，包括在综合开发区、旧城改造片和企、事业单位内外的零星房屋建设，不论隶属关系、单位性质，一律收取城市建设配套费。

上述"城镇"系指：市中、江北、南岸、沙坪坝、九龙坡、大渡口、北碚等母城七个区和江北县龙溪镇纳入重庆市城市发展总体规划的区域；南桐、双桥区和十二个县县城所在地；建制镇和小场镇。

第四条　在城市发展总体规划区域内统一征地拆队，按批准的详细规划进行综合开发建设的，建住宅和集体宿舍按建筑面积每平方米收综合配套费七十七元零六分；建生产、业务和营业性公共建筑用房，除供电、供气、通讯等由建房单位自配外，按建筑面积每平方米收市政环卫绿化设施配套费四十四元二角八分。

第五条　在城市发展总体规划区域内由建设主办单位统一征地拆队，进行新建或扩建，并按批准的详细规划设计平面总图进行配套建设，配套项目建成后自行维护管理的，按建筑面积收市政环卫绿化设施配套费的百分之三十，每平方米十三元二角八分。

第六条　在城市发展总体规划区域内，企、事业单位进行原有设计平面总图范围内的改建或征地扩建，除配套工程项目自建自管外，按建筑面积收市政环卫绿化设施配套费的百分之五十，每平方米二十二元一角四分。

第七条　在母城七个区已建成的区域内建房，按下列情况处理：

1．成片改造，在规划设计平面总图区域内自行完成各项工程项目的，按建筑面积收市政环卫绿化设施配套费的百分之五十，每平方米二十二元一角四分。

2．零星征地或旧城内插花建房，在设计红线平面总图区域内自行完成工程项目的，按建筑面积收市政环卫绿化设施配套费，每平方米四十四元二角八分。

3．大、中专院校在校内或征地建住宅和集体宿舍，根据川委发[1985]36号文件规定，按建筑面积收市政环卫绿化设施配套费的百分之七十五，每平方米三十三元二角一分；其中师范院校为百分之五十，每平方米二十二元一角四分。

4．与外省合资联办工商企业，除开发区外，在设计平面总图区域内自行建设、自行管理的，按建筑面积收市政环卫绿化设施配套费的百分之五十，每平方米二十二元一角四分。

中外合资企业及外资企业建房，按国家和省市有关规定办理。

第八条　技术改造工程项目，根据川府发[1986]33号文件的规定，按在原地建房和新增建筑面积计算，收市政环卫绿化设施配套费的百分之四十，每平方米十七元七角一分。在开发区内建设的按第四条办理。特殊工程项目，在从严掌握的前提下，根据具体情况，经市城乡建委批准可减、缓、免。

第九条　南桐、双桥区和十二个县县城收取配套费标准，由区、县自行制订，经区、县人民政府批准后执行。

各区县建制镇和小场镇配套费收取标准，可按省政府川府发[1983]204号文件执行。

第十条　下列房屋建设免收配套费：

1．由市和区、县财政拨款建医疗、卫生、文化、体育、公共园林和博物馆、影剧场、图书馆、档案馆业务用房，党、政、群、团、公、检、法机关办公用房，以及邮政、公共通讯、市政养护、公路道班业务用房。建住宅和集体宿舍按第四至第七条办理。

2．各类学校建教室、实验楼、文体活动室、礼堂、图书馆等教学用房及附属设施。

由市和区、县财政拨款建中、小学和中师、幼师、幼儿园的教师住宅及学生集体宿舍。

建校办企业按第四至第七条办理。

3．由市和区、县民政部门举办的敬老院、荣军院、伤残人员的医疗、收养安置设施和国家规定免收“三税”的聋、哑、残人员生产、生活用房，包括工作人员住房。

4．建属小区级的公建配套工程，市和区、县直接组织进行综合开发配套建设的“农转非”居民住房。

5．客运车站、码头建设项目中的售票房、行李房、站台、候车(船)室、调度室业务用房。

6．本城镇居民建自用住房建筑面积在一百平方米以内的。建出租住房和营业用房按第七条办理。

上述建房面积，均按减除建房原地拆除的旧房面积计算，但不包括农房。其中有经危房鉴定办公室鉴定的危房部分，按拆除危房面积一平方米减新建面积二平方米计算。

除综合开发区外，商业网点建设资金仍按重府发[1983]105号文件规定办理。为方便建房单位，市商业网点办公室派人在市配套费管理办公室办理收取商业网点建设资金等事项。

三、配套费的收取、使用、管理

第十一条　凡属城市发展总体规划区域内建房由市发施工许可证部分，开发区的综合配套费和非开发区的市政环卫绿化设施配套费均由市配套费管理办公室统一收取。

大渡口区建房在市办理施工许可证部分，配套费转该区收取。

江北县龙溪镇建房由市发施工许可证部分，配套费由市配套费管理办公室收取。

第十二条　在南桐、双桥区和十二个县的市属以上企、事业单位建房由市发施工许可证部分，转各区、县按当地的收费标准收取。

第十三条　市和区、县收取的配套费，只用于收费规定的配套项目，不得挪作它用。

第十四条　配套费视同城市维护建设资金管理，在建设银行开设城市建设配套费专户。市收配套费的安排使用，属于维护项目由市城乡建委编制计划，下达执行、属于基建和技措项目的投资，以市城乡建委为主编制计划，会同市计委下达执行。市财政局进行监督。

第十五条　新综合开发区由市配套费管理办公室统收了配套费的，开发组建单位按小区级详细规划中的配套工程项目编制投资计划报市城乡建委，经批准后按工程进度拨款，由开发组建单位负责建设。

第十六条　凡用市收配套费安排的工程项目和工程的包干概算或施工图预算，市配套费管理办公室应参加研究和审定；工程竣工后，参与验收和办理产权交接手续。由区、县自收费用安排的配套工程项目，由区、县城乡建委(局)参照上述原则办理。

第十七条　用配套费安排的工程项目所需"三材"，分别由市和区、县计委统筹安排。配套工程所需建设用地由开发组建单位纳入规划设计总图无偿提供。负责组建开发单位的管理费按百分之一计算。

第十八条　市配套费管理办公室负责定期汇总全市配套费的收取、使用、管理情况，年终向市政府报送总结报告；并对建设单位自行配套建设市政公用设施负检查督促之责。市配套费管理办公室受市城乡建委领导。

凡有城市建设配套费收入的区、县，区、县城乡建委(局)要按季向市配套费管理办公室报送配套费收取、使用、管理情况。

第十九条　市配套费管理办公室按收费总额提取千分之三的管理费作为工作人员工资及办公业务费用开支。

四.其　　它

第二十条　由开发建设公司统一征地拆队，进行商业性经营的综合小区开发，自愿按详细规划总图配套建设的，经市城乡建委批准，可不收取配套费，由开发建设经营单位将配套工程费用摊入商品房成本。

第二十一条　本办法附表所列综合配套工程项目共四十二项(其中市政环卫绿化设施十二项)，均属小区级的配套工程项目，其收费标准为目前住宅建筑综合平均造价每平方米一百八十元的百分之四十二点八一。今后综合平均造价变动，即按此比例进行调整。

本办法附表中未计算收费的配套项目，所需建设投资，由使用单位向上级主管部门申请，配合开发进度统筹建设。

第二十二条　本办法从一九八六年八月十五日起施行。自本办法施行之日起，重府发[1984]257号文件及其它有关收取配套费规定同时废止。

第二十三条　本办法(含附件)的解释权属重庆市城乡建设管理委员会。

附件：《重庆市居住小区综合配套费项目及收费标准明细表》

一九八六年八月六日

广西壮族自治区人民政府办公厅
转发《广西壮族自治区征收城镇市政建设配套费的暂行办法》的通知

桂政办[1986]64号

各地区行署，各市(含防城港区)、县、自治县人民政府，柳铁，区直各委、办、厅、局：

区建委制订的《广西壮族自治区征收城镇市政建设配套费的暂行办法》，业经自治区人民政府同意，现转发给你们，请贯彻执行。

一九八六年五月三十日

广西壮族自治区征收城镇市政建设配套费的暂行办法

近年来，我区城镇发展较快，人口增长较多，但城镇各项市政公用设施严重不足，已成为城镇经济发展严重的制约因素之一。为了尽快改变这种状况，弥补市政建设资金的不足，不断完善各项市政设施，促进国民经济的发展，按照"人民城市人民建"的方针，结合我区具体情况，特制定城镇(含市、县城和建制镇，下同)征收城镇市政建设配套费的如下暂行办法。

第一条　征收范围，凡住在城镇规划区内的一切单位、个人；由外地成建制迁人城镇或外地进城镇办商店、旅社、企业等，在城镇进行新建、扩建各种工程的单位和个人，都应按本规定交纳城镇市政建设配套费。

第二条　收费标准：根据各市、县、镇的情况、地段区域的功能及繁华程度等按施工建筑面积分级分类进行计费，计费标准见下表：

单位：元/米^2

类	别	一类	二类	三类
区辖市	民用建筑	11	8	6
	工业建筑	10	7	5
地辖市	民用建筑	8	6	4
	工业建筑	7	4	2
县城镇	民用建筑	6	4	
	工业建筑	4	2	

注：一类指市中心区，如内环路以内；二类指中心外围区；

三类指边缘区，具体地段如何划分，由各地人民政府确定。

第三条　凡参加经市、县政府批准的房地开发公司进行成片住宅商品房综合开发的建筑，按第二条规定的标准减收30％。

第四条　凡下列情况，可免交配套费：

(1)凡兴建中小学校、托儿所、幼儿园、医院、体育设施(不包括附设营业性的餐馆、招待所、商店等设施)。

(2)市政设施(道路、桥梁、路灯、环卫、防洪堤、供排水管道、煤气、街道绿化)、环境保护、节能设施及城防、慈善事业的建设(不含营业性用房)；

(3)危房重建，重建面积部分；

(4)整个单位按规划要求在市内迁移重建；按规划要求属旧城改造发生的拆迁工程项目；

(5)城镇房产管理部门建的公房和用于落实房产政策的建房(不含商品房)；

(6)经各地、市人民政府同意并报自治区人民政府特别批准免征的其他建设项目。

第五条　各地征收了城市市政建设配套费后，不得再收取其他名目配套费。

第六条　城镇市政建设配套费，要专款专用。主要用于独立工矿区、住宅小区以外的道路、桥梁、路灯、环卫、排水、园林绿化等市政设施的兴建和维修，不得以任何借口挪做他用。小区内的上下水、道路、绿化等设施，仍按原办法由负责开发的单位进行建设。

第七条　市政建设配套费归口由各级城乡建设主管部门征收管理，所收取的费用存入市(县)建设银行，也可委托建行直接划扣，由市(县)城乡建委(局)提出使用计划，经市、县人民政府批准后使用，建行进行监督，各地的使用计划与年度决算报上一级城乡建委(局)备案。

第八条　各地、市可根据上述原则规定制定实施细则。北海市、防城港区可以参照本办法另行制订收费办法，报自治区人民政府备案。

第九条　本规定自文下达之日起试行，各市、县有关配套费的原有规定(除外资工程仍按现行办法外)同时停止执行。

哈尔滨市人民政府
发布《关于收取城市基础设施配套费的规定》的通知

哈政发[1986]142号

各区、县人民政府，市政府各委、办、局，中直、省属在哈单位，驻哈部队：

《关于收取城市基础设施配套费的规定》，业经今年市政府第十次市长办公会议讨论通过，现予发布，望认真遵照执行。

哈尔滨市人民政府关于
收取城市基础设施配套费的规定

我市的城市基础设施建设欠帐严重，影响了生产的发展和人民生活水平的提高。为逐步偿还欠帐，加快城市建设步伐，实现“给经济发展准备后劲和使人民得到实惠”的两大目标，特作如下规定：

一、凡一九八六年三月二十五日以后，在本市城市规划区范围内新建、改建和扩建房屋的，除居民个人建住宅外，一律按不同区段、不同标准，交纳城市基础设施配套费。

二、区段的划分：

(一)控制建设区：道里区北安街以东，一面街以西，江岸以南，哈站铁路线以北及太阳岛规划风景区；南岗教化街以东，大成街以西，一曼街和铁路街以南，马家沟河以北。

控制建设区的道里区段、南岗区段的公司街至鞍山街、太阳岛风景区围堤内为甲类控制区，其余为乙类控制区。

(二)一般建设区：何家沟以东、三棵树至东门站铁路线以西，江岸以南，孙家站铁路线及学府路高压线走廊以北除控制建设区外的区域。

(三)边缘建设区：一般建设区以外的区域。

(四)特殊建设区：马家沟机场。

三、城市基础设施配套费，按建筑面积收取，具体收费标准：

(一)甲类控制建设区：

1.在批准的自有生活区和厂区建设住宅，每平方米收取配套费三百元；建设公共建筑和其它建筑，每平方米收取配套费二百元。建设五百平方米以下的小型工业厂房和其它工业建筑，每平方米收取增容费一百元，基础设施自行配套。外单位参加集资建设的工程，按分散建设标准收费。

2.分散建设住宅和建设公共建筑安置动迁户的新建住宅，每平方米收取配套费五百元；建设公共建筑和其它建筑，每平方米收取配套费二百元。

3.在太阳岛风景区建设公共建筑，建筑面积密度在百分之五十和百分之五十以上的，每平方米收取增容费五百元；低于百分之五十的，每平方米收取增容费二百元；原地翻建危倒房屋增加面积的，按规定收取增加面积的增容费。

(二)乙类控制建设区：

按甲类控制建设区各项收费标准的百分之七十收取。

(三)一般建设区：

1.在新开发小区、成街坊改造和危房棚户区建设住宅，每平方米收取配套费一百元(不含新开发小区征地费)；建设公共建筑和其它建筑，每平方米收取配套费七十元。

2.在批准的自有生活区和厂区建设住宅、公共建筑及其它建筑，每平方米收取增容费五十元。在自有生活区内集资建设的外单位工程，按分散建设标准收配套费。

3.分散建设住宅和建设公共建筑安置动迁户的新建住宅，每平方米收取配套费一百五十元；建设公共建筑和其它建筑，每平方米收取配套费七十元。

4.建设中、小型工业厂房，每平方米收取增容费五十元；建设大型工业厂房和其它特殊用水用电工程的基础设施，由建设单位自行配套。

(四)边缘建设区：

建设各类工程，均免收配套费，由建设单位自行配套。

(五)特殊建设区：

在特殊建设区建设住宅，每平方米收取配套费二百元。建设公共建筑和其它建筑，建筑面积大于用地面积的，按建筑面积，每平方米收取配套费二百元；建筑面积小于用地面积的，按用地面积，每平方米收取配套费二百元。

(六)原地翻建危倒房屋增加面积的，按工程性质收取增加面积的配套费。

四、下列建设工程，免收或减收配套费：

(一)外地来哈经商、办企业工程，外地资金占投资总额百分之五十以上的，按所在区段配套费标准减免百分之五十；外地资金占投资总额百分之三十以上百分之五十以下的，按所在区段配套费标准减免百分之三十；建设工程安置动迁户住宅部分，亦相应按此比例减收配套费。

(二)免收配套费的工程项目：

1.原地原面积原层次翻建的危倒房屋。

2.利用外资建设的工程。

3.电影院、剧院、文化馆、电视台、图书馆、体育馆、医院、幼儿园、托儿所、少儿活动场所、养老院等公共福利事业工程。

4.变电所(亭)、锅炉房、调压站、泵房、厕所、水场、污水处理场和消防、环卫等市政工程设施，以及为消除重大火险隐患而建设的工程。

5.理发馆、浴池、粮店、邮电所、修理店和单位、个人建设的三百平方米以下的商服网点，以及用商业网点费建设的五百平方米以下的饭店、旅店、食杂店、百货店等小型服务性工程设施。

6.中等专业学校和中、小学校舍及教师住宅。

(三)免收配套费的工程，擅自改变使用性质的，按改变后的性质及所在区段的标准加一倍补收配套费。

(四)配套费收取及减免的标准适用于加层接建工程。建设九层以上的住宅及公共建筑，九层和九层以上部分免收配套费。

(五)除利用外资的工程所建安置动迁户的住宅外，其它免收配套费项目建设的安置动迁户的住宅，一律按所在区段的标准收取配套费。

五、城市基础设施配套费，用于建设文教卫生、商业服务、基层行政管理设施和供水、排水、道路、桥涵、煤气、环卫、绿化、供电、路灯、消防等基础设施。

六、一九八六年已按计划下达的基本建设项目，无配套费资金的，经批准可以分期在工程竣工前交齐；未交齐的，其建设工程不准投入使用。

七、建设单位，要凭基础设施配套费收据办理施工执照。

八、基础设施配套费，由市城乡规划建设委员会收取，存入市财政帐户。使用时，由业务主管部门编制计划，经收费部门同市计委、财政局审查，报市政府批准后下拨。

九、自一九八六年三月二十五日起，停止收取教师住宅集资费、商业网点费和给水、排水配套费及路灯、供电增容费。

十、本规定由市城乡规划委员会负责解释。

山东省人民政府

关于贯彻执行国务院《关于大力开展城市节约用水的通知》的通知

鲁政发[1984]126号

各行署，各市、县人民政府，各大企业，省政府各部门：

国务院国发[1984]80号文件《关于大力开展城市节约用水的通知》已翻印发给你们。现根据我省实际情况，提出以下意见，希一并贯彻执行。

一、建立健全节水机构。各城市人民政府要加强对节水工作的领导，城市自来水公司都要设置节约用水办事机构负责具体工作，其职责按国务院[1984]80号文件规定执行。

二、提高水的重复利用率。今后工业企业用水的重复利用率达不到百分之五十的，不得增加用水计划；城市用水重复利用率达不到百分之五十的，一般不能新建、扩建供水工程。新建、扩建、改建的工业企业需城市供应自来水的，要向城市供水部门缴纳供水增容费，缴费标准为：使用地下水的，每日吨每年缴纳一百五十元至二百元；使用地表水的，每日吨每年缴纳二百元至二百五十元。具体标准，由各地在上述规定的幅度内自行确定。

三、实行计划用水。各市、县应按照城乡建设部和国家经委颁发的工业用水量定额下达用水指标，实行计划用水。对节约用水取得显著成绩的单位和个人，要给予表扬和奖励，奖金可从节约的水费中开支。对超计划用水的单位，要累进加价收费，加价的水费应从用水单位税后留利中列支。

四、适当调整企事业单位用水价格。目前我省城市企事业单位用水价格偏低，不利于城市节约用水，应适当调整，由各市、县城建公用部门根据当地实际情况提出具体调整意见，报同级物价部门批准后执行。

五、要把节水作为考核自来水企业的一项重要指标。因节水减少售水量而影响自来水企业留利的，由同级财政部门给予补贴。

广州市人民政府

关于实施广州市跨江桥征收过桥费办法的通知

穗府[1985]38号

各区、县人民政府，市府直属各单位、驻穗各单位：

为贯彻“人民城市人民建，人民城市人民管”的方针，有偿使用重大市政设施，加快广州市市政建设事业的发展，经省、市政府批准，实行贷款和集资建设城市桥梁。决定自一九八五年六月十日起，对经过广州地区珠江河面所有跨江桥梁的机动车辆实行征收过桥费，以偿还贷款及为新建桥梁、隧道积累资金。特制订本办法。

第一条 征费范围

除设有固定装置，并用于执行抢救任务的消防车、医院救护车、环卫部门的垃圾、粪便运输车、有标志的巡逻警车外，一切通过市区跨江桥的机动车辆(包括国内和港澳入境的各种机动车辆)均需按规定缴纳过桥费。

第二条 计征分类及收费标准

货车按核定的载重吨位(不分空车、重车)，不载货的特种车按核定的自重吨位，客车按规定的载客量分六类计征。征费标准由市政管理局制定。

第三条 收费管理

(一)收费管理机构

由广州市市政管理局属下市政设施收费所负责收费管理事宜。

(二)票证分类与使用

1. 过桥费票证分次票、期票两类：期票分月票、季票、半年票、年票四种。

2. 凡购期票者，发给与购买期限和车牌号码、车辆类别相符的票证，贴在车前显眼地方，便于检查。期票专车专用，不得转借，使用期限至票面规定期限内最后一天晚上十二时止。

3. 凡持有期票证的车辆，可在票面规定的期限内，在市区所有跨江桥梁无限次行驶过桥。

4. 凡购次票的车辆，只限在规定的日期内使用(可无限次行驶过桥)，过桥时必须持票备查。

(三)购票办法

1. 由市政收费所在市内适当地点和进出城区路段设过桥费售票点，市内售票点出售期、次票，进出城区地段的售票点出售次票和月票。

2. 凡需过桥的车辆，如车籍属广州市管的，一律购买季票以上的期票；外地进入市区车辆购买次票，每车每天购票一张，二天购票二张，以此类推。如在市区停留二十天以上而又需过桥者，一律购买月票(或视停留时间长短购买其它种类期票)。

3. 票证一经出售，概不退换。如遗失期票，可持单位证明(个人持工作证或身份证)及原购票单据到售票点申请补发，并按票价面额缴交百分之五的手续费。遗失次票不办理补票手续。

4. 国内车辆收取人民币，港澳车辆收取兑换券。

(四)检查验证

由市政收费所在市内各桥设流动检查站，执行检查、验证、督罚任务。

第四条 违章处理

(一)凡无票过桥或使用过期票证的市属车辆，一经查实，每次处以一个月次票的罚款，另补买当季度的季票。

(二)对外地车辆无票过桥或使用过期票证者，每次处以一个月次票的罚款，并另补买当天的过桥票。

(三)凡所持票证(包括期、次票)与车辆类别、吨位不符，处以拾倍次票的罚款，并另补买与车辆类别、吨位相符的过桥票。

(四)凡涂改、伪造票证(包括期、次票)者，处以二个月次票的罚款，并另补买当季或当天的过桥票。持有期票而不将票证贴于车前显眼地方，当无票过桥处理。

(五)因违章受检而造成交通阻塞，按市交通管理部门有关规定，由违章者承担责任。

(六)对违章而又不服从执勤人员处理，情节恶劣，造成严重后果者，可扣留车牌和司机执照；或交由司法机关处理。

第五条 附　则

(一)过桥费的征收管理及票证印发工作，统一由广州市市政管理局负责，市公安部门协助贯彻执行。

(二)为保证本办法贯彻执行，由市政管理局制订实施细则。在执行中的有关问题，由市政管理局负责解释。

一九八五年四月十二日

柳州市人民政府

关于加强柳江、河东大桥交通管理的通告

柳江、柳城县、全市各单位：

为更好的发挥柳江、河东大桥和各主要交通干线的作用，尽可能减轻市区主要干道的压力，切实改善我市交通状况，发展国民经济，方便人民生活，并有效的降低城市噪音，净化空气。同时考虑到河东大桥是在国家财政困难的情况下，用我市自筹资金为主建成的。因而，为筹集市政建设和维护资金，保证我市建设和管理的需要，特就加强这两座大桥通车的管理，作如下规定：

一、柳江大桥只允许下列的机动车辆通过：小轿车、吉普车、旅行车、旅游车、微型车、救护车、消防车、警车、殡葬车、摩托车(含客、货摩托车)、市内公共汽车、长途客车、各单位接送职工的专用客车、用于市政、园林、供电、邮电、交通监理、自来水、环境卫生和卫生防疫等专用车和临时抢修车。

二、所有货车、吊车、军车、平板车拖拉机、手扶拖拉机、不准通过柳江大桥。

三、为方便人民生活，允许商业区的少量食品、粮食、蔬菜等货车及其他必须的车辆通过柳江大桥。但须经市交通大队批准，发给通行证，方可通行。

四、马车、人力车通过柳江大桥时，必须在下午七时以后，早上七时以前，其余时间严禁通行。

五、所有的机动车辆和马车、人力车均可从河东大桥通行。

六、凡通过河东大桥的货车、吊车、平板车和经营性军车等机动车辆，一律实行收费。取费标准暂定：本市车辆按月收费。二点五吨以下收费三十元，三至五吨收费五十元，六吨以上收费八十元。外地车辆作一次性收费，每通过一次，五吨以下的收费五元，六吨以上的收费八元。

七、市人民政府授权柳州市河东大桥管理处执行收费规定。凡通过河东大桥需交费的车辆，必须按月，或按季、按年向河东大桥管理处交费，并发给过桥通行证。车辆在过桥时应减速接受验证。

八、允许通过柳江大桥的货车和经营性的摩托车、微型车及客运车，按第六项规定交过桥费。由市交通大队发通行证时一并收费。

九、不按上述规定通过两座桥的车辆，视情节轻重，罚款五十元至五百元。

十、上述规定，从一九八四年十月一日起执行。希各单位和全市人民切实遵照执行。

一九八四年九月十四日

重庆市人民政府

印发《关于汉渝公路嘉陵江南北段改造预收过路费办法》的通知

重府发[1986] 35 号

各区县人民政府，市政府各部门，县级以上企事业单位：

为了改善我市交通条件，适应当前城乡经济迅速发展和车辆急剧增加的需要，已安排汉渝公路嘉陵江南北段城市道路改造工程，市政府决定对车籍在市属七个区的机动车辆一次性预收过路费。现将预收办法印发给你们，请按照执行。

一九八六年三月一日

关于汉渝公路嘉陵江南北段改造预收过路费的办法

为了改善我市交通条件，安排对汉渝公路嘉陵江南北段进行改造，以提高道路通过能力和车辆效运，保证行车安全。本着“人民城市人民建”的原则，为改造这段城市道路，决定对市区机动车辆一次性预收过路费，办法如下：

一、自一九八六年一月一日起至一九八七年十

二月三十一日止，凡车籍在我市市中区、沙坪坝区、江北区、南岸区、九龙坡区、大渡口区、北碚区的各类机动车辆(两轮摩托车、电车、拖拉机除外)均应预交汉渝公路嘉陵江南北段改造的过路费。

二、各类车辆预交费标准：

1.载重一吨以下(含一吨)每车预交五百元；

2.载重一吨以上，两吨以下(含两吨)的机动车，每车预交一千元(其中客车以底盘车型吨位为准，以下同)；

3.载重两吨以上，四吨以下(含四吨)的客、货汽车，每车预交一千五百元；

4.载重四吨以上的客货车，每车预交二千元。

三.机动车辆预交过路费，应在一九八六年内一次缴清。每车预交金额在一千元以上者，个别单位(个人)确有困难者，可在一九八六年、一九八七年两年内分两次均衡交清。在一九八六年、一九八七年两年中新增各类机动车，应按上述规定办理车辆入户注册一次交清，否则车辆管理部门不得办理车辆入户手续。在这段公路改造通车后，免交三年的过路费。

四、预收工作在市人民政府的直接领导下，由市计委、市城乡建委、市财政局、市交通局、市城建局、市公安局各派一名负责同志组成领导小组，一名副市长任组长，市城乡建委、市财政局各派一位负责同志任副组长，其余单位为成员。领导小组下设临时办公室，办公室组成人员由上述各单位各派一至二人参加，办理具体工作，办公地点设在四川省重庆交通监理站。

五、按本规定应预交过路费的车辆，凭统一制发的缴讫证参加当年或次年年度检审。

六、下列车辆免交过路费：

消防车、工程抢险车，医疗卫生部门的救护车、环保车、环卫车、沥清洒布车、囚车、刑事现场勘察车、市政公路工程车和交通监理车等特种车辆，具有专业(专门)装置者，可以免交。

军车除特许免交外，也要交费。

七、属于免交的车辆，由车属单位向专门负责预收工作的机构申报办理免交手续，才能参加当年或次年的年度检审。

八、负责预收工作的机构有权检查各类车辆交费情况，如发现车属单位(个人)不按本规定交费，除追交外，并酌情处以应交款一至二倍以下的罚款。

九、预收的资金全部交市财政局代管，专户存储，作为改造汉渝公路嘉陵江南北段的专项资金，任何单位和个人不得挪作他用。

十、公安和交通监理部门，要确保本规定的贯彻执行，对不缴纳预收过路费的车辆不得年审和办理执照。

汕头市人民政府办公室
关于集资新建汕樟路南段高架桥有关问题的通知

汕府办[1986]101号

市辖各区人民政府，汕头经济特区管委会，市府直属各单位：

为进一步解决汕樟路与中山路交叉口交通严重堵塞的问题，改善交通，美化市容。经市人民政府研究，决定采用集资和由市财政拨款等办法筹集资金，新建汕樟路南段高架桥。现将有关问题通知如下：

一、新建的汕樟路南段高架桥，初步规划桥长四百米，宽十一米，建筑面积四千四百平方米，工程概算总投资四百万元，市城建局要抓紧进行工程设计。

二、为筹集汕樟路南段高架桥建设资金，决定于一九八七年一月一日起对市辖各区和住市区各单位的单车、人力三轮车、板车、摩托车、三轮客车、三轮货车和审核暂准在市区行驶的拖拉机以及各种汽车一次过征收建桥费，计单车、人力三轮车、人力板车每辆征收四元，摩托车、三轮客车、三轮货车及暂准在市区行驶的拖拉机每辆征收五十元，各类汽车每辆征收一百元。除人力三轮车、人力板车由交通局负责征收外，其它车辆一律由市公安局交通大队在车审发证时征收。征收的高架桥建设费，由市财政局制发收据并全部上缴市财政局再转拨给市城建局。不足资金，由市财政局拨出专款，进行投资建设。

三、有关征收建桥费，可由市公安局交通局公布施行。

一九八六年十二月卅一日

烟台市城镇住房制度改革试行方案

为了改革旧的城镇住房制度，逐步推行住宅商品化，制定本方案。

一、改革的指导思想

这次城镇住房制度改革的指导思想是，从我国国情和我市实际情况出发，通过把公房租金标准提高到准成本租金水平，同时发给职工相应数量住房券的办法，将住宅由实物分配转向货币分配，初步改革长期以来低房租高补贴的分配制度，逐步把住宅的生产、分配、交换、消费纳入有计划的商品经济轨道，使住宅资金能够实现良性循环，形成比较合理的消费结构和产业结构，加快住宅建设和经济建设的发展。

为此，改革要坚持如下原则：(一)根据财政经济状况，量力而行，在起步阶段通过“一手发出去，一手收回来”的空转办法，旧房产权单位实收房租仍维持原来的低租水平，同时只是对公有住宅的租金进行改革，，把改革的代价控制在国家、地方和企业财力允许的范围内，兼顾各方面的利益，使改革的步子能够迈得开，走得动。(二)充分考虑到职工家庭经济承受力和群众心理承受力。一方面坚定不移地贯彻“多住房多拿钱”的原则，另一方面又要保证多数家庭不过多的增加支出，使改革能够得到大多数人的拥护而顺利起步。(三)在有限条件下迈大步，一开始就从根本上冲破旧制度的框架。即以改革公房租金为突破口，由现行低租金一步提高到准成本租金，在质上体现住宅的商品属性，在量上达到住宅商品化的初步要求；调动职工买房的积极性，使租售价格比较接近住宅简单再生产的需要，并利用商品原则抑制不合理的需求膨胀，从制度上纠正住房分配上的不正之风。

住房制度改革是一项复杂的系统工程，需要有计划、分阶段地推进。初步设想，“七五”期间基本完成由准成本租金向成本租金的过渡，“八五”、“九五”期间基本达到商品租金。目前的改革只是在有限范围内起步，旧房由空转逐步向实转过渡，新房全部实转，进入良性循环。随着改革的深化，全体职工都将参加改革，所有住宅全部进入实转，准成本租金过渡到商品租金，实现改革的最终目标。

二、改革的范围

(一)改革的实施范围：芝罘区范围内的中央、省、市、区属的单位和居民。不含镇及镇所在地的镇属单位和居民。

(二)住房券的发放范围：在改革范围内改革前住公房(简称旧房)的固定职工、合同制职工、离退休职工；按国务院国发[1978]104号文件规定享受40%生活补贴的退职职工；经劳动部门批准，在常年性生产(工作)岗位上顶岗位生产(工作)的城市户口的计划内临时工；街道居委会编制内的工作人员；被聘用到国营、县以上集体单位的停薪留职人员；带薪服役的军人；职工配偶系农村户口，在改革范围内住公房的职工；原是国营和县以上集体单位正式职工的劳教人员(需经过审查批准)，均属发券范围。

住自有住宅和租赁私人住宅的职工，住集体宿舍的单职工(不含家在本市区暂住集体宿舍的)，配偶是农村户口而本人住单位集体宿舍的职工，住工商公司房产的职工，住非租赁公房及临时安置动迁户房的职工，暂不列入发券范围。

凡改革后住进新建公房(简称新房)的职工(含配偶一方在外地的职工)，分别由外地所在单位和本地所在单位，按本方案规定的计券工资基数和发券系数计发人民币。

驻烟部队参与地方改革问题，另与部队商定。在具体办法确定以前，暂按以下办法处理：1.部队住地方房产的干部、职工，视同住户一方在外地的职工对待；2.地方住部队房产的职工，不发住房券。

(三)计算住房券的工资基数：执行行政事业工资标准的职工，以基础工资、职务工资、工龄补贴之和为基数；执行企业工资标准的职工，以标准工资加5元副食品补贴为基数；带薪服役的军人，以其原标准工资为基数；在国外工作的人员，以国内的标准工资为基数；未参加工资改革的行政事业和企业离退休职工，以离退休时的标准工资加17元补贴和5元副食品补贴为基数；工资改革后的离退休职工，行政事业单位的，以离退休时的基础工资、职务工资、工龄补贴之和为基数，企业以标准工资加5元副食品补贴为基数；按国发[1978]104号文件规定享受40%生活补贴的退职职工，以计算退职费的标准工资加5元副食品补贴为基数；计划内临时工，以烟台市劳动局规定的工资标准为基数；街道居委会工作人员，以芝罘区政府规定的工资标准为基数；被聘用到国营、县以上集体单位的停薪留职人员，由聘用单位按其停薪留职前的标准工资为基数；劳教人员由原工作单位按其劳教前的标准工资为基数计券。

上述提租发券范围的基础数据为：

公房承租户数：　　　　68,085户

发券职工人数： 139,745人

公房总使用面积： 2,345,430米^2

原个人月自负租金总额： 152,322元

月薪租金总额： 2,744,153元

月计券工资总额： 11,038,063元

三、房租标准、发券系数和运转程序

(一)房租标准的确定：

住宅每平方米建筑面积造价按203.34元计算。租金由五项因素构成：1.折旧费，折旧期60年，减2%残值；2.修缮费，每平方米建筑面积每年2.1元；3.投资利息，年息3%；4.管理费，为前三项因素之和的10%；5.税金，占租金的12%。五项因素合计，每平方米使用面积每月准成本租金1.28元，是成本租金1.53元的83.7%，是商品租金2.4元的53%。

计算各类住宅租金采取"基本租金加减法"。首先，统一确定1.28元为基本租金，其住宅标准有七项：平顶防水屋面或瓦屋面；窗一玻一纱，内室有门；水、电、厕到户；水泥地面、抹灰墙面和顶棚；一砖(含)以上或大板外墙；一炕、一灶；暖气到户。然后，按照住户的居住条件，对超过基本租金住宅标准的，按项目增加租金；对达不到基本租金住宅标准的，按项目减少租金。增减项目的租金，多数按准成本价格计算，个别较高档装修项目，按商品价格计算。按照"基本租金加减法"计算后，市区实际平均租金为1.17元/米^2。

(二)发券系数的确定：

1.测算的平均数据：

职工平均住房使用面积：16.78米^2

职工平均月计券工资额：78.99元

原职工平均月自负房租额：1.09元

平均单位面积月新租金额：1.17元/米^2

2.发券系数的计算公式：

发券系数

$$=\frac{\text{平均单位面积月租金额}\times\text{职工平均使用面积}-\text{原职工平均月负房租额}}{\text{职工平均月计券工资额}}\times100\%$$

$$=\frac{1.17\times16.78-1.09}{78.99}\times100\%$$

$$=23.5\%$$

此公式的基本原理是：月发券总额等于月提租总额。即发放给职工的住房券，通过相应的住宅租金收回来。

3.职工发券额的计算：

发券额＝计券工资额×23.5%

(三)运转程序

改革前的旧房(个人购买的除外)实行空转，其住户的住房券和租金采取"以证代券，差额结算，沉淀统筹，纳入基金"的形式流转。即在模拟运转的基础上，核定对每个职工户应发的住房券和应交的新租金数，尔而各单位先按财政局核定的减免补助资金统筹额，缴现金存入银行，作为兑现沉淀券的准备金。对收大于支或支大于收的，由承租人所在单位进行差额结算；增支的交现金，存入银行，也作为沉淀券的准备金；沉淀的券(凭证)汇总向银行结算后，作为个人的购建房基金；老房租仍划转原产权部门。

改革后租用新建住宅和购买公有住宅的职工，都由所在单位按统一发券系数发人民币，并代扣租金(如交租有余，进入个人购建房基金)和归还银行贷款。资金来源，属企业单位的进入成本，属行政事业单位的列入经费支出。

四、减免补助办法

在住房制度改革中，对于发给的住房券全部交租后仍要增加较多支出(3.01元以上)的家庭，在坚持多住房多拿钱原则的前提下，考虑到目前职工收入较低的状况和三十多年住房分配制度的历史背景，以及其他特殊情况，根据财政和企业的承受能力，在一定时期内采取适当的减免补助政策，作为过渡办法，缓解一部分职工的经济压力和心理压力，保证住房制度改革的顺利起步。

(一)减免补助范围。减免补助办法只适用于住在改革前旧房中的"旧住户"。"旧住户"中增支户的四种情况，即增支三元以下的、配偶一方为农村户口而在城市住公房的、一户占有2套(含)以上住宅的和旧住户换房的，不予减免补助。对建国前参加革命工作的老干部，根据其参加工作的不同时期适当给予减免照顾。对新住户中少数特别困难户，可由所在单位通过福利性途径解决。

(二)减免补助条件。确定增支户的减免补助比例，以家庭住房使用面积和家庭人均计券工资水平作为两个制约条件。工资越高，面积越大，减免补助比例越低，反之就越高。这样，主要考虑家庭经济承受能力，并从某种程度上限制住大房，尽量维护改革的积极作用。

(三)减免补助比例。用于旧住户增支的减免补助资金控制在发券总额以内。这一部分减免补助，将随着住房资金理顺逐步减少，以至取消。以后少数特别困难户，可实行福利性补助。

(四)减免补助所需资金，属企业单位进入成本，属行政事业单位列入经费支出。

五、公有住宅出售

鼓励职工购买住宅，是住房制度改革的重要目的之一。在改革起步阶段，由于准成本租金与商品租金距离较大，加之传统的消费观念影响，人们对买房还有一个心理适应过程，单靠提高租金还不能完全调动职工买房的积极性，还必须在出售住宅方面采取一些必要的措施。

(一)合理确定住宅售价。住宅建设的各种费用应按各自的渠道解决，不应全部摊在个人购房价内。1.变现行的无偿安置拆迁户为有偿安置，降低房价。2.由买房职工所在单位负担开发费。3.个人买房由国家免征住宅造价中的建筑税和营业税。这样，把住宅每平方米建筑面积售价降到旧城改造区258.43元，新征地建设区256.51元。这是买全部产权的优惠价格。

(二)出售有限产权住宅。在有条件的企业，可以买一部分房子，然后以全部产权优惠价的70%卖给本企业职工使用，职工有使用权和继承权，但不准转让、出租、赠与和典当，如需出售，必须按使用年限减去折旧出售给本单位。

(三)向买房职工发放低息抵押贷款。职工买房首次应付款30%，余额由银行发放低息抵押贷款，银行得视购房者实际偿还能力，规定期限，分期付还，但必须在10年到15年内还清本息。有条件的企事业单位，可给低收入职工贴息。

(四)购买全部产权和有限产权，首次付款超过30%的，每多10%，按购房款总额优惠2%。

(五)新建住宅实行先卖后租，先卖给个人后卖给单位。近期出售给个人的比例暂定为10%以上。

(六)旧房的出售，要结合逐步进入实转有计划地进行。既要实行优惠政策，鼓励个人购买，又要防止贱价出售，搞新的不正之风。出售旧房由产权单位提出计划，报房管部门平衡批准。

六、住宅基金制度

为了保证住宅生产、经营能有一个正常的资金渠道，应逐步建立市和企业及个人的住宅基金制度，把现在围绕住宅发生的生产、流通、消费等资金集中起来，作为住宅基金，统一由银行控制作为住宅信贷资金来源。

住宅基金的提取渠道：1.财政用于住房的拨款；2.企事业单位用于住房建设的自筹资金；3.企业原已进入成本的住房维修费、折旧费；4.留利比例较高的企业单位在奖励基金项下提取的“职工购房基金”；5.各单位新房租金的一定比例；6.出售住宅收入的资金等。同时，银行要开展储蓄业务，发行住房债券，吸收存款，扩大住宅周转基金。

企业要逐步创造条件，疏导理顺住房资金，使生产性固定资产资金同住房资金逐步分离，单独核算，纳入“住房周转基金”，实现住房资金的合理化、固定化、规范化。

旧有住宅虽然提高了房租，但实行空转，因此按原租金纳税；新建住宅按新租金征税，在改革期间税金收入进入市住宅周转基金，主要用于资金困难单位和个人购房的补助。

目前住宅生产、流通、消费领域的资金绝大部分来自地方、用于地方，但被各家专业银行所分割占用，或与其他资金混用，难以保证住房资金周转的需要。住房制度改革必须有金融体制改革的配合。为此，要成立烟台住房储蓄银行，并与本方案配套出台，以便作为住房资金的结算中心和信贷中心，有效地组织社会闲散资金和住宅基金进行商品房建设和经营。

七、住宅小区管理

住房制度改革以后，必然出现房管部门直管住宅、单位自管住宅、私人住宅交叉于一个住宅小区甚至一栋楼内，现行的住宅管理和维修办法已经不适应。为此，要改进小区管理。总的要求是：专业经营，统管统修，合理负担，方便住户，逐步形成一套经营型、服务型管理体制，向房产管理社会化、专业化发展。

(一)建立住宅小区服务公司。服务公司负责住宅小区的房产管理、房屋维修和道路、绿化、环境卫生、公共设施、社会治安的管理，以及其他便民服务等工作，逐步成为一个经营型、服务型机构。服务公司设监事会，监事会由住户和产权单位选举产生，负责监督服务公司的财务开支和维修服务质量，有权建议罢免公司领导成员。

(二)统筹小区管理维修经费。原则上将产权单位租金中的维修费和管理费，交给小区服务公司统一用于小区的住宅维修和其它管理。

八、其他

城镇住房制度改革，是城市经济体制的一项综合性的重大改革，涉及到各单位和千家万户的切身利益，政策性很强，工作相当复杂。市区内各级、各单位都要把这项改革放到重要位置上，切实加强领导。要在改革中始终坚持实事求是、从实际出发和积极慎重的方针，把对改革的坚定性同严格的科学态度和求实精神结合起来，不断地总结经验，解决矛盾，把改革引向深入。要十分注意改革中的思想工作，十分注意关心群众生活。要加强纪律，统一行动，各部门、各单位密切配合，共同把这一工作做好。

凡芝罘区房改范围内的行政机关、人民团体、事业单位和企业单位，不论级别和隶属关系，都要执行本方案及其配套政策和管理办法。

杭州市自来水公司

实行千吨水工资含量承包

一九八六年八月杭州市城乡建设委员会、杭州市财税局、杭州市劳动局联合批复了"杭州自来水公司经济承包方案",批复内容是:

一、自来水公司实行两种经济承包办法,自来水公司本身。制水厂、机修厂、营业所、工程安装处的管道维修部分实行千吨水工资含量承包办法。工程安装处的基建部分实行工程预算包干,节余分成办法。

二、实行千吨水工资含量承包办法的职工人数及工资总额,将公司上报人数1367人和工资总额2218971分别调整为1263人,(其中核定计划外用工51人)和工资总额1558187元。工资总额包括标准工资、加班工资、奖金、粮贴、夜餐费、3%晋级工资、劳务工资。

三、确定售水量基数为170772千吨,其组成内容如下:

1.自来水公司85年实际售水量167423千吨。

2.将机修厂制表计划利润3万元折算成售水量,其计算公式为:

$$30000\text{元}\times\frac{167423\text{千吨}}{15\text{元}\times10^{5}}=3349\text{千吨}$$

四、千吨水工资含量系数为:

$$\frac{1558187\text{元}}{(167423+3349)\text{千吨}}=9.12\text{元/千吨}$$

五、1986年节水视同售水的奖励仍按1985年办法。鉴于今年成本提高,利润减少的实际情况,奖金仍按上年千吨水销售利润率换算的利润和核定的"两金"比例提取。87年须总结经验,并借鉴外地作法另行研究。

六、直接从事管道安装的一线施工人员免交奖金税。

七、实行千吨水工资含量包干,必须达到"四保"所规定的考核要求,才可按9.12元/千吨提取。月度实发数按应发数的90%预提,完不成"四保"规定的指标,则按具体条款于年终结算时从工资总额中扣减。

八、公司安装处实行工程预算包干,节余分成办法。定额执行浙江省建筑安装工程定额,缺项部分按有关部门规定办理,对列入城市维护费的基建项目,需由公司报委审核,其他由公司审定。工程预算包干节余分成比例为40%冲减工程成本,36%上交公司作生产发展基金,24%留安装处作福利和奖励基金,具体分配比例另定。

九、企业应层层建立经济责任制,切实改进经营管理,健全检查,考核制度。要重视基础工作,统计数据要准确,要定期总结,不断改进。各下属单位的经济责任制承包办法应抄委备案。

十、实行本办法后,按上述规定计提的工资总额计人成本,并在银行建立"工资基金"专项。实际发生的工资和奖金,均在"工资基金"专项内开支,超支不补,节余归企业,当年使用不完的。允许跨年度使用或以丰补欠。奖励基金列人工资总额后,应按实际数额缴纳15%的所得税。税后留利部分,除核定一定比例的福利基金外,全部作为生产发展基金。

十一、本办法一定三年不变,在施行本办法期间,因基建工程投产而增加水量,并增加职工人数,不得增加工资总额,如发生重大政策性变化,则作相应调整。

上海市公共交通公司

关于试行行驶公里工资含量包干的办法

一、以公司为单位(不含集体职工)试行行驶公里工资含量包干使用。

二、包干基数和行驶公里工资含量的水平:

(1)工资总额包干基数:以1985年经上级与主管局核定的工资总额加上1985年影响到1986年应增加的工资为核定基数计5519.32万元。考虑到公交是劳动密集型,体现社会服务效益为主的企业,近几年职工收入低于全市平均水平,同时为改善乘车拥挤状况，每年有较大幅度增车。今年为落实市政府提出的首件实事、将增新车530辆，为此，要求增加工资总额882.18万元，合计为6402万元(不含奖金与付食品价格补贴)。

(2) 行驶公里包干基数：以1985年的行驶公里(剔除集体职工因素，并折合单机)为41855.51万公里。

(3) 行驶公里工资含量水平：根据上述基数测算(含增人因素)为0.153元/公里，(不含增人因素为0.132元/公里)。

三、制约指标的计算及其控制：

(1)实行行驶公里工资含量包干后，企业的营业总收入将不低于1985年的实绩26214.19万元(已剔除集体职工因素)。包干期内若每一年度营业总收入低于1985年实绩，每下降1%，将按工资总额包干基数的1%予以减扣，反之，若每提高1%，也将按同比例增加工资总额。

同时，要求年平均每百公里营收不低于56元，若每低1%，将按工资总额包干基数的0.2%减扣工资总额。

(2)为了确保行车安全，为乘客提供优质服务，贯彻重罚轻奖的原则，对上级局列为主要考核的项目，行车责任上报事故分有责死亡事故；重大恶性事故，分别加以考核。行车责任上报事故安全间隔里程要求达到60万，有责死亡事故间隔里程要求达到500万。在包干期内，单项每下降1%，按工资总额包干基数的0.5%减扣工资总额。反之，每提高1%则接工资总额包干基数的0.25%增加工资总额。发生重大恶性事故，每次减扣工资总额0.1%。

(3)为了充分发挥现有运能，缓和乘车难，包干期内二次停站年平均合格率要求达到85%以上，若每低1%，减扣工资总额包干基数的0.25%。

四、实行行驶公里工资含量包干后，企业职工的工资随包干期行驶公里的实绩，当年按月累计预提计入成本，工资科目仍按原财务会计科目的规定不变。

五、实行行驶公里工资含量包干后，企业奖励基金按市政府(86)六月二日，《有关调整奖金税和地方企业调节税若干政策》的具体规定办理。

六、上述办法暂定为一九八六年一月一日起试行，一定二年不变，当国家和市政策对有关工资、津贴、物价作较大调整时，工资含量应相应调整。

七、公司内部分配方案另订。

一九八六年七月十日

太原市公共交通公司

实行百元营运收入工资含量包干的办法

公司对市城建委保证年度两个效益的实现，具体考核指标是：

1.营运里程达到计划100%；

2.趟次利用率不低于96%；

3.高峰趟次不低于98%；

4.工作车率不低于80%；

5.车日行程不低于145公里。

6.营运收入利润率不低于上年实际85%。

考核办法是：将含量系数分为两部分，即基本工资含量系数和奖励工资含量系数。基本工资含量系数为每百元营运收入25.55元，它与经济效益挂钩，完不成利润率指标，其差额由企业从提取的工资总额内补足；超计划利润按超额部分的25%增提工资总额。

奖励工资含量系数为每百元营运收入3.50元，它与社会效益挂钩，其中：营运里程、工作车日和车日行程各为0.50元。趟次利用率、高峰趟次各为1元。完成指标计划98%，可按系数计提工资，达不到98%的指标，也能计提，超额不增提。

企业内部承包指标的分解和分配，按照各生产单位的实际情况，采取不同的承包形式和责、权、利相结合的分配办法。营运车场对公司承包8项营运指标：

1.安全行驶间隔里程不低于30万公里；

2.综合正点率不低于75%；

3.高峰车次不低于98%(电车96%)；

4.服务卫生合格率不低于85%；

5.营业行驶里程达到计划100%；

6.营业收入总额达到计划100%；

7.千公里单位成本不突破100%；

8.基本业务利润(亏损)达到计划100%。

考核办法是：各场必须全部完成承包指标，方可按核定的工资含量率，全额计提工资总额，其中第1～7项完成率每缺超1%，扣减含量率0.3%，第8项利润(亏损)计划未完成，其减利超亏额，由场从提取的工资总额中补足。利润超过计划或亏损低于计划，可按超利减亏额增提10%工资总额。超利减亏额在提取10%工资总额后，其余额场还可分成40%。作为发展生产和职工福利之用。

公司所属各单位根据向公司承包的年度计划指标，工资含量包工系数，分别测算下达分配给所属车队、车间、服务及管理部门。车队、车间等单位承包的指标，以他们自己能直接控制的为准。

车队、车间、服务及管理部门，根据向车场承包的计划指标、工资含量包干系数，再分配给所属车组、班组按月考核。车组、班组为经济承包的细胞组织，必须落实承包指标，才能保证单位任务的实现。

上海市煤气公司

试行千立方米煤气量工资含量包干浮动的办法

上海市煤气公司是供应优质生活和生产能源的企业。随着城市建设的发展，煤气已成为国计民生中不可缺少的组成部份。发展城市煤气不仅能够改善人民生活，促进工业生产，而且还可以节约能源，解决城市空气低空污染，保障人民健康有着显著的社会综合效益。煤气公司是担负本市煤气生产，煤气液化气贮存、输配、管道施工安装、用户服务和表灶生产等全过程的企业，下属八个单位。至1986年末共有职工13001人，其中已实行百元产值工资含量包干办法只有2371人，实施煤气含量包干浮动的人数为10630人。

煤气企业是为城市生产和人民生活服务的，它对国家的主要贡献反映在社会效益上。由于煤气现行价格不合理，致使煤气用户发展越多，企业的亏损越大。1986年由于无法按照第二步利改税后留利分成，财政方面已实行按用户发展数提取留利，从我公司的实际情况看，当前存在着四个突出矛盾。

第一、煤气现行价格不合理，进销价格倒挂，致使煤气发展越快，企业的亏损越多，对社会服务的质量越好，企业的成本越高。

第二、国家对煤气行业没有给予适当的优惠政策，煤气发展职工的收入不能得到应有的提高，挫伤了企业和职工发展煤气的积极性。

第三、煤气企业工人劳动条件差，劳动强度大，工作责任性强，常年在高温繁重和有毒有害、易燃易爆的环境中劳动，严重影响了职工的身体健康。

第四、目前，新建工房待装煤气的用户数高达二十二万余户，市民急盼使用煤气。七·五期间市府提出基本实现煤气化，还缺少气源150万米^3/日，迫切需要从扩大新增气源和节约用气二方面努力，以平衡供求。

为了合理使用有限气源，加速民用发展和不断开发新气源，保持气源持续增长，实现市府提出的七·五煤气发展目标。为了正确处理国家、企业和个人的三者利益，在分配上克服大锅饭的弊端，贯彻按劳分配原则，不断提高社会服务效益和经济效益，增强企业活力，充分发挥企业和职工的积极性，经过多次酝酿和商议，提出工资总额与企业的服务量挂钩，实行千米^{3}煤气量工资含量包干的办法，具体意见如下。

一、以公司为单位(不含实行百元产值工资含量包干的部份及集体所有制单位)试行千米^{3}煤气量工资含量包干使用。

二、包干基数和工资含量的水平。

1.工资总额以1986年上级核定的工资包干数为基础。加上1986年影响1987年应增加的工资和合理增长因素。合计为1253.39万元。

2.煤气量，以1986年实际售气量和液化气的售液量为基数。煤气为1145180千米^3。液化气为42631吨。

3.工资含量为：

$$煤气\frac{1135.4万元}{1145180千米^3}=9.92元/千米^3$$

$$液化气\frac{117.99万元}{42631吨}=27.68元/吨$$

三.辅助指标

为了加速民用户的发展，尽快提高煤气普及率，根据城乡建设部(86)城劳字第355号文提出的：销售量大的城市还要与发展煤气民用户数挂钩。以1986年末的家庭用户数1068216户为基数，煤气用户增加一户，工资总额增加8.00元。

四.考核指标

1.民用煤气供应每发生一次全市性的脱压脱销责任事故，扣减当年增加工资部分的2%。

考核措施，按微机自动打印测点压力记录。

2.煤气质量以煤气发热量为重点，硫化氢、萘、氨、氧等。五项综合合格率＞95%，低于指标1%，扣减当年增加工资部分的2%。

考核措施，按48点/日自动记录和化验分析日报。

3.居民一般中毒、火警等责任事故低于万分之一，重大责任事故低于十万分之一，若高于上述指标1%。扣减当年增加工资部分0.5%。

4.煤气产销差不高于1986年实际3.58%的水平，若高于指标1%，扣减当年增加工资部分的1%。

上述制约指标年终考核的成绩出色，由上级酌情给予一次性加奖。

五、实行煤气家庭用户工资含量包干后，职工的工资发放按月预提，年终结算，费用进入成本，积余可转入下一年度使用。

六、浦东煤气厂第一期工程的产气效益与劳动力配备的时间差，从当年煤气增加总额中按20%予以剔除扣减。新厂第二期工程大批生产准备人员及老煤气生产厂的三废治理等与煤气销售量、用户发展、企业增收没有直接关系的项目所增加的劳动力，按照上级批准的人数另增适当的工资额。

七、上述办法从1987年起试行，试行期二年，如遇国家和市政府对有关工资、津贴、价格作较大的调整时，工资含量也作相应的调整。

八、公司内部的分配办法另行制定。

8

城市和城市建设理论研究

城市科学理论研究

暴玉林

党的十一届三中全会以来，随着经济体制改革的深入，我国城市建设和发展进入了一个崭新时期。城市在国家经济社会发展中的地位和作用日益突出。据统计，1986年城市工业总产值占全国的88%以上；年末固定资产净值占全国的81.8%；实现税金和利润占全国的89.2%；社会商品流动总额占全国的69.6%；高等学校在校生数占全国的97.9%。与此同时，城市建设和发展也面临着前所未有的一些新问题：住宅紧张、交通拥挤、环境恶化等矛盾十分突出，制约着城市的发展和效益的进一步提高。为了促进我国城市的科学发展，城市科学研究受到各方面的广泛重视。越来越多的学科投入到城市问题的研究之中，并在实践中逐步认识到，必须统一多学科的目标，将城市做为一个有机的整体，集中力量协同研究。几年来，中国城市科学研究会会同有关单位组织各方面的专家、学者和实际工作者开展多学科、多层次的城市科学研究，推动了我国城市科学理论的发展，取得初步成果：

［**中国城市化问题**］ 长期以来，我国社会主义的城市化经历了曲折的过程。尤其是十年动乱和"左"的思想影响，在指导思想上，急于消灭城乡差别，对城市化发展的客观规律缺乏认识和研究，不重视城市在经济社会发展中的重大作用，严重地阻碍了城市的建设和发展，使我国城市化进程一直在低水平上徘徊。

党的十一届三中全会以来，农村经济发生了深刻的变革，开始向专业化、商品化、现代化迈进，极大地促进了城镇的发展。我国城镇人口占总人口的比率1978年只有14%左右，到1986年迅速上升到20%多。生产力的迅猛发展，特别是农村经济的繁荣，使得新城市的出现和城市化成为经济社会发展进程中的必然趋势。为了引导我国城市化健康发展，1978年国务院召开了第三次全国城市工作会议。1980年全国城市规划会议明确提出"控制大城市规模，合理发展中等城市，积极发展小城市"的城市发展基本方针。随后，城市化问题的研究受到国家有关部门和学术界的高度重视。1984年，中国城市科学研究会和一些省市的城市科学研究会相继成立，为全国组织和开展城市化问题的研究创造了条件。

在全国广泛开展城市化问题研究的基础上，1984年10月23日至28日，中国城市科学研究会同中国建筑学会城市规划学术委员会，邀请全国24个省、市、自治区城市规划、科研、教学等单位的90多位同志，召开了第三次中国城市化道路学术讨论会，研究探讨我国城市化发展趋势，提出了初步对策意见。

1.我国是一个发展中的社会主义国家，土地辽阔，人口众多，10亿人口中有近8亿农村人口，经济基础薄弱。这些因素决定了必须走具有中国特色的，符合中国国情的社会主义城市化道路。因此，城市化的发展要从我国的实际出发，不能照搬外国模式。从全国来讲，在相当长的时间内，城市发展的重点是小城市和建制镇。同时，由于我国各地区自然条件不同，经济发展极不平衡，城市化的发展应针对各地区的具体情况，制订各具特色的城镇发展战略，采取不同的发展对策。城市化水平较高的地区，应集中力量重点发展小城镇，进一步完善城市体系。在经济不发达的低城市化地区，还有必要在短期内通过大城市的发展带动小城镇的发展，以促进城市化的全面发展和城市体系的形成。

2.城市化应是经济、社会和科学文化发展的综合反映。它不仅是城市数量的增加，也包含了人口、地域、生活方式多方面的转化，以及城市的发展与基础设施的现代化相协调等多种因素。因此，城市化现象体现在社会生产和生活的各个方面。长期以来仅用城镇人口占全国总人口的比例衡量城市化水平是不科学的。应当制订一套综合指标体系，包括生产力和人口聚集的程度、城市基础设施的水平、对经济、社会发展的作用和影响、行政管理的职能以及生产和生活方式的转变等方面的内容，全面概括和反映城市化的涵义。

3.编制城市体系布局规划。由于历史和经济发展条件的影响，东部和沿海地区人口稠密，城市相对集中。西部地区经济落后、人烟稀少，城市寥寥无几。形成我国城市布局和人口分布极不平衡的状态。长期以来，城市的发展没有体系布局规划，也没有国土规划和区域规划做依据，城市规划难以考虑城市与周围地区，城市与城市之间的必然联系和作用。造成城市盲目发展，各自为政、功能紊乱，降低了城市应有的作用和效益。近几年来，我国城镇的迅速发展，矛盾更加突出。为此，我国学者和专家认为：随着经济、社会的发展，城市的发展还会进一步加快，若无全国和地区的城镇体系规划，城市发展就可能出现混乱，不仅会影响整个经济、社会发展的客观效益，还会引起环境的恶化等一系列问题。在学术研究活动中，专家学者们建议：应根据国民经济和社会发展规划，抓紧对我国城市发展的结构和布局进行合理规划。通过全国和区域的布局规划，合理分布生产力，统筹安排重点建设项目和区域性基础设施，合理利用土地和各种资源，合理调整人口分布。城镇体系的规划，要结合我国的实际情况，在重点发展中小城市的前提下，当前要突出主要中心城市在城镇体系中的核心和组织作用。这些城市在我国经济发展时期有较强的辐射力和吸引力，可以带动中小城市和广大农村腹地的发展。专家、学者的研究成果已被采纳，国家有关部门开始着手编制全国城市体系的规划，各省市也相继编制本地区或一定区域的城镇体系规划。

［**大城市人口问题研究**］　在我国经济社会发展中，大城市发挥着重要作用。但是，由于当前大城市的物质、文化生活条件高于中小城市和其他地区，使得大城市人口规模急剧膨胀，造成了人口和建筑密度过大，水源、能源不足，交通、住房紧张，环境污染等许多问题。为此，1984年11月底，中国城市科学研究会与京、津、沪、蓉四个城市及北京大学社会学系共同召开了《大城市人口问题和对策讨论会》。根据会议讨论意见起草了“大城市人口问题和对策讨论会”的报告。国务院领导同志在报告上批示：完全赞同这个讨论会的结论和建议。国务院办公厅也于1985年第九号参阅文件转发了这个报告，并在按语中强调指出：“大城市数目急剧增加，规模不断膨胀，已成为发达的资本主义国家一大困境。目前，他们不得不花很高代价去压缩大城市规模。我国对外开放、对内搞活经济，也必须从严控制大城市的常住人口，忽略这点，将带来严重后患。近几年来，我国有大批劳动力不再种田，从事工副业生产，多数做到了“离土不离乡，进厂不进城市”。这就有力地证明，经济发展并不是一定要大批人口涌入大城市。不能认为，一搞活经济，必须扩大城市人口规模。从长远看，大城市人口失控，必将带来一系列矛盾，很难解决。因此，对大城市人口控制和管理，必须引起重视，不可放松。

这次会议是根据国内有些学者和经济工作者对国务院1980年全国第一次城市规划工作会议上确定的“控制大城市规模”的方针，提出了不同的看法而召开的。这些同志的主要观点是：既然要发挥大城市经济中心的作用，就应放手让大城市扩大规模，限制了大城市的人口，必然限制了大城市经济、社会的发展，这样做对全国经济的迅速发展是十分不利的，大城市规模应当“超前”发展，只有这样才能把中小城市带动起来。

会议经过认真讨论，大多数人认为上述主张是不正确的，提出如下论据：

1.随着经济社会发展，人口逐渐由农村向城市转移，即所谓“人口城市化”。但是，人口城市化绝不等于人口大城市化。大城市数目急剧增加，规模不断膨胀，这是资本主义制度带来的恶果。中国是社会主义国家，实行的是有计划商品经济，合理分布人口，有利于我国经济的长远发展，而且经过努力是可以做到的。几年来，我国农村经济改革，由于政策对头，措施得力，农村剩余劳动力转向乡镇企业，没有涌进大城市。它有利地证明：国家经济社会的迅速发展，并不是必须以人口大量向大城市聚集为前提。应当说，这正是建设具有中国特色的社会主义的一个重要特征。

2.单从经济效益上考查，一般地讲，大城市要比中小城市高一些。但是，也应作全面、具体的分析。城市发展不但要讲求经济效益，而且要讲求社会效益和环境效益。国外不少专家认为：城市规模在50万左右，三个效益最容易达到统一；人口达到100万左右，就差一些；超过200万人，一系列矛盾就难以解决。当前，我国大城市经济的发展，如果把方向放在扩大外延上，会使交通、能源、住房、给排水、环境治理等矛盾更趋尖锐。

3.建国以来，我国人口城市化的进程比较缓慢，至今城市人口只占全国总人口的百分之二十多，远远低于发达国家，也低于一些发展中国家。为加快我国城市发展，有些同志认为应当让我国大、中、小城市全都放手发展。会议多数同志认为这种意见是不可取的。

长期以来，我国城市人口比重低、主要是指导思想的失误，中小城市发展缓慢，人口大量向大城市聚集。1983年底，市区人口百万以上的大城市由1949年的6个增加到46个。今后，我国城市人口的比重是要增加的，但主要应分布在中小城市。市区人口超过百万的大城市，其人口发展规模应从严控制，尤其是北方现有的26个大城市，普遍存在着供水不足问题，而开辟新水源又十分困难。这些城市的人口规模无论如何不能失去控制。当前，有些经济部门极力主张把新建项目摆在大城市近郊区，主要想挖掘大城市现有的各种公用设施的潜力，殊不知大城市现有公用设施大都在超负荷运转。有些专家论证认为，城市规模超过一定限度后，建设相应的基础设施所需投资比发展中小城市要大得多。从全局看，即使是只算经济帐，这种做法也是很不合理的。

4.近年来，随着经济搞活，人民生活水平日益提高，城市流动人口迅速增加。为了促进经济的活跃，国家对流动人口没有采取限制政策。据此，有的学者认为，既然对大城市的流动人口限制不了，限制常驻人口也就失去了意义；他们还认为，今后各种票证一旦作废，城市中常驻人口与流动人口的区别也就随之消失。

会议对这个问题的主要看法是：流动人口大量涌进城市，固然给城市基础设施造成很大压力，但是，流动人口毕竟与常驻人口有很大不同。流动人口一不申请住宅，二不携带家属，三不要求为子女安排就业。因而，就组织城市生活而言，常驻人口比流动人口给城市带来的问题要多得多。在流动人口不宜限制的情况下，对大城市常住人口更应从严控制，这才是正确的方针。

5.由于大城市，特别是京津沪三大市对人口迁入控制很严，有些专业技术人才担心出去后回不来，不肯向急需他们的地区转移。大城市需要的技术骨干，因家属在外地难以解决，不得不迁往外地，有的同志提出对人迁采取放开的政策。

为了加快经济、社会发展，支持和鼓励人材合理流动是十分重要的问题。但是，我们绝不能以此而放弃对人口迁移的管理。否则，在当前城市和乡村之间、大城市和中小城市之间生活条件仍有很大差别的情况下，必然出现大批人口涌向大城市的局面。这对我国经济社会发展来说，消极作用远远超过积极作用。

会议对大城市人口管理问题提出以下建议：

1.在简政放权中，应明确人口迁入大城市的审批权由市长"一支笔"掌握。

2.在继续采取行政办法控制人口增长的同时，有必要采取适当的经济办法限制人口往大城市迁移。凡经主管部门批准，必需建在大城市市区的单位，或成建制迁入大城市单位，都应按一定数额缴纳"城市基础设施增容费"。

3.改革现行的户籍管理办法，把城市的常住人口、暂住人口和流动人口区别开来，对常住人口发给"常住居民证"，对符合一定暂住条件的暂住人口发给"寄住居民证"，对流动人口不发居民证，以利于管理。根据各城市实际情况，明确规定各类人员迁入大城市的条件，并分年度地制订人口迁入指标，纳入城市的经济社会发展计划。

4.建议采取减免税收、发放低息贷款、发行卫星城建设公债等多种方式，加快资金筹集，推动卫星城建设，增强其吸引市区人口的能力。进一步推广北京市扩散市区产品、技术、人才形成的"白兰道路"的经验，促进城乡经济和社会的协调发展。

［旅游城市开发建设研究］ 我国实行改革开放搞活经济以来，旅游事业空前发展。旅游城市开发建设引起政府部门和专家、学者的高度重视。短短几年，旅游城市开发建设的理论和实践研究有了重大发展。

为解决旅游城市开发建设所面临的问题，促进旅游城市经济、社会、环境效益的协调发展，中国城市科学研究会与西安、桂林、苏州、杭州市政府及有关单位于1986年1月13日至17日共同召开了4个重点旅游城市市长座谈会，探讨旅游城市发展的对策。一些专家、学者也积极撰写旅游城市开发建设问题的论文，在中国城市科学研究会首届年会上进行了广泛交流。这些研究活动推动了旅游城市开发建设理论的发展，基本明确了旅游城市开发建设的方向。

1.旅游城市的经济结构

由于旅游城市各自所处的历史、地理、经济、文化等基本因素的差异，要善于发挥自身优势，重点发展稳定性的因素，逐步形成特有的、区别于其它城市的主要功能。因此，风景旅游城市的经济结构，应当使生产、流通、消费等各种结构形式服从并服务于旅游事业，与旅游事业的发展相适应。

工业。应重点发展污染少、能耗低、运量少、占地少、技术密集、效益高，能促进旅游事业发展的轻型工业。如以传统丝绸为特色的纺织、服装工业；以名特食品和方便食品为主的食品加工工业；以传统工艺品为主的旅游纪念品工业和以电子、家用电器、精密仪器为主的技术密集型工业等。

农业。城市的农业生产结构要与旅游事业相协调，要重视发展城郊型商品经济，注意增加副食品、水果、花卉、苗木、水果等种植面积，为旅游事业提供量多、质优的蛋、乳、禽、肉、水产、蔬菜、水果等副食品，提高农业产品的商品率，并就地发展和扩大农副产品的加工能力。

第三产业。风景旅游城市要从抓第一、第二产业逐步转到发展第三产业上来，以旅游服务为中心，加快发展商业、饮食服务业、交通运输业、邮电通讯业、金融保险业等。逐步提高第三产业就业人数比例，提高旅游城市的服务水平，以发挥旅游城市的基本功能。

2.旅游城市空间结构布局

城市空间结构布局是城市的社会、经济、自然条件，以及工程技术与建筑艺术的综合反映。旅游城市的空间结构，要保证充分发挥旅游的功能，分散旅游容量，加强旅游组织的区域联系之间的关系。

要重点安排好风景旅游用地。凡是有条件形成、发展旅游事业的地域，都要充分挖掘利用，受条件限制暂时不能开发的，在规划上要予以保留。风景旅游用地与工业用地发生矛盾时，应优先满足旅游事业发展的需要。

要安排好为旅游发展服务的公共建筑和服务设施用地，如合理分布宾馆、文化娱乐、商贸、金融、信息等旅游活动设施的位置，科学地处理好各种设施、建筑物、构筑物的等体量、高度、风格，从而进一步突出旅游城市的特征。

要使旅游事业长期、稳定的发展，不仅需要编制旅游城市的长远规划，还要加强与周围城市和风景区的联系，城市建设和发展中要树立区域观念。在调整完善城市内部空间布局时，还要安排好对外交通用地，逐步形成联结周围地区和风景区的便捷的交通网络。除此以外，还要妥善安排好工业用地、生活用地、文教用地，确定合理的城市规模，以促进城市旅游事业的协调发展。

3.旅游城市环境的建设

近年来，随着我国旅游事业蓬勃发展，许多旅游城市成为国内和国际旅游者游览的胜地。但是，旅游城市的环境建设普遍落后，铁路、公路、航空、内河运载能力饱和，游客进不来、出不去、散不开；市内交通拥挤、事故频繁，供电、邮电通信、商业服务、环境卫生等方面的问题很多；旅馆、饭店不足，高、中、低档比例不协调，特别是中低档旅馆少，不能满足不同游客的需要；为旅游服务的文化、娱乐、体育等设施更是缺乏，制约着旅游事业的发展。为此，中国城市科学研究会组织专题学术研究，对旅游城市基础设施建设提出原则设想：

加强旅游城市基础设施的配套建设。加快旅游事业发展，要求城市基础设施在质和量、时间和空间上相互配套，形成完善合理的服务系统，才能获得较好的经济、社会效益。因此，风景旅游城市基础设施建设，一定要综合规划、通盘考虑、合理安排、突出重点、注重效益，从旅游城市的实际出发，安排好基础设施的配套建设。

提高基础设施的应变性能力。由于受气候、季节、经济、政治、假期等因素影响，旅游源很不均匀，高峰和低峰的客流量相差很大，给城市各项基础设施的服务造成很大困难，影响旅游服务水平和基础设施的经济效益。旅游客源的不均衡性，要求风景旅游城市基础设施必须具有机动性和应变能力，建设时要注意弹性和广泛性，以便在较大范围内和各种条件下提供优质服务。

基础设施超前建设。城市供水、排水、道路、桥梁、公共交通、供电交通等基础设施建设往往具有规模大、周期长的特点。因此，旅游城市的基础设施建设要超前于旅游资源的开发和拥有适当的提前量，才能使基础设施建设和旅游事业同步发展。

［智力密集区的开发与建设］ 随着科学技术的发展和世界范围内新技术革命的兴起，建设和发展以教育、科研和高技术为中心的智力密集区(简称智密区)已成为现代社会的重要特征之一。为了研究国外智密区的建设经验，探讨加速我国智密区开发与建设的途径，1986年6月，中国城市科学研究会与有关单位联合召开了"全国智密区问题学术讨论会。会议分析了国外智密区的形成、特点、开发建设的条件和不同类型等。针对我国的实际情况，会议对我国智密区的开发建设提出建议：

1.提高认识，加强我国智密区开发建设问题的研究

我国是一个发展中的社会主义国家，从长远的建设目标出发，开发建设一批以高技术产品为目标的智密区，对加快经济发展具有重要作用：它将有利于科学技术和社会经济的结合，克服长期以来科研、生产相脱节的现象，有利于我国的科学技术和教育事业更快地发展，逐步赶上世界的先进水平，同时通过高技术产业的发展壮大，促进传统的工业技术改造，促进我国城市的现代化建设。智密区的开发建设需要各种条件，受诸多因素的制约。因此，我国计划、经济、教育、科研、城市建设和环境保护各部门应不失时机地开展智密区建设的研究，探讨建设具有中国特色的智密区的途径。

2.全面规划、统一安排，积极开展智密区建设的试点工作

五十年代中期，我国在进行城市规划建设时，在一些大城市把大学、研究机构和部分文化事业单位集中在城市的某一个地区，形成了一批科学文教区，但当时没有考虑与经济建设的关系。经过三十年来的发展，这些科学文教区都已具相当规模，如北京西郊的中关村，已成为全国大学和科研机构最集中的地区；天津的南开区、上海的漕河泾和嘉定地区，武汉的东湖地区以及广州、沈阳、成都、西安、长春、南京等城市的一些地区，都集中了较多的高等院校和科研单位。然而这些地区一般缺少把科学技术迅速转化为新兴产业的社会功能，没有形成以教育、科研和高技术产业紧密结合的智密区。为了加快新兴产业的发展，应在现有的科学文教区的基础上，全面规划、统一安排，在发挥各自优势的同时，选择若干条件较好的地区进行试点工作，积累经验，为今后智密区的发展做好必要的技术论证和准备。

3.把智密区的开发建设纳入城市总体规划

根据国外智密区建设的经验，高技术开发地区应具备以下条件：智力资源雄厚，有吸收高技术的能力，有较强的科技研究力量；传统工业已有相当基础，工业化水平较高；距离中心城市较近，能够利用中心城市现有的基础设施，和中心城市有快速的信息联系等。因此，应把智密区的建设纳入城市总体规划，认真做好智密区的分区规划和详细规划、使人口的合理配置、产业结构调整与智密区的建设有机地联系起来，同时注意智密区的各项基础设施施建设，以适应高技术开发研究和新兴产业发展的需要。

4.逐步形成合理的科技人才结构

高技术产业是知识密集型的产业，无论是国家、地区还是企业，在开展基础研究、应用研究或开发研究时，要注意逐步形成合理的科技与人才结构。目前，我国经济实力还不够雄厚，科学技术特别是生产力还相当落后，智密区的开发建设要从国情出发，不能照搬国外模式。在有选择地重点跟踪世界高技术发展的同时，力争在某些条件较好的高技术领域、如生物工程、航天技术等有所突破，要大力加强应用研究与开发研究，创造能迅速物化科研成果的环境，以尽快取得经济效益。对现有的科技人才，要在充分发挥专业特长的基础上，注意知识更新，搞好继续教育，同时作出人才预测，有计划地培养各种科技人才，以适应科技稳定发展的需要。

会议还提出，为了支持高技术产业的发展，国家和地方应在税收、信贷、管理等方面采取若干特殊的优惠政策

［东部沿海地区的开发与建设］ 1978年，党中央提出创办经济特区以来，以我国东部沿海地区深圳、珠海、汕头、厦门4个特区为骨干，加上14个开放城市和海南岛开放区，在绵长1800公里的沿海地区形成了一个广阔的开放地带，引起国内外广泛关注。在短短的几年里，已对我国经济、社会、科技的发展起到了积极作用，积累了许多有益的经验，奠定了进一步发展的基础。与此同时，沿海开放地区开发建设过程中也遇到了一系列急待解决的问题。为此，中国城市科学研究会和中国地理学会组织专家、学者和实际工作者，于1986年12月底联合召开了“东部沿海地区开发和建设”学术研讨会。研究分析了东部沿海地区开发与建设的形势、经验和矛盾，探讨了开发建设的对策。提出如下意见和建议：

1.尽快开展东部沿海开放地区总体部署的研究

东部沿海地区是在经济改革过程中陆续开放的，由于缺少开发建设的总体部署，一些特区和开放城市未能因地制宜，依据本身的条件和特点引进外资和技术发挥自己的优势，而是“饥不择食”，来什么就引进什么，甚至彼此竞争，被外商渔利。目前，大多是搞电子、纺织、食品等有数的几个行业，重复引进，重复建设。产品普遍缺乏出口创汇能力，影响外向型经济结构的形成。

为了提高整个开发地带的宏观经济效益，迫切需要从全局出发，确定沿海地区开发建设的总体布署和各特区、开放城市的战略目标以及彼此分工，协调好“窗口”与腹地的关系，发挥各自优势，提高宏观效益，使沿海开放地带在全国经济社会中发挥更大的作用。

2.开放城市要处理好开发区与市区的关系

目前，沿海开放城市的经济技术开发区，大都按照远离市区、功能综合、封闭地域的原则进行规划建设。由于开发区是开放城市的组成部分，处理好开发区与老市区的关系是规划建设中的一个重大问题，直接影响着对外开放、引进外资和城市的综合经济效益。不少专家认为：加工工业或金融贸易为主的开发，远离市区则建设时间长、收效慢，应尽量邻近市区进行开发建设。具体确定每个城市开发区的位置，受多方面的因素制约，需综合研究，因地制宜，不搞统一模式。开发区建设的规模要按照城市总体规划分期建设、滚动发展为宜、研究开发区的选址和规模还要和开发区的性质、计划引进的主要项目、老市区的改造联系起来考虑。处理好开发区与市区、建设新厂与改造老企业的关系，对引进外资和技术影响甚大，应认真总结经验，制订相应政策措施，加快开放城市建设和发展。

3.做好开发区建设前期可行性研究

开发区的建设需要大量投资，如何提高效益是

个值得重视的大问题。据估算，开发区的基础设施的建设投资每平方公里大约需要1.5亿元以上，若搞好14个开发城市的开发区的基础设施约需200亿元。筹措这笔巨资很不容易，用好这笔建设投资就更加重要。可是有些开发区的建设仓促上马，一些重大工程项目的前期可行性研究工作很不扎实。有的开发区规模偏大，建设起来的厂房和服务设施不能充分发挥作用。有的选址不当，或因工程地质条件差，加大了基建投资。有的没能充分依托原有城市，增加了基础设施建设的任务。有的不坚持分期分批建设的原则，而是全面铺开，资金分散，造成许多"半截子"工程，拖长了建设周期，降低了资金利用率。由于调查研究不够，计划脱离实际，建设目标不明确而造成的经济损失也是相当严重的。为了坚持勤俭建国的方针，提高开发区的建设效益，加强开发区建设的前期科研工作已刻不容缓。

4.组织多方面力量，把研究东部沿海开放地带作为长期任务

对外开放是一项开拓性的艰巨事业，如何从我国的国情出发搞好对外开放需要长期探索。自1980年建立特区以来，东部沿海地区已形成一个多层次的对外开放系统，成为全国经济建设的重要阵地和对外开放的窗口。当前物质文明和精神文明建设中遇到的各种矛盾和问题大多先在这里出现。因此，加强对这一地区的研究对保证改革、开放方针的贯彻执行有着极其重要的意义。需要动员多学科的力量，长期进行研究，不断总结实践经验，及时探讨各个时期、各个方面和各个地区出现的新矛盾和新问题，为中央决策提供依据。

［**城市科学理论研究**］ 我国实行改革、开放、搞活经济的政策以来，特别是党中央提出："要充分发挥城市的中心作用，逐步形成以城市特别是大中城市为依托的，不同规模的、开放式的、网络型的经济区"的方针以后，城市在经济和社会发展中的重要地位和作用，日益被人们所重视，城市问题的研究日趋活跃，打破了长期以来分割研究的状态，出现了一个多学科研究城市问题的生动活泼的局面。1982年中国自然辩证法研究会和城乡建设环境保护部联合召开了城市发展战略讨论会，有力地推动了城市科学研究工作的开展。1984年1月，中国城市科学研究会正式成立，标志我国城市科学理论和研究工作进入了新的时期。经过广大学者、专家和实际工作者的辛勤耕耘，城市科学理论取得初步成果，深化了我国经济发展时期城市的基本特征：

1.城市是以人为主体，以空间环境利用为特点，以聚集经济效益为目的的集约人口、集约经济、集约科学文化的综合性经济和社会实体。城市管理要为各种实体要素的有机运转和发展，创造一个协调方便的客观环境，发挥各种实体在经济生产、社会生活等各个领域的功能。在城市建设和发展过程中，要强化城市综合管理意识，科学地处理好城市近期与远期、局部与全局发展的关系。

2.城市具有多维、多层次、多变量的特征，是一个密集性很强的地域系统，城市内部和外部的各种要素存在着相互关联、相互制约、相互依存的复杂关系，城市建设和发展决策存在着大量的随机现象和不确定因素，不仅需要定性分析，还需要以定量为依据。所以，现代城市建设和发展的决策，只靠领导机关和领导者个人的智慧是远不够的，需要组织包括自然科学、社会科学和技术科学在内的多学科的专家、学者和实际工作者的智囊团，集思广益对城市建设和发展的重大问题提出对策。从而有效地完善城市的专业、分级、民主和法制管理。

3.建设开放型城市。在改革的洪流中处于中心地位和主导作用的我国城市正面临着巨大的变革。城市的发展要逐步由封闭型改变为开放型；由万事不求人的自给自足型改变为社会化大生产型；由功能不健全改为功能健全；城市政府由直接管理经济改变为间接管理经济；城市管理由人治改变为法治；城市建设由分散进行改为综合开发；公用设施由福利型改变为经营型；市政设施由无偿使用改变为有偿使用；城市住宅由无偿分配逐步改变为商品化等等。因此，必须更新城市规划、建设和管理的观念，才能适应经济体制改革和客观规律的需要。

城市基础设施理论研究

武涌

建国以来到党的十一届三中全会前，我国城市基础设施的发展与国民经济和社会发展相比，是落后的。因此，在一定程度上，城市基础设施容量不足、服务水平低下、结构不合理成了制约经济和社会发展的重要因素。造成这种局面的主要原因是由于过去很长一个时期对城市基础设施的性质、作用及其在国民经济和社会发展中的地位，研究甚少、认识不足，加之长期受“左”的思想影响以致在指导思想上，把城市基础设施作为非生产性的福利设施，摆在“配套”和可有可无的地位，因此，在国民经济和社会发展计划中排不上队，投资比例低，经济政策不合理，价格与价值严重背离，所以造成城市基础设施发展与经济和社会发展严重比例失调的局面。

党的十一届三中全会以后，随着城市经济体制改革的深入，作为城市赖以生存和发展的基本条件的城市基础设施，也日益受到重视。城市基础设施的建设以前所未有的速度在我国城市展开。与此同时，对城市基础设施在国民经济和社会发展中的性质、地位、作用，对其正常运转的各种客观规律的研究也逐渐深入，而且随着城市经济体制改革的深入进行，如何把城市基础设施的建设、管理、纳入有计划的商品经济轨道，实现城市基础设施建设资金的良性循环，建立城市基础设施与国民经济和社会发展协调发展的机制，这类主要为决策服务的软科学研究，也摆在了城市科学研究者的面前。

八年来，围绕上述问题，作了大量的研究，取得了大量的研究成果，这些研究成果对制订我国城市建设的方针、政策，指导科学合理的进行城市建设起了积极的作用，尤其是从理论上澄清了过去对城市建设的性质、地位及作用的错误认识，并深化了对城市建设的各种规律和城市建设行业与其它行业相互关系的认识，这对于促进城市建设事业的健康发展起了不可低估的作用。八年来，城市基础设施建设的软科学研究方面，主要有以下一些成果：

［**中国城市建设技术政策**］ 根据国务院的统一部署，从1983年1月起，国家科委、国家计委和国家经委联合组织了全国性的技术政策的论证工作。城乡建设环境保护部负责中国技术政策的城乡建设技术政策和环境保护技术政策两个部分的编制工作，成立了以周干峙同志为组长，马建章、林辉正、孙仲浩、许溶烈、叶维钧、王凡、张修志，甘伟林、林志群同志为付组长和邓楠、马巷南同志为联络员的城乡建设技术政策组，下设以周干峙、林家宁、邹时萌、张秉忱为成员的《城市建设技术政策要点》起草组及以张修志、高承增、王训政同志为成员的《村镇建设技术政策要点》起草组。

《城市技术政策要点》于1984年完成了报批稿，国家科委于1985年正式以蓝皮书第6号的形式发布了《中国技术政策(城乡建设)》。这册蓝皮书主要包括四部分的内容，第一部分为城乡建设技术政策要点。第二部分为技术政策要点说明。第三部分为制定技术政策所需要的有关背景材料。第四部分为专家论证材料。其中第一部分属于国家政策指导文件，经国务院批准后，即在全国范围内执行，作为指导、监督、检查我国城乡建设技术发展方向的基本政策依据。第二部分为技术政策要点的说明。第三、四部分为参考材料，供有关部门在研究和执行技术政策时参考。

《城市建设技术政策要点》共有13条84项。这13条分别是：一.逐步完善合理的城镇体系，依托城市带动周围地区的发展。二.控制大城市规模，合理发展中等城市，积极发展小城市。三.城市各项建设要统一规划、合理布局。四.合理用地、节约用地、保证用地。五、逐步改造旧城区。六.综合开发、统一建设，保证基础设施先行。七.加强保护、统一管理和全面利用水资源，提高城市供水和污水处理能力。八.改变城市燃料结构，优质燃料优先供应民用，大力发展城市集中供热。九.加强城市道路、交通设施和邮电通信建设，办好公共交通事业。十.加快城市环境卫生设施建设，加强环境卫生管理。十一.大力发展城市绿化，建设城市公园。十二.保护风景资源，加强风景名胜区的规划、建设和管理。十三.城市规划与环保规划要同步进行，进行环境污染的综合防治，提高环境质量。

制定科学合理的城市建设技术政策，对于指导城市规划、建设和管理，充分发挥城市的经济效益、社会效益和环境效益，具有重要意义。建设部组织了上百位专家对城建技术政策进行了论证，一共提供了71篇城市建设技术政策背景材料，有29位专家以书面形式提出了对城市建设技术政策的论证发言。经过近一年时间的反复研究、论证、形成了《城市建设技术政策要点》报批稿

国务院于1985年正式批准颁发了包括城乡建技技术政策在内的《中国技术政策》。

［城市基础设施经济政策研究］长期以来，城市基础设施建设投资紧缺是制约其发展的主要因素。建国头八年，城市基础设施建设在整个固定资产投资中的比例还是比较合适的。1952年达到3.76%，“一五”时期为2.43%。此后投资比例逐年下降，“二五”时期为2.12%，“三五”时期为1.35%，“四五”时期仅为1.09%，长期的投资短缺，形成城市基础设施的欠帐。党的十一届三中全会以后，国家调整了国民经济各个部类的投资比例，城市基础设施投资比例有所提高，由1978年的1.67%，提高到1985年的4.10%。但是，由于“改革、开放”政策的进一步贯彻落实，城市经济和社会迅速发展，对城市基础设施的需求急剧增长，加上过去的欠帐，因此，尽管“六五”期间城市基础设施建设总投资达到114亿元，为1949年至1980年31年间城市基础设施建设总投资的88%，但是

投资紧缺的状况尚未得到根本缓解，以致城市基础设施投资不足，设施容量远不能满足需求，成为制约城市经济和社会发展的重要因素。

总结建国三十多年的经验，我们长期以来把城市基础设施当作社会福利设施来办，其建设维护资金全由国家包下来，社会需求越大，国家负担越重，设施建得越多，国家背的包袱越多。我们国家经济实力尚不强，财力、物力有限，不可能有更多的钱用于城市基础设施建设。而且全由国家包下来的设资体制是否合理，现行对城市基础设施的经济政策是否符合城市基础设施建设的客观规律等等问题，也需要进行深入的研究。

在党中央和国务院领导同志的关怀下，国务院经济研究中心和城乡建设环境保护部从1983年起，开始对城市基础设施建设的经济问题进行研究，并在1986年十月形成了《关于城市建设的若干经济政策》(征求意见稿)，提供给1986年11月由国务院召开的"全国第四次城市建设工作会议"修改讨论。三年间，国务院经济研究中心和建设部多次召开座谈会分别与国家计委、经委、财政部、体改委以及北京市的同志座谈，又多次征求了国务院有关部门和各省、市城乡建设主管部门的意见，先后对《关于城市建设若干经济政策》进行了六次大的修改，最后形成七条城市建设经济政策：一、实行城市规划同国民经济和社会发展紧密结合的政策。二、实行城市市政、公用设施同经济建设协调发展的政策。三、实行综合开发、配套建设的政策。四、实行公用事业单位企业化经营管理、公用事业产品合理计价的政策。五、实行市政单位企业化管理、市政设施有偿使用的政策。六、实行城建资金归口管理、专款专用的政策。七、实行"人民城市人民建"的政策。

实行合理的城市建设经济政策，是适应改革、开放形势需要，是增强城市的多种功能和中心作用的需要。长期以来，城市建设受"吃大锅饭"、条块分割等的影响，形成了一套使城市发展活力受到不同程度窒息的僵化的城市建设管理体制，城市规划的实施得不到保证，基础设施欠帐太多，供水不足、道路失修失养、交通拥挤、住房紧张、煤气和集中供热普及率低、市容不整、环境污染等现象十分突出，严重影响了城市的投资环境和生活环境，国家"七五"计划安排的城市建设资金，仍有很大缺口，难以适应城市改革、开放形势的需要。如果不从城市建设的经济政策上找出路，不仅旧帐还不了，还不可避免地要欠一大笔新帐。为此，需要实行合理的经济政策，充分发挥国家、地方、企业、居民四个方面的积极性，把城市建设搞活，逐步完善城市的多种功能，发挥城市的中心作用。同时，通过行政手段、法制手段和经济手段的结合，促进城市管理的科学化。

《关于城市建设若干经济政策》所拟的七条政策，均已经过部分城市的试点。所有试点的实践表明，实行这些政策不仅开辟了城市建设资金渠道，促进了城市基础设施建设事业的发展，同时也改善了城市的投资环境和生活环境，对于促进城市经济社会的健康发展也起了积极作用。到1986年末，据不完全统计，全国有30多个城市实行由城市建设部门征收排水费，用于城市排水和污水处理设施的建设。有数十个城市实行对大量增加城市基础设施负荷的经济建设项目征收市政公用设施配套费或增容费，使城市建设可能与经济建设同步、协调。有天津、杭州等市实行养路费与交通部门分成，用于城市道路建设。有广州、柳州等市实行贷款建桥，过桥收费，以加快城市桥梁的建设。全国大部分城市都已实行了垃圾委托清运收费制等等。

为深入进行城市基础设施经济问题的研究，中国城市科学研究会和中国城乡建设经济研究所于1985年7月在北京召开了城市基础设施经济问题讨论会。来自全国19个省(直辖市)、22个市的城市建设与管理部门、大专院校、科研单位、新闻单位和建设部、财政部、交通部的160多位专家、学者和实际工作者参加了会议。全国人大常委会副委员长朱学范、建设部副部长、中国城市科学研究会副理事长储传亨、国务院经济发展研究中心常务干事季崇威到会讲了话。会议期间，许多同志列举大量事实，说明了我国城市基础设施的落后状况已经成为影响国民经济发展和人民生活改善的突出环节，特别是在对外开放、对内搞活经济的形势下，城市基础设施不适应的状况更加突出。从全国看，解放三十多年来，工业总产值增长40多倍，而城市供水能力只增长4倍，下水道长度只增长3倍，道路面积只增长3倍，全国有180余个城市供水不足，40多个市严重缺水，城市约有50%左右的建成区无排水设施，大城市燃气普及率只有22.4%，全国城市人均道路面积不足3平方米，交通拥挤、堵塞严重，环卫设施少等。

会议认为长期以来，我们忽视了城市基础设施的建设，把它视为是可有可无，可多可少的。党的十一届三中全会以后，拨乱反正，端正了思想路线，对城市基础设施有了比较正确的认识，但还没有完全解决问题，如有的人说投资办工厂是"买母鸡"，可"生蛋"；投资搞基础设施是"买公鸡"，不合算。尽管许多城市基础设施严重不足，但只要有资金，仍一味搞工厂、办企业、盖旅馆。这是至今无法摆脱"旧帐未还，新帐又欠"困境的原因。

这次会议认为，城市基础设施提供的产品和服务，同时参与了物质资料生产过程和人民生活消费过程。城市基础设施的这种性质和特点，说明了它是社会再生产的一般条件，是城市赖以生存和发展的物质技术基础。因此加强城市基础设施建设是"七五"期间的紧迫任务，要改变把城市基础设施特别是其中的市政公用设施完全当作福利事业或准福利事业来办的政策，把城市基础设施纳入有计划的商品经济轨道，按各项设施类型及其服务的特点不同，实行以下三类不同的资金补偿方式和收费标准。第一类，提供有形产品及对生产与流通领域提供专项服务，能明确向受益者计算收取费用的，前者如自来水、煤气、热力、电力等，后者如运输、邮电、特殊道路桥梁、停车场、污水排放和处理，工业垃圾运输和处理等。这些部门应与其它产业一样，建设资金要做到有偿使用，企业通过出售产品和服务收费收回资金并盈利，从而为扩大再生产积累资金。第二类，社会公益性较强，与人民生活关系密切的，一般不宜向受益者收取过高费用，如公共交通、公园等。这些部门通常应以补偿有效经营基础上的成本为标准，通过使用收费解决企业的管理费用和简单再生产的资金。第三类，面向整个城市社会，无法向具体受益者收取费用的，如雨水排放、城市道路清扫、绿化、防灾等，这些部门所需的资金一般由社会公共负担，通过城市税收等解决。同时会议还提出需要建立稳定的资金来源和多渠道筹集资金，一是提高城市维护建设税税率，二是从速收取城市土地使用费，促进城市土地的合理使用和资金的合理再分配。三是调整和改革现行的养路费收取办法，合理分配道路建设维护资金。四是收取土地开发费、基础设施配套费或基础设施增容补助费，以解燃眉之急。

［城市基础设施性质、地位、作用的研究］

建国前，我国城市化水平很低，也谈不上城市基础设施。建国后，直到党的十一届三中全会前，我国对城市基础设施的性质、地位、作用研究甚少，在"左"的思想影响下，简单地将城市基础设施统归于非生产性的福利设施，以致在国民经济和社会发展计划中排不上队，投资比例长期严重偏低，以致城市基础设施的发展远落后于经济和社会的发展。党的十一届三中全会以后，城市作为经济和社会发展中心的作用越来越突出，我国城市化的进程也日益加快，同时落后的城市基础设施和对设施需求急剧增长的矛盾也日益尖锐，因此，正确认识城市基础设施的性质、地位、作用，更新观念就成为加快城市基础设施发展的当务之急。几年来围绕着设施性质、地位、作用，作了大量的研究工作，下面将主要研究成果综述如下：

1.关于城市基础设施的性质

城市基础设施的概念。在我国过去没有城市基础设施的概念，而把其称作城市市政公用事业，、主要包括城市的道路、桥梁、防洪、供水、排水及污水处理，环境卫生、公共交通、煤气热力、公园、动物园、植物园等等。近年来，随着城市及城市基础设施理论研究的逐步深入，城市基础设施的概念也逐渐明确起来。目前普遍认为城市基础设施的内涵是：城市基础设施是城市赖以生存和发展的一般条件，是既为物质生产又为人民生活提供公共服务的行业总体。其外延，主要确定为以下六大系统：

能源系统：包括电的生产及输变电设施；人工煤气的生产及煤气、天然气、液化石油气的供应设施；热源生产及供应设施。

水资源及给排水系统：包括水资源的开发、利用和管理设施；自来水的生产和供应设施；雨水排放系统；污水排放和处理及中水道设施。

交通系统：包括城市内部交通设施和城市对外交通设施。城市内部交通设施有道路设施、公共电汽车、轨道交通、出租车、公用货运汽车、货物流通区、交通管理和控制、公共停车场等设施，城市对外交通有航空、铁路、公路及水运等设施。

邮电系统：包括邮政设施，电信设施。

环境系统：包括环境卫生、园林、绿化、环境保护等设施。

防灾系统：包括防火、防洪、防地面下沉、防风、防雪、防地震以及人防性战备设施等。

城市基础设施的特点：城市基础设施一般有以下五个特点：

服务的公共性和两重性。城市基础设施不是为个别人、个别单位、个别家庭服务，而是为整个城市提供城市化服务，为城市的社会再生产——包括劳动力的再生产提供一般条件。成为生产和生活共同使用的独立的部门和领域。城市基础设施既是城市社会化的产物，又是城市日趋社会化的前提条件，因此，也是城市发展水平的重要标志。城市基础设施提供的服务，又具有二重性，从服务对象看，城市基础设施既为人民生活服务，又为物质生产服务。

效益的间接性和综合性。城市基础设施的投资效果和经营管理效果，一般不是表现为自身投资回收期的长短以及获取利润的大小，而是往往表现为服务对象效益的提高，这是因为设施的固定资产投资和维护费用都很大，但一般却不直接向使用者收费，当然也就不能采取市场补偿的方式进行更新和改建，更不能为财政提供积累，所以孤立地看城市基础设施的效益似乎是很差的。因此，城市基础设施的效益，必须综合来看，把直接效益和综合效益结合在一起考虑。

运转的系统性和协调性。城市基础设施是一个有机的综合体，是城市大系统中的一个子系统。这个子系统的特点是系统内部诸因素以及系统同外界环境之间必须协调一致，才能保持良好的状态，因此，首先客观上要求城市基础设施在质和量、空间和时间上，必须与城市发展保持协调。所谓“协调”，就是城市基础设施应该与城市的人口、人民生活水平、城市经济以及房屋建设保持按比例地发展。其次，城市基础设施内部各子系统之间，也存在协调一致的问题，如道路的容量和公共交通的运力之间就存在一定的相关关系，此外，道路的建设和供水、排水、燃气、供热、电力、电讯等设施的建设也存在协调的问题，只有科学合理的安排各子系统的建设和安排，使其能协调一致，才能取得最佳综合效益。

建设的超前性和形成的同步性。城市基础设施建设周期较长，因此，其服务能力的增长呈“阶梯型”，但全社会对设施服务能力需求的增长却是连续性增长，故需求和供应之间存在一个“时间差”。要使供应和需求相对平衡，就必须使设施超前于需求建设，这样，设施服务能力的形成才能与需求的增长同步。因此在制定城市经济社会发展的中长期规划和安排年度建设计划时，必须充分考虑到设施建设的这一特点。

经营管理的多样性和垄断性。城市基础设施在向社会提供服务的过程中，都要消耗活劳动和物化劳动，这些劳动都需要得到补偿。根据各类设施的特点，补偿的方式主要有三种，即市场补偿、财政补偿和市场、财政复合补偿。对于实行市场补偿的城市基础设施，必须遵循价值规律，获取社会平均利润，靠自身经营维持简单再生产和实行扩大再生产。对于实行财政补偿的城市基础设施。既要搞好内部经营，又要扩大收益范围。此外，城市基础设施的服务是通过特定的手段来实现的，如自来水、燃气、排水等提供的水、气、下水是通过管道供给用户的，难以受市场机制的制约和调剂，这就决定了基础设施提供的服务具有垄断性。政府在制定基础设施经营方向、价格政策、发展规划等政策的时候，充分考虑其市场垄断性，既使设施提供的服务取得最大社会效益，又使从事基础设施经营的行业获取最佳经济效益。

2.城市基础设施的地位和作用

城市的集聚和社会化为社会带来了高效益。城市有三个特点，一是高度集聚，包括工业企业集聚、人口的集聚以及由工业和人口集聚带来的为生产和消费服务的情报、金融、贸易、教育、行政等部门的集聚和科学技术的集聚。二是日趋社会化。三是能够产生高效益，城市的适度聚集产生高效益，分工越细、协作越强、即社会化程度越高，经济、社会、环境效益越好。这是城市由低级向高级，最终走向现代化的一条客观规律。

城市基础设施是城市集聚的基本条件。城市集聚达到一定规模后，对能源供应、交通运输、供水、雨污水排放、防灾、园林绿化、废弃物的清运处理等需求会急剧增长，如果城市基础设施的服务能力低于需求，则城市的集聚就会受到制约。反之，基础设施提供的服务能力与社会需求相平衡，则为城市的进一步集聚创造了条件。所以城市基础设施是城市集聚的基本条件，而城市的集聚又形成和发展了城市基础设施，同时基础设施的发展又促进了城市集聚。

城市基础设施促进了城市的社会化。现代城市要求城市基础设施社会化。目前我国城市比较普遍存在的“小而全”、“大而全”等问题，最重要的原因就是城市基础设施落后和社会化水平不高所致。如果我国城市基础设施能迅速摆脱当前的困境，在质量和数量、空间和时间上与城市经济和社会发展相协调，则将加快中国城市化的进程和促进城市的社会化，进一步发挥城市集聚的高效益。

［**城市公用事业价格体系研究**］　城市公用事业(自来水、煤气、公共交通)价格长期偏低、价格与价值严重背离的问题是我国城市公用事业难以发展、经营公用事业的企业无自我发展能力的主要原因，因此也造成城市公用事业供需矛盾日趋紧张，“供水难”、“用气难”、“乘车难”等问题十分突出。为理顺城市公用事业价格体系，为公用事业的健康发展创造一个宽松的环境，从1983年起，由城乡建设环境保护部主持对城市公用事业价格体系进行了比较全面的研究。

1.城市公共交通现行价格的研究。1985年建设部以城公科字第54号文下达了1985年度城市建设科研计划，《城市公共交通现行价格研究》为其中科研课题之一。课题承担单位是哈尔滨市公用事业管理局。课题于1986年通过了部级鉴定。该课题主要成果是“关于城市公共交通现行价格研究的报告”以及12份专题论证材料和3份典型材料。北京市公共交通总公司、重庆市公共交通总公司、武汉市公用事业局、天津市公用事业局、西安市公共交通总公司、成都市公用事业局、大连市交通公司、杭州市公共交通公司、沈阳市交通局、南京市公共交通公司、牡丹江市汽车公司、齐齐哈尔市公用事业总公司为课题参加单位。

课题研究组据对全国65个城市的78个公共交通企业调查并对结果进行研究后，提出了城市公共交通现行价格存在的主要问题和造成的后果：

一是长期亏损、影响企业活力。78个企业有63个企业现在执行的是50年代的价格，80年代的成本，平均每千人公里成本为12.14元，而票价为11.97元，亏损率为14.2%，月票亏损更为严重，平均每张月票售价5.43元，成本为8.25元，亏损率达51.9%。78个企业中有50个企业亏损，1985年亏损额达6719万元。而且如果不上调价格，到1988年，所有企业将亏损。由于公交企业亏损严重，因而难以维持简单再生产。

二是留利水平过低，企业缺乏财力。78个企业中有77个企业平均年创利仅为93.4元，由于创利水平低，尽管对公交企业实行了利润留成、亏损包干减亏分成或公里定额补贴等办法，其结果，企业的留利水平仍然很低，仅达人均257元，仅相当于全国工业企业平均留利水平的三分之一，直接影响公交企业职工收入、福利待遇和企业的技术改造、科技进步。

三是车辆失修失养，影响车的质量。78个企业年均欠提折旧基金1800万元左右，应修未修的大修车辆达2497台，占保有量的18.4%，欠帐3458万元，已到报废期的车占保有量的11.9%。

四是后方设施发展缓慢、影响正常运营，职工队伍难以稳定。由于公共交通价格背离价值，企业缺乏财力，加之投资渠道问题没有相应解决，致使后方基础设施发展缓慢。据78个企业调查，绝大部分车辆没有车库，据对其中51个企业调查，尚需库(场)209万平方米，需投资5亿元。职工集体福利设施不足的问题也很突出，78个企业的职工和家属人均居住面积为2.29平方米，低于全国平均水平的53%，此外其它集体福利设施如浴池、食堂、卫生所等也不足，给职工的工作和生活带来很大困难，也直接影响了职工队伍的稳定和服务质量的提高。

五是加剧了乘车紧张，影响了社会效益。"乘车难"是全国各大中城市普遍存在的问题，由于公交企业价格与价值背离，缺乏维持简单再生产的财力，更加剧了乘车的紧张状况。这主要表现在，一方面有些企业为了获得微薄的经济利益，不愿意开辟新的线路；在高峰时间减少配车台数，加大车次间距。另一方面，由于车辆失修失养、故障率高，相应出车率就低，直接影响运输效率。

该课题组就改革城市公共交通现行价格体系提出了以下原则：

一是按照价值规律办事。城市公共交通企业是服务性的生产企业，它具有生产企业应有的条件。从车辆保修到运营服务，形成了完整的生产体系和连续性的生产过程，在生产中消耗了物化劳动和活劳动，既有价值也有使用价值，实行商品交换以价值为基础的等价交换原则，合理运用价格这个经济杠杆，理顺城市公共交通价格，使公交企业从以价值为基础的票款收入中得到物化劳动和活劳动的补偿，获得一定的利润，创造再生产的必要条件和自我发展的能力。

二是要纳入国家整个价格体系的改革。把理顺城市公共交通价格纳入国家建立合理价格体系的统一规划，与整个价格体系改革同步进行，使城市公共交通价格能同其它商品保持合理的比价关系，适应整个价格体系改革的需要，既反映价值和供求关系，也符合广大消费者的根本利益，有利于国民经济的发展。

三是正确处理微观经营活动和宏观经济活动的关系。理顺城市公共交通价格，既要注意微观搞活，又要加强宏观管理，改变某些公交企业由于价格不合理造成的只顾局部、忽视整体，只顾眼前，忽视长远，微观经营活动处于极不正常循环的状况。

四是依据国家有关政策规定核定企业中等成本。价格是由生产成本、流通费用、利润和税金四个要素组成的。成本是企业生产和销售产品所消耗的费用总和，是产品价值主要部分的货币表现，是构成价格的基本因素。因此理顺城市公共交通价格，必须遵循客观经济规律和国家有关的方针、政策，本着正常生产、合理经营，有利于企业自我改造、自我发展的原则，核定能够真实地反映企业生产消耗和经营成果的中策成本。

五是认真贯彻城市公共交通的服务方针。要进一步端正企业的经营思想，正确处理社会效益和经济效益的关系，坚持在保证社会效益前提下提高经济效益，把增加运行周次和里程，加快乘客运送速度，降低车辆满载程度，缓和乘车拥挤状况，改善乘客乘车条件，缩短乘客候车时间等因素相应考虑到核定成本、价格测算之中。

六是要使企业保持一定的留利水平。一方面要在理顺城市公共交通价格中，充分考虑企业留利水平这个重要因素；另一方面对于调整票价后达不到企业留利水平的部分，应当实行财政部门给予补贴的办法。总的原则是：城市公共交通企业的留利水平不低于工业企业平均留利水平，使企业能够具有自我改造、自我发展、兴办集体福利和发放职工平均工资4个月奖金的应有财力。

七是从内涵上下功夫改善经营管理。城市公共交通价格不合理，既应肯定主要是价格背离价值的客观原因，也要看到有企业经营管理存在问题的主观原因。因此，理顺城市公共交通价格，除了注意解决客观方面的问题外，还要着眼于企业内部，从内涵上花大力气改善经营管理，有效地解决企业中存在的机构臃肿、浪费人力、管理不严、漏洞较多、物资消耗大、浪费多、运行效率低、服务质量差等问题，提高效率、减少消耗、降低成本，并在核定成本、测算价格中能够体现通过改善经营管理可以实现的经济效果。

八是调整价格同实行优惠政策结合起来。城市公共交通价格背离价值问题积存多年，而票价高低又和人民生活息息相关，在职工工资水平较低、承受力有限的情况下，不能期望短期内通过大幅度上调价格解决这个问题，世界上不少国家都把城市公共交通列入了财政补贴和减免税收的部门，实行了扶植发展的政策，这些做法值得我们参考。因此，要通过价格改革并辅以适当减免税费、实行财政补贴等优惠政策，使公共交通事业走上良性循环的发展道路。

九是充分考虑企业消化能力和乘客承受能力。理顺公共交通价格，既要考虑调价水平控制在企业和乘客承受能力允许的范围之内，又要考虑采取相应措施尽量缩小人民群众的负担。为了不影响群众生活，也不给各行各业增加更大负担，要适当控制票价上调幅度，同时要继续实行职工通勤补贴办法。职工购票自身支付的部分原则不动或略微增加，其余部分全部由职工所在单位给予补贴。

十是在确定基本原则的前提下因地制宜地选定票价结构和票制模式。现在全国城市公共交通票种繁多、票制繁杂、月票亏损等问题比较突出，对企业管理、服务质量、乘客乘车带来一定影响。因此，理顺城市公共交通价格，需要相应解决票价结构和票制模式问题。改革的原则是：票价符合价值，有利于调节供求关系；简化票种，票制具有科学性；按里程计价，起价略高，递远递减，照顾远途乘客；根据经营方式和乘坐舒适程度不同，实行优质优价；改变月票优惠比例大，亏损幅度高的状况，月票价格要达到企业保本水平；在严格管理，限定使用范围的前提下，逐步试行月份本票制。通过票价结构和票价模式的改革，总的要达到改善服务、方便乘客、合理负担、有利管理的基本要求。

2.城市燃气合理价格的分析研究。《城市燃气合理价格的分析研究》是城乡建设环境保护部的技术政策论证重点科研课题，1983年4月建设部以(83)城科字第224号文下达此课题，课题负责单位是中国市政工程华北设计院，课题组由五个单位组成。1985年4月建设部市政公用事业局和科学技术局在天津组织了该课题研究成果评议会，国务院价格研究中心副总干事杨鲁主持了评议会，通过了部级鉴定。该课题主要研究成果是：

城市燃气行业价格体系现况。课题组经过大量调查研究后认为：城市燃气的价格不仅低于价值而且低于成本，价格低于价值既包括民用气，又包括工业用气。价值低于成本则突出表现在民用气售价方面，主要表现在：

一是自制管道气售价低于成本。经调查的上海、沈阳、大连、长春四个市售价分别仅及成本的90.2%、52.9%、45.7%和42.1%。

二是液化石油气民用售价低于成本。液化石油气企业约占城市燃气企业的70%左右，据调查，售价最高的相当于成本的83.7%，最低的只有42.9%。

三是天然气民用气售价低于成本。据调查，平均售价为成本的80%。

四是矿井气民用售价低于成本。抚顺市是矿井气用于民用炊事用气的典型城市，使用矿井气的居民已达7万余户，但售价仅及成本的66.2%。

由于绝大多数城市燃气企业供气的售价普遍低于成本，所以这些企业基本上都是供气越多、亏损越多。1979年以来，煤炭、重油和液化石油气的提价或实行计划外价格，使得许多城市燃气企业的亏损额持续增加，亏损额的上升幅度更大，据统计1986年全国城市燃气企业亏损面达70%，其中职工达5000人、固定资产原值2.18亿元的北京市煤气公司全年利润总额仅8万元。

城市燃气行业严重亏损的原因。城市燃气行业是我国一项发展中的事业。建国初期城市燃气售价偏高，适度地降低价格是必要的。但是后来由于对这一行业性质的认识越来越偏离其固有特点，因而对城市燃气的售价采取了过度的、不恰当的连续降价的措施，其结果使城市燃气的售价逐步低于价值以致发展到低于成本，终于导致今日城市燃气行业亏损日益严重、经济活力全面消失。形成和长期维持城市燃气今天这种不合理的价格体系的主要原因：

一是把具有工业生产和公用服务双重功能的城市燃气行业的公用能源事业等同于不盈利的福利事业。目前在有关政策规定中都把城市燃气归于社会福利事业，这直接影响着城市燃气行业的建设和企业的经营，对城市燃气企业片面强调低价服务，不讲盈利。这种扭曲了的对城市燃气行业性质的认识，以及由此衍生的低定价，实施的结果必然导致气源厂和供气企业的经营普遍陷于难以自立的困境。

二是无视价值规律的行政定价导致形成原料价格和供气价格相逆的价格格局。由于否定了城市燃气按能源商品的经济规律经营的可能性，就限制了城市燃气行业按价值规律确定供气价格，而由行政方式定价。因此，在原材料价格不断上涨的情况下，城市燃气销售价格却被锁定，以致形成原料价格和供气价格相逆的价格格局。

三是企业亏损有国家财政补贴为后盾，这是维持城市燃气行业与其它能源行业之间相逆价格格局得以维持的重要因素。上面两个因素使得许多城市燃气企业只是名义上的经济实体，实质上的福利事业单位。这些企业为了维持经营，不得不在困难中拼搏，除了力争副产品取得盈利和开拓营业外其他收入以弥补制气或供气亏损外，只能被迫依赖国家财政补贴不足部分，以维持企业生存的最低水平。如北京市1983年给予北京煤气公司的财政补贴是1981年的3.8倍，广州市1983年给煤气公司的财政补贴是1976年的29倍。国家和地方财政的补贴无疑是对城市燃气行业的有力支持，但是它也从另一方面起到了支持城市燃气行业与其它能源之间价格升逆格局的重要作用。

城市燃气合理价格的制定原则：

第一、城市燃气是能源商品，城市燃气行业兼具工业生产和公用事业双重性质。因此，城市燃气售价由燃气出厂价格和供气价格组成。

第二、我国是以煤炭为基础能源的国家，故城市燃气行业使用的主要能源建立在以煤炭为主的基础上比较稳妥。据此，城市燃气价格体系以煤制气价格为比价基准，在同等热量条件下，其他各类燃气的市场销售价格应接近于煤制气的售价。

第三、城市煤气企业经营燃气以外的其他收入属于增收部分，不能作为城市燃气价格制定的经济依据。

第四、气源价格应按社会平均利润率制定，并以热量为计价单位。

第五、供气价格应含有稳定的社会平均利润率，并以体积或重量为计价单位。

第六、管道供气的燃气销售价格应高于瓶装供气的销售价格。

第七、供应涉外、工业、营业、公共福利事业等部门的燃气销售价格，分别情况要高于民用气销售价格。

第八、根据各地能源条件，允许有地区差价；气源不富裕的城市可实行定量价格和超定量价格。

第九、城市燃气价格随一次能源价格的变动而变动。

《城市燃气合理价格的分析研究》还对城市燃气行业的性质、按民用煤的真实价格和热量作为城市煤气合理价格制定的基础以及城市燃气价格调整的方案，作了深入的研究。

此外，城市供水合理价格的研究也在积极进行之中。

9

科 技 教 育

城市规划科技发展

蒋 勇 周日良

一.全国城市规划科研工作概况

经过十年"文化大革命"的动乱之后，随着城市规划工作的逐步恢复和开展，城市规划的科研工作也提到了重要议事日程。1978年中共中央批准的《关于加强城市建设工作的意见》中指出:"建设和管理现代化城市，必须加强科学研究。在城市规划、设计、建设、管理各方面，都要积极利用科学技术的最新成就，有计划、有步骤地赶超世界先进水平。"1980年国务院批转的《全国城市规划工作会议纪要》中又指出:"要大力开展城市规划科学研究工作，探讨社会主义城市规划的基本理论，研究城市规划的重大科研课题，不断提高城市规划的质量和管理水平"。通过各方面的努力，"六五"期间以至1986年，城市规划科研工作从科研机构设置、科研项目数量和科技成果应用等方面都有了较大的发展。据统计，城市规划科研机构已由1980年的10个增至为1986年的21个，由于科研机构的增加，科研人员的数量也有了较大幅度的增长。1980年至1986年，已开展的城市规划科研项目近70项，并有一大批已取得成果，这些成果的应用对提高我国城市规划、管理水平起到了重要作用。

二.城市规划科研机构

随着国民经济的不断发展和城市规划在国家经济、社会发展中地位的加强，城市规划科研力量也得到了较大的发展。截止到1986年底，全国省级以上的城市规划科研机构和大专院校的城市规划科研机构共有21个:

中国城市规划设计研究院；北京市城市规划设计研究院；河北省城乡规划设计研究院；黑龙江省城市规划勘测设计研究院；吉林省城乡规划设计研究院；江苏省城乡规划设计研究院；安徽省城乡规划设计研究院；福建省城乡规划设计研究院；江西省城乡规划设计研究院；河南省城乡规划设计研究院；湖北省城市规划设计研究院；广东省城乡规划设计研究院；四川省城乡规划设计研究院；贵州省城乡规划设计研究院；云南省城乡规划设计研究院；甘肃省城乡规划设计研究院；青海省城乡规划设计研究所；宁夏回族自治区城乡规划设计研究所；同济大学城市规划设计研究所；清华大学城市规划设计研究所；重庆建筑工程学院城市规划设计研究所。

其中，中国城市规划设计研究院是建设部直属的，一所综合性规划科研设计机构。1986年底，它有科研人员220余人，其中高级科研人员60余人；中级科研人员40余人；初级科研人员70余人。设有7个专业研究所：城市规划经济研究所；城市总体规划研究所；城市详细规划研究所；城市交通研究所；风景及历史名城规划研究所；城市规划历史理论研究所；城市规划情报研究所。

三.城市规划科技成果

城市规划科研在城市化、居住区规划、城市交通、新技术在城市规划中的应用等方面的研究取得了进展。"六五"期间及1986年，已获得成果的城市规划科研项目有近50项，其中获部级奖的有4项，获国家级奖的有3项。

1.城市建设技术政策

城市建设技术政策是中国技术政策——城乡建设技术政策的一个组成部分，它是由国家科委、国家计委、国家经委组织城市规划、建设等有关专家，经过2年多的研究编写而成的。1986年由国务院批准颁布执行。制订城市建设技术政策在全国还是第一次，它通过分析论证城市规划、建设对促进国家经济、社会发展的重要作用，根据本世纪末国民经济发展的需要，提出了本世纪末城市规划、建设的主要目标和为实现这些目标而必须采取的技术政策。

主要目标是:

初步建立起城乡发展比较协调、各类城镇分布比较合理的城镇体系；

城市有比较科学合理的规划布局，有较好的经济、社会和环境效益；

具有同社会经济发展相适应的、比较完备的工程设施；

科学技术、文化教育、体育卫生、金融贸易、商业服务和旅游娱乐事业设施比较完善；

居住水平较高，基本上每户有一套经济实用、舒适方便的住宅，并有良好的居住环境；

城市绿化良好、生态平衡、有较高的环境质量；

具有反映社会主义精神文明、体现民族传统和地方特色的城市风貌；

采用先进的科学技术成果和现代化的管理手段，使城市交通便捷、信息通畅、防灾应变能力强，适应各项事业的发展需要。

为实现上述目标，必须采取的技术政策有:逐步完善合理的城镇体系，依托城市带动周围地区的发展；控制大城市规模，合理发展中等城市，积极发展小城市；城市各项建设要统一规划、合理布局；合理用地、节约用地、保证用地；逐步改造旧城区；综合开发、统一建设，保证基础设施先行；城市规划与环保规划要同步进行，进行环境污染的综合防治，提高环境质量等，共13条。

2.居住区详细规划的研究

此课题1980年4月由原国家城市建设总局下达，后列入城乡建设环境保护部重点科研项目计划。参加研究工作的有9个省市的城市规划研究单位和3所大专院校，由中国城市规划设计研究院详细规划研究所负责综合并汇总编写总成果。此课题于1985年获国家级科学技术进步三等奖。

此课题在对解放以来全国15个大中城市居住区规划建设进行调查与分析的基础上，吸收了社会学、经济学、心理学、系统工程等方面的知识，进行了8个方面23个专项的分析研究。主要内容有:

居民活动分析与居住组团的改进；居民生活组织与商业服务设施；居住区规划多样化；居住区绿化的研究；居住区综合造价分析；居住区合理节约用地途径；综合居住区的规划；居住区环境质量评价方法及其运用。

以上成果已在北京、天津、广州、长沙、武汉、渡口等城市居住区建设中应用；评价方法部分还用于全国居住区评比活动中，效果较好。

3.提高天津市综合客运交通运输能力的研究。

此课题为部级科研项目，其目标是:通过城市居民出行调查，提高与改善城市客运交通的运输能力。它于1985年获国家级科学技术进步三等奖。主要研究成果为:

调查组织体系的设计；调查方案设计；调查样本抽出率的确定；交通小区划分与调查表格的设计；调查数据统计分析方法与图、表设计；交通规划数学模型的建立；电子计算机应用程序设计；等。

这些成果对天津地铁方案和环路建设等一系列重大交通决策提供了科学的依据，并为其它城市的交通问题的解决方法提供了可借鉴的经验。

四、新技术在城市规划中的应用

随着新技术革命的兴起和由于城市规划学科发展的需要，在70年代末、“六五”期间，城市规划工作开始了计算机、遥感、系统工程等新技术的应用，特别在遥感、计算机应用和研究方面取得了较大进展。

应用遥感技术为城市规划服务，对城市进行全面综合调查，始于1983年“北京航空遥感综合调查及应用”(亦称8301工程)课题的研究，经过三年多的努力，取得了可喜的成果。随后，又有广州、上海、南京、苏州、长春、大连等十几个城市进行了遥感技术应用或应用的准备工作。从近年来各地的应用情况，可以看出遥感技术所特有的优势。它可以快速、准确地为城市规划提供基础资料和图件；可以及时监测城市发展动态，成为城市管理的有效手段；此外，遥感技术与城市调查的常规方法比较，还具有图象逼真、直观、信息量丰富等特点。遥感技术在城市规划领域中的应用有着广阔的前景。

城市规划应用计算机技术是从70年代末起步的。最初，只是在南京大学、同济大学等部分高等院校和科研单位进行研究和应用。近几年来，计算机技术应用工作已引起一些规划设计和管理部门的重视，并取得一定成果。如中国城市规划设计研究院研制的“城市交通规划软件包”1986年获全国计算机应用展览评比三等奖。目前，我国城市规划应用计算机主要侧重在城市交通、城市人口、土地利用等分析评价和模拟预测、城市规划信息系统、以及在城市规划管理和城市勘测方面。

城市规划应用遥感和计算机工作所取得的成绩，对于促进城市规划学科的发展，提高城市规划工作质量发挥了积极作用。

“北京航空遥感综合调查及应用”是地质矿产部、城乡建设环境保护部和北京市人民政府共同组织的大型科学研究项目。该科研系列从1983年起经过三年多的工作，共完成41个分课题的研究任务，编制106种2000余幅专业图件，采集了几十万个数据，其中23项专题成果填补了北京市基础资料的空白。整个项目投入的经费为144万元，已产生的直接经济效益为80万元；部分课题与常规方法比，节约近千万元；潜在经济效益更大。同时，该项目的社会效益十分明显，特别是如何使各级领导和城市规划、管理工作者比较自觉地利用遥感技术，创造了成功的经验，因而在若干重大问题的决策方面，都发挥了明显的作用。这项成果已上报申请北京市科技进步特等奖和国家级科技进步一等奖。

对城市规划的某些工作规范化、标准化是城市规划工作科学化的重要一环。近年来，各有关部门对城市规划标准规范工作正逐渐予以重视。1980年，原国家建委颁布了《城市规划定额指标暂行规定》，对全国城市规划的编制工作起到了重要的指导作用。以后，各地如湖北、河南、陕西、北京等也制定了适应本地区情况的城市规划有关标准规范。1986年，国家标准规范主管部门将城市规划有关标准规范列入了“七五”期间国家标准的制订计划，并于1986年开始了“城市用地分类及用地标准”和“城市居住区规划设计规范”的制订工作。

房地产业科技发展

沈建忠

一、全国城镇房地产科技工作概况

建国以来，房地产部门在住宅修缮设计、旧房挖潜改造、利用工业废料和当地资源制作墙体材料改革房屋修建机具及房屋建筑的白蚁防治等房地产科技工作方面取得了一定成果。但是，在十一届三中全会以前，全国几乎没有一个象样的房地产科研机构，因此，房地产部门的技术基础十分薄弱，产业管理方法落后，施工操作方法笨重，修建材料质量不高，很不适应住宅建设和房地产事业发展的需要。1978年，全国科学技术大会以后，房地产科技工作逐渐得到了各地的重视。从科技队伍、科研机构、科技成果应用以及科技水平等方面都有了较大的发展。据统计，全国专门从事房地产住宅科技研究工作的专业人员达1000多人。北京、上海、天津、哈尔滨、齐齐哈尔、长春、沈阳、大连、济南、武汉、广州、成都、昆明、无锡、重庆、西安、南京等市房地产管理部门和住宅建设公司，成立了房地产或住宅科研所(院)。1986年12月，经国家科委批准，成立了建国以来第一个全国性住宅科研机构——建设部城镇住宅研究所。白蚁防治技术研究工作也有了新的发展和突破。在家白蚁危害严重的长江以南城市都建立了白蚁防治研究机构，北方地区的北京、天津、大连、青岛等大、中城市也设有专门机构。共有白蚁科研技术人员和白蚁专业人员556人。

为了加强科技信息的传递、交流和咨询服务工作，促进行业科技进步和协作，开发房地产科技市场，近几年房地产的科技工作开始打破封闭型的格局，积极开展横向联合，密切与社会上的关系，相继成立了一些跨地区、跨行业、跨部门的房地产科技情报组织，逐步形成了面向生产、面向基层、面向社会的房地产科技情报网络系统。

1979年，由全国13个特大城市发起，在上海成立了全国房产科技情报网。目前情报网成员单位扩大到83个，遍布于全国。成员单位既有房地产部门的科技机构，也有住宅公司、开发公司、高等院校、社会上的科研设计生产单位。另外，全国房屋科技情报网下面设有屋面排水、旧房改造、微电脑应用、住宅小区科学管理、锅炉供暖、中小型维修机具、高层住宅建筑管理、古建筑维护、房屋装修、城市住宅小区技术经济分析等10个专业网。西北、华北、东北、华东分别建立了大区科技情报网，22个省、45个城市还相继建立了地方的房地产科技情报网。办有38种房地产住宅科技刊物。1982年成立了全国城市住宅设计网，1983年成立了中国城市住宅问题研究会，这些横向科技组织，在提高行业的科技水平方面，发挥了积极的作用。

在开展横向联系，开展科技情报工作方面，主要的做法和经验。

一是在自愿互利、协商的基础上，积极向有关部门和单位转移技术和科学成果。在做好文献资料的搜集、整理、报道、检索服务的基础上，把针对性的资料向有关方面推荐。

二是转移跨行业的综合性技术。通过举办技术报告会等形式，现场参观示范，扩大科研成果的应用范围，武汉房地局科研所多次组织防水材料方面的技术推广讲座，把科研、厂家、用户联系起来。

三是开辟信息市场，实行情报的有偿服务。

四是开展科技咨询，主要方式有：全国有关系统和部门组织技术攻关，提供情报调研报告，协同其他部门和单位联合研制新产品，开发新技术、举办各种技术培训班。

五是大力进行科技体制改革，组织科研生产联合体，上海市房屋管理技术研究所以技术作资本，开发经营科研成果，分别与市内外的一些生产企业和用户办起了多家联营公司，形成研究、开发、工艺试验和设计互相衔接的技术体系。

六是积极开展群众性的技术革新活动。

七是组织引进消化。上海、北京、武汉等市把引进消化作为提高国内技术水平的主要措施，仅上海市就在二年内引进2200多台(件)，通过试用、测绘、改制，逐渐形成国产化产品，在房地产科技中发挥了作用。

二.城市住宅软科学研究情况及成果。

我国住宅软科学的研究从80年代才开始，目前研究范围已涉及到众多方面，包括住宅的发展战略与方针政策、住宅经济体制改革、住宅技术政策和住宅基本理论及住宅社会学等的研究。1983年，由国家科委牵头，会同国家计委、经委组织编城乡住宅建设重点技术政策，把住宅软科学的研究，提高到了国家一级决策研究的高度。这一研究吸引了理论界、经济界、国务院有关部委等方面的众多专家学者，经过广泛的论证和研究，最后形成了城乡住宅建设技术政策要点，已经国务院批准发到全国贯彻实施。全国住宅建设发展的战略目标，基本上做到每户一套和人均8平方米，以及建立起能逐步实现住宅商品化，以保证住宅建设资金形成投入回收的良性循环体制。对住宅发展的方向提出了下列方针，一是严格控制住宅的建设标准，使有限的资金发挥更大的作用；二是尽快提高现有住宅及新建住房的成套率；三是对功能与质量问题特别地加以注意，(1)改革旧的住宅体制，逐步推行住宅商品化政策措施，严格控制每套住宅的面积标准和投资标准。(2)加快对现有住宅的改造、改建工作。(3)提高住宅建筑设计水平。(4)围绕节约材料、节约用地、节约能源和加快进度，提高住房质量为中心，努力提高住宅建设的科技水平。(5)配套成系列地开发住宅建筑材料、构件和制品，使之形成多品种、多档次的建筑商品。(6)以提高房租作为突破口，改革现行住房体制，抵制过热的住房需求，建立相应的鼓励私人买房的长期贷款，使住宅商品化这个制度及早得到推行。(7)建立稳定的住宅资金来源。(8)要建立科学的，以经济杠杆作为机制的维修、保养体制，加强现有住房的维修管理水平。(9)实行包括住宅与其他房屋及设施在内的房地产综合开发与综合经营。(10)要建立实施住宅发展战略的监控机构。

1986年6月，围绕国家编制的长远规划，又把“城乡住宅建设与住宅商品化”软科学研究课题作为国家重大技术进步与经济社会发展研究课题，委托建设部、城镇住宅研究所、上海、北京、常州、清华大学、中国建筑技术发展中心等有关方面的专家，以小康水平对住宅的要求，住宅设计的定型化和多样化，提高建筑材料和配件生产的质量与配套能力，农村住宅建设的技术支持和材料供应，住宅商品化各种实施方案的比较，旧区改造与旧房改造六个方面进行了广泛的研究、论证和测算，取得了一批很有价值的成果。

在开展全国性住宅软科学研究的同时，地方上也重视开展了这方面的工作。近几年上海市在住宅建设发展战略的研究方面，扎扎实实地取得了一批成果。1982年以后，上海市在住房普查的基础上，开展了8年解决上海市住房困难户规划的研究，接着又进行了上海市住房发展战略的研究，改造上海旧城和改善居住环境的研究，这些软科学研究成果，不仅在概念上有了重大突破，具有重要的理论价值，而且为上海市领导对住宅建设做出正确决策，提供了重要科学依据。

三.“六五”科研成果

“六五”期间，为了推动房地产业技术进步，有计划有步骤地解决迫切需要解决的重大技术问题，积极开发、采用和推广经济适用的新技术、新结构、新工艺、新材料和新设备，原城市住宅局在部的指导下，编制了“六五”期间城市房产管理与住宅建设科学技术重点课题研究规划，并进行了反复论证协调，确定了旧城区改造规划、住宅建设、房屋维修技术、房产管理科技、房屋修建材料5个方面21个课题，作为攻关项目，组织全国房地产科研部门分期分批实施研究，取得了大量的科研成果，有些成果达到了国内先进水平，被评为省部级科技成果奖。北京市房管局职工大学教师王希富取得的“大视野”科研成果，在图学理论方面有重大突破，在国际图学界引起轰动，并在制图方面具有广泛的实用价值。王希富因此而成为科技界的新闻人物，多次被评为全国劳动模范和先进科技工作者。

1.城市旧居住区住宅改造规划和建设研究成果

全国有21个城市参加了这个科技项目的协作研究工作，历时5年，先后组织了四次全国较大规模的调查研究工作，形成的科研成果、报告、论文及工作总结达100多篇，科研工作对不同特点和历史的城市，开展的研究内容有：对城市旧住宅区的现状和特点进行调研，包括居住现状与社会情况，房屋质量现状与结构情况，居住设备条件和环境条件，居住区内人口密度、建筑密度、配套设施情况等调查；对旧居住区成街成片改建、改造方法的研究；对加速旧区改造、旧住宅改造途径，投资渠道，社会经济环境效益的分析研究；对近期内需要充分利用的旧住宅，提出更新改造的办法、评价方法，房屋维修与改善标准以及技术措施的研究；对需长期保留的住宅中的一系列问题的研究。这项科研项目所获得的主要成果和对旧城改造工作的重要作用是：为城市建设总体规划的制定提供了第一手资料，提供了宏观控制的依据；为城市有计划分步实施旧居住区改造、改善城市功能提供了决策和科学的数据，并进行了多方案的经济效益的分析；为旧住宅改造提供了大量经实践证明行之有效的改造方案、办法、措施，对旧城改造的方针、重点、规模和标准、速度和效益，新旧区经济效益的分析对比，保持不同城市的城市风貌和地方特色等，提出了改革与政策性的意见。许多已被政策决策部门所采纳，推动了城市旧城改造和房地产开发经营工作的发展。

微机在房地产方面的应用科研成果

近几年来，城市房地产部门重视新技术、高技术的开发应用研究，其中微电脑应用研究已在房产经营管理、住宅建设项目管理、房屋交换、房屋普查、租金管理、房地产档案管理、工程预决算等方面获得了大量的成果。在全国第一次城镇房屋普查中，有20多个城市开发建立了计算机房屋普查系统。上海市房管局在高档微机上开发成功的房屋普查系统，总信息存贮量达200兆字节，存贮了上海市区全部200万户居民、30万幢房屋的资料，可以根据需要分户分幢查询分析，统计近60个项目的数据。上海、北京、天津等城市已实现了住房交换电脑化，大大方便了因解决上班路远等其他原因要求换房的居民。电脑换房现在已形成两大系列，一是微机换房管理系统，可以储存上万份的换房资料，覆盖面广，换房机率相应提高。二是便携式换房专用电脑，不需专用机房、空调及交流稳压器，可以带上机器上街下厂为居民服务。微机租金管理系统，实现了租金开票、分选、累计电脑化，一年节约的费用，即可弥补全部设备投资。北京的微机换房系统，南京的土建工程预算软件、上海的微机房屋普查系统，分别获得了全国电脑应用成果一等奖和建设部科技成果三等奖。

中小型房屋维修机具研究成果

据课题组9个城市统计，在研制、引进消化和更新改造维修机具方面共取得65项成果。使房屋维修机具在小型、轻便、灵活、适用等方面有了新的突破。在垂直运输和水平运输机具方面共有12项成果在各地得到推广应用。上海房管局研制成的70－3SD－150型轻便电动葫芦吊，采用少齿差行星齿轮变速，具有结构简单、体积小、自重轻、安装使用方便、适合维修多层住宅等优点。在架设工具方面有18项成果得到推广应用，其中如引进改制的高空作业吊篮，已正式列入我国建筑机械产品系列，广泛用于高层房屋的维修。管道疏通方面研制成功了具有“抓、钩、掏、捣、削多功能的管道疏通器，突破了用机械通管道的难关。装修机具方面共有18项成果推广应用，其中研制成功的GP－400型高压无气喷涂机已成为装修方面的良好机具。

平屋面防水科研成果，该课题由武汉市等17个城市房地产局共同承担，在四年的时间里，共取得70多项成果。主要是四个方面，一是调查研究了我国平屋面防水传统技术，在此基础上对油毡防水屋面、普通刚性防水屋面及双防水平屋面的技术有所改进和创新，二是推广应用了微膨胀钢筋混凝土刚性防水屋面，砖壳刚性防水平屋面及预应力钢筋混凝土刚性防水屋面等新的防水技术。三是研制了冷涂料及塑料油膏，建立健全了生产线，并广泛的推广应用了冷涂料、塑料油膏及聚氨脂等新型防水材料。四是推广并改进了多功能屋面，提高了种植蓄水屋面的性能。这些成果具有施工方便、原料容易解决、减轻劳动强度、投资省、见效快、推广容易等优点，基本上反映了我国房地产系统平屋面防水所达到技术水平。

“灭蚁灵”开发应用成果:1984年由建设部下达给中国白蚁防治科技协作中心组织实施，经过全国16个城市大约二年时间的协同攻关，取得了很大进展，经济效益和社会效益显著。各项技术指标都达到预期效果，解决了多年来的常规方法灭治白蚁的多种弊端。仅1986年推广应用“诱饵剂”系列产品410万包以上，并已进入香港、新加坡、泰国和马来西亚。此外，玉林、福州、长沙等市结合当地情况，研究的多品种灭杀家庭害虫诱饵剂，也取得了良好效果。特别是玉林白蚁防治研究所研制生产的蟑螂、蚂蚁药，在新加坡和第35届尤里卡国际博览会上倍受欢迎，仅1986年就向国内外销售210万支。据估算，这一成果的推应用，为国家创造了上亿元的经济效益，已出口创汇20万美元。

市政、公用、环卫、园林科技发展

张淑敏

在城市建设中，科研工作是一个薄弱环节。原来的基础薄弱，经过“十年动乱”，机构被砍掉，人员被遣散，已无法形成一个完整的科研技术力量。党的十一届三中全会以后，城建科研力量逐渐恢复，尤其是提出“经济建设必须依靠科学技术，科学技术必须面向经济”的方针以后，不仅给科研工作指出了明确方向，而且加强科研工作受到各级领导的重视，科研机构增加，人员扩大，科研成果显著，在城市建设中起到很大的推广作用。

据不完全统计，城建已有部级(含非独立科研单位)、省市级研究单位80多个，有职工9000多人，其中高中初级技术人员近2700人，占职工总数的30%。为了适应城市建设的发展和人民生活水平的提高，科研工作逐步深入，市政、公用、园林绿化、环境卫生等专业科研单位增加很快。在北京、天津、上海、沈阳、哈尔滨、西安、杭州、武汉、广州、成都、兰州、长沙、湘潭、乌鲁木齐和河南省已有15个市政工程研究所或城建科研所；北京、天津、上海、重庆、广州、武汉等已有公用事业研究所或公交研究所8个，大连和济南已在筹建；园林绿化已在包头、天津、北京、上海、厦门、武汉、广州、南京、长沙、杭州、桂林、郑州、洛阳、济南、大连、青岛、西安、成都、太原、沈阳、长春、吉林、哈尔滨、兰州、呼和浩特、乌鲁木齐、苏州、贵阳、昆明、深圳、合肥等31个城市建立了科研所，一些大专院校也专门设置了科研所；城市环卫科研发展更快，1983年才有5个研究单位，现在已经在23个城市成立了研究所，编制近4000人，这些城市是广州、太原、北京、天津、郑州、沈阳、哈尔滨、牡丹江、吉林、青岛、无锡、贵阳、福州、成都、昆明、长沙、南昌、南宁、西安、乌鲁木齐、上海、杭州、武汉等，到1986年他们完成的科研项目中，有部级以上的18项。科研机构的迅速发展对城建行业科学技术的促进和事业的发展都起了很大作用，在不同的技术领域里作出了贡献，取得了可喜的技术成果。

近年来，城建科研单位不仅完成了上级部门安排的纵向科研课题，而且在成果推广、技术转让方面，积极探索努力实践，承担了许多横向技术课题，不仅使新技术尽快的在实际工作中得以推广，而且使自身发展得更快。上海市政工程研究所已完全独立发展，不要事业费，走出了一条科研单位发展的新路。上海公用事业研究所，只要1/3的事业费，2/3的是横向协作，不仅从技术方面支援了其他单位，而且使本所也有推广新技术的市场，以更快的发展壮大。在科研体制改革方面都在努力探索。

经过城建行业广大科技人员和职工的积极努力，在城建行业取得了一批可喜成果，不少项目有较好的社会效益和经济效益，有的甚至填补了国内外空白。这些科研成果的取得，使市政工程、公用事业、园林风景、环境卫生等行业的技术水平都有不同程度的提高，对城市建设事业的发展都起了一定的推动作用。

近年来城建行业参加评奖的科研项目不断增加，1985年和1986年就有150项，这些项目有的获得了国家级技术进步奖和部级进步奖，获地方奖的更多，尚不在这些之内。

1985年获部级技术进步奖共计80项，其中城建行业有24项：一等1项：《广州市区庄四层立体交叉工程》；二等4项：《城市煤气设计规范》、《市政给水钢管结构设计方法》、《氢氧化铝“一步法”制取聚合氯化铝》、《控制紊流能耗的混合絮凝技术试验研究》；三等19项：《鼎牌自动打火煤气灶》、《城市交通运输的发展方向问题》、《城市古松柏生长衰弱原因及复壮措施的研究与应用》、《爆破扩孔垂直抗浮锚杆研究与应用》、《给水排水工程结构设计规范》、《JYZW－72型植树挖穴机》、《JK－1型工程地质液压钻机》、《水库水源饮用水处理工艺的研究》、《周边进水沉淀池的研究》、《地下水资源评价的原理和方法》、《北京地下铁道主保护系统》、《平面控制网设计和平差的电算程序》、《低温水热化系统供热调节技术的研究和应用》、《低温条件下生物降解规律及其措施》、《青岛市城市污水回用于工业》、《利用工业废料筑路研究》、《荷花品种整理及新品种选育研究》、《庐山风景名胜区风景名胜资源评价》、《百合育种边缘杂交和多倍体育种》。

1985年国家级技术进步奖首次评选中，城建行业有12项获奖：二等2项：《地下水曝气接触氧化法除锰》、《阳离子乳化沥青及其路面性能的研究》；三等10项：《北京民用在役液化石油气钢瓶YSP－15质量测定试验研究及其普查判废标准》、《人工轻质新型陶粒滤料过滤技术的研究》、《提高天津市客运交通运输能力的研究》、《天然气低压平焰燃烧装置》、《四氟板式橡胶支座》、《暗挖顶进法施工地下铁道工程》、《大熊猫人工授精繁殖试验》、《南京园林药物花园设计》、《北京道路立体交叉工程设计》、《室外给水排水和煤气热力工程抗震设计规范》。

1986年部级技术进步奖50项中有城建行业16项，一等2项：《废旧沥青混合料再生利用的研究》、《建设部部标"城市测量规范CJJ8－85"》；二等6项：《斜板斜管沉淀技术推广》、《"四合一"湖水净水池生产性试验研究》、《天津永和斜拉桥缆索张拉锚固体系的研究》、《天津市盐碱地区绿化技术的研究》、《TW－1型吸泥车》、《粉煤灰用于水泥挤压管生产的试验研究》、《水泥混凝土路面填缝材料(聚氨脂型)》、《无锡市城市生活垃圾无害化处理技术的开发研究》、《CZ82－2型汽车驾驶摸拟机》、《城市集中供热的发展方向，技术经济效果及近远期结合实施途径的研究》、《鹃园(江苏无锡惠山山麓)》、《DL－84沥青混凝土多功能试验仪》、《工业用水量定额》。

一、城市建设标准工作起步晚、发展慢，长期不能满足城市建设事业的需要。

党的十一届三中全会以后，党和国家领导同志十分重视标准化工作，把加速立法采用国际标准和国外先进标准作为我国实行开放政策和提高产品质量的一项重大措施。尤其是在近几年，加快城建行业的标准规范编制工作被各级领导重视。

城建各行业标准规范编制工作进展较快，到1986年底，城建供排水、煤气供热、公共交通、道路桥梁、防洪、园林风景、环境卫生各行业现行的国标、部标(包括工程和产品)共47本，现有在编标准117本，新列标准46项。

标准规范工作是整个技术经济立法的重要组成部分，对经济建设的发展和体制改革深化都起着重要作用。近年来一些有显著社会经济效益的标准受到奖励，由中国市政工程华北设计院负责编写的《城市煤气设计规范》1985年被评为部级技术进步二等奖，由北京市政设计院负责编写的《给水排水工程结构设计规范》1985年被评为部级技术进步三等奖；在1986年部级技术进步奖的评审中，由中国城市规划设计研究院等负责编写的《工业用水量定额》被评为三等奖，由北京、天津测绘处和广州规划勘察研究院编写的《城市测量规范》(CJJ8－85)被评为一等奖。

二、城乡建设技术政策：城市基础设施要点

根据国务院的统一部署，从1983年起为制定城市建设技术政策在国家科委统一领导和安排下，用二年的时间提出了城建各行业的技术政策，在1985年出版的国家科委蓝皮书中技术政策要点和要点说明、背景材料均被载入。属于城市基础设施方面的内容，归纳起来有以下一些。

综合开发、统一建设、保证基础设施先行：

对市政工程建设和各种地下管网要统筹规划，统一施工。要做到先埋设地下管网，后修路建房。要采用先进的施工机械、施工方法和科学管理，缩短施工周期，尽量减少对城市交通和环境的影响。

加强保护，统一管理和全面利用水资源，提高城市供水和污水处理能力：

加强水资源的管理，保护好城市水源。以流域为单位全面规划、合理开发、统一管理。严禁超量开采地下水，要做到采补平衡，人工回灌，防止地面沉降。

大力开展节约用水。对生产用水要实行计划用水、定额供水、超量加价、节约奖励。发展循环用水，一水多用和废水回收再用等措施，提高城市工业用水重复利用率。

进一步完善城市排水系统，普及排水管网，积极进行污水处理。大城市和重点环境保护城市要积极采用二级生化处理方法，采取污水再利用措施。

做好城市水文分析工作，加强防洪护岸设施的建设和维护，研究采用城市防洪堤坝的新材料、新结构，提高防洪设施的抗洪能力。

改变城市燃料结构，优质燃料优先供应民用，大力发展城市集中供热：

城市的燃气、电力等能源，要从本地区的资源条件出发，考虑到经济、社会、环境效益和人民需要，综合平衡，合理利用。优质燃料优先供应民用。不断改善能源结构，逐步实现城市的燃气化和电气化。

因地制宜地发展城市燃气。要积极发展煤气，优先使用天然气，合理利用液化气，大力回收工业余气。包括利用低热值煤气顶替出高热值煤气供应民用。优质燃气优先供应城市。有计划地改造和新建气源厂，提高供气能力。

积极发展城市集中供热，因地制宜地开发多种热源。城市中的电厂在扩建、改造和新建时要积极发展热电合产。充分利用工矿企业的余热供应城市；有步骤地开发地热、核能、太阳能等新热源。

新建小区要统一建设热源，对现行分散供热的地区要进行改造，逐步实现联片集中供热。

加强城市道路、交通设施建设，办好公共交通事业

根据城市总体规划的要求，进行道路网络和交通设施的优化设计，科学地确定交通结构，路网和公交线网的布局要合理。

有条件的大城市要逐步建设快速轨道交通。要提高道路通行能力，拓宽路面，推广应用快慢分行的道路；有计划地开辟货运，自行车、步行专用道路。

大城市应以公共交通为主，各种交通工具协调发展。增加车辆，改进车型，发展大中小型多样化公共汽车，积极发展出租汽车。发展多平面的道路交通。大城市对自行车应适当控制发展，要实行自行车与机动车交通分离。对高能耗及污染严重的摩托车等交通工具，要控制其发展。

提高城市交通管理，因地制宜地建立点、线、面信号控制系统和控制中心，科学地设置交通标志、标线等交通指示系统，建立和健全交通法规。

加快城市环境卫生设施建设，加强环境卫生管理：

环卫设施建设是城市建设总体规划的重要组成部分。要有计划地改进和建设楼房垃圾道、垃圾转运站、公共厕所、化粪池、垃圾粪便处理场、垃圾处理站和填埋场及环卫专用车辆保养场等环卫设施。

逐步实现垃圾分类收集容器化、运输作业机械化。积极发展适用于不同城市的清扫及粪便收集、处理设备，努力提高装备水平。

城市生活垃圾的处理，近期内应着重发展卫生填埋和高温堆肥处理技术，医院垃圾应专门收集并采取焚烧处理技术。城市粪便要先行处理，然后作农肥。

大力发展城市绿化，建设城市公园：

要千方百计增加绿地面积，规划的绿地不得改作他用。现有绿地不得侵占，侵占的要限期迁出。规划的城市绿化覆盖率和人均绿地面积要争取在规划期内完成，城市新建、扩建、改建要按指标留足绿地。

大力植树、种草、栽花，积极发展各种地被植物和攀缘植物，使一切可绿化地方绿化起来，逐步做到市区没有裸露的地面。

搞好园林植物规划和种苗生产规划，加强引种育种工作，规定的苗圃面积要有保证，尽早实现苗木本地自给。

切实保护具有历史、文化和艺术价值的古典园林。加强管理，控制游人量，建立古树名木档案，并要加强养护管理。

保护风景资源，加强风景名胜区的规划、建设管理。

开展全国风景名胜资源的综合考察、评价、鉴定、建立和健全管理体制及相应的管理机构。

加速编制风景名胜区保护、建设规划，加强管理工作，根据合理的环境容量，有计划地组织游览活动。

风景名胜区内的一切建设活动都要按规划进行。主要风景线上不得修建架空索道和大型工程设施，建设游览道路不得破坏自然景观。风景名胜区内不得设置有污染或危及景观、影响环境质量和游览活动的单位，已在风景名胜区内的上述单位，应区别不同情况进行处理。

三、城市建设科技成果

1.“水上一体化”水厂

“水上一体化水厂”是把一个以地面水为水源的自来水厂，完全建造在水体上(一般建在船上)，把取水、净水系统、送水泵房、辅助设施管理及生活设施集中在一个浮体内，并且使净化工艺设备与船仓有机的结合起来。以中国市政工程西北设计院为主，11个协作单位参加的这一科研课题，经过6年反复试验研制和不同规模的生产实践，已成功地将在地面上工艺流程的净化构筑物的高度从5－7米降到2.5米左右，浮体自重减轻，工艺设备与船仓有机地结合起来，使浮体的重心降到水面以下，“水上水厂”可以安全可靠运行。这一成果于1981年12月通过部级鉴定后，1984年荣获国家发明二等奖，1985年获国家级优秀设计金牌奖，同年获实用新型专利，该项目被列为国家“七五”重点新技术推广项目之一。这种水厂建在水上，不占用良田，节约征地费，净化工艺技术先进，布置紧凑，便于集中管理，节约投资、节省能源、成本低、建设周期短、在江河湖泊水网密集的地方和有条件的地区很适用。现在已有25个“水上水厂”，日产水能力小的有3000吨，有的已达50000吨。这种水厂对原水适用范围广，出水水质稳定，符合国家水质标准。这一新技术的推广应用，将大大促进全国供水事业的发展。

2.新型高效沉淀器——梯形斜板沉淀器

这个项目曾获国家发明三等奖，1986年日内瓦第十四届国际新技术发明展览会获银质奖。北京市政设计院研究所从1978年开始研究，运用变量流沉淀和“浅层”沉淀理论，由梯形状斜板和集水管组成沉淀单元体，包括泥水分离、澄清水收集和导出沉渣滑送等，使水流沿斜板层间流动，两侧收集澄清水，造成浅水层的变量流沉淀过程，达到高效率的完成固液(泥水)分离，获得良好的澄清水。这种净水构筑物，其构造简单，占地面积小，投资低，沉淀效率高，净化水质好，斜板和集水系统不积泥且运行可靠，适用于各种规模的自来水厂，新厂、老厂改造及污水净化均可使用。北京田村水厂二期工程(日产水19万吨)，仅斜板构造一项节约投资26万元，湖北沙市西水厂平流池改造采用此种新型池投资6.5万元，日产水由1万吨提高到5万吨；在数十条长江客轮上使用，改变了船上供水和卫生状况，每年节约船仓装水费数十万元；在城镇小型供水装置上应用，比浙江地区 CW－20 型净水器少用钢材 2 吨，体积小、价格低、便于运输，此法已在农村推广。

3.广州市区庄四层立体交叉工程

广州市区庄立体交叉工程是我国第一座四层式立交，占地面积 3.23 公顷，工程总造价为 950 万元。第一层面积为 5160 平米，每平米造价 234 元；第二层面积 7136 平米，每平米造价 144 元；第三层面积 6671 平米，每平米造价 447 元；第四层面积 3947 平米，每平米造价 526 元。四层最下一层是环市路直行机动车道，第二层是非机动车专用的平面环形交叉和人行道，第三层是供机动车左右转弯行驶的高架平面环形交叉，四面有 8 条单行匝道相连接，第四层是先烈路机动车直行高架桥面车行道，是一座四层式带双层平面环交的新型立体交叉。该桥达到了机动车与非机动车分行，机动车与行人分行，机动车直行与转弯分行，各行其道不干扰，提高了通行能力，保证了交通安全。这个工程占地少、造价低、功能齐全，在国内具有先进水平。获 1985 年部级技术进步一等奖。

4.废旧沥清混合料再生利用研究

为了充分利用沥青旧料，缓和道路沥青供应紧张状况，上海市政工程研究所和南京市政公司共同合作，经过二年多的研究，解决了将沥青旧料掺入再生剂后，与一定比例新料混合热拌，所成的再生沥青混合料等一整套工艺、技术。1985 年 6 月建设部组织专家进行鉴定，一致认为该成果具有显著的经济效益和社会、环境效益，达到了国内先进水平。他们研制出的再生剂是一种不含蜡的石油类产品，含有油分和树脂，正好弥补了老化的旧沥青所缺少的成分，有利于沥青性能的改善。再生沥青混合料采用旧料与新料用 1:2～1:4 的比例，通过热拌所得的再生沥青混合料性能与普通沥青混合料相当，可用于路面工程，有些性能(如低温抗裂性)比普通沥青混合料还要好。旧路翻挖结合我国特点，提出用风镐、液压钳、带松土器的推土机 T－100、C－100 锄耕机，并采用腭式破碎机作一级轧碎，用锤式破碎机为二级轧碎，旧径均小于 35 毫米。拌和采用连续式和分拌式，连续式采用湿润旧料以避免旧沥青被烧焦，分拌式只须小量改装即可达到要求。对新石料烘干筒外加套层来温热旧料，这样可节约能源，又改善工人操作条件，是国内首创。利用 1 吨旧料可节约 15 元(按平价沥青计)，节约沥青 40 公斤，节约砂石 900 公斤。我国目前需要大修的路面约 1600 万平米，有旧料 280 万吨，如 1/3 被利用，即 93 万吨，每年可节约成本 1935 万元，节约沥青近 4 万吨，相当于年供应量 1/4，可以大大缓和沥青供应的紧张状态，减少往返运输，节约能源，节约砂石近 90 万吨，具有明显的经济、社会、环境效益。建设部正积极推广利用，下达了关于再生沥青推广工作的文件，组织了全国性推广中心，举办了技术训练班，有的城市还自行制定了推广工作办法。仅 1986 年利用废旧沥青混合料达 20 万吨，节约沥青 8000 多吨，节约砂石 18 万吨。该项目被评为 1986 年部级技术进步一等奖。

5.地下水曝气接触氧化法除锰

地下水曝气接触氧化法除锰是以空气中的氧作为氧化剂，在滤料表面自然形成的“锰质滤膜”的接触催化作用下，使水中二价锰在比较低的 PH 条件下被氧化为高价锰而由水中除去。这种方法比国外的化学氧化法有很多优点，不投加药剂，处理费用低，工艺流程简单，建设费用较低，出水水质优良，工艺稳定可靠，对水质适应性强，便于普遍推广，是一种比较先进的地下水除锰的方法。利用我国的天然锰砂作滤料，便于就地取材。在我国城镇自来水含锰量超标，给人身健康和工业生产造成影响和损失的情况下，哈尔滨建筑工程学院、中国市政工程东北设计院和航空部第四设计院共同完成的这一成果，解决了长期存在的技术难关，填补了国内一项技术空白，这一成果有明显的社会和经济效益。现在已有 20 多个水厂采用此成果，仅节省药剂费用每年达数十万元。该项成果 1985 年被评为国家级技术进步二等奖。

6.鼎牌自动打火煤气灶

这是由天津市煤气公司用具厂研制出的一种款式新颖、造型美观，选用压电陶瓷点火、设有无级火焰调节器，适用于多种气源且燃烧性能稳定的灶。它可以适用于液化气、天然气和人工煤气，并且能够防止回火和晚火，用上述三种气只需更换喷嘴不换火盖，这种结构在国内是独创。同时此灶燃烧产物中一氧化碳含量仅有 0.01％，优于国内国际规定的标准。热负荷大，热效率高，可达 2800 大卡/时和 50～60％，这也是比其他灶高的。由于结构先进、质量稳定、性能可靠，行销十几个国家，深受用户欢迎，1981～1984 年生产 10 万多台，利润 64 万多元，创外汇 61 万多美元。该项成果 1985 年被评为部级技术进步二等奖。

7.大熊猫人工授精繁殖试验

大熊猫是我国特产的珍贵动物，人工饲养条件下繁殖能力很低。北京动物园于 1978 年开始试验用人工授精方法繁殖大熊猫，当年 9 月获成功。主要对大熊猫麻醉、采精、低温保存及输精适宜的时间、部位、方法等进行了研究。该成果先后在广州、上海、成都等推广，国内几个城市的雌性熊猫运到北京进行人工授精。美、英、日动物园先后来学习。到1984年北京用人工授精繁殖8胎，产16仔，成活5仔。1978～1984年大熊猫多繁殖13次，人工授精使饲养条件下的大熊猫增加了8只以上。该成果对挽救珍稀动物大熊猫具有特殊的意义。1985年被评为国家级技术进步三等奖。

8.天津永和斜拉桥缆索张拉锚固体系的研究

天津永和斜拉桥是国内最大跨度的斜拉桥，主跨260米，居世界12位。该桥关键是解决缆索锚固装置。此锚固体系较好的解决了较大的吸振要求，调整索力，更换绳索的多种功能。解决了一般镦头锚无法解决的问题。YC－300千斤顶设计和制造的成功，填补了张拉吨位上的一个空白，为大吨位预应力锚具的使用开辟了道路。由建研院结构所和天津市政一公司共同完成的这项成果。1986年被评为部级技术进步二等奖。

9.大中城市燃气化途径的研究

由中国市政工程华北设计院负责完成的大中城市燃气化途径的研究课题，提出了我国城市燃气化的方针、政策，提出了因地制宜、广开气源、采取多种途径发展城市燃气的方向性意见。利用天然气、液化石油气、现有焦炉炼气、矿井气、炼厂干气供民用，节能效果显著，利于改善大气环境，是发展城市燃气的理想气源。这是煤气行业第一次软课题的研究，该成果1986年被评为部级技术进步二等奖。

10.“四合一”湖水净水池生产性试验研究

由武汉城建学院完成的“四合一”湖水净水池生产性试验研究，在1986年被评为部级技术进步二等奖。这种池在当代是先进的，它是将混合、反应、气浮、过滤工艺合为一体的新型池子，结构简单、紧凑、占地面积小，处理效果高，矾耗省，经济效益社会效益显著。用以处理低浊含藻湖水是一种很有前途的新型池。湖北嘉鱼县净水池投产后，仅电耗一项每年可节约4.75万元。此类池子很有推广应用价值。

11.城市燃气合理价格的分析研究

中国市政工程华北设计院对城市燃气合理价格的分析研究在全国还是首次。该课题对城市燃气价格体系的合理性进行了全面研究，提出了基本观点和调整方案。对合理定价和调价起了积极作用。已被部分建有燃气设施的城市在调价和新气定价时所采用，对城市燃气价格合理化和燃气良性经营起了积极作用。该成果现被评为部级技术进步二等奖。

12.城市公共交通现行价格研究

哈尔滨市公用局承担此课题对城市公交企业进行了全面系统的调查，调查的覆盖面高达23％(65个城市78个企业)，取得79800个数据，计算机处理达200万字符。经过分析和数据处理，得出公交价格背离价值的规律，反映出价值与供求关系，提出了理顺公交价格现行政策和实施方案，同时为价格改革提出了理论科学依据。正在被各级领导和政府确认，逐步进行调整并取得显著效益。该成果现被评为部级技术进步二等奖。

城市建设教育

张淑敏

随着工作重点向经济建设转移和经济体制改革的不断深入，城建行业得到迅速发展，因此迫切感到急需技术人才。尤其是党的十一届三中全会以来，大家日益深切认识到，开创城市建设新局面，人才问题是关键。实现城建行业技术和管理现代化，需要一批高水平的技术人员和职工队伍，各地各级城建部门的领导，把智力开发和人才培养摆到了重要位置。

一、高等、中专教育

城市建设事业的发展对技术人员的要求越来越迫切，各地的呼声越来越强烈。各行业都感到，由于技术力量薄弱，与城市基础设施建设任务量大，越来越不适应，要求增建大、中专院校，要求增设专业，要求有更多的技术人员，这已是全国城建行业的共同呼声。因此，城建行业的教育事业得到了很大发展，部系统以外的大专院校不断增加班次，扩大招生，在全国的高等院校中有87个设置了城建专业。部直属院校也在增加，专业设置不断扩大，各种学制的学生不断增加。

部直属的大专院校，现已有7所，这就是：重庆建筑工程学院，哈尔滨建筑工程学院、沈阳建筑工程学院、西北建筑工程学院、南京建筑工程学院、武汉城市建设学院和苏州城建环保学院。这7所院校有教职员工共8278人，专任教师3498人，其中教授、副教授675人，讲师1359人。在校的各类全日制学生(包括博士生、硕士生、研究生班、本科和专科生)共16448人，夜大和函大学生4717人。承担国家和委托培养的各类学生。现在博士生、硕士生和研究生班，已毕业165人，在校生706人，本科生已毕业2326人，在校生13311人；专科生已毕业658

人，在校生1924人；成人高等教育有教师本科班和干部专修科已毕业463人，在校生507人；函授大学和夜大，已毕业751人，在校生4717人。

随着城市建设事业的发展，专业设置在不断的增加，不断得到充实和完善。在本科生教育中有近30个专业设置，除工业与民用建筑工程和城市规划专业外，城市建设各专业均有设置，如给水排水工程、城市燃气、供热通风、交通工程、公路与城市道路、地下工程与隧道工程、风景园林、环境工程、水文地质、工程测量等，同时还设有外语和电子计算机及应用等学科，不少学校都增设了建筑、规划、城市管理专业以适应城市建设的需要。在专科教学中也有20多个专业设置。这些院校基本上可以完成国家的培养任务和委托代培的任务，同时招收一些自费学生。

为了适应当前城市建设的需要，一些省、自治区、直辖市还建设了中等专业学校，以满足城建行业技术人员的急需和不足。现在已在26个省、自治区、直辖市建有城建行业的中专校40多所，开设的专业有给水排水、城市燃气、地下铁道、道路桥梁、暖通、园林绿化、园林花卉、环卫工程等。这些学校大部分是省、市城建主管厅局建设的，一些地方的教委和人民政府也很支持。

二、职工教育

为了适应城市基础设施的建设发展，提高城建行业职工的技术水平和素质已是急待的问题，各省、市针对城市市政工程、公用事业、园林绿化、风景名胜、环境卫生等行业队伍的技术装备差、职工文化水平低，技术工人中高、中级技术工人比重小的问题，积极发展职工教育事业，采用多种办法给工人创造学习环境，提供学习机会，以提高现有职工的文化技术水平，适应工作的需要。

到1986年底，城建行业共有职工140多万(含民办保洁队伍10万)，专业人才不足，中专以上学历很少，有的行业专业技术人员比例只有0.5%，技术人员的智能结构也不合理，高、中、初级技术人员的比例倒挂，人才使用浪费。而工人中青工多，并且一半以上是“双补”对象。

针对以上情况，各地花了相当的精力抓职工教育，许多省、自治区、直辖市和有条件的城市开设了职工中等专业学校、职个大学、职工业余大学，以提高现有职工的文化技术水平和培养急需的技术人员。到1987年底，在7个省市开设了城建专业的职工大学和职工业余大学15所，开设的专业有给水排水工程、道桥、供热通风等；在14个省市中开办了职工中等专业学校共40多所，这是一些地方企业在主管部门的支持下，为解决技术人员奇缺自己办起来的，设置了给排水、暖通、煤气、道路、桥梁、园林绿化等专业；另外，在一些中等专业学校中还附设了职工中专部(或班)，有13个专业学校办了附设班，其中有给排水、环卫、道桥、园林绿化、暖通等专业；在一些职工大学、干部学校、职工学校中也附设了职工中专班，现在有6个，开办了水暖与通风、给排水、汽车修理、城市公交企业、环卫工程、道桥专业。这些学校的开办和专业设置，对解决技术人员缺乏和提高职工的文化技术水平，都起了很重要的作用。

城建各行业都积极为提高职工的文化技术水平创造条件，在青工中组织青工技术补课，脱产学习，上岗考核，采取多种方法促进职工学习。企业事业单位自己办学、组织参加业余学校和函授学习等多种形式，职业学校蓬勃发展，在一些高中和职业高中学校设置城建专业，如市政建设、供水、驾驶等专业和工种。职业学校、业余学校、电大、函授等多种教学方式，在提高职工文化，培养技术人才方面，发挥了极大的作用。

根据城建事业的发展和现有人才的情况。到1990年城建各行业还需要培养更多的技术人员。根据初步对人才需求的预测调查，“七五”期间，仅后三年就需要增加中专、专科、本科和研究生等技

表1

学校名称 各类学生	重庆建筑工程学院		哈尔滨建筑工程学院		沈阳建筑工程学院		西北建筑工程学院		南京建筑工程学院		武汉城市建设学院		苏州城建环保学院	
	毕业	在校	毕业	在校	毕业	在校	毕业	在校	毕业	在校	毕业	在校	毕业	在校
博士研究生		6	2	12										
硕士研究生	63	302	60	323		7	2	30						
研究生班	15	16	23	10										
本科生	681	3849	518	2528	692	2570	222	1217	146	1281	67	1174		692
专科生	196	359	30	30	132	244	27	113	242	651	31	299		228
成人高等教育	216	152	75	166	63	61	84	84			25	44		
函授	670	1191		2524						118				
夜大		125			81	367				135		257		

术人员约4万多人；到2000年需要增加6万多人。培养这样多的技术人员任务是艰巨的。目前除大中专正式院校扩大招生培养人才外，仍需要采取多种形式：如代培，定向培养等扩大人才途径，增加技术力量，以尽快适应城建事业发展的需要。

建设部系统学校及科研机构情况详见附表：

城乡建设环境保护部系统中专学校情况表 表2

序号	学校名称	校址	设置专业	电话	主管部门
1	北京建筑工程学校	朝阳区和平里东城路5号	工民建、道桥、地下铁道	461431	北京市建委
2	北京城市建设学校	朝阳区水碓东路15号	工民建、给排水、暖通、建经	583161	北京市建委
3	北京园林学校	天坛公园南门内	园林绿化	752045	北京市园林局
4	天津市政工程学校	天津河东区红星路102号增1号	道桥、给排水	240650	天津市政工程局
5	天津市园林学校	天津河东区贾沽道	园林绿化	248178	天津市园林管理局
6	河北城乡建设学校	河北省保定市	工民建、城规、市政工程、环卫工程		河北省建委
7	山西省建筑工程学校	太原市坞城路15号	工民建、暖通、建经、城规、建机、村镇建设、工业设备安装、电气安装、园林绿化、园林规划	74534	山西省建设厅
8	太原市城市建设学校	太原市胜利桥西兴华街	道桥、城规、环境监测	63882 63842	太原市建委
9	内蒙建筑学校	呼和浩特工人西村	工民建、暖通、建机	33887	内蒙古建设厅
10	辽宁省建筑工程学校	辽阳市南郊路北侧	工民建、暖通、建经	22406	辽宁建筑工程局
11	抚顺市城市建设学校	抚顺市望花区望花街	工民建、暖通、给排水、建经、建机、城规；村镇建设	88995	抚顺市建委
12	辽宁省城市建设学校	沈阳沈河区文艺路二段三号	城规、道桥、给排水	480633 480637	省建设厅
13	黑龙江省建筑工程、城市建设学校	哈尔滨南岗区十字街59号	工民建、暖通、给排水、道桥、建经、城规、建机、村镇建设、电气安装、园林绿化、环境监测	32323	省建委
14	上海市公用事业学校	上海虹桥路塘子径235号	机械、电气、城市煤气、城市自来水	388835	上海市公用事业局
15	上海城市建设工程学校	上海龙水北路999号	道桥、给排水	381626	上海市政工程管理局
16	上海市园林学校	上海长宁区伊梨路86号	园林绿化、园林规划设计、园林花卉	329380	上海市园林局
17	上海市环境卫生学校	上海龙吴路410弄10号(暂)	环卫机械制造及维修、环卫工程及管理	389909	上海环境卫生管理局
18	江苏省城镇建设学校	常州市花园新村	城规、环卫工程、房地产经营与管理		
19	南京建筑工程学校	南京市泰山新村	工民建、给排水、建机、建筑电气安装	36235 36127	江苏省建筑工程总公司
20	南京建筑工程学院中专部	南京市中山北路200号	工民建、暖通、建机、建筑电气技术	32976	建设部
21	南京市中等专业学校建筑分校	南京太平北路35-4#	工民建、暖通、建经、复合材料	43949	南京市教育局
22	杭州市城建技术学校	杭州市环城北路154号	工民建、道桥	56757 52157	杭际市建委
23	江西省南昌市城建学校	南昌市	市政工程、城市房地产管理、城镇园林规划、城镇建设		省建设厅
24	山东省济南城建学校	济南市舜耕路12号	工民建、给排水、城规、村镇建设、园林规划设计	23344	省建委
25	河南省平顶山城建环保学校	平顶山市新华南路	给排水、环境保护、房屋建筑及管理	4536 4529	省建设厅
26	武汉城建学校	武汉市红钢城三街	道桥	662240	武汉市政管理局
27	湖北省宜昌城市建设学校	宜昌市东山苗圃	工民建、城规、燃气	22489	宜昌市建委
28	武汉城市规划学校	汉口青年大道庙墩100号	城规、航空摄影测量、工程测量、工程地质		武汉规划管理局
29	湖南省建筑学校	湖南湘潭岳塘区跃进村	工民建、城规、建筑学、村镇建设、建管	21975	省建筑总公司

续表

序号	学校名称	校址	设置专业	电话	主管部门
30	广州市政建设中等专业学校	广州沙河顶先烈东横路60号	给排水、道桥、市政工程、建经	705043	广州市政工程总公司
31	广州市园林中等专业学校	广州三元里景泰坑麓景路	园林绿化	664683	广州市城建职大
32	广州交通运输中等专业学校	广州北郊嘉禾	汽车运用与修理、机械制造工艺及设备、汽车运输管理		广州市公用事业局
33	广西建筑工程学校	广西南宁市秀灵路	工民建、给排水、建机与汽车修理、建经	26933	广西建委
34	成都市建设学校	成都外北青龙场虎头山	工民建、道桥、园林绿化	44412-366 或520	市建委
35	重庆市城市建筑工程学校	沙坪坝区石桥铺白马凼	工民建、道桥、园林绿化	22820	市城建工程局
36	渡口市建筑工程学校	渡口西城区河石坝	工民建、给排水、建经	8414	市建委
37	西北建工学院中专部	西安小寨	工民建、暖通、建机、城镇建设	5-3241	建设部
38	陕西省城乡建设学校	西安市南郊	工民建、城规与园林、市政工程与管理、环境保护		省建设厅
39	兰州市城市建设学校	兰州市大沙坪89号	工民建、市政工程、城镇建设	27535 21185	省环保厅
40	宁夏城建校	宁夏银川市新市区朔方路	给排水、城规、城市建设与管理	77880	
41	新疆建筑工程学校	乌鲁木齐河滩公路	工民建、建经、暖通	42063	新疆建筑工程总公司
42	新疆城市建设学校	乌鲁木齐新市区	给排水、园林绿化	36008	
43	广西城乡建设环保学校	广西南宁市秀灵路	给排水、建筑与城镇规划	26107	广西建委

建设部系统职工大学、职工业余大学情况表

表3

序号	学校名称	设置专业	校址	电话
1	天津市市政工程局职工大学	道桥、给排水	天津河东区红星路102增1号	40650
2	天津市公用局职工业余大学	汽车运用与修理、企业管理、企业秘书、财会	天津南开区南开五马路27号	62386
3	辽宁建筑工程职工大学	工民建、供热通风	沈阳市和平区南三好街王家庄	483343
4	大连市自来水公司职工大学	给水工程、工企自动化	大连市甘井子区马栏子湾家村	91913
5	长春市建筑职工业余大学	工民建、建筑学、供热通风	长春朝阳区北安路40号	25522
6	哈尔滨市建筑工程局职工建筑工学院	工民建、建筑企业管理、暖通	哈尔滨道里区新阳路345号	48475
7	哈尔滨市政建设管理局市政工程学院	道桥、给排水、企业管理	哈尔滨南岗区清明四道街103号	31118
8	哈尔滨房地产局民用建筑工程学院	工民建、供热与通风	哈尔滨南岗区军工院内41号楼	3725275
9	齐齐哈尔市建筑工程总公司职工建筑工程学院	工民建、暖通	齐齐哈尔市中华西路浏园	72579
10	上海市业余土木建筑学院	工民建、建筑学、给排水、建筑经济管理	上海市河南北路301号	242429
11	上海市政工程管理局职工大学	土建结构、道桥	上海市斜土路2645号	381566
12	无锡市城建职工大学	工民建、城市规划、道桥、建筑企业管理工程	无锡市五里新村419号	225050
13	广州市城建职工大学	工民建、城市规划、给排水、道桥	广州三元里景泰坑麓景路	663137
14	广州交通运输职工大学	汽车运用工程、汽车、交通运输管理工程	广州环市西路156号6楼	664123-246
15	广州市建筑总公司职工大学	工民建、给排水、建筑企业管理	广州市建设新村横马路40号	332555
16	佳木斯市职工建工学院	工民建、建筑企业经济管理、城市规划	佳木斯市	2913

建设部系统职工中等专业学校情况表

表4

序号	学校名称	设置专业	校址	电话
1	北京市设备安装工程公司职工中等专业学校	暖通、电气	北京东直门外左家庄中街4号	484429
2	北京市园林职工中等专业学校	园林绿化、党政干部基础理论	北京天坛公园南门内	752045
3	北京房地产管理局职工中等专业学校	民用建筑与维修、房产经济与管理、机械设备管理、法律、秘书、政工、地政	北京丰台区永定门外刘家窑定安西里12楼	764402
4	北京市公用局职工中等专业学校	城市供热、给水、机电、物资管理、党政	北京朝阳区太阳宫西坝河	4214231
5	天津煤气公司职工中等专业学校	煤气	天津南开区红旗路天拖后院	331553－296
6	石家庄市房产职工中等专业学校	工民建、市政工程、房产经济管理	河北省石家庄市元村三民街82号	46955
7	张家口市城建职工中等专业学校	工民建、市政工程	河北张家口市东河沿街73号	4736
8	河北省城市建设职工中等专业学校	工民建、市政工程、城市规划	河北保定市青年路16号	24163
9	呼和浩特市城市建设职工中等专业学校	市政工程、给排水、煤气与供热工程、城市建设与管理	内蒙呼市乌兰察布东路	44581
10	抚顺市城市建设职工中等专业学校	工民建、暖通、园林、企业管理	辽宁省抚顺市望花区望花街一号	88731
11	大连市城乡建设职工中等专业学校	园林绿化、道路排水、企业管理、规划、环境保护	大连市沙河口区富国街37号	441154
12	鞍山市房地产局职工中等专业学校	工民建、暖通、房屋经济管理	辽宁鞍山市铁东区湖南街	29462
13	沈阳市房地产管理局职工中等专业学校	房地产管理、房屋构造与维修、暖通、电气安装	沈阳铁西区启工街五段三里三号	455872
14	大连市公用事业职工中等专业学校	汽车运用工程	大连西岗区北石道街	336301
15	沈阳市城乡规划建设职工中等专业学校	园林绿化、城市排水、道桥、环卫、测绘	沈阳沈河区小南街四段安居里23号	444404
16	沈阳市建筑工程局职工联合中等专业学校	工民建、建筑企业经济管理、供热通风	沈阳市皇姑区黄河大街二段六号	61072 27312
17	沈阳市交通局职工中等专业学校	汽车运用与修理、汽车运输管理、道桥	沈阳铁西区保工街二段十二号	455192 458366
18	沈阳市自来水公司职工中等专业学校	给水工程	沈阳市于洪区扬士乡台二号	513005
19	四平市城乡建设职工中等专业学校	工民建、城市规划	吉林省四平市铁西区建新街24号	2036 2321
20	通化市建筑职工中等专业学校	工民建、暖通	吉林省通化市新岭路17号	7301
21	齐齐哈尔市城市建设局职工中等专业学校	道桥、给排水、园林绿化	黑龙江齐齐哈尔市铁峰区署光街	27829
22	哈尔滨市政建设管理局职工中等专业学校	道桥、企业管理、园林绿化	哈尔滨南岗区清明四道街103号	31118
23	齐齐哈尔市房地产管理局职工中等专业学校	民用建筑与维修、房产经济管理、暖通、工业产品与建筑造型	齐齐哈尔市青云街房地局院内	27436 25372
24	哈尔滨市公用事业管理局职工中等专业学校	给排水、汽车运用与修理、电车运用与修理、工企电	哈尔滨道里区建化街27号	48606
25	佳木斯市城市规划建设管理局职工中等专业学校	道路桥梁、给排水	佳木斯市中华路东段路北	25822
26	上海市自来水公司职工中等专业学校	给排水	上海南市区丰淞园路592号	770181
27	上海市公共交通公司职工中等专业学校	运行调度、企业管理、汽车修理、护士、医士	上海中山西路1011号	329632
28	南通县建筑职工中等专业学校	工民建、暖通、建筑电气	南通县金沙镇虹西路	2960 3302
29	南京市城建职工中等专业学校	园林绿化、道桥、给排水、环卫、燃气工程公交企管	南京市锁金村87号	47307
30	苏州市城乡建设职工中等专业学校	道桥、给排水	苏州娄门外官渎里	27995
31	蚌埠市城乡建设职工中等专业学校	给排水	蚌埠解放四路北段	27808
32	山东省建设工程职工中等专业学校	工民建、建筑企业经济管理、暖通	济南市经十路东首	43118 44492
33	湖北省工业建筑总公司职工中等专业学校	工民建、企业管理、电气安装、暖通	湖北枣阳县火车站南	2794
34	武汉市建筑职工中等专业学校	工民建、企业管理、建筑材料管理、建筑财会、暖通、金属结构、政工	武汉汉口青年大道28号	355285 354967

续表

序号	学校名称	设置专业	校址	电话
35	武汉市园林职工中等专业学校	风景园林	武汉武昌磨山鲁磨路44号	870216
36	武汉公用事业职工中等专业学校	汽车运用与维修、城市公交营运管理、工业企业管理、工业财务会计、电气工程、给水工程、工会干部	武汉市武昌团山	870292
37	长沙自来水职工中等专业学校	给排水、供水自动化	长沙市劳动路140号	31420
38	广州市公用事业局职工中等专业学校	给水工程、企业管理、工业电气	广州大沙头路3号	334737
39	成都市公用事业职工中等专业学校	给排水、燃气工程、公共交通营运管理、公用事业管理	成都市外北马四马桥	32947
40	中国市政工程西北设计院职工中等专业学校	给排水、建筑概预算	兰州市定西路177号	24711

建设部系统中等专业学校附设职工中专部情况 表5

序号	学校名称	设置专业	校址	电话
1	天津市建筑工程学校职工中专部	工民建、暖通、建筑机械、建筑企业经济管理	天津河西区解放南路尖山桥西	282747
2	天津市园林学校职工中专班	园林绿化	天津河东区贾沽道	248178
3	太原市城市建设学校职工中专部	给排水、财会、道桥、企管	太原市胜利桥西兴华街	663842 663882
4	黑龙江省建筑工程学校职工中专班	工民建、给排水、城市规划、建筑企业经济管理	哈尔滨南岗区十字街59号	222323
5	上海市园林学校职工中专班	园林绿化、政工	上海长宁区伊犁路86号	594490
6	山东省济南城市建设学校职工中专部	工民建、道桥、村镇建设、工程测量	济南市舜耕路12号	23344
7	郑州建筑工程学校职工中专班	工民建、给排水、建筑经济管理	河南省郑州市中原路西段	48632
8	武汉市城市建设学校附设职工中专部	道桥、给排水、环卫	武汉红钢城三街	662240
9	广州市政建设中等专业学校附设职工中专班	给排水、道桥	广州沙河顶先烈东横路60号	705043
10	广州市交通运输中等专业学校职工中专班	汽车运用与修理、汽车运输管理	广州北郊嘉禾	
11	成都市建设学校附设职工中专班	工民建、道桥、园林绿化、村镇规划	成都市外北青龙场虎头山	44412-366
12	重庆市城市建设工程学校附设职工中专部	工民建、道桥、园林绿化	重庆沙坪坝区石桥铺白马凼	22880 22820
13	兰州城市建设学校附设职工中专班	工民建、市政工程、城镇建设、园林绿化	兰州市大沙坪89号	27535 21185

建设部系统职工大学、干部学校、职工学校附设职工中专部(班)情况表 表6

序号	学校名称	设置专业	校址	电话
1	北京市建筑工程总公司职工大学六建分校职工中专部	工民建、水暖与通风	北京市德胜门外北沙滩大屯路4号	2017571
2	无锡市城建职工大学职工中专班	给排水	无锡市五里新村419号	225050
3	广州市交通运输职工大学附设职工中专班	汽车修理	广州市环市西路156号6楼	664123
4	北京市公共交通总公司干部学校中专部	城市公交企管	北京海淀区清河永太庄	275744
5	湖南省城建房产干部中专学校	房产经营管理、环卫工程	长沙市西区咸嘉湖	
6	武汉市市政工程总公司职工学校附设中专班	道桥、经济管理、政工	武汉汉口解放大道滑坡路友好村23号	355430

城乡建设环境保护部系统科研机构情况表

表7

序号	单位名称	地址	序号	单位名称	地址
1	北京市园林科学研究所	北京市崇文区	34	广州市环境卫生研究所	广州东风西路140号
2	天津市园林绿化研究所	天津市河西区贾沽道	35	太原市环境卫生科学研究所	太原旱西关街西端路南
3	太原市园林科学研究所	太原市南城区	36	天津市环境卫生工程设计研究所	天津河西区南楼一号路48号
4	沈阳市园林科学研究所	沈阳市	37	郑州市环境卫生科学研究所	郑州市西中和路70号
5	哈尔滨市园林科学研究所	哈尔滨市动力区	38	沈阳市环境卫生科学研究所	沈阳东陵区马官桥
6	上海市园林科学研究所	上海龙吴路1100号	39	哈尔滨市环境卫生科学研究所	哈尔滨道外区南坎街1号
7	南京市园林设计研究所	南京市	40	牡丹江市容环境卫生科学研究所	牡丹江福民街
8	杭州市植物园	浙江杭州玉泉桃源岭1号	41	吉林市环境卫生科学研究所	吉林市
9	青岛市园林科学研究所	青岛市市南区	42	青岛市环境卫生科学研究所	青岛观城路49号便门
10	武汉市园林科学研究所	武汉市	43	贵阳市环境卫生科学研究所	贵阳市晒田坝40号
11	广州市园林科学研究所	广州市	44	福州市环境卫生科学研究所	福州五一新村后排
12	桂林市园林规划设计研究所	桂林市象山区	45	成都市环境卫生科学研究所	成都顺城街87号
13	海口市园林科学研究所	海南岛海口市	46	昆明市环境卫生科学研究所	昆明市南坝市环卫机修厂内
14	成都市园林科学研究所	成都市	47	长沙市环境卫生科学研究所	长沙韭菜园
15	西安市园林研究所	西安市雁塔区	48	南昌市环卫处环卫科研所	南昌东湖区渊明北路167号
16	建设部城市建设研究院	北京海淀区	49	南宁市环境卫生科学研究所	南宁中华路47号
17	建设部东北煤气化设计研究所	沈阳铁西区肇2街	50	西安市环境卫生科学研究所	西安西药王洞63号
18	辽宁省城市建设研究院	沈阳和平区南五马路一段15号	51	乌鲁木齐市环境卫生管理局科研室	乌鲁木齐河滩公路人民路立交桥东
19	河南省城市建设设计科学研究所	郑州市	52	上海市环境卫生设计科研所	上海厦门路180号
20	长沙市城市建设科学研究所	长沙市人民路4号	53	杭州市环境卫生科研所	杭州复兴街348号
21	湘潭市城市建设设计研究所	湘潭和平桥1号	54	武汉市环卫科研所	汉口一元路二号二楼
22	成都市城市建设科学研究所	四川成都市西城区	55	北京市政工程研究所	北京阜城门外百万庄大街3号
23	太原市城市雕塑研究所	太原市北城区	56	天津市政工程研究所	天津河西区平山道39号
24	上海市隧道设计研究所	上海肇嘉浜	57	沈阳市市政工程设计研究院	沈阳沈河区五爱街二段二号
25	乌鲁木齐市城建设计科学研究所	乌鲁木齐市公园街15号	58	哈尔滨市政工程设计研究院	哈尔滨市道里区
26	北京市公用事业科学研究所	北京安定门外外馆东后街35号	59	上海市市政工程研究所	上海徐汇区建国西路609号
27	北京市公共交通研究所	北京玉泉路南3号	60	武汉市市政工程设计研究院	武汉江汉区
28	天津市公用事业科学技术研究所	天津南开区五马路27号	61	武汉市市政工程总公司科研所	武汉市江汉区
29	上海市公用事业研究所	上海市衡山路706号	62	广州市市政工程设计研究院	广州东山区
30	武汉市公用事业研究所	武汉市汉阳区栏江路242号	63	成都市市政工程研究所	成都市
31	广州市公用事业科学技术研究所	广州市荔湾区	64	兰州市市政工程研究所	兰州市城关区
32	重庆公用事业设计研究所	重庆市人民路123号	65	西安市市政工程设计研究所	西安市莲湖区
33	北京市环境卫生科学研究所	北京市朝阳区			

全国市长研究班　王长升

全国市长研究班是遵照中央领导同志的指示，由城乡建设环境保护部(以下简称建设部)、中共中央组织部(以下简称中组部)、中国科学技术协会(以下简称中国科协)联合举办的。

一.基本情况

1.市长研究班的由来。1981年，上海社会科学院殷体扬先生致函国务院，建议对各城市的市委书记、市长进行培训，以适应城市工作的需要。对此，万里同志十分重视，批示:"学习农委办法，办临时班"。1983年初，建设部开始筹备。考虑到中组部主管干部工作，建设部党组向中组部写报告，建议两家联合举办。对此，中组部很支持，欣然同意。同时，由于中国科协也有培训市长的设想，经协商，决定由三家联合举办。

2.组织领导。为了加强对市长培训工作的领导，成立了市长研究班领导小组，由有关领导同志组成，并报万里同志批准。市长研究班领导小组下设市长研究班办公室，为建设部直属局级事业单位，负责日常工作，从1983年4月15日起开始筹备。

3.办班进程。1983年10月至1986年12月，市长研究班共办了5期，每期3～5个月。三年多来，全国29个省、自治区、直辖市的308名学员参加了学习。包括市长、市委副书记、副市长、地委副书记、行署副专员和直辖市城区区长、副区长、县长以及城建系统的领导干部。

在学习期间，万里、李鹏、王震等中央领导同志多次接见了市长班全体学员，指出市长研究班要长期办下去，并要求多去一些城市进行考察。

4.教学内容。在前期的教学中主要学习了以下内容:马克思主义基本理论，主要是政治经济学和哲学；现代领导科学和管理科学，主要是现代领导应有的观念和现代管理应遵循的原则以及管理方法和手段等；城市经济和经济体制改革；城市规划，包括区域规划、发展目标规划、城市总体规划和详细规划、县域规划和村镇规划；城市建设，分物质文明建设和精神文明建设两个方面。在物质文明建设中，侧重于城市基础设施建设、住宅建设、环境建设；城市管理、主要指城市经济管理、行政管理、法制管理，以及人口、土地、资金管理等。

按照教学计划确定的课题，市长研究班认真选聘讲课人。在选聘时，不拘一格，注重实效，不受职务、年龄、性别的限制。一至五期应聘给市长班讲课的共计有近百位专家、学者和领导干部，共讲了200多个课题。

研究班不单纯是完成学习任务，而且要针对城市发展中的理论问题和实际工作中的重大问题进行研究。每期都有不同的重点，如第二期着重研究我国城市发展和建设中的经验教训，第三期侧重研究小城市发展中的问题。在教学过程中，按单元先出思考题，经复习准备，再分组讨论。这样，有利于使研究深化。

为了理论联系实际，提高学习效果，每期除适当安排参观北京的市政建设外，还专门组织学员到外地进行教学考察。考察主要内容是:经济建设和经济体制改革，城市规划、建设和管理等。考察方式是:请被考察的城市介绍经验；参观工厂、市政建设、住宅区和园林、风景名胜区，开座谈会，被考察城市领导与学员代表或全体学员交换意见。实践证明，教学考察是十分必要的。学员们普遍反映，通过考察增长了知识，解放了思想，学到了经验，找到了方法，增强了信心。

市长研究班还有目的地组织交流经验。交流方式，一是请在某一方面工作做得好的城市来介绍经验；二是小组讨论时，各自介绍好的做法；三是挑选有经验的学员向全班讲述工作体会。此外，还有互相切磋，随时攀谈。

在市长班学习，不采取考试的办法，因为学科太多，时间又短，不宜出卷考试。而是采用写结业论文进行考察。事先做好安排，拟就论文选题，供学员参考，结业前集中几天撰写论文。

从参加市长研究班学习过的308名学员看，大多数是1983年以来担任现职的。他们具有以下特点:年富力强，平均年龄46岁，50岁以下的占72%；文化水平高，大专毕业生占70%以上，而且大多数人都符合革命化、年轻化、知识化、专业化的要求。

二、培训市长工作取得显著成效

1.对城市的地位和作用有了新的认识。学习后，市长们深深懂得:城市代表了全国经济发展的水平和方向，在国民经济和社会发展中占有重要地位，起着中心作用；要把中国建设成为现代化的社会主义国家，首先要建设好现代化的城市，使城市从"封闭型"转向"开放型"，完善和发挥多种功能，适应改革、开放的需要。

2.对市政府的主要职责加深了理解。通过学习，总结了经验教训，深深感到单纯抓生产是不行的，城市政府的主要任务应是集中力量搞好城市的规划、建设和管理。认识到市长仍然要抓经济工作，因为经济是城市发展的基础。但主要精力应放在提高城市的功能和综合效益上，只有既抓经济又抓社会，既抓生产又抓生活，统筹兼顾，才能调动全市人民的积极性，才能获得最佳的经济效益、社会效益和环境效益。

3.促进了城市建设。市长学习回去以后，用学习成果指导实践，推动了工作。许多城市组织专家研究制订城市发展战略，明确了城市发展方向和目标，提出了宏观战略思想，使城市发展更符合客观规律。有些城市，对原有总体规划进行了修订，并抓紧编制详细规划，同时坚持按规划办事，使规划得以实施。许多城市加强城市基础设施的建设，用比较多的资金兴建城市供水排水、道路交通、邮电通信、煤气热力等工程，使城市的生产、生活条件和投资环境有了改善，增强了城市功能，促进了经济发展。许多城市抓紧制订城市管理法规，健全管理机构，努力扭转条块分割、分散建设、各自为政的局面，使城市管理逐步走向法治。

4.促进了城市间的横向经济联系。在研究班，市长们同窗共读、切磋交流，增进了友谊，为发展城市间的横向联系奠定了基础。回去后，许多城市采取请进来，派出去的办法，密切了城市之间的友好往来，不仅取得了许多经济联合的成果，而且经常交流城市建设和改革经验，取长补短，互相促进，推动了各项工作的发展。

5.促进了领导方法的改善。通过学习，市长们普遍注意应用现代领导和管理科学知识，来改进领导方法和作风。许多市长把工作的出发点和归宿放在调动人民群众的积极性上，少说空话，多办实事，运用目标管理，确定任期内要努力实现的目标，每年抓几件群众急需的大事，集中人才、物力、财力打歼灭战，并获得良好的经济、社会、环境效益。在日常工作中，注意充分发挥政府职能部门的作用，调动区一级政府管理城市的积极性，使自己从事务中解脱出来，多从宏观决策上下功夫，使下级有权有责，主动开创工作新局面。同时，还注意发挥“智囊团”的作用，凡是重大问题和大型工程，都虚心听取专家的意见，使决策方案建立在科学的基础上。

6.学习成果广为传播，推动了干部培训工作。通过学习，市长们亲身体会到培训干部的重要性。他们认真总结学习心得，联系本市实际，提出改进本市建设和管理工作的意见，向市委和市政府作详细汇报。同时，还举办学习班、报告会，使自己学习到的新知识、新观念广为传播，把提高各级干部的素质作为振兴城市的前提条件。此外，在全国市长研究班的影响下，许多省、自治区、直辖市都举办了县长研究班，轮训了一批县长和有关干部，有些城市还办了区长、镇长学习班，从而大大加强了城镇的建设和管理。

10

勘 测 设 计 施 工

城 市 勘 察

李传尧

城市勘察工作是新中国成立以后发展起来的行业，它与城市规划、城市建设和环境整治的关系极为密切。现代化城市建设和居民生活都离不开城市所处地质条件和水资源条件。我国古代的城市建设早就注意了地质地理条件，根据水、土、地等条件，科学地选址，如北京、苏州、兰州等，经受了长期考验，长盛不衰。现代城市，情况更加复杂，对地质环境要求更高。

一、城市勘察工作的发展概况

建国初期，在城市规划建设过程中，遇到一系列与水文地质和工程地质有关的问题。从第一个五年计划开始，逐步开展城市勘察工作。根据国务院"关于区域规划、城市规划和工人镇规划所需的地形测量、工程地质和地下水源勘测等工作，均由城市建设部统一组织有关部分工进行"的指示(1958年5月8日国务院关于《加强新工业区和新工业城市建设几个问题的决定》)，城市建设部组织各省、市、自治区开展城市勘察任务。当时在大城市一般进行了全市1:50000和规划区1:10000的工程地质和水文地质勘察；在中、小城市做了部分1:25000，1:10000或1:5000工作；还配合单项工程做了大量的1:2000和1:500的工程地质勘察。据不完全统计，至1966年，仅城建、建工勘察单位就完成了约三百多个城镇总体规划工程地质勘察和城市水源勘察。其中包括洛阳、大同、候马、邯郸、宝鸡、天水、齐齐哈尔、锦州、开封、安阳、张家口等许多新兴工业城市和上海、杭州、南昌、兰州、西宁、银川、合肥、沈阳、长春、哈尔滨等省会以上城市。通过勘察，对城市工程地质、水文地质条件作了初步分析研究，提出了地下水资源和地基基础的评价意见，编制了精度较低的城市水文地质、工程地质图。一些城市如北京、沈阳、济南等开始建立地下水动态观测工作。

从60年代后期到70年代，随着城市供水规模不断扩大，水文地质勘察从浅层发展到深层，从松散层发展到基岩，从城市近郊发展到远郊寻找水源；同时围绕地下水开采阶段出现的问题进行了专题研究。为了研究水源扩大开采可能性和考虑后备水源的勘察，对洛阳、郑州、北京等一些城市地下水资源进行重新评价。部分城市针对过量开采引起环境地质问题，开展了调查，查明形成机制，提出治理方案。还有一些城市根据已有资料编制了精度较高的水文地质图，为重新恢复的城市规划工作提供了所需的工程地质资料。"十年动乱"期间，曾一度中断了城市勘察工作。

进入80年代，随着城市建设的恢复和发展，城市勘察工作也有了新的发展。为解决城市严重缺水问题，对沈阳、佳木斯、鞍山、济南、开封、大同、唐山、邯郸、咸阳等大、中城市进行了水文地质详勘或开采阶段勘察，其规模之大、工作之复杂是过去所没有的。与此同时，随着许多城市出现水源枯竭，对于地下水合理开发利用和科学管理开始引起重视，围绕这个问题，对呼和浩特、大同、开封、沈阳等城市采用数值法进行地下水资源的预测预报。对少数城市还进行了水质模型和地下水资源管理模型的研究。配合这些工作编制了城市水文地质系列图。

工程地质勘察主要是对经济特区和沿海经济技术开发区的地基基础作出稳定性评价；一些较大城市配合城市改造，进行了过江隧道、地铁、立交桥、高架道路、高速公路的工程地质勘察；南京等一些城市开始编制城市工程地质系列图。在环境地质方面也做了一些工作，不过还仅仅开始。例如，北戴河水源海水入侵的研究，太原市地面沉降的研究，地下水污染机理的研究等等。

二、自然灾害与人为地质问题

我国是一个多山国家，地质灾害频生，西北、西南地区滑坡、泥石流严重。仅甘肃省泥石流就冲埋过县以上城市10座，其中以兰州、成都、天水最为严重，毁坏了大量房屋建筑、工厂、道路和市政工程设施。

除了自然灾害外，还有人为的环境地质问题，如地下采矿引起的地层塌陷问题；修建铁路、公路、露天采矿造成的边坡不稳定问题。近年来；由于过量开采地下水引起的地面沉降问题也很严重，继上海发生地面沉降以后，天津等十几个城市也发生地面沉降。贵阳、泰安等城市发生地面塌陷，损失很大，治理也相当困难。此外，工业废水和城市污水排放不当造成地下水污染，更是相当普遍。据五十多个城市调查，有四十五个城市受到不同程度的污染，其中最严重的是北京、沈阳、太原、西安、包头、南昌等十几个城市。环境问题相当一部分是地质问题，要有效保护环境就必须重视城市勘察工作。许多城市的地质环境问题已相当突出，更要注意加强前期工作和预防工作。

三、几项主要工作

1.十一届三中全会后，国家城市建设总局召开过城市勘察座谈会、城市勘察规范会议等会议，着手研究解决城市勘察中的问题。

2.1982年城乡建设环境保护部成立后，为加强城市水资源勘察，城市地质编图和城市环境研究，多次召开勘察专题研讨会和经验交流会。例如上海、南京等几个城市编图会议；1983年的“长治隐伏岩溶水开发利用会议”；1984年在连云港召开的“滨海地区软土地基处理会议”；1986年建设部与地质部联合召开的城市地质工作会议等等。

3.为加强勘察工作管理，1985年城乡建设环境保护部颁发了《城市勘察测绘工作管理暂行规定》和《城市勘察测绘单位试行技术经济承包责任的办法》。同时，还陆续颁发了四本《城市勘察规范》(见表)

四、行业经济体制改革

全国城市勘察单位大部分是在五、六十年代建立的。长期以来一直作为事业单位按人头拨事业费。这种制度不能发挥职工积极性。要解决这个问题，必须进行改革。遵照国务院关于勘察设计要向企业化、社会化方向发展和国家计委、财政部、劳动人事部联合颁发的计设(1983)1022号文件和城乡建设环境保护部(85)城设字第105号文件精神，城市勘察单位实行以下几方面的改革。

1.实行勘察收费制。取消事业费，按承担任务收取勘察费，这是走向企业化第一步。早在50年代，建筑工程部机械凿井公司承担勘察任务是收费的，山东省勘察公司也一直实行收费，不过大部分勘察单位是不收费的或只部分收费。勘察单位由事业费拨款改为收取勘察费，初步扭转了承担任务越多经费越紧张，承担任务越少越宽裕的不合理现

新编城市勘察规范(部标)

规范名称	主编单位	协作单位	完成情况
城市勘察物探规范	中国市政工程华北设计院	河北省城市勘察院　山东省勘察公司　北京市勘察院　上海勘察院　中国市政工程东北、西北、西南设计院　山西省勘察院　内蒙水文地质勘探队	已出版
城市供水管井设计、施工、验收规范	中国市政工程西南设计院	河北省城市勘察院　山西省勘察院　内蒙水文地质勘探队　山东省勘察公司　中国市政工程西北设计院	即将出版
供水水文地质钻探及凿井安全技术规程	中国市政工程中国设计院		即将出版
城市供水水文地质勘察规范	中国市政工程东北设计院	陕西省勘察院　上海勘察院　山西省勘察院　同济大学　中国市政工程西北设计院	已报批

象。但也出现一些问题:有的单位片面追求数量,忽视质量和效益;有的无证单位或不该收费单位也收费违反国家现行财政制度;有的仍然享受部分事业费单位压价收费,出现不平等竟争局面。为了解决上述问题。城乡建设环境保护部召开多次会议,分析研究城市勘察市场管理问题,要求各地加强勘察市场管理。同时,开展了查资格、评优等活动。一些省、市制订了加强勘察市场管理的具体办法,有的城市还建立了质量监督站。

2.实行经济技术责任制。这是实行企业化管理的重要措施。它包括下列内容:一是收入盈余按比例分成,以前规定四六分成,即上缴主管部门40%,单位留成60%,现在改为二五:七五分成。单位留成部分按3:3:4的比例作为生产发展、集体福利、职工奖励基金,这个比例以后,又作了修改;二是实行内部承包,承包指标层层落实,三是奖金分配与完成任务的数量、质量挂钩,初步体现了多劳多得原则。

3.实行招标投标办法。对于一些大工程,要承揽任务,需采取投标办法。这对勘察单位增加了压力和活力,有利于提高质量,促进技术进步。

4.开展横向联合。勘察单位打破了部门和地区界限实行横向联合,这也是搞活经济的办法。联合有两个方面:一是勘察单位之间联合;二是勘察单位设计、施工单位联合。例如:经城乡建设环境保护部批准成立的城乡建设勘察中心,就是由分布全国各地的九家勘察单位组成的松散型联合。中国建筑工程总公司批准成立的供水打井公司,由四家勘察、设计单位组成的紧密型联合。

五、城市勘察技术进步

城市勘察技术发展历程,大致包括下列三个阶段。

1.初始阶段　建国初期,城市勘察是在缺乏技术和装备情况下开展工作的。当时工程地质勘察主要依靠简易机具和笨重体力劳动完成,水文地质勘察也只能应用仅有的一些美国和日本的老式钻机,测试手段也十分落后。第一个五年计划开始后,苏联专家应聘来我国,在一些勘察单位担任技术顾问。同时,又从苏联引进了Y-K-C钻机等设备,从此勘察技术有了明显变化。勘察方法和标准规范基本上是套用苏联的,在一定程度上推动了我国勘察技术的发展。

2.初期发展阶段　自60年代强调走自己工业化道路以来,勘察单位认真总结了过去正反面经验,开发和完善了一些可行的技术革新项目,并通过试验取得了一些新的成果。特别是在勘探测试上作了很大努力,形成了适合我国情况的勘察技术体系。例如:在工程地质方面,有野外液压快速载荷试验,黄土薄壁取土器,移动式冲击钻机,放射性测密度法,颗粒分析简化诺模图等。在水文地质方面,为贯彻探采结合原则,广泛采用泥浆钻探和非金属管材,用抽筒钻进和活塞洗井,自制红星号300型钻机和SPT-300型钻机,孔板流量计代替三角堰,大厚度合水层分段取水,非稳定流抽水试验和用非稳定流理论评价水量,用地质力学理论找水等等。在工程物探方面,有激发极化法找水,用物探方法测定水文地质参数等等。

3.新技术发展阶段　党的十一届三中全会带来了科学春天,勘察技术也有了新的发展。经过总结自己经验,吸收国外先进经验,促进了新技术不断开发。例如:遥感技术的应用,可以更好地研究城市地质环境及灾害性地质作用的预测。同位素的应用,可以解决地下水的来源和测定弥散系数问题。目前我国勘察技术人员已能完成大型供水水源的水量评价和预测,高层建筑和地下工程的地基评价等。

近年来,勘探测试手段也得到不断更新。除少数单位引进国外先进钻机用于勘察外,我国自制全液压自动化工程钻机和部分液压水井钻机也开始投入生产。1981年试制工程测振仪、旁压仪已批量生产。各种化学洗井方法也得到广泛应用。

随着电子机算机的广泛应用,在马里塔尼亚、索马里等援外供水工程,沈阳、唐山、呼和浩特、济南、大同等水源勘察和北戴河海水入侵等项目中均研究应用数值法,解决了复杂地下水运动问题。还有一些城市正在进行地下水水质模型和地下水资源管理模型的研究,以求更好地解决水环境预测和水资源管理问题。

六、城市勘察队伍发展及职工素质状况

新中国诞生后,在全国广大土地上开始了大规模经济建设。当时,虽然要求尽快作出城市规划,把水源搞上去,但是建设前期工作跟不上,不能及时提供所需地质及水文地质资料。因此,迫切需要建立我国的城市勘察队伍。50年代中期城市建设部成立后,勘察测量管理局统管城市勘测工作,组建了直属勘察公司和地方勘察机构。为了培养人材,在长春设立钻探技工学校;在洛阳、长春、宝鸡等地,开办了工程地质和水文地质训练班,培养初级技术人材。与此同时,向国家要了一大批地质院、校的毕业生,充实生产第一线,还抽调给排水专业技术人员加强勘察工所,选派一批技术骨干出国或跟随苏联专家学习。在短短时间内,通过各种渠道,培养出自己的勘察技术人员,形成一支能独立承担勘察任务的队伍。

1958年城市建设部、建筑工程部、建筑材料工业部合并以后,为了加强领导,协调工作,城市建设部直属的四个勘察大队、建筑工程部机械凿井公司和建材工业部的勘察力量并入建筑工程部综合勘察院及其分院，使其发展到四千人队伍。此外，山西、河北、山东、陕西、内蒙等省市也相继成立勘察队伍，形成了全国的城市勘察体系。

1961年以后，由于机构更迭，尤其是“十年动乱”期间，使城市勘察队伍大为削弱。有的地区勘察力量甚至损失殆尽。

1979年以来，在国家城市建设总局和城乡建设环境保护部的领导下，城市勘察力量得到一定恢复和发展。现在，除部直属综合勘察研究院和中国建筑西南勘察院为专业院外，在中国市政工程东北、西北、西南、中南设计院中也拥有一定勘察力量。此外，京、津、沪、河北、河南、山西、山东、内蒙、陕西、新疆等省市自治区都有较强勘察力量。以上勘察单位有的力量较强。转够承担大、中型勘察任务。至於大量中小城市勘察队伍，除少数基础较好能承担较为复杂工程地质任务外，还未能承担全面勘察任务。

目前，城乡建设系统的勘察队伍约有23000人，占全国同行业队伍13万人的17.7%，勘察单位约280个，占全国的46.7%。经过不断补充调整，勘察队伍老化问题已基本解决。近年来，一大批职工进入夜大、电大、函授等业余学校学习或接受技术培训，使职工队伍技术素质有了很大提高。现在，技术人员中高、中、低比例比较协调，技术人员和工人的比例也渐趋合理，一般为三分之一左右。

城市测量

张克勤

一、发展概况

新中国成立后，随着经济建设的发展、城市建设的兴起，城市测量才名副其实地广泛应用于城市规划、城市建设、城市管理等各个方面，逐步形成了一个独立的城市测量体系。

建国初期，京、津、沪率先改变解放前单纯以房地产测量为主的状况，转向以为城市服务为主。但当时的城市测量，没有统一的技术标准，主要是学习、吸取、或照搬苏联城市测量经验。

1955年，国务院设立城市建设总局，下设勘察测量管理局，统一管理全国城市测量工作，编制了《城市勘察测量工作基本条例》，并制定我国内部发行的第一本《城市测量规范》，编印了1:500、1:1000、1:2000、1:5000地形图图式，又从上海、天津、南京、武汉等城市抽调技术力量，组成直属的城市测量队伍，负担全国各地的城市测量任务。

1956年，城市建设总局改为城市建设部，部属设计局下设勘察测量处，管理全国城市测量业务和生产任务。召开了全国城市测量工作会议，商讨制定城市测量管理办法，加强统一管理。又在南京举办城市控制测量训练班，为全国各主要城市培训技术骨干，并正式成立城建部测量公司，组建了四个控制测量队，一个地形测量队，配合当时城市建设需要，分片负担全国各地的城市测量任务。同时，地方城市测量也迅速得到发展，全国城测量职工近万人，完成了城市测量任务的城市计有百余个，这是城市测量兴盛时期。

1958年，城市测量赶不上城市建设需要的情况突出，为解决这个矛盾，开始了城市大比例尺航测成图实验研究。并于1959年购置了基本配套的进口航空摄影测量内业仪器，陆续在北京、南昌、邯郸、哈尔滨、石家庄、天津等地开展航空摄影测量放大成图。

1959至1978年期间，中央无专职城市测量管理职能机构。

1962年，在大办农业和加强内地建设的号召下，各地组织很大一部份城市测量人员，投入农田水利和大小三线测量，城市测量队伍又有回升。然而“文革”期间，城市测量又大多处于停顿状态，甚至已有图纸资料散失，测量标志受到严重破坏。尽管如此，仍有一些城市的测量技术人员，坚持工作岗位，为城市测量奉献自己的力量。1966年邢台地震之后，不少城市加强了城市地面沉降观测工作。

1979头1986年，中共中央十一届三中全会以后，随着城市建设大发展的需要，城市测量亦随之发展起来。

1978年，国务院召开了第三次城市建设工作会议，颁发了中共中央13号文件，要求在一两年之内，大城市和重点建设的中小城市，要完成城市规划，报国务院及省审批。因此，要求城市测量队伍提供大比例尺图，成为非常紧迫的一项重要任务。1979年恢复国家城市建设总局后，于1980年在南京召开了城市测量工作座谈会，在总结十多年来经验教训的基础上，提出了加强城市测量工作，和改进城市勘测管理体制等建议。

自1965年起自1980年，共调查了六十五个城市航空摄影测量资料，经检查分析，凡历来施测大比例尺地形图的城市测量队伍，其航测成图精度较好。反之，其航测成图则低，这些资料为今后制定航测规范奠定了基础。但因城市系统缺乏内业设备，成图主要由外系统承担，亦带来了不少困难。

1981年，于武汉召开大、中、小共计八十余个城市参加的城市测量工作经验交流会。这是一次对城市测量有决定性的重要会议。此后，城市测量工作引起了进一步的重视。

1980年以来，作了以下工作。

1.首先抓了技术规范编制。原国家城市建设总局、科研教育设计局于1980年12月在济南市召开了"城市勘察测量规范工作会议"，决定了包括城市测量规范在内的七项规范的制订与修订工作。1981年三月成立了《城市测量规范》编写组。在三年里经多次讨论研究及全国性征求意见，于1983年以预审稿颁发试行。于1984年6月烟台会议审定后，1985年以中华人民共和国城乡建设环境保护部部标准颁发施行。并成立《城市测量规范》管理组。规范获1986年部技术进步一等奖。

2.成立城市测绘生产定额编制小组。城市测绘生产定额以《城市测量规范》为技术依据，章节与其相应。经深入各地调研、全国性讨论、修订，于1984年5月经广州会议审定后由部颁发试行。在广州会议上还同时成立了城市测绘生产定额管理组，并以管理组为主继续编制:《城市测绘装备定额》、《城市测绘器材调耗定额》、《城市测绘成本定额》，该三项定额仍以《城市测量规范》和已颁布试行的《城市测绘生产定额》为依据，于1985年以预审稿由局颁发试行。

3.《城市勘察测绘工作管理暂行规定》和《城市勘察单位试行技术经济承包责任制的办法》。于1985年3月以(85)城设字第150号文颁发实行。

《城市勘察测绘工作管理暂行规定》明确了如下城市勘测工作的方向。①确定了改革城市勘测工作体制，政企职责分开，精简放权的原则。②加强了城市勘测质量管理，严格了验收制度。③规定了城市勘测基础资料的五个统一，即:统一平面坐标、统一高程、统一图幅分幅和编号、统一质量标准、统一资料管理。

4.加强管理，完善规章制度。经1985、1986两年多的努力，又完成了《城市测绘资料管理办法》、《城市测绘成果成图质量检查验收办法》的制订工作。于1987年2月以部(87)城城字第109号文颁发实行。

5.1982至1985年间，配合《城市测量规范》制订，抓了边角网、三边网、电磁波测距，以及控制、地形测图基本精度规格的研究和资料的统计分析多项科研课题，都取得了很好的效果。为解决城镇航空摄影若干技术问题，从1984年开始进行"城镇航空摄影技术的研究"科研工作。这项任务由河北省城乡勘察院承担，经科研工作者努力奋战，历经艰难，百折不挠，于1986年底已获成功。

科研工作结束后经鉴定证明:轻小型飞机适用低空低速大比例尺航空摄影，用取得的航摄相片能够测绘合格的大比例尺地形图，这样的航摄和测图方法具有作业灵活、安全可靠、成本低、周期短、效率高的优点，特别适用于中小测区的大比例尺成图。

6.从1983年开始，引进推广应用了国外先进仪器800余台，基本改变了城市测绘仪器设备落后的状况，改变了装备水平，提高了生产力，有力地配合了城市规划建设工作的开展。

7.建设部城市建设管理局和乡村建设管理局联合，从1986年初开始出版《城乡测绘》杂志(季刊)。刊物发行以来，受到不少好评，许多读者、作者纷纷来信，对刊物的内容和形式都极表赞赏。

8.为推进"经济承包责任制"，由城市测绘定额管理组于1986年8、月12月为全国城市测量单位举办两期城市测绘成本管理学习组。

二、主要成果和作用

［主要成果］　建国以来，城市测量为城市规划、建设、管理提供了大量的成果、成图资料，包括三角、水准测量，航测、平板仪测图、编图等。据1983年的不完全统计如下表。

表中数字，未包括城市测量最繁琐的，城市规划道路定线，市政工程线路测量，各种管线竣工测量，以及拨地放样种种城市工程测量的工作量。

表中工作量(不计编图)如依当前国家计委工程勘察收费标准均按Ⅲ类计为9万万元。其水准测量线路长为10万公里，相当于全国铁路营运最长线路北京至乌鲁木齐线长的27倍。1983年后，城市测量的生产量正不断增涨。

［主要作用］　城市测量为规划、设计提供地形图，并将规划、设计方案放样于地面，促进城市建设的发展。如南京市测绘院，从1951年开始建立全市性基本控制网和开展地形图测绘。主管部门根据该院所提供的图纸，于1953年开始编制总体规划，从而得以开展大规模的城市建设。又如兰州、太原等市，依靠城市测量所提供的资料开展规划、建设，已由一个落后，消费的城市发展为具有不同特点的新兴工业城市。

另一批新兴工业城市，如包头、焦作等，是通过测量、规划、放样、建设，平地而起，发展起来的。

大连港，通过测量、规划进行建设，增加了港口的吞吐能力，加速了车船的周转，保证了对外石油出口任务的顺利运输。

广州市的城市测量工程技术人员，完成了航空摄影测量1700平方公里，给规划设计提供了由1:500～1:5000的各种比例尺地形图，用以编制规划方案，为该市建设成为华南钢铁、机械、化工、造船和食品工业基地，并作为贸易中心与100多个国家和地区通商创造了条件。深圳特区，依靠城市测量，几年来以最快速度进行全面建设，把原来不到两平方公里的集镇，扩展了10倍，人口由原来的三千多人增加到现在的23万人，城市面貌起了翻天覆地的变化。

三.主要改革

党的十一届三中全会之后，城市测量的改革，一是理顺业务体系，把勘测生产转到以满足城市建设、规划、设计为目的，为城市服务为中心的方向上来；二是适应城市经济改革，搞好城市测量队伍自身的经济改革。

［**理顺业务体系**］ 1982年，城乡建设环境保护部成立，在设计局下设勘测处，统一管理全国城市勘测业务。1985年2月部办公会议，将国家测绘局管理全国测绘业务和部设计局管理城市测量业务范围划分明确。经实践证明，城市勘测业务与城市建设密切相关。1985年5月勘测处改属部城市建设管理局。相继，各省、市除个别小城市仍隶属建筑设计部门外，全部省会城市及绝大部份省属市，均分别隶属当地城市建设或规划主管局，而形成由中央到地方的勘测、规划、建设的城市管理体系。大大推动了城市勘测事业的迅速发展。

［**经济改革**］ 城市测量，历来是事业费包干，每年按人头拨给一定数量的经费。形成干的工作越多，经费越紧张，干的工作越少，经费开支越富裕，其结果是大大束缚了生产力。

自1985年5月建设部颁发(85)城设字第150号文后，全国城市勘测院(队)根据《城市勘察测绘单位试行技术经济承包责任制的办法》的要求，积极推行技术经济责任制，一年多来立见奇效，生产力获得解放，经济效益、社会效益取得了显著成绩。

［**生产管理体制改革**］ 随着中央、地方的业务关系理顺，为便于独立对外，南京市测绘队率先改组。成立南京市测绘院。接着，武汉、西安、成都等相继改组建院。并为贯彻《城市勘察测绘工作管理暂行规定》，武汉市率先成立城市勘测管理处。相继，镇江、重庆等亦成立管理机构，以加强城市勘测管理工作。

四、技术进步状况

解决初期，城市控制测量，基本采用小三角网和单三角锁。且平面、高程系统混乱，地形图采用裱版小平板仪测绘。使用的仪器大多是游标经纬仪、一般水平仪、钢尺、线尺、竹尺。内业计算使用六位对数表、算盘。

1955年起大规模的城市建设开始，制定了内部使用的《城市测量规范》，随即大量引进现代光学经纬仪，水平仪、大平板仪、机械式计算机和因瓦基线尺等测绘仪器，使城市测量技术初步得到发展。城市控制测量开始采用逐级布网或全面布网。内业计算采用严密平差，逐步使用手摇计算机兼电动计算机，从而提高了计算的速度与保证了控制点的精度。60年代后期，经测绘科研人员研制，采用具有透明度好、伸缩性小、韧性强等优点的聚脂薄膜代替裱版测图使地形图测绘有了改进。同时，部份城市测量单位，开始添置印制设备，为编绘印制

建国以来至1983年底城市测量院、队完成工作量统计

内容 / 地区	三角点(点)			水准测量(km)			航摄	测图(km²)					编图		
	二等	三等	四等	二等	三等	四等	(km²)	1:5万	1:2.5万	1:1万	1:5千以上	1:2千以上	地形图	图册	其他图
三直辖市	658	1298	2207	2722	11221	17946	10850			49160	2263	59769	5885		
华北地区	287	568	365	134	1813	912	127			900	2175	3346	348	1	
东北地区	246	1762	762		1405	2157	7488			287	1585	8765	375	20	2
华东地区	375	1543	2881	84	3786	12673	17493		320	6459	10693	15146	2352	69	3830
中南地区	2451	2053	910	46	4078	18242	14643	693	805	12034	16941	11551	1243	24	21
西南地区	606	1159	2496		2384	12502	1550		230	9992	4209	5960	36	1	
西北地区	340	770	1863	317	2491	7094	770		500	314	3699	6090	263	3	
合计	4963	9153	11484	3303	27178	71526	52921	693	1855	82012	41565	110627	10502	117	3854

城市1:500至1:5000比例尺系列图，以及图集、图册等提供了条件，拓宽了城市测量的服务面。

自70年代开始，大量引进电子计算器，电子计算机，电磁波测距仪、航测设备等测绘工具仪器。目前大多数城市测量人员已掌握了计算功能，编写了大量的程序。由于电子计算器有记录功能，既简化了外业过程，又给数字化成图提供了条件。电磁波测距仪的引进，不仅加快了外业施测速度，而且使控制测量在传统的三角网方案上，增加了测边网、边角网等新的内容。城市航测，是解放后开展的一项测量新工种，由现代航测仪器的引进，改革了成图方法，缩短了成图周期，加速了成图效率，初步能够快速地解决城市规划、建设用图。制图方面，一般添置了植字机、晒版机、打样机、胶印机、和静电复印机，大大提高了制图印刷能力，已普遍由单色图发展到多色图的印刷。

1985年起，建设部城建局勘测处统一组织进口现代测绘仪器，短程红外测距仪的引进，不仅加快了城市等级导线的施测速度，还对城市工程测量起根本性的改变，如城市工程测量中日常繁琐的拨地、放样等，受行人车辆干扰，量距非常困难，测距仪的引用改变了这一局面，且速度快，精度好。推广应用PC－1500计算器，则是计算简便迅速，部份以往须在家内进行的内业计算工作，亦可在野外进行，大大缩短了生产周期。

城市建设工程设计

陈培康　刘　杰

近四十年来，城市建设工程的设计力量，随着经济建设和城市建设得到了很大发展，现已形成适合国情的较为完整的设计体系。为城市及工业建设完成了大量设计任务，涌现成许多优秀设计。并同时取得较多的科研成果，完成了不少技术立法和业务建设工作，为推动技术进步做出了成绩。

一、设计队伍建设

建国前，全国基本上没有城市建设工程专业设计队伍，新中国成立后，城市建设工程专业队伍，从无到有，从小到大，从单一专业设计队伍，逐步发展成为一支拥有给水排水、道路桥梁、煤气热力和城市防洪等多专业的综合性城市建设工程设计队伍。这支队伍是以建设部直属的中国市政工程华北、东北、西北、中南、西南设计院和北京、上海、天津市的市政设计院等八个单位为骨干。它们均成立于50年代，到1986年职工总人数6848人，拥有工程设计和科研技术人员3707人(见表1)这是一支经验丰富、工种齐全、力量雄厚的城建设计队伍。

中共十一届三中全会以来。，作为城市重要基础设施的市政工程建设速度普遍加快。在设计行业管理体制改革的新形势下，广州、沈阳、哈尔滨、太原、南京、武汉、成都等市，都相继成立了市政工程设计院或城市建设设计院；北京、上海、天津等市，还发展成立了园林设计院、所。这些地方设计单位正在不断成长，已逐步形成具有一定的竞争能力。

此外，还有一部分市政工程设计技术人员，零散分布在各省、市的城市规划设计院、建筑设计院、大专院校、自来水公司及政府管理部门(如城建局、公用局、市政局、园林局、环保局等)内，设有市政工程设计室、所、处。许多工业设计院内部，也拥用相当数量的给水排水和煤气热力的设计力量。

至1986年，全国城市建设的设计技术队伍，据不完全统计约为1200人。

二、主要市政设计单位的发展沿革

［前北京给水排水设计院］　1954年4月，原建筑工程部经中央批准成立了上下水道设计院，同年7月，改名为北京给水排水设计院，并陆续从北京、上海、天津、广州、南京、青岛等市抽调一批市政工程技术人员和接收大专院校、中等技术学校分配来毕业生，组成这个设计专业队伍。这是中国有史以来第一个国家城市给水排水设计院。1955年4月15日，原建筑工程部任命夏骏青为第一任院长。它是以承担全国大、中城市和重点工业建设项目的水文地质勘察和给水排水工程设计为主要任务。当时，全院职工已有2000多人，为发展我国市政工程设计事业，特别是给水排水工程勘察设计事业奠定了基础。

在1957年前的三年时间内，承担完成了一批包括太原、兰州、西安、包头、洛阳等第一个五年建设计划中重点工业城市的水文地质勘察和给水排水工程规划设计任务。

为了适应经济建设和城市建设的需要，先后在五大行政区组建了华东、中南、西南、东北、西北等五个给水排水设计分院，并对承担勘察设计任务范围作了明确分工。

1954年，成立上海给水排水设计院，1955年5月改名为给水排水设计院上海分院，承担华东地区给水排水工程设计任务。

1956年2月，原国家城市建设总局决定，在武汉成立给水排水设计院中南分院，承担中南地区给水排水勘察设计任务。

1956年3月，原国家城市建设总局决定，在兰州市成立给水排水设计院西北分院，承但西北地区给水排水勘察设计任务。

1961年2月，原建筑工程部决定，在长春市成立给水排水设计院东北分院，承担东北地区给水排水勘察设计任务。

到1965年，北京给水排水设计院职工为570人；加上分院总职工人数已达2000余人。专业技术人员已经配套，有水文地质勘测、给水、排水、建筑、结构、水工、机械、电气和技术经济等十个工种。通过十年实践锻炼，已形成了一支技术有素的给水排水勘察设计专业队伍，完成了大量给水排水勘察设计任务，为发展我国城市给水排水事业，为社会主义经济建设和城市建设，做出了卓越的贡献。

1969年11月，由于“十年内乱”的干扰，原北京给水排水设计院正式宣告撤消，大部分技术干部下放分配到山西、河南、湖南等地；所属的给水排水设计院中南、西南、西北、东北分院，也下放给所在省管辖。

主要市政工程设计单位一览表

表1

单位名称	承担设计任务范围	职工人数	
		职工总数	其中技术人员
中国市政工程华北设计院	煤气、给水排水、热力、垃圾处理、建筑	1020	811
中国市政工程东北设计院	给水排水、防洪、煤气、热力	806	368
中国市政工程西北设计院	给水排水、煤气、热力、建筑	664	360
中国市政工程中南设计院	给水排水、煤气、垃圾处理	509	307
中国市政工程西南设计院	给水排水、道路、桥梁、煤气热力、垃圾处理	638	379
北京市市政设计院	给水排水、道路桥梁、煤气热力、垃圾处理	810	584
上海市政工程设计院	给水排水、道路桥梁、煤气热力、垃圾处理	850	563
天津市市政工程勘测设计院	排水、道路、桥梁、地铁工程	551	335
上海市隧道工程设计院	道路桥隧、给水排水	248	165
北京市煤气热力工程设计院	煤气、热力	159	122
广州市市政工程设计研究院	排水、道路桥梁	253	150
上海市城市建设设计院	排水、道路桥梁	214	160
南京市市政设计院	给水排水、道路桥梁	190	161
太原市市政工程设计院	给水排水、防洪道路桥梁	152	105
武汉市市政工程设计研究院	排水、防洪、道路桥梁	195	137
成都市市政工程设计院	排水、道路桥梁	72	55
兰州市城市建设设计院	道路桥梁、建筑	207	120
沈阳市市政工程设计研究院	道路桥梁、排水、防洪	179	97
哈尔滨市市政工程设计研究院	道路桥梁、给水排水	98	80
抚顺市城市建设工程设计院	道路桥梁、给水排水	76	60
沈阳市热力工程设计研究所	热力工程	87	77
北京城市建设工程设计院	城市轨道交通、道路桥隧、建筑	503	272
杭州市城建设计院	给水排水、道路桥梁建筑	158	141
北京市园林设计院	园林规划设计	47	37
上海市园林设计院	〃 〃	92	75
广州市园林建筑规划设计院	〃 〃	51	43
天津市园林局规划处	〃 〃	78	47
南京市园林局设计所	〃 〃	52	43
苏州市园林设计室	〃 〃	30	25
杭州园林设计院	〃 〃	61	33
	合 计	9050	5915

［**五个部属中国市政工程设计院**］　1956年至1961年，相继成立的给水排水设计院中南、东北、西北、西南等四个分院，分别是现在中国市政工程中南、东北、西北、西南设计院的前身。

1976年，原国家建设委员会决定，收回这四个设计院，相应改名为武汉、长春给水排水设计院和兰州、成都市政工程设计院。

1982年，城乡建设环境保护部成立后决定，把这四个设计院改为中国给水排水中南、东北设计院和中国市政工程西北、西南设计院。

1984年底，又把中国给水排水中南、东北设计院，改名为中国市政工程中南、东北设计院。

1976年，原城市建设总局还决定，调回部分原北京给水排水设计院下放给地方的技术骨干，在天津市成立天津市政工程设计院，1979年又补入从天津市建筑设计院收回原天津煤气设计院下放给的部分技术人员，增加承担全国城市煤气工程设计业务。1982年，将其改名为华北市政工程设计院。1984年，又改名为中国市政工程华北设计院。至此，五个部属中国市政工程设计院名称已趋统一。合计职工人数已达3637人。

［**上海市政工程设计院**］　1955年，原为北京给水排水设计院上海分院。到1957年下放给上海市后，改名为上海市市政工程设计院。到1970年1月，又易名为上海市政工程设计院，设有给水、排水、道路、桥梁、城市防洪等五个设计室，肩负起华东地区给水排水工程勘测设计任务和全国城市道桥、防洪工程设计任务。它是当时设计业务面宽、工种较为齐全的综合性市政工程设计单位。

［**北京市市政设计院**］　1955年，为适应首都繁重的市政建设任务的需要，北京市决定在建设局、公用局和卫生工程局所属的设计处的基础上，联合组建北京市市政设计院。全院职工为480人，是全国最早成立的一个综合性市政工程设计单位，拥有给水排水、城市道路桥梁和水利等专业技术人员，并附设市政工程研究所。以承担北京市市政工程建设和科研任务。

［**天津市市政工程勘测设计院**］　1953年，天津市城市建设局成立设计处。1979年扩大改名为天津市市政工程勘测设计院，职工人数为500多人，以承担该市的道路、桥梁、排水和防洪等工程勘测设计为主要任务。

三、设计管理体制改革

城建设计行业的设计组织形式和管理体系是三十年来进行了长期探索的一个复杂问题。建国初期，我们学习和采取了苏联的模式建立一套城建设计生产体系，当时曾起到了一定的积极作用。随着城市建设形势的发展，60年代在这个体系的基础上，进行了多次改革，但实质上没有多大变化，这套体系是国家设大区设计院，承担各自大区的大型复杂的工程设计任务；另有省、市、自治区地方设计单位，承担本地区一般设计任务。设计院为单纯的事业机构，按照行政管理模式，组织工程设计，无偿地为生产建设和城市建设服务。设计院按人头拨事业费开展设计业务工作，形成了工作做的越多、经费越紧张的不合理现象。严重地影响了设计单位的积极性。

为了纠正这一弊病，全国设计单位从1984年起按照中共中央确定的改革方向，有领导、有步骤地对设计单位管理体制进行了改革。全民所有制单位要逐步向企业化、社会化方向发展，设计单位以全民所有制单位为主体，允许集体和个体单位并存，形成开放型，竟争型体制。全民所有制的设计单位都要率先实行技术经济责任制，全面推行低收费制；然后创造条件，积极试点，有计划、有步骤地引导全行业逐步向企业化、社会化过渡。实行技术经济责任制的内容包括:对上实行经济承包责任制，承包指标包括:产值、质量、成本、基础建设(科研、标准、业务建设)等，实行综合考核；对外实行合同制，与委托任务单位签订合同，明确双方的权利、义务和技术经济责任；对内实行以项目为中心的岗位责任制等等。

市政部门大部分设计单位于1984年底实行了经济承包责任制，基本打破了两个“大锅饭”，有效地调动了设计人员的积极性，设计工作效益大大提高，初步收到了效果。根据部直属设计院和京、沪、津十个设计单位统计，全年完成工程投资25亿余元，总收入4500余万元，分别比1983年增长83%，200%。此外在实行技术经济责任制中，由于增加了收入，还改善了技术装备、工作条件以及职工福利待遇等。

在设计体制改革中收到了一定效果，也存在若干问题，还需不断探索，不断完善。

四、城建系统优秀设计评选

［**评选方法与标准**］　城乡建设环境保护部自1981年起，组织了三次城建系统优秀设计评选活动(1984年后，按照国家计委要求，每两年评选一次)。评选方法采取自下而上。申报部级优秀设计的项目，要经过设计单位自评，各省、市主管部门评选推荐，城建系统优秀设计评选委员会初评、终评，报建设部优秀设计评选委员会审定。评选标准为:

1.正确贯彻执行国家有关的方针、政策及标准、规范。

2.经过实践检验，能较好地满足建设、生产和使用的要求。

3.采用的工艺、设备技术先进，经济合理，安全可靠，美观适用。

4.各项主要技术经济指标达到国内先进水平，并有所创新。

5.设计文件的内容、深度、质量符合要求，能保证工程建设的需要。概算比较准确。

［评选结果］ 1981年由原国家城建总局组织了第一次全国城建系统70年代优秀设计评选活动。1981年5月25日至6月5日在天津进行初评，同年7月8日至16日在北京进行终评，并召开了表彰大会。39名评委会委员出席了会议，评选出32项优秀设计。其中一等奖9项，二等奖23项。(见表2)

1984年，由建设部设计局组织了第二次优秀设计评选活动。5月6日至5月10日在天津进行初

城建系统70年代优秀设计项目 表2

序号	项目名称	设计单位	设计时间	获奖等级
1	上海市长桥水厂扩建工程	上海市政工程设计院	1977～1978.12	一等奖
2	武钢二号水源泵站	武汉给水排水设计院	1974.7～1975.6	一等奖
3	白银地区饮用水深度净化工程	兰州市政工程设计院	1974.1～1974.6	一等奖
4	36米辐射加速澄清池	成都市政工程设计院	1972	二等奖
5	株州市第三水厂	武汉给水排水设计院	1973～1974.3	二等奖
6	四川维尼纶厂给水工程	成都市政工程设计院	1973～1974	二等奖
7	北京石油化工总厂外部供水工程设计	北京市市政设计院	1973.9～1975.5	二等奖
8	北京第二毛纺织厂水源扩建工程	北京市市政设计院	1971～1973	二等奖
9	辽阳石油化学纤维厂给水工程第二水源设计	长春给水排水设计院	1974.12～1976.12	二等奖
10	秦皇岛给水改造工程设计	天津市政工程设计院	1979.5～1980.4	二等奖
11	四川维尼纶厂污水处理厂	成都市政工程设计院	1975.1～1976.6	一等奖
12	辽阳石油化学纤维总厂废水处理厂(国内设计部分)	长春给水排水设计院	1975.3～1976.12	一等奖
13	首都国际机场污水处理厂	北京市市政设计院	1974～1976	二等奖
14	兰州炼油厂污水生化处理工程	兰州市政工程设计院	1975.1～1975.5	二等奖
15	山西化工厂废水处理工程	武汉给水排水设计院	1973.7～1974.2	二等奖
16	北京市煤气厂扩建工程	天津市政工程设计院	1980	一等奖
17	上海杨树浦煤气厂扩建改造工程	天津市政工程设计院	分阶段	二等奖
18	北京第二热电厂北线供热管道工程	北京市煤气热力设计所	1975.11～1978.4	二等奖
19	北京市南郊液压石油气罐瓶厂	北京市煤气热力设计所	1973.2～1974.3	二等奖
20	北京烤鸭店煤气工程	北京市煤气热力设计所	1975.4～1978.12	二等奖
21	天津市液化石油气第二贮配站工程	天津市政工程设计院	1974.10～1975.5	二等奖
22	重庆长江大桥	上海市政工程设计院	1975.12～1978	一等奖
23	北京市二环道路及立体交叉	北京市市政设计院	1972～1974 1976～1980	一等奖
24	天津市海河狮子林桥	天津市市政工程勘测设计院	1973.1～1973.9	二等奖
25	兰州黄河大桥	兰州市勘测设计院	1976.6～1977.6	二等奖
26	广州文化公园园中院	广州市园林局设计室	1979	二等奖
27	上海石油化工总厂第一期海堤工程	上海市政工程设计院	1972～1973	二等奖
28	虹吸滤池标准图设计(S773)	北京市市政设计院	1975～1977.1	二等奖
29	$30m^3$～$200m^3$不保温水塔(砖支筒)标准图S845(一)～(六)	武汉给水排水设计院	1974～1977	二等奖
30	钢筋混凝土支架水塔(不保温)S843	上海市政工程设计院	1975	二等奖
31	水力循环澄清池标准设计(S771)	上海市政工程设计院	1975	二等奖
32	道路设计标准图	北京市市政工程设计院	1976～1977	二等奖

评，7月23日至7月29日在烟台进行终评。33名评委会委员参加了评议。47项工程获得优秀设计奖。其中一等奖(一级)12项被推荐为国家优秀设计，一等奖(二级)4项被推荐为国家表扬项目；二等奖31项。(见表3)

1984年城乡建设部全国城建系统优秀设计项目　　表3

序号	项目名称	设计单位	设计时间	获奖等级
1	上海市嘉定城厢镇规划	上海市城市规划设计院		一等奖(一级)
2	辽阳石油化纤总公司居住区规划	中国建筑东北设计院		〃
3	水上水厂	中国市政工程西北设计院	1981～1983	〃
4	杭州赤山埠水厂	上海市政工程设计院		〃
5	武汉市武昌余家头水厂	中国给水排水中南设计院	1980.7～1981.3	〃
6	引滦入津工程设计(九王庄水闸至西河水厂段)	中国市政工程华北、东北、西南、西北设计院	1981.12～1983.6	〃
7	上海泖港大桥	上海市政工程设计院	1977～1980	〃
8	天津西站地铁工程设计	天津市市政工程勘测设计院	1981.5～1981.12	〃
9	水槽式螺旋导轨储气罐通用图系列(5000m³～2万m³)	中国市政工程华北设计院		〃
10	天津市海河公园总体规划及秋景园设计	天津市园林局设计室		〃
11	无锡市鹃园(云锦园)	无锡市园林局规划设计室		〃
12	南京市园林药物花园蔓园与药用花径区	南京市园林设计研究所		〃
13	济南大纬二路展宽工程规划与市政设计	济南市规划管理处、济南市市政设计室	1981	一等奖(二级)
14	北京市香山饭店庭园设计	北京市园林局规划设计室		〃
15	深圳市东湖宾馆园林环境设计	广东省规划设计院		〃
16	苏州市彩香村居住区规划	苏州市建筑设计院		〃
17	合肥市总体规划	合肥市规划设计院		二等奖
18	天津市丁字沽住宅区园林绿化规划	天津市红桥区城建局		〃
19	常州市清潭新村规划	常州市规划处		〃
20	太原市迎泽大街规划	太原市规划局		〃
21	天津市西青道一条街规划设计	天津市规划局		〃
22	天津市芥园水厂及西河水源挖潜改造工程	中国市政工程华北设计院 天津市自来水公司	1978.11～1980.10	〃
23	成都市自来水公司水厂扩建工程	中国市政工程西南设计院	1979.5～1980.1	〃
24	图门江市给水工程	中国给水排水东北设计院	1976～1978	〃
25	兰州市西周二期给水工程	中国市政工程西北设计院	1974.12～1979.7	〃
26	襄樊市樊城给水工程	中国给水排水中南设计院	1978.4～1978.12	〃
27	上海市闵行地区污水处理厂	上海市政工程设计院		〃
28	桂林市城市污水处理厂	中国给水排水中南设计院	1976.11～1976.12	〃
29	北京市南城污水干线下段工程	北京市市政设计院	1979.10～1980.4	〃
30	石家庄维尼纶厂酸性甲醛污水处理工程	中国市政工程西北设计院	1974.8～1974.12	〃
31	葛店化工厂有机磷农药废水处理工程	中国给水排水中南设计院	1979.10～1979.12	〃
32	上海炼油厂一号污水处理厂	上海市政工程设计院		〃
33	天津市十一经路立交桥	天津市市政工程勘测设计院	1982.2～1982.7	〃
34	北京市西南三环立交桥	北京市市政设计院	1978.9～1979.2	〃
35	海南温热试验站汽车试验跑道第一期工程	上海市政工程设计院	1975～1981	〃
36	大连煤气公司一厂直立炉改造工程	中国市政工程华北设计院	1974.12～1975.12	〃
37	天津市液化石油气管道输气工程	〃	1976.8～1980	〃
38	长春市煤气公司66炉工程	〃	1980.5～1982.10	〃
39	中央组织部热力管道工程	北京市煤气热力设计所	1980.6～1980.10	〃
40	阜新市城市集中供热工程	辽宁省城市建设研究所	1981.4～1981.9	〃
41	重庆市嘉陵江客运架空索道	机械工业部北京起重运输机械研究所	1980.3～1980.10	〃
42	北京市三里河路绿化设计	北京市园林局规划设计室		〃
43	杭州市西湖阮公墩风景点园林设计	杭州市园林局设计室		〃
44	上海市江西中路绿地规划设计	上海市园林局设计室		〃
45	上海市植物园盆景园总体规划，小盆景、水石盆景园设计	上海市园林局设计室		〃
46	无锡蠡园东部园林设计	无锡市园林局设计室		〃
47	南京市梅花山暗香阁	南京市园林设计研究所		〃

第三次城建优秀设计评选是由建设部城建局组织的1986年7月22日至7月29日在北京进行初评，同年8月27日至9月1日在呼和浩特进行终评。44名评委大部分参加了评选工作，共评选出35项部级优秀设计。其中一等奖3项，二等奖10项，三等奖22项。(见表4)

三次评选，共有114项工程设计获得部级优秀设计奖，这对推动城建设计行业技术进步，提高设计水平，起了很大的作用。

1986年城乡建设部城建系统优秀设计项目 表4

序号	项目名称	设计单位	设计时间	获奖等级
1	宝钢长江引水工程	上海市政工程设计院 中国船舶第九设计院	1982~1985	一等奖
2	天津市中环线道路工程	天津市市政工程勘测设计院	1984.12~85.4 1985.11~1986.3	〃
3	合肥市环城公园及四景点	合肥市园林管理规划设计室	1980~1985	〃
4	北京市田村山净水厂	北京市市政设计院	1981~1985	二等奖
5	深圳市东湖水厂	中国市政工程西南设计院	1983.7~1984.3	〃
6	兰州维尼纶厂给水工程	中国市政工程西北设计院	1978~1980	〃
7	天津市南围堤河泵站	天津市市政工程勘测设计院	1981.10~1982.6	〃
8	北京三元立体交叉工程	北京市市政设计院	1981.2~1984.6	〃
9	桂林市净瓶山漓江大桥工程	上海市政工程设计院	1979.10~1983.11	〃
10	京开公路(南三环~黄村段)道路工程	北京市市政设计院	1983.4~1984.7	〃
11	天津疏港公路工程	天津市市政工程勘测设计院	1982.2~1982.6	〃
12	上海煤气公司漕宝路输配站(三期工程)	中国市政工程华北设计院	1980.12~1983	〃
13	北京卧佛寺植物园牡丹园、碧桃园、丁香园	北京市园林设计所	1980~1982	〃
14	上海石化总厂水厂第二期工程	上海市政工程设计院	1981~1982.5	三等奖
15	绵阳东河坝水厂扩建工程	中国市政工程西南设计院	1981.9~1983.6	〃
16	郑州市印染厂污水处理厂	中国市政工程中南设计院	1980.10~1981.12	〃
17	辽河化肥厂给水工程(二水源)	中国市政工程东北设计院	1982.11~1983.9	〃
18	郑州市给水工程第二水厂	中国市政工程中南设计院	1977~1982	〃
19	上海市龙华肉联厂污水处理工程	上海市政工程设计院	1979.8~1980.4	〃
20	哈尔滨一、三水厂改建工程	中国市政工程东北设计院	1978.1~1979.12	〃
21	上海市杨思水厂	上海市政工程设计院	1981	〃
22	汉口机场河分流工程	武汉市市政工程设计研究所	1982~1983	〃
23	北京昌平路(北三环路~西三旗路口)	北京市市政设计院	1983~1984.10	〃
24	北京马家堡铁路立交桥	北京市市政设计院	1982.12	〃
25	海拉尔伊敏河大桥工程	内蒙牙克石林业勘察设计院	1982.1~1982.8	〃
26	成都市人民东西路干道工程	成都市市政工程设计院	1980~1984	〃
27	大连煤气公司一厂油煤气车间改建工程	中国市政工程华北设计院	1982.1~1982.12	〃
28	洛阳白居易墓园规划设计	洛阳市园林规划设计室	1983.9	〃
29	中国大酒店屋顶花园	广州市园林规划设计院	1983.9~1983.12	〃
30	北京长城饭店庭园	北京市园林设计院	1983.4~1983.12	〃
31	上海东安公园	上海市园林设计院	1982~1984	〃
32	苏州明代园林一艺圃修复	苏州市园林设计室	1982.7~1984.4	〃
33	大连市中山路西端游园	大连市绿化管理处	1983.3	〃
34	大连市公厕	大连市建筑设计院、大连市政环卫处设计室	1982.9	〃
35	赣州垃圾转运站	赣州市环卫处及市政工程公司	1984	〃

五、主要工程设计项目简介

［武钢二号水源泵站］ 该工程以长江为水源，日取水量390万立方米，为武钢供水而兴建，是国内目前最大型的取水工程。中国市政工程中南设计院于1975年6月完成设计，1978年11月建成投产，总投资3860万元。其主体工程包括：两座淹没式取水头部；四条口径2600毫米自流进水管；两座外径37.4米、高32.7米大型沉井泵站；二道3.5×4米钢筋混凝土输水渠道及高水位自流渠道等工程。它的设计特点是，收集多年水文资料，进行河道演变模型试验和地基液化研究，选择取水口位置正确；并利用高低水位变化采职提升和自流结合的取水方式。节省造价1400万元，年节电约300万度。单方造价比50年代苏联设计的一号水源泵站节省26%。1981年，被评为国家优秀设计一等奖项目。

［上海长桥水厂］ 长桥水厂位于上海西南地区，以黄浦江为水源。是国内目前新建最大水厂之一。1961年，新建成时，日供水能力为30万立方米；1972年，第一次扩建后，日供水能力为60万立方米。第二次扩建工程，1978年12月由上海市政工程设计院完成设计，1980年6月建成投产，总投资4150万元，扩建后，日供水量达120万立方米。其设计特点是，布置紧凑，技术先进：首次采用虹吸式移动罩滤池和程序自动控制装置；合理设计浅层平流沉淀池并与清水池竖向合建；采用大型立式离心泵；大量使用预制装配结构，达到了投资省、用地少、电耗小、成本低、水质好、管理方便等技术经济效果。1981年，被评为国家优秀设计一等奖项目。

［白银地区饮用水深度净化工程］ 白银地区黄河水源，位于兰州下游100公里处，因受工业废水污染，汞、酚、石油、砷、铬等有害物质含量超标。该供水工程日产水量为3万立方米。在常规砂滤后，采用活性炭深度净化工艺。该工程于1974年6月由中国市政工程西北设计院完成设计，1975年9月建成投产。这是国内对受污染水源，采取深度净化取得成功的先例。设计采用6座活性炭逆流吸附塔。活性炭再生首创应用负压吸入沸腾干燥床及直接电流法再生炉系统。废炭、新炭均用水力输送。再生一公斤活性炭电耗1.77度，损耗率低于5%。深度净化运行费0.036元/立方米。再生炭碘值为新炭的98%。这个设计设备简单、投资省、占地少、效果好，炭滤后水质达到饮用水标准。砂滤炭滤废水全部回收利用。1981年，被评为国家优秀设计一等奖项目。

［水上水厂］ 中国市政工程西北设计院应用科研成果，1980年，在长江中游江陵县境内，设计兴建我国第一座钢体"水上水厂"，日净化能力为一万立方米。同年，又在马鞍山市向山磁铁矿设计建造一座规模为三万立方米/日"水上水厂"。至1982年底，陆续在长江运河水系和太湖水系新建了十多座"水上水厂"。它采用虹吸进水，省去了取水泵房。净化工艺创造性地采用螺旋桨推进快速混合器、三级微涡体网浆反应、40°倾角斜管沉淀和橡皮粒、无烟煤、石英砂三层滤料移动罩滤池等新技术，降低了构筑物高度，缩短了停留时间，提高了产水能力。具有流程布置紧凑、体积小、便于管理，建造周期短、投资省、成本低的特点。为中小城镇、工矿企业和农村供水兴建自来水厂提供了一条新途径。1984年，被评为国家优秀设计一等奖项目。

［引滦入津引水工程］ 这是以潘家口水库为水源，采取明渠、暗渠、钢管结合形式的长距离输水工程，总长234公里，日输水流量为430万立方米，是国内目前最大的城市引水工程。1981年12月起，由中国市政工程华北、东北、西北、西南设计院等单位联合进行设计，1983年9月全线建成投产。整个工程以于桥水库为界，上段有进水闸和引水渠道、隧洞长120公里，属水利工程；下段长104公里，其中专用明渠64公里，压力暗渠25.6公里，输水钢管15.4公里，中间还有提升泵站4座，容量为5000立方米平原水库一座，倒虹管渠12处，日净水能力50万立方米的水厂一座，桥梁7座和其他配套工程。设计特点是：规模大，周期短，方案合理，积极采用新技术充分考虑施工条件，尽量采用预制构件。建成后一次通水成功，社会效益显著1984年被评为国家优秀设计一等奖项目。

［宝钢长江引水工程］ 上海宝钢附近的长江河段，受咸水影响，不能经常取到氯离子小于200毫克/升的淡水。引水工程设计采取"避咸取淡"方式，河口滩涂修建水库储水，为开发利用水资源摸索出一条成功的新途径。整个工程由取水口、蓄水库、二级泵站和输水管道四部分组成。取水口日取水能力360万立方米，江心式一级泵站采用浮运钢壁混凝土沉井作为基础，以减少水下施工难度；蓄水库总容积为1087万立方米；二级泵站日送水能力为30万立方米；输水管为二根口径为1200毫米钢管，长7公里。该工程由上海市政工程设计院和上海船舶工业设计院联合设计，1982年开始设计，1985年8月建成后，工程质量达到设计要求，效益显著。1986年，评为部级优秀设计一等奖。

［天津市纪庄子污水处理厂］ 天津市纪庄子污水处理厂是我国目前规模最大、工艺最全的城市二级污水处理厂，设计能力为26万立方米/日。由中国市政工程华北设计院设计，1981年11月开始设计，1982年4月开工，1984年建成投产。处理工艺采用曝气沉砂池，机械刮泥辐流式沉淀池和普

通曝气池，二次沉淀池采用拉锚抗浮。污泥处理采用浓缩、预热、二级中温消化和机械脱水，同时利用沼气发电等项新技术。1984年4月建成投产后，运行效果良好。解决了天津市四分之一市区的污水处理，减轻了对海河、卫津河等水体的污染，保护了环境。现正在研究处理后污水和污泥的综合利用问题。1985年被评为天津市优秀设计和国家优质工程项目。

［**天津中环线道路工程**］ 位于天津市，是天津市市政工程勘测设计院于1984年12月至1986年3月设计的，被评为1986年部级优秀设计一等奖。该工程中环路全长34.5公里，156.6万平方米。改建桥梁六座，新建桥梁一座，道路立交桥八座，人行天桥二座，合计12.2万平方米。铺设排水管线74.4公里，修建改建排水泵站五座，还有电力、电讯、灯光和园林绿化等配套工程。该设计以实现道路交通功能为主，采取多种疏导方式。如：扩大路口，渠化交通，增设中间隔离带，加快车速。八座立交桥分别采用全互通、半互通、简易式等不同型式，尤其中山门蝶形立交桥设计，结构轻巧，造型新颖美观，富有时代感，占地少，层次分明，运营疏导功能显著。

1986年7月，全线建成通车，大大提高了天津市道路通行能力，为疏解城市交通阻塞，缓和交通紧张状况，综合治理城市交通起到了重要作用。

［**重庆长江大桥**］ 1975年至1978年，由上海市政工程设计院进行设计。正桥全长1120米，桥宽21米，北引道长466.5米。1980年7月建成投入使用，总造价5100万元。其设计特点是：桥位、桥型选择合理；主孔174米居国内首位；大跨径预应力T构挠度，采用卡尔曼滤波法新理论计算控制；因墩位条件选用钢脚浮运沉井、刃脚薄壁墩身及双肋式断面等不同基础；首次采用计算机进行空间箱梁立体计算和各部应力分析，合理配筋；引用新型橡胶管组合弹性伸缩缝，桥面平整；北引道采用半立交形式，充分发挥通行能力。具有功能适用、技术先进、经济合理、质量优良的优点。建成后，经受了多次洪峰考验。1981年，被评为国家优秀设计。

［**上海市泖港斜拉大桥**］ 上海市泖港大桥是上海市政工程设计院于1980年完成设计，1982年6月建成投入使用。被评为1984年部级优秀设计一等奖。大桥建于上海市松江县境内，为三跨370米预应力钢筋混凝土斜拉桥，主跨200米，塔高45米。桥宽12米，桥面用悬臂拼装法施工。大桥平均每平方米造价1282元。该设计用优选法选择方案，应用电子计算机编制多种专用程序，并采用了较多的新技术，如用卡尔曼滤波法控制挠度，使施工合拢误差仅为2厘米；大型冷铸锚的试制为国内首创。该桥当时为亚州最大的预应力钢筋混凝土斜拉桥。

大桥建成后，解决了上海市郊西南地区及松江县陆上交通问题，为活跃城乡物资交流，发展经济起了很大作用。

［**广州市区庄道路立交**］ 广州区庄立交位于广州市环市东路与先烈路相交处，由广州市市政工程设计研究院1982年设计，1983年11月建成通车。立交设计最大通行能力：机动车每小时6000～7000辆；自行车每小时3万辆。该立交为四层双环形立交，第一层为四车道机动车直行线，长400米，宽15米，第二层设非机动车及人行平面环交，环道直径82米，非机动车道宽7.5米，人行道35～5米；第三层为机动车转弯环形高架桥，内径50米，外径82米，八条单行匝道均为7.5米双车道；第四层设机动车直行高架桥，全长488米，宽10米，共23孔，中间两孔跨径各19米，为单孔双悬臂T形梁。此项设计突出优点是交通功能好、占地少、投资省。工程总造价为837万元，占地3.23公顷。该设计获部1986年科技进步一等奖。

［**北京三元立交工程**］ 三元立交桥位于东直门外三环路、京顺路、机场路三条干线交汇点。1984年，由北京市市政设计院完成设计，1984年9月建成通车。它是三座主桥、五条匝道引桥、二条引道、六条匝道组合而成的互通式立交工程，占地26公顷。其中有道路11.23万平方米，桥梁1.11万平方米，挡土墙3.7公里，地下人行通道8座，大型管道14公里，人行楼梯9座，高杆照明组合灯11座，交通标志100多具；还有电力、电信、绿化等工程。总投资3890万元。三元立交是北京交通网枢纽，入城必经之路，机场迎宾主要路口。设计结合规划要求，既满足交通需要，又综合考虑市政功能和建筑艺术效果。布局有致，造型美观，交通设施齐全。每小时通行能力可达18000辆。1986年评为城建系统优秀设计二等奖。

［**北京市煤气厂扩建工程**］ 是天津市政工程设计院于1980年设计的，被评为1981年城建优秀设计一等奖。该工程建在北京751厂内，原日产气量为10万立方米，扩建后日产气量达40万立方米。总投资2101万元。扩建工程包括新建三座油制气炉及粗苯回收，干法脱硫、污水处理、锅炉房、背压气轮机发电装置，15万立方米气罐及压送车间。设计特点是：采用间接冷却，比同等规模油制气装置减少污水130吨/时；采用密闭式焦油、水系统，减少焦油、焦油渣及碳尘对大气的污染；轻焦油回收作锅炉燃料，年节油3700吨；设计35吨/时锅炉房及3000千瓦背压汽轮机发电装置，年发电2160 $\times 10^4$ 度；蒸汽发电后作生产用气，降低煤气成本；

年节约软化水23.7万立方米，年回收余热4954×10^7大卡，比一般厂多创产值165.79万元/年。在制气工艺中，采用增加催化剂含镍量和反加热工艺，改善催化剂层上、下温差，降低焦油粘度，增加产气能力。并设计了当时国内最大的、15万立方米低压湿式煤气罐，其耗钢量比英国同规模设计低128吨。

该设计总图布置紧凑、合理，占地少、工艺先进，三废治理、能源综合利用及节能措施比较先进。

［**北京第二热电厂北线供热管道工程**］ 是北京市煤气热力设计所于1978年设计的。1981年被评为城建优秀设计二等奖。该工程建于北京市广展路至复兴门大街。整个工程分为三段，管道直径分别为Dg1000、Dg800和Dg700三种，总长3321米，全部采用椭圆拱环有沟敷设。管道横断面最大宽为3.4米，高1.9米。总投资635.2万元。

该设计的特点是对传统砖沟敷设为预制钢筋混凝土椭圆拱沟，节约投资4%左右，并加快了施工进度；采用滑动支架，便于管道保温，减少热损失；采用套筒补偿器，延长套筒使用寿命。跨河管道用轻质保温材料，减轻管道自重。此项工程是当时国内最大的供热管道，设计中采用了许多新技术，对工艺设备做了许多改进，有利于安全运行。

［**合肥环城公园**］ 是合肥市园林管理处规划设计室于1985年设计的，被评为1986年部级优秀设计一等奖。合肥环城公园位于合肥市老城区，利用原有护城河沿岸和城市园林绿地，建成一座具有综合游览功能的开敞式公园。全长8.7公里，总面积139.6公倾。

根据不同需要和环境特点，把公园分为六个景区。包河景区以纪念人文景观为主；银河景区以水景为特色；西山景区以六组动物雕塑为象征；环西景区以大型游乐设施为中心；环北景区突出自然山林野趣；环东景区具有综合服务设施和展览微型盆景。公园突出植物造景、绿化生态，绿带一年可滞尘1400～2400吨，吸收二氧化碳及有害气体70吨。设计中，国内建筑、地形及水景处理，采用“得景随形”的自然处理手法，注意发挥了徽州地方特色，并有所创新。合肥环城公园从开始建设到初具规模，投资524.1万元，做到了投资少、见效快，为全国城市园林建设提供了有益的经验。

六、业务建设

［**《给水排水设计手册》**］ 系城乡建设环境保护部设计局和中国建筑工业出版社共同组织修编的，全书由国内九个大设计院负责主编，邀请了二百余位有经验的给水排水专家、学者对1973年出版的《手册》进行了全面更新充实，历时四年，于1986年由中国建筑工业出版社正式出版发行，成为建国以来规模最大的给水排水大型工具书。

这套《手册》共分十一册，1100万字。其主要特点是：覆盖面广，内容完整，系统性强，资料详尽，具有中国特色；全面反映了我国三十多年来给水排水科学技术水平和成熟实践经验；工种齐全，技术先进，内容实用，特别是算例之完善，远远超过国内外同类型设计手册。

这套《手册》的出版，不仅促进了我国给水排水科学技术水平的发展，而且直接为国家工程建设提高工程投资效益、环境效益和社会效益，起到了积极作用。全套《手册》书目列于表5。

［**《市政工程技术经济指标》**］ 系1982年前国家城市建设总局科教设计局组织上海市政工程设计院，北京市市政设计院、天津市市政工程勘测设计院，中国市政工程西南、中南、华北、西北、东北设计院，北京市煤气热力设计所及东北煤气化设计研究所等十个设计单位负责主编，邀请三十五位

《给水排水设计手册》出版情况表 **表5**

册序	册名	主编	主审	初版年月	印数(万册)	字数(千字)
第1册	常用资料	孔究津(高工、主任工程师)等	印慧僧(高工、副总工程师)	1986年7月	5.88	1299
第2册	室内给水排水	张延灿(高工、副主任)等	金烈安(高工、主任工程师)	1986年12月	5.83	768
第3册	城市给水	戚盛豪(高工、副总工程师)等	钟淳昌(高工、总工程师)	1986年12月	5.23	1484
第4册	工业给水处理	梁文耀(高工、主任工程师)等	贾克欣(高工、主任工程师)	1986年12月	5.23	768
第5册	城市排水	张中和(高工、主任工程师)等	李运义(高工、总工程师)	1986年12月	5.16	651
第6册	工业排水	张中和(高工、主任工程师)等	李运义(高工、总工程师)	1986年9月	5.06	499
第7册	城市防洪	马庆骥(高工、副总工程师)等	陈嘉猷(高工、副总工程师)	1986年3月	4.31	625
第8册	电气与自控	陈前明(高工、副主任工程师)等	蔡仲琦(高工、总工程师)	1986年12月	5.06	976
第9册	专用机械	陈榆林(高工、副设计院长)等	钟淳昌(高工、总工程师)	1986年1月	4.55	791
第10册	器材与装置	陈益(高工、副总工程师)等	王业俊(高工、总工程师)	1986年12月	5.08	2008
第11册	常用设备	陶怡安(高工、主任工程师)等	傅文德(高工、设计院长)	1986年12月	5.36	1599

有实践经验的技术经济专业人员参加编制工作。于1985年编成，由中国市政工程西南设计院负责组织内部出版发行。

这套《指标》分给水工程、排水工程、城市道路桥梁工程及煤气热力工程等四册。其内容为一般市政工程设计方案技术经济比较及编制基本建设计划等框算工程造价、工料用量提供技术经济参考数据。

编制《指标》是以1976年以来各设计院、所市政工程设计预、概算及经济分析资料为基础，按北京地区1982年工料价格统一换算，并参照《市政工程其它工程和费用指标》(试行办法)的取费标准编制的。主要内容包括:工程综合指标；综合万元实物指标；单项及管(渠)单位长度经济指标等部分。主编单位、主编及主审人列于表6:

表6

册　名	主编单位	主编人	主审人	出版时间	字数(千字)
给水工程	西南院 华北院	王兆奎 高仲巨	沈德康 陈培康	1985.2	500
排水工程	西南院 中南院	王兆奎 张强雄	沈德康 陈培康	1985.2	450
城市道路 桥梁工程	上海院 北京院	冯显祚、王德仁 房道生、周守纲	沈德康 陈培康	1985.2	400
煤气热力 工　程	北京煤气 热力所	张玉珍 祖瑞桐	陈培康 吴玉环 孙英	1986.2	100

[《市政工程设计工作技术管理制度汇编》] 1980年，国家城市建设总局为总结市政工程设计技术管理工作经验，建立健全规章制度，提高设计管理水平；促进加快设计速度、确保设计质量，组织直属天津、兰州、成都市政工程设计院和武汉、长春给水排水设计院，北京市市政设计院，上海市政工程设计院，天津市市政工程勘测设计院，北京市煤气热力设计所，沈阳煤气设计研究所等八个设计单位，综合编制了给水、排水、道路、桥梁、煤气、热力等六个专业的工程设计工作程序；设计文件组成和深度规定；设计技术责任制；设计质量评定标准及评定办法；和编制设计文件统件规定等技术管理制度。1981年9月20日，国家城市建设总局以(81)城发科字第12号文正式颁发试行。

[《全国市政工程设计周期及工日扩大定额》]是按照执行《市政工程设计工作技术管理制度汇编》的有关规定的前提下制编的。分为初步设计和施工图两个阶段。设计前期工作、课题研究、工程咨询业务、初步设计审批、修正概算、施工图预算、复杂非标设计、施工交底、施工配合、试运转、投产验收、以及为甲方搜集规划、地下管线资料等工作，未包括在本定额范围内。

周期扩大定额，是以设计工日扩大定额为编制依据。可作为对外签订设计合同及协议书的依据，与设计工作扩大定额相配合，也是衡量设计工效、推行经济责任制的内容之一。

《定额》由城乡建设环境保护部(83)城设字第668号文批准试行。

[主要市政工程新编规范标准] 1980年至1986年，为充实市政工程设计技术规范、标准，由市政工程设计处先后组织编制了十项设计规范、标准(见表7)

七、城乡建设设计行业开发基金会市政设计分会

是城乡建设设计行业开发基金会的一个分支机构。它是由从事市政工程设计会员单位进行行业性开发的协调组织。于1986年4月在北京正式成

表7

序号	项 目 名 称	下达日期	局审日期	主 编 单 位
1	城市桥梁设计标准	1980年8月	1985年1月	上海市政工程设计院
2	城市道路设计规范	1981年9月	1986年12月	北京市市政设计院
3	高浊度给水设计规范	1983年5月	1985年10月	中国市政工程西北设计院
4	水处理滤料技术标准	1983年3月	1985年8月	中国市政工程中南设计院
5	水处理滤砖技术标准	1983年3月	1985年8月	中国市政工程中南设计院
6	水处理滤管技术标准	1983年3月	1985年8月	中国市政工程中南设计院
7	给水厂附属建筑及设备设计标准	1984年2月	1985年2月	上海市政工程设计院
8	污水处理厂附属建筑及设备设计标准	1984年4月	1985年12月	中国市政工程西南设计院
9	城市防洪工程设计规范	1984年12月	—	中国市政工程东北设计院
10	城市热力管网设计规范	1984年7月	1987年12月	北京市煤气热力工程设计院

立。

分会的宗旨是：协助政府部门组织市政工程全行业有计划、有目的、有步骤地进行行业技术开发，推动技术进步，提高设计水平，加强行业协调，以适应城市深化改革发展的需要。分会的任务是：1.根据国民经济发展计划和城市建设技术政策，结合市政设计行业现状，交流探讨市政设计体制改革经验，提出行业发展建议；2.针对市政设计存在的薄弱环节，进行行业技术开发，改进设计方法，完善设计手段，开发计算机应用，加强业务建设，提高科学管理水平；3.推广优秀设计和科研经验，广泛开展情报信息交流活动，办好全国性市政设计技术刊物；4.组织、协调技术管理人才的培训，提高设计队伍素质。

分会设有理事会及常务理事会，制定有分会章程及基金使用办法。按照城乡建设设计行业开发基金会规定，市政基金会会员单位每年缴纳本单位上年总收入的1%作为市政设计行业基金。分会每年召集一次由各会员单位理事参加的年度会议，总结上年分会工作经验，安排当年基金使用计划。会员单位按照年度会议工作安排，落实计划，完成任务。1986年基金会委托中国市政工程西南设计院举办了《城市煤气输配管道设计短训班》；向由主办《中国给水排水》、《煤气与热力》等刊物的中国市政工程华北院提供了补助经费；并商定每年由基金会向公开发行刊物的单位提供了一定数量的经费补助。

城乡建设设计行业开发基金会市政设计分会领导人员为：

理 事 长：林家宁

副理事长：钱宝政、陈震、杨奇观

秘 书 长：刘杰

八、城乡建设环境保护部压力容器设计资格审查组

该组自1984年12月成立以来，主要从事压力容器设计资格审查工作。1985年1月组织审查了中国市政工程华北设计院压力容器设计人员资格、管理体系及管理制度，并提出审查报告；1985年6月组织审查了北京市煤气热力设计院压力容器设计资格，提出审查报告。城乡建设环境保护部根据审查组意见，会同劳动人事部于1985年6月给中国市政工程华北设计院和北京市煤气热力工程设计院签发了三类压力容器设计单位证书。

1986年10月组织审查了东北煤气化设计研究所压力容器设计资格，1986年12月审查了建设部建筑设计院压力容器设计资格。同时，两部会同签发了东北煤气化设计研究所、建设部建筑设计院为二类压力容器设计单位证书。

这项工作促使设计单位成立了压力容器设计管理组，对本单位压力容器设计和科研进行统一管理。更重要的是建立了一整套压力容设计文件、设计图纸的校审制度，明确规定压力容器设计人员、审核人员及总审批人的责任与权力，使压力容器设计有一套较完善的管理办法。

市 政 工 程 施 工

沈 波

一、市政施工企业的发展概况

［**队伍概况**］ 在旧中国，城市建设十分落后，只有一些大城市有固定的市政工程施工和维修队伍。

新中国成立后，随着经济建设的发展，市政工程建设投资逐渐增加，市政施工队伍也不断壮大。到1959年，全国市政工程职工总人数已经达到80100人。十年动乱期间，市政工程职工队伍有很大削弱。十一届三中全会以后，市政工程职工队伍又有了新的发展。据1981年，对189个城市的统计，共有377个市政工程企(事)业单位。其中：大型企事业单位18个；中型企(事)业单位38个；小型企事业单位321个。职工总人数154700人。其中：工程技术人员占4.2%，行政管理人员占11.94%，生产工人占83.86%。1983年为275504人。

目前，我国市政工程经济管理人员比较缺乏，受过管理专业系统训练的极少，无论在数量上还是质量上都远不能满足市政建设发展的需要。据对天津、上海、武汉、广州、沈阳、哈尔滨六个城市的市政局和两个市政工程总公司的调查表明。

第一、经济管理人员的知识化、专业化程度很低，普遍缺乏科学管理能力。据六市局两公司统计，在现有的5530名经济管理人员中40%是高中或中专文化程度；初中以下文化程度的为1640人，约占总数的30%。虽然有1600人属于大专文化程度，但多是业大、电大等毕业的。

第二、许多中级管理人员无经济管理专长。

第三、高学历、高职称的经济管理人才奇缺。

第四、经济管理人专业结构失调。许多单位缺少会计、预算、定额人员。

第五、经济管理人员年龄结构不够合理，人才群体的年龄结构是建立稳定的经济管理梯队、实现新老交替、提高市政工程经济管理水平的重要保证。根据上述六市局两公司几种有专业职称的经济管理人才的年龄状况分析，可以明显看出断裂层的存在。50岁以上占60～70％，青黄不接，后继乏人。

［**管理体制改革**］ 党的十一届三中全会以来，根据中央经济体制改革的精神，市政工程施工企业在招标投标承接施工任务、政企分开、干部制度等方面逐步进行改革，收到了一定成效。

1.工资制度。1985年8月，建设部市政公用局和劳资局联合发文，要求市政工程施工企业实行百元产值工资含量包干办法。实践证明效果较好。如西安市多年来劳动生产率徘徊在4000～5000元/人，现在已提到7000多元；上交国家利税增加36.5％；企业积累增加34.7％。另外工期缩短，企业内部经营管理水平也大大提高。

2.招标投标。目前广州、上海、大连、深圳、北海、珠海实行招标投标项目比较多。不少城市个别项目实行招标投标。总的来说效果是好的。

如上海市，1985年度上级部门下达市政工程总投资额为27亿元，至年底试行“招标承包制”的工程投资约占总投资的27.8％。步子虽然不大，但已迈出了可喜的一步。初步显露出它们的优越性有以下四点

首先，加强了经济责任制，对试行的“招标承包制”的工程项目，都实行了投资包干，签订了投资包干合同。建设单位率先打破“大锅饭”，从包投资、包工程规模、包质量、包工期四大指标方面实行奖罚经济责任制，将投资节约与职工利益直接挂钩。从而进一步推动了“招标承包制”。使以往市政工程建设中长期存在用了再算，结算超预算，预算超概算，概算超计划投资的“常规”，在一定程度上得到有效的控制。

其次，缩短了工程实施周期。根据有关招投标条例。建设单位必须抓紧工程的前期工作，改变了过去工程施工到那里，前期工作做到那里，甚至施工大体完成，前期工作还未收场的情况。从试行的一批工程情况来看，比常规工期缩短了10～30％左右。

第三、打破了地区和部门的界限。扩大了市政工程的施工队伍。随着四化建设的需要，1985年上海市市政工程局全年完成的建设投资将近四亿元，约是1976年的8～9倍。目前本系统的市政施工力量加上区一级的施工队伍，全年约能完成2亿元，因此动员全社会支援市政建设看来势在必行。在1985年我们通过招标投标，引进了擅长钢结构加工的造船厂承包人行立交桥工程，质量好、速度快、有的还提供工程所需的部份三材(钢材、木材、水泥)减缓了市政工程三材紧缺的困难。

第四、在试行招投标制后，简化了工程结算和竣工手续，加快了建设资金的周转。

3.政企分开。党的十一届三中全会明确指出，要搞活企业，发展国民经济，必须按照政企分开，简政放权原则进行改革。广州、成都、武汉分别从1983年和1984年实行了政企分开，市政管理局与市政工程总公司都属于市建委领导，二者之间形成了甲、乙方关系。这种形式有利于提高企业的活力。甲、乙方分开以后，施工单位的任务失去了可靠的保证，要依靠自己的工期、造价、质量在市场上竞争，这就迫使企业加强管理、加强人才培训，提高企业素质，使自己具有竞争力。

这种形式还有利于企业向外开拓，由“封闭型”转向“开放型”。甲、乙方分开后，施工单位除了参加本地投标外，还积极参加外地投标，承接外地施工任务。武汉市政工程总公司除了承包本地施工任务外，还承包了黄石、上海、新余、北海、海口等城市一些工程，工作量达2000多万元。1983年～1985年平均产值比1980～1982年平均产值增加了37.3％。甲、乙方分开以后，甲方不管企业事情，集中精力抓委托设计、征地拆迁、工程招标发包、检查工程质量及市政设施管理等工作，从而提高了市政工程管理水平。

4.实行目标管理。大型市政工程施工企业自1984年以来普遍实行了经理任期目标制。由于落实经济责任制，增强了企业活力，施工生产形势已由过去的起伏性变为逐年发展趋向。

5.改革干部管理制度。实行经理负责目标制后，为了加强干部管理工作，深化企业改革，重庆市政一公司对现有干部制度也作完善配套改革。主要办法如下。

(1)实行新干部试用制。对新提拔的科队级干部，一律实行任职试用制度。试用期为一年。试用期间，工资待遇不变，期满后，不胜任的，回到原工作岗位。

(2)实行中层干部能上能下制。任期为两年，任期内可以提出辞呈，期满后职务自行解除，可以连任，也可以由任免机关另行安排工作。

(3)实行“免职警告”制。对工作长期上不去的科队级干部“亮黄牌”，提出“免职警告”。其标准大致是；队(厂)的主要经济指标未能完成的，班

子软弱浮散，闹不团结，搞不正之风，办事拖拉，官僚主义严重，工作打不开局面的等。"免职警告"期限为半年，限期内扭转局面的，解除警告，反之就地免职。

(4)实行职务与工资挂钩制。对不胜任现职而改任较低职务的干部和免职的干部，不保留原职务工资。

(5)实行干部回避制。规定有三：① 党委讨论干部问题时，凡涉及到亲属关系的领导干部应主动回避；② 领导干部不得授意有关部门将自己的亲属安排在分管的部门或单位。现在职的，应逐步予以调整；③ 亲属若要提拔为领导职务的，应上报按规定程序办理。

二、道路工程施工技术

［**道路机械化施工**］ 解放前，道路施工主要以手工操作为主，以路基土方工程，基层施工到路面面层施工，除了压实工序外，都是靠人力，劳动强度很大。解放后，道路机械化施工发展很块。

1.翻挖旧路机械。一般市采用拖式豁路机械或大型推土机的豁齿，拖拉机带动铧钩破路机和锤式破路机破路；有的城市用进口的铣刨机破路。1984年，天津市道桥管理处自行设计试制成功的仿西德产品－XB－1000型，可铣刨沥青混凝土及水泥混凝土路面。整机采用液压与机械混合驱动，全液压转向。这种铣刨机已在全国十几个省市和地区使用。

2.路基土方机械。目前我国较多的城市，有进行大量填挖土方作业的推土机和平整路槽土方的平地机；个别还配有铲运机和液压传动倾卸式装土车。

3.基层施工机械。大部分城市利用推土机或运输工具铺平路基，洒水车洒水，多铧犁或圆盘耙搅拌材料，平地机刮平调坡，压路机碾压。这种施工形式一般每班能搅拌1100立方米，合单层铺装5000平方米。

4.碎石铺筑机械。一般用0.3立方米的小型装载机，与一吨翻斗车配套，运送碎石人工推耙平整，压路机碾压。

5.喷洒沥青机械。全国大中城市已普遍采用机械喷洒沥青。郴州筑路机械厂生产的LS－350型洒布机是最早的国内定型产品。工作速度5－20公里/小时，还有沈阳城建机械厂仿制的ES－3500型喷布机，北京市政机械公司自制的LS－900喷布机。目前国内最大型喷布机是辽宁省交通厅科研所1979年试制成功的LS7500－A型洒布车，使用8吨柴油汽车底盘，用于修建大型道路。

6.沥青混凝土生产机械。全国各大中城市，都陆续设立了沥青混合料拌和厂，拌和厂大多采用分拌式强制沥青拌和机，每台拌和机每小时产量可达30－80吨。一些大中型沥青混合料拌和厂整个生产工序已实现了自动化控制。1978年，南京市政部门生产了筒(鼓)式拌和机，是顺流加热自由跌落连续生产，每小时产量30～50吨，并于1983年实现了微机自动控制。

1979年，沈阳等市从民主德国引进沥青混凝土拌合设备，并在使用过程中，进行了技术改造。把原来烧柴油系统，改为烧重油，改造了废料分离装置和油箱，并使易损零配件国产化，解决了进口零配件短缺问题。到1986年底，这台设备生产沥青混凝土17万立方米，创利435万元，不仅全部收回整套设备投资，而且超过原设备投资2.4倍。

1983年，西安市政处建成了一台100吨沥青混合料贮料库。首次采用了工频感应作热能补偿方法用于热料贮料库，将拌和好的成品打入贮料库储存，待调剂使用，以免频繁停机、起动。贮料库保温能力在24－48小时范围。

1985年为推广废旧沥青混合料再生利用，苏州、南京、武汉、天津等地对原拌和机进行了改装，做到了一机两用，既能生产新料，又能生产再生料。

7.沥青混凝土铺筑机械。解放初期，大多是人工摊铺。60年代以来，一些大城市先后研制了一批简易沥青摊铺机，在城市道路上发挥了一定的作用。后来北京、天津、上海、武汉、成都的市政部门陆续研制了6～8吨的沥青摊铺机，从国外引进了一些自动找平的沥青摊铺机。目前国内生产沥青摊铺机的主要厂家有武汉市政工程机械厂、上海市政工程管理处机修厂等。

8.碾压机械。我国在1952年制成内燃式静力压路机；1965年生产4.5吨串联振动压路机；1970年以后制成10吨轮胎驱动自行式振动压路机，8吨四轮全驱动振动压路机和0.75吨双轮手扶振动压路机。品种不断扩大。

目前，我国城市道路建设碾压作业，主要依靠静力压路机。全国压路机拥有量约10000台，基本上是6～15吨二轮和三轮式。一些静力压路机还出口国外。

近年来，一些城市引进了联邦德国、瑞典和美国等新型振动压路机。

9.混凝土路面筑路机械。混凝土搅拌多用移动式混凝土搅拌机。这几年来，大中城市已普遍采用切缝机建造无胀缝水泥混凝土路面。少数城市为提高水泥混凝土路面修筑速度，还采用水泥混凝土路面摊铺机。路面施工采用真空吸水机，以缩短养护时间。材料运输一般采用一吨翻斗车。

10.人行道和路缘石施工机械。天津市已有缘石刨槽铺筑机，2～4吨人行道碾压机。沈阳、武汉等市有八孔液压制步道方砖机，设计能力每小时生产500块，成品尺寸为25×25×5厘米。

三、桥梁工程施工技术

在旧中国，由于工业发展缓慢，城市桥梁大部分为临时性的木桥、石板桥和石拱桥，很少建造钢筋混凝土桥。跨径稍大的城市桥梁，基本上是外国人修的所谓"洋桥"，如1907年建成的上海外白渡桥，1926年建成的天津解放桥，兰州白塔山下的老黄河桥等。由于当时吊装设备少，这些桥梁的上部结构施工，大多采用搭脚手架的方法；下部结构施工，一般都是用草袋围堰法。

建国后，随着钢铁、水泥和机械工业的发展，桥梁施工技术逐步发生了变化。50年代后期，建造了一些跨度为30～40米的钢筋混凝土悬臂梁。从60年代初到60年代中期，开始试建预应力混凝土桥梁。以后陆续修建了一些简支梁桥，跨径达到25米左右。柳江大桥成功地采用悬臂浇注法，使跨径突破百米。在这一期间施工建成的桥梁形式也逐渐趋向多样化，发展了拱桥、悬臂梁桥、吊桥和T型钢构桥等。60年代后期至70年代中期，各地建成了不少预制拼装与现浇混凝土相结合的双曲拱桥。北京市建成第一座三孔主跨为72米的双曲拱桥，4243块构件安装及700立米的拱背和桥面混凝土，全部采用悬索吊装法施工。这是我国建桥技术一大突破。进入80年代，预应力混凝土箱形连续梁桥的施工有了较快的发展。同时，各大城市都修建了立交桥，其中斜、弯、坡桥也愈来愈多，设计和施工技术也有很大发展。地道桥数量很多，形式也多种多样，有单孔或多孔闭合框架；有正桥、斜桥。在施工工艺方面，有沿铁路化整为零的解体顶进；有沿道路整体顶进或分节顶拉就位；有采用气垫减摩措施等。表1为北京市不同类型的地道桥。

目前，中小型桥梁的施工，在上海、北京、天津等地，基本做到了预制化、机械化、工厂化。桥梁上部结构施工，可以根据不同的桥梁型式，采用不同的施工技术，比如预应力混凝土T型刚构，采用悬臂拼装或悬臂浇注；双曲拱桥和箱拱桥，采用悬索拼装法；预应力混凝土连续箱梁，采用顶推法施工，无临时支架连续顶推已达50米；预应力混凝土斜拉桥采用劲性骨架施工法获得了良好效果。下部结构墩、台施工，已采用先进的滑模法就地浇筑。一些城市的基础灌注桩，达到1.2米，解决了在软土地基上建桥问题。最近几年斜拉桥发展很快，缆索的张拉锚固体系也有相应的发展，冷铸锚法已在大型斜拉桥使用。中国建筑科学研究院和天津市政一公司联合研制成功的YC－300型千斤顶与冷铸锚配套形成的锚固体系，在天津永和桥获得应用，荣获1986年建设部科技进步二等奖。

四、排水工程施工技术

解放前，我国排水事业非常落后，仅有上海、天津、北京、武汉等少数大城市有排水管道，但都没有完整的排水系统。当时的下水道工程施工，主要靠手工操作。排水管道铺设，都采用明槽开挖，工程进度十分缓慢。解放后，城市排水事业，随着城市建设的发展有了进一步发展。目前，国内已有相当一部分城市，有了较完善的排水系统，排水管道的施工，已经从完全靠手工操作，走向部分机械化。并可以根据不同的施工条件，采用不同的施工方法：在地面障碍物少，开挖不受影响时，采用开槽施工，穿越铁路线或有其他障碍物时，采用不开槽施工。在开槽施工中，一些大城市在沟槽挖土、吊装管子工序上基本上采用机械操作。但大部分城市，管道施工机械化程度较低。尤其在支撑、接口、还土、检查井等施工工序方面，还是薄弱环节，开槽施工还是采用撑板撑杠支撑，离心抽水机降低地下水位、扒杆倒练下管，管子定位靠铁丝挂线，垂球吊中、水平仪测高，人工浇筑混凝土基础，人工抹管带接口的传统方法。在不开槽施工中，已经采用的各种先进的顶管施工技术：其中，人工挖土顶管，ϕ1200毫米管每台班能顶进2.5～3.00米，挤压顶管，ϕ1200毫米管，每台班能顶进6米。与开槽施工相比，顶管施工机械化程度较高。

排水管材大部分采用预制钢筋混凝土管，最大内径约2.45米。制管的方法主要有：离心法、震动法、挤压法、辊压法等。检查井和收水井的施工，大部分城市，仍采用砖砌。

五、施工质量管理

早在50年代初期，国家有一套工程质量管理制度。这些制度在50年代和60年代曾发挥过一定的作用。后来由于十年动乱有些制度被废除了，致使工程质量管理和检查处于有章不循或无章可循的状态。党的十一届三中全会以来，随着经济建设的发展，许多部门在整顿企业进行改革的同时，恢复了过去许多行之有效的管理制度，并制定了一些新的制度。然后由于制度尚不健全，管理没有完全理顺，并缺乏科学的管理手段，致使质量事故不断发生。因此工程质量是当前市政工程建设中非常突出的问题。

为了摸清市政工程质量情况，督促建设与施工单位重视质量管理，以提高工程质量，1986年，建设部城建局组织了市政工程质量检查工作。这次检查历时七个月，分自检和抽查两个阶段进行。自检阶段，检查388项目，达到优良的占50％，合格的占30％，不合格的占20％。

第二阶段的抽查工作是建国以来第一次，根据原国家城建总局颁布的《市政工程质量检验评定

北京市道路与铁路立交地道桥一览表　　表1

序号	地道桥	孔数	孔　　径(m)	交角	桥宽(m)	建筑面积(m^2)	施工工艺
1	京周路1号	1	15	90°	18.8	340	整体顶进
2	西大望	3	8.2+16.3+8.2	90°	26	920	整体顶进
3	北辛安	3	9.8+15.7+9.8	90°	12	505	解体顶进
4	城　子	3	6.8+12.5+6.8	43°	7.4	343	整体顶进
5	西南三环	4	9+11.75+11.75+9	60°	32	1645	两节顶进
6	京开公路	4	8.8+12.5+12.5+8.2	55°	16	893	整体顶进
7	马家堡	3	8+16.0+8	90°	67.8	2346	三节顶拉
8	京西路1号	2	13.5+13.5	90°	20	580	整体顶进
9	木樨园	4	7.4+13.4+13.4+7.4	40°	16	1118	整体顶进

暂行标准》和《检评细则》统一检查方法并首先对北京市四项工作进行了示范检查。

这次抽查工作特点是:一查数据;二重标准。采用的百分制评分办法。抽查阶段检查了64项工程,其中优良的14项、占总数22%,合格的33项、占51.5%;不合格的17项、占26.5%。其中14项优良工程如下。

1.道路工程6项

长沙市解放路东段沥青路面,

武汉市青年路混凝土路面,

天津市红旗中路沥青路面,

哈尔滨宣化街道路,

南京市水西门沥青路面,

长沙市银线北段沥青路。

2.桥梁工程2项

天津八里台立交桥,

哈尔滨市西大桥。

3.排水工程6项

北京市土城沟至西坝河污水工程,

上海市芙蓉江排水工程,

天津市红旗中路排水工程,

成都市火烧埝排水工程,

广州市司马冲暗渠工程,

兰州市段家滩污水总管。

为了加强市政工程质量监督,全国已有深圳、珠海、秦皇岛、大连、沈阳、哈尔滨、张家口、保定、唐山、上海、天津、沧州等市成立了市政工程质量监督站(有的与建筑行业监督机构在一起)。

深圳市工程质量监督检查站(以下简称监督站)成立于1981年5月,它直属于市政府基建办公室,负责全市市政设施的质量监督和原材料检验工作。它是全国成立最早的市政工程质量监督站。

监督站的组织机构为两级编制,设站长、副站长各一人。站下设四部一室,房建监督部、市政监督部、材料检验部、技术咨询部以及办公室。各部设部长一人,办公室设主任一人,副主任两人。全站共有职工80余人。

监督站成立后的第一项工作就是广泛收集国内外关于工程质量方面的规范、规定、条例和标准,在此基础上结合深圳特区工程的具体情况,相继制定了《工程事故处理条例》、《工程质量管理条例》、《工程质量监督检验站工作条例》、《混凝土桩柱基工程竣工验收条例》、《道路工程质量验收条例》等规定。严格按照这些规章办事,把好三大关:施工组织设计审查关、原材料质量关、隐蔽工程的验收和事故处理关。在监督检验发现质量事故时,监督站及时和建设单位、施工单位共同分析原因。属一般性事故时,以口头或备忘录形式通知建设单位和施工部门进行认真处理；属重大事故时，则立即上报市委进行处理。对于原材料，各施工单位都设有试验室或试验站进行常规试验，监督站进行抽查，并在业务上进行监督和指导。重点工程，则由监督站直接进行检验或委托某个单位代行检验。

监督站经费是采取按建设项目向建设单位收费办法获得，收费额为工程总投资的千分之三。

工程竣工后，从工程款总额中留出2～2.5％转交给市政工程管理部门作为保修费，保修期为一年。凡在此期间，由于施工质量不好，需要修缮甚至返工项目，均在此款项内开支，到期再结算总帐。

监督站自1981年5月建站到1984年5月，三年中先后承担了70项重点建筑工程和重点市政设施、3座重点桥梁和32条主要道路的质量监督任务。这些项目总投资约5亿元，建筑面积100多万平方米。并完成了65000多件(组)水泥、钢筋、砂、石、红砖等原材料及混凝土或混凝土试块、混凝土配合比的检验任务。

11

城 市 建 设 实 录

城市规划

1　首都北京建设新貌。图为东三环路大北窑至京顺路段街景。*1978*年改建完成

4　古城西安新貌。图为改建后的西华门大街

4

1

2

5

3

2　实行对外开放政策后以高速度建起的新城市深圳市区一角

3　西南经济中心城市重庆夜景。长江大桥和嘉陵江大桥如彩带横跨两江之上

5　东南沿海城市福州市五四街鸟瞰

6-1

6-2

合肥市的老区改造，使城市面貌焕然一新。图 6-1、2 为金寨路改造前后景观

8

7

9

7　新疆维吾尔自治区首府乌鲁木齐市市容一瞥

8　新疆石河子市，昔日沙漠地带，建起林木葱茏的新城

9　辽东半岛上的开发城市大连。图为中心广场鸟瞰

12

13

14

10 正在发展兴建中的镍都甘肃省金昌市一角

11 翡翠山城通什市，是海南岛黎族苗族自治州州府所在地。如今已成为五指山下的文化旅游胜地

12 内地小城市在迅速发展图为四川省达县市，人口15.3万人

13 矗立在昆明市中心广场上的工人文化宫

14 贵州省遵义市1986年建成的凤凰山运动场

11

15　河北省北戴河海滨游泳场。图为老虎石景点，背景为外交部休养所

16　合肥市城隍庙商业中心，建筑面积4.9万平方米。以经营百货、小商品为主。图为正门入口

17　天津市食品街夜景。集中开设了各地风味食品商店，为天津市新设的重要商业服务点

18　杭州市为观光西湖风景的中外游客兴建了不少设备齐全、造型优美的宾馆。图为黄龙饭店

19 深圳市香蜜湖度假村，占地2.8平方公里，设有大型歌舞厅、宾馆、酒楼及各种娱乐设施。图为度假村中的西欧式城堡

20 福建省厦门市三丘田旅游码头。由候船室、码头、引桥、露天茶座及园林小品组成。总面积1000平方米，设计新颖别致

21 成都市火车北站前的喷泉

22 宁波市兴宁桥畔的喷泉

23　中国民主革命先行者孙中山先生雕塑像（广州）

24　重庆市烈士陵园雕塑，位于“中美合作所”集中营旧址，高 12 米

25　兰州市位于黄河之滨的“黄河母亲”雕塑

26　银川市的民族团结碑

30　新疆喀什市浩罕乡的阿帕霍加麻札墓，约建于 1873 年

23

24

26

25

30

28

27

29

27 湖北省荆州古城东门城楼现已修葺一新

28 陕西省韩城市焕发新春的古街

29 内蒙古伊盟成吉思汗陵恢复了昔日风采

32 福建省泉州市伊斯兰圣墓

32

31　云南省西双版纳造型精美的曼飞龙笋塔

33　台湾省台南市的开元寺三塔

城市住宅

36-2

35

34 北京市团结湖住宅小区

35 广州市昌乐园居住小区

36-1 河北省唐山市 *1976* 年大地震后新建的住宅群

36-2 唐山地震破坏的住宅

37

39

40

37　成都市青年宫住宅小区。1984年兴建

38　哈尔滨市王兆小区住宅群

39　合肥市西园新村

40　山西省大同市振兴街小区，所建商品住宅实行建、卖、管一条龙的经营方式

41　广州省佛山市1984年竣工的同济路部分住宅楼，为住宅、服务双功能建筑

42　山东省烟台市建于道路边坡的居民区

43　江苏省无锡市支撑体住宅

44　福州市华侨新村

45　西宁市住宅楼，利用日照时间长的自然条件，设置太阳能集热器，为居民提供方便

41

43

38

42

44

45

城市市政工程

城市道路

49

46

51

47

48

雄伟的北京天安门广场

吉林省吉林市桥头广场，中央为直径50米的圆形绿地

湖北省黄石市车站广场

湖南省湘潭市建设广场

北京市西长安街，于1955年拓宽为32～50米，是市区主要干道之一

天津市中环线道路，是新建重点工程，全长34.49公里，路面全宽50米，沿途与14条放射线干道相交

52 兰州市滨河路

53-1 济南市大纬二路，全长1.5公里。原宽11米，为市区南北主干道的蜂腰段。展宽后使两端相接的50米宽道路畅通

53-2 展宽前道路情景

53-2

53-1

50

52

54

55

56

57

54 成都市蜀都大道

55 内蒙古包头市钢铁大街

56 太原市迎泽大街，全长4.2公里，总宽70米，是市区的主轴线。沿街以几个广场为中心形成建筑群，构成层次丰富的街景

57 安徽省淮南市洞山西路是1984年建成的干道，全长3.2公里，总宽60米

58 南宁市江南大道

59 西宁市建国路

60—1 合肥市寿春路全长 2492 米，宽 40 米。1986 年完成中段 2006 米，并已通车

60—2 图为改造前的街景

61 宁波市拓宽后的中山西路

62 西北边陲城市新疆博乐市青格里大街

61

62

-1

60—2

63 上海市金陵路上铺装的彩色人行道

64 北京市首都机场路上的双弧钠灯

65 杭州市的音控广场灯

66 广东省珠海市迎宾路上的华灯

67 广州市区庄立交桥夜景。为国内第一座四层双转盘式立交桥，占地 3.2 公顷。1982 年 12 月动工，1983 年 11 月建成

68 北京市三元立交桥包括立交桥 3 座，栈桥 5 座，各种路面 14.5 万平方米，并有地下人行通道 8 处。1984 年 10 月通车

63

64

65

66

67

70

69　天津市中山门立交桥，由3座主桥、8条匝道及相应道路组成，占地6.8公顷。机动车与非机动车按层次分流。1986年7月建成

70　南京市中央门立交桥，是江苏省目前最大的三层双环立交桥

75　广州市海珠南天桥，是自行车、行人两用天桥，全长45.57米。1985年建成

68

69

72

74

71

73

76

71　重庆市牛角沱立交桥，为西南地区较大的苜蓿叶型互通式全立交桥，4个匝道总长400米，分别围成4座1500平方米的绿岛

72　呼和浩特市呼伦路立交桥

73　上海市西藏路大世界人行过街桥。总长186.4米，1985年2月建成

74　杭州市解放路人行天桥。桥宽4米，总长125.6米，1985年建成

76　重庆市八一隧道，为沟通火车站与牛角沱、江北地区的重要通道，总长568米，净宽11米，净高6.83米。1986年6月建成

城市桥梁

77 兰州市黄河大桥，是全国第一座预应力钢筋混凝土连续箱梁大桥。5跨，共长304米，桥宽21米。1979年9月建成通车

78 广西柳州市柳江大桥，为预应力钢筋混凝土T型刚构桥。全长408.19米，宽20米。位于客斯特地区，桥墩下采用压浆处理。1967年建成

79 桂林市净瓶山漓江大桥，全长302米，宽20米，为5跨预应力钢筋混凝土变高度连续箱梁桥。1983年4月建成

80 福州市预应力钢筋混凝土装配式T型刚构桥，长344.34米，宽18米。1969年6月建成

78

79

80

81

85

82

86

83

87

84

81　广州市广州大桥。
全长988.4米，宽24米
通航净高8.7米。1985
6月建成
82　哈尔滨市松花江大桥
83　广东省韶关市西河大桥
采用预制铰线双向预应
结构。桥长253米，宽
米。1966年5月1日通

89

90

91

84 吉林省通化市玉皇山大桥。主桥长 321.6 米，宽 21 米，两岸引道长 987 米。钢筋混凝土结构。1985 年 6 月建成

85 内蒙古海拉尔市伊盟河大桥

86 新疆库尔勒市孔雀桥，为宽腹矮 T 梁桥。桥长 52 米，宽 20.4 米

87 重庆市嘉陵江大桥。1966 年建成，是重庆最早的大型城市桥梁。正桥长 384 米，宽 21.5 米。上部为钢桁架结构

89 福建省南平市九峰山悬索桥夜景

90 辽宁省丹东市沙河口大桥。长 223.5 米，宽 20.5 米，矢高 26 米。1982 年建成

91 江西省南丰县悬索拉桥

93

88

95

92

96

94

88 上海市泖港斜拉桥。全长360米，主跨200米。1982年6月建成通车，改善了上海地区金山、青浦等县之间的交通

92 天津市海门大桥。长903.7米，净宽18米，开启孔跨度64米，提升高度27米，提升时间130秒。可通行3千吨级船舶

93 南京市铁心桥，为江苏省第一座单跨90米肋拱桥

94 太原市胜利桥，双曲拱结构。1972年建成

95 贵州省都匀市钢筋混凝土桁架拱斜桥。长144米，宽14米。建于1978年

96 山东省曲阜市雪泉桥

89

90

91

84 吉林省通化市玉皇山大桥。主桥长321.6米，宽21米，两岸引道长987米。钢筋混凝土结构。1985年6月建成

85 内蒙古海拉尔市伊盟河大桥

86 新疆库尔勒市孔雀桥，为宽腹矮T梁桥。桥长52米，宽20.4米

87 重庆市嘉陵江大桥。1966年建成，是重庆最早的大型城市桥梁。正桥长384米，宽21.5米。上部为钢桁架结构

89 福建省南平市九峰山悬索桥夜景

90 辽宁省丹东市沙河口大桥。长223.5米，宽20.5米，矢高26米。1982年建成

91 江西省南丰县悬索拉桥

93

88

95

92

96

88 上海市泖港斜拉桥。全长360米，主跨200米。1982年6月建成通车，改善了上海地区金山、青浦等县之间的交通

92 天津市海门大桥。长903.7米，净宽18米，开启孔跨度64米，提升高度27米，提升时间130秒。可通行3千吨级船舶

93 南京市铁心桥，为江苏省第一座单跨90米肋拱桥

94 太原市胜利桥，双曲拱结构。1972年建成

95 贵州省都匀市钢筋混凝土桁架拱斜桥。长144米，宽14米。建于1978年

96 山东省曲阜市雪泉桥

94

城市排水与防洪

97 天津市纪庄子污水处理厂，是目前规模最大、工艺最全的城市污水处理厂。日处理污水26万立方米。1982年开工，1984年投产

98 上海市闵行污水处理厂。日处理污水2.5万立方米。图为抽筒式曝气池、针板沉淀池和污泥消化系统

99 西安市邓家村污水处理厂，已几经扩建。图为1984年建成的二级生化处理的曝气池

100 河北省唐山市西郊污水处理厂。建于1985年。日处理污水3.6万立方米

101 山西省大同市东郊污水处理厂

100

9

101

98

102-1 武汉市黄孝河整治工程。图为宽6.8米、高3米的三孔箱涵

102-2 图为箱涵顶上兴建的宽50米的建设大道

103 上海市南干线污水输水工程，由明渠改为暗渠。图为泵站泵房内景

104 南宁市竹排冲大型防涝泵站

102-1

102-2

103

104

105-1

105-2

108

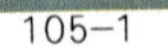

107

106

105-1 沈阳市南运河原为淤积严重的臭水河。1984年整治后建成长14.5公里、底宽14至24米、过水能力为20立方米/秒的河道

105-2 整治前的南运河

106 合肥市南淝河流经市区，沿河洼地常遭浸渍。1984年治理后，新建堤防8公里，排水泵站7座。结合住宅和公园建设，改善了城市景观

107 武汉市现有堤防总长308公里，市区内有189公里，其中35公里为混凝土防水墙。图为汉口滨江公园防水墙

108 湖北省宜昌市围滩防洪护岸工程，长4公里，宽79米。增加了城市用地，改善了港区作业条件

109 陕西省宝鸡市城市防洪堤。建于1986年

110 建设中的湖南省衡阳市防洪堤

111 广西桂林市漓江东岸防护堤

112 贵州省遵义市湘江护岸

111

109

110

112

城市公用设施

城市供水

113-2

113-3

113-4

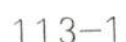

113-1

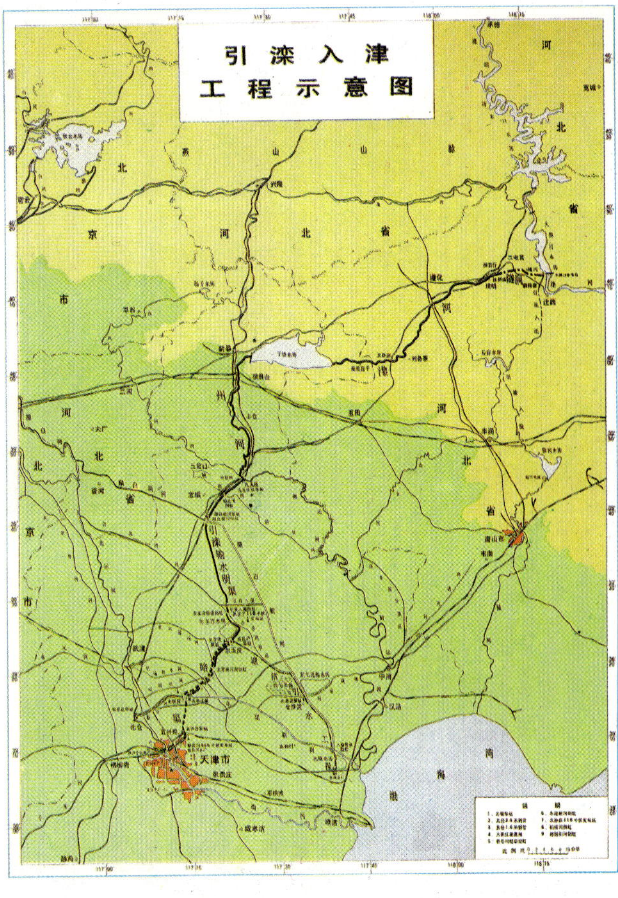

113-5

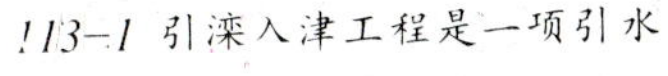

113-1 引滦入津工程是一项引水输水、蓄水、净水、配水完整配套的工程。输水线路长234公里，包括12.39公里长的穿山隧洞，是我国目前规模最大、距离最长的城市引水工程。1982年开工，1983年竣工通水

113-2 引水隧洞

113-3 九王庄渠首闸

113-4 宜兴埠泵站

113-5 大张庄泵站

114　青岛市崂山水厂滤站外景。水源取自崂山水库，规模为7.5万立方米／日。建于1964年

115　吉林省图们市水厂在枫梧水库的取水头

116　河北省邯郸市供水工程。从峰峰羊角铺引水，敷设钢筋混凝土管道40公里。日供水能力19万立方米。1982年建成。图为三堤水厂

117　江苏省常州市长江引水工程

118　上海市长桥水厂。始建于1959年，设计规模为30万吨／日，现已扩大供应能力至110万吨／日，是我国自行设计和施工的最大水厂

119　兰州市第一水厂

120　北京市水源六厂加速澄清池。1964年建成，共4座。单池直径24.8米，日产水量12.8万立方米，是国内最早的规模较大的加速澄清池

121　武汉市余家头水厂。

122　广东省深圳市东湖水厂。原日产水2万吨，分两期扩建，1985年日产水达20万吨

123　南京市城南水厂

114

115

116

118

119

120

121

123

122

124

125

127

128

124 重庆市黄桷渡水厂。位于长江南岸，日供水能力10万吨。1986年7月建成

125 安徽省滁州市水厂气浮滤池，净化取自城西水库的低浊度水。日处理能力3.5万吨

126 湖南省吉首市水厂

127 拉萨市药王山水厂。1965年始建时日产水500吨，几经扩建，日供水能力已达1.5万吨

128 湖北省江陵县水厂。厂区植树、筑亭、环境整洁

126

129 江苏省南通市自来水厂移动罩冲洗滤池，具有施工方便、占地面积小、节能等优点

130 上海石化总厂水厂二期工程。日产水 12 万立方米。1984 年 3 月建成。该厂斜管沉淀池采用虹吸式自动排泥行车

131 北京市田村山净水厂活性炭滤池

132 安徽省芜湖市船上水厂。取水、制水、送水设施均设在船上。船体长 58 米，宽 17.6 米，吃水深 1.9 米。日供水能力 3.5 万吨

130

129

131

132

城市公共交通

133

134

135

138

133 北京市的公共汽车场

134 福建省厦门市公共交通站

135 河北省邯郸市的公共汽车候车亭

136 南宁市为学生开辟的专线公共汽车

138 上海市九江路多层车库综合大楼。楼高10层。车库占7层，建筑面积约6500平方米，坡道8.8度，可停放小客车197辆。1986年2月完工

137(7)

139

140

137 上海市公共交通公司共和新路双层停车库夜景。1986年10月投入使用。建筑面积7814平方米，可停放202辆铰接式公共汽车

139 西安市公共交通第三保养场

140 安徽省淮北市公共汽车自动洗车台。采用微电脑控制，洗水车经处理后循环再用。每车次时间2分钟，耗电1.5度

141 江苏省常州市客车制造厂。始建于1956年。占地16万余平方米。生产客车和城市客车专用底盘

141

142 天津为我国第一个拥有无轨电气交通工具的城市。图为行驶在解放桥上的无轨电车

143 全国城市公共交通系统的劳动模范王桂荣生前所在的北京市*103*路无轨电车车组继续为乘客服务

144 行驶在吉林市街道上的无轨电车

145 青岛市无轨电车回车环

146 河南省洛阳市无轨电车于*1984*年建成通车。图为无轨电车变电站控制台

147 大连市是我国目前三个仍有有轨电车运行的城市之一。图为我国自行设计制造的**DL–621**型铰接式有轨电车

142

143

144

145

146

147

148

149

151

152

150

153

148 北京市地下铁道分担了市内大量地面交通流量。图为东四十条车站

149 北京地下铁道自动调度站

150 武汉市过江轮渡客运繁忙

151 上海市新辟周南线对江客渡工程于1986年9月竣工通航。图为该线南江路轮站大楼

152 重庆市嘉陵江客运索道全长740米，双线往复对开，车厢载客定额为50人。单程运行2分半钟。1982年初投入营运，至1986年已运客1995万人次

153 重庆市凯旋路电梯。总建筑面积3133平方米，高43.5米。日运送1万余人次

城市燃气

154

155

156

158

157

154 上海市浦东煤气厂是我国自行设计和施工的大型城市煤气气源厂。1983年开工兴建。一期工程日产煤气100万立方米

155 北京市煤气厂重油催化裂解制气炉。制气能力为40万立方米／日

156 天津市第一煤气厂。日产煤气28万立方米

157 南京市煤制气厂

158 安徽省马鞍山市1976年底建成利用马钢焦炉余气的城市煤气设施。至1985年，用气居民4.4万户，占市区人口的85%。图为5.4万立方米气柜

159

161

162

163

159 太原市焦化厂煤气厂一角

160 上海市漕宝路储气柜。储气量20万立方米，是国内目前最大的城市煤气柜

161 天津市万家码头液化石油气罐站。设有14个400立方米球罐和2个1000立万米球罐

162 新疆石河子市液化石油气200立方米储罐

163 北京市天然气工程东郊罐站。图为4台从日本引进的5000立方米球罐。1986年9月投入使用

160

165

164

166

167-1

164 房山——北京油气管线工程。*1975* 年建成使用。图为管线穿越永定河的管架桥。全长 *1760* 米，共 *44* 跨

165 湖南省湘潭市煤气管道在敷设中

166 上海市煤气表具厂是我国最早生产煤气表和灶具的专业厂。图为 **JM R3** 型单管 *3* 立方米／小时煤气表装配流水线

167 国内生产的部分燃气用具

167—1 液化石油气钢瓶

167—2 带烤箱的煤气灶

167—3 台式煤气灶

167—4 调压器

167—5 煤气表

168 城市居民在厨房内使用了煤气，改善了生活条件

168

167-2

167-5

167-3

167-4

169

170

172

城市集中供热

169 北京市左家庄供热厂。1983 年开始建设，设计能力为 250 百万千卡／时，供水温度 150℃回水温度 70 ℃，两条 **Dg700** 出厂母管

170 河北省唐山市新区热电厂及供热供汽主干线。19 年投产，装机容量为 7.5 万千瓦除发电外，可向 100 万平方米建供热

171 西藏羊八井地热电厂厂房一角

173

171

174

172 呼和浩特市集中供热管道

173 天津地热工程开钻

174 福州市的地热温室

城市环境

园林绿化

175

176

178

177

179

180

181

175 兰州市中心广场绿化

176 贵州省遵义市中山路绿化

177 陕西省咸阳市人民路绿化。果实累累，结满枝头

178 天建市中环线路旁绿地

179 郑州市金水区文化路街道绿化

180 新疆吐鲁番市是闻名的葡萄产地，用葡萄架绿化人行道，别具特色

181 上海市延安路（中山西路）小游园

184

185

183

182

182 四川省雅安市街头花园

183 河南省洛阳市区街心花园

184 河北省张家口市街头绿化区

185 新疆和田市的街心休憩亭

186 哈尔滨市用五色草栽植的立体花坛，寓意万象更新

187 上海市延吉新村住宅区的绿化布置

188 乌鲁木齐市自治区人大常委会门前绿地

190

189

192

195

194

189 西安市西北工业大学校园绿化

190 河北省北戴河煤炭疗养院庭院绿化

192 合肥市 1983 年建成环城公园，沿城墙旧址和护城河形成 109 公顷绿色环带，中间串连 4 个较大景区。图为浮庄景点一角

193 上海市大观园游览区，地处青浦县境，占地 1350 亩，其中西北部150多亩用传统园林艺术手法建成《红楼梦》描绘的大观园。建筑面积 80 00 多平方米

194 武汉市黄鹤楼公园

195 西安市兴庆宫公园

193

191 四川省西昌市泸山光福寺前的汉柏

196 南宁市中心区朝阳花园

197 四川省万县市西山公园内的五洲池

198 长沙市烈士公园

199 济南市环城公园一角

196

197

191

199

198

200

202

203

201

200 广西省柳州市龙潭公园。规划面积为544·28公顷。湖光山色，富有桂中少数民族地区的特点

201 贵阳市黔灵公园一景

202 庐山牯岭公园曲径。

203 河北省张家口市水母宫公园

204

205

206

207

204 福建省厦门市鼓浪屿菽庄花园。山海掩映，是东南亚闻名的老园，维修后更富诗情画意

205 郑州市邙山黄河游览区的"哺育"雕塑

206 广西梧州市鸳江游廊。1985年建成，长120米

207 甘肃省武威市海藏寺公园入口

208 太原市儿童公园天象厅

209 广州市园林局设计的参加1983年国际园艺展览的"芳华园"，获联邦德国大金奖。图为建造在慕尼黑的该园一角

210 中建园林公司苏州营业部设计和施工的"逸园"，位于加拿大温哥华中山公园内1986年4月建成，占地1300平方米

211 杭州市小瀛洲上的地被植物

208

210

211

209

212 南京市园林药物园。寓药用植物科普教育于园林游赏之中。规划总面积 19.64 公顷，1983 年对外开放。图为巨紫荆幼林

213 杭州植物园。1950 年开始筹建，面积 230 公顷。现已收集 3450 种植物

214 广州市华南植物园热带植物区和温室

215—1 北京动物园海兽馆

215—2 饲养于馆内的海牛

213

212

214

215—1

218

6 北京动物园人工授精繁殖大熊猫试验获得成功。到 1986 年止，已成活 8 只，并对国内外传播了经验

217 重庆市饲养的珍贵动物金丝猴

218 广西梧州市中山公园人工饲养繁殖黑叶猴。1977 年成功以来已成活数十只，并已有第二代仔猴

216

215–2

219

221

220

219 新疆天山之夏

220 位于陕西省境内的华山雄姿

221 安徽省南部的黄山。图为玉屏楼景区。步道蜿蜒于危崖巨石之间

222

223

222 吉林省五大连池风景区的格拉球火山锥

223 辽宁省千山风景区正门

224 昆明石林

224

225 贵州省境内的著名黄果树大瀑布

226 位于四川省南坪县境内的九寨沟，为新开辟的风景区。图为湛蓝宝石般的"海子"之一

227 江西省井冈山景区龙潭第一潭瀑布，高67米

225

227

226

228

230

229

228 浙江省富春江上的严子陵钓台东台风景

229 河北省承德市须弥福寿三庙的山门、碑亭和琉璃牌楼

230 山西省五台山台怀镇的寺庙群

231 山东省境内的泰山一天门

232 四川省乐山大佛

233 山西省恒山悬空寺

234 距海南三亚市市区26公里的"天涯海角"风景点

235 位于河南省洛阳市的我国古代石刻艺术三大瑰宝之一的龙门石窟奉先寺佛像

236 台湾省安平新建的两殿式庙宇

231

232

233

235

234

236

城市环境卫生

237 安徽蚌埠市水冲式公厕

238 青岛市海滨公厕

239 吉林省通化市水冲式公厕。装有取暖设备和水量光电速控机

240 北京市第四清洁车辆场水泥地面18000平方米，为全国环卫系统目前最大的环卫停车场，拥有各种车辆400余辆，并有维修车间

241 我国环境卫生作业机械化程度已有较大幅度提高。图为几种正在使用的设备

241-1 北京市街头的洒水车

241-2 山东省烟台市封闭式垃圾运输车

241-3 武汉市市政机械厂设计的真空吸泥车

241-6 上海市黄浦江中的清扫船

237

238

239

241-6

240

241-1

241-3

241-2

241—4

241—5

243

242

244

241—4 **XC80—1** 型吸尘车

241—5 粪便及污水吸排车

242 天津市采用集装箱运输垃圾。图为垃圾站正将集装箱吊入翻斗汽车准备运出

243 上海市八字桥垃圾中转堆场及处理厂，供闸北区垃圾产量突增时中转用。占地*16.7*亩，有*1*座容量为*300*吨的发酵*1986*年*6*月建成

244 我国环卫职工的社会地位有了很大提高。图为湖南省设立的环卫职工休养所

12

管　理　机　构

国家城市建设管理机构沿革

林　家　宁

随着国民经济的发展和国务院机构的调整，国家城市建设管理机构(包括城市规划和城市建设)经历多次变革，其中又以五十年代变化最大。历史变革情况如下:

1.新中国成立时(1949年10月)，中央财经委员会下设基本建设处，负责全国城市建设工作。

2.1950年内务部设立地政司，主管房地产管理工作。

3.1952年8月，建筑工程部成立。下设城市建设处，负责全国城市建设工作。

4.1953年3月，建筑工程部撤销城市建设处，成立城市建设局。

5.1954年8月，建筑工程部撤销城市建设局，成立城市建设总局。

同年11月，第一届国家建设委员会成立，设城市规划局。

6.1955年4月建筑工程部撤销城市建设总局。

7.1956年5月，国务院撤销国家城市建设总局，成立城市建设部。

8.1956年12月城市服务部设立房地产管理司。

9.1958年2月，国家建设委员会撤销建筑材料工业部，建筑工程部和城市建设部，合并为建筑工程部。城市规划局业务划归建筑工程部。

10.1958年5月，国务院撤销城市建设部后，城市建设业务重新划归建筑工程部(下设有城市建设局)。

11.1958年2月城市服务部合并到商业部，由商业部设立房地产管理局，归口管理房地产工作。

12.1959年10月，建筑工程部城市建设局分为城市规划局和城市建设局两个局。不久，成立国家基本建设委员会，建筑工程部城市规划局划归国家基本建设委员会。

13.1961年1月，国家基本建设委员会撤销。城市规划局改名为城市建设规划局划归国家计划委员会。

14.1961年4月，国家计划委员会城市建设规划局划归国家经济委员会。

15.1962年6月，国务院成立国家房产管理局。

16.1965年3月国家基本建设委员会成立。国家经济委员会城市规划局划归国家建设委员会。

17.1966年5月“文化大革命”开始，国家建设委员会、建筑工程部分别实行军管。

18.1969年5月，建筑工程部城市建设局的大部分人员下放到河南省修武县“五.七”干校。同年10月，国家建设委员会城市规划局的大部分人员下放到江西清江“五·七”干校。

19.1972年12月，国家基本建设委员会设立城市建设局。

20.1979年5月，国家基本建设委员会城市建设局撤销。国务院成立国家城市建设总局。业务由国家建委代管。

21.1982年5月，国家基本建设委员会撤销国家建设委员会、城市建设总局、建筑工程总局、测绘总局、国务院环境保护办公室，合并组建城乡建设环境保护部。

历届建筑工程部、城市建设部、国家城市建设总局、城乡建设环境保护部领导人名单

(1)建筑工程部(1952－1954)
部长:陈正人
副部长:万　里、周荣鑫、宋裕和

(2)建筑工程部(1954－1957)
部长:刘秀峰
副部长:万　里、周荣鑫、宋裕和、杨春茂、潘纪文、许世平

(3)城市建设总局(1955.4－1956.5)
总局长:万　里
副总局长:孙敬文

(4)城市建设部(1956.5－1958.2)
部长:万　里
副部长:孙敬文

(5)建筑工程部(1958.3)
部长:刘秀峰
副部长: 赖际发、宋裕和、孙敬文、杨春茂、陈云涛、潘纪文、许世平、刘裕民

(6)建筑工程部(1964－1965.2)
部长:李人俊
副部长: 赖际发、杨春茂、宋裕和、许世平、陈云涛、刘裕民

(7)建筑工程部(1965－1970)
部长: 刘裕民
副部长: 汪少川、许世平、任朴斋、李景昭、苗树森、何郝炬

(8)国家城市建设总局(1979－1982)
总局长: 邵井蛙
副总局长: 丁　秀、曹洪涛、秦仲方、顾康乐、魏伯、吴力永

(9)城乡建设环境保护部(1982.5)
部长:李锡铭
副部长:谢北一、肖　桐、戴念慈

(10)城乡建设环境保护部(1984.7)
部长:芮杏文
副部长:廉　仲、肖　桐、戴念慈、储传亨

(11)城乡建设环境保护部(1985.11)
部长:叶如棠
副部长:廉　仲、储传亨、周干峙、杨　慎

13

城建系统群众团体

中国城建建材工会全国委员会

中国城建建材工会全国委员会是中华全国总工会领导下的一个产业工会，是城市建设和管理、建筑施工和建筑材料行业职工自愿组成的群众性的政治团体。它的基本任务，是代表和维护本行业职工利益，组织职工参政议政，提高职工队伍素质，保证各个时期城市建设和管理等任务的顺利完成。

一、中国城建建材工会在组织上有鲜明的特点。首先是参加者行业范围广，包括市容园林、环卫、环保、公用、市政、房管、规划、勘测、建筑施工和建筑材料等十个不同行业；其次是职工队伍庞大，大多数行业和人民生活息息相关，是精神文明建设的"窗口"，对促进社会安定和国民经济的发展有着十分重要的作用；第三是多数行业职工的劳动、生活条件比较艰苦，要求改善的呼声较高，工会在这方面肩负的任务较其它行业更为突出。

目前，中国城建建材工会的组织分为四级：全国委员会、省(自治区、直辖市)委员会、市委员会和基层委员会。基层委员会一般设在公司、场(厂)、处一级，下设分会、工会小组。工会小组原则按生产班组建立。基层委员会是城建建材工会组织系统中最活跃的部分，是上级工会组织联系职工群众的桥梁和纽带，是职工利益的直接体现者。因此，基层委员会历来是城建建材工会组织建设的重要环节。

二、中国城建建材工会的前身是中国建筑工会。解放初期，随着我国国民经济的恢复和发展，为加强全国建筑业的工会工作，中华全国总工会于1951年成立了中国建筑工会工作委员会，张进同志任主任；1954年，改为中国建筑工会筹备委员会；1956年6月，在北京召开了中国建筑工会第一次全国代表大会，选举出55名委员，11名候补委员，组成中国建筑工会全国委员会。在全委第一次会议上，选出15名委员组成主席团，张天民同志任主席，张进、程萍、丁克等同志任副主席，主持日常工作。

中国建筑工会五十年代末、七十年代中期，工作完全陷于停顿。1978年恢复了活动。

1986年2月，中华全国总工会决定，将中国建筑工会全国委员会，改名为中国城建建材工会全国委员会，孙中强同志任副主席。

三、城建系统职工的政治素质发生了很大变化。五、六十年代，他们大部分来自农村，多数人饱尝过旧社会的辛酸，在党和政府教育、在雷锋等英雄模范人物的鼓舞下，把平凡的工作与为人民服务融合在一起，表现了崇高的职业道德。北京市崇文区掏粪工人时传祥就是其中杰出的代表。时传祥同条以"宁愿一人脏，换取万家净"的崇高品德，博得了人民尊敬和爱戴，被选为第三届全国人民代表大会代表，参加了群英会，成为全国著名劳动模范，受到毛泽东、周恩来、刘少奇等党和国家领导同志的接见。工人出版社出版了《让无产阶级革命精神代代相传》的小册子，介绍他的事迹。他的事迹还被拍成电影，编成戏剧，在各行各业引起巨大反响。中共十一届三中全会以来，时传祥精神得以发扬光大，在城建职工中，又涌现出王桂荣等新一代先进模范人物。

为继续发扬城建职工为人民服务的好传统，自八十年代初，中国建筑工会把职工队伍的职业道德建设放在重要议事日程。分别于1983年、1984年、

1985年，会同城乡建设环境保护部(简称建设部，下同)与团中央，在全国公交行业开展了优质服务竞赛，市政、公用、园林、环卫等行业也开展了形式多样的劳动竞赛。如天津市有十大窗口优质服务竞赛，北京市有环卫杯竞赛等。1986年，建设部颁布了七个行业的《职业道德准则》，编辑出版了13个行业的职业道德教材。为贯彻这些准则，中国城建建材工会与各地工会组织，采取了许多行之有效的措施。这些活动的开展，对促进全系统职业道德建设，增强企业内部活力，促进社会安定经济发展，做出了很大贡献。

四、城建职工的文化技术素质也发生了很大变化。五十年代，职工中文盲、半文盲占70～80％各级工会组织积极开展扫盲运动，组织职工参加业余学习，努力提高职工的文化水平。近十年来，随着大批知识青年进入职工队伍，城建职工的平均文化水平有了很大提高。而且各地基层组织采取脱产、半脱产或业余学习等方式，分期分批对青工进行共产主义思想教育和文化技术教育。同时，各地还普遍开展了互教互学、岗位练兵、技术比赛、读书演讲、知识竞赛等多样形式的群众自我教育活动。1986年，城建建材工会在山东举办了第一届读书演讲比赛。

五、随着国民经济的发展，城建职工的物质文化生活有了很大改善。经过历次工资改革，绝大多数职工提高了工资收入；特别是实行租赁承包以后，不但有效地提高了企业的两个效益，也增加了职工的实际收入；再加上职工子女就业人数的增多，职工生活水平有了显著的提高。

城建职工的劳动保护和身体健康，得到了党和政府的关怀与重视。很多城市每年定期为环卫、公交、市政、公用、环保等行业职工检查身体，不少城市为环卫工人建立了休假制度，劳动模范和先进人物还能不定期地进行休养和疗养。

城建建材工会拟订了改善公交职工生活劳动条件的"对话提纲"。建设部颁布了《关于城市公交新建站点福利设施的最低标准》和《现有站点福利设施的最低标准》。

中国土木工程学会

中国土木工程学会是全国土木工程科学技术工作者的学术性群众团体，是中国科学技术协会的组成部分。学会以团结广大土木工程科技工作者，面向现代化、面向世界、面向未来，促进土木工程科学技术的繁荣和发展，促进土木工程科学技术的普及和推广，促进科技人才的成长和提高为宗旨，其主要任务是开展国内外学术交流，普及与推广科技知识与先进技术，提供技术咨询与技术服务，开展继续教育与促进教育改革，维护科技工作者的合法权益，举荐人才与表彰奖励优秀科技工作者。

中国土木工程学会成立于1953年，其前身是中国工程师学会。学会拥有一大批从事桥梁、隧道、港工、建筑结构、城市市政建设等土木工程专业的著名专家、教授和科技人员，有会员约五百人。

学会的现任领导机构是第四届理事会，有理事106人。其主要领导成员是：

名誉理事长：茅以升

理事长：李国豪

副理事长：肖桐　张辛泰　子刚

名誉理事：刘恢先　汪胡桢　吴世鹤　张维　赵祖康　徐以枋　顾康乐　黄文熙　陶述曾　陶葆楷

常务理事：子刚　石衡　刘云鹤　刘鹤年　孙更生　许溶烈　何广乾　吴中伟　张纪衡　张哲民　张辛泰　陈守客　陈宗基　陈肇元　李实　李承刚　李国豪　杜拱辰　肖桐　周镜　赵佩钰　高渠清　程庆国　蓝天　蔡维元　叶维钧

学会办事机构挂靠在城乡建设环境保护部，秘书长李承刚，副秘书长杜希斌、汪森华、范立础。

学会直属十个分科学会或专业委员会：

桥梁及结构工程学会
隧道及地下工程学会
土力学及基础工程学会
混凝土及预应力混凝土学会
计算机应用学会
港口工程专业委员会
市政工程专业委员会
给水排水专业委员会
城市公共交通专业委员会
城市煤气专业委员会

在29个省、自治区、直辖市设立有地方组织：土木工程或土木建筑学会。此外，学会还有81个团体会员，它们是具有较大影响和科技实力的企事业单位。

开展国内外学术交流是学会的中心任务。中国土木工程学会学术年会是全国性的大型综合学术会议，自1986年起每两年举办一次。1986年年会以"大城市交通工程建设"为主题，围绕道路交通、城市桥梁、地下结构三个方面进行广泛的学术交流。汇集了有代表性的论文53篇，编成《中国土木工程第三届年会论文集》，供从事城市建设的土木工程科技工作者借鉴和参考。会议还邀请了8个国家和地区的25名专家参加，并做了专题报告。

此外，学会所属的十个分科学会或专业委员会每年还举办各种类型的综合学术会议和专题学术讨论会。其中“桥梁及结构学术年会”、“隧道及地下工程学术讨论会”、“全国土力学及基础工程会议”、“预应力混凝土学术讨论会”、“计算机在土木工程中应用学术会议”、“给水排水学术讨论会”、“城市桥梁学术会议”、“全国海岸及港口工程学术会议”等都为全国系列性学术活动，每二至四年举办一次，吸引着大量土木工程科技工作者参加。

积极推进国际间的学术交往是学会的另一重要活动。1982年以来，学会先后在中国主办了六次国际学术会议:“中美桥梁及结构工程学术讨论会”(1982)、“国际隧道及地下工程学术讨论会”(1984)、“第二届土木工程计算机学术会议”(1985)、“国际体育建筑空间结构学术讨论”等。这些会议有来自世界各国的262名外国专家参加，提供论文197篇；还有我国654名代表走上国际讲坛，发表论文154篇。此外，学会每年还组织派出各科专业代表团到国外考察访问或出席国际会议，推荐科技人员出国进修；接待外国团组来华访问、讲学，为扩大国际交往，增进世界土木工程界的友谊与合作发挥重要的作用。为了扩大中国学术界在国际上的影响，中国土木工程学会已经代表中国学术团体加入了“国际桥梁及结构工程协会”、“国际隧道协会”、“国际土力学及基础工程协会”、“国际预应力协会”和“国际煤气联盟”等五个世界性国际组织，并且中国一些著名土木工程专家担任了这些国际组织的副主席或执委。

《土木工程学报》是学会主办的全国土木工程综合性学术刊物，自1954年创刊以来已出版80期，向国内外发行，全面地介绍了中国土木工程的科技成果。学会各分科学会和专业委员会还出版有《岩土工学报》等七种专业期刊和学术论文集。

中国建筑学会

中国建筑学会是学术性的群众团体，是中国科学技术协会的组成部分。它的基本宗旨是:团结广大建筑科技工作者，开展学术科技活动，为发展建筑技术，繁荣建筑创作，普及建筑知识，促进建筑科技人才成长，贡献力量。

中国建筑学会于1953年10月在北京成立。1955年5月，中国建筑学会加入国际建筑师协会，成为会员国。中国建筑学会每隔四年左右，召开一次全国会员代表大会，选举产生新的理事会。第六届理事会是1983年八月在南京选举产生的，有理事141人，常务理事41人。

中国建筑学会第六届理事会设有四个工作委员会，二十个专业学术委员会(含研究会)。

四个工作委员会是:学术工作委员会；组织工作委员会；普及与教育工作委员会；咨询工作委员会。

二十个专业学术委员会是:建筑创作学术委员会；城市规划学术委员会；城市交通规划学术委员会；村镇建设学术委员会；建筑施工学术委员会；建筑材料学术委员会；建筑物理学术委员会；建筑结构学术委员会；生土建筑研究会；建筑历史及理论学术委员会；建筑统筹管理研究会；建筑经济学术委员会；地基基础学术委员会；园林绿化学术委员会；建筑电气学术委员会；地震工程学术委员会；工程勘察学术委员会；暖通空调学术委员会；建筑热能动力学术委员会；体育建筑学术委员会。以上各学术委员会的委员，由常务理事会聘任。被聘委员多是本专业的知名专家。各专业学术委员会的主任委员、副主任委员及秘书长，在委员会的委员中选举产生。各专业学术委员会委员每届任期三至四年。

中国建筑学会主办的学术科普刊物有:

《建筑学报》(月刊)，创刊于1954年，年发行量100万份左右。

《建筑结构学报》(双月刊)创刊于1980年，年发行量15万余份。

《建筑知识》(双月刊)，创刊于1981年，年发行量80余万份。

中国建筑学会有关专业学术委员会主办的主要学术科技刊物有:

《城市规划》 (双月刊)
《工程勘察》 (双月刊)
《建筑经济》 (月刊)
《村镇建设》 (双月刊)
《中国园林》 (季刊)
《地震工程》 (季刊)
《建筑电气》 (季刊)

目前，在全国除台湾省以外的二十九个省、自治区和直辖市，都建立有省级地方建筑学会或土木建筑学会。中国建筑学会的会员总数近十万人。全国大多数的建筑科研、设计、施工，及有关大专院校都有中国建筑学会的会员及会员组织。

中国建筑学会的第六届理事会理事长是戴念慈，副理事长是阎子祥、许溶烈、王华彬、吴良镛。许溶烈兼任秘书长。副秘书是张祖刚、钟继光、赵晓晨。

1986年中国建筑学会开展的主要学术活动有:

村镇规划与建筑设计学术讨论会。1986年10月在江苏常熟召开。140人参加,交流论文189篇。着重探讨了"村镇规划与乡村经济及社会发展"、"具有中国特色的集镇建设"、"村镇住宅、公共建筑配置及道路规划、给排水"等问题。

深基础工程国际学术交流会。参加会议的有美、英、法、意、日、澳等15个国家和香港地区的代表186人,连同我国代表,共369人。收到学术论文350多篇,从中选出120余篇编入会议录。这次国际学术会议,是由中国建筑学会联合美国深基础工程协会、建设部勘察院和中国土木工程学会等联合召开的。

继续开展"2000年的中国建筑的研究"。提出了城市规划、建筑设计、村镇规划、建筑施工等学科的发展展望。

1986年还举办了"中国加拿大双向卫星建筑工程技术讨论会"。这是在中国首次利用卫星进行学术讨论,具有开创意义。

中国城市科学研究会

中国城市科学研究会是综合研究城市问题的全国性学术团体,是政府部门进行城市开发建设和管理的咨询研究机构,办事机构挂靠城乡建设环境保护部。

1984年1月,中国城市科学研究会在北京召开成立大会,李鹏同志出席大会并作了重要讲话。1985年3月,国家经济体制改革委员会以体改办字[1985]第17号文、中国科学技术协会以[1985]科协发学字089号文正式批复同意成立。

研究会的宗旨是,适应我国经济、社会、科学技术发展的需要,组织和推动各省有关学科的专家、学者和实际工作者对城市进行综合性研究,逐步创建有中国特色的社会主义城市科学体系,为社会主义现代化建设服务。

研究会的主要任务

一、积极开展城市科学的学术活动,研究城市发展的规律、基本原理和重大的方针政策问题。

二、反映国内外城市发展的趋向和问题,组织专题研究,向有关部门提供咨询服务。

三、协调各有关方面的研究活动,制定城市学科建设规划,并积极组织实施。

四、评论和介绍国内外城市科学研究成果,编辑、出版有关的书刊和资料。

五、举办座谈会、讲座(培训班)和学术讨论会;开展学术成果的评议活动;组织参观考察和国际学术交流。

研究会第一届理事会由一百零三名理事组成,其中常务理事三十人。聘请顾问二十四人。

名誉会长: 万　里

顾　　问: 费孝通　韩　光　李　昌　马　洪　于光远　雷洁琼　钱伟长　许涤新　李锡铭　李瑞环　芮杏文　侯仁之　廖季立　童大林　刘开渠　吴大琨　夏书章　赵武成　赵祖康　丁　秀　曹洪涛　戴念慈　邵井蛙　张光斗

理 事 长: 廉　仲

副理事长: 储传亨　刘国光　李宝恒　吴良镛　周永源

秘 书 长: 李梦白

副秘书长: 马熙成　陈为邦　蔡纪良　钮德明

研究会设四个工作委员会和办公室,分管组织、学术、编辑出版、咨询和日常会务工作。

根据学术研究的需要,研究会下设若干专题研究会。已建立的有小城市委员会、历史文化名城研究会、华东城建计划经济研究会。正在筹建的有城建经济研究会等。

为适应改革、开放形势的需要,地方政府在集中力量搞好城市规划、建设和管理工作时,注意把城市科学研究纳入议事日程,实行决策民主化、科学化。各省、市城市科学研究会已有53个。

研究会现有团体会员140个,同时还吸收了一批热心支持和积极参与研究会工作的市长(副市长)作为研究会的市长会员。

研究会成立以来,面向四化建设和城市发展的实际,努力开展学术研究活动。先后与有关单位联合组织召开了:中国城镇化道路问题学术讨论会,大城市人口问题与对策讨论会,全国首届生态科学讨论会,城市基础设施经济问题讨论会,西安、桂林、苏州、杭州四旅游城市市长座谈会,全国智密区问题研讨会,东部沿海城市开发建设讨论会和城市科学理论座谈会等。这些研讨会的成果不仅活跃了学术思想,丰富了城市科学理论,而且为政府部门解决城市实际问题时的决策提供了参考。

地方各级城市科学研究会根据省、市的实际,积极组织本地区城市发展战略研究;举办市、县、镇长研究班,普及城市科学知识,提高城市领导者管理城市的水平和决策能力;接受政府部门的委托,对城市基础设施和重大工程项目的建设方案、城市总体规划的编制和修订等组织咨询论证和可行性研究,收到了较好的效果。

市政工程专业委员会

解放前，就有中国市政工程学会，属于一级学会，学术活动很活跃。解放后，文化大革命前，在中国土木工程学会下设市政工程学术委员会。当时，中国土木工程学会挂靠在国家建委。文化大革命期间，学会改靠在铁道部，但学会活动已经中止。文化大革命后，市政工程学术委员会恢复活动，隶属中国建筑学会。并在1978年12月11日在济南恢复成立，确定了主任委员，副主任委员和委员名单。主任委员顾康乐，副主任委员陶葆楷、过祖源、徐以舫、李国豪、佟泽林、许英年、于麟，委员共64人。

1985年，由于中国土木工程学会挂靠单位由铁道部改为建设部，市政工程学术委员会归属中国土木工程学会。根据学会四届二次常务理事会决定，名称定为市政工程专业委员会。

经参加会议的32名委员：(占全部委员的74.4%)选举产生了新的领导机构：主任委员佟泽林，副主任委员林家宁、林元培、周凤瑛、白政平，秘书长沈波。主任委员、副主任委员和秘书长组成常务委员会。经常务委员会研究决定，成立城市桥梁学术委员会、城市道路与交通工程学术委员会、城市防洪工程学术委员会，作为三级学术组织。

给水排水专业委员会

给水排水专业委员会是全国跨地区、跨部门的给水排水科技工作者的学术性群众团体，是中国土木工程学会下设十个分科学会或专业委员会之一，办事机构挂靠在建设部城市建设管理局。1985年9月27日中国科学技术协会以(1985)科协学发字第067号文批准，于1985年11月在山东省泰安市召开会议正式成立。在会上确定了本专业委员会的宗旨和主要任务；议定了第一届组织机构和委员人选；选举了第一届领导成员。

专业委员会的宗旨是，团结广大给水排水科技工作者，积极组织开展给水排水学术活动，为促进全国给水排水技术进步，为发展全国给水排水事业，实现四化建设作出贡献。

专业委员会的主要任务

一、对党和国家有关的技术政策、发展规划和工程建设、生产管理等提出合理化建议；组织或参加重大工程规划设计的可行性论证和重要技术文件的审查，发挥参谋作用。

二、积极开展学术交流活动，普及给水排水科技知识；传播先进技术、信息和生产管理经验，组织编辑学术书刊和技术情报资料。

三、结合工程建设事业和科学技术发展需要，组织举办各种技术培训和讲座等活动，从而提高给水排水科学技术水平。

四、积极开展国际性学术交流活动，创造条件同国外有关科技团体和工作者，进行学术交流、建立友好的合作关系。一面不断吸取国外先进技术为我国建设事业服务；一面扩大学会对外的影响。

专业委员会第一届委员会由59名委员组成。

主 任 委 员：王业俊
副主任委员：许保玖　高伟烈　宋仁元　王洪铸　王扬祖
秘　书　长：陈培康
副 秘 书 长：钱宝政
技 术 顾 问：顾康乐　陶葆楷　过祖源
名 誉 委 员：杨　钦　许京骐　周嘉民　李远义　蔡钟琦　吴正淮　郑裕铮　曹淼　吴抗勉

下设五个学组(委员会)

给水委员会：第一届，由五十名委员组成。钟淳昌为主任委员，王泰、严熙世、王占生为副主任委员，陈宝书、徐　芳、叶正中为秘书，办事机构常设上海市政工程设计院。下设给水战略对策、轻度污染水源水质净化、高浊度水处理、除铁除锰理论和实践、给水系统优化设计及技术经济、混凝技术、过滤技术、除氟技术、低温低浊及封闭水源净化技术、村镇给水技术等十个研究组。

排水学组(委员会)：第一届由四十一名委员组成。王业俊为主任委员，朱肇源、郝瑞霖、石鑫培为副主任委员，李欣、吉宗毅为秘书。办事机构常设中国市政工程华北设计院。下设污水处理及回用、污泥处理及处置、污水处理技术经济政策、污水排海、污水处理生物除磷脱氮、射流曝气、污水处理小型装置、生物塘及氧化塘污水处理、一级强化法污水处理等九个专题研究会。

建筑给水排水委员会：第一届由四十六名委员组成。应爱珍为主任委员，张国柱、黄大江为副主任委员，姜文源、黄世兴为秘书，并聘请孙培、王继明、何因为名誉委员。办事机构常设上海市民用建筑设计院。下设消防给水、建筑小区给水、气压给水、游泳池、喷泉、高层建筑排水通气、中水道和小型污水处理、生物膜法、闭式热水系统、卤代烷灭火、新产品开发及外资合作工程等十二个研讨会。

结构委员会：第一届由三十四名委员组成。沈世杰为主任委员，杨必宽、宋绍光为副主任委员。办事机构常设北京市市政设计院。下设变形缝构造学术组和电算技术学术组。

机电委员会：第一届由四十八名委员组成。戴克志为主任委员，李金根、李文广为副主任委员，李纾伯为秘书。办事机构常设中国市政工程东北设计院。下分机械和电气二个学术组。

城市煤气学会

城生煤气学会是中国土木工程学会所属分科学会之一，对外名称为"中国城市煤气学会"，于1986年正式加入国际煤气联盟，它是全国城市煤气技术工作者的学术性群众团体，办事机构挂靠建设部城市建设管理局。

城市煤气学会的宗旨是团结广大城市煤气科学技术工作者，发展和提高城市煤气技术水平，为实现城市燃气化，加速城市现代化建设而努力。

学会的主要任务：

开展国内外城市煤气学术交流活动；普及城市煤气科学技术知识，推动和协助有关部门举办各种培训班、讲习班或进修班，提高科学技术人员业务水平；开展城市煤气科学技术咨询服务；积极促进会员提出合理化建议，及时反映会员的意见和呼声。

1979年5月，在大连市成立了第一届委员会，当时归属于中国建筑学会领导，定名为城市煤气学术委员会。在成立大会上，由四十二名委员选举产生了领导成员：游光辉任主任委员，张跃儒、马学亮、王振华、胡济民、唐本善任副主任委员，龚超群委员兼秘书工作。委员会下设燃气气源、燃气输配、燃气应用和液化石油气四个学组。

1980年11月在武汉召开"城市煤气学术委员会第一次学术工作会议"。根据中国建筑学会第五次全国会员代表大会精神，进行了城市煤气化途径及气源、输配、应用的学术交流。

1981年9月，由城市煤气学术委员会负责，以中国建筑学会名义联合中国煤炭、金属、环境科学学会和北京市能源学会在苏州召开了《城市煤气化途径》学术讨论会。

1983年城市煤气学术委员会在长春召开第二次学术工作会议，根据中国建筑学会第十六次常务理事会议精神，产生第三届城市煤气学术委员会，由六十五名委员组成。唐本善当选为主任委员，王振华、马学亮、于麟、马璟、胡济民任副主任委员，王云龙委员兼秘书组组长。会议还对二届委员会工作作了总结；各学组进行了技术交流；赴国外考察单位作了技术考察报告。

1985年城市煤气学术委员会划归中国土木工程学会领导，更名为"城市煤气专业委员会"。

1986年10月，中国土木工程学会城市煤气专业委员会经过多年的努力，经国家外交部、国家科委、中国科协批准，对外以"中国城市煤气学会"名称正式加入"国际煤气联盟"，成为第46个成员组织。并派出以唐本善为团长的代表团，参加了在西班牙巴塞罗那市召开的"国际煤气联盟1986年秋季理事会"。依据理事会章程，报国际煤气联盟秘书处，唐本善、王振华、王云龙为国际煤气联盟理事会理事，杨南星、朱谊章、李猷嘉、姜正候、金志刚、曾享麟为国际煤气联盟委员会成员。

1986年12月城市煤气专业委员会在济南召开了第三次学术工作会议，组成了有六十二名委员的第四届委员会。选举唐本善为主任委员，王振华、于麟、赵涌、周昌熙、刘思诚、刘诚为副主任委员，聘任王云龙为委员会秘书长。下设四个学组，组长、副组长为：

气源学组组长：杨南星　**副组长**：何崇植

输配学组组长：李猷嘉　**副组长**：朱谊章 王民生

应用学组组长：姜正候　副组长：赵金宝、金志刚

液化石油气学组组长：曾享麟　**副组长**：傅祚鹏

这次会议还进行了学术交流，于麟汇报了参加国际煤气联盟的情况。同时根据中国科协三大精神，决定成立城市煤气专业委员会咨询部，确定了有关人选。会后经中国土木工程学会咨询部批准正式成立，由江孝堤负责具体工作，咨询部设在天津。

城市煤气专业委员会集中了全国城市煤气企业，从事城市煤气管理、科研、设计、教学等单位的高级技术人才，是具有一定权威的全国性煤气学术组织，它的主要任务是：

对国家有关煤气的技术政策、发展规划、工程建设、生产管理做好参谋和提出合理化建议工作，及时向有关部门反映城市煤气工作者的意见和建议。组织和推动全国煤气学术活动，交流和推广最新煤气科研成果，加强情报工作；开展国际性城市煤气的学术交流和友好往来，与国外有关团体和工作者建立友好关系；普及城市煤气科技知识，推动和协助有关部门举办各种培训、进修活动，提高科技人员业务水平；开展城市煤气技术咨询活动。

城市煤气专业委员会出版《煤气与热力》刊物。

城市公共交通专业委员会

一、组织关系与基本任务

城市公共交通专业委员会原名学术委员会，成立于1979年，做为一个分科学会归属中国建筑学会，1985年转属中国土木工程学会。它是城市公共交通科学技术研究的群众性学术组织。

1.组织城市公共交通战线的科技人员进行学术交流。

2.开展国际间的城市公共交通学术交流、发展同国外科技团体、科学和技术工作者的友好往来。

3.大力开展科学技术知识的普及和宣传工作，举办为科技工作者的各种事业活动。

4.经常向有关主管部门反映对城市公共交通科技工作的意见和建议。

二、组织形式及领导成员

1979年8月8日，中国建筑学会城市公共交通学术委员会在江西庐山召开成立大会，参加会议共50人。会议推举李伯海为学术委员会主任委员；朱临、劳远盛、张晓岚、郭惠球、江达荣、郑祖武、周家骧为副主任委员；学术委员暂设48人；由姚金龙、左德钫、张林三人组成秘书组，主持日常工作。

1980年10月举行年会，学术委员增聘为94人。1983年10月6日至10日，在西安召开了学术委员会第一届年会。联选李伯海为第二届学术委员会主任委员；推选陶钢仕、蔡君时、余凡平、梁武生、张道襄为副主任委员。会议还决定学术活动以学组活动为主，成立七个学组：城市公共交通规划、运输、结构学组；城市公共交通企业管理和经济政策学组；城市公共汽车学组；城市电气交通学组；城市出租汽车学组；城市轮渡学组；城市客车装配学组。

三、会刊创办概况

1980年3月，创办《城市公共交通》杂志作为城市公共交通学术委员会会刊。编辑部设在重庆市公用局。冯克熙同志为总编辑，钟代明为编辑。刊物经中共重庆市委宣传部以渝委[1980]23号文批准，作为季刊，内部发行。第一届年会改聘胡甫珊为总编辑；并将原《电车简讯》改名为《城市电气交通》作为第二会刊。1983年1月，《城市公共交通》编辑部增编了《供您参考》为不定期附刊。

四、主要学术活动

1980年7月，以中国建筑学会城市公共交通学术委员会的名义，以副主任劳远盛为团长一行十三人对美国进行了友好访问。

1981年8月，全国轻轨交通学术研讨会在长春举行，探讨发展我国城市轻轨交通的可能性和必要性。

1983年1月，在湖南湘潭召开快速有轨电车的技术讨论会，进一步探索和开发这项新技术，讨论了车辆技术的初步方案。

1984年5月22至25日，在安微合肥召开城市公交客流调查学术讨论会，会议总结交流了各地客流调查成果和经验，并指出城市客流调查向更科学化的前景发展。

1984年6月，邀请日本京都大学教授吉川和广在西安讲授“城市综合交通及公共交通系统的研究问题”，并与中国专家进行了座谈。

1985年，公共交通规划学组在上海举办交通干部训练班，由巴西籍华人徐有英博士介绍巴西大区域规划的发展过程，以及综合规划的作用。

1985年，城市电气化交通学组在济南举行微机应用经验交流会，研究了今后开展工作的设想。1986年，又在成都召开学组年会及刊物通讯会议，进一步交流企业改革、管理方面的情况。

1985年，城市公共汽车学组在杭州举行学术讨论会，会议交流论文19篇。

1984年以来，城市轮渡学组为建设部制定了城市轮渡方面8项国家和部级标准、规范。还组织了城市轮渡工作、城市轮渡安全、计划和财务工作、主要经济技术标准、劳动工资和政治思想工作等研究会。

城市规划学术委员会

城市规划学术委员会是中国建筑学会所属的一个成立较早、综合性较强、多学科、多部门组成的专业学术委员会。为适应城市规划学科发展和对外开放的需要，经中国科协批准(1986科协发学字005号文)，在对外进行交流活动中采用“中国城市规划学会”的名义。办事机构挂靠中国城市规划设计研究院。它的主要任务是团结全国城市规划工作者，大力开展城市规划学术活动，推动城市规划设计的深化和改革，促进城市规划学科的发展，为实现四化作出贡献。几年来，积极开展了下列主要工作：

一、开展了多层次、多内容、多形式的学术活动。学会先后召开了“居住区规划”、“南方部分省(区)小城镇规划”、“风景名胜区规划与建设”、“中小历史文化名城保护、规划与建设”、“中国城镇化道路”、“旧城改造规划”、“遥感与计算机技术在城市规划中的应用”等12次全国性的学术讨论会；组织了近二十次的专题学术讨论会；还向政府有关部门提出了很多政策建议。为了发现和培育人才，学会还组织了全国性的“青年城市规划师”征文活动，举办了“青年城市规划学术讨论会”，评选了优秀论文。极大地调动了青年的积极性，促进了青年规划师的成长。

二、组织科研成果评议。学会受建设部科技局、国土局及有关省、市的委托，先后组织了15项科研设计成果的评议工作，如1984年组织评议的《居住区详细规划的研究》、《提高天津市综合客运交通能力的研究》二项成果，已获国家科学技术三等奖。这些工作对于保证成果的推广和应用、培养和发现优秀的科技人才都有很大意义。

三、开展了咨询服务和继续教育工作。利用学会人才荟萃、智力密集等优势，面向社会、地方、基层，提供咨询服务。几年来，先后就《常熟市发展规划方案》、《历史文化风景名胜保护规划问题》、《经济中心的城市规划改革问题》、《沿海十四个开放城市问题》等进行咨询和调研。并与中国城市规划设计研究院和武汉城建学院联合举办了“沿海开放城市规划研究班”和“小城市规划进修班”，培训了一批在职规划人员。

四、出版学刊有：

《城市规划》杂志：双月刊，国内发行17000册，国外发行130余册。

《城市规划杂志通讯》半月刊，国内订户约4000份。

《城市规划》英文版：季刊，是城市规划界唯一的对外“窗口”，已有18个国家和地区近百个订户。

五、积极开展对外学术交流。已与美国、日本、英国、西德等国家和地区的城市规划学术团体和专家学者进行过学术交流，并与香港地区和日本的城市规划专家分别组织了“沿海开放城市规划与发展学术讨论会”和“中日城市问题研讨会”。

城市规划学术委员会由来自全国的城市规划专家、学者、领导干部组成，1978年以来，已经三届：

第一届委员会：1978.8－1981.12委员87人

主任委员：曹洪涛

第二届委员会：1981.12－1985.12委员94人

主任委员：郑孝燮

第三届委员会：1985.12－　　委员101人

名誉委员：39人

主 任 委 员：吴良镛

副主任委员：周干峙(常务)　王　凡

常 务 委 员：王　凡　方咸孚　白明华　刘诗询　吴良镛　吴继武　张绍良　张景沸　周干峙　胡序威　宣祥鎏　夏宗玕　董鉴泓

顾　　问：曹洪涛　任震英　金经昌　侯仁之　宋家泰　程世抚　郑孝燮　陈　衡　周永源　王文克

学会秘书长由夏宗玕兼任；副秘书长洪怡三。

学委会还成立了专题学组：

大城市交通规划学组：1979年3月成立，组长：郑祖武，副组长：周干峙。因成立城市交通规划学术委员会，学组已于1985年12月撤销。

区域规划与城市经济学组：1980年6月成立。组长：宋家泰，副组长：胡序威、郑志霄。

居住区规划学组：1982年4月成立，组长：边鸿谋，副组长：余庆康、周镜江。

风景规划环境学组：1982年5月成立，组长：伦永谦，副组长：朱畅中、齐　康。

历史文化名城规划设计学组：1984年10月成立，组长：安永瑜，副组长：朱自煊、赵士琦。

学会在1984年10月成立了咨询服务部，主任：任震英，副主任：周干峙(常务)、安永瑜、陈　衡、伦永谦、秦志杰、郑志霄、张景沸、夏宗玕

园　林　学　会

园林学会是全国园林风景科学技术工作者的学术性群众团体，是中国建筑学会的一个分科学会，办事机构挂靠建设部城市建设管理局。1982年1月13日，中国建筑学会以(82)建会字第1号文批准，同意由中国建筑学会园林绿化学术委员会改组成中国建筑学会园林学会(对外称中国园林学会)，于1983年11月15日在江苏省南京市召开成立大会。大会通过了学会会章；选举了学会理事会；确定了组织机构和工作任务。

学会的宗旨

团结全国园林科技工作者继承和发扬中国园林的优秀传统，发展和提高园林科学技术和园林艺术水平，促进具有中国特色的园林学科体系的形成，更好地为城市园林绿化和风景名胜区事业服务，以适应社会主义现代化建设的需要。

主要任务

1.开展国内外园林学术交流活动；2.普及园林科学技术知识，提高科技人员业务水平；3.开展园林科学技术咨询服务；4.关心科技人员的政治、工作、学习、研究和生活，及时反映他们的意见和建议。

第一届理事会理事56名。

常务理事 (按姓氏笔划为序):

丁 洪 甘伟林 朱有玠 伦永谦 刘 航 刘竞凯 孙筱祥 李嘉乐 陈威 陈俊愉 吴翼 汪菊渊 杨玉培 胡绪渭 秦仲方 黄树业 程绪珂(女)

理 事 长: 秦仲方

副理事长: 汪菊渊 陈俊愉 程绪珂(女) 甘伟林

秘 书 长: 甘伟林(兼)

副秘书长: 杨雪芝(女)

顾 问(按姓氏笔划为序)

牟 锋(女) 毕庶昌 陈 植 陈从周 陈封 余树勋 余森文 林 西 俞德浚 唐健行 章宋玉 程世抚

1985年7月5日,在贵阳市召开第一届二次理事(扩大)会议。会上增选叶维钧、杨洪敏两名理事,并补选叶维钧为常务理事、副理事长。改选何济钦为学会副秘书长,免去杨雪芝学会副秘书长职务。

下设六个工作委员会及四个专业学术委员会:

组织工作委员会

主任委员: 丁洪;副主任委员:牟锋;委员7名。

科普及教育工作委员会

主任委员: 陈威;副主任委员: 刘竞凯;委员9名。

编辑出版工作委员会

主任委员: 李嘉乐;副主任委员: 余树勋;委员6名。

科学技术咨询工作委员会

主任委员: 甘伟林;副主任委员: 周青龙、郦芷若;委员5名。

国际学术交流工作委员会

主任委员: 陈俊愉;副主任委员: 甘伟林;委员7名。

专业学术工作委员会

主任委员: 汪菊渊;副主任委员: 陈俊愉。

城市园林学术委员会

主任委员: 汪菊渊;副主任委员: 朱有玠、吴翼;委员8名。

园林植物学术委员会

主任委员: 陈俊愉;副主任委员: 严玲璋、张树林;委员12名。

园林经济及管理学术委员会

主任委员: 程绪珂;副主任委员: 杨玉培、王焘;委员8名。

风景名胜学术委员会

主任委员: 伦永谦;副主任委员: 孙筱祥、丁文魁;委员21名。

1985年,开始创办《中国园林》学报,由常务理事会通过了编委会的75名编委,聘余树勋任主编,王秉洛、陈明松为副主编,陈明松兼编辑部副主任。编辑部在园林学会常务理事会和建设部城市建设管理局领导下开展工作。

中国城镇供水协会

中国城镇供水协会是在城乡建设环境保护部指导下,以城镇供水企业为主体,由有关单位自愿参加组成的社会经济团体。该协会于1984年9月1日经建设部批准成立,并以(85)城公字第8号文发出了通知。1985年4月19日在北京召开了成立大会,通过了中国城镇供水协会章程,选举了协会领导机构成员。国家经委于1985年5月以经体[1985]324号文确认了中国城镇供水协会的成立。

协会的宗旨

贯彻党和国家的方针政策,推进行业管理,维护会员合法权益,促进企业之间的横向交流,为供水企业提供多种形式服务,发挥政府主管部门与企业间联系的桥梁与助手作用,反映会员愿望,促进城镇供水事业发展。

协会的主要任务

组织会员学习、贯彻党和国家有关城镇供水、节水的方针政策和法规;调查、搜集全行业基础资料,研究和探讨供水企业共同关心的问题;为政府主管部门制定行业发展规划、计划和有关政策、法规、标准等提供材料和依据,或受政府主管部门委托参与有关工作;对供水企业开展技术、经济咨询服务活动;总结交流和推广城镇供水的经营管理、科学技术以及城镇节约用水等方面的经验;向有关部门推荐优秀科研成果和论文;开展人材培训工作;编辑出版会刊、会报和有关信息资料;受政府主管部门委托,主持或参与重要供水工程的设计方案审查、工程竣工验收以及新技术、新工艺、新产品的鉴定;代表中国城镇供水行业参加有关国际民间组织,并组织交流活动,邀请国外专家来华讲学,选派人员出国考察、进修或讲学。

协会第一届理事会由44名理事组成。第一届理事会第一次会议选举了协会负责人:

名誉理事长: 顾康乐

理 事 长: 储传亨

副理事长: 叶维钧 黄兆金 宁瑞珠(女) 黄仲杰 姚雨田

常 务 理 事: 张大川等17名

秘 书 长: 叶维钧(兼)

副秘书长： 孙文章 王洪铸

秘书处主任： 吴国寿

技术咨询部主任： 宋仁元

副主任： 沈大年 李玉琪

企业管理咨询部主任： 郭得铨

副主任： 邵学烦

节水工作部主任： 刘信昌

副主任： 付成瑞

技术咨询部下先后成立了供水计量仪表专业委员会和供水管道技术专业委员会。

编辑出版部负责出版会刊、会报和有关信息资料。协会会刊是《城镇供水》杂志，编辑部设在北京市自来水公司，于1982年创刊，已出版了23期，每期发行12000余份。协会会报是《城镇供水报》，编辑部设在重庆市自来水公司，于1985年创刊，发行18000余份。另外，节水工作办公室还编辑出版了《节水通讯》，编辑部设于青岛市节约用水办公室。发行20000余份。

到1986年底为止，协会已发展了团体会员(城镇自来水公司)1559个。23个省、自治区和直辖市成立了省级分会。

已成立的协会各工作部先后开展了多种活动。秘书处组织编印了1985年《城镇供水统计资料》(城市部份)；技术咨询部组织召开了"城镇供水信息交流会"、"净水设备技术改造"、"管道维护与修理"、"水厂自动化及方向"等专题讨论会，征集了论文149篇；企业管理咨询部先后召开了"现代化管理研讨会"、"供水企业社会效益座谈会"；节水工作部协助有关部门草拟了《城市节约用水奖励暂行办法》，经建设部、国家经委和财政部修改后正式颁发。这些活动促进了供水企业间的交流，推进了我国城镇供水事业的发展。

中国城市出租汽车协会

中国城市出租汽车协会，于1985年12月30日经国家经委经体(1985)816号文批准。1986年12月2日在北京召开成立大会。

中国城市出租汽车协会，是在城乡建设环境保护部指导下，由城市出租汽车企业自愿组成的社会经济组织。

宗旨和任务

坚持四项基本原则。贯彻国家有关出租汽车的方针政策，团结广大出租汽车经营者，推进行业管理，加强企业之间的横向联系，为出租汽车企业提供多种形式的服务，并在政府部门和企业之间起桥梁和纽带作用，反映企业的愿望，传达政府的政策意图，促进我国城市出租汽车事业的发展。

中国城市出租汽车协会，在全国28个省市范围内，有99家出租汽车企业为团体会员，并与300多家出租汽车经营单位建立了信息交流联系。经选举产生的第一届理事会，有理事86名，其中有出租汽车企业领导人56名，有关政府主管部门的领导人30名。第一届理事会选举37名理事为常务理事。

中国城市出租汽车协会第一届理事会领导成员，顾问及其办事机构负责人是：

理 事 长： 储传亨

副理事长： 于 麟 张天忠 王海青 孙健行 董庆瑞 张民宪 刘中庆

顾　　问： 何光昞 叶维钧 孙靖韬 黄纪诚 张世绩

秘 书 长： 于 麟(兼)

副秘书长： 陈西园 刘汉鑫 张奎福 何凡

协会办公室设在北京，主任李兆祥；企业管理咨询部设在上海，负责人顾国中；技术咨询部设在天津，负责人马光亭；配件服务部设在北京，负责人陈西园(兼)，杜景明；信息编辑部设在北京，负责人李兆祥(兼)。

由于各位副理事长的工作单位分散在全国各地，为了加强对协会日常工作的领导，经第一次常务理事会讨论决定，由孙健行副理事长负责协会日常领导工作。

中国城市出租汽车，在开放、改革和多家经营的政策指引下，自1984年以来经历了一个迅猛发展的过程。由于地方政府对出租汽车行业的重视，加强了行业管理，目前已逐步走向持续稳定的发展阶段。据初步统计，在全国365个城市中，已有171个城市兴办了出租汽车。经营出租汽车的企业和单位有1844家，另有个体经营者13680户。全行业拥有大、中、小型运营车75392辆。拥有千辆以上出租汽车的城市有：北京、上海、广州、哈尔滨、沈阳、大连、西安、南京、杭州、武汉、深圳、珠海、重庆、桂林等14个。现在，出租汽车已成为城市公共交通的重要组成部分。作为一个窗口行业，它对贯彻改革、开放方针，促进城乡经济交流，发展旅游事业和方便市民生活方面，所起的作用越来越大。为适应形势发展的需要，拥有较多出租汽车的大城市，已先后组建或正在筹建地方出租汽车协会。地方出租汽车协会在当地政府领导下开展工作。

中国动物园协会

为适应全国动物园事业及珍稀野生动物保护工作的蓬勃发展，促进和繁荣全国的野生动物驯养、繁殖、兽医等学术交流，根据全国动物园工作者的要求，经国家经济委员会批准，1985年10月25日在北京正式成立“中国动物园协会”。大会通过了中国动物园协会章程；确定了协会的宗旨和主要任务，确定了组织机构。协会办事机构挂靠城乡建设环境保护部。

中国动物园协会是全国各动物园、动物园工作者以及热心于动物园事业的社会群众团体。

协会宗旨

团结全国动物园(包括设有展区的公园)、动物园工作者，组织协调有关动物园间的活动；推动中国动物园事业的发展，为保护和合理利用动物资源及促进两个文明建设作贡献。

协会的主要任务

1.组织动物园开展科学普及教育、珍稀野生动物的繁育研究、野生动物科学的学术交流和饲养繁殖人员的技术培训。

2.开展有关动物园发展、规划、管理等业务的咨询工作；组织开展交流动物园管理和改革方面的经验，探讨动物园的发展战略；协助主管部门制定行业发展方针、规划。

3.积极发展与国外动物园协会的联系，开展同国外动物园之间的技术合作和交流活动；通过动物交换，丰富动物园展出动物的种类、减少动物近亲繁殖机会；在不影响珍稀野生动物的繁殖计划条件下，积极举办珍稀野生动物的展览。为保护和繁育珍稀野生动物募捐。

4.编辑出版各类动物情报资料及书刊；开展动物园基础材料的调查、搜集和整理工作；办好《中国动物园年刊》

协会第一届理事84名，第一次理事会选出常务理事33名：

协会顾问： 郑作新　朱　靖　安　民

会　　长： 储传亨

副 会 长： 甘伟林　谢文清　汪　松　李扬文

秘 书 长： 李扬文(兼)

副秘书长： 陈克立　顾文仪　杨雪芝　吕向东　仇秉兴

常务理事会根据会章决定在北京设立秘书处办公室、组织委员会、科学技术委员会。秘书处办公室主任李长德；副主任郑淑玲、仇秉兴(兼)、陈克立(兼)。

中国房地产业协会

中国房地产业协会是经国家经济委员会批准成立的社会经济团体，是由全国主要城市中房地产业的骨干企事业单位和部门自愿组成的行业组织。1985年9月21日在山东烟台市召开第一次会员代表大会正式成立。办事机构挂靠城乡建设环境保护部。

协会的宗旨

为房地产业服务，维护其合法权益；依据国家的方针政策，推动全行业的改革和发展，提高经济效益和社会效益，充分发挥房地产业在城市建设和国民经济中应有的作用，为加速社会主义现代化建设服务。

协会的任务

在企业和政府之间起好桥梁和纽带作用，及时反映企业的愿望和要求；传达政府的政策意图，协助政府搞好行业管理。参与政策研究，提出行业发展规划和有关经济、技术政策的建议；推动企业之间横向联合；组织人才培训、技术交流、物资协作；提供国内外行业信息和咨询服务；促进与国外同行及有关民间组织的交往与合作；开展有益于本行业的活动；承办政府部门或其他团体委托代办的事项等。

中国房协成立初期，由于少数地方成立了协会，直接吸收大、中城市中从事房地产开发和经营的主要企事业单位和部门以及地方协会为会员。这些企事业单位、部门开发和经营的房地产在当地都占主要份额。目前，中国房协直接联系的会员单位有287家(其中企事业单位257家，地方地区房协30家)。随着地方协会和专业委员会组建数量日益增多，为了更好地团结全行业，并为全行业服务，中国房协准备过渡为联合会体制，即中国房协成为各地方地区协会和各专业委员会的联合组织，承认他们按照章程发展的会员即为中国房协的会员。这样将使中国房协的会员单位大大增加，更有利于全行业的团结和联系。

本协会第一届理事会由67名理事组成。

理 事 长： 肖　桐

常务副理事长： 刘　挥

副理事长： 刘让腾　李　信　陈林　曹健华　蒋如高

秘 书 长： 刘挥(兼)

副秘书长: 韩立栋

顾　　问: 马　洪　马　宾　王光英　刘靖基　陆　禹　张百发　储传亨

秘书处由办公室、调查研究部、经营领导部、信息咨询部、培训部组成。

协会下设7个专业委员会和物资协作服务部、中国房地产业者之家。

1.修建施工专业委员会；

2.经营管理专业委员会；

3.房屋装饰专业委员会；

4.集体合作企业专业委员会；

5.城市开发专业委员会(筹)；

6.古建筑专业委员会(筹)；

7.企业自管房地产专业委会(筹)；

8.物资协作服务部。

会员单位联合集资兴办的"中国房地产业者之家",有50亩地的庭院和5000平方米旅馆设施，为协会提供会议服务，为会员单位的职工提供旅游，同时也向社会其他行业开放。

中国城市住宅问题研究会

中国城市住宅问题研究会，1983年12月成立于北京。它是从事综合研究城市住宅问题和房地产经济的群众性学术团体。其宗旨是对中国城市住宅问题进行多学科的综合研究，特别是决策研究。研究城市住宅和房地产业的基本理论、方针政策和改革问题；探索城市住房发展和房地产业在国民经济和社会发展中的地位、作用及其发展规律，为解决城镇居民住房问题，提高房地产业的经济效益、社会效益和环境效益，加速社会主义建设服务。

1986年9月研究会第二届会员代表大会选举产生的第二届理事会，由66名理事组成。

理 事 长: 陆　禹

副理事长: 刘　挥　苏　星　张开济　张中俊　朱　毅　康天锦

秘 书 长: 顾云昌

顾　　问: 费孝通　于光远　储传亨　戴念慈

研究会办事机构挂靠城乡建设环境保护部。

研究会现有团体会员210多个，其中有省、市住宅问题或房地产经济研究会，城市房地产管理部门和经营单位，还有一部分从事住房研究的科研部门和高等院校的系、室。研究会下设住宅社会学、住宅建设、房地产经济三个学术委员会。

中国城市住宅问题研究会城立以来，开展了下列工作：

一、广泛进行学术交流，推动住宅理论研究。先后在北京、屯溪、大同、兰州、福州、湘潭等市召开的年会大型研讨会，以及学术委员会组织的小型研讨会，对住宅的商品属性，房租改革、住宅商品化、住房制度改革等理论问题进行研讨，同时对城市土地和房地产经济理论的若干问题开展讨论，奠定了我国住宅和房地产的理论基础。

二、动员社会力量，综合研究住宅问题。研究会的会员单位和理事中，许多富有实践经验和理论基础，其中既有从事住宅建设和管理的实际工作者，又有经济学、社会学、建筑学等方面的理论工作者。从理论与实践、宏观与微观、经济与技术、自然科学与社会科学的结合上，综合研究住宅问题，已先后提出:"为本世纪末实现城镇居住小康水平而奋斗","亟待改革现行城镇住宅经济体制"和"抓紧研制和完善住宅技术政策"等建议。有的建议和对策意见，已写人国家有关文件，有的被主管部门采纳，有的已在影响着实际工作。

三、论证住房制度改革方案，积极提出建议。研究会先后对房租改革由"暗贴"变为"明贴"、"新房新租，老房超标加租"，以及"增资提租"等方案开展论证，提出意见和建议。1986年年会后，提出了《关于住房制度改革若干问题的建议》。

全国城市房地产业职业教育委员会

全国城市房地产业职业教育委员会(简称全国房教委)成立于1983年7月。原名"全国城市房产住宅职业教育中心",1985年改为现在的名称。全国房教委是在城乡建设环境保护部房地产业管理局领导下，由全国各省、市、自治区的房地产业系统的教育部门和职工教育学校组织起来的横向联系民间组织。是进行组织协调、互通信息、交流经验的教育网络。

全国房教委的宗旨

以提高房地产业职工队伍的素质为目的，促进房地产业职业教育的发展，组织起来办学，为振兴房地产业，加速培养房地产业所需要的各类专业人才。

全国房教委的任务

一、负责组织、协调、指导全国城市房地产业的职业教育，并提供服务。

二、负责组织、协调、指导各类学校的教学、培训和专业设置工作，重点协调中、高等专业人才和房地产业专业师资的培训工作。

三、逐步开展职业教育理论与实践问题的研究，探索职业教育的规律，为实现职业教育的制度化、正规化提供理论依据和实践经验。

全国房教委的主任委员单位是建设部房地产业管理局，副主任委员单位是上海市房管局。

1986年已有4所职工大学，20所职工中专学校和5所普通中专，为房地产业系统培养了287名大专毕业生和3325名中专毕业生；举办了各种业务培训班数百期，培训了10000多人次；还组织编写了10多种大、中专专业教材，培训了161名专业教师，为房地产业的振兴和发展，输送了人才，作出了贡献。

全国城市住宅设计研究网

全国城市住宅设计研究网成立于1982年8月，是城市建设环境保护部房地产业管理局所属群众性学术团体之一。

全国城市住宅设计研究网的宗旨是促进城市住宅设计的发展，努力提高住宅设计水平，为居民创造良好的居住环境。任务是宣传、贯彻党和政府在住宅建设方面的方针、政策；研究、交流、总结、推广科技成果、优秀设计。

全国城市住宅设计研究网现有成员单位62个，分布在全国26个省、市的大中城市。几年间开展了一系列研究活动。1983年4月，设计网首届年会上侧重讨论了城市住宅面积标准失控的趋势。建议国家核定住宅面积标准。这一情况由新华社迅速反映到国务院，受到赵紫阳、万里同志的重视，并做了重要批示。同年12月国务院颁发了193号文件《关于严格控制城镇住宅面积标准的规定》。1984年9月，在设计网第二届年会上，进一步论证了我国住宅设计应以中、小型为主的观点，戴念慈副部长到会作了报告。这一观点得到中央领导肯定，赵紫阳总理作了批示。1986年11月，设计网第三届年会着重研究了“七五”计划期间提高住宅居住功能质量，促进居住生活环境优化的问题。为今后指导住宅设计提供了依据。设计网还进行了大量的学术活动。举办了两期住宅设计研究班；出版了《住宅设计参考图集》；参加了《住宅建筑设计规范》的修订工作；承担了国家优质工程奖住宅项目的初审等工作。

全国城市住宅设计研究网1986年2月在广州成立理事会，实行理事会领导责任制。理事会成员有：

名誉理事长：戴念慈
理　事　长：朱　毅
副 理 事 长：张庆仲　白时庆　王环生　付连云　索奎炎　窦以德
秘　书　长：张庆仲
副 秘 书 长：钱卫中　王庭琪

14

城建人物　先进代表

已故城市建设领导人

陈正人(1907－1972年)

中央人民政府建筑工程部第一任部长。男，汉族，江西省遂川县人。1925年加入社会主义青年团，同年转为中国共产党党员。1927年9月与曾天宇等同志组织发动著名的"万安暴动"，担任游击队党代表，在遂川、万安一带坚持战斗。当1927年11月毛泽东同志率领秋收起义部队攻克遂川后，任遂川县委书记。1928年1月，随毛泽东同志上井岗山。之后，历任中共湘赣边界特委副书记、安福中心县委书记、苏区江西省委书记、陕甘宁边区中央局(后改为西北局)常务、组织部长、东北民主联军总政治部主任、吉辽省委(后改为吉林省委)书记兼军区政委等职。新中国建立后，任江西省委书记兼军区政委、建筑工程部部长兼党组书记、中央农村工作部副部长、农业机械部部长等职。陈正人同志还是中共八届候补中央委员。

陈正人同志1952年11月至1954年任建筑工程部部长期间，针对当时存在的问题，和大家共同商讨发展建筑业的根本大计和解决问题的办法。1953年8月他亲自起草给中央政治局的一个书面报告《关于目前工作情况和今后的任务》，提出了整顿发展建筑业的四项任务。中共中央批准了这个报告，并以党中央名义作出《中共中央关于建筑工程部工作的决定》，明确了建筑工程的基本任务和队伍建设的方针。之后，他根据中央的决定进行了繁重的组建工作，为建筑工程部进行了奠基性的工作。

刘秀峰　(1908－1971年)

建筑工程部第二任部长。男，汉族，河北省完县人。中国共产党八大代表、二届全国人大代表、二届全国政协委员。1925年加入中国共产主义青年团，1926年转为中国共产党党员。曾任中共保定市委职工委员会书记、保定特委宣传部长、代理书记等职。抗日战争时期，任平汉线省委组织部长、晋察冀区党委宣传部长、民运部长等职，为创建晋察冀抗日根据地做出了出色贡献。1940年后，他作为延安中央党务研究室主要负责人之一，协助王若飞同志为党中央研究制定敌后抗日根据地建党、建政、发动群众等重大方针政策。解放战争时期，任张家口市委书记兼卫戍司令部政委、冀中区党委副书记兼军区副政委、石家庄市委书记、市长

等职，为贯彻执行党的工商业政策、依靠工人阶级，发展生产，为管理城市、建设城市做了大量工作。新中国建立后，任天津市委副书记兼副市长，中共中央华北局组织部长、副书记兼工业部长，华北行政委员会第一副主席，为发展华北地区的国民经济、工农业生产，促进城乡交流做出了成绩。1954年调任中央人民政府建筑工程部部长、党组书记，直到1964年。

刘秀峰同志是新中国建筑业的主要创业者，对建筑业的发展有着重要的贡献。他领导建立了一支具有一定政治素质和技术水平、能适应大规模建设需要的勘察设计和建筑安装队伍。同时，建立了一批包括生产和生活设施的建筑基地和一批建筑工程专业大专院校，培养造就了大批干部。他积极进行建筑业的全面建设和技术改造，在城市规划、城市建设和发展建筑材料方面做了大量工作，他重视发挥知识分子的作用，热情团结科技人才和专家、学者，并十分注意研究新情况、新问题，重视我国建筑科学技术事业的发展和建筑风格的研究。

刘秀峰同志为中华民族的解放事业，为社会主义建设事业献出了毕生的精力。为人民做出了重大贡献。

1964年，他在“四清运动”中受到错误的处理，在“文化大革命”中又受到迫害，于1971年含冤逝世。粉碎“四人帮”后，党中央予以平反昭雪。

刘裕民(1915－1970年)

建筑工程部第四任部长。男，汉族，山西省太原市人。1934年加入中国共产党，1935年10月被国民党逮捕，在狱中同敌人进行了坚决的斗争。抗日战争时期，历任夏县县长，太岳三军分区政治部主任、太岳行署副主任等职。新中国建立后，历任福建省实业厅厅长、福建省财委副书记、中共福建省省委委员，建筑工程部直属工程公司经理、部长助理、副部长、部长等职。

他在1953年至1955年担任建筑工程部直属工程公司经理期间，组织了长春第一汽车制造厂的建设工作。通过建厂实践，系统地总结了进行大规模工业建设的经验，使长春第一汽车厂工地成为全国建筑业练兵和培养干部的大学校，先后为各地培养和输送了两千多名干部。他从1955年起，用了很长的时间致力于行业建设工作，对建筑业的企业管理、技术装备、资金利用、预算定额、设备折旧等问题，进行了深入的调查研究，并撰写成几万字的文章、文件和报告，对提高建筑业的经营管理水平，起了重要作用。

他重视发展新技术，主张以社会化大生产的方式改造行业的生产技术体系，向科学技术要速度、质量和经济效益。他对建筑业贯彻“调整、巩固、充实、提高的方针和组织力量进行三线建设，作出了重要贡献。

他在“文化大革命”中受到诬陷和迫害，1970年7月9日含冤逝世。粉碎“四人帮”后，党中央为他平反昭雪。

许世平　(1916－1978年)

男，汉族，河北省曲阳县人。1932年加入中国共产党。抗日战争期间，曾任曲阳县青救会主任，中共曲阳县委委员、宣传部长，晋察冀边区北岳区党委委员，青年抗日先峰队总队长，北岳区人民武装委员会常委，延安评剧院负责人。解放战争时期，历任晋察冀边区青委书记、青联主任、华北局青委副书记、青年团华北委员会副书记。全国解放后，曾任政协第一届全国委员会委员，青年团中央书记处书记，青农部长，青年团华北委员会书记，华北行政委员会党组成员，华北行政委员会建筑工程局局长，中央建筑工程部副部长、党组成员。后又任国务院知青领导小组副组长、国务院知青办公室主任、党组书记、国家劳动总局副总局长，党组书记。

他从1954年担任华北建筑工程局局长到担任建筑工程部副部长，从事建筑业领导工作二十多年，为国家建设事业特别是城市建设付出了巨大的心血，做出了显著的成绩。在长期负责建筑工程部的人事和机关党委工作中，对干部队伍和党的组织建设作出了重要贡献。

在“文化大革命”中，他长期受迫害，身心受到摧残。1978年5月，他担任国家劳动总局副总局长，主管知识青年上山下乡办公室工作期间，抱病坚持繁重工作，1978年12月31日心脏病突发逝世。

谢北一　(1920－1982年)

男，汉族，河南孟县人。1937年在陕西云阳镇参加抗日救亡运动，1938年加入中国共产党。抗日战争期间，任延安中央党校马列主义研究室、延安高级党校研究室教员，为培养党的干部付出了巨大心血。解放战

争时期，任太岳四地委秘书长，孟县孟东指挥部政委，县委委员兼区委书记。全国解放后，任河南省委城市工作委员会委员，中南财委、中南工业部综合处处长、计划处处长，中南机械局局长，第一机械工业部计划司长，国务院三办综合组组长，国家经委委员兼机械局局长，物资总局副总局长，物资部副部长，国家建委副主任兼北京市委常委、副市长，国家成套总局局长，国家外资管理委员会副主任。1982年5月任城乡建设环境保护部副部长、党组副书记。他还是1956年中共八大候补代表和1969年中共九大代表。

他长期致力于建设事业的领导工作，思想解放，业务谙练，工作深入，处事果断。他曾参与三线建设及许多重大项目的组织领导工作为我国的社会主义建设事业作出了积极贡献。

谢北一同志在担任城乡建设环境保护部副部长期间，虽然患有心肌梗塞病，为了开拓城乡建设事业的新局面，仍不辞辛劳，忘我工作。1982年10月9日，在紧张工作过程中心脏病复发，在办公室猝然逝世。

先进代表

建筑工程部、城市建设部先进生产者代表会议部分代表名单

(1956年5月)

城市建设部

一、北京市

*郑淑文 *宋 宽 *程永祥 何梦林 郁维礼 *冯殿璞 刘有忠 顾俊卿 曲德善 *胡跃林 *周嘉生 *刘振久 *于春和 业玉生 丁庆云 肖宝善 周恩忠 许新民 *刘俊海 *夏锡生 *张百发 *崔发兴 *李宗舜 *王连山 *孟宪章 *句文奎

二、上海市

邓宝生 许鸿根 凌毛毛 梁殿生 *金阿六 *滕生楼 *顾田生 *马长根 *范连奎

三、天津市

杨 正 李霖滋 *傅鸿宾 *张克明 候庆云 *孙宝宽 *李培和 *姚得丰

四、河北省

朱根林 王玉明 王山子 钱麟书 *张进才 *佟硕勋 *高家宗 刘振兴 *董秀才 *郝三庆 *于成文 *候国勋

五、山西省

姜连德 张延成 *方奎光 赵灵芝 *王 勇 *胡德宽 *黄宝山 常宏宾

六、甘肃省

业银龙 赵大保 *刘古罴 *平阿进 *郑世基 *丁得忠 黄森富

七、青海省

崔延庆 罗阿桂 *沈兴顺 *王国镇 王 琦

八、新疆省

*樊生荣 *沙尔汉沙以提 *曹跃逢 杜世敏 徐鹤生

九、内蒙古

刘秀珍 *秦凤和 *张玉轩 张凤岐 傅增华 *李文久

十、黑龙江省

崔学举 孟宪保 张文霞 刘长瑞 *宋洪财 *王贵安 *魏长轩 *杜兴业 高志馨 姚瑞凯

十一、辽宁省

何玉安 于秀兰 马端仕 关家武 *王贵常 *白长顺 *陶仁贵 *许东旭 *亢惠仁 *邱宝田 *张云卿 张宪武 郭 平 *潘家骥 *苏宝成 *于志杰 *刘述芝 *顾金有

十二、吉林省

沈昭芳 阎 奎 *辛成兴 相喜发 *郭恩吉 *吕凤桐 *蔡万植 罗 仁 李奎成 李景福

十三、山东省

赵洪恩 王景义 刘金奎 张耀庭 *王吉芳 *蒋维屏 *张庆福 *宫 班 *刘康莱

十四、江苏省

陈顺生 殷洪春 殷根发 韩士铭 *王金贤

---

① 注：有 * 者为出席全国先进生产者代表会议代表。

*陈建云 *季长根 *秦铁欧 *张荣泉 *虞茂永 *许小金

十五.安徽省

孙芝水 茅学芝 温宗溪 *刘庆有 *王才聚 *陈家赞 *马德保

十六、浙江省

陈池婻 赵兴荣 杨小林 *方沛然 *吴子荣 *楼子良 *浦阿六

十七、福建省

李可瑞 郑显妹 柯国镂 *张维开 *陈 送 *陈振辉 *陈金水

十八、陕西省西安市

*李鸿安 *张敏才 *李帅财 呼家宝 王太昌 吴鸿儒 *杨渭川

十九、河南省

*李荣有 *何力干 *江贵田 *阎庆祥 唐连明 史桃红 刘文章 *董立泰

二十、湖南省

张健坤 李富荣 王庆和 马国强 *杨伯诚 *刘正良 *周述之 *段吉元 *刘伦幼

二十一、湖北省

邹一心 李厚植 蔡松山 陈达元 *龙文忠 *常逢时 *陈启富 *郭耀祖 *孔祥发 *孙小元

二十二、江西省

罗金苟 游玉明 *夏水根 *宫明忠 *章柄营 *陶绪勋

二十三、四川省

*王桂森 *吴德荣 *吴世民 *沈听涛 *陈友绂 *邹树清 *杨占云 *冯学明 *林瑞庭 *杨长诗 *李荣华

二十四、云南省

*施蔡其 *张达三 李金全 杨 佐

二十五、贵州省

李 生 罗金平 冯 灿 *颜昌政 *谢远达 *周良炳

二十六、广东省

阮文斐 李有道 杨 芬 李伟斌 *刘福如 *伍 冕 *刘映芝 *韩南星 *郑荣富 *梁其森 *朱梅芳

二十七、广西省

黎 林 俞阿毛 *唐逢仲 *廖共登 *陈英甫

二十八、城市建设部直属勘察设计单位

蒋嘉云 李志敏 刘文斋 张承佑 *张墨林 *唐本善 *张世泽 *刘印秋 *孙明成 *曹宏炤 *王 凡 杨宽麟 过祖源 陈嘉猷 纪汉光

全国群英大会建筑系统先进经验交流会部分代表名单

(1959年)

勘察设计

周礼痒 徐永基 林达之 袁绍楚 周述之 田士毅 刘裕度(集体) 陆肇赣 潘家多 张 浩(集体) 赵冬日(集体) 高树仁

市政建设

平国玺(集体) 姚风山 甄占奇(集体) 马德芝(集体) 马振宗 程宪臣 白忠玉 石傅祥 李巨贤(集体) 李瑞弟 张连喜 袁秉康 贺阿槐 沈贤林 朱关弟 陈志良(集体) 周妙福 张泉宝(集体) 王其贵(集体) 王文彬(集体) 纪正智(集体) 王光义(集体) 李孟祥 李文儒 石凤霞 隋 俊 王兴柱(集体) 崔居贤 边履正 樊绪明 张洪荣 苑秀兰 李自德(集体) 罗文玉(集体) 廖启发(集体) 朱子安 周玉林 赵 才(集体) 张子良(集体) 张淑明 赵永昌(集体) 呷松曲贞 彭厚芝 李维凤(集体) 白宝琴(集体) 孙 环吕 福(集体) 齐子元(集体) 姜丕珍 王怀德(集体) 罗汉臣 朱 才

全国先进施工企业、先进集体、先进个人代表大会先进单位名单

(1982年10月)

全国先进施工企业

北京市第六建筑工程公司
北京市第三市政工程公司
天津市第二建筑工程公司
河北省邯郸市建工局第二建筑工程公司
内蒙古自治区通辽市第一建筑工程公司
辽宁省大连第一建筑工程公司
辽宁省沈阳市第三建筑工程公司
黑龙江省佳木斯市第一建筑工程公司
上海市第一建筑工程公司
浙江省第一建筑工程公司
安徽省芜湖市第一建筑工程公司
山东省济南市第四建筑工程公司
山东省诸城县建筑公司
湖北省建工局第二建筑工程公司
广东省中山县石岐建筑工程公司
四川省第六建筑工程公司
云南省公路局第一工程处
云南省第九建筑工程公司
甘肃省建工局第七工程公司
甘肃省兰州化学工业公司化工建设公司
青海省第一建筑工程公司
新疆维吾尔自治区第一建筑工程公司
冶金部第二十冶金建设公司金属结构安装工程公司
煤炭部四川煤炭基建公司第九工程处
石油部第四工程公司
石油部大庆石油管理局油建公司
化工部第十二化工建设公司
水利电力部第八工程局
水利电力部山东省电力建设第一工程处
铁道部第三工程局第六工程处
基建工程兵第六十一支队
基建工程兵第三十六支队三五二团

全国施工企业先进集体

天津市第三建筑工程公司王玉林抹灰组
天津市第二建筑工程公司二工区
河北省煤炭建设第四工程处四〇五掘进队
山西省第一建筑工程公司综合加工厂
辽宁省大连第二建筑工程公司四工区
吉林省吉林市第一住宅建设公司一处三八抹灰班
黑龙江省第四建筑工程公司第一工程处
上海市房管局房屋修建公司七队新疆路工地青年队
江苏省南京市第一建筑工程公司一〇三处一队
江苏省泰兴县建筑公司南京工程处
浙江省宁波市第一建筑工程公司混凝土预制厂
江西省煤矿建设公司第一工程队一〇一队
江西省第一建筑工程公司二工区第五施工队
福建省闽江水力发电工程局水力发电安装公司
山东省烟台地区建筑工程公司混凝土构件厂
河南省第二建筑工程公司机械化工程处汽车队
河南省螺河市东风建筑公司
湖北省第一冶金建设公司筑炉公司二队
湖南省第六建筑工程公司第一工程处
广东省输变电工程公司送电一工区
广西壮族自治区第五建筑工程公司第二工程处
四川省商业建筑安装公司安装队
四川省重庆市第二建筑公司二〇二工区青年突击队
贵州省遵义市建筑公司第三工程队
陕西省第八建筑工程公司第二施工队
甘肃省建工局第六工程公司第四施工队
新疆维吾尔自治区第一建筑工程公司一工区
冶金部华北冶金矿山建设公司马万水工程队
冶金部第五冶金建设公司三公司第一工程队
煤炭部淮北煤炭指挥部三十工程处猛虎掘进队
煤炭部建安公司六十八工程处炊事班
水利电力部第六工程局一工区
水利电力部三三〇工程局砂石厂
林业部牡丹江林业工程公司第二工程处汽车队
铁道部大桥工程局一处一队第二分队
邮电部第三工程公司第二工程队
核工业部二四公司第一工程处
基建工程兵二十一支队二〇三团九连。

先进施工企业代表

北京市

北京市第一建筑工程公司

北京市第二住宅建筑工程公司

天津市

天津市第一市政工程公司

天津市房管局构件厂

河北省

河北省第四建筑工程公司

邢台市第一工程公司

山西省

山西省第四建筑工程公司

阳泉市机电安装公司

内蒙古自治区

内蒙古第三建筑工程公司

辽宁省

本溪市市政工程公司

沈阳市新城子区建筑公司

吉林省

吉林化学工业公司建筑公司

吉林省第一建筑公司

上海市

上海市第五建筑工程公司

浙江省

浙江省诸暨县第一建筑工程公司

安徽省

安徽省东至县建筑工程公司

福建省

福建省长汀县第一建筑工程公司

江西省

宜春地区建筑工程公司

山东省

烟台市市政工程处

河南省

河南省第五建筑工程公司

湖北省

湖北省孝感县建筑工程公司

湖南省

湖南省沅江县建筑公司

广东省

茂名市第二建筑工程公司

广州市第二建筑工程公司

广西壮族自治区

广西第一安装工程公司

广西贵县建筑公司

四川省

成都市第一建筑工程公司

四川石油管理局油气田建设工程公司

贵州省

安顺市建筑联社

云南省

云南省第八建筑工程公司

陕西省

宝鸡市住宅建筑工程公司

宁夏回族自治区

宁夏第一建筑工程公司

新疆维吾尔自治区

新疆工业设备安装公司

冶金部

第三冶金建设公司第二建筑工程公司

第十九冶金建设公司上海分公司指挥部特种工程处

第十五冶金建设公司三公司

煤炭部

邯邢煤炭指挥部三十一工程处

化工部

第三化工建设公司

水电部

吉林省送变电工程公司

上海电力安装第二工程公司

铁道部

电化工程局一处第一工程段

建设部

中国建筑一局第二工程公司

基建工程兵

基建工程兵第二支队十六团

基建工程兵第八〇一团

铁道兵

铁道兵九师四十一团

铁道兵十一师五十四团

先进集体代表

北京市

北京市第一市政工程公司二工区第三施工队

北京市第三住宅建筑公司一处一队乔文根木工班

北京市第三建筑工程公司张德禄抹灰班

天津市

天津市建筑构件公司构件二厂混凝土二组

天津市第六建筑工程公司三工区杨津来瓦工组

天津市第一建筑工程公司一工区炊事班

河北省

石家庄市第一建筑公司张三妮瓦工组

张家口市第二建筑公司吴世昌抹灰组

保定市第一建筑公司赵大乱瓦工班

山西省

山西省第二建筑工程公司第六施工队

晋中地区建筑公司第一施工队

内蒙古自治区

内蒙邮电工程公司机械安装队

内蒙煤炭基建公司筑路工程队大雁工区

辽宁省

朝阳建筑工程公司第一分公司

沈阳市第一住宅建设公司第二工程队

沈阳市煤气公司管线所八班

黑龙江省

齐齐哈尔市第一建筑工程公司第一施工队

哈尔滨市排水处道外管修所

上海市

上海市第六住宅建设工程公司六〇一工程队

上海市工业设备安装公司通风工程队

上海市城建局物资采运供应站材料加工一队

江苏省

徐州市市政养护处维修二队下水道四班

徐州市古典园林建筑公司常州文笔塔修塔木工组

常州市建工局第三工程处三〇一瓦工班

浙江省

水利厅水电工程局第二工程处

安徽省

安徽省第一建筑工程公司二工区韦朝泉瓦工班

合肥市建工局第三工程处第一施工队

福建省

福建省第五建筑工程公司福州工程处

福建省煤炭工业基本建设公司第一工程处

山东省

济南市房管局历下分局泉南房管站二段

泰安地区建筑公司直属队

河南省

河南平顶山矿务局建井一处四队二分队

湖北省

武汉市第二住宅修建公司第一施工队

广东省

广东省第四建筑工程公司四〇一施工队

四川省

四川省第一机械化施工公司修配厂

四川省第一安装公司一处

重庆市工业设备安装公司第四安装队

渡口市建设局建筑研究所

四川省威远县建筑公司三八作业班

贵州省

毕节地区建筑公司第二工程队

云南省

德宏傣族景颇族自治州建筑公司二队

陕西省

西安市第一建筑工程公司一工区二队瓦工一班

甘肃省

甘肃省建工局第一工程公司一〇一工程处

甘肃省煤炭第二工程处土建队

青海省

青海省第三建筑工程公司二处三队

新疆维吾尔自治区

新疆冶金建设公司二工区

乌鲁木齐市住宅建设公司一工区二队女子抹灰二班

冶金部

第十七冶金建设公司二公司第二工程队

第六冶金建设公司一公司一队

煤炭部

淮南指挥部九十六工程处九六一一队

四川煤矿基建公司第九工程处掘进一队

邯邢煤炭指挥部第三十一工程处四队

石油部

长庆油田油建指挥部器材供应站

化工部

化工部第十一化工建设公司安装二队

水电部

水力电力部第十三工程局第五工程队

林业部

福建林业工程公司安装队

建设部

中国建筑五局四公司第三工程队

中国建筑六局二公司二处第五工程队

中国建筑三局一公司第三工程处

铁道部

第三工程局六处三段第二工程队

呼和浩特铁路局工程处二段三队

吉林铁路局工程处四段一队

第四工程局六处一段第三工程队

第二工程局深圳二总队第一工程队

交通部

上海航道局航扬二〇二轮

电子工业部

机电设备安装公司七四二厂指挥部

航天工业部

赵二虎抹灰班

基建工程兵

基建工程兵四十三支队四二四团一连

基建工程兵九支队五十一团九连

铁道兵

铁道兵十师四十九团十一连

铁道兵八师三十七团八连

1983年经济效益显著的企业名单

(城乡建设环境保护部1984年8月15日通报)

一、 建筑企业

天津市第二建筑公司
天津市第三建筑公司
辽宁省朝阳地区第二建筑公司
黑龙江省机械施工公司
黑龙江省安装公司
佳木斯市第一建筑公司
上海市第一建筑公司
上海市第五建筑公司
上海市第一住宅公司
上海市第六住宅公司
南京市第三建筑公司
福建省第七建筑公司
河南省第五建筑公司
河南省第六建筑公司
湖南省第五建筑公司
广西自治区第一建筑公司
四川省第十二建筑公司
重庆市第一建筑公司
贵州市第四建筑公司
甘肃省第七建筑公司
天津市第六建筑公司
天津市机电设备安装公司
河北省邯郸市第二建筑公司
山西省机械施工公司
青海省第一建筑公司

二、 市政企业

天津市第一市政工程公司
辽宁省本溪市政工程公司
沈阳市政工程公司
哈尔滨市第一市政工程公司
齐齐哈尔市第一市政工程公司
重庆市桥梁工程公司

三、 工业企业

天津电梯厂
四平客车装配厂
哈尔滨公共交通客车厂
上海客车厂
华东建筑机械厂
广州客车厂
贵阳矿山机器厂

全国城市环境卫生、园林绿化先进集体、先进个人代表大会代表名单

(1983年3月)

先进集体

北京市园林局颐和园管理处
天津市河西区环卫局粪便处置场
河北省秦皇岛市海港城肥管理所
河北省秦皇岛市园林管理处汤河苗圃
山西省临汾市绿化队
内蒙古自治区呼和浩特市玉泉区环境卫生管理所
辽宁省营口市环境卫生管理处清扫一队女青年五班
辽宁省大连市西岗区环境卫生管理队
辽宁省鞍山市千山风景名胜区管理处
吉林省四平市环境卫生管理处粪肥公司
黑龙江省哈尔滨市环境卫生管理局1005包车组
黑龙江省哈尔滨市园林处兆麟公园
上海市杨浦区园林管理所绿地组
江苏省苏州市环境卫生管理处
江苏省南京市中山陵园管理处
安徽省芜湖市园林处神山苗圃
福建省福州市园林处动物园
山东省青岛市四方区环境卫生管理站
河南省焦作市环境卫生管理处
河南省洛阳市园林处第一苗圃
湖北省沙市市环境卫生管理所
湖北省黄石市园林处苗圃
湖南省长沙市园林局苗圃
广东省新会县会城镇园林管理处
广西壮族自治区合浦县廉州镇环卫站

广西壮族自治区南宁市园林局绿化工程队
四川省自贡市环境卫生管理处
陕西省西安市环境卫生管理局环卫三站和平路清扫班
陕西省西安市园林局丈八沟苗圃
宁夏回族自治区银川市园林管理局绿化队三小队
青海省西宁市城西区环境卫生管理所小桥清扫组
新疆维吾尔自治区乌鲁木齐市园林处种苗场

劳动模范

王大明　丘　盛　王文华(女)　胡占恒　肖远威
崔　跃　叶家良　李悦莲(女)　刘笃刚　张振盘
刘书发　李振业　许润英(女)　钟寿禄　董　华
赵　全　李守环　孟继臻　刘玉增　王希国
邵　有　吉桂兰(女)　吴秋华(女)　辛衍山
杨福全　王永久　马秀英(女)　徐素珍
于学珍(女)　王泰山　包慈华((女)　葛以涛
翟伟良　孙觉民　陆明扬　柯爱苏(女)
金阿英(女)　杨希聪(女)　王克林　李光荣
梁国民　于凤芹(女)　郑友昌　孙振河
高书奎　周国章　武慧贞　苏传发　李国平　王振凤(女)　许广汉　卢锦培　罗细妹(女)
李丽勤(女)　黄涤忠　余德芳(女)　高素芳(女)
曾志祥　杜荣华(女)　施田旺　费长清　刘松德
柳素莲(女)　王兆明　方　兰(女)　任学勤(女)
刘德宁　卡的•托乎提(维族)　加央卓玛(女,藏族)

先进集体代表

北京市

北京市环境卫生管理局第一清洁车辆场
北京市朝阳区绿化队
北京市园林局绿化处绿化三大队
北京动物园

天津市

天津'市河东区大王庄环境卫生队
天津市塘沽区解放路扫道班
天津市园林管理局绿化工程处刘园苗圃
天津市红桥区园林队

河北省

山西省

山西省太原市环境卫生局卫生二队十九号车组

内蒙古自治区

内蒙古自治区呼和浩特市绿化工程队
内蒙古自治区包头市园林管理处第一苗圃

辽宁省

辽宁省沈阳市皇姑区环境卫生管理局
辽宁省大连市园林管理处中山园林管理所中山广场管理班
辽宁省本溪市园林管理处牛心台苗圃

吉林省

吉林省通化市环境卫生管理处汽车队
吉林省吉林市昌邑区新地号街城市管理所
吉林省长春市园林管理处第一苗圃

黑龙江省

黑龙江省齐齐哈尔市环卫处劳卫路清扫小组
黑龙江省佳木斯市园林处

上海市

上海市长宁区环境卫生管理所二分所延安西路清道组
上海市虹口区环境卫生管理所二分所泾东清洁班
上海市水上清洁管理站外港分站十四号清洁工作船
上海市动物园病房组
上海市园林局行道树养护队八小队

江苏省

江苏省扬州市环境卫生管理处东关管理所垃圾清运班
江苏省南京市白下区环境卫生管理所
江苏省苏州市园林管理局留园
江苏省无锡市园林管理局梅园

浙江省

浙江省宁波市环境卫生管理处江东环卫所
杭州市园林局城区管理处柳浪闻莺公园生产班

安徽省

安徽省马鞍山市环境卫生管理处

江西省

江西省赣州市环境卫生管理处
江西省南昌市园林管理处花圃菊花组

山东省

山东省威海市环境卫生管理处
山东省济南市甸柳庄肥料场二队七班
山东省烟台市园林处上曲家苗圃

河南省

河南省洛阳市老城区环卫站西南隅垃圾收运组
河南省三门峡市环境卫生队
河南省三门峡市绿化队

湖北省

湖北省武汉市种苗场

湖南省

广东省

广东省梅州市中区城建环卫所
广东省茂名市环境卫生管理处
广东省广州市环境卫生管理局卫生处理厂
广东省乐昌县坪石镇金鸡岭风景区管理处
广东省韶关市园林处南园饭店

广西壮族自治区

广西壮族自治区桂林市黑山苗圃

广西壮族自治区桂林市七星岩公园

四川省

四川省重庆市北碚区环境卫生管理所

四川省重庆市市中区绿化队

四川省成都市动物园

云南省

云南省昆明市五华大观街清洁小组

云南省昆明市绿化工程队

贵州省

贵州省贵阳市云岩清洁管理站李素珍小组

贵州省贵阳市花溪风景区绿化指挥部

陕西省

陕西省汉中市城市环境卫生管理处

甘肃省

甘肃省泾川县城建局市容环卫组

甘肃省兰州市红古苗圃

宁夏回族自治区

宁夏回族自治区石嘴山市石炭井区城建局环卫站

青海省

青海省西宁市小桥苗圃

新疆维吾尔自治区

新疆维吾尔自治区乌鲁木齐市环境卫生管理处清运二队翻斗车组

西藏自治区

先　进　个　人　代　表

北京市

田进昌　白文和　刘秀晨　许贵德　张待起　赵庆堂　于文明　张富友

天津市

张凤祥　郭奎柱　刘彦斌　周殿英(女)

河北省

靳　尚　康社英(女)　张凤树　顾　宽　李治森　王传根　夏书环(女)

山西省

杨崇禧　邝银林　刘春喜

内蒙古自治区

张新玉(女)　王瑞芳(女)　孙成发

辽宁省

王玉英(女)　邱玉容(女)　张连阁　梁素珍(女)　孙国江　孔昭苓(女)　刘兴云(女)

吉林省

方贵明　周芳林　方晏泉

黑龙江省

王成海　刘长林　李世琪(女)　梁成德　赵文田

上海市

李惠国　王成喜　孙叶华　刘古杭　纪冬香(女)　陈德林　秦承森

江苏省

刘福来　傅国珍(女)　邵荷香(女)　李广财　李松明　成洛书

浙江省

萧镇发　陈金洪　陈启华

安徽省

韩桂兰(女)　王志华(女)　钟　鼎

福建省

郭幼　(女)　李美英(女)　杨美凤(女)　黄传御

江西省

危连花(女)　刘泉生

山东省

李寿德　刘延年　尚太英(女)　孟庆任

河南省

张发合　付洛生　郭长安

湖北省

江兴凤(女)　彭华长(女)　赵永兰(女)　丁一都

湖南省

刘德胜　郭连生　贺国华　罗铁林　左书礼

广东省

许金兰(女)　陈春海　麦秀英(女)　陈　仓　李茂钦

广西壮族自治区

卢云仙(女)　梁桂珍(女)　黄兴雅　高汉群(女)

四川省

侯再银　普忠文　吴绍勇　罗步力

云南省

徐明志　张翠华(女)　张惠英(女)

贵州省

熊光泽　何德生(女)

陕西省

黄　敖　康秀兰(女)　张学斌

甘肃省

何生德

宁夏回族自治区

任玉忠

青海省

嘎　哆(女，藏族)　宋德英(女)

新疆维吾尔自治区

依达依提拉•艾买提(维族)　早尔东•努尔(维族)　王效英(女)

西藏自治区

金珠美朵(女，藏族)　郭光亮

特　邀　代　表

北京市

时纯利　梁永基　马连科　叶掬群(女)

天津市

王辅成　高国华

河北省

廖玉梅(女)　严荣纲

山西省

郭愈贤

内蒙古自治区

荫　禾　王　璲

辽宁省

郭继贤

吉林省

谢成元

黑龙江省

刘汉忠　过元炯(女)

上海市

叶传泽

江苏省

朱锦源　陈铁训

浙江省

汪阿羊　章绍尧　孙鸿垣

安徽省

玄悦民

福建省

郑潮瑜　叶芳兴

江西省

王其祥

山东省

袁成鑫(女)　王凤亭　邓　清

河南省

时彩云　陈玉环

湖北省

王德跃　黄昌武　余纲威

湖南省

付选成　许素珍(女)

广东省

朱江涛

广西壮族自治区

吴鸿玲

四川省

苏家和　吴　湖

贵州省

王治国

云南省

夏泉生

陕西省

张锦秋(女)　赵焕卿

甘肃省

杜家选(女)

宁夏回族自治区

马仲毅

青海省

刘映才

新疆维吾尔自治区

马金芳(女,回族)

全国公共交通系统先进企业、先进集体、劳动模范表彰大会代表名单

(1985年12月)

先　进　企　业

天津市公共汽车公司
内蒙古自治区包头市公共汽车公司
辽宁省丹东市公共汽车公司
黑龙江省鸡西市公共汽车公司
浙江省杭州市公共交通公司
安徽省蚌埠市公共交通公司
福建省厦门市轮渡公司
山东省青岛市公共交通公司
湖北省黄石市公共汽车公司
陕西省西安市公共交通公司

先　进　集　体

北京市公共汽车一公司五场三十五车队
北京市公共汽车二公司三场一路车队3682车组
北京市地下铁道公司古城车辆段运用车间405车组
天津市公共汽车公司三厂八路车队
河北省石家庄市公共汽车公司一队188车组
山西省太原市公共交通公司电车场五路队036车组

内蒙古自治区包头市公共汽车公司四车队
辽宁省本溪市公共汽车公司211车组
辽宁省沈阳市电车公司5912车组
吉林省长春市电车公司三队087车组
黑龙江省哈尔滨市公共汽车公司一厂二线
上海市公共交通公司第二分公司六十六路车队F－19车组(早班)
上海市公共交通公司第三分公司二车间西区技工小组
江苏省南京市公共交通公司汽车二场二路线
浙江省杭州市公共交通公司汽车一场四车队1111车组
安徽省芜湖市公共汽车公司行车六队334车组
福建省福州市公共交通公司265车组
江西省南昌市公共交通公司一车队二路
山东省青岛市公司交通公司汽车三场　六路队
河南省郑州市公共交通公司　汽车一队
湖北省武汉市公共汽车公司四场　四十三路
湖南省株洲市公共汽车公司　五路队
广东省广州市电车公司一车队五路　61车组
广西壮族自治区梧州市公共汽车公司　"共青团一号"车组
四川省自贡市公共汽车公司一总站　一路队
贵州省贵阳市公共汽车公司一场　五路
云南省昆明市公共汽车公司东站五队385车组
陕西省西安市公共交通公司汽车一场　十路
甘肃省兰州市公共交通公司三车场四车队3－102车组
新疆维吾尔自治区乌鲁木齐市公共汽车公司一场一队　一路

劳动模范

北京市

杨本莉　张俊芝　李鹏云　王桂荣　任玉琢　司长生　付连芳　尹玉芝

天津市

常　翔　许凤琴　王淑敏

河北省

宋光明　赵中朝

山西省

李淑惠　褚莲英

内蒙古自治区

李　华

辽宁省

邓凤兰(满族)　付吉春　王振宝　吴玉芝　任亚静

吉林省

姜桂凤　朴连玉(朝鲜族)

黑龙江省

鞠春华　周荣富　周　华

上海市

蒋以敏　孙淳雄　潘炜忠　姚廷富　付俊伟

江苏省

沈伟民　余朝荣　罗秉忠

浙江省

陈跃华　戴定梅

安徽省

朱兴福　王永胜

福建省

陈　旭

江西省

代小全

山东省

王福红　段连青

河南省

付美荣　王素芳

湖北省

李望英　詹　雄　亢正华

湖南省

李娟玲　刘亚平

广东省

区邦平　邵焕媛　潘永海　林青桐

广西壮族自治区

芦惠群　覃佩芳

四川省

李　艳　杨胜玉　李跃夫

贵州省

刘素琼

云南省

杨琼芬　马应辉(回族)

西藏自治区

普布次仁(藏族)

陕西省

秦宝英　马赛英(回族)　李　苗

甘肃省

吕玉凤

青海省

任立芹

宁夏回族自治区

王玉密

新疆维吾尔自治区

王作华　包合力其(维吾尔族)

15

国际合作与交流

·城　市　规　划

党的十一届三中全会以来，随着改革与开放政策的贯彻实施，城市规划方面的对外交流与合作活动十分活跃。

根据中国城市规划工作的实际需要，通过文化与科技合作协定，我国曾先后派团对英国、荷兰、联邦德国、澳大利亚、日本、比利时、匈牙利进行了综合考察，对美国、加拿大、意大利进行了古城保护专题考察。接待了美国、英国、巴基斯坦、朝鲜等国的城市规划考察团组和来自美国、意大利、加拿大、波兰等各国的专家、教授多人。通过互访和考察，在加深了解的基础上与一些国家有关部门建立了联系，有的还签定了合作意向书和合作协定。

在一些国际组织和有关国家的邀请安排下，我国派员出席了：灾害对城市的影响；发展中国家小城镇城乡结合；非正式经济成分对小城市发展影响；空间规划——促进中小城市发展；土地整备；文物保护规划；遥感技术应用等国际会议并发表了工作报告或论文，介绍了中国在这些方面的做法、经验与研究成果，其中不少获得好评，尤其在日本举办的“文化遗产保护与城市建设开发的协调”国际讨论会上，中国代表的发言引起了较大反响。这对促进国际社会对我国的了解起了很好的作用。

在国际合作方面，我国曾参加过几项国际合作科研活动。如联合国开发署组织的《中小城市在国家发展中的作用》的研究，美国东西方中心与中国科学技术促进发展研究中心组织的《中国城市化道路》的合作研究等等。

此外，曾邀请荷兰籍专家孟大强先生、美籍教授彭佐治先生来华短期工作，对湖北襄樊、隋州和广东东莞编制了总体规划设想方案。北京、上海、广州、武汉、深圳、厦门、青海等省、市也邀请了法国、联邦德国、澳大利亚、新加坡等国家的专家进行了包括规划设计、咨询、可行性研究等内容的短期工作。我国也曾应有关国际组织及国家的邀请派城市规划人员到澳大利亚、葡萄牙等国进行短期工作。通过合作设计及工作，使我们对一些国家的城市规划指导思想编制方法，及技术手段有了一些较深入的了解。

此外，波兰科学院院士萨伦巴教授自1984年以来三次访问中国，进行讲学和咨询工作，对中国城市规划工作提出了中肯的批评和建议。他的这些意见和建议引起了我国领导人和城市规划界的广泛重视。他的一些建议已被采纳。同时，建设部组织了以沿海开放城市为主的全国各地城市规划部门的技术负责人和高级技术人员参加的在山东烟台和广东珠海举办的两期“区域与城市规划讲习班”、由波兰教授萨伦巴主讲。

我们还接待了联合国人类居住中心培训部主任对中国进行的城市规划人材培养方面的专题考察。他考察了几所主要院校及部分城市的规划工作部门，就此发表了考察报告，向联合国开发署，人居中心及中国有关部门提出了在城市规划人材培训方面的建议和具体办法。几年来，我国还派遣人员参加了一些国际组织和国家举办的城市与区域规划、交通规划、城市信息系统、大城市项目、住宅项目等内容的研究生班、培训班、研讨班。一些大专院校还在城市规划方面与一些国家交换访问学者、派遣了留学生。

在国际援助方面，曾应有关国家政府的邀请派遣了城市规划专家工作组到坦桑尼亚、阿尔及利亚等国进行了技术援助和承包规划设计任务。他们的工作得到了这些国家政府的高度评价，坦桑尼亚副总统还曾专门接见了在坦的专家工作组，在称赞他们工作的同时，提出希望今后继续派中国的城市规划专家帮助工作。这些工作提高了中国城市规划工作在发展中国家的地位和影响。

• 房地产住宅建设

进入八十年代以来，随着对外开放政策的进一步贯彻执行，中国的房地产、住宅建设的国际合作与国际交流活动日益扩大。

一、国际组织活动

1983年，建设部派代表出席了亚太经社、工业、技术、人类住区和环境组织在曼谷举行的第七次委员会会议。这次会议讨论了亚太地区发展中国家城市的住房问题，中国代表在大会上宣读了介绍中国住房发展和建设成就的报告。

从1980年起，中国和联合国人类居住区委员会(简称人居中心)建立了联系，并通过这一组织同各成员国之间进行了双边或多边的交流。联合国人居中心是根据联合国32届联大决议，于1977年10月正式成立的。该委员会有58个理事国，执行机构设在内罗毕。主要任务是:对发展中国家在居住方面(包括住房建设、城市规划、建筑材料应用、城市交通及其管理、居住区环境保护等)进行技术援助、培训和咨询；组织技术经验交流，制定人类居住发展战略和预测；组织成员国进行双边或多边合作等。1980年，人居中心执行主任拉马昌特兰来中国访问，探讨与中国开展合作的途径，国务委员谷牧会见并进行了友好交谈。1981年5月拉马昌特兰接见了参加联合国环境开发署理事会的中国代表曲格平，提出了与中国在城市建设方面进行合作的建议。从1984年起，应人居中心邀请，中国每年都派出观察员参加该委员会的年会。1986年5月参加了在伊斯坦布尔举行的第九届年会。会议交流和讨论了社区参与在人类住区工作中的作用，在会议材料中强调了中国的经验。中国在会上介绍了中国各级组织和个人在解决住房方面的作用和成就，特别介绍了中国中小建材企业在解决住房方面所作的贡献。放映了中国居住小区建设的录像片。亚太经社代表对中国小区建设成就表示惊奇。会议期间同人居中心讨论了在中国建立人居技术情报中心的问题。与突尼斯代表商谈了中突城市建设合作的可能性。出席这次会议的共有108个国家、地区和组织的310名代表。赵紫阳总理1982年曾致函国际住房年的倡议者斯里兰卡总理普雷马达萨，表示积极支持这一活动。人居中心从1983年起把筹备1987年国际住房年作为工作重点，中国对此作出了积极响应。

二、双边合作和交流

近几年来，中国和许多国家进行了房地产与住房方面的交往。一是有组织地进行了一些出国专业考察活动。1984年10月，建设部住宅工作代表团考察了匈牙利、意大利和土耳其的住房发展情况，了解了三国的住房政策和对古建筑的保护情况，参观了一些住宅小区和城市建设设施。1985年5月，中国城市建设代表团由储传亨副部长带队，应澳大利亚住房建设部和新加坡国家发展部的邀请，对两国进行友好访问，考察了两国城市建设和住房方面的情况。1985年12月应日中协会邀请，中国住宅建设考察团对日本的住房情况进行了考察，参观了东京、名古屋、奈良、大阪的住宅建设小区。1986年8月，应瑞典全国住房合作社联监的邀请。中国合作社住房考察团对瑞典进行了为期10天的考察访问。受到瑞典住房部长的接见，考察团与瑞典住宅协会、住宅局、公房公司、议会等有关方面进行了会谈交流，参观了斯德哥尔摩、马尔摩等城市的住宅小区、旧区改建工地、老年公寓等。商谈了双方在住宅规划、设计、旧城改造、建房材料设备等方面进一步合作和交流的问题。1986年2月，应新加坡中华总商会邀请，中国对外开放城市房地产业协会代表团对新加坡进行了房地产业考察。受到新加坡国家发展部部长郑章远先生的接见。考察团与策划、建屋发展、市区重建、土地、贸易发展、屋地发展商会等10多个业务部门和专业协会进行了业务交流和对话，向新加坡方面介绍了中国沿海城市的地理环境、投资条件和优惠政策。组织了“在中国的房地产与建筑业投资机会”的中新房地产业发展研讨会。二是认真参加双边或多边的学术交流:1983年11月，在北京召开了中美房屋建筑与城市规划学术讨论会。在10天的会议中，中美双方就住房设计、标准、规划等多方面的问题进行了广泛的交流。1984年12月，建设部住房代表团参加了在新德里召开的“为无家可归者提供住房年”亚洲会议。这次会议由印度城市发展部和联合国人居中心共同组织召开。会议交流讨论了发展中国家解决低收入家庭住房的经验、途径和政策。1984年10月，应日本国际科技博览会的邀请，建设部组团参加了在东京郊区筑波科学城召开的“人类、居住”学术讨论会。1985年5月，建设部派代表赴日本参观“国际科学技术博览会”。这次博览会的主题是:“人类、居住、环境和科学技术”。由46个国家、37个国际机构参加，历时半年。1985年6月，经建设部批准，首次由中国白蚁防治协作中心派出白蚁专家，应邀参加了在夏威夷召开的家白蚁学术讨论会并在会上介绍了中国的防治白蚁技术情况。受到与会者的高度评价。1985年1月，建设部派代表参加了在曼谷召开的第五次亚太地区国际住宅学术讨论会。1986年11月，建设部组团应邀参加了在美国波特兰市召开的“环太平洋住房会议与展览”。代表团在会上介绍了中国住房需求、形势和问题。并就中美双方在住房贸易发展方面的展望等问题作了电视讲话。拜访了美住房部并参观了城市建设设施、木材加工企业、住宅与城市再开发以及旧区改建项目等。三是邀请国外专家和对口部门来中国访问和进行技术交流。1983年4月，荷兰建筑中心国际培训部主任蒂格拉夫等荷兰专家来中国就住宅改造规划、设计、私人建房等进行了技术交流。并参观了上海蓬莱路303弄石库门改造试点工程等旧城改建项目。1985年1月，意大利全国人民住宅协会访华团到中国参观访问，代表团在中国一些城市参观了住宅小区及城市建设设施，与中国有关方面进行了业务交流。同年4月，国际住宅合作社与储蓄协会联盟特别顾问卡尔森博士在中国京沪两地应邀讲学。介绍了国际房地产业和住房建设集资经验和途径。4月6日，法国城市住宅运输部长来华访问，和建设部领导就住房政策问题进行了座谈。同年10月，世界银行考察组对辽宁省等部分省市城市建设基础设施，住房管理等项目进行了调查考察。1986年3月，埃及议会住房委员会主席哈奈夫妇对中国进行了友好访问，参观了一些城市的开发区及住宅建设项目。同年5月，美国麻省理工学院哈布拉肯教授来华考察中国住宅及古建筑，在一些城市举行了专题学术报告会。6月，国际房建和储蓄组织联盟主席奥斯特布劳克博士应邀对中国进行了考察访问。9月，美国住房代表团访问了中国。先后到北京、南京、无锡、苏州、上海等地参观住宅小区的城市建设项目，并和中国进行了住宅方面的技术业务交流。四是组织或参加了国际性的住房培训班，通过短期培训，提高专业管理人员的技术管理水平。建设部先后选派了一批人员分别参加了人居中心委托比利时鲁文大学人居培训中心在曼谷举办的住房项目研讨班，日本、荷兰等国为第三世界举办了住宅项目培训班。

• 市政公用事业

随着中国对外开放政策的深入贯彻，城市建设各行业日益加强了与国外的接触和交流，开展了经济合作和学术交流，推动了中国城市建设各行业的发展。

一、供水与排水

1980年应法国外贸中心等单位的邀请，原国家城市建设总局派出了“法国市政管道及水处理技术考察团”，了解了法国钢筋混凝土管的制造、施工过程和饮用水、污水处理技术。法国的先进技术给代表团成员留下了深刻印象，为中法水技术进一步合作打下基础。

1983年10月应中日经济协会邀请，中国土木工程学会派出“污水处理技术考察团”对日本东京都等十个城市的十八个污水处理厂进行考察，参观了有关研究单位和施工现场，并和日本建设省、下水道事业团、下水道协会等单位进行了交流座谈。1984年10月再次应日中经济协会、厚生省水道部和日本水道协会等单位邀请，建设部派出了“城市供水技术考察团”，到日本东京、京都等五个城市的水厂、调度中心、水质监测中心，有关工厂和研究所等20个单位参观座谈。通过两次考察，较系统地了解了日本供排水事业发展历史和概况，管理体制和管理法规，也了解了日本供排水技术的先进经验，并初步商量利用日本无偿援助基金在长春合建中日友好水厂。为进一步加强中日间供排水行业的合作打下了良好的基础。

1985年3月建设部派出了“聚氯乙烯塑料上、下水管道技术考察组”到日本与积水化学工业(株)、久保田铁工(株)等建设设计单位进行了技术交流，参观了工厂和施工现场，对日本聚氯乙烯管的发展历史、生产工艺、管件标准、设计应用和施工技术等进行了较全面的考察，对于中国推广应用塑料管，制定有关标准和规范有较大参考价值。

1985年5月根据中波科技协定第十六届会议的决定，建设部组织了“城市给水排水技术考察团”到波兰进行了访问，先后到华沙等四个城市、八个给排水设施和六个科研、设计及设备制造厂参观，交流了给排水技术。

1986年11月建设部中国市政工程东北设计院派员赴捷克斯洛伐克，对该国的水资源管理和城市给排水技术进行了为期两周的考察，为促进中国给排水技术发展提供了一次良好的学习机会。

上海自来水公司与日本中条公司合作成立了合资经营的“上海、中条管道工程公司”，成功地引进了日本金属管水泥沙浆喷涂衬里新技术，并在国内工程中开始应用。天津市纪庄子污水处理厂引进了法国带式污泥脱水机和微孔曝气喷头等设备和技术，取得了很好的效益。北京、广州、深圳等城市自来水厂也先后从国外购进了臭氧发生器，自动加氯等设备。

在对外交往中，同有关国际组织的联系也不断加强。1986年，建设部同世界银行经济发展学院合作，委托上海同济大学举办了一期“供水与环境卫生”师资班，邀请中外专家讲学，并到上海和日本一些城市参观考察。参加培训班的学员达50余人。通过学习，学员们在加强投资管理、提高工程效益方面学到了新的知识。

1986年5月建设部城建局同世界卫生组织“西太平洋区域环境规划与应用研究促进中心”合作，在武汉市举办了“供水漏损控制讲习班”，邀请英国“水研究中心”专家讲学。来自全国主要城市自来水公司的50余名技术人员参加了学习。学习班期间交流了国外漏损控制先进经验，演示了漏损控制仪表。学员们认为举办这次讲习班有助于促进我国供水漏损控制工作，进一步提高各种检漏技术。

二、煤气与供热

近几年来，中国城市煤气组织和技术人员积极开拓与国外的交流和接触。经国家科委、外交部、中国科协的批准，中国土木工程学会城市煤气专业委员会以中国城市煤气学会的名义，于1986年10月在西班牙巴塞罗纳市国际煤气联盟秋季理事会上正式成为成员组织，中国城市煤气学会派出以唐本善主席为团长的代表团参加了会议。

中国城市煤气学会主席唐本善、副主席王振华、秘书长王云龙为国际煤气联盟理事会理事；杨南星、朱谊章、李猷嘉、姜正候、金志刚、曾享麟理事为国际煤气联盟常设十个技术委员会中的六个委员会的委员。

1980年以来，煤气行业的有关专家先后赴法国、美国、日本、波兰、澳大利亚等国进行技术考察，考察并学习这些国家天然气、液化石油气、煤制气的气源、输配、应用技术。同时也接待了法国、日本、联邦德国、民主德国、英国等国家的煤气公司、煤气设备制造厂家的来访和技术座谈。

通过对外往来，结合中国煤气工程项目的建设，在各地有关部门和政府的支持下，国内陆续引进了加压气化煤制气技术，完全气化两段炉，旋流床(JSW)气化炉，焦炉干法熄焦，用于城市煤气的塑料管技术以及煤气用具(如灶具、热水器、煤气表)技术与设备，建成或正在建设上述项目的示范工厂、生产线，为我国提高技术水平起到了促进作用。中国在直立式炭化炉技术上，有所发展和独到之处，并且与英国、新西兰、印度等国家进行了技术交流，并于1985年，引进英国的103英寸伍德式直立炭化炉和联邦德国考伯斯公司的考伯斯式连续直立炭化炉技术，使中国在直立式炭化炉水平上具有先进的地位。

近年来，城市煤气各企业，也广泛进行对外考察访问，技术引进洽谈和接待各国煤气同行的来访、技术座谈活动。如北京市煤气公司与日本东京煤气公司，上海市煤气公司与日本大阪煤气公司都建立了友好关系，定期派技术人员进行互访和学习。法国煤气公司自1985年开始，每年接纳一期中国煤气技术人员的技术进修，为期五年，第一、二批人员已学成回国，很有收获，从而也加深了中法两国煤气工作者的友谊和交流。同济大学经城乡建设环境保护部批准，设立了城市燃气应用技术培训部。

1984年，国家利用意大利赠款引进瑞典技术和设备在天津建立了中国第一座预制保温管厂，1985年又在哈尔滨投资利用瑞典技术建一套预制保温管生产线，两个厂年生产能力400公里，管径为DN50－DN600，这两个预制保温管厂的建立，从根本上改变了中国城市供热管道的敷设技术，缓解了全国预制保温管道紧缺的状况。

城市集中供热在全国城市各项基础设施的建设中起步晚，技术水平落后。为使中国的城市供热技术能在短时间内达到供热技术先进的国家水平，1985年国家有关部门根据中国的具体情况，决定将牡丹江市做为利用国外先进技术咨询公司进行全面的技术合作。由该公司帮助牡丹江规划、设计，同时引进芬兰设备。同年沈阳市又与瑞典VBB咨询公司进行合作，在新建小区进行供热规划和设计。这些示范工程的建立使中国城市供热向利用新技术方向迈了一大步。提高了中国城市供热规划设计水平，促进了中国供热设备产品的更新换代。

三、公共交通

1979年6月，以美中友好协会的名义，美国纽约市公共交通局菲希尔先生为首的6人代表团，访问了北京、西安和上海三个城市。代表团在中国举办了各种座谈会，介绍美国城市公共交通情况。于1980年7月，我国以中国建筑学会城市公共交通学术委员会的名义，组成了14人的学习团访问了美国，参加访问的成员主要是公共交通方面的专家。这次访问带回了美国在城市公共交通方面的信息，这些信息为以后与国外的友好往来打下了良好的基础。

1981年根据中国和德意志联邦共和国的科技合作协定纪要，应联邦德国的邀请，派出了“中国城市交通运输技术代表团”一行六人前往访问。代表团访问了汉堡、慕尼黑、汉诺威、斯图加特、杜塞尔多夫、埃斯休根、波鸿、科隆、波恩九个城市。这次考察主要包括城市公共交通方面的组织机构，经济政策及交通运输工具结构等，了解到在发达国家中对公共交通采取的优惠政策和投资情况等。1984年7月，以城市公共交通学术委员会的名义，邀请了日本京都大学教授吉川和　先生来中国讲学，在西安组织讲学班，讲课的主要内容是“城市综合交通及公共交通系统的研究”。吉川教授的讲课，为中国在城市客流调查方面提供了有益的理论、计算公式和调查方法。1985年邀请巴西华人徐有英博士，在上海举办了交通训练班，介绍了巴西大区域交通规划的发展过程及综合规划的作用。1986年应比利时BC财团的邀请，城乡建设环境保护部城建局组成”中国城市轻轨交通技术考察团”一行五人，于1986年9月到比利时进行了访问，对比利时布鲁塞尔的轻轨车辆生产厂，轻轨交通运输体系，控制调度系统，交通规划以及对轻轨的优越性进行了实地考察。

四、园林

中国建筑工程总公司园林建设公司近年来在国外承包园林建设工程，如美国纽约的“明轩”、德意志联邦共和国慕尼黑市芳华园、英国利物浦燕秀园，1985年9月建成联邦德国杜塞尔达夫幗园。该园是一座私家花园，占地只有54平方米，但亭、桥、假山、水池俱全，被称为园林中的一颗小明珠。1985年12月建成的荷兰鹿特丹海洋乐园名胜宫和观赏园是建在一条船上，包括天安门、上海外滩、长城等大型模型，和一座室内园林，深受荷兰大众喜爱。1986年4月建成的加拿大温哥华逸园，占地1300平方米，是一座典型的苏州园林，被加拿大朋友誉为精美的“工艺品”。这些工程有很多曾获奖，其中芳华园、燕秀园曾分别获1983年、1984年国际园艺展和园林节金奖。

1979年以来，中国先后同美国、日本、荷兰、澳大利亚、英国、苏联、联邦德国、加拿大、瑞士、南斯拉夫等19个国家、53个城市进行了动物交换。共换进动物142种，1706只。其中有珍稀动物，如大猩猩、白犀牛、麝牛、蛮羊、细纹斑马、黑犀、黑猩猩、蒙古野马、东北虎等。换出动物103种、847只。其中黑叶猴、猞猁、西藏野驴、褐马鸡、岩羊、广西猴、白马鸡、丹顶鹤、扬子鳄，绿尾虹雉、白鹳、兔狲等都是中国特有的珍稀动物。1985年10月，中国动物园协会成立以后，在一些国家的热情邀请下，曾三次对外举办了中国珍稀、特有动物大熊猫、金丝猴的展览。1986年5月在瑞典展览大熊猫、1986年2月在美国的西雅图、波特兰市先后展览金丝猴、1986年7月在美国洛衫矶市展览金丝猴。中国珍贵动物的展出受到了所在国家人民的热烈欢迎。通过外展增进了双方国家人民的友好关系，同时，展览期间观众捐款，对保护和繁殖中国珍贵的熊猫、金丝猴也起到了积极作用。

根据中美两国政府1980年及1981年文化交流执行计划，1981年9月3日至20日国家城市建设总局派出中国风景园林专家代表团一行七人赴美国参观访问。代表团在美国访问了纽约、波士顿、华盛顿、威廉斯堡、亚力山大里亚、圣安东尼奥、圣太非、杜兰哥、旧金山、奥克兰等十个城市。参观了麦瑟浮德、大峡谷、约瑟米提国家公园，纽约艾丽丝岛、波士顿海军大院、罗维布、圣安东尼奥市教区等国家历史公园，旧金山金门娱乐区等。

应澳大利亚澳中理事会邀请，1986年3月6日至20日城乡建设环境保护部派出赴澳大利亚园林考察组一行四人，对澳大利亚城市园林和国家公园进行访问考察。考察组在墨尔本、布里斯班、堪培拉、悉尼四个城市和澳中地区的乌鲁如国家公园进行了参观考察。

五、环境卫生

1982年2月、11月城乡建设环境保护部先后派出两个中国城市环境卫生考察团分别去日本和德意志联邦共和国进行考察；同年5月又派出城市管理考察团一行五人访问朝鲜人民民主共和国。参观了一些城市环境卫生部门、垃圾处理场、环境卫生专用车辆厂、机械厂、科研机构等。

根据中波科技合作委员会第十六届会议议定书以波兰人民共和国行政地方经济部对外合作局副局长温茨科夫斯基为首的城市垃圾考察组一行三人，于1985年5月先后在上海、青岛、天津、北京等城市进行了访问。他们在各地考察了环境卫生专用车辆厂和生活垃圾处理厂，组织了四次技术座谈会，交流了两国城市垃圾收运和无害化处理问题，并就今后双方在城市环境卫生专用车辆方面的合作可能性签署了备忘录。

1985年10月应日本全国都市清扫会议的邀请，中国环境卫生代表团一行15人对日本进行了友好访问。这次访问是中国环卫工人的优秀代表第一次组织出国考察学习，在全国引起强烈反响。对于提高环卫工人的社会地位、改变人民的世俗偏见，鼓舞全国环卫工人的士气，稳定这支队伍起了重大作用。

1986年3月，城乡建设环境保护部组织中国城市垃圾处理考察团一行四人到印度进行了考察。这次考察的目的主要是了解第三世界国家城市环境卫生水平和解决垃圾处理的方法。代表团先后访问了德里、孟买、那格浦尔和加尔各答四个城市，参观了这些城市垃圾收运系统，垃圾堆肥厂、垃圾填埋厂，访问了设在那格浦尔的国家环境工程研究院。总的印象是，印度在城市垃圾处理方面和中国当前水平差不多。垃圾收运水平与中国差距较大，但机械化堆肥技术水平略高，并较重视垃圾处理的科研工作。而且已经探索出一条适合他们国情的垃圾处理路子。

●现代城市管理

自1982年开始，建设部与德意志联邦共和国国际发展基金会(DSH)建立了联系，先后四次由城乡建设环境保护部组织一批批城市的市长、副市长，建委、建设厅的领导以及有关专业人员赴联邦德国进行现代城市管理考察。

1982年9月中国城市规划学术委员会顾问曹洪涛任团长，由安徽、甘肃、河北、湖北省、太原、沈阳、上海、成都市城建局领导、副市长及有关专业人员26人组成的第一批中国城市管理代表团，赴西柏林参加了“大城市和人口密集地区行政管理问题讨论会”，并对汉堡、吕贝克、莫恩、法兰克福等12个大中小城市，以及慕尼黑交通公司、鲁尔区垃圾废料回收中心等几个大型企业进行了参观考察。

1984年11月城乡建设环境保护部顾问李景昭任团长，由福州、大连、青岛、宁波、温州、广州等14个市的市长、副市长及有关专业人员26人组成第二批中国城市管理代表团，赴联邦德国参加了“城市建设和管理讨论会”，拜会了联邦总理局、经济合作部、内务部，参观了西柏林的世界建筑大展、旧城改造、交通控制中心，并访问了科隆、汉堡等城市和港口。

1985年11月城乡建设环境保护部副部长储传亨任团长，由合肥、沈阳、哈尔滨、长沙、兰州、乌鲁木齐等15个城市的市长、副市长，以及有关专业人员26人组成第三批中国城市管理代表团，参加了在西柏林召开的城市管理讨论会，听取了十四位专家所做的关于地方政权促进城市经济发展的学术报告，并对基尔、埃森、波恩等城市和港口进行了考察，分别访问了联邦、州、地方政府及负责城市建设、环境保护的有关业务部门，同当地官员交流如何促进经济发展的经验，并参观了城市基础设施、旧城改造、居住区等。

1986年8月城乡建设环境保护部城市建设管理局局长叶维钧任团长，由杭州、承德、苏州、九江、桂林、贵阳等12个城市的市长、副市长，山西、河南、湖北省建设厅的厅长、副厅长以及经贸部、建设部的有关同志19人组成第四批中国城市管理代表团，参加了在西柏林举行的“地方政权在经济和基础设施发展中的任务”的讨论会，听取了联邦德国专家所作的十一项有关城市建设、管理和促进旅游事业发展问题的报告，进行了广泛、热烈的讨论。会后到胡苏姆、尼比尔、伯希特斯加登等城市进行了考察，听取了所在专区、县、市、镇政府官员及专家对搞好城市建设、环境和风景，促进旅游事业发展的情况和经验介绍。

(许晓莉)

16

统 计 资 料

1953～1986 年城市建设固定资产投资占全国固定资产投资比重　　表1

年份	全国固定资产投资(亿元)			城市建设固定资产投资(亿元)			城市建设固定资产投资占全国固定资产投资比重 %
	合计	基本建设投资额	更新改造及其他措施投资	合计	基本建设投资额	措施投资	
1953	91.59	90.44	1.15	2.55	2.55		2.8
1954	102.68	99.07	3.61	2,44	2.44		2.4
1955	105.24	100.36	4.88	2.57	2.57		2.4
1956	160.84	155.28	5.56	3.40	3.40		2.1
1957	151.23	143.32	7.91	3.31	3.31		2.2
1958	279.06	269.00	10.06	5.86	5.86		2.1
1959	368.02	349.72	18.30	7.53	7.53		2.0
1960	416.58	388.69	27.89	9.11	9.11		2.2
1961	156.06	127.42	28.64	2.13	2.13		1.4
1962	87.28	71.26	16.02	1.00	1.00		1.1
1963	116.66	98.16	18.50	1.97	1.97		1.7
1973	438.12	338.10	100.02	4.13	4.13		0.9
1974	463.19	347.71	115.48	4.54	4.54		1.0
1975	544.94	409.32	135.62	5.77	5.77		1.1
1976	523.94	376.44	147.50	5.70	5.70		1.1
1977	548.3	382.37	165.93	5.01	5.01		0.9
1978	668,72	500.99	167.73	8.35	8.35		1.2
1979	699.36	523.48	175.88	13.15	13.15		1.9
1980	745.90	558.89	187.01	13.58	13.58		1.8
1981	667.51	442.91	224.60	19.53	14.12	5.41	2.9
1982	845.31	555.53	289.78	27.16	20.25	6.91	3.2
1983	951.96	594.13	357.83	28.17	18.66	9.51	3.0
1984	1185.18	743.15	442.03	41.66	27.02	14.64	3.5
1985	1680.51	1074.37	606.14	63.99	41.78	22.21	3.8
1986	1978.50	1176.11	802.39	80.07	46.28	33.79	4.0

1953～1986年城市建设固定资产投资完成情况

(单位:万元)　表2

年份	总计	在总计中										
		自来水	排水	道路	桥梁	防洪	公共交通	煤气	集中供热	园林绿化	环卫	其它
1953	25513	4124	5166	6187	1580	622	4365	525		905		2039
1954	24413	4841	4084	6217	1231	997	3542	352		974		2175
1955	25713	4385	2792	6103	2774	3776	2870	389		1118		1506
1956	34005	6686	4938	8155	1703	3435	2465	308		1237		5078
1957	33109	8980	4752	7054	1165	3357	4426	359		983		2033
1958	58566	10277	8093	13827	1629	3740	7417	1907		1451		10225
1959	75335	15659	6336	24849	3234	3138	6073	3011		3421		9614
1960	91073	23457	4868	25533	4982	3206	9871	2549		3756		12851
1961	21252	7398	727	2470	1329	1270	3471	1085		1288		2214
1962	10042	3024	867	892	877	747	1968	398		102		1167
1963	19747	4878	1896	4749	1166	1225	4872	832		305		990
1973	41265	12069	2540	8093	1166	1405	5726	1223		1260		7783
1974	45413	12701	2786	6426	2103	2326	5332	2657		1124		9958
1975	57748	15348	3141	5952	4260	1823	8689	4217		1586		12732
1976	57010	15316	4388	8212	2902	1976	7045	3399		1559		12213
1977	50072	17383	4002	7488	2646	1803	7995	3856		2078		2821
1978	83510	23550	6263	7766	4008	919	8769	3006		1754		27475
1979	131506	33615	11745	25229	6270	1106	17536	6034		4306	1377	24288
1980	135750	31014	15316	26887	5918	2140	15773	8095		6256	2962	21389
1981	199929	41969	19624	33520	6255	2271	26213	17641		8640	7186	36610
1982	271628	56020	27883	43479	10913	3083	31445	20201		10622	9372	58610
1983	281762	51662	32765	52828	12262	3981	28491	32372		11814	8778	46809
1984	416666	62896	43062	99037	23124	4835	33496	48322		20415	8651	72828
1985	639939	80699	55960	146009	40401	8607	60223	82398		33397	19684	112561
1986	800706	142684	60251	148396	56693	15767	56042	124966	15723	33714	27620	118850

1986年城市建设固定资产投资完成情况

(单位:万元)　表3

地区	总计	在总计中										
		自来水	排水	道路	桥梁	防洪	公共交通	煤气	集中供热	园林绿化	环卫	其它
全国总计	800706	142684	60251	148396	56693	15767	56042	124966	15723	33714	27620	118850
北京市	84228	13800	1973	2856	1882	4973	9297	9109	1696	1552	4825	32265
天津市	66697	4521	1375	16953	7065		644	31689	188	1646	349	2267
河北省	22891	2086	2933	6965	1926		1097	3062	2000	501	246	2075
山西省	12450	5676	816	2027	120	71	588	2790	50	120	86	106
内蒙古	14227	1419	1438	4215	193	213	1139	1250	1831	1248	655	626
辽宁省	67833	14178	5803	11755	6703	862	4214	8594	6806	1397	1880	5641
吉林省	14793	3646	1019	1673	1356	791	1468	3629	280	200	235	496
黑龙江省	20546	5639	829	342	5174		2524	2277	1729	42	144	1846
上海市	128919	27283	13066	8479	6105	236	11913	17057		3821	7051	33908
江苏省	31821	5109	1726	6818	4469	135	2285	6479		2244	775	1781
浙江省	21353	2531	4563	7084	1295	11	1416	1182		1345	1118	808

续表

地区	总计	在总计中										
		自来水	排水	道路	桥梁	防洪	公共交通	煤气	集中供热	园林绿化	环卫	其它
安徽省	17526	4434	824	5567	160	727	1089	2109		1307	585	724
福建省	11913	2020	1081	4370	1397	75	621	644	127	894	369	315
江西省	12866	1463	154	3883	1217	827	691	2640		982	445	564
山东省	44038	15849	3050	6483	1455	25	1888	10934		1757	428	2169
河南省	25014	3548	4407	7153	789	42	744	3821	51	1714	722	2023
湖北省	24831	4416	2375	5496	520	1751	2105	2414		2302	1294	2158
湖南省	17214	1840	262	4329	3676	333	1114	2315		869	340	2136
广东省	61742	8123	3715	19377	4050	939	2281	1100		3220	3822	15115
广　西	17117	1823	1212	6246	2601	634	809	1139		1535	601	517
四川省	33273	5681	4125	7199	3885	1073	4573	1844		1970	608	2315
贵州省	7384	1226	811	1922	83	1198	294	333		336	127	1054
云南省	14473	744	300	2748		108	524	6594		1414	438	1603
陕西省	8183	2424	278	1492	308	372	805	893	178	154	158	1121
甘肃省	7714	754	1008	1183	50	316	593	836	130	710	32	2102
青海省	2164	862	69	302	36	1	31		114	104	30	615
宁　夏	3757	354	185	613	53	54	172	71		220	71	1964
新　疆	5739	1235	854	866	125		1123	161	543	110	186	536

1977～1986年城市建设新增生产能力(或效益)　表4

年份	城市自来水供水能力(万吨/日)	城市煤气生产能力(万立方米/日)	城市公共交通车辆(辆)	城市道路长度和面积(公里/万平方米)	城市污水管道长度(公里)	城市污水处理能力(万吨/日)	城市永久性桥梁(座)	城市防洪堤长度(公里)
1977	107.5		1165	43.2/114.0			13	
1978	211.8	42.0	2128	787.3/459.7	22.0		23	
1979	207.9	43.0	3000	356.2/527.3		2.9	41	
1980	273.8	28.0	2151	427.6/436.7			59	
1981	188.2	19.8	2293	565.8/656.5	659.5	7.0	73	220
1982	206.7	25.5	3024	889.4/856.2	846.0	2.3	90	8
1983	236.9	29.9	2837	630.2/825.9	899.6		66	
1984	197.0	81.0	3596	781.4/1147.7	877.6	50.0	105	
1985	180.0	44.9	7413	1129.9/1643.3	1436.3	19.6	170	
1986	202.7	33.5	4304	1080.4/1794.1	1402.4	33.2	210	96

1963～1986年城市维护建设资金收入情况　(单位: 万元)　表5

年　份	合　计	房地产税	公用事业附加	工商税附加	国拨城市维护费	工商利润提取5%	城市维护建设税	工商所得税附加	其他收入
1963	99496	28296	19911	7593					43696
1972	73712								

续表

年份	合计	房地产税	公用事业附加	工商税附加	国拨城市维护费	工商利润提取5%	城市维护建设税	工商所得税附加	其他收入
1973	86644								
1974	91272								
1975	101170								
1976	102311								
1977	151646								
1978	182814								
1979	283554				200382	83172			
1980	276174				195609	80565			
1981	345600				193969	151631			
1982	383243		97436	38175	69381	178251			
1983	406813		103142	36358	81571	185742			
1984	468835		118445	46280	96120	207990			
1985	1168293		129744				372495	6296	659758
1986	1448311		157889				458627		831795

注：1979～1981年国拨城市维护费包括公用事业附加、工商税附加收入。

1963～1986年城市维护建设资金支出情况　　(单位：万元)　表6

年份	支出合计	按用途分：小计	维护支出	基建支出	措施支出	按行业分：小计	房产	公用事业	市政工程	园林绿化	环境卫生	其他支出
1963	90477	83219	66120	17099		73247	36966	11159	21198	3924		17230
1972	47917					40766	8206	7650	19942	4968		7151
1973	67099					55590	12976	10600	25699	6315		11509
1974	70801					57706	15097	12965	24030	5614		13095
1975	88116					73538	17266	15577	33364	7331		14578
1976	90620					75375	16471	18285	33004	7615		15245
1977	137938	109224	60376	48848		109224	29433	26702	42368	10721		28714
1978	163597	139622	79007	60615		139622	38393	38440	48884	13905		23975
1979	256895	220448	118131	102317		225262	62127	49317	67940	19337	26541	31633
1980	265152	230141	128117	102024		230141	56374	45258	77891	24708	25910	35011
1981	325615	253839	155636	98203		243839	73690	32932	82155	23311	31751	81776
1982	370376	317553	147285	134763	35505	307553	70069	50244	115793	30329	41118	52823
1983	402066	337930	175499	98586	63845	327929	74755	51642	121205	35454	44873	74137
1984	462705	391199	182780	116950	91469	380929	79818	53677	150554	44421	52459	81776
1985	1122714	1097506	375563	483960	237983	929634	153259	257252	357042	85831	76250	193080
1986	1343025	1247749	431595	546871	269283	1247749	191372	311274	408526	93234	107719	135624

1963年城市维护建设资金收支情况

(单位: 万元) 表7

地区	资金收入					资金支出					
	合计	其中三项收入				合计	维护支出	其中			基建支出
		小计	公用事业附加	工商税附加	房地产税			房产	公用事业	市政工程	
总计	99496	55800	19911	7593	28296	90477	66120	30162	6278	17252	17099
北京	6874	3551				7025	4781	2292	484	728	1644
河北	9720	6011				10480	8020	3200	655	2478	1175
内蒙古	1157	855				917	730	253	62	184	125
山西	2594	2054				2414	1039	402	114	301	637
辽宁	10018	4637				10232	8344	4294	1201	1896	1325
吉林	3462	1089				3379	2720	1515	463	546	493
黑龙江	4559	2687				3427	2785	965	478	878	620
上海	22031	12688				15888	12452	6643	768	3988	2936
江苏	4742	4301				4212	2943	1613	254	456	891
浙江	2060	1039				2200	1607	642	97	289	235
安徽	1759	1377				1455	1039	374	79	387	317
江西	1254	592				1377	950	340	24	156	411
福建	1199	661				1069	807	350	67	163	173
山东	4498	2267				4284	2808	1680	78	664	792
广东	4665	2378				4268	2947	947	397	625	1025
广西	689	426				780	440	131	20	159	318
湖南	2117	1187				1919	986	434	52	248	810
湖北	4186	2388				3923	2951	1153	247	998	636
河南	2712	1473				2445	1761	793	74	515	475
四川	3829	2476				4127	2651	907	296	692	1061
云南	1113	526				976	570	187	47	110	349
贵州	867	396				747	438	108	43	216	258
陕西	1669	1345				1531	1271	467	120	299	219
甘肃	1388	1040				635	445	123	91	158	45
青海	305	138				286	203	39	37	93	83
新疆											
宁夏	471	85				481	432	310	30	25	46

1978年城市维护建设资金收支情况

(单位: 万元) 表8

地区	资金收入	资金支出									
		合计	按用途分			按行业分					其他支出
			小计	维护支出	基建支出	小计	房产	公用事业	市政工程	园林绿化	
总计	182814	163597	139622	79007	60615	139622	38393	38440	48884	13905	23975
北京	13611	11261	11077	8976	2101	11077	1478	4800	2271	2528	184
天津	9137	7565	5197	4223	974	5197	887	408	3381	521	2368
河北	9483	8945	7120	3550	3570	7120	1811	1685	3390	234	1825
山西	5069	5080	4160	1932	2228	4160	1544	779	1449	388	920

续表

地区	资金收入	资金支出									
		合计	按用途分			按行业分					其他支出
			小计	维护支出	基建支出	小计	房产	公用事业	市政工程	园林绿化	
内蒙古	2657	2262	1788	1131	657	1788	528	369	588	303	474
辽 宁	16941	16176	13155	10448	2707	13155	4821	3225	4159	950	3021
吉 林	6090	6077	5299	4029	1270	5299	1893	1160	1836	410	778
黑龙江	7419	8211	5920	5609	311	5920	2572	371	2431	546	2291
上 海	27652	20968	20133	8636	11497	20133	8263	5562	5602	706	835
江 苏	10417	9669	7557	2958	4599	7557	2410	1830	2437	880	2112
浙 江	3341	3319	2972	1044	1928	2972	811	911	977	273	347
安 徽	5184	3121	2944	1040	1904	2944	719	981	875	369	177
福 建	1982	1740	1509	1021	488	1509	300	543	438	228	231
江 西	2165	2077	1781	1103	678	1781	425	481	670	205	296
山 东	7712	7151	6193	1886	4307	6193	1270	2411	2104	408	958
河 南	7262	5111	4123	1261	2862	4123	468	1566	1737	352	988
湖 北	6162	5680	4776	2582	2194	4776	1101	966	2285	424	904
湖 南	4250	4121	3132	837	2295	3132	631	646	1458	397	989
广 西	6172	6263	4973	2439	2534	4973	693	1417	2118	745	1290
广 东	1934	2210	1858	854	1004	1858	285	250	947	376	352
四 川	11772	9477	8307	4685	3622	8307	2458	3083	2046	720	1170
贵 州	1788	1964	1843	1358	485	1843	412	853	332	246	121
云 南	2069	2068	1860	468	1392	1860	394	943	317	206	208
西 藏											
陕 西	5685	6771	6374	3209	3165	6374	1235	2003	2672	464	397
甘 肃	3107	3165	2918	1800	1118	2918	584	837	1100	397	247
青 海	1357	1047	898	389	509	898	266	37	423	172	149
宁 夏	500	500	439	400	39	439	57	132	121	129	61
新 疆	1896	1598	1316	1139	177	1316	77	191	720	328	282

1980年城市维护建设资金收支情况

(单位: 万元)　表9

地 区	资金收入			资金支出										
	合计	城市维护费	工商利润提取5%	合计	按用途分			按行业分						其他支出
					小计	维护支出	基建支出	小计	房产	公用事业	市政工程	园林绿化	环境卫生	
总 计	276174	195609	80565	265152	230141	128117	102024	230141	56374	45258	77891	24708	25910	35011
北 京	13504	13504		12729	10866	10866		10866	1473	1617	1936	3105	2735	1863
天 津	10058	10058		9840	9150	7720	1430	9150	600	598	357	1827	2530	690
河 北	12669	9075	3594	11829	9682	5293	4389	9682	2210	1563	3869	1020	1020	2147
山 西	8235	8235		9393	8305	5612	2693	8305	1718	1445	3611	630	901	1088
内蒙古	4277	3640	637	4228	3805	1588	2640	3805	1178	815	962	476	374	423
辽 宁	36198	16128	20070	36762	31307	18807	12500	31307	9253	7843	8664	1907	3640	5455
吉 林	10142	6741	3401	9826	8923	6128	2795	8923	2457	1762	2990	555	1159	903

地区	资金收入			资金支出										
	合计	城市维护费	工商利润提取5%	合计	按用途分			按行业分						其他支出
					小计	维护支出	基建支出	小计	房产	公用事业	市政工程	园林绿化	环境卫生	
黑龙江	8442	6374	2068	7933	7169	5837	1332	7169	1184	814	2596	894	1681	764
上海	31005	31005		22445	20595	14236	6359	20595	1476	5810	9280	1299	2730	1850
江苏	21781	11154	10627	21748	18556	8188	10368	18556	6756	3733	5134	2011	922	3192
浙江	7057	5023	2034	6963	6963	2477	4486	6206	2526	1154	1781	584	161	757
安徽	5565	4621	944	5533	4329	1793	2536	4329	970	780	1691	531	357	1204
福建	3697	2389	1308	3433	3092	1602	1490	3092	605	532	895	596	464	341
江西	3338	2671	667	3270	2902	2017	885	2902	328	560	1293	444	277	368
山东	16794	8774	8020	16014	13815	7764	6051	13815	4593	3246	4355	858	763	2199
河南	11890	8866	3024	11657	8688	2905	5783	8688	2002	2066	3367	729	524	2969
湖北	11017	7417	3600	10521	9518	4464	5054	9518	2734	1550	3390	830	1014	1003
湖南	6646	5726	920	6482	5437	1501	3936	5437	1685	819	1695	831	407	1045
广东	11799	7915	3884	12986	11223	3911	7312	11223	2216	2151	4331	1222	1303	1763
广西	3583	1943	1640	3747	3404	1198	2206	3404	856	323	1368	484	373	343
四川	15772	9752	6020	13861	12001	4912	7089	12001	4113	2900	3087	1150	751	1860
贵州	2545	1748	797	2512	2086	1323	763	2086	697	217	601	342	229	426
云南	2105	1218	887	2721	2440	1771	669	2440	685	420	705	446	184	281
西藏	139	139		139	136	136		136	28	5	103			3
陕西	6570	4025	2545	7651	6875	3012	3863	6875	1628	959	2915	759	614	776
甘肃	7328	3700	3628	6946	6129	1395	4734	6129	1847	1288	2271	391	332	817
青海														
宁夏	908			1006	886	509	377	886	295	141	185	147	118	120
新疆	1887	1637	250	1920	1644	1100	544	1644	81	2	889	425	247	276

1985年城市维护建设资金收支情况 (单位：万元) **表10**

地区	资金收入			资金支出											
	合计	其中		合计	按用途分				按行业分						其他支出
		城市维护建设税	公用事业附加		小计	维护支出	基建支出	措施支出	小计	房产	公用工程	市政工程	园林绿化	环境卫生	
总计	1168293	372495	129744	1122714	1097506	375563	483960	237983	929634	153259	257252	357042	85831	76250	193080
北京	73534	21556	6935	72925	71021	25776	45245		59982	13159	19273	13304	9725	4521	12943
天津	104143	17963	5304	82421	80555	20908	29867	29780	76068	2174	35042	31227	3691	3934	6353
河北	41289	13993	7444	36722	35655	17629	16043	1983	29951	4555	6240	14193	2541	2422	6771
山西	25014	6649	3809	24392	23598	13231	8299	2078	20998	2076	8956	6919	1935	1112	3394
内蒙古	19887	4199	1058	18387	11878	4666	11194	2318	17133	3902	4844	5512	1690	1185	1254
辽宁	118764	38532	10334	109795	108351	53202	23309	31840	90738	14221	29394	33222	6385	7516	19057
吉林	24102	8969	3705	23729	23307	14601	8706		20804	6433	5568	4710	1325	2768	2925
黑龙江	43317	18790	4464	42861	42698	21943	20755		38615	6776	10869	14111	2351	4508	4246
上海	156915	47495	26035	181726	174435	19815	88880	65740	141898	40194	35852	44134	5435	16283	39828
江苏	59534	24334	9307	57718	57020	27544	20372	9104	49504	10439	9162	19653	6127	4123	8214
浙江	39904	13126	3010	35381	35379	13906	15661	5812	31425	5835	3705	16178	3165	2542	4356
安徽	26680	12857	2952	23423	22991	9233	13621	137	19337	1552	6438	7592	2536	1219	4086

续表

地区	资金收入			资金支出											
	合计	其中		合计	按用途分				按行业分						其他支出
		城市维护建设税	公用事业附加		小计	维护支出	基建支出	措施支出	小计	房产	公用工程	市政工程	园林绿化	环境卫生	
福建	21507	5491	1182	20100	19872	10063	9375	434	17448	2608	1487	9950	1957	1446	2652
江西	16122	4557	2120	16044	15780	3934	9331	2515	12935	1956	3062	6111	1106	700	3109
山东	54285	19778	5927	50469	49199	2162	10528	17050	42644	7485	11499	14697	6063	2900	7825
河南	33522	16044	5539	29583	28680	12543	11565	4572	22414	3859	5250	8714	2723	1868	7169
湖北	36371	17579	4971	35858	35103	12822	15745	6536	29116	4654	4875	12956	4280	2351	6742
湖南	28386	11590	3855	27661	26947	9180	14021	3746	20277	3441	3158	9464	2455	1759	7384
广东	94783	16715	4922	86773	86012	14825	51099	20088	69312	1051	15076	40406	7436	5343	17461
广西	17635	4607	1264	14229	13864	5196	4805	3863	11978	1305	2734	5060	1804	1075	2251
四川	50359	15505	6843	46754	45348	18896	10362	16090	38647	6838	9854	13947	4969	3039	8107
贵州	11509	3882	1202	11159	10988	4509	3937	2542	9472	1531	2023	4379	777	762	1687
云南	16609	7983	1762	21523	21039	1483	16916	2640	20021	3195	10632	3909	1618	667	1502
西藏	3676	314		3676	3676	127	3549		3174	177	402	2410	130	55	502
陕西	17500	6193	2259	17957	17543	3610	6127	7806	10453	695	4522	4382	392	462	7504
甘肃	13176	7328	2143	11705	11439	7658	2852	909	9376	1532	2543	3451	1125	725	2329
青海	3656	862	468	2852	2775	802	1943	30	2275	49	327	1294	414	191	577
宁夏	4374	949	304	4333	3914	1608	2306		3587	305	708	1973	380	221	746
新疆	11740	4655	608	12158	12139	4232	7437	370	10052	1262	3757	3184	1296	553	2106

1986年城市维护建设资金收支情况

(单位: 万元) 表11

地区	资金收入			资金支出											
	合计	其中		合计	按用途分				按行业分						其它支出
		城市维护建设税	公用事业附加		小计	维护支出	基建支出	措施支出	小计	房产	公用事业	市政工程	园林绿化	环境卫生	
总计	1448311	458627	157889	1343025	1247749	431595	546871	269283	247749	191372	311274	408526	93234	107719	135624
北京	97462	25083	10627	88150	85826	35413	47496	2917	85826	15646	19258	11573	10950	12443	15956
天津	28117	21361	5942	116453	113736	29531	73567	10638	113736	7185	41058	38005	4998	5082	17408
河北	47808	17457	7995	41678	37593	18945	18636	12	37593	4050	5718	17926	3358	3329	3212
山西	29795	9018	4417	25312	23833	11383	8356	4094	23833	784	10757	7324	1743	1349	1876
内蒙古	30521	5724	1316	29022	25042	7712	10574	6756	25042	3996	6510	7492	2525	1819	2700
辽宁	125762	45852	12670	121820	107976	39993	39661	28322	107976	13322	35247	34128	6851	11779	6649
吉林	39137	10429	4538	37595	35765	13233	21668	864	35765	6761	9867	12698	1521	3923	995
黑龙江	55475	20427	4688	55431	48946	27710	21236		48946	6714	14534	17153	2549	5748	2248
上海	243876	51810	34693	243000	237218	50391	96824	90003	237218	80184	45384	49694	8294	19356	34306
江苏	76006	29700	10461	65980	58433	29535	11235	17663	58433	6338	14230	24434	5795	4782	2854
浙江	42165	16522	3341	41421	39426	12480	17939	9007	39426	7488	5405	16450	4400	4165	1518
安徽	32377	15750	4776	31028	26819	8289	18295	235	26819	1620	8160	10376	2407	2159	2097
福建	22146	6954	1608	21100	19816	13081	6616	119	19816	1601	2729	7533	2019	1752	4182
江西	18372	6580	1965	17017	15507	4813	9900	794	15507	1553	4211	5091	1193	1192	2267
山东	74071	28372	7354	70032	61712	21250	19967	20495	61712	7254	25616	17885	4845	3772	2340

续表

地区	资金收入			资金支出											
	合计	其中		合计	按用途分				按行业分						其它支出
		城市维护建设税	公用事业附加		小计	维护支出	基建支出	措施支出	小计	房产	公用事业	市政工程	园林绿化	环境卫生	
河南	36537	19000	6234	30489	26784	7899	8323	10562	26784	1285	4335	12732	3289	2148	2995
湖北	44181	22509	5264	39222	35985	9719	18644	7622	35985	2286	10126	14152	3670	2899	3852
湖南	32444	15366	4382	32290	28285	11494	14289	2452	28235	4032	5495	10442	3070	2479	2717
广东	85730	24091	5538	66570	61794	18358	22056	21380	61794	421	9637	31648	5066	8161	6801
广西	27085	6910	1182	25155	24182	6010	9355	8787	24182	2941	2531	13450	2631	1601	1028
四川	61915	20023	7983	55443	50882	19318	13214	18350	50882	7358	9595	21824	4886	3355	3864
贵州	13215	6015	1529	12059	11013	3626	4790	2597	11013	1090	1721	5213	824	1109	1056
云南	18600	9995	2058	16365	14234	5700	6383	2751	14234	273	5385	3345	1748	679	2804
西藏															
陕西	23223	7861	2879	22265	21604	13421	8060	123	21604	851	5406	8838	866	729	4914
甘肃	17586	8235	2878	15026	13268	6318	4841	2109	13268	1744	3361	3650	1489	468	2556
青海	3784	959	491	3488	3356	1065	2291		3356	207	1205	650	371	218	705
宁夏	7078	1360	406	6094	5504	960	4580		5540	1195	680	1038	510	266	1851
新疆	13829	5264	629	13511	13224	4518	8075	631	13224	3193	3113	3782	1366	957	813

历年人口及市镇个数 **表 12**

年份	全国总人口 (万人)	总人口中 市镇总人口 (万人)	总人口中 乡村人口 (万人)	城市个数 (个)	城市总人口 (万人)	城市非农业人口 (万人)	建制镇数 (个)	建制镇非农业人口 (万人)
1949	54167	5765	48402	136				
1950	55196	6169	49027					
1951	56300	6632	49668					
1952	57482	7163	50319	157		4238		
1953	58796	7826	50970	166	5249	4500		
1954	60266	8249	52017	168	9374	6839		
1955	61465	8285	53180	163	5884			
1956	62828	9185	53643	175	6343			
1957	64653	9949	54704	177	6902			
1958	65994	10721	55273	175	10298	6786		
1959	67207	12371	54836	183	11126	7925		
1960	66207	13073	53134	199		7853		
1961	65859	12707	53152	208	10960	8299		
1962	67295	11659	55636	198	10368	7695		
1963	69172	11646	57526	174	9975	7621		
1964	70499	12950	57549	169	9317	6944		
1965	72538	13045	59493	171	9252	7087		
1966	74542	13313	61229	175	9058	6828		
1967	76368	13548	62820	175	9208	6885		
1968	78534	13838	64696	175	9251	6878		
1969	80671	14117	66554	175	9194	6722		

续表

年份	全国总人口	总人口中		城市个数	城市总人口	城市非农业人口	建制镇数	建制镇非农业人口
		市镇总人口	乡村人口					
	(万人)	(万人)	(万人)	(个)	(万人)	(万人)	(个)	(万人)
1970	82992	14424	68568	176	9398	6663		
1971	85229	14711	70518	180	9597	6881		
1972	87177	14935	72242	181	9914	7085		
1973	89211	15345	73866	181	10159	7240		
1974	90859	15595	75264	181	10325	7299		
1975	92420	16030	76390	184	10655	7402		
1976	93717	16341	77376	187	10851	7506		
1977	94974	16669	78305	189	11065	7605		
1978	96259	17245	79014	191	11479	7955		
1979	97542	18495	79047	216	12490	8680	2851	4183
1980	98705	19140	79565	223		9057	2874	4415
1981	100072	20171	79901	233	13882	9409	2843	4478
1982	101541	21154	80387	245	14515	9712	2819	4579
1983	102495	24126	78369	289	18202	10475	2786	4486
1984	103475	33006	70469	300	19275	11073	6211	5228
1985	104532	38244	66288	324	21187	11826	7511	5721
1986	105721	43753	61968	353	23316	12263	8463	5948

1986年人口及市镇个数

表13

地区	全国总人口	总人口中		城市个数	城市总人口	城市非农业人口	建制镇数	建制镇非农业人口
		市镇总人口	乡村人口					
	(万人)	(万人)	(万人)	(个)	(万人)	(万人)	(个)	(万人)
全国总计	105721	43459.1	25248.0	353	23315.7	12263.4	8463	5947.7
北京市	975	654.6	90.7	1	596.8	522.3	14	41.6
天津市	819	579.3	140.0	1	545.9	424.4	13	14.9
河北省	5617	2013.2	1314.6	17	1046.1	525.5	471	173.1
山西省	2655	1511.7	995.4	10	653.1	346.2	447	170.1
内蒙古	2029	957.4	397.6	16	544.8	353.2	220	206.6
辽宁省	3726	2570.4	1122.6	19	1740.4	1194.6	322	253.2
吉林省	2315	1470.7	658.6	12	740.4	487.5	247	324.6
黑龙江省	3332	2038.0	832.7	18	1157.1	802.0	288	403.3
上海市	1232	780.0	27.8	1	710.2	698.7	33	53.5
江苏省	6270	2059.4	1100.3	15	1117.3	648.9	271	310.2
浙江省	4070	17796	1199.7	14	894.2	321.2	473	267.7
安徽省	5217	1526.7	879.5	16	772.5	387.9	373	259.3
福建省	2749	1202.5	806.7	10	436.9	216.9	192	178.9
江西省	3509	1029.2	519.7	12	590.1	281.8	182	227.7
山东省	7776	4449.1	3555.2	22	2068.6	613.4	597	280.5
河南省	7808	1674.4	913.0	18	907.3	514.7	204	246.7
湖北省	4989	2356.9	1416.8	20	1628.5	631.0	438	309.1
湖南省	5696	1878.7	1177.8	22	1047.6	425.4	492	275.5

续表

地　区	全国总人口 (万人)	总　人　口　中 市镇总人口 (万人)	乡村人口 (万人)	城市个数 (个)	城市总人口 (万人)	城市非 农业人口 (万人)	建制镇数 (个)	建制镇 非农业人口 (万人)
广东省	6346	3743.7	2535.0	18	1220.7	624.6	781	584.1
广　西	3946	1506.3	1109.8	11	547.5	223.1	244	173.4
四川省	10320	2822.8	1618.8	19	1572.5	704.3	639	499.7
贵州省	3008	904.2	590.4	6	496.2	187.0	316	126.8
云南省	3456	1000.5	664.4	11	548.3	198.3	515	137.8
西　藏	203	25.3	8.3	2	18.0	11.3	8	5.7
陕西省	3043	1203.3	710.9	8	552.4	306.7	347	185.7
甘肃省	2071	813.6	511.0	12	536.0	223.3	147	79.3
青海省	412	140.0	44.0	2	67.5	57.4	35	38.6
宁　夏	424	169.8	86.0	4	116.7	62.1	35	21.7
新　疆	1384	597.8	229.7	16	442.1	269.7	119	98.4

1957～1986年城市房屋建筑及住房情况

表14

年　份	年末实有房屋建筑面积(万平方米)	年末实有住宅建筑面积(万平方米)	年内新建房屋竣工建筑面积(万平方米)	住　宅	年末住房居住面积(万平方米)	人均居住面积(平方米)
1957	46515	25387			16128	3.6
1960	57775	28457				3.1
1963	73766	35723	1087	400	20760	3.2
1978	117322	51678	4941	2288	27717	3.6
1979	131180	58305	7032	3995	31373	3.7
1980	143010	64219	9151	5596	34505	3.9
1981	154025	70955	10144	6418	37996	4.1
1982	167682	78386	10854	6947	42058	4.4
1983	183388	87498	12060	7605	46509	4.6
1984	199592	96453	12637	7372	51446	4.9
1985	231979	112767	15154	8860	58832	5.2
1986	301341	145672	16909	9850	69813	6.0

1957年城市房屋建筑及住房情况

表15

地　区	年末全市实有房屋建筑面积(万平方米)	年末全市实有住宅建筑面积(万平方米)	年末全市住房居住面积(万平方米)	人均居住面积(平方米)
全国总计	47443	25785	16128	3.6
北京市	4114	2218	1341	4.0
天津市	2675	1409	898	3.3

续表

地　　区	年末全市实有房屋建筑面积(万平方米)	年末全市实有住宅建筑面积(万平方米)	年末全市住房居住面积(万平方米)	人均居住面　积(平方米)
河北省	1280	620	409	4.0
山西省	1202	651	404	3.1
内蒙古	863	535	358	4.1
辽宁省	6232	3449	2242	3.2
吉林省	1763	948	502	5.5
黑龙江省	2591	1504	829	3.0
上海市	5930	2973	2122	3.5
江苏省	1796	1143	640	3.9
浙江省	1487	865	484	4.4
安徽省	1087	489	269	3.2
福建省	1302	874	481	4.8
江西省	481	259	174	3.3
山东省	2644	1573	1007	4.1
河南省	958	512	348	3.7
湖北省	2353	1214	728	3.5
湖南省	949	468	295	3.7
广东省	448	259	168	3.4
广　西	674	332	209	3.1
四川省	2718	1409	874	3.3
贵州省	254	123	98	2.6
云南省	673	404	246	4.2
西　藏				
陕西省	1477	735	448	3.3
甘肃省	742	376	248	2.8
青海省	241	138	96	4.7
宁　夏	80	57	37	5.8
新　疆	429	248	173	5.5

1963年城市房屋建筑及住房情况　　表16

地　区	年末全市实有房屋建筑面积(万平方米)	年末全市实有住宅建筑面积(万平方米)	年内全市新建房屋竣工建筑面积(万平方米)		年末全市住房居住面积(万平方米)	人均居住面　积(平方米)
				住　宅		
全国总计	73767	35722	1087	400	20760	3.2
北京市	5933	2873	100	44	1593	3.7
天津市	3175	1618	47	13	1001	3.1
河北省	2896	1351	71	34	878	4.0
山西省	2079	940	34	12	564	3.8
内蒙古	1713	842	26	8	505	3.7
辽宁省	7029	3561	63	22	1959	2.4
吉林省	2698	1264	39	15	657	2.7

续表

地　　区	年末全市实有房屋建筑面积(万平方米)	年末全市实有住宅建筑面积(万平方米)	年内全市新建房屋竣工建筑面积(万平方米)	住　　宅	年末全市住房居住面积(万平方米)	人均居住面　积(平方米)
黑龙江省	3749	1872	70	25	973	2.3
上 海 市	6317	3653	95	17	2433	3.8
江 苏 省	4735	2460	55	22	1304	3.4
浙 江 省	1846	955	12	2	497	4.2
安 徽 省	1815	738	41	17	443	3.5
福 建 省	1698	898	25	10	494	3.7
江 西 省	1959	636	18	8	375	3.0
山 东 省	3303	1683	41	19	959	3.4
河 南 省	2932	1260	59	24	844	3.6
湖 北 省	3306	1454	42	14	756	3.0
湖 南 省	2288	837	25	11	510	3.4
广 东 省	2788	1454	48	20	843	3.0
广　　西	980	415	19	6	241	2.6
四 川 省	4245	1893	33	10	1041	2.6
贵 州 省	664	298	19	10	209	2.7
云 南 省	1008	462	27	10	254	3.1
西　　藏						
陕 西 省	2021	853	32	12	512	3.3
甘 肃 省	1168	592	23	8	367	3.1
青 海 省	368	185	6	1	120	5.1
宁　　夏	245	118	7	3	77	4.1
新　　疆	1173	557	10	3	351	4.9

1978年城市房屋建筑及住房情况

表17

地　　区	年末全市实有房屋建筑面积(万平方米)	年末全市实有住宅建筑面积(万平方米)	年内全市新建房屋竣工建筑面积(万平方米)	住　　宅	年末全市住房居住面积(万平方米)	人均居住面　积(平方米)
全国总计	117322	51678	4941	2288	27717	3.6
北 京 市	8880	4035	411	192	2172	4.6
天 津 市	4006	1766	194	86	989	3.5
河 北 省	4227	1678	218	109	1025	3.8
山 西 省	3188	1215	133	66	716	3.6
内 蒙 古	2258	1019	67	33	575	3.5
辽 宁 省	10447	4869	343	163	2420	3.2
吉 林 省	4807	2209	226	97	1090	3.1
黑龙江省	7111	3615	250	124	1824	3.0
上 海 市	8653	4117	200	106	2498	4.5
江 苏 省	7655	3397	451	195	1746	4.3
浙 江 省	2244	1156	78	35	599	4.4

续表

地　区	年末全市实有房屋建筑面积（万平方米）	年末全市实有住宅建筑面积（万平方米）	年内全市新建房屋竣工建筑面积（万平方米）	住　宅	年末全市住房居住面积（万平方米）	人均居住面积（平方米）
安徽省	3655	1632	176	78	961	3.9
福建省	2370	999	86	34	466	3.6
江西省	2259	989	37	21	544	3.1
山东省	5932	2318	289	135	1218	3.7
河南省	5123	1996	239	99	1062	3.2
湖北省	6371	2522	342	166	1290	3.8
湖南省	4557	1598	202	89	894	3.9
广东省	5152	2550	265	124	1305	3.7
广　西	2251	941	109	49	462	3.5
四川省	6164	2887	229	99	1507	3.2
贵州省	1293	497	14	6	288	2.5
云南省	1821	647	102	37	356	3.6
西　藏						
陕西省	3603	1329	141	71	701	3.4
甘肃省	1277	596	31	31	373	3.6
青海省	554	306	32	11	162	3.8
宁　夏						
新　疆	1464	795	76	32	474	3.5

1980年城市房屋建筑及住房情况　　表18

地　区	年末全市实有房屋建筑面积（万平方米）	年末全市实有住宅建筑面积（万平方米）	年内全市新建房屋竣工建筑面积（万平方米）	住　宅	年末全市住房居住面积（万平方米）	人均居住面积（平方米）
全国总计	143010	64219	9151	5596	34505	3.9
北京市	10025	4706	648	397	2491	4.8
天津市	4510	2049	266	176	1217	3.6
河北省	5866	2504	727	457	1286	3.6
山西省	4440	1638	278	164	985	3.8
内蒙古	3253	1564	168	92	816	3.4
辽宁省	11997	5780	713	466	2919	3.4
吉林省	5299	2525	296	182	1300	3.5
黑龙江省	7714	4023	417	280	2078	3.2
上海市	9133	4402	349	204	2647	4.4
江苏省	9224	4127	663	386	2097	4.2
浙江省	3425	1756	239	129	947	4.7
安徽省	4340	2015	290	172	1160	4.1
福建省	2698	1174	151	92	567	3.9
江西省	2885	1310	140	78	693	3.6

续表

地　区	年末全市实有房屋建筑面积(万平方米)	年末全市实有住宅建筑面积(万平方米)	年内全市新建房屋竣工建筑面积(万平方米)	住　宅	年末全市住房居住面积(万平方米)	人均居住面　积(平方米)
山东省	6888	2804	454	258	1468	4.2
河南省	6327	2613	459	290	1490	3.7
湖北省	7796	3322	526	346	1700	4.3
湖南省	5677	2179	438	234	1210	4.3
广东省	6417	2975	432	279	1675	4.0
广　西	2552	1115	186	114	557	3.7
四川省	8162	3572	510	307	1810	3.5
贵州省	1898	852	68	54	508	3.8
云南省	2316	909	171	105	539	4.1
西　藏	193	93	11	7	47	3.9
陕西省	4033	1565	182	109	822	3.5
甘肃省	1600	797	116	83	468	4.0
青海省	625	344	43	25	182	4.0
宁　夏	1228	373	59	28	192	4.8
新　疆	2489	1133	151	82	634	4.1

1985年城市房屋建筑及住房情况　　**表19**

地　区	年末全市实有房屋建筑面积(万平方米)	年末全市实有住宅建筑面积(万平方米)	年内全市新建房屋竣工建筑面积(万平方米)	住　宅	年末全市住房居住面积(万平方米)	人均居住面　积(平方米)
全国总计	231979	112767	15154	8860	58832	5.2
北京市	13895	7056	923	536	3593	6.2
天津市	7191	3749	580	323	1997	5.0
河北省	9886	4695	548	359	2486	5.2
山西省	6818	3102	498	280	1728	5.2
内蒙古	6846	3356	359	179	1573	5.2
辽宁省	19187	9520	1070	665	4870	4.3
吉林省	7905	3961	360	231	2025	4.6
黑龙江省	11868	6576	737	463	3360	4.2
上海市	12748	6446	528	351	3782	5.4
江苏省	13811	6722	1039	557	3460	5.6
浙江省	5968	3026	464	253	1564	6.3
安徽省	7822	3860	453	258	2006	5.6
福建省	4843	2455	435	245	1257	6.1
江西省	4751	2286	231	136	1203	4.9
山东省	12949	5712	813	434	2932	5.7
河南省	8734	4023	602	335	2369	4.9
湖北省	11648	5430	809	532	2805	5.5

续表

地区	年末全市实有房屋建筑面积(万平方米)	年末全市实有住宅建筑面积(万平方米)	年内全市新建房屋竣工建筑面积(万平方米)	住宅	年末全市住房居住面积(万平方米)	人均居住面积(平方米)
湖南省	9100	4049	628	326	2275	6.0
广东省	11828	6174	1230	707	3027	5.7
广西	4444	2203	350	199	1071	5.3
四川省	15880	7382	926	591	3709	5.5
贵州省	2981	1421	141	82	767	4.7
云南省	5074	2207	298	175	1072	6.2
西藏	244	116	30	12	53	6.3
陕西省	5453	2397	324	203	1271	4.5
甘肃省	3061	1520	216	120	793	4.9
青海省	970	547	81	58	289	5.1
宁夏	1703	606	113	59	330	5.9
新疆	4371	2170	368	191	1165	5.3

1986年城市房屋建筑及住房情况

表20

地区	年末全市实有房屋建筑面积(万平方米)	年末全市实有住宅建筑面积(万平方米)	年内全市新建房屋竣工建筑面积(万平方米)	住宅	年末全市住房居住面积(万平方米)	人均居住面积(平方米)
全国总计	301341	145672	16909	9850	69813	6.0
北京市	14209	6710	779	489	3373	6.3
天津市	9541	4524	660	369	2513	6.0
河北省	13797	6564	554	268	3199	6.2
山西省	8779	4211	524	275	2158	6.3
内蒙古	7522	3670	322	184	1710	5.5
辽宁省	23339	11011	1345	954	5551	5.1
吉林省	8845	4539	489	346	2295	4.9
黑龙江省	15924	8228	861	531	4059	4.9
上海市	14670	7336	539	383	4271	6.0
江苏省	18000	8592	1203	632	4064	6.4
浙江省	10879	5480	660	346	2503	7.6
安徽省	9683	4895	636	360	2274	5.9
福建省	7387	3825	440	244	1423	6.7
江西省	7080	3292	376	201	1514	6.0
山东省	17513	8361	936	493	3612	6.7
河南省	14676	6916	707	435	3255	6.2
湖北省	15507	7453	883	524	3506	6.2
湖南省	12142	5556	600	316	2441	6.4
广东省	15269	8060	1372	771	2998	5.2

续表

地 区	年末全市实有房屋建筑面积(万平方米)	年末全市实有住宅建筑面积(万平方米)	年内全市新建房屋竣工建筑面积(万平方米)	住 宅	年末全市住房居住面积(万平方米)	人均居住面 积(平方米)
广 西	6977	3327	422	244	1516	7.2
四川省	16687	7964	922	563	3963	5.9
贵州省	4651	2271	185	108	1114	6.1
云南省	5308	2321	269	140	1147	6.3
西 藏	261	133	30	12	65	6.8
陕西省	7792	3369	360	211	1723	6.0
甘肃省	6117	2799	263	144	1380	6.6
青海省	1543	700	91	60	333	6.0
宁 夏	1717	752	137	72	397	6.3
新 疆	5526	2813	344	175	1456	6.6

1986年城市设施水平

表21

地 区	城市人口用水普及率%	城市煤气气化率%	每万人拥有公共汽(电)车辆(辆)	人均拥有铺装道路面积(平方米)	人均公共绿地 面 积(平方米)	每万人拥有公共厕所(座)
全国总计	86.6	28.5	4.6	4.9	3.5	6.8
北京市	80.3	89.3	10.9	4.4	6.3	12.2
天津市	91.9	56.2	4.7	5.7	1.7	4.8
河北省	85.6	20.5	2.9	4.6	3.0	14.2
山西省	90.7	14.5	3.3	4.2	1.8	3.6
内蒙古	65.5	7.5	2.8	7.9	3.1	12.5
辽宁省	84.7	47.0	4.4	3.9	4.5	3.3
吉林省	80.9	25.4	3.1	3.2	5.0	20.5
黑龙江省	78.2	30.7	3.0	4.8	2.9	18.6
上海市	100.0	54.8	9.9	1.9	0.9	1.4
江苏省	94.0	26.6	4.5	6.0	3.7	8.4
浙江省	89.4	20.0	3.7	5.7	2.6	7.0
安徽省	81.2	18.3	3.5	4.3	3.3	5.2
福建省	83.9	4.2	3.9	5.6	3.7	3.8
江西省	79.1	5.1	3.3	2.9	3.4	3.4
山东省	92.7	33.5	4.2	10.3	3.5	3.7
河南省	91.2	18.7	2.7	6.8	2.2	10.4
湖北省	89.5	19.2	6.5	5.2	3.1	3.6
湖南省	86.9	11.4	3.6	3.6	2.9	4.6
广东省	90.4	11.2	4.7	3.5	5.6	2.0
广 西	92.4	5.3	3.1	4.6	2.7	2.5
四川省	88.5	28.5	4.9	5.7	2.5	3.8
贵州省	70.7		4.4	3.3	7.4	2.3

续表

地　区	城市人口用水普及率%	城市煤气气化率%	每万人拥有公共汽(电)车辆(辆)	人均拥有铺装道路面积(平方米)	人均公共绿地面积(平方米)	每万人拥有公共厕所(座)
云南省	92.2		4.3	3.1	11.0	2.5
西　藏	94.7		7.4	7.4	8.5	7.1
陕西省	86.0	8.6	4.5	3.7	1.7	2.0
甘肃省	83.8	9.9	3.5	5.7	1.7	3.2
青海省	99.0		4.2	4.0	2.3	2.8
宁　夏	84.1	7.7	3.1	6.0	1.9	9.8
新　疆	70.1	33.7	2.7	5.2	3.8	2.1

历年城市公用事业基本情况

表 22

	单位	1949 年	1957 年	1965 年	1978 年	1982 年	1985 年	1986 年
自来水全年供水总量	亿吨		9.6	26.3	78.8	101.1	128.0	277.4
其中:生活用水量	亿吨		5.5	10.3	27.6	39.1	51.9	70.7
人均日生活用水量	升		44.3	54.0	120.6	132.4	151.0	153.8
用水普及率	%		56.6	74.0	81.0	85.1	81.0	86.6
公共车辆(汽车、电车)车辆总数	辆		6174	11060	25839	36251	45155	49530
平均每万人拥有	辆		1.0	1.6	3.3	3.7	3.9	4.6
铺设道路长度	公里	11129	18259	24000	26966	31934	38282	71946
平均每万人拥有	公里		3.0	3.4	3.4	3.3	3.3	5.9
铺设道路面积	万平方米	8432	14422	21000	22539	27979	35872	61557
平均每万人拥有	万平方米		2.4	3.0	2.9	2.9	3.1	4.9
下水道长度	公里	6035	10107	12855	19556	24638	31556	42581
平均每万人拥有	公里		1.4	2.0	2.5	2.5	2.7	3.5
公用煤气、液化气								
人工煤气全年供气量	万立方米	3820	20475	69628	172541	208819	249754	337745
其中:生活用量	万立方米		12696	32000	66593	94896	107060	139374
煤气管道长度	公里	1039	2137	2412	4717	6356	10567	10399
天然气全年供气量	万立方米				69078	90421	162099	435887
液化气生活用量	万吨			0.01	17.6	34.3	54.7	76.3
用气普及率	%		1.5	3.0	13.9	18.5	22.4	28.5
城市绿化								
绿地面积	公顷			26080	81735	121433	159291	251381
平均每万人绿地面积	公顷			4.3	10.6	12.5	13.7	20.5
公园、动物园个数	个			585	616	780	1026	1291
公园、动物园面积	公顷			13903	15229	15769	21896	30740
环境卫生								
清运垃圾	万吨					3125	4477	5011
清运粪便	万吨					1689	1731	2710

注: 1.1986 年各项数字是按全社会范围计算的,1986 年以前各项指标只按城建部门管理的范围计算。

2.人均拥有指标按城市人口中的非农业人口计算。

历年城市自来水情况

表 23

年份	年末自来水生产能力(万吨/日)	年末供水管道长度(公里)	全年供水总量(万吨)	生活用水	生产用水	用水人口(万人)	人均日生活用水量(升)
1949	240.7	6587				962.4	
1952	266.9	8132	45806	25093		1799.3	38.2
1953	292.5	9175	56791	31853	19404	2078.2	42.0
1954	316.9	10170	64502	37244	25319	2434.3	42.0
1955	352.3	10700	70019	41506	27884	2617.7	43.4
1956	381.5	11597	83176	47218	36460	3005.1	43.0
1957	450.3	12564	95602	54948	44842	3398.6	44.3
1958	615.3	14617	126345	64138	51584	4022.2	43.7
1959	784.5	15457	184632	78860	91102	4561.1	47.4
1960	1020.8	15889	250813	99150	139326	4729.0	57.4
1962	982.7	17545	223409	110814	110660	4630.0	65.6
1963	951.3	17480	229221	104477	106143	4598.5	62.2
1965	1077.3	19028	262802	103423	136188	5343.0	54.0
1972	1722.8	27635	491004	173202	296331		
1973	1775.0	27026	521745	194479	314347		
1974	1853.0	29918	560321	207916	329365		
1975	2081.5	30692	616548	227471	367951		
1976	2202.0	31944	642661	246950	385248		
1977	2350.0	34276	697867	259396	415642	5995.0	118.5
1978	2530.4	35984	787507	275854	438501	6267.1	120.6
1979	2714.0	39406	832201	309206	462066	6951.0	121.8
1980	2979.0	42859	883427	339130	479935	7278.0	127.6
1981	3258.0	46966	969943	367823	518428	7729.0	130.4
1982	3424.9	51513	1011319	391422	537290	8102.2	132.4
1983	3539.0	56852	1065956	421968	556188	8371.0	138.1
1984	3906.9	62892	1176474	465651	612353	8900.7	143.3
1985	4019.7	67350	1280238	519493	653427	9424.3	151.0
1986	4165.1	72601	1336531	567100	648332	10104.0	153.8

1949 年城市自来水情况

表 24

地区	年末自来水生产能力(万吨/日)	年末供水管道长度(公里)	用水人口(万人)	人均日生活用水量(升)	地区	年末自来水生产能力(万吨/日)	年末供水管道长度(公里)	用水人口(万人)	人均日生活用水量(升)
全国总计	240.7	6587	962.4		吉林省	16.2	618		
北京市	8.6	367	64.0		黑龙江省	4.7	344		
天津市	5.8	245	168.1		上海市	93.5	841	467.2	
河北省	2.3	156	10.4		江苏省	7.4	316	6.0	
山西省	1.2	70	10.3		浙江省	2.0	76	13.0	
内蒙古	0.4	24	4.0		安徽省	0.3	27		
辽宁省	57.2	2232	104.4		福建省	0.4	90	6.8	

续表

地 区	年末自来水生产能力(万吨/日)	年末供水管道长度(公里)	用水人口(万人)	人均日生活用水量(升)	地 区	年末自来水生产能力(万吨/日)	年末供水管道长度(公里)	用水人口(万人)	人均日生活用水量(升)
江西省	2.1	31			贵州省	0.2	24		
河南省	0.3	12			云南省	0.8	26		
湖北省	10.5	154			西 藏				
湖南省					陕 西				
广东省	15.1	382	57.4		甘肃省				
广 西	2.3	53	11.0		青海省				
四川省	2.8	183	39.8		宁 夏				
山东省	6.6	316			新 疆				

1957年城市自来水情况

表25

地 区	年末自来水生产能力(万吨/日)	年末供水管道长度(公里)	全年供水总量(万吨)			用水人口(万人)	人均日生活用水量(升)
				生活用水	生产用水		
全国总计	450.3	12564	95602	54948	44842	3398.6	44.3
北京市	27.5	1197	7548	5417	1079	282.0	52.6
天津市	18.5	467	4864	2638	17018	251.0	28.8
河北省	7.0	344	1492	856		84.2	27.9
山西省	4.9	211	1176	696	10	64.7	29.5
内蒙古	1.5	152	338	203	64	24.8	22.4
辽宁省	96.4	2932	23440	8756	12266	426.4	56.3
吉林省	22.1	845	4172	2393	989	131.9	49.7
黑龙江省	13.3	712	3360	2050	808	151.9	37.0
上海市	109.1	1253	25413	16083	7503	634.5	69.4
江苏省	15.2	739	2941	2091		241.1	23.8
浙江省	5.5	202	998	578	328	47.2	33.6
安徽省	2.9	145	698	468	191	56.1	22.9
福建省	2.6	216	298	197	22	24.3	22.2
江西省	2.5	77	521	425	404	30.7	37.9
山东省	11.7	495	2703	1316	1070	158.8	22.7
河南省	12.6	201	1368	870	253	51.9	45.9
湖北省	19.3	378	5308	3444	1242	169.2	55.8
湖南省	5.5	152	995	549	302	64.5	23.3
广东省	22.3	779	3595	2895	586	158.2	50.1
广 西	3.0	113	536	426	10	48.0	24.3
四川省	10.4	459	1806	1144	455	161.0	19.5
贵州省	0.9	45	219	179	26	3.6	136.2
云南省	1.2	68	309	250	22		
西 藏							
陕西省	9.1	196	1476	1014	180	92.9	29.9
甘肃省	25.3	186	28	10	14	39.7	1.0
青海省							
宁 夏							
新 疆							

1963年城市自来水情况

表26

地区	年末自来水生产能力(万吨/日)	年末供水管道长度(公里)	全年供水总量(万吨)			用水人口(万人)	人均日生活用水量(升)
				生活用水	生产用水		
全国总计	951.3	17480	229221	104477	106143	4598.5	62.2
北京市	62.5	1490	16334	10411	4944	343.8	83.0
天津市	34.8	536	9742	4879	4393	313.7	42.6
河北省	29.9	553	6677	2412	3565	152.0	43.5
山西省	25.3	363	5538	2187	3085	90.2	66.4
内蒙古	13.6	159	2830	1357	1208	52.1	71.4
辽宁省	163.9	4409	47401	14656	29513	573.7	70.0
吉林省	22.9	843	7203	4317	2035	152.5	77.6
黑龙江省	22.3	756	6662	3829	2171	199.6	52.6
上海市	137.0	1421	39963	20534	16587	668.0	84.2
江苏省	29.1	1028	6092	3541	2051	258.1	37.6
浙江省	16.1	318	3483	1396	1726	89.3	42.8
安徽省	22.7	291	3367	1600	1256	100.1	43.8
福建省	31.4	246	2852	786	1936	52.5	41.0
江西省	6.8	149	1805	1125	403	58.7	52.5
山东省	32.7	638	7050	2377	4034	197.5	33.0
河南省	29.9	456	7250	3850	3254	129.6	81.4
湖北省	42.6	564	11635	6528	3232	246.7	72.5
湖南省	50.1	372	6454	2750	3027	112.2	67.2
广东省	49.8	1111	8851	5721	2450	223.0	70.3
广西	6.3	154	1411	993	230	58.1	46.8
四川省	22.4	597	5800	2729	2360	227.7	32.8
贵州省	4.6	98	1009	587	270	45.5	35.3
云南省	6.1	187	1298	608	368	56.0	29.7
西藏							
陕西省	24.7	344	6222	3506	2317	109.8	87.5
甘肃省	62.0	308	12009	1569	9705	55.4	77.6
青海省	0.4	54	48	31		6.0	14.2
宁夏	0.1	13	16	15		3.7	11.1
新疆	1.3	22	219	183	23	23.0	21.8

1978年城市自来水情况

表27

地区	年末自来水生产能力(万吨/日)	年末供水管道长度(公里)	全年供水总量(万吨)			用水人口(万人)	人均日生活用水量(升)
				生活用水	生产用水		
全国总计	2530.4	35984	787507	275854	438501	6267.1	120.6
北京市	134.0	3064	33848	18885	13367	378.4	136.7
天津市	67.0	1893	21159	7760	12150	321.3	66.2
河北省	86.8	1345	28163	9788	16087	271.7	98.7
山西省	61.2	835	21209	5738	14851	214.0	73.5
内蒙古	28.7	431	8837	2564	5560	103.7	67.7

续表

地　　区	年末自来水生产能力(万吨/日)	年末供水管道长度(公里)	全年供水总量(万吨)			用水人口(万人)	人均日生活用水量(升)
				生活用水	生产用水		
辽宁省	259.6	7930	94895	26668	60166	610.4	119.7
吉林省	48.6	1495	17149	6669	7769	216.7	84.3
黑龙江省	41.9	1111	14468	3091	7612	250.0	33.8
上海市	343.0	2150	97237	35708	54170	557.0	175.6
江苏省	112.3	2369	35055	12013	20073	347.2	94.8
浙江省	45.9	535	12930	4261	7842	115.5	101.1
安徽省	61.1	659	20538	9091	8930	179.7	138.6
福建省	67.8	597	21936	5511	15841	90.8	166.3
江西省	37.0	401	12482	4011	7392	126.6	86.8
山东省	104.6	1334	31431	9735	19362	325.1	82.0
河南省	119.7	1416	40756	18075	20001	318.5	155.5
湖北省	152.6	1279	55891	23684	22550	314.0	206.6
湖南省	189.5	905	46934	12678	30671	198.5	175.0
广东省	218.0	2266	59521	18024	31933	304.3	162.2
广　西	52.2	342	17907	9182	7235	103.7	242.5
四川省	93.3	1438	26875	13521	10737	363.6	101.9
贵州省	14.0	230	5389	1652	3013	96.0	47.1
云南省	17.3	391	5343	2370	1712	79.7	81.4
西　藏	0.1	2	2	2		1.0	5.5
陕西省	63.6	693	21202	8099	11488	172.3	128.7
甘肃省	84.7	248	29507	3994	24474	81.6	134.1
青海省	7.4	163	2667	1477	1059	38.9	104.0
宁　夏	2.0	161	517	240	244	17.8	36.9
新　疆	16.5	301	3659	1363	2203	69.1	54.0

1985年城市自来水情况

表28

地　　区	年末自来水生产能力(万吨/日)	年末供水管道长度(公里)	全年供水总量(万吨)			用水人口(万人)	人均日生活用水量(升)
				生活用水	生产用水		
全国总计	4019.7	67350	1280238	519493	653427	9424.3	151.0
北京市	164.0	4313	43968	25999	13889	463.3	153.7
天津市	114.7	2686	37389	15774	20085	400.0	108.0
河北省	143.8	2974	45478	20052	20695	405.8	135.4
山西省	79.0	1405	24530	9335	14315	299.0	85.5
内蒙古	55.9	1139	15637	7131	7018	183.7	106.3
辽宁省	341.2	10752	118021	43082	63852	902.3	130.8
吉林省	73.0	1891	24880	11283	9490	310.0	99.7
黑龙江省	148.3	2342	48180	13791	29134	415.5	90.9
上海市	377.7	2762	115406	41302	62583	687.1	164.7

续表

地　　区	年末自来水生产能力(万吨/日)	年末供水管道长度(公里)	全年供水总量(万吨)	生活用水	生产用水	用水人口(万人)	人均日生活用水量(升)
江苏省	218.9	5646	76609	29280	40908	585.4	137.0
浙江省	109.1	1685	36034	14192	19555	247.5	157.1
安徽省	111.6	1349	38819	16520	19528	280.5	161.4
福建省	134.7	1378	34561	11583	20859	172.1	184.4
江西省	86.1	1093	29544	12311	15094	211.5	159.5
山东省	155.0	3453	49303	20050	25866	494.2	111.0
河南省	197.8	2322	66240	26840	35227	434.8	169.1
湖北省	283.2	3383	98278	41958	48725	480.5	239.2
湖南省	281.1	2606	75268	27214	43399	343.4	217.1
广东省	348.7	4269	102102	55884	38467	519.0	295.0
广　西	103.3	957	36862	17644	13823	189.5	255.0
四川省	135.5	2853	50012	20869	23606	497.7	114.9
贵州省	37.8	720	12277	5314	4987	129.2	112.7
云南省	34.1	1647	11953	6251	4996	164.3	104.2
西　藏	1.0	34	282	278		3.5	217.6
陕西省	73.5	1481	26472	10893	14063	251.9	118.5
甘肃省	163.7	871	45483	7810	34269	141.8	150.9
青海省	14.6	263	5607	1977	3192	49.0	110.5
宁　夏	7.2	351	2551	1230	1173	37.6	89.6
新　疆	25.2	725	8492	3646	4629	124.2	80.4

1986年城市自来水情况

表29

地　　区	年末自来水生产能力(万吨/日)	年末供水管道长度(公里)	全年供水总量(万吨)	生活用水	生产用水	用水人口(万人)	人均日生活用水量(升)
全国总计	4165.1	72601	1336531	567100	648332	10104	153.8
北京市	172.8	4468	45139	27195	13099	451	165.2
天津市	117.5	2901	39063	16605	20048	394	115.5
河北省	156.6	3356	49853	20590	20264	420	134.3
山西省	86.8	1525	26926	9913	15843	315	86.2
内蒙古	57.8	2049	17220	8506	7196	193	120.7
辽宁省	366.0	11193	118472	43106	61889	968	122.0
吉林省	76.5	1927	25946	11843	9494	325	99.8
黑龙江省	80.3	2021	27106	13290	11041	385	94.6
上海市	370.5	2924	117061	43610	60994	695	171.9
江苏省	242.3	6186	86390	33519	45224	627	146.5
浙江省	131.0	2595	43006	17241	23233	318	148.5
安徽省	122.5	1518	42733	17948	21406	296	166.1

续表

地　区	年末自来水生产能力(万吨/日)	年末供水管道长度(公里)	全年供水总量(万吨)			用水人口(万人)	人均日生活用水量(升)
				生活用水	生产用水		
福建省	143.2	1495	38145	13183	22229	199	181.5
江西省	97.0	1209	31498	13458	16285	239	154.3
山东省	167.8	3784	58225	24409	29215	549	121.8
河南省	197.8	2445	68540	29435	35538	512	157.5
湖北省	307.3	3681	100895	44917	48391	529	232.6
湖南省	292.6	2535	87551	28559	52823	364	214.9
广东省	381.0	4377	116691	64604	42447	617	286.9
广　西	109.7	1053	40474	21776	14608	189	315.7
四川省	142.4	3064	50857	22790	21791	560	111.5
贵州省	41.6	735	13268	5620	4594	129	119.4
云南省	38.9	1857	14164	7334	5362	184	109.7
西　藏	3.0	44	360	345		9	105.0
陕西省	80.7	1520	28823	12853	13602	256	137.6
甘肃省	125.6	600	29787	5787	22943	135	117.4
青海省	14.6	263	5893	2137	3466	50	117.1
宁　夏	8.2	358	2702	1467	816	46	87.4
新　疆	33.1	918	9743	5060	4491	150	92.4

1986年城市自来水情况(全社会)

表30

地　区	年末自来水生产能力(万吨/日)	年末供水管道长度(公里)	全年供水总量(万吨)			用水人口(万人)	人均日生活用水量(升)
				生活用水	生产用水		
全国总计	10410.9		2774281	707316	1916119	11766.9	164.7
北京市	243.1		87639	43735	38901	451.0	265.7
天津市	152.5		48520	19426	26684	423.6	125.6
河北省	505.6		132015	24960	98056	479.2	142.7
山西省	146.3		45689	12523	31953	351.5	97.6
内蒙古	164.4		44941	11559	31340	245.3	129.1
辽宁省	754.3		229036	53571	161736	1069.0	137.3
吉林省	137.5		35613	13092	17666	405.8	88.4
黑龙江省	460.2		139836	22206	112442	643.6	94.5
上海市	627.7		180167	45723	133653	710.3	176.4
江苏省	602.9		177164	39666	128259	691.4	157.2
浙江省	338.3		80200	19058	58604	328.6	158.9
安徽省	610.0		204259	25857	174949	397.5	178.2
福建省	376.3		104226	15351	86144	223.3	188.3
江西省	305.2		50497	14603	33248	252.7	158.3
山东省	349.4		104551	28935	70890	648.3	122.3
河南省	328.0		111459	38167	68497	592.5	176.5
湖北省	564.4		177587	60048	109481	643.6	255.6
湖南省	1531.5		175598	35125	132244	420.9	228.6

续表

地区	年末自来水生产能力(万吨/日)	年末供水管道长度(公里)	全年供水总量(万吨)	生活用水	生产用水	用水人口(万人)	人均日生活用水量(升)
广东省	590.8		161287	67656	82216	641.9	288.8
广　西	345.7		96381	26058	65682	221.0	323.0
四川省	589.5		176316	31566	134220	687.2	125.8
贵州省	91.7		19662	7007	6744	140.2	136.9
云南省	45.5		16600	7700	7432	196.6	107.3
西　藏	3.0		360	345		9.0	105.0
陕西省	162.6		52319	20184	29767	354.0	156.2
甘肃省	195.1		59344	10025	25367	206.4	133.1
青海省	28.0		10523	2721	7512	62.8	118.7
宁　夏	95.0		34368	2347	31602	65.6	98.0
新　疆	66.4		18124	7102	10830	204.1	95.3

历年城市公共汽(电)车、出租汽车情况

表 31

年份	年末实有公共汽(电)车辆(辆)			营运线路长度(公里)			运客总数(万人次)	出租汽车(辆)
	公共汽车	无轨电车	有轨电车	公共汽车	无轨电车	有轨电车		
1949	1260	166	866	722.4	92.6	339.0	37024	
1952	2222	244	1049	1934.7	133.9	377.8	111464	
1953	2741	299	1104	2593.7	142.6	389.4	166530	
1954	3147	335	1160	3140.2	169.7	394.1	186529	
1955	3440	336	1171	3778.6	168.7	390.7	187187	
1956	3920	358	1180	4407.3	194.9	386.0	263315	
1957	4457	493	1224	5114.5	225.9	391.9	323941	
1958	5830	688	1245		294.1	392.0	349778	
1959	6791	981	1081	12019.8	324.6	313.7	469501	1010
1960	7255	1502	1081	10846.6	458.2	265.5	550113	834
1961	7322	1702	1082				506200	
1962	6978	1820	1083	10382.0	589.0	278.0	502000	
1963	7209	1957	987				467553	
1965	8125	2053	882	15083.0	733.0	202.0	529090	
1972	13091	2207	533	30324.0	832.0	112.0	831267	
1973	16020	2404	456	34682.4	838.7	91.6	901405	
1974	15888	2537	389	33198.9	853.4	86.1	925252	
1975	18468	2516	354	40050.8	857.3	70.4	1231033	
1976	19236	3014	331	44058.1	918.9	72.5	1058959	
1977	20496	2916	321	43390.0	933.0	69.0	1126709	1714
1978	22464	3065	310	46384.0	998.0	69.0	1322816	1628
1979	26309	3293	310	50649.0	982.0	69.0	1578705	2514
1980	28242	3546	310	57522.0	978.0	69.0	1844526	4244
1981	30122	3754	313	62471.0	1018.0	69.0	1981614	5036

续表

年份	年末实有公共汽(电)车辆(辆)			营运线路长度(公里)			运客总数(万人次)	出租汽车(辆)
	公共汽车	无轨电车	有轨电车	公共汽车	无轨电车	有轨电车		
1982	31968	3975	308	68446.0	1074.0	69.0	2170486	6327
1983	34103	4192	321	77733.0	1141.0	69.0	2236278	5965
1984	36560	4403	319	92157.0	1218.0	69.0	2369545	11360
1985	40312	4525	318	104245.0	1267.0	69.0	2553736	27072
1986	40749	4499	267	104994	1306.0	48.0	2563028	10370

1949年城市公共汽(电)车、出租汽车情况

表32

年份	年末实有公共汽(电)车辆(辆)			营运线路长度(公里)			运客总数(万人次)	出租汽车(辆)
	公共汽车	无轨电车	有轨电车	公共汽车	无轨电车	有轨电车		
全国总计	1260	166	866	722.4	92.6	339.0	37024	
北京市	61		103			49.9	2885	
天津市	106		182			29.3		
河北省	4			4.5			8	
山西省								
内蒙古				1				
辽宁省	73		171	306.7		106.3	9486	
吉林省	30		40			38.7		
黑龙江省	43		39			32.2		
上海市	402	166	331	194.1	92.6	72.6	23869	
江苏省	142			42.6				
浙江省	56			72.8			732	
安徽省								
福建省	5		19.5				44	
江西省	11							
山东省	50							
河南省								
湖北省	14							
湖南省	10							
广东省	182			82.2				
广　西								
四川省	34							
贵州省								
云南省	20							
西　藏								
陕西省	17							
甘肃省								
青海省								
宁　夏								
新　疆								

1957年城市公共汽(电)车、出租汽车情况

表33

地区	年末实有公共汽(电)车辆(辆)			营运线路长度(公里)			运客总数(万人次)	出租汽车(辆)
	公共汽车	无轨电车	有轨电车	公共汽车	无轨电车	有轨电车		
全国总计	4457	493	1224	5114.5	225.9	391.9	323941	
北京市	545	83	250	354.0	37.0	62.6	45227	
天津市	224	25	166	159.1	17.7	36.0	32420	
河北省	43			114.0			367	
山西省	93			185.1			2221	
内蒙古	33			110.3			623	
辽宁省	397	40	277	835.1	33.8	116.3	41276	
吉林省	96		67	89.5		55.4	9362	
黑龙江省	190		104	171.6		46.3	17450	
上海市	785	325	360	328.5	125.4	75.3	93443	
江苏省	293			262.0			10438	
浙江省	131			150.9			7114	
安徽省	56			99.0			1938	
福建省	86			135.3			2526	
江西省	51			72.5			1334	
山东省	144			219.4			5463	
河南省	44			62.7			1985	
湖北省	211			186.5			8256	
湖南省	74			120.2			2491	
广东省	317			239.4			13319	
广　西	6			10.8			210	
四川省	285	20		497.3	12.0		13361	
贵州省	42			55.0			2073	
云南省	100			336.5			2229	
西　藏								
陕西省	107			118.0			5823	
甘肃省	62			80.1			1742	
青海省	12			21.6			60	
宁　夏								
新　疆	37			104.6			1190	

1963年城市公共汽(电)车情况

表34

地区	年末实有公共汽(电)车辆(辆)			运客总数(万人次)
	公共汽车	无轨电车	有轨电车	
全国总计	7209	1957	987	467553
北京市	1036	430	27	83657
天津市	409	138	165	43906
河北省	94			2694
山西省	149	26		3848
内蒙古	95			1274

续表

地区	年末实有公共汽(电)车辆(辆)			运客总数(万人次)
	公共汽车	无轨电车	有轨电车	
辽宁省	612	184	315	47835
吉林省	168	26	97	12084
黑龙江省	221	98	123	21167
上海市	1130	640	260	116213
江苏省	350	70		17600
浙江省	233	40		10949
安徽省	143			4388
福建省	165			3732
江西省	123			3394
山东省	238	23		8300
河南省	160			4685
湖北省	288	93		14236
湖南省	111			3357
广东省	500	29		25155
广　西	54			1443
四川省	351	87		18319
贵州省	74			1988
云南省	86			3003
西　藏				
陕西省	192	47		7822
甘肃省	92	26		3302
青海省	58			680
宁　夏	27			279
新　疆	88			2243

1978年城市公共汽(电)车、出租汽车情况

表35

地区	年末实有公共汽(电)车辆(辆)			营运线路长度(公里)			运客总数(万人次)	出租汽车(辆)
	公共汽车	无轨电车	有轨电车	公共汽车	无轨电车	有轨电车		
全国总计	22464	3065	310	46384	998	69	1322816	1628
北京市	2223	404		1274	132		169464	575
天津市	1046	142		1583	79		63731	235
河北省	800			1126			16607	
山西省	507	81		1747	46		14867	
内蒙古	355			993			4144	
辽宁省	1686	559	170	2353	165	28	139854	82
吉林省	689	108	100	987	35	29	52127	
黑龙江省	877	173	40	2154	60	12	43611	95
上海市	2298	685		3459	160		250548	423
江苏省	1304	103		1737	35		80037	41
浙江省	552	77		709	27		28572	38

续表

地区	年末实有公共汽(电)车辆(辆)			营运线路长度(公里)			运客总数(万人次)	出租汽车(辆)
	公共汽车	无轨电车	有轨电车	公共汽车	无轨电车	有轨电车		
安徽省	584			937			26880	
福建省	396			1502			11715	
江西省	407	29		1954	10		14603	
山东省	973	121		1793	40		45164	
河南省	758			2152			17012	
湖北省	1249	160		1027	40		85339	79
湖南省	656			1118			27850	20
广东省	1141	85		4340	24		75405	40
广　西	425			559			16020	
四川省	1293	155		6667	79		62415	
贵州省	326			1002			7053	
云南省	390			2007			10740	
西　藏	15			55			90	
陕西省	513	125		1008	46		23054	
甘肃省	369	58		255	20		17318	
青海省	157			466			4916	
宁　夏	118			353			1968	
新　疆	357			1067			11712	

1985年城市公共汽(电)车、出租汽车情况

表36

地区	年末实有公共汽(电)车辆(辆)			营运线路长度(公里)			运客总数(万人次)	出租汽车(辆)
	公共汽车	无轨电车	有轨电车	公共汽车	无轨电车	有轨电车		
全国总计	40312	4525	318	104245	1267	69	2553736	27072
北京市	4021	589		2148	143		321254	12088
天津市	1570	232		2166	81		83996	832
河北省	1331			1504			36763	98
山西省	874	85		2623	44		34407	161
内蒙古	654			2172			11435	78
辽宁省	2989	800	180	3114	230	28	252193	580
吉林省	946	182	98	1266	47	29	77386	95
黑龙江省	1685	272	40	4701	82	12	99854	231
上海市	4240	888		9953	185		501028	6477
江苏省	2361	123		2904	36		143146	716
浙江省	932	109		1557	28		65802	222
安徽省	1137			1927			58513	138
福建省	745	20		4221	8		23753	76
江西省	702	74		5368	21		30447	73
山东省	1735	214		5245	50		83334	531
河南省	1203	120		4852	62		34975	223
湖北省	2059	228		2459	51		160805	338

续表

地　区	年末实有公共汽(电)车辆(辆)			营运线路长度(公里)			运客总数(万人次)	出租汽车(辆)
	公共汽车	无轨电车	有轨电车	公共汽车	无轨电车	有轨电车		
湖南省	1293			2421			58450	144
广东省	2564	114		14971	34		105992	2417
广　西	660			1509			25966	136
四川省	2514	235		14037	84		136619	406
贵州省	684			1827			30228	78
云南省	784			4492			24427	216
西　藏	62			159			199	34
陕西省	927	163		1898	53		54497	353
甘肃省	591	77		1374	28		30601	76
青海省	239			477			14859	47
宁　夏	199			620			6742	37
新　疆	611			2279			46065	177

1986年城市公共汽(电)车、出租汽车情况　　表37

地　区	年末实有公共汽(电)车辆(辆)			营运线路长度(公里)			运客总数(万人次)	出租汽车(辆)
	公共汽车	无轨电车	有轨电车	公共汽车	无轨电车	有轨电车		
全国总计	40749	4499	267	104994	1306	48	2563028	10370
北京市	3880	540		2353	143		309496	763
天津市	1567	172		2458	77		79864	421
河北省	1438			2631			39155	90
山西省	789	96		3190	44		36970	226
内蒙古	757			2321			14446	78
辽宁省	2994	790	176	3181	224	28	262677	516
吉林省	955	202	79	1301	56	18	61851	201
黑龙江省	1373	287	12	3100	92	2	76957	170
上海市	4579	926		13966	180		518463	1969
江苏省	2422	117		3006	36		144679	614
浙江省	984	107		1713	43		59815	319
安徽省	1203			1923			61335	113
福建省	777	22		5120	8		23069	134
江西省	729	75		5301	22		34078	78
山东省	1702	205		4680	50		88032	543
河南省	1160	120		3304	62		34111	243
湖北省	2176	260		2698	55		162773	272
湖南省	1350			2735			67711	125
广东省	2488	106		13189	48		103412	1836
广　西	637			1555			25332	164
四川省	2655	235		11283	85		138951	370
贵州省	698			2056			32743	78

续表

地　　区	年末实有公共汽(电)车辆(辆)			营运线路长度(公里)			运客总数(万人次)	出租汽车(辆)
	公共汽车	无轨电车	有轨电车	公共汽车	无轨电车	有轨电车		
云南省	739			4837			24643	222
西　藏	70			159			199	34
陕西省	1010	160		1738	53		54676	398
甘肃省	562	79		1609	28		33206	96
青海省	228			430			16728	46
宁　夏	198			580			6740	28
新　疆	629			2527			50916	223

1986年城市公共汽(电)车、出租汽车情况(全社会)　　表38

地　　区	年末实有公共汽(电)车辆(辆)			营运线路长度(公里)			运客总数(万人次)	出租汽车(辆)
	公共汽车	无轨电车	有轨电车	公共汽车	无轨电车	有轨电车		
全国总计	44764	4499	267	144501	1306	48	2618451	54746
北京市	4012	540		2420	143		312990	12451
天津市	1588	172		2820	77		79882	1738
河北省	1494			2997			39565	1189
山西省	864	96		4253	44		38077	622
内蒙古	1068			3637			15098	810
辽宁省	3029	790	176	3215	224	28	262858	2663
吉林省	969	202	79	1331	56	18	61881	969
黑龙江省	1787	287	12	5422	92	2	89130	3134
上海市	4592	926		13996	180		518538	7493
江苏省	2525	177		3349	36		145399	2927
浙江省	1002	107		1819	43		60418	1444
安徽省	1218			2142			62211	184
福建省	857	22		6025	8		23861	1083
江西省	758	75		5674	22		34432	190
山东省	2088	205		5490	50		96463	1332
河南省	1250	120		4262	62		34657	950
湖北省	3159	260		16472	55		175490	371
湖南省	1454			2974			70646	274
广东省	2801	106		20879	48		106303	10200
广　西	657			1662			25382	1384
四川省	3036	235		14948	85		142284	1331
贵州省	812			2703			33739	78
云南省	816			7767			24843	233
西　藏	70			159			199	34
陕西省	1061	160		2029	53		55318	780
甘肃省	654	79		2286	28		33663	355
青海省	236			487			16754	75
宁　夏	217			580			6940	41
新　疆	690			2703			51432	410

历年城市煤气、液化石油气、天然气情况　　表39

年份	人工煤气生产能力(万立方米/日)	输气管道长度(公里)		全年供气总量			用气人口(万人)		
		人工煤气	天然气	人工煤气(万立方米)	液化石油气(吨)	天然气(万立方米)	人工煤气	液化石油气	天然气
1949	24.8	1039		3820			23.0		
1952	42.5	1580		9914			45.8		
1953	48.2	1814		11912			59.6		
1954	51.4	1886		14284			63.2		
1955	53.0	1972		15680			68.8		
1956	53.0	2108		18672			82.3		
1957	58.0	2137		20475			88.4		
1958	69.2	1921		25401			115.3		
1959	93.7	1964		39159			128.2		
1960	96.3	2075		47444			153.2		
1961	95.2	2119		53417			164.4		
1962	93.3	2229		49410			166.1		
1963	101.5	2374		54711			179.0		
1965	117.2	2412		69628			215.3		
1972	202.9	2978		124639	23458		394.6	6.8	
1973	210.6	3142		136903	31676		458.7		
1974	225.6	3309		139183	50128		571.8		
1975	265.7	4059		148253	820711		676.3		
1976	306.2	3877	370	152413	137590	21790	823.4		
1977	321.0	4072	527	160901	138857	79538	423.0	578.0	54.0
1978	319.1	4157	560	172541	194533	69078	450.0	634.5	23.9
1979	349.0	4446	751	182748	243576	68489	499.5	788.4	75.5
1980	369.0	4698	921	195491	290460	58937	561.0	924.0	39.0
1981	368.4	4830	1059	199466	330987	93970	594.0	994.5	83.4
1982	407.2	5258	1098	208819	388595	90421	630.1	1076.4	93.3
1983	408.8	5967	1149	214009	456191	49071	703.0	1158.7	90.8
1984	509.1	7353	1965	231351	535289	168568	767.7	1434.5	134.8
1985	540.3	8255	2312	249754	601803	162099	911.1	1534.2	280.9
1986	499.8	7990	2409	233933	557415	62035	856.4	1488.1	358.5

1949年城市煤气、液化石油气、天然气情况　　表40

城市名称	人工煤气生产能力(万立方米/日)	输气管道长度(公里)	全年供气总量	用气人口(万人)
		人工煤气	人工煤气(万立方米)	人工煤气
全国总计	24.8	1039	3820	23.0
辽宁省	2.4	523	289	11.5
沈　阳	0.7	214	109	1.0
大　连	0.2	151	84	2.7
鞍　山		67		5.1
抚　顺		22		1.7
丹　东	1.5	69	96	1.0
吉林省	1.7	80		
长　春	1.7	80		
黑龙江省	0.3	22	120	
哈尔滨	0.3	22	120	
上海市	20.4	414	3411	11.5

1957年城市煤气、液化石油气、天然气情况

表41

城市名称	人工煤气生产能力	输气管道长度(公里)	全年供气总量	用气人口(万人)
	(万立方米/日)	人工煤气	人工煤气(万立方米)	人工煤气
全国总计	58.0	2138	20475	88.4
辽宁省	26.9	1256	10730	53.5
沈　阳	12.2	559	3470	10.3
大　连	11.4	380	3645	19.6
鞍　山		157	2011	15.3
抚　顺		42	718	3.2
丹　东	2.3	77	561	3.3
锦　州	1.0	41	325	1.8
吉林省	7.6	389	2312	12.2
长　春	7.6	389	2312	12.2
黑龙江省	1.2	29	348	1.3
哈尔滨	1.2	29	348	1.3
上海市	22.3	464	7085	21.4

1963年城市煤气、液化石油气、天然气情况

表42

城市名称	人工煤气生产能力	输气管道长度(公里)	全年供气总量	用气人口(万人)
	(万立方米/日)	人工煤气	人工煤气(万立方米)	人工煤气
全国总计	101.5	2374	54711	179.0
北京市		113	7132	12.5
辽宁省	46.9	1159	26105	81.1
沈　阳	29.1	337	16904	19.3
大　连	14.2	443	5338	30.0
鞍　山		165	5391	20.7
抚　顺		80	3567	5.0
丹　东	2.4	84	1530	3.6
锦　州	1.2	50	647	2.5
吉林省	13.0	400	431	15.8
长　春	13.0	400		15.8
黑龙江省	2.6	29		1.8
哈尔滨	2.6	29		1.8
上海市	39.0	673	7132	67.8

1978年城市煤气、液化石油气、天然气情况

表43

地　区	人工煤气生产能力	输气管道长度(公里)		全年供气总量			用气人口(万人)		
	(万立方米/日)	人工煤气	天然气	人工煤气(万立方米)	液化石油气(吨)	天然气(万立方米)	人工煤气	液化石油气	天然气
全国总计	319.1	4157	560	172541	194533	69078	450.0	634.5	23.9
北京市		396		31506	85615		30.0	220.8	
天津市			79		19592	20337		75.4	4.8
河北省					2769			12.9	

续表

地区	人工煤气生产能力(万立方米/日)	输气管道长度(公里)		全年供气总量			用气人口(万人)		
		人工煤气	天然气	人工煤气(万立方米)	液化石油气(吨)	天然气(万立方米)	人工煤气	液化石油气	天然气
山西省									
内蒙古									
辽宁省	89.1	1876	293	35969	20619	4503	155.4	83.7	12.3
吉林省	23.0	331		7494	6029		30.5	32.8	
黑龙江省	8.0	55		2054	6243		9.5	27.1	
上海市	199.0	1312		83135	5426		202.5	12.4	
江苏省		155		11756	23666		15.7	48.4	
浙江省					837			2.9	
安徽省		32		627	210		6.4	0.9	
福建省									
江西省									
山东省					14704			69.0	
河南省									
湖北省					2677			15.4	
湖南省					1494			4.2	
广东省					2318			8.5	
广　西									
四川省			188			44238		6.8	
贵州省									
云南省									
西　藏									
陕西省									
甘肃省								7.0	
青海省									
宁　夏									
新　疆					2334			13.1	

1985年城市煤气、液化石油气、天然气情况 表44

地区	人工煤气生产能力(万立方米/日)	输气管道长度(公里)		全年供气总量			用气人口(万人)		
		人工煤气	天然气	人工煤气(万立方米)	液化石油气(吨)	天然气(万立方米)	人工煤气	液化石油气	天然气
全国总计	540.3	8255	2312	249754	601803	162099	911.1	1534.2	280.9
北京市		974		47479	169670		106.9	301.8	
天津市	28.0	202	257	652	36703	8033	16.1	90.0	10.0

续表

地　　区	人工煤气生产能力(万立方米/日)	输气管道长度(公里)		全　年　供　气　总　量			用　气　人　口　(万　人)		
		人工煤气	天然气	人工煤气(万立方米)	液化石油气(吨)	天然气(万立方米)	人工煤气	液化石油气	天然气
河北省	21.0	112		5425	22841		10.4	142.8	
山西省	33.0	255		3410	187		43.0	0.2	
内蒙古	9.6	175		1276	1017		9.6	9.3	
辽宁省	112.7	2926	849	49174	70536	37210	255.7	149.8	64.5
吉林省	29.6	578		8011	15772		40.6	77.3	
黑龙江省	8.7	77		3317	43995		18.0	120.5	
上海市	252.0	1798		111929	38763		306.1	48.8	
江苏省	24.8	446		13155	42495		39.9	76.2	
浙江省					15384			43.5	
安徽省		251		4238	3341		33.0	8.8	
福建省									
江西省		13		61	5681		0.7	30.5	
山东省	12.5	191		217	29969		6.2	132.1	
河南省	8.4	49	31	3	6264	661	6.4	34.2	4.6
湖北省					30302			68.9	
湖南省					8670			37.6	
广东省					30197			65.2	
广　西					1044			4.9	
四川省		53	1175	380	876	116195	4.5	2.9	121.8
贵州省									
云南省									
西　藏									
陕西省		97		740	1362		12.0	6.1	
甘肃省		58		287	6847		2.0	7.2	
青海省									
宁　夏					476			4.0	
新　疆					19411			71.6	

1986年城市煤气、液化石油气、天然气情况

表45

地　　区	人工煤气生产能力(万立方米/日)	输气管道长度(公里)		全　年　供　气　总　量			用　气　人　口　(万　人)		
		人工煤气	天然气	人工煤气(万立方米)	液化石油气(吨)	天然气(万立方米)	人工煤气	液化石油气	天然气
全国总计	499.8	7990	2409	233933	557415	62035	856.4	1488.1	358.5
北京市		1042		40897	153813		112.8	405.0	
天津市	28.0	202	330	2344	34801	10074	34.8	82.3	104.9

续表

地区	人工煤气生产能力(万立方米/日)	输气管道长度(公里)		全年供气总量			用气人口(万人)		
		人工煤气	天然气	人工煤气(万立方米)	液化石油气(吨)	天然气(万立方米)	人工煤气	液化石油气	天然气
河北省	6.0	174		617	25983		8.2	86.7	
山西省									
内蒙古	9.6	91		286	1225		5.7	8.9	
辽宁省	110.1	2310	1445	38155	58231	18641	168.6	134.7	172.1
吉林省	30.3	597		8013	16705		41.0	77.9	
黑龙江省	8.7	128		3165	18497		19.4	86.7	
上海市	252.0	1910		114518	42631		323.7	54.5	
江苏省	9.2	587		15951	41426		51.3	70.0	
浙江省					29350			51.3	
安徽省		420		6386	3304		48.7	10.5	
福建省					764			7.0	
江西省		13		65	4738		0.8	8.0	
山东省	19.5	244		646	27931		12.2	122.2	
河南省	8.4	61	134	1030	10149	816	8.4	60.2	6.8
湖北省					30440			67.3	
湖南省					7569			19.0	
广东省					23287			41.2	
广　西	3.0	23		100	785		1.8	3.7	
四川省		57	500	456	875	32504	4.6	2.6	74.7
贵州省									
云南省									
西　藏									
陕西省	15.0	131		1304	1183		14.4	8.1	
甘肃省									
青海省									
宁　夏					586			4.8	
新　疆					23142			75.5	

1986年城市煤气、液化石油气、天然气情况(全社会)

表46

地区	全年供气总量			用气人口(万人)		
	人工煤气(万立方米)	液化石油气(吨)	天然气(万立方米)	人工煤气	液化石油气	天然气
全国总计	338445	1010996	435887	962.8	1962.0	491.8
北京市	44542	183185		116.7	416.0	
天津市	2344	46297	10074	34.8	98.6	104.9
河北省	617	31121		8.2	99.6	
山西省	7010			50.0		

续表

地区	全年供气总量			用气人口（万人）		
	人工煤气(万立方米)	液化石油气(吨)	天然气(万立方米)	人工煤气	液化石油气	天然气
内蒙古	286	3637		5.7	20.9	
辽宁省	38155	114813	124115	168.6	188.2	188.5
吉林省	34293	20998		41.8	82.1	
黑龙江省	3165	109388		19.4	228.4	
上海市	115274	42631		328.3	54.5	
江苏省	15951	118160		51.3	121.4	
浙江省	402	37506		2.8	61.6	
安徽省	8533	3858		59.6	11.4	
福建省		1284			9.1	
江西省	345	4926		4.3	10.0	
山东省	646	45829		12.2	192.8	
河南省	9972	14071	3216	9.2	75.6	
湖北省	700	44607		11.7	41.9	
湖南省	53396	80114		1.5	46.7	
广东省		47467			70.1	
广　西	100	785		8.1	3.7	
四川省	1002	1151	298482	11.0	2.6	187.1
贵州省						
云南省						
西　藏						
陕西省	1304	1363		14.4	12.1	
甘肃省	408	27492		3.2	19.0	
青海省						
宁　夏		586			4.8	
新　疆		29727			90.9	

1985年公用事业全民所有制单位职工人数

（单位：万人）　表47

地区	合计	市内公共交通业	园林绿化	清洁卫生业	市政工程业
全国总计	112.8	50.2	17.2	19.7	19.4
北京市	10.6	5.8	1.4	1.7	0.6
天津市	6.2	2.8	0.8	1.1	1.3
河北省	4.7	1.2	0.6	1.1	1.6
山西省	2.2	0.9	0.3	0.5	0.4
内蒙古	1.9	0.5	0.4	0.6	0.3
辽宁省	12.0	5.2	1.7	2.3	2.3
吉林省	3.6	1.5	0.5	0.6	0.8
黑龙江省	5.1	2.0	0.6	0.7	1.6
上海市	10.3	6.0	0.7	2.4	1.0
江苏省	6.7	2.7	1.5	0.9	1.3

续表

地　区	合　计	市内公共交通业	园林绿化	清洁卫生业	市政工程业
浙江省	3.0	1.3	0.6	0.5	0.5
安徽省	2.5	1.0	0.4	0.4	0.4
福建省	1.9	0.7	0.3	0.5	0.3
江西省	1.7	0.6	0.3	0.3	0.4
山东省	4.8	1.9	0.9	0.6	1.0
河南省	3.7	1.2	0.7	0.7	0.9
湖北省	5.1	2.9	0.7	0.6	0.7
湖南省	2.7	1.1	0.5	0.5	0.5
广东省	6.8	3.4	1.3	1.1	0.8
广　西	2.0	0.6	0.5	0.4	0.5
四川省	5.7	3.1	0.9	0.6	0.7
贵州省	1.3	0.6	0.2	0.3	0.1
云南省	1.3	0.5	0.2	0.3	0.1
西　藏	0.4				
陕西省	2.5	1.1	0.5	0.4	0.4
甘肃省	1.9	0.6	0.2	0.3	0.5
青海省	0.4	0.2	0.1	0.1	0.1
宁　夏	0.5	0.2	0.1	0.1	0.1
新　疆	1.3	0.6	0.3	0.1	0.2

1986年公用事业全民所有制单位职工人数

(单位: 万人)　表48

地　区	合　计	市内公共交通业	园林绿化业	清洁卫生业	市政工程业
全国总计	99.3	51.8	16.6	17.0	13.5
北京市	8.6	5.8	1.0	1.5	0.3
天津市	5.4	2.9	0.4	1.1	1.0
河北省	3.7	1.2	0.7	0.8	1.0
山西省	2.2	1.0	0.4	0.4	0.4
内蒙古	1.7	0.6	0.4	0.4	0.3
辽宁省	10.8	5.5	1.7	1.7	1.9
吉林省	3.0	1.6	0.5	0.4	0.5
黑龙江省	3.7	2.5	0.4	0.2	0.6
上海市	10.5	6.4	0.7	2.4	1.0
江苏省	6.6	2.8	1.7	1.2	0.9
浙江省	2.5	1.3	0.6	0.4	0.2
安徽省	2.3	1.0	0.4	0.5	0.4
福建省	1.5	0.7	0.3	0.4	0.1
江西省	1.3	0.6	0.3	0.2	0.2
山东省	4.2	2.1	0.8	0.6	0.7
河南省	3.1	1.2	0.7	0.5	0.7
湖北省	5.0	3.0	0.8	0.7	0.5

续表

地　区	合　计	市内公共交通业	园林绿化业	清洁卫生业	市政工程业
湖南省	2.5	1.1	0.6	0.5	0.3
广东省	5.4	2.9	1.2	0.8	0.5
广　西	1.6	0.6	0.5	0.3	0.2
四川省	5.3	3.1	1.0	0.6	0.6
贵州省	1.0	0.5	0.2	0.2	0.1
云南省	1.0	0.5	0.3	0.1	0.1
西　藏	0.4				
陕西省	2.2	1.2	0.3	0.4	0.3
甘肃省	1.5	0.7	0.2	0.3	0.3
青海省	0.5	0.2	0.1	0.1	0.1
宁　夏	0.5	0.2	0.1	0.1	0.1
新　疆	1.3	0.6	0.3	0.2	0.2

历年城市市政工程情况

表 49

年　份	年末实有铺装道路长度（公里）	年末实有铺装道路面积（万平方米）	城市桥梁（座）	城市下水道总长度（公里）	城市污水日处理能力（万吨/座）	城市路灯（盏）	防洪堤长度（公里）
1949	11129	8432		6035			
1952	12291	8979		7028			
1953	13272	9767		7642			
1954	14178	11037		8169			
1955	14929	11774		8542			
1956	16404	13030		9168			
1957	18259	14422		10107			
1963	18374			12666			
1965	24000	21000		12855			
1972	23311	20106	5287	15876			2549
1973	24318	21464	5662	16181			3144
1974	25203	21329	5616	17158			3037
1975	26021	21756	5690	18290	66.9/28		3234
1976	26489	21588	5610	18269	72.7/34		3060
1977	26773	23238	5358	18619	78.0/34		3222
1978	26966	22539	5376	19556	63.5/37		3443
1979	28391	24069	5302	20432	66.3/36	570208	3670
1980	29485	25255	5477	21360	69.9/35	662341	4342
1981	30277	26022	5726	23183	84.6/39	699651	4446
1982	31934	27979	6624	24638	76.4/31	753210	5201
1983	33934	29962	6373	26448	90.0/39	801976	5577
1984	36410	33019	6849	28775	145.8/43	893031	6170
1985	38282	35872	7436	31556	154.2/51	972192	5998
1986	35755	36367	8020	34386	176.7/64	917296	5211

1949年城市市政工程情况　　表50

地　区	年末实有铺装道路长度(公里)	年末实有铺装道路面积(万平方米)	城市下水道总长度(公里)	防洪堤长度(公里)
全国总计	11129	8432	6035	
北京市	263	205	288	
天津市	332	270	240	
河北省	186	124	27	
山西省	72	40	5	
内蒙古	19	13	19	
辽宁省	2698	2598	1353	
吉林省	754	768	612	
黑龙江省	568	455	309	
上海市	1029	778	649	
江苏省	1115	539	389	
浙江省	758	325	174	
安徽省	214	122	70	
福建省	167	116	146	
江西省	104	81	93	
山东省	454	350	335	
河南省	33	39	16	
湖北省	457	293	59	
湖南省	301	181	161	
广东省	430	351	426	
广　西	111	67	68	
四川省	506	349	444	
贵州省	71	56	24	
云南省	221	115	102	
西　藏				
陕西省	134	98	26	
甘肃省	97	73		
青海省	4	3		
宁　夏	14	7		
新　疆	17	16		

1957年城市市政工程情况　　表51

地　区	年末实有铺装道路长度(公里)	年末实有铺装道路面积(万平方米)	城市下水道总长度(公里)	防洪堤长度(公里)
全国总计	18259	14422	10107	
北京市	1057	763	660	
天津市	622	484	537	
河北省	601	453	239	
山西省	331	254	97	

续表

地　区	年末实有铺装道路长度（公里）	年末实有铺装道路面积（万平方米）	城市下水道总长度（公里）	防洪堤长　度（公里）
内蒙古	269	239	76	
辽宁省	3442	3271	1700	
吉林省	920	910	707	
黑龙江省	1061	1025	458	
上海市	1271	950	840	
江苏省	1619	784	935	
浙江省	891	413	296	
安徽省	392	263	187	
福建省	274	190	192	
江西省	221	192	143	
山东省	682	503	490	
河南省	453	422	258	
湖北省	631	482	315	
湖南省	466	328	309	
广东省	611	473	538	
广　西	268	206	125	
四川省	926	731	645	
贵州省	203	149	54	
云南省	296	199	132	
西　藏				
陕西省	361	363	164	
甘肃省	270	262	4	
青海省	26	30	3	
宁　夏	40	23	3	
新　疆	55	60		

1963年城市市政工程情况

表52

地　区	年末实有铺装道路长度（公里）	城市下水道总长度（公里）	防洪堤长　度（公里）
全国总计	18374	12666	
北京市	1453	912	
天津市	651	850	
河北省	830	394	
山西省	440	150	
内蒙古	363	109	
辽宁省	2176	1863	
吉林省	796	702	

续表

地　区	年末实有铺装道路长度(公里)	城市下水道总长度(公里)	防洪堤长　度(公里)
黑龙江省	915	504	
上海市	1480	1053	
江苏省	1304	1058	
浙江省	542	260	
安徽省	660	224	
福建省	356	209	
江西省	263	178	
山东省	784	585	
河南省	792	335	
湖北省	761	352	
湖南省	536	446	
广东省	535	760	
广　西	396	216	
四川省	827	640	
贵川省	148	174	
云南省	193	160	
西　藏			
陕西省	545	337	
甘肃省	303	128	
青海省	126	10	
宁　夏	62	17	
新　疆	137	40	

1978年城市市政工程情况

表53

地　区	年末实有铺装道路长度(公里)	年末实有铺装道路面积(万平方米)	城市桥梁(座)	城市下水道总长度(公里)	城市污水日处理能力(万吨/座)	防洪堤长度(公里)
全国总计	26966	22539	5376	19556	63.5/37	3443
北京市	2078	1611	351	1297	23.2/2	
天津市	763	701	95	1051		431
河北省	1474	1189	425	928		229
山西省	792	633	97	345	6.4/3	158
内蒙古	452	423	33	265	1.5/1	92
辽宁省	3648	3412	504	2855	4.0/2	263
吉林省	1404	1151	140	873	3.8/2	118
黑龙江省	1776	1582	117	641		247
上海市	1051	898	174	1405	7.7/13	55

续表

地　区	年末实有铺装道路长度（公里）	年末实有铺装道路面积（万平方米）	城市桥梁（座）	城市下水道总长度（公里）	城市污水日处理能力（万吨/座）	防洪堤长度（公里）
江苏省	1893	1155	937	1503		188
浙江省	531	347	309	494		19
安徽省	670	523	100	341	0.6/5	237
福建省	431	353	152	342	1.5/1	140
江西省	574	456	94	388		58
山东省	1256	1106	417	1006	2.3/2	118
河南省	1093	1032	298	880	4.4/3	168
湖北省	1576	1018	125	892		407
湖南省	763	616	83	576	0.2/1	91
广东省	742	873	218	996		160
广　西	588	503	81	370		19
四川省	1135	829	223	806		42
贵州省	184	152	92	214		12
云南省	228	169	43	215		38
西　藏	57	76	1	4		13
陕西省	639	614	82	430	6.0/1	64
甘肃省	526	501	86	215	1.9/1	41
青海省	148	150	31	55		8
宁　夏	147	126	17	59		16
新　疆	347	340	51	110		11

1985年城市市政工程情况

表54

地　区	年末实有铺装道路长度（公里）	年末实有铺装道路面积（万平方米）	城市桥梁（座）	城市下水道总长度（公里）	城市污水日处理能力（万吨/座）	城市路灯（盏）	防洪堤长度（公里）
全国总计	38282	35872	7436	31556	154.2/51	972192	5998
北京市	2696	2212	391	1962	25.3/2	66718	647
天津市	1002	1052	116	1690	26.8/2	55069	434
河北省	2200	2172	467	1789	5.1/2	53008	416
山西省	1030	1039	124	697	10.0/4	24353	183
内蒙古	1239	1187	77	771	2.2/1	20389	243
辽宁省	3855	3850	539	3384	4.0/2	86658	354
吉林省	1575	1399	189	1278	3.2/1	33478	181
黑龙江省	2419	2113	196	1393		36938	360
上海市	1265	1294	348	1502	21.3/10	66242	77
江苏省	2437	1623	1123	2277	1.8/4	71362	243
浙江省	1014	786	533	927		31335	75
安徽省	1440	1278	168	692		18880	313

续表

地　区	年末实有铺装道路长度(公里)	年末实有铺装道路面积(万平方米)	城市桥梁(座)	城市下水道总长度(公里)	城市污水日处理能力(万吨/座)	城市路灯(盏)	防洪堤长　度(公里)
福建省	616	610	239	515		20536	101
江西省	663	653	140	538	0.5/5	20427	71
山东省	2028	2076	543	1884	3.5/4	40682	281
河南省	1632	1672	331	1556	10.1/5	31795	228
湖北省	2080	1653	227	1363		56419	574
湖南省	1036	981	111	1023	9.0/2	23568	119
广东省	1270	1723	324	1837	2.5/1	72194	263
广　西	722	703	94	465	3.9/2	17823	105
四川省	2434	1885	497	1318		48166	186
贵州省	296	300	114	379		11180	47
云南省	419	420	96	435		11957	58
西　藏	59	69	15	32		498	20
陕西省	839	882	107	754	12.0/1	19548	112
甘肃省	694	781	129	496	11.0/2	16057	192
青海省	210	238	40	91		3475	10
宁　夏	253	249	50	156		3906	69
新　疆	859	972	108	352	2.0/1	9531	36

1986年城市市政工程情况

表55

地　区	年末实有铺装道路长度(公里)	年末实有铺装道路面积(万平方米)	城市桥梁(座)	城市下水道总长度(公里)	城市污水日处理能力(万吨/座)	城市路灯(盏)	防洪堤长　度(公里)
全国总计	35755	36367	8020	34386	176.7/64	917296	5211
北京市	2739	2271	413	2043	26.4/2		
天津市	1091	1203	123	1750	26.8/2	60476	451
河北省	2350	2253	528	2132	9.1/3	61933	434
山西省	1028	1066	124	751	22.3/4	25415	179
内蒙古	1159	1200	77	797	9.5/4	20483	257
辽宁省	4015	3836	557	3523	10.0/9	91157	380
吉林省	1636	1470	171	1350	3.2/1	35307	200
黑龙江省	2974	2255	214	1276		40847	374
上海市	1300	1343	385	1514	21.3/10		62
江苏省	1536	1408	1095	2410	2.3/5	79644	208
浙江省	1246	927	1143	1324		38955	115
安徽省	930	883	119	780		23272	84
福建省	651	824	193	771		24734	49
江西省	659	620	133	612		20123	71
山东省	2180	2404	571	2220	1.8/3	46848	282

续表

地　区	年末实有铺装道路长度(公里)	年末实有铺装道路面积(万平方米)	城市桥梁(座)	城市下水道总长度(公里)	城市污水日处理能力(万吨/座)	城市路灯(盏)	防洪堤长　度(公里)
河南省	1672	1805	326	1684	10.1/5	35250	213
湖北省	2308	1870	317	1564	2.0/1	61383	535
湖南省	1084	1040	122	1087	6.3/3	24308	135
广东省	1465	1951	355	1986	2.5/1	67831	245
广　西	728	744	99	523	3.9/2	19460	98
四川省	965	888	297	1205		52929	200
贵州省	303	297	118	450		15265	50
云南省	460	433	83	516		13844	64
西　藏	60	70	15	34		498	20
陕西省	893	913	110	812	12.0/1	21180	118
甘肃省	816	898	130	613	3.3/2	17199	280
青海省	203	214	40	92		4038	10
宁　夏	263	264	46	164		4755	72
新　疆	863	1017	116	403	3.9/6	10162	25

1986年城市市政工程情况(全社会)

表56

地　区	年末实有铺装道路长度(公里)	年末实有铺装道路面积(万平方米)	城市下水道总长度(公里)	城市路灯(盏)	防洪堤长　度(公里)
全国总计	71946	61557	42581	1160453	9972
北京市	2747	2276	2074	67858	648
天津市	2791	2391	1963	60836	525
河北省	2608	2403	2132	65485	434
山西省	1581	1538	1012	28870	250
内蒙古	3211	2776	1327	23509	374
辽宁省	4734	4556	4022	94087	412
吉林省	1736	1545	1422	36268	202
黑龙江省	4957	3863	2276	54033	407
上海市	1300	1343	1514	68967	272
江苏省	4144	3867	2676	84991	1731
浙江省	2356	1814	1387	46335	229
安徽省	1968	1659	867	24306	411
福建省	1182	1220	835	25983	118
江西省	991	804	661	20175	78
山东省	9352	8152	2313	47752	768
河南省	3852	3492	1907	38695	261
湖北省	6381	3306	1837	71853	775
湖南省	1933	1520	2042	28503	300

续表

地区	年末实有铺装道路长度(公里)	年末实有铺装道路面积(万平方米)	城市下水道总长度(公里)	城市路灯(盏)	防洪堤长度(公里)
广东省	1760	2197	2271	86401	387
广西	1138	1059	534	20408	191
四川省	5117	4031	3345	66963	403
贵州省	867	611	881	20137	50
云南省	785	622	526	14199	64
西藏	60	70	34	498	20
陕西省	1103	1133	812	23180	118
甘肃省	1378	1292	926	19531	312
青海省	219	229	92	4112	14
宁夏	409	375	295	5865	157
新疆	1285	1413	598	10653	61

1981年城市集中供热情况 表57

城市名称	供应能力		供热总量		管道长度(公里)		供热面积
	蒸汽(吨/小时)	热水(百万千卡/小时)	蒸汽(吨/年)	热水(百万千卡/年)	蒸汽	热水	(万平方米)
全国总计	819	655	6414162	1826454	79	280	1167
北京市	754	401	5850000	1144700	34	96	646
内蒙自治区		16		23760		14	28
赤峰		16		23760		14	28
辽宁省	65	143	564162	494080	45	145	382
沈阳		80		287280		68	214
抚顺	65	35	564162	106000	45	24	118
阜新		28		100800		53	50
吉林省		82		120246		22	93
长春		32		79549		10	40
吉林		50		40697		12	53
甘肃省		13		43668		3	18
兰州		13		43668		3	18

1985年城市集中供热情况 表58

城市名称	供应能力		供热总量		管道长度(公里)		供热面积
	蒸汽(吨/小时)	热水(百万千卡/小时)	蒸汽(吨/年)	热水(百万千卡/年)	蒸汽	热水	(万平方米)
全国总计	1406	1582	8958918	5205344	76	954	2742.1
北京市	820	538	5491000	1740000	22	58	916.3

续表

城市名称	供应能力		供热总量		管道长度(公里)		供热面积
	蒸汽(吨/小时)	热水(百万千卡/小时)	蒸汽(吨/年)	热水(百万千卡/年)	蒸汽	热水	(万平方米)
天津市	35	1	84742	3456	7	2	22.0
河北省	392	139	2546988	312060	9	102	248.3
石泉庄	392	13	2546988	17280	9	5	16.3
唐　山		101		288690		78	220.3
邯　郸		25		6090		19	11.7
山西省		48		150125		16	21.0
太　原		48		150125		16	21.0
内蒙古	29	63	255958	253170	7	50	95.0
呼和浩特						2	
赤　峰		41		180882	2	20	68.0
通　辽	29	14	255958	54648	4	25	23.0
牙克石		8		17640	1	3	4.0
辽宁省	130	554	580230	2026190	22	553	1048.9
沈　阳		86		344688		71	325.0
鞍　山	3	264	9000	950470		202	320.5
抚　顺	115	140	556747	503316	22	165	276.8
阜　新	12	64	14483	227716		115	126.6
吉林省		116		387689	3	52	220.0
长　春		54		150268		12	87.0
吉　林		44		173341		18	93.0
白　城		18		64080	3	22	40.0
黑龙江省		90		251847		79	131.1
伊　春		6		21229		4	7.2
佳木斯		80		214807		70	120.0
七台河		4		15811		5	3.9
山东省		9		22440	6	18	17.0
济　南		9		22440	6	18	17.0
甘肃省		19		37631		24	19.3
金　昌		10		34560		11	7.8
天　水		3		2760		5	5.5
玉　门		6		311		8	6.0
青海省		5		20736		0.3	3.2
西　宁		5		20736		0.3	3.2

1986年城市集中供热情况

表59

城市名称	供应能力		供热总量		管道长度(公里)		供热面积
	蒸汽(吨/小时)	热水(百万千卡/小时)	蒸汽(吨/年)	热水(百万千卡/年)	蒸汽	热水	(万平方米)
全国总计	1822	2955	9264145	9904895	183	1335	3396

续表

城市名称	供应能力		供热总量		管道长度(公里)		供热面积
	蒸汽(吨/小时)	热水(百万千卡/小时)	蒸汽(吨/年)	热水(百万千卡/年)	蒸汽	热水	(万平方米)
北京市	820	587	5445000	1843000	58		975
天津市	80		106699	5184	8	2	28
河北省		223		77		232	289
唐　山		200		54		211	243
邯　郸		23		23		21	46
山西省		51		639480		21	49
太　原		51		639480		21	49
内蒙古		56		192550		60	91
呼和浩特						7	
赤　峰		48		167828		48	80
牙克石		8		24722		5	11
辽宁省	146	614	991132	2556784	41	581	1157
沈　阳		86		378216		135	360
鞍　山		100		284788		93	221
抚　顺	92	133	560807	477024	21	166	296
本　溪		147		535956		46	85
锦　州	54	40	430325	574080	13	18	48
阜　新		90		262656		115	135
盘　锦		18		44064	7	8	12
吉林省	69	196	386714	516961	26	64	290
长　春		78		165506	14		98
吉　林		46		169590			96
四　平		12		10800		7	8
辽　源	69	33	386714	73433	8	32	46
白　城		27		97632	4	25	42
黑龙江省		208		680632		249	327
伊　春		10		36590		6	12
鸡　西		62		223000		140	121
牡丹江		36		90720		23	37
佳木斯		96		314000		70	150
七台河		4		16322		10	7
山东省	58	32		34560	6	18	30
济　南	58	32		34560	6	18	30
陕西省		9		2		2	3
西　安		9		2		2	3
甘肃省		10		49280		15	8
金　昌		10		49280		15	8
青海省		5		11405		4	4
西　宁		5		11405		4	4
新　疆	649	964	2334600	3374980	65	87	145
乌鲁木齐		36		41520	12		24
石河子		14		43060		6	13
克拉玛依	649	914	2334600	3290400	53	81	108

1986年城市集中供热情况(全社会)

表60

城市名称	供应能力		供热总量		供热面积
	蒸汽(吨/小时)	热水(百万千卡/小时)	蒸汽(吨/年)	热水(百万千卡/年)	(万平方米)
全国总计	9630	41988	34664626	27036639	9907
北京市	820	587	5445000	1843000	975
天津市	470	14	1442257	39876	68
河北省		257		92064	333
山西省	440	60	1241671	3617848	250
内蒙古	29	135	249958	400995	201
辽宁省	2168	1419	7985655	4987913	2620
吉林省	1020	639	4104223	2039513	752
黑龙江省	1118	21015	4554809	3293885	1170
上海市			336254		2
江苏省	107		403613		81
山东省	58	32		34560	30
河南省	409		384461		63
湖北省	71		421077		176
湖南省	1748	16542	3437950	315508	2139
陕西省	150	39	1010996	104452	503
甘肃省	373	213	1312102	6688832	350
青海省		5		11405	4
新　疆	649	1031	2334600	3566788	190

1963～1986年城市园林绿化情况

表61

年　份	城市园林绿地面积(公顷)	公共绿地	公园动物园(个)		年游人量(万人次)	全年植树(万株)
			公园	动物园		
1963	25880		539	37		5793
1965	26080		548	37		
1972	101069		493	32		6502
1974	57354		504	37		3153
1975	62015		522	37		2836
1976	88669		549	37		2272
1977	81972		588	37		2434
1978	81735		579	37		2840
1979	82907		630	37		3363
1980	85543		642	37		3745
1981	110037	21637	694	37		4636
1982	121433	23620	743	37	61833	9546
1983	135304	27188	812	39	69849	11047
1984	146625	29037	904	42	76849	12307
1985	159291	32765	978	48	80226	13670
1986	165368	37547	1046	48	87425	12077

1963年城市园林绿化情况

表62

地　区	公共绿地	公园动物园(个)		全年植树(万株)
		公园	动物园	
全国总计	25880	539	37	5797
北京市	1658	10	1	58
天津市				
河北省	1571	56	1	100
山西省	863	6	1	129
内蒙古	513	14	1	390
辽宁省	2167	57		698
吉林省	2870	21		372
黑龙江省	878	22	1	90
上海市	420	53	1	181
江苏省	5006	52	5	312
浙江省	485	33	3	244
安徽省	435	8	3	93
福建省	111	18	2	75
江西省	435	14		145
山东省	1323	20	3	117
河南省	681	21	1	628
湖北省	524	18	1	391
湖南省	870	10	1	128
广东省	2209	42	4	342
广　西	228	9		180
四川省	371	26	3	283
贵州省	231	6	1	13
云南省	129	5	2	19
西　藏				
陕西省	83	5	1	689
甘肃省	427	7	1	57
青海省	206	2		13
宁　夏				
新　疆	1186	4		50

1978年城市园林绿化情况

表63

地　区	城市园林绿地面积(公顷)	公园动物园(个)		全年植树(万株)
		公　园	动物园	
全国总计	81735	579	37	2840
北京市	2693	28	1	60
天津市	1300	34	1	13
河北省	2361	29	1	105
山西省	4641	12	1	78
内蒙古	509	9		110
辽宁省	16051	52	3	274
吉林省	5754	19	1	266
黑龙江省	5055	22	1	75

续表

地　区	城市园林绿地面积(公顷)	公园动物园(个)		全年植树(万株)
		公　园	动物园	
上海市	761	41	1	35
江苏省	7304	59	5	234
浙江省	643	25	2	102
安徽省	2758	16		76
福建省	435	14	4	85
江西省	900	15		25
山东省	1530	23	2	97
河南省	6570	22	1	38
湖北省	4875	22	1	90
湖南省	2344	17	3	174
广东省	2142	33	1	96
广　西	1775	14	1	230
四川省	4438	31	2	132
贵州省	1037	7		11
云南省	3135	10	1	17
西　藏	80	2		155
陕西省	410	10	1	43
甘肃省	50.7	5	2	54
青海省	95	1		11
宁　夏	478	2		47
新　疆	1154	5	1	107

1985年城市园林绿化情况

表64

地　区	城市园林绿地面积(公顷)		公园动物园(个)		年游人量(万人次)	全年植树(万株)
		公共绿地	公　园	动物园		
全国总计	159291	32765	978	48	80226	13670
北京市	2984	2787	39	1	7143	141
天津市	1239	634	44	1	3155	187
河北省	5164	1503	29	1	2084	504
山西省	5513	521	19	1	1007	525
内蒙古	4655	732	30		849	553
辽宁省	17514	2655	76	4	7149	274
吉林省	19996	2419	27	1	1365	492
黑龙江省	9328	2151	49	1	3587	1003
上海市	2339	522	51	1	8372	208
江苏省	7998	1450	83	7	7003	760
浙江省	1513	513	51	4	4988	233
安徽省	5416	928	28		1759	599
福建省	2194	412	28	5	1074	367
江西省	4016	988	28	2	1256	181

续表

地　区	城市园林绿地面积(公顷)		公园动物园(个)		年游人量(万人次)	全年植树(万株)
		公共绿地	公　园	动物园		
山东省	6715	1640	40	2	3387	486
河南省	9057	1296	34	1	2219	289
湖北省	8330	1108	43	4	3245	1604
湖南省	5725	961	29	4	1478	1522
广东省	13201	3052	67	2	6739	487
广　西	5185	559	28	1	1797	309
四川省	6469	889	56	2	4896	955
贵州省	2034	969	14		814	374
云南省	2972	2108	27	1	2173	259
西　藏	565	81	3		30	60
陕西省	1795	445	19	1	1242	367
甘肃省	1884	266	12		537	196
青海省	574	123	3		143	69
宁　夏	629	83	5		194	61
新　疆	4287	970	16	1	541	605

1986年城市园林绿化情况

表65

地　区	城市园林绿地面积(公顷)		公园动物园(个)		年游人量(万人次)	全年植树(万株)
		公共绿地	公　园	动物园		
全国总计	165368	37547	1046	48	87425	12077
北京市	5753	3297	50	1	9557	216
天津市	1433	711	49	1	3575	141
河北省	3410	1472	33	2	1933	754
山西省	2732	456	17	1	1032	410
内蒙古	4742	996	28		1033	403
辽宁省	26260	5214	82	3	7059	229
吉林省	19271	2371	27	1	1427	909
黑龙江省	10398	1766	40	1	3634	907
上海市	743	618	48	1	8085	31
江苏省	9002	2233	90	7	6755	617
浙江省	1886	791	73	4	5876	354
安徽省	5156	1032	26		1715	475
福建省	2271	459	30	5	1349	428
江西省	5237	945	30		1326	159
山东省	11101	1906	58	3	4237	670
河南省	5487	1135	35	1	2766	251
湖北省	10817	1067	37	3	3777	960
湖南省	4791	992	35	3	2760	915
广东省	12773	2780	72	2	6496	468

续表

地区	城市园林绿地面积(公顷)	公共绿地	公园动物园(个) 公园	动物园	年游人量(万人次)	全年植树(万株)
广西	3349	574	28	1	1898	229
四川省	4385	1036	50	2	4415	1260
贵州省	2660	1344	16		879	55
云南省	2684	2159	24	1	2526	132
西藏	595	81	3		30	60
陕西省	1936	501	19	2	1381	338
甘肃省	1400	373	19	2	670	159
青海省	565	112	2		133	107
宁夏	746	120	5		380	61
新疆	3785	1006	20	1	721	379

1986年城市园林绿化情况(全社会) 表66

地区	城市园林绿地面积(公顷)	公共绿地	公园动物园(个) 公园	动物园	年游人量(万人次)	全年植树(万株)
全国总计	251381	42336	1243	48	93115	12077
北京市	5753	3297	50	1	9557	216
天津市	1433	711	.49	1	3575	141
河北省	5852	1579	36	2	2073	754
山西省	6601	603	26	1	1195	410
内蒙古	10386	1096	33		1145	403
辽宁省	28740	5267	89	3	7075	229
吉林省	20808	2413	28	1	1427	909
黑龙江省	18485	2360	57	1	3764	907
上海市	2259	618	49	1	8322	31
江苏省	15651	2395	122	7	7905	617
浙江省	3330	844	79	4	6085	354
安徽省	6367	1269	28		1744	475
福建省	3322	794	43	5	1466	428
江西省	6148	949	30		1326	159
山东省	22749	2129	71	3	4385	670
河南省	5525	1137	43	1	3267	251
湖北省	17407	1982	47	3	4434	960
湖南省	11816	1232	66	3	2980	915
广东省	14326	3460	75	2	6573	468
广西	6010	606	29	1	1903	229
四川省	10598	1769	72	2	6045	1260
贵州省	2821	1381	18		888	55
云南省	8123	2179	26	1	2528	132
西藏	595	81	3		30	60
陕西省	4968	518	20	2	1422	338
甘肃省	4393	389	26	2	727	159
青海省	631	133	2		133	107
宁夏	963	120	6		420	61
新疆	5321	1027	20	1	721	379

1979年城市环境卫生情况

表67

地区	清扫面积(万平方米)	生活垃圾清运总量(万吨)	粪便清运总量(万吨)	环卫机械总数(辆)	公共厕所(座)
全国总计	20417	2508	2156	5292	54180
北京市	706	128	85	544	5590
天津市	993	86	15	334	1632
河北省	1081	121	56	327	7219
山西省	938	86	13	216	129
内蒙古	374	157	8	123	4860
辽宁省	3437	386	63	638	988
吉林省	1709	164	40	265	5925
黑龙江省	1765	158	27	313	4423
上海市	1408	250	374	411	696
江苏省	503	80	229	223	3545
浙江省	240	24	204	175	711
安徽省	223	28	23	94	771
福建省	387	51	35	89	3037
江西省	260	27	50	52	398
山东省	937	103	72	234	1646
河南省	631	166	401	181	2426
湖北省	271	23	43	93	2414
湖南省	1050	122	61	272	1834
广东省	1090	59	124	179	712
广　西	274	10	8	53	316
四川省	484	53	184	144	1889
贵州省	108	131	15	38	229
云南省	90	6	7	27	228
西　藏	25			3	33
陕西省	712	33	12	86	381
甘肃省	250	32	5	67	140
青海省	106	2	1	43	46
宁　夏	107	6	1	1	1421
新　疆	258	16		67	541

1980年城市环境卫生情况

表68

地区	清扫面积(万平方米)	生活垃圾清运总量(万吨)	粪便清运总量(万吨)	环卫机械总数(辆)	公共厕所(座)
全国总计	19525	3132	1643	6792	61927
北京市	762	147	92	693	5819
天津市		82	18	509	1322
河北省	637	108	57	371	6159
山西省	1964	107	25	333	351
内蒙古	249	99	7	260	5307
辽宁省	3571	514	95	642	929
吉林省	1847	211	20	310	8327

续表

地　区	清扫面积(万平方米)	生活垃圾清运总量(万吨)	粪便清运总量(万吨)	环卫机械总数(辆)	公共厕所(座)
黑龙江省	1967	187	5	387	8720
上海市	1446	272	331	518	692
江苏省	601	158	232	296	3712
浙江省	265	25	165	164	713
安徽省	348	166	11	106	1680
福建省	236	37	50	98	391
江西省	310	31	20	124	932
山东省	452	80	52	244	3962
河南省	501	115	32	199	3330
湖北省	832	98	56	293	1603
湖南省	299	29	55	157	1750
广东省	1104	89	107	315	842
广　西	200	11	8	89	307
四川省	386	54	46	163	1917
贵州省	115	172	15	97	288
云南省	98	12	7	45	234
西　藏	25	0.3		3	32
陕西省	521	272	127	119	483
甘肃省	316	22	2	91	147
青海省	119	3	1	46	52
宁　夏	165	8	7	27	1375
新　疆	189	23	0.1	93	551

1985年城市环境卫生情况　　表69

地　区	清扫面积(万平方米)	生活垃圾清运总量(万吨)	粪便清运总量(万吨)	环卫机械总数(辆)	公共厕所(座)
全国总计	33956	4477	1731	13184	68637
北京市	2309	225	137	1247	6318
天津市	1657	170	23	786	1994
河北省	2176	263	67	767	8542
山西省	1503	175	41	416	1164
内蒙古	1787	435	64	516	1151
辽宁省	5655	503	170	1008	1939
吉林省	2149	261	71	460	9809
黑龙江省	3109	331	110	730	7702
上海市	921	305	266	898	952
江苏省	1078	159	147	734	4700
浙江省	373	70	101	323	984
安徽省	784	74	19	259	1666
福建省	547	75	58	242	579
江西省	545	49	21	257	1061
山东省	1232	156	54	538	4064
河南省	1095	200	98	531	5052
湖北省	1171	168	41	486	1942

续表

地　　区	清扫面积(万平方米)	生活垃圾清运总量(万吨)	粪便清运总量(万吨)	环卫机械总数(辆)	公共厕所(座)
湖南省	616	90	36	348	1950
广东省	1897	167	52	659	1139
广　西	497	41	18	233	533
四川省	756	211	59	553	2561
贵州省	219	51	21	205	469
云南省	350	32	21	232	469
西　藏	41	1	0.4	11	67
陕西省	253	83	13	261	623
甘肃省	582	73	8	207	546
青海省	104	14	1	62	159
宁　夏	260	50	11	72	362
新　疆	290	45	3	143	140

1986年城市环境卫生情况

表70

地　　区	清扫面积(万平方米)	生活垃圾清运总量(万吨)	粪便清运总量(万吨)	环卫机械		公共厕所(座)
				总数(辆)	总功率(马力)	
全国总计	44448	5011	2710	19843	1587049	82813
北京市	2356	245	161	1900	150734	6357
天津市	2194	181	24	839	71764	2046
河北省	2949	292	63	1105	91247	7480
山西省	1538	182	61	478	41331	1235
内蒙古	1407	200	72	729	62401	4422
辽宁省	7180	609	175	1910	158643	3961
吉林省	2987	271	79	817	68197	9996
黑龙江省	3307	476	416	1129	80823	14949
上海市	2218	328	263	1857	101148	950
江苏省	1372	190	202	920	77197	5448
浙江省	1318	121	126	541	41072	2249
安徽省	963	104	31	377	32429	2019
福建省	811	80	68	364	27191	815
江西省	475	56	24	332	26285	946
山东省	2124	197	53	909	71386	2251
河南省	1428	253	89	742	63991	5356
湖北省	2071	199	53	652	60038	2286
湖南省	735	126	406	523	38371	1972
广东省	2210	235	68	1002	83266	1186
广　西	700	43	19	356	29130	566
四川省	1103	213	147	742	70735	2659
贵州省	310	56	23	240	25229	428
云南省	562	43	24	300	29747	503
西　藏	41	1	0.4	11		67
陕西省	339	92	18	409	39694	618
甘肃省	788	91	4	261	9853	720
青海省	100	27	2	67	5327	161
宁　夏	269	35	24	125	8900	606
新　疆	593	65	15	206	20920	561

1981年城市规模和建设用地

表71

地　　区	人　　口 (年底数、万人) 市　区	面　　积 (平找公里) 市　区	建成区面积 (平方公里)	人口密度 (人/平方公里) 市　区
全国总计	14400.4	209655	7438	687
北京市	542.7	2738	349	1982
天津市	500.0	4276	222	1169
河北省	555.0	3784	372	1467
山西省	444.0	6874	323	646
内蒙古	370.0	14740	333	251
辽宁省	1144.6	9286	642	1233
吉林省	517.4	537	347	9635
黑龙江省	832.3	48691	553	171
上海市	1163.0	222	142	52387
江苏省	652.5	2847	365	2292
浙江省	721.0	11182	137	645
安徽省	479.6	3036	263	1580
福建省	286.7	6147	123	466
江西省	410.3	2600	183	1578
山东省	723.7	7635	339	948
河南省	666.0	4599	355	1448
湖北省	515.4	3697	298	1394
湖南省	484.9	5937	263	817
广东省	825.9	11886	390	695
广　西	213.1	2889	185	738
四川省	978.4	9801	277	998
贵州省	190.6	3015	118	632
云南省	225.5	7052	106	320
西　藏	12.1	868	32	139
陕西省	390.0	3016	196	1293
甘肃省	180.6	16795	257	108
青海省	55.1	350	46	1574
宁　夏	65.6	2814	55	233
新　疆	254.4	12341	167	206

1985年城市规模和建设用地

表72

地　　区	人　口 (年底数、万人)	面　　积 (平方公里)		建成区 面　积	国家建设 征用土地	人口密度 (人/平方公里)	
	市　区	市　区	城　区	(平方公里)	(平方公里)	市　区	城　区
全国总计	20892.8	559573	17225	9385	641.5	373	
北京市	586.4	2738	750	373	6.9	2142	
天津市	538.1	4276	233	282	8.1	1258	
河北省	734.5	6371	569	480	14.7	1153	

续表

地 区	人 口(年底数、万人)	面 积(平方公里)		建成区面 积(平方公里)	国家建设征用土地(平方公里)	人口密度(人/平方公里)	
	市 区	市 区	城 区			市 区	城 区
山西省	637.8	13548	371	341	40.5	471	
内蒙古	532.0	19266	483	401	11.7	276	
辽宁省	1681.3	11685	1282	874	37.4	1439	
吉林省	726.0	5583	688	415	16.1	1300	
黑龙江省	1061.9	52719	948	767	61.7	201	
上海市	698.3	349	349	184		20009	
江苏省	966.6	4329	338	426	17.8	2233	
浙江省	693.2	10937	705	163	22.3	634	
安徽省	647.0	4975	311	304	22.9	1301	
福建省	429.6	14814	267	172	9.8	290	
江西省	574.3	10937	1166	213	6.8	525	
山东省	1795.9	23757	803	496	75.6	756	
河南省	882.1	5542	425	408	34.1	1592	
湖北省	1163.6	28560	2403	395	46.2	407	
湖南省	838.5	13637	388	388	20.2	615	
广东省	1189.2	16299	874	463	47.0	730	
广 西	534.5	17052	394	231	12.9	313	
四川省	1518.0	25041	961	373	39.7	606	
贵州省	453.9	15107	409	134	4.2	300	
云南省	538.9	25474	563	144	19.6	212	
西 藏	10.8	868	245	34	0.4	124	
陕西省	539.8	9490	436	229	22.7	569	
甘肃省	323.6	5389	398	276	6.5	600	
青海省	65.9	123850	65	65	1.3	5	
宁 夏	113.2	3298	106	106	2.4	343	
新 疆	417.9	83682	295	248	32.0	50	

1986年城市规模和建设用地 表73

地 区	人 口(年底数、万人)		面 积(平方公里)		建成区面 积(平方公里)	国家建设征用土地(平方公里)	人口密度(人/平方公里)	
	市 区	城 区	市 区	城 区			市 区	城 区
全国总计	22917.0	11669.8	806388.0	18295.4	10161.3	639.1	284	6379
北京市	596.4	239.4	2734.2	87.1	380.4	7.4	2181	27486
天津市	542.1	399.5	4276.0	213.9	283.2	91.6	1268	18677
河北省	1044.2	548.5	11213.0	652.0	546.5	24.3	931	8413
山西省	488.2	327.1	13548.0	387.4	351.8	20.4	360	8443
内蒙古	509.8	322.5	36147.2	531.7	423.9	8.3	141	6065
辽宁省	1690.4	1181.1	24382.7	1841.2	896.3	24.8	693	6415
吉林省	739.9	490.3	29025.6	733.7	445.6	135.5	255	6683
黑龙江省	1157.0	811.0	66511.7	993.3	792.2	5.0	174	8165
上海市	710.2	710.2	353.5	353,5	201.5	21.6	20091	20091

续表

地区	人口（年底数、万人）		面积（平方公里）		建成区面积（平方公里）	国家建设征用土地（平方公里）	人口密度（人/平方公里）	
	市区	城区	市区	城区			市区	城区
江苏省	1070.2	544.9	7466.9	381.7	456.2	17.4	1433	14276
浙江省	894.5	314.0	12080.6	961.8	257.8	11.4	740	3265
安徽省	772.6	367.3	9331.0	351.2	325.6	11.4	828	10458
福建省	436.8	205.8	14819.7	283.1	184.3	5.1	295	7270
江西省	528.8	268.8	11139.7	1197.2	219.0	6.5	475	2245
山东省	2068.5	614.7	29524.6	912.3	580.2	26.1	701	6738
河南省	903.3	534.7	7365.4	564.7	440.1	15.4	1226	9469
湖北省	1623.8	644.4	43728.0	1856.0	459.5	22.9	371	3472
湖南省	1038.8	419.9	20593.6	1038.2	429.1	19.1	504	4045
广东省	1221.0	593.4	16345.5	944.7	506.7	39.9	747	6281
广　西	547.3	226.8	17051.7	393.5	233.0	5.6	321	5764
四川省	1572.4	719.4	27512.2	457.0	409.6	11.1	572	15742
贵州省	485.1	141.2	16436.0	371.1	178.0	3.5	295	3805
云南省	548.1	150.3	25499.8	213.6	146.1	77.7	215	7037
西　藏	10.8	9.5	554.0	245.0	34.0	0.2	195	388
陕西省	552.4	290.5	9510.0	591.9	235.7	4.1	581	4908
甘肃省	538.5	245.4	36482.4	474.7	321.0	12.8	148	5170
青海省	67.4	56.8	123850.0	141.4	68.7	0.8	5	4017
宁　夏	116.6	67.4	6346.0	108.0	86.2	0.3	184	6241
新　疆	441.9	225.0	182559.0	1014.5	269.1	9.4	24	2218

统计资料说明

一、1963年城市维护建设资金其他收入，包括公用企业(自来水、公共交通、煤气)大修理基金和房租、园林等经营性收入。

二、1985、1986年城市维护建设资金其他收入，包括市政公用设施增容补助费、市政公用设施配套费、市政设施有偿使用费、土地使用费、旅游城市床位附加费、港口城市配套费、水资源费和房租收入、园林收入、清洁卫生经营性收入等。

三、1986年城市建设统计指标体系进行了改革和完善，对市区范围内城建部门管理和社会单位管理的市政公用设施分别进行统计，“全社会”指标包括上述两部分内容。

四、有关人均水平指标和普及率指标，均按全社会的市政公用设施和市区的非农业人口计算的。

17

纪 事

1949年

3月5日～13日 中国共产党在西柏坡举行七届二中全会。全会指出，在全国胜利的局面下，党的工作重心必须由乡村移到城市。号召全党："必须用极大的努力去学会管理城市和建设城市。"

10月1日 中华人民共和国成立。

10月21日 中央人民政府政务院财政经济委员会成立。委员会的计划局下设基建处，主管全国基本建设、城市建设和地质工作。

1950年

5月 政务院发布《古迹、珍贵文物、图书及稀有生物保护办法》。

7月6日 政务院发出《关于保护古文物建筑办法》。

11月 政务院发布《城市郊区土地改革条例》。

11月 内务部发出《关于填发土地房产所有证的指示》。

11月 我国首制的第一部无轨电车在天津试制成功。

12月1日 政务院第六十一次政务会议通过《关于决算制度、预算审核、投资的施工计划和货币管理的决定》。提出加强投资的计划性，所有建设项目必须审慎设计、作出施工计划和财务支拨计划，并经过相应的各级人民政府批准后，按计划拨款。明确规定必须先设计后施工的工作程序。

1951年

1月8日 政务院发布《城市房地产税暂行条例》。

2月18日 中共中央党内通报《中共中央政治局扩大会议要点》中指出："在城市建设计划中，应贯彻为生产、为工人服务的观点"。

3月28日 政务院财政经济委员会发布《基本建设工作程序暂行办法》。

8月10日 政务院财政经济委员会《关于改进和加强基本建设计划工作的指示》指出要认真进行设计，严禁盲目施工。规定:(一)一切新建工程，设计未经主管机关批准前，一律不得施工;(二)一切新建工程当设计资料不足，不正确者，不得草率进行设计;(三)设计未经批准已经施工者，一律进行一次检查、上报。

1952年

1月9日 政务院财政经济委员会颁发《基本建设工作暂行办法》。

4月14日 中共中央作出《三反后必须建立政府的建设部门和建立国营公司的决定》。同年5月中央设计公司在京成立。1953年2月13日改为中央建筑工程部设计院。

5月 内务部发布《关于加强城市公有房地产管理的意见》。

8月7日 中央人民政府委员会第十七次会议，通过《关于调整中央人民政府机构的决议》。决定成立中央人民政府建筑工程部，任命周荣鑫、宋裕和为副部长。部下设城建处，负责管理全国城市建设工作。

9月 政务院财政经济委员会召开城市建设座谈会。这是建国后讨论城市建设的第一次会议。会议决定:在建筑工程部设城市建设局，并提出有重点地进行城市建设的方针;对城市进行了分类;要求39个城市成立市的建设委员会;会议还讨论了《中华人民共和国编制城市规划设计程序草案》。

11月15日 中央人民政府委员会第十九次会议决定，任命陈正人为建筑工程部部长，万里任副部长。

1953年

3月 建筑工程部城市建设局成立，孙敬文任局长。

5月15日 中苏两国在莫斯科签订了《关于苏维埃社会主义共和国联盟政府援助中华人民共和国中央人民政府发展中国国民经济的协定》。协定规定，到1959年为止，苏联帮助中国新建和改建141项工程。

6月～8月 中共中央召开全国财经会议，提出了我国第一个五年计划。

7月 国家计划委员会设置城市建设计划局，曹言行任局长。

9月4日 中共中央发出《关于城市建设中几个问题的指示》。针对城市建设无计划所造成的混乱现象，要求工业建设比重较大的城市拟订城市总体规划草案，报中央审查；中小城市不再扩大基本建设。

10月7日～9日 国家计划委员会在北京召开全国勘察设计计划会议，布置一九五四年度设计工作计划的编制工作。这是我国首次编制全国范围的设计计划。

10月12日 政务院颁发《关于在基本建设工程中保护历史及革命文物的指示》。

10月23日～27日 在北京召开中国建筑学会第一次代表大会，参加会议代表36人。会议讨论通过了《中国建筑学会章程》，选举了理事会。理事27人，理事长周荣鑫，副理事长梁思成、杨廷宝。

11月22日 《人民日报》发表题为《改进和加强城市建设工作》的社论。社论批评了城市建设中的急燥冒进、分散主义倾向，指出要有计划地建设新城市和改造旧城市。一、必须把城市建设投资用于工业建设较大的城市；二、必须迅速加强重要工业城市的总体规划设计工作；三、必须加强对城市建设的领导。

12月5日 政务院公布《关于国家建设征用土地办法》。

1954年

2月 政务院发布《关于对国营企业、机关、部队、学校等占用市郊土地，征收土地使用费或租金问题的批复》。

6月10日～28日 第一次全国城市建设会议在北京召开。会议总结四年来城市建设工作，提出今后工作任务。城市建设局局长孙敬文在报告中强调第一个五年建设计划期间，城市建设重点要放在141项工程所在地的重点工业城市。还指出今后城市建设应加强城市规划和设计工作；建立城市建筑监督管理制度；加强城市公用事业的管理工作；拟定必要的城市经济技术定额以及培养城市建设干部等。会议还讨论了《城市建设管理暂行条例(草案)》，《城市规划批准程度(草案)》，《城市规划编制程序试行办法(草案)》三个文件。

8月11日 《人民日报》发表题为《贯彻重点建设城市的方针》的社论。

8月22日 《人民日报》发表题为《迅速作好城市规划工作》的社论。

8月 建筑工程部城市建设局改为建筑工程部城市建设总局，孙敬文任局长。

9月 国家计划委员会颁发《关于新工业城市规划审查工作的几项暂行规定》。

9月 国家计划委员会发出《关于办理城市规划中重大问题协议文件的通知》。

9月 建筑工程部城市建设总局城市设计院成立。

9月 国家主管部门审批了西安、武汉等14个新工业城市和工业区的初步规划。

9月 国家计划委员会发出《关于厂外工程投资划分规定》。

9月29日 刘秀峰被任命为建筑工程部部长。

10月12日 中苏两国政府签订协议，苏方帮助中国增建15项工业企业，加上原有协定规定的141项工业企业，共156项。

10月23日 建设工程部城市建设总局给水排水设计院正式成立。

11月8日 国家建设委员会正式成立。薄一波任主任。国家计划委员会城市建设计划局划归国家建设委员会领导。并改名为城市规划局。

1955年

2月4日～24日 建筑工程部召开设计施工工作会议，总结了1954年的工作经验和成就，确定了1955年的工作方针和任务。

3月28日 《人民日报》发表题为《反对建筑中的浪费现象》的社论，提出"当前建筑中的主要错误倾向，就是不重视建筑的经济原则。"

5月 国务院批准成立国家城市建设总局，万里任局长。原建筑工程部城市建设总局撤销。

5月 国家建设委员会召开有关工业布局与城市建设问题座谈会。会议研究了发展中小城市，不发展大城市等20个问题。

5月 国家计划委员会、国家城市建设总局发出通知，今后有关城市公用事业的各项计划由国家城市建设总局主管。

6月9日 国务院全体会议通过并颁发《关于设置市、镇建制的决定》。

6月13日 李富春同志在中央各机关、党派、团体的高级干部会议上作了关于《厉行节约，为完成社会主义建设而奋斗》的报告。

6月19日 《人民日报》发表题为《坚决降低非生产性建筑的标准》的社论。

6月27日 建筑工程部发布《建工部关于贯彻中央厉行全面节约的指示》、《建工部关于本部基本建设厉行全面节约的指示》、《建工部关于采取技术措施，修改当前设计，以降低建筑造价的指示》。

6月30日 薄一波副总理发表《反对铺张浪费，保证基本建设工程又好、又省、又快地完成》的广播讲话。

7月4日 中共中央发出《关于厉行节约的决定》。指出，在非生产性建设上，必须严格控制，削减非急需建设项目，降低设计标准和工程造价，以适应我国目前的水平。

7月5日～30日 第一届全国人民代表大会第二次全体会议讨论通过发展国民经济的第一个五年计划。

8月 国务院批转国家建设委员会《关于在基本建设中贯彻中共中央、国务院节约方针的措施》。

10月 国家城市建设总局召开重点工业城市会议。会议检查了重点工业城市的城建工作情况，安排了城市规划、市政设计、施工准备工作进度，以保证工业生产需要。

11月2日 国务院全体会议通过《关于城市划分标准的规定》。

11月7日 国务院颁发《关于城乡划分标准的规定》。提出了以居民区常住人口数和非农业人口比重作为划分城镇和确定城镇居民区的标准。

11月 国家城市建设总局召开各省、市、自治区城市建设局(建筑工程局)局长会议。

11月　《人民日报》发表题为《加强城市规划工作，降低城市建设造价》的社论。

11月19日　国务院颁布《基本建设工程设计任务书审查批准暂行办法》。

1956年

1月　国务院发出《关于纠正与防止国家建设征用土地中浪费现象的通知》。

2月22日～3月4日　国家建设委员会召开第一次基本建设工作会议。会议交流了基本建设工作经验，讨论了设计工作、建筑工作和城建工作。国家城市建设总局万里局长作了《关于城市建设工作的报告》。会议提出，为了合理地布置第二个和第三个五年计划时期内新建的工业企业、新建工业城市和工人镇，必须从现在着手，迅速开展区域规划工作。会上还讨论和提出了《关于加强设计工作的决定》、《关于加强和发展建筑工业的决定》和《关于加强新工业区和新工业城市建设工作几个问题的决定》。三个《决定》于5月8日经国务院常委会通过后正式颁发。

2月　国家城市建设总局将城市设计院分为城市设计院和民用建筑设计院。

2月　国务院颁发《基本建设拨款暂行条例草案》。

3月　国家城市建设总局召开省、市、自治区城市建设局局长会议，研究贯彻全国基本建设会议的精神，提出编制城市建设全面规划的一般原则和方法，并布置了1956年的工作。

3月　《城市建设》杂志创刊。

4月　国家建设委员会增设区域规划局、民用建筑局。

5月8日　国务院常务会议通过《关于加强新工业区和新工业城市建设工作几个问题的决定》。决定分四部分：一、积极开展区域规划，合理地布置第二个和第三个五年计划时期内新建工业企业和居民点；二、加强城市和工人镇的规划工作；三、重视厂外工程和公用事业工程的建设；四、在城市和工人镇的建设中，必须加强民用建筑的管理工作，提高民用建筑质量。

会议还通过了《关于加强设计工作的决定》及《关于加强和发展建筑工业的决定》。

5月12日　全国人民代表大会常务委员会第40次会议决定设立中华人民共和国城市建设部，万里任部长、孙敬文任副部长。

5月14日～26日　建筑工程部、城市建设部在北京召开先进生产者代表会议，出席会议代表514人(其中集体代表119人)，列席代表187人。朱德副主席接见了会议代表。会议中还鉴定推广了197项先进经验。建筑展览会在北京揭幕。

5月25日　建筑工程部设计总局在向中央报告中指出，1955年下半年在执行中央降低非生产性建筑造价的指示中走了极端。

5月　城市建设部召开第一次全国城市公共交通企业经验交流会。

7月23日　国家建设委员会发出《关于颁发＜城市规划编制暂行办法＞的通知》。

8月15日　在北京召开了第一次给水排水设计经验交流与资料展览会。

9月15日～27日　党的第八次全国代表大会召开。会议提出今后国内主要矛盾是先进的生产关系和落后的生产力的矛盾。因而确定以后主要任务是大力发展生产力，把党的工作重心转移到经济建设上来。会议还通过《关于发展国民经济的第二个五年计划的建议》。万里部长在会上作题为“城市建设要同工业建设相结合”的发言。

11月23日～12月5日　城市建设部召开第二次全国城市建设会议。

12月　城市服务部成立。城市房产工作由该部主管。

1957年

1月　城市建设部在天津召开第一次全国供水会议。

2月　毛泽东同志在最高国务会议上指出，要在全国提倡厉行节约，反对浪费的勤俭建国方针。

3月　陈云同志在政协第二届第三次会议上指出，在城市建设中必须纠正规模过大，标准过高，占地过多，要求过急的倾向。

5月16日　李富春、薄一波同志在重庆谈在基本建设方面贯彻勤俭建国方针中的问题，李富春同志着重谈了基本建设十个政策问题。

5月31日～6月7日　国家计划委员会、国家建设委员会、国家经济委员会联合召开第一次全国设计会议。会议动员全国设计人员用整风精神检查和总结第一个五年计划的经验教训，以便在“二五”期间更好地贯彻勤俭建国方针。

6月3日　国务院发出《关于进一步开展增产节约运动的指示》。

6月7日～8日　城市建设部召开省、市、自治区城市建设厅(局)厅长座谈会。会议讨论了在城市规划和设计工作中如何贯彻勤俭建国方针。

7月　城市建设部在北京成立市政工程研究所。

10月15日　武汉长江大桥建成通车(1955年7月20日正式开工)。大桥正桥为铁路公路两用的双层钢桁桥梁，长1,155.5米，连同公路引桥全长1,670.4米。公路桥车行道宽18米。

12月12日　《人民日报》发表题为《必须坚持多快好省的建设方针》的社论。

1958年

1月6日　国务院发布新的《国家建设征用土地办法》。

1月11日～22日　中共中央在南宁召开会议，总结第一个五年计划，讨论第二个五年计划和长远规划。会上批评了反冒进。有些地区和部门开始提出一些不切实际的“大跃进”计划。

1月23日　城市服务部召开第一次房产工作会议。

1月31日　国家建设委员会、城市建设部发出《关于城市规划几项控制指标的通知》。

1月25日～2月11日　第一届全国人民代表大会第五次会议在北京召开。会议决定：撤销国家建设委员会，其工作分别交国家计划委员会，国家经济委员会和建筑工程部管理，建筑材料工业部、建筑工程部和城市建设部合并为建筑工程部。

2月20日　城市建设部召开第一次全国城市绿化会议。

3月17日～4月1日　建筑工程部召开建材、城建与建工部合并后的设计施工会议，总结五年来的工作，确定今后的工作目标和措施。刘秀峰部长4月1日在会上作了《鼓足干劲，力争上游，更多更快更好更省地完成国家建设任务》的报告。

3月19日　中央批准建材、城建与建工三部合并后的建筑工程部领导成员：部长刘秀峰、副部长赖际发、宋裕和、孙敬文、杨春茂、陈云涛、潘纪文、许世平、刘裕民；部长助理傅雨田、秦仲芳、王大钧、王涛。

5月5日～23日　中共中央召开"八大"二次大会。通过了"鼓足干劲，力争上游，多快好省地建设社会主义"的总路线。开始了一九五八年大跃进。

5月　城市建设部撤销后，在建筑工程部内设立城市建设局，主管全国城市规划和城市建设工作。丁秀、傅雨田先后任局长。

6月27日～7月4日　全国城市规划工作座谈会在青岛召开，出席座谈会有600多位代表。会议讨论通过了《城市规划纲要三十条（草案）》。

10月12日　全国人大常委会决定，设立国家基本建设委员会，陈云同志兼任主任。

10月　建筑工程部召开第二次全国园林绿化工作会议。

12月23日～26日　国家基本建设委员会在杭州召开全国基本建设工作质量现场会议。

1959年

2月28日　《人民日报》发表题为《基本建设全面贯彻多快好省的方针》的社论。

3月1日　《红旗》杂志发表陈云《当前基本建设工作中的几个重大问题》的重要文章，全面论述了当前基本建设工作中一系列理论和实践问题。

5月9日～14日　中国建筑学会、中国土木工程学会在杭州召开第一次学会工作会议，讨论学会的组织建设，加强政治思想工作和文化教育工作，改进领导方法和工作作风等问题。与会代表共125人。会议成立了13个专业委员会。

5月18日　全国住宅标准及建筑艺术标准问题座谈会在上海召开。

7月18日　建筑工程部在保定市召开供水会议。

10月　建筑工程部城市建设局分为城市建设局和城市规划局。任命丁秀为城市建设局局长，王唐文为城市规划局主要负责人。

11月上旬　建筑工程部邀集参加全国群英会的部系统代表开经验交流会议。参加会议的有城市建设、建筑安装、勘察设计、建筑材料等方面的先进集体和先进生产者代表共500多人。11月2日建工部部长刘秀峰、中国建筑工会全国委员会主席张天民在大会上讲了话。

11月　建筑工程部、农业部、卫生部在武汉联合召开工业废水处理和污水综合利用会议。

1960年

1月7日～17日　中国建筑学会和中国土木工程学会第二次工作会议在广州召开。

2月10日～18日　建筑工程部在北京召开全国建筑工程厅、局长扩大会议。杨春茂副部长在会上作《以城市建设的大跃进来适应国民经济的大跃进》的报告。

4月　建筑工程部城市规划局在北京召开城市规划，区域规划技术革新和技术革命现场会。

4月　建筑工程部在桂林召开城市规划工作会议。提出要在10～15年内把我国城市基本建成现代化的城市，有计划的建设卫星城市。

7月　中共中央召开北戴河会议。会议根据1959年农业生产下降，国民经济农、轻、重比例失调的情况，提出应按调整、巩固、充实、提高的精神编制1961年国民经济计划。

7月16日　苏联政府突然照会我国政府，单方决定在一个月内撤走全部在华专家，停止执行已签订的协定和合同，给我国建设造成许多困难。

8月　建筑工程部决定将天津工业建筑设计院转为城市煤气工程设计院。于1961年2月正式更名。

9月10日　建筑工程部党组就城市规划问题向中央写报告，提出今后城市建设基本方针，应以发展中小城市为主，尽可能把城市搞得好些、美些，努力实现城市园林化。

9月　建筑工程部、交通部发出《关于港口规划、建设与城市规划建设密切配合的联合指示》。

9月　建筑工程部城市规划局及其城市设计院划归国家基本建设委员会领导。

10月15日　党中央批转建筑工程部党组《关于解决城市住宅问题的报告》。报告提出"大跃进"以来城市住房紧张状况，并提出解决房荒的办法。要求在二、三年内坚决停建楼、堂、馆、所。

10月　国家基本建设委员会在上海召开设计会议。会议指出，我国设计已由学习苏联逐步走向独创设计道路，强调两条腿走路，土洋结合，贯彻群众路线，注意三结合。

10月27日　全国建筑工程厅、局长会议贯彻"调整、巩固、充实、提高"八字方针。会议要求缩短基本建设战线，支持农业。

11月　在第九次全国计划会议上，李富春就当前形势和经验教训等问题作了报告。报告中提出三年不搞城市规划。会后，各省市相继裁并城市规划机构。

1961年

1月14日～18日　中共八届九中全会在北京举行，正式通过了"调整、巩固、充实、提高"的八字方针。建筑工程部发出指示，要求全国城建行业都贯彻八字方针。

1月30日　第二届全国人大常委会第三十五次会议决定，撤销国家基本建设委员会，其工作合并到国家计划委员会。原建委城市规划局合并到计委后改名为城市建设规划局，曹洪涛任局长。

1月　国务院批准国家档案局《关于加强管理城市基本建设档案的意见》和《关于如何加强管理城市基本建设档案的报告》。

3月　国务院颁发《关于进一步加强文物保护和管理工作的指示》和《文物保护，管理暂行条例》。同时公布第一批全国重点文物保护单位180处。

5月　国务院工商行政管理局、商业部发出《关于加强城市私人出租房屋社会主义改造工作的联合通知》。

6月　中央工作会议制定了《关

于减少城镇人口和压缩城镇粮食销量的几条办法》。

6月13日～22日 给水排水设计院召开分院、北京市政设计院、上海市政工程设计院院长、总工程师座谈会。会议制定了《给水排水勘察设计纲要(草案)》。

7月 建筑工程部发出《关于加强城市给水、排水工程技术改造设计工作的通知》。

8月 建筑工程部发出《关于加强城市园林绿化养护管理工作的通知》。

8月19日 以建筑工程部部长、部党组书记刘秀峰、沈阳市委第一书记焦若愚为领导的沈阳市调查工作组，向党中央作了《关于沈阳城市建设问题的调查报告》。报告提出：由于国民经济的迅速发展和城市人口成倍增长，城市建设事业的供需矛盾越来越突出，存在着“缺、破、脏”的问题，严重影响了工业生产和人民生活。针对这些问题，提出了有关城市建设和管理的建议。后经中央批准，从工商利润中提成5%作为城市维护和建设投资。于12月份经中共中央批准，从1962年起在沈阳试行。

10月 建筑工程部制定《关于设计工作条例(草案)》。

11月 建筑工程部召开厅、局长扩大会议，贯彻工业七十条精神和“调整、巩固、充实、提高”八字方针，总结三年来的经验教训。

12月15日～25日 中国建筑学会在湛江召开了第三次代表大会，会议对住宅建设中重要学术问题进行了讨论。

1962年

1月10日 建筑工程部颁发《关于进行城市煤气工程技术改造设计工作的通知》。

2月27日 建筑工程部、卫生部联合颁发《关于加强城市自来水水质管理工作的通知》。

2月16日～3月8日 国家科学委员会在广州召开科学工作会议，周恩来总理作的《关于知识分子问题的报告》中指出，“十二年来，我国大多数知识分子已有了根本的转变和极大的进步”。会议重新肯定了我国绝大多数知识分子是属于劳动人民的知识分子。

4月29日 建筑工程部向各省、市、自治区建工和城建部门发出《关于城市防洪工作的通知》。

5月 建筑工程部颁发《关于加强供水管理、降低漏水、节约用水的通知》。

5月 国务院颁发《关于编制和审批基本建设计划管理的几项规定(草案)》和《关于基本建设设计文件编制和审批办法的几项规定(草案)》。

6月 建筑工程部颁发《继续进行城市给水排水工程技术改造设计工作的通知》。

6月 国务院批转国家档案局《关于加强管理城市基本建设档案试行情况的报告》。

6月 全国人大常委会批准成立国家房产管理局，赵鹏飞任局长。

7月19日 国家计划委员会颁发《关于城市住宅维修的注意事项》。

7月 建筑工程部发出《关于加强城市工业区绿化工作的通知》。

7月 隶属城市设计院改为城市规划研究院。

8月23日 劳动部、建筑工程部联合颁发试行《1962年编制的建筑安装工程统一劳动定额》。

8月30日～9月6日 中国土木工程学会第三届代表大会及1962年年会在北京举行。会议以结构安全度为中心开展学术活动，并改选了中国土木工程学会理事会，选出理事96人。茅以升再次当选理事长。

10月 建筑工程部颁发《关于加强城市测量标志管理工作的通知》。

10月 中共中央、国务院召开第一次全国城建工作会议。会后发出《关于当前城市工作若干问题的指示》，决定从1963年起，将工商业附加税，公用事业附加税和城市房地产税，作为城市维护的固定资金来源。

11月6日 国家计划委员会、财政部、建筑工程部、国家房屋管理局发出《关于加强城市房屋、公用事业和市政工程设施维修工作的通知》。

12月10日 中共中央、国务院发布《关于严格执行基本建设程序、严格执行经济合同的通知》。

12月 建筑工程部召开第三次全国城市建设工作会议。总结1960年以来城市建设工作的成就和经验，讨论编制城市建设的第三个五年计划，修订城市建设工作的各项规定草案。

12月20日 国家计划委员会、财政部颁发《关于六十四个大中城市房地产税给市政财政用于城市建设和维护费用的通知》。

1963年

3月26日 建筑工程部颁发《关于试行＜城市建设工作条例(草案)＞和市政工程、公用事业、园林绿化等三个专业规定(草案)的通知》。

3月25日～4月5日 建筑工程部召开建筑工程厅、局长扩大会议，毛泽东主席和国家领导人接见了出席会议的全体人员。薄一波副总理到会作了重要讲话。会议总结了两年大调整的基本经验，布署1963年的工作。提倡专业管理，推行承、发、包制度。

4月 国务院批转《关于对华侨出租房屋进行社会主义改造问题的报告》。

5月4日 国家计划委员会发出《关于城市维护和建设问题的通知》。

5月 周恩来总理视察大庆时题词：“工农结合、城乡结合、有利生产、方便生活”。

5月25日 财政部、建筑工程部联合发出《关于企业绿化费用资金来源的规定》。

6月26日 建筑工程部发出《关于安排城市公共汽车旧车技术改造工作的通知》。

9月 中共中央在北京举行工作会议，确定再用三年时间进行“调整、巩固、充实、提高”的工作。

9月16日～10月12日 中共中央、国务院召开第二次全国城市工作会议。10月22日中共中央、国务院批准《第二次城市工作会议纪要》。纪要中规定：所有设市城市开征三项城市费用，大中城市都要制定总体规划。

10月31日 建筑工程部设计局印发《关于保证和提高设计质量的措施》等三个文件。

10月31日 国家计划委员会、财政部颁发《基本建设投资和各项费用划分的规定》。

11月8日 国家计划委员会、财政部联合发出《关于使用各种专项资金安排基本建设的几项规定》。

12月 中共中央、国务院发出《关于调整城市镇建制,缩小城市郊区的提示》。

12月10日～20日 中国建筑学会在无锡举行年会,主要讨论城市居住区规划及城市住宅建设问题。

1964年

1月13日 国务院批转国家房产管理局《关于私有出租房屋社会主义改造问题的报告》。

2月22日 建筑工程部召开第四次城市工作会议,许世平副部长作了报告。会议要求加强城市建设管理,逐步建成一个适应工业生产和人民生活需要的、朴素的、整洁的城市。

3月 中共中央批转李富春《关于北京城市建设工作的报告》。

3月20日～4月1日 建筑工程部在北京召开科学技术会议。

4月 国家计划委员会城市建设计划局归国家经济委员会领导,恢复城市规划局名称,曹洪涛任局长。国家计划委员会城市规划研究院撤销。

5月中旬～6月17日 中共中央在北京举行会议,提出第三个五年计划的初步设想,并提出一、二、三线战略布局和建设"大三线"的方针。

5月7日 国务院颁发《关于严格禁止楼堂馆所建设的规定》。

6月24日 财政部颁发《关于征收城市公用事业附加税的几项规定》。

7月20日 国务院颁发《关于国家建设征用土地审批权限适当下放的通知》。

7月 国家房产管理局召开全国房管工作会议。

8月5日 建筑工程部"四清运动"基本结束,中央宣布免除刘秀峰部长和党组书记的职务。

8月21日～31日 由44个国家和地区367位科学家参加的1964年科学讨论会在北京召开。中国建筑业提出七篇论文。

10月 国务院批转《关于对港澳同胞出租房屋进行社会主义改造问题的报告》。

11月1日 毛泽东主席对设计革命作出批示,要求在全国设计会议之前,发动所有设计院都投入群众性的设计革命中去。

11月14日～18日 建筑工程部召开直属勘察设计院长座谈会。

11月30日 国务院转发国家计划委员会、国家经济委员会、财政部、物资部《关于改进基本建设计划管理的几项规定》。规定对城市建设等十八个部门的投资,划归地方统筹安排。

12月4日 建筑工程部政治部发出《关于设计革命运动的指示》。

12月20日 第三届全国人民代表大会第一次会议在北京举行,周恩来总理在政府工作报告中宣布:调整国民经济的任务已经基本完成,整个国民经济已经全面好转,将要进入一个新的发展时期,要把我国建设成为一个具有现代化农业、现代化工业、现代化国防和现代化科学技术的社会主义强国。

12月 根据中共中央北戴河工作会议精神,基本建设取销甲、乙方制度,设计单位不再编制施工图预算。

1965年

1月5日 中华人民共和国主席刘少奇发布命令,任命李人俊为建筑工程部部长。

3月16日～4月4日 全国设计会议在北京召开。谷牧在会上作了《关于设计革命运动的报告》。会议对今后设计工作提出五项要求:首先要在设计工作中坚持政治挂帅的原则;其次,树立深入实际、联系群众的作用;第三,改革不合理的规章制席;第四,整顿设计队伍和选拔新生力量;第五,健全设计工作的领导机构,加强设计工作的领导。

3月31日 全国人民代表大会常务委员会第五次会议决定,成立国家基本建设委员会。决定将建筑工程部分为建筑工程部和建筑材料工业部。国家经济委员会城市规划局归国家基本建设委员会领导。

4月5日～6日 建筑工程部召集参加全国设计工作会议的各直属设计院长开会,研究贯彻全国设计工作会议精神,进一步开展设计革命运动,大力促进生产高潮。

5月5日～17日 建筑工程部召开建筑工程厅、局长扩大会议。提出要把政治思想工作放在首位,社会主义教育运动、技术革命、设计革命、企业管理革命要落实到生产建设上。保重点、保质量、保投产,全面完成国家建设任务。

7月1日 北京市一期地铁破土动工,这是全国第一条地下铁道工程,该工程从北京站至苹果园。全长23.6公里,设17个站。

8月28日 国务院颁发《关于改进设计工作的若干规定(草案)》。

11月30日 国务院批转试行《关于改进基本建设计划管理的几项规定(草案)》。

12月 国家房产管理局发出《关于私房改造中处理典当房屋问题的意见》。

1966年

2月1日 国家基本建设委员会批转建筑工程部《关于住宅、宿舍建筑标准的意见》。指出:要发扬延安作风,适当降低民用建筑标准。

2月 建筑工程部城市建设局召开第一次全国城市排水会议。

3月 中国建筑学会在延安举行第四届年会,着重讨论贯彻大庆"干打垒"精神。

5月16日 中共中央政治局扩大会议通过毛泽东主席主持制定的中共中央《五.一六通知》。"文化大革命"开始。

1967年

1月 国家基本建设委员会发出《关于北京地区一九六六年房屋建设审查情况和一九六七年建房的意见》。提出:旧的规划暂停执行。在市区内的建设尽量采取"见缝插针"的办法。

7月1日 建筑工程部实行军事管制。

1968年

1月29日 国家基本建设委员会军管会组成。

6月10日 国家基本建设委员会发出《关于印发＜一九六八年京

津地区抗震工作规划要点＞的通知》。《规划要点》传达了一九六六年邢台地震后周恩来总理的指示；“对今后地震的估计，要作两手准备”，“对地震工作要狠抓”。后来又几次提出：“要保卫大城市、大水库、电力枢纽、铁路干线”。

5月　建筑工程部城市建设局大部分人员下放到河南省修武县“五•七干校”。

9月　全国第一条地下铁道北京一期地铁工程建成。

10月　国家基本建设委员会城市规划局大部分人员下放到江西清江“五·七干校”。

1月　国家基本建设委员会等单位在湖北襄樊召开了全国基本建设现场会。推广“走政治建厂道路、大打人民战争、加快三线建设”的经验。

2月28日　中共中央召开了各省、市、自治区和各部代表参加的基本建设座谈会。会议提出了《关于当前基本建设工作中几个问题的报告》。主要内容是：用毛泽东思想统帅基本建设，以阶级斗争为纲，批判“洋奴哲学”、“爬行主义”、“贪大求洋”和“专家路线”。

7月1日　根据中央发出的精简机构下放企业的文件，建筑工程部、建筑材料工业部与国家基本建设委员会合并。原建工部直属的建筑施工、勘察设计、科学研究、大专院校等企、事业单位，绝大部分下放地方领导，原有38.2万人下放了29.1万人。

9月8日　国务院提出第四个五年国民经济计划纲要(草案)，强调工业建设要大分散，小集中，不搞大城市。工厂布点要“靠山、分散、隐蔽”。

9月　我国第一条越江隧道——黄浦江隧道在上海市建成通车。

1月14日　《人民日报》发表题为《我国基本建设战线广泛开展群众性的设计革命》的文章。

3月29日～5月31日　全国设计革命会议在北京召开。

5月　国家基本建设委员会在综合组下设立城建小组，并赴上海、北京等市调查城市建设中存在问题。

6月　北京市召开城市建设和城市管理工作会议。

11月　国家基本建设委员会召开城市建设座谈会，会议强调，各省、自治区和各大中城市都要设立专门管理城市建设的机构，都要认真修订和编制城市规划。

5月　国家基本建设委员会召开十三个城市自来水座谈会。

5月30日　国务院批转国家计划委员会、国家基本建设委员会、财政部《关于加强基本建设管理的几项意见》。提出：城市的改建和扩建，要做好规划，经过批准，纳入国家计划。

5月　国家基本建设委员会在湖北襄阳市召开工程质量现场会议，确定开展质量安全大检查，会议提出要恢复和健全规章制度，批判无政府主义和极“左”思潮。

11月28日～12月2日　国家基本建设委员会在北京召开了全国设计工作座谈会。会议形成了《关于当前设计工作中几个问题的意见》(简称13条)，其主要内容是：坚持设计程序，加强设计计划性，设计单位对设计质量全面负责；“三结合”现场设计要从实际出发，讲究实效，不搞形式主义；对下放的设计单位要加强领导；对设计人员要大胆使用，认真贯彻团结、教育、改造的方针。

12月　国家基本建设委员会决定成立城市建设局，丁秀任局长。

3月　国家基本建设委员会城市建设局召开公共交通座谈会。

4月　国家基本建设委员会主持召开解决城市供水紧张问题的会议，重点解决北京、天津、大连、西安等十三个城市缺水问题。

6月18日　国家基本建设委员会、国家计划委员会联合发出《关于贯彻执行国务院有关在基本建设中节约用地的指示的通知》。

6月　国家基本建设委员会建筑科学研究院设置城市建设研究所。

6月　国家基本建设委员会发出《关于加强节约城市用水的意见》。

8月21日　国家基本建设委员会颁发《关于基本建设项目竣工验收暂行规定》，对竣工验收范围，竣工验收的依据，竣工验收标准，竣工验收的组织，以及竣工验收工作的程序等，作了明确规定。同时印发了《关于做好缓建项目工作的几点意见》。

9月　国家基本建设委员会城市建设局在合肥市召开城市规划座谈会。

10月　国家基本建设委员会城市建设局召开城市煤气工作座谈会。

11月17日　国家计划委员会、国家基本建设委员会、卫生部颁发《工业“三废”排放试行标准》，《标准》规定：新建、扩建、改建的工矿企业，必须将“三废”综合利用以及净水设施与主体工程同时设计、同时施工、同时投产；正在建设的项目，没有治理措施的，要迅速补上。

12月22日　国家计划委员会、国家基本建设委员会、财政部发出《关于加强城市维护费管理工作的通知》。

1974年

6月　国务院环境保护领导小组办公室正式成立。由国家基本建设委员会党组领导。

9月　国家基本建设委员会在沈阳召开全国消烟除尘经验交流会。

9月5日～16日　建筑科学研究院在北京召开全国住宅设计经验交流会，会议着重讨论：坚决贯彻勤俭建国方针，认真执行住宅建筑标准；进一步提高住宅设计水平，大力推广标准设计；搞好住宅区规划，节约用地；逐步提高住宅建设的工业化水平，搞好住宅统建工作；重视农村住宅建设。

12月15日　国务院环境保护领导小组办公室颁发《环境保护规划要点和主要措施》。主要措施中提出：一切新建、改建、扩建的项目，必须认真执行“三同时”的规定，否则不准建设，争取十年内分期分批地改造老企业，实现消除污染的目标。为此，需要国家每年在工业基本建设投资中拿出5～7%，作为治理费用。并在材料、设备上予以保证。

1975年

1月13日～18日 第四届全国人民代表大会一次会议在北京举行。周恩来总理在政府工作报告中重申，要在本世纪内实现农业、工业、国防和科学技术现代化的目标。

2月17日 中共中央转发国家计划委员会《关于一九七五年国民经济计划的报告》。《报告》中有关基本建设的部分提出：要确保重点，集中力量打歼灭战；要严格控制上新项目，严禁上计划外项目，严禁擅自兴建楼、堂、馆、所。再有违反，给以纪律处分。今后所有擅自建造的楼、堂、馆、所，一律没收。

4月5日～26日 国家基本建设委员会在北京召开全国基本建设会议。

4月 国家基本建设委员会城市建设局在湛江召开小城镇规划座谈会。

5月15日 国家基本建设委员会颁发《基本建设大包干试行办法(草案)》。

5月23日 国务院批转的全国基本建设会议综合简报指出，目前基本建设战线长，投资效果不好，劳动生产率低，物资积压浪费，仍然是比较突出的问题。要继续深入发展设计革命，搞好设计人员思想革命化，巩固和发展三结合现场设计，充分发挥工人群众在设计中的作用。

10月 国务院指示国家基本建设委员会管理城市房产业务。

10月8日 国家基本建设委员会发出《关于加强城市房屋管理工作的通知》。

11月1日～30日 全国设计革命现场会先在大庆，后在北京召开，会议总结交流大庆油田科学研究设计院和其他单位开展设计革命的经验。会议对设计革命提出了八点要求，制订出大庆式勘察设计单位的六条标准。

1976年

2月16日 国家基本建设委员会城市建设局发出《深入贯彻毛主席“绿化祖国”的伟大号召，大力开展城镇绿化的通知》。

7月28日 凌晨3点42分，河北省唐山、丰南一带发生强烈地震并波及天津、北京。震中烈度为11度。震中地区房屋几乎全部倒平。累计死亡二十四万二千多人，重伤十六万四千多人，损失严重。

8月 国家基本建设委员会城市建设局组织上海、北京、河北、四川等地规划、勘察设计人员支援唐山复建工作。

10月 国家基本建设委员会在长春市召开了全国设计革命经验交流座谈会。会议交流了设计革命的经验，研究了如何把群众性的设计革命运动继续向前推动的问题。

10月 国家基本建设委员会城市建设局在长沙市召开全国城市公共交通企业经验交流会。

11月 国家基本建设委员会在北京召开抗震工作会议。总结交流唐山地震的经验教训。

1977年

1月 国务院、中央军委颁发《关于进一步加强人防工程建设计划管理的通知》。

1月22日～29日 国家基本建设委员会在济南市召开设计革命经验交流会。会议交流了勘察设计单位开展学大庆群众性的设计革命运动的经验，研究了1977年勘察设计战线的任务。

2月25日～3月20日 国家基本建设委员会在北京召开了全国基本建设会议。会议提出了1977年基本建设战线的五项任务。主要内容是：大力整顿基本建设管理；实行基本建设物资统一调度；要求坚持按基本建设程序办事和施工力量实行统管以及发展新工艺、新设备、新技术等。

4月 国家基本建设委员会发出《关于厂矿企业职工住宅建筑标准的几项意见》。

4月14日 国家计划委员会、国家基本建设委员会、财政部、国务院环境保护领导小组颁发《关于治理工业“三废”，开展综合利用的几项规定》。提出：新建、改建、扩建和采取技术措施增加生产能力的挖潜改造项目，凡是排放“三废”和污染环境的，必须严格执行治理“三废”的措施和主体工程同时设计，同时施工，同时投产的规定。治理“三废”开展综合利用的工程项目，应列入基本建设计划，所需资金在各部门、各地区基本建设计划中安排解决。对不执行“三同时”规定，人为造成环境污染的单位，要追查责任，严肃处理。

5月 中共中央、国务院批复河北省《关于恢复和建设唐山规划的报告》。

7月30日 国家基本建设委员会转发上海市《关于中央各部直属单位建造住宅的暂行规定》。

8月12日～18日 中国共产党第十一次全国代表大会在北京召开。大会宣布“文化大革命”已经结束。大会提出，一定要抓革命，促生产，把国民经济搞上去。

10月27日 国家基本建设委员会颁发《关于保证基本建设工程质量的若干规定》。

1978年

1月24日～30日 第二次全国抗震工作会议在河北承德召开。会议确定了38个国家重点抗震城市，提出了抗震防灾工作的三项要求，五项工作。

2月11日 国务院批复《加快重建唐山市的报告》。要求积极采取新技术、新材料；建筑标准要注意经济适用，布局要有利生产，生活方便，力求科学、合理，体现我国七十年水平。与此同时，国家基本建设委员会组织全国29个单位的规划人员修订唐山市总体规划，编制唐山市建设规划，并进行了部分市政工程设计。全国有许多设计、科研、施工单位都投入了这一重建工程。

2月18日～23日 中国共产党第十一届二中全会通过《1976年至1985年发展国民经济十年规划纲要(草案)》。

2月26日～3月2日 第五届全国人民代表大会第一次会议在北京召开。会议审议了《1976年至1985

年发展国民经济十年规划纲要(草案)》。

2月26日～3月2日 第五届全国人民代表大会第一次会议在北京召开。会议审议了《1976年至1985年发展国民经济十年规划纲要(草案)》。

3月6日～8日 国务院在北京召开第三次全国城市工作会议，会议研究制定的《关于加强城市建设工作的意见》于4月4日经中央批准转发。文件决定:加速住宅及市政公用设施的建设，从1979年起，在47个城市试行每年从上年工商利润中提成5%作为城市维护和建设资金，其中拿出一定比例用于治理"三废"，大力开展综合利用，防治污染保护环境。文件还提出了当前城市工作的一系列紧迫任务，要求认真抓好城市规划工作，全国各城市在二、三年内要做出城市规划。文件还就城市人防建设、城防建设、旧城区的改造、城市管理等方面提出了具体要求。

3月18日～31日 全国科学大会在北京召开。

4月10日～27日 国家基本建设委员会在北京召开全国基本建设工作会议。会议提出:基本建设的审批权限，应当集中在中央和省、市、自治区两级;要坚持基本建设程序;要切实做到投资计划、财务拨款、材料、设备和施工力量五落实;实行统一领导，分级管理，出上到下建立统一的、强有力的指挥系统;搞好基本建设队伍的整顿和建设。

4月22日 国家计划委员会、国家基本建设委员会、财政部联合颁发《关于加强基本建设管理几项规定》、《关于基本建设程序的若干规定》、《关于基本建设项目和大中型划分标准的规定》、《关于加强自筹基本建设管理的规定》、《关于基本建设投资和各项费用划分的规定》等五个文件。

5月 国家基本建设委员会城市建设局在常州市召开城市建设科技工作会议。

7月25日～31日 国家基本建设委员会城市建设局在昆明召开全国动物园工作会议。会议主要研究制定《关于加强动物园工作的意见》。

8月18日 国务院批转国家经委《关于成立国家标准总局及其任务、机构和管理体制的报告》。有关标准化方面的工作，属于工程建设和环境保护方面的，由国家建委负责。

9月5日 国家计划委员会、国家基本建设委员会、财政部、国家物资总局联合发出《关于自筹资金建设职工住房的通知》。

9月7日～13日 国家基本建设委员会在北京召开城市住宅建设工作会议。研究如何加快城市住宅建设问题。会议提出今后七年用于建设全国城市住宅的投资总额相当于全国解放后二十八年建设住宅投资的总和。城市住宅建设要同改造旧城市，建设现代化的新城市结合起来。会议提出，到一九八五年，全国城市平均每人居住面积要达到5平方米。会后，城市建设总局在西安和南宁等市进行了由国家建房出售给私人的试点，同时，许多城市组织了私人建造房屋。

9月15日 国家基本建设委员会颁发《设计文件的编制和审批办法》。《办法》对设计的依据和程序、设计文件的内容和深度，以及设计单位的责任等方面都有明确规定。

9月29日 国家计划委员会、国家基本建设委员会、财政部联合颁发《关于加强基本建设概、预、决算管理工作的几项规定》。规定要求设计单位必须严格执行党的方针政策和有关制度，努力提高概算的准确性。

10月19日 国务院批转国家建委《关于加快城市住宅建设的报告》。

10月 国家基本建设委员会城市建设局在广东肇庆召开风景旅游城市座谈会。

11月29日 国家基本建设委员会、国家统计局颁发《关于严格按照国家规定的标准考核投产项目的通知》及附件《关于基本建设项目竣工验收暂行规定》。

12月4日～10日 国家基本建设委员会在济南召开第三次全国城市园林绿化工作会议。讨论通过了《关于加强城市园林绿化工作的意见》。

12月5日 国家计划委员会、国家基本建设委员会、财政部联合发出《关于颁发工业比较集中的县镇开征公用事业附加的几项规定的通知》。

12月9日 中国建筑学会园林绿化学术委员会在济南恢复。委员会由69名委员组成，确定丁秀为主任委员。

12月11日 中国建筑学会市政工程学术委员会在济南恢复。包括城市道路、桥梁和给水、排水专业。委员会由64名委员组成。确定顾康乐为主任委员。

12月12日 国家计划委员会、国家基本建设委员会发出《关于城市建设的一部分大中型项目计划任务由国家建委审批的通知》。

12月18日～22日 中国共产党十一届三中全会在北京召开。开始全面认真地纠正"文化大革命"中及其以前的"左"倾错误。提出了全党要注意解决好国民经济比例严重失调的要求。

12月 国务院、中央军委颁发《关于在基本建设、城市建设、农田水利建设和人防工程建设中贯彻平战结合方针的暂行规定》。

12月28日 国家计划委员会、国家基本建设委员会、财政部联合发出《关于颁发四十七城市试行从工商利润中提取百分之五作为城市维护和建设资金的有关规定的通知》。

12月 国家基本建设委员会城市建设局在沈阳市召开全国城市公共交通企业经验交流会，会议讨论了《关于加强城市公共交通工作的若干问题》。

1979年

1月6日～15日 国家基本建设委员会在北京召开全国勘察设计工作会议。会议指出:对一九七九年的任务首先要提高设计技术水平，其次要提高管理水平，要按客观经济规律办事，包括实行企业化，推行合同制等。会议还要求完整地、准确地理解党的知识分子政策，充分调动勘察设计人员的积极性。

1月27日 国务院批准成立中国基本建设经济研究所，在理论与实际相结合的原则下，从事基本建设经济问题的研究。隶属国家基本建设委员会领导。

2月6日 国家建委、国家林业总局、铁道部、水电部联合发出《关于大力开展植树造林绿化祖国的联合通知》。

2月 国家基本建设委员会颁发《城市房产和城市建设各行业劳动定员试行标准》。

3月3日～25日 国家基本建设委员会在北京召开全国基本建设工作会议。会议提出当前基本建设要边调整、边前进，在调整中前进，在前进中调整，为以后国民经济的大发展创造条件。

3月12日 国务院颁发《关于成立国家建筑工程总局、城市建设总局的通知》。《通知》明确两个总局直属国务院，由国家基本建设委员会代管，并对两个总局的业务范围作了规定。

3月 国家基本建设委员会在杭州召开风景区工作座谈会。

3月29日 国家基本建设委员会颁发《城市房屋管理维修主要经济技术指标试行标准》。

4月5日～28日 中共中央召开工作会议。提出了对整个国民经济实行"调整、改革、整顿、提高"的方针。

4月20日 国家基本建设委员会颁发《关于基本建设推行合同制的意见》、《建筑安装工程合同试行条例》、《勘察设计合同试行条例》、《城市房屋维修材料定额试行标准》。

5月10日 国家基本建设委员会、国家计划委员会联合发出《关于做好基本建设前期工作的通知》。《通知》提出，基本建设前期工作是整个建设过程的重要组成部分，其主要内容是：计划任务书编制、厂址选择、协作配套、关系落实、工矿区规划、勘察设计、设备预安排、施工准备等工程开工前的各项工作。

5月 国家城市建设总局正式成立，邢井蛙任局长。

中国建筑学会城市煤气学术委员会在大连市成立。由游光辉任主任委员。

5月 国家基本建设委员会建筑科学研究院城市建设研究所改为城市规划研究所，隶属国家城市建设总局领导。

6月8日 国家计划委员会、国家基本建设委员会、财政部联合发出《关于勘察设计单位实行企业化取费试点的通知》。《通知》要求一九七九年开始，先在四个部，八个省(市、自治区)的十八个勘察设计单位实行企业取费试点。

6月28日 国家城市建设总局发出《关于加强城市园林绿化工作的意见》。

7月15日 中共中央、国务院批转广东省委、福建省委《关于对外经济活动实行特殊政策和灵活措施的报告》和中共中央、国务院《关于广东、福建两省会议纪要的批示》，决定在广东的深圳市、珠海市、汕头市和福建省厦门市、各划出一定范围的区域，试办经济特区。在特区内，在维护我国主权、执行我国法律、法令等原则下，实行经济对外开放政策，吸引华侨商、外商投资办厂，或同他们合办企业，引进先进技术，发展对外贸易。

7月19日 国家城建总局印发《关于加强城市公房管理工作的意见》。

8月 建筑工程勘察设计工作会议在大连召开。会议进行了一系列拨乱反正的工作，推翻了"文革"中强加给技术界的一切污蔑不适之词，并提出繁荣创作的问题。

8月8日 中国建筑学会城市公共交通委员会在江西庐山召开成立大会，参加代表50人。选出李伯海为主任委员，委员会由48名委员组成。

8月28日 国务院批转国家计划委员会、国家基本建设委员会、财政部《关于基本建设投资试行贷款办法的报告》及附件《基本建设贷款试行条例》。

9月13日 五届全国人大常委会十一次会议原则通过《中华人民共和国环境保护法(试行)》。

9月 国家城建总局在重庆召开了全国市政工程工作会议。讨论了《关于加强市政工程工作的意见》。

10月29日 国家城市建设总局发出《关于试行城市建设专业工人技术等级标准的通知》。

10月 国家建工总局颁发1979年《建筑安装工程统一劳动定额》。

10月 国务院批复兰州市、呼和浩特市城市总体规划。

12月2日～9日 由国家基本建设委员会等单位联合召开的全国农村房屋建设工作会议在青岛市举行。这是建国以来召开的第一次全国农村房屋建设方面的会议。

12月20日 李先念主席在全国计划会议上讲话指出：三十年来，我们社会主义建设事业取得了伟大的成就，但也曾几经周折，走了一条曲折的道路，大跃进时犯了高指标、瞎指挥、刮"共产风"的错误，损失国民收入1200亿元。经过三年调整，才恢复过来。文化大革命动乱十年，国民收入损失5000亿元。粉碎"四人帮"以后，经过两年的恢复和发展，还要花几年的时间来进行调整，除了这两次大折腾，还有过一些小的折腾。今后，一定要避免走大的弯路，小的折腾也要力求避免。

12月 国家城市建设总局、中央爱国卫生运动委员会、卫生部联合发出《关于改变城市卫生环境卫生体制问题的通知》。《通知》指出，城市环境卫生管理改由国家城建总局主管，各设市城市环境卫生部门(局、处、所)归由市基本建设委员会或城市建设局领导。

12月30日 国家城市建设总局发出《关于加强市政工程工作的意见的通知》。内容共十八条，其中除提出市政工程工作的方针任务、改革管理体制、加强维护管理、队伍建设和基本建设工作外，还着重强调保证市政工程设计、施工和维修质量，提高企业管理水平，改革企业经营方式，逐渐提高机械化水平等，以便把市政工程工作提高到一个新水平。

1月3日 国家基本建设委员会发出《关于颁发〈工程建设标准规范管理办法〉的通知》。

3月1日 国家基本建设委员会、中央爱国卫生运动委员会、国家劳动总局、国家城市建设总局发出《关于加强城市环境卫生工作的报告的通知》。

3月5日 中共中央，国务院发出《关于大力开展植树造林的指示》。

3月5日 国务院转发国家城市建设总局、国务院侨务办公室《关于用侨汇购买和建设住宅的暂行办法的通知》。

3月16日 国家基本建设委员会发出《关于印发<对全国勘察设计单位进行登记和颁发证书的暂行办法>的通知》。

3月 国家城市建设总局召开全国城市房产住宅工作会议，会后国家建委转发《关于加强住宅建设工作的几点意见》。

3月21日 国家基本建设委员会召开全国基本建设工作会议，讨论基本建设战线如何进一步贯彻调整、改革、整顿、提高的方针问题。会议于4月14日结束。

4月2日 邓小平同志同党中央

负责同志谈关于建筑和住宅问题时，他说:关于住宅问题，要考虑城市建筑住宅，分配房屋的一系列政策。城镇居民个人可以购买房屋，也可以自己盖。不但新房子可以出售，旧房子也可以出售。可以一次付款，也可以分期付款，10、15年付清。

4月10日～14日　第四次全国抗震工作会议在北京召开。强调抗震加固工程要保证重点，提高质量，降低消耗。

4月25日　国务院批转《关于吉林市煤气公司液化石油气厂恶性爆炸，火灾事故的报告。这次事故死伤86人，使一个投资600万元的企业毁于一旦。政治和经济上的损失是十分严重的。

5月7日～11日　国家城建总局在南京召开全国园林科研所座谈会。交流了经验;研究了园林科研工作的任务和方向;修改了科研发展规划。

5月　王任重同志传达中共中央书记处对北京城市工作方针的四点指示。

5月16日　国家基本建设委员会、国家计划委员会、财政部发出《关于进一步做好勘察设计单位企业化试点工作的通知》，确定增加十六个试点单位。

5月15日　国务院批转国家文物事业管理局、国家基本建设委员会《关于加强古建筑和文物古迹保护管理工作的请示报告》。

7月1日　重庆长江大桥竣工通车，大桥正桥长1121米，加上南北引道，总长3015米，桥面宽21米，是1977年11月下旬动工兴建，历时两年零七个月。

7月　国务院发布《关于中外合营企业建设用地的暂行规定》。

7月　国家基本建设委员会召开全国城市规划专家座谈会。

8月30日～9月10日　全国人民代表大会第五届第三次会议上提出要继续严格控制基本建设规模，努力缩短建设周期，争取有更多工程建设投产。

9月　国家经济委员会、国家计划委员会、国家基本建设委员会、财政部、国家城市建设总局发出《关于节约用水的通知》。

9月　国家城市建设总局发出《关于颁发〈城市供水工作暂行规定〉的通知》。《规定》内容包括任务、建设、水资源管理、生产管理、维护、节约用水、供水服务、科学研究、队伍建设，以及奖惩等。

10月5日～15日　国家基本建设委员会在北京召开全国城市规划工作会议。提出，在城市建设中要实行综合开发，贯彻控制大城市规模，合理开发中等城市，积极发展小城市方针。并规定凡是在城市中新建或扩建的工程项目，其选址、用地必须经过所在城市的规划部门统一安排。

10月6日　国家城市建设总局颁发《关于直属勘察设计、科研单位试行扩大服务项目，增加收入办法》的通知，通知要求加强业务管理，严格生产责任制度，不断提高勘察设计水平，切实保证工作质量;要加强经济核算，严格经济制度，努力增收节支。并附《关于市政工程及民用建筑设计取费标准的暂行规定》。

10月21日～24日　中国建筑学会城市公共交通学术委员会在济南举行年会，委员增为94人。

11月1日　国家计划委员会、国家经济委员会、国家基本建设委员会、国务院环境保护领导小组联合发布《关于基建项目，技措项目要严格执行“三同时”的通知》。《通知》提出，从1981年起，新建、扩建的大、中型项目，凡可能产生污染、影响环境者，必须提出环境影响评价报告书，经环境保护部门审查同意后，方可确定厂址;同时采取有效的防治污染措施，否则，不得列入计划。

11月25日　国家城市建设总局和中华全国总工会在福州召开了组织城镇职工、居民建造住宅和国家向私人出售住宅经验交流会。国务院转发了会议报告。报告提出，发挥个人积极性，允许城镇职工、居民自建住房，是符合群众要求的;国家建房出售给私人也是可行的。

11月　城市煤气学术委员会在武汉市召开第一次学术工作会议。并进行了城市煤气化途径、气源、输配和应用等学术交流。

12月9日　国务院批转全国城市规划工作会议纪要。提出控制大城市规模，合理发展中等城市，积极发展小城市的方针。

12月20日　经国家城建总局批准，中国建筑工程总公司园林建设公司成立。

12月　国家城市建设总局颁发《关于加强城市公共交通工作的若干规定》。

12月　国家基本建设委员会颁发《城市规划编制审批暂行办法》和《城市规划定额指标暂行规定》。规定城市规划分为总体规划和详细规划两个阶段。并按人口规模把城市分为：特大城市(100万人口以上)，大城市(50～100万人口)，中等城市(20～50万人口)和小城市(20万和20万人口以下)等四个等级。

12月30日　国家城建总局印发《关于认真做好住房分配工作的通知》。

1981年

1月2日　国家基本建设委员会颁发《全国工程建设标准设计管理办法》。

1月16日　中国房屋建设开发公司成立。

2月10日　国家城市建设总局发出《关于大力开展城市绿化工作的通知》。《通知》要求：一、继续宣传、贯彻中共中央、国务院《关于大力开展植树造林的指示》;二、必须把普遍绿化作为园林部门的工作重点;三、制定好城市绿化建设的近期规划和1981年实施计划;四、发动广大职工、学生、解放军指战员及居民群众搞好普遍绿化;五、做好绿化技术指导和苗木供应工作。

2月27日　全国总工会、国家城市建设总局发出《关于做好厂矿企业职工住房分配工作的通知》。

2月28日　国家城市建设总局、国家文物局、公安部联合发出《关于认真做好文物古迹、风景园林游览安全的通知》。

3月　国家城市建设总局召开北京、天津、上海三市城市规划座谈会。

3月17日　国务院批转国家城市建设总局等单位的《关于加强风景名胜保护管理工作报告》。

4月　国家城市建设总局在青岛召开第一次城市污水处理厂管理工作座谈会。

4月7日　水利部、国家城市建设总局联合发出《关于加强城市防洪工作的通知》。

4月10日　国务院办公厅转发国家城市建设总局、中华全国总工会《关于组织城镇职工、居民建造住宅和国家向私人出售住宅经验交流会情况的报告》。

4月17日　国务院发出《关于制止农村建房侵占耕地的紧急通知》。《通知》要求：(1)要广泛深入地宣传教育，并反复说明在我国节约用地是一项具有战略意义的措施；(2)农村建房用地，必须统一规划，合理布局，节约用地；(3)必须重申，农村社、队的土地都归集体所有；(4)要逐步改革农房材料，减少打坯、烧砖、取土用地；(5)各级政府对农民和企业占地要进行一次检查。

5月　国务院批复长沙市城市总体规划。

6月　国务院批复沈阳市城市总体规划。

6月4日　国家城市建设总局印发《城市公共交通安全管理工作的暂行办法》。

6月18日～26日　国家城市建设总局在北京召开全国城市建设局局长座谈会，交流城市建设工作的经验，讨论进一步搞好城市的规划、建设和管理等问题。23日国务院副总理万里同志，谷牧同志接见了参加全国城市建设局局长座谈会代表，并讲了话。万里同志说：要加强城市建设工作，要从组织上加强，还要解决钱和物资问题。省辖市以上，可考虑成立城市建设委员会，提出规划、政策、计划，从而把城市统一管起来。大中城市可从工商利润中提取5%的资金，用于城市维护和建设。

6月　国家城市建设总局发出《城市供水水质管理工作的规定》。

7月　经国务院批准，武汉城市建设学院成立。

7月　国务院批准在沙市进行城市综合体制改革试点。

8月　国务院批转国家城市建设总局和水电部《关于加强城市防洪工作报告》。

9月　国家经济委员会、国家计划委员会、国家城市建设总局发出《关于加强节约用水管理的通知》。

10月15日　引黄济津工程今天开始把黄河水引向天津，解决天津缺水困难。引水由郑州至天津，途经河南、山东、河北三省，流程800公里。

11月　国家城市建设总局召开全国城镇房屋管理维修工作经验交流会。

11月9日～11日　全国基本建设七十年优秀设计表彰大会在北京中南海怀仁堂隆重举行。会议评选出七十年代国家优秀设计121项，其中城市建设设计占47项；表扬92项，其中城市建设设计占7项。据会议期间统计资料，全国共有1450个勘察设计单位，职工31万人。11日，国务院副总理谷牧、姚依林、薄一波出席了授奖大会。薄一波在会上讲了话。

12月13日　五届全国人大第四次会议通过《中华人民共和国经济合同法》。其中第十八条对建设工程承包合同，包括勘察、设计、建筑、安装的合同签订依据、承发包单位、内容和要求等均作了明确规定。

12月15日　国家基本建设委员会、财政部、国家劳动总局、中国人民银行总行，联合颁发《关于施工企业推行经济责任制若干规定》。

12月15日　国家基本建设委员会、国家经济委员会、国家城市建设总局在大连召开北方15个城市和12月15日至18日在合肥召开南方10个城市用水会议。会议确定，当前解决我国城市用水紧张状况的最现实和最有效的办法是：在坚持开源与节流并重的同时，把重点放在节流上。

12月15日～19日　中国建筑学会园林绿化学术委员会城市绿化专题讨论会在桂林召开。来自全国各地园林部门、高等院校、科研设计单位和从事绿化工作者近100人出席了会议。会上交流论文和资料80余篇。

12月20日～29日　国家基本建设委员会、国家农业委员会在北京召开了第二次全国农村房屋建设工作会议。参加会议代表300多人，万里副总理到会作了重要讲话。

12月　1981年国家用于住宅等公用设施投资172亿元，是建国以来非生产性建设投资的比重最大的一年。其中城镇新建成的住宅达7800万平方米。共投资109亿元，资金的90%以上是由国营企业用自筹资金提供的。1981年全国约有800万户农民盖了新房，建筑面积达6亿多平方米。

1982年

1月14日　国家基本建设委员会、国家农业委员会印发《村镇规划原则》。内容包括：制定目的和适用范围，村镇规划的任务和指导思想，村镇规划的阶段和内容，村镇规划的依据，村镇的布点与规模，村镇的用地选择及技术经济分析，村镇规划设计文件的内容、编制与审批等共十五章70条。

2月5日　国务院发布《征收排污费暂行办法》。

2月8日　国务院批转国家基本建设委员会等部门《关于保护我国历史文化名城的请示》，批准国家第一批历史文化名城共二十四座。

2月13日　国务院发布《村镇建房用地管理条例》。规定村镇建房必须进行统一规划，建立审批制度，刹住乱占滥用耕地之风。

2月20日～26日　国家城市建设总局在北京召开全国城市绿化工作会议。全国各地和有关部门共190人参加了会议。会议内容主要讨论制定《关于城市开展全民义务植树运动的实施办法》，《城市园林绿化地管理条例》，《关于加强城市园林苗圃建设的意见》和《加强城市和风景名胜古树名木保护管理的意见》。

2月23日　国务院公布第二批全国重点文物保护单位62处。

2月26日　国家基本建设委员会、国家计划委员会联合颁发《关于缩短建设工期，提高投资效益的若干规定》。《规定》指出，基本建设项目从论证决策、勘察设计、计划安排，到组织建设，竣工验收等各个环节，都要围绕着工期短、投资省、见效快这个目标进行工作。

3月11日～14日　在徐州召开第五次抗震防灾工作会议。会议着重讨论了抗震加固技术管理规定，重点工程竣工验收、抗震经费、使用和管理等几项规定。

3月17日　国家城市建设总局颁发《液化石油气安全管理暂行规定》。

3月　国务院批准常州市进行中等城市综合体制改革试验点。

3月27日　国家城市建设总局颁发《关于城镇房地产产权产籍管理暂行规定》。

3月30日　国家城建总局发出《关于加强城市和风景名胜区古树名木保护管理意见的通知》和《关于加强城市园林苗圃建设的通知》。

4月17日　国务院发出《关于城市出售住宅试点问题》的批复。国务院原则同意国家基本建设委员会、国家城市建设总局《关于城市出售住宅试点工作座谈会情况的报告》。

4月18日　国家城市建设总局在常州市召开城市住宅区建设和管理经验交流会。

5月4日　五届全国人大常委会第23次会议通过《关于国务院部委机构改革实施方案的决议》。决定将国家基本建设委员会、国家城市建设总局、国家建筑工程总局、国家测绘总局、国务院环境保护办公室合并，设立城乡建设环境保护部，任命李锡铭为部长。国务院任命谢北一、肖桐、戴念慈为城乡建设环境保护部副部长。

5月14日　国务院公布《国家建设征用土地条例》。《条例》共三十三条，经1982年5月4日第五届全国人民代表大会常务委员会第23次会议原则批准，公布实施。

6月15日～22日　全国城乡建设环境保护工作会议在北京召开。参加这次会议的有各省、自治区、市的建委、城建、建工、环保、测绘、中国建筑工程总公司、部机关各局及直属企业、事业等单位的负责同志，以及国务院有关部、委、局的领导同志共350人。这次会议主要内容是动员全国城乡建设、环境保护、建筑业和测绘系统的力量，从调查研究入手，进一步贯彻调整、改革、整顿，提高的方针，做好各项工作，逐步实现党和国家交给的各项任务。

6月17日　我国目前跨径最大的斜拉桥——上海泖港大桥建成正式通车。桥梁全长391.8米，桥面宽12米。

6月20日　武汉市日降雨量306.3mm，使汉口三个行政区渍水面积占该区总面积的比例分别为：江汉区87.64%，　口区73.28%，江岸区53.18%；渍水时间一般2～3天，个别地方达5～7天，致使工厂停产，学校停课，商业无法营业，仓库被淹，交通中断，陆地行舟。造成全市直接间接经济损失达2.5亿多元。

7月1日　进行第三次全国人口普查。据公报统计，全国总人口为10.31亿；29个省、市、自治区的市、镇总人口为2.06亿，其中236个城市总人口为1.44亿。2,664个镇的总人口为0.62亿。与1964年第二次全国人口普查的市镇总人口1.3亿相比，市镇人口增长了62.5%；占全国总人口的比例由18.8%上升到20.6%。

7月12日～16日　城乡建设环境保护部在北京召开了大华北地区抗震防灾工作会议。这是一次带有应急性质的会议。戴念慈副部长在会上传达党中央和国务院对大华北地区抗震防灾问题的指示和有关精神，并提出当前必须抓紧做好的几项工作。

7月14日　济南黄河公路大桥通车，这是我国自己设计建造的一座预应力钢筋混凝土斜拉桥，总长2023.44米，桥宽19.5米，主桥长488米，最大跨度220米。

8月21日　城乡建设环境保护部颁发《市政工程设施管理条例》。该条例包括城市道路管理，城市桥梁管理，城市排水设施管理，城市防洪设施管理，以及城市道路照明设施管理等共七章二十七条。

8月23日　第五届全国人民代表大会常务委员会第二十四次会议通过《中华人民共和国海洋环境保护法》。内容包括防止海岸工程、海洋石油勘探开发、海洋陆源污染物、船舶等对海洋环境的污染损害，法律责任等共八章四十八条。1983年3月1日起生效。

9月1日～11日　在北京隆重举行党的十二次代表大会。胡耀邦同志作题为《全面开创社会主义现代化建设的新局面》的报告。邓小平同志在开幕词中强调："我们的现代化建设，必须从中国的实际出发。无论是革命还是建设，都要注意学习和借鉴外国经验。但是，照抄照搬别国经验、别国模式，从来不能得到成功。把马克思主义的普遍真理同我国的具体实际结合起来，走自己的道路，建设有中国特色的社会主义。"

9月22日　国家计划委员会颁发《关于编制建设前期工作计划的通知》。提出，为使建设项目的确定建立在充分调查研究，认真分析论证的基础上，要求努力做到技术先进，经济上合理　投资效益显著。

9月　城乡建设环境保护部、国家计划委员会、国家经济委员会、财政部发出《关于印发〈二十五个城市用水会议纪要〉的通知》。

10月1日　我国长江最长的公路大桥——四川泸州大桥正式通车。主桥长1250米，宽16米，南北两岸引桥长7460米。桥下可通行3000吨级轮船。

10月29日　中共中央办公厅、国务院办公厅转发中共中央书记处农村政策研究室、城乡建设环境保护部《关于切实解决滥占耕地建房问题的报告》，要求各地区参照执行。报告提出：严格控制占用耕地建房，坚决刹住干部带头占地建房风，用经济手段鼓励建房少用土地，建立健全各地的村镇建设和土地管理机构，以及对国家干部和农村基层干部用地建房要严格审查等五条要求。

11月8日　国务院批转城乡建设环境保护部、文化部、国家旅游局《关于审定第一批国家重点风景区的请示报告》，确定44处重点风景名胜区。

11月19日　第五届全国人民代表大会常务委员会第二十五次会议通过并公布了《中华人民共和国文物保护法》。

11月30日　赵紫阳总理在第五届五次全国人大会议上作的"六五"计划报告中指出："所有建设项目必须严格按照基本建设程序办事。事前没有进行可行性研究和技术经济论证，没有做好勘察设计等建设前期工作的，一律不得列入年度建设计划，更不准仓促开工。违反这个规定的，必须追究责任"。"所有确定进行建设项目，一律实行"五定"，即定建设规模，定投资总额，定建设工期，定投资效果，定外部协作条件，并实行严格的责任制。"

12月11日　城乡建设环境保护部颁发《城市市容环境卫生管理条例(试行)》。要求1983年1月1日起试行。

12月15日　城乡建设环境保护部颁发《城市人工煤气安全管理暂行规定》。

12月23日　全国城市发展战略思想学术讨论会在北京召开。万里副总理接见了部分代表，并强调当前要抓三件事：第一，要严格按照城市规划办事；第二，不准再有新的污染，一定要把好关；第三，已经有了污染，要尽快治理，要监督。

12月　城乡建设环境保护部颁发《城市园林绿化管理暂行条例》。

12月　城乡建设环境保护部批准将部属天津市政工程设计院、西北给水排水设计院、西南给水排水设计院分别改名为中国市政工程华北、西北、西南设计院。

1983年

1月　国务院批准建立苏州城市

建设环境保护学院。

1月11日～16日 城乡建设环境保护部在山东省烟台市召开了《全国海洋环境管理工作座谈会》。

2月2日 国家计划委员会颁发《关于建设项目进行可行性研究的试行管理办法》。

2月6日 国务院颁发《关于结合技术改造防治工业污染的几项规定》。

3月9日 城乡建设环境保护部发出《关于加强历史文化名城规划工作的通知》。《通知》对规划的原则、内容和方法等提出了具体要求。

3月14日～21日 城乡建设环境保护部和中国建筑工会全国委员会在北京联合召开全国城市环境卫生、园林绿化先进集体、先进个人代表大会。国务院副总理万里参加了会议并讲了话。大会命名先进集体32个，劳动模范69名。

3月24日 全国勘察设计工作会议在北京召开。会议总结交流了勘察设计工作经验，研究了如何搞好改革、促进技术进步和开创勘察设计工作新局面。

4月7日 国家科学委员会、国家计划委员会、国家经济委员会联合主持的城乡住宅建设技术政策论证会在北京召开。

4月9日 国务院批转国务院宗教事务局《关于确定汉族地区佛道教全国重点寺观的报告》。

4月28日 中国参加1985年慕尼墨国际园艺展览的"中国园"正式开幕。德意志联邦共和国总统卡斯腾斯等专程到"中国园"参观。

5月3日 国家科学委员会批准成立城乡建设环境保护部城市规划设计研究院。

5月24日 城乡建设环境保护部发出《关于印发〈全国抗震防灾"六五"计划〉的通知》。并附《全国抗震防灾"六五"计划纲要》和全国抗震防灾"六五"计划表。

5月25日 国务院批准《城镇个人建造住宅管理办法》。

5月28日 城乡建设环境保护部、文化部发出《关于在建设中认真保护文物古迹和风景名胜的通知》。

5月 国务院批复杭州市、太原市城市总体规划。

6月1日 城市建设环境保护部在南阳市召开组织城镇个人建造住宅现场会。

6月9日 国家计划委员会、农牧渔业部，城乡建设环境保护部印发《关于〈国家建设征用土地条例〉若干问题的说明》。

6月20日～24日 城乡建设环境保护部规划局在石家庄召开全国城市规划工作座谈会。参加会议的有各省、市、自治区的城乡建设环境保护厅、城建局的负责同志，各省会、自治区首府城市的城市规划部门负责人共67名。会议交流各地城市规划工作经验，讨论进一步加强城市规划工作的意见。

6月 国务院批复重庆市、济南市、石家庄市城市总体规划。

7月3日 汉口日降雨193.1mm，造成的渍水影响与1982年相似，经济损失达2.4亿元。

7月 城市煤气学术委员会在长春召开第二次学术工作会议，并选出第三届委员会，由65名委员组成，唐本善当选为主任委员。

7月11日～16日 城乡建设环境保护部在北京召开小城镇发展与建设问题座谈会。

7月18日 城乡建设环境保护部印发《关于加强县镇规划工作的意见》。

7月28日 国家计划委员会、财政部、劳动人事部联合发出《关于勘察设计单位试行技术经济责任制的通知》。将国家按人头多少拨给事业费，改为按承担任务的数量，质量和国家规定的实物工作量定额作收费标准，向建设单位收取勘察设计费。

7月 中共中央、国务院批复北京市城市建设总体规划方案。

8月1日 城乡建设环境保护部和重庆市合办《市容环卫报》创刊。

8月8日 国务院颁发《建设工程勘察设计合同条例》和《建设安装工程承包合同条例》。

9月12日 天津市隆重举行引滦入津工程提前通水庆功大会。引滦入津工程是我国目前规模最大、距离最长的城市引水工程。引水管渠总长234公里，每年可向天津供水10亿立方米。1982年5月11日正式开工，1983年7月29日全线竣工，1983年9月11日正式通水。

9月15日 城乡建设环境保护部在鞍山市召开全国风景名胜区工作座谈会。

10月5日 中央组织部、城乡建设环境保护部、中国科协联合举办的首期市长研究班在北京开学。研究班的任务是学习和探讨适合中国特点的城市规划、城市建设、城市管理等方面的科学知识。全国245个城市市长或主管城市建设的副市长，将分期分批进行轮训。

10月6日～10日 城乡建设环境保护部、国家经济委员会、全国总工会联合在北京召开"全国城市节约用水会议"。出席代表共400余人。同时举办北京、上海等七个城市节约用水成果展览会。

10月6日～10日 城市公共交通学术委员会在西安市召开了第二届年会，会议推选了李伯海为第二届学术委员会主任委员，成立了七个学组。

10月9日 1983年慕尼黑国际园艺展闭幕，授予中国"芳华园"以最高奖——"德意志联邦共和国大金奖"和"全德园艺家协会金质奖"。

10月13日～19日 城乡建设环境保护部科技局在河北省廊坊市召开了城建科学技术工作座谈会。参加会议代表104人。

10月 国务院批复银川市、抚顺市城市总体规划。

10月 中共中央办公厅、国务院办公厅印发《中央领导同志对在西湖风景区违章建房问题的批示》。

11月2日 中共中央办公厅、国务院办公厅转发国务院侨务办公室和城乡建设环境保护部《关于落实华侨私房政策情况的报告》。

11月5日 国务院批转城乡建设环境保护部《关于重点项目建设中城市规划和前期工作意见报告》。

11月12日 首都规划建设委员会正式成立。党中央、国务院在《关于成立首都规划建设委员会的决定》中指出，"必须有一个统一的规划，一套保证统一规划得以实施的法规，一个合理的建设计划，一个协调各方面关系的具有高度权威的统一领导"。这四句话，对于全国所有城市具有普遍的指导意义。

11月15日～17日 中国园林学会在江苏省南京市召开成立大会。会议讨论了学会章程，选举了理事会。理事56人，秦仲方为理事长。

11月19日 国务院颁发《关于制止买卖、租赁土地的通知》。

11月25日～30日 全国中等城市经济发展战略讨论会在合肥市召开。

11月 国务院批复南京市、西安

市城市总体规划。

12月6日　城乡建设环境保护部颁发《关于城镇房产经营和房屋修缮单位实行经济责任制若干问题的暂行规定》。

12月13日　中国城市住宅问题研究会成立。

12月15日　国务院颁布《关于控制城镇住宅标准的规定》。

12月17日　国务院颁发《城市私有房屋管理条例》。条例计六章二十八条，内容包括所有权登记、买卖、租赁、代管等。

12月31日　1983年全国农村建房面积76400万平方米，其中，住宅建筑面积为66000万平方米，各种公共建筑面积为10400万平方米。

12月　国务院批复鞍山市城市总体规划。

1984年

1月1日　第二次全国环境保护会议在北京召开。万里和李鹏副总理作了重要讲话，李锡铭部长作工作报告。

1月5日　国务院颁发《城市规划条例》。《条例》对我国城市规划的任务、方针、政策、城市规划编制审批、旧城区改造、土地使用规划管理、建设规划管理等，作了明确规定。

1月14日～20日　全国城乡建设技术政策论证会在北京举行。国务院副总理李鹏会见了代表。他在讲话中指出，要加强城市科学研究，把城市管理和发展纳入科学轨道。

1月20日　中国城市科学研究会成立。到会专家、代表390人。会议通过了《中国城市科学研究会章程》；推选万里副总理为名誉会长；选出76位同志组成第一届理事会，常务理事29人，李锡铭为理事长。李鹏同志到会讲了话。

2月　中共中央办公厅、国务院办公厅发出《关于制止在骊山风景名胜区乱建乱占、破坏风景名胜的通知》。

2月28日～3月1日　经城乡建设环境保护部批准，"工程勘察技术发展中心"在北京召开成立大会。

3月24日　中共中央宣传部批准《市容环卫报》作为全国城市市容环境卫生、园林绿化系统的专业报纸，在全国公开发行。由城乡建设环境保护部和重庆市委双重领导。该报是新中国成立后，城建系统第一张全国性报纸。

3月26日～4月6日　中央书记处和国务院在北京联合召开沿海部分城市座谈会。确定进一步开放14个港口城市。这14个港口城市是：大连、秦皇岛、天津、烟台、青岛、连云港、南通、上海、宁波、温州、福州、广州、湛江、北海。这些港口城市同深圳、珠海、厦门、汕头四个经济特区，将成为我国对外开放的前沿地带。

3月　中共中央、国务院颁布《关于深入扎实地开展绿化祖国运动的指示》。

4月13日～18日　第六次全国抗震工作会议在郑州召开。着重研究抗震工作的改革和立法。会后由城乡建设环境保护部批准颁发《地震基本烈度六度地区重要城市抗震设防和加固暂行规定》、《设备抗震加固暂行规定》和《抗震加固技术管理办法》。

4月18日　城乡建设环境保护部印发《关于健全城乡建设环境保护部总工程师制度的暂行办法的通知》。

4月19日　城乡建设环境保护部决定，今后除某些特殊工程大型建设项目外，一般工程都要实行招标的办法。建设、设计单位也要择优委托，打破"一统"的局面。

4月28日　国内目前最大的污水处理厂——天津纪庄子污水处理厂建成投产。日处理污水能力26万立方米。

4月29日　城乡建设环境保护部、文化部、中国美术家协会联合举办的"全国城市雕塑设计方案展览"在北京中国美术馆举行开幕式。

5月8日　国务院作出《关于环境保护工作的决定》。《决定》主要内容是：成立国务院环境保护委员会，其办事机构设在城乡建设环境保护部；工交、农林水、海洋、卫生、外贸、旅游等有关部门以及军队，要负责做好本系统的污染防治和生态保护工作，并设立相应的环境保护机构；各省市县可设立局一级建制的环境保护机构；一切对环境造成污染破坏的工程建设项目和自然开发项目，都必须严格执行防治污染和生态破坏的措施与主体工程同时设计、施工、投产的规定。李鹏任国务院环境保护委员会主任，宋平、李锡铭、赵东宛、赵维臣为副主任。

5月11日　第六届全国人民代表大会常务委员会第五次会议通过《中华人民共和国水污染防治法》。主要内容有：水环境质量标准和污染物排放标准的规定，水污染防治的监督管理，防止地表及地下水污染，以及法律责任等。

6月7日　国务院公布《风景名胜区管理暂行条例》。

6月8日　城乡建设环境保护部城市规划局为进一步贯彻《城市规划条例》，加强城市土地规划管理工作，在湖北省沙市市召开了城市土地规划管理座谈会。

6月19日　国务院发出《关于大力开展城市节约用水的通知》。指出，为解决今后城市用水问题，必须坚持"开源节流并重"的方针，在加快供水设施建设的同时，大力开展城市节约用水工作。节约用水主要措施是，加强领导，加强管理，实行计划供水；城市建设部门必须会同有关部门制定排水设施有偿使用办法；自来水价偏低地区，主管部门提出具体意见，报物价部门批准执行。

6月28日　城乡建设环境保护部科学技术局根据国家科学委员会、国家体制改革委员会《关于开发研究单位由事业费开支改为有偿合同制的改革试点意见》和《关于当前整顿自然科学研究机构的若干意见》两个文件，要求各省、市、自治区建设厅和部属各科研单位、高等院校研究贯彻。

7月7日　国家主席李先念发布主席令，任命芮杏文为城乡建设环境保护部部长。免去李锡铭的城乡建设环境保护部部长职务。

7月15日　城乡建设环境保护部和国家统计局发出《关于开展全国城镇房屋普查的通知》。决定在1985年12月31日进行第一次全国城镇房屋普查。

8月10日　城乡建设环境保护部印发《城乡建设环境保护部关于进一步发挥知识分子作用、改善知识分子工作和生活条件的规定》。

8月12日　我国最大的皇家园林——河北省承德市避暑山庄和"外八庙"的修复计划提前完成，共修复修葺各种古建筑120项，投资1200多万元。

8月16日　国家正式验收引滦

入津工程，同意交付使用。该工程从1983年9月11日至1984年7月30日，共向天津输水6.44亿立方米，使天津市人民生活用水和城市工业用水有了可靠保证。

9月12日　国务院发布《中华人民共和国科学技术进步奖励条例》。

9月17日　北京社会各界发起赞助维修的长城八达岭工程举行竣工典礼。邓小平同志为纪念碑题词。

9月19日　北京市二期地铁环线工程，建成正式通车。该工程由复兴门至建国门，全长16.1公里，设12个站。

9月22日　北京圆明园遗址公园开发建设公司采取国家、农民合资方式，开发这一世界著名建设遗址。

9月27日　国务院发布《关于加强乡镇、街道企业管理的规定》。《规定》主要包括调整企业发展方向，合理安排企业的布局，严格控制新的污染源，坚决制止污染转嫁以及加强管理与领导等。

9月29日　国家计划委员会、城乡建设环境保护部、劳动人事部、中国人民建设银行印发《基本建设项目投资包干责任制办法》。

10月5日　邓小平视察北京地下铁道第二期工程和三元立交桥。三元立交桥占地35万平方米，这是我国目前规模最大的立交桥。9月15日竣工，施工期九个半月，创我国立交桥建设速度新记录。

10月11日　城乡建设环境保护部市容园林局在成都召开"全国城市环境卫生工作经验交流会。"储传亨副部长出席了会议并讲了话。

10月11日　国务院批转建设部《关于扩大城市公有住宅补贴出售试点的报告》。

10月13日　中国园林建设公司北京分公司设计建造的"燕秀园"，在英国利物浦国际园林节中获得"大金奖"、"最佳亭子奖"和"最佳艺术造型永久保留奖"奖状。

10月26日　国家计划委员会、城乡建设环境保护部印发《城市建设综合开发公司暂行办法》。

11月5日　国家计划委员会、城乡建设环境保护部发出《关于印发〈工程承包公司暂行办法〉的通知》。

11月10日　国务院批转国家计划委员会《关于工程设计改革的几点意见》。主要内容是，国营、集体和个体设计并存，开展竞争；促进设计技术进步；积极推行同国外合作设计；实行企业化；增加设计单位的活力；逐步实行专业化和社会化；繁荣设计创化；组建工程咨询公司和工程承包公司以及加强对设计改革的领导等。

11月15日　城建系统给水排水勘察设计三十周年学术活动大会在无锡召开。会议决定选编出版《给水排水勘察设计三十年论文集(1954年～1984年)》，并倡议成立中国土木工程学会给水排水学会，以利于推动国内、外给水排水学术交流活动。

11月17日　城乡建设环境保护部批准成立中国建筑工程总公司市政工程公司。

11月20日　国家计划委员会、城乡建设环境保护部印发《建设工程招标投标暂行规定》。

12月2日　经国家科学委员会发明评选委员会评审核准，全国有204项科研成果获国家发明奖。中国市政工程西北设计院等12个单位研究发明的"水上一体化水厂"获二等奖。上海市政工程设计院、上海基础工程公司发明的"抗疲劳大吨位拉索冷铸墩头锚具"获四等奖。

12月5日　国务院办公厅发出通知，经国务院批准，城乡建设环境保护部环境保护局改为国家环境保护局，仍归城乡建设环境保护部领导，同时也是国务院环境保护委员会的办事机构，任务是负责全国环境保护的规划、协调、监督和指导工作。

12月16日～20日　城乡建设环境保护部在北京召开全国城市煤气工作会议。这是建国以来规模最大的一次全国性城市煤气工作会议。参加会议代表共200人。会议任务是，研究城市煤气发展规划和有关技术政策，总结交流城市煤气生产、建设和改革经营管理工作的经验等。李鹏副总理到会作了重要讲话，储传亨副部长作了题为"为加快城市煤气事业的发展作出更大贡献"的讲话。

12月　城乡建设环境保护部在合肥市召开全国旧城改建经验交流会，芮杏文部长到会作了重要讲话。

12月21日　沪嘉高速公路奠基典礼在上海嘉定举行。这条高速公路计划在1987年建成。总长20.5公里，其中高速路为15.9公里，设计车速每小时120公里。

12月24日　农牧渔业部、国家计划委员会、城乡建设环境保护部印发《关于征用土地费实行包干使用暂行办法》的通知。

12月26日～30日　城乡建设环境保护部在济南召开了科学研究改革座谈会。会上交流了科技改革的情况和经验，讨论了改革中存在的问题，研究提出了深入进行改革的意见。

12月27日　天津市新建的第一座人工煤制气厂正式投入生产。日产人工煤气28万立方米，可向10万户居民和部分工业用户供气。

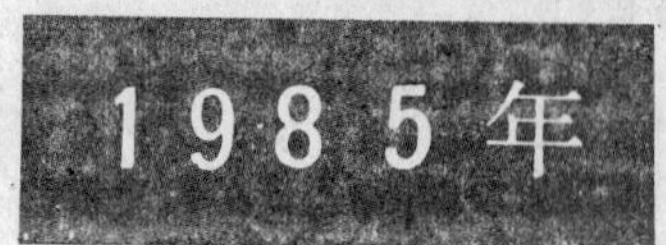

1985年

1月10日　城乡建设环境保护部颁发《城市建设各行业编制定员试行标准》。

1月　城乡建设环境保护部印发《芮杏文同志在全国旧城改建经验交流会上的讲话》。

1月　经城乡建设环境保护部批准《中国给水排水》刊物正式出版。

1月　中国对外开放沿海港口城市房地产协会成立。

1月21日　城乡建设环境保护部市容园林局在桂林市召开"城市市容管理工作座谈会"。

1月26日　国家计划委员会在北京对国家级优秀设计举行授奖大会。城建系统84年评选的76项部级获奖项目中有10项获国家优秀设计奖，6项评为国家表扬项目。

2月6日　国务院批转国家计划委员会、劳动人事部、城乡建设环境保护部、财政部、中国人民银行五个单位制定的《国营建筑施工企业百元产值工资含量包干试行办法》。

2月8日　国务院发布《中华人民共和国城市维护建设税暂行条例》。条例规定城市建设税按产品税、增值税、营业税税额为计税依据，纳税单位在市区的税率为百分之七；在县城、镇的，为百分之五；不在市区、县城或镇的，为百分之一。城市维护建设税应当保证用于城市的公用事业和公用设施的维护建设。

2月14日　国务院总理赵紫阳在省长会议上指出："住宅改革势在必行"。

2月28日　中国园林学会和建设部市容园林局联合主办的《中国园林》创刊。

3月　中央绿化委员会第四次全会在郑州召开。城乡建设环境保护部顾问曹洪涛参加会议并作了报告。

4月15日　城乡建设环境保护部发布《城乡建设环境保护部科学技术进步奖励办法(试行)》。

4月　城市煤气学术委员会划归中国土木工程学会领导，更名为城市煤气专业委员会。

4月19日　国务院批转城乡建设环境保护部《关于改革城市公共交通工作的报告》。《报告》内容包括:改变独家经营的体制，实行多家经营，统一管理，大力扶植城市公共交通的发展;要实行综合治理;大城市的客运交通应采取逐步发展轨道交通为主的方针以及企业要认真整顿，加强精神文明建设，提高服务质量等。

4月19日　中国城镇供水协会在北京召开了成立大会。大会通过《中国城镇供水协会章程》，选举44名理事组成第一届理事会，顾康乐为名誉理事长，储传亨为理事长，叶维钧、黄兆金、宁瑞珠(女)、黄仲杰、姚雨田等为副理事长。下设技术咨询、编辑出版、企业管理咨询和节水工作四个部。

5月15日　中国园林学会在贵阳市召开第一届第二次理事扩大会议。会议决定成立四个专业学术委员会。

5月15日　国家科委批准成立城乡建设环境保护部城市建设研究院。

5月26日～28日　全国城市污水处理设计经验交流座谈会在西安召开。有39个单位、63名代表参加。会议讨论了城市污水处理对保护环境的深远意义，有关技术政策、发展方向和管理制度等重要问题。

6月　重庆市发生大溪沟下水道内含有大量油类物质，炸毁下水道900余米的恶性事故，死亡26人，伤100余人。

6月　城乡建设环境保护部颁发《城市煤气工作暂行条例》和《发展城市煤气的技术政策》。

6月7日　国务院发布《风景名胜区管理暂行条例》。

6月28日　北京市田村山水厂建成通水。城乡建设环境保护部副部长廉仲参加通水典礼。

7月　国务院办公厅转发城乡建设环境保护部《关于加快发展城市煤气事业的报告》。

8月19日　城乡建设环境保护部批准设城市建设管理局。原市政公用事业局和市容园林局撤销。

9月17日　城乡建设环境保护部发出城乡建设科学技术进步奖授奖项目的通知，城乡建设环境保护部1985年度科学技术进步奖授奖项目共80项，其中城市建设部分53项。

9月25日　中国房地产业协会成立，选举了理事会，肖桐为理事长。

10月25日　中国动物园协会在北京召开成立大会。会议通过了《中国动物园协会章程》，确定了协会宗旨和主要任务，选举了组织机构。第一届理事会由84名理事组成，选出了常务理事33名，储传亨为会长。

11月5日～8日　原属中国建筑学会的市政工程学术委员会经中国土木工程学会常务理事会决定，在泰安市召开会议，分为市政工程和给水排水两个专业委员会。市政工程专业委员会委员43人。佟泽林为主任委员。下设城市桥梁、城市道路交通和城市防洪工程等三个学组(委员会)。给水排水专业委员会委员58人，王业俊为主任委员，下设给水、排水、室内给排水、土建和机电五个学组(委员会)。

11月　叶如棠被任命为城乡建设环境保护部部长。

11月　国家科学委员会批准成立城乡建设环境保护部城镇住宅研究所。

12月　城乡建设环境保护部批准中国给水排水中南、东北设计院分别改名为中国市政工程中南、东北设计院，扩大市政建设设计任务范围。

12月　城乡建设环境保护部制定《市政工程劳动定额管理办法》。

12月　城市规划学术委员会召开第三届委员会，改选吴良镛为主任委员，周干峙、王凡为副主任委员。下设城市交通规划、区域规划与城市经济、居住区规划、风景环境规划设计、历史文化名城区域规划设计和城市规划新技术应用等六个学组。

12月24日　城乡建设环境保护部，中国建筑工会全国委员会和共青团中央共同表彰全国城市公共交通系统先进集体、先进个人。中共中央政治局委员、国务院副总理李鹏到会作了重要讲话。并向10个先进企业、30个先进集体和70名劳动模范颁发了奖牌和证书。

1986年

1月6日　赵紫阳总理在京主持召开城镇住宅制度改革座谈会。

2月1日　城乡建设环境保护部发出《关于颁发〈全国市政工程统一劳动定额〉的通知》，并附《市政工程劳动定额管理办法》。通知要求1986年4月1日起实行。

2月6日　国务院批转城乡建设环境保护部、国家计划委员会《加强城市集中供热管理工作的报告》。

2月20日　城乡建设环境保护部、国家经济委员会、劳动人事部、公安部发出《关于加强城市煤气安全工作的通知》。

3月24日　城乡建设勘察测量协会在南京召开成立大会。

4月18日　城市建设勘察设计行业开发基金会市政分会在北京正式成立。会议议定市政分会章程，选举了理事会领导成员。

4月　城乡建设环境保护部和中国建筑工会全国委员会发出表彰全国城乡建设系统先进集体、先进个人的决定。决定表彰40名劳动模范，176个科技工作先进集体、470名先进科技工作者，并分别颁发奖状和荣誉证书。

5月12日　城乡建设环境保护部颁发《供水管井设计、施工及验收规范》。

5月　国务院发出《加强城市建设工作的通知》。《通知》主要内容包括:坚持城市建设与经济建设协调发展;建立合理的城镇体系，走有计划发展的道路;搞好城市规划，加强规划管理;改革城市建设体制，增强活力，提高效益;加强城市基础设施建设，创造良好的投资环境和生活环境;管好用好城市建设资金，充分发挥投资效益以及城市政府要集中力量搞好城市的规划、建设和管理。

6月3日～7日　城乡建设环境保护部和国家计划委员会联合在北京召开全国城市供热工作会议。城乡建设环境保护部部长叶如棠出席会议，并讲了话，副部长储传亨作了报告。会议总结了我国城市集中供热"六五"期间的发展情况，交流了各地经验，提出了"七五"期间发展规划和达到的目标以及拟采取的措施。

6月6日　城乡建设环境保护部、国家计划委员会发出《关于加强城市规划工作的几点意见》。主要内容包括：继续贯彻"控制大城市规模，合理发展中等城市，积极发展小城市"的方针；改革体制，促进城市规划同国民经济社会发展计划紧密结合；城市规划工作要适应经济与社会、对内搞活经济、对外开放及经济体制改革的需要，不断提高规划设计水平；加强法制建设，建立健全规划法规体系，依法管理城市和加强城市规划的队伍建设和人才培养等。

6月 城乡建设环境保护部、文化部、中国美术家协会根据全国第二次城市雕塑工作会议的决议，作出《关于当前城市雕塑建设中几个问题的规定》。规定包括城市雕塑建设方针、规划、审批、艺术质量、奖励、节约等六条。

6月21日 城乡建设环境保护部颁发《城市容貌标准》。定于1987年1月1日施行。

6月25日 第六届全国人民代表大会常务委员会第十六次会议通过《中华人民共和国土地管理法》。定于1987年1月1日施行。

7月1日 城乡建设环境保护部发出《关于表彰1985年度经济效益先进单位的通报》，有90个积极开展内部配套改革，经济责任制落实，产品质量较好，取得显著经济效益和社会效益的单位被评为先进单位。

7月1日 天津市中环线道路工程全线投入使用。工程全长34.5公里，改建桥梁6座，新建立交桥8座，跨河桥1座，人行天桥2座，铺设排水管线74.4公里及其他市政设施，全部工程投资4.1亿元。

7月28日～8月1日 唐山地震十周年纪念会，城市抗震防灾经验交流会暨第八次全国抗震工作会议在唐山召开。会议总结交流了十年来各地区的抗震经验，讨论了《城市抗震防灾工作条例》及"七五"抗震攻关项目、标准规范计划，并布置了"七五"期间抗震防灾的工作任务。

7月30日 国务院办公厅转发城乡建设环境保护部、中央爱国卫生运动委员会《关于处理城市垃圾改善环境卫生面貌的报告》，《报告》要求：制定城市环境卫生发展规划。减少垃圾来源，采用垃圾处理技术，增加环卫专用车和设备，搞好垃圾管理，加强科研、教育工作和改进经费管理等。

8月22日 城乡建设环境保护部、国家经济委员会、财政部联合颁发《城市节约用水奖励暂行办法》。

8月26日 中国城市科学研究会首届年会暨第一届理事会第二次全体会议在天津市举行。参加这次会议的有城乡建设环境保护部部长叶如棠，副部长廉仲、储传亨、周干峙，还有各方面专家学者，城市领导者及新闻工作者共300人。会议收到160多篇反映城市科学多学科研究成果的学术论文。万里、李鹏同志对年会作了重要指示。

8月28日 中央爱国卫生运动委员会、城乡建设环境保护部、国家旅游局联合发出《关于加强开放城市和旅游风景区卫生工作的意见》。

9月15日 国务院发布《中华人民共和国房产税暂行条例》。

10月23日～28日 城乡建设环境保护部城建局在湖南省衡阳市召开首届全国城市公园工作会议。会议总结交流了城市公园工作的经验；拟订了城市公园管理条例并提出了进一步加强公园工作的意见。

10月 经外交部、国家科学委员会、科协批准，城市煤气专业委员会对外以中国煤气学会名称正式加入国际煤气联盟，成为第46个成员组织。并派出以唐本善为团长的代表团参加在西班牙巴塞罗纳市召开的国际煤气联盟1986年秋季理事会。

11月25日～30日 国务院在北京召开全国城市建设工作会议。会议主要研究在改革、开放、搞活的新形势下，如何充分发挥城市的多种功能和中心作用，如何把城市规划、建设、管理工作进一步搞好，并就城市建设发展有关战略、方针、政策及体制问题进行研究。国务委员谷牧主持了开幕式，国务院副总理万里、李鹏分别在开幕式和闭幕式上作了重要讲话。

11月25日 城乡建设环境保护部在北京举办《全国城市建设成就展览会》。全国人大副委员长陈丕显、中纪委常务书记韩光、城乡建设环境保护部部长叶如棠、副部长廉仲、储传亨，杨慎等参加了开幕式，叶如棠同志致开幕词，陈丕显同志为展览会剪彩。

12月 城市煤气专业委员会在济南召开了第三次学术会议，选举12名委员组成第四届委员会。唐本善为主任委员，会议进行了学术交流，并决定成立咨询部。

12月2日 城乡建设环境保护部和国家统计局发布"第一次全国城镇房屋普查成果"新闻公报。至1985年底全国城镇共有房屋建筑面积4676亿平方米。

12月8日 国务院批转城乡建设环境保护部、文化部《关于公布第二批国家历史文化名城名单报告的通知》。批准第二批历史名城共三十八座。

附　录

1　国外城市建设概况

城市规划概况

李秉仁

本世纪初以来，随着全球城市化进程的加速，城市得到了迅速发展。在城市的发展过程中，世界各国对城市规划都十分重视，把城市规划作为国家管理城市的一项重要职能。

1.城市规划管理体制：在许多国家，中央和地方都设有主管机构管理城市规划。美国联邦政府设有住房和城市发展部，主要负责立法和制定政策，各州设有规划局和土地利用局，各城市普遍设有城市规划管理机构，负责城市的规划和发展工作。苏联的城市规划由国家建委民用建筑委员会领导，实行以总建筑师为核心的城市规划建设管理制度，各城市设有城市规划管理局或建筑规划管理局；人口一百万以上的城市设有建筑规划管理总局。城市总建筑师通常由建筑规划管理局长兼任，领导城市的规划和建设工作。朝鲜的国家建委规划局，管理规划的审批和监督执行；各道设有城市规划设计监督处，领导有关规划设计机构。联邦德国政府设有区域规划和城市发展部，主管立法，制定城市规划方针政策，提出法规草案；协调州与州之间和有关部门之间的工作；掌管部分资金，用以资助各州和直辖市的城市建设，实行政策影响；负责拟定全国经济区划和区域规划大纲。英国设有环境部。荷兰设有住房规划环境部。日本建设省设有都市局等等。这些都是管理城市规划和建设的政府职能机构。

苏联及许多社会主义国家对规划实行统一领导，对经济发展计划和城市建设规划采取相互结合平行进行的体制。欧洲许多国家把经济发展规划和物质建设规划作为一个整体统一进行，在主管部门领导下，按照统一程序分级负责编制。如瑞典、丹麦等国家的城市规划，都称为国家物质建设规划。美国联邦政府对城市规划不实行集中统一的管理，规划由城市自己负责，各市都有比较健全的规划管理机构，有自己的规划管理法规。

2.国外城市规划立法：立法是各国管理城市规划的最重要手段。英国国会1909年通过了第一个城市规划法案。1971年颁布的城乡规划法是规划的基本法。法定的规划称为发展规划。日本与城市规划有关的法律，有城市规划法、建筑标准法、土地区划整理法、城市扩建改建法等。联邦德国1960年公布的联邦城市建设法，包括城市规划、土地区域整理、土地利用等内容，是联邦德国城市建设的基本法律。苏联和其他东欧社会主义国家，虽然没有西方国家那样名目繁多的各种立法，但这些国家的城市规划方案一经中央部门批准，事实上也同样具有法律的作用，地方单位必须严格执行，在实施工程中不允许随意更改。如苏联1965年和1971年两次制订的首都莫斯科的总体发展规划，经部长会议审查通过后，一直在认真执行，并取得了一定的成就。其他如民主德国和波兰，其城市规划一般都在国土整治法的指导下编制，部长会议审议后颁布实施。

3、国外城市规划的主要发展趋势:(1)国土规划、区域规划和城市规划融为一体，形成体系。如荷兰根据其国土面积小、人口密度大、城市多的特点，把国土规划、区域规划和城市规划纳入统一的管理体系之中，形成由国土到区域、到城市的建设规划体系。联邦德国把区域规划和城市规划统一考虑，重视区域发展平衡和基础结构发展协调，从全国到州、县、市和社区(乡)，都编制有不同深度的规划，形成了规划体系。波兰从国家规划、区域规划、城市规划到乡村规划的整体规划理论也是如此。(2)保护生态环境成为城市规划及区域规划的重要目标。如波兰的整体规划十分重视对城市生态系统的分析研究，把城市空间生态规划作为整体规划的重要内容之一，其目的是为了改善城市生态条件，为居民创造良好的工作和生活环境。意大利的大区规划主要是研究区域内的土地利用，分别提出保护生态环境的规划措施。(3)城市单一中心的布局形态渐为多中心代替。快速交通的发展改变了单一中心的城市布局，使城市发展趋于多中心、群体化。沿交通干线及其结点发展的城市布局模式，越来越被接受。如哥本哈根的指状发展和楔形绿地的状态，汉堡的放射干道和结点的模式，莫斯科的环形放射路分割的分区形态等等。此外，发展小城镇和卫星城，仍然受到许多国家的重视。

住 房 概 况

沈建忠

1.苏联及东欧国家的住房建设和政策

近二十多年来，苏联及其他东欧国家重视住宅建设，他们在解决住房问题的过程中，逐步形成了一套较完善的适合本国国情的住房建设、管理体制和政策。

[住房建设投资和组织形式] 苏联及东欧国家住房建设的重要特点是投资较大，逐年稳步上升。苏联住房建设一直是以国家投资为主，每年投入住房建设的资金达200亿卢布，占国家预算支出的5%左右。这部分资金约占住宅总投资的68%。其他的住宅资金来自私人和以入股形式参加住宅建筑合作社，其比重分别为25%和7%左右。苏联住宅建设由国家民用建筑委员会管理，负责制订住宅建设的技术政策，编制实施计划。

罗马尼亚公房建设与私房建设所占比重相差不大。建国三十年共建住房424.2万套，其中公房占42%，私房(含合作社建房)占58%。近年来，由于公建住房比重有上升趋势，个人买房稍有增加。国家建的住房由两部分组成，一是用于分配给职工的大型住宅楼；二是以长期贷款形式向职工出售的住宅楼。

匈亚利的住宅建设方针是国家和私人建房并举，其中私人建房在住房建设中占很大比重。第一个十五年计划时期，私人建房占全国建房面积64%，第二个十五年计划上升到70%以上。私人建房的所有权分两种形式:一是楼房归集体，单套归个人;二是单幢楼房式传统家庭住房归个人所有。

南斯拉夫住房建设的显著特点，是国家不直接投资，主要由企业单位和私人建设，其中企业单位投资占52.4%，私人资金占47.6%。建成住房企业单位占38.3%，私人占61.7%。

民主德国近几年来，国家统一建设的住房面积，约占全国建房量的50%，住宅合作社约占33%，私人建房占17%。国家投资的住宅建设有两个特点:一是投资比例高，住房投资拨款占国民经济总投资的30%以上，相当于工业投资的1.5倍，农业的3倍。二是加强配套建设。规定住宅与公共服务设施占地面积的比例为3:2，每公顷人口密度200人，绿地和休息场所由居民自行解决。

波兰住宅投资约占固定资本总投资的20%。建房的主要途径是住宅建筑合作社和企业单位自建。波兰设有全国性的“住房合作社中央联盟”，各省设“住房合作社办事处”，市设“住房建筑合作社”。国家对住宅合作社不拨款，而是通过银行提供贷款资金，贷款额一般为建房费的80%，其余由合作社成员自筹。

[住房出租和出售] 多数东欧国家实行分配和出售两种办法，而且力求做到相互协调。

苏联制定有统一的住房分配政策，规定了分房的优先顺序:卫国战争期间的残废军人及战争中牺牲者和失踪者家属，苏联英雄、劳动模范、老战士、老工人、多子女家庭及独身母亲。住房标准全国不统一，由各加盟共和国规定，但最低不能少于9平方米。房租由部长会议统一规定，平均每平方米为13～16戈比，1928年以来一直未变。这笔房租收入仅相当于房屋日常维修费用的四分之一，国家每年为此支出的财政补贴达100亿卢布。但对家庭人均居住面积超过9平方米的居民，超过部分按房租标准的三倍计收。

罗马尼亚实行“先买后租”的办法。规定家庭人均月收入在1100列伊以上的，必须购买或自建住房，售价根据不同类型和面积的住房分别确定。购房剩余房屋分配给月收入在1100列伊以下的家庭。优先照顾条件困难和多子女家庭，分配标准为每人居住面积10平方米，超额的房间，法律规定必须让出另行出租。房租根据基本收费标准、住房的舒适程度、家庭月工资和退休金确定。

南斯拉夫由企业单位建房、分房，通常由职工大会通过分房办法:包括两大部分，一是分配的标准或依据，即根据住房困难程度、劳动成绩、工龄长短、劳动岗位重要程度、对国家企业的贡献情况等条件，采取打分办法，按分数多少排出分房顺序作出决定。二是分配原则，一是强调互助，以住房的困难程度占70%;另一是重视劳动态度、贡献和工龄条件。

匈亚利规定三分之二国家建房用于出租，三分之一用于出售。住房分配对象是每月人均收入低于1500福林的家庭，分得住房时，要交纳相当于房屋造价30%左右的使用金。对家庭经济困难及多子女家庭，国家给予补贴，使用金主要作为住房发展基金。人均收入超过2500福林的家庭，只能购买银行出售的住房;其他家庭可购买国家的公房。购买住房可享受各种补贴和优惠，国家补贴每人在2万到3万福林，银行贷款年利率在1～4%，国家规定各企业要给愿意买房的职工提供无息贷款或其他形式的资助。贷款额不得少于房屋售价的20%，偿还期限至少15年。

［**住房改革**］ 为了从根本上解决住房问题，进入80年代以来，苏联及东欧国家都在不同程度地对低房租进行改革，逐步向住宅商品化过渡。

匈亚利政府从1982年起对房租开始调整，1983年提高公房租金的30%，以后每年提高15～16%的房租，到1986年达到成本租金。在提高房租的同时，对职工工资也给予一定幅度的提高，对经济上较困难的社会阶层及多子女家庭给予适当优惠。

波兰政府已经决定逐步提高国有住房租金，计划在1990年前使房租收入能完全弥补经营和维修住房所需的费用。这一改革将使房租在家庭开支中所占的比重，从1.1%～3.4%增加到2.3%～7.3%。

南斯拉夫在1987年制定的反通货膨胀纲领中规定，在住房体制中将采取一系列改革措施:一是实行“经济房租”，即逐步提高房租，使房租能保证房屋的日常维修和折旧;二是减少企业直接用于住房建设的资金，把这部分资金以贷款形式发放给个人，用于建房买房，也可把一部分资金用于补助低收入家庭;三是鼓励私人集资建房或买房。四是在税收政策上给予照顾，个人在建房或购买公房期间，可以减免所得税和不动产税，在购买建房所需的建筑材料时可以免交流通税等;五是在银行信贷方面，取消建房贷款的限额，监督建房贷款的使用情况，并以优惠条件开办住房建设储蓄业务。苏联居民住房已经达到一个相当的水平。全国城乡人均住宅面积14.9平方米。但住房问题依然相当突出，还有一些城市居民家庭人均住房面积不足5平方米，全苏有1200万个家庭在排号等待改善居住条件。因此，在1986年苏联通过了关于加速解决住房问题的决定。制定了到2000年时要建20亿平方米住宅。为实现这一目标，正在制订调整低房租政策，改革现有住宅建设、管理体制和使用政策的方案。

2.发展中国家住房状况与政策

据联合国等提供的资料，发展中国家一般家庭人口平均4.8人/户，住2.2个房间，每间居住2.15人。住宅建造量，以1970年为例，每千居民兴建的住宅套数为“埃及1.5;哥伦比亚1.2;厄瓜多尔0.8;委内瑞拉1.9;伊拉克1.8;叙利亚2.6。住宅建筑标准平均在3.68平方米～6.59平方米。在不少发展中国家的城市中，住在贫民窟和违章建筑中的低收入者占有相当比例，如摩洛哥在1970年达57%;斯里兰卡43%;孟加拉国42%;阿富汗35%;加纳30%;印度20.25%。鉴于住房状况日益恶化，六十年代以来，各国政府纷纷制定了总的住宅建设的政策措施和中长期计划，取得了不少成就。

新加坡1964年开始推行“居者有其屋”计划，二十多年中使全国80%以上的居民搬进了新住房，人均住房面积达15平方米。政府每年对住房建设的投资(用贷款的形式)占政府总支出的40%以上，1985年为50亿新元，占政府总支出的47.7%，同时政府每年还平均要拿出一亿多新元补助住房建设。他们还采取强制性储蓄等措施，保证住宅资金的稳定来源，同时通过土地有偿使用来保证政府市政建设需要。政府出卖土地，一般每年可收入十亿多新元。土地使用费按地价的1%～6%收取。

埃及在1982年开始的五年计划期间，共建住房80万套，超过前二十年建房面积的总和。其中55%是为低收入者盖的经济住房。为鼓励私人投资，政府采取了一些优惠措施，包括免费提供地皮或低价出售地皮，五十年分期付款，优先低价出售建筑材料;在限期内免交地产税，以及年利息4%的低息贷款等。仅低息贷款一项政府每年就拨款4.5亿埃镑。

3.发达国家的住房状况和政策

发达国家住房水平，一般平均每户3.5人，住4.3个房间，人均占有1.2个房间。七十年代，每千户居民的建造量水平:瑞典为13.6套;法国9.3套;丹麦10.3套;挪威9.4套;西班牙9.1套;联邦德国8.1套;意大利6.9套;瑞士10.4套;荷兰9套;英国6.6套。在基本建设中住宅建设比重一般在20%左右，人均住房面积在13平方米～25平方米之间，住房设施水平也比较高。大多数住宅都有带浴池的卫生间、客厅、较宽大的阳台以及电、供暖、冷热水等设备。

发达国家的住宅政策有几种类型:一是以美国为代表的私人企业经营方式,住宅以商品形式向社会提供;二是以英国为典型,由政府和地方团体直接提供公共住宅;三是注重自由主义经济和市场规律,政府积极介入,对社会住宅建设给予大力支援,以联邦德国为典型;四是以住宅合作社为中心,向社会提供住宅,以北欧为典型。

美国住宅大部分由私人开发经营,以分期付款的形式出售。公共住宅仅占1%以下,一般情况下,大约10万美元可以购买1000平方米的住宅基地和200平方米建筑面积住房。

日本每年只建5%左右的公共住宅,其它都是私人资本经营、分期付款、租赁或自建。1984年到现在,一套三室一厅100平方米的单元式住宅的售价为3800万日元,相当于普通职工年收入的8.5倍。

英国公建房占27%,政府通过从金融市场借款,或出卖公有房地产等办法筹资,每年建成10万套住房平价提供给低收入家庭。

联邦德国的住宅总数已超过家庭总数,推行在政府支持下吸收民间投资的"社会住宅"政策,由各类社会经营团体、企业建的住房占53%。

北欧各国的住宅政策,主要是在政府和地方的支持下,居住者自己建立互助组织,建设住宅。如瑞典以合作形式建成并管理的住房约占瑞典全国住房总数的六分之一。1985年,瑞典个人消费中用于与住房有关的消费占20.2%,相当于国民生产总值的10%,住房投资占固定资产投资的21.6%,相当于国民生产总值的4.1%。全国93.1%的住房有洗澡设施,96.2%有卫生间,97.5%有集中供热系统。瑞典把为全体居民提供好的住房作为政府的责任和社会发展的目标之一。这一政策的基本核心是,编制住房发展的计划和中长期规划,采取积极的有利于发展住房建设的土地供应政策,使住宅价格保持在合理的水平上;以贴息和贷款的方式支持住宅建设和改善住房条件;对经济能力差或有特殊需要的住户给予特殊的住房津贴和服务;鼓励多种形式多种渠道建设住房。

4.国外城市住宅层数和密度

国外高层住宅的兴趣是在二次大战以后。日本于1964年建了第一幢11层住宅,到1971年日本新建高层住宅的比例上升到55%。但欧洲一些国家,新建高层住宅却逐渐减少。联邦德国的波恩等城市规定不能建高层住宅。美国是高层住宅建得最多的国家,100多层的芝加哥汉考克大楼,44层以上是住宅。近来美国新建高层住宅多为20~30层。

苏联50年代建的住宅以5层为主,70年代规定5层及9层为经济类型。1981~1985年五年计划规定,莫斯科的新建住宅层数:12层以上的占95%;9层以下占5%。但有的东欧国家,象罗马尼亚对层数控制较严,1981年全国平均住宅层数,5层以下为88%,9~11层为12%。国外最受欢迎的住宅仍然是1、2、3层住宅。

国外的住宅密度相差十分悬殊。低的每公顷100人左右,高的达每公顷4000~5000人。欧美土地比较富裕的国家,每公顷人口密度超过200人就称为高密度。

市政公用设施概况

刘锡庆

市政公用设施是为城市生产和生活服务的公共设施,是城市发展的基础。许多发达国家,在本世纪五十年代以来,都下了很大力量建设市政公用设施。

1.城市供水排水

世界各国一般都安排一定的投资比例,加快供水设施建设。因而人均日用水量不断增加,供水普及率不断提高。如英国、丹麦、瑞士、挪威、芬兰、匈亚利、马耳他、荷兰等国,全国供水人口普及率在1980年已达100%;联邦德国、瑞典、奥地利、希腊已达99%以上;日本近二十年也发展较快,1960年、1970年、1980年供水普及率分别为53.4%,80.9%和91.5%,1982年为92.5%。日平均生活饮用水量,据1983年统计,英国为123升/人·日、联邦德国为146升/人·日、丹麦为200升/人·日、匈亚利为194升/人·日、芬兰为150升/人·日、荷兰为118升/人·日、挪威550升/人·日、西班牙为230升/人·日、瑞典为275升/人·日。世界各国严格保证供水水质,一般比较重视水厂的技术改造,通过使用新型混凝药剂,采用快速混合,改进反应设备,应用多种高效沉淀澄清池,使用混合滤料等,使原有设施只用少量投资,即可较大幅度增加供水能力和改善水质。近年来,为解决微污染水源水质净化问题,还研究发展了各种深度净化和特殊处理工艺。同时,还重视配水管网的更新改造,大力推广应用延性好的球墨铸铁管和硬聚氯乙烯管。积极推广应用微机程控自动仪表设备,提高管理水平和劳动生产率。水处理后各工序操作和管网优化调度目前已趋于自动化。各国在开发新水源的同时都十分注意节约用水。处理后的城市污水大量回用于工业、农业和市政。很多国家还采取多种措施,推广使用节水型器具和节能型设备。征收排水费也是促进节约用水的一项有效手段。欧洲共同体国家都实行“污染者付费原则”。国外还建设了一些大型跨流域调水工程，如巴基斯坦的西水东调工程、澳大利亚雪山调水工程、苏联额尔齐斯河东水西调工程、美国的跨流域调水工程、西班牙塔霍河北水南调工程和秘鲁的马赫斯调水工程等。

发达国家大都建有比较完善的城市排水管网。其下水道人口普及率普遍较高，欧洲各国下水道人口普及率几乎达100%。城市污水基本上得到了处理，大致每一万人拥有一座污水处理厂。发达国家普遍采取集中统一处理的方法，比较重视城市污水及污泥的综合利用和回用。污水回用的途径主要有农业灌溉，工业冷却与冲洗，市政用水和生活杂用，也有经深度处理用作生活饮用水的。污水处理正在开发并推荐应用厌气生化处理技术、污泥堆肥技术、沼气发电技术等。

2.城市煤气与供热

城市煤气是城市能源结构的重要组成部分。城市煤气最早起源于英国，1812年在英国建立了世界上第一个煤气公司。1816年欧洲大陆萨克森建立了第一座煤气厂。1858年，法国、德国、美国、俄国等相继建立了煤气生产服务设施。国外城市煤气的发展，最初用于照明，以后逐步发展用于烹调、热水，后来才用于工业加热和作为化工原料。随着天然气的大量开采和远距离管道输送，燃气工业已成为工业部门的一个重大支柱。世界各国煤气工业的发展，大体经历了三个阶段:以煤制气为主阶段，以油制气为主或煤、油制气混合应用阶段，以及以天然气为主阶段。目前正处于以天然气为主阶段。据统计，到1980年一些国家的用气户数为:美国4703万户，英国1566万户，法国854万户，联邦德国767万户，日本1664万户，荷兰463万户，丹麦43万户，加拿大281万户，比利时185万户，这些国家的人口用气普及率都在85%以上。在输配技术方面，国外天然气采用了先液化再气化的先进技术，实现了洲际远距离输送。如苏联到西欧等国的输气干线，城市、乡村乃至全国都形成了管道网。目前，国外大量采用大功率燃气轮机高压送气，应用电算优化设计，输配系统控制基本自动化。同时在管道材料上采取了耐腐、耐磨、耐压、高强度的优质材料。正在开发应用弧形埋管技术。

国外集中供热的发展，至今已有一百余年的历史。目前，世界上集中供热最发达的国家是苏联、联邦德国以及北欧、东欧的一些国家。苏联从1924年开始发展热电联产集中供热，1984年全国有1000多座热电厂，供热能力每小时24.3百万千卡。丹麦七十年代集中供热迅速发展，目前，全国有20座热电厂、450个集中供热锅炉房。波兰拥有热电厂34个，热电厂供热量占总供热量的58%。联邦德国1983年拥有热电厂124个，供热站392个，集中供热量占总供热量的90%。日本从1970年开始大力发展集中供热，现有20个集中供热系统，供热能力每小时1104百万千卡。部分国家集中供热普及率如下:苏联70%(1985年)、丹麦50%(1984年)、民主德国21.6%(1985年)、瑞典50%(1984年)、芬兰35%(1982年)。

3.城市公共交通

一些经济发达国家，如美国、日本和一些西欧国家，虽然有为数众多的私人小汽车，但政府仍很重视城市公共交通的发展。目前，这些国家已基本建成了以地铁、轻轨电车为骨干，以公共汽车为辅助的公共交通网络。苏联目前已在2400多个城镇建立起公共交通系统，年客运量达600多亿人次，城市公共交通客运量占城市总客运量的90%。东欧国家的城市公共交通客运量占城市总客运量的70～90%。在许多发展中国家，如印度、墨西哥等主要依靠公共交通。许多国家在交通管理上实行公共交通优先的政策。为提高公共汽车的运行速度，国外采取的主要措施有:在道路上设置公共汽车专用道，优化公共汽车线路，设置直达线;在交叉路口上安装公共汽车专用信号灯，对公共交通车辆优先放行。国外城市公共交通今后的发展，有两个特点:一是城市公共交通系统的结构产生变化，由过去的公共电、汽车为主，转向以轨道交通为主;二是努力采用先进理论和技术，使公共交通系统朝着快速方便的方向发展。如日本运行在“新干线”上的轨道车辆，时速超过200公里，现正在与欧美共同研制一种时速可达500公里的大运量公共交通工具。

4.城市道路建设

世界各国普遍认为，要解决城市交通运输紧张的问题重要的是加强道路建设，建立完善的道路系统。世界各国城市道路建设发展迅速。其主要原因:一是重视道路网的规划和实施。在日本，道路网的规划非常详细、具体，并且规划和计划是一个部门。为保证规划的实施，颁布了18种有关道路建设的法律，同时从1954年开始，制定实施了道路建设发展的五年计划;二是有较强的道路建设组织机构。在美、日、德、法、英等国，由于实行市场经济，各级政府部门只承担和参与道路的建设和管理活动。在日本国家不再包办道路建设，而是实行政企分工。具体负责道路建设的是道路公团(公社);三是道路建设资金渠道较多，如有各种税收:汽油税、柴油税、汽车吨位税、液化石油气税、车辆购买税等，还建立一些道路收费制度。许多国家用于道路建设投资较大。如美国从1950～1983年，每年用于道路上的基建投资占当年国内生产总值(GDP)的比例保持在

1.17～1.75％的水平；法国为0.45％(1971～1975年)；英国0.40～1.00％(1963～1978年)；联邦德国为1.12％(1976～1980年)；日本为0.62～2.85％(1953～1983年)。

5.国外城市垃圾治理

随着城市现代化的发展，人口大量增加，各国城市垃圾排放量日益增多。发达国家人均年产垃圾三吨。发展中国家人均年产垃圾一吨。国外垃圾的特点有三点：一是"量"逐年增加。尤其是发达国家增加较快，发达国家的城市垃圾年增长率为3.2～4.5％。如美、英、法国1980年城市垃圾数量比1970年增加0.9倍；二是"质"日益复杂，有机物增多。据东京、香港、纽约、伦敦、巴黎、莫斯科等八大城市调查统计，城市垃圾中的有机物含量达55～85％，无机物含量达18～45％；三是"处理费用"十分昂贵。如东京处理每吨垃圾的费用为6000日元，美国为25美元，香港为1000港币。

国外城市垃圾治理，有的国家采取"强制性"政策。如1969年，新加坡政府把乱倒垃圾列为犯法行为，并在城市环境部设置了检查机构。从七十年代起，许多国家纷纷制定了各种废弃物管理法规。如瑞士有《垃圾堆积法》。联邦德国有《废弃物处理法》，日本有《公害对策基本法》。英国规定："任何人都不能在批准的场所以外放置规定的废弃物"。瑞典规定"盛酒容器不管能否回收，均采用押金方法"，丹麦规定"废汞电池由商店回收，送回电池公司，以使再生与废弃"。有些国家实行"综合利用性"的回收管理政策。日本的工业废弃物回收率达到50％，民主德国的回收率为35％，英国的回收率为27％。大部分工业发达国家，还用征税和押金手段来进行管理。

世界各工业发达国家对城市垃圾的处理主要采用填埋、焚烧和堆肥技术。总的发展趋势是卫生填埋发展不快，堆肥日益减少，焚烧制能或供热处理垃圾法逐渐增多。同时正在开发垃圾气化和热分解制能处理技术。

6.国外城市园林绿化和国家公园

世界上许多国家，随着经济发展和人民生活水准的提高，日益重视城市园林绿化建设事业，达到了较高的绿化水平，为人们提供了一个较好的生活环境。这些绿化水平较高的城市有以下特点：一是公园多、面积大、市民有较大的活动空间。如据1963年统计，日本各城市共有公园4万多个，面积5万公顷，按1亿城市人口计算，每人有公园面积4.73平方米。1985年已达到4.9平方米；二是有一个布局合理的完整的园林绿地系统。如朝鲜平壤市就把园林绿地分为四类：公共利用绿地(如公园等)、限制利用绿地(如单位环境绿地等)、特殊利用绿地(如防护林、苗圃等)和郊外游园地(如郊区风景区等)。市内绿地进行平衡分布，郊区绿地则与之相呼应，并有机地联系起来，形成多层次的，点、线、面相结合的完整的绿地系统。苏联为了保证大城市有充足的绿地面积，早在1968年就制定了城市绿地定额指标，作为建立园林绿地系统的科学依据：每人5平方米的小区绿地、每人11平方米的居住区绿地、每人8平方米的全市性绿地和每人100平方米的郊区森林公园；三是绿化效果好，市区基本没有裸露地面。国外不少城市中，除了有大量的树木和灌木丛外，还有草坪。市区中除道路、广场和建筑物外，空地全部被草坪所覆盖，在草坪上，还经常大片地栽种花卉。这样，消除了裸露地，减少了尘土，环境质量得到了提高。

世界各国建立国家公园，保护人类自然环境的活动也在不断发展。据1982年统计资料，世界上有120多个国家建立了2600多个国家公园和相应保护区，总面积约有400万平方公里，占全球陆地面积2.6％。国外国家公园系统的建立，对维护国土风貌，保护自然生态环境，为人们提供游览、休息和传授科学文化知识的良好环境都具有重要作用。它的发展得到了许多国家政府的重视和广大人民的拥护。

一些国家城市人口比重与人均国民生产总值的关系 表1

国家	1984年年中人口(百万)	1984年城市人口占总人口的百分比	1984年人均国民生产总值(美元)	预测2000年人口(百万)
埃塞俄比亚	42.2	15	110	65
黑西哥	76.8	69	2040	110
孟加拉国	98.1	18	130	141
南斯拉夫	23.0	46	2120	25

续表

国　家	1984年年中人口(百万)	1984年城市人口占总人口的百分比	1984年人均国民生产总值(美元)	预测2000年人口(百万)
尼泊尔	16.1	7	160	24
阿根廷	30.1	84	2230	37
缅　甸	36.1	29	180	49
阿尔及利亚	21.2	47	2410	34
印　度	749.2	25	260	994
委内瑞拉	16.8	85	3410	24
索马里	5.2	33	260	8
希　腊	9.9	65	3770	11
卢旺达	5.8	5	280	10
新加坡	2.5	100	7260	3
肯尼亚	19.6	18	310	35
利比亚	3.5	63	8520	6
加　纳	12.3	39	350	20
沙特阿拉伯	11.1	72	10530	20
斯里兰卡	15.9	21	360	21
科威特	1.7	93	16720	3
巴基斯坦	92.4	29	380	138
阿拉伯联合酋长国	1.3	79	21920	2
毛里塔尼亚	1.7	26	450	3
西班牙	38.7	77	4440	43
赞比亚	6.4	48	470	11
意大利	57.0	71	6420	59
印度尼西亚	158.9	25	540	212
新西兰	3.2	83	7730	4
菲律宾	53.4	39	660	76
英　国	56.4	92	8570	58
尼日利亚	96.5	30	730	163
比利时	9.9	89	8610	10
喀麦隆	9.9	41	800	17
法　国	54.9	81	9760	59
泰　国	50.0	18	860	66
日　本	120.0	76	10630	129
多米尼加共和国	6.1	55	970	9
德意志联邦共和国	61.2	86	11130	60
秘　鲁	18.2	68	1000	26
澳大利亚	15.5	86	11740	18
刚果人民共和国	1.8	56	1140	3
瑞　典	8.3	86	11860	8
土耳其	48.4	46	1160	65
加拿大	25.1	75	13280	29
突尼斯	7.0	54	1270	10
美　国	237.0	74	15390	263
哥伦比亚	28.4	67	1390	37
瑞　士	6.4	60	16330	7
约　旦	3.4	72	1570	6
匈牙利	10.7	55	2100	11
巴　西	132.6	72	1720	179
波　兰	36.9	60	2100	41
葡萄牙	10.2	31	1970	11
德意志民主共和国	16.7	76		17
马来西亚	15.3	31	1980	21
罗马尼亚	22.7	52		25
苏　联	275.0	66		307

摘自《1986年世界发展报告》

日本基础设施建设投资占国内生产总值和固定资本总形成的百分比(单位:亿日元)、

表 2

年份	国内生产总值	固定资本	给水排水(c)			道路(d)			煤气(e)			园林(f)			环卫(g)			c～g占GDP的百分比	c～g占固定资本总形成百分比
	(GDP)(a)	总形成(b)	基建投资	c/a(%)	c/b(%)	基建投资	d/a(%)	d/b(%)	基建投资	e/a(%)	e/b(%)	基建投资	f/a(%)	f/b(%)	基建投资	g/a(%)	g/b(%)		
1951		11,010																	
1952	62,170	13,080																	
1953	70,120	16,920				433	0.62	2.6											
1954	77,990	16,700				611	0.78	3.7											
1955	85,980	17,780				623	0.72	3.5											
1956	97,070	24,540				745	0.77	3.0											
1957	110,740	30,090				1,108	1.00	3.7											
1958	115,180	30,060				1,381	1.20	4.5											
1959	129,330	37,660				1,759	1.36	4.7											
1960	155,030	50,480	776.86	0.50	1.54	2,113	1.36	4.2	255	0.16	0.5								
1961	191,610	66,880	946.02	0.49	1.41	3,162	1.65	4.7	273	0.14	0.4								
1962	212,530	72,670	1158.12	0.54	1.59	4,125	1.94	5.7	260	0.12	0.4								
1963	245,410	82,910	1536.27	0.63	1.85	5,235	2.13	6.3	277	0.11	0.3								
1964	290,150	96,120	1860.97	0.64	1.94	6,219	2.14	6.5	300	0.10	0.3								
1965	320,520	99,160	2124.89	0.66	2.14	6,991	2.18	7.1	356	0.10	0.4								
1966	360,220	199,970	2500.41	0.68	1.25	8,686	2.35	7.2	426	0.11	0.2								
1967	436,770	147,660	2736.14	0.63	1.85	10,163	2.33	6.9	531	0.21	0.4								
1968	517,510	197,390	2954.67	0.57	1.65	11,296	2.18	6.3	679	0.13	0.4								
1969	598,370	221,410	3371.31	0.56	1.52	13,159	2.20	5.9	711	0.12	0.3								
1970	708,680	257,420	4361.15	0.62	1.69	15,979	2.28	6.2	946	0.13	0.4				234	0.03	0.09		
1971	973,730	280,220	6926.47	0.87	2.47	20,467	2.58	6.2	1,163	0.15	0.4				363	0.05	0.13		
1972	906,040	332,460	9,657.72	1.0	3.0	25,789	2.85	7.8	1,281	0.14	0.4	28.4	0.003	0.008	639	0.07	0.18		
1973	1,110,040	428,890	109,84.51	1.0	2.6	28,772	2.59	6.7	1,445	0.13	0.3	49.3	0.004	0.011	761	0.07	0.18	4.063	11.388
1974	1,324,860	451,660	11,969.83	0.9	2.6	29,176	2.20	6.5	1,794	0.14	0.4	59.5	0.005	0.013	1,012	0.08	0.23	3.794	9.791
1975	1,456,916	480,167	15,085.47	1.04	3.14	29,550	2.20	6.2	2,016	0.14	0.4	70.8	0.005	0.015	1,310	0.09	0.27	3.325	9.743
1976	1,664,196	518,772	16,151.33	1.0	3.1	33,904	2.03	6.5	2,493	0.15	0.5	84.2	0.005	0.016	1,519	0.09	0.29	3.275	10.406
1977	1,884,600	561,770	17,980.41	1.0	3.2	42,721	2.23	7.6	2,516	0.13	0.5	106.9	0.006	0.019	1,478	0.08	0.26	3.446	11.579
1978	2,026,380	623,836	22,937.63	1.1	3.7	50,961	2.51	8.2	2,592	0.13	0.4	144.2	0.007	0.023	1,531	0.08	0.25	3.827	12.573
1979	2,186,160	701,262	26,805.92	1.2	3.8	56,506	2.59	8.1	2,596	0.12	0.4	185.1	0.008	0.026	1,774	0.08	0.25	3.998	12.576
1980	2,359,120	754,200	27,569.93	1.2	3.7	58,290	2.47	7.7	2,629	0.11	0.4	194.0	0.008	0.26	1,683	0.07	0.22	3.858	12.046
1981	2,525,460	783,990				59,731	2.37	7.6	2,893	0.12	0.4	198.1	0.008	0.025	1,759	0.07	0.22		
1982	2,647,070	701,730				62,752	2.37	7.9	3,549	0.16	0.3	198.9	0.008	0.025	1,824	0.07	0.23		
1983	2,746,300	779,660				62,436	2.27	8.0	3,363	0.12	0.4	199,6	0.007	0.026					

资料来源:《National Accounts of OECD Countries》1953～1969, 1962～1973 年版,《OECD National Accounts》1963～1980 年版

《International Financial Statistics》1985.2

联邦德国基础设施建设投资及其占国内总产值和固定资本总形成的百分比(单位:亿马克)　表 3

年份	国内总产值 (GDP)(a)	固定资本总形成 (b)	给水排水 (c)			煤气 (c)		
			基建投资	c/a(%)	c/b(%)	基建投资	c/a(%)	c/b(%)
1950	978	181						
1951	1194	223						
1952	1365	256						
1953	1470	291						
1954	1582	328						
1955	1808	407						
1956	1990	448						
1957	2164	465						
1958	2312	504						
1959	2504	580						
1960	3026	706						
1961	3335	807						
1962	3609	902						
1963	3848	953						
1964	4221	1092						
1965	4620	1189				7.103	0.17	0.65
1966	4921	1219				8.531	0.17	0.70
1967	4961	1104				9.815	0.20	0.89
1968	5405	1219				8.658	0.16	0.71
1969	6057	1104				8.179	0.14	0.74
1970	6870	1219				9.446	0.14	0.77
1971	7625	1462				14.351	0.19	0.98
1972	8346	1811				18.080	0.22	1.00
1973	9282	2029				18.441	0.20	0.91
1974	9997	2239				16.630	0.17	0.74
1975	10449	2046				18.558	0.18	0.91
1976	11352	2359	48.39	0.43	2.05	19.870	0.18	0.84
1977	11961	2589	44.43	0.37	1.72	21.529	0.18	0.83
1978	12851	2920	55.45	0.43	1.90	24.806	0.19	0.85
1979	13925	3048	59.22	0.43	1.94	30.775	0.22	1.01
1980	14814	3380	66.12	0.45	1.96	35.003	0.24	1.04
1981	15426	3382	55.43	0.36	1.64	34.382	0.22	1.02
1982	15991	3307	52.19	0.33	1.58	27.000	0.17	0.82
1983			52.03					

资料来源:《National Accounts of OECD Countries》1953～1969,1962～1973 年

《OECD National Accounts》1963～1980 年

《GWF、Gas Erdgas》1963～1984 年

《Wasser und Boden》1978～1984 年

世界各国水资源及2000年人均径流量预测

表4

国家	河川年径流量(亿立米)	2000年人口(万人)	2000年人均径流量(立米)	国家	河川年径流量(亿立米)	2000年人口(万人)	2000年人均径流量(立米)	备注
全世界总计	46800	635000	7370	捷克斯洛伐克	280	1838	1523	注:1.2000年人口引自美国1980年出版的《公元2000年的地球》技术报告第2部分 2.河川年径流量采自联合国水会议资料等。
挪威	4050	462	87662	希腊	200	1031	1940	
意大利	1850	6762	2736	保加利亚	180	1044	1724	
瑞典	1800	910	19780	民主德国	162	1634	991	
冰岛	1700	32	531250	丹麦	110	556	1978	
法国	1680	6143	2735	荷兰	100	1693	591	
南斯拉夫	1100	2660	4121	阿尔巴尼亚	100	406	2463	
芬兰	1000	531	18832	匈牙利	60	1240	484	
奥地利	550	749	7343	苏联	43840	33000	14285	
爱尔兰	500	362	13812	印度	17800	105673	1694	
波兰	490	4429	1106	缅甸	10820	5130	21092	
瑞士	425	710	5986	日本	5470	14806	3694	
罗马尼亚	370	2835	1305	菲律宾	3230	8930	3617	
葡萄牙	363	1088	3336	尼泊尔	1700	2114	8042	
孟加拉国	1230	14443	852	老挝	2730	616	44318	
伊朗	1170	7022	1666	土耳其	1660	7680	2161	
泰国	1100	8415	1307	莫桑比克	580	1469	3948	
阿富汗	500	3356	1490	肯尼亚	370	3172	1166	
蒙古	240	324	7407	阿尔及利亚	310	2806	1104	
扎伊尔	10190	2944	34612	索马里	119	654	1820	
喀麦隆	2680	1098	24408	多哥	84	445	1888	
尼日利亚	2610	10794	2418	毛里塔尼亚	82	227	3612	
利比利亚	2320	264	87879	利比亚	70	557	1257	
几内亚	2260	733	30832	卢旺达	63	844	746	
安哥拉	1580	1034	15280	突尼斯	46	1162	396	
埃塞俄比亚	1150	5386	2135	加拿大	31220	3296	94721	
赞比亚	960	1122	8556	美国	29702	26086	11386	
坦桑尼亚	760	3211	2367	尼加拉瓜	1420	509	27898	
乌干达	660	2596	2542	洪都拉斯	980	640	15313	
马里	620	1109	5591	巴拿马	800	318	25157	
古巴	262	1460	1795	危地马拉	770	1088	7077	
巴西	56680	21731	26083	哥斯达黎加	700	314	22293	
哥伦比亚	11120	4942	22501	玻璃维亚	3000	1045	28708	
委内瑞拉	7610	2673	28470	阿根廷	2890	3750	7707	
秘鲁	7500	2871	26123	圭亚那	2410	147	163946	
智利	4680	1633	28659	澳大利亚	3480	1806	19269	
厄瓜多尔	3180	1401	22698					

国外煤气情况

表5

国名	煤气产量(10^{12}焦耳)	煤气进口量(10^{12}焦耳)	煤气出口量(10^{12}焦耳)	消费用煤气总量(10^{12}焦耳)	家庭、商业、服务行业消费用煤气量(10^{12}焦耳)	输配干线长度(公里)	煤气用户(千户)
奥地利	133825	127318	3208	143246	88994	9236	940
捷克斯洛伐克	233104	284876	5	278887	155695	24436	3374
法国	681367	785761	41018	1137911	555434	111018	8542
民主德国	244365			174504		40507	3575
匈牙利	263148	134215	3750	130743	77545	9105	3156
日本	415607			328655	58679		16646
荷兰	3438532	183561	1951704	1143618	368054	93500	4635

续表

国名	煤气产量 (10^12焦耳)	煤气进口量 (10^12焦耳)	煤气出口量 (10^12焦耳)	消费用煤气总量 (10^12焦耳)	家庭、商业、服务行业消费用煤气量 (10^12焦耳)	输配干线长度 (公里)	煤气用户 (千户)
西班牙	188096	155326	6	195972	75771	7311	14171
瑞士	12784	41552	1109	39864	19161	9572	508
英国	1669104	426350	40620	1847200	731368	227877	15672
美国	21696800	1060900	52800	15143700	6793900	1690087	48349
苏联	17598447			11607186	9335518	267662	

注:表中数据为1980年数、摘自第十五届世界煤气会议文件
煤气包括天然气、人工煤气、液化石油气。

1986年部分国家集中供热情况 表6

国家	供热能力(兆瓦)	管道长度(公里)
丹麦	5234(万百万大卡/年)	7500
瑞典	3087(万百万大卡/年)	6500
德意志联邦共和国	35000	8000
法国	17000	2000
比利时	1000	140
荷兰	2000	800
英国	700	250
意大利	700	250

世界部分城市公共交通客运量 表7

城市	年份	乘客数 (百万人次) 铁路	地下铁	公共汽车无轨电车	有轨电车
东京	1981	4085	1983	345	26
福冈	1981	102	11		
北九州	1981	476		21	
神户	1981	347	19	126	
京都	1981	283	36	203	
名古屋	1981	238	328	250	
大阪	1981	1237	824	128	
札幌	1981	31	184	113	12
横滨	1981	877	46	166	
川崎	1981	314		49	
芝加哥	1981	72	150	493	
底特律	1980			73	
纽约	1981	132	1012	535	
费城	1981	23		224①	
汉堡	1981		339	274	
慕尼黑	1980			437②	
西柏林	1981		326	401	
巴黎	1979	513	1303	321	
伯明翰	1980	39		495③	
伦敦	1978	569			
罗马	1979	32	37	1293	120
米兰	1981			556	

续表

城市	年份	乘客数 (百万人次)			
		铁路	地下铁	公共汽车无轨电车	有轨电车
马德里	1980	4	408	467	
莫斯科	1982		2411	2576	493
哈尔科夫	1980		175	193	232
基辅	1980		255	390	396
古比雪夫	1980			71	144
列宁格勒	1980		717	490	890
斯维尔德洛夫斯克	1980			112	226
塔什干	1980		74	94	139
高尔基	1980			50	141
东柏林	1980		79	125	163
布拉格	1981		255	421	470
布达佩斯	1981	101	318	625	54
华沙	1981	610		973	647
布加勒斯特	1981		2	668	496
新德里	1982			11	
曼谷	1977	58			
雅加达	1981	39			
开罗	1978	123	107	1241	107
墨西哥城	1981	2	987	1947	25
布宜诺斯艾利斯	1981	383	192		
里约热内卢	1980		13		2
墨尔本	1980	85			99
悉尼	1981	208		236	

注:① 包括地下铁和有轨电车;②、③ 包括铁路、地下铁和有轨电车。

资料来源:《国际经济和社会统计提要》1984年版 P157—159。

欧洲部分国家垃圾处理方法 (单位:%) **表8**

国家	年度	焚烧	填埋	堆肥	分选	净化	投海	注
荷兰	1960	15	68	8				VAM私营堆肥
	1970	20	67	4				9
	1975	30	64	6				9
	1978	34	45	1				20
	1979	29	62	9				
瑞典	1975	31	69					
	1980	38	58	6				
	1983	70	20	10				
瑞士	1975	72	14	14				
	1978	70	15	14				
	1980	68	20	11				
	1983	41	20	24	10			
挪威	1975	12	78	10				
	1980	14	79	7				
丹麦	1979	66	32	2				
	1980	63	36	1				

续表

国家	年度	焚烧	填埋	堆肥	分选	净化	投海	注
奥地利	1983	22	43	21	14			
德意志联邦共和国	1975	15	83	2				
	1979	25	72	3				
	1980	23	75	2				
	1983	30	67.6	2.4				
法国	1975	29	60	10				
	1979	30	50	20				
英国	1977-78	10	89	<1				英格兰
	1979-80	3	79.4			5.9	11.7	
比利时	1978	27	62	9				

资料来源:《Waste Management Planning Lvaluation Technologies》1981年版

《Environment and Solid Wastes》1981版

《RAS》1984,12,

《Disposal and Recovery of Municipal Solid Waste》1983年版

《Municipal Solid Waste》1981年版

《都市与废弃物》1984, V.14, N.8

《都市与废弃物》1980, V.10, N.5

一些国家的国家公园情况表 **表9**

国家	国家公园处数	面积(平方公里)	占国土面积(%)	备注
澳大利亚				1986年部分州、地区资料,缺全国统计资料
首都地区	1	940		
北方地区	1	1,325		
维多利亚州	64	9,828		面积不包括1983年后新建立的5处国家公园
昆士兰州	313	34,254		包括国家公园和其他保护区
新南维尔士州	66	28,893		
小计	444	75,240	0.98	缺大堡礁、塔斯马尼亚、南澳和西澳州的国家公园
菲律宾	7	988	0.33	据1983年中国林科院情报所资料
印度尼西亚	5	10,864	0.57	据1983年中国林科院情报所资料
马来西亚	14	9,194	2。79	据1983年中国林科院情报所资料
泰国	51	25,500	5.00	1984年资料,此外另有野生动物保护区28处,2万平方公里,禁猎地32处,2500平方公里
斯里兰卡	7	16,000	24.00	1984年资料
尼泊尔	6	3,991	2.80	1984年资料,面积数仅为4处国家公园统计
印度	52	90,000	3.05	1984年资料,包括223处禁猎地面积
巴基斯坦	4	3,744	0.91	据1983年中国林科院情报所资料
土耳其	13	2,351	0.30	据1983年中国林科院情报所资料

续表

国家	国家公园处数	面积(平方公里)	占国土面积(%)	备注
约旦	10	4,021	4.20	1984年资料,名称为国家野生动物保护区
日本	27	20,204	5.35	1984年资料,另有国定公园54处,面积12,891平方公里
乌干达	4	13,200	5.60	1984年资料
赞比亚	18	59,421	7.89	据1983年中国林科院情报所资料
扎伊尔	7	80,260	3.42	据1986年《地理知识》
坦桑尼亚	7			1984年资料,面积不详,另有11处自然保护区
津巴布韦	10	44,680	11.47	1984年资料,面积中包括15处自然保护区,游乐园、国家圣地和13处狩猎区
巴西	15	110,000	1.29	1984年资料
委内瑞拉	32	73,636	8.70	据1983年中国林科院情报所资料
智利	23	62,718	8.45	据1983年中国林科院情报所资料
美国	48	189,652	2.03	1984年资料
加拿大	31	151,300	1.52	1984年资料,另有60处国家历史公园
芬兰	22	6,572	1.95	据1983年中国林科院情报所资料
瑞典	20	6,745	1.50	1986年资料,另有1100处自然保护区,面积9,000平方公里,占国土面积2%
荷兰	21			1984年资料,面积不详
联邦德国	3	3,130	1.26	1986年资料,不包括占国土面积10%以上的64处自然公园
法国	6	6,126	1,10	据1983年中国林科院情报所资料
波兰	14			1984年资料,面积不详

注:自美国于1892年成立第一个国家公园以来,国家公园在世界兴起,据1982年资料,已有124个国家,建立了2600个国家公园或禁猎地,其面积为400万平方公里,约占世界陆地面积的2.6%。

国外城市公园情况一览表

表10

国名	城市	市区面积(公顷)(A)	人口(千人)(B)	公园面积(公顷)(C)	面积比(%)C/A	每人面积(平方米)C/B	调查年份
英国	伦敦	157,950	7,174	21,828	13.8	30.4	1976
意大利	罗马	150,760	2,800	3,186	2.1	11.4	1973
法国	巴黎	15,539	2,317	2,821	18.2	12.4	1984
	马赛	9,735	914	1,500	15.4	16.4	1984
苏联	列宁格勒	—	4,830	4,744	—	9.8	1984
捷克斯洛伐克	布拉格	49,644	1193	4,193	8.4	35.1	1984
波兰	华沙	—	1,639	4,151	—	25.3	1984
瑞典	斯德哥尔摩	18,600	660	5,300	28.5	80.3	1976
联邦德国	波恩	14,100	289	1,082	7.7	37.4	1984
民主德国	莱比锡	14,400	560	1,870	13.0	33.4	1984
	柏林	48,010	2,100	5,483	11.4	26.1	1976
肯尼亚	内罗毕	—	818	1,811	—	22.1	1984
新西兰	奥克兰	7,489	147	722	9.6	49.1	1984
	惠宁顿	10,837	135	523	4.8	38.8	1984
南朝鲜	汉城	—	8,916	11,569	—	13.0	1984
新加坡	新加坡	—	2,530	1,808	—	7.2	1984
美国	旧金山	12,686	665	2,140	16.9	32.2	1976
	芝加哥	59,133	3,063	7,308	12.4	23.9	1984
	纽约	—	7,780	15,000	—	19.2	1976
	华盛顿	17,346	757	3,458	19.9	45.7	1976
加拿大	多伦多	11,300	414	990	8.8	23.9	1984

欧洲及北美发达国家住房状况比较

表 11

地区、国家	每1000人拥有住房套数	每1000户新建住房比例(%)		每套平均住房间数	楼房住宅每套平均有效面积(m^2)		低层(1~2层)住房比例(%)
	1981年	1960年	1980年	1981年	1960年	1981年	1981年
西　欧	407	7.6	6.4	4.3		92	65
德意志联邦共和国	418	10.4	6.3	4.7	71	99	65
奥地利	410	6.0	6.8	4.2	68	89	41
比利时	387⑤	5.3	—⑥	5.3⑤	77	171⑤	70⑤
丹　麦	424	6.1	5.9	4.9	88	103	71
芬　兰	385	7.1	10.4	4.0	59	89	37
法　国	436⑤	6.9⑦	7.3⑦	3.9	64	—⑧	64
爱尔兰	268	2.1	8.1	5.6	88	101	96
卢森堡	382	6.0	5.5	5.0	—	120	70
挪　威	376	7.5	9.1	4.7	76	98	69
荷　兰	348	7.3	7.9	4.2	81	97	75
英　国	388	5.9	4.5	4.5	—	66⑨	73
瑞　典	440	9.1	6.5	4.9	69	111	66
瑞　士	424	9.4	6.7	3.9	67	98①	36
南　欧	332	4.9	4.6	3.5	—	88	27
西班牙	350④	4.2	7.0	3.5④	65	91④	4②
希　腊	350④	5.8	4.5	3.4	64	108④	56
意大利	338④	5.8	4.5	4.1④	—	—	24②
葡萄牙	—	3.2	2.1	5.0⑤	—	134	56
南斯拉夫	278④	4.1	6.2	2.4	48	69④	59⑤
东　欧	329	5.7	7.6	3.3	53	64	26
德意志民主共和国	412⑤	4.7	7.2	2.9	55	63	17
保加利亚	327	6.3	8.4	2.3	56	62	15
匈牙利	331④	5.8	8.3	3.3	57	70	43
波　兰	227	4.8	6.1	3.8	57	64	25
罗马尼亚	—	7.3	8.9	—	46	57④	—
捷克斯洛伐克	361	6.1	8.8	3.7	59	71	31
苏　联	266⑤	12.9	7.7	2.3⑤	42	52	27⑤
加拿大	351	6.9	7.5	4.9	99	112	64
美　国	390	7.2	6.6	5.3	105	120③	69

注:①—1976年;②—1977年;③—1978年;④1979年;⑤—1980年;⑥—1980年为4.9%;1981年为3.4%;⑦—包括膳寄宿舍和职工招待所;⑧—居住面积为73m^2;⑨末计算私房。

资料来源:联合国欧洲经济协作国住房和环境资料中心,巴黎。

2 图 书 刊 物

城市建设图书出版发展进程

高学善

新中国的城市建设图书出版事业伴随着城市建设事业的发展而诞生。30多年来，它的发展跌宕起伏。只是在十一届三中全会以后，发展才势如奔马，日益繁荣。

（一）

建国后，经过三年的国民经济恢复，国家开始有计划地进行经济建设，旧的地市需要改造、扩建，新的城市和工业区不断兴起。

为了适应城市建设的发展，满足广大城市建设工作者对图书资料的需要，1955年1月成立了城市建设编辑部，出版《城市建设》和《城市建设译丛》月刊。在此基础上，又于1956年3月24日，经当时国务院副总理邓小平同志批准，正式成立城市建设出版社，开始有计划地系统地出版城市建设专业图书。

成立伊始，出版社职工仅30余人，后增加到50余人，并附有一个30人左右的印刷厂。出版社成立后，除继续出版《城市建设译丛》等月刊外，从1956年3月～1957年12月共出版图书一百多种，除了城市规划、城市管理、城市公用事业、城市绿化、给水排水等方面的图书外，还出版了一些建筑理论、建筑设计、建设施工、设备安装方面的图书。这个阶段出版的图书有两个特点。一是当时我国大规模的经济建设刚刚开始，城市建设工作的历史很短，技术力量也比较薄弱，急需学习国外的先进技术和经验，提出了以翻译苏联图书为主，出版中文图书为辅的方针。建社第一批选题计划，有63种是翻译苏联图书的选题。其中城市规划6种，城市绿化3种，民用建筑17种，给水排水18种，城市运输4种，勘察测量3种，公用事业11种，其他1种。二是出版中文著作中理论技术内容较深的专著不多。为了适应急需和及时介绍推广在建设中积累的经验，出版经验汇编性质的图书数量较多。如《中国建筑学会学术论文集》(由城建部建工局编，包括建筑部分、结构部分、采暖通风与空气调节部分等6集)，《城市建设部地方建筑施工技术会议技术资料汇编》(由城建部建工局编，共18集)，《建筑安装工程先进经验》(由城建部和建工部合编，共10集)，由城建部勘测设计局编《一九五七年全国民用建筑标准设计目录》(包括公共建筑和住宅建筑两个方面共4册)，此外还有《城市测量工作经验汇编》、《劳动工资管理资料汇编》、《技术管理资料汇编》。

这些图书为起步不久的城市建设和管理工作顺利发展起到了一定的促进作用。

与此同时，于1954年6月1日正式成立的，属于建筑工程部领导的建筑工程出版社也出版了一些城市建设方面的图书。其中由南京工学院刘敦桢先生编著的《中国住宅概说》一书还由法国巴黎贝尔格出版社翻译出版了法文版，在日本出版了日文版，在国际上产生了一定影响。

（二）

1958年国务院对各部委进行调整与合并，2月11日，一届人大第五次会议决定：撤销国家基本建设委员会，建筑材料工业部、城市建设部，与建筑工程部合并组建为建筑工程部。在这种形势下，经中宣部批准，将建筑材料工业出版社、城市建设出版社、基本建设出版社、建筑工程出版社合并成为建筑工程出版社。担负原四家出版社所承担的任务。

原由城建出版社出版的《城乡建设》和《城市建设译丛》月刊改为《市政建设》月刊，作为机关刊物出版。

从1958～1960年三年内，建筑工程出版社共出版图书1100余种。其中属于城市建设类图书140多种，城市规划、测量、给排水专业的图书质量和数量都有较大的提高和增加。1958年6月，全国城市规划工作座谈会在青岛市召开，会上通过了《城市规划工作纲要三十条》(草案)；1960年4月，建筑工程部在桂林召开城市规划工作会议，提出要在10～15年内把我国城市基本建成现代化的城市，有计划地建设卫星城市。为了适应规划发展的需要，当时出版的规划测量图书比较系统，包括城市规划问题、城市建设总图的编绘问题、城市规划与公用设施、城市规划中的工程问题、城市用地的竖向规划、区域规划、工业建筑的规划设计问题、工厂用地的规划和修建等方面的图书。为了向广大的规划工作人员和管理干部普及规划知识，出版了11册《城市规划知识小丛书》，不仅受到国内读者的欢迎，还译成日文，由日本早稻田大学出版。测量方面图书有《城市建设测量学》、《城市测量技术先进经验》、《城市导线测量》、《城市基本测量作业辅助用表》、《城市控制测量平差法》、《城镇航空摄影测量》、《工业建筑测量与工业企业总平面测绘》、《工业及住宅建筑中的测量工作》及8册全国测绘科学技术经验交流会议资料选编等。

这个阶段出版工作的另一特点是，提出了“开门办社”的口号，编辑走出办公室，深入基层，注意总结国内的成熟经验，开始转向以出版国内编著为重点。在这种形势下，出版的城市建设类图书虽仍是翻译苏联的居多，但也出版了一些针对性和实用性较强、水平较高的编著图书，如103万字《给水排水工程设计手册》(共6篇)及《外部给水排水管道施工技术手册》、《室内上下水道设计》等。

这一阶段出版工作存在的问题，一是受“大跃进”和浮夸风的影响，出版的图书，特别是1958年出版的图书，有很大一部分质量不高;二是受到来自“左”的思潮的干扰，一些作译者著书立说，被当做名利思想批判，挫伤了他们的积极性。

(三)

1961年我国出现了经济困难，国家对国民经济实行调整、巩固、充实、提高的八字方针，当年春天国家计委和文化部决定撤销建筑工程部等八个工业部门所属的出版社和印刷厂，并以建筑工程出版社为基础成立了中国工业出版社，负责各工业部专业书刊的出版、印刷和发行业务，各编辑部分设在各工业部内。建筑工程出版社的编辑部改名为建筑工程部图书编辑部和教材编辑室。建筑图书编辑部先后设立在中国工业出版社(因为1961～1962年中国工业出版社归建筑工程部领导，1963年以后改由国家经委、国家科委领导)、建筑工程部情报局、办公厅内，1965年建筑图书编辑部又分为建筑工程部图书编辑部和建筑材料工业部图书编辑部，分设在各部的技术情报所内。编辑人员大大减少，建工部图书编辑部的编辑仅剩下9人，致使建筑科技出版事业受到严重影响。

1966年“文革”开始，出版界被列为“五界”之一，成为首要冲击对象，建筑图书出版事业同样遭到了空前浩劫。出版界禁区林立，图书出版几乎停止。至1970年，建工图书编辑部人员几乎全部下放基层，仅留下二、三名编辑留守。

1961～1965年的五年中共出版了城市建设、建筑工程、建筑材料各类图书507种。属于城市建设类图书约有50～60种。数量虽有所下降，但由于更加重视对国内建设经验的总结，出版的图书适用性较强，更加适合城市建设行业广大读者的需要。

从60年代初，建工图书编辑部和教材编辑室集中主要力量，深入全国土建类学校，组织编写了城市建设、建筑工程、建筑材料各专业的大学、中专教材150余种，城市建设类的教材约30种。从而使自编教材的出版数量、质量都较50年代有较大的增加和提高。

1966～1971年的五年里共出版图书47种(新书27种，重印书20种)，其中城市建设类图书仅5～6种，出现了严重的书荒局面。中国工业出版社于1971年宣告解散，建工、城建、建材行业出版工作完全陷入停顿。

(四)

在这紧要关头，周恩来总理亲自过问出版工作，关心并指导召开了全国出版工作座谈会，指示尽快恢复工作，解决书荒问题。经当时国家建委批准，中国建筑工业出版社于1971年11月15日正式成立，负责出版建筑工程，城市建设、建筑材料行业各专业的科技图书，专业教材和标准、规范、定额等。十几年来，中国建筑工业出版社又经历了从小到大，边发展，边出书的艰辛创业过程。截止1986年底，已有职工230多人，编辑人员80余人，其中具有高级职称的40余人，已经形成一支专业齐全，力量雄厚的编辑、出版、发行队伍。

出版社还拥有一个有近40年历史的中型综合性科技书刊印刷厂，职工近700人，工厂生产工艺先进，技术力量雄厚，检测手段完备，设备齐全，并有从国外引进全套激光电子分色制版系统以及四色机，高速胶印轮转机、骑马联动装订机、电脑照排等先进设备。印刷厂年生产能力，排字1亿字，彩色电分制版6000套，影印照像制版32000八开标准块，书刊印刷12万令，胶印印刷7.2万对开色令、装钉(含精、特)5万余令。

出版社重建后，全体职工为缓解“书荒问题，加班加点工作。编辑人员分赴祖国东南西北，调查研究，很快确立了一批选题并组织编辑出版。建筑设计、城市规划、园林绿化、建筑结构、建筑施工及安装、工程勘察及地基基础、给水排水、混凝土及制品，水泥、玻璃、陶瓷等专业图书相继问世。1972年出书26种(新书20种)，到1975年出书品种增至123种(新书80种)。但书荒现象仍严重存在。

“四人帮”垮台之后，特别是党的十一届三中全会以后，我国的出版事业开始迈向一个蓬勃发展的崭新阶段。出版图书的品种数量不断增加，质量不断提高。从1980年开始，每年出书品种愈300种，达到了日出一书。

在新的出版社内设立了城市建设编辑组、编辑室，根据城市建设发展、传播科学技术、积累文化和培养人才的需要制定选题规划，有计划地、系统地编辑出版城市规划、园林绿化、勘察和测量、给水排水、燃气和供热、城市道路和交通各个专业各个层次(高级、中级、初级)、各个门类(理论、应用、工具、普及)、编著和翻译的专业图书。现按城市建设图书的专业分类，对十几年的出版情况略作介绍。

［**城市规划图书**］ 围绕城市总体规划、改建规划、居住区规划、园林环境规划、城市基础设施建设各种规划以及村镇建设规划的需要，主要出版了中国古代、现代城市规划理论、应用技术和普及读物。

中国古代城市规划理论　中国城市规划具有悠久的历史传统并取得高度成就，积累了极其丰富的经验，有些历史经验至今仍有借鉴的价值。为了继承传统，探索古为今用的途径，出版了《考工记营国制度研究》、《中国古代城市规划史论丛》等图书，这些图书对中国古代各个历史阶段城市规划体系的内容和基本特征，形成和发展做了全面地阐述。

关于现代城市规划理论　我国的城市规划工作自50年代后期受到来自左的思潮严重干扰，1960年全国计划会议上曾宣布三年不搞城市规划；1966年"文化大革命"开始后，规划工作被迫停顿，机构被撤销，专业队伍被解散，高校城市规划专业被停办，图纸资料被销毁。粉碎"四人帮"后，城市规划工作才又得到新生。长期以来，规划理论研究十分薄弱，还没有形成完整的理论体系。为了提高广大规划工作者的理论学术水平，系统地翻译出版了一些很有参考价值的规划理论书。如《城市;它的发展、衰败与未来》(译自美国)，《现代城市建设》(译自波兰)、《如何实施新城市总体规划》(译自苏联)、《城市和区域规划》(译自英国)、《市镇建设》(译自英国)。这些图书理论学术水平较高，重思想、重哲理，理论联系实际，并善于总结，敢于探索，加之提出的一些理论，对当前世界各国的规划界颇有影响，所以受到读者欢迎，有的连续重印。

应用技术图书和工具书　这类图书多是国内编著的。如《居住区规划设计》，《小城市总体规划》，《城市规划资料集1、2》，《城镇居住区规划实例1、2》等，这些图书能比较准确地反映国内规划设计、研究的主要经验、成果和建设成就，具有内容丰富，涉及面广，资料翔实，实用性强的特点。

此外，还出版了一系列城市建设与管理的图书。有针对性地出版了《新城市社会学》、《大城

1972～1986 **年图书出版情况统计表**

年度	品种		字数	印册	用纸	码洋
	总计	其中: 新书	(千字)	(千册)	(令)	(千元)
1972	26	24	3383	1179	7373	675
1973	84	64	8241	6550	38098	3076
1974	92	74	12390	6170	42497	3139
1975	123	80	13235	7155	40716	2864
1976	91	42	6076	3646	25498	2661
1977	126	100	21433	3867	35439	2463
1978	134	118	23716	5477	50317	5346
1979	215	169	38567	12326	92657	8656
1980	275	211	62575	9048	92239	8517
1981	305	224	68793	7669	94608	9465
1982	321	226	63429	10237	100544	10458
1983	306	200	51797	10166	113174	11612
1984	310	132	40100	11047	112522	13411
1985	318	189	52224	14901.2	224449	41398.7
1986	327	208	78554	6436.1	125697	23952.7
总计	3053	2055	543513	115874.3	1195828	147694.4

市的社会发展问题》、《城市经济学》、《城市建设经济学》、《中国城市建设与管理手册》、《城市建设统计》、《中国历史文化名城丛书》(全书24册，已出版苏州、广州、绍兴、西安、大同等)等。

［**园林图书**］ 已出版的园林图书，主要包括造园历史、造园理论、艺术和技术、花卉园艺、欣赏类画册和图册等方面。

造园历史 中国造园具有悠久的历史，早见于典籍有文王之囿(孟轲《孟子》)，造园技艺在世界园林具有独特风格。为借鉴历史，出版了荟萃我国园林精华的《江南园林志》、《园冶注释》、《造园史纲》等。《园冶》一书于明崇祯(1637年)编成，在日本早有抄本，卷首题名"夺天工"，深为日本造园界推崇，尊为世界园林学最古名著。这些介绍造园历史名著，不仅有游记，野史、志乘、写景、揽胜、抒怀、造园理论，而且阐发造园意境，是造园图书的上乘佳作。

造园理论艺术和技术 主要有《苏州古典园林》、《圆明园》和《圆明园丛书》《中国古典园林分析》等。《苏州古典园林》由南京工学院已故教授刘敦桢主编，历时20年编完，是研究中国园林艺术精华苏州园林的专著，有极高理论学术和艺术价值，曾获1977～1981年度全国优秀科技图书一等奖，并于1980年被日本小学馆出版社译成日文出版。《圆明园》一书由中国建筑工业出版社与香港三联书店联合出版。

花卉园艺 这类图书一般内容通俗适用，开本小，字数少，印装较好，配有彩色插图。主要有《荷花》、《菊花》、《兰花》、《山茶花》、《大丽花》、《杜鹃花》、《月季花》、《盆景》、《金鱼》、《热带鱼》、《花卉园艺》、《园林苗圃》、《园林绿地树种选择》以及《园林病虫害防治》《花木病虫害》等。

画册和图册工具书 主要有《中国园林艺术》、《公园规划与建筑图集》等。其中《中国园林艺术》是国内首次出版的中国古代园林的大型画册。该画册还由中国建筑工业出版社与香港三联书店合作出版中文、英文、德文版，在世界各地发行。

［**城市绿化图书**］ 为了适应城市绿化工作的需要，一方面翻译出版了国外一些重要著作，如《栽植的理论和技术——环境绿地Ⅰ》。《城市绿地规划——环境绿地Ⅱ》(译自日文)、《住宅绿化》(译自德文)、《树木生态与养护》(译自德文，是一本从生态学观点研究城市园林树木的权威著作)。另一方面积极组织国内编著稿出版，如《城市绿化与环境保护》、《城市绿化植树》、《城市街道绿化设计》、《居住区绿化》等。这些图书的出版，在城乡绿化工作中起到一定作用。

［**城市勘察图书**］ 为了传播、交流、推广城市勘察方面的科学知识、技术、经验，围绕着工程地质勘察、水文地质勘察、岩土力学等三个主要方面出版了供各个层次阅读的图书。由第一机械工业部勘察公司等七个单位编写的《工程地质手册》，自1975年问世以来，累计印7次，115570册，曾荣获国家科委颁布的"国家科技优秀成果奖"。由同济大学等单位编写的一套《建筑勘察基本知识丛书》(共四册，112万字。包括《构造地质与地质力学》、《地质学基础》、《供水水文地质勘察》、《工业与民用建筑工程地质勘察》)具有内容精练、文字通俗易懂等特点，对普及工程地质、水文勘察知识发挥了作用。

［**给水排水图书**］ 给水排水专业是城建行业一个较大的专业，出版的专业图书品种，数量较多。据初步统计，从1954～1987年，建工出版社共出版给水排水专业各类一般图书约250种，高等、中等学校教材30多种，其中重建出版社以后出版约占3/5。最近十几年，出版的给排水专业图书有如下特点：

1.出书的内容和门类比较齐全。包括对地下水资源的勘察、地下水资源的管理，除铁、除锰，水的输送，给水及净化，排水和污水处理，给排水工程结构物设计施工，节约用水，水质检验标准及检测手段，城市防洪排涝，村镇给水排水等方面。系统出版了有关理论，应用技术，普及读物和实用的工具书。

2.水平高，质量好的读物增多。如《地下水运动与资源评价》、《给水管网与理论计算》、《给水处理》、《水的再净与再用》、《废水处理与利用》、《水处理工程理论与应用》、《论水的混凝》、《水环境数学模型》、《环境工程师手册》、《水与废水标准检验法》、《水环境净化及废水处理微生物学》、《生物膜法处理污水》、《污水厌氧生物处理》等。这些图书将国内外最新研究成果，新理论、新技术、新的检测手段系统介绍给广大读者。其中《地下水运动与资源评价》出版后，受到国内外专家学者的好评。《生物膜法处理污水》、《污水厌氧生物处理》等书对提高专业人员的理论水平和促进新工艺的应用起到了一定的作用。

3、针对性、实用性较强的应用技术图书和工具书大量出版应用技术图书。密切结合生产实际，有针对性地介绍一些新技术、新工艺及成熟的生产经验，一旦为读者掌握，就会发挥巨大的效益。如于1981年建厂的黑龙江省伊兰县化工厂，生产结晶氯化铝，由于工艺落后，建厂两年亏损50万元，并使当地环境受到严重污染，工厂濒临关闭。后经工厂技术人员看到《水处理新药剂一碱式氯化铝》一书后，按书中介绍的内容，采用了新工艺，很快扭亏为盈，年创利30万元以上。为此，1984年2月17日《黑龙江日报》专门登了一条《一本书救活了一个工厂》的消息。

这几年出版的工具书较多，其中《给水排水设计手册》共分11个分册，1100万字。这是由全国9个大设计院，200余位专家学者对1973年出版的手册(9个分册)全面更新充实，历时4年编成，于1986年出版，手册具有内容全面、技术先进，工种专业配套齐全，编写醒目方便，是建国以来规模最大的给水排水专业综合性大型工具书。这套手册获1984～1986年度全国科技图书一等奖。手册初版首印5万余套，尚需不断重印、再版。为满足现场设计人员携带方便，目前正在编写一套内容更加精练的简明给水排水设计手册，包括给水、排水、室内给排水、水处理仪表设备4个分册，约300万字。

4.重视了村镇给水排水图书的出版。给水排水事业作为乡镇建设的基础设施之一应同步发展。目前村镇要求建设自来水的呼声很高，联合国卫生组织也通过世界银行向我国拨款修建农村自来水。据此，最近几年出版了《农村给水设计与施工》(修订一次，印三次，累计印数4万余册)、《农村自来水》(修订一次，印二次，印数约3万册)、《中小城镇给水》等村镇需要的普及读物。为进一步满足这方面的需要，正在组织编写《农村供水设计手册》、《农村自来水运行管理手册》等实用性强的工具书。

［**城市煤气图书**］ 建国以来，国内共出版煤气专业图书80余种，特别是最近十几年，系统出版了为工程技术人员，科研人员阅读煤气理论，生产煤气技术、设备手册、辞典以及工人、用户普及读物，为煤气专业的技术进步和应用推广做出了贡献。

［**城市道路、交通图书**］ 建工出版社重建以来共出版约50种城市道路、交通方面的图书(不包括教材、规范、产品标准)。主要包括六个方面;①道路、道路交叉口、停车场及广场的设计与施工;②道路构筑物，包括桥、城市地道桥、道路隧道涵洞等设计与施工;③道路材料的性能及应用;④道路照明;⑤关于城市交通系统的规划、设计、组织与管理;⑥关于城市交通车辆。这六类图书系统地介绍了国内外道路与交通科学的理论，先进技术和经验。受到道路工程专业、交通工程专业、运输专业各类人员的称赞。

最近十年来，还出版了城市建设类大学、中专、技工学校教材60余种，做到课本课前到手，保证了教学需要。为配合政府技术立法、加强技术管理、质量管理，还成套地出版了国家、建设部关于城市建设方面的工程标准和产品标准。

随着出版事业的改革，最近几年，清华大学出版社、天津大学出版社、同济大学出版社、湖南大学出版社、上海科技出版社、天津科技出版社、中国林业出版社、商务印书馆等也出版了一些城市建设类专业图书，为城市建设的发展做出了贡献。

图 书 选 目

城市规划资料集 1 国家城市建设总局城市规划局《城市规划手册》编写组 中国建筑工业出版社 1982年2月出版(限国内发行)

本书按基础资料、总体规划、详细规划的程序分四册出版。第一册内容主要是基础资料；阐述自然条件，城镇、人口、用地，环境保护，工业企业与工业区，仓库等内容。

城市规划资料集 2 《城市规划手册》编写组 中国建筑工业出版社 1983年12月出版(限国内发行)

第二册内容主要是城市对外交通，生活居住用地，城市用地布局，城市总图等。

考工记营国制度研究 贺业钜著 中国建筑工业出版社 1985年3月出版

本书是一部研究中国古代城市规划制度——《考工记》营国制度的学术著作。内容包括营国制度简介及其产生的历史背景，营国制度的王城、宫城、庙社、市里及道路规划、营国制度传统的发展等。通过本书，可对我国古代城市规划体系的内容和基本特征、形式和发展，有一个较为全面的认识。

中国古代城市规划史论丛 贺业钜 著 中国建筑工业出版社 1986年9月出版

本书包括六篇学术论文，按照我国古代城市规划中的发展进程进行编辑，对具有划历史阶段意义的、代表性的若干历史名城规划作了较详细的分析，可以了解到各个历史阶段的城市规划体系传统的发展，可以从革新传统的历史经验中得到启示。

小城市总体规划 同济大学城市规划教研室编 中国建筑工业出版社 1986年8月出版

本书介绍二十万人口以下小城市总体规划的特点、原则、依据与方法；分项阐述城市性质和规模，用地总体布局，道路交通规划，给、排水和供电规划，环境评价，近期建设规划，不同类型的小城市总体规划布局的特点，总体规划的实施等，并附录小城市总体规划实例——福建省龙海县石码镇规划。

新城市总体规划 [苏]И·М·斯莫利亚尔编 中山大学地理系译 中国建筑工业出版社 1982年1月出版

本书主要是探讨各种类型新城市在总体规划设计中的一些重要问题。内容包括新城市的分布、新城市在组群式居民分布系统中的发展、经济基础的形成、建筑用地分析、新城市各项规划和第一期建设布置方案的研究等。

如何实施新城市总体规划 [苏]И·М·斯莫利亚尔主编 杨葆亭、张叔君译 中国建筑工业出版社 1984年9月出版

本书在重点调查苏联12个新城市的基础上，论述了如何实施新城市总体规划问题。书中列举了有关实例的调查数据和分析图表；阐明了新城市总体规划实施中一系列重要问题，如新城市总体规划的修订原因，新城市总体规划在人口、用地、第一期建设、规划结构和建筑布局方面的实施经验等；提出了有关改进城市规划设计和城市建设方案审批与实施管理方面的建设性意见。

苏联城市规划设计手册 [苏]В·Н·别洛乌索夫主编 詹可生、王仲谷等译校 中国建筑工业出版社 1984年9月出版

本手册汇编了苏联区域规划，人口分布体系，新建与改建城市、城镇和农村居民点规划设计方面的重要资料。这些资料是以苏联城市建设方面的现行规范、现代的设计和建设实践与科学研究的资料为依据编写的，内容丰富，反映了苏联城市规划领域的当代水平。

世界大城市 [英]P·霍尔著 中国科学院地理研究所译 中国建筑工业出版社 1982年8月出版

本书主要论述了世界大城市的发展和规划实践等问题。作者以伦敦、巴黎等为例，选用大量图表和数据，扼要阐明了世界大城市的发展历史、地域扩展、经济变化、人口增长、职能特征等问题；概括地总结了城市规划和区域规划当中的许多经验和教训。

城市和区域规划 [英]P·霍尔著 邹德慈等译 中国建筑工业出版社 1985年5月出版

本书按历史顺序，系统地介绍了英国城市和区域规划的理论和实践的演变过程；并介绍了自产业革命以来，西方城市规划思想的产生和发展，美国和西欧各国的城市和区域规划的概况，以及现代规划理论的发展趋势。

工业区区域规划原理 苏联国家建委国家民用建筑委员会 中央城市建设科学研究设计院编 中国科学院地

理研究所译　中国建筑工业出版社　1979年12月出版

本书主要论述了工业区和工业枢纽的区域规划理论和实践问题。介绍了在区域内工业合理布局和建立工业综合体的重要意义；阐明了根据工业的性质和集中程度，居民点的最优规划；叙述了区域内建筑材料工业企业和建筑基地的布局、农业的布局、休假方式的组织、运输网的组织、水资源的利用、区域性工程组织等问题；提出了自然保护和景观组织方面的建议。

城市:它的发展、衰败与未来　［美］伊利尔.沙里宁著　顾启源译　中国建筑工业出版社　1986年4月出版

《城市;它的发展、衰败与未来》一书，是著名美国建筑师伊利尔.沙里宁编写的脍炙人口的名著。此书出版于1943年，是论述城市的经典著作。作者从建筑的角度出发，回顾了过去城镇发展的历史，分析了目前城镇建设中存在的各种问题，并结合具体实例，提出了今后改进城镇规划和城镇设计中应遵循的正确原则。

城市的发展过程　［英］W.鲍尔著　倪文彦译　中国建筑工业出版社　1981年4月出版

本书是一本全面介绍英美两国城市规划的书，重点介绍了近三十年来英美城市规划的变化和发展。叙述了英美城市的规划思想、规划技术和规划方法，探讨了住房和居住环境、城市交通、城市景观和尺度、历史性城镇的保护、高层建筑、群众参加规划、城市改建和新镇建设等问题，提出了城市规划各方面方针政策的看法，并附有二十多个实例、一百多张照片。

现代城市建设　［波］W.奥斯特罗夫斯基著　冯文炯　陶吴馨　刘德明译　中国建筑工业出版社　1986年7月出版

本书主要以欧洲国家为例，探讨城市建设在历史发展中所面临的一些重要的问题，阐述和评析了霍华德、索里亚、西特、艾纳尔、戛涅、柯布西埃等人的都市主义观念。书中介绍了人口分布、城镇集团规划、居住区和居住小区规划、城市和城郊地区绿化、城市交通运输及城市古建筑的保护等方面问题。本书附有近300幅插图，插图均有详尽的注解。

市镇设计　［英］F.基伯尔德著　程里尧译　中国建筑工业出版社　1983年7月出版

全书主要阐述城市设计的原理和方法，包括历史和视觉的美学理论、总平面图、城市中心、工业、居住区，附有大量实例。

居住区规划设计　《居住区详细规划》课题研究组编　中国建筑工业出版社　1985年9月出版

本书系中国城市规划设计研究院与16个协作单位组成的《居住区详细规划》课题研究组编写的研究报告，是在23个专题研究报告基础上综合、缩编而成的。包括:居民活动分析与居住组团的改进、居民生活组织与商业服务设施、居住区规划多样化、居住区绿地的规划设计、居住区综合造价分析、居住区合理节约用地的途径、综合居住区规划和建设、以及居住环境质量评价方法及其运用等八个部分。

城镇居住区规划实例　1　国家建委建筑科学研究院城市建设研究所汇编　中国建筑工业出版社　1979年4月出版(限国内发行)

本书汇编了25个城镇居住区规划实例。着重介绍在居住区规划工作中贯彻执行党的有关方针、政策的经验，以及总体布局、公共福利设施的设置、住宅设计、各项工程设施的规划设计、居住区建设和管理等方面的经验。

城镇居住区规划实例　2　国家城市建设总局城市规划设计研究所汇编　中国建筑工业出版社　1981年8月出版

本书是继《城镇居住区规划实例1》之后又汇编的30个具有代表性的实例，分为独立的工人村、市郊居住区、市区居住区、旧居住区改建四个部分。本书介绍了在统建、总体布局、住宅、公建设计、道路、工程管线、绿化、竖向布置等方面的经验。

城市建设经济学　［苏］A·П·鲍里索夫等著　周惠珍　刘树云译　中国建筑工业出版社　1986年12月出版

本书系统地论述了城市建设理论和城市建设方案论证的经济问题。主要内容有:城市建设设计工作在国民经济体系中的作用、地位和协调关系，城市建设方案的经济效益计算，区域规划、城市总体规划、城市详细规划和修建设计方案的经济论证，以及城市改建和发展用地的综合经济论证。此外，还介绍了经济数学方法和电子计算机在城市建设优化设计中的应用。

城市建设统计　王力编著　中国建筑工业出版社　1986年12月出版

本书结合社会经济统计学原理阐述了城市建设部门统计的理论与方法;并结合现行的城市建设统计制，阐述了各项指标的含义和计算方法;还结合城市建设各专业特点，阐述了统计指标的计算方法和统计分析方法。

城市规划知识小丛书　中国建筑工业出版社出版

本套丛书介绍了有关城市规划各个方面的知识，内容丰

富。自1976年对前10册修订出版以来，至今已陆续出版：城市规划基础资料的搜集和应用；地形图应用；风玫瑰与气温；城市用地分析及工程措施；城市用地选择及方案比较；城市道路规划；城市给水排水工程规划；城市园林绿地规划；城市供电规划；城市管线工程综合；城市规划参考图例；城市环境与规划；城市煤气规划；城市铁路规划；城市规划的任务与编制方法；城市集中供热规划；城市防洪工程规划；居住区详细规划；城市规划经济工作等19册。今后还将开发新的选题，继续出版，以趋完善。

绍兴(中国历史文化名城丛书) 魏仲华 徐冰若主编 中国建筑工业出版社 1986年10月出版

中国是历史悠久的文明古国，历史政治经济社会的发展，产生了许多著名的城市，这些城市集中反映了中华民族的灿烂文化和光荣传统。据此，编辑出版了这套《中国历史文化名城丛书》，这套丛书具有较高的资料价值和欣赏价值。从书内容丰富，取材谨严，收入大量珍贵的古籍资料与图录，选用许多精美的彩色照片，吸取了最新的研究成果，行文简洁，力求将科学性、知识性和趣味性融为一体。从书的作者多为研究有素的专家、学者和优秀的摄影家。

《绍兴》即是其中之第一本。

苏州(中国历史文化名城丛书) 曹子芳 吴奈夫主编 中国建筑工业出版社 1986年12月出版

西安(中国历史文化名城丛书) 雷行 余鼎章主编 中国建筑工业出版社 1986年12月出版

园冶注释 (明)计成原著 陈植注释 中国建筑工业出版社 1981年10月出版

《园冶》是我国明代关于造园理论的一本专著，也是一部宝贵的历史文献资料。作者对造园艺术中的指导思想、园址选择、建筑布局、山、石、铺地、借景等均作了系统阐述。原书系四六文体，现由南京林学院陈植教授对原书详加注释，并逐段译为今文。

江南园林志(第二版) 童寯著 中国建筑工业出版社 1984年10月出版

本书写成于1937年。内容包括文字和图片两部分。文字部分分造园、假山、沿革、现况、杂识五章，从泛论我国传统的造园和艺术的一般原则入手，有重点地介绍了江南园林的结构特点、历史沿革、兴衰过程及当时概况，文史资料颇为丰富。图片部分包括版画、国画、照片、平版图等三百余帧。

本书初版于1963年，此次再版由著者逐句作了校核，增补了许多新的资料和图片，并收入近作《随园考》一篇。

苏州古典园林 刘敦桢著 中国建筑工业出版社 1979年10月出版

苏州古典园林是我国古代文化遗产中的一份珍品。《苏州古典园林》这部著作，系统地介绍了苏州古典园林的高度艺术成就。在这本书里，总结了我国劳动人民的造园经验和艺术手法，并提高到理论上加以阐述。这部学术著作是由已故南京工学院刘敦桢教授主持编写的，前后历时20余年。

本书曾荣获第一届全国优秀科技图书奖。

造园史纲 童寯著 中国建筑工业出版社 1983年2月出版

本书简要叙述了东西方造园沿革史例，从神话天国乐园到今天的抽象园艺均有论述，并指出17、18世纪中国、日本与英法等国的造园成就及其相互影响，兼及当前的造园职业及专业教育。

中国园林艺术 中国建筑工业出版社编 中国建筑工业出版社 1984年11月出版

本书是国内首次出版的中国园林艺术的大型色画册，书中精选了三十七个最具代表性的中国古典园林，包括皇家园林、私家园林、自然风景园林和寺庙园林中之典范之作。

中国古典园林分析 彭一刚 中国建筑工业出版社 1986年12月出版

本书在概括介绍中国古典园林历史发展的基础上，着重强调中国造园艺术的基本特点在于"艺术地再现自然"。书中还用大量篇幅系统而全面地分析了中国传统造园艺术的技巧和手法，并就南、北园林艺术风格的变化作了比较。

公园规划与建筑图集 同济大学建筑系园林教研室著 中国建筑工业出版社 1986年10月出版

本图集收入了长江以南15个城市的各类公园实例。这些实例都是经过作者实地调查、分析、摄影、绘图、汇集而成。作者对每个实例的总体规划、建筑布局和设计、植物配置等提出了分析和评价意见。

栽植的理论和技术——环境绿地Ⅰ ［日］新田伸三著 赵力正译 中国建筑工业出版社 1983年9月出版

本书为日本鹿岛出版社出版的"环境绿地丛书"之Ⅰ。是关于城市绿化技术的重要著作，内容丰富，论述精确。本书内容包括：城市绿化栽植材料的性状，种植材料对环境的要求；栽植的遮蔽、装饰、遮阴、防音、防风、防雪、防火等功能，和各种功能栽植的理论和方法；不同景观栽植的理论；以及人工地基栽植，居住区、道路、坡面、填海地区的栽植理论和方法。

城市绿地规划——环境绿地Ⅱ ［日］高原荣重著 杨增志等译 中国建筑工业出版社 1986年3月出版

本书为日本鹿岛出版社出版的"环境绿地丛书"之Ⅱ。主要内容为探讨城市绿地的基本概念、论述城市环境对绿地的需要和发展趋势，阐明城市绿地的各种功能、数量标准和计量化等问题。本书列举了一些规划实例，如城市防灾规划、新城绿地规划、工业区绿地规划、广场和步行专用道路的绿地规划。

园林设计——造园意匠论 ［日］小形研三、高原荣重著 索靖之等译 中国建筑工业出版社 1984年5月出版

本书为日本鹿岛出版社出版的"环境绿地丛书"之Ⅲ。

全书分为两篇，第一篇，从美学的特性和美的表现方法两方面，探讨了园林设计美学的各种问题。并就园林空间的分隔、造景、装饰等根本问题提出了自己的见解。第二篇收入住宅庭园，公共庭园等实例共64个。

园林绿化树种选择 谭伯禹主编 中国建筑工业出版社 1986年7月出版

本书内容取材于华东地区，根据作者长期栽培经验编写。书中共收录城市绿树种205种、附种270种；对每种的性状、生长习性、繁殖与栽培方法、配置与功能、用途等作了简明的阐述，并附有照片或墨线图，便于读者对照使用。

园林苗圃 孙锦等著 中国建筑工业出版社 1982年12月出版

本书全面论述了城市园林苗圃的规划、设计和生产管理的全过程，分为上、下两篇。上篇包括苗圃的区划、苗木的繁殖、抚育、出圃。下篇包括北方常见的100余种树木和草坪植物的生态习性、繁殖方法。本书并附有北京地区树木种子成熟期与质量标准、苗木的生长技术指标、苗圃作业月历、苗圃主要病虫害防治月历等。

花卉园艺 姚同玉等著 中国建筑工业出版社 1981年11月出版

本书全面介绍了花卉栽培的基本知识，概述了花卉植物的通性、分类、花卉与环境的关系、繁殖方法、花期控制、一般病虫害防治等。介绍了常见的露地花卉和温室花卉共118种，主要对习惯、繁殖方法、栽培管理等作了扼要的叙述。本书附彩色图版20幅。

山茶花 汪亦萍、俞仲辂著 中国建筑工业出版社 1981年3月出版

本书概述了山茶的简史，植物学性状和生物学特性；详细介绍了山茶花的繁殖、栽培管理技术；并对101个山茶花品种的形态、花期作了扼要的描述。本书附录有山茶花的栽培月历，山茶古树调查表和我国几个省的山茶花品种名称表。

荷花 王其超 张行言著 中国建筑工业出版社 1982年8月出版

本书是作者长期研究荷花栽培技术的总结，全面而系统地介绍了荷花的源流、习性、资源、分类、以及繁殖、栽培、管理技术，并对荷花的艺术欣赏、经济价值，在园林中的应用等都作了精辟的介绍。本书文字通俗有趣，并附有彩色照片20幅。

兰花 沈渊如、沈荫椿著 中国建筑工业出版社 1984年10月出版

本书是作者多年艺兰经验的总结，对艺兰技术有较全面而深入的阐述。本书的重点是介绍兰花的栽培、管理、繁殖方法，但对兰花的历史、品种分类、产地、鉴赏等均作了较精辟而概括的叙述。本书还介绍了春兰、惠兰中的名种160余个，附有大量图版，便于读者查对。书后附有彩色图55幅。

菊花 姚毓璆著 中国建筑工业出版社 1984年10月出版

本书是一本详细介绍菊花栽培技术的专著。内容包括菊花的形态和生态习性，菊花的分类、繁殖、栽培管理技术，造型菊的栽培管理，菊花育种、催延花期，以及菊花的评选、欣赏和应用。本书并附有杭州地区的菊花月令和咏菊诗词选，以及彩色图版58幅。

杜鹃花 沈渊如 沈荫椿著 中国建筑工业出版社 1985年9月出版

作者根据多年实践经验并参考国内外有关资料写成此书，对杜鹃花的历史，生态习性和分布、繁殖方法、栽培管理等作了详细介绍，具有较大的实用价值，并附有杜鹃花主要品种览目表和彩色图96幅。

大丽花 姚梅国、池玉文编著 中国建筑工业出版社 1986年10月出版

本书是作者对大丽花长期研究、实践的总结，对大丽花的历史、形态、习性、栽培、繁殖、管理等均作了全面而简要的阐述。书中介绍了68个优良品种，并列出大丽花品种名录335种，附彩色图100幅。

金鱼 袁永江著 中国建筑工业出版社 1983年5月出版

这是一本全面讲述金鱼的小册子，是作者根据多年饲养金鱼的经验并参考有关资料写成。内容涉及金鱼的形态、生活环境、饲养管理、饵料、容器、繁殖、运输、鱼病、命名方法、新品种培育、现代金鱼养殖场及品种名

称检索等共20个问题。其中专辟有家庭养鱼一节。

热带鱼 戴定远等著 中国建筑工业出版社 1985年7月出版

本书重点阐述观赏热带鱼的饲养方法，对热带鱼的环境要求、饲养饵料、管理和繁殖技术等都作了简明扼要的介绍，特别对鱼病的防治有较况细的叙述。对热带鱼的饲养历史、热带鱼的形态和种类也作了概括的介绍。

城市硬质景观设计 ［英］M.盖奇等著 张仲一译 中国建筑工业出版社 1985年3月出版

城市硬质景观(hard landscape)是从国外引进的一个新词汇，它是相对于由植物形成的软质景观而言，其内容包括了除绿化和建筑物以外的、城市中的一切有形物体。

本书由两部分组成；第一部分，从功能和审美上阐述各种硬质景观的设计要点和方法；第二部分，介绍了18种用混凝土制作硬质景观的详细设计、施工、操作的资料。

建筑小品实录 华南工学院建工系主编 中国建筑工业出版社 1980年3月出版

本书系实录性的建筑设计参考书，以图和照片为主，搜集了我国二十九个城市建国以来的建筑小品实例共188项。

全书分三个部分：第一部分为园林建筑小品；第二部分为城市小品建筑；第三部分为建筑局部小品与建筑小品构件。

盆景 徐晓白等著 中国建筑工业出版社 1981年3月出版

本书扼要叙述了中国盆景艺术的两大类别：树桩盆景和山石盆景，及其基本形式的区分。详细介绍了树桩盆景的培育、加工、管理的基本方法，包括：工具的使用，树坯的培育、加工和管理方法；并列举了39种盆景常用树种的生态习性和栽植、管理、繁殖技术。详细介绍了山石盆景的选石、加工、布局、制作等基本知识。本书还对盆景艺术的表现手法和盆景陈设方法作了概括性的论述；对我国盆景的6种地方风格也作了简单介绍。

桂林风景建筑 桂林市建筑设计室著 中国建筑工业出版社 1982年6月出版

本书总结了桂林地区新建风景建筑的规划、设计经验，介绍了如何处理风景建筑同自然的关系、风景建筑基址选择、建筑风貌同山水格调的统一、风景建筑的形象与构图，及结构方案与建筑材料的选择等问题。

中小城市的热化 ［苏］M.M.卡冈著 赵振文等译 建筑工程出版社 1959年11月出版

供热学 ［苏］A.A.约宁主编 单文昌等译 中国建筑工业出版社 1986年9月出版

本书是苏联近年编写出版的高等学校教材，它总结了苏联长期大规模发展集中供热的经验，全面而系统地叙述了有关集中供热各方面的问题。内容丰富，并反映了最新技术与发展方向，书中大量资料与数据值得我国集中供热技术人员借鉴与采用。

煤气设计手册(上册) 《煤气设计手册》编写组编 中国建筑工业出版社 1986年6月出版

本书是我国煤气工程设计方面的第一部综合性工具书。全书分上、中、下三册。上册为基础资料，液化石油气供应；中册为煤气生产与净化；下册为煤气输配与应用。

本书提供了大量设计数据、图表与设计示例，是一本具有科学性、系统性与实用性的工具书。

煤气设计手册(中册) 《煤气设计手册》编写组 中国建筑工业出版社 1986年12月出版

煤气制造(上、下册) 日本煤气协会编 天津市建筑设计院译 中国建筑工业出版社 1977年6月出版

本书分上、下两册。上册介绍原料、耐火材料、砌筑、干馏煤气、发生炉煤气、水煤气和一氧化碳转化以及油煤气等。下册介绍完全气化和其它气化方式、天然气和液化石油气、低压净化、高压净化以及热量调节等。

煤气工业词汇(第二版) 国际煤气协会编 城市煤气情报网译 中国建筑工业出版社 1986年6月出版

全书词汇正文按基础科学、燃料与原料、天燃气开采、煤气制造、供销、应用、副产品、卫生安全、经济管理、液化气、现代制气工艺等分支编排，共收词汇约5000条，五种文字即：英、法、德、俄、汉对照。书后还有示意图、释文、各国有关煤气工业标准摘要以及五种文字索引。

煤气供应 ［苏］A.A约宁著 李猷嘉等译 中国建筑工业出版社 1986年9月出版

书中内容有：城市和工业企业的煤气供应系统；煤气管网、调压站和其它构筑物的设计、计算与运行管理；煤气管网及设备的可靠性与水力工况问题；煤气燃烧理论；民用煤气灶具与工业燃烧设备的构造；燃烧器的设计、计算和运行管理等。

城市煤气规划参考资料(第二版) 本书编写组编 中国

建筑工业出版社　1984年11月出版

书中扼要地阐述了地市煤气规划的基本要求，比较系统地介绍了城市煤气的气源、输配系统、液化石油气和规划方案技术经济比较的原理和方法。为了使用方便，书中介绍了城市煤气的常用设备，煤气的主要物理、化学参数，并列出了城市煤气规划工作中需用的各种公式、图表、技术经济参考指标和定额。

城市煤气管道　日本煤气协会编　天津市建筑设计院译　中国建筑工业出版社　1979年3月出版

书中全面系统地叙述了城市煤气管道干(支)管、分配管和内管的设计、施工、维护管理以及煤气表、计量外煤气等有关问题。

城市煤气燃烧器具　天津市政工程设计院编　中国建筑工业出版社　1979年11月出版

本书比较系统地介绍了设计计算燃烧器具的理论，设计计算燃烧器具的标准、方法，并列举了应用公式、图表和例题。对煤气燃烧理论，如燃烧器具的互换性和适应性等问题作了初步探讨。此外，还附有关煤气技术和燃烧器具的设计计算参数、图表等应用资料。

燃气燃烧新装置　傅忠诚等编著　中国建筑工业出版社　1984年8月出版

书中对各种新型燃气燃烧装置的工作原理、结构、技术性能、设计计算方法及应用范围等方面，都作了较系统的叙述，提供了详细的设计计算图表、数据和实例，并简要地介绍了有关燃烧理论，噪声防治与余热利用技术。

燃气燃烧与输配测试技术　金志刚编著　中国建筑工业出版社　1981年4月出版

燃气燃烧与输配测试技术是鉴定、提高各种燃气设备的效益和节约能源的重要科学方法。本书分别介绍了燃气温度、压力、流量、火焰温度、空间三维流速的测定；燃气发热量、比重和火焰传播速度的测量及气体成分的分析；各种窑炉和各种燃烧与输配设备的测试原理与方法；测试误差理论与实验数据处理方法，以及实验室的基本操作与安全知识等。此外，还介绍了有关红外分析和激光测速等先进的测试原理与方法。

液化石油气用户必读　由智刚　吴训聆　李珊等著　中国建筑工业出版社　1982年12月出版

怎样正确地使用液化石油气家用设备？怎样避免发生事故、做到安全用气？怎样节约用气、保持厨房干净？设备出现故障如何进行检查和维修？一旦发生事故，又该怎样处理？……这本小册子将回答广大液化石油气家庭用户所关心的这些问题。

城市道路设计手册(上册)　北京市市政设计院编　中国建筑工业出版社　1985年2月出版

本手册分为上、下两册。上册包括：道路的分类、路线设计、路口设计、路基路面设计、排水设计、停车场及广场、道路交叉、交通设施、管道综合等内容。

城市道路设计手册(下册)　北京市市政设计院编　中国建筑工业出版社　1986年10月出版

本册包括：道路构筑物、道路材料、绿化照明、设计文件等内容。

城市交通　[苏]M.C.费舍里松著　任福田等译　中国建筑工业出版社　1984年8月出版

本书是莫斯科高等教育出版社出版的，是1980年修订第二版。

本书阐述城市交通线路的现代设计方法。书中着重论述了城市交通道路和连续交通干道的设计，对苏联国内外在大城市中心区划出步行区、利用地下空间、车人分流的经验做了介绍。

城市道路规划与设计(第二版)　任福田等编著　中国建筑工业出版社　1982年12月出版

本书主要阐述城市道路规划与设计的理论和方法，内容包括：城市道路交通特性、城市道路系统规划、横断面设计、平面和纵断面线形设计、交叉口设计、路面结构设计、城市道路排水、公用设施和高速道路等。书中还列举了一些城市在道路规划与设计中积累的实践经验和有关资料数据。

道路交通分析与设计　[英]R.J.索尔特著　张佐周等译　中国建筑工业出版社　1982年10月出版

本书内容包括：土地使用、运输规划，以及道路方案经济评价的基本原理。书中评述了道路交通流的分析和实践的各个方面；还包括对噪声和污染的讨论，以及制止拥挤和道路按值收费的原则等。此外，还分析了道路交叉口，并全面地论述了交通信号控制，从单点交通信号控制的交叉口到交通信号的区域控制系统。

道路路面设计方法　[日]内田一郎著　韩绍如译　中国建筑工业出版社　1983年7月出版

本书内容包括：设计理论和应用公式、设计用图表、设计例题，以及筑路材料的标准规范等。

热拌沥青混凝土路面施工原则　美国沥青学会编著　赵克明等译　中国建筑工业出版社　1986年7月出版

本书系美国沥青学会1983年为从事热拌沥青混凝土路面施工的工作人员编写的一本实用书。系统阐述了沥青混凝土的材料、配合比设计、预制拌和、摊铺和碾压等工序。在各工序中均着重讲述质量控制问题。概括了目前美国沥青路面的施工技术和质量控制技术。

城市道路路面铺筑与维修　李泽民编　中国建筑工业出版社　1975年1月出版

本书主要阐述了城市道路几种常用路面铺筑与维修的施工方法。内容有:路面工程概述;路槽、缘石、基层的修筑;块料路面;有机结合料路面概论;有机结合料处治碎石路面;沥青混凝土路面;水泥混凝土路面;城市道路路面养护和修理等。书中还特别介绍了利用工业废渣筑路、渣油筑路等方面的经验。

城市地道设计与施工　天津市市政工程局本书编写组　中国建筑工业出版社　1976年12月出版

本书主要介绍我国一些城市地道设计与施工经验。内容有:地道设计概述、箱形框架结构设计、引道设计、地道施工、后背设计、铁路加固的设计计算、地道排水及地道的建筑设计等。书后附有三孔箱形框架计算实例以及地道顶力、地道工程概算等参考资料。

道路隧道设计　北京市市政设计院编著　中国建筑工业出版社　1981年2月出版

本书介绍了道路隧道的设计方法和步骤。内容包括:道路隧道概况、方案设计、工程地质与勘测、线形设计、横断面设计、荷载、衬砌结构计算、喷锚衬砌设计、洞门设计、通风、照明及经济分析等。

市政工程维护与管理　[美]威廉S.福斯特等编著　李延直等译　中国建筑工业出版社　1983年1月出版

全书详细介绍了美国在市政工程方面比较先进的实践技术。对于城市道路、桥梁、上下水管道、服务建筑和交通工程等设施的管理、养护等方面的经验,均有全面的叙述。对改善和提高城市生活的质量颇有益处。

无轨电车　北京市电车公司等编　中国建筑工业出版社　1981年4月出版

本书主要介绍无轨电车的车体和各部分机电设备的结构,工作原理、运行性能以及维修保养和使用方面的经验;并着重对电气部分作了较详尽的介绍。

全书通俗易懂,插图较多,尽量避免使用较深的数学推导,内容深入浅出。

给水排水设计手册　第1册　常用资料　中国市政工程西南设计院主编　中国建筑工业出版社　1986年7月出版

《给水排水设计手册》共分11册。本册汇编了给水排水常用的资料。主要内容包括:气象、地质、地震资料、管道接口,消音、减震、防露、防水、防腐、保温、钢管、铸铁管、石棉水泥管、钢筋混凝土管、塑料管与各种断面的管渠水力计算图,热水、蒸气、压缩空气管道计算表,三角、梯形堰流量表等。

给水排水设计手册　第2册　室内给水排水　核工业部第二设计研究院主编　中国建筑工业出版社　1986年12月出版

本册汇编了室内给水排水设计的数据和计算,主要内容包括:室内给水、热水供应、饮水供应、局部给水处理、水景、公共浴室和游泳池给水排水设计、室内排水、屋面排水、小型污水处理以及湿陷性黄土区和地震区室内给水排水设计等。

给水排水设计手册　第3册　城市给水　上海市政工程设计院主编　中国建筑工业出版社　1986年12月出版

本册汇编了城市给水设计的数据和计算。主要内容包括:给水工程系统设计,输配水,地下水取水,泵房,混凝、沉淀、澄清、气浮、过滤、消毒、臭氧、活性炭吸附、除铁、除锰、除氟,小型综合净水构筑物和水厂布置等。

给水排水设计手册　第4册　工业给水处理　华东建筑设计院主编　中国建筑工业出版社　1986年12月出版

本册汇编了工业给水处理设计的数据和计算。主要内容包括:水处理分类,药剂软化,水质预处理,离子交换,膜分离技术,水处理系统选择和站房设计,循环冷却水处理,冷却构筑物分类、计算、选择、布置等。

给水排水设计手册　第5册　城市排水　北京市市政设计院主编　中国建筑工业出版社　1986年12月出版

本册汇编了城市排水设计的数据和计算。主要内容包括:城市排水管渠及附属构筑物,城市河湖工程,排水泵站,城市污水的一级、二级、三级处理,污泥处理,城市污水处理厂总体设计,城市污水及污泥的利用等。

给水排水设计手册　第6册　工业排水　北京市市政设计院主篇　中国建筑工业出版社　1986年9月出版

本册汇编了工业排水设计的数据和计算。主要内容包括:工业排水管理,料渣水力输送,工业污水处理前期工作及常用预处理,若干国内工业污水处理实例,并附有关排水标准等。

给水排水设计手册　第7册　城市防洪　中国市政工程东北设计院主编　中国建筑工业出版社　1986年3月

出版

本册汇编了城市防洪设计中所需的常用资料及若干工程实例。主要内容包括:基础资料、防洪设计标准、城市防洪总体规划、洪水和潮位计算、分洪与滞洪、防洪堤、护岸和岸壁、山洪沟治理、排洪渠道与截洪沟、防洪闸以及交叉构筑物等。

给水排水设计手册 第8册 电气与自控 中国市政工程中南设计院主编 中国建筑工业出版社 1986年12月出版

本册汇编了给水排水工程电气与自控设计中所需的常用资料及选取了若干工程示例。主要内容包括:35(60)千伏以下变电所的设计、计算、设备选择、继电保护、二次接线、电气传动、电线电缆敷设、电气布置、防雷、接地、照明、仪表选型、自控与远控等。

给水排水设计手册 第9册 专用机械 上海市政工程设计院主编 中国建筑工业出版社 1986年1月出版

本册汇编了给水排水专用机械设备的设计和计算。主要内容包括:闽船、缆车取水设备、格栅、滤网除污设备,水厂和污水处理厂的撇渣、充氧、混合、反应、滤池配水和冲洗、管理闸阀锤消除以及提水和引水等专用机械设备。

给水排水设计手册 第10册 器材与装置 中国市政工程华北设计院主编 中国建筑工业出版社 1986年12月出版

本册汇编了国内近年来给水排水工程常用的新材料、器材及水处理设备。主要内容包括:金属及非金属管材,阀门、常用金属及非金属材料,药剂、离子交换树脂及滤料,水处理专用器材,气浮、加药及消毒、饮用水深度净化及一体化净水器,软化除盐设备,工业废水处理及其他水处理设备,玻璃钢冷却塔,卫生器具及器材,计测仪表,水质检验仪器及设备等。

给水排水设计手册 第11册 常用设备 中国市政工程西北设计院主编 中国建筑工业出版社 1986年12月出版

本册汇编了国内近年来给水排水工程常用的新设备。主要内容包括:各种泵、动力设备、分离机械、起重设备、其他设备等。

英汉给水排水工程辞典 美国公共卫生协会等编著 周谟仁等译 中国建筑工业出版社 1986年3月出版

本书为美国公共卫生协会等四个团体共同编辑的一本比较严格的专业词汇作品。内容是给水排水、废水处理和环境工程的英语词目和释文。全面反映了给水排水及部分环境保护工程专业的知识面。词目经过仔细选择、释义严格详尽,是阅读本专业英语书刊的一本较好的工具书。

英汉水污染控制词汇 英汉水污染控制学会编辑委员会 胡名操等译 1986年7月出版

本词汇选收了生活污水及工业废水处理、水化学与水微生物学、水力学、卫生学、检测与自动控制、计算机、工程管理等方面的常用词汇1747条。编选时参考了英、美等国出版的有关词典与专业书刊,经过严格筛选。词目的词义解释严谨,文字精炼。

水处理手册 法国德格雷蒙公司著 王业俊等译 中国建筑工业出版社 1983年12月出版

本书译自法国德格雷蒙公司出版的《水处理手册》。自1950年以来该书已出19版,深受读者欢迎。

本书是根据最新英文版并参考法文版翻译的,是一本全面介绍国外最新水处理技术的大型手册。

净水厂设计 钟淳昌主编 中国建筑工业出版社 1986年7月出版

本书主要阐述净水厂设计的基本理论和实践经验。系统地介绍了常规自来水厂的工艺流程,净水原理,处理构筑物的类型,设计要求和设计参数的选用等;本书还就水厂的平面布置、建筑设计和绿化布置以及净水工艺的优化设计,单体构筑物经济设计等作了详细介绍。

(胡善芙)

报 刊 选 目

建设报

地址：北京市百万庄城乡建设环境保护部招待所内

电报：8311589

《建设报》于1986年9月26日试刊，1987年元月2日正式创刊，周二刊，对开，4版，公开发行。

该报是城乡建设环境保护部的机关报。主要任务是宣传党和政府的方针政策，报道国内外城市建设、乡村建设、建筑业和测绘事业的发展成就，交流经验，提供信息，传播新技术、新知识、表彰先进，促进后进，反映群众呼声，为"四化"建设服务，为两个文明建设服务，为建设者和用户服务。

中国市容报

地址：重庆市市中区西路口长江路国际村30号

电话：55806

《中国市容报》创刊于1983年8月1日，原名《重庆环卫报》、《市容环卫报》，周二刊，对开，4版，公开发行。该报是全国城建系统的专业报纸，由城乡建设环境保护部和重庆市委双重领导。主要是宣传城市规划、城市建设、城市管理，城市文明等方面的路线、方针和政策，为促进城市建设事业的发展服务，为城市两个文明建设服务，为建设具有中国特色的现代化城市服务。该报面向城市两亿人民，面向城建系统两千万职工，实行专业性与社会性相结合，突出新、短、快、活、美，以适应城市读者的多层次需求。

城镇供水报

地址：重庆市市中区中一路114号

电话：46791

《城镇供水报》创刊于1985年9月1日，旬刊，4开，4版，内部发行。

该报办刊宗旨是以马列主义、毛泽东思想为指导，坚持四项基本原则，传播信息，交流经验，促进城镇供水事业的发展，为四化建设服务，为供水企业服务。主要服务对象是自来水企业领导和广大职工。

城乡建设

地址：北京市百万庄城乡建设环境保护部内

电话：8992034

《城乡建设》创刊于1956年，月刊，16开本，公开发行。

该刊的方针是，积极宣传贯彻党和政府有关城乡建设的路线、方针、政策，介绍建设部的工作部署，总结与交流各地城乡建设工作中的新事物、新成就、新经验，以推动我国城乡建设事业的发展。该刊既有理论问题探讨，又有实际工作总结，辟有"城市规划"、"城市建设"、"城市管理"、"村镇建设"、"城市住宅"、"市政公用"、"市容园林"和"国外城市"等专栏，并有彩色插页、形式活泼、图文并茂。主要面向全国城乡从事建设工作和科学研究的广大干部、科技人员和职工、以及广大城乡建设事业的爱好者。

建筑

地址：北京市百万庄城乡建设环境保护部内

电话：8992849

《建筑》创刊于1954年，月刊，16开本，公开发行。

该刊面向全国建筑行业广大干部、工人，宣传党和国家对建筑业的路线、方针、政策，贯彻建设部的工作部署、条法规程，发表有政策指导性文章、调查报告和勘察设计、施工管理、科研、教育、建筑制品、综合开发、对外承包等方面的新经验；介绍国外建筑业的先进经验和科技成果等。辟有"人物专访"、"工作研究"、"百花园地"、"集体建筑企业"、"国外见闻"、"建筑论坛"(设计理论探讨、建筑评介、建筑欣赏、建筑评论)、建筑史话(文物建筑、纪念性建筑、名人故居)、"建筑画廊"(建筑名画、有关建筑的美术和摄影、建筑小品)、"建筑文汇"(散文、诗歌、书法、楹联、趣闻)、"说长论短"(小议论、小品文、读者来信)、"设计改革"、"古建精英"、"建筑科技"等专栏。

中国城镇

地址：北京市百万庄城乡建设环境保护部南配楼

电话：8992425

《中国城镇》创刊于1985年7月，月刊，16开本，公开发行。

该刊主要报道中国城镇建设的光辉成就，介绍中国城镇建设的管理经验，研究中国城镇建设的改革问题，探索中国城镇建设的发展道路，并反映城镇规划、基础设施建设、房地产综合开发等方面的改革理论、建议和呼声。服务对象主要为城建管理干部、科技人员及大专院校师生、有关科研单位研究人员。

村镇建设

地址：北京市西直门外车公庄大街19号

电话;8992692

电报挂号：2594

《村镇建设》创刊于1984年2月，双月刊，16开本，公开发行。

该刊是目前国内唯一为村镇建设服务的科普刊物，主要面向农村，向各地村镇建设工作者介绍国内外村镇建设的经验和成就，并向广大农民和能工巧匠普及建筑科技知识，提供一些乡村规划及住宅设计实例，也是农村知识青年学习建筑基础知识的园地。

建筑经济

地址：北京市西直门外车公庄大街19号

电话：8992669

原名《建筑经济研究》，1980年试刊，1981年正式出季刊，1983年改双月刊，1985年改名《建筑经济》，月刊，16开本，公开发行。

该刊主要刊登建筑经济理论及管理知识，建筑经济管理专题研究、建筑企业经营管理经验及管理现代化方法、集体建筑企业管理、农村建筑经济、建筑设计经济、施工技术经济、能源问题、计划统计、材料机械、财会、经济核算、国外建筑经济和科学经营管理方法介绍、建筑市场信息、问题讨论、读者问答等方面的文章。服务对象是建筑业及有关部门的各级领导、管理干部和技术科研、教学人员。

建筑技术通讯·施工技术

地址：北京市西直门外车公庄大街19号

电话：8992630

电报挂号：2594

《建筑技术通讯·施工技术》创刊于1975年，双月刊，16开本，公开发行。

该刊主要介绍国内城乡建设中各种工程的新技术、新工艺、新材料、新机具，以及国外有关建筑施工的先进方法与设备，为建筑业科研、施工单位的工程技术人员、技术工人、管理干部以及大专院校工业与民用建筑专业的师生提供国内外先进施工技术资料。

建筑技术通讯·给水排水

地址：北京市西直门外车公庄大街19号

电话：8992630

电报挂号：2594

《建筑技术通讯·给水排水》创刊于1971年，双月刊，16开本，公开发行。

该刊是以报道给水排水的应用技术为主，兼顾技术理论和新技术基础知识的科技情报性刊物。报道范围为：水源保护、取水技术、给排水管网、给水净化、工业用水、城市污水和工业废水处理与利用、水质检测、室内给排水及给排水设备、仪表等国内外先进技术和经验。主要服务对象是市政、建工、环保和各工业部门从事给排水事业的设计、运管、科研、施工技术人员和大专院校师生。

建筑技术通讯·建筑结构

地址：北京市西直门外车公庄大街19号

电话：8992630

电报挂号：2594

《建筑技术通讯·建筑结构》创刊于1975年2月，双月刊，16开本，公开发行。

该刊主要报道国内外工业与城乡民用建筑结构、地基基础方面的新技术，新经验、新成就；工业化建筑结构体系、新结构材料的研究和应用；结构测试技术和抗震等方面的经验和成果；结构和建筑物的实用设计计算方法；各类结构设计规范、规程的阐述和解释等。主要服务对象是全国各建设单位、设计院、建筑工程公司的工程技术人员和技术工人以及有关大专院校师生。

建筑技术通讯·暖通空调

地址：北京市西直门外车公庄大街19号

电话：8992630

电报挂号：2594

《建筑技术通讯·暖通空调》创刊于1975年1月，双月刊，16开本，公开发行。

该刊主要报道工业与民用建筑的采暖、空调、通风除尘、气体净化、洁净技术等国内外先进技术，以及新经验、新设备等。主要服务对象是从事暖通空调专业的广大科研、设计、生产人员，厂矿企业的工程技术人员，以及大专院校师生。

工程抗震

地址：北京市安定门外小黄庄路9号，中国建筑科学研究院工程抗震研究所内

电话：46，4354;46，3631-373

电报挂号：5912

《工程抗震》创刊于1979年，原名《地震工程动态》季刊，16开本，公开发行。

该刊是工程抗震专业的综合性技术刊物，主要宣传我国有关工程抗震方面的方针、政策；刊登最新科研成果及其应用；交流抗震设计、加固经验和施工先进技术；介绍抗震规范、规程及其制定背景；报道国内外地震工程动态。主要服务对象为与抗震设防工作有关的管理人员、设计、施工和科研的工程技术人员，以及大专院校师生。

中国建筑(英文版)

地址：北京市西直门外车公庄大街19号

电话：8992567

《中国建筑》(英文版)创刊于1982年，季刊，16开本。

该刊主要是与国外同行进行建筑技术交流及宣传我国的建设成就、建筑、结构、施工、设计、规划等，为国内外建筑界人士服务。

建筑科学

地址：北京市安定门外小黄庄，中国建筑科学研究院内

电话：4213631—50

《建筑科学》创刊于1985年8月，双月刊，16开本，公开发行。

该刊主要以介绍中国建筑科学院建筑科学技术成果为主，推广科技成果在建筑工程中应用，宣传和解释国家建筑技术立法，为促进建筑科学技术的发展，实现"四化"作出贡献。其内容主要包括结构、地基、抗震、建材、空调等。主要服务对象为从事建筑工程的科研设计、施工、生产、管理技术人员和有关高等院校师生。

建筑机械化

地址：河北省廊坊市金光道

电话：2416

电报挂号：0948

《建筑机械化》创刊于1980年，月刊，16开本，公开发行。

该刊是介绍国内外机械化施工和建筑机械的综合性科技刊物，以机械化施工与建筑机械相结合，加强施工与制造单位的联系为特色，主要报道机械化施工技术、建筑机械、电梯、建筑扣件与模板、构配件生产技术、设备管理与维修、企业经营管理、检测技术、节能、革新、改造、技术经济研究、标准化、技术咨询等内容。辟有专栏，为读者提供国内外科研、新产品、新工艺、新材料及使用等各种信息。可供建筑施工、生产制造、科研设计和管理部门的广大科技人员以及有关院校的师生阅读。

电梯通讯

地址：河北省廊坊市金光道5号

电话：2416

《电梯通讯》创刊于1985年7月，季刊，16开本，内部发行。

该刊主要介绍国外电梯新技术，交流国内设计、制造、安装维修方面的经验，报道协会活动、政府部门对企业的要求等。其专业范围以电梯为主。主要服务对象为从事电梯制造、安装、维修、设计等技术人员。

城市规划

地址：北京市百万庄

电话：8992683

《城市规划》创刊于1977年5月，双月刊，16开本，公开发行。

该刊为我国城市规划理论研究人员和实际工作者提供学术交流的园地，提高城市规划、设计的理论水平，促进城市建设工作。其专业范围是城市规划建设及其相关学科。主要服务对象为城市规划、建设主管部门，市政府有关决策机构，规划、建设科研设计部门的工作人员及有关大专院校师生。

城市规划(英文版)

地址：北京市百万庄

电话：898331-54

《城市规划》(英文版)创刊于1985年12月，季刊，16开本。

该刊向国外读者介绍中国城市规划、建设的理论、方针、实践、经验和信息，以使国外读者更好地了解中国城市的起源、发展过程及现状和建设情况等，通过交流促进我国城市规划事业。主要服务对象为国外城市规划界、建筑学界、地理学界、经济学界、社会学界。

城市规划通讯

地址：北京市百万庄

电话：8992683

《城市规划通讯》创刊于1982年9月，半月刊，16开本，内部发行。

该刊主要是宣传党和国家有关城市规划的方针政策，交流各地经验，普及城市规划专业知识，介绍国内外城市规划动态。其专业范围是城市规划建设及相关领域。主要服务对象为市、镇政府负责同志，规划建设部门的行政领导及专业技术人员。

国外城市规划

地址：北京市百万庄

电话：8992554

《国外城市规划》创刊于1979年，季刊，16开本，内部发行。

该刊着眼于国内的实际需要，介绍各国的城市规划经验，推动我国城市规划事业的发展。设置的栏目有国土开发、城市化、规划与建设、城市基础设施、城市更新、园林绿化、城市交通、城市人口、规划设计实例等。主要服务对象为全国城市规划、城市建设、城市管理工作者，大专院校城市规划专业师生，城市建设岗位的领导者，有关学科的研究人员及学者。

城镇供水

地址：北京市西四羊肉胡同9号

电话：667595-15

《城镇供水》创刊于1981年12月，16开本，季刊，公开发行。

该刊主要是宣传党和国家在城镇供水方面的方针、政策，交流这方面的实践经验，传播推广新技术，探讨城镇供水中的问题，不断提高城镇供水的生产技术和管

理水平，更好地为人民生活和生产建设服务。主要刊登供水生产技术、企业管理、节约用水、县镇供水等方面的译文、资料和职工教育等。主要服务对象为供水行业的领导、干部、供水设计、科研人员、工程技术人员和工人等。

中国园林

地址：北京市百万庄

电话：8022041

《中国园林》创刊于1985年1月，16开本，季刊，公开发行。

该刊主要是宣传城市园林绿化和风景区建设与管理的方针、政策，交流学术理论和科研成果，传播园林信息，繁荣园林科学。主要服务对象为从事园林绿化、风景名胜的干部和职工及园林爱好者。

中国给水排水

地址：天津市河西区气象台路

电话：33.1730～33转272分机

电报挂号：7230

《中国给水排水》创刊于1985年1月，季刊，16开本，公开发行。

该刊系全国性给水排水专业的学术性刊物，主要刊登以给水排水工艺为主的应用技术论文、科研成果、工程设计总结、专题论述及国内外科技信息等。主要服务对象是从事给水排水科研、设计、施工、生产、管理的科技人员及大专院校师生等。

煤气与热力

地址：天津市河西区气象台路

电话：331730-319

《煤气与热力》创刊于1981年，16开本，双月刊，公开发行。

该刊主要是用以扩大工程设计、施工、科研经验交流，推广科研成果，提高专业人员技术水平。主要刊登城市煤气化途径、制气与净化、输配与贮存、燃烧与应用、热能利用热能输配和介绍国外先进技术等内容。服务对象为从事城市规划、煤气、工业燃气、供热、环保等方面的工程技术人员。

特种结构

地址：北京市月坛南街乙二号

电话：661765

《特种结构》创刊于1984年1月，16开本季刊。(1986年前为国内发行)

该刊为全国基建系统设计、施工、管理部门、各级工程技术人员提供技术交流园地，主要刊登贮藏构筑物、高耸构筑物、管道构筑物方面的设计、施工、科研成果等内容。主要服务对象为各级土木工程技术人员、管理人员、科研人员和大专院校师生。

城市公共交通

地址：重庆市人民路123号

电话：51243

《城市公共交通》创刊于1979年11月，16开本，双月刊，内部发行。

该刊主要是宣传党的方针政策，交流企业管理改革经验，刊登国内外城市公共交通方面的先进技术、经验和先进事迹。主要服务对象为城市公交企业、科研单位的干部和职工、大专院校师生。

城市电气交通

地址：北京市玉泉路南3号(北京公共交通研究所内)

电话：5007711-536

《城市电气交通》创刊于1976年，16开本，月刊，内部发行。

该刊是宣传报道我国城市电车地下铁道、电动客车、轻轨电车等城市公共交通运输的综合性、技术性刊物。办刊宗旨是通过宣传我国城市电车事业的不断发展，新技术应用、运营、技术管理方面的经验，国外城市电车的新技术、新动向，从而推动城市电车事业的发展，更好地适应在实现四个现代化过程中对城市公共交通运输的要求。主要服务对象是城市电气交通事业的各级领导。

区域供热

地址：北京市朝阳区红庙

电话：583531-253

《区域供热》创刊于1981年12月，16开本，季刊，内部发行。

该刊主要是宣传党和国家有关城镇供热发展方针、政策、法规，促进全国城镇供热事业的发展，围绕发展区域供热、热电联产有关的供热工程技术，推动节约能源、消除污染和改善环境系统工程。主要服务对象为从事供热工程设计、科研、教学、技术人员及运行管理、经营管理人员。

城市道路与防洪

地址：上海市市政工程设计院内

电话：217489

《城市道路与防洪》创刊于1985年，16开本，季刊，内部发行。

该刊主要是为了提高市政工程科学技术水平，刊登道路、桥梁和城市防洪等专业的内容。主要服务对象为市政工程设计、科研、施工的科技人员。

市政设施管理

地址：上海市政工程管理处

电话：263535

《市政设施管理》创刊于1986年，16开本，双月刊，内部发行。

该刊主要刊登市政工程、道路、桥梁、排水、防洪设施养护、维修管理等内容。主要服务对象为市政工程设施管理干部。

中国房地产

地址：天津市和平区睦南道50号

电话：399464

《中国房地产》创刊于1980年3月，16开本，月刊，公开发行。

该刊是探讨房地产业改革的理论刊物，旨在以宣传城镇房地产经济体制改革为中心，推动房地产和住宅问题的研究和发展。主要服务对象为从事房地产行业的干部、职工、理论研究教学人员和司法工作者。

房地产经济

地址：天津市和平区睦南道50号

电话：399464

《房地产经济》创刊于1985年6月，16开本，双月刊，公开发行。

该刊主要是宣传党和国家房地产业的方针、政策，刊登各地房地产业工作情况，介绍先进经验、国外房地产业情况。主要服务对象为从事房地产经济管理、研究和教学人员，房地产行业的工作者、司法工作者。

住宅科技

地址：上海市复兴西路193号

电话：313913

《住宅科技》创刊于1980年7月，16开本，月刊，公开发行。

该刊旨在推动住宅科技发展，宣传、贯彻国家对住宅方面的方针、政策。主要刊登城乡住宅的规划、设计、施工、维修管理、旧区改造、旧房改建、室内外装饰、房屋设备维修、更新、新型建材、新型家具、室内外绿化、白蚁防治、住宅经济及经营管理技术等方面的应用、技术及技术政策、科研成果及动态。主要服务对象为全国县镇的住宅主管部门、全国房产住宅系统的住宅开发、科技情报、科研和生产部门的干部和职工、大专院校师生。

白蚁科技

地址：杭州市延安路241号

电话：54831

《白蚁科技》创刊于1984年1月，16开本，季刊，公开发行。

该刊是以防治白蚁研究专业部门为对象，进行综合研究的全国性刊物。主要刊登白蚁防治研究的科技成果和新技术应用、学术论文、研究报告、译文及有关技术管理政策法规等。

城乡测绘

地址：武汉市汉口万松园路53号

电话：351627

《城乡测绘》创刊于1986年1月，16开本，季刊，内部发行

该刊主要刊登城乡测绘工作的方针政策、科学技术活动、法规解说、科普知识和工作经验交流等。主要服务对象为城乡建设系统的各级领导、城乡勘测工程技术人员和大专院校测绘专业的师生。

工程质量管理与监测

地址：北京市安定门外小黄庄路9号

电话：4214356

《工程质量管理与监测》创刊于1983年，双月刊，16开本，内部发行。

该刊面向从事工程建设的设计、施工、管理、监督、检测、科研等单位的领导干部、技术人员和职工以及大专院校的教师，大力宣传国家有关提高工程质量的方针、政策，刊登工程质量管理与监测的基本原理和基础知识，介绍工程及有关建筑材料、构配件、设备的检验评定标准，反映广大职工对工程质量的批评和建议，传播国内外现代管理监测信息，交流工程质量管理、监测经验，立足基层，面向社会，为广大读者服务，为提高工程质量服务。

建筑知识

地址：北京市百万庄

电话：8992667

《建筑知识》创刊于1980年，原名《建筑科普》，16开本，双月刊，公开发行。

该刊是建筑科学技术的综合性科普期刊，内容包括城镇规划、农村建设、建筑设计、建筑结构、施工、材料、设备、市政工程、园林绿化等。辟有基础知识讲座、三新、科技集锦、居住与生活、事故与防治、答读者问、建筑文摘等众多栏目。1985年又为城乡建设刊授大学开辟了辅导园地。主要服务对象是城乡建设中从事规划、设计、施工、科研、管理的科技人员、干部、工人及有关院校师生。

建筑学报

地址：北京市百万庄

电话：8992632

《建筑学报》创刊于1954年，月刊，16开本，公开发

行。

该刊是中国建筑学会主办的建筑学综合性学术刊物。主要报道我国建筑学领域的科研成果，交流先进经验，探讨学术问题，促进创作繁荣，为城乡现代化建设服务。辟有城乡规划、住宅建设、建筑理论、设计研究、建筑论坛、建筑实录、设计资料、传统建筑、国外建筑等栏目。主要服务对象是建筑设计科研单位、大学中专院校以及城乡建设主管部门、建设单位的广大科技人员、干部、师生。

土木工程学报

地址：北京市百万庄建设部大楼内

电话：8992958

《土木工程学报》创刊于 1954 年 3 月，季刊，16 开本，公开发行。

该刊是我国土木工程方面的综合性学术刊物。主要刊载土木工程各分科(结构、桥梁、道路、隧道、水利、预应力及加筋混凝土、土力学及基础工程等)的学术论文、科研成果以及设计、施工和教学方面的新成就和突出的技术革新成果。此外，还辟有重点工程报道、学术活动消息、学会会讯、综合性评论等栏，报道有关新信息。主要服务对象为从事土木工程科研、设计、施工和管理工作的科技人员、领导干部及有关大专院校师生。

工程勘察

地址：北京市东直门内大街 177 号

电话：444787

电报挂号：0707

《工程勘察》创办于 1973 年 3 月，原名《勘察技术资料》、《勘察技术》，双月刊，16 开本，公开发行。

该刊是面向全国基本建设的学术性与应用性科技刊物，设有工程测量、工程地质与岩土工程、水文地质与水资源评价、工程地球物理勘探等专业栏目，主要介绍上述各专业的基本理论、科研成果、技术经验总结、国内外消息动态等。主要服务对象为从事城乡建设、建工、建材、测绘、地质、水利、电力、冶金、煤炭、机械、交通、铁道、石油、化工、轻纺、军工等部门勘测、设计、施工的科技人员和工人、管理干部，以及有关院校的师生等。

工程测量

地址：北京市东直门内大街 177 号

电话：441614　444787

《工程测量》创刊于 1973 年，双月刊、16 开本，公开发行。

该刊主要报道工程测量专业的新理论、新仪器、新方法、新成就及国内外本专业的动态与述评。主要服务对象为从事工程测量工作的科研工作者、工程技术人员及大专院校本专业的师生。

建筑电气

地址：成都市金华街 16[illegible]号

电话：32823-269

电报挂号：1122

《建筑电气》创刊于 1981 年 10 月，季刊，16 开本，公开发行。

该刊系综合性电气科技刊物。主要内容是工业与民用电压在 35 千伏及以下的小区规划、变配电所、继电保护、建筑供配电、电气照明、电子技术应用、空气调节、自动控制、建筑物及构筑物的防雷保护、电力设备接地、电气设备安装、线路敷设、火灾报警、防静电、电磁屏蔽、电气抗震、弱电通信技术等，以及电气节能、农村用电等方面的电气设计与安装、运行的科技成果。主要服务对象是电气设计、施工安装、调试、生产运行、设备制造等从事电气专业的技术人员，大专院校师生和科研人员。

混凝土及加筋混凝土

地址：沈阳市南湖南五马路五段 4 号

电话：290920-4239 或(4235)

《混凝土及加筋混凝土》创刊于 1979 年 6 月，原名《混凝土及建筑构件》，16 开本，双月刊，公开发行。

该刊主要是开展理论研究和生产技术交流，促进双革运动，推动混凝土技术发展，为加速实现建筑工业化和现代化服务。主要服务对象为从事混凝土研究、设计、生产、施工的科技人员、工人、管理干部和大专院校及中专的师生。

建筑设计管理

地址：沈阳市和平区南五马路五段 4 号

电话：290920-2218

《建筑设计管理》创刊于 1984 年，16 开本，双月刊，内部发行。

该刊主要是宣传党的技术政策，以建筑设计经济体制改革为中心，交流贯彻实行技术经济责任制和实现企业化、社会化的经验、传播信息，开展管理现代化的学术探讨，促进设计管理水平的提高。主要服务对象为从事勘察设计管理的干部、专业人员和有关工程技术人员、教学工作者。

建筑机械

地址：北京市安定门内方家胡同 21 号

电话：48，5221 转 56 或 89

《建筑机械》创刊于 1981 年 1 月，16 开本，月刊，公开发行。

该刊主要是贯彻党的科技政策，坚持为生产、科研服务的方向，普及提高科学技术，介绍科研成果，进行学术交流，培养、造就人才。专业范围是建筑及城建机械。主要服务对象为建筑、城建机械及建筑施工部门的工程技术人员、管理人员等。

城市客车与城建设备

地址：北京市百万庄

电话：8315362

《城市客车与城建设备》创刊于1983年，16开本，季刊，内部发行。

该刊主要是宣传党和国家有关城市建设、城建机械方面的方针政策，交流国内外企业管理、科学技术、生产经营方面的动态和经验，介绍新产品、新技术、新工艺、新材料，组织技术专题讨论，以推动行业的科学管理、技术进步和智力开发。主要服务对象为有关的经营管理人员、科技人员和技术工人。

建筑会计

地址：北京市朝外光华路住总院内

电话：5005533-212

《建筑会计》创刊于1984年，16开本，双月刊，内部发行。

该刊主要是宣传有关建筑经济工作、财会工作的方针政策、交流、传递经验和信息，开展建筑业财会工作的理论、制度和方法的研究，提高理论水平和业务素质。主要服务对象为全民和集体所有制的建筑施工企业财会人员，并以基层建筑施工企业广大财会人员为主。

建筑科技情报

地址：北京市南苑新华路1号

电话：799725

《建筑科技情报》创刊于1976年，原名《建筑科技动态》，16开本，季刊，内部发行。

该刊主要是宣传推广先进施工技术和科研成果。专业范围为建筑科研、设计、施工、建材等。主要服务对象是建筑行业的科研、设计、施工生产单位技术人员、工人等。

重庆建筑工程学院学报

地址：重庆市沙坪坝

电话：661989

电报挂号：5120

《重庆建筑工程学院学报》创刊于1957年，季刊，16开本，公开发行。

该刊是以反映我院教学、科研成果为主的建筑科学技术综合性学术刊物。刊载内容包括建筑材料、建筑设计、城乡规划、建筑结构、建筑施工、建筑机械、工业自动化、地下建筑、给水排水、供热通风、燃气供应、建筑经济与管理以及有关基础学科领域的科研成果和学术报告、理论探讨、综述等。主要服务对象为从事建筑工程教学、科研、设计、施工等方面的广大科技人员、管理干部及大专院校师生。

哈尔滨建筑工程学院学报

地址：哈尔滨市西大直街144号

电话：33754转科研处

电报挂号：2049

《哈尔滨建筑工程学院学报》创刊于1959年6月，季刊，16开本，公开发行。

该刊主要报道结构工程、建筑学、市政工程、环境工程、建筑热能工程、建筑经济管理、建筑材料、工程机械、电气自动化、道路工程、力学、数学、物理、化学、工程制图等方面的科研成果、学术论文、理论探讨、专题性和综合性的动态评述等。主要反映该院教学与科研成果，发展我国科学文化事业，为加快建筑事业的四个现代化服务。

服务对象为从事以上专业的科研人员、工程技术人员及大专院校师生。

南京建筑工程学院学报

地址：南京市中山北路200号

电话：32002转科研科

电报挂号:9098

《南京建筑工程学院学报》创刊于1984年11月，16开本，半年刊，内部发行。

该刊主要刊登建筑学、工程结构、建筑施工、建筑材料、建筑机械、给水排水、地质勘探和测量、力学等诸方面的研究成果、学术论文等，旨在推动学术研究、提高教育质量、交流科研成果，促进科学技术和经济的发展。主要服务对象为从事有关专业的大专院校师生和工程技术人员。

沈阳建筑工程学院学报

地址：沈阳市东陵区文化路三段三号

电话：483521

电报挂号：1331

《沈阳建筑工程学院学报》创刊于1979年8月，季刊，16开本，公开发行。

该刊系理工科综合性学术刊物。主要内容包括数学、物理、化学、力学等基础学科，及机械制造工艺与设备、机械设计与制造、起重机运输与工程机械、工业电气自动化、计算机及应用、工业与民用建筑工程、建筑学、供热通风与空调工程、给水排水工程、供热通风、建筑材料与制品、企业管理等专业学科的学术论文、科研报告、理论探讨、评述等专业及紧密围绕上述专业各学科理论和应用方面的学术性论文、学术讨论、综述性文章和围绕经济建设方面的应用价值的科学成果。服务对象为全国大专院校、科研设计单位、工厂等部门同专业的科研人员、工程技术人员及有关高等院校师生阅读。

西北建筑工程学院学报

地址：陕西省西安市小寨

电话：52370

电报挂号：4455

《西北建筑工程学院学报》创刊于1984年10月，半年刊，16开本，内部发行。

该刊主要刊登建筑工程、建筑学、城乡规划、城镇建设、工业与民用建筑、给水排水、供热与通风、制冷空调、建筑机械与电气等专业，以及数、理、化、力学等基础学科的学术论文、科研成果、研究生及大学生的专题论文等文章。适当刊登建筑工程和城乡建设各个领域的发展动向、综述、评论及有关科技史方面的文章。主要服务对象为建筑工程方面的科技人员及有关高等院校的师生。

建筑管理现代化

地址：哈尔滨市西大直街144号

电话：33512-566

《建筑管理现代化》创刊于1985年12月，16开本，季刊，公开发行。

该刊主要刊登建筑管理现代化方面的理论研究、方法探索、成果推广应用等，旨在沟通建筑行业信息，提高建筑管理现代化水平，为振兴建筑业，提高建筑企业素质和经济效益服务。主要服务对象为建筑业建筑主管部门、建设单位的管理人员和技术工程人员，有关大专院校师生。

室内设计

地址：重庆市沙坪坝

电话：662897

《室内设计》创刊于1986年，16开本，季刊，公开发行。

该刊主要刊登室内空间、室内装修(包括建筑装修材料)、室内陈设(包括家具、设施、日用品、工艺品、装饰织物、观赏植物、书画、挂屏以及指示标志等等)、室内布置、装璜设计、交通工具、内部设计、内庭绿化等方面的论文、报告、简介、文摘、述评、书评、评论、动态、设计、施工、实例、译文。旨在推广国内外室内设计学术研究成果，交流总结室内设计经验，促进设计、生产中实际问题的解决，主要服务对象是国内外建筑设计及室内设计专业人员。

地下空间

地址：重庆市沙坪坝

电话：662897

《地下空间》创刊于1981年10月，16开本，季刊，国内发行。

该刊主要刊登地下空间专业方面的建设实践、成果、信息和经验，规划、设计、施工等方面的内容。主要服务对象为城市规划与设计、建筑学、工民建专业、人防工程专业等技术人员及有关大专院校师生。

高等建筑教育

地址：重庆市沙坪坝

电话：661989-691

《高等建筑教育》创刊于1985年1月，16开本，季刊，内部发行。

该刊主要是研究与探索具有中国特色的社会主义的高等建筑教育的基本理论与基本规律，反映和交流教育改革的新情况、新问题、新观点、新经验，以促进高等建筑教育，理论研究与实践不断深入发展，为贯彻党的教育方针、教育改革和提高教育质量服务。主要服务对象是建设部系统大专院校的师生。

武汉城市建设学院学报

地址：武汉市马鞍山

电话：870150

《武汉城市建设学院学报》创刊于1984年1月，16开本，季刊，公开发行。

该刊主要刊登城市规划、建筑设计、风景园林、环境工程、市政与交通工程及城市管理等方面的内容。主要服务对象为全国城建系统管理干部、工程技术、科研、设计人员和大专院校师生。

城建与环保

地址：苏州市寒山寺西江枫园

电话：34464

《城建与环保》创刊于1984年7月，16开本，不定期，内部发行。

该刊主要反映教学研究和科学研究成果，以及生产实践经验，推动学术研究的发展和学术水平的提高，刊登城建、环保、教育科学研究等方面的内容。主要服务对象为城建、环保学科教学、科研及生产部门的中、高级科技人员。

测绘学报

地址：北京市百万庄国家测绘局内

电话：8992229

《测绘学报》创刊于1957年，16开本，季刊，公开发行。

该刊主要刊载有关测绘科学技术方面具有一定学术水平的科研报告或论文，包括测绘科学新理论、新技术、新方法的探讨；测绘科学技术新成就，有创新内容的生产技术经验总结等。专业范围为大地测量、航空摄影测量与遥感、工程测量、海洋测量、矿山测量、地图制图、测绘仪器等。主要服务对象为从事科学研究和高等教育的测绘专业人员，以及具有相当水平的测绘科技工作者。

测绘通报

地址：北京市复兴门外三里河路50号

电话：866568

《测绘通报》创刊于1955年3月，16开本，双月刊，公开发行。

该刊为测绘业务技术性刊物。其主要任务是宣传党和国家在测绘工作方面的方针政策，交流测绘技术、生产管理和教学经验，推广科研和技术革新成果，介绍测绘新技术，报道科技学术活动简况。主要服务对象为测绘科技、生产、管理人员及大专院校测绘及有关专业师生。

国外科技资料目录——测绘

地址：北京市海淀区北太平路16号

电话：812023

《国外科技资料目录——测绘》创刊于1978年2月，16开本，季刊，公开发行。

该刊系测绘学检索性刊物，以文摘、简介和题录三种形式，"全"、"快"地报道各国主要测绘期刊的文献。专业范围为大地测量、实用天文测量与卫星大地测量、重力测量、摄影测量与遥感、地图制图、工程测量、海洋测绘、测绘仪器等。主要服务对象为中、高级测绘科技人员及测绘院校师生。

测绘译丛

地址：北京市复兴门外三里河路50号

电话：866568

《测绘译丛》创刊于1957年，16开本，双月刊，公开发行。

该刊系测绘科学技术性刊物。其主要任务是根据我国测绘生产、科研、教学的需要，译载国外有关大地测量、摄影测量与遥感、地图制图、工程测量、地藉测量以及测绘仪器等方面的文章，介绍国外测绘新技术、新方法和科研动向，报道国外测绘专业训练和学术动态。主要服务对象为测绘科技人员和有关院校师生。

测量员

地址：北京市复兴门外三里河路50号

电话：866568

《测量员》创刊于1978年7月，16开本，双月刊，公开发行。

该刊系初级测绘技术性刊物。其主要任务是紧密结合国民经济各部门测绘生产实践和测绘科技的发展，交流测绘生产技能和基层业务工作经验，讨论作业中的业务技术问题，推广技术革新成果，普及测绘科技基础理论并传播现代测绘科技知识等。主要服务对象为测绘、水电、地质、地震、冶金、交通、铁道、石油、煤炭、建筑、农林等部门测绘技术人员和测绘技术工人。

地图

地址：北京市宣武区白纸坊西街3号

电话：334931转138

《地图》创刊于1986年10月，16开本，4印张，季刊、公开发行。

该刊宗旨是介绍国内外地图制图科学技术的发展，探讨地图制图理论与技术，交流地图生产、地图教学、地图使用经验，普及地图知识，为地图制图事业的发展和充分发挥地图在现代化建设中的作用服务。主要服务对象为各系统地图制图工作者，地理和地理教学工作者及地图爱好者。

测绘科技动态

地址：北京市海淀区北太平路16号

电话：812023转36

《测绘科技动态》创刊于1984年，16开本，48页，双月刊，内部发行。

该刊系具有中等学术水平的测绘科学技术性刊物。其主要任务是及时向国内广大读者报道同行业的最新科研成果、学术论文和经验总结，包括大地、工程测量，航空测量与遥感，地图制图、地名研究、测绘仪器，以及国内外有关测绘和地理信息系统方面的最新理论、技术、方法和发展动象。主要服务对象为全国测绘行业及有关部门的广大科研、教学工作者和生产、管理人员。

中文科技资料目录——测绘

地址：西安市友谊路124号

电话：711569

《中文科技资料目录——测绘》创刊于1979年7月，季刊，内部发行。

该刊系全国科技情报检索刊物的测绘分册。它是查找中文科技资料的工具，专门报道国内科技期刊上刊载和单行的有关测绘的科技论文和译文的篇名、作者及刊名等。其内容分七大类：测绘科技总论；大地测量学；摄影测量和遥感；制图学；普通测量和工程测量；海洋测绘；测绘仪器等。主要服务对象为测绘科研、设计教学、生产等有关单位及人员检索使用。

遥感信息

地址：北京市海淀区北太平路16号

电话：812023

《遥感信息》创刊于1986年3月，16开本，48页，季刊，公开发行。

该刊系宣传报道和普及遥感技术和地理信息系统的高技术科普刊物。其宗旨是推进我国遥感技术的发展，扩大遥感技术的应用领域和经济效益，专业范围为报道遥感技术和地理信息系统的新理论、新方法、新领域和新动向，评述遥感新技术的引进和新知识的普及等。主要服务对象为从事遥感技术的科研、生产和教学人员，地理、地质、海洋、水文、环境、农林、交通、水利、城乡建设和测绘等遥感应用的工程技术人员等。

环境保护

地址：北京市阜外大街北二巷

电话：893930

《环境保护》创刊于1974年2月，16开本，月刊，公开发行。

该刊宗旨是宣传党和国家关于环境保护工作的方针、政策、传播环保科技知识，介绍国外环保科技进展。主要服务对象为环保科技工作者和管理人员，有关大专院校师生以及工矿企业环保工作人员。

环境工作通讯

地址：北京市东直门里仓夹道甲14号

电话：444753

《环境工作通讯》创刊于1980年7月，16开本，月刊，公开发行。

该刊是以宣传环保方针、政策为主要内容的综合性刊物。其宗旨是准确、及时地宣传党和国家的环保方针和政策，广泛交流各地区、各部门环保工作的经验、不断提高我国环境管理水平、推动环保事业的发展。主要服务对象为全国各省、市、县和工矿企业的环境管理人员及环境监测、教育、科研等单位有关人员。

中国环境科学

地址：北京市西直门内南小街115号

电话：655635

《中国环境科学》创刊于1981年2月，16开本，5印张，双月刊，公开发行。

该刊系综合性高级学术性刊物。其主要任务是围绕我国重大的环境问题，开展学术研究与讨论，包括对环境的自然科学基础理论、区域性环境污染综合整治、环境战略思想、环境管理理论与方法等进行学术交流。主要服务对象为全国各地区、各部门的环境科学工作者。大专院校师生以及各级环境工作人员。

世界环境

地址：北京市崇文门外东兴隆街69号

电话：750369

《世界环境》创刊于1983年12月，16开本，季刊，公开发行。

该刊宗旨是介绍世界环境状况、发展趋势以及各国环境管理经验，以促进我国环境管理工作的日趋完善。主要服务对象为环保科技工作者，工业、农业、林业等部门以及工矿企业的广大干部和职工。

环境科学动态

地址：北京市百万庄全国环境科技情报所内

电话：8992245

《环境科学动态》创刊于1978年，16开本，月刊，公开发行。

该刊系科技情报性动态刊物，其主要任务是反映国内外环保科技动向，全国环境情报网内的各项活动情况、消息报道以及成果库的成果介绍。主要服务对象为从事环境科学研究的工程技术人员、管理干部及有关大、中专院校师生。

大气环境

地址：北京市阜外大街北二巷

电话：890081转

《大气环境》创刊于1986年5月，16开本，双月刊，公开发行。

该刊系大气环境应用科学、防治技术和管理的综合实用性科技刊物。其宗旨是密切结合我国大气污染防治的实际，全面反映大气环境保护的方针政策、科研成果、新技术、新设备、综合治理经验等，为改善我国大气环境质量起推动作用。主要服务对象为从事大气环境保护工作的科研、设计、教学工作者以及管理、生产和图书情报人员。

中国花卉盆景

地址：北京市地安门内大街41号

电话：441626

《中国花卉盆景》创刊于1984年10月，16开本，月刊，公开发行。

该刊主要任务是坚持科学性、知识性、实用性的统一，及时地向读者提供花卉盆景领域里的新工艺、新技术、新品种，介绍国内外花卉市场信息，宣传花卉盆景事业在环境保护、市容园林、城乡环境建设中的作用，为美化我国城乡环境服务。主要服务对象为养花专业户，工矿企业的环境保护工作者，园艺工作者以及广大花卉受好者。

环境科学研究

地址: 北京市百万庄全国环境科技情报所内

电话: 8992245

《环境科学研究》创刊于 1978 年, 16 开本, 双月刊, 公开发行。

该刊系情报性中级学术刊物。主要刊载国内外环境科学各学术领域的论文、译文、综述和科研成果等。主要服务对象为从事环境科研的工程技术人员及有关大专院校师生。

农村生态环境

地址: 南京市蒋王庙街 120 号

电话: 43555

《农村生态环境》创刊于 1985 年 2 月, 16 开本, 季刊, 公开发行。

该刊旨在交流农村生态环境的科研成果和实践经验, 促进农村生态环境科研事业的发展, 普及农村生态环境保护知识。专业范围是农村环境保护和农村生态建设。主要服务对象为从事农村生态环境的科研、技术人员, 农工生产、乡镇建设和乡镇企业的干部, 实际工作者以及有关大专院校师生。

(李洪钧等)

3 重要企事业名录

•北 京 市•

中国城市规划设计研究院
地址: 北京市西郊百万庄
电话: 8992625 898331中继线
电报挂号: 5771

城乡建设环境保护部综合勘察院
地址: 北京市宽街山老胡同7号
电话:440970 444013
444787 440624
电报挂号: 0707
电传: 22477 CSCEC CN

中国房屋建设开发公司(现名中国房地产开发总公司)
地址: 北京市百万庄建设部内
电话: 8992978
电报挂号: 7606

城乡建设环境保护部建筑设计院
地址: 北京市百万庄建设部北配楼
电话: 8992517
电报挂号: 4588

中国建筑科学研究院
地址: 北京市北郊小黄庄路2号
电话: 464320

中国建筑技术发展中心
地址: 北京市西外车公庄大街19号
电话: 8992614
电报挂号: 2594
电传: 22087 CBTDC CN

中国建筑技术发展中心市政技术情报部
地址: 北京市西外车公庄大街19号
电话: 8992513

中国城乡建设经济研究所
地址: 北京市百万庄建设部南配楼
电话: 8992061

中国建筑工程总公司
地址: 北京市百万庄建设部内
电话: 8992807

中国建筑工程总公司市政工程公司
地址: 北京市百万庄建设部北配楼202室
电话: 8992804

中国建筑工程总公司雕塑壁画艺术公司
地址: 北京市百万庄建设部内
电话: 8992728 8992457

中国建筑工程总公司园林建设公司
地址: 北京市百万庄建设部北配楼
电话: 8992960

中国对外建筑材料设备公司
地址: 北京市阜外大街14号
电话: 890051

中国迅达电梯有限公司
地址: 北京市宣武饭店内
电话: 341930-571

中国城市客车城建设备公司
地址: 北京市百万庄建设部内
电话: 8315541 8315362
电报挂号: 6686

中国环境科学研究院
地址: 北京市安定门外立水桥
电话: 461938

中国建筑工业出版社
地址: 北京市百万庄建设部北配楼
电话: 8992817

中国环境科学出版社

北京市测绘院
地址: 北京市羊坊店15号
电话: 367704

北京市勘察院
地址: 北京市羊坊店15号
电话: 367608

北京市城市规划设计研究院
地址: 北京市南礼士路60号
电话: 862640

北京市房地产管理局勘察测绘所
负责全市房地产产权、产籍测绘工作，掌握房地产测绘资料。职工150人。
地址: 北京市崇文区珠市口东大街69号
电话: 752285

北京市征地拆迁服务公司
承包城市建设征地处理和房屋拆迁安置工作。职工22人。
地址: 北京市西城石碑胡同4号
电话: 653639

北京市城市建设开发总公司

开发建设用地、出租销售商品房、建设开发经济技术咨询服务。职工 3148 人。

地址: 北京市西城区三里河三区 52 号

电话: 860249

北京市东城区城市建设综合开发公司

经营城市土地开发和房地产业务，兼营房屋修缮、咨询服务。职工 170 人。

地址: 北京市东四南大街 149 号

电话: 554382

北京市东城区第二城市建设综合开发公司

房地产开发，出售商品房。职工 111 人。

地址: 北京市东城区东四六条甲 62 号

电话: 445171

北京市城市改建综合开发公司

土地开发、房屋建设、房地产经营、建筑设计、建材供应。职工 685 人。

地址: 北京市朝阳区十里堡

电话: 581994

中国房地产开发总公司北京公司

综合开发建设土地，经营各类商品房，包括住宅、旅馆、贸易服务楼、办公楼等民用建筑及工业厂房、仓库、配套设施，兼营建筑材料、设备。职工 110 人

地址: 北京市海淀区翠微路

电话: 811547　812526

电报挂号: 1450

北京房地产开发总公司昌平公司

经营房地产开发、总承建。职工 70 人。

地址: 北京市昌平县西环里 10 号楼

电话: 昌平一2941

电报挂号: 北京昌平 8478

北京市城区房屋建设开发公司

按首都总体规划要求，进行旧城改造、住宅区建设以及工厂、商店、学校等工程项目的联建、改造和有偿转让。出售商品房住宅，办公用房及其它社会用房。职工 75 人。

地址: 北京市东单北史家胡同 42 号

电话: 557914　5125065

北京市建筑设计院

地址: 北京市南礼士路 62 号

电话: 8012255-275

电报挂号: 8630

电传: 22505 BOOTH CN

REG234

北京市第一房屋修建工程公司

主要负责中央在京系统房屋的管理、修缮大修与新建任务，并承担社会新建、大修工程，职工 4774 人。

地址: 北京市东城区银闸胡同 32 号

电话: 554348

电报挂号: 4023

北京市第一房屋管理修缮工程公司

负责中央国家机关、北京市委、市政府系统的房屋管理、修建，并承担社会新建、修缮工程。职工 5628 人。

地址: 北京市东城区银闸胡同 32 号

电话: 555702

北京市第二房屋管理公司

负责北京市部分统管高层楼房的经营管理和修缮工作。职工 1427 人。

地址: 北京市前门西大街 2 号楼

电话: 341431

北京市第二房屋修建工程公司

承担古代建筑和外国使馆的修建及其它新建、大修任务。职工 3689 人。

地址: 北京市东城区地安门东大街 129 号

电话: 445116

北京市宣武区城市建设综合开发公司

开发房屋建设用地，经营商品房。职工 154 人。

地址: 北京市宣武区骡马市大街 272 号

电话: 335483

北京市海淀区房地产经营开发公司

从事土地开发、房地产经营、集资建房等项业务。职工 110 人。

地址: 北京市海淀区海淀南路 7 号

电话: 283712

北京市门头沟区建设开发公司

主要从事以商品住宅为主的房产开发经营，建设用地和城镇基础设施开发经营。职工 25 人。

地址: 北京市门头沟区双峪路 8 号

电话: 8773581

北京市昌平县房屋经营开发公司

经营商品房及房屋开发用地。职工 39 人。

地址: 北京市昌平县昌平镇西关路

电话: 昌平 6598

北京市通县房地产开发总公司

经营土地开发，住宅商品房建设。职工 79 人。

地址: 北京市通州镇南小门 20 号

电话: 9526073　9526161

北京市大兴县城镇建设综合开发公司

主要经营城镇房地产业建设，经营商品房屋，兼办运输、园林绿化、饭庄、商品等服务行业。职工 406 人。

地址: 北京市大兴县黄村镇富强西里小区内

北京市房地产管理局科学技术研究所

从事房屋修建技术的开发与研究：房屋鉴定、抗震加固方法、屋面及地下室漏水原因及防水技术。修缮施工机具。木结构白蚁防治。职工 117 人。

地址: 北京市朝阳区劲松小区东架松

电话: 781453

北京市房屋修建器材公司

承担房管局系统物资、器材的调拨、采购、包储、供应和木材制品的生产加工，并向社会开展代办、代管、代供、代销、代储等服务。职工891人。

地址: 北京市建国门外大街22号(南门)

电话: 595261

电报挂号: 7291

北京市房地产管理局机械施工公司

负责房管局系统的机械施工、运输任务，并向社会服务。与日本三菱株式会社合作修理三菱汽车。职工903人。

地址: 北京市朝阳区安外四环北路小营

电话: 4216509

电报挂号: 6287

北京市建筑艺术雕塑工厂

生产各种传统石木刻，承做城市雕塑和建筑石材加工。职工368人。

地址: 北京市西城区德胜门内大街174号

电话: 667095

北京市房地产管理局住宅建筑勘察设计所

负责住宅建筑的勘察设计工作，年设计能力30万平方米，勘察能力1万标尺。职工128人。

地址: 北京市东城区南湾子胡同11号

电话: 552588

北京市房管局住宅开发经营公司

房地产开发、经营、管理，旧房收购。职工361人。

地址: 北京市东长安街11号

电话: 555343

电报挂号: 5343

北京市大成住宅建设开发公司

开发建设、经营城市住宅、土地、商品房。职工283人。

地址: 北京市朝阳区西坝河纺针织品贸易中心招待所

电话: 4213461 西楼203

电报挂号: 4131

北京市东城区住宅建设开发公司

旧城改建，住宅建设开发，出售商品房，有偿开发建设用地，拆迁服务，房地产信息及有关的横向经济联合。职工50人。

地址: 北京市东城区东安门北街5号楼

电话: 553974　552574

北京市市政设计院

为市政综合甲级设计单位。承担甲级城市给水、排水、防洪、道路、桥梁、燃气、热力等综合性市政工程设计任务。

地址: 北京市西城区月坛南街乙2号

电话: 863393

电报挂号: 3393

北京市自来水公司

年产自来水4.4亿立方米，冷水表22万支。承担上水管道设计安装，机泵修理、安装，中型水厂设计。职工5366人。

地址: 北京市阜城门内东大街19号后门

电话: 660046

电报挂号: 3054

北京市公共交通总公司

主要经营城市公共交通客运，兼营电、汽车修理，公交咨询、开发，广告业务等。职工69000人。

地址: 北京市西城区南礼士路44号

电话: 8315511

北京市第一公共汽车公司

主要经营城市交通客运，兼营汽车修理，公交咨询开发、广告业务等。职工19950人。

地址: 北京市海淀区三褰庙

电话: 8312808

北京市第二公共汽车公司

主要经营城市公共交通客运，兼营汽车修理、公交咨询、开发、广告业务等。职工16800人。

地址: 北京市宣武区广安门内核桃园1号

电话: 336172

北京市电车公司

地址: 北京市米市大街遂安伯胡同21号

电话: 5137711

北京市出租汽车公司

北京市地下铁道公司

担负首都城市公交客运服务任务，总运量约为19.9亿人次。职工8600人。

地址: 北京市东城区苏州胡同61号

电话: 545979

电报挂号: 5969

北京市公共交通研究所

主要从事公共交通规划、线网优化、客流预测、公共交通政策、公共交通标准化以及电子技术、客车设计制造技术及其在公共交通系统的应用等方面的研究。职工120人。

地址: 北京市海淀区玉泉路南3号

电话: 813236　810127

北京市煤气热力工程设计院

为市政专业甲级设计单位。承担甲级城市燃气、热力专业市政工程设计任务。

地址: 北京市西单北大街80号

电话: 667631

北京市煤气公司

主要承担本市人工煤气的输配、煤气设施、设备的施工安装和运行管理。年销售煤气45608万立方米，年生产煤气表12万只。职工3024人。

地址: 北京市朝阳区东环北路30号
电话: 594131
电报挂号: 4216

北京市天然气公司

天然气管道、设施的建设和运行管理;天然气用户的发展和管理,天然气用量的分配和销售;天然气用量的分配和销售;天然气表具、灶具及各种用具的销售、维修和管理。天然气应用技术的服务和咨询。职工499人。

地址: 北京市安外安华西里二区七号楼
电话: 4213131转6166

北京市液化石油气公司

承担首都的居民、公用福利、工业用户共计121.6万户的液化气供应任务,年销售量为15.5万吨。职工3300人。

地址: 北京市海淀区车公庄西路13号
电报挂号: 北京36849

北京市热力公司

供应民用热水,年销售量192万百万大卡;供应工业蒸汽年销售量530万吨。职工2633人。

地址: 北京市朝阳区红庙大望路1号
电话: 583531

北京市煤气用具厂

生产燕山牌液化石油汽钢瓶、角阀、减压器、灶具等45个品种、86种规格各类燃气的配套产品,年产40万套。职工1800人。

地址: 北京市朝阳区麦子店正街9号
电话: 595531
电报挂号: 5531

北京市园林设计研究院

承担园林绿地、风景区规划设计,园林建筑及一般民用建筑设计。职工48人。

地址: 北京市紫竹院公园内
电话: 895884

北京市园林古建工程公司

承包房屋建筑和园林古建工程。职工839人。

地址: 北京市西直门外大街143号
电话: 893651　894198
电报挂号: 2046
电传: 22505 BOOTH CN

北京市园林科学研究所

地址: 北京市崇文区龙潭湖畔
电话: 755485

北京市环卫科研所

地址: 北京市朝阳区尚家楼
电话: 481913　484721

北京市第四清洁车辆厂

地址: 北京市安处小关曹八里
电话: 465131

北京市清洁车辆修理厂

主要产品有垃圾收运汽车系列:北京-130垃圾自卸车、北京-130单臂集装箱垃圾车、北京-130垃圾自动装卸车、解放CA-141垃圾自卸车。粪便收运汽车系列:北京-130真空吸粪车、解放CA-141真空吸粪车。年生产能力400辆。并可承担汽车修理。职工600人。

地址: 北京市右安门外马家楼120号
电话: 335736

北京市清洁机械厂

生产扫尘车、洒水车、抽粪车、培圾收运车,年产322台。职工599人。

地址: 北京市永定门外大红门东九龙山路
电话: 764431
电报挂号: 4441

北京市环境保护科学研究所

负责环境规划与政策研究;污水、大气污染控制技术工程设计;城乡生态研究;环境影响评价;环境化学与生态毒理。

地址: 北京市阜外北二卷
电话: 890081
电报挂号: 8900

北京市环保技术设备中心

供应消烟除尘设备,各种锅炉、监测仪器、废水处理设备、汽车空气净化装置。承包噪声控制工程、及污水处理工程等环保服务项目。

地址: 北京市海淀区万泉庄小南庄40号
电话: 289948
电报挂号: 5731

•天　津　市•

中国市政工程华北设计院

为建设部所属市政综合甲级设计单位。可承担甲级城市燃气、热力、给水、排水、防洪、环境卫生及其它市政工程设计任务,并承担甲级综合性建筑工程设计及乙级城市规划设计任务。

地址: 天津市河西区气象台路
电话: 331371
电报挂号: 7230

天津市测绘处

地址: 天津市承德道2号
电话: 392196

天津市勘察院

地址: 天津市西康路44号
电话: 318059

天津市房地产开发经营集团

承担土地统一开发;民用住宅、办公用房和其他公共建筑的开发经营;承包外资或中外合资工程项目的建设;经营建筑材料和设备;承担商品房维修服务业务和电气安装、装饰装修;与金融界联合,兴办开发建设基金会。

地址: 天津市和平区常德道80号

电话: 31,6822

天津市房地产开发经营集团第一工程承包公司

承揽民用建筑任务;负责发包土方工程,组织工程招标,签定承包合同;审定施工组织设计,进行现场施工管理;办理施工执照,审查施工图;负责预决算审查;组织工程验收,提供竣工资料,办理移交手续。

地址: 天津市南开区王顶堤红旗南路(材料场院内)

电话: 33,4142

天津市房地产开发经营集团第二工程承包公司

承揽民用建筑任务;负责发包土方工程,组织工程招标,签订承包合同;审定施工组织设计,进行现场施工管理;办理施工执照,审查施工图;负责预结算审查;组织工程验收,提供竣工资料,办理移交手续。

地址: 天津市河东区万新村程林庄道(月牙河旁)

电话: 247359

天津市房地产开发经营集团第三工程承包公司

承揽民用建筑任务;承包新征土地的土方工程;承担集团经营的商品住宅、公共建筑售后服务和各种装饰、装修任务;联合兴办养殖业等各种经营业务。

地址: 天津市南开区王顶堤红旗南路(材料场院内)

电话: 753261

天津市房地产开发经营集团村镇建设发展公司

承揽村镇民用建设和村镇土地开发基础设施建设任务;经营村镇建设物资供应门市部;组织原材料供应,深加工、构件生产等;为村镇规划、设计、建设进行技术咨询服务。

地址: 天津市河西区体院北洋淄东里43号

电话: 31.8147

天津市房地产开发经营集团外资工程承包总公司

承包国际工程和外资、中外合资工程;发展横向联合与外商国内企业联合兴办与主业有关的多种经营企业;兼营外资工程进口设备材料与业务;独资或集资兴建民用建筑并经营部分商品住宅。承担部分开发建设任务。

地址: 天津市和平区大理道34号

电话: 31.0013

天津市房地产开发经营集团房产经营公司

出售商品住宅,办理有关契证手续,向企业事业单位出售周转用房。

地址: 天津市和平区河北路283号

天津市房地产开发经营集团建筑材料设备经营公司

经营建筑材料和设备。

地址: 天津市和平区常德道80号

电话: 31.7168

天津市建筑设计院

承担高级民用建筑,大型公共建筑,高层建筑,以及各类单层多层工业建筑设计以及各项科研任务,设计规范编制,工程测试,试验及技术咨询工作。

地址: 天津市河西区气象台路

电话: 333900　334161-2

电话挂号: 1960

天津市第一建筑工程公司

承担建筑安装工程施工,金属结构制造加工,施工机械出租。

地址: 天津市和平区湖北路16号

电话: 31.4731

天津市第二建筑工程公司

承担建筑安装工程施工,混凝土构件、金属结构制造加工,施工机械出租。

地址: 天津市河北区元伟路二马路112号

电话: 26.3214

电报挂号: 1695

天津市第三建筑工程公司

承担建筑安装工程施工,金属结构制造加工,施工机械出租。

地址: 天津市河东区八伟北路17号

电话: 70.9722

天津市第四建筑工程公司

承担建筑安装工程施工,金属结构制造加工,施工机械出租。

地址: 天津市河西区大沽路1067号

电话: 28.1037

天津市第五建筑工程公司

承担建筑安装工程施工,混凝土构件、木构件制造加工,施工机械出租。

地址: 天津市塘沽区解放北路296号

电话: 98,2135

天津市第六建筑工程公司

承担建筑安装工程施工,金属结构制造加工,施工机械出租。

地址: 天津市和平区多伦道280号

电话: 22.1387

天津市第七建筑工程公司

承担建筑安装工程施工,金属结构制造加工,施工机械出租。

地址: 天津市和平区贵州路100号

电话: 33.3184

电报挂号: 8261

天津市机械施工公司

承担机械吊装、打桩、土石方工程、汽车运输等;兼营建筑机械制造、维修及汽车修理。

地址: 天津市河西区黑牛城道

电话: 28.1183

电报挂号: 1183

天津市机电设备安装公司

承担电梯、锅炉安装及大型气罐、管道、机电设备等制造与安装。

地址: 天津市河北区新建路3号

电话: 26.2423

天津市建筑构件公司

承担混凝土构件及钢、木门窗制造加工，金属制品制造加工。

地址: 天津市河东区十二经路3号

电话: 31.3537

电报挂号: 4591

天津市建筑科技设计研究院建筑设计分院

承担工业、民用建筑工程设计。

地址: 天津市南开区灵隐道兴泰里30号

电话: 70.3179　70.3018

天津市市政工程勘测设计院

为市政综合甲级设计单位，可承担甲级城市道路、桥梁、给水、排水、防洪、地下铁道交通等综合性市政工程设计，并承担甲级综合性建筑工程设计和乙级城市规划设计任务。

地址: 天津市和平区重庆道118号

电话: 392710

电报挂号: 4402

天津市自来水公司

负责城市供水，民用水表，铸管、铸件、管道施工，水厂设计。

地址: 天津市和平区建设路56号

电话: 393887

天津市公共交通公司

经营城市公共汽车、电车、出租小汽车。

地址: 天津市河北区辰纬路

电话: 26.1626

天津市煤气公司

经营煤气销售、服务、维修、煤气工程技术咨询，设计、施工、试运转，生产销售煤气灶具、钢瓶。

地址: 天津市和平区成都道西头

电话: 33.3223

天津市热力公司

天津市热电公司

天津市园林管理局

负责全市园林绿化建设和管理。承担园林绿化工程规划、设计、施工，提供园林咨询服务。

地址: 天津市和平区山西路141号

电话: 70.2072

天津市园林设计处

为园林专业甲级设计单位，承揽园林绿化工程规划、勘测、设计业务。

地址: 天津市南开区水上公园旁

电话: 31.9790

电报挂号: 4402

天津市绿化工程处

生产销售各种优质苗木，常绿及花灌木，承揽园林绿化工程。

地址: 天津市河西路南京路8号

电话: 39.6631

天津市园林工程处

承揽园林建筑和绿化工程及工民建筑工程。

地址: 天津市南开区水上公园旁

电话: 31.8590

天津市花卉管理处

生产、销售各种优质花卉盆景、切花及租摆业务、承揽园艺施工工程。

地址: 天津市河西区湛江路20号

电话: 31.4119

天津市公园管理处

主管市区大公园，为中外游人提供优美舒适的文化娱乐、休息场所。

地址: 天津市南开区水上公园旁

电话: 31.8454

天津市海河游览区管理处

备有各种现代大型游艺器械和水上游船，为游人提供优质服务。

地址: 天津市河西区南京路8号

电话: 31.0174

天津蓟县盘山游览区管理处

负责建设和管理盘山风景区，为中外游人提供观光、旅游、住宿及商业服务。

地址: 天津市蓟县盘山

电话: 蓟县2675

天津市园林绿化研究所

承担园林绿化科研项目，组织推广科研成果，提供园林绿化技术和咨询服务。

地址: 天津市河东津塘公路101号

电话: 248878

天津市园林学校

培养市内园林绿化各种专业人材，并负责建设部下达的代培任务。

地址: 天津市河东津塘公路101号

电话: 248172

天津市园林局党校

承担园林系统干部培训和成人教育。

地址: 天津市河西区厦门路51号

电话: 28.1332

天津市环卫工程设计研究所

地址: 天津市河西区西南楼十号路48号

电话：285059　398509

天津市地方铁路管理局

承担铁路设计、施工、维修、运输及物资供应。

地址：天津市河西区体院北九区滨水东里80号

电话：33.4662

天津市地方铁路勘测设计所

承担地方铁路及厂矿企业专用线勘测设计及技术咨询。

地址：天津市河西区体院北环湖南道5号

电话：31.9613转

天津市地方铁路工程处

承担铁路工程施工、线路、桥涵、通讯、信号、电力、房建。

地址：天津市体院北环湖南道5号

电话:31.9613转

天津市地方铁路维修处

承担地方铁路厂矿企业专用线综合设备维修管理。

地址：天津市河西区王兰庄

电话：318007

天津市地方铁路运输处

承担地方铁路客货运输。

地址：天津市河西区体院北环湖南道5号

电话：31.9613转

天津市地方铁路物资站

承担地方铁路专用物资及器材配件供应。

地址：天津市河西区体院北环湖南道5号

电话：319613转

天津市和平区规划土地管理处

负责城市规划、建筑管理、土地管理。

地址：天津市和平区绵阳路30号

电话：70.7657

天津市和平区房地产管理局

经营管理修缮全区公、私、企业产房屋。

地址：天津市和平区长沙路95号

电话：39.9569

天津市和平区城市建设管理局

负责园林绿化、新建工程设计及养护管理，道路铺筑工程设计、维修、养护、管理，里巷下水管道工程设计及养护管理。

地址：天津市和平区赤峰道72号

电话：70.3650

天津市和平区建设开发公司

主要负责和平区的城区改造工作

地址：天津市和平区大沽路泰安道增3号

电话：39.8964

天津市和平区房屋修建装饰工程公司

承接房屋建筑、修缮、装饰工程，土方工程，打桩工程。

地址：天津市和平区陕西路75号

电话：70,7784

天津市红桥区建设开发公司

经营商品房(住宅、公建)。

地址：天津市红桥区子牙桥北西侧

电话：25.5429

天津市红桥区房产公司

承担房屋经营、管理，房屋修缮，兼营房屋托管，房屋新建、改建、扩建工程。承办房屋建筑的安全鉴定，提供加固、增强功能技术，以及房屋建筑装饰技术。

地址：天津市红桥区北门外大街缸店街1号

电话：25,2019

天津市红桥区修建公司

经营房屋建筑、修缮(土木工程建筑)，兼经机械、水暖、锅炉安装和运输。

地址：天津市红桥区估衣街归贾胡同内

电话：25,4360

天津市南开区建设开发公司

经营旧区改造、商品房出售，组织集资联建住宅、商业、办公用房，承揽各类代办工程，以及拆迁动员安置工作。并办理跨区、跨行业开发联营。

地址：天津市南开区

天津市河东区建设开发公司

提供商品住宅，代建办公用房、厂房、仓库、材料场，承接旧区改造任务。办理各种形式的横向联合开发经营。

地址：天津市河东区七纬路38号

电话：24,3051　24,3262

天津市河东区房屋修建工程公司

本公司及所属单位承揽全现浇结构，框架结构、内浇外砌、内浇外挂住宅楼、办公楼、大跨度厂房和异型构筑物，并能承揽打桩和装饰装修工程。为设计、打桩和施工一条龙的综合建筑企业。

地址：天津市沽后街74号

电话：70,9259

天津市河东区房屋修建工程公司第一工程队

地址：天津市河东区津塘公路50号

电话：70,8396

天津市河东区房屋修建工程公司第二工程队

地址：天津市河东区张贵庄路57号

电话：24,3255

天津市河东区房屋修建工程公司第三工程队

地址：天津市河东区复兴庄南横街18号

电话：242232

天津市河东区房屋修建工程公司第五工程队

地址：天津市河东区李公楼中街仁厚里11号

电话：240504

天津市河东区房屋修建工程公司第六工程队

地址：天津市河东区王串场一号路南头
电话：24,3277

天津市河东区房屋修建工程公司第七工程队
地址：天津市河东区大直沽田庄大街4号
电话：70,9394

天津市河东区房屋修建工程公司机械站
地址：天津市河东区张贵庄路59号
电话：24,4498

天津市河东区房屋修建工程公司器材站
地址：天津市河东区张贵庄路77号
电话：24,3371

天津市河东区东艺装饰安装公司
地址：天津市河东区张贵庄路77号
电话：24,0291

天津市河西区建设开发公司
承担城市土地开发和房地产业务：建房出售(住宅、办公业务用房、商业网点等)，包干代建，集资联建，配套建设，承建发包。建筑设计和工商财贸等横向联系及多种经营。
地址：天津市河西区江苏路3号
电话：31,2660

天津市河北区城市建设委员会
主管本区城市建设。
地址：天津市河北区宇纬路3号
电话：26,2193

天津市河北区城建局
主管本区市政(道路、排水)园林、绿化。
地址：天津市河北区宙纬路9号
电话：26,1912

天津市河北区房地产管理局
负责房产经营、管理、修缮。
地址：天津市河北区华安街增1号
电话：24,4084-87

天津市河北区建设开发公司
承担征地、施工、销售商品房。
地址：天津市河北区宇纬路3号
电话：26,3834

天津市河北区房屋修建工程公司
经营土木工程建筑业。
地址：天津市河北区新大路199号
电话：24,0852

天津市河北区修建服务公司
经营房屋建筑、修缮、商业服务。
地址：天津市河北区律纬路择仁里
电话：26,3742

天津市塘沽区生产服务管理局建筑工程公司
承担土建、机电设备维修及安装。
地址：天津市塘沽区新港路40号
电话：98,4390　98,5006

天津市塘沽第二建筑工程公司
承担土木工程，建筑、装饰工程和汽车运输。
地址：天津市塘沽区大连道10号
电话：98,4243

天津市塘沽区市政工程局
承担道路建筑维修、排水管道、泵站等市政设施，修理大型车辆、机电设备，工程设计。设有大型储运厂。
地址：天津市塘沽区营口道8号
电话：98,2696　98,3309

天津市塘沽区市政工程公司
承担土木工程建筑、桥梁、涵闸、泵站、道路、排水施工，沥青混凝土、水泥混凝土加工，非承重水泥制品，汽车运输，机电维修。
地址：天津市塘沽区大连道16号
电话：98,4644　98,2942

天津市大港区设计室
承担建筑设计。
地址：天津市大港区振兴路北侧建委楼内
电话：99-1619

天津市大港区质量监督站
负责建筑质量监督。
地址：天津市大港区振兴路北侧建委楼内
电话:99-2948

天津市大港区市政工程队
承担大港区的市政工程。
地址：天津市大港区港北街南端西侧
电话:99-1390

天津市大港区园林队
承担大港区园林绿化任务。
地址：天津市大港区振兴路南侧
电话:99-1290

天津市大港区公路所
承担公路养护和管理。
地址：天津市大港区咸岐路东侧
电话:99-1618

•河　北　省•

河北省城乡勘察院
地址：石家庄市建华南大街9号

石家庄市市政设计处
承担城市道路，给水排水，桥梁隧道，城市防洪及小区和单位内上述工程的测量设计工作。职工43人。
地址：石家庄市建设南大街16号
电话：46104

石家庄市市政工程公司

独立承担给水，排水，道路，公铁路立体交叉桥，桥涵等工程。职工2075人。

地址：石家庄市桥东区正东路9号

电话：48043

石家庄市市政养护管理处

承担全市道路，下水管道，路灯，泵站，桥涵，明渠，防洪堤等市政设施的管理维修任务。职工1340人。

地址：石家庄市东马路11号

电话：45304

石家庄市自来水公司

承担城市供水，日产自来水43万吨。以及凿井、管道安装、水泵和机电设备安装。职工1100人。

地址：石家庄市建设南大街59号

石家庄市公共汽车公司

主营城市客运；兼营出租大、小轿车，汽事大修，总成大修，小修、保养，汽车配件加工。职工4044人。

地址：石家庄市建设北大街6号

电话：48322

石家庄市新生客车厂

城市客车。HB643年产72台；HB270年产2台；HB644年产2台。职工1109人。

地址：石家庄市北环西路3号

电话：746981

电报挂号：0073

石家庄市液化气公司

经营液化气，年销售量14000吨。担负本市120366户液化气供应。职工503人。

地址：石家庄市长安西路1号

电话：47597

电报挂号：6714

石家庄市热力煤气公司

石家庄市环卫处

电话：46748

石家庄市环卫科研室

地址：石家庄市建设北大街10号

电话：47546

唐山城市规划管理处

承担城市规划设计和管理。职工38人。

地址：唐山市华岩路。

电话：22425

中国房屋建设开发公司唐山公司唐山市建设开发公司

承担商品房建设、销售。职工40人。

地址：唐山市建国路市场17号楼

电话：26625　26725

唐山市市政工程管理处

负责市区污水处理厂、沥青搅拌厂、泵站运行管理；负责市区市政工程建设管理；对市属五区十县实施业务指导。职工372人。

地址：唐山市新开路

电话：26083

唐山市城建局勘测设计处

承担市政工程中道路、桥梁、给水、排水工程设计，城市测量、工程测量。职工72人。

地址：唐山市翔云道

电话：26254　23115

唐山市市政工程公司

为市政工程专业化施工公司。承担大型厂、站、桥、给水、排水及土石方工程。具有大型挖掘、装载、运输、起重设备。职工1487人。

地址：唐山市华岩北路。

电话：21448

唐山市自来水公司

承担全市生活供水和部分工业供水、年供水量7000万吨。职工974人。

地址：唐山市大红桥东

电话：23216

唐山市公共汽车公司

唐山市煤气公司

承担城市居民、公共福利事业和工业煤气的供应及设计安装任务。职工828人。

地址：唐山市路北区华岩北路

电话：21395

电报挂号：9336

唐山市热力公司

承担全市集中供热的运行管理，热力工程设计、施工、技术咨询，采暖设备加工、锅炉维修安装等项业务

地址：唐山市煤医道

电话：21306　25685

邯郸市规划设计处

承担城镇总体和详细规划设计；城市大地测量及工程测量；大型桥梁及道路设计；大型给排水工程设计和民用建筑设计等。职工145人。

地址：邯郸市和平路群众胡同

电话：24594　23406

邯郸市市政工程管理处

负责城市市政工程设施养护维修和管理。包括城市的排水、道路、桥梁、堤坝、路灯等设施，并担负城市防洪任务。生产混凝土便道砖(年产200万块)和其他混凝土预制件。生产乳化沥青。职工550人。

地址：邯郸市朝阳路24号

电话：24456

邯郸市自来水公司

年产自来水7000万吨。职工483人。

地址：邯郸市和平路东段309号

电话：24205

邯郸市公共汽车公司

邯郸市出租汽车公司

邯郸市煤气公司

经营液化石油气，年供气1500吨。职工136人。

地址：邯郸市光明大街13号

电话：26873

邯郸市热力公司

承担热网设计、施工及运行管理。供热44万平方米。职工210人。

地址：邯郸市新兴大街18号

电话：24137

张家口市城乡建设研究所

承担城乡建设应用科学的研究和推广；地下顶进工程的设计并提供设备；工程设计(丙级)，工程勘察(丁级)。职工38人。

地址：张家口市东安大街66号

电话：5700

张家口市市政工程公司

承担城市市政设施建设工程的给排水、道路、桥梁、河坝、大型土石方工程。生产机制各种管径的水泥管并兼营市政处的建设工程。年施工工作量800万元。职工555人。

地址：张家口市建设东街26号

电话：3658　2259

张家口市自来水公司

年供自来水2200万吨，并承担供水管道设计、安装、维修、水表检验等业务。

地址：张家口市东河沿街74号

电话：7291

张家口市公共汽车公司

经营城市公共交通，年客运量3000万人次。职工698人。

地址：张家口市工业路71号

电话：61450　61459

张家口市液化石油气公司

年供应民用液化石油气12600吨。职工99人。

地址：张家口市东山路4号

电话：5858

张家口市园林管理处

年产各类树苗15万株，各类花卉10万盆株；承担绿化、规划、施工、养护、管理；承揽雕塑、油漆、彩画业务及园林规划、设计、基建施工。职工223人。

地址：张家口市桥西区长青路10号

电话：4690　4346

张家口市环卫处

地址：张家口市桥东区三马路16号

电话：5004　3961

保定市城市规划勘测设计院

承担城市总体规划、村镇规划；市政工程道路、桥涵、给排水设计；城市测绘等。职工75人。

地址：保定市环城南路35号

电话：23515

保定市城市建设综合开发公司

承担城市土地房屋综合开发；组织基建工程项目；出售商品房；承发包业务。

地址：保定市五四东路30号

电话：25067

电报挂号：0420

保定市排水管理处

承担全市工业、生活污水管道、泵站、河渠的运行、维护、建设、管理。保障雨污水正常排放。职工311人。

地址：保定市东风中路。

电话：37508

保定市自来水公司

地址：保定市五四中路

保定市公共汽车公司

保定市液化气公司

保定市液化气灶具厂

生产YSP-15液化石油气钢瓶(省优产品)；YSP-50液化石油气钢瓶；YSP-10液化石油气钢瓶；JZY2-65液化气代架双眼灶；JZY2-87液化气代架双眼灶；YZT3型中餐灶。职工290人。

地址：保定市建设北路19号

电话：36525　36478

电报挂号：0038

保定市园林处

下属10个单位：东风公园，人民公园、工人公园、滨河公园、绿化队、园林处基建队、红旗苗圃、前屯苗圃、园林绿化服务中心、园林系统劳动服务公司，职工448人。

地址：保定市永华南路55号

电话：22398

保定市环卫处

地址：保定市光明街95号

电话：3037　3668

保定市水泥制管厂

生产YYG-600、YYG-800，YG-1000，YYG-1200预应力混凝土压力管。年产量50公里。

地址：保定市利民路34号

电话：24351　25007

电报挂号：4619

秦皇岛市自来水公司

承担城市生产、生活供水，年供水量4129万吨。职工660人。

地址：秦皇岛市海港区民族路52号

电话：34995

秦皇岛市公共汽车公司

秦皇岛市液化气公司

秦皇岛市热力公司

承担市区采暖供热。职工 100 人。

地址: 秦皇岛市海洋路 184 号

电话: 35111

秦皇岛市环卫处

邢台市自来水公司

地址: 邢台市桥西区郭守敬大街

邢台市公共汽车公司

邢台市出租汽车公司

邢台市环卫处

地址: 邢台市清风楼后 32 号

电话: 4201

邢台市煤气热力公司

辖有煤气供应公司、液化石油气公司、集中供热办公室、煤气热力设计室等。承担煤气、液化石油气、集中供热的输配、经管、管理和庭院、户内煤气管网设计。职工 283 人。

地址: 邢台市郭守敬大街 64 号

电话: 60736 转 403

承德市市政维修管理处

承担市政建设、市政设施的养护和管理，以及路灯新建、维修等业务。职工 207 人。

地址: 承德市南武烈路半壁山西侧

电话: 3609 3126

承德市自来水公司

地址: 承德市山庄东路 4 号

承德市公共汽车公司

承德市出租汽车公司

承德市液化气公司

承德市煤气热力筹建处

承德市环卫处

地址: 承德市市场下边

电话: 2889

沧州市规划建筑设计院

规划建筑设计、市政工程设计、工程地质勘察化验，城市测量、工程测量。职工 130 人。

地址: 沧州市西环中街 68 号

电话: 23682

沧州市自来水公司

年供生产、生活用水 1830 万吨;年产自应力管 25 公里。职工 304 人。

地址: 沧州市朝阳南大街 33 号

电话: 24605

电报挂号: 7070

沧州市市政工程公司

承担城市道路、桥梁、排水工程建设。职工 564 人。

地址: 沧州市南环路 13 号

电话: 31876

沧州市自来水公司

地址: 沧州市朝阳南路 33 号

沧州市公共汽车公司

承担城市客运业务。职工 310 人。

地址: 沧州市白官屯

电话: 23087

沧州市液化石油气公司

经销液化石油气。职工 240 人。

地址: 沧州市南北大街北大街 12 号

电话: 23280 24709

沧州市园林管理处

承担城市园林绿化建设及管理。职工 196 人。

地址: 沧州市新华中路 158 号

电话: 24850

沧州市环卫处

廊坊市自来水公司

地址: 廊坊市新华路

廊坊市液化气公司

廊坊地区热力供应公司

廊坊市环卫处

任丘市环卫处

衡水市自来水公司

地址: 衡水市和平路 121 号

衡水市环卫处

泊头市自来水公司

地址: 泊头市新华街 231 号

泊头市环卫处

•山 西 省•

山西省城市规划设计院

承担城市(包括县城)、重点工矿区、风景名胜区、重点集镇的总体、分区、专业工程规划和详细规划以及市政工程(给水、排水、污水处理、道路、桥梁、集中供热、煤气、小区供配电、公园、植物园等)设计。配合详细规划和工程规划，承担一定的工业民用建筑设计。并可承担上述业务范围内的部分科研及技术咨询服务，技术规范定额、标准(通用)图的编制等。职工 126 人。

地址: 太原市新建南路 9 号

电话: 227432

山西省城市建设档案馆

是全省重要城建档案的储存、咨询、服务和目录检索中心。并负责全省城建档案工作监督、检查和业务指导。

地址: 太原市建设北路 50 号

电话: 344781 转 287

山西省勘察院

地址：太原市敦化南路28号

太原市城市规划研究院

以城市规划为主的综合性设计单位，承担勘测设计、科研技术咨询业务，并制作各种模型。职工60人。

地址：太原市新建路37号

电话：220490

太原市城市测量队

主要承担太原地区各类测绘工作，并承担控制、地形、航测、地籍、ⅡⅢ水准等测绘工作。职工91人。

地址：太原市新建路40号

电话：345280

电报挂号：0355

太原市第一建筑工程公司

承包土建、安装工程和混凝土构件，兼营机械制造、租赁、设备维修、木材加工，汽车运输等。职工4500人。

地址：太原市五一路精营东边街13号

电话：385325

太原市市政工程设计院

系市政工程甲级设计院，从事道路、桥梁、给排水、水处理、防洪、工民建等项目设计，并承担测量、钻探及水分析，道路材料试验等业务。职工140人。

地址：太原市新建路旱西关25号

电话：345244　343265

太原市市政工程管理处

以管理、养护城市道路、排水、桥梁、河道、涵洞等市政设施为主，并承担小街小巷的设计及维修。职工1200人。

地址：太原市新建路15号

电话：220432

太原市市政工程公司

主要承担道路、桥梁、排水、防洪等市政工程施工任务，并承揽机械租赁、修理、沥青与混凝土加工、土方运输等业务。职工2036人。

地址：太原市新建路38号

电话：345023

电报挂号：0051

太原市安装工程公司

承担水源工程、大型管道、中小型冶金、化工设备、110千伏输电线路、变电站、无轨电车线路、电梯、高层建筑、高级宾馆、工业与民用锅炉房安装工程。并具有非标加工和ϕ600毫米以下无缝煨弯管等加工能力。职工1345人。

地址：太原市双塔西街27号

电话：224233

太原市自来水公司

为城市工业生产、人民生活供水。兼营水源开发工程、建筑安装工程施工、机械加工修理以及水表产销。职工1462人。

地址：太原市解放路362号

电话：383691　383391

电报挂号：5261

太原市公共交通公司

以城市公共交通运营、汽车出租业务为主，并承担汽车修理和汽车配件、五金灯具的购销业务等。职工5852人。

地址：太原市双塔西街49号

电话：443421　442871

太原市煤气公司

太原市热力公司

以生产和供应工业民用蒸汽热水为主。职工112人。

地址：太原市坝陵北街23号

电话：385765

电报挂号：0300

太原市水电气服务公司

以供应民用冬季供热为主，并承担供热设施、维修安装工程等。职工250人。

地址：太原市兴隆街26号

电话：221629

太原市园林古建筑工程公司

以油漆彩画、古建筑修建为主，并承担雕刻、泥塑、园林小品设计修建等。职工1230人。

地址：太原市劲松路17号

电话：442087

太原市园林科研所

以城市园林科学技术研究为主，并承担园林设计施工和园林科技咨询服务等。职工85人。

地址：太原市南内环街56号

电话：773408

太原市环境卫生科学研究所

主要承担城市生活废弃物的无害化处理及综合利用研究；环卫设施机具的研究、设计。兼管山西省环卫科技情报站的工作。职工8人。

地址：太原市旱西关街西端路南

太原市环境保护科学研究所

以环境监测及研究为主，并承担工程环境影响及评价等工作。职工135人。

地址：太原市桃园路三巷

电话：440049　440017

电报挂号：3883

大同市建筑规划设计院

承担城镇规划、市政工程设计、建筑工程设计、工程测量、工程地质勘察等任务。职工167人。

地址：大同市新建北路

电话：23690　22428

大同市城市建设开发公司

以经营房地产业为主，并负责已建小区的管理、维修、服务等。职工186人。

地址：大同市振华南街

电话：22622 24195

大同市房地产开发公司

经营工业、民用建筑、并承担旧城改造、开发、建设等。职工40人。

地址：大同市皇城街28号

电话：32500

大同市市政工程管理处

负责全市道路、桥涵、排水、路灯和城市防洪等市政设施管理维护。职工847人。

地址：大同市建设街3号

电话：23573

大同市市政工程公司

以承建市政工程为主，兼承担工业、民用建筑施工，维修建筑机械设备等。职工858人。

地址：大同市新开西路。

电话：22358

大同市东郊污水处理厂

主要承担工业污水和民用污水处理，设计能力年处理量为1080万吨，现实际处理432万吨。职工93人。

地址：大同市南关外南庙洼

电话：32196

大同市自来水公司

以供应工业民用自来水为主，并承担供水管道维修、安装等任务。职工629人。

地址：大同市新建北路19号

电话：24551 24552

大同市公共汽车公司

以经营城市公共交通为主，并承担客运和维修汽车业务。职工2538人。

地址：大同市新建南路

电话：25623 25644

大同市客运出租汽车公司

承担城市旅客运输、维修汽车等业务。职工182人。

地址：大同市大马路街20号

电话：33753 23855

大同市煤气工程指挥部

大同市供热公司

大同市园林管理处

负责城市园林绿化规划和组织、协调工作等。职工526人。

地址：大同市新建北路。

电话：25471 25472

大同市城区环卫处

承担本市环卫工作，并维修厕所和本处车辆等。职工443人。

地址：大同市东门大巷7号

电话：32654

阳泉市自来水公司

地址：阳泉市矿区北马路2号

阳泉市公共汽车公司

阳泉市煤气筹备处

阳泉市环卫处

地址：阳泉市南大街

电话：2752

长治市自来水公司

地址：长治市东大街230号

长治市公共汽车公司

长治市环卫处

榆次市城市建设开发公司

以组建房屋出售、地皮有偿转让为主，并承担市政公用、动力、通讯及维修工程等相应配套设施建设。职工46人。

地址：榆次市经纬路柳东南巷

电话：23527

榆次市房地产开发公司

以承担城区建设、改造为主，并承担房地产经营，出售商品房业务。职工50人。

地址：榆次市道北正街

电话：24262

榆次市市政工程处

以城市道路、桥梁建设为主，并承担道路照明，维修养护市政设施等。职工124人。

地址：榆次市花园路6号

电话：22213

榆次市自来水公司

以供应工业民用自来水为主，并承担管道安装等。职工96人。

地址：榆次市东顺城街

电话：24430

榆次市公共汽车公司

以城市客运为主，并承担出租业务，维修汽车等。职工174人。

地址：榆次市北山路

电话：25531

榆次市供热管理处

以城市集中供热为主，并承担供热工程安装、维修锅炉热网管道等。职工40人。

地址：榆次市花园路

电话：24335

榆次市园林处

以城市园林绿化为主，并负责协调和管理工作。职工113人。

地址：榆次市花园路

电话：23215

榆次市环卫处

以城市环境卫生保洁为主，并承担环卫管理和公厕维修任务。职工240人。

地址：榆次市花园路31号

电话：26196

临汾市自来水公司

地址：临汾市鼓楼北69号

临汾市公共汽车公司

临汾市环卫处

地址：临汾市解放路

电话：2584

晋城市城市建设综合开发公司

供应工业、民用等商品房。职工45人。

地址：晋城市泽洲路西街

电话：2979

晋城市市政工程公司

承担城市道路、桥梁、排水等工程。职工100人。

地址：晋城市北环城路3号

电话：2075

晋城市自来水公司

负责城市供水。职工84人。

地址：晋城市城区高庄144号

电话：2815

晋城市公共汽车公司

负责市区范围内的客运工作。职工180人。

地址：晋城市新市西街91号

电话：2737

晋城市公共汽车出租公司

经营汽车出租。职工24人。

地址：晋城市西关招待所

电话：2711　2401

晋城市煤气站

供应民用煤气、暖气。职工113人。

地址：晋城市建设南路

电话：2935

晋城市园林绿化处

负责城市园林绿化工作。职工61人。

地址：晋城市新市西街91号

电话：2364

晋城市环境卫生处

负责管理城市环境卫生。职工217人。

地址：晋城市向阳街14号

电话：2341

运城市市政工程公司

主要承担城市道路、排水管道、桥梁的新建工程施工及维修养护工作。职工125人。

地址：运城市银湖西路5号

电话：2034

运城市自来水公司

地址：运城市解放路31号

忻州市自来水公司

地址：忻州市健康路2号

忻州市公共汽车公司

侯马市自来水公司

地址：侯马市凤城乡凤城村

•内蒙古自治区•

呼和浩特市勘测管理处

地址：呼和浩特市锡林北路

电话：22722

呼和浩特市城建工程公司

承担工业民用建筑安装工程、城市道路、桥梁、给排水工程。职工556人。

地址：呼和浩特市石西路5号

电话：26783

呼和浩特市房地产管理处

承担全市房地产开发、经营和管理。职工356人。

地址：呼和浩特市文化宫街24号

电话：22590

呼和浩特市房屋建设开发公司

承担有偿转让开发建筑用地、商品住宅、设计、施工，附属工程配套以及房屋拆迁。职工190人。

地址：呼和浩特市东门外团结小区

电话：41271

电报挂号：1270

呼和浩特市市政管理处

承担全市市政设施维修、养护和市容、拆迁、违章建筑管理。职工444人。

地址：呼和浩特市公园西路20号

电话：22985

呼和浩特市节约用水办公室

承担全市计划、节约用水和地下水资源管理保护。职工20人。

地址：呼和浩特市锡林南路自来水　公司三楼

呼和浩特市自来水公司

供水能力17.4万吨/日，兼营铸铁管，年产量6.5万吨。职工710人。

地址：呼和浩特市锡林南路甲5号

电话：25096

电报挂号：3055

呼和浩特市公共汽车公司

营运车辆176辆，出租车15辆，营运线路21条，308公里。职工1497人。

地址：呼和浩特市东门外光华路6号

电话：42090

呼和浩特市煤气筹建处

呼和浩特市热力公司筹备处

承担全市集中供热与管理。职工 58 人。

地址：呼和浩特市呵拉善路

电话：33722

呼和浩特市环卫处

地址：呼和浩特市回民区文化宫街 21 号

电话：4918

呼和浩特市城建职工中等专业学校

开设城市建设管理，给排水工程，市政工程专业。教职工 22 人。

地址：呼和浩特市乌兰察布路

电话：44581

包头市市政工程管理处

承担道、桥、给排水、路灯、防洪、污水处理等市政工程建设，维修管理。职工 587 人。

地址：包头青山区赛音道 7 号

电话：33235

包头市市政设计研究所

承担道、桥、给排水、防洪工程设计、咨询及可行性研究任务。

地址：包头青山区科学路

电话：35526

包头市市政工程公司

承建道路、桥、涵、立交、广场、给排水、煤气、热力、防洪等工程，并制作水泥等制品，年施工产值 2000 万元。

地址；包头市青山区赛音道 8 号

电话：33336

包头市自来水公司

产水能力 22.9 万吨/日，兼营打井、洗井、管道工程业务。职工 1175 人。

地址：包头市青山区富强路 8 号

电话：33835

电报挂号：3835

包头市公共汽车公司

营运车辆 273 辆，营运线路 305 公里。职工 2301 人。

地址：包头市青山区幸福路 4 号

电话：35712

电报挂号：3086

包头市煤气筹建处

包头市热力公司筹备处

承担青山区煤气销售及管理。职工 180 人。

地址：包头市青山区团结大街

电话：35444

电报挂号：3091

包头市园林管理处

承担经营管理公共绿地 81 公顷，生产绿地 306 公顷，道路绿化 11 万株，生产针、阔叶树和花灌木 30 多品种，年繁植 150 万株，年出圃 17 万株。职工 951 人。

地址：包头市昆都仑区青年路

电话：22548

包头市园林科研所

承担园林植物引种驯化，育种栽培，植物保护研究和园林小品设计与施工。形成科研先导型的生产销售联合体。职工 98 人。

地址：包头市昆都仑区青年路

电话：24510

牙克石市自来水公司

牙克石市热电厂

赤峰市自来水公司

地址：赤峰市红山区

赤峰市公共汽车公司

赤峰市煤气热力公司

乌海市规划设计室

承担全市城市规划和市政设计任务。职工 17 人。

地址：乌海市海勃湾区新华大街

电话：223586

乌海市房产管理处

承担全市公房管理和维修工作。职工 55 人。

地址：乌海市海勃湾黄河大街

电话：222239

乌海市房地产开发公司

承担全市的住宅规划、设计、建设、分配工作。职工 8 人。

地址：乌海市海勃湾区黄河大街

电话：222006

乌海市市政工程公司

承担市内道路、桥梁、路灯的建设和维护管理。职工 125 人。

地址：乌海市海勃湾区岗德尔街

电话：223709

乌海市自来水公司

承担全市工业、生活供水。职工 231 人。

地址：乌海市海勃湾区新华大街

电话：223586

乌海市公共汽车公司

承担乌海市内公共交通任务，营运车辆 103 辆，营运线路 13 条 367 公里。职工 495 人。

地址：乌海市海勃湾区桌子山路

电话：223319

乌海市园林管理处

承担市区公共绿地、苗圃、行道树、公园经营管理。职工 465 人。

地址：乌海市海勃湾区
电话：224486
乌海市环境保护办公室
承担全市环境管理、废气、废渣、噪音的监测工作。职工184人。
地址：乌海市海勃湾区千里山西街
电话：市政府总机转751
通辽市自来水公司
通辽市环卫处
电话：3509
海拉尔市自来水公司
地址：海拉尔市河东胜利三路
海拉尔市煤气热力公司
海拉尔市环卫处
地址：海拉尔市南门外
电话：2877
集宁市市政建设管理处
主要承担道路、桥涵、排水工程、路灯、防洪河堤建筑等市政工程建设与养护。职工240人。
地址：集宁市新体路158号
电话:4693
集宁市自来水公司
主要承担城市供水、管道安装、给水物资销售业务，年供水量650万吨。职工296人。
地址：集宁市思和路37号
电话：2245
集宁市公共汽车公司
承担市内和郊区客运及外包车、对外修理汽车。职工86人。
地址：集宁市新体路7号
电话：4977
集宁市环卫所
地址：集宁市老虎山南侧
电话：4770
乌兰浩特市自来水公司筹备处
乌兰浩特市液化气公司
满州里市自来水公司
地址：满州里市头道街西
东胜市自来水公司
地址：东胜市林荫路
二连浩特市自来水公司
二连浩特市环卫所

•辽 宁 省•

辽宁省城市建设研究院
为甲级单位，承担城乡建设规划、勘测、土建和市政建设设计。职工305人。
地址：沈阳市和平区南五马路五段15号
电话：28640 28130
辽宁省城乡建设发展公司
从事房地产开发，经营商品房，兼营建筑材料。职工25人。
地址：沈阳市青年大街一段2号
电话：483050 492129
辽宁省建筑机械检测中心
检测建筑和城建工程机械产品。职工35人。
地址：沈阳市太原街2号
电话：480343
辽宁省城乡建设物资管理处
经营、管理建筑、城建机械生产。职工70人。
地址：沈阳市三好街音乐南里二段3号
电话：483765 480631
电报挂号：2876
东北煤气化设计研究所
为建设部所属乙级城市燃气设计单位。承担乙级城市燃气专业设计及丙级建筑工程设计。
地址：沈阳市铁西区肇工街二段7号
沈阳市勘察测绘院
承担城市勘察、测绘业务。职工275人。
地址：沈阳市三好街一段明河里
电话：26453
沈阳市住宅建设办公室
负责住宅建设宏观管理。职工49人。
地址：沈阳市和平区南三经街四段四里22号
电话：28918
沈阳市房屋土地综合开发公司
为甲级房屋土地开发事业单位。主要承办市政府交办的重点工程项目及市指定的房屋土地开发项目，负责新区征地和旧区动迁工作，组织工程配套、营建和出租各类商品房。职工269人。
地址：沈阳市和平区三经街四段22号
电话：28218
沈阳市房屋经理公司
负责新建住宅小区、领事馆等房屋的管理、修缮、供暖、供水和开发任务，管房量260万平方米，供暖量160万平方米，年完成建筑面积11万平方米。职工1800人。
地址：沈阳市沈河区文艺路一段明河里1号
电话：24709 28122
沈阳市民用建筑设计研究院
主要承担民用与公共建筑设计研究。年设计能力40万平方米。职工105人。
地址：沈阳市和平区大西路七段南市小区21号
电话：290126
沈阳市第一住宅建筑公司
承担建筑安装(工业、民用建筑、室内外装修)。年竣工面程30万平方米。职工6500人。
地址: 沈阳市和平区大西路七段11号
电话: 21144

沈阳市第二住宅建筑公司

为一级建筑企业,以承揽工业建筑与民用住宅建筑为主,并承担房屋开发,整体配套生产钢窗,混凝土及木件加工,锅炉、水暖、电气安装工程设计。年生产能力20余万平方米。职工4700人。
地址: 沈阳市沈河区文艺路一段明河里
电话: 22755

沈阳市市政工程设计研究院

主要承担市政工程的道路、桥梁、排水和建筑工程的设计与科研任务,以及岩土工程的地质勘测、桩基处理等项目。职工194人。
地址: 沈阳市沈河区五爱街二段2号
电话: 392785 393014
电报挂号: 1060

沈阳市市政建设工程公司

为具有三十余年施工历史的市政施工企业,承担本市及外地大、中型市政工程,包括机场工程、长距离顶管施工的排水工程、大型桥梁工程、道路工程。职工3914人。
地址: 沈阳市和平区民族街五段八里1号
电话: 024(沈阳) 362572 363256 363820
电报挂号: 3453(沈阳)

沈阳市市政工程建设开发公司

负责市立项的道路、桥梁、排水等市政工程的设计安排和工程预算的审定及组织工程招标、征地办照、动迁安置工作及工程配套的协调工作。开发市政工程施工所需要的房屋土地。并出售商品房。职工60人。
地址: 沈阳市沈河区青年大街一段1号
电话: 394468

沈阳市第二市政建设工程公司

主要承担市政道路、排水、桥涵的施工及市政工程设计咨询等项业务,并承包外地市政工程的施工任务。职工2429人。
地址: 沈阳市沈河区热闹路二段精明里9号
电话: 24195
电报挂号: 0131

沈阳市城建机械设备联合开发公司

组织生产城建机械专用设备及汽车改装,兼营建筑材料、机电产品、木材、金属材料、五金电器。并负责处理积压物资,职工727人。
地址: 沈阳市和平区三经街二段延安北里18号
电话: 28450

沈阳市市政工程机械厂

为市政工程机械制造,维修的专业厂。生产沥青混凝土搅拌站成套设备、沥青混凝土摊铺机、沥青洒布车、八孔步道方砖机、水泥管悬辊制管机、水泥管挤压制管机及配套模具,承建沥青混凝土搅拌厂、水泥制品厂等设计、制造加工、安装、并可应用户要求,进行非标准设计、制造。职工284人。
地址: 沈阳市皇姑区三段五里2号
电话: 66620 61065

沈阳市城市建设管理局材料供应站

组织生产市政工程需要的沥青混凝土、水泥制品(各种规格的水泥管、桥桩、桥面板、马路边石、方砖等)、路基粉煤灰拌和料及矿石料。职工1450人。
地址: 沈阳市和平区五经街一段四里21号
电话: 27715

沈阳市城建水泥制品厂

生产市政工程需要的各种型号的水泥管、桥桩、桥面板、马路边石、方砖等。年生产ϕ300毫米～ϕ2000毫米水泥管80多公里。职工353人。
地址: 沈阳市皇姑区明廉路8号
电话: 64606

沈阳市城建沥青混凝土厂

生产市政道路工程需要的沥青混凝土、黑色碎石、热洒油、沥青混凝土年产量可达17万立方米。职工417人。
地址: 沈阳市大东区窑地街5号
电话: 893247

沈阳市城建筑路材料加工厂

主要生产市政道路工程需要的路基粉煤灰拌和料,年产量9万立方米以上。职工449人。
地址: 沈阳市东陵区东陵西街114号
电话: 445681

沈阳市城建采石厂

主要生产市政工程需要的各种规格的石材。年产量6万立方米。职工105人。
地址: 沈阳市苏家屯区白清乡营盘村
电话: 892730转采石厂

沈阳市自来水公司

年产自来水36455万立方米。并承担供水工程勘察、设计、施工及科研任务。职工6344人。
地址: 沈阳市和平区和平大街二段1号
电话: 22900
电报挂号: 0473

沈阳市公共汽车公司

经营公共交通客运。职工8672人。
地址: 沈阳市和平区大西路七段19－2号
电话: 24716

沈阳市电车公司

经营公共交通客运。职工8577人。
地址: 沈阳市和平区南五马路五段2号
电话: 27946

电报挂号: 1666

沈阳市出租汽车公司

出租会议包车、职工通勤、观光旅游、探亲访友等用车。职工2026人。

地址: 沈阳市和平区中山路四段3号

电话: 28917

电报挂号: 2102

沈阳市客车制造厂

生产SY-561无轨电车(铰接式)、SY-661载客汽车(铰接式)、SY-642载客汽车、SY-442高架工程车、SY-D80C无轨电车(铰接式)、SY-D90C无轨电车(铰接式)。年产量130辆。职工781人。

地址: 沈阳市铁西区建设大路七段2号

电话: 455439

电报挂号: 5885

沈阳市客车装配厂

生产SY650型客车、SY670型单铰接公共汽车、SY690型双铰接大型公共汽车、SK141A型客车、SK171A型单铰接公共汽车。年产量500台。职工750人。

地址: 沈阳市大东区小河沿路五段园边里7号

电话: 443484

沈阳市煤气总公司

年产煤气23478万立方米,年供天然气10142万立方米,年产焦炭2600吨。职工9697人。

地址: 沈阳市和平区新华路一段18号

电话: 33746

沈阳市热力工程设计研究所

为市政专业甲级设计单位。承担甲级城市热力专业市政工程设计,丙级综合性建筑工程设计任务。

地址: 沈阳市和平区中心街二段七里3号

电话: 32007

电报挂号: 0663

沈阳市热力供暖公司

主要承担民用供暖任务,具有集中供热系统的设计、制造、安装和运行管理能力。职工2300人。

地址: 沈阳市和平区中兴街二段七里3号

电话: 32007

电报挂号: 0472

沈阳市绿化管理处

主要负责沈阳市185平方公里范围内的街道、广场、绿地、游园和居民小区绿化建设及养护管理;全长21.5公里,绿地总面积125.7公顷的南运河、卫工河带状公园绿化养护管理;全长174华里,总面积1258.61公顷,环城防护林带的绿化养护管理;总面积301.98公顷的苗木生产基地建设;对外承揽造园、景点,园林绿化工程和设计等任务。职工1830人。

地址: 沈阳市和平大街四段

电话: 366368　363589

沈阳市公园管理处

下辖七个公园(包括动物园)和造园队、机修厂、雕塑厂、花鱼禽商店、市花圃、北陵花圃、饮料厂、园林旅游公司等基层单位,公园内新增大型娱乐设施,每年举办时令花展。花圃拥有花木近400种。可承揽造园、建筑等工程。机修厂可设计并生产小火车、游船、小型游具等。雕塑厂可设计、加工各种材质的城市、园林雕塑。职工2200余人。

地址: 沈阳市和平区和平大街四段

电话: 364490

沈阳市辉山风景区管理处

是游览、避暑、度假和休养的胜地。总面积116平方公里,其中水面5.04平方公里。1981年对外开发。管理处主要担负近6万亩山林的防火、防虫及管护任务,同时负责风景区的规划、管理、开发、建设等项工作。职工200人。

地址: 沈阳市东陵区满堂乡

电话: 406546　406531

沈阳市园林科学研究所

负责园林植物引种驯化及有关工程设计等课题的试验研究,植物保护。职工225人。

地址: 沈阳市青年大街三段1号

电话: 392872　390401

沈阳市公园管理处机械修配厂

生产经销及维修:电动转马、电动火车、电动小汽车、电动飞机、电动游艇、电动转椅、游船、滑梯及秋千等。职工78人。

地址: 沈阳市沈河区五爱街春田里二段

电话: 392957

沈阳市环境卫生管理处

负责城市环境卫生管理。检查、监督、组织、协调各区垃圾、粪便、街道的清扫、清掏、清运等。职工45人。

地址: 沈阳市和平区皇寺路二段22号

电话: 27449

沈阳市垃圾排放场

为沈阳市专业垃圾排放场;主要承坦市内各大工厂的工业废渣和居民生活垃圾的排放。职工111人。

地址: 沈阳市东陵区前进乡八棵树街

电话: 893969

电报挂号: 9968

沈阳市环境卫生科学研究所

承担生活废弃物综合利用、环卫机械化、新型环卫设施的研究及环卫科技情报工作,并对生活废弃物、垃圾、粪便综合利用;垃圾填埋;城市垃圾分类等项目进行咨询服务。职工72人。

地址: 沈阳市东陵区马官桥

电话: 892827

沈阳市环卫汽车改装厂

年生产 5T 真空吸粪车整车 24 台，改装 6 台；4.5T 洒水车整车 6 台；改装 5 台；10T 洒水车整车 7 台，改装 1 台；132 吸污车整车 3 台；5T 翻斗垃圾自卸车整车 90 台，改装 10 台；微型煤气吸粪车整车 1 台。职工 264 人。

地址：沈阳市于洪区南三台子 35 号

电话：454482

电报挂号：5058

沈阳市散装水泥办公室

研究全市发展散装水泥的有关方针、政策和规章制度。组织衔接水泥散装、散运、散用工作，编制发展规划和年度计划，并组织实施。组织推广交流散装水泥的新工艺、新设备、新技术工作和运输工具的技术改革工作。编制年度散装水泥设施项目和投资计划。职工 6 人。

地址：沈阳市和平区南京街三段 1 号

电话：22284

电报挂号：1407

沈阳市房产水泥厂

年产矿渣硅酸盐水泥 14 万吨，并对水泥行业的工艺、机械、电器、产品质量进行咨询服务。职工 1500 人。

地址：沈阳市东陵区八棵树

电话：892073

大连市住宅办公室

承担城市建设综合开发，出售商品房，民用建筑设计、房屋管理、维修、供暖。职工 605 人。

地址：大连市沙河口区中山路 522 号

电话：403800

大连市房地产管理局中山房地产管理处

经营房屋管理、维修、职工 1773 人。

地址：大连市中山区昆明街 140 号

电话：233117

大连市房地产管理局西岗房地产管理处

承担房产经租管理，房屋翻建维修、建设开发、内外装修。职工 1365 人。

地址：大连市西岗区丰登街 51 号

电话：334971

大连市房地产管理局沙河口房地产管理处

承担房产经营管理、修缮服务及房屋开发、建设、设计、装修。职工 1200 人。

地址：大连市沙河口区淮海街 71 号

电话：441946

大连市房地产管理局甘井子房地产管理处

承担房产经营管理、修缮、房屋开发、装修、汽车运输、建材生产及销售。职工 505 人。

地址：大连市甘井子区金南路二小区 50 楼

电话：661907

大连市房地产管理局综合经营公司

经营建筑材料、木制家具、家用电器、工艺美术品、珠宝首饰、服装百货，承接专业消防工程的安装施工，职工 116 人。

地址：大连市中山区进步街 10 号

电话：332066　335764　239069

电报挂号：0099

大连市房地产管理局建材厂

生产混凝土预制构件，年产量 1.5 万立方米，并承担吊装。职工 343 人。

地址：大连市沙河口区高尔基路 293 号

电话：401582

大连市房地产管理局机械修造厂

主要生产 400 公升混凝土搅拌机（年产 20 台），0.5～2 吨卷扬机（年产 20 台），100 公升小型卷扬机（年产

100 台），自立式上料架（年产 20 台），悬臂吊（年产 5 台）。职工 166 人。

地址：大连市沙河口区中山路 510 号

电话：443914　441352

电报挂号：2075

大连市城建开发公司

经营房地产业务及土地开发，兼营详细规划、一般工业、民用建筑及配套设计。职工 200 人。

地址：大连市西岗区水仙街 46 号

电话：332210

大连市房屋建设开发公司

主要承担旧区危险房改造，新区开发和外引内联项目的建设。1986 年施工面积为 20 万平方米，竣工面积为 10 万平方米。职工 82 人。

地址：大连市西岗区高尔基路 138 号。

电话：335982

电报挂号：1450

大连市建筑设计院测量队

地址：大连市沙河口区成仁街 379 号

电话：406951

大连市民用建筑设计院

承担乙级范围内的建筑设计，丙级范围内的工程勘察。并复印放缩图纸。职工 112 人。

地址：大连市中山区华昌街 15 号

电话：239300

大连市住宅建筑工程公司

主营土木工程建筑安装，兼营建筑设计、装修、吊装运输、起重设备维修制造、水电及电梯安装，年工作量 3200 万元。职工 4000 人。

地址：大连市西岗区北京街 109 号

电话：335564　332016

大连市房屋修缮工程公司

修缮住宅和办公用房，供暖 100 万平方米、2.2 万户。职工 724 人。

地址：大连市中山区延安路 65 号

电话：237715

大连市市政设施管修处

主要承担大连市市政设施的管理、维修、养护及新、改、扩建，对外承包工程任务。主要产品有乳化沥青、沥青混凝土和各种步道方砖等。职工1764人。

地址：大连市西岗区胜利路65号

电话：336769

大连市市政园林设计院

主要承担道路、桥梁、给排水设计；公园、游园、庭园、厂区绿化设计；工业、民用建筑等设计任务，以及地形测量、工程测量、地质钻探、雕塑等任务。职工101人。

地址：大连市西岗区晨光街8号

电话：336260

大连市市政工程公司

主要承担城市道路、公路、桥梁、给排水管道、明暗渠等工程。产品有混凝土预制件、沥青混凝土、乳化沥青等。年均施工产值3000余万元。职工1600人。

地址：大连市西岗区新开路108号

电话：333720

大连市路灯管理所

主要承担路灯工程的设计、施工和大连市区路灯的养护、维修和管理任务。职工108人。

地址：大连市中山路102号

电话：233265

大连市春柳污水处理厂

主要承担大连市部分生活污水、工业废水的净化处理，并经深度处理后，再回用于工业。职工268人。

地址：大连市沙河口区香周路

电话 551944

大连市自来水公司

经营自来水。年供水量1249.5万吨。职工4072人。

地址：大连市斯大林路7号

电话：238334

电报挂号：6670

大连市交通公司

经营城市公共交通客运(电、汽车)。职工10897人。

地址：大连市中山区中山路106号

电话：238591

电报挂号：3086

大连市交通公司电车工厂

年产城市公共汽车50辆、有轨电车15台，小型电力牵引机车30台。职工619人。

地址：大连市中山区民主广场7号

电话：236287

电报挂号：7468

大连市出租汽车公司

经营城乡出租汽车服务业务。职工327人。

地址：大连市沙河口区中长街2号

电话：441141

大连煤气公司

经营城市供气。年产煤气1.4亿立方米。冶金焦8万吨、粗苯4000吨，煤气表5万只等。职工3836人。

地址：大连市西岗区风光街27号

电话：332201

电报挂号：3561

大连市热电公司

发电和供热。年发电量为2.8亿度，年供热118万百万大卡。职工1065人。

地址：大连市沙河口区香周路101号

电话：641238

电报挂号：3499

大连市园林管理处

主要负责处属各公园的建设、管理以及园林科研任务，承揽绿化设计与施工。主要产品有各种苗木、花卉等。职工1361人。

地址：大连市沙河口区联合路62号

电话：444136

大连市风景区管理处

主要承担大连市南部海滨风景区的保护、规划、管理、建设和旅游服务工作。职工1269人。

地址：大连市沙河口区白云山庄153号

电话：404872

大连市环境卫生管理处

主要负责对大连市区环境卫生的管理和监督，以及对市内各区环卫工作的业务指导。职工311人。

地址：大连市西岗区黄河街125号

电话：333291

大连建新水泥厂

主要生产325#矿渣硅酸盐水泥。年产量5.5万吨。职工398人。

地址：大连市甘井子区泡崖街

电话：551116

大连市机床刃具厂

主要生产采暖自动排气止水阀、多功能管钳、各种车床刃具。年产量8万吨。职工150人。

地址：大连市甘井子区西南路甘段6-1号

电话：641328

抚顺市城市建设设计研究院

为市政专业甲级设计单位。承担城市道路、桥梁、给排水，综合性建筑等工程设计和城市规划、勘测任务。有技术人员84人。

地址：抚顺市新抚区礼泉路

电话：25632

抚顺市房产经营公司

承担208.7万平方米市直辖房产的经营管理与修缮任务。职工1790人。

地址：抚顺市新抚区东五路

电话：27145

抚顺市市政设施管理处

承担全市市政设施维修养护和管理工作。并承担市政工程设计和勘测任务。职工 1700 人。

地址：抚顺市新抚区礼泉路。

电话：24131

抚顺市市政建设公司

承担城市高级沥青混凝土路；大中型桥、涵、给排水；超高压送变电线路和工民建的施工任务。职工 2490 人。

地址：抚顺市新华街

电话：72820

抚顺市自来水公司

供应城市生活用水和生产用水。年产量 18693 万吨。职工 2693 人。

地址：抚顺市新抚区站前街东四路

电话：22520

抚顺市公共汽车公司

主营市内公共交通和出租业务，并承揽市内包车和全国各地旅游包车。拥有各种大客车、旅行车、吉普车，小轿车共 501 台，所属修配厂可装配大型客车和修理各种车辆。职工 6510 人。

地址：抚顺市新抚区西一路 2 号

电话：26050

抚顺市煤气公司

经营煤气（1986 年供应煤气总量 6647.9 万立方米），液化石油气（1986 年供应液化气总量 8000 吨）。职工 1132 人。

地址：抚顺市新抚区凤翔路

电话：24909

抚顺市热力公司

主要负责市中部地区供热与管理，并承担室内外供热工程施工与设计。现有供暖面积近 300 万平方米。职工 922 人。

地址：抚顺市新抚区西五路

电话：23533

抚顺市园林管理处

负责领导全市园林的经营和管理。并设有苗木生产基地。承担园林工程建筑的规划设计和施工。职工 1200 人。

地址：抚顺市劳动公园内

电话：24961

抚顺市萨尔浒风景名胜区管理处

负责规划、经营、管理八个游览区，面积 268 平方公里，其中水域 110 平方公里。区内设有各种类型的宾馆、招待所、饭庄和水陆游乐设施。职工 132 人。

地址：抚顺市露天区新泰河

电话：21405

抚顺市市容环境卫生管理处

负责领导与指导全市居民生活垃圾清运、粪便掏运，主要街路清扫保洁和管理工作。职工 3133 人。

地址：抚顺市民主路 30 号

电话：25045

抚顺市挖掘机制造厂

主要生产 1 米^{3}液压铲，KH180-2， KH180-3 起重机，4.12 米^{3}机械铲，年产 200 台以上。职工 6451 人。

地址：抚顺市郊区施家沟

电话：73951-73959

电报挂号：3126

鞍山市自来水公司

地址：鞍山市铁东区 219 路 2 号

鞍山市公共汽车公司

鞍山市出租汽车公司

鞍山市煤气公司

鞍山市供暖工程公司

本溪市规划管理处

负责全市城市建设规划、管理。职工 152 人。

地址：本溪市平山区群力街

电话：21698

本溪市城市建设设计研究院

承担市政工程项目设计研究。职工 36 人。

地址：本溪市明山区北光路

电话：23785

本溪市城乡建设综合开发公司

承担城市改造、小区开发建设，经营商品房。职工 109 人。

地址：本溪市平山区解放南路永丰转盘

电话：20838

本溪市供暖服务处

负责产权为市房产总公司的市区民建、公建住宅的锅炉供暖和部分余热供暖工作。职工 367 人。

地址：本溪市平山区师范街

电话：21817

本溪市市政工程公司

承担城市市政工程项目施工。职工 1094 人。

地址：本溪市明山区北光路一段

电话：21337

本溪市市政设施管理处路灯管理所

负责市区路灯管理。职工 29 人。

地址：本溪市明山区紫金路

电话：21439

本溪市自来水公司

负责城市供水，年产水量 6650.2 万吨。职工 1119 人。

地址：本溪市解放北路二段

电话：24148

本溪市公共汽车公司

经营市区客运，汽车修理、出租。职工 2510 人。

地址：本溪市平山区解放南路

电话：22014

本溪市电车公司

经营市区客运。职工 1723 人。

地址：本溪市明山区地工路

电话：85025

本溪市煤气公司

供应部分城市居民、团体煤气，并承担管道安装、管理。职工 838 人。

地址：本溪市明山区北光路

电话：44670

本溪市园林管理处

管理市区三处公园，二处游览区及部分花卉，林木育苗工作。职工 526 人。

地址：本溪市平山区人民路望溪公园

电话：45416

本溪市园林管理处林家苗圃

供应公园、游览区及部分单位绿化、美化用苗。年产树苗、花苗 20 万株。职工 98 人。

地址：本溪市溪湖区东风乡林家崴子

本溪市城市绿化管理处牛心台苗圃

供应绿化用访木花卉，职工 37 人。

地址：本溪市牛心台镇

电话：牛心台镇总机转

本溪市环境卫生管理处

管理市区环境卫生。职工 1626 人。

地址：本溪市平山区群策街

电话：21072

锦州市自来水公司

地址：锦州市凌河区白日街 79 号

锦州市公共汽车公司

锦州市煤气公司

锦州市环卫处

阜新市城市规划管理处

负责城市总体及专项规划编制与管理。职工 78 人。

地址：阜新市海州区中华路 63 号

电话：25915

阜新市城市建设档案馆

管理城市建设档案与对外咨询服务。职工 9 人。

地址：阜新市海州区中华路 63 号

电话：25495

中国房屋建设开发公司阜新公司

承担城市建设综合开发、经营土地开发和出售商品房。职工 30 人。

地址：阜新市海州区工业街

电话：26950

阜新市房产经营公司

从事房屋管理、经营、开发。职工 450 人。

地址：阜新市海州区经纬路 22 号

电话：26051

阜新市房产维修公司

承担工业与民用建筑维修，年竣工面积 2 万平方米。职工 524 人。

地址：阜新市海州区滨河路 10 号

电话：27364

阜新市住宅建设公司

承担工业与民用建筑施工，年施工面积 4.5 万平方米，竣工面积 2.2 万平方米。职工 791 人。

地址：阜新市海州区经纬路 2 号

电话：27305

阜新市房产建筑件厂

生产工业与民用建筑构件，年产万余平方米。职工 250 人。

地址：阜新市海州区四合路

电话：26695

阜新市市政工程管理处

承担城市道路、桥梁、排水、路灯、堤防的建设与管理。年工作量为 800 万元。职工 784 人。

地址：阜新市海州区新华路 65 号

电话：23556

阜新市自来水公司

经营城市供水。供海州、太平、新邱、清河门及细河区（部分）工业、生活用水，年产 5400 万吨（日产 14～15 万吨）。职工 1163 人。

地址：阜新市海州区开源路 42-2 号

电话：24763

阜新市公共汽车公司

经营城市公共交通，运营线路 13 条，年总行程 446 万公里，客运量 2871 万人次。职工 1275 人。

地址：阜新市海州区解放大街 3 号

电话：26085

阜新市液化气公司

供应市区居民液化气，年供应量 899 吨。职工 45 人。

地址：阜新市海州区矿工大街 23 号

电话：22933

阜新市供热公司

经营城市集中供热、专项供汽。供热面积为 140 万平方米；年供汽量为 3.5 万吨。职工 490 人。

地址：阜新市海州区中华路 119 号

电话：27685

阜新市园林管理处

负责城市绿化、园林建设与管理。职工 392 人。

地址：阜新市海州区园林路

电话：22502

阜新市环境卫生管理处

负责调查研究、督促检查各城区环境卫生管理工作。职工17人。

地址：阜新市海州区新华路65号

电话：22582

阜新市城市管理监察大队

负责城市建设、市容的管理与监察。职工70人。

地址：阜新市振兴路东段

电话：26407

丹东市房屋经营管理公司

承担房屋经营管理、商品房开发。职工800人。

地址：丹东市振兴区六道沟

电话：24593　27552

丹东市市政工程管理处

承担市政设施(道路、桥梁、堤坝、下水管线、路灯)的新、改、扩建，维修养护工程设计、施工和管理。职工1649人。

地址：丹东市振兴区工业街

电话：62194

丹东市自来水公司

年供自来水8700万吨。职工1135人。

地址：丹东市振兴区振二路

电话：24068

丹东市公共汽车公司

承担市内客运。职工1905人。

地址：丹东市振兴区红房街472号

电话：61680

电报挂号：0132

丹东市煤气热力公司

年产城市煤气6325万立方米、冶金焦炭61317吨。职工1156人。

地址：丹东市十纬路10号

电话：27711

丹东市煤气表具厂

年产工业煤气表800台；组装民用煤气表5000台；维修民用煤气表3000台。职工211人。

地址：丹东市振兴区青年大街

电话：27701

丹东市绿化管理处

负责城区街道、游园、广场、石山的绿化和管理。对专用绿地、居民庭院的绿化进行指导。职工251人。

地址：丹东市振兴区山上街

电话：24733

丹东市公园管理处

负责市区公园、游园的绿化、建设及管理。职工362人。

地址：丹东市振兴区江岸街

电话：23877

丹东市环境卫生管理处

承担城市生活垃圾、粪便的清运和管理。职工780人。

地址：丹东市元宝区珍珠路99号

电话：43218

辽阳市建筑设计院

承担建筑、结构、给排水、暖通、空调、电气等专业设计，并承担建筑经济、工程地质勘察、电算等任务。职工105人。

地址：辽阳市滨河路41号

电话：23782　22863

辽阳市自来水公司

地址：辽阳市白塔区水塔街2号

辽阳市公共汽车公司

辽阳市煤气公司

营口市城市规划设计室

承担城市(含小城镇)总体规划，详细规划，专业规划设计。职工24人。

地址：营口市站前区敬爱里27号

电话：36055

营口市城市建设综合开发办公室

承担全市房屋综合开发、管理，年施工面积40万平方米，竣工面积20万平方米。职工15人。

地址：营口市站前区迎宾里12号

电话：32643

营口市城市建设综合开发公司

承担城市房屋综合开发，年工作量3000万元，施工面积16万平方米。职工39人。

地址：营口市站前区八字楼里16号

电话：35485

营口市房产设计室

承担住宅设计，年设计面积4.3万平方米。职工6人。

地址：营口市站前区富强里13号

电话：32064

营口市房产开发公司

以城市旧区改造为主，年施工面积8万平方米，竣工面积3万平方米。职工17人。

地址：营口市站前区富强里13号

电话：33146

营口市老边区住宅开发公司

年承担工作量1400万元，工程量3万平方米。职工32人。

地址：营口市老边区崔家席坊

电话：32564转

营口市城建装饰公司

承担室内外高级装修，年工作量20万元。职工25人。

地址：营口市站前区太平里39号

电话：37478

营口市房屋经济开发公司

利用房产条件联办第三产业，年收入106万元。职工19人。

地址：营口市站前区富强里13号

电话：33039

营口市市政工程设计室

职工17人。

地址：营口市站前区太平里37号

营口市市政管理公司　承担道路、排水、桥梁、护岸管理，年工作量1000万元。职工787人。

地址：营口市站前区太平里37号

电话：36795

营口市自来水公司

拥有水源地5个，配水厂3个，日产水9万吨。职工976人。

地址：营口市站前区集贤里14号

电话：32091

营口市自来水管道安装公司

制管、承装，年产值及工作量200万元。职工168人。

地址：营口市站前区集贤里14号

电话：33950

营口市公共汽车公司

营运线16条，营运车辆122辆，年客运收入450万元。职工1386人。

地址：营口市站前区跃进里1号

电话：42638

营口市液化气公司

年经营液化气3000吨。职工64人。

地址：营口市老边区路南乡大水塘

电话：32519

营口市园林管理处

辖人民公园9万平方米，楞严寺公园9万平方米，辽滨游园2万平方米，苗圃40万平方米，花圃26万平方米。职工360人。

地址：营口市站前区康泰里28号

电话：42151

营口市肥料公司

职工200人。

地址：营口市西市区和平南里55号

电话：32975

营口市鞍营联合矿碴处理公司

处理矿碴，年营业额200万元。职工220人。

地址：营口市站前区太平里37号

电话：37478

盘锦市自来水公司

地址：盘锦市盘山区

瓦房店市自来水公司

地址：瓦房店市大连路

锦西市自来水公司

地址：锦西市站前街

铁岭市自来水公司

年供水1627万吨。职工405人。

地址：铁岭市银州区红旗街

电话：2962　4540

铁岭市液化气公司

海城市自来水公司

地址：海城市站前街

海城市环卫处

朝阳市城市建设综合开发公司

承担城市改造、商品房及城市配套建设。年开发量10万平方米。职工30人。

地址：朝阳市光明街

电话：3687

朝阳市房产经营公司

负责朝阳市区内43万平方米公房的管、修建。职工446人。

地址：朝阳市朝阳大街

电话：2258

朝阳市市政工程公司

承担市政工程建设、职工231人。

地址：朝阳市友谊大街

电话：3758

朝阳市自来水公司

年供水量2058.3万吨。职工372人。

地址：朝阳市朝阳大街新华广场北侧

电话：5379

朝阳市公共汽车公司

承担城市公共交通。职工201人。

地址：朝阳市友谊大街

电话：3637

朝阳市液化气公司

经营液化气，年购入量300吨。职工32人。

地址：朝阳市长江路

电话：3991

朝阳市园林管理处

管理园林绿化苗木、花卉，盆景艺术。职工82人。

地址：朝阳市南塔街朝阳公园院内

电话：5851

朝阳市双塔区环境卫生管理处

年清运垃圾9万吨，日扫路面92万平方米。职工456人。

地址：朝阳市胜利桥南

电话：3815

•吉 林 省•

中国市政工程东北设计院

为建设部所属甲级市政综合设计单位。可承担城市或工矿企事业的大中型供水水文地质勘察、岩土工程、测绘、物探、凿井、基础工程;城市或工矿企事业的给水、排水、水处理、城市防洪、道路、桥梁、煤气、热力、建筑等设计。以及城市建设科研及环境评价。职工 809 人。

地址: 长春市工农大路 4 号

电话: 52871

电报挂号: 1789

吉林省城乡规划设计研究院

承担城市规划、建筑、暖通、给水排水、园林绿化、道桥、建筑工程加固改造等设计任务。职工 116 人。

地址: 长春市百草路 2 号

电话: 24312

长春市城市科学研究会

负责组织协调会员进行城市科学研究工作。职工 3 人。

地址: 长春市西安大路 3 号(临时)

电话: 29180(临时)

长春市城市建设档案馆

负责长春市城建、基建档案的收集、管理及指导工作。职工 12 人。

地址: 长春市斯大林大街 57 号(临时)

电话: 20321 转 2806

长春市城市建设统一动迁办公室

负责长春市城建基建工程的动迁和安置工作,对自行动迁进行业务指导。职工 30 人。

地址: 长春市清明街 28 号

电话: 29506

长春市城市规划设计研究院

负责长春市城乡的总体规划、详细规划、住宅小区改造规划以及规划的科学研究工作。职工 182 人。

地址: 长春市同志街 7 号(临时)

电话: 26895

长春市房产经营公司

担负长春市 380 万平方米直管公房的管理、维修、供暖任务,并进行房屋开发建设、住宅设计、房产信托、房屋维修技术咨询等业务。

地址: 长春市朝阳区崇智胡同 50 号

电话: 29351

长春市房地产管理局物资供应处

经销建筑材料、水暖器材、化工产品,年销售额 600 万元左右。职工 60 人。

地址: 长春市南关区全安小区 127 栋

电话:64856

长春市房地产管理局产权处

负责城市土地的地政管理、私房管理、单位自管房产的监督管理、全市的产籍管理和房屋交易管理。职工 126 人。

地址: 长春市西安大路 33 号

电话: 25119

长春市房地产管理局制材厂

年生产细木制品 2 万件,木材加工 5300 立方米,混凝土构件 3500 立方米。职工 237 人。

地址: 长春市工道河子区东荣大路 56 号

电话: 42364 43140

长春市房产局汽车队

承担本局所属单位、市政工程公司、郊区养路段等运输业务。年运输量 34 万吨。职工 216 人。

地址: 长春市树勋街 2 号

电话: 65576 24818

长春市房地产管理局招待所

为过往旅客服务。职工 19 人。

地址: 长春市南关区西三马路 28 号

电话: 64254

长春市城乡建设开发公司

承担住宅小区开发建设任务,年开发建成面积 3500 平方米。职工 60 人。

地址: 长春市明德路南胡同 8 号

电话: 53377

长春市民用建筑设计院

主要承担民用建筑勘测设计,年设计收入 70～80 万元。职工 80 人。

地址: 长春市西长春大街 111 号

电话: 24767

长春市房屋建设开发公司

承担房屋建设。年竣工商品房屋面积 10 万平方米左右。职工 191 人。

地址: 长春市朝阳区春郊胡同 4—6 号

电话: 74190

长春市第一住宅建设公司

主要从事民用住宅建设和普通厂房建设。也承建较复杂的专用设施建设。年施工能力 13 万平方米。职工 2100 人。

地址: 长春市平阳街副 8 号

电话: 64861

长春市第二住宅建设公司

承担民用住宅与工业项目建设、室内外装修,水暖设备、锅炉和电气设备维修与安装,混凝土预制构件生产,机械制造与维修。生产值 1300 万元左右。职工 2379

人。

地址：长春市翔运街36号

电话：74834　74837

长春市房屋建筑涂料公司

年产811防水涂料300吨，106内墙涂料220吨，内烯酸外墙涂料20吨，内烯酸防水涂料40吨。职工108人。

地址：长春市翔运街5号

电话：73030

长春市勘测设计院

承担市政道路、排水、桥梁设计及勘探、测量业务。职工203人。

地址：长春市大经路40号

电话：65660

长春市市政设施管理处

承担全市道路、排水维护管理及部分新建工程。职工616人。

地址：长春市西安大路副160号

电话：74448　72358

长春市市政设施管理处路灯队

承担全市路灯维护管理及新建业务。职工80人。

地址：长春市西安大路12号

电话：22290

长春市市政工程公司

承担全市道路、排水、桥梁新(改、扩)建工程。职工2719人。

地址：长春市北京大街35号

电话：25115

长春市市政工程公司沥青搅拌厂

生产沥青混凝土。年总产值613万元。职工341人。

地址：长春市乐群街吉长公路零点

电话：42864

长春市市政工程公司采石厂

生产块石、混合石、碎石等。工业总产值116万元。职工340人。

地址：长春市净月域子山

电话：42033

长春市节约用水办公室

承担长春市节水管理工作和城市水资源管理工作。职工30人。

地址：长春市解放大路树勋街园东小区八栋

电话：64773

长春市自来水公司

年供水11997万吨，并承担服务维修工作。职工2250人。

地址：长春市大经路53号

电话：29160

长春市公共交通总公司

年客运量:32571.58万人次，营业里程:2597.69万公里，客运周转量:130286.32万人公里。职工9100人。

地址：长春市工农大路5号

电话：55531

电报挂号：1660

长春市客运管理处

负责长春市客运(出租)汽车行业管理;承办客运(出租)汽车保险业务;代征税、费。职工20人。

地址：长春市民康路18号

电话：63896

长春市煤气公司

年供煤气11953万立方米，软焦63815吨，冶金焦142965吨，炭焦2214吨，软沥青3746吨，煤焦油3669吨，煤气表18491块，液化气9229吨。职工3171人。

地址：长春市宽城区杭州路41号

电话：36951　36958

电报挂号：3051

长春市热力公司

热电合产供热、城区锅炉房供热，年供热量21万百万大卡；建筑安装，年施工面积2万平方米。职工836人。

地址：长春市同志街10号

电话：22453　22454

长春市园林管理处

负责全市园林绿化的管理工作。职工101人。

地址：长春市大经路33号

电话：63880

长春市园林管理处第一苗场

生产销售苗木。职工146人。

地址：长春市孟明路9号

电话：54510

长春市花木公司

生产销售花木。职工83人。

地址：长春市东民主大街1号

电话：27126

长春市环境卫生管理处

承担市容环境卫生清扫管理工作。职工120人。

地址：长春市南京大街36号

电话：37611

长春市城建水泥制品厂

生产混凝土排水管、混凝土输水管，混凝土方砖、构件。年工业总产值135.6万元。职工442人。

地址：长春市乐群街东段

电话：42805

长春市水泥厂

年产水泥6万吨、水泥平瓦200万片，资金总额6698000元。职工653人。

地址：长春市朝阳区长沈路21号

电话:53159

长春市建筑机械修造厂

年产32系列实腹钢窗、钢门7000～10000平方米，JD—114行星卷扬机20台，PM350齿轮减速机50台，制砖机5台，双轴搅拌机10台。职工72人。

地址：长春市平阳街10号

电话：64053

长春市砖瓦厂

年产粘土瓦1300万片，红砖1600万块及陶土管17万节。职工905人。

地址：长春市黑咀子(环城路)

电话：26670

长春市房产职工中等专业学校

截止1986年止学校办二个专业:工业与民用建筑，共办五个班，学员255名;房产管理专业，共6个班，学员275名。职工80人。

地址：长春市朝阳区翔运街46号

电话：74888

长春市公用事业技工学校

为公用局下属公交总公司、煤气、自来水等公司培训中级技术工人，现有四个专业:煤气、自来水、电、汽车驾驶维修;共有学生604人。职工67人。

地址：长春市和平大街5号

电话：74641　74186

长春市建筑职工业余大学

负责长春市城建、基建职工业余教育，培养大专水平人材。职工15人。

地址：长春市北安路38号

电话：25522

吉林市城市建设档案馆

负责城市基建档案管理及业务指导工作。职工14人。

地址：吉林市光华路

电话：23337

吉林市房地产产权管理处

负责全市公私房产产权，产籍管理和私有房产交易、租赁管理和落实私房政策工作，并负责全市土地所有权、使用权的管理、土地调拨审批、国有土地使用费收缴等工作。职工82人。

地址：吉林市重庆路72号

电话：24276

吉林市房产修建处

承担房产局系统房屋维修和住宅新建任务，年工作量600～700万元。职工712人。

地址：吉林市河南街156号

电话：27597

吉林市房产经营管理处

承担全市(不包括龙潭区)198万平方米，直管公房(主要是民用住宅)的管理。职工797人。

地址：吉林市南京街103号

电话：24740

吉林市龙潭房产经营管理处

龙潭区直管公房经营管理，现有市房地局直管公房211栋，53000平方米。职工71人。

地址：吉林市江北南宁路22号

电话：39717

吉林省城市建设学校

开设城市规划、城市道路桥梁、给水排水、园林绿化四个专业。职工240人。

地址：吉林市通潭路29号

电话：72623

吉林市房产局公寓管理处

负责公寓的管理工作。职工26人。

地址：吉林市兰州街64号

电话：25208

吉林市房产建筑设计室

负责房产局下达的新建、改建、扩建工程的建筑设计任务。职工12人。

地址：吉林市河南街30号

电话：22075

吉林市公企房产经营管理处

负责全市直管公企用房管理维修工作，总管全市公企用房380户，面积217000余平方米。职工206人。

地址：吉林市船营区青岛街清湖胡同11号

电话：25941

吉林市房产供热管理处

负责全市房产系统居民采暖住宅楼锅炉供暖工作和部分电厂余热采暖住宅楼的供热管理工作。锅炉供暖建筑面积106万平方米。总产数21000户。职工410人。

地址：吉林市河南路30号

电话：27285

吉林市房产信托开发处

主要从事房产信托，集资开发建房业务，为全市无自管房能力的单位，承担代管房，代维修、代收租金、供暖费及代烧锅炉等项任务。职工51人。

地址：吉林市船营区北大街41号

电话：44191

吉林市房地产局职工教育中心

负责全局职工的培训任务。职工5人。

地址：吉林市河南街30号

电话：29391

吉林市勘察设计处

承担城市建设勘察设计。职工123人。

地址：吉林市船营区光华路182号

电话：25842

吉林市城市综合开发公司

承担城市建设综合开发。职工 76 人。

地址: 吉林市北京路

电话: 22296

吉林市工程承包开发公司

承包建筑工程和城市开发。职工 37 人。

地址: 吉林市北京路松北一区 10 号

电话: 24558

吉林市第一住宅建设公司

承担城市住宅建设。职工 1690 人。

地址: 吉林市昌邑区莲花街

电话: 22434

吉林市第二住宅建设公司

承担城市住宅建设。职工 1535 人。

地址: 吉林市昌邑区光华路

电话: 22559

吉林市市政工程公司

承担城市道路、桥梁、排水建设。职工 1218 人。

地址: 吉林市昌邑区光华路 20 号

电话: 22628

吉林市市政维修管理处

承担市政工程、公用设施的维修、养护。职工 415 人。

地址: 吉林市船营区解放路 107 号

电话: 23302

吉林市路灯管理处

承担城市路灯安装、维修、管理。职工 42 人。

地址: 吉林市船营区光华路 182 号

电话: 24269

吉林市节约用水办公室、水资源管理办公室

负责城市节约用水和水资源管理工作。职工 21 人。

地址: 吉林市北京路

电话: 24226　23802

吉林市自来水公司

承担城市供水。职工 1183 人。

地址: 吉林市船营区桃源路 116 号

电话: 25848

吉林市公共交通公司

承担市内公用交通运输。职工 2665 人。

地址: 吉林市昌邑区中康路 18 号

电话: 27121

吉林市煤气供热公司

承担城市供气、供热。职工 658 人。

地址: 吉林市昌邑区通潭路

电话: 24870

吉林市园林管理处

负责城市园林绿化管理。职工 661 人。

地址: 吉林市船营区江南大街 1 号

电话: 20030

吉林市环境卫生管理处

负责监督检查城市环卫工作。职工 17 人。

地址: 吉林市船营区光华路 182 号

电话: 25065

吉林市环境卫生科学研究所

承担环卫科研。职工 58 人。

地址: 吉林市越山路民主胡同

湛江市规划管理处

承担湛江市总体规划和小区规划。职工 48 人。

地址: 湛江市

电话: 3937

湛江市城市基本建设档案馆

市规划区及乡镇建设档案的管理;三区三县业务指导和监督检查。职工 4 人。

地址: 湛江市湛江大街 323 号

电话: 3889

湛江市房产产权管理处

负责房产产权管理。职工 17 人。

地址: 湛江市湛江大街市宾馆对过

电话: 5841

湛江市八道江房产管理所

负责国有直管公房的管理和维修。职工 118 人。

地址: 湛江市湛江大街 126 号

电话: 5536　5952

湛江市湛江房产管理所

负责房产维修、养护和管理。职工 115 人。

地址: 湛江市八道江区河口街

电话: 3142

中国房屋建设开发公司湛江公司

以建设住宅和经营商品房为主,兼营建办公楼、贸易大厅、宾馆、别墅、学校、医院及各类工业用房。年开发量 5～10 万平方米。职工 45 人。

地址: 湛江市湛江大街

电话: 4191　5779

电报挂号: 0047

湛江市住宅建设公司

承包住宅工程、建筑安装,年产值 300 万元。职工 358 人。

地址: 湛江市八道江大街 29 号

电话: 4156

湛江市第二住宅建设公司

承担房屋建筑安装。职工 234 人。

地址: 湛江市东兴街

电话: 4891

湛江市城市管理处

负责市政设施修建、维护与管理(包括道路、桥涵、路灯、下水、江堤、河道等)。职工 149 人。

地址：浑江市浑江大街106号

电话：4735

浑江市市政工程设计室

承担测量、城市道桥及给排水设计。职工5人。

地址：浑江市浑江大街323号

电话：3889

浑江市市政工程公司

承担道路、排水、桥涵等市政工程。职工495人。

地址：浑江市浑江大街106号

电话：4851

浑江市节约用水办公室

负责全市节水工作，收缴地下水资源费。职工15人。

地址：浑江市浑江大街(宾馆对过四楼)

电话：5975　3485

浑江市自来水公司

年产自来水530万吨。职工391人。

地址：浑江市八道江区八道江大街　208号

电话：4898

浑江市公共汽车公司

承担城市公共交通，1986年产值175万元。职工609人。

地址：浑江市浑江大街120号

电话：3280

浑江市煤气筹备处

浑江市园林管理处

主管城市绿化工作，公园建设和管理，园林建筑工程队。职工236人。

地址：浑江市江北北山公园

电话：3543

浑江市城市管理监察大队

城市管理。职工32人。

地址：浑江市浑江大街

电话：5411

浑江市环境卫生管理处

对全市三县、三区卫生工作宣传、检查、指导。职工4人。

地址：浑江市八道江区

电话：3056

浑江市砂石土管理所

负责市内三区的砂、石、土管理。职工39人。

地址：浑江市浑江大街104号

电话：4296

辽源市城市规划办公室

负责城区规划、建筑审批、建筑管理。职工45人。

地址：辽源市国康路76号

电话：4001

辽源市城市建设档案馆

接收、整理、鉴定、保管，提供利用城市建设档案，并负责对城建系统基层单位城建档案业务的指导工作。职工8人。

地址：辽源市国康路57号

电话：5061

辽源市房地产开发公司

承担商品房经营与旧房改造任务。年建筑量25000平方米。职工20人。

地址：辽源市国康路24号

电话：2135

辽源市私房管理处

负责全市房屋产权产籍管理，私房管理，单位自管房产管理等行政管理。职工40人。

地址：辽源市国康路116号

电话：2015

辽源市房产管理局北寿房产管理所

承担管房面积63000平方米，1307户。职工68人。

地址：辽源市龙山大街

电话：3548

辽源市东吉房产管理所

负责直管房屋的管理、维修、养护、收租等工作。管理房屋建筑面积1.3万平方米。职工87人。

地址：辽源市龙山大街4号

电话：2920

辽源市南康房产管理所

负责直管房屋的管理、维修、养护、收租等项工作。管理房屋建筑面积9.3万平方米。职工76人。

地址：辽源市龙山区富康街26号

电话：3762

辽源市房产局西宁房产管理所

负责房屋维修管理，租金收缴。职工66人。

地址：辽源市西宁街友谊大路

电话：4538

吉林省辽源市住宅建筑公司

承担建筑施工，年均完成工作量500万元，施工面积25000平方米，竣工面积20000平方米。

另有劳动服务公司，设商店、饭店、家具制做，涂料等部，为施工生产服务。职工686人。

地址：辽源市国康路57号

电话：3996

辽源市房产修建公司

承建工业、民用建筑，水电安装，散热器，预制构件。年施工能力为3万平方米。职工653人。

地址：辽源市福镇大路10号

电话：4837

辽源市住宅建设预制件厂

生产混凝土预制构件。职工80人。

地址：辽源市向阳街11号

电话: 4125

辽源市市政勘测设计处

承担城市道路、桥涵、排水、防洪、路灯的设计和工程地质勘测。职工 35 人。

地址: 辽源市北寿大街

电话: 3081

辽源市市政工程公司

修建道路、桥涵、下水管道、防洪堤坝等设施。职工 620 人。

地址: 辽源市北寿大街

电话: 3389

辽源市市政维护处

城市道路、路灯、下水、桥涵的维修养护,并承担新建工程。职工 388 人。

地址: 辽源市公宁路 28 号

电话: 5226

辽源市排水工程管理处

城市排水、山洪设施的维护管理,并承担排水新建工程。职工 146 人。

地址: 辽源市龙山南路 16 号

电话: 4414

辽源市自来水公司

负责城市生产生活供水和水源管理工作。职工 529 人。

地址: 辽源市西宁大路 20 号

电话: 5563

辽源市公共汽车公司

经营管理城市公共交通和出租车辆。职工 710 人。

地址: 辽源市向阳大街

电话: 3186

辽源市液化石油气站

负责液化石油气的经营管理工作。职工 40 人。

地址: 辽源市工农乡连昌村

电话: 3811

辽源市集中供热建设管理处

负责城市集中供热管理。年供蒸汽热量 33 万百万大卡;采暖供热 28 万百万大卡。职工 205 人。

地址: 辽源市西安区太安街

电话: 3586

辽源市园林管理处

负责城市绿化、园林、苗圃的管理工作。职工 165 人。

地址: 辽源市矿电大街 3 号

电话: 5743

辽源市环境卫生管理处

承担城市道路清扫保洁,垃圾清运,厕所清掏以及厕所修建等。职工 1250 人。

地址: 辽源市吉明路 50 号

电话: 4823

通化市城市建设档案馆

接收、整理、保管城市建设档案,对全市城建档案工作进行指导、监督、检查。职工 5 人。

地址: 通化市建设大街 21 号

电话: 7166

通化市城市规划设计院

承担城市规划设计和建筑测量。职工 20 人。

地址: 通化市建设大街 21 号

电话: 7414

通化市勘测设计处

承担地质勘察、工程测量、工程设计。职工 75 人。

地址: 通化市建设大街 8 号

电话: 7342

通化市房产管理局设计室

承担工业与民用建筑设计。年设计能力 4 万平方米。职工 15 人。

地址: 通化市民主路玉明胡同 2 号

电话: 4116

通化市房产管理局基建队

承担城市住宅建筑施工。年产值 150 万元。职工 140 人。

地址: 通化市胜利路东江西胡同 13-11 号

电话: 7930

通化市新华房产管理所

负责城市房屋管理、维修。年产值 65 万元。职工 107 人。

地址: 通化市新华大街 30 号

电话: 3612

通化市民主房产管理所

负责城市房屋管理、维修。年产值 50 万元。职工 107 人。

地址: 通化市民主路 65 号

电话: 4273

通化市江东房产管理所

负责城市房屋管理及维修。年产值 45 万元。

地址: 通化市胜利路东江西胡同 13-11 号

电话: 7335

通化市房产管理局劳动服务公司基建队

承担民用建筑施工。年产值 100 万元。职工 78 人。

地址: 通化市新华大街 37 号

电话: 4383

中国房屋建设开发公司通化分公司

承担房屋建设开发,土地开发利用。职工 50 人。

地址: 通化市新华大街 30 号

电话: 3061

通化市房屋开发公司

承担城市房地产开发,兼营建筑材料的供应与销售。年开发量5万平方米。职工30人。

地址：通化市新华大街102号

电话：2288

通化市住宅建设公司

承担工业与民用建筑施工，预制构件生产，建筑材料生产，木材加工，汽车运输。年总产值700万元。职工1100人。

地址：通化市新华大街30号

电话：2363

通化市市政工程管理处

负责市政工程维修管理。职工350人。

地址：通化市建设大街8号

电话：6857

通化市市政工程公司

承担修建道路、桥涵、排水、路灯等工程。职工539人。

地址：通化市民安路13号

电话：2680

通化市节约用水办公室

负责全市水资源管理和节约用水工作。职工15人。

地址：通化市翠泉路6—14号

电话：4026

通化市自来水公司

承担城市工业和生活供水。职工391人。

地址：通化市龙泉路92号

电话：2391

通化市公共汽车公司

承担市内客运工作。职工568人。

地址：通化市建设大街21号

电话：7167

通化市煤气热力公司

承担城市供气和供热工作。职工101人。

地址：通化市建设大街21号

电话：7362

通化市煤气热力建筑安装公司

承担煤气、热力工程安装。职工109人。

地址：通化市江北路1号

电话：7177

通化市供暖房产管理所

负责城市采暖房屋管理及设备维修。职工20人。

地址：通化市新华大街30号

电话：2782

通化市城市绿化办公室

负责城市绿化指导工作。职工5人。

地址：通化市建设大街21号

电话：7444

通化市绿化管理处

负责城市绿化管理。职工40人。

地址：通化市沿江路1号

电话：7357

通化市公园管理处

负责公园管理工作。职工61人。

地址：通化市柳泉路8号

电话：3047

通化市二道河公园管理处

负责公园管理工作。职工10人。

地址：通化市秀泉路6号

电话：4024

通化市城市管理监察大队

负责城市市容管理和监察工作。职工49人。

地址：通化市建设大街21号

电话：7372

通化市环境卫生管理处

负责城市环境卫生管理、维护、清运工作。

地址：通化市新华大街247—1号

电话：3180

四平市城市建设档案馆

负责四平市城市建设档案管理及业务指导工作。职工7人。

地址：四平市新华大街50号

电话：3330

四平市房产产权管理处

承担全市房屋的产籍管理，私有房屋和自有房屋的产权变动、交易和租赁。职工33人。

地址：四平市铁西区新华大街

电话：2401

四平市房地产开发经营处

承担房地产开发与经营工作。商品房屋年开发工程量60000平方米。职工45人。

地址：四平市铁西区九马路

电话：5100

四平市第一房产经营管理所

承担管区内直管房屋的租赁经营、维修和管理工作。直管面积122786平方米。职工101人。

地址：四平市铁东区南三马路

电话：7831

四平市第二房产经营管理所

承担管区内直管房屋的租赁经营、维修和管理工作。直管面积126663平方米。职工117人。

地址：四平市铁东区北三马路

电话：7265

四平市第三房产经营管理所

承担管区内直管房屋的租赁经营、维修和管理工作。直管面积198047平方米。职工146人。

地址：四平市铁西区九马路

电话：2776

四平市第四房产经营管理所

承担管区内直管房屋的租赁经营、维修和管理工作。直管面积58230平方米。职工55人。

地址：四平市铁东区平东东路

电话：8828

四平市房屋修建公司

承担直管房屋的修缮和新建工作。年修建工程量15000平方米。职工252人。

地址：四平市铁西区九马路

电话：5100

中国房屋建设开发公司四平分公司

经营商品房屋。年开发量50000平方米。职工99人。

地址：四平市铁西区九道街

电话：3279 3218

四平市市政设计院

承担地质勘察；桥梁、道路设计、测量；给排水设计施工。年工作量25万元。职工67人。

地址：四平市铁西区乐群街

电话：2630

四平市市政工程处

承担市政建设，桥梁、道路、排水新建及维修。年工作量500万元。职工318人。

地址：四平市平东东路68号

电话：7115

四平市市政设施维护管理处

承担城市道路、排水、路灯维护管理。年工作量300万元。职工342人。

地址：四平市铁东区北八马路

电话：7955

四平市城镇水资源管理办公室

负责城市水资源管理，节约用水管理。职工17人。

地址：四平市铁西区南邮电街21号

电话：2386 5605

四平市自来水公司

城市供水，年产水量1254万吨，年供水量910万吨。职工569人。

地址：四平市铁西区南邮电街20号

电话：2254 2390

四平市公共汽车公司

承担市区内的客运任务，职工636人。

地址：四平市铁西区公园北街21号

电话：2555

四平市供热公司

承担城市居民供热，面积17万平方米。职工112人。

地址：四平市站前街27号

电话：3654

四平市园林管理处

负责公园管理，街道绿化，花、草、木培埴，美化市容。职工303人。

地址：四平市儿童公园

电话：2590

四平市东山苗圃

年种植各种树木28万株。职工23人。

地址：四平市平东东路东侧

电话：2316

四平市铁东区环境卫生管理处

负责卫生管理，道路清扫，垃圾清运，公厕清掏及维修。职工975人。

地址：四平市铁东八马路

电话：8840

四平市铁西区环境卫生管理处

负责卫生管理，道路清扫，垃圾清运，公厕清掏及维修。职工465人。

地址：四平市铁西区条子河大桥

电话：3946 2023

四平市城市建设材料生产经营公司

生产氧化沥青(10#)，年产15000吨；8601高分子复合防水卷材，年产500吨；水泥构件，年产量3000立方米。职工750人。

地址：四平市平东东路

电话：8781

电报挂号：0609

四平市城乡建设职工中等专业学校

现有四个班级，在校学生200人。职工25人。

地址：四平市建新街24号

电话：2321

敦化市城市建设管理处

承担市区内的市容、道路、路灯、园林绿化、江河堤坝、公共营运以及河道砂石的管理工作。职工78人。

地址：敦化市翰章南大街2号

电话：3316

敦化市城市建设档案馆

收集和管理城建档案和与城市建设内容有关的技术书刊等资料。职工3人。

地址：敦化市翰章北大街47号

电话：3187

敦化市城市规划管理处

主要承担小区规划设计，市区总体规划管理。职工10人。

地址：敦化市翰章南大街14号

电话：3393

敦化市房地产管理处

负责房地产产权、产籍管理，对各单位自管房的管理，私房的产权变更管理和处理土地纠纷。职工35人。

地址：敦化市翰章南大街12号

电话：2016

敦化市大石头镇房地产管理所

负责当地的房地产产权、产籍管理，处理房地产纠纷，国有房产的经营、开发、租赁管理。职工44人。

地址：敦化市大石头镇

电话：314

敦化市黄泥河镇房管所

负责当地的房地产产籍、产权管理，处理房地产纠纷，国有房产的经营、开发、租赁管理等业务。

地址：敦化市黄泥河镇

敦化市官地镇房产管理所

主要负责产权产籍管理，土地管理，房屋新建、翻建，私房买卖管理等。职工6人。

地址：敦化市官地镇

敦化市房产经营修建公司

负责国有房产的经营管理，开发商品房，并对直管公房的维修、租赁管理等。职工76人。

地址：敦化市长安路4号

电话：3503

敦化市住宅建筑公司

主要负责房屋建筑，年施工产值在200万元左右。职工275人。

地址：敦化市翰章北大街47号

电话：2544

敦化市市政工程公司

主要铺筑柏油路和排水设施建设。职工69人。

地址：敦化市翰章南大街2号

电话：3311　3312

敦化市节约用水办公室

敦化市水资源管理办公室

主要承担城市用水和水资源管理工作。职工6人。

地址：敦化市翰章大街14号

电话：3551

敦化市供水公司

生产水和供水管理。年产量250万吨。职工92人。

地址：敦化市龙井路5号

电话：2607

敦化市环境卫生管理处

承担市区内垃圾清运(每日产110吨)，道路清扫及公厕新建、维修、粪肥清掏管理工作。职工133人。

地址：敦化市翰章南大街14号

电话：2755

敦化市石棉制品厂

生产湿纺石棉线、绳、布、保温砖等7个品种产品。年产线、绳、布60吨，绒、灰150吨，保温砖500吨。职工67人。

地址：敦化市大石头镇

电话：327

电报挂号：4875

白城市城市管理处

负责城市规划管理、市容管理。职工81人。

地址：白城市文化西路15号

电话：2434

白城市城建档案馆

负责城市建设各项基础资料的收集、整理、保管，信息的提供和利用。职工3人。

地址：白城市民生东路61号

电话：2110

白城市规划管理处

城市规划勘察设计，给排水工程设计，道路工程设计。职工30人。

地址：白城市民生东路61号

电话：4307

白城市房地产管理处

直管房屋维修及老危房改造，私房档案管理。并生产红砖，年产量500万块。职工346人。

地址：白城市海明东路48号

电话：5276

白城市房屋建设综合开发公司

经营房屋开发、土地开发。年竣工商品房16000平方米，200户。职工80人。

地址：白城市海明东路48号

电话：5578

白城市住宅建设公司

承担工业及民用建筑，年施工面积1万平方米。并生产水泥预制板，年产量2000立方米。

地址：白城市海明东路48号

电话：3262

白城市市政工程公司

承担道路、排水工程建设。并生产水泥制品。职工272人。

地址：白城市青年南街5号

电话：4387

白城市市政维护管理处

承担道路维修，排水维护，路灯维护。并生产人行步道方砖，年产量30万吨。职工220人。

地址：白城市强大路25号

电话:3732

白城市节约用水办公室

负责节约用水及地下水资源管理。职工13人。

地址：白城市洮南东部30号

电话：2351

白城市自来水公司

生产供应自来水，年产量480万吨；并承担给水管道安装。职工202人。

地址：白城市民生东路 61 号

电话：3817

白城市公共汽车公司

承担市区内客运运输，年客运量 600 万人次。车辆维修及保养。职工 195 人。

地址：白城市爱国街 3 号

电话：2002

白城市液化气公司

供应石油液化气，年供应量 600 吨。并承担液化气钢瓶检修。职工 71 人。

地址：白城市曙光胡同 12 号

电话：3254

白城市热力公司

承担城市居民、企事业单位采暖供热(热水)，年供热总量 100000 百万大卡，供热面积 42.8 万平方米。职工 136 人。

地址：白城市爱国街 3 号

电话：2667

白城市园林管理处

负责市区绿化，公园管理；承担苗木供应，栽植草坪花卉。职工 131 人。

地址：白城市明仁北街 14 号

电话：5532

白城市环境卫生管理处

承担市区街道清扫、保洁，垃圾、粪便清运，公共厕所建设、维修及管理。职工 442 人。

地址：白城市文化西路 15 号

电话：2081

公主岭市城市规划管理处

负责城市规划与管理。职工 15 人。

地址：公主岭市解放路

电话：4901

公主岭市城建科技档案馆

负责城建科技档案收藏与管理。职工 6 人。

地址：公主岭市解放大路

电话：5158

公主岭市河南房产管理处

负责直管房屋维修，面积 49791 平方米。职工 46 人。

地址：公主岭市正阳街

电话：4045

公主岭市铁北房产管理所

负责直管房屋维修，面积 47859 平方米。职工 33 人。

地址：公主岭市铁北三道街

电话：5404

公主岭市岭东房产管理所

负责直管房屋维修，面积 98243 平方米，职工 53 人。

地址：公主岭市解放路

电话：[illegible]242

公主岭市河北房产管理所

负责直管房屋维修，面积 89602 平方米。职工 41 人。

地址：公主岭市河北三道街

电话：4763

公主岭市范家屯房产管理所

负责直管房屋维修，面积 64543 平方米。并承担住宅建设，年竣工面积 3000 平方米。职工 167 人。

地址：公主岭市范家屯镇

公主岭市怀德房产管理所

负责直管房屋维修，面积 50081 平方米。职工 54 人。

地址：公主岭市怀德镇

公主岭市杨大城房产管理所

负责直管房屋维修，面积 12106 平方米。职工 6 人。

地址：公主岭市杨大城子镇

公主岭市双城堡房产管理所

负责直管房屋维修，面积 12441 平方米。

地址：公主岭市双城堡镇

公主岭市房屋开发公司

承担城市房屋开发建设与管理工作。职工 20 人。

地址：公主岭市四长路

电话：4266

公主岭市住宅建设公司

承担住宅建设，年峻工面积 4000 平方米。职工 133 人。

地址：公主岭市解放路

电话：4128

公主岭市第一市政工程公司

承担城市道路、桥梁、路灯建设与管理。职工 159 人。

地址：公主岭市体育馆路 29 号

电话：4893

公主岭市城镇水资源办公室

负责城镇水资源的管理工作。职工 11 人。

地址：公主岭市解放大路

电话：5164

公主岭市自来水公司

承担城市供水与管理工作。职工 210 人。

地址：公主岭市文化路

电话：5553

公主岭市公共汽车公司

承担城市公共汽车管理工作。职工 15 人。

地址：公主岭市四长路

电话：4435

公主岭市供气供热公司

承担城市供气供热管理工作。职工 14 人。

地址：公主岭市四长路

电话：4002

公主岭市园林绿化管理处

负责城市园林绿化和管理工作。职工 49 人。

地址：公主岭市东一马路

电话：5392

公主岭市城市管理监察大队

负责城市市容管理与监察工作。职工 31 人。

地址：公主岭市解放路

电话：5574

公主岭市环境卫生管理处

负责城市垃圾运输，环境卫生管理工作。职工 90 人。

地址：公主岭市西七道街

电话：4484

公主岭市房产建材厂

生产红砖，年产量 500 万块，产值 30 万元。职工 56 人。

地址：公主岭市东环城街

电话：4585

公主岭市城乡建设环境保护委员会建材仓库

经营建筑材料采购与销售工作。职工 13 人。

地址：公主岭市解放大路

电话：4870

梅河口市规划管理所

承担市城区的规划管理。职工 7 人。

地址：梅河口市

电话：4177

梅河口市城市建设档案馆

承担全市城市建设档案的收集、保管、利用。职工 3 人。

地址：梅河口市

电话：2097

梅河口动迁安置办公室

年均动迁量 450 户，11000 平方米。动迁金额 250 万元。职工 10 人。

地址：梅河口市新华街

电话：3347

梅河口市房地产管理所

负责直管房屋管理、维修、养护、收费，商品住宅建设。管理房屋面积 5 万平方米。年产值 150 万元。职工 29 人。

地址：梅河口市新华街

电话：2292

梅河口市山城镇房地产管理所

负责直管房屋管理、维修、养护、收租。工作量 83000 平方米。职工 21 人。

地址：梅河口市山城镇

电话：6147

梅河口市海龙镇房地产管理所

负责直管房屋管理、维修、养护、收费、工作量 37000 平方米。职工 21 人。

地址：梅河口市海龙镇

电话：5336

梅河口市房屋建设综合开发公司

经营商品房屋开发及建筑材料。商品房屋年开发面积 15000 平方米。产值 600 万元。职工 20 人。

地址：梅河口市新华街

电话：3183　4210

梅河口市住宅建筑公司

承担工业与民用建筑施工。工作量 7000 平方米。年产值 150 万元。职工 88 人。

地址：梅河口市新华街

电话：2883.4849

梅河口市第二住宅建筑公司

承担城市住宅建设及维修。年新建工程 1500 平方米，维修工程 22000 平方米。年产值 40 万元。职工 35 人。

地址：梅河口市山城镇

电话：6353

梅河口市第三住宅建筑公司

承包工业与民用建筑施工及房屋大、中、小修工程。年工作量 5000 平方米。年产值 120 万元。职工 67 人。

地址：梅河口市海龙镇

电话：5244

梅河口市市政管理处

承担市区的公共设施管理。职工 46 人。

地址：梅河口市

电话：2618

梅河口市市政工程公司

承担全市的道路、桥梁的新建和维修及路灯管理。职工 35 人。

地址：梅河口市

电话：2697

梅河口市自来水公司

承担全市城区部分(不含铁路)的民用和部分工业用水，现日供水能力为 3000 吨。职工 59 人。

地址：梅河口市

电话：2134

梅河口市供热公司

承担市区部分楼房的集中供热、采暖。现供热面积近 6 万平方米。职工 31 人。

地址：梅河口市新华街华丽胡同

电话：4208　4248

梅河口市环境卫生管理处

承担全市城区部分环境卫生(不含铁路辖区)。职工86人。

地址: 梅河口市

电话: 2864

梅河口市园林管理处

承担市区的园林绿化和苗圃的培植工作。职工104人。

地址: 梅河口市

电话: 2831

延吉市城市建设档案馆

负责城市建设档案管理及业务指导工作。职工5人。

地址: 延吉市海兰路113－3号

电话: 5623

延吉市规划勘测设计院

承担编制城乡规划,市政工程设计及地质勘测业务。职工40人。

地址: 延吉市海兰路113－3号

电话: 5630

延吉市房产管理处

承担城市直管房维护及产籍,产权管理。职工223人。

地址: 延吉市海兰路113－2号

电话: 2447

中国房屋建设开发总公司延吉公司

承担房屋综合开发建设,年开发竣工面积3.3万平方米,年建筑安装工程量939万元。职工40人。

地址: 延吉市人民路47号

电话: 4354

延吉市住宅建设公司

承担住宅建筑安装工程,年房屋竣工面积2.8万平方米,年施工产值650万元。职工847人。

地址: 延吉市碧水胡同3—3号

电话: 5473

延吉市房屋修建公司

承担建筑安装工程,年房屋竣工面积8300平方米,年施工产值183万元。职工183人。

地址: 延吉市参花街278号

电话: 5308

延吉市市政工程管理处

承担市政设施维护及管理。职工111人。

地址: 延吉市友谊路36号

电话: 2270

延吉市市政工程公司

承担市政设施新建工程,年产值589万元。职工345人。

地址: 延吉市公园街园辉胡同14号

电话: 3950

延吉市自来水公司

自来水年产量808万吨,年产值97万元,产品销售收入141万元,职工222人。

地址: 延吉市爱丹路29号

电话: 3293

延吉市公共汽车公司

承担市内公共交通及旅游出租汽车业务。年乘客量2234万人次,年收入252万元。职工597人。

地址: 延吉市青阳街27号

电话: 3989

延吉市园林管理处

承担城市园林建设及管理,经营两处公园,一处苗圃。职工235人。

地址: 延吉市公园街25号

电话: 3735

延吉市环境卫生管理处

承担城市环境卫生及管理。职工560人。

地址: 延吉市参花街163号

电话: 4412

图们市城乡规划管理处

负责全市规划管理(包括审批建设用地)。职工11人。

地址: 图们市向上街

电话: 2374

图们市城乡建设档案馆

负责城市建设档案工作。职工5人。

地址: 图们市向上街

电话: 2128

图们市规划勘测设计室

负责全市规划、市政勘测、设计工作。职工13人。

地址: 图们市新华街

电话: 2596

图们市房地产产权管理处

承担全市房地产产籍,产权管理。职工21人。

地址: 图们市向上街

电话: 2975

图们市房屋建设开发公司

承担全市房屋开发业务,年开发量14000平方米,年销商品房90户(270万元)。职工25人。

地址: 图们市新华街

电话: 2175

图们市市政工程管理处

负责全市公用基础设施建设(排水,路灯,道路,桥涵,防洪等)。年完成工程量200万元。职工84人。

地址: 图们市向上街

电话: 2937

图们市自来水公司

承担全市供水事业。年供水量200万吨，年产值26万元。设有每日8000吨生产能力的净水厂两座。职工137人。

地址：图们市新华街

电话：2712

图们市园林管理处

负责全市园林绿化。拥有二处苗圃，共3.85公顷。年栽树量68780株，(包括行道树)，草圃6000平方米。职工71人。

地址：图们市新华街

电话：2936

图们市环境卫生管理处

负责全市环境卫生。日清运垃圾量150吨，粪便75吨。清扫马路面积22万平方米。职工159人。

地址：图们市新华街

电话：2105

•黑　龙　江　省•

黑龙江省城市科学研究所

省城市科学研究会的办事机构，组织与承担城市科学研究，配合省委组织部、省委党校举办定期县(区)、镇长研究班。职工18人。

地址：哈尔滨市动力区和平路23号

电话：223595

黑龙江省城市规划勘测设计研究院

负责全省城市总体规划、详细规划、地形图测量、工程地质勘察、市政工程设计、城市规划研究。职工206人。

地址：哈尔滨市动力区和平路23号。

电话：229850

哈尔滨市城市规划设计院

承担城镇总体规划、详细规划、建筑设计。职工76人。

地址：哈尔滨市道里区地段街

电话：47065

哈尔滨市勘察测绘院

承担城乡建设勘察、测量(包括工程地质勘察与岩土工程;城市测量，工程测量)。职工257人。

地址：哈尔滨市道里区西三道街14号

电话：48451

中国房屋建设开发公司哈尔滨公司

承担城市房地产开发。职工145人。

地址：哈尔滨市道里区地段街173号

电话：49517

哈尔滨市房屋土地综合开发公司

经营房屋和土地开发建设，兼营商品房。职工174人。

地址：哈尔滨市道里区西十三道街21号

电话：48193　48074

哈尔滨市政工程设计研究院

为市政专业甲级设计单位，可承担甲级城市道路、桥梁工程，乙级城市给水、排水工程设计。职工85人。

地址：哈尔滨市道里区买卖街2号

电话：49068　47021

哈尔滨市第一市政工程公司

承担各种道路、桥梁及排水、打桩工程，具有道路、桥梁、隧道的设计能力。职工1804人。

地址：哈尔滨市道里区兆麟街22号

电话：42562　42455

哈尔滨市第二市政工程公司

承包给排水、桥梁和地下构筑物及电气工程等本行业。本专业的各种施工任务。职工1151人。

地址：哈尔滨市南岗区一曼街31号

电话：32404

哈尔滨市道桥管理维修处

承担市政道桥管理、维修及新建、改建、扩建项目，年施工能力为800万元。设计能力为丙级市政道桥工程。职工910人。

地址：哈尔滨市道里一面街9号

电话：44540

哈尔滨市排水事业管理处

负责建成区内530公里市政排水管网的养护及17座排水泵站的运转。承包市政排水管渠的施工任务，年施工能力为30公里。职工1077人。

地址：哈尔滨市道里区斯大林街副2号

电话：48471

哈尔滨市江堤维修管理处

承担江堤设计维修、养护、管理。职工730人。

地址：哈尔滨市道里区小九站街

电话：49396

哈尔滨市自来水公司

地址：哈尔滨市道里区西十道街31号

哈尔滨市公共汽车公司

哈尔滨市电车公司

哈尔滨市出租汽车公司

哈尔滨市轮渡公司

哈尔滨市公共交通客车厂

生产有5个系列十几个品种:HB645系列有:HB645型公共车、HB645型团体车、HB665型铰接车;HB647系列有:HB647型团体车、HB64型柴油后置发动机团体车;HB180J型铰接车;HB348系列有:HB152L型团体车、HB348GJ型团体车;HB403系列有：垃圾车、三翻车、吸污车。生产能力为年产800台。职工1521人。

地址: 哈尔滨市南岗区学府路47号

电话: 61643

电报挂号: 5405

哈尔滨市煤气公司

主要生产煤制气，冶金焦炭和煤焦油，并经营液化石油气和增热煤气。其它产品有JBR2-HI型煤气表，JLMQ-2型煤油炉、JZ-R-2型煤气双眼灶、红外线炉灶、φ75～300毫米异型铸铁件及柚水缸。职工2100人。

地址: 哈尔滨市道里区经纬12道街16号

电话: 44572　44573

哈尔滨市热力公司

哈尔滨市园林管理处

承担城市园林绿化、彩化、建筑、造景、雕塑、钢结构栅栏，园林规划设计。并生产苗木、花卉、绿化用草、五色草。职工1667人。

地址: 哈尔滨市道里区森林街副15号

电话: 42105

哈尔滨市太阳岛风景区管理处

负责太阳岛风景区的规划，开发建设和管理工作。及景区的旅游接待和服务工作。职工443人。

地址: 哈尔滨市太阳岛风景街11号

电话: 40651　40694

哈尔滨市环境卫生管理处

清运垃圾、粪便，全年108万吨，清扫保洁面积1739万平方米。职工248人。

地址: 哈尔滨市道外区南坎街1号

电话: 83951　83954

哈尔滨市环卫科研所

地址: 哈尔滨市道外区南坎街1号

电话: 83951转

哈尔滨市水泥制品厂

主要产品年产量: 平口下水管60公里; 承插口下水管50公里; 企口下水管15公里; 各种预制件5000立方米; 沥青混凝土8万立方米; 人行步道板120万块。职工1024人。

地址: 哈尔滨市太平区三棵树联合街1号

电话: 72753

电报挂号: 8081

哈尔滨市平山材料厂

年产号石、白石27000立方米。职工249人。

地址: 哈尔滨阿城市平山镇

齐齐哈尔市城市规划设计研究院

承担城市规划、测量、土建设计。职工45人。

地址: 齐齐哈尔市龙沙区市府路14号。

电话: 27680

齐齐哈尔市城市综合开发公司

承担城市房屋开发、建设、旧城改造。年建住宅10万平米。职工269人。

地址: 齐齐哈尔市龙沙区青云路11号。

电话: 27422

齐齐哈尔市市政工程设计院

负责道路桥梁、给排水、古建筑设计。职工48人。

地址: 齐齐哈尔市龙江区合意大街175号

电话: 72332

齐齐哈尔市第一市政工程公司

承担黑龙江省西部地区道路、桥梁建设。年产总值1400万元。职工1217人。

地址: 齐齐哈尔市龙沙区合意大街101号

电话: 73416

齐齐哈尔市第二市政工程公司

承担黑龙江省西部地区给排水、道路建设。年产总值1500万元。职工1329人。

地址: 齐齐哈尔市龙沙区合意大街173号

电话: 73722

齐齐哈尔市道路桥梁管理处

负责城市道路、桥梁修复、管理，年产总值500万元。职工324人。

地址: 齐齐哈尔市龙沙区安顺路84号

电话: 73412

齐齐哈尔市路灯管理处

负责城市路灯建设、维修、管理。职工40人。

地址: 齐齐哈尔市龙沙区合意大街174号

电话: 73720

齐齐哈尔市排水管理处

负责城市污水排放。排水设施的维修养护工作，年工作量9000万吨。职工433人。

地址: 齐齐哈尔市龙沙区合意大街175号

电话: 72911

齐齐哈尔市江堤管理处

负责江堤、河道维修、管理。职工78人。

地址: 齐齐哈尔市龙沙区安顺路84号

电话: 73426

齐齐哈尔市自来水公司

负责全市生产、生活用水的供应及管道维修养护，年供水量4080万吨。职工1493人。

地址: 齐齐哈尔市建华区龙沙路76号

电话: 26685

齐齐哈尔市汽车公司

负责南北市区的客运任务。年客运量4.261万人次。职工1874人。

地址: 齐齐哈尔市龙沙区卜奎南大街579号

电话: 37258

齐齐哈尔市电车公司

负责北市区环行路客运任务。年客运量2383万人次。职工739人。

地址：齐齐哈尔市铁锋区龙沙路3号

电话：26883

齐齐哈尔市液化气公司

负责市区石油液化气供应，年供气量2867吨。职工243人。

地址：齐齐哈尔市龙沙区民航路5号

电话：37240

齐齐哈尔市集中供热管理处

负责城市集中供热管理，供热面积572万平方米。职工808人。

地址：齐齐哈尔市建华区卜奎大街95号

电话：25202

齐齐哈尔市园林管理处

负责城市绿化、古建筑修复与管理，年工作量1358.76公顷。职工924人。

地址：齐齐哈尔市龙沙区公园路32号

电话：27719

齐齐哈尔市环境卫生管理处

负责全市卫生清扫、垃圾清运及环卫管理，年清运垃圾80万吨。职工958人。

地址：齐齐哈尔市龙沙区安顺路84号

电话：73422

伊春市城乡规划设计室

负责全市城镇规划和城市基础设施设计任务。每年完成四个城镇总体规划、小区规划设计4平方公里、中型集中供热锅炉房两座及供水、排水、供热管道15公里、道路8公里、大比例尺测图10平方公里、中小型民用建筑设计8000平方米。职工37人。

地址：伊春市通河路

电话：2885

中国房屋建设开发公司伊春公司

负责市区统建、城市建设综合开发和配套建设任务；经营商品住宅，兼建办公楼、学校、宾馆、医院、饭店、别墅以及各种库房和工业用房。

地址：伊春市和平西路。

电话：2271

伊春市市政处

负责全市道路、桥梁、给排水工程施工。职工180人。

地址：伊春市通河路。

电话：3327

伊春市公用局市政维修队

负责道路和给排水维修。职工107人。

地址：伊春市靠山街。

电话：5242

伊春市自来水公司

负责全市用水供应、给水管道施工。职工170人。

地址：伊春市和平路。

电话：4257

伊春市公共汽车公司

负责全市客运工作。职工160人。

地址：伊春市通河路。

电话：3437

伊春市热力公司

负责全市的集中供热。职工156人。

地址：伊春市新兴路

电话：4051

伊春市北山公园

负责园林管理。职工70人。

地址：伊春市北山公园

电话：2195

伊春市环卫处

鸡西市房地产管理局

负责全市的房地产管理。职工794人。

地址：鸡西市西山路11号

电话：52809

鸡西市建筑设计院

负责全市的工业、城建设计。职工30人。

地址：鸡西市中心大街中段。

电话：53752

鸡西市政设施管理处

负责全市的市政设施管理工作。职工73人。

地址：鸡西市中心大街北段。

电话：54328

鸡西市政工程公司

负责全市的道路建设工作，年工作量为3～4万平方米。职工510人。

地址：鸡西市西山路。

电话：53233

鸡西市自来水公司

负责全市生产、公用及居民用水的供应，年供水量为905万吨。职工225人。

地址：鸡西市中心大街北段。

电话：52046

鸡西市公共汽车公司

负责全市的客运工作。职工1167人。

地址：鸡西市西山文化路。

电话：53933

鸡西市煤气筹备处

鸡西市热力公司

负责全市的供热工作。职工250人。

地址：鸡西市劳动路。

电话：52844

鸡西市园林管理处

负责全市绿化及公园建设、管理；负责树苗、花卉生产。职工 94 人。

地址: 鸡西市中心大街北段

电话: 54687

鸡西市政环卫局

负责全市的市政环境卫生工作。职工 21 人。

地址: 鸡西市中心大街北段

电话: 56313

鸡西市政环卫处

负责全市的市政环境卫生工作。职工 551 人。

地址: 鸡西市鸡冠区东胜街

电话: 53756

大庆市第一建筑工程公司

可承担道路与桥梁、采暖通风、给排水工程施工。职工 5600 人。

地址: 大庆市龙凤区。

电话: 43206

电报挂号: 6666

大庆市第二建筑工程公司

可承担给排水、热力管网、道路桥梁的安装施工,年完成建安工作量 6500 万元。职工 7493 人。

地址: 大庆市卧利屯

电话: 54171

电报挂号: 0361

大庆石油管理局公路工程公司

负责油田公路建设和道路养护、桥、涵施工,年施工各种路面 250 公里左右,完成产值 7000 万元左右。职工 5,597 人。

地址: 大庆市东风路

电话: 33892　33280　32939

大庆石油管理局供水公司

地址: 大庆市莎尔图区

大庆石油管理局公共汽车公司

负责全市客运工作,1986 年度达 10599.9 万人次。职工 3368 人。

地址: 大庆市萨尔图区工人文化宫东侧。

电话: 32706

大庆市煤气公司

大庆市儿童公园管理处

负责接待服务工作和园林绿化、清洁卫生工作,每年接待游客 100 多万人次。职工 195 人。

地址: 大庆市儿童公园立交桥右侧。

电话: 33359

大庆市花圃

负责生产、培育、销售各种木本花卉和各种一至多年生草本花卉及菊花、五色草,并承担各种花坛和园林小品设计、施工及本市区内园林绿化养护、管理。职工 20 人。

地址: 大庆市中七路 93 号

电话: 34124　34081

大庆市环卫处

电话: 31216

牡丹江市城市规划勘测设计院

负责城市规划、地形测绘、工程测量、城市大地测量、建筑设计、市政工程设计、工程地质勘探、雕塑模型。职工 74 人。

地址: 牡丹江市七星街

电话: 31382　24549　25383

牡丹江市城乡建设开发公司

主要经营房地产综合开发管理,兼营房地产综合建设开发。职工 23 人。

地址: 牡丹江市西圣林街

电话: 25931　25932 转 329

牡丹江市城市房地产综合开发公司

负责市区旧城改造任务;经营商品住宅,向社会出售;经营市区土地开发业务,向建设单位提供建设用地:经营商品住宅装修业务,为用户服务。职工 30 人。

地址: 牡丹江市七星大街国旅路南

电话: 27298

中国房屋建设开发公司牡丹江公司

按照市总体规划,负责新区开发和旧城改造。市内已建成统建楼 29 栋,面积 11 万平方米;新村已建 12.1 万平方米。职工 81 人。

地址: 牡丹江市西长安街

电话: 26895

牡丹江市江城住宅建设开发公司

负责住宅建设开发。职工 18 人。

地址: 牡丹江市江滨新村。

电话: 22632

牡丹江市城乡建设开发公司龙江住宅综合开发分公司

负责住宅建设开发。职工 18 人。

电话: 32464

牡丹江市市政管理维修处

负责全市市政排水设施的管理、维修、养护和新建任务。职工 350 人。

地址: 牡丹江市七星街。

电话: 22520　21877

牡丹江市市政工程公司

负责道路、桥梁、给排水等工程建设,年产值 1200 万元。职工 924 人。

地址: 牡丹江市光华街东三条路东侧

电话: 27667　21055

牡丹江市市政工程设计研究所

负责城市道路、桥梁、给排水、机场跑道和厂矿区道路设计及研究;负责给排水工程中的技术咨询。职工 38 人。

地址: 牡丹江市七星街。

电话: 24907

牡丹江市城市建设管理局路灯管理所

负责全市路灯维修、养护，改造和新建工程。职工25人。

地址: 牡丹江市东四条路光华街地道桥西侧。

电话: 28554

牡丹江市自来水公司

负责全市生产、公用及居民用水的供应。职工1082人。

地址: 牡丹江市新华路

电话: 26729

牡丹江市公共汽车公司

负责全市客运交通运输任务，承揽社会修车业务。职工1580人。

地址: 牡丹江市西安区西二条路

电话: 21495

牡丹江市煤气热力公司

负责城市供热275万平方米;供生产用气350吨;发电量7.4万千瓦;负责城市供热管网管理及设计。职工86人。

地址: 牡丹江市东新革街。

电话: 23883

牡丹江市液化气公司

牡丹江市园林管理处

负责全市绿化和公园建设、管理;生产树苗、花卉、盆景和草坪植生带;承担街道、广场、工厂庭院的园林设计。职工351人。

地址: 牡丹江市人民公园内

电话: 26082

牡丹江市市容环境卫生科学研究所

负责研究市区垃圾资源化、减量化，粪便无害处理以及环卫作业机械设备的研究改制和公厕建设的设计任务。职工11人。

地址: 牡丹江市福民大街

电话: 25947　28259

牡丹江市垃圾清运服务公司

负责市区60万人口的垃圾日产日清任务。1986年垃圾清运量为29万吨，垃圾产量年递增8%。职工320人。

地址: 牡丹江市福民街

电话: 27247　28426

牡丹江市粪肥公司

负责全市公厕、民厕的清掏任务。职工175人。

地址: 牡丹江市阳明区莲花泡

鹤岗市城市规划设计室

负责设计城市总体规划、城市分区规划、城市详细规划。职工25人。

地址: 鹤岗市育才路。

电话: 3655

鹤岗市城市建设综合开发公司

负责征地、房屋动迁、商品房建设和城市综合开发业务。职工38人。

地址: 鹤岗市育才路。

电话: 2954

鹤岗市市政工程建设管理处

负责城市道路、桥涵、排水、路灯的建设、维修和管理。职工663人。

地址: 鹤岗市南山路

电话: 2499

鹤岗市自来水公司

负责全市供水和水费收缴，年供水能力979.2万吨。职工276人。

地址: 鹤岗市红旗路中段

电话: 4337

鹤岗市公共汽车公司

负责全市公共客运，年客运达3739.1万人次。职工1330人。

地址: 鹤岗市工厂路

电话: 3065

鹤岗市矿务局煤气公司

负责煤气、暖气的生产和供应。日生产煤气11万立方米，年生产煤气405万立方米。年暖气收入1724万元。职工737人。

地址: 鹤岗市红军街

电话: 33898

鹤岗市园林管理处

负责全市绿化的组织与管理，苗木培育，公园建设与管理及各单位庭院绿化的指导和检查。职工310人。

地址: 鹤岗市煤海公园

电话: 3639

鹤岗市环境卫生管理处

负责全市的垃圾清运、日常保洁、环境管理工作。职工534人。

地址: 鹤岗市红旗路中段

电话: 4347

佳木斯市规划设计院

负责全市的城市规划设计任务。职工95人。

地址: 佳木斯市站前路中段。

电话: 25314　26813

佳木斯市市政工程处

负责全市道路、桥梁、路灯等市政设施的新建和维修养护工作。职工713人。

地址: 佳木斯市保卫路中段

电话: 25038　24081

佳木斯市排水处

负责全市的排水设施的新建和维修养护任务。职工

304 人。

地址：佳木斯市保卫路中段

电话：25398 24378

佳木斯市自来水公司

负责全市的供水任务。职工 721 人。

地址：佳木斯市向阳街 45 号

电话：47415 47295

佳木斯市汽车公司

负责全市 14 条线路的客运任务。职工 1238 人。

地址：佳木斯市八一路中段

电话：32883 32884

佳木斯市热力公司

负责向全市用户进行采热供热，每年采暖期 182 天，供热 34 万百万大卡。职工 555 人。

地址：佳木斯市光复路中段 25 号

电话：47945

电报挂号：3583

佳木斯市园林处

负责全市的园林、绿化管理工作。职工 446 人。

地址：佳木斯市西林公园西园

电话：23539 26840

佳木斯市环卫清运一队

负责清运永红、向阳两区居民生活垃圾和企事业单位的生活垃圾，年运输量为 124000 吨。职工 119 人。

地址：佳木斯市长青路中段

电话:32460

佳木斯市环卫清运二队

负责清运前进、东风两区的居民生活垃圾和企事业单位的生产垃圾，年清运量为 116000 吨。职工 98 人。

地址：佳木斯市长安路东段

电话:25831

佳木斯市粪肥公司

负责全市 1443 座公厕、民厕的清掏、清运任务，年清运量为 200000 吨。职工 93 人。

地址：佳木斯市长青路中段

电话:32058

双鸭山市城市规划委员会规划设计室

负责市区规划制定、管理、建筑用地审批工作。职工 10 人。

地址：双鸭山市新兴大街北端西侧。

电话：2634

双鸭山市测量队

负责城市等级控制和水准点及其它网点测设，市区有关大型建筑的测量及定位，各种测绘资料的提供、管理，为社会提供资料及成果。职工 15 人。

地址：双鸭山市新兴大街北端

电话：3037

双鸭山市市政工程公司

负责市区柏油路面的新建、扩建、维修及排水工程、照明安装。职工 225 人。

双鸭山市市政工程管理处

负责砂石路面建设、维修和市区道路、照明、排水的维修与管理。职工 99 人。

地址：双鸭山市建设路东侧中段。

电话：2002

双鸭山市自来水公司

负责城市水资源开发、保护维修及合理使用；供给城市居民生活及生产用水；监督节约用水。职工 132 人。

地址：双鸭山市新生路。

电话：4626

双鸭山市公共汽车公司

负责城市客运工作。职工 486 人。

地址：双鸭山市建设路北侧中段。

电话：3471

双鸭山市北秀公园

负责公园建设、管理，为游人提供服务。职工 80 人。

地址：双鸭山市中心路南

电话：2730

双鸭山市苗圃

负责为城市绿化提供苗木，为美化城市提供花卉。职工 36 人。

地址：双鸭山市马鞍山河南

电话：2836

双鸭山市环境卫生管理站

负责城市环境卫生的监督与管理；清运垃圾及无害化处理；清扫路面。职工 269 人。

地址：双鸭山市双福公路路南

电话：3361

双鸭山市粪肥公司

负责厕所建设、维修、管理清运及无害化处理。职工 76 人。

地址：双鸭山市建设路中段东侧

绥化市城市建设规划管理处

负责城市规划设计、测量、管理。职工 21 人。

地址：绥化市中直北路 69 号

电话：4945

绥化市房产管理处

负责住宅建设开发、房屋信托、租金收缴、住宅分配，施行房屋的全行业管理、地政管理等项工作。职工 260 人。

地址：绥化市北二西路 25 号。

电话：2766

绥化市市政建设工程公司

负责市内道路、排水、路灯建设，平均年完成工作量 300 万元。职工 126 人。

地址：绥化市北二东路 148 号

电话：2778

绥化市水资源管理办公室

负责全市城市地下水开采管理工作，年提水量1000万吨。职工18人。

地址：绥化市中直北路69号

电话：2407

绥化市自来水公司

负责市政供水范围内的居民生活用水、公建用水和少量的工业用水。职工141人。

地址：绥化市中直北路69号

电话：3660

绥化市公共汽车公司

负责市内客运，年客运量140万人次，年营运额15.4万元。职工39人。

地址：绥化市西市街路南。

电话：4287

绥化市人民公园

负责儿童乐园各种游乐设施、旱冰场、人工湖、三车(飞车、电瓶车、小火车)的维修养护。职工38人。

地址：绥化市工农西路56号

电话：4121

绥化市城市市容环境卫生管理处

负责市内柏油路面的清扫、垃圾清运及市容管理工作，清扫面积58万平方米，年清运垃圾22265吨。职工61人。

地址：绥化市中直北路266号

电话：2755

北安市城乡建设规划管理处

负责城市规划实施的管理。职工19人。

地址：北安市交通街

电话：2734

北安市房地产管理处

负责城市房地产立法、监督、管理等工作。职工54人。

地址：北安市建民街

电话：3837

北安市房产驻通北房产管理处

负责房产的维修、管理、收费等工作。职工17人。

地址：北安市通北镇

北安市市政管理处

承担城市道路、桥梁、给排水等市政管理。职工22人。

地址：北安市交通街

电话：3815

北安市市政工程公司

负责城市道路、桥梁、排水的建设。职工38人。

地址：北安市中央一道街

北安市市政工程处

负责城市道路、桥梁、排水等市政工程的修建。职工37人。

地址：北安市中央一道街

电话：3120

北安市城市水资源管理委员会办公室

负责城市水资源的规划、立法、审批、收费等管理工作。职工21人。

地址：北安市交通街

电话：2274

北安市自来水公司

负责城市生产、生活用水的供应及管网的维修。职工136人。

地址：北安市中央街。

电话：3687

北安市园林管理处

负责城市绿化、园林建设和公园等管理。职工22人。

地址：北安市中央街

电话：2993

北安市市容环境卫生管理处

负责城市环境卫生清扫、管理、垃圾清运等工作。职工47人。

地址：北安市铁路街

电话：2071

北安市城市管理监察大队

负责城市规划、建设、市容环卫等法规执行的监察。职工23人。

地址：北安市交通街

电话：2651

七台河市城市规划办公室

负责七台河市及中小城市的城乡规划和勘测工作。职工41人。

地址：七台河市桃山区

电话：263635

七台河市房产管理处

负责市区的房产管理、地政管理、公有住宅行业管理；负责制定租金标准及城市房屋开发认证；负责动迁、评价、租赁、房地产纠纷的处理。职工231人。

地址：七台河市桃山区

电话：261460

七台河市市政工程处

负责市区道路、桥梁、路灯、排水等设施的建设和维护。职工157人。

地址：七台河市桃山区。

电话：261492

七台河市自来水公司

负责全市企事业单位及居民供水工作；负责全市上水管道安装任务。职工108人。

地址：七台河市桃山区。

电话：263551

七台河市汽车公司

负责全市21条线路的客运生产任务。职工1096人。

地址：七台河市桃山区。

电话：261288

七台河市热力公司

负责市中心桃南各单位的采暖供热任务。职工130人。

地址：七台河市桃山区。

电话：261730

七台河市园林管理处

负责市区苗木培育绿化、公园建设和园林管理。职工133人。

地址：七台河市桃山区。

电话：261728

肇东市城市开发公司

负责城市住宅开发、商品房经营。现有职工7人。

地址：黑龙江省肇东市南直路五道街

肇东市市政工程处

负责城市道路，桥梁、排水等建设、管理。职工40人。

地址：肇东市四道街北路

肇东市自来水公司

负责城市生产、生活用水的供应及供水管网设施的维修。职工96人。

地址：黑龙江省肇东市八道街南直路。

电话：2016

安达市房产管理处

负责全市的房产管理。职工219人。

地址：安达市南二道街

电话：2384

安达市市政管理处

负责全市城建规划管理和市政、市容管理。职工38人。

地址:安达市安达镇火车站前

电话:2852　3801　4403

安达市市政工程处

负责城内道路和下水管道的新建和道路修补工作，年完成75万元。职工40人。

地址:安达市铁西一中西侧。

电话:2334

安达市排水公司

负责城市污水和雨水排放，年排放量400万吨。职工62人。

地址：安达市富来泡南岸。

电话：3385

安达市自来水公司

负责供应安达镇居民生活用水和工厂的生产用水，年产水量130万吨。职工65人。

地址：安达市安虹街。

电话：3904

安达市公共汽车公司

负责市区内客运工作。职工48人。

地址：安达旅社后院

电话：4562

安达市人民公园

负责城市绿化、园林管理、公园建设。职工20人。

地址：安达市北横街168号

电话：4199

黑河市自来水公司

地址：黑河市林街宫渡路79号

黑河市环卫处

绥芬河市市政管理维修处

负责全市市政管理、路灯、排水、道路维修等业务。职工30人。

地址：绥芬河市通天路中心广场。

电话：3412

绥芬河市市政工程公司

负责城市道路、给水排水、桥涵工程及其它构筑物施工。职工68人。

地址：绥芬河市新兴街。

电话：3381

绥芬河市自来水公司

负责全市生产、公用及居民用水的供应及管道维修，年供水量80万吨。职工49人。

地址：绥芬河市绥芬河桥南。

电话：2501

绥芬河市集中供热站

负责A区集中供热。职工5人。

地址：绥芬河市建委一楼。

电话：2413

绥芬河市园林绿化管理处

负责管理全市的街、路和公园、游园及单位庭院的绿化、美化工作。职工10人。

地址：绥芬河市北山。

电话：3358

五大连池市环卫处

•上　海　市•

上海市房产经营公司

从事开发、经营各类商品住宅，绿化设计施工，白蚁防治以及各类房屋经租管理等业务。职工282人。

地址:上海市山东中路 128 弄 5 号

电话:232147

电报挂号:2284

上海市房产管理局勘察建筑设计所

属上海市乙级勘察设计单位。主要承担各类建筑的设计;工程地质勘察,静力触探,地基处理;工程测量及技术服务和咨询。职工 140 人。

地址:上海市延安东路 29 号 4 楼

电话:284653　280842

电报挂号:0532

上海市房屋修建公司

主要承担各类房屋维修、装饰、改建、新建,以及古建筑修理、材料供应和建筑设计工作。职工 4000 余人。

地址:上海市延安中路 632 弄 50 号

电话:531876

中华企业公司

经营侨汇房、商品房的买卖、租赁、调剂,承办代建、代经、装饰等项业务。职工 102 人。

地址:上海市南京东路 61 号

电话:233672

电报挂号:1970

上海沪江房产公司

主营商品房开发经营、租赁、调剂,兼营房屋设备维修,保养,房产业务咨询。职工 17 人。

地址:上海市南浔路 130 号

电话:254835

上海市房屋设备工程公司

属二级施工企业。从事电梯、塔式起重机等建筑施工机械和房屋设备产品的设计、制造、安装、修理及工程承包业务。职工 2346 人。

地址:上海市延安中路 365 号

电话:289860

电报挂号:0709

上海市房产管理局定额管理站

编制上海地区房屋修理工程预算定额和房屋修理装璜工程预算定额,发布材差系数,并负责预算的解释和管理工作。

地址:上海市延安东路 29 号 4 楼

电话:280842

上海市房产管理局建筑工程质量监督分站

对全市房屋修理、加层、改建等工程质量进行监督,并接受委托,代办咨询,工程质量及危房鉴定业务。

地址:上海市四川南路 29 号金陵大楼 504 室

电话:217069　210913

上海市房屋建筑材料公司

下辖 5 家生产厂和 4 家供应单位。主要生产水泥、石灰、纤维板、外墙砖、塑料低水箱和异型材;经销各种建材和室内外装饰材料,并承接汽车运输、修理业务。职工 3100 余人。

地址:上海市延安东路 2 号

电话:215404 转

电报挂号:5137

中企房屋装修公司

经营各类房屋装饰及设备配套,职工 134 人。

地址:上海市番禺路 75 弄 5 号

电话:513019

上海市房屋管理科学技术研究所

为全国房产行业综合性地方研究机构。以房产经营管理,旧居住区改造和各类房修技术,防水、装饰建材,房修机具,电脑应用,综合技术经济的研究为主,并承接旧房改造设计和房屋质量测试业务。职工 200 余人。

地址:上海市复兴西路 193 号

电话:372330　313873

电报挂号:4533

上海市房屋管理局干部学校

开办房产经济管理大专班、专业合格证书班和房产经济、房屋维修岗位培训班,培训科、队、所、站以上党、政领导干部。教职工 78 人。

地址:上海市漕溪北路 41 号

电话:382768

上海市房地产管理学校

设有房屋修建和房屋管理二个专业,除招收应届初中毕业生外,并面向全国培训房管人员。教职工 160 人。

地址:上海市龙华西路 323 号

电话:389730

上海市房产管理局技工学校

招收初中毕业生,培养初、中级土建技术工人,学制三年,供住宿。现开设泥、木、油漆、水电、绿化、装饰等专业。教职工 223 人。

地址:上海市武宁路永定新村 121 号

电话:562381

上海市房产管理局电梯技工学校

从事培养电梯安装修理、钳工、车工、水暖工、机修工等初、中级技术工人。教职工 60 人。

地址:上海市延安西路 394 弄 8 号

电话:525938　525740

上海市房产管理局工人技术培训考核站

系全市房产行业技术培训考核单位,并为全市建筑类中、高级技术工人培训、考核指导单位。培训和考核泥、木、竹、油漆、水电、白铁、古建筑(砖雕、木雕、堆塑)、钢窗电气焊、绿化等中、高级技术工人,并承接室内、室外装璜和土建水电施工。

地址:上海市武宁路永定新村 121 号

电话:563577

上海市测绘院

地址:上海市武宁路 419 号

电话:549950

上海市城市建设设计院

属国家一级设计单位。主要承担城市道路、桥梁、泵站、污水处理厂、防洪墙和驳岸等工程,以及多层和高层工业与民用建筑的勘察和设计工作。职工230人。

地址:上海市建国西路609号

电话:373593　370085

电报挂号:7009

上海市政工程设计院

为市政综合甲级设计单位。承担甲级城市给水、排水、防洪、燃气、热力、道路、桥梁、垃圾处理等综合性市政工程设计;乙级综合性建筑工程设计;乙级城市规划设计任务。

地址:上海市圆明园路133号

电话:217489

电报挂号:1015

上海市市政工程建设公司

负责由上级主管部门下达的市政工程项目和动迁用房的建设业务,有城市道路、高速公路、桥梁、泵站、防洪墙和污水处理厂,以及市政工程动迁用房建设等。职工330人。

地址:上海市汉口路193号

电话:232592

电报挂号:2106

上海市第一市政工程公司

上海市一级施工企业。主要承担桥梁、道路、下水道、泵站、驳岸和污水处理厂等市政工程,兼营混凝土预制构件。职工3015人。

地址:上海市瑞金二路202号

电话:371366　311704

上海市第二市政工程公司

上海市一级施工企业。主要承担道路、下水道、泵站和污水处理厂等市政工程,以及机械运输和修理加工等业务。职工2678人,

地址:上海市漕溪路314号

电话:383771

电报挂号:8903

上海市三〇一市政工程队

主要承担道路、下水道等市政工程。职工463人。

地址:上海市黄兴路1625弄2号

电话:482375

上海三〇二市政工程队

主要承担道路、下水道等市政工程。职工584人。

地址:上海市延长路121号

电话:626113

上海市三〇三市政工程队

主要承担道路、下水道等市政工程。职工554人。

地址:上海市中山北路3300号

电话:547851

上海市三〇四工程队

主要承担道路、下水道等市政工程。职工419人。

地址:上海市中山西路765号

电话:524541

上海市三〇五市政工程队

主要承担道路、下水道等市政工程。职工361人。

地址:上海市天钥桥路180弄32号

电话:389764

上海三〇六市政工程队

主要承担道路、下水道等市政工程。职工347人。

地址:上海市延长路1468号

电话:610470

上海市三〇七市政工程队

主要承担道路、下水道等市政工程。职工259人。

地址:上海市浦东栖霞路24号

电话:841070

上海市市政工程机械施工公司

主要承担市政工程施工、机具出租、汽车运输,机械制造和修理等工业性作业工作。职工1800人。

地址:上海市陕西南路327号

电话:372632

电报挂号:5579

上海市合流污水治理工程建设公司

承担黄浦江和苏州河水质治理工程建设项目。职工148人。

地址:上海市天宝西路231弄3号

电话:666747

电传:30178

上海市政工程管理处

负责上海市区内的道路、桥梁、下水道、防洪墙和驳岸等市政工程的养护、维修和管理等工作。职工7052人。

地址:上海市南昌路45号

电话:263535

上海市城市排水管理处

负责上海市的城市防汛排水、污水处理设施的运行和管理等工作。并承接排水泵站,污水处理厂的机电设备安装业务等。职工2888人。

地址:上海市厦门路180号

电话:225484

上海市公路管理处

承担上海境内的公路养护、维修和建设的管理工作。职工5303人。

地址:上海市汉口路193号

电话:216249

上海市隧道工程设计院

属国家一级设计单位。主要承担地下铁道、越江隧

道、矿业竖井等地下工程的勘测和设计，还承接城市道路、高层建筑和给排水等各种地面工程的勘测设计。职工263人。

地址：上海市肇家浜路239号

电话：313447

电报挂号：7043

上海市隧道工程公司

上海市一级施工企业。主要承担越江、电力、电讯和给排水等隧道工程，以及地下铁道、下行立交、大型沉井、地下建筑和机电设备安装等工程。职工4044人。

地址：上海市肇家浜路329号

电话：377289

电传：33001

上海市隧道管理处

承担上海市越江隧道的养护和维修等管理工作。职工506人。

地址：上海市打浦路600号

电话：375410

上海市地铁公司

主要承担上海市地铁工程建设、运营和开发，兼营隧道及地下工程技术咨询、职工238人。

地址：上海市衡山路10号

电话：372809

电报挂号：7011

上海市黄浦江大桥建设办公室

负责黄浦江大桥的建设工作。职工31人。

地址：上海市大林路190号

电话：771065

上海市市政工程材料公司

主要承担加工、制造、经销和运输建筑制品，材料和燃料等工作。职工3303人。

地址：上海市顺德路92号

电话：580890

电报挂号：5606

上海市政工程研究所

主要承担市政工程建设方面的一些关键技术的研究，以及市政工程新技术的研究、设计、开发和建设。职工228人。

地址：上海市龙水北路999号

电话：370085

上海市城市建设工程学校

承担培养"城市道路与桥梁"、"给水与排水"和"市政工程管理"等专业的中等技术与管理人才工作。教职工233人。

地址：上海市龙水北路999号

电话：381626

中共上海市市政工程管理局党校

承担上海市政局系统内的干部教育工作。职工28人。

地址：上海市龙水北路999号

电话：381609

上海市市政工程管理局职工大学

承担市政局系统内成人高等教育及岗位培训工作。职工59人。

地址：上海市斜土路2645号

电话：384192

上海市自来水公司

地址：上海市江西中路484号

上海市水表厂

生产、修理各种规格的自来水水表，纯水表、热水表、转子加氯机等产品。职工360人。

地址：上海市许昌路280号

电话：462820

上海市公共交通公司

承担城市公共交通。对外咨询服务：公共交通系统的可行性调查；保养场、站、电车架空线网、整流站设计、公交保养修理专业设备、架空配件；技术与管理人员培训。职工73135人。

地址：上海市延安东路34号

电话：211200

电报挂号：5083

电传：33424应答代码STC

上海市出租汽车公司

主营出租汽车，兼营跨省市客运、汽车维修、车辆检测服务、汽配零件销售等。职工6810人。

地址：上海市北京东路816号

电话：222999

电报挂号：2598

上海电车厂

生产浦江牌IA型公共汽车，无轨电车底盘及配件、无轨电车可控硅脉冲调速装置和电阻式调速装置及各种专用设备、解放CA10C部分底盘配件。职工1200人。

地址：上海市许昌路676号

电话：415650

电报挂号：0189

上海市公用事业工程承包公司第一分部

主营公用事业工程承包，兼营公用事业工程咨询服务。职工80人。

地址：上海市延安东路622号

电话：220736　225193

上海市公用事业工程承包公司第二分部

承包国内外给排水建设工程，职工126人。

地址：上海市虹桥路1980号

电话：328533

上海市公用事业学校

为中专学校。开设机、电、煤气、自来水专业，学制四年；接受各省、市、自治区的代培任务。教职工248人。

地址：上海市凯旋路2050号

电话：383749

上海市煤气公司

生产经营管道煤气、焦炭和各种焦化产品、煤气表灶，进行煤气输配调度、排管施工，用户安装拆修，馈入上海焦化厂焦炉余气，纳入市用煤气管网，销售液化石油气、负责用户服务管理，承接各地城镇煤气的可行性研究、规划、设计，以及煤气生产、输配、施工等技术指导，或技术改造的咨询服务项目。职工14400人。

地址：上海市西藏中路656号

电话：222333

电报挂号：1031

上海市管件铸造厂

生产经营直径75～700毫米自来水、煤气铸铁管件；直径150～500毫米SMJ型机口管件。职工565人。

地址：上海市东余杭路1194号

电话：418160

上海市园林设计院

为国家甲级园林设计单位。承接国内外风景区园林规划建筑、绿化、雕塑、装修和城市规划、民用建筑设计及业务咨询等。职工99人。

地址：上海市新乐路45号

电话：314295

上海市园林工程公司

园林建筑专业一级单位。承担园林古典建筑、土建、绿化造园、假山堆叠、砖细木雕，并承接大型土方机械施工、锯木业务，职工1300人。

地址：上海市广中路668号

电话：653369

上海市园林工具厂

主营园林机具、园林专用温室等设备。兼营对外加工、游艺设备。职工160人。

地址：上海市虹口区广中路668号

电话：650749　653369—24

电报挂号：4101

上海市环境卫生设计科研所

负责环卫专业的研究和设计，主要负责城市垃圾、人粪尿的收集和管理、装卸和运输、处理及利用等有关设备、设施、环卫专用车辆、工艺技术等问题的研究，以及小型工业与民用建筑的设计。职工106人。

地址：上海市厦门路180号

电话：222905　223865

上海市环境卫生汽车运输公司

下辖四个汽车运输场，共有运输卡车(四吨)256辆，洒水车、铲车、工具车、推土机、挖掘机等专用设备101辆(台)。主要承运全市部分生活垃圾、建筑垃圾、粪便的陆上运输和代填场地、平整场地及其它陆上运输任务。职工1400人。

地址：上海市中山北路2626弄内

电话：548706　547278

上海市环境卫生水上管理处

是一支从事水域环境卫生的专业队伍。负责水面环境卫生管理；承包水面漂浮物及船上粪便、垃圾的收集清除；承担在港各类船舶的污水处理；环卫码头的疏浚；城市垃圾的倾泻与堆集；生产建筑渣砖等工作。职工1465人。

地址：上海市南苏州路933号

电话、229321

上海市环境卫生机械厂

是最早制造环卫专用设备厂家之一，承担环卫专用车辆和通用车辆的改装。主要产品有：中型扫路车、CLI机械手侧装自卸密封垃圾车、XLC中型洗路车、拉臂式垃圾收集运输车、SW3302吨通用自卸车和SW110CL微型通用自卸车。职工340人。

地址：上海市老沪太路1105号

电话：624360

电报挂号：5310

上海市环境卫生汽车修理改装厂

从事环卫专用车辆的大中修理和垃圾车、真空吸粪车、洒水车的改装任务。产品有后倾式垃圾车及加盖垃圾车、真空吸粪车、自流卸粪车及真空吸排粪车、单机洒水车及半挂洒水车、SW130HLI后装式压缩垃圾车。职工375人。

地址：上海市天钥桥路321号

电话：382422　381177

上海市环境卫生船舶修造厂

承建各种环卫工作船舶、水面卫生工作机械、内河钢质拖轮、机动驳、巡逻艇、交通艇、供给船及其它各种专用工作船舶。承修1000马力以下的各类钢质机动船舶。职工410人。

地址：上海市浦东三林塘沿江路

电话：835318

•江　苏　省•

江苏省城乡规划设计研究院

为甲级规划设计单位，规划设计任务不受限制；同时可承接建筑和市政工程单体设计任务，职工92人。

地址：南京市慈悲社20号

电话：645971

江苏省古典建筑园林建设公司

为设计和建造古典建筑及园林的专业化公司，可应国外需要承建庭园环境、单项园林建筑，如亭、台、楼、阁、廊、厅、轩、假山、铺地、小桥等的设计和施工。并可仿建中国古典名园。职工27人。

地址：南京市宁海路北阴阳营38号

电话：638609　639548

电报挂号：7413　KCGCC

电传：34120 JCENJ CN

江苏省建设材料设备供应公司

中国建筑机械总公司江苏公司

江苏省农房建筑材料公司

主营城市客车、城建专用设备和配件及其它城建物资、建筑机械、电梯和配件，经销农房建筑材料和制品。兼营电梯安装维修、保养及售后服务，建筑机械技术咨询，开发建材资源，组织商品房建设。职工16人。

地址：南京市北京西路75号

电话：633043

江苏建达工程承包有限公司

系中外合资经营企业，由江苏省古典建筑园林建设公司、中国建筑工程总公司江苏分公司和美国大南投资股份有限公司合资组建。经营：(1)国内外工业民用工程建筑的设计、施工、工程单项承包及总承包。(2)组织采购供应承包工程范围内的国内外配套建筑装璜、装修材料、设备及有关物件的进口。(3)建筑工程设计、施工的咨询和技术培训。职工25人。

地址：南京市察哈尔路90号丁山宾馆2号楼

电话：634209　684994

南京市测绘院

地址：南京市铁管巷13号

电话：641464

南京市城镇建设综合开发公司

主要负担新住宅区的综合开发和旧城区改造建设工作。年完成投资额7000万元，职工276人。

地址：南京市莫愁路417号

电话：644678

南京市市政设计院

承担甲级城市道路、给排水、乙级隧道、城市防洪、燃气、建筑工程设计任务。职工208人。

地址：南京市中山东路28号

电话：644429

电报挂号：0996

南京市市政工程公司

为一级市政施工企业，可承担各项市政施工任务。固定资产总值2300万元，年施工工作量3600万元，附属工业产值800万元，职工3000人。

地址：南京市鼓楼大钟亭8号

电话：632450

电报挂号：0780

南京市自来水公司

地址：南京市中山南路350号

南京市公共交通公司

经营城市汽、电车客运业务，拥有公共汽、电车1117辆，1986年总行程6491公里，客运总数79071万人次。职工13724人。

地址：南京市中央路323号

电话：632950

电报挂号：1515

南京市出租汽车公司

拥有大中小型进口出租车236辆，出租站点11个，旅游线路14条，长途班车线9条。经营客运、旅游、汽车出租，兼营汽车维修、零配件销售。职工655人。

地址：南京市大桥南路8号

电话：686712

南京市轮渡公司

南京市煤气公司

南京市园林规划设计所

为园林专业甲级设计单位。可承担甲级园林工程设计任务，包括绿化、公园、风景区、植物园的规划设计，各种单位庭园、古典及现代园林建筑等设计。

地址：南京市大钟亭8号

电话：35389

南京市雨花台烈士陵园管理处

宣传烈士事迹；经营花卉、苗木、雨花石、雨花茶及各种绿茶、对外加工绿茶、花茶、红茶；园林内设招待所，提供食宿。职工400人。

地址：南京市中华门外雨花台烈士陵园

电话：624003

中山陵园管理处

承担中山陵园保护管理；进行山林抚育，种苗培育和旅游服务；承建装饰工程，园林雕塑。职工1387人。

地址：南京市四方城2号

电话：647033　646629

电报挂号：4112

南京市水泥制管厂

主要生产和供应ϕ100～500毫米承插式自应力钢筋混凝土压力管，年产量300公里。职工550人。

地址：南京市马台街82号

电话：633933

南京市环境保护公司

承担环境工程设计、施工；环保产品的经销；新产品开发，技术转让；环保资料的录制；农房开发等。职工150人。

地址：南京市珠江路260号

电话：638012　638023　638034

电报挂号：0687

南京市城建职工中等专业学校

主要培训南京市市政公用局系统在职职工，亦为外系统(包括外省市)代培。学校设置道路桥梁、给排水、园林绿化，燃气工程、环境卫生、公交企业管理等专业。教职工 75 人。

地址:南京市锁金村 87 号

电话:647307

徐州市规划设计室

承担乙级规划设计、小型建筑设计。职工 37 人。

地址:徐州市淮海西路 188 号

电话:22668

徐州市城市建设管理局设计室

主要承担道路、桥梁、给水、排水等市政工程及工程勘察的乙级设计;城市煤气的丙级设计。职工 49 人。

地址:徐州市

电话:28444

中国房屋建设开发公司徐州公司

经营城市土地开发和房地产业务，接受建设单位和用户委托，承接城市、集镇、乡村的土地开发、拆迁安置、勘探、设计、施工业务。职工 214 人。

地址:徐州市青年路 271 号

电话:28228　27218

电报挂号:1400

徐州市房地产综合开发公司

经营房地产综合开发、工程装饰。职工 64 人。

地址:徐州市文化路 26 号

电话:28768

徐州市鼓楼区房屋开发公司

经营房屋开发、商品房，兼营基建单位委托房屋拆迁安置。职工 32 人。

地址:徐州市夹河街 97 号

电话:29828　29848

徐州市云龙区房屋开发公司

主要经营房屋开发、商品房销售。兼营代理拆迁业务。职工 42 人。

地址:徐州市诸达巷 7 号

电话:29683　25374

徐州市市政工程公司

主要承担大、中型市政工程建设(道路、桥梁、排水等)。职工 572 人。

地址:徐州市民主北路 70 号

电话:23178

徐州市市政工程养护管理处

承担市区道路、桥梁、排水设施的维修养护管理及市区防汛。职工 350 人。

地址:徐州市顺河北巷

电话:29453

徐州市自来水公司

经营自来水业务，年产量 6150 万吨。职工 982 人。

地址:徐州市淮海东路 145 号

电话:22033

徐州市公共汽车公司

经营市区及市郊厂、矿的公共交通，省内外团体包车及出租旅游。职工 2186 人。

地址:徐州市淮海西路 255 号

电话:27951　27952　27953

徐州市煤气公司

经营管道煤气及液化石油气。职工 310 人。

地址:徐州市淮海西路 214 号

电话:28255

电报挂号:4693

徐州市苗圃

生产各种花卉、苗木和盆景等，并为客户提供绿化设计、园林施工及养护管理等服务。职工 123 人。

地址:徐州市九里山机场西

电话:24059

无锡市城市管理办公室

从事城市管理工作。职工 55 人。

地址:无锡市槐古新村 18 号之一

电话:229376

无锡市城建档案馆

保管、管理全市城市建设和基本建设档案。职工 10 人。

地址:无锡市复兴路 152 号

电话:222343

无锡市规划设计院

负责本市各类城市规划，承接各种专项工程，风景、园林、绿化、小区建筑等规划设计和测绘业务。职工 180 人。

地址:无锡市锡惠路 6 号

电话:665408　665037

中国房屋建设开发公司无锡公司

经营商品房开发与销售。职工 88 人。

地址:无锡市中山南路新开河 5 号

电话:224726

无锡市房地产开发公司

开发经营商品住宅。职工 76 人。

地址:无锡市解放南路 708 号

电话:222923

无锡市公用房产公司

经营房屋维修、地基震冲加固、建筑装饰业务。职工 587 人。

地址:无锡市锡惠弄 24 号

电话:222115

无锡市住宅钢窗构件厂

经营钢窗、铝合金门窗、大理石、混凝土构件。职工 440 人。

地址:无锡市后蓉湖庄 116 号

电话:660861

电报挂号:3525

无锡市市政设施管理处

承担城市道路、桥梁维修及大、中修。职工369人。

地址:无锡市金星路口

电话:224532

无锡市市政工程设计室

承担市政工程勘察设计业务。职工58人。

地址:无锡市石皮巷2号

电话:220719

无锡市市政工程开发处

代甲方管理市政工程的建设项目。职工38人。

地址:无锡市公园路152号

电话:226121

无锡市市政建设工程公司

经营市政工程施工。年完成量1050万元。职工1299人。

地址:无锡市解放南路

电话:224184

无锡市第二市政公司

承担市政道路、桥梁建设和养护。职工165人。

地址:无锡市河埒口纺机滨

电话:660054

无锡市崇安区市政队

承担建设水泥路面、下水道、驳岸业务。职工157人。

地址:无锡市东新路73号

电话:227341

无锡市南长区市政工程队

承担区级道路、下水道、驳岸、公用码头建设业务。职工195人。

地址:无锡市知足桥路18号

电话:229428

无锡市北塘市政工程队

承担区级道路、下水道建设和维修业务。职工137人。

地址:无锡市东升里二弄39号

电话:225072

无锡市马山市政工程队

承担城市道路、桥梁、涵洞、驳岸、下水道建设。职工210人。

地址:无锡市马圩五号桥

电话:666693-703

无锡市水电安装凿井公司

承担管道、水电安装、钻井及室内装璜。职工241人。

地址:无锡市广瑞路

电话:443976

无锡市路灯管理处

承担城市照明安装及维修。职工111人。

地址:无锡市后西溪25号

电话:229079

无锡市排水公司

承担城市下水道建设,收取排水费用。职工77人。

地址:无锡市人民东路35号

电话:229583

无锡市自来水公司

经营城市自来水生产供应及管道安装。自来水综合生产能力日产35.5万吨,职工1068人。

地址:无锡市人民西路128号

电话:223851

无锡市水表厂

经营水表生产及维修业务。职工181人。

地址:无锡市中桥水厂内

电话:668803

无锡市客运管理处

从事城市客运管理工作。职工6人。

地址:无锡市槐古新村14号之一

电话:225658

无锡市公共交通公司

经营城市客运,现有营运车辆296辆,年运客总量1.46亿人次。职工2809人。

地址:无锡市惠山直街口

电话:668220

无锡市出租汽车公司

承担城市客运。职工468人。

地址:无锡市人民东路35号

电话:221956

无锡市煤气公司

经营城市煤气生产供应及煤气工程安装。职工197人。

地址:无锡市曹张新村250号

电话:224074

无锡市园林古典建筑公司

承担古典建筑园林建设业务。职工256人。

地址:无锡市惠钱路一弄

电话:669670

无锡市园林花木公司

从事花卉盆景的经营业务。职工89人。

地址:无锡市惠钱路二弄

电话:668747

无锡市马圩育苗场

生产经营各种苗木和花卉。职工74人。

地址:无锡市马圩

电话:666693-794

无锡市崇安区绿化队

经营城市绿化，苗木花卉，盆景。职工130人。

地址：无锡市城中公园内

电话：227163

无锡市北塘绿化队

承担区级绿化工程，经营花盆苗木业务。职工108人。

地址：无锡市接官亭弄27号

电话：227803

无锡市南长区绿化队

承担区级绿化种植管理。职工78人。

地址：无锡市南长街苗弄

电话：224114

无锡市园林旅游服务公司

从事园林旅游和服务业务。职工180人。

地址：无锡市锡山大桥堍

电话：667785

无锡市碧波山庄度假村(中国房地产业者之家)

承办旅游、度假、宴席业务。职工83人。

地址：无锡市马山新城路165号

电话：665338

电报挂号：9946

无锡市锡惠公园管理处

从事公园的旅游业务和管理工作。职工347人。

地址：无锡市惠山直街

电话：667864

无锡市鼋头渚公园管理处

从事公园旅游业务和管理工作。职工386人。

地址：无锡市鼋头渚

电话：669010

无锡市蠡园管理处

从事公园旅业务和管理工作。职工166人。

地址：无锡市蠡园。

电话：668670

无锡市梅园管理处

从事公园旅游业务和管理工作。职工141人。

地址：无锡市梅园

电话：660620

无锡市城中公园管理处

从事公园旅游业务和管理工作。职工70人。

地址：无锡市公园路

电话：224309

无锡市吟苑管理处

从事公园旅游业务和管理工作。职工38人。

地址：无锡市金山路运河畔

电话：668096

无锡市环境卫生管理处

承担城市环境卫生管理业务。职工32人。

地址：无锡市塘南支路

电话：222245

无锡市崇安区环卫所

承担本区范围内的环卫管理。职工594人。

地址：无锡市中市桥巷18号

电话：220498

无锡市北塘区环卫所

承担本区范围内的环卫管理，清扫道路，清运垃圾粪便。职工456人。

地址：无锡市小三里桥34号

电话：223550

无锡市南长区环卫所

承担本区范围内的环卫管理。职工91人。

地址：无锡市南长区

电话：224965

无锡市郊区环卫所

承担本区范围内的道路清扫、垃圾粪便清运等环卫管理工作。职工302人。

地址：无锡市河埒口

电话：667236

无锡市环卫科研站

地址：无锡市山北乡高桥袁家巷165号

电话：667573

无锡市垃圾实验厂

从事城市生活垃圾处理业务，职工22人。

地址：无锡市山北乡会北村

电话：667573

无锡市环保研究所

从事环境保护研究工作。职工68人。

地址：无锡市清扬路永丰路

电话：221143

无锡市铁路建设处

承担无锡铁路复线建设、立交车站改造任务。职工7人。

地址：无锡市石皮巷2号

电话：225567

无锡市城建职工大学

主要培养城建系统专业人才，目前开设城市规划、道路桥梁、工民建、园林绿化等专业。职工63人。

地址：无锡市五星新村419号

电话：225050

无锡市园林技工学校

培养园林技术工人。职工31人。

地址：无锡市惠钱路三弄

电话：668439

中国房屋建设开发公司苏州公司

江苏省苏州市城市建设开发公司

从事新城区的开发建设和旧城区的改造项目，承接住宅小区的开发，经营商品住宅，办理商店、华侨公寓、学校、业务楼、工业厂房和其它房屋的经营，租赁业务。并可承接地形测量、地质勘察、建筑设计、组织施工全套基建任务。职工 310 人。

地址：苏州市道前街府东巷 3-1 号

电话：25711　27094

电报挂号：1007

苏州市市政建设设计室

承担全市市政建设工程(道路桥梁等)设计业务。职工 41 人。

地址：苏州市人民路 154 号北四楼

电话：27577

苏州市市政建设综合开发公司

承包全市主要市政工程项目的招、投标，组织施工和民房动迁安置等业务。职工 62 人。

地址：苏州市锦帆路 31-1 号

电话：24153

苏州市市政建设工程公司

承担全市大型道路、桥梁等市政工程的施工任务。职工 630 人。

地址：苏州市道前街 226 号

电话：23844

苏州市市政工程养护管理处

承担全市市管道路，桥梁和下水道等市政设施的维修养护工作。职工 385 人。

地址：苏州市道前街 226 号

电话：26720

苏州市沥青预制供应站

专业生产全市市政工程所需的预制构件和沥青熟料。职工 216 人。

地址：苏州市劳动路

电话：34376

苏州市河道管理处

承担全市城区河道整治、污水工程建设和城区防汛任务。职工 287 人。

地址：苏州市三香路寺泾桥堍

电话：32904

苏州市路灯管理所

负责全市大街小巷的路灯安装、管理和经常养护、维修。现有各类路灯 12000 盏。职工 119 人。

地址：苏州市铁瓶巷 16 号

电话：22422

苏州市自来水公司

承担全市居民用水和工业用水的供水任务，综合生产能力为 24 万吨/日，年供水总量 8300 万吨。生产大口径预应力管道和多种规格水表、加氯器。职工 1449 人。

地址：苏州市人民路 154 号

电话：25678

苏州市公共汽车公司

承担全市市内公交客运业务，现有 21 条线路，从市区放射至各旅游景区及远郊；承接外来汽车维修业务。职工 2305 人。

地址：苏州市人民南路 64 号

电话：25855

苏州市出租汽车公司

办理苏州市内游览和由苏州到瑶琳、黄山、无锡、宜兴、千岛湖、上海等地专线旅游，并联营苏州至高邮、吴江、南浔班车。现有各类汽车 80 辆。拥有可停车 100 辆规模的立体车库一座。职工 299 人。

地址：苏州市人民路察院场口

电话：22994

苏州市风光旅游服务公司

经营苏州市内风景旅游及到上海、杭州客运班车；在苏州市开设风光综合商场，经营地方名优产品。现在各类汽车 19 辆，职工 430 人。

地址：苏州市人民路 433 号

电话：22461

苏州市煤气公司

承担全市民用和工业燃气供应。建设和管理煤气厂，铺设煤气管道，办理液化气供应和煤气灶维修等业务。现有煤气用户 22000 户，液化石油气用户 15357 户。职工 507 人。

地址：苏州市劳动路 64 号

电话：32251

苏州市园林设计室

为园林专业甲级设计单位。可承担甲级园林工程设计任务，包括古园林和古建筑修复设计，风景区、绿化及涉外工程的规划设计。

地址：苏州市大公园内

电话：27370

苏州市环境卫生管理处

负责领导三个区环卫所，完成全市垃圾清扫和粪便清运，建设和管理公共厕所，维护城市道路和环境卫生。职工 236 人。

地址：苏州市天库前 6 号

电话：24873

常州市规划处

承担全市的规划设计，土地、建筑和管线管理，并提供全市的各种比例的地形图、工程地质勘察资料。职工 135 人。

地址：常州市娑罗巷 10 号

电话：25502

常州市城乡建设经济研究所

承担上级和有关部门下达和委托的研究课题。包括建筑经济理论与实践，规划设计、建设管理方针政策，法规、社会经济效益等的研究。职工 11 人。

地址:常州市局前街市政府内

电话:23302

中国房屋建设开发公司常州市公司

经营房屋建设、商品房、雕塑、建筑模型及园林小品。职工192人。

地址:常州市局前街76号

电话:24217　26179

电报挂号:2075

常州市城市综合开发公司

经营房屋土地开发,构筑道路桥梁。职工108人。

地址:常州市武青路140号

电话:43127

电报挂号:5490

常州市房地产开发公司

经营房地产开发。职工33人。

地址:常州市县学街135号

电话:25785

常州市华光建设工程公司

经营工业与民用建筑和其它市政工程建设。职工43人。

地址:常州市桃园路29号

电话:42817

常州市市政工程设计室

承担乙级道路、桥梁、给排水,丙级煤气输配管网,丁级综合建筑设计及配套的工程测量。职工30人。

地址:常州市博爱路114号

电话:24521

常州市市政工程公司

承担道路、桥梁、驳岸、管道、污水处理厂等市政设施的新、改、扩建工程,以及代建厂矿有关设施的施工。职工597人。

地址:常州市博爱路49号

电话:24438

电报挂号:0590

常州市市政工程养护管理处

承担市政设施(道路、桥梁、下水道、立交、排水泵站、污水处理、污水提升泵站)的管理与养护。职工258人。

地址:常州市博爱路51号

电话:25148

常州市路灯管理所

承担道路照明,路灯的新建、改建、代建工程和路灯的维修养护。职工59人。

地址:常州市博爱路124号

电话:26461

常州市自来水公司

生产与供应自来水。综合生产能力19.7万吨/日,年供水量5364.86万吨。兼营凿井、管道安装、修造水表。职工712人。

地址:常州市和平北路16号

电话:23945

常州市公共交通公司

现有公共汽车营运车辆217辆,经营城市客运、汽车修理。职工1682人

地址:常州市博爱路70号

电话:23702

常州市出租汽车公司

经营出租汽车客运业务,现有营运汽车30辆。职工248人。

地址:常州市博爱路130号

电话:26000

常州市客车制造厂

主要生产CJ600B系列各类客车873辆;CJ长江牌客车专用底盘1000辆;方向机3000台。职工2094人。

地址:常州市西郊常新路

电话:32640　32641

电报挂号:1000

常州市煤气公司

销售管道煤气、液化石油气。职工866人。

地址:常州市局前街98号

电话:23355

常州市炼焦制气厂

主要生产焦炭67000吨;筑路油2500吨;工业萘105吨;粗苯500吨;外供煤气1200万立方米。职工655人。

地址:常州市怀德南路113号

电话:32994

常州市园林绿化管理处

承担园林古典建筑设计,园林绿化设计和园林古典建筑建设。经营绿化苗木,花卉供应基地和各种水石、树桩盆景的制作。职工525人。

地址:常州市红梅公园内

电话:24993

江苏省送变电工程公司常州水泥制品厂

年产输变电线路用钢筋混凝土电杆16000根;输变电线路用钢结构件500吨;楼板7000块,桁条12000根。职工365人。

地址:常州市怀德南路120号

电话:33548　33507

电报挂号:0455

镇江市勘察测量队

承担城市测绘,工程勘察。职工66人。

地址:镇江市解放路19号

电话:22944　33091

中国房屋建设开发公司镇江公司

经营土地开发，房屋建设及商品房经营。职工104人。

地址：镇江市电力路阳彭山村1号

电话：32542

电报挂号：7030

镇江市城乡建设物资供应公司

配套供应城乡建设各类建筑材料，五金、新型装璜材料。并附设营业部、经销部。职工53人。

地址：镇江市南水桥78号

电话：22958　31549　21276

电报挂号：1004

镇江市市政设计室

承接道路桥涵、给水排水(包括自来水厂、污水处理)、工业民用建筑、码头驳岸、特种结构等工程设计及测量。职工26人。

地址：镇江市火圬楼巷1号

电话：32072

镇江市市政工程公司

承接道路、桥梁、排水、土石方工程建设，职工407人。

地址：镇江市解放路252号

电话：22147

镇江市自来水公司

经营城市自来水生产供应，年产自来水4877万立方米。并承接自来水管道安装工程。职工471人。

地址：镇江市解放路49号

电话：33290

电报挂号：5261

镇江市公交公司

镇江市煤气公司筹备处

镇江市古典园林建筑公司

为古建筑二级企业。承建古式楼、台、殿、阁、园林式庭院，曲廊、假山、水榭等，并承建工业民用建筑。职工412人。

地址：镇江市镇焦路九里街

电话：21136

镇江市花木公司

经营花卉盆景、花土花肥、工艺品，兼营鸟禽，并承接绿化设计、施工业务。职工30人。

地址：镇江市解放路68号

电话：21468

镇江市园林招待所

为宾客提供空调式客房，拥有百人会议室，附设餐厅；商场备有旅游车。职工70人。

地址：镇江市解放路68号

电话：33098　33032

交通部第二航务工程局第三工程公司

承建港口水下工程。职工1300人。

地址：镇江市运河路90号

电话：26052　26054

电报挂号：2030

连云港市规划市政设计室

承担中小城市规划、市政工程，及其它中小型建设项目设计及小型勘察任务。职工35人。

地址：连云港市新浦区海昌路

电话：2559

连云港市房屋建设开发公司

从事房地产综合开发。职工46人。

地址：连云港市新浦区浦南路东首

电话：3229

连云港市建设开发公司

从事城市建设的综合开发，主营土地开发和房地产业务，对国内外建设项目实行总承包。职工140人(其中各类专业技术人员110人)。

地址：连云港市新浦区铁工南巷62号

电话：3329

电报挂号：1111

连云港市住宅建设公司

经营住宅建筑、安装工程、混凝土构件生产、木材及木制品加工等，职工306人。

地址：连云港市新浦区海昌南路422号

电话：2313

连云港市紫云建筑装饰联营公司

经营装饰工程的设计、施工及装饰材料的批发、零售。职工9人。

地址：连云港市新浦区海昌路418号

电话：2560

连云港市房地产修缮公司

经营公产房屋维修、管理及园林绿化工程的设计和施工等。职工237人。

地址：连云港市新浦区海昌路252号

电话：2176

连云港市市政工程公司

承担城市道路、桥涵、下水道、防洪堤等市政设施的新建和改建工程，对外承包混凝土、沥青路面，制作水泥预制件和机械、车辆修理等。职工303人。

地址：连云港市新浦区海昌南路

电话：2317

连云港市新浦区市政工程管理所

承担本市新浦区道路、下水道、桥涵、防洪堤等市政设施养护维修及生产小型水泥预制构件。职工115人。

地址：连云港市新浦区南极南路

电话：3857

连云港市路灯管理所

承担连云港市城区道路路灯的维修和承包路灯新建、改造工程。职工36人。

地址:连云港市新浦区海昌路20号

电话:3313

连云港市自来水公司

经营城市自来水生产供应,现日供水能力7.75万吨,1986年供水总量2829万吨。兼经城区自来水管道安装和维修。职工644人。

地址:连云港市新浦区南极南路

电话:3331 3320

连云港市煤气筹备处

目前主要承担新建日产8万立方米煤气工程的建设任务。职工38人。

地址:连云港市新浦区海昌路20号

电话:3890

连云港市新浦区城建绿化队

承担新浦城区内行道树,公共绿地的绿化建设和管理。职工72人。

地址:连云港市新浦区盐河北路15号

电话:3919

连云港市新浦公园

公园占地面积9公顷,内设动物园、儿童乐园、溜冰场、花卉馆等服务设施。年接待游客45万人次。职工93人。

地址:连云港市新浦区南极路170号

电话:3324

连云港市海滨公园

负责公园内绿化、花卉、苗木的培植和管理工作,并承担海滨浴场接待任务和北固山4500亩山林抚育和山石资源管理。职工84人。

地址:连云港市连云区海棠路

电话:23153

连云港市新浦区城建苗圃

生产各种苗木和花卉,苗圃占地面积14.6公顷。职工49人。

地址:连云港市新浦区海连西路22号

电话:3231

连云港市园林科学研究所

从事园林科研,生产经营苗木、花卉及对外承包绿化工程。职工31人。

地址:连云港市新浦区盐河路14号

电话:3001

连云港市花果山风景区管理处

现有国营山场13800亩,集体山场8655亩。承担风景区建设、保护、管理和综合性旅游服务、兼营苗木、花卉。职工114人。

地址:连云港市花果山风景区

电话:花果山乡总机转

连云港市旅游服务社

从事旅游服务,已辟由新浦至花果山、海滨浴场、港口及南京、北京、青岛、杭州、泰山、曲阜等旅游线路。职工28人。

地址:连云港市新浦区南极中路174号

连云港市连云区环境卫生管理所

承担连云城区内道路清扫、公厕保洁和垃圾粪便的清运工作。并对各单位环卫设施实行有偿服务。职工142人。

地址:连云港市连云区中山东路1号

电话:23571

连云港市新浦区环境卫生管理所

承担新浦城区内的道路清扫,公厕保洁和垃圾粪便的清运工作。并对各单位的环卫设施实行有偿服务。职工294人。

地址:连云港市新浦区海昌南路393号

电话:3713

连云港市海州区环境卫生管理所

承担海州城区内道路清扫、公共厕所保洁和垃圾粪便的清运工作。并对各单位的环卫设施实行有偿服务。职工58人。

地址:连云港市海州区幸福桥南东首

电话:2621

连云港市云台区环境卫生管理所

承担云台城区内的道路清扫,公厕保洁和垃圾粪便的清运工作。并对各单位的环卫设施实行有偿服务。职工101人。

地址:连云港市云台区台中路

电话:连云港市猴咀总机转35

南通市规划设计院

承担乙级城市规划设计,丙级综合建筑设计(与小区规划配套),乙级城市测绘。职工72人。

地址:南通市跃龙路109号

电话:518759 519088

南通市房屋建设开发公司

经营工商、办公用房及住宅建设,年完成工作量10~15万平方米。职工110人。

地址:南通市沈家巷15号

电话:517541

电报挂号:1450

南通市市政设计室

承担道路、桥梁、给排水、城市防洪等乙级工程设计和丁级工程勘察测量。职工21人。

地址:南通市跃龙桥综合楼

电话:516115 513661

南通市市政工程公司

承担城市道路、桥梁、石驳、下水道等新建、改建、扩建工程。生产各种混凝土制品。职工471人。

地址:南通市环城西路142号

电话:512834 516640

电报挂号:2398

南通市市政养护管理处

承担市政工程新建、改建及维修、养护。职工272人。

地址:南通市唐家花行50号

电话:517235

电报挂号:6233

南通市路灯管理所

承包动力照明、外线施工、安装、维修工程;照明灯具加工制作。职工42人。

地址:南通市铁星路56号

电话:512333 518468

南通市自来水公司

经营自来水生产及管道安装,水厂设备安装,并承担日产2.5万吨小型水厂设计。职工566人。

地址:南通市人民中路133号

电话:513072

南通市公交公司

南通市煤气公司

经营管道煤气,供气规模为3万立方米/日,液化石油气年供应量为200吨。职工88人。

地址:南通市段家坝土布市场巷10号

电话:518455

南通市园林管理处

负责城市公共绿化及公园、风景区的建设管理;并经营苗木,供应花卉盆景,承担绿化工程。职工551人。

地址:南通市濠南路2号

电话:516448

南通市花木公司

承接庭园绿化和小品建筑(假山、雕塑、水体)工程的设计、施工;生产出售各类花木、盆景,代培园艺绿化人员。职工195人。

地址:南通市青年东路7号

电话:518862 513346

南通市环境卫生管理处

承担全市城区垃圾、粪便的清运、以及公共卫生设施管理和维修。职工629人。

地址:南通市浩东路51号

电话:513868

扬州市城市建设设计院

承担道路桥梁、给水排水,古典建筑、园林规划、工业与民用建筑等设计,工程测量。职工34人。

地址:扬州市淮海路42号

电话:41848

扬州市房地产公司

直管公房92万平方米,年收入202万元。职工603人。

地址:扬州市广陵路190号

电话:23125

扬州市房屋建设综合开发公司

经营商品住宅12万平方米。职工76人。

地址:扬州市仁丰里83号

电话:43515

扬州市郊区住宅开发经营公司

经营商品房1.5万平方米。职工25人。

地址:扬州市琼花路

电话:41763

扬州市市政管理处

承担城市道路、桥梁、排水设施的建设和维修。职工597人。

地址:扬州市淮海路42号

电话:43933

扬州市自来水公司

承担城市供水的销售,管道安装及维修。年产自来水3950万吨。职工483人。

地址:扬州市立新路14号

电话:24371

扬州市公共交通公司

经营城市客运,兼营汽车出租和国内外汽车修理。年营运收入450万元。职工610人。

地址:扬州市友谊路8号

电话:42422

扬州市煤气公司

经营管道煤气,兼营煤气工程施工,煤气表、灶维修及销售。职工119人。

地址:扬州市北河下55号

电话:23014

扬州市瘦西湖公园

为省级风景区,省级文物保护单位。职工251人。

地址:扬州市西北郊

电话:41323

扬州市何园(寄啸山庄)

为清代著名住宅园林,园内有明代楠木厅及"片石山房",为省级文物保护单位。职工62人。

地址:扬州市徐凝门街77号

电话:22353

扬州市个园

为著名住宅园林,省级文物保护单位。职工47人。

地址:扬州市东关街328号

电话:21428

扬州市茱萸湾公园

经营花木,为市级风景区。职工32人。

地址:扬州市湾头镇

电话:91561

扬州市盆景园

园内陈列明、清盆景及树桩、水石、山石、水旱等盆景万余盆。职工88人。

地址:扬州市大虹桥路15号

电话:43884

扬州市环境卫生管理处

清运市区垃圾粪便,清扫马路,厕所消毒,年运垃圾7.56万吨,粪便16.3万吨、清扫马路41万平方米。职工520人。

地址:扬州市立新路11号

电话:22141

淮阴市城建档案馆

负责全市城建档案的接收、整理、归档和提供利用。担负对全市各县、区和市直建设系统城建档案室的业务指导、监督和检查任务。职工3人。

地址:淮阴市新民东路34号

电话:31084

淮阴市城市规划办公室

承担全市的城镇规划、土地及建筑管理。职工12人。

地址:淮阴市淮海北路11号

电话:34459

淮阴市规划市政设计室

主营淮阴城市规划设计、市政工程设计,兼营建筑设计。职工18人。

地址:淮阴市淮海北路11号

电话:34591

淮阴市测量队

承担三、四级控制工程及中、小城镇地形测量及地图编绘工作。职工38人。

地址:淮阴市新民东路34号

电话:33340

淮阴市房地产管理处

负责全市房地产系统和市区公私房屋的行政管理及土地管理,产品有:水泥预制品、钢窗和喷砂涂料。职工99人。

地址:淮阴市城中街35号

电话:32695　34050

中国房屋建设开发公司淮阴公司

承担各类房屋经营业务(包括教学楼、综合营业楼、办公楼、厂房、住宅楼等房屋)和土地开发业务,兼营房屋出租业务。职工67人。

地址:淮阴市清浦区城河南宅1号

电话:33507　33259

电报挂号:2075

淮阴市市政工程管理处

主要承担市区内次干道道路、下水道、桥梁养护维修,市政设施管理、防汛排涝等工作。职工83人。

地址:淮阴市北京北路25号

电话:33942　32698

淮阴市市政工程公司

承担道路、桥梁、下水道工程施工。建安工作量405万元,工业产值46.5万元,职工268人。

地址:淮阴市淮海北路11号

电话:33243　33235

淮阴市路灯管理所

承担市区道路照明工程的安装和市区范围内的路灯及其附属设施的维修工作。职工17人。

地址:淮阴市淮海北路45号

电话:33287　33642

淮阴市自来水公司

自来水综合生产能力日产6万吨,年供水总量2082万吨。并承担市区供水管道安装。职工218人。

地址:淮阴市新民西路28号

电话:34420

淮阴市公共交通公司

淮阴市旅游汽车出租公司

主营市辖范围内城乡公共交通,兼营各种客车旅游出租和埠际班车业务,职工517人。

地址:淮阴市淮海北路43号

电话:31063

淮阴市煤气公司

经营城市工业及民用燃气供应。职工123人。

地址:淮阴市解放东路51号

电话:31717

电报挂号:8244

淮阴市园林管理处

管理市区园林绿化和公园、动物园,生产经营各种苗木、花卉,承办各种园林设计建筑。职工287人。

地址:淮阴市淮海南路人民公园

电话:34580

淮阴市清浦区环境卫生管理处

承担清浦区市区内25万平方米路面清扫和年产4万吨垃圾的清运任务。职工159人。

地址:淮阴市清浦区环城东路130号

电话:32415

淮阴市清河区环境卫生管理处

清扫面积36万平方米,年垃圾清运量3万余吨。职工167人。

地址:淮阴市北京北路72号

电话:31943

淮阴市城乡建设职工中等专业学校

已办专业:工业与民用建筑、城乡规划。职工25人。

地址:淮阴市和平东路10号

电话:33409

盐城市城市规划处

承担城市规划设计与管理。职工43人。

地址:盐城市人民南路104号

电话:24549

盐城市征地拆迁办公室

承担城市房屋拆迁及征地。职工 15 人。

地址：盐城市毓龙路 42 号

电话：22471

盐城市房地产公司

承担直管公房出租、管理。职工 102 人。

地址：盐城市人民中路 2 号

电话：22950

盐城市城市综合开发公司

承担商品房、统建房开发。职工 50 人。

地址：盐城市建军东路 151 号

电话：24467

盐城市市政工程公司

承担城市市政设施施工管理。职工 260 人。

地址：盐城市人民南路 26 号

电话：22228

盐城市路灯管理所

承担城市路灯管理及安装。职工 17 人。

地址：盐城市人民南路 26 号

电话：22228

盐城市自来水公司

经营城市自来水生产供应，年产自来水 1530 万吨。职工 222 人。

地址：盐城市建军西路水厂巷 7 号

电话：23302

盐城市公共交通公司

经营城市公共交通的客运任务。职工 328 人。

地址：盐城市洋中路 1 号

电话：22786

盐城市园林管理处

管理市区园林绿化和各公园。职工 126 人。

地址：盐城市黄海中路 13 号

电话：22536

盐城市城区环境卫生管理处

承担城市道路清扫，粪便、垃圾清运等管理。职工 327 人。

地址：盐城市集仙巷 100 号

电话：23113

常熟市城市建设综合开发公司

承担城市土地综合开发和基础设施建设，经营各类商品房和工商企业用房代建业务等。职工 61 人。

地址：常熟市新颜路 82 号

电话：23471

电报挂号：7344

常熟市房地产公司

承担城市住宅的管理和维护，商品住宅的开发建设，兼营房屋建筑和维修材料等。职工 596 人。

地址：常熟市西门大街 115 号

电话：22250

常熟市城建物资供销经理部

经营各类建筑和城建材料、机械、设备等。职工 20 人。

地址：常熟市新颜路 82 号

电话：23473

电报挂号：1697

常熟市市政工程公司

承建和维护市政设施(城市道路、桥梁、驳岸、排水管网、河道治理、路灯等)。职工 255 人。

地址：常熟市环城东路 80 号

电话：23153

常熟市自来水公司

生产经营自来水和安装维修自来水管网以及经营供水管道、零配件等。职工 166 人。

地址：常熟市西门大街 274 号

电话：22584

常熟市建委液化气站

经营民用液化气及有关设备等。职工 12 人。

地址：常熟市枫泾新村三区

电话：23579

常熟市园林管理处

负责园林和城市绿化建设及管理，经营各类花木等。职工 85 人。

地址：常熟市北门大街 55 号

电话：23635

常熟市尚湖风景区开发总公司

风景园林综合开发建设和管理，旅游服务，兼生产经营玻璃贴花镜匾，养殖水产等。职工 37 人。

地址：常熟市尚湖

电话：24271

常熟市环卫管理处

负责城市环卫设施建设和维修管理，生产经营电力线路起重机、卧式千斤顶等。职工 341 人。

地址：常熟市翁家巷门 2 号

电话：23342

泰州市规划管理办公室

主要承担城乡建设的规划设计与管理。职工 16 人。

地址：泰州市陵园路

电话：22730

泰州市房地产公司

主要承担城市房地产经营、开发、管理和旧城改造拆建工作。职工 550 人。

地址：泰州市关帝庙巷 71 号

电话：24445

泰州市建筑勘测队

主要承担城市各项工程建设的前期勘察、测量工作。职工 30 人。

地址:泰州市公园路146号
电话:24860

泰州市房屋建设综合开发公司

主要承担城市新区开发统建和商品住宅经营。职工40人。
地址:泰州市人民路15号
电话:24867
电报挂号:2075

泰州市市政工程管理处

主要承担城市道路桥梁工程设计、施工、预决算编审和质量管理。职工7人。
地址:泰州市五一路125号
电话:22241

泰州市市政工程公司

主要经营城市道路、桥梁、排水、路灯等市政基础设施的工程施工。职工300人。
地址:泰州市五一路54号
电话:25652

泰州市自来水公司

主要经营城市自来水生产供应,兼营给水工程施工。综合生产能力日产5.8万吨,年供水总量2034万吨。职工300人。
地址:泰州市青年路114号
电话:24164
电报挂号:8064

泰州市公共交通公司

营运汽车35辆,主要经营城市公共客运、旅游出租和车辆修理业务。职工222人。
地址:泰州市扬州路147号
电话:24618

泰州市园林管理处

主要承担城市园林绿化开发管理和花木盆景经营。职工160人。
地址:泰州市公园路241号
电话:23715

泰州市环境卫生管理处

主要承担城市环境卫生清扫管理,并向社会提供垃圾代运服务。职工400人。
地址:泰州市公园路24号
电话:22793

仪征市规划办公室

承担本市城市规划设计及管理。职工7人。
地址:仪征市新河路5号
电话:41224

仪征市房屋建设综合开发公司

承建商品房,年完成工程量1.45万平方米。职工100人。
地址:仪征市国庆路125号
电话:42769

仪征市市政工程管理处

负责市区市政设施建设、管理及路灯管理。职工57人。
地址:仪征市人民路145号
电话:41680

仪征市自来水厂

经营城市自来水生产供应,年产量480万吨。职工62人。
地址:仪征市新河路7号
电话:42703

仪征市园林管理处

负责市区园林绿化管理。职工39人。
地址:仪征市人民路西
电话:41202

仪征市市区环境卫生管理处

负责市区环境卫生管理,清扫道路,清运垃圾粪便。职工106人。
地址:仪征市学军路9号
电话:42018

张家港市房管所

从事全市的房产管理工作。职工51人。
地址:张家港市杨舍镇河东路
电话:23335　21400

张家港市房产经营公司

经营商品房统建、出售业务。职工15人。
地址:张家港市杨舍镇泗杨路
电话:22870

张家港市市政公司

承担市内道路、下水道等施工任务。职工388人。
地址:张家港市杨舍镇城北路
电话:21113

张家港市自来水厂

经营自来水生产、销售业务。职工120人。
地址:张家港市杨舍镇泗杨路
电话:23733

•浙　江　省•

浙江省城乡规划设计研究院

承接各类城乡(包括风景名胜)规划,建筑工程、市政工程、园林绿化工程设计。职工:124名。甲级设计单位。
地址:杭州市天目山路31—1号
电话:54336
电报挂号:6763

浙江省城乡建设学校

主要专业有城镇建设、工业与民用建筑、建筑经济管理、给排水。规模1200人，现有教职工237人(其中教师114人)。

地址:杭州市教工路10号

电话:87802

浙江省白蚁防治所

负责组织指导全省白蚁防治与科研工作，推广科研成果，进行学术交流，举办培训班和宣传等工作。

地址:杭州市莫干山路111—1号

电话:81248

杭州市勘测处

地址:杭州市莫干山路武林门新村13号

电话:88186

杭州市城建设计院

承担各类建筑、市政工程和规划、园林设计及对外设计业务。提供可行性研究、复杂结构、软土地基等咨询。电算服务。职工200余人。为国家建筑、市政甲级设计院。

地址:杭州市浣沙路16—1号

电话:21697　28582

杭州市城市建设科学研究所

对市政、公用、建材、结构、地基及微机开发应用技术、可行性方案进行研究。承担城建工程的检测、测试工作。职工50名。

地址:杭州市环城西路36号

电话:50251

杭州市建筑设计院

承担各类工业、民用建筑设计。技术力量雄厚，为国家甲级设计院。

地址:杭州市浣沙路16号

电话:23212　26328

电报挂号:0114

杭州市房屋建设开发公司

经营商品住宅和营业房、办公房;建筑设计、基地开发和工程总包组建;房产租赁;开发联营。

地址:杭州市浣沙路81号

电话:20843

电报挂号:0174

杭州市住宅经营公司

组建国家、省、市专项住宅，开发商品房。

地址:杭州市浣沙路59号

电话:24843

杭州市城市建设开发公司

主管市政建筑工程的承发包;兼营商品房，年竣工商品住宅10万平方米。职工60名。

地址:杭州市长生路9号

电话:28347

杭州市建筑装饰设计工程公司

主要承担宾馆、饭店、办公楼、商店及其它公共建筑、民用建筑装饰工程的设计和施工。兼营建筑装饰材料、室内装饰软件和家具。职工1200人。

地址:杭州市凤起路124—132号

电话:52414

杭州市第二住宅建筑工程公司

承接各种建筑工程，兼营水电安装、建筑装璜和金属构件。职工600余人。

地址:杭州市孝丰路5号

电话:51655

杭州市建筑定额站

负责全市建筑安装工程预算定额的解释、仲裁、管理工作，参与编制省建安工程预算定额和材料预算价格的测算。

地址:杭州市解放路203号

电话:25315

杭州市建筑材料公司

主营沙、石、砖、瓦、灰，年吞吐量200万吨。兼营钢材、水泥、玻璃及建筑设备。职工100名。

地址:杭州市浣沙路18号

电话:27375

杭州市住宅钢窗厂

生产各类钢门窗、铝合金门窗、镀锌彩板门窗、PVC塑料门窗和茶叶机械，年产门窗能力9万平方米。职工270余人。

地址:杭州市环城北路104号

电话:53676

电报挂号:2075

杭州市市政工程建设处

负责全市市政工程建设项目的组织实施。职工65人。

地址:杭州市长生路9号

电话:23355

杭州市市政工程公司

主要承建大、中型道路、桥梁、下水道、泵房、人防等市政工程。兼营市政工程水泥制品、沥青洒布机、制动蹄片光削机。职工1625人。

地址:杭州市环城北路156号

电话:52373

杭州市中东河综合治理总指挥部

负责中东河综合治理工程，承建其它城市项目。职工75人，其中专业技术人员50人。

地址:杭州市长生路9号

电话:28792　(总机)

杭州市自来水公司

主要产品:自来水、水表，年供水18716万吨，水表14104只。职工1389人。

地址:杭州市清泰街96号

电话:25101

杭州市公共交通公司

主要从事公交客运、旅游出租、团体包车、客车大修装配、驾驶修理技术培训、车身广告等业务。职工近万名。

地址:杭州市龙翔桥20号

电话:28931 (总机)

杭州市煤气公司

主要经营:液化石油气,年供气能力10000吨,用户85000户。职工425人。

地址:杭州市中山北路底

电话:58371

杭州热电厂

杭州市园林文物管理局西区管理处

负责保护、管理和建设西湖风景名胜区西北部的名胜古迹、园林绿地。

地址:杭州市西山路15号

电话:21900

杭州市园林设计院

承担西湖风景区的规划和园林建筑设计,同时承接宾馆、公共建筑的庭院、环境绿化和一般民用建筑的设计业务。

地址:杭州市教场路39号

电话:23259

电报挂号:0612

杭州市园林工程公司

承担西湖风景区内的园林建筑施工和文物古迹整修,以及城市绿地和庭院的设计施工业务。

地址:杭州市玉皇山路阔石板116号

电话:72389

杭州市环湖绿地动迁建设工程处

负责西湖环湖地带园林绿化的建设和改造工作。

地址:杭州市曙光路70号

电话:27585

杭州植物园

是全国具有公园外貌的新兴植物引种、驯化科研机构。

地址:杭州市玉泉桃源岭1号

电话:25285

杭州市园林文物管理局苗圃

是全市最大的绿化苗木生产经营基地。

地址:杭州市老东岳

电话:83091

电报挂号:0027

杭州市《风景名胜》杂志社

全国唯一探讨风景名胜区的发展,风景名胜建设成就的综合性刊物。

地址:杭州市小营巷酱园弄12号

电话:20273

电报挂号:0628

杭州市园林技工学校

系三年制技工学校,主要培养杭州园林绿化建设的技术骨干,也为全国各地代培园林绿化与设计专业人才。

地址:杭州市灵隐路37号

电话:27984

杭州市园林文物管理局商业经营部

以零售、批发、代购、代销方式供应各类食品、副食品、绸缎、日用百货、照相器材、工艺品、陶瓷品,下设门市部。

地址:杭州市环城西路5号

电话:22722

杭州市园林机械厂

是建设部生产液压高空作业车的定点企业。生产的杭州YZ12—A型、YZ130—1型液压高空作业车,是园林、路灯、供电、机场、港口高空作业的理想工具。

地址:杭州市环城西路5号

电话:22017

电报挂号:0954

杭州市园林旅游服务公司

为中外游人游览西湖风景区、黄山等旅游胜地提供交通、食宿、导游服务。

地址:杭州市少年宫城河下22号

电话:27618

杭州动物园

展出动物160余种,有大小熊猫、金丝猴、黑叶猴、亚洲象、东北虎、丹顶鹤等珍稀动物。

地址:杭州市虎跑路40号

电话:72276

杭州楼外楼菜馆

地处西湖之滨的百年老店,传统名菜有西湖醋鱼、龙井虾仁、西湖莼菜汤、杭州煨鸡等,饮誉海内外。

地址:杭州市外西湖30号

电话:21654

杭州市城市雕塑创作室

系从事城市雕塑创作的专业单位。

地址:杭州市灵隐法云弄51号

电话:23001—35分机

杭州市环卫研究所

地址:杭州市复兴街348号

电话:61394

杭州市环境卫生管理处机修厂

制造、改装清卫车辆,设计、制造环卫机械设施,大修各类车辆。

地址:杭州市体育场路212号

电话:57187

宁波市城市建设档案馆

保管城市重要城建档案。职工8人。

地址:宁波市长春路4号

电话:42715

宁波市城市建设设计院

承担桥梁、道路、给排水、城市防洪工程和工业、民用建筑设计。职工47人。

地址:宁波市兴宁路

电话:33091

宁波市建设开发公司

承担城市建设开发、商品房、勘测设计。职工55人。

地址:宁波市兴宁路

电话:61618

电报挂号:2047

宁波市房地产开发经营公司

从事土地开发、代建房屋、代办征地等前期工程业务,兼经营房屋建筑材料。职工71人。

地址:宁波市解放南路76号

电话:66200

宁波市住宅建设开发公司

从事土地开发、房屋建设、房地产经营。职工150人。

地址:宁波市解放南路76号

电话:61284

电报挂号:6001

宁波市住宅建设公司

从事房屋开发、代建、经营民用商品房,建筑安装工程施工。职工812人。

地址:宁波市西河街89号

电话:61197

宁波市市政工程公司

承包道路、桥梁、立交地道、排水管涵、污水泵站等市政工程。职工518人。

地址:宁波市渔浦巷17号

电话:41258

宁波市市政管理处

负责城市道路、下水道、桥梁、江塘、路灯的维护。职工282人。

地址:宁波市月岛11号

电话:62713

宁波市自来水公司

日制水能力30万吨,配套供水设施服务,管道安装,及年产7万只15—200毫米各档湿式水表。职工522人。

地址:宁波市药行街226号

电话:63990

电报挂号:2052

宁波市自来水公司江东水厂

制水规模日产6万吨。职工67人。

地址:宁波市四眼矸水电桥

电话:32845

宁波市自来水公司南郊水厂

制水规模日产10万吨。职工80人。

地址:宁波市南郊祖关山

电话:65684

宁波自来水公司水表厂

生产“宁水牌”水表,年产量4.5万只,并经营水表修理业务。职工50人。

地址:宁波市四眼矸水电桥

电话:33820

电报挂号:5692

宁波市公共交通公司

营运车辆168辆,营运线路21条,营运长度277.3公里,年客运量8700万人次。职工1494人。

地址:宁波市中山东路3号

电话:64424

宁波市汽车出租公司

经营省内外客运、货运及旅游业务。职工586人。

地址:宁波市兴宁路

电话:33894

宁波市煤气公司

液化石油气储存能力1380吨,年供气量6000吨。另有钢瓶维修车间,年维修能力4万只。职工231人。

地址:宁波市新街108号

电话:63166

宁波市园林管理处

建设和管理公园、苗圃、城市绿化。职工464人。

地址:宁波市平桥街40号

电话:61515

宁波市花木公司

经营花卉、苗木、绿化工程。职工36人。

地址:宁波市北郊路155号

电话:66867

电报挂号:0024

宁波市南郊苗圃

主要苗木有五针松、香樟、茶花、广玉兰,年产各类苗木10万株。职工84人。

地址:宁波市南郊祖关山

电话:61914

宁波市环境卫生管理处

年清运粪便17.5万吨,年清运垃圾12.7万吨。职工311人。

地址:宁波市柳汀街98号

电话:66057

温州市规划设计处

承接20万人以下城市总体规划;各种详细规划;大

型项目选址可行性研究；工业与民用建筑设计。职工30人。

地址：温州市信河街168号

电话：24545

温州市建筑设计院

主要承担温州市和浙南地区工业与民用建筑设计。各种专业配套齐全，配有电子计算机、复印机等先进设备，为甲级设计院。工程技术人员116人。

地址：温州市飞霞北路2号

电话：23572　22451

温州市勘察测绘处

承担城乡建设勘案测量(工程地质勘察与岩土工程，城市测量，工程测量)任务，范围不受限制。为甲级勘察单位。职工160人。

地址：温州市黎明路10弄11号

电话：25136

电报挂号：2907

浙江省温州市房地产管理局

负责鹿城区经租房产与房地产开发业务。职工401人。

地址：温州市蛟翔巷56号

电话：24273　24353　23384

中国房屋建设开发公司温州公司

温州市房屋建设开发公司

主营商品房经营开发，住宅区公建配套设施。兼营建筑配套材料。职工92人。

地址：温州市垟儿路91号

电话：26536　26206

电报挂号：3001

浙江省温州市公用事业开发公司

承接城市公用事业基本建设开发、建设，房地产开发，交通工程承包、建设。年工作量2000万元以内。职工18人。

地址：温州市花柳塘34号楼

电话：28309

电报挂号：0196

温州市基本建设工程承包公司

对基本建设项目的可行性研究、勘察设计、工程施工、设备安装实行全过程总承包或代行监管，以及房屋开发。职工49人。

地址：温州市龙泉巷25号

电话：26885

电报挂号：0316

浙江省温州市市政管理处

承接路灯维修、安装，下水道维护，区级道路维修，污水泵房管理。职工47人。

地址：温州市花柳塘34号楼

电话：27203

电报挂号：0196

温州市市政工程处

主要施工沥青路、水泥路、桥涵、港坝，下水道工程，预制各式水泥管筒及构件。职工143人。

地址：温州市人民东路13号

电话：25275　28311

温州市自来水公司

自来水生产供应，年供水量4000万吨。职工350人。

地址：温州市广场路233号

电话：26577　26497

电报挂号：3030

温州市公共交通公司

现有汽车160辆，行驶线路21条(长途线路4条)。日客运量10万多人次。职工1201人。

地址：温州市鹿城路88号

电话：24996

电报挂号：0074

温州市煤气公司

筹建城市管道煤气，兼营液化石油气。职工60人。

地址：温州市广场路233号

电话：27339　22410

电报挂号：1220

温州市园林管理处

承担风景游览，花卉苗木，盆景生产。职工392人。

地址：温州市公园路1号

电话：25213　25040

温州市花木公司

公司下设两个营业部，营业场地约1000平方米，生产场地23亩。主营花卉苗木，各类盆景，钓鱼、养鱼用具，园艺工具等。职工38人。

地址：温州市公园路1号

电话：26271

电报挂号：0484

温州市环境卫生管理处

承担市区环境卫生、环卫设施建设、管理。职工650人。

地址：温州市黄府巷47号

电话：22418　23337

温州市白蚁防治所

负责市区及所属单位的白蚁防治工作。职工7人。

地址：温州市五马街104号

电话：23233

温州市城乡建设职工中等专业学校

设置工民建和城乡建设两个专业，开办4—6个班，附设一个丁级建筑设计室，可承担工业与民用建筑设计任务。教职工25人，在校生155人。

地址：温州市上陡门

电话:26611

湖州市城乡规划室

承担城市规划、测量。职工25人。

地址:湖州市志成路25号

电话:25916

湖州市建筑设计院

承担建筑设计,工程测量、钻探。

地址:湖州市劳动路81号

电话:22190

湖州市房地产管理处

承担房地产管理、公房维修、住宅开发、白蚁防治。职工390人。

地址:湖州市同岑路26号

电话:23785

中国房屋开发公司湖州公司

主管商品房建设、出售、室内装饰,兼营建材。职工30人。

地址:湖州市东街180号

电话:25551

湖州市建设开发公司

经营商品房的建设、出售。职工18人。

地址:湖州市环城西路下塘2号

电话:25374

湖州市市政工程管理处

承担下水道、道路、桥梁、驳岸、路灯的设计、施工和维修养护。职工120人。

地址:湖州市环城西路33号

电话:23585

湖州市自来水公司

承担制水、管道安装、水表修理业务。日供水能力6.5万吨。职工147人。

地址:湖州市红旗路227号

电话:24341

湖州市公共交通公司

承担城市公共交通、旅游服务。职工132人。

地址:湖州市东街238号

电话:24431

湖州市煤气公司

经营液化石油气的储运、灌装、销售、管理业务。职工40人。

地址:湖州市南门辟开山

电话:25913

湖州市园林管理处

负责市区街道、新村、居民区、公园的绿化、管理,兼营商业服务。职工123人。

地址:湖州市人民公园内

电话:25265

湖州市环境卫生管理处

负责市区一、二级道路、厕所的清扫保洁,垃圾粪便的清运。职工347人。

地址:湖州市平南园路26号

电话:23263

嘉兴市城市建设档案管理处

搜集、整理、保管城市建设档案。职工5人。

地址:嘉兴市中山西路城建大楼内

电话:3043

嘉兴市城乡规划设计处

承担城乡规划及市政道桥设计。职工38人。

地址:嘉兴市中山西路城建大楼内

电话:4546

嘉兴市房地产管理局

承担市区公私房的产权、产籍管理,维修、养护及新建住宅。职工260人。

地址:嘉兴市环城东北路86号

电话:5932

中国房屋建设开发公司嘉兴公司

经营商品房,承接土地、房屋综合开发建设。职工90人。

地址:嘉兴市中山路27号

电话:3860

电报挂号:1341

嘉兴市市政工程管理处

承担市区市政工程建设及市政设施的管理。职工9人。

地址:嘉兴市中山西路城建大楼内

电话:5779

嘉兴市市政工程公司

承担城市道桥、下水道等市政设施的设计、施工、维护。职工213人。

地址:嘉兴市天星湖工程弄

电话:5294　2232

嘉兴市工程承包公司

承发包道桥、公共设施、工民建的勘察、设计、施工及技术咨询。职工40人。

地址:嘉兴市解放路春波桥堍

电话:4176　5300

电报挂号:4453

嘉兴市公用事业管理处

承担全市城镇的公交、煤气、供水、节水的行业管理。职工4人。

地址:嘉兴市中山西路城建大楼内

电话:5797

嘉兴市自来水公司

承担制水、供水,市政给水管网的设计、施工,水表、机井的检修。职工189人。

地址:嘉兴市塔弄18号

电话:2474　5802

嘉兴市公共交通公司

承担城市公共交通,有公交车35辆。兼营出租汽车。职工130人。

地址:嘉兴市城东路86号

电话:4328

嘉兴市煤气公司

主营液化石油气,兼营液化气用具。职工20人。

地址:嘉兴市东栅雀幕桥

电话:4148

嘉兴市园林管理处

承担园林绿化养护管理及开发建设。职工166人。

地址:嘉兴市人民公园内

电话:3417　2367

嘉兴市环境卫生管理处

承担市区粪便、垃圾的清运、处理,公共厕所建设和管理。职工256人。

地址:嘉兴市平家弄4号

电话:3551　2093

嘉兴市白蚁防治站

承担城乡白蚁防治,承包新建房屋白蚁预防处理工程。职工5人。

地址:嘉兴市环城东北路87号

电话:2845

绍兴市城市规划管理处

承担城市规划管理与设计,测量及地名工作。职工46人。

地址:龙山后街20号

电话:32672

绍兴市房地产管理处

辖四个房管所、两个开发公司、房屋修缮公司、建材厂、拆迁办公室。职工576人。

地址:绍兴市鱼化桥河沿39号

电话:34232

绍兴市房地产开发公司

承担市区旧城改造,住宅小区的房地产开发。职工45人。

地址:绍兴市鱼化桥河沿39号

电话:33992

绍兴市房屋建设开发公司

从事房屋建设综合开发,经营商品住宅,承接各种房屋建设工程。

地址:绍兴市人民路180号

电话:34646

绍兴市市政工程管理处

承接沥青、水泥道路铺设、桥梁架设等业务。职工198人。

地址:绍兴市府山直街210号

电话:35078

绍兴市自来水公司

年供水量2059万吨。职工167人。

地址:绍兴市西廓门外

电话:32472

电报挂号:0171

绍兴市公共交通公司

负责城市公共交通,兼营出租业务。职工229人,大小车60辆。

地址:绍兴市大城湾

电话:34454

绍兴市煤气公司

经营液化石油气及其燃烧器具。职工42人。

地址:绍兴市草子田头27号

电话:34869

电报挂号:0320

绍兴市园林管理处

从事城市园林管理和旅游服务。管辖公园、苗圃及花木商店。职工189人。

地址:绍兴市人民路

电话:32834

绍兴市市容环卫管理处

负责清运市区粪便、垃圾,清扫道路,河面保洁。职工436人。

地址:绍兴市司狱司前8号

电话:32655

绍兴市白蚁防治所

承担新建房屋白蚁预防,旧房及山林水库的白蚁防治。

地址:绍兴市解放北路8号

电话:33623

绍兴市城乡建设职工中等专业学校

设工民建、城镇建设和建筑设计三个专业,并担负职工培训教学任务。教职员工55人。

地址:绍兴市耀应弄18号

电话:34555

金华市住宅经营公司

主营各类商品房并承办集资代建业务。兼营建材、室内装璜材料等。职工8人。

地址:金华市婺江东路166号

电话:23749

金华市江南新区开发公司

经营土地开发、商品住宅,代建各类房屋。职工20余人。

地址:金华市双溪西路

电话:23113

金华市市政管理处

承担市政的征地、动迁等前期工作,工程质量的检查、监督、验收，市政设施的管理。职工 24 人。

地址：金华市婺江东路

电话：25677

金华市规划局测量队

主要承担控制测量、大地比例尺地形测绘及市政工程测量。

地址：金华市婺江路 152 号

电话：2350

金华市自来水公司

日供水能力 9.5 万吨，兼营上、下水道安装及水暖管件批零业务。职工 167 人。

地址：金华市东市街 56 号

电话：24852

电报挂号：5261

金华市公交公司

金华市煤气筹建处

金华市环境卫生管理处

担负市区道路保洁和垃圾、粪便的清运任务。职工 230 人。

地址：金华市胜利街北段

电话：22803

金华市城乡建设学校

目前设置工业与民用建筑、城乡规划、建筑管理三个专业。招收初中毕业生，学制四年。

地址：金华市东阳县吴宁镇新南路

电话：23072

余姚市房地产管理处

负责全市房地产管理及旧城开发。职工 103 人。

地址：余姚市人民东路 67 号

电话：22912　22650　24645

余姚市住宅经营管理处

负责小区开发，经营商品住宅。职工 10 人。

地址：余姚市人民东路 240 号

电话：24334

余姚市路灯管理处

负责全市路灯管理。职工 10 人。

地址：余姚市人民西路 369 号

电话：22179

余姚市自来水公司

年供自来水 800 万吨，并经营管道设备和安装业务。职工 86 人。

地址：余姚市城下路 25 号

电话：22179

余姚市园林管理处

管理城镇绿化、公园，栽培园林苗木，经营花卉盆景。职工 36 人。

地址：余姚市龙泉山

电话：23729

余姚市城乡建设材料设备公司

经营建筑材料及各种机械设备。职工 28 人。

地址：余姚市三官堂路 48 号

电话：22863

余姚市白蚁防治站

业务范围：检查、预防、灭治城乡房屋、水库、堤坝、山林白蚁危害。职工 6 人。

地址：余姚市人民东路 178 号

电话：23356

余姚市城镇环境卫生管理所

负责全市环卫管理、清理粪便垃圾。职工 190 人。

地址：余姚市龙山弄 11 号

电话：23133

衢州市规划处

现有职工 28 人。

地址：衢州市新桥街 188 号

电话：25960　25176

衢州市房地产管理处

现有职工 76 人。

地址：衢州市新桥街 188 号

电话：25980　26217

衢州市建筑设计所

现有职工 30 人。

地址：衢州市新桥街 188 号

电话：26318　25621

中国房屋建设开发公司衢州公司

出售商品房，开发房地产，联建和代建住宅、营业用房、办公楼和综合楼。职工 36 人。

地址：衢州市新桥街 188 号

电话：25679

电报挂号：4099

衢州市建筑总公司

承担建筑施工，水电安装，预制构件。职工 986 人。

地址：衢州市中河沿 16 号

电话：24811

衢州市市政工程管理处

施工机械总功率 647 马力。职工 44 人。

地址：衢州市环城东路

电话：26227

衢州市自来水厂

供水能力 2 万吨/日，兼营上、下水管道安装。职工 75 人。

地址：衢州市双港口

电话：25238

衢州市公共交通公司

有大小车辆 23 辆。职工 97 人。

地址：衢州市环城东路

电话：26618

衢州市煤气管理站

衢州市园林管理处

负责市区园林绿化，供应苗木、花卉、山石、树桩盆景。职工73人。

地址：衢州市新桥街47号

电话：24251 26579

衢州市环境卫生管理处

职工88人。

地址：衢州市新桥街45号

电话：24402

衢州市白蚁防治所

担负防治房屋、山林、水利、古建筑白蚁。职工3人。

地址：衢州市新桥街188号

电话：24708

衢州市水泥制品厂

经营水泥电杆(规格长6—10.5米)，水泥涵管(规格ϕ300、ϕ400、ϕ500)。职工60人。

地址：衢州市北门航东

电话：24484

衢州市水泥构件厂

主营水泥构件、球磨机钢球、GRC浴缸，兼营农房建材。职工40人。

地址：衢州市东蹟渡

电话：25484

电报挂号：8049

衢州市砂石厂

年产黄沙8万吨，水泥涵管2万只。职工72人。

地址：衢州市衣锦坊

电话：26198

电报挂号：4263

海宁市钢窗厂

生产32毫米实腹钢门窗等。

地址：沪杭线长安镇

电话：41545

电报挂号：7097

海宁市门锁五金厂

生产通铸壳、双保险、防风和87型多功能球型保险门锁。年产40万把。

地址：海宁市盐官镇

电话：142

电报挂号：1696

台州建筑设计院

承担工业与民用建筑设计、工程地质勘察。职工50人。

地址：临海市回浦路157号

电话：4103 4664

临海市房地产管理处

负责全市公有房地产的管理、经营、维修养护和白蚁防治。职工27人。

地址：临海市城关卖糖巷26号

电话：2558 3262

临海市住宅公司

经营商品房、城市综合开发等。职工11人。

地址：临海市卖糖巷26号

电话：3002 3144

临海市电力公司路灯队

承担城乡路灯设施的管理与安装。职工30人。

地址：临海市环城东路

电话：4712 4285

临海市自来水厂

承担供水与自来水管道安装等。职工66人。

地址：临海市继光街26号

电话：4304 2162

临海市园林管理处

负责管理市区绿化、公园、风景区、苗圃等。职工51人。

地址：临海市东湖路49号

电话：2489

临海市环卫管理处

负责市区的街道保洁和垃圾、粪便的清运。职工80人。

地址：临海市城关大龙须

电话：2435

兰溪市建筑机械厂

主要生产建筑钢筋系列机械、装修系列机械、脚手架扣件。年产值500万元。职工175人。

地址：兰溪市和平路

电话：23612

电报挂号：4591

兰溪市自来水厂

地址：兰溪市城关镇自由路138号

椒江市建筑设计院

从事工业与民用建筑设计及地质勘察。职工29人。

地址：椒江市青年路

电话：22882

椒江市房地产管理处

从事房地产经营、产权管理、私房买卖管理、住宅商品房出售等。职工16人。

地址：椒江市中山东路197号

电话：23870

椒江市房地产经营公司

主要从事房地产业的开发与经营。

地址：椒江市中山东路197号

电话：23695

椒江市城市建设综合开发公司

从事房地产综合开发经营。并在各建制镇设有分公司。职工33人。

地址:椒江市中山东路271弄5号

电话:22168

电报挂号:1004

椒江市建筑工程总公司

承建机械、造船、建材、轻工业等各类工业厂房和饭店、宾馆等中、高级民用建筑。固定职工3000余人。

地址:椒江市青年路

电话:23137

椒江市建筑工程公司

具有承担比较复杂的工业与民用建筑工程的施工能力。职工799人。

地址:椒江市中山西路19号

电话:24982

电报挂号:7024

椒江市第二建筑工程公司

从事工业与民用建筑工程施工和水电安装,并生产和经营建筑预制构配件。职工422人。

地址:椒江市石公庙巷59号

电话:23743

电报挂号:1333

椒江市第三建筑工程公司

主要从事要求较高、风格不同、各种类型的工业与民用建筑工程施工。职工1200人。

地址:椒江市中山西路56—2号

电话:24279

电报挂号:4453

椒江市第四建筑工程公司

承接土建工程施工和水电安装,兼营建筑材料和建筑预制构件。职工508人。

地址:椒江市凤凰桥

电话:22113

椒江市建筑工程质量监督站

主要从事市辖区内的建筑安装工程,建筑构配件成品的质量监督。职工3人。

地址:椒江市青年路

电话:24880

椒江市建筑材料工业公司

经营建筑材料为主的综合性公司。职工39人。

地址:椒江市解放南路60—66号

电话:22642

电报挂号:0361

椒江市市政工程处

承建道路、桥梁、排水等市政工程,并生产市政工程预制构件。职工35人。

地址:椒江市中山东路271弄5号

电话:22676

椒江市自来水公司

年产自来水510万吨。职工96人。

地址:椒江市青年路3号

电话:22778

椒江市公交公司

椒江市煤气公司

下设煤气经营部和液化石油气供应管理站,组织供应液化石油气、灶具、厨房用品等。职工30人。

地址:椒江市解放南路50号

电话:23148

电报挂号:3561

椒江市房管处白蚁防治站

从事白蚁防治,并经销各种防治家庭虫害药物。职工10人。

地址:椒江市中山东路197号

电话:23447

浙江海门水泥厂

年产普通水泥2.5万吨。职工148人。

地址:椒江市外沙路100号

电话:23403

电报挂号:0360

椒江市砖瓦厂

年产红砖2000万块,泡化碱2000吨,保温材料500立方米。职工306人。

地址;椒江市岩头

电话:23741转

电报挂号:3136

丽水市规划设计处

主要承担城市的规划与建筑设计。职工13人。

地址:丽水市中山街27号

电话:32553

丽水市房地产管理处

主要负责城镇房地产管理及部分商品房建设与经营。职工27人。

地址:丽水市中山街331号

电话:33015

丽水市房屋建设开发公司

主要负责城市房屋的开发建设。职工20人。

地址:丽水市中山街331号

电话:32054

丽水市市政工程处

担负市区道路、排水、排污等市政设施的建设与管理,生产预制管和路石。职工27人。

地址:丽水市继光街27号

电话:33713

丽水市自来水厂

日制水能力3万吨。职工79人。

地址:丽水市丽龙路

电话:32771

丽水市园林管理处

主要担负全市园林、风景区的建设和管理。职工 39 人。

地址:丽水市万象山公园内

电话:32882

丽水市环境卫生管理处

主要担负市区环境卫生工作。有大小车 20 辆。职工 131 人。

地址:丽水市城西路 71 号

电话:32443

丽水市白蚁防治所

担负全市新旧房屋及山林、水库的白蚁普查与防治工作。职工 4 人。

地址:丽水市中山街 331 号

电话:33069

•安 徽 省•

合肥市规划设计研究院

编制、修订和研究城市规划,承担市政工程设计、建筑设计。职工 91 人。

地址:合肥市阜阳路 89 号

电话:54130

合肥市测绘队

地址:合肥市阜阳路 89 号

电话:72081

合肥市城市改造工程指挥部

负责旧城区改造和房屋综合开发等业务。职工 85 人。

地址:合肥市安庆路六安路口

电话:78661

合肥市城市建设重点工程指挥部市政工程办公室

负责市区城市建设重点工程组织、招标投标、拆迁安置、工程质量检查验收、原材料供应等。职工 38 人。

地址:合肥市阜南路 35 号

电话:73291

合肥市市政工程公司

承建城市道路、桥梁、排水和防洪工程设施、年产值 1200 万元左右。职工 1527 人。

地址:合肥市阜南路 35 号

电话:73541

合肥市市政养护管理处

管理和维护市区内道路、桥梁、路灯、排水和防洪工程设施。职工 390 人。

地址:合肥市青年路 83 号

电话:78464

合肥市自来水公司

现有 3 个水厂、日供水能力共 25 万吨,年供水总量 9434 万吨。承担城市供水管道设计、安装、维修业务等。职工 802 人。

地址:合肥市阜南路 33 号

电话:74630

合肥市公共交通公司

现有营运车 323 辆,营运线路 345 公里,年运客总量 2.6 亿人次,承担旅游车、包车出租及车辆大、中修业务。职工 3326 人。

地址:合肥市和平路 7 号

电话:82133

合肥市出租汽车旅游公司

现有营运车 46 辆,固定资产 394 万元。承担省市内外包租大、中、小轿车和长途旅游客运及进口轿车配件销售,技术维修业务。职工 179 人。

地址:合肥市胜利路滁州路口

电话:78963

合肥市煤气公司

现有储气能力 5.4 万立方米,年供气总量 248 万立方米,用气户数 1 万户。职工 271 人。

地址:合肥市阜南路

电话:56457

合肥市园林局

园林绿化的规划设计和管理、园林建筑、城市雕塑、苗圃、花卉和盆景的生产,动物的饲养等。职工 1700 人。

地址:合肥市逍遥津路

电话:57465

合肥市环境卫生管理处

管理市区环境卫生工作。职工 1650 人。

地址:合肥市青年路 81 号

电话:53854

淮南市规划设计处

编制和修订城市规划,管理规划区内建设用地和工程规划设计,承担市政工程设计。职工 20 人。

地址:淮南市姚家湾

电话:3905

淮南市城建档案馆

收集和管理全市城建档案资料,并供有关单位查阅。职工 20 人。

地址:淮南市姚家湾

电话:3861

淮南市建设局勘察队

承担全市的勘察测量工作。职工 123 人。

地址:淮南市田家庵

电话:2589

淮南市抗震办公室

管理全市房屋的抗震加固工作。职工 9 人。

地址:淮南市洞山

电话:4912

淮南市征地、拆迁、安置办公室

负责全市征地、拆迁、安置工作。职工 13 人。

地址:淮南市洞山

电话:4176

淮南市公产管理所

管理全市矿产资源。职工 20 人。

地址:淮南市姚家湾

电话:3835

淮南市市政管理处

管理和养护市区内市政工程设施。职工 226 人。

地址:淮南市六里站

电话:2405

淮南市市政工程公司

承建城市道路和排水工程。职工 404 人。

地址:淮南市国庆路

电话:3964 转

淮南市自来水公司

现有水厂 2 座,日供水能力共 12 万吨,年供水总量达 5311 万吨。职工 263 人。

地址:淮南市姚家湾

电话:2615

电报挂号:6152

淮南市公共交通公司

现有营运车 163 辆,营运线路长 238 公里,年客运总量达 0.52 亿人次。职工 1171 人。

地址:淮南市泉山

电话:4467

电报挂号:6508

淮南市煤气公司

现储气能力 1.0 万立方米,年供气总量达 451 万立方米,用气户数有 5200 户。职工 117 人。

地址:淮南市朝阳路

电话:4886

淮南市园林管理处

管理市区内园林绿化工作。职工 130 人。

地址:淮南市姚家湾

电话:3740

淮南市环境卫生管理处

管理全市区的环境卫生工作。职工 17 人。

地址:淮南市姚家湾

电话:3344

蚌埠市规划建筑勘察设计院

负责城市规划编制和承担工业与民用建筑的勘察设计。职工 214 人。

地址:蚌埠市中荣街 144 号

电话:24629

蚌埠市房地产管理处

负责公房管理,落实私房政策和管理房地产市场等业务。职工 912 人。

地址:蚌埠市胜利路 90 号

电话:27694

蚌埠市市政工程公司

承建城市道路和排水工程。职工 409 人。

地址:蚌埠市中荣街 144 号

电话:24247

蚌埠市第二市政工程公司

管理和维修市区的道路和排水工程设施。职工 106 人。

地址:蚌埠市胜利东路

电话:26606

蚌埠市沥青站

接卸和储运道路用沥青。职工 29 人。

地址:蚌埠市西大坝石灰厂北

电话:88502

蚌埠市路灯管理所

管理和修建市区道路照明设施。职工 30 人。

地址:蚌埠市延安路 15 号

电话:25212

蚌埠市市区淮河修防所

管理和维修市区淮河堤防。职工 41 人。

地址:蚌埠市东风四街 196 号

电话:26216

蚌埠市自来水公司

现有水厂二座,日供水能力 14 万吨,年供水总量达 5573 万吨。承担城市供水管道安装与维修等业务。职工 404 人。

地址:蚌埠市纬四路 1 号

电话:25614

蚌埠市公共交通公司

现有营运车 141 辆,营运线路 155 公里,年运客总量达 1.2 亿人次,承担车辆的大、中修业务。职工 1579 人。

地址:蚌埠市朝阳路 419 号

电话:25023

电报挂号:6454

蚌埠市液化气公司

储气能力 450 吨,年供气总量 1840 吨,用气户数 1.9 万户,负责城市液化气的安全管理,职工 123 人。

地址:蚌埠市中荣街 144 号

电话:27703

电报挂号:3210

蚌埠市园林管理处

管理市区园林绿化工作。职工 481 人。

地址:蚌埠市人民路中段

电话:27504

蚌埠市环境卫生管理处

管理市区环境卫生工作。职工 27 人。

地址：蚌埠市胜利路 27 号

电话：25447

芜湖市规划设计院

编制和修订城市规划，管理城市规划区内建设用地和工程规划设计，市政工程设计。职工 70 人。

地址：芜湖市北京路 22 号

电话：85818

芜湖市测量队

承担市内外勘察与测量。职工 60 人。

地址：芜湖市东郊路 16 号

电话：82535

芜湖市房地产管理处

负责芜湖市直管公房的管理，住宅制度改革，落实私房政策，房地产市场管理等业务。职工 1319 人。

地址：芜湖市公园路 7 号

电话：83658

中国房屋开发公司芜湖分公司

承担芜湖市住宅统建和房屋综合开发工作。职工 60 人。

地址：芜湖市团结路

电话：85729

芜湖市市政管理处

管理和维护市区道路、桥梁和排水工程设施。职工 206 人。

地址：芜湖市工农路

芜湖市市政工程公司

承建城市道路、桥梁、排水和防洪工程。职工 587 人。

地址：芜湖市羌家花园 2 号

电话：85375

芜湖市自来水公司

现有水厂 3 个，日供水能力共 19 万吨，年供水总量达 6500 万吨。承担城市供水管道的安装、维修等业务。职工 452 人。

地址：芜湖市健康二马路 42 路

电话：84855

芜湖市公共汽车公司

现有营运车 196 辆，营运线路 204 公里，年客运总量达 0.7 亿人次。承担车辆大、中修业务。职工 1448 人。

地址：芜湖市长江路

电话：82026

芜湖市煤气公司

现有储气能力 5.4 万立方米，年供气总量达 960 万立方米，用气户数达 2 万户。负责城市煤气管道的安装与维修等业务。职工 245 人。

地址：芜湖市黄山路口

电话：86860

芜湖市园林绿化管理处

管理市区园林和绿化工作。职工 900 人。

地址：芜湖市九华山路 41 号

电话：86295

芜湖市环境卫生管理处

管理市区环境卫生工作。职工 581 人。

地址：芜湖市黄山路 81 号

电话：85588

淮北市规划管理处

编制和修订城市规划，管理规划区内建设用地和建设工程规划设计。职工 45 人。

地址：淮北市相山路

电话：2886

淮北市城建档案馆

承担全市城建档案资料汇集、存档，供有关单位查询城市建设历史档案资料。职工 4 人。

地址：淮北市相山路

电话：3020

淮北市征迁安置办公室

负责市区建设用地的征地、拆迁、安置工作。职工 15 人。

地址：淮北市淮海路

电话：2285

淮北市房屋建设开发公司

经营土地和房屋建设综合开发。职工 22 人。

地址：淮北市相山淮海路

电话：3166

淮北市市政工程处

承建道路和下水道工程，管理和维修市区市政工程设施。职工 106 人。

地址：淮北市长山路

电话：2236

淮北市工程质量检督站

负责市区新建工程质量的检查和监督。职工 3 人。

地址：淮北市相山路

淮北市水资源办公室

管理和开发、利用地下水资源、并负责节约用水业务。职工 8 人。

地址：淮北市孟山路

电话：2874

淮北市水源钻井队

负责地下水源的勘探和水源井的建设。职工 73 人。

地址：淮北市相山濉溪路

电话：2096

淮北市自来水公司

现有水厂 1 座，日供水能力 5.7 万吨，年供水总量 889 万吨。职工 114 人。

地址：淮北市相山孟山路

电话:2421

淮北市公共交通公司

现有营运车59辆,行驶里程248万车公里,年运客总量达887万人次。职工318人。

地址:淮北市相山濉溪路

电话:2146

淮北市煤气公司

现储气能力5.4万立方米,年供气总量657万立方米,用气户数达1万户。职工255人。

地址:淮北市相山濉溪路

电话:2294

淮北市园林管理处

管理市区园林绿化工作。职工179人。

地址:淮北市相山路

电话:2038

淮北市环境卫生管理处

管理市区内的环境卫生工作。职工201人。

地址:淮北市鹰山路

电话:2265

马鞍山市规划管理处

编制和修订城市规划,管理规划区内新建的工程设计等。职工65人。

地址:马鞍山市湖东路

电话:74367

马鞍山市城建档案馆

承担全市城建档案资料汇集、存档,供有关单位查询城市建设历史档案资料。职工8人。

地址:马鞍山市湖东路

电话:75674

马鞍山市土地管理处

管理城市规划区内建设用地。职工42人。

地址:马鞍山市湖南路中段

电话:74112

马鞍山市房产处

管理公房、落实私房政策,管理房地产市场等业务。职工26人。

地址:马鞍山市解放路34号

电话:72163

马鞍山市住宅开发公司

经营土地和房屋建设综合开发业务。职工51人。

地址:马鞍山市湖南路中段

电话:74562

马鞍山市市政管理处

管理城市道路、桥梁、路灯和排水等工程设施。职工309人。

地址:马鞍山市红旗路

电话:72834

马鞍山市自来水公司

现有水厂2座,日供水能力共11.5万吨,年供水总量3753万吨。职工348人。

地址:马鞍山市湖东路葛羊路口

电话:73616

电报挂号:0890

马鞍山市公共汽车公司

现有营运车104辆,营运线路139公里。年客运总量0.45亿人次。职工704人。

地址:马鞍山市花山路41号

电话:73719

电报挂号:7659

马鞍山市煤气公司

现储气能力达11.0万立方米,年供气总量2695万立方米。用气户数达4.68万户。职工419人。

地址:马鞍山市湖东路一村13栋

电话:72765

马鞍山市园林管理处

管理市区园林绿化工作。职工43人。

地址:马鞍山市湖南路中段。

电话:72710

马鞍山市环境卫生管理处

管理市区内的环境卫生。职工144人。

地址:马鞍山市马向路42号

电话:73597

安庆市规划管理处

编制和修订城市规划,管理规划区内新建工程设计。职工115人。

地址:安庆市龙山路

电话:4767

安庆市住宅统建办公室

承办市区住宅统一建设工作。职工30人。

地址:安庆市龙山路

电话:5029

安庆市房地产管理处

负责公房管理,落实私房政策和管理房地产市场等业务。职工202人。

地址:安庆市天台里街6号

电话:3197

安庆市市政工程管理处

承建城市道路、排水、防洪工程,管理和维修市区内市政工程设施。职工317人。

地址:安庆市宜城路

电话:4790

安庆市自来水公司

现有水厂1座,日供水能力11万吨,年供水总量达3392万吨,负责城市供水管道的安装与维修业务。职工321人。

地址:安庆市沿江路34号

电话:5846

安庆市公共交通公司

现有营运车辆67辆,营运线路106公里,年运客总量达1696万人次。职工557人。

地址:安庆市湖滨北路

电话:2736

电报挂号:8182

安庆市液化石油气公司

现有储气能力100吨,年供气总量743吨,用气户数达5000户。职工71人。

地址:安庆市西门

电话:2587

安庆市园林管理处

管理市区园林绿化工作。职工361人。

地址:安庆市湖滨南路

电话:3079

铜陵市规划勘察设计院

编制和修订城市规划,从事城市地形测绘,工程地质勘察和工民建乙级工程设计。职工84人。

地址:铜陵市长江中路

电话:2600

铜陵市房地产管理公司

管理全市房地产业务。职工138人。

地址:铜陵市义安南路

中国房屋建设开发公司安徽省铜陵市分公司

经营城市房屋建设和土地开发业务。职工45人。

地址:铜陵市义安南路

电话:4920

电报挂号:1450

铜陵市市政工程管理处

管理城市道路、桥梁、路灯和排水工程设施。职工356人。

地址:铜陵市石城路

电话:3558

铜陵市自来水公司

现有水厂2座,日供水能力共8万吨,年供水总量2544万吨。职工218人。

地址:铜陵市铜官路新光路口

电话:2304

铜陵市公共交通公司

现有营运车67辆,营运线路105公里,年客运总量0.2亿人次。职工481人。

地址:铜陵市长江路天桥南路口

电话:4180

铜陵市煤气公司

现有储气能力7.4万立方米,年供气总量达1375万立方米,用气户数3.1万户。职工297人。

地址:铜陵市义安北路

电话:2638

电报挂号:8625

铜陵市园林管理处

管理市区园林绿化工作。职工228人。

地址:铜陵市长江西路(天井湖公园内)

电话:2557

电报挂号:8557

铜陵市环境卫生管理处

管理市区内环境卫生。职工346人。

地址:铜陵市义安南路

电话:2067

阜阳市城建管理所

负责市区基础设施的管理工作。职工17人。

地址:阜阳市城建巷

电话:2352

阜阳市建设局规划设计室

编制城市规划,承担工程设计工作。职工6人。

地址:阜阳市城建巷

电话:2352

阜阳市勘察队

承担城市勘察测量业务。职工10人。

地址:阜阳市城建巷

电话:2352

中国房屋建设开发公司安徽省阜阳市分公司

经营城市土地和房地产开发业务。职工92人。

地址:阜阳市城建巷

电话:4216

阜阳市房地产开发公司

经营土地和房屋建设的综合开发业务。职工34人。

地址:阜阳市民众西巷

电话:4161

阜阳市房地产经营公司

经营房地产业务。职工50人。

地址:阜阳市民众西巷

电话:3449

阜阳市房屋修建公司

承担房屋修建任务。职工285人。

地址:阜阳市

电话:2768

阜阳市工程公司

承建城市道路和排水工程项目。职工101人。

地址:阜阳市城建巷

电话:4360

阜阳市市政工程公司

管理和承建城市道路、桥梁及排水工程设施。职工173人。

地址:阜阳市城建巷

电话:3776

阜阳市路灯管理所

管理和维修市区路灯。职工5人。

地址:阜阳市城建巷

电话:4084

阜阳市自来水厂

日供水能力2.0万吨,年供水总量601万吨。职工146人。

地址:阜阳市车站路

电话:2168

阜阳市公共汽车公司

现有营运车22辆,营运线路23公里,年运客总量635万次。职工195人。

地址:阜阳市颍河东路

电话:4373

阜阳市汽车旅游公司

现有出租客车17辆,承担市内外包租大、中、小轿车和长途旅游客运业务。职工32人。

地址:阜阳市

阜阳市园林管理处

管理市区园林绿化和苗木生产。职工41人。

地址:阜阳市颍州北路

电话:2233

阜阳市清洁卫生管理站

管理市区环境卫生工作。职工101人。

地址:阜阳市民主东路

电话:4550

阜阳市环境卫生管理处

管理城市的环境卫生。职工100人。

地址:阜阳市颍州南路

宿州市房地产开发公司

经营城市房地产开发业务。职工12人。

地址:宿州市东昌路1号

宿州市房屋修建工程队

负责公房的修建改造、兼营旅社,对外承包万元以上的建设工程。职工14人。

地址:宿州市东昌路

电话:2974

宿州市市政工程公司

管理城市道路、桥梁、路灯和排水等工程设施,承建上述工程项目。职工205人。

地址:宿州市淮海南路

电话:3959

宿州市自来水公司

现有水厂1座,日供水能力2.5万吨。年供水总量639万吨。职工110人。

地址:宿州市环城东路

电话:5432

宿州市公共汽车公司

现有营运车10辆,营运线路55公里,年客运总量312万人次。职工123人。

地址:宿州市宿环路南

电话:3823

宿州市园林管理处

管理市区园林绿化。职工89人。

地址:宿州市西昌路

电话:3075

宿州市环境卫生管理处

管理城市公共卫生。职工111人。

地址:宿州市环城南路

电话:5626

六安市规划管理处

依据城市规划,管理规划区内建设用地和建设项目的规划设计。职工29人。

地址:六安市人民路

电话:2176

六安市规划勘察设计处

编制和修订城市规划,承担建筑工程项目勘察、设计。职工38人。

地址:六安市人民路

电话:3913

六安市城市建设综合开发公司

承建道路、桥梁、涵闸等工程项目。职工170人。

地址:六安市人民路

电话:2003

中国房屋建设开发公司安徽省六安分公司

城市房屋住宅的开发建设、施工、管理和房产经营。职工35人。

地址:六安市梅山南路

电话:2566

六安市市政工程处

管理、维护和承建城市道路、桥梁、路灯及排水等工程设施。职工96人。

地址:六安市人民路

电话:3093

六安市自来水公司

现有水厂2座,日供水能力4.3万吨,年供水总量1160万吨。职工180人。

地址:六安市解放南路

电话:3927

六安市公共汽车公司

现有营运车24辆,营运线路55公里,年运客总量达599万人次。职工173人。

地址:六安市大别山路

电话:2137

六安市煤气工程指挥部办公室

城市管道煤气的建设、管理等。职工33人。

地址:六安市梅山路中端

电话:2500

六安市园林绿化管理处

负责市区的园林绿化管理以及苗圃的生产经营。职工64人。

地址:六安市人民路

电话:3667

六安市园林建筑队

园林建筑雕塑、假山的设计、施工和花卉生产、经营。职工41人。

地址:六安市梅山中路

电话:3880

六安市人民公园

公园的建设管理和花卉、苗木生产、经营。职工17人。

地址:六安市梅山中路

电话:3537

六安市环境卫生管理处

全市的垃圾清运,厕所管理和卫生设施建设。职工76人。

地址:六安市梅山中路

电话:3020

巢湖市房屋开发公司

管理市区民用房屋建设。职工17人。

地址:巢湖市人民路

电话:3742

巢湖市城乡建设局市政工程队

承担市区一般通用结构道路、排水工程、桥梁及路灯。职工110人。

地址:巢湖市巢湖路

电话:4545

巢湖市自来水厂

日供水能力2.0万吨,年供水总量577万吨。职工55人。

地址:巢湖市环城路

巢湖市公共交通公司

现有营运车19辆,营运线路54公里,年运客总量580万人次。职工152人。

地址:巢湖市合裕路

电话:2405

巢湖市园林管理处

承担市区及近郊各类绿地及植物、园林设施,风景名胜区经营与管理。职工37人。

地址:巢湖市卧牛山公园内

电话:3833

巢湖市城乡建设局清洁队

负责市区道路清扫、运输垃圾等。职工70人。

地址:巢湖市环城路

电话:4933

滁州市市政工程队

管理和承建城市道路,排水及路灯等工程设施。职工69人。

地址:滁州市新建路

电话:3472

滁州市自来水厂

日供水能力2.3万吨,年供水总量1001万吨。职工75人。

地址:滁州市水库路94号

电话:3038

滁州市公共汽车公司

现有营运车16辆,营运线路28公里,年运客总量418万人次。职工73人。

地址:滁州市琅琊路东段

电话:3113

滁州市清洁卫生管理所

负责市区公共卫生。职工105人。

地址:滁州市

电话:2186

亳州市房地产管理处

管理公房,落实私房政策,管理房地产市场等业务。职工29人。

地址:亳州市人民北路262号

电话:2293

亳州市征迁办公室

负责市政工程建设的征地拆迁工作。职工6人。

地址:亳州市谯陵路

电话:2241

亳州市城市建设管理处

负责市区基础设施和公用事业的管理工作。职工80人。

地址:亳州市人民北路262号

电话:2489

亳州市房屋开发公司

经营城市房地产开发业务。职工32人。

地址:亳州市谯陵路

电话:2065

亳州市市政工程处

管理市政工程设施,承建市政工程项目。职工34人。

地址:亳州市亳古路薛阁医院南

电话:2524

亳州市自来水厂

日供水能力0.9万吨,年供水总量250万吨,职工46人。

地址:亳州市亳州西路

电话:2737

亳州市园林管理处

管理市区园林绿化工作。职工 12 人。

地址:亳州市谯陵北路汤陵公园内

电话:2502

屯溪市土地管理办公室

管理城市规划区内建设用地。职工 4 人。

地址:屯溪市果园路

电话:3469

屯溪市规划管理办公室

管理城市规划区内建设工程项目的规划设计。职工 8 人。

地址:屯溪市果园路

电话:2365

屯溪市房地产管理处

管理公房,落实私房政策,管理房地产市场等业务。职工 86 人。

地址:屯溪市黄山路

电话:2330

屯溪市房屋开发公司

经营城市土地开发和房地产业务。职工 13 人。

地址:屯溪市沙洲新村

电话:2826

屯溪市市政工程管理处

管理城市道路、桥梁、路灯和排水工程设施,并承担上述工程建设和维修业务。职工 50 人。

地址:屯溪市新安北路

电话:3670

屯溪市自来水厂

现有水厂 1 座,日供水能力 2 万吨,年供水总量 347 万吨。职工 53 人。

地址:屯溪市华山路

电话:3218

屯溪市公共汽车公司

现有营运车 13 辆,营运线路 36 车公里,年客运总量 136 万人次。职工 72 人。

地址:屯溪市前园北路

电话:3594

屯溪市园林管理处

管理市区园林绿化工作。职工 82 人。

地址:屯溪市滨江中路

电话:2865

屯溪市环境卫生管理处

管理市区的环境卫生工作。职工 82 人。

地址:屯溪市黄山路

电话:2736

黄山市城市办公室

按城市规划管理建设用地。职工 5 人。

地址:黄山市太平路

电话:32540

黄山市房地产管理委员会

管理公房,落实私房政策,管理房地产市场等业务。职工 8 人。

地址:黄山市太平路

电话:32364

中国房屋建设开发公司安徽省黄山市分公司

城市建设综合开发,商品房经营,承建各类工业、民用建筑物。职工 42 人。

地址:黄山市太平路

电话:32350

电报挂号:2075

黄山市市政工程公司

市政工程、环卫、园林等设施的建设及维护。职工 42 人。

地址:黄山市北海北路

电话:32628

黄山市自来水厂

日供水能力 0.3 万吨,年供水总量达 67 万吨。职工 22 人。

地址:黄山市北海路

电话:32245

•福 建 省•

福州市勘测队

地址:福州市湖东路 121 号

电话:232221

福州市市政工程公司

职工 762 人。

地址:福州市群众路 50 号

电话:551067

福州市自来水公司

自来水日供水量 40 万吨。职工 1171 人。

地址:福州市东大路 1 号

电话:533793

福州市公交公司

职工 3000 人。

地址:福州市古田路 38 号

电话:557889 总机转

福州市煤气筹备处

福州市园林管理处

职工 1312 人。

地址:福州市湖滨路 5 号

电话:551270

福州市城市建设管理监察大队

职工 200 人。

地址:福州市鼓楼区环城路18号

电话:32402

福州市环境卫生管理处

职工221人。

地址:福州市五一新村后排

电话:32310

厦门市市政工程公司

职工554人。

地址:厦门市湖滨南路

电话:23971

厦门市自来水公司

自来水日供水量14万吨。职工874人。

地址:厦门市鹭江道海滨大厦12、14楼

电话:21105

厦门市公交公司

职工1100人。

地址:厦门市思明路

电话:23257

厦门市煤气公司筹备处

厦门市园林管理局

职工692人。

地址:厦门市中山公园内

电话:21004

厦门市城市建设监察大队

职工70人。

地址:厦门市湖宾南路242号

电话:32744

厦门市环境卫生管理处

职工276人。

地址:厦门市幸福路88号

电话:23343

漳州市市政工程公司

职工137人。

地址:漳州市新华西路269号

电话:256

漳州市自来水公司

自来水日供水量3万吨。职工95人。

地址:漳州市芦城区县后路后埕内10号

电话:23673

漳州市公交公司

职工160人。

地址:漳州市新华南路40号

电话:2163

漳州市园林管理处

职工61人。

地址:漳州市中山公园内

电话:4305

漳州市城市建设管理监察大队

职工48人。

地址:漳州市南昌路72号

电话:25195

漳州市环境卫生管理处

职工159人。

地址:漳州市北京路397号

电话:22634

南平市市政工程公司

职工65人。

地址:南平市中山路

电话:2854

南平市自来水公司

自来水日供水量3.3万吨、职工225人。

地址:南平市八一路27号

电话:2431

南平市公交公司

职工250人。

地址:南平市八一路

电话:2660

南平市园林管理处

职工177人。

地址:南平市江滨路

电话:4549

南平市城市管理监察大队

职工35人。

地址:南平市中山路230号

电话:2859

南平市环境卫生管理处

职工130人。

地址:南平市省军区南平招待所内

电话:2434转31

泉州市市政工程处

职工232人。

地址:泉州市新华路

电话:4619

泉州市自来水公司

自来水日供水量3.5万吨。职工238人。

地址:泉州市东门

电话:32080

泉州市公交公司

职工250人。

地址:泉州市东大路

电话:23824

泉州市园林管理处

职工207人。

地址:泉州市新华路西塔对面

电话:33809

泉州市城市建设管理监察大队

职工 45 人。
地址:泉州市通政巷 11 号
电话:24513

泉州市环境卫生管理处
职工 139 人。
地址:泉州市泉秀路
电话:24202

三明市市政工程公司
职工 236 人。
地址:三明市新市中路
电话:23998

三明市自来水公司
自来水日供水量 68.5 万吨。职工 430 人。
地址:三明市工业中路 92 号
电话:23643

三明市公交公司
职工 470 人。
地址:三明市东新一路
电话:23189

三明市煤气公司

三明市园林管理处
职工 274 人。
地址:三明市新市北路
电话:22474

三明市城市建设管理监察大队
职工 100 人。
地址:三明市新市中路一幢楼
电话:37283

龙岩市市政工程公司
职工 50 人。
地址:龙岩市登高路
电话:489

龙岩市自来水公司
自来水日供水量 1.8 万吨。职工 65 人。
地址:龙岩市龙川路 33 号
电话:740

龙岩市公交公司
职工 125 人。
地址:龙岩市登高路

龙岩市园林管理局
职工 103 人。
地址:龙岩市市府大院内

龙岩市环境卫生管理处
职工 51 人。
地址:龙岩市和平路
电话:365

永安市市政工程建设管理处
职工 54 人。
地址:永安市五四路
电话:3188

永安市自来水公司
自来水日供水量 2 万吨。职工 73 人。
地址:永安市燕江镇东坡
电话:3121

永安市公交公司
职工 180 人。
地址:永安市南大路
电话:3607

永安市园林管理处
职工 133 人。
地址:永安市龟山公园内
电话:3888

永安市环境卫生管理所
职工 73 人。
地址:永安市南坑
电话:3654

邵武市市政工程处
职工 61 人。
地址:邵武市环城路
电话:2731

邵武市自来水公司
自来水日供水量 1 万吨。职工 74 人。
地址:邵武市五一路 1 号
电话:3767

邵武市公交公司
职工 140 人。
地址:邵武市八一路
电话:2651

邵武市园林管理处
职工 68 人。
地址:邵武市熙春公园内
电话:2845 转

邵武市城市管理监察大队
职工 39 人。
地址:邵武市五一九路公太巷 19 号
电话:2160

邵武市环境卫生管理处
职工 71 人。
地址:邵武市环城路 14 号
电话:2676

莆田市市政工程公司
职工 250 人。
地址:莆田市文献路
电话:2226

莆田市自来水公司
自来水日供水量 1.5 万吨。职工 75 人。

地址:莆田市城厢区下磨新村1号

电话:2629

莆田市公交公司

职工150人。

地址:莆田市体育场边

电话:2851

莆田市园林管理处

职工12人。

地址:莆田市市府大院内

电话:2659转

莆田市城市管理监察大队

职工30人。

地址:莆田市荔城路24号

电话:3445

莆田市环境卫生管理处

职工:130人。

地址:莆田市东大路

电话:2746

·江 西 省·

南昌市城建管理办公室

负责城市管理工作。职工49人。

地址:南昌市二七路12号

电话:65995

南昌市规划设计院

承担城市规划、市政工程设计、测绘。职工166人。

地址:南昌市南京西路

电话:66176

南昌市测绘队

地址:南昌市政府大院

电话:53371

南昌市民用建筑设计研究所

承担工业与民用建筑设计。职工40人。

地址:南昌市戴家巷27号

电话:64359

南昌市美城装饰工程处

承担各类门窗建筑物装饰。职工43人。

地址:南昌市二七路

南昌市白蚁防治研究所

承担白蚁防治科研,城市有害昆虫防治技术培训、咨询服务。职工31人。

地址:南昌市胜利路33号

电话:53305

南昌市市政工程开发公司

承担市政工程建设及房屋开发。职工386人。

地址:南昌市二七北路36号

电话:63181

南昌市市政建设公司

承担市政工程建设。职工521人。

地址:南昌市二七北路357号

电话:68039

南昌市市政工程管理处

负责市政工程维护管理。职工880人。

地址:南昌市北京东路292号

电话:69563

南昌市路灯管理所

负责城市路灯维护管理。职工65人。

地址:南昌市下正街3号

电话:51668

南昌市青山湖综合治理工程管理处

经管园林、排涝、水产。职工122人。

地址:南昌市省工人疗养院北

电话:332609

南昌市自来水公司

年供自来水16亿吨。职工1083人。

地址:南昌市井岗山大道477号

电话:64875

电报挂号:0171

南昌市净化剂厂

生产碱、铝。职工160人。

地址:南昌市昌北水厂内

电话:333057

南昌市公共交通公司

经营客运。职工3645人。

地址:南昌市站前西路16号

电话:62561

南昌市出租汽车公司

经营客运及国内外大小汽车修理。职工170人。

地址:南昌市南京西路

电话:66650

南昌市客运服务公司

经营客运及汽车修理。职工324人。

地址:南昌市抚州路16号

电话:66104

南昌市煤气公司

供应城市煤气。职工118人。

地址:南昌市洪都大道北段

电话:333082

电报挂号:3210

南昌市液化石油气公司

供应液化石油气及经营钢瓶、灶具修理。职工131人。

地址:南昌市井岗山大道249号

电话:42014

南昌市园林管理处

负责园林建设及管理。职工 743 人。

地址:南昌市福州路 32 号

电话:62928

南昌市环境卫生管理处

负责环境卫生管理。职工 34 人。

地址:南昌市渊明北路 165 号

电话:52197

萍乡市规划勘察设计室

承担城市规划、市政工程和建筑设计。职工 15 人。

地址:萍乡市迎宾路

电话:32325

萍乡市房产公司

承担房产管理和房屋维修。职工 297 人。

地址:萍乡市何家菜园

电话:32161

萍乡市市政工程公司

承担市政工程建设和养护。职工 245 人。

地址:萍乡市新城路

电话:33206

萍乡市自来水公司

供应自来水,年供水量 853 万吨。职工 207 人。

地址:萍乡市新城路

电话:32065

萍乡市公共汽车公司

经营客运。职工 687 人。

地址:萍乡市韶井路

电话:33310

萍乡矿务局客车改装厂

装配 AY661, AY650, AY660H,AY650DC,AY650-1, AY631 中客车,年产 400 辆。职工 927 人。

地址:萍乡市跃进路

电话:33439

电报挂号:4350

萍乡市煤气公司筹建处

供应城市煤气。职工 80 人。

地址:萍乡市迎宾路

电话:32246

萍乡市园林管理处

负责园林建设和管理。职工 102 人。

地址:萍乡市跃进路

电话:32059

萍乡市环境卫生管理处

负责城市环境卫生管理。职工 412 人。

地址:萍乡市汪公潭

电话:33762

景德镇市城市建设综合开发公司

修建道路、桥梁和开发商品房。职工 598 人。

地址:景德镇市珠山西路 2 号

电话:4603

景德镇市市政工程处

负责市政工程建设和养护。职工 408 人。

地址:景德镇市珠山东路

电话:3568

景德镇市路灯管理所

负责城市路灯建设和管理。职工 28 人。

地址:景德镇市莲社路

电话:3414

景德镇市自来水公司

供应自来水,生产能力日供水 11 万吨。职工 283 人。

地址:景德镇市工人新村西路

电话:3313

景德镇市公共交通公司

经营市区及郊区客运。职工 575 人。

地址:景德镇市东二路

电话:2129

景德镇市煤气筹备处

景德镇市园林管理处

负责园林建设和管理。职工 295 人。

地址:景德镇市公园路(河西)

电话:3546

景德镇市环境卫生管理处

负责城市环境卫生管理。职工 417 人。

地址:景德镇市吕西路

电话:4673

九江市城市规划市政设计院

承担城市规划,市政工程和民用建筑设计、测绘。职工 57 人。

地址:九江市浔阳东路 58 号

电话:3328

九江市自来水公司

地址:九江市八里湖一支路 15 号

九江市公共汽车公司

九江市液化石油气公司

供应液化气及经营钢瓶、灶具修理。职工 75 人。

地址:九江市浔阳东路 99 号

电话:2756

赣州市城市规划管理处

负责城市规划、设计和测绘。职工 31 人。

地址:赣州市文清路 81 号

电话:4783

赣州市城市建设综合开发公司

承担城市建设综合开发。职工 8 人。

地址:赣州市红旗大道 63 号

电话:4782

赣州市市政工程公司

承担市政工程建设。职工 258 人。

地址:赣州市红旗大道 59 号

电话:2291

赣州市市政工程养护处

维护和管理市政工程。职工 186 人。

地址:赣州市红旗大道 59 号

电话:4251

赣州市自来水公司

供应自来水,年供水量 1290 万吨。职工 215 人。

地址:赣州市窑下村

电话:2779

赣州市公共汽车公司

经营客运。职工 280 人。

地址:赣州市东郊路 140 号

电话:3089

赣州市煤气筹建处

供应城市煤气。职工 12 人。

地址:赣州市红旗大道 63 号

电话:2833

赣州市园林管理处

负责园林绿化和管理。职工 362 人。

地址:赣州市红旗大道 59 号

电话:4251

赣州市通天岩管理所

负责通天岩风景和文物管理。职工 6 人。

地址:赣州市水西乡通天岩村

电话:4618

赣州市环境卫生管理处

负责城市环境卫生管理。职工 359 人。

地址:赣州市西津路 36 号

电话:2593

宜春市城市建设开发公司

承担城市建设综合开发和商品房建设。职工 42 人。

地址:宜春市中山西路 9 号

电话:4554

宜春市市政工程处

建设、维护管理市政工程。职工 95 人。

地址:宜春市秀江东路

电话:3560

宜春市自来水厂

供应自来水,日生产能力 3 万吨。职工 78 人。

地址:宜春市中山西路 33 号

电话:2287

宜春市公共交通公司

经营市区及郊区客运。职工 177 人。

地址:宜春市中山路 253 号

电话:2386

宜春市园林处

负责园林绿化和管理。职工 71 人。

地址:宜春市春台巷 23 号

电话:3136

宜春市环境卫生管理处

负责城市环境卫生管理。职工 168 人。

地址:宜春市环城北路 6 号

电话:2294

新余市房地产管理公司

负责房地产管理和商品房建设。职工 68 人。

地址:新余市西街 3 号

电话:2344

新余市市政工程公司

承担市政工程建设。职工 101 人。

地址:新余市建设西路 33 号

电话:2883

新余市自来水公司

供应自来水,年供水量 430 万吨。职工 73 人。

地址:新余市建设东路 44 号

电话:2386

新余市公共汽车公司

经营客运。职工 29 人。

地址:新余市赣新路

电话:2380

新余市煤气公司

负责供应城市煤气。职工 45 人。

地址:新余市西街 4 号

电话:2719

新余市园林管理处

负责城市园林绿化和管理。职工 44 人。

地址:新余市建设西路 36 号

电话:2123

新余市环境卫生管理处

负责城市环境卫生管理。职工 126 人。

地址:新余市沿江路

电话:2630

吉安市城市规划管理处

负责城市规划及管理。职工 25 人。

地址:吉安市后河西路

电话:2172

吉安市市政工程公司

承担市政工程建设。职工 226 人。

地址:吉安市阳明西路

电话:2514

吉安市市政工程养护管理所

维护及管理市政工程。职工 40 人。

地址:吉安市阳明西路

电话:3280

吉安市路灯管理所
负责城市路灯维护管理。职工12人。
地址:吉安市鹭州路6号
电话:3004
吉安市自来水公司
供应自来水,年供水量932万吨。职工119人。
地址:吉安市长岗南路
电话:2843
吉安市公共汽车公司
经营客运。职工140人。
地址:吉安市长岗南路17号
电话:2879
吉安市渡口管理所
负责城市渡运及管理。职工39人。
地址:吉安市中永叔路
电话:2116
吉安市后河管理所
负责后河管理及渔业、珍珠生产。职工32人。
地址:吉安市跃进路
电话:4715
吉安市园林绿化管理处
负责园林绿化和管理。职工166人。
地址:吉安市长岗中路
电话:3902
吉安市城市管理监察队
负责城市建设管理。职工50人。
地址:吉安市后河西路
电话:3412
吉安市环境卫生管理处
负责城市环境卫生管理。职工280人。
地址:吉安市阳明西路
电话:3030
上饶市勘察测量队
承担大比例尺地形图、工程地质钻探。职工8人。
地址:上饶市大井头52号
电话:2561
上饶市自来水公司
供应自来水,年供水量892万吨。职工154人。
地址:上饶市中山路207号
电话:2754
抚州市住宅建筑工程公司
承担工业与民用住宅建筑施工。职工291人。
地址:抚州市承春阁13号
电话:2081
抚州市自来水公司
地址:抚州市洋州乡孔家街
抚州市公共汽车公司
抚州市环卫所
地址:抚州市大庆巷27号
电话:2540
鹰潭市房地产管理公司
负责房地产管理和商品房建设。职工104人。
地址:鹰潭市胜利东路28号
电话:580
鹰潭市城市综合开发公司
承担商品房及配套工程建设。职工42人。
地址:鹰潭市梅园新区
电话:0464
电报挂号:1405
鹰潭市市政工程管理处
负责市政工程建设和养护。职工61人。
地址:鹰潭市环城东路6号
电话:646
鹰潭市自来水公司
供应自来水,日生产能力1.9万吨。职工106人。
地址:鹰潭市胜利西路112号
电话:228
鹰潭市公共汽车公司
经营客运。职工94人。
地址:鹰潭市环城西路
电话:627
鹰潭市园林管理处
负责园林建设和管理。职工68人。
地址:鹰潭市林荫东路2号
电话:681
鹰潭市环卫所
电话:577
井岗山市房地产公司
负责房地产管理。职工6人。
地址:井岗山市茨坪镇
电话:536
井岗山市市政工程队
承担市政工程维护和管理。职工15人。
地址:井岗山市茨坪镇
电话:536
井岗山市自来水公司
供应自来水,年供水量100万吨。职工40人。
地址:井岗山市茨坪镇
电话:559
井岗山市公共出租汽车公司
承担客运和汽车修理。职工89人。
地址:井岗山市茨坪镇
电话:230
井岗山市园林所
承担园林绿化和管理。职工102人。
地址:井岗山市茨坪镇

电话:547

井岗山市环境卫生管理所

负责城市环境卫生管理。职工 21 人。

地址:井岗山市茨坪镇

电话:536

·山 东 省·

山东省城乡勘察院

地址:济南市无影山

济南市规划设计院

承接城市规划的编制及修订,道路、给排水等设计,项目选址、可行性研究等。职工 54 人。

地址:济南市经四路 183 号

电话:24993　20594

济南市城市建设综合开发公司

进行新区开发和旧城改造,负责征地拆迁、规划设计,统建房屋及配套建设等。职工 188 人。

地址:济南市经四路 181 号

电话:24306

济南市城市建设综合开发公司分公司

进行新区开发和旧城改造,负责征地拆迁、规划设计,统建房屋及配套建设等。职工 330 人。

地址:济南市山大北路 27 号

电话:42659

济南市市政工程设计院

承担城市防洪、给排水、立交桥、泵站工程设计及城镇竖向规划设计。职工 56 人。

地址:济南市经四路 183 号

电话:24130

济南市第一市政工程公司

承担全市道路、排水等市政工程施工。职工 1556 人。

地址:济南市济洛路汽车厂东路 29 号

电话:553221

济南市第二市政工程公司

承担全市道路、排水等市政工程施工。职工 2906 人。

地址:济南市济洛路汽车厂东路 33 号

电话:551493

济南市勘察测量大队

承担工民建及岩土工程地质勘察和城市控制、地形、水准及工程测量及地图编绘。职工 165 人。

地址:济南市历山路 59 号

电话:44428

济南市路灯管理所

管理维护全市路灯,并承担部分新建任务。职工 103 人。

地址:济南市北坦河套庄 23 号

电话:613133　612835

济南市自来水公司

承担全市供水和自来水管道安装、维护、施工及室内管道安装任务。职工 1554 人。

地址:济南市普利街 107 号

电话:22331

济南市公共汽车公司

承担全市的客运业务,拥有营运车辆 403 辆,经营公交线路 21 条,729.4 公里。职工 3900 人。

地址:济南市经四路 364 号

电话:34987

电报挂号:4988

济南市电车公司

承担全市客运业务,有营运车辆 146 辆。经营公交线路 10 条、297.8 公里。职工 1494 人。

地址:济南市经十路 640 号

电话:663467

济南市客车出租公司

承担接送旅客、旅游参观等客车出租业务,有进口和国产轿车、旅行车、大客车。职工 686 人。

地址:济南市

电话:551170　554980

电报挂号:2297

济南市煤气公司

承担全市液化石油气的供应,年经销 9000 吨。职工 660 人。

地址:济南市山大路 55 号

电话:44862

电报挂号:0469

济南市纬二路供热站

济南市园林规划设计室

承接园林规划和园林规划设计。

地址:济南市趵突泉前街 91 号

电话:25763

济南市花卉苗圃

经营各种花卉苗木、盆景、园艺工具、美术陶瓷、花肥、花药等。职工 80 人。

地址:济南市马鞍山路 52 号

电话:613795

济南市园林建设开发服务中心

承担园林规划、古建筑施工,绿化栽植、掇叠山石、园林小品等。职工 34 人。

地址:济南市趵突泉前街 91 号

电话:26362

济南市环境卫生管理局

负责市区道路保洁、垃圾清运、粪便清除、环卫设施管理等。职工3413人。

地址:济南市天桥区汽车厂东路27号

电话:553117　551970

济南市沥青混凝土厂

生产各种沥青混凝土和黑色碎石,职工117人。

地址:济南市丁字山路20号

电话:36723　34019

电报挂号:0479

青岛市城市规划设计院

为规划乙级、建筑丙级、市政丁级设计单位。承担区域城镇布局规划,城镇总体规划、详细规划、风景园林规划及部分建筑、市政工程设计业务。职工271人。

地址:青岛市沂水路7号

电话:270298

青岛市勘察测绘处

系勘察测绘综合甲级单位。主要承担城乡建设的勘察测绘,水文地质,基础工程及勘察测绘业务咨询等,职工310人。

地址:青岛市人民路2号

电话:335468

中国房屋建设开发公司青岛公司

主要从事城市土地开发和房地产业务,按照统一规划,重点改造旧城市。建设风景保护区和新小区,实行房地产的商品经营。职工75人。

地址:青岛市荣成路10号

电话:362410

电报挂号:4812

青岛市城市建设综合开发公司

主要承担新住宅区开发建设,旧城成片改造,填海造地,商品房的建设、出售以及城市集中供热工程等。职工205人。

地址:青岛市文登路3号

电话:270109

青岛市市政工程养护管理处

负责市区道路、桥涵、排水,防洪等市政设施的养护管理。职工30多人。

地址:青岛市龙江路25号

电话:283818

青岛市市政设计室

设计等级为乙级,主要承担城市道路、桥梁、排水等市政工程设计及部分建筑设计,设计咨询等业务。职工30多人。

地址:青岛市嘉定路15号

电话:333023

青岛市第一市政工程公司

系一级施工企业。主要负责城市大、中型道路、桥梁、排水管道、泵站、污水处理厂等市政设施的施工。职工1800人。

地址:青岛市鞍山路17号

电话:332888

青岛市第二市政工程公司

系一级施工企业。主要负责城市大、中型道路、桥梁、排水管道、泵站、污水处理厂等市政设施的施工。职工1300人。

地址:青岛市嘉定路15号

电话:335491

青岛市市政材料设备处

负责市政建设材料的生产、运输、供应,市政施工机械的修理、制造、工程和构筑物的爆破。职工1500人。

地址:青岛市小白干路97号

电话:332793

青岛市市政职工疗养院

附设招待所,主要接待本地和外地到青疗养、旅游、出差及会议人员。职工50多人。

地址:青岛市湛流干路

电话:362197

青岛市路灯管理处

主要负责市区道路、公园、游览区照明灯具的新建和维护。职工76人。

地址:青岛市广州路3号

电话:228248

青岛市排水处

负责市区的排水泵站的管理使用,污水的监测处理,排水设施有偿使用收费等。职工300余人。

地址:青岛市湛流干路

电话:364039

青岛市自来水公司

负责市区供水业务,并可承担上水管道施工,生产预应力混凝土管、水表。职工3116人。

地址:青岛市太平路8号

电话:284315

电报挂号:4444

青岛市公共交通公司

主要承担全市公共交通营运任务,拥有营运汽、电车659辆,营运线路33条,长517.15公里,日客运量152万人次。职工8046人。

地址:青岛市道口路17号

电话:334744

电报挂号:0074

青岛市出租汽车公司

拥有出租汽车285辆,主要承担汽车出租业务及汽车摩托车修理。职工782人。

地址:青岛市南京路吴淞路口

电话:363765

电报挂号:4433

青岛市煤气公司

主要经营液化石油气，兼营液化石油气灶具和代运、代储、代灌、钢瓶维修等业务。职工479人。

地址：青岛市人民路399号

电话：451945

电报挂号：5972

青岛市煤制气厂

主要生产煤制气，日产煤气14万立方米及部分浓氨水、粗苯、筑路油、中油等。职工1430人。

地址：青岛市唐河路1号

电话：452890　452892

电报挂号：6184

青岛市供热办公室

青岛市园林规划设计室

主要承担园林绿化规划设计和工业民用建筑的规划设计。为园林丙级、建筑丁级设计单位。职工26人。

地址：青岛市中山公园2号房

电话：270471

青岛市园林科学研究所(即青岛植物园)

占地77公顷。从事植物引种驯化，园林植物保护，因林绿化工程设计、施工、园林植物新品种的推广和园林科研情报收集、传递。职工150人。

地址：青岛市郧阳路33号

电话：361179

青岛市果树园艺总场

占地100公顷，在圃苗木150万株。培育、经营各种园林绿化苗木，并设有罐头食品厂、机械修配厂，年产罐头、饮料1500吨。职工370人。

地址：青岛市崂山县李村夏庄路9号

电话：496395

青岛市花木公司

有苗圃700亩，在圃苗木50万株，培育经营各种乔、灌木、花木、盆花、鸟、鱼等。职工274人。

地址：青岛市上清路

电话：362248

青岛市海滨风景区管理处

负责青岛海滨风景区。包括西起团岛、东至燕儿岛，沿海岸线长18公里的公园、绿化、游览区的管理、维护。职工300人。

地址：暂设青岛市中山公园6号房

电话：279737

青岛市中山公园管理处

公园占地66.7公顷，建有花卉园、月季园、桂花园、玉兰园、花圃、桃园、大型观赏温室、儿童乐园及各种亭、榭、廊等园林建筑和雕塑等，有茶食、照相、小卖等商业服务。职工317人。

地址：青岛市文登路14号

电话：279935

青岛市动物园管理处

动物园占地30公顷，有动物81种，2000余只。珍贵兽类有黑猩猩、山魈、狒狒、长臂猿、东北虎等；珍贵鸟禽类有丹顶鹤、白鹤、鹈鹕、食火鸡等。职工141人。

地址：青岛市延安一路102号

电话：279907

青岛市海泊河公园

占地17.3公顷，设有青岛传统的跑马娱乐项目，经营各种花卉，兼营园林绿化工程，职工138人。

地址：青岛市康宁路1号

电话：333265

青岛市环境卫生科学研究所

主要从事环境卫生的科学研究。环境卫生信息传递和《齐鲁环卫》的编辑发行工作。职工21人。

地址：青岛市观城路49号

电话：286571

青岛市市容监察大队

主要负责城市市容法规的监督执行。市内五区各设一个中队。职工215人。

地址：青岛市观城路49号

电话：285067

青岛市城肥管理处

主要负责市区公共厕所粪便的清运，并设有无害化处理厂，对粪便进行高温厌氧无害化处理。职工252人。

地址：青岛市双山

电话：334783

青岛市垃圾场管理所

主要负责市区居民生活垃圾的消纳及处理。职工34人。

地址：青岛市湖岛垃圾场

电话：451797

青岛市环境卫生管理局车队

主要负责统一管理局属单位的各种专用车辆和设备，并有车辆25部，承担市区卫生突击任务和其它任务。职工54人。

地址：青岛市团岛一路

电话：285963

青岛市环境卫生设备修配厂

主要负责全市环卫专用设备(汽车、叉车等)的维修装配。职工120人。

地址：清岛市台柳路17号

电话：332898

淄博市城乡规划设计研究院

承担城乡总体、详细规划，城乡道路、桥涵、给排水、污水处理、防洪、配电、热力管道及工民建配套设计与可行性研究。职工59人。

地址：淄博市张店区人民西路15号

电话：26784

淄博市城市建设综合开发公司

经营城市土地开发和房地产业务，承担住宅、办公、营业及其它房屋的代建、联建和商品房经销。职工35人。

地址：淄博市张店区中心路东二街南一巷一号

电话：25187 24028

淄博市市政工程管理处

主要承担市政工程施工、市政设施养护维修和管理。职工972人。

地址：淄博市张店区共青团西路71号

电话：22946

淄博市自来水公司

负责全市城区自来水供应。日供水能力20万吨。职工861人。

地址：淄博市张店区共青团路14号

电话：22252

淄博市公共汽车公司

承担全市客运业务及客货车维修。职工2056人。

地址：淄博市张店区共青团东路15号

电话：22891

淄博市煤气公司

承担全市4.8万户的供气任务。职工205人。

地址：淄博市张店区中心路134号

电话：22376

淄博市热力公司

主要负责全市城市集中供热规划和管理及张店区集中供热的建设、运营。职工45人。

地址：淄博市张店区人民西路24号

电话：27361

淄博市园林管理处

主要承担园林规划设计，园林施工，苗木生产及园林技术开发。职工38人。

地址：淄博市张店区共青团西路71号

电话：22471

淄博市环境卫生管理处

负责全市城区环境卫生管理。职工977人。

地址：淄博市张店区共青团西路71号

电话：22080

烟台市城市建设设计室

承担道桥、园林建筑、自来水厂、污水处理厂、给排水管道等设计。职工22人。

地址：烟台市毓璜顶西路17-1号

电话：226898

烟台市城市建设房屋综合开发公司

负责组织新区开发、旧城改造和商品房及配套建设。职工134人。

地址：烟台市芝罘区向阳街10号

电话：226795

电报挂号：1450

烟台市市政工程公司

承担道路、桥涵、机场、排水、污水处理等市政工程施工。职工1150人。

地址：烟台市芝罘区大海阳路38号

电话：223553

电报挂号：2398

烟台市自来水公司

承担市区供水及管理任务，日供水设计能力24万吨。职工980人。

地址：烟台市芝罘区大海阳路8号

电话：223577

电报挂号：3055

烟台市液化气站

烟台市环卫处

地址：烟台市东关中街52号

电话：6772 2388

潍坊市城市规划设计室

承担城市总体、分区、详细及专业规划。职工18人。

地址：潍坊市郭宅街12号

电话：2206

潍坊市城市建设综合开发公司

负责城市新区及旧城区的开发建设，职工114人。

地址：潍坊市向阳路北段

电话：3677

电报挂号：1015

潍坊市市政工程设计室

承担给排水、道桥、煤气热力等专业设计。职工18人。

地址：潍坊市东风大街102号

电话：5229

潍坊市市政工程公司

负责道路、桥梁等市政工程的修建和养护。职工298人。

地址：潍坊市胜利大街38号

电话：5181

潍坊市路灯管理所

负责全市路灯的安装、维修及管理。职工39人。

地址：潍坊市东风东街

电话：5442

潍坊市自来水公司

负责全市自来水供水及管理，年供水1801万吨。职工369人。

地址：潍坊市院校街11号

电话：5282

潍坊市公共汽车公司

承担全市客运任务。职工685人。

地址：潍坊市东风大街39号

电话：4014

电报挂号：2086

潍坊市煤气热力公司

经营煤气、液化气及供热管理。职工 285 人。

地址：潍坊市工农路 77 号

电话：4725

电报挂号：3210

潍坊市园林管理处

负责全市园林绿化及管理。职工 187 人。

地址：潍坊市青年路 29 号

电话：2259

潍坊市环境卫生管理处

负责全市环境卫生管理。职工 458 人。

地址：潍坊市东风西街 560 号

电话：2530

枣庄市城市规划管理处

负责编制和管理辖区内的市域规划、城镇总体规划和详细规划。职工 23 人。

地址：枣庄市市中区振兴中路

电话：22913

枣庄市房产管理处

承担城市房地产管理及商品房建设。职工 202 人。

地址：枣庄市市中区解放路 69 号

电话：21446

枣庄市城市建设综合开发公司

承担城市建设综合开发及商品房建设。

地址：枣庄市市中区光明路中段

电话：24564

枣庄市市政管理处

承担市政设施维修及管理任务。职工 155 人。

地址：枣庄市市中区君山路 44 号

电话：21813

枣庄市市政工程处

承担市政工程新建及大修任务。职工 164 人。

地址：枣庄市市中区龙头西路 55 号

电话：22490

枣庄市自来水公司

承担城市自来水供应、管理，日供水能力 7 万吨。职工 210 人。

地址：枣庄市市中区解放路 90 号

电话：23395

电报挂号：5261

枣庄市公共汽车公司

承担城市客运及汽车大修理业务。职工 555 人。

地址：枣庄市市中区解放路 70 号

电话：22893

枣庄市煤气公司

负责城市居民、福利单位和部分工业用户管道煤气供应、管理。职工 205 人。

地址：枣庄市市中区光明路

电话：23014

电报挂号：3049

枣庄市热力公司

负责城市集中供热，年供热 12 万百万大卡。职工 65 人。

地址：枣庄市市中区光明路

电话：22179

电报挂号：0478

枣庄市园林管理处

承担园林绿化规划、建设、管理任务，经营花木盆景等。职工 152 人。

地址：枣庄市市中区解放路 103 号

电话：23031　24263

济宁市城市建设综合开发公司

负责城市综合开发建设的组织和管理。职工 27 人。

地址：济宁太白楼路

电话：4679

济宁市市政工程处

承担城市道路、桥梁、排水、路灯照明设施的勘测、设计、施工和管理。职工 239 人。

地址：济宁市共青团路

电话：4141

济宁市自来水公司

负责市区生产和生活供水及管理，年供水 1800 万吨。职工 260 人。

地址：济宁市市中区文胜街

电话：4638　5938

济宁市公共汽车公司

承担全市客运任务，有车辆 42 台，营运线路 7 条，124.4 公里。职工 222 人。

地址：济宁市建设中路

电话：7350

济宁市煤气公司

负责城市居民和福利单位、工业用户的管道煤气供应。职工 124 人。

地址：济宁市共青团北路

电话：5301

济宁市园林处

负责城市绿化，生产花卉和树苗，年产量 7 万株。职工 152 人。

地址：济宁市共青团路

电话：2511

济宁市环卫处

负责城市道路保洁、垃圾清运、粪便清除、环卫设施管理等。职工 266 人。

地址：济宁市市中区石门口街

电话:5092　2892

泰安市城市建设综合开发公司

负责市区的旧城改造和新区开发工作。职工93人。

地址:泰安市东湖路

电话:5759　6018

泰安市房地产管理处

承担维修、新建房屋。职工266人。

地址:泰安市财源大街90号

电话:4286

泰安市市政工程处

承担市区道路、桥梁、路灯、排水、防洪等工程的新建和维修。职工141人。

地址:泰安市旧镇路1号

电话:4817

泰安市自来水公司

负责城区和泰山山顶供水,年供水1800万吨,职工242人。

地址:泰安市灵山大街西段

电话:6733

泰安市公共汽车公司

承担市区客运及旅游客运出租汽车业务,经营城市客车、配件、城建设备原材料,承修各种客、货汽车。职工291人。

地址:泰安市东岳大街中段

电话:3146　4860

电报挂号:8448

泰安市煤气公司

承担市区的煤气设备安装、维修和供气任务,日供气5万立方米。职工267人。

地址:泰安市立交道路6号

电话:2618　5237

泰安市液化石油气公司

年供应民用液化气2000吨。职工285人。

地址:泰安市奈河西路4号

电话:4212

电报挂号:3210

泰安市园林管理处

负责市区绿化及绿地、行道树的管理,经营苗木、花卉。职工141人。

地址:泰安市园林路76号

电话:6253

泰安市环境卫生管理处

负责市区的垃圾、粪便清运和道路清扫保洁工作。职工161人。

地址:泰安市南湖东路15号

电话:3624

东营市城乡建设规划设计院

负责城市规划与建筑设计。职工42人。

地址:东营市东营区五台山路

电话:25091　24193

东营市城市建设综合开发公司

负责市区市政建设、商品房建设、建筑安装以及代建工程。职工61人。

地址:东营市东营区清河路

电话:25076　23580

东营市房屋建设综合开发公司

负责市区房屋建设综合开发及房屋经营。职工45人。

地址:东营市东营区淄博路

电话:32727转186　32863转187

临沂市城市规划设计室

主要负责城市规划和工业民用建筑设计工作。职工16人。

地址:临沂市银雀山路西段

电话:23670

临沂市勘测队

主要负责城市地质勘探、地形测量工作。职工12人。

地址:临沂市银雀山路西段

电话:25180

临沂市房屋建设综合开发公司

承担城区旧城改造和新区的开发建设。职工18人。

地址:临沂市沂蒙路北段

电话:22493

临沂市房地产管理处

负责公管房的管理及维修。现有直管公房8.2万平方米。职工92人。

地址:临沂市沂蒙路北段

电话:22454

临沂市市政工程公司

承担城市道路、桥梁的建设、维护及保养;路灯安装及维修;城市排水工程的建设等。职工112人。

地址:临沂市银雀山路西段

电话:25224

临沂市自来水公司

负责城区居民生活及部分工业用水,年供水量1400万吨。职工144人。

地址:临沂市解放路西段

电话:22485

临沂市公共汽车公司

担负市内公共交通业务,营运车辆24台,营运线路7条,年客运量420万人次。职工117人。

地址:临沂市红旗路西段

电话:23001

临沂市园林管理处

负责城市绿化及园林建设。职工47人。

地址:临沂市银雀山路东段

电话:24910

临沂市环境卫生管理处

主要负责城区公共厕所的建设、管理以及各单位厕所的管理工作,职工36人。

地址:临沂市北园路东段

电话:24654

德州市城市建设综合开发公司

承担为建设单位征地、拆迁和组织配套建设的任务。职工23人。

地址:德州市湖滨北路大东关

电话:22359

德州市市政设施管理处

承担城市排水工程建设和维修,城市道路、桥涵维修及路灯管理。职工140人。

地址:德州市滨湖南路5号

电话:22363

德州市市政建设工程处

承担城市道路、桥涵的建设任务。职工218人。

地址:德州市新湖北路70号

电话:21642

电报挂号:0461

德州市自来水公司

负责城市供水及铺设、维修供水管道。职工375人。

地址:德州市东方红路25号

电话:24084　23238

德州市公共汽车公司

负责市内客运,兼营汽车出租业务。职工147人。

地址:德州市东方红路27号

电话:23340

德州市煤气公司

负责液化石油气的供应及灶具维修。职工30人。

地址:德州市湖滨南路

电话:21227

德州市园林管理处

负责市区园林绿化及管理,经营花卉苗木。职工204人。

地址:德州市柴市街209号

电话:22082

德州市环境卫生管理处

负责市区街道清扫,粪便垃圾清运及处理。职工329人。

地址:德州市石卢街50号

电话:21686

新泰市房地产管理处

承担房地产管理及维修。职工41人。

地址:新泰市市中办事处平阳路

电话:23340

新泰市城市建设综合开发公司

负责组织新区开发,旧城改造及配套建设。职工20人。

地址:新泰市市中办事处府前大街

电话:23719

新泰市市政工程处

承担城市道路、桥梁等市政工程的施工及管理。职工332人。

地址:新泰市市中办事处园林路6号

电话:22275

新泰市自来水公司

负责城区部分供水以及管道施工,日供水1.56万吨。职工112人。

地址:新泰市市中办事处园林路8号

电话:22475

新泰市第二自来水公司

负责城区部分供水及管道施工。职工104人。

地址:新泰市新汶办事处孙村西路

电话:32901

新泰市公共汽车公司

承担城区内客运任务。职工61人。

地址:新泰市新汶办事处大浴沟

电话:32534

新泰市园林管理处

负责城市园林绿化及管理。职工128人。

地址:新泰市市中办事处园林路1号

电话:23775

新泰市环境卫生管理处

负责城区环境卫生管理与保洁。职工223人。

地址:新泰市市中办事处青云路

电话:22535

莱芜市城市建设房屋综合开发公司

承担市区房屋统一建设和综合开发。职工11人。

地址:莱芜市莱城人民东路

电话:3157

莱芜市市政工程公司

承担市内道路、桥梁等工程的施工、维修和路灯管理。职工71人。

地址:莱芜市莱城人民西路

电话:3202　3205

莱芜市自来水公司

主要负责莱城的居民生活用水

及部分工业用水,年供水量550万吨,职工125人。

地址:莱芜市莱城城关东路74号

电话:2157　2159

莱芜市公共汽车公司

营运线路12条,车辆24台,担负市内公共交通业务,并开展对外承修、出租旅游等服务项目。职工88人。

地址:莱芜市莱城城关西路 72 号

电话:2367

莱芜市园林管理处

主要承担市内道路、园林绿化,并对外出售树木花卉种苗。职工 26 人。

地址:莱芜市莱城人民东路

电话:3703　3705

莱芜市环境卫生管理处

承担莱城道路清扫和垃圾、粪便清运。职工 161 人。

地址:莱芜市莱城城关东路 12 号

电话:3557　2561

菏泽市城市建设设计室

负责详细规划、市政工程、园林绿化设计工作。职工 11 人。

地址:菏泽市解放街南段

电话:23200

菏泽市房产管理所

负责市区公房、私房管理,房屋综合开发,旧城改造、拆迁安置等工作。职工 118 人。

地址:菏泽市解放街

电话:22938

菏泽市住房建筑公司

主要承担房屋建筑、建材预制任务,兼营夯机、涂料。职工 253 人。

地址:菏泽市康庄路

电话:23335

菏泽市市政工程管理处

负责市区道路、桥涵、下水道等市政设施的新建、维修和养护。职工 151 人。

地址:菏泽市中华西路

电话:22220

菏泽市路灯管理所

主要负责市区照明工作。职工 30 人。

地址:菏泽市民权路

电话:24938

菏泽市自来水公司

承担市区供水及管理任务,日供水能力 2 万吨。职工 262 人。

地址:菏泽市牡丹路

电话:22825

菏泽市公共汽车公司

主要负责市区公共交通及郊区部分重点线路的客运任务。职工 258 人。

地址:菏泽市牡丹南路

电话:24587

菏泽市煤气公司

主要负责市区民用液化石油气供应。职工 21 人。

地址:菏泽市民权路

电话:24979

菏泽市园林管理处

负责城区公共绿地的绿化、美化及坑塘管理。苗圃内培植有牡丹、国槐、龙柏、雪松、蜀桧、女贞、木槿等苗木,职工 250 人。

地址:菏泽市解放街 126 号

电话:24160　22958

菏泽市城建局苗圃

苗木土地 130 亩,防洪大堤 170 亩,种有法桐、松柏、丁香、垂柳、百日红、黄连翘、女贞、黄洋球等 30 多种花木。职工 40 人。

地址:菏泽市牡丹乡张集

菏泽市环境卫生管理处

主要负责市区粪便清掏和街道保洁工作。职工 102 人。

地址:菏泽市牡丹路

电话:24916

聊城市房地产管理处

承担直管公房管理与维修,住宅开发转让,房屋确权发证和政策咨询,房产交易等。职工 52 人。

地址:聊城市柳园南路

电话:687

聊城市市政工程管理处

负责城区道路、排水工程施工,路灯新建、改建及市政设施维修,并生产阳离子乳化沥青。职工 103 人。

地址:聊城市付花路

电话:394

聊城市自来水公司

负责市区自来水供水及管理,年供水 750 万吨。职工 140 人。

地址:聊城市柳园南路

电话:592

聊城市公共汽车公司

承担市区客运及出租业务。职工 71 人。

地址:聊城市柳园南路

电话:880

聊城市园林管理处

负责市区园林绿化及花卉管理,有月季、菊花各 5000 株。职工 92 人。

地址:聊城市花园南路

电话:796

聊城市环境卫生管理处

负责马路保洁,垃圾清运,粪便处理等。职工 96 人。

地址:聊城市柳园南路

电话:473

日照市城市规划设计室

主要承担城市规划、测量、市政工程设计工作。有专业技术人员 16 人。

地址:日照市火车站站前路

电话:21794

日照市市政工程公司

主要承担市区道路、桥涵、排水及防洪设施的建设与维修养护。职工175人。

地址:日照市体育场路

电话:21881　21889

日照市路灯管理处

主要承担路灯架设、维修和管理及其它单位的电气安装。职工10人。

地址:日照市海安路

电话:21894

日照市自来水公司

负责城区工业及生活用水,年供水量720万吨,并承担管道安装、维修任务。职工197人。

地址:日照市望海路

电话:21898

电报挂号:5261

日照市公共汽车公司

主要担负市区客运和客车出租任务。职工40人。

地址:日照市城东岭

电话:21565

日照市园林管理处

负责海曲园的建设和管理,以及日照、石臼两地的街道绿化、花圃育苗工作。职工25人。

地址:日照市海曲园

电话:21906　21298

日照市环境卫生管理处

担负日照、石臼两地的市容管理、街道清扫、垃圾粪便清运与处理。职工143人。

地址:日照市站前路

电话:21275

滨州市房屋建设综合开发公司

主要负责城市房地产综合开发建设及经营管理。职工27人。

地址:滨州市渤海八路515号

电话:1630

滨州市房屋修建公司

主要承担城市房屋维修和土木建筑、水电安装业务。职工34人。

地址:滨州市黄河五路525号

电话:2191

滨州市市政工程管理处

承担城市道路、桥梁等基础设施的建设及维修、养护。职工146人。

地址:滨州市黄河三路东端

电话:1191

滨州市自来水公司

负责城区供水及管理,年供水18000万吨,产值400万元。职工213人。

地址:滨州市渤海七路黄河四路交叉口

电话:1565

滨州市公共汽车公司

承担市区客运任务,年客运收入6.1万元。职工84人。

地址:滨州市渤海六路黄河五路路口

电话:1056

滨州市园林绿化管理处

负责城市绿化,经营花卉苗木等。职工30人。

地址:滨州市渤海六路南端

电话:1047

临清市自来水公司

地址:临清市龙华街286号

青州市城市建设开发公司

负责新区开发,旧城改造和商品房及配套建设。职工50人。

地址:青州市驼山路中段

电话:22551　21894

青州市市政工程公司

承建城市道路、桥梁等基础设施。职工650人。

地址:青州市尧王西路

电话:21418

青州市自来水公司

负责城区居民生活及部分工业生产用水,日供水能力1.6万吨。职工101人。

地址:青州市尧王路西段

电话:22864

青州市公共汽车公司

承担市区客运和出租业务。职工285人。

地址:青州市青州路中段

电话:22196

青州市园林处

负责城市绿化,经营花卉苗木,优良品种“仙客来”在全国享有盛名。职工202人。

地址:青州市范公亭路西段5号

电话:21877

青州市环境卫生管理处

负责清运垃圾、粪便,日处理能力120吨。职工177人。

地址:青州市玲珑路12号

电话:22936

威海市市政工程管理处

主要承担城市市政工程建设和市政设施养护维修。职工93人。

地址:威海市安源街5号

电话:24127

威海市污水处理厂

主要承担市区污水处理，日处理能力0.5万吨。职工56人。

地址：威海市青岛中路4号

电话：24615

威海市自来水公司

主要承担市区自来水供应，日供水能力2.5万吨。职工156人。

地址：威海市烟台东路74号

电话：23831

威海市公共汽车公司

主要承担市区公共交通客运业务。职工88人。

地址：威海市文化东路42号

电话：23279

威海市煤气公司

负责市区煤气、液化气供应。职工25人。

地址：威海市烟台中路

电话：22927

威海市园林管理处

主要负责城市绿化、美化管理工作。职工133人。

地址：威海市公园路13号

电话：22747

威海市环境卫生管理处

主要负责城市环境卫生管理工作。职工90人。

地址：威海市统一路246号

电话：22973

龙口市城市建设综合开发公司

负责城市规划，控制区内城市建设的综合开发。职工20人。

地址：龙口市龙口区振兴路西侧龙海胡同。

电话：2103

龙口市自来水公司

负责黄城、龙口两区的居民生活用水及部分工业用水，年供水总量329万吨。职工121人。

地址：龙口市黄城区北环路北侧

电话：7142

龙口市液化气供应站

负责城区部分居民的液化气供应。职工23人。

地址：龙口市黄城区柳莺大道南侧

电话：8202

龙口市园林管理处

负责黄城、龙口两区的绿化及管理。职工28人。

地址：龙口市龙口区振兴路西侧龙海胡同

电话：2363

龙口市卫生管理站

承担城区街道清扫和垃圾、粪便清运。职工84人。

地址：龙口市黄城区辛店后街

电话：7457

曲阜市房产管理所

主要负责城区公房的管理与维修，商品房的建造与经营，并承建房屋和仿古建筑工程。职工206人。

地址：曲阜市城内陋巷街

电话：273

曲阜市市政工程公司

负责城区的市政工程施工与维修，对外承揽市政工程施工业务。职工301人。

地址：曲阜城鼓楼南大街

电话：638

曲阜市自来水公司

负责城区供水，日供水能力1.5万吨，承担供水管道的铺设、安装及各种水表的安装与维修。职工100人。

地址：曲阜城鼓楼南大街

电话：763

曲阜市出租汽车公司

经营汽车出租业务。职工16人。

地址：曲阜市雪泉路

电话：910

曲阜市环境卫生管理所

负责城区环境保洁工作。并年产各种弹簧200万只及各种电线、电缆，承揽机械零件加工业务。职工80人。

地址：曲阜市环城西路北端。

电话：253

•河 南 省•

河南省城乡规划设计研究院

地址：郑州市市民新村130号

河南省建筑设计研究院

地址：郑州市金水路97号

电话：22407

电报挂号：0191

河南省燃气及燃气用具产品质量监督检验测试中心站

为国家授权的具有第三方公正性的法定省级检测机构，对燃气用具施行产品质量监督检验。职工5人。

地址：郑州市花园路29号

电话：55230

郑州市规划勘测设计院

地址：郑州市嵩山路2号

郑州市城市建设设计科研所

是专业市政设计科研单位，主要从事城市道路、桥梁、交通工程、给水排水、河道整治、工业与民用建筑、燃气输配和电车线网等设计。职工80人，其中高级工程师9人，工程师27人。

地址：郑州市友爱路1号

电话：46212

郑州市市政工程管理处

承担市政工程、道路、下水道、中小型桥涵、水利设施、泵站和污水处理构筑物、民用建筑工程的勘测、设计、施工安装。年可承担完成建安工作量1500万元。职工1025人。

地址:郑州市岗杜北街16号

电话:37834

郑州市市政工程公司

承担道路、桥梁、给排水管道、泵站、水厂、污水处理厂等市政工程的施工,年完成建安工作量2000万元,生产水泥5万吨,机制各种混凝土管及构件1万立方米。职工1500人。

地址:郑州市友爱路1号

电话:49786

郑州市自来水公司

日供水能力52万吨。职工2013人。

地址:郑州市中原西路67号

电话:72725

电报挂号:3055

郑州市公共交通公司

承担城市客运,固定资产4600万元。职工3629人。

地址:郑州市人民路2号

电话:28169

郑州市出租汽车公司

郑州市煤气公司

年供液化石油气5000吨,并经营钢瓶、灶具、建筑安装、压力容器检测等。职工304人。

地址:郑州市中原区前进路

电话:46151

电报挂号:0790

郑州市煤气用具制造厂一分厂

年生产能力为5万套灶具(液化气灶、天然气灶、煤气灶)。职工155人。

地址:河南省密县新县城灵永路9号

电话:222470

电报挂号:2182

郑州市荥阳钢瓶厂

年生产YSP-15型液化石油气钢瓶10万只,兼营灶具、减压阀、胶管等。职工160人。

地址:郑州市荥阳北邙镇

电话:荥阳997转

电报挂号:3910

郑州市天然气公司筹建处

年供应民用天然气85万立方米,并承担天然气工程设计、施工,灶具、调压箱制造,表具供应。职工980人。

地址:郑州市陇海西路

电话:48045　48092

郑州市环卫科研所

地址:郑州市西中和路70号

电话:28101

洛阳市城市规划设计研究室

洛阳市市政工程管理处

主要承担沥青和水泥路、下水管道的施工和养护管理,有年产值1千余万元的施工能力,并生产经营砂石、烧碱等材料。职工880余人。

地址:洛阳市西工凯旋西路31号

电话:36433

电报挂号:2398

洛阳市市政工程公司

承担给排水、道路、桥涵施工和设计。职工550人。

地址:洛阳市凯旋路18号

电话:37923

电报挂号:1004

洛阳市自来水公司

日供水能力31.5万吨,职工880人。

地址:洛阳市延安路

电话:23980　23984

电报挂号:5261

洛阳市公共交通公司

承担公共交通客运任务(包括无轨电车、公共汽车、出租车、旅游车等),并承担汽车、电车大修业务。职工2970余人。

地址:洛阳市中州中路114号院

电话:53287

洛阳市液化气公司

年供应民用液化石油气1万吨(居民5万户),兼营家用煤气灶、减压阀、液化石油气钢瓶销售及检测业务。职工192人。

地址:洛阳市西小屯

电话:37987

洛阳市液化气供应处

年供应民用液化气700吨(用户5000户),兼营煤气灶、调压阀、液化石油气钢瓶销售业务。职工21人。

地址:洛阳市七一路

电话:36807

洛阳市九龙室具工艺厂

拥有年产15万台的成套设备模具,可生产液化气、焦炉煤气、水煤气、沼气、矿井气、天然气灶具。职工260人。

地址:洛阳市中州西路276号

电话:22583

电报挂号:6999

洛阳铸造厂灶具加工分厂

专业生产各种液化气、天然气、沼气、瓦斯气的团体灶和单、双灶及灶具配件,并承担宾馆等的灶具设计制作安装。配套供应钢瓶、胶圈、减压阀、胶管。职工157人。

地址:洛阳市西关唐宫东路4号

电话:53625

电报挂号:5064

洛阳市园林规划设计研究室

地址:洛阳市西工区商业局内

电话:37609

电报挂号:0954

洛阳市环卫处

开封市住宅建设公司

开封市市政管理处

承担城市道路、下水道大、中修及新建、扩建工程,大、中桥工程施工。职工320人。

地址:开封市新开门里五权街

电话:24641

开封市市政工程公司

承担道路、排水、桥梁、各种泵房及一般污水处理厂的建设和混凝土预制构件的生产。年施工能力可达1千万元。职工600人。

地址:开封市演武厅街68号

电话:33153

开封市政工程机械厂

地址:开封市滨河路化工路口

电话:23856

电报挂号:0575

开封市自来水公司

日供水能力47万吨。职工790人。

地址:开封市东郊汴京大道

电话:23235

开封市公共交通公司

承担全市公共交通、出租小车及部分长途旅游客运,现有各种车辆148部,年客运量2千万人次。兼营汽车修理和公交广告业务。职工950余人。

地址:开封市宋门里东内环路南段

电话:24601

开封市煤气公司

年供民用煤气5000万立方米,并供应民用液化石油气,兼营煤气表、煤气灶、液化石油气钢瓶销售及维修,并承担煤气工程施工。职工400人。

地址:开封市白塔苗圃院内

电话:23858

开封市厨房设备煤气用具厂

从1982年与中国市政工程华北设计院煤研室共同研究生产煤气灶具,主要经营公用、民用灶具两类19种不同规格。职工200人。

地址:开封市西环城路南段11号

电话:31211

电报挂号:0467

开封市环卫处

新乡市城市规划设计室

新乡市房地产公司设计室

新乡市市政工程处

承担本市全部市政工程、部分外协工程、公路工程及外市部分市政工程,包括道路、桥涵、泵站、给排水、净水厂等项目。职工1332人。

地址:新乡市平原路中段

电话:52632

新乡市市政设施管理处

承担市区所有市政设施包括道路、桥梁、排水工程的建设、维护和管理,以及机电设备安装和维护。职工347人。

地址:新乡市南大街56号

电话:53167　52261

新乡市自来水公司

日供水能力23万吨。职工522人。

地址:新乡市平原路176号

电话:52215

电报挂号:3055

新乡市公共汽车公司

主营市内公共汽车客运,兼营其它汽车客运。职工1040人。

地址:新乡市自由路中段

电话:21001

新乡市液化石油气公司

豫新机械厂

为航空航天工业部所属工厂,利用制造航空产品的技术和设备,开发生产大量民用产品,其中YSP-15液化石油气钢瓶曾获城乡建设环境保护部优质产品奖、国家银质奖,年生产能力20万只以上。职工近4000人。

地址:新乡市建设中路

电话:54931

电报挂号:7812

新乡市环卫处

安阳市规划设计处

安阳市房地产管理处设计室

安阳市住宅建筑公司

安阳市建设局市政建设设计室

安阳市市政工程处

承担城市道路、桥涵、排水、土石方工程和其它市政工程,年产值350万～400万元。职工400人。

地址:安阳市铁西路中段

电话:31068

安阳市市政建设维护管理处

担负全市160条道路(总长120.6公里,面积128.2

万平方米)的维修与管理以及151条道路排水(总长91.6公里)的疏挖和2700盏路灯的维修管理工作,并承担道路、排水、桥梁等新建工程。职工350人。

地址:安阳市灯塔路东段74号

电话:23453

安阳市市政污水管理处

承担本市污水工程管理及污水处理。职工130人。

地址:安阳市东郊聂村

电话:26285　24336

安阳市自来水公司

日供水能力21.5万吨。职工339人。

地址:安阳市铁西路

电话:31271　31434

安阳市公共交通公司

经营市内1-8路公共汽车、郊区5县的城乡公共汽车及名胜游览点与四个邻近城市的客运,拥有大客车103台,出租小车15台。职工613人。

地址:安阳市西环城路北段

电话:22396

安阳市煤气公司

安阳市灶具厂

生产台式灶、箱式灶、年生产能力1万台。职工240人。

地址:安阳市安钢大道西头

电话:32103

电报挂号:3501

安阳市液化气炉具厂

主要生产YSP-15型液化石油气钢瓶。拥有主要生产设备32种,检测设备14种。职工90人。

地址:安阳市西郊安钢大道西段路南

电话:31145

电报挂号:3210

安阳市郊区厨房设备厂

承担工业、宾馆、餐厅、集体食堂用各种灶具和民用各种灶具。职工50人。

地址:安阳市东郊聂村

电话:24788

安阳市钢圈厂

年产YSP-15型液化石油气钢瓶5万只。职工387人。

地址:安阳市安汤路北段

电话:24255

电报挂号:0946

安阳市钢北铸造厂

年产家用煤气灶1万台。职工50人。

地址:安阳市铁西区孝民屯

安阳市环卫处

平顶山市城市规划设计院

地址:平顶山市西河沿路

平顶山市市政工程公司

主要承担城市道路、桥梁、排雨、排污、上水和煤气管道以及机电安装等施工任务,为省建设厅审定的建设资质二级单位,拥有大型施工设备52台。职工520人。

地址:平顶山市中兴路3号

电话:2117

平顶山市自来水公司

日供水能力15.6万吨。职工615人。

地址:平顶山市矿工路51号

电话:2991

电报挂号:3055

平顶山市公共交通公司

经营公共交通客运。职工1120人。

地址:平顶山市中兴路南端

电话:4432

平顶山煤气公司

经营焦炉人工管道煤气与液化气,日供气能力6万立方米,居民用户23000户,公共用户77户,工业用户7户。城市居民气化率达22.9%。职工365人。

地址:平顶山市建设路西段

电话:2587

平顶山市城市管理处

承担市政设施养护和维修,道路清扫,垃圾清运,水冲厕所管理。职工867人。

地址:平顶山市开源路70号院

电话:4027

焦作市规划建筑设计院

焦作市房管公司设计室

焦作市市政工程管理处

承担本市道路、下水道、人行道、路灯的维修、养护及管理工作。并担负部分新建工程。职工237人。

地址:焦作市太行路112号

电话:5285

焦作市自来水公司

日供水能力11.5万吨。职工376人。

地址:焦作市太行东路

电话:3343

电报挂号:0222

焦作市公共交通公司

主要经营城市客运。拥有各种车辆178台。职工1330人。

地址:焦作市民主北路

电话:4057

电报挂号:7028

焦作市煤气筹备处

南阳市市政工程公司

承建城市道路、桥梁、雨、污水排水管道、路灯,并从事预制构件(年产3000立方米)和沥青混凝土(日产100吨)加工。年施工工作量400余万元。

地址:南阳市梅溪路10号

电话:3051

南阳市市政维护管理处

承担市区道路、桥梁、下水管道、路灯、道路分道线、护栏等市政设施的新建和维护管理,以及占道和废污水的管理。职工259人。

地址:南阳市梅溪路

电话:3553

南阳市自来水公司

日供水能力7万吨。职工226人。

地址:南阳市新华街149号

电话:3303

南阳市公共汽车公司

南阳市液化气公司

年供应量5000吨,供应用户2.5万户,钢瓶检验月检1000只。职工146人。

地址:南阳市工业路26号

电话:2721 3770

电报挂号:3210

南阳市沼气公司筹建处

利用南阳酒精厂废糟液日产3万立方米沼气,可供2万户居民用气和化工厂原料用气,并经营表、灶具维修。职工35人。

地址:南阳市工业路

电话:4888

电报挂号:3113

信阳市住宅建筑公司

信阳市住宅维修公司

信阳市市政工程公司

承担道路、排水、桥梁工程的建设、维护和管理及其商品构配件专用材料、工具设备租赁。职工257人。

地址:信阳市民权路347号

电话:225591

信阳市自来水公司

日供水能力10.5万吨。职工273人。

地址:信阳市东方红大道22号

电话:651

电报挂号:3055

信阳市公共汽车公司

许昌市勘察规划设计室

许昌市住宅建筑公司

许昌市市政工程公司

承担城市道路及雨水、污水排水工程,年可完成产值600万元。职工570人。

地址:许昌市劳动路40号

电话:4508

许昌市自来水公司

日供水能力3.45万吨。职工263人。

地址:许昌市五一路48号

电话:2089

许昌市公共汽车公司

经营公交线路4条,长42公里,车辆17台;城乡线路4条,长230.5公里,车辆13台;并经营出租、旅游车辆。职工216人。

地址:许昌市劳动路40号

电话:4654

许昌市煤气热力公司

年供应液化石油气2千吨,居民用户2万户,集体用户100个,并开展灶具维修检测等服务。职工70人。

地址:许昌市许扶路

电话:5435

电报挂号:3049

鹤壁市勘察设计处

鹤壁市市政管理处

负责全市市区的道路、排水、桥梁、路灯等业务。职工258人。

地址:鹤壁市汤河街

电话:2098

鹤壁市自来水公司

日供水能力5.2万吨。职工239人。

地址:鹤壁市红旗路

电话:3749

鹤壁市公共汽车公司

鹤壁市煤气公司

商丘市建筑勘测设计处

商丘市住宅建筑公司

商丘市自来水公司

日供水能力3万吨。职工262人。

地址:商丘市民族西路36号

电话:3343

商丘市公共汽车公司

濮阳市自来水公司

日供水能力0.5万吨。职工30人。

地址:濮阳市三号路

电话:4354

濮阳市天然气筹备处

周口市市政工程处

承担1千万元以内的道路、排水管道及桥涵等市政工程。职工151人。

地址:周口市界牌街165号

电话:2565

周口市市政管理处

承担300万元以内的道路、排水、路灯等工程的新建及维修。职工89人。

地址:周口市界牌街165号
电话:2565

周口市自来水公司

日供水能力2.2万吨。职工131人。
地址:周口市新建路3号
电话:3742

周口市公共汽车公司

周口市液化气供应站

年供应液化石油气200吨,兼营家用燃气灶、液化石油气钢瓶。职工30人。
地址:周口市建北五路
电话:3334

漯河市市政工程公司

承担本市(包括三县)区内的道路、下水、上水、小桥涵、路灯的设计施工。职工200人。
地址:漯河市交通路南段
电话:24192
电报挂号:0586

漯河市市政管理处

承担100万元以下的道路、排水工程。职工150人。
地址:漯河市交通路162号
电话:24281

漯河市自来水公司

日供水能力2.8万吨。职工187人。
地址:漯河市铁东丁庄
电话:3714

漯河市公共汽车公司

驻马店市市政工程处

承担城市道路、排水、桥梁等工程勘察设计,年产值300万元。职工184人。
地址:驻马店市白桥路
电话:2394

驻马店市自来水公司

日供水能力4.6万吨。职工348人。
地址:驻马店市中华路西段
电话:3481 2498
电报挂号:0428

驻马店市公共汽车公司

驻马店地区液化气公司

年供应民用液化气600吨,用户1.2万户,兼营煤气灶、热水器、减压阀等。职工70人。
地址:驻马店市雪松路东段6号
电话:3312
电报挂号:0237

驻马店地区电表厂灶具分厂

年产液化石油气灶具5万台,并经营钢瓶配套销售业务。职工125人。
地址:驻马店市中华路西段127号
电话:3185-32
电报挂号:5903

三门峡市市政工程处

承担城市道路、桥梁、排水、路灯的新建、维修和管理。职工329人。
地址:三门峡市六峰路环区东侧
电话:21807

三门峡市自来水公司

日供水能力4.5万吨。职工170人。
地址:三门峡市和平路东头
电话:2801

三门峡市公共汽车公司

经营五条线路、三个车队,承担市区及郊区客运、市内出租、旅游业务,拥有各种车辆54台。职工340人。
地址:三门峡市火车站崤山路东端
电话:22156

三门峡市液化石油气公司

供应液化石油气,一期1万户,二期2万户,承担灶具、钢瓶维修检验。职工71人。
地址:三门峡市茅津路北段
电话:22863
电报挂号:3049

义马市市政工程公司

承担100万元以下的道路、排水、桥涵工程。职工60人。
地址:义马市新市区义马路西段

义马市公共汽车公司

温县机械修造厂

经营"老君牌"自动点火液化气灶、天然气灶、矿井气灶。承担全国各地煤气公司、液化气公司灶具业务。职工250人。
地址:河南省温县城内东关东门口
电话:2776

•湖 北 省•

中国市政工程中南设计院

为建设部所属市政综合甲级设计单位。可承担甲级城市给水、排水、防洪、燃气、热力、环境卫生及其他市政工程设计;乙级综合性建筑工程设计;乙级城市规划设计。
地址:武汉市汉口解放大道1121号
电话:20969
电报挂号:3311

湖北省城市规划设计研究院

为甲级规划设计研究单位。承担省内外城市规划、分区规划、详细规划,市政及民用建筑设计,城市科学研究和技术咨询。职工116人。

地址:武汉市中南一路 47 号
电话:812035
电报挂号:6727

武汉市勘测院

地址:武汉市汉口万松园路 53 号

武汉市建筑工程总公司

承担各种工业与民用建筑、工业设备安装、高级装饰及生产建筑机械、混凝土构件。职工 18000 人。

地址:武汉市汉口解放大道 549 号
电话:354383
电报挂号:4383

武汉市第三建筑工程公司

承担各种工业与民用建筑。职工 2400 人。

地址:武汉市汉阳大道 219 号
电话:441659

武汉市住宅建设总公司

承担建筑科研设计、土建施工、基础打桩、吊装运输、装饰工程及生产建筑机械、扣件、混凝土构件、钢、木、铝合金门窗。职工 10000 人。

地址:武汉市汉口游艺路 4 号
电话:355549
电报挂号:0007

武汉市市政工程设计研究院

为市政工程甲级设计院。能承担道路、桥梁、地下通道、给水排水、防洪护岸、港区码头、排灌闸站、城市煤气以及工业与民用建筑等工程的勘测设计、市政科研和咨询服务。职工 206 人。

地址:武汉市汉口胜利街 305 号
电话:22357 26097
电报挂号:0549

武汉市城市防洪勘测设计院

承担城市防洪工程的地质勘探及土工试验;水下、陆上测量、设计;河道观测。职工 65 人。

地址:武汉市汉口沿江大道 153 号
电话:22661

武汉市第一市政工程公司

承担道路、桥梁、涵闸、防洪泵站、给排水、污水处理、飞机场、地下通道等各类市政工程及建筑、安装等施工任务。职工 1451 人。

地址:武汉市汉阳大道 223 号
电话:442347 441451

武汉市第三市政工程公司

承担道路、桥梁、涵闸、给排水、污水处理、机场、码头、堤防驳岸、河道整治、地下构筑等工程。职工 2043 人。

地址:武汉市汉口中山大道 1873 号
电话:22372

武汉市市政工程机械化施工公司

承担大型土方及道路、桥梁、排水等工程施工,软基处理,煤气管道安装,建筑工程机械大、中修理及生产沥青路面维修工程车、弯沉车、拖铺机。职工 767 人。

地址:武汉市汉口利济北路 116 号
电话:353049

武汉市市政机械厂

生产真空吸污车、高压冲洗车、沥青混凝土搅拌机组、摊铺机、旋转板垃圾车。职工 405 人。

地址:武汉市汉阳区琴台路 16 号
电话:444460
电报挂号:8199

武汉市自来水公司

供应自来水,并承担管道设计、施工;生产自来水表。职工 4151 人。

地址:武汉市硚口区解放大道 170 号
电话:333756
电报挂号:0171

武汉市公共汽车公司

承担城市、市郊客运及车辆修理。职工 16879 人。

地址:武汉市汉口硚口路 160 号
电话:333832
电报挂号:2300

武汉市电车公司

承担电车、汽车客运及修理,线网、整流站设计。职工 3417 人。

地址:武汉市汉口武胜路 72 号
电话:351543
电报挂号:0697

武汉市轮渡公司

承担城市、郊县客运、货运,汽车过江,船舶设计、制造及修理。职工 3300 人。

地址:武汉市汉口南京路宝润里 1 号
电话:23467

武汉市公用客车厂

生产扬子江牌城市公共汽车,城郊公共汽车,团体、旅游大客车,无轨电车,中小型旅游客车五个系列。职工 2500 人。

地址:武汉市古田四路 30 号
电话:333605 333606 333607
电报挂号:0361

武汉市煤气公司

供应液化石油气、煤气,燃气用具及配件。压力容器。职工 1094 人。

地址:武汉市青年大道 106 号
电话:355382

武汉市园林建筑规划设计院

承担风景区、公园、厂区、住宅区总体规划设计,工民建设计、室内装璜,城市雕塑,。职工 35 人。

地址:武汉市汉口解放公园路40号

电话:512331

武汉市园林科学研究所

从事园林艺术、植物、植保研究,苗木经营,绿化工程设计、施工。职工106人。

地址:武汉市青山区和平大道932号

电话:662269

武汉市环境卫生科学研究所

研究城市垃圾、粪便收集运输体系,无害化处理,环卫机械、环卫基础设施设计。职工36人。

地址:武汉市汉口一元路2号

电话:22394

宜昌市自来水公司

地址:宜昌市西陵大道112号

宜昌市公共汽车公司

宜昌市轮渡公司

宜昌市煤气公司

黄石市城市规划设计研究院

承担市内外城市规划,市政、民用建筑及工程测量。职工40人。

地址:黄石市黄石大道316号

电话:5819

黄石市城市建设开发公司

承担本市城市市政、房屋综合开发业务。年完成城市建设开发工作量2000万元。职工55人。

地址:黄石市轮渡公司楼上

电话:3366　3492

中国房地产开发总公司黄石公司

承担本市商品房出租、租赁、建设土地开发、房屋代购代销业务,年完成建筑安装工作量1070万元。职工48人。

地址:黄石市劳动路118号

电话:3802

黄石市房地产总公司

负责本市内直管公房维修养护,危房改造;承担市财政住宅投资房的建设和分配,负责商品房屋的开发建设;依据国家房地产政策、法令和地方法规,管理全市公私房屋,落实私房政策。职工878人。

地址:黄石市劳动路118号

电话:3966

黄石市房屋经营管理公司

承担本市房屋的经营管理,年经营商品房屋面积4.5万平方米,其中危房改造1.6万平方米。职工24人。

地址:黄石市劳动路118号

电话:2970

黄石市市政建设工程公司

承担道路、桥涵、下水顶管、大型土石方、桩基、堤防和民用建筑等工程施工任务,并生产加工水泥预制构件。职工530人。

地址:黄石市湖滨路94号

电话:3821

黄石市自来水公司

年产自来水5650万吨。职工666人。

地址:黄石市黄石大道505号

电话:4155

电报挂号:5261

黄石市公共汽车公司

黄石市轮渡公司

黄石市煤气公司

黄石市市政园林管理局

主管市政、园林、环境卫生的规划、建设、维护、管理。直属基层单位14个。职工2340人。

地址:黄石市天津路12号

电话:2423

黄石市环境卫生管理处

拥有环卫车辆31台,管理厕所151座,日完成道路清扫面积91.7万平方米。清运垃圾285吨,粪便60吨。职工665人。

地址:黄石市黄石大道394号

电话:2536

襄樊市城市规划管理处

承担本市及市辖内城市规划、勘察设计任务,职工57人。

地址:襄樊市沿江中路219号

电话:2536

襄樊市房地产管理局

承担全市房地产开发与管理。职工596人。

地址:襄樊市新华路

电话:3791

中国房地产开发总公司襄樊公司

经营本市房地产开发,年开发工作量1390万元,开发房屋面积4万平方米。职工72人。

地址:襄樊市幸福小区

电话:41367

襄樊市住宅经营公司

承担本城市旧城改造、房屋维修、商品房出售等业务。职工186人。

地址:襄樊市新华路

电话:3555　2634

襄樊市市政工程公司

承担本市市区道路、下水道、桥涵、排污泵站及新建和市政设施及维修保养。年完成工作量993.24万元,修建道路5506米,面积165312平方米。职工801人。

地址:襄樊市建华路3号

电话:3525　2409

襄樊市自来水公司

承担本市区工业生产与人民生活供水任务及管道安装，年产水量10151万吨，年产值9139万元，日供水能力24万吨。职工764人。

地址：襄樊市大庆西路59号

电话：5815

襄樊市公共汽车公司

承担本市区公交客运任务。年客运量3765万人次，年客运收入513万元。职工991人。

地址：襄樊市星火路1号

电话：2411

襄樊市出租汽车公司

承担本城市汽车出租业务。年营业额65万元。职工132人。

地址：襄樊市星火路1号

电话：1411　3706

襄樊市公用客车厂

承担客车装配、维修，年产量110台，年产值490万元。职工509人。

地址：襄樊市中原路31号

电话：3984　3741

襄樊市煤气公司

供应本市区民用液化气，年供应量1180吨，供户15000户。职工101人。

地址：襄樊市前进路

电话：3625

襄樊市园林管理局

承担市区园林建设与管理业务。职工787人。

地址：襄樊市长征路97号

电话：3560

襄樊市环卫处

十堰市城乡建设规划管理局

年可完成详细规划200公顷，道路设计125000平方米，地形测绘20平方公里。职工63人。

地址：十堰市人民路老虎沟口

电话：51481

十堰市土地房屋管理局

承担本市房产、地产管理，年房租收入7万元。职工55人。

地址：十堰市人民路老虎沟口

电话：52318

中国房屋建设开发公司十堰公司

经营本市城市土地开发和房地产业务，承担新区开发和旧城改造，以及单项工程的承包建设。年完成工作量2000万元，竣工房屋面积10万平方米。职工66人。

地址：十堰市人民路六堰小区

电话：52076

电报挂号：2075

十堰市市政建设工程公司

承建桥梁、道路，各种构件预制生产，城市排污管道，城市防洪工程，土石方工程等。年产值549万元。职工418人。

地址：十堰市朝阳路74号

电话：51492

十堰市自来水公司

年供水能力293万吨。职工38人。

地址：十堰市车城路23号

电话：52754

电报挂号：5261

十堰市公共汽车公司

拥有营运车辆139台，主要承担本市内公共交通客运任务，营运线路17条，长度286.5公里。年行驶里程770万公里，年客运量9090万人次。职工1310人。

地址：十堰市汉江路

电话：52937

十堰市出租汽车公司

拥有大、小车辆32台，主要承担本市内公共交通客运任务，年营运收入60万元。职工125人。

地址：十堰市朝阳路60号

电话：51037

十堰市环境卫生管理处

承担本市内环境卫生的清扫和管理。年清扫面积83.2万平方米。职工512人。

地址：十堰市人民路三堰

电话：51628

中国房地产开发总公司沙市公司

主要经营土地商品房综合开发，年工作量1200万元。职工45人。

地址：沙市市新沙路54号

电话：4428　3580

沙市市建筑综合开发公司

按城市规划，开发新区，改造旧城区，年完成商品房面积5万平方米以上。职工45人。

地址：沙市市新沙路57号

电话：4103　4509

电报挂号：4462

沙市市自来水公司

地址：沙市市交通左路二号

沙市市公共汽车公司

沙市市轮渡公司

沙市市液化气供应站

沙市市环卫处

鄂州市鄂城自来水公司

地址：鄂州市鄂城区

鄂州市黄州自来水公司

地址：鄂州市黄州区八一路

鄂州市公共汽车公司

鄂州市煤气筹建处

荆门市自来水公司

地址:荆门市海慧路

荆门市公共汽车公司

荆门市环卫处

地址:荆门市

电话:33531

随州市自来水公司

地址:随州市南郊西街

随州市公共汽车公司

孝感市城市规划设计所

主要承担中小城市总体及专项规划设计,小型民用建筑设计,城市建设工程测量,地籍测量、地图编绘。职工25人。

地址:孝感市长征一路

电话:3973

孝感市房地产管理局

直管城区公房五万平方米,辖房地产开发、住宅建设、建材经销4个直属单位和16个镇房地产管理所。职工400余人。

地址:孝感市城区汤家街52号

电话:2115

中国房屋建设开发公司孝感公司

自有资金310万元,固定资产110万元,年完成开发工作量3450万元。职工50人。

地址:孝感市园林小区内

电话:3014　3827

电报挂号:4844

孝感市自来水公司

固定资产380万元,年生产地下水808万吨,供应城区10余万人的生活与部分工业用水。职工230人。

地址:孝感市城站路71号

电话:2799

孝感市公共汽车公司

主要承担本市内公共交通运营,年营运480万人次,营运收入56.6万元。职工104人。

地址:孝感市槐荫大道40号

电话:2460

孝感市石油液化气公司

具有运输、储存、分装液化石油气设备。年经营液化石油气800吨。

地址:孝感市槐荫大道

电话:2716

咸宁市市政工程公司

主要承担城区市政工程的维修与管理。职工29人。

地址:咸宁市永安办事处南门扩26号

咸宁自来水公司

下设3个水厂,年供水能力1725万吨。职工401人。

地址:咸宁市温泉办事处岔路口

电话:56926　56334

咸宁市公共汽车公司

拥有公交车辆20台,年产值120万元。职工176人。

地址:咸宁市永安办事处南大街17号

电话:22576

咸宁市永安环境卫生管理所

拥有环卫机械3台,年清扫道路面积11.5万平方米,清运垃圾1.5万吨。职工86人。

地址:咸宁市永安办事处河堤路33号

电话:22949

老河口市城市规划设计研究所

主要承担城市总体规划、详细规划,园林绿地规划设计,以及工程管线、建筑等设计。职工12人。

地址:老河口市胜利路8号

电话:3125　3445

老河口市房地产管理局

下设9个二级单位,为城市房地产经营管理服务综合部门,具有城市综合开发、房地产经营、建筑设计、建筑施工,物资供应配套体系。年综合开发商品房2.5万平方米。职工308人。

地址:老河口市北京路217号

电话:2297　2360

中国房屋开发公司老河口公司

下设三科一室、一厂、一站(预制构件厂、物资站),主要承担本城市综合开发,销售商品房业务。年开发工作量500万元以上。施工面积5万平方米。职工51人。

地址:老河口市洪城门

电话:3189

电报挂号:7030

老河口市市政工程公司

主要承担本市市内道路、排水、桥梁、水电安装、机械修理、木加工、车辆运输以及预制构件的生产和施工,年产值300万元。职工229人。

地址:老河口市航空路

电话:2716

电报挂号:2398

老河口市自来水公司

日供水能力6万吨,工艺设备齐全,有承接3-6万吨/日净水厂土建工程、电器设备、管道安装的技术力量。职工320人。

地址:老河口市北京路中段

电话:3219

老河口市公共汽车公司

拥有车辆20台,主要承担本市公共交通客运,并可承担车辆修理任务。营运线路5条，年客运总数80万人次。职工93人。

地址：老河口市北京路236号

电话：3419

老河口市园林局

负责管理本市区公园及城区园林绿化。有园艺、农艺、园林规划、盆景制作等。技术人员十余人。职工108人。

地址：老河口市中山公园内

电话：3880

蒲圻市房地产管理所

管理直管公房21800平方米，土地使用费10万元；城镇私房管理；房屋产权发证；经营商品房开发业务及对外承担房屋修缮，装璜。职工36人。

地址：蒲圻市板桥街60号

电话：2564

蒲圻市自来水厂

生产生活饮用水及工业生产用水。年供水量为963万吨，产值192.6万元，利润69.47万元。职工263人。

地址：蒲圻市陆水主坝南侧

电话：2562

蒲圻市公共汽车公司

拥有客车22台，主要承担市内外公共客运业务，年创产值126万元，利润13万元。职工143人。

地址：蒲圻市莼川西湖路109号

丹江口市城乡规划设计室

主要承担本市城乡规划设计。职工7人。

地址：丹江口市均州一路

电话：2138

丹江口市房地产管理局

主要从事本市房产、地产管理。职工14人。

地址：丹江口市姚沟路

电话：2471 2475

丹江口市城市综合开发公司

主要承担本城区商品房的经营开发。职工16人。

地址：丹江口市汤家路

电话：2150

丹江口市自来水公司

有日产3万吨水厂一座，年安装各种自来水管道5300米。职工60人。

地址：丹江口市环城南路

电话：2387 2544

丹江口市公共汽车公司

有大客车6部、出租小车5部，主要承担市区及市郊客运任务。年客运总量30万人次。职工40人。

地址：丹江口市

丹江口市园林管理所

主要经营各种苗木、花卉、盆景、承担市内道路、庭院、荒山绿化、负责本城区绿化管理。职工72人。

地址：丹江口市深沟路

电话：2883

恩施市自来水公司

年产自来水437.6万吨。职工102人。

地址：恩施市午阳坝东风大道57号

电话：2955

恩施市公共汽车公司

应城市房地产公司

主要负责本市区内房产、地产管理，年开发建设商品房面积5000平方米。职工30人。

地址：应城市城中大冶路

电话：2252

应城市自来水公司

年供水能力340万吨。职工74人。

地址：应城市城中解放街

电话：2407

应城市公共汽车公司

主要承担本市内城市客运交通业务，年客运总量56万人次。职工20人。

地址：应城市

电话：2391

石首市房地产管理公司

主要经营本市房产、地产管理，面积4.7万平方米，年收入27.3万元。职工45人。

地址：石首市建设路

电话：2326

石首市自来水公司

供应自来水，年产水量480万吨，职工72人。

地址：石首市山南小区

电话：2735

石首市公共汽车公司

拥有车辆10部。营运线路3条，年客运量50万人次，营运收入8.053万元。职工24人。

地址：石首市

电话：2691

利川市房地产管理公司

主要经营房产、地产管理。职工10人。

地址：利川市解放路414号

电话：2497

利川市自来水公司

年生产自来水180万吨。职工49人。

地址：利川市清江大道303号

电话：2919

•湖 南 省•

湖南省城建沥青接卸站

主要承担全省城市道路沥青调运及购销业务。职工69人。

地址：长潭路易家湾

电话：21595

长沙市规划设计院

为甲级规划设计和建筑设计单位。承担城市规划、建筑及市政工程的设计、技术咨询和科研。职工180人，内有高级工程师21名，工程师71名。

地址：长沙市八一路149号

电话：23921 23435

长沙市勘测院

地址：长沙市铁佛东街52号

电话：28835

长沙市自来水公司

地址：长沙市南区劳动路140号

长沙市公共汽车公司

长沙市出租汽车公司

长沙市轮渡公司

长沙市煤气公司

长沙市环卫科研所

地址：长沙市韭菜园

电话：28198

衡阳市市政工程公司

负责全市市政工程设施建设、维护、管理。职工359人。

地址：衡阳市蒸阳路

电话：23781

衡阳市道路修建工程公司

负责全市道路新建和土石方工程。职工228人。

电话：22271

衡阳市自来水公司

负责全市自来水厂和供水管网的建设管理，全市生产、生活用水供应。职工619人。

地址：衡阳市黄白路187号

电话：24654

电报挂号：0001

衡阳市公共汽车公司

担负全市公共交通建设与管理及市区客运任务。职工1703人。

地址：衡阳市环城北路94号

电话：23769

衡阳市园林管理处

负责全市公园、苗圃、动物园和公共绿地的建设管理及全市城区绿化。职工495人。

地址：衡阳市岳屏公园8号

电话：25206

衡阳市环境卫生管理处

负责全市环卫设施的建设与管理，承担城区垃圾，粪便清运及城区街道清扫保洁。职工750人。

电话：23011

湘潭市勘测处

主要从事地形、工程的测量，各类建筑地质钻探和地名管理。职工74人。其中技术人员14名。

地址：湘潭市人民路74号

电话：24986

湘潭市城建设计研究所

主要从事道路、给排水、建筑、园林绿化、雕塑设计和理化分析，建材科研等技术业务。

地址：湘潭市和平路4号

电话：24090

湘潭市城市建设开发公司

主要组织综合开发，配套建设，经营各类商品房，年施工面积10万平方米。职工63人。

地址：湘潭市航运码头26号

电话：21412

电报挂号：6040

湘潭市市政工程公司

从事市政设施建设与管理，年工程产值456万元。职工754人，技术人员44人。

地址：湘潭市人民路156号

电话：21749

湘潭市第一市政工程队

主要承担市政工程新建和改造施工，年工程产值114万元。职工214人。

地址：湘潭市潭下路菊花塘

电话：21405

湘潭市水资源管理办公室

主要管理水源和节约用水，并对自备水源的企事业单位收取资源费。职工5人。

地址：湘潭市和平路4号

电话：21743

湘潭市自来水公司

年供水量5000万吨，产值520万元。现有职工433人，其中技术人员35人。

地址：湘潭市人民路101号

电话：24435

湘潭市公共汽车公司

拥有各类客车120辆，经营市郊间营运线路13条，兼营出租汽车业务，年营运额560万元。职工851人。

地址：湘潭市车站路10号

电话：24766

湘潭市客车厂

装配城市公共汽车、普通客车和豪华旅游车，年产量1000台。职工740人，技术人员83人。

地址：湘潭市长潭路荷塘

电话：22897

湘潭市煤气公司

经营管道煤气，年供气 3600 万立方米。职工 251 人。

地址：湘潭市雨湖路 248 号

电话：22942

电报挂号：0222

湘潭市园林管理处

拥有公园、苗圃 6 个单位，主要从事园林绿化建设与管理。职工 334 人，技术人员 28 名。

地址：湘潭市车站路 32 号

电话：24042

湘潭市环境卫生管理处

主要负责市容卫生建设与管理，收集处理生活垃圾、粪便。职工 624 人。

地址：湘潭市大湖路 34 号

电话：23204

湘潭市昭山风景管理处

主要负责昭山风景区的规划、开发、建设和管理。职工 10 人。

地址：湘潭市昭山宋祠侧

电话：23372

湘潭市雨湖公园

系一处以水面为主体的公共场地，环境幽雅，设施齐全。职工 78 人。

地址：湘潭市湖园路 120 号

电话：24682

湘潭市和平公园

是一处具有森林气候的幽静息地，主要给市民提供游览场地，培植花卉、盆景。职工 66 人。

地址：湘潭市建设北路 78 号

电话：24971

湘潭市城建局劳动服务公司

主要从事劳动就业培训，就业安排和管理，安装卷闸门，维修机械和建筑钻探，并经营五金、百货、食杂业务。

地址：湘潭市和平路 4 号

电话：21318

株洲市自来水公司

地址：株洲市体育路 15 号

株洲市公共汽车公司

株洲市煤气筹备处

株洲市环卫处

地址：株洲市七号路

电话：2124

岳阳市自来水公司

地址：岳阳市洞庭北路 4 号

岳阳市公共汽车公司

邵阳市自来水公司

地址：邵阳市东区田江路 4 号

邵阳市公共汽车公司

邵阳市煤气筹建处

邵阳市环卫处

常德市自来水公司

地址：常德市人民西路

常德市公共汽车公司

常德市环卫处

地址：常德市建设西街

电话：463

益阳市自来水公司

地址：益阳市桃花仓

益阳市公共汽车公司

益阳市环卫处

地址：益阳市金花湖

电话：431

郴州市城市建设档案馆

从事城建档案管理、服务。馆藏 7000 卷。职工 4 人。

地址：郴州市人民西路 12 号

电话：22243

郴州市建筑勘察设计处

从事城市规划，建筑设计，测量和勘察。职工 29 人。

地址：郴州市人民西路 20 号

电话：22406

郴州市城市建设综合开发公司

从事商品房和市政工程，年开发工作量 800 万元。职工 23 人，其中技术人员 8 人。

地址：郴州市飞虹西路

电话：23993

郴州市市政工程公司

从事市政建设工程。职工 122 人，其中技术人员 25 人。

地址：郴州市燕泉路 54 号

电话：22524

郴州市自来水公司

负责全市供水，承接管道安装工程，年供水量 3000 万吨。职工 249 人，其中技术人员 8 人。

地址：郴州市人民西路 14 号

电话：22946　24738

郴州市公共汽车公司

从事城市公共交通业务。职工 178 人，其中技术人员 3 人。

地址：郴州市人民西路

电话：24293

郴州市园林管理处

从事园林规划、设计、管理。职工 27 人。技术人员 6 人。

地址：郴州市人民西路 18 号

电话:23909

郴州市北湖公园

从事旅游服务和盆景、花木生产。职工164人。其中技术人员5人。

地址:郴州市人民西路6号

电话:22329

郴州市苗圃

从事苗木、盆景、花卉生产。职工117人。

地址:郴州市城前岭

电话:25108

郴州市益湘花木公园

从事花卉苗木、盆景盆花生产,承接庭园绿化工程。职工12人,其中技术人员3人。

地址:郴州市香花垅

郴州市苏仙岭风景区管理处

从事旅游接待及苗木、木材生产。职工94人,其中技术人员3人。

地址:郴州市苏仙北路38号

电话:24204 25797

郴州市万华岩风景区管理处

从事旅游服务,开辟洞穴探险业务。职工16人,其中技术人员4人。

地址:郴州市安和乡坦山

郴州市环境卫生管理处

职工228人,其中技术人员4人。

地址:郴州市苏石路

电话:23430

耒阳市公共汽车公司

冷水江市自来水公司

地址:冷水江市同心乡集中村

冷水江市公共汽车公司

怀化市自来水公司

地址:怀化市人民路

怀化市公共汽车公司

资兴市园林管理处

担负唐洞新市区的街道绿化和园林管理工作。职工7人。

地址:资兴市唐洞

娄底市公共汽车公司

娄底市煤气筹备处

醴陵市自来水公司

地址:醴陵市解放路

津市市城乡规划办公室

从事制定城乡总体规划和分区详细规划,规划管理,小型地形图的测绘。职工12人。

地址:津市市北大路403号

电话:3086

津市市市政工程管理处

从事市政管理,道路、下水道、路灯的维修和新建。承接修建厂区道路和下水道。职工64人。

地址:津市市刘公桥路121号

电话:3459

津市市自来水公司

负责全市供水,年供水量650万吨。职工81人。

地址:津市市刘公桥路21号

电话:3453

津市市公共汽车公司

负责城市公共汽车、客运轮渡,兼营长途客运。职工193人。

地址:津市市刘公桥路117号

电话:3647

津市市园林管理处

从事城市绿化管理,庭院绿化指导,行道树与公共绿带栽培,苗、花圃种植与培管。职工47人。

地址:津市市人民路134号

电话:3549

津市市洹津公园

接待游客,兼营柑桔与鱼业生产。职工52人。

地址:津市市北大路255号

电话:2074

津市市环境卫生管理处

从事城市环境卫生管理,城市主次干道和公共厕所的清扫保洁,代清运厂区生活垃圾。职工103人。

地址:津市市万寿路6号

电话:2021

湘乡市房产管理处

管理市区公房24.24万平方米,代管地产24.83万平方米。职工53人。

地址:湘乡市状元坊37号

电话:190

湘乡市市政工程公司

主要负责市区道路、排水工程建设与管理。职工65人。

地址:湘乡市乐山路44号

电话:66

湘乡市自来水公司

主要负责市区供水设施建设与维护,市区生产、生活用水的供应。职工60人。

地址:湘乡市东风路51号

电话:468

湘乡市园林管理处

担负市区绿化建设与园林管理。职工52人。

地址:湘乡市碧洲公园内

电话:137

湘乡市环境卫生管理处

主要承担市区街道清扫和卫生管理。职工75人。

地址：湘乡市汽车站路 101 号
电话：476

永州市自来水公司

地址：永州市娘子岭

冷水滩市菱角山水厂

地址：冷水滩市菱角山

吉首市自来水公司

地址：吉首市武陵路

吉首市公共汽车公司

洪江市自来水公司

地址：洪江市大树脚 28 号

洪江市公共汽车公司

大庸市自来水公司

地址：大庸市北门外

•广 东 省•

广州市城市规划勘察设计院

为甲级规划、勘察、设计单位，承担城镇规划设计、建筑设计、工程勘察和测量。职工 450 人。

地址：广州市建设大马路 10 号
电话：330710

广州市设计院

是甲级勘察设计单位，承担各类工业与民用建筑工程的勘测、土建、水电、空调及室内装修、预算等全套设计。

地址：广州市广卫路 10 号
电话：331483
电报挂号：0434

广州市城市建设开发总公司

筹集资金，组织统建。出售商品房，转让熟地，出租厂房、仓库、商店、办公楼。与国内外合资、合作建设和经营各种实业。

地址：广州市八旗二马路 42 号
电话：348088　344486
电报挂号：4385

广州市住宅建筑设计院

承接测量、钻探、空调、设备和土建的设计业务。职工 120 人。

地址：广州市越华路 43 号四～六楼
电话：332694
电报挂号：3030

广州市房管局住宅科研设计所

承担建筑、结构、设计、科研、水净化、电脑网络 CAD、硬软件服务。职工 56 人。

地址：广州市豪贤路 102 号
电话：331813
电报挂号：0848

广州市住宅建设公司

承担建筑设计施工、高级装饰装修、打桩吊装搭棚、水电安装、钢筋制安、钢铝木门窗加工、房产综合开发。职工 3477 人。

地址：广州市广大路广大一巷四号
电话：333815

广州市房屋经营修建工程公司

组织筹集资金，参与旧城改造、新住宅的开发建筑，经营房屋买卖租赁，承接各类房屋的设计、施工、装修、水电安装，维修各种古建筑工程。职工 1294 人。

地址：广州市广卫路 15 号之 1
电话：333192

广州市房屋拆建工程公司

承担房屋拆卸土建、楼宇装修、房地产经营开发、承接兼包拆迁安置的工程任务。职工 1500 人。

地址：广州市区庄原道路 5 号
电话：777349

广州市穗华房产开发公司

以内外资并举的形式，经营房地产开发业务。职工 120 人。

地址：广州市越华路 43 号
电话：330738
电报挂号：4415

广州市东建实业公司

筹集资金、进行东风路沿线的房地产开发，出售商品房。

地址：广州市东风东路 486 号三楼
电话：331719　335384

广州市珠江外资建设总公司

工程总承包，房地产开发，经营旅游(酒店)。

地址：广州市环市东路 360 号珠江大厦
电话：330958
电报挂号：0959
电传：44253 FICM

广州市市政工程设计研究院

为市政专业甲级设计单位。承担甲级城市道路、桥梁、排水专业市政工程设计，乙级综合性建筑工程设计任务。

地址：广州市环市路 348 号
电话：334601
电报挂号：5950

广州市市政工程总公司

承担道路、桥梁、立交、隧道、排水设施等市政工程的设计与施工。职工 6907 人。

地址：广州市惠福西路 375 号之二
电话：334997
电报挂号：2203

广州地下工程开发公司

承接地下、地面综合开发工程，经营房地产业务，兼营地下建筑物灌浆、堵水、"三防门"制造安装，机电、电讯设备安装及维修。

地址：广州市环市西路204号

电话：662048　664468

广州市水电装修公司

承担电气照明、动力、给水排水、卫生洁具、空调、冷冻、干湿消防、防雷、公用天线、舞台灯光、音响及闭路电视等工程设计、安装、维修。职工1532人。

地址：广州市文明路50号

电话：335917

电报挂号：4662

广州市公用事业开发公司

承接公用设施(包括附属设施及服务设施)的建设开发，兼营房产。

地址：广州市环市西路158号6楼

电话：677103　678106

电报挂号：5717

广州市自来水公司

年产自来水64953万立方米。并承担自来水工程勘察、设计、施工；自动化控制、机电安装、喷泉工程、业务技术培训、自来水联营业务。兼营铸铁管(年产33公里)、水泥管(年产26公里)、水表(年产81656只)。职工5857人。

地址：广州市环市西路5号

电话：816951

电报挂号：1704

广州市第一公共汽车公司

承担市、郊客运，旅游包租车，司机培训，汽车维修。职工1.5万人。

地址：广州市东湖路26号

电话：775931

广州市电车公司

经营公共交通线路7条、专线4条以及旅游、包租车业务，司机培训等。兼营车厢广告，对外汽车维修。职工2433人。

地址：广州市中山八路64号院内

电话：888121

电报挂号：5260

广州市客轮公司

经营过江轮渡、珠江日夜游、旅游专线、内河客运、船舶包租、船舶修理。

地址：广州市滨江西路144号

电话：448436　448039

广州市煤气公司

广州市园林建筑规划设计院

为甲级专业设计院，承担园林规划设计、园林建筑设计。

地址：广州市陵园西路一号

电话：339194

电报挂号：2278

广州市园林建筑工程公司

经营建筑绿化、规划设计、施工，庭院假山喷泉、壁画雕塑，石像雕刻、字画、美术装修。职工1100人。

地址：广州市陵园西路1号

电话：339141　339176

广州市环境卫生研究所

负责环境卫生、环卫工程、环卫机械、废弃物利用、无害化处理等科学研究及卫生检测和环卫科技情报搜集。职工50人。

地址：广州市东风西路140号之一

电话：861667

电报挂号：6862

广州市环境卫生机械修配厂

生产大、中型多功能洒水车、带泵真空吸粪车、自动装卸密封垃圾车、GZ026型垃圾桶等，承接各种环卫车辆的维修。

地址：广州市东郊猎德路

电话：776761　776829

电报挂号：4420

广州市白蚁防治所

承接预防白蚁工程、批发零售灭白蚁药物工具。生产灭白蚁、黄蚁药。职工296人。

地址：广州市沿江西路87号

电话：886779

广州市城建职工大学

开设工民建、城市规划、给排水、道路等专业。

地址：广州市三元里景泰坑麓湖路

电话：663137

电报挂号：6924

广州市城乡建设物资设备公司

组织分配、调拨城建系统的建设物资、配套设备和城乡公共交通车辆。

地址：广州市广卫路23号后楼4楼

电话：343734　346542

电报挂号：6760

中国广州埃特尼特有限公司

主要产品有不燃平板、不燃埃特墙板、国际标准波型瓦。

地址：广州市芳村大道203号之一

电话：891495　885428

电报挂号：5485

广州市防水装饰涂料厂

主要产品有金蝶牌各种内墙装饰涂料，多用途107建筑粘胶剂，乳胶漆及适用于民用建筑的各种混凝土预制构件，并承接内外墙粉刷施工。职工105人。

地址：广州市珠江大桥西桥脚、滘口

电话：891593

电报挂号：6376

广州市房地产管理局砖厂

承担砖瓦机械设备安装等业务，每年生产2500万优质实心红砖。

地址：广州市西郊横沙

电话：813403

电报挂号：4351

广州市房管局五和水泥厂

主要生产425号硅酸盐水泥，年产量6万吨。职工385人。

地址：广东花县五和

电话：广东花县32041

电报挂号：2075

汕头市城市建设开发总公司

承担土地综合开发、商品房建设、老区改造，中外合资经营房产业务。年产值4000万元。职工67人。

地址：汕头市外马路122号后座

电话：72480

汕头市房地产开发公司

承担市区房地产及商品房开发统建的经营。年产10～15万平方米。职工48人。

地址：汕头市外马路122号六楼

电话：74733

汕头市民用建筑设计室

负责建筑工程、地质勘察及设计。职工42人。

地址：汕头市外马路122号后座

电话：75853

汕头市住宅建筑工程公司

承担房屋建筑、装饰、修缮及室内水电安装。年产值1000万元。职工1100人。

地址：汕头市长平路26号

电话：31453　31351

汕头市市政建设公司

承建城市道路、桥梁、给排水、路灯、公路、高速公路、堤防、码头、污水处理厂、地下电缆管道、机场跑道、围海及土方等。年产值4000万元。职工3093人。

地址：汕头市大华路1号

电话：32333

电报挂号：4731

汕头市自来水公司

经营自来水。年产量5449万吨，日产20万吨。职工616人。

地址：汕头市民族路66号

电话：75729　74592

汕头市公共交通公司

经营市内及旅游公共客运交通。年产值185万元。职工595人。

地址：汕头市大华路119号

电话：51470

电报挂号：3400

汕头市轮渡公司

经营轮渡。年客运量672.2万人次，63836航次，年产值81.95万元。职工187人。

地址：汕头市西堤路1号

电话：73450

汕头市园林管理处

负责城市园林绿化的规划、设计、施工及旅游风景区的园林绿化配套工程。年产值绿化工程量120万元。年产树苗10万株、花卉10万盆(株)、草皮5万平方米。职工666人。

地址：汕头市公园路2号

电话：73569

汕头市岩石风景区管理处

经营花木生产。年产18000盆(株)。职工151人。

地址：汕头市岩石海旁路4号

电话：71551

汕头市环境卫生管理局

负责市区道路，公厕的清洁和管理，具有一座日处理量155吨的无害化粪池。年清运垃圾17.5万吨、粪便6.5万吨。职工1474人。

地址：汕头市中山路157号

电话：75228

汕头市白蚁防治所

承接省内外防治白蚁工程及经营灭白蚁药。每年完成30万平方米。职工15人。

地址：汕头市安平路56号

电话：72164

湛江市规划勘察设计室

承担地质勘察年14500标米、民用建筑年15300平方米、城市工程测量年30平方公里、城市规划年67公顷。职工109人。

地址：湛江市民享路31号

电话：24826

湛江市城市建设综合开发公司

承担城镇土地开发，旧城改造，年完成14万平方米。职工83人。

地址：湛江市霞赤一路社坛新村5号

电话：23367

湛江市房地产管理局第一建筑工程公司

承接土木建筑工程兼水电安装。年产值150万元。职工180人。

地址：湛江市霞山延安路63号

电话：23253

湛江市房地产管理局第二建筑工程公司

承建土木工程建筑。年产值165万元。职工210人。

地址:湛江市赤坎跃进路14号

电话:38840

电报挂号:1419

湛江市劳动服务公司

经营建材、五金、交电等。职工14人。

地址:湛江市霞山民治路106号

电话:22290

电报挂号:8206

湛江市市政工程公司

承担市政工程、建筑材料、土方工程、水泥制品。年产值700万元。职工670人。

地址:湛江市霞山民享路31号

电话:24102

电报挂号:8489

湛江市自来水公司

经营自来水。年生产5382万吨。职工767人。

地址:湛江市霞山人民路20号

电话:24283

电报挂号:9055

湛江市公共汽车公司

经营客运。年客运量2843万人次。职工1012人。

地址:湛江市霞山工农路13号

电话:24142

电报挂号:8106

湛江市公共小汽车公司

经营市区公共交通。年客运量360万人次。职工79人。

地址:湛江市霞山海滨二路

电话:23257

湛江市煤气公司

供应液化石油气。年供量3360吨。职工98人。

地址:湛江市蒙圹路

电话:22761　23105

湛江市园林管理处

经营园林绿化。年产苗木、花卉20万株(盆)。职工245人。

地址:湛江市霞山解放东路21号

电话:21141

电报挂号:8566

湛江市三岭山森林公园

经营植树。年产量18.5万棵。职工122人。

地址:湛江市三岭山

电话:22216

湛江市湖光岩管理处

经营游览。年收入70万元。职工149人。

地址:湛江市湖光区

电话:24877转

湛江市赤坎环卫处

清除垃圾年7.8万吨、粪便1.8万吨、清扫面积23.4万平方米。职工217人。

地址:湛江市赤坎益民路21号

电话:36129

湛江市霞山环卫处

清除垃圾年8万吨、粪便0.6万吨、清扫面积7403万平方米。职工331人。

地址:湛江市霞山民享路10号

电话:21710

韶关市城市建设规划局

负责编制、执行城市建设总体规划及城市的建设和管理。职工59人。

地址:韶关市园前西路7号

电话:4779

韶关市测量队

承担城市控制测量、工程测量及地形图的测绘。职工36人。

地址:韶关市园前西路7号

电话:5735

韶关市市政工程公司

承担市政设施的建设、管理、养护和维护。年工作量200万元。职工317人。

地址:韶关市园前西路

电话:4280

韶关市路灯管理所

负责城市桥梁、广场、道路的照明,照明光源、灯具、杆线等专用设备的安装、维修和管理。管理路灯4555盏。职工26人。

地址:韶关市西堤中路13号

电话:4830

韶关市自来水公司

负责市区供水和管网的管理和维修。年供水量为4197万吨。职工264人。

地址:韶关市前进路

电话:4764

韶关市公共汽车公司

以运营服务为中心,组织经营公共交通运输,运营线路99公里,年客运总量1293万人次。职工299人。

地址:韶关市园前路

电话:3175

韶关市园林管理处

建设和管理城区范围内的公园、行道树和各种园林绿地。城市园林绿地41公顷,苗圃面积10亩。职工284人。

地址:韶关市园前东路

电话:4675

韶关市花木公司

为美化市容提供各种花卉。职工 23 人。

地址:韶关市解放路

电话:3010

韶关市环卫管理处

管理市容环境卫生。职工 433 人。

地址:韶关市西堤北路

电话:5844

韶关市沙湖宾馆

经营旅游业、饮食业,为游客提供方便。年营业额 54.4 万元。职工 17 人。

地址:韶山市工业西路

电话:4707

电报挂号:6263

韶关市南园酒家

经营饮食,为游客提供方便。年营业额 50 万元。职工 48 人。

地址:韶关市园前路中山公园

电话:3482

韶关市竹园餐厅

经营饮食,为游客服务。年营业额 58 万元。

地址:韶关市园前路中山公园

电话:2624

韶关市粤港贸易公司

经营糖、烟、酒、家用电器等商品,年营业额 250 万元。

地址:韶关市园前路

电话:3238

电报挂号:0067

潮州市城市规划设计研究室

负责城市规划、设计、勘测。职工 17 人。

地址:潮州市环城西路 26 号

电话:732847

潮州市城市建设开发公司

经营新老区土地开发、商品房、建筑器材、设备。年产值 300 万元。职工 28 人。

地址:潮州市环城南路 14 号

电话:731480

潮州市房地产建筑工程公司

承建住宅建筑。年产值 250 万元。职工 376 人。

地址:潮州市环城南路 59 号

电话:733406

潮州市建筑设计室

负责建筑设计。年产值 36 万元。职工 68 人。

地址:潮州市环城南路 14 号

电话:731480

潮州市住宅设计室

负责住宅设计。职工 13 人。

地址:潮州市环城西路 26 号

电话:733571

潮州市市政建设工程公司

承建道路、桥梁、涵洞、下水道。年产值 250 万元。职工 198 人。

地址:潮州市环城南路 11 号

电话:732826

潮州市自来水公司

经营自来水。年产量 1200 万吨。职工 340 人。

地址:潮州市太平路上水门街口

电话:732653

潮州市公共汽车公司

经营客运。年产值 80 万元。职工 76 人。

地址:潮州市西车站侧

电话:732520

潮州市园林管理处

负责绿化植树、花木种植、销售等业务。年产值 47 万元。职工 256 人。

地址:潮州市西湖公园

电话:732615

东莞市莞城自来水公司

地址:莞城解放路 33 号

佛山市城乡建设测绘处

负责城市测量。年测量面积 443 万平方米。职工 26 人。

地址:佛山市人民路 98 号

电话:86202

佛山市勘察公司

承接供水管井、工程钻孔。年进尺 2320 米。职工 73 人。

地址:佛山市南浦村四座

电话:86812 转 550

佛山市城乡建设发展公司

经营商品房。年竣工面积 3.15 万平方米。职工 13 人。

地址:佛山市汾江中路 95 号

电话:83582

佛山市市政工程建设公司

承建城市道路、下水道。年完成投资额 527 万元。职工 613 人。

地址:佛山市东下路 2 号之一

电话:83952

佛山市自来水公司

经营自来水。年产水量 6169 万吨,日产 22 万吨。职工 327 人。

地址:佛山市建新路 56 号

电话:83824

佛山市公共汽车公司

经营客运。年客运量1034万人次。职工387人。

地址:佛山市卫国路100号

电话:22386

佛山市园林管理处

负责市区绿化美化工程,公园管理。年植树4.4万株,公园游客量159万人次。职工580人。

地址:佛山市中山公园内

电话:87156

佛山市环境卫生管理处

负责粪便、垃圾清除工作。年清运垃圾8.12万吨、粪便3.4万吨。职工459人。

地址:佛山市莲花路

电话:21041

中山市城区标准设计室

负责建筑设计。职工27人。

地址:中山市石岐孙文东路

电话:23415

中山市市政工程公司

每年承担:道路12公里、混凝土3.6万方、机制石15万方。职工317人。

地址:中山市石岐湖滨路42号

电话:21248

电报挂号:0105

中山市自来水公司

经营自来水。年产水量1640万吨,日产水6万吨。职工183人。

地址:中山市石岐莲圹路

电话:22429

中山市公共汽车公司

经营客运。年运输56万人次。职工102人。

地址:中山市石岐中山路

电话:22304

中山市园林管理处

每年负责育苗2.75万株、植树2.11万棵、园林工程28项。职工288人。

地址:中山市石岐延龄路1号

电话:23720

中山市环境卫生管理处

负责清运垃圾、粪便。年清运垃圾5.4万吨,粪便1.1万吨。职工220人。

地址:中山市石岐桑基路口

电话:23619

电报挂号:0344

海口市房屋建设开发公司

经营土地和各种楼宇开发。年建筑面积3万平方米。职工19人。

地址:海口市滨海居住区

电话:22508

海口市建筑设计室

负责乙级建筑工程综合设计,丙级工程勘察。年产值3069万元。职工55人。

地址:海口市解放西路21号

电话:23338

海口市建筑工程公司

承接工业及民用建筑安装。年产值1000万元。职工298人。

地址:海口市和平北路

电话:24804

海口市市政建设工程公司

承建城市道路、下水道、桥涵及建筑安装、水泥制品、路灯。年产值700万元。职工538人。

地址:海口市长堤路15号

电话:24296

海口市公共汽车公司

经营市内公共客运,年运输量1948.62万人次。职工440人。

地址:海口市龙华路46号

电话:24150

海口市自来水公司

地址:海口市大同路31号

深圳市勘察测量公司

地址:深圳市上步路4号

电话:240523

深圳市城市建设档案馆

负责收集、整理、鉴定、保管、统计、利用基本建设档案。职工20人。

地址:深圳市南园新14幢207

电话:65539 66181

深圳市基础工程工作组

拆迁安置及公产房建设;承建道路、桥梁、地下管网施工。职工436人。

地址:深圳市红岭南路南宛1号

电话:42102 60426

深圳市经济特区房地产公司

兴建及经营各类房屋、仓库、停车场、各类建筑设计、商业、工业等。职工2050人。

地址:深圳市人民南路房地产大厦

电话:39265

电报挂号:2075

深圳市工业发展服务公司

承担开发建设工业区,经营各类厂房,兴办外向型企业,兼营商业、服务业。职工1600人。

地址:深圳市红岭北路1号

电话:63757 23313

电报挂号:5124

深圳市南头区城市建设开发公司

承担开发、经营各种商品楼。兼营商业、贸易等。职工30人。

地址:深圳市南头南苑新村

电话:60800　60426

深圳市宝安县县城建设发展总公司

承担县城综合开发,经营房地产,承接各类工程,兴办工厂。职工296人。

地址:深圳市宝安县城湖滨路

电话:88395　88492

电报挂号:0176

深圳市建筑设计公司

承担工业及民用建筑设计、小区规划、园林绿化、装饰工程。职工146人。

地址:深圳市上步中路振兴路口

电话:41372　43335

电报挂号:1246

深圳市建筑材料工业(集团)公司

生产经营各种水泥、钢材、玻璃、五金、电料、陶瓷、石材、年产水泥40万吨、石板材10万平方米、玻璃273万箱。职工2438人。

地址:深圳市深南中路

电话:42772　42774

电报挂号:1696

深圳市建筑设备材料进出口总公司

承担建材设备进出口、五金机械、防漏防热材料、玻璃陶瓷等业务。职工100人。

地址:深圳市国际商业大厦东座205室

电话:38950　39185

电报挂号:4591

深圳市市政设计院

负责图纸设计。年产值43万元。职工71人。

地址:深圳市人民北路115号

电话:36097

深圳市道路工程公司

承担道路工程维修养护。职工599人。

地址:深圳市深南中路

电话:42431

深圳市自来水公司

承担供水,年供水量6120万吨,日供水量21万吨。职工659人。

地址:深圳市深南中路红岭大厦

电话:43237

电报挂号:5261

深圳市水质净化厂

承担污水处理。年处理900万吨,日处理2.5万吨。职工112人。

地址:深圳市红岭南路

电话:42497

电报挂号:3064

深圳市公共汽车公司

承接市内客运。营运车辆241台,月均运客16万人次。职工1494人。

地址:深圳市湖贝路30号

电话:23497　23552

深圳市小汽车公司

经营出租的士、中巴,维修车辆,进口汽车零配件,石油产品等业务。职工759人。

地址:深圳市深南东路陆羽荣楼五楼

电话:39551　39654

电报挂号:1421

深圳市煤气公司

供应居民、工矿企业、宾馆、酒楼液化石油气,进口设备及煤灶。职工250人。

地址:深圳市上步松岭路

电话:40567　41257

电报挂号:3049

深圳市液化石油气管理公司

承担液化石油气、中央供气系统供气、设计及施工,经营炉具、热水器等业务。职工230人。

地址:深圳市春风路

电话:39361　39270

电报挂号:3210

深圳市城市绿化管理所

负责城市路树、绿地的养护、管理,绿化工程的设计、施工等。路树管理95公里,绿地管理120万平方米。职工485人。

地址:深圳市笔架山梅岗园林宿舍4栋101号

深圳市园林建设工程公司

承担绿化苗木,绿化工程设计施工,园林建筑设计施工、民房建筑等。年产值90万元。职工110人。

地址:深圳市笔架山梅岗园林宿舍7栋101~102号

深圳市园林公司

承接园林绿化工程设计、施工,大型会议和宾馆的摆花、插花,绿化管理等业务。职工72人。

地址:深圳市爱国路东湖公园内,左侧办公楼

电话:30870　30877

电报挂号:3204

深圳市园林进出口贸易公司

承担花卉、苗木,经营虫鱼、园林机械、农药、化肥、盆景等进出口业务。年产值50.1万元。职工83人。

地址:深圳市童乐路

电话:37242

电报挂号:2651

深圳市绿化服务公司

承接绿化工程、庭院、室内绿化设计摆设,花篮、花

架的制造。年产量16万盆(株)。职工59人。

地址:深圳市童乐路

电话:22584

深圳市园林设计装饰公司

承接楼宇的装修、园林绿化工程的设计、施工等。年产值70.1万元。职工47人。

地址:深圳市童乐路园林宿舍101～102号

电话:36211

电报挂号:0594

深圳市仙湖植物园

总面积8800亩,其中水面面积135亩,内有两宜亭,水景园、棕榈园、百果园、山塘仙渡、玉带桥、锁龙桥、山圹野航。职工90人。

地址:深圳市梧桐山西南坡

电话:30192　30193

深圳市东湖公园

总面积2050亩,其中水面面积250亩,内有划船区、烧烤区、钓鱼区、和趣园、动物苑、匙美山景区等。职工177人。

地址:深圳市爱国路

电话:30870转

深圳市莲花山花木园

经营绿化苗木、花卉、各种盆景、橙柑桔等。年产量28万株(盆),产值60万元。职工109人。

地址:深圳市福田莲花山

电话:118转

深圳市荔枝公园

总面积457.9亩,其中水面面积165亩,内有划船区、钓鱼区、娱乐场所等。职工135人。

地址:深圳市红岭路中段

电话:43655

深圳市人民公园

总面积228亩,其中水面面积38亩,建有苗圃、玫瑰园、南洋杉园。职工52人。

地址:深圳市笋岗桥南

电话:23386

深圳市儿童公园

总面积102亩,其中水面面积7.3亩,设有幼儿区(滑梯、秋千娱乐)迷宫、戏水池等游乐设施。职工25人。

地址:深圳市童乐路

电话:22716

深圳市洪湖公园

总面积1140亩,其中水面面积469.5亩,在建设中。职工60人。

地址:深圳市洪湖路西

电话:26566

深圳市园林科学研究所

研究花卉、苗木、花肥。职工55人。

地址:深圳市东门北路

电话:33431

深圳市梧桐山苗圃场

承接园林绿化设计施工,绿化苗木、花卉、橙柑桔等。年产量28.3万株(盆),产值80万元。职工192人。

地址:深圳市梧桐山村

深圳林场

经营绿化苗木、花卉,承接绿化工程的施工等。年产量11.27万株(盆)。产值25万元。职工39人。

地址:深圳市水库东7号

电话:22586

深圳市康利矿泉治疗中心

经营矿泉浴疗;天然矿泉水,日产1万瓶。

地址:深圳市赤湖公园内

电话:30870转

深圳市环境卫生管理处

承接高级装饰,清洁卫生,单位绿化,废料加工、洁具制造。职工1850人。

地址:深圳市新园路15号

电话:37099

江门市房产住宅总公司

经营和管理房地产业,开发新住宅区,出售商品住宅,经营国内外建筑、装饰材料。职工1806人。

地址:江门市江会路3号

电话:32932

江门市市政工程设计室

负责道路、下水道、工业与民用建筑的设计。年产值678.55万元。职工8人。

地址:江门市象溪路79号

电话:32631

江门市市政建设工程公司

承担市政工程新建、维修、预制构件。年产值329万元。职工230人。

地址:江门市象溪横路13号

电话:32951　33405

江门市自来水公司

供应自来水。年供水量2676万吨。年产值172.89万元。职工207人。

地址:江门市高城山

电话:32943

江门市公共汽车公司

承担市内公共交通,汽车、摩托车维修及零配件销售。年产值79.62万元。职工180人。

地址:江门市港口路39号

电话:32422

江门市轮渡公司

承担客运和多种经营。年产值246.68万元。职工146人。

146人。

地址:江门市堤中路3号码头

电话:32958

电报挂号:0178

江门市城市服务公司

经销石油液化气及其器材并修理测检。年销售603吨。职工48人。

地址:江门市江会路19号

电话:34765

电报挂号:3800

江门市花木公司

经营花卉、苗木。年产值200万元。职工40人。

地址:江门市港口路13号

电话:34832

电报挂号:7688

江门市龙湾苗圃场

经营各种花卉苗木,承接绿化工程布置。

地址:江门市白沙龙湾村

电话:34028

江门市环卫处

承担清运垃圾、粪便、余渣、年清运垃圾43800吨、粪便余渣2229吨。职工232人。

地址:江门市聚源路70号

电话:33573

梅县市城市建设发展总公司

承担开发工地、房屋建筑。年建筑面积4万平方米,产值650万元。职工22人。

地址:梅县市学艺路

电话:23865

梅县市房地产公司

负责房产管理、房地产交易。职工230人。

地址:梅县市学艺路

电话:23018

梅县市土地住宅开发公司

承担住房开发。年产值200万元。职工11人。

地址:梅县市学艺路

电话:24070

梅县市市政建设公司

承担道路、桥梁、排水及建筑。职工668人。

地址:梅县市学艺路

电话:23641

梅县市市政工程公司

承建道路、水沟。年产值250万元。职工159人。

地址:梅县市五彩路

电话:23195

梅县市路灯管理所

负责路灯管理。职工18人。

地址:梅县市学艺路

电话:23641

梅县市自来水公司

经营自来水。年产量1200万吨。职工190人。

地址:梅县市狮子浪口

电话:23078

梅县市公共汽车公司

承担汽车运输。职工92人。

地址:梅县市东门塘

电话:22836

梅县市园林管理处

负责种树苗、管理路树。职工45人。

地址:梅县市梅江一路

电话:24840

梅县市环卫处

承担清洁卫生。职工218人。

地址:梅县市学艺路

电话:23641

肇庆市城市规划设计室

负责规划设计。职工21人。

地址:肇庆市端州五路一巷三幢

电话:22457

肇庆市房管局

负责公房管理。职工227人。

地址:肇庆市建设三路

电话:23214

肇庆市市政建设公司

承担城市道路、下水道建设、每年完成投资338万元。职工336人。

地址:肇庆市江溪西路13号

电话:23481

肇庆市路灯管理公司

承担城市路灯安装管理。每年完成投资21万元。职工22人。

地址:肇庆市城中路27号

电话:22094

肇庆市自来水公司

经营自来水、年供水量2446万吨。职工317人。

地址:肇庆市西江路

电话:22866

肇庆市公共汽车公司

承担客运业务。年客运量110万人次。职工203人。

地址:肇庆市端州四路

电话:22851

肇庆市园林管理处

负责城市绿化、美化工程。每年植树17.3万株、栽花8000盆(株)、种草12万平方米。职工271人。

地址:肇庆市宝月公园内

电话:22040

肇庆市环境卫生管理处

承担清扫垃圾、粪便。年清运垃圾6万吨、粪便3万吨。职工267人。

地址:肇庆市左图街

电话:22581

茂名市城市建设局

负责城市建设。职工28人。

地址:茂名市华山路

电话:2249

茂名市房地产管理局

负责住宅建设、管理。职工144人。

地址:茂名市建设路

电话:3181

茂名市勘察测量队

负责勘察测量。职工37人。

地址:茂名市建设路

电话:3391

茂名市城市综合开发公司

承担城市开发。职工16人。

地址:茂名市迎宾路

电话:3341

茂名市第二设计室

负责建筑设计。职工9人。

地址:茂名市华山路

电话:3281

茂名市市政工程公司

修建市区道路。职工374人。

地址:茂名市红旗南路

电话:2667

茂名市自来水公司

负责供水。年供水量223万吨。职工183人。

地址:茂名市油城三路

电话:3148

茂名市公共汽车公司

承担客运。年客运量746万人次。职工364人。

地址:茂名市建设路

电话:3138

茂名市供气公司

供应液化石油气。职工123人。

地址:茂名市油城三路

电话:2524

茂名市园林管理处

负责绿化。职工425人。

地址:茂名市油城五路

电话:2450

茂名市管理监察大队

负责城市管理。职工30人。

地址:茂名市华山路

电话:3217

茂名市环境卫生管理处

负责清扫路面。职工387人。

地址:茂名市厂前路

电话:3243

惠州市规划设计室

负责市区规划设计。职工14人。

地址:惠州市五四路11号

电话:31840

惠州市城市建设开发公司

承担土地开发、房屋统建。年产值200万元。职工28人。

地址:惠州市中山南路8号

电话:30438

惠州市城市建设第二开发公司

经营土地综合开发和商品房销售。年产值300万元。职工15人。

地址:惠州市五四路11号

电话:33443

惠州市房地产开发公司

经营房地产,建造商品房。年产值200万元。职工14人。

地址:惠州市水门大街26号

电话:30466

惠州市市政工程公司

承建道路、下水道。年产值200万元。职工98人。

地址:惠州市水门大街77号

电话:30567

惠州市疏竣公司

经营抽砂。年产值35万元。职工18人。

地址:惠州市城背塘51号

电话:30029

惠州市路灯所

负责灯线安装。年产值40万元。职工35人。

地址:惠州市五四路11号

电话:32967

惠州市自来水公司

经营供水。年产水量2000万吨。职工239人。

地址:惠州市水门直街26号

电话:30853

惠州市公共汽车公司

经营客运。年产值75万元。职工81人。

地址:惠州市麦地6号

电话:32325

惠州市绿化队

生产园林苗木约200种,承包园林绿化工程。年产绿化苗木2万株、花木3000盆。职工30人。

地址:惠州市西湖荔蒲风清

电话:35024

惠州市西湖园林队

生产园林苗木约200种,承包园林绿化工程。每年生产绿化苗木1万株、花木2万盆。职工132人。

地址:惠州市西湖芳华洲

电话:30061

惠州市苗圃场

生产园林苗木约400种,承包园林绿化工程。每年生产绿化苗木20万株、花木5万盆。职工37人。

地址:惠州市鹅岭南路15号

电话:30095

惠州市环境保护监测站

承担惠州地区环境监测。职工15人。

地址:惠州市下角桃花溪1号

电话:33797

惠州市桥西环卫所

承担清除垃圾、粪便。每年清运垃圾20520吨。粪便7680吨。职工79人。

地址:惠州市桥西区金带南街巷10号

电话:33024

惠州市桥东环卫所

负责清除垃圾、粪便。每年清运垃圾5260吨。粪便4560吨。职工40人。

地址:惠州市桥东区马路下

电话:33023

惠州市建筑材料试验站

负责建筑材料的试验和研究。职工11人。

地址:惠州市下角中路30号

电话:35698

珠海市规划局

负责规划、建设、管理。年产值47.8万元。职工70人。

地址:珠海市香洲东风路254号

电话:222167

珠海市国土局

负责管理土地。职工24人。

地址:珠海市香洲东风路254号

电话:224725

珠海市环保局

环境保护管理机构。职工41人。

地址:珠海市香洲新光里1号

电话:222623

珠海市经济特区土地开发公司

承担基础工程、商品房、土地开发。年产值5109万元。职工80人。

地址:珠海市九洲港

电话:332332

电报挂号:1696

珠海市珠海经济特区建设总公司

所属有京珠公司等八个独资、合营单位。总公司职工274人。

地址:珠海市九洲大道

电话:333117

电报挂号:3880

珠海市凤凰开发公司

承担城市道路建设、城市住宅区开发,年建设城市道路6公里,住宅3.5万平方米。职工57人。

地址:珠海市香洲南华路

电话:225200

珠海市房产公司

承担公产房、商品房建设。每年公房建筑面积1.2万平方米,商品房2.6万平方米。职工93人。

地址:珠海市香洲翠香路86号

电话:228010

珠海市建筑设计院

负责各类建筑设计,各种工程地质钻探成果报告。年建筑设计面积32万平方米。职工73人。

地址:珠海市香洲胡湾里5号

电话:225420 222289

珠海市第一建筑工程公司

承担土建、打桩、水电。职工346人。

地址:珠海市景山路

电话:332480

电报挂号:0006

珠海市定额审计站

负责定额管理,建筑审计。职工12人。

地址:珠海市香洲海城街88号

珠海市建筑工程质量监督检验站

负责工程质量检验。职工32人。

地址:珠海市吉大猪腰山质检站大楼

电话:332551

珠海市住宅公司

承建住宅、酒楼。每年施工面积3万平方米,竣工2.4万平方米。职工63人。

地址:珠海市拱北水湾头

电话:886447 886443

珠海市经济区第二建筑工程公司

承担建筑施工。职工541人。

地址:珠海市香洲凤凰路70号

电话:222214

珠海市市政工程公司

承担道路建设。职工99人。

地址:珠海市吉大

电话:332163

电报挂号:0101

珠海市路灯管理所

负责管理和维修市区路灯。职工31人。

地址:珠海市香洲沿河路9号

电话:222683

珠海市自来水公司

经营自来水。年供水量1648万吨。职工427人。

地址:珠海市拱北夏湾路

电话:885510

珠海市珠海特区对澳门供水公司

供应原水。职工38人。

地址:珠海市湾仔竹仙洞水库

电话:886393

电报挂号:拱北9028

珠海市公共汽车公司

承担客运。年客运量844万人次。职工443人。

地址:珠海市香洲翠香路57号

电话:222335

电报挂号:0364

珠海市煤气公司

经营液化石油气。年销售2237吨。职工63人。

地址:珠海市香洲凤凰路1号1座。

电话:222081

电报挂号:3561

珠海市园林处

负责城市园林绿化管理,名胜古迹、风景区管理。职工98人。

地址:珠海市香洲滨港路

电话:222630

珠海市海滨公园管理处

负责公园管理,接待游客。职工85人。

地址:珠海市香洲海滨路

电话:332562

珠海市城市管理监察大队

负责处理违章事件。职工45人。

地址:珠海市香洲安平台3号

电话:224506

珠海市环境卫生管理处

清运垃圾、粪便。年清运垃圾180吨、粪便13吨。职工517人。

地址:珠海市香洲城郊里140号

电话:227917

珠海市珠海经济特区建材供应公司

承担建材产品销售,商品房建设,铝门窗、冷暖设备装修。职工263人。

地址:珠海市吉大新村

电话:333407

电报挂号:3818

三亚市自来水公司

地址:三亚市荔枝沟区

•广西壮族自治区•

广西城乡规划设计院

是规划、建筑双甲级的设计单位,以规划为主。承担各类城市整体规划、详细规划、建筑、市政、园林等工程设计及有关科技咨询。职工102人。

地址:南宁市朝阳路59号

电话:26332

广西壮族自治区城乡房屋开发公司

经营城乡房屋综合开发和经销商品房;承包城乡规划、工业与民用建筑、工程勘测设计和施工安装。职工79人。

地址:南宁市华西路42号

电话:21374

电报挂号:1477

南宁市勘测队

地址:南宁市朝阳路4号

电话:22423

南宁市房地产开发经营公司

实施城市总体规划,进行土地、房屋综合开发,新区建设和旧城改造,经营房地产业务。职工28人。

地址:南宁市新华街16号

电话:23192

南宁市住宅建筑公司

承包建筑安装(二级);兼营木材加工、预制构件、机械加工修理、装璜、水电安装等。注册资金:705万元。

地址:南宁市民生路117－1号

电话:28733　23234

南宁市政工程管理处

承担市政设施管修及施工,固定资产342万元。职工449人。

地址:南宁市中华路50号

电话:26717

电报挂号:2398

南宁市市政工程公司

承担道路、桥梁、排水、立交等工程施工安装和土石方工程机械化施工。职工1133人。

地址:南宁市华西路42号

电话:22537

南宁市防洪堤管理处

承担防洪堤管理、维修和土石方工程。对外承接高压灌浆和土石方工程施工任务。职工148人。

地址:南宁市和乐街37号

电话:23801

南宁市自来水公司

年供自来水量1.7亿吨。日供水能力42万吨,最高日实际供水量55万吨，供水覆盖面60平方公里。是1985年国家经委公布的全国200家经济效益最佳企业之一。职工767人。

地址：南宁市天桃路20号

电话：20613

电报挂号：1545

南宁市公共交通公司

经营市、郊公共汽车和租、包车业务。营运车201辆，线路26条，总长439.4公里。1986年年客运量8180万人次，年营运收人为753万元。职工1664人。

地址：南宁市中华路78号

电话：26816

电报挂号：0621

南宁市出租汽车公司

拥有各种型号的大小客车，经营市内及长短途客运，节假日游览包车。

地址：南宁市中华路80号

电话：23780　23463

电报挂号：4441

南宁市煤气筹备处

南宁市动物园

以动物展出为主、园林花盆景展出为辅的综合性公园。年游园人数72万人次，是广西最大的动物园。职工258人。

地址：南宁市

电话：27494

南宁市青秀山风景区筹备处

景区依山傍水，松茂竹翠，自古以来是游览胜地。职工240人。

地址：南宁市青山路19号

电话：26074

南宁市环卫科研所

地址：南宁市中华路47号

电话：28554

柳州市市政建设工程公司

承担城市道路、下水道、中小型桥涵的建设与维修工作。职工462人。

地址：柳州市荣军路158号

电话：22053

柳州市路灯管理所

承担城市路灯安装与维修工作。拥有路灯3843盏。职工25人。

地址：柳州市飞鹅路20号

电话：24667

柳州市自来水公司

承担全市的工业、民用自来水供水工作。年售水量8950万吨，日供水能力28.5万吨。职工513人。

地址：柳州市五一路

电话：25901

柳州市公共汽车公司

承担全市的公共交通客运工作。拥有客运车辆162辆，营运线路15条，线路总长171公里。职工1352人。

地址：柳州市跃进路36号

电话：24665

电报挂号：0364

柳州市煤气公司

承担城市居民9500户的石油液化气供应工作。职工60人。

地址：柳州市广雅路

电话：22051

柳州市环境卫生管理处

承担城市垃圾的清扫工作，清扫面积131万平方米，清扫生活垃圾12.2万吨，清扫公厕121座。职工896人。

地址：柳州市三中路

电话：23259

桂林市规划设计院

承担城市总体规划、小区规划，风景规划、建筑设计、道路设计、各种管线设计、园林设计、经济概预算等。职工38人。

地址：桂林市临桂路57号

电话：222740　224007

桂林市测绘队

承担城市测绘和工程测量，建造城市Ⅱ、Ⅲ、Ⅳ等三角网及高程控制测量，可编绘城市地图等。职工36人。

地址：桂林市临桂路57号

电话：224534

桂林市房地产开发实业公司

公司隶属于市房地产管理局。承担旧城改造建设、土地综合开发、房屋营造、出售、租赁。并经营建材以及为公司发展所需的第三产业。职工57人。

地址：桂林市临桂路15号

电话：224229　222909

桂林市市政工程设计室

承担市政工程、工业与民用建筑勘察设计。职工14人。

地址：桂林市榕湖北路三号

电话：223583

桂林市市政工程公司

承担道桥施工。年产值676万元。职工329人。

地址：桂林市环城西一路7号

电话：332639

桂林市路灯管理处

承担路灯维护。职工24人。

地址：桂林市西环二路331号

电话:223001　223883

桂林市排水工程管理处

负责全市生活污水、雨水和部分工业废水的收集、输送和处理。生活污水经二级生化处理后排放,日处理能力4万立方米。承接排水工程管道施工和污水处理技术咨询项目。职工301人。

地址:桂林市南门桥头

电话:333410

电报挂号:1129

桂林市自来水公司

1986年售水量5217.4万吨。有直径75毫米以上管道130公里。职工374人。

地址:桂林市滨江路86号

电话:225664

桂林市公共交通公司

主要承担市内、市郊、阳朔县(六塘乡、会仙乡)的客运及包租车业务,同时经营市内游览、阳朔游览的旅游业务。共有四个车队、一个修理厂、129台大、小客货车。附设公交饭店和招待所。职工861人。

地址:桂林市中山南路449号

电话:334201

电报挂号:0721

桂林市煤气公司

组织供应液化石油气,以本市民用为主,兼供旅游和公共福利事业单位。共有用户7469户。公司下设门市部和修理部。负责燃气灶具及其另配件供应和修理。职工120人。

地址:桂林市西环南路5号

电话:334248

桂林市园林规划设计研究所

广西园林工程乙级设计单位,承接园林规划、园林建筑及民用建筑设计。工程技术人员22人。

地址:桂林市文明路16号

电话:225984

桂林市花木公司

生产各类花木盆景,批发零售花卉、盆景、石玩、树根花架、金鱼、鸟笼、雀杯、园林工具、各类花盆、家养花肥料、旅游工艺品。并承接大小石山、庭园绿化工程。职工112人。

地址:桂林市中山中路166号

电话:225230

电报挂号:7904

桂林市黑山苗圃

建圃已五十多年,占地600多亩。主要生产绿化、美化各种乔灌木、花卉。并设有园林绿化服务部,每年为市内外提供苗木20多万株。职工145人。

地址:桂林市黑山

电话:335348

桂林市东江苗圃

有土地面积260亩,其中柑桔果树面积140亩,年产柑桔28万多斤;培育桂花、竹子、夹竹桃、迎春等绿化苗木8万多株,为城市绿化提供苗木。职工67人。

地址:桂林市七星公园后吊罗山脚下

电话:445665

桂林市石山绿化试验站

负责市内石山绿化及管护任务,为市园林绿化提供部分苗木。职工77人。

地址:桂林市芦笛路2—2号

电话:225397

桂林市环境卫生管理处

负责管理市区环境卫生建设、环卫设施及清运处理生活垃圾、掏运粪便和管理公厕等工作。职工203人。

地址:桂林市翊武路26号

电话:223525

梧州市城乡建设规划设计院

承担城市规划设计、建筑设计。职工45人。

地址:梧州市文栏路白鹤山18号

电话:22914

梧州市建设用地综合开发公司

承接各种大型建筑和住宅区开发。商品房开发。职工55人。

地址:梧州市大南路

梧州市市政工程管理处

承担道路、下水道、挡土墙以及工业民用建筑工程的设计与施工。职工298人。

地址:梧州市大学路18—1号

电话:26677

梧州市市政工程处街灯管理站

维护路灯照明设备。对外承接内、外线电气安装等工程,职工22人。

地址:梧州市南环路52号

电话:25126

梧州市自来水公司

负责自来水的生产和供应,年供水量3926万吨,供水普及率达98.5%,水质综合合格率达98%以上。职工329人。

地址:梧州市蝶山一路44号

电话:22679

电报挂号:0171

梧州市公共汽车公司

主营城市公交客运,兼营旅游出租汽车,国产和进口汽车检测维修及配件销售,车厢站亭广告。职工905人。

地址:梧州市大学一路130号

电话:24227　26710

电报挂号:9084

梧州市客轮公司

承担沟通梧州市区、市郊西江两岸轮渡公共交通。兼营梧州至广东珠海、广州等地专线旅游客运。柴油机修理和内河打捞工程。职工 203 人。

地址:梧州市西江一路 13 号三楼

电话:24507

梧州市园林管理处

经营花卉、苗木、盆景等生产制作以及从事园林绿化业务,职工 416 人。

地址:梧州市中山公园内

电话:24026

梧州市环境卫生管理处

清扫和清运城市居民的生活垃圾,清扫街道面积共 33 万平方米,管理公厕 65 座,每年清运垃圾 43800 吨、粪便 11680 吨。并承接清运个体、单位的商业垃圾和建筑垃圾以及修理个人、单位的化粪池,职工 279 人。

地址:梧州市广仁路 35 号

电话:23104

玉林市自来水公司

地址:玉林市环城路 52 号

玉林市保宁福利实业有限公司

系玉林市建委所属的中外合营残疾人生产福利企业,生产销售灭蟑螂、蚂蚁及家庭卫生害虫系列药品。先后为广西区内 2000 万平方米房屋建筑物防治白蚁危害。1985 年完成了国家建设部下达的"蟑螂蚂蚁诱饵剂"攻关课题,该产品已进入国际市场,年创外汇 20 万美元。职工 42 人。

地址:玉林市会堂广场东一号

电话:2736

电报挂号:5852

钦州市自来水公司

地址:钦州市沙尾街 99 号

中国房地产开发总公司北海公司

为甲级房地产企业,承办房地产综合开发和高级宾馆、公寓、公共建筑、住宅等建设。每年建造出售商品房约 10 万平方米。并承担房屋设计、建材购销。职工 62 人。

地址:北海市广场东里

电话:3105

电报挂号:8172

北海市海城区房地产开发公司

集资统建住宅楼、经营商品房。职工 6 人。

地址:北海市珠海西路 194 号

电话:3954

北海市郊区房地产开发公司

建造和代建住宅、写字楼,出售,租赁住宅,经销建材。职工 14 人。

地址:北海市文明南路 66 号

电话:2862

北海市市政工程管理处

承担市政工程的新建和维修。职工 265 人。

地址:北海市北部湾中路 44 号

电话:2553

北海市自来水公司

承担城市供水,日供水能力 6.8 万吨。并承接管道设计安装任务,供应水暖材料。职工 191 人。

地址:北海市四川路 33 号

电话:2861

北海市公共汽车公司

拥有客车 30 辆,经营 6 条线路,共长 71 公里的公共客运,并承办出租客车业务。职工 120 人。

地址:北海市陵园路 7 号

电话:2039

北海市环境卫生管理处

负责路面、公厕保洁、清运垃圾、粪便,日保洁路面 40 万平方米,日处理垃圾 300 吨。对外承接环境保洁及垃圾清运业务。并经营有机肥料。职工 302 人。

地址:北海市环卫路

电话:3003

北海市水泥制品厂

年产 3000 立方米水泥制品,主要产品有 ϕ300~ϕ1000 毫米五种规格下水管,长 7~10 米各种规格预应力电杆,承接其它规格制品的来料来样加工。并承担市政各种下水道的施工任务。职工 150 人。

地址:北海市政法南路

电话:3798

百色市水厂

地址:百色市东笋村

百色市环卫处

河池市建筑设计室

主要承担工业与民用建筑设计及本专业服务咨询。人年产值 15000 元。职工 8 人。

地址:河池市金城江

电话:2982

河池市地区自来水公司

地址:河池市金城江镇

河池市公共汽车公司

拥有车辆 15 台,经营城乡公共交通、长途客运,兼营汽车修理及对外停车业务,年营运收入 38 万元。职工 50 人。

地址:河池市解放路 14 号

电话:2735

电报挂号:8612

河池市园林管理所

承担金城江城区 9.8 平方公里的园林绿化的规划、种植、管护等,包括城区道路、近与远期公园区、沿河两岸绿化规划、种植、管护和城郊山边坡脚的绿化规划；企、事业单位所需种苗、花卉的生产；市区风景游览点的调查、规划、开发、利用。现有一个公园，16.9 公顷，年游人量 4.2 万人次。职工 55 人。

地址：河池市金城江

电话：2982　3721

凭祥市水厂

地址：凭祥市屏山路

•四　川　省•

中国市政工程西南设计院

为建设部所属市政综合甲级设计单位。承担甲级城市给水、排水、防洪、燃气、热力、道路、桥梁、环境卫生及其它市政工程设计，甲级综合性建筑工程设计，乙级城市规划设计以及乙级园林绿地、城市风景区专业规划设计任务。

地址：成都市外北曹家巷 81 号

电话：32152

电报挂号：4123

成都市勘测院

地址：成都市梁家巷

电话：31806

成都市市政工程设计院

为市政专业甲级设计单位。承担甲级城市道路、桥梁专业市政工程设计，乙级城市排水、隧道、园林专业市政工程设计任务。

地址：成都市人民中路二段 35 号

电话：26563

成都市市政工程公司

属一级施工企业，技术力量雄厚，仪器、机械设备先进，检测手段齐全，已在国内外承建城市道路、桥梁、上下水等基础设施。职工 3200 多人。

地址：成都市东城拐街 12 号

电话：23739

电报挂号：0266

成都市干道建设指挥部

承担城市基础设施建设的组织、土地开发、拆迁房的修建、房屋代办等。职工 123 人。

地址：成都市横东城根街 10 号

电话：26281　22840

成都市自来水公司

地址：成都市青羊正街

成都市煤气公司

成都市环卫处

地址：成都市解放中路 791 号

电话：23373　25888

成都市环卫科研所

地址：成都市顺城街 87 号

电话：23758

西南电业管理局送变电建设公司

承担输变电工程建设等。职工 2270 人。

地址：成都市跳蹬河崔家店北二路

电话：42471

电报挂号：6623

重庆市规划设计研究院

承担城镇总体规划、片区详细规划、管网综合设计、市政综合设计及民用建筑设计等。职工 71 人。

地址：重庆市江北区电测村 237 号

电话：53451 转 195

重庆市勘测大队

地址：重庆市江北区电测村 231 号

电话：750627

重庆市建筑勘察设计研究院

承接工业民用建筑及道桥等市政工程设计，工程地质勘察、测量，建筑经济，电算，晒图复印等业务。职工 581 人。

地址：重庆市市中区人和街 31 号

电话：53549

电报挂号：4576

重庆市房管局城镇土地测绘队

承担城镇土地及房屋的测量。职工 79 人。

地址：重庆市江北区建新北路二村 40 号

重庆市房管局住宅设计室

承担房屋设计。

地址：重庆市市中区人和街 102 号

电话：350123

中国房屋建设开发公司重庆公司

重庆市房屋开发建设公司

从事城市建设综合开发，年施工房屋建筑面积 50 万平方米，竣工面积 25 万平方米。职工 116 人。

地址：重庆市市中区人民路 201 号

电话：52638

重庆市华夏房产实业股份有限公司

承担房屋建设及代办拆迁。职工 17 人。

地址：重庆市市中区民生路 363 号

电话：46587

重庆房地综合开发公司

承担房屋建设、土地开发及代办拆迁。职工 46 人。

地址：重庆市市中区高炉巷 15 号

电话：352619

重庆工程建设总公司

承包大中型建设项目及承包所需建筑材料。职工 98 人。

地址:重庆市市中区桂花园新村一栋

电话:51701

电报挂号:4748

重庆市市政勘察设计研究院

主要承担道路、桥梁、隧道、给排水、污水处理、港口码头、电照、工业与民用建筑等工程的勘察设计、科研实验等工作。职工120人。

地址:重庆市市中区上清寺嘉陵西村24号

电话:55736 54777

重庆市市政建设开发公司

承包市政工程和五万平方米以下住宅小区综合开

发建设。职工100人。

地址:重庆市江北区电测村216号

电话:750302

电传:62120 CIETC CN

重庆市第一市政工程公司

市政一级施工企业,独立承担高级道路、城市桥梁、地下管道、地下通道、人行天桥及驳岸码头等工程。职工2000人。

地址:重庆市市中区人和街17号

电话:52489

重庆市第二市政工程公司

市政一级施工企业,能独立承担隧道、道路、桥涵、下水道、码头、堡坎、污水处理、地下建筑、滑坡处理、控制爆破及其他土木工程。职工1530人。

地址:重庆市大坪肖家塆107号

电话:813005

重庆市桥梁工程公司

主营市政工程、桥梁及道路工程;兼营民用建筑、工业及公共建筑、工业及民用管道、金属结构加工、码头工程。职工2335人。

地址:重庆市南岸区长江村花园村2号

电话:482151

电报挂号:7532

重庆市路灯管理处

管理重庆市九区十二县路灯。职工175人。

地址:重庆市江北区大兴村鲤鱼池134号

电话:752687

重庆市自来水公司

承担城市供水。职工2317人。

地址:重庆市市中区金汤街81号

电话:46579

电报挂号:4258

重庆市第一公共交通公司

主营客运,兼营汽车修理。职工2461人。

地址:重庆市市中区人民路123号

电话:352274

电报挂号:0677

重庆市第二公共交通公司

主营长、短途客运、兼营汽车修理。职工3436人。

地址:重庆市沙坪坝区小龙坎正街329号

电话:662384

重庆市第三公共交通公司

承担客运交通。职工2688人。

地址:重庆市南岸区南坪东路6号

电话:482209

重庆市出租汽车公司

重庆市公共电车公司

承担市内客运。职工3200人。

地址:重庆市沙坪坝区石桥铺石小路195号

电话:810470

重庆市轮渡公司

地址:重庆市朝天门

重庆市客车总厂

为国家机械委的客车重点生产厂,主要产品是重庆牌大客车以及旅行车、客货车,年产量1000辆。职工1800人。

地址:重庆市江北区观音桥

电话:51507

电报挂号:9102

重庆市天然气公司

重庆市园林设计研究所

主要从事园林规划、园林建筑设计及八层以下民用建筑设计。职工19人。

地址:重庆市红岭正街

电话:54694

重庆市花木公司

主要经营苗木花卉、盆景、工艺品、工具及规划设计,年生产花木31万株,盆景植物1万株。职工160人。

地址:重庆市江北区建新西路7号

电话:54250

重庆市沙坪苗圃

生产花木。职工81人。

地址:重庆市沙坪坝区荔枝桥13号

电话:663362

重庆市白蚁防治研究所

承担城市、农村白蚁及其它害虫的防治和研究。职工42人。

地址:重庆市市中区人和街102号

电话:350833

重庆市环卫科研所

地址:重庆市花街1号

电话:43661

重庆市城建机械修造厂

主要从事城建、环卫机械、环卫车的制造和金属结构件、人行天桥的制作安装。环卫车产品有真空吸粪车、多功能洒水车及密封式、提升式、揭盖式垃圾车五种，均可用中型解放、东风等二型汽车及130型二类汽车改装，年产量80～100辆。职工400人。

地址：重庆市沙坪坝区大坪长江支路24号

电话：810474　810007

电报挂号：0524

攀枝花市房地产管理处

拥有二个房管所和维修队。承担城市房地产管理及公房建设、分配、管理和维修。职工115人。

地址：攀枝花市炳草岗人民街

电话：2485

攀枝花建设总公司

为一级国营建筑企业，能承担多种建设项目。拥有各种技术、管理人员959人，有规划、设计、科研及施工、安装队伍近8000人。

地址：攀枝花市炳草岗人民街

电话：3515

电报挂号：4920

攀枝花市城市建设综合开发公司

承担城市建设综合开发业务。职工35人。

地址：攀枝花市炳草岗建设街10号

电话：3751

电报挂号：4844

攀枝花市市政维修管理处

承担城市市政工程建设和维修管理。职工292人。

地址：攀枝花市炳草岗江南二路二村

电话：3017

攀枝花市自来水公司

拥有三个水厂和安装维修队，承担城市供水和供水管道、机电安装维修。职工371人。

地址：攀枝花市炳草岗新华街

电话：2218

攀枝花市汽车客运管理站

承担城市汽车客运组织管理。职工6人。

地址：攀枝花市炳草岗人民街

电话：3613

攀枝花市公共汽车公司

拥有四个总站和保修厂，承担市内外汽车客运业务和客运车辆保修。职工1604人。

地址：攀枝花市江南二路

电话：2971

电报挂号：0364

攀枝花市煤气公司

有营业所和工程队，承担城市供气和供气设备、管道安装维修。职工124人。

地址：攀枝花市炳草岗人民街

电话：2200

攀枝花市园林绿化处

拥有园林设计室、城市雕塑室、科研室、绿化队、苗圃队、园林建设公司、花木公司和四个公园。承担城市园林绿化规划、设计、建设和管理。职工923人。

地址：攀枝花市炳草岗江南三路

电话：2438

攀枝花市市容环境卫生管理处

拥有三个环境卫生管理所和修理厂，承担城市环境卫生清扫、垃圾清运、机具维修及垃圾堆物、公厕和市容管理。职工286人。

地址：攀枝花市炳草岗人民街

电话：2078

攀枝花市城市管理监察大队

拥有三个监察中队，承担城市规划、建设市容的管理监察。职工54人。

地址：攀枝花市炳草岗人民街

电话：3702

中国房屋建设开发公司自贡公司

经营统建、房屋销售、土地开发。职工50人。

地址：自贡市竹棚子路101号

电话：3452

电报挂号：1450

自贡市房地产综合开发总公司

主要承担商品房修建业务，年修建商品房竣工面积5万平方米左右。职工45人。

地址：自贡市自流井区中华路102号

电话：3410

自贡市市政工程处

二级施工企业。能承担市政工程及土建工程。职工485人。

地址：自贡市自流井区尚义灏二支路

电话：4482　2775

自贡市自来水公司

每年销售自来水2500万吨。职工623人。

地址：自贡市自流井区广华路47号

电话：3988　2050

自贡市公共汽车公司

主要经营客运、对外出租小车、旅游车、大客车、大修车辆等业务。职工2553人。

地址：自贡市露水湾

电话：3360　2086

自贡市天然气公司

主要承担工业、民用天然气的输配、管理及站场规划、设计、安装，煤气表校修等。职工760人。

地址：自贡市大安区杨家冲

电话：3991

电报挂号：3049

自贡市人民公园管理所

所属公园占地10.3公顷，设有儿童乐园、灯光球场、动物园等，也是每年国际恐龙灯会所在地。职工109人。

地址：自贡市人民公园

电话：2543

自贡市苗圃

管理育苗地2.19公顷，每年出圃各种苗木6万余株，是自贡市城市绿化的主要苗木基地。职工23人。

地址：自贡市夏洞寺

电话：8—321

自贡市环卫处

乐山市自来水公司

地址：乐山市中区

乐山市公共汽车公司

乐山市天然气公司

乐山市环卫处

电话：2989转219

泸州市自来水公司

地址：泸州市迎辉路23号

泸州市公共汽车公司

泸州市天然气公司

泸州市环卫所

地址：泸州市西门太平街8号

电话：634 638

绵阳市市政工程公司

承担城市道路、桥梁、排水、路灯等工程的新建和维护。职工133人。

地址：绵阳市先锋路21号

电话：23348

绵阳市河道管理处

承担绵阳城区河道、堤防、排涝工程的管理维护和防汛工作。职工20人。

地址：绵阳市临江路31号

电话：23671 23154

电报挂号：7089

绵阳市自来水公司

年产自来水1935万吨。职工230人。

地址：绵阳市中区顺河后街7号

电话：24951

绵阳市公共汽车公司

绵阳市旅游出租汽车公司

经营市区客运和部分长途客运业务。职工356人。

地址：绵阳市迎宾路32号

电话：23516

绵阳市天然气公司

绵阳市园林建筑工程公司

承担园林建筑及城建雕塑。职工184人。

地址：绵阳市绵三路194号

电话：22498 22798

电报挂号：0954

绵阳市绿化工程队

承担市城区内绿化新建、维护和管理工作。职工46人。

地址：绵阳市开元场

电话：23850

绵阳市人民公园

承担庭园规划、设计、施工。职工81人。

地址：绵阳市临园路

电话：23938

宜宾市自来水公司

地址：宜宾市中山街67号

宜宾市公共汽车公司

宜宾市天然气公司

宜宾市市容园林处

内江市自来水公司

地址：内江市大同街

内江市公共汽车公司

内江市天然气公司筹备处

内江市环卫处

德阳市自来水公司

地址：德阳市市中区北门口

德阳市天然气公司

涪陵地区房屋开发公司

承担城市综合开发、规划、设计、施工。职工500人(各类工程技术人员25人)。

地址：涪陵市公园路

电话：2056

电报挂号：2015

涪陵市自来水公司

地址：涪陵市市中区人民西路74号

涪陵市天然气公司

广元市自来水公司

地址：广元市南门外财神楼

南充市自来水公司

地址：南充市金鱼岭

南充市天然气公司

达县市自来水公司

地址：达县市通川中路25—4

达县市公共汽车公司

达县市煤气筹备处

达县市环卫处

万县市城市建设综合开发公司

经营房屋、土地开发。职工20人。

地址：万县市白岩路31号

电话：3991

万县市市政工程管理处

承担城市道路、桥梁、下水道、堡坎和路灯修建与管理。职工206人。
地址:万县市三马路250号
电话:2975

万县市自来水公司

承担城市供水和管道安装。职工189人。
地址:万县市太白路94号
电话:3407

万县市公共交通公司

承担客运和客车代销维修。职工346人。
地址:万县市新城坡2号
电话:2535

万县市国营沼气建设服务公司

承包建池、配套管理。职工70人。
地址:万县市白岩路69号附2号
电话:3523—43

万县市园林绿化管理处

承担城市园林绿化的规划设计与管理。职工137人。
地址:万县市王家坡后街附1号
电话:3312

万县市环境卫生管理处

承担清扫、清运,环境卫生管理。职工163人。
地址:万县市孙家书房60号
电话:3836

万县市环境监测管理站

承担环境监测、咨询服务。职工20人。
地址:万县市白岩支路
电话:3694

遂宁市自来水公司

地址:遂宁市德胜外街34号

遂宁市天然气公司

西昌市自来水公司

地址:西昌市胜利路南段

西昌市公共汽车公司

雅安市自来水公司

地址:雅安市河横街32号

雅安市环卫处

•贵　州　省•

贵阳市规划局测量队

地址:贵阳市遵义路4号
电话:28818

贵阳市房屋产权监理处

贵阳市第一房屋开发公司

贵阳市第二房屋开发公司

贵阳市白蚁防治研究所

贵阳市市政管理处

贵阳市市政工程公司

贵阳市河道管理处

贵阳市自来水公司

地址:贵阳市延安路21号

贵阳市公共汽车公司

贵阳市煤气筹备处

贵阳市白花湖风景区管理处

贵阳市花溪公园

贵阳市南郊公园

贵阳市森林公园

贵阳市黔灵公园

贵阳市河滨公园

贵阳市南郊苗圃所

贵阳市花木公司

贵阳市环境卫生科研所

地址:贵阳市晒田坝40号
电话:23576

六盘水市城建开发公司

六盘水市市政工程公司

六盘水市自来水公司

六盘水市煤气公司

六盘水市园林站

遵义市房屋开发公司

遵义市市政工程公司

遵义市市政工程养护管理队

遵义市自来水公司

遵义市公共汽车公司

遵义市人民公园

遵义市苗圃管理所

安顺市城建综合开发公司

安顺市房地产公司

安顺市房屋修建公司

安顺市市政工程队

安顺市自来水公司

安顺市公共汽车公司

安顺市虹山公园

安顺市园林站苗圃

都匀市房地产开发公司

都匀市市政工程公司

都匀市自来水公司

都匀市公共汽车公司

凯里市市政工程队

凯里市公共汽车公司

凯里市园林站

黄果树风景区管理处

红枫湖风景区管理处

龙宫风景区管理处

织金洞风景区管理处

舞阳河风景区管理处

·云　南　省·

云南省城乡规划设计研究院

承担城乡规划设计、科研、咨询。职工115人。

地址:昆明市西坝新村

电话:25530

电报挂号:0100

昆明市规划管理处

负责城乡规划管理。职工53人。

地址:昆明市唐家营

电话:27492

昆明市测绘管理处

负责城市规划等测量用图及资料。职工100人。

地址:昆明市人民东路人民巷16号

电话:25700

昆明市建设管理处

负责开发、经营、管理商品房,拆迁行政管理。职工17人。

地址:昆明市威远街5号

电话:23817

昆明市房屋经营处

负责房屋经营管理、拆迁、房地产开发。职工22人。

地址:昆明市苏家村

电话:24978

昆明市产权监理处

负责发换证、勘估丈量、房屋交易。职工32人。

地址:昆明市龙井街29号

电话:28687

昆明市城建档案馆

负责城乡建设档案管理。职工20人。

地址:昆明市白塔路唐家营

电话:29476

昆明市规划设计研究院

承担总体、区域小区给排水规划,市政工程,城市雕塑。职工80人。

地址:昆明市唐家营

电话:29384

昆明市市政房屋建设综合开发公司

承担市政、房屋、土地开发、职工50人。

地址:昆明市三义铺

电话:25963

昆明市开发经营公司

承担房屋开发、拆迁。职工104人。

地址:昆明市东风巷3号

电话:25657

昆明市住宅设计研究所

承担住宅设计、房地产经营、技术研究。职工37人。

地址:昆明市威远街5号

电话:23182

昆明市市政工程公司

承担市政、房屋建设。职工560人。

地址:昆明市兴仁街39号

电话:25629

昆明市市政养护处

负责道路、桥梁、下水道、河道建设。职工497人。

地址:昆明市豆腐营111－1号

电话:27691

昆明市路灯管理处

负责路灯建设。职工66人。

地址:昆明市北京路

电话:27406

昆明市市政设计科研所

承担市政设施,房屋设计、科研。职工50人。

地址:昆明市和平东村20号

电话:28272

昆明市污水处理厂筹备组

负责污水处理

地址:昆明市兰花沟

昆明市自来水公司

负责城市供水。职工774人。

地址:昆明市北京路248号

电话:23320

电报挂号:3005

昆明市客车改装厂

承担客车改装。职工305人。

地址:昆明市凉亭

电话:71147

电报挂号:9309

昆明市公共汽车公司

负责城市公共交通。职工4414人。

地址:昆明市人民西路28号

电话:23138

电报挂号:0361

昆明市出租汽车公司

经营城市出租汽车服务。职工520人。

地址:昆明市北京路46号

电话:24097

电报挂号:3389

昆明市电车筹建组

筹备城市电车营运。职工8人。

地址:昆明市前卫路前卫旅社

电话:28409

昆明市煤气建设指挥部

年产焦碳27万吨、日产煤气17万立方米。职工2619人。

地址:昆明市吴井路212号

电话:21255

电报挂号:7076

昆明市园林规划设计处

负责园林建设规划与设计。职工18人。

地址:昆明市动物园大门西侧

电话:25970

昆明市园林建筑工程处

负责园林建筑施工。职工195人。

地址:昆明市潘家湾44号

电话:81364

昆明市园林局花木公司

生产、经营花木。职工26人。

地址:昆明市吴井路

电话:27286

昆明市园林局东郊苗圃

生产花卉苗木,供城市绿化。职工47人。

地址:昆明市东郊

电话:72683

昆明市园林局东华花圃

生产、经营花木。职工53人。

地址:昆明市东华小区

电话:72071

昆明市园林局花圃

生产、经营花木。职工35人。

地址:昆明市大西门

电话:24745

昆明市环卫处

负责环卫设施的建设制造。职工140人。

地址:昆明市交三桥

电话:21421

昆明市环卫机修厂

昆明市环卫科研所

地址:昆明市南坝市环卫机修厂内

电话:24478

个旧市规划设计室

承担城市规划及市政工程设计。职工24人。

地址:个旧市人民路

电话:23184

个旧市房产公司

负责房产管理,经营商品房。职工18人。

地址:个旧市金湖西路

电话:22181

个旧市城市建设综合开发公司

经营商品房。职工41人。

地址:个旧市宝华路

电话:22682

个旧市市政工程队

承担市政工程。职工235人。

地址:个旧市鄢棚

电话:22696

个旧市路灯队

安装、维修、改造路灯。职工12人。

地址:个旧市人民路

电话:22605

个旧市自来水公司

负责城市供水。职工128人。

地址:个旧市金湖南路

电话:23401

个旧市汽车公司

经营客运。职工528人。

地址:个旧市人民路

电话:23749

个旧市绿化队

负责城市绿化。职工26人。

地址:个旧市五一路

电话:23605

个旧市宝华公园

负责园林绿化,动物管理。职工74人。

地址:个旧市五一路

电话:22658

个旧市金湖公园

负责金湖绿化,职工12人。

地址:个旧市金湖南路

电话:23605

个旧市环卫管理站

负责环境卫生。职工164人。

地址:个旧市解放路

电话:22059

曲靖市城乡建设管理处

负责市政道路建设及市政管理。职工28人。

地址:曲靖市玄坛路

电话:2286

曲靖市城市综合开发公司

负责商品房,房地产开发。职工10人。

地址:曲靖市麒麟西路

电话:2623

曲靖市自来水公司

日供水2.9万吨。职工100人。

地址:曲靖市玄坛路

电话:2848

曲靖市公共汽车公司

拥有营运车68辆。职工311人。

地址:曲靖市玄坛路

电话:2284

曲靖市园林绿化处

负责园林绿化建设管理。职工169人。

地址:曲靖市麒麟西路

电话:2811

曲靖市环境卫生管理站

负责市区清扫、清运、保洁。职工82人。

地址:曲靖市文化路

电话:2808

曲靖市沾益环卫绿化管理站

负责市区清扫、清运、保洁。职工48人。

地址:曲靖市沾益西正街

大理市勘察设计规划处

负责勘察、设计、规划。职工32人。

地址:大理市福兴路3号

大理市房地产管理处

负责公私房管理。职工31人。

地址:大理市福兴路3号

电话:744

大理市房地产开发经营公司

开发经营房地产。

地址:大理市福兴路3号

大理市市政工程公司

承担道路、路灯、下水道建设。职工59人。

地址:大理市苍山西路

电话:5684

大理市自来水公司

负责自来水建设、管理、维护。职工63人。

地址:大理市建设东路

电话:5700

大理市公共汽车公司

负责城市公共交通。职工98人。

地址:大理市苍山东路

电话:5609

大理市环卫站

负责城市公共卫生。职工116人。

地址:大理市建设东路51号

电话:5709

大理市环卫队

负责城市公共卫生。职工30人。

地址:大理市大水沟

大理市环境监测站

负责环境监测。职工13人。

地址:大理市福兴路

电话:5558

开远市城市综合开发公司

承担城市综合开发,主要从事商品房。职工12人。

地址:开远市灵泉东路

电话:22966

开远市市政路灯队

安装、维修市区路灯。职工3人。

地址:开远市南正街

电话:23650

开远市自来水厂

日供水1.4万吨。职工45人。

地址:开远市九九路

电话:22254

开远市公共汽车公司

管理市区公共汽车。职工130人。

地址:开远市西路

电话:23239

开远市煤气筹建处

开远市城建局绿化队

负责城市绿化。职工14人。

地址:开远市五.九医院后山

电话:23604

开远市南郊苗圃

生产亚热带常绿花木。职工26人。

地址:开远市农场(旧岩村)

电话:23390

开远市环境卫生管理站

负责城市环境卫生。职工80人。

地址:开远市人民南路

电话:22984

昭通市房产管理所

管理房产。职工23人。

地址:昭通市北正街351号

电话:482

昭通市房地产综合开发公司

经营房屋修建、出售业务。职工26人。

地址:昭通市西街31号

电话:370

昭通市市政工程公司

承担市政工程新建、维护。职工52人。

地址:昭通市建设北路212号

昭通市路灯队

负责市区照明及维护。职工7人。

地址:昭通市北正街233号

电话:503

昭通市自来水公司

负责市区供水和管道安装及维护。职工107人。

地址:昭通市北正街233号

电话:503

昭通市公共汽车公司

负责城市公共交通。职工12人。

地址:昭通市建国北路40号

电话:587

昭通市出租汽车公司

经营出租汽车。职工8人。

地址:昭通市建设北路40号

电话:587

昭通市园林管理所

负责城市绿化,管理公园、苗圃。职工99人。

地址:昭通市公园路38号

电话:445

昭通市市政监察队

负责市政监察及管理违章建筑。职工11人。

地址:昭通市公园路38号

电话:439

昭通市环卫所

负责市区环境卫生。职工131人。

地址:昭通市公园路新桥外

电话:850

楚雄市开发公司

经营商品房。职工23人。

地址:楚雄市学桥街

电话:2643

楚雄市自来水厂

日供水4000吨。职工23人。

地址:楚雄市南山坡

电话:2340

楚雄市城市绿化队

负责城市绿化。职工31人。

地址:楚雄市龙江西路

楚雄市环卫站

负责城市公共卫生。职工70人。

地址:楚雄市龙江西路

电话:3302

东川市房管所

负责公房维护及管理。职工9人。

地址:东川市新村

东川市房地产开发公司

承担商品房建设及出售。职工2人。

地址:东川市新村

东川市市政工程队

承担城市建设及维护。职工36人。

地址:东川市新村

东川市路灯队

安装及管理市内路灯。职工4人。

地址:东川市新村

东川市自来水公司

负责市区自来水的供应及管道安装。职工38人。

地址:东川市新村

东川市公共汽车队

经营市内公共交通。职工27人。

地址:东川市新村

东川市环卫站

负责城市环境卫生。职工15人。

地址:东川市新村

东川市环境监测站

负责环境监测。职工13人。

地址:东川市新村

保山市自来水公司

负责自来水建设、管理、维护。职工24人。

地址:保山市环城北路

电话:2143

保山市旅游公司

经营小车出租。职工5人。

地址:保山市环城北路

电话:2292

保山市太保公园花木店

经营各种花木、园林工具。职工3人。

地址:保山市保岫西路

电话:2289

保山市环卫站

负责市区清扫、清运、保洁。职工77人。

地址:保山市白衣寺

电话:2314

玉溪市房屋建设开发公司

经营房屋建设开发、统建。职工27人。

地址:玉溪市东风路

电话:2912　2832

玉溪市自来水厂

日供水1.4万吨。职工58人。

地址:玉溪市红塔路

电话:2532　2322

玉溪市公共汽车公司

经营市内交通及部分长途运输。职工86人。

地址:玉溪市玉红路

电话:2681　2645

畹町市自来水厂

日供水1000吨。职工7人。

地址:畹町市建设局

电话:324

畹町市环卫站

负责环境卫生。职工5人。

地址:畹町市建设局

电话:324

·西 藏 自 治 区·

西藏自治区工业建筑勘测设计院

地址:拉萨市建设路 14 号

电话:22871　22842

电报挂号:6080

西藏自治区水电勘测设计队

地址:拉萨市建设路北段

电话:24424　24874

电报挂号:7193

拉萨市城建档案馆

地址:拉萨市北京东路 56 号

电话:24885

拉萨市城乡建设设计室

地址:拉萨市幸福路

西藏自治区建筑工程局第一工区

地址:拉萨市西郊沿河西路

电话:22874

拉萨市建筑公司

拉萨市市政工程公司

拉萨市药王山自来水厂

日喀则地区设计室

日喀则地区建筑公司

地址:日喀则市

·陕 西 省·

中国建筑西北设计院

地址:西安市新城区西七路 173 号

电话:25501

电报挂号:3380

陕西省综合勘察院

地址:西安市习武园 9 号

电话:25401

电报挂号:1390

陕西省城乡规划设计院

地址:西安市金花北路

电话:32173　32566

西安市勘测院

西安市房地产管理局设计室

西安市建筑设计院

地址:西安市和平门外环城南路 4 号

电话:21896　22667

电报挂号:6142

西安市第一市政工程公司

地址:西安市和平门外环城南路 12 号

电话:25779

西安市第二市政工程公司

地址:西安市和平门外环城南路 12 号

电话:26083　23259　23157

西安市自来水公司

地址:西安市环城西路南段 8 号

西安市公共交通公司

西安市出租汽车公司

西安市煤气公司

西安市热力公司

西安市古代建筑园林规划设计处

地址:西安市友谊西路 10 号

西安市环卫科研所

地址:西安市西药王洞 63 号

电话:21768

咸阳市城市科学研究所

承担城市规划、建设与管理、城市经济综合研究等。职工 5 人。

地址:咸阳市渭阳西路

电话:5084

咸阳市城市规划设计室

承担城市规划管理、城市规划设计、市政工程及小型民用建筑设计等。职工 27 人。

地址:咸阳市胜利街 4 号

电话:2560

咸阳市勘察测绘管理处

承担中、小城市测量、地形测量、工程测量、工程地质、控制测量等。职工 60 人。

地址:咸阳市胜利街 4 号

电话:5350

咸阳市市政工程管理处

承担城市道路、城市排水、路灯、防洪设施及其它市政设施维修管理。职工 196 人。

地址:咸阳市渭阳东路 5 号

电话:2213　2370

咸阳市自来水公司

经营自来水生产、供应,年生产水量 2000 万吨,并承担上下水安装及维修。职工 200 人。

地址:咸阳市秦都区水厂路 4 号

电话:8530　3530

咸阳市公共汽车公司

经营城市公共客运及汽车修理,拥有客运车辆 100 辆。职工 652 人。

地址:咸阳市西兰路中段

电话:5493

咸阳市汽车出租公司

经营出租汽车及汽车修理。职工 66 人。

地址:咸阳市渭阳西路

电话:4253

宝鸡市规划设计室

承担城乡总体规划、分区规划、详细规划、市政工程和民用建筑设计。职工30人。

地址:宝鸡市经二路东段

电话:4845

宝鸡市城市建设综合开发公司

中国房屋建设开发公司宝鸡公司

承担城市土地和规划小区开发,集资房屋统一建设、商品房出售等。职工50人。

地址:宝鸡市经二路155号

电话:4168

电报挂号:4827

宝鸡市市政工程管理处

承担市政工程养护、改建、新建,市政设施管理。职工212人。

地址:宝鸡市汉中路207号

电话:3375

宝鸡市市政工程公司

承担道路、排水、防洪堤建设,以及大型土石方挖运,方块砖制作等。职工500人。

地址:宝鸡市经二路东段(原杨家庄4号)

电话:4180

宝鸡市路灯管理处

承担全市道路照明的新建及维修任务。职工20人。

地址:宝鸡市南关路25号

电话:2374

宝鸡市自来水公司

年产自来水2750万吨。职工312人。

地址:宝鸡市新建路西段13号

电话:2354

宝鸡市公共交通公司

承担全市客运及各种车辆的大、中、小修理。营运车辆131辆,出租车11辆。

地址:宝鸡市汉中路93号

电话:3433

电报挂号:0364

宝鸡市煤气公司

设计能力为日供气72000立方米,可供用户26000户。职工150人。

地址:宝鸡市中心文化路4号

电话:4155

电报挂号:3561

宝鸡市植物园

拥有法桐、侧柏、国槐、月季等常绿、落叶观赏植物400余品种。职工108人。

地址:宝鸡市姜潭路北侧

电话:3747

宝鸡市人民公园

设有多种游艺设施、动物、花卉等项目,年游客60万人次。职工85人。

地址:宝鸡市公园路3号

电话:3076

宝鸡市河滨公园

设有旱冰场,儿童游艺设施等,年游客100万人次。职工60人。

地址:宝鸡市渭滨区南关路99号

电话:2434

华宝快美彩色冲印合资有限公司

是宝鸡人民公园与香港华成公司合资经营的彩色照片冲印公司,自营彩色摄影,照象器材经销业务。职工35人。

地址:宝鸡市经二路南关路口

电话:4259

电报挂号:1816

铜川市城市建设综合开发公司

承担城市建设综合开发。职工30人。

地址:铜川市小河沟

电话:3928

铜川市市政工程养护管理处

承担道路维护管理。职工166人。

地址:铜川市体育路

电话:2324

铜川市污水处理厂

承担城市污水处理业务。职工48人。

地址:铜川市新川路

电话:3715

铜川市自来水公司

生产和供应自来水。职工194人。

地址:铜川市延安路

电话:3792

铜川市公共交通公司

承担市、郊区客运。职工447人。

地址:铜川市宜园路

电话:2374

铜川市煤气热力筹建处

经营城市集中供热和液化石油气站。职工15人。

地址:铜川市红旗桥

电话:2687

铜川市城市绿化管理处

管理园林绿化,主要产品:花木、树木。职工70人。

地址:铜川市五一路

电话:3162

铜川市人民公园

提供游人休憩场所。职工66人。

地址:铜川市公园路

电话:3807

铜川市环境卫生管理处

负责城市环境卫生管理。职工109人。

地址:铜川市宜园路

电话:2636

汉中市城乡规划市政设计室

承担市政设施建设的勘测设计。职工16人。

地址:汉中市南大街43号

电话:4123

汉中市城市建设综合开发公司

经营商品住宅和工商贸易等营业用房建设,年建筑量15000~20000平方米。职工50人。

地址:汉中市西大街1号

电话:3192　3251

汉中市市政工程管理处

承担道路、桥涵、排水、路灯、防洪的建设和维护。职工102人。

地址:汉中市南大街43号

电话:2430　2330

汉中市自来水公司

生产供应自来水,年售水量945.1吨。职工79人。

地址:汉中市友爱路16号

电话:2535　2162

汉中市公共汽车公司

承担城市公共交通营运。1986年完成客运量283.23万人次。

地址:汉中市北门口

电话:2191

汉中市城市园林管理处

负责城市绿化、美化和行道树管护。职工65人。

地址:汉中市南环路

电话:3795　3398

汉中市汉湖公园筹建处

为群众提供休息娱乐场所。职工23人。

地址:汉中市北大街莲花池

电话:3816

汉中市环境卫生管理处

主要承担街道的道路保洁、垃圾清运。

地址:汉中市万寿寺巷5号

电话:4347　2781

渭南市城市建设管理处

负责城建工程质量监督,路灯的新建、维修,城建管理。职工41人。

地址:渭南市民生街139号

电话:2940

渭南市城市建设科技档案馆

负责城乡建设、规划、管理等档案的收集、整理、保管、利用等。职工7人。

地址:渭南市东风街6号

电话:2694

渭南市住宅建设开发公司

主要经营商品房的出售和建筑,年产值460万元左右。职工40人。

地址:渭南市东风街西段

电话:2421

渭南市自来水公司

地址:渭南市东风西路

中国房屋建设开发公司延安公司

延安市综合开发公司

经营商品房建设,年产量5万平方米。职工27人。

地址:延安市七里铺小区16号楼

电话:3731　3587

延安市第一建筑工程公司

承担工业与民用建筑任务,预制构件。职工863人。

地址:延安市南关礼堂巷

电话:2259　3418

延安市自来水公司

年产自来水380万吨。职工133人。

地址:延安市北关街403号

电话:3178　3196

延安市公共汽车公司

延安市液化气供应站

韩城市城市建设综合开发公司

承担市政工程与城市住宅建设,年产量10万平方米。职工87人。

地址:韩城市中心区乔南路中段

电话:2855　2987

韩城市自来水公司

年产城市用水110万吨。经营水暖器材,承担水暖工程。职工48人。

地址:韩城市金城区南关

电话:2460　2841

韩城市公共汽车公司

•甘　肃　省•

中国市政工程西北设计院

为建设部所属甲级综合市政工程设计单位。承担城市与工业给水、排水工程设计和科研;煤气及热力管网工程设计;道路、桥梁设计;城镇总体规划与小区详细规划;以及城市开发区的基础设施综合勘察设计,工业与民用建筑设计;城镇及工矿区工程测量、工程地质勘察、水文地质勘察与凿井工程。职工660人。

地址:兰州市定西路177号

电话:24711

电报挂号:6080

甘肃省城乡规划设计研究院

承担城市规划、给水、排水、道路、桥梁等设计;风景区规划、园林、雕塑等设计;各类民用建筑及一般工业厂房等设计;建筑标准图、农村建房等构、配件图集编制及设计;摄影、图片、幻灯制作等。职工104人。

地址:兰州市小稍门5号

电话:21953　27259　21854

兰州市城建档案馆

对兰州市城建档案进行接收、管理、提供利用。职工30人。

地址:兰州市安定门外34号

电话:23048

兰州市测量队

地址:兰州市临夏路182号

兰州市城市建设综合开发公司

经营商品房和土地开发。职工55人。

地址:兰州市滨河东路501号

电话:25685

兰州市市政工程管理处

兰州市政工程设施(道路、桥涵、河堤、路灯、雨水、污水排除及处理)的养护维修和管理。职工1786人。

地址:兰州市中山路274号

电话:25986

兰州市市政工程研究所

承担兰州地区道路、桥梁、排水、交通工程的科研、设计和市政工程科技情报工作。职工50人。

地址:兰州市南昌路31号

电话:29033

兰州市市政工程公司

承担城市市政工程,兼营机场、水利、矿山、工业与民用建筑的配套工程。职工2037人。

地址:兰州市中山林19号

电话:28511—28518

兰州市自来水公司

生产自来水,对外承担修、校水表,给水管线及机电安装、小型铸铁管件等。职工2400人。

地址:兰州市西固化工街1号

电话:56954

电报挂号:5777

兰州市液化气公司

兰州市热力公司筹建处

兰州市供热管理站

承担城市供热规划与管理。兰州第二热电厂集中供热管网工程建设。职工50人。

地址:兰州市滨河路213号

电话:25655

兰州市园林局园林设计室

承担园林规划设计;小型园林建筑设计;雕塑设计等。职工20人。

地址:兰州市五泉山

电话:21994

兰州市园林局园林科研所

承担园林植物的栽培与繁殖。职工23人。

地址:兰州市五泉山

电话:21447

兰州市园林局花木公司

生产各种盆栽花卉及盆景、金鱼等。职工76人。

地址:兰州市五泉山

电话:24570

天水市城市建设综合开发公司

天水市住宅统建办公室

按照统一规划、合理布局、配套建设、综合开发的原则,组织实施小区的征地、拆迁与综合开发,协调有关部门安排公共服务配套建设和市政基础设施建设,经营建造和出售商品房屋。职工23人。

地址:天水市秦城区环城路(南大桥西侧)

电话:4995

天水市市政工程公司

负责城市道路、排水、桥梁、堤坝等防洪设施的工程建设。职工160人。

地址:天水市秦城区环城东路

电话:2988　2994

天水市自来水公司

负责城市生活、生产供水。日供水量为38280立方米。职工148人。

地址:天水市秦城区大众路

电话:2378　4389

天水市公共汽车公司

承担天水市市区公共客运交通;社会团体、机关单位及个人的包乘、租赁用车;各种旅游出租用车。职工331人。

地址:天水市秦城区环城东路7号

电话:2460　4054

天水市玉泉观公园

是一座拥有数百间殿宇的古建筑群道观,始建于元代至元13年(公元1276年),占地91242平方米。1981年重修,为天水市文物保护单位。1983年开放,年平均游人23万余。职工32人。

地址:天水市秦城区上庵沟

电话:3957

天水市麦积山风景名胜区管理局

承担保护管理、规划建设、开发利用。职工50人。

地址:天水市北道区马跑泉公园南侧

电话:6822

武威市给排水公司

地址:武威市西关街体育路8号

武威市环卫处

玉门市环卫处

金昌市规划设计室

承担仝市建筑、安装图纸编制、会审及小区规划。职工17人。

地址:金昌市新华路市政府大院内

金昌市房产管理所

承担市政机关办公楼、住宅楼及其它房屋维修、水、电管网的维修。职工25人。

地址:金昌市新华西路红光饮料厂大楼

金昌市市政工程队

承担市区道路铺修、路灯架设及上、下水管线敷设。职工68人。

地址:金昌市新华路

电话:2299

金昌市公共交通公司

承担市区及市辖部分地区交通线路的客运。职工67人。

地址:金昌市新华东路

电话:2535

平凉市自来水公司

地址:平凉市红旗街108号

张掖市规划设计室

承担本市城市道路、给排水、小区规划设计。职工15人。

地址:张掖市大衙门街56号

电话:3150

张掖市城市建设开发公司

承担小区综合开发和商品住宅的建设和出售。职工14人。

地址:张掖市大衙门街56号

电话:3424

张掖市房产公司

开展房屋修建、维修及经营管理。职工53人。

地址:张掖市人民南街42号

电话:2085

张掖市市政建设公司

承担城市道路施工、路灯架设、排水管道安装及预制混凝土道牙石、人行道砖、排水管等。职工51人。

地址:张掖市青年东街115号

电话:2928

张掖市自来水公司

承担本市自来水生产和给水管道的安装,并对外承揽自来水安装、维修、检验水表。职工70人。

地址:张掖市西郊

电话:2731

张掖市环境保护管理站

承担本市园林绿化、环卫设施的建设。职工56人。

地址:张掖市大衙门街56号

电话:3334

嘉峪关市煤气筹建处

嘉峪关市环卫所

地址:嘉峪关市胜利南路

临夏市自来水公司

地址:临夏市西关水塔

酒泉市供排水公司

地址:酒泉市尚武街

西峰市自来水公司

地址:西峰市陇东路

•青　海　省•

西宁市测绘处

地址:西宁市五四大街14号

电话:45639

西宁市房屋开发公司

经营城市商品住宅业务。职工100人。

地址:西宁市黄河路

西宁市房屋经营公司

经营直管房。职工122人。

地址:西宁市西关大街

电话:52524

西宁市房屋设计室

承担房屋设计。职工18人。

地址:西宁市西关大街

电话:52524

西宁市房屋修建公司

承建土木工程建筑(四级)。职工370人。

地址:西宁市花园南街

电话:76771

西宁市房屋养护站

承担房屋小修小养。职工37人。

地址:西宁市南关街

电话:76167

西宁市市政工程公司

承建筑路工程(二级)。职工933人。

地址:西宁市胜利路111号

电话:55069

西宁市自来水公司

经营城市供水。职工506人。

地址:西宁市五四大街11号

电话:52448

西宁市公共交通公司

经营市内、短途汽车客运。职工2332人。

地址:西宁市长江路

电话:54393

西宁市出租汽车公司

经营汽车客、货运出租业务。职工281人。

地址:西宁市西大街38号

电话:22393

西宁市园林服务公司

承担园林服务业务。职工70人。

地址:西宁市胜利路

电话:55095

格尔木市市政工程公司

承建城市道桥、排水工程等业务。职工300人。

地址:格尔木市昆仑路

电话:2908

格尔木市公共汽车公司

经营市内与短途汽车客运,出租车业务。职工36人。

地址:格尔木市黄河路

电话:2796

•宁夏回族自治区•

银川市城市测量队

地址:银川市进宁北巷35号

电话:25247

中国房地产开发总公司银川公司

经营城市综合开发。职工116人。

地址:银川市民族南街

电话:24425

银川市房地产综合开发公司

经营住宅开发建设。职工45人。

地址:银川市新华街83-2

电话:23888

银川市房屋产权监理所

负责房屋产权监理。职工14人。

地址:银川市新华街83-2

银川市房地产管理局新华房管所

负责直管公房经营管理。职工24人。

地址:银川市永安巷5-7号

电话:26986

银川市房地产管理局玉皇阁房管所

负责直管公房经营管理。职工24人。

地址:银川市信义巷9号

电话:32875

银川市房地产管理局西城房管所

负责直管公房经营管理。职工28人。

地址:银川市富宁街42号

电话:26805

银川市房地产管理局新城房管所

负责直管公房经营管理。职工16人。

地址:银川市新城北街

电话:6306

银川市房管局建筑维修材料站

承担维修材料保管。职工19人。

地址:银川市新华街83-2

银川市房屋建筑设计研究所

承担住宅设计。职工19人。

地址:银川市新华街83-2

银川市住宅修建公司

承担直管住宅修建。职工240人。

地址:银川市新华街83-2

银川市市政工程承包公司

承包市政工程。职工39人。

地址:银川市民族南街

电话:23141

银川市市政一公司

承担市政工程建设。职工346人。

地址:银川市利群街

电话:22190

银川市市政二公司

承担市政工程建设,职工436人。

地址:银川市二环路

电话:23638

银川市自来水公司

经营城市供水。职工306人。

地址:银川市玉皇阁北街

电话:24022

银川市公共交通公司

经营城市公共交通。职工1221人。

地址:银川市民族南街

电话:22356

银川市煤气公司

经营城市供气。职工106人。

地址:银川市进宁北街

电话:24487

银川市环卫处

地址:银川市文化街39号

电话:2614　2764

银川市物资公司

经营物资供应。职工7人。

地址:银川市进宁北街

电话:26468

银川市劳动服务公司

经营服务管理。职工5人。

地址:银川市民族北街

电话:26826

石嘴山市规划建筑设计院

承担规划建筑设计。职工 50 人。

地址:石嘴山市大武口区裕民路

电话:2982

石嘴山市房地产开发公司

经营房地产开发。职工 30 人。

地址:石嘴山市大武口区游艺西街

石嘴山市房产公司

经营房产管理。职工 20 人。

地址:石嘴山市大武口区鸣沙路

电话:2980

石嘴山市市政工程公司

承担道路、上下水等市政建设。职工 80 人。

地址:石嘴山市大武口区游艺东街

电话:2608

石嘴山市自来水公司

地址:石嘴山市大武口区朝阳西街

石嘴山市公共汽车公司

经营城市公共交通,职工 350 人。

地址:石嘴山市大武口区青山路

电话:2552

石嘴山市煤气筹建处

吴忠市规划办公室

负责城市规划管理。职工 8 人。

地址:吴忠市内

电话:2470

吴忠市建筑规划设计室

承担建筑规划设计。职工 13 人。

地址:吴忠市内

电话:2570

吴忠市统建办公室

负责城市开发。职工 12 人。

地址:吴忠市裕民西街

电话:2579

吴忠市房产公司

承担房屋管理。职工 39 人。

地址:吴忠市朝阳街

电话:2996

吴忠市农房开发公司

经营农房开发:职工 7 人。

地址:吴忠市内

电话:2348

吴忠市市政公司

承担道路、桥梁、下水、路灯建设。职工 42 人。

地址:吴忠市内

电话:2707

吴忠市工程质量监督站

负责工程质量检查监督。职工 8 人。

地址:吴忠市内

电话:2881

吴忠市自来水公司

经营城市供水。职工 34 人。

地址:吴忠市民生西街

电话:2429

吴忠市汽车公司

经营城市交通。职工 11 人。

地址:吴忠市北门车站

电话:2569

吴忠市园林绿化公司

承担城市园林绿化。职工 28 人。

地址:吴忠市内

电话:2748

吴忠市环卫公司

负责城市环境卫生。职工 115 人。

地址:吴忠市北门车站

电话:2919

吴忠市环境保护办公室

负责环境保护工作。职工 10 人。

地址:吴忠市内

青铜峡市房地产公司

经营住宅建设、维修、管理。职工 16 人。

地址:青铜峡市小坝镇

青铜峡市水暖公司

经营供水、供暖安装。职工 97 人。

地址:青铜峡市小坝镇

青铜峡市公共汽车公司

经营城市交通、出租车辆。职工 9 人。

地址:青铜峡市小坝镇

• 新疆维吾尔自治区 •

新疆维吾尔自治区城乡规划设计院

承担城乡规划、市政、建筑设计。职工 100 人。

地址:乌鲁木齐市光明路 26 号

电话:28846

电报挂号:0487

新疆维吾尔自治区通用机械厂

生产 YSP-15 型液化石油气钢瓶、桥式起重机、运输油罐。职工 506 人。

地址:乌鲁木齐市天津北路 3 号

电话:38165

电报挂号:4961

乌鲁木齐市测绘队

地址:乌鲁木齐市长江路 1 号

乌鲁木齐市市政工程公司

承担城市道路、给排水、供热、大型调压水池等施工任务。职工1000人。

地址:乌鲁木齐市扬子江路19号

电话:53815

乌鲁木齐市自来水公司

地址:乌鲁木齐市黑龙江路23号

乌鲁木齐市公共汽车公司

承担城市公共交通客运。职工5214人。

地址:乌鲁木齐市头宫

电话:42204

乌鲁木齐市煤气公司

经营液化气及灶具的生产、销售、修理,承担中、小型液化气贮配站设计安装。职工472人。

地址:乌鲁木齐市友好东路

电话:41407

电报挂号:3210

乌鲁木齐市热力公司

承担城市集中供热任务。职工315人。

地址:乌鲁木齐市二道湾

电话:28176

乌鲁木齐市环卫局科研室

地址:乌鲁木齐市人民路市环卫局内

电话:25896

石河子市建筑规划设计院

承担乙级建筑设计和丙级城市规划及工程测量。职工70人。

地址:石河子市北三路

电话:22702

石河子市城市建设综合开发公司

根据城市总体规划,进行城市综合开发建设。职工35人。

地址:石河子市14小区

电话:24437

石河子市市政工程公司

承担市区道桥、排水管道工程及市政设施管理、维修。职工109人。

地址:石河子市1号小区

电话:22084

石河子市自来水公司

承担城市供水及室内外供水管道安装。职工52人。

地址:石河子市北二路

电话:24910

石河子市公共交通公司

担负城市客运交通、出租汽车及客车维修。职工147人。

地址:石河子市北二路14小区

电话:22676

石河子市液化气公司

供应15100户居民用气。职工71人。

地址:石河子市幸福路

电话:25826

石河子市热电厂

石河子市园林管理处

管理城区苗圃,绿地及城市园林科研工作。职工474人。

地址:石河子市北三路南

电话:24611

石河子市环境卫生管理处

承担清扫道路、部分公厕管理。职工39人。

地址:石河子市

电话:24911

克拉玛依市市政工程管理处

承担市区道路建设维护、基础设施管理工作。职工204人。

地址:克拉玛依市

电话:2950

克拉玛依市石油管理局供水管理处

克拉玛依市液化气公司

克拉玛依市园林绿化管理处

承担市区公共绿地的绿化,园林植保、苗木和花卉的繁殖等工作。职工199人。

地址:克拉玛依市

电话:2142

克拉玛依市市容环境卫生管理处

承担市区道路的清扫保洁,垃圾收运、厕所管理,市容环境卫生的监督等工作。职工214人。

地址:克拉玛依市

电话:3227

伊宁市房屋建设开发公司

城市土地开发、房屋建设及建材经营,主要产品是商品住宅。职工24人。

地址:伊宁市斯大林街四巷27号

电话:2669

伊宁市自来水公司

供应自来水。年产量1460万吨。职工223人。

地址:伊宁市红旗路58号

电话:3098

电报挂号:5261

伊宁市公共汽车公司

经营城市、郊区客运,车辆出租,对外维修。职工128人。

地址:伊宁市解放路五巷13号

电话:2717

喀什市城市规划管理设计室

承担城市测量、规划、市政工程及小型民用建筑设计。职工 48 人。

地址：喀什市人民东路

电话：3025

喀什市房屋开发公司

承担城市住宅开发。职工 15 人。

地址：喀什市人民东路

电话：3797

喀什市市政工程公司

承担道路、桥梁、给排水施工。职工 102 人。

地址：喀什市色满路 18 号

电话：2053

喀什市市政养护队

承担城市道路、桥梁、涵洞、路灯养护维修。职工 59 人。

地址：喀什市吐曼路 27 号

电话：2939

喀什市污水处理厂

承担城市生活污水处理及管道维修。职工 81 人。

地址：喀什市帕依那甫路

电话：3382

喀什市自来水公司

承担城市生活用水及管道维修。职工 130 人。

地址：喀什市色满路 16 号

电话：2410

喀什市公共汽车公司

承担公共交通运输和客车修理。职工 205 人。

地址：喀什市色满路 34 号

电话：2298

喀什市出租汽车公司

经营出租汽车。职工 14 人。

地址：喀什市帕依那甫路

电话：3356

喀什市城市绿化队

供给绿化用苗木以及城市街道绿化的维修。职工 59 人。

地址：喀什市色满路

电话：2717

喀什市人民公园

供给城市园林花卉，为市民提供娱乐休憩。职工 84 人。

地址：喀什市人民东路

电话：2310

喀什市东湖公园

提供市民水上娱乐的场所。职工 26 人。

地址：喀什市帕依那甫路

电话：3357

喀什市环境卫生队

负责城市卫生清扫，垃圾清运及道路洒水。职工 56 人。

地址：喀什市帕依那甫路

电话：3359

哈密市城乡规划设计室

承担城市规划、建筑、市政设计。职工 17 人。

地址：哈密市广场北路

电话：3557

哈密市市政工程养护管理处

负责市政工程建设管理及路灯管理。职工 58 人。

地址：哈密市园林路

电话：2209

哈密市供排水公司

承担供排水及管道施工。职工 86 人。

地址：哈密市建国路

电话：2548

哈密市公共汽车公司

承担市区公共交通客运任务。职工 49 人。

地址：哈密市建国北路

电话：2499

哈密市液化气公司

哈密市园林管理处

负责城市绿化管理。职工 80 人。

地址：哈密市园林路

电话：2394

哈密市城市管理队

负责市容、环卫等管理任务。职工 27 人。

地址：哈密市广场北路

电话：3630

哈密市环境卫生管理处

负责城市环境卫生。职工 69 人。

地址：哈密市红旗路

电话：2498

阿克苏市城市建设开发公司

承担商品房建设、销售。职工 98 人。

地址：阿克苏市新华路

电话：3514

阿克苏市市政工程公司

承担城市道桥施工。职工 111 人。

地址：阿克苏市西广场

电话：2281

阿克苏市路灯管理所

负责城市照明用电管理。职工 3 人。

地址：阿克苏市新华路

电话：3753

阿克苏市供排水公司

承担给排水设计、施工。职工 65 人。

地址：阿克苏市新华路

电话：2237

阿克苏市公共汽车公司

承担市区及市辖区乡客运。职工37人。

地址:阿克苏市解放中路

电话:2365

阿克苏市园林管理科

负责城市园林绿化管理。职工60人。

地址:阿克苏市新华路

电话:3754

库尔勒市市政工程管理处

承担城市市政建设、维护、管理。职工132人。

地址:库尔勒市

电话:2575

库尔勒市污水处理厂

承担城市污水处理、排放。职工26人。

地址:库尔勒市

电话:3986

库尔勒市出租(公共)汽车公司

承担城市客运、出租汽车。职工19人。

地址:库尔勒市

电话:3002

库尔勒市液化气公司

供应石油液化气,职工13人。

地址:库尔勒市

电话:2695

库尔勒市园林管理处

承担城市园林绿化的管理。职工132人。

地址:库尔勒市

电话:3561

库尔勒市环境卫生管理处

承担城市环境卫生的管理。职工106人

地址:库尔勒市

电话:2503

昌吉市规划设计室

承担城乡规划、市政、建筑设计。职工22人。

地址:昌吉市北京北路

电话:3380

昌吉市城乡建设综合开发公司

建设、销售商品房;代管、代建外单位基建工程。职工30人。

地址:昌吉市宁边中路

电话:3930

电报挂号:4099

昌吉市市政工程公司

承担市政工程建设管理。职工46人。

地址:昌吉市延安南路

电话:3324

昌吉市污水处理厂

处理净化生产、生活污水。职工41人。

地址:昌吉市北郊

电话:3337

昌吉市自来水公司

承担全市供水。职工55人。

地址:昌吉市北京路

电话:2716

昌吉市公共汽车公司

承担全市客运、出租营运。职工156人。

地址:昌吉市延安南路

电话:3594

昌吉市液化气公司

供应全市液化气。职工28人。

地址:昌吉市延安南路

电话:3821

昌吉市园林绿化处

负责全市园林、绿化。职工47人。

地址:昌吉市宁边北路

电话:3642

奎屯市市政工程公司

承担市政工程建设。职工75人。

地址:奎屯市沙湾路

电话:3883

奎屯市自来水公司

负责自来水生产、供应及管道维修。职工31人。

地址:奎屯市乌苏路

电话:3009

奎屯市公共汽车公司

经营市内、市郊及邻近地区公共客运、包车和通往全疆各地汽车出租业务。职工45人。

地址:奎屯市团结南路

电话:3389

奎屯市液化石油气公司

承担液化石油气储运、销售,并经营炉具及配件的维修、销售。职工18人。

地址:奎屯市伊犁路

电话:3675

奎屯市园林管理处

负责城市绿化、苗圃、公园的管理。职工117人。

地址:奎屯市团结西路

电话:2538

奎屯市市容环卫管理处

负责市容环境卫生管理。职工18人。

地址:奎屯市北京西路

电话:2928

阿勒泰市城乡规划设计室

承担测量、规划和一般设计。职工7人。

地址:阿勒泰市金山路

电话:2339

阿勒泰市房地产开发公司

经营房屋买卖和开发业务。职工 9 人。

地址:阿勒泰市河西路

电话:2358

阿勒泰市市政工程维护处

承担道路、桥梁、给排水等市政工程。职工 70 人。

地址:阿勒泰市交通路

电话:2583

阿勒泰市自来水公司

承担给排水工程和供水。职工 43 人。

地址:阿勒泰市金山路

电话:2432

阿勒泰市公共汽车公司

承担城乡公共交通营运。职工 30 人。

地址:阿勒泰市文化路

电话:2198

阿勒泰市出租汽车公司

经营汽车出租业务,职工 7 人。

地址:阿勒泰市文化路

电话:2175

阿勒泰市市桦林公园管理所

经营园内游览和管理。职工 6 人。

地址:阿勒泰市公园路

阿勒泰市市容卫生绿化管理处

经营树苗木、花卉等。职工 25 人。

地址:阿勒泰市河西路

电话:2514

和田市房地产开发公司

承担房地产开发。职工 3 人。

地址:和田市城建办公楼

电话:3692

和田市自来水工程筹备处

吐鲁番市规划设计室

承担城市规划设计。职工 5 人。

地址:吐鲁番市绿洲路

电话:2827

吐鲁番市房地产公司

经营商品住宅、承包工程、征购土地等。职工 7 人。

地址:吐鲁番市大十字老城大街

电话:2709

吐鲁番市市政工程公司

承担城市市政施工。职工 63 人。

地址:吐鲁番市老城路东门

电话:2057

吐鲁番市自来水公司

承担供水、排水、管道维修及承包工程。职工 30 人

地址:吐鲁番市绿洲路

电话:2827

吐鲁番市公共汽车公司

承担客运任务。职工 34 人。

地址:吐鲁番市绿洲路

电话:2319

吐鲁番市液化气公司

负责供应煤气,职工 10 人。

地址:吐鲁番市绿洲路

电话:2827

吐鲁番市城市园林队

负责城市园林绿化。职工 15 人。

地址:吐鲁番市绿洲路

电话:2827

吐鲁番市城市清洁队

负责城市卫生清洁任务。职工 20 人。

地址:吐鲁番市绿洲路

电话:2827

博乐市市政工程队

负责博乐市市政工程建设。职工 50 人。

地址:博乐市

电话:2731

博乐市自来水公司

承担博乐市供水和自来水工程安装。职工 26 人。

地址:博乐市

电话:2340

塔城市规划设计室

承担城乡规划设计。职工 7 人。

地址:塔城市

电话:2903

塔城市房屋综合开发公司

承担商品住宅建设。职工 6 人。

地址:塔城市

塔城市市政建设队

承担市政工程建设。职工 30 人。

地址:塔城市

电话:2968

塔城市污水处理厂

承担污水处理。职工 10 人。

地址:塔城市

电话:2753

塔城市水管所

负责城市水源管理。职工 3 人。

地址:塔城市

塔城市自来水公司

承担供水及管道安装。职工 46 人。

地址:塔城市

电话:2366

塔城市公共汽车公司

服务性营运。职工 60 人。

地址:塔城市

电话:2578

塔城市出租汽车公司

出租汽车。职工12人。

地址:塔城市

电话:2578

塔城市园林处

负责园林绿化。职工27人。

地址:塔城市

电话:2687

塔城市环卫处

负责环境卫生管理。职工19人。

地址:塔城市

电话:2870

阿图什市供排水公司

承担阿图什市供排水。职工39人。

地址:阿图什市帕米尔路

电话:2140

《中国城市建设年鉴》编辑部

(1986～1987)

中国城市建设年鉴
(1986～1987)
《中国城市建设年鉴》编委会
*
中国建筑工业出版社出版(北京西郊百万庄)
新华书店北京发行所发行　各地新华书店经售
前景电脑有限公司排版
北京欧爱快速印刷有限公司印刷
*
开本:787×1092毫米 1/16　印张:51 1/2　插页:36　字数:1810千字
1989年3月第一版　1989年3月第一次印刷
印数:1—9500册　定价:45元

ISBN 7—112—00721-6/TU-512
(5825)

中国市政工程西南设计院(SMEDIC)
SOUTHWEST MUNICIPAL ENGINEERING DESIGN INSTITUTE OF CHINA

Southwest Municipal Engineering Design Institute of China(SMEDIC) was founded in 1956. Over 30 years we have accomplished more than 900 projects of municipal engineering, over 30 items of scientific research and over 20,000 metres of hydrological survey and engineering geological survey for the clients both at home and abroad.

Our institute maintains a staff of more than 500 technical personnels of diverse talents. It is abundant in technical forces, rich in practical experlences, and possesses the talents, equipment and mean of scientific research and experimental survey, and it has the ability to undertake various big and complicated municipal engineering design. In these years, 46 projects designed by SMEDIC, just as Chaobel-Shinho pump station and Water Convey Engineering of the Diversion Works from Luan-River to Tianjin city Water Plant and the Wastewater Treatment of the Sichuan Vinylon Plant, Chengdu No.5 Water Works Extension, Hantan Bridge of Jintang County in Sichuan, Donghu Water Works of Shenzhen, South Suburb Water Works of Guiyang, Huangtongdu Water Works of Chongqing and Arterial Road of Deyang in Sichuan Province have won respectively the first prize, the second prize and the State Awards for Distinguished Design from our country, the Ministry of Urban and Rural Construction and Environmental Protection, and Chengdu. Our design projects and our achievement have enjoyed great prestige both at home and aboard.

院长：吴松华

中国市政工程西南设计院，建于一九五六年，三十多年来，完成了九百余项市政工程的设计，三十余项科研和二万余米(自然进尺)水文和工程地质勘察任务。我院除承担西南云、贵、川三省及西藏自治区市政建设工程勘察设计外，还承担国外和国内十多个省、市、自治区建设工程的勘察设计。

我院现拥有各类专业工程技术人员近五百人，工种齐全，技术力量雄厚，实践经验丰富，并具有完成重大科研的人才、设备条件和测试手段，可以承担各种大型、复杂的市政建设工程的勘察设计。近十多年来，我院设计的天津引滦入津工程—潮白新河泵站及前后输水工程、四川维尼纶厂给水工程及污水处理厂、成都市第五水厂扩建工程、四川省金堂县韩滩桥、深圳市东湖水厂、贵阳市南郊水厂、重庆黄桷渡水厂、四川省德阳市干道等四十六项工程设计和科研项目获得了国家、城乡建设部、四川省和成都市颁发的金质、银质奖和优秀设计奖，我院设计的工程业绩和声誉卓著。

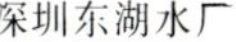

深圳东湖水厂

天津引滦工程

四川金堂县韩滩桥

四川德阳干道

本院地址：四川省成都市外北曹家巷81号
电话：333711　电挂：4123
深圳设计处地址：深圳市黄贝路32幢
电话：31480　电挂：2669
上海设计处地址：上海市虹桥路953弄50号四～五楼
珠海设计处地址：珠海新光里88号一幢703号
电话：25521　电挂：0031
海南设计处地址：海口市海秀路凤凰新村C—606
青岛设计处地址：山东省青岛市湛山大道60号国家建委疗养院招待所108室

Address:
Headquatters of SMEDID: 81" Chao. Jia Xiang, Chengdu, Sichuan.
Tel. 333711 Cable. 4123
Shenzhen Branch: Block 32, Wong Pui Road
Tel. 31480 Cable. 2669
Shanghai Branch: 4-5floor, 50/953 Hongqiao Road, Shanghai
Zhuhai Branch: 703" Block1, 88" Xing Guang Li, Zhuhai
Tel. 25521 Cable. 0031
Hainan Branch: C-606 Fenghuang Xin Cun, Haixiu Road, Haikou
Qingdao Branch: Room 108, Hostel of the Sanatorium of State Comstruction Committee, 60" Zhanshan Road Qingdao

院长：徐彬士

杭州市赤山埠水厂

上海恒丰北路立交桥

上海曲阳污水处理厂

中国市政工程西北设计院(MEDI)

CHINA NORTHWEST MUNICIPAL ENGINEERING DESIGN INSTITUTE (MEDI)

中国市政工程西北设计院，建于1959年，是建设部直属甲级设计院，拥有各专业工程技术人员380人。多年来，承担着国内20个省、市、自治区的设计勘察任务，目前已完成市政建设工程700余项；科研课题66项；勘察测量400余项。

我院通过长期的勘察设计实践及科学研究，积累了丰富经验，技术力量雄厚，并享有一定盛誉，可以承担各种大型，复杂的市政工程勘察设计任务。自1978年以来，我院的天津引滦入津给水工程、水上水厂研究、兰州西固二期给水工程、石家庄维尼纶厂污水处理、山东烟台合成革厂给排水工程等十余项科研与设计项目，荣获国家级、部级、省级金质奖和优秀设计奖。

院长：贾万新

China Northwest Municipal Engineering Design Institute founded in 1959 is a first-class design institute directly under Ministry of Construction, has a staff over 380 technical personnels. For years, we have undertaken design and prospecting professionalworks all over 20 provinces, special municipality and autonomous rrgions. Now we have designed more than 700 projects of municipal engineering and accomplished 66 subjects of scientific research 400 projects of prospecting survey.

Our institute has accumulated a wealth of experience and enjoyed high reputation. It is abundant in technical forces and has the ability to undertake various big and complicated municipal engineering designs and prospecting. Since 1978, many projects designed by MEDI, such as Tianjin Luanhe River Deversion Works, the Floating Water Treatment Plant Research Lanzhou-Xigu Phase-Ⅱ Water Supply Engineering, Shijiazhuang Vinylon Factory Wastewater Treatment Engineering, ShandongYantai Synthetic Leather Factory Water Supply and Wastewater Treatment Engineering and so forth have won respectively state's, Minstry's and province's Prizes for Distinguished Design from our country, the Ministry of Construction, Gansu and Shandong Provinces.

嘉兴市：中山西路

石家庄维尼纶厂污水处理厂一角

3万M^3/日水上水厂

天津引滦工程：大张庄泵站

本院地址：兰州市定西路177号

电话：24711　电挂：6080

分院地址：浙江嘉兴市西区吉安路

电话：5519　电挂：7108

上海设计处：上海市浦东区沈家弄路299弄5号

Address: 177 Dingxi Road, Lanzhou, China (MEDI)

Tel.: 24711 Cable: 6080

Address: Jian Road, West District, Jiaxing, Zhejiang, China

(Branch of the Institute)

Tel: 5519　Cable: 7108

Address: 299—5 Shenjianong Road, Shanghai, China

(Shanghai Design Department)